KODEX

DES ÖSTERREICHISCHEN RECHTS

Herausgeber: Univ.-Prof. Dr. Werner Doralt

Redaktion: Dr. Veronika Doralt

W0363740

STUDIENAUSGABE

STEUERGESETZE

bearbeitet von

Dr. ANDREI BODIS

Verwaltungsgerichtshof

Rubbeln Sie Ihren persönlichen Code frei und laden
Sie diesen Kodexband kostenlos in die Kodex App!

1295988

HIER

RUBBELN!

Linde

Benützungsanleitung: Die Novellen sind nach dem Muster der Wiederverlautbarung in Kursivdruck jeweils am Ende eines Paragraphen, eines Absatzes oder einer Ziffer durch Angabe des Bundesgesetzblattes in Klammer ausgewiesen. Soweit nach Meinung des Bearbeiters ein Bedarf nach einem genauen Novellenausweis besteht, ist der geänderte Text zusätzlich durch Anführungszeichen und Fettstellung hervorgehoben.

KODEX

DES ÖSTERREICHISCHEN RECHTS

VERFASSUNGSRECHT
EU-VERFASSUNGSRECHT
VÖLKERRECHT
EINFÜHRUNGSGESETZE ABGB UND B-VG
PARLAMENTSRECHT
BÜRGERLICHES RECHT
FAMILIENRECHT
UNTERNEHMENSRECHT
ZIVILGERICHTLICHES VERFAHREN
INTERNATIONALES PRIVATRECHT
WIRTSCHAFTSPRIVATRECHT
SCHIEDSVERFAHREN
STRAFRECHT
IT-STRAFRECHT
LEGAL TECH
IP-/IT-RECHT
GERICHTSORGANISATION
ANWALTS- UND GERICHTSTARIFE
NOTARIATSRECHT
JUSTIZGESETZE
WOHNUNGSGESETZE
FINANZMARKTRECHT
VERSICHERUNGSRECHT
WIRTSCHAFTSGESETZE
UWG
TELEKOMMUNIKATION
KARTELLRECHT
VERGABEGESETZE
COMPLIANCE FÜR UNTERNEHMEN
GLÜCKSSPIEL- UND WETTRECHT
ARBEITSRECHT
EU-ARBEITSRECHT
ARBEITNEHMERSCHUTZ
SOZIALVERSICHERUNG
SOZIALVERSICHERUNG DURCHFÜHRUNGSVORSCHRIFTEN
PERSONALVERRECHNUNG
STEUERGESETZE
STEUER-ERLÄSSE
EStG-RICHTLINIENKOMMENTAR
LSt-RICHTLINIENKOMMENTAR
KStG-RICHTLINIENKOMMENTAR
UmgrStG-RICHTLINIENKOMMENTAR
UStG-RICHTLINIENKOMMENTAR
GebG-RICHTLINIENKOMMENTAR
DOPPELBESTEUERUNGSABKOMMEN
VERRECHNUNGSPREISE
FINANZPOLIZEI
ZOLLRECHT UND VERBRAUCHSTEUERN
RECHNUNGSLEGUNG UND PRÜFUNG
INTERNATIONALE RECHNUNGSLEGUNG
VERBRAUCHERRECHT
VERKEHRSRECHT
WEHRRECHT
ÄRZTERECHT
KRANKENANSTALTENGESETZE
VETERINÄRRECHT
GESUNDHEITSBERUFE
UMWELTRECHT
EU-UMWELTRECHT
WASSERRECHT
ABFALLRECHT UND ÖKO-AUDIT
CHEMIKALIENRECHT
EU-CHEMIKALIENRECHT
LEBENSMITTELRECHT
SCHULGESETZE
UNIVERSITÄTSRECHT
ASYL- UND FREMDENRECHT
BESONDERES VERWALTUNGSRECHT
VERWALTUNGSVERFAHRENSGESETZE
INNERE VERWALTUNG
POLIZEIRECHT
LANDESRECHT TIROL
LANDESRECHT VORARLBERG
BAURECHT TIROL

ISBN 978-3-7073-4772-2
LINDE VERLAG Ges. m. b. H., 1210 Wien, Scheydgasse 24
Telefon: 01/24 630 Serie, Telefax: 01/24 630-23 DW

Satz und Layout: psb, Rosenthaler Str. 9, 10119 Berlin

Druck und Bindung: Czech Print Center a.s., Ostrava

Alle Angaben in diesem Fachbuch (sowie in darauf aufbauenden Online-Angeboten, E-Books, Apps udgl.) erfolgen trotz sorgfältiger Bearbeitung ohne Gewähr; eine Haftung des Verlages, des Autors, des Herausgebers sowie der Entwickler ist ausgeschlossen.

Vorwort

Sehr geehrte Frau Kollegin, sehr geehrter Herr Kollege,

mit der Studienausgabe Steuergesetze im Rahmen der KODEX-Reihe kommen wir dem Wunsch nach, Ihnen eine gekürzte und besonders preiswerte Ausgabe des KODEX Steuergesetze für das Studium an den Universitäten zu bieten.

Auch die Studienausgabe hat selbstverständlich die Qualität der seit vielen Jahren erfolgreichen KODEX-Reihe, von Experten ihres Faches bearbeitet, mit den entsprechenden Novellenausweisen und umfangreichen Stichwortverzeichnissen, wie es für Sie gerade im Studium und bei Prüfungen wichtig ist. Im Unterschied zu anderen Gesetzessammlungen verschafft Ihnen die für den KODEX markante Griffleiste einen raschen Überblick über den gesamten Inhalt des Bandes; zudem finden Sie mit Hilfe der Griffleiste tatsächlich jedes Gesetz auf einen Griff.

Die Studienausgabe als Auszug aus dem großen Band Steuergesetze enthält alle wichtigen steuerrechtlichen Vorschriften; nicht aufgenommen sind nur besondere berufsspezifische und solche Gesetze, die für Sie im Studium keine oder nur geringe Bedeutung haben. Sollten Sie auch diese Gesetze benötigen, dann verwenden Sie bitte die Standard-Ausgabe des KODEX Steuergesetze, die Sie mit Hörerschein ebenfalls vergünstigt beziehen können.

Auch die Studienausgabe ist mit einer App ausgestattet. Jeder Kodex-Band hat einen Code, mit dem Sie den Inhalt in Ihre App laden können. Nützen Sie diesen Vorteil einer digitalen Bibliothek mit vollem Lesekomfort und in bewährter KODEX-Qualität.

Viel Freude bei Ihrer Arbeit mit dem KODEX, viel Freude bei Ihrem Studium.

em.o.Univ.-Prof. Dr. Werner Doralt
Herausgeber

Inhaltsverzeichnis*

1. Einkommensteuer

1/1. **Einkommensteuergesetz 1988** .... Seite 11

1/3. **Verordnungen**

1/3/1. **§ 1:** Verordnung betreffend inländische **Zweitwohnsitze** .... Seite 199

1/3/4. **§ 2 Abs. 3:** Verordnung über das Vorliegen von Einkünften, über die Annahme einer gewerblichen oder beruflichen Tätigkeit und über die Erlassung vorläufiger Bescheide **(Liebhabereiverordnung)** .... Seite 199

1/3/6. **§ 4 Abs. 12 Z 4:** Verordnung über die Auswirkungen von Umgründungen auf die Innenfinanzierung **(Innenfinanzierungsverordnung – IF-VO)** .... Seite 201

1/3/8. **§ 15 Abs. 2:** Verordnung über die Bewertung bestimmter Sachbezüge **(Sachbezugswerteverordnung)** .... Seite 202

1/3/9. **§ 16 Abs. 1 Z 8 lit. d:** Verordnung über die Festlegung des Grundanteils bei vermieteten Gebäuden im Sinne des § 16 Abs. 1 Z 8 lit. d EStG 1988 **(GrundanteilV 2016)** .... Seite 208

1/3/13. **§ 17 Abs. 4, 5 und 5a:** Verordnung über die Aufstellung von Durchschnittssätzen für die Ermittlung des Gewinnes aus Land- und Forstwirtschaft **(LuF-PauschVO 2015)** .... Seite 209

1/3/14. **§ 17:** Verordnung über die Aufstellung von Durchschnittssätzen für die Ermittlung des Gewinnes bei **nichtbuchführenden Gewerbetreibenden** .... Seite 214

1/3/15. **§ 17 Abs. 4 und 5:** Verordnung über die Festlegung von Durchschnittssätzen für Betriebsausgaben für Betriebe des Gastgewerbes, über die vereinfachte Führung des Wareneingangsbuches und über die Aufzeichnungspflicht bei Lieferungen von Lebensmitteln und Getränken **(Gastgewerbepauschalierungsverordnung 2013)** .... Seite 216

1/3/18. **§ 17 Abs. 4 und 5:** Verordnung über die Aufstellung von Durchschnittssätzen für die Ermittlung von Betriebsausgaben und Vorsteuerbeträgen bei **Handelsvertretern** .... Seite 219

1/3/19. **§ 17 Abs. 4 und 5:** Verordnung über die Aufstellung von Durchschnittssätzen für die Ermittlung von Betriebsausgaben und Vorsteuerbeträgen bei Künstlern und Schriftstellern **(Künstler/Schriftsteller-Pauschalierungsverordnung)** .... Seite 220

1/3/20. **§ 17 Abs. 6:** Verordnung über die Aufstellung von **Durchschnittssätzen für Werbungskosten** .... Seite 221

1/3/22. **§ 20 Abs. 1 Z 2 lit. b:** Verordnung betreffend die Angemessenheit von Anforderungen im Zusammenhang mit Personen- und Kombinationskraftwagen **(PKW-Angemessenheitsverordnung)** .... Seite 222

1/3/23. **§ 22 Z 2:** Verordnung über die Bewertung von **Sachbezügen betreffend Kraftfahrzeuge** bei wesentlich beteiligten **Gesellschafter-Geschäftsführern** .... Seite 223

1/3/24. **§ 27a:** Verordnung betreffend KESt-Behandlung von Kapitalmaßnahmen **(Kapitalmaßnahmen-VO)** .... Seite 223

1/3/25. **§ 28 Abs. 2, 3:** Verordnung betreffend Herstellungs- und Instandsetzungsaufwendungen bei Gebäuden **(Bauherrenverordnung)** .... Seite 225

*** Benützungshinweis**

Jedes Gesetz und jede Verordnung hat eine eigene fortlaufende Ordnungszahl. Die Ordnungszahl in der Studienausgabe ist ident mit der Ordnungszahl in der Standardausgabe „Kodex Steuergesetze“. Ist eine Ordnungszahl übersprungen, dann ist dieses Gesetz bzw. diese Verordnung nur in der Standardausgabe enthalten.

1/3/27. **§ 33 Abs. 3a:** Verordnung über die Anpassung des Familienbonus Plus, des Alleinverdiener-, Alleinerzieher- und Unterhaltsabsetzbetrages sowie des Kindermehrbetrages in Bezug auf Kinder, die sich ständig in einem anderen Mitgliedstaat der EU oder einer Vertragspartei des Europäischen Wirtschaftsraumes oder der Schweiz aufhalten **(Familienbonus Plus-Absetzbeträge-EU-Anpassungsverordnung)** .... Seite 226

1/3/28. **§§ 34, 35:** Verordnung über **außergewöhnliche Belastungen** .... Seite 233

1/3/29. **§ 34 Abs. 8:** Verordnung betreffend eine **Berufsausbildung eines Kindes außerhalb des Wohnortes** .... Seite 234

1/3/34. **§ 93:** Verordnung zur Durchführung der KESt-Entlastung in Bezug auf Auslandszinsen sowie zur Anrechnung ausländischer Quellensteuer bei Kapitalertragsteuerabzug bei Auslandsdividenden **(Auslands-KESt VO 2012)** .... Seite 235

1/3/38. **§ 107 Abs. 8:** Verordnung zur Datenübermittlung gemäß § 107 Abs. 8 EStG 1988 betreffend den Steuerabzug bei Einkünften aus Anlass der Einräumung von Leitungsrechten **(Leitungsrechte-Datenübermittlungsverordnung – Leitungsrechte-DÜV)** .... Seite 236

1/3/48. **§ 124b Z 355:** Verordnung zur Verlustberücksichtigung 2019 und 2018 **(COVID-19-Verlustberücksichtigungsverordnung)** .... Seite 237

2. Körperschaftsteuer

2/1. **Körperschaftsteuergesetz 1988** .... Seite 241

2/3. **Verordnungen**

2/3/1. Verordnung zur Durchführung der Hinzurechnungsbesteuerung und des Methodenwechsels bei Passiveinkünften niedrigbesteuerter Körperschaften **(VO-Passiveinkünfte niedrigbesteuerter Körperschaften)** .... Seite 287

3. Umgründungssteuer

3/1. **Umgründungssteuergesetz** .... Seite 293

3/2. **Sonstige Gesetze**

3/2/1. BG über die **Umwandlung** von Handelsgesellschaften .... Seite 327

3/2/2. BG über die **Spaltung** von Kapitalgesellschaften .... Seite 330

4. Umsatzsteuer

4/1. **Umsatzsteuergesetz 1994** .... Seite 343

4/2. **Sonstige Gesetze**

4/2/1. **Begleitmaßnahmen zum UStG 1994** .... Seite 425

4/3. **Verordnungen**

4/3/8. **§ 6 Abs. 1 Z 11 lit. a:** Verordnung über das Vorliegen einer vergleichbaren Zielsetzung bei Bildungsleistungen **(Umsatzsteuer-Bildungsleistungsverordnung, UStBLV)** .... Seite 426

4/3/16. **§ 19 Abs. 1d:** Verordnung betreffend die Umsätze von **Abfallstoffen**, für die die Steuerschuld auf den Leistungsempfänger übergeht .... Seite 427

4/3/17. **§ 19 Abs. 1d:** Verordnung betreffend Umsätze, für welche die Steuerschuld zur Bekämpfung des Umsatzsteuerbetrugs auf den Leistungsempfänger übergeht **(Umsatzsteuerbetrugsbekämpfungsverordnung – UStBBKV)** .... Seite 429

4/3/18. **§ 21 Abs. 1:** Verordnung betreffend die Abstandnahme von der **Verpflichtung zur Abgabe von Voranmeldungen** .... Seite 430

4/3/19. **§ 21 Abs. 9:** Verordnung, mit der ein eigenes Verfahren für die **Erstattung der abziehbaren Vorsteuern an ausländische Unternehmer geschaffen wird** .... Seite 430

4/3/20. **§ 21 Abs. 10:** Schätzungsrichtlinien für die Ermittlung der Höhe des **Eigenverbrauchs bei bestimmten Unternehmern** .... Seite 433

4/3/22. **Art. 7:** Verordnung über den Nachweis der Beförderung oder Versendung und den **Buchnachweis bei innergemeinschaftlichen Lieferungen** .... Seite 434

5. Bewertung

5/1. **Bewertungsgesetz 1955, Erster Teil** .... Seite 437

7. Gebühren
- 7/1. **Gebührengesetz 1957** .... Seite 441

9. Grunderwerbsteuer
- 9/1. **Grunderwerbsteuergesetz 1987** .... Seite 473
- 9/2. **§§ 26, 26a Gerichtsgebührengesetz** .... Seite 485
- 9/3. **Verordnungen**
  - 9/3/2. Verordnung betreffend Festlegung der Ermittlung des Grundstückswertes **(Grundstückswertverordnung – GrWV)** .... Seite 487
  - 9/3/3. Verordnung über die zur Ermittlung des Werts des einzutragenden Rechts sowie die für die Inanspruchnahme einer begünstigten Bemessungsgrundlage erforderlichen Angaben und Bescheinigungen **(Grundbuchsgebührenverordnung – GGV)** .... Seite 513

14. Sonstige Gesetze und Verordnungen
- 14/2. **Investmentfonds**
  - 14/2/1. **Investmentfondsgesetz 2011** (Auszug) .... Seite 519
  - 14/2/2. **Immobilien-Investmentfondsgesetz** (Auszug) .... Seite 525
  - 14/2/3. Verordnung über die Meldung der steuerrelevanten Daten für Investmentfonds, Immobilienfonds und AIF **(Fonds-Melde-Verordnung 2015 – FMV 2015)** .... Seite 531
- 14/7. **Kommunalsteuergesetz 1993** .... Seite 534
- 14/8. **Neugründungs-Förderungsgesetz – NeuFöG** .... Seite 540
- 14/10. **Stiftungseingangssteuergesetz** .... Seite 544

16. Doppelbesteuerungsabkommen
- 16/1. **DBA Deutschland** .... Seite 549
- 16/2. **DBA Italien** .... Seite 565
- 16/3. **DBA-Entlastungsverordnung** .... Seite 575
- 16/4. **OECD-Musterabkommen 2017** .... Seite 577

17. Bundesabgabenordnung
- 17/1. **Bundesabgabenordnung** .... Seite 593
- 17/2. **Verordnungen**
  - 17/2/7. Verordnung über Erleichterungen bei der Führung von Büchern und Aufzeichnungen, bei der Registrierkassenpflicht und bei der Belegerteilungspflicht **(Barumsatzverordnung 2015 – BarUV 2015)** .... Seite 686

19. Finanzstrafgesetz
- 19/1. **Finanzstrafgesetz** .... Seite 689

20. Unternehmensgesetzbuch, Drittes Buch .... Seite 763

1. EINKOMMENSTEUER

Inhaltsverzeichnis

1/1. Einkommensteuergesetz 1988 .... Seite 11

1/3. Verordnungen

1/3/1. **§ 1:** Verordnung betreffend inländische **Zweitwohnsitze**, BGBl II 2003/528 .... Seite 199

1/3/4. **§ 2 Abs. 3:** Verordnung über das Vorliegen von Einkünften, über die Annahme einer gewerblichen oder beruflichen Tätigkeit und über die Erlassung vorläufiger Bescheide **(Liebhabereiverordnung)**, BGBl 1993/33 idF
1 BGBl II 1997/358 **2** BGBl II 1999/15 .... Seite 199

1/3/6. **§ 4 Abs. 12 Z 4:** Verordnung über die Auswirkungen von Umgründungen auf die Innenfinanzierung **(Innenfinanzierungsverordnung – IF-VO)**, BGBl II 2016/90 .... Seite 201

1/3/8. **§ 15 Abs. 2:** Verordnung über die Bewertung bestimmter Sachbezüge **(Sachbezugswerteverordnung)**, BGBl II 2001/416 idF
1 BGBl II 2003/582 **2** BGBl II 2004/467
3 BGBl II 2008/371 **4** BGBl II 2008/468
5 BGBl II 2012/366 **6** BGBl II 2014/29
7 BGBl II 2015/243 **8** BGBl II 2015/395
9 BGBl II 2018/237 **10** BGBl II 2019/314
11 BGBl II 2020/221 **12** BGBl II 2022/504 .... Seite 202

1/3/9. **§ 16 Abs. 1 Z 8 lit. d:** Verordnung über die Festlegung des Grundanteils bei vermieteten Gebäuden im Sinne des § 16 Abs. 1 Z 8 lit. d EStG 1988 **(GrundanteilV 2016)**, BGBl II 2016/99 .... Seite 208

1/3/13. **§ 17 Abs. 4, 5 und 5a:** Verordnung über die Aufstellung von Durchschnittssätzen für die Ermittlung des Gewinnes aus Land- und Forstwirtschaft **(LuF-PauschVO 2015)**, BGBl II 2013/125 idF
1 BGBl II 2014/164 **2** BGBl II 2020/559
3 BGBl II 2021/574 **4** BGBl II 2022/449 .... Seite 209

1/3/14. **§ 17:** Verordnung über die Aufstellung von Durchschnittssätzen für die Ermittlung des Gewinnes bei **nichtbuchführenden Gewerbetreibenden**, BGBl 1990/55 idF
1 BGBl II 2018/81 **2** BGBl II 2018/215 .... Seite 214

1/3/15. **§ 17 Abs. 4 und 5:** Verordnung über die Festlegung von Durchschnittssätzen für Betriebsausgaben für Betriebe des Gastgewerbes, über die vereinfachte Führung des Wareneingangsbuches und über die Aufzeichnungspflicht bei Lieferungen von Lebensmitteln und Getränken **(Gastgewerbepauschalierungsverordnung 2013)**, BGBl II 2012/488 idF BGBl II 2020/355 .... Seite 216

1/3/18. **§ 17 Abs. 4 und 5:** Verordnung über die Aufstellung von Durchschnittssätzen für die Ermittlung von Betriebsausgaben und Vorsteuerbeträgen bei **Handelsvertretern**, BGBl II 2000/95 idF
1 BGBl II 2001/416 **2** BGBl II 2003/635 .... Seite 219

1/3/19. **§ 17 Abs. 4 und 5:** Verordnung über die Aufstellung von Durchschnittssätzen für die Ermittlung von Betriebsausgaben und Vorsteuerbeträgen bei Künstlern und Schriftstellern **(Künstler/Schriftsteller-Pauschalierungsverordnung)**, BGBl II 2000/417 idF
1 BGBl II 2001/416 **2** BGBl II 2003/636
3 BGBl II 2022/433 .... Seite 220

1/3/20. **§ 17 Abs. 6:** Verordnung über die Aufstellung von **Durchschnittssätzen für Werbungskosten**, BGBl II 2001/382 idF
1 BGBl II 2015/240 **2** BGBl II 2015/382
3 BGBl II 2018/48 **4** BGBl II 2018/68
5 BGBl II 2018/271 **6** BGBl II 2021/39
7 BGBl II 2021/500 .... Seite 221

1/3/22. **§ 20 Abs. 1 Z 2 lit. b:** Verordnung betreffend die Angemessenheit von Anforderungen im Zusammenhang mit Personen- und Kombinationskraftwagen **(PKW-Angemessenheitsverordnung)**, BGBl II 2004/466 .... Seite 222

1/3/23. **§ 22 Z 2:** Verordnung über die **Bewertung von Sachbezügen** betreffend Kraftfahrzeuge, Krafträder und Fahrräder **bei wesentlich beteiligten Gesellschafter-Geschäftsführern**, BGBl II 2018/70 idF BGBl II 2022/468 .... Seite 222

1/3/24. **§ 27a:** Verordnung betreffend KESt-Behandlung von Kapitalmaßnahmen **(Kapitalmaßnahmen-VO)**, BGBl II 2011/322 idF BGBl II 2017/115 .... Seite 223

1/3/25. **§ 28 Abs. 2, 3:** Verordnung betreffend Herstellungs- und Instandsetzungsaufwendungen bei Gebäuden **(Bauherrenverordnung)**, BGBl 1990/321 .. Seite 225

1/3/27. **§ 33 Abs. 3a:** Verordnung über die Anpassung des Familienbonus Plus, des Alleinverdiener-, Alleinerzieher- und Unterhaltsabsetzbetrages sowie des Kindermehrbetrages in Bezug auf Kinder, die sich ständig in einem anderen Mitgliedstaat der EU oder einer Vertragspartei des Europäischen Wirtschaftsraumes oder der Schweiz aufhalten **(Familienbonus Plus-Absetzbeträge-EU-Anpassungsverordnung)**, BGBl II 2018/257 idF

1 BGBl II 2019/141 **2** BGBl II 2020/417
3 BGBl II 2022/193 **4** BGBl II 2022/309 .... Seite 226

1/3/28. **§§ 34, 35:** Verordnung über **außergewöhnliche Belastungen**, BGBl 1996/303 idF

1 BGBl II 1998/91 **2** BGBl II 2001/416
3 BGBl II 2010/430 **4** BGBl II 2023/11 .... Seite 233

1/3/29. **§ 34 Abs. 8:** Verordnung betreffend eine **Berufsausbildung eines Kindes außerhalb des Wohnortes**, BGBl 1995/624 idF

1 BGBl II 2001/449 **2** BGBl II 2018/37 .... Seite 234

1/3/34. **§ 93:** Verordnung zur Durchführung der KESt-Entlastung in Bezug auf Auslandszinsen sowie zur Anrechnung ausländischer Quellensteuer bei Kapitalertragsteuerabzug bei Auslandsdividenden **(Auslands-KESt VO 2012)**, BGBl II 2012/92 idF BGBl II 2012/195 (DFB) .... Seite 235

1/3/38. **§ 107 Abs. 8:** Verordnung zur Datenübermittlung gemäß § 107 Abs. 8 EStG 1988 betreffend den Steuerabzug bei Einkünften aus Anlass der Einräumung von Leitungsrechten **(Leitungsrechte- Datenübermittlungsverordnung – Leitungsrechte-DÜV)**, BGBl II 2018/321 .... Seite 236

1/3/48. **§ 124b Z 355:** Verordnung zur Verlustberücksichtigung 2019 und 2018 **(COVID-19-Verlustberücksichtigungsverordnung)**, BGBl II 2020/405 .... Seite 237

1/1. Einkommensteuergesetz 1988

Einkommensteuergesetz 1988, BGBl 1988/400 idF

1 BGBl 1989/660 (AbgÄG 1989)	**2** BGBl 1990/257 (EEG)	**3** BGBl 1990/281
4 BGBl 1991/10 (FBG)	**5** BGBl 1991/28	**6** BGBl 1991/412
7 BGBl 1991/458	**8** BGBl 1991/695 (AbgÄG 1991)	**9** BGBl 1991/699 (UmgrStG)
10 BGBl 1992/44	**11** BGBl 1992/99	**12** BGBl 1992/312 (FamBestG)
13 BGBl 1992/314	**14** BGBl 1992/448	**15** BGBl 1992/449
16 BGBl 1992/698 (VfGH)	**17** BGBl 1993/12	**18** BGBl 1993/253
19 BGBl 1993/254	**20** BGBl 1993/532	**21** BGBl 1993/694 (PSG)
22 BGBl 1993/818 (StReformG 1993)	**23** BGBl 1994/314	**24** BGBl 1994/680 (AbgÄG 1994)
25 BGBl 1994/681	**26** BGBl 1995/21	**27** BGBl 1995/297 (StruktAnpG)
28 BGBl 1995/499	**29** BGBl 1996/201 (StruktAnpG1996)	**30** BGBl 1996/411 (SRÄG 1996)
31 BGBl 1996/417	**32** BGBl 1996/600	**33** BGBl 1996/755
34 BGBl 1996/797 (AbgÄG 1996)	**35** BGBl 1996/798 (EU-AbgÄG)	**36** BGBl I 1997/39 (VfGH)
37 BGBl I 1997/122	**38** BGBl I 1997/128 (VfGH)	**39** BGBl I 1997/130
40 BGBl I 1998/9 (AbgÄG 1997)	**41** BGBl I 1998/30	**42** BGBl I 1998/31 (VfGH)
43 BGBl I 1998/49 (VfGH)	**44** BGBl I 1998/79	**45** BGBl I 1998/126
46 BGBl I 1999/28 (AbgÄG 1998)	**47** BGBl I 1999/48 (VfGH)	**48** BGBl I 1999/106 (StRefG 2000)
49 BGBl I 2000/13 (VfGH)	**50** BGBl I 2000/21 (VfGH)	**51** BGBl I 2000/29
52 BGBl I 2000/71	**53** BGBl II 2000/79	**54** BGBl I 2000/142 (BudBG 2001)
55 BGBl I 2001/2 (KMOG)	**56** BGBl I 2001/47 (BudBG 2002)	**57** BGBl I 2001/59 (EuroStUG 2001)
58 BGBl I 2001/103	**59** BGBl I 2001/144 (AbgÄG 2001)	**60** BGBl I 2002/7
61 BGBl I 2002/54	**62** BGBl I 2002/68 (KonBG 2002)	**63** BGBl I 2002/78 (VfGH)
64 BGBl I 2002/84 (AbgÄG 2002)	**65** BGBl I 2002/100	**66** BGBl I 2002/132 (2. AbgÄG 2002)
67 BGBl I 2002/155	**68** BGBl I 2002/165 (VfGH)	**69** BGBl I 2003/1 (VfGH)
70 BGBl I 2003/4 (VfGH)	**71** BGBl I 2003/10	**72** BGBl I 2003/22 (VfGH)
73 BGBl I 2003/71 (BBG 2003)	**74** BGBl I 2003/80	**75** BGBl I 2003/124 (AbgÄG 2003)
76 BGBl I 2003/133	**77** BGBl I 2004/51 (VfGH)	**78** BGBl I 2004/57 (StReformG 2005)
79 BGBl I 2004/130 (VfGH)	**80** BGBl I 2004/180 (AbgÄG 2004)	**81** BGBl I 2005/8
82 BGBl I 2005/34	**83** BGBl I 2005/35	**84** BGBl I 2005/36
85 BGBl I 2005/45	**86** BGBl I 2005/103 (WuBG 2005)	**87** BGBl I 2005/104
88 BGBl I 2005/112 (HWG 2005)	**89** BGBl I 2005/115	**90** BGBl I 2005/161 (AbgÄG 2005)
91 BGBl I 2006/99 (BetrbG 2006)	**92** BGBl I 2006/100 (StruktAnpG 2006)	**93** BGBl I 2006/101 (KMU-FG 2006)
94 BGBl I 2006/109 (VfGH)	**95** BGBl I 2006/134	**96** BGBl I 2006/151 (VfGH)
97 BGBl I 2006/155 (VfGH)	**98** BGBl I 2007/3 (VfGH)	**99** BGBl I 2007/24 (BudBG 2007)

100 BGBl I 2007/45 (RK-Nov. 2007)
101 BGBl I 2007/99 (AbgSiG 2007)
102 BGBl I 2007/100 (MiFiG-Gesetz 2007)
103 BGBl I 2007/102
104 BGBl I 2007/104
105 BGBl I 2008/2 (1. BVRBG)
106 BGBl I 2008/44
107 BGBl I 2008/65
108 BGBl I 2008/82
109 BGBl I 2008/85 (SchenkMG 2008)
110 BGBl I 2008/133
111 BGBl I 2008/137 (KBG 2008)
112 BGBl I 2008/140 (2. AbgÄG 2008)
113 BGBl I 2009/26 (StRefG 2009)
114 BGBl I 2009/27 (KonjbG)
115 BGBl I 2009/52 (BudBG 2009)
116 BGBl I 2009/61
117 BGBl I 2009/79
118 BGBl I 2009/101 (VfGH)
119 BGBl I 2009/135 (EPG)
120 BGBl I 2009/151 (AbgÄG 2009)
121 BGBl I 2010/9
122 BGBl I 2010/29
123 BGBl I 2010/34 (AbgÄG 2010)
124 BGBl I 2010/58 (IRÄ-BG)
125 BGBl I 2010/81
126 BGBl I 2010/89 (VfGH)
127 BGBl I 2010/94 (VfGH)
128 BGBl I 2010/105 (BBKG 2010)
129 BGBl I 2010/111 (BudBG 2011)
130 BGBl I 2011/41 (VfGH)
131 BGBl I 2011/76 (AbgÄG 2011)
132 BGBl I 2011/77
133 BGBl I 2011/112 (BudBG 2012)
134 BGBl I 2011/123
135 BGBl I 2012/22 (1. StabG 2012)
136 BGBl I 2012/112 (AbgÄG 2012)
137 BGBl I 2013/53
138 BGBl I 2013/135 (AIFMG)
139 BGBl I 2013/156
140 BGBl I 2014/13 (AbgÄG 2014)
141 BGBl I 2014/40 (BudBG 2014)
142 BGBl I 2014/105 (2. AbgÄG 2014)
143 BGBl I 2015/22 (RÄG 2014)
144 BGBl I 2015/34 (VAG 2016)
145 BGBl I 2015/101
146 BGBl I 2015/118 (StRefG 2015/16)
147 BGBl I 2015/160 (GG 2015)
148 BGBl I 2015/163 (AbgÄG 2015)
149 BGBl I 2016/53
150 BGBl I 2016/77 (EU-AbgÄG 2016)
151 BGBl I 2016/117 (AbgÄG 2016)
152 BGBl I 2017/28 (ISG)
153 BGBl I 2017/30 (WTG)
154 BGBl I 2017/34 (VfGH)
155 BGBl I 2017/82
156 BGBl I 2017/83
157 BGBl I 2017/105 (MitarbeiterBetStG 2017)
158 BGBl I 2017/106 (MiFiGG 2017)
159 BGBl I 2017/125 (SV-ZG)
160 BGBl I 2017/142
161 BGBl I 2018/4 (VfGH)
162 BGBl I 2018/16 (VersVertrRÄG 2018)
163 BGBl I 2018/62 (JStG 2018)
164 BGBl I 2018/83
165 BGBl I 2018/98 (ZPFSG)
166 BGBl I 2018/100
167 BGBl I 2019/91 (AbgÄG 2020)
168 BGBl I 2019/103 (StRefG 2020)
169 BGBl I 2019/104 (FORG)
170 BGBl I 2020/23 (3. COVID-19-Gesetz)
171 BGBl I 2020/44 (18. COVID-19-Gesetz)
172 BGBl I 2020/48 (19. COVID-19-Gesetz)
173 BGBl I 2020/54
174 BGBl I 2020/96 (KonStG 2020)
175 BGBl I 2020/99 (2. FORG)
176 BGBl I 2021/3 (COVID-19-StMG)
177 BGBl I 2021/18
178 BGBl I 2021/29
179 BGBl I 2021/52 (2. COVID-19-StMG)
180 BGBl I 2021/71
181 BGBl I 2021/112
182 BGBl I 2021/134
183 BGBl I 2021/227
184 BGBl I 2022/10 (ÖkoStRefG 2022)
185 BGBl I 2022/56 (VfGH)
186 BGBl I 2022/63
187 BGBl I 2022/93 (Teuerungs-EP)
188 BGBl I 2022/108 (AbgÄG 2022)
189 BGBl I 2022/135
190 BGBl I 2022/138
191 BGBl I 2022/163 (Teuerungs-EP II)
192 BGBl I 2022/174 (Teuerungs-EP III)
193 BGBl I 2022/194
194 BGBl I 2022/220

GLIEDERUNG

1. TEIL: PERSÖNLICHE STEUERPFLICHT

§ 1.

2. TEIL: SACHLICHE STEUERPFLICHT

1. ABSCHNITT

§ 2. Einkunftsarten, Einkünfte, Einkommen

2. ABSCHNITT

§ 3. Steuerbefreiungen

3. ABSCHNITT

§ 4. Gewinn
§ 4a. Zuwendungen aus dem Betriebsvermögen
§ 4b. Zuwendungen zur Vermögensausstattung
§ 4c. Zuwendungen an die Innovationsstiftung für Bildung
§ 4d. Betriebliche Privatstiftungen
§ 5. Gewinn der rechnungslegungspflichtigen Gewerbetreibenden
§ 6. Bewertung
§ 7. Absetzung für Abnutzung
§ 7a. Vorzeitige Absetzung für Abnutzung
§ 8. Sonderformen der Absetzung für Abnutzung
§ 9. Rückstellungen
§ 10. Gewinnfreibetrag
§§ 10a–10c. (aufgehoben)
§ 11. Investitionsfreibetrag
§ 11a. (aufgehoben)
§ 12. Übertragung stiller Reserven, Übertragungsrücklage und steuerfreier Betrag
§ 13. Geringwertige Wirtschaftsgüter
§ 14. Vorsorge für Abfertigungen, Pensionen und Jubiläumsgelder

4. ABSCHNITT: Überschuß der Einnahmen über die Werbungskosten

§ 15. Einnahmen
§ 16. Werbungskosten

5. ABSCHNITT

§ 17. Durchschnittssätze

6. ABSCHNITT

§ 18. Sonderausgaben

7. ABSCHNITT

§ 19. Zeitliche Zuordnung von Einnahmen und Ausgaben

8. ABSCHNITT

§ 20. Nichtabzugsfähige Aufwendungen und Ausgaben

9. ABSCHNITT: Die einzelnen Einkunftsarten

§ 21. Land- und Forstwirtschaft (§ 2 Abs. 3 Z 1)
§ 22. Selbständige Arbeit (§ 2 Abs. 3 Z 2)
§ 23. Gewerbebetrieb (§ 2 Abs. 3 Z 3)
§ 23a. Verluste bei kapitalistischen Mitunternehmern mit beschränkter Haftung
§ 24. Veräußerungsgewinne
§ 25. Nichtselbständige Arbeit (§ 2 Abs. 3 Z 4)
§ 26. Leistungen des Arbeitgebers, die nicht unter die Einkünfte aus nichtselbständiger Arbeit fallen
§ 27. Einkünfte aus Kapitalvermögen
§ 27a. Besonderer Steuersatz und Bemessungsgrundlage für Einkünfte aus Kapitalvermögen
§ 27b. Einkünfte aus Kryptowährungen
§ 28. Vermietung und Verpachtung
§ 29. Sonstige Einkünfte (§ 2 Abs. 3 Z 7)
§ 30. Private Grundstücksveräußerungen
§ 30a. Besonderer Steuersatz für Einkünfte aus Grundstücksveräußerungen
§ 30b. Immobilienertragsteuer
§ 30c. Mitteilung und Selbstberechnung der Immobilienertragsteuer durch Parteienvertreter
§ 31. Spekulationsgeschäfte
§ 32. Gemeinsame Vorschriften

3. TEIL: TARIF

§ 33. Steuersätze und Steuerabsetzbeträge
§ 33a. Inflationsanpassung
§ 34. Außergewöhnliche Belastung
§ 35. Behinderte
§ 36. Steuerfestsetzung bei Schulderlass im Rahmen eines Insolvenzverfahrens
§ 37. Ermäßigung der Progression, Sondergewinne
§ 38. Verwertung von Patentrechten

4. TEIL: VERANLAGUNG

§ 39. Allgemeine Veranlagung und Veranlagungszeitraum
§ 40. Erstattung von Absetzbeträgen in der Veranlagung
§ 41. Veranlagung von lohnsteuerpflichtigen Einkünften
§ 42. Steuererklärungspflicht
§ 43. Steuererklärung bei Feststellung von Einkünften
§ 44. Form der Steuererklärungen
§ 45. Vorauszahlungen
§ 46. Abschlußzahlungen

5. TEIL: STEUERABZUG VOM ARBEITSLOHN (LOHNSTEUER)

§ 47. Arbeitgeber, Arbeitnehmer

§ 48. Barzahlungsverbot von Arbeitslohn in der Bauwirtschaft
§§ 49–61. (aufgehoben)
§§ 62, 62a. Berücksichtigung besonderer Verhältnisse
§ 63. Freibetragsbescheid
§ 64. Berücksichtigung des Freibetragsbescheides
§ 65. Mitteilungspflicht des Arbeitnehmers
§ 66. Lohnsteuertarif
§ 67. Sonstige Bezüge
§ 68. Besteuerung bestimmter Zulagen und Zuschläge
§ 69. Lohnsteuerabzug in besonderen Fällen
§ 70. Beschränkt steuerpflichtige Arbeitnehmer
§ 71. Arbeitslohn von mehreren Arbeitgebern
§ 72. Jahresausgleich
§ 73. Durchführung des Jahresausgleichs
§ 74. Vorlage und Aufbewahrung der Lohnsteuerkarte und der Mitteilung gemäß § 63
§ 75. Nichtvorlage der Lohnsteuerkarte
§ 76. Lohnkonto
§ 77. Lohnzahlungszeitraum
§ 78. Einbehaltung der Lohnsteuer
§ 79. Abfuhr der Lohnsteuer
§ 80. Lohnsteueranmeldung
§ 81. Betriebsstätte
§ 82. Haftung
§ 82a. Haftung bei Beauftragung zur Erbringung von Bauleistungen
§ 83. Steuerschuldner
§ 84. Lohnzettel
§ 84a. Lohnbescheinigung
§ 85. Körperschaften des öffentlichen Rechts
§ 86. Lohnsteuerprüfung
§ 87. Verpflichtung der Arbeitgeber
§ 88. Verpflichtung der Arbeitnehmer
§ 89. Mitwirkung von Versicherungsträgern und anderen Institutionen
§ 90. Auskunftspflicht der Behörde
§ 91. Arbeitnehmer ohne inländischen Wohnsitz
§ 92. Auslandsbeamte

6. TEIL: KAPITALERTRAGSTEUER

§ 93. Abzugspflicht
§ 94. Ausnahmen von der Abzugspflicht
§ 94a. (aufgehoben)
§ 95. Schuldner und Abzugsverpflichteter
§ 96. Abfuhr der Kapitalertragsteuer
§ 97. Steuerabgeltung

7. TEIL: BESTEUERUNG BEI BESCHRÄNKTER STEUERPFLICHT

§ 98. Einkünfte bei beschränkter Steuerpflicht
§ 99. Steuerabzug in besonderen Fällen
§ 99a. Befreiung vom Steuerabzug
§ 100. Höhe und Einbehaltung der Steuer
§ 101. Abfuhr der Abzugsteuer
§ 102. Veranlagung beschränkt Steuerpflichtiger

8. TEIL: SONDERVORSCHRIFTEN

§ 103. Zuzugsbegünstigung
§ 104. (aufgehoben)
§ 105. Inhaber von Amtsbescheinigungen und Opferausweisen
§ 106. Kinder, (Ehe)Partnerschaften
§ 106a. (aufgehoben)
§ 107. Steuerabzug bei Einkünften aus Anlass der Einräumung von Leitungsrechten
§ 108. Bausparen
§ 108a. Prämienbegünstigte Pensionsvorsorge
§ 108b. Pensionszusatzversicherung, prämienbegünstigter Pensionsinvestmentfonds
§ 108c. Forschungsprämien
§ 108d. Befristete Sonderprämien für die katastrophenbedingte Ersatzbeschaffung von Gebäuden und sonstigen Wirtschaftsgütern
§ 108e. Befristete Investitionszuwachsprämie
§ 108f. Lehrlingsausbildungsprämie
§ 108g. Prämienbegünstigte Zukunftsvorsorge
§ 108h. Einrichtungen der Zukunftsvorsorge
§ 108i. Verfügung des Steuerpflichtigen über Ansprüche
§§ 109, 109a. Verrechnung von Kinderabsetzbeträgen, Abgeltungs- und Erstattungsbeträgen
§ 109b. Mitteilung bei Auslandszahlungen
§ 110. Verweisungen auf andere Bundesgesetze

9. TEIL: ÜBERGANGSBESTIMMUNGEN

§ 111. Verweisungen anderer Bundesgesetze
§§ 112, 112a. Weitergeltung von Bestimmungen des EStG 1972
§ 113. Bewertung
§ 114. Absetzung für Abnutzung
§ 115. Vorzeitige Abschreibung
§ 116. Rücklagen, steuerfreie Beträge, Rückstellungen
§§ 117, 117a. Sonderausgaben
§ 118. Veräußerungsgewinne, Stille Reserven
§ 119. Einkünfte aus Kapitalvermögen und aus Vermietung und Verpachtung
§ 120. Sonstige Einkünfte
§ 121. Vorauszahlungen
§ 122. Lohnsteuerverfahren
§ 123. Kapitalertragsteuer
§§ 124–124b. Pensionskassen und betriebliche Kollektivversicherungen

10. TEIL: SCHLUSSBESTIMMUNGEN

§ 125. Zeitlicher Geltungsbereich
§ 126. Vollziehung

§ 127. Wegfall der Lohnsteuerkarte
§ 128. Anmeldung des Arbeitnehmers
§§ 129–134. Berücksichtigung des Familienbonus Plus und von Absetzbeträgen durch den Arbeitgeber oder die pensionsauszahlende Stelle

STICHWORTVERZEICHNIS

A
Abfärbetheorie § 2 (4)
Abfertigungen aufgrund gesetzlicher Vorschriften, Lohnsteuer § 67 (3 f)
Abfertigungen, begünstigt § 67 (6)
Abfertigungen, freiwillige, Lohnsteuer § 67 (6)
Abfertigungsrückstellung § 14 (1 ff)
– Ausmaß § 14 (1)
– Bilanzausweis § 14 (2)
– erstmalige Bildung § 14 (3)
– Übergangsbestimmungen EStG 1972 § 116
– Unternehmerwechsel § 14 (4)
– Vordienstzeiten § 14 (1)
Abfindung, gem §§ 8–10 des Bauarbeiter-Urlaubs- und Abfertigungsgesetzes, Lohnsteuer § 67 (5)
Abgaben, Werbungskosten § 16 (1) Z 2
Abgeltungen von Wertminderungen von Grundstücken, Steuerbefreiungen § 3 (1) Z 33
Abgeordnete (EU-Parlament), Steuerbefreiungen § 3 (1) Z 32
Abschläge bei Wechsel der Gewinnermittlungsart § 4 (10)
Abschlagszahlung, Einbehaltung der Lohnsteuer § 78 (2)
Abschlusszahlung § 46
Absetzbeträge § 33 (2 ff)
– Erstattung § 40
Absetzung für Abnutzung § 7
– außergewöhnliche technische oder wirtschaftliche Abnutzung § 8 (4)
– degressive § 7 (1a)
– Denkmalpflege § 8 (2)
– Einnahmen-Ausgabenrechnung § 7 (3)
– Firmenwert § 8 (3)
– Gebäude § 8 (1)
– Halb- und Ganzjahres-AfA § 7 (2)
– lineare § 7 (1)
– Personen- und Kombinationskraftwagen § 8 (6)
– Sonderformen §§ 7 (1a), 8
– Substanzverringerung § 8 (5)
– Übergangsbestimmungen EStG 1972 § 114
– vorzeitige bei Gebäude § 8 (1a)
– Werbungskosten § 16 (1) Z 8
Absetzung für außergewöhnliche Abnutzung § 8 (4)
Absetzung für Substanzverringerung § 8 (5)
– Werbungskosten § 16 (1) Z 8
Abzugsteuer
– Abfuhr § 101
– Aufzeichnungen § 101 (2)
– Befreiung vom Steuerabzug § 99a
– bei beschränkter Steuerpflicht § 99
– Haftung § 100 (2)
– Mitteilung § 101 (3)
– Steuersatz § 100 (1)
– Steuerschuldner § 100 (2)
– Vorschreibung § 100 (3)
Abzugsverbote
– Angemessenheitsgrenze § 20 (1) Z 2
– Arbeitszimmer § 20 (1) Z 2
– Aufwendungen für Haushalt und Unterhalt § 20 (1) Z 1
– Aufwendungen für Lebensführung § 20 (1) Z 2
– Aufwendungen in Zusammenhang mit nicht steuerpflichtigen Einnahmen § 20 (2)
– Aufwendungen in Zusammenhang mit sondersatzbesteuerten Einkünften § 20 (2)
– Barzahlungen von Bauleistungen § 20 (1) Z 9
– Familienheimfahrten § 20 (1) Z 2
– Freiwillige Abfertigungen § 20 (1) Z 8
– Lohnaufwand über 500 000 € § 20 (1) Z 7
– Managergehälter § 20 (1) Z 7
– Personensteuern § 20 (1) Z 6
– Reisekosten § 20 (1) Z 2
– Repräsentationsaufwendungen § 20 (1) Z 3
– Strafen, Verbandsgeldbußen § 20 (1) Z 5
– Verhältnis zu Sonderausgaben § 20 (3)
– Verhältnis zur außergewöhnlichen Belastung § 20 (3)
– Zuwendungen an Unterhaltsberechtigte § 20 (1) Z 4
Agrargemeinschaften, Bezüge § 27 (2)
Airdrops § 27b (2)
Alleinerzieherabsetzbetrag § 33 (4)
– Berücksichtigung durch Arbeitgeber § 129 (1 f)
allgemeine Veranlagung § 39
Altersteilzeitgeld, Steuerbefreiungen § 3 (1) Z 5
Amtsbescheinigung § 105
Angemessenheitsgrenze, nichtabzugsfähige Aufwendungen § 20 (1) Z 2
Anlagekartei § 7 (3)
Anlagevermögen
– Bewertung des abnutzbaren § 6 Z 1
– Bewertung des nicht abnutzbaren § 6 Z 2
Anschaffungsprämie, Registrierkassa § 124b Z 296
Antragsveranlagung § 41 (2) Z 1
Arbeitgeber
– Auskunftspflicht § 87 (3)
– Erläuterungspflicht § 87 (2)
Arbeitgeber, Haftung § 82
Arbeitgebergesellschaften § 3 (1) Z 15 lit c, § 4d (5)
Arbeitnehmer § 47 (1)
– Anmeldung § 128

– Auskunftspflicht § 88
– beschränkt lohnsteuerpflichtige § 70
– entsendete § 3 (1) Z 10
– Lohnsteuerschuldner § 83
– ohne inländischen Wohnsitz § 91
– vorübergehend beschäftigt § 69
Arbeitnehmerförderungsstiftung §§ 4 (11) Z 1, 4d (2)
Arbeitnehmerpflichtveranlagung § 41 (1)
Arbeitnehmerveranlagung § 41
– freiwillige § 41 (2)
Arbeitsgemeinschaften §§ 2 (4), 124b Z 260
Arbeitskleidung § 26 Z 1
Arbeitslohn § 25 (1) Z 1
– Erstattung § 62 Z 7
– vermindert, Lohnsteuer § 78 (3)
Arbeitslohn, Bauwirtschaft, Barzahlungsverbot § 48
Arbeitslosengeld, Steuerbefreiungen § 3 (1) Z 5
Arbeitsmittel, Werbungskosten § 16 (1) Z 7
Arbeitsplatzpauschale § 4 (4) Z 8
Arbeitsvergütungen nach Strafvollzugsgesetz, Steuerbefreiungen § 3 (1) Z 31
Arbeitszimmer, Absetzbarkeit §§ 4 (4) Z 8, 20 (1) Z 2
Arbeitszimmer, nichtabzugsfähige Aufwendungen § 20 (1) Z 2
ARGE §§ 2 (4), 124b Z 260
Aufsichtsrat, Einkünftezurechnung § 2 (4a)
Auftragswertgrenze §§ 2 (4), 124b Z 260
Aufwendungen für Aus- und Fortbildung §§ 4 (4) Z 7, 16 (1) Z 10
Aufwendungen für Haushalt und Unterhalt, nichtabzugsfähig § 20 (1) Z 1
Aufwendungen für Lebensführung, nichtabzugsfähig § 20 (1) Z 2
Aufwendungen und Ausgaben, nicht abzugsfähig § 20 (2)
Aufwendungen, nichtabzugsfähig § 20
Aufzeichnungen, Durchschnittssätze § 17 (2)
Ausbildungskosten § 26 Z 3
Ausbildungsmaßnahmen §§ 4 (4) Z 7, 16 (1) Z 10
Ausgaben, Abflussprinzip § 19 (2)
Ausgleichsposten bei Leasinggesellschaften § 6 Z 16
Ausgleichszulage § 3 (1) Z 4
Aushilfskräfte, Steuerbefreiungen § 3 (1) Z 11
Auskunftspflicht
– Arbeitgeber § 87 (2)
– Arbeitnehmer § 88
– Lohnsteuer, Behörde § 90
Auslagenersätze § 26 Z 2
ausländische Einkünfte § 2 (8)
ausländischer Arbeitnehmer, Lohnsteuer § 70 (4)
Auslandsbeamte § 92
– Steuerbefreiungen § 3 (1) Z 8 f
Auslandseinsatzzulage, Steuerbefreiungen § 3 (1) Z 24
Auslandsforderungen, Bewertung § 6 Z 2
Auslandsmontage, Steuerbefreiungen § 3 (1) Z 10
Auslandstätigkeit, begünstigte § 3 (1) Z 10
Auslandstätigkeit, Steuerbefreiungen §§ 3 (1) Z 10, 3 (3)
Auslandsverluste § 2 (8)
Auslandszahlung, Mitteilung § 109b
Ausschüttungen von Körperschaften § 124b Z 279
Ausschüttungen von Körperschaften § 4 (12) Z 4
Außenprüfung, Lohnsteuer § 86
außergewöhnliche Aufwendungen, Vermietung und Verpachtung § 28 (2)
außergewöhnliche Belastung § 34
– Freibetrag für Behinderte § 35
– Katastrophenschäden § 34 (6)
– Kinder, Behinderung § 34 (6)
– Kinder, Berufsausbildung § 34 (6), (8)
– Selbstbehalt § 34 (4 ff)
– Unterhaltsleistungen § 34 (7)
– Verhältnis zu nichtabzugsfähigen Aufwendungen § 20 (3)
außerordentliche Einkünfte, ermäßigter Steuersatz §§ 37 (1), (5)

B

Barzahlungen von Bauleistungen, nichtabzugsfähig § 20 (1) Z 9
Barzahlungsverbot. Arbeitslohn, Bauwirtschaft § 48
Baulandumlegung, Befreiung, private Grundstücksveräußerungen § 30 (2)
Bauleistungen, Haftung § 82a
Bausparen § 108
– Beantragung der Steuererstattung § 108 (3)
– Bemessungsgrundlage § 108 (2)
– Datenübermittlung § 108 (5)
– Erhöhungsbeträge § 108 (2), (4)
– pauschale Erstattung § 108 (5)
– Rückerstattung von Beiträgen § 108 (6)
– Rückforderung § 108 (7)
– Steuererstattung, Pauschalbetrag § 108 (1)
– zu Unrecht erstattete Einkommensteuer § 108 (7)
Bauwirtschaft, Barzahlungsverbot, Arbeitslohn § 48
Beendigung des Dienstverhältnisses, Lohnsteuer § 67 (6)
Befreiung vom Steuerabzug, beschränkte Steuerpflicht § 99a
Begünstigte Auslandstätigkeit § 3 (1) Z 10
begünstigte Besteuerung § 37
begünstigte Besteuerung, Veräußerungsgewinn § 24
Begünstigte Einrichtungen § 4a (3 ff)
Begünstigte Einrichtungen, Liste § 4a (7 f)
Begünstigte Zwecke § 4a (2)
Behinderte § 35
Behindertensport, Spenden § 4a (4)
behördlicher Eingriff
– Aufteilung § 37 (3)
behördlicher Eingriff, Befreiung, private Grundstücksveräußerungen § 30 (2)
Beiträge
– an Berufs- und Wirtschaftsverbände § 4 (9)
– an Pensionskassen § 4 (4) Z 2
Belegschaftsbeteiligungsstiftung §§ 4 (11) Z 1, 4d (3), 26 Z 8
Beratungskostenvorauszahlung
– Verteilungspflicht § 4 (6), 19 (3)

Bergbauunternehmen, Absetzung für Substanzverringerung § 8 (5)
Beschäftigung, durchgehende § 77 (1 f)
beschränkte Lohnsteuerpflicht, Arbeitnehmer § 70
beschränkte Steuerpflicht § 98
besondere Entgelte oder Vorteile, Einkünfte aus Kapitalvermögen § 27 (5) Z 1
Besonderer Steuersatz
– bei Kapitalvermögen § 27a
– bei privater Grundstücksveräußerung § 30a
Besteuerung, begünstigte §§ 24, 37
Beteiligungen, Übertragung stiller Reserven § 12 (4)
Betrieb gewerblicher Art, Pensionsrückstellung § 14 (11)
betriebliche Kollektivversicherung §§ 108a, 108i
betriebliche Privatstiftungen §§ 4 (11) Z 1, 4d, 25 (1) Z 2
Betriebliche Vorsorgekassen
– Betriebsausgaben § 4 (4) Z 1
– Bezüge und Vorteile § 25 (1) Z 2
Betriebsausgaben § 4 (4)
– Durchschnittssätze § 17 (1)
Betriebseröffnung, Bewertung § 6 Z 8
Betriebserwerb, entgeltlich, Bewertung § 6 Z 8
Betriebserwerb, unentgeltlich, Bewertung § 6 Z 9
Betriebspensionsgesetz § 26 Z 7
Betriebsräte, Reiseaufwendungen § 3 (1) Z 16b
Betriebstätte §§ 2 (4), 81, 99a
Betriebsveranstaltungen, Steuerbefreiungen § 3 (1) Z 14
Betriebsvermögen § 4 (1)
Bewährungshilfe, Steuerbefreiungen § 3 (1) Z 26
Bewertung § 6
– abnutzbares Anlagevermögen § 6 Z 1
– Auslandsforderungen § 6 Z 2
– Betriebseröffnung § 6 Z 8
– Einlagen § 6 Z 5
– entgeltlicher Betriebserwerb § 6 Z 8
– Entnahmen § 6 Z 4
– Grundstücke § 6 Z 2, Z 5
– Kapitalvermögen § 6 Z 2, Z 5
– Kryptowährungen § 6 Z 2, Z 5
– nicht abnutzbares Anlagevermögen § 6 Z 2
– subventionierte Wirtschaftsgüter § 6 Z 10
– Tausch von Wirtschaftsgütern § 6 Z 14
– überführte Wirtschaftsgüter § 6 Z 6
– Übergangsbestimmungen EStG 1972 § 113
– Umlaufvermögen § 6 Z 2
– unentgeltlicher Betriebserwerb § 6 Z 9
– Verbindlichkeiten § 6 Z 3
– Vorsteuer § 6 Z 11 f
– Wegzugsbesteuerung, Entstrickung § 6 Z 6
– Wirtschaftsgüter mit biologischem Wachstum § 6 Z 2
Bezüge
– Agrargemeinschaften § 27 (2)
– aus Versorgungs- und Unterstützungseinrichtungen § 22 Z 4
– Beamten, Nebentätigkeit § 25 (1) Z 4
– betriebliche Privatstiftungen §§ 25 (1) Z 2, 26 Z 8
– betriebliche Vorsorgekassen § 25 (1) Z 2
– Dienstleistungscheck § 69 (7)
– freiwillige Höherversicherung § 25 (1) Z 3
– frühere Dienstverhältnisse § 47 (4 f)
– gem. Heeresgebührengesetz, Lohnsteuer § 69 (3)
– Gesellschafter-Geschäftsführer § 25 (1) Z 1
– gesetzliche Kranken- oder Unfallversorgung § 25 (1) Z 1
– Insolvenz-Entgelt § 25 (1) Z 2
– Pension § 25 (1) Z 1
– Pensionskassen § 25 (1) Z 2
– Politiker § 25 (1) Z 4
– Vortragende, Unterrichtende, Lehrende § 25 (1) Z 5
Bezugsumwandlung § 26 Z 7
Bezugsumwandlung bei Pensionszusagen § 25 (1) Z 1
Bilanz § 4 (2)
Bilanzänderung § 4 (2)
Bilanzberichtigung § 4 (2)
Bounties § 27b (2)
Bundesdenkmalamt, Spenden § 4a (4)
Bürgschaftskostenvorauszahlungen
– Verteilungspflicht §§ 4 (6), 19 (3)

C

Carsharing, Steuerbefreiungen § 3 (1) Z 16d
COVID-19 Investitionsprämie § 124b Z 365

D

Datenübermittlung, Sonderausgaben § 18 (8)
dauernde Lasten, Sonderausgaben § 18 (1) Z 1
Denkmalfonds, Spenden § 4a (4)
Denkmalpflege, AfA § 8 (2)
Depotentnahme, Einkünfte aus Kapitalvermögen § 27 (6)
Depotübertragung, Einkünfte aus Kapitalvermögen § 27 (6)
Derivate § 27 (4)
Derivate, Teilwertabschreibung § 6 Z 2
Dienstfahrzeug § 16 (1) Z 6
Dienstleistungscheck § 69 (7)
dienstnehmerähnliche Beschäftigte § 109a
Dienstreise, Reisevergütungen § 26 Z 4
Dienstverhältnis § 47 (2)
Differenzausgleich § 27 (4)
digitale Arbeitsmittel § 26 Z 9
Diplomatische Akademie, Spenden § 4a (4)
Diskontbeträge § 27 (2)
Dividenden § 27 (2)
Dividendenscheine, Veräußerung, Einkünfte aus Kapitalvermögen § 27 (6)
Doppelte Buchführung § 4 (1)
durchlaufende Gelder § 26 Z 2
durchlaufende Posten § 4 (3)
Durchschnittssätze
– Aufzeichnungen § 17 (2)
– Gruppe von Stpfl § 17 (4 f)
– Kleinunternehmerpauschalierung § 17 (3a)
– Land- und Forstwirtschaft § 17 (5a)
– Übergang auf andere Gewinnermittlungsart § 17 (3)
Durchschnittssätze, Pauschalierung § 17
Durchschnittssteuersatz § 33 (10)

E
Ehepartner § 106
(Ehe)Partnerschaften § 106
Eigenheime, private Grundstücksveräußerungen § 30 (2)
Eigentumswohnungen, private Grundstücksveräußerungen § 30 (2)
Einkommen, Definition § 2 (2)
Einkünfte
– Aufteilung § 37 (2)
– Aufteilung, behördlicher Eingriff § 37 (3)
– aus besonderen Waldnutzungen, ermäßigter Steuersatz § 37 (1), (6)
– aus der Überlassung von Rechten § 28 (1)
– aus Gewerbebetrieb § 23
– aus Gewerbebetrieb, beschränkte Steuerpflicht § 98 (1) Z 3
– aus Kapitalvermögen § 27
– aus Kapitalvermögen, beschränkte Steuerpflicht § 98 (1) Z 5
– aus Kapitalvermögen, Steuersatz § 27a
– aus Kryptowährungen § 27b
– aus Land- und Forstwirtschaft § 21
– aus Land- und Forstwirtschaft, beschränkte Steuerpflicht § 98 (1) Z 1
– aus Leistungen § 29 Z 3
– aus Leitungsrechten § 107
– aus nichtselbständiger Arbeit § 25
– aus nichtselbständiger Arbeit, beschränkte Steuerpflicht § 98 (1) Z 4
– aus Patentrechten, ermäßigter Steuersatz § 37 (1)
– aus privaten Grundstücksveräußerungen, beschränkte Steuerpflicht § 98 (1) Z 7
– aus privater Grundstücksveräußerung § 30a
– aus selbständiger Arbeit § 22
– aus selbständiger Arbeit, beschränkte Steuerpflicht § 98 (1) Z 2
– aus Veräußerungsgeschäften § 29 Z 2
– aus Vermietung und Verpachtung § 28
– aus Vermietung und Verpachtung, beschränkte Steuerpflicht § 98 (1) Z 6
– ausländische § 2 (8)
– ehemalige Tätigkeiten § 32 (1) Z 2
– Gesamtbetrag der § 2 (2)
– Mittelstandsfinanzierungsgesellschaften § 27 (7)
– sonstige Einkünfte § 2 (3)
– Umrechnung auf Jahresbetrag bei steuerfreien Bezügen § 3 (2)
– Verteilung für Künstler § 37 (9)
– Verteilung für Land- und Forstwirtschaft § 37 (4)
– Zurechnung, höchstpersönliche Tätigkeiten § 2 (4a)
Einkünfte aus Gewerbebetrieb §§ 2 (3), 23
– beschränkte Steuerpflicht § 98 (1) Z 3
– Gewinnanteile aus Mitunternehmerschaft § 23 Z 2
– Veräußerungsgewinn § 23 Z 3
Einkünfte aus Kapitalvermögen §§ 2 (3), 27
– Abzugspflicht § 93 (3)
– Abzugspflicht, Fiktionen § 93 (5)
– Anschaffungskosten § 27a (4), 93 (4)
– Anschaffungskosten, Kryptowährungen § 93 (4a)
– aus Agrargemeinschaften § 27 (2)
– Ausgleichszahlungen bei Wertpapierleihe § 27 (5) Z 4
– ausländische § 93 (5)
– bei Wegzug § 93 (5)
– bei Zuzug § 93 (5)
– Bemessungsgrundlage § 27a (3)
– beschränkte Steuerpflicht § 98 (1) Z 5
– besondere Entgelte oder Vorteile § 27 (5) Z 1
– besonderer Steuersatz § 27a
– betrieblich § 27a (6)
– Depotübertragung § 27 (6)
– Derivate § 27 (4), (6)
– Dividenden § 27 (2)
– Entstrickung § 27 (6)
– Genussrechte § 27 (2), (7)
– Gewinnanteile § 27 (2)
– inländische, KESt § 93 (2)
– Kapitalertragsteuer § 93 ff
– Kryptowährungen §§ 27 (4a), 27b
– Kryptowährungen, Definition § 27b (4)
– Kryptowährungen, Tausch § 27b (3)
– laufende Einkünfte aus Kryptowährungen § 27b (2)
– Lebensversicherungen § 27 (5) Z 3
– Leihgebühren bei Wertpapierleihe § 27 (5) Z 4
– Liquidation § 27 (6)
– Mittelstandsfinanzierungsgesellschaften § 27 (7)
– Nichtfestsetzungskonzept § 27 (6)
– Partizipationskapital § 27 (2)
– Pensionsgeschäfte § 27 (5) Z 4
– Privatstiftungen § 27 (5) Z 7 ff
– Ratenzahlungskonzept § 27 (6)
– realisierte Wertsteigerungen von Kapitalvermögen § 27 (6)
– realisierte Wertsteigerungen von § 27 (3)
– realisierten Wertsteigerungen von Kryptowährungen § 27b (3)
– Regelbesteuerungsoption § 27a (5)
– Sondersteuersatz § 27a (1)
– Sondersteuersatz, Ausnahmen § 27a (2)
– sonstige Abwicklung bei Termingeschäften § 27 (4)
– Steuerbefreiungen § 27 (7)
– Steuersatz § 27a
– Stiftungen § 27 (5) Z 7 ff
– stiller Gesellschafter § 27 (2)
– stiller Gesellschafter, Abschichtung § 27 (3)
– Stückzinsen § 27 (6)
– Übergangsbestimmungen § 119
– Überlassung von Kapital § 27 (2), (5)
– übernommene Kapitalertragsteuer § 27 (5) Z 2
– Veräußerungsfiktion § 27 (6)
– Verlustausgleich im Depot § 93 (6)
– Verlustausgleich § 27 (8)
– Wegzugsbesteuerung § 27 (6)
– Zinsen § 27 (2)
Einkünfte aus Land- und Forstwirtschaft §§ 2 (3), 21

– beschränkte Steuerpflicht § 98 (1) Z 1
– Durchschnittssätze, Pauschalierung § 17 (5a)
– Gewinnanteile aus Mitunternehmerschaft § 21 (2)
– Nebenbetrieb § 21 (2)
– Pauschalierung, Durchschnittssätze § 17 (5a)
– Veräußerungsgewinn § 21 (2)
– Verteilung § 37 (4)
Einkünfte aus nichtselbständiger Arbeit §§ 2 (3), 25
– Arbeitslohn § 25 (1) Z 1
– Ausnahmen § 26
– Beamte § 25 (1) Z 4
– beschränkte Steuerpflicht § 98 (1) Z 4
– betriebliche Privatstiftungen § 25 (1) Z 2
– betriebliche Vorsorgekassen § 25 (1) Z 2
– Bezugsumwandlung bei Pensionszusagen § 25 (1) Z 1
– Dienstverhältnis § 25 (1) Z 1
– einmalige § 25 (2)
– freiwillige Höherversicherung § 25 (1) Z 3
– Gesellschafter-Geschäftsführer § 25 (1) Z 1
– gesetzliche Kranken- oder Unfallversorgung § 25 (1) Z 1
– Insolvenz-Entgelt § 25 (1) Z 2
– Lehrende § 25 (1) Z 5
– Pension § 25 (1) Z 1, 3
– Pensionskassen § 25 (1) Z 2
– Pensionszusagen § 25 (1) Z 1
– Rechtsanspruch § 25 (2)
– Rechtsnachfolger § 25 (2)
– Rückzahlung von Pflichtbeiträgen § 25 (1) Z 3
– Unterrichtende § 25 (1) Z 5
– Vortragende § 25 (1) Z 5
Einkünfte aus selbständiger Arbeit § 2 (3)
– aus Versorgungs- und Unterstützungseinrichtungen § 22 Z 4
– beschränkte Steuerpflicht § 98 (1) Z 2
– freiberufliche Tätigkeit § 22 Z 1
– Gesellschafter-Geschäftsführer § 22 Z 2
– Gesundheitsberufe § 22 Z 1
– Gewinnanteile aus Mitunternehmerschaft § 22 Z 3
– sonstige § 22 Z 2
– Stipendien § 22 Z 1
– Veräußerungsgewinn § 22 Z 5
– Vermögensverwaltung § 22 Z 2
– Vervielfältigungstheorie § 22 Z 1
Einkünfte aus Vermietung und Verpachtung §§ 2 (3), 28
– außergewöhnliche Aufwendungen § 28 (2)
– beschränkte Steuerpflicht § 98 (1) Z 6
– Ersatz von Aufwendungen § 28 (4)
– Fehlerberichtigung § 28 (7)
– Fünfzehntelabsetzung § 28 (2), (3)
– Herstellungsaufwendungen § 28 (3)
– Instandhaltungsaufwendungen § 28 (2)
– Subventionen § 28 (6)
– Zehntelabsetzung § 28 (4)
Einkünftefeststellung, gesondert; Steuererklärung § 43
Einkunftsarten § 2 (3)
Einlagen § 4 (1)
– Bewertung § 6 Z 5
Einlagen, in Körperschaften § 4 (12) Z 1
Einlagenrückzahlung, von Körperschaften § 4 (12)
Einnahmen § 15 (1)
– Zuflussprinzip § 19 (1)
Einnahmen-Ausgaben-Rechnung § 4 (3)
– Abfertigungsrückstellung § 14 (5)
– AfA § 7 (3)
– geringwertige Wirtschaftsgüter § 13
Einnahmenüberschuss § 2 (4)
Energieerzeugungsanlagen, degressive AfA § 7 (1a)
Energieträger, fossile; degressive AfA § 7 (1a)
Entnahmen § 4 (1)
– Bewertung § 6 Z 4
Entschädigungen § 32 (1) Z 1
Entschädigungen, Aufteilung § 37 (2)
Entsendete Arbeitnehmer, Steuerbefreiungen § 3 (1) Z 10
Entstrickung § 6 Z 6
Entstrickung, Einkünfte aus Kapitalvermögen § 27 (6)
Entwicklungshelfer, Steuerbefreiungen § 3 (1) Z 11, (3)
Ergänzungszulage § 3 (1) Z 4
Ersatz von Aufwendungen, Vermietung und Verpachtung § 28 (4)
Ersatzleistungen nach strafrechtlichem Entschädigungsgesetz, Steuerbefreiungen § 3 (1) Z 27
Erschwerniszulage § 68 (1), (5)
Erstattung von Einnahmen, Werbungskosten § 16 (2)
Erstattungsbeträge, Verrechnung § 109
erstmalige Anwendung dieses Bundesgesetzes § 125
EU-Parlamentsabgeordnete, Steuerbefreiungen § 3 (1) Z 32
Euro § 76
Evidenzkonto § 4 (12) Z 3 ff
Evidenzkonto, Privatstiftungen § 27 (5) Z 7 ff

F

Fahrtkosten, Werbungskosten § 16 (1) Z 6
Fahrtkostenpauschale § 16 (1) Z 6
Familienbeihilfenberechtigter § 33 (3a)
Familienbonus Plus § 33 (3a)
Familienheimfahrten, nichtabzugsfähige Aufwendungen § 20 (1) Z 2
Familienzeitbonus, Steuerbefreiungen § 3 (1) Z 5
Fehlerberichtigung § 4 (2)
Ferialpraktikant, Steuerbefreiungen § 3 (1) Z 12
fiktive Abfertigungsansprüche § 14 (1)
Finanzinstrumente, derivative § 27 (4)
Firmenwert, AfA § 8 (3)
Flurbereinigung, Befreiung, private Grundstücksveräußerungen § 30 (2)
Förderung der Kunst und Wissenschaft, Steuerbefreiungen § 3 (1) Z 3
Forschungsprämie § 108c
– Forschungsförderungsgesellschaft § 108c (7 ff)
Forschungszuwendungen, Sonderausgaben § 18 (1) Z 7

Fortbildungsmaßnahmen §§ 4 (4) Z 7, 16 (1) Z 10
Fortführungsoption, Gewinnermittlung § 5 (2)
freiberufliche Tätigkeit, Einkünfte § 22 Z 1
Freibetrag
– für Behinderte §§ 35, 62 Z 10
– für Inhaber von Amtsbescheinigungen und Opferausweisen § 105
– für Inhaber von Opferausweisen § 62 Z 10
– Mitarbeiterbeteiligung § 3 (1) Z 15
– sonstige Bezüge § 67 (1)
– Veräußerungsgewinn § 24 (4)
– Zulagen § 68 (1)
Freibeträge, aufgrund Freibetragsbescheid § 62 Z 8
Freibetragsbescheid § 63
– Berücksichtigung § 64
freie Dienstverträge § 109a
Freigrenze, sonstige Bezüge § 67 (1)
Freiwillige Feuerwehr, Spenden § 4a (6)
freiwillige soziale Zuwendungen, Steuerbefreiungen § 3 (1) Z 16
Fremdmittelkostenvorauszahlungen
– Verteilungspflicht §§ 4 (6), 19 (3)
Fünfzehntelabsetzung, Vermietung und Verpachtung § 28 (2), (3)
Funktionsgebühren § 29 Z 4
Futures § 27 (4)

G
Garantiekostenvorauszahlungen
– Verteilungspflicht §§ 4 (6), 19 (3)
Gebäude
– Übertragung stiller Reserven § 12 (4)
Gebäude, AfA § 8 (1)
– Verhältnis zu Grund und Boden § 16 (1) Z 8 lit d
Gebäude, AfA, doppelte, dreifache §§ 8 (1a), 16 (1) Z 8 lit e
Gefahrenzulage § 68 (1), (5)
Gehälter, nichtabzugsfähig § 20 (1) Z 7
geldwerter Vorteil § 15 (1), (2)
– Einbehaltung der Lohnsteuer § 78 (4)
– Steuerbefreiungen § 3 (1) Z 13 f
gemeinsame Versteuerung, Pensionen § 47 (4)
Genossenschaftskapital § 4 (12) Z 1
Genussrechte § 27 (2), (7)
Genussrechtskapital § 4 (12) Z 1
Genussscheine
– Sonderausgaben § 18 (1) Z 4
geringwertige Wirtschaftsgüter § 13
Gesamtbetrag der Einkünfte § 2 (2)
Gesundheitsförderung, Steuerbefreiungen § 3 (1) Z 13
Getränke, Steuerbefreiungen § 3 (1) Z 18
Gewerbebetrieb § 23
gewerbliche Einkünfte § 2 (4)
Gewinn §§ 2 (4), 4 (1 ff)
– rechnungslegungspflichtiger Gewerbetreibender § 5 (1 f)
Gewinnanteile § 27 (2)
– aus Mitunternehmerschaft, Gewerbebetrieb § 23 Z 2
– aus Mitunternehmerschaft, Land- und Forstwirtschaft § 21 (2)
– aus Mitunternehmerschaft, selbständige Arbeit § 22 Z 3
Gewinnbeteiligungen an Arbeitnehmer, Steuerbefreiungen § 3 (1) Z 35
Gewinnermittlung, Auslandseinkünfte § 2 (8)
Gewinnermittlungsart, Wechsel § 4 (10)
Gewinnermittlungszeitraum, abweichendes Wirtschaftsjahr § 2 (5)
Gewinnfreibetrag § 10
– begünstigte Wirtschaftsgüter § 10 (3)
– Ersatzbeschaffung § 10 (5)
– investitionsbedingter § 10 (3)
– investitionsbedingter, Ausnahmen § 10 (4)
– investitionsbedingter, höhere Gewalt § 10 (5)
– Mitunternehmerschaft § 10 (2)
– Wertpapiere § 10 (3), (5)
Golden Handshakes, nichtabzugsfähig § 20 (1) Z 8
Grenzpendler § 1 (4)
Grund und Boden
– Anlagekartei § 4 (3)
– Übertragung stiller Reserven § 12 (4)
– Wertänderung §§ 4 (3a), 124b Z 212
Grundkapital § 4 (12) Z 1
Grundsätze ordnungsmäßiger Buchführung § 4 (2)
grundstücksgleiche Rechte, private Grundstücksveräußerungen § 30 (1)
Grundstücksveräußerung
– Altvermögen § 30 (4)
– Befreiung bei Baulandumlegung § 30 (2)
– Befreiung bei behördlichem Eingriff § 30 (2)
– Befreiung bei Flurbereinigungen § 30 (2)
– beschränkte Steuerpflicht § 98 (1) Z 7
– besonderer Steuersatz § 30a
– Einkünfteermittlung § 30 (3), (4), (6)
– Ermäßigung bei Doppelbelastung § 30 (8)
– fiktive Anschaffungskosten § 30 (6)
– Gewinn § 4 (3a)
– Grundstücksbegriff § 30 (1)
– grundstücksgleiche Rechte § 30 (1)
– Haftung Parteienvertreter § 30c
– Hauptwohnsitzbefreiung § 30 (2)
– Herstellerbefreiung § 30 (2)
– Immobilienertragsteuer §§ 30b, 30c
– Neuvermögen § 30 (3)
– Option auf Regeleinkünfteermittlung § 30 (5)
– pauschale Einkünfteermittlung § 30 (4)
– private § 30
– Regeleinkünfteermittlung § 30 (3)
– Tausch § 30 (1)
– Umwidmung § 30 (4)
– Verlustausgleich § 30 (7)
Gutschrift § 46 (2)

H
Haftung
– Abzugsteuer § 100 (2)
– Bauleistungen § 82a
– Kapitalertragsteuer § 95 (1)
– Lohnsteuer § 82
Hälftesteuersatz §§ 37 (1), 38

Hardfork § 27b (2)
Hauptwohnsitzbefreiung, private Grundstücksveräußerungen § 30 (2)
Herstellerbefreiung, private Grundstücksveräußerungen § 30 (2)
Herstellungsaufwendungen, Vermietung und Verpachtung § 28 (3)
Hochrechnungsfaktor § 66 (3)
Höchstpersönliche Tätigkeiten, Einkünftezurechnung § 2 (4a)
Höherversicherung, freiwillig §§ 18 (1) Z 2, 108a
Höherversicherung freiwillig, Bezüge § 25 (1) Z 3
Homeoffice-Pauschale § 26 Z 9

I
Immobilienertragsteuer § 30b
– Mitteilung § 30c
Immobilienfonds
– Steuerbefreiung § 94 Z 10, 11
ImmoESt § 30b
Indexzertifikate § 27 (4)
Inflationsanpassung § 33 (1a)
Infrastrukturbetreiber, Einkünfte aus Leitungsrechten § 107
Inhaber von Amtsbescheinigungen und Opferausweisen, Freibetrag § 105
inländische Kapitaleinkünfte § 93 (2)
Innenfinanzierung § 4 (12) Z 4
Innovationsstiftung für Bildung, Zuwendungen §§ 4c, 18 (1) Z 9
Insolvenz-Ausfallgeld § 69 (6)
Insolvenz-Entgelt § 25 (1) Z 2
Insolvenzverfahren
– Schulderlass § 36
Instandhaltungsaufwendungen, Vermietung und Verpachtung § 28 (2)
Instandsetzungsaufwendungen § 4 (7)
– Vermietung und Verpachtung § 28 (2)
Institut für Österreichische Geschichtsforschung, Spenden § 4a (4)
Internationale Anti-Korruptions-Akademie (IACA), Spenden § 4a (4)
Investitionsbedingter Gewinnfreibetrag § 10 (3)
Investitionsfreibetrag § 11
– AfA § 11 (1)
– Anlageverzeichnis, Anlagenkartei § 11 (6)
– ausgeschlossene Wirtschaftsgüter § 11 (3)
– Ausscheiden von Wirtschaftsgütern § 11 (5)
– behördlicher Eingriff § 11 (5)
– Geltendmachung § 11 (6)
– Höhe, Deckelung § 11 (1)
– höhere Gewalt § 11 (5)
– Nachversteuerung § 11 (5)
– Teilbeträge der Anschaffungs- oder Herstellungskosten § 11 (4)
– Zeitpunkt, Wirtschaftsjahr § 11 (4)
– zulässige Wirtschaftsgüter § 11 (2)
Investitionszuwachsprämie § 108e

J
Jahresabschluss § 4 (2)
Jahressechstel § 67 (1)
Jahressechstel, Kurzarbeit § 124b Z 364
Jubiläumsgeldrückstellung § 14 (12 f)
junge Aktien
– Sonderausgaben § 18 (1) Z 4
– Sonderausgaben, Nachversteuerung § 18 (4)

K
Kalte Progression § 33a
– Definition § 33a (2)
– Inflationsrate § 33a (3 f)
– Progressionsbericht § 33a (5 f)
Kapital aus sonstigen Finanzierungsinstrumenten § 4 (12) Z 1
Kapitaleinkünfte
– Verlustausgleich im Depot § 124b Z 207
Kapitalerhöhung aus Gesellschaftsmitteln, Steuerbefreiungen § 3 (1) Z 29
– Bewertung § 6 Z 15
Kapitalertragsteuer § 93 ff
– Abfuhr § 96
– Abzugspflicht, Ausnahmen § 94
– Abzugsverpflichteter § 95 (2)
– Abzugszeitpunkt § 95 (3)
– Anmeldung § 96 (3)
– Anrechnung ausländischer Steuern § 97 (2)
– Anschaffungskosten § 93 (4)
– Anschaffungskosten, Kryptowährungen § 93 (4a)
– Ausnahmen, ASVG-Privatstiftung § 94 Z 14
– Ausnahmen, ausländische Körperschaften § 94 Z 13
– Ausnahmen, Befreiungserklärung § 94 Z 5
– Ausnahmen, beschränkt steuerpflichtige Körperschaften § 94 Z 6
– Ausnahmen, Entstrickung § 94 Z 7
– Ausnahmen, Immobilienfonds § 94 Z 10, 11
– Ausnahmen, Immobilienfonds, öffentliches Angebot § 94 Z 8
– Ausnahmen, Investmentfonds § 94 Z 10, 11
– Ausnahmen, Kapitalerhöhung aus Gesellschaftsmitteln § 94 Z 9
– Ausnahmen, Mutter-Tochter-Richtlinie § 94 Z 2
– Ausnahmen, Privatstiftungen § 94 Z 12
– Ausnahmen, Zwischenbankengeschäfte § 94 Z 3
– Bescheinigung an Empfänger § 96 (4)
– betriebliche Einkünfte § 93 (3)
– Endbesteuerung § 97
– Fiktionen § 93 (5)
– Haftung des Abzugsverpflichteten § 95 (1)
– Haftung des steuerlichen Vertreters von Investmentfonds § 95 (1)
– inländische Einkünfte § 93 (2)
– nachträglich gekürzte Kapitalerträge § 95 (5)
– Regelbesteuerungsoption §§ 27a (5), 97 (1)
– Schuldner § 95 (1)
– Steuerabgeltung § 97 (1)
– Steuerreporting § 96 (5)
– Steuerschuldner § 95 (1)
– Übergangsbestimmungen § 124b Z 185 ff
– Übergangsbestimmungen EStG 1972 § 123
– Übernahme § 27 (5) Z 2
– Verlustausgleich im Depot § 93 (6)

- Verlustausgleich Kryptowährungen § 93 (7)
- Verlustausgleichsbescheinigung § 96 (5)
- Verlustausgleichsoption § 97 (2)
- Vorschreibung an Steuerschuldner § 95 (4)
- Zufluss § 95 (3)
- zuständiges Finanzamt § 96 (2)

Kapitalherabsetzung, Rückzahlung § 32 (1) Z 3
kapitalistische Mitunternehmer § 23a
Kapitalkonto, kapitalistische Mitunternehmer § 23a
Kapitalrücklage § 4 (12) Z 1
Kapitalvermögen § 27 (3)
Kapitalvermögen, Besteuerung §§ 27, 27a
Kapitalvermögen, Teilwertabschreibung § 6 Z 2
Katastrophenschäden, außergewöhnliche Belastung § 34 (6)
KESt § 93 ff
Kinder § 106
- Behinderung, außergewöhnliche Belastung § 34 (6)
- Berufsausbildung, außergewöhnliche Belastung § 34 (6), (8)

Kinderabsetzbetrag § 33 (3)
- Verrechnung § 109

Kinderbetreuungsgeld, Steuerbefreiungen § 3 (1) Z 5
Kinderbetreuungskosten Zuschuss, Steuerbefreiungen § 3 (1) Z 13
Kindermehrbetrag § 33 (7)
Kirchenbeitrag, Sonderausgaben § 18 (1) Z 5
Kleinunternehmerpauschalierung § 17 (3a)
Klimabonus, Steuerbefreiungen § 3 (1) Z 37
Kombinationskraftwagen, AfA § 8 (6)
Körperschaften des öffentlichen Rechts, Lohnsteuer § 85
Kraftfahrzeuge, Investitionsfreibetrag § 10 (4)
Krankengeld § 69 (2)
Krankenversicherung, gesetzliche, vorübergehende Auszahlung, Lohnsteuer § 69 (2)
Kryptowährungen, Abzugspflicht § 93 (2)
Kryptowährungen, Besteuerung §§ 27 (4a), 27b
Kryptowährungen, Teilwertabschreibung § 6 Z 2
Kündigungsentschädigungen, Arbeitnehmer § 67 (8)
Kunst und Kultur, Spenden § 4a (2), (4a)
Künstler, Einkünfteverteilung § 37 (9)
Künstler, Einkünftezurechnung § 2 (4a)

L

Leasinggesellschaften, Ausgleichsposten § 6 Z 16
Lebensmittelgutscheine, Steuerbefreiungen § 3 (1) Z 17
Lebensversicherungen, Einkünfte aus Kapitalvermögen § 27 (5) Z 3
Lehrlingsausbildungsprämie § 108f
Leistungen aus Familienlastenausgleichsfonds, Steuerbefreiungen § 3 (1) Z 7
Liquidation, Einkünfte aus Kapitalvermögen § 27 (6)
Lizenzgebühren § 99a
Lizenzzahlungen, ermäßigter Steuersatz § 38
Lohnabrechnung § 78 (5)
Lohnaufzeichnungen, Einsichtnahme des Finanzamts § 87 (1)
Lohnkonto § 76
Lohnsteuer § 47
- Abfuhr § 79 (1 f)
- Anmeldung § 80
- beschränkte Steuerpflicht § 70
- Einbehaltung § 78
- Haftung § 82
- Nachforderung, aufgrund Haftung des Arbeitgebers § 86 (3)
- Nachforderung, Pauschbetrag § 86 (2)
- Pauschbetrag § 69 (1)
- Steuerschuldner § 83
- Unterbleiben der Abfuhr § 79 (2)

Lohnsteuerabzug in besonderen Fällen § 69
Lohnsteuerprüfung § 86
Lohnsteuertarif § 66
Lohnsteuerverfahren, Übergangsbestimmungen EStG 1972 § 122
Lohnzahlungen § 78 (1)
Lohnzahlungszeitraum § 77
Lohnzettel §§ 69 (5 f), 84
Luftfahrzeuge, degressive AfA § 7 (1a)
Luxustangente § 20 (1) Z 2

M

Mahlzeiten, Steuerbefreiungen § 3 (1) Z 17
Managergehälter, nichtabzugsfähig § 20 (1) Z 7
Massenbeförderungsmittel § 26 Z 5
maßgeblicher Wert, Einkünfte aus Kapitalvermögen § 27 (5) Z 7 ff
Mietkostenvorauszahlung
- Verteilungspflicht §§ 4 (6), 19 (3)

Mietzinsrücklage, Übergangsbestimmungen EStG 1972 § 116
Mitarbeiterbeteiligung, Freibetrag § 3 (1) Z 15
Mitarbeiterbeteiligungsstiftung §§ 3 (1) Z 15 lit c und d, 4 (11) Z 1, 4d (4)
Mitarbeiterrabatte § 15 (2) Z 3
Mitarbeiterrabatte, Steuerbefreiungen § 3 (1) Z 21
Mitgliedsbeiträge, Werbungskosten § 16 (1) Z 3
Mitteilung
- Auslandszahlung § 109b
- Immobilienertragsteuer § 30c

Mitteilungspflicht, Auslandszahlung § 109b
Mitteilungspflicht, Entgelt § 109a
Mittel, öffentliche § 3 (4)
Mittelstandsfinanzierungsgesellschaften § 27 (7)
Mitunternehmer, kapitalistische § 23a
Mitunternehmerschaft, Veräußerungsgewinn § 24 (2)
Mitwirkung Sozialversicherung § 89
Museen, Spenden § 4a (4)

N

Nachtarbeit § 68 (6)
Nachversteuerung § 124b Z 263
Nachversteuerung, ausländische Verluste § 2 (8)
Nachzahlungen, Arbeitnehmer § 67 (8)
Nationalbibliothek, Spenden § 4a (4)
Nebenbetrieb, Land- und Forstwirtschaft § 21 (2)
Negativsteuer § 33 (8)
Nettolohnvereinbarung § 62a

nichtabzugsfähige Aufwendungen § 20
– Verhältnis zur außergewöhnlichen Belastung § 20 (3)
– Verhältnis zu Sonderausgaben § 20 (3)
Nichtfestsetzungskonzept, Entstrickung § 27 (6)
Nichtraucherschutz, Umrüstungsprämie § 124b Z 268
nichtselbständige Arbeit § 25
nichtselbständige Einkünfte, Werbungskosten Pauschbetrag § 16 (3)
Notstandshilfe, Steuerbefreiungen § 3 (1) Z 5
Nutzungsdauer, betriebsgewöhnlich § 7 (1)

O
öffentliche Mittel, Definition § 3 (4)
Opferausweis § 105
Ortskräfte, Steuerbefreiungen § 3 (1) Z 30
Österreichisches Archäologisches Institut, Spenden § 4a (4)
Österreichisches Filminstitut, Spenden § 4a (4)

P
Parteienvertreter, Immobilienertragsteuer § 30c
Partizipationskapital §§ 4 (12) Z 1, 27 (2)
Patentrechte, Verwertung, ermäßigter Steuersatz §§ 37 (1), 38
Pauschale Wertberichtigungen § 6 Z 2
Pauschalierung, Durchschnittssätze § 17
Pauschbetrag, Lohnsteuer § 69 (1)
Pendlereuro § 33 (5)
Pendlerpauschale §§ 16 (1) Z 6, 62 Z 6
Pensionen, Steuerabzug § 47 (3)
Pensionistenabsetzbetrag § 33 (6)
Pensionsabfindungen § 67 (8)
Pensionsbezüge § 25 (1) Z 1
Pensionsgeschäft, Einkünfte aus Kapitalvermögen § 27 (5) Z 4
Pensionsinvestmentfonds, prämienbegünstigt § 108b (2)
Pensionskassen
– Bezüge § 25 (1) Z 2
Pensionskassen, Übertragungen Anwartschaften und Zusagen § 124
Pensionskassenbeiträge § 26 Z 7
Pensionsrückstellung § 14 (7 ff)
– Betrieb gewerblicher Art § 14 (11)
– Bildung § 14 (6)
– Kostenersatz durch Dritte § 14 (8)
– Übergangsbestimmungen EStG 1972 § 116
– Übernahme der gesetzlichen Pensionsversicherung § 14
– Vergütungen früherer Arbeitgeber § 14 (9)
– Wertpapierdeckung § 14 (7 ff)
Pensionsversicherung, Werbungskosten § 16 (1) Z 4
Pensionsvorsorge, prämienbegünstigt § 108a
Pensionszusatzversicherung §§ 18 (1) Z 2, 108a, 108b (1)
Personalvertreter, Reiseaufwendungen § 3 (1) Z 16b
Personenkraftwagen, AfA § 8 (6)
Personensteuern, nichtabzugsfähige Aufwendungen § 20 (1) Z 6
Pflegekarenzgelt, Steuerbefreiungen § 3 (1) Z 5
Pflegekosten, stehendes Holz § 4 (8)
Pflichtbeiträge
– zu Interessenvertretungen, Werbungskosten § 16 (1) Z 3
– zu Versicherungen § 4 (4) Z 1
– zu Versicherungen, Werbungskosten § 16 (1) Z 3
– zu Versorgungs- und Unterstützungseinrichtungen der Kammern § 4 (4) Z 1
Pflichtbeiträge zu Versicherungen
– zu gesetzlichen Interessenvertretungen § 62 Z 3
Pflichtversicherung, Werbungskosten § 16 (1) Z 4
Private Grundstücksveräußerungen § 30
Privatstiftungen
– Einkünfte aus Kapitalvermögen § 27 (5) Z 7 ff
– Substanzauszahlung § 27 (5) Z 7 ff
– Zuwendungen § 4 (11)
Progressionsermäßigung § 37 (1)
Progressionsvorbehalt § 33 (11)

R
Ratenzahlungskonzept, Entstrickung §§ 6 Z 6, 27 (6)
Realisierte Wertsteigerung von Kapitalvermögen § 27 (3)
Registrierkassa, Anschaffungsprämie § 124b Z 296
Reiseaufwandsentschädigungen (Sportler, Trainer), Steuerbefreiungen § 3 (1) Z 16c
Reiseaufwandsentschädigungen, Steuerbefreiungen § 3 (1) Z 16b
Reisekosten § 4 (5)
– nichtabzugsfähige Aufwendungen § 20 (1) Z 2
– Werbungskosten § 16 (1) Z 9
Renten
– Sonderausgaben § 18 (1) Z 1
– Werbungskosten § 16 (1) Z 1
Repräsentationsaufwendungen, nichtabzugsfähig § 20 (1) Z 3
Rücklagen, Übergangsbestimmungen EStG 1972 § 116
Rückstellungen
– Abzinsung § 9 (5)
– Anwartschaft auf Abfertigung § 9 (1)
– Dienstjubiläum § 14 (12 f)
– drohende Verluste § 9 (1), (3)
– Einschränkung § 9 (5)
– Firmenjubiläum § 9 (4)
– Jubiläumsgelder § 9 (2)
– pauschale § 9 (3)
– Pensionen §§ 9 (1), 14 (6), (7 ff)
– Teilwert § 9 (5)
– Übergangsbestimmungen EStG 1972 § 116
– ungewisse Verbindlichkeiten § 9 (1), (3)
Rückzahlung von Einnahmen, Werbungskosten § 16 (2)
Rumpfwirtschaftsjahr § 2 (6)

S
Salutogenese, Steuerbefreiungen § 3 (1) Z 13
Sanierung von Gebäuden, thermisch-energetische, Sonderausgaben § 18 (1) Z 10

Sanierungsgewinn § 36
Schmutzzulage § 68 (1), (5)
Schriftsteller, Einkünftezurechnung § 2 (4a)
Schulderlass § 36
Schuldzinsen, Werbungskosten § 16 (1) Z 1
Schülerbeihilfen, Steuerbefreiungen § 3 (1) Z 3
Sechstelgrenze § 67 (2)
selbständige Arbeit § 22
Sonderausgaben § 18
– Datenübermittlung § 18 (8)
– Ersatz eines fossilen Heizungssystems § 18 (1) Z 10
– freiwillige Weiterversicherung § 18 (1) Z 1a
– für nahe Angehörige § 18 (3)
– Genussscheine und junge Aktien § 18 (1) Z 4
– Höchstbetrag § 18 (3)
– Kirchenbeitrag § 18 (1) Z 5
– Nachkauf von Versicherungszeiten § 18 (1) Z 1a
– Nachversteuerung § 18 (4)
– Nachversteuerung, Höhe § 18 (5)
– Pauschale §§ 18 (2), 62 Z 2
– Renten und dauernde Lasten § 18 (1) Z 1
– Spenden § 18 (1) Z 7
– Steuerberatungskosten § 18 (1) Z 6
– thermisch-energetische Sanierung von Gebäuden § 18 (1) Z 10
– Übergangsbestimmungen EStG 1972 § 117
– Verhältnis zu nichtabzugsfähigen Aufwendungen § 20 (3)
– Verlustabzug § 18 (6)
– Versicherungsprämien § 18 (1) Z 2
– Wohnraumschaffung und -sanierung § 18 (1) Z 3
Sonderprämie für katastrophenbedingte Ersatzbeschaffung § 108d
Sondersteuersatz, Ausnahmen, Einkünfte aus Kapitalvermögen § 27a (2)
Sondersteuersatz, Einkünfte aus Kapitalvermögen § 27a (1)
Sondersteuersatz, private Grundstücksveräußerung § 30a
sonstige Bezüge § 67
– Arbeitnehmerveranlagung § 41 (4)
– Freibetrag § 67 (1)
– Freigrenze § 67 (1)
sonstige Einkünfte § 29
sonstige selbständige Arbeit, Einkünfte § 22 Z 2
Sozialversicherung, gesetzliche; Besteuerung der Bezüge § 47 (4 f)
Sozialversicherung, Mitteilung § 89
Sozialversicherungsbeiträge § 62 Z 4
Spekulationsgeschäfte § 31
Spenden
– aus dem Betriebsvermögen § 4a
– Begünstigte Einrichtungen § 4a (3 ff)
– Begünstigte Zwecke § 4a (2)
– Sonderausgaben § 18 (1) Z 7
– Spendenempfängerliste § 4a (7 f)
– zur Vermögensausstattung, Stiftungen § 18 (1) Z 8
Sportler, Einkünftezurechnung § 2 (4a)
Staking § 27b (2)
Stammkapital § 4 (12) Z 1
Stand der Einlagen § 4 (12) Z 3 ff
Steinbruch, Absetzung für Substanzverringerung § 8 (5)
Steuerabzug, vom Schuldner vorzunehmen § 100 (4)
Steuerbefreiungen § 3 (1 ff)
– Abgeltungen von Wertminderungen von Grundstücken § 3 (1) Z 33
– Altersteilzeitgeld § 3 (1) Z 5
– Arbeitslosengeld und Notstandshilfe § 3 (1) Z 5
– Arbeitsvergütungen nach Strafvollzugsgesetz § 3 (1) Z 31
– Ausgleichszulage § 3 (1) Z 4
– Aushilfskräfte § 3 (1) Z 11
– Auslandsbeamte § 3 (1) Z 8 f
– Auslandseinsatzzulage § 3 (1) Z 24
– Auslandstätigkeit § 3 (3)
– Auslandstätigkeit, Auslandsmontage § 3 (1) Z 10
– Baulandumlegung, private Grundstücksveräußerungen § 30 (2)
– behördlicher Eingriff, private Grundstücksveräußerungen § 30 (2)
– Beihilfen, ArbeitsmarktserviceG § 3 (1) Z 5
– Beihilfen, BerufsausbildungsG § 3 (1) Z 5
– Betriebsveranstaltungen § 3 (1) Z 14
– Bewährungshilfe § 3 (1) Z 26
– Zuschüsse für Carsharing § 3 (1) Z 16d
– Einkünfte aus Kapitalvermögen § 27 (7)
– Entwicklungshelfer § 3 (1) Z 11, (3)
– Ergänzungszulage § 3 (1) Z 4
– Ersatzleistungen nach strafrechtlichem Entschädigungsgesetz § 3 (1) Z 27
– Erstattungsbeiträge von Sozialversicherungen § 3 (1) Z 4
– EU-Parlamentsabgeordnete § 3 (1) Z 32
– Ferialpraktikant § 3 (1) Z 12
– Flurbereinigung, private Grundstücksveräußerungen § 30 (2)
– Förderung der Kunst, Wissenschaft und Forschung § 3 (1) Z 3
– freiwillige soziale Zuwendungen § 3 (1) Z 16
– geldwerter Vorteil § 3 (1) Z 13 f
– Gesundheitsförderung § 3 (1) Z 13
– Getränke § 3 (1) Z 18
– Gewinnbeteiligungen an Arbeitnehmer § 3 (1) Z 35
– Hauptwohnsitz, private Grundstücksveräußerungen § 30 (2)
– Hilfsbedürftigkeit § 3 (1) Z 3
– Innovationsstiftung für Bildung § 3 (1) Z 3
– Kapitalerhöhung aus Gesellschaftsmitteln § 3 (1) Z 29
– Kinderbetreuungsgeld § 3 (1) Z 5
– Klimabonus § 3 (1) Z 37
– Kriegsbeschädigte, Versorgungsleistungen, Transferzahlungen, Befreiungen § 3 (1) Z 1 f
– Lebensmittelgutscheine § 3 (1) Z 17
– Leistungen aus Familienlastenausgleichsfonds § 3 (1) Z 7
– Mahlzeiten § 3 (1) Z 17
– Mitarbeiterbeteiligung § 3 (1) Z 15

– Mitarbeiterbeteiligungsstiftung § 3 (1) Z 15
– Mitarbeiterrabatte § 3 (1) Z 21
– Ortskräfte § 3 (1) Z 30
– Pflegekarenzgelt § 3 (1) Z 5
– Reiseaufwandsentschädigungen (Sportler, Trainer) § 3 (1) Z 16c
– Reiseaufwandsentschädigungen § 3 (1) Z 16b
– Sachleistungen von Sozialversicherungen § 3 (1) Z 4
– Salutogenese § 3 (1) Z 13
– selbst hergestellte Gebäude, private Grundstücksveräußerungen § 30 (2)
– Stipendien § 3 (1) Z 3
– Studien- und Schülerbeihilfen § 3 (1) Z 3
– Subventionen, öffentliche Mittel § 3 (1) Z 6
– SV-Rückerstattung § 3 (1) Z 34
– Transferzahlungen § 3 (1) Z 1 f
– Trinkgelder § 3 (1) Z 16a
– Überbrückungsgeld § 3 (1) Z 5
– Übergangsgelder § 3 (1) Z 4
– Umrechnung auf Jahresbetrag § 3 (2)
– unverzinsliche Gehaltsvorschüsse § 3 (1) Z 20
– Verbrechensopfer § 3 (1) Z 25
– Vermietung und Verpachtung § 28 (6)
– Versorgungsleistungen nach Impfschadengesetz § 3 (1) Z 28
– Wehrpflichtige § 3 (1) Z 22
– Weihnachtsfeiern § 3 (1) Z 14
– Wochengeld § 3 (1) Z 4
– Zivildiener § 3 (1) Z 23
– Zukunftssicherung § 3 (1) Z 15
– Zuschuss zu Kinderbetreuungskosten § 3 (1) Z 13
– Zuwendungen einer Krankenkassen-Privatstiftung § 3 (1) Z 35
– Zuwendungen für Begräbnis § 3 (1) Z 19
Steuerberatungskosten, Sonderausgaben § 18 (1) Z 6
Steuererklärung
– Beilagen § 44 (1 ff)
– elektronische Übermittlung §§ 42 (1), 43 (2), 44 (8)
– Form § 44
Steuererklärungspflicht § 42 f
steuerfreie Beträge, Übergangsbestimmungen EStG 1972 § 116
Steuerpflicht
– Antrag auf unbeschränkte § 1 (4)
– beschränkt § 1 (3)
– beschränkte; Steuererklärung § 42 (2)
– beschränkte; Veranlagung § 102
– gewöhnlicher Aufenthalt § 1 (2)
– persönlich § 1 (1)
– sachlich § 2 (1)
– unbeschränkt § 1 (2)
– unbeschränkte; Steuererklärung § 42 (1)
– Wohnsitz § 1 (2)
Steuersatz
– besonderer bei Kapitalvermögen § 27a
– ermäßigter § 37
– fester § 67 (1)
– Kapitalvermögen § 27a
– Nachzahlungen § 67 (8 ff)
– private Grundstücksveräußerung § 30a
Steuersätze § 33
Steuerschuldner
– Abzugsteuer § 100 (2)
– Kapitalertragsteuer § 95 (1)
– Lohnsteuer § 83
Stiftungen, ausländische, Einkünfte aus Kapitalvermögen § 27 (5) Z 7 ff
Stiftungseingangswerte § 27 (5) Z 7 ff
stille Reserven
– Übergangsbestimmungen EStG 1972 § 118
– Übertragung § 12
stiller Gesellschafter, Abschichtung § 27 (3)
Stillhalterprämie § 27 (4)
Stimmrechte
– einheitliche Ausübung § 4d (4)
– Übertragung §§ 3 (1) Z 15 lit c, 4d (4)
Stipendien, Steuerbefreiungen § 3 (1) Z 3
strafbare Geld- oder Sachzuwendungen, nichtabzugsfähig § 20 (1) Z 5
Strafen, nichtabzugsfähig § 20 (1) Z 5
Stückzinsen § 27 (6)
Studienbeiträge, Absetzbarkeit §§ 4 (4) Z 7, 16 (1) Z 10
Subsidiarität
– Einkünfte aus Vermietung und Verpachtung § 28 (1)
Substanzauszahlung, bei Privatstiftungen § 27 (5) Z 7 ff
Substiftungen § 27 (5) Z 7 ff
Subventionen, Steuerbefreiungen § 3 (1) Z 6
SV-Rückerstattung, Steuerbefreiungen § 3 (1) Z 34
SV-Rückerstattung, Tarif § 33 (8)
Swaps § 27 (4)

T

Tank- und Zapfanlagen, degressive AfA § 7 (1a)
Tarif § 33
Tätigkeiten, höchstpersönliche, Einkünftezurechnung § 2 (4a)
Tausch
– Wirtschaftsgüter, Bewertung § 6 Z 14
Topfsonderausgaben § 18 (3)
Transparenzdatenbank, Spenden § 4a (4a)
Treuhandkostenvorauszahlung
– Verteilungspflicht §§ 4 (6), 19 (3)
Trinkgelder, Steuerbefreiungen § 3 (1) Z 16a

U

überführte Wirtschaftsgüter, Bewertung § 6 Z 6
Übergangsgewinn § 4 (10)
Übergangsverlust § 4 (10)
Überlassung von Kapital § 27 (2)
übernommene Kapitalertragsteuer § 27 (5) Z 2
Überschuss der Betriebseinnahmen § 4 (3)
Überschuss der Einnahmen über die Werbungskosten § 15 (1 ff)
Überstunde § 68 (4)
Überstundenzuschläge § 68 (2)
Übertragung stiller Reserven § 12
– Anschaffungs- oder Herstellungskosten § 12 (6)
– Behaltefrist § 12 (3)
– Einkünfte aus Waldnutzungen § 12 (7)

– erfasste Wirtschaftsgüter § 12 (4)
– höhere Gewalt § 12 (5)
– Übertragungsrücklage § 12 (7 ff)
Übertragungsrücklage
– gewinnerhöhende Auflösung § 12 (7 ff)
– Verwendung § 12 (7 ff)
– Zuschlag § 12 (7 ff)
Umgründungen §§ 4 (12) Z 3 ff, 124b Z 279
Umlaufvermögen, Bewertung § 6 Z 2
Umrüstungsprämie, Nichtraucherschutz § 124b Z 268
Umsatzsteuer, Einnahmen-Ausgaben-Rechnung § 4 (3)
Umschulungskosten §§ 4 (4) Z 7, 16 (1) Z 10
Umwidmung, private Grundstücksveräußerungen § 30 (4)
Umwidmungsgewinn § 124b Z 261
Umzugskostenvergütungen § 26 Z 6
Unterhaltsabsetzbetrag § 33 (4)
Unterhaltsleistungen, außergewöhnliche Belastung § 34 (7)
Unterhaltsverpflichteter § 33 (3a)
Unternehmen, verbundenes § 99a
Unternehmenszweckförderungsstiftung §§ 4 (11) Z 1, 4d (1)
unverzinsliche Gehaltsvorschüsse, Steuerbefreiungen § 3 (1) Z 20
Urlaubsentschädigung, -abfindung § 67 (8)

V

Veranlagung § 39 ff
– antragslose § 41 (2) Z 2
– beschränkte Steuerpflicht § 102
– lohnsteuerpflichtige Einkünfte § 41
Veranlagungsfreibetrag § 41 (3)
Veranlagungszeitraum § 39
Veräußerung von Beteiligung an Mitunternehmerschaft § 32 (2)
Veräußerungsgewinn § 24
– Aufteilung § 37 (2)
– Begünstigung bei Gebäuden § 24 (6)
– Buchwertfortführung nach UmgrStG § 24 (7)
– Ermäßigung bei Doppelbelastung § 24 (5)
– Freibetrag § 24 (4)
– Gewerbebetrieb § 23 Z 3
– Land- und Forstwirtschaft § 21 (2)
– Mitunternehmerschaft § 24 (2)
– selbständige Arbeit § 22 Z 5
– Übergangsbestimmungen EStG 1972 § 118
– Wirtschaftsgüter, Veräußerung, Entnahme § 24 (3)
Verbandsgeldbuße, nichtabzugsfähig § 20 (1) Z 5
Verbindlichkeiten, Bewertung § 6 Z 3
Verbrechensopfer, Steuerbefreiungen § 3 (1) Z 25
verbundenes Unternehmen § 99a
Vergleichssummen, Arbeitnehmer § 67 (8)
Verhältnis Grund und Boden zu Gebäude § 16 (1) Z 8 lit d
Verkehrsabsetzbetrag § 33 (5)
Verlustabzug, Sonderausgaben § 18 (6)
Verlustausgleich § 2 (2)
Verlustausgleich, Einkünfte aus Kapitalvermögen § 27 (8)
Verlustausgleich, Kapitaleinkünfte, Depot §§ 93 (6), 124b Z 207
Verlustausgleich, private Grundstücksveräußerungen § 30 (7)
Verlustausgleichsbeschränkung § 2 (2a)
Verlustausgleichsverbot § 2 (2a)
Verluste kapitalistischer Mitunternehmer § 23a
Verlustrücktrag § 124b Z 355
Verlustverrechnung
– ausländische Verluste § 2 (8)
– Einschränkung § 124b Z 248
Verlustvortrag § 18 (6)
Vermietung und Verpachtung § 28
– außergewöhnliche Aufwendungen § 28 (2)
– Ersatz von Aufwendungen § 28 (4)
– Fehlerberichtigung § 28 (7)
– Fünfzehntelabsetzung § 28 (2), (3)
– Herstellungsaufwendungen § 28 (3)
– Instandhaltungsaufwendungen § 28 (2)
– Instandsetzungsaufwendungen § 28 (2)
– Subventionen § 28 (6)
– Zehntelabsetzung § 28 (4)
Vermittlungskostenvorauszahlungen
– Verteilungspflicht §§ 4 (6), 19 (3)
Vermögensübersicht § 4 (2)
Verpflegungsmehraufwand § 4 (5)
Verrechnungsgrenze für Verluste § 124b Z 248
Versicherungsbeiträge, Werbungskosten § 16 (1) Z 2
Versicherungsprämien, Sonderausgaben § 18 (1) Z 2
– Sonderausgaben, Nachversteuerung § 18 (4)
Versicherungsträger, Mitwirkung § 89
Versicherungszeiten, Nachkauf, Sonderausgaben § 18 (1) Z 1a
Versorgungsleistungen nach Impfschadengesetz, Steuerbefreiungen § 3 (1) Z 28
Versteuerung, gemeinsame von Pensionen § 47 (4)
Verteilungspflicht § 19 (3)
Vervielfältigungstheorie § 22 Z 1
Verwaltungskostenvorauszahlungen
– Verteilungspflicht § 4 (6)
Vollziehung § 126
Vorauszahlungen § 45
– Änderung § 45 (3 f)
– Termin § 45 (2)
– Zufluss-Abfluss-Prinzip § 19 (3)
Vorschusszahlung, Einbehaltung der Lohnsteuer § 79 (1)
Vorstand, Einkünftezurechnung § 2 (4a)
Vorsteuer, Bewertung § 6 Z 11 f
Vorsteuerberichtigung § 6 Z 11 f
Vortragende, Einkünftezurechnung § 2 (4a)
vorübergehend Beschäftigte § 69 (1 ff)
vorzeitige Abschreibung, Übergangsbestimmungen EStG 1972 § 115

W

Wartetastenverluste, kapitalistische Mitunternehmer § 23a
Wechsel der Gewinnermittlungsart § 4 (10)
Wegzugsbesteuerung
– Bewertung § 6 Z 6
– Kapitalvermögen § 27 (6)

Wehrpflichtige, Steuerbefreiungen § 3 (1) Z 22
Weihnachtsfeiern, Steuerbefreiungen § 3 (1) Z 14
Weitergeltung, EStG 1972 § 112
Werbungskosten § 16
– Abgaben § 16 (1) Z 2
– Absetzung für Abnutzung § 16 (1) Z 8
– Absetzung für Substanzverringerung § 16 (1) Z 8
– Arbeitsmittel § 16 (1) Z 7
– Beiträge für Berufsverbände § 16 (1) Z 3
– Erstattung (Rückzahlung) von Einnahmen § 16 (2)
– Fahrtkosten § 16 (1) Z 6
– Mitgliedsbeiträge § 16 (1) Z 3
– nichtselbständige Einkünfte, Pauschbetrag § 16 (3)
– Pauschale § 62 Z 1
– Pendlerpauschale § 16 (1) Z 6
– Pensionsversicherung § 16 (1) Z 4
– Pflichtbeiträge zu Interessenvertretungen § 16 (1) Z 3
– Pflichtversicherung § 16 (1) Z 4
– Reisekosten § 16 (1) Z 9
– Renten und dauernde Lasten § 16 (1) Z 1
– Schuldzinsen § 16 (1) Z 1
– Versicherungsbeiträge § 16 (1) Z 2
– Wohnbauförderungsbeiträge § 16 (1) Z 5
Werkverkehr § 26 Z 5
Wertpapierdeckung
– Pensionsrückstellung § 14 (7 ff)
Wertpapierdeckung, Abfertigungsrückstellung § 14 (7 ff)
Wertpapierleihe, Einkünfte aus Kapitalvermögen § 27 (5) Z 4
Wertsicherung, Einkünfte aus Kapitalvermögen § 27 (5) Z 1
Wertsteigerung, realisierte § 27 (3)
Wiederaufforstungskosten § 4 (8)
wiederkehrende Bezüge § 29 Z 1
Wirtschaftsgüter
– des Anlagevermögens, unkörperliche § 4 (1)
– gebrauchte; degressive AfA § 7 (1a)
– gebrauchte; Investitionsfreibetrag § 10 (4)
– geringwertige § 13
– geringwertige; Investitionsfreibetrag § 10 (4)
– im Rahmen der Betriebsaufgabe § 24 (3)
– körperliche; Übertragung stiller Reserven § 12 (4)
– mit biologischem Wachstum, Bewertung § 6 Z 2
– subventionierte, Bewertung § 6 Z 10
– unkörperliche; degressive AfA § 7 (1a)
– unkörperliche; Investitionsfreibetrag § 10 (4)
– unkörperliche; Übertragung stiller Reserven § 12 (4)
Wirtschaftsjahr § 2 (5 f)
– abweichendes § 2 (5)
– Umstellung § 2 (7)
Wissenschaftler, Einkünftezurechnung § 2 (4a)
Wochengeld, Steuerbefreiungen § 3 (1) Z 4
Wohnbauförderungsbeiträge §§ 16 (1) Z 5, 62 Z 5
– Werbungskosten § 16 (1) Z 5
Wohnraumsanierung
– Sonderausgaben § 18 (1) Z 3
– Sonderausgaben, Nachversteuerung § 18 (4)

Z

Zahlung Dritter Lohn § 78
Zehntelabsetzung, Vermietung und Verpachtung § 28 (4)
Zinsen §§ 27 (2), 99a
Zivildiener, Steuerbefreiungen § 3 (1) Z 23
Zufluss-Abfluss-Prinzip § 19
– Ausgaben § 19 (2)
– Einnahmen § 19 (1)
– Vorauszahlungen § 19 (3)
Zukunftssicherung, Steuerbefreiungen § 3 (1) Z 15
Zukunftsvorsorge
– Einrichtung § 108h
– Prämienbegünstigung § 108g
– Verfügung des Steuerpflichtigen § 108i
Zulagen, Arbeitnehmerveranlagung § 41 (4)
Zulagen, Besteuerung § 68 (1 ff)
Zulagen, Freibetrag § 68 (1)
Zuschläge bei Wechsel der Gewinnermittlungsart § 4 (10)
Zuschreibungen § 6 Z 13
Zuschüsse für Carsharing, Steuerbefreiungen § 3 (1) Z 16d
Zuwendungen
– an betriebliche Unterstützungskassen und Hilfskassen § 4 (4) Z 2
– an Betriebsratsfonds § 4 (4) Z 3
– an und von Privatstiftungen §§ 4 (11), 15 (3)
– an Unterhaltsberechtigte, nicht abzugsfähig § 20 (1) Z 4
– aus öffentlichen Mitteln, Steuerbefreiungen § 3 (1) Z 6
– für begünstigte Zwecke § 4a (2)
– für begünstigte Zwecke, Sonderausgaben § 18 (1) Z 7
– in Katastrophenfällen § 4 (4) Z 9
– Innovationsstiftung für Bildung §§ 4c, 18 (1) Z 9
– zur Vermögensausstattung, Stiftungen §§ 4b, 18 (1) Z 8
Zuwendungen einer Krankenkassen-Privatstiftung, Steuerbefreiungen § 3 (1) Z 35
Zuwendungen für Begräbnis, Steuerbefreiungen § 3 (1) Z 19
Zuzugsbegünstigung § 103
Zuzugsfreibetrag § 62 Z 9

Bundesgesetz vom 7. Juli 1988 über die Besteuerung des Einkommens natürlicher Personen (Einkommensteuergesetz 1988 – EStG 1988)

1. TEIL
PERSÖNLICHE STEUERPFLICHT

§ 1. (1) Einkommensteuerpflichtig sind nur natürliche Personen.

(2) Unbeschränkt steuerpflichtig sind jene natürlichen Personen, die im Inland einen Wohnsitz oder ihren gewöhnlichen Aufenthalt haben. Die unbeschränkte Steuerpflicht erstreckt sich auf alle in- und ausländischen Einkünfte.

(3) Beschränkt steuerpflichtig sind jene natürlichen Personen, die im Inland weder einen Wohnsitz noch ihren gewöhnlichen Aufenthalt haben. Die beschränkte Steuerpflicht erstreckt sich nur auf die im § 98 aufgezählten Einkünfte.

(4) Auf Antrag werden auch Staatsangehörige von Mitgliedstaaten der Europäischen Union oder eines Staates, auf den das Abkommen über den Europäischen Wirtschaftsraum anzuwenden ist, als unbeschränkt steuerpflichtig behandelt, die im Inland weder einen Wohnsitz noch ihren gewöhnlichen Aufenthalt haben, soweit sie inländische Einkünfte im Sinne des § 98 haben. Dies gilt nur, wenn ihre Einkünfte im Kalenderjahr mindestens zu 90% der österreichischen Einkommensteuer unterliegen oder wenn die nicht der österreichischen Einkommensteuer unterliegenden Einkünfte nicht mehr als **„11 693“** Euro betragen. Inländische Einkünfte, die nach einem Abkommen zur Vermeidung der Doppelbesteuerung nur der Höhe nach beschränkt besteuert werden dürfen, gelten in diesem Zusammenhang als nicht der österreichischen Einkommensteuer unterliegend. Die Höhe der nicht der österreichischen Einkommensteuer unterliegenden Einkünfte ist durch eine Bescheinigung der zuständigen ausländischen Abgabenbehörde nachzuweisen. Der Antrag kann bis zum Eintritt der Rechtskraft des Bescheides gestellt werden.

(Teuerungs-EP II, BGBl I 2022/163 ab Veranlagung 2023)

2. TEIL
SACHLICHE STEUERPFLICHT

1. ABSCHNITT

Einkunftsarten, Einkünfte, Einkommen

§ 2. (1) Der Einkommensteuer ist das Einkommen zugrunde zu legen, das der Steuerpflichtige innerhalb eines Kalenderjahres bezogen hat.

(2) Einkommen ist der Gesamtbetrag der Einkünfte aus den im Abs. 3 aufgezählten Einkunftsarten nach Ausgleich mit Verlusten, die sich aus einzelnen Einkunftsarten ergeben, und nach Abzug der Sonderausgaben (§ 18) und außergewöhnlichen Belastungen (§§ 34 und 35) sowie des Freibetrags nach § 105.

(BGBl I 2015/118, BGBl I 2018/62)

(2a) Weder ausgleichsfähig noch gemäß § 18 Abs. 6 vortragsfähig sind negative Einkünfte

- aus einer Beteiligung an Gesellschaften oder Gemeinschaften, wenn das Erzielen steuerlicher Vorteile im Vordergrund steht. Dies ist insbesondere dann der Fall, wenn
  - der Erwerb oder das Eingehen derartiger Beteiligungen allgemein angeboten wird
  - und auf der Grundlage des angebotenen Gesamtkonzeptes aus derartigen Beteiligungen ohne Anwendung dieser Bestimmung Renditen erreichbar wären, die nach Steuern mehr als das Doppelte der entsprechenden Renditen vor Steuern betragen,
- aus Betrieben, deren Unternehmensschwerpunkt(e) im Verwalten unkörperlicher Wirtschaftsgüter oder in der gewerblichen Vermietung von Wirtschaftsgütern gelegen ist.

Solche negativen Einkünfte sind mit positiven Einkünften aus dieser Betätigung oder diesem Betrieb frühestmöglich zu verrechnen.

(BGBl I 2016/117)

(2b) (aufgehoben)

(3) Der Einkommensteuer unterliegen nur:

1. Einkünfte aus Land- und Forstwirtschaft (§ 21),
2. Einkünfte aus selbständiger Arbeit (§ 22),
3. Einkünfte aus Gewerbebetrieb (§ 23),
4. Einkünfte aus nichtselbständiger Arbeit (§ 25),
5. Einkünfte aus Kapitalvermögen (§ 27),
6. Einkünfte aus Vermietung und Verpachtung (§ 28),
7. sonstige Einkünfte im Sinne des § 29.

(4) Einkünfte im Sinne des Abs. 3 sind:

1. Der Gewinn (§§ 4 bis 14) bei Land- und Forstwirtschaft, selbständiger Arbeit und Gewerbebetrieb.
2. Der Überschuss der Einnahmen über die Werbungskosten (§§ 15 und 16) bei den anderen Einkunftsarten.

(BGBl I 2022/135)

Als gewerbliche Einkünfte (Abs. 3 Z 3) gelten stets und in vollem Umfang Einkünfte aus der Tätigkeit der offenen Gesellschaften, Kommanditgesellschaften und anderer Gesellschaften, bei denen die Gesellschafter als Mitunternehmer eines Gewerbebetriebes anzusehen sind. Betriebsstätten von nach bürgerlichem Recht nicht rechtsfähigen Personenvereinigungen gelten anteilig als Betriebsstätten der Mitglieder, wenn sich ihr alleiniger Zweck auf die Erfüllung eines einzigen Werkvertrages oder Werklieferungsvertrages beschränkt und der mit dem Auftraggeber bei Auftragsvergabe vereinbarte Auftragswert 700 000 Euro (ohne Umsatzsteuer) nicht übersteigt.

(4a) Einkünfte aus einer Tätigkeit als organschaftlicher Vertreter einer Körperschaft sowie aus einer höchstpersönlichen Tätigkeit sind der leistungserbringenden natürlichen Person zuzurechnen, wenn die Leistung von einer Körperschaft abgerechnet wird, die unter dem Einfluss dieser Person steht und über keinen eigenständigen, sich von dieser Tätigkeit abhebenden Betrieb verfügt. Höchstpersönliche Tätigkeiten sind nur solche als Künstler, Schriftsteller, Wissenschaftler, Sportler und Vortragender.

(BGBl I 2015/163)

(5) Gewinnermittlungszeitraum ist das Wirtschaftsjahr. Das Wirtschaftsjahr deckt sich grundsätzlich mit dem Kalenderjahr. Buchführende Land- und Forstwirte und rechnungslegungspflichtige Gewerbetreibende (§ 5) dürfen jedoch ein vom Kalenderjahr abweichendes Wirtschaftsjahr haben; in diesem Fall ist der Gewinn bei Ermittlung des Einkommens für jenes Kalenderjahr zu berücksichtigen, in dem das Wirtschaftsjahr endet.

(6) Das Wirtschaftsjahr umfaßt einen Zeitraum von zwölf Monaten. Einen kürzeren Zeitraum darf es dann umfassen, wenn

1. ein Betrieb eröffnet oder aufgegeben wird oder
2. das Wirtschaftsjahr bei einem buchführenden Land- und Forstwirt oder einem rechnungslegungspflichtigen Gewerbetreibenden auf einen anderen Stichtag umgestellt wird.

(7) Die Umstellung des Wirtschaftsjahres auf einen anderen Stichtag ist nur zulässig, wenn gewichtige betriebliche Gründe vorliegen und das Finanzamt vorher bescheidmäßig zugestimmt hat. Das Finanzamt muß zustimmen, wenn solche Gründe vorliegen. Die Erzielung eines Steuervorteils gilt nicht als gewichtiger betrieblicher Grund.

(8) Soweit im Einkommen oder bei Berechnung der Steuer ausländische Einkünfte zu berücksichtigen sind, gilt Folgendes:

1. Für die Ermittlung der ausländischen Einkünfte sind die Bestimmungen dieses Bundesgesetzes maßgebend.
2. Der Gewinn ist nach der Gewinnermittlungsart zu ermitteln, die sich ergäbe, wenn der Betrieb im Inland gelegen wäre. Wird der Gewinn des Betriebes im Ausland nach einem vom Kalenderjahr abweichenden Wirtschaftsjahr ermittelt, ist dies auch für das Inland maßgebend. Die Gewinnermittlung für eine Betriebsstätte richtet sich nach der für den gesamten Betrieb maßgebenden Gewinnermittlung.
3. Im Ausland nicht berücksichtigte Verluste sind bei der Ermittlung des Einkommens höchstens in Höhe der nach ausländischem Steuerrecht ermittelten Verluste des betreffenden Wirtschaftsjahres anzusetzen. Die angesetzten Verluste sind in der Steuererklärung an der dafür vorgesehenen Stelle auszuweisen.
4. Sind ausländische Einkünfte von der Besteuerung im Inland ausgenommen, erhöhen die nach Z 3 angesetzten ausländischen Verluste in jenem Kalenderjahr ganz oder teilweise den Gesamtbetrag der Einkünfte, in dem sie im Ausland ganz oder teilweise berücksichtigt werden oder berücksichtigt werden könnten. Angesetzte Verluste aus einem Staat, mit dem keine umfassende Amtshilfe besteht, erhöhen jedoch spätestens im dritten Jahr nach deren Ansatz den Gesamtbetrag der Einkünfte.

2. ABSCHNITT

Steuerbefreiungen

§ 3. (1) Von der Einkommensteuer sind befreit:

1. Versorgungsleistungen an Kriegsbeschädigte und Hinterbliebene oder diesen gleichgestellte Personen auf Grund der versorgungsrechtlichen Bestimmungen sowie auf Grund des Heeresentschädigungsgesetzes, BGBl. I Nr. 162/2015.

   (BGBl I 2016/117)
2. Renten und Entschädigungen an Opfer des Kampfes für ein freies demokratisches Österreich auf Grund besonderer gesetzlicher Vorschriften.
3. Bezüge oder Beihilfen
   a) aus öffentlichen Mitteln oder aus Mitteln einer öffentlichen Stiftung oder einer unter § 5 Z 6 des Körperschaftsteuergesetzes 1988 fallenden Privatstiftung wegen Hilfsbedürftigkeit
   b) aus öffentlichen Mitteln oder aus Mitteln einer öffentlichen Stiftung oder einer Privatstiftung zur unmittelbaren Förderung der Kunst (Abgeltung von Aufwendungen oder Ausgaben)
   c) aus öffentlichen Mitteln, aus Mitteln einer öffentlichen Stiftung oder einer Privatstiftung oder aus Mitteln einer in § 4a Abs. 3 genannten Institution zur unmittelbaren Förderung von Wissenschaft und Forschung (Abgeltung von Aufwendungen oder Ausgaben)
   d) aus öffentlichen Mitteln oder aus Mitteln eines Fonds im Sinne des § 4a Abs. 3 Z 2 für eine Tätigkeit im Ausland, die der Kunst, der Wissenschaft oder Forschung dient
   e) nach dem Studienförderungsgesetz 1992 und dem Schülerbeihilfengesetz 1983

      (BGBl I 2016/117)
   f) zur Förderung von Wissenschaft und Forschung (Stipendien) im Inland, wenn diese keine Einkünfte aus nichtselbständiger Arbeit sind und für den Stipendienbezieher keine Steuererklärungspflicht gemäß § 42 Abs. 1 Z 3 vorliegt

      (BGBl I 2016/117, BGBl I 2017/28)
   g) aus Mitteln der Innovationsstiftung für Bildung gemäß § 1 des Innovationsstiftungs-Bildung-Gesetzes (ISBG), BGBl. I Nr. 28/2017, sowie aus Mitteln von Substiftungen gemäß § 4 Abs. 5 ISBG zur Erreichung der Ziele gemäß § 2 ISBG.

      (BGBl I 2017/28)

4. a) das Wochengeld und vergleichbare Bezüge aus der gesetzlichen Sozialversicherung sowie dem Grunde und der Höhe nach gleichartige Zuwendungen aus Versorgungs- und Unterstützungseinrichtungen der Kammern der selbständig Erwerbstätigen

b) Erstattungsbeträge aus einer gesetzlichen Sozialversicherung für Kosten der Krankenheilbehandlung und für Maßnahmen der Rehabilitation sowie dem Grunde und der Höhe nach gleichartige Beträge aus Versorgungs- und Unterstützungseinrichtungen der Kammern der selbständig Erwerbstätigen

c) Erstattungsbeträge für Kosten im Zusammenhang mit der Unfallheilbehandlung oder mit Rehabilitationsmaßnahmen, weiters Geldleistungen aus einer gesetzlichen Unfallversorgung sowie dem Grunde und der Höhe nach gleichartige Beträge aus einer ausländischen gesetzlichen Unfallversorgung, die einer inländischen gesetzlichen Unfallversorgung entspricht, oder aus Versorgungs- und Unterstützungseinrichtungen der Kammern der selbstständig Erwerbstätigen.

d) Sachleistungen aus der gesetzlichen Sozialversicherung oder aus einer ausländischen gesetzlichen Sozialversicherung, die der inländischen gesetzlichen Sozialversicherung entspricht

e) Übergangsgelder aus der gesetzlichen Sozialversicherung

f) jener Teil der Ausgleichs- oder Ergänzungszulage, der ausschließlich aufgrund der Richtsatzerhöhungen die nach § 293 Abs. 1 letzter Satz ASVG, § 150 Abs. 1 letzter Satz GSVG oder § 141 Abs. 1 letzter Satz BSVG und § 1 Z 1 und 2 Ergänzungszulagenverordnung gewährt wird. Abgesehen davon sind Ausgleichs- oder Ergänzungszulagen, die aufgrund sozialversicherungs- oder pensionsrechtlicher Vorschriften gewährt werden, steuerpflichtig (§ 25 Abs. 1 Z 3 lit. f).

(BGBl I 2019/103)

5. a) das versicherungsmäßige Arbeitslosengeld und die Notstandshilfe oder an deren Stelle tretende Ersatzleistungen

b) Leistungen nach dem Kinderbetreuungsgeldgesetz (KBGG), BGBl. I Nr. 103/2001, der Familienzeitbonus nach dem FamZeitbG, BGBl I Nr. 53/2016, sowie das Pflegekarenzgeld

(BGBl I 2016/53)

c) die Überbrückungshilfe für Bundesbedienstete nach den besonderen gesetzlichen Regelungen sowie gleichartige Bezüge, die auf Grund besonderer landesgesetzlicher Regelungen gewährt werden

d) Beihilfen nach dem Arbeitsmarktförderungsgesetz, BGBl. Nr. 31/1969, Beihilfen nach dem Arbeitsmarktservicegesetz, BGBl. Nr. 313/1994, Beihilfen nach dem Berufsausbildungsgesetz, BGBl. Nr. 142/1969, sowie das Altersteilzeitgeld gemäß § 27 des Arbeitslosenversicherungsgesetzes, BGBl. Nr. 609/1977,

e) Leistungen nach dem Behinderteneinstellungsgesetz 1988.

6. Zuwendungen aus öffentlichen Mitteln (einschließlich Zinsenzuschüsse) zur Anschaffung oder Herstellung von Wirtschaftsgütern des Anlagevermögens oder zu ihrer Instandsetzung (§ 4 Abs. 7). Dies gilt auch für entsprechende Zuwendungen der in § 4a Abs. 3 genannten Institutionen.

7. Leistungen auf Grund des Familienlastenausgleichsgesetzes 1967 und gleichartige ausländische Leistungen, die den Anspruch auf Familienbeihilfe gemäß § 4 des Familienlastenausgleichsgesetzes 1967 ausschließen.

8. Bei Auslandsbeamten (§ 92) die Zulagen und Zuschüsse gemäß § 21 des Gehaltsgesetzes 1956 in der Fassung der 53. Gehaltsgesetz-Novelle, BGBl. Nr. 314/1992, sowie Kostenersätze und Entschädigungen für den Heimaturlaub oder dem Grunde und der Höhe nach gleichartige Bezüge, Kostenersätze und Entschädigungen auf Grund von Dienst(Besoldungs)ordnungen von Körperschaften des öffentlichen Rechts.

9. Jene Einkünfte von Auslandsbeamten (§ 92), die in dem Staat der Besteuerung unterliegen, in dessen Gebiet sie ihren Dienstort haben; dies gilt nicht für Einkünfte gemäß § 98.

10. 60% der steuerpflichtigen Einkünfte aus laufendem Arbeitslohn von vorübergehend ins Ausland entsendeten unbeschränkt steuerpflichtigen Arbeitnehmern, soweit dieser Betrag monatlich die für das Jahr der Tätigkeit maßgebende monatliche Höchstbeitragsgrundlage nach § 108 ASVG nicht übersteigt. Ist der Arbeitnehmer im Lohnzahlungszeitraum nicht durchgehend ins Ausland entsendet, ist der Höchstbetrag aus der täglichen Höchstbeitragsgrundlage nach § 108 ASVG abzuleiten. Für die Steuerfreiheit bestehen folgende Voraussetzungen:

a) Die Entsendung erfolgt von

– einem Betrieb oder einer Betriebsstätte eines in einem Mitgliedstaat der Europäischen Union, einem Staat des Europäischen Wirtschaftsraumes oder der Schweiz ansässigen Arbeitgebers, oder

– einer in einem Mitgliedstaat der Europäischen Union, in einem Staat des Europäischen Wirtschaftsraumes oder der Schweiz gelegenen Betriebsstätte eines in einem Drittstaat ansässigen Arbeitgebers.

b) Die Entsendung erfolgt an einen Einsatzort, der mehr als 400 Kilometer Luftlinie vom nächstgelegenen Punkt des österreichischen Staatsgebietes entfernt liegt.

c) Die Entsendung erfolgt nicht in eine Betriebsstätte im Sinne des § 29 Abs. 2 lit. a und b der Bundesabgabenordnung des Arbeitgebers oder des Beschäftigers im Sinne des § 3 Abs. 3 Arbeitskräfteüberlassungsgesetz.

d) Die Tätigkeit des entsendeten Arbeitnehmers im Ausland ist – ungeachtet ihrer vorübergehenden Ausübung – ihrer Natur nach nicht auf Dauer angelegt. Dies ist insbesondere bei Tätigkeiten der Fall, die mit der Erbringung einer Leistung gegenüber einem Auftraggeber abgeschlossen sind. Tätigkeiten, die Leistungen zum Gegenstand haben, die – losgelöst von den Umständen des konkreten Falles – regelmäßig ohne zeitliche Befristung erbracht werden, sind auch dann auf Dauer angelegt, wenn sie im konkreten Fall befristet ausgeübt werden oder mit der Erbringung einer Leistung abgeschlossen sind.

e) Die Entsendung erfolgt ununterbrochen für einen Zeitraum von mindestens einem Monat.

f) Die im Ausland zu leistenden Arbeiten sind überwiegend unter erschwerenden Umständen zu leisten. Solche Umstände liegen insbesondere vor, wenn die Arbeiten

– in erheblichem Maß zwangsläufig eine Verschmutzung des Arbeitnehmers oder seiner Kleidung bewirken (§ 68 Abs. 5 erster Teilstrich), oder

– im Vergleich zu den allgemein üblichen Arbeitsbedingungen eine außerordentliche Erschwernis darstellen (§ 68 Abs. 5 zweiter Teilstrich), oder

– infolge der schädlichen Einwirkungen von gesundheitsgefährdenden Stoffen oder Strahlen, von Hitze, Kälte oder Nässe, von Gasen, Dämpfen, Säuren, Laugen, Staub oder Erschütterungen oder infolge einer Sturz- oder anderen Gefahr zwangsläufig eine Gefährdung von Leben, Gesundheit oder körperlicher Sicherheit des Arbeitnehmers mit sich bringen (§ 68 Abs. 5 dritter Teilstrich), oder

– in einem Land erfolgen, in dem die Aufenthaltsbedingungen im Vergleich zum Inland eine außerordentliche Erschwernis darstellen, oder

– in einer Region erfolgen, für die nachweislich am Beginn des jeweiligen Kalendermonats der Tätigkeit eine erhöhte Sicherheitsgefährdung vorliegt (insbesondere Kriegs- oder Terrorgefahr).

Die Steuerfreiheit besteht nicht, wenn der Arbeitgeber während der Auslandsentsendung

– die Kosten für mehr als eine Familienheimfahrt im Kalendermonat trägt oder

– Zulagen und Zuschläge gemäß § 68 steuerfrei behandelt.

Mit der Steuerfreiheit ist die Berücksichtigung der mit dieser Auslandstätigkeit verbundenen Werbungskosten gemäß § 16 Abs. 1 Z 9 sowie der Aufwendungen für Familienheimfahrten und für doppelte Haushaltsführung abgegolten, es sei denn, der Arbeitnehmer beantragt ihre Berücksichtigung im Rahmen der Veranlagung; in diesem Fall steht die Steuerbefreiung nicht zu.

11. a) Einkünfte, die Aushilfskräfte für ein geringfügiges Beschäftigungsverhältnis gemäß § 5 Abs. 2 ASVG beziehen, nach Maßgabe folgender Bestimmungen:

– Die Aushilfskraft steht nicht bereits in einem Dienstverhältnis zum Arbeitgeber und unterliegt daneben aufgrund einer selbständigen oder unselbständigen Erwerbstätigkeit einer Vollversicherung in der gesetzlichen Kranken-, Unfall- und Pensionsversicherung oder vergleichbaren gesetzlichen Regelungen.

– Die Beschäftigung der Aushilfskraft dient ausschließlich dazu, einen zeitlich begrenzten zusätzlichen Arbeitsanfall zu decken, der den regulären Betriebsablauf überschreitet, oder den Ausfall einer Arbeitskraft zu ersetzen.

– Die Tätigkeit als Aushilfskraft umfasst insgesamt nicht mehr als 18 Tage im Kalenderjahr.

– Der Arbeitgeber beschäftigt an nicht mehr als 18 Tagen im Kalenderjahr steuerfreie Aushilfskräfte.

b) Einkünfte, die Fachkräfte der Entwicklungshilfe (Entwicklungshelfer oder Experten) als Arbeitnehmer von Entwicklungsorganisationen im Sinne des § 3 Abs. 2 des Entwicklungszusammenarbeitsgesetzes, BGBl. I Nr. 49/2002, für ihre Tätigkeit in Entwicklungsländern bei Vorhaben beziehen, die dem Dreijahresprogramm der österreichischen Entwicklungspolitik (§ 23 des Entwicklungszusammenarbeitsgesetzes) entsprechen.

(BGBl I 2016/77)

12. Bezüge von ausländischen Studenten (Ferialpraktikanten), die bei einer inländischen Unternehmung nicht länger als sechs Monate beschäftigt sind, soweit vom Ausland Gegenseitigkeit gewährt wird.

13. a) Der geldwerte Vorteil aus
    – der Benützung von Einrichtungen und Anlagen (beispielsweise Erholungs- und Kurheime, Kindergärten, Betriebsbibliotheken, Sportanlagen, betriebsärztlicher Dienst) und
    – zielgerichteter, wirkungsorientierter Gesundheitsförderung (Salutogenese) und Prävention, soweit diese vom Leistungsangebot der gesetzlichen Krankenversicherung erfasst sind, sowie Impfungen,

    die der Arbeitgeber allen Arbeitnehmern oder bestimmten Gruppen seiner Arbeitnehmer zur Verfügung stellt.

    (BGBl I 2015/118)

    b) Zuschüsse des Arbeitgebers für die Betreuung von Kindern bis höchstens 1 000 Euro pro Kind und Kalenderjahr, die der Arbeitgeber allen Arbeitnehmern oder bestimmten Gruppen seiner Arbeitnehmer gewährt, wenn folgende Voraussetzungen vorliegen:
    – Die Betreuung betrifft ein Kind im Sinne des § 106 Abs. 1, für das dem Arbeitnehmer selbst der Kinderabsetzbetrag (§ 33 Abs. 3) für mehr als sechs Monate im Kalenderjahr zusteht.
    – Das Kind hat zu Beginn des Kalenderjahres das zehnte Lebensjahr noch nicht vollendet.
    – Die Betreuung erfolgt in einer öffentlichen institutionellen Kinderbetreuungseinrichtung oder in einer privaten institutionellen Kinderbetreuungseinrichtung, die den landesgesetzlichen Vorschriften über Kinderbetreuungseinrichtungen entspricht, oder durch eine pädagogisch qualifizierte Person, ausgenommen haushaltszugehörige Angehörige.
    – Der Zuschuss wird direkt an die Betreuungsperson, direkt an die Kinderbetreuungseinrichtung oder in Form von Gutscheinen geleistet, die nur bei institutionellen Kinderbetreuungseinrichtungen eingelöst werden können.
    – Der Arbeitnehmer erklärt dem Arbeitgeber unter Anführung der Versicherungsnummer (§ 31 ASVG) oder der Kennnummer der Europäischen Krankenversicherungskarte (§ 31a ASVG) des Kindes, dass die Voraussetzungen für einen Zuschuss vorliegen und er selbst von keinem anderen Arbeitgeber einen Zuschuss für dieses Kind erhält. Der Arbeitgeber hat die Erklärung des Arbeitnehmers zum Lohnkonto (§ 76) zu nehmen. Änderungen der Verhältnisse muss der Arbeitnehmer dem Arbeitgeber innerhalb eines Monats melden. Ab dem Zeitpunkt dieser Meldung hat der Arbeitgeber die geänderten Verhältnisse zu berücksichtigen.

14. Der geldwerte Vorteil aus der Teilnahme an Betriebsveranstaltungen (zB Betriebsausflüge, kulturelle Veranstaltungen, Betriebsfeiern) bis zu einer Höhe von 365 Euro jährlich und dabei empfangene Sachzuwendungen bis zu einer Höhe von 186 Euro jährlich sowie aus Anlass eines Dienst- oder eines Firmenjubiläums empfangene Sachzuwendungen bis zu einer Höhe von 186 Euro jährlich.

    (BGBl I 2015/118)

15. a) Zuwendungen des Arbeitgebers für die Zukunftssicherung seiner Arbeitnehmer, soweit diese Zuwendungen an alle Arbeitnehmer oder bestimmte Gruppen seiner Arbeitnehmer geleistet werden oder dem Betriebsratsfonds zufließen und für den einzelnen Arbeitnehmer 300 Euro jährlich nicht übersteigen.

    Werden die Zuwendungen des Arbeitgebers für die Zukunftssicherung seiner Arbeitnehmer in Form von Beiträgen für eine Er- und Ablebensversicherung oder eine Erlebensversicherung geleistet, gilt Folgendes:
    – Beiträge zu Er- und Ablebensversicherungen sind nur dann steuerfrei, wenn für den Fall des Ablebens des Versicherten mindestens die für den Erlebensfall vereinbarte Versicherungssumme zur Auszahlung gelangt und die Laufzeit der Versicherung nicht vor dem Beginn des Bezuges einer gesetzlichen Alterspension oder vor Ablauf von fünfzehn Jahren endet.
    – Beiträge zu Er- und Ablebensversicherungen, bei denen für den Fall des Ablebens des Versicherten nicht mindestens die für den Erlebensfall vereinbarte Versicherungssumme zur Auszahlung gelangt, und Beiträge zu Erlebensversicherungen sind nur dann steuerfrei, wenn die Laufzeit der Versicherung nicht vor dem Beginn des Bezuges einer gesetzlichen Alterspension endet.

- Die Versicherungspolizze ist beim Arbeitgeber oder einem vom Arbeitgeber und der Arbeitnehmervertretung bestimmten Rechtsträger zu hinterlegen.
- Werden Versicherungsprämien zu einem früheren Zeitpunkt rückgekauft oder sonst rückvergütet, hat der Arbeitgeber die steuerfrei belassenen Beiträge als sonstigen Bezug gemäß § 67 Abs. 10 zu versteuern, es sei denn, der Rückkauf oder die Rückvergütung erfolgt bei oder nach Beendigung des Dienstverhältnisses.

b) der Vorteil aus der unentgeltlichen oder verbilligten Abgabe von Kapitalanteilen (Beteiligungen) am Unternehmen des Arbeitgebers oder an mit diesem verbundenen Konzernunternehmen oder an Unternehmen, die im Rahmen eines Sektors gesellschaftsrechtlich mit dem Unternehmen des Arbeitgebers verbunden sind oder sich mit dem Unternehmen des Arbeitgebers in einem Haftungsverbund gemäß § 30 Abs. 2a Bankwesengesetz befinden bis zu einem Betrag von 3 000 Euro jährlich nach Maßgabe der folgenden Bestimmungen:
- Der Arbeitgeber muss den Vorteil allen Arbeitnehmern oder bestimmten Gruppen seiner Arbeitnehmer gewähren.
- Besteht die Beteiligung in Form von Wertpapieren, müssen diese vom Arbeitnehmer bei einem inländischen Kreditinstitut hinterlegt werden. Anstelle der Hinterlegung bei einem inländischen Kreditinstitut können die vom Arbeitnehmer erworbenen Beteiligungen einem von Arbeitgeber und Arbeitnehmervertretung bestimmten Rechtsträger zur (treuhändigen) Verwaltung übertragen werden.

Überträgt der Arbeitnehmer die Beteiligung vor Ablauf des fünften auf das Kalenderjahr der Anschaffung (Erwerb) folgenden Jahres unter Lebenden, hat der Arbeitgeber den steuerfrei belassenen Betrag zu jenem Zeitpunkt, in dem er davon Kenntnis erlangt, als sonstigen Bezug zu versteuern. Der Arbeitnehmer hat bis 31. März jeden Jahres die Einhaltung der Behaltefrist dem Arbeitgeber nachzuweisen. Der Nachweis ist zum Lohnkonto zu nehmen. Erfolgt eine Übertragung der Beteiligung vor Ablauf der Behaltefrist, ist dies dem Arbeitgeber unverzüglich zu melden. Die Meldeverpflichtung und die Besteuerung entfallen, wenn die Übertragung bei oder nach Beendigung des Dienstverhältnisses erfolgt.

(BGBl I 2015/118)

c) der Vorteil für Arbeitnehmer und deren Angehörige gemäß § 4d Abs. 5 Z 2 und Z 3 aus der unentgeltlichen oder verbilligten Abgabe von Aktien an Arbeitgebergesellschaften gemäß § 4d Abs. 5 Z 1 durch diese selbst oder durch eine Mitarbeiterbeteiligungsstiftung gemäß § 4d Abs. 4 bis zu einem Betrag von 4 500 Euro jährlich pro Dienstverhältnis nach Maßgabe der folgenden Bestimmungen:
- Der Vorteil muss allen Arbeitnehmern oder bestimmten Gruppen von Arbeitnehmern eines der genannten Unternehmen gewährt werden.
- Der Arbeitnehmer muss die Aktien und die damit verbundenen Stimmrechte mindestens bis zur Beendigung des Dienstverhältnisses an eine Mitarbeiterbeteiligungsstiftung gemäß § 4d Abs. 4 zur treuhändigen Verwahrung und Verwaltung übertragen. Die Vereinbarung über die treuhändige Verwahrung und Verwaltung der Aktien und über die Übertragung der damit verbundenen Stimmrechte muss so ausgestaltet sein, dass eine Kündigung vor Beendigung des Dienstverhältnisses nicht zulässig ist.
- Werden die Aktien vor Beendigung des Dienstverhältnisses dem Arbeitnehmer ausgefolgt, gilt dies als Zufluss eines geldwerten Vorteils in Höhe des auf Grund dieser Bestimmung als steuerfrei behandelten Vorteils aus der unentgeltlichen oder verbilligten Abgabe dieser Aktien.
- Die Anschaffungskosten der Aktien entsprechen stets dem gemäß § 15 Abs. 2 Z 1 ermittelten Wert der Aktien im Zeitpunkt der Abgabe an den Arbeitnehmer.

(BGBl I 2017/105)

d) der Vorteil aus der unentgeltlichen oder verbilligten treuhändigen Verwahrung und Verwaltung der Aktien durch eine Mitarbeiterbeteiligungsstiftung gemäß § 4d Abs. 4 für deren Begünstigten.

(BGBl I 2017/105)

16. Freiwillige soziale Zuwendungen des Arbeitgebers an den Betriebsratsfonds, weiters freiwillige Zuwendungen zur Beseitigung von Katastrophenschäden, insbesondere Hochwasser-, Erdrutsch-, Vermurungs- und Lawinenschäden.

16a. Ortsübliche Trinkgelder, die anlässlich einer Arbeitsleistung dem Arbeitnehmer von dritter Seite freiwillig und ohne dass ein Rechtsanspruch auf sie besteht, zusätzlich zu dem Betrag gegeben werden, der für diese Arbeitsleistung zu zahlen ist. Dies gilt nicht, wenn auf Grund gesetzlicher oder kollektivvertraglicher Bestimmungen Arbeitnehmern die direkte Annahme von Trinkgeldern untersagt ist.

16b. Vom Arbeitgeber als Reiseaufwandsentschädigungen gezahlte Tagesgelder und Nächtigungsgelder, soweit sie nicht gemäß § 26 Z 4 zu berücksichtigen sind, die für eine

- Außendiensttätigkeit (zB Kundenbesuche, Patrouillendienste, Servicedienste),
- Fahrtätigkeit (zB Zustelldienste, Taxifahrten, Linienverkehr, Transportfahrten außerhalb des Werksgeländes des Arbeitgebers),
- Baustellen- und Montagetätigkeit außerhalb des Werksgeländes des Arbeitgebers,
- Arbeitskräfteüberlassung nach dem Arbeitskräfteüberlassungsgesetz, BGBl. Nr. 196/1988, oder eine
- vorübergehende Tätigkeit an einem Einsatzort in einer anderen politischen Gemeinde

gewährt werden, soweit der Arbeitgeber aufgrund einer lohngestaltenden Vorschrift gemäß § 68 Abs. 5 Z 1 bis 6 zur Zahlung verpflichtet ist. Die Tagesgelder dürfen die sich aus § 26 Z 4 ergebenden Beträge nicht übersteigen. Kann im Falle des § 68 Abs. 5 Z 6 keine Betriebsvereinbarung abgeschlossen werden, weil ein Betriebsrat nicht gebildet werden kann, ist von einer Verpflichtung des Arbeitgebers auszugehen, wenn eine vertragliche Vereinbarung für alle Arbeitnehmer oder bestimmte Gruppen von Arbeitnehmern vorliegt.

Reiseaufwandsentschädigungen sind nicht steuerfrei, soweit sie anstelle des bisher gezahlten Arbeitslohns oder üblicher Lohnerhöhungen geleistet werden.

Vom Arbeitgeber können für Fahrten zu einer Baustelle oder zu einem Einsatzort für Montage- oder Servicetätigkeit, die unmittelbar von der Wohnung angetreten werden, Fahrtkostenvergütungen nach dieser Bestimmung behandelt werden oder das Pendlerpauschale im Sinne des § 16 Abs. 1 Z 6 beim Steuerabzug vom Arbeitslohn berücksichtigt werden. Wird vom Arbeitgeber für diese Fahrten ein Pendlerpauschale im Sinne des § 16 Abs. 1 Z 6 berücksichtigt, stellen Fahrtkostenersätze bis zur Höhe des Pendlerpauschales steuerpflichtigen Arbeitslohn dar.

Reiseaufwandsentschädigungen, die an Mitglieder des Betriebsrates und Personalvertreter im Sinne des Bundes-Personalvertretungsgesetzes und ähnlicher bundes- oder landesgesetzlicher Vorschriften für ihre Tätigkeit gewährt werden, sind steuerfrei, soweit sie die Beträge gemäß § 26 Z 4 nicht übersteigen.

(BGBl I 2015/118)

16c. Pauschale Reiseaufwandsentschädigungen, die von begünstigten Rechtsträgern im Sinne der §§ 34 ff BAO, deren satzungsgemäßer Zweck die Ausübung oder Förderung des Körpersportes ist, an Sportler, Schiedsrichter und Sportbetreuer (zB Trainer, Masseure) gewährt werden, in Höhe von bis zu **„120 Euro“** pro Einsatztag, höchstens aber **„720 Euro“** pro Kalendermonat der Tätigkeit. Die Steuerfreiheit steht nur zu, wenn beim Steuerabzug vom Arbeitslohn neben den pauschalen Aufwandsentschädigungen keine Reisevergütungen, Tages- oder Nächtigungsgelder gemäß § 26 Z 4 oder Reiseaufwandsentschädigungen gemäß § 3 Abs. 1 Z 16b steuerfrei ausgezahlt werden. **„Der begünstigte Rechtsträger hat für jeden Sportler, Schiedsrichter oder Sportbetreuer, dem er in einem Kalenderjahr ausschließlich pauschale Reiseaufwandsentschädigungen ausbezahlt hat, diese mittels amtlichem Formular dem Finanzamt jeweils bis Ende Februar des Folgejahres zu übermitteln.“**

(BGBl I 2022/220 ab Veranlagung 2023)

„16d. Zuschüsse des Arbeitgebers für nicht beruflich veranlasste Fahrten im Rahmen von Carsharing bis zu 200 Euro pro Kalenderjahr, nach Maßgabe folgender Bestimmungen:

a) Carsharing ist die Nutzung von Kraftfahrzeugen, Fahrrädern oder Krafträdern, die einer unbestimmten Anzahl von Fahrern auf der Grundlage einer Rahmenvereinbarung und einem die Energiekosten miteinschließenden Zeit- oder Kilometertarif oder Mischformen solcher Tarife angeboten und vom Arbeitnehmer selbständig reserviert und genutzt werden können.

b) Der Zuschuss darf nur für die Nutzung von Kraftfahrzeugen, Fahrrädern oder Krafträdern mit einen CO_2-Emissionswert von 0 Gramm pro Kilometer gemäß § 6 Abs. 4 Normverbrauchsabgabegesetz verwendet werden.

c) Der Zuschuss muss direkt an den Carsharing-Anbieter oder in Form von Gutscheinen geleistet werden.“

(Teuerungs-EP II, BGBl I 2022/163 ab Veranlagung 2023)

17. a) Freie oder verbilligte Mahlzeiten, die der Arbeitgeber an nicht in seinen Haushalt aufgenommene Arbeitnehmer zur Verköstigung am Arbeitsplatz freiwillig gewährt.

b) Gutscheine:

– Bis zu einem Wert von 8 Euro pro Arbeitstag, wenn die Gutscheine nur zur Konsumation von Mahlzeiten eingelöst werden können, die von einer Gaststätte oder einem Lieferservice zubereitet bzw. geliefert werden.
– Bis zu einem Wert von 2 Euro pro Arbeitstag zur Bezahlung von Lebensmitteln, die nicht sofort konsumiert werden müssen.

(BGBl I 2015/118, BGBl I 2020/48, BGBl I 2021/227)

18. Getränke, die der Arbeitgeber zum Verbrauch im Betrieb unentgeltlich oder verbilligt abgibt.
19. Freiwillige Zuwendungen des Arbeitgebers für das Begräbnis des Arbeitnehmers, dessen (Ehe)Partners oder dessen Kinder im Sinne des § 106.

(BGBl I 2015/118, BGBl I 2016/117)

20. Der geldwerte Vorteil aus unverzinslichen oder zinsverbilligten Gehaltsvorschüssen und Arbeitgeberdarlehen, soweit der Gehaltsvorschuss oder das Arbeitgeberdarlehen den Betrag von 7 300 Euro insgesamt nicht übersteigen.

(BGBl I 2015/118)

21. Der geldwerte Vorteil gemäß § 15 Abs. 2 Z 3 lit. a aus dem kostenlosen oder verbilligten Bezug von Waren oder Dienstleistungen, die der Arbeitgeber oder ein mit dem Arbeitgeber verbundenes Konzernunternehmen im allgemeinen Geschäftsverkehr anbietet (Mitarbeiterrabatt), nach Maßgabe folgender Bestimmungen:
    a) Der Mitarbeiterrabatt wird allen oder bestimmten Gruppen von Arbeitnehmern eingeräumt.
    b) Die kostenlos oder verbilligt bezogenen Waren oder Dienstleistungen dürfen vom Arbeitnehmer weder verkauft noch zur Einkünfteerzielung verwendet und nur in einer solchen Menge gewährt werden, die einen Verkauf oder eine Einkünfteerzielung tatsächlich ausschließen.
    c) Der Mitarbeiterrabatt ist steuerfrei, wenn er im Einzelfall 20% nicht übersteigt.
    d) Kommt lit. c nicht zur Anwendung, sind Mitarbeiterrabatte insoweit steuerpflichtig, als ihr Gesamtbetrag 1 000 Euro im Kalenderjahr übersteigt.

    (BGBl I 2015/118)

22. a) Bezüge der Soldaten nach dem 2., 3., 5. und 7. Hauptstück des Heeresgebührengesetzes 2001, BGBl. I Nr. 31, ausgenommen Leistungen eines Härteausgleiches, der sich auf das 6. Hauptstück bezieht.
    b) Geldleistungen gemäß § 4 Abs. 2 des Auslandseinsatzgesetzes 2001, BGBl. I Nr. 55.
23. Bezüge der Zivildiener nach dem Zivildienstgesetz 1986, ausgenommen die Entschädigung in der Höhe des Verdienstentganges im Sinne des § 34b des Zivildienstgesetzes 1986.
24. Die Auslandszulage im Sinne des § 1 Abs. 1 des Auslandszulagen- und -hilfeleistungsgesetzes, BGBl. I Nr. 66/1999.

(BGBl I 2016/117)

25. Geldleistungen nach dem Bundesgesetz über die Gewährung von Hilfeleistungen an Opfer von Verbrechen, BGBl. Nr. 288/1972.
26. Entschädigungen gemäß § 12 Abs. 4 des Bewährungshilfegesetzes, BGBl. Nr. 146/1969.
27. Ersatzleistungen nach dem Strafrechtlichen Entschädigungsgesetz 2005, BGBl. I Nr. 125/2004.
28. In Geld bestehende Versorgungsleistungen nach dem Impfschadengesetz, BGBl. Nr. 371/1973.
29. Der Erwerb von Anteilsrechten auf Grund einer Kapitalerhöhung aus Gesellschaftsmitteln.
30. Einkünfte von Ortskräften (§ 10 Abs. 2 des Bundesgesetzes über Aufgaben und Organisation des auswärtigen Dienstes – Statut, BGBl. I Nr. 129/1999) aus ihrer Verwendung an einem bestimmten Dienstort im Ausland.
31. Arbeitsvergütungen und Geldbelohnungen gemäß §§ 51 bis 55 des Strafvollzugsgesetzes, BGBl. Nr. 144/1969.
32. Die einem unbeschränkt steuerpflichtigen österreichischen Abgeordneten zum Europäischen Parlament oder seinem Hinterbliebenen gebührenden Bezüge nach Artikel 9 des Abgeordnetenstatuts des Europäischen Parlaments.
33. Abgeltungen von Wertminderungen von Grundstücken im Sinne des § 30 Abs. 1 auf Grund von Maßnahmen im öffentlichen Interesse.
34. Die SV-Rückerstattung gemäß § 33 Abs. 8 sowie die Rückerstattung von Beiträgen gemäß § 24d des Bauern-Sozialversicherungsgesetzes.

(BGBl I 2015/118)

35. Gewinnbeteiligungen des Arbeitgebers an aktive Arbeitnehmer bis zu 3 000 Euro im Kalenderjahr. Bei mehreren Arbeitgebern steht die Befreiung insgesamt nur bis zu 3 000 Euro pro Arbeitnehmer im Kalenderjahr zu. Für die Steuerfreiheit gilt:
    a) Die Gewinnbeteiligung muss allen Arbeitnehmern oder bestimmten Gruppen von Arbeitnehmern gewährt werden.
    b) Insoweit die Summe der jährlich gewährten Gewinnbeteiligung das unternehmensrechtliche Ergebnis vor Zinsen und Steuern (EBIT) der im letzten Ka-

lenderjahr endenden Wirtschaftsjahre übersteigt, besteht keine Steuerfreiheit. Abweichend davon gilt:

– Ermittelt das Unternehmen des Arbeitgebers seinen Gewinn nicht nach § 5, kann bei Vorliegen eines Betriebsvermögensvergleichs gemäß § 4 Abs. 1 statt auf unternehmensrechtliche Werte auf die entsprechenden steuerlichen Werte abgestellt werden; ansonsten ist der steuerliche Vorjahresgewinn maßgeblich.
– Gehört das Unternehmen des Arbeitgebers zu einem Konzern, kann alternativ bei sämtlichen Unternehmen des Konzerns auf das EBIT des Konzerns abgestellt werden.

„– Handelt es sich beim Unternehmen des Arbeitgebers um ein Kreditinstitut, kann statt auf das Ergebnis vor Zinsen und Steuern auf das Ergebnis der gewöhnlichen Geschäftstätigkeit gemäß Anlage 2 zu § 43 BWG abgestellt werden; dies gilt sinngemäß für Fälle des zweiten Teilstrichs.“

(BGBl I 2022/194 ab Veranlagung 2022)

c) Die Zahlung erfolgt nicht aufgrund einer lohngestaltenden Vorschrift gemäß § 68 Abs. 5 Z 1 bis 6.

d) Die Gewinnbeteiligung darf nicht anstelle des bisher gezahlten Arbeitslohns oder einer üblichen Lohnerhöhung geleistet werden.

(BGBl I 2017/83, BGBl I 2022/10, BGBl I 2022/108)

36. satzungsgemäße Zuwendungen einer nach § 718 Abs. 9 ASVG errichteten Privatstiftung an ihre Begünstigten, soweit sie nicht über jene Leistungen hinausgehen, die die jeweilige Betriebskrankenkasse nach ihrer Satzung am 31.12.2018 vorgesehen hat, entsprechend dem jeweiligen Stand der medizinischen und technischen Wissenschaften, nicht jedoch Rehabilitations- oder Krankengeld, sowie die Zuwendung geldwerter Vorteile gemäß Z 13 lit. a zweiter Teilstrich.

(BGBl I 2019/103, BGBl I 2022/108)

37. Der regionale Klimabonus.

(BGBl I 2022/10)

38. Zuschüsse oder sonstige Leistungen, auf die kein Rechtsanspruch besteht, der auf Grund des § 2 Abs. 2 Z 6 des Arbeitsverfassungsgesetzes, BGBl. Nr. 22/1974, kollektivvertraglich begründeten gemeinsamen Einrichtungen der Sozialpartner für das Bewachungsgewerbe sowie für das Denkmal-, Fassaden- und Gebäudereinigungsgewerbe, sowie vergleichbarer Einrichtungen, nach Maßgabe folgender Bestimmungen:

a) Die Zuschüsse oder sonstigen Leistungen werden aktiven beziehungsweise ehemaligen Arbeitnehmern in folgenden Fällen gewährt:
– Bei Arbeitslosigkeit bis zu einem Gesamtbetrag von 1 500 Euro pro Arbeitnehmer und Kalenderjahr;
– für nachweislich nach Ende eines Arbeitsverhältnisses absolvierte Weiterbildungen und Umschulungen bis zu einem Gesamtbetrag von 1 500 Euro pro Arbeitnehmer und Kalenderjahr oder
– bei einem mindestens 24 Tage andauernden Krankenstand, der während eines Arbeitsverhältnisses begonnen hat, bis zu einem Gesamtbetrag von 4 000 Euro pro Arbeitnehmer und Kalenderjahr.

b) Im Todesfall des Arbeitnehmers in Folge eines Arbeitsunfalles werden die Zuschüsse oder sonstigen Leistungen einem Angehörigen bis zu einem Gesamtbetrag von 5 000 Euro im Kalenderjahr gewährt.

c) In sachlich begründeten besonderen berufsspezifischen Härtefällen werden Zuschüsse an Arbeitnehmer oder an deren Angehörige bis zu einem Gesamtbetrag von 5 000 Euro pro Einzelfall gewährt.

d) Der kollektivvertragliche Beitrag des Arbeitgebers an die Einrichtung darf höchstens 0,5 vH des gebührenden Entgelts (Geld- und Sachbezüge) und der Sonderzahlungen, jeweils gemäß § 49 ASVG, auch über die ASVG-Höchstbeitragsgrundlage hinaus, betragen.

Die diese Zuschüsse oder sonstigen Leistungen gewährende Einrichtung hat bis 31. Jänner des Folgejahres dem Finanzamt des Empfängers des Zuschusses oder der sonstigen Leistung eine Mitteilung zu übersenden, die neben Namen und Anschrift des Empfängers des Zuschusses oder der sonstigen Leistung seine Sozialversicherungsnummer und die Höhe der Zuschüsse oder sonstigen Leistungen enthalten muss. Diese Mitteilung kann entfallen, wenn die entsprechenden Daten durch Datenträgeraustausch übermittelt werden.

(BGBl I 2022/108)

39. Einkünfte natürlicher Personen aus der Einspeisung von bis zu 12 500 kWh elektrischer Energie aus Photovoltaikanlagen, wenn die Engpassleistung der jeweiligen Anlage die Grenze von 25 kWp nicht überschreitet.

(BGBl I 2022/108)

(2) Erhält der Steuerpflichtige steuerfreie Bezüge im Sinne des Abs. 1 Z 5 lit. a oder c, Z 22 lit. a (5. Hauptstück des Heeresgebührengesetzes 2001), lit. b oder Z 23 (Bezüge gemäß § 25 Abs. 1 Z 4 und 5 des Zivildienstgesetzes 1986) nur für einen Teil des Kalenderjahres, so sind die für das restliche

Kalenderjahr bezogenen laufenden Einkünfte im Sinne des § 2 Abs. 3 Z 1 bis 3 und die zum laufenden Tarif zu versteuernden Einkünfte aus nichtselbständiger Arbeit (§ 41 Abs. 4) für Zwecke der Ermittlung des Steuersatzes (§ 33 Abs. 10) auf einen Jahresbetrag umzurechnen. Dabei ist das Werbungskostenpauschale noch nicht zu berücksichtigen. Das Einkommen ist mit jenem Steuersatz zu besteuern, der sich unter Berücksichtigung der umgerechneten Einkünfte ergibt; die festzusetzende Steuer darf jedoch nicht höher sein als jene, die sich bei Besteuerung sämtlicher Bezüge ergeben würde. Die diese Bezüge auszahlende Stelle hat bis 31. Jänner des Folgejahres dem Finanzamt des Bezugsempfängers eine Mitteilung zu übersenden, die neben Namen und Anschrift des Bezugsempfängers seine Versicherungsnummer (§ 31 ASVG), die Höhe der Bezüge und die Anzahl der Tage, für die solche Bezüge ausgezahlt wurden, enthalten muß. Diese Mitteilung kann entfallen, wenn die entsprechenden Daten durch Datenträgeraustausch übermittelt werden. Der Bundesminister für Finanzen wird ermächtigt, das Verfahren des Datenträgeraustausches mit Verordnung festzulegen.

(BGBl I 2019/104, BGBl I 2020/99)

(3) Einkünfte im Sinne des Abs. 1 Z 11 lit. b und 32 sind bei der Festsetzung der Steuer für das übrige Einkommen des Steuerpflichtigen zu berücksichtigen.

(BGBl I 2016/117)

(4) Öffentliche Mittel im Sinne dieses Bundesgesetzes sind:

1. Mittel, die von inländischen Körperschaften des öffentlichen Rechts oder diesen entsprechenden ausländischen Körperschaften eines Mitgliedstaates der Europäischen Union oder eines Staates des Europäischen Wirtschaftsraumes stammen.
2. Mittel, die von Einrichtungen der Europäischen Union stammen.
3. Mittel die von gesetzlich eingerichteten in- oder ausländischen juristischen Personen des privaten Rechts stammen, an denen ausschließlich die in Z 1 und 2 genannten Institutionen beteiligt sind, wenn die Finanzierung der Förderungsmittel überwiegend durch die in Z 1 und 2 genannten Institutionen erfolgt. Ist die Vergabe von Förderungsmitteln nicht ausschließlicher Geschäftsgegenstand der Körperschaft, muss die Aufbringung und Vergabe von Förderungsmitteln in einem gesonderten Rechnungskreis geführt werden. Die Körperschaft hat gegenüber dem Empfänger der Fördermittel zu bestätigen, dass öffentliche Mittel zugewendet werden.

3. ABSCHNITT

Gewinn

§ 4. (1) Gewinn ist der durch doppelte Buchführung zu ermittelnde Unterschiedsbetrag zwischen dem Betriebsvermögen am Schluß des Wirtschaftsjahres und dem Betriebsvermögen am Schluß des vorangegangenen Wirtschaftsjahres. Der Gewinn wird durch Entnahmen nicht gekürzt und durch Einlagen nicht erhöht. Entnahmen sind alle nicht betrieblich veranlaßten Abgänge von Werten (zB von Bargeld, Waren, Erzeugnissen und anderen Wirtschaftsgütern des Umlaufvermögens, von Leistungen, von Wirtschaftsgütern des Anlagevermögens oder von Nutzungen solcher Wirtschaftsgüter). Einlagen sind alle Zuführungen von Wirtschaftsgütern aus dem außerbetrieblichen Bereich. Für unkörperliche Wirtschaftsgüter des Anlagevermögens darf ein Aktivposten nur angesetzt werden, wenn sie entgeltlich erworben worden sind.

(2) Die Vermögensübersicht (Jahresabschluss, Bilanz) ist nach den allgemeinen Grundsätzen ordnungsmäßiger Buchführung zu erstellen. Nach Einreichung der Vermögensübersicht beim Finanzamt gilt Folgendes:

1. Eine Änderung der Vermögensübersicht ist nur mit Zustimmung des Finanzamts zulässig (Bilanzänderung). Die Zustimmung ist zu erteilen, wenn die Änderung wirtschaftlich begründet ist.
2. Entspricht die Vermögensübersicht nicht den allgemeinen Grundsätzen ordnungsmäßiger Buchführung oder den zwingenden Vorschriften dieses Bundesgesetzes, ist sie zu berichtigen (Bilanzberichtigung). Kann ein Fehler nur auf Grund der bereits eingetretenen Verjährung nicht mehr steuerwirksam berichtigt werden, gilt Folgendes:
   - Zur Erreichung des richtigen Totalgewinnes kann von Amts wegen oder auf Antrag eine Fehlerberichtigung durch Ansatz von Zu- oder Abschlägen vorgenommen werden.
   - Die Fehlerberichtigung ist im ersten zum Zeitpunkt der Bescheiderlassung noch nicht verjährten Veranlagungszeitraum insoweit vorzunehmen, als der Fehler noch steuerliche Auswirkungen haben kann.
   - Die Nichtberücksichtigung von Zu- oder Abschlägen gilt als offensichtliche Unrichtigkeit im Sinne des § 293b der Bundesabgabenordnung.

(3) Der Überschuß der Betriebseinnahmen über die Betriebsausgaben darf dann als Gewinn angesetzt werden, wenn keine gesetzliche Verpflichtung zur Buchführung besteht und Bücher auch nicht freiwillig geführt werden. Durchlaufende Posten, das sind Beträge, die im Namen und für Rechnung eines anderen vereinnahmt und verausgabt werden, scheiden dabei aus. Der Steuerpflichtige darf selbst entscheiden, ob er die für Lieferungen und sonstige Leistungen geschuldeten Umsatzsteuerbeträge und die abziehbaren Vorsteuerbeträge als durchlaufende Posten behandelt. Bei Zugehörigkeit zum Umlaufvermögen sind bei

- Grundstücken im Sinne des § 30 und bei
- Gold, Silber, Platin und Palladium, sofern sie nicht der unmittelbaren Weiterverarbeitung dienen,

die Anschaffungs- oder Herstellungskosten oder der Einlagewert erst bei Ausscheiden aus dem Betriebsvermögen abzusetzen. Grund und Boden ist in die Anlagekartei gemäß § 7 Abs. 3 aufzunehmen. Abs. 2 Z 2 gilt in Bezug auf die Fehlerberichtigung durch Ansatz von Zu- und Abschlägen sinngemäß.

(3a) Für Grundstücke im Sinne des § 30 Abs. 1, die einem Betriebsvermögen zugehören, gilt Folgendes:

1. Die Befreiungsbestimmungen für Abgeltungen von Wertminderungen gemäß § 3 Abs. 1 Z 33, für einen (drohenden) behördlichen Eingriff sowie für Zusammenlegungen, Flurbereinigungen und Baulandumlegungen gemäß § 30 Abs. 2 Z 3 und 4 sind anzuwenden.
2. Die für die Mitteilung oder Selbstberechnung gemäß § 30c anfallenden Kosten dürfen als Betriebsausgaben abgezogen werden, außer es kommt Z 3 lit. a zur Anwendung. Abziehbar sind auch anlässlich der Veräußerung entstehende Minderbeträge aus Vorsteuerberichtigungen gemäß § 6 Z 12.
3. Bei der Veräußerung von Grund und Boden des Anlagevermögens gilt Folgendes:
   a) Der Veräußerungsgewinn kann pauschal nach § 30 Abs. 4 ermittelt werden, wenn der Grund und Boden am 31. März 2012 nicht steuerverfangen war.
   b) (aufgehoben)
   (BGBl I 2015/118)
   c) Ein Auf- oder Abwertungsbetrag nach § 4 Abs. 10 Z 3 lit. a in der Fassung vor dem 1. Stabilitätsgesetz, BGBl. I Nr. 22/2012, ist gewinnwirksam anzusetzen. Dabei kann § 30 Abs. 4 für Grund und Boden, der ohne Wechsel zur Gewinnermittlung nach § 5 zum 31. März 2012 nicht steuerverfangen gewesen wäre, sinngemäß angewendet werden, wobei an die Stelle des Veräußerungserlöses der Teilwert im Zeitpunkt des Wechsels der Gewinnermittlung tritt.
4. Bei der Veräußerung von mit dem Teilwert eingelegten Grundstücken des Betriebsvermögens gilt der Unterschiedsbetrag zwischen dem Teilwert im Einlagezeitpunkt und den Anschaffungs- oder Herstellungskosten als Einkünfte aus privaten Grundstücksveräußerungen. Als Veräußerungserlös gilt der Teilwert im Einlagezeitpunkt. Soweit das Grundstück zum 31. März 2012 nicht steuerverfangen war oder es ohne Einlage nicht mehr steuerverfangen gewesen wäre, kann § 30 Abs. 4 angewendet werden.
5. Müssen Grundstücksteile im Zuge einer Änderung der Widmung auf Grund gesetzlicher Vorgaben an die Gemeinde übertragen werden, sind die Anschaffungskosten der verbleibenden Grundstücksteile um die Anschaffungskosten der übertragenen Grundstücksteile zu erhöhen.

(4) Betriebsausgaben sind die Aufwendungen oder Ausgaben, die durch den Betrieb veranlaßt sind. Betriebsausgaben sind jedenfalls:

1. a) Beiträge des Versicherten zur Pflichtversicherung in der gesetzlichen Kranken-, Unfall- und Pensionsversicherung, Beiträge zur gesetzlichen Arbeitslosenversicherung sowie
   b) Pflichtbeiträge zu Versorgungs- und Unterstützungseinrichtungen der Kammern der selbständig Erwerbstätigen, soweit diese Einrichtungen der Kranken-, Unfall-, Alters-, Invaliditäts- und Hinterbliebenenversorgung dienen, weiters Beiträge zu einer inländischen gesetzlichen Krankenversicherung. Beiträge zu Einrichtungen, die der Krankenversorgung dienen, sowie Beiträge zu inländischen gesetzlichen Krankenversicherungen sind nur insoweit abzugsfähig, als sie der Höhe nach insgesamt Pflichtbeiträgen in der gesetzlichen Sozialversicherung entsprechen.
   c) An eine Betriebliche Vorsorgekasse (BV-Kasse) geleistete Pflichtbeiträge im Sinne der §§ 6 und 7 BMSVG für freie Dienstnehmer, des § 52 Abs. 1 und des § 64 Abs. 1 BMSVG im Ausmaß von höchstens 1,53% der Beitragsgrundlagen gemäß § 6 Abs. 5, § 52 Abs. 3 und § 64 Abs. 3 BMSVG.

   Der Bundesminister für Finanzen wird ermächtigt, im Einvernehmen mit der Bundesministerin für Arbeit, Soziales, Gesundheit und Konsumentenschutz im Wege einer Verordnung vorzusehen, dass Beiträge für Zwecke der Berücksichtigung im Rahmen der Veranlagung elektronisch übermittelt werden. In der Verordnung sind die zur Übermittlung verpflichteten Einrichtungen und die von der Übermittlung betroffenen Beiträge zu bezeichnen. In der Verordnung ist auch das Verfahren der elektronischen Übermittlung festzulegen; es kann vorgesehen werden, dass sich die zur Übermittlung verpflichteten Einrichtungen einer bestimmten geeigneten öffentlich-rechtlichen oder privatrechtlichen Übermittlungsstelle zu bedienen haben.
   (BGBl I 2019/103)
2. a) Vertraglich festgelegte Pensionskassenbeiträge im Sinne des Pensionskassengesetzes, Prämien zu betrieblichen Kollektivversicherungen im Sinne des § 93 des Versicherungsaufsichtsgesetzes 2016 (VAG 2016), BGBl. I Nr. 34/2015, sowie Beiträge zu ausländischen Einrichtungen im Sinne des § 5 Z 4 des Pensionskassengesetzes unter folgenden Voraussetzungen:
      aa) Der Pensionskassenvertrag und der betriebliche Kollektivversicherungsvertrag müssen dem Betriebspensionsgesetz entsprechen.

bb) Die Zusagen dürfen 80% des letzten laufenden Aktivbezuges nicht übersteigen. Das Überschreiten der Grenze ist unbeachtlich, wenn es auf eine Verminderung des Arbeitslohnes aus wirtschaftlich beachtlichen Gründen in den letzten Aktivitätsjahren zurückzuführen ist.

cc) Bei beitragsorientierten Zusagen dürfen die Beiträge 10% der Lohn- und Gehaltsumme der Anwartschaftsberechtigten nicht übersteigen.

dd) Lit. cc gilt auch für leistungsorientierte Zusagen, wenn sie nicht in einem ausschließlich betraglich oder im Verhältnis zu sonstigen Bestimmungsgrößen zugesagten Ausmaß zum Erbringen von Pensionsleistungen dienen. Bei Zusagen mit im Pensionskassenvertrag oder betrieblichen Kollektivversicherungsvertrag vereinbarter Beitragsanpassung darf der in sublit. cc genannte Grenzwert überschritten werden, solange der Arbeitgeber vorübergehend höhere Beiträge zum Schließen einer unvorhergesehenen Deckungslücke leisten muß.

ee) Beiträge des Arbeitgebers für sich sind nicht abzugsfähig. Als Arbeitgeber gelten in diesem Zusammenhang Unternehmer und Gesellschafter von Gesellschaften, bei denen die Gesellschafter als Mitunternehmer anzusehen sind.

(BGBl I 2015/34)

b) Zuwendungen an betriebliche Unterstützungskassen und sonstige Hilfskassen, die keinen Rechtsanspruch auf Leistungen gewähren, soweit sie zusammen mit unmittelbaren Zuwendungen an die Leistungsberechtigten der Kasse 10% der Lohn- und Gehaltssumme der Leistungsberechtigten der Kasse nicht übersteigen. Die 10%-Grenze darf nicht ausgenützt werden, falls die Leistungen zu einem unangemessen hohen Kassenvermögen führen. Als angemessenes Kassenvermögen gilt:

– Bei Kassen, die im Falle des Alters oder der Invalidität laufende Unterstützungen gewähren, das Deckungskapital für die bereits laufenden Unterstützungen und für die Anwartschaften auf Witwen- und Waisenunterstützungen. Das Deckungskapital ist nach der Anlage zu diesem Bundesgesetz zu berechnen.

– Bei Kassen, die keine laufenden Unterstützungen gewähren, der durchschnittliche Jahresbedarf der Kasse. Dieser ist nach dem Durchschnitt der Leistungen zu bemessen, die die Kasse in den letzten drei Jahren vor dem Zeitpunkt der Zuwendung an die Leistungsempfänger gewährt hat.

3. Zuwendungen an den Betriebsratsfonds bis zu 3% der Lohn- und Gehaltssumme.

4. Der Verwaltungskostenbeitrag gemäß § 118 und § 118a der Bundesabgabenordnung und die für die Bestätigung eines Wirtschaftsprüfers gemäß § 108c Abs. 8 geleisteten Aufwendungen.

5. Die Ausgaben für eine Wochen-, Monats- oder Jahreskarte für Massenbeförderungsmittel, soweit die Fahrten durch den Betrieb veranlasst sind. Ohne weiteren Nachweis können 50 % der aufgewendeten Kosten für eine nicht übertragbare Wochen-, Monats- oder Jahreskarte für Einzelpersonen geltend gemacht werden, wenn glaubhaft gemacht wird, dass diese Karte auch für betrieblich veranlasste Fahrten verwendet wird.

(BGBl I 2022/108)

6. (aufgehoben)

7. Aufwendungen für Aus- und Fortbildungsmaßnahmen im Zusammenhang mit der vom Steuerpflichtigen ausgeübten oder einer damit verwandten beruflichen Tätigkeit und Aufwendungen für umfassende Umschulungsmaßnahmen, die auf eine tatsächliche Ausübung eines anderen Berufes abzielen. Aufwendungen für Nächtigungen sind jedoch höchstens im Ausmaß des den Bundesbediensteten zustehenden Nächtigungsgeldes der Höchststufe bei Anwendung des § 13 Abs. 7 der Reisegebührenvorschrift zu berücksichtigen.

8. Das Arbeitsplatzpauschale für Aufwendungen aus der betrieblichen Nutzung der Wohnung nach Maßgabe folgender Bestimmungen:

a) Das Arbeitsplatzpauschale steht zu, wenn dem Steuerpflichtigen zur Ausübung der betrieblichen Tätigkeit kein anderer Raum zur Verfügung steht. Die Berücksichtigung von Aufwendungen für ein Arbeitszimmer gemäß § 20 Abs. 1 Z 2 lit. d schließt das Arbeitsplatzpauschale aus.

b) Das Arbeitsplatzpauschale beträgt für ein Wirtschaftsjahr:

– 1 200 Euro, wenn der Steuerpflichtige im Kalenderjahr keine anderen Einkünfte aus einer aktiven Erwerbstätigkeit von mehr als **„11 693“** Euro erzielt, für die ihm außerhalb der Wohnung ein anderer Raum zur Verfügung steht. Mit diesem Arbeitsplatzpauschale werden sämtliche Aufwendungen, die aus der betrieblichen Nutzung der Wohnung entstehen, berücksichtigt.

– 300 Euro, wenn der Steuerpflichtige im Kalenderjahr andere Einkünfte aus einer aktiven Erwerbstätigkeit von mehr als **„11 693“** Euro erzielt, für die ihm außerhalb der Wohnung ein anderer Raum zur Verfügung steht. Neben diesem Arbeitsplatzpauschale sind nur Aufwendungen und Ausgaben für ergonomisch geeignetes Mobiliar (insbesondere Schreibtisch, Drehstuhl, Beleuchtung) eines in der Wohnung eingerichteten Arbeitsplatzes bis zu insgesamt 300 Euro (Höchstbetrag pro Kalenderjahr) nach Maßgabe des § 16 Abs. 1 Z 7a lit. a zweiter und dritter Satz abzugsfähig. Stehen derartige Ausgaben auch mit Einkünften aus nichtselbständiger Arbeit in Zusammenhang, sind sie zur Gänze entweder als Werbungskosten oder als Betriebsausgaben zu berücksichtigen; eine Aufteilung hat zu unterbleiben.

(Teuerungs-EP II, BGBl I 2022/163 ab Veranlagung 2023)

Bei einem Rumpfwirtschaftsjahr oder bei Wegfall einer Voraussetzung der lit. a ist für jeden Monat ein Zwölftel des maßgebenden Pauschalbetrages anzusetzen.

c) Bei mehreren Betrieben steht das Arbeitsplatzpauschale nur einmal zu und ist nach dem Verhältnis der Betriebseinnahmen aufzuteilen.

(BGBl I 2015/118, BGBl I 2021/227)

9. Geld- oder Sachaufwendungen im Zusammenhang mit der Hilfestellung in Katastrophenfällen (insbesondere Hochwasser-, Erdrutsch-, Vermurungs- und Lawinenschäden), wenn sie der Werbung dienen.

10. (aufgehoben)

(BGBl I 2015/118)

(5) Mehraufwendungen des Steuerpflichtigen für Verpflegung und Unterkunft bei ausschließlich betrieblich veranlassten Reisen sind ohne Nachweis ihrer Höhe als Betriebsausgaben anzuerkennen, soweit sie die sich aus § 26 Z 4 ergebenden Beträge nicht übersteigen. Dabei steht das volle Tagesgeld für 24 Stunden zu. Höhere Aufwendungen für Verpflegung sind nicht zu berücksichtigen.

(6) Nicht aktivierungspflichtige Vorauszahlungen von Beratungs-, Bürgschafts-, Fremdmittel-, Garantie-, Miet-, Treuhand-, Vermittlungs-, Vertriebs- und Verwaltungskosten müssen gleichmäßig auf den Zeitraum der Vorauszahlung verteilt werden, außer sie betreffen lediglich das laufende und das folgende Jahr.

(7) Bei Gebäuden, die zum Anlagevermögen gehören und Personen, die nicht betriebszugehörige Arbeitnehmer sind, für Wohnzwecke entgeltlich überlassen werden, gilt hinsichtlich der Instandsetzungsaufwendungen folgendes:

– Instandsetzungsaufwendungen, die unter Verwendung von entsprechend gewidmeten steuerfreien Subventionen aus öffentlichen Mitteln (§ 3 Abs. 1 Z 3, § 3 Abs. 1 Z 5 lit. d und e, § 3 Abs. 1 Z 6) aufgewendet werden, scheiden insoweit aus der Gewinnermittlung aus.
– Soweit Instandsetzungsaufwendungen nicht durch steuerfreie Subventionen gedeckt sind, sind sie gleichmäßig auf fünfzehn Jahre verteilt abzusetzen.

Instandsetzungsaufwendungen sind jene Aufwendungen, die nicht zu den Anschaffungs- oder Herstellungskosten gehören und allein oder zusammen mit Herstellungsaufwand den Nutzungswert des Gebäudes wesentlich erhöhen oder seine Nutzungsdauer wesentlich verlängern.

(BGBl I 2015/118)

(8) Wird bei land- und forstwirtschaftlichen Betrieben für das stehende Holz der höhere Teilwert (§ 6 Z 2 lit. b) nicht angesetzt, dann sind Aufwendungen für die Pflege des stehenden Holzes und Wiederaufforstungskosten als Betriebsausgaben abzusetzen.

(9) Die Beiträge für die freiwillige Mitgliedschaft bei Berufs- und Wirtschaftsverbänden sind nur unter folgenden Voraussetzungen abzugsfähig:

– Die Berufs- und Wirtschaftsverbände müssen sich nach ihrer Satzung und tatsächlichen Geschäftsführung ausschließlich oder überwiegend mit der Wahrnehmung der betrieblichen und beruflichen Interessen ihrer Mitglieder befassen.
– Die Beiträge können nur in angemessener, statutenmäßig festgesetzter Höhe abgesetzt werden.

(10) Beim Wechsel der Gewinnermittlungsart gilt folgendes:

1. Es ist durch Zu- und Abschläge auszuschließen, daß Veränderungen des Betriebsvermögens (Betriebseinnahmen, Betriebsausgaben) nicht oder doppelt berücksichtigt werden. Ergeben die Zu- und Abschläge einen Überschuß (Übergangsgewinn), so ist dieser beim Gewinn des ersten Gewinnermittlungszeitraumes nach dem Wechsel zu berücksichtigen. Ergeben die Zu- und Abschläge einen Verlust (Übergangsverlust), so ist dieser, beginnend mit dem ersten Gewinnermittlungszeitraum nach dem Wechsel, zu je einem Siebentel in den nächsten sieben Gewinnermittlungszeiträumen zu berücksichtigen. Bei Veräußerung oder Aufgabe des ganzen Betriebes, eines Teilbetriebes oder eines Mitunternehmeranteiles sind Übergangsgewinne oder (restliche)

Übergangsverluste beim Gewinn des letzten Gewinnermittlungszeitraumes vor Veräußerung oder Aufgabe zu berücksichtigen.

2. Darüber hinaus ist durch Zu- oder Abschläge und durch entsprechende Bilanzansätze sicherzustellen, daß sonstige Änderungen der Gewinnermittlungsgrundsätze (zB hinsichtlich der unternehmensrechtlichen Grundsätze ordnungsmäßiger Buchführung beim Übergang von der Gewinnermittlung gemäß § 4 Abs. 1 oder 3 auf § 5 oder hinsichtlich der Berücksichtigung von Wertminderungen des Betriebsvermögens beim Übergang auf Buchführung) mit dem Wechsel der Gewinnermittlungsart berücksichtigt werden.

(11) Für Zuwendungen an und von Privatstiftungen gilt folgendes:

1. Zuwendungen an betriebliche Privatstiftungen (Unternehmenszweckförderungsstiftung, Arbeitnehmerförderungsstiftung, Belegschaftsbeteiligungsstiftung, Mitarbeiterbeteiligungsstiftung) sind nach Maßgabe des § 4d Betriebsausgaben.

   (BGBl I 2017/105)

2. a) Zuwendungen von Privatstiftungen sind mit dem Betrag anzusetzen, der für das einzelne Wirtschaftsgut, für sonstiges Vermögen oder sonstige geldwerte Vorteile im Zeitpunkt der Zuwendung hätte aufgewendet werden müssen (insbesondere fiktive Anschaffungskosten). Die fiktiven Anschaffungskosten sind um negative Anschaffungskosten des zugewendeten Wirtschaftsgutes bzw. negative Buchwerte des zugewendeten sonstigen Vermögens zu vermindern. Die sich ergebenden Anschaffungskosten sind evident zu halten.

   b) Die Zuwendung von Betrieben, Teilbetrieben oder Mitunternehmeranteilen ist hinsichtlich der steuerfreien Rücklagen und steuerfreien Beträge gemäß §§ 10, 12 und 116 Abs. 2 so zu behandeln, als ob eine Gesamtrechtsnachfolge vorläge.

(12) Die Einlagenrückzahlung von Körperschaften gilt als Veräußerung einer Beteiligung und führt beim Anteilsinhaber (Beteiligten) zu einer Minderung des Buchwertes der Beteiligung. Dabei gilt für Einlagenrückzahlungen und offene Ausschüttungen Folgendes:

1. Einlagen im Sinne dieser Vorschrift sind das aufgebrachte Grund-, Stamm- oder Genossenschaftskapital und sonstige Einlagen und Zuwendungen, die als Kapitalrücklage auszuweisen sind oder bei Erwerbs- und Wirtschaftsgenossenschaften auszuweisen waren einschließlich eines Partizipations-, Genussrechtskapitals und eines Kapitals aus sonstigen Finanzierungsinstrumenten gemäß § 8 Abs. 3 Z 1 des Körperschaftsteuergesetzes 1988, sowie jene Verbindlichkeiten denen abgabenrechtlich die Eigenschaft eines verdeckten Grund-, Stamm- oder Genossenschaftskapitals zukommt.

2. Nicht zu den Einlagen gehören Beträge, die unter § 32 Abs. 1 Z 3 fallen oder die infolge einer Umgründung im Sinne des Umgründungssteuergesetzes die Eigenschaft einer Gewinnrücklage oder eines Bilanzgewinnes verloren haben.

3. Die Körperschaft hat den Stand der Einlagen im Sinne dieser Vorschrift im Wege eines Evidenzkontos zu erfassen und seine Erhöhungen durch weitere Einlagen und Zuwendungen und Verminderungen durch Ausschüttungen oder sonstige Verwendungen laufend fortzuschreiben. Bei Verschmelzungen, Umwandlungen und Aufspaltungen sind im Zeitraum zwischen dem Umgründungsstichtag und dem Tag des Umgründungsbeschlusses bzw. -vertrages getätigte
   – Einlagen in die übertragende Körperschaft und
   – Einlagenrückzahlungen durch die übertragende Körperschaft

   zum Umgründungsstichtag im Evidenzkonto der übertragenden Körperschaft zu erfassen. Das Evidenzkonto ist in geeigneter Form der jährlichen Steuererklärung anzuschließen.

4. Eine offene Ausschüttung setzt eine positive Innenfinanzierung voraus. Die Innenfinanzierung erhöht sich um Jahresüberschüsse im Sinne des Unternehmensgesetzbuches und vermindert sich um Jahresfehlbeträge im Sinne des Unternehmensgesetzbuches sowie um offene Ausschüttungen; dabei haben verdeckte Einlagen sowie erhaltene Einlagenrückzahlungen außer Ansatz zu bleiben. Gewinne, die durch Umgründungen unter Ansatz des beizulegenden Wertes entstanden sind, erhöhen die Innenfinanzierung erst in jenem Zeitpunkt und Ausmaß, in dem sie nach den Vorschriften des Unternehmensgesetzbuches ausgeschüttet werden können. Der Bundesminister für Finanzen wird ermächtigt, in einer Verordnung die weiteren Auswirkungen von Umgründungen auf die Innenfinanzierung näher festzulegen. Die Körperschaft hat den Stand der Innenfinanzierung sinngemäß nach Maßgabe der Z 3 zu erfassen.

(BGBl I 2015/118, BGBl I 2015/163)

Zuwendungen aus dem Betriebsvermögen

§ 4a. (1) Freigebige Zuwendungen (Spenden) aus dem Betriebsvermögen zu begünstigten Zwecken (Abs. 2) an begünstigte Einrichtungen (Abs. 3 bis 6) gelten nach Maßgabe der folgenden Bestimmungen insoweit als Betriebsausgabe, als sie 10% des Gewinnes vor Berücksichtigung von Zuwendungen gemäß § 4b und § 4c und vor Berücksichtigung eines Gewinnfreibetrages nicht übersteigen. Werden Wirtschaftsgüter zugewendet, ist der gemeine Wert als Betriebsausgabe anzusetzen; der Restbuchwert ist nicht zusätzlich als Betriebsausgabe und der Teilwert nicht als Betriebseinnahme anzusetzen.

Stille Reserven, die nach § 12 auf das zugewendete Wirtschaftsgut übertragen wurden, sind nachzuversteuern. Soweit abzugsfähige Zuwendungen die angeführte Höchstgrenze übersteigen, können diese nach Maßgabe des § 18 Abs. 1 Z 7 als Sonderausgabe abgesetzt werden.

(BGBl I 2018/62)

(2) Begünstigte Zwecke sind:

1. Die Durchführung von der österreichischen Wissenschaft dienenden Forschungsaufgaben oder der österreichischen Erwachsenenbildung dienenden Lehraufgaben, welche die wissenschaftliche oder künstlerische Lehre betreffen und dem Universitätsgesetz 2002 entsprechen, sowie damit verbundene wissenschaftliche Publikationen und Dokumentationen durch die in Abs. 3 genannten Einrichtungen.
2. Die Erfüllung der den in Abs. 4 genannten Einrichtungen zukommenden Zwecke.
3. Die Erfüllung folgender Zwecke durch die in Abs. 5 genannten Einrichtungen:
   a) Mildtätige Zwecke im Sinne des § 37 der Bundesabgabenordnung, die im Wesentlichen in einem Mitgliedstaat der Europäischen Union oder einem Staat des Europäischen Wirtschaftsraumes verfolgt werden.
   b) Die Bekämpfung von Armut und Not in Entwicklungsländern durch Förderung der wirtschaftlichen und sozialen Entwicklung, welche zu einem Prozess des nachhaltigen Wirtschaftens und des wirtschaftlichen Wachstums, verbunden mit strukturellem und sozialem Wandel führen soll.
   c) Die Hilfestellung in nationalen und internationalen Katastrophenfällen (insbesondere Hochwasser-, Erdrutsch-, Vermurungs- und Lawinenschäden).
   d) Maßnahmen zum Schutz der Umwelt mit dem Ziel der Erhaltung und der Pflege der natürlichen Lebensgrundlagen von Lebewesen, der Behebung der durch den Menschen verursachten Beeinträchtigungen und Schäden der Umwelt oder der Erhaltung von bedrohten Arten (Umwelt-, Natur- und Artenschutz).
   e) Die dem Tierschutzgesetz, BGBl. I Nr. 118/2004, entsprechende Betreuung von Tieren im Rahmen eines behördlich genehmigten Tierheimes (einschließlich Tierasyl oder Gnadenhof; § 4 Z 9 und 9b Tierschutzgesetz) in einem Mitgliedstaat der Europäischen Union oder in einem Staat des Europäischen Wirtschaftsraumes. Das Tierheim muss eine eigenständige wirtschaftliche Einrichtung einer Körperschaft im Sinne des Abs. 5 darstellen. Die Führung des Tierheimes muss den Anforderungen der Tierschutz-Sonderhaltungsverordnung, BGBl. II Nr. 139/2018, entsprechen.

      (BGBl I 2022/108)
4. Aufgaben der Feuerpolizei, der örtlichen Gefahrenpolizei und des Katastrophenschutzes, die aufgrund landes- oder bundesgesetzlicher Vorschriften durch die in Abs. 6 genannten Einrichtungen zu erfüllen sind.
5. Die allgemein zugängliche Durchführung von der österreichischen Kunst und Kultur dienenden künstlerischen Tätigkeiten (§ 22 Z 1 lit. a) sowie die allgemein zugängliche Präsentation von Kunstwerken durch die in Abs. 4a genannten Einrichtungen.

(BGBl I 2015/160, BGBl I 2016/117)

(3) Begünstigte Einrichtungen für die Erfüllung der in Abs. 2 Z 1 genannten Zwecke sind:

1. Universitäten, Kunsthochschulen und die Akademie der bildenden Künste, deren Fakultäten, Institute und besonderen Einrichtungen sowie diesen entsprechende ausländische Einrichtungen mit Sitz in einem Mitgliedstaat der Europäischen Union oder einem Staat, mit dem eine umfassende Amtshilfe besteht;
2. durch Bundes- oder Landesgesetz errichtete Fonds, die mit Aufgaben der Forschungsförderung betraut sind, sowie diesen entsprechende ausländische Einrichtungen mit Sitz in einem Mitgliedstaat der Europäischen Union oder einem Staat, mit dem eine umfassende Amtshilfe besteht;

2a. nach dem Bundes-Stiftungs- und Fondsgesetz (BStFG), BGBl. Nr. 11/1975, in der Fassung des Verwaltungsgerichtsbarkeits-Anpassungsgesetzes-Inneres, BGBl. I Nr. 161/2013, dem Bundes-Stiftungs- und Fondsgesetz 2015 (BStFG 2015), BGBl. I Nr. 160/2015 oder nach diesen Bundesgesetzen entsprechenden, landesgesetzlichen Regelungen errichtete Stiftungen oder Fonds mit Sitz im Inland, die ausschließlich der Erfüllung von Aufgaben der Forschungsförderung dienen, wenn diese
   a) nicht auf Gewinnerzielung ausgerichtet sind,
   b) seit mindestens drei Jahren nachweislich im Bereich der Forschungsförderung tätig sind und
   c) die Empfänger der Fördermittel im Wesentlichen Begünstigte gemäß Z 1, 2 und 3 bis 6 sind.

   Derartigen Stiftungen oder Fonds sind diesen entsprechende ausländische Einrichtungen mit Sitz in einem Mitgliedstaat der Europäischen Union oder einem Staat, mit dem eine umfassende Amtshilfe besteht, gleichzuhalten;

   (BGBl I 2015/160)

3. die Österreichische Akademie der Wissenschaften sowie dieser entsprechende ausländische Einrichtungen mit Sitz in einem Mitgliedstaat der Europäischen Union oder

einem Staat, mit dem eine umfassende Amtshilfe besteht;

4. juristisch unselbständige Einrichtungen von Gebietskörperschaften, die im Wesentlichen mit Forschungs- oder Lehraufgaben der genannten Art für die österreichische Wissenschaft oder Wirtschaft und damit verbundenen wissenschaftlichen Publikationen oder Dokumentationen befasst sind sowie diesen entsprechende ausländische Einrichtungen mit Sitz in einem Mitgliedstaat der Europäischen Union oder einem Staat, mit dem eine umfassende Amtshilfe besteht;
5. juristische Personen, an denen entweder eine oder mehrere Gebietskörperschaften oder eine oder mehrere Körperschaften im Sinne der Z 1 bis 3 zumindest mehrheitlich beteiligt sind, und die im Wesentlichen mit Forschungs- oder Lehraufgaben der genannten Art für die österreichische Wissenschaft oder Wirtschaft und damit verbundenen wissenschaftlichen Publikationen oder Dokumentationen befasst sind;
6. juristische Personen, die ausschließlich mit Forschungs- oder Lehraufgaben der genannten Art für die österreichische Wissenschaft oder Wirtschaft und damit verbundenen wissenschaftlichen Publikationen oder Dokumentationen befasst und gemeinnützig im Sinne der §§ 34 ff der Bundesabgabenordnung sind.

(4) Begünstigte Einrichtungen für die Erfüllung der in Abs. 2 Z 2 genannten Zwecke sind:

a) die Österreichische Nationalbibliothek, das Österreichische Archäologische Institut, das Institut für Österreichische Geschichtsforschung und das Österreichische Filminstitut gemäß § 1 des Filmförderungsgesetzes;

   (BGBl I 2015/160)

b) Österreichische Museen
   – von Körperschaften des öffentlichen Rechts;
   – von anderen Rechtsträgern, wenn diese Museen einen den Museen von Körperschaften des öffentlichen Rechts vergleichbaren öffentlichen Zugang haben und Sammlungsgegenstände zur Schau stellen, die in geschichtlicher, künstlerischer oder sonstiger kultureller Hinsicht von überregionaler Bedeutung sind. Der Bundesminister für Finanzen wird ermächtigt, im Einvernehmen mit dem Bundesminister für Kunst und Kultur mit Verordnung Kriterien zur Beurteilung der überregionalen Bedeutung eines Museums festzulegen;

   (BGBl I 2016/117)

c) das Bundesdenkmalamt und der Denkmalfonds gemäß § 33 Abs. 1 des Denkmalschutzgesetzes;
d) Österreichische Dachverbände von Körperschaften, Personenvereinigungen und Vermögensmassen sowie diesen vergleichbare Einrichtungen mit Sitz in einem Mitgliedstaat der Europäischen Union oder einem Staat, mit dem eine umfassende Amtshilfe besteht, wenn deren ausschließlicher Zweck die Förderung des Behindertensportes ist und der österreichische Behindertensport tatsächlich gefördert wird;
e) die Internationale Anti-Korruptions-Akademie (IACA);
f) die Diplomatische Akademie und vergleichbare Einrichtungen mit Sitz in einem Mitgliedstaat der Europäischen Union oder einem Staat, mit dem eine umfassende Amtshilfe besteht;
g) Einrichtungen mit Sitz in einem Mitgliedstaat der Europäischen Union oder einem Staat, mit dem eine umfassende Amtshilfe besteht, wenn sie den in lit. a bis c genannten vergleichbar sind und der Förderung, Erhaltung, Vermittlung und Dokumentation von Kunst und Kultur in Österreich dienen.

(4a) Begünstigte Einrichtungen für die Erfüllung der in Abs. 2 Z 5 genannten Zwecke sind Körperschaften mit Sitz in einem Mitgliedstaat der Europäischen Union oder einem Staat, mit dem eine umfassende Amtshilfe besteht unter folgenden Voraussetzungen:

1. Die Körperschaft erhält
   a) eine Förderung des Bundes im Sinne des Transparenzdatenbankgesetzes 2012 (TDBG 2012), BGBl. I Nr. 99/2012, die in der Transparenzdatenbank ersichtlich gemacht ist, oder
   b) eine Förderung eines Landes oder der Bundeshauptstadt Wien, die in der Transparenzdatenbank ersichtlich gemacht ist.
2. Die Körperschaft erhält mindestens alle zwei Jahre eine solche Förderung, wobei Förderungen in den Zeiträumen, die von der Bestätigung des Wirtschaftsprüfers im Falle der erstmaligen Beantragung der Aufnahme in die in Abs. 7 Z 1 genannten Liste (Abs. 8) nicht umfasst sind, unbeachtlich sind.
3. Die Förderung (Z 1) ist in der Transparenzdatenbank unter „Kunst und Kultur" einheitlich kategorisiert.

   (BGBl I 2022/108)

(BGBl I 2015/160)

(5) Begünstigte Einrichtungen für die Erfüllung der in Abs. 2 Z 3 genannten Zwecke sind:

1. Körperschaften im Sinne des § 1 Abs. 2 Z 1 und 2 des Körperschaftsteuergesetzes 1988,

2. Körperschaften des öffentlichen Rechts,
3. vergleichbare ausländische Körperschaften eines Mitgliedstaates der Europäischen Union oder eines Staates des Europäischen Wirtschaftsraumes,

   (BGBl I 2016/117)
4. Körperschaften im Sinne des § 1 Abs. 2 Z 1 des Körperschaftsteuergesetzes 1988 deren ausschließlicher Zweck – abgesehen von der Mittelverwendung im Sinne des Abs. 8 Z 3 lit. c – das Sammeln von Spenden ist sowie

   (BGBl I 2016/117)
5. Körperschaften im Sinne des § 1 Abs. 2 Z 1 des Körperschaftsteuergesetzes 1988, deren abgabenrechtliche Begünstigung gemäß den §§ 34 bis 47 der Bundesabgabenordnung gemäß § 40a Z 1 der Bundesabgabenordnung nicht verloren geht.

   (BGBl I 2016/117)

(6) Begünstigte Einrichtungen für die Erfüllung der Abs. 2 Z 4 genannten Zwecke sind:

1. Freiwillige Feuerwehren unbeschadet ihrer rechtlichen Stellung,
2. Landesfeuerwehrverbände.

Diese Einrichtungen haben Aufzeichnungen hinsichtlich der Spendeneinnahmen zu führen und Ablichtungen von Bestätigungen der Kassaeingänge von Spenden aufzubewahren (§ 132 BAO).

(7) Für die Zuwendungen gilt Folgendes:

1. Zuwendungen an die in Abs. 3 Z 4 bis 6, Abs. 4 lit. d, Abs. 4a und in Abs. 5 genannten Einrichtungen sind nur abzugsfähig, wenn aus der beim Finanzamt Österreich zu führenden Liste hervorgeht, dass zum Zeitpunkt der Zuwendung die Voraussetzungen für die Anerkennung als begünstigte Einrichtung vorliegen.

   (BGBl I 2015/160, BGBl I 2019/104, BGBl I 2020/99)
2. Hinsichtlich der in Abs. 3 Z 4 bis 6, Abs. 4a und Abs. 5 genannten Einrichtungen sind Mitgliedsbeiträge in Höhe der satzungsgemäß von ordentlichen Mitgliedern zu entrichtenden Beiträge nicht abzugsfähig.

   (BGBl I 2015/160)
3. Hinsichtlich der in Abs. 6 genannten Einrichtungen sind Zuwendungen nicht abzugsfähig, wenn sie durch eine Körperschaft im Sinne des § 1 Abs. 2 Körperschaftsteuergesetz 1988 erfolgen, die mit einer Gemeinde im Sinne des Art. 116 B-VG wirtschaftlich verbunden ist.
4. Zuwendungen, denen eine Gegenleistung gegenübersteht, sind als freigebige Zuwendungen abzugsfähig, wenn der gemeine Wert der Zuwendung den Wert der Gegenleistung erheblich übersteigt. Der dem gemeinen Wert der Gegenleistung entsprechende Teil der Zuwendung ist nicht abzugsfähig.
5. Die Zuwendung ist auf Verlangen der Abgabenbehörde durch Vorlage eines Beleges (§ 18 Abs. 1 Z 7) nachzuweisen. Auf Verlangen des Zuwendenden hat der Empfänger der Zuwendung eine Spendenbestätigung (§ 18 Abs. 1 Z 7) auszustellen.

(8) Die Aufnahme in die in Abs. 7 Z 1 genannte Liste darf nur erfolgen, wenn glaubhaft gemacht wurde, dass durch die Körperschaft Maßnahmen zur Erfüllung der Datenübermittlungsverpflichtung gemäß § 18 Abs. 8 getroffen wurden und folgende Voraussetzungen erfüllt sind:

1. Für Körperschaften im Sinne des Abs. 3 Z 6, Abs. 4a und Abs. 5 Z 1 bis 3:
   a) Die Körperschaft dient ausschließlich Zwecken nach Maßgabe der §§ 34 ff der Bundesabgabenordnung.
   b) Die Körperschaft oder deren Vorgängerorganisation (Organisationsfeld mit eigenem Rechnungskreis) dient seit mindestens drei Jahren ununterbrochen im Wesentlichen unmittelbar den in der Rechtsgrundlage (beispielsweise Vereinsstatut, Satzung, Gesellschaftsvertrag) angeführten begünstigten Zwecken gemäß Abs. 2 Z 1, 3 und 5.

      (BGBl I 2015/118, BGBl I 2015/160)
   c) Die Körperschaft unterhält, abgesehen von völlig untergeordneten Nebentätigkeiten, ausschließlich solche wirtschaftliche Tätigkeiten, die unter § 45 Abs. 1, § 45 Abs. 2 oder § 47 der Bundesabgabenordnung fallen oder für welche die Begünstigungen gemäß § 45a der Bundesabgabenordnung bestehen bleiben.
   d) Die in Zusammenhang mit der Verwendung der Spenden stehenden Verwaltungskosten der Körperschaft betragen ohne Berücksichtigung der für die Erfüllung der Übermittlungsverpflichtung gemäß § 18 Abs. 8 anfallenden Kosten höchstens 10% der Spendeneinnahmen.

      (BGBl I 2015/118)
   e) Bei Auflösung der Körperschaft oder bei Wegfall des begünstigten Zweckes darf das Vermögen der Körperschaft, soweit es die eingezahlten Kapitalanteile der Mitglieder und den gemeinen Wert der von den Mitgliedern geleisteten Sacheinlagen übersteigt, nur für die in der Rechtsgrundlage angeführten begünstigten Zwecke gemäß Abs. 2 Z 1, 3 und 5 verwendet werden.

      (BGBl I 2015/118, BGBl I 2016/117)

   (BGBl I 2015/160)
2. Für Körperschaften im Sinne des Abs. 3 Z 4 und 5 sowie des Abs. 4 lit. d:
   a) Das mangelnde Gewinnstreben ist – ausgenommen hinsichtlich einer untergeordneten betrieblichen Tätigkeit – in der Rechtsgrundlage verankert.
   b) Die tatsächliche Geschäftsführung entspricht den Vorgaben der Rechtsgrund-

lage und die Körperschaft entfaltet eine betriebliche Tätigkeit nur in untergeordnetem Ausmaß.

c) Die Rechtsgrundlage stellt sicher, dass an Mitglieder oder Gesellschafter oder diesen nahe stehende Personen keinerlei Vermögensvorteile zugewendet werden und dass gesammelte Spendenmittel ausschließlich für die in der Rechtsgrundlage angeführten begünstigten Zwecke gemäß Abs. 2 Z 1 und 2 verwendet werden.

(BGBl I 2015/118)

d) Die Körperschaft oder deren Vorgängerorganisation (Organisationsfeld mit eigenem Rechnungskreis) dient seit mindestens drei Jahren ununterbrochen der Erfüllung der in der Rechtsgrundlage angeführten begünstigten Zwecke.

(BGBl I 2015/118)

e) Die in Zusammenhang mit der Verwendung der Spenden stehenden Verwaltungskosten der Körperschaft betragen höchstens 10% der Spendeneinnahmen.

f) Bei Auflösung der Körperschaft oder bei Wegfall des begünstigten Zweckes darf das Vermögen der Körperschaft, soweit es die eingezahlten Kapitalanteile der Mitglieder und den gemeinen Wert der von den Mitgliedern geleisteten Sacheinlagen übersteigt, nur für die in der Rechtsgrundlage angeführten begünstigten Zwecke gemäß Abs. 2 Z 1 und 2 verwendet werden.

(BGBl I 2015/118)

3. Für Körperschaften im Sinne des Abs. 5 Z 4 neben den in Z 2 genannten Voraussetzungen:

a) Die Sammlung für begünstigte Zwecke gemäß Abs. 2 Z 3 ist, abgesehen von der Mittelverwendung im Sinne der lit. c, als ausschließlicher Zweck in der Rechtsgrundlage (Vereinsstatut, Satzung, Gesellschaftsvertrag) verankert.

b) Die Rechtsgrundlage stellt sicher, dass jede Änderung der Rechtsgrundlage, insbesondere der Aufgaben der Körperschaft, sowie die Beendigung ihrer begünstigten Tätigkeit dem Finanzamt Österreich unverzüglich bekannt gegeben werden.

c) Die Mittelverwendung erfolgt entweder durch Weitergabe an Körperschaften im Sinne des Abs. 5 Z 1 bis 3 oder in Durchführung von Aktionen ausschließlich zu begünstigten Zwecken gemäß Abs. 2 Z 3, wobei dazu andere Rechtsträger nach Maßgabe des § 40 Abs. 1 der Bundesabgabenordnung herangezogen werden können. Im letztgenannten Fall ist die ausschließliche Verwendung der Mittel zu begünstigten Zwecken gemäß Abs. 2 Z 3 durch die Spenden sammelnde Körperschaft sicherzustellen.

d) Die Körperschaft veröffentlicht jene Organisationen und Zwecke, denen die gesammelten Spenden zukommen.

e) Bei Auflösung der Körperschaft oder bei Wegfall des begünstigten Zweckes darf das Vermögen der Körperschaft, soweit es die eingezahlten Kapitalanteile der Mitglieder und den gemeinen Wert der von den Mitgliedern geleisteten Sacheinlagen übersteigt, nur für die in der Rechtsgrundlage angeführten begünstigten Zwecke gemäß Abs. 2 Z 3 verwendet werden.

(BGBl I 2015/118)

4. Für Körperschaften im Sinne des Abs. 5 Z 5 gelten die in Z 1 genannten Voraussetzungen unter der Maßgabe, dass die Körperschaft auch dann unmittelbar den in der Rechtsgrundlage angeführten begünstigten Zwecken gemäß Abs. 2 Z 3 dient, wenn die abgabenrechtliche Begünstigung nur auf Grund von § 40a Z 1 der Bundesabgabenordnung nicht verloren geht.

(BGBl I 2016/117)

Das Vorliegen der Voraussetzungen der Z 1 bis 4 sowie die Einhaltung der anzuwendenden Rechnungslegungsvorschriften ist von einem Wirtschaftsprüfer jährlich im Rahmen einer den Anforderungen der §§ 268 ff des Unternehmensgesetzbuches entsprechenden Prüfung zu bestätigen. Die Bestimmungen des § 275 des Unternehmensgesetzbuches gelten sinngemäß.

Diese Bestätigung ist dem Finanzamt Österreich jährlich innerhalb von neun Monaten nach dem Abschlussstichtag vorzulegen. Im Falle einer Änderung der Rechtsgrundlage, ist auch die geänderte Rechtsgrundlage (Vereinsstatut, Satzung, Gesellschaftsvertrag) vorzulegen. Das Finanzamt Österreich hat die Erfüllung der gesetzlichen Voraussetzungen mit Bescheid zu bestätigen, die Körperschaft zu erfassen und sämtliche Körperschaften, die diesen Voraussetzungen entsprechen, auf der Homepage des Bundesministeriums für Finanzen in einer Liste zu veröffentlichen.

Wird die Aufnahme in die Liste erstmalig beantragt, sind die aktuelle Rechtsgrundlage, die Bestätigungen des Wirtschaftsprüfers für die vorangegangen drei Wirtschaftsjahre und, wenn vorhanden, die Zahl, unter der die Körperschaft im Zentralen Vereinsregister oder im Firmenbuch erfasst ist, dem Finanzamt Österreich zu übermitteln.

(BGBl I 2015/118, BGBl I 2016/117, BGBl I 2019/104, BGBl I 2020/99)

(9) (aufgehoben)

(BGBl I 2015/160, BGBl I 2018/62)

Zuwendungen zur Vermögensausstattung

§ 4b. (1) Zuwendungen aus dem Betriebsvermögen zum Zweck der ertragsbringenden Vermögensausstattung an eine privatrechtliche Stiftung oder an eine damit vergleichbare Vermögensmasse (Stiftung), die die Voraussetzungen der §§ 34 ff BAO erfüllt und begünstigte Zwecke gemäß § 4a Abs. 2 verfolgt, gelten bis zu einem Höchstbetrag von 500 000 Euro nach Maßgabe der folgenden Bestimmungen als Betriebsausgaben:

1. Die Stiftung ist nach ihrer Rechtsgrundlage verpflichtet, die Erträge aus der Verwaltung der zugewendeten Vermögenswerte spätestens mit Ablauf des dritten Jahres nach dem Kalenderjahr des Zuflusses dieser Erträge ausschließlich für die in der Rechtsgrundlage angeführten begünstigten Zwecke gemäß § 4a Abs. 2 zu verwenden. Als Verwendung für diese Zwecke gilt auch die Einstellung von höchstens 20% der jährlichen Erträge in eine Rücklage.
2. Eine Verwendung der zugewendeten Vermögenswerte selbst für die in der Rechtsgrundlage angeführten begünstigten Zwecke ist frühestens nach Ablauf des der Zuwendung zweitfolgenden Kalenderjahres zulässig.
3. Zum Zeitpunkt der Zuwendung muss die Anerkennung als begünstigte Einrichtung aus der Liste gemäß § 4a Abs. 7 Z 1 hervorgehen.
4. Erfolgt die Zuwendung zu einem Zeitpunkt, zu dem die Stiftung oder deren Vorgängerorganisation nicht bereits seit mindestens drei Jahren ununterbrochen im Wesentlichen unmittelbar begünstigten Zwecken gemäß § 4a Abs. 2 gedient hat, gilt die Zuwendung abweichend von Z 3 dennoch als Betriebsausgabe, wenn die Voraussetzungen für die Aufnahme der Stiftung in die in § 4a Abs. 7 Z 1 genannte Liste nach Ablauf von drei Jahren ab ihrer Errichtung vorliegen.
5. Abzugsfähig sind die erstmalige Zuwendung sowie weitere Zuwendungen des Steuerpflichtigen, die in einem der folgenden vier Wirtschaftsjahre getätigt werden. Dabei gilt:
   a) Der Gesamtbetrag der abzugsfähigen Zuwendungen ist für den fünfjährigen Zuwendungszeitraum mit 500 000 Euro begrenzt.
   b) Im Wirtschaftsjahr sind Zuwendungen insoweit abzugsfähig, als sie 10% des Gewinnes vor Berücksichtigung von Zuwendungen gemäß § 4a und § 4c und vor Berücksichtigung eines Gewinnfreibetrages nicht übersteigen.

      (BGBl I 2018/62)
   c) Soweit eine Berücksichtigung als Betriebsausgabe gemäß lit. b nicht in Betracht kommt, kann die Zuwendung gemäß § 18 Abs. 1 Z 8 als Sonderausgabe berücksichtigt werden.

(2) Die Stiftung hat einen Zuschlag zur Körperschaftsteuer in Höhe von 30% der zugewendeten abzugsfähigen Beträge oder des abzugsfähigen gemeinen Wertes der zugewendeten Wirtschaftsgüter zu entrichten, wenn sie

1. entgegen Abs. 1 Z 4 die Voraussetzungen für die Aufnahme in die in § 4a Abs. 7 Z 1 genannte Liste nach Ablauf von drei Jahren ab ihrer Errichtung nicht erfüllt oder
2. die zugewendeten Vermögenswerte entgegen Abs. 1 Z 2 verwendet oder
3. innerhalb von fünf Jahren nach dem Zeitpunkt der Zuwendung
   a) die Erträge nicht ausschließlich gemäß Abs. 1 Z 1 verwendet oder
   b) in der in § 4a Abs. 7 Z 1 genannten Liste als nicht mehr begünstigt ausgewiesen wird.

(3) Ist der auf Grund von Abs. 2 Z 1 vorgeschriebene Betrag bei der Stiftung nicht einbringlich, gilt die Nichtaufnahme in die in § 4a Abs. 7 Z 1 genannte Liste für den Zuwendenden als rückwirkendes Ereignis im Sinne des § 295a BAO.

(BGBl I 2015/160)

Zuwendungen an die Innovationsstiftung für Bildung

§ 4c. (1) Freigebige Zuwendungen aus dem Betriebsvermögen an die Innovationsstiftung für Bildung gemäß § 1 ISBG sowie an deren Substiftungen gemäß § 4 Abs. 5 ISBG zur Förderung ihrer Tätigkeiten gemäß § 3 Abs. 1 und 2 ISBG oder zum Zweck der ertragsbringenden Vermögensausstattung gelten als Betriebsausgaben, wobei folgende Höchstbeträge zu berücksichtigen sind:

1. Bis zu einem Gewinn vor Berücksichtigung von Zuwendungen gemäß § 4a und § 4b und vor Berücksichtigung eines Gewinnfreibetrages von höchstens 5 Millionen Euro beträgt der Höchstbetrag 500 000 Euro. Durch die Berücksichtigung der Zuwendung darf kein Verlust entstehen.

   (BGBl I 2019/103)
2. Bei einem Gewinn vor Berücksichtigung von Zuwendungen gemäß § 4a und § 4b und vor Berücksichtigung eines Gewinnfreibetrages von mehr als 5 Millionen Euro beträgt der Höchstbetrag 10 % dieses Gewinnes.

   (BGBl I 2018/62)

Werden Wirtschaftsgüter zugewendet, ist der gemeine Wert als Betriebsausgabe anzusetzen; der Restbuchwert ist nicht zusätzlich als Betriebsausgabe und der Teilwert nicht als Betriebseinnahme anzusetzen. Stille Reserven, die nach § 12 auf das zugewendete Wirtschaftsgut übertragen wurden, sind nachzuversteuern. Soweit Zuwendungen die angeführten Höchstgrenzen übersteigen, können diese nach Maßgabe des § 18 Abs. 1 Z 9 als Sonderausgabe abgesetzt werden.

(2) Wird Betriebsvermögen zur ertragsbringenden Vermögensausstattung zugewendet, ist § 4b Abs. 1 Z 1 und Abs. 2 Z 3 lit. a sinngemäß anzuwenden.

(BGBl I 2017/28)

Betriebliche Privatstiftungen

§ 4d. (1) Betriebsausgaben sind Zuwendungen an eine Privatstiftung, die nach der Stiftungsurkunde und der tatsächlichen Geschäftsführung ausschließlich und unmittelbar dem Betriebszweck des stiftenden Unternehmers oder auch mit diesem verbundener Konzernunternehmen dient (Unternehmenszweckförderungsstiftung). Verteilt die Privatstiftung die Zuwendungen gemäß § 13 Abs. 1 Z 1 lit. b des Körperschaftsteuergesetzes 1988, sind die Zuwendungen gemäß dieser Verteilung abzugsfähig.

(2) Zuwendungen an eine Privatstiftung, die nach der Stiftungsurkunde und der tatsächlichen Geschäftsführung der Unterstützung von Arbeitnehmern gemäß Abs. 5 Z 2 dient (Arbeitnehmerförderungsstiftung), sind nach Maßgabe der folgenden Bestimmungen Betriebsausgaben:

1. Die Zuwendungen sind nur in dem in § 4 Abs. 4 Z 2 lit. b genannten Ausmaß abzugsfähig. Verteilt die Privatstiftung die nicht unter § 6 Abs. 4 des Körperschaftsteuergesetzes 1988 fallenden Zuwendungen gemäß § 13 Abs. 1 Z 1 lit. b des Körperschaftsteuergesetzes 1988, sind die Zuwendungen gemäß dieser Verteilung abzugsfähig.
   (BGBl I 2017/142)
2. Der Kreis der Begünstigten der Privatstiftung ist in der Stiftungs(zusatz)urkunde genau bezeichnet und beschränkt sich auf Arbeitnehmer und deren Angehörigen gemäß Abs. 5 Z 2 und 3 sowie Personen, deren Gehälter und sonstige Vergütungen jeder Art für ihre Tätigkeit im Betrieb unter die Einkünfte aus sonstiger selbständiger Arbeit im Sinne des § 22 Z 2 fallen.
3. Die ausschließliche und unmittelbare Verwendung des Vermögens und der Einkünfte der Privatstiftung ist durch die Stiftungsurkunde und tatsächlich dauernd für Zwecke der Unterstützung der Arbeitnehmer und deren Angehörigen gemäß Abs. 5 Z 2 und 3 gesichert.
4. Die dem Kreis der Begünstigten angehörenden Personen sind nicht zu laufenden Beiträgen oder zu sonstigen Zuschüssen verpflichtet.
5. Die Stiftungsurkunde sieht vor, dass das Vermögen bei Auflösung der Privatstiftung nur den Begünstigten zufällt und bei Fehlen von Begünstigten nur für gemeinnützige, mildtätige oder kirchliche Zwecke im Sinne der Bundesabgabenordnung verwendet werden darf.

(3) Zuwendungen an eine Privatstiftung, die nach der Stiftungsurkunde und der tatsächlichen Geschäftsführung ausschließlich und unmittelbar der Weitergabe von Beteiligungserträgen im Sinne des § 10 Abs. 1 des Körperschaftsteuergesetzes 1988 aus Beteiligungen an Arbeitgebergesellschaften gemäß Abs. 5 Z 1 an die Begünstigten dient (Belegschaftsbeteiligungsstiftung), sind nach Maßgabe der folgenden Bestimmungen Betriebsausgaben:

1. Die Zuwendungen sind nur insoweit abzugsfähig, als es sich
   – um Beteiligungen an Arbeitgebergesellschaften gemäß Abs. 5 Z 1oder
   – um den für die Anschaffung solcher Beteiligungen notwendigen Geldbetrag, oder
   – um Aufwendungen für die Gründung und die laufende Betriebsführung der Stiftung handelt.

   Verteilt die Privatstiftung die Zuwendungen gemäß § 13 Abs. 1 Z 1 lit. b des Körperschaftsteuergesetzes 1988, sind die Zuwendungen gemäß dieser Verteilung abzugsfähig.
2. Stifter laut der Stiftungsurkunde können nur die Arbeitgebergesellschaften gemäß Abs. 5 Z 1 und die innerbetrieblich bestehende gesetzliche Arbeitnehmervertretung sein. Bei der Errichtung der Stiftung ist die Zustimmung jenes Organs der Arbeitnehmerschaft gemäß § 40 Arbeitsverfassungsgesetz, welches die größtmögliche Anzahl der Arbeitnehmer repräsentiert, einzuholen. Bestehen keine gesetzlichen Arbeitnehmervertretungen ist die Zustimmung der jeweiligen zuständigen kollektivvertragsfähigen Gewerkschaft einzuholen.
3. Der Kreis der Begünstigten und Letztbegünstigten der Privatstiftung ist in der Stiftungs(zusatz)urkunde genau bezeichnet und umfasst ausschließlich alle Arbeitnehmer und gegebenenfalls deren Angehörige gemäß Abs. 5 Z 2 und 3 oder bestimmte Gruppen von diesen. Abweichend davon kann die Stiftungsurkunde vorsehen, dass nach Ablauf von 99 Jahren ab Errichtung der Stiftung der Stifter Letztbegünstigter sein kann. Sind bei Auflösung der Privatstiftung keine Letztbegünstigten vorhanden, darf das Vermögen nach der Stiftungsurkunde nur für gemeinnützige, mildtätige oder kirchliche Zwecke im Sinne der Bundesabgabenordnung verwendet werden.
4. Die Weiterleitung der Beteiligungserträge der Privatstiftung im Wirtschaftsjahr des Zuflusses ist in der Stiftungs(zusatz)urkunde ausdrücklich festgehalten. Zum Zweck der Glättung der Zuwendungen über einen mehrjährigen Zeitraum kann auch eine teilweise Weiterleitung der Beteiligungserträge vorgesehen werden.

(4) Zuwendungen an eine Privatstiftung, die gemäß den Bestimmungen der Z 1 der gemeinsamen Verwahrung und Verwaltung von Mitarbeiterkapitalbeteiligungen dient (Mitarbeiterbeteiligungsstiftung), sind nach Maßgabe der Z 2 bis 4 Betriebsausgaben.

1. Die Privatstiftung dient nach der Stiftungsurkunde und der tatsächlichen Geschäftsführung ausschließlich und unmittelbar
   – der unentgeltlichen oder verbilligten Abgabe von Aktien an Arbeitgeber-

gesellschaften gemäß Abs. 5 Z 1 an die Begünstigten,
- der treuhändigen Verwahrung und Verwaltung von Aktien der Begünstigten,
- der einheitlichen Ausübung der von den Begünstigten übertragenen, mit den treuhändig verwahrten und verwalteten Aktien verbundenen, Stimmrechte und
- dem Erwerb und dem vorübergehenden Halten von Aktien an den Arbeitgebergesellschaften gemäß Abs. 5 Z 1 über einen mehrjährigen Zeitraum bis zu einem Anteil von 10% der Stimmrechte zum Zweck der unentgeltlichen oder verbilligten Abgabe an die Begünstigten, wobei die Abgabe planmäßig erfolgen muss.

2. Die Zuwendungen sind nur insoweit abzugsfähig, als es sich
   - um Aktien an Arbeitgebergesellschaften gemäß Abs. 5 Z 1, oder
   - um den für die Anschaffung solcher Aktien notwendigen Geldbetrag, oder
   - um den für die Abdeckung der Gründungsaufwendungen und der laufenden Aufwendungen der Privatstiftung notwendigen Geldbetrag, oder
   - um den für die Abdeckung der Aufwendungen für die treuhändige Verwahrung und Verwaltung der Aktien der Begünstigten notwendigen Geldbetrag handelt.

   Werden Aktien der Privatstiftung zugewendet, die nicht im selben Kalenderjahr gemäß § 3 Abs. 1 Z 15 lit. c unentgeltlich oder verbilligt an die Begünstigten abgegeben werden, ist die Zuwendung auf das Zuwendungsjahr und die folgenden neun Wirtschaftsjahre gleichmäßig verteilt als Betriebsausgaben abzusetzen.

3. Stifter können nur Arbeitgebergesellschaften gemäß Abs. 5 Z 1 und die jeweilige innerbetrieblich bestehende gesetzliche Arbeitnehmervertretung sein. Bei der Errichtung der Stiftung ist die Zustimmung jenes Organs der Arbeitnehmerschaft gemäß § 40 Arbeitsverfassungsgesetz, welches die größtmögliche Anzahl der Arbeitnehmer repräsentiert, einzuholen. Bestehen keine gesetzlichen Arbeitnehmervertretungen ist die Zustimmung der jeweiligen zuständigen kollektivvertragsfähigen Gewerkschaft einzuholen.

4. Der Kreis der Begünstigten und Letztbegünstigten der Privatstiftung ist in der Stiftungs(zusatz)urkunde genau bezeichnet und umfasst ausschließlich alle Arbeitnehmer und gegebenenfalls deren Angehörige gemäß Abs. 5 Z 2 und 3 oder bestimmte Gruppen von diesen. Abweichend davon kann die Stiftungsurkunde vorsehen, dass nach Ablauf von 99 Jahren ab Errichtung der Stiftung der Stifter Letztbegünstigter sein kann. Sind bei Auflösung der Privatstiftung keine Letztbegünstigten vorhanden, darf das Vermögen nach der Stiftungsurkunde nur für gemeinnützige, mildtätige oder kirchliche Zwecke im Sinne der Bundesabgabenordnung verwendet werden.

Mitarbeiterbeteiligungsstiftungen haben dem Bundesminister für Finanzen für jedes Kalenderjahr Informationen zu übermitteln, die insbesondere die Anzahl der gehaltenen und der verwalteten Aktien, der begünstigten Arbeitnehmer und deren Angehörige sowie der unentgeltlich oder verbilligt weitergegebenen Aktien betreffen. Der Bundesminister für Finanzen wird ermächtigt, die Art der Übermittlung und die Spezifikationen (Form, Struktur und Inhalt) der zu übermittelnden Informationen im Wege einer Verordnung näher zu bestimmen.

(5) Für betriebliche Privatstiftungen im Sinne der Abs. 2 bis 4 gelten folgende Begriffsbestimmungen:

1. „Arbeitgebergesellschaften" sind die Gesellschaft, die Arbeitgeber der Begünstigten ist, sowie mit dieser
   - verbundene Konzernunternehmen oder
   - im Rahmen eines Sektors gesellschaftsrechtlich verbundene Unternehmen oder
   - in einem Haftungsverbund gemäß § 30 Abs. 2a Bankwesengesetz befindliche Unternehmen.
2. „Arbeitnehmer" sind die Arbeitnehmer oder ehemalige Arbeitnehmer der Arbeitgebergesellschaften im Sinne der Z 1.
3. „Angehörige" von Arbeitnehmern im Sinne der Z 2 sind deren (Ehe-)Partner und Kinder.

(BGBl I 2017/105)

Gewinn der rechnungslegungspflichtigen Gewerbetreibenden

§ 5. (1) Für die Gewinnermittlung jener Steuerpflichtigen, die nach § 189 UGB oder anderen bundesgesetzlichen Vorschriften der Pflicht zur Rechnungslegung unterliegen und die Einkünfte aus Gewerbebetrieb (§ 23) beziehen, sind die unternehmensrechtlichen Grundsätze ordnungsmäßiger Buchführung maßgebend, außer zwingende steuerrechtliche Vorschriften treffen abweichende Regelungen. Die Widmung von Wirtschaftsgütern als gewillkürtes Betriebsvermögen ist zulässig. Beteiligt sich ein Gesellschafter als Mitunternehmer am Betrieb eines nach § 189 UGB rechnungslegungspflichtigen Gewerbetreibenden, gilt auch diese Gesellschaft als rechnungslegungspflichtiger Gewerbetreibender.

(2) Als rechnungslegungspflichtiger Gewerbetreibender im Sinne des Abs. 1 gilt auf Antrag ein Steuerpflichtiger, der Einkünfte aus Gewerbebetrieb (§ 23) bezieht und nicht mehr der Pflicht zur Gewinnermittlung nach Abs. 1 unterliegt. Der Antrag ist für das Jahr zu stellen, in dem das Wirtschaftsjahr endet, für das erstmalig keine Pflicht zur Gewinnermittlung nach Abs. 1 besteht. Der Antrag kann bis zur Rechtskraft des Bescheides

gestellt werden und bindet den Steuerpflichtigen so lange, als er nicht in einer Steuererklärung für das jeweils zu veranlagende Wirtschaftsjahr mit Wirkung für dieses und die folgenden Wirtschaftsjahre widerrufen wird.

Bewertung

§ 6. Für die Bewertung der einzelnen Wirtschaftsgüter des Betriebsvermögens gilt folgendes:

1. Abnutzbares Anlagevermögen ist mit den Anschaffungs- oder Herstellungskosten, vermindert um die Absetzung für Abnutzung nach den §§ 7 und 8, anzusetzen. Bei Land- und Forstwirten und bei Gewerbetreibenden gilt der Firmenwert als abnutzbares Anlagevermögen. Ist der Teilwert niedriger, so kann dieser angesetzt werden. Teilwert ist der Betrag, den der Erwerber des ganzen Betriebes im Rahmen des Gesamtkaufpreises für das einzelne Wirtschaftsgut ansetzen würde; dabei ist davon auszugehen, daß der Erwerber den Betrieb fortführt. Bei Wirtschaftsgütern, die bereits am Schluß des vorangegangenen Wirtschaftsjahres zum Anlagevermögen gehört haben, darf der Bilanzansatz, abgesehen von den Fällen der Z 13, nicht über den letzten Bilanzansatz hinausgehen.

2. a) Nicht abnutzbares Anlagevermögen und Umlaufvermögen sind mit den Anschaffungs- oder Herstellungskosten anzusetzen. Ist der Teilwert niedriger, so kann dieser angesetzt werden. Bei Wirtschaftsgütern, die bereits am Schluß des vorangegangenen Wirtschaftsjahres zum Betriebsvermögen gehört haben, kann der Steuerpflichtige in den folgenden Wirtschaftsjahren den Teilwert auch dann ansetzen, wenn er höher ist als der letzte Bilanzansatz; es dürfen jedoch höchstens die Anschaffungs- oder Herstellungskosten angesetzt werden. Eine pauschale Wertberichtigung für Forderungen ist unter den Voraussetzungen des § 201 Abs. 2 Z 7 des Unternehmensgesetzbuches in der Fassung BGBl. I Nr. 22/2015 zulässig. Zu den Herstellungskosten gehören auch angemessene Teile der Materialgemeinkosten und der Fertigungsgemeinkosten.

   (BGBl I 2015/22, BGBl I 2021/3)

   b) Bei land- und forstwirtschaftlichen Betrieben ist für die Wirtschaftsgüter mit biologischem Wachstum auch der Ansatz des über den Anschaffungs- oder Herstellungskosten liegenden Teilwertes zulässig.

   c) Abschreibungen auf den niedrigeren Teilwert (lit. a) und Verluste aus der Veräußerung, Einlösung und sonstigen Abschichtung von Wirtschaftsgütern, Derivaten und Kryptowährungen im Sinne des § 27 Abs. 3 bis 4a, auf deren Erträge ein besonderer Steuersatz gemäß § 27a Abs. 1 anwendbar ist, sind vorrangig mit positiven Einkünften aus realisierten Wertsteigerungen von solchen Wirtschaftsgütern, Derivaten und Kryptowährungen sowie mit Zuschreibungen derartiger Wirtschaftsgüter desselben Betriebes zu verrechnen. Ein verbleibender negativer Überhang darf nur zu 55% ausgeglichen werden.

   (BGBl I 2015/118, BGBl I 2022/10)

   d) Abschreibungen auf den niedrigeren Teilwert (lit. a), Absetzungen für außergewöhnliche technische oder wirtschaftliche Abnutzung (§ 8 Abs. 4) und Verluste aus der Veräußerung von Grundstücken im Sinne des § 30 Abs. 1, auf deren Wertsteigerungen der besondere Steuersatz gemäß § 30a Abs. 1 anwendbar ist, sind vorrangig mit positiven Einkünften aus der Veräußerung oder Zuschreibung solcher Grundstücke desselben Betriebes zu verrechnen. Ein verbleibender negativer Überhang darf nur zu 60% ausgeglichen werden.

   (BGBl I 2015/118, BGBl I 2016/117)

3. Verbindlichkeiten sind gemäß Z 2 lit. a zu bewerten. Im Jahr der Aufnahme einer Verbindlichkeit ist ein Aktivposten anzusetzen
   – in Höhe des Unterschiedsbetrages zwischen Rückzahlungsbetrag und aufgenommenem Betrag und
   – in Höhe der mit der Verbindlichkeit unmittelbar zusammenhängenden Geldbeschaffungskosten.

   Der Aktivposten ist zwingend auf die gesamte Laufzeit der Verbindlichkeit zu verteilen. Die Verteilung kann gleichmäßig oder entsprechend abweichenden unternehmensrechtlichen Grundsätzen ordnungsmäßiger Buchführung vorgenommen werden.

4. Entnahmen sind mit dem Teilwert im Zeitpunkt der Entnahme anzusetzen. Grund und Boden ist mit dem Buchwert im Zeitpunkt der Entnahme anzusetzen, sofern nicht eine Ausnahme vom besonderen Steuersatz gemäß § 30a Abs. 3 vorliegt. Der Entnahmewert tritt für nachfolgende steuerrelevante Sachverhalte an die Stelle der Anschaffungs- oder Herstellungskosten.

5. Einlagen sind wie folgt zu bewerten:

   a) Wirtschaftsgüter, Derivate und Kryptowährungen im Sinne des § 27 Abs. 3 bis 4a sind mit den Anschaffungskosten anzusetzen, es sei denn, der Teilwert zum Zeitpunkt der Zuführung ist niedriger.

   (BGBl I 2022/10)

   b) Grundstücke im Sinne des § 30 Abs. 1 sind mit den Anschaffungs- oder Herstellungskosten anzusetzen. Sie sind um Herstellungsaufwendungen zu erhöhen, soweit diese nicht bei der Ermittlung von Einkünften zu berücksichtigen waren.

Sie sind um Absetzungen für Abnutzungen, soweit diese bei der Ermittlung der Einkünfte abgezogen worden sind, sowie um die in § 28 Abs. 6 genannten steuerfreien Beträge zu vermindern. Ist der Teilwert zum Zeitpunkt der Zuführung niedriger, ist dieser anzusetzen.

c) Abweichend von lit. b sind Gebäude und grundstücksgleiche Rechte im Sinne des § 30 Abs. 1, die zum 31. März 2012 nicht steuerverfangen waren, stets mit dem Teilwert zum Zeitpunkt der Zuführung anzusetzen.

d) In allen übrigen Fällen ist der Teilwert im Zeitpunkt der Zuführung anzusetzen.

6. a) Werden Wirtschaftsgüter eines im Inland gelegenen Betriebes (Betriebsstätte) ins Ausland in einen anderen Betrieb (Betriebsstätte) überführt oder werden im Inland gelegene Betriebe (Betriebsstätten) ins Ausland verlegt, sind die ins Ausland überführten Wirtschaftsgüter mit den Werten anzusetzen, die im Falle einer Lieferung an einen vom Steuerpflichtigen völlig unabhängigen Betrieb angesetzt worden wären, wenn

– der ausländische Betrieb demselben Steuerpflichtigen gehört,
– der Steuerpflichtige Mitunternehmer des ausländischen und/oder des inländischen Betriebes ist,
– der Steuerpflichtige an der ausländischen Kapitalgesellschaft oder die ausländische Kapitalgesellschaft am Steuerpflichtigen wesentlich, das ist zu mehr als 25%, beteiligt ist oder
– bei beiden Betrieben dieselben Personen die Geschäftsleitung oder die Kontrolle ausüben oder darauf Einfluss haben.

Dies gilt sinngemäß für sonstige Leistungen.

b) Treten sonstige Umstände ein, die zu einer Einschränkung des Besteuerungsrechts der Republik Österreich im Verhältnis zu anderen Staaten führen, sind Wirtschaftsgüter ebenfalls mit den nach lit. a maßgebenden Werten anzusetzen.

(BGBl I 2015/163)

c) Die Abgabenschuld gemäß lit. a und b ist auf Grund eines in der Steuererklärung gestellten Antrages in folgenden Fällen in Raten zu entrichten:

– bei Überführung von Wirtschaftsgütern innerhalb eines Betriebes desselben Steuerpflichtigen oder Verlegung von Betrieben oder Betriebsstätten im Sinne der lit. a in einen EU/EWR-Staat;
– bei einer Einschränkung des Besteuerungsrechts der Republik Österreich im Sinne der lit. b gegenüber einem EU/EWR-Staat.

(BGBl I 2015/163, BGBl I 2018/62)

d) Die Raten gemäß lit. c sind für Wirtschaftsgüter des Anlagevermögens gleichmäßig über einen Zeitraum von fünf Jahren zu entrichten, wobei die erste Rate mit Ablauf eines Monats nach Bekanntgabe des Abgabenbescheides und die weiteren Raten jeweils am 30. Juni der Folgejahre fällig werden; dabei ist § 205 der Bundesabgabenordnung nicht anzuwenden. Offene Raten sind insoweit fällig zu stellen als

– Wirtschaftsgüter, Betriebe oder Betriebsstätten veräußert werden, auf sonstige Art ausscheiden oder in einen Staat außerhalb des EU/EWR-Raumes überführt oder verlegt werden,
– der Ort der Geschäftsleitung einer Körperschaft in einen Staat außerhalb des EU/EWR-Raumes verlegt wird,
– der Steuerpflichtige Insolvenz anmeldet oder abgewickelt wird oder
– der Steuerpflichtige eine Rate binnen zwölf Monaten ab Eintritt der Fälligkeit nicht oder in zu geringer Höhe entrichtet.

Der Eintritt dieser Umstände ist der zuständigen Abgabenbehörde binnen drei Monaten ab Eintritt anzuzeigen.

(BGBl I 2015/163, BGBl I 2016/117, BGBl I 2018/62)

e) Die Raten gemäß lit. c sind für Wirtschaftsgüter des Umlaufvermögens gleichmäßig über einen Zeitraum von zwei Jahren zu entrichten, wobei die erste Rate mit Ablauf eines Monats nach Bekanntgabe des Abgabenbescheides und die zweite Rate am 30. Juni des Folgejahres fällig wird.

(BGBl I 2015/163, BGBl I 2018/62)

f) Werden im Sinne der lit. a Wirtschaftsgüter oder Betriebe (Betriebsstätten) aus dem Ausland ins Inland überführt oder verlegt, sind die Werte anzusetzen, die im Falle einer Lieferung an einen vom Steuerpflichtigen völlig unabhängigen Betrieb angesetzt worden wären. Dies gilt sinngemäß für sonstige Leistungen.

(BGBl I 2015/163)

g) Treten sonstige Umstände im Sinne der lit. b ein, die zu einer Entstehung des Besteuerungsrechts der Republik Österreich im Verhältnis zu anderen Staaten führen, sind Wirtschaftsgüter ebenfalls mit den nach lit. f maßgebenden Werten anzusetzen.

(BGBl I 2015/163)

h) Abweichend von lit. f und g sind bei Wirtschaftsgütern, für die die Abgabenschuld nicht festgesetzt worden ist, die fortgeschriebenen Buchwerte anzusetzen; § 27 Abs. 6 Z 1 lit. e ist sinngemäß anzuwenden.

7. (aufgehoben)

8. a) Bei Eröffnung eines Betriebes sind die Wirtschaftsgüter mit den Anschaffungs- oder Herstellungskosten anzusetzen. Einlagen sind gemäß Z 5 zu bewerten.

b) Bei entgeltlichem Erwerb eines Betriebes sind die Wirtschaftsgüter mit den Anschaffungskosten anzusetzen.

9. a) Wird ein Betrieb, ein Teilbetrieb oder der Anteil eines Gesellschafters, der als Unternehmer (Mitunternehmer) eines Betriebes anzusehen ist, unentgeltlich übernommen, so hat der Rechtsnachfolger die Buchwerte des bisherigen Betriebsinhabers (Anteilsinhabers) zu übernehmen (Buchwertfortführung).

b) Werden aus betrieblichem Anlaß einzelne Wirtschaftsgüter unentgeltlich in das Betriebsvermögen eines anderen Steuerpflichtigen übertragen, so gilt für den Empfänger als Anschaffungskosten der Betrag, den er für das einzelne Wirtschaftsgut im Zeitpunkt des Empfanges hätte aufwenden müssen (fiktive Anschaffungskosten). Liegt ein betrieblicher Anlaß nicht vor, dann gilt dies als Einlage (Z 5).

10. Bei Wirtschaftsgütern, die unter Verwendung von entsprechend gewidmeten steuerfreien Subventionen aus öffentlichen Mitteln (§ 3 Abs. 1 Z 3, § 3 Abs. 1 Z 5 lit. d und e, § 3 Abs. 1 Z 6) oder Zuwendungen im Sinne des § 3 Abs. 1 Z 16 angeschafft oder hergestellt wurden, gelten als Anschaffungs- oder Herstellungskosten nur die vom Empfänger der Zuwendungen aus anderen Mitteln geleisteten Aufwendungen.

11. Soweit die Vorsteuer abgezogen werden kann (§ 12 Abs. 1 und Artikel 12 des Umsatzsteuergesetzes 1994), gehört sie nicht zu den Anschaffungs- oder Herstellungskosten des Wirtschaftsgutes, auf dessen Anschaffung oder Herstellung sie entfällt, und ist als Forderung auszuweisen. Soweit die Vorsteuer nicht abgezogen werden kann, gehört sie zu den Anschaffungs- oder Herstellungskosten.

12. Wird die Vorsteuer berichtigt, so sind auch die Anschaffungs- oder Herstellungskosten zu berichtigen. Dies gilt nicht, wenn die Vorsteuer nach § 12 Abs. 10 und 11 des Umsatzsteuergesetzes 1994 berichtigt wird; in diesem Fall sind die Mehrbeträge als Betriebseinnahmen und die Minderbeträge als Betriebsausgaben zu behandeln.

13. Werden nach Maßgabe der unternehmensrechtlichen Grundsätze ordnungsmäßiger Buchführung im unternehmensrechtlichen Jahresabschluss eines späteren Wirtschaftsjahres Anlagegüter aufgewertet (Zuschreibung), sind diese Zuschreibungen auch für den steuerlichen Wertansatz maßgebend und erhöhen den steuerlichen Gewinn dieses Jahres. Sind infolge einer Umgründung mit steuerlicher Buchwertfortführung die sich aus der Umgründung ergebenden Anschaffungskosten von Anlagegütern niedriger als die ursprünglichen Anschaffungskosten vor der Umgründung, ist im Falle einer späteren Werterholung steuerlich auf die ursprünglichen Anschaffungskosten vor der Umgründung abzustellen und bis zu diesen zuzuschreiben.

(BGBl I 2015/22, BGBl I 2019/103)

14. a) Beim Tausch von Wirtschaftsgütern liegt jeweils eine Anschaffung und eine Veräußerung vor. Als Veräußerungspreis des hingegebenen Wirtschaftsgutes und als Anschaffungskosten des erworbenen Wirtschaftsgutes sind jeweils der gemeine Wert des hingegebenen Wirtschaftsgutes anzusetzen.

b) Die Einlage oder die Einbringung von Wirtschaftsgütern und sonstigem Vermögen in eine Körperschaft (§ 1 des Körperschaftsteuergesetzes 1988) gilt als Tausch im Sinne der lit. a, wenn sie nicht unter das Umgründungssteuergesetz fällt oder das Umgründungssteuergesetz dies vorsieht. Die Einbringung von (Teil)Betrieben, Mitunternehmer- und Kapitalanteilen im Sinne des § 12 Abs. 2 des Umgründungssteuergesetzes ist auf den nach dem Umgründungssteuergesetz maßgeblichen Einbringungsstichtag zu beziehen.

15. Bei einer Kapitalerhöhung aus Gesellschaftsmitteln (§ 3 Abs. 1 Z 29) sind für die Anteilsrechte und Freianteile jene Beträge anzusetzen, die sich bei Verteilung des bisherigen Buchwertes entsprechend dem Verhältnis der Nennwerte der Anteilsrechte und Freianteile ergeben.

16. Liegt der Unternehmensschwerpunkt eines Betriebes in der Vermietung von Wirtschaftsgütern, kann der Unterschiedsbetrag zwischen dem Buchwert sämtlicher vermieteter Wirtschaftsgüter und dem Teilwert sämtlicher Forderungen aus der Vermietung als aktiver oder passiver Ausgleichsposten angesetzt werden. Als Teilwert der Forderungen ist dabei der Barwert der diskontierten Forderungen aus der Vermietung anzusetzen. Der Unterschiedsbetrag darf nur dann angesetzt werden, wenn er bereits bei der Gewinnermittlung für das Wirtschaftsjahr der Eröffnung des Betriebes und in den folgenden Wirtschaftsjahren angesetzt worden ist. Wird der Unterschiedsbetrag angesetzt, so ist er bei der Gewinnermittlung für die folgenden Wirtschaftsjahre ebenfalls anzusetzen.

Absetzung für Abnutzung

§ 7. (1) Bei Wirtschaftsgütern, deren Verwendung oder Nutzung durch den Steuerpflichtigen zur Erzielung von Einkünften sich erfahrungsgemäß auf einen Zeitraum von mehr als einem Jahr erstreckt (abnutzbares Anlagevermögen), sind die Anschaffungs- oder Herstellungskosten gleichmäßig verteilt auf die betriebsgewöhnliche Nutzungsdauer abzusetzen lineare (Absetzung für Abnutzung). Die betriebsgewöhnliche Nutzungsdauer bemißt sich nach der Gesamtdauer der Verwendung oder Nutzung.

(BGBl I 2020/96)

(1a) Die Absetzung für Abnutzung kann auch in fallenden Jahresbeträgen nach einem unveränderlichen Prozentsatz von höchstens 30% erfolgen (degressive Absetzung für Abnutzung). Dieser Prozentsatz ist auf den jeweiligen Buchwert (Restbuchwert) anzuwenden und ergibt den jeweiligen Jahresbetrag. Dabei gilt Folgendes:

1. Von der degressiven Absetzung für Abnutzung sind ausgenommen:
   a) Wirtschaftsgüter, für die in § 8 ausdrücklich eine Sonderform der Absetzung für Abnutzung vorgesehen ist, ausgenommen Kraftfahrzeuge mit einem CO_2-Emissionswert von 0 Gramm pro Kilometer,
   b) unkörperliche Wirtschaftsgüter, die nicht den Bereichen Digitalisierung, Ökologisierung und Gesundheit/Life-Science zuzuordnen sind; ausgenommen bleiben jedoch jene unkörperliche Wirtschaftsgüter, die zur entgeltlichen Überlassung bestimmt sind oder von einem konzernzugehörigen Unternehmen bzw. von einem einen beherrschenden Einfluss ausübenden Gesellschafter erworben werden,
   c) gebrauchte Wirtschaftsgüter,
   d) Anlagen, die der Förderung, dem Transport oder der Speicherung fossiler Energieträger dienen sowie Anlagen, die fossile Energieträger direkt nutzen. Diese sind:
      – Energieerzeugungsanlagen, sofern diese mit fossiler Energie betrieben werden,
      – Tank- und Zapfanlagen für Treib- und Schmierstoffe sowie Brennstofftanks, wenn diese der energetischen Nutzung fossiler Kraft- und Brennstoffe dienen,
      – Luftfahrzeuge.
2. Der Übergang von der degressiven Absetzung für Abnutzung zur linearen Absetzung für Abnutzung ist mit Beginn eines Wirtschaftsjahres zulässig. In diesem Fall bemisst sich die lineare Absetzung für Abnutzung vom Zeitpunkt des Übergangs an nach dem dann noch vorhandenen Restbuchwert und der Restnutzungsdauer des einzelnen Wirtschaftsguts. Der Übergang von der linearen Absetzung für Abnutzung zur degressiven Absetzung für Abnutzung ist nicht zulässig.

(BGBl I 2020/96)

(2) Wird das Wirtschaftsgut im Wirtschaftsjahr mehr als sechs Monate genutzt, dann ist der gesamte auf ein Jahr entfallende Betrag abzusetzen, sonst die Hälfte dieses Betrages.

(3) Steuerpflichtige, die den Gewinn gemäß § 4 Abs. 3 ermitteln, müssen ein Verzeichnis (Anlagekartei) der im Betrieb verwendeten Wirtschaftsgüter des abnutzbaren Anlagevermögens führen. Das Verzeichnis hat unter genauer Bezeichnung jedes einzelnen Anlagegutes zu enthalten:

– Anschaffungstag,
– Anschaffungs- oder Herstellungskosten,
– Name und Anschrift des Lieferanten,
– voraussichtliche Nutzungsdauer,
– Betrag der jährlichen Absetzung für Abnutzung und
– den noch absetzbaren Betrag (Restbuchwert).

Vorzeitige Absetzung für Abnutzung

§ 7a. Bei abnutzbaren, körperlichen Wirtschaftsgütern des Anlagevermögens, für die nach dem 31. Dezember 2008 und vor dem 1. Jänner 2011 Anschaffungs- oder Herstellungskosten anfallen, kann im Jahr der Anschaffung oder Herstellung eine vorzeitige Absetzung für Abnutzung von 30% der Anschaffungs- oder Herstellungskosten vorgenommen werden. Erfolgt im Wirtschaftsjahr der Anschaffung oder Herstellung auch die Inbetriebnahme des Wirtschaftsgutes, umfasst der Prozentsatz von 30% auch die nach § 7 zustehende Absetzung für Abnutzung. Die Abschreibung nach § 7 und die vorzeitige Absetzung für Abnutzung dürfen in Summe nicht die Anschaffungs- oder Herstellungskosten übersteigen. Von der vorzeitigen Absetzung für Abnutzung sind ausgenommen:

1. Gebäude und Herstellungsaufwendungen eines Mieters oder sonstigen Nutzungsberechtigten auf ein Gebäude.
2. Personen- und Kombinationskraftfahrzeuge, ausgenommen Fahrschulkraftfahrzeuge sowie Kraftfahrzeuge, die zu mindestens 80% der gewerblichen Personenbeförderung dienen.
3. Luftfahrzeuge.
4. Geringwertige Wirtschaftsgüter, die gemäß § 13 abgesetzt werden.
   (BGBl I 2022/138)
5. Gebrauchte Wirtschaftsgüter.
6. Wirtschaftsgüter, die von einem Unternehmen erworben werden, das unter beherrschendem Einfluss des Steuerpflichtigen steht.
7. Wirtschaftsgüter, mit deren Anschaffung oder Herstellung vor dem 1. Jänner 2009 begonnen worden ist.

Für Wirtschaftsgüter, deren Anschaffung oder Herstellung sich über mehr als ein Wirtschaftsjahr erstreckt, ist die vorzeitige Absetzung für Abnutzung von den auf die einzelnen Jahre entfallenden Teilbeträgen der Anschaffungs- oder Herstellungskosten vorzunehmen. Wurde für ein Wirtschaftsgut die vorzeitige Absetzung für Abnutzung in Anspruch genommen, ist die Übertragung stiller Reserven gemäß § 12 von diesem Wirtschaftsgut auf ein neu angeschafftes oder hergestelltes Wirtschaftsgut insoweit ausgeschlossen. Steuerpflichtige, die ihren Gewinn gemäß § 4 Abs. 3 ermitteln, müssen die vorzeitige Absetzung für Abnutzung im Verzeichnis gemäß § 7 Abs. 3 ausweisen.

Sonderformen der Absetzung für Abnutzung

§ 8. (1) Von den Anschaffungs- oder Herstellungskosten der Gebäude beträgt die Absetzung für Abnutzung ohne Nachweis der Nutzungsdauer bis zu 2,5%. Davon abweichend beträgt bei für Wohnzwecke überlassenen Gebäuden die Absetzung für Abnutzung ohne Nachweis der Nutzungsdauer bis zu 1,5%.

(BGBl I 2015/118)

(1a) Im Jahr der erstmaligen Berücksichtigung der Absetzung für Abnutzung beträgt diese abweichend von Abs. 1 höchstens das Dreifache und im darauffolgenden Jahr höchstens das Zweifache des jeweiligen Prozentsatzes gemäß Abs. 1. § 7 Abs. 2 ist nicht anzuwenden.

(BGBl I 2020/96)

(2) Anschaffungs- oder Herstellungskosten, die für denkmalgeschützte Betriebsgebäude im Interesse der Denkmalpflege aufgewendet werden, können statt mit den Sätzen des Abs. 1 gleichmäßig auf zehn Jahre verteilt abgeschrieben werden. Dies kann unabhängig von der Behandlung im unternehmensrechtlichen Jahresabschluss erfolgen und ist im Anlageverzeichnis auszuweisen. Daß die Aufwendungen im Interesse der Denkmalpflege liegen, muß vom Bundesdenkmalamt bescheinigt sein. Die Anschaffung des Gebäudes gilt nicht als Maßnahme im Interesse der Denkmalpflege. Die Abschreibung auf zehn Jahre ist ausgeschlossen,

- wenn für die Anschaffungs- oder Herstellungskosten ein Investitionsfreibetrag oder
- soweit für die Anschaffungs- oder Herstellungskosten Förderungen aus öffentlichen Mitteln

in Anspruch genommen werden.

(BGBl I 2015/22)

(3) Die Anschaffungskosten eines Firmenwertes bei land- und forstwirtschaftlichen Betrieben und bei Gewerbebetrieben sind gleichmäßig verteilt auf fünfzehn Jahre abzusetzen.

(4) Absetzungen für außergewöhnliche technische oder wirtschaftliche Abnutzung sind zulässig.

(5) Bei Bergbauunternehmen, Steinbrüchen und anderen Betrieben, die einen Verbrauch der Substanz mit sich bringen, sind Absetzungen für Substanzverringerung vorzunehmen.

(6)

1. Bei Personenkraftwagen und Kombinationskraftwagen, die vor der Zuführung zum Anlagevermögen noch nicht in Nutzung standen (Neufahrzeuge), ausgenommen Fahrschulkraftfahrzeuge sowie Kraftfahrzeuge, die zu mindestens 80% der gewerblichen Personenbeförderung dienen, ist der Bemessung der Absetzung für Abnutzung eine Nutzungsdauer von mindestens acht Jahren zugrunde zu legen. Bei Kraftfahrzeugen im Sinne des vorstehenden Satzes, die bereits vor der Zuführung zum Anlagevermögen in Nutzung standen (Gebrauchtfahrzeuge), muß die Gesamtnutzungsdauer mindestens acht Jahre betragen. Eine höhere Absetzung ist nur bei Ausscheiden des Fahrzeuges zulässig. Der Bundesminister für Finanzen kann durch Verordnung die Begriffe Personenkraftwagen und Kombinationskraftwagen näher bestimmen. Die Verordnung kann mit Wirkung ab dem Veranlagungsjahr 1996 erlassen werden.
2. Wird dem Steuerpflichtigen ein Personenkraftwagen oder Kombinationskraftwagen im Sinne der Z 1 entgeltlich überlassen, gilt folgendes: Übersteigen die auf die Anschaffungs- oder Herstellungskosten entfallenden Teile des Nutzungsentgelts die sich nach den Verhältnissen des Mieters ergebende Absetzung für Abnutzung des Vermieters (Z 1), hat der Steuerpflichtige für den Unterschiedsbetrag einen Aktivposten anzusetzen. Der Aktivposten ist so abzuschreiben, daß der auf die Anschaffungs- oder Herstellungskosten entfallende Gesamtbetrag der Aufwendungen jeweils den sich aus der Z 1 ergebenden Abschreibungssätzen entspricht.

Rückstellungen

§ 9. (1) Rückstellungen können nur gebildet werden für

1. Anwartschaften auf Abfertigungen,
2. laufende Pensionen und Anwartschaften auf Pensionen,
3. sonstige ungewisse Verbindlichkeiten, wenn die Rückstellungen nicht Abfertigungen, Pensionen oder Jubiläumsgelder betreffen.
4. drohende Verluste aus schwebenden Geschäften.

(2) Rückstellungen im Sinne des Abs. 1 Z 1 und 2 sowie Rückstellungen für Jubiläumsgelder sind nach § 14 zu bilden.

(3) Die Bildung von Rückstellungen ist nur dann zulässig, wenn konkrete Umstände nachgewiesen werden können, nach denen im jeweiligen Einzelfall mit dem Vorliegen oder dem Entstehen einer Verbindlichkeit (eines Verlustes) ernsthaft zu rechnen ist. Rückstellungen im Sinne des Abs. 1 Z 3 dürfen jedoch unter den Voraussetzungen des § 201 Abs. 2 Z 7 des Unternehmensgesetzbuches in der Fassung BGBl. I Nr. 22/2015 pauschal gebildet werden.

(BGBl I 2021/3)

(4) Rückstellungen für die Verpflichtung zu einer Zuwendung anläßlich eines Firmenjubiläums dürfen nicht gebildet werden.

(5) Rückstellungen im Sinne des Abs. 1 Z 3 und 4 sind mit dem Teilwert anzusetzen. Der Teilwert ist mit einem Zinssatz von 3,5% abzuzinsen, sofern die Laufzeit der Rückstellung am Bilanzstichtag mehr als zwölf Monate beträgt.

Gewinnfreibetrag

§ 10. (1) Bei natürlichen Personen kann bei der Gewinnermittlung eines Betriebes ein Gewinnfreibetrag nach Maßgabe der folgenden Bestimmungen gewinnmindernd geltend gemacht werden:

1. Bemessungsgrundlage für den Gewinnfreibetrag ist der Gewinn, ausgenommen
   – Veräußerungsgewinne (§ 24),
   – Einkünfte im Sinne des § 27 Abs. 2 Z 1 und 2, auf die ein besonderer Steuersatz gemäß § 27a Abs. 1 angewendet wird.

   (BGBl I 2015/118)
2. Der Gewinnfreibetrag beträgt:
   – Für die ersten 30 000 Euro der Bemessungsgrundlage .... 15 %,
   – für die nächsten 145 000 Euro der Bemessungsgrundlage .... 13 %,
   – für die nächsten 175 000 Euro der Bemessungsgrundlage .... 7 %,
   – für die nächsten 230 000 Euro der Bemessungsgrundlage .... 4,5 %,

   insgesamt somit höchstens 45 950 Euro im Veranlagungsjahr.

   (BGBl I 2022/10)
3. Bis zu einer Bemessungsgrundlage von 30 000 Euro, höchstens daher mit 4 500 Euro, steht der Gewinnfreibetrag dem Steuerpflichtigen für jedes Veranlagungsjahr einmal ohne Investitionserfordernis zu (Grundfreibetrag).

   (BGBl I 2022/10)
4. Übersteigt die Bemessungsgrundlage 30 000 Euro, steht ein investitionsbedingter Gewinnfreibetrag insoweit zu, als er durch Anschaffungs- oder Herstellungskosten begünstigter Wirtschaftsgüter gemäß Abs. 3 gedeckt ist.
5. Der investitionsbedingte Gewinnfreibetrag kann für das Wirtschaftsjahr der Anschaffung oder Herstellung begünstigter Wirtschaftsgüter (Abs. 3) geltend gemacht werden. Er ist mit den Anschaffungs- oder Herstellungskosten begrenzt. Die Absetzung für Abnutzung wird dadurch nicht berührt.
6. Wird der Gewinn nach § 17 oder einer darauf gestützten Pauschalierungsverordnung ermittelt, steht nur der Grundfreibetrag nach Z 3 zu. Ein investitionsbedingter Gewinnfreibetrag kann nicht geltend gemacht werden.
7. Erzielt der Steuerpflichtige Einkünfte aus mehreren Betrieben und übersteigt die Bemessungsgrundlage in Summe den Betrag von 30 000 Euro, ist wie folgt vorzugehen:
   – Es ist auf Basis der Bemessungsgrundlage das höchstmögliche Ausmaß des dem Steuerpflichtigen insgesamt zustehenden Gewinnfreibetrages nach Z 2 zu ermitteln und ein Durchschnittssatz (Gewinnfreibetrag dividiert durch die Bemessungsgrundlage) zu bilden.
   – Dieser Gewinnfreibetrag ist unter Anwendung des Durchschnittssatzes auf die einzelnen Betriebe aufzuteilen.
   – Danach ist der Grundfreibetrag nach Wahl des Steuerpflichtigen zuzuordnen; wird von diesem Wahlrecht nicht Gebrauch gemacht, ist der Grundfreibetrag im Verhältnis der Gewinne zuzuordnen.

   (BGBl I 2022/10)

Betriebe, deren Gewinn pauschal ermittelt wird, können höchstens mit einem Gewinn von 30 000 Euro bei der Ermittlung der Bemessungsgrundlage berücksichtigt werden.

(2) Bei Gesellschaften, bei denen die Gesellschafter als Mitunternehmer anzusehen sind, können nur die Gesellschafter den Gewinnfreibetrag im Sinne des Abs. 1 in Anspruch nehmen. Sowohl der Grundfreibetrag als auch der investitionsbedingte Gewinnfreibetrag, höchstens jedoch 45 950 Euro (Abs. 1), sind bei den Mitunternehmern mit einem der Gewinnbeteiligung entsprechenden Teilbetrag anzusetzen. Hält der Mitunternehmer die Beteiligung im Betriebsvermögen eines Betriebes, kann der Gewinnfreibetrag nur bei Ermittlung des Gewinnes dieses Betriebes berücksichtigt werden.

(BGBl I 2022/10)

(3) Begünstigte Wirtschaftsgüter im Sinne des Abs. 1 Z 4 sind:

1. Nicht unter Abs. 4 fallende abnutzbare körperliche Wirtschaftsgüter des Anlagevermögens mit einer betriebsgewöhnlichen Nutzungsdauer von mindestens vier Jahren, die inländischen Betrieben oder inländischen Betriebsstätten zuzurechnen sind, wenn der Betrieb oder die Betriebsstätte der Erzielung von Einkünften im Sinne des § 2 Abs. 3 Z 1 bis 3 dient. Dabei gelten Wirtschaftsgüter, die auf Grund einer entgeltlichen Überlassung überwiegend außerhalb eines Mitgliedstaates der Europäischen Union oder eines Staates des Europäischen Wirtschaftsraumes eingesetzt werden, nicht einem inländischen Betrieb oder einer inländischen Betriebsstätte als zugerechnet.
2. ~~Wohnbauanleihen, die dem Anlagevermögen eines inländischen Betriebes oder einer inländischen Betriebsstätte ab dem Anschaffungszeitpunkt mindestens vier Jahre gewidmet werden, vorbehaltlich Abs. 5 Z 2 und Z 3. Wohnbauanleihen sind Wandelschuldverschreibungen, die von~~
   ~~a) Aktiengesellschaften im Sinne des § 1 Abs. 2 des Bundesgesetzes über steuer-~~

~~liche Sondermaßnahmen zur Förderung des Wohnbaus, BGBl. Nr. 253/1993, in der jeweils geltenden Fassung, oder von~~

~~b) diesen vergleichbaren Aktiengesellschaften mit Sitz in einem Mitgliedstaat der Europäischen Union oder einem Staat, mit dem eine umfassende Amtshilfe besteht,~~

~~ausgegeben worden sind und der Förderung des Wohnbaus in Österreich entsprechend den Vorschriften des Bundesgesetzes über steuerliche Sondermaßnahmen zur Förderung des Wohnbaus, BGBl. Nr. 253/1993, in der jeweils geltenden Fassung, dienen.~~

(BGBl I 2014/13; zum Inkrafttreten siehe § 124b Z 252; nicht mehr anwendbar für Wirtschaftsjahre, die nach dem 31.12.2016 beginnen)

2. Wertpapiere gemäß § 14 Abs. 7 Z 4, die dem Anlagevermögen eines inländischen Betriebes oder einer inländischen Betriebsstätte ab dem Anschaffungszeitpunkt mindestens vier Jahre gewidmet werden, vorbehaltlich Abs. 5 Z 2 und Z 3.

(Zum Inkrafttreten siehe § 124b Z 252; anwendbar für Wirtschaftsjahre, die nach dem 31.12.2016 beginnen)

(4) Für folgende Wirtschaftsgüter kann ein investitionsbedingter Gewinnfreibetrag nicht gewinnmindernd geltend gemacht werden:

– Personen- und Kombinationskraftfahrzeuge, ausgenommen Fahrschulkraftfahrzeuge sowie Kraftfahrzeuge, die zu mindestens 80 % der gewerblichen Personenbeförderung dienen.
– Luftfahrzeuge.
– Geringwertige Wirtschaftgüter, die gemäß § 13 abgesetzt werden.
– Gebrauchte Wirtschaftsgüter.
– Wirtschaftsgüter, die von einem Unternehmen erworben werden, das unter beherrschendem Einfluss des Steuerpflichtigen steht.
– Wirtschaftsgüter, für die eine Forschungsprämie gemäß § 108c in Anspruch genommen wird.

(5) Scheiden Wirtschaftsgüter, für die der investitionsbedingte Gewinnfreibetrag geltend gemacht worden ist, vor Ablauf der Frist von vier Jahren aus dem Betriebsvermögen aus oder werden sie ins Ausland ausgenommen im Falle der entgeltlichen Überlassung in einen Mitgliedstaat der Europäischen Union oder in einen Staat des Europäischen Wirtschaftsraumes verbracht, gilt Folgendes:

1. Der investitionsbedingte Gewinnfreibetrag ist insoweit gewinnerhöhend anzusetzen. Der gewinnerhöhende Ansatz hat im Jahr des Ausscheidens oder des Verbringens zu erfolgen.

~~2. Im Fall des Ausscheidens von Wohnbauanleihen unterbleibt insoweit der gewinnerhöhende Ansatz, als im Jahr des Ausscheidens begünstigte Wirtschaftsgüter im Sinne des Abs. 3 Z 1, die die Voraussetzungen für den Freibetrag erfüllen, angeschafft oder hergestellt werden (Ersatzbeschaffung). Auf den Fristenlauf des angeschafften oder hergestellten Wirtschaftsgutes wird die Behaltedauer der ausgeschiedenen Wohnbauanleihe angerechnet. Die Frist kann jedoch nicht vor jenem Zeitpunkt enden, zu dem die Frist für die ausgeschiedene Wohnbauanleihe geendet hätte. Soweit Wirtschaftsgüter der Ersatzbeschaffung dienen, kann ein Freibetrag nicht in Anspruch genommen werden. Wirtschaftsgüter, die der Ersatzbeschaffung dienen, sind als solche im Verzeichnis gemäß Abs. 7 Z 2 auszuweisen.~~

(BGBl I 2014/13; zum Inkrafttreten siehe § 124b Z 252; nicht mehr anwendbar für Wirtschaftsjahre, die nach dem 31.12.2016 beginnen)

2. Im Fall des Ausscheidens von Wertpapieren gemäß § 14 Abs. 7 Z 4 unterbleibt insoweit der gewinnerhöhende Ansatz, als im Jahr des Ausscheidens begünstigte Wirtschaftsgüter im Sinne des Abs. 3 Z 1, die die Voraussetzungen für den Freibetrag erfüllen, angeschafft oder hergestellt werden (Ersatzbeschaffung). Auf den Fristenlauf des angeschafften oder hergestellten Wirtschaftsgutes wird die Behaltedauer des ausgeschiedenen Wertpapiers angerechnet. Die Frist kann jedoch nicht vor jenem Zeitpunkt enden, zu dem die Frist für das ausgeschiedene Wertpapier geendet hätte. Soweit Wirtschaftsgüter der Ersatzbeschaffung dienen, kann ein Freibetrag nicht in Anspruch genommen werden. Wirtschaftsgüter, die der Ersatzbeschaffung dienen, sind als solche im Verzeichnis gemäß Abs. 7 Z 2 auszuweisen.

(Zum Inkrafttreten siehe § 124b Z 252; anwendbar für Wirtschaftsjahre, die nach dem 31.12.2016 beginnen)

~~3. Werden Wohnbauanleihen, für die ein investitionsbedingter Gewinnfreibetrag in Anspruch genommen wurde, vorzeitig getilgt, können zur Vermeidung einer Nachversteuerung anstelle begünstigter körperlicher Wirtschaftsgüter innerhalb von zwei Monaten nach der vorzeitigen Tilgung auch Wohnbauanleihen angeschafft werden (Wohnbauanleihenersatzbeschaffung). In den ersatzbeschafften Wohnbauanleihen setzt sich der Lauf der Frist gemäß Abs. 3 hinsichtlich der vorzeitig getilgten Wohnbauanleihen unverändert fort. Soweit Wohnbauanleihen der Ersatzbeschaffung dienen, kann ein investitionsbedingter Gewinnfreibetrag nicht in Anspruch genommen werden. Wohnbauanleihen, die der Ersatzbeschaffung dienen, sind im Verzeichnis gemäß Abs. 7 Z 2 als solche auszuweisen.~~

(BGBl I 2014/13; zum Inkrafttreten siehe § 124b Z 252; nicht mehr anwendbar für Wirtschaftsjahre, die nach dem 31.12.2016 beginnen)

3. Werden Wertpapiere, für die ein investitionsbedingter Gewinnfreibetrag in Anspruch genommen wurde, vorzeitig getilgt, können zur

Vermeidung einer Nachversteuerung anstelle begünstigter körperlicher Wirtschaftsgüter innerhalb von zwei Monaten nach der vorzeitigen Tilgung auch Wertpapiere gemäß § 14 Abs. 7 Z 4 angeschafft werden (Wertpapierersatzbeschaffung). In den ersatzbeschafften Wert papieren setzt sich der Lauf der Frist gemäß Abs. 3 hinsichtlich der vorzeitig getilgten Wertpapiere unverändert fort. Soweit Wertpapiere der Ersatzbeschaffung dienen, kann ein investitionsbedingter Gewinnfreibetrag nicht in Anspruch genommen werden. Wertpapiere, die der Ersatzbeschaffung dienen, sind im Verzeichnis gemäß Abs. 7 Z 2 als solche auszuweisen.

(Zum Inkrafttreten siehe § 124b Z 252; anwendbar für Wirtschaftsjahre, die nach dem 31.12.2016 beginnen)

Im Falle des Ausscheidens eines Wirtschaftsgutes infolge höherer Gewalt oder behördlichen Eingriffs unterbleibt der gewinnerhöhende Ansatz.

(6) Im Falle der Übertragung eines Betriebes ist der gewinnerhöhende Ansatz (Abs. 5) beim Rechtsnachfolger dann vorzunehmen, wenn die Wirtschaftsgüter, für die der investitionsbedingte Gewinnfreibetrag geltend gemacht worden ist, vor Ablauf der Frist ausscheiden oder in das Ausland (Abs. 5) verbracht werden.

(7) Voraussetzungen für die Geltendmachung des investitionsbedingten Gewinnfreibetrages (Abs. 1 Z 4) sind:

1. Der investitionsbedingte Gewinnfreibetrag wird in der Einkommensteuererklärung oder Feststellungserklärung an der dafür vorgesehenen Stelle ausgewiesen. Der Ausweis hat getrennt zu erfolgen für
   – jenen Teil des investitionsbedingten Gewinnfreibetrages, der durch körperliche Anlagegüter gedeckt ist, und
   – jenen Teil des investitionsbedingten Gewinnfreibetrages, der durch Wohnbauanleihen gedeckt ist.
2. Begünstigte körperliche Wirtschaftsgüter, die der Deckung eines investitionsbedingten Gewinnfreibetrages dienen, sind im Anlageverzeichnis bzw. in der Anlagekartei auszuweisen. Wohnbauanleihen sind für jeden Betrieb in einem gesonderten Verzeichnis auszuweisen. In diesen Verzeichnissen ist für jedes Wirtschaftsgut anzugeben, in welchem Umfang die Anschaffungs- oder Herstellungskosten zur Deckung des investitionsbedingten Gewinnfreibetrages beitragen. Die Verzeichnisse sind der Abgabenbehörde auf Verlangen vorzulegen. Die Antragstellung oder eine Berichtigung der Verzeichnisse ist bis zur Rechtskraft des betreffenden Einkommensteuerbescheides oder Feststellungsbescheides möglich.

§§ 10a. bis 10c. (aufgehoben)
(BGBl I 2022/10)

Investitionsfreibetrag

§ 11. (1) Bei der Anschaffung oder Herstellung von Wirtschaftsgütern des abnutzbaren Anlagevermögens kann ein Investitionsfreibetrag als Betriebsausgabe geltend gemacht werden:

1. Der Investitionsfreibetrag beträgt 10% der Anschaffungs- oder Herstellungskosten. Für Wirtschaftsgüter, deren Anschaffung oder Herstellung dem Bereich Ökologisierung zuzuordnen ist, erhöht sich der Investitionsfreibetrag um 5% der Anschaffungs- oder Herstellungskosten. Der Bundesminister für Finanzen wird im Einvernehmen mit der Bundesministerin für Klimaschutz, Umwelt, Energie, Mobilität, Innovation und Technologie ermächtigt, die dem Bereich Ökologisierung zuzuordnenden Investitionen im Wege einer Verordnung näher festzulegen. Die Verordnung kann vorsehen, dass sich das Finanzamt für die Beurteilung, ob Investitionen dem Bereich Ökologisierung zuzuordnen sind, einer geeigneten Einrichtung bedienen kann.
2. Der Investitionsfreibetrag kann insgesamt höchstens von Anschaffungs- oder Herstellungskosten in Höhe von 1 000 000 Euro im Wirtschaftsjahr geltend gemacht werden; umfasst das Wirtschaftsjahr nicht zwölf Monate, ist für jeden Monat ein Zwölftel des Höchstbetrages anzusetzen.
3. Die Absetzung für Abnutzung (§§ 7 und 8) wird durch den Investitionsfreibetrag nicht berührt.
4. Wird der Gewinn nach § 17 oder einer darauf gestützten Pauschalierungsverordnung ermittelt, steht der Investitionsfreibetrag nicht zu.

(2) Der Investitionsfreibetrag kann nur für Wirtschaftsgüter geltend gemacht werden, die

– eine betriebsgewöhnliche Nutzungsdauer von mindestens vier Jahren haben und
– inländischen Betrieben oder inländischen Betriebsstätten zuzurechnen sind, wenn der Betrieb oder die Betriebsstätte der Erzielung von Einkünften im Sinne des § 2 Abs. 3 Z 1 bis 3 dient. Dabei gelten Wirtschaftsgüter, die aufgrund einer entgeltlichen Überlassung überwiegend außerhalb eines Mitgliedstaates der Europäischen Union oder eines Staates des Europäischen Wirtschaftsraumes eingesetzt werden, als nicht einem inländischen Betrieb oder einer inländischen Betriebsstätte zugerechnet.

(3) Für folgende Wirtschaftsgüter kann der Investitionsfreibetrag nicht geltend gemacht werden:

1. Wirtschaftsgüter, die zur Deckung eines investitionsbedingten Gewinnfreibetrages herangezogen werden,
2. Wirtschaftsgüter, für die in § 8 ausdrücklich eine Sonderform der Absetzung für Abnutzung vorgesehen ist, ausgenommen Kraftfahrzeuge mit einem CO_2-Emissionswert von 0 Gramm pro Kilometer,

3. geringwertige Wirtschaftsgüter, die gemäß § 13 abgesetzt werden,
4. unkörperliche Wirtschaftsgüter, die nicht den Bereichen Digitalisierung, Ökologisierung oder Gesundheit/Life-Science zuzuordnen sind; ausgenommen vom Investitionsfreibetrag bleiben jedoch stets jene unkörperlichen Wirtschaftsgüter, die zur entgeltlichen Überlassung bestimmt sind oder von einem konzernzugehörigen Unternehmen bzw. von einem einen beherrschenden Einfluss ausübenden Gesellschafter erworben werden,
5. gebrauchte Wirtschaftsgüter,
6. Anlagen, die der Förderung, dem Transport oder der Speicherung fossiler Energieträger dienen, sowie Anlagen, die fossile Energieträger direkt nutzen. Der Bundesminister für Finanzen wird im Einvernehmen mit der Bundesministerin für Klimaschutz, Umwelt, Energie, Mobilität, Innovation und Technologie ermächtigt, die für diese Beurteilung maßgebenden Kriterien in einer Verordnung näher festzulegen.

(4) Der Investitionsfreibetrag kann nur im Jahr der Anschaffung oder Herstellung geltend gemacht werden. Erstreckt sich die Anschaffung oder Herstellung von Anlagegütern über mehr als ein Wirtschaftsjahr, kann der Investitionsfreibetrag bereits von aktivierten Teilbeträgen der Anschaffungsoder Herstellungskosten, die auf das einzelne Wirtschaftsjahr entfallen, geltend gemacht werden.

(5) Scheiden Wirtschaftsgüter, für die der Investitionsfreibetrag geltend gemacht worden ist, vor Ablauf der Frist von vier Jahren aus dem Betriebsvermögen aus oder werden sie ins Ausland – ausgenommen im Falle der entgeltlichen Überlassung in einen Mitgliedstaat der Europäischen Union oder in einen Staat des Europäischen Wirtschaftsraumes – verbracht, gilt Folgendes:

1. Der Investitionsfreibetrag ist im Jahr des Ausscheidens oder des Verbringens insoweit gewinnerhöhend anzusetzen.
2. Im Falle der Übertragung eines Betriebes ist der gewinnerhöhende Ansatz beim Rechtsnachfolger vorzunehmen.
3. Im Falle des Ausscheidens infolge höherer Gewalt oder behördlichen Eingriffs unterbleibt der gewinnerhöhende Ansatz.

(6) Voraussetzungen für die Geltendmachung des Investitionsfreibetrages sind:

1. Der Investitionsfreibetrag wird in der Steuererklärung oder Feststellungserklärung an der dafür vorgesehenen Stelle ausgewiesen.
2. Bei Wirtschaftsgütern, für die der Investitionsfreibetrag geltend gemacht wird, ist dieser im Anlageverzeichnis bzw. in der Anlagekartei auszuweisen. Die Verzeichnisse sind der Abgabenbehörde auf Verlangen vorzulegen.

(BGBl I 2022/10)

§ 11a. (aufgehoben)

(BGBl I 2022/10)

Übertragung stiller Reserven, Übertragungsrücklage und steuerfreier Betrag

§ 12. (1) Natürliche Personen können stille Reserven (Abs. 2), die bei der Veräußerung von Anlagevermögen aufgedeckt werden, von den Anschaffungs- oder Herstellungskosten oder den Teilbeträgen der Anschaffungs- oder Herstellungskosten des im Wirtschaftsjahr der Veräußerung angeschafften oder hergestellten Anlagevermögens absetzen. Die Absetzung kann unabhängig von der Behandlung im unternehmensrechtlichen Jahresabschluss erfolgen und ist im Anlageverzeichnis auszuweisen.

(BGBl I 2015/22)

(2) Stille Reserven sind die Unterschiedsbeträge zwischen den Veräußerungserlösen und den Buchwerten der veräußerten Wirtschaftsgüter.

(3) Eine Übertragung ist nur zulässig, wenn

1. das veräußerte Wirtschaftsgut im Zeitpunkt der Veräußerung mindestens sieben Jahre zum Anlagevermögen dieses Betriebes gehört hat und
2. das Wirtschaftsgut, auf das stille Reserven übertragen werden sollen, in einer inländischen Betriebsstätte verwendet wird. Dabei gelten Wirtschaftsgüter, die auf Grund einer entgeltlichen Überlassung überwiegend im Ausland eingesetzt werden, nicht als in einer inländischen Betriebsstätte verwendet.

Die in Z 1 genannte Frist beträgt 15 Jahre für Grundstücke, auf die stille Reserven übertragen worden sind, und für Gebäude, die nach § 8 Abs. 2 beschleunigt abgeschrieben worden sind.

(4) Eine Übertragung stiller Reserven ist zulässig auf die Anschaffungs- oder Herstellungskosten (Teilbeträge der Anschaffungs- oder Herstellungskosten) von

1. Grund und Boden, wenn auch die stillen Reserven aus der Veräußerung von Grund und Boden stammt,
2. Gebäuden, wenn die stillen Reserven aus der Veräußerung von Gebäuden oder Grund und Boden stammen,
3. Sonstigen körperlichen Wirtschaftsgütern, wenn auch die stillen Reserven aus der Veräußerung von sonstigen körperlichen Wirtschaftsgütern stammen,
4. Unkörperlichen Wirtschaftsgütern, wenn auch die stillen Reserven aus der Veräußerung von unkörperlichen Wirtschaftsgütern stammen.

Nicht zulässig ist die Übertragung stiller Reserven auf die Anschaffungskosten von (Teil-) Betrieben, von Beteiligungen an Personengesellschaften und von Finanzanlagen sowie die Übertragung stiller Reserven, die aus der Veräußerung von (Teil-)Betrieben oder von Beteiligungen an Personengesellschaften stammen.

(5) Die Abs. 1 bis 4 gelten auch, wenn Anlagevermögen infolge höherer Gewalt, durch behördlichen Eingriff oder zur Vermeidung eines solchen nachweisbar unmittelbar drohenden Eingriffes aus

dem Betriebsvermögen ausscheidet. Die Fristen des Abs. 3 gelten jedoch nicht.

(6) Als Anschaffungs- oder Herstellungskosten gelten sodann die um die übertragenen stillen Reserven gekürzten Beträge.

(7) 70 % der Einkünfte aus Waldnutzungen infolge höherer Gewalt (insbesondere Eis-, Schnee-, Windbruch, Insektenfraß, Hochwasser oder Brand) können"gemäß Abs. 1 bis 6 verwendet oder nach Abs. 8 einer Übertragungsrücklage (einem steuerfreien Betrag) zugeführt werden.

(BGBl I 2020/96)

(8) Stille Reserven können im Jahr der Aufdeckung einer steuerfreien Rücklage (Übertragungsrücklage) zugeführt werden, soweit eine Übertragung im selben Wirtschaftsjahr nicht erfolgt. Dies kann unabhängig von der Behandlung im unternehmensrechtlichen Jahresabschluss erfolgen. Diese Rücklage ist entsprechend zu bezeichnen und für steuerliche Zwecke in Evidenz zu halten. Bei Gewinnermittlung nach § 4 Abs. 3 kann ein Betrag in dieser Höhe steuerfrei belassen werden. Dieser Betrag ist in einem Verzeichnis auszuweisen, aus dem seine Verwendung ersichtlich ist.

(BGBl I 2015/22)

(9) Die Rücklage (der steuerfreie Betrag) kann

- im Falle des Abs. 5 und des Abs. 7 innerhalb von 24 Monaten ab dem Ausscheiden des Wirtschaftsgutes,
- sonst innerhalb von zwölf Monaten ab dem Ausscheiden des Wirtschaftsgutes

nach den vorstehenden Bestimmungen auf die Anschaffungs- oder Herstellungskosten (Teilbeträge) von Anlagevermögen übertragen werden. Die Frist verlängert sich auf 24 Monate, wenn Rücklagen (steuerfreie Beträge) auf Herstellungskosten (Teilbeträge) von Gebäuden übertragen werden sollen und mit der tatsächlichen Bauausführung innerhalb der Frist von zwölf Monaten begonnen worden ist. Auf welche Wirtschaftsgüter die Rücklagen (die steuerfreien Beträge) übertragen werden können, richtet sich nach den Abs. 3 und 4.

(BGBl I 2020/96)

(10) Die Rücklagen (steuerfreien Beträge) sind im betreffenden Wirtschaftsjahr gewinnerhöhend aufzulösen, wenn sie

- nicht bis zum Ablauf der Verwendungsfrist (Abs. 9) übertragen worden sind,
- nach einer Umgründung nach dem Umgründungssteuergesetz ganz oder teilweise einer Körperschaft zuzurechnen wären.

Geringwertige Wirtschaftsgüter

§ 13. Die Anschaffungs- oder Herstellungskosten von abnutzbaren Anlagegütern können als Betriebsausgaben abgesetzt werden, wenn diese Kosten für das einzelne Anlagegut 1 000 Euro nicht übersteigen (geringwertige Wirtschaftsgüter). Dies kann unabhängig von der Behandlung im unternehmensrechtlichen Jahresabschluss erfolgen. Bei Gewinnermittlung gemäß § 4 Abs. 3 kann dieser Betrag im Jahr der Verausgabung voll abgesetzt werden. Wirtschaftsgüter, die aus Teilen bestehen, sind als Einheit aufzufassen, wenn sie nach ihrem wirtschaftlichen Zweck oder nach der Verkehrsauffassung eine Einheit bilden. Die vorstehenden Sätze gelten nicht für Wirtschaftsgüter, die zur entgeltlichen Überlassung bestimmt sind.

(BGBl I 2015/22, BGBl I 2019/103, BGBl I 2022/10)

Vorsorge für Abfertigungen, Pensionen und Jubiläumsgelder

§ 14. (1) Für Wirtschaftsjahre, die nach dem 31. Dezember 2001 enden, kann eine Abfertigungsrückstellung im Ausmaß bis zu 47,5%, für die folgenden Wirtschaftsjahre eine solche bis zu 45% der am Bilanzstichtag bestehenden fiktiven Abfertigungsansprüche gebildet werden. Fiktive Abfertigungsansprüche sind jene, die bei Auflösung des Dienst- bzw. Anstellungsverhältnisses bezahlt werden müßten

1. an Arbeitnehmer als Abfertigung auf Grund
   - gesetzlicher Anordnung oder
   - eines Kollektivvertrages,

   wobei in beiden Fällen Beschäftigungszeiten (Vordienstzeiten) angerechnet werden können,
2. an andere Personen auf Grund gesetzlicher Anordnung,
3. an Arbeitnehmer oder andere Personen auf Grund schriftlicher und rechtsverbindlicher Zusagen, wenn der Gesamtbetrag der zugesagten Abfertigung einer gesetzlichen oder dem Dienst- bzw. Anstellungsverhältnis entsprechenden kollektivvertraglichen Abfertigung nachgebildet ist, wobei in beiden Fällen Beschäftigungszeiten (Vordienstzeiten) angerechnet werden können.

Die Abfertigungsrückstellung kann insoweit bis zu 60% der am Bilanzstichtag bestehenden fiktiven Abfertigungsansprüche gebildet werden, als die Arbeitnehmer oder anderen Personen, an die die Abfertigungen bei Auflösung des Dienstverhältnisses bezahlt werden müßten, am Bilanzstichtag das 50. Lebensjahr vollendet haben.

(2) Die Rückstellung ist in der Bilanz gesondert auszuweisen.

(3) Bei erstmaliger Bildung der Rückstellung hat der Steuerpflichtige das prozentuelle Ausmaß der Rückstellung festzulegen. Dieses Ausmaß ist gleichmäßig auf fünf aufeinanderfolgende Wirtschaftsjahre verteilt zu erreichen. Eine Änderung des Ausmaßes ist unzulässig.

(4) Gehen im Falle des Unternehmerwechsels Abfertigungsverpflichtungen auf den Rechtsnachfolger über, so ist die Rückstellung beim Rechtsvorgänger insoweit nicht gewinnerhöhend aufzulösen, sondern vom Rechtsnachfolger weiterzuführen.

(5) Steuerpflichtige, die ihren Gewinn gemäß § 4 Abs. 3 ermitteln, können für die am Schluss des Wirtschaftsjahres bestehenden fiktiven Abfertigungsansprüche einen Betrag steuerfrei belassen. Die Bestimmungen der Abs. 1, 3 und 4 sind anzu-

wenden. Die Begünstigung darf nur in Anspruch genommen werden, wenn die steuerfrei belassenen Beträge in einer laufend geführten Aufzeichnung ausgewiesen sind. Aus dieser Aufzeichnung muss die Berechnung der steuerfrei belassenen Beträge klar ersichtlich sein.

(6) Steuerpflichtige, die ihren Gewinn gemäß § 4 Abs. 1 oder § 5 ermitteln, können Pensionsrückstellungen bilden für:

– Direkte Leistungszusagen in Rentenform im Sinne des Betriebspensionsgesetzes.
– Schriftliche und rechtsverbindliche Pensionszusagen in Rentenform, die keine über § 8 und § 9 des Betriebspensionsgesetzes hinausgehende Widerrufs-, Aussetzungs- und Einschränkungsklauseln enthalten.

Für die Bildung gilt folgendes:

1. Die Pensionsrückstellung ist nach den anerkannten Regeln der Versicherungsmathematik zu bilden.
2. Die Pensionsrückstellung ist erstmals im Wirtschaftsjahr der Pensionszusage zu bilden, wobei Veränderungen der Pensionszusage wie neue Zusagen zu behandeln sind. Als neue Zusagen gelten auch Änderungen der Pensionsbemessungsgrundlage und Indexanpassungen von Pensionszusagen.
3. Der Rückstellung ist im jeweiligen Wirtschaftsjahr soviel zuzuführen, als bei Verteilung des Gesamtaufwandes auf die Zeit zwischen Pensionszusage und dem vorgesehenen Zeitpunkt der Beendigung der aktiven Arbeits- oder Werkleistung auf das einzelne Wirtschaftsjahr entfällt.
4. Soweit durch ordnungsmäßige Zuweisungen an die Pensionsrückstellung das zulässige Ausmaß der Rückstellung nicht erreicht wird, ist in dem Wirtschaftsjahr, in dem der Pensionsfall eintritt, eine erhöhte Zuweisung vorzunehmen.
5. Die zugesagte Pension darf 80% des letzten laufenden Aktivbezugs nicht übersteigen. Auf diese Obergrenze sind zugesagte Leistungen aus Pensionskassen anzurechnen, soweit die Leistungen nicht vom Leistungsberechtigten getragen werden.
6. Der Bildung der Pensionsrückstellung ist ein Rechnungszinsfuß von 6 % zugrunde zu legen.

(7) Für die Pensionsrückstellung besteht folgendes Deckungserfordernis:

1. Am Schluss jedes Wirtschaftsjahres müssen Wertpapiere (Z 4) im Nennbetrag von mindestens 50% des am Schluss des vorangegangenen Wirtschaftsjahres in der Bilanz ausgewiesenen Rückstellungsbetrages im Betriebsvermögen vorhanden sein. Auf das Deckungserfordernis können Ansprüche aus Rückdeckungsversicherungen, die in der gesonderten Abteilung des Deckungsstocks für die Lebensversicherung im Sinne des § 300 Abs. 1 Z 1 oder für die kapitalanlageorientierte Lebensversicherung im Sinne des § 300 Abs. 1 Z 5 des VAG 2016 geführt werden, in Höhe des versicherungsmathematischen Deckungskapitals angerechnet werden. Dies gilt auch für vergleichbare Ansprüche aus Rückdeckungsversicherungen gegenüber Versicherern, die in einem Mitgliedstaat der Europäischen Union oder Staat des Europäischen Wirtschaftsraumes ansässig sind. Ist der Rückkaufswert höher als das versicherungsmathematische Deckungskapital, kann der Rückkaufswert angerechnet werden. Soweit Wertpapiere oder Ansprüche aus Rückdeckungsversicherungen nicht ausschließlich der Besicherung von Pensionsanwartschaften oder Pensionsansprüchen dienen, erfüllen sie nicht das Deckungserfordernis.
(BGBl I 2015/34)
2. Beträgt die Wertpapierdeckung nach Z 1 im Wirtschaftsjahr auch nur vorübergehend weniger als 50% der maßgebenden Rückstellung, ist der Gewinn um 30% der Wertpapierunterdeckung zu erhöhen. Die Fortführung der Rückstellung wird durch die Gewinnerhöhung nicht berührt.
3. Z 2 gilt nicht
   – für jenen Teil des Rückstellungsbetrages, der infolge des Absinkens der Pensionsansprüche am Schluss des Wirtschaftsjahres nicht mehr ausgewiesen ist, und
   – für die Tilgung von Wertpapieren, wenn die getilgten Wertpapiere innerhalb von zwei Monaten nach Einlösung ersetzt werden.
4. Als Wertpapiere gelten:
   a) Auf Inhaber lautende und in Euro begebene Schuldverschreibungen inländischer Schuldner, für die die Prospektpflicht gemäß § 2 des Kapitalmarktgesetzes, BGBl. Nr. 625/1991, gilt, oder vergleichbare auf Inhaber lautende und in Euro begebene Schuldverschreibungen von Schuldnern, die in einem anderen Mitgliedstaat der Europäischen Union oder Staat des Europäischen Wirtschaftsraumes ansässig sind, ausgenommen Schuldverschreibungen, deren Ausgabewert niedriger ist als 90% des Nennbetrages.
   b) Auf Inhaber lautende und in Euro begebene Schuldverschreibungen inländischer Schuldner, für die die Prospektpflicht nur wegen § 3 des Kapitalmarktgesetzes, BGBl. Nr. 625/1991, nicht gilt, oder vergleichbare auf Inhaber lautende und in Euro begebene Schuldverschreibungen von Schuldnern, die in einem anderen Mitgliedstaat der Europäischen Union oder Staat des Europäischen Wirtschaftsraumes ansässig sind, ausgenommen Schuldverschreibungen, deren Ausgabewert niedriger ist als 90% des Nennbetrages.

c) Auf Inhaber lautende Schuldverschreibungen inländischer Schuldner oder von Schuldnern, die in einem anderen Mitgliedstaat der Europäischen Union oder Staat des Europäischen Wirtschaftsraumes ansässig sind, die vor In-Kraft-Treten des Kapitalmarktgesetzes ausgegeben worden sind, ausgenommen Schuldverschreibungen, bei denen der Nominalwert der Gesamtemission 600 000 S nicht überschritten hat und Schuldverschreibungen, deren Ausgabewert niedriger war als 90% des Nennbetrages.

d) Forderungen aus Schuldscheindarlehen an die Republik Österreich und an jeden anderen Mitgliedstaat der Europäischen Union oder Staat des Europäischen Wirtschaftsraumes.

e) Anteilscheine an Investmentfonds im Sinne des § 3 Abs. 2 Z 30 des Investmentfondsgesetzes 2011. Diese Investmentfonds

– dürfen nach den Fondsbestimmungen ausschließlich in Wertpapiere der in lit. a bis d genannten Art veranlagen, wobei Derivate im Sinne des § 73 des Investmentfondsgesetzes 2011 nur zur Absicherung erworben werden dürfen, oder

– müssen über Fondsbestimmungen verfügen, welche § 25 Abs. 1 Z 5 bis 8, § 25 Abs. 2 bis 4 und § 25 Abs. 6 bis 8 des Pensionskassengesetzes in der Fassung BGBl. I Nr. 68/2015 entsprechen.

Wertpapierleihgeschäfte gemäß § 84 des Investmentfondsgesetzes 2011 sind zulässig. An die Stelle des Nennwertes tritt der Erstausgabepreis.

(BGBl I 2018/62)

f) Anteilscheine an inländischen Immobilienfonds im Sinne des Immobilien-Investmentfondsgesetzes sowie von ausländischen offenen Immobilienfonds im Sinne des § 42 des Immobilien-Investmentfondsgesetzes mit Sitz in einem Mitgliedstaat der Europäischen Union oder Staat des Europäischen Wirtschaftsraumes, welche nach Satzung und tatsächlicher Geschäftsführung eine Veranlagung nach den Vorschriften der §§ 21 bis 33 des Immobilien-Investmentfondsgesetzes vornehmen. An die Stelle des Nennwertes tritt der Erstausgabepreis.

(8) Abs. 6 und Abs. 7 gilt auch für Rückstellungen, die für Zusagen von Kostenersätzen für Pensionsverpflichtungen eines Dritten gebildet werden.

(9) Wird eine Pension zugesagt, für die von einem früheren Arbeitgeber (Vertragspartner) des Leistungsberechtigten Vergütungen gewährt werden, ist bei der Bildung der Pensionsrückstellung von der Höhe dieser Vergütungen, höchstens jedoch von dem nach Abs. 6 ermittelten Ausmaß auszugehen.

(10) Abs. 6 Z 5 und 6 gilt insoweit nicht, als dem Arbeitgeber die Aufgaben der gesetzlichen Pensionsversicherung übertragen sind.

(11) Abs. 7 sind auf Betriebe gewerblicher Art von Körperschaften öffentlichen Rechts (§ 2 des Körperschaftsteuergesetzes 1988) nicht anzuwenden.

(12) Für die Bildung von Rückstellungen für die Verpflichtung zu einer Zuwendung anläßlich eines Dienstjubiläums gilt folgendes: Die Bildung einer Rückstellung ist nur bei kollektivvertraglicher Vereinbarung, bei Betriebsvereinbarung oder bei anderen schriftlichen, rechtsverbindlichen und unwiderruflichen Zusagen zulässig. Die Rückstellung ist unter sinngemäßer Anwendung des Abs. 6 Z 1 bis 3, des Abs. 6 Z 6 sowie der Abs. 8 und 9 zu bilden; eine Bildung nach den Regeln der Finanzmathematik ist zulässig.

(13) Werden bei Pensionsrückstellungen oder bei Rückstellungen für die Verpflichtung zu einer Zuwendung anläßlich eines Dienstjubiläums die den anerkannten Regeln der Versicherungsmathematik entsprechenden biometrischen Rechnungsgrundlagen geändert, ist der dadurch bedingte Unterschiedsbetrag beginnend mit dem Wirtschaftsjahr der Änderung gleichmäßig auf drei Jahre zu verteilen. Der Unterschiedsbetrag errechnet sich aus der Differenz zwischen dem nach den bisherigen Rechnungsgrundlagen errechneten Rückstellungsbetrag und dem Rückstellungsbetrag auf der Grundlage der geänderten Rechnungsgrundlagen.

4. ABSCHNITT
Überschuß der Einnahmen über die Werbungskosten

Einnahmen

§ 15. (1) Einnahmen liegen vor, wenn dem Steuerpflichtigen Geld oder geldwerte Vorteile im Rahmen der Einkunftsarten des § 2 Abs. 3 Z 4 bis 7 zufließen. Die Veräußerung von Wirtschaftsgütern führt nur dann zu Einnahmen, wenn dies ausdrücklich angeordnet ist. Hinsichtlich der durchlaufenden Posten ist § 4 Abs. 3 anzuwenden.

(2)

1. Geldwerte Vorteile (Wohnung, Heizung, Beleuchtung, Kleidung, Kost, Waren, Überlassung von Kraftfahrzeugen zur Privatnutzung und sonstige Sachbezüge) sind mit den um übliche Preisnachlässe verminderten üblichen Endpreisen des Abgabeortes anzusetzen.

2. Der Bundesminister für Finanzen wird ermächtigt, im Einvernehmen mit dem Bundesminister für Arbeit, Soziales und Konsumentenschutz die Höhe geldwerter Vorteile mit Verordnung festzulegen sowie in der Verordnung für die Zurverfügungstellung von Kraftfahrzeugen, Krafträdern und Fahrrädern

im Interesse ökologischer Zielsetzungen Ermäßigungen und Befreiungen vorzusehen.

(BGBl I 2019/103)

3. Für Mitarbeiterrabatte im Sinne des § 3 Abs. 1 Z 21 gilt Folgendes:
   a) Ist die Höhe des geldwerten Vorteils nicht mit Verordnung gemäß Z 2 festgelegt, ist für Mitarbeiterrabatte der geldwerte Vorteil abweichend von Z 1 von jenem um übliche Preisnachlässe verminderten Endpreis zu bemessen, zu dem der Arbeitgeber Waren oder Dienstleistungen fremden Letztverbrauchern im allgemeinen Geschäftsverkehr anbietet. Sind die Abnehmer des Arbeitgebers keine Letztverbraucher (beispielsweise Großhandel), ist der um übliche Preisnachlässe verminderte übliche Endpreis des Abgabeortes anzusetzen.
   b) Liegen die Voraussetzungen gemäß § 3 Abs. 1 Z 21 vor, ist für Mitarbeiterrabatte der geldwerte Vorteil insoweit mit null zu bemessen.

(BGBl I 2015/118)

(3) Für Zuwendungen an und von Privatstiftungen sind die Z 1 und 2 zu beachten.

1. Für Zuwendungen an die Privatstiftung gilt Folgendes:

   Die zugewendeten Wirtschaftsgüter sind mit dem Betrag anzusetzen, der für die Ermittlung von Einkünften beim Stifter im Zeitpunkt der Zuwendung maßgeblich war oder maßgeblich gewesen wäre.
2. Für Zuwendungen der Privatstiftung gilt folgendes:
   a) Die zugewendeten Wirtschaftsgüter und zugewendetes sonstiges Vermögen gelten bei Ermittlung der Einkünfte als angeschafft; zugewendete sonstige geldwerte Vorteile gelten als zugeflossen.

      (BGBl I 2022/135)
   b) Die Zuwendungen sind mit dem Betrag anzusetzen, der für das einzelne Wirtschaftsgut, für sonstiges Vermögen oder sonstige geldwerte Vorteile im Zeitpunkt der Zuwendung hätte aufgewendet werden müssen (insbesondere fiktive Anschaffungskosten). Die fiktiven Anschaffungskosten sind um negative Anschaffungskosten des zugewendeten Wirtschaftsgutes bzw. negative Buchwerte des zugewendeten sonstigen Vermögens zu vermindern. Die sich ergebenden Anschaffungskosten sind evident zu halten.

(4) § 4 Abs. 12 ist entsprechend anzuwenden.

Werbungskosten

§ 16. (1) Werbungskosten sind die Aufwendungen oder Ausgaben zur Erwerbung, Sicherung oder Erhaltung der Einnahmen. Aufwendungen und Ausgaben für den Erwerb oder Wertminderungen von Wirtschaftsgütern sind nur insoweit als Werbungskosten abzugsfähig, als dies im folgenden ausdrücklich zugelassen ist. Hinsichtlich der durchlaufenden Posten ist § 4 Abs. 3 anzuwenden. Werbungskosten sind bei der Einkunftsart abzuziehen, bei der sie erwachsen sind. Werbungskosten sind auch:

1. Schuldzinsen und auf besonderen Verpflichtungsgründen beruhende Renten und dauernde Lasten, soweit sie mit einer Einkunftsart in wirtschaftlichem Zusammenhang stehen. Abzuziehen sind auch Renten und dauernde Lasten sowie Abfindungen derselben, wenn die Renten und dauernden Lasten zum Erwerb einer Einkunftsquelle gedient haben. Ein Abzug ist jedoch nur insoweit zulässig, als die Summe der verausgabten Beträge (Renten, dauernde Lasten, gänzliche oder teilweise Abfindungen derselben sowie allfällige Einmalzahlungen) den Wert der Gegenleistung (§ 29 Z 1) übersteigt.
2. Abgaben und Versicherungsbeiträge, soweit sie sich auf Wirtschaftsgüter beziehen, die dem Steuerpflichtigen zur Einnahmenerzielung dienen.
3. a) Pflichtbeiträge zu gesetzlichen Interessenvertretungen auf öffentlich-rechtlicher Grundlage sowie Betriebsratsumlagen.
   b) Beiträge für die freiwillige Mitgliedschaft bei Berufsverbänden und Interessenvertretungen. Die Beiträge sind nur unter folgenden Voraussetzungen abzugsfähig:
      – Die Berufsverbände und Interessenvertretungen müssen sich nach ihrer Satzung und tatsächlichen Geschäftsführung ausschließlich oder überwiegend mit der Wahrnehmung der beruflichen Interessen ihrer Mitglieder befassen.
      – Die Beiträge können nur in angemessener, statutenmäßig festgesetzter Höhe abgezogen werden.
4. a) Beiträge des Versicherten zur Pflichtversicherung in der gesetzlichen Sozialversicherung.
   b) Beiträge zu den zusätzlichen Pensionsversicherungen, die vom Pensionsinstitut der Linz AG, vom Pensionsinstitut für Verkehr und öffentliche Einrichtungen und nach der Bundesforste-Dienstordnung durchgeführt werden.
   c) Pensions(Provisions)pflichtbeiträge der Bediensteten der Gebietskörperschaften und Pflichtbeiträge der Bediensteten öffentlich-rechtlicher Körperschaften zu Versorgungseinrichtungen, soweit auf Grund öffentlich-rechtlicher Vorschriften eine Verpflichtung zur Teilnahme an einer solchen Versorgungseinrichtung besteht.

d) Beiträge auf Grund gesetzlicher Verpflichtungen der von § 25 Abs. 1 Z 4 und § 29 Z 4 erfaßten Personen.

e) Pflichtbeiträge zu Versorgungs- und Unterstützungseinrichtungen der Kammern der selbständig Erwerbstätigen, soweit diese Einrichtungen der Kranken-, Unfall-, Alters-, Invaliditäts- und Hinterbliebenenversorgung dienen; weiters Beiträge zu einer inländischen gesetzlichen Krankenversicherung sowie Beiträge zu einer Krankenversicherung auf Grund einer in- oder ausländischen gesetzlichen Versicherungspflicht. Beiträge zu Einrichtungen, die der Krankenversorgung dienen, Beiträge zu inländischen gesetzlichen Krankenversicherungen sowie Beiträge zu einer Krankenversicherung auf Grund einer in- oder ausländischen gesetzlichen Versicherungspflicht sind nur insoweit abzugsfähig, als sie der Höhe nach insgesamt Pflichtbeiträgen in der gesetzlichen Sozialversicherung entsprechen.

f) Beiträge von Arbeitnehmern zu einer ausländischen Pflichtversicherung, die einer inländischen gesetzlichen Sozialversicherung entspricht.

g) Beiträge von Grenzgängern zu einer inländischen oder ausländischen gesetzlichen Krankenversicherung. Grenzgänger sind im Inland ansässige Arbeitnehmer, die im Ausland ihren Arbeitsort haben und sich in der Regel an jedem Arbeitstag von ihrem Wohnort dorthin begeben.

h) Beiträge von Arbeitnehmern zu ausländischen Pensionskassen, die auf Grund einer ausländischen gesetzlichen Verpflichtung zu leisten sind.

5. Von Arbeitnehmern beim Steuerabzug vom Arbeitslohn entrichtete Wohnbauförderungsbeiträge im Sinne des Bundesgesetzes über die Einführung eines Wohnbauförderungsbeitrages, BGBl. Nr. 13/1952.

6. Ausgaben des Steuerpflichtigen für Fahrten zwischen Wohnung und Arbeitsstätte. Für die Berücksichtigung dieser Aufwendungen gilt:

a) Diese Ausgaben sind durch den Verkehrsabsetzbetrag (§ 33 Abs. 5 Z 1) abgegolten. Nach Maßgabe der lit. b bis j steht zusätzlich ein Pendlerpauschale sowie nach Maßgabe des § 33 Abs. 5 Z 4 ein Pendlereuro zu. Mit dem Verkehrsabsetzbetrag, dem Pendlerpauschale und dem Pendlereuro sind alle Ausgaben für Fahrten zwischen Wohnung und Arbeitsstätte abgegolten.

b) Wird dem Arbeitnehmer ein arbeitgebereigenes Kraftfahrzeug für Fahrten zwischen Wohnung und Arbeitsstätte zur Verfügung gestellt, steht kein Pendlerpauschale zu; dies gilt nicht wenn ein arbeitgebereigenes Fahrrad oder Elektrofahrrad zur Verfügung gestellt wird.

(BGBl I 2021/18)

c) Beträgt die Entfernung zwischen Wohnung und Arbeitsstätte mindestens 20 km und ist die Benützung eines Massenbeförderungsmittels zumutbar, beträgt das Pendlerpauschale:

Bei mindestens 20 km bis 40 km	696 Euro jährlich,
bei mehr als 40 km bis 60 km	1 356 Euro jährlich,
bei mehr als 60 km	2 016 Euro jährlich.

d) Ist dem Arbeitnehmer die Benützung eines Massenbeförderungsmittels zwischen Wohnung und Arbeitsstätte zumindest hinsichtlich der halben Entfernung nicht zumutbar, beträgt das Pendlerpauschale abweichend von lit. c:

Bei mindestens 2 km bis 20 km	372 Euro jährlich,
bei mehr als 20 km bis 40 km	1 476 Euro jährlich,
bei mehr als 40 km bis 60 km	2 568 Euro jährlich,
bei mehr als 60 km	3 672 Euro jährlich.

e) Voraussetzung für die Berücksichtigung eines Pendlerpauschales gemäß lit. c oder d ist, dass der Arbeitnehmer an mindestens elf Tagen im Kalendermonat von der Wohnung zur Arbeitsstätte fährt. Ist dies nicht der Fall gilt Folgendes:

– Fährt der Arbeitnehmer an mindestens acht Tagen, aber an nicht mehr als zehn Tagen im Kalendermonat von der Wohnung zur Arbeitsstätte, steht das jeweilige Pendlerpauschale zu zwei Drittel zu. Werden Fahrtkosten als Familienheimfahrten berücksichtigt, steht kein Pendlerpauschale für die Wegstrecke vom Familienwohnsitz (§ 20 Abs. 1 Z 2 lit. e) zur Arbeitsstätte zu.

– Fährt der Arbeitnehmer an mindestens vier Tagen, aber an nicht mehr als sieben Tagen im Kalendermonat von der Wohnung zur Arbeitsstätte, steht das jeweilige Pendlerpauschale zu einem Drittel zu. Werden Fahrtkosten als Familienheimfahrten berücksichtigt, steht kein Pendlerpauschale für die Wegstrecke vom Familienwohnsitz (§ 20 Abs. 1 Z 2 lit. e) zur Arbeitsstätte zu.

Einem Steuerpflichtigen steht im Kalendermonat höchstens ein Pendlerpauschale in vollem Ausmaß zu.

f) Bei Vorliegen mehrerer Wohnsitze ist für die Berechnung des Pendlerpauschales entweder der zur Arbeitsstätte nächstgelegene Wohnsitz oder der Familienwohnsitz (§ 20 Abs. 1 Z 2 lit. e) maßgeblich.

g) Für die Inanspruchnahme des Pendlerpauschales hat der Arbeitnehmer dem Arbeitgeber auf einem amtlichen Formular eine Erklärung über das Vorliegen der Voraussetzungen abzugeben oder elektronisch zu übermitteln. Der Arbeitgeber hat die Erklärung des Arbeitnehmers zum Lohnkonto (§ 76) zu nehmen. Änderungen der Verhältnisse für die Berücksichtigung des Pendlerpauschales muss der Arbeitnehmer dem Arbeitgeber innerhalb eines Monates melden.

(BGBl I 2019/103)

h) Das Pendlerpauschale ist auch für Feiertage sowie für Lohnzahlungszeiträume zu berücksichtigen, in denen sich der Arbeitnehmer im Krankenstand oder Urlaub befindet.

i) Liegen bei einem Arbeitnehmer die Voraussetzungen für die Berücksichtigung eines Pendlerpauschales vor, gilt bezüglich § 26 Z 5 Folgendes:

aa) Nutzt der Arbeitnehmer an der Mehrzahl der Arbeitstage im Lohnzahlungszeitraum einen Werkverkehr gemäß § 26 Z 5 lit. a, steht ein Pendlerpauschale nur für jene Wegstrecke zu, die nicht von § 26 Z 5 lit. a umfasst ist. Kostenbeiträge des Arbeitnehmers für die Beförderung im Werkverkehr stellen Werbungskosten dar. Das zustehende Pendlerpauschale und ein zu leistender Kostenbeitrag sind dabei insgesamt mit der Höhe des sich aus lit. c, d oder e ergebenden Betrages für die Gesamtstrecke zwischen Wohnung und Arbeitsstätte begrenzt.

bb) Bei Zuwendungen gemäß § 26 Z 5 lit. b vermindert sich das Pendlerpauschale gemäß lit. c, d oder e um die vom Arbeitgeber getragenen Kosten. Die Zuwendungen sind verhältnismäßig auf den gesamten Zeitraum der Gültigkeit der Wochen-, Monats- oder Jahreskarte zu verteilen.

(BGBl I 2021/18, BGBl I 2022/108)

j) Der Bundesminister für Finanzen wird ermächtigt, Kriterien zur Festlegung der Entfernung und der Zumutbarkeit der Benützung eines Massenverkehrsmittels mit Verordnung festzulegen.

7.[a)] Ausgaben für Arbeitsmittel (zB Werkzeug und Berufskleidung). Ausgaben für digitale Arbeitsmittel zur Verwendung eines in der Wohnung eingerichteten Arbeitsplatzes sind um ein Homeoffice-Pauschale gemäß § 26 Z 9 und Werbungskosten gemäß Z 7a lit. b zu kürzen. Ist die Nutzungsdauer der Arbeitsmittel länger als ein Jahr, ist Z 8 anzuwenden.

(BGBl I 2021/52)

[a)] Tritt mit 1. Jänner 2024 außer Kraft.

7.[a)] Ausgaben für Arbeitsmittel (zB Werkzeug und Berufskleidung). Ist die Nutzungsdauer der Arbeitsmittel länger als ein Jahr, ist Z 8 anzuwenden.

(BGBl I 2021/52)

[a)] Tritt mit 1. Jänner 2024 wieder in Kraft.

7a.[a)] Ausgaben und Beträge eines Arbeitnehmers, der seine berufliche Tätigkeit in der Wohnung (im Homeoffice) erbringt und bei dem keine Ausgaben für ein Arbeitszimmer gemäß § 20 Abs. 1 Z 2 lit. d berücksichtigt werden:

a) Ausgaben für ergonomisch geeignetes Mobiliar (insbesondere Schreibtisch, Drehstuhl, Beleuchtung) eines in der Wohnung eingerichteten Arbeitsplatzes bis zu insgesamt 300 Euro (Höchstbetrag pro Kalenderjahr), wenn der Arbeitnehmer zumindest 26 Homeoffice-Tage gemäß § 26 Z 9 lit. a im Kalenderjahr geleistet hat. Übersteigen die Anschaffungs- oder Herstellungskosten insgesamt den Höchstbetrag, kann der Überschreitungsbetrag innerhalb des Höchstbetrages jeweils ab dem Folgejahr bis zum Kalenderjahr 2023 geltend gemacht werden. Z 8 ist nicht anzuwenden.

b) Soweit das Homeoffice-Pauschale gemäß § 26 Z 9 lit. a den Höchstbetrag von drei Euro pro Homeoffice-Tag nicht erreicht, die Differenz auf drei Euro.

(BGBl I 2021/52; zum Inkrafttreten siehe § 124b Z 373 und 374)

[a)] Tritt mit 1. Jänner 2024 außer Kraft.

8. Absetzungen für Abnutzungen und für Substanzverringerungen (§§ 7 und 8). Gehört ein abnutzbares Wirtschaftsgut (insbesondere Gebäude) nicht zu einem Betriebsvermögen, gilt für die Bemessung der Absetzung für Abnutzung oder Substanzverringerung Folgendes:

a) Grundsätzlich sind die tatsächlichen Anschaffungs- oder Herstellungskosten zu Grunde zu legen. Bei der Ermittlung der Anschaffungs- oder Herstellungskosten sind § 6 Z 11 und 12 zu berücksichtigen. § 13 ist anzuwenden.

b) Wird ein Wirtschaftsgut unentgeltlich erworben, ist die Absetzung für Abnutzung des Rechtsvorgängers fortzusetzen.

c) Wird ein zum 31. März 2012 nicht steuerverfangenes Grundstück im Sinne des

§ 30 Abs. 1 erstmalig zur Erzielung von Einkünften verwendet, sind der Bemessung der Absetzung für Abnutzung die fiktiven Anschaffungskosten zum Zeitpunkt der erstmaligen Nutzung zur Einkünfteerzielung zu Grunde zu legen.

d) Bei Gebäuden, die der Erzielung von Einkünften aus Vermietung und Verpachtung dienen, können ohne Nachweis der Nutzungsdauer jährlich 1,5% der Bemessungsgrundlage (lit. a bis c) als Absetzung für Abnutzung geltend gemacht werden. Ohne Nachweis eines anderen Aufteilungsverhältnisses sind von den Anschaffungskosten eines bebauten Grundstückes 40% als Anteil des Grund und Bodens auszuscheiden. Dies gilt nicht, wenn die tatsächlichen Verhältnisse offenkundig erheblich davon abweichen. Der Bundesminister für Finanzen wird ermächtigt, an Hand geeigneter Kriterien (z. B. Lage, Bebauung) abweichende Aufteilungsverhältnisse von Grund und Boden und Gebäude im Verordnungswege festzulegen.

(BGBl I 2015/118)

e) Im Jahr der erstmaligen Berücksichtigung der Absetzung für Abnutzung beträgt diese abweichend von lit. d höchstens das Dreifache und im darauffolgenden Jahr höchstens das Zweifache des Prozentsatzes gemäß lit. d. § 7 Abs. 2 ist nicht anzuwenden.

(BGBl I 2020/96)

9. Mehraufwendungen des Steuerpflichtigen für Verpflegung und Unterkunft bei ausschließlich beruflich veranlassten Reisen. Diese Aufwendungen sind ohne Nachweis ihrer Höhe als Werbungskosten anzuerkennen, soweit sie die sich aus § 26 Z 4 ergebenden Beträge nicht übersteigen. Dabei steht das volle Tagesgeld für 24 Stunden zu. Höhere Aufwendungen für Verpflegung sind nicht zu berücksichtigen.

10. Aufwendungen für Aus- und Fortbildungsmaßnahmen im Zusammenhang mit der vom Steuerpflichtigen ausgeübten oder einer damit verwandten beruflichen Tätigkeit und Aufwendungen für umfassende Umschulungsmaßnahmen, die auf eine tatsächliche Ausübung eines anderen Berufes abzielen. Aufwendungen für Nächtigungen sind jedoch höchstens im Ausmaß des den Bundesbediensteten zustehenden Nächtigungsgeldes der Höchststufe bei Anwendung des § 13 Abs. 7 der Reisegebührenvorschrift zu berücksichtigen.

(2) Zu den Werbungskosten zählt auch die Erstattung (Rückzahlung) von Einnahmen, sofern weder der Zeitpunkt des Zufließens der Einnahmen noch der Zeitpunkt der Erstattung willkürlich festgesetzt wurde. Steht ein Arbeitnehmer in einem aufrechten Dienstverhältnis zu jenem Arbeitgeber, dem er Arbeitslohn zu erstatten (rückzuzahlen) hat, so hat der Arbeitgeber die Erstattung (Rückzahlung) beim laufenden Arbeitslohn als Werbungskosten zu berücksichtigen.

(3) Für Werbungskosten, die bei nichtselbständigen Einkünften erwachsen, ist ohne besonderen Nachweis ein Pauschbetrag von 132 Euro jährlich abzusetzen. Dies gilt nicht, wenn diese Einkünfte den Anspruch auf den Pensionistenabsetzbetrag (§ 33 Abs. 6 und § 57 Abs. 4) begründen. Der Abzug des Pauschbetrages darf nicht zu einem Verlust aus nichtselbständiger Arbeit führen. Ohne Anrechnung auf den Pauschbetrag sind abzusetzen:

- Werbungskosten im Sinne des Abs. 1 Z 3 mit Ausnahme der Betriebsratsumlagen
- Werbungskosten im Sinne des Abs. 1 Z 4, 5 und 7a[a)]

  (BGBl I 2021/52)

[a)] Tritt mit 1. Jänner 2024 außer Kraft.

- Werbungskosten im Sinne des Abs. 1 Z 4 und 5[a)]

  (BGBl I 2021/52)

[a)] Tritt mit 1. Jänner 2024 wieder in Kraft.

- der Pauschbetrag gemäß Abs. 1 Z 6
- dem Arbeitnehmer für den Werkverkehr erwachsende Kosten (Abs. 1 Z 6 lit. i letzter Satz) und
- Werbungskosten im Sinne des Abs. 2.

5. ABSCHNITT

Durchschnittssätze

§ 17. (1) Bei den Einkünften aus einer Tätigkeit im Sinne des § 22 oder des § 23 können die Betriebsausgaben im Rahmen der Gewinnermittlung gemäß § 4 Abs. 3 mit einem Durchschnittssatz ermittelt werden. Der Durchschnittssatz beträgt

- bei freiberuflichen oder gewerblichen Einkünften aus einer kaufmännischen oder technischen Beratung, einer Tätigkeit im Sinne des § 22 Z 2 sowie aus einer schriftstellerischen, vortragenden, wissenschaftlichen, unterrichtenden oder erzieherischen Tätigkeit 6%, höchstens jedoch 13 200 €,
- sonst 12%, höchstens jedoch 26 400 €,

der Umsätze im Sinne des § 125 Abs. 1 der Bundesabgabenordnung. Daneben dürfen nur folgende Ausgaben als Betriebsausgaben abgesetzt werden: Ausgaben für den Eingang an Waren, Rohstoffen, Halberzeugnissen, Hilfsstoffen und Zutaten, die nach ihrer Art und ihrem betrieblichen Zweck in ein Wareneingangsbuch (§ 128 BAO) einzutragen sind oder einzutragen wären, sowie Ausgaben für Löhne (einschließlich Lohnnebenkosten) und für Fremdlöhne, soweit diese unmittelbar in Leistungen eingehen, die den Betriebsgegenstand des Unternehmens bilden, weiters Beiträge im Sinne des § 4 Abs. 4 Z 1, das Arbeitsplatzpauschale gemäß § 4 Abs. 4 Z 8, Kosten gemäß § 4 Abs. 4 Z 5 zweiter Satz und Reise- und Fahrtkosten, soweit ihnen ein Kostenersatz in gleicher Höhe gegenübersteht; diese Reise- und Fahrtkosten vermindern die

Umsätze im Sinne des zweiten Satzes. § 4 Abs. 3 dritter Satz ist anzuwenden.

(BGBl I 2016/117, BGBl I 2019/103, BGBl I 2021/227, BGBl I 2022/108)

(2) Die Anwendung des Durchschnittssatzes gemäß Abs. 1 setzt voraus, daß

1. keine Buchführungspflicht besteht und auch nicht freiwillig Bücher geführt werden, die eine Gewinnermittlung nach § 4 Abs. 1 ermöglichen,
2. die Umsätze im Sinne des § 125 Abs. 1 der Bundesabgabenordnung des vorangegangenen Wirtschaftsjahres nicht mehr als 220 000 Euro betragen,
3. aus der Steuererklärung hervorgeht, dass der Steuerpflichtige von der Pauschalierung Gebrauch macht.

(3) Geht der Steuerpflichtige von der Ermittlung der Betriebsausgaben mittels des Durchschnittssatzes gemäß Abs. 1 auf die Gewinnermittlung nach § 4 Abs. 1 oder im Rahmen der Gewinnermittlung gemäß § 4 Abs. 3 auf die Geltendmachung der Betriebsausgaben nach den allgemeinen Gewinnermittlungsvorschriften über, so ist eine erneute Ermittlung der Betriebsausgaben mittels des Durchschnittssatzes gemäß Abs. 1 frühestens nach Ablauf von fünf Wirtschaftsjahren zulässig.

(3a) Im Rahmen der Einnahmen-Ausgaben-Rechnung kann der Gewinn nach Maßgabe der Z 1 bis Z 9 pauschal ermittelt werden.

1. Die pauschale Gewinnermittlung betrifft Einkünfte gemäß § 22 oder § 23 mit Ausnahme von Einkünften aus einer Tätigkeit eines Gesellschafters gemäß § 22 Z 2 zweiter Teilstrich, als Aufsichtsratsmitglied oder als Stiftungsvorstand.

„2. Die Pauschalierung kann angewendet werden, wenn im Veranlagungsjahr die Umsatzsteuerbefreiung gemäß § 6 Abs. 1 Z 27 UStG 1994 für Kleinunternehmer anwendbar ist oder nur deswegen nicht anwendbar ist, weil

- **die Umsatzgrenze gemäß § 6 Abs. 1 Z 27 UStG 1994 um nicht mehr als 5 000 Euro überschritten wurde,**
- **auch Umsätze erzielt wurden, die zu Einkünften führen, die gemäß Z 1 von der Pauschalierung nicht betroffen sind, und die erhöhte Umsatzgrenze gemäß dem ersten Teilstrich nicht überschritten wurde, oder**
- **auf die Anwendung der Umsatzsteuerbefreiung gemäß § 6 Abs. 3 UStG 1994 verzichtet wurde.“**

(BGBl I 2021/3, BGBl I 2022/194 ab Veranlagung 2023)

3. Gewinn ist der Unterschiedsbetrag zwischen den Betriebseinnahmen (ohne Umsatzsteuer) und den gemäß Z 4 pauschal ermittelten Betriebsausgaben. Bei der Ermittlung des Gewinnes gilt:
   a) Neben den pauschalen Betriebsausgaben sind Beiträge gemäß § 4 Abs. 4 Z 1, das Arbeitsplatzpauschale gemäß § 4 Abs. 4 Z 8, Kosten gemäß § 4 Abs. 4 Z 5 zweiter Satz und Reise- und Fahrtkosten, soweit ihnen ein Kostenersatz in gleicher Höhe gegenübersteht, zu berücksichtigen; diese Reise- und Fahrtkosten vermindern die Bemessungsgrundlage für die pauschalen Betriebsausgaben.

   (BGBl I 2021/227, BGBl I 2022/108)

   b) Weitere Betriebsausgaben und Entnahmen sind nicht zu berücksichtigen.

   (BGBl I 2021/3)

4. Die pauschalen Betriebsausgaben betragen 45% der Betriebseinnahmen gemäß Z 3, höchstens aber 18 900 Euro. Abweichend davon betragen die pauschalen Betriebsausgaben bei einem Dienstleistungsbetrieb 20% der Betriebseinnahmen gemäß Z 3, höchstens aber 8 400 Euro.

   (BGBl I 2021/3)

5. Der Bundesminister für Finanzen wird für die Anwendung der Z 4 ermächtigt, im Wege einer Verordnung eine branchenbezogene Einordnung eines Betriebes als Dienstleistungsbetrieb vorzunehmen. Bei einem Betrieb, der nicht ausschließlich Dienstleistungen erbringt, ist für die Anwendung des Pauschalsatzes die Tätigkeit maßgeblich, aus der die höheren Betriebseinnahmen stammen.

   (BGBl I 2021/3)

6. Wird ein Wirtschaftsgut des Anlagevermögens entnommen, ist § 6 Z 4 nicht anzuwenden.
7. Bei einer Mitunternehmerschaft im Sinne des § 22 Z 3 oder § 23 Z 2 gilt Folgendes:
   a) Für die Anwendung der Z 2 sind die Umsätze maßgeblich, die von der Mitunternehmerschaft insgesamt erzielt werden.
   b) Die pauschale Gewinnermittlung ist von der Mitunternehmerschaft einheitlich vorzunehmen; der so ermittelte Gewinn ist auf die Beteiligten aufzuteilen. Sonderbetriebseinnahmen und Sonderbetriebsausgaben sind beim jeweiligen Mitunternehmer in tatsächlicher Höhe zu berücksichtigen.
   c) Keiner der Mitunternehmer darf die Pauschalierung außerhalb der Gewinnermittlung für die betreffende Mitunternehmerschaft in Anspruch nehmen.
8. Bei Inanspruchnahme der Pauschalierung besteht keine Verpflichtung zur Führung eines Wareneingangsbuches und einer Anlagenkartei (§ 7 Abs. 3).
9. Wird von der Ermittlung des Gewinnes gemäß Z 1 bis Z 8 freiwillig auf eine andere Form der Gewinnermittlung übergegangen, ist eine erneute Ermittlung des Gewinnes gemäß Z 1

bis Z 8 frühestens nach Ablauf von drei Wirtschaftsjahren zulässig.

(BGBl I 2019/103)

(4) Für die Ermittlung des Gewinnes können weiters mit Verordnung des Bundesministers für Finanzen Durchschnittssätze für Gruppen von Steuerpflichtigen aufgestellt werden. Die Durchschnittssätze sind auf Grund von Erfahrungen über die wirtschaftlichen Verhältnisse bei der jeweiligen Gruppe von Steuerpflichtigen festzusetzen. Solche Durchschnittssätze sind nur für Fälle aufzustellen, in denen weder eine Buchführungspflicht besteht noch ordnungsmäßige Bücher geführt werden, die eine Gewinnermittlung durch Betriebsvermögensvergleich ermöglichen.

(5) In der Verordnung werden bestimmt:

1. Die Gruppen von Betrieben, für die Durchschnittssätze anzuwenden sind.
2. Die für die Einstufung jeweils maßgeblichen Betriebsmerkmale. Als solche kommen insbesondere in Betracht:
   a) Bei land- und forstwirtschaftlichen Betrieben die Betriebsart und der Einheitswert.
   b) Bei anderen Betrieben die örtliche Lage, die Ausstattung, der Wareneingang oder Wareneinsatz, die Zahl der Arbeitskräfte und die Stabilität der Erträge und Aufwendungen.
3. Die Art der Gewinnermittlung für die einzelnen Gruppen von Betrieben durch Aufstellung von Reingewinnsätzen und Reingewinnprozentsätzen vom Einheitswert oder vom Umsatz oder von anderen, für einen Rückschluß auf den Umsatz und Gewinn geeigneten äußeren Betriebsmerkmalen. In der Verordnung kann bestimmt werden, daß für die Gewinnermittlung nur die Betriebsausgaben oder Betriebsausgabenteile nach Durchschnittssätzen ermittelt werden.
4. Der Veranlagungszeitraum, für den die Durchschnittssätze anzuwenden sind.
5. Der Umfang, in dem jenen Steuerpflichtigen, die den Gewinn nach Durchschnittssätzen ermitteln, Erleichterungen in der Führung von Aufzeichnungen gewährt werden.

(5a) Für eine Verordnung über die Aufstellung von Durchschnittssätzen für die Ermittlung des Gewinnes aus der Land- und Forstwirtschaft gelten folgende Grundsätze:

1. Die Gewinnermittlung auf Basis von Durchschnittssätzen ist nur für Betriebe zulässig, deren gemäß § 125 Abs. 1 der Bundesabgabenordnung in der Fassung vor BGBl. I Nr. 96/2020 ermittelter Einheitswert **„165 000“** Euro nicht übersteigt.

   (BGBl I 2020/96; Teuerungs-EP II, BGBl I 2022/163 ab Veranlagung 2023)
2. Eine Gewinnermittlung mit Hilfe von Reingewinnprozentsätzen vom Einheitswert ist nur zulässig, wenn der gemäß § 125 Abs. 1 der Bundesabgabenordnung in der Fassung vor BGBl. I Nr. 96/2020 ermittelte Einheitswert 75 000 Euro nicht übersteigt.

   (BGBl I 2020/96)
3. Eine Gewinnermittlung mit Hilfe von Reingewinnprozentsätzen ist für den Gewinn aus Weinbau nur zulässig, wenn die selbst bewirtschaftete weinbaulich genutzte (§ 48 Abs. 1 BewG 1955) Fläche 60 Ar nicht übersteigt. Davon unberührt bleibt die Gewinnermittlung des übrigen Betriebes.
4. (aufgehoben)

   (BGBl I 2020/96)

(6) Zur Ermittlung von Werbungskosten können vom Bundesminister für Finanzen Durchschnittssätze für Werbungskosten im Verordnungswege für bestimmte Gruppen von Steuerpflichtigen nach den jeweiligen Erfahrungen der Praxis festgelegt werden.

6. ABSCHNITT

Sonderausgaben*)

*) Die Topfsonderausgaben können ab der Veranlagung 2021 nicht mehr geltend gemacht werden; vgl. § 124b Z 285 und 286.

§ 18. (1) Folgende Ausgaben sind bei der Ermittlung des Einkommens als Sonderausgaben abzuziehen, soweit sie nicht Betriebsausgaben oder Werbungskosten sind:

1. Renten und dauernde Lasten, die auf besonderen Verpflichtungsgründen beruhen. Werden Renten oder dauernde Lasten als angemessene Gegenleistung für die Übertragung von Wirtschaftsgütern geleistet, gilt folgendes: Die Renten und dauernden Lasten sowie Abfindungen derselben sind nur insoweit abzugsfähig, als die Summe der verausgabten Beträge (Renten, dauernde Lasten, gänzliche oder teilweise Abfindungen derselben sowie allfällige Einmalzahlungen) den Wert der Gegenleistung (§ 29 Z 1) übersteigt. Stellt eine aus Anlaß der Übertragung eines Betriebes, Teilbetriebes oder Mitunternehmeranteils vereinbarte Rente oder dauernde Last keine angemessene Gegenleistung für die Übertragung dar, so sind die Renten oder dauernden Lasten nur dann abzugsfähig, wenn
   – keine Betriebsausgaben vorliegen und
   – keine derart unangemessen hohen Renten oder dauernden Lasten vorliegen, daß der Zusammenhang zwischen Übertragung und Vereinbarung einer Rente oder dauernden Last wirtschaftlich bedeutungslos und damit ein Abzug nach § 20 Abs. 1 Z 4 erster Satz ausgeschlossen ist.

1a. Beiträge für eine freiwillige Weiterversicherung einschließlich des Nachkaufs von Versicherungszeiten in der gesetzlichen Pensionsversicherung und vergleichbare Beiträge an Versorgungs- und Unterstützungseinrichtungen der Kammern der selbständig

Erwerbstätigen. Besteht der Beitrag in einer einmaligen Leistung, kann der Erbringer dieser Leistung auf Antrag ein Zehntel des als Einmalprämie geleisteten Betrages durch zehn aufeinanderfolgende Jahre als Sonderausgaben in Anspruch nehmen.

(BGBl I 2015/118)

2. Beiträge und Versicherungsprämien, wenn der der Zahlung zugrundeliegende Vertrag vor dem 1. Jänner 2016 abgeschlossen worden ist, ausgenommen Beiträge und Versicherungsprämien im Bereich des BMSVG und der prämienbegünstigten Zukunftsvorsorge (§ 108g) zu einer
   - freiwilligen Kranken-, Unfall- oder Pensionsversicherung, ausgenommen Beiträge für die freiwillige Höherversicherung in der gesetzlichen Pensionsversicherung (einschließlich der zusätzlichen Pensionsversicherung im Sinne des § 479 des Allgemeinen Sozialversicherungsgesetzes), soweit dafür eine Prämie nach § 108a in Anspruch genommen wird, sowie ausgenommen Beiträge zu einer Pensionszusatzversicherung (§ 108b),
   - Lebensversicherung (Kapital- oder Rentenversicherung), ausgenommen Beiträge zu einer Pensionszusatzversicherung (§ 108b),
   - freiwillige Witwen-, Waisen-, Versorgungs- und Sterbekasse,
   - Pensionskasse, soweit für die Beiträge nicht eine Prämie nach § 108a in Anspruch genommen wird,
   - betrieblichen Kollektivversicherung im Sinne des § 93 des VAG 2016, soweit für die Beiträge nicht eine Prämie nach § 108a in Anspruch genommen wird,
   - ausländischen Einrichtungen im Sinne des § 5 Z 4 des Pensionskassengesetzes.

   Versicherungsprämien sind nur dann abzugsfähig, wenn das Versicherungsunternehmen Sitz oder Geschäftsleitung im Inland hat oder ihm die Erlaubnis zum Geschäftsbetrieb im Inland erteilt wurde.

   Beiträge zu Versicherungsverträgen auf den Erlebensfall (Kapitalversicherungen) sind nur abzugsfähig, wenn der Versicherungsvertrag vor dem 1. Juni 1996 abgeschlossen worden ist, für den Fall des Ablebens des Versicherten mindestens die für den Erlebensfall vereinbarte Versicherungssumme zur Auszahlung kommt und überdies zwischen dem Zeitpunkt des Vertragsabschlusses und dem Zeitpunkt des Anfallens der Versicherungssumme im Erlebensfall ein Zeitraum von mindestens zwanzig Jahren liegt. Hat der Versicherte im Zeitpunkt des Vertragsabschlusses das 41. Lebensjahr vollendet, dann verkürzt sich dieser Zeitraum auf den Zeitraum bis zur Vollendung des 60. Lebensjahres, er darf jedoch nicht weniger als zehn Jahre betragen.

   Beiträge zu Rentenversicherungsverträgen sind nur abzugsfähig, wenn eine mindestens auf die Lebensdauer zahlbare Rente vereinbart ist.

   Besteht der Beitrag (die Versicherungsprämie) in einer einmaligen Leistung, so kann der Erbringer dieser Leistung auf Antrag ein Zehntel des als Einmalprämie geleisteten Betrages durch zehn aufeinanderfolgende Jahre als Sonderausgaben in Anspruch nehmen.

   Werden als Sonderausgaben abgesetzte Versicherungsprämien ohne Nachversteuerung (Abs. 4 Z 1) vorausgezahlt, rückgekauft oder sonst rückvergütet, dann vermindern die rückvergüteten Beträge beginnend ab dem Kalenderjahr der Rückvergütung die aus diesem Vertrag als Sonderausgaben absetzbaren Versicherungsprämien.

   (BGBl I 2015/118)

3. Ausgaben zur Wohnraumschaffung oder zur Wohnraumsanierung, wenn mit der tatsächlichen Bauausführung oder Sanierung vor dem 1. Jänner 2016 begonnen worden ist (lit. b und c) oder der der Zahlung zugrundeliegende Vertrag vor dem 1. Jänner 2016 abgeschlossen worden ist (lit. a und d):
   a) Mindestens achtjährig gebundene Beträge, die vom Wohnungswerber zur Schaffung von Wohnraum an Bauträger geleistet werden. Bauträger sind
      - gemeinnützige Bau-, Wohnungs- und Siedlungsvereinigungen
      - Unternehmen, deren Betriebsgegenstand nach Satzung und tatsächlicher Geschäftsführung die Schaffung von Wohnungseigentum ist
      - Gebietskörperschaften.

      Dabei ist es gleichgültig, ob der Wohnraum dem Wohnungswerber in Nutzung (Bestand) gegeben oder ob ihm eine Kaufanwartschaft eingeräumt wird. Ebenso ist es nicht maßgeblich, ob der Wohnungswerber bis zum Ablauf der achtjährigen Bindungszeit im Falle seines Rücktrittes einen Anspruch auf volle Erstattung des Betrages hat oder nicht.
   b) Beträge, die verausgabt werden zur Errichtung von Eigenheimen oder Eigentumswohnungen, die in einem Mitgliedstaat der Europäischen Union oder einem Staat des Europäischen Wirtschaftsraumes, mit dem eine umfassende Amtshilfe besteht, gelegen sind. Eigenheim ist ein Wohnhaus mit nicht mehr als zwei Wohnungen, wenn mindestens zwei Drittel der Gesamtnutzfläche des Gebäudes Wohnzwecken dienen. Das Eigenheim kann auch im Eigentum zweier oder mehrerer Personen stehen.

Das Eigenheim kann auch ein Gebäude auf fremdem Grund und Boden sein. Eine Eigentumswohnung muss mindestens zu zwei Dritteln der Gesamtnutzfläche Wohnzwecken dienen. Das Eigenheim oder die Eigentumswohnung muss unmittelbar nach Fertigstellung dem Steuerpflichtigen für einen Zeitraum von zumindest zwei Jahren als Hauptwohnsitz dienen. Auch die Aufwendungen für den Erwerb von Grundstücken zur Schaffung von Eigenheimen oder Eigentumswohnungen durch den Steuerpflichtigen oder durch einen von ihm Beauftragten sind abzugsfähig.

c) Ausgaben zur Sanierung von Wohnraum, wenn die Sanierung über unmittelbaren Auftrag des Steuerpflichtigen durch einen befugten Unternehmer durchgeführt worden ist, und zwar
   - Instandsetzungsaufwendungen einschließlich Aufwendungen für energiesparende Maßnahmen, wenn diese Aufwendungen den Nutzungswert des Wohnraumes wesentlich erhöhen oder den Zeitraum seiner Nutzung wesentlich verlängern oder
   - Herstellungsaufwendungen.

d) Rückzahlungen von Darlehen, die für die Schaffung von begünstigtem Wohnraum oder für die Sanierung von Wohnraum im Sinne der lit. a bis lit. c aufgenommen wurden, sowie Zinsen für derartige Darlehen. Diesen Darlehen sind Eigenmittel der in lit. a genannten Bauträger gleichzuhalten.

(BGBl I 2015/118)

4. Vor dem 1. Jänner 2011 getätigte Ausgaben natürlicher Personen für die Anschaffung von Genußscheinen im Sinne des § 6 des Beteiligungsfondsgesetzes und für die Erstanschaffung junger Aktien (Abs. 3 Z 4 lit. a) von Aktiengesellschaften im Sinne des Abs. 3 Z 4 lit. b, die den Ausgabebetrag (Nennbetrag und ein Aufgeld) betreffen. Die Genußscheine oder jungen Aktien müssen bei einem inländischen Kreditinstitut
   - gegen sofortige volle Zahlung der Anschaffungskosten der Genußscheine oder des Ausgabebetrages der jungen Aktien erworben und
   - durch mindestens zehn Jahre ab der Anschaffung hinterlegt werden.

   Das Kreditinstitut hat dem Steuerpflichtigen die Anschaffung der Genußscheine oder jungen Aktien, die bezahlten Beträge und die Tatsache der Hinterlegung auf einem amtlichen Vordruck zu bescheinigen. Eine Gleichschrift dieser Bescheinigung ist von dem Kreditinstitut dem Wohnsitzfinanzamt zu übersenden.

5. Verpflichtende Beiträge an Kirchen und Religionsgesellschaften, die in Österreich gesetzlich anerkannt sind, höchstens jedoch 400 Euro jährlich. In Österreich gesetzlich anerkannten Kirchen und Religionsgesellschaften stehen Körperschaften mit Sitz in einem Mitgliedstaat der Europäischen Union oder des Europäischen Wirtschaftsraumes gleich, die einer in Österreich gesetzlich anerkannten Kirche oder Religionsgesellschaft entsprechen.

6. Steuerberatungskosten, die an berufsrechtlich befugte Personen geleistet werden.

7. Freigebige Zuwendungen insoweit, als sie zusammen mit Zuwendungen aus dem Betriebsvermögen im Sinne des § 4a insgesamt 10% des sich nach Verlustausgleich ergebenden Gesamtbetrages der Einkünfte nicht übersteigen, wenn sie
   a) an Einrichtungen im Sinne des § 4a Abs. 3 Z 1, 2 und 3 und Abs. 4, sowie

      (BGBl I 2015/160)

   b) ausschließlich in Geld an begünstigte Körperschaften im Sinne des § 4a Abs. 3 Z 2a, Z 4 bis 6, Abs. 4a, Abs. 5 und Abs. 6

      (BGBl I 2015/160)

   geleistet werden.

   Eine Zuwendung an einen Empfänger, der keine feste örtliche Einrichtung im Inland unterhält, ist durch den Zuwendenden auf Verlangen der Abgabenbehörde durch Vorlage eines Beleges nachzuweisen. Dieser Beleg hat jedenfalls zu enthalten den Namen der empfangenden Körperschaft, den Namen des Zuwendenden, den Betrag und das Datum der Zuwendung. Auf Verlangen des Zuwendenden ist durch einen Empfänger der Zuwendung, der keine feste örtliche Einrichtung im Inland unterhält, eine Spendenbestätigung auszustellen. In dieser Bestätigung sind, neben den Inhalten die ein Beleg jedenfalls zu enthalten hat, auch die Anschrift des Zuwendenden und die Registrierungsnummer, unter der die empfangende Einrichtung in die Liste begünstigter Spendenempfänger eingetragen ist, anzuführen. Die Bestätigung kann für alle von demselben Zuwendenden in einem Kalenderjahr getätigten Zuwendungen ausgestellt werden.

   Steht den Zuwendungen eine Gegenleistung gegenüber, sind sie als freigebige Zuwendungen abzugsfähig, wenn der gemeine Wert der Zuwendung den Wert der Gegenleistung erheblich übersteigt. Der dem gemeinen Wert der Gegenleistung entsprechende Teil der Zuwendung ist nicht abzugsfähig. Ebenso nicht abzugsfähig sind Mitgliedsbeiträge in Höhe der satzungsgemäß von ordentlichen Mitgliedern zu entrichtenden Beiträge, die an eine der begünstigten Körperschaften bezahlt werden.

Freigebige Zuwendungen an begünstigte Einrichtungen im Sinne der lit. b und an Einrichtungen gemäß § 4a Abs. 4 lit. d sind nur dann abzugsfähig, wenn die empfangende Einrichtung zum Zeitpunkt der Zuwendung in der Liste begünstigter Spendenempfänger (§ 4a Abs. 7 Z 1) eingetragen ist; dies gilt nicht für Zuwendungen an Einrichtungen gemäß § 4a Abs. 6 und Abs. 3 Z 2a.

(BGBl I 2015/118, BGBl I 2018/62)

8. Zuwendungen zum Zweck der ertragsbringenden Vermögensausstattung an eine privatrechtliche Stiftung oder an eine damit vergleichbare Vermögensmasse (Stiftung) im Sinne des § 4b, soweit diese zusammen mit Zuwendungen aus dem Betriebsvermögen
   a) im Kalenderjahr der erstmaligen Zuwendung und den folgenden vier Kalenderjahren insgesamt den Betrag von 500 000 Euro und
   b) im Kalenderjahr der jeweiligen Zuwendung 10% des sich nach Verlustausgleich ergebenden Gesamtbetrages der Einkünfte

   nicht übersteigen. Die Bestimmungen des § 4b gelten entsprechend.

   (BGBl I 2015/160)

9. Freigebige Zuwendungen an die Innovationsstiftung für Bildung gemäß § 1 ISBG sowie an deren Substiftungen gemäß § 4 Abs. 5 ISBG zur Förderung ihrer Tätigkeiten gemäß § 3 Abs. 1 und 2 ISBG oder zum Zweck der ertragsbringenden Vermögensausstattung im Sinne des § 4c, soweit diese zusammen mit Zuwendungen aus dem Betriebsvermögen im Kalenderjahr der Zuwendung 10 % des sich nach Verlustausgleich ergebenden Gesamtbetrages der Einkünfte, nicht übersteigen. Soweit freigebige Zuwendungen gemeinsam mit Zuwendungen aus dem Betriebsvermögen im Kalenderjahr der Zuwendung weder den Betrag von 500 000 Euro noch den Gesamtbetrag der Einkünfte übersteigen, sind sie jedenfalls als Sonderausgaben abzuziehen. § 4c Abs. 2 gilt entsprechend.

   (BGBl I 2017/28)

10. a) Ausgaben für die thermisch-energetische Sanierung von Gebäuden sind unter folgenden Voraussetzungen zu berücksichtigen:
      aa) Für die Ausgaben wurde eine Förderung des Bundes gemäß dem 3. Abschnitt des Umweltförderungsgesetzes – UFG, BGBl. Nr. 185/1993, ausbezahlt.
      bb) Die Datenübermittlung gemäß § 40g TDBG 2012 ist erfolgt.
      cc) Die Ausgaben abzüglich ausbezahlter Förderungen aus öffentlichen Mitteln übersteigen den Betrag von 4 000 Euro.
    b) Ausgaben für den Ersatz eines fossilen Heizungssystems durch ein klimafreundliches Heizungssystem sind unter folgenden Voraussetzungen zu berücksichtigen:
      aa) Für die Ausgaben wurde eine Förderung des Bundes gemäß dem 3. Abschnitt des UFG ausbezahlt.
      bb) Die Datenübermittlung gemäß § 40g TDBG 2012 ist erfolgt.
      cc) Die Ausgaben abzüglich ausbezahlter Förderungen aus öffentlichen Mitteln übersteigen den Betrag von 2 000 Euro.
    c) Ausgaben gemäß lit. a und lit. b sind beim Empfänger der Förderung im Jahr der Auszahlung der Förderung und in den folgenden vier Kalenderjahren durch einen Pauschbetrag zu berücksichtigen. Dieser beträgt
      – für Ausgaben gemäß lit. a 800 Euro jährlich und
      – für Ausgaben gemäß lit. b 400 Euro jährlich.
    d) Wird im ersten Kalenderjahr des Vorliegens der Anspruchsvoraussetzungen oder innerhalb der folgenden vier Kalenderjahre eine weitere Förderung ausbezahlt, die eine begünstigte Ausgabe gemäß lit. a oder lit. b betrifft, gilt Folgendes:
      – Der Zeitraum für die Berücksichtigung eines Pauschbetrages verlängert sich auf insgesamt zehn Kalenderjahre.
      – Bei einer weiteren geförderten Ausgabe im ersten Kalenderjahr ist im Fall unterschiedlicher Pauschalsätze in den ersten fünf Kalenderjahren der Pauschbetrag gemäß lit. a und in den zweiten fünf Kalenderjahren der Pauschbetrag gemäß lit. b zu berücksichtigen.
      – Bei einer weiteren geförderten Ausgabe im zweiten bis fünften Kalenderjahr ist ab dem sechsten Kalenderjahr der Pauschalsatz anzuwenden, der auf Grund der weiteren geförderten Ausgabe in Betracht kommt. Sind für weitere geförderte Ausgaben unterschiedliche Pauschalsätze anzuwenden, ist der Pauschbetrag gemäß lit. a zu berücksichtigen.

    (BGBl I 2022/10)

(2) Für Sonderausgaben im Sinne des Abs. 1 Z 2 bis 4 mit Ausnahme der Beiträge für eine freiwillige Weiterversicherung einschließlich des Nachkaufs von Versicherungszeiten in der gesetzlichen Pensionsversicherung und vergleichbarer Beiträge an Versorgungs- und Unterstützungseinrichtungen der Kammern der selbständig Erwerbstätigen ist

ohne besonderen Nachweis ein Pauschbetrag von 60 Euro jährlich abzusetzen.

(3) In Ergänzung des Abs. 1 wird bestimmt:

1. Ausgaben im Sinne des Abs. 1 Z 1a, 2, 3 und 5 kann der Steuerpflichtige auch dann absetzen, wenn er sie für seinen nicht dauernd getrennt lebenden (Ehe)Partner (§ 106 Abs. 3) und für seine Kinder (§ 106) leistet.
(BGBl I 2015/118)

2. Für Ausgaben im Sinne des Abs. 1 Z 2 bis 4 mit Ausnahme der Beiträge für eine freiwillige Weiterversicherung einschließlich des Nachkaufs von Versicherungszeiten in der gesetzlichen Pensionsversicherung und vergleichbarer Beiträge an Versorgungs- und Unterstützungseinrichtungen der Kammern der selbständig Erwerbstätigen besteht ein einheitlicher Höchstbetrag von 2 920 Euro jährlich. Dieser Betrag erhöht sich
   – um 2 920 Euro, wenn dem Steuerpflichtigen der Alleinverdiener- oder der Alleinerzieherabsetzbetrag zusteht und/oder
   – um 2 920 Euro, wenn dem Steuerpflichtigen kein Alleinverdiener- oder Alleinerzieherabsetzbetrag zusteht, er aber mehr als sechs Monate im Kalenderjahr verheiratet oder eingetragener Partner ist und vom (Ehe-)Partner nicht dauernd getrennt lebt und der (Ehe-)Partner Einkünfte im Sinne des § 33 Abs. 4 Z 1 von höchstens 6 000 Euro jährlich erzielt.

   Sind diese Ausgaben insgesamt
   – niedriger als der jeweils maßgebende Höchstbetrag, so ist ein Viertel der Ausgaben, mindestens aber der Pauschbetrag nach Abs. 2, als Sonderausgaben abzusetzen,
   – gleich hoch oder höher als der jeweils maßgebende Höchstbetrag, so ist ein Viertel des Höchstbetrags als Sonderausgaben abzusetzen (Sonderausgabenviertel).

   Beträgt der Gesamtbetrag der Einkünfte mehr als 36 400 Euro, vermindert sich das Sonderausgabenviertel gleichmäßig in einem solchen Ausmaß, dass sich bei einem Gesamtbetrag der Einkünfte von 60 000 Euro ein absetzbarer Betrag in Höhe des Pauschbetrages nach Abs. 2 ergibt.
   (BGBl I 2015/118)

3. a) Soweit Beträge nach Abs. 1 Z 3 als Sonderausgaben anerkannt worden sind, können sie aus einem anderen Rechtstitel nicht nochmals als Sonderausgaben berücksichtigt werden. In gleicher Weise dürfen Beträge, bei denen gemäß § 108 Abs. 7 Z 2 die Rückforderung erstatteter Einkommensteuer (Lohnsteuer) unterbleibt, nicht als Sonderausgaben nach Abs. 1 Z 3 berücksichtigt werden.
   b) Abs. 1 Z 3 ist auch dann anzuwenden, wenn innerhalb des in Z 1 genannten Personenkreises Geldgeber oder Darlehensschuldner einerseits und Errichter (Eigentümer) bzw. Wohnungswerber (Nutzungsberechtigter, Bestandnehmer) andererseits nicht identisch sind.

4. a) Junge Aktien im Sinne des Abs. 1 Z 4 sind Aktien,
      aa) die im Rahmen der Gründung gegen Bareinzahlung mit sofortiger voller Leistung des Ausgabebetrages (Nennbetrag und Aufgeld) bis zum Ablauf von drei Monaten ab der Eintragung der Gesellschaft in das Firmenbuch angeschafft werden,
      bb) die im Rahmen einer Kapitalerhöhung gegen Bareinzahlung mit sofortiger voller Leistung des Ausgabebetrages (Nennbetrag und Aufgeld) neu ausgegeben werden und die im Rahmen einer ordentlichen oder genehmigten Kapitalerhöhung bis zum Ablauf von drei Monaten ab der Eintragung der Durchführung der Erhöhung des Grundkapitals in das Firmenbuch angeschafft werden oder bei denen im Rahmen einer bedingten Kapitalerhöhung die Ausübung des unentziehbaren Bezugsrechtes erklärt wird. Nicht begünstigt sind Aktien, die auf Grund einer Kapitalerhöhung ausgegeben werden, wenn der Beschluß auf Erhöhung des Grundkapitals (§ 149 Abs. 1 des Aktiengesetzes 1965) innerhalb von zwei Jahren nach der Eintragung des Beschlusses über die Herabsetzung des Grundkapitals zum Zwecke der Rückzahlung von Teilen des Grundkapitals (§ 177 des Aktiengesetzes 1965) gefaßt wurde; dies gilt auch für Kapitalherabsetzungen durch eine Aktiengesellschaft oder eine Gesellschaft mit beschränkter Haftung als Rechtsvorgänger der Aktiengesellschaft (§§ 219 und 245 des Aktiengesetzes 1965, § 2 des Bundesgesetzes über die Umwandlung von Handelsgesellschaften, BGBl. Nr. 187/1954).

   Die jungen Aktien müssen zur Gänze von einem oder mehreren Kreditinstituten gemeinsam übernommen werden. Die für die Zeichnung der Aktien aufgewendeten Geldmittel müssen der Aktiengesellschaft zusätzlich zugeflossen sein. Nicht begünstigt sind Aktien, für die Garantien hinsichtlich des Wertes oder der Dividendenansprüche abgegeben werden.

b) Aktiengesellschaften im Sinne des Abs. 1 Z 4 sind Aktiengesellschaften mit Sitz und Geschäftsleitung im Inland,

aa) die den Sektionen „Gewerbe“ oder „Industrie“ einer Kammer der gewerblichen Wirtschaft angehören und deren Unternehmensschwerpunkt nach der Satzung sowie den Vorbereitungshandlungen oder der tatsächlichen Geschäftsführung nachweislich die industrielle Herstellung körperlicher Wirtschaftsgüter im Inland, ausgenommen die Herstellung elektrischer Energie, Gas, Wärme oder Wohnbauten, ist und

bb) für die keine allgemeinen Ausfallshaftungen für den Fall der Insolvenz übernommen worden sind.

c) Als Aktiengesellschaft mit dem Unternehmensschwerpunkt im Sinne der lit. b gilt bei Vorliegen der übrigen Voraussetzungen auch eine Aktiengesellschaft, deren Unternehmensschwerpunkt die geschäftsleitende Verwaltung von Beteiligungen ist, wenn auf Grund der finanziellen und organisatorischen Verflechtung nach dem Gesamtbild der tatsächlichen Verhältnisse der Schwerpunkt des Unternehmensverbundes nachweislich die industrielle Herstellung körperlicher Wirtschaftsgüter in Aktiengesellschaften im Inland ist. Voraussetzung ist, daß die Mittel aus der Kapitalerhöhung nachweislich zur Übernahme des Grundkapitals oder einer ordentlichen Kapitalerhöhung bei einer Aktiengesellschaft im Sinne der lit. b verwendet werden.

d) Der Steuerpflichtige hat der Abgabenbehörde das Vorliegen der in lit. a bis c genannten Voraussetzungen nachzuweisen. Die Nachweispflicht entfällt insoweit, als das Finanzamt auf Antrag der ausgebenden Aktiengesellschaft das Vorliegen dieser Voraussetzungen bescheinigt.

(4) In folgenden Fällen sind die als Sonderausgaben abgesetzten Beträge nachzuversteuern:

1. Eine Nachversteuerung von Versicherungsprämien (Abs. 1 Z 2) hat zu erfolgen, wenn
   – die Ansprüche aus dem Versicherungsvertrag auf den Erlebensfall innerhalb von zwanzig Jahren seit Vertragsabschluß ganz oder zum Teil abgetreten oder rückgekauft werden. Dieser Zeitraum verkürzt sich, wenn der Versicherte im Zeitpunkt des Vertragsabschlusses das 41. Lebensjahr vollendet hat, entsprechend Abs. 1 Z 2
   – innerhalb von zehn Jahren seit Vertragsabschluß eine Vorauszahlung oder Verpfändung der Ansprüche aus dem Versicherungsvertrag erfolgt
   – die Ansprüche aus einem Rentenversicherungsvertrag ganz oder zum Teil abgetreten oder rückgekauft oder vor oder nach Beginn der Rentenzahlungen ganz oder zum Teil durch eine Kapitalzahlung abgegolten werden.

   Eine Nachversteuerung erfolgt nicht, wenn
   – die Ansprüche aus einer kurzen Ablebensversicherung abgetreten oder verpfändet wurden,
   – die Nachversteuerung bei den Erben vorzunehmen wäre oder
   – der Steuerpflichtige nachweist, daß die angeführten Tatsachen durch wirtschaftliche Notlage verursacht sind.

   Die Umstände, die zu einer Nachversteuerung oder Verminderung der absetzbaren Versicherungsprämien (Abs. 1 Z 2 letzter Satz) führen, müssen dem Finanzamt des Versicherungsnehmers ohne amtliche Aufforderung innerhalb eines Monats mitgeteilt werden
   – vom Versicherungsunternehmen im Falle des Rückkaufs, der Abgeltung der Ansprüche aus einem Rentenversicherungsvertrag sowie einer Vorauszahlung, einer Verpfändung oder einer sonstigen Rückvergütung,
   – vom Steuerpflichtigen in allen übrigen Fällen.

   Im Falle der Verminderung der absetzbaren Versicherungsprämien (Abs. 1 Z 2 letzter Satz) entfällt die Meldepflicht dann, wenn die rückvergüteten Beträge mit künftigen Versicherungsprämien aufgerechnet werden.

   (BGBl I 2019/104, BGBl I 2020/99)

2. a) Eine Nachversteuerung von achtjährig gebundenen Beträgen (Abs. 1 Z 3 lit. a) hat insoweit zu erfolgen, als vor Ablauf von acht Jahren seit Vertragsabschluß die geleisteten Beträge ganz oder zum Teil rückgezahlt werden. Eine Nachversteuerung erfolgt nicht,
      – wenn die Wohnung dem Wohnungswerber ins Eigentum (Eigentumswohnung, Eigenheim) übertragen wird
      – wenn der Vertrag durch den Tod des Wohnungswerbers aufgelöst wird oder
      – soweit die rückgezahlten Beträge wieder für Zwecke der Wohnraumschaffung oder der Wohnraumsanierung verwendet werden.

   Die im Abs. 1 Z 3 lit. a genannten Bauträger sind verpflichtet, die Umstände, die zu einer Nachversteuerung führen, dem Finanzamt des Wohnungswerbers innerhalb eines Monats ohne amtliche Aufforderung mitzuteilen.

(BGBl I 2019/104, BGBl I 2020/99)

b) Eine Nachversteuerung von Ausgaben zur Errichtung von Eigenheimen oder Eigentumswohnungen hat zu erfolgen, wenn die Voraussetzungen des Abs. 1 Z 3 lit. b nicht gegeben sind. Ausgaben zum Erwerb von Grundstücken sind nachzuversteuern, wenn nicht innerhalb von fünf Jahren Maßnahmen gesetzt werden, aus denen die Verwendung des Grundstücks zur Errichtung eines Eigenheimes oder einer Eigentumswohnung erkennbar ist. Eine Nachversteuerung erfolgt nicht, wenn der Steuerpflichtige inzwischen verstorben ist.

c) Eine Nachversteuerung von Darlehensrückzahlungen (Abs. 1 Z 3 lit. d) hat zu erfolgen, wenn festgestellt wird, daß die gesetzlichen Voraussetzungen für die Anerkennung als Sonderausgaben nicht erfüllt sind. Eine Nachversteuerung erfolgt nicht, wenn der Steuerpflichtige inzwischen verstorben ist.

3. Eine Nachversteuerung von Ausgaben zur Anschaffung von Genußscheinen und jungen Aktien (Abs. 1 Z 4) hat zu erfolgen, wenn die Genußscheine oder Aktien vor Ablauf von zehn Jahren seit ihrer Hinterlegung aus dem Depot ausscheiden oder entnommen, entgeltlich oder unentgeltlich übertragen oder einem Betriebsvermögen zugeführt werden. Der Umtausch von Aktien gemäß den §§ 67, 179, 226 Abs. 7 und 233 des Aktiengesetzes und gemäß § 1 Abs. 2 des Gesetzes über die Spaltung von Kapitalgesellschaften gilt insoweit nicht als Entnahme aus dem Depot, als nicht bare Zuzahlungen geleistet werden. Eine Kapitalherabsetzung mit Rückzahlung der Einlagen gilt insoweit als Ausscheiden aus dem Depot. Im Falle eines Depotwechsels oder der Drittverwahrung unterbleibt eine Nachversteuerung, wenn das übernehmende Kreditinstitut die Verpflichtungen im Sinne dieser Ziffer übernimmt und das übertragende Kreditinstitut hievon verständigt. Die Verständigung ist von dem übertragenden Kreditinstitut zehn Jahre ab der Anschaffung aufzubewahren. Die Nachversteuerung erfolgt im Falle der Auflösung eines Beteiligungsfonds höchstens in Höhe des ausgeschütteten Liquidationserlöses, im Falle der Kapitalherabsetzung oder der Abwicklung einer Aktiengesellschaft höchstens in Höhe der rückgezahlten Beträge. Die Tatsachen, die zur Nachversteuerung führen, sind im Falle des Ausscheidens oder der Entnahme von Genußscheinen oder Aktien aus dem Depot von dem depotführenden Kreditinstitut, in allen anderen Fällen vom Steuerpflichtigen seinem Finanzamt innerhalb eines Monats ohne amtliche Aufforderung mitzuteilen. Die Nachversteuerung erfolgt nicht, soweit

a) in den Fällen des Übergangs von Todes wegen, der Abgeltung eines Pflichtteilsanspruches, der Abgeltung von Ansprüchen aus Vermächtnissen, der Übertragung auf Miterben zur Teilung des Nachlasses, der Übertragung auf einen Ehegatten bei Aufteilung ehelichen Gebrauchsvermögens und ehelicher Ersparnisse anlässlich der Scheidung, Aufhebung oder Nichtigerklärung der Ehe oder der Übertragung auf einen eingetragenen Partner bei Aufteilung des partnerschaftlichen Gebrauchsvermögens und der partnerschaftlichen Ersparnisse anlässlich der Auflösung oder Nichtigerklärung der eingetragenen Partnerschaft die Genussscheine oder jungen Aktien weiter bei dem Kreditinstitut hinterlegt bleiben. In diesen Fällen treffen den Rechtsnachfolger die dem Steuerpflichtigen obliegenden Verpflichtungen im Sinne der vorstehenden Bestimmungen.

b) innerhalb eines Jahres nach Eintritt der Tatsachen, die zur Nachversteuerung führen, nach Wahl des Steuerpflichtigen
   - in Höhe der dem Sonderausgabenabzug zugrunde gelegten Ausgaben bzw.
   - in den Fällen der Auflösung eines Beteiligungsfonds bzw. der Kapitalherabsetzung oder Abwicklung einer Aktiengesellschaft in Höhe der rückgezahlten Beträge

(BGBl I 2019/104, BGBl I 2020/99)

Genußscheine oder im Wege der Erstanschaffung junge Aktien bei dem depotführenden Kreditinstitut erworben und hinterlegt werden (Ersatzbeschaffung). Das Kreditinstitut hat Anschaffungen, durch die eine Nachversteuerung vermieden werden kann, unter Anwendung des Abs. 1 Z 4 zu bescheinigen. Ausgaben für die Anschaffung solcher Genußscheine oder Aktien können nicht nach Abs. 1 Z 4 abgesetzt werden; in diesen Fällen läuft die Zehnjahresfrist für die Nachversteuerung ab dem Zeitpunkt der Hinterlegung jener Genußscheine oder Aktien, deren Anschaffungskosten als Sonderausgaben abgesetzt wurden.

(5) Die Nachversteuerung der als Sonderausgaben abgesetzten Beträge hat mit einem Steuersatz von 30% für jenes Jahr zu erfolgen, in dem die Voraussetzungen für eine Nachversteuerung eingetreten sind.

(6) Als Sonderausgaben sind auch Verluste abzuziehen, die in einem vorangegangenen Jahr entstanden sind (Verlustabzug). Dies gilt nur,

- wenn die Verluste durch ordnungsmäßige Buchführung oder bei Steuerpflichtigen, die ihren Gewinn gemäß § 4 Abs. 3 ermitteln, durch ordnungsgemäße Einnahmen-Ausgaben-Rechnung, ermittelt worden sind und

– soweit die Verluste nicht bereits bei der Veranlagung für die vorangegangenen Kalenderjahre berücksichtigt wurden.

Die Höhe des Verlustes ist nach den §§ 4 bis 14 zu ermitteln.

(BGBl I 2016/117)

(7) (aufgehoben)

(BGBl I 2016/117)

(8) Für Beiträge gemäß Abs. 1 Z 1a und Z 5 sowie für Zuwendungen gemäß Abs. 1 Z 7 bis 9 gilt Folgendes:

1. Beiträge und Zuwendungen an einen Empfänger, der eine feste örtliche Einrichtung im Inland unterhält, sind nur dann als Sonderausgaben zu berücksichtigen, wenn dem Empfänger Vor- und Zunamen und das Geburtsdatum des Leistenden bekannt gegeben werden und eine Datenübermittlung gemäß Z 2 erfolgt.
2. Empfänger von Beiträgen und Zuwendungen im Sinne der Z 1 sind verpflichtet, den Abgabenbehörden im Wege von FinanzOnline Informationen nach Maßgabe folgender Bestimmungen elektronisch zu übermitteln:
   a) Zu übermitteln sind:
      – das verschlüsselte bereichsspezifische Personenkennzeichen für Steuern und Abgaben (vbPK SA) des Leistenden, wenn dieser dem Empfänger Vor- und Zunamen und sein Geburtsdatum bekannt gegeben hat, und
      – der Gesamtbetrag aller im Kalenderjahr zugewendeten Beträge des Leistenden.

      Die Übermittlung hat zu unterbleiben, wenn der Leistende dem Empfänger die Übermittlung ausdrücklich untersagt hat. In diesem Fall darf bis zum Widerruf für sämtliche Leistungen des betreffenden Kalenderjahres und der Folgejahre keine Übermittlung erfolgen.
   b) Zum Zweck der Datenübermittlung an die Abgabenbehörde sind die Empfänger von Beiträgen und Zuwendungen im Sinne der Z 1 berechtigt, wie Auftraggeber des öffentlichen Bereichs nach § 10 Abs. 2 des EGovernment-Gesetzes die Ausstattung ihrer Datenanwendungen mit der vbPK SA von der Stammzahlenregisterbehörde zu verlangen.

      (BGBl I 2015/163)
   c) Die Übermittlung hat nach Ablauf des Kalenderjahres bis Ende Februar des Folgejahres zu erfolgen.
   d) Der Bundesminister für Finanzen wird ermächtigt, den Inhalt und das Verfahren der elektronischen Übermittlung mit Verordnung festzulegen. In der Verordnung kann vorgesehen werden, dass sich der Empfänger der Zuwendungen einer bestimmten geeigneten öffentlich-rechtlichen oder privatrechtlichen Übermittlungsstelle zu bedienen hat.
3. Für die Berücksichtigung der Beiträge und Zuwendungen als Sonderausgaben gilt:
   a) Die Berücksichtigung kann nur bei jenem Steuerpflichtigen erfolgen, der in der Übermittlung mit der vbPK SA ausgewiesen ist. Abweichend davon ist auf Antrag des Steuerpflichtigen ein Beitrag in Anwendung der Zehnjahresverteilung gemäß Abs. 1 Z 1a nur in Höhe eines Zehntels bzw. in Anwendung des Abs. 3 Z 1 bei einem anderen Steuerpflichtigen zu berücksichtigen. Erfolgt die Antragstellung nach Eintritt der Rechtskraft, gilt die vom Antrag abweichende Berücksichtigung als offensichtliche Unrichtigkeit im Sinne des § 293b der Bundesabgabenordnung.
   b) Der übermittlungspflichtige Empfänger hat auf Veranlassung des Steuerpflichtigen die Übermittlung zu berichtigen oder nachzuholen, wenn sie fehlerhaft oder zu Unrecht unterblieben ist. Unterbleibt diese Berichtigung oder wird die Übermittlung trotz bestehender Verpflichtung dazu nicht nachgeholt, ist abweichend von Z 1 der Betrag an Sonderausgaben zu berücksichtigen, der vom Steuerpflichtigen glaubhaft gemacht wird. Dies gilt auch, wenn eine Zuwendung gemäß Abs. 1 Z 7, Z 8 oder Z 9 aus dem Betriebsvermögen geleistet wurde, soweit sie gemäß § 4a, § 4b oder § 4c nicht als Betriebsausgabe zu berücksichtigen ist.

      (BGBl I 2015/163, BGBl I 2018/62)
4. Kommt der übermittlungspflichtige Empfänger seinen Übermittlungsverpflichtungen im Bezug auf alle Personen, die Beiträge oder Zuwendungen geleistet haben nicht nach, ist er von dem für die Erhebung der Einkommensteuer des Steuerpflichtigen zuständigen Finanzamt aufzufordern, dies unverzüglich nachzuholen. Wird dies unterlassen,
   a) hat das Finanzamt Österreich für einen Empfänger, der in der Liste gemäß § 4a Abs. 7 Z 1 aufscheint, den Bescheid über die Erfüllung der gesetzlichen Voraussetzungen für die Anerkennung als spendenbegünstigte Körperschaft zu widerrufen und die Geltungsdauer der Spendenbegünstigung zu begrenzen oder

      (BGBl I 2015/163, BGBl I 2019/104, BGBl I 2020/99)
   b) kann dem Empfänger, der auf der Liste gemäß § 4a Abs. 7 Z 1 nicht aufscheint, ein Zuschlag zur Körperschaftsteuer in Höhe von 20% der zugewendeten Beträge vorgeschrieben werden.

5. Die auf Grundlage der Z 1 bis 3 vorzunehmenden Datenverarbeitungen erfüllen die Voraussetzungen des Art. 35 Abs. 10 für den Entfall der Datenschutz-Folgeabschätzung nach der Verordnung (EU) Nr. 2016/679 zum Schutz natürlicher Personen bei der Verarbeitung personenbezogener Daten, zum freien Datenverkehr und zur Aufhebung der Richtlinie 95/46/EG (Datenschutz-Grundverordnung), ABl. Nr. L 119 vom 4.5.2016 S. 1.

(BGBl I 2016/117)

(BGBl I 2015/118, BGBl I 2015/160, BGBl I 2017/28)

7. ABSCHNITT

Zeitliche Zuordnung von Einnahmen und Ausgaben

§ 19. (1) Einnahmen sind in jenem Kalenderjahr bezogen, in dem sie dem Steuerpflichtigen zugeflossen sind. Abweichend davon gilt:

1. Regelmäßig wiederkehrende Einnahmen, die dem Steuerpflichtigen kurze Zeit vor Beginn oder kurze Zeit nach Beendigung des Kalenderjahres, zu dem sie wirtschaftlich gehören, zugeflossen sind, gelten als in diesem Kalenderjahr bezogen.
2. In dem Kalenderjahr, für das der Anspruch besteht bzw. für das sie getätigt werden, gelten als zugeflossen:
   – Nachzahlungen von Pensionen, über deren Bezug bescheidmäßig abgesprochen wird, Bezüge gemäß § 25 Abs. 1 Z 1 lit. c, das Rehabilitationsgeld gemäß § 143a ASVG und das Wiedereingliederungsgeld gemäß § 143d ASVG,
   – das versicherungsmäßige Arbeitslosengeld, das Umschulungsgeld gemäß § 39b AlVG und die Notstandshilfe oder an deren Stelle tretende Ersatzleistungen,
   – Nachzahlungen im Insolvenzverfahren sowie
   – Förderungen und Zuschüsse aus öffentlichen Mitteln im Sinne des § 3 Abs. 4, mit Ausnahme der in § 3 Abs. 2 genannten Bezüge.

   (BGBl I 2021/134 ab 1.7.2022, BGBl I 2022/108)
3. Bezüge gemäß § 79 Abs. 2 gelten als im Vorjahr zugeflossen. Die Lohnsteuer ist im Zeitpunkt der tatsächlichen Zahlung einzubehalten. Für das abgelaufene Kalenderjahr ist ein Lohnzettel gemäß § 84 an das Finanzamt zu übermitteln.

(2) Ausgaben sind für das Kalenderjahr abzusetzen, in dem sie geleistet worden sind. Für regelmäßig wiederkehrende Ausgaben gilt Abs. 1 zweiter Satz. Rückzahlungen von Einnahmen gemäß Abs. 1 Z 2 erster und zweiter Teilstrich gelten in dem Kalenderjahr als abgeflossen, für das der Anspruch bestand bzw. für das sie getätigt wurden. Die Vorschriften über die Gewinnermittlung bleiben unberührt.

(BGBl I 2022/108)

(3) Vorauszahlungen von Beratungs-, Bürgschafts-, Fremdmittel-, Garantie-, Miet-, Treuhand-, Vermittlungs-, Vertriebs- und Verwaltungskosten müssen gleichmäßig auf den Zeitraum der Vorauszahlung verteilt werden, außer sie betreffen lediglich das laufende und das folgende Jahr.

8. ABSCHNITT

Nichtabzugsfähige Aufwendungen und Ausgaben

§ 20. (1) Bei den einzelnen Einkünften dürfen nicht abgezogen werden:

1. Die für den Haushalt des Steuerpflichtigen und für den Unterhalt seiner Familienangehörigen aufgewendeten Beträge.
2. a) Aufwendungen oder Ausgaben für die Lebensführung, selbst wenn sie die wirtschaftliche oder gesellschaftliche Stellung des Steuerpflichtigen mit sich bringt und sie zur Förderung des Berufes oder der Tätigkeit des Steuerpflichtigen erfolgen.
   b) Betrieblich oder beruflich veranlaßte Aufwendungen oder Ausgaben, die auch die Lebensführung des Steuerpflichtigen berühren, und zwar insoweit, als sie nach allgemeiner Verkehrsauffassung unangemessen hoch sind. Dies gilt für Aufwendungen im Zusammenhang mit Personen- und Kombinationskraftwagen, Personenluftfahrzeugen, Sport- und Luxusbooten, Jagden, geknüpften Teppichen, Tapisserien und Antiquitäten.
   c) Reisekosten, soweit sie nach § 4 Abs. 5 und § 16 Abs. 1 Z 9 nicht abzugsfähig sind.
   d) Aufwendungen oder Ausgaben für ein im Wohnungsverband gelegenes Arbeitszimmer und dessen Einrichtung sowie für Einrichtungsgegenstände der Wohnung. Bildet ein im Wohnungsverband gelegenes Arbeitszimmer den Mittelpunkt der gesamten betrieblichen und beruflichen Tätigkeit des Steuerpflichtigen, sind die darauf entfallenden Aufwendungen und Ausgaben einschließlich der Kosten seiner Einrichtung abzugsfähig.
   e) Kosten der Fahrten zwischen Wohnsitz am Arbeits-(Tätigkeits-)ort und Familienwohnsitz (Familienheimfahrten), soweit sie den auf die Dauer der auswärtigen (Berufs)Tätigkeit bezogenen höchsten in § 16 Abs. 1 Z 6 lit. d angeführten Betrag übersteigen.
3. Repräsentationsaufwendungen oder Repräsentationsausgaben. Darunter fallen auch Aufwendungen oder Ausgaben anläßlich der Bewirtung von Geschäftsfreunden. Weist der

Steuerpflichtige nach, daß die Bewirtung der Werbung dient und die betriebliche oder berufliche Veranlassung weitaus überwiegt, können derartige Aufwendungen oder Ausgaben zur Hälfte abgezogen werden. Für Steuerpflichtige, die Ausfuhrumsätze tätigen, kann der Bundesminister für Finanzen mit Verordnung Durchschnittssätze für abzugsfähige Repräsentationsaufwendungen oder Repräsentationsausgaben nach den jeweiligen Erfahrungen der Praxis festsetzen, soweit für die Ausfuhrumsätze das inländische Besteuerungsrecht auf dem Gebiet der Einkommensteuer nicht eingeschränkt ist. Als Ausfuhrumsätze gelten Leistungen an ausländische Abnehmer (§ 7 Abs. 2 des Umsatzsteuergesetzes 1994), wenn es sich überdies um Umsätze im Sinne des § 6 Abs. 1 Z 1 des Umsatzsteuergesetzes 1994, innergemeinschaftliche Lieferungen und sonstige Leistungen im Sinne des Artikels 7 des Umsatzsteuergesetzes 1994 oder um Leistungen im Ausland handelt.

4. Freiwillige Zuwendungen und Zuwendungen an gesetzlich unterhaltsberechtigte Personen, auch wenn die Zuwendungen auf einer verpflichtenden Vereinbarung beruhen. Derartige Zuwendungen liegen auch vor,
   - wenn die Gegenleistung für die Übertragung von Wirtschaftsgütern weniger als die Hälfte ihres gemeinen Wertes beträgt oder
   - soweit für die Übertragung von Wirtschaftsgütern unangemessen hohe Gegenleistungen gewährt werden und

   wenn es sich in den vorgenannten Fällen nicht um die Übertragung von Betrieben, Teilbetrieben oder Mitunternehmeranteilen handelt, aus Anlaß deren Übertragung eine Rente oder dauernde Last als unangemessene Gegenleistung vereinbart wird. Werden bei Übertragungen im Sinne des vorstehenden Satzes derart unangemessen hohe Renten oder dauernde Lasten vereinbart, daß der Zusammenhang zwischen Übertragung und Vereinbarung der Rente oder dauernden Last wirtschaftlich bedeutungslos ist, ist der erste Satz anzuwenden.

5. a) Geld- und Sachzuwendungen, deren Gewährung oder Annahme mit gerichtlicher Strafe bedroht ist.
   b) Strafen und Geldbußen, die von Gerichten, Verwaltungsbehörden oder den Organen der Europäischen Union verhängt werden.
   c) Verbandsgeldbußen nach dem Verbandsverantwortlichkeitsgesetz.
   d) Abgabenerhöhungen nach dem Finanzstrafgesetz.
   e) Leistungen aus Anlass eines Rücktrittes von der Verfolgung nach der Strafprozessordnung oder dem Verbandsverantwortlichkeitsgesetz (Diversion).

6. Steuern vom Einkommen und sonstige Personensteuern, aus Anlass einer unentgeltlichen Grundstücksübertragung anfallende Grunderwerbsteuer, Eintragungsgebühren und andere Nebenkosten; weiters die auf Umsätze gemäß § 3 Abs. 2 und § 3a Abs. 1a UStG 1994 entfallende Umsatzsteuer, soweit eine Entnahme im Sinne des § 4 Abs. 1 vorliegt, sowie die auf den Eigenverbrauch gemäß § 1 Abs. 1 Z 2 lit. a UStG 1994 entfallende Umsatzsteuer. Abzugsfähig ist die Umsatzsteuer auf den Eigenverbrauch von gemischt genutzten Grundstücken, soweit für den nicht unternehmerisch genutzten Teil eine Vorsteuer geltend gemacht werden konnte und diese als Einnahme angesetzt worden ist.

7. Aufwendungen oder Ausgaben für das Entgelt für Arbeits- oder Werkleistungen, soweit es den Betrag von 500 000 Euro pro Person und Wirtschaftsjahr übersteigt. Entgelt ist die Summe aller Geld- und Sachleistungen, ausgenommen Abfertigungen im Sinne des § 67 Abs. 3, Entgelte, die sonstige Bezüge nach § 67 Abs. 6 darstellen und Aufwandsersätze, die an einen aktiven oder ehemaligen Dienstnehmer oder an eine vergleichbar organisatorisch eingegliederte Person geleistet werden. Dabei gilt:
   a) Bei der Überlassung einer Person durch Dritte zur Erbringung von Arbeits- oder Werkleistungen gilt die Vergütung für die Überlassung als Entgelt. Das vom Überlasser an die überlassene Person geleistete Entgelt unterliegt hingegen nicht dem Abzugsverbot.
   b) Der Betrag von 500 000 Euro pro Person ist nach der tatsächlichen Aufwandstragung zu aliquotieren, wenn Arbeits- oder Werkleistungen
      - über einen Zeitraum von weniger als zwölf Monate oder
      - für mehrere verbundene Betriebe oder Personengesellschaften erbracht werden.
   c) Abfindungen von Pensionsansprüchen unterliegen dem Abzugsverbot, wenn der abgefundene jährliche Pensionsanspruch 500 000 Euro übersteigt. Der nicht abzugsfähige Betrag ergibt sich aus dem Verhältnis des nicht abzugsfähigen Pensionsbestandteiles zur gesamten Pension.

„8. Aufwendungen oder Ausgaben für Entgelte im Sinne des § 67 Abs. 6, soweit sie die Grenzen des § 67 Abs. 6 Z 1 bis 3 übersteigen. Davon ausgenommen sind Entgelte, die bei oder nach Beendigung des Dienstverhältnisses im Rahmen von Sozialplänen als Folge von Betriebsänderungen im Sinne des § 109 Abs. 1 Z 1 bis 6 des Arbeitsverfassungsgesetzes oder vergleichbarer gesetzlicher Bestimmungen anfallen.“

(BGBl I 2022/56, BGBl I 2022/194 ab 1.1.2023)

9. Aufwendungen oder Ausgaben für Entgelte, die für die Erbringung von beauftragten Bauleistungen im Sinne des § 82a bar gezahlt werden und für die jeweilige Leistung den Betrag von 500 Euro übersteigen.

(BGBl I 2015/118)

(2) Weiters dürfen bei der Ermittlung der Einkünfte Aufwendungen und Ausgaben nicht abgezogen werden, soweit sie in unmittelbarem wirtschaftlichen Zusammenhang stehen mit

1. nicht steuerpflichtigen Einnahmen,
2. Einkünften im Sinne des § 27 Abs. 2 bis 4, auf die ein besonderer Steuersatz gemäß § 27a Abs. 1 anwendbar ist,
3. a) Einkünften im Sinne des § 27 Abs. 4a, auf die der besondere Steuersatz gemäß § 27a Abs. 1 Z 2 angewendet wird oder
   b) Einkünften, auf die der besondere Steuersatz gemäß § 30a Abs. 1 angewendet wird.

(BGBl I 2015/118 BGBl I 2022/10)

(3) Aufwendungen und Ausgaben im Sinne des Abs. 1 Z 4 können nicht als Sonderausgaben (§ 18), Aufwendungen und Ausgaben im Sinne des Abs. 1 Z 5 können weder als Sonderausgaben noch als außergewöhnliche Belastung (§ 34) abgezogen werden. Im übrigen können die bei den einzelnen Einkünften nichtabzugsfähigen Aufwendungen und Ausgaben bei Zutreffen der gesetzlichen Voraussetzungen als Sonderausgaben oder außergewöhnliche Belastungen abgezogen werden.

9. ABSCHNITT
Die einzelnen Einkunftsarten

Land- und Forstwirtschaft (§ 2 Abs. 3 Z 1)

§ 21. (1) Einkünfte aus Land- und Forstwirtschaft sind:

1. Einkünfte aus dem Betrieb von Landwirtschaft, Forstwirtschaft, Weinbau, Gartenbau, Obstbau, Gemüsebau und aus allen Betrieben, die Pflanzen und Pflanzenteile mit Hilfe der Naturkräfte gewinnen. Werden Einkünfte auch aus zugekauften Erzeugnissen erzielt, dann gilt für die Abgrenzung zum Gewerbebetrieb § 30 Abs. 9 bis 11 des Bewertungsgesetzes 1955.
2. Einkünfte aus Tierzucht- und Tierhaltungsbetrieben im Sinne des § 30 Abs. 3 bis 7 des Bewertungsgesetzes 1955.
3. Einkünfte aus Binnenfischerei, Fischzucht und Teichwirtschaft sowie aus Bienenzucht.
4. Einkünfte aus Jagd, wenn diese mit dem Betrieb einer Landwirtschaft oder einer Forstwirtschaft im Zusammenhang steht.
5. Einkünfte aus übrigem land- und forstwirtschaftlichem Vermögen im Sinne des § 50 des Bewertungsgesetzes 1955.

(BGBl I 2019/103)

(2) Zu den Einkünften im Sinne des Abs. 1 gehören auch:

1. Einkünfte aus einem land- und forstwirtschaftlichen Nebenbetrieb. Als Nebenbetrieb gilt ein Betrieb, der dem land- und forstwirtschaftlichen Hauptbetrieb zu dienen bestimmt ist.
2. Gewinnanteile der Gesellschafter von Gesellschaften, bei denen die Gesellschafter als Mitunternehmer anzusehen sind, sowie die Vergütungen, die die Gesellschafter von der Gesellschaft für ihre Tätigkeit im Dienste der Gesellschaft oder für die Hingabe von Darlehen oder für die Überlassung von Wirtschaftsgütern bezogen haben. Voraussetzung ist jedoch, daß die Tätigkeit der Gesellschaft ausschließlich als land- und forstwirtschaftliche Tätigkeit anzusehen ist.
3. Veräußerungsgewinne im Sinne des § 24.

Selbständige Arbeit (§ 2 Abs. 3 Z 2)

§ 22. Einkünfte aus selbständiger Arbeit sind:

1. Einkünfte aus freiberuflicher Tätigkeit. Zu diesen Einkünften gehören nur
   a) Einkünfte aus einer wissenschaftlichen, künstlerischen, schriftstellerischen, unterrichtenden oder erzieherischen Tätigkeit. Dazu zählen auch Einkünfte aus Stipendien für eine der genannten Tätigkeiten, wenn diese wirtschaftlich einen Einkommensersatz darstellen und keine Einkünfte aus nichtselbständiger Arbeit sind. Stipendien stellen keinen wirtschaftlichen Einkommensersatz dar, soweit sie jährlich insgesamt nicht höher sind als die Studienbeihilfe nach Selbsterhalt gemäß § 31 Abs. 4 des Studienförderungsgesetzes 1992. Die Befreiung gemäß § 3 Abs. 1 Z 3 lit. e bleibt davon unberührt.

   (BGBl I 2016/117, BGBl I 2022/108)

   b) Einkünfte aus der Berufstätigkeit der
      – staatlich befugten und beeideten Ziviltechniker oder aus einer unmittelbar ähnlichen Tätigkeit sowie aus der Berufstätigkeit der
      – Ärzte, Tierärzte und Dentisten,
      – Rechtsanwälte, Patentanwälte, Notare, Steuerberater und Wirtschaftsprüfer,
      – Unternehmensberater, Versicherungsmathematiker, Schiedsrichter im Schiedsgerichtsverfahren,
      – Bildberichterstatter und Journalisten,
      – Dolmetscher und Übersetzer.

   Zu den Einkünften aus freiberuflicher Tätigkeit zählen auch die Entgelte der Ärzte für die Behandlung von Pfleglingen der Sonderklasse (einschließlich ambulatorischer Behandlung), soweit diese Entgelte nicht von einer Krankenanstalt im eigenen Namen vereinnahmt werden, sowie Einkünfte als Notarzt oder Vertretungsarzt gemäß § 2 Abs. 2a Z 2 oder Z 3 Freiberuflichen-Sozialversicherungsgesetz – FSVG, BGBl. Nr. 624/1978.

(BGBl I 2019/103, BGBl I 2022/108)

c) Einkünfte aus
   - der therapeutischen psychologischen Tätigkeit von Personen, die die geistes- oder naturwissenschaftlichen Universitätsstudien mit dem Hauptfach Psychologie abgeschlossen haben
   - der Tätigkeit als Hebamme
   - der Tätigkeit im medizinischen Dienst im Sinne des § 52 Abs. 4 des Bundesgesetzes BGBl. Nr. 102/1961

Eine freiberufliche Tätigkeit liegt auch dann vor, wenn ein Angehöriger eines freien Berufes in seinem Beruf
- im Rahmen von Veranstaltungen tätig wird, denen die für das Vorliegen einer freiberuflichen Tätigkeit erforderlichen Eigenschaften fehlen
- sich der Mithilfe fachlich vorgebildeter Arbeitskräfte bedient. Abgesehen vom Fall einer vorübergehenden Verhinderung muß er selbst auf Grund eigener Fachkenntnisse leitend und eigenverantwortlich tätig werden.

2. Einkünfte aus sonstiger selbständiger Arbeit. Darunter fallen nur:
   - Einkünfte aus einer vermögensverwaltenden Tätigkeit (zB für die Tätigkeit als Hausverwalter oder als Aufsichtsratsmitglied).
   - Die Gehälter und sonstigen Vergütungen jeder Art, die von einer Kapitalgesellschaft an wesentlich Beteiligte für ihre sonst alle Merkmale eines Dienstverhältnisses (§ 47 Abs. 2) aufweisende Beschäftigung gewährt werden. Eine Person ist dann wesentlich beteiligt, wenn ihr Anteil am Grund- oder Stammkapital der Gesellschaft mehr als 25% beträgt. Die Beteiligung durch Vermittlung eines Treuhänders oder einer Gesellschaft steht einer unmittelbaren Beteiligung gleich. Einkünfte aus sonstiger selbständiger Arbeit sind auch die Gehälter und sonstigen Vergütungen jeder Art, die für eine ehemalige Tätigkeit einer Person gewährt werden, die in einem Zeitraum von zehn Jahren vor Beendigung ihrer Tätigkeit durch mehr als die Hälfte des Zeitraumes ihrer Tätigkeit wesentlich beteiligt war. Einkünfte aus sonstiger selbständiger Arbeit sind weiters Zuwendungen von betriebliche Privatstiftungen im Sinne des § 4d, soweit sie als Bezüge und Vorteile aus einer bestehenden oder früheren Beschäftigung (Tätigkeit) anzusehen sind.

   Der Bundesminister für Finanzen wird ermächtigt, die Höhe des geldwerten Vorteils aus der privaten Nutzung eines zur Verfügung gestellten Kraftfahrzeuges, Kraftrades oder Fahrrades mit Verordnung festzulegen sowie in der Verordnung im Interesse ökologischer Zielsetzungen Ermäßigungen und Befreiungen vorzusehen.

   (BGBl I 2016/117, BGBl I 2017/105, BGBl I 2022/108)

3. Gewinnanteile der Gesellschafter von Gesellschaften, bei denen die Gesellschafter als Mitunternehmer anzusehen sind, sowie die Vergütungen, die die Gesellschafter von der Gesellschaft für ihre Tätigkeit im Dienste der Gesellschaft oder für die Hingabe von Darlehen oder für die Überlassung von Wirtschaftsgütern bezogen haben. Voraussetzung ist jedoch, daß
   - die Tätigkeit der Gesellschaft ausschließlich als selbständige Arbeit anzusehen ist und
   - jeder einzelne Gesellschafter im Rahmen der Gesellschaft selbständig im Sinne der Z 1 oder 2 tätig wird. Dies ist aber nicht erforderlich, wenn berufsrechtliche Vorschriften Gesellschaften mit berufsfremden Personen ausdrücklich zulassen.
4. Bezüge und Vorteile aus Versorgungs- und Unterstützungseinrichtungen der Kammern der selbständig Erwerbstätigen, soweit sie nicht unter § 25 fallen.
5. Veräußerungsgewinne im Sinne des § 24.

Gewerbebetrieb (§ 2 Abs. 3 Z 3)

§ 23. Einkünfte aus Gewerbebetrieb sind:

1. Einkünfte aus einer selbständigen, nachhaltigen Betätigung, die mit Gewinnabsicht unternommen wird und sich als Beteiligung am allgemeinen wirtschaftlichen Verkehr darstellt, wenn die Betätigung weder als Ausübung der Land- und Forstwirtschaft noch als selbständige Arbeit anzusehen ist.
2. Gewinnanteile der Gesellschafter von Gesellschaften, bei denen die Gesellschafter als Mitunternehmer anzusehen sind (wie insbesondere offene Gesellschaften und Kommanditgesellschaften), sowie die Vergütungen, die die Gesellschafter von der Gesellschaft für ihre Tätigkeit im Dienste der Gesellschaft, für die Hingabe von Darlehen oder für die Überlassung von Wirtschaftsgütern bezogen haben.
3. Veräußerungsgewinne im Sinne des § 24.

Verluste bei kapitalistischen Mitunternehmern mit beschränkter Haftung

§ 23a. (1) Bei natürlichen Personen sind Verluste eines kapitalistischen Mitunternehmers (Abs. 2) insoweit nicht ausgleichsfähig oder nach § 18 Abs. 6 vortragsfähig (Wartetastenverluste), als dadurch ein negatives steuerliches Kapitalkonto entsteht oder sich erhöht. Dies gilt nicht, soweit die Verluste aus einem Überhang von Sonderbetriebsausgaben entstehen.

(BGBl I 2018/62)

(2) Ein Gesellschafter ist als kapitalistischer Mitunternehmer anzusehen, wenn er Dritten gegenüber nicht oder eingeschränkt haftet und keine ausgeprägte Mitunternehmerinitiative entfaltet.

(3) Für das steuerliche Kapitalkonto nicht zu berücksichtigen sind

1. Wirtschaftsgüter, die einem Mitunternehmer oder mehreren Mitunternehmern anteilig zuzurechnen sind und der Mitunternehmerschaft zur Einkünfteerzielung überlassen werden (Sonderbetriebsvermögen) sowie damit in Zusammenhang stehende Aufwendungen und Erträge,
2. sonstige Vergütungen iSd § 23 Z 2 (Sonderbetriebseinnahmen) und Sonderbetriebsausgaben,

jeweils einschließlich deren Entnahme oder Einlage.

(4) Wartetastenverluste

1. sind zu verrechnen mit Gewinnen späterer Wirtschaftsjahre (einschließlich Übergangs- und Veräußerungsgewinnen) oder
2. werden zu ausgleichs- und abzugsfähigen Verlusten in Höhe der in einem späteren Wirtschaftsjahr geleisteten Einlagen, soweit sie die Entnahmen übersteigen. Dabei sind Entnahmen und Einlagen im Sinne des Abs. 3 nicht zu berücksichtigen. Wird der kapitalistische Mitunternehmer zur Haftung herangezogen, gilt dies steuerlich als Einlage.

Wird der kapitalistische Mitunternehmer zu einem unbeschränkten haftenden Gesellschafter gemäß § 128 des Unternehmensgesetzbuches, werden sämtliche Wartetastenverluste ab diesem Veranlagungsjahr zu ausgleichs- und vortragsfähigen Verlusten.

(5) Die Abs. 1 bis 4 gelten bei der Gewinnermittlung nach § 4 Abs. 3 entsprechend.

(6) In der Einkünftefeststellungserklärung (§ 188 BAO) ist für jeden kapitalistischen Mitunternehmer die Entwicklung des steuerlichen Kapitalkontos und der Wartetastenverluste für das betreffende Wirtschaftsjahr darzustellen. Bei Einkünften aus ausländischen Mitunternehmerschaften hat eine entsprechende Darstellung in einer Beilage zur Einkommensteuererklärung des Beteiligten zu erfolgen.

(BGBl I 2015/118)

Veräußerungsgewinne

§ 24. (1) Veräußerungsgewinne sind Gewinne, die erzielt werden bei

1. der Veräußerung
   – des ganzen Betriebes
   – eines Teilbetriebes
   – eines Anteiles eines Gesellschafters, der als Unternehmer (Mitunternehmer) des Betriebes anzusehen ist
2. der Aufgabe des Betriebes (Teilbetriebes).

(2) Veräußerungsgewinn im Sinne des Abs. 1 ist der Betrag, um den der Veräußerungserlös nach Abzug der Veräußerungskosten den Wert des Betriebsvermögens oder den Wert des Anteils am Betriebsvermögen übersteigt. Dieser Gewinn ist für den Zeitpunkt der Veräußerung oder der Aufgabe nach § 4 Abs. 1 oder § 5 zu ermitteln. Im Falle des Ausscheidens eines Gesellschafters, der als Unternehmer (Mitunternehmer) des Betriebes anzusehen ist, ist als Veräußerungsgewinn jedenfalls der Betrag seines negativen Kapitalkontos zu erfassen, den er nicht auffüllen muß.

(3) Werden die einzelnen dem Betrieb gewidmeten Wirtschaftsgüter im Rahmen der Aufgabe des Betriebes veräußert, so sind die Veräußerungserlöse anzusetzen. Werden die Wirtschaftsgüter nicht veräußert, so ist der gemeine Wert im Zeitpunkt ihrer Überführung ins Privatvermögen anzusetzen. Für Grund und Boden ist § 6 Z 4 anzuwenden. Bei Aufgabe eines Betriebes, an dem mehrere Personen beteiligt waren, ist für jeden einzelnen Beteiligten der gemeine Wert jener Wirtschaftsgüter anzusetzen, die er bei der Auseinandersetzung erhalten hat.

(4) Der Veräußerungsgewinn ist nur insoweit steuerpflichtig, als er bei der Veräußerung (Aufgabe) des ganzen Betriebes den Betrag von 7 300 Euro und bei der Veräußerung (Aufgabe) eines Teilbetriebes oder eines Anteiles am Betriebsvermögen den entsprechenden Teil von 7 300 Euro übersteigt. Der Freibetrag steht nicht zu,

– wenn von der Progressionsermäßigung nach § 37 Abs. 2 oder Abs. 3 Gebrauch gemacht wird,
– wenn die Veräußerung unter § 37 Abs. 5 fällt oder
– wenn die Progressionsermäßigung nach § 37 Abs. 7 ausgeschlossen ist.

(5) Die Einkommensteuer vom Veräußerungsgewinn wird im Ausmaß der sonst entstehenden Doppelbelastung der stillen Reserven auf Antrag ermäßigt oder erlassen, wenn der Steuerpflichtige den Betrieb oder Teilbetrieb oder den Anteil am Betriebsvermögen innerhalb der letzten drei Jahre vor der Veräußerung (Aufgabe) erworben und infolge des Erwerbes Erbschafts- oder Schenkungssteuer, Grunderwerbsteuer oder Stiftungseingangssteuer entrichtet hat.

(6) Wird der Betrieb aufgegeben und werden aus diesem Anlass Gebäudeteile (Gebäude) ins Privatvermögen übernommen, so unterbleibt auf Antrag die Erfassung der darauf entfallenden stillen Reserven. Voraussetzung ist, dass das Gebäude bis zur Aufgabe des Betriebes der Hauptwohnsitz des Steuerpflichtigen gewesen ist, auf das Gebäude keine stillen Reserven übertragen worden sind und einer der folgenden Fälle vorliegt:

1. Der Steuerpflichtige ist gestorben und es wird dadurch eine Betriebsaufgabe veranlasst.
2. Der Steuerpflichtige ist wegen körperlicher oder geistiger Behinderung in einem Ausmaß erwerbsunfähig, dass er nicht in der Lage ist, seinen Betrieb fortzuführen oder die mit seiner Stellung als Mitunternehmer verbundenen Aufgaben oder Verpflichtungen zu erfüllen. Das Vorliegen dieser Voraussetzung ist auf Grundlage eines vom Steuerpflichtigen beizubringenden medizinischen Gutachtens eines allgemein beeideten und gerichtlich zertifizierten Sachverständigen zu beurteilen, es sei denn, es liegt eine medizinische Beurteilung durch den für den Steuerpflichtigen zuständigen Sozialversicherungsträger vor.
3. Der Steuerpflichtige hat das 60. Lebensjahr vollendet und stellt seine Erwerbstätigkeit ein. Eine Erwerbstätigkeit liegt nicht vor, wenn der Gesamtumsatz aus den ausgeübten Tätigkeiten 22.000 Euro und die gesamten Einkünfte aus den ausgeübten Tätigkeiten 730 Euro im Kalenderjahr nicht übersteigen.

Wird das Gebäude (der Gebäudeteil) nach Betriebsaufgabe durch den Steuerpflichtigen oder einen unentgeltlichen Rechtsnachfolger zur Erzielung von Einkünften verwendet, ist sein steuerlicher Wertansatz um die unversteuerten stillen Reserven zu kürzen. Wird das Gebäude (der Gebäudeteil) innerhalb von fünf Jahren nach Aufgabe des Betriebes durch den Steuerpflichtigen oder einen unentgeltlichen Rechtsnachfolger veräußert, gilt die Veräußerung als rückwirkendes Ereignis im Sinne des § 295a der Bundesabgabenordnung, das beim Steuerpflichtigen zur Erfassung der stillen Reserven höchstens im Umfang der Bemessungsgrundlage bei Betriebsaufgabe führt. Die zu erfassenden stillen Reserven sind als Aufgabegewinn zu versteuern. Wurde das Gebäude (der Gebäudeteil) vor der Veräußerung bereits zur Erzielung von Einkünften verwendet, ist der steuerliche Wertansatz um die versteuerten stillen Reserven wieder zu erhöhen.

(7) Ein Veräußerungsgewinn ist nicht zu ermitteln, soweit das Umgründungssteuergesetz eine Buchwertfortführung vorsieht. Fällt die gesellschaftsvertragliche Übertragung von (Teil) Betrieben oder Mitunternehmeranteilen nicht unter Art. IV oder Art. V des Umgründungssteuergesetzes, ist der Veräußerungsgewinn auf den nach dem Umgründungssteuergesetz maßgeblichen Stichtag zu beziehen.

Nichtselbständige Arbeit (§ 2 Abs. 3 Z 4)

§ 25. (1) Einkünfte aus nichtselbständiger Arbeit (Arbeitslohn) sind:

1. a) Bezüge und Vorteile aus einem bestehenden oder früheren Dienstverhältnis. Dazu zählen auch Pensionszusagen, wenn sie ganz oder teilweise anstelle des bisher gezahlten Arbeitslohns oder der Lohnerhöhungen, auf die jeweils ein Anspruch besteht, gewährt werden, ausgenommen eine lohngestaltende Vorschrift im Sinne des § 68 Abs. 5 Z 1 bis 6 sieht dies vor.
   b) Bezüge und Vorteile von Personen, die an Kapitalgesellschaften nicht wesentlich im Sinne des § 22 Z 2 beteiligt sind, auch dann, wenn bei einer sonst alle Merkmale eines Dienstverhältnisses (§ 47 Abs. 2) aufweisenden Beschäftigung die Verpflichtung, den Weisungen eines anderen zu folgen, auf Grund gesellschaftsvertraglicher Sonderbestimmung fehlt.
   c) Bezüge aus einer gesetzlichen Kranken- oder Unfallversorgung.
   d) Bezüge aus einer ausländischen gesetzlichen Kranken- oder Unfallversorgung, die einer inländischen Kranken- oder Unfallversorgung entspricht.
   e) Bezüge aus einer Kranken- oder Unfallversorgung der Versorgungs- und Unterstützungseinrichtungen der Kammern der selbständig Erwerbstätigen.

   Bezüge gemäß lit. c bis e, ausgenommen solche aus einer Unfallversorgung, sind nur dann Einkünfte aus nichtselbständiger Arbeit, wenn sie auf Grund eines bestehenden oder früheren Dienstverhältnisses zufließen. In allen anderen Fällen sind diese Bezüge nach § 32 Z 1 zu erfassen.
2. a) Bezüge und Vorteile aus inländischen Pensionskassen und aus betrieblichen Kollektivversicherungen im Sinne des § 93 des VAG 2016. Jene Teile der Bezüge und Vorteile, die auf die
      aa) vom Arbeitnehmer,
      bb) vom wesentlich Beteiligten im Sinne des § 22 Z 2 und
      cc) von einer natürlichen Person als Arbeitgeber für sich selbst

      eingezahlten Beträge entfallen, sind nur mit 25% zu erfassen. Soweit für die Beiträge eine Prämie nach § 108a oder vor einer Verfügung im Sinne des § 108i Abs. 1 Z 3 eine Prämie nach § 108g in Anspruch genommen worden ist oder es sich um Bezüge handelt, die auf Grund einer Überweisung einer BV-Kasse (§ 17 BMSVG oder gleichartige österreichische Rechtsvorschriften) geleistet werden, sind die auf diese Beiträge entfallenden Bezüge und Vorteile steuerfrei. Der Bundesminister für Finanzen wird ermächtigt, ein pauschales Ausscheiden der steuerfreien Bezüge und Vorteile mit Verordnung festzulegen.

      (BGBl I 2015/34)
   b) Bezüge und Vorteile aus ausländischen Pensionskassen (einschließlich aus ausländischen Einrichtungen im Sinne des § 5 Z 4 des Pensionskassengesetzes). Z 2 lit. a zweiter Satz ist für Bezüge und

Vorteile aus ausländischen Pensionskassen (einschließlich aus ausländischen Einrichtungen im Sinne des § 5 Z 4 des Pensionskassengesetzes) insoweit anzuwenden, als die Beitragsleistungen an derartige ausländische Pensionskassen (einschließlich an Einrichtungen im Sinne des § 5 Z 4 des Pensionskassengesetzes) die in- oder ausländischen Einkünfte nicht vermindert haben. Dies gilt sinngemäß, wenn die Beitragsleistungen das Einkommen im Ausland nicht vermindert haben.

c) Zuwendungen von betriebliche Privatstiftungen im Sinne des § 4d, soweit sie als Bezüge und Vorteile aus einem bestehenden oder früheren Dienstverhältnis anzusehen sind, sowie Bezüge und Vorteile aus Unterstützungskassen.

(BGBl I 2017/105)

d) Bezüge und Vorteile aus Betriebliche Vorsorgekassen (BV-Kassen) einschließlich der Bezüge und Vorteile im Rahmen der Selbständigenvorsorge nach dem 4. und 5. Teil des BMSVG.

e) Insolvenz-Entgelt, das durch den Insolvenz-Entgelt-Fonds ausgezahlt wird.

3. a) Pensionen aus der gesetzlichen Sozialversicherung. Besondere Steigerungsbeträge aus der Höherversicherung in der Pensionsversicherung bzw. Höherversicherungspensionen sind nur mit 25% zu erfassen; soweit besondere Steigerungsbeträge aus der Höherversicherung in der Pensionsversicherung auf Beiträgen beruhen, die im Zeitpunkt der Leistung als Pflichtbeiträge abzugsfähig waren, sind sie zur Gänze zu erfassen. Soweit für Pensionsbeiträge eine Prämie nach § 108a in Anspruch genommen worden ist, sind die auf diese Beiträge entfallenden Pensionen steuerfrei.

b) Gleichartige Bezüge aus Versorgungs- und Unterstützungseinrichtungen der Kammern der selbständig Erwerbstätigen. Soweit diese Bezüge auf Ansprüche entfallen, die von einer Pensionskasse an eine Versorgungs- und Unterstützungseinrichtung übertragen wurden, gilt Z 2 lit. a entsprechend.

c) Pensionen aus einer ausländischen gesetzlichen Sozialversicherung, die einer inländischen gesetzlichen Sozialversicherung entspricht.

d) Rückzahlungen von Pflichtbeiträgen, sofern diese ganz oder teilweise auf Grund des Vorliegens von Einkünften im Sinne der Z 1 einbehalten oder zurückgezahlt wurden.

e) Rückzahlungen von Beiträgen für freiwillige Weiterversicherungen einschließlich des Nachkaufs von Versicherungszeiten in der gesetzlichen Pensionsversicherung und vergleichbarer Beiträge an Versorgungs- und Unterstützungseinrichtungen der Kammern der selbständig Erwerbstätigen. Einkünfte aus nichtselbständiger Arbeit liegen nur insoweit vor, als die Beiträge als Sonderausgaben gemäß § 18 das Einkommen vermindert haben.

f) Ausgleichs- oder Ergänzungszulagen, die aufgrund sozialversicherungs- oder pensionsrechtlicher Vorschriften gewährt werden.

(BGBl I 2019/103)

4. a) Bezüge, Auslagenersätze und Ruhe-(Versorgungs)Bezüge im Sinne des Bezügegesetzes und des Verfassungsgerichtshofgesetzes.

b) Bezüge, Auslagenersätze und Ruhe-(Versorgungs)Bezüge, die Mitglieder einer Landesregierung (des Wiener Stadtsenates), Bezirksvorsteher (Stellvertreter) der Stadt Wien, Mitglieder eines Landtages sowie deren Hinterbliebene auf Grund gesetzlicher Regelung erhalten, weiters Bezüge, Auslagenersätze und Ruhe-(Versorgungs)Bezüge, die Bürgermeister, Vizebürgermeister (Bürgermeister-Stellvertreter), Stadträte und Mitglieder einer Stadt-, Gemeinde- oder Ortsvertretung sowie deren Hinterbliebene auf Grund gesetzlicher Regelung erhalten.

c) Bezüge von öffentlich-rechtlich Bediensteten (Beamten) des Bundes aus Nebentätigkeiten im Sinne des § 37 des Beamten-Dienstrechtsgesetzes 1979 und vertraglich Bediensteten des Bundes aus vergleichbaren Tätigkeiten sowie öffentlich Bediensteten anderer Gebietskörperschaften auf Grund vergleichbarer gesetzlicher Regelungen.

5. Bezüge, Auslagenersätze und Ruhe-(Versorgungs)Bezüge von Vortragenden, Lehrenden und Unterrichtenden, die diese Tätigkeit im Rahmen eines von der Bildungseinrichtung vorgegebenen Studien-, Lehr- oder Stundenplanes ausüben, und zwar auch dann, wenn mehrere Wochen- oder Monatsstunden zu Blockveranstaltungen zusammengefasst werden.

(2) Bei den Einkünften im Sinne des Abs. 1 ist es unmaßgeblich, ob es sich um einmalige oder laufende Einnahmen handelt, ob ein Rechtsanspruch auf sie besteht und ob sie dem zunächst Bezugsberechtigten oder seinem Rechtsnachfolger zufließen.

Leistungen des Arbeitgebers, die nicht unter die Einkünfte aus nichtselbständiger Arbeit fallen

§ 26. Zu den Einkünften aus nichtselbständiger Arbeit gehören nicht:

1. Der Wert der unentgeltlich überlassenen Arbeitskleidung und der Reinigung der Ar-

beitskleidung, wenn es sich um typische Berufskleidung handelt (zB Uniformen).

2. Beträge,
   - die der Arbeitnehmer vom Arbeitgeber erhält, um sie für ihn auszugeben (durchlaufende Gelder)
   - durch die Auslagen des Arbeitnehmers für den Arbeitgeber ersetzt werden (Auslagenersätze).
3. Beträge, die vom Arbeitgeber im betrieblichen Interesse für die Ausbildung oder Fortbildung des Arbeitnehmers aufgewendet werden. Unter den Begriff Ausbildungskosten fallen nicht Vergütungen für die Lehr- und Anlernausbildung.
4. Beträge, die aus Anlass einer Dienstreise als Reisevergütungen (Fahrtkostenvergütungen, Kilometergelder) und als Tagesgelder und Nächtigungsgelder gezahlt werden. Eine Dienstreise liegt vor, wenn ein Arbeitnehmer über Auftrag des Arbeitgebers
   - seinen Dienstort (Büro, Betriebsstätte, Werksgelände, Lager usw.) zur Durchführung von Dienstverrichtungen verlässt oder
   - so weit weg von seinem ständigen Wohnort (Familienwohnsitz) arbeitet, dass ihm eine tägliche Rückkehr an seinen ständigen Wohnort (Familienwohnsitz) nicht zugemutet werden kann.

   Bei Arbeitnehmern, die ihre Dienstreise vom Wohnort aus antreten, tritt an die Stelle des Dienstortes der Wohnort (Wohnung, gewöhnlicher Aufenthalt, Familienwohnsitz).

   a) Als Kilometergelder sind höchstens die den Bundesbediensteten zustehenden Sätze zu berücksichtigen. Fahrtkostenvergütungen (Kilometergelder) sind auch Kosten, die vom Arbeitgeber höchstens für eine Fahrt pro Woche zum ständigen Wohnort (Familienwohnsitz) für arbeitsfreie Tage gezahlt werden, wenn eine tägliche Rückkehr nicht zugemutet werden kann und für die arbeitsfreien Tage kein steuerfreies Tagesgeld gezahlt wird.

      Werden Fahrten zu einem Einsatzort in einem Kalendermonat überwiegend unmittelbar vom Wohnort aus angetreten, liegen hinsichtlich dieses Einsatzortes ab dem Folgemonat Fahrten zwischen Wohnung und Arbeitsstätte vor.
   b) Das Tagesgeld für Inlandsdienstreisen darf bis zu 26,40 Euro pro Tag betragen. Dauert eine Dienstreise länger als drei Stunden, so kann für jede angefangene Stunde ein Zwölftel gerechnet werden. Das volle Tagesgeld steht für 24 Stunden zu. Erfolgt eine Abrechnung des Tagesgeldes nach Kalendertagen, steht das Tagesgeld für den Kalendertag zu.
   c) Wenn bei einer Inlandsdienstreise keine höheren Kosten für Nächtigung nachgewiesen werden, kann als Nächtigungsgeld einschließlich der Kosten des Frühstücks ein Betrag bis zu 15 Euro berücksichtigt werden.
   d) Das Tagesgeld für Auslandsdienstreisen darf bis zum täglichen Höchstsatz der Auslandsreisesätze der Bundesbediensteten betragen. Dauert eine Dienstreise länger als drei Stunden, so kann für jede angefangene Stunde ein Zwölftel gerechnet werden. Das volle Tagesgeld steht für 24 Stunden zu. Erfolgt eine Abrechnung des Tagesgeldes nach Kalendertagen, steht das Tagesgeld für den Kalendertag zu.
   e) Wenn bei einer Auslandsdienstreise keine höheren Kosten für Nächtigung einschließlich der Kosten des Frühstücks nachgewiesen werden, kann das den Bundesbediensteten zustehende Nächtigungsgeld der Höchststufe berücksichtigt werden.

   Zahlt der Arbeitgeber höhere Beträge, so sind die die genannten Grenzen übersteigenden Beträge steuerpflichtiger Arbeitslohn.
5. a) Die Beförderung des Arbeitnehmers, wenn der Arbeitgeber seine Arbeitnehmer zwischen Wohnung und Arbeitsstätte mit Fahrzeugen in der Art eines Massenbeförderungsmittels befördert oder befördern lässt (Werkverkehr).
   b) Die Zurverfügungstellung einer Wochen-, Monats- oder Jahreskarte für ein Massenbeförderungsmittel durch den Arbeitgeber für seine Arbeitnehmer, sofern die Karte zumindest am Wohn- oder Arbeitsort gültig ist. Dies gilt auch, wenn der Arbeitgeber die Kosten einer solchen Karte zumindest teilweise übernimmt.

      (BGBl I 2022/108)

   Die Beförderung und Übernahme der Kosten stellen steuerpflichtigen Arbeitslohn dar, wenn diese anstelle des bisher gezahlten Arbeitslohns oder einer üblichen Lohnerhöhung geleistet werden.

   (BGBl I 2021/18)
6. Umzugskostenvergütungen, die Dienstnehmer anläßlich einer Versetzung aus betrieblichen Gründen an einen anderen Dienstort oder wegen der dienstlichen Verpflichtung, eine Dienstwohnung ohne Wechsel des Dienstortes zu beziehen, erhalten; dies gilt auch für Versetzungen innerhalb von Konzernen. Zu den Umzugskostenvergütungen gehören der Ersatz
   a) der tatsächlichen Reisekosten für den Arbeitnehmer und seinen (Ehe)Partner (§ 106 Abs. 3) sowie seine Kinder (§ 106) unter Zugrundelegung der Kosten eines

Massenbeförderungsmittels (Bahn, Autobus) für die Strecke vom bisherigen Wohnort zum neuen Wohnort

b) der tatsächlichen Frachtkosten für das Übersiedlungsgut (Wohnungseinrichtung usw.) des Arbeitnehmers und seines (Ehe-)Partners und seiner Kinder

c) sonstiger mit der Übersiedlung verbundener Aufwendungen (Umzugsvergütungen). Die Umzugsvergütung darf höchstens 1/15 des Bruttojahresarbeitslohnes betragen.

d) des Mietzinses (einschließlich sonstiger von Mietern zu entrichtender Beträge), den der Arbeitnehmer von der Aufgabe seiner bisherigen Wohnung an bis zum nächstmöglichen Kündigungstermin noch zahlen muß.

7. a) Beitragsleistungen des Arbeitgebers für seine Arbeitnehmer an
   - Pensionskassen im Sinne des Pensionskassengesetzes,
   - ausländische Pensionskassen auf Grund einer ausländischen gesetzlichen Verpflichtung oder an ausländische Einrichtungen im Sinne des § 5 Z 4 des Pensionskassengesetzes,
   - Unterstützungskassen, die keinen Rechtsanspruch auf Leistungen gewähren,
   - betriebliche Kollektivversicherungen im Sinne des § 93 des VAG 2016,
   - Arbeitnehmerförderstiftungen (§ 4d Abs. 2),
   - Belegschaftsbeteiligungsstiftung (§ 4d Abs. 3).

   Keine Beiträge des Arbeitgebers, sondern solche des Arbeitnehmers liegen vor, wenn sie ganz oder teilweise anstelle des bisher gezahlten Arbeitslohns oder der Lohnerhöhungen, auf die jeweils ein Anspruch besteht, geleistet werden, ausgenommen eine lohngestaltende Vorschrift im Sinne des § 68 Abs. 5 Z 1 bis 6 sieht dies vor.

   (BGBl I 2015/34, BGBl I 2017/105)

b) Beträge, die der Arbeitgeber als Kostenersatz für Pensionsverpflichtungen eines früheren Arbeitgebers oder als Vergütung gemäß § 14 Abs. 9 leistet.

c) Beträge, die auf Grund des Betriebspensionsgesetzes oder vergleichbarer gesetzlicher Regelungen durch das Übertragen von Anwartschaften oder Leistungsverpflichtungen an einen die Verpflichtung übernehmenden inländischen Rechtsnachfolger oder an ausländische Einrichtungen im Sinne des § 5 Z 4 des Pensionskassengesetzes geleistet werden, wenn der Rückkauf ausgeschlossen ist und die Leistungen auf Grund des Betriebspensionsgesetzes oder vergleichbarer Regelungen Bezüge und Vorteile gemäß § 25 darstellen.

d) Beiträge, die der Arbeitgeber für seine Arbeitnehmer an eine BV-Kasse leistet, im Ausmaß von höchstens 1,53% des monatlichen Entgeltes im Sinne arbeitsrechtlicher Bestimmungen (§ 6 BMSVG oder gleichartige österreichische Rechtsvorschriften) bzw. von höchstens 1,53% der Bemessungsgrundlage für entgeltfreie Zeiträume (§ 7 BMSVG oder gleichartige österreichische Rechtsvorschriften), darauf entfallende zusätzliche Beiträge gemäß § 6 Abs. 2a BMSVG oder gleichartigen österreichischen Rechtsvorschriften, weiters Beiträge, die nach § 124b Z 66 geleistet werden, sowie Beträge, die auf Grund des BMSVG oder gleichartiger österreichischer Rechtsvorschriften durch das Übertragen von Anwartschaften an eine andere BV-Kasse oder als Überweisung der Abfertigung an ein Versicherungsunternehmen als Einmalprämie für eine Pensionszusatzversicherung gemäß § 108b oder als Überweisung der Abfertigung an ein Kreditinstitut zum ausschließlichen Erwerb von Anteilen an einem prämienbegünstigten Pensionsinvestmentfonds gemäß § 108b oder als Überweisung der Abfertigung an eine Pensionskasse geleistet werden.

8. Zuwendungen einer Belegschaftsbeteiligungsstiftung im Sinne des § 4d Abs. 3 bis zu einem Betrag von 4 500 € jährlich.

   (BGBl I 2017/105)

9.[a] Der Wert der digitalen Arbeitsmittel, die der Arbeitgeber dem Arbeitnehmer für seine berufliche Tätigkeit unentgeltlich überlässt, und ein Homeoffice-Pauschale nach Maßgabe folgender Bestimmungen:

   a) Das Homeoffice-Pauschale beträgt bis zu drei Euro pro Tag, an dem der Arbeitnehmer seine berufliche Tätigkeit auf Grund einer mit dem Arbeitgeber getroffenen Vereinbarung ausschließlich in der Wohnung ausübt (Homeoffice-Tag); es steht für höchstens 100 Tage im Kalenderjahr zu.

   b) Übersteigt das von mehreren Arbeitgebern nicht steuerbar ausgezahlte Homeoffice-Pauschale insgesamt den Betrag von 300 Euro pro Kalenderjahr, stellt der übersteigende Teil steuerpflichtigen Arbeitslohn dar, der in der Veranlagung zu erfassen ist.

   (BGBl I 2021/52)

[a] Tritt mit 1. Jänner 2024 außer Kraft.

Einkünfte aus Kapitalvermögen

§ 27. (1) Einkünfte aus Kapitalvermögen sind Einkünfte aus der Überlassung von Kapital (Abs. 2), aus realisierten Wertsteigerungen von Kapitalvermögen (Abs. 3), aus Derivaten (Abs. 4) und aus Kryptowährungen (Abs. 4a), soweit sie nicht zu den Einkünften im Sinne des § 2 Abs. 3 Z 1 bis 4 gehören. Bei Tauschvorgängen ist § 6 Z 14 sinngemäß anzuwenden.

(BGBl I 2015/118, BGBl I 2022/10)

(2) Zu den Einkünften aus der Überlassung von Kapital gehören:

1. a) Gewinnanteile (Dividenden) und sonstige Bezüge aus Aktien oder Anteilen an Gesellschaften mit beschränkter Haftung;
   b) Gleichartige Bezüge und Rückvergütungen aus Anteilen an Erwerbs- und Wirtschaftsgenossenschaften;
   c) Gleichartige Bezüge aus Genussrechten und sonstigen Finanzierungsinstrumenten sowie Bezüge aus Partizipationskapital gemäß § 8 Abs. 3 Z 1 des Körperschaftsteuergesetzes 1988;
   d) Bezüge aus Anteilen an körperschaftlich organisierten Personengemeinschaften in den Angelegenheiten der Bodenreform (Agrargemeinschaften), wenn diese einen Betrag in Höhe von 4.000 Euro im Kalenderjahr übersteigen.

   (BGBl I 2019/103)
2. Zinsen, und andere Erträgnisse aus Kapitalforderungen jeder Art, beispielsweise aus Darlehen, Anleihen, Hypotheken, Einlagen, Guthaben bei Kreditinstituten und aus Ergänzungskapital im Sinne des VAG 2016, ausgenommen Stückzinsen;

   (BGBl I 2015/34)
3. Diskontbeträge von Wechseln und Anweisungen;
4. Gewinnanteile aus der Beteiligung an einem Unternehmen als stiller Gesellschafter sowie aus der Beteiligung nach Art eines stillen Gesellschafters, soweit sie nicht zur Auffüllung einer durch Verluste herabgeminderten Einlage zu verwenden sind.

(3) Zu den Einkünften aus realisierten Wertsteigerungen von Kapitalvermögen gehören Einkünfte aus der Veräußerung, Einlösung und sonstigen Abschichtung von Wirtschaftsgütern, deren Erträge Einkünfte aus der Überlassung von Kapital im Sinne von Abs. 2 sind (einschließlich Nullkuponanleihen).

(4) Zu den Einkünften aus Derivaten gehören

1. der Differenzausgleich,
2. die Stillhalterprämie,
3. Einkünfte aus der Veräußerung und
4. Einkünfte aus der sonstigen Abwicklung

bei Termingeschäften (beispielsweise Optionen, Futures und Swaps) sowie bei sonstigen derivativen Finanzinstrumenten (beispielsweise Indexzertifikaten).

(4a) Zu den Einkünften aus Kryptowährungen gehören laufende Einkünfte aus Kryptowährungen sowie Einkünfte aus realisierten Wertsteigerungen von Kryptowährungen nach Maßgabe des § 27b.

(BGBl I 2022/10)

(5) Als Einkünfte aus der Überlassung von Kapital im Sinne von Abs. 2 gelten auch:

1. Besondere Entgelte oder Vorteile, die neben den im Abs. 2 bezeichneten Einkünften oder an deren Stelle gewährt werden, beispielsweise Sachleistungen, Boni und nominelle Mehrbeträge auf Grund einer Wertsicherung.
2. Vom Abzugsverpflichteten (§ 95 Abs. 2) oder Dritten übernommene Kapitalertragsteuerbeträge.
3. Unterschiedsbeträge zwischen der eingezahlten Versicherungsprämie und der Versicherungsleistung, die
   a) im Falle des Erlebens oder des Rückkaufs einer auf den Er- oder Er- und Ablebensfall abgeschlossenen Kapitalversicherung einschließlich einer fondsgebundenen Lebensversicherung,
   b) im Falle der Kapitalabfindung oder des Rückkaufs einer Rentenversicherung, bei der der Beginn der Rentenzahlungen vor Ablauf von zehn beziehungsweise fünfzehn Jahren ab Vertragsabschluss vereinbart ist,

   ausgezahlt werden, wenn im Versicherungsvertrag nicht laufende, im Wesentlichen gleich bleibende Prämienzahlungen vereinbart sind und die Höchstlaufzeit des Versicherungsvertrages
   – weniger als zehn Jahre ab Vertragsabschluss beträgt, wenn der Versicherungsnehmer und die versicherten Personen im Zeitpunkt des Abschlusses des Versicherungsvertrages jeweils das 50. Lebensjahr vollendet haben;
   – in allen anderen Fällen weniger als fünfzehn Jahre ab Vertragsabschluss beträgt.

   Ist der Versicherungsnehmer keine natürliche Person, gilt das Erfordernis der Vollendung des 50. Lebensjahres nur für die versicherten Personen. Im Übrigen gilt jede Erhöhung einer Versicherungssumme im Rahmen eines bestehenden Vertrages auf insgesamt mehr als das Zweifache der ursprünglichen Versicherungssumme gegen eine nicht laufende, im Wesentlichen gleich bleibende Prämienzahlung als selbständiger Abschluss eines neuen Versicherungsvertrages.
4. Ausgleichszahlungen und Leihgebühren, die der Verleiher eines Wertpapiers vom Entleiher oder der Pensionsgeber vom Pensionsnehmer erhält.

5. und 6. (aufgehoben)

7. Zuwendungen jeder Art

– von nicht unter § 5 Z 6 des Körperschaftsteuergesetzes 1988 fallenden Privatstiftungen,
– von Belegschaftsbeteiligungsstiftungen im Sinne des § 4d Abs. 3 bis zu einem Betrag von 4 500 Euro jährlich, sowie
– von ausländischen Stiftungen oder sonstigen Vermögensmassen, die jeweils mit einer Privatstiftung vergleichbar sind.

Als Zuwendungen gelten auch Einnahmen einschließlich sonstiger Vorteile, die anlässlich der unentgeltlichen Übertragung eines Wirtschaftsgutes an die Privatstiftung, ausländische Stiftung oder sonstige Vermögensmasse, die jeweils mit einer Privatstiftung vergleichbar sind, vom Empfänger der Zuwendung erzielt werden. Dies gilt nicht hinsichtlich der bei der Zuwendung von Grundstücken mitübertragenen Belastungen des Grundstückes, soweit sie mit dem Grundstück in unmittelbarem wirtschaftlichen Zusammenhang stehen.

(BGBl I 2017/105)

8. Nicht zu den Einkünften im Sinne der Z 7 gehören Zuwendungen, soweit sie nach Maßgabe der folgenden Bestimmungen eine Substanzauszahlung von gestiftetem Vermögen darstellen:
   a) Zuwendungen gelten insoweit als Substanzauszahlung, als sie den maßgeblichen Wert im Sinne der lit. b übersteigen und im Evidenzkonto im Sinne der lit. c Deckung finden.
   b) Als maßgeblicher Wert gilt der am Beginn des Geschäftsjahres vorhandene Bilanzgewinn zuzüglich der gebildeten Gewinnrücklagen gemäß § 224 Abs. 3 A III und IV des Unternehmensgesetzbuches und zuzüglich der steuerrechtlichen stillen Reserven des zugewendeten Vermögens. Der am Beginn des Geschäftsjahres vorhandene Bilanzgewinn ist um Beträge zu erhöhen, die zu einer Verminderung auf Grund des Ansatzes des beizulegenden Wertes gemäß § 202 Abs. 1 des Unternehmensgesetzbuches geführt haben. Zuwendungen im Bilanzerstellungszeitraum gelten nicht als Substanzauszahlung, solange der im Jahresabschluss ausgewiesene Bilanzgewinn nicht vom Abschlussprüfer bestätigt ist.
   c) Voraussetzung für die Behandlung einer Zuwendung als Substanzauszahlung ist die laufende ordnungsgemäße Führung eines Evidenzkontos. Es erhöht sich um sämtliche Stiftungseingangswerte und vermindert sich um Substanzauszahlungen.
   d) Stiftungseingangswert ist der Wert des gestifteten Vermögens zum Zeitpunkt der Zuwendung. Dabei sind § 6 Z 5, § 6 Z 9 und § 15 Abs. 3 Z 1 anzuwenden.
   e) Soweit Zuwendungen Substanzauszahlungen darstellen, vermindern sie das Evidenzkonto in Höhe der in § 15 Abs. 3 Z 2 lit. b genannten Werte.
   f) Zuwendungen einer Stiftung (Vermögensmasse) an eine von ihr errichtete Stiftung (Vermögensmasse) gelten abweichend von lit. a als Substanzauszahlung, soweit sie im Evidenzkonto (lit. c) Deckung finden. Die empfangende Stiftung (Vermögensmasse) hat die als Substanzauszahlungen geltenden Beträge als Stiftungseingangswert in gleicher Höhe anzusetzen; dieser Stiftungseingangswert ist um den bei der zuwendenden Stiftung (Vermögensmasse) vorhandenen maßgeblichen Wert im Sinne der lit. b zu vermindern.
   g) Abweichend von lit. f gelten Zuwendungen einer Stiftung (Vermögensmasse) an eine von ihr errichtete Stiftung (Vermögensmasse) als Substanzauszahlung, soweit sie Vermögen betreffen, das in einer unternehmensrechtlichen Vermögensaufstellung zum 31. Juli 2008 erfasst ist. Die empfangende Stiftung (Vermögensmasse) hat die steuerlich maßgebenden Werte fortzuführen. Diese Zuwendungen erhöhen nicht die Stiftungseingangswerte und fließen nicht in das Evidenzkonto bei der empfangenden Stiftung (Vermögensmasse) ein. Dies gilt nur insoweit, als die Zuwendung im Stiftungszweck der zuwendenden Stiftung (Vermögensmasse) Deckung findet.
   h) Soweit Zuwendungen als Substanzauszahlung gelten, sind sie in die Kapitalertragsteuer-Anmeldung aufzunehmen.
9. Ist ein Stifter im Falle des Widerrufs einer nicht unter § 4 Abs. 11 Z 1 fallenden Privatstiftung Letztbegünstigter gemäß § 34 des Privatstiftungsgesetzes, sind die Einkünfte auf seinen Antrag um die steuerlich maßgebenden Werte seiner vor dem 1. August 2008 getätigten Zuwendungen an die Privatstiftung zu kürzen. Dies gilt nur dann, wenn der Stifter diese Werte nachweist. Für Zuwendungen nach dem 31. Juli 2008 erfolgt die Kürzung um den Letztstand des Evidenzkontos gemäß Z 8 lit. c. Die Kürzung gilt sinngemäß für den Widerruf einer ausländischen Stiftung oder sonstigen Vermögensmasse, die jeweils mit einer Privatstiftung vergleichbar sind, mit der Maßgabe, dass die nach österreichischem Steuerrecht ermittelten Werte anzusetzen sind. Voraussetzung für die Kürzung bei Widerruf einer ausländischen Stiftung (Vermögensmasse) ist, dass für die Zuwendung an die ausländische Stiftung (Vermögensmasse) Stiftungseingangssteuer oder Erbschafts- oder Schenkungssteuer entrichtet wurde.

(6) Als Veräußerung im Sinne der Abs. 3 und 4 gelten auch:

1. Umstände, die zu einer Einschränkung des Besteuerungsrechtes der Republik Österreich im Verhältnis zu anderen Staaten hinsichtlich eines Wirtschaftsgutes im Sinne des Abs. 3, eines Derivates im Sinne des Abs. 4 oder einer Kryptowährung im Sinne des Abs. 4a führen.
   a) Bei Wegzug einer natürlichen Person in einen EU/EWR-Staat ist auf Grund eines in der Steuererklärung gestellten Antrages über die dadurch entstandene Abgabenschuld im Abgabenbescheid nur abzusprechen, die Abgabenschuld jedoch bis zur tatsächlichen Veräußerung des Wirtschaftsgutes oder Derivates nicht festzusetzen. Dies gilt ebenso bei der unentgeltlichen Übertragung eines Wirtschaftsgutes oder Derivates an eine andere natürliche Person, die in einem EU/EWR-Staat ansässig ist.

      (BGBl I 2018/62)
   b) Als tatsächliche Veräußerung gilt auch ein späterer Wegzug oder die spätere Überführung des Wirtschaftsgutes oder Derivates in einen Staat, der von lit. a nicht erfasst ist.

      (BGBl I 2019/103, BGBl I 2022/108)
   c) Die tatsächliche Veräußerung gilt als rückwirkendes Ereignis im Sinne des § 295a der Bundesabgabenordnung. § 205 der Bundesabgabenordnung ist nicht anzuwenden.
   d) In allen nicht in lit. a genannten Fällen sind die § 6 Z 6 lit. c und d sinngemäß anzuwenden.
   e) Im Falle der Entstehung des Besteuerungsrechts der Republik Österreich im Verhältnis zu anderen Staaten gilt der gemeine Wert als Anschaffungskosten. Erfolgt in den Fällen nicht festgesetzter Abgabenschuld ein Wiedereintritt in das Besteuerungsrecht der Republik Österreich, sind weiterhin die ursprünglichen Anschaffungskosten, höchstens aber die gemeinen Werte maßgeblich. Die spätere Veräußerung gilt nicht als rückwirkendes Ereignis im Sinne des § 295a der Bundesabgabenordnung. Weist der Steuerpflichtige nach, dass Wertsteigerungen im EU/EWR-Raum eingetreten sind, sind diese vom Veräußerungserlös abzuziehen.

   (BGBl I 2015/163, BGBl I 2022/10)
2. Die Entnahme und das sonstige Ausscheiden aus dem Depot. Sofern nicht Z 1 anzuwenden ist, liegt in folgenden Fällen keine Veräußerung vor:
   – Bei der Übertragung auf ein anderes Depot desselben Steuerpflichtigen bei derselben depotführenden Stelle.
   – Bei der Übertragung auf ein Depot desselben Steuerpflichtigen bei einer inländischen depotführenden Stelle, wenn der Steuerpflichtige die übertragende depotführende Stelle beauftragt, der übernehmenden depotführenden Stelle die Anschaffungskosten mitzuteilen.
   – Bei der Übertragung von einer inländischen depotführenden Stelle auf ein Depot desselben Steuerpflichtigen bei einer ausländischen depotführenden Stelle, wenn der Steuerpflichtige die übertragende depotführende Stelle beauftragt, dem zuständigen Finanzamt innerhalb eines Monats seinen Namen und seine Steuer- oder Sozialversicherungsnummer, die übertragenen Wirtschaftsgüter, deren Anschaffungskosten sowie jene Stelle mitzuteilen, auf die die Übertragung erfolgt.
   – Bei der Übertragung von einer ausländischen depotführenden Stelle auf ein Depot desselben Steuerpflichtigen bei einer anderen ausländischen depotführenden Stelle und bei der unentgeltlichen Übertragung von einer ausländischen depotführenden Stelle auf ein Depot eines anderen Steuerpflichtigen, wenn der Steuerpflichtige dem zuständigen Finanzamt innerhalb eines Monats die übertragenen Wirtschaftsgüter, deren Anschaffungskosten sowie jene Stelle und jenen Steuerpflichtigen mitteilt, auf die die Übertragung erfolgt.
   – Bei der unentgeltlichen Übertragung von einer inländischen depotführenden Stelle auf das Depot eines anderen Steuerpflichtigen, wenn
     – der depotführenden Stelle anhand geeigneter Unterlagen (insbesondere Notariatsakt, Einantwortungsbeschluss, Schenkungsmeldung) die unentgeltliche Übertragung nachgewiesen wird, oder
     – der Steuerpflichtige die depotführende Stelle beauftragt, dem zuständigen Finanzamt innerhalb eines Monats seinen Namen und seine Steuer- oder Sozialversicherungsnummer, die übertragenen Wirtschaftsgüter, deren Anschaffungskosten und gegebenenfalls jene Stelle mitzuteilen, auf die die Übertragung erfolgt.
   – Bei der Übertragung im Zuge einer Umgründung im Sinne des Umgründungssteuergesetzes, wenn der Steuerpflichtige die depotführende Stelle beauftragt, dem zuständigen Finanzamt innerhalb eines Monats seinen Namen, seine Steuer- oder Sozialversicherungsnummer, die übertragenen Wirtschaftsgüter, deren Anschaffungskosten und gegebenenfalls jene Stelle mitzuteilen, auf die die Übertragung erfolgt. Bei der Übertragung von einer ausländischen

depotführenden Stelle auf ein anderes Depot hat die Mitteilung an das Finanzamt durch den Steuerpflichtigen selbst zu erfolgen.

(BGBl I 2015/163, BGBl I 2022/108)

3. Der Untergang von Anteilen auf Grund der Auflösung (Liquidation) oder Beendigung einer Körperschaft für sämtliche Beteiligte unabhängig vom Ausmaß ihrer Beteiligung.

(BGBl I 2015/163)

4. Die Veräußerung von Dividendenscheinen, Zinsscheinen und sonstigen Ansprüchen, wenn die dazugehörigen Wirtschaftsgüter nicht mitveräußert werden.

(BGBl I 2015/163)

5. Der Zufluss anteiliger Einkünfte aus der Überlassung von Kapital gemäß Abs. 2 Z 2 anlässlich der Realisierung der dazugehörigen Wirtschaftsgüter (Stückzinsen).

(BGBl I 2015/163)

(7) Steuerfrei sind 75% der Ausschüttungen aus Anteilen und Genussrechten an natürliche Personen bis zu einer Höhe von 15 000 Euro pro Kalenderjahr, die von Mittelstandsfinanzierungsgesellschaften im Sinne des § 6b Abs. 1 des Körperschaftsteuergesetzes 1988 in der Fassung des Bundesgesetzes BGBl. I Nr. 106/2017 ausgegeben worden sind. Dabei gilt Folgendes:

1. Die Befreiung erfolgt durch Anrechnung (Erstattung) der Kapitalertragsteuer im Rahmen der Veranlagung.
2. Die Befreiung ist nur zu gewähren, wenn die Mittelstandsfinanzierungsgesellschaft im Zeitpunkt des Ausschüttungsbeschlusses auf der zuletzt veröffentlichten Liste der Mittelstandsfinanzierungsgesellschaften (§ 6b Abs. 5 des Körperschaftsteuergesetzes 1988 in der Fassung des Bundesgesetzes BGBl. I Nr. 106/2017) genannt ist.

(BGBl I 2017/106, BGBl I 2019/103)

(8) Der Verlustausgleich ist nur nach Maßgabe der folgenden Vorschriften zulässig:

1. Verluste aus Einkünften nach Abs. 3, 4 und 4a können nicht mit Zinserträgen aus Geldeinlagen und sonstigen Geldforderungen bei Kreditinstituten im Sinne des § 27a Abs. 1 Z 1 sowie mit Zuwendungen gemäß Abs. 5 Z 7 ausgeglichen werden.

   (BGBl I 2015/118, BGBl I 2022/10)

2. Verlustanteile aus der Beteiligung an einem Unternehmen als stiller Gesellschafter sowie aus der Beteiligung nach Art eines stillen Gesellschafters dürfen nicht mit anderen Einkünften ausgeglichen werden. Sie sind in Folgejahren mit Gewinnanteilen aus derselben Beteiligung zu verrechnen.
3. Einkünfte aus Kapitalvermögen, auf die ein besonderer Steuersatz gemäß § 27a Abs. 1 anwendbar ist, können nicht mit Einkünften aus Kapitalvermögen ausgeglichen werden, für die diese besonderen Steuersätze gemäß § 27a Abs. 2 nicht gelten.

   (BGBl I 2015/118)

4. Nicht ausgeglichene Verluste aus Kapitalvermögen dürfen nicht mit Einkünften aus anderen Einkunftsarten ausgeglichen werden.

Die vorstehenden Regelungen über den Verlustausgleich gelten auch im Falle der Regelbesteuerung gemäß § 27a Abs. 5.

Besonderer Steuersatz und Bemessungsgrundlage für Einkünfte aus Kapitalvermögen

§ 27a. (1) Einkünfte aus Kapitalvermögen unterliegen

1. im Fall von Geldeinlagen und nicht verbrieften sonstigen Geldforderungen bei Kreditinstituten, ausgenommen Ausgleichzahlungen und Leihgebühren gemäß § 27 Abs. 5 Z 4, einem besonderen Steuersatz von 25%,

   (BGBl I 2022/10)

2. in allen anderen Fällen einem besonderen Steuersatz von 27,5%

und sind bei der Berechnung der Einkommensteuer des Steuerpflichtigen weder beim Gesamtbetrag der Einkünfte noch beim Einkommen (§ 2 Abs. 2) zu berücksichtigen, sofern nicht die Regelbesteuerung (Abs. 5) anzuwenden ist.

Auf tatsächlich ausgeschüttete und als ausgeschüttet geltende Erträge aus Einkünften im Sinne des § 27 aus einem § 186 oder § 188 des Investmentfondsgesetzes 2011 oder einem § 40 oder § 42 des Immobilien-Investmentfondsgesetzes unterliegenden Gebilde ist Z 2 anzuwenden.

(BGBl I 2015/118)

(2) Abs. 1 gilt nicht für

1. Einkünfte aus Darlehen und nicht verbrieften sonstigen Geldforderungen, denen kein Bankgeschäft zu Grunde liegt;

   (BGBl I 2022/10)

2. Einkünfte aus
   – Wertpapieren, die ein Forderungsrecht verbriefen,
   – Anteilscheinen und Anteilen an einem § 40 oder § 42 des Immobilien-Investmentfondsgesetzes unterliegenden Gebilde einschließlich der als ausgeschüttet geltenden Erträge,
   – der Überlassung von Kryptowährungen im Sinne des § 27b Abs. 2 Z 1,

   wenn diese bei ihrer Begebung in rechtlicher oder tatsächlicher Hinsicht keinem unbestimmten Personenkreis angeboten werden;

   (BGBl I 2022/10)

3. Einkünfte aus der Beteiligung an einem Unternehmen als stiller Gesellschafter sowie aus der Beteiligung nach Art eines stillen Gesellschafters;
4. Diskontbeträge von Wechseln und Anweisungen;

5. Ausgleichszahlungen und Leihgebühren, wenn es sich beim Entleiher (Pensionsnehmer) weder um ein Kreditinstitut noch um eine Zweigstelle im Sinne des § 95 Abs. 2 Z 1 lit. b handelt;
6. Unterschiedsbeträge zwischen der eingezahlten Versicherungsprämie und der Versicherungsleistung im Sinne des § 27 Abs. 5 Z 3 oder die realisierte Wertsteigerung aus der Veräußerung des Anspruchs aus dem Versicherungsvertrag;
7. Einkünfte aus nicht verbrieften Derivaten. Dies gilt nicht, wenn eine der in § 95 Abs. 2 Z 4 genannten Einrichtungen eine der Kapitalertragsteuer entsprechende Steuer freiwillig einbehält und abführt; diesfalls sind § 95 Abs. 1 und § 97 sinngemäß anzuwenden.

(BGBl I 2022/10, BGBl I 2022/108)

(3) Als Einkünfte anzusetzen sind:

1. Bei der Überlassung von Kapital (§ 27 Abs. 2) die bezogenen Kapitalerträge.
2. Bei realisierten Wertsteigerungen von Kapitalvermögen (§ 27 Abs. 3)
   a) der Unterschiedsbetrag zwischen dem Veräußerungserlös, dem Einlösungs- oder Abschichtungsbetrag und den Anschaffungskosten, jeweils inklusive anteiliger Stückzinsen;
   b) im Falle der Einschränkung des Besteuerungsrechts (§ 27 Abs. 6 Z 1) sowie im Falle der Entnahme oder des sonstigen Ausscheidens aus dem Depot (§ 27 Abs. 6 Z 2) der Unterschiedsbetrag zwischen dem gemeinen Wert zum Zeitpunkt des Eintritts der Umstände, die zur Einschränkung des Besteuerungsrechts führen, bzw. der Entnahme oder des sonstigen Ausscheidens, und den Anschaffungskosten. In den Fällen nicht festgesetzter Abgabenschuld (§ 27 Abs. 6 Z 1 lit. a) sind zwischen Wegzug bzw. Übertragung und Veräußerung eingetretene Wertminderungen höchstens im Umfang der Bemessungsgrundlage bei Wegzug bzw. Übertragung zu berücksichtigen, soweit diese nicht in einem anderen Staat berücksichtigt werden.

   (BGBl I 2015/163)

   c) im Falle der Liquidation (§ 27 Abs. 6 Z 3) der Unterschiedsbetrag zwischen dem Abwicklungsguthaben und den Anschaffungskosten.

   (BGBl I 2015/163)

3. Bei Derivaten (§ 27 Abs. 4):
   a) im Falle des Differenzausgleichs
      – beim Empfänger des Differenzausgleichs der Unterschiedsbetrag zwischen diesem und den Anschaffungskosten des Derivats;
      – beim Empfänger der Stillhalterprämie oder der Einschüsse (Margins) der Unterschiedsbetrag zwischen der Stillhalterprämie bzw. den Einschüssen (Margins) und dem geleisteten Differenzausgleich;
   b) bei Verfall der Option die Stillhalterprämie;
   c) im Falle der Veräußerung oder sonstigen Abschichtung der Unterschiedsbetrag gemäß Abs. 3 Z 2; bei sonstiger Abwicklung (Glattstellen) gilt die Stillhalterprämie als Veräußerungserlös.
4. Bei Kryptowährungen (§ 27 Abs. 4a):
   a) Bei den laufenden Einkünften aus Kryptowährungen (§ 27b Abs. 2) die bezogenen Kryptowährungen bzw. sonstigen Entgelte.
   b) Bei den Einkünften aus realisierten Wertsteigerungen von Kryptowährungen (§ 27b Abs. 3)
      – der Unterschiedsbetrag zwischen dem Veräußerungserlös und den Anschaffungskosten;
      – im Falle der Einschränkung des Besteuerungsrechts gilt Z 2 lit. b sinngemäß.

   (BGBl I 2022/10)

(4) Für die Anschaffungskosten gilt Folgendes:

1. Bei unentgeltlichem Erwerb sind die Anschaffungskosten des Rechtsvorgängers maßgeblich.
2. Bei Wirtschaftsgütern und Derivaten im Sinne des § 27 Abs. 3 und 4, auf deren Erträge ein besonderer Steuersatz gemäß Abs. 1 anwendbar ist, sind die Anschaffungskosten ohne Anschaffungsnebenkosten anzusetzen. Dies gilt nicht für in einem Betriebsvermögen gehaltene Wirtschaftsgüter und Derivate.

   (BGBl I 2015/118, BGBl I 2022/10)

3. Bei allen in einem Depot befindlichen Wirtschaftsgütern und Derivaten im Sinne des § 27 Abs. 3 und 4 mit derselben Wertpapierkennnummer ist bei Erwerb in zeitlicher Aufeinanderfolge der gleitende Durchschnittspreis in Euro anzusetzen. Nach § 93 Abs. 4 angesetzte Anschaffungskosten fließen nicht in den gleitenden Durchschnittspreis ein. Der Bundesminister für Finanzen wird ermächtigt, die Ermittlung der steuerlichen Anschaffungskosten bei Kapitalmaßnahmen durch Verordnung festzulegen.
4. Bei einer Kapitalerhöhung aus Gesellschaftsmitteln (§ 3 Abs. 1 Z 29) sind für die Anteilsrechte und Freianteile jene Beträge anzusetzen, die sich bei Verteilung der bisherigen Anschaffungskosten entsprechend dem Verhältnis der Nennwerte der Anteilsrechte und Freianteile ergeben.
5. Besteht die Leistung zur Transaktionsverarbeitung vorwiegend im Einsatz von vorhan-

denen Kryptowährungen (Staking), werden Kryptowährungen unentgeltlich (Airdrops) oder für lediglich unwesentliche sonstige Leistungen (Bounties) übertragen oder gehen Kryptowährungen im Rahmen einer Abspaltung von der ursprünglichen Blockchain zu (Hardfork), ist für die erhaltenen Kryptowährungen von Anschaffungskosten von Null auszugehen.

(BGBl I 2022/10)

(5) Anstelle der besonderen Steuersätze gemäß Abs. 1 kann auf Antrag der allgemeine Steuertarif angewendet werden (Regelbesteuerungsoption). Die Anrechnung ist betraglich insoweit ausgeschlossen, als der Steuerpflichtige den Anspruch auf einen Alleinverdienerabsetzbetrag oder einen Kinderabsetzbetrag vermittelt. Die Regelbesteuerungsoption kann nur für sämtliche Einkünfte, die einem besonderen Steuersatz gemäß Abs. 1 unterliegen, ausgeübt werden.

(BGBl I 2015/118)

(6) Die Abs. 1 bis 5 gelten auch für Einkünfte im Sinne des § 27 von natürlichen Personen, soweit diese zu den Einkünften im Sinne des § 2 Abs. 3 Z 1 bis 3 gehören. Abs. 1 gilt nicht für Einkünfte aus realisierten Wertsteigerungen von Kapitalvermögen, aus Derivaten und Kryptowährungen, wenn die Erzielung solcher Einkünfte einen Schwerpunkt der betrieblichen Tätigkeit darstellt.

(BGBl I 2019/103, BGBl I 2022/10)

Einkünfte aus Kryptowährungen

§ 27b. (1) Einkünfte aus Kryptowährungen (Abs. 4) sind laufende Einkünfte (Abs. 2) und Einkünfte aus realisierten Wertsteigerungen (Abs. 3).

(2) Zu den laufenden Einkünften aus Kryptowährungen gehören

1. Entgelte für die Überlassung von Kryptowährungen und
2. der Erwerb von Kryptowährungen durch einen technischen Prozess, bei dem Leistungen zur Transaktionsverarbeitung zur Verfügung gestellt werden.

Keine laufenden Einkünfte stellen die erworbenen Kryptowährungen dar, wenn

- die Leistung zur Transaktionsverarbeitung vorwiegend im Einsatz von vorhandenen Kryptowährungen besteht (Staking) oder
- die Kryptowährungen unentgeltlich (Airdrops) oder für lediglich unwesentliche sonstige Leistungen (Bounties) übertragen werden, oder
- dem Steuerpflichtigen Kryptowährungen im Rahmen einer Abspaltung von der ursprünglichen Blockchain zugehen (Hardfork).

Die in diesen Fällen erworbenen Kryptowährungen sind nach Maßgabe des Abs. 3 zu besteuern.

(3) Zu den Einkünften aus realisierten Wertsteigerungen von Kryptowährungen gehören Einkünfte aus

1. der Veräußerung sowie
2. dem Tausch gegen andere Wirtschaftsgüter und Leistungen, einschließlich gesetzlich anerkannter Zahlungsmittel. Der Tausch einer Kryptowährung gegen eine andere Kryptowährung stellt keine Realisierung dar; damit in Zusammenhang stehende Aufwendungen sind steuerlich unbeachtlich.

§ 27 Abs. 6 Z 1 gilt sinngemäß.

(4) Eine Kryptowährung ist eine digitale Darstellung eines Werts, die von keiner Zentralbank oder öffentlichen Stelle emittiert wurde oder garantiert wird und nicht zwangsläufig an eine gesetzlich festgelegte Währung angebunden ist und die nicht den gesetzlichen Status einer Währung oder von Geld besitzt, aber von natürlichen oder juristischen Personen als Tauschmittel akzeptiert wird und die auf elektronischem Wege übertragen, gespeichert und gehandelt werden kann.

(BGBl I 2022/10)

Vermietung und Verpachtung

§ 28. (1) Folgende Einkünfte sind, soweit sie nicht zu den Einkünften im Sinne des § 2 Abs. 3 Z 1 bis 5 gehören, Einkünfte aus Vermietung und Verpachtung:

1. Einkünfte aus der Vermietung und Verpachtung von unbeweglichem Vermögen und von Rechten, die den Vorschriften des bürgerlichen Rechts über Grundstücke unterliegen.
2. Einkünfte aus der Vermietung und Verpachtung von Sachinbegriffen, insbesondere von beweglichem Betriebsvermögen.
3. Einkünfte aus der Überlassung von Rechten auf bestimmte oder unbestimmte Zeit oder aus der Gestattung der Verwertung von Rechten, insbesondere aus
   - der Einräumung der Werknutzung (Werknutzungsbewilligung, Werknutzungsrecht) im Sinne des Urheberrechtsgesetzes
   - der Überlassung von gewerblichen Schutzrechten, von gewerblichen Erfahrungen und von Berechtigungen.
4. Einkünfte aus der Veräußerung von Miet- und Pachtzinsforderungen, und zwar auch dann, wenn diese Forderungen im Veräußerungserlös des Grundstückes mit abgegolten werden.

(2) Aufwendungen für

- nicht regelmäßig jährlich anfallende Instandhaltungsarbeiten,
- Absetzungen für außergewöhnliche technische oder wirtschaftliche Abnutzung und damit zusammenhängende Aufwendungen sowie
- außergewöhnliche Aufwendungen, die keine Instandhaltungs-, Instandsetzungs- oder Herstellungsaufwendungen sind,

sind über Antrag gleichmäßig auf fünfzehn Jahre zu verteilen. Bei Gebäuden, die Wohnzwecken dienen, gilt hinsichtlich der Instandsetzungsaufwendungen folgendes:

– Instandsetzungsaufwendungen, die unter Verwendung von entsprechend gewidmeten steuerfreien Subventionen aus öffentlichen Mitteln getätigt werden, scheiden insoweit aus der Ermittlung der Einkünfte aus.
– Soweit Instandsetzungsaufwendungen nicht durch steuerfreie Subventionen gedeckt sind, sind sie gleichmäßig auf fünfzehn Jahre verteilt abzusetzen.

Instandsetzungsaufwendungen sind jene Aufwendungen, die nicht zu den Anschaffungs- oder Herstellungskosten gehören und allein oder zusammen mit Herstellungsaufwand den Nutzungswert des Gebäudes wesentlich erhöhen oder seine Nutzungsdauer wesentlich verlängern. Bei Übertragung des Gebäudes auf eine andere Person gilt Folgendes:

– Bei entgeltlicher Übertragung können ab dem der Übertragung folgenden Kalenderjahr restliche Fünfzehntelbeträge nicht mehr abgezogen werden.
– Bei unentgeltlicher Übertragung können ab dem der Übertragung folgenden Kalenderjahr restliche Fünfzehntelbeträge vom Rechtsnachfolger fortgesetzt werden.

(BGBl I 2015/118)

(3) Folgende Aufwendungen, soweit sie Herstellungsaufwand darstellen, sind über Antrag gleichmäßig auf fünfzehn Jahre verteilt abzusetzen:

1. Aufwendungen im Sinne der §§ 3 bis 5 des Mietrechtsgesetzes in Gebäuden, die den Bestimmungen des Mietrechtsgesetzes über die Verwendung der Hauptmietzinse unterliegen.
2. Aufwendungen für Sanierungsmaßnahmen, wenn die Zusage für eine Förderung nach dem Wohnhaussanierungsgesetz, dem Startwohnungsgesetz oder den landesgesetzlichen Vorschriften über die Förderung der Wohnhaussanierung vorliegt.
3. Aufwendungen auf Grund des Denkmalschutzgesetzes. § 8 Abs. 2 dritter und vierter Satz gilt entsprechend.

(BGBl I 2022/108)

Werden zur Finanzierung dieses Herstellungsaufwandes erhöhte Zwangsmieten oder erhöhte Mieten, die auf ausdrücklich gesetzlich vorgesehenen Vereinbarungen beruhen, eingehoben, dann kann der Herstellungsaufwand gleichmäßig auch auf die Laufzeit der erhöhten Mieten, mindestens aber gleichmäßig auf zehn Jahre verteilt werden. Bei Übertragung des Gebäudes auf eine andere Person können restliche Teilbeträge ab dem der Übertragung folgenden Kalenderjahr vom Rechtsnachfolger nur fortgesetzt werden, wenn das Gebäude unentgeltlich erworben wurde.

(4) Der Ersatz von Aufwendungen gemäß § 10 des Mietrechtsgesetzes kann über Antrag gleichmäßig auf zehn Jahre verteilt werden. Die beiden letzten Sätze des Abs. 2 gelten auch für diese Zehntelabsetzungen.

(5) (aufgehoben)

(6) Nicht zu den Einnahmen aus Vermietung und Verpachtung zählen Zuwendungen aus öffentlichen Mitteln, die § 3 Abs. 1 Z 6 entsprechen. Diese Zuwendungen kürzen die damit in unmittelbarem wirtschaftlichen Zusammenhang stehenden Anschaffungs- oder Herstellungskosten sowie Instandhaltungs- oder Instandsetzungsaufwendungen.

(7) § 4 Abs. 2 Z 2 gilt in Bezug auf die Fehlerberichtigung durch Ansatz von Zu- und Abschlägen sinngemäß.

Sonstige Einkünfte (§ 2 Abs. 3 Z 7)

§ 29. Sonstige Einkünfte sind nur:

1. Wiederkehrende Bezüge, soweit sie nicht zu den Einkünften im Sinne des § 2 Abs. 3 Z 1 bis 6 gehören. Bezüge, die
   – freiwillig oder
   – an eine gesetzlich unterhaltsberechtigte Person oder
   – als Leistung aus einer Pensionszusatzversicherung (§ 108b) gewährt werden, soweit für die Beiträge eine Prämie nach § 108a oder gegebenenfalls vor einer Verfügung im Sinne des § 108i Z 3 eine Prämie nach § 108g in Anspruch genommen worden ist, oder es sich um Bezüge handelt, die auf Grund einer Überweisung einer BV-Kasse (§ 17 BMSVG oder gleichartige österreichische Rechtsvorschriften) geleistet werden,

   sind nicht steuerpflichtig. Werden die wiederkehrenden Bezüge als angemessene Gegenleistung für die Übertragung von Wirtschaftsgütern geleistet, gilt folgendes: Die wiederkehrenden Bezüge sowie gänzliche oder teilweise Abfindungen derselben sind nur insoweit steuerpflichtig, als die Summe der vereinnahmten Beträge (Renten, dauernde Lasten, gänzliche oder teilweise Abfindungen derselben sowie allfällige Einmalzahlungen) den Wert der Gegenleistung übersteigt. Besteht die Gegenleistung nicht in Geld, ist als Gegenwert der kapitalisierte Wert der wiederkehrenden Bezüge (§§ 15 und 16 des Bewertungsgesetzes) zuzüglich allfälliger Einmalzahlungen anzusetzen. Stellt ein aus Anlaß der Übertragung eines Betriebes, Teilbetriebes oder Mitunternehmeranteils vereinbarter wiederkehrender Bezug keine angemessene Gegenleistung für die Übertragung dar, sind die Renten oder dauernden Lasten nur dann steuerpflichtig, wenn
   – sie keine Betriebseinnahmen darstellen und
   – sie keine derart unangemessen hohen wiederkehrenden Bezüge darstellen, daß der Zusammenhang zwischen Übertragung und Vereinbarung der wiederkehrenden Bezüge wirtschaftlich bedeutungslos ist und damit eine freiwillige

Zuwendung (§ 20 Abs. 1 Z 4 erster Satz) vorliegt.

2. Einkünfte aus privaten Grundstücksveräußerungen (§ 30) und aus Spekulationsgeschäften (§ 31).
3. Einkünfte aus Leistungen, wie insbesondere Einkünfte aus gelegentlichen Vermittlungen und aus der Vermietung beweglicher Gegenstände, soweit sie weder zu anderen Einkunftsarten (§ 2 Abs. 3 Z 1 bis 6) noch zu den Einkünften im Sinne der Z 1, 2 oder 4 gehören. Solche Einkünfte sind nicht steuerpflichtig, wenn sie im Kalenderjahr höchstens 220 Euro betragen. Übersteigen die Werbungskosten die Einnahmen, so darf der übersteigende Betrag bei der Ermittlung des Einkommens nicht ausgeglichen werden (§ 2 Abs. 2).
4. Funktionsgebühren der Funktionäre von öffentlich-rechtlichen Körperschaften, soweit sie nicht unter § 25 fallen.

Private Grundstücksveräußerungen

§ 30. (1) Private Grundstücksveräußerungen sind Veräußerungsgeschäfte von Grundstücken, soweit sie keinem Betriebsvermögen angehören. Der Begriff des Grundstückes umfasst Grund und Boden, Gebäude und Rechte, die den Vorschriften des bürgerlichen Rechts über Grundstücke unterliegen (grundstücksgleiche Rechte). Bei unentgeltlich erworbenen Grundstücken ist auf den Anschaffungszeitpunkt des Rechtsvorgängers abzustellen. Bei Tauschvorgängen ist § 6 Z 14 sinngemäß anzuwenden.

(2) Von der Besteuerung ausgenommen sind die Einkünfte:

1. Aus der Veräußerung von Eigenheimen oder Eigentumswohnungen samt Grund und Boden (§ 18 Abs. 1 Z 3 lit. b), wenn sie dem Veräußerer
   a) ab der Anschaffung oder Herstellung (Fertigstellung) bis zur Veräußerung für mindestens zwei Jahre durchgehend als Hauptwohnsitz gedient haben und der Hauptwohnsitz aufgegeben wird oder
   b) innerhalb der letzten zehn Jahre vor der Veräußerung mindestens fünf Jahre durchgehend als Hauptwohnsitz gedient haben und der Hauptwohnsitz aufgegeben wird.
2. Aus der Veräußerung von selbst hergestellten Gebäuden, soweit sie innerhalb der letzten zehn Jahre nicht zur Erzielung von Einkünften gedient haben.
3. Aus der Veräußerung von Grundstücken infolge eines behördlichen Eingriffs oder zur Vermeidung eines solchen nachweisbar unmittelbar drohenden Eingriffs.
4. Aus Tauschvorgängen
   – von land- und forstwirtschaftlichen Grundstücken im Rahmen eines Zusammenlegungs- oder Flurbereinigungsverfahrens im Sinne der jeweiligen Landesgesetze, soweit sie den Vorschriften des Flurverfassungs-Grundsatzgesetzes 1951, BGBl. Nr. 103/1951 in der Fassung BGBl. I Nr. 189/2013 entsprechen, sowie
   – im Rahmen behördlicher Maßnahmen zur besseren Gestaltung von Bauland, insbesondere nach den für die bessere Gestaltung von Bauland geltenden Vorschriften.

   Das in solchen Verfahren erworbene Grundstück tritt hinsichtlich aller für die Ermittlung der Einkünfte relevanter Umstände an die Stelle des hingegebenen Grundstückes.

   (BGBl I 2019/103)

(3) Als Einkünfte ist der Unterschiedsbetrag zwischen dem Veräußerungserlös und den Anschaffungskosten anzusetzen. Die Anschaffungskosten sind um Herstellungsaufwendungen und Instandsetzungsaufwendungen zu erhöhen, soweit diese nicht bei der Ermittlung von Einkünften zu berücksichtigen waren. Die Anschaffungskosten sind um Absetzungen für Abnutzungen, soweit diese bei der Ermittlung von Einkünften abgezogen worden sind, sowie um die in § 28 Abs. 6 genannten steuerfreien Beträge zu vermindern. Müssen Grundstücksteile im Zuge einer Änderung der Widmung auf Grund gesetzlicher Vorgaben an die Gemeinde übertragen werden, sind die Anschaffungskosten der verbleibenden Grundstücksteile um die Anschaffungskosten der übertragenen Grundstücksteile zu erhöhen. Die Einkünfte sind um die für die Mitteilung oder Selbstberechnung gemäß § 30c anfallenden Kosten und um anlässlich der Veräußerung entstehende Minderbeträge aus Vorsteuerberichtigungen gemäß § 6 Z 12 zu vermindern.

(BGBl I 2015/118)

(4) Soweit Grundstücke am 31. März 2012 ohne Berücksichtigung von Steuerbefreiungen nicht steuerverfangen waren, sind als Einkünfte anzusetzen:

1. Im Falle einer Umwidmung des Grundstückes nach dem 31. Dezember 1987 der Unterschiedsbetrag zwischen dem Veräußerungserlös und den mit 40% des Veräußerungserlöses anzusetzenden Anschaffungskosten. Als Umwidmung gilt eine Änderung der Widmung, die nach dem letzten entgeltlichen Erwerb stattgefunden hat und die erstmals eine Bebauung ermöglicht, die in ihrem Umfang im Wesentlichen der Widmung als Bauland oder Baufläche im Sinne der Landesgesetze auf dem Gebiet der Raumordnung entspricht. Dies gilt auch für eine in wirtschaftlichem Zusammenhang mit der Veräußerung stehende Umwidmung, wenn diese innerhalb von fünf Jahren nach der Veräußerung erfolgt ist, sowie für eine Kaufpreiserhöhung auf Grund einer späteren Umwidmung; eine spätere Umwidmung gilt als rückwirkendes Ereignis im

Sinne des § 295a der Bundesabgabenordnung und ist dem Finanzamt anzuzeigen.

(BGBl I 2015/163)

2. In allen übrigen Fällen der Unterschiedsbetrag zwischen dem Veräußerungserlös und den mit 86% des Veräußerungserlöses anzusetzenden Anschaffungskosten.

Der Unterschiedsbetrag erhöht sich um die Hälfte der in Teilbeträgen gemäß § 28 Abs. 3 abgesetzten Herstellungsaufwendungen, soweit sie innerhalb von fünfzehn Jahren vor der Veräußerung vom Steuerpflichtigen selbst oder im Fall der unentgeltlichen Übertragung von seinem Rechtsvorgänger geltend gemacht wurden.

(BGBl I 2015/163)

(5) Auf Antrag können die Einkünfte statt nach Abs. 4 auch nach Abs. 3 ermittelt werden.

(6) Für die Anwendung des Abs. 4 gilt Folgendes:

a) Wurde bei einem Grundstück die Absetzung für Abnutzung gemäß § 16 Abs. 1 Z 8 von den fiktiven Anschaffungskosten bemessen und war es zum 31. März 2012 nicht mehr steuerverfangen, sind die Einkünfte für Wertveränderungen vor und ab der erstmaligen Nutzung zur Einkünfteerzielung gesondert zu ermitteln:
   - Für Wertveränderungen bis zum Beginn der Einkünfteerzielung kann Abs. 4 angewendet werden, wobei an Stelle des Veräußerungserlöses die fiktiven Anschaffungskosten treten.
   - Wertveränderungen ab dem Beginn der Einkünfteerzielung sind nach Abs. 3 zu ermitteln, wobei an Stelle der tatsächlichen Anschaffungskosten die fiktiven Anschaffungskosten treten.

   (BGBl I 2015/118)
b) Werden gemäß § 4 Abs. 10 Z 3 lit. a in der Fassung vor dem 1. Stabilitätsgesetz, BGBl. I Nr. 22/2012, auf- oder abgewertete Grundstücke entnommen, gilt bei deren Veräußerung § 4 Abs. 3a Z 3 lit. c sinngemäß.
c) Bei der Veräußerung eines aus einem Betriebsvermögen entnommenen Grundstückes, das mit dem Teilwert eingelegt worden ist, gilt der Unterschiedsbetrag zwischen dem Teilwert im Einlagezeitpunkt und den Anschaffungs- oder Herstellungskosten als Einkünfte aus privaten Grundstücksveräußerungen. Als Veräußerungserlös gilt der Teilwert im Einlagezeitpunkt. Soweit das Grundstück zum 31. März 2012 nicht steuerverfangen war oder es ohne Einlage nicht mehr steuerverfangen gewesen wäre, kann § 30 Abs. 4 angewendet werden.

(7) Führen private Grundstücksveräußerungen, auf die der besondere Steuersatz gemäß § 30a Abs. 1 anwendbar ist, in einem Kalenderjahr insgesamt zu einem Verlust, ist dieser auf 60% zu kürzen und gleichmäßig auf das Jahr der Verlustentstehung und die folgenden vierzehn Jahre zu verteilen und ausschließlich mit Einkünften aus Vermietung und Verpachtung,soweit diese unter § 28 Abs. 1 Z 1 und 4 fallen, auszugleichen. Der Steuerpflichtige kann in der Steuererklärung beantragen, dass stattdessen dieser gekürzte Verlust im Verlustentstehungsjahr mit Einkünften aus Vermietung und Verpachtung,soweit diese unter § 28 Abs. 1 Z 1 und 4 fallen, ausgeglichen wird. Diese Regelungen gelten auch im Falle der Ausübung der Regelbesteuerungsoption (§ 30a Abs. 2).

(BGBl I 2015/118, BGBl I 2018/62)

(8) Die Einkommensteuer, die auf Grundstücksveräußerungen entfällt, wird im Ausmaß der sonst entstehenden Doppelbelastung der Einkünfte aus Grundstücksveräußerungen auf Antrag ermäßigt oder erlassen, wenn der Steuerpflichtige infolge des unentgeltlichen Erwerbes der Grundstücke innerhalb der letzten drei Jahre Erbschafts- oder Schenkungssteuer, Grunderwerbsteuer oder Stiftungseingangssteuer entrichtet hat.

Besonderer Steuersatz für Einkünfte aus Grundstücksveräußerungen

§ 30a. (1) Einkünfte aus der Veräußerung von Grundstücken im Sinne des § 30 unterliegen einem besonderen Steuersatz von 30% und sind bei der Berechnung der Einkommensteuer des Steuerpflichtigen weder beim Gesamtbetrag der Einkünfte noch beim Einkommen (§ 2 Abs. 2) zu berücksichtigen, sofern nicht die Regelbesteuerung (Abs. 2) anzuwenden ist.

(BGBl I 2015/118)

(2) Anstelle des besonderen Steuersatzes von 30% kann auf Antrag der allgemeine Steuertarif angewendet werden (Regelbesteuerungsoption). Die Regelbesteuerungsoption kann nur für sämtliche Einkünfte, die dem besonderen Steuersatz gemäß Abs. 1 unterliegen, angewendet werden.

(BGBl I 2015/118)

(3) Die Abs. 1 und 2 gelten auch für betriebliche Einkünfte aus der Veräußerung, der Zuschreibung oder der Entnahme von Grundstücken. Dies gilt nicht:

1. Wenn das Grundstück dem Umlaufvermögen zuzurechnen ist. Wurde das veräußerte Grundstück in das Betriebsvermögen eingelegt, sind hinsichtlich des Unterschiedsbetrages zwischen dem Teilwert im Einlagezeitpunkt und den niedrigeren Anschaffungs- oder Herstellungskosten Abs. 1 und 2 anzuwenden; für Grund und Boden, der zum 31. März 2012 nicht steuerverfangen war, ist § 30 Abs. 4 anzuwenden, wobei an die Stelle des Veräußerungserlöses der Teilwert im Einlagezeitpunkt tritt.
2. Wenn ein Schwerpunkt der betrieblichen Tätigkeit in der gewerblichen Überlassung und Veräußerung von Grundstücken liegt. Z 1 zweiter und dritter Satz gelten entsprechend.
3. Soweit der Buchwert durch eine vor dem 1. April 2012 vorgenommene Teilwertabschreibung gemindert ist.

4. Soweit stille Reserven übertragen wurden, die vor dem 1. April 2012 aufgedeckt worden sind.

(4) Die Abs. 1 und 2 gelten nicht für Einkünfte, bei denen der Veräußerungserlös in Form einer Rente geleistet wird und diese nach Maßgabe des § 4 Abs. 3 oder des § 19 zu Einkünften führt.

Immobilienertragsteuer

§ 30b. (1) Für Einkünfte aus Grundstücksveräußerungen ist im Falle der Selbstberechnung gemäß § 30c Abs. 2 eine auf volle Euro abzurundende Steuer in Höhe von 30% der Bemessungsgrundlage zu entrichten (Immobilienertragsteuer). Die Immobilienertragsteuer ist spätestens am 15. Tag des auf den Kalendermonat des Zuflusses zweitfolgenden Kalendermonats zu leisten.

(BGBl I 2015/118)

(1a) Abweichend von Abs. 1 kann eine Steuer in Höhe von 24% für im Kalenderjahr 2023 zugeflossene Einkünfte und in Höhe von 23% für ab dem Kalenderjahr 2024 zugeflossene Einkünfte entrichtet werden, wenn der Steuerpflichtige eine Körperschaft im Sinne des § 1 Abs. 1 des Körperschaftsteuergesetzes 1988 ist.

(BGBl I 2015/118, BGBl I 2022/10)

(2) Mit der Entrichtung der selbstberechneten Immobilienertragsteuer durch Parteienvertreter gilt die Einkommensteuer für Einkünfte aus privaten Grundstücksveräußerungen gemäß § 30 als abgegolten. Dies gilt jedoch nicht, wenn die der Selbstberechnung zugrunde liegenden Angaben des Steuerpflichtigen nicht den tatsächlichen Gegebenheiten entsprechen. Die Abgeltungswirkung der Immobilienertragsteuer entfällt im Falle einer späteren Umwidmung gemäß § 30 Abs. 4 Z 1 letzter Satz.

(3) Auf Antrag sind die Einkünfte aus privaten Grundstücksveräußerungen gemäß § 30, für die eine selbstberechnete Immobilienertragsteuer entrichtet wurde, mit dem besonderen Steuersatz gemäß § 30a zu veranlagen (Veranlagungsoption). Dabei ist die Immobilienertragsteuer auf die zu erhebende Einkommensteuer anzurechnen und mit dem übersteigenden Betrag zu erstatten.

(4) Wird außer in den Fällen des § 30c Abs. 4 erster, dritter und vierter Teilstrich keine Immobilienertragsteuer entrichtet, ist vom Steuerpflichtigen eine besondere Vorauszahlung in Höhe von 30% der Bemessungsgrundlage zu entrichten, wobei Beträge unter 0,50 Euro abzurunden und Beträge ab 0,50 Euro aufzurunden sind. Abweichend vom ersten Satz ist eine besondere Vorauszahlung in Höhe von 25% zu entrichten, wenn der Steuerpflichtige eine Körperschaft im Sinne des § 1 Abs. 1 des Körperschaftsteuergesetzes 1988 ist. Abs. 1 letzter Satz gilt entsprechend.

(BGBl I 2015/118)

(5) Abs. 1, 1a und 4 gelten auch für betriebliche Einkünfte aus der Veräußerung von Grundstücken, es sei denn, der besondere Steuersatz ist aufgrund des § 30a Abs. 3 Z 1 und 2 zumindest teilweise nicht anwendbar.

(BGBl I 2015/163)

(6) Werden Anteile an Grundstücken durch sämtliche Wohnungseigentümer zum Zweck der Begründung von Wohnungseigentum an bisher allgemeinen Teilen der Liegenschaft gemäß § 2 Abs. 4 des Wohnungseigentumsgesetzes 2002, BGBl. I Nr. 70, veräußert, kann für die Berechnung der Immobilienertragsteuer sämtlicher Wohnungseigentümer der Unterschiedsbetrag zwischen dem Veräußerungserlös und den mit 40% des Veräußerungserlöses anzusetzenden Anschaffungskosten als Bemessungsgrundlage gemäß Abs. 1 angesetzt werden. Dies gilt nur, wenn die Veräußerung durch mehr als fünf Wohnungseigentümer erfolgt und der Veräußerungserlös insgesamt den Betrag von 150 000 Euro nicht übersteigt.

Mitteilung und Selbstberechnung der Immobilienertragsteuer durch Parteienvertreter

§ 30c. (1) Im Rahmen einer Abgabenerklärung gemäß § 10 Abs. 1 des Grunderwerbsteuergesetzes 1987 ist mitzuteilen, wenn aus dem zugrundeliegenden Erwerbsvorgang Einkünfte gemäß § 2 Abs. 3 Z 1 bis 3 oder 7 erzielt werden. Die Mitteilung hat die am Veräußerungsgeschäft beteiligten Parteien unter Angabe ihrer Steuernummer und die Höhe der nach den Angaben des Steuerpflichtigen zu entrichtenden besonderen Vorauszahlung gemäß § 30b Abs. 4 zu enthalten.

(2) Parteienvertreter, die eine Selbstberechnung gemäß § 11 des Grunderwerbsteuergesetzes 1987 vornehmen, haben gleichzeitig

1. dem für den Steuerpflichtigen zuständigen Finanzamt mitzuteilen, wenn aus dem zugrundeliegenden Erwerbsvorgang Einkünfte gemäß § 2 Abs. 3 Z 1 bis 3 oder 7 erzielt werden, und diesfalls
2. die Immobilienertragsteuer gemäß § 30b Abs. 1 auf Grund der Angaben des Steuerpflichtigen selbst zu berechnen. Dabei hat der Steuerpflichtige dem Parteienvertreter die für die Ermittlung der Bemessungsgrundlage erforderlichen Unterlagen vorzulegen und deren Richtigkeit und Vollständigkeit schriftlich zu bestätigen.

Die Mitteilung gemäß Z 1 hat die am Veräußerungsgeschäft beteiligten Parteien unter Angabe ihrer Steuernummer und die für die Selbstberechnung der Steuer notwendigen Daten zu enthalten.

(3) Die Parteienvertreter haben die selbstberechnete Immobilienertragsteuer gemäß § 30b Abs. 1 zu entrichten und haften für deren Entrichtung. Ist die Fälligkeit noch nicht eingetreten, erlischt die Verpflichtung zur Entrichtung nach einem Jahr ab Vornahme der Mitteilung nach Abs. 2 Z 1. Zusätzlich haften die Parteienvertreter für die Richtigkeit der Immobilienertragsteuer nur, wenn diese wider besseren Wissens auf Grundlage der Angaben des Steuerpflichtigen berechnet wird.

(4) Die Selbstberechnung der Immobilienertragsteuer gemäß Abs. 2 Z 2 kann auch bei Vornahme einer Selbstberechnung gemäß § 11 des Grunderwerbsteuergesetzes 1987 unterbleiben, soweit

– die Einkünfte aus dem Veräußerungsgeschäft nach § 30 Abs. 2 oder § 21 Abs. 3 Z 4 in Verbindung mit Abs. 2 KStG 1988 befreit sind oder
– der Zufluss voraussichtlich später als ein Jahr nach dem Veräußerungsgeschäft erfolgt oder
– bei der Veräußerung von Grundstücken des Betriebsvermögens, die stillen Reserven gemäß § 12 übertragen oder einer Übertragungsrücklage zugeführt werden oder
– der Veräußerungserlös in Form einer Rente geleistet wird, oder
– das Grundstück im Rahmen eines Verfahrens gemäß § 133 ff der Exekutionsordnung, RGBl. Nr. 79/1896 (Zwangsversteigerung) veräußert wird.

In diesem Fall ist in der Mitteilung gemäß Abs. 2 Z 1 anzugeben, warum die Selbstberechnung unterbleibt.

Spekulationsgeschäfte

§ 31. (1) Spekulationsgeschäfte sind Veräußerungsgeschäfte von Wirtschaftsgütern des Privatvermögens, wenn die Einkünfte nicht gemäß § 27 oder § 30 steuerlich zu erfassen sind und der Zeitraum zwischen Anschaffung und Veräußerung nicht mehr als ein Jahr beträgt. Bei unentgeltlich erworbenen Wirtschaftsgütern ist auf den Anschaffungszeitpunkt des Rechtsvorgängers abzustellen. Bei Tauschvorgängen ist § 6 Z 14 sinngemäß anzuwenden.

(2) Als Einkünfte sind der Unterschiedsbetrag zwischen dem Veräußerungserlös einerseits und den Anschaffungskosten und den Werbungskosten andererseits anzusetzen.

(3) Die Einkünfte aus Spekulationsgeschäften bleiben steuerfrei, wenn sie insgesamt im Kalenderjahr 440 Euro nicht übersteigen.

(4) Führen Spekulationsgeschäfte in einem Kalenderjahr insgesamt zu einem Verlust, ist dieser nicht ausgleichsfähig (§ 2 Abs. 2).

Gemeinsame Vorschriften

§ 32. (1) Zu den Einkünften im Sinne des § 2 Abs. 3 gehören auch:

1. Entschädigungen, die gewährt werden
   a) als Ersatz für entgangene oder entgehende Einnahmen einschließlich eines Krankengeldes und vergleichbarer Leistungen oder
   b) für die Aufgabe oder Nichtausübung einer Tätigkeit, für die Aufgabe einer Gewinnbeteiligung oder einer Anwartschaft auf eine solche oder
   c) für die Aufgabe von Bestandrechten, sofern der Bestandgegenstand enteignet wird oder seine Enteignung nachweisbar unmittelbar droht, oder
   d) für die Aufgabe von Bestandrechten, deren zwangsweise Auflösung im Hinblick auf die künftige Verwendung des Bestandgegenstandes für einen Zweck, für den Enteignungsrechte in Anspruch genommen werden könnten, nachweisbar unmittelbar droht.
2. Einkünfte aus
   – einer ehemaligen betrieblichen Tätigkeit im Sinne des § 2 Abs. 3 Z 1 bis 3 (zB Gewinne aus dem Eingang abgeschriebener Forderungen oder Verluste aus dem Ausfall von Forderungen),
   – einer ehemaligen nichtselbständigen Tätigkeit im Sinne des § 2 Abs. 3 Z 4 oder
   – einem früheren Rechtsverhältnis im Sinne des § 2 Abs. 3 Z 5 bis 7,

   und zwar jeweils auch beim Rechtsnachfolger. Wenn nach einem verstorbenen Arbeitnehmer an dessen Rechtsnachfolger kein laufender Arbeitslohn bezahlt wird, hat die Besteuerung von Bezügen auf Grund der vom Arbeitgeber beim verstorbenen Arbeitnehmer zu beachtenden Besteuerungsmerkmale zu erfolgen. Soweit solche Bezüge in die Veranlagung einzubeziehen sind, sind sie bei der Veranlagung der Einkommensteuer des verstorbenen Arbeitnehmers zu berücksichtigen.
3. Rückzahlungen auf Grund einer Kapitalherabsetzung, die innerhalb von zehn Jahren nach einer Kapitalerhöhung aus Gesellschaftsmitteln (§ 3 Abs. 1 Z 29) erfolgt.

(2) Die Anschaffung oder Veräußerung einer unmittelbaren oder mittelbaren Beteiligung an einer Personengesellschaft stellt eine Anschaffung oder Veräußerung der anteiligen Wirtschaftsgüter dar.

3. TEIL

TARIF

Steuersätze und Steuerabsetzbeträge

§ 33. (1) Die Einkommensteuer beträgt jährlich

für die ersten **„11 693“** Euro	0%
für Einkommensteile über **„11 693“** Euro bis **„19 134“** Euro	20%
für Einkommensteile über **„19 134“** Euro bis **„32 075“** Euro	30%
für Einkommensteile über **„32 075“** bis **„62 080“** Euro	42%[a)]
für Einkommensteile über **„62 080“** Euro bis **„93 120“** Euro	48%
für Einkommensteile über **„93 120“** Euro	50%

Für Einkommensteile über eine Million Euro beträgt der Steuersatz in den Kalenderjahren 2016 bis 2025 55%.

(BGBl I 2015/118, BGBl I 2020/96, BGBl I 2022/10; zum Inkrafttreten siehe § 124b Z 390 und 391; Teuerungs-EP II, BGBl I 2022/163 ab Veranlagung 2023)

[a] Ab 1. Juli 2023: 40%.

„(1a)[a] Die für die Anwendung der Steuersätze für Einkommensteile bis eine Million Euro festgesetzten Grenzbeträge sowie die für die Anwendung des Abs. 4, des Abs. 5 Z 1 bis 3, des Abs. 6 und des Abs. 8 festgesetzten Beträge unterliegen einer Inflationsanpassung nach Maßgabe des § 33a. Gleiches gilt für die in § 1 Abs. 4, § 34 Abs. 4 zweiter Teilstrich, § 35 Abs. 1 dritter Teilstrich, „§ 42 Abs. 1 Z 3 und Abs. 2“, § 99 Abs. 2 Z 2 und § 102 Abs. 3 festgesetzten Beträge sowie die Einkunftsgrenzen des § 4 Abs. 4 Z 8 lit. b.“

(Teuerungs-EP II, BGBl I 2022/163 ab Veranlagung 2024, BGBl I 2022/194 ab Veranlagung 2024)

[a] Tritt mit 1. Jänner 2024 in Kraft.

(2) Von dem sich nach Abs. 1 ergebenden Betrag sind Absetzbeträge in folgender Reihenfolge abzuziehen:

1. Der Familienbonus Plus gemäß Abs. 3a; der Familienbonus Plus ist insoweit nicht abzuziehen, als er jene Steuer übersteigt, die auf das gemäß Abs. 1 zu versteuernde Einkommen entfällt.
2. Die Absetzbeträge nach Abs. 4 bis 6.

(BGBl I 2015/118, BGBl I 2018/62)

(3)

„1.“ Steuerpflichtigen, denen auf Grund des Familienlastenausgleichsgesetzes 1967 Familienbeihilfe gewährt wird, steht im Wege der gemeinsamen Auszahlung mit der Familienbeihilfe ein Kinderabsetzbetrag von monatlich 58,40 Euro für jedes Kind zu. Für Kinder, die sich ständig außerhalb eines Mitgliedstaates der Europäischen Union, eines Staates des Europäischen Wirtschaftsraumes oder der Schweiz aufhalten, steht kein Kinderabsetzbetrag zu. Wurden Kinderabsetzbeträge zu Unrecht bezogen, ist § 26 des Familienlastenausgleichsgesetzes 1967 anzuwenden.

(Teuerungs-EP III, BGBl I 2022/174 ab 1.11.2022)

„2. Der Kinderabsetzbetrag ist mit Wirksamkeit ab 1. Jänner eines jeden Kalenderjahres mit dem Anpassungsfaktor des § 108f ASVG zu vervielfachen. Der Vervielfachung ist der im vorangegangenen Kalenderjahr geltende Betrag zugrunde zu legen. Der vervielfachte Betrag ist kaufmännisch auf eine Dezimalstelle zu runden. Der Bundesminister für Finanzen hat den für das folgende Kalenderjahr geltenden Betrag bis spätestens 15. November jeden Jahres zu ermitteln und mit Verordnung kundzumachen.“

(Teuerungs-EP III, BGBl I 2022/174 ab 2023)

(BGBl I 2018/83, BGBl I 2022/135)

(3a) Für ein Kind, für das Familienbeihilfe nach dem Familienlastenausgleichsgesetz 1967 gewährt wird und das sich ständig in einem Mitgliedstaat der EU oder Hoheitsgebiet einer anderen Vertragspartei des Abkommens über den Europäischen Wirtschaftsraum oder der Schweiz aufhält, steht auf Antrag ein Familienbonus Plus nach Maßgabe der folgenden Bestimmungen zu:

1. Der Familienbonus Plus beträgt
   a) bis zum Ablauf des Monats, in dem das Kind das 18. Lebensjahr vollendet, für jeden Kalendermonat 166,68 Euro,

      (BGBl I 2022/10)
   b) nach Ablauf des Monats, in dem das Kind das 18. Lebensjahr vollendet, für jeden Kalendermonat 54,18 Euro.

      (BGBl I 2022/10)

2.[a] Abweichend von Z 1 ist für Kinder, die sich ständig in einem anderen Mitgliedstaat der EU oder Hoheitsgebiet einer anderen Vertragspartei des Abkommens über den Europäischen Wirtschaftsraum oder der Schweiz aufhalten, die Höhe des Familienbonus Plus sowie der Absetzbeträge gemäß Abs. 4 auf Basis der vom Statistischen Amt der Europäischen Union veröffentlichten vergleichenden Preisniveaus für jeden einzelnen Mitgliedstaat der EU, jede Vertragspartei des Europäischen Wirtschaftsraumes und die Schweiz im Verhältnis zu Österreich zu bestimmen:
   a) Die Höhe des Familienbonus Plus und der Absetzbeträge gemäß Abs. 4 ist ab 1. Jänner 2019 auf Basis der zum Stichtag 1. Juni 2018 zuletzt veröffentlichten Werte anzupassen. Die Höhe ist in der Folge jedes zweite Jahr auf Basis der zum Stichtag 1. Juni des Vorjahres zuletzt veröffentlichten Werte anzupassen.
   b) Der Bundesminister für Finanzen hat die Berechnungsgrundlagen und die Beträge mit Verordnung bis spätestens 30. September nach dem Stichtag gemäß lit. a kundzumachen.

   (BGBl I 2022/135)

[a] Zum Außerkrafttreten siehe § 124b Z 410.

3. Der Familienbonus Plus ist in der Veranlagung entsprechend der Antragstellung durch den Steuerpflichtigen wie folgt zu berücksichtigen:
   a) Für ein Kind, für das im jeweiligen Monat kein Unterhaltsabsetzbetrag nach Abs. 4 Z 3 zusteht:
      – Beim Familienbeihilfenberechtigten oder dessen (Ehe-)Partner der nach Z 1 oder Z 2 zustehende Betrag oder

– beim Familienbeihilfenberechtigten und dessen (Ehe-)Partner jeweils die Hälfte des nach Z 1 oder Z 2 zustehenden Betrages.

b) Für ein Kind, für das im jeweiligen Monat ein Unterhaltsabsetzbetrag nach Abs. 4 Z 3 zusteht:
   – Beim Familienbeihilfenberechtigten oder vom Steuerpflichtigen, dem für das Kind der Unterhaltsabsetzbetrag zusteht, der nach Z 1 oder Z 2 zustehende Betrag oder
   – beim Familienbeihilfenberechtigten und dem Steuerpflichtigen, dem für das Kind der Unterhaltsabsetzbetrag zusteht, jeweils die Hälfte des nach Z 1 oder Z 2 zustehenden Betrages.

   Für einen Monat, für den kein Unterhaltsabsetzbetrag zusteht, steht dem Unterhaltsverpflichteten kein Familienbonus Plus zu.

   (BGBl I 2020/96)

c) Die Aufteilung des Familienbonus Plus gemäß lit. a und b ist bei gleichbleibenden Verhältnissen für das gesamte Kalenderjahr einheitlich zu beantragen. Wird von den Anspruchsberechtigten die Berücksichtigung in einer Höhe beantragt, die insgesamt über das nach Z 1 oder Z 2 zustehende Ausmaß hinausgeht, ist jeweils die Hälfte des monatlich zustehenden Betrages zu berücksichtigen.

d) Der Antrag kann zurückgezogen werden. Ein Zurückziehen ist bis fünf Jahre nach Eintritt der Rechtskraft des Bescheides möglich und gilt nach Eintritt der Rechtskraft als rückwirkendes Ereignis im Sinne des § 295a der Bundesabgabenordnung sowohl für den Zurückziehenden als auch für den anderen Antragsberechtigten gemäß lit. a oder b. Wird der Antrag zurückgezogen, kann der gemäß lit. a oder b andere Antragsberechtigte den ganzen nach Z 1 oder Z 2 zustehenden Betrag beantragen.

   (BGBl I 2020/96)

4. (Ehe-)Partner im Sinne der Z 3 ist eine Person, mit der der Familienbeihilfenberechtigte verheiratet ist, eine eingetragene Partnerschaft nach dem Eingetragene Partnerschaft-Gesetz – EPG begründet hat oder für mehr als sechs Monate im Kalenderjahr in einer Lebensgemeinschaft lebt. Die Frist von sechs Monaten im Kalenderjahr gilt nicht, wenn dem nicht die Familienbeihilfe beziehenden Partner in den restlichen Monaten des Kalenderjahres, in denen die Lebensgemeinschaft nicht besteht, der Unterhaltsabsetzbetrag für dieses Kind zusteht.

   (BGBl I 2019/103)

5.[a)] § 26 Abs. 3 zweiter Satz der Bundesabgabenordnung kommt nicht zur Anwendung. Davon ausgenommen sind Ehegatten und Kinder von Steuerpflichtigen mit Dienstort im Ausland, die im Auftrag einer Gebietskörperschaft tätig sind.

   (BGBl I 2018/83, BGBl I 2022/135)

[a)] Zum Außerkrafttreten siehe § 124b Z 410.

6. In der Steuererklärung ist die Versicherungsnummer (§ 31 ASVG) oder die persönliche Kennnummer der Europäischen Krankenversicherungskarte (§ 31a ASVG) jedes Kindes, für das ein Familienbonus Plus beantragt wird, anzugeben.

7. Der Bundesminister für Finanzen hat die technischen Voraussetzungen für die Berücksichtigung des Familienbonus Plus im Rahmen der Veranlagung zur Verfügung zu stellen.

(BGBl I 2018/62)

(4) Darüber hinaus stehen folgende Absetzbeträge zu, wenn sich das Kind ständig in einem Mitgliedstaat der EU oder Hoheitsgebiet einer anderen Vertragspartei des Abkommens über den Europäischen Wirtschaftsraum oder der Schweiz aufhält:

1. Alleinverdienenden steht ein Alleinverdienerabsetzbetrag zu. Dieser beträgt jährlich
   – bei einem Kind (§ 106 Abs. 1) **„520“** Euro,
   – bei zwei Kindern (§ 106 Abs. 1) **„704“** Euro.

   Dieser Betrag erhöht sich für das dritte und jedes weitere Kind (§ 106 Abs. 1) um jeweils **„232“** Euro jährlich.

   Alleinverdienende sind Steuerpflichtige mit mindestens einem Kind (§ 106 Abs. 1), die mehr als sechs Monate im Kalenderjahr verheiratet oder eingetragene Partner sind und von ihren unbeschränkt steuerpflichtigen Ehegatten oder eingetragenen Partnern nicht dauernd getrennt leben oder die mehr als sechs Monate mit einer unbeschränkt steuerpflichtigen Person in einer Lebensgemeinschaft leben. Für Steuerpflichtige im Sinne des § 1 Abs. 4 ist die unbeschränkte Steuerpflicht des Ehegatten oder eingetragenen Partners nicht erforderlich. Voraussetzung ist, dass der (Ehe)Partner (§ 106 Abs. 3) Einkünfte von höchstens **„6 312“** Euro jährlich erzielt. Die nach § 3 Abs. 1 Z 4 lit. a, weiters nach § 3 Abs. 1 Z 10, 11 und 32 und auf Grund zwischenstaatlicher oder anderer völkerrechtlicher Vereinbarungen steuerfreien Einkünfte sind in diese Grenzen mit einzubeziehen. Andere steuerfreie Einkünfte sind nicht zu berücksichtigen. Der Alleinverdienerabsetzbetrag steht nur einem der (Ehe) Partner zu. Erfüllen beide (Ehe)Partner die Voraussetzungen im Sinne der vorstehenden Sätze, hat jener (Ehe)Partner Anspruch auf den Alleinverdienerabsetzbetrag, der die höheren Einkünfte im Sinne der Z 1 erzielt.

Haben beide (Ehe)Partner keine oder gleich hohe Einkünfte im Sinne der Z 1, steht der Absetzbetrag dem haushaltsführenden (Ehe) Partner zu.

2. Alleinerziehenden steht ein Alleinerzieherabsetzbetrag zu. Dieser beträgt jährlich
   – bei einem Kind (§ 106 Abs. 1) **„520“** Euro,
   – bei zwei Kindern (§ 106 Abs. 1) **„704“** Euro.

   Dieser Betrag erhöht sich für das dritte und jedes weitere Kind (§ 106 Abs. 1) um jeweils **„232“** Euro jährlich. Alleinerziehende sind Steuerpflichtige, die mit mindestens einem Kind (§ 106 Abs. 1) mehr als sechs Monate im Kalenderjahr nicht in einer Gemeinschaft mit einem (Ehe)Partner leben.

3. Steuerpflichtigen, die für ein Kind den gesetzlichen Unterhalt leisten, steht ein Unterhaltsabsetzbetrag von **„31“** Euro monatlich zu. Dabei gilt:
   a) Der Unterhaltsabsetzbetrag steht zu, wenn das Kind nicht dem Haushalt des Steuerpflichtigen zugehört (§ 2 Abs. 5 Familienlastenausgleichsgesetz 1967) und weder ihm noch seinem von ihm nicht dauernd getrennt lebenden (Ehe-) Partner Familienbeihilfe für das Kind gewährt wird.
   b) Leistet ein Steuerpflichtiger für mehr als ein nicht haushaltszugehöriges Kind den gesetzlichen Unterhalt, steht für das zweite Kind ein Absetzbetrag von **„47“** Euro und für jedes weitere Kind ein Absetzbetrag von jeweils **„62“** Euro monatlich zu.
   c) Erfüllen mehrere Personen in Bezug auf ein Kind die Voraussetzungen für den Unterhaltsabsetzbetrag, steht der Absetzbetrag nur einmal zu.
   d) Wird die Unterhaltsverpflichtung im Kalenderjahr nicht zur Gänze erfüllt, steht der Unterhaltsabsetzbetrag nur für jene Monate zu, für die rechnerisch die volle Unterhaltsleistung erfüllt wurde, wobei vorrangig die zeitlich am weitesten zurückliegende Unterhaltsverpflichtung getilgt wird.
   e) Nachzahlungen von gesetzlichen Unterhaltsleistungen sind ausschließlich im Kalenderjahr der Zahlung zu berücksichtigen.

   (BGBl I 2018/62, BGBl I 2022/108)

4.[a] Abweichend von Z 1 bis 3 bestimmt sich die Höhe der Absetzbeträge für Kinder, die sich ständig in einem anderen Mitgliedstaat der EU oder Hoheitsgebiet einer anderen Vertragspartei des Abkommens über den Europäischen Wirtschaftsraum oder der Schweiz aufhalten, nach Abs. 3a Z 2. Steht ein Absetzbetrag für mehrere Kinder zu und halten diese sich in unterschiedlichen Ländern auf, sind zuerst ältere vor jüngeren anspruchsvermittelnden Kindern zu berücksichtigen.

   (BGBl I 2018/62, BGBl I 2022/135)

[a] Zum Außerkrafttreten siehe § 124b Z 410.

5.[a] § 26 Abs. 3 zweiter Satz der Bundesabgabenordnung kommt nicht zur Anwendung. Davon ausgenommen sind Ehegatten und Kinder von Steuerpflichtigen mit Dienstort im Ausland, die im Auftrag einer Gebietskörperschaft tätig sind.

   (BGBl I 2018/62, BGBl I 2018/83, BGBl I 2022/135)

[a] Zum Außerkrafttreten siehe § 124b Z 410.

(BGBl I 2018/62; Teuerungs-EP II, BGBl I 2022/163 ab Veranlagung 2023)

(5) Bei Einkünften aus einem bestehenden Dienstverhältnis stehen folgende Absetzbeträge zu:

1. Ein Verkehrsabsetzbetrag von **„421“** Euro jährlich.

   (BGBl I 2015/118; Teuerungs-EP II, BGBl I 2022/163 ab Veranlagung 2023)

2. Bei Anspruch auf ein Pendlerpauschale gemäß § 16 Abs. 1 Z 6 erhöht sich der Verkehrsabsetzbetrag auf **„726“** Euro, wenn das Einkommen des Steuerpflichtigen **„12 835“** Euro im Kalenderjahr nicht übersteigt. Der erhöhte Verkehrsabsetzbetrag vermindert sich zwischen Einkommen von **„12 835“** Euro und **„13 676“** Euro gleichmäßig einschleifend auf **„421“** Euro.

   (BGBl I 2015/118; Teuerungs-EP II, BGBl I 2022/163 ab Veranlagung 2023)

3. Der Verkehrsabsetzbetrag gemäß Z 1 oder 2 erhöht sich um **„684“** Euro (Zuschlag), wenn das Einkommen des Steuerpflichtigen **„16 832“** Euro im Kalenderjahr nicht übersteigt. Der Zuschlag vermindert sich zwischen Einkommen von **„16 832“** Euro und **„25 774“** Euro gleichmäßig einschleifend auf null.

   (BGBl I 2019/103, BGBl I 2020/96, BGBl I 2022/10; Teuerungs-EP II, BGBl I 2022/163 ab Veranlagung 2023)

4. Ein Pendlereuro in Höhe von jährlich zwei Euro pro Kilometer der einfachen Fahrtstrecke zwischen Wohnung und Arbeitsstätte, wenn der Arbeitnehmer Anspruch auf ein Pendlerpauschale gemäß § 16 Abs. 1 Z 6 hat. Für die Berücksichtigung des Pendlereuros gelten die Bestimmungen des § 16 Abs. 1 Z 6 lit. b und lit. e bis j entsprechend.

5. (aufgehoben)

   (BGBl I 2015/118)

(6) Stehen einem Steuerpflichtigen die Absetzbeträge nach Abs. 5 nicht zu und erhält er Bezüge oder Vorteile im Sinne des § 25 Abs. 1 Z 1 oder 2 für frühere Dienstverhältnisse, Pensionen und gleichartige Bezüge im Sinne des § 25 Abs. 1 Z 3 oder Abs. 1 Z 4 bis 5, steht ein Pensionistenabsetzbetrag gemäß Z 1 und Z 2 oder gemäß Z 3 zu. Bei Einkünften, die den Anspruch auf einen

Pensionistenabsetzbetrag begründen, steht der Werbungskostenpauschbetrag nach § 16 Abs. 3 nicht zu. Für die Berücksichtigung des Pensionistenabsetzbetrages gilt:

1. Ein erhöhter Pensionistenabsetzbetrag steht zu, wenn
   – der Steuerpflichtige mehr als sechs Monate im Kalenderjahr verheiratet oder eingetragener Partner ist und vom (Ehe-) Partner nicht dauernd getrennt lebt,
   – der (Ehe-)Partner (§ 106 Abs. 3) Einkünfte im Sinne des Abs. 4 Z 1 von höchstens **„2 315“** Euro jährlich erzielt und
   – der Steuerpflichtige keinen Anspruch auf den Alleinverdienerabsetzbetrag hat.
2. Der erhöhte Pensionistenabsetzbetrag beträgt **„1 278“** Euro, wenn die laufenden Pensionseinkünfte des Steuerpflichtigen **„20 967“** Euro im Kalenderjahr nicht übersteigen. Dieser Absetzbetrag vermindert sich gleichmäßig einschleifend zwischen zu versteuernden laufenden Pensionseinkünften von **„20 967“** Euro und **„26 826“** Euro auf null.

   (BGBl I 2019/103, BGBl I 2022/10, BGBl I 2022/93)
3. Liegen die Voraussetzungen für einen erhöhten Pensionistenabsetzbetrag nach der Z 1 nicht vor, beträgt der Pensionistenabsetzbetrag **„868“** Euro. Dieser Absetzbetrag vermindert sich gleichmäßig einschleifend zwischen zu versteuernden laufenden Pensionseinkünften von **„18 410“** Euro und **„26 826“** Euro auf null.

(BGBl I 2019/103, BGBl I 2022/10; Teuerungs-EP II, BGBl I 2022/163 ab Veranlagung 2023)

(7) Ergibt sich bei Steuerpflichtigen, die
– zumindest an 30 Tagen im Kalenderjahr steuerpflichtige Einkünfte gemäß § 2 Abs. 3 Z 1 bis 4 erzielen, oder
– ganzjährig Leistungen nach dem Kinderbetreuungsgeldgesetz (KBGG), BGBl. I Nr. 103/2001, oder Pflegekarenzgeld bezogen haben,

nach Abs. 1 eine Einkommensteuer unter 550 Euro, gilt bei Vorhandensein eines Kindes (§ 106 Abs. 1) Folgendes:

~~1.~~ Die Differenz zwischen 550 Euro und der Einkommensteuer nach Abs. 1 ist als Kindermehrbetrag zu erstatten, wenn
   a) der Alleinverdiener- oder Alleinerzieherabsetzbetrag zusteht oder
   b) sich auch beim (Ehe)Partner gemäß § 106 Abs. 3, der Einkünfte gemäß § 2 Abs. 3 Z 1 bis 4 erzielt, eine Einkommensteuer nach Abs. 1 unter 550 Euro ergibt; in diesem Fall hat nur der Familienbeihilfeberechtigte Anspruch auf den Kindermehrbetrag.

   (BGBl I 2022/135)

2.[a)] Hält sich das Kind ständig in einem anderen Mitgliedstaat der EU oder Hoheitsgebiet einer anderen Vertragspartei des Abkommens über den Europäischen Wirtschaftsraum oder der Schweiz auf, tritt an die Stelle des Betrages von 550 Euro der Betrag, der sich bei Anwendung des Abs. 3a Z 2 ergibt.

   (BGBl I 2022/135)

[a)] Zum Außerkrafttreten siehe § 124b Z 410.

Dieser Betrag erhöht sich für jedes weitere Kind (§ 106 Abs. 1) um den Betrag von 550 Euro ~~oder den an seine Stelle tretenden Betrag~~[a)].

(BGBl I 2018/62, BGBl I 2022/10, BGBl I 2022/93, BGBl I 2022/135)

[a)] Zum Außerkrafttreten siehe § 124b Z 410.

(8)
1. Ergibt sich nach Abs. 1 und 2 eine Einkommensteuer unter null, ist insoweit der Alleinverdienerabsetzbetrag oder der Alleinerzieherabsetzbetrag zu erstatten.
2. Ergibt sich bei Steuerpflichtigen, die Anspruch auf den Verkehrsabsetzbetrag haben, nach Abs. 1 und 2 eine Einkommensteuer unter null, sind 55% der Werbungskosten im Sinne des § 16 Abs. 1 Z 3 lit. a (ausgenommen Betriebsratsumlagen) und des § 16 Abs. 1 Z 4 und 5, höchstens aber **„421“** Euro jährlich rückzuerstatten (SV-Rückerstattung). Bei Steuerpflichtigen, die Anspruch auf ein Pendlerpauschale gemäß § 16 Abs. 1 Z 6 haben, sind höchstens **„526“** Euro rückzuerstatten. Bei Steuerpflichtigen, die Anspruch auf den Zuschlag gemäß Abs. 5 Z 3 haben, ist der maximale Betrag der SV-Rückerstattung um **„684“** Euro zu erhöhen (SV-Bonus).

   (BGBl I 2019/103, BGBl I 2020/96, BGBl I 2022/10)
3. Ergibt sich bei Steuerpflichtigen, die Anspruch auf den (erhöhten) Pensionistenabsetzbetrag haben, nach Abs. 1 und 2 eine Einkommensteuer unter null, sind 80% der Werbungskosten im Sinne des § 16 Abs. 1 Z 4, höchstens aber **„579“** Euro jährlich, rückzuerstatten (SVRückerstattung). Die Rückerstattung vermindert sich um steuerfreie Zulagen gemäß § 3 Abs. 1 Z 4 lit. f.

   (BGBl I 2019/103, BGBl I 2022/10)
4. Auf Grund zwischenstaatlicher oder anderer völkerrechtlicher Vereinbarungen steuerfreie Einkünfte sind für Zwecke der Berechnung der Einkommensteuer gemäß Z 1 bis 3 wie steuerpflichtige Einkünfte zu behandeln. Der Kinderabsetzbetrag gemäß Abs. 3 bleibt bei der Berechnung außer Ansatz.
5. Die Erstattung erfolgt im Wege der Veranlagung gemäß § 41 und ist mit der nach Abs. 1 und 2 berechneten Einkommensteuer unter null begrenzt.

(BGBl I 2015/118; Teuerungs-EP II, BGBl I 2022/163 ab Veranlagung 2023)

(9) und (9a) (aufgehoben)

(BGBl I 2015/118)

(10) Ein im Rahmen einer Veranlagung bei der Berechnung der Steuer anzuwendender Durchschnittssteuersatz ist vorbehaltlich des Abs. 11 nach Berücksichtigung der Abzüge gemäß Abs. 3a bis 6 (ausgenommen Kinderabsetzbeträge nach Abs. 3) zu ermitteln. Diese Abzüge sind nach Anwendung des Durchschnittssteuersatzes nicht nochmals abzuziehen.

(BGBl I 2019/103)

(11) Ist bei der Berechnung der Steuer ein Progressionsvorbehalt aus der Anwendung eines Doppelbesteuerungsabkommens zu berücksichtigen, gilt für die Steuerberechung Folgendes: Der Durchschnittssteuersatz ist zunächst ohne Berücksichtigung der Abzüge gemäß Abs. 3a bis 6 zu ermitteln. Von der unter Anwendung dieses Durchschnittssteuersatzes ermittelten Steuer sind die Abzüge gemäß Abs. 3a bis 6 (ausgenommen Kinderabsetzbeträge nach Abs. 3) abzuziehen.

(BGBl I 2019/103)

„Inflationsanpassung

§ 33a.[a)] **(1) Die steuerliche Mehrbelastung durch die kalte Progression (Abs. 2) ist nach Maßgabe der folgenden Bestimmungen abzugelten.**

(2) Als kalte Progression ist das inflationsbedingte Mehraufkommen an Einkommensteuer zu verstehen, das sich für das jeweilige Folgejahr als Differenz aus dem Steueraufkommen auf Grundlage von noch nicht nach § 33 Abs. 1a inflationsangepassten Beträgen und dem Steueraufkommen bei einer Inflationsanpassung nach Maßgabe des § 33 Abs. 1a unter Zugrundelegung einer gemäß Abs. 3 ermittelten positiven Inflationsrate ergibt.

(3) Für die Ermittlung der Inflationsrate ist das arithmetische Mittel der für die Monate Juli des vorangegangenen Jahres bis Mai des laufenden Jahres sowie des vorläufigen Wertes für Juni des laufenden Jahres der von der Bundesanstalt Statistik Österreich veröffentlichten Jahresinflationsraten des Verbraucherpreisindexes heranzuziehen. Das arithmetische Mittel ist auf das Zehntel eines Prozentpunktes zu runden.

(4) Für jedes Kalenderjahr erfolgt eine Anpassung der Beträge gemäß § 33 Abs. 1a im Ausmaß von zwei Dritteln der positiven Inflationsrate (Abs. 3). Die so ermittelten Beträge sind auf volle Euro aufzurunden. Der Bundesminister für Finanzen hat die für das Folgejahr angepassten Beträge jeweils bis zum 31. August des laufenden Kalenderjahres im Wege einer Verordnung kundzumachen.

(5) Zur Abgeltung der noch nicht gemäß Abs. 4 berücksichtigten Inflationswirkungen hat die Bundesregierung bis 15. September jeden Jahres einen Ministerratsbeschluss zu fassen, der im Umfang des noch nicht erfassten Volumens der kalten Progression Entlastungsmaßnahmen für Bezieher von Einkünften, vor allem im Bereich der Einkommensteuer, zum Gegenstand hat. Grundlage dafür bildet ein bis 31. Juli vorzulegender Progressionsbericht (Abs. 6), der auch dem Nationalrat vorzulegen ist. Die zuständigen Bundesminister haben Gesetzesvorschläge für die Entlastungsmaßnahmen auszuarbeiten, die eine Wirksamkeit mit 1. Jänner des folgenden Kalenderjahres vorsehen.

(6) Für den Progressionsbericht gilt:

1. **Für das jeweilige Folgejahr sind darzustellen:**
   a) **Die Höhe der Inflationsrate gemäß Abs. 3,**
   b) **das prognostizierte Einkommensteueraufkommen auf Grundlage noch nicht nach § 33 Abs. 1a inflationsangepassten Beträgen,**
   c) **das prognostizierte Einkommensteueraufkommen bei einer Inflationsanpassung nach Maßgabe des § 33 Abs. 1a sowie bei Inflationsanpassung des für die Anwendung des Höchststeuersatzes maßgebenden Grenzbetrages unter Zugrundelegung einer positiven Inflationsrate gemäß Abs. 3 sowie**
   d) **das prognostizierte Einkommensteueraufkommen unter Berücksichtigung der Inflationsanpassung gemäß Abs. 4.**

   Für das prognostizierte Einkommensteueraufkommen ist die für das Folgejahr maßgebende Rechtslage heranzuziehen.
2. **Der Ermittlung des prognostizierten Einkommensteueraufkommens gemäß Z 1 lit. b bis d ist eine wissenschaftlich fundierte geschätzte und simulierte Verteilung von Einkommen und relevanter sozioökonomischer Charakteristika zu Grunde zu legen.**
3. **Der Bundesminister für Finanzen hat zwei wirtschaftswissenschaftliche Forschungsinstitute mit der Erstellung des Progressionsberichtes zu betrauen und in einer Verordnung nähere Regelungen für die Erstellung des Berichtes sowie eine durchzuführende Evaluierung vorzusehen.“**

(Teuerungs-EP II, BGBl I 2022/163 ab Veranlagung 2024)

[a)] Tritt mit 1. Jänner 2024 in Kraft.

Außergewöhnliche Belastung

§ 34. (1) Bei der Ermittlung des Einkommens (§ 2 Abs. 2) eines unbeschränkt Steuerpflichtigen sind nach Abzug der Sonderausgaben (§ 18) außergewöhnliche Belastungen abzuziehen. Die Belastung muß folgende Voraussetzungen erfüllen:

1. Sie muß außergewöhnlich sein (Abs. 2).
2. Sie muß zwangsläufig erwachsen (Abs. 3).

3. Sie muß die wirtschaftliche Leistungsfähigkeit wesentlich beeinträchtigen (Abs. 4).

Die Belastung darf weder Betriebsausgaben, Werbungskosten noch Sonderausgaben sein.

(2) Die Belastung ist außergewöhnlich, soweit sie höher ist als jene, die der Mehrzahl der Steuerpflichtigen gleicher Einkommensverhältnisse, gleicher Vermögensverhältnisse erwächst.

(3) Die Belastung erwächst dem Steuerpflichtigen zwangsläufig, wenn er sich ihr aus tatsächlichen, rechtlichen oder sittlichen Gründen nicht entziehen kann.

(4) Die Belastung beeinträchtigt wesentlich die wirtschaftliche Leistungsfähigkeit, soweit sie einen vom Steuerpflichtigen von seinem Einkommen (§ 2 Abs. 2 in Verbindung mit Abs. 5) vor Abzug der außergewöhnlichen Belastungen zu berechnenden Selbstbehalt übersteigt. Der Selbstbehalt beträgt bei einem Einkommen

von höchstens 7 300 Euro .... 6%.
mehr als 7 300 Euro bis 14 600 Euro .... 8%.
mehr als 14 600 Euro bis 36 400 Euro .... 10%.
mehr als 36 400 Euro .... 12%.

Der Selbstbehalt vermindert sich um je einen Prozentpunkt

– wenn dem Steuerpflichtigen der Alleinverdienerabsetzbetrag oder der Alleinerzieherabsetzbetrag zusteht
– wenn dem Steuerpflichtigen kein Alleinverdiener- oder Alleinerzieherabsetzbetrag zusteht, er aber mehr als sechs Monate im Kalenderjahr verheiratet oder eingetragener Partner ist und vom (Ehe-)Partner nicht dauernd getrennt lebt und der (Ehe-)Partner Einkünfte im Sinne des § 33 Abs. 4 Z 1 von höchstens **„6 312“**Euro jährlich erzielt
– für jedes Kind (§ 106).

(Teuerungs-EP II, BGBl I 2022/163 ab Veranlagung 2023)

(5) Sind im Einkommen sonstige Bezüge im Sinne des § 67 enthalten, dann sind als Einkünfte aus nichtselbständiger Arbeit für Zwecke der Berechnung des Selbstbehaltes die zum laufenden Tarif zu versteuernden Einkünfte aus nichtselbständiger Arbeit, erhöht um die sonstigen Bezüge gemäß § 67 Abs. 1 und 2, anzusetzen.

(6) Folgende Aufwendungen können ohne Berücksichtigung des Selbstbehaltes abgezogen werden:

– Aufwendungen zur Beseitigung von Katastrophenschäden, insbesondere Hochwasser-, Erdrutsch-, Vermurungs- und Lawinenschäden im Ausmaß der erforderlichen Ersatzbeschaffungskosten.
– Kosten einer auswärtigen Berufsausbildung nach Abs. 8.
– Mehraufwendungen des Steuerpflichtigen für Personen, für die gemäß § 8 Abs. 4 des Familienlastenausgleichsgesetzes 1967 erhöhte Familienbeihilfe gewährt wird, soweit sie die Summe der pflegebedingten Geldleistungen (Pflegegeld, Pflegezulage, Blindengeld oder Blindenzulage) übersteigen.
– Aufwendungen im Sinne des § 35, die an Stelle der Pauschbeträge geltend gemacht werden (§ 35 Abs. 5).
– Mehraufwendungen aus dem Titel der Behinderung, wenn die Voraussetzungen des § 35 Abs. 1 vorliegen, soweit sie die Summe pflegebedingter Geldleistungen (Pflegegeld, Pflegezulage, Blindengeld oder Blindenzulage) übersteigen.

Der Bundesminister für Finanzen kann mit Verordnung festlegen, in welchen Fällen und in welcher Höhe Mehraufwendungen aus dem Titel der Behinderung ohne Anrechnung auf einen Freibetrag nach § 35 Abs. 3 und ohne Anrechnung auf eine pflegebedingte Geldleistung zu berücksichtigen sind.

(BGBl I 2019/103)

(7) Für Unterhaltsleistungen gilt folgendes:

1. Unterhaltsleistungen für ein Kind sind durch die Familienbeihilfe, den Familienbonus Plus gemäß § 33 Abs. 3a, den Kindermehrbetrag gemäß § 33 Abs. 7 sowie gegebenenfalls den Kinderabsetzbetrag gemäß § 33 Abs. 3 abgegolten, und zwar auch dann, wenn nicht der Steuerpflichtige selbst, sondern sein mit ihm im gemeinsamen Haushalt lebender (Ehe) Partner (§ 106 Abs. 3) Anspruch auf diese Beträge hat.
(BGBl I 2018/62)
2. Leistungen des gesetzlichen Unterhalts für ein Kind sind bei Vorliegen der Voraussetzungen des § 33 Abs. 4 Z 3 durch den Unterhaltsabsetzbetrag abgegolten.
3. (aufgehoben)
4. Darüber hinaus sind Unterhaltsleistungen nur insoweit abzugsfähig, als sie zur Deckung von Aufwendungen gewährt werden, die beim Unterhaltsberechtigten selbst eine außergewöhnliche Belastung darstellen würden. Ein Selbstbehalt (Abs. 4) auf Grund eigener Einkünfte des Unterhaltsberechtigten ist nicht zu berücksichtigen.
5. **(Verfassungsbestimmung)** Unterhaltsleistungen an volljährige Kinder, für die keine Familienbeihilfe ausbezahlt wird, sind außer in den Fällen und im Ausmaß der Z 4 weder im Wege eines Kinder- oder Unterhaltsabsetzbetrages noch einer außergewöhnlichen Belastung zu berücksichtigen.

(8) Aufwendungen für eine Berufsausbildung eines Kindes außerhalb des Wohnortes gelten dann als außergewöhnliche Belastung, wenn im Einzugsbereich des Wohnortes keine entsprechende Ausbildungsmöglichkeit besteht. Diese außergewöhnliche Belastung wird durch Abzug eines Pauschbetrages von 110 Euro pro Monat der Berufsausbildung berücksichtigt.

(9) (aufgehoben)

(BGBl I 2018/62)

Behinderte

§ 35. (1) Hat der Steuerpflichtige außergewöhnliche Belastungen

- durch eine eigene körperliche oder geistige Behinderung,
- bei Anspruch auf den Alleinverdienerabsetzbetrag durch eine Behinderung des (Ehe) Partners (§ 106 Abs. 3),
- ohne Anspruch auf den Alleinverdienerabsetzbetrag durch eine Behinderung des (Ehe-) Partners, wenn er mehr als sechs Monate im Kalenderjahr verheiratet oder eingetragener Partner ist und vom (Ehe-)Partner nicht dauernd getrennt lebt und der (Ehe-)Partner Einkünfte im Sinne des § 33 Abs. 4 Z 1 von höchstens **„6 312"** Euro jährlich erzielt,
- durch eine Behinderung eines Kindes (§ 106 Abs. 1 und 2), für das keine erhöhte Familienbeihilfe gemäß § 8 Abs. 4 des Familienlastenausgleichsgesetzes 1967 gewährt wird,

und erhält weder der Steuerpflichtige noch sein (Ehe-)Partner noch sein Kind eine pflegebedingte Geldleistung (Pflegegeld, Pflegezulage, Blindengeld oder Blindenzulage), so steht ihm jeweils ein Freibetrag (Abs. 3) zu.

(Teuerungs-EP II, BGBl I 2022/163 ab Veranlagung 2023)

(2) Die Höhe des Freibetrages bestimmt sich nach dem Ausmaß der Minderung der Erwerbsfähigkeit (Grad der Behinderung). Die Minderung der Erwerbsfähigkeit (Grad der Behinderung) richtet sich in Fällen,

1. in denen Leistungen wegen einer Behinderung erbracht werden, nach der hiefür maßgebenden Einschätzung,
2. in denen keine eigenen gesetzlichen Vorschriften für die Einschätzung bestehen, nach § 7 und § 9 Abs. 1 des Kriegsopferversorgungsgesetzes 1957 bzw. nach der Einschätzungsverordnung, BGBl. II Nr. 261/2010, für die von ihr umfassten Bereiche.

Die Tatsache der Behinderung und das Ausmaß der Minderung der Erwerbsfähigkeit (Grad der Behinderung) sind durch eine amtliche Bescheinigung der für diese Feststellung zuständigen Stelle nachzuweisen. Zuständige Stelle ist:

- Der Landeshauptmann bei Empfängern einer Opferrente (§ 11 Abs. 2 des Opferfürsorgegesetzes, BGBl. Nr. 183/1947).
- Die Sozialversicherungsträger bei Berufskrankheiten oder

  Berufsunfällen von Arbeitnehmern.
- In allen übrigen Fällen sowie bei Zusammentreffen von

  Behinderungen verschiedener Art das Bundesamt für Soziales und Behindertenwesen; dieses hat den Grad der Behinderung durch Ausstellung eines Behindertenpasses nach §§ 40 ff des Bundesbehindertengesetzes, im negativen Fall durch einen in Vollziehung dieser Bestimmungen ergehenden Bescheid zu bescheinigen.

(3) Es wird jährlich gewährt

bei einer Minderung der Erwerbsfähigkeit von	ein Freibetrag von Euro
25% bis 34%	124
35% bis 44%	164
45% bis 54%	401
55% bis 64%	486
65% bis 74%	599
75% bis 84%	718
85% bis 94%	837
ab 95%	1.198.

(BGBl I 2019/103)

(4) Haben mehrere Steuerpflichtige Anspruch auf einen Freibetrag nach Abs. 3, dann ist dieser Freibetrag im Verhältnis der Kostentragung aufzuteilen. Weist einer der Steuerpflichtigen seine höheren Mehraufwendungen nach, dann ist beim anderen Steuerpflichtigen der Freibetrag um die nachgewiesenen Mehraufwendungen zu kürzen.

(5) Anstelle des Freibetrages können auch die tatsächlichen Kosten aus dem Titel der Behinderung geltend gemacht werden (§ 34 Abs. 6).

(6) Bezieht ein Arbeitnehmer Arbeitslohn von zwei oder mehreren Arbeitgebern, steht der Freibetrag nur einmal zu.

(7) Der Bundesminister für Finanzen kann nach den Erfahrungen der Praxis im Verordnungsweg Durchschnittssätze für die Kosten bestimmter Krankheiten sowie körperlicher und geistiger Gebrechen festsetzen, die zu Behinderungen im Sinne des Abs. 3 führen.

(8) Das Bundesamt für Soziales und Behindertenwesen hat mit ausdrücklicher Einwilligung der betroffenen Person dem zuständigen Finanzamt und dem Arbeitgeber, der Bezüge aus einer gesetzlichen Sozialversicherung oder Ruhegenussbezüge einer Gebietskörperschaft im Sinne des § 25 Abs. 1 Z 1, 3 oder 4 auszahlt, die vom Bundesamt für Soziales und Behindertenwesen gespeicherten und für die Berücksichtigung von Freibeträgen im Sinne der Abs. 1 bis 3 und 7 erforderlichen personenbezogenen Daten elektronisch zu übermitteln. Die Übermittlung der genannten personenbezogenen Daten ist auch hinsichtlich jener Personen zulässig, die einen Freibetrag im Sinne der Abs. 1 bis 3 und 7 bereits beantragt haben. Die Datenübermittlung ersetzt für den betroffenen Steuerpflichtigen den Nachweis gemäß Abs. 2 und die Bescheinigung gemäß § 62 Z 10. Eine Verwendung dieser personenbezogenen Daten darf nur zu diesem Zweck stattfinden. Personenbezogenen Daten, die nicht mehr benötigt werden, sind zu löschen.

(BGBl I 2018/62)

Steuerfestsetzung bei Schulderlass im Rahmen eines Insolvenzverfahrens

§ 36. (1) Sind im Einkommen eines Steuerpflichtigen aus einem Schulderlass resultierende Gewinne enthalten, hat die Steuerfestsetzung in den Fällen des Abs. 2 nach Maßgabe des Abs. 3 zu erfolgen.

(2) Aus dem Schulderlass resultierende Gewinne sind solche, die entstanden sind durch:

1. Erfüllung eines Sanierungsplans gemäß §§ 140 bis 156 der Insolvenzordnung (IO) oder einer vergleichbaren außergerichtlichen Sanierung,

   (BGBl I 2021/227)
2. Erfüllung eines Zahlungsplanes (§§ 193 bis 198 IO) oder
3. Erteilung einer Restschuldbefreiung nach Durchführung eines Abschöpfungsverfahrens (§§ 199 bis 216 IO).

(3) Für die Steuerfestsetzung gilt:

1. Es ist die Steuer vom Einkommen sowohl einschließlich als auch ausschließlich der aus dem Schulderlass resultierenden Gewinne zu berechnen und daraus der Unterschiedsbetrag zu ermitteln.
2. Auf den nach Z 1 ermittelten Unterschiedsbetrag ist der dem Schulderlass entsprechende Prozentsatz (100 Prozent abzüglich der Quote) anzuwenden.
3. Der nach Z 2 ermittelte Betrag ist von der Steuer abzuziehen, die sich aus dem Einkommen einschließlich der aus dem Schulderlass resultierenden Gewinne ergibt.

Ermäßigung der Progression, Sondergewinne

§ 37. (1) Der Steuersatz ermäßigt sich für

– außerordentliche Einkünfte (Abs. 5),
– Einkünfte aus besonderen Waldnutzungen (Abs. 6), soweit diese vorrangig den Verlust aus anderen Holznutzungen und sodann einen weiteren Verlust aus demselben forstwirtschaftlichen Betriebszweig, in dem die Einkünfte aus besonderer Waldnutzung angefallen sind, übersteigen,
– Einkünfte aus der Verwertung patentrechtlich geschützter Erfindungen (§ 38)

auf die Hälfte des auf das gesamte Einkommen entfallenden Durchschnittssteuersatzes.

(2) Über Antrag sind nachstehende Einkünfte, beginnend mit dem Veranlagungsjahr, dem der Vorgang zuzurechnen ist, gleichmäßig verteilt auf drei Jahre anzusetzen:

1. Veräußerungsgewinne im Sinne des § 24, wenn seit der Eröffnung oder dem letzten entgeltlichen Erwerbsvorgang sieben Jahre verstrichen sind.
2. Entschädigungen im Sinne des § 32 Abs. 1 Z 1, wenn überdies im Falle der lit. a oder b der Zeitraum, für den die Entschädigungen gewährt werden, mindestens sieben Jahre beträgt.

(3) Über Antrag sind stille Reserven, die deswegen aufgedeckt werden, weil Wirtschaftsgüter durch behördlichen Eingriff oder zur Vermeidung eines solchen nachweisbar unmittelbar drohenden Eingriffs aus dem Betriebsvermögen ausscheiden, beginnend mit dem Veranlagungsjahr, dem der Vorgang zuzurechnen ist, gleichmäßig verteilt auf fünf Jahre anzusetzen. Diese Bestimmung ist nicht anzuwenden, soweit stille Reserven nach § 12 übertragen oder einer Übertragungsrücklage zugeführt werden.

(4) Über Antrag sind Einkünfte gemäß § 21 gleichmäßig auf drei Jahre verteilt anzusetzen. Dabei gilt:

1. In die Verteilung einzubeziehen sind:
   a) Einkünfte aus dem Betrieb von Landwirtschaft, Forstwirtschaft, Weinbau, Gartenbau, Obstbau, Gemüsebau und aus allen Betrieben, die Pflanzen und Pflanzenteile mit Hilfe der Naturkräfte gewinnen;
   b) Einkünfte aus Tierzucht- und Tierhaltungsbetrieben im Sinne des § 30 Abs. 3 bis 7 des Bewertungsgesetzes 1955;
   c) Einkünfte aus Binnenfischerei, Fischzucht und Teichwirtschaft und aus Bienenzucht;
   d) Einkünfte aus übrigem land- und forstwirtschaftlichem Vermögen im Sinne des § 50 des Bewertungsgesetzes 1955,

   wenn diese durch Teilpauschalierung (Betriebsausgabenpauschalierung), Einnahmen-Ausgaben-Rechnung oder Buchführung ermittelt worden sind.
2. Folgende Einkünfte gemäß Z 1 sind nicht in die Verteilung einzubeziehen:
   a) Einkünfte aus Nebenerwerb und Nebentätigkeiten, aus be- und/oder verarbeiteten eigenen oder zugekauften Urprodukten, aus dem Wein- und Mostbuschenschank und dem Almausschank;
   b) Einkünfte gemäß § 27;
   c) Einkünfte aus nicht regelmäßig im Betrieb anfallenden Vorgängen (insbesondere Einkünfte aus der Veräußerung von Grundstücken und Einkünfte aus der Einräumung von Rechten);
   d) Entschädigungen im Sinne des § 32 Abs. 1 Z 1 lit. a und b, wenn sie gemäß Abs. 2 verteilt angesetzt werden;
   e) Einkünfte aus besonderen Waldnutzungen, für die sich der Steuersatz gemäß Abs. 1 iVm 6 ermäßigt;
   f) Einkünfte, die gemäß Abs. 3 verteilt angesetzt werden;
   g) Übergangsgewinne und Übergangsverluste;
   h) Veräußerungsgewinne gemäß § 24.

3. Erfasst die Verteilung nicht sämtliche Einkünfte aus dem Betrieb, ist die Verteilung nur zulässig, wenn aus den Aufzeichnungen klar erkennbar ist, welche Einkünfte in die Verteilung einbezogen wurden und wie sie ermittelt wurden. Nicht eindeutig zuordenbare Betriebsausgaben sind nach dem Verhältnis der Betriebseinnahmen aus zu verteilenden Einkünften und nicht zu verteilenden Einkünften aufzuteilen. Ist eine derartige Aufteilung nicht möglich, sind die nicht eindeutig zuordenbaren Betriebsausgaben zur Gänze bei den zu verteilenden Einkünften zu berücksichtigen.
4. Zu verteilen ist der positive Saldo aus den zu verteilenden Einkünften des Betriebes, höchstens aber die gesamten aus dem Betrieb erzielten positiven Einkünfte gemäß § 21.
5. Die Einkünfte gemäß Z 1 sind im Veranlagungsjahr und den beiden Folgejahren jeweils zu einem Drittel zu berücksichtigen.
6. Die Verteilung ist bei ihrer erstmaligen Inanspruchnahme in der Steuererklärung an der dafür vorgesehenen Stelle zu beantragen. Der Antrag betrifft alle verteilungsfähigen Einkünfte eines Betriebes und ist bis zur Beendigung (Z 7) für die Folgejahre bindend.
7. Die Verteilung endet, wenn einer der folgenden Umstände eingetreten ist:
   a) Tod des Steuerpflichtigen;
   b) Wegfall der Voraussetzung für die Verteilung sowie Betriebsveräußerung, Betriebsaufgabe oder Veräußerung oder Aufgabe der Betätigung, aus der zu verteilende Einkünfte stammen;

      (BGBl I 2022/108)
   c) Übertragung des Betriebes oder Teilbetriebes, aus dem zu verteilende Einkünfte stammen, im Wege einer Umgründung gemäß Art. III, Art. IV oder Art. V des Umgründungssteuergesetzes;
   d) Unentgeltliche Übertragung des Betriebes oder der Betätigung, aus der zu verteilende Einkünfte stammen;
   e) Widerruf des Antrages auf Verteilung durch den Steuerpflichtigen. Im Fall eines Widerrufs kann ein neuerlicher Antrag erst nach Ablauf von fünf Veranlagungsjahren gestellt werden;
   f) Nichterfüllung oder grob mangelhafte Erfüllung der Aufzeichnungsverpflichtung gemäß Z 3. In diesem Fall hat das Finanzamt im Abgabenbescheid festzustellen, dass die Verteilung unterbleibt oder endet; noch ausstehende Drittelbeträge sind in einem Gesamtbetrag im Jahr der Beendigung zu erfassen. Ein neuerlicher Antrag kann erst nach Ablauf von fünf Veranlagungsjahren gestellt werden.
8. Die Beendigung der Verteilung ist in den Fällen der Z 7 lit. a bis e in der Steuererklärung des betreffenden Jahres bekannt zu geben. In den Fällen der lit. b, c, d und e hat eine Bekanntgabe zu unterbleiben, wenn die Verteilung in Bezug auf Einkünfte aus einem anderen Betrieb als jenem, auf den sich der Beendigungsgrund bezieht, aufrecht bleiben soll. Im Fall der Bekanntgabe der Beendigung ist im Beendigungsjahr und dem Folgejahr die Gesamtsumme der noch nicht erfassten Drittelbeträge jeweils zur Hälfte zu erfassen. Abweichend davon gilt bei Beendigung gemäß Z 7 lit. a bis e:
   a) Ist das Beendigungsjahr zumindest das zweitfolgende nach der erstmaligen Verteilung, ist auf Antrag der Gesamtbetrag aus den noch zu berücksichtigenden Drittelbeträgen entweder im Jahr der Beendigung zur Gänze oder im Jahr der Beendigung und den nachfolgenden drei Jahren jeweils zu einem Viertel gleichmäßig verteilt zu erfassen.
   b) Ist das Beendigungsjahr das der erstmaligen Verteilung folgende Jahr, ist der Gesamtbetrag aus den noch zu berücksichtigenden zwei Drittelbeträgen im Jahr der Beendigung zu erfassen.

(BGBl I 2020/96)

(5) Außerordentliche Einkünfte sind Veräußerungs- und Übergangsgewinne, wenn die Betriebsveräußerung oder aufgabe aus folgenden Gründen erfolgt:

1. Der Steuerpflichtige ist gestorben und es wird dadurch eine Betriebsveräußerung oder Betriebsaufgabe veranlasst.
2. Der Steuerpflichtige ist wegen körperlicher oder geistiger Behinderung in einem Ausmaß erwerbsunfähig, dass er nicht in der Lage ist, seinen Betrieb fortzuführen oder die mit seiner Stellung als Mitunternehmer verbundenen Aufgaben oder Verpflichtungen zu erfüllen. Das Vorliegen dieser Voraussetzung ist auf Grundlage eines vom Steuerpflichtigen beigebrachten medizinischen Gutachtens eines allgemein beeideten und gerichtlich zertifizierten Sachverständigen zu beurteilen, es sei denn, es liegt eine medizinische Beurteilung durch den für den Steuerpflichtigen zuständigen Sozialversicherungsträger vor.
3. Der Steuerpflichtige hat das 60. Lebensjahr vollendet und stellt seine Erwerbstätigkeit ein. Eine Erwerbstätigkeit liegt nicht vor, wenn der Gesamtumsatz aus den ausgeübten Tätigkeiten 22.000 Euro und die gesamten Einkünfte aus den ausgeübten Tätigkeiten 730 Euro im Kalenderjahr nicht übersteigen.

Für Veräußerungs- und Übergangsgewinne steht der ermäßigte Steuersatz nur über Antrag und nur dann zu, wenn seit der Eröffnung oder dem letzten entgeltlichen Erwerbsvorgang sieben Jahre verstrichen sind.

(6) Einkünfte aus besonderen Waldnutzungen liegen nur vor, wenn für das stehende Holz kein Bestandsvergleich vorgenommen wird und überdies

außerordentliche Waldnutzungen oder Waldnutzungen infolge höherer Gewalt vorliegen. Einkünfte aus außerordentlichen Waldnutzungen sind solche, die aus wirtschaftlichen Gründen geboten sind und über die nach forstwirtschaftlichen Grundsätzen nachhaltig zu erzielenden jährlichen regelmäßigen Nutzungen hinausgehen. Die Betriebsart ist unmaßgeblich. Bei Einkünften aus Waldnutzungen infolge höherer Gewalt hindert die Behandlung eines Teiles der stillen Reserve nach § 12 Abs. 7 nicht die Versteuerung des restlichen Teiles der Einkünfte zum ermäßigten Steuersatz gemäß Abs. 1.

(7) Die Progressionsermäßigung nach Abs. 2, Abs. 3 oder Abs. 5 steht nicht zu, wenn Einkünfte nicht in einem Veranlagungszeitraum anfallen. Für Einkünfte, die zum Teil mit dem festen Steuersatz des § 67 versteuert werden, steht keine Progressionsermäßigung zu.

(8) (aufgehoben)

(9) Bei der erstmaligen Veranlagung für ein Kalenderjahr sind auf Antrag positive Einkünfte aus selbständiger künstlerischer Tätigkeit im Sinne des § 10 Abs. 3 Z 4 des Umsatzsteuergesetzes 1994 und aus schriftstellerischer Tätigkeit beginnend mit dem Veranlagungsjahr, das zwei Jahre vor dem Kalenderjahr liegt, dem die Einkünfte zuzurechnen sind, gleichmäßig auf drei Jahre zu verteilen. Der Antrag ist in der Steuererklärung für das Kalenderjahr zu stellen, dem die zu verteilenden Einkünfte zuzurechnen sind. Der Antrag ist unwiderruflich. Wird ein derartiger Antrag gestellt, sind die betreffenden Verfahren wiederaufzunehmen.

(BGBl I 2022/108)

Verwertung von Patentrechten

§ 38. (1) Sind im Einkommen Einkünfte aus der Verwertung patentrechtlich geschützter Erfindungen durch andere Personen enthalten, so ermäßigt sich der Steuersatz auf die Hälfte des auf das gesamte Einkommen entfallenden Durchschnittssteuersatzes. Diese Begünstigung steht nur dem Erfinder selbst zu.

(2) Der patentrechtliche Schutz muß für jenen Zeitraum gegeben sein, für den Lizenzzahlungen erfolgen oder in dem die Erfindung veräußert wird. Die Erfindung muß in jenem Gebiet patentrechtlich geschützt sein, in dem sie im Sinne des Abs. 1 verwertet wird; erfolgt diese Verwertung im Ausland, so genügt es, wenn die Erfindung in Österreich patentrechtlich geschützt ist.

(3) Der ermäßigte Steuersatz steht nur für Veranlagungszeiträume zu, für die der Patentschutz nach Abs. 2 aufrecht ist. Der aufrechte Patentschutz ist auf Verlangen der Abgabenbehörde vom Steuerpflichtigen nachzuweisen.

4. TEIL
VERANLAGUNG

Allgemeine Veranlagung und Veranlagungszeitraum

§ 39. (1) Die Einkommensteuer wird nach Ablauf des Kalenderjahres (Veranlagungszeitraumes) nach dem Einkommen veranlagt, das der Steuerpflichtige in diesem Veranlagungszeitraum bezogen hat. Hat der Steuerpflichtige lohnsteuerpflichtige Einkünfte bezogen, so erfolgt eine Veranlagung nur, wenn die Voraussetzungen des § 41 vorliegen. Sind im Einkommen Einkünfte aus Kapitalvermögen enthalten, so bleiben Überschüsse aus dieser Einkunftsart außer Ansatz, wenn sie 22 Euro nicht übersteigen.

(2) Hat die Steuerpflicht nicht während des vollen Veranlagungszeitraumes bestanden, so wird das während der Dauer der Steuerpflicht bezogene Einkommen zugrunde gelegt. Bei Wegfall der Steuerpflicht kann die Veranlagung sofort vorgenommen werden.

(3) Die im Bescheid festgesetzte Einkommensteuer ist auf volle Euro abzurunden oder aufzurunden. Dabei sind Beträge unter 0,50 Euro abzurunden, Beträge ab 0,50 Euro aufzurunden.

Erstattung von Absetzbeträgen in der Veranlagung

§ 40. Eine Veranlagung nach § 39 erfolgt auch bei Steuerpflichtigen, die kein Einkommen, aber Anspruch auf den Alleinverdienerabsetzbetrag oder auf den Alleinerzieherabsetzbetrag haben und die Erstattung dieses Absetzbetrages beantragen. Der Antrag kann innerhalb von fünf Jahren ab dem Ende des jeweiligen Veranlagungszeitraums gestellt werden.

Veranlagung von lohnsteuerpflichtigen Einkünften

§ 41. (1) Sind im Einkommen lohnsteuerpflichtige Einkünfte enthalten, so ist der Steuerpflichtige zu veranlagen, wenn

1. er andere Einkünfte bezogen hat, deren Gesamtbetrag 730 Euro übersteigt,
2. im Kalenderjahr zumindest zeitweise gleichzeitig zwei oder mehrere lohnsteuerpflichtige Einkünfte, die beim Lohnsteuerabzug gesondert versteuert wurden, bezogen worden sind.
3. im Kalenderjahr Bezüge gemäß § 69 Abs. 2, 3, 5, 6, 7, 8 oder 9 zugeflossen sind,
4. ein Freibetragsbescheid für das Kalenderjahr gemäß § 63 Abs. 1 oder ein Freibetrag gemäß § 103 Abs. 1a bei der Lohnverrechnung berücksichtigt wurde,

   (BGBl I 2016/117)
5. der Alleinverdienerabsetzbetrag, der Alleinerzieherabsetzbetrag, der erhöhte Pensionistenabsetzbetrag, der erhöhte Verkehrsabsetzbetrag oder Freibeträge nach § 62 Z 10 und Z 11 berücksichtigt wurden, aber die Voraussetzungen nicht vorlagen.

   (BGBl I 2015/163)
6. ein Pendlerpauschale gemäß § 16 Abs. 1 Z 6 berücksichtigt wurde, aber die Voraussetzungen nicht vorlagen oder ein nicht zustehender Betrag berücksichtigt wurde,

   (BGBl I 2022/108)

7. der Arbeitnehmer eine unrichtige Erklärung gemäß § 3 Abs. 1 Z 13 lit. b 5. Teilstrich abgegeben hat oder seiner Verpflichtung, Änderungen der Verhältnisse zu melden, nicht nachgekommen ist.
8. er Einkünfte im Sinn des § 3 Abs. 1 Z 32 bezogen hat.
9. er Einkünfte aus Kapitalvermögen im Sinne des § 27a Abs. 1 oder entsprechende betriebliche Einkünfte erzielt, die keinem Kapitalertragsteuerabzug unterliegen.
10. er Einkünfte aus privaten Grundstücksveräußerungen im Sinne des § 30 erzielt, für die keine Immobilienertragsteuer gemäß § 30c Abs. 2 entrichtet wurde, oder wenn keine Abgeltung gemäß § 30b Abs. 2 gegeben ist.
11. der Arbeitnehmer nach § 83 Abs. 2 Z 2 und Abs. 3 unmittelbar in Anspruch genommen wird.

    (BGBl I 2021/3)
12. ein Familienbonus Plus gemäß § 33 Abs. 3a berücksichtigt wurde, aber die Voraussetzungen nicht vorlagen oder wenn sich ergibt, dass ein nicht zustehender Betrag berücksichtigt wurde.

    (BGBl I 2018/62)
13.[a] im Kalenderjahr ein Homeoffice-Pauschale gemäß § 26 Z 9 ~~von mehreren Arbeitgebern~~ in einer insgesamt nicht zustehenden Höhe steuerfrei belassen wurde.

    (BGBl I 2021/52, BGBl I 2022/108)

[a] Tritt mit 1. Jänner 2024 außer Kraft.

14. im Kalenderjahr mehr als 3 000 Euro Gewinnbeteiligung gemäß § 3 Abs. 1 Z 35 steuerfrei berücksichtigt wurde,

    (BGBl I 2022/108)
15. gemäß § 26 Z 5 lit. b eine Wochen-, Monats- oder Jahreskarte für ein Massenbeförderungsmittel zur Verfügung gestellt wurde oder Kosten einer solchen Karte übernommen wurden, aber die Voraussetzungen nicht vorlagen oder ein nicht zustehender Betrag unversteuert belassen wurde.

    (BGBl I 2022/108)

§ 39 Abs. 1 dritter Satz ist anzuwenden.

(2)

1. Liegen die Voraussetzungen des Abs. 1 nicht vor, hat das Finanzamt auf Antrag des Steuerpflichtigen eine Veranlagung vorzunehmen, wenn der Antrag innerhalb von fünf Jahren ab dem Ende des Veranlagungszeitraums gestellt wird (Antragsveranlagung). § 39 Abs. 1 dritter Satz ist anzuwenden.
2. Wurde bis Ende des Monats Juni keine Abgabenerklärung für das vorangegangene Veranlagungsjahr eingereicht, hat das Finanzamt von Amts wegen eine antragslose Veranlagung vorzunehmen, sofern der Abgabepflichtige nicht darauf verzichtet hat. Dabei gilt Folgendes::
    a) Folgende Voraussetzungen müssen vorliegen:
        – Aufgrund der Aktenlage ist anzunehmen, dass der Gesamtbetrag der zu veranlagenden Einkünfte ausschließlich aus lohnsteuerpflichtigen Einkünften besteht.
        – Aus der Veranlagung resultiert eine Steuergutschrift von zumindest fünf Euro.
        – Aufgrund der Aktenlage ist nicht anzunehmen, dass die zustehende Steuergutschrift höher ist als jene, die sich aufgrund der übermittelten Daten gemäß § 18 Abs. 1 Z 10 und Abs. 8, § 35 Abs. 8 und § 84 ergeben würde.

        (BGBl I 2016/117, BGBl I 2022/108)
    b) Wurde bis zum Ablauf des dem Veranlagungszeitraum zweitfolgenden Kalenderjahres keine Abgabenerklärung für den betroffenen Veranlagungszeitraum abgegeben, ist jedenfalls eine antragslose Veranlagung durchzuführen, wenn sich nach der Aktenlage eine Steuergutschrift ergibt.
    c) Wird nach erfolgter antragsloser Veranlagung innerhalb der Frist der Z 1 eine Abgabenerklärung abgegeben, hat das Finanzamt darüber zu entscheiden und gleichzeitig damit den gemäß lit. a oder lit. b ergangenen Bescheid aufzuheben.

        (BGBl I 2018/62)
    d) Wurde der Bescheid aus der antragslosen Veranlagung aufgrund nachträglich übermittelter Daten im Sinne von lit. a dritter Teilstrich durch einen neuen Bescheid ersetzt, der die Steuergutschrift gegenüber dem bisherigen Bescheid erhöht, sind lit. c und lit. e auch auf diesen Bescheid anzuwenden. Dies gilt nicht, wenn Abs. 1 zur Anwendung kommt.

        (BGBl I 2022/108)
    e) Der Bescheid auf Grund einer antragslosen Veranlagung ist ersatzlos aufzuheben, wenn dies in einer Beschwerde (§ 243 BAO) beantragt wird; die Beschwerde bedarf keiner Begründung.

        (BGBl I 2018/62, BGBl I 2022/108)
    f) Die Steuererklärungspflicht (§ 42) bleibt auch nach Vornahme der Veranlagung aufrecht.

        (BGBl I 2018/62, BGBl I 2022/108)

    (BGBl I 2018/62)

(BGBl I 2015/118)

(2a) Abs. 2 Z 2 ist nicht anzuwenden, wenn der Verdacht besteht, dass der Steuerpflichtige Dienstnehmer eines Scheinunternehmers gemäß § 8 des Sozialbetrugsbekämpfungsgesetzes – SBBG, BGBl. I Nr. 113/2015, ist, Zweifel an der Identität des Steuerpflichtigen oder der Bevollmächtigung seines steuerlichen Vertreters bestehen, oder sonstige schwerwiegende Bedenken gegen die Anwendung von Abs. 2 Z 2 bestehen.

(BGBl I 2015/118)

(3) Sind im Einkommen lohnsteuerpflichtige Einkünfte enthalten, ist von den anderen Einkünften ein Veranlagungsfreibetrag bis zu 730 Euro abzuziehen. Dies gilt nicht für Einkünfte aus Kapitalvermögen im Sinne des § 27a Abs. 1. Der Freibetrag vermindert sich um jenen Betrag, um den die anderen Einkünfte 730 Euro übersteigen.

(4) Bei der Ermittlung der Einkünfte aus nichtselbständiger Arbeit bleiben Bezüge, die nach § 67 Abs. 1 oder § 68 steuerfrei bleiben oder mit den festen Sätzen des § 67 oder mit den Pauschsätzen des § 69 Abs. 1 zu versteuern waren, außer Ansatz. Die Steuer, die auf sonstige Bezüge innerhalb des Jahressechstels gemäß § 67 Abs. 1 und 2 und auf Bezüge gemäß § 67 Abs. 5 zweiter Teilstrich, die gemäß § 67 Abs. 1 zu versteuern sind, entfällt, ist aber gemäß § 67 Abs. 1 und 2 neu zu berechnen, wenn diese sonstigen Bezüge 2 100 Euro übersteigen. Die Bemessungsgrundlage sind die sonstigen Bezüge innerhalb des Jahressechstels gemäß § 67 Abs. 1 und 2 sowie die Bezüge gemäß § 67 Abs. 5 zweiter Teilstrich, die gemäß § 67 Abs. 1 zu versteuern sind, abzüglich der darauf entfallenden Beiträge gemäß § 62 Z 3, 4 und 5. Bis zu einem Jahressechstel von 25 000 Euro beträgt die Steuer 6% der 620 Euro übersteigenden Bemessungsgrundlage, jedoch höchstens 30% der 2 000 Euro übersteigenden Bemessungsgrundlage. Ungeachtet des vorläufigen Steuerabzugs gemäß § 69 Abs. 2 und 3 gilt ein Siebentel dieser Bezüge als ein Bezug, der mit dem festen Steuersatz des § 67 Abs. 1 zu versteuern war und von dem 6% Lohnsteuer einbehalten wurde. Ein Siebentel der Bezüge gemäß § 69 Abs. 5 und 7 gilt als Bezug, der mit dem festen Steuersatz des § 67 Abs. 1 zu versteuern ist.

Steuererklärungspflicht

§ 42. (1) Der unbeschränkt Steuerpflichtige hat eine Steuererklärung für das abgelaufene Kalenderjahr (Veranlagungszeitraum) abzugeben, wenn

1. er vom Finanzamt dazu aufgefordert wird oder
2. das Einkommen ganz oder teilweise aus Einkünften im Sinne des § 2 Abs. 3 Z 1 bis 3 bestanden hat und der Gewinn auf Grund eines Betriebsvermögensvergleiches zu ermitteln war oder ermittelt worden ist oder
3. das Einkommen, in dem keine lohnsteuerpflichtigen Einkünfte enthalten sind, mehr als **„11 693“** Euro betragen hat; liegen die Voraussetzungen des § 41 Abs. 1 Z 1, 2, 5, 6, 7, 12, 13, 14 oder 15 vor, so besteht Erklärungspflicht dann, wenn das zu veranlagende Einkommen mehr als **„12 756“** Euro betragen hat, oder

   (BGBl I 2022/108; Teuerungs-EP II, BGBl I 2022/163 ab Veranlagung 2023)
4. Einkünfte aus Kapitalvermögen im Sinne des § 27a Abs. 1 oder entsprechende betriebliche Einkünfte vorliegen, die keinem Kapitalertragsteuerabzug unterliegen, es sei denn, eine Regelbesteuerung gemäß § 27a Abs. 5 ergäbe keine Steuerpflicht, oder

   (BGBl I 2022/108)
5. Einkünfte aus privaten Grundstücksveräußerungen im Sinne des § 30 erzielt werden, für die keine Immobilienertragsteuer gemäß § 30c Abs. 2 entrichtet wurde, oder wenn keine Abgeltung gemäß § 30b Abs. 2 gegeben ist.

   (BGBl I 2022/108)

Die Übermittlung der Steuererklärung hat elektronisch zu erfolgen. Ist dem Steuerpflichtigen die elektronische Übermittlung der Steuererklärung mangels technischer Voraussetzungen unzumutbar, hat die Übermittlung der Steuererklärung unter Verwendung des amtlichen Vordrucks zu erfolgen. Der Bundesminister für Finanzen wird ermächtigt, den Inhalt und das Verfahren der elektronischen Übermittlung der Steuererklärung mit Verordnung festzulegen. In der Verordnung kann vorgesehen werden, dass sich der Steuerpflichtige einer bestimmten geeigneten öffentlich-rechtlichen oder privatrechtlichen Übermittlungsstelle zu bedienen hat.

(2) Der beschränkt Steuerpflichtige hat eine Steuererklärung über die inländischen Einkünfte für das abgelaufene Kalenderjahr (Veranlagungszeitraum) abzugeben, wenn er vom Finanzamt dazu aufgefordert wird oder wenn die gesamten inländischen Einkünfte, die gemäß § 102 zur Einkommensteuer zu veranlagen sind, mehr als **„2 126“** Euro betragen.

(BGBl I 2022/194 ab Veranlagung 2023)

Steuererklärung bei Feststellung von Einkünften

§ 43. (1) Die zur Geschäftsführung oder Vertretung einer Gesellschaft oder Gemeinschaft befugten Personen sind, wenn die Einkünfte festzustellen sind (§ 188 BAO), verpflichtet, eine Steuererklärung zur Feststellung der Einkünfte der einzelnen Beteiligten abzugeben.

(2) Die Übermittlung der Steuererklärung hat elektronisch zu erfolgen. Ist die elektronische Übermittlung der Steuererklärung mangels technischer Voraussetzungen unzumutbar, hat die Übermittlung der Steuererklärung unter Verwendung des amtlichen Vordrucks zu erfolgen. Der Bundesminister für Finanzen wird ermächtigt, den Inhalt und das Verfahren der elektronischen Übermittlung der Steuererklärung mit Verordnung festzulegen. In der Verordnung kann vorgesehen werden, dass sich die zur Übermittlung verpflichteten Personen einer bestimmten geeigneten öffentlich-rechtlichen oder privatrechtlichen Übermittlungsstelle zu bedienen haben.

(3) (aufgehoben)

Form der Steuererklärungen

§ 44. (1) Wer Bücher führt und regelmäßig Abschlüsse macht, muss anlässlich der Einreichung der Steuererklärung der Abgabenbehörde eine Abschrift der Vermögensübersicht (Jahresabschluss, Bilanz) und der Gewinn- und Verlustrechnung vorlegen. Diese müssen auf dem Zahlenwerk der Buchführung beruhen.

(2) Beträge, die in den Übersichten nicht den steuerlichen Erfordernissen entsprechen, sind durch geeignete Zusätze oder Anmerkungen diesen anzupassen, wenn nicht eine besondere Übersicht mit dem Zusatz „für steuerliche Zwecke" beigefügt wird.

(3) Liegen Jahresberichte (Geschäftsberichte) oder Treuhandberichte (Wirtschaftsprüfungsberichte) vor, so müssen diese anlässlich der Einreichung der Steuererklärung der Abgabenbehörde vorgelegt werden.

(4) Wer den Gewinn gemäß § 4 Abs. 3 ermittelt, muss nach der in der Steuererklärung vorgesehenen gruppenweisen Gliederung die Betriebseinnahmen und Betriebsausgaben ausweisen.

(5) Wer Einkünfte aus Vermietung und Verpachtung erzielt, muss nach der in der Steuererklärung vorgesehenen gruppenweisen Gliederung die Einnahmen und Werbungskosten ausweisen.

(6) Hat eine natürliche Person, eine Personengesellschaft oder eine juristische Person, die geschäftsmäßig Hilfe in Steuersachen leistet, bei der Anfertigung der Anlagen (Abs. 1 bis 5) mitgewirkt, so sind ihr Name und ihre Anschrift in der Steuererklärung anzugeben.

(7) In der Einkommensteuererklärung ist die Versicherungsnummer gemäß § 31 ASVG anzuführen.

(8) Der Bundesminister für Finanzen wird ermächtigt, die Übermittlung der in Abs. 1 und 3 genannten Unterlagen auf elektronischem Weg vorzusehen. Inhalt und Verfahren der elektronischen Übermittlung sind mit Verordnung festzulegen. In der Verordnung kann vorgesehen werden, dass sich der Steuerpflichtige einer bestimmten geeigneten öffentlich-rechtlichen oder privatrechtlichen Übermittlungsstelle zu bedienen hat. Im Fall einer der Verordnung entsprechenden elektronischen Übermittlung müssen die genannten Unterlagen der Abgabenbehörde anlässlich der Einreichung der Steuererklärung nicht vorgelegt werden.

Vorauszahlungen

§ 45. (1) Der Steuerpflichtige hat auf die Einkommensteuer nach dem allgemeinen Steuertarif und nach einem besonderen Steuersatz gemäß § 27a Vorauszahlungen zu entrichten. Vorauszahlungen sind auf volle Euro abzurunden. Für Lohnsteuerpflichtige sind Vorauszahlungen nur in den Fällen des § 41 Abs. 1 Z 1 und 2 festzusetzen. Die Vorauszahlung für ein Kalenderjahr wird wie folgt berechnet:

– Einkommensteuerschuld für das letztveranlagte Kalenderjahr abzüglich der Beträge gemäß § 46 Abs. 1 Z 2 und Z 3.
– Der so ermittelte Betrag wird, wenn die Vorauszahlung erstmals für das dem Veranlagungszeitraum folgende Kalenderjahr wirkt, um 4%, wenn sie erstmals für ein späteres Kalenderjahr wirkt, um weitere 5% für jedes weitere Jahr erhöht.

Scheiden Einkünfte, die der Veranlagung zugrunde gelegt wurden, für den Vorauszahlungszeitraum infolge gesetzlicher Maßnahmen aus der Besteuerung aus, kann die Vorauszahlung pauschal mit einem entsprechend niedrigeren Betrag festgesetzt werden. Vorauszahlungen, deren Jahresbetrag 300 Euro nicht übersteigen würde, sind mit Null festzusetzen.

(BGBl I 2015/118)

(2) Die Vorauszahlungen sind zu je einem Viertel am 15. Februar, 15. Mai, 15. August und 15. November zu leisten.

(3) Bereits fällig gewordene oder innerhalb eines Monates ab Bekanntgabe einer Erhöhung der Vorauszahlungen fällig werdende Vorauszahlungsteilbeträge werden durch eine Änderung in der Höhe der Vorauszahlung (Abs. 1) nicht berührt. Der Unterschiedsbetrag ist, sofern er nicht eine Gutschrift ergibt, erst bei Fälligkeit des nächsten Vorauszahlungsteilbetrages auszugleichen (Ausgleichsviertel). Nach dem 30. September darf das Finanzamt Bescheide über die Änderung der Vorauszahlung für das laufende Kalenderjahr nicht mehr erlassen; dies gilt nicht für Bescheide auf Grund eines Antrages, den der Steuerpflichtige bis zum 30. September gestellt hat, sowie für eine Änderung in einem Rechtsmittelverfahren. Erfolgt die Bekanntgabe von Bescheiden über die Erhöhung oder die erstmalige Festsetzung der Vorauszahlung nach dem 15. Oktober, dann ist der Unterschiedsbetrag (der Jahresbetrag der Vorauszahlung) innerhalb eines Monates nach Bekanntgabe des Bescheides zu entrichten.

(4) Das Finanzamt kann die Vorauszahlung der Steuer anpassen, die sich für das laufende Kalenderjahr voraussichtlich ergeben wird. Dabei ist Abs. 3 anzuwenden. Scheiden Einkünfte, die der Veranlagung zugrunde gelegt wurden, für den Vorauszahlungszeitraum infolge gesetzlicher Maßnahmen aus der Besteuerung aus, so kann die Vorauszahlung pauschal entsprechend angepaßt werden. Dabei sind Abs. 1 und Abs. 3 anzuwenden.

(5) Ist ein Steuerpflichtiger von Katastrophenschäden (insbesondere Hochwasser-, Erdrutsch-, Vermurungs- und Lawinenschäden) betroffen, kann ein Antrag auf eine Änderung der Vorauszahlung abweichend von Abs. 3 bis zum 31. Oktober gestellt werden.

Abschlußzahlungen

§ 46. (1) Auf die Einkommensteuerschuld werden angerechnet:

1. Die für den Veranlagungszeitraum festgesetzten Vorauszahlungen,
2. die besondere Vorauszahlung gemäß § 30b Abs. 4 und die Immobilienertragsteuer gemäß § 30b Abs. 1, soweit sie auf veranlagte Einkünfte entfällt,

3. die durch Steuerabzug einbehaltenen Beträge, soweit sie auf veranlagte Einkünfte entfallen,

(BGBl I 2022/108)

4. bei unbeschränkt Steuerpflichtigen die durch Steuerabzug vom Arbeitslohn (Lohnsteuer) einbehaltenen Beträge, die auf jenen Teil des Arbeitslohns entfallen, der bei der Berechnung der Einkommensteuer unter Berücksichtigung eines Abkommens zur Vermeidung der Doppelbesteuerung oder einer Maßnahme gemäß § 48 Abs. 5 BAO aus der inländischen Steuerbemessungsgrundlage auszuscheiden ist.

(BGBl I 2022/108)

Lohnsteuer, die im Haftungsweg (§ 82) beim Arbeitgeber nachgefordert wurde, ist nur insoweit anzurechnen, als sie dem Arbeitgeber vom Arbeitnehmer ersetzt wurde.

(2) Ist die Einkommensteuerschuld kleiner als die Summe der Beträge, die nach Abs. 1 anzurechnen sind, so wird der Unterschiedsbetrag gutgeschrieben.

5. TEIL
STEUERABZUG VOM ARBEITSLOHN (LOHNSTEUER)

Arbeitgeber, Arbeitnehmer

§ 47. (1) Arbeitnehmer ist eine natürliche Person, die Einkünfte aus nichtselbständiger Arbeit bezieht. Arbeitgeber ist, wer Arbeitslohn im Sinne des § 25 auszahlt. Besteht im Inland eine Betriebsstätte (§ 81) des Arbeitgebers, wird bei Einkünften aus nichtselbständiger Arbeit (§ 25) die Einkommensteuer durch Abzug vom Arbeitslohn erhoben (Lohnsteuer). Besteht im Inland keine Betriebsstätte (§ 81) des Arbeitgebers gilt Folgendes:

a) für Bezüge und Vorteile aus ausländischen Einrichtungen im Sinne des § 5 Z 4 des Pensionskassengesetzes (§ 25) ist die Einkommensteuer durch Abzug vom Arbeitslohn (Lohnsteuer) zu erheben.

(BGBl I 2021/3)

b) für Einkünfte aus nichtselbständiger Arbeit (§ 25) kann die Einkommensteuer durch Abzug vom Arbeitslohn (Lohnsteuer) erhoben werden. Wenn die Abfuhr der Lohnsteuer erfolgt, sind die Einkünfte wie lohnsteuerpflichtige Einkünfte zu behandeln und der Arbeitgeber hat die Pflichten gemäß § 76 bis § 79, § 84 und § 87 wahrzunehmen;

(BGBl I 2021/3)

c) für Einkünfte aus nichtselbständiger Arbeit (§ 25) von unbeschränkt steuerpflichtigen Arbeitnehmern, die ihren Mittelpunkt der Tätigkeit für mehr als sechs Monate im Kalenderjahr in Österreich haben, hat der Arbeitgeber dem Finanzamt eine Lohnbescheinigung gemäß § 84a zu übermitteln, außer es kommt lit. b zur Anwendung.

(BGBl I 2021/3)

(BGBl I 2019/91)

(2) Ein Dienstverhältnis liegt vor, wenn der Arbeitnehmer dem Arbeitgeber seine Arbeitskraft schuldet. Dies ist der Fall, wenn die tätige Person in der Betätigung ihres geschäftlichen Willens unter der Leitung des Arbeitgebers steht oder im geschäftlichen Organismus des Arbeitgebers dessen Weisungen zu folgen verpflichtet ist. Ein Dienstverhältnis ist weiters dann anzunehmen, wenn bei einer Person, die an einer Kapitalgesellschaft nicht wesentlich im Sinne des § 22 Z 2 beteiligt ist, die Voraussetzungen des § 25 Abs. 1 Z 1 lit. b vorliegen. Ein Dienstverhältnis ist weiters bei Personen anzunehmen, die Bezüge gemäß § 25 Abs. 1 Z 4 und 5 beziehen.

(3) Werden Pensionen aus der gesetzlichen Sozialversicherung sowie Bezüge oder Vorteile aus einem früheren Dienstverhältnis im Sinne des § 25 Abs. 1 Z 1 bis 4 gemeinsam mit anderen gesetzlichen Pensionen oder Bezügen und Vorteilen aus einem früheren Dienstverhältnis ausgezahlt, dann sind die Pflichten des Arbeitgebers hinsichtlich des Steuerabzugs vom Arbeitslohn für die gemeinsam ausgezahlten Beträge ausschließlich von der auszahlenden Stelle wahrzunehmen. Über die ausgezahlten Bezüge ist ein einheitlicher Lohnzettel auszustellen.

(4) Der Bundesminister für Finanzen kann anordnen, dass bei getrennter Auszahlung von zwei oder mehreren Pensionen aus der gesetzlichen Sozialversicherung, gleichartigen Bezügen aus Versorgungs- und Unterstützungseinrichtungen der Kammern der selbständig Erwerbstätigen, von inländischen Pensionskassen, von Bezügen aus betrieblichen Kollektivversicherungen im Sinne des § 93 des VAG 2016, von Bezügen oder Vorteilen aus einem früheren Dienstverhältnis bei Körperschaften öffentlichen Rechts im Sinne des § 25 Abs. 1 Z 1 bis 4 sowie von Bezügen aus einer gesetzlichen Unfallversorgung und dem Grunde und der Höhe nach gleichartigen Bezügen aus Versorgungs- und Unterstützungseinrichtungen der Kammern der selbständig Erwerbstätigen eine der auszahlenden Stellen die gemeinsame Versteuerung dieser Bezüge vornimmt. In diesem Fall hat die die gemeinsame Versteuerung durchführende auszahlende Stelle einen einheitlichen Lohnzettel auszustellen.

(BGBl I 2015/34)

(5) Werden Bezüge oder Vorteile aus einem früheren Dienstverhältnis neben einer Pension aus der gesetzlichen Sozialversicherung ausbezahlt, so kann der Sozialversicherungsträger eine gemeinsame Versteuerung dieser Bezüge vornehmen. In diesem Fall hat der Sozialversicherungsträger einen einheitlichen Lohnzettel auszustellen.

Barzahlungsverbot von Arbeitslohn in der Bauwirtschaft

§ 48. Geldzahlungen von Arbeitslohn gemäß § 25 Abs. 1 Z 1 lit. a an zur Erbringung von Bauleistungen nach § 19 Abs. 1a UStG 1994 beschäftigte Arbeitnehmer dürfen nicht in bar geleistet oder entgegengenommen werden, wenn der Arbeitnehmer über ein bei einem Kreditinstitut geführtes

Girokonto verfügt oder einen Rechtsanspruch auf ein solches hat.

(BGBl I 2015/118)

§§ 49. bis 61. (aufgehoben)

Berücksichtigung besonderer Verhältnisse

§ 62. Beim Steuerabzug vom Arbeitslohn sind vor Anwendung des Lohnsteuertarifes (§ 66) vom Arbeitslohn abzuziehen:

1. Der Pauschbetrag für Werbungskosten (§ 16 Abs. 3),
2. der Pauschbetrag für Sonderausgaben (§ 18 Abs. 2),
3. Pflichtbeiträge zu gesetzlichen Interessenvertretungen auf öffentlich-rechtlicher Grundlage, soweit sie nicht auf Bezüge entfallen, die mit einem festen Steuersatz im Sinne des § 67 zu versteuern sind, und vom Arbeitgeber einbehaltene Beiträge für die freiwillige Mitgliedschaft bei Berufsverbänden und Interessenvertretungen,
4. vom Arbeitgeber einbehaltene Beiträge im Sinne des § 16 Abs. 1 Z 4, soweit sie nicht auf Bezüge entfallen, die mit einem festen Steuersatz im Sinne des § 67 zu versteuern sind,
5. der entrichtete Wohnbauförderungsbeitrag im Sinne des § 16 Abs. 1 Z 5, soweit er nicht auf Bezüge entfällt, die mit einem festen Steuersatz im Sinne des § 67 zu versteuern sind,
6. der sich gemäß § 16 Abs. 1 Z 6 ergebende Pauschbetrag und **„Kostenbeiträge gemäß § 16 Abs. 1 Z 6 lit. i sublit. aa“**,

   (BGBl I 2022/220 ab 1.1.2023)
7. die Erstattung (Rückzahlung) von Arbeitslohn gemäß § 16 Abs. 2 zweiter Satz,
8. Freibeträge auf Grund eines Freibetragsbescheides (§ 63),
9. ein gemäß § 103 Abs. 1a gewährter Zuzugsfreibetrag,

   (BGBl I 2015/118, BGBl I 2016/117)
10. Freibeträge gemäß §§ 35 und 105 von jenem Arbeitgeber, der Bezüge aus einer gesetzlichen Sozialversicherung oder Ruhegenussbezüge einer Gebietskörperschaft im Sinne des § 25 Abs. 1 Z 1, 3 oder 4 auszahlt, wenn eine diesbezügliche Bescheinigung vorgelegt wurde. Hat der Steuerpflichtige keinen Anspruch auf den Alleinverdienerabsetzbetrag, sind die Freibeträge gemäß § 35 für den (Ehe-)Partner nur zu berücksichtigen, wenn der Steuerpflichtige erklärt, dass die Voraussetzungen im Sinne des § 35 Abs. 1 dritter Teilstrich vorliegen. Bei mehreren Pensions- oder Ruhegenussbezügen darf die Bescheinigung nur einer auszahlenden Stelle vorgelegt werden.
11. Der Pauschbetrag für Werbungskosten gemäß § 17 Abs. 6 iVm § 1 Z 11 der Verordnung des Bundesministers für Finanzen über die Aufstellung von Durchschnittssätzen für Werbungskosten, BGBl. II Nr. 382/2001.

(BGBl I 2015/118)

§ 62a. (1) In folgenden Fällen gilt ein Nettoarbeitslohn als vereinbart:

1. Der Arbeitgeber hat die Anmeldeverpflichtung des § 33 ASVG nicht erfüllt und die Lohnsteuer nicht vorschriftsmäßig einbehalten und abgeführt.
2. Der Arbeitgeber hat den gezahlten Arbeitslohn (einschließlich sonstiger Bezüge und Vorteile im Sinne des § 25) nicht im Lohnkonto (§ 76) erfasst, die Lohnsteuer nicht oder nicht vollständig einbehalten und abgeführt, obwohl er weiß oder wissen musste, dass dies zu Unrecht unterblieben ist, und er kann eine Bruttolohnvereinbarung nicht nachweisen.
3. Der Arbeitnehmer wird gemäß § 83 Abs. 3 unmittelbar als Steuerschuldner in Anspruch genommen.

(2) Die Annahme einer Nettolohnvereinbarung gilt nicht,

- wenn für die erhaltenen Bezüge die Meldepflichten gemäß den §§ 119 ff BAO oder § 18 GSVG erfüllt wurden
- für geldwerte Vorteile gemäß § 15 Abs. 2.

(BGBl I 2016/117)

Freibetragsbescheid

§ 63. (1) Das Finanzamt hat für die Berücksichtigung bestimmter Werbungskosten, Sonderausgaben und außergewöhnlicher Belastungen beim Steuerabzug vom Arbeitslohn gemeinsam mit einem Veranlagungsbescheid einen Freibetragsbescheid und eine Mitteilung zur Vorlage beim Arbeitgeber zu erlassen. Der Freibetragsbescheid und eine Mitteilung sind jeweils für das dem Veranlagungszeitraum zweitfolgende Jahr zu erstellen, wenn bei der Veranlagung mindestens einer der folgenden Beträge berücksichtigt wurde:

1. Werbungskosten, die weder gemäß § 62 noch gemäß § 67 Abs. 12 oder § 77 Abs. 3 zu berücksichtigen sind,
2. Sonderausgaben im Sinne des § 18 Abs. 1 Z 2 und 3, soweit sie den Jahrespauschbetrag gemäß § 18 Abs. 2 übersteigen, sowie Beiträge für eine freiwillige Weiterversicherung einschließlich des Nachkaufs von Versicherungszeiten in der gesetzlichen Pensionsversicherung und vergleichbarer Beiträge an Versorgungs- und Unterstützungseinrichtungen der Kammern der selbständig Erwerbstätigen, weiters Sonderausgaben im Sinne des § 18 Abs. 1 Z 1, 6 und 7. Sonderausgaben im Sinne des § 18 Abs. 1 Z 2 und 3 sind letztmalig bei Freibetragsbescheiden zu berücksichtigen, die für das Kalenderjahr 2020 erstellt werden.

   (BGBl I 2015/118)
3. außergewöhnliche Belastungen gemäß § 34 Abs. 6 mit Ausnahme von Aufwendungen zur Beseitigung von Katastrophenschäden,

4. Freibeträge gemäß §§ 35 und 105, sofern sie nicht gemäß § 62 vom Arbeitgeber berücksichtigt werden.

Dem Freibetragsbescheid sind die gemäß Z 1 bis 4 im Einkommensteuerbescheid berücksichtigten Beträge zugrunde zu legen.

Ein Freibetragsbescheid ist jedoch nicht zu erlassen:

- Nach dem 30. November des Kalenderjahres, für das der Freibetragsbescheid zu ergehen hätte,
- bei Wegfall der unbeschränkten Steuerpflicht,
- bei einem jährlichen Freibetrag unter 90 Euro,
- wenn bei jener Veranlagung, auf Grund derer ein Freibetragsbescheid zu erlassen wäre, die Einkommensteuer die angerechnete Lohnsteuer übersteigt und Vorauszahlungen festgesetzt werden.

(2) Auf Antrag des Arbeitnehmers hat das Finanzamt keinen Freibetragsbescheid zu erlassen oder einen betragsmäßig niedrigeren als den sich gemäß Abs. 1 ergebenden Freibetrag festzusetzen.

(3) Auf der Mitteilung zur Vorlage beim Arbeitgeber sind der Freibetrag sowie das Kalenderjahr, für das der Freibetrag festgesetzt wurde, auszuweisen.

(4) Das Finanzamt hat auf Antrag des Arbeitnehmers losgelöst von einem Veranlagungsverfahren einen Freibetragsbescheid für das laufende Kalenderjahr zu erlassen, wenn glaubhaft gemacht wird, dass im Kalenderjahr

- zusätzliche Werbungskosten im Sinne des Abs. 1 Z 1 von mindestens 900 Euro oder
- Aufwendungen zur Beseitigung von Katastrophenschäden im Sinne des § 34 Abs. 6 vorliegen.

Der Antrag muss bis zum 31. Oktober gestellt werden. Gleichzeitig mit der Erlassung eines solchen Freibetragsbescheides ist eine Mitteilung zur Vorlage beim Arbeitgeber im Sinne des Abs. 1 zu erstellen. Die Einschränkung des Abs. 1 Z 3 ist bei diesem Freibetragsbescheid nicht anzuwenden.

(5) Wird der einem Freibetragsbescheid zugrundeliegende Einkommensteuerbescheid abgeändert, so sind der Freibetragsbescheid und die Mitteilung zur Vorlage beim Arbeitgeber anzupassen.

(6) Wurde für ein Kalenderjahr ein Freibetragsbescheid erlassen, ist dieser mit Erlassung eines neuen Freibetragsbescheides zu widerrufen. Der Widerruf ist auch auf der Mitteilung zur Vorlage beim Arbeitgeber anzuführen.

(7) Für beschränkt steuerpflichtige Arbeitnehmer und für Arbeitnehmer, die gemäß § 1 Abs. 4 als unbeschränkt steuerpflichtig behandelt werden, ist kein Freibetragsbescheid zu erstellen.

(8) Das Finanzamt kann abweichend von den Bestimmungen im Abs. 1 bei Aufwendungen im Sinne des Abs. 1 Z 1 und 2 gegenüber den bei der Veranlagung berücksichtigten Beträgen niedrigere Beträge als Freibeträge festsetzen, wenn die berücksichtigten Aufwendungen offensichtlich nur einmalig und nicht wiederkehrend getätigt werden.

Berücksichtigung des Freibetragsbescheides

§ 64. (1) Der Arbeitgeber hat den auf der Mitteilung zur Vorlage beim Arbeitgeber (§ 63) ausgewiesenen Freibetrag beim Steuerabzug vom Arbeitslohn zu berücksichtigen und die Mitteilung zum Lohnkonto zu nehmen. Der Arbeitnehmer kann auf der Mitteilung zur Vorlage beim Arbeitgeber erklären, daß anstelle des ausgewiesenen Freibetrages ein niedrigerer Betrag bei der Lohnverrechnung zu berücksichtigen ist.

(2) Wechselt der Arbeitnehmer während des Kalenderjahres den Arbeitgeber, so hat dieser auf dem Lohnkonto und dem Lohnzettel die Summe der bisher berücksichtigten Freibeträge auszuweisen und dem Arbeitnehmer die Mitteilung zur Vorlage beim Arbeitgeber auszuhändigen.

§ 65. (außerkraftgetreten)

Lohnsteuertarif

§ 66. (1) Die Lohnsteuer wird durch die Anwendung des Einkommensteuertarifes (§ 33) auf das hochgerechnete Jahreseinkommen (Abs. 2) ermittelt. Der sich dabei ergebende Betrag ist nach Abzug der Absetzbeträge gemäß § 33 Abs. 3a Z 1 bis Z 3, Abs. 4 Z 1, Z 2 und Z 4, Abs. 5 Z 1, Z 2 und Z 4 und Abs. 6 durch den Hochrechnungsfaktor (Abs. 3) zu dividieren und auf volle Cent zu runden.

(BGBl I 2018/62, BGBl I 2019/103)

(2) Das hochgerechnete Jahreseinkommen ergibt sich aus der Multiplikation des zum laufenden Tarif zu versteuernden Arbeitslohnes abzüglich jener Werbungskosten, die sich auf den Lohnzahlungszeitraum beziehen, mit dem Hochrechnungsfaktor. Vom sich ergebenden Betrag sind die auf das gesamte Jahr bezogenen Beträge abzuziehen.

(3) Der Hochrechnungsfaktor ist der Kehrwert des Anteils des Lohnzahlungszeitraumes (§ 77) am Kalenderjahr, wobei das Jahr zu 360 Tagen bzw. zwölf Monaten zu rechnen ist. Ist der Lohnzahlungszeitraum kürzer als ein Kalendermonat, sind arbeitsfreie Tage miteinzubeziehen.

Sonstige Bezüge

§ 67. (1) Erhält der Arbeitnehmer neben dem laufenden Arbeitslohn von demselben Arbeitgeber sonstige, insbesondere einmalige Bezüge (zum Beispiel 13. und 14. Monatsbezug, Belohnungen), beträgt die Lohnsteuer für sonstige Bezüge innerhalb des Jahressechstels gemäß Abs. 2 nach Abzug der in Abs. 12 genannten Beträge

1. für die ersten 620 Euro 0%,
2. für die nächsten 24 380 Euro 6%,
3. für die nächsten 25 000 Euro 27%,
4. für die nächsten 33 333 Euro .... 35,75%.

Die Besteuerung der sonstigen Bezüge mit diesen festen Steuersätzen unterbleibt, wenn das Jahressechstel gemäß Abs. 2 höchstens 2 100 Euro beträgt. Der Freibetrag von 620 Euro und die Freigrenze von 2 100 Euro sind bei Bezügen gemäß

Abs. 3, Abs. 4, Abs. 5 erster Teilstrich, Abs. 6 bis 8 und Abs. 10 nicht zu berücksichtigen.

(2) Das Jahressechstel beträgt ein Sechstel der bereits zugeflossenen, auf das Kalenderjahr umgerechneten laufenden Bezüge. Soweit die sonstigen Bezüge gemäß Abs. 1 mehr als das Jahressechstel oder nach Abzug der in Abs. 12 genannten Beträge mehr als 83 333 Euro betragen, sind diese übersteigenden Bezüge im Auszahlungsmonat nach Abs. 10 zu besteuern. Bei der Berechnung des Jahressechstels ist jener laufende Bezug, der zusammen mit dem sonstigen Bezug ausgezahlt wird, bereits zu berücksichtigen. Wird ein sonstiger Bezug in einem Kalenderjahr vor Fälligkeit des ersten laufenden Bezuges ausgezahlt, ist dieser erste laufende Bezug in seiner voraussichtlichen Höhe auf das Kalenderjahr umzurechnen. Steuerfreie laufende Bezüge gemäß § 3, ausgenommen laufende Einkünfte gemäß § 3 Abs. 1 Z 10, 11 und 15 lit. a, erhöhen nicht das Jahressechstel, steuerfreie sonstige Bezüge gemäß § 3, ausgenommen sonstige Einkünfte gemäß § 3 Abs. 1 Z 10 und 11, werden auf das Jahressechstel nicht angerechnet. Der Arbeitgeber darf in einem Kalenderjahr nicht mehr als ein Sechstel der im Kalenderjahr zugeflossenen laufenden Bezüge als sonstige Bezüge mit den festen Steuersätzen gemäß Abs. 1 besteuern (§ 77 Abs. 4a), davon ausgenommen sind die in § 77 Abs. 4a Z 1 lit. a bis lit. j genannten Fälle.

(BGBl I 2019/103, BGBl I 2021/3)

(3) Die Lohnsteuer von Abfertigungen, deren Höhe sich nach einem von der Dauer des Dienstverhältnisses abhängigen Mehrfachen des laufenden Arbeitslohnes bestimmt, wird so berechnet, daß die auf den laufenden Arbeitslohn entfallende tarifmäßige Lohnsteuer mit der gleichen Zahl vervielfacht wird, die dem bei der Berechnung des Abfertigungsbetrages angewendeten Mehrfachen entspricht. Ist die Lohnsteuer bei Anwendung des Steuersatzes von 6% niedriger, so erfolgt die Besteuerung der Abfertigungen mit 6%. Unter Abfertigung ist die einmalige Entschädigung durch den Arbeitgeber zu verstehen, die an einen Arbeitnehmer bei Auflösung des Dienstverhältnisses auf Grund

– gesetzlicher Vorschriften,
– Dienstordnungen von Gebietskörperschaften,
– aufsichtsbehördlich genehmigter Dienst(Besoldungs)ordnungen der Körperschaften des öffentlichen Rechts,
– eines Kollektivvertrages oder
– der für Bedienstete des Österreichischen Gewerkschaftsbundes geltenden Arbeitsordnung

zu leisten ist.

Die vorstehenden Bestimmungen sind auf

– Bezüge und Entschädigungen im Sinne des § 14 des Bezügegesetzes sowie gleichartige Bezüge und Entschädigungen auf Grund landesgesetzlicher Regelungen,
– Bezüge und Entschädigungen im Sinne des § 5 des Verfassungsgerichtshofgesetzes,
– Abfertigungen durch die Urlaubs- und Abfertigungskasse auf Grund des Bauarbeiter-Urlaubs- und Abfertigungsgesetzes, BGBl. Nr. 414/1972

anzuwenden. Die Lohnsteuer von Abfertigungen sowie von Kapitalbeträgen (§§ 55 und 67 BMSVG) aus BV-Kassen beträgt 6%. Wird der Abfertigungsbetrag oder der Kapitalbetrag an ein Versicherungsunternehmen zur Rentenauszahlung, an ein Kreditinstitut zum ausschließlichen Erwerb von Anteilen an einem prämienbegünstigten Pensionsinvestmentfonds (§ 108b in Verbindung mit § 17 BMSVG oder gleichartigen österreichischen Rechtsvorschriften) oder an eine Pensionskasse übertragen, fällt keine Lohnsteuer an. Die Kapitalabfertigung angefallener Renten unterliegt einer Lohnsteuer von 6%. Zusätzliche Abfertigungszahlungen im Sinne dieser Bestimmung für Zeiträume, für die ein Anspruch gegenüber einer BV-Kasse besteht, sind gemäß Abs. 10 zu versteuern.

(4) Die Lohnsteuer von Abfertigungen der Witwer- oder Witwenpensionen, die auf Grund bundes- oder landesgesetzlicher Vorschriften aus dem Grunde der Wiederverehelichung geleistet werden, wird so berechnet, daß die auf die letzte laufende Witwer- oder Witwenpension entfallende tarifmäßige Lohnsteuer mit der gleichen Zahl vervielfacht wird, die dem bei der Berechnung des Abfertigungsbetrages angewendeten Mehrfachen entspricht. Ist die Lohnsteuer bei Anwendung des Steuersatzes von 6% niedriger, so erfolgt die Besteuerung der Abfertigung der Witwer- oder Witwenpension mit 6%. Diese Bestimmungen sind auch anzuwenden

– auf die Ablösung von Witwer- oder Witwenpensionen auf Grund bundes- oder landesgesetzlicher Vorschriften oder auf die Ablösung von Witwer- oder Witwenpensionen auf Grund von Satzungen der Versorgungs- und Unterstützungseinrichtungen der Kammern der selbständig Erwerbstätigen sowie
– auf Abfindungen im Sinne des § 269 ASVG und vergleichbare Abfindungen an Hinterbliebene im Rahmen der gesetzlichen Pensionsversicherung oder vergleichbare Abfindungen an Hinterbliebene auf Grund von Satzungen der Versorgungs- und Unterstützungseinrichtungen der Kammern der selbständig Erwerbstätigen.

(BGBl I 2018/62)

(5) Für Arbeitnehmer, die dem Bauarbeiter-Urlaubs- und Abfertigungsgesetz (BUAG), BGBl. Nr. 414/1972, unterliegen, gilt Folgendes:

– Von dem Urlaubsentgelt, der Urlaubsersatzleistung oder der Abfindung gemäß den §§ 8 bis 10 BUAG und der Überbrückungsabgeltungen gemäß § 13m Abs. 1 und 3 BUAG, ist die Hälfte als sonstiger Bezug zu behandeln und mit 6% zu besteuern.
– Weitere sonstige Bezüge sind abweichend von Abs. 2 (Jahressechstel) insoweit gemäß Abs. 1 und 2 zu besteuern, als diese vor Abzug der in Abs. 12 genannten Beiträge innerhalb eines

Kalenderjahres ein Zwölftel der bereits zugeflossenen, auf das Kalenderjahr umgerechneten, laufenden Bezüge nicht übersteigen. Übersteigende Beträge sind dem laufenden Bezug des Lohnzahlungszeitraumes zuzurechnen, in dem sie ausgezahlt werden.

(BGBl I 2016/117, BGBl I 2021/71)

(6) Sonstige Bezüge, die bei oder nach Beendigung des Dienstverhältnisses anfallen (wie zum Beispiel freiwillige Abfertigungen und Abfindungen, ausgenommen von BV-Kassen ausbezahlte Abfertigungen und Zahlungen für den Verzicht auf Arbeitsleistung für künftige Lohnzahlungszeiträume), sind nach Maßgabe folgender Bestimmungen mit dem Steuersatz von 6% zu versteuern:

1. Der Steuersatz von 6% ist auf ein Viertel der laufenden Bezüge der letzten zwölf Monate, höchstens aber auf den Betrag anzuwenden, der dem Neunfachen der monatlichen Höchstbeitragsgrundlage gemäß § 108 ASVG entspricht.
2. Über das Ausmaß der Z 1 hinaus ist bei freiwilligen Abfertigungen der Steuersatz von 6% auf einen Betrag anzuwenden, der von der nachgewiesenen Dienstzeit abhängt. Bei einer nachgewiesenen

Dienstzeit von	ist ein Betrag bis zur Höhe von
3 Jahren	2/12 der laufenden Bezüge der letzten 12 Monate
5 Jahren	3/12 der laufenden Bezüge der letzten 12 Monate
10 Jahren	4/12 der laufenden Bezüge der letzten 12 Monate
15 Jahren	6/12 der laufenden Bezüge der letzten 12 Monate
20 Jahren	9/12 der laufenden Bezüge der letzten 12 Monate
25 Jahren	12/12 der laufenden Bezüge der letzten 12 Monate

mit dem Steuersatz von 6% zu versteuern. Ergibt sich jedoch bei Anwendung der dreifachen monatlichen Höchstbeitragsgrundlage gemäß § 108 ASVG auf die der Berechnung zu Grunde zu legende Anzahl der laufenden Bezüge ein niedrigerer Betrag, ist nur dieser mit 6% zu versteuern.

3. Während dieser Dienstzeit bereits erhaltene Abfertigungen im Sinne des Abs. 3 oder gemäß den Bestimmungen dieses Absatzes sowie bestehende Ansprüche auf Abfertigungen im Sinne des Abs. 3 kürzen das sich nach Z 2 ergebende steuerlich begünstigte Ausmaß.
4. Den Nachweis über die zu berücksichtigende Dienstzeit sowie darüber, ob und in welcher Höhe Abfertigungen im Sinne des Abs. 3 oder dieses Absatzes bereits früher ausgezahlt worden sind, hat der Arbeitnehmer zu erbringen; bis zu welchem Zeitpunkt zurück die Dienstverhältnisse nachgewiesen werden, bleibt dem Arbeitnehmer überlassen. Der Nachweis ist vom Arbeitgeber zum Lohnkonto (§ 76) zu nehmen.
5. Abs. 2 ist auf Beträge, die nach Z 1 oder Z 2 mit 6% zu versteuern sind, nicht anzuwenden.
6. Soweit die Grenzen der Z 1 und der Z 2 überschritten werden, sind solche sonstigen Bezüge wie ein laufender Bezug im Zeitpunkt des Zufließens nach dem Lohnsteuertarif des jeweiligen Kalendermonats der Besteuerung zu unterziehen.
7. Die vorstehenden Bestimmungen gelten nur für jene Zeiträume, für die keine Anwartschaften gegenüber einer BV-Kasse bestehen.

(7) (aufgehoben)

(BGBl I 2015/118)

(8) Für die nachstehend angeführten sonstigen Bezüge gilt Folgendes:

a) auf gerichtlichen oder außergerichtlichen Vergleichen beruhende Vergleichssummen, sind, soweit sie nicht nach Abs. 3, 6 oder dem letzten Satz mit dem festen Steuersatz zu versteuern sind, gemäß Abs. 10 im Kalendermonat der Zahlung zu erfassen. Dabei ist nach Abzug der darauf entfallenden Beiträge im Sinne des § 62 Z 3, 4 und 5 ein Fünftel steuerfrei zu belassen, höchstens jedoch ein Fünftel des Neunfachen der monatlichen Höchstbeitragsgrundlage gemäß § 108 ASVG; Abs. 2 ist nicht anzuwenden. Fallen derartige Vergleichssummen bei oder nach Beendigung des Dienstverhältnisses an und werden sie für Zeiträume ausbezahlt, für die eine Anwartschaft gegenüber einer BV-Kasse besteht, sind sie bis zu einem Betrag von 7 500 Euro mit dem festen Steuersatz von 6% zu versteuern; Abs. 2 ist nicht anzuwenden.

b) Kündigungsentschädigungen sind gemäß Abs. 10 im Kalendermonat der Zahlung zu erfassen. Dabei ist nach Abzug der darauf entfallenden Beiträge im Sinne des § 62 Z 3, 4 und 5 ein Fünftel steuerfrei zu belassen, höchstens jedoch ein Fünftel des Neunfachen der monatlichen Höchstbeitragsgrundlage gemäß § 108 ASVG.

c) Nachzahlungen für abgelaufene Kalenderjahre, die nicht auf einer willkürlichen Verschiebung des Auszahlungszeitpunktes beruhen, sind, soweit sie nicht nach Abs. 3 oder 6 mit dem festen Steuersatz zu versteuern sind, gemäß Abs. 10 im Kalendermonat der Zahlung zu erfassen. Dabei ist nach Abzug der darauf entfallenden Beiträge im Sinne des § 62 Z 3, 4 und 5 ein Fünftel steuerfrei zu belassen. Soweit die Nachzahlungen laufenden Arbeitslohn für das laufende Kalenderjahr betreffen, ist die Lohnsteuer durch Aufrollen der in Betracht kommenden Lohnzahlungszeiträume zu berechnen.

d) Ersatzleistungen (Urlaubsentschädigungen, Urlaubsabfindungen sowie freiwillige Abfertigungen oder Abfindungen für diese Ansprüche) für nicht verbrauchten Urlaub sind, soweit sie laufenden Arbeitslohn betreffen, als laufender Arbeitslohn, soweit sie sonstige Bezüge betreffen, als sonstiger Bezug im Kalendermonat der Zahlung zu erfassen.

e) Zahlungen für Pensionsabfindungen, deren Barwert den Betrag im Sinne des § 1 Abs. 2 Z 1 des Pensionskassengesetzes nicht übersteigt, sind mit der Hälfte des Steuersatzes zu versteuern, der sich bei gleichmäßiger Verteilung des Bezuges auf die Monate des Kalenderjahres als Lohnzahlungszeitraum ergibt.

f) Bezüge, die bei oder nach Beendigung des Dienstverhältnisses im Rahmen von Sozialplänen als Folge von Betriebsänderungen im Sinne des § 109 Abs. 1 Z 1 bis 6 des Arbeitsverfassungsgesetzes oder vergleichbarer gesetzlicher Bestimmungen anfallen, soweit sie nicht nach Abs. 6 mit dem Steuersatz von 6% zu versteuern sind, sind bis zu einem Betrag von 22 000 Euro mit der Hälfte des Steuersatzes, der sich bei gleichmäßiger Verteilung des Bezuges auf die Monate des Kalenderjahres als Lohnzahlungszeitraum ergibt, zu versteuern.

g) Nachzahlungen in einem Insolvenzverfahren sind, soweit sie Bezüge gemäß § 67 Abs. 3, 6 oder 8 lit. e oder f betreffen, mit 6% zu versteuern. Von den übrigen Nachzahlungen ist nach Abzug der darauf entfallenden Beiträge im Sinne des § 62 Z 3, 4 und 5 ein Fünftel steuerfrei zu belassen. Nachzahlungen für Bezüge gemäß § 3 Abs. 1 Z 10 behalten im Rahmen der gesetzlichen Bestimmungen ihre Steuerfreiheit, wobei in diesen Fällen kein steuerfreies Fünftel zu berücksichtigen ist. Der verbleibende Betrag ist als laufender Bezug mit einer vorläufigen laufenden Lohnsteuer in Höhe von 15% zu versteuern.

(BGBl I 2016/117)

(9) Sonstige Bezüge, die mit festen Steuersätzen versteuert werden, bleiben bei der Veranlagung der Einkommensteuer außer Betracht. § 41 Abs. 4 ist zu beachten. Als fester Steuersatz gelten auch die vervielfachte Tariflohnsteuer der Abs. 3 und 4 sowie die Tariflohnsteuer des Abs. 8 lit. e und f.

(10) Sonstige Bezüge, die nicht unter Abs. 1 bis 8 fallen, sind wie ein laufender Bezug im Zeitpunkt des Zufließens nach dem Lohnsteuertarif des jeweiligen Kalendermonats der Besteuerung zu unterziehen. Diese Bezüge erhöhen nicht das Jahressechstel gemäß Abs. 2.

(11) Die Abs. 1, 2, 6 und 8 sind auch bei der Veranlagung von Arbeitnehmern anzuwenden.

(BGBl I 2015/118)

(12) Die auf Bezüge, die mit festen Steuersätzen zu versteuern sind, entfallenden Beiträge im Sinne des § 62 Z 3, 4 und 5 sind vor Anwendung der festen Steuersätze in Abzug zu bringen.

Besteuerung bestimmter Zulagen und Zuschläge

§ 68. (1) Schmutz-, Erschwernis- und Gefahrenzulagen sowie Zuschläge für Sonntags-, Feiertags- und Nachtarbeit und mit diesen Arbeiten zusammenhängende Überstundenzuschläge sind insgesamt bis 360 Euro monatlich steuerfrei.

(2) Zusätzlich zu Abs. 1 sind Zuschläge für die ersten zehn Überstunden im Monat im Ausmaß von höchstens 50% des Grundlohnes, insgesamt höchstens jedoch 86 Euro monatlich, steuerfrei.

(3) Soweit Zulagen und Zuschläge durch Abs. 1 und 2 nicht erfaßt werden, sind sie nach dem Tarif zu versteuern.

(4) Als Überstunde gilt jede über die Normalarbeitszeit hinaus geleistete Arbeitsstunde. Als Normalarbeitszeit gilt jene Arbeitszeit, die auf Grund

1. gesetzlicher Vorschriften,
2. von Dienstordnungen der Gebietskörperschaften,
3. aufsichtsbehördlich genehmigter Dienst(Besoldungs)ordnungen der Körperschaften des öffentlichen Rechts,
4. der vom Österreichischen Gewerkschaftsbund für seine Bediensteten festgelegten Arbeitsordnung,
5. von Kollektivverträgen oder Betriebsvereinbarungen, die auf Grund besonderer kollektivvertraglicher Ermächtigungen abgeschlossen worden sind,
6. von Betriebsvereinbarungen, die wegen Fehlens eines kollektivvertragsfähigen Vertragsteiles (§ 4 des Arbeitsverfassungsgesetzes, BGBl. Nr. 22/1974) auf der Arbeitgeberseite zwischen einem einzelnen Arbeitgeber und dem kollektivvertragsfähigen Vertragsteil auf der Arbeitnehmerseite abgeschlossen wurden,

festgesetzt wird oder die

7. innerbetrieblich für alle Arbeitnehmer oder bestimmte Gruppen von Arbeitnehmern allgemein übliche Normalarbeitszeit. Als Überstunde gilt jedoch nur jene Arbeitszeit, die 40 Stunden in der Woche übersteigt oder durch die die Tagesarbeitszeit überschritten wird, die sich auf Grund der Verteilung einer mindestens 40stündigen wöchentlichen Normalarbeitszeit auf die einzelnen Arbeitstage ergibt.

Als Überstundenzuschläge gelten die durch die Vorschriften im Sinne der Z 1 bis 6 festgelegten Zuschläge oder die im Sinne der Z 7 innerbetrieblich für alle Arbeitnehmer oder bestimmte Gruppen von Arbeitnehmern allgemein gewährten Zuschläge.

(5) Unter Schmutz-, Erschwernis- und Gefahrenzulagen sind jene Teile des Arbeitslohnes zu verstehen, die dem Arbeitnehmer deshalb gewährt werden, weil die von ihm zu leistenden Arbeiten überwiegend unter Umständen erfolgen, die

– in erheblichem Maß zwangsläufig eine Verschmutzung des Arbeitnehmers und seiner Kleidung bewirken,in erheblichem Maß

zwangsläufig eine Verschmutzung des Arbeitnehmers und seiner Kleidung bewirken,
- im Vergleich zu den allgemein üblichen Arbeitsbedingungen eine außerordentliche Erschwernis darstellen, oderim Vergleich zu den allgemein üblichen Arbeitsbedingungen eine außerordentliche Erschwernis darstellen, oder
- infolge der schädlichen Einwirkungen von gesundheitsgefährdenden Stoffen oder Strahlen, von Hitze, Kälte oder Nässe, von Gasen, Dämpfen, Säuren, Laugen, Staub oder Erschütterungen oder infolge einer Sturz- oder anderen Gefahr zwangsläufig eine Gefährdung von Leben, Gesundheit oder körperlicher Sicherheit des Arbeitnehmers mit sich bringen.

Diese Zulagen sind nur begünstigt, soweit sie
1. auf Grund gesetzlicher Vorschriften,
2. auf Grund von Gebietskörperschaften erlassener Dienstordnungen,
3. auf Grund aufsichtsbehördlich genehmigter Dienst(Besoldungs)ordnungen der Körperschaften des öffentlichen Rechts,
4. auf Grund der vom Österreichischen Gewerkschaftsbund für seine Bediensteten festgelegten Arbeitsordnung,
5. auf Grund von Kollektivverträgen oder Betriebsvereinbarungen, die auf Grund besonderer kollektivvertraglicher Ermächtigungen abgeschlossen worden sind,
6. auf Grund von Betriebsvereinbarungen, die wegen Fehlens eines kollektivvertragsfähigen Vertragsteiles (§ 4 des Arbeitsverfassungsgesetzes, BGBl. Nr. 22/1974) auf der Arbeitgeberseite zwischen einem einzelnen Arbeitgeber und dem kollektivvertragsfähigen Vertragsteil auf der Arbeitnehmerseite abgeschlossen wurden,
7. innerbetrieblich für alle Arbeitnehmer oder bestimmte Gruppen von Arbeitnehmern

gewährt werden.

(6) Als Nachtarbeit gelten zusammenhängende Arbeitszeiten von mindestens 3 Stunden, die auf Grund betrieblicher Erfordernisse zwischen 19 Uhr und 7 Uhr erbracht werden müssen. Für Arbeitnehmer, deren Normalarbeitszeit im Lohnzahlungszeitraum überwiegend in der Zeit von 19 Uhr bis 7 Uhr liegt, erhöht sich der Freibetrag gemäß Abs. 1 um 50%.

(7) Gemäß Abs. 1 bis 5 sind auch zu behandeln
- Zulagen und Zuschläge, die in dem an freigestellte Mitglieder des Betriebsrates fortgezahlten Entgelt enthalten sind,Zulagen und Zuschläge, die in dem an freigestellte Mitglieder des Betriebsrates fortgezahlten Entgelt enthalten sind,
- gleichartige Zulagen und Zuschläge an Personalvertreter im Sinne des Bundes-Personalvertretungsgesetzes und ähnlicher landesgesetzlicher Vorschriften,gleichartige Zulagen und Zuschläge an Personalvertreter im Sinne des Bundes-Personalvertretungsgesetzes und ähnlicher landesgesetzlicher Vorschriften,
- Zulagen und Zuschläge, die im Arbeitslohn, der an den Arbeitnehmer im Krankheitsfall weitergezahlt wird, enthalten sind.Zulagen und Zuschläge, die im Arbeitslohn, der an den Arbeitnehmer im Krankheitsfall weitergezahlt wird, enthalten sind.

(8) Schmutz-, Erschwernis- und Gefahrenzulagen, in Überstundenentlohnungen enthaltene Zuschläge für Mehrarbeit und Zuschläge für Sonntags-, Feiertags- und Nachtarbeit sind bei den im § 67 Abs. 11 genannten Personen unter Anwendung der Abs. 1 bis 6 zu versteuern, sofern auf Grund eines Vertrages über Rechtsschutz und Rechtshilfe in Abgabensachen überprüft werden kann, daß die Voraussetzungen der Abs. 1 bis 6 vorliegen.

(9) Sieht eine lohngestaltende Vorschrift im Sinne des Abs. 5 Z 1 bis 6 vor, dass an Sonntagen regelmäßig Arbeitsleistungen zu erbringen sind und dafür ein Wochentag als Ersatzruhetag (Wochenruhe) zusteht, sind Zuschläge und Überstundenzuschläge am Ersatzruhetag wie Zuschläge gemäß Abs. 1 zu behandeln, wenn derartige Zuschläge für an Sonntagen geleistete Arbeit nicht zustehen.

Lohnsteuerabzug in besonderen Fällen

§ 69. (1) Der Bundesminister für Finanzen kann für bestimmte Gruppen von
- Arbeitnehmern, die ausschließlich körperlich tätig sind,
- Arbeitnehmern, die statistische Erhebungen für Gebietskörperschaften durchführen,
- Arbeitnehmern der Berufsgruppen Musiker, Bühnenangehörige, Artisten und Filmschaffende,

die ununterbrochen nicht länger als eine Woche beschäftigt werden, die Einbehaltung und Abfuhr der Lohnsteuer abweichend von den §§ 33, 62 bis 64 und 66 mit einem Pauschbetrag gestatten. Der Pauschbetrag für ausschließlich körperlich tätige Arbeitnehmer darf höchstens 7,5%, für andere Berufsgruppen höchstens 15% des vollen Betrages der Bezüge betragen. Diese Bestimmungen sind nicht anzuwenden, wenn der Taglohn 55 Euro oder der Wochenlohn 220 Euro übersteigt.

(2) Bei Auszahlung von Bezügen aus einer gesetzlichen Kranken- oder Unfallversorgung sowie aus einer Kranken- oder Unfallversorgung der Versorgungs- und Unterstützungseinrichtungen der Kammern der selbständig Erwerbstätigen gemäß § 25 Abs. 1 Z 1 lit. c und e, bei Auszahlung von Rehabilitationsgeld gemäß § 143a ASVG und bei Auszahlung von Wiedereingliederungsgeld gemäß § 143d ASVG sind 20% Lohnsteuer einzubehalten, soweit diese Bezüge 30 Euro täglich übersteigen. Wird ein 13. bzw. 14. Bezug zusätzlich ausgezahlt, hat ein vorläufiger Lohnsteuerabzug von diesen Bezügen zu unterbleiben. Zur Berücksichtigung dieser Bezüge im Veranlagungsverfahren haben die Versicherungsträger bis zum 31. Jänner des folgenden Kalenderjahres einen Lohnzettel (§ 84) auszustellen und an ihr Finanzamt zu übermitteln.

In diesem Lohnzettel ist ein Siebentel gesondert als sonstiger Bezug gemäß § 67 Abs. 1 auszuweisen.

(BGBl I 2015/118, BGBl I 2017/30, BGBl I 2020/99, BGBl I 2021/3)

(3) Bei Auszahlung von einkommensteuerpflichtigen Bezügen nach dem Heeresgebührengesetz 2001 sind 20% der Lohnsteuer einzubehalten, soweit diese Bezüge 20 Euro täglich übersteigen. Zur Berücksichtigung dieser Bezüge im Veranlagungsverfahren hat die auszahlende Stelle bis zum 31. Jänner des Folgejahres einen Lohnzettel (§ 84) auszustellen und an ihr Finanzamt zu übermitteln. In diesem Lohnzettel ist ein Siebentel der einkommensteuerpflichtigen Bezüge nach dem Heeresgebührengesetz 2001 gesondert als sonstiger Bezug gemäß § 67 Abs. 1 auszuweisen.

(BGBl I 2020/99, BGBl I 2021/3)

(4)

1. Bei Auszahlung der Winterfeiertagsvergütung gemäß § 13j Bauarbeiter-Urlaubs- und Abfertigungsgesetz, BGBl. Nr. 414/1972, durch die Bauarbeiter-Urlaubs- und Abfertigungskasse sind 20% Lohnsteuer einzubehalten.

   (BGBl I 2021/3)
2. Bei Auszahlung von Urlaubsentgelt gemäß § 8 Abs. 8 BUAG oder Urlaubsersatzleistung gemäß § 9 BUAG durch die Bauarbeiter-Urlaubs- und Abfertigungskasse ist Lohnsteuer unter Berücksichtigung des § 67 Abs. 5 erster Teilstrich einzubehalten. Die laufenden Bezüge sind nach dem Lohnsteuertarif unter Berücksichtigung des § 77 Abs. 1 zweiter Satz zu versteuern, die sonstigen Bezüge sind mit 6% zu versteuern.
3. Zur Berücksichtigung der Bezüge nach Z 1 und 2 im Veranlagungsverfahren hat die Bauarbeiter-Urlaubs- und Abfertigungskasse bis zum 31. Jänner des Folgejahres einen Lohnzettel (§ 84) auszustellen und an ihr Finanzamt zu übermitteln.

   (BGBl I 2020/99)

(5) Bei Auszahlung von Bezügen im Sinne des § 25 Abs. 1 Z 3 lit. d hat die auszahlende Stelle bis 31. Jänner des folgenden Kalenderjahres einen Lohnzettel (§ 84) zur Berücksichtigung dieser Bezüge im Veranlagungsverfahren auszustellen und an ihr Finanzamt zu übermitteln. In diesem Lohnzettel sind ein Siebentel der ausgezahlten Bezüge als sonstiger Bezug gemäß § 67 Abs. 1 auszuweisen. Ein vorläufiger Lohnsteuerabzug hat zu unterbleiben.

(BGBl I 2020/99)

(6) Die auszahlende Stelle hat in folgenden Fällen zur Berücksichtigung der Bezüge im Veranlagungsverfahren bis zum 31. Jänner des folgenden Kalenderjahres einen Lohnzettel (§ 84) auszustellen und an ihr Finanzamt zu übermitteln:

1. Bei Auszahlung von Insolvenz-Entgelt durch den Insolvenz-Entgelt-Fonds sowie
2. bei quotaler Auszahlung zur Erfüllung von Dienstnehmerforderungen, die nicht auf den Insolvenz-Entgelt-Fonds übergegangen sind, durch den Insolvenzverwalter. Die Ausstellung eines Lohnzettels hat in diesem Fall zu unterbleiben, wenn die Bezüge 100 Euro nicht übersteigen. In diesem Lohnzettel ist die bei der Ermittlung des Auszahlungsbetrages gemäß § 67 Abs. 8 lit. g berechnete Lohnsteuer, soweit sie nicht auf Bezüge im Sinne des § 67 Abs. 3, 6 oder 8 lit. e oder f entfällt, als anrechenbare Lohnsteuer auszuweisen.

Betrifft eine Auszahlung im Sinne der Z 1 oder 2 ein abgelaufenes Kalenderjahr, ist der Lohnzettel bis zum Ende des Kalendermonats zu übermitteln, das dem Quartal der Auszahlung folgt.

(BGBl I 2020/99)

(7) Bei Auszahlung von Bezügen im Sinne des Dienstleistungsscheckgesetzes hat die Österreichische Gesundheitskasse bis 31. Jänner des folgenden Kalenderjahres einen Lohnzettel (§ 84) zur Berücksichtigung dieser Bezüge im Veranlagungsverfahren auszustellen und an ihr Finanzamt zu übermitteln. In diesem Lohnzettel ist ein Siebentel der ausgezahlten Bezüge als sonstiger Bezug gemäß § 67 Abs. 1 auszuweisen. Ein vorläufiger Lohnsteuerabzug hat zu unterbleiben.

(BGBl I 2020/99)

(8) Bei Auszahlung von Bezügen gemäß § 33f Abs. 1 Bauarbeiter-Urlaubs- und Abfertigungsgesetz, BGBl. Nr. 414/1972, in der Fassung des Bundesgesetzes BGBl. I Nr. 104/2005, durch die Bauarbeiter- Urlaubs- und Abfertigungskasse ist die Lohnsteuer nach § 70 Abs. 2 Z 1 in Verbindung mit § 67 Abs. 5 zu berechnen. Die Bauarbeiter-Urlaubs- und Abfertigungskasse hat die Lohnsteuer nur dann einzubehalten und abzuführen, wenn sie für das laufende Kalenderjahr den Betrag von 100 Euro übersteigt. Zur Berücksichtigung dieser Bezüge im Veranlagungsverfahren hat die Bauarbeiter-Urlaubs- und Abfertigungskasse bis 31. Jänner des folgenden Kalenderjahres einen Lohnzettel (§ 84) auszustellen und an ihr Finanzamt zu übermitteln.

(BGBl I 2020/99)

(9) Bei Auszahlung von Bezügen im Sinne des § 25 Abs. 1 Z 3 lit. e erster Satz hat die auszahlende Stelle bis 31. Jänner des Folgejahres einen Lohnzettel (§ 84) zur Berücksichtung dieser Bezüge im Veranlagungsverfahren auszustellen und an ihr Finanzamt zu übermitteln. Ein vorläufiger Lohnsteuerabzug hat zu unterbleiben.

(BGBl I 2020/99)

(BGBl I 2019/104)

Beschränkt steuerpflichtige Arbeitnehmer

§ 70. (1) Beschränkt lohnsteuerpflichtig sind Arbeitnehmer, bei denen die Voraussetzungen der §§ 1 Abs. 3 und 98 Abs. 1 Z 4 vorliegen.

(2) Die Lohnsteuer wird berechnet:

1. Soweit nicht Z 2 zur Anwendung kommt, nach § 33 Abs. 5 sowie Abs. 6 und § 66 mit der Maßgabe, dass Absetzbeträge nach § 33

Abs. 3a und § 33 Abs. 4 Z 1, Z 2 und Z 4 nicht zu berücksichtigen sind.

(BGBl I 2018/62)

2. Bei Bezügen als Arbeitnehmer aus einer Tätigkeit im Sinne des § 99 Abs. 1 Z 1 mit 20% des vollen Betrages dieser Bezüge. Mit den Bezügen unmittelbar zusammenhängende Werbungskosten können vom vollen Betrag der Bezüge abgezogen werden, wenn sie ein in einem Mitgliedstaat der Europäischen Union oder Staat des Europäischen Wirtschaftsraumes ansässiger beschränkt steuerpflichtiger Arbeitnehmer dem Arbeitgeber vor Zufließen der Bezüge schriftlich mitteilt. Zieht der Arbeitgeber diese Werbungskosten ab, beträgt die Lohnsteuer 25%.

(BGBl I 2015/163)

(3) (aufgehoben)

(4) Der an ausländische Arbeitnehmer gezahlte Arbeitslohn unterliegt nicht der Lohnsteuer, wenn es sich um eine Arbeitsleistung von nur vorübergehender Dauer während des Aufenthaltes eines österreichischen Schiffes in einem ausländischen Hafen handelt.

§§ 71. bis 75. (außerkraftgetreten)

Lohnkonto

§ 76. (1) Der Arbeitgeber hat für jeden Arbeitnehmer spätestens ab dem 15. Tag des Monats, der dem Beginn des Dienstverhältnisses folgt, ein Lohnkonto zu führen. Im Lohnkonto hat der Arbeitgeber Folgendes anzugeben:

- Name,
- Versicherungsnummer gemäß § 31 ASVG,
- Wohnsitz,
- Alleinverdiener/Alleinerzieherabsetzbetrag und Kinderzuschläge zum Alleinverdiener/Alleinerzieherabsetzbetrag laut Antrag des Arbeitnehmers,
- Name und Versicherungsnummer des (Ehe) Partners, wenn der Alleinverdienerabsetzbetrag berücksichtigt wurde,
- Name und Versicherungsnummer des (jüngsten) Kindes, wenn der Alleinerzieherabsetzbetrag berücksichtigt wurde,
- Name und Versicherungsnummer des Kindes (der Kinder), wenn der Kinderzuschlag (die Kinderzuschläge) berücksichtigt wurde,
- Name, Versicherungsnummer und Geburtsdatum des Kindes (der Kinder), wenn ein Familienbonus Plus gemäß § 33 Abs. 3a berücksichtigt wurde, sowie die Anzahl der Monate und die Höhe des berücksichtigten Familienbonus Plus,
- Pauschbetrag gemäß § 16 Abs. 1 Z 6 und Kosten gemäß § 16 Abs. 1 Z 6 lit. i letzter Satz,
- Freibetrag laut Mitteilung zur Vorlage beim Arbeitgeber (§ 63). Wurde eine Versicherungsnummer nicht vergeben, ist jeweils das Geburtsdatum anstelle der Versicherungsnummer anzuführen.

(BGBl I 2018/62, BGBl I 2022/135)

(2) Der Bundesminister für Finanzen wird ermächtigt, mit Verordnung

- weitere Daten, die für Zwecke der Berechnung, Einbehaltung, Abfuhr und Prüfung lohnabhängiger Abgaben von Bedeutung und in das Lohnkonto einzutragen sind, und
- Erleichterungen für bestimmte Gruppen von Steuerpflichtigen bei der Führung des Lohnkontos

festzulegen.

Lohnzahlungszeitraum

§ 77. (1) Ist der Arbeitnehmer bei einem Arbeitgeber im Kalendermonat durchgehend beschäftigt, ist der Lohnzahlungszeitraum der Kalendermonat. Beginnt oder endet die Beschäftigung während eines Kalendermonats, so ist der Lohnzahlungszeitraum der Kalendertag. Der Kalendertag ist auch dann der Lohnzahlungszeitraum, wenn bei der Berechnung der Lohnsteuer unter Berücksichtigung eines Abkommens zur Vermeidung der Doppelbesteuerung oder einer Maßnahme gemäß § 48 BAO ein Teil des für den Kalendermonat bezogenen Lohns aus der inländischen Steuerbemessungsgrundlage ausgeschieden wird.

(2) Eine durchgehende Beschäftigung liegt insbesondere auch dann vor, wenn der Arbeitnehmer während eines Kalendermonats regelmäßig beschäftigt ist (aufrechtes Dienstverhältnis). Dabei kann der Arbeitnehmer auch für einzelne Tage keinen Lohn beziehen.

(3) Der Arbeitgeber kann im laufenden Kalenderjahr von den zum laufenden Tarif zu versteuernden Bezügen durch Aufrollen der vergangenen Lohnzahlungszeiträume die Lohnsteuer neu berechnen. Umfaßt die Aufrollung die Bezüge des Monats Dezember, können dabei vom Arbeitnehmer entrichtete Beiträge für die freiwillige Mitgliedschaft bei Berufsverbänden gemäß § 16 Abs. 1 Z 3 lit. b berücksichtigt werden, wenn

- der Arbeitnehmer im Kalenderjahr ständig von diesem Arbeitgeber Arbeitslohn (§ 25) erhalten hat,
- der Arbeitgeber keine Freibeträge auf Grund einer Mitteilung im Sinne des § 63 berücksichtigt hat und
- dem Arbeitgeber die entsprechenden Belege vorgelegt werden. Eine Neuberechnung der Lohnsteuer ist, abgesehen von Fällen gemäß Abs. 4a, nicht mehr zulässig, wenn im laufenden Kalenderjahr an den Arbeitnehmer Krankengeld aus der gesetzlichen Krankenversicherung ausbezahlt wird.

(BGBl I 2015/163, BGBl I 2019/103)

(4) Der Arbeitgeber kann bei Arbeitnehmern, die im Kalenderjahr ständig von diesem Arbeitgeber Arbeitslohn (§ 25) erhalten haben, in dem Monat, in dem der letzte sonstige Bezug für das Kalenderjahr ausgezahlt wird, die Lohnsteuer für die

im Kalenderjahr zugeflossenen sonstigen Bezüge innerhalb des Jahressechstels gemäß § 67 Abs. 1 und 2 sowie für Bezüge gemäß § 67 Abs. 5 zweiter Teilstrich, die gemäß § 67 Abs. 1 zu versteuern sind, neu berechnen, wenn das Jahressechstel 2 100 Euro übersteigt. Die Bemessungsgrundlage sind die sonstigen Bezüge innerhalb des Jahressechstels gemäß § 67 Abs. 1 und 2 sowie Bezüge gemäß § 67 Abs. 5 zweiter Teilstrich, die gemäß § 67 Abs. 1 zu versteuern sind, abzüglich der darauf entfallenden Beiträge gemäß § 62 Z 3, 4 und 5. Bis zu einem Jahressechstel von 25 000 Euro beträgt die Steuer 6% der 620 Euro übersteigenden Bemessungsgrundlage, jedoch höchstens 30% der 2 000 Euro übersteigenden Bemessungsgrundlage.

(4a) Der Arbeitgeber hat bei Auszahlung des letzten laufenden Bezuges im Kalenderjahr ein Sechstel der im Kalenderjahr zugeflossenen laufenden Bezüge zu ermitteln (Kontrollsechstel).

1. Wurden im laufenden Kalenderjahr insgesamt mehr sonstige Bezüge als das Kontrollsechstel mit den festen Steuersätzen gemäß § 67 Abs. 1 versteuert, hat der Arbeitgeber die das Kontrollsechstel übersteigenden Beträge durch Aufrollen nach § 67 Abs. 10 zu versteuern; dies gilt nicht, wenn beim Arbeitnehmer im Kalenderjahr mindestens einer der folgenden Fälle vorliegt:
   a) Elternkarenz,
   b) Bezug von Krankengeld aus der gesetzlichen Krankenversicherung,
   c) Bezug von Rehabilitationsgeld gemäß § 143a ASVG,
   d) Pflegekarenz oder Pflegeteilzeit gemäß § 14c oder § 14d AVRAG,
   e) Familienhospizkarenz oder Familienhospizteilzeit gemäß § 14a oder § 14b AVRAG,
   f) Wiedereingliederungsteilzeit gemäß § 13a AVRAG,
   g) Grundwehrdienst gemäß § 20 Wehrgesetz 2001 oder Zivildienst gemäß § 6a Zivildienstgesetz 1986,
   h) Bezug von Altersteilzeitgeld gemäß § 27 AlVG,
   i) Teilpension gemäß § 27a AlVG oder
   j) Beendigung des Dienstverhältnisses, wenn im Kalenderjahr kein neues Dienstverhältnis bei demselben Arbeitgeber oder einem mit diesem verbundenen Konzernunternehmen eingegangen wird.
2. Wurden im laufenden Kalenderjahr insgesamt weniger sonstige Bezüge als das Kontrollsechstel mit den festen Steuersätzen gemäß § 67 Abs. 1 versteuert, hat der Arbeitgeber den nicht ausgeschöpften Differenzbetrag auf das Kontrollsechstel durch Aufrollen nach § 67 Abs. 1 zu versteuern, wenn entsprechende sonstige Bezüge gemäß § 67 Abs. 1 und 2 ausbezahlt und gemäß § 67 Abs. 10 besteuert worden sind.

(BGBl I 2019/103, BGBl I 2021/3)

(5) Werden Bezüge für das Vorjahr bis zum 15. Februar ausgezahlt, kann der Arbeitgeber durch Aufrollen der Lohnzahlungszeiträume des Vorjahres die Lohnsteuer neu berechnen. Erfolgt keine Aufrollung, sind die Bezüge dem Lohnzahlungszeitraum Dezember des Vorjahres zuzuordnen.

Einbehaltung der Lohnsteuer

§ 78. (1) Der Arbeitgeber hat die Lohnsteuer des Arbeitnehmers bei jeder Lohnzahlung einzubehalten. Als Lohnzahlungen gelten auch Vorschuss- oder Abschlagszahlungen, sonstige vorläufige Zahlungen auf erst später fällig werdenden Arbeitslohn, Bezüge aus einer gesetzlichen Krankenversorgung sowie im Rahmen des Dienstverhältnisses von einem Dritten geleistete Vergütungen, wenn der Arbeitgeber weiß oder wissen muss, dass derartige Vergütungen geleistet werden.

(2) Arbeitgeber, die ihren Arbeitnehmern den Arbeitslohn während eines Kalendermonats regelmäßig nur in ungefährer Höhe in Teilbeträgen auszahlen (Abschlagszahlung) und erst für den Kalendermonat eine genaue Lohnabrechnung vornehmen, können die Lohnsteuer abweichend von Abs. 1 erst bei der Lohnabrechnung einbehalten. Voraussetzung ist, daß die Lohnabrechnung bis zum 15. Tag des folgenden Kalendermonats erfolgt. Das Finanzamt kann jedoch anordnen, daß die Lohnsteuer gemäß Abs. 1 einzubehalten ist.

(3) Reichen die dem Arbeitgeber zur Verfügung stehenden Mittel zur Zahlung des vollen vereinbarten Arbeitslohnes nicht aus, so hat er die Lohnsteuer von dem tatsächlich zur Auszahlung gelangenden niedrigeren Betrag zu berechnen und einzubehalten.

(4) Besteht der Arbeitslohn ganz oder teilweise aus geldwerten Vorteilen und reicht der Barlohn zur Deckung der unter Berücksichtigung des Wertes der geldwerten Vorteile (§ 15 Abs. 2) einzubehaltenden Lohnsteuer nicht aus, so hat der Arbeitnehmer dem Arbeitgeber den zur Deckung der Lohnsteuer erforderlichen Betrag, soweit er nicht durch Barlohn gedeckt ist, zu zahlen. Soweit der Arbeitnehmer dieser Verpflichtung nicht nachkommt, hat der Arbeitgeber einen dem Betrag im Wert entsprechenden Teil des Arbeitslohnes (geldwerten Vorteiles) zurückzubehalten und daraus die Lohnsteuer für Rechnung des Arbeitnehmers zu decken.

(5) Der Arbeitgeber hat dem Arbeitnehmer spätestens mit der Lohnzahlung für den Lohnzahlungszeitraum eine Abrechnung für den im Kalendermonat ausbezahlten Arbeitslohn auszuhändigen oder elektronisch zur Verfügung zu stellen. Diese Abrechnung hat zumindest folgende Angaben zu enthalten:

– Bruttobezüge gemäß § 25,
– Beitragsgrundlage für Pflichtbeiträge gemäß § 16 Abs. 1 Z 3 lit. a, Z 4 und Z 5,

- Pflichtbeiträge gemäß § 16 Abs. 1 Z 3 lit. a, Z 4 und 5,
- Bemessungsgrundlage für die Ermittlung der Lohnsteuer,
- die Bemessungsgrundlage für den Beitrag zur Mitarbeitervorsorgekasse (§ 26 Z 7 lit. d) und den geleisteten Beitrag,
- die Höhe des berücksichtigten Familienbonus Plus (§ 33 Abs. 3a),
- Lohnsteuer.

(BGBl I 2018/62)

Abfuhr der Lohnsteuer

§ 79. (1) Der Arbeitgeber hat die gesamte Lohnsteuer, die in einem Kalendermonat einzubehalten war, spätestens am 15. Tag nach Ablauf des Kalendermonates in einem Betrag an sein Finanzamt abzuführen. Die Lohnsteuer von Bezügen (Löhnen), die regelmäßig wiederkehrend bis zum 15. Tag eines Kalendermonats für den vorangegangenen Kalendermonat ausbezahlt werden, gilt als Lohnsteuer, die im vorangegangenen Kalendermonat einzubehalten war.

(BGBl I 2019/104, BGBl I 2020/99)

(2) Werden Bezüge für das Vorjahr nach dem 15. Jänner bis zum 15. Februar ausgezahlt, ist die Lohnsteuer bis zum 15. Februar als Lohnsteuer für das Vorjahr abzuführen. § 67 Abs. 8 lit. c ist nicht anzuwenden.

(3) Das Finanzamt hat die Höhe der rückständigen Lohnsteuer zu schätzen und den Arbeitgeber in Höhe des geschätzten Rückstandes haftbar zu machen (§ 82), wenn die fällige Abfuhr der Lohnsteuer unterbleibt oder die geleistete Abfuhr auffallend gering erscheint und eine besondere Erinnerung keinen Erfolg hat.

Lohnsteueranmeldung

§ 80. (1) Das Finanzamt des Arbeitgebers kann verlangen, daß ein Arbeitgeber, der die Lohnsteuer nicht ordnungsmäßig abführt, eine Lohnsteueranmeldung abgibt. Die Lohnsteueranmeldung ist spätestens am 15. Tag nach Ablauf des Kalendermonates dem Finanzamt des Arbeitgebers zu übersenden. Der Arbeitgeber hat in der Lohnsteueranmeldung unabhängig davon, ob er die einbehaltene Lohnsteuer an das Finanzamt abgeführt hat oder nicht, zu erklären, wieviel Lohnsteuer im Kalendermonat einzubehalten war (§ 79 Abs. 1).

(BGBl I 2019/104, BGBl I 2020/99)

(2) Hat das Finanzamt des Arbeitgebers die Abgabe der Lohnsteueranmeldung verlangt, so muß der Arbeitgeber die Lohnsteueranmeldung auch dann abgeben, wenn er im Anmeldungszeitraum keine Lohnsteuer einzubehalten hatte. Der Arbeitgeber hat in diesem Fall in der Lohnsteueranmeldung zu erklären, daß er im Anmeldungszeitraum keine Lohnsteuer einzubehalten hatte. Der Arbeitgeber wird von der Verpflichtung zur Abgabe weiterer Lohnsteueranmeldungen befreit, wenn er Arbeitnehmer nicht mehr beschäftigt und dies dem Finanzamt mitteilt.

(BGBl I 2019/104, BGBl I 2020/99)

Betriebsstätte

§ 81. Als Betriebsstätte für Zwecke des Steuerabzuges vom Arbeitslohn gilt jede vom Arbeitgeber im Inland für die Dauer von mehr als einem Monat unterhaltene feste örtliche Anlage oder Einrichtung, wenn sie der Ausübung der durch den Arbeitnehmer ausgeführten Tätigkeit dient; § 29 Abs. 2 der Bundesabgabenordnung gilt entsprechend. Als Betriebsstätte gilt auch der Heimathafen österreichischer Handelsschiffe, wenn die Reederei im Inland keine Niederlassung hat.

(BGBl I 2019/104, BGBl I 2020/99)

Haftung

§ 82. Der Arbeitgeber haftet dem Bund für die Einbehaltung und Abfuhr der vom Arbeitslohn einzubehaltenden Lohnsteuer. Der Umstand, daß die Voraussetzungen des § 83 Abs. 2 Z 1 und 4 oder Abs. 3 vorliegen, steht einer Inanspruchnahme des Arbeitgebers nicht entgegen.

Haftung bei Beauftragung zur Erbringung von Bauleistungen

§ 82a. (1) Wird die Erbringung von Bauleistungen nach § 19 Abs. 1a UStG 1994 von einem Unternehmen (Auftrag gebendes Unternehmen) an ein anderes Unternehmen (beauftragtes Unternehmen) ganz oder teilweise weitergegeben, so haftet das Auftrag gebende Unternehmen für die vom Finanzamt einzuhebenden lohnabhängigen Abgaben, die das beauftragte Unternehmen abzuführen hat, bis zum Höchstausmaß von 5% des geleisteten Werklohnes.

(2) Die Haftung nach Abs. 1 tritt mit dem Zeitpunkt der Zahlung des Werklohnes ein und umfasst die vom beauftragten Unternehmen zu entrichtenden und vom Finanzamt einzuhebenden lohnabhängigen Abgaben, die bis zum 15. Tag nach Ablauf des Kalendermonats fällig werden, in dem die Leistung des Werklohnes erfolgt. Als Werklohn gilt das gesamte für die Erfüllung des Auftrages zu leistende Entgelt. Als Leistung des Werklohnes gilt auch jede Teilleistung dieses Entgeltes. Als Leistung gilt insbesondere auch die Erfüllung durch Aufrechnung seitens des Auftrag gebenden Unternehmens oder des beauftragten Unternehmens. Die Haftung kann geltend gemacht werden, wenn beim beauftragten Unternehmen zur Einbringung der vom Finanzamt einzuhebenden lohnabhängigen Abgaben erfolglos Exekution geführt wurde oder bezüglich des beauftragten Unternehmens ein Insolvenztatbestand nach § 1 IESG vorliegt.

(3) Die Haftung nach Abs. 1 entfällt,

1. wenn das beauftragte Unternehmen zum Zeitpunkt der Leistung des Werklohnes in der Gesamtliste der haftungsfreistellenden Unternehmen (HFU-Gesamtliste) nach § 67b Abs. 6 ASVG geführt wird oder

2. – wenn Z 1 nicht zutrifft – das Auftrag gebende Unternehmen 5 % des zu leistenden Werklohnes (Haftungsbetrag) gleichzeitig mit der Leistung des Werklohnes an das Dienstleistungszentrum bei der Österreichischen Gesundheitskasse (§ 67c ASVG) überweist.

Die beiden letzten Sätze des § 67a Abs. 3 ASVG gelten entsprechend.

(4) Der Haftungsbetrag nach Abs. 3 Z 2 wirkt gegenüber dem beauftragten Unternehmen schuldbefreiend; er gilt als Drittleistung und unterliegt nicht dem Zweiten Abschnitt des Ersten Teiles/Erstes Hauptstück der Insolvenzordnung. Der Haftungsbetrag ist, sofern auch eine Überweisung nach § 67a Abs. 3 Z 2 ASVG erfolgt, gemeinsam mit dieser abzuführen. Für Zwecke der Weiterleitung des Haftungsbetrages nach Abs. 3 Z 2 an das Finanzamt sind die Umsatzsteuer-Identifikationsnummer, oder, wenn nicht vorhanden, die Steuernummer des beauftragten Unternehmens mitzuteilen. Erfolgt eine Überweisung nach § 82a Abs. 3 Z 2 gemeinsam mit der Überweisung nach § 67a Abs. 3 Z 2 ASVG sind auch die in § 67a Abs. 4 ASVG genannten Daten anzugeben. Das beauftragte Unternehmen ist verpflichtet, dem Auftrag gebenden Unternehmen seine Umsatzsteuer-Identifikationsnummer oder, wenn nicht vorhanden, seine Steuernummer bekannt zu geben.

(BGBl I 2020/99)

(5) Die beim Dienstleistungszentrum der Österreichischen Gesundheitskasse einlangenden Haftungsbeträge sind folgendermaßen zuzuordnen:

1. 80% entfällt auf den Haftungsbeitrag nach § 67a Abs. 3 Z 2 ASVG und 20% auf den Haftungsbetrag nach § 82a Abs. 3 Z 2.
2. Abweichend von Z 1 kann das Auftrag gebende Unternehmen mittels Verrechnungsweisung den Haftungsbetrag nach § 67a Abs. 3 Z 2 ASVG unter der Bezeichnung „AGH-SV“ und den Haftungsbetrag nach § 82a Abs. 3 Z 2 unter der Bezeichnung „AGH-LSt“ betragsmäßig bestimmen.
3. Bestehen für das beauftragte Unternehmen bei den österreichischen Krankenversicherungsträgern weder Beitrags- noch Meldepflichten nach dem ASVG, so entfällt abweichend von Z 1 der vom Auftrag gebenden Unternehmen entrichtete Haftungsbetrag zur Gänze auf den Haftungsbetrag nach § 82a Abs. 3 Z 2.

Der Bundesminister für Finanzen wird ermächtigt, das Verfahren des Zusammenwirkens zwischen dem Dienstleistungszentrum der Österreichischen Gesundheitskasse und den Finanzämtern hinsichtlich der Auftraggeberhaftung für vom Finanzamt einzuhebende lohnabhängige Abgaben im Einvernehmen mit dem Bundesminister für Arbeit, Soziales und Konsumentenschutz mit Verordnung festzulegen. Der Bundesminister für Finanzen hat die der Österreichischen Gesundheitskasse aufgrund dieses Gesetzes erwachsenden Adaptierungs- und Betriebskosten zu tragen, wobei die Beauftragung dieser Arbeiten durch die Österreichische Gesundheitskasse im Einvernehmen mit dem Bundesminister für Finanzen zu erfolgen hat.

(6) Das für die Erhebung der Lohnsteuer zuständige Finanzamt kann die Streichung von der HFU-Liste beantragen, wenn fällige lohnabhängige Abgaben nicht entrichtet wurden. Eine neuerliche Aufnahme in die HFU-Liste bedarf der Zustimmung des Finanzamtes.

Steuerschuldner

§ 83. (1) Der Arbeitnehmer ist beim Lohnsteuerabzug Steuerschuldner.

(2) Der Arbeitnehmer wird unmittelbar in Anspruch genommen, wenn

1. die Voraussetzungen des § 41 Abs. 1 vorliegen,
2. ein Arbeitgeber ohne inländische Betriebsstätte die Einkommensteuer durch Abzug vom Arbeitslohn (§ 47 Abs. 1 lit. b) nicht entsprechend den Vorschriften dieses Bundesgesetzes berechnet und abgeführt hat.

   (BGBl I 2021/3)
3. die Voraussetzungen für eine Nachversteuerung gemäß § 18 Abs. 4 vorliegen,
4. eine Veranlagung auf Antrag (§ 41 Abs. 2) durchgeführt wird,
5. eine ausländische Einrichtung im Sinne des § 5 Z 4 des Pensionskassengesetzes die Einkommensteuer durch Abzug vom Arbeitslohn (§ 47) nicht erhoben hat.

(3) Der Arbeitnehmer kann unmittelbar in Anspruch genommen werden, wenn er und der Arbeitgeber vorsätzlich zusammenwirken um sich einen gesetzeswidrigen Vorteil zu verschaffen, der eine Verkürzung der vorschriftsmäßig zu berechnenden und abzuführenden Lohnsteuer bewirkt.

Lohnzettel

§ 84. (1)

1. Der Arbeitgeber hat seinem Finanzamt oder der Österreichischen Gesundheitskasse ohne besondere Aufforderung die Lohnzettel aller im Kalenderjahr beschäftigten Arbeitnehmer zu übermitteln. Bei Auszahlung einer pflegebedingten Geldleistung (Pflegegeld, Pflegezulage, Blindengeld oder Blindenzulage), von Wochengeld und vergleichbaren Bezügen aus der gesetzlichen Sozialversicherung sowie dem Grunde und der Höhe nach gleichartigen Zuwendungen aus Versorgungs- und Unterstützungseinrichtungen der Kammern der selbständig Erwerbstätigen ist ein Lohnzettel von der auszahlenden Stelle auszustellen.

   (BGBl I 2019/104, BGBl I 2020/99)
2. Der Lohnzettel hat alle im amtlichen Formular vorgesehenen für die Erhebung von Abgaben maßgeblichen Daten zu enthalten. Die Übermittlung der Lohnzettel hat elektronisch bis Ende Februar des folgenden Kalenderjahres zu erfolgen. Ist dem Arbeitgeber bzw. der auszahlenden Stelle die elektronische Über-

mittlung der Lohnzettel mangels technischer Voraussetzungen unzumutbar, hat die Übermittlung der Lohnzettel auf dem amtlichen Vordruck bis Ende Jänner des folgenden Kalenderjahres zu erfolgen.

(BGBl I 2016/117)

3. Abweichend vom Übermittlungsstichtag gemäß Z 2 ist ein Lohnzettel bei Eröffnung eines Insolvenzverfahrens über das Vermögen des Arbeitgebers bis zum Ende des zweitfolgenden Monats zu übermitteln. In diesem Fall ist ein Lohnzettel bis zum Tag der Eröffnung des Insolvenzverfahrens auszustellen. Der Bundesminister für Finanzen wird ermächtigt, im Einvernehmen mit dem für Angelegenheiten des Arbeitsrechts zuständigen Bundesminister durch Verordnung für diesen Lohnzettel zusätzliche Daten, die für die Ermittlung der Ansprüche nach dem Insolvenz-Entgeltsicherungsgesetz erforderlich sind, festzulegen. Der Lohnzettel ist vom Finanzamt des Arbeitgebers oder der Österreichischen Gesundheitskasse den Geschäftsstellen der IEF-Service GmbH gemäß § 5 Abs. 1 des Insolvenz-Entgeltsicherungsgesetzes elektronisch zur Verfügung zu stellen.

(BGBl I 2016/117, BGBl I 2019/104, BGBl I 2020/99)

4. Der Bundesminister für Finanzen wird ermächtigt, den Inhalt und das Verfahren der elektronischen Lohnzettelübermittlung im Einvernehmen mit dem Bundesminister für soziale Sicherheit, Generationen und Konsumentenschutz mit Verordnung festzulegen. In der Verordnung kann vorgesehen werden, dass sich der Arbeitgeber einer bestimmten geeigneten öffentlich-rechtlichen oder privatrechtlichen Übermittlungsstelle zu bedienen hat.

(2) Der Arbeitgeber (der Insolvenzverwalter) hat dem Arbeitnehmer in den Fällen des Abs. 1 Z 3 oder über dessen Verlangen für Zwecke der Einkommensteuerveranlagung einen Lohnzettel nach dem amtlichen Vordruck auszustellen.

(3) Der Lohnzettel ist auf Grund der Eintragungen im Lohnkonto (§ 76) auszuschreiben. Erfolgen nach Übermittlung eines Lohnzettels Ergänzungen des Lohnkontos, welche die Bemessungsgrundlagen oder die abzuführende Steuer betreffen, ist ein berichtigter Lohnzettel innerhalb von zwei Wochen ab erfolgter Ergänzung an das Finanzamt des Arbeitgebers zu übermitteln. Ein in Folge einer Lohnsteuerprüfung gemäß § 86 erstellter Lohnzettel stellt ein rückwirkendes Ereignis im Sinn des § 295a der Bundesabgabenordnung dar.

(BGBl I 2016/117, BGBl I 2019/104, BGBl I 2020/99, BGBl I 2022/108)

(4) Ein Lohnzettel ist auch für Arbeitnehmer auszuschreiben, bei denen eine Pauschbesteuerung gemäß § 69 vorgenommen wurde, und für beschränkt steuerpflichtige Arbeitnehmer (§ 70).

(5) Auf dem Lohnzettel sind

- die Versicherungsnummer gemäß § 31 ASVG des Arbeitnehmers,
- die Versicherungsnummer des (Ehe)Partners sowie die Anzahl der Kinder (§ 106 Abs. 1) des Arbeitnehmers, falls der Alleinverdienerabsetzbetrag oder der Alleinerzieherabsetzbetrag berücksichtigt wurde,
- die Versicherungsnummer des Ehepartners oder eingetragenen Partners des Arbeitnehmers, falls der erhöhte Pensionistenabsetzbetrag berücksichtigt wurde,
- die Anzahl, Name, Versicherungsnummer und Geburtsdatum der Kinder, für die ein Familienbonus Plus berücksichtigt wurde, sowie die Monate und die Höhe des berücksichtigten Familienbonus Plus,

anzuführen. Wurde eine Versicherungsnummer nicht vergeben, ist jeweils das Geburtsdatum anstelle der Versicherungsnummer anzuführen. Auf der für die Finanzverwaltung bestimmten Ausfertigung ist zusätzlich die Steuernummer des Arbeitgebers anzuführen.

(BGBl I 2016/117, BGBl I 2019/103, BGBl I 2022/135)

(6) Dem Arbeitnehmer ist jede Änderung der vom Arbeitgeber vorgenommenen Eintragungen untersagt.

Lohnbescheinigung

§ 84a. (1) Bei Auszahlungen von Einkünften gemäß § 25 in Verbindung mit § 47 Abs. 1 lit. c hat der Arbeitgeber bis Ende Jänner des Folgejahres eine Lohnbescheinigung zur Berücksichtigung dieser Bezüge im Veranlagungsverfahren auszustellen und an das Finanzamt zu übermitteln. Bei elektronischer Übermittlung hat der Arbeitgeber die Lohnbescheinigung bis Ende Februar des Folgejahres zu übermitteln.

(2) Die Lohnbescheinigung hat zumindest folgende für die Erhebung von Abgaben maßgeblichen Daten gemäß dem amtlichen Formular zu enthalten: Name, Wohnsitz, Geburtsdatum, Sozialversicherungsnummer und die Bruttobezüge.

(BGBl I 2021/3)

Körperschaften des öffentlichen Rechts

§ 85. (1) Körperschaften des öffentlichen Rechts haben die Lohnsteuer nach diesem Bundesgesetz wie alle sonstigen Arbeitgeber einzubehalten. Öffentliche Kassen haben bei Auszahlung des Arbeitslohnes die Rechte und Pflichten des Arbeitgebers im Sinne dieses Bundesgesetzes.

(2) Wird ein Arbeitnehmer, der den Arbeitslohn im voraus für einen Lohnzahlungszeitraum erhalten hat, während dieser Zeit einer anderen Dienststelle zugeteilt und geht die Zahlung des Arbeitslohnes auf die Kasse dieser Dienststelle über, so hat die früher zuständige Kasse im Lohnzettel (§ 84) den vollen von ihr gezahlten Arbeitslohn und die davon einbehaltene Lohnsteuer auch dann aufzunehmen, wenn ihr ein Teil des Arbeitslohnes von der nunmehr zuständigen Kasse erstattet wird. Die

nunmehr zuständige Kasse hat den der früher zuständigen Kasse erstatteten Teil des Arbeitslohnes in den von ihr auszuschreibenden Lohnzettel nicht aufzunehmen.

Lohnsteuerprüfung

§ 86. (1) Dem Finanzamt des Arbeitgebers (§ 81) obliegt die Prüfung der Einhaltung aller für die ordnungsgemäße Einbehaltung und Abfuhr

1. der Lohnsteuer,
2. der Abzugsteuer gemäß § 99 Abs. 1 Z 1, Z 4 und Z 5 zweiter Fall

   sowie die für die Erhebung
3. des Dienstgeberbeitrages (§ 41 FLAG) und
4. des Zuschlages zum Dienstgeberbeitrag (§ 122 Abs. 8 Wirtschaftskammergesetz 1998)

maßgebenden tatsächlichen und rechtlichen Verhältnisse (Lohnsteuerprüfung) nach Maßgabe der Bestimmungen des Bundesgesetzes über die Prüfung lohnabhängiger Abgaben und Beiträge – PLABG, BGBl. I Nr. 98/2018. Es hat sich für die Durchführung der Prüfung des Prüfdienstes für Lohnabgaben und Beiträge zu bedienen.

(BGBl I 2020/54, BGBl I 2020/99)

(1a) Liegt ein rechtskräftiger Feststellungsbescheid nach § 412c ASVG oder § 194b GSVG oder § 182a BSVG vor, so ist die Versicherungszuordnung auch für die Qualifikation der Einkünfte nach § 2 Abs. 3 bindend. Dies gilt nicht, wenn der Bescheid auf falschen Angaben beruht oder sich der zugrunde liegende Sachverhalt geändert hat.

(BGBl I 2017/125)

(2) Ergibt sich bei einer Lohnsteuerprüfung, dass die genaue Ermittlung der auf den einzelnen Arbeitnehmer infolge einer Nachforderung entfallenden Lohnsteuer mit unverhältnismäßigen Schwierigkeiten verbunden ist, so kann die Nachforderung in einem Pauschbetrag erfolgen. Bei der Festsetzung dieses Pauschbetrages ist auf die Anzahl der durch die Nachforderung erfassten Arbeitnehmer, die Steuerabsetzbeträge sowie auf die durchschnittliche Höhe des Arbeitslohnes der durch die Nachforderung erfassten Arbeitnehmer Bedacht zu nehmen.

(3) Lohnsteuernachforderungen auf Grund der Haftung des Arbeitgebers (§ 82), für die der Arbeitgeber seine Arbeitnehmer nicht in Anspruch nimmt, sind nicht als Vorteil aus dem Dienstverhältnis im Sinne des § 25 anzusehen.

(4) (aufgehoben)

(BGBl I 2018/98)

Verpflichtung der Arbeitgeber

§ 87. (1) Die Arbeitgeber und ihre Angestellten haben den Organen des Finanzamtes Einsicht in die nach § 76 vorgeschriebenen Aufzeichnungen und in die Lohnaufzeichnungen der Betriebe sowie in die Geschäftsbücher und in die Unterlagen zu gewähren, soweit dies für die Feststellung der den Arbeitnehmern gezahlten Vergütungen aller Art und für die Lohnsteuerprüfung erforderlich ist.

(2) Die Arbeitgeber haben ferner jede vom Prüfungsorgan zum Verständnis der Aufzeichnungen verlangte Erläuterung zu geben.

(3) Die Arbeitgeber haben auf Verlangen dem Prüfungsorgan des Finanzamtes auch über sonstige für den Betrieb tätige Personen, bei denen es zweifelhaft ist, ob sie Arbeitnehmer des Betriebes sind, jede gewünschte Auskunft zur Feststellung ihrer Steuerverhältnisse zu geben.

Verpflichtung der Arbeitnehmer

§ 88. (1) Die Arbeitnehmer des Betriebes haben dem Prüfungsorgan jede gewünschte Auskunft über Art und Höhe ihres Arbeitslohnes zu geben und auf Verlangen die in ihrem Besitz befindlichen Aufzeichnungen und Belege über bereits entrichtete Lohnsteuer vorzulegen.

(2) Das Prüfungsorgan ist auch berechtigt, von Personen, bei denen es zweifelhaft ist, ob sie Arbeitnehmer des Betriebes sind, jede Auskunft zur Feststellung ihrer Steuerverhältnisse zu verlangen.

Mitwirkung von Versicherungsträgern und anderen Institutionen

§ 89. (1) Die Träger der gesetzlichen Sozialversicherung haben den Abgabenbehörden des Bundes jede zur Durchführung des Steuerabzuges und der den Finanzämtern obliegenden Prüfung und Aufsicht dienliche Hilfe zu leisten (§ 158 Abs. 1 der Bundesabgabenordnung). Insbesondere sind ohne Aufforderung die Feststellungen und das Ergebnis aller Prüfungen (§§ 41a und 42 Abs. 1 ASVG) dem Finanzamt zur Verfügung zu stellen.

(2) Die Zurverfügungstellung der Prüfungsergebnisse im Sinne der Abs. 1 kann im Wege des Datenträgeraustausches oder der automationsunterstützten Datenübermittlung erfolgen. Der Bundesminister für Finanzen wird ermächtigt, im Einvernehmen mit dem Bundesminister für Soziales das Verfahren der Übermittlung beziehungsweise den Inhalt der Meldungen und das Verfahren des Datenträgeraustausches und der automationsunterstützten Datenübermittlung mit Verordnung festzulegen.

(3) Die Abgabenbehörden und das Amt für Betrugsbekämpfung haben im Rahmen der Vollziehung der abgabenrechtlichen Bestimmungen insbesondere zu erheben (§§ 143 und 144 BAO), ob

- die versicherungs- und melderechtlichen Bestimmungen des ASVG,
- die Anzeigepflichten des AlVG und
- die Bestimmungen, deren Missachtung den Tatbestand der §§ 366 Abs. 1 Z 1 oder 367 Z 54 GewO erfüllt,

eingehalten wurden. Zum Zweck der Prüfung der Einhaltung der Anzeigepflichten überprüfter Personen sind die Abgabenbehörden und das Amt für Betrugsbekämpfung berechtigt, die Arbeitslosmeldung und den Bezug von Leistungen aus der Arbeitslosenversicherung und von Überbrückungshilfen nach dem ÜHG für die letzten drei Monate durch Eingabe des Namens und der Sozialversicherungsnummer der überprüften Person automationsunterstützt abzufragen. Die Geschäftsstellen des Arbeitsmarktservice sind verpflichtet, den Abgabenbehörden und dem Amt für Betrugsbekämpfung den Zugriff auf diese Daten in einer technisch geeigneten Form kostenlos zur Verfügung zu stellen.

(BGBl I 2015/118, BGBl I 2019/104, BGBl I 2020/99)

(4) Die Finanzämter haben der Österreichischen Gesundheitskasse, der Versicherungsanstalt öffentlich Bediensteter, Eisenbahnen und Bergbau und den Gemeinden alle für die Erhebung von lohnabhängigen Abgaben bedeutsamen Daten zur Verfügung zu stellen. Insbesondere sind den Gemeinden die Daten der Dienstgeberbeitragszahlungen der Arbeitgeber bereitzustellen. Diese Daten dürfen nur in der Art und dem Umfang verwendet werden, als dies zur Wahrnehmung der gesetzlich übertragenen Aufgaben eine wesentliche Voraussetzung ist. Die Verwendung nicht notwendiger Daten (Ballastwissen, Überschusswissen) ist unzulässig. Daten, die mit an Sicherheit grenzender Wahrscheinlichkeit nicht mehr benötigt werden, sind möglichst rasch zu löschen.

(BGBl I 2018/98, BGBl I 2020/54)

(5) Die IEF-Service-GmbH und deren Geschäftsstellen haben alle für die Erhebung von Abgaben bedeutsamen Daten zur Verfügung zu stellen. Die Sätze 3, 4 und 5 des Abs. 4 gelten entsprechend.

(6) Die Träger der gesetzlichen Sozialversicherung haben an dem der An- oder Abmeldung folgenden Werktag den Abgabenbehörden des Bundes den Namen, die Wohnanschrift und die Versicherungsnummer gemäß § 31 Abs. 4 Z 1 ASVG (bei Nichtvorhandensein jedenfalls das Geburtsdatum) der an- und abgemeldeten Dienstnehmer zu übermitteln. Weiters sind die Meldungen der monatlichen Beitragsgrundlagen nach Ablauf eines jeden Beitragszeitraumes sowie allfällige Berichtigungen der Beitragsgrundlagen pro versicherter Person zu übermitteln. Abs. 2 gilt sinngemäß. Der Bundesminister für Finanzen wird ermächtigt, im Einvernehmen mit dem Bundesminister für Soziales, Gesundheit, Pflege und Konsumentenschutz das Verfahren der Übermittlung bzw. den Inhalt der Meldungen und das Verfahren des Datenträgeraustausches sowie der automationsunterstützten Datenübermittlung, mit Verordnung festzulegen.

(BGBl I 2016/117, BGBl I 2018/98, BGBl I 2020/54)

Auskunftspflicht der Behörde

§ 90. Das Finanzamt des Arbeitgebers hat auf Anfrage einer Partei tunlichst innerhalb von 14 Tagen darüber Auskunft zu geben, ob und inwieweit im einzelnen Fall die Vorschriften über die Lohnsteuer anzuwenden sind.

(BGBl I 2019/104, BGBl I 2020/99)

Arbeitnehmer ohne inländischen Wohnsitz

§ 91. Soweit in diesem Abschnitt der Wohnsitz des Arbeitnehmers maßgebend ist, ein inländischer Wohnsitz jedoch nicht besteht, tritt an seine Stelle der inländische gewöhnliche Aufenthalt und, wenn ein solcher nicht besteht, die Betriebsstätte.

Auslandsbeamte

§ 92. (1) Für Auslandsbeamte im Sinne des § 26 Abs. 3 der Bundesabgabenordnung ist die Lohnsteuer nach den §§ 33 und 66 bis 68 zu berechnen. Der Arbeitnehmer hat die für die Anwendung dieser Bestimmungen maßgebenden Verhältnisse durch eine amtliche Bescheinigung nachzuweisen.

(2) Weisen die im Abs. 1 genannten Arbeitnehmer nach, daß bei ihnen besondere Verhältnisse gemäß § 63 vorliegen, so stellt das Finanzamt des Arbeitgebers auf Antrag des Arbeitnehmers einen den §§ 63 und 64 entsprechenden Freibetragsbescheid und die Mitteilung zur Vorlage beim Arbeitgeber aus. Auf Grund dieser Mitteilung hat der Arbeitgeber die ausgewiesenen Freibeträge zu berücksichtigen.

(BGBl I 2019/104, BGBl I 2020/99)

6. TEIL
KAPITALERTRAGSTEUER

Abzugspflicht

§ 93. (1) Bei inländischen Einkünften aus Kapitalvermögen wird die Einkommensteuer durch Steuerabzug erhoben (Kapitalertragsteuer). Dies gilt nicht für die in § 27a Abs. 2 genannten Einkünfte.

(1a) Der Abzugsverpflichtete (§ 95 Abs. 2) kann bei inländischen Einkünften aus Kapitalvermögen stets Kapitalertragsteuer in Höhe von 24% für im Kalenderjahr 2023 zugeflossene Einkünfte und in Höhe von 23% für ab dem Kalenderjahr 2024 zugeflossene Einkünfte einbehalten, wenn der Schuldner der Kapitalertragsteuer (§ 95 Abs. 1) eine Körperschaft im Sinne des § 1 Abs. 1 des Körperschaftsteuergesetzes 1988 ist.

(BGBl I 2015/118, BGBl I 2022/10)

(2) Inländische Einkünfte aus Kapitalvermögen liegen vor:

1. Bei Einkünften aus der Überlassung von Kapital (§ 27 Abs. 2), wenn sich die auszahlende Stelle (§ 95 Abs. 2 Z 1 lit. b) im Inland befindet. Bei Einkünften aus der Überlassung von Kapital gemäß § 27 Abs. 2 Z 1, § 27 Abs. 5 Z 7 und Zinsen aus Geldeinlagen bei Kreditinstituten und aus sonstigen Geldforderungen gegenüber Kreditinstituten im Sinne des § 27a Abs. 1 Z 1 liegen auch dann inländische Einkünfte aus Kapitalvermögen vor, wenn der Schuldner der Kapitalerträge Wohnsitz, Geschäftsleitung oder Sitz im Inland hat oder inländische Zweigstelle eines ausländischen Kreditinstituts ist. Als Geldeinlagen bei Kreditinstituten gelten auch von Kreditinstituten treuhändig oder zur Verwaltung aufgenommene Gelder, für deren Verlust sie das wirtschaftliche Risiko tragen.

   (BGBl I 2015/118, BGBl I 2022/10)
2. Bei Einkünften aus realisierten Wertsteigerungen von Kapitalvermögen (§ 27 Abs. 3)

und bei Einkünften aus Derivaten (§ 27 Abs. 4), wenn eine inländische depotführende Stelle (§ 95 Abs. 2 Z 2 lit. a) oder eine inländische auszahlende Stelle (§ 95 Abs. 2 Z 2 lit. b) vorliegt und diese die Realisierung abwickelt.

(BGBl I 2015/118)

3. a) Bei laufenden Einkünften aus Kryptowährungen (§ 27 Abs. 4a in Verbindung mit § 27b Abs. 2), wenn ein inländischer Schuldner oder inländischer Dienstleister (§ 95 Abs. 2 Z 3) vorliegt, der die Kryptowährungen oder sonstigen Entgelte gutschreibt.
   b) Bei Einkünften aus realisierten Wertsteigerungen (§ 27 Abs. 4a in Verbindung mit § 27b Abs. 3), wenn ein inländischer Dienstleister (§ 95 Abs. 2 Z 3) vorliegt, der die Realisierung abwickelt.

(BGBl I 2015/118, BGBl I 2022/10)

(3) Die Kapitalertragsteuer ist auch abzuziehen, wenn die Kapitaleinkünfte beim Empfänger zu den Einkünften im Sinne des § 2 Abs. 3 Z 1 bis 4 gehören, sofern nicht die Voraussetzungen des § 94 vorliegen.

(4) Weist der Steuerpflichtige bei den Einkünften im Sinne des § 27 Abs. 3 und 4 die tatsächlichen Anschaffungskosten oder den Wert einer vorangegangenen steuerpflichtigen Entnahme der depotführenden Stelle nicht nach, hat diese für Zwecke des Steuerabzugs davon auszugehen, dass die Anschaffungskosten dem gemeinen Wert zum Zeitpunkt der Depoteinlage, vermindert um 0,5% für jeden seit der Anschaffung vergangenen Monat entsprechen. Zumindest ist der halbe gemeine Wert zum Zeitpunkt der Depoteinlage anzusetzen. Besteht kein Kurs- oder Handelswert, hat die depotführende Stelle bei einer späteren Realisierung davon auszugehen, dass die Anschaffungskosten im Falle des § 27a Abs. 3 Z 2 lit. a dem halben Erlös, im Falle des § 27a Abs. 3 Z 2 lit. b dem halben gemeinen Wert im Zeitpunkt der Entnahme entsprechen. Besteht weder im Zeitpunkt der Depoteinlage noch im Zeitpunkt einer späteren Realisierung ein Kurs- oder Handelswert, hat die depotführende Stelle davon auszugehen, dass die Anschaffungskosten dem gemeinen Wert im Zeitpunkt der Entnahme entsprechen.

Weist der Steuerpflichtige

- bei Anteilen an Körperschaften und Anteilscheinen und Anteilen an § 186 oder § 188 des Investmentfondsgesetzes 2011 und an § 40 oder § 42 des Immobilien-Investmentfondsgesetzes unterliegende Gebilde die Anschaffung vor dem 1. Jänner 2011 nicht nach, ist davon auszugehen, dass diese am 1. Jänner 2011 entgeltlich erworben wurden;
- bei allen anderen Wirtschaftsgütern und Derivaten die Anschaffung vor dem 1. April 2012 nicht nach, ist davon auszugehen, dass diese am 1. April 2012 entgeltlich erworben wurden.

Der Steuerpflichtige kann in diesen Fällen im Rahmen der Veranlagung (§ 97 Abs. 2) nachweisen, dass die tatsächliche Anschaffung vor den genannten Zeitpunkten erfolgt ist.

Weist der Steuerpflichtige die tatsächlichen Anschaffungskosten oder den Wert einer vorangegangenen steuerpflichtigen Entnahme der depotführenden Stelle nicht nach oder besteht im Zeitpunkt einer späteren Realisierung kein Kurs- oder Handelswert, bewirkt der Steuerabzug gemäß § 93 keine Steuerabgeltung gemäß § 97. Der Steuerpflichtige hat im Rahmen der Veranlagung die tatsächlichen Anschaffungskosten oder den Wert einer vorangegangenen steuerpflichtigen Entnahme nachzuweisen.

(4a) Sind dem Abzugsverpflichteten bei den Einkünften im Sinne des § 27 Abs. 4a die tatsächlichen Anschaffungskosten nicht bekannt, ist wie folgt vorzugehen:

1. Die Anschaffungskosten und der Anschaffungszeitpunkt sind auf Grundlage der Angaben des Steuerpflichtigen anzusetzen, soweit beim Abzugsverpflichteten keine entgegenstehenden Daten vorhanden sind. Der Bundesminister für Finanzen wird ermächtigt, mittels Verordnung die nähere Vorgangsweise festzulegen und dabei insbesondere vorzusehen,
   - in welcher Form die Angaben des Steuerpflichtigen zu erfolgen haben;
   - wie bei Erwerben derselben Kryptowährung in zeitlicher Aufeinanderfolge der Ansatz der Anschaffungskosten zu erfolgen hat.
2. Ist der Anschaffungszeitpunkt nicht bekannt oder wurde dieser vom Steuerpflichtigen nicht bzw. nicht richtig angegeben, ist von einer Anschaffung nach dem 28. Februar 2021 auszugehen. Sind die Anschaffungskosten nicht bekannt oder wurden diese vom Steuerpflichtigen nicht bzw. nicht richtig angegeben, hat der Abzugsverpflichtete im Rahmen der späteren Realisierung davon auszugehen, dass die Anschaffungskosten dem halben Erlös, im Falle des § 27a Abs. 3 Z 4 lit. b zweiter Teilstrich dem halben gemeinen Wert entsprechen. **„Der Steuerabzug bewirkt in diesem Fall keine Steuerabgeltung gemäß § 97.“**

(BGBl I 2015/118, BGBl I 2022/10, BGBl I 2022/194 ab 7.12.2022)

(5) Für Zwecke des Steuerabzuges ist davon auszugehen, dass

- Wirtschaftsgüter, Derivate und Kryptowährungen im Sinne des § 27 Abs. 3 bis 4a nicht in einem Betriebsvermögen gehalten werden;
- im Ausland begebene Wertpapiere, die ein Forderungsrecht verbriefen, sowie Anteilscheine an einem ausländischen Immobilienfonds bei ihrer Begebung im Zweifel sowohl in rechtlicher als auch in tatsächlicher Hinsicht einem unbestimmten Personenkreis angeboten wurden;

– der Zeitpunkt der Einschränkung des Besteuerungsrechts gemäß § 27 Abs. 6 Z 1 dem Zeitpunkt der Meldung im Sinne des § 94 Z 7 entspricht;
– eine Übertragung im Sinne des § 27 Abs. 6 Z 2 sechster Teilstrich vorliegt, wenn der Schuldner der Kapitalertragsteuer (§ 95 Abs. 1) der depotführenden oder auszahlenden Stelle (§ 95 Abs. 2 Z 2) anhand geeigneter Unterlagen (insbesondere notariell beurkundeter Beschluss bzw. Vertrag oder Notariatsakt über die Umgründung) das Vorliegen einer Umgründung nach dem Umgründungssteuergesetz glaubhaft macht.

(BGBl I 2015/163, BGBl I 2022/10, BGBl I 2022/108)

(6) Die depotführende Stelle gemäß § 95 Abs. 2 Z 2 lit. a hat den Verlustausgleich gemäß § 27 Abs. 8 für sämtliche Depots des Steuerpflichtigen nach Maßgabe der folgenden Bestimmungen durchzuführen:

1. Werden zunächst negative und zeitgleich oder später positive Einkünfte erzielt, sind die negativen Einkünfte mit den zeitgleich oder später erzielten positiven Einkünften auszugleichen.
2. Werden zunächst positive und später negative Einkünfte erzielt, ist die für die positiven Einkünfte einbehaltene Kapitalertragsteuer gutzuschreiben, wobei die Gutschrift höchstens 27,5% der negativen Einkünfte betragen darf.
3. Negative Einkünfte dürfen nur einmalig ausgeglichen werden (Z 1) oder zu einer Gutschrift führen (Z 2).
4. Folgende Einkünfte sind vom Verlustausgleich ausgeschlossen:
   a) Einkünfte aus Depots, die gemäß den Angaben des Depotinhabers betrieblichen Zwecken dienen; diesfalls gilt Abs. 5 erster Teilstrich nicht für Zwecke des Verlustausgleichs;
   b) Einkünfte aus Depots, die gemäß den Angaben des Depotinhabers treuhändig gehalten werden;
   c) Einkünfte, bei denen dem Kapitalertragsteuerabzug gemäß Abs. 4 ermittelte Werte zu Grunde liegen;
   d) Einkünfte aus Depots mit mehreren Depotinhabern.

Der Bundesminister für Finanzen wird ermächtigt, eine Verordnung zur Durchführung dieser Bestimmung sowie zur Durchführung des § 96 Abs. 4 Z 2 zu erlassen.

(7) Der Abzugsverpflichtete gemäß § 95 Abs. 2 Z 3 hat den Verlustausgleich gemäß § 27 Abs. 8 für sämtliche von ihm gutgeschriebenen Kryptowährungen bzw. sonstigen Entgelte sowie die von ihm abgewickelten Realisierungen von Kryptowährungen (Abs. 2 Z 3) durchzuführen. Abs. 6 ist sinngemäß anzuwenden, wobei Abs. 6 Z 4 lit. c auf pauschal ermittelte Werte gemäß Abs. 4a Z 2 zu beziehen ist.

(BGBl I 2015/118, BGBl I 2022/10)

Ausnahmen von der Abzugspflicht

§ 94. Der Abzugsverpflichtete (§ 95 Abs. 2) hat keine Kapitalertragsteuer abzuziehen:

1. Bei jeglichen Kapitalerträgen, wenn Gläubiger und Schuldner der Kapitalerträge dieselbe Person sind.
2. Unter folgenden Voraussetzungen bei den Kapitalerträgen von Körperschaften im Sinne des § 1 Abs. 2 des Körperschaftsteuergesetzes 1988:
   – Es handelt sich um Gewinnanteile (Dividenden) und sonstige Bezüge aus Aktien, Anteilen an Gesellschaften mit beschränkter Haftung oder an Erwerbs- und Wirtschaftsgenossenschaften und
   – die Körperschaft ist mindestens zu einem Zehntel mittel- oder unmittelbar am Grund- oder Stammkapital beteiligt.

   Dies gilt auch für ausländische Körperschaften, die die in der Anlage 2 zu diesem Bundesgesetz vorgesehenen Voraussetzungen des Artikels 2 der Richtlinie 2011/96/EU über das gemeinsame Steuersystem der Mutter- und Tochtergesellschaften verschiedener Mitgliedstaaten, ABl. Nr. L 345 vom 29.12.2011 S. 8 in der jeweils geltenden Fassung erfüllen, wenn die Beteiligung während eines ununterbrochenen Zeitraumes von mindestens einem Jahr bestanden hat. Davon abweichend hat der Abzugsverpflichtete die Kapitalertragsteuer dann einzubehalten, wenn Gründe vorliegen, wegen derer der Bundesminister für Finanzen dies zur Verhinderung von Steuerverkürzung und Missbrauch (§ 22 der Bundesabgabenordnung) sowie in den Fällen verdeckter Ausschüttungen (§ 8 Abs. 2 des Körperschaftsteuergesetzes 1988) durch Verordnung anordnet.

   In diesen Fällen ist eine der Richtlinie entsprechende Entlastung von der Kapitalertragsteuer auf Antrag der Muttergesellschaft durch ein Steuerrückerstattungsverfahren herbeizuführen.
3. Bei Einkünften aus Kapitalvermögen (einschließlich Ausgleichzahlungen und Leihgebühren im Sinne des § 27 Abs. 5 Z 4) bei Kreditinstituten, wenn der Gläubiger der Einkünfte ein in- oder ausländisches Kreditinstitut ist. Dies gilt nicht für Kapitalerträge gemäß § 27 Abs. 2 Z 1, deren Schuldner Geschäftsleitung oder Sitz im Inland hat.

   (BGBl I 2018/62)
4. Bei Einkünften aus Kapitalvermögen, das bei ausländischen Betriebsstätten von Kreditinstituten besteht.
5. Bei Einkünften gemäß § 27 Abs. 2 Z 1 lit. a bis c, deren Schuldner weder Wohnsitz noch Geschäftsleitung oder Sitz im Inland hat, sowie

bei Einkünften gemäß § 27 Abs. 2 Z 2, Abs. 3 und 4, unter folgenden Voraussetzungen:

a) Der Empfänger der Einkünfte ist keine natürliche Person.

b) Der Empfänger erklärt dem Abzugsverpflichteten unter Nachweis seiner Identität schriftlich, dass die Kapitaleinkünfte als Betriebseinnahmen eines in- oder ausländischen Betriebes, ausgenommen eines Hoheitsbetriebes (§ 2 Abs. 5 des Körperschaftsteuergesetzes 1988) zu erfassen sind (Befreiungserklärung).

c) Der Empfänger leitet eine Gleichschrift der Befreiungserklärung unter Angabe seiner Steuernummer im Wege des Abzugsverpflichteten dem zuständigen Finanzamt zu.

Der Empfänger hat dem Abzugsverpflichteten und dem zuständigen Finanzamt im Wege des Abzugsverpflichteten unverzüglich alle Umstände mitzuteilen, die dazu führen, dass die Kapitaleinkünfte nicht mehr zu den Einnahmen eines in- oder ausländischen Betriebes gehören (Widerrufserklärung). Die Befreiung beginnt mit dem Vorliegen sämtlicher unter lit. a bis c angeführter Umstände und endet mit dem Wegfallen der Voraussetzung der lit. c, mit der Abgabe der Widerrufserklärung oder mit der Zustellung eines Bescheides, in dem festgestellt wird, dass die Befreiungserklärung unrichtig ist.

6. Bei folgenden Einkünften beschränkt Körperschaftsteuerpflichtiger im Sinne des § 1 Abs. 3 Z 2 und 3 des Körperschaftsteuergesetzes 1988:

a) Beteiligungserträge im Sinne des § 10 des Körperschaftsteuergesetzes 1988,

b) (aufgehoben)

c) Einkünfte aus der Überlassung von Kapital gemäß § 27 Abs. 2 Z 2 sowie für Einkünfte aus realisierten Wertsteigerungen im Sinne des § 27 Abs. 3, Einkünfte aus Derivaten im Sinne des § 27 Abs. 4 und für Einkünfte aus Kryptowährungen im Sinne des § 27 Abs. 4a, die

– innerhalb einer Veranlagungs- und Risikogemeinschaft einer befreiten Pensions- oder BV-Kasse,

– einer befreiten Unterstützungskasse,

– einer befreiten Privatstiftung im Sinne des § 6 Abs. 4 des Körperschaftsteuergesetzes 1988,

– einer Versorgungs- oder Unterstützungseinrichtung einer Körperschaft des öffentlichen Rechtes,

– einer von der unbeschränkten Steuerpflicht befreiten Körperschaft im Rahmen eines ebenfalls steuerbefreiten Betriebes (beispielsweise § 45 Abs. 2 der Bundesabgabenordnung) oder

– einem Einlagensicherungsfonds im Sinne des § 18 des Einlagensicherungs- und Anlegerentschädigungsgesetzes oder dem Beitragsvermögen gemäß § 74 WAG 2018

nachweislich zuzurechnen sind.

(BGBl I 2018/62, BGBl I 2022/10)

d) Einkünfte einer Mittelstandsfinanzierungsgesellschaft im Rahmen des § 5 Z 14 des Körperschaftsteuergesetzes 1988.

e) Kapitalerträge auf Grund von Zuwendungen im Sinne des § 27 Abs. 5 Z 7, wenn die Einkünfte gemäß § 3 befreit sind, der Empfänger unter § 4a fällt oder Zuwendungen gemäß § 4b oder § 4c vorliegen.

(BGBl I 2015/160, BGBl I 2017/28)

7. Bei Kapitalerträgen gemäß § 27 Abs. 6 Z 1 und diesen gleichgestellten Einkünften aus Kryptowährungen, es sei denn, der Steuerpflichtige meldet dem Abzugsverpflichteten die Einschränkung des Besteuerungsrechts. Im Falle einer solchen Meldung ist vom Abzug abzusehen, wenn der Steuerpflichtige einen Abgabenbescheid im Sinne des § 27 Abs. 6 Z 1 vorweist. Bei Geldeinlagen und nicht verbrieften sonstigen Geldforderungen bei Kreditinstituten im Sinne des § 27a Abs. 1 Z 1 gilt im Falle der Einschränkung des Besteuerungsrechts der Schuldner der Kapitalerträge (§ 93 Abs. 2 Z 1 zweiter Satz) als depotführende Stelle im Sinne des § 95 Abs. 2 Z 2 lit. a.

(BGBl I 2015/118, BGBl I 2015/163, BGBl I 2022/10)

8. Bei Kapitalerträgen im Sinne des § 98 Abs. 1 Z 5 lit. d, wenn es sich um Immobilien eines Immobilienfonds handelt, dessen Anteile im In- oder Ausland sowohl in rechtlicher als auch in tatsächlicher Hinsicht an einen unbestimmten Personenkreis angeboten werden.

9. Bei der Ausgabe von Anteilsrechten auf Grund einer Kapitalerhöhung aus Gesellschaftsmitteln (§ 3 Abs. 1 Z 29).

10. Bei Einkünften im Sinne des § 27 Abs. 2 Z 1 lit. a bis c, deren Schuldner weder Wohnsitz noch Geschäftsleitung oder Sitz im Inland hat, sowie bei Einkünften im Sinne des § 27 Abs. 2 Z 2 und des § 27 Abs. 3 bis 4a, die

– einem § 186 oder § 188 des Investmentfondsgesetzes 2011 unterliegende Gebilde,

– einem § 40 oder § 42 des Immobilien-Investmentfondsgesetzes unterliegende Gebilde

zugehen. Dies gilt auch für Ausschüttungen von inländischen Grundstücks-Gesellschaften im Sinne der §§ 23 ff des Immobilien-Investmentfondsgesetzes an Immobilienfonds im Sinne des Immobilien-Investmentfondsgesetzes, soweit die Ausschüttungen auf Veräußerungsgewinne von Immobilienveräußerungen zurückzuführen sind.

(BGBl I 2022/10)

11. Bei tatsächlich ausgeschütteten Erträgen und als ausgeschüttet geltenden Erträgen aus
    - einem § 186 oder § 188 des Investmentfondsgesetzes 2011 unterliegende Gebilde,
    - einem § 40 oder § 42 des Immobilien-Investmentfondsgesetzes unterliegende Gebilde,

    soweit die Erträge aus Einkünften im Sinne des § 27 Abs. 2 Z 1 lit. a bis c bestehen, deren Schuldner Wohnsitz, Geschäftsleitung oder Sitz im Inland hat.
12. Bei Einkünften im Sinne des § 27 Abs. 2 Z 1 lit. a bis c sowie bei Einkünften im Sinne des § 27 Abs. 2 Z 2, des § 27 Abs. 5 Z 1 und 2 und des § 27 Abs. 3 bis 4a, die einer nicht unter § 5 Z 6 oder nicht unter § 7 Abs. 3 des Körperschaftsteuergesetzes 1988 fallenden Privatstiftung zugehen.

    (BGBl I 2018/62, BGBl I 2022/10)
13. Bei folgenden Einkünften aus Kapitalvermögen von beschränkt Steuerpflichtigen und gemäß § 1 Abs. 3 Z 1 des Körperschaftsteuergesetzes 1988 beschränkt Körperschaftsteuerpflichtigen:
    - Einkünften, soweit diese im Rahmen der beschränkten Steuerpflicht gemäß § 98 Abs. 1 Z 5 nicht steuerpflichtig sind; dies berührt nicht die beschränkte Steuerpflicht gemäß § 98 Abs. 1 Z 5 lit. a bis c;
    - Einkünften aus realisierten Wertsteigerungen von Kapitalvermögen gemäß § 98 Abs. 1 Z 5 lit. e.

„14. Bei Zuwendungen einer nach § 718 Abs. 9 ASVG errichteten Privatstiftung gemäß § 3 Abs. 1 Z 36.“

(BGBl I 2016/77, BGBl I 2022/194 ab 7.12.2022)

Schuldner und Abzugsverpflichteter

§ 95. (1) Schuldner der Kapitalertragsteuer ist der Empfänger der Kapitalerträge. Der Abzugsverpflichtete (Abs. 2) haftet dem Bund für die Einbehaltung und Abfuhr der Kapitalertragsteuer. Wird Kapitalertragsteuer auf Grundlage von Meldungen gemäß § 186 Abs. 2 Z 2 des Investmentfondsgesetzes 2011 und gemäß § 40 Abs. 2 Z 1 des Immobilien-Investmentfondsgesetzes einbehalten, haften für die Richtigkeit der gemeldeten Beträge der Rechtsträger des Investmentfonds und der steuerliche Vertreter zur ungeteilten Hand; in den Fällen des Abs. 2 Z 4 haften die Wertpapierfirma, der Zahlungsdienstleister, das E-Geldinstitut sowie ein allenfalls erforderlicher steuerlicher Vertreter zur ungeteilten Hand. Die Haftung ist vom Finanzamt für Großbetriebe geltend zu machen.

(BGBl I 2019/104, BGBl I 2020/99, BGBl I 2022/10, BGBl I 2022/108)

(2) Abzugsverpflichteter ist:

1. Bei Einkünften aus der Überlassung von Kapital, einschließlich tatsächlich ausgeschütteter Erträge und als ausgeschüttet geltender Erträge aus einem § 186 oder § 188 des Investmentfondsgesetzes 2011 oder einem § 40 oder § 42 des Immobilien-Investmentfondsgesetzes unterliegende Gebilde:
   a) Der Schuldner der Kapitalerträge, wenn dieser Wohnsitz, Geschäftsleitung oder Sitz im Inland hat oder inländische Zweigstelle eines ausländischen Kreditinstituts ist und es sich um Einkünfte aus der Überlassung von Kapital gemäß § 27 Abs. 2 Z 1, § 27 Abs. 5 Z 7 oder Zinsen aus Geldeinlagen bei Kreditinstituten und aus sonstigen Geldforderungen gegenüber Kreditinstituten im Sinne des § 27a Abs. 1 Z 1 handelt.

      (BGBl I 2015/118, BGBl I 2022/10)
   b) die auszahlende Stelle in allen anderen Fällen. Auszahlende Stelle ist:
      - das Kreditinstitut, das an den Kuponinhaber Kapitalerträge im Zeitpunkt der Fälligkeit und anteilige Kapitalerträge anlässlich der Veräußerung des Wertpapiers auszahlt,
      - der inländische Emittent, der an den Kuponinhaber solche Kapitalerträge auszahlt,
      - die Zweigstelle eines Dienstleisters mit Sitz in einem Mitgliedstaat, der auf Grund der Richtlinie 2013/36/EU, ABl. Nr. L 176 vom 27.06.2013 S. 338, oder auf Grund der Richtlinie 2004/39/EG, ABl. Nr. L 145 vom 30.04.2004 S. 1, in der Fassung der Richtlinie 2010/78/EU, ABl. Nr. L 331 vom 15.12.2010 S. 120, zur Erbringung von Wertpapierdienstleistungen und Nebendienstleistungen im Inland berechtigt ist.
      - Ein Dritter, der Kapitalerträge im Sinne des § 27 Abs. 5 Z 1 und 2 gewährt.
      - Bei ausländischen Kapitalerträgen im Sinne des § 27 Abs. 2 Z 1 lit. a bis c das Kreditinstitut, das die Kapitalerträge auszahlt.
2. Bei Einkünften aus realisierten Wertsteigerungen von Kapitalvermögen und bei Einkünften aus Derivaten, ausgenommen jenen der Z 4:
   a) Die inländische depotführende Stelle.

b) Die inländische auszahlende Stelle, wenn keine inländische depotführende Stelle vorliegt, es sich bei der depotführenden Stelle um eine Betriebsstätte der auszahlenden Stelle oder ein konzernzugehöriges Unternehmen handelt und die auszahlende Stelle in Zusammenarbeit mit der depotführenden Stelle die Realisierung abwickelt und die Erlöse aus realisierten Wertsteigerungen von Kapitalvermögen, aus dem Differenzausgleich, aus der Veräußerung von Derivaten oder die Stillhalterprämie gutschreibt.

c) (aufgehoben)

(BGBl I 2022/10)

Als inländische depotführende oder auszahlende Stellen kommen in Betracht:

– Kreditinstitute im Sinne des Bankwesengesetzes (§ 1 BWG),
– Zweigstellen eines Kreditinstituts aus Mitgliedstaaten (§ 9 BWG),
– Zweigstellen eines Dienstleisters mit Sitz in einem Mitgliedstaat, der auf Grund der Richtlinie 2013/36/EU, ABl. Nr. L 176 vom 27.06.2013 S. 338, oder auf Grund der Richtlinie 2004/39/EG, ABl. Nr. L 145 vom 30.04.2004 S. 1, in der Fassung der Richtlinie 2010/78/EU, ABl. Nr. L 331 vom 15.12.2010 S. 120, zur Erbringung von Wertpapierdienstleistungen und Nebendienstleistungen im Inland berechtigt ist.

(BGBl I 2022/108)

3. Bei Einkünften aus Kryptowährungen:

a) Bei laufenden Einkünften aus Kryptowährungen der inländische Schuldner der Kryptowährungen oder sonstigen Entgelte; wenn kein inländischer Schuldner vorliegt, der inländische Dienstleister (lit. b), der die Kryptowährungen oder sonstigen Entgelte gutschreibt.

b) Bei Einkünften aus realisierten Wertsteigerungen von Kryptowährungen der inländische Dienstleister.

Als inländische Dienstleister kommen in Betracht:

– Dienstleister mit Sitz, Wohnsitz oder Ort der Geschäftsleitung im Inland, welche Dienste zur Sicherung privater kryptografischer Schlüssel anbieten, um Kryptowährungen im Namen eines Kunden zu halten, zu speichern und zu übertragen (§ 2 Z 22 lit. a FM-GwG),
– Dienstleister mit Sitz, Wohnsitz oder Ort der Geschäftsleitung im Inland, die den Tausch von Kryptowährungen in gesetzlich anerkannte Zahlungsmittel und umgekehrt anbieten (§ 2 Z 22 lit. b FM-GwG),
– Die inländische Zweigstelle oder Betriebsstätte von ausländischen Dienstleistern im Sinne des § 2 Z 22 lit. a und b FM-GwG.

(BGBl I 2022/10)

4. Bei Einkünften aus nicht verbrieften Derivaten:

a) Die inländische auszahlende Stelle gemäß Z 2 lit. b;

b) Eine Wertpapierfirma im Sinne des § 3 WAG 2018, die sich für den Einbehalt und die Abfuhr einer der Kapitalertragsteuer entsprechenden Steuer eines konzessionierten Zahlungsdienstleisters im Sinne des § 7 ZaDiG 2018, eines E-Geldinstitutes im Sinne des § 3 Abs. 2 E-Geldgesetz oder eines zum Abzug einer der Kapitalertragsteuer vergleichbaren Steuer sonst Berechtigten bedient.

Dies gilt auch im Falle einer/eines ausländischen mit einer inländischen vergleichbaren auszahlenden Stelle oder einer Wertpapierfirma bzw. eines Zahlungsdienstleisters, sofern mit deren Ansässigkeitsstaat umfassende Amtshilfe besteht und ein steuerlicher Vertreter bestellt ist. Als steuerlicher Vertreter kann nur ein inländischer Wirtschaftstreuhänder oder eine Person bestellt werden, die vergleichbare fachliche Qualifikationen dem zuständigen Finanzamt nachweist.

(BGBl I 2022/108)

(3) Der Abzugsverpflichtete hat die Kapitalertragsteuer im Zeitpunkt des Zufließens der Kapitalerträge abzuziehen. Die Kapitalerträge gelten für Zwecke der Einbehaltung der Kapitalertragsteuer als zugeflossen:

1. Bei Kapitalerträgen, deren Ausschüttung von einer Körperschaft oder deren Zuwendung durch eine nicht unter § 5 Z 6 des Körperschaftsteuergesetzes 1988 fallende Privatstiftung beschlossen wird, an jenem Tag, der im Beschluss als Tag der Auszahlung bestimmt ist. Wird im Beschluss kein Tag der Auszahlung bestimmt, gilt der Tag nach der Beschlussfassung als Zeitpunkt des Zufließens.

2. Bei anderen Kapitalerträgen aus der Überlassung von Kapital

– nach Maßgabe des § 19, wenn es sich um Zinserträge aus Geldeinlagen bei Kreditinstituten oder nicht unter Z 1 fallende sonstige Bezüge im Sinne des § 27 Abs. 2 Z 1 lit. a handelt,
– im Zeitpunkt der Fälligkeit der Kapitalerträge bei allen sonstigen Kapitalerträgen aus der Überlassung von Kapital.

Bei Meldung des Eintritts von Umständen, die die Abzugspflicht beenden oder begründen (insbesondere Befreiungserklärung oder Widerrufserklärung), oder bei Zustellung eines Bescheides im Sinne des § 94 Z 5 letzter Satz gelten der Zinsertrag, der auf den Zeitraum vom letzten Zufließen gemäß § 19 bis zur Meldung oder Zustellung entfällt, bzw. die anteiligen Kapitalerträge im Rahmen der Einkünfte aus realisierten Wertsteigerungen als Stückzinsen als zugeflossen. Im Falle einer Depotentnahme oder eines Wegzugs im Sinne der Z 3 sind der Zinsertrag, der auf den Zeitraum vom letzten Zufließen gemäß § 19 bis zur Meldung oder Zustellung entfällt, bzw. die anteiligen Kapitalerträge im Rahmen der Einkünfte aus realisierten Wertsteigerungen als Stückzinsen zu erfassen.

3. Bei Kapitalerträgen gemäß § 27 Abs. 3 bis 4a
   – nach Maßgabe des § 19;
   – im Falle der Einschränkung des Besteuerungsrechts im Sinne des § 27 Abs. 6 Z 1 im Zeitpunkt der Veräußerung, der Entnahme oder des sonstigen Ausscheidens aus dem Depot, jedoch höchstens im Ausmaß des Erlöses oder des gemeinen Wertes im Zeitpunkt der Entnahme oder des sonstigen Ausscheidens; bei Geldeinlagen bei Kreditinstituten und sonstigen Geldforderungen gegenüber Kreditinstituten im Sinne des § 27a Abs. 1 Z 1 jedoch nach Maßgabe des § 19. Der Abzugsverpflichtete kann die herauszugebenden Wirtschaftsgüter und Derivate im Sinne des § 27 Abs. 3 und 4 bis zum Ersatz der voraussichtlich anfallenden Kapitalertragsteuer durch den Schuldner zurückbehalten;
   – im Falle der Entnahme aus dem Depot im Sinne des § 27 Abs. 6 Z 2 im Entnahmezeitpunkt.

   (BGBl I 2015/118, BGBl I 2015/163, BGBl I 2022/10)

(4) Dem Empfänger der Kapitalerträge ist die Kapitalertragsteuer ausnahmsweise vorzuschreiben, wenn

1. der Abzugsverpflichtete die Kapitalerträge nicht vorschriftsmäßig gekürzt hat und die Haftung nach Abs. 1 nicht oder nur erschwert durchsetzbar wäre oder

   (BGBl I 2015/118)

2. der Empfänger weiß, dass der Abzugsverpflichtete die einbehaltene Kapitalertragsteuer nicht vorschriftsmäßig abgeführt hat und dies dem Finanzamt nicht unverzüglich mitteilt.

(5) Werden gutgeschriebene Kapitalerträge aus der Überlassung von Kapital nachträglich gekürzt, ist vom Abzugsverpflichteten die auf die nachträglich gekürzten Kapitalerträge entfallende Kapitalertragsteuer gutzuschreiben. Verluste aus der Einlösung von Wirtschaftsgütern im Sinne des § 27 Abs. 3 stellen keine nachträgliche Kürzung dar.

Abfuhr der Kapitalertragsteuer

§ 96. (1) Die Kapitalertragsteuer ist innerhalb folgender Zeiträume abzuführen:

1. a) Bei Einkünften aus der Überlassung von Kapital gemäß § 27 Abs. 2 Z 1 und § 27 Abs. 5 Z 7, deren Schuldner Abzugsverpflichteter (§ 95 Abs. 2 Z 1 lit. a) ist, hat der Abzugsverpflichtete die einbehaltenen Steuerbeträge unter der Bezeichnung „Kapitalertragsteuer" binnen einer Woche nach dem Zufließen der Kapitalerträge abzuführen, und zwar auch dann, wenn der Gläubiger die Einforderung des Kapitalertrages (zum Beispiel die Einlösung der Gewinnanteilscheine) unterlässt.

   b) Bei Zinsen aus Geldeinlagen bei Kreditinstituten und aus sonstigen Geldforderungen gegenüber Kreditinstituten im Sinne des § 27a Abs. 1 Z 1 hat der Abzugsverpflichtete am 15. Dezember jeden Jahres eine Vorauszahlung zu entrichten. Der Berechnung der Vorauszahlung sind folgende Werte zugrunde zu legen:
      – Der Bestand an laufend verzinsten Geldeinlagen und sonstigen Forderungen zum letzten vorangegangenen Jahresabschluss.
      – Das bis 1. Dezember des laufenden Kalenderjahres ermittelte jeweilige arithmetische Mittel der den laufend verzinsten Einlagen und sonstigen Forderungen zuzuordnenden Zinssätze des laufenden Kalenderjahres.
      – Der bis 30. Oktober des laufenden Jahres angefallene Zinsaufwand für nicht laufend verzinste Geldeinlagen und sonstige Forderungen. Dieser Zinsaufwand ist um 15% zu erhöhen.

   Die Vorauszahlung beträgt 90% der aus diesen Werten errechneten Jahressteuer. Die restliche Kapitalertragsteuer ist am 30. September des Folgejahres zu entrichten.

   (BGBl I 2015/118, BGBl I 2022/10)

   c) Bei Zinsen, die der beschränkten Einkommensteuerpflicht gemäß § 98 Abs. 1 Z 5 lit. b unterliegen, hat der Abzugsverpflichtete die in einem Kalenderjahr einbehaltenen Steuerbeträge spätestens am 15. Februar des Folgejahres zu entrichten.

   d) Bei allen anderen kapitalertragsteuerpflichtigen Einkünften aus der Überlassung von Kapital hat der Abzugsverpflichtete die in einem Kalendermonat einbehaltenen Steuerbeträge unter der Bezeichnung „Kapitalertragsteuer" spätestens am 15. Tag nach Ablauf des folgenden Kalendermonates abzuführen.

2. Bei Einkünften aus realisierten Wertsteigerungen von Kapitalvermögen und bei Einkünften aus Derivaten hat der Abzugsver-

pflichtete die unter Berücksichtigung des Verlustausgleichs gemäß § 93 Abs. 6 einbehaltenen Steuerbeträge unter der Bezeichnung „Kapitalertragsteuer" spätestens am 15. Tag nach Ablauf des folgenden Kalendermonats abzuführen.

3. Bei Einkünften aus Kryptowährungen hat der Abzugsverpflichtete die unter Berücksichtigung des Verlustausgleichs gemäß § 93 Abs. 7 einbehaltenen Steuerbeträge unter der Bezeichnung „Kapitalertragsteuer" spätestens bis zum 15. Februar des Folgejahres abzuführen.

(BGBl I 2022/10)

(2) Die Kapitalertragsteuer ist an das für die Erhebung der Einkommen- oder Körperschaftsteuer des Abzugsverpflichteten zuständige Finanzamt abzuführen.

(BGBl I 2019/104, BGBl I 2020/99)

(3) Der Abzugsverpflichtete hat innerhalb der im Abs. 1 festgesetzten Frist dem Finanzamt eine Anmeldung elektronisch zu übermitteln. Der Bundesminister für Finanzen wird ermächtigt, den Inhalt und das Verfahren der elektronischen Übermittlung mit Verordnung festzulegen. In der Verordnung kann vorgesehen werden, dass sich der Abgabenschuldner einer bestimmten öffentlich-rechtlichen oder privatrechtlichen Übermittlungsstelle zu bedienen hat.

Die Anmeldung ist innerhalb der im Abs. 1 angeführten Fristen auch dann einzureichen, wenn ein Steuerabzug nicht vorzunehmen ist. In diesem Fall ist das Unterbleiben des Steuerabzugs zu begründen.

(4) Der Abzugsverpflichtete hat dem Empfänger der Kapitalerträge folgende Bescheinigungen zu erteilen:

1. Eine Bescheinigung über die Höhe der Einkünfte und des Steuerbetrages, über den Zahlungstag, über die Zeit, für welche die Einkünfte gezahlt worden sind, und über das Finanzamt, an das der Steuerbetrag abgeführt worden ist. Die Höhe der Einkünfte gemäß § 98 Abs. 1 Z 5 lit. b und der darauf entfallende Steuerbetrag sind gesondert auszuweisen.
2. Eine Bescheinigung über den Verlustausgleich gemäß § 93 Abs. 6. Darin sind für jedes Depot gesondert die bis zum Ende des Kalenderjahres erzielten positiven und negativen Einkünfte, untergliedert nach § 27 Abs. 2 und § 27 Abs. 3 und 4, sowie allfällige Änderungen der Depotinhaberschaft anzugeben. Auszuweisen ist weiters die Höhe der insgesamt im Rahmen des Verlustausgleichs gemäß § 93 Abs. 6 berücksichtigten negativen Einkünfte und erteilten Gutschriften.
3. Eine Bescheinigung über den Verlustausgleich gemäß § 93 Abs. 7. Darin sind für jeden Steuerpflichtigen die bis zum Ende des Kalenderjahres erzielten positiven und negativen Einkünfte aus Kryptowährungen, untergliedert nach § 27b Abs. 2 und § 27b Abs. 3, anzugeben. Auszuweisen ist weiters die Höhe der insgesamt im Rahmen des Verlustausgleichs gemäß § 93 Abs. 7 berücksichtigten negativen Einkünfte und erteilten Gutschriften.

(BGBl I 2022/10)

Die Verpflichtung des Abzugsverpflichteten nach Z 1 entfällt, wenn Kapitalerträge für seine Rechnung durch ein Kreditinstitut gezahlt werden und wenn über die Zahlung eine der Bescheinigung gleichartige Bestätigung erteilt wird.

(4)[a] Der Abzugsverpflichtete hat dem Empfänger der Kapitalerträge eine Bescheinigung über die Höhe der Einkünfte und des Steuerbetrages, über den Zahlungstag, über die Zeit, für welche die Einkünfte gezahlt worden sind, und über das Finanzamt, an das der Steuerbetrag abgeführt worden ist, zu erteilen. Die Höhe der Einkünfte gemäß § 98 Abs. 1 Z 5 lit. b und der darauf entfallende Steuerbetrag sind gesondert auszuweisen. Die Verpflichtung des Abzugsverpflichteten entfällt, wenn die Kapitalerträge für seine Rechnung durch ein Kreditinstitut gezahlt werden und wenn über die Zahlung eine der Bescheinigung gleichartige Bestätigung erteilt wird.

(BGBl I 2022/108)

[a]) Tritt am 1. Jänner 2024 in Kraft.

(5)[a] Der Abzugsverpflichtete hat dem Empfänger der Kapitalerträge auf dessen Verlangen eine Steuerbescheinigung (Steuerreporting) zu erteilen. Diese hat die für den Steuerpflichtigen relevanten Daten über die ihn betreffenden Geschäftsfälle und das für ihn verwaltete Kapitalvermögen eines Kalenderjahres zu enthalten. Dies betrifft insbesondere

- die Höhe der positiven und negativen Einkünfte, untergliedert nach § 27 Abs. 2, Abs. 3, Abs. 4 und Abs. 4a;
- die Höhe der Ausschüttungen und ausschüttungsgleichen Erträge gemäß § 186 des Investmentfondsgesetzes 2011 und § 40 des Immobilien-Investmentfondsgesetzes;
- die Höhe der insgesamt im Rahmen des Verlustausgleichs gemäß § 93 Abs. 6 berücksichtigten negativen Einkünfte;
- die Höhe der für den Verlustausgleich im Rahmen der Veranlagung zur Verfügung stehenden Verluste;
- die einbehaltene und gutgeschriebene Kapitalertragsteuer;
- die berücksichtigten ausländischen Quellensteuern;
- die Anwendung von § 93 Abs. 4 sowie
- allfällige Änderungen der Depotinhaberschaft.

Der Bundesminister für Finanzen wird ermächtigt, die Art der Übermittlung, die Spezifikationen (Form, Struktur und Inhalt) und Merkmale zur

Überprüfung der Echtheit der Steuerbescheinigung im Wege einer Verordnung näher zu bestimmen.

(BGBl I 2022/108)

[a)] Tritt am 1. Jänner 2024 in Kraft.

Steuerabgeltung

§ 97. (1) Für natürliche Personen und für nicht unter § 7 Abs. 3 des Körperschaftsteuergesetzes 1988 fallende Körperschaften gilt die Einkommensteuer (Körperschaftsteuer) für Einkünfte aus Kapitalvermögen, auf deren Erträge ein besonderer Steuersatz gemäß § 27a Abs. 1 anwendbar ist, durch die Kapitalertragsteuer als abgegolten, ausgenommen in den Fällen der Regelbesteuerungsoption (§ 27a Abs. 5) und der Verlustausgleichsoption (Abs. 2). Die Steuerabgeltung gilt auch für als ausgeschüttet geltende Erträge aus Anteilscheinen und Anteilen an einem § 186 oder § 188 des Investmentfondsgesetzes 2011 unterliegenden Gebilde, soweit diese aus den genannten Einkünften bestehen, sowie für als ausgeschüttet geltende Erträge aus Anteilscheinen und Anteilen an einem § 40 oder § 42 des Immobilien-Investmentfondsgesetzes unterliegenden Gebilde. Die Steuerabgeltung gilt nicht:

a) für Einkünfte aus realisierten Wertsteigerungen von Kapitalvermögen (§ 27 Abs. 3), Einkünfte aus Derivaten (§ 27 Abs. 4) und Einkünfte aus Kryptowährungen (§ 27 Abs. 4a), soweit diese zu den Einkünften im Sinne des § 2 Abs. 3 Z 1 bis 4 gehören;

   (BGBl I 2022/10)

b) soweit dem Kapitalertragsteuerabzug gemäß § 93 Abs. 4 oder § 93 Abs. 4a ermittelte Werte nicht den tatsächlichen Gegebenheiten entsprechende Annahmen gemäß § 93 Abs. 5 oder nicht den tatsächlichen Gegebenheiten entsprechende Angaben des Steuerpflichtigen gemäß § 93 Abs. 6 Z 4 lit. a und b oder § 93 Abs. 4a Z 1 zu Grunde liegen.

   (BGBl I 2022/10)

(BGBl I 2015/118)

(2) Auf Antrag sind die der Kapitalertragsteuer unterliegenden Einkünfte aus Kapitalvermögen mit einem besonderen Steuersatz gemäß § 27a Abs. 1 zu veranlagen (Verlustausgleichsoption). Dabei ist die Kapitalertragsteuer auf Antrag auf die zu erhebende Einkommensteuer anzurechnen und mit dem übersteigenden Betrag zu erstatten. Eine solche Anrechnung und Erstattung ist weiters bei Erhebung der Kapitalertragsteuer von Einkünften vorzunehmen, hinsichtlich derer in Anwendung eines Doppelbesteuerungsabkommens eine über das entrichtete Ausmaß hinausgehende Anrechnung ausländischer Steuer beantragt wird. Der Antrag kann innerhalb von fünf Kalenderjahren ab dem Ende des Veranlagungsjahres gestellt werden. Bei der Berechnung des zu erstattenden Betrages sind die Kapitalerträge ohne jeden Abzug anzusetzen; dies gilt ungeachtet des § 20 Abs. 2 nicht hinsichtlich jener Kapitalerträge, für die eine über das entrichtete Ausmaß hinausgehende Anrechnung ausländischer Steuern beantragt wird.

(BGBl I 2015/118)

7. TEIL
BESTEUERUNG BEI BESCHRÄNKTER STEUERPFLICHT

Einkünfte bei beschränkter Steuerpflicht

§ 98. (1) Der beschränkten Einkommensteuerpflicht (§ 1 Abs. 3) unterliegen nur die folgenden Einkünfte:

1. Einkünfte aus einer im Inland betriebenen Land- und Forstwirtschaft (§ 21).
2. Einkünfte aus selbständiger Arbeit (§ 22), die im Inland ausgeübt oder verwertet wird oder worden ist. Die Arbeit wird im Inland
   – ausgeübt, wenn der Steuerpflichtige im Inland persönlich tätig geworden ist
   – verwertet, wenn sie zwar nicht im Inland persönlich ausgeübt wird, aber ihr wirtschaftlicher Erfolg der inländischen Volkswirtschaft unmittelbar zu dienen bestimmt ist.
3. Einkünfte aus Gewerbebetrieb (§ 23),
   – für den im Inland eine Betriebsstätte unterhalten wird oder
   – für den im Inland ein ständiger Vertreter bestellt ist oder
   – bei dem im Inland unbewegliches Vermögen vorliegt.

   Einkünfte
   – aus kaufmännischer oder technischer Beratung im Inland,
   – aus der Gestellung von Arbeitskräften zur inländischen Arbeitsausübung und
   – aus der gewerblichen Tätigkeit als Sportler, Artist oder als Mitwirkender an Unterhaltungsdarbietungen im Inland

   sind jedoch auch dann steuerpflichtig, wenn keine inländische Betriebsstätte unterhalten wird und kein ständiger Vertreter im Inland bestellt ist.
4. Einkünfte aus nichtselbständiger Arbeit (§ 25), die
   – im Inland oder auf österreichischen Schiffen ausgeübt oder verwertet wird oder worden ist (Z 2),
   – aus inländischen öffentlichen Kassen mit Rücksicht auf ein gegenwärtiges oder früheres Dienstverhältnis gewährt werden.

   Eine Erfassung von Einkünften aus nichtselbständiger Arbeit nach dieser Ziffer hat zu unterbleiben, wenn die Einkünfte wirtschaftlich bereits nach Z 3 erfaßt wurden.
5. Einkünfte aus Kapitalvermögen im Sinne des § 27, wenn
   a) es sich dabei um Einkünfte aus der Überlassung von Kapital gemäß § 27 Abs. 2

Z 1 oder § 27 Abs. 5 Z 7 handelt, der Abzugsverpflichtete Schuldner der Kapitalerträge ist (§ 95 Abs. 2 Z 1 lit. a) und Kapitalertragsteuer einzubehalten war.

b) es sich dabei um inländische Zinsen gemäß § 27 Abs. 2 Z 2 oder inländische Stückzinsen gemäß § 27 Abs. 6 Z 5 (einschließlich solche bei Nullkuponanleihen und sonstigen Forderungswertpapieren) handelt und Kapitalertragsteuer einzubehalten war. Inländische (Stück) Zinsen liegen vor, wenn
- der Schuldner der Zinsen Wohnsitz, Geschäftsleitung oder Sitz im Inland hat oder eine inländische Zweigstelle eines ausländischen Kreditinstitutes ist oder
- das Wertpapier von einem inländischen Emittenten begeben worden ist.

Werden solche inländischen (Stück) Zinsen, die in Ausschüttungen gemäß § 186 Abs. 1 des Investmentfondsgesetzes 2011 oder in ausschüttungsgleichen Erträgen gemäß § 186 Abs. 2 Z 1 des Investmentfondsgesetzes 2011 oder § 40 Abs. 1 des Immobilien-Investmentfondsgesetzes enthalten sind, sowie die sich daraus ergebende Kapitalertragsteuer nicht in tatsächlicher Höhe der Meldestelle gemäß § 186 Abs. 2 Z 2 des Investmentfondsgesetzes 2011 bzw. gemäß § 40 Abs. 2 Z 2 des Immobilien-Investmentfondsgesetzes gemeldet, ist Kapitalertragsteuer vom Gesamtbetrag der gemeldeten Zinsen einzubehalten, ansonsten ist Kapitalertragsteuer
- vom Gesamtbetrag der erfolgten Ausschüttungen sowie
- zum 31. Dezember von einem Betrag in Höhe von 6% des Rücknahmepreises des Anteilscheins, oder
- im Falle einer Veräußerung oder eines Depotübertrages vor dem 31. Dezember, ausgenommen bei einem Übertrag auf ein Depot desselben Steuerpflichtigen beim selben Abzugsverpflichteten, von einem Zinsanteil in Höhe von 0,5% des zuletzt festgestellten Rücknahmepreises des Anteilscheins für jeden angefangenen Kalendermonat des laufenden Kalenderjahres

einzubehalten.

(BGBl I 2016/77, BGBl I 2018/62)

c) es sich dabei um Einkünfte aus der Überlassung von Kapital gemäß § 27 Abs. 2 Z 4 handelt und Abzugsteuer gemäß § 99 einzubehalten war.

d) es sich um Einkünfte aus Kapitalvermögen im Sinne der §§ 40 und 42 des Immobilien-Investmentfondsgesetzes aus Immobilien handelt, wenn diese Immobilien im Inland gelegen sind.

e) es sich dabei um Einkünfte aus realisierten Wertsteigerungen von Kapitalvermögen handelt, soweit diese Einkünfte aus der Veräußerung einer Beteiligung an einer Kapitalgesellschaft mit Sitz oder Geschäftsleitung im Inland stammen, an der der Steuerpflichtige oder im Falle des unentgeltlichen Erwerbs sein Rechtsvorgänger innerhalb der letzten fünf Kalenderjahre zu mindestens 1% beteiligt war.

Von der beschränkten Steuerpflicht ausgenommen sind
- (Stück)Zinsen, die nicht von natürlichen Personen erzielt werden;
- (Stück)Zinsen, die von Personen erzielt werden, die in einem Staat ansässig sind, mit dem ein automatischer Informationsaustausch besteht, wobei die Begründung der Ansässigkeit in einem solchen Staat dem Abzugsverpflichteten durch Vorlage einer Ansässigkeitsbescheinigung nachzuweisen ist;
- (Stück)Zinsen, die in Ausschüttungen gemäß § 186 Abs. 1 des Investmentfondsgesetzes 2011 oder in ausschüttungsgleichen Erträgen gemäß § 186 Abs. 2 Z 1 des Investmentfondsgesetzes 2011 oder § 40 Abs. 1 des Immobilien-Investmentfondsgesetzes enthalten sind, sofern das den §§ 186 oder 188 des Investmentfondsgesetzes 2011 bzw. §§ 40 oder 42 des Immobilien-Investmentfondsgesetzes unterliegende Gebilde direkt oder indirekt höchstens 15% seines Vermögens in Wirtschaftsgüter angelegt hat, deren Erträge inländische Zinsen sind.

(BGBl I 2016/77, BGBl I 2018/62)

6. Einkünfte aus Vermietung und Verpachtung (§ 28), wenn das unbewegliche Vermögen, die Sachinbegriffe oder Rechte
   - im Inland gelegen sind oder
   - in ein inländisches öffentliches Buch oder Register eingetragen sind oder
   - in einer inländischen Betriebsstätte verwertet werden.
7. Einkünfte aus privaten Grundstücksveräußerungen im Sinne des § 30, soweit es sich um inländische Grundstücke handelt.

(2) Für Einkünfte im Sinne des Abs. 1 entfällt die beschränkte Steuerpflicht, wenn die Voraussetzungen für die Befreiung vom Steuerabzug gemäß § 99a gegeben sind.

(3) Die beschränkte Steuerpflicht erstreckt sich auch auf nachträgliche Einkünfte (§ 32 Abs. 1 Z 2) einschließlich nachzuversteuernder oder rückzuzahlender Beträge aus Vorjahren, in denen unbeschränkte oder beschränkte Steuerpflicht nach Abs. 1 bestanden hat.

(4) Für Einkünfte im Sinne des Abs. 1 Z 1 bis 3 und 7 sind die §§ 30a bis 30c entsprechend anzuwenden.

Steuerabzug in besonderen Fällen

§ 99. (1) Die Einkommensteuer beschränkt Steuerpflichtiger wird durch Steuerabzug erhoben (Abzugsteuer):

1. Bei Einkünften aus im Inland ausgeübter oder verwerteter selbständiger Tätigkeit als Schriftsteller, Vortragender, Künstler, Architekt, Sportler, Artist oder Mitwirkender an Unterhaltungsdarbietungen, wobei es gleichgültig ist, an wen die Vergütungen für die genannten Tätigkeiten geleistet werden.
2. Bei Gewinnanteilen von Gesellschaftern (Mitunternehmern) einer ausländischen Gesellschaft, die an einer inländischen Personengesellschaft beteiligt ist. Ein Steuerabzug unterbleibt insoweit, als
   – die ausländische Gesellschaft der inländischen Personengesellschaft bekannt gibt oder
   – die zuständige Abgabenbehörde auf andere Weise davon Kenntnis erlangt,

   welche natürlichen Personen oder juristischen Personen Empfänger der Gewinnanteile sind. Die inländische Personengesellschaft gilt dabei als Schuldner der Gewinnanteile.
3. Bei den im § 28 Abs. 1 Z 3 aufgezählten Einkünften, wobei es gleichgültig ist, welcher der Einkunftsarten des § 2 Abs. 3 Z 1 bis 3 und 6 diese Einkünfte grundsätzlich zuzurechnen sind.
4. Bei Aufsichtsratsvergütungen.
5. Bei Einkünften aus im Inland ausgeübter kaufmännischer oder technischer Beratung und bei Einkünften aus der Gestellung von Arbeitskräften zur inländischen Arbeitsausübung.
6. Bei Einkünften im Sinne des § 98 Abs. 1 Z 5 lit. d, soweit es sich um Immobilien eines Immobilienfonds handelt, dessen Anteile im In- oder Ausland sowohl in rechtlicher als auch in tatsächlicher Hinsicht nicht an einen unbestimmten Personenkreis angeboten werden.
7. Bei Einkünften im Sinne des § 27 Abs. 2 Z 4, wenn die stille Beteiligung an einem inländischen Unternehmen besteht.

(1a) Der Bundesminister für Finanzen wird ermächtigt, mit Verordnung vorzusehen, daß bei beschränkt Steuerpflichtigen, die Einnahmen aus der Herstellung eines Werkes erzielen, die Einkommensteuer durch Steuerabzug eingehoben wird, wenn dies zur Erzielung einer den Grundsätzen der Gegenseitigkeit entsprechenden Behandlung erforderlich ist. Aus Gründen der Gegenseitigkeit kann bei Erbringen eines Nachweises, daß keine inländische Steuerpflicht vorliegt, eine Erstattung auch erst nach Ablauf des Veranlagungszeitraumes erfolgen.

(2)

1. Der Abzugsteuer unterliegt der volle Betrag der Einnahmen (Betriebseinnahmen) oder Gewinnanteile. Vom Schuldner übernommene Abzugsteuer unterliegt als weiterer Vorteil ebenfalls dem Steuerabzug.
2. Mit den Einnahmen (Betriebseinnahmen) unmittelbar zusammenhängende Ausgaben (Betriebsausgaben oder Werbungskosten) können vom vollen Betrag der Einnahmen (Betriebseinnahmen) abgezogen werden, wenn sie ein in einem Mitgliedstaat der Europäischen Union oder Staat des Europäischen Wirtschaftsraumes ansässiger beschränkt Steuerpflichtiger vor dem Zufließen der Einkünfte dem Schuldner der Einkünfte schriftlich mitgeteilt hat. Ist der Empfänger der als Ausgaben geltend gemachten Beträge beschränkt steuerpflichtig und übersteigen die Ausgaben beim Empfänger den Betrag von **„2 126“** Euro, ist ein Abzug vom vollen Betrag der Einnahmen nicht zulässig, wenn die steuerliche Erfassung beim Empfänger zur inländischen Besteuerung nicht ausreichend sichergestellt ist.

   (Teuerungs-EP II, BGBl I 2022/163 ab Veranlagung 2023)

(3) Der Schuldner ist von der Verpflichtung zum Steuerabzug befreit, wenn er die geschuldeten Beträge auf Grund eines Übereinkommens nicht an den beschränkt steuerpflichtigen Gläubiger, sondern an eine inländische juristische Person abführt, die die Urheberrechte wahrt und von dem für die juristische Person zuständigen Finanzamt zur Vornahme des Steuerabzuges zugelassen worden ist. Diese hat den Steuerabzug vorzunehmen.

Befreiung vom Steuerabzug

§ 99a. (1) Der Schuldner ist von der Verpflichtung zum Steuerabzug von Zinsen und Lizenzgebühren befreit, wenn er entweder eine unbeschränkt steuerpflichtige Körperschaft oder eine Betriebsstätte eines Unternehmens eines anderen Mitgliedstaates ist und wenn der Nutzungsberechtigte ein verbundenes Unternehmen eines anderen Mitgliedstaates oder eine in einem anderen Mitgliedstaat gelegene Betriebsstätte eines verbundenen Unternehmens eines anderen Mitgliedstaates ist.

Als Lizenzgebühren gelten Vergütungen jeder Art, die für die Benutzung oder für das Recht auf Benutzung von Urheberrechten an literarischen, künstlerischen oder wissenschaftlichen Werken, einschließlich kinematografischer Filme und Software, von Patenten, Marken, Mustern oder Modellen, Plänen, geheimen Formeln oder Verfahren oder für die Mitteilung gewerblicher, kaufmännischer oder wissenschaftlicher Erfahrungen, sowie für die Benutzung oder das Recht auf Benutzung gewerblicher, kaufmännischer oder wissenschaftlicher Ausrüstungen gezahlt werden.

Als Zinsen gelten Einkünfte aus Forderungen jeder Art, auch wenn die Forderungen durch Pfandrechte an Grundstücken gesichert oder mit einer Beteiligung am Gewinn des Schuldners ausgestattet sind, insbesondere Einkünfte aus öffentlichen Anleihen und aus Obligationen einschließlich der damit verbundenen Aufgelder und der Gewinne aus Losanleihen. Zuschläge für verspätete Zahlung gelten nicht als Zinsen.

Als Betriebsstätte gilt eine feste Geschäftseinrichtung in einem Mitgliedstaat, in der die Tätigkeit eines Unternehmens eines anderen Mitgliedstaates ganz oder teilweise ausgeführt wird.

(2) Zinsen- und Lizenzgebührenzahlungen einer inländischen Betriebsstätte sind nur dann befreit, wenn diese Zinsen und Lizenzgebühren bei ihr eine steuerlich abzugsfähige Betriebsausgabe darstellen.

(3) Ein Unternehmen eines anderen Mitgliedstaates der Europäischen Union gilt nur dann als Nutzungsberechtigter, wenn es die Zahlungen zu eigenen Gunsten und nicht als Zwischenträger, etwa als Vertreter, Treuhänder oder Bevollmächtigter für eine andere Person, erhält, und wenn die Forderung, das Recht oder der Gebrauch von Informationen, die Grundlage für Zahlungen von Zinsen oder Lizenzgebühren sind, mit dem empfangenden Unternehmen in einem konkreten Zusammenhang stehen.

(4) Eine Betriebsstätte wird als Nutzungsberechtigter der Lizenzgebühren behandelt,

1. wenn die Forderung, das Recht oder der Gebrauch von Informationen, die Grundlage für Zahlungen von Zinsen oder Lizenzgebühren sind, mit der Betriebsstätte in einem konkreten Zusammenhang stehen und
2. wenn die Zahlungen der Zinsen oder Lizenzgebühren Einkünfte darstellen, auf Grund deren die Betriebsstätte in dem Mitgliedstaat, in dem sie gelegen ist, einer der in Artikel 3 Buchstabe a Ziffer iii der Richtlinie Nr. 2003/49/EG des Rates vom 3. Juni 2003 (ABl. EG Nr. L 157 S 49) in der jeweils geltenden Fassung genannten Steuern bzw. im Fall Belgiens dem „impot des non-résidents/belasting der niet-verblijfhouders“ bzw. im Fall Spaniens dem „Impuesto sobre la Renta de no Residentes“ bzw. einer mit diesen Steuern identischen oder weitgehend ähnlichen Steuer unterliegt, die nach dem Zeitpunkt des In-Kraft-Tretens der Richtlinie an Stelle der bestehenden Steuern oder ergänzend zu ihnen eingeführt wurde.

(5) Als Unternehmen eines anderen Mitgliedstaates gilt jedes Unternehmen, das eine der im Anhang der Richtlinie Nr. 2003/49/EG des Rates vom 3. Juni 2003 (ABl. EG Nr. L 157 S 49 bis 54 in der jeweils geltenden Fassung) angeführten Rechtsformen aufweist und nach dem Steuerrecht des anderen Mitgliedstaates in diesem Mitgliedstaat niedergelassen ist und nicht nach einem zwischen diesem Mitgliedstaat und einem Drittstaat abgeschlossenen Doppelbesteuerungsabkommen als außerhalb der Gemeinschaft niedergelassen gilt.

(6) Als verbundenes Unternehmen gilt jedes Unternehmen, das wenigstens dadurch mit einem zweiten Unternehmen verbunden ist, dass

1. das erste Unternehmen unmittelbar mindestens zu einem Viertel in Form von Gesellschaftsrechten am zweiten Unternehmen beteiligt ist oder
2. das zweite Unternehmen unmittelbar mindestens zu einem Viertel in Form von Gesellschaftsrechten am ersten Unternehmen beteiligt ist oder
3. ein drittes Unternehmen unmittelbar mindestens zu einem Viertel in Form von Gesellschaftsrechten am ersten Unternehmen und am zweiten Unternehmen beteiligt ist.

Die Beteiligungen dürfen nur Unternehmen umfassen, die im Gemeinschaftsgebiet niedergelassen sind. Diese Beteiligungserfordernisse müssen zum Zeitpunkt der Zahlung der Zinsen oder der Lizenzgebühren für einen ununterbrochenen Zeitraum von mindestens einem Jahr bestanden haben.

(7) Die Befreiung vom Steuerabzug erfolgt nur, wenn der Schuldner bereits zum Zeitpunkt der Zahlung der Zinsen oder der Lizenzgebühren über folgende Bestätigungen verfügt:

1. Eine Bestätigung durch die zuständigen Abgabenbehörden des anderen Mitgliedstaates, dass das empfangende Unternehmen in diesem Mitgliedstaat ansässig ist und einer der in Artikel 3 der Richtlinie Nr. 2003/49/EG des Rates vom 3. Juni 2003 (ABl. EG Nr. L 157 S 49) in der jeweils geltenden Fassung angeführten Steuern oder einer weitgehend ähnlichen Steuer, die nach dem Zeitpunkt des In-Kraft-Tretens dieser Richtlinie an Stelle der bestehenden Steuern oder ergänzend zu ihnen eingeführt wurde, unterliegt.
2. Ist eine in einem anderen Mitgliedstaat gelegene Betriebsstätte Nutzungsberechtigter der Zinsen oder der Lizenzgebühren, ist zusätzlich durch die Abgabenbehörden dieses Mitgliedstaates das Bestehen der Betriebsstätte und die Tatsache zu bestätigen, dass die Betriebsstätte einer der in Z 1 genannten Steuern unterliegt.
3. Eine Bestätigung des empfangenden Unternehmens über die Erfüllung der Mindestbeteilungserfordernisse sowie über die Dauer des Bestehens der Beteiligung. Das empfangende Unternehmen hat zu bestätigen, dass es Nutzungsberechtigter im Sinne des Abs. 3 ist. Ist eine Betriebsstätte Nutzungsberechtiger der Zinsen oder der Lizenzgebühren, ist die Nutzungsberechtigung im Sinne des Abs. 4 durch die Betriebsstätte zu bestätigen.

Diese Bestätigungen gelten für einen Zeitraum von zwei Jahren ab dem Zeitpunkt der Ausstellung.

(8) Wenn zum Zeitpunkt der Zinsen- oder Lizenzgebührenzahlung die Mindestbehaltefrist im Sinne des Abs. 6 noch nicht gegeben war oder der Schuldner noch nicht über die erforderlichen Bestätigungen verfügte, kann das empfangende Unter-

nehmen oder die empfangende Betriebsstätte eine Erstattung bei dem zuständigen Finanzamt binnen fünf Jahren ab dem Zeitpunkt der Zinsen- oder Lizenzgebührenzahlung beantragen. Bei Zutreffen der übrigen Voraussetzungen des Abs. 6 wird die zu viel einbehaltene Quellensteuer innerhalb eines Jahres nach dem ordnungsgemäßen Einlangen des Antrags erstattet. Erfolgt die Erstattung der einbehaltenen Steuer nicht innerhalb dieser Frist, so hat das empfangende Unternehmen bzw. die Betriebsstätte nach Ablauf dieses Jahres Anspruch auf eine Verzinsung der Steuer, wobei § 205 BAO sinngemäß anzuwenden ist.

(9) Keine Befreiung von der Verpflichtung zum Steuerabzug besteht jedenfalls bei:

1. Zahlungen aus Forderungen, die einen Anspruch auf Beteiligung am Gewinn des Schuldners begründen, oder
2. Transaktionen, bei denen davon auszugehen ist, dass der hauptsächliche Beweggrund oder einer der hauptsächlichen Beweggründe die Steuerhinterziehung, die Steuerumgehung oder der Missbrauch ist.

Bestehen zwischen dem Zahler und dem Nutzungsberechtigten von Zinsen oder Lizenzgebühren oder zwischen einem von ihnen und einem Dritten besondere Beziehungen und übersteigt deshalb der Betrag der Zinsen oder der Lizenzgebühren den Betrag, den der Zahler und der Nutzungsberechtigte ohne diese Beziehungen vereinbart hätten, so besteht die Befreiung von der Verpflichtung zum Steuerabzug nur hinsichtlich des letztgenannten Betrages.

Höhe und Einbehaltung der Steuer

§ 100. (1) Die Abzugsteuer gemäß § 99 beträgt 20%, bei Einkünften gemäß § 99 Abs. 1 Z 6 und 7 jedoch 27,5%. In den Fällen des § 99 Abs. 2 Z 2 beträgt die Abzugsteuer 25%.

(BGBl I 2015/118, BGBl I 2015/163)

(1a) Der Schuldner (§ 100 Abs. 2 zweiter Satz) kann bei inländischen Einkünften gemäß § 99 Abs. 1 Z 6 und 7 stets eine Abzugsteuer in Höhe von 24% für im Kalenderjahr 2023 zugeflossene Einkünfte und in Höhe von 23% für ab dem Kalenderjahr 2024 zugeflossene Einkünfte einbehalten, wenn der Schuldner der Abzugsteuer (§ 100 Abs. 2 erster Satz) eine Körperschaft im Sinne des § 1 Abs. 1 des Körperschaftsteuergesetzes 1988 ist.

(BGBl I 2015/163, BGBl I 2022/10)

(2) Schuldner der Abzugsteuer ist der Empfänger der Einkünfte gemäß § 99 Abs. 1. Der Schuldner dieser Einkünfte (in den Fällen des § 99 Abs. 3 die zum Steuerabzug zugelassene Person) haftet für die Einbehaltung und Abfuhr der Steuerabzugsbeträge im Sinne des § 99.

(3) Dem Empfänger der Einkünfte ist die Abzugsteuer ausnahmsweise vorzuschreiben, wenn

1. der Schuldner die geschuldeten Beträge nicht vorschriftsmäßig gekürzt hat und die Haftung nach Abs. 2 nicht oder nur erschwert durchsetzbar wäre oder

   (BGBl I 2015/118)
2. der Empfänger weiß, daß der Schuldner (in den Fällen des § 99 Abs. 3 die zum Steuerabzug zugelassene Person) die einbehaltene Abzugsteuer nicht vorschriftsmäßig abgeführt hat, und dies dem Finanzamt nicht unverzüglich mitteilt.

(4) Der Steuerabzug ist vom Schuldner vorzunehmen,

1. bei Einkünften im Sinne des § 99 Abs. 1 Z 1, 3, 4, 5 und 7 in jenem Zeitpunkt, in dem sie dem Empfänger zufließen,
2. bei Einkünften im Sinne des § 99 Abs. 1 Z 2 am Tag nach Aufstellung des Jahresabschlusses, in dem der Gewinnanteil ermittelt wird,
3. bei Einkünften im Sinne des § 98 Abs. 1 Z 5 innerhalb von vier Monaten, nach Abschluss des Geschäftsjahres des ausländischen Immobilienfonds.

Abfuhr der Abzugsteuer

§ 101. (1) Der Schuldner hat die innerhalb eines Kalendermonates gemäß § 99 einbehaltenen Steuerbeträge unter der Bezeichnung „Steuerabzug gemäß § 99 EStG“ spätestens am 15. Tag nach Ablauf des Kalendermonates an sein Finanzamt abzuführen. Sind Steuerabzüge für mehrere Gläubiger vorgenommen worden, so ist der Gesamtbetrag in einer Summe ohne Bezeichnung der einzelnen Gläubiger abzuführen.

(BGBl I 2019/104, BGBl I 2020/99)

(2) Der Schuldner hat die dem Steuerabzug unterliegenden Beträge laufend aufzuzeichnen. Die Aufzeichnungen müssen insbesondere den Zeitpunkt der Zahlung oder der Gutschrift oder der Verrechnung sowie die Höhe und den Zeitpunkt der Abfuhr der einbehaltenen Steuer enthalten. Das nach Abs. 1 zuständige Finanzamt kann den Schuldner ganz oder teilweise von dieser Aufzeichnungspflicht befreien, soweit andere zur Überprüfung der Ordnungsmäßigkeit des Steuerabzuges hinreichende Aufzeichnungen geführt werden.

(3) Der Schuldner hat spätestens am 15. Tag nach Ablauf des Kalendermonates dem nach Abs. 1 zuständigen Finanzamt die Höhe der dem Steuerabzug unterliegenden Beträge und die Höhe der abgezogenen Steuerbeträge mitzuteilen.

Veranlagung beschränkt Steuerpflichtiger

§ 102. (1) Zur Einkommensteuer sind zu veranlagen:

1. Einkünfte eines beschränkt Steuerpflichtigen, von denen kein Steuerabzug vom Arbeitslohn, vom Kapitalertrag oder nach den §§ 99 bis 101 vorzunehmen ist.
2. a) Steuerabzugspflichtige Einkünfte eines beschränkt Steuerpflichtigen, die
      – zu den Betriebseinnahmen eines inländischen Betriebes,

– zu den Einkünften aus der Beteiligung an einem Unternehmen als stiller Gesellschafter oder
– zu den Gewinnanteilen gemäß § 99 Abs. 1 Z 2

gehören.

(BGBl I 2019/103)

b) Lohnsteuerpflichtige Einkünfte gemäß § 70 Abs. 2 Z 1, wenn
– andere veranlagungspflichtige Einkünfte bezogen wurden, deren Gesamtbetrag 730 Euro übersteigt,
– im Kalenderjahr zumindest zeitweise gleichzeitig zwei oder mehrere lohnsteuerpflichtige Einkünfte, die beim Lohnsteuerabzug gesondert versteuert wurden, bezogen worden sind.

(BGBl I 2019/103)

§ 41 Abs. 3 ist dabei sinngemäß anzuwenden.

3. Nicht unter Z 2 lit. b fallende lohnsteuerpflichtige Einkünfte oder Einkünfte, von denen eine Abzugssteuer nach § 99 Abs. 1 Z 1, 3, 4, 5, oder 6 zu erheben ist, über Antrag des beschränkt Steuerpflichtigen Dabei dürfen in den Fällen des § 70 Abs. 2 Z 2 Werbungskosten sowie in den Fällen des § 99 Abs. 1 Z 1 Betriebsausgaben nicht abgezogen werden, wenn sie ohne Beibringung eines inländischen Besteuerungsnachweises an Personen geleistet wurden, die hiemit der beschränkten Steuerpflicht unterliegen und die nicht in einem Mitgliedstaat der Europäischen Union oder des Europäischen Wirtschaftsraumes gegenüber der Republik Österreich ansässig sind. Der Antrag kann innerhalb von fünf Jahren ab dem Ende des Veranlagungszeitraumes gestellt werden.

(BGBl I 2018/62, BGBl I 2019/103)

4. Einkünfte aus privaten Grundstücksveräußerungen im Sinne des § 30, für die keine Immobilienertragsteuer gemäß § 30c Abs. 2 entrichtet wurde, oder wenn keine Abgeltung gemäß § 30b Abs. 2 gegeben ist.

Erfolgt eine Veranlagung nach den Z 1 bis 4, bleiben jene Einkünfte aus nichtselbständiger Arbeit bei der Veranlagung außer Ansatz, von denen Lohnsteuer im Ausmaß von 20% des vollen Betrages einzubehalten war, sofern nicht ein Antrag auf Veranlagung dieser Einkünfte nach Z 3 gestellt worden ist. Bei der Veranlagung der steuerabzugspflichtigen Einkünfte nach Z 2 und 3 sind die durch Steuerabzug einbehaltenen Beträge anzurechnen.

(2) Bei der Veranlagung beschränkt Steuerpflichtiger gilt folgendes:

1. Betriebsausgaben (§ 4 Abs. 4) oder Werbungskosten (§ 16) dürfen nur insoweit berücksichtigt werden, als sie mit diesen Einkünften in wirtschaftlichem Zusammenhang stehen.
2. Sonderausgaben (§ 18) sind abzugsfähig, wenn sie sich auf das Inland beziehen. Der Verlustabzug (§ 18 Abs. 6) steht nur für Verluste zu, die in inländischen Betriebsstätten entstanden sind, die der Erzielung von Einkünften im Sinne von § 2 Abs. 3 Z 1 bis 3 dienen, oder für Verluste, die aus unbeweglichem Vermögen im Sinne des ersten Satzes des § 98 Abs. 1 Z 3 stammen. Er kann nur insoweit berücksichtigt werden, als er die nicht der beschränkten Steuerpflicht unterliegenden Einkünfte überstiegen hat.

(BGBl I 2016/117)

3. Die §§ 34, 35, 38, 41 und 105 sind nicht anwendbar.

(3) Die Einkommensteuer ist bei beschränkt Steuerpflichtigen gemäß § 33 Abs. 1 mit der Maßgabe zu berechnen, dass dem Einkommen ein Betrag von **„9 567“** Euro hinzuzurechnen ist. Beim Steuerabzug vom Arbeitslohn angesetzte Absetzbeträge sind zu berücksichtigen.

(Teuerungs-EP II, BGBl I 2022/163 ab Veranlagung 2023)

8. TEIL
SONDERVORSCHRIFTEN

Zuzugsbegünstigung

§ 103. (1) Bei Personen, deren Zuzug aus dem Ausland der Förderung von Wissenschaft, Forschung, Kunst oder Sport dient und aus diesem Grunde im öffentlichen Interesse gelegen ist, kann das Finanzamt Österreich für die Dauer des im öffentlichen Interesse gelegenen Wirkens dieser Personen steuerliche Mehrbelastungen bei nicht unter § 98 fallenden Einkünften beseitigen, die durch die Begründung eines inländischen Wohnsitzes eintreten. Dabei kann auch die für eine Begünstigung in Betracht kommende Besteuerungsgrundlage oder die darauf entfallende Steuer mit einem Pauschbetrag festgesetzt werden.

(BGBl I 2020/99)

(1a) Bei Personen, deren Zuzug aus dem Ausland der Förderung von Wissenschaft oder Forschung dient und aus diesem Grunde im öffentlichen Interesse gelegen ist, kann das Finanzamt Österreich, unabhängig von der Gewährung einer Begünstigung gemäß Abs. 1 aufgrund des Zuzugs für einen Zeitraum von fünf Jahren ab dem Zeitpunkt des Zuzugs einen Freibetrag in Höhe von 30% der zum Tarif besteuerten Einkünfte aus wissenschaftlicher Tätigkeit festsetzen. Wird der Freibetrag gewährt, können daneben keine weiteren Betriebsausgaben, Werbungskosten oder außergewöhnliche Belastungen, die im Zusammenhang mit dem Zuzug stehen, geltend gemacht werden.

(BGBl I 2015/118, BGBl I 2020/99)

(2) Abs. 1 ist auf Personen, die den Mittelpunkt ihrer Lebensinteressen aus Österreich wegverlegt haben, nur dann anzuwenden, wenn zwischen diesem Wegzug und dem Zuzug mehr als zehn Jahre verstrichen sind. Für Abs. 1a ist eine Frist von fünf Jahren maßgeblich.

(BGBl I 2015/118, BGBl I 2016/117)

(3) Der Bundesminister für Finanzen wird ermächtigt, das Verfahren betreffend die Erteilung der Zuzugsbegünstigung im Sinne des Abs. 1 und des Abs. 1a mit Verordnung zu regeln. Dabei ist auch näher zu bestimmen, unter welchen Voraussetzungen der Zuzug aus dem Ausland der Förderung von Wissenschaft, Forschung, Kunst oder Sport dient und aus diesem Grunde im öffentlichen Interesse gelegen ist. Ebenso kann die Verordnung den sachlichen Umfang und die Dauer von Zuzugsbegünstigungen im Sinne des Abs. 1 regeln. In dieser Verordnung kann festgelegt werden, dass die Beseitigung der steuerlichen Mehrbelastung im Sinne des Abs. 1 in Form der Anwendung eines Durchschnittssteuersatzes, der sich aus der tatsächlichen Steuerbelastung vor dem Zuzug ergibt, erfolgt. Dieser Steuersatz darf 15% nicht unterschreiten.

(BGBl I 2015/118)

§ 104. (aufgehoben)

(BGBl I 2015/118)

Inhaber von Amtsbescheinigungen und Opferausweisen

§ 105. Den Inhabern von Amtsbescheinigungen und Opferausweisen ist ein besonderer Freibetrag von 801 Euro jährlich bei Berechnung der Einkommensteuer (Lohnsteuer) abzuziehen.

Kinder, (Ehe)Partnerschaften

§ 106. (1) Als Kinder im Sinne dieses Bundesgesetzes gelten Kinder, für die dem Steuerpflichtigen oder seinem (Ehe)Partner (Abs. 3) mehr als sechs Monate im Kalenderjahr ein Kinderabsetzbetrag nach § 33 Abs. 3 zusteht.

(BGBl I 2015/118)

(2) Als Kinder im Sinne dieses Bundesgesetzes gelten auch Kinder, für die dem Steuerpflichtigen mehr als sechs Monate im Kalenderjahr ein Unterhaltsabsetzbetrag nach § 33 Abs. 4 Z 3 zusteht.

(BGBl I 2015/118)

(3) (Ehe-)Partner ist eine Person, mit der der Steuerpflichtige verheiratet ist oder mit mindestens einem Kind (Abs. 1) in einer Lebensgemeinschaft lebt. Einem (Ehe-)Partner ist gleichzuhalten, wer in einer Partnerschaft im Sinn des Eingetragene Partnerschaft-Gesetzes – EPG eingetragen ist.

(BGBl I 2015/118)

(4) Für Steuerpflichtige im Sinne des § 1 Abs. 4 sind die Abs. 1 bis 3 sinngemäß anzuwenden.

§ 106a. (aufgehoben)

(BGBl I 2016/117, BGBl I 2018/62)

Steuerabzug bei Einkünften aus Anlass der Einräumung von Leitungsrechten

§ 107. (1) Einkünfte gemäß § 21, § 22, § 23, § 27, § 28 oder § 29 Z 3 in Zusammenhang mit dem einem Infrastrukturbetreiber (Abs. 2) eingeräumten Recht, Grund und Boden zur Errichtung und zum Betrieb von ober- oder unterirdischen Leitungen im öffentlichen Interesse (Abs. 3) zu nutzen, unterliegen einer Abzugsteuer und sind bei der Berechnung der Einkommensteuer des von der Rechtseinräumung unmittelbar betroffenen Grundstückseigentümers oder -bewirtschafters weder beim Gesamtbetrag der Einkünfte noch beim Einkommen (§ 2 Abs. 2) zu berücksichtigen, sofern nicht die Regelbesteuerung (Abs. 11) beantragt wird.

(2) Infrastrukturbetreiber im Sinne dieser Bestimmung sind:

1. Elektrizitätsunternehmen (§ 7 Abs. 1 Z 11 des Elektrizitätswirtschafts- und –organisationsgesetzes 2010)
2. Erdgasunternehmen (§ 7 Abs. 1 Z 16 des Gaswirtschaftsgesetzes 2011)
3. Dem Mineralrohstoffgesetz, BGBl. I Nr. 38/1999, unterliegende Unternehmen, die Leitungsanlagen zum Zwecke des Transportes gasförmiger oder flüssiger Kohlenwasserstoffe betreiben
4. Fernwärmeversorgungsunternehmen, das sind Unternehmen, die zum Zwecke der entgeltlichen Versorgung Dritter Anlagen zur Erzeugung, Leitung und Verteilung von Fernwärme (Fernwärmeanlagen) betreiben.

(BGBl I 2019/103)

(3) Die Nutzung von Grund und Boden liegt bei allen Maßnahmen im öffentlichen Interesse, die von Infrastrukturbetreibern zur Errichtung und zum Betrieb von ober- oder unterirdischen Leitungen insbesondere nach Maßgabe der Bestimmungen des Elektrizitätswirtschafts und – organisationsgesetzes 2010, des Gaswirtschaftsgesetzes 2011 oder des Mineralrohstoffgesetzes durchgeführt werden.

(BGBl I 2019/103)

(4) Bemessungsgrundlage für die Abzugsteuer ist der bezahlte Betrag vor Berücksichtigung der Abzugsteuer, unabhängig davon, ob und in welchem Umfang dieser Betrag die Rechtseinräumung, die Abgeltung einer gemäß § 3 Abs. 1 Z 33 steuerfreien Wertminderung oder sonstige Zahlungen (z. B. Entschädigungen für Ertragsausfälle, Wirtschaftserschwernisse, Wegebenützung oder für eine temporäre Nutzung einer Liegenschaft als Lagerplatz) betrifft. Die Umsatzsteuer ist nicht Teil der Bemessungsgrundlage.

(5) Die Abzugsteuer beträgt 10%.

(6) Schuldner der Abzugsteuer ist der Empfänger der Einkünfte. Der Abzugsverpflichtete (Abs. 7) haftet für die Entrichtung der Abzugsteuer.

(7) Abzugsverpflichteter ist der Schuldner der Einkünfte. Der Abzugsverpflichtete hat die Abzugsteuer bei jeder Zahlung einzubehalten und die in einem Kalenderjahr einbehaltenen Steuerbeträge in einem Gesamtbetrag spätestens am 15. Februar des Folgejahres an sein Finanzamt abzuführen.

(BGBl I 2019/104, BGBl I 2020/99)

(8) Der Abzugsverpflichtete hat innerhalb der Frist des Abs. 7 dem Finanzamt eine Anmeldung elektronisch zu übermitteln, in der die Empfänger der Einkünfte zu bezeichnen und die auf diese

entfallenden Steuerbeträge anzugeben sind. Der Bundesminister für Finanzen wird ermächtigt, den weiteren Inhalt der Anmeldung und das Verfahren der elektronischen Übermittlung mit Verordnung festzulegen. Der Empfänger der Einkünfte hat dem Abzugsverpflichteten für Zwecke der Anmeldung folgenden Daten bekannt zu geben:

1. Vor und Familienname, Firma bzw. sonstige Bezeichnung
2. Wohnsitz oder Sitz
3. Falls vorhanden: Steuernummer
   (BGBl I 2020/99)
4. Bei natürlichen Personen: Die Versicherungsnummer (§ 31 ASVG), wenn keine Steuernummer angegeben wird. Besteht keine Versicherungsnummer, ist das Geburtsdatum anzugeben.
   (BGBl I 2020/99)

(9) Mit der Entrichtung der Abzugsteuer durch den Abzugsverpflichteten oder Steuerschuldner gilt vorbehaltlich des Abs. 11 die Einkommensteuer in Bezug auf Einkünfte gemäß Abs. 1 als abgegolten.

(BGBl I 2019/103)

(10) Dem Empfänger der Einkünfte ist die Abzugsteuer ausnahmsweise vorzuschreiben, wenn

1. der Abzugsverpflichtete die geschuldeten Beträge nicht vorschriftsmäßig gekürzt hat und die Haftung nach Abs. 6 nicht oder nur erschwert durchsetzbar wäre oder
2. der Empfänger weiß, dass der Abzugsverpflichtete die einbehaltene Abzugsteuer nicht vorschriftsmäßig abgeführt hat, und dies dem Finanzamt nicht unverzüglich mitteilt.

(11) Auf Antrag ist auf Einkünfte, von denen eine Abzugsteuer einbehalten worden ist, der allgemeine Steuertarif anzuwenden (Regelbesteuerungsoption). Sofern der Steuerpflichtige die Berücksichtigung der Einkünfte nicht in der von ihm nachzuweisenden Höhe beantragt, sind diese mit 33% der auf das Veranlagungsjahr bezogenen Bemessungsgrundlage (Abs. 4) anzusetzen.

(BGBl I 2015/118, BGBl I 2018/62)

Bausparen

§ 108. (1) Leistet ein unbeschränkt Steuerpflichtiger (§ 1 Abs. 2) Beiträge an eine Bausparkasse, die ihre Geschäftsleitung oder ihren Sitz im Inland hat, so wird ihm auf Antrag Einkommensteuer (Lohnsteuer) erstattet. Die Erstattung erfolgt mit einem Pauschbetrag, der sich nach einem Prozentsatz der im jeweiligen Kalenderjahr geleisteten Beiträge bemißt. Dieser Prozentsatz wird in dem diesem Kalenderjahr vorangehenden Berechnungsjahr wie folgt ermittelt:

1. Der Durchschnitt der von der Oesterreichischen Nationalbank veröffentlichten Umlaufgewichteten Durchschnittsrendite für Bundesanleihen (Periodendurchschnitte) oder einer entsprechenden Nachfolgetabelle für den Zeitraum vom 1. Oktober des Vorjahres bis zum 30. September des Berechnungsjahres wird um 25% vermindert und um 0,8 erhöht.
   (BGBl I 2016/117)
2. Der sich nach Z 1 ergebende Prozentsatz ist zu halbieren und auf halbe Prozentpunkte auf- oder abzurunden. Er darf nicht weniger als 1,5 und nicht mehr als 4 betragen.

Der Prozentsatz ist vom Bundesminister für Finanzen bis zu jedem 30. November eines jeden Berechnungsjahres festzusetzen und im Amtsblatt zur Wiener Zeitung kundzumachen. Er ist bei Ermittlung der Pauschbeträge des folgenden Kalenderjahres anzuwenden. Die Erstattung steht dem Steuerpflichtigen nur für jeweils einen Bausparvertrag zu.

(2) Die Einkommensteuer (Lohnsteuer) darf dem Steuerpflichtigen nur für die Leistung von Beiträgen bis zu 1.200 Euro jährlich erstattet werden. Die Erstattung erhöht sich durch Anwendung des Prozentsatzes gemäß Abs. 1 auf weitere Beiträge für den unbeschränkt steuerpflichtigen (Ehe)Partner (§ 106 Abs. 3) und für jedes Kind (§ 106) bis zu einer jährlichen Beitragsleistung von jeweils 1.200 Euro pro Person, sofern diesen Personen nicht im selben Kalenderjahr auf Grund einer eigenen Abgabenerklärung (Abs. 3 erster Satz) Erstattungsbeträge zustehen oder sofern diese Personen nicht im selben Kalenderjahr in der Abgabenerklärung (Abs. 3) eines anderen Steuerpflichtigen für einen Erhöhungsbetrag zu berücksichtigen sind. (Ehe) Partner (§ 106 Abs. 3) und Kinder, für die dem Steuerpflichtigen in einem Kalenderjahr Erhöhungsbeträge zustehen, dürfen im selben Kalenderjahr keine Einkommen(Lohn) steuererstattung geltend machen. Sie können jedoch erklären, daß die im Rahmen des betreffenden Bausparvertrages für sie geltend gemachten Erhöhungsbeträge dem Steuerpflichtigen ab dem folgenden Kalenderjahr nicht mehr zustehen sollen. Diese Erklärung ist auf dem amtlichen Vordruck in zweifacher Ausfertigung bis 30. November bei der Abgabenbehörde im Wege der Bausparkasse abzugeben, mit der der Steuerpflichtige den betreffenden Bausparvertrag abgeschlossen hat. Für Personen, die eine solche Erklärung abgegeben haben, stehen dem Steuerpflichtigen Erhöhungsbeträge ab dem folgenden Kalenderjahr nicht mehr zu. Die Bausparkasse ist verpflichtet, binnen zwei Wochen den Steuerpflichtigen durch Übermittlung der zweiten Erklärungsausfertigung vom Wegfall der Erhöhungsbeträge zu verständigen. Eine Mitteilungspflicht im Sinne des Abs. 4 vorletzter Satz besteht nicht. Im Kalenderjahr der Auflösung des Vertrages dürfen die in der Abgabenerklärung für die Erhöhung der Erstattung berücksichtigten Personen abweichend von den Bestimmungen des zweiten und dritten Satzes nach erfolgter Vertragsauflösung insoweit eine Einkommen(Lohn)steuererstattung geltend machen, als eine Einkommen(Lohn) steuererstattung nicht im Rahmen des aufgelösten Vertrages für sie in Anspruch genommen wurde. Die im Jahr der Auflösung des Vertrages geltend gemachte Einkommen(Lohn) steuererstattung ist dabei gleichmäßig auf den Steuerpflichtigen und

die mitberücksichtigten Personen aufzuteilen. Im Kalenderjahr der Auflösung stehen nur so viele Zwölftel der Erstattung zu, als volle Kalendermonate bis zur Rückzahlung des Guthabens oder von Teilen desselben vergangen sind.

(3)

1. Der Steuerpflichtige hat die Erstattung auf dem amtlichen Vordruck im Wege der Bausparkasse bei der Abgabenbehörde zu beantragen und dabei zu erklären, dass die in den Abs. 1 und 2 angeführten Voraussetzungen vorliegen. Diese Abgabenerklärung ist mit dem Antrag auf Abschluss des Bausparvertrages, auf Grund dessen die Einkommensteuer (Lohnsteuer) erstattet werden soll, abzugeben.
2. In der Abgabenerklärung sind die Versicherungsnummer gemäß § 31 ASVG des Antragstellers und die Versicherungsnummern jener Personen, für die Erhöhungsbeträge geltend gemacht werden, anzuführen. Wurde eine Versicherungsnummer nicht vergeben, ist jeweils das Geburtsdatum anstelle der Versicherungsnummer anzuführen.
3. Mit dem Todestag des Steuerpflichtigen sowie mit dem Tag der Übertragung eines Bausparvertrages bei Aufteilung ehelichen Gebrauchsvermögens und ehelicher Ersparnisse anlässlich der Scheidung, Aufhebung oder Nichtigerklärung der Ehe oder der Übertragung auf einen eingetragenen Partner bei Aufteilung des partnerschaftlichen Gebrauchsvermögens und der partnerschaftlichen Ersparnisse anlässlich der Auflösung oder Nichtigerklärung der eingetragenen Partnerschaft, verliert die Abgabenerklärung ihre Wirksamkeit.
4. Die Abgabenerklärung kann widerrufen werden; ebenso kann auf Erhöhungsbeträge (Abs. 2) verzichtet werden. Sowohl der Widerruf als auch der Verzicht sind erst mit Beginn des nächstfolgenden Kalenderjahres wirksam.

(4) Erhöhungsbeträge (Abs. 2), die erst nach einer Antragstellung im Sinne des Abs. 3 geltend gemacht werden, sind erst ab jenem Kalenderjahr zu berücksichtigen, zu dessen Beginn die maßgeblichen Voraussetzungen gegeben waren, sofern ein entsprechender Antrag spätestens bis 31. Jänner dieses Jahres gestellt wird. Der Steuerpflichtige hat den Wegfall der für die Erstattung bzw. für die Gewährung von Erhöhungsbeträgen maßgeblichen Voraussetzungen im Wege der Bausparkasse innerhalb eines Monats der Abgabenbehörde mitzuteilen. Eine solche Änderung ist erst nach Ablauf des Kalenderjahres zu berücksichtigen, in dem sie eingetreten ist.

(5) Die pauschale Erstattung erfolgt durch die Bausparkasse, bei welcher der Bausparvertrag abgeschlossen worden ist. Diese fordert den zu erstattenden Steuerbetrag beim Finanzamt für Großbetriebe an. Das Finanzamt überweist der Bausparkasse den Betrag zugunsten des Bausparkontos des Steuerpflichtigen. Voraussetzung für diese Überweisung ist, daß die Bausparkasse die im Antrag und der Erklärung nach Abs. 3 angegebenen Daten im Wege des Datenträgeraustausches oder der automationsunterstützten Datenübermittlung meldet. Der Bundesminister für Finanzen wird ermächtigt, den Inhalt der Meldung und das Verfahren des Datenträgeraustausches und der automationsunterstützten Datenübermittlung mit Verordnung festzulegen. In der Verordnung kann vorgesehen werden, daß sich die Bausparkasse einer bestimmten geeigneten öffentlich-rechtlichen oder privatrechtlichen Übermittlungsstelle zu bedienen hat.

(BGBl I 2019/104, BGBl I 2020/99)

(6) Zu Unrecht erstattete Einkommensteuer (Lohnsteuer) ist vom Steuerpflichtigen zurückzufordern. Als zu Unrecht erstattet gelten auch Erstattungsbeträge, wenn vor Ablauf von sechs Jahren seit Vertragsabschluss Beiträge, die als Grundlage einer Steuererstattung geleistet wurden, und die erstattete Steuer selbst ganz oder zum Teil zurückgezahlt werden oder die Ansprüche aus dem Bausparvertrag als Sicherstellung dienen.

(7) Eine Rückforderung gemäß Abs. 6 hat zu unterbleiben, wenn

1. Beiträge in den Fällen des Abs. 3 Z 3 zurückgezahlt werden,
2. der Steuerpflichtige erklärt, dass die zurückgezahlten Beiträge oder die Sicherstellung für Maßnahmen im Sinne des § 1 Abs. 3 Z 1, Abs. 4 und 5 des Bausparkassengesetzes, BGBl. Nr. 532/1993, durch und für den Steuerpflichtigen verwendet werden. Eine Rückforderung hat auch dann zu unterbleiben, wenn die Maßnahmen im Sinne des § 1 Abs. 3 Z 1 des Bausparkassengesetzes durch oder für im Abs. 2 genannte Personen gesetzt werden. Dem Finanzamt ist die Höhe der zurückgezahlten Steuererstattung mitzuteilen. Die Mitteilung hat im Wege des Datenträgeraustausches oder der automationsunterstützten Datenübermittlung zu erfolgen. Der Bundesminister für Finanzen wird ermächtigt, den Inhalt der Meldung und das Verfahren des Datenträgeraustausches und der automationsunterstützten Datenübermittlung mit Verordnung festzulegen. In der Verordnung kann vorgesehen werden, dass sich die Bausparkasse einer bestimmten geeigneten öffentlich-rechtlichen oder privatrechtlichen Übermittlungsstelle zu bedienen hat.

   (BGBl I 2015/118)
3. Beiträge gemäß § 13 Abs. 1 Einlagensicherungs- und Anlegerentschädigungsgesetz (ESAEG), BGBl. I Nr. 117/2015, zurückgezahlt werden.

   (BGBl I 2018/62)

(8) Einkommensteuer(Lohnsteuer)erstattungen und Rückforderungsansprüche, die sich auf Grund der Abs. 1 bis 7 ergeben, gelten als Abgaben im Sinne der Bundesabgabenordnung.

(9) Erstattungsbeträge, die keine vollen Centbetrag ergeben, sind auf volle Cent abzurunden oder

aufzurunden. Hiebei sind Beträge unter 0,5 Cent abzurunden, Beträge ab 0,5 Cent aufzurunden.

(10) Sobald das Guthaben aus dem Bausparvertrag ganz oder zum Teil zurückgezahlt wird oder die Ansprüche aus dem Bausparvertrag als Sicherstellung dienen, kann der Bausparvertrag nicht mehr die Grundlage für eine Steuererstattung bilden, wobei es unmaßgeblich ist, ob eine Rückforderung im Sinne der Abs. 7 bis 9 zu erfolgen hat. Dies gilt auch, wenn dem Steuerpflichtigen nach Ablauf von sechs Jahren seit Vertragsabschluß in einem der folgenden Kalenderjahre keine Steuer mehr zu erstatten war.

Prämienbegünstigte Pensionsvorsorge

§ 108a. (1) Leistet ein unbeschränkt Steuerpflichtiger (§ 1 Abs. 2) Beiträge zu einer Pensionszusatzversicherung (§ 108b Abs. 1), zu einer Pensionskasse, einer betrieblichen Kollektivversicherung im Sinne des § 93 des VAG 2016 oder für die freiwillige Höherversicherung in der gesetzlichen Pensionsversicherung (einschließlich der zusätzlichen Pensionsversicherung im Sinne des § 479 des Allgemeinen Sozialversicherungsgesetzes) oder erwirbt er Anteilscheine an einem prämienbegünstigten Investmentfonds (§ 108b Abs. 2), wird ihm auf Antrag Einkommensteuer (Lohnsteuer) erstattet. Von der Erstattung ausgenommen sind Einmalprämien im Sinne des § 108b Abs. 2 sowie Einmalprämien in Verbindung mit § 17 BMSVG oder gleichartigen österreichischen Rechtsvorschriften. Die Erstattung erfolgt mit einem Pauschbetrag, der sich nach einem Prozentsatz der im jeweiligen Kalenderjahr geleisteten Prämie bemißt. Der Prozentsatz beträgt 2,75% zuzüglich des nach § 108 Abs. 1 ermittelten Prozentsatzes.

(BGBl I 2015/34)

(2) Die Einkommensteuer (Lohnsteuer) darf dem Steuerpflichtigen jährlich insgesamt nur für Leistungen von Beiträgen bis zu 1 000 Euro erstattet werden.

(3) Der Steuerpflichtige hat die Erstattung auf dem amtlichen Vordruck im Wege des Versicherungsunternehmens, der Pensionskasse, des für Anteile an prämienbegünstigten Investmentfonds depotführenden Kreditinstituts oder der gesetzlichen Pensionsversicherung (zusätzlichen Pensionsversicherung) zu beantragen und dabei zu erklären, daß die in Abs. 1 und 2 angeführten Voraussetzungen vorliegen. Diese Abgabenerklärung ist mit dem Antrag auf Abschluß einer Versicherung, eines unwiderruflichen Auszahlungsplanes gemäß § 108b Abs. 2, auf Widmung des Pensionskassenbeitrags, auf Erwerb des Anteilscheines an einem prämienbegünstigten Investmentfonds oder auf Widmung des Beitrags zur Höherversicherung in der gesetzlichen Pensionsversicherung (zusätzliche Pensionsversicherung), wofür Einkommensteuer (Lohnsteuer) erstattet werden soll, abzugeben. In der Abgabenerklärung ist die Versicherungsnummer gemäß § 31 ASVG des Antragstellers anzuführen. Wurde eine Versicherungsnummer nicht vergeben, ist das Geburtsdatum anstelle der Versicherungsnummer anzuführen.

(4) Die pauschale Erstattung erfolgt durch jenen Rechtsträger, bei dem der Antrag im Sinne des Abs. 3 abzugeben ist. Dieser Rechtsträger fordert den zu erstattenden Steuerbetrag beim Finanzamt für Großbetriebe an. Die Anforderung hat bis spätestens Ende Februar im Wege des Datenträgeraustausches oder der automationsunterstützten Datenübermittlung zu erfolgen und die im Antrag und der Erklärung nach Abs. 3 angegebenen Daten zu enthalten. Das Finanzamt überweist den jeweiligen Rechtsträgern die pauschalen Erstattungsbeträge. Der Bundesminister für Finanzen wird ermächtigt, den Inhalt der Meldung und das Verfahren des Datenträgeraustausches und der automationsunterstützten Datenübermittlung mit Verordnung festzulegen. In der Verordnung kann vorgesehen werden, daß sich der Rechtsträger einer bestimmten geeigneten öffentlich-rechtlichen oder privatrechtlichen Übermittlungsstelle zu bedienen hat.

(BGBl I 2019/104, BGBl I 2020/99)

(5) Zu Unrecht erstattete Einkommensteuer (Lohnsteuer) ist vom Steuerpflichtigen rückzufordern. Als zu Unrecht erstattet gelten auch Erstattungsbeträge, wenn es bei prämienbegünstigten Beiträgen zu Pensionskassen, zu betrieblichen Kollektivversicherungen im Sinne des § 93 des VAG 2016 oder bei Pensionszusatzversicherungen (§ 108b Abs. 1) zu einer Kapitalabfindung kommt. Weiters gelten als zu Unrecht erstattet Erstattungsbeträge, wenn der unwiderrufliche Auszahlungsplan gemäß § 108b Abs. 2 Z 2 nicht erfüllt wird, es sei denn, an die Stelle des nicht erfüllten Auszahlungsplanes tritt nachweislich ein anderer Auszahlungsplan im Sinne des § 174 Abs. 2 des Investmentfondsgesetzes 2011. Die zurückzufordernden Beträge sind durch den Rechtsträger einzubehalten. Der Rechtsträger hat die rückzufordernden Beträge spätestens am 15. Tag nach Ablauf des Kalendermonates, in dem die Rückforderung zu erfolgen hat, an das Finanzamt für Großbetriebe abzuführen.

(BGBl I 2015/34, BGBl I 2019/104, BGBl I 2020/99)

(6) Einkommensteuer-(Lohnsteuer)Erstattungen und Rückforderungsansprüche gelten als Abgaben im Sinne der Bundesabgabenordnung.

(7) § 108 Abs. 9 ist anzuwenden.

Pensionszusatzversicherung, prämienbegünstigter Pensionsinvestmentfonds

§ 108b. (1) Für die Pensionszusatzversicherung und für Pensionsinvestmentfonds gilt folgendes:

1. Eine Pensionszusatzversicherung ist eine Rentenversicherung, die im Versicherungsvertrag als Pensionszusatzversicherung bezeichnet ist. Soweit sich aus den folgenden Bestimmungen nichts anderes ergibt, müssen für Pensionszusatzversicherungen die Regelungen des Versicherungsvertragsgesetzes für Rentenversicherungen gelten.
2. Bei einer Pensionszusatzversicherung ist der Versicherer nach Maßgabe des Vertrages verpflichtet, Rentenleistungen im Sinne der lit. a und zusätzlich eine oder mehrere Rentenleis-

tungen im Sinne der lit. b bis e zu erbringen. Rentenleistungen dieser Art sind:

a) Eine frühestens ab Bezug einer gesetzlichen Alterspension beginnende, an den Versicherungsnehmer auf dessen Lebensdauer zu zahlende Rente. Die Rentenbeträge dürfen sich nicht vermindern.

b) Eine im Falle der Einstellung oder Einschränkung der Erwerbstätigkeit, frühestens mit Vollendung des 50. Lebensjahres beginnende und längstens bis zum Anfall der Rente gemäß lit. a zu zahlende Rente (Überbrückungsrente). Diese Überbrückungsrente ist in gleich bleibenden Beträgen über einen Zeitraum von mindestens 36 Monaten zu zahlen. Dieser Zeitraum vermindert sich entsprechend, wenn es vor Ablauf dieses Zeitraums zum Anfall der Rente gemäß lit. a kommt.

c) Eine mit Eintritt der gänzlichen oder teilweisen Erwerbsunfähigkeit beginnende und längstens bis zum Anfall der Rente gemäß lit. a an den Versicherungsnehmer zu zahlende Rente.

d) Eine mit dem Tod des Versicherungsnehmers beginnende, an den hinterbliebenen Ehegatten oder eine hinterbliebene Person, mit der der Versicherungsnehmer in einer eheähnlichen Lebensgemeinschaft gelebt hat, auf dessen Lebensdauer zu zahlende Rente.

e) Eine mit dem Tod des Versicherungsnehmers beginnende, an hinterbliebene Waisen längstens bis zur Vollendung des 27. Lebensjahres zu zahlende Rente.

3. Bei fondsgebundenen Lebensversicherungen müssen die versicherungstechnischen Rückstellungen mit Ausnahme der Prämienüberträge, der Rückstellung für noch nicht abgewickelte Versicherungsfälle und der zusätzlichen versicherungstechnischen Rückstellungen für garantierte Mindestleistungen mindestens zu 75% mit Anteilen an Investmentfonds im Sinne des § 3 Abs. 2 Z 30 des Investmentfondsgesetzes 2011 bedeckt werden, wobei diese Investmentfonds jeweils die Veranlagungsbestimmungen der §§ 171 und 172 des Investmentfondsgesetzes 2011 erfüllen müssen.

4. Bei Pensionszusatzversicherungen sind ausgeschlossen:

a) Der Rückkauf.

b) Die Erbringung von Kapitalleistungen im Todesfall.

c) Die Kapitalabfindung angefallener Renten, es sei denn, der Barwert übersteigt nicht den Betrag im Sinne des § 1 Abs. 2 Z 1 des Pensionskassengesetzes.

5. Der Versicherungsnehmer kann jederzeit für den Schluß der laufenden Versicherungsperiode die Änderung der Versicherung in der Weise verlangen, daß die Prämienzahlung eingestellt, eingeschränkt oder wieder aufgenommen wird. Verlangt der Versicherungsnehmer eine derartige Änderung, so tritt an die Stelle des vereinbarten Rentenbetrages derjenige Betrag, der sich nach den anerkannten Regeln der Versicherungsmathematik auf Grund der Rechnungsgrundlagen der Prämienkalkulation ergibt. Dieser Betrag ist für den Schluß der laufenden Versicherungsperiode unter Berücksichtigung von Prämienrückständen zu berechnen.

Forschungsprämien

§ 108c. (1) Steuerpflichtige, soweit sie nicht Mitunternehmer sind, und Gesellschaften, bei denen die Gesellschafter als Mitunternehmer anzusehen sind, können eine Forschungsprämie für eigenbetriebliche Forschung und eine Forschungsprämie für Auftragsforschung in Höhe von jeweils 14% der prämienbegünstigten Forschungsaufwendungen (-ausgaben) geltend machen. Die Prämien stellen keine Betriebseinnahmen dar; § 6 Z 10 und § 20 Abs. 2 sind auf sie nicht anwendbar.

(BGBl I 2017/82)

(2) Prämienbegünstigt sind:

1. Eigenbetriebliche Forschung und experimentelle Entwicklung, die systematisch und unter Einsatz wissenschaftlicher Methoden durchgeführt wird. Zielsetzung muss sein, den Stand des Wissens zu vermehren sowie neue Anwendungen dieses Wissens zu erarbeiten. Die Forschung muss in einem inländischen Betrieb oder einer inländischen Betriebsstätte erfolgen. Der Bundesminister für Finanzen wird ermächtigt, die Kriterien zur Festlegung der prämienbegünstigten Forschungsaufwendungen (-ausgaben) sowie die Berücksichtigung eines fiktiven Unternehmerlohnes für eine nachweislich in Forschung und experimenteller Entwicklung ausgeübte Tätigkeit mittels Verordnung festzulegen.

(BGBl I 2022/108)

2. Auftragsforschung für in Auftrag gegebene Forschung und experimentelle Entwicklung im Sinne der Z 1 nach Maßgabe folgender Bestimmungen:
   – Die Forschung muss von einem inländischen Betrieb oder einer inländischen Betriebsstätte in Auftrag gegeben werden.
   – Es dürfen nur Einrichtungen oder Unternehmen beauftragt werden, die mit Forschungsaufgaben und experimentellen Entwicklungsaufgaben befasst sind und deren Sitz in einem Staat der Europäischen Union oder des Europäischen Wirtschaftsraumes gelegen ist.
   – Der Auftragnehmer darf nicht unter beherrschendem Einfluss des Auftraggebers stehen oder Mitglied einer Unternehmensgruppe (§ 9 des Körperschaft-

steuergesetzes 1988) sein, der auch der Auftraggeber angehört.

- Die Forschungsprämie kann nur für Aufwendungen (Ausgaben) in Höhe von höchstens 1 000 000 Euro pro Wirtschaftsjahr geltend gemacht werden. Umfasst das Wirtschaftsjahr einen Zeitraum von weniger als zwölf Monaten, ist der Höchstbetrag von 1 000 000 Euro entsprechend der Anzahl der Monate des Wirtschaftsjahres zu aliquotieren. Angefangene Kalendermonate gelten dabei als volle Kalendermonate.
- Voraussetzung für die Inanspruchnahme der Forschungsprämie ist, dass der Auftraggeber bis zum Ablauf seines Wirtschaftsjahres dem Auftragnehmer nachweislich mitteilt, bis zu welchem Ausmaß an Aufwendungen (Ausgaben) er die Forschungsprämie für Auftragsforschung in Anspruch nimmt. Der Auftragnehmer kann für die in Auftrag genommene Forschung und experimentelle Entwicklung hinsichtlich der von der Mitteilung umfassten Aufwendungen (Ausgaben) keine Forschungsprämie für eigenbetriebliche Forschung in Anspruch nehmen.
- Die Forschungsprämie für Auftragsforschung kann von jenen Aufwendungen (Ausgaben) nicht geltend gemacht werden, die Grundlage einer Forschungsprämie für eigenbetriebliche Forschung ist.

(3) Die Prämien können jeweils für ein Kalenderjahr beantragt werden. Die Bemessungsgrundlage für die Prämie für das Kalenderjahr ist aus den Forschungsaufwendungen(-ausgaben) aus dem/den Wirtschaftsjahr(en) zu ermitteln, das/die in dem Kalenderjahr endet/enden. Die Antragsfrist beginnt mit dem Ablauf des (letzten) Wirtschaftsjahres und endet vier Jahre nach dem Beginn. Die Antragstellung hat elektronisch im Wege von FinanzOnline zu erfolgen.

(BGBl I 2022/108)

(4) Die Prämien sind auf dem Abgabenkonto gut zu schreiben, es sei denn, es wird ein Bescheid gemäß § 201 BAO oder gemäß Abs. 4a erlassen. Die Gutschrift wirkt auf den Tag der Antragstellung zurück. Sowohl die Prämien als auch Rückforderungsansprüche gelten als Abgabe vom Einkommen im Sinne der Bundesabgabenordnung. Auf Gutschriften und Rückforderungen sind jene Bestimmungen der Bundesabgabenordnung anzuwenden, die für wiederkehrend zu erhebende, selbst zu berechnende Abgaben gelten. Bei Gesellschaften, die nach bürgerlichem Recht nicht rechtsfähige Personenvereinigungen sind, hat die zusammengefasste Verbuchung der Gebarung mit jenen Abgaben zu erfolgen, die die Beteiligten gemeinsam schulden.

(BGBl I 2015/118, BGBl I 2022/108)

(4a) Das Finanzamt kann auf Antrag die Forschungsprämie für eigenbetriebliche Forschung und experimentelle Entwicklung hinsichtlich eines sachverhaltsmäßig abgegrenzten Teiles des Prämienantrages (ein Forschungsprojekt, mehrere Forschungsprojekte und/oder ein Forschungsschwerpunkt, mehrere Forschungsschwerpunkte) mit gesondertem Bescheid festsetzen, wenn damit zu rechnen ist, dass sich andernfalls die Entscheidung über den Prämienantrag erheblich verzögert. Der Antrag hat zu enthalten:

1. Die im Gutachten der FFG verwendete Nummer und den Titel des Forschungsprojektes bzw. des Forschungsschwerpunktes, auf die er sich bezieht.
2. Die darauf entfallende Bemessungsgrundlage und die Höhe der Forschungsprämie, die gesondert festgesetzt werden soll.

Die Forschungsprämie, die auf den nicht auf diese Weise erledigten Antrag entfällt, ist ebenfalls mit einem gesonderten Bescheid oder mit mehreren gesonderten Bescheiden festzusetzen.

(BGBl I 2022/108)

(5) Die Prämien sind zu Lasten des Aufkommens an veranlagter Einkommen- oder Körperschaftsteuer zu berücksichtigen.

(BGBl I 2015/118)

(6) Die Prämien sind insoweit zu gewähren, als die Aufwendungen nach dem 31. Dezember 2001 angefallen sind.

(7) Das Finanzamt kann sich bei der Beurteilung, ob die Voraussetzungen einer Forschung und experimentellen Entwicklung im Sinne des Abs. 2 Z 1 vorliegen, der Forschungsförderungsgesellschaft mbH (FFG) bedienen. Voraussetzung für die Gewährung einer Forschungsprämie für eigenbetriebliche Forschung und experimentelle Entwicklung ist ein vom Steuerpflichtigen bei der FFG anzuforderndes Gutachten (Abs. 8), welches die Beurteilung zum Gegenstand hat, inwieweit eine Forschung und experimentelle Entwicklung unter Zugrundelegung der vom Steuerpflichtigen bekanntgegebenen Informationen die Voraussetzungen des Abs. 2 Z 1 erfüllt. Liegt bereits eine diesbezügliche bescheidmäßige Bestätigung nach § 118a der Bundesabgabenordnung vor, genügt die Glaubhaftmachung, dass die durchgeführte Forschung und experimentelle Entwicklung der der Bestätigung zu Grunde gelegten entspricht oder davon nicht wesentlich abweicht.

(8) Für die Erstellung von Gutachten durch die FFG gilt Folgendes:

1. Die FFG hat Gutachten ausschließlich auf Grundlage der vom Steuerpflichtigen zur Verfügung gestellten Informationen zu erstellen und – vorbehaltlich der Z 4 – deren Richtigkeit und Vollständigkeit nicht zu beurteilen.
2. Die FFG hat in ihrem Gutachten nicht zu beurteilen, ob und in welchem Umfang Aufwendungen oder Ausgaben für Forschung und experimentelle Entwicklung Bestandteil der

Bemessungsgrundlage für die Forschungsprämie sind.

3. Die FFG hat ein von ihr erstelltes Gutachten bis zu einer Löschungsanordnung durch das Finanzamt aufzubewahren.
4. Mit Zustimmung des Steuerpflichtigen kann die FFG, die von ihm übermittelten Informationen mit den über den jeweiligen Steuerpflichtigen bei ihr vorhandenen personenbezogenen Daten aus bereits erledigten oder anhängigen Förderungsfällen vergleichen. Ansonsten ist die FFG nur bei begründetem Verdacht auf Unrichtigkeit oder Unvollständigkeit der ihr vom Steuerpflichtigen zur Verfügung gestellten Informationen ermächtigt, diesen Datenvergleich vorzunehmen. Auf das Ergebnis dieses Vergleichs ist im Gutachten ergänzend hinzuweisen.
5. Mit Zustimmung des Steuerpflichtigen hat das Finanzamt der FFG den Zugriff auf Informationen aus einer Anforderung eines Gutachtens zur Vornahme eines Vergleichs mit den über denselben Steuerpflichtigen bei ihr vorhandenen personenbezogenen Daten aus bereits erledigten oder anhängigen Förderungsfällen einzuräumen. Ansonsten darf das Finanzamt nur bei begründetem Verdacht auf Unrichtigkeit oder Unvollständigkeit der denselben Steuerpflichtigen betreffenden Informationen aus erledigten oder anhängigen Förderungsfällen einen Datenvergleich zulassen.
6. Der Steuerpflichtige hat Gutachten der FFG elektronisch anzufordern, wobei FinanzOnline als Authentifizierungsprovider zu fungieren hat. Die FFG hat Gutachten unter Bezugnahme auf die Anforderung durch den Steuerpflichtigen im Wege von FinanzOnline der Abgabenbehörde zu übermitteln und dem Steuerpflichtigen zur Einsichtnahme zur Verfügung zu stellen.
7. Die Bundesministerin für Finanzen wird ermächtigt, die Durchführung der Gutachtenserstellung sowie den Inhalt und das Verfahren der elektronischen Anforderung und Übermittlung von Gutachten mit Verordnung festzulegen.

(9) Das Finanzamt hat auf Antrag des Steuerpflichtigen einen Feststellungsbescheid über die Höhe der Bemessungsgrundlage für die Forschungsprämie für eine eigenbetriebliche Forschung zu erlassen, wenn anlässlich der Antragstellung

a) glaubhaft gemacht wird, dass der verwirklichte Sachverhalt den Voraussetzungen einer Forschung und experimentellen Entwicklung im Sinne des Abs. 2 Z 1 entspricht, sowie

(BGBl I 2022/108)

b) nachgewiesen wird, dass die Bemessungsgrundlage für die Forschungsprämie richtig ermittelt worden ist.

(BGBl I 2022/108)

Die Glaubhaftmachung gemäß lit. a hat unter Zugrundelegung eines Gutachtens der FFG zu erfolgen. Liegt eine diesbezügliche bescheidmäßige Bestätigung nach § 118a der Bundesabgabenordnung vor, genügt die Glaubhaftmachung, dass die durchgeführte Forschung der der Bestätigung zu Grunde gelegten entspricht oder davon nicht wesentlich abweicht. Der Nachweis gemäß lit. b hat durch eine Bestätigung eines Wirtschaftsprüfers zu erfolgen, die auf Grundlage einer den Anforderungen der §§ 268 ff des Unternehmensgesetzbuches entsprechenden Prüfung über die Einhaltung der anzuwendenden Rechnungslegungsvorschriften ausgestellt wurde. Die Bestimmungen des § 275 des Unternehmensgesetzbuches gelten sinngemäß.

(BGBl I 2015/118)

Befristete Sonderprämien für die katastrophenbedingte Ersatzbeschaffung von Gebäuden und sonstigen Wirtschaftsgütern

§ 108d. (1) Befristete Sonderprämien für die katastrophenbedingte Ersatzbeschaffung von abnutzbaren Anlagegütern im Zusammenhang mit der Beseitigung von Hochwasserschäden des Sommers 2005 im Sinne des § 10c können geltend machen:

1. Steuerpflichtige, soweit sie nicht Gesellschafter einer Gesellschaft sind, bei der die Gesellschafter als Mitunternehmer anzusehen sind,
2. Gesellschaften, bei denen die Gesellschafter als Mitunternehmer anzusehen sind.

Voraussetzung ist, dass die Aufwendungen für die Anschaffung oder Herstellung im Wege der Absetzung für Abnutzung (§§ 7 und 8) abgesetzt werden.

(2) Es betragen

1. die befristete Sonderprämie für die Ersatzbeschaffung von Gebäuden (§ 10c Abs. 1) bei Steuerpflichtigen im Sinne des § 1 5% und bei Steuerpflichtigen im Sinne des § 1 des Körperschaftsteuergesetzes 1988 3% der Aufwendungen. Wird die Sonderprämie geltend gemacht, kann für das Gebäude im betreffenden Wirtschaftsjahr keine vorzeitige Abschreibung gemäß § 10c Abs. 1 beansprucht werden;
2. die befristete Sonderprämie für die Ersatzbeschaffung von sonstigen Wirtschaftsgütern (§ 10c Abs. 2) bei Steuerpflichtigen im Sinne des § 1 10% und bei Steuerpflichtigen im Sinne des § 1 des Körperschaftsteuergesetzes 1988 5% der Aufwendungen. Wird die Sonderprämie geltend gemacht, kann für das sonstige Wirtschaftsgut im betreffenden Wirtschaftsjahr keine vorzeitige Abschreibung gemäß § 10c Abs. 2 beansprucht werden.

(3) Die befristeten Sonderprämien können für jeden Kalendermonat geltend gemacht werden. Sie können auch in einer Beilage zur Einkommensteuer-, Körperschaftsteuer- oder Feststellungserklärung (§ 188 der Bundesabgabenordnung) des betreffenden Jahres geltend gemacht werden. Diese Beilage kann überdies bis zum Eintritt der Rechts-

kraft des Einkommensteuer-, Körperschaftsteuer- oder Feststellungsbescheides nachgereicht werden.

(4) Die sich aus dem Verzeichnis ergebenden Prämien sind auf dem Abgabenkonto gutzuschreiben, es sei denn, es ist ein Bescheid gemäß § 201 der Bundesabgabenordnung zu erlassen. Die Gutschrift wirkt auf den Tag der Einreichung des Verzeichnisses zurück. Sowohl die Prämien als auch Rückforderungsansprüche gelten als Abgaben vom Einkommen im Sinne der Bundesabgabenordnung und des Abgabenverwaltungsorganisationsgesetzes. Auf Gutschriften und Rückforderungen sind jene Bestimmungen der Bundesabgabenordnung anzuwenden, die für wiederkehrend zu erhebende, selbst zu berechnende Abgaben gelten. Bei Gesellschaften, die nach bürgerlichem Recht nicht rechtsfähige Personenvereinigungen sind, hat die zusammengefasste Verbuchung der Gebarung mit jenen Abgaben zu erfolgen, die die Beteiligten gemeinsam schulden.

(5) Die Prämien sind zu Lasten des Aufkommens an veranlagter Einkommensteuer zu berücksichtigen.

Befristete Investitionszuwachsprämie

§ 108e. (1) Für den Investitionszuwachs bei prämienbegünstigten Wirtschaftsgütern kann eine Investitionszuwachsprämie von 10% geltend gemacht werden. Voraussetzung ist, dass die Aufwendungen für die Anschaffung oder Herstellung im Wege der Absetzung für Abnutzung (§§ 7 und 8) abgesetzt werden.

(2) Prämienbegünstigte Wirtschaftsgüter sind ungebrauchte körperliche Wirtschaftsgüter des abnutzbaren Anlagevermögens. Nicht zu den prämienbegünstigten Wirtschaftsgütern zählen:

– Gebäude.
– Geringwertige Wirtschaftsgüter, die gemäß § 13 abgesetzt werden.
– Personen- und Kombinationskraftwagen, ausgenommen Fahrschulkraftfahrzeuge sowie Kraftfahrzeuge, die zu mindestens 80% der gewerblichen Personenbeförderung dienen. Personen- und Kombinationskraftwagen, ausgenommen Fahrschulkraftfahrzeuge sowie Kraftfahrzeuge, die zu mindestens 80% der gewerblichen Personenbeförderung dienen.
– Wirtschaftsgüter, die nicht in einer inländischen Betriebsstätte verwendet werden, die der Erzielung von Einkünften im Sinne des § 2 Abs. 3 Z 1 bis 3 dient. Dabei gelten Wirtschaftsgüter, die auf Grund einer entgeltlichen Überlassung überwiegend im Ausland eingesetzt werden, nicht als in einer inländischen Betriebsstätte verwendet.

(3) Der Investitionszuwachs bei prämienbegünstigten Wirtschaftsgütern ist die Differenz zwischen deren Anschaffungs- oder Herstellungskosten der Kalenderjahre 2002, 2003 und 2004 und dem Durchschnitt der Anschaffungs- oder Herstellungskosten dieser Wirtschaftsgüter der letzten drei Wirtschaftsjahre, die vor dem 1. Jänner 2002 bzw. dem 1. Jänner 2003 bzw. dem 1. Jänner 2004 enden. Dabei gilt Folgendes:

1. Erstreckt sich die Anschaffung oder Herstellung prämienbegünstigter Wirtschaftsgüter auf mehrere Jahre, sind in die Ermittlung des durchschnittlichen Investitionszuwachses die jeweils zu aktivierenden Teilbeträge der Anschaffungs- oder Herstellungskosten mit einzubeziehen. Ändern sich nachträglich die Anschaffungs- oder Herstellungskosten, ist die Investitionszuwachsprämie im Jahr der Änderung entsprechend anzupassen.
2. Von der Summe aller Anschaffungs- oder Herstellungskosten der prämienbegünstigten Wirtschaftsgüter sind die Anschaffungs- oder Herstellungskosten jener Wirtschaftsgüter, für die die Begünstigung nach § 10c Abs. 2 oder § 108d Abs. 2 Z 2 geltend gemacht wurde, abzuziehen. Der Investitionszuwachs ist höchstens in Höhe der Differenz prämienbegünstigt.

(4) Die Prämie kann nur in einer Beilage zur Einkommensteuer-, Körperschaftsteuer- oder Feststellungserklärung (§ 188 BAO) des betreffenden Jahres geltend gemacht werden. Sie kann überdies in einer bis zum Eintritt der Rechtskraft des Einkommensteuer-, Körperschaftsteuer- oder Feststellungsbescheides nachgereichten Beilage geltend gemacht werden. In der Beilage sind die Ermittlung der Bemessungsgrundlage und die daraus ermittelte Investitionszuwachsprämie darzustellen.

(5) Die sich aus dem Verzeichnis ergebende Prämie ist auf dem Abgabenkonto gutzuschreiben, es sei denn, es ist ein Bescheid gemäß § 201 BAO zu erlassen. Die Gutschrift wirkt auf den Tag der Einreichung des Verzeichnisses zurück. Sowohl die Prämie als auch eine Prämiennachforderung bzw. Rückforderungsansprüche auf Grund einer geänderten Bemessungsgrundlage gemäß Abs. 3 gelten als Abgabe vom Einkommen im Sinne der Bundesabgabenordnung und des Abgabenverwaltungsorganisationsgesetzes. Auf die Gutschrift sind jene Bestimmungen der Bundesabgabenordnung anzuwenden, die für wiederkehrend zu erhebende, selbst zu berechnende Abgaben gelten. Die Prämie ist zu Lasten des Aufkommens an veranlagter Einkommensteuer zu berücksichtigen.

Lehrlingsausbildungsprämie

§ 108f. (1) Sind Aufwendungen (Ausgaben) für die Lehrlingsausbildung als Betriebsausgaben oder Werbungskosten abzuziehen, kann unter den Voraussetzungen der Abs. 2 bis 4 eine Lehrlingsausbildungsprämie geltend gemacht werden.

(2) Einem Steuerpflichtigen, der mit einem Lehrling (§ 1 des Berufsausbildungsgesetzes) ein Lehrverhältnis hat, steht in jedem Kalenderjahr (Wirtschaftsjahr), in dem das Lehrverhältnis aufrecht ist, eine Lehrlingsausbildungsprämie in der Höhe von 1 000 Euro zu. Voraussetzung ist, dass das Lehrverhältnis nach der Probezeit in ein definitives Lehrverhältnis umgewandelt wird. Die Fortsetzung eines begonnenen Lehrverhältnisses begründet

keinen Anspruch auf eine in einem Kalenderjahr (Wirtschaftsjahr) doppelte Inanspruchnahme der Lehrlingsausbildungsprämie. Der Bundesminister für Finanzen wird ermächtigt, die Lehrlingsprämie für Lehrlinge, die in so genannten Mangelberufen tätig sind, im Einvernehmen mit dem Bundesminister für Wirtschaft und Arbeit durch Verordnung auf bis zu 2 000 Euro zu erhöhen.

(3) Für Kalenderjahre (Wirtschaftsjahre), für die ein Lehrlingsfreibetrag gemäß § 124b Z 31 geltend gemacht wird, steht keine Lehrlingsausbildungsprämie zu. Für Lehrlinge im Sinne des § 2 Abs. 4 des land- und forstwirtschaftlichen Berufsausbildungsgesetzes und des § 63 des Land- und Forstarbeiter-Dienstrechtsgesetzes gelten die vorstehenden Bestimmungen sinngemäß.

(4) Die Prämien können erst nach Ablauf des jeweiligen Wirtschaftsjahres geltend gemacht werden, spätestens jedoch bis zum Eintritt der Rechtskraft des betreffenden Einkommensteuer-, Körperschaftsteuer- oder Feststellungsbescheides (§ 188 der Bundesabgabenordnung). Die sich aus dem Verzeichnis ergebende Prämie ist auf dem Abgabenkonto gutzuschreiben, es sei denn, es ist ein Bescheid gemäß § 201 BAO zu erlassen. Die Gutschrift wirkt auf den Tag der Einreichung des Verzeichnisses zurück. Die Prämie gilt als Abgabe vom Einkommen im Sinne der Bundesabgabenordnung und des Abgabenverwaltungsorganisationsgesetzes. Auf die Gutschrift sind jene Bestimmungen der Bundesabgabenordnung anzuwenden, die für wiederkehrend zu erhebende, selbst zu berechnende Abgaben gelten. Die Prämie ist zu Lasten des Aufkommens an veranlagter Einkommensteuer zu berücksichtigen.

(5) Eine Lehrlingsausbildungsprämie gebührt nur für die Ausbildung von Lehrlingen auf Grund eines Lehrverhältnisses, das vor dem 28. Juni 2008 begonnen hat. Die Lehrlingsausbildungsprämie ist letztmalig bei der Veranlagung für das Kalenderjahr (Wirtschaftsjahr) 2012 anwendbar.

Prämienbegünstigte Zukunftsvorsorge

§ 108g. (1) Leistet ein unbeschränkt Steuerpflichtiger (§ 1 Abs. 2) Beiträge zu einer Zukunftsvorsorgeeinrichtung, wird ihm unter den nachstehenden Voraussetzungen auf Antrag Einkommensteuer (Lohnsteuer) erstattet:

1. Der Steuerpflichtige bezieht keine gesetzliche Alterspension.
2. Der Steuerpflichtige gibt eine Erklärung ab, in der er sich unwiderruflich verpflichtet, für einen Zeitraum von mindestens zehn Jahren ab Einzahlung des ersten Beitrages auf eine Rückzahlung des aus den geleisteten Beiträgen resultierenden Anspruches zu verzichten.
3. Hat der Steuerpflichtige im Zeitpunkt der Antragstellung das 50. Lebensjahr vollendet, kann er sich auch wahlweise unwiderruflich verpflichten, zu verzichten
   a) auf eine Rückzahlung des aus den geleisteten Beiträgen resultierenden Anspruchs bis zum Bezug einer gesetzlichen Alterspension und
   b) auf eine Verfügung im Sinne des § 108i Abs. 1 Z 1 im Falle des Bezuges einer gesetzlichen Alterspension vor Ablauf von zehn Jahren (Z 2).

Die Erstattung erfolgt mit einem Pauschalbetrag, der sich nach einem Prozentsatz der im jeweiligen Kalenderjahr geleisteten Prämie bemisst. Der Prozentsatz beträgt 2,75% zuzüglich des nach § 108 Abs. 1 ermittelten Prozentsatzes. Von der Erstattung ausgenommen sind Einmalprämien im Sinne des § 108i Abs. 1 Z 2 und 3.

(2) Die Einkommensteuer (Lohnsteuer) darf dem Steuerpflichtigen jährlich insgesamt nur für Leistungen im Ausmaß von 1,53% des Sechsunddreißigfachen der Höchstbeitragsgrundlage zur Sozialversicherung (§ 45 Abs. 1 ASVG) für einen Kalendermonat erstattet werden.

(3) Der Steuerpflichtige hat die Erstattung auf dem amtlichen Vordruck im Wege der Zukunftsvorsorgeeinrichtung zu beantragen und dabei zu erklären, dass die in Abs. 1 und 2 angeführten Voraussetzungen vorliegen. Diese Abgabenerklärung ist mit dem Antrag auf Abschluss auf Widmung des Beitrages, wofür Einkommensteuer (Lohnsteuer) erstattet werden soll, abzugeben. In der Abgabenerklärung ist die Versicherungsnummer gemäß § 31 ASVG des Antragstellers anzuführen. Wurde eine Versicherungsnummer nicht vergeben, ist das Geburtsdatum anstelle der Versicherungsnummer anzuführen.

(4) Die pauschale Erstattung erfolgt durch jenen Rechtsträger, bei dem der Antrag im Sinne des Abs. 3 abzugeben ist. Dieser Rechtsträger fordert den zu erstattenden Steuerbetrag beim Finanzamt für Großbetriebe an. Die Anforderung hat bis spätestens Ende Februar im Wege des Datenträgeraustausches oder der automationsunterstützten Datenübermittlung zu erfolgen und die im Antrag und der Erklärung nach Abs. 3 angegebenen Daten zu enthalten. Das Finanzamt überweist den jeweiligen Rechtsträgern die pauschalen Erstattungsbeträge. Der Bundesminister für Finanzen wird ermächtigt, den Inhalt der Meldung und das Verfahren des Datenträgeraustausches und der automationsunterstützten Datenübermittlung mit Verordnung festzulegen. In der Verordnung kann vorgesehen werden, dass sich der Rechtsträger einer bestimmten geeigneten öffentlich-rechtlichen oder privatrechtlichen Übermittlungsstelle zu bedienen hat.

(BGBl I 2019/104, BGBl I 2020/99)

(5) Zu Unrecht erstattete Einkommensteuer (Lohnsteuer) ist vom Steuerpflichtigen rückzufordern. Als zu Unrecht erstattet gelten auch Erstattungsbeträge, wenn der Steuerpflichtige nach Ablauf eines Zeitraumes von mindestens zehn Jahren eine Verfügung im Sinne des § 108i Abs. 1 Z 1 trifft. Ist aus diesem Grund zu Unrecht erstattete Steuer rückzufordern, so reduziert sich der zurückzufordernde Betrag auf die Hälfte. Gleichzeitig damit ist eine Nachversteuerung, der auf

den Steuerpflichtigen im Rahmen der Zukunftsvorsorgeeinrichtung entfallenden Kapitalerträge unter Zugrundelegung eines Steuersatzes von 27,5% vorzunehmen. Diese Nachversteuerung tritt bei der Veräußerung von Anteilen an Pensionsinvestmentfonds oder deren Rücklösung im Sinne des § 108i Abs. 1 Z 1 an die Stelle einer Besteuerung gemäß § 27 Abs. 3. Die zurückzufordernden und nachzuversteuernden Beträge sind durch den Rechtsträger einzubehalten. Der Rechtsträger hat die einbehaltenen Beträge spätestens am 15. Tag des auf die Rückforderung (Nachversteuerung) zweitfolgenden Kalendermonates an das Finanzamt für Großbetriebe abzuführen.

(BGBl I 2015/163, BGBl I 2019/104, BGBl I 2020/99)

(6) Einkommensteuer-(Lohnsteuer)Erstattungen und Rückforderungsansprüche gelten als Abgaben im Sinne der Bundesabgabenordnung.

(7) § 108 Abs. 9 ist anzuwenden.

Einrichtungen der Zukunftsvorsorge

§ 108h. (1) Die Einrichtung für Zukunftsvorsorge muss folgende Voraussetzungen erfüllen:

1. Die Veranlagung der Zukunftsvorsorgebeiträge und der an die Zukunftsvorsorgeeinrichtung überwiesenen Prämien erfolgt im Wege von
   a) Pensionsinvestmentfonds im Sinne des § 168 des Investmentfondsgesetzes 2011 und/oder
   b) Betrieblichen Vorsorgekassen (§ 18 Abs. 1 BMSVG) und/oder
   c) Versicherungsunternehmen mit Sitz in einem EWR-Vertragsstaat, die die Rentenversicherung betreiben.
2. Die Veranlagung der Zukunftsvorsorgebeiträge und der an die Zukunftsvorsorgeeinrichtung überwiesenen Prämien hat zu erfolgen
   a) für Vertragsabschlüsse vor dem 1. Jänner 2010 zu mindestens 30% in Aktien.
   b) für Vertragsabschlüsse zwischen dem 31. Dezember 2009 und dem 1. August 2013 sowie für Vertragsabschlüsse vor dem 1. Jänner 2010, wenn eine Erklärung gemäß § 108h Abs. 1 Z 2 lit. b in der Fassung BGBl. I Nr. 151/2009 abgegeben worden ist, nach dem Lebenszyklusmodell zu mindestens
      – 30% in Aktien bei Steuerpflichtigen, die am 31. Dezember des Vorjahres das fünfundvierzigste Lebensjahr noch nicht vollendet haben;
      – 25% in Aktien bei Steuerpflichtigen, die am 31. Dezember des Vorjahres das fünfundvierzigste Lebensjahr vollendet und das fünfundfünfzigste Lebensjahr noch nicht vollendet haben;
      – 15% in Aktien bei Steuerpflichtigen, die am 31. Dezember des Vorjahres das fünfundfünfzigste Lebensjahr vollendet haben.
   c) für Vertragsabschlüsse nach dem 31. Juli 2013
      – mindestens zu 15% und höchstens zu 60% in Aktien bei Steuerpflichtigen, die am 31. Dezember des Vorjahres das fünfzigste Lebensjahr noch nicht vollendet haben;
      – mindestens zu 5% und höchstens zu 50% in Aktien bei Steuerpflichtigen, die am 31. Dezember des Vorjahres das fünfzigste Lebensjahr vollendet haben.
   d) nach lit. c, wenn der Steuerpflichtige bis zum Ablauf der vertraglich vereinbarten Laufzeit gegenüber der Zukunftsvorsorgeeinrichtung eine entsprechende unwiderrufliche Erklärung abgibt. Die Abgabe einer derartigen Erklärung führt weder zur Kündigung des bestehenden Vertrages noch zum Abschluss eines neuen Vertrages; die Mindestlaufzeit gemäß § 108g Abs. 1 Z 2 wird dadurch nicht berührt. Abs. 3 Z 4 und 5 sind sinngemäß anzuwenden. Die Zukunftsvorsorgeeinrichtung hat die Veranlagung entsprechend der Erklärung ab dem Ende der Mindestlaufzeit gemäß § 108g Abs. 1 Z 2, im Falle einer späteren Erklärung ab der Abgabe der Erklärung, anzupassen. Die Zukunftsvorsorgeeinrichtung hat dem Steuerpflichtigen eine Urkunde über den geänderten Inhalt des Zukunftsvorsorgevertrages auszustellen.

   Für die Berechnung der Aktienquote einer Zukunftsvorsorgeeinrichtung ist der Tageswert der gesamten Veranlagungen dem Tageswert der darin enthaltenen Aktien gegenüberzustellen. Die Aktienquote ist auf Basis eines Jahresdurchschnittes zu ermitteln. Im Falle einer Unterdeckung am Ende des Geschäftsjahres hat innerhalb einer zweimonatigen Übergangsfrist eine Aufstockung zu erfolgen.

   (BGBl I 2021/3)
3. Die Veranlagung hat in Aktien zu erfolgen, die an einem geregelten Markt einerin einem Mitgliedstaat der Europäischen Union oderin einem Staat des Europäischen Wirtschaftsraumes gelegenen Börse erstzugelassen sind. Der Anteil der Börsekapitalisierung der in diesem Staat erstzugelassenen Aktien darf in einem mehrjährigen Zeitraum 40% des Bruttoinlandsproduktes dieses Staates nicht übersteigen. Das gilt für Veranlagungen gemäß Z 2 lit. a und b zu 100%; für Veranlagungen gemäß Z 2 lit. c und d zu mindestens 60% der tatsächlich gehaltenen Aktien.
4. Die Zukunftsvorsorgeeinrichtung schüttet keine Gewinne aus.

5. Die Einrichtung oder ein zur Abgabe einer Garantie berechtigtes Kreditinstitut aus dem EWR-Raum garantiert, dass im Falle einer Verrentung der für die Verrentung zur Verfügung stehende Auszahlungsbetrag nicht geringer ist als die Summe der vom Steuerpflichtigen eingezahlten Beiträge zuzüglich der für diesen Steuerpflichtigen gutgeschriebenen Prämien im Sinne des § 108g. Die Garantie erlischt, wenn der Steuerpflichtige eine Verfügung im Sinne des § 108i Abs. 1 Z 1 trifft.

(2) Mitarbeitervorsorgekassen (§ 18 Abs. 1 BMSVG) sind abweichend von § 28 BMSVG für Zwecke gemäß Abs. 1 berechtigt, zusätzliche Veranlagungsgemeinschaften zu bilden. Die §§ 18 Abs. 2, 19, 20 Abs. 1 und 4, 21 bis 23, 27 Abs. 1 bis 4, 28 und 29 sowie 31 bis 45 und § 30 BMSVG mit Ausnahme von Abs. 3 Z 5 sind für die Verwaltung von Zukunftsvorsorgebeiträgen sinngemäß anzuwenden. § 20 Abs. 2 und 3 BMSVG sind für die Verwaltung von Zukunftsvorsorgebeiträgen nur insoweit anzuwenden, als die Mitarbeitervorsorgekasse selbst die in § 108h Abs. 1 Z 3 genannte Garantie oder eine zusätzliche Zinsgarantie gewährt. § 25 BMSVG ist mit der Maßgabe anzuwenden, dass in Z 2 an Stelle der vom Arbeitgeber geleisteten Beiträge die Zukunftsvorsorgebeiträge treten. § 1 Abs. 1 Z 21 BWG ist mit der Maßgabe anzuwenden, dass Mitarbeitervorsorgekassen zusätzlich berechtigt sind, Zukunftsvorsorgebeiträge hereinzunehmen und zu veranlagen (Zukunftsvorsorgegeschäft). § 93 Abs. 3d Z 2 BWG ist mit der Maßgabe anzuwenden, das sich der Höchstbetrag beim Zukunftsvorsorgegeschäft jeweils auf den Begünstigten der Zukunftsvorsorge bezieht.

(3) Bei Vertragsabschlüssen nach dem 31. Juli 2013 haben Versicherungsunternehmen gemäß Abs. 1 Z 1 lit. c den Steuerpflichtigen vor Abgabe seiner Vertragserklärung schriftlich zu informieren über

1. die Höhe der in den Beiträgen enthaltenen Kosten; dabei sind die Abschlusskosten als einheitlicher Gesamtbetrag und die übrigen Kosten als Gesamtbetrag unter Angabe der jeweiligen Laufzeit auszuweisen,
2. mögliche sonstige Kosten, insbesondere Kosten, die einmalig oder aus besonderem Anlass entstehen können und Kosten, die für eine prämienfreie Vertragsführung verrechnet werden,
3. den Betrag, der veranlagt wird und veranlagt bleibt, unter Angabe der jeweiligen Laufzeit,
4. die gesetzlichen Vorgaben zur Veranlagung gemäß Abs. 1 Z 2 lit. c sowie zur Veranlagung in Aktien gemäß Abs. 1 Z 3,
5. die Veranlagungsstrategie, die Art der Zusammensetzung der Kapitalanlagen und deren Auswirkungen auf den konkreten Vertrag, insbesondere die damit verbundenen Chancen und Risiken sowie die allfällige Möglichkeit zum Einsatz von Absicherungsinstrumenten und die damit verbundenen Vor- und Nachteile und
6. die Rechnungsgrundlagen (Sterbetafel, Rechnungszins) zur Berechnung einer allfälligen Rente und die damit verbundenen Chancen und Risiken; insbesondere ist der Steuerpflichtige darüber zu informieren, ob die Höhe der Rentenzahlungen garantiert ist.

Diese Informationen gelten als solche im Sinne des § 135c VAG 2016, in der jeweils geltenden Fassung. Weitere gesetzliche Informationspflichten bleiben unberührt.

(BGBl I 2015/34, BGBl I 2018/16)

(4) Für Betriebliche Vorsorgekassen gemäß Abs. 1 Z 1 lit. b gelten Abs. 3 Z 1 bis 5 sinngemäß.

Verfügung des Steuerpflichtigen über Ansprüche

§ 108i. (1) Nach einem Zeitraum von mindestens zehn Jahren ab Einzahlung des ersten Beitrages (§ 108g Abs. 1) kann der Steuerpflichtige

1. die Auszahlung der aus seinen Beiträgen resultierenden Ansprüche verlangen. In diesem Fall treten die Rechtsfolgen des § 108g Abs. 5 ein,
2. die Übertragung seiner Ansprüche auf eine andere Zukunftsvorsorgeeinrichtung verlangen,
3. die Überweisung seiner Ansprüche
   a) an ein Versicherungsunternehmen seiner Wahl als Einmalprämie für eine vom Steuerpflichtigen nachweislich abgeschlossene Pensionszusatzversicherung (§ 108b), wobei abweichend von § 108b Abs. 1 Z 2 vorgesehen werden kann, dass die Zusatzpension frühestens mit Vollendung des 40. Lebensjahres auszuzahlen ist,
   (BGBl I 2016/117)
   b) an ein Kreditinstitut seiner Wahl zum ausschließlichen Zwecke des Erwerbes von Anteilen an einem Pensionsinvestmentfonds durch Abschluss eines unwiderruflichen Auszahlungsplanes gemäß § 174 Abs. 2 Z 2 des Investmentfondsgesetzes 2011,
   (BGBl I 2016/117)
   c) an eine Pensionskasse, bei der der Anwartschaftsberechtigte bereits Berechtigter im Sinne des § 5 des Pensionskassengesetzes (PKG) ist, als Beitrag gemäß § 15 Abs. 3 Z 10 PKG,
   (BGBl I 2016/117)
   d) an eine Betriebliche Kollektivversicherung gemäß § 93 des VAG 2016, bei der der Anwartschaftsberechtigte bereits Berechtigter ist,
   (BGBl I 2016/117)
   e) an ein Versicherungsunternehmen seiner Wahl als Einmalprämie für eine vom Steuerpflichtigen nachweislich abgeschlossene selbständige Pflegeversi-

cherung, bei der ein Rückkauf oder eine Kapitalabfindung ausgeschlossen ist und die Leistung der Pflegeversicherung an einen Anspruch auf Pflegegeld gemäß dem Bundespflegegeldgesetz, BGBl. Nr. 110/1993, geknüpft ist
(BGBl I 2016/117)

verlangen.

(2) Bei Veranlagungen in Pensionsinvestmentsfondsanteile, die die Voraussetzungen des § 108h Abs. 1 erfüllen, sind abweichend von § 174 Abs. 2 des Investmentfondsgesetzes 2011 Verfügungen gemäß Abs. 1 zulässig. Abweichend von § 23g Abs. 2 InvFG 1993 sind Übertragungen von Veranlagungen in Pensionsinvestmentsfondsanteile, die die Voraussetzungen des § 108h Abs. 1 nicht erfüllen, in Zukunftsvorsorgeeinrichtungen (§ 108h Abs. 1) bis zum 31. Dezember 2005 zulässig. Der Übertragungsbetrag gilt nicht als Beitrag zu einer Zukunftsvorsorgeeinrichtung im Sinne des § 108g Abs. 1.

Verrechnung von Kinderabsetzbeträgen, Abgeltungs- und Erstattungsbeträgen

§ 109. Kinderabsetzbeträge gemäß § 33 Abs. 3 und Erstattungsbeträge gemäß § 108 und § 108a sind insgesamt mit 25% zu Lasten des Aufkommens an veranlagter Einkommensteuer und mit 75% zu Lasten des Aufkommens an Lohnsteuer zu verrechnen.

(BGBl I 2015/118)

§ 109a. (1) Der Bundesminister für Finanzen kann im Interesse der Gleichmäßigkeit der Besteuerung durch Verordnung anordnen, dass Unternehmer und Körperschaften des öffentlichen und privaten Rechts von Gruppen von Personen und von Personenvereinigungen (Personengemeinschaften) ohne eigene Rechtspersönlichkeit, die für sie Leistungen erbringen, Folgendes mitzuteilen haben:

1. Name (Firma), Wohnanschrift bzw. Sitz der Geschäftsleitung, bei natürlichen Personen weiters die Versicherungsnummer nach § 31 ASVG (bei Nichtvorhandensein jedenfalls das Geburtsdatum), bei Personenvereinigungen (Personengemeinschaften) ohne eigene Rechtspersönlichkeit die Steuernummer.
   (BGBl I 2019/104, BGBl I 2020/99)
2. Art der erbrachten Leistung,
3. Kalenderjahr, in dem das Entgelt geleistet wurde,
4. Entgelt und die darauf entfallende ausgewiesene Umsatzsteuer.

(2) Die Verordnung hat weiters zu bestimmen: Die Abgabenbehörde, an die die Mitteilung zu erfolgen hat, sowie den Zeitpunkt, bis zu dem die Mitteilung zu erfolgen hat.

(3) Die Verordnung kann eine Mitteilung im Wege der automationsunterstützten Datenübertragung insoweit vorsehen, als dies für den zur Übermittlung Verpflichteten zumutbar ist. In der Verordnung kann vorgesehen werden, dass sich der zur Übermittlung Verpflichtete einer bestimmten geeigneten öffentlich-rechtlichen oder privatrechtlichen Übermittlungsstelle zu bedienen hat.

(4) Die in der Verordnung genannten Personen und Personenvereinigungen (Personengemeinschaften) sind verpflichtet, den Unternehmern sowie den Körperschaften des öffentlichen und privaten Rechts alle Auskünfte zu erteilen, die diese zur Erfüllung der Mitteilungspflicht benötigen.

(5) Die zur Mitteilung Verpflichteten haben den in der Verordnung genannten Personen und Personenvereinigungen (Personengemeinschaften) den Inhalt der Mitteilungen bekannt zu geben.

Mitteilung bei Auslandszahlungen

§ 109b. (1) Unternehmer und Körperschaften des öffentlichen und privaten Rechts, die für Leistungen im Sinne des Abs. 2 Zahlungen ins Ausland tätigen, haben die im Abs. 3 beschriebenen Informationen mitzuteilen.

(2) Die Mitteilungspflicht betrifft folgende Leistungen:

1. Leistungen für Tätigkeiten im Sinne des § 22, wenn die Tätigkeit im Inland ausgeübt wird;
2. Vermittlungsleistungen, die von unbeschränkt Steuerpflichtigen erbracht werden oder die sich auf das Inland beziehen;
3. kaufmännische oder technische Beratung im Inland.

(3) Die Mitteilung hat zu enthalten:

1. Name (Firma), Wohn- oder Firmenanschrift des Leistungserbringers samt internationaler Länderkennung des betreffenden Staates;
2. bei einer Personenvereinigung (Personengemeinschaft) ohne eigene Rechtspersönlichkeit oder einer Körperschaft als Leistungserbringer auch die im Inland maßgeblich auftretende natürliche Person;
3. hinsichtlich des Leistungserbringers sowie gegebenenfalls der im Inland maßgeblich auftretenden natürlichen Person:
   – die österreichische Steuernummer; ist diese nicht vorhanden,
   – die Versicherungsnummer nach § 31 ASVG; ist diese nicht vorhanden,
   – die Umsatzsteuer-Identifikationsnummer; ist diese nicht vorhanden,
   – das Geburtsdatum;
4. die internationale Länderkennung des Landes oder der Länder, in die Zahlungen erfolgt sind;
5. die Höhe der Zahlungen zugunsten des Leistungserbringers und das Kalenderjahr, in dem die Zahlungen geleistet wurden.

(4) Eine Mitteilung hat zu unterbleiben, wenn

– sämtliche in einem Kalenderjahr zugunsten desselben Leistungserbringers geleisteten Zahlungen ins Ausland den Betrag von 100 000 Euro nicht übersteigen,
– ein Steuerabzug gemäß § 99 zu erfolgen hat oder

– bei Zahlungen an eine ausländische Körperschaft diese im Ausland einem Steuersatz unterliegt, der nicht um mehr als 10 Prozentpunkte niedriger ist als die österreichische Körperschaftsteuer gemäß § 22 Abs. 1 KStG 1988.

(5) Die Mitteilung hat im Wege der automationsunterstützten Datenübertragung zu erfolgen, wenn dies für den zur Übermittlung Verpflichteten zumutbar ist. Der Bundesminister für Finanzen wird ermächtigt, den Inhalt und das Verfahren der elektronischen Übermittlung mit Verordnung festzulegen. In der Verordnung kann vorgesehen werden, dass sich die auszahlende Stelle einer bestimmten geeigneten öffentlich-rechtlichen oder privatrechtlichen Übermittlungsstelle zu bedienen hat.

(6) Die Mitteilung hat elektronisch bis Ende Februar des auf die Zahlung folgenden Kalenderjahres zu erfolgen. Ist der auszahlenden Stelle die elektronische Übermittlung mangels technischer Voraussetzungen unzumutbar, hat die Übermittlung auf dem amtlichen Vordruck bis Ende Jänner des auf die Zahlung folgenden Kalenderjahres zu erfolgen.

(7) Die Mitteilung ist an das Finanzamt zu übermitteln, das für die Erhebung der Umsatzsteuer des zur Mitteilung Verpflichteten zuständig ist oder es im Falle der Umsatzsteuerpflicht wäre.

(8) Der Leistungserbringer ist verpflichtet, dem zur Übermittlung Verpflichteten alle Auskünfte zu erteilen, die dieser zur Erfüllung der Mitteilungspflicht benötigt.

Verweisungen auf andere Bundesgesetze

§ 110. Soweit in diesem Bundesgesetz auf andere Bundesgesetze verwiesen wird, sind diese in ihrer jeweils geltenden Fassung anzuwenden.

9. TEIL
ÜBERGANGSBESTIMMUNGEN

Verweisungen anderer Bundesgesetze

§ 111. Beziehen sich bundesgesetzliche Vorschriften über öffentliche Abgaben oder Beiträge auf Bestimmungen des Einkommensteuergesetzes 1972, BGBl. Nr. 440 (EStG 1972), so treten an die Stelle dieser Bestimmungen die entsprechenden Bestimmungen dieses Bundesgesetzes.

Weitergeltung von Bestimmungen des EStG 1972

§ 112. Folgende Bestimmungen des EStG 1972 sind auch für Zeiträume nach dem 31. Dezember 1988 anzuwenden:

1. § 3 Z 31.

1a. § 4 Abs. 4 Z 2 für Pensionskassen, die am 1. Jänner 1989 bestanden haben, bis zum Erlöschen der Konzession im Sinne des § 49 des Pensionskassengesetzes.

2. § 9 Abs. 4 bis 9 für Rücklagen (steuerfreie Beträge), soweit sie vor dem 1. Jänner 1989 durch Wertpapieranschaffung verwendet worden sind. Im Veranlagungsjahr 1993 können die durch Wertpapieranschaffung verwendeten Rücklagenbeträge (steuerfreien Beträge) freiwillig versteuert werden. Bei einer freiwilligen Versteuerung sämtlicher Rücklagenbeträge (sämtlicher steuerfreier Beträge) im Veranlagungsjahr 1993 entfällt der Zuschlag im Sinne des § 9 Abs. 6 EStG 1972 und ist § 37 anzuwenden.

3. § 11 für Rücklagen, die für Wirtschaftsjahre gebildet wurden, die vor dem 1. Jänner 1989 abgelaufen sind.

3a. § 18 Abs. 1 Z 3 lit. e für Energiesparmaßnahmen, die vor dem 1. Jänner 1989 durchgeführt worden sind. Derartige Beträge können als Sonderausgaben im Sinne des § 18 Abs. 1 Z 3 nach Maßgabe des § 18 Abs. 3 Z 2 geltend gemacht werden.

4. § 23a für Verluste im Sinne dieser Bestimmung, die nicht bis zum Veranlagungsjahr 1988 verrechnet werden konnten.

5. § 23b für Gewinnanteile aus Beteiligungen, die vor dem 1. Jänner 1989 erworben worden sind.

6. § 27 Abs. 2 Z 3 für stille Beteiligungen, die vor dem 1. Jänner 1989 erworben worden sind. Gewinnanteile aus derartigen Beteiligungen sind auch insoweit steuerpflichtig, als sie zur Auffüllung einer durch Verluste herabgeminderten Einlage zu verwenden sind.

7. § 27 Abs. 5 für Wertpapiere, die vor dem 1. Jänner 1989 erworben worden sind, hinsichtlich der Veranlagung für die Jahre 1989 bis 1992. Im Rahmen der Kapitalertragsteuer gilt jedoch § 123.

8. § 27 Abs. 6 Z 3 für Gewinnanteile aus Beteiligungen, die vor dem 1. Jänner 1989 erworben worden sind. Im Rahmen der Kapitalertragsteuer gilt jedoch § 123.

9. § 107.

10. § 110.

§ 112a. § 103 ist in der Fassung BGBl. Nr. 448/1992 weiterhin anzuwenden, wenn eine Zuzugsbegünstigung bereits erteilt worden ist oder wenn die Erteilung einer Zuzugsbegünstigung schriftlich in Aussicht gestellt worden ist.

Bewertung

§ 113. (1) Bei der Bewertung von Wirtschaftsgütern, die bereits am Schluß des letzten vor dem 1. Jänner 1989 abgelaufenen Wirtschaftsjahres zum Betriebsvermögen gehört haben, ist von den Wertansätzen des § 6 EStG 1972 auszugehen.

(2) Nach § 123 EStG 1972 vorgenommene Wertberichtigungen gelten dem Grunde nach als solche nach § 6 Z 2 lit. c dieses Bundesgesetzes.

Absetzung für Abnutzung

§ 114. (1) Wurde die Absetzung für Abnutzung von Wirtschaftsgütern, die in einem vor dem 1. Jänner 1989 abgelaufenen Wirtschaftsjahr in Betrieb genommen worden sind, degressiv oder nach der

Leistung berechnet, dann ist diese Berechnungsmethode weiterhin anzuwenden.

(2) § 8 Abs. 2 ist erstmals auf Assanierungsvorgänge in Wirtschaftsjahren anzuwenden, die nach dem 31. Dezember 1988 enden.

(3) § 8 Abs. 3 einschließlich § 6 Z 1 ist nur auf Firmenwerte anzuwenden, die nach dem 31. Dezember 1988 entgeltlich erworben worden sind.

(4) Durch § 16 Abs. 1 Z 8 wird gegenüber § 16 Abs. 1 Z 8 EStG 1972 für Wirtschaftsgüter, die vor dem 1. Jänner 1989 angeschafft, hergestellt oder unentgeltlich erworben worden sind und dem Steuerpflichtigen bereits am 31. Dezember 1988 zur Erzielung von Einkünften im Sinne des § 2 Abs. 3 Z 4 bis 7 gedient haben, weder eine neue Bemessungsgrundlage noch ein neues Wahlrecht für die Berechnung der Absetzung für Abnutzung oder für Substanzverringerung begründet.

Vorzeitige Abschreibung

§ 115. (1) Bei Wirtschaftsgütern, die bis zum Schluß des letzten vor dem 1. Jänner 1989 abgelaufenen Wirtschaftsjahres nach § 8 Abs. 4 EStG 1972, § 38 Abs. 1 des Stadterneuerungsgesetzes, Art. IV des Bundesgesetzes über die Änderung mietrechtlicher Vorschriften und über Mietzinsbeihilfen, BGBl. Nr. 409/1974, und § 19 Abs. 1 des Denkmalschutzgesetzes noch nicht zur Gänze vorzeitig abgeschrieben worden sind, sind die restlichen Abschreibungen der bis zum Schluß dieses Wirtschaftsjahres angefallenen Anschaffungs-, Herstellungs- oder Teilherstellungskosten nach den angeführten Bestimmungen vorzunehmen.

(2) Wurden vorzeitige Abschreibungen von Teilherstellungskosten vorgenommen, die bis zum Schluß des letzten vor dem 1. Jänner 1989 abgelaufenen Wirtschaftsjahres angefallen sind, so kann von den restlichen Teilherstellungskosten ein Investitionsfreibetrag geltend gemacht werden.

Rücklagen, steuerfreie Beträge, Rückstellungen

§ 116. (1) Bis 1993 gebildete Investitionsrücklagen (§ 9 in der bis 1993 geltenden Fassung) sind in der Bilanz nach Wirtschaftsjahren aufzugliedern und gesondert auszuweisen. Die Rücklage (im Falle der Gewinnermittlung nach § 4 Abs. 3 der steuerfreie Betrag) ist gegen jenen Betrag aufzulösen, der als Investitionsfreibetrag (§ 10) gewinnmindernd in Anspruch genommen werden könnte (bestimmungsgemäße Verwendung). Rücklagen (Rücklagenteile) bzw. steuerfreie Beträge (Teilbeträge), die nicht bestimmungsgemäß verwendet wurden, sind im vierten Wirtschaftsjahr nach der Bildung der Rücklage gewinnerhöhend aufzulösen. Die Rücklage (der steuerfreie Betrag) kann auch freiwillig vorher gewinnerhöhend aufgelöst werden. Der gewinnerhöhend aufgelöste Betrag erhöht sich um je 5% für jedes Wirtschaftsjahr ab der Bildung (Zuschlag). Der Zuschlag entfällt bei der gewinnerhöhenden Auflösung anläßlich der Betriebsaufgabe, der entgeltlichen Übertragung eines Betriebes, Teilbetriebes oder Mitunternehmeranteiles sowie anläßlich der Einbringung in eine Körperschaft. Im Wirtschaftsjahr 1993 entfällt für Rücklagen (steuerfreie Beträge), die in den Wirtschaftsjahren 1990 bis 1991 gebildet worden sind, im Falle der freiwilligen Auflösung der Zuschlag.

(2) Für die bis 1995 gebildeten Mietzinsrücklagen und steuerfreien Beträge (§ 11 in der bis 1995 geltenden Fassung) gilt folgendes:

1. Rücklagen, die nach § 4 Abs. 7 EStG 1972 gebildet wurden, gelten als Rücklagen im Sinne des § 11 in der bis 1995 geltenden Fassung.
2. Mit den im letzten vor dem 1. Jänner 1996 endenden Wirtschaftsjahr ausgewiesenen Rücklagen bzw. steuerfreien Beträge sind innerhalb von neun Jahren nach ihrer Bildung, längstens aber bis zum 31. Dezember 1999 in folgender Reihenfolge zu verrechnen:
   a) Instandsetzungsaufwendungen, soweit sie nicht durch steuerfreie Subventionen gedeckt sind.
   b) Aufwendungen im Sinne der §§ 3 bis 5 des Mietrechtsgesetzes in Gebäuden, die den Bestimmungen des Mietrechtsgesetzes über die Verwendung der Hauptmietzinse unterliegen, soweit diese Aufwendungen Herstellungsaufwand darstellen und nicht durch steuerfreie Subventionen gedeckt sind.
   c) Verluste, die sich ergeben, falls die mit dem Grundstück (Gebäude) im wirtschaftlichen Zusammenhang stehenden Betriebsausgaben die nach mietrechtlichen Vorschriften verrechnungspflichtigen Einnahmen sowie die zur Deckung von Aufwendungen nach § 10 des Mietrechtsgesetzes vereinnahmten Beträge übersteigen. Dabei sind die Betriebskosten und die laufenden öffentlichen Abgaben für das Grundstück (Gebäude) sowohl bei den Betriebseinnahmen als auch bei den Betriebsausgaben außer Ansatz zu lassen.
   d) Aufwendungen im Sinne der §§ 3 bis 5 des Mietrechtsgesetzes in anderen Gebäuden des Betriebes, die den Bestimmungen des Mietrechtsgesetzes über die Verwendung der Hauptmietzinse unterliegen, soweit diese Aufwendungen Instandsetzungs- oder Herstellungsaufwand darstellen und nicht durch steuerfreie Subventionen gedeckt sind. Soweit nach Verrechnung mit Rücklagen bzw. steuerfreien Beträgen Aufwendungen im Sinne der lit. b und d verbleiben, sind die verbleibenden Aufwendungen als Herstellungskosten anzusetzen. Die Verrechnung nach lit. b und d geht einer Übertragung stiller Reserven nach § 12 vor.
3. Rücklagen (Rücklagenteile) bzw. steuerfreie Beträge (Teilbeträge), die nicht bis zum Ende der Frist der Z 2 zu verrechnen sind, sind zu

diesem Zeitpunkt gewinnerhöhend aufzulösen.

(3) Für die Abfertigungsrückstellungen gilt folgendes:

1. Abfertigungsrücklagen (steuerfreie Beträge), die nach § 14 Abs. 1 bis 5 des EStG 1972 gebildet wurden, gelten als Abfertigungsrückstellungen (steuerfreie Beträge) im Sinne des § 14 Abs. 1 bis 6. Beträge aus Abfertigungsrücklagen im Sinne des § 14 EStG 1972, auf die Art. III des Bundesgesetzes, mit dem das Bauarbeiter-Urlaubsgesetz 1972, das Arbeiter-Abfertigungsgesetz, das Insolvenz-Entgeltsicherungsgesetz sowie abgabenrechtliche Bestimmungen geändert werden, BGBl. Nr. 618/1987, zutrifft, gelten als Beträge aus Abfertigungsrückstellungen.
2. Bei Abfertigungsrückstellungen (steuerfreien Beträgen) für Arbeitnehmer, die am Ende des jeweiligen Wirtschaftsjahres das 50. Lebensjahr vollendet haben, erhöht sich das prozentuelle Höchstausmaß gemäß § 14 Abs. 1 erster Satz für jedes Wirtschaftsjahr, das nach dem 31. Dezember 1993 endet, um zwei Prozentpunkte, höchstens jedoch um 10 Prozentpunkte.
3. Abweichend von § 14 Abs. 5 Z 4 lit. a dürfen Schuldverschreibungen, deren Ausgabewert niedriger ist als 90% des Nennbetrages, noch bis 31. Dezember 1995 zur Wertpapierdeckung herangezogen werden.
4. Abweichend von § 14 Abs. 5 Z 4 lit. b dürfen unter § 3 Abs. 1 Z 10 des Kapitalmarktgesetzes fallende Schuldverschreibungen sowie vor dem Inkrafttreten des Kapitalmarktgesetzes ausgegebene Schuldverschreibungen, deren Ausgabewert niedriger ist als 90% des Nennbetrages, noch bis 31. Dezember 1995 zur Wertpapierdeckung herangezogen werden.
5. Abweichend von § 14 Abs. 5 Z 4 lit. e dürfen Anteilscheine an Kapitalanlagefonds, die ganz oder teilweise aus Wertpapieren der in Z 3 und 4 genannten Art bestehen, noch bis 31. Dezember 1995 zur Wertpapierdeckung herangezogen werden.
6. § 14 Abs. 5 Z 4 lit. e in der Fassung des Bundesgesetzes BGBl. I Nr. 9/1998 gilt erstmals für die Wertpapierdeckung zum 31. Dezember 1997.

(4) Für die Pensionsrückstellung gilt folgendes:

1. Abweichend von § 125 Z 1 sind auf Rückstellungen für Wirtschaftsjahre, die vor dem 1. Jänner 1990 enden, noch die Bestimmungen des EStG 1972 in Verbindung mit Abschnitt I Art. II Z 2 des 2. Abgabenänderungsgesetzes 1977, BGBl. Nr. 645, anzuwenden.
2. Übersteigt zum Schluß des letzten vor dem 1. Jänner 1990 endenden Wirtschaftsjahres die Rückstellung, die sich nach § 14 errechnen würde (fiktive Neurückstellung), die steuerwirksam gebildete Rückstellung (Altrückstellung), so ergibt sich die jeweils steuerlich maßgebende Rückstellung aus der Rückstellung nach § 14 abzüglich eines seit dem genannten Bilanzstichtag jährlich um 5% verminderten Unterdeckungsbetrages. Der Unterdeckungsbetrag ergibt sich aus dem Unterschied zwischen der fiktiven Neurückstellung und der Altrückstellung. Vermindert sich die nach § 14 berechnete Rückstellung gegenüber der nach § 14 zum Schluß des vorangegangenen Wirtschaftsjahres berechneten Rückstellung, so vermindert sich der Unterdeckungsbetrag im gleichen Verhältnis; dabei sind der Berechnung der zu vergleichenden Rückstellungen jene Pensionsleistungen zugrunde zu legen, die an dem genannten Stichtag zugesagt wurden.
3. Der Bundesminister für Finanzen kann vereinfachte Berechnungen der fiktiven Neurückstellung nach anerkannten Regeln der Versicherungsmathematik durch Verordnung festlegen.
4. Die Wertpapierdeckung muß erstmalig am Schluß des im Kalenderjahr 1991 endenden Wirtschaftsjahres gegeben sein. Abweichend von § 14 Abs. 7 Z 7 ist das prozentuelle Ausmaß von 50% auf 20 Wirtschaftsjahre gleichmäßig verteilt zu erreichen. Dies gilt auch für die Wertpapierdeckung im Sinne des § 14 Abs. 7 in der Fassung BGBl. I Nr. 24/2007 mit der Maßgabe, dass das vor Aufhebung des § 14 Abs. 7 Z 7 durch BGBl. I Nr. 155/2006 bereits erreichte Prozentausmaß als Ausgangspunkt für die weitere Erhöhung heranzuziehen ist.
5. In den Fällen des § 14 Abs. 9 ist die steuerlich maßgebende Rückstellung in der Höhe anzusetzen, in der sie sich beim früheren Arbeitgeber (Vertragspartner) unter Berücksichtigung einer gleichen Pensionszusage nach Z 2 ergeben hätte.

(5) Für die bis 1995 nach § 28 Abs. 5 in der bis 1995 geltenden Fassung gebildeten steuerfreien Beträge gilt folgendes:

1. Steuerfreie Beträge, die nach § 28 Abs. 3 EStG 1972 gebildet wurden, gelten als steuerfreie Beträge im Sinne des § 28 Abs. 5 in der bis 1995 geltenden Fassung.
2. Mit den am 31. Dezember 1995 ausgewiesenen steuerfreien Beträgen sind innerhalb von neun Jahren nach ihrer Bildung, längstens aber bis zum 31. Dezember 1999 in folgender Weise zu verrechnen:
   a) Instandsetzungsaufwendungen, soweit sie nicht durch steuerfreie Subventionen gedeckt sind.
   b) Aufwendungen im Sinne der §§ 3 bis 5 des Mietrechtsgesetzes in Gebäuden, die den Bestimmungen des Mietrechtsgesetzes über die Verwendung der Hauptmietzinse unterliegen, soweit diese Aufwendungen Herstellungsaufwand darstellen und nicht durch steuerfreie Subventionen gedeckt sind.

c) Verluste, die sich ergeben, falls die mit dem Grundstück (Gebäude) im wirtschaftlichen Zusammenhang stehenden Werbungskosten die nach mietrechtlichen Vorschriften verrechnungspflichtigen Einnahmen sowie die zur Deckung von Aufwendungen nach § 10 des Mietrechtsgesetzes vereinnahmten Beträge übersteigen. Dabei sind die Betriebskosten und die laufenden öffentlichen Abgaben für das Grundstück (Gebäude) sowohl bei den Einnahmen als auch bei den Werbungskosten außer Ansatz zu lassen.

d) Aufwendungen im Sinne der §§ 3 bis 5 des Mietrechtsgesetzes in anderen der Erzielung von Einkünften aus Vermietung und Verpachtung dienenden Gebäuden des Steuerpflichtigen, die den Bestimmungen des Mietrechtsgesetzes über die Verwendung der Hauptmietzinse unterliegen, soweit diese Aufwendungen Instandsetzungs- oder Herstellungsaufwand darstellen und nicht durch steuerfreie Subventionen gedeckt sind. Soweit nach Verrechnung mit steuerfreien Beträgen Aufwendungen im Sinne der lit. b und d verbleiben, sind die verbleibenden Aufwendungen als Herstellungskosten anzusetzen.

3. Steuerfreie Beträge (Teilbeträge), die nicht bis zum Ende der Frist der Z 2 zu verrechnen sind, sind zu diesem Zeitpunkt einnahmenerhöhend aufzulösen.

4. Die steuerfreien Beträge sind bei Erwerben von Todes wegen vom Rechtsnachfolger fortzuführen.

Sonderausgaben

§ 117. (1) Der dritte Satz des § 18 Abs. 1 Z 2 ist hinsichtlich der für den Fall des Ablebens zu vereinbarenden Versicherungssumme auf Versicherungsverträge anzuwenden, die nach dem 31. Dezember 1988 abgeschlossen wurden.

(2) Für Versicherungsverträge, die vor dem 1. Jänner 1989 abgeschlossen worden sind, treten an die Stelle der im § 18 Abs. 1 Z 2 und Abs. 4 Z 1 genannten Zeiträume von zehn bis zwanzig Jahren folgende Zeiträume:

1. Zehn Jahre, wenn der Antrag auf Vertragsabschluß vor dem 7. September 1979 gestellt wurde. Weiters ist für solche Versicherungsverträge § 18 Abs. 4 Z 1 hinsichtlich der Vorauszahlung und Verpfändung nicht anzuwenden.
2. Zehn bis fünfzehn Jahre, wenn der Antrag auf Vertragsabschluß nach dem 6. September 1979 gestellt wurde. Weiters tritt bei solchen Versicherungsverträgen an die Stelle des im § 18 Abs. 1 Z 2 und Abs. 4 Z 1 genannten 41. Lebensjahres das 46. Lebensjahr.

(3) Wurden für Beiträge (Versicherungsprämien) im Sinne des § 18 Abs. 1 Z 2 vor dem 1. Jänner 1989 anstelle des geleisteten Einmalbetrages Teilbeträge (Zehntel, Zwanzigstel) als Sonderausgaben in Anspruch genommen, so können die restlichen Teilbeträge auch für Zeiträume nach dem 31. Dezember 1988 nach Maßgabe des § 18 Abs. 3 Z 2 in Anspruch genommen werden.

(4) Eine Nachversteuerung von Beträgen im Sinne des § 18 Abs. 1 Z 3 lit. a EStG 1972, die vor dem 1. Jänner 1982 geleistet wurden, hat wegen Unterschreitens der achtjährigen Bindungsfrist nicht zu erfolgen.

(5) § 18 Abs. 4 und 5 gilt auch für die Nachversteuerung von Sonderausgaben, die bei der Einkommensermittlung für Zeiträume vor dem 1. Jänner 1989 zu berücksichtigen waren.

(6) § 18 Abs. 6 gilt auch für Verluste, die vor dem Inkrafttreten dieses Bundesgesetzes entstanden sind. § 18 Abs. 7 gilt erstmals für Verluste, die im Jahr 1989 entstanden sind.

(7)

1. Bei der Veranlagung für die Jahre 1996 und 1997 ist ein Verlustabzug (§ 18 Abs. 6 und 7) nicht zulässig. In den Kalenderjahren 1989 und 1990 entstandene Verluste sind, soweit sie nicht bis zur Veranlagung 1995 abgezogen worden sind, zu je einem Fünftel bei den Veranlagungen der Jahre 1998 bis 2002 abzuziehen.
2. In Fällen, in denen ein Verlust aus vorangegangenen Jahren von einem bei der Veranlagung für die Kalenderjahre 1996 oder 1997 zu berücksichtigenden Veräußerungs-, Aufgabe- oder Liquidationsgewinn abzuziehen wäre, kann der Steuerpflichtige beantragen, daß die steuerliche Erfassung des betreffenden Veräußerungs-, Aufgabe- oder Liquidationsgewinnes insoweit auf das Veranlagungsjahr 1998 verschoben wird.

§ 117a. (1) Für den ab der Veranlagung 1998 vorzunehmenden Verlustabzug gilt folgendes: Der Verlustabzug für in den Kalenderjahren 1989 bis 1996 entstandene Verluste ist insoweit nicht zulässig,

– als bei der Veranlagung für das Jahr 1996 bzw 1997 ein steuerfreier Sanierungsgewinn angefallen ist und
– unter Außerachtlassung der Bestimmungen des § 117 Abs. 7 Z 1 ein Verlustabzug anzusetzen wäre.

(2) § 117 Abs. 7 Z 2 ist auch auf Gewinne aus der Aufdeckung stiller Reserven bei Anteilen an einer Körperschaft von mehr als 10% sowie bei Grundstücken und Gebäuden anzuwenden, wenn in all diesen Fällen die Voraussetzungen des § 12 Abs. 2 vorliegen. Eine Verschiebung der steuerlichen Erfassung schließt die Anwendung des § 12 aus.

Veräußerungsgewinne, Stille Reserven

§ 118. (1) § 24 Abs. 6 ist nur auf Gebäude (Gebäudeteile) anzuwenden, die nicht gemäß § 8 Abs. 2 Z 1 lit. a EStG 1972 vorzeitig abgeschrieben wurden.

(2) Die in § 12 Abs. 2 genannte Frist von fünfzehn Jahren gilt auch für Gebäude (Gebäudeteile), die nach den §§ 8 und 122 Abs. 3 EStG 1972, § 38 Abs. 1 des Stadterneuerungsgesetzes, Art. IV des Bundesgesetzes über die Änderung mietrechtlicher Vorschriften und über Mietzinsbeihilfen, BGBl. Nr. 409/1974, oder § 19 Abs. 1 des Denkmalschutzgesetzes vorzeitig abgeschrieben worden sind.

Einkünfte aus Kapitalvermögen und aus Vermietung und Verpachtung

§ 119. (1) § 27 Abs. 3 ist auch auf Genußscheine und junge Aktien anzuwenden, die vor dem 1. Jänner 1989 erworben worden sind.

(2) Bei Erwerben von Todes wegen gelten Zehntelabsetzungen gemäß § 28 Abs. 2 EStG 1972 als Teilbeträge im Sinne des § 28 Abs. 3.

(3) Wurden Werbungskosten nach § 28 Abs. 2 EStG 1972 auf zehn Jahre verteilt geltend gemacht, so sind die restlichen Teilbeträge auch nach Inkrafttreten dieses Bundesgesetzes in unveränderter Höhe zu berücksichtigen.

(4) § 28 Abs. 6 gilt nicht, soweit vor dem Inkrafttreten dieses Bundesgesetzes Anschaffungs- oder Herstellungskosten sowie Instandhaltungs- oder Instandsetzungsaufwand als Werbungskosten berücksichtigt wurden.

(5) Für die Ermittlung der besonderen Einkünfte aus Vermietung und Verpachtung (§ 28 Abs. 7) gelten Zehntelabsetzungen gemäß § 28 Abs. 2 EStG 1972 insoweit als Teilbeträge gemäß § 28 Abs. 3, als sie auf Herstellungsaufwand entfallen. Eine Verrechnung von Herstellungsaufwand nach § 116 Abs. 5 ist im Rahmen des § 28 Abs. 7 einer Absetzung von Herstellungsaufwand in Teilbeträgen nach § 28 Abs. 3 gleichzuhalten.

Sonstige Einkünfte

§ 120. Die §§ 30 und 31 gelten für Veräußerungsvorgänge nach dem 31. Dezember 1988.

Vorauszahlungen

§ 121. (1) Die nach § 45 EStG 1972 für Kalenderjahre ab 1989 festgesetzten Vorauszahlungen sind um 5% zu erhöhen.

(2) Werden die Vorauszahlungen für das Kalenderjahr 1995 und die folgenden Kalenderjahre nicht

a) erstmals oder

b) auf Grund einer nach dem 1. Mai 1995 erfolgten Anpassung oder

c) auf der Grundlage der Einkommensteuerschuld für das veranlagte Kalenderjahr 1995

festgesetzt, so gilt folgendes:

1. Ein Investitionsfreibetrag gemäß § 10 kann von Anschaffungs- oder Herstellungskosten (Teilbeträgen), die in einem Betrieb in Wirtschaftsjahren im Sinne der Z 2 anfallen, nur dann gewinnmindernd oder durch Verwendung einer Investitionsrücklage (eines steuerfreien Betrages) geltend gemacht werden, wenn neben den Vorauszahlungen gemäß § 45 bis zum 15. Oktober des betreffenden Kalenderjahres eine Sondervorauszahlung entrichtet wird. Dies gilt auch dann, wenn der betreffende Betrieb unter Fortführung der Buchwerte erworben worden ist. Bei Mitunternehmerschaften sind die Verhältnisse des jeweiligen Mitunternehmers in Beziehung auf die seinem Mitunternehmeranteil betraglich zuzuordnenden Investitionsfreibeträge maßgeblich.
2. Wirtschaftsjahre gemäß Z 1 sind jene, die im Kalenderjahr, in dem die Sondervorauszahlung zu entrichten ist, sowie im folgenden Kalenderjahr enden.
3. Die Sondervorauszahlung errechnet sich von jenen Anschaffungs- oder Herstellungskosten (Teilbeträgen) im betreffenden Betrieb, für die bisher ein Investitionsfreibetrag geltend gemacht worden ist. Maßgeblich ist dabei die gewinnmindernd oder durch Verwendung einer Investitionsrücklage (eines steuerfreien Betrages) erfolgte Geltendmachung eines Investitionsfreibetrags für jene Wirtschaftsjahre, die im letztveranlagten Kalenderjahr, dessen Einkommensteuerschuld Grundlage für die Vorauszahlungen gemäß § 45 ist, enden. Es sind dabei die steuerlichen Beurteilungen zum 30. September des betreffenden Jahres zu berücksichtigen.
4. Die Sondervorauszahlung beträgt 3% von den Anschaffungs- oder Herstellungskosten (Teilbeträgen), hinsichtlich der dem Kalenderjahr 1993 zuzuordnenden Investitionsfreibeträgen 4% der Anschaffungs- oder Herstellungskosten (Teilbeträge).
5. Die Steuerschuld für die Sondervorauszahlung entsteht mit der Einreichung der Anmeldung der selbst berechneten Sondervorauszahlung im Ausmaß des angemeldeten Betrages. Die Anmeldung ist nach einem amtlichen Vordruck einzureichen. Die Sondervorauszahlung wird am 15. Oktober des betreffenden Jahres fällig. § 221a Abs. 3 der Bundesabgabenordnung gilt sinngemäß für die Z 1.
6. Die Sondervorauszahlung ist auf die Einkommensteuerschuld des betreffenden Kalenderjahres anzurechnen.

(3) Für die Vorauszahlungen der Jahre 1996 bis 1998 gilt folgendes:

1. Bei der Festsetzung (§ 45 Abs. 1) der Vorauszahlungen ist von jener Einkommensteuerschuld für das letztveranlagte Kalenderjahr auszugehen, die sich ohne Vornahme eines Verlustabzugs (§ 18 Abs. 6 und 7) ergibt.
2. Erfolgt für ein Kalenderjahr keine Festsetzung im Sinne der Z 1 oder ergibt sich auch ohne Vornahme eines Verlustabzugs für das letztveranlagte Kalenderjahr keine aus einem Einkommen abgeleitete Einkommensteuerschuld, so sind die Vorauszahlungen entsprechend der Z 1 anzupassen. Über Aufforderung des Finanzamtes hat der Steuerpflichtige bis zum 15. Oktober eines Jahres eine Abgabenerklärung einzureichen, in der die für die

Anpassung erforderlichen Angaben enthalten sind. Wird die Erklärung nicht eingereicht, so ist die Höhe der Vorauszahlungen von Amts wegen zu ermitteln.

3. Bescheide über Festsetzungen (Z 1) und Anpassungen (Z 2) können abweichend von § 45 Abs. 3 jedenfalls bis zum 15. November erlassen werden.

4. Der nach § 45 unter Beachtung der Z 1 und 2 ermittelte Betrag an Vorauszahlungen ist um 5% zu erhöhen.

(4) Bei den Vorauszahlungen des Jahres 1999 ist der nach § 45 ermittelte Betrag um 5% zu erhöhen.

(5) Sind die Verhältnisse des Kalenderjahres 2000 oder eines früheren Kalenderjahres für die Festsetzung oder Nichtfestsetzung einer Vorauszahlung für das Kalenderjahr 2001 oder ein späteres Kalenderjahr maßgeblich oder sind Vorauszahlungen für diese Zeiträume vor dem Inkrafttreten dieser Bestimmung erstmalig festgesetzt worden, so gilt Folgendes:

1. Bei der Festsetzung (§ 45) der Vorauszahlungen ist von jener Einkommensteuerschuld für das letztveranlagte Kalenderjahr auszugehen, die sich bei Anwendung der Bestimmungen des § 2 Abs. 2b ergibt.

2. und 3. (aufgehoben)

4. Beantragt der Steuerpflichtige, die Vorauszahlung mit einem geringeren als dem sich aus den Z 1 bis 3 ergebenden Betrag festzusetzen, so darf diesem Antrag nur stattgegeben werden, wenn die Voraussetzungen dafür an Hand einer konkreten und detaillierten Einschätzung seines voraussichtlichen Einkommens vollständig offengelegt und nachgewiesen werden.

5. Die Z 1 bis 4 sind nicht anzuwenden, wenn der Vorauszahlung keine anderen als lohnsteuerpflichtige Einkünfte zu Grunde liegen.

Lohnsteuerverfahren

§ 122. (1) Für das Jahr 1996 ausgestellte Freibetragsbescheide und Mitteilungen für den Arbeitgeber verlieren mit Ablauf des 31. Mai 1996 ihre Wirksamkeit. Das Finanzamt hat für den Zeitraum 1. Juni 1996 bis 31. Dezember 1996 einen besonderen Freibetragsbescheid sowie eine Mitteilung für den Arbeitgeber nach den Vorschriften des § 63 Abs. 1 in der Fassung des Bundesgesetzes BGBl. Nr. 201/1996 zu erlassen. Ein Freibetrag gemäß § 35 Abs. 3 in der Fassung BGBl. Nr. 499/1995 bei Bezug von Pflege- oder Blindenzulage (Pflege- oder Blindengeld, Pflege- oder Blindenbeihilfe) oder Hilflosenzuschuß (Hilflosenzulage) ist nicht zu berücksichtigen. Für Freibetragsbescheide, die für die Jahre 1996 und 1997 ausgestellt werden, gilt folgendes: Als Sonderausgaben sind nur solche im Sinne des § 18 Abs. 1 Z 1, 6 und 7 sowie die Beiträge für eine freiwillige Weiterversicherung einschließlich des Nachkaufs von Versicherungszeiten in der gesetzlichen Pensionsversicherung und vergleichbarer Beiträge an Versorgungs- und Unterstützungseinrichtungen der Kammern der selbständig Erwerbstätigen zu berücksichtigen.

(2) Aus einem Einkommensteuerbescheid 1995 gemäß § 63 Abs. 1 abgeleitete Freibetragsbescheide dürfen vor dem 30. September 1996 nicht erlassen werden.

(3) § 16 Abs. 1 Z 6 in der Fassung des Bundesgesetzes BGBl. Nr. 297/1995 ist auf Lohnzahlungszeiträume anzuwenden, die nach dem 30. April 1995 enden.

(4) Die Vorschußzahlung gemäß § 563 Abs. 3 ASVG, § 266 Abs. 2 GSVG bzw. § 255 Abs. 2 BSVG ist dem Kalenderjahr 1996 zuzuordnen. Die Vorschußzahlung ist als sonstiger Bezug gemäß § 67 Abs. 10 zu versteuern; dabei sind die besonderen Verhältnisse gemäß § 62 zu berücksichtigen. Die Vorschußzahlung bleibt bei der Ermittlung der Einkünfte aus nichtselbständiger Arbeit außer Ansatz und ist in den Lohnzettel für das Kalenderjahr 1996 nicht aufzunehmen.

(5) Freibetragsbescheide und Mitteilungen zur Vorlage beim Arbeitgeber gemäß § 63 Abs. 1 oder 4 in der Fassung BGBl. Nr. 798/1996 für das Jahr 1998 sind ab 30. Oktober 1997 nicht mehr auszustellen. Die bis zu diesem Zeitpunkt ausgestellten Freibetragsbescheide und Mitteilungen für den Arbeitgeber für das Jahr 1998 verlieren ihre Wirkung. Das Finanzamt hat für das Kalenderjahr 1998 frühestens ab 3. November 1997 neue Freibetragsbescheide und Mitteilungen zur Vorlage beim Arbeitgeber für das Jahr 1998 gemäß § 63 Abs. 1 oder 4 in der Fassung BGBl. I Nr. 122/1997 zu erlassen. Freibetragsbescheide, die für Kalenderjahre ab 1999 ausgestellt werden, sind gemäß § 63 Abs. 1 oder 4 in der Fassung BGBl. Nr. 201/1996 zu erlassen.

Kapitalertragsteuer

§ 123. (1) Die Kapitalertragsteuer ist von Kapitalerträgen im Sinne des § 93 Abs. 2 Z 3 einzubehalten, die auf Zeiträume nach dem 31. Dezember 1988 entfallen. Dies gilt auch für Kapitalerträge im Sinne des § 93 Abs. 3, deren Fälligkeit nicht jedes Jahr eintritt.

(2) Abweichend von § 95 beträgt der Steuersatz für Kapitalerträge gemäß § 93 Abs. 3, die bis 31. Dezember 1989 fällig werden, bei Fälligkeit im

1. Kalendervierteljahr 1989 ....2,5%

2. Kalendervierteljahr 1989 ....5%

3. Kalendervierteljahr 1989 ....7,5%

4. Kalendervierteljahr 1989 ....10%.

(3) Die Kapitalertragsteuer ist insoweit nicht auf die Einkommensteuer anzurechnen, als sie auf steuerfreie Einkünfte gemäß § 112 Z 7 und 8 entfällt. Eine Anrechnung ist aber insoweit vorzunehmen, als von den Kapitalerträgen auch ohne Anwendung dieser Steuerbefreiungen keine oder eine geringere Einkommensteuer zu erheben wäre.

(4) Hinsichtlich von Kapitalerträgen gemäß § 93 Abs. 2 Z 3 und Abs. 3 gilt Abs. 1 in Verbindung mit § 95 Abs. 1 in der Fassung des Bundesgesetzes BGBl. Nr. 400/1988 für Zeiträume bis 31. Dezem-

ber 1992 und Art. I Z 16 lit. b des Bundesgesetzes BGBl. Nr. 12/1993 in Verbindung mit § 95 Abs. 1 in der Fassung des Bundesgesetzes BGBl. Nr. 12/1993 für Zeiträume bis 30. Juni 1996. Die Kapitalertragsteuer ist gemäß § 95 in der Fassung des Bundesgesetzes BGBl. Nr. 201/1996 von Kapitalerträgen im Sinne des § 93 Abs. 2 Z 3 einzubehalten, die auf Zeiträume nach dem 30. Juni 1996 entfallen. Dies gilt auch für Kapitalerträge im Sinne des § 93 Abs. 3, deren Fälligkeit nicht jedes Jahr eintritt. Abweichend von § 95 in der Fassung des Bundesgesetzes BGBl. Nr. 201/1996 beträgt der Steuersatz für Kapitalerträge gemäß § 93 Abs. 3, die bis 31. Dezember 1996 fällig werden, bei Fälligkeit im

3. Kalendervierteljahr 1996 .... 23%

4. Kalendervierteljahr 1996 .... 24%.

(5) Die Optionsfrist im Sinne der Z 17 des Bundesgesetzes BGBl. Nr. 12/1993 besteht für Forderungswertpapiere, die dem Steuerpflichtigen bereits vor dem 1. Jänner 1996 zuzurechnen waren, bis zum 31. Dezember 1996. Für laufend fällige Kapitalerträge gilt ein Betrag in Höhe der Kapitalertragsteuer dann als freiwillig geleistet, wenn für Fälligkeiten bis zum 31. Dezember 1995 von den Kurswerten jeweils zum Ende der Kalenderjahre 1993, 1994 und 1995 ein Betrag von je 1,5% dieser Werte, bei Anteilscheinen an Kapitalanlagefonds ein Betrag von je 0,25% der rechnerischen Werte jeweils am Ende dieser Kalenderjahre der kuponauszahlenden Stelle entrichtet wird.

(6) Soweit in den Abs. 1 bis 5 auf Bestimmungen dieses Bundesgesetzes verwiesen wird, sind diese Bestimmungen in der Fassung vor dem Budgetbegleitgesetz 2011, BGBl. I Nr. 111/2010, anzuwenden.

Pensionskassen und betriebliche Kollektivversicherungen

§ 124. Werden Anwartschaften und Leistungsverpflichtungen aus Pensionszusagen und direkten Leistungszusagen (§ 14 Abs. 6) nach Maßgabe des Betriebspensionsgesetzes auf Pensionskassen im Sinne des Pensionskassengesetzes und betriebliche Kollektivversicherungen im Sinne des § 93 des VAG 2016 übertragen, gilt folgendes:

1. Für die Übertragung ist die Zehnprozentgrenze des § 4 Abs. 4 Z 2 lit. a nicht anzuwenden.
2. Das Deckungserfordernis (§ 48 des Pensionskassengesetzes und § 96 des VAG 2016) ist zum Übertragungsstichtag zu passivieren. Der Unterschiedsbetrag zwischen der steuerwirksam gebildeten Pensionsrückstellung und dem Deckungserfordernis ist zu aktivieren und gleichmäßig auf zehn Jahre verteilt abzusetzen.
   (BGBl I 2015/34)
3. Fällt der Übertragungsstichtag auf einen Bilanzstichtag, ist die steuerwirksam zu bildende Pensionsrückstellung zum Übertragungsstichtag heranzuziehen, andernfalls ist die steuerwirksam gebildete Pensionsrückstellung zu dem dem Übertragungsstichtag unmittelbar vorangegangenen Bilanzstichtag heranzuziehen.
4. Der Übertragungsstichtag kann sofern dies in der Betriebsvereinbarung oder der Vereinbarung nach §§ 3 Abs. 2 oder 6a Abs. 2 des Betriebspensionsgesetzes vorgesehen ist mit steuerlicher Wirkung auf einen Zeitpunkt vor der Unterfertigung des Pensionskassenvertrages oder des betrieblichen Kollektivversicherungsvertrages oder seiner Änderung, längstens aber auf den Beginn des Wirtschaftsjahres zurückbezogen werden.
5. Die Z 1 bis 4 sind nur dann anzuwenden, wenn als Übertragungsstichtag kein späterer Tag als der 31. Dezember 2023 festgelegt wird.
   (BGBl I 2021/3)

§ 124a.

1. § 108 Abs. 1 und 2 in der Fassung des Bundesgesetzes BGBl. Nr. 201/1996 gelten für Beiträge an Bausparkassen, die nach dem 31. Dezember 1995 geleistet werden, ausgenommen für Vertragsverhältnisse, die infolge Zeitablaufes vor dem 1. Juni 1996 enden.
2. § 2 Abs. 2 zweiter Satz, § 4 Abs. 11, § 4 Abs. 12, § 8 Abs. 2, § 8 Abs. 6, § 12 Abs. 3, § 12 Abs. 8, § 15 Abs. 4, § 27 Abs. 1 Z 7, § 28 Abs. 3 Z 3, § 31 Abs. 2 und 3, § 41 Abs. 1 Z 2 und § 97 Abs. 1 und 2, jeweils in der Fassung des Bundesgesetzes BGBl. Nr. 201/1996, sind erstmalig bei der Veranlagung für das Kalenderjahr 1996 anzuwenden.
3. § 18 Abs. 1 Z 3 lit. c, § 18 Abs. 3 Z 2 und § 20 Abs. 1 Z 2 lit. d und e, jeweils in der Fassung des Bundesgesetzes BGBl. Nr. 201/1996, sind, wenn die Einkommensteuer veranlagt wird, erstmalig bei der Veranlagung für das Kalenderjahr 1996, wenn die Einkommensteuer (Lohnsteuer) durch Abzug eingehoben oder durch Arbeitnehmerveranlagung festgesetzt wird, für Lohnzahlungszeiträume, die nach dem 31. Dezember 1995 enden, anzuwenden.
4. § 24 Abs. 4 und Abs. 6 und § 37, jeweils in der Fassung des Bundesgesetzes BGBl. Nr. 201/1996, sind erstmalig auf Vorgänge nach dem 14. Februar 1996 anzuwenden. Liegt dem Vorgang ein Rechtsgeschäft zugrunde, so sind die vorgenannten Bestimmungen jeweils in der Fassung des Bundesgesetzes BGBl. Nr. 201/1996 noch nicht anzuwenden, wenn das zugrunde liegende Rechtsgeschäft nachweislich vor dem 15. Februar 1996 abgeschlossen worden ist.

(BGBl I 2015/34)

§ 124b.

1. Abschreibungen gemäß § 6 Z 2 lit. c in der Fassung vor dem Bundesgesetz BGBl. Nr. 201/1996, die für vor dem 1. Jänner 1996 endende Wirtschaftsjahre gebildet worden sind, müssen mit dem im Jahresabschluß des letzten dieser Wirtschaftsjahre angesetzten Betrag jedenfalls mindestens zur Hälfte im folgenden Wirtschaftsjahr und mit dem restli-

chen Betrag im nächstfolgenden Wirtschaftsjahr gewinnerhöhend aufgelöst werden.

2. Für Privatstiftungen, bei denen die Zuwendungen vor dem 1. Jänner 1996 an diese als Betriebsausgaben abzugsfähig waren, gilt folgendes:
   a) Zuwendungen an Privatstiftungen nach dem 31. Dezember 1995, die die Voraussetzungen des § 4 Abs. 11 Z 1 nicht erfüllen, fallen nach Maßgabe folgender Bestimmungen unter diese Vorschrift:
      aa) Die Stiftungsurkunde und/oder die Stiftungszusatzurkunde wird innerhalb von sechs Monaten nach Veröffentlichung des Bundesgesetzes BGBl. Nr. 201/1996 an die Voraussetzungen im Sinne des § 4 Abs. 11 Z 1 angepaßt.
      bb) Liegt zum 1. Jänner 1996 ein unangemessen hohes Stiftungsvermögen im Sinne des § 4 Abs. 4 Z 2 lit. b vor, sind Zuwendungen nach dem 31. Dezember 1995 so lange nicht abzugsfähig, als der Stand des Stiftungsvermögens die Angemessenheitsgrenze nicht unterschreitet.
   b) § 25 Abs. 1 Z 2 lit. c ist auch auf Zuwendungen der Privatstiftung anzuwenden, die auf abzugsfähige Zuwendungen an die Privatstiftung vor dem 1. Jänner 1996 zurückzuführen sind.

3. Körperschaften haben für Zwecke des § 4 Abs. 12 in der Fassung des Bundesgesetzes BGBl. Nr. 201/1996 sowie des § 15 Abs. 4 in der Fassung des Bundesgesetzes BGBl. Nr. 201/1996 das Evidenzkonto nach dem Stand laut dem Jahresabschluß des letzten vor dem 1. Jänner 1996 endenden Wirtschaftsjahres unter Beachtung der Grundsätze des § 4 Abs. 12 in der Fassung des Bundesgesetzes BGBl. Nr. 201/1996 zu erstellen.

4. Soweit Bescheide gemäß § 131 fünfter Satz BAO mit § 76 in der Fassung des Bundesgesetzes BGBl. Nr. 201/1996 in Widerspruch stehen, verlieren sie mit Ablauf des 31. Dezember 1996 ihre Wirksamkeit.

5. § 18 Abs. 6 erster Satz in der Fassung des Bundesgesetzes BGBl. Nr. 201/1996 ist erstmalig auf Verluste anzuwenden, die im Jahr 1991 entstanden sind.

6. § 102 Abs. 2 Z 2 letzter Satz in der Fassung des Bundesgesetzes BGBl. Nr. 201/1996 ist erstmalig bei der Veranlagung für das Kalenderjahr 1990 anzuwenden.

7. § 6 Z 2 lit. c, § 6 Z 7, § 11 und § 28 Abs. 5 jeweils in der Fassung vor dem Bundesgesetz BGBl. Nr. 201/1996, sind letztmalig bei der Veranlagung für das Kalenderjahr 1995 anzuwenden.

8. § 17 Abs. 1, § 42 Abs. 1 Z 3 und § 42 Abs. 2, jeweils in der Fassung des Bundesgesetzes BGBl. Nr. 201/1996, sind erstmalig bei der Veranlagung für das Kalenderjahr 1997 anzuwenden.

9. § 18 Abs. 2, § 33 Abs. 3 und § 33 Abs. 7, jeweils in der Fassung des Bundesgesetzes BGBl. Nr. 201/1996, sind, wenn die Einkommensteuer veranlagt wird, erstmalig bei der Veranlagung für das Kalenderjahr 1997, wenn die Einkommensteuer (Lohnsteuer) durch Abzug eingehoben oder durch Veranlagung festgesetzt wird, für Lohnzahlungszeiträume, die nach dem 31. Dezember 1996 enden, anzuwenden.

10. § 63 Abs. 1 und § 68 Abs. 2, jeweils in der Fassung des Bundesgesetzes BGBl. Nr. 201/1996, sind erstmalig für Lohnzahlungszeiträume, die nach dem 31. Mai 1996 enden, anzuwenden.

11. § 34 Abs. 6, § 35 Abs. 1 und § 35 Abs. 3 und 4, jeweils in der Fassung des Bundesgesetzes BGBl. Nr. 201/1996, treten mit 1. Juni 1996 in Kraft. Der Freibetrag von 16 632 S gemäß § 35 Abs. 3 in der Fassung vor dem Bundesgesetz BGBl. Nr. 201/1996 steht für das Jahr 1996 im Ausmaß von 6 930 S zu.

12. § 25 Abs. 1 Z 2 lit. c und § 26 Z 7 lit. a, jeweils in der Fassung des Bundesgesetzes BGBl. Nr. 201/1996, sind, wenn die Einkommensteuer (Lohnsteuer) durch Abzug eingehoben oder durch Veranlagung festgesetzt wird, erstmalig für Lohnzahlungszeiträume, die nach dem 31. Dezember 1995 enden, anzuwenden.

13. § 16 Abs. 1 Z 4 lit. h, § 25 Abs. 1 Z 2 lit. a und b, § 62 Z 3, 4 und 5, § 67 Abs. 12, und § 76 erster Satz, jeweils in der Fassung des Bundesgesetzes BGBl. Nr. 201/1996, sind, wenn die Einkommensteuer (Lohnsteuer) durch Abzug eingehoben oder durch Veranlagung festgesetzt wird, erstmalig für Lohnzahlungszeiträume, die nach dem 31. Dezember 1996 enden, anzuwenden.

14. § 2 Abs. 2 erster Satz und § 36 in der Fassung vor dem Bundesgesetz BGBl. Nr. 201/1996 ist letztmals bei der Veranlagung für 1997 anzuwenden.

15. § 95 Abs. 1 in der Fassung des Bundesgesetzes BGBl. Nr. 201/1996 ist auf Kapitalerträge im Sinne des § 93 Abs. 2 Z 1 und 2 anzuwenden, die nach dem 30. Juni 1996 zufließen.

16. § 27 Abs. 1 Z 6 in der Fassung des Bundesgesetzes BGBl. Nr. 201/1996 ist auf nach dem 31. Mai 1996 abgeschlossene Versicherungsverträge anzuwenden.

17. § 109a gilt erstmals für Zeiträume ab dem 1. Juli 1996.

18. § 109a in der Fassung des Bundesgesetzes BGBl. Nr. 411/1996 tritt am 1. Juli 1996 in Kraft.

19. § 4 Abs. 4 Z 2 lit. a und § 124 Z 5, jeweils in der Fassung des Bundesgesetzes BGBl. Nr. 755/1996, sind erstmalig bei der Veranlagung für das Kalenderjahr 1997 anzuwenden.

§ 25 Abs. 1 Z 2 lit. a in der Fassung des Bundesgesetzes BGBl. Nr. 755/1996 ist erstmalig für Lohnzahlungszeiträume, die nach dem 31. Dezember 1996 enden, anzuwenden.

20. § 46 Abs. 1 Z 2 und § 109a Abs. 1, jeweils in der Fassung des Bundesgesetzes BGBl. Nr. 600/1996, treten mit 1. Juli 1996 in Kraft; § 109a Abs. 3 Z 3 in der Fassung des Bundesgesetzes BGBl. Nr. 600/1996 tritt mit 1. Jänner 1997 in Kraft.

21. § 6 Z 2 und Z 13 in der Fassung des Bundesgesetzes BGBl. Nr. 797/1996 ist erstmalig bei der Veranlagung für das Kalenderjahr 1998 anzuwenden. Abweichend davon ist § 6 Z 2 lit. a vorletzter Satz in der Fassung des Bundesgesetzes BGBl. Nr. 797/1996 erstmalig bei der Veranlagung für das Kalenderjahr 1996 anzuwenden.

22. § 27 Abs. 1 Z 6 in der Fassung des Bundesgesetzes BGBl. Nr. 797/1996 ist auf nach dem 31. Oktober 1996 abgeschlossene Versicherungsverträge anzuwenden.

23. § 27 Abs. 1 Z 7 in der Fassung des Bundesgesetzes BGBl. Nr. 797/1996 ist erstmalig bei der Veranlagung für das Kalenderjahr 1996 anzuwenden.

24. § 94a Abs. 2 Z 2 in der Fassung des Bundesgesetzes BGBl. Nr. 797/1996 ist erstmals für Anträge, die nach dem 31. Dezember 1996 gestellt werden, anzuwenden.

25. (aufgehoben)

26. § 1 Abs. 4, § 33 Abs. 4 Z 1 und § 106 Abs. 4, jeweils in der Fassung des Bundesgesetzes BGBl. Nr. 798/1996, sind erstmalig bei der Veranlagung für das Kalenderjahr 1995 anzuwenden.

27. § 70 Abs. 2 Z 1 dritter und vierter Satz in der Fassung vor dem Bundesgesetz BGBl. Nr. 798/1996 ist letztmalig für Lohnzahlungszeiträume anzuwenden, die vor dem 1. Jänner 1997 enden.

28. § 102 Abs. 1 Z 3 in der Fassung des Bundesgesetzes BGBl. Nr. 798/1996 ist erstmals bei der Veranlagung für das Kalenderjahr 1997 anzuwenden.

29. § 108 Abs. 1, 2 und 6 in der Fassung des Bundesgesetzes BGBl. I Nr. 130/1997 ist auf Erstattungen anzuwenden, die nach dem 31. Dezember 1997 erfolgen.

30. § 17 Abs. 1 vorletzter Satz sowie § 97 Abs. 4 jeweils in der Fassung des Bundesgesetzes BGBl. I Nr. 9/1998 ist erstmals ab der Veranlagung für das Kalenderjahr 1998 anzuwenden.

31. Ein Lehrlingsfreibetrag kann unter folgenden Voraussetzungen auch außerbilanzmäßig als Betriebsausgabe abgezogen werden:

    a) Einem Steuerpflichtigen, der mit einem Lehrling (§ 1 des Berufsausbildungsgesetzes) ein Lehrverhältnis beginnt, steht in jenem Kalenderjahr (Wirtschaftjahr), in dem das Lehrverhältnis begonnen hat, ein Lehrlingsfreibetrag in Höhe von 1 460 Euro zu. Voraussetzung ist, daß das Lehrverhältnis nach Ablauf der Probezeit in ein definitives Lehrverhältnis umgewandelt wird. Die Fortsetzung eines begonnenen Lehrverhältnisses begründet keinen Anspruch auf den Freibetrag.

    b) Einem Steuerpflichtigen, bei dem das Lehrverhältnis mit Ablauf der im Lehrvertrag festgelegten Dauer der Lehrzeit oder durch frühere Ablegung der Lehrabschlußprüfung endet, steht im Kalenderjahr (Wirtschaftsjahr) der Beendigung ein Lehrlingsfreibetrag von weiteren 1 460 Euro zu.

    c) Einem Steuerpflichtigen, bei dem das Lehrverhältnis auf Grund der erfolgreichen Ablegung der Lehrabschlußprüfung (§ 21 des Berufsausbildungsgesetzes) beendet wird, steht neben dem Freibetrag nach lit. b ein Lehrlingsfreibetrag von weiteren 1 460 Euro zu.

    Die lit. a bis c sind sinngemäß auf Lehrlinge im Sinne des § 2 Abs. 4 des land- und forstwirtschaftlichen Berufsausbildungsgesetzes und des § 63 des Land- und Forstarbeiter-Dienstrechtsgesetzes anzuwenden. Die vorstehenden Bestimmungen sind ab 1. Jänner 2000 und nur für Lehrverhältnisse anzuwenden, die vor dem 1. Jänner 2003 begonnen haben.

32. § 76, § 93 Abs. 3 Z 1 und 2 und § 101 Abs. 2 jeweils in der Fassung des Bundesgesetzes BGBl. I Nr. 126/1998 treten mit 1. Jänner 1999 in Kraft.

33. a) § 14 Abs. 12 in der Fassung des Bundesgesetzes BGBl. I Nr. 28/1999 ist erstmals bei der Veranlagung für das Kalenderjahr 1999 anzuwenden. Es darf dabei nur jener Betrag der Rückstellung zugeführt werden, der bei der Verteilung des Gesamtaufwandes auf das einzelne Wirtschaftsjahr entfällt.

    b) Art. I Z 64 des Steuerreformgesetzes 1993, BGBl. Nr. 818/1993, in der Fassung des Strukturanpassungsgesetzes 1996, BGBl. Nr. 201/1996, gilt nicht für Rückstellungen im Sinne des § 14 Abs. 12 in der Fassung des Bundesgesetzes BGBl. I Nr. 28/1999. Wurde in endgültig rechtskräftig veranlagten Fällen eine Auflösung derartiger Rückstellungen vorgenommen so sind diese auf Antrag des Steuerpflichtigen wiederaufzunehmen. Der Antrag kann bis 30. Juni 1999 gestellt werden.

33a. § 14 Abs. 12 in der Fassung des Bundesgesetzes BGBl. I Nr. 28/1999 ist erstmals bei der Veranlagung für das Kalenderjahr 1999 anzuwenden. Es darf dabei nur jener Betrag der Rückstellung zugeführt werden, der bei der Verteilung des Gesamtaufwandes auf das einzelne Wirtschaftsjahr entfällt.

34. § 25 Abs. 1 Z 3 lit. a zweiter Satz, § 25 Abs. 1 Z 3 lit. d und § 69 Abs. 5 jeweils in der Fassung des Bundesgesetzes BGBl. I Nr. 28/1999 sind für Lohnzahlungszeiträume anzuwenden, die nach dem 31. Dezember 1998 enden.
35. § 108 Abs. 2 in der Fassung des Bundesgesetzes BGBl. I Nr. 28/1999 ist auf Zeiträume nach dem 31. Dezember 1998 anzuwenden.
36. Besondere Steigerungsbeträge aus der Höherversicherung in der Pensionsversicherung, die auf Pflichtbeiträgen beruhen, sind weiterhin nur mit 25% zu erfassen, wenn der Pensionsanfall vor dem 1. Jänner 1999 liegt.
37. § 6 Z 5, § 30 Abs. 1, Abs. 2, Abs. 8 und § 37 Abs. 4 Z 2 lit. a, jeweils in der Fassung des Bundesgesetzes BGBl. I Nr. 106/1999, sind anzuwenden, wenn die Anschaffung des eingelegten oder veräußerten Wirtschaftsgutes nach dem 30. September 2000 erfolgt ist. Der Bundesminister für Finanzen wird ermächtigt, diesen Zeitpunkt nach Maßgabe der Möglichkeiten zur Schaffung der technischen Rahmenbedingungen bis spätestens 30. September 2001 zu verschieben.
38. § 33 Abs. 4 Z 1 in der Fassung des Bundesgesetzes BGBl. I Nr. 106/1999 ist erstmalig auf steuerfreie Einkünfte anzuwenden, die nach dem 31. Juli 1999 zufließen.
39. § 2 Abs. 2, § 2 Abs. 2a, § 4 Abs. 4 Z 4, 7 und 8, § 11, § 20 Abs. 1 Z 4, § 37 Abs. 8, § 42 Abs. 1 Z 3 und § 42 Abs. 2, jeweils in der Fassung des Bundesgesetzes BGBl. I Nr. 106/1999, sind erstmalig bei der Veranlagung für das Kalenderjahr 2000 anzuwenden.
40. § 16 Abs. 1 Z 1, § 18 Abs. 1 Z 1 und § 29 Z 1, jeweils in der Fassung des Bundesgesetzes BGBl. I Nr. 106/1999, sind ab der Veranlagung 1989 anzuwenden. Abweichend davon ist § 29 Z 1 zweiter Satz in der Fassung des Bundesgesetzes BGBl. I Nr. 106/1999 erstmalig bei der Veranlagung für das Kalenderjahr 2000 anzuwenden.
41. § 14 Abs. 12 und Abs. 13 in der Fassung des Bundesgesetzes BGBl. I Nr. 106/1999 ist erstmalig bei der Veranlagung für das Kalenderjahr 1999 anzuwenden.
42. § 18 Abs. 1 Z 2, § 33 Abs. 1 und Abs. 3, jeweils in der Fassung des Bundesgesetzes BGBl. I Nr. 106/1999, sind anzuwenden, wenn
    - die Einkommensteuer veranlagt wird, erstmalig bei der Veranlagung für das Kalenderjahr 2000
    - die Einkommensteuer (Lohnsteuer) durch Abzug eingehoben oder durch Veranlagung festgesetzt wird, erstmalig für Lohnzahlungszeiträume, die nach dem 31. Dezember 1999 enden.

    § 33 Abs. 7 in der Fassung vor dem Bundesgesetz BGBl. I Nr. 106/1999, ist anzuwenden, wenn
    - die Einkommensteuer veranlagt wird, letztmalig bei der Veranlagung für das Kalenderjahr 1999
    - die Einkommensteuer (Lohnsteuer) durch Abzug eingehoben oder durch Veranlagung festgesetzt wird, letztmalig für Lohnzahlungszeiträume, die vor dem 1. Jänner 2000 enden.
43. § 16 Abs. 1 Z 10, § 25 Abs. 1 Z 2 lit. a und Z 3 lit. a und § 67 Abs. 8 lit. b, jeweils in der Fassung des Bundesgesetzes BGBl. I Nr. 106/1999, sind anzuwenden, wenn die Einkommensteuer (Lohnsteuer) durch Abzug eingehoben oder durch Veranlagung festgesetzt wird, erstmalig für Lohnzahlungszeiträume, die nach dem 31. Dezember 1999 enden.
44. § 108 Abs. 5, § 108a und § 109, jeweils in der Fassung des Bundesgesetzes BGBl. I Nr. 106/1999 sind auf Beiträge und Erwerbe von Anteilscheinen anzuwenden, die für Zeiträume nach dem 31. Dezember 1999 geleistet werden bzw. nach dem 31. Dezember 1999 erfolgen.
45. § 2 Abs. 2b, § 8 Abs. 1, § 9 Abs. 5, § 29 Z 4 und § 41 Abs. 1 Z 3, jeweils in der Fassung des Bundesgesetzes BGBl. I Nr. 142/2000, sind erstmalig bei der Veranlagung für das Kalenderjahr 2001 anzuwenden.
46. § 6 Z 16 in der Fassung des Bundesgesetzes BGBl. I Nr. 142/2000 ist erstmalig bei der Veranlagung für das Kalenderjahr 2001 anzuwenden. Ist für einen Betrieb, dessen Unternehmensschwerpunkt in der Vermietung von Wirtschaftsgütern liegt, der Gewinn für das letzte im Kalenderjahr 2000 endende Wirtschaftsjahr zu ermitteln, so kann dabei der Unterschiedsbetrag zwischen dem Buchwert sämtlicher vermieteter Wirtschaftsgüter und dem Teilwert sämtlicher Forderungen aus der Vermietung als aktiver oder passiver Ausgleichsposten angesetzt werden. Als Teilwert der Forderungen ist dabei der Barwert der diskontierten Forderungen aus der Vermietung anzusetzen. Abweichend von § 6 Z 16 in der Fassung des Bundesgesetzes BGBl. I Nr. 142/2000 ist der Unterschiedsbetrag bei Ermittlung der Gewinnes für Wirtschaftsjahre, die nach dem 31. Dezember 2000 enden, auch dann anzusetzen, wenn dieser Unterschiedsbetrag bei Ermittlung des Gewinnes für das letzte im Kalenderjahr 2000 endende Wirtschaftsjahr angesetzt wird.
47. § 9 Abs. 5 in der Fassung des Bundesgesetzes BGBl. I Nr. 142/2000 ist auch auf Rückstellungen anzuwenden, die bereits zum Ende des letzten vor dem 1. Jänner 2001 endenden Wirtschaftsjahres gebildet worden sind. Auflösungsgewinne, die sich aus der erstmaligen Anwendung des § 9 Abs. 5 in der Fassung des Bundesgesetzes BGBl. I Nr. 142/2000 bei den zuvor genannten Rückstellungen ergeben, können auf das Wirtschaftsjahr, das nach dem 31. Dezember 2000 endet, und auf die

folgenden vier Wirtschaftsjahre (Auflösungszeitraum) verteilt werden, wobei jährlich mindestens ein Fünftel anzusetzen ist. Scheidet eine Rückstellung während des Auflösungszeitraumes aus dem Betriebsvermögen aus, ist der darauf entfallende Auflösungsgewinn im Wirtschaftsjahr des Ausscheidens jedenfalls anzusetzen.

48. § 3 Abs. 1 Z 4 lit. c in der Fassung des Bundesgesetzes BGBl. I Nr. 59/2001 sowie § 25 Abs. 1 Z 1 lit. e, § 25 Abs. 1 Z 4 und 5, § 33 Abs. 3 Z 5, § 33 Abs. 5, 6 und 8, § 47 Abs. 2, § 67 Abs. 4, 5, 6, 8, 9 und 10, § 69 Abs. 2, jeweils in der Fassung des Bundesgesetzes BGBl. I Nr. 142/2000, sind anzuwenden, wenn
  – die Einkommensteuer veranlagt wird, erstmalig bei der Veranlagung für das Kalenderjahr 2001;
  – die Einkommensteuer (Lohnsteuer) durch Abzug eingehoben oder durch Veranlagung festgesetzt wird, erstmalig für Lohnzahlungszeiträume, die nach dem 31. Dezember 2000 enden.

49. § 69 Abs. 6 und § 78 Abs. 1, jeweils in der Fassung des Bundesgesetzes BGBl. I Nr. 142/2000 sind anzuwenden, wenn der Antrag auf Insolvenz-Ausfallgeld nach dem 31. Dezember 2000 gestellt wird.

50. § 84 Abs. 1 ist erstmalig auf Lohnzettel anzuwenden, die nach dem 31. Dezember 2000 zu übermitteln sind.

51. § 108a Abs. 1 in der Fassung des Bundesgesetzes BGBl. I Nr. 142/2000 ist auf Beiträge und Erwerbe von Anteilscheinen anzuwenden, die für Zeiträume nach dem 31. Dezember 2000 geleistet werden bzw. nach dem 31. Dezember 2000 erfolgen.

52. Zur Abgeltung der erhöhten Treibstoffkosten der Jahre 2000 und 2001 sind im Kalenderjahr 2001 anstelle der Pauschbeträge gemäß § 16 Abs. 1 Z 6 lit. c folgende Pauschbeträge zu berücksichtigen:

Bei einer einfachen Fahrtstrecke von

2 km bis 20 km	3 600 S jährlich
20 km bis 40 km	14 400 S jährlich
40 km bis 60 km	24 480 S jährlich
über 60 km	34 560 S jährlich.

53. Zahlungen für Pensionsabfindungen, deren Barwert den Betrag im Sinne des § 1 Abs. 2 Z 1 des Pensionskassengesetzes übersteigt, sind gemäß § 67 Abs. 10 im Kalendermonat der Zahlung zu erfassen. Dabei ist bei Pensionsabfindungen, die im Jahre 2001 zufließen, nach Abzug der darauf entfallenden Beiträge im Sinne des § 62 Z 3, 4 und 5 ein Viertel steuerfrei zu belassen. Zahlungen für Pensionsabfindungen von Pensionskassen auf Grund gesetzlicher oder statutenmäßiger Regelungen sind nach Abzug der darauf entfallenden Pflichtbeiträge ab dem Jahr 2001 und in den folgenden Jahren zu einem Drittel steuerfrei zu belassen.

54. § 3 Abs. 1 Z 15 lit. b, § 26 Z 7 und § 26 Z 8, jeweils in der Fassung des Bundesgesetzes BGBl. I Nr. 2/2001, sind anzuwenden, wenn
  – die Einkommensteuer veranlagt wird, erstmalig bei der Veranlagung für das Kalenderjahr 2001;
  – die Einkommensteuer (Lohnsteuer) durch Abzug eingehoben oder durch Veranlagung festgesetzt wird, erstmalig für Lohnzahlungszeiträume, die nach dem 31. Dezember 2000 enden.

55. § 3 Abs. 1 Z 15 lit. c in der Fassung des Bundesgesetzes BGBl. I Nr. 2/2001 ist anzuwenden, wenn die Option nach dem 31. Dezember 2000 eingeräumt wird.

56. § 4 Abs. 11, § 6 Z 5, § 30, § 32 Abs. 4 und § 37 Abs. 4, jeweils in der Fassung des Bundesgesetzes BGBl. I Nr. 2/2001, sind erstmalig bei der Veranlagung für das Jahr 2001 anzuwenden. Abweichend davon ist § 4 Abs. 11 in der Fassung des Bundesgesetzes BGBl. I Nr. 2/2001 erstmalig bei der Veranlagung für das Jahr 2000 anzuwenden, wenn die Stiftung nach dem 30. November 2000 errichtet worden ist.

57. § 31 Abs. 1 in der Fassung des Bundesgesetzes BGBl. I Nr. 2/2001 ist auf Veräußerungsvorgänge nach dem 31. Dezember 2000 anzuwenden. Hat der Veräußerer oder bei unentgeltlichem Erwerb der Rechtsvorgänger die Anteile vor dem 1. Jänner 1998 angeschafft und war er nach dem 31. Dezember 1997 bis zum 31. Dezember 2000 zu nicht mehr als 10% beteiligt, kann an Stelle der Anschaffungskosten der gemeine Wert der Anteile zum 1. Jänner 2001 angesetzt werden. Der Ansatz des gemeinen Wertes ist bei Anteilen, die nur auf Grund des § 20 Abs. 5 des Umgründungssteuergesetzes als Anteile im Sinne des § 31 des Einkommensteuergesetzes gelten, nicht zulässig.

58. § 93 Abs. 3 Z 4 in der Fassung des Bundesgesetzes BGBl. I Nr. 2/2001 ist auf Ausschüttung aus Substanzgewinnen anzuwenden, wenn die Substanzgewinne nach dem 31. Dezember 2000 angefallen sind.

59. § 1 Abs. 4, § 3 Abs. 1 Z 15 lit. a, b und c, § 13, § 16 Abs. 1 Z 6 lit. b und c, § 16 Abs. 3, § 17 Abs. 2 Z 2, § 18 Abs. 1 Z 5, § 18 Abs. 2, § 18 Abs. 3 Z 2, § 24 Abs. 4, § 26 Z 4 lit. b und c, § 26 Z 8, § 27 Abs. 1 Z 7, § 27 Abs. 3 Z 3, § 29 Z 3, § 30 Abs. 4, § 33 Abs. 1, § 33 Abs. 3, § 33 Abs. 4 Z 1 und 2, § 33 Abs. 5 Z 1, 2 und 3, § 33 Abs. 6, § 34 Abs. 4, § 34 Abs. 8, § 35 Abs. 3, § 39 Abs. 1, § 40, § 41 Abs. 1 Z 1, § 41 Abs. 3, § 41 Abs. 4, § 42 Abs. 1 Z 3, § 42 Abs. 2, § 45 Abs. 1, § 63 Abs. 1 Z 4, § 63 Abs. 4, § 66 Abs. 1, § 67 Abs. 1, § 67 Abs. 8 lit. f, § 68 Abs. 1 und 2, § 69 Abs. 1, 2 und 3, § 77 Abs. 4, § 104 Abs. 1, § 105 und § 124b Z 31, jeweils in der Fassung des Bundesge-

setzes BGBl. I Nr. 59/2001, sind anzuwenden, wenn
- die Einkommensteuer veranlagt wird, erstmals bei der Veranlagung für das Kalenderjahr 2002,
- wenn die Einkommensteuer (Lohnsteuer) durch Abzug eingehoben oder durch Veranlagung festgesetzt wird, erstmals für Lohnzahlungszeiträume, die nach dem 31. Dezember 2001 enden.

60. § 76, § 101 Abs. 2, § 107 Abs. 3 lit. b, § 107 Abs. 4, 5 und 6, § 107 Abs. 9 Z 1, § 108 Abs. 2, § 108 Abs. 9 und § 108a Abs. 2, jeweils in der Fassung des Bundesgesetzes BGBl. I Nr. 59/2001, treten mit 1. Jänner 2002 in Kraft.

61. § 121 Abs. 5 Z 2 in der Fassung des Bundesgesetzes BGBl. I Nr. 59/2001 ist erstmals auf die Festsetzung von Vorauszahlungen nach dem 31. Dezember 2001 anzuwenden.

62. § 18 Abs. 3 Z 2 und § 33 Abs. 6, jeweils in der Fassung des Bundesgesetzes BGBl. I Nr. 144/2001, sind anzuwenden, wenn
- die Einkommensteuer veranlagt wird, erstmals bei der Veranlagung für das Kalenderjahr 2002,
- die Einkommensteuer (Lohnsteuer) durch Abzug eingehoben oder durch Veranlagung festgesetzt wird, erstmals für Lohnzahlungszeiträume, die nach dem 31. Dezember 2001 enden.

63. § 33 Abs. 9 tritt mit Ablauf des 31. Dezember 2001 außer Kraft.

64. § 107 in der Fassung des Bundesgesetzes, BGBl. I Nr. 7/2002, tritt mit 1. Jänner 2002 in Kraft.

65. § 4 Abs. 4 Z 4a sowie § 4 Abs. 4 Z 8, jeweils in der Fassung des Konjunkturbelebungsgesetzes 2002, BGBl. I Nr. 68, sind auf Aufwendungen anzuwenden, die nach dem 31. Dezember 2001 anfallen.

66. Werden Abfertigungsansprüche bis zum Ausmaß des sich nach § 23 des Angestelltengesetzes oder gleichartigen österreichischen Rechtsvorschriften oder des sich nach den am 1. Jänner 2002 bestehenden kollektivvertraglichen Regelungen ergebenden Betrages nach Maßgabe des BMSVG oder gleichartiger österreichischer Rechtsvorschriften auf BV-Kassen übertragen, gilt Folgendes: Der Unterschiedsbetrag zwischen der steuerwirksam gebildeten Abfertigungsrückstellung (§ 14) und dem an die BV-Kasse zu leistenden Betrag ist gleichmäßig verteilt auf fünf Jahre abzusetzen. Dies gilt sinngemäß für steuerfreie Beträge nach § 14 Abs. 6.

67. § 14 Abs. 1 in der Fassung des Bundesgesetzes BGBl. I Nr. 100/2002 ist erstmalig bei der Veranlagung für das Kalenderjahr 2002 anzuwenden. § 14 Abs. 1 in der Fassung des Bundesgesetzes BGBl. I Nr. 100/2002 ist auch auf Rückstellungen anzuwenden, die bereits zum Ende des letzten vor dem 1. Jänner 2002 endenden Wirtschaftsjahres gebildet worden sind. Auflösungsgewinne, die sich aus der erstmaligen Anwendung des in § 14 Abs. 1 in der Fassung des Bundesgesetzes BGBl. I Nr. 100/2002 vorgesehenen Satzes ergeben, sind anzusetzen
- im ersten Wirtschaftsjahr, das nach dem 31. Dezember 2001 endet, soweit der Satz 47,5% beträgt,
- im ersten Wirtschaftsjahr, das nach dem 31. Dezember 2002 endet, soweit der Satz 45% beträgt.

Die vorstehenden Sätze gelten sinngemäß für steuerfreie Beträge nach § 14 Abs. 6.

68. Wurde am Ende des letzten vor dem 1. Jänner 2002 endenden Wirtschaftsjahres eine Abfertigungsrückstellung gebildet, gilt Folgendes:
   a) Der Gesamtbetrag der Abfertigungsrückstellung kann, soweit nicht die zugrunde liegenden Abfertigungsansprüche ausbezahlt werden, im ersten vor dem 1. Jänner 2003 endenden Wirtschaftsjahr auf das Kapitalkonto oder auf eine als versteuert geltende Rücklage steuerfrei übertragen werden. Erfolgt in diesem Wirtschaftsjahr keine Übertragung, so kann der Gesamtbetrag der am Ende dieses Wirtschaftsjahres bestehenden Abfertigungsrückstellung, soweit nicht die zugrunde liegenden Abfertigungsansprüche ausbezahlt oder an eine BV-Kasse übertragen werden, im folgenden Wirtschaftsjahr auf das Kapitalkonto oder auf eine als versteuert geltende Rücklage steuerfrei übertragen werden. Dies gilt auch, wenn im unternehmensrechtlichen Jahresabschluss weiterhin eine Rückstellung für Abfertigungen (§ 198 Abs. 8 Z 4 lit. a des Unternehmensgesetzbuches) gebildet wird.
   b) Erfolgt eine Übertragung im Sinne der lit. a, kann der Steuerpflichtige ab dem Wirtschaftsjahr der Übertragung keine Abfertigungsrückstellung bilden.
   c) Treten nach einer Übertragung im Sinne der lit. a Verpflichtungen zur Auszahlung von Abfertigungen im Sinne des § 14 Abs. 1 Z 1 und 2 ein oder erfolgt eine Übertragung der Abfertigungsansprüche an eine BV-Kasse, sind die entstehenden Aufwendungen (Ausgaben) gleichmäßig verteilt auf fünf Jahre abzusetzen.

   Die lit. a bis c gelten sinngemäß für steuerfreie Beträge nach § 14 Abs. 6.

69. Die Wertpapierdeckung im Sinne des § 14 Abs. 5 vermindert sich in den nach dem 31. Dezember 2002 endenden Wirtschaftsjahren wie folgt:
- im ersten Wirtschaftsjahr auf 40%,

– im zweiten Wirtschaftsjahr auf 30%,
– im dritten Wirtschaftsjahr auf 20%,
– im vierten Wirtschaftsjahr auf 10%,

des am Schluss des vorangegangenen Wirtschaftsjahres ausgewiesenen Rückstellungsbetrages. Ab dem fünften Wirtschaftsjahr besteht keine Verpflichtung zur Wertpapierdeckung. Die Wertpapierdeckung für Pensionsrückstellungen (§ 14 Abs. 7 Z 7) ist davon nicht berührt.

70. Die §§ 81 Abs. 3 und 89 Abs. 1, 3 und 4, jeweils in der Fassung des Bundesgesetzes BGBl. I Nr. 132/2002, sind ab 1. Jänner 2003 anzuwenden. § 84 in der Fassung des Bundesgesetzes BGBl. I Nr. 132/2002 ist für Lohnzahlungszeiträume anzuwenden, die nach dem 31. Dezember 2002 enden. § 86 in der Fassung des Bundesgesetzes BGBl. I Nr. 132/2002 ist für Prüfungen anzuwenden, die nach dem 31. Dezember 2002 begonnen werden.

71. § 3 Abs. 1 Z 16 und § 34 Abs. 6, jeweils in der Fassung des Bundesgesetzes BGBl. I Nr. 155/2002, sind anzuwenden, wenn
   - die Einkommensteuer veranlagt wird, erstmalig bei der Veranlagung für das Kalenderjahr 2002,
   - die Einkommensteuer (Lohnsteuer) durch Abzug eingehoben oder durch Veranlagung festgesetzt wird, erstmalig für Lohnzahlungszeiträume, die nach dem 31. Dezember 2001 enden.

72. § 4 Abs. 4 Z 9 und § 6 Z 10, jeweils in der Fassung des Bundesgesetzes BGBl. I Nr. 155/2002, sind erstmalig bei der Veranlagung für das Kalenderjahr 2002 anzuwenden.

73. § 4 Abs. 4 Z 4a, § 4 Abs. 4 Z 7, § 4 Abs. 4 Z 10 und § 108c Abs. 2 Z 1 jeweils in der Fassung des Bundesgesetzes BGBl. I Nr. 155/2002 sind erstmalig bei der Veranlagung für das Kalenderjahr 2003 anzuwenden.

74. §§ 108g bis § 108i, jeweils in der Fassung des Bundesgesetzes BGBl. I Nr. 155/2002, sind auf Beiträge anzuwenden, die nach dem 31. Dezember 2002 geleistet werden. § 108a Abs. 1 bis Abs. 4 ist anzuwenden, wenn der Antrag auf Abschluss einer Versicherung, eines unwiderruflichen Auszahlungsplanes gemäß § 108b Abs. 2, auf Erwerb des Anteilscheines an einem prämienbegünstigten Investmentfonds oder auf Widmung des Beitrags zur Höherversicherung in der gesetzlichen Pensionsversicherung (zusätzliche Pensionsversicherung) vor dem 1. Jänner 2004 gestellt worden ist.

75. § 16 Abs. 1 Z 10 und § 67 Abs. 7, jeweils in der Fassung des Bundesgesetzes BGBl. I Nr. 155/2002, sind anzuwenden, wenn
   - die Einkommensteuer veranlagt wird, erstmalig bei der Veranlagung für das Kalenderjahr 2003,
   - die Einkommensteuer (Lohnsteuer) durch Abzug eingehoben oder durch Veranlagung festgesetzt wird, erstmalig für Lohnzahlungszeiträume, die nach dem 31. Dezember 2002 enden.

76. § 108f in der Fassung des Bundesgesetzes BGBl. I Nr. 155/2002 ist erstmalig bei der Veranlagung für das Kalenderjahr 2002 anzuwenden, und zwar bei Lehrverhältnissen, die am 1. Jänner 2002 oder an einem späteren Zeitpunkt bestanden haben.

77. § 16 Abs. 1 Z 10, § 33 Abs. 3 und § 67 Abs. 1 in der Fassung des Bundesgesetzes BGBl. I Nr. 71/2003 sind anzuwenden, wenn
   - die Einkommensteuer veranlagt wird, erstmalig bei der Veranlagung für das Kalenderjahr 2004,
   - die Einkommensteuer (Lohnsteuer) durch Abzug eingehoben oder durch Veranlagung festgesetzt wird, erstmalig für Lohnzahlungszeiträume, die nach dem 31. Dezember 2003 enden.

78. § 4 Abs. 4 Z 7, § 9 Abs. 1 Z 3, § 11a, § 12 Abs. 3, § 14 Abs. 1 und § 17 Abs. 1 in der Fassung des Bundesgesetzes BGBl. I Nr. 71/2003 sind erstmalig bei der Veranlagung für das Kalenderjahr 2004 anzuwenden.

79. § 11 in der Fassung des Bundesgesetzes BGBl. I Nr. 106/1999 ist für natürliche Personen letztmalig bei der Veranlagung für das Kalenderjahr 2003 anzuwenden.

80. § 16 Abs. 1 Z 1 und § 18 Abs. 1 Z 1 in der Fassung des Bundesgesetzes BGBl. I Nr. 71/2003 sind anzuwenden, wenn
   - die Einkommensteuer veranlagt wird, erstmalig bei der Veranlagung für das Kalenderjahr 2004,
   - die Einkommensteuer (Lohnsteuer) durch Abzug eingehoben oder durch Veranlagung festgesetzt wird, erstmalig für Lohnzahlungszeiträume, die nach dem 31. Dezember 2003 enden.

   Ist der Rechtsgrund für Renten oder dauernde Lasten vor dem 1. Jänner 2004 entstanden, gilt Folgendes:

   a) Hat der Empfänger der Renten und dauernden Lasten einen Antrag gemäß Z 82 gestellt, sind Werbungskosten oder Sonderausgaben gemäß § 16 Abs. 1 Z 1 und § 18 Abs. 1 Z 1 in der Fassung vor dem Bundesgesetz BGBl. I Nr. 71/2003 unter Anwendung der Bewertungsbestimmungen vor der Kundmachung BGBl. I Nr. 165/2002 abzuziehen.

   b) Gehören die Renten und dauernden Lasten beim Empfänger nicht zu Einkünften im Sinne des § 29 Z 1, kann der Abzug von Renten und dauernden Lasten wahlweise gemäß § 16 Abs. 1 Z 1 und § 18 Abs. 1 Z 1 in der Fassung vor dem Bundesgesetz BGBl. I Nr. 71/2003 unter Anwendung der Bewertungsbestimmungen vor der Kundmachung BGBl. I Nr. 165/2002 vorgenommen werden.

81. Als Sonderausgaben im Sinne des § 18 Abs. 1 sind absetzbar:

Ausgaben für die erstmalige Herstellung eines Internetzuganges mittels Breitbandtechnik bis zu einem Betrag von maximal 50 € und

die laufenden Grundentgelte für den Internetzugang mittels Breitbandtechnik bis zu einem Betrag von maximal 40 € monatlich.

Breitbandtechnik liegt vor, wenn eine physikalische Downloadbandbreite von mindestens 256 kbit/Sekunde gegeben ist und ein ständiger Internetzugang gegen ein zeitunabhängiges, laufendes Grundentgelt vereinbart ist. Voraussetzung ist, dass die erstmalige Herstellung des Internetzuganges nach dem 30. April 2003 erfolgt und die Ausgaben vor dem 1. Jänner 2005 anfallen. Nicht anzuwenden sind § 18 Abs. 2 und 3 mit Ausnahme des § 18 Abs. 3 Z 1.

82. § 29 Z 1 in der Fassung des Bundesgesetzes BGBl. I Nr. 71/2003 ist erstmalig bei der Veranlagung für das Kalenderjahr 2004 anzuwenden. Ist der Rechtsgrund für wiederkehrende Bezüge vor dem 1. Jänner 2004 entstanden, kann spätestens bis 31. Dezember 2006 im Einvernehmen mit dem zur Rentenzahlung Verpflichteten beantragt werden, dass die wiederkehrenden Bezüge gemäß § 29 Z 1 in der Fassung des Bundesgesetzes BGBl. I Nr. 71/2003 unter Anwendung der Bewertungsbestimmungen vor der Kundmachung BGBl. I Nr. 165/2002 versteuert werden.

83. § 20 Abs. 2, § 37 Abs. 1, § 37 Abs. 4 Z 1, § 37 Abs. 8 und § 97 Abs. 4 in der Fassung des Bundesgesetzes BGBl. I Nr. 71/2003 sind erstmals für Einkünfte anzuwenden, die nach dem 31. März 2003 zufließen.

84. § 93 Abs. 2 Z 1 lit. e und Abs. 3 Z 4 in der Fassung des Budgetbegleitgesetzes 2003, BGBl. I Nr. 71, ist erstmals auf Kapitalerträge anzuwenden, die nach dem 31. März 2004 zufließen. Fließen Kapitalerträge gemäß § 93 Abs. 2 Z 1 lit. e und gemäß § 93 Abs. 3 Z 4, die aus Kapitalerträgen gemäß § 93 Abs. 2 Z 1 lit. e bestehen, nach dem 31. März 2003 und vor dem 1. April 2004 im Inland zu, ist auf diese Kapitalerträge § 37 Abs. 8 in der Fassung des Budgetbegleitgesetzes 2003, BGBl. I Nr. 71/2003, anzuwenden. § 94a in der Fassung des Bundesgesetzes BGBl. I Nr. 71/2003 ist erstmals auf Ausschüttungen anzuwenden, die nach dem 31. Dezember 2003 zufließen.

85. § 27 Abs. 2 Z 2 ist nicht auf Kapitalanlagen anzuwenden, deren Verzinsung nur von der Entwicklung eines (bestehenden oder künstlich geschaffenen) Wertpapierindex oder eines vergleichbaren Index abhängig ist, wenn folgende Voraussetzungen erfüllt sind:

a) Die Kapitalanlagen wurden vor dem 1. März 2004 begeben und

b) es ist rechtlich oder faktisch eine Kapitalrückzahlung von nicht mehr als 20% des bei der Begebung eingesetzten Kapitals garantiert.

Die Wertveränderungen solcher Wertpapiere sind nicht als kapitalertragsteuerpflichtig im Sinne des § 93 Abs. 4 Z 2 zu behandeln. Dies gilt für Daueremissionen mit unbegrenztem Volumen nur dann, wenn die Emission bis zu dem in lit. a genannten Zeitpunkt geschlossen wurde, für Daueremissionen mit begrenztem Volumen, wenn die Emission vor dem 1. August 2005 geschlossen wurde. Wurde keine Schließung durchgeführt, hat eine lineare Abgrenzung der Bemessungsgrundlage für die zu späteren Stichtagen zu erhebende (oder gutzuschreibende) Kapitalertragsteuer zu erfolgen.

86. Rückstellungen für Verpflichtungen zur Rücknahme und Verwertung von Altfahrzeugen gemäß § 5 der auf Grund von § 14 Abs. 1 des Abfallwirtschaftsgesetzes 2002, BGBl. I Nr. 102/2002, erlassenen Altfahrzeugeverordnung vom 6. November 2002, BGBl. II Nr. 407/2002, sind erstmals für das nach dem 5. November 2002 endende Wirtschaftsjahr zu bilden. Soweit sich diese Verpflichtungen auf Fahrzeuge beziehen, die vor dem 1. Juli 2002 in Verkehr gebracht wurden, ist der Unterschiedsbetrag zwischen der Rückstellung und dem Betrag, der sich bei Ansammlung der Rückstellung in gleichmäßig bemessenen Jahresraten ergibt, als gesonderter Aktivposten in der Bilanz auszuweisen. Dabei ist ein Ansammlungszeitraum zugrundezulegen, der mit dem nach dem 5. November 2002 endenden Wirtschaftsjahr beginnt und mit dem letzten vor dem 1. Jänner 2007 endenden Wirtschaftsjahr endet.

87. § 108b und § 108g in der Fassung des Budgetbegleitgesetzes 2003, BGBl. I Nr. 71, sind anzuwenden, wenn Verträge nach dem 31. Juli 2003 abgeschlossen werden. Werden Verträge vor diesem Zeitpunkt abgeschlossen, kann die unwiderrufliche Verpflichtung an § 108g Abs. 1 Z 3 in der Fassung des genannten Bundesgesetzes angepasst werden.

88. § 41 Abs. 4 und § 77 Abs. 4, jeweils in der Fassung des Bundesgesetzes BGBl. I Nr. 124/2003, sind anzuwenden, wenn

– die Einkommensteuer veranlagt wird, erstmalig bei der Veranlagung für das Kalenderjahr 2004,
– die Einkommensteuer (Lohnsteuer) durch Abzug eingehoben oder durch Veranlagung festgesetzt wird, erstmalig für Lohnzahlungszeiträume, die nach dem 31. Dezember 2003 enden.

89. § 42 Abs. 1 Z 3, § 98 und § 99a, jeweils in der Fassung des Bundesgesetzes BGBl. I

Nr. 124/2003, gelten ab der Veranlagung für das Kalenderjahr 2004.

90. § 42 Abs. 1 letzter Unterabsatz, § 44 Abs. 1, Abs. 3, Abs. 4, Abs. 5 und Abs. 8 in der Fassung des Bundesgesetzes BGBl. I Nr. 124/2003 gelten ab der Veranlagung für das Kalenderjahr 2003.

91. § 98 in der Fassung des Bundesgesetzes BGBl. I Nr. 124/2003 und § 99a sind anzuwenden, wenn
   – die Einkommensteuer veranlagt wird, erstmalig bei der Veranlagung für das Kalenderjahr 2004,
   – die Einkommensteuer durch Abzug eingehoben wird, erstmalig für Zinsen- und Lizenzgebührenzahlungen, die nach dem 31. Dezember 2003 erfolgen.

92. § 109a Z 1 in der Fassung des Bundesgesetzes BGBl. I Nr. 124/2003 ist erstmals für Übermittlungen anzuwenden, die das Kalenderjahr 2004 betreffen.

93. § 4 Abs. 4 Z 4, § 4 Abs. 4 Z 4a, § 10c, § 108c Abs. 2 Z 1 und § 108e Abs. 3 jeweils in der Fassung des Wachstums- und Standortgesetzes 2003, BGBl. I Nr. 133/2003, sind erstmalig bei der Veranlagung für das Kalenderjahr 2004 anzuwenden.

94. § 1 Abs. 4, § 42 Abs. 1 Z 3 und § 42 Abs. 2, jeweils in der Fassung des Bundesgesetzes BGBl. I Nr. 57/2004, sind erstmals bei der Veranlagung für das Kalenderjahr 2005 anzuwenden.

95. § 12 in der Fassung des Bundesgesetzes BGBl. I Nr. 57/2004 ist auf stille Reserven anzuwenden, die aufgrund des Ausscheidens von Wirtschaftsgütern nach dem 31. Dezember 2004 aufgedeckt werden.

96. § 16 Abs. 1 Z 6 in der Fassung des Bundesgesetzes BGBl. I Nr. 57/2004 ist anzuwenden, wenn
   – die Einkommensteuer (Lohnsteuer) veranlagt wird, erstmalig bei der Veranlagung für das Kalenderjahr 2004,
   – die Einkommensteuer (Lohnsteuer) durch Abzug eingehoben wird, erstmalig für Lohnzahlungszeiträume, die nach dem 30. Juni 2004 enden. Für Lohnzahlungszeiträume, die nach dem 31. Dezember 2003 beginnen und vor dem 1. Juli 2004 enden, kann der Arbeitgeber spätestens im letzten vor dem 1. Dezember 2004 endenden Lohnzahlungszeitraum die Lohnsteuer nach § 77 Abs. 3 unter Berücksichtigung der erhöhten Pendlerpauschalien für das Kalenderjahr 2004 bis zu den vor dem 1. Dezember 2004 endenden Lohnzahlungszeiträumen neu berechnen.

97. § 18 Abs. 1 Z 5 in der Fassung des Bundesgesetzes BGBl. I Nr. 57/2004 ist erstmalig für im Kalenderjahr 2005 geleistete Beiträge an gesetzlich anerkannte Kirchen und Religionsgesellschaften anzuwenden.

98. § 33 Abs. 1 und 2 und § 33 Abs. 6 in der Fassung des Bundesgesetzes BGBl. I Nr. 57/2004 sind anzuwenden, wenn
   – die Einkommensteuer veranlagt wird, erstmalig bei der Veranlagung für das Kalenderjahr 2005,
   – die Einkommensteuer (Lohnsteuer) durch Abzug eingehoben oder durch Veranlagung festgesetzt wird, erstmalig für Lohnzahlungszeiträume, die nach dem 31. Dezember 2004 enden.

99. § 33 Abs. 3, § 66 Abs. 1 und § 70 Abs. 2 Z 1, jeweils in der vor dem Bundesgesetz BGBl. I Nr. 57/2004 geltenden Fassung, sind letztmalig anzuwenden, wenn
   – die Einkommensteuer veranlagt wird, bei der Veranlagung für das Kalenderjahr 2004,
   – die Einkommensteuer (Lohnsteuer) durch Abzug eingehoben oder durch Veranlagung festgesetzt wird, für Lohnzahlungszeiträume, die vor dem 1. Jänner 2005 enden.

100. § 33 Abs. 4 Z 1 und 2 in der Fassung des Bundesgesetzes BGBl. I Nr. 57/2004 ist anzuwenden, wenn
   – die Einkommensteuer (Lohnsteuer) veranlagt oder erstattet wird, erstmalig bei der Veranlagung oder Erstattung für das Kalenderjahr 2004,
   – die Einkommensteuer (Lohnsteuer) durch Abzug eingehoben wird, erstmalig für Lohnzahlungszeiträume, die nach dem 30. Juni 2004 enden. Für Lohnzahlungszeiträume, die nach dem 31. Dezember 2003 beginnen und vor dem 1. Juli 2004 enden, kann der Arbeitgeber spätestens im letzten vor dem 1. Dezember 2004 endenden Lohnzahlungszeitraum die Lohnsteuer nach § 77 Abs. 3 unter Berücksichtigung des erhöhten Alleinverdiener- oder Alleinerzieherabsetzbetrages für das Kalenderjahr 2004 bis zu den vor dem 1. Dezember 2004 endenden Lohnzahlungszeiträumen neu berechnen.

101. § 33 Abs. 8 in der Fassung des Bundesgesetzes BGBl. I Nr. 57/2004 ist erstmalig bei der Veranlagung für das Kalenderjahr 2004 anzuwenden.

102. § 40 in der Fassung des Bundesgesetzes BGBl. I Nr. 57/2004 ist erstmalig bei der Erstattung des Alleinverdiener- oder Alleinerzieherabsetzbetrages für das Kalenderjahr 2004 anzuwenden.

103. § 41 Abs. 4, § 67 Abs. 1 und § 77 Abs. 4, jeweils in der Fassung des Bundesgesetzes BGBl. I Nr. 57/2004, sind anzuwenden, wenn

- die Einkommensteuer veranlagt wird, erstmalig bei der Veranlagung für das Kalenderjahr 2005,
- die Einkommensteuer (Lohnsteuer) durch Abzug eingehoben oder durch Veranlagung festgesetzt wird, erstmalig für Lohnzahlungszeiträume, die nach dem 31. Dezember 2004 enden.

Für das Kalenderjahr 2004 (im Kalenderjahr 2004 endende Lohnzahlungszeiträume) beträgt die in diesen Bestimmungen bezeichnete Freigrenze 1.950 Euro.

104. § 84 in der Fassung des Bundesgesetzes BGBl. I Nr. 57/2004 ist erstmalig auf Lohnzettel für das Kalenderjahr 2005 anzuwenden. Die Verpflichtung des Masseverwalters zur Ausstellung von Lohnzetteln für das Kalenderjahr 2005 gemäß § 84 Abs. 1 Z 3 lit. b in der Fassung des Bundesgesetzes BGBl. I Nr. 57/2004 gilt nur in jenen Fällen, in denen der Konkurs oder im Falle eines Anschlusskonkurses die vorangegangene Eröffnung des Ausgleichsverfahrens nach dem auf die Kundmachung dieses Bundesgesetzes folgenden Kalendertag erfolgt ist; wurde eine Verordnung gemäß dieser Gesetzesstelle erlassen, ist der auf die Kundmachung dieser Verordnung folgende Kalendertag maßgeblich."

105. § 108c Abs. 3, § 108d Abs. 3 und § 108f Abs. 4, jeweils in der Fassung des Bundesgesetzes BGBl. I Nr. 57/2004, sind erstmals für Prämien anzuwenden, die ein bei der Veranlagung 2004 zu erfassendes Wirtschaftsjahr betreffen. § 108e Abs. 4 in der Fassung des Bundesgesetzes BGBl. I Nr. 57/2004 ist erstmals für Prämien anzuwenden, die das Kalenderjahr 2004 betreffen.

106. § 129 Abs. 1 in der Fassung des Bundesgesetzes BGBl. I Nr. 57/2004 ist erstmalig für das Kalenderjahr 2004 anzuwenden.

107. § 4 Abs. 4 Z 7 und § 16 Abs. 1 Z 10 in der Fassung des Bundesgesetzes BGBl. I Nr. 180/2004 sind erstmalig bei der Veranlagung für das Kalenderjahr 2003 anzuwenden.

108. § 11a Abs. 1 und § 97 Abs. 4 Z 2 in der Fassung des Bundesgesetzes BGBl. I Nr. 180/2004, sind erstmalig bei der Veranlagung für das Kalenderjahr 2004 anzuwenden.

109. § 33 Abs. 8, § 42 Abs. 2, § 67 Abs. 11 und § 102 in der Fassung des Bundesgesetzes BGBl. I Nr. 180/2004 sind erstmalig bei der Veranlagung für das Kalenderjahr 2005 anzuwenden.

110. § 24 Abs. 6 in der Fassung des Bundesgesetzes BGBl. I Nr. 180/2004 ist erstmalig bei der Veranlagung für das Kalenderjahr 2005 anzuwenden. § 24 Abs. 6 in der Fassung des Bundesgesetzes BGBl. I Nr. 180/2004 ist auf Betriebsaufgaben vor In-Kraft-Treten dieses Bundesgesetzes anzuwenden, wenn der Steuerpflichtige unwiderruflich erklärt, dass § 24 Abs. 6 in der Fassung des Bundesgesetzes BGBl. I Nr. 180/2004 auf ihn angewendet werden soll. Die Erklärung ist bis zum Ablauf jenes Kalenderjahres abzugeben, in dem eine unentgeltliche Übertragung unter Lebenden oder eine Überlassung oder Verwendung im Sinne des zweiten und dritten Teilstriches des § 24 Abs. 6 Z 2 in der Fassung des Bundesgesetzes vor BGBl. I Nr. 180/2004 erfolgt.

111. § 35 Abs. 2 in der Fassung des Bundesgesetzes BGBl. I Nr. 180/2004 ist erstmals auf Bescheinigungen anzuwenden, die nach dem 31. Dezember 2004 ausgestellt werden. Bescheinigungen, die vor dem 1. Jänner 2005 gemäß § 35 Abs. 2 in der Fassung vor dem Bundesgesetz BGBl. I Nr. 180/2004 ausgestellt werden, gelten ab 1. Jänner 2005 als Bescheinigungen im Sinne des § 35 Abs. 2 in der Fassung des Bundesgesetzes BGBl. I Nr. 180/2004.

112. § 63 und § 70 in der Fassung des Bundesgesetzes BGBl. I Nr. 180/2004 sind erstmals für Lohnzahlungszeiträume anzuwenden, die nach dem 31. Dezember 2004 enden. Für das Jahr 2005 für beschränkt Steuerpflichtige ausgestellte Freibetragsbescheide treten außer Kraft.

113. § 68 Abs. 9 in der Fassung des Bundesgesetzes BGBl. I Nr. 180/2004 ist erstmals für Lohnzahlungszeiträume anzuwenden, die nach dem 31. Dezember 2004 enden.

114. § 94 Z 6 lit. e in der Fassung des Bundesgesetzes BGBl. I Nr. 180/2004 ist auf Kapitalerträge anzuwenden, die nach dem 31. Dezember 2004 zufließen.

115. § 81 in der Fassung des Bundesgesetzes BGBl. I Nr. 180/2004 ist ab 1. Februar 2005 anzuwenden.

116. § 93 Abs. 3 Z 5 und § 95 Abs. 2 in der Fassung des Bundesgesetzes BGBl. I Nr. 180/2004 sind erstmals auf ausschüttungsgleiche Erträge anzuwenden, die nach dem 30. Juni 2005 als zugeflossen gelten.

117. § 12 Abs. 7 in der Fassung des Bundesgesetzes BGBl. I Nr. 180/2004 ist auf stille Reserven anzuwenden, die auf Grund des Ausscheidens von Wirtschaftsgütern nach dem 31. Dezember 2004 aufgedeckt werden.

118. § 4 Abs. 4 Z 2, § 18 Abs. 1 Z 2, § 26 Z 7, § 47 Abs. 4 und § 124, jeweils in der Fassung des Bundesgesetzes BGBl I Nr. 8/2005, sind erstmals anzuwenden, wenn
   - die Einkommensteuer veranlagt wird, bei der Veranlagung für das Kalenderjahr 2005,
   - die Einkommensteuer (Lohnsteuer) durch Abzug eingehoben oder durch Veranlagung festgesetzt wird, erstmalig für Lohnzahlungszeiträume, die nach dem 31. Dezember 2004 enden.

119. § 3 Abs. 1 Z 16a in der Fassung des Bundesgesetzes BGBl. I Nr. 35/2005 und § 3 Abs. 1 Z 31 in der Fassung des Bundesgesetzes BGBl. I Nr. 100/2006 sind anzuwenden, wenn

– die Einkommensteuer veranlagt wird, erstmals bei der Veranlagung für das Kalenderjahr 1999,
– die Einkommensteuer (Lohnsteuer) durch Abzug eingehoben oder durch Veranlagung festgesetzt wird, erstmals für Lohnzahlungszeiträume, die nach dem 31. Dezember 1998 enden.

120. § 33 Abs. 8 in der Fassung des Bundesgesetzes BGBl. I Nr. 34/2005 ist erstmals bei der Veranlagung oder im Verfahren gemäß § 40 für das Kalenderjahr 2005 anzuwenden.

121. § 41 Abs. 1 Z 3 und § 69 Abs. 7 in der Fassung des Bundesgesetzes BGBl. I Nr. 45/2005 treten mit 1. Jänner 2006 in Kraft.

122. § 3 Abs. 1 Z 15 lit. b in der Fassung des Bundesgesetzes BGBl. I Nr. 103/2005 ist erstmals auf Kapitalanteile anzuwenden, die nach dem 30. Juni 2005 unentgeltlich oder verbilligt abgegeben werden. § 3 Abs. 1 Z 15 lit. c in der Fassung des Bundesgesetzes BGBl. I Nr. 103/2005 ist erstmals auf Optionen anzuwenden, die nach dem 30. Juni 2005 eingeräumt werden.

123. § 4 Abs. 4 Z 4b und § 108c Abs. 2 Z 1 jeweils in der Fassung des Bundesgesetzes BGBl. I Nr. 103/2005 sind erstmalig für ab dem 1. Jänner 2005 erteilte Forschungsaufträge anzuwenden.

124. § 108 Abs. 6 und 7 in der Fassung des Bundesgesetzes BGBl. I Nr. 103/2005, ist ab 1. September 2005 anzuwenden.

125. § 108b Abs. 2 tritt mit Ablauf des 31. Dezember 2005 außer Kraft. Die Beschränkungen des Auszahlungsplanes gemäß § 23g Investmentfondsgesetz 1993 müssen nach dem 31. Dezember 2005 nicht mehr eingehalten werden. Bei einer Übertragung in eine Zukunftsvorsorgeeinrichtung gemäß § 108i Abs. 2 und bei Abschichtung ist § 41 Abs. 2 Investmentfondsgesetz 1993 sowie § 108a Abs. 5 nicht anzuwenden. Für Pensionsinvestmentfonds Anteile, die die Voraussetzungen des § 108 h Abs. 1 nicht erfüllen, ist § 41 Abs. 1 Investmentfondsgesetz 1993 ab 1. Jänner 2006 nicht anzuwenden.

126. § 16 Abs. 1 Z 6 in der Fassung des Bundesgesetzes BGBl. I Nr. 115/2005 ist anzuwenden, wenn
– die Einkommensteuer (Lohnsteuer) veranlagt wird, erstmalig bei der Veranlagung für das Kalenderjahr 2006,
– die Einkommensteuer (Lohnsteuer) durch Abzug eingehoben wird, erstmalig für Lohnzahlungszeiträume, die nach dem 31. Dezember 2005 enden.

127. § 2 Abs. 2b Z 3, § 4 Abs. 4 Z 4a lit. b, § 24 Abs. 6 Z 2, § 36 und § 37 Abs. 5 Z 2, jeweils in der Fassung des Bundesgesetzes BGBl. I Nr. 161/2005, sind erstmalig bei der Veranlagung für das Kalenderjahr 2006 anzuwenden.

128. § 3 Abs. 1 Z 10 in der Fassung des Bundesgesetzes BGBl. I Nr. 161/2005 ist anzuwenden, wenn
– die Einkommensteuer veranlagt wird, erstmalig bei der Veranlagung für das Kalenderjahr 2006.
– die Einkommensteuer (Lohnsteuer) durch Abzug eingehoben oder durch Veranlagung festgesetzt wird, erstmalig für Lohnzahlungszeiträume, die nach dem 31. Dezember 2005 enden.

129. § 4 Abs. 4 Z 4, der letzte Satz des § 4 Abs. 4 Z 4a, des § 4 Abs. 4 Z 4b, des § 4 Abs. 4 Z 8 sowie § 4 Abs. 4 Z 10 jeweils in der Fassung des Bundesgesetzes BGBl. I Nr. 161/2005 sind erstmalig bei der Veranlagung für das Kalenderjahr 2005 anzuwenden.

130. § 19 Abs. 1 in der Fassung des Bundesgesetzes BGBl. I Nr. 161/2005 ist erstmals für Konkurse, die nach dem 31. Dezember 2005 eröffnet werden, anzuwenden. § 69 Abs. 6 und § 84 Abs. 1 Z 3 in der Fassung des BGBl. I Nr. 161/2005 sind erstmalig auf Lohnzettel anzuwenden, die das Kalenderjahr 2006 betreffen.

131. § 98 in der Fassung des Bundesgesetzes BGBl. I Nr. 161/2005 ist erstmalig bei der Veranlagung für das Kalenderjahr 2006 anzuwenden. Für betrieblich genutzte Grundstücke und Gebäude, bei denen bis zum In-Kraft-Treten des Bundesgesetzes BGBl. I Nr. 161/2005 keine Einkünfte nach § 98 Z 3 zu erfassen waren, gilt bei Ausscheiden aus dem Betriebsvermögen Folgendes:
a) Erfolgt eine Veräußerung zu einem Zeitpunkt, der bei Anwendung des § 98 Z 7 außerhalb der Spekulationsfrist gelegen wäre, ist der Unterschiedsbetrag zwischen dem Buchwert zum 1. Jänner 2006 und dem höheren gemeinen Wert zum 1. Jänner 2006 vom Veräußerungsgewinn abzuziehen; es darf sich dadurch aber kein Veräußerungsverlust ergeben.
b) Im Fall einer Entnahme ist der Unterschiedsbetrag zwischen dem Buchwert zum 1. Jänner 2006 und dem höheren gemeinen Wert zum 1. Jänner 2006 vom Entnahmegewinn abzuziehen; es darf sich dadurch aber kein Entnahmeverlust ergeben.

132. § 108c Abs. 3 und § 108f Abs. 4, jeweils in der Fassung des Bundesgesetzes BGBl. Nr. 161/2005, sind erstmalig auf Prämien anzuwenden, die ein bei der Veranlagung 2006 zu erfassendes Wirtschaftsjahr betreffen.

133. Die §§ 14 Abs. 6, 37 Abs. 9 und 43 jeweils in der Fassung des Bundesgesetzes BGBl. I Nr. 99/2006 sind erstmals bei der Veranlagung für das Kalenderjahr 2006 anzuwenden. § 89 Abs. 3 in der Fassung des Bundesgesetzes BGBl. I Nr. 99/2006 tritt mit 1. Jänner 2007 in Kraft.

134. § 2 Abs. 5, 6, § 4 Abs. 10 Z 3, § 5 und § 6 Z 5 jeweils in der Fassung des Bundesgesetzes BGBl. I Nr. 100/2006 sind erstmalig für Wirtschaftsjahre anzuwenden, die nach dem 31. Dezember 2006 beginnen. § 16 Abs. 1 Z 8 lit. d sowie § 17 Abs. 1 und Abs. 2 Z 2 in der Fassung des Bundesgesetzes BGBl. I Nr. 100/2006 sind erstmalig für die Veranlagung 2007 anzuwenden. § 30 in der Fassung des Bundesgesetzes BGBl. I Nr. 100/2006 ist erstmals auf Veräußerungsvorgänge nach dem 31. Dezember 2006 anzuwenden. § 102 Abs. 2 Z 2 in der Fassung des Bundesgesetzes BGBl. I Nr. 100/2006 ist erstmalig bei der Veranlagung 2006 anzuwenden. § 2 Abs. 4, § 23 Z 2, § 27 Abs. 1 Z 2, § 93 Abs. 2 Z 2, § 95 Abs. 4 Z 2, § 96 Abs. 3 und § 102 Abs. 1 Z 2 jeweils in der Fassung des Bundesgesetzes BGBl. I Nr. 100/2006 treten mit 1. Jänner 2007 in Kraft. Bei Unternehmern, deren Betrieb vor dem 1. Jänner 2007 eröffnet wurde, ist folgendermaßen vorzugehen: Für Betriebe, die bis zu diesem Stichtag nicht im Firmenbuch eingetragen waren, richtet sich die Art der Gewinnermittlung für Wirtschaftsjahre, die vor dem 1. Jänner 2010 beginnen, auf Antrag unbeschadet der Bestimmungen des § 124 BAO nach den vor dem 1. Jänner 2007 geltenden abgabenrechtlichen Bestimmungen. Eine zwischen 1. Jänner 2007 und 31. Dezember 2009 erfolgende Eintragung in das Firmenbuch löst für Gewerbetreibende jedoch keinen Wechsel zur Gewinnermittlung nach § 5 aus. Der Antrag ist in der Steuererklärung jenes Wirtschaftsjahres zu stellen, für das sich erstmals eine Rechnungslegungspflicht nach § 189 UGB ergibt.

135. Die §§ 10, 11a Abs. 2 und 18 Abs. 7 jeweils in der Fassung des Bundesgesetzes BGBl. I Nr. 101/2006 sind erstmalig bei der Veranlagung für das Kalenderjahr 2007 anzuwenden. Anlaufverluste im Sinne der bis zur Veranlagung für das Kalenderjahr 2006 geltenden Fassung des § 18 Abs. 7 sind abzugsfähig, soweit sie vor 2007 weder ausgeglichen noch abgezogen werden konnten. Diese Verluste sind bei der Einkommensermittlung vorrangig abzuziehen.

136. § 67 Abs. 11 in der Fassung des Bundesgesetzes BGBl. I Nr. 24/2007 ist erstmals bei der Veranlagung für das Kalenderjahr 2005 anzuwenden.

137. § 38 Abs. 3 in der Fassung des Bundesgesetzes BGBl. I Nr. 24/2007 ist erstmals bei der Veranlagung für das Kalenderjahr 2006 anzuwenden. § 4 Abs. 4 Z 4 und Z 4a, § 6 Z 6 lit. b, § 10, § 11a und § 31 Abs. 2 Z 2 vorletzter Satz, jeweils in der Fassung des Bundesgesetzes BGBl. I Nr. 24/2007, sind erstmals bei der Veranlagung für das Kalenderjahr 2007 anzuwenden. § 14 in der Fassung des Bundesgesetzes BGBl. I Nr. 24/2007 ist erstmals für Wirtschaftsjahre anzuwenden, die nach dem 30. Juni 2007 beginnen. § 43 in der Fassung des Bundesgesetzes BGBl. I Nr. 24/2007 ist erstmals für Einkünftefeststellungen für das Kalenderjahr 2006 anzuwenden. § 98 Abs. 3 in der Fassung des Bundesgesetzes BGBl. I Nr. 24/2007 ist erstmals anzuwenden
- hinsichtlich nachträglicher Einkünfte und Nachversteuerungen, die im Rahmen einer Veranlagung erfolgen, bei der Veranlagung für das Kalenderjahr 2007,
- sonst auf Nachversteuerungs- oder Rückzahlungstatbestände, die nach dem 31. Dezember 2006 erfüllt werden.

138. § 16 Abs. 1 Z 6 in der Fassung des Bundesgesetzes BGBl. I Nr. 24/2007 ist anzuwenden, wenn
- die Einkommensteuer (Lohnsteuer) veranlagt wird, erstmalig bei der Veranlagung für das Kalenderjahr 2007 für Lohnzahlungszeiträume, die nach dem 30. Juni 2007 enden,
- die Einkommensteuer (Lohnsteuer) durch Abzug eingehoben wird, erstmalig für Lohnzahlungszeiträume, die nach dem 30. Juni 2007 enden.

139. § 33 Abs. 9 in der Fassung des Bundesgesetzes BGBl. I Nr. 44/2008 ist erstmals bei der Veranlagung des Kalenderjahres 2008 und letztmals bei der Veranlagung für das Kalenderjahr 2010 anzuwenden.

140. Die §§ 3 Abs. 1 Z 16b, 26 Z 4 und 67 Abs. 2 jeweils in der Fassung des Bundesgesetzes BGBl. I Nr. 45/2007 sind anzuwenden, wenn
- die Einkommensteuer (Lohnsteuer) veranlagt wird, erstmalig bei der Veranlagung für das Kalenderjahr 2008,
- die Einkommensteuer (Lohnsteuer) durch Abzug eingehoben wird, erstmalig für Lohnzahlungszeiträume, die nach dem 31. Dezember 2007 enden.

141. § 4 Abs. 10 Z 3 lit. b, § 10 Abs. 7 und § 33 Abs. 10 und 11 jeweils in der Fassung des Bundesgesetzes BGBl. I Nr. 99/2007 sind erstmalig bei der Veranlagung 2007 anzuwenden. § 10 Abs. 5 Z 2 in der Fassung des Bundesgesetzes BGBl I Nr. 99/2007 tritt erstmals bei der Veranlagung für das Kalenderjahr 2008 in Kraft.

142. § 27 Abs. 3 Z 3 in der Fassung des Bundesgesetzes BGBl. I Nr. 100/2007 tritt mit 1. Jänner 2008 in Kraft.

143. § 4 Abs. 4 Z 1 lit. c, § 25 Abs. 1 Z 2 lit. d und § 67 Abs. 3 jeweils in der Fassung des Bundesgesetzes BGBl. I Nr. 102/2007 treten mit 1. Jänner 2008 in Kraft.

144. § 95 Abs. 4 Z 3 in der Fassung des Bundesgesetzes BGBl. I Nr. 65/2008 tritt mit 1. Jänner 1998 in Kraft. Depotübertragungen im Sinne des § 95 Abs. 4 Z 3 vor dem 1. Jänner 2008 gelten nicht als Veräußerung.

145. § 95 Abs. 7 in der Fassung des Bundesgesetzes BGBl. I Nr. 65/2008 tritt mit 1. Jänner 1998

in Kraft. Für Depotübertragungen im Sinne des § 95 Abs. 4 Z 3 vor dem 1. Jänner 2008 steht eine Gutschrift nicht zu.

146. Die Änderungen treten wie folgt in Kraft:

a) § 15 in der Fassung des Bundesgesetzes BGBl. I Nr. 85/2008 ist auf Zuwendungen nach dem 31. Juli 2008 anzuwenden.

b) § 16 Abs. 1 Z 6 in der Fassung des Bundesgesetzes BGBl. I Nr. 85/2008 ist anzuwenden, wenn

– die Einkommensteuer (Lohnsteuer) veranlagt wird, erstmalig bei der Veranlagung für das Kalenderjahr 2008 für Zeiträume, die nach dem 30. Juni 2008 enden, und letztmalig bei der Veranlagung 2010.

– die Einkommensteuer (Lohnsteuer) durch Abzug eingehoben wird, für Lohnzahlungszeiträume, die nach dem 30. Juni 2008 und vor dem 1. Jänner 2011 enden.

c) § 16 Abs. 1 Z 8 lit. b sowie § 28 Abs. 2, Abs. 3 und Abs. 7, jeweils in der Fassung des Bundesgesetzes BGBl. I Nr. 85/2008, sind erstmalig auf Übertragungen nach dem 31. Juli 2008 anzuwenden.

d) § 24 Abs. 5, § 30 Abs. 7 und § 31 Abs. 4, jeweils in der Fassung des Bundesgesetzes BGBl. I Nr. 85/2008, sind erstmalig nach dem 31. Juli 2008 anzuwenden.

e) § 27 Abs. 1 Z 7, § 37 Abs. 4 Z 1 lit. f und Abs. 8 Z 2, jeweils in der Fassung des Bundesgesetzes BGBl. I Nr. 85/2008, sind erstmalig auf Zuwendungen nach dem 31. Juli 2008 anzuwenden.

f) § 27 Abs. 1 Z 8, in der Fassung des Bundesgesetzes BGBl. I Nr. 85/2008, gilt erstmalig für Zuwendungen an Stiftungen nach dem 31. Juli 2008.

g) § 27 Abs. 1 Z 9, in der Fassung des Bundesgesetzes BGBl. I Nr. 85/2008, ist erstmals auf Widerrufe nach dem 31. Juli 2008 anzuwenden.

h) § 32 Z 4, in der Fassung vor dem Bundesgesetz BGBl. I Nr. 85/2008, ist letztmals auf Zuwendungen oder Widerrufe vor dem 1. August 2008 anzuwenden.

147. § 3 Abs. 1 Z 16b in der Fassung des Bundesgesetzes BGBl. I Nr. 133/2008 ist anzuwenden, wenn

– die Einkommensteuer (Lohnsteuer) veranlagt wird, erstmalig bei der Veranlagung für das Kalenderjahr 2009,

– die Einkommensteuer (Lohnsteuer) durch Abzug eingehoben wird, erstmalig für Lohnzahlungszeiträume, die nach dem 31. Dezember 2008 enden.

Die §§ 68 Abs. 2 und 124b Z 140 in der Fassung des Bundesgesetzes BGBl. I Nr. 133/2008 treten mit 1. Jänner 2009 in Kraft.

148. § 108 Abs. 2 in der Fassung des Bundesgesetzes, BGBl. I Nr. 137/2008, ist auf Erstattungen anzuwenden, die nach dem 31. Dezember 2008 erfolgen.

149. § 1 Abs. 4, § 2 Abs. 2, § 41 Abs. 1 Z 7 und Abs. 4, § 42 Abs. 1 Z 3, § 97 Abs. 4 Z 2, § 102 Abs. 3 und § 106a, jeweils in der Fassung des Bundesgesetzes BGBl. I Nr. 26/2009, sind erstmals bei der Veranlagung für das Kalenderjahr 2009 anzuwenden.

150. § 3 Abs. 1 Z 13, § 67 Abs. 1 und § 77 Abs. 4, jeweils in der Fassung des Bundesgesetzes BGBl. I Nr. 26/2009, sind erstmalig für Lohnzahlungszeiträume, die nach dem 31. Dezember 2008 enden, anzuwenden.

151. § 3 Abs. 1 Z 15 lit. c in der Fassung vor dem BGBl. I Nr. 105/2017 ist letztmalig auf Optionen anzuwenden, die vor dem 1. April 2009 eingeräumt werden.

(BGBl I 2017/105)

152. § 4a Z 3 und Z 4 sowie § 18 Abs. 1 Z 8, jeweils in der Fassung des Bundesgesetzes BGBl. I Nr. 26/2009, sind erstmalig auf Zuwendungen anzuwenden, die im Kalenderjahr 2009 getätigt werden.

Zur Aufnahme in die in § 4a Z 4 genannten Listen für das Jahr 2009 haben Körperschaften im Sinne des § 4a Z 3, die selbst bereits seit drei Jahren bestehen und die die Voraussetzungen im Übrigen erfüllen, oder aus einer Vorgängerorganisation (Organisationsfeld mit eigenem Rechnungskreis), die diese Voraussetzungen erfüllt hat, hervorgegangen sind, zur Wahrung der rückwirkenden Spendenabzugsfähigkeit bis 15. Juni 2009 dem Finanzamt Wien 1/23 die Bestätigungen des Wirtschaftsprüfers über das Vorliegen der in § 4a Z 4 genannten Voraussetzungen zu den Abschlussstichtagen der Jahre 2006 und 2007 gemeinsam mit einer aktuellen Fassung der Rechtsgrundlage (wie Satzung, Gesellschaftsvertrag) vorzulegen. Ab dem Abschlussstichtag des Jahres 2008 gilt § 4a Z 4, sodass eine Spendenabzugsfähigkeit erst mit Eintragung in der jeweiligen Liste gegeben ist. Das Finanzamt Wien 1/23 hat die Listen für 2009 erstmalig bis 31. Juli 2009 zu veröffentlichen. Diese bis 31. Juli 2009 veröffentlichten Listen gelten für Zuwendungen ab dem 1. Jänner 2009.

Für Zwecke der Evaluierung der Abzugsfähigkeit von Zuwendungen gemäß § 4a Z 3 und 4 sowie § 18 Abs. 1 Z 8 ist ein Prüfungsbeirat beim Bundesministerium für Finanzen einzurichten. Arbeitgeber, die Bezüge aus einer gesetzlichen Sozialversicherung oder Ruhegenussbezüge einer Gebietskörperschaft im Sinne des § 25 Abs. 1 Z 1, 3 oder 4 auszahlen, können im Zuge einer Aufrollung gemäß § 77 Abs. 3 Sonderausgaben im Sinne des § 18 Abs. 1 Z 8 berücksichtigen.

153. § 10 in der Fassung des Bundesgesetzes BGBl. I Nr. 26/2009 ist erstmals bei der Ver-

anlagung für das Kalenderjahr 2010 anzuwenden. Für geltend gemachte Freibeträge für investierte Gewinne ist § 10 Abs. 5 und Abs. 6 in der Fassung vor dem BGBl. I Nr. 26/2009 weiterhin anzuwenden. Für Herstellungskosten von Gebäuden oder Herstellungsaufwendungen eines Mieters oder eines sonstigen Nutzungsberechtigten auf ein Gebäude kann ein investitionsbedingter Gewinnfreibetrag nur geltend gemacht werden, wenn mit der tatsächlichen Bauausführung nach dem 31. Dezember 2008 begonnen worden ist.

154. § 11a Abs. 1 und 2 sind letztmals bei der Veranlagung für das Kalenderjahr 2009 anzuwenden. Abweichend von § 11a Abs. 3 bis 6 kann bei der Veranlagung für das Kalenderjahr 2009 eine Nachversteuerung nach Maßgabe folgender Bestimmungen vorgenommen werden:
   - Es werden sämtliche bis zur Veranlagung für das Kalenderjahr 2008 begünstigt versteuerten Beträge, die noch nicht nachversteuert worden sind, mit einem Steuersatz von 10% nachversteuert.
   - Erfolgt eine Nachversteuerung nach Teilstrich 1, sind § 11a Abs. 1 und 2 bei der Veranlagung für das Kalenderjahr 2009 und § 11a Abs. 3 bis 6 bei der Veranlagung für das Kalenderjahr 2010 und folgende Jahre nicht mehr anzuwenden.

155. § 33 Abs. 1 und 4, jeweils in der Fassung des Bundesgesetzes BGBl. I Nr. 26/2009, sind anzuwenden, wenn
   - die Einkommensteuer veranlagt wird, erstmalig bei der Veranlagung für das Kalenderjahr 2009,
   - die Einkommensteuer (Lohnsteuer) durch Abzug eingehoben wird oder durch Veranlagung festgesetzt wird, erstmalig für Lohnzahlungszeiträume, die nach dem 31. Dezember 2008 enden. Für Lohnzahlungszeiträume, die nach dem 31. Dezember 2008 enden, ist dieser Lohnzahlungszeitraum im Sinne des § 77 Abs. 3, sofern die technischen und organisatorischen Möglichkeiten gegeben sind und ein aufrechtes Dienstverhältnis bei diesem Arbeitgeber vorliegt, ehe baldigst jedoch bis spätestens 30.6.2009 aufzurollen.

156. § 18 Abs. 1 Z 5, in der Fassung des Bundesgesetzes BGBl. I Nr. 26/2009, ist erstmalig auf Beiträge anzuwenden, die im Kalenderjahr 2009 geleistet werden.

157. § 33 Abs. 2 und 3, § 34 Abs. 6, Abs. 7 Z 1, Z 2 und Abs. 9, § 106 Abs. 1 und 2 und § 109, jeweils in der Fassung des Bundesgesetzes BGBl I Nr. 26/2009, gelten ab 1. Jänner 2009.

158. § 94 Z 6 lit. e in der Fassung des Bundesgesetzes BGBl. I Nr. 26/2009 ist erstmals auf Zuwendungen nach dem 31. Dezember 2008 anzuwenden.

159. § 3 Abs. 1 Z 16c in der Fassung des Bundesgesetzes BGBl. I Nr. 52/2009 tritt mit 1. Jänner 2009 in Kraft.

160. Die Änderungen in § 14 Abs. 7 Z 4 lit. a und b in der Fassung des Bundesgesetzes BGBl. I Nr. 52/2009 sind erstmals für Wertpapieranschaffungen nach dem 30. Juni 2009 anzuwenden.

161. § 18 Abs. 3 Z 2 in der Fassung des Bundesgesetzes BGBl. I Nr. 52/2009 ist erstmals bei der Veranlagung für das Kalenderjahr 2009 anzuwenden.

162. § 27 Abs. 1 Z 1 in der Fassung des Bundesgesetzes BGBl. I Nr. 52/2009 ist für Bezüge anzuwenden, die ab dem 1. Jänner 2009 zufließen.

163. § 69 Abs. 6 in der Fassung des Bundesgesetzes BGBl. I Nr. 52/2009 ist für Auszahlungen anzuwenden, die ab 30. September 2009 zufließen.

164. § 89 Abs. 5 in der Fassung des Bundesgesetzes BGBl. I Nr. 52/2009 tritt mit 1. Jänner 2010 in Kraft.

165. § 93 Abs. 2 Z 1 in der Fassung des Bundesgesetzes BGBl. I Nr. 52/2009 ist für Ausschüttungen anzuwenden, die ab dem 1. Jänner 2009 erfolgen.

166. § 34 Abs. 9 Z 2 in der Fassung des Bundesgesetzes BGBl. I Nr. 79/2009 tritt mit 1. Jänner 2009 in Kraft.

167. § 108h Abs. 1 Z 2 ist für Vertragsabschlüsse vor dem 1. Jänner 2010 hinsichtlich der Absenkung der Aktienquote auf 30% (§ 108h Abs. 1 Z 2 lit. b) sowie deren Berechnung bereits ab dem 1. Jänner 2009 anzuwenden.

168. § 3 Abs. 1 Z 20 in der Fassung vor dem Bundesgesetz BGBl. I Nr. 34/2010 ist letztmalig anzuwenden, wenn
   - die Einkommensteuer veranlagt wird, bei der Veranlagung für das Kalenderjahr 2009,
   - die Einkommensteuer (Lohnsteuer) durch Abzug eingehoben oder durch Veranlagung festgesetzt wird, für Lohnzahlungszeiträume, die vor dem 1. Jänner 2010 enden.

169. § 3 Abs. 4 in der Fassung des Bundesgesetzes BGBl. I Nr. 34/2010 ist auf Zuwendungen anzuwenden, die nach dem 30. Juni 2010 ausbezahlt werden.

170. § 14 Abs. 7 Z 4 lit. a und lit. b in der Fassung des Bundesgesetzes BGBl. I Nr. 34/2010 sind erstmals für Wertpapieranschaffungen nach dem 30. Juni 2010 anzuwenden.

171. § 34 Abs. 7 Z 2 in der Fassung des BGBl. I Nr. 34/2010 ist anzuwenden, wenn
   - die Einkommensteuer veranlagt wird, erstmalig bei der Veranlagung für das Kalenderjahr 2011,
   - die Einkommensteuer (Lohnsteuer) durch Abzug eingehoben oder durch

Veranlagung festgesetzt wird, erstmalig für Lohnzahlungszeiträume, die nach dem 31. Dezember 2010 enden.

172. § 2 Abs. 2b Z 3 und § 36 Abs. 2 in der Fassung des Bundesgesetzes BGBl. I Nr. 58/2010 treten mit 1. Juli 2010 in Kraft. § 2 Abs. 2b Z 3 und § 36 Abs. 2 jeweils in der Fassung des Bundesgesetzes BGBl. I Nr. 58/2010 sind auf Gewinne anzuwenden, die in einem Insolvenzverfahren entstanden sind, das nach dem 30. Juni 2010 eröffnet oder wieder aufgenommen worden ist. Davon unberührt sind § 2 Abs. 2b Z 3 und § 36 Abs. 2 jeweils in der Fassung vor dem Bundesgesetz BGBl. I Nr. 58/2010 auf Gewinne anzuwenden, die in Konkurs- oder Ausgleichsverfahren entstanden sind, die aufgrund der Rechtslage vor Inkrafttreten des Bundesgesetzes BGBl. I Nr. 58/2010, abgewickelt werden.

173. § 69 Abs. 6 Z 2, § 84 Abs. 1 Z 3 lit. b und § 84 Abs. 2 in der Fassung des Bundesgesetzes BGBl. I Nr. 58/2010 treten mit 1. Juli 2010 in Kraft. § 69 Abs. 6 Z 2, § 84 Abs. 1 Z 3 lit. b und § 84 Abs. 2 jeweils in der Fassung des Bundesgesetzes BGBl. I Nr. 58/2010 sind für Insolvenzverfahren, die nach dem 30. Juni eröffnet werden, anzuwenden. Davon unberührt sind § 69 Abs. 6 Z 2, § 84 Abs. 1 Z 3 lit. b und § 84 Abs. 2 jeweils in der Fassung vor dem Bundesgesetz BGBl. I Nr. 58/2010 für Insolvenzverfahren, die vor dem 1. Juli eröffnet werden, anzuwenden.

[174. wurde nicht vergeben]

175. § 35 Abs. 2 Z 2 in der Fassung des Bundesgesetzes, BGBl. I Nr. 81/2010 tritt mit 1. September 2010 in Kraft.

176. § 62a, § 77 Abs. 1, § 82, § 83 Abs. 3 und jeweils in der Fassung des Bundesgesetzes, BGBl. I Nr. 105/2010, treten mit 1. Jänner 2011 in Kraft.

177. § 109b in der Fassung des Bundesgesetzes, BGBl. I Nr. 105/2010, ist erstmals auf Zahlungen nach dem 31. Dezember 2010 anzuwenden.

178. § 82a und § 89 Abs. 6 in der Fassung des Bundesgesetzes, BGBl. I Nr. 105/2010 treten mit 1. Juli 2011 in Kraft.

179. § 3 Abs. 1 Z 15 lit. a erster Teilstrich und § 27 Abs. 5 Z 3, jeweils in der Fassung des Budgetbegleitgesetzes 2011, BGBl. I Nr. 111/2010, sind erstmals auf nach dem 31. Dezember 2010 abgeschlossene Versicherungsverträge anzuwenden.

180. § 4 Abs. 4 Z 4, 4a und 4b, § 10 Abs. 4 und § 108c Abs. 1 und 2, jeweils in der Fassung vor dem Budgetbegleitgesetz 2011, BGBl. I Nr. 111/2010, sind letztmalig auf Wirtschaftsjahre anzuwenden, die vor dem 1. Jänner 2011 beginnen. § 108c in der Fassung des Budgetbegleitgesetzes 2011, BGBl. I Nr. 111/2010, ist erstmalig auf Prämien anzuwenden, die Wirtschaftsjahre betreffen, die nach dem 31. Dezember 2010 beginnen.

181. § 6 Z 2 lit. a und c in der Fassung des Budgetbegleitgesetzes 2011, BGBl. I Nr. 111/2010, tritt mit 1. April 2012 in Kraft. § 6 Z 5 in der Fassung des Budgetbegleitgesetzes 2011, BGBl. I Nr. 111/2010, tritt mit 1. April 2012 in Kraft und ist ab diesem Zeitpunkt auf
   - nach dem 31. Dezember 2010 entgeltlich erworbene Anteile an Körperschaften und Anteilscheine an Investmentfonds im Sinne des Investmentfondsgesetzes und an Immobilienfonds im Sinne des Immobilien-Investmentfondsgesetzes und
   - nach dem 30. September 2011 entgeltlich erworbene andere Wirtschaftsgüter und Derivate im Sinne des § 27 Abs. 3 und 4

   anzuwenden. Auf vor den jeweiligen Zeitpunkten entgeltlich erworbene Wirtschaftsgüter und Derivate im Sinne des § 27 Abs. 3 und 4 ist § 6 Z 5 in der Fassung vor dem Budgetbegleitgesetz 2011, BGBl. I Nr. 111/2010, weiter anzuwenden.

182. § 16 Abs. 1 Z 6, § 26 Z 5, § 33 Abs. 4 Z 1, Abs. 6, 8 und 9, § 34 Abs. 6, § 35 Abs. 1, § 40 und § 76 Abs. 1, jeweils in der Fassung des Budgetbegleitgesetzes 2011, BGBl. I Nr. 111/2010, sind anzuwenden, wenn
   - die Einkommensteuer (Lohnsteuer) veranlagt wird, erstmalig bei der Veranlagung für das Kalenderjahr 2011
   - die Einkommensteuer (Lohnsteuer) durch Abzug eingehoben oder durch Veranlagung festgesetzt wird, erstmalig für Lohnzahlungszeiträume, die nach dem 31. Dezember 2010 enden.

183. § 18 Abs. 1 Z 3 lit. b und Z 5 in der Fassung des Budgetbegleitgesetzes 2011, BGBl. I Nr. 111/2010, sind erstmalig bei der Veranlagung für das Kalenderjahr 2011 anzuwenden. § 18 Abs. 1 Z 3 lit. b in der Fassung vor dem Budgetbegleitgesetz 2011, BGBl. I Nr. 111/2010, ist auf Maßnahmen der Wohnraumschaffung, mit deren tatsächlicher Bauausführung vor dem 1. Jänner 2011 begonnen wurde, weiterhin anzuwenden. Auf Ausschüttungen aus Genussscheinen und jungen Aktien, die vor dem 1. Jänner 2011 angeschafft wurden und deren Anschaffung nach § 18 Abs. 1 Z 4 begünstigt war, ist § 27 Abs. 3 in der Fassung vor dem Budgetbegleitgesetz 2011, BGBl. I Nr. 111/2010, weiter anzuwenden. § 18 Abs. 6 in der Fassung des Budgetbegleitgesetzes 2011, BGBl. I Nr. 111/2010, tritt mit 1. Jänner 2011 in Kraft.

184. § 20 Abs. 2, § 98 Abs. 1, § 99 Abs. 1 und § 100 in der Fassung des Budgetbegleitgesetzes 2011, BGBl. I Nr. 111/2010, treten mit 1. April 2012 in Kraft. § 29 Z 2, § 30 und § 37 in der Fassung vor dem Budgetbegleitgesetz 2011, BGBl. I Nr. 111/2010, sind
   - bei Anteilen an Körperschaften und Anteilscheinen an Investmentfonds im Sinne des Investmentfondsgesetzes und an

Immobilienfonds im Sinne des Immobilien-Investmentfondsgesetzes letztmalig auf vor dem 1. April 2012 verwirklichte Besteuerungstatbestände anzuwenden; dabei verlängert sich die Spekulationsfrist für nach dem 31. Dezember 2010 und vor dem 1. April 2011 entgeltlich erworbene Anteile an Körperschaften und Anteilscheine an Investmentfonds und Immobilienfonds bis 31. März 2012.

– bei anderen vor dem 1. April 2012 entgeltlich erworbenen Wirtschaftsgütern und Derivaten im Sinne des § 27 Abs. 3 und 4 weiter anzuwenden; dabei gilt bei nach dem 30. September 2011 und vor dem 1. April 2012 entgeltlich erworbenen Wirtschaftsgütern und Derivaten im Sinne des § 27 Abs. 3 und 4 jede Veräußerung oder sonstige Abwicklung (beispielsweise Glattstellung oder Differenzausgleich) als Spekulationsgeschäft im Sinne des § 30 Abs. 1 in der Fassung vor dem Budgetbegleitgesetz 2011, BGBl. I Nr. 111/2010. Auf die Veräußerung oder sonstige Abwicklung nach dem 31. März 2012 ist bereits der besondere Steuersatz gemäß § 27a Abs. 1 und 2 anzuwenden.

185. Die §§ 27, 27a, 93, 94, 95, 96 und 97 in der Fassung des Budgetbegleitgesetzes 2011, BGBl. I Nr. 111/2010 treten mit 1. April 2012 nach Maßgabe der folgenden Regelungen in Kraft, soweit sich nicht aus Z 193 anderes ergibt:

a) § 27 Abs. 3 und 4 in der Fassung des Budgetbegleitgesetzes 2011, BGBl. I Nr. 111/2010 sind ab 1. April 2012 erstmals anzuwenden auf

– Beteiligungen, die am 31. März 2012 die Voraussetzungen des § 31 erfüllen; bei vor dem 1. Jänner 2011 erworbenen Beteiligungen, an denen der Steuerpflichtige zum 31. März 2012 mit weniger als einem Prozent beteiligt ist, gilt dies nur dann, wenn die Beteiligungen innerhalb der Frist gemäß § 31 Abs. 1 oder innerhalb einer durch das Umgründungssteuergesetz verlängerten Frist veräußert wird;

– Anteile an Körperschaften, die nach dem 31. Dezember 2010 entgeltlich erworben worden sind;

– Anteilscheine an Investmentfonds im Sinne des Investmentfondsgesetzes und an Immobilienfonds im Sinne des Immobilien-Investmentfondsgesetzes, die nach dem 31. Dezember 2010 entgeltlich erworben worden sind;

– alle anderen Wirtschaftsgüter und Derivate im Sinne des § 27 Abs. 3 und 4, die nach dem 31. März 2012 entgeltlich erworben worden sind; dies umfasst auch Kapitalanlagen im Sinne der Z 85.

Sind dem Abzugsverpflichteten die Anschaffungskosten von Anteilen im Sinne des zweiten und dritten Teilstriches zum 1. April 2012 nicht bekannt, hat der Abzugsverpflichtete (§ 95 Abs. 2 Z 2) einen vom gemeinen Wert der Anteile zum 1. April 2012 abgeleiteten Wert als Anschaffungskosten anzusetzen; § 93 Abs. 4 dritter und vierter Satz sind sinngemäß anzuwenden. Der Bundesminister für Finanzen wird ermächtigt, mittels Verordnung festzulegen, wie dieser Wert vom gemeinen Wert zum 1. April 2012 abzuleiten ist. Die Verordnung kann zudem vorsehen, dass für Gutschriften von Kapitalertragsteuer gemäß § 95 Abs. 7 in der Fassung vor dem Budgetbegleitgesetz 2011, BGBl. I Nr. 111/2010 ein Abschlag von den tatsächlichen oder abgeleiteten Anschaffungskosten zu erfolgen hat.

b) § 31 ist letztmalig für Veräußerungen vor dem 1. April 2012 anzuwenden. Werden nach dem 31. März 2012 Beteiligungen im Sinne des § 31 in der Fassung vor dem Budgetbegleitgesetz 2011, BGBl. I Nr. 111/2010 veräußert, die vor dem 1. Jänner 2011 erworben worden sind, besteht keine Abzugspflicht gemäß § 93.

c) Auf vor dem 1. April 2012 erworbene Forderungswertpapiere im Sinne des § 93 Abs. 3 Z 1 bis 3 in der Fassung vor dem Budgetbegleitgesetz 2011, BGBl. I Nr. 111/2010 (zB Nullkuponanleihen und Indexzertifikate) sind § 21, § 22, § 23, § 27, § 37 Abs. 8, § 42 Abs. 1 Z 4, § 93 und § 95 bis § 97 in der Fassung vor dem Budgetbegleitgesetz 2011, BGBl. I Nr. 111/2010 weiter anzuwenden, wobei ab dem 1. Jänner 2016 abweichend von § 37 Abs. 8 und § 95 Abs. 1 der besondere Steuersatz bzw. die Kapitalertragsteuer 27,5% beträgt.

(BGBl I 2015/163)

d) Realisierte Wertsteigerungen aus Kapitalvermögen und Derivaten gemäß § 27 Abs. 3 und 4, das bzw. die im Rahmen eines vor dem 1. November 2010 abgeschlossenen Tilgungsplanes erworben wurden, bleiben auf Antrag des Steuerpflichtigen im Rahmen der Veranlagung (§ 97 Abs. 2) steuerfrei. Dies gilt nur,

– wenn der Tilgungsplan nachweislich im Zusammenhang mit einem Darlehen steht, das dem Erwerb eines Eigenheimes, der Wohnraumschaffung oder Wohnraumsanierung im Sinne des § 18 Abs. 1 Z 3 in der Fassung vor dem

Budgetbegleitgesetz 2011, BGBl. I Nr. 111/2010 dient und
– soweit die Darlehensvaluta den Betrag von 200 000 Euro nicht übersteigt.

§ 94a in der Fassung vor dem Budgetbegleitgesetz 2011, BGBl. I Nr. 111/2010 ist bis 31. März 2012 weiter anzuwenden.

e) Abschichtungsüberschüsse aus einer vor dem 1. April 2012 entgeltlich erworbenen Beteiligung an einem Unternehmen als stiller Gesellschafter sowie nach Art eines stillen Gesellschafters unterliegen ab 1. April 2012 bereits § 27 Abs. 3.

186. § 93 in der Fassung des Budgetbegleitgesetzes 2011, BGBl. I Nr. 111/2010, gilt nicht für Altemissionen. Altemissionen sind:
– Wertpapiere, die ein Forderungsrecht verbriefen und vor dem 31. Dezember 1983 in Schilling begeben wurden;
– Wertpapiere, die ein Forderungsrecht verbriefen und vor dem 31. Dezember 1988 in einer anderen Währung als Schilling begeben wurden;
– Forderungswertpapiere im Sinne des § 93 Abs. 3 in der Fassung vor dem Budgetbegleitgesetz 2011, BGBl. I Nr. 111/2010, die von internationalen Finanzinstitutionen vor dem 1. Oktober 1992 begeben wurden.

Für natürliche Personen und für Körperschaften, soweit die Körperschaften Einkünfte aus Kapitalvermögen beziehen, gilt die Einkommensteuer (Körperschaftsteuer) für solche Altemissionen durch einen der auszahlenden Stelle in Höhe der Kapitalertragsteuer freiwillig geleisteten Betrag als abgegolten. Der Auftrag zur Abfuhr eines solchen Betrages ist unwiderrufbar.

187. § 34 Abs. 7 Z 3 ist letztmalig bei der Veranlagung 2010 anzuwenden.

188. § 28 Abs. 2 und § 39 Abs. 3, jeweils in der Fassung des Budgetbegleitgesetzes 2011, BGBl. I Nr. 111/2010, sind erstmalig bei der Veranlagung für das Kalenderjahr 2010 anzuwenden.

189. § 41 Abs. 1 und 3, § 42 Abs. 1 und § 46 Abs. 1, jeweils in der Fassung des Bundesgesetzes, BGBl. I Nr. 111/2010, sind erstmalig bei der Veranlagung 2012 anzuwenden.

190. Abweichend von § 96 Abs. 1 Z 2 letzter Satz in der Fassung vor dem Budgetbegleitgesetz 2011, BGBl. I Nr. 111/2010, ist für im Jahre 2011 zu entrichtende Vorauszahlungen an Stelle des Prozentsatzes von 90% ein Prozentsatz von 93% anzuwenden.

191. § 41 Abs. 1 Z 5, § 62 Z 10 und § 129, jeweils in der Fassung des Bundesgesetzes BGBl. I Nr. 111/2010, sind anzuwenden, wenn
– die Einkommensteuer (Lohnsteuer) veranlagt wird, erstmalig bei der Veranlagung für das Kalenderjahr 2011
– die Einkommensteuer (Lohnsteuer) durch Abzug eingehoben oder durch Veranlagung festgesetzt wird, erstmalig für Lohnzahlungszeiträume, die nach dem 31. Dezember 2010 enden.

192. Auf die Veräußerung nach dem 31. März 2012 von in einem Betriebsvermögen gehaltenen
– Anteilen an Körperschaften und Anteilscheinen an Investmentfonds im Sinne des Investmentfondsgesetzes und an Immobilienfonds im Sinne des Immobilien-Investmentfondsgesetzes, die vor dem 1. Jänner 2011 entgeltlich erworben worden sind und
– anderen Wirtschaftsgütern und Derivaten im Sinne des § 27 Abs. 3 und 4, die vor dem 1. April 2012 entgeltlich erworben worden sind,

ist bereits der besondere Steuersatz gemäß § 27a Abs. 1 und 2 anzuwenden.

193. a) § 6 Z 2 lit. c letzter Satz, § 27 Abs. 5 Z 5 und 6 in der Fassung des Budgetbegleitgesetzes 2011, BGBl. I Nr. 111/2010, entfallen mit 1. April 2012.

b) § 6 Z 2 lit. c letzter Satz, § 27a Abs. 2 Z 2, Z 3 und Z 6 sowie Abs. 4 Z 3, § 93 Abs. 2 Z 1, Abs. 4 und 5, § 94 Z 3 lit. a, Z 5, Z 7 und Z 8, § 95 Abs. 1, Abs. 2 Z 1, Abs. 3 Z 2 und Z 3, Abs. 4 Z 2 und Abs. 5, § 97 Abs. 1 und Abs. 2 sowie § 108g Abs. 5, jeweils in der Fassung des Bundesgesetzes BGBl. I Nr. 76/2011, treten mit 1. April 2012 in Kraft.

194. § 3 Abs. 1 Z 10 und Abs. 3, § 41 Abs. 4, § 63 Abs. 7, § 67 Abs. 1 und 5, § 69 Abs. 4 Z 2 und § 77 Abs. 4, jeweils in der Fassung des Bundesgesetzes BGBl. I Nr. 76/2011, sind anzuwenden, wenn
– die Einkommensteuer veranlagt wird, erstmalig bei der Veranlagung für das Kalenderjahr 2012,
– die Einkommensteuer (Lohnsteuer) durch Abzug eingehoben oder durch Veranlagung festgesetzt wird, erstmalig für Lohnzahlungszeiträume, die nach dem 31. Dezember 2011 enden.

195. § 3 Abs. 1 Z 10 und Abs. 3 in der Fassung vor dem Bundesgesetz BGBl. I Nr. 76/2011 ist weiterhin anzuwenden, wenn die begünstigte Tätigkeit an einem Einsatzort erfolgt, der nicht mehr als 400 Kilometer Luftlinie vom nächstgelegenen Punkt des österreichischen Staatsgebietes entfernt liegt.

196. Die §§ 4a und 18 Abs. 1 Z 7 und 8, jeweils in der Fassung des Bundesgesetzes BGBl. I Nr. 76/2011, sind erstmalig auf Zuwendungen anzuwenden, die nach dem 31. Dezember 2011 erfolgen. Im Jahr 2011 gilt für die Aufnahme in die in § 4a Abs. 7 Z 1 genannte Liste:

a) Für Körperschaften, die begünstigte Zwecke im Sinne des § 4a Abs. 2 Z 3 lit. d (Umwelt-, Naturschutz und Artenschutz) und lit. e (Tierheime) verfolgen:
   - Die Körperschaften muss selbst bereits seit drei Jahren bestehen und die Voraussetzungen im Übrigen erfüllen, oder aus einer Vorgängerorganisation (Organisationsfeld mit eigenem Rechnungskreis), die diese Voraussetzungen erfüllt hat, hervorgegangen sein.
   - Die Bestätigungen des Wirtschaftsprüfers über das Vorliegen der jeweils in § 4a Abs. 8 genannten Voraussetzungen zu den Abschlussstichtagen der Jahre 2008, 2009 und 2010 müssen gemeinsam mit einer aktuellen Fassung der Rechtsgrundlage (Vereinsstatut, Satzung, Gesellschaftsvertrag) bis 31. Dezember 2011 vorgelegt werden.
   - Eine Anerkennung als begünstigte Einrichtung, ist vom Finanzamt 1/23 bis längstens 31. März 2012 in der Liste zu veröffentlichen. Diese Eintragung entfaltet bereits für Zuwendungen ab dem 1. Jänner 2012 Wirkung.

b) Forschungseinrichtungen, die vor dem 1. September 2011 den Antrag auf Anerkennung als begünstigte Körperschaft nach der Rechtslage vor Inkrafttreten des Bundesgesetzes, BGBl. I Nr. 76/2011, erstmalig stellen und Forschungseinrichtungen, die bereits als begünstigt anerkannt sind, müssen das Vorliegen der in § 4a Abs. 8 Z 1 oder 2 genannten Voraussetzungen bis 31. Dezember 2011 dem Finanzamt Wien 1/23 durch Vorlage einer Bestätigung des Wirtschaftsprüfers bestätigen. Dabei sind § 4a Abs. 8 Z 1 lit. b und § 4a Abs. 8 Z 2 lit. d nicht maßgeblich.

c) Für Forschungseinrichtungen, die nach dem 31. August 2011 die Anerkennung als begünstigte Körperschaft gemäß § 4a erstmalig beantragen, ist § 4a Abs. 8 in der Fassung des Bundesgesetzes BGBl. I Nr. 76/2011, anzuwenden.

197. § 14 Abs. 6 in der Fassung des Bundesgesetzes BGBl. I Nr. 76/2011 ist erstmalig auf Pensionszusagen anzuwenden, die nach dem 31. Dezember 2010 erteilt werden.

198. § 18 Abs. 1 Z 5 in der Fassung des Bundesgesetzes BGBl. I Nr. 76/2011 ist erstmalig bei der Veranlagung für das Kalenderjahr 2012 anzuwenden.

199. § 19 Abs. 1 in der Fassung des Bundesgesetzes BGBl. I Nr. 76/2011 ist erstmals bei der Veranlagung für das Kalenderjahr 2011 anzuwenden.

200. § 39 Abs. 3 in der Fassung des Bundesgesetzes BGBl. I Nr. 76/2011 ist erstmals bei der Veranlagung für das Jahr 2011 anzuwenden.

201. § 45 Abs. 1 zweiter Satz in der Fassung des Bundesgesetzes BGBl. I Nr. 76/2011 ist erstmals auf Vorauszahlungen anzuwenden, die für das Kalenderjahr 2011 festgesetzt werden oder bereits festgesetzt worden sind.

202. § 14 Abs. 7 Z 4 lit. e, § 27a Abs. 2 Z 2, § 95 Abs. 1, § 108a Abs. 5, § 108b Abs. 1 Z 3, § 108h Abs. 1 Z 1 lit. a, § 108i Abs. 1 Z 3 lit. b und Abs. 2 in der Fassung des Bundesgesetzes BGBl. I Nr. 77/2011 treten mit 1. September 2011 in Kraft.

203. § 4a Abs. 2 Z 1 und Abs. 3 Z 1 bis 4 in der Fassung des Bundesgesetzes BGBl. I Nr. 112/2011 ist auf alle offenen Veranlagungen anzuwenden.

204. § 19 Abs. 1 Z 2 in der Fassung des Bundesgesetzes BGBl. I Nr. 112/2011 ist erstmals bei der Veranlagung für das Kalenderjahr 2011 anzuwenden.

205. § 27 Abs. 2 Z 2, Abs. 3 und Abs. 8, § 27a Abs. 5, § 93 Abs. 5, § 94 Z 10, 11 und 13, § 95 Abs. 1 und Abs. 2 Z 1 sowie § 97 Abs. 1 und 2, jeweils in der Fassung des Bundesgesetzes BGBl. I Nr. 112/2011, treten mit 1. April 2012 in Kraft.

206. § 45 in der Fassung des Bundesgesetzes BGBl. I Nr. 112/2011 tritt mit 2. August 2011 in Kraft.

207. § 93 Abs. 6 und § 96 Abs. 1 Z 2 und Abs. 4, jeweils in der Fassung des Bundesgesetzes BGBl. I Nr. 112/2011, treten mit 1. Jänner 2013 in Kraft.

Für die im Zeitraum vom 1. April 2012 bis zum 31. Dezember 2012 erzielten Einkünfte hat die depotführende Stelle gemäß § 95 Abs. 2 Z 2 lit. a den Verlustausgleich für sämtliche Depots des Steuerpflichtigen nachträglich bis zum 30. April 2013 wie folgt durchzuführen: Die unter Berücksichtigung des § 93 Abs. 6 Z 4 ausgleichbaren positiven und negativen Einkünfte gemäß § 27 sind gegenüberzustellen. Die tatsächlich für diese Einkünfte einbehaltene Kapitalertragsteuer ist
- im Falle eines negativen Überhangs zur Gänze gutzuschreiben;
- im Falle eines positiven Überhangs insoweit gutzuschreiben, als sie 25% des positiven Überhangs übersteigt.

Der Abzugsverpflichtete hat dem Empfänger der Kapitalerträge für diesen Zeitraum eine Bescheinigung über den Verlustausgleich im Sinne des § 96 Abs. 4 Z 2 zu erteilen. Diese Bescheinigung ist zur Vornahme des Verlustausgleichs nach § 27 Abs. 8 im Rahmen der Veranlagung auf Verlangen des Finanzamtes vorzulegen.

208. § 18 Abs. 3 Z 2 und § 34 Abs. 4, jeweils in der Fassung des Bundesgesetzes BGBl. I

Nr. 123/2011, sind erstmals bei der Veranlagung für das Kalenderjahr 2012 anzuwenden.

209. § 33 Abs. 6 Z 1 in der Fassung des Bundesgesetzes BGBl. I Nr. 123/2011 ist anzuwenden, wenn
   – die Einkommensteuer (Lohnsteuer) veranlagt wird, erstmalig bei der Veranlagung für das Kalenderjahr 2012
   – die Einkommensteuer (Lohnsteuer) durch Abzug eingehoben wird, erstmalig für Lohnzahlungszeiträume, die nach dem 31. Dezember 2011 enden.

210. § 2 Abs. 8 Z 3 in der Fassung des 1. Stabilitätsgesetzes 2012, BGBl. I Nr. 22/2012, ist erstmals bei der Veranlagung für das Kalenderjahr 2012 anzuwenden.

211. § 4 Abs. 1 letzter Satz und Abs. 3 letzter Satz, jeweils in der Fassung vor dem 1. Stabilitätsgesetz 2012, BGBl. I Nr. 22/2012, sind letztmalig auf Wertveränderungen vor dem 1. April 2012 anzuwenden. § 4 Abs. 3 in der Fassung des 1. Stabilitätsgesetzes 2012, BGBl. I Nr. 22/2012, ist anzuwenden auf Wirtschaftsgüter, die nach dem 31. März 2012 angeschafft, hergestellt oder eingelegt werden.

212. § 4 Abs. 10 Z 3 in der Fassung vor dem 1. Stabilitätsgesetz 2012, BGBl. I Nr. 22/2012, ist letztmalig anzuwenden, wenn der Wechsel der Gewinnermittlung vor dem 1. April 2012 erfolgt. Zum 31. März 2012 bestehende Rücklagen oder steuerfreie Beträge im Sinne des § 4 Abs. 10 Z 3 lit. b in der Fassung vor dem 1. Stabilitätsgesetz 2012, BGBl. I Nr. 22/2012, sind im Zeitpunkt des Ausscheidens des Grund und Bodens aus dem Betriebsvermögen oder im Zeitpunkt der Veräußerung oder Aufgabe des Betriebes insoweit gemäß § 30a zu versteuern als die stillen Reserven in diesem Zeitpunkt noch vorhanden sind.

212a. § 5 Abs. 1 in der Fassung des 1. Stabilitätsgesetzes 2012, BGBl. I Nr. 22/2012, tritt mit 1. April 2012 in Kraft.

213. § 6 Z 2 lit. d, Z 4 und 5, jeweils in der Fassung des 1. Stabilitätsgesetzes 2012, BGBl. I Nr. 22/2012, treten mit 1. April 2012 in Kraft.

214. § 10 in der Fassung des 1. Stabilitätsgesetzes 2012, BGBl. I Nr. 22/2012, ist erstmalig bei der Veranlagung für das Kalenderjahr 2013 anzuwenden.

215. §§ 3 Abs. 1 Z 33, 4 Abs. 3a, 20 Abs. 2, 29 Z 2, 30, 30a, 31 und § 98 Abs. 1 Z 7, jeweils in der Fassung des 1. Stabilitätsgesetzes 2012, BGBl. I Nr. 22/2012, treten mit 1. April 2012 in Kraft und sind erstmals für Veräußerungen nach dem 31. März 2012 anzuwenden. Die §§ 41 Abs. 1 Z 10 und 42 Abs. 1 Z 5 in der Fassung des 1. Stabilitätsgesetzes 2012, BGBl. I Nr. 22/2012, sind erstmalig bei der Veranlagung für das Kalenderjahr 2012 anzuwenden. § 12 Abs. 4 in der Fassung des 1. Stabilitätsgesetzes 2012, BGBl. I Nr. 22/2012, ist erstmals anzuwenden für die Übertragung stiller Reserven auf nach dem 31. März 2012 anfallende (Teil-)Anschaffungs- oder Herstellungskosten.

216. § 27a Abs. 6 in der Fassung des 1. Stabilitätsgesetzes 2012, BGBl. I Nr. 22/2012, tritt mit 1. April 2012 in Kraft.

217. §§ 30b, 30c und 102 Abs. 1, jeweils in der Fassung des 1. Stabilitätsgesetzes 2012, BGBl. I Nr. 22/2012, sind für Veräußerungen nach dem 31. Dezember 2012 anzuwenden. § 46 Abs. 1 in der Fassung des 1. Stabilitätsgesetzes 2012, BGBl. I Nr. 22/2012, ist erstmalig bei der Veranlagung für das Kalenderjahr 2013 anzuwenden.

217a. § 98 Abs. 4 in der Fassung des 1. Stabilitätsgesetzes 2012, BGBl. I Nr. 22/2012, ist hinsichtlich der Geltung des § 30a erstmals auf Veräußerungen nach dem 31. März 2012, im Übrigen erstmals auf Veräußerungen nach dem 31. Dezember 2012 anzuwenden.

218. Für Grundstücksveräußerungen nach dem 31. März 2012 und vor dem 1. Jänner 2013 können Parteienvertreter, die eine Selbstberechnung gemäß § 11 des Grunderwerbsteuergesetzes vornehmen, einen Betrag in Höhe der Immobilienertragsteuer gemäß § 30b Abs. 1 selbst berechnen und entrichten. Mit der Entrichtung gilt unter den Voraussetzungen des § 30b Abs. 2 die Einkommensteuer als abgegolten. In diesem Fall sind die §§ 30b Abs. 3, 30c Abs. 2 Z 2 und Abs. 3, 41 Abs. 1 Z 10, 42 Abs. 1 Z 5 und 46 Abs. 1 Z 2 sinngemäß anzuwenden.

219. § 41 Abs. 4, § 67 Abs. 1 und 2, Abs. 12 sowie § 77 Abs. 4 letzter Satz, jeweils in der Fassung des 1. Stabilitätsgesetzes 2012, BGBl. I Nr. 22/2012, sind anzuwenden, wenn
   – die Einkommensteuer veranlagt wird, erstmalig bei der Veranlagung für das Kalenderjahr 2013,
   – die Einkommensteuer (Lohnsteuer) durch Abzug eingehoben oder durch Veranlagung festgesetzt wird, erstmalig für Lohnzahlungszeiträume, die nach dem 31. Dezember 2012 enden.

220. § 67 Abs. 3 und 4, jeweils zweiter Satz, Abs. 5, Abs. 6, Abs. 7 und Abs. 8 lit. f und g, jeweils in der Fassung des 1. Stabilitätsgesetzes 2012, BGBl. I Nr. 22/2012, sind anzuwenden, wenn
   – die Einkommensteuer veranlagt wird, erstmalig bei der Veranlagung für das Kalenderjahr 2013,
   – die Einkommensteuer (Lohnsteuer) durch Abzug eingehoben oder durch Veranlagung festgesetzt wird, erstmalig für Lohnzahlungszeiträume, die nach dem 31. Dezember 2012 enden.

221. § 108 Abs. 1 Z 2 in der Fassung des 1. Stabilitätsgesetzes 2012, BGBl. I Nr. 22/2012, ist für Erstattungen, die für die Kalendermonate ab April 2012 erfolgen, anzuwenden. Für Er-

stattungen, die für die Kalendermonate Jänner bis März 2012 erfolgen, ist § 108 Abs. 1 Z 2 in der Fassung vor dem 1. Stabilitätsgesetz 2012, BGBl. I Nr. 22/2012, anzuwenden. Die Bausparprämie beträgt im Kalenderjahr 2012 aliquot für die Kalendermonate Jänner bis März 2012 3% und aliquot für die Kalendermonate April bis Dezember 2012 1,5%. Erfolgt die Erstattung für das gesamte Kalenderjahr 2012, ist der Durchschnittsprozentsatz von 1,875% anzuwenden.

222. § 108a Abs. 1 und § 108g Abs. 1, jeweils in der Fassung des 1. Stabilitätsgesetzes 2012, BGBl. I Nr. 22/2012, sind auf Erstattungen anzuwenden, die nach dem 31. Dezember 2012 erfolgen. Der Prozentsatz nach § 108a Abs. 1 und § 108g Abs. 1 beträgt für Erstattungen, die für das Kalenderjahr 2012 erfolgen, 4,25%.

223. a) § 108c Abs. 2 in der Fassung des 1. Stabilitätsgesetzes 2012, BGBl. I Nr. 22/2012, ist erstmalig auf Prämien anzuwenden, die Wirtschaftsjahre betreffen, die nach dem 31. Dezember 2011 beginnen.

b) § 108c Abs. 7 und 8 in der Fassung des 1. Stabilitätsgesetzes 2012, BGBl. I Nr. 22/2012, ist erstmalig auf Prämien anzuwenden, die Wirtschaftsjahre betreffen, die nach dem 31. Dezember 2011 beginnen. Abweichend davon tritt § 108c Abs. 7 erster Satz in der Fassung des 1. Stabilitätsgesetzes 2012, BGBl. I Nr. 22/2012 mit 1. Jänner 2013 in Kraft.

c) § 108c Abs. 7, 8 und 9 in der Fassung des Bundesgesetzes BGBl. I Nr. 112/2012 ist erstmalig auf Prämien anzuwenden, die Wirtschaftsjahre betreffen, die nach dem 31. Dezember 2011 beginnen. Abweichend davon tritt § 108c Abs. 7 erster Satz in der Fassung des Bundesgesetzes BGBl. I Nr. 112/2012 mit 1. Jänner 2013 in Kraft.

224. § 3 Abs. 1 Z 10 lit. f fünfter Teilstrich und § 35 Abs. 1 dritter Teilstrich, jeweils in der Fassung des Bundesgesetzes BGBl. I Nr. 112/2012, sind anzuwenden, wenn

- die Einkommensteuer veranlagt wird, erstmalig bei der Veranlagung für das Kalenderjahr 2013
- die Einkommensteuer (Lohnsteuer) durch Abzug eingehoben oder durch Veranlagung festgesetzt wird, erstmalig für Lohnzahlungszeiträume, die nach dem 31. Dezember 2012 enden.

225. § 4 Abs. 2 und 3 und § 28 Abs. 7, jeweils in der Fassung des Bundesgesetzes BGBl. I Nr. 112/2012, treten mit 1. Jänner 2013 in Kraft und sind erstmals bei der Veranlagung für das Kalenderjahr 2004 auf Fehler anzuwenden, die Veranlagungszeiträume ab 2003 betreffen.

(BGBl I 2015/163)

226. § 4 Abs. 3a Z 2 bis 5, § 6 Z 2 lit. d, Z 4 und Z 5, § 12 Abs. 3, § 24 Abs. 3, § 30 Abs. 2 Z 4, Abs. 3, Abs. 5 und Abs. 6 lit. b, § 30a Abs. 3 und Abs. 4, jeweils in der Fassung des Bundesgesetzes BGBl. I Nr. 112/2012, treten mit 1. April 2012 in Kraft.

227. § 27a Abs. 2 und 4 und § 30c Abs. 4, jeweils in der Fassung des Bundesgesetzes BGBl. I Nr. 112/2012, treten mit 1. Jänner 2013 in Kraft. § 16 Abs. 1 Z 8 und § 30 Abs. 6 lit. a, jeweils in der Fassung des Bundesgesetzes BGBl. I Nr. 112/2012, sind auf Wirtschaftsgüter anzuwenden, die nach dem 31. Dezember 2012 erstmalig zur Erzielung von Einkünften verwendet werden.

228. § 4a Abs. 1, Abs. 4 lit. d, Abs. 7 Z 1 und Z 5 und Abs. 8 Z 2 in der Fassung des Bundesgesetzes BGBl. I Nr. 112/2012 ist erstmalig auf Zuwendungen anzuwenden, die nach dem 31. Dezember 2012 erfolgen.

Einrichtungen, die gemäß § 4a Abs. 4 lit. d in der Fassung vor dem BGBl. I Nr. 112/2012 begünstigt sind, können bis 30. April 2013 einen Antrag auf Aufnahme in die Liste gemäß Abs. 7 Z 1 stellen. Werden die in § 4a Abs. 8 Z 2 genannten Voraussetzungen nachgewiesen, entfaltet die Anerkennung als begünstigte Einrichtung durch das Finanzamt Wien 1/23 und die Eintragung in die Liste gemäß Abs. 7 Z 1 ab dem 1. Jänner 2013 Wirkung.

229. § 10 idF des BGBl. I Nr. 112/2012 ist erstmalig bei der Veranlagung für das Kalenderjahr 2013 anzuwenden.

230. § 17 Abs. 5a in der Fassung des Bundesgesetzes BGBl. I Nr. 112/2012 ist erstmals für die Erlassung einer Verordnung anzuwenden, die für Veranlagungszeiträume gilt, für die gemäß § 20c Bewertungsgesetz 1955 festgestellte Einheitswerte anzuwenden sind.

231. § 18 Abs. 1 Z 3 lit. b erster Satz in der Fassung des Bundesgesetzes BGBl. I Nr. 112/2012 ist erstmalig bei der Veranlagung für das Kalenderjahr 2013 anzuwenden.

232. § 18 Abs. 1 Z 7 in der Fassung des Bundesgesetzes BGBl. I Nr. 112/2012 ist erstmalig auf Zuwendungen anzuwenden, die nach dem 31. Dezember 2012 erfolgen. § 18 Abs. 1 Z 8 in der Fassung vor dem BGBl. I Nr. 112/2012 gilt letztmalig für Zuwendungen, die vor dem 1. Jänner 2013 erfolgen. Arbeitgeber, die Bezüge aus einer gesetzlichen Sozialversicherung oder Ruhegenussbezüge einer Gebietskörperschaft im Sinne des § 25 Abs. 1 Z 1, 3 oder 4 auszahlen, können im Zuge einer Aufrollung gemäß § 77 Abs. 3 für Lohnzahlungszeiträume, die vor dem 1. Jänner 2017 enden, Sonderausgaben im Sinne des § 18 Abs. 1 Z 7 in der Fassung des Bundesgesetzes BGBl. I Nr. 112/2012 berücksichtigen.

(BGBl I 2015/163)

233. § 30 Abs. 4 in der Fassung des Bundesgesetzes BGBl. I Nr. 112/2012 ist erstmals anzuwenden auf Veräußerungen nach dem 31. März 2012.

§ 28 Abs. 7 und § 37 Abs. 2 Z 3 in der Fassung vor dem Bundesgesetz BGBl. I Nr. 112/2012 sind letztmalig anzuwenden auf Übertragungen vor dem 1. April 2012.

234. § 30 Abs. 7 ist erstmals bei der Veranlagung für das Kalenderjahr 2012 anzuwenden.

235. § 32 Abs. 1 und 2 in der Fassung des Bundesgesetzes BGBl. I Nr. 112/2012 ist erstmals anzuwenden für Einkünfte, die nach dem 31. Dezember 2012 anfallen.

236. § 33 Abs. 3 zweiter Satz in der Fassung des Bundesgesetzes BGBl. I Nr. 112/2012 tritt mit 1. Jänner 2013 in Kraft. § 33 Abs. 4 Z 3 erster Satz, § 34 Abs. 7 Z 2 und Abs. 9 Z 1 zweiter Teilstrich und § 106a Abs. 2, jeweils in der Fassung des Bundesgesetzes BGBl. I Nr. 112/2012, sind erstmalig bei der Veranlagung für das Kalenderjahr 2012 anzuwenden.

237. § 41 Abs. 1 Z 4 in der Fassung des Bundesgesetzes BGBl. I Nr. 112/2012 ist anzuwenden, wenn

– die Einkommensteuer veranlagt wird, erstmalig bei der Veranlagung für das Kalenderjahr 2012

– die Einkommensteuer (Lohnsteuer) durch Abzug eingehoben oder durch Veranlagung festgesetzt wird, erstmalig für Lohnzahlungszeiträume, die nach dem 31. Dezember 2011 enden.

238. Abweichend von Z 184 ist § 37 Abs. 4 in der Fassung vor dem Budgetbegleitgesetz 2011, BGBl. I Nr. 111/2010, für Zuwendungen von Privatstiftungen im Sinne des § 27 Abs. 1 Z 7 in der Fassung vor dem Budgetbegleitgesetz 2011, die vor dem 1. April 2012 zufließen, weiter anzuwenden.

239. § 93 Abs. 6 in der Fassung des Bundesgesetzes BGBl. I Nr. 112/2012 tritt mit 1. Jänner 2013 in Kraft.

240. § 95 Abs. 3 Z 2 in der Fassung des Bundesgesetzes BGBl. I Nr. 112/2012 tritt mit 1. April 2012 in Kraft.

241. § 96 Abs. 1 Z 1 lit. a und Abs. 3 in der Fassung des Bundesgesetzes BGBl. I Nr. 112/2012 treten mit 1. Jänner 2013 in Kraft.

242. § 16 Abs. 1 Z 6 lit. a und lit. c bis j, § 16 Abs. 3, § 20 Abs. 1 Z 2 lit. e, § 26 Z 5 lit. b, § 33, § 62 Z 6, § 68 Abs. 6 und § 76 Abs. 1 jeweils in der Fassung des Bundesgesetzes BGBl. I Nr. 53/2013, sind anzuwenden, wenn

– die Einkommensteuer veranlagt wird, erstmalig bei der Veranlagung für das Kalenderjahr 2013,

– die Einkommensteuer (Lohnsteuer) durch Abzug eingehoben oder durch Veranlagung festgesetzt wird, erstmalig für Lohnzahlungszeiträume, die nach dem 31. Dezember 2012 enden. Wurden für derartige Lohnzahlungszeiträume § 16 Abs. 1 Z 6 und § 33 Abs. 5 Z 4 in der Fassung des BGBl. I Nr. 53/2013 noch nicht berücksichtigt, hat eine Aufrollung gemäß § 77 Abs. 3 so bald als möglich, jedoch spätestens bis 30. Juni 2013 zu erfolgen, sofern die technischen und organisatorischen Möglichkeiten dazu vorliegen und ein aufrechtes Dienstverhältnis bei demselben Arbeitgeber vorliegt.

243. § 16 Abs. 1 Z 6 lit. b in der Fassung des Bundesgesetzes BGBl. I Nr. 53/2013 tritt mit 1. Mai 2013 in Kraft.

244. § 45 Abs. 1 in der Fassung des Bundesgesetzes BGBl. I Nr. 53/2013 ist erstmals bei der Veranlagung für das Kalenderjahr 2012 anzuwenden.

245. § 33 Abs. 6 in der Fassung des Bundesgesetzes BGBl. I Nr. 53/2013 ist anzuwenden, wenn

– die Einkommensteuer veranlagt wird, erstmalig bei der Veranlagung für das Kalenderjahr 2013,

– die Einkommensteuer (Lohnsteuer) durch Abzug eingehoben oder durch Veranlagung festgesetzt wird, erstmalig für Lohnzahlungszeiträume, die nach dem 31. Dezember 2012 enden. Wurden für derartige Lohnzahlungszeiträume § 33 Abs. 6 in der Fassung des BGBl. I Nr. 53/2013 noch nicht berücksichtigt, hat eine Aufrollung gemäß § 77 Abs. 3 so bald als möglich, jedoch spätestens bis 30. September 2013 zu erfolgen, sofern die technischen und organisatorischen Möglichkeiten dazu vorliegen.

246. § 108h Abs. 1 Z 2 lit. d ist auf Erklärungen ab dem 1. August 2013 anzuwenden. Fällt der Ablauf der vertraglich vereinbarten Laufzeit in das Jahr 2013, kann der Steuerpflichtige die unwiderrufliche Erklärung jedenfalls bis zum 31. Dezember 2013 abgeben.

247. § 3 Abs. 1 Z 13 lit. b in der Fassung des Bundesgesetzes BGBl. I Nr. 135/2013 ist erstmalig für Lohnzahlungszeiträume, die nach dem 31. Dezember 2012 enden, anzuwenden.

248. § 2 Abs. 2b in der Fassung vor dem Bundesgesetz BGBl. I Nr. 13/2014 ist letztmalig bei der Veranlagung für das Kalenderjahr 2013 anzuwenden.

249. a) § 2 Abs. 8 Z 3 in der Fassung vor dem Bundesgesetz BGBl. I Nr. 13/2014 ist letztmalig bei der Veranlagung für das Kalenderjahr 2014 anzuwenden.

b) § 2 Abs. 8 Z 4 in der Fassung des Bundesgesetzes BGBl. I Nr. 13/2014 ist erstmalig bei der Veranlagung für das Kalenderjahr 2015 anzuwenden. Sämtliche noch nicht nachversteuerte Verluste aus Staaten, mit denen keine umfassende Amtshilfe besteht, die bis zur Veranlagung für das Kalenderjahr 2014 berücksichtigt wurden, erhöhen in den Veranlagungsjahren 2016 bis 2018 zu mindestens einem Drittel den Gesamtbetrag der Einkünfte, soweit sie nicht bei

der Veranlagung 2016 bereits nach § 2 Abs. 8 Z 4 erster Satz nachzuversteuern sind. Angesetzte Verluste unterliegen nicht der Nachversteuerung, wenn die Verluste
- in Wirtschaftsjahren entstanden sind, die vor dem 1. März 2014 enden,
- nicht mehr im Ausland verwertet werden können, und
- aus ausländischen Betrieben oder Betriebsstätten stammen, die vor dem 1. Jänner 2017 aufgegeben oder veräußert werden.

250. § 4a Abs. 4 in der Fassung des Bundesgesetzes BGBl. I Nr. 13/2014 ist auf alle offenen Veranlagungsverfahren anzuwenden.

251. a) § 9 Abs. 5 in der Fassung des Bundesgesetzes BGBl. I Nr. 13/2014 ist für Rückstellungen anzuwenden, deren Anlass für die erstmalige Bildung in Wirtschaftsjahren liegt, die nach dem 30. Juni 2014 enden.

b) § 9 Abs. 5 in der Fassung vor dem Bundesgesetz BGBl. I Nr. 13/2014 ist letztmalig für Rückstellungen anzuwenden, die für Wirtschaftsjahre gebildet wurden, die vor dem 1. Juli 2014 enden. Für die Bewertung in den folgenden Wirtschaftsjahren gilt Folgendes:
- Ergibt sich aufgrund der erstmaligen Abzinsung für bestehende Rückstellungen nach Maßgabe von § 9 Abs. 5 in der Fassung des Bundesgesetzes BGBl. I Nr. 13/2014 ein geringerer als der bisher rückgestellte Betrag, ist die Rückstellung um den gesamten Unterschiedsbetrag zu vermindern. Der aufzulösende Unterschiedsbetrag ist im betreffenden und den nachfolgenden beiden Wirtschaftsjahren zu je einem Drittel zu berücksichtigen. Auf die um den Unterschiedsbetrag verminderte Rückstellung ist in den Folgejahren § 9 Abs. 5 in der Fassung des Bundesgesetzes BGBl. I Nr. 13/2014 anzuwenden. Im Falle einer Betriebsveräußerung oder aufgabe kann der Unterschiedsbetrag zur Gänze im betreffenden Wirtschaftsjahr berücksichtigt werden.
- Ergibt sich aufgrund der erstmaligen Abzinsung für bestehende Rückstellungen nach Maßgabe von § 9 Abs. 5 in der Fassung des Bundesgesetzes BGBl. I Nr. 13/2014 ein höherer als der bisher rückgestellte Betrag, ist die Rückstellung weiterhin mit 80% des Teilwertes anzusetzen, wenn deren Restlaufzeit mehr als ein Jahr beträgt.

252. § 10 in der Fassung des Bundesgesetzes BGBl. I Nr. 13/2014 ist erstmalig für Wirtschaftsjahre anzuwenden, die nach dem 30. Juni 2014 enden. § 10 Abs. 5 Z 2 und 3 in der Fassung vor dem Bundesgesetz BGBl. I Nr. 13/2014 sind für Wertpapiere, die in vor dem 1. Juli 2014 endenden Wirtschaftsjahren angeschafft wurden, weiter anzuwenden. § 10 in der Fassung vor dem Bundesgesetz BGBl. I Nr. 13/2014 ist wieder für Wirtschaftsjahre anzuwenden, die nach dem 31. Dezember 2016 beginnen.

253. a) § 20 Abs. 1 Z 7 in der Fassung des Bundesgesetzes BGBl. I Nr. 13/2014 ist erstmalig auf Aufwendungen anzuwenden, die nach dem 28. Februar 2014 anfallen, wobei die Aliquotierung gemäß § 20 Abs. 1 Z 7 lit. b sinngemäß anzuwenden ist. Ergibt sich aus der Anwendung des § 20 Abs. 1 Z 7 für bestehende Rückstellungen für Pensionen, die für Wirtschaftsjahre gebildet wurden, die vor dem 1. März 2014 enden, ein geringerer als der bisher rückgestellte Betrag, ist der Unterschiedsbetrag nicht gewinnerhöhend aufzulösen. Eine steuerwirksame Zuführung zu diesen Rückstellungen darf erst dann vorgenommen werden, wenn die Höhe der Pensionsansprüche unter Berücksichtigung des § 20 Abs. 1 Z 7 eine Rückstellungsbildung über den bisher rückgestellten Betrag hinaus zulässt.

b) Für die Festsetzung von Vorauszahlungen gemäß § 45 für das Jahr 2014 und die Folgejahre gilt unbeschadet des § 45 Abs. 4 Folgendes: Wurde die für die Festsetzung maßgebliche Einkommensteuerschuld unter Berücksichtigung des Ergebnisses eines vor dem 1. Jänner 2014 endenden Regelwirtschaftsjahres ermittelt und dabei für einen Arbeitnehmer oder einen ehemaligen Arbeitnehmer in einem oder mehreren Lohnzetteln ausgewiesene Bruttobezüge gemäß § 25 (ohne Bezüge gemäß § 26 und ohne Bezüge gemäß § 3 Abs. 1 Z 16b) in einer Höhe berücksichtigt, die den Betrag von 500 000 Euro übersteigen, ist bei Festsetzung von Vorauszahlungen das für die Ermittlung der Einkommensteuerschuld zu berücksichtigende Ergebnis um den 500 000 Euro übersteigenden Betrag zu erhöhen. Dies gilt nicht, soweit die maßgebliche Einkommensteuerschuld unter Berücksichtigung eines nach § 188 BAO festgestellten Ergebnisses ermittelt wurde.

254. § 20 Abs. 1 Z 8 in der Fassung des Bundesgesetzes BGBl. I Nr. 13/2014 ist erstmalig auf Auszahlungen anzuwenden, die nach dem 28. Februar 2014 anfallen. Dies gilt nicht für Auszahlungen auf Grund von Sozialplänen im Sinne des § 67 Abs. 8 lit. f, die vor dem

1. März 2014 abgeschlossen wurden. Ergibt sich aus der Anwendung des § 20 Abs. 1 Z 8 für bestehende Rückstellungen für Abfertigungen, die für Wirtschaftsjahre gebildet wurden, die vor dem 1. März 2014 enden, ein geringerer als der bisher rückgestellte Betrag, ist der Unterschiedsbetrag nicht gewinnerhöhend aufzulösen. Eine steuerwirksame Zuführung zu diesen Rückstellungen darf erst dann vorgenommen werden, wenn die Höhe der Abfertigungsansprüche unter Berücksichtigung des § 20 Abs. 1 Z 8 eine Rückstellungsbildung über den bisher rückgestellten Betrag hinaus zulässt.

255. § 27 Abs. 5 Z 3 in der Fassung des Bundesgesetzes BGBl. I Nr. 13/2014 ist erstmalig auf nach dem 28. Februar 2014 abgeschlossene Versicherungsverträge anzuwenden.

256. § 67 Abs. 6 und Abs. 8 lit. a und b, jeweils in der Fassung des Bundesgesetzes BGBl. I Nr. 13/2014, sind erstmalig auf Auszahlungen anzuwenden, die nach dem 28. Februar 2014 erfolgen. § 67 Abs. 6 in der Fassung vor dem Bundesgesetz BGBl. I Nr. 13/2014 ist auf Auszahlungen im Rahmen von Sozialplänen im Sinne des § 67 Abs. 8 lit. f, die nach dem 28. Februar 2014 erfolgen, weiterhin anzuwenden, wenn der Sozialplan vor dem 1. März 2014 abgeschlossen wurde.

257. § 89 Abs. 6 in der Fassung des Bundesgesetzes BGBl. I Nr. 13/2014 tritt mit 1. Jänner 2016 in Kraft. Datenübertragungen sind jedoch nicht vor dem Vorliegen der technischen und organisatorischen Voraussetzungen zulässig.

258. § 94 Z 13 und § 98 Abs. 1 Z 5 in der Fassung des Bundesgesetzes BGBl. I Nr. 13/2014 treten mit 1. Jänner 2015 in Kraft und gelten für Zinsen, die nach dem 31. Dezember 2014 angefallen sind. Wird für Zinsen, die davor angefallen sind, Kapitalertragsteuer abgezogen, kann diese im Rahmen der Veranlagung angerechnet oder erstattet werden.

259. § 69 Abs. 2 in der Fassung des Bundesgesetzes BGBl. I Nr. 13/2014 ist anzuwenden, wenn
- die Einkommensteuer veranlagt wird, erstmalig bei der Veranlagung für das Kalenderjahr 2014,
- die Einkommensteuer (Lohnsteuer) durch Abzug eingehoben oder durch Veranlagung festgesetzt wird, erstmalig für Lohnzahlungszeiträume, die nach dem 31. Dezember 2013 enden.

260. § 2 Abs. 4 in der Fassung des Bundesgesetzes BGBl. I Nr. 105/2014 ist erstmals auf Wirtschaftsjahre anzuwenden, die nach dem 31. Dezember 2014 beginnen, wenn die Vereinbarung des Auftragswertes bei Auftragsvergabe nach dem 31. Dezember 2014 erfolgt.

261. § 3 Abs. 1 Z 5 lit. b in der Fassung des Bundesgesetzes BGBl. I Nr. 105/2014 ist anzuwenden, wenn
- die Einkommensteuer veranlagt wird, erstmalig bei der Veranlagung für das Kalenderjahr 2014,
- die Einkommensteuer (Lohnsteuer) durch Abzug eingehoben oder durch Veranlagung festgesetzt wird, erstmalig für Lohnzahlungszeiträume, die nach dem 31. Dezember 2013 enden.

262. § 4 Abs. 3 in der Fassung des Bundesgesetzes BGBl. I Nr. 105/2014 ist erstmalig bei der Veranlagung für das Kalenderjahr 2014 anzuwenden. Für Wirtschaftsgüter im Sinne des § 4 Abs. 3 vierter Satz in der Fassung vor dem BGBl. I Nr. 105/2014, ausgenommen Grundstücke im Sinne des § 30 und nicht zur unmittelbaren Weiterverarbeitung dienendes Gold, Silber, Platin und Palladium gilt: Wurde ein derartiges Wirtschaftsgut nach dem 31. März 2012 und vor dem 1. Jänner 2014 angeschafft, hergestellt oder eingelegt und wurden die Anschaffungs- oder Herstellungskosten oder der Einlagewert nicht im Wirtschaftsjahr der Anschaffung, Herstellung oder Einlage abgesetzt, hat die Berücksichtigung der Anschaffungs- oder Herstellungskosten bzw. des Einlagewertes abweichend von § 4 Abs. 3 vierter Satz in der Fassung vor dem BGBl. I Nr. 105/2014 in dem bei der Veranlagung 2014 zu erfassenden Wirtschaftsjahr zu erfolgen; eine nochmalige Berücksichtigung bei Ausscheiden des Wirtschaftsgutes aus dem Betriebsvermögen hat zu unterbleiben.

263. § 11a Abs. 3 in der Fassung des Bundesgesetzes BGBl. I Nr. 105/2014 ist erstmals bei der Veranlagung für das Jahr 2011 anzuwenden. Dabei gilt für die Veranlagung der Jahre 2011 bis 2013: Wurde in einem vor dem 1. Jänner 2015 erlassenen rechtskräftigen Bescheid eine Nachversteuerung nach Maßgabe des § 11a Abs. 3 in der Fassung vor diesem Bundesgesetz vorgenommen und ergibt sich in Anwendung des § 11a Abs. 3 in der Fassung des Bundesgesetzes BGBl. I Nr. 105/2014 kein oder ein geringerer Nachversteuerungsbetrag gilt die Berücksichtigung des Nachversteuerungsbetrages nach Maßgabe der Rechtslage vor Inkrafttreten des Bundesgesetzes BGBl. I Nr. 105/2014 als offensichtliche Unrichtigkeit im Sinne des § 293b der Bundesabgabenordnung, sofern der Abgabepflichtige eine entsprechende Bescheidänderung beantragt. Die Ermittlung des für die Änderung in Betracht kommenden Betrages ist dabei vom Abgabepflichtigen darzustellen.

264. § 30 Abs. 4 Z 1 in der Fassung des Bundesgesetzes BGBl. I Nr. 105/2014 ist erstmalig anwendbar
- für Veräußerungen nach dem 31. Dezember 2014 und
- für Besserungsvereinbarungen, die auf Grund von Umwidmungen nach dem 31. Dezember 2014 wirksam werden.

265. § 67 Abs. 5 und § 69 Abs. 4 Z 2, jeweils in der Fassung des Bundesgesetzes BGBl. I Nr. 105/2014, treten mit 1. Juli 2014 in Kraft.

266. § 86 in der Fassung des Bundesgesetzes BGBl. I Nr. 105/2014 ist erstmals auf Prüfungen anzuwenden, die nach dem 31. Dezember 2015 beginnen.

267. § 96 Abs. 1 Z 1 und § 98 Abs. 1 Z 5, jeweils in der Fassung des Bundesgesetzes BGBl. I Nr. 105/2014, treten mit 1. Jänner 2015 in Kraft.

268. Für einen Betrieb, in dem spätestens zum 1. Juli 2016 ein dem umfassenden Nichtraucherinnen- und Nichtraucherschutz gemäß § 12 Abs. 1 Z 4 und § 13 Abs. 2 des Tabakgesetzes, BGBl. Nr. 431/1995 in der Fassung BGBl. I Nr. 101/2015, entsprechendes Rauchverbot gewährleistet ist, kann nach Maßgabe folgender Bestimmungen eine Prämie in Höhe von 30% geltend gemacht werden:

a) Bemessungsgrundlage für die Prämie sind jene Aufwendungen, die für die Bewirkung des Nichtraucherinnen- und Nichtraucherschutzes in Räumen der Gastronomie im Sinne des § 13a Abs. 2 des Tabakgesetzes, BGBl. Nr. 431/1995 in der Fassung vor dem BGBl. I Nr. 101/2015, vorgenommen und bis einschließlich des bei der Veranlagung 2015 zu erfassenden Wirtschaftsjahres steuerlich noch nicht berücksichtigt worden sind; dabei ist eine allfällige Abschreibung auf den niedrigeren Teilwert, die in dem bei der Veranlagung 2015 zu erfassenden Wirtschaftsjahr vorgenommen wird, nicht zu berücksichtigen.

b) die Prämie stellt keine Betriebseinnahme dar; § 6 Z 10 und § 20 Abs. 2 sind auf sie nicht anwendbar.

c) Die Ermittlung der Bemessungsgrundlage ist gesondert zu dokumentieren. Diese Dokumentation ist auf Verlangen der Abgabenbehörde vorzulegen.

d) Die Prämie ist in der Abgaben- oder Einkünftefeststellungserklärung gemäß § 188 BAO für das Jahr 2015 zu beantragen, wenn das Rauchverbot zum Zeitpunkt der Abgabe der Erklärung für 2015 vollständig umgesetzt ist. Ist die Abgaben- oder Einkünftefeststellungserklärung für 2015 zum Zeitpunkt der vollständigen Umsetzung des Rauchverbotes bereits abgegeben worden, ist die Prämie in der Erklärung für 2016 zu beantragen. Eine nachträgliche Antragstellung ist bis zur Rechtskraft des jeweiligen Bescheides möglich.

e) Die Prämie ist auf dem Abgabenkonto gut zu schreiben, es sei denn, es ist ein Bescheid gemäß § 201 BAO zu erlassen. Die Gutschrift wirkt auf den Tag der Antragstellung zurück. Sowohl die Prämie als auch ein Rückforderungsanspruch gelten als Abgaben vom Einkommen im Sinne der Bundesabgabenordnung. Auf Gutschriften und Rückforderungen sind jene Bestimmungen der Bundesabgabenordnung anzuwenden, die für wiederkehrend zu erhebende, selbst zu berechnende Abgaben gelten. Bei Gesellschaften, die nach bürgerlichem Recht nicht rechtsfähige Personenvereinigungen sind, hat die zusammengefasste Verbuchung der Gebarung mit jenen Abgaben zu erfolgen, die die Beteiligten gemeinsam schulden.

f) Die Prämien sind zu Lasten des Aufkommens an veranlagter Einkommen- oder Körperschaftsteuer zu berücksichtigen.

g) Für Betriebe, die nach dem 31. Juli 2015 im Sinne des § 2 Z 1 des Neugründungsförderungsgesetzes neu gegründet werden, steht keine Prämie zu.

(BGBl I 2015/101)

269. a) § 6 Z 2 lit. a und § 6 Z 13 jeweils in der Fassung des Rechnungslegungs-Änderungsgesetzes 2014, BGBl. I Nr. 22/2015, sind erstmalig für Wirtschaftsjahre anzuwenden, die nach dem 31. Dezember 2015 beginnen.

b) § 4 Abs. 4 Z 2 lit. a, § 14 Abs. 7 Z 1, § 18 Abs. 1 Z 2, § 25 Abs. 1 Z 2 lit. a, § 26 Z 7 lit. a, § 27 Abs. 2 Z 2, § 47 Abs. 4, § 108a Abs. 1 und 5, § 108h Abs. 3 und § 124 in der Fassung des Bundesgesetzes BGBl. I Nr. 34/2015 treten mit 1. Jänner 2016 in Kraft.

(BGBl I 2015/34, BGBl I 2015/118)

270. a) Soweit im ersten Wirtschaftsjahr, das nach dem 31.12.2015 beginnt, aufgrund einer bereits vor diesem Wirtschaftsjahr eingetretenen Wertaufholung eine Zuschreibung gemäß § 208 des Unternehmensgesetzbuches in der Fassung des Bundesgesetzes BGBl. I Nr. 22/2015 vorgenommen werden muss, ist diese Zuschreibung auch für steuerliche Zwecke maßgeblich und steuerwirksam. Der Zuschreibungsbetrag für das betreffende Wirtschaftsgut kann jedoch auf Grund eines in der Steuererklärung (Feststellungserklärung) gestellten Antrages einer Zuschreibungsrücklage zugeführt werden. Die Zuschreibungsrücklage ist insoweit steuerwirksam aufzulösen, als der Teilwert des betreffenden Wirtschaftsgutes den für die Bildung der Zuschreibungsrücklage maßgeblichen Teilwert unterschreitet oder eine Absetzung für Abnutzung im Sinne der §§ 7 und 8 vorgenommen wird. Die Zuschreibungsrücklage ist spätestens im Zeitpunkt des Ausscheidens des betreffenden Wirtschaftsgutes aus dem Betriebsvermögen steuerwirksam aufzulösen.

b) Wirtschaftsgüter, für die eine Zuschreibungsrücklage gemäß lit. a gebildet wurde, sind in einem Verzeichnis auszuweisen. In diesem Verzeichnis sind der steuerliche Bilanzansatz des betreffenden Wirtschaftsgutes sowie die Zuschreibungsrücklage bis zum Ausscheiden des Wirtschaftsgutes aus dem Betriebsvermögen jährlich evident zu halten.

c) Wird im unternehmensrechtlichen Jahresabschluss eines Kreditinstitutes im Sinne von Artikel 4 Abs. 1 Unterabs. 1 der Verordnung (EU) Nr. 575/2013 über Aufsichtsanforderungen an Kreditinstitute und Wertpapierfirmen und zur Änderung der Verordnung (EU) Nr. 646/2012 im ersten Geschäftsjahr, das nach dem 31. Dezember 2015 begonnen hat, anstelle von bestehenden Einzelwertberichtigungen eine pauschale Wertberichtigung für Forderungen auf Basis von statistisch ermittelten Erfahrungswerten aus gleich gelagerten Sachverhalten gemäß § 201 Abs. 2 Z 7 UGB gebildet, kann der als Betriebseinnahme zu erfassende Betrag aus der Auflösung der Einzelwertberichtigungen einer Zuschreibungsrücklage im Sinne der lit. a zugeführt werden. Diese Zuschreibungsrücklage ist bis zur Veranlagung 2020 unverändert weiter zu führen und ab der Veranlagung 2021 jährlich um ein Fünftel steuerwirksam aufzulösen.

(BGBl I 2018/62, BGBl I 2019/103)

(BGBl I 2015/22, BGBl I 2016/117)

271. § 8 Abs. 2 EStG 1988, § 12 Abs. 1 und Abs. 8 EStG 1988 sowie § 13 EStG 1988, jeweils in der Fassung des Rechnungslegungs-Änderungsgesetzes 2014, BGBl. Nr. 22/2015, sind erstmals für Wirtschaftsjahre anzuwenden, die nach dem 31. Dezember 2015 beginnen. Bestehende unversteuerte Rücklagen (einschließlich Bewertungsreserven) im Sinne des § 906 Abs. 31 UGB können unabhängig vom unternehmensrechtlichen Jahresabschluss als steuerliche Rücklagen weitergeführt werden; auf diese sind § 205 UGB und § 6 Z 13 erster Satz EStG 1988, jeweils in der Fassung vor dem Rechnungslegungs-Änderungsgesetz 2014, BGBl. I Nr. 22/2015, sinngemäß weiter anzuwenden.

(BGBl I 2015/22)

272. § 4a Abs. 2 Z 5, Abs. 3 Z 2a, Abs. 4, Abs. 4a, Abs. 7 Z 1 und 2 und Abs. 8, § 18 Abs. 1 Z 7 lit. a und b sowie § 94 Z 6 lit. e in der Fassung des Gemeinnützigkeitsgesetzes 2015, BGBl. I Nr. 160/2015, sind erstmalig für Zuwendungen anzuwenden, die nach dem 31. Dezember 2015 erfolgen. Im Jahr 2016 gilt für die Erteilung der Spendenbegünstigung nach § 4a Abs. 8 Z 1 an Körperschaften, die begünstigte Zwecke im Sinne des § 4a Abs. 2 Z 5 (der österreichischen Kunst und Kultur dienende künstlerische Tätigkeiten) verfolgen, Folgendes:

a) Die Körperschaft muss selbst bereits seit drei Jahren bestehen und die Voraussetzungen des § 4a im Übrigen erfüllen, oder aus einer Vorgängerorganisation (Organisationsfeld mit eigenem Rechnungskreis), die diese Voraussetzungen erfüllt hat, hervorgegangen sein.

b) Die Bestätigungen des Wirtschaftsprüfers über das Vorliegen der in § 4a Abs. 8 Z 1 genannten Voraussetzungen zu den Abschlussstichtagen der Jahre 2013, 2014 und 2015 müssen gemeinsam mit einer aktuellen Fassung der Rechtsgrundlage (zB. Vereinsstatut, Satzung, Gesellschaftsvertrag) bis 30. Juni 2016 vorgelegt werden.

c) Eine Anerkennung als begünstigte Einrichtung, ist vom Finanzamt Wien 1/23 bis längstens 31. Oktober 2016 in der Liste gemäß § 4a Abs. 7 Z 1 zu veröffentlichen. Diese Eintragung entfaltet bereits für Zuwendungen ab dem 1. Jänner 2016 Wirkung.

(BGBl I 2015/160)

273. § 4a Abs. 9 in der Fassung des Gemeinnützigkeitsgesetzes 2015, BGBl. I Nr. 160/2015 tritt mit 1. Jänner 2016 in Kraft.

(BGBl I 2015/160, BGBl I 2018/62)

274. § 4b und § 18 Abs. 1 Z 8 in der Fassung des Gemeinnützigkeitsgesetzes 2015, BGBl. I Nr. 160/2015 treten mit 1. Jänner 2016 in Kraft und sind anzuwenden, wenn die erstmalige Zuwendung gemäß § 4b Abs. 1 Z 5 nach dem 31. Dezember 2015 und vor dem 1. Jänner **„2024“** getätigt wird. § 18 Abs. 8 in der Fassung des Gemeinnützigkeitsgesetzes 2015, BGBl. I Nr. 160/2015 ist für alle nach dem 31. Dezember 2016 erfolgenden Beiträge und Zuwendungen anzuwenden.

(BGBl I 2015/160, BGBl I 2021/3, BGBl I 2021/227, BGBl I 2022/194 ab 7.12.2022)

275. § 2 Abs. 2, § 3 Abs. 1 Z 13 lit. a, Z 14, Z 15 lit. b, Z 19und Z 21, § 15 Abs. 2, § 18 Abs. 1 Z 1a und Abs. 3 Z 1, § 33 Abs. 1, Abs. 2, Abs. 5 Z 1 und 2 und Abs. 8, § 62 Z 11, § 67 Abs. 11, § 69 Abs. 2, § 106a sowie § 109, jeweils in der Fassung des Bundesgesetzes, BGBl. I Nr. 118/2015, sind erstmalig anzuwenden, wenn

– die Einkommensteuer veranlagt wird, bei der Veranlagung für das Kalenderjahr 2016,
– die Einkommensteuer (Lohnsteuer) durch Abzug eingehoben oder durch Veranlagung festgesetzt wird, für Lohnzahlungszeiträume, die nach dem 31. Dezember 2015 enden.

(BGBl I 2015/118, BGBl I 2015/163)

276. § 4 Abs. 3a Z 3 lit. b, § 20 Abs. 2, § 30 Abs. 3, Abs. 6 lit. a und Abs. 7, § 30a, § 30b in der Fassung BGBl. I Nr. 118/2015 treten mit 1. Jänner 2016 in Kraft und sind erstmalig für Veräußerungen nach dem 31. Dezember 2015 anzuwenden.

Bei Steuerpflichtigen mit einem abweichenden Wirtschaftsjahr ist bei Veräußerungen von Grundstücken vor dem 1. Jänner 2016 noch § 30a Abs. 1 in der Fassung vor dem Bundesgesetz BGBl. I Nr. 118/2015 anzuwenden.

(BGBl I 2015/118)

277. § 4 Abs. 4 Z 8 und Z 10 in der Fassung vor dem BGBl. I Nr. 118/2015 ist letztmalig auf Wirtschaftsjahre anzuwenden, die vor dem 1. Jänner 2016 beginnen. § 108c in der Fassung des Bundesgesetzes BGBl. I Nr. 118/2015, ist erstmalig auf Prämien anzuwenden, die Wirtschaftsjahre betreffen, die nach dem 31. Dezember 2015 beginnen.

(BGBl I 2015/118)

278. § 4 Abs. 7 in der Fassung des Bundesgesetzes BGBl. I Nr. 118/2015 ist erstmalig auf Instandsetzungen anzuwenden, die in einem nach dem 31. Dezember 2015 beginnenden Wirtschaftsjahr erfolgen. Für davor erfolgte Instandsetzungen, die bisher nach Maßgabe des § 4 Abs. 7 in der Fassung vor dem Bundesgesetz BGBl. I Nr. 118/2015 steuerlich berücksichtigt worden sind, verlängert sich hinsichtlich der Beträge, die in einem nach dem 31. Dezember 2015 beginnenden Wirtschaftsjahr zu berücksichtigen sind, der ursprüngliche Verteilungszeitraum von zehn auf fünfzehn Jahre.

(BGBl I 2015/118)

279. § 4 Abs. 12 in Fassung des Bundesgesetzes BGBl. I Nr. 118/2015 ist erstmals für Wirtschaftsjahre anzuwenden, die nach dem 31. Juli 2015 beginnen. Dabei gilt:

a) Der Stand der Innenfinanzierung und der Stand der Einlagen sind erstmalig bereits zum letzten Bilanzstichtag vor dem 1. August 2015 zu ermitteln. Dabei kann
   - als erstmaliger Stand der Innenfinanzierung der Unterschiedsbetrag zwischen dem als Eigenkapital ausgewiesenen Betrag gemäß § 224 Abs. 3 des Unternehmensgesetzbuches und den vorhandenen Einlagen im Sinne des § 4 Abs. 12 in der Fassung vor dem Bundesgesetz BGBl. I Nr. 118/2015 und
   - als erstmaliger Stand der Einlagen die vorhandenen Einlagen im Sinne des § 4 Abs. 12 in der Fassung vor dem Bundesgesetz BGBl. I Nr. 118/2015

   angesetzt werden.

b) Abweichend von lit. a sind für nach dem 31. Mai 2015 beschlossene Umgründungen die umgründungsbedingten Differenzbeträge bereits nach Maßgabe von § 4 Abs. 12 Z 3 in der Fassung des Bundesgesetzes BGBl. I Nr. 118/2015 gesondert im Evidenzkonto zu erfassen.

c) Erstmalig erstellte Evidenzkontenstände im Sinne der lit. a und lit. b sind nach Maßgabe von § 4 Abs. 12 in der Fassung des Bundesgesetzes BGBl. I Nr. 118/2015 fortzuführen.

(BGBl I 2015/118)

280. § 4a Abs. 8 erster Satz und § 18 Abs. 1 Z 7 jeweils in der Fassung des Bundesgesetzes BGBl. I Nr. 118/2015 sind erstmalig nach dem 31. Dezember 2016 anzuwenden.

(BGBl I 2015/118)

281. § 6 Z 2 lit. c, § 10 Abs. 1 Z 1 zweiter Teilstrich, § 27 Abs. 8, § 27a Abs. 1, 4 und 5, § 45 Abs. 1, § 93, § 94, § 95 Abs. 2 und 3, § 96, § 97 Abs. 1 und 2 und § 100 Abs. 1 in der Fassung des Bundesgesetzes BGBl. I Nr. 118/2015 sind ab dem 1. Jänner 2016 anzuwenden.

Bei Steuerpflichtigen mit einem abweichenden Wirtschaftsjahr ist bei Veräußerungen oder sonstigen Realisierungen von Wirtschaftsgütern und Derivaten vor dem 1. Jänner 2016 noch § 27a Abs. 1 in der Fassung vor dem Bundesgesetz BGBl. I Nr. 118/2015 anzuwenden.

(BGBl I 2015/118)

282. § 6 Z 2 lit. d in der Fassung des Bundesgesetzes BGBl. I Nr. 118/2015 tritt mit 1. Jänner 2016 in Kraft.

(BGBl I 2015/118)

283. § 8 Abs. 1 in der Fassung des Bundesgesetzes BGBl. I Nr. 118/2015 tritt mit 1. Jänner 2016 in Kraft und ist erstmalig für nach dem 31. Dezember 2015 beginnende Wirtschaftsjahre anzuwenden. Der Steuerpflichtige kann für das erste Wirtschaftsjahr, das nach dem 31. Dezember 2015 beginnt, eine kürzere Restnutzungsdauer nachweisen als jene, die sich bei Anwendung der Prozentsätze nach § 8 Abs. 1 in der Fassung des Bundesgesetzes BGBl. I Nr. 118/2015 ergibt. Dabei sind die noch nicht abgeschriebenen Anschaffungs- oder Herstellungskosten auf die nachgewiesene kürzere Restnutzungsdauer zu verteilen.

(BGBl I 2015/118, BGBl I 2016/77)

284. § 16 Abs. 1 Z 8 lit. d in der Fassung des Bundesgesetzes BGBl. I Nr. 118/2015 ist erstmalig bei der Veranlagung für das Jahr 2016 anzuwenden. Wurde vor 2016 ohne Nachweis eines anderen Aufteilungsverhältnisses von Grund und Boden und Gebäude eine davon abweichende pauschale Aufteilung vorgenommen, sind die fortgeschriebenen Anschaffungskosten des Gebäudes und die Anschaffungskosten des Grund und Bodens mit Wirkung ab 1. Jänner 2016 entsprechend

anzupassen (40% Grund und Boden; 60% Gebäude oder ein im Verordnungswege festgelegtes Aufteilungsverhältnis). Dafür sind die fortgeschriebenen Anschaffungskosten des Gebäudes im Verhältnis der vorgesehenen oder im Jahr 2016 nachgewiesenen Aufteilung zu der ursprünglich angewendeten Aufteilung abzustocken und auf die Anschaffungskosten von Grund und Boden zu übertragen. Die Absetzung für Abnutzung ist entsprechend anzupassen.

(BGBl I 2015/118)

285. § 18 Abs. 1 Z 2 und 3, Abs. 3 Z 2 in der Fassung des Bundesgesetzes BGBl. I Nr. 118/2015 sind anzuwenden, wenn
   – die Einkommensteuer veranlagt wird, bei der Veranlagung für die Kalenderjahre 2016 bis 2020,
   – die Einkommensteuer (Lohnsteuer) durch Abzug eingehoben oder durch Veranlagung festgesetzt wird, für Lohnzahlungszeiträume, die nach dem 31. Dezember 2015 und vor dem 1. Jänner 2021 enden.

   (BGBl I 2015/118)

286. § 18 Abs. 2 und Abs. 3 Z 3 in der Fassung vor dem Bundesgesetz BGBl. I Nr. 118/2015 sind letztmalig anzuwenden, wenn
   – die Einkommensteuer veranlagt wird, bei der Veranlagung für das Kalenderjahr 2020,
   – die Einkommensteuer (Lohnsteuer) durch Abzug eingehoben oder durch Veranlagung festgesetzt wird, für Lohnzahlungszeiträume, die vor dem 1. Jänner 2021 enden.

   (BGBl I 2015/118)

287. § 18 Abs. 7 in der Fassung des Bundesgesetzes BGBl. I Nr. 118/2015 ist ab der Veranlagung 2016 anzuwenden und gilt für Verluste, die ab dem Jahr 2013 entstanden sind.

   (BGBl I 2015/118)

288. § 18 Abs. 1 Z 7 und Abs. 8 in der Fassung des Bundesgesetzes BGBl. I Nr. 118/2015 ist für alle nach dem 31. Dezember 2016 erfolgenden Beiträge und Zuwendungen anzuwenden.

   (BGBl I 2015/118, BGBl I 2015/163)

289. § 20 Abs. 1 Z 9 in der Fassung des Bundesgesetzes BGBl. I Nr. 118/2015 ist auf Aufwendungen anzuwenden, die nach dem 31. Dezember 2015 anfallen.

   (BGBl I 2015/118)

290. § 23a ist erstmalig für Verluste aus Wirtschaftsjahren anzuwenden, die nach dem 31. Dezember 2015 beginnen.

   (BGBl I 2015/118)

291. § 28 Abs. 2 in der Fassung des Bundesgesetzes BGBl. I Nr. 118/2015 ist erstmalig auf Ausgaben für Instandsetzungen und Instandhaltungen anzuwenden, die im Kalenderjahr 2016 abgeflossen sind. Für davor erfolgte Ausgaben für Instandsetzungen bei Wohngebäuden, die bisher nach Maßgabe des § 28 Abs. 2 in der Fassung vor dem Bundesgesetz BGBl. I Nr. 118/2015 steuerlich berücksichtigt worden sind, verlängert sich hinsichtlich der Beträge, die ab der Veranlagung 2016 zu berücksichtigen sind, der ursprüngliche Verteilungszeitraum von zehn auf fünfzehn Jahre.

   (BGBl I 2015/118)

292. a) § 33 Abs. 8 in der Fassung des Bundesgesetzes BGBl. I Nr. 118/2015 ist erstmalig bei der Veranlagung für das Kalenderjahr 2016 anzuwenden. Ergibt sich bei Steuerpflichtigen, die Anspruch auf den Pensionistenabsetzbetrag haben, für das Kalenderjahr 2015 nach § 33 Abs. 1 und 2 in der Fassung vor dem Bundesgesetz BGBl. I Nr. 118/2015 keine Einkommensteuer, sind 20% der Werbungskosten im Sinne des § 16 Abs. 1 Z 4, höchstens aber 55 Euro, rückzuerstatten (SV-Rückerstattung). Die Rückerstattung vermindert sich um steuerfreie Zulagen gemäß § 3 Abs. 1 Z 4 lit. f.

   b) § 33 Abs. 8 und Abs. 9 in der Fassung vor dem Bundesgesetz BGBl. I Nr. 118/2015 sind letztmalig nach Maßgabe folgender Bestimmungen bei der Veranlagung für das Kalenderjahr 2015 anzuwenden:
      – Bei Anwendung des § 33 Abs. 8 sind 20% der Werbungskosten im Sinne des § 16 Abs. 1 Z 3 lit. a (ausgenommen Betriebsratsumlagen) und des § 16 Abs. 1 Z 4 und 5, höchstens aber 220 Euro, rückzuerstatten.
      – Bei Anwendung des § 33 Abs. 9 sind 36% der Werbungskosten im Sinne des § 16 Abs. 1 Z 3 lit. a (ausgenommen Betriebsratsumlagen) und des § 16 Abs. 1 Z 4 und 5, höchstens aber 450 Euro, rückzuerstatten.

   c) § 18 Abs. 3 Z 2, § 33 Abs. 5 Z 3 und Z 5 und Abs. 9a, § 62 Z 9, § 67 Abs. 7 und § 104, jeweils in der Fassung vor dem Bundesgesetz BGBl. I Nr. 118/2015 sind letztmalig anzuwenden, wenn
      – die Einkommensteuer veranlagt wird, bei der Veranlagung für das Kalenderjahr 2015,
      – die Einkommensteuer (Lohnsteuer) durch Abzug eingehoben oder durch Veranlagung festgesetzt wird, für Lohnzahlungszeiträume, die vor dem 1. Jänner 2016 enden.

   (BGBl I 2015/118, BGBl I 2015/163)

293. § 41 Abs. 2 und 2a in der Fassung des Bundesgesetzes BGBl. I Nr. 118/2015 ist erstmalig bei

der Veranlagung für das Kalenderjahr 2016 anzuwenden.

(BGBl I 2015/118, BGBl I 2015/163)

294. § 48, § 89 Abs. 3 und § 108 Abs. 7 Z 2, jeweils in der Fassung des Bundesgesetzes BGBl. I Nr. 118/2015 treten mit 1. Jänner 2016 in Kraft.

(BGBl I 2015/118)

295. § 107 in der Fassung vor dem Bundesgesetz BGBl. I Nr. 118/2015 tritt mit Ablauf des 31. Dezember 2015 außer Kraft.

(BGBl I 2015/118)

296. Erfolgt nach dem 28. Februar 2015 und vor dem 1. April 2017 für den Einsatz im eigenen Betrieb eine Anschaffung eines Systems zur elektronischen Aufzeichnung der Barumsätze im Sinne des § 131b der Bundesabgabenordnung (beispielsweise einer elektronischen Registrierkasse oder eines elektronischen Kassensystems) oder eine Umrüstung eines schon bestehenden Aufzeichnungssystems zur Erfüllung der Voraussetzungen des § 131b der Bundesabgabenordnung, gilt Folgendes:

a) Die Anschaffungskosten sowie die aus Anlass der Umrüstung anfallenden Aufwendungen können in voller Höhe als Betriebsausgaben abgesetzt werden.

b) Nach Maßgabe folgender Bestimmungen kann eine Prämie geltend gemacht werden:

– Die Prämie steht bei Anschaffung eines neuen Systems oder Umrüstung eines bestehenden Systems zu.

– Sie bezieht sich auf jede einzelne Erfassungseinheit, der eine Signatur- bzw. Siegelerstellungseinheit im Sinne des § 131b Abs. 2 der Bundesabgabenordnung zugeordnet wird.

– Die Prämie beträgt 200 Euro pro Erfassungseinheit. Abweichend davon beträgt die Prämie im Falle eines elektronischen Kassensystems zumindest 200 Euro pro Kassensystem, maximal aber 30 Euro pro Erfassungseinheit.

– Im Fall der Anschaffung ist die Prämie in einer Gesamtsumme für alle im jeweiligen Kalenderjahr angeschafften Erfassungseinheiten geltend zu machen.

– Im Fall der Umrüstung ist die Prämie in einer Gesamtsumme für alle Erfassungseinheiten, für die im jeweiligen Kalenderjahr mit der Umrüstung begonnen wurde, geltend zu machen. Für Erfassungseinheiten, für deren Anschaffung eine Prämie beansprucht wurde, steht aus Anlass der Umrüstung keine Prämie mehr zu.

– Die Geltendmachung erfolgt durch Antragstellung in der jeweiligen Einkommen-, Körperschaftsteuer- oder Einkünftefeststellungserklärung gemäß § 188 der Bundesabgabenordnung bei dem Finanzamt, das für die Erhebung der Einkommen- oder Körperschaftsteuer zuständig ist oder zuständig wäre.

– Die Prämie ist auf dem Abgabenkonto gutzuschreiben, es sei denn, es ist ein Bescheid gemäß § 201 der Bundesabgabenordnung zu erlassen. Die Gutschrift wirkt auf den Tag der Antragstellung zurück. Sowohl die Prämie als auch ein Rückforderungsanspruch gelten als Abgaben vom Einkommen im Sinne der Bundesabgabenordnung. Auf Gutschriften und Rückforderungen sind jene Bestimmungen der Bundesabgabenordnung anzuwenden, die für wiederkehrend zu erhebende, selbst zu berechnende Abgaben gelten. Bei Gesellschaften, die nach bürgerlichem Recht nicht rechtsfähige Personenvereinigungen sind, hat die zusammengefasste Verbuchung der Gebarung mit jenen Abgaben zu erfolgen, die die Beteiligten gemeinsam schulden.

– Die Prämie stellt keine Betriebseinnahme dar. § 6 Z 10 und § 20 Abs. 2 sind auf die Prämie nicht anwendbar.

– Die Prämien sind zu Lasten des Aufkommens an veranlagter Einkommen- und Körperschaftsteuer zu berücksichtigen.

(BGBl I 2016/77)

(BGBl I 2015/118, BGBl I 2016/77)

297. § 3 Abs. 1 Z 16b in der Fassung des Bundesgesetzes BGBl. I Nr. 118/2015 ist erstmals anzuwenden, wenn

– die Einkommensteuer veranlagt wird, bei der Veranlagung für das Kalenderjahr 2015,

– die Einkommensteuer (Lohnsteuer) durch Abzug eingehoben oder durch Veranlagung festgesetzt wird, für Lohnzahlungszeiträume, die nach dem 31. Dezember 2014 enden.

(BGBl I 2015/118)

298. § 2 Abs. 4a in der Fassung des Bundesgesetzes BGBl. I Nr. 163/2015 ist erstmalig für Wirtschaftsjahre anzuwenden, die nach dem 31. Dezember 2015 beginnen.

(BGBl I 2015/163)

299. a) § 4 Abs. 12 in der Fassung des Bundesgesetzes BGBl. I Nr. 118/2015 ist letztmalig für vor dem 1. Jänner 2016 beschlossene

Einlagenrückzahlungen und offene Ausschüttungen anzuwenden.

b) § 4 Abs. 12 in Fassung des Bundesgesetzes BGBl. I Nr. 163/2015 ist erstmalig für nach dem 31. Dezember 2015 beschlossene Einlagenrückzahlungen und offene Ausschüttungen anzuwenden. Dabei gilt:
   - Der gemäß § 4 Abs. 12 in der Fassung des Bundesgesetzes BGBl. I Nr. 118/2015 auf dem Evidenzkonto erfasste Einlagenstand sowie der Stand der Innenfinanzierung sind nach Maßgabe von § 4 Abs. 12 in der Fassung des Bundesgesetzes BGBl. I Nr. 163/2015 fortzuführen.
   - Die gemäß § 4 Abs. 12 in der Fassung des Bundesgesetzes BGBl. I Nr. 118/2015 auf dem Evidenzkonto erfassten umgründungsbedingten Differenzbeträge sind nicht mehr gesondert in Evidenz zu halten. Bisher erfasste umgründungsbedingte Differenzbeträge erhöhen den fortzuführenden Stand der Innenfinanzierung erst in jenem Zeitpunkt und Ausmaß, in dem sie nach den Vorschriften des Unternehmensgesetzbuches ausgeschüttet werden können.

(BGBl I 2015/163)

300. § 6 Z 6 in der Fassung des Bundesgesetzes BGBl. I Nr. 163/2015 tritt mit 1. Jänner 2016 in Kraft. § 6 Z 6 lit. b in der Fassung vor dem Bundesgesetz BGBl. I Nr. 163/2015 ist letztmalig anzuwenden für Überführungen und Verlegungen, die vor dem 1. Jänner 2016 erfolgen.

(BGBl I 2015/163, BGBl I 2019/103, BGBl I 2022/108)

301. § 18 Abs. 8 in der Fassung des Bundesgesetzes BGBl. I Nr. 163/2015 ist für alle nach dem 31. Dezember 2016 erfolgenden Beiträge und Zuwendungen anzuwenden.

302. § 27 Abs. 6, § 27a Abs. 3 Z 2, § 93 Abs. 5, § 94 Z 7, § 95 Abs. 3 Z 3, jeweils in der Fassung des Bundesgesetzes BGBl. I Nr. 163/2015 treten mit 1. Jänner 2016 in Kraft. § 27 Abs. 6 Z 1 lit. b in der Fassung vor dem Bundesgesetz BGBl. I Nr. 163/2015 ist letztmalig auf Umstände anzuwenden, die zu einem Verlust des Besteuerungsrechts der Republik Österreich führen und vor dem 1. Jänner 2016 eintreten.

(BGBl I 2015/163)

303. § 27a Abs. 5 in der Fassung des Bundesgesetzes BGBl. I Nr. 163/2015 ist ab dem 1. Jänner 2016 anzuwenden.

(BGBl I 2015/163)

304. § 70 Abs. 2 Z 2 in der Fassung des Bundesgesetzes BGBl. I Nr. 163/2015, ist erstmalig anzuwenden, wenn
   - die Einkommensteuer veranlagt wird, bei der Veranlagung für das Kalenderjahr 2016,
   - die Einkommensteuer (Lohnsteuer) durch Abzug eingehoben oder durch Veranlagung festgesetzt wird, für Lohnzahlungszeiträume, die nach dem 31. Dezember 2015 enden.

(BGBl I 2015/163)

305. § 77 Abs. 3 in der Fassung vor dem Bundesgesetz BGBl. I Nr. 163/2015 ist letztmalig anzuwenden für Lohnzahlungszeiträume, die vor dem 1. Jänner 2017 enden.

(BGBl I 2015/163)

306. § 100 Abs. 1 und 1a in der Fassung des Bundesgesetzes BGBl. I Nr. 163/2015 tritt mit 1. Jänner 2016 in Kraft.

(BGBl I 2015/163)

307. § 108g Abs. 5 in der Fassung des Bundesgesetzes BGBl. I Nr. 163/2015 ist ab dem 1. Jänner 2016 anzuwenden.

(BGBl I 2015/163)

308. § 3 Abs. 1 Z 5 lit b in der Fassung BGBl. I Nr. 53/2016 tritt mit 1. März 2017 in Kraft.

(BGBl I 2016/53)

309. Die §§ 94 und 98 in der Fassung des Bundesgesetzes BGBl. I Nr. 77/2016 treten mit 1. Jänner 2017 in Kraft. Dabei ist Z 258 letzter Satz weiterhin anzuwenden. § 98 Abs. 1 Z 5 lit. b in der Fassung vor dem Bundesgesetz BGBl. I Nr. 77/2016 ist nicht mehr auf Zinsen anzuwenden, die aufgrund von § 14 Abs. 4 des EU-Quellensteuergesetzes nicht der EU-Quellensteuer unterliegen.

(BGBl I 2016/77)

310. § 3 Abs. 1 Z 11 lit. a in der Fassung des Bundesgesetzes BGBl. I Nr. 77/2016 ist anzuwenden, wenn
   - die Einkommensteuer veranlagt wird, bei der Veranlagung für die Kalenderjahre 2017 bis 2019,
   - die Einkommensteuer (Lohnsteuer) durch Abzug eingehoben wird, für Lohnzahlungszeiträume, die nach dem 31. Dezember 2016 und vor dem 1. Jänner 2020 enden.

(BGBl I 2016/77, BGBl I 2016/117)

311. § 3 Abs. 1 Z 3 lit. f und Abs. 1 Z 19, § 41 Abs. 2 Z 2 lit. a, § 62a und § 67 Abs. 5 erster Teilstrich und Abs. 8 lit. g, jeweils in der Fassung des Bundesgesetzes BGBl. I Nr. 117/2016, sind erstmalig anzuwenden, wenn
   - die Einkommensteuer veranlagt wird, bei der Veranlagung für das Kalenderjahr 2017,
   - die Einkommensteuer (Lohnsteuer) durch Abzug eingehoben oder durch Veranlagung festgesetzt wird, für

Lohnzahlungszeiträume, die nach dem 31. Dezember 2016 enden.

(BGBl I 2016/117)

311a. § 69 Abs. 2 in der Fassung des Bundesgesetzes BGBl. I Nr. 30/2017 ist anzuwenden, wenn
- die Einkommensteuer veranlagt wird, erstmalig bei der Veranlagung für das Kalenderjahr 2017,
- die Einkommensteuer (Lohnsteuer) durch Abzug eingehoben oder durch Veranlagung festgesetzt wird, erstmalig für Lohnzahlungszeiträume, die nach dem 30. Juni 2017 enden.

(BGBl I 2017/30, BGBl I 2017/106)

312. a) § 4a Abs. 2 Z 5 in der Fassung des Bundesgesetzes BGBl. I Nr. 117/2016 ist erstmalig für freigebige Zuwendungen anzuwenden, die nach dem 31. Dezember 2015 erfolgen. Dabei gilt für die Erteilung der Spendenbegünstigung nach § 4a Abs. 8 Z 1 an Körperschaften im Sinne des § 4a Abs. 4a, deren begünstigter Zweck im Sinne des § 4a Abs. 2 Z 5 die allgemein zugängliche Präsentation von Kunstwerken ist, Folgendes:
   - Die Körperschaft muss selbst bereits seit drei Jahren bestehen und die Voraussetzungen des § 4a im Übrigen erfüllen oder aus einer Vorgängerorganisation (Organisationsfeld mit eigenem Rechnungskreis), die diese Voraussetzungen erfüllt hat, hervorgegangen sein und
   - die Bestätigungen des Wirtschaftsprüfers über das Vorliegen der in § 4a Abs. 8 Z 1 genannten Voraussetzungen zu den Abschlussstichtagen der Jahre 2013, 2014 und 2015 müssen gemeinsam mit einer aktuellen Fassung der Rechtsgrundlage (zB. Vereinsstatut, Satzung, Gesellschaftsvertrag) bis 31. März 2017 vorgelegt werden.

   Eine Anerkennung als begünstigte Einrichtung ist vom Finanzamt Wien 1/23 bis längstens 30. Juni 2017 in der Liste gemäß § 4a Abs. 7 Z 1 zu veröffentlichen. Diese Eintragung entfaltet bereits für Zuwendungen ab dem 1. Jänner 2016 Wirkung.

   b) § 4a Abs. 4 lit. b in der Fassung des Bundesgesetzes BGBl. I Nr. 117/2016 ist erstmalig für freigebige Zuwendungen anzuwenden, die nach dem 31. Dezember 2016 erfolgen.

(BGBl I 2016/117)

313. § 6 Z 2 in der Fassung des Bundesgesetzes BGBl. I Nr. 117/2016 ist erstmalig bei der Veranlagung für das Kalenderjahr 2016 anzuwenden.

(BGBl I 2016/117)

314. a) § 18 Abs. 6 in der Fassung des Bundesgesetzes BGBl. I Nr. 117/2016 ist erstmalig bei der Veranlagung für das Kalenderjahr 2016 anzuwenden und gilt in Bezug auf die Einnahmen-Ausgaben-Rechnung für Verluste, die ab dem Kalenderjahr 2013 entstanden sind.

   b) § 18 Abs. 8 Z 5 lit. a in der Fassung des Bundesgesetzes BGBl. I Nr. 117/2016 tritt mit Ablauf des 24. Mai 2018 außer Kraft. § 18 Z 5 lit. b in der Fassung des Bundesgesetzes BGBl. I Nr. 117/2016 tritt mit 25. Mai 2018 in Kraft.

(BGBl I 2016/117)

315. § 22 Z 1 lit. a in der Fassung des Bundesgesetzes BGBl. I Nr. 117/2016 ist erstmalig auf Zahlungen anzuwenden, die nach dem 31. Dezember 2016 zufließen.

(BGBl I 2016/117)

316. § 108i Abs. 1 Z 3 in der Fassung des Bundesgesetzes BGBl. I Nr. 117/2016 tritt mit 1. Jänner 2017 in Kraft.

(BGBl I 2016/117)

317. § 84 Abs. 1 Z 2, Z 3 und Abs. 3 in der Fassung des Bundesgesetzes BGBl. I Nr. 117/2016 ist erstmalig für Lohnzettel, die das Kalenderjahr 2019 betreffen, anzuwenden.

(BGBl I 2016/117, BGBl I 2017/106)

318. § 89 Abs. 6 in der Fassung des Bundesgesetzes BGBl. I Nr. 117/2016 tritt mit 1. Jänner 2019 in Kraft.

(BGBl I 2016/117, BGBl I 2017/106)

319. § 103 Abs. 2 in der Fassung des Bundesgesetzes BGBl. I Nr. 117/2016 ist erstmalig auf Zuzüge ab 1. Jänner 2017 anzuwenden.

(BGBl I 2016/117)

320. § 106a Abs. 2 und 3 in der Fassung des Bundesgesetzes BGBl. I Nr. 117/2016 ist erstmalig bei der Veranlagung für das Kalenderjahr 2016 anzuwenden.

(BGBl I 2016/117)

321. § 3 Abs. 1 Z 3, § 4c, § 18 Abs. 1 Z 9 und Abs. 8 sowie § 94 Z 6 lit. e, jeweils in der Fassung des Innovationstiftungsgesetzes, BGBl. I Nr. 28/2017, treten mit 1. Jänner 2017 in Kraft.

(BGBl I 2017/28)

322. § 17 Abs. 1 in der Fassung des Bundesgesetzes BGBl. I Nr. 117/2016 ist erstmalig bei der Veranlagung für das Kalenderjahr 2017 anzuwenden.

(BGBl I 2016/117)

323 § 108c Abs. 1 ist anzuwenden
   a) für Wirtschaftsjahre, die nach dem 31. Dezember 2017 beginnen sowie für
   b) ein abweichendes Wirtschaftsjahr 2017/2018. Dabei ist die Bemessungsgrundlage linear den Kalendermonaten des Jahres 2017 und 2018 zuzuordnen. Auf den Anteil der Bemessungsgrundlage, der auf das Kalenderjahr 2018 ent-

fällt, ist der Prämiensatz von 14% anzuwenden.

(BGBl I 2017/82)

324. § 3 Abs. 1 Z 15 lit. c und d in der Fassung des Bundesgesetzes BGBl. I Nr. 105/2017 sind erstmals anzuwenden, wenn
   – die Einkommensteuer veranlagt wird, bei der Veranlagung für das Kalenderjahr 2018,
   – die Einkommensteuer (Lohnsteuer) durch Abzug eingehoben oder durch Veranlagung festgesetzt wird, für Lohnzahlungszeiträume, die nach dem 31. Dezember 2017 enden.

(BGBl I 2017/105)

325. § 4 Abs. 11 Z 1, § 4d, § 22 Z 2, § 25 Abs. 1 Z 2 lit. c, § 26 Z 7 und 8 sowie § 27 Abs. 5 Z 7 lit. a in der Fassung des Bundesgesetzes BGBl. I Nr. 105/2017 treten mit 1. Jänner 2018 in Kraft. § 4d Abs. 3 Z 2 zweiter und dritter Satz gelten nur für nach dem 31. Dezember 2017 errichtete Belegschaftsbeteiligungsstiftungen.

(BGBl I 2017/105)

326. a) § 27 Abs. 7 in der Fassung des Bundesgesetzes BGBl. I Nr. 103/2019 tritt am 1. Oktober 2019 in Kraft.
   b) § 27 Abs. 7 in der Fassung des Bundesgesetzes BGBl. I Nr. 103/2019 ist auf Ausschüttungen aus Anteilen und Genussrechten von
      – zum 31. Dezember 2023 bestehenden Beteiligungen gemäß § 6b Abs. 1 des Körperschaftsteuergesetzes 1988 bis zum 31. Dezember 2029 anzuwenden;
      – nach dem 31. Dezember 2023 erworbenen Beteiligungen gemäß § 6b Abs. 1 des Körperschaftsteuergesetzes 1988 nicht mehr anzuwenden.

(BGBl I 2017/106, BGBl I 2019/103)

327. § 108h Abs. 3 in der Fassung des Bundesgesetzes BGBl. I Nr. 16/2018 tritt mit 1. Oktober 2018 in Kraft.

(BGBl I 2018/16)

328. § 4a Abs. 1 und § 4b jeweils in der Fassung des Bundesgesetzes BGBl. I Nr. 62/2018 treten mit 1. Jänner 2016 in Kraft.

(BGBl I 2018/62)

329. § 4c in der Fassung des Bundesgesetzes BGBl. I Nr. 62/2018 tritt mit 1. Jänner 2017 in Kraft.

(BGBl I 2018/62)

330. § 6 Z 6 in der Fassung des Bundesgesetzes BGBl. I Nr. 62/2018 tritt mit 1. Jänner 2019 in Kraft. § 6 Z 6 lit. d und lit. e jeweils in der Fassung vor dem Bundesgesetz BGBl. I Nr. 62/2018 sind letztmalig anzuwenden für Überführungen, Verlegungen und Einschränkungen des Besteuerungsrechts der Republik Österreich, die vor dem 1. Jänner 2019 erfolgen.

(BGBl I 2018/62)

331. § 18 Abs. 1 Z 7 in der Fassung des Bundesgesetzes BGBl. I Nr. 62/2018 ist erstmalig für Zuwendungen anzuwenden, die nach dem 31. Dezember 2015 erfolgen. § 18 Abs. 8 Z 3 lit. b in der Fassung des Bundesgesetzes BGBl. I Nr. 62/2018 tritt mit 1. Jänner 2017 in Kraft.

(BGBl I 2018/62)

332. § 30 Abs. 7 in der Fassung des Bundesgesetzes BGBl. I Nr. 62/2018 ist erstmalig bei der Veranlagung für das Kalenderjahr 2018 anzuwenden.

(BGBl I 2018/62)

333. § 98 Abs. 1 Z 5 in der Fassung des Bundesgesetzes BGBl. I Nr. 62/2018 gilt für Geschäftsjahre von den §§ 40 und 42 ImmoInvFG unterliegenden Gebilden, die nach dem 31. Dezember 2018 beginnen.

(BGBl I 2018/62)

334. § 107 in der Fassung des Bundesgesetzes BGBl. I Nr. 62/2018 tritt mit 1. Jänner 2019 in Kraft und ist anzuwenden auf Zahlungen, die ab dem 1. Jänner 2019 erfolgen sowie hinsichtlich des Abs. 11 zweiter Satz auf alle zum Zeitpunkt der Kundmachung des Bundesgesetzes BGBl. I Nr. 62/2018 nicht rechtskräftig veranlagten Fälle mit Einkünften aus der Einräumung von Leitungsrechten.

(BGBl I 2018/62)

335. § 2 Abs. 2, § 33 Abs. 2, Abs. 3a Abs. 4 und Abs. 7, § 34 Abs. 7, § 41 Abs. 1 Z 12, § 66 Abs. 1, § 70 Abs. 2 Z 1, § 76 Abs. 1 und § 129 in der Fassung des Bundesgesetzes BGBl. I Nr. 62/2018 treten mit 1. Jänner 2019 in Kraft und sind erstmalig anzuwenden, wenn
   – die Einkommensteuer veranlagt wird, bei der Veranlagung für das Kalenderjahr 2019,
   – die Einkommensteuer (Lohnsteuer) durch Abzug eingehoben oder durch Veranlagung festgesetzt wird, erstmalig für Lohnzahlungszeiträume, die nach dem 31. Dezember 2018 enden.

(BGBl I 2018/62)

336. § 34 Abs. 9 und § 106a, jeweils in der Fassung vor dem Bundesgesetz BGBl. I Nr. 62/2018 sind letztmalig bei der Veranlagung für das Kalenderjahr 2018 anzuwenden. Abweichend von § 33 Abs. 3a Z 3 lit. b kann in der Veranlagung für die Kalenderjahre 2019 bis 2021 für ein Kind, für das ein Unterhaltsabsetzbetrag zusteht, entweder der Familienbeihilfenberechtigte oder der Steuerpflichtige, der den gesetzlichen Unterhalt im Kalenderjahr zur Gänze leistet, 90% des nach § 33 Abs. 3a Z 1 oder Z 2 zustehenden Familienbonus Plus beantragen, wenn folgende Voraussetzungen vorliegen:

a) Es erfolgte eine Betreuung des Kindes entsprechend § 34 Abs. 9 Z 2 und 3 in der Fasssung vor dem Bundesgesetz BGBl. I Nr. 62/2018.
b) Der Antragsteller hat im Kalenderjahr mehr als die Hälfte der Aufwendungen für diese Kinderbetreuung geleistet.
c) Der Antragsteller hat im Kalenderjahr zumindest 1 000 Euro für diese Kinderbetreuung aufgewendet.

Wird dem Antrag entsprochen, stehen dem anderen Antragsberechtigten 10% des nach § 33 Abs. 3a Z 1 oder Z 2 zustehenden Familienbonus Plus zu. Für das Jahr 2019 gemäß § 63 ausgestellte Freibetragsbescheide, in welchen Kinderbetreuungskosten berücksichtigt sind, treten außer Kraft. Freibetragsbescheide gemäß § 63 für die Kalenderjahre 2019 und 2020 sind ohne die Berücksichtigung von Kinderbetreuungskosten (§ 34 Abs. 9) zu erlassen.

(BGBl I 2018/62, BGBl I 2018/98)

337. § 129 in der Fassung des Bundesgesetzes BGBl. I Nr 98/2018 tritt mit 1. Jänner 2019 in Kraft und ist erstmalig anzuwenden, wenn
   – die Einkommensteuer veranlagt wird, bei der Veranlagung für das Kalenderjahr 2019,
   – die Einkommensteuer (Lohnsteuer) durch Abzug eingehoben oder durch Veranlagung festgesetzt wird, erstmalig für Lohnzahlungszeiträume, die nach dem 31. Dezember 2018 enden.

   (BGBl I 2018/98)

338. § 86 und 89, jeweils in der Fassung des Bundesgesetzes BGBl. I Nr. 98/2018, treten mit 1. Jänner 2020 in Kraft.

   (BGBl I 2018/98)

339. § 3 Abs. 2, § 4a Abs. 7 Z 1 und Abs. 8, § 18 Abs. 4 Z 1, Z 2 lit. a, Z 3 und Abs. 8 Z 4 lit. a, § 69, § 79 Abs. 1, § 80 Abs. 1 und Abs. 2, § 81, § 84 Abs. 1 Z 1 und Z 3 und Abs. 3, § 86 Abs. 1, § 89 Abs. 3, § 90, § 92 Abs. 2, § 95 Abs. 1, § 96 Abs. 2, § 101 Abs. 1, § 107 Abs. 7, § 108 Abs. 5, § 108a Abs. 4 und Abs. 5 und § 108g Abs. 4 und Abs. 5 und § 109a Abs. 1 Z 1, jeweils in der Fassung des Bundesgesetzes BGBl. I Nr. 104/2019, treten mit 1. Jänner 2021 in Kraft.

   (BGBl I 2020/99)

340. § 30 Abs. 2 Z 4, § 95 Abs. 1 und § 107 Abs. 7, jeweils in der Fassung des Bundesgesetzes BGBl. I Nr. 103/2019, treten mit 1. Jänner 2020 in Kraft.

   (BGBl I 2019/103)

341. § 6 Z 13 in der Fassung BGBl. I Nr. 103/2019 ist erstmals für Zuschreibungen nach Umgründungen anzuwenden, die nach dem 30. April 2019 beschlossen oder vertraglich unterfertigt werden.

   (BGBl I 2019/103)

342. § 13 in der Fassung BGBl. I Nr. 103/2019 ist erstmals für Wirtschaftsjahre anzuwenden, die nach dem 31. Dezember 2019 beginnen.

   (BGBl I 2019/103)

343. § 17 Abs. 3a und § 21 Abs. 1 in der Fassung des Bundesgesetzes, BGBl. I Nr. 103/2019, sind erstmalig bei der Veranlagung für das Kalenderjahr 2020 anzuwenden.

   (BGBl I 2019/103)

344. § 3 Abs. 1 Z 4 lit. f, § 25 Abs. 1 Z 3 lit. f, § 33 Abs. 5 Z 3, Abs. 6 Z 2 und Z 3, Abs. 8 Z 2 und Z 3, § 66, § 67 Abs. 2, § 77 Abs. 3 und Abs. 4a, § 102 Abs. 1 Z 2 und 3, in der Fassung des Bundesgesetzes BGBl. I Nr. 103/2019, sind erstmalig anzuwenden, wenn
   – die Einkommensteuer veranlagt wird, bei der Veranlagung für das Kalenderjahr 2020,
   – die Einkommensteuer (Lohnsteuer) durch Abzug eingehoben oder durch Veranlagung festgesetzt wird, für Lohnzahlungszeiträume, die nach dem 31. Dezember 2019 enden.

   (BGBl I 2019/103)

345. § 33 Abs. 3a Z 4, § 33 Abs. 10 und Abs. 11, § 34 Abs. 6, § 84 Abs. 5 in der Fassung des Bundesgesetzes BGBl. I Nr. 103/2019, sind erstmalig anzuwenden, wenn
   – die Einkommensteuer veranlagt wird, bei der Veranlagung für das Kalenderjahr 2019,
   – die Einkommensteuer (Lohnsteuer) durch Abzug eingehoben oder durch Veranlagung festgesetzt wird, für Lohnzahlungszeiträume, die nach dem 31. Dezember 2018 enden.

   (BGBl I 2019/103)

346. § 47 Abs. 1, in der Fassung des Bundesgesetzes BGBl. I Nr. 91/2019, ist erstmalig anzuwenden, wenn
   – die Einkommensteuer veranlagt wird, bei der Veranlagung für das Kalenderjahr 2020,
   – die Einkommensteuer (Lohnsteuer) durch Abzug eingehoben oder durch Veranlagung festgesetzt wird, für Lohnzahlungszeiträume, die nach dem 31. Dezember 2019 enden.

   Mit Inkrafttreten des Finanz-Organisationsreformgesetzes BGBl. I Nr. 104/2019 entfällt § 47 Abs. 1 lit. d. Für das Kalenderjahr 2020 ist für die Erhebung der Lohnsteuer gemäß § 47 Abs. 1 lit. a bis c das Finanzamt Graz-Stadt zuständig.

   (BGBl I 2019/91, BGBl I 2021/3)

347. § 82a Abs. 4, § 103 Abs. 1 und Abs. 1a sowie § 107 Abs. 8 Z 3 und 4, jeweils in der Fassung des Bundesgesetzes BGBl. I Nr. 99/2020, treten mit 1. Jänner 2021 in Kraft.

   (BGBl I 2020/99)

348. Steuerfrei sind ab dem 1. März 2020:
   a) Zuwendungen, die aus Mitteln des COVID-19-Krisenbewältigungsfonds gemäß dem Bundesgesetz über die Errichtung des COVID-19-Krisenbewältigungsfonds – COVID-19-FondsG, BGBl. I Nr. 12/2020, aufgebracht werden.
   b) Zuschüsse aus dem Härtefallfonds gemäß dem Bundesgesetz über die Errichtung eines Härtefallfonds (Härtefallfondsgesetz, BGBl. I Nr. 16/2020).
   c) Zuschüsse auf der Grundlage von § 2 Abs. 2 Z 7 ABBAG-Gesetz, BGBl. I Nr. 51/2014 idF BGBl. I Nr. 44/2020.
   d) Sonstige vergleichbare Zuwendungen der Bundesländer, Gemeinden und gesetzlichen Interessenvertretungen, die für die Bewältigung der COVID-19-Krisensituation geleistet werden.

   Von der Steuerfreiheit ausgenommen sind ab der Veranlagung 2020 Zahlungen zum Ersatz entgehender Umsätze nach lit. b und c sowie der NPO-Lockdown-Zuschuss gemäß § 7a der 2. NPO-FondsRLV, BGBl. II Nr. 99/2021, und ab der Veranlagung 2021 Zahlungen zum Ersatz entgehender Umsätze nach lit. a und d. Zahlungen zum Ersatz entgehender Umsätze sind bei Anwendung der Kleinunternehmerpauschalierung gemäß § 17 Abs. 3a im Rahmen der Veranlagung 2020 wie Umsätze im Sinne des UStG 1994 zu behandeln, sofern der dem Jahr 2020 zuzuordnende Umsatzersatz höher ist als die Betriebseinnahmen (ohne Umsatzsteuer) aus Umsätzen gemäß § 1 Abs. 1 Z 1 UStG 1994.

   (BGBl I 2020/23, BGBl I 2021/112)

349. § 16 Abs. 1 Z 6 lit. h und § 68 Abs. 7 sind auch im Falle von COVID-19-Kurzarbeit, Telearbeit wegen der COVID-19-Krise bzw. Dienstverhinderungen wegen der COVID-19-Krise anwendbar. Dies gilt für Lohnzahlungszeiträume, die vor dem 1. Juli 2021 enden.

   (BGBl I 2020/23, BGBl I 2020/96, BGBl I 2021/3, BGBl I 2021/52)

350. a) Zulagen und Bonuszahlungen, die aufgrund der COVID-19-Krise zusätzlich geleistet werden, sind im Kalenderjahr 2020 bis 3.000 Euro steuerfrei. Ebenso sind derartige Zulagen und Bonuszahlungen die bis Februar 2022 für das Kalenderjahr 2021 geleistet werden bis 3 000 Euro steuerfrei. Es muss sich dabei um zusätzliche Zahlungen handeln, die ausschließlich zu diesem Zweck geleistet werden und üblicherweise bisher nicht gewährt wurden. Sie erhöhen nicht das Jahressechstel gemäß § 67 Abs. 2 und werden nicht auf das Jahressechstel angerechnet.

   (BGBl I 2021/227)

   b) Soweit Zulagen und Bonuszahlungen nicht durch lit. a erfasst werden, sind sie nach dem Tarif zu versteuern.

   (BGBl I 2020/23)

351. Eine schädliche Erwerbstätigkeit im Sinne von § 24 Abs. 6 Z 3 und § 37 Abs. 5 Z 3 liegt nicht vor, wenn Ärzte im Jahr 2020, 2021 oder 2022 während der COVID-19-Pandemie als Ärzte gemäß § 36b Ärztegesetz 1998, BGBl. Nr. 169/1998 idF BGBl. I Nr. 16/2020, in Österreich tätig werden.

   (BGBl I 2020/44, BGBl I 2021/3, BGBl I 2022/108)

352. Können Einsatztage im Sinne des § 3 Abs. 1 Z 16c aufgrund der COVID-19-Krise im Kalenderjahr 2020 bzw. bis einschließlich 30. Juni 2021 nicht stattfinden und werden pauschale Reiseaufwandsentschädigungen weiter gewährt, können diese gemäß § 3 Abs. 1 Z 16c steuerfrei behandelt werden.

   (BGBl I 2020/44, BGBl I 2021/3, BGBl I 2021/52)

353. § 3 Abs. 1 Z 17 in der Fassung des Bundesgesetzes BGBl. I Nr. 48/2020 ist erstmalig anzuwenden für Lohnzahlungszeiträume, die nach dem 30. Juni 2020 enden.

   (BGBl I 2020/48)

354. Aufwendungen oder Ausgaben anlässlich der Bewirtung von Geschäftsfreunden gemäß § 20 Abs. 1 Z 3 Satz 3, die nach dem 30. Juni 2020 und vor dem 1. Jänner 2021 anfallen, können zu 75 % abgezogen werden.

   (BGBl I 2020/48)

354a. § 86 Abs. 1 und § 89 Abs. 4, jeweils in der Fassung des Bundesgesetzes BGBl. Nr. 54/2020, treten mit 1. Juli 2020 in Kraft.

   (BGBl I 2020/54, BGBl I 2021/3)

355. a) Verluste aus Einkünften gemäß § 2 Abs. 3 Z 1 bis 3, die bei der Ermittlung des Gesamtbetrags der Einkünfte im Rahmen der Veranlagung 2020 nicht ausgeglichen werden, können im Rahmen der Veranlagung 2019 bis zu einem Betrag von 5 000 000 Euro vom Gesamtbetrag der Einkünfte vor Sonderausgaben und außergewöhnlichen Belastungen abgezogen werden (Verlustrücktrag). Soweit ein Abzug im Rahmen der Veranlagung 2019 nicht möglich ist, kann dieser unter bestimmten Voraussetzungen im Rahmen der Veranlagung 2018 erfolgen. Dabei gilt:
      – Die Verluste müssen durch ordnungsmäßige Buchführung oder bei Steuerpflichtigen, die ihren Gewinn gemäß § 4 Abs. 3 ermitteln, durch ordnungsgemäße Einnahmen-Ausgaben-Rechnung, ermittelt worden sein.
      – Der Verlustrücktrag erfolgt auf Antrag. Wurde das betreffende Jahr

bereits rechtskräftig veranlagt, gilt der Antrag als rückwirkendes Ereignis im Sinne des § 295a BAO.

– Soweit Verluste aus der Veranlagung 2020 nicht rückgetragen werden, können sie nach Maßgabe des § 18 Abs. 6 in Folgejahren abgezogen werden (Verlustabzug).

Der Bundesminister für Finanzen wird ermächtigt, im Wege einer Verordnung festzulegen, dass eine Verlustberücksichtigung bereits vor Durchführung der Veranlagung 2020 erfolgen kann, um bei den Steuerpflichtigen früher positive Liquiditätseffekte herbeizuführen. Dabei sind auch die Voraussetzungen für die Verlustberücksichtigung im Rahmen der Veranlagung 2018 näher festzulegen.

(BGBl I 2021/3)

b) Endet im Kalenderjahr 2020 ein abweichendes Wirtschaftsjahr, besteht das Wahlrecht, den Verlust aus der Veranlagung 2020 oder aus der Veranlagung 2021 rückzutragen. Wird der Verlust aus der Veranlagung 2021 rückgetragen, beziehen sich die Regelungen der lit. a auf die Kalenderjahre 2021, 2020 und 2019.

(BGBl I 2020/96)

356. § 7 Abs. 1a in der Fassung BGBl. I Nr. 96/2020 ist erstmalig auf nach dem 30. Juni 2020 angeschaffte oder hergestellte Wirtschaftsgüter anzuwenden. Für vor dem 1. Jänner 2023 angeschaffte oder hergestellte Wirtschaftsgüter kann die degressive Absetzung für Abnutzung nach Maßgabe des § 7 Abs. 1a in der Fassung BGBl. I Nr. 96/2020 unabhängig von der im unternehmensrechtlichen Jahresabschluss vorgenommenen Abschreibung in Anspruch genommen werden **„ ; für Elektrizitätsunternehmen im Sinne des § 7 Z 11 des Elektrizitätswirtschafts- und -organisationsgesetzes 2010, BGBl. I Nr. 110/2010, gilt dies weiterhin für vor dem 1. Jänner 2026 angeschaffte und hergestellte Wirtschaftsgüter.“**

(BGBl I 2020/96, BGBl I 2021/3, BGBl I 2022/10, BGBl I 2022/220 ab 30.12.2022)

357. § 8 Abs. 1a und § 16 Abs. 1 Z 8 lit. e, jeweils in der Fassung BGBl. I Nr. 96/2020, sind erstmalig auf nach dem 30. Juni 2020 angeschaffte oder hergestellte Gebäude anzuwenden.

(BGBl I 2020/96)

358. § 12 in der Fassung des Bundesgesetzes BGBl. I Nr. 96/2020 ist auf stille Reserven anzuwenden, die auf Grund des Ausscheidens von Wirtschaftsgütern nach dem 31. Dezember 2019 aufgedeckt werden.

(BGBl I 2020/96)

359. § 17 Abs. 5a in der Fassung des Bundesgesetzes BGBl. I Nr. 96/2020 tritt mit 1. Jänner 2020 in Kraft.

(BGBl I 2020/96)

360. § 33 Abs. 1 in der Fassung des Bundesgesetzes BGBl. I Nr. 96/2020 ist erstmalig anzuwenden, wenn

– die Einkommensteuer veranlagt wird, bei der Veranlagung für das Kalenderjahr 2020,

– die Einkommensteuer (Lohnsteuer) durch Abzug eingehoben oder durch Veranlagung festgesetzt wird, für Lohnzahlungszeiträume, die nach dem 31. Dezember 2019 enden. Wurde für derartige Lohnzahlungszeiträume § 33 Abs. 1 in der Fassung des BGBl. I Nr. 96/2020 noch nicht berücksichtigt, hat der Arbeitgeber für seine Arbeitnehmer eine Aufrollung gemäß § 77 Abs. 3 so bald wie möglich, jedoch spätestens bis 30. September 2020 durchzuführen, sofern die technischen und organisatorischen Möglichkeiten dazu vorliegen.

(BGBl I 2020/96)

361. § 33 Abs. 3a Z 3 lit. d in der Fassung des Bundesgesetzes BGBl. I Nr. 96/2020 ist erstmalig für Anträge betreffend das Kalenderjahr 2019 anzuwenden.

(BGBl I 2020/96)

362. § 33 Abs. 5 Z 3 und Abs. 8 Z 2, jeweils in der Fassung des Bundesgesetzes BGBl. I Nr. 96/2020, sind erstmalig bei der Veranlagung für das Kalenderjahr 2020 anzuwenden.

(BGBl I 2020/96)

363. § 37 Abs. 4 in der Fassung des Bundesgesetzes BGBl. I Nr. 96/2020 ist erstmalig bei der Veranlagung für das Kalenderjahr 2020 anzuwenden.

(BGBl I 2020/96)

364. In den Kalenderjahren 2020, 2021 und 2022 ist für Arbeitnehmer, welchen auf Grund von COVID-19-Kurzarbeit gemäß § 37b AMSG reduzierte laufende Bezüge zugeflossen sind, das Jahressechstel gemäß § 67 Abs. 2 pauschal um 15% zu erhöhen. Dies gilt sinngemäß auch für § 67 Abs. 5 zweiter Teilstrich, für die Neuberechnung der Lohnsteuer gemäß § 77 Abs. 4 und für das Kontrollsechstel gemäß § 77 Abs. 4a.

(BGBl I 2020/96, BGBl I 2021/3, BGBl I 2022/108)

365. Die COVID-19 Investitionsprämie für Unternehmen nach dem Investitionsprämiengesetz, BGBl. I Nr. 88/2020, stellt keine Betriebseinnahme dar; § 6 Z 10, § 20 Abs. 2 und § 12 Abs. 2 KStG 1988 sind auf sie nicht anwendbar.

(BGBl I 2020/96)

366. § 17 Abs. 3a Z 1 bis Z 5 in der Fassung des Bundesgesetzes BGBl. I Nr. 3/2021 sind erstmalig bei der Veranlagung für das Kalenderjahr 2021 anzuwenden.

(BGBl I 2021/3)

367. § 41 Abs. 1 Z 11, § 47 Abs. 1, § 83 Abs. 2 Z 2 und § 84a, jeweils in der Fassung des Bundesgesetzes BGBl. I Nr. 3/2021, sind erstmalig anzuwenden, wenn
– die Einkommensteuer veranlagt wird, bei der Veranlagung für das Kalenderjahr 2020,
– die Einkommensteuer (Lohnsteuer) durch Abzug eingehoben oder durch Veranlagung festgesetzt wird, für Lohnzahlungszeiträume, die nach dem 31. Dezember 2019 enden.

Abweichend von § 84a Abs. 1 kann die Lohnbescheinigung gemäß § 84a für das Kalenderjahr 2020 bis spätestens 31. März 2021 an das Finanzamt übermittelt werden.

(BGBl I 2021/3)

368. § 67 Abs. 2, § 69 Abs. 2, 3 und 4 Z 1 sowie § 77 Abs. 4a, jeweils in der Fassung des Bundesgesetzes BGBl. I Nr. 3/2021, sind erstmalig für Lohnzahlungszeiträume anzuwenden, die nach dem 31. Dezember 2020 enden.

(BGBl I 2021/3)

369. Bei den Veranlagungen 2020 und 2021 ist hinsichtlich der 10 %-Grenzen in den §§ 4a Abs. 1, 4b Abs. 1 Z 5 lit. b, 4c Abs. 1 Z 2 sowie § 18 Abs. 1 Z 7 bis 9 auf die höhere Grenze aus der Veranlagung 2019 bzw. dem jeweiligen Veranlagungsjahr abzustellen.

(BGBl I 2021/3)

370. § 26 Z 5 in der Fassung des Bundesgesetzes BGBl. I Nr. 18/2021 ist erstmalig für Lohnzahlungszeiträume anzuwenden, die nach dem 30. Juni 2021 enden, und bei Anwendung der lit. b, wenn der Erwerb der Wochen-, Monats- oder Jahreskarte nach dem 30. Juni 2021 erfolgt.

(BGBl I 2021/18)

371. Wird im Kalenderjahr 2020 der Freibetrag für die Teilnahme an Betriebsveranstaltungen gemäß § 3 Abs. 1 Z 14 nicht oder nicht zur Gänze ausgeschöpft, kann der Arbeitgeber im Zeitraum von 1. November 2020 bis 31. Jänner 2021 Gutscheine im Wert von bis zu 365 Euro an seine Arbeitnehmer ausgeben. Diese Gutscheine stellen einen steuerfreien geldwerten Vorteil aus der Teilnahme an Betriebsveranstaltungen gemäß § 3 Abs. 1 Z 14 dar.

(BGBl I 2021/3)

372. § 6 Z 2 lit. a und § 9 Abs. 3 in der Fassung des Bundesgesetzes BGBl. I Nr. 3/2021 sind erstmalig anzuwenden für Wirtschaftsjahre, die nach dem 31. Dezember 2020 beginnen. Dabei gilt:

a) Eine pauschale Forderungswertberichtigung darf auch für Forderungen erfolgen, die in Wirtschaftsjahren entstanden sind, die vor dem 1. Jänner 2021 beginnen.

(BGBl I 2022/108)

b) Eine pauschale Rückstellung darf auch gebildet werden, wenn der Anlass für deren erstmalige Bildung in Wirtschaftsjahren liegt, die vor dem 1. Jänner 2021 beginnen.

(BGBl I 2022/108)

c) Die gemäß lit. a und lit. b zu berücksichtigenden Wertberichtigungs- und Rückstellungsbeträge sind auf das Wirtschaftsjahr, das nach dem 31. Dezember 2020 beginnt, und gleichmäßig auf die folgenden vier Wirtschaftsjahre zu verteilen.

(BGBl I 2021/3)

373. § 16 Abs. 1 Z 7 und Z 7a lit. b, § 26 Z 9 und § 41 Abs. 1 Z 13, jeweils in der Fassung des Bundesgesetzes BGBl. I Nr. 52/2021, sind erstmalig für Homeoffice-Tage ab 1. Jänner 2021 anzuwenden, wenn
– die Einkommensteuer veranlagt wird, bei der Veranlagung für das Kalenderjahr 2021,
– die Einkommensteuer (Lohnsteuer) durch Abzug eingehoben oder durch Veranlagung festgesetzt wird, für Lohnzahlungszeiträume, die nach dem 31. Dezember 2020 enden.

(BGBl I 2021/52)

374. § 16 Abs. 1 Z 7a lit. a und § 16 Abs. 3 in der Fassung des Bundesgesetzes BGBl. I Nr. 52/2021 sind erstmalig bei der Veranlagung für das Kalenderjahr 2020 anzuwenden. Abweichend davon gilt für die Veranlagung der Kalenderjahre 2020 und 2021 Folgendes:
– Ausgaben im Sinne des § 16 Abs. 1 Z 7a lit. a, die im Kalenderjahr 2020 getätigt wurden, sind zu berücksichtigen, wenn der Arbeitnehmer seine berufliche Tätigkeit für den Arbeitgeber an zumindest 26 Tagen im Jahr 2020 ausschließlich in der Wohnung ausgeübt hat. Der Höchstbetrag beträgt für das Kalenderjahr 2020 150 Euro. Der Antrag auf Berücksichtigung dieser Kosten stellt ein rückwirkendes Ereignis im Sinne des § 295a BAO dar.
– Der Höchstbetrag gemäß § 16 Abs. 1 Z 7a lit. a beträgt für das Kalenderjahr 2021 300 Euro. Er vermindert sich um den Betrag, der im Kalenderjahr 2020 für Ausgaben im Sinne des § 16 Abs. 1 Z 7a lit. a berücksichtigt worden ist.

(BGBl I 2021/52)

375. § 16 Abs. 1 Z 7a, § 26 Z 9 und § 41 Abs. 1 Z 13 treten mit 1. Jänner 2024 außer Kraft. § 16 Abs. 1 Z 7 und § 16 Abs. 3 in der Fassung des BGBl. I Nr. 52/2021 treten mit 1. Jänner 2024 außer Kraft; § 16 Abs. 1 Z 7 und § 16 Abs. 3 in der Fassung vor BGBl. I Nr. 52/2021 treten mit 1. Jänner 2024 wieder in Kraft.

(BGBl I 2021/52)

376. § 67 Abs. 5 in der Fassung des Bundesgesetzes BGBl. I Nr. 71/2021 tritt mit 1. April 2021 in Kraft.

(BGBl I 2021/71, BGBl I 2021/112)

377. § 3 Abs. 1 Z 17 in der Fassung des Bundesgesetzes BGBl. I Nr. 227/2021 ist erstmalig anzuwenden für Lohnzahlungszeiträume, die nach dem 31. Dezember 2021 enden.

(BGBl I 2021/227)

378. § 4 Abs. 4 Z 8 und § 17 Abs. 1 und 3a in der Fassung des Bundesgesetzes BGBl. I Nr. 227/2021 sind erstmalig bei der Veranlagung für das Kalenderjahr 2022 anzuwenden.

(BGBl I 2021/227)

379. § 36 Abs. 2 Z 1 in der Fassung des Bundesgesetzes BGBl. I Nr. 227/2021 ist erstmalig bei der Veranlagung für das Kalenderjahr 2021 anzuwenden.

(BGBl I 2021/227)

380. § 16 Abs. 1 Z 6 lit. h und § 68 Abs. 7 sind auch im Falle von COVID-19-Kurzarbeit, Telearbeit wegen der COVID-19-Krise bzw. Dienstverhinderungen wegen der COVID-19-Krise anwendbar. Dies gilt für Lohnzahlungszeiträume, die nach dem 31. Oktober 2021 beginnen und vor dem 1. Jänner 2022 enden.

(BGBl I 2021/227)

381. Können Einsatztage im Sinne des § 3 Abs. 1 Z 16c aufgrund der COVID-19-Krise in den Kalendermonaten November und Dezember 2021 nicht stattfinden und werden pauschale Reiseaufwandsentschädigungen weiter gewährt, können diese gemäß § 3 Abs. 1 Z 16c steuerfrei behandelt werden.

(BGBl I 2021/227)

382. Wird im Kalenderjahr 2021 der Freibetrag für die Teilnahme an Betriebsveranstaltungen gemäß § 3 Abs. 1 Z 14 nicht oder nicht zur Gänze ausgeschöpft, kann der Arbeitgeber im Zeitraum von 1. November 2021 bis 31. Jänner 2022 Gutscheine im Wert von bis zu 365 Euro an seine Arbeitnehmer ausgeben. Diese Gutscheine stellen einen steuerfreien geldwerten Vorteil aus der Teilnahme an Betriebsveranstaltungen gemäß § 3 Abs. 1 Z 14 dar.

(BGBl I 2021/227)

383. § 3 Abs. 1 Z 35 in der Fassung des Bundesgesetzes BGBl. I Nr. 10/2022 ist erstmalig anzuwenden, wenn

– die Einkommensteuer veranlagt wird, bei der Veranlagung für das Kalenderjahr 2022,
– die Einkommensteuer (Lohnsteuer) durch Abzug eingehoben oder durch Veranlagung festgesetzt wird, für Lohnzahlungszeiträume, die nach dem 31. Dezember 2021 enden.

(BGBl I 2022/10)

384. a) § 6 Z 2 lit. c und Z 5, § 20 Abs. 2, § 27 Abs. 1, Abs. 4a, Abs. 6 und Abs. 8, § 27a Abs. 1 Z 1, Abs. 2 Z 1 und Z 2, Abs. 3 Z 4, Abs. 4 und Abs. 6, § 27b, § 93 Abs. 2 Z 1 und Z 3, Abs. 4a, Abs. 5 und Abs. 7, § 94 Z 6 lit. c, Z 7, Z 10 und Z 12, § 95 Abs. 2 Z 1 lit. a und Z 3, Abs. 3, § 96 Abs. 1 Z 1, Z 3 und Abs. 4 Z 3 und § 97 Abs. 1, jeweils in der Fassung des Bundesgesetzes BGBl. I Nr. 10/2022, treten mit 1. März 2022 in Kraft und sind erstmals auf Kryptowährungen anzuwenden, die nach dem 28. Februar 2021 angeschafft wurden.

b) Werden Kryptowährungen, die vor dem 1. März 2021 angeschafft wurden, nach dem 28. Februar 2022 zur Erzielung laufender Einkünfte aus Kryptowährungen gemäß § 27b Abs. 2 oder zum Erwerb von Kryptowährungen gemäß § 27b Abs. 2 zweiter Satz verwendet, ist bereits § 27b Abs. 2 anzuwenden und die erworbenen Kryptowährungen gelten als nach dem 28. Februar 2021 angeschafft.

c) Werden Kryptowährungen nach dem 31. Dezember 2021 und vor dem 1. März 2022 steuerpflichtig realisiert, können die Einkünfte auf Antrag des Steuerpflichtigen bereits als Einkünfte im Sinne des § 27b behandelt werden.

d) Die Verpflichtung zum Kapitalertragsteuerabzug für Einkünfte aus Kryptowährungen gilt erstmals für Kapitalerträge, die nach dem 31. Dezember 2023 anfallen. Für in den Kalenderjahren 2022 und 2023 anfallende Kapitalerträge kann freiwillig eine Kapitalertragsteuer einbehalten werden; die §§ 93 bis 97 gelten diesfalls sinngemäß.

e) § 27a Abs. 2 Z 7 und § 95 Abs. 1 sowie Abs. 2 Z 2 lit. c treten am 1. März 2022 in Kraft, wobei der freiwillige Steuerabzug erstmals für Kapitalerträge, die nach dem 1. März 2022 anfallen, vorgenommen werden kann.

(BGBl I 2022/10)

385. **„§ 10 Abs. 1 und 2"** in der Fassung des Bundesgesetzes BGBl. I Nr. 10/2022 ist erstmalig für Wirtschaftsjahre anzuwenden, die nach dem 31. Dezember 2021 beginnen.

(BGBl I 2022/10, BGBl I 2022/194 ab 7.12.2022)

386. § 11 in der Fassung des Bundesgesetzes BGBl. I Nr. 10/2022 ist erstmalig auf nach dem 31. Dezember 2022 angeschaffte oder hergestellte Wirtschaftsgüter anzuwenden.

(BGBl I 2022/10)

387. § 13 in der Fassung des Bundesgesetzes BGBl. I Nr. 10/2022 tritt mit 1. Jänner 2023 in Kraft. Für Einkünfte gemäß § 2 Abs. 3 Z 1 bis 3 ist § 13 in der Fassung BGBl. I Nr. 10/2022 erst-

mals für Wirtschaftsjahre anzuwenden, die nach dem 31. Dezember 2022 beginnen.

(BGBl I 2022/10)

388. § 18 Abs. 1 Z 10 in der Fassung des Bundesgesetzes BGBl. I Nr. 10/2022 ist erstmalig bei der Veranlagung für das Kalenderjahr 2022 anzuwenden für Ausgaben,
   a) für welche nach dem 30. Juni 2022 eine Förderung des Bundes gemäß dem 3. Abschnitt des UFG ausbezahlt wurde,
   b) sofern das zugrundeliegende Förderungsansuchen nach dem 31. März 2022 eingebracht wurde.

(BGBl I 2022/10)

389. § 30b Abs. 1a, § 93 Abs. 1a und § 100 Abs. 1a, jeweils in der Fassung des Bundesgesetzes BGBl. I Nr. 10/2022, treten jeweils mit 1. Jänner 2023 in Kraft und sind erstmalig für Einkünfte anzuwenden, die nach dem 31. Dezember 2022 zufließen.

(BGBl I 2022/10)

390. a) Die Senkung des Steuersatzes von 35% auf 30% gemäß § 33 Abs. 1 in der Fassung des Bundesgesetzes BGBl. I Nr. 10/2022 tritt mit 1. Juli 2022 in Kraft und ist erstmalig anzuwenden, wenn
   – die Einkommensteuer veranlagt oder durch Veranlagung festgesetzt wird, bei der Veranlagung für das Kalenderjahr 2023,
   – die Einkommensteuer (Lohnsteuer) durch Abzug eingehoben wird, für Lohnzahlungszeiträume, die nach dem 31. Dezember 2022 enden.

   b) Für das Kalenderjahr 2022 ist die Senkung des Steuersatzes von 35% auf 30% wie folgt zu berücksichtigen:
   – Wenn die Einkommensteuer veranlagt oder durch Veranlagung festgesetzt wird, ist für das gesamte Kalenderjahr ein Steuersatz von 32,5% anzuwenden.
   – Wenn die Einkommensteuer (Lohnsteuer) durch Abzug eingehoben wird, ist für Lohnzahlungszeiträume, die nach dem 31. Dezember 2021 enden, ein Steuersatz von 32,5% anzuwenden. Wurde für derartige Lohnzahlungszeiträume der Steuersatz von 32,5% noch nicht berücksichtigt, hat der Arbeitgeber für seine Arbeitnehmer eine Aufrollung gemäß § 77 Abs. 3 so bald wie möglich, jedoch spätestens bis 31. Mai 2022 durchzuführen, sofern die technischen und organisatorischen Möglichkeiten dazu vorliegen.

(BGBl I 2022/10)

391. a) Die Senkung des Steuersatzes von 42% auf 40% gemäß § 33 Abs. 1 in der Fassung des Bundesgesetzes BGBl. I Nr. 10/2022 tritt mit 1. Juli 2023 in Kraft und ist erstmalig anzuwenden, wenn
   – die Einkommensteuer veranlagt wird, bei der Veranlagung für das Kalenderjahr 2024,
   – die Einkommensteuer (Lohnsteuer) durch Abzug eingehoben oder durch Veranlagung festgesetzt wird, für Lohnzahlungszeiträume, die nach dem 31. Dezember 2023 enden.

   b) Für das Kalenderjahr 2023 ist die Senkung des Steuersatzes von 42% auf 40% wie folgt zu berücksichtigen:
   – Wenn die Einkommensteuer veranlagt oder durch Veranlagung festgesetzt wird, ist für das gesamte Kalenderjahr ein Steuersatz von 41% anzuwenden.
   – Wenn die Einkommensteuer (Lohnsteuer) durch Abzug eingehoben wird, ist für Lohnzahlungszeiträume, die nach dem 31. Dezember 2022 enden, ein Steuersatz von 41% anzuwenden.

(BGBl I 2022/10)

392. § 33 Abs. 3a Z 1 in der Fassung des Bundesgesetzes BGBl. I Nr. 10/2022 ist für Kalendermonate ab Jänner 2022 anzuwenden. Wurde für derartige Lohnzahlungszeiträume der höhere Familienbonus Plus noch nicht berücksichtigt, hat der Arbeitgeber für seine Arbeitnehmer eine Aufrollung gemäß § 77 Abs. 3 so bald wie möglich, jedoch spätestens bis 30. September 2022 durchzuführen, sofern die technischen und organisatorischen Möglichkeiten dazu vorliegen.

(BGBl I 2022/10, BGBl I 2022/93)

393. § 33 Abs. 5 Z 3, Abs. 6 Z 2 und Z 3, Abs. 8 Z 2 und Z 3 in der Fassung des BGBl. I Nr. 10/2022 ist erstmalig bei der Veranlagung für das Kalenderjahr 2021 anzuwenden. Wenn die Einkommensteuer (Lohnsteuer) durch Abzug eingehoben wird, ist § 33 Abs. 6 Z 2 und Z 3 in Fassung BGBl. I Nr. 10/2022 für Lohnzahlungszeiträume, die nach dem 31. Dezember 2021 enden, anzuwenden. Wurde für derartige Lohnzahlungszeiträume der höhere Absetzbetrag noch nicht berücksichtigt, hat die pensionsauszahlende Stelle eine Aufrollung gemäß § 77 Abs. 3 so bald wie möglich, jedoch spätestens bis 31. Mai 2022 durchzuführen, sofern die technischen und organisatorischen Möglichkeiten dazu vorliegen.

(BGBl I 2022/10)

394. a) § 33 Abs. 7 in der Fassung des Bundesgesetzes BGBl. I Nr. 10/2022 ist erstmalig bei der Veranlagung für das Kalenderjahr 2022 anzuwenden.

   b) § 33 Abs. 7 in der Fassung des Bundesgesetzes BGBl. I Nr. 93/2022 tritt nach

BGBl. I Nr. 10/2022 in Kraft und ist erstmalig bei der Veranlagung für das Kalenderjahr 2022 anzuwenden.

(BGBl I 2022/10, BGBl I 2022/93)

395. a) Zur Abgeltung der erhöhten Treibstoffkosten sind im Zeitraum Mai 2022 bis Juni 2023 zusätzlich zu den Pauschbeträgen gemäß § 16 Abs. 1 Z 6 lit. c folgende Pauschbeträge nach Maßgabe der Bestimmungen des § 16 Abs. 1 Z 6 lit. e bis j zu berücksichtigen:

Bei einer einfachen Fahrtstrecke von

mindestens 20 km bis 40 km — 29 Euro monatlich

mehr als 40 km bis 60 km — 56,50 Euro monatlich

mehr als 60 km — 84 Euro monatlich

b) Zur Abgeltung der erhöhten Treibstoffkosten sind im Zeitraum Mai 2022 bis Juni 2023 zusätzlich zu den Pauschbeträgen gemäß § 16 Abs. 1 Z 6 lit. d folgende Pauschbeträge nach Maßgabe der Bestimmungen des § 16 Abs. 1 Z 6 lit. e bis j zu berücksichtigen:

Bei einer einfachen Fahrtstrecke von

mindestens 2 km bis 20 km — 15,50 Euro monatlich

mehr als 20 km bis 40 km — 61,50 Euro monatlich

mehr als 40 km bis 60 km — 107 Euro monatlich

mehr als 60 km — 153 Euro monatlich

c) Im Zeitraum Mai 2022 bis Juni 2023 steht zusätzlich ein Pendlereuro gemäß § 33 Abs. 5 Z 4 von 0,50 Euro monatlich pro Kilometer der einfachen Fahrtstrecke zwischen Wohnung und Arbeitsstätte zu. Für die Berücksichtigung des zusätzlichen Pendlereuros gelten die Bestimmungen des § 16 Abs. 1 Z 6 lit. b und lit. e bis j entsprechend.

d) Bei Steuerpflichtigen, die Anspruch auf ein Pendlerpauschale gemäß § 16 Abs. 1 Z 6 haben, erhöht sich der nach § 33 Abs. 8 Z 2 errechnete und zurückzuerstattende Betrag im Kalenderjahr 2022 um 60 Euro und im Kalenderjahr 2023 um 40 Euro.

e) Wenn die Einkommensteuer (Lohnsteuer) durch Abzug eingehoben wird, und für Lohnzahlungszeiträume von Mai 2022 bis Juni 2023 lit. a bis c noch nicht berücksichtigt wurden, hat der Arbeitgeber für seine Arbeitnehmer eine Aufrollung gemäß § 77 Abs. 3 so bald wie möglich, jedoch spätestens bis 31. August 2022 durchzuführen, sofern die technischen und organisatorischen Möglichkeiten dazu vorliegen.

(BGBl I 2022/63)

396. § 3 Abs. 1 Z 38 in der Fassung des Bundesgesetzes BGBl. I Nr. 108/2022 ist erstmalig auf Zuschüsse und sonstige Leistungen anzuwenden, die nach dem 30. Juni 2022 ausbezahlt werden.

(BGBl I 2022/108)

397. § 3 Abs. 1 Z 39, § 4 Abs. 4 Z 5 und § 17 Abs. 1 und 3a, jeweils in der Fassung des Bundesgesetzes BGBl. I Nr. 108/2022, sind erstmalig bei der Veranlagung für das Kalenderjahr 2022 anzuwenden.

(BGBl I 2022/108)

398. § 16 Abs. 1 Z 6 lit. i in der Fassung des Bundesgesetzes BGBl. I Nr. 108/2022 ist erstmalig anzuwenden, wenn die Einkommensteuer (Lohnsteuer) durch Abzug eingehoben oder durch Veranlagung festgesetzt wird, für Lohnzahlungszeiträume, die nach dem 31. Dezember 2022 enden.

(BGBl I 2022/108)

399. § 19 Abs. 1 Z 2 und Abs. 2 in der Fassung des Bundesgesetzes BGBl. I Nr. 108/2022 ist für Zahlungen und Rückzahlungen ab 1. Jänner 2022 anzuwenden und über Antrag des Steuerpflichtigen auf alle offenen Veranlagungsverfahren. Eine Änderung auf Antrag des Steuerpflichtigen in einem offenen Veranlagungsverfahren betreffend das Kalenderjahr der Zahlung oder Rückzahlung stellt hinsichtlich der Kalenderjahre, für die der Anspruch besteht, ein rückwirkendes Ereignis gemäß § 295a BAO dar. Wurde eine Zahlung nicht in dem Kalenderjahr steuerlich berücksichtigt, für das die Zahlung getätigt wurde, kann eine Rückzahlung abweichend von § 19 Abs. 2 in dem Kalenderjahr als abgeflossen gelten, in dem die Zahlung steuerlich berücksichtigt worden ist.

(BGBl I 2022/108)

400. § 22 Z 1 lit. a dritter Satz tritt mit 1. September 2022 in Kraft.

(BGBl I 2022/108)

401. § 22 Z 1 lit. b in der Fassung des Bundesgesetzes BGBl. I Nr. 108/2022 ist auf alle zum Zeitpunkt der Kundmachung des Bundesgesetzes BGBl. I Nr. 108/2022 nicht rechtskräftig veranlagten Fälle anzuwenden.

(BGBl I 2022/108)

402. § 27 Abs. 6 Z 2 sechster Teilstrich und § 93 Abs. 5, jeweils in der Fassung des Bundesgesetzes BGBl. I Nr. 108/2022, treten mit 1. Jänner 2023 in Kraft.

(BGBl I 2022/108)

403. § 41 Abs. 1 Z 6, 13, 14 und 15, § 41 Abs. 2 Z 2 sowie § 42 Abs. 1 Z 3 in der Fassung des Bundesgesetzes BGBl. I Nr. 108/2022 sind erstmalig bei der Veranlagung für das Kalenderjahr 2022 anzuwenden.

(BGBl I 2022/108)

404. § 96 Abs. 4 und 5 in der Fassung des Bundesgesetzes BGBl. I Nr. 108/2022 tritt am

1. Jänner 2024 in Kraft und ist erstmals auf Steuerbescheinigungen anzuwenden, die für das Kalenderjahr 2024 ausgestellt werden.

(BGBl I 2022/108)

405. § 108c Abs. 2 Z 1 und Abs. 3 in der Fassung des Bundesgesetzes BGBl. I Nr. 108/2022 ist erstmalig auf Prämien anzuwenden, die das Kalenderjahr 2022 betreffen und nach dem 30. Juni 2022 erstmalig beantragt werden.

(BGBl I 2022/108)

406. § 33 Abs. 6 Z 2 in der Fassung des BGBl. I Nr. 93/2022 ist erstmalig anzuwenden, wenn
– die Einkommensteuer veranlagt wird, bei der Veranlagung für das Kalenderjahr 2023,
– die Einkommensteuer (Lohnsteuer) durch Abzug eingehoben oder durch Veranlagung festgesetzt wird, für Lohnzahlungszeiträume, die nach dem 31. Dezember 2022 enden.

(BGBl I 2022/93)

407. Hat ein Steuerpflichtiger Anspruch auf einen der Absetzbeträge nach § 33 Abs. 5 oder 6 und hat er keine außerordentliche Einmalzahlung gemäß § 772a ASVG, § 400a GSVG, § 394a BSVG, § 95h PG 1965 und § 60 Abs. 19 BB-PG erhalten, so steht ihm für das Kalenderjahr 2022 im Wege der Einkommensteuerveranlagung ein Teuerungsabsetzbetrag in Höhe von 500 Euro zu. Für die Berücksichtigung des Teuerungsabsetzbetrages gilt:

a) Bei Anspruch auf den Verkehrsabsetzbetrag steht der Teuerungsabsetzbetrag bis zu einem Einkommen von 18 200 Euro im Kalenderjahr zu und vermindert sich zwischen Einkommen von 18 200 Euro und 24 500 Euro gleichmäßig einschleifend auf null. Der Teuerungsabsetzbetrag vermindert sich um außerordentliche Gutschriften gemäß § 398a GSVG und § 392a BSVG. Abweichend von § 33 Abs. 8 Z 2 sind für das Kalenderjahr 2022 70% der Werbungskosten im Sinne des § 16 Abs. 1 Z 3 lit. a (ausgenommen Betriebsratsumlagen) und des § 16 Abs. 1 Z 4 und 5, höchstens aber 1 550 Euro, rückzuerstatten.

(BGBl I 2022/138)

b) Bei Anspruch auf einen der Absetzbeträge gemäß § 33 Abs. 6 steht der Teuerungsabsetzbetrag bis zu laufenden Pensionseinkünften von 20 500 Euro im Kalenderjahr zu und vermindert sich zwischen laufenden Pensionseinkünften von 20 500 Euro und 25 500 Euro gleichmäßig einschleifend auf null. Der Teuerungsabsetzbetrag vermindert sich um außerordentliche Gutschriften gemäß § 398a GSVG und gemäß § 392a BSVG. Abweichend von § 33 Abs. 8 Z 3 sind für das Kalenderjahr 2022 100% der Werbungskosten im Sinne des § 16 Abs. 1 Z 4, höchstens aber 1 050 Euro, rückzuerstatten. Bei Anspruch auf einen Pensionistenabsetzbetrag ist der Teuerungsabsetzbetrag zusätzlich zu den Absetzbeträgen gemäß § 66 Abs. 1 bei der Berechnung der Lohnsteuer zu berücksichtigen. Die pensionsauszahlende Stelle hat für die Pensionsbezieher eine Aufrollung gemäß § 77 Abs. 3 so bald wie möglich, jedoch spätestens bis 30. September 2022 durchzuführen.

(BGBl I 2022/138)

(BGBl I 2022/93)

408. a) Zulagen und Bonuszahlungen, die der Arbeitgeber in den Kalenderjahren 2022 und 2023 aufgrund der Teuerung zusätzlich gewährt (Teuerungsprämie), sind
– bis 2 000 Euro pro Jahr steuerfrei und zusätzlich
– bis 1 000 Euro pro Jahr steuerfrei, wenn die Zahlung aufgrund einer lohngestaltenden Vorschrift gemäß § 68 Abs. 5 Z 1 bis 7 erfolgt.

Es muss sich dabei um zusätzliche Zahlungen handeln, die üblicherweise bisher nicht gewährt wurden. Sie erhöhen nicht das Jahressechstel gemäß § 67 Abs. 2 und werden nicht auf das Jahressechstel angerechnet.

b) Werden in den Kalenderjahren 2022 und 2023 sowohl eine Gewinnbeteiligung gemäß § 3 Abs. 1 Z 35 als auch eine Teuerungsprämie ausbezahlt, sind diese nur insoweit steuerfrei, als sie insgesamt den Betrag von 3 000 Euro pro Jahr nicht übersteigen. Eine steuerfrei gewährte Gewinnbeteiligung kann im Kalenderjahr 2022 rückwirkend als Teuerungsprämie behandelt werden.

c) Soweit Zulagen und Bonuszahlungen nicht durch lit. a erfasst werden, sind sie nach dem Tarif zu versteuern.

„d) Die Teuerungsprämie ist beim Arbeitnehmer nur insoweit steuerfrei, als sie insgesamt den Betrag von 3 000 Euro pro Jahr nicht übersteigt. Wird im Kalenderjahr mehr als 3 000 Euro Teuerungsprämie samt Gewinnbeteiligung gemäß § 3 Abs. 1 Z 35 steuerfrei berücksichtigt, ist der Steuerpflichtige gemäß § 41 Abs. 1 zu veranlagen.“

(BGBl I 2022/194 ab 7.12.2022)

(BGBl I 2022/93)

409. § 33 Abs. 3 in der Fassung vor BGBl I Nr. 135/2022 entfällt rückwirkend ab 1. Jänner 2019 und § 33 Abs. 3 in der Fassung BGBl I Nr. 135/2022 tritt mit 1. Jänner 2019 in Kraft. Dabei gilt:

a) Die Nachzahlungen des Kinderabsetzbetrages für Kinder, die sich ständig in Bulgarien, Deutschland, Estland, Griechenland, Italien, Kroatien, Lettland, Litauen, Malta, Polen, Portugal, Rumänien, Slowakei, Slowenien, Spanien, Tschechien, Ungarn oder Zypern aufgehalten haben oder aufhalten, erfolgen im Wege der gemeinsamen Auszahlung mit der Familienbeihilfe automationsunterstützt, soweit auf Grund der im Familienbeihilfenverfahren vorhandenen Daten eine Auszahlung durchführbar ist.

b) Der Kinderabsetzbetrag für Kinder, die sich ständig in Belgien, Dänemark, Finnland, Frankreich, Irland, Island, Luxemburg, Niederlande, Norwegen, Schweden, Schweiz oder dem Vereinigten Königreich aufgehalten haben oder aufhalten, gilt bis zum 30. Juni 2022 in Bezug auf die Höhe als rechtmäßig zuerkannt.

(BGBl I 2022/135)

410. a) § 33 Abs. 3a, Abs. 4 und Abs. 7 in der Fassung des Bundesgesetzes BGBl. I Nr. 135/2022 sind für Kinder, die sich ständig in Bulgarien, Deutschland, Estland, Griechenland, Italien, Kroatien, Lettland, Litauen, Malta, Polen, Portugal, Rumänien, Slowakei, Slowenien, Spanien, Tschechien, Ungarn oder Zypern aufhalten, erstmalig anzuwenden, wenn

- die Einkommensteuer veranlagt oder durch Veranlagung festgesetzt wird, bei der Veranlagung für das Kalenderjahr 2019; die Änderung des § 33 mit Bundesgesetz BGBl. I Nr. 135/2022 stellt ein rückwirkendes Ereignis im Sinne des § 295a BAO dar.
- die Einkommensteuer (Lohnsteuer) durch Abzug eingehoben wird, für Lohnzahlungszeiträume, die nach dem 31. Dezember 2021 enden. Wurden für derartige Lohnzahlungszeiträume § 33 Abs. 3a und Abs. 4 in der Fassung des BGBl. I Nr. 135/2022 noch nicht berücksichtigt, hat der Arbeitgeber für seine Arbeitnehmer eine Aufrollung gemäß § 77 Abs. 3 so bald wie möglich, jedoch spätestens bis 30. September 2022 durchzuführen, sofern die technischen und organisatorischen Möglichkeiten dazu vorliegen.

§ 205 BAO ist nicht anzuwenden.

b) § 33 Abs. 3a, Abs. 4 und Abs. 7 in der Fassung des Bundesgesetzes BGBl. I Nr. 135/2022 sind für Kinder, die sich ständig in Belgien, Dänemark, Finnland, Frankreich, Irland, Island, Luxemburg, Niederlande, Norwegen, Schweden, Schweiz oder dem Vereinigten Königreich aufhalten, erstmalig anzuwenden, wenn

- die Einkommensteuer veranlagt oder durch Veranlagung festgesetzt wird, bei der Veranlagung für das Kalenderjahr 2023,
- die Einkommensteuer (Lohnsteuer) durch Abzug eingehoben wird, für Lohnzahlungszeiträume, die nach dem 31. Juli 2022 enden.

c) Für Kinder, die sich ständig in Belgien, Dänemark, Finnland, Frankreich, Irland, Island, Luxemburg, Niederlande, Norwegen, Schweden, Schweiz oder dem Vereinigten Königreich aufhalten, sind § 33 Abs. 3a, Abs. 4 und Abs. 7 im Rahmen der Veranlagung des Kalenderjahres 2022 wie folgt anzuwenden:

- Für die Kalendermonate Jänner bis Juli 2022 sind § 33 Abs. 3a und Abs. 4 Z 3 in der Fassung vor dem Bundesgesetz BGBl. I Nr. 135/2022 anzuwenden und für die Kalendermonate August bis Dezember 2022 sind § 33 Abs. 3a und Abs. 4 Z 3 in der Fassung des Bundesgesetzes BGBl. I Nr. 135/2022 anzuwenden.
- Für die Kalendermonate Jänner bis Juli 2022 ist jeweils ein Zwölftel der Beträge gemäß § 33 Abs. 4 Z 1 und 2 und Abs. 7 in der Fassung vor dem Bundesgesetz BGBl. I Nr. 135/2022 heranzuziehen und für die Kalendermonate August bis Dezember 2022 ist jeweils ein Zwölftel der Beträge gemäß § 33 Abs. 4 Z 1 und 2 und Abs. 7 in der Fassung des Bundesgesetzes BGBl. I Nr. 135/2022 heranzuziehen.

(BGBl I 2022/135)

411. a) Die außerordentliche Gutschrift gemäß § 398a GSVG und § 392a BSVG ist von der Einkommensteuer befreit, wenn das Einkommen (§ 2 Abs. 2 Einkommensteuergesetz 1988 – EStG 1988, BGBl 1988/400) des Empfängers im Zuflussjahr vor Berücksichtigung der außerordentlichen Gutschrift nicht mehr als 24 500 Euro beträgt; andernfalls ist sie – ohne Erhöhung der betrieblichen Einkünfte – der Einkommensteuerbemessungsgrundlage hinzuzurechnen.

b) Liegen die Voraussetzungen für die Einkommensteuerbefreiung nicht vor, ist eine Veranlagung von lohnsteuerpflichtigen Einkünften gemäß § 41 Abs. 1 EStG 1988 vorzunehmen.

c) Für Personen, denen eine außerordentliche Gutschrift gemäß **„§ 398a GSVG und § 392a BSVG“** gewährt wurde, sind folgende Daten vom jeweiligen Sozialversicherungsträger, bis spätestens Ende Februar des der Auszahlung folgenden Kalenderjahres elektronisch an den Bundesminister für Finanzen zu übermitteln: Der (die) Familienname(n), der (die) Vorname(n), das Geburtsdatum, das verschlüsselte bereichsspezifische Personenkennzeichen (vbPK SA), das Jahr der Auszahlung, sowie die Höhe der Gutschrift.

(BGBl I 2022/194 ab 7.12.2022)

(BGBl I 2022/138)

„412. § 1 Abs. 4, § 3 Abs. 1 Z 16d, § 4 Abs. 4 Z 8 lit. b, § 33 Abs. 1, Abs. 4, Abs. 5, Abs. 6 und Abs. 8, § 34 Abs. 4, § 35 Abs. 1, § 42 Abs. 1 Z 3, § 99 Abs. 2 Z 2 und § 102 Abs. 3 in der Fassung des Bundesgesetzes BGBl. I Nr. 163/2022 sind erstmalig anzuwenden, wenn

- **die Einkommensteuer veranlagt wird, bei der Veranlagung für das Kalenderjahr 2023,**
- **die Einkommensteuer (Lohnsteuer) durch Abzug eingehoben wird, für Lohnzahlungszeiträume, die nach dem 31. Dezember 2022 enden.**

(Teuerungs-EP II, BGBl I 2022/163)

413. § 33 Abs. 1a und § 33a in der Fassung des Bundesgesetzes BGBl. I Nr. 163/2022 sind erstmalig anzuwenden, wenn

- **die Einkommensteuer veranlagt wird, bei der Veranlagung für das Kalenderjahr 2024,**
- **die Einkommensteuer (Lohnsteuer) durch Abzug eingehoben wird, für Lohnzahlungszeiträume, die nach dem 31. Dezember 2023 enden.**

(Teuerungs-EP II, BGBl I 2022/163)

414. § 17 Abs. 5a Z 1 in der Fassung des Bundesgesetzes BGBl. I Nr. 163/2022 ist erstmalig bei der Veranlagung für das Kalenderjahr 2023 anzuwenden.“

(Teuerungs-EP II, BGBl I 2022/163)

„415. Die Anpassung des Kinderabsetzbetrages gemäß § 33 Abs. 3 Z 2 in der Fassung des Bundesgesetzes BGBl. I Nr. 174/2022 hat erstmalig für das Kalenderjahr 2023 zu erfolgen.“

(Teuerungs-EP III, BGBl I 2022/174)

„416. § 3 Abs. 1 Z 35 lit. b in der Fassung BGBl. I Nr. 194/2022 ist erstmals bei der Veranlagung für das Kalenderjahr 2022 bzw. Lohnzahlungszeiträume, die nach dem 31. Dezember 2021 enden, anzuwenden.

(BGBl I 2022/194)

417. § 17 Abs. 3a Z 2 in der Fassung BGBl. I Nr. 194/2022 ist erstmalig bei der Veranlagung für das Kalenderjahr 2023 anzuwenden.

(BGBl I 2022/194)

418. § 20 Abs. 1 Z 8 in der Fassung des Bundesgesetzes BGBl. I Nr. 194/2022 ist für alle nach dem 31. Dezember 2022 geleisteten Zahlungen anzuwenden.

(BGBl I 2022/194)

419. § 42 Abs. 2 in der Fassung des Bundesgesetzes BGBl. I Nr. 194/2022 ist erstmalig bei der Veranlagung für das Jahr 2023 anzuwenden.“

(BGBl I 2022/194)

„420. § 3 Abs. 1 Z 16c in der Fassung BGBl. I Nr. 220/2022 ist erstmals bei der Veranlagung für das Kalenderjahr 2023 bzw. für Lohnzahlungszeiträume, die nach dem 31. Dezember 2022 enden, anzuwenden.

(BGBl I 2022/220)

421. § 62 Z 6 in der Fassung des Bundesgesetzes BGBl. I Nr. 220/2022 ist erstmalig anzuwenden für Lohnzahlungszeiträume, die nach dem 31. Dezember 2022 enden.“

(BGBl I 2022/220)

10. TEIL
SCHLUSSBESTIMMUNGEN

§ 125. Dieses Bundesgesetz ist anzuwenden,

1. wenn die Einkommensteuer veranlagt wird, erstmalig bei der Veranlagung für das Kalenderjahr 1989,
2. wenn die Einkommensteuer (Lohnsteuer) durch Abzug eingehoben oder durch Jahresausgleich festgesetzt wird, für Lohnzahlungszeiträume, die nach dem 31. Dezember 1988 enden,
3. beim Steuerabzug in sonstigen Fällen für Zeiträume nach dem 31. Dezember 1988, sofern sich aus § 123 nicht anderes ergibt.

Vollziehung

§ 126. Mit der Vollziehung dieses Bundesgesetzes sind

1. hinsichtlich des § 4 Abs. 4 Z 4 zweiter Satz der Bundesminister für wirtschaftliche Angelegenheiten,
2. hinsichtlich des § 4 Abs. 4 Z 5 dritt- und vorletzter Satz der Bundesminister für Wissenschaft und Forschung,
3. hinsichtlich des § 103 Abs. 4 zweiter Satz der Bundesminister für Wissenschaft und Forschung,
4. hinsichtlich des § 106 der Bundesminister für Finanzen im Einvernehmen mit dem Bundesminister für Justiz,
5. hinsichtlich des § 111 der jeweils in Betracht kommende Bundesminister,
6. hinsichtlich der §§ 84 und 86 in der Fassung des Bundesgesetzes BGBl. I Nr. 132/2002 der Bundesminister für Finanzen im Einvernehmen mit dem Bundesminister für soziale Sicherheit und Generationen,
7. hinsichtlich der übrigen Bestimmungen der Bundesminister für Finanzen

betraut.

Wegfall der Lohnsteuerkarte

§ 127. (1) Die §§ 48 bis 61, 65 und 71 bis 75 sind für Lohnzahlungszeiträume, die nach dem 31. Dezember 1993 enden, nicht mehr anzuwenden.

(2) Dem Arbeitgeber bis zum 31. Dezember 1993 vorgelegte Lohnsteuerkarten sind vom Arbeitgeber bis zum 31. Dezember 1998 aufzubewahren und in der Folge zu vernichten.

(3) Wurde vom Arbeitgeber im Jahre 1993 auf Grund der Eintragung auf der Lohnsteuerkarte der Alleinverdiener- oder Alleinerzieherabsetzbetrag berücksichtigt, ist der Absetzbetrag vorerst ohne Erklärung gemäß § 129 bis längstens 31. Dezember 1994 weiter zu berücksichtigen. Den Wegfall der Voraussetzungen für die Berücksichtigung des Alleinverdiener- oder des Alleinerzieherabsetzbetrages muß der Arbeitnehmer dem Arbeitgeber innerhalb eines Monats melden. Ab dem Zeitpunkt der Meldung hat der Arbeitgeber den Alleinverdiener- oder den Alleinerzieherabsetzbetrag nicht mehr zu berücksichtigen.

Anmeldung des Arbeitnehmers

§ 128. Bei Antritt des Dienstverhältnisses hat der Arbeitnehmer dem Arbeitgeber unter Verwendung eines amtlichen Vordruckes und unter Vorlage einer amtlichen Urkunde, die geeignet ist, seine Identität nachzuweisen, folgende Daten bekanntzugeben:

- Name,
- Versicherungsnummer gemäß § 31 ASVG,
- Wohnsitz.

Wurde für den Arbeitnehmer eine Versicherungsnummer nicht vergeben, ist das Geburtsdatum anzuführen.

Berücksichtigung des Familienbonus Plus und von Absetzbeträgen durch den Arbeitgeber oder die pensionsauszahlende Stelle

§ 129. (1) Für die Inanspruchnahme eines Familienbonus Plus, des Alleinverdiener-, Alleinerzieher-, oder des erhöhten Pensionistenabsetzbetrages hat der Arbeitnehmer (Pensionist) dem Arbeitgeber (der pensionsauszahlenden Stelle) auf einem amtlichen Formular eine Erklärung über das Vorliegen der Voraussetzungen gemäß § 33 Abs. 3a, § 33 Abs. 4 Z 1 oder Z 2 oder § 33 Abs. 6 Z 1 abzugeben oder elektronisch zu übermitteln.

(BGBl I 2019/103)

(2) In dieser Erklärung ist anzugeben:

1. Für die Inanspruchnahme des Alleinverdienerabsetzbetrages:
   - Name und Versicherungsnummer des (Ehe-)Partners (§ 106 Abs. 3)
   - Name und Versicherungsnummer von Kindern (§ 106 Abs. 1)

   (BGBl I 2022/135)
2. Für die Inanspruchnahme des Alleinerzieherabsetzbetrages:
   - Name und Versicherungsnummer von Kindern (§ 106 Abs. 1)

   (BGBl I 2022/135)
3. Für die Inanspruchnahme des erhöhten Pensionistenabsetzbetrages:
   - Name und Versicherungsnummer des (Ehe-)Partners (§ 106 Abs. 3)
4. Für die Inanspruchnahme eines Familienbonus Plus:
   - Name, Versicherungsnummer und Geburtsdatum des Kindes, für das ein Familienbonus Plus berücksichtigt werden soll,
   - ob der Arbeitnehmer der Familienbeihilfenberechtigte oder dessen (Ehe-)Partner (§ 33 Abs. 3a Z 5) ist
   - ob der Arbeitnehmer den gesetzlichen Unterhalt für ein nicht haushaltszugehöriges Kind leistet,
   - ob der Familienbonus Plus zur Gänze oder zur Hälfte berücksichtigt werden soll

   Weiters ist dem Arbeitgeber (der pensionsauszahlenden Stelle) für die Inanspruchnahme eines Familienbonus Plus ein Nachweis über den Familienbeihilfenanspruch oder über die Unterhaltsleistung vorzulegen oder elektronisch zu übermitteln.

   (BGBl I 2019/103, BGBl I 2022/135)

(3) Der Arbeitgeber hat die Erklärung des Arbeitnehmers (Pensionisten) zum Lohnkonto (§ 76) zu nehmen.

(4) Änderungen der Verhältnisse muss der Arbeitnehmer (Pensionist) dem Arbeitgeber (der pensionsauszahlenden Stelle) innerhalb eines Monats melden. Ab dem Zeitpunkt der Meldung über die Änderung der Verhältnisse hat der Arbeitgeber (die pensionsauszahlende Stelle) den Familienbonus Plus und die Absetzbeträge, beginnend mit dem von der Änderung betroffenen Monat, nicht mehr oder in geänderter Höhe zu berücksichtigen.

(5) Die Erklärung für die Inanspruchnahme des Alleinverdienerabsetzbetrages, des Alleinerzieherabsetzbetrages oder des erhöhten Pensionistenabsetzbetrages darf bei Vorliegen mehrerer Arbeitgeber (pensionsauszahlenden Stellen) gleichzeitig nur einem Arbeitgeber (einer pensionsauszahlenden Stelle) vorgelegt oder elektronisch übermittelt werden.

(BGBl I 2019/103)

(6) Weiters ist beim Familienbonus Plus Folgendes zu berücksichtigen:

1. Die Erklärung für die Inanspruchnahme eines Familienbonus Plus darf von jedem Anspruchsberechtigten für ein Kind nur einem Arbeitgeber (einer pensionsauszahlenden Stelle) vorgelegt oder elektronisch übermittelt werden.

   (BGBl I 2019/103)

2. Der Arbeitgeber darf einen Familienbonus Plus nicht für Zeiträume berücksichtigen, für die für das Kind kein Anspruch auf Familienbeihilfe besteht.
3. Bei gleichbleibenden Verhältnissen entfaltet eine Erklärung über eine Änderung der Höhe des zu berücksichtigenden Familienbonus Plus erst ab Beginn des folgenden Kalenderjahres Wirkung.
4. Der Arbeitgeber darf einen Familienbonus Plus nur bis zu dem Monat berücksichtigen, in dem das Kind das 18. Lebensjahr vollendet. Nach Ablauf dieses Monats darf ein Familienbonus Plus nur berücksichtigt werden, wenn dem Arbeitgeber neuerlich eine Erklärung gemäß Abs. 2 Z 4 mit den dort vorgesehenen Nachweisen vorgelegt oder elektronisch übermittelt wird.

(BGBl I 2019/103)

(7) Eine Haftung des Arbeitgebers nach § 82 besteht nur insoweit, als die Lohnsteuer nach Maßgabe der Verhältnisse, wie sie dem Arbeitgeber aufgrund der, nicht offensichtlich unrichtigen Erklärung gemäß Abs 2 des Arbeitnehmers, beim Steuerabzug bekannt waren, unrichtig berechnet wurde.

(BGBl I 2018/98)

(BGBl I 2018/62)

§ 130. § 3 Abs. 1 Z 5 lit. d in der Fassung des Bundesgesetzes BGBl. Nr. 314/1994 tritt mit 1. Juli 1994 in Kraft.

§ 131. § 69 Abs. 4 in der Fassung des Bundesgesetzes BGBl. Nr. 417/1996 tritt mit 1. Juli 1996 in Kraft.

§ 132. Die §§ 3 Abs. 1 Z 22 lit. a und 35 Abs. 2 in der Fassung des Bundesgesetzes BGBl. I Nr. 30/1998 treten mit 1. Jänner 1998 in Kraft.

§ 133. § 20 Abs. 1 Z 1, § 33 Abs. 4 Z 3 lit. a und c, § 33 Abs. 8, § 34 Abs. 7 Z 1 und 2, § 40, § 97 Abs. 4 Z 2 in der Fassung des Bundesgesetzes BGBl. I Nr. 79/1998 treten mit Ablauf des 31. Dezember 1998 in Kraft.

§ 134. (1) § 3 Abs. 1 Z 5 lit. d tritt mit 28. Juni 2008 in Kraft.

(2) § 25 Abs. 1 Z 2 lit. e, § 69 Abs. 6 Z 1 und 2 und § 84 Abs. 1 Z 3 lit. b in der Fassung des Bundesgesetzes BGBl. I Nr. 82/2008 treten mit 1. Juli 2008 in Kraft.

Anlage 1
(zu § 4 Abs. 4 Z 2 lit. b)

Erreichtes Alter des Unterstützungsempfängers (Jahre)	Die Jahresbeträge der laufenden Unterstützungen sind zu vervielfachen bei Unterstützungen an ehemalige Betriebszugehörige mit	bei Unterstützungen an Witwen (Waisen) ehemaliger Betriebszugehöriger mit
bis 24	10	20
25	11	20
26	12	20
27 bis 28	13	20
29 bis 31	14	20
32 bis 37	15	19
38 bis 43	15	18
44 bis 46	15	17
47 bis 49	15	16
50	15	15
51 bis 52	14	15
53 bis 55	14	14
56 bis 57	14	13
58 bis 60	13	12
61 bis 62	13	11
63 bis 64	12	10
65	11	10
66 bis 67	11	9
68	10	9
69	10	8
70	9	8
71 bis 72	9	7
73	8	7
74 bis 75	8	6
76	7	6
77	7	5
78 bis 79	6	5
80	6	4
81 bis 84	5	4
85 bis 87	4	3
88 bis 91	3	3
92 bis 97	2	2
98 bis 100	1	1

Anlage 2
(zu § 94 Z 2 EStG)

Gesellschaften im Sinne des Artikels 2 der Richtlinie 2011/96/EU über das gemeinsame Steuersystem der Mutter- und Tochtergesellschaften verschiedener Mitgliedstaaten, ABl. Nr. L 345 vom 29.12.2011 S. 8.

Gesellschaft im Sinne des Artikels 2 der genannten Richtlinie ist jede Gesellschaft, die

1. eine der angeführten Formen aufweist:
   a) Die gemäß der Verordnung (EG) Nr. 2157/2001 des Rates vom 8. Oktober 2001 über das Statut der Europäischen Gesellschaft (SE) und der Richtlinie 2001/86/EG des Rates vom 8. Oktober 2001 zur Ergänzung des Statuts der Europäischen Gesellschaft hinsichtlich der Beteiligung der Arbeitnehmer gegründeten Gesellschaften sowie die gemäß der Verordnung (EG) Nr. 1435/2003 des Rates vom 22. Juli 2003 über das Statut der Europäischen Genossenschaft (SCE) und gemäß der Richtlinie 2003/72/EG des Rates vom 22. Juli 2003 zur Ergänzung des Statuts der Europäischen Genossenschaft hinsichtlich der Beteiligung der Arbeitnehmer gegründeten Genossenschaften;
   b) Gesellschaften belgischen Rechts mit der Bezeichnung „société anonyme"/„naamloze vennootschap", „société en commandite par actions"/„commanditaire vennootschap op aandelen", „société privée à responsabilité limitée"/„besloten vennootschap met beperkte aansprakelijkheid", „société coopérative à responsabilité limitée"/„coöperatieve vennootschap met beperkte aansprakelijkheid", „société coopérative à responsabilité illimitée"/„coöperatieve vennootschap met onbeperkte aansprakelijkheid", „société en nom collectif"/„vennootschap onder firma", „société en commandite simple"/„gewone commanditaire vennootschap", öffentliche Unternehmen, die eine der genannten Rechtsformen angenommen haben, und andere nach belgischem Recht gegründete Gesellschaften, die der belgischen Körperschaftsteuer unterliegen;
   c) Gesellschaften bulgarischen Rechts mit der Bezeichnung „събирателнот дружество", „командитното дружество", дружеството с ограничена отговорност", „акционерното дружество" „командитното дружество с акции", неперсонифицирано дружество" кооперации", „кооперативни съюзи", „държавни предприятия", die nach bulgarischem Recht gegründet wurden und gewerbliche Tätigkeiten ausüben;
   d) Gesellschaften tschechischen Rechts mit der Bezeichnung „akciová společnost", „společnost s ručením omezeným";
   e) Gesellschaften dänischen Rechts mit der Bezeichnung „aktieselskab" oder „anpartsselskab". Weitere nach dem Körperschaftsteuergesetz steuerpflichtige Gesellschaften, soweit ihr steuerbarer Gewinn nach den allgemeinen steuerrechtlichen Bestimmungen für die „aktieselskaber" ermittelt und besteuert wird;
   f) Gesellschaften deutschen Rechts mit der Bezeichnung „Aktiengesellschaft", „Kommanditgesellschaft auf Aktien", „Gesellschaft mit beschränkter Haftung", „Versicherungsverein auf Gegenseitigkeit", „Erwerbs- und Wirtschaftsgenossenschaft", „Betrieb gewerblicher Art von juristischen Personen des öffentlichen Rechts", und andere nach deutschem Recht gegründete Gesellschaften, die der deutschen Körperschaftsteuer unterliegen;
   g) Gesellschaften estnischen Rechts mit der Bezeichnung „täisühing", „usaldusühing", „osaühing", „aktsiaselts", „tulundusühistu";
   h) Gesellschaften griechischen Rechts mit der Bezeichnung „ανώνυμη εταιρεία", „εταιρεία περισμένης ευθύνης (Ε.Π.Ε.)" und andere nach griechischem Recht gegründete Gesellschaften, die der griechischen Körperschaftsteuer unterliegen;
   i) Gesellschaften spanischen Rechts mit der Bezeichnung „sociedad anónima", „sociedad comanditaria por acciones", „sociedad de responsabilidad limitada", die öffentlich-rechtlichen Körperschaften, deren Tätigkeit unter das Privatrecht fällt. Andere nach spanischem Recht gegründete Körperschaften, die der spanischen Körperschaftsteuer („impuesto sobre sociedades") unterliegen;
   j) Gesellschaften französischen Rechts mit der Bezeichnung „société anonyme", „société en commandite par actions", „société à responsabilité limitée", „sociétés par actions simplifiées", „sociétés d'assurance mutuelle", „caisses d'épargne et de prévoyance", „sociétés civiles", die automatisch der Körperschaftsteuer unterliegen, „coopératives", „unions de coopératives", die öffentlichen Industrie- und Handelsbetriebe und unternehmen und andere nach französischem Recht gegründete Gesellschaften, die der französischen Körperschaftsteuer unterliegen;
   k) nach irischem Recht gegründete oder eingetragene Gesellschaften, gemäß dem Industrial and Provident Societies Act eingetragene Körperschaften, ge-

mäß dem Building Societies Act gegründete „building societies" und „trustee savings banks" im Sinne des Trustee Savings Banks Act von 1989;

l) Gesellschaften italienischen Rechts mit der Bezeichnung „società per azioni", „società in accomandita per azioni", „società a responsibilità limitata", „società cooperative", „società di mutua assicurazione" sowie öffentliche und private Körperschaften, deren Tätigkeit ganz oder überwiegend handelsgewerblicher Art ist;

m) Gesellschaften zyprischen Rechts mit der Bezeichnung „εταιρείες" im Sinne der Einkommensteuergesetze;

n) Gesellschaften lettischen Rechts mit der Bezeichnung „akciju sabiedrība", „sabiedrība ar ierobežotu atbildību";

o) Gesellschaften litauischen Rechts;

p) Gesellschaften luxemburgischen Rechts mit der Bezeichnung „société anonyme", „société en commandite par actions", „société à responsabilité limitée", „société coopérative", „société coopérative organisée comme une société anonyme", „association d'assurances mutuelles", „association d'épargne-pension", „entreprise de nature commerciale, industrielle ou minière de l'Etat, des communes, des syndicats de communes, des établissements publics et des autres personnes morales de droit public" sowie andere nach luxemburgischem Recht gegründete Gesellschaften, die der luxemburgischen Körperschaftsteuer unterliegen;

q) Gesellschaften ungarischen Rechts mit der Bezeichnung „közkereseti társaság", „betéti társaság", „közös vállalat", „korlátolt felelősségű társaság", „részvénytársaság", „egyesülés", „szövetkezet";

r) Gesellschaften maltesischen Rechts mit der Bezeichnung „Kumpaniji ta' Responsabilita' Limitata", „Soċjetajiet en commandite li l-kapital tagħhom maqsum f'azzjonijiet";

s) Gesellschaften niederländischen Rechts mit der Bezeichnung „naamloze vennootschap", „besloten vennootschap met beperkte aansprakelijkheid", „Open commanditaire vennootschap", „Coöperatie", „onderlinge waarborgmaatschappij", „Fonds voor gemene rekening", „vereniging op coöperatieve grondslag", „vereniging welke op onderlinge grondslag als verzekeraar of kredietinstelling optreedt" und andere nach niederländischem Recht gegründete Gesellschaften, die der niederländischen Körperschaftsteuer unterliegen;

t) Gesellschaften österreichischen Rechts mit der Bezeichnung „Aktiengesellschaft", „Gesellschaft mit beschränkter Haftung", „Versicherungsvereine auf Gegenseitigkeit", „Erwerbs- und Wirtschaftsgenossenschaften", „Betriebe gewerblicher Art von Körperschaften des öffentlichen Rechts", „Sparkassen" und andere nach österreichischem Recht gegründete Gesellschaften, die der österreichischen Körperschaftsteuer unterliegen;

u) Gesellschaften polnischen Rechts mit der Bezeichnung: ‚spółka akcyjna', ‚spółka z ograniczoną odpowiedzialnością', ‚spółka komandytowo-akcyjna';

(BGBl I 2016/77)

v) die nach portugiesischem Recht gegründeten Handelsgesellschaften oder zivilrechtlichen Handelsgesellschaften, Genossenschaften und öffentlichen Unternehmen;

w) Gesellschaften rumänischen Rechts mit der Bezeichnung: ‚societăţi pe acţiuni', ‚societăţi în comandită pe acţiuni', ‚societăţi cu răspundere limitată', ‚societăţi în nume colectiv', ‚societăţi în comandită simplă';

(BGBl I 2016/77)

x) Gesellschaften slowenischen Rechts mit der Bezeichnung „delniška družba", „komanditna družba", „družba z omejeno odgovornostjo";

y) Gesellschaften slowakischen Rechts mit der Bezeichnung „akciová spoločnosť", „spoločnosť s ručením obmedzeným", „komanditná spoločnosť";

z) Gesellschaften finnischen Rechts mit der Bezeichnung „osakeyhtiö"/„aktiebolag", „osuuskunta"/„andelslag", „säästöpankki"/„sparbank" and „vakuutusyhtiö"/ „försäkringsbolag";

aa) Gesellschaften schwedischen Rechts mit der Bezeichnung „aktiebolag", „försäkringsaktiebolag", „ekonomiska föreningar", „sparbanker", „ömsesidiga försäkringsbolag" und „försäkringsföreningar",

ab) nach dem Recht des Vereinigten Königreichs gegründete Gesellschaften;

ac) Gesellschaften kroatischen Rechts mit der Bezeichnung ‚dioničko društvo' oder ‚društvo s ograničenom odgovornošću' und andere nach kroatischem Recht gegründete Gesellschaften, die der kroatischen Gewinnsteuer unterliegen.

2. nach dem Steuerrecht eines Mitgliedstaates in Bezug auf den steuerlichen Wohnsitz als in diesem Staat ansässig und auf Grund eines mit einem dritten Staat geschlossenen Doppelbesteuerungsabkommens in Bezug auf den steuerlichen Wohnsitz nicht als außerhalb der Gemeinschaft ansässig betrachtet wird und

3. ohne Wahlmöglichkeit einer der nachstehenden Steuern

- vennootschapsbelasting/impôt des sociétés in Belgien,
- selskabsskat in Dänemark,
- Körperschaftsteuer in Deutschland,
- φόρος εισοδήματος νομικών προσώπων κερδοσκοπικού χαρακτήρα in Griechenland
- impuesto sobre sociedades in Spanien,
- impôt sur les sociétés in Frankreich,
- corporation tax in Irland,
- imposta sul reddito delle società in Italien,
- impôt sur le revenu des collectivités in Luxemburg,
- vennootschapsbelasting in den Niederlanden,
- imposto sobre o rendimento das pessoas colectivas in Portugal,
- corporation tax im Vereinigten Königreich,
- Körperschaftsteuer in Österreich,
- yhteisöjen tulovero/inkomstskatten för samfund in Finnland,
- statlig inkomstskatt in Schweden,
- Daň z příjmů právnických in der Tschechischen Republik,
- Tulumaks in Estland,
- φόρος Εισοδήματος in Zypern,
- uzņēmumu ienākuma nodoklis in Lettland,
- Pelno mokestis in Litauen,
- Társasági adó, osztalékadó in Ungarn,
- Taxxa fuq l-income in Malta,
- Podatek dochodowy od osób prawnych in Polen,
- Davek od dobička pravnih oseb in Slowenien,
- daň z príjmov právnických osôb in der Slowakei,
- корлоративен данък in Bulgarien,
- impozit pe profit in Rumänien,
- porez na dobit in Kroatien

oder irgendeiner Steuer, die eine dieser Steuern ersetzt, unterliegt, ohne davon befreit zu sein.

Z 1 lit. a ist anzuwenden: soweit es sich um eine SE handelt, auf Ausschüttungen, die nach dem 7. Oktober 2004 erfolgen, soweit es sich um eine SCE handelt, auf Ausschüttungen, die nach dem 17. August 2006 erfolgen.

Z 1 lit. d, g, m, n, o, q, r, u, x und y sind auf Ausschüttungen anzuwenden, die nach dem 30. April 2004 erfolgen.

Z 1 lit. c und w sind auf Ausschüttungen anzuwenden, die nach dem 31. Dezember 2006 erfolgen.

Die Anlage 2 zu § 94 Z 2 EStG in der Fassung des Bundesgesetzes BGBl. I Nr. 77/2016 ist auf Ausschüttungen anzuwenden, die nach dem 31. Dezember 2015 erfolgen.

(BGBl I 2016/77)

1/3. VERORDNUNGEN

1/3/1. VO zu § 1

Zweitwohnsitze

BGBl II 2003/528

Verordnung des Bundesministers für Finanzen betreffend inländische Zweitwohnsitze

Auf Grund des § 1 des Einkommensteuergesetzes 1988 wird verordnet:

§ 1. (1) Bei Abgabepflichtigen, deren Mittelpunkt der Lebensinteressen sich länger als fünf Kalenderjahre im Ausland befindet, begründet eine inländische Wohnung nur in jenen Jahren einen Wohnsitz im Sinne des § 1 des Einkommensteuergesetzes 1988, in denen diese Wohnung allein oder gemeinsam mit anderen inländischen Wohnungen an mehr als 70 Tagen benutzt wird.

(2) Absatz 1 ist nur anzuwenden, wenn ein Verzeichnis geführt wird, aus dem die Tage der inländischen Wohnungsbenutzung ersichtlich sind.

§ 2. Die Wirkungen des § 1 treten bei Auswärtsverlagerungen des Mittelpunktes der Lebensinteressen erstmals im folgenden Kalenderjahr und bei Einwärtsverlagerungen letztmals im vorhergehenden Kalenderjahr ein.

§ 3. Eine Benutzung des inländischen Wohnsitzes des unbeschränkt steuerpflichtigen (Ehe-) Partners, von dem der Abgabepflichtige nicht dauernd getrennt lebt, begründet einen zur unbeschränkten Steuerpflicht führenden Wohnsitz für den Abgabepflichtigen.

§ 4. Die Verordnung ist ab 1. Jänner 2004 anzuwenden.

1/3/4. VO zu § 2 Abs. 3

Liebhabereiverordnung

BGBl 1993/33 idF BGBl II 1999/15

Verordnung des Bundesministers für Finanzen über das Vorliegen von Einkünften, über die Annahme einer gewerblichen oder beruflichen Tätigkeit und über die Erlassung vorläufiger Bescheide (Liebhabereiverordnung)

Zu § 2 Abs. 3 EStG 1988, BGBl. Nr. 400/1988, § 7 Abs. 2 KStG 1988, BGBl. Nr. 401/1988, § 2 UStG 1972,[a] BGBl. Nr. 223/1972 in der Fassung BGBl. Nr. 587/1983 und § 200 Abs. 1 BAO, BGBl. Nr. 194/1961, wird verordnet:

[a] Gilt gem § 28 Abs 5 Z 4 UStG 1994 als auf Grund des UStG 1994 erlassen.

Abschnitt I
Einkommen- und Körperschaftsteuer

[Einkünftevermutung]

§ 1. (1) Einkünfte liegen vor bei einer Betätigung (einer Tätigkeit oder einem Rechtsverhältnis), die

– durch die Absicht veranlaßt ist, einen Gesamtgewinn oder einen Gesamtüberschuß der Einnahmen über die Werbungskosten (§ 3) zu erzielen, und
– nicht unter Abs. 2 fällt.

Voraussetzung ist, daß die Absicht anhand objektiver Umstände (§ 2 Abs. 1 und 3) nachvollziehbar ist. Das Vorliegen einer derartigen Absicht ist für jede organisatorisch in sich geschlossene und mit einer gewissen Selbständigkeit ausgestattete Einheit gesondert zu beurteilen.

(2) Liebhaberei ist bei einer Betätigung anzunehmen, wenn Verluste entstehen

1. aus der Bewirtschaftung von Wirtschaftsgütern, die sich nach der Verkehrsauffassung in einem besonderen Maß für eine Nutzung im Rahmen der Lebensführung eignen (z.B. Wirtschaftsgüter, die der Sport- und Freizeitausübung dienen, Luxuswirtschaftsgüter) und typischerweise einer besonderen in der Lebensführung begründeten Neigung entsprechen oder
2. aus Tätigkeiten, die typischerweise auf eine besondere in der Lebensführung begründete Neigung zurückzuführen sind, oder
3. aus der Bewirtschaftung von Eigenheimen, Eigentumswohnungen und Mietwohngrundstücken mit qualifizierten Nutzungsrechten.

Die Annahme von Liebhaberei kann in diesen Fällen nach Maßgabe des § 2 Abs. 4 ausgeschlossen sein. Das Vorliegen der Voraussetzungen der Z 1 und 2 ist für jede organisatorisch in sich geschlossene und mit einer gewissen Selbständigkeit ausgestattete Einheit gesondert zu beurteilen.

(3) Liebhaberei liegt nicht vor, wenn eine Betätigung bei einer einzelnen Einheit im Sinn des Abs. 1 vorletzter Satz, die im wirtschaftlichen Zusammenhang mit weiteren Einheiten steht, aus Gründen der Gesamtrentabilität, der Marktpräsenz oder der wirtschaftlichen Verflechtung aufrechterhalten wird.

[Kriterienprüfung]

§ 2. (1) Fallen bei Betätigungen im Sinn des § 1 Abs. 1 Verluste an, so ist das Vorliegen der Absicht, einen Gesamtgewinn oder Gesamtüberschuß der Einnahmen über die Werbungskosten (§ 3) zu erzielen, insbesondere anhand folgender Umstände zu beurteilen:

1. Ausmaß und Entwicklung der Verluste,
2. Verhältnis der Verluste zu den Gewinnen oder Überschüssen,
3. Ursachen, auf Grund deren im Gegensatz zu vergleichbaren Betrieben, Tätigkeiten oder Rechtsverhältnissen kein Gewinn oder Überschuß erzielt wird,
4. marktgerechtes Verhalten im Hinblick auf angebotene Leistungen,
5. marktgerechtes Verhalten im Hinblick auf die Preisgestaltung,
6. Art und Ausmaß der Bemühungen zur Verbesserung der Ertragslage durch strukturverbessernde Maßnahmen (z.B. Rationalisierungsmaßnahmen).

[Anlaufzeitraum]

(2) Innerhalb der ersten drei Kalenderjahre (Wirtschaftsjahre) ab Beginn einer Betätigung (z.B. Eröffnung eines Betriebes) im Sinn des § 1 Abs. 1, längstens jedoch innerhalb der ersten fünf Kalenderjahre (Wirtschaftsjahre) ab dem erstmaligen Anfallen von Aufwendungen (Ausgaben) für diese Betätigung liegen jedenfalls Einkünfte vor (Anlaufzeitraum). Dieser Zeitraum wird durch die Übertragung der Grundlagen der Betätigung auf Dritte nicht unterbrochen. Nach Ablauf dieses Zeitraumes ist unter Berücksichtigung der Verhältnisse auch innerhalb dieses Zeitraumes nach dem Gesamtbild der Verhältnisse zu beurteilen, ob weiterhin vom Vorliegen von Einkünften auszugehen ist. Ein Anlaufzeitraum im Sinn des ersten Satzes darf nicht angenommen werden, wenn nach den Umständen des Einzelfalls damit zu rechnen ist, daß die Betätigung vor dem Erzielen eines Gesamtgewinnes (Gesamtüberschusses) beendet wird.

[Entgeltliche Gebäudeüberlassung]

(3) Abs. 2 gilt nicht für Betätigungen im Zusammenhang mit der entgeltlichen Überlassung von Gebäuden. Das Vorliegen einer Absicht im Sinn des § 1 Abs. 1 ist in diesem Fall nach dem Verhältnis des Zeitraumes, innerhalb dessen ein Gesamtgewinn oder Gesamtüberschuß geplant ist, zu einem absehbaren Zeitraum zu beurteilen. Als absehbarer Zeitraum gilt ein Zeitraum von 25 Jahren ab Beginn der entgeltlichen Überlassung, höchstens 28 Jahren ab dem erstmaligen Anfallen von Aufwendungen (Ausgaben).

[Absehbarer Zeitraum / Vermietung von Eigenheimen]

(4) Bei Betätigungen gemäß § 1 Abs. 2 liegt Liebhaberei dann nicht vor, wenn die Art der Bewirtschaftung oder der Tätigkeit in einem absehbaren Zeitraum einen Gesamtgewinn oder Gesamtüberschuß der Einnahmen über die Werbungskosten (§ 3) erwarten läßt. Andernfalls ist das Vorliegen von Liebhaberei ab Beginn dieser Betätigung so lange anzunehmen, als die Art der Bewirtschaftung oder der Tätigkeit nicht im Sinn des vorstehenden Satzes geändert wird. Bei Betätigungen im Sinne des § 1 Abs. 2 Z 3 gilt als absehbarer Zeitraum ein Zeitraum von 20 Jahren ab Beginn der entgeltlichen Überlassung, höchstens 23 Jahren ab dem erstmaligen Anfallen von Aufwendungen (Ausgaben).

[Gesamtgewinn / Gesamtüberschuss]

§ 3. (1) Unter Gesamtgewinn ist der Gesamtbetrag der Gewinne zuzüglich steuerfreier Einnahmen abzüglich des Gesamtbetrags der Verluste zu verstehen. Steuerfreie Einnahmen sind nur insoweit anzusetzen, als sie nicht zu einer Kürzung von Aufwendungen (Ausgaben) führen. Wertänderungen von Grund und Boden, der zum Anlagevermögen gehört, sind nur bei der Gewinnermittlung nach § 5 EStG 1988 anzusetzen.

(2) Unter Gesamtüberschuß ist der Gesamtbetrag der Überschüsse der Einnahmen über die Werbungskosten abzüglich des Gesamtbetrags der Verluste zu verstehen.

[Personengemeinschaften]

§ 4. (1) Die §§ 1 bis 3 sind auch bei Personenvereinigungen (Personengemeinschaften) ohne eigene Rechtspersönlichkeit anzuwenden.

(2) Es ist zuerst für die Personenvereinigung (Personengemeinschaft) zu prüfen, ob die gemeinschaftliche Betätigung als Liebhaberei im Sinn des § 1 zu beurteilen ist.

(3) Zusätzlich ist gesondert zu prüfen, ob jeweils beim einzelnen Gesellschafter (Mitglied) Liebhaberei vorliegt. Dabei sind auch besondere Vergütungen (Einnahmen) und Aufwendungen (Ausgaben) der einzelnen Gesellschafter (Mitglieder) zu berücksichtigen.

(4) Bei der Prüfung im Sinn des Abs. 3 ist weiters darauf Bedacht zu nehmen, ob nach den Umständen des Einzelfalls damit zu rechnen ist, daß der Gesellschafter (das Mitglied) vor dem Erzielen eines anteiligen Gesamtgewinns (Gesamtüberschusses) aus der Personenvereinigung (Personengemeinschaft) ausscheidet. In diesem Fall ist auch für den Zeitraum gemäß § 2 Abs. 2 das Vorliegen von Liebhaberei zu prüfen.

[Ausnahmen]

§ 5. Die §§ 1 bis 4 sind nicht anzuwenden auf

1. Betriebe gewerblicher Art von Körperschaften des öffentliches Rechts (§ 2 KStG 1988),
2. juristische Personen des privaten Rechts, an denen unmittelbar oder mittelbar ausschließlich Körperschaften des öffentliches Rechts beteiligt sind, soweit § 2 Abs. 4 dritter Satz KStG 1988 anzuwenden ist,
3. Körperschaften, Personenvereinigungen oder Vermögensmassen, die der Förderung gemeinnütziger, mildtätiger oder kirchlicher Zwecke nach Maßgabe der §§ 34 bis 47 BAO dienen, und
4. wirtschaftliche Geschäftsbetriebe im Sinn des § 31 BAO.

Abschnitt II
Umsatzsteuer

§ 6. Liebhaberei im umsatzsteuerlichen Sinn kann nur bei Betätigungen im Sinne des § 1 Abs. 2, nicht hingegen bei anderen Betätigungen vorliegen.

Abschnitt III
Bundesabgabenordnung

§ 7. Ergehen Bescheide gemäß § 200 Abs. 1 BAO vorläufig, weil zwar noch ungewiß, aber wahrscheinlich ist, daß Liebhaberei vorliegt, so berührt dies nicht die Verpflichtung zur Führung von Büchern und Aufzeichnungen.

Abschnitt IV

§ 8. (1) Abschnitt I und II sind anzuwenden

1. bei der Einkommen- und Körperschaftsteuer erstmalig bei der Veranlagung für das Jahr 1993
2. bei der Umsatzsteuer ab dem 1. Jänner 1993.

(2) Die Verordnung vom 18. Mai 1990, BGBl. Nr. 322/1990, tritt mit 31. Dezember 1992 außer Kraft.

(3) § 1 Abs. 2 Z 1, 2 und 3 und § 2 Abs. 3 und 4 in der Fassung der Verordnung BGBl. II Nr. 358/1997 sind auf entgeltliche Überlassungen anzuwenden, wenn der maßgebliche Zeitraum (absehbare Zeitraum, Kalkulationszeitraum, überschaubare Zeitraum) nicht vor dem 14. November 1997 begonnen hat. Bei Betätigungen im Sinne des § 1 Abs. 2 Z 3 in der Fassung der Verordnung BGBl. II Nr. 358/1997, die bisher als Betätigungen im Sinne des § 1 Abs. 2 in der Fassung vor der Verordnung BGBl. II Nr. 358/1997 zu beurteilen waren, kann der Abgabepflichtige gegenüber jenem Finanzamt, das für die Erhebung der Abgaben vom Einkommen bzw. für die Feststellung der Einkünfte zuständig ist, bis 31. Dezember 1999 schriftlich erklären, daß § 1 Abs. 2 Z 1, 2 und 3 und § 2 Abs. 4 in der Fassung der Verordnung BGBl. II Nr. 358/1997 auf alle nicht endgültig rechtskräftig veranlagten Jahre anzuwenden ist.

1/3/6. VO zu § 4 Abs. 12 Z 4

Innenfinanzierungsverordnung

BGBl II 2016/90

Verordnung des Bundesministers für Finanzen über die Auswirkungen von Umgründungen auf die Innenfinanzierung (Innenfinanzierungsverordnung – IF-VO)

Auf Grund des § 4 Abs. 12 Z 4 des Einkommensteuergesetzes 1988 – EStG 1988, BGBl. Nr. 400, zuletzt geändert durch das Bundesgesetz BGBl. I Nr. 163/2015, wird verordnet:

§ 1. (1) Für die Auswirkungen von Umgründungen nach dem Umgründungssteuergesetz – UmgrStG, BGBl. Nr. 699/1991, auf die Innenfinanzierung gemäß § 4 Abs. 12 Z 4 EStG 1988 gilt bei Buchwertfortführung Folgendes:

1. Die Innenfinanzierung ist nach Maßgabe des § 2 fortzuführen. Die Auswirkungen von Umgründungen auf den unternehmensrechtlichen Jahresüberschuss/Jahresfehlbetrag sind nicht relevant.
2. Durch Umgründungen entstehende Buchgewinne und -verluste wirken sich nicht auf die Innenfinanzierung aus.
3. Durch Umgründungen entstehende Confusiogewinne und -verluste erhöhen bzw. senken die Innenfinanzierung im Wirtschaftsjahr ihrer Berücksichtigung.

(2) Abs. 1 Z 2 gilt auch in den dem Umgründungsstichtag folgenden Wirtschaftsjahren, wenn Buchverluste aus Umgründungen im unternehmensrechtlichen Jahresabschluss durch den Ansatz eines Umgründungsmehr- bzw. Firmenwertes gemäß § 202 Abs. 2 Z 2 und 3 des Unternehmensgesetzbuches vermieden worden sind. In diesen Fällen ist bei der Ermittlung der Innenfinanzierung in Folgejahren

- die Abschreibung,
- die Zuschreibung und
- der Buchwertabgang

des Umgründungs- bzw. Firmenwerts aus dem unternehmensrechtlichen Jahresüberschuss/Jahresfehlbetrag auszuscheiden. Dies gilt sinngemäß, soweit Buchverluste durch den Ansatz des beizulegenden Wertes gemäß § 202 Abs. 1 UGB vermieden worden sind.

§ 2. (1) Bei Verschmelzungen gemäß Art. I UmgrStG ist die Innenfinanzierung der übertragenden Körperschaft der Innenfinanzierung der übernehmenden Körperschaft hinzuzurechnen. Dies gilt auch bei der Verschmelzung verbundener Körperschaften. Dabei ist eine negative Innenfinanzierung der Körperschaft, an der die Beteiligung besteht, insoweit zu erhöhen, als auf diese unternehmensrechtliche Abschreibungen vorgenommen wurden.

(2) Bei Umwandlungen gemäß Art. II UmgrStG ist die Innenfinanzierung der übertragenden Körperschaft im jeweiligen Beteiligungsausmaß der

Innenfinanzierung jener Rechtsnachfolger hinzuzurechnen, die selbst Evidenzkonten im Sinne des § 4 Abs. 12 EStG 1988 zu führen haben. Dabei ist die Höhe der Beteiligung an der übertragenden Körperschaft im Zeitpunkt der Eintragung des Umwandlungsbeschlusses in das Firmenbuch maßgeblich. Ein gemäß § 9 Abs. 6 UmgrStG als ausgeschüttet geltender Betrag wirkt sich nicht auf die Innenfinanzierung des Rechtsnachfolgers aus. § 2 Abs. 1 letzter Satz gilt sinngemäß.

(3) Bei Einbringungen gemäß Art. III UmgrStG erhöht die Innenfinanzierung des Einbringenden, ausgenommen in den Fällen des Abs. 4 und 5, die Innenfinanzierung der übernehmenden Körperschaft nicht. Ist der Einbringende eine natürliche Person, vermindern Beträge, die gemäß § 18 Abs. 2 Z 1 UmgrStG als ausgeschüttet gelten, die Innenfinanzierung in dem für die Ausschüttung maßgebenden Zeitpunkt.

(4) Besitzt die übernehmende Körperschaft alle Anteile an der einbringenden Körperschaft, ist die Innenfinanzierung der einbringenden Körperschaft in dem Ausmaß zu vermindern und im gleichen Ausmaß der Innenfinanzierung der übernehmenden Körperschaft zuzuschreiben, in dem sich der Wert der einbringenden Körperschaft durch die Einbringung vermindert hat.

(5) Sind die Anteile an der einbringenden und der übernehmenden Körperschaft in einer Hand vereinigt, ist die Innenfinanzierung der einbringenden Körperschaft in dem Ausmaß zu vermindern und im gleichen Ausmaß der Innenfinanzierung der übernehmenden Körperschaft zuzuschreiben, in dem sich die Werte der Anteile durch die Einbringung verschieben.

(6) Bei Abspaltungen gemäß Art. VI UmgrStG ist die Innenfinanzierung der spaltenden Körperschaft in dem Ausmaß zu vermindern und im gleichen Ausmaß der Innenfinanzierung der übernehmenden Körperschaft zuzuschreiben, in dem sich der Wert der spaltenden Körperschaft durch die Spaltung vermindert hat. Davon abweichend ist Abs. 3 sinngemäß auf Abspaltungen anzuwenden, soweit die spaltende Körperschaft an der übernehmenden Körperschaft beteiligt ist und auf die Anteilsgewährung an die Muttergesellschaft der spaltenden Körperschaft verzichtet wird.

(7) Bei Aufspaltungen gemäß Art. VI UmgrStG ist die Innenfinanzierung der aufspaltenden Körperschaft entsprechend den Wertverhältnissen des übertragenen Vermögens der Innenfinanzierung der übernehmenden Körperschaften zuzuschreiben. § 2 Abs. 1 letzter Satz gilt sinngemäß.

§ 3. Diese Verordnung ist erstmals für Umgründungen anzuwenden, die nach dem 31. Mai 2015 beschlossen werden. Für Zwecke der erstmaligen Ermittlung der Innenfinanzierung (mittels genauer Berechnung oder vereinfacht gemäß § 124b Z 279 lit. a erster Teilstrich EStG 1988) und deren Fortführung (§ 124b Z 279 lit. c EStG 1988) kann die Verordnung ebenfalls angewendet werden.

1/3/8. VO zu § 15 Abs. 2

Sachbezugswerteverordnung

BGBl II 2001/416 idF BGBl II 2022/504

Verordnung über die Bewertung bestimmter Sachbezüge (Sachbezugswerteverordnung)

Zu § 15 Abs. 2 des Einkommensteuergesetzes 1988, BGBl. Nr. 400, wird verordnet:

Wert der vollen freien Station

§ 1. (1) Der Wert der vollen freien Station beträgt 196,20 Euro monatlich. In diesen Werten sind enthalten:

- Die Wohnung (ohne Beheizung und Beleuchtung) mit einem Zehntel,
- die Beheizung und Beleuchtung mit einem Zehntel,
- das erste und zweite Frühstück mit je einem Zehntel,
- das Mittagessen mit drei Zehntel,
- die Jause mit einem Zehntel,
- das Abendessen mit zwei Zehntel.

(2) Wird die volle freie Station nicht nur dem Arbeitnehmer, sondern auch seinen Familienangehörigen gewährt, so erhöhen sich die genannten Beträge

- für den Ehegatten (Lebensgefährten) um 80%,
- für jedes Kind bis zum 6. Lebensjahr um 30%,
- für jedes nicht volljährige Kind im Alter von mehr als sechs Jahren um 40% und
- für jedes volljährige Kind sowie jede andere im Haushalt des Arbeitnehmers lebende Person, sofern der Arbeitgeber die volle freie Station gewährt, um 80%.

(3) Werden im Zusammenhang mit der Gewährung der vollen freien Station Kostenersätze durch den Arbeitnehmer geleistet, vermindert sich der Betrag von 196,20 Euro um den entsprechenden Anteilswert im Sinne des Abs. 1.

Wohnraumbewertung

§ 2. (1) Stellt der Arbeitgeber seinem Arbeitnehmer Wohnraum kostenlos oder verbilligt zur Verfügung, ist als monatlicher Quadratmeterwert der jeweils am 31. Oktober des Vorjahres geltende Richtwert gemäß § 5 des Richtwertgesetzes, BGBl. Nr. 800/1993, in der Fassung des Bundesgesetzes BGBl. I Nr. 50/2008, bezogen auf das Wohnflächenausmaß gemäß Abs. 5 anzusetzen. Kostenbeiträge des Arbeitnehmers vermindern den Sachbezugswert.

(2) Der Quadratmeterwert gemäß Abs. 1 ist auf einen Wohnraum anzuwenden, der hinsichtlich der Ausstattung – unabhängig vom Ausmaß der Nutzfläche – der mietrechtlichen Normwohnung gemäß § 2 des Richtwertgesetzes entspricht.

(3) Der Wert gemäß Abs. 1 verändert sich folgendermaßen:

1. Für Wohnraum, der den Standard der mietrechtlichen Normwohnung nicht erreicht, ist der Wert gemäß Abs. 1 um 30% zu vermindern.
2. Bei Dienstwohnungen für Hausbesorger, Hausbetreuer und Portiere ist der Wert gemäß Abs. 1 in Verbindung mit Z 1 um 35% zu vermindern.

(4) Für Wohnraum, dessen um 25% verminderter üblicher Endpreis des Abgabeortes um mehr als 50% niedriger oder um mehr als 100% höher ist als der sich aus Abs. 1 und 3 ergebende Wert, ist der um 25% verminderte fremdübliche Mietzins anzusetzen.

(BGBl II 2015/395)

(5) Die Ermittlung des Wohnflächenausmaßes ist im Sinne des § 17 Abs. 2 und 3 des Mietrechtsgesetzes BGBl. Nr. 520/1981, in der Fassung des Bundesgesetzes BGBl. I Nr. 124/2006 vorzunehmen.

(6) Die Quadratmeterwerte beinhalten auch die Betriebskosten im Sinne des § 21 des Mietrechtsgesetzes. Werden die Betriebskosten vom Arbeitnehmer getragen, ist von den Quadratmeterwerten ein Abschlag von 25% vorzunehmen.

(7) Bei einer vom Arbeitgeber gemieteten Wohnung sind die Quadratmeterwerte gemäß Abs. 1 und 3 der um 25% gekürzten tatsächlichen Miete (samt Betriebskosten, exklusive Heizkosten) einschließlich der vom Arbeitgeber getragenen Betriebskosten gegenüberzustellen; der höhere Wert bildet den maßgeblichen Sachbezug.

(7a) Überlässt der Arbeitgeber dem Arbeitnehmer kostenlos oder verbilligt eine arbeitsplatznahe Unterkunft (Wohnung, Appartement, Zimmer), die nicht den Mittelpunkt der Lebensinteressen bildet, gilt Folgendes:

(BGBl II 2018/237)

1. Bis zu einer Größe von 30 m² ist kein Sachbezug anzusetzen.
2. Bei einer Größe von mehr als 30 m² aber nicht mehr als 40 m² ist der Wert gemäß Abs. 1 oder der Wert gemäß Abs. 7 um 35% zu vermindern, wenn die arbeitsplatznahe Unterkunft durchgehend höchstens zwölf Monate vom selben Arbeitgeber zur Verfügung gestellt wird.

(8) Trägt die Heizkosten der Arbeitgeber, ist ganzjährig ein Heizkostenzuschlag von 0,58 Euro pro m² anzusetzen. Kostenbeiträge des Arbeitnehmers kürzen diesen Zuschlag.

(9) Trägt der Arbeitgeber bei einer von ihm gemieteten Wohnung die Heizkosten, ist der Sachbezugswert um die auf die Wohnung entfallenden tatsächlichen Heizkosten des Arbeitgebers zu erhöhen. Können die tatsächlichen Kosten nicht ermitteln werden, ist ganzjährig ein Heizkostenzuschlag von 0,58 Euro pro m² anzusetzen. Kostenbeiträge des Arbeitnehmers kürzen diesen Zuschlag.

Deputate in der Land- und Forstwirtschaft

§ 3. (1) Der Wert der Wohnungen, die Arbeitern in der Land- und Forstwirtschaft kostenlos oder verbilligt zur Verfügung gestellt werden, beträgt für 190,80 Euro jährlich (15,90 Euro monatlich).

(2) Für ständig in der Land- und Forstwirtschaft beschäftigte Angestellte gilt Folgendes:

1. Der Wert des Grunddeputats (freie Wohnung, Beheizung und Beleuchtung) beträgt bei

Kategorie nach Kollektivvertrag	Familienerhalter monatlich Euro	Alleinstehende monatlich Euro
I	60,31	30,52
II und III	71,94	38,51
IV und V	81,39	42,87
VI	95,92	50,87

2. Für den unentgeltlichen Verbrauch von höchstens 70 kWh monatlich bei Angestellten mit Angehörigen bzw. höchstens 35 kWh monatlich bei alleinstehenden Angestellten ist kein Sachbezug anzusetzen. Als Familienerhalter ist jene Person anzusehen, die mindestens für eine weitere Person, mit welcher sie im gemeinsamen Haushalt lebt, sorgt oder auf Grund der lohngestaltenden Vorschriften als Familienerhalter anzuerkennen ist.
3. Werden nur einzelne Bestandteile des Grunddeputats gewährt, dann sind anzusetzen:
   - Die Wohnung mit 40%,
   - die Heizung mit .... 50%, und
   - die Beleuchtung mit .... 10%.

Privatnutzung des arbeitgebereigenen Kraftfahrzeuges

§ 4. (1) Besteht für den Arbeitnehmer die Möglichkeit, ein arbeitgebereigenes Kraftfahrzeug gemäß **„§ 2 Z 1 Kraftfahrgesetz 1967“** für nicht beruflich veranlasste Fahrten einschließlich Fahrten zwischen Wohnung und Arbeitsstätte zu benützen, gilt Folgendes:

1. Es ist ein Sachbezug von 2% der tatsächlichen Anschaffungskosten des Kraftfahrzeuges (einschließlich Umsatzsteuer und Normverbrauchsabgabe), maximal 960 Euro monatlich, anzusetzen.
2. Abweichend von Z 1 ist für Kraftfahrzeuge mit einem CO_2-Emissionswert von nicht mehr als 141 Gramm pro Kilometer ein Sachbezug von 1,5% der tatsächlichen Anschaffungskosten des Kraftfahrzeuges (einschließlich Umsatzsteuer und Normverbrauchsabgabe), maximal 720 Euro monatlich, anzusetzen. Dabei gilt:
   a) Der CO_2-Emissionswert von 141 Gramm pro Kilometer gilt im Kalenderjahr 2020 für erstmalig nach dem 31. März 2020 zugelassene Kraftfahrzeuge und verringert sich beginnend ab dem Kalenderjahr 2021 bis zum Kalenderjahr 2025 um jährlich 3 Gramm. Für die Ermittlung des Sachbezugs ist die CO_2-Emissions-

wert-Grenze im Kalenderjahr der erstmaligen Zulassung maßgeblich.

(BGBl II 2015/395, BGBl II 2019/314)

b) Sofern für ein Kraftfahrzeug kein CO_2-Emissionswert vorliegt, ist Z 1 anzuwenden.

(BGBl II 2019/314)

3. Abweichend von Z 1 und Z 2 ist für Kraftfahrzeuge mit einem CO_2-Emissionswert von 0 Gramm pro Kilometer ab dem Kalenderjahr 2016 ein Sachbezugswert von Null anzusetzen. **„Ein Sachbezugswert von Null ist auch für die Zurverfügungstellung derartiger Kraftfahrzeuge im Rahmen einer (befristeten oder unbefristeten) Umwandlung überkollektivvertraglich gewährter Bruttobezüge anzusetzen. Eine vereinbarte Reduktion der Bruttobezüge und damit in Verbindung stehende zusätzliche Gewährung eines Sachbezugs stellt keine Bezugsverwendung dar.“**

(BGBl II 2022/504 ab 31.12.2022)

4. Als maßgeblicher CO_2-Emissionswert ist entsprechend § 6 Abs. 3 des Normverbrauchsabgabegesetzes (NoVAG 1991) folgender Wert laut Typenschein bzw. Einzelgenehmigungsbescheid gemäß Kraftfahrgesetz 1967 heranzuziehen:

a) der kombinierte WLTP-Wert der CO_2-Emissionen in Gramm pro Kilometer, ermittelt nach dem weltweit harmonisierten Prüfverfahren für leichte Nutzfahrzeuge (WLTP),

b) bei extern aufladbaren Elektro-Hybridfahrzeugen der gewichtet kombinierte WLTP-Wert der CO_2-Emissionen in Gramm pro Kilometer, ermittelt nach dem weltweit harmonisierten Prüfverfahren für leichte Nutzfahrzeuge (WLTP),

c) für Krafträder der WMTC-Wert der CO_2-Emissionen in Gramm pro Kilometer, ermittelt nach dem weltweit harmonisierten Emissions-Laborprüfzyklus (WMTC).

(BGBl II 2019/314)

Die Anschaffungskosten umfassen auch Kosten für Sonderausstattungen. Sonderausstattungen, die selbständige Wirtschaftsgüter darstellen, gehören nicht zu den Anschaffungskosten.

(BGBl II 2015/243, BGBl II 2019/314, BGBl II 2022/504 ab 31.12.2022)

(2) Beträgt die monatliche Fahrtstrecke für Fahrten im Sinne des Abs. 1 im Jahr nachweislich nicht mehr als 500 km, ist ein Sachbezug im Ausmaß des halben Sachbezugswertes gemäß Abs. 1 anzusetzen. Unterschiedliche Fahrtstrecken in den einzelnen Lohnzahlungszeiträumen sind dabei unbeachtlich.

(BGBl II 2015/243)

(3) Ergibt sich für ein Fahrzeug mit einem Sachbezug

1. von 2% (Abs. 1 Z 1) bei Ansatz von 0,67 Euro (Fahrzeugbenützung ohne Chauffeur) bzw. 0,96 Euro (Fahrzeugbenützung mit Chauffeur),
2. von 1,5% (Abs. 1 Z 2) bei Ansatz von 0,50 Euro (Fahrzeugbenützung ohne Chauffeur) bzw. 0,72 Euro (Fahrzeugbenützung mit Chauffeur)

pro Kilometer Fahrtstrecke im Sinne des Abs. 1 ein um mehr als 50% geringerer Sachbezugswert als nach Abs. 2, ist der geringere Sachbezugswert anzusetzen. Voraussetzung ist, dass sämtliche Fahrten lückenlos in einem Fahrtenbuch aufgezeichnet werden.

(BGBl II 2015/243)

(4) Bei Gebrauchtfahrzeugen ist für die Sachbezugsbewertung der Listenpreis und die CO_2-Emissionswert-Grenze im Zeitpunkt der erstmaligen Zulassung des Fahrzeuges maßgebend. Sonderausstattungen bleiben dabei unberücksichtigt. Anstelle dieses Betrages können die nachgewiesenen tatsächlichen Anschaffungskosten (einschließlich allfälliger Sonderausstattungen und Rabatte) im Sinne des Abs. 1 des ersten Erwerbes des Kraftfahrzeuges zu Grunde gelegt werden.

(BGBl II 2015/243)

(5) Bei geleasten Kraftfahrzeugen ist der Sachbezugswert von jenen Anschaffungskosten im Sinne des Abs. 1 zu berechnen, die der Berechnung der Leasingrate zu Grunde gelegt wurden.

(6) Bei Vorführkraftfahrzeugen sind die um 15% erhöhten tatsächlichen Anschaffungskosten (einschließlich Sonderausstattungen) zuzüglich Umsatzsteuer und Normverbrauchsabgabe anzusetzen.

(BGBl II 2019/314)

(6a) Besteht für Arbeitnehmer die Möglichkeit abwechselnd verschiedene arbeitgebereigene Fahrzeuge zu benützen, ist der Durchschnittswert der Anschaffungskosten aller Fahrzeuge und der Durchschnittswert des auf die Fahrzeuge anzuwendenden Prozentsatzes maßgebend. Ist unter diesen Fahrzeugen ein Fahrzeug mit einem Sachbezug von 2% (Abs. 1 Z 1), ist ein Sachbezug von maximal 960 Euro anzusetzen. In allen anderen Fällen ist ein Sachbezug von maximal 720 Euro anzusetzen.

(BGBl II 2015/243)

(7) Kostenbeiträge des Arbeitnehmers an den Arbeitgeber mindern den Sachbezugswert. Bei einem einmaligen Kostenbeitrag ist dieser zuerst von den tatsächlichen Anschaffungskosten (Abs. 1) abzuziehen, davon der Sachbezugswert zu berechnen und dann erst der Maximalbetrag gemäß Abs. 1 Z 1 oder 2 zu berücksichtigen. Bei einem laufenden Kostenbeitrag ist zuerst der Sachbezugswert von den tatsächlichen Anschaffungskosten (Abs. 1) zu berechnen, davon ist der Kostenbeitrag abzuziehen und dann erst der Maximalbetrag gemäß Abs. 1 Z 1 oder 2 zu berücksichtigen. Trägt der Arbeitnehmer

Treibstoffkosten selbst, so ist der Sachbezugswert nicht zu kürzen.

(BGBl II 2015/243, BGBl II 2019/314)

Privatnutzung eines arbeitgebereigenen Kfz-Abstell- oder Garagenplatzes

§ 4a. (1) Besteht für den Arbeitnehmer die Möglichkeit, das von ihm für Fahrten Wohnung–Arbeitsstätte genutzte Kraftfahrzeug während der Arbeitszeit in Bereichen, die einer Parkraumbewirtschaftung unterliegen, auf einem Abstell- oder Garagenplatz des Arbeitgebers zu parken, ist ein Sachbezug von 14,53 Euro monatlich anzusetzen.

(2) Abs. 1 ist sowohl bei arbeitnehmereigenen Kraftfahrzeugen als auch bei arbeitgebereigenen Kraftfahrzeugen, für die ein Sachbezug gemäß § 4 der Verordnung anzusetzen ist, anzuwenden.

(3) Parkraumbewirtschaftung im Sinne des Abs. 1 liegt vor, wenn das Abstellen von Kraftfahrzeugen auf öffentlichen Verkehrsflächen für einen bestimmten Zeitraum gebührenpflichtig ist.

Privatnutzung eines arbeitgebereigenen Fahrrads oder Kraftrads

§ 4b. Besteht für den Arbeitnehmer die Möglichkeit, ein arbeitgebereigenes Fahrrad oder Kraftrad mit einem CO_2-Emissionswert von 0 Gramm pro Kilometer für nicht beruflich veranlasste Fahrten einschließlich Fahrten zwischen Wohnung und Arbeitsstätte zu benützen, ist ein Sachbezugswert von Null anzusetzen. **„Ein Sachbezugswert von Null ist auch für die Zurverfügungstellung derartiger Fahrräder oder Krafträder im Rahmen einer (befristeten oder unbefristeten) Umwandlung überkollektivvertraglich gewährter Bruttobezüge anzusetzen. Eine vereinbarte Reduktion der Bruttobezüge und damit in Verbindung stehende zusätzliche Gewährung eines Sachbezugs stellt keine Bezugsverwendung dar.“** Für andere Krafträder ist § 4 anzuwenden.

(BGBl II 2019/314, BGBl II 2022/504 ab 31.12.2022)

„Aufladen emissionsfreier Kraftfahrzeuge

§ 4c. (1) Stellt der Arbeitgeber dem Arbeitnehmer ein Kraftfahrzeug gemäß § 4 Abs. 1 Z 3 für nicht beruflich veranlasste Fahrten einschließlich Fahrten zwischen Wohnung und Arbeitsstätte zur Verfügung, gilt Folgendes:

1. **Für das unentgeltliche Aufladen dieses Kraftfahrzeuges beim Arbeitgeber ist ein Sachbezugswert von Null anzusetzen.**
2. **Ersetzt oder trägt der Arbeitgeber die Kosten für das Aufladen dieses Kraftfahrzeuges, ist keine Einnahme anzusetzen, wenn**
   a) **die Kosten des Aufladens an einer öffentlichen Ladestation nachgewiesen werden, oder**
   b) **die vom Arbeitnehmer verwendete Ladeeinrichtung die Zuordnung der Lademenge zu diesem Kraftfahrzeug sicherstellt und die Höhe des Kostenersatzes wie folgt berechnet wird:**
      – **Die Kosten werden auf Basis des von der Energie-Control Austria für die Regulierung der Elektrizitäts- und Erdgaswirtschaft (E-Control) für das erste Halbjahr des vorherigen Kalenderjahres festgelegten durchschnittlichen Strom-Gesamtpreises (Cent pro kWh) der Haushaltspreise (öffentliches Netz) ermittelt.**
      – **Der für das Folgejahr anzuwendende Strompreis ist vom Bundesminister für Finanzen spätestens bis 30. November jeden Jahres im Rechts- und Fachinformationssystem des Finanzressorts (http://findok.bmf.gv.at/findok) zu veröffentlichen.**
3. **Ersetzt der Arbeitgeber dem Arbeitnehmer ganz oder teilweise die Kosten für die Anschaffung einer Ladeeinrichtung für dieses Kraftfahrzeug oder schafft er für den Arbeitnehmer eine Ladeeinrichtung für dieses Kraftfahrzeug an, ist nur der 2 000 Euro übersteigende Wert als Einnahme bzw. geldwerter Vorteil anzusetzen.**

(2) Besteht für den Arbeitnehmer die Möglichkeit, ein nicht arbeitgebereigenes Kraftfahrzeug gemäß § 2 Z 1 Kraftfahrgesetz 1967 mit einem CO_2-Emissionswert von 0 Gramm pro Kilometer (§ 4 Abs. 1 Z 4) beim Arbeitgeber unentgeltlich aufzuladen, ist ein Sachbezugswert von Null anzusetzen.

(3) Die Abs. 1 und 2 gelten auch für Fahrräder oder Krafträder mit einem CO_2-Emissionswert von 0 Gramm pro Kilometer.“

(BGBl II 2022/504 ab 1.1.2023)

Zinsenersparnisse bei unverzinslichen oder zinsverbilligten Gehaltsvorschüssen und Arbeitgeberdarlehen

§ 5. (1) Die Zinsenersparnis bei unverzinslichen Gehaltsvorschüssen und Arbeitgeberdarlehen ist im Kalenderjahr mit dem gemäß Abs. 2 ermittelten Prozentsatz anzusetzen. Bei zinsverbilligten Gehaltsvorschüssen und Arbeitgeberdarlehen ist die Differenz zwischen dem tatsächlichen Zinssatz und dem gemäß Abs. 2 ermittelten Prozentsatz anzusetzen. Der Prozentsatz ist vom Bundesminister für Finanzen spätestens zum 30. November jeden Jahres für das Folgejahr festzusetzen und im Rechts- und Fachinformationssystem des Finanzressorts (http://findok.bmf.gv.at/findok) zu veröffentlichen.

(2) Dieser Prozentsatz wird in dem diesem Kalenderjahr vorangehenden Berechnungsjahr wie folgt ermittelt:

1. Auf Grund der vom Europäischen Bankenverband veröffentlichten Monatsdurchschnittstabelle des Euribor für zwölf Monate ist für den Zeitraum vom 1. Oktober des Vorjahres

bis zum 30. September des laufenden Jahres ein Durchschnittswert zu ermitteln, der um 0,75 Prozentpunkte erhöht wird.

2. Der sich nach Z 1 ergebende Prozentsatz ist auf halbe Prozentpunkte kaufmännisch zu runden.

(3) Die Höhe der Raten und die Rückzahlungsdauer haben keinen Einfluss auf das Ausmaß des Sachbezuges. Die Zinsenersparnis ist vom aushaftenden Kapital zu berechnen. Die Zinsenersparnis ist ein sonstiger Bezug gemäß § 67 Abs. 10 des Einkommensteuergesetzes 1988, BGBl. Nr. 400. Übersteigen Gehaltsvorschüsse und Arbeitgeberdarlehen insgesamt den gemäß § 3 Abs. 1 Z 20 Einkommensteuergesetz 1988 steuerfreien Betrag von 7 300 Euro, ist ein Sachbezug nur vom übersteigenden Betrag zu ermitteln.

(BGBl II 2015/243)

Sonstige Sachbezugswerte in der Land- und Forstwirtschaft

§ 6. (1)

1. Holzdeputate (Brennholz), je Raummeter:
   a) Hartholz (ungeschnitten) ... 21,80 Euro
   b) Weichholz (ungeschnitten). 14,53 Euro
   c) Sägeabfallholz und Astholz 10,90 Euro

   Bei Übertragung von Holz am Stamm ist ein Abschlag von 10,90 Euro je Raummeter vorzunehmen.
2. Kartoffeln, je kg .... 0,21 Euro
3. Vollmilch, je Liter .... 0,65 Euro
4. Butter, je kg .... 5,23 Euro
5. Käse, je kg .... 5,88 Euro
6. Eier, je Stück ....0,13 Euro
7. Fleisch, je kg gemischte Qualität ohne Knochen,
   a) Rindfleisch .... 5,45 Euro
   b) Schweinefleisch.................. 3,99 Euro
   c) Kalbfleisch .... 8,72 Euro

   Schweinehälfte im Ganzen........... 1,81 Euro
8. Ferkel, lebend .... 54,50 Euro
9. Getreide, je 100 kg
   a) Roggen .... 13,80 Euro
   b) Weizen – Futtergerste .... 15,20 Euro
   c) Mais .... 15,98 Euro
10. Mahlprodukte, je kg
    a) Roggenmehl........................ 0,36 Euro
    b) Weizenmehl .... 0,43 Euro
    c) Weizen- und Maisgrieß .... 0,43 Euro
11. Kohle und Koks, je 100 kg
    a) Steinkohle .... 22,67 Euro
    b) Briketts .... 28,34 Euro
    c) Hüttenkoks .... 23,98 Euro

    Bei Bezug von mehr als 1.000 kg ist ein Abschlag von 15% vorzunehmen; bei Selbstabholung ist (zusätzlich) ein Abschlag von 20% vorzunehmen.
12. **Strom**

    Unentgeltlich oder verbilligt abgegebener Strom ist mit dem jeweils günstigsten regionalen Tarif für private Haushalte zu bewerten.
13. **Bereitstellung von landwirtschaftlichen Maschinen und Geräten**

    Unentgeltlich oder verbilligt bereitgestellte landwirtschaftliche Maschinen und Geräte sind mit dem Richtwert für die Maschinenselbstkosten des österreichischen Kuratoriums für Landtechnik und Landentwicklung zu bewerten.

(2) Sind die Aufwendungen des Arbeitgebers für die Anschaffung oder Herstellung der im § 6 angeführten Wirtschaftsgüter höher als die festgesetzten Werte, sind die jeweiligen Anschaffungs- oder Herstellungskosten als Sachbezugswert anzusetzen.

§ 7. Der Wert von an Mitarbeiter kostenlos oder verbilligt abgegebenen Optionen, die Wirtschaftsgüter darstellen, zum Erwerb von Beteiligungen (zB Aktien) ist mit dem gemeinen Wert der Option anzusetzen. Bei Optionen, die an einer Börse notieren, entspricht der gemeine Wert dem Börsenkurs am Tag des Überganges der Verfügungsmacht (der Einräumung der Option). Notiert die Option nicht an der Börse, ist der Wert der Option unter Berücksichtigung des inneren Wertes und des Zeitwertes zu ermitteln. Der innere Wert der Option ergibt sich aus der Differenz des gemeinen Wertes der Beteiligung (bei börsenotierten Wertpapieren der Börsenkurs) zum Zeitpunkt der Einräumung der Option und des (niedrigeren) Ausübungspreises. Bei einem über dem Tageskurs liegenden Ausübungspreis ergibt sich ein negativer innerer Wert. Der Zeitwert der Option ist in Höhe eines Prozentsatzes pro Kalendermonat der Laufzeit der Option vom gemeinen Wert der Beteiligung (bei börsenotierten Wertpapieren der Börsenkurs) zum Zeitpunkt der Einräumung der Option anzusetzen. Dieser Prozentsatz berücksichtigt den nicht erforderlichen Kapitaleinsatz für das Halten der Beteiligung sowie den Ausschluss eines Kursrisikos unter Abzug einer allfälligen Dividendenzahlung während der Laufzeit der Option. Für die ersten zwölf Monate der Laufzeit beträgt der Prozentsatz 1,4% pro Kalendermonat, für die restliche Laufzeit 1% pro Kalendermonat. Der gemeine Wert ergibt sich aus der Summe des inneren Wertes und des Zeitwertes, wobei durch einen negativen inneren Wert der Zeitwert maximal auf ein Drittel reduziert werden kann.

§ 8. (1) Die Verordnung ist erstmals für Lohnzahlungszeiträume anzuwenden, die nach dem 31. Dezember 2001 enden. § 5 Abs. 1 und 2 in der Fassung der Verordnung BGBl. II Nr. 582/2003 ist erstmals für Lohnzahlungszeiträume anzuwenden, die nach dem 31. Dezember 2003 enden. § 4 Abs. 1 in der Fassung der Verordnung BGBl. II Nr. 467/2004 sowie § 4 Abs. 2 in der Fassung der Verordnung BGBl. II Nr. 467/2004 ist anzuwenden, wenn

- die Einkommensteuer veranlagt wird, erstmals bei der Veranlagung für das Kalenderjahr 2005,
- die Einkommensteuer (Lohnsteuer) durch Abzug eingehoben wird, erstmals für Lohnzahlungszeiträume, die nach dem 31. Dezember 2004 enden.

(2) § 2 in der Fassung der Verordnung BGBl. II Nr. 468/2008 ist erstmals für Lohnzahlungszeiträume anzuwenden, die nach dem 31. Dezember 2008 enden. War vom Arbeitgeber für den Lohnzahlungszeitraum Dezember 2008 ein Sachbezugswert gemäß § 2 der Verordnung in der Fassung BGBl. II Nr. 416/2001 anzusetzen und ist der Sachbezugswert gemäß § 2 der Verordnung in der Fassung BGBl. II Nr. 468/2008 höher als der Sachbezugswert für Dezember 2008, ist für die Kalenderjahre 2009, 2010 und 2011 jeweils der Differenzbetrag zwischen dem Sachbezugswert gemäß § 2 der Verordnung in der Fassung BGBl. II Nr. 468/2008 und dem Sachbezugswert gemäß § 2 der Verordnung in der Fassung BGBl. II Nr. 416/2001 zu ermitteln. Der sich gemäß § 2 Abs. 1 bis 4 ergebende Sachbezugswert vermindert sich

- für Lohnzahlungszeiträume des Jahres 2009 um 75% des Differenzbetrages,
- für Lohnzahlungszeiträume des Jahres 2010 um 50% des Differenzbetrages und
- für Lohnzahlungszeiträume des Jahres 2011 um 25% des Differenzbetrages.

(3) § 2 Abs. 7a in der Fassung der Verordnung BGBl. II Nr. 366/2012 ist anzuwenden, wenn

- die Einkommensteuer veranlagt wird, erstmals bei der Veranlagung für das Jahr 2013,
- die Einkommensteuer (Lohnsteuer) durch Abzug eingehoben wird, erstmals für Lohnzahlungszeiträume, die nach dem 31. Dezember 2012 enden.

(4) § 5 in der Fassung der Verordnung BGBl. II Nr. 396/2012 ist anzuwenden, wenn

1. die Einkommensteuer veranlagt wird, erstmals bei der Veranlagung für das Jahr 2013,
2. die Einkommensteuer (Lohnsteuer) durch Abzug eingehoben wird, erstmals für Lohnzahlungszeiträume, die nach dem 31. Dezember 2012 enden.

(5) § 4 Abs. 1 und 2 in der Fassung der Verordnung BGBl. II Nr. 29/2014 sind anzuwenden, wenn

1. die Einkommensteuer veranlagt wird, erstmals bei der Veranlagung für das Kalenderjahr 2014 für Zeiträume, die nach dem 28. Februar 2014 enden.
2. die Einkommensteuer (Lohnsteuer) durch Abzug eingehoben wird, erstmals für Lohnzahlungszeiträume die nach dem 28. Februar 2014 enden.

(6) § 4, § 5 und § 6, jeweils in der Fassung der Verordnung BGBl. II Nr. 243/2015, sind anzuwenden, wenn

1. die Einkommensteuer veranlagt wird, erstmals bei der Veranlagung für das Kalenderjahr 2016,
2. die Einkommensteuer (Lohnsteuer) durch Abzug eingehoben wird, erstmals für Lohnzahlungszeiträume die nach dem 31. Dezember 2015 enden.

(BGBl II 2015/243)

(7) § 2 Abs. 7a in der Fassung der Verordnung BGBl. II Nr. 237/2018 ist anzuwenden, wenn

- die Einkommensteuer veranlagt wird, erstmals bei der Veranlagung für das Jahr 2018,
- die Einkommensteuer (Lohnsteuer) durch Abzug eingehoben wird, erstmals für Lohnzahlungszeiträume, die nach dem 31. Dezember 2017 enden.

(BGBl II 2018/237)

(8)

1. § 4 Abs. 1 in der Fassung der Verordnung BGBl. II Nr. 314/2019 gilt für Kraftfahrzeuge, die nach dem 31. März 2020 erstmalig zugelassen werden und für die im Typenschein bzw. Einzelgenehmigungsbescheid gemäß Kraftfahrgesetz 1967 der WLTP-Wert bzw. WMTC-Wert der CO_2-Emissionen ausgewiesen ist, und ist erstmals für Lohnzahlungszeiträume anzuwenden, die nach dem 31. März 2020 enden.
2. Für folgende Kraftfahrzeuge kommt für Lohnzahlungszeiträume, die nach dem 31. März 2020 enden, weiterhin § 4 Abs. 1 in der Fassung der Verordnung BGBl. II Nr. 395/2015 zur Anwendung:
   a) für Kraftfahrzeuge die vor dem 1. April 2020 erstmalig zugelassen werden und
   b) für Kraftfahrzeuge, für die nach dem 31. März 2020 im Typenschein bzw. Einzelgenehmigungsbescheid gemäß Kraftfahrgesetz 1967 kein WLTP-Wert bzw. WMTC-Wert der CO_2-Emissionen ausgewiesen ist (wie insbesondere bei Kraftfahrzeugen gemäß § 15 Abs. 22 NoVAG 1991).

2a. Für Kraftfahrzeuge, für die vor dem 1. April 2020 ein gültiger Kaufvertrag bzw. Leasingvertrag abgeschlossen wurde, die nachweislich aufgrund der COVID-19 Krise nicht vor 1. April 2020 erstmalig zugelassen werden konnten und es deshalb zu einem höheren Sachbezugswert kommt, kann für Lohnzahlungszeiträume, die nach dem 31. März 2020 enden, für Erstzulassungen bis 30. Mai 2020 weiterhin § 4 Abs. 1 in der Fassung der Verordnung BGBl. II Nr. 395/2015 zur Anwendung kommen.

(BGBl II 2020/221)

3. § 4 Abs. 6 in der Fassung der Verordnung BGBl. II Nr. 314/2019 gilt für Vorführkraftfahrzeuge, die nach dem 31. Dezember 2019 erstmalig zugelassen werden und ist erstmals für Lohnzahlungszeiträume anzuwenden,

die nach dem 31. Dezember 2019 enden. Für Vorführkraftfahrzeuge, die vor dem 1. Jänner 2020 erstmalig zugelassen werden, kommt für Lohnzahlungszeiträume, die nach dem 31. Dezember 2019 enden, weiterhin § 4 Abs. 6 in der Fassung der Verordnung BGBl. II Nr. 395/2015 zur Anwendung.

(BGBl II 2019/314)

„(9) § 4c in der Fassung der Verordnung BGBl. II Nr. 504/2022 ist erstmals für Lohnzahlungszeiträume anzuwenden, die nach dem 31. Dezember 2022 enden.

1. Der für einen Kostenersatz maßgebliche Strompreis im Sinne des § 4c Abs. 1 Z 2 lit. b zweiter Teilstrich beträgt für das Kalenderjahr 2023 22,247 Cent/kWh.

2. Abweichend von § 4c Abs. 1 Z 2 lit. b kann der Arbeitgeber für Lohnzahlungszeiträume, die nach dem 31. Dezember 2022 und vor dem 1. Jänner 2026 enden, die Kosten des Arbeitnehmers für das Aufladen eines arbeitgebereigenen Kraftfahrzeuges bis zu einem Betrag von 30 Euro pro Kalendermonat ersetzen, ohne dass eine Einnahme anzusetzen ist, wenn die für das Aufladen des Kraftfahrzeuges vom Arbeitnehmer verwendete Ladeeinrichtung nachweislich nicht in der Lage ist, die Lademenge diesem Kraftfahrzeug zuzuordnen.“

(BGBl II 2022/504)

1/3/9. VO zu § 16 Abs. 1 Z 8 lit. d

GrundanteilV 2016

BGBl II 2016/99

Verordnung des Bundesministers für Finanzen über die Festlegung des Grundanteils bei vermieteten Gebäuden im Sinne des § 16 Abs. 1 Z 8 lit. d EStG 1988 (GrundanteilV 2016)

Aufgrund des § 16 Abs. 1 Z 8 lit. d EStG 1988, BGBl. Nr. 400/1988, zuletzt geändert durch das Bundesgesetz BGBl. I Nr. 163/2015, wird verordnet:

§ 1. Für die Bemessung der Absetzung für Abnutzung von den Anschaffungskosten eines bebauten Grundstückes ist der Anteil des Grund und Bodens auszuscheiden. Ohne Nachweis ist der auszuscheidende Anteil des Grund und Bodens nach Maßgabe der folgenden Bestimmungen zu ermitteln.

§ 2. (1) In Gemeinden mit weniger als 100 000 Einwohnern sind als Anteil des Grund und Bodens 20% auszuscheiden, wenn der durchschnittliche Quadratmeterpreis für als Bauland gewidmete und voll aufgeschlossene unbebaute Grundstücke (baureifes Land) weniger als 400 Euro beträgt.

(2) In Gemeinden mit mindestens 100 000 Einwohnern und in Gemeinden, in denen der durchschnittliche Quadratmeterpreis für als Bauland gewidmete und voll aufgeschlossene unbebaute Grundstücke (baureifes Land) mindestens 400 Euro beträgt, sind als Anteil des Grund und Bodens

– 30% auszuscheiden, wenn das Gebäude mehr als 10 Wohn- oder Geschäftseinheiten umfasst, oder
– 40% auszuscheiden, wenn das Gebäude bis zu 10 Wohn- oder Geschäftseinheiten umfasst.

Eine eigene Geschäftseinheit liegt jedenfalls pro angefangenen 400 m2 Nutzfläche vor.

(3) Für die Bestimmung der Anzahl der Einwohner ist das jeweils letzte Ergebnis einer Volkszählung heranzuziehen, das vor dem Beginn des Kalenderjahres veröffentlicht worden ist, in dem erstmalig eine Absetzung für Abnutzung angesetzt wird.

(4) Für zum Zeitpunkt des Inkrafttretens der Verordnung bereits vermietete Grundstücke ist auf die gemäß Abs. 1 bis 3 relevanten Verhältnisse zum 1. Jänner 2016 abzustellen.

§ 3. (1) Der auszuscheidende Anteil des Grund und Bodens ist nicht nach § 2 pauschal zu ermitteln, wenn er nachgewiesen wird. Der Nachweis kann beispielsweise durch ein Gutachten eines Sachverständigen erbracht werden. Ein vorgelegtes Gutachten unterliegt der freien Beweiswürdigung der Behörde.

(2) Der Anteil des Grund und Bodens ist gemäß § 16 Abs. 1 Z 8 lit. d dritter Satz EStG 1988 dann nicht nach § 2 pauschal auszuscheiden, wenn die tatsächlichen Verhältnisse offenkundig erheblich davon abweichen. Eine erhebliche Abweichung ist

dann gegeben, wenn der tatsächliche Anteil des Grund und Bodens um zumindest 50% abweicht.

§ 4. Die Verordnung tritt mit 1. Jänner 2016 in Kraft und ist erstmalig bei der Veranlagung für das Jahr 2016 unter Beachtung des § 124b Z 284 EStG anzuwenden.

1/3/13. VO zu § 17 Abs. 4, 5 und 5a

LuF-PauschVO 2015

BGBl II 2013/125 idF BGBl II 2022/449

Verordnung der Bundesministerin für Finanzen über die Aufstellung von Durchschnittssätzen für die Ermittlung des Gewinnes aus Land- und Forstwirtschaft (Land- und Forstwirtschaft-Pauschalierungsverordnung 2015 – LuF-PauschVO 2015)

Auf Grund des § 17 Abs. 4, Abs. 5 und 5a des Einkommensteuergesetzes 1988 – EStG 1988, BGBl. Nr. 400, zuletzt geändert durch das Bundesgesetz BGBl. I Nr. 53/2013, wird verordnet:

1. Abschnitt
Anwendungsbereich

§ 1. (1) Der Gewinn eines land- und forstwirtschaftlichen Betriebes, kann nach den Bestimmungen dieser Verordnung ermittelt werden, wenn

1. dessen Einheitswert **„165 000“** Euro nicht übersteigt und

   (BGBl II 2022/449 ab 8.12.2022)
2. dessen Inhaber hinsichtlich dieses Betriebes nicht freiwillig Bücher führt und
3. die Anwendung der Verordnung nicht gemäß Abs. 1a ausgeschlossen ist.

Die Anwendung der Verordnung ist nur auf den gesamten land- und forstwirtschaftlichen Betrieb zulässig. Eine Anwendung auf bloß einzelne Betriebszweige oder einzelne betriebliche Teiltätigkeiten ist unzulässig.

(1a) Wurden in zwei aufeinander folgenden Kalenderjahren Umsätze iSd § 125 BAO von jeweils mehr als **„600 000“** Euro erzielt, kann mit Beginn des darauf zweitfolgenden Kalenderjahres der Gewinn des land- und forstwirtschaftlichen Betriebes nicht mehr nach den Bestimmungen dieser Verordnung ermittelt werden, es sei denn der Inhaber macht glaubhaft, dass die Umsatzgrenze nur vorübergehend und auf Grund besonderer Umstände überschritten worden ist und beantragt die weitere Anwendung dieser Verordnung. Der Gewinn eines land- und forstwirtschaftlichen Betriebes kann mit Beginn des darauf folgenden Kalenderjahres wieder nach den Bestimmungen dieser Verordnung ermittelt werden, wenn diese Umsatzgrenze in zwei aufeinanderfolgenden Kalenderjahren nicht überschritten wird. Wird in einem landwirtschaftlichen Tierhaltungsbetrieb das Futter vom Abnehmer der Tiere zur Verfügung gestellt (insbesondere Lohnmast), ist für die Ermittlung des relevanten Umsatzes der Wert des Futters hinzuzurechnen.

(BGBl II 2020/559, BGBl II 2022/449 ab Veranlagung 2023)

(2) Als maßgebender Einheitswert des land- und forstwirtschaftlichen Betriebes gilt der Einheitswert für das während des Veranlagungsjahres bewirtschaftete land- und forstwirtschaftliche Vermögen zuzüglich der Einheitswertanteile der

während des Veranlagungsjahres bewirtschafteten Zupachtungen, Zukäufe und zur Nutzung übernommenen Flächen und abzüglich der Einheitswertanteile der während des Veranlagungsjahres nicht selbst bewirtschafteten Verpachtungen, Verkäufe und zur Nutzung überlassenen Flächen. Für die Ermittlung der Einheitswertanteile der Zu- und Verpachtungen, der Zu- und Verkäufe bzw. der zur Nutzung übernommenen und überlassenen Flächen ist hinsichtlich des Hektarsatzes § 125 Abs. 1 der Bundesabgabenordnung in der Fassung vor BGBl. I Nr. 96/2020 maßgebend.

(BGBl II 2020/559)

(3) Für die Anwendung der Voll- oder Teilpauschalierung gilt Folgendes:

1. Wird am 31. Dezember eines Jahres die in § 2 Abs. 1 genannte Grenze überschritten, sind im Folgejahr die §§ 9 bis 14 anzuwenden.
(BGBl II 2020/559)
2. Wird am 31. Dezember eines Jahres der maßgebende Teileinheitswert gemäß § 3 Abs. 2 überschritten, ist im Folgejahr § 3 Abs. 2 anzuwenden.
3. Wird am 31. Dezember eines Jahres die selbst bewirtschaftete weinbaulich genutzte Grundfläche von 60 Ar überschritten, ist im Folgejahr § 4 Abs. 2 anzuwenden.
4. (aufgehoben)
(BGBl II 2020/559)
5. Wird am 31. Dezember eines Jahres die in § 2 Abs. 1 genannte Grenze unterschritten und wird die sozialversicherungsrechtliche Beitragsgrundlagenoption gemäß § 23 Abs. 1a des Bauern-Sozialversicherungsgesetzes – BSVG, BGBl. Nr. 559/1978, in der jeweils geltenden Fassung oder die Option nach § 2 Abs. 3 nicht ausgeübt, sind im Folgejahr die §§ 9 bis 14 nicht mehr anzuwenden.
(BGBl II 2020/559)
6. Wird am 31. Dezember eines Jahres der maßgebende Teileinheitswert gemäß § 3 Abs. 2 unterschritten, ist im Folgejahr § 3 Abs. 2 nicht mehr anzuwenden, es sei denn die §§ 9 bis 14 sind für den gesamten land- und forstwirtschaftlichen Betrieb anzuwenden.
7. Wird am 31. Dezember eines Jahres die selbst bewirtschaftete weinbaulich genutzte Grundfläche von mehr als 60 Ar unterschritten, ist im Folgejahr § 4 Abs. 2 nicht mehr anzuwenden, es sei denn die §§ 9 bis 14 sind für den gesamten land- und forstwirtschaftlichen Betrieb anzuwenden.
8. (aufgehoben)
(BGBl II 2020/559)
9. Bei der Ermittlung des maßgebenden Einheitswertes gemäß § 2 bzw. des maßgebenden Teileinheitswertes gemäß § 3 Abs. 2 ist § 125 Abs. 1 der Bundesabgabenordnung in der Fassung vor BGBl. I Nr. 96/2020 sinngemäß anzuwenden, wobei der Steuerpflichtige zum 31. Dezember jenen Hektarsatz zugrunde zu legen hat, der im zuletzt vor diesem Stichtag ergangenen Einheitswertbescheid festgestellt wurde.
(BGBl II 2020/559)
10. (aufgehoben)
(BGBl II 2020/559)

(4) Durch diese Verordnung werden nur die regelmäßig in den Betrieben anfallenden Rechtsgeschäfte und Vorgänge pauschal berücksichtigt. Nicht regelmäßig in den Betrieben anfallende Vorgänge (zB die Veräußerung von Grundstücken nach § 30 EStG 1988 oder von Kapitalvermögen gemäß § 27 Abs. 3 und 4 EStG 1988) sind daher gesondert zu erfassen.

(5) Abweichend von den Abs. 1 bis 4 können aus der Veräußerung von forstwirtschaftlich genutzten Flächen entstehende Gewinne mit 35% des auf Grund und Boden, stehendes Holz und Jagdrecht entfallenden Veräußerungserlöses angenommen werden, sofern dieser 250 000 Euro im Kalenderjahr nicht überschreitet. Dies gilt abweichend von Abs. 1 auch für Betriebe, für die der Gewinn durch Buchführung gemäß § 4 Abs. 1 EStG 1988 oder vollständige Einnahmen-Ausgaben-Rechnung gemäß § 4 Abs. 3 EStG 1988 ermittelt wird.

2. Abschnitt
Gewinnermittlung im Rahmen der Vollpauschalierung (einheitswertabhängige Gewinnermittlung)

Grundbetrag

§ 2. (1) Der Gewinn ist mittels eines Durchschnittssatzes von 42% vom maßgebenden Einheitswert (§ 1 Abs. 2) zu ermitteln (Grundbetrag), wenn der maßgebende Einheitswert des land- und forstwirtschaftlichen Betriebes 75 000 Euro nicht übersteigt. Soweit die §§ 3 bis 7 Abweichendes bestimmen, die sozialversicherungsrechtliche Beitragsgrundlagenoption gemäß § 23 Abs. 1a des Bauern-Sozialversicherungsgesetzes – BSVG, BGBl. Nr. 559/1978 in der jeweils geltenden Fassung, oder die Option gemäß Abs. 3 ausgeübt wird, kommt die Anwendung dieses Durchschnittssatzes nicht in Betracht.

(BGBl II 2020/559)

(2) Wird der Grundbetrag von Alpen von einem gemäß § 39 Abs. 2 Z 1 lit. a BewG. 1955, gesondert festgestellten Vergleichswert abgeleitet, ist der Durchschnittssatz mit 70% des sich aus Abs. 1 ergebenden Satzes anzusetzen.

(3) Liegen die Voraussetzungen des Abs. 1 vor und wird die sozialversicherungsrechtliche Beitragsgrundlagenoption gemäß § 23 Abs. 1a BSVG nicht ausgeübt, kann der Gewinn auf Antrag gemäß den §§ 9 bis 14 ermittelt werden. Eine erneute Gewinnermittlung gemäß den §§ 2 bis 7 dieser Verordnung oder entsprechender Bestimmungen einer dieser Verordnung nachfolgenden Pauschalierungsverordnung ist frühestens nach Ablauf von fünf Kalenderjahren zulässig.

Forstwirtschaft

§ 3. (1) Beträgt der forstwirtschaftliche (Teil) Einheitswert nicht mehr als 15 000 Euro, ist der Gewinn aus Forstwirtschaft mit dem Durchschnittssatz gemäß § 2 erfasst.

(BGBl II 2020/559)

(2) Übersteigt der forstwirtschaftliche (Teil)Einheitswert den Betrag von 15 000 Euro, sind von den Betriebseinnahmen pauschale Betriebsausgaben abzuziehen. Diese sind von der dem forstwirtschaftlichen (Teil)Einheitswert zugrunde liegenden Minderungszahl für Fichte und Lärche der Bonität 7 bzw. Bringungslage abhängig und betragen:

1. Bei Selbstschlägerung:
   a) 70% der Betriebseinnahmen (einschließlich Umsatzsteuer) bei einer Minderungszahl von 1 bis 61 oder bei einer Bringungslage 3,
   b) 60% der Betriebseinnahmen (einschließlich Umsatzsteuer) bei einer Minderungszahl von 62 bis 68 oder bei einer Bringungslage 2,
   c) 50% der Betriebseinnahmen (einschließlich Umsatzsteuer) bei einer Minderungszahl von 69 bis 100 oder bei einer Bringungslage 1.
2. Bei Holzverkäufen am Stock:
   a) 30% der Betriebseinnahmen (einschließlich Umsatzsteuer) bei einer Minderungszahl von 1 bis 63 oder bei einer Bringungslage 3,
   b) 20% der Betriebseinnahmen (einschließlich Umsatzsteuer) bei einer Minderungszahl von 64 bis 100 oder bei einer Bringungslage 2 oder 1.

Liegt dem Einheitswert einer forstwirtschaftlich genutzten Grundfläche keine Minderungszahl oder Bringungslage zugrunde, ist vom Finanzamt eine fiktive Bringungslage zu ermitteln.

(BGBl II 2020/559)

(3) Wird für die Ermittlung des Gewinnes aus Forstwirtschaft Abs. 2 angewendet, sind Abs. 2 Z 1 und Z 2 auch für die Ermittlung der Einkünfte aus besonderen Waldnutzungen gemäß § 37 Abs. 6 EStG 1988 anzuwenden. Dabei erhöhen sich für die Ermittlung der Einkünfte aus Waldnutzungen in Folge höherer Gewalt gemäß § 37 Abs. 6 EStG 1988 die in Abs. 2 Z 1 und Z 2 genannten Prozentsätze um jeweils 20 Prozentpunkte.

(BGBl II 2020/559)

(4) Ist der Gewinn aus Forstwirtschaft gemäß Abs. 2 gesondert zu ermitteln, ist der auf die forstwirtschaftlich genutzten Grundflächen entfallende Teil des Einheitswertes bei der Berechnung des Grundbetrages (§ 2) auszuscheiden.

(BGBl II 2020/559)

Weinbau

§ 4. (1) Der Gewinn aus Weinbau (zB Wein, Weintrauben, Maische, Traubensaft, Traubenmost und Sturm sowie alkoholfreie Getränke und Speisen im Rahmen des Buschenschankes) ist durch Einnahmen-Ausgaben-Rechnung gesondert zu ermitteln. Beträgt die weinbaulich genutzte Grundfläche höchstens 60 Ar, hat die gesonderte Ermittlung des Gewinnes aus Weinbau zu unterbleiben.

(2) Die Betriebsausgaben betragen 70% der Betriebseinnahmen (einschließlich Umsatzsteuer), mindestens aber 5 000 Euro je Hektar weinbaulich genutzter Grundflächen, höchstens jedoch die Höhe der Betriebseinnahmen.

(3) Ist der Gewinn aus Weinbau gemäß Abs. 1 erster Satz gesondert zu ermitteln, ist der auf die weinbaulich genutzten Grundflächen entfallende Teil des Einheitswertes bei der Berechnung des Grundbetrages (§ 2) auszuscheiden.

(4) Übersteigt die selbst bewirtschaftete weinbaulich genutzte Grundfläche nicht 60 Ar, sind abweichend von Abs. 1 zweiter Satz die Gewinne aus dem Buschenschank und Bouteillenweinverkauf durch Einnahmen-Ausgaben-Rechnung gesondert zu ermitteln, wobei Abs. 2 anzuwenden ist.

Gartenbau

§ 5. (1) Der Gewinn aus Gartenbau (§ 49 BewG. 1955) ist durch Einnahmen-Ausgaben-Rechnung zu ermitteln.

(2) Die Betriebsausgaben sind mit einem Durchschnittssatz von 70% der Betriebseinnahmen (einschließlich Umsatzsteuer) anzusetzen. Neben diesem Durchschnittssatz sind die Ausgaben für Löhne (einschließlich Lohnnebenkosten) als zusätzliche Betriebsausgaben zu berücksichtigen. Der Abzug der Betriebsausgaben darf nur bis zur Höhe der Betriebseinnahmen erfolgen.

(3) Abweichend von den Bestimmungen der Abs. 1 und 2 sind für die Ermittlung des Gewinnes aus Gartenbau flächenabhängige Durchschnittssätze anzuwenden. Voraussetzung dafür ist, dass der ausschließliche Betriebsgegenstand in der Lieferung eigener gärtnerischer Erzeugnisse an Wiederverkäufer oder an Land- und Forstwirte für deren erwerbsmäßige Produktion besteht. Diese Voraussetzung ist auch erfüllt, wenn die Einnahmen aus anderen Lieferungen – ausgenommen aus Anlagenverkäufen – und aus anderen Leistungen nachhaltig insgesamt nicht mehr als 2 000 Euro (einschließlich Umsatzsteuer) jährlich betragen. Als Wiederverkäufer gelten Betriebe, die gewerbsmäßig die ihnen gelieferten Erzeugnisse entweder unverändert oder nach Bearbeitung oder Verarbeitung weiterveräußern. Die Durchschnittssätze betragen:

Gärtnerisch genutzte Fläche	Euro/m²
Freiland für Schnittblumen, Gemüse, Bauflächen, Hof, Wege, Folientunnel kleiner 3,5m Basisbreite, Rasenerzeugung	0,13
Freiland für Beeren- Obst- und Ziergehölze, Stauden; Rebschulen	0,25
Freiland für Forstgehölze	0,10

Folientunnel mit 3,5m bis 7,5m Basisbreite; Folientunnel einfach für Feldgemüse und Obstbau mit mindestens 3,5m Basisbreite	0,34
Folientunnel größer 7,5m Basisbreite	0,45
Foliengewächshaus einfach	0,67
Foliengewächshaus normal	1,50
Foliengewächshaus gut	2,17
Gewächshaus älter als 30 Jahre	1,64
Gewächshaus über 20 bis 30 Jahre alt	2,17
Gewächshaus bis 20 Jahre alt	2,43

(BGBl II 2020/559)

(4) Das Ausmaß der überdachten Kulturflächen bestimmt sich nach dem Flächenausmaß, das die Innenseiten der überdachten Flächen umschließt.

(5) Bei der Ermittlung des Grundbetrages (§ 2) scheidet der auf die gärtnerisch genutzten Grundflächen entfallende Anteil des Einheitswertes aus.

Mostbuschenschank

§ 6. Der Gewinn aus Mostbuschenschank (Buschenschank im Rahmen des Obstbaues einschließlich alkoholfreier Getränke und Speisen) ist durch Einnahmen-Ausgaben-Rechnung gesondert zu ermitteln. Die Betriebsausgaben sind mit 70% der Betriebseinahmen (einschließlich Umsatzsteuer) anzusetzen.

(BGBl II 2020/559)

Land- und forstwirtschaftlicher Nebenerwerb, Be- und/oder Verarbeitung und Almausschank

§ 7. (1) Der Gewinn aus land- und forstwirtschaftlichem Nebenerwerb, aus be- und/oder verarbeiteten eigenen und zugekauften Urprodukten sowie aus dem Almausschank ist durch Einnahmen-Ausgaben-Rechnung gesondert zu ermitteln. Bei Ermittlung des Gewinnes aus land- und forstwirtschaftlichem Nebenerwerb dürfen die Betriebsausgaben nur bis zur Höhe der entsprechenden Betriebseinnahmen in Abzug gebracht werden.

(2) Als land- und forstwirtschaftlicher Nebenerwerb sind Nebentätigkeiten zu verstehen, die nach ihrer wirtschaftlichen Zweckbestimmung zum land- und forstwirtschaftlichen Hauptbetrieb im Verhältnis der wirtschaftlichen Unterordnung stehen. Die Zimmervermietung mit Frühstück im Ausmaß von höchstens zehn Betten stellt land- und forstwirtschaftlichen Nebenerwerb dar, wobei die Betriebsausgaben mit 50% der entsprechenden Betriebseinnahmen (einschließlich Umsatzsteuer) angesetzt werden können. Wird beim land- und forstwirtschaftlichen Nebenerwerb das Entgelt überwiegend für die Bereitstellung von Fahrzeugen, Maschinen oder Geräten gegenüber Nichtlandwirten geleistet, können 50% der gesamten Einnahmen (einschließlich Umsatzsteuer) als pauschale Betriebsausgaben abgezogen werden. Dies gilt auch dann, wenn das anteilige Entgelt für die Arbeitsleistung zu Einkünften aus nichtselbständiger Arbeit führt.

(3) Bei der Ermittlung des Gewinnes aus be- und/oder verarbeiteten Urprodukten sowie aus Almausschank (Abs. 1) sind die Betriebsausgaben mit 70% der Betriebseinnahmen (einschließlich Umsatzsteuer) anzusetzen. Voraussetzung für die Zurechnung der Be- und/oder Verarbeitung des Urproduktes und des Almausschankes zur Land- und Forstwirtschaft ist, dass die Be- und/oder Verarbeitung bzw. der Almausschank nach ihrer wirtschaftlichen Zweckbestimmung zum land- und forstwirtschaftlichen Hauptbetrieb im Verhältnis der wirtschaftlichen Unterordnung stehen.

(4) Wird bloß eine Be- und/oder Verarbeitung oder bloß ein Almausschank betrieben, liegt eine Unterordnung im Sinne der Abs. 2 und 3 vor, wenn die Einnahmen aus Be- und/oder Verarbeitung oder dem Almausschank **„45 000“** Euro (einschließlich Umsatzsteuer) nicht übersteigen. Wird eine Be- und/oder Verarbeitung bzw. ein Almausschank neben einem Nebenerwerb betrieben, ist die Unterordnung nur dann gegeben, wenn die gemeinsamen Einnahmen **„45 000“** Euro (einschließlich Umsatzsteuer) nicht übersteigen und das Ausmaß der land- und forstwirtschaftlichen Grundflächen mehr als fünf Hektar oder der weinbaulich oder gärtnerisch genutzten Grundflächen mehr als 1 Hektar beträgt. Auf den Betrag von **„45 000“** Euro sind Einnahmen aus Zimmervermietung sowie Einnahmen aus auf reiner Selbstkostenbasis und ohne Verrechnung der eigenen Arbeitsleistung erbrachte Dienstleistungen und Vermietungen im Rahmen der zwischenbetrieblichen Zusammenarbeit (bäuerliche Nachbarschaftshilfe) nicht anzurechnen.

(BGBl II 2020/559, BGBl II 2022/449 ab Veranlagung 2023)

Wechsel der Pauschalierungsmethode

§ 8. Wechselt der Steuerpflichtige in Anwendung dieser Verordnung von der pauschalen Gewinnermittlung mittels eines Durchschnittssatzes gemäß § 2 Abs. 1 zur Gewinnermittlung mittels Berücksichtigung pauschaler Betriebsausgaben oder umgekehrt, hat die Ermittlung eines Übergangsgewinnes bzw. -verlustes gemäß § 4 Abs. 10 EStG 1988 zu unterbleiben.

3. Abschnitt

Gewinnermittlung im Rahmen der Teilpauschalierung (Ausgabenpauschalierung)

§ 9. (1) In folgenden Fällen ist der Gewinn aus Land- und Forstwirtschaft stets durch Einnahmen-Ausgaben-Rechnung zu ermitteln:

1. Bei einem Einheitswert des land- und forstwirtschaftlichen Betriebes von mehr als 75 000 Euro.
2. Bei Ausübung der Option gemäß § 2 Abs. 3. *(BGBl II 2020/559)*

3. Bei Ausübung der sozialversicherungsrechtlichen Beitragsgrundlagenoption gemäß § 23 Abs. 1a BSVG.
(BGBl II 2020/559)

(2) Die Betriebsausgaben sind, soweit Abs. 3 und die §§ 10 bis 14 keine abweichende Regelung vorsehen, mit einem Durchschnittssatz von 70% der diesen Betriebsausgaben gegenüberstehenden Betriebseinnahmen (einschließlich Umsatzsteuer) anzusetzen.

(3) Bei Veredelungstätigkeiten (Haltung von Schweinen, Rindern, Schafen, Ziegen und Geflügel) sind die mit diesen Tätigkeiten in Zusammenhang stehenden Betriebsausgaben mit einem Durchschnittssatz von 80% der auf diese Tätigkeit entfallenden Betriebseinnahmen (einschließlich Umsatzsteuer) anzusetzen.

Forstwirtschaft

§ 10. Die Betriebsausgaben aus Forstwirtschaft sind unter sinngemäßer Anwendung des § 3 Abs. 2 und 3 zu berechnen.
(BGBl II 2020/559)

Weinbau

§ 11. Die Betriebsausgaben aus Weinbau (zB Wein, Weintrauben, Maische, Traubensaft, Traubenmost und Sturm sowie alkoholfreie Getränke und Speisen im Rahmen des Buschenschankes) sind unter sinngemäßer Anwendung des § 4 Abs. 2 zu berechnen.

Gartenbau

§ 12. Die Betriebsausgaben aus Gartenbau (§ 49 BewG. 1955) sind unter sinngemäßer Anwendung des § 5 Abs. 2 zu berechnen.

Obstbau

§ 13. (1) Bei Intensivobstanlagen zur Produktion von Tafelobst sind neben dem Durchschnittssatz gemäß § 9 Abs. 2 die Ausgaben für Löhne (einschließlich Lohnnebenkosten) als zusätzliche Betriebsausgaben zu berücksichtigen. Der Abzug der Betriebsausgaben darf nur bis zur Höhe der Betriebseinnahmen erfolgen.

(2) Die Betriebsausgaben aus Mostbuschenschank (Buschenschank im Rahmen des Obstbaues einschließlich alkoholfreier Getränke und Speisen) sind unter sinngemäßer Anwendung des § 6 zu berechnen.
(BGBl II 2020/559)

Land- und forstwirtschaftlicher Nebenerwerb, Be- und/oder Verarbeitung und Almausschank

§ 14. Für die Gewinnermittlung der Einkünfte aus land- und forstwirtschaftlichem Nebenerwerb, der Be- und/oder Verarbeitung und aus dem Almausschank gilt § 7 sinngemäß.

4. Abschnitt
Gewinnerhöhende und gewinnmindernde Beträge

§ 15. (1) Die sich nach den Bestimmungen der §§ 1 bis 7 oder 9 bis 14 ergebende Zwischensumme ist um vereinnahmte Pachtzinse (einschließlich Jagdpacht und Verpachtung von Fischereirechten), um Einkünfte aus Wildabschüssen sowie um Einkünfte aus gemäß § 1 Abs. 4 und 5 nicht erfassten Vorgängen und um Einkünfte aus gemäß §§ 30 Abs. 2 Z 6 und 11 Abs. 4 BewG. 1955 nicht zum Einheitswert gehörenden Wirtschaftsgütern zu erhöhen, sofern diese Einkünfte nicht gemäß § 97 Abs. 1 EStG 1988 als endbesteuert behandelt werden. Der gesonderte Ansatz dieser durch die Pauschalierung nicht erfassten Vorgänge darf in jedem einzelnen Fall zu keinem Verlust führen.

(2) Der sich nach Zurechnung gemäß Abs. 1 ergebende Betrag ist um den Wert der Ausgedingelasten (Geld- und Sachleistungen), um Beiträge, die an die Sozialversicherungsanstalt der Selbständigen entrichtet wurden, insoweit sie **„Pflichtbeiträge nach dem BSVG oder BMSVG“** darstellen, um bezahlte Schuldzinsen und um bezahlte Pachtzinse zu vermindern, wobei der Abzug der bezahlten Pachtzinse 25% des auf die zugepachteten Flächen entfallenden Einheitswertes nicht übersteigen darf. Durch den Abzug dieser gewinnmindernden Beträge darf insgesamt kein Verlust entstehen.
(BGBl II 2020/559, BGBl II 2021/574, BGBl II 2022/449 ab Veranlagung 2021)

(3) Die aus Sachleistungen bestehenden Ausgedingelasten sind pro Person mit 700 Euro jährlich anzusetzen. Werden die Sachleistungen nachgewiesen oder glaubhaft gemacht, sind sie in der nachgewiesenen (glaubhaft) gemachten Höhe zu berücksichtigen.

5. Abschnitt
Wechsel der Gewinnermittlungsart

§ 16. Geht der Steuerpflichtige von der pauschalen Gewinnermittlung auf Grund dieser Verordnung zur Gewinnermittlung nach § 4 Abs. 1 oder zur Gewinnermittlung nach § 4 Abs. 3 EStG 1988 über, so ist eine erneute pauschale Ermittlung der Einkünfte aus Land- und Forstwirtschaft auf Grund dieser oder einer dieser Verordnung nachfolgenden Pauschalierungsverordnung frühestens nach Ablauf von fünf Wirtschaftsjahren zulässig.

6. Abschnitt
Zeitlicher Anwendungsbereich

§ 17. (1) Diese Verordnung in der Fassung der Verordnung BGBl. II Nr. 164/2014, tritt mit 1. Jänner 2015 in Kraft und ist erstmals für Veranlagungszeiträume anzuwenden, für die gemäß § 20c BewG 1955 festgestellte Einheitswerte gemäß § 20 Abs. 3 BewG. 1955 erstmalig anzuwenden sind.

(2) § 8 ist auf den Wechsel von der pauschalen Gewinnermittlung in Anwendung der LuF-PauschVO 2011, BGBl. II Nr. 471/2010 in der Fassung der Verordnung BGBl. II Nr. 164/2014, zur pauschalen

Gewinnermittlung in Anwendung dieser Verordnung entsprechend anzuwenden.

(3) Die LuF-PauschVO 2011, BGBl. II Nr. 471/2010 in der Fassung der Verordnung BGBl. II Nr. 4/2011, ist auf Veranlagungen für das Kalenderjahr 2015 und die folgenden Kalenderjahre weiterhin anzuwenden, wenn die Anwendungsvoraussetzungen gemäß Abs. 1 nicht erfüllt sind.

(4) § 1 Abs. 2 und Abs. 3, § 2 Abs. 1, § 3, § 6, § 7 Abs. 4, § 9 Abs. 1, § 10, § 13 sowie § 15 Abs. 2 in der Fassung der Verordnung BGBl. II Nr. 559/2020 sind erstmalig bei der Veranlagung für das Kalenderjahr 2020 anzuwenden. § 5 Abs. 3 in der Fassung der Verordnung BGBl. II Nr. 559/2020 ist erstmalig bei der Veranlagung für das Kalenderjahr 2021 anzuwenden.

(BGBl II 2020/559)

(5) § 1 Abs. 1a in der Fassung der Verordnung BGBl. II Nr. 559/2020 ist erstmalig bei der Veranlagung für das Kalenderjahr 2021 anzuwenden. Für die Anwendung des § 1 Abs. 1a ab dem Veranlagungsjahr 2021 ist hinsichtlich der in den Jahren 2018 bis 2020 ausgeführten Umsätze bereits die geänderte Umsatzberechnung anzuwenden. Würde ein Betrieb dadurch aus dem Anwendungsbereich dieser Verordnung ausscheiden, kann der Gewinn bei der Veranlagung 2021 oder 2022 weiter nach den Bestimmungen dieser Verordnung ermittelt werden, wenn die Umsatzgrenze des § 1 Abs. 1a auch nach Hinzurechnung des Wertes des Futters im Jahr 2021 oder 2022 nicht überschritten wird.

(BGBl II 2020/559, BGBl II 2021/574)

(6) § 15 Abs. 2 in der Fassung der Verordnung BGBl. II Nr. 574/2021 ist erstmalig bei der Veranlagung für das Kalenderjahr 2021 anzuwenden.

(BGBl II 2021/574)

„(7) § 1 Abs. 1a und § 7 Abs. 4 in der Fassung der Verordnung BGBl. II Nr. 449/2022 sind erstmalig bei der Veranlagung für das Kalenderjahr 2023 anzuwenden. § 15 Abs. 2 in der Fassung der Verordnung BGBl. II Nr. 449/2022 ist erstmalig bei der Veranlagung für das Kalenderjahr 2021 anzuwenden.“

(BGBl II 2022/449)

1/3/14. VO zu § 17

Nichtbuchführende Gewerbetreibende

BGBl 1990/55 idF BGBl II 2018/215

Verordnung des Bundesministers für Finanzen vom 14. Dezember 1989 über die Aufstellung von Durchschnittssätzen für die Ermittlung des Gewinnes bei nichtbuchführenden Gewerbetreibenden

Auf Grund des § 17 des Einkommensteuergesetzes 1988, BGBl. Nr. 400, wird verordnet:

§ 1. (1) Die folgenden Durchschnittssätze für die Ermittlung der nicht von § 2 umfassten Betriebsausgaben können bei Gewerbetreibenden der angeführten Gewerbezweige unter folgenden Voraussetzungen angewendet werden:

1. Es besteht keine Buchführungspflicht und es werden keine ordnungsmäßigen Bücher geführt, die eine Gewinnermittlung durch Betriebsvermögensvergleich ermöglichen.
2. Die gemäß § 2 erforderlichen Aufzeichnungen werden ordnungsmäßig geführt.

Gewerbezweig	Durchschnittssatz
1. Bandagisten und Orthopädiemechaniker	9,5
2. Bäcker	11,5
3. Binder, Korb- und Möbelflechter	8,8
4. Buchbinder, Kartonagewaren-, Etui- und Kassettenerzeuger	8,7
5. Büromaschinenmechaniker	14,3
6. Bürsten- und Pinselmacher, Kammacher und Haarschmuckerzeuger	10,2
7. Chemischputzer	17,2
8. Dachdecker	10,8
9. Damenkleidermacher	8,9
10. Drechsler und Holzbildhauer	11,1
11. Elektroinstallateure	8,5
12. Elektromechaniker	12,5
13. Erzeuger von Waren nach Gablonzer Art	9,2
14. Fleischer	5,2
15. Fliesenleger	8,3
16. Fotografen	14,4
17. Friseure	9,2
18. Fußpfleger, Kosmetiker und Masseure	14,3
19. Gärtner und Naturblumenbinder	9,7
20. Gas- und Wasserleitungsinstallateure	10,2
21. Gemüsekonservenerzeuger	13,3

22. Gerber	12,8
23. Glaser	17,7
24. Graphisches Gewerbe	11,0
25. Hafner, Keramiker und Töpfer	12,2
26. Herrenkleidermacher	7,5
27. Hutmacher, Modisten und Schirmmacher	7,1
28. Kunststoffverarbeiter	12,4
29. Kraftfahrzeugmechaniker	16,2
30. Kürschner, Handschuhmacher	9,0
31. Lederwarenerzeuger, Taschner, Kunstlederwarenerzeuger	10,6
32. Maler, Anstreicher und Lackierer	11,9
33. Mieder- und Wäschewarenerzeuger	8,3
34. Müller	10,1
35. Münzreinigungsbetriebe	20,7
36. Musikinstrumentenerzeuger	10,8
37. Nähmaschinen- und Fahrradmechaniker	9,1
38. Optiker	10,8
39. Orthopädieschuhmacher	9,7
40. Radiomechaniker	10,0
41. Schuhmacher	7,6
42. Sattler, Riemer	7,6
43. Schmiede, Schlosser und Landmaschinenbauer	16,0
44. Spengler und Kupferschmiede	13,0
45. Steinmetzmeister	13,0
46. Sticker, Stricker, Wirker, Weber und Seiler	14,1
47. Tapezierer	7,6
48. Tischler	10,4
49. Uhrmacher	12,0
50. Wagner und Karosseriebauer	8,8
51. Wäscher	16,7
52. Zimmermeister	10,7
53. Zuckerbäcker	8,0
54. Zahntechniker	11,0

(2) Bei Mischbetrieben (zB Elektroinstallateur, Elektromechaniker) ist der Durchschnittssatz für jenen Gewerbezweig heranzuziehen, dessen Anteil am Umsatz überwiegt. Der Unternehmer ist bei entsprechender Trennung der Umsätze berechtigt, den für den einzelnen Gewerbezweig vorgesehenen Durchschnittssatz in Anspruch zu nehmen. Wird neben einem Gewerbe, das zu einem im Abs. 1 angeführten Gewerbezweig gehört, auch ein darin nicht angeführtes Gewerbe ausgeübt, so ist der Durchschnittssatz nur auf den Umsatz aus dem angeführten Gewerbe anzuwenden.

(3) Die Durchschnittssätze sind in Hundertsätzen der vereinnahmten Entgelte ausgedrückt.

(4) Die Führung von Aufzeichnungen im Sinne des § 18 des Umsatzsteuergesetzes 1994 schließt die Anwendung des Durchschnittssatzes nicht aus.

(BGBl II 2018/215)

§ 2. Neben den mittels eines Durchschnittssatzes (§ 1) berechneten Betriebsausgaben sind bei der Gewinnermittlung noch nachstehende Posten – ausgenommen Aufwendungen für betriebsfremde Zwecke (Entnahmen, § 4 Abs. 1 Einkommensteuergesetz 1988) – als Betriebsausgaben zu berücksichtigen:

1. Wareneingang an Rohstoffen, Halberzeugnissen, Hilfsstoffen und Zutaten,
   (BGBl II 2018/215)
2. Lohnaufwand (laut Lohnkonto, § 76 Einkommensteuergesetz 1988), Arbeitgeberanteil zur gesetzlichen Sozialversicherung, Wohnbauförderungsbeitrag des Dienstgebers, Dienstgeberbeitrag zum Ausgleichsfonds für Familienbeihilfe,
3. Fremdlöhne, soweit diese in die gewerbliche Leistung eingehen,
4. Absetzung für Abnutzung nach §§ 7 und 8 Einkommensteuergesetz 1988 (laut Anlagekartei), allenfalls der Restbuchwert (bei Verkauf, Tausch oder Entnahme),
5. Anschaffungs- oder Herstellungskosten geringwertiger Wirtschaftsgüter (§ 13 Einkommensteuergesetz 1988),
6. (aufgehoben)
   (BGBl II 2018/215)
7. (aufgehoben)
   (BGBl II 2018/215)
8. steuerfreier Betrag nach § 12 Abs. 7 und 8 Einkommensteuergesetz 1988 (laut Verzeichnis),
9. steuerfreier Betrag nach § 14 Abs. 5 Einkommensteuergesetz 1988 (laut Verzeichnis),
   (BGBl II 2018/215)
10. (aufgehoben)
    (BGBl II 2018/215)
11. Ausgaben für Miete oder Pacht, Energie, Beheizung, Post und Telefon (laut Zahlungsbelegen),
12. abgeführte Umsatzsteuer – abzüglich Umsatzsteuer vom Eigenverbrauch – und Umsatzsteuer (Vorsteuer) für aktivierungspflichtige Aufwendungen sowie Kommunalsteuer, Dienstgeberabgabe nach dem Landesgesetz LGBl. für Wien Nr. 17/1970 (laut Zahlungsbelegen),
    (BGBl II 2018/215)
13. Beiträge zur Pflichtversicherung in der gesetzlichen Kranken-, Unfall- und Pensionsversicherung sowie Beiträge zur gesetzlichen Arbeitslosenversicherung.
    (BGBl II 2018/215)

§ 3. Die Verordnung ist erstmalig bei der Veranlagung für das Kalenderjahr 1989 anzuwenden. § 1 Abs. 1 in der Fassung der Verordnung BGBl. II Nr. 215/2018 tritt mit 1. Jänner 2018 in Kraft und ist auf alle zum Zeitpunkt der Kundmachung der Verordnung noch nicht rechtskräftig veranlagten Fälle anzuwenden.

(BGBl II 2018/81)

1/3/15. VO zu § 17 Abs. 4 und 5

Gastgewerbepauschalierungsverordnung 2013

BGBl II 2012/488 idF BGBl II 2020/355

Verordnung der Bundesministerin für Finanzen über die Festlegung von Durchschnittssätzen für Betriebsausgaben für Betriebe des Gastgewerbes, über die vereinfachte Führung des Wareneingangsbuches und über die Aufzeichnungspflicht bei Lieferungen von Lebensmitteln und Getränken (Gastgewerbepauschalierungsverordnung 2013)

Auf Grund des § 17 Abs. 4 und 5 des Einkommensteuergesetzes 1988 – EStG 1988, BGBl. Nr. 400, zuletzt geändert durch das Bundesgesetz BGBl. I Nr. 112/2012, und zu § 128, § 131 Abs. 1 Z 3 und § 163 der Bundesabgabenordnung – BAO, BGBl. Nr. 194/1961, zuletzt geändert durch das Bundesgesetz BGBl. I Nr. 112/2012, wird verordnet:

§ 1. (1) Bei der Ermittlung des Gewinnes bei Betrieben, für die eine Gewerbeberechtigung für das Gastgewerbe (§ 111 der Gewerbeordnung 1994 – GewO 1994, BGBl. I Nr. 194) erforderlich ist und während des gesamten Wirtschaftsjahres vorliegt, können nach Maßgabe der folgenden Bestimmungen Betriebsausgaben pauschal berücksichtigt werden.

(2) Voraussetzung für die Inanspruchnahme der Pauschalierung ist:

1. Es besteht keine Buchführungspflicht und es werden auch nicht freiwillig Bücher geführt, die eine Gewinnermittlung nach § 4 Abs. 1 EStG 1988 ermöglichen.
2. Die Umsätze im Sinne des § 125 BAO betragen nicht mehr als 400 000 Euro. Dabei gilt Folgendes:
   a) Im Fall eines zwölf Kalendermonate umfassenden vorangegangenen Wirtschaftsjahres sind die Umsätze maßgebend, die der Steuerpflichtige in dem vorangegangenen Wirtschaftsjahr erzielt hat. Im Fall eines mit Buchwertfortführung erfolgten Überganges des Betriebes ist auf die Umsätze abzustellen, die der Rechtsvorgänger in diesem Wirtschaftsjahr erzielt hat.
   b) Im Fall eines vorangegangenen Rumpfwirtschaftsjahres sind die Umsätze maßgebend, die sich durch Hochrechnung der in dem vorangegangenen Rumpfwirtschaftsjahr erzielten Umsätze auf ein zwölf Kalendermonate umfassendes Wirtschaftsjahr ergeben. Lit. a letzter Satz gilt entsprechend.
   c) Im Fall der Betriebseröffnung sind für das Jahr der Betriebseröffnung die Umsätze dieses Wirtschaftsjahres maßgebend. Bei Vorliegen eines Rumpfwirtschaftsjahres sind die Umsätze maßgebend, die sich durch Hochrechnung der

in dem Rumpfwirtschaftsjahr erzielten Umsätze auf ein zwölf Kalendermonate umfassendes Wirtschaftsjahr ergeben.

(BGBl II 2020/355)

3. Aus der Steuererklärung geht hervor, dass der Steuerpflichtige von der Pauschalierung Gebrauch macht.

§ 2. (1) Die Betriebsausgaben können unter Zugrundelegung eines Grundpauschales (§ 3), eines Mobilitätspauschales (§ 4) und eines Energie- und Raumpauschales (§ 5) ermittelt werden. Bemessungsgrundlage für alle Pauschalien sind die Umsätze im Sinne des § 125 Abs. 1 BAO.

(2) Voraussetzung für die Berücksichtigung des Mobilitätspauschales ist die Inanspruchnahme des Grundpauschales.

(3) Voraussetzung für die Berücksichtigung des Energie- und Raumpauschales ist die Inanspruchnahme des Grundpauschales sowie das Vorliegen von außerhalb des Wohnungsverbandes gelegenen Räumlichkeiten, die der Ausübung des Gastgewerbes dienen.

§ 3. (1) Das Grundpauschale beträgt 15 % der Bemessungsgrundlage, mindestens jedoch 6 000 Euro und höchstens 60 000 Euro. Beträgt die Bemessungsgrundlage weniger als 40 000 Euro, darf durch den Ansatz des Pauschalbetrages von 6 000 Euro kein Verlust entstehen.

(BGBl II 2020/355)

(2) Unter das Grundpauschale fallen auch Aufwendungen und Ausgaben für ein im Wohnungsverband gelegenes Arbeitszimmer sowie Einrichtungsgegenstände der Wohnung.

(3) Neben dem Grundpauschale dürfen nur berücksichtigt werden:

1. Ausgaben für den Eingang an Waren, Rohstoffen, Halberzeugnissen, Hilfsstoffen und Zutaten, die nach ihrer Art und ihrem betrieblichen Zweck in ein Wareneingangsbuch (§ 128 BAO) einzutragen sind oder einzutragen wären,
2. Ausgaben für Löhne, Lohnnebenkosten und für Fremdlöhne, soweit diese unmittelbar in Leistungen eingehen, die den Betriebsgegenstand des Unternehmens bilden,
3. Beiträge im Sinne des § 4 Abs. 4 Z 1 EStG 1988,
4. Ausgaben, die im betrieblichen Interesse für die Ausbildung oder Fortbildung von Arbeitnehmern und für im Betrieb des Steuerpflichtigen tätige Personen aufgewendet werden, einschließlich damit zusammenhängender Vergütungen für Reisekosten, einen Verpflegungsmehraufwand (Tagesgelder) und den Nächtigungsaufwand,
5. die Absetzung für Abnutzung nach den §§ 7 und 8 EStG 1988 sowie ein zu berücksichtigender Restbuchwert,
6. betriebliche Ausgaben für die Instandsetzung und Instandhaltung,
7. Ausgaben für Miete und Pacht von unbeweglichen Wirtschaftsgütern des Betriebsvermögens sowie von (Teil-)Betrieben,
8. Fremdmittelkosten,
9. ein Bildungsfreibetrag nach § 4 Abs. 4 Z 8 und Z 10 EStG 1988 sowie ein Grundfreibetrag nach § 10 EStG 1988,

   (BGBl II 2020/355)
10. das Mobilitätspauschale oder die darunter fallenden tatsächlichen Aufwendungen und Ausgaben,
11. das Energie- und Raumpauschale oder die darunter fallenden tatsächlichen Aufwendungen und Ausgaben.

§ 4. (1) Das Mobilitätspauschale beträgt:

1. 6 % der Bemessungsgrundlage, wenn sich der Betrieb in einer Gemeinde mit höchstens 5 000 Einwohnern befindet; höchstens jedoch 24 000 Euro.
2. 4 % der Bemessungsgrundlage, wenn sich der Betrieb in einer Gemeinde mit mehr als 5 000, aber höchstens 10 000 Einwohnern befindet; höchstens jedoch 16 000 Euro.
3. 2 % der Bemessungsgrundlage, wenn sich der Betrieb in einer Gemeinde mit mehr als 10 000 Einwohnern befindet; höchstens jedoch 8 000 Euro.

Hinsichtlich der Einwohnerzahl ist auf die von der Bundesanstalt Statistik Österreich gemäß § 10 Abs. 7 Finanzausgleichsgesetz 2017 (FAG 2017) für den Finanzausgleich ermittelte Bevölkerungszahl (Volkszahl) zum Stichtag 31. Oktober des vorangegangenen Kalenderjahrs abzustellen.

(BGBl II 2020/355)

(2) Unter das Mobilitätspauschale fallen folgende Aufwendungen und Ausgaben, soweit diese nicht Arbeitnehmer oder Personen betreffen, die für den Betrieb des Steuerpflichtigen tätig sind:

1. Ausgaben aus Anlass der betrieblichen Nutzung eines Kraftfahrzeuges (insbesondere Abschreibung für Abnutzung, Leasing, Kilometergeld),
2. Ausgaben aus Anlass der betrieblichen Nutzung eines der Personenbeförderung dienenden Verkehrsmittels (öffentliches Verkehrsmittel, Taxi),
3. Mehraufwendungen für Verpflegung und Unterkunft bei betrieblich veranlassten Reisen im Sinne des § 4 Abs. 5 EStG 1988.

(3) Wird das Mobilitätspauschale nicht in Anspruch genommen, sind Ausgaben und Aufwendungen im Sinne des Abs. 2 gesondert zu berücksichtigen.

§ 5. (1) Das Energie- und Raumpauschale beträgt 8% der Bemessungsgrundlage, höchstens aber 32 000 Euro.

(BGBl II 2020/355)

(2) Unter das Energie- und Raumpauschale fallen sämtliche Ausgaben und Aufwendungen aus Anlass der betrieblichen Nutzung von Räumlichkeiten,

die der Ausübung des Gastgewerbes dienen. Nicht darunter fallen:

1. die Absetzung für Abnutzung nach den §§ 7 und 8 EStG 1988 sowie ein zu berücksichtigender Restbuchwert,
2. Ausgaben für die Instandsetzung und Instandhaltung,
3. Ausgaben für Miete und Pacht.

(3) Wird das Energie- und Raumpauschale nicht in Anspruch genommen, sind darunter fallende Aufwendungen und Ausgaben gesondert zu berücksichtigen.

§ 6. (1) Nimmt der Steuerpflichtige in einem Wirtschaftsjahr (Basisjahr) das Grundpauschale erstmalig in Anspruch, ist er in den folgenden zwei Wirtschaftsjahren verpflichtet, ebenfalls das Grundpauschale in Anspruch zu nehmen und Aufwendungen, die unter das Mobilitätspauschale und unter das Energie- und Raumpauschale fallen, in gleicher Weise zu behandeln wie im Basisjahr.

(BGBl II 2020/355)

(2) Geht der Steuerpflichtige von der Ermittlung der Betriebsausgaben unter Zugrundelegung dieser Verordnung auf die Gewinnermittlung nach § 4 Abs. 1 EStG 1988 oder im Rahmen der Gewinnermittlung gemäß § 4 Abs. 3 EStG 1988 auf die Geltendmachung der Betriebsausgaben nach den allgemeinen Gewinnermittlungsvorschriften freiwillig über, ist eine erneute Ermittlung der Betriebsausgaben unter Zugrundelegung dieser Verordnung frühestens nach Ablauf von drei Wirtschaftsjahren zulässig.

§ 7. Das Wareneingangsbuch (§ 127 BAO) kann bei Betrieben des Gastgewerbes im Sinne des § 1 in der Weise vereinfacht geführt werden, dass

1. die Belege sämtlicher Wareneingänge jeweils getrennt nach ihrer Bezeichnung (branchenüblichen Sammelbezeichnung) in richtiger zeitlicher Reihenfolge mit einer fortlaufenden Nummer versehen werden,
2. die Beträge jährlich für das abgelaufene Wirtschaftsjahr jeweils getrennt nach der Bezeichnung (branchenüblichen Sammelbezeichnung) des Wareneingangs zusammengerechnet werden, und die zusammengerechneten Beträge in das Wareneingangsbuch eingetragen werden,
3. die Berechnungsunterlagen zu den Summenbildungen (Rechenstreifen) aufbewahrt werden.

§ 8. Für nach dem 31. Juli 1999 erfolgte Lieferungen von Lebensmitteln und Getränken, bei denen

1. nach den äußeren Umständen (insbesondere Menge der gelieferten Gegenstände) anzunehmen ist, dass die gelieferten Gegenstände nicht im Rahmen der privaten Lebensführung verwendet werden, und
2. Name und Anschrift des Empfängers der Lieferung nicht festgehalten und aufgezeichnet werden,

gilt die Vermutung der ordnungsmäßigen Führung von Büchern und Aufzeichnungen des liefernden Unternehmers als nicht gegeben.

§ 9. (1) Die Verordnung ist erstmalig bei der Veranlagung für das Kalenderjahr 2013 anzuwenden. Die Verordnung des Bundesministers für Finanzen über die Aufzeichnungspflicht bei Lieferungen von Lebensmittel und Getränken sowie über die Aufstellung von Durchschnittssätzen für die Ermittlung des Gewinnes und der Vorsteuerbeträge der nichtbuchführenden Inhaber von Betrieben des Gaststätten- und Beherbergungsgewerbes, BGBl. II Nr. 227/1999, ist letztmalig bei der Veranlagung für das Kalenderjahr 2012 anzuwenden.

(BGBl II 2020/355)

(2) § 1 Abs. 2 Z 2, § 3 Abs. 1, § 4 Abs. 1 sowie § 5 Abs. 1 in der Fassung der Verordnung BGBl. II Nr. 355/2020 sind erstmalig bei der Veranlagung für das Kalenderjahr 2020 anzuwenden.

(BGBl II 2020/355)

(3) Ist das Basisjahr gemäß § 6 Abs. 1 das Jahr 2018 oder 2019, kann das Mobilitätspauschale gemäß § 4 Abs. 1 lit. a oder lit. b bei Vorliegen der diesbezüglichen Voraussetzungen stets in Anspruch genommen werden.

(BGBl II 2020/355)

1/3/18. VO zu § 17 Abs. 4 und 5

Handelsvertreter

BGBl II 2000/95 idF BGBl II 2003/635

Verordnung des Bundesministers für Finanzen über die Aufstellung von Durchschnittssätzen für die Ermittlung von Betriebsausgaben und Vorsteuerbeträgen bei Handelsvertretern

Auf Grund des § 17 Abs. 4 und 5 des Einkommensteuergesetzes 1988, des § 14 Abs. 1 Z 2 des Umsatzsteuergesetzes 1994 sowie des § 184 der Bundesabgabenordnung wird verordnet:

§ 1. Bei einer Tätigkeit als Handelsvertreter im Sinne des Handelsvertretergesetzes 1993, BGBl. Nr. 88/1993, können im Rahmen

1. der Gewinnermittlung bestimmte Betriebsausgaben
2. der Entrichtung der Umsatzsteuer bestimmte abziehbare Vorsteuersteuerbeträge

jeweils mit Durchschnittssätzen angesetzt werden.

§ 2. Bei der Anwendung von Durchschnittssätzen gilt folgendes:

(1) Durchschnittssätze können nur für die in Abs. 2 und 3 angeführten Betriebsausgaben und Vorsteuerbeträge angesetzt werden. Neben dem jeweiligen Durchschnittssatz dürfen Betriebsausgaben oder Vorsteuerbeträge nur dann berücksichtigt werden, wenn sie in vollem Umfang nach den tatsächlichen Verhältnissen angesetzt werden.

(2) Der Durchschnittssatz für Betriebsausgaben umfaßt

- Mehraufwendungen für die Verpflegung (Tagesgelder im Sinne des § 4 Abs. 5 in Verbindung mit § 26 Z 4 des Einkommensteuergesetzes 1988),
- Ausgaben für im Wohnungsverband gelegene Räume (insbesondere Lagerräumlichkeiten und Kanzleiräumlichkeiten),
- Ausgaben anläßlich der Bewirtung von Geschäftsfreunden,
- üblicherweise nicht belegbare Betriebsausgaben wie Trinkgelder und Ausgaben für auswärtige Telefongespräche.

Der Durchschnittssatz beträgt 12% der Umsätze (§ 125 Abs. 1 der Bundesabgabenordnung), höchstens jedoch 5.825 Euro [80.000 S] jährlich.

(3) Der Durchschnittssatz für Vorsteuerbeträge gilt die bei Betriebsausgaben im Sinne des Abs. 2 anfallenden Vorsteuern ab. Der Durchschnittssatz beträgt 12% des sich aus Abs. 2 ergebenden Durchschnittssatzes. Als Vorsteuer darf höchstens ein Betrag von 699 Euro [9.600 S] jährlich angesetzt werden. Soweit die abziehbare Vorsteuer nach einem Durchschnittssatz berechnet wird, ist das Unternehmen von der Aufzeichnungspflicht gemäß § 18 Abs. 2 Z 5 und 6 des Umsatzsteuergesetzes 1994 befreit.

§ 3. (aufgehoben)

§ 4. (1) Die Verordnung ist erstmals bei der Veranlagung für das Kalenderjahr 2000 anzuwenden.

(2) § 2 Abs. 2 und 3, jeweils in der Fassung der Verordnung BGBl. II Nr. 416/2001, sind erstmals bei der Veranlagung für das Kalenderjahr 2002 anzuwenden.

(3) § 3 in der Fassung vor BGBl. II Nr. 635/2003 ist letztmalig bei der Veranlagung für das Kalenderjahr 2002 anzuwenden.

1/3/19. VO zu § 17 Abs. 4 und 5

Künstler/Schriftsteller-Pauschalierungsverordnung

BGBl II 2000/417 idF BGBl II 2022/433

Verordnung des Bundesministers für Finanzen über die Aufstellung von Durchschnittssätzen für die Ermittlung von Betriebsausgaben und Vorsteuerbeträgen bei Künstlern und Schriftstellern (Künstler/Schriftsteller-Pauschalierungsverordnung)

Auf Grund des § 17 Abs. 4 und 5 des Einkommensteuergesetzes 1988 und des § 14 Abs. 1 Z 2 des Umsatzsteuergesetzes 1994 wird verordnet:

§ 1. Bei einer selbständigen künstlerischen Tätigkeit im Sinne des **„§ 10 Abs. 3 Z 4 des Umsatzsteuergesetzes 1994“** oder einer schriftstellerischen Tätigkeit können im Rahmen

1. der Gewinnermittlung bestimmte Betriebsausgaben,
2. der Entrichtung der Umsatzsteuer bestimmte abziehbare Vorsteuerbeträge

jeweils mit Durchschnittssätzen angesetzt werden. Voraussetzung ist, dass keine Buchführungspflicht besteht und auch nicht freiwillig Bücher geführt werden, die eine Gewinnermittlung nach § 4 Abs. 1 des Einkommensteuergesetzes 1988 ermöglichen.

(BGBl II 2022/433 ab 2.12.2022)

§ 2. Bei der Anwendung von Durchschnittssätzen gilt Folgendes:

(1) Durchschnittssätze können nur für die in Abs. 2 und 3 angeführten Betriebsausgaben und Vorsteuerbeträge angesetzt werden. Neben dem jeweiligen Durchschnittssatz dürfen Betriebsausgaben oder Vorsteuerbeträge nur dann berücksichtigt werden, wenn sie in vollem Umfang nach den tatsächlichen Verhältnissen angesetzt werden.

(2) Der Durchschnittssatz für Betriebsausgaben umfasst

1. Aufwendungen für übliche technische Hilfsmittel (insbesondere Computer, Ton- und Videokassetten inklusive der Aufnahme- und Abspielgeräte),
2. Aufwendungen für Telefon und Büromaterial,
3. Aufwendungen für Fachliteratur und Eintrittsgelder,
4. betrieblich veranlasste Aufwendungen für Kleidung, Kosmetika und sonstige Aufwendungen für das äußere Erscheinungsbild,
5. Mehraufwendungen für die Verpflegung (Tagesgelder im Sinne des § 4 Abs. 5 in Verbindung mit § 26 Z 4 des Einkommensteuergesetzes 1988),
6. Ausgaben für im Wohnungsverband gelegene Räume (insbesondere Arbeitszimmer, Atelier, Tonstudio, Probenräume),
7. Ausgaben anlässlich der Bewirtung von Geschäftsfreunden,
8. üblicherweise nicht belegbare Betriebsausgaben.

Der Durchschnittssatz beträgt 12% der Umsätze (§ 125 Abs. 1 der Bundesabgabenordnung), höchstens jedoch 8 725 Euro [120.000 S] jährlich.

(3) Der Durchschnittssatz für Vorsteuerbeträge gilt die bei Betriebsausgaben im Sinne des Abs. 2 anfallenden Vorsteuern ab. Der Durchschnittssatz beträgt 12% des sich aus Abs. 2 ergebenden Durchschnittssatzes. Als Vorsteuer darf höchstens ein Betrag von 1 047 Euro [14.400 S] jährlich angesetzt werden. Soweit die abziehbare Vorsteuer nach einem Durchschnittssatz berechnet wird, ist das Unternehmen von der Aufzeichnungspflicht gemäß § 18 Abs. 2 Z 5 und 6 des Umsatzsteuergesetzes 1994 befreit.

§ 3. (1) (aufgehoben)

(2) Die Inanspruchnahme der Pauschalierung nach § 1 Z 1 ist ausgeschlossen, wenn Betriebsausgaben oder Werbungskosten im Sinn des § 2 Abs. 2

– in tatsächlicher Höhe oder
– unter Inanspruchnahme der Verordnung über die Individualpauschalierung von Betriebsausgaben, Werbungskosten und Vorsteuern, BGBl. II Nr. 230/1999 in der Fassung BGBl. II Nr. 500/1999,

bei einer weiteren Tätigkeit geltend gemacht werden, die mit der künstlerischen oder schriftstellerischen Tätigkeit im Zusammenhang steht.

(3) Die Inanspruchnahme der Pauschalierung nach § 1 Z 2 ist ausgeschlossen, wenn Vorsteuern, die bei Betriebsausgaben im Sinn des § 2 Abs. 2 angefallen sind,

– in tatsächlicher Höhe oder
– unter Inanspruchnahme der Verordnung über die Individualpauschalierung von Betriebsausgaben, Werbungskosten und Vorsteuern, BGBl. II Nr. 230/1999 in der Fassung BGBl. II Nr. 500/1999,

bei einer weiteren Tätigkeit geltend gemacht werden, die mit der künstlerischen oder schriftstellerischen Tätigkeit im Zusammenhang steht.

(4) Neben dem Pauschbetrag nach dieser Verordnung können für die im § 2 genannten Betriebsausgaben oder Vorsteuerbeträge keine weiteren Pauschbeträge geltend gemacht werden.

§ 4. (1) Die Verordnung ist erstmals bei der Veranlagung für das Kalenderjahr 2000 anzuwenden.

(2) § 2 Abs. 2 und 3, jeweils in der Fassung der Verordnung BGBl. II Nr. 416/2001, ist erstmals bei der Veranlagung für das Kalenderjahr 2002 anzuwenden.

(3) § 3 Absatz 1 in der Fassung vor BGBl. II Nr. 636/2003 ist letztmalig bei der Veranlagung für das Kalenderjahr 2002 anzuwenden.

1/3/20. VO zu § 17 Abs. 6

Werbungskostenpauschale

BGBl II 2001/382 idF BGBl II 2021/500

Verordnung des Bundesministers für Finanzen über die Aufstellung von Durchschnittssätzen für Werbungskosten

Auf Grund des § 17 Abs. 6 des Einkommensteuergesetzes 1988, BGBl. Nr. 400/1988, wird verordnet:

§ 1. Für nachstehend genannte Gruppen von Steuerpflichtigen werden nach den jeweiligen Erfahrungen der Praxis anstelle des Werbungskostenpauschbetrages gemäß § 16 Abs. 3 EStG 1988 folgende Werbungskosten auf die Dauer des aufrechten Dienstverhältnisses festgelegt:

1. Artisten

   5% der Bemessungsgrundlage, höchstens 2.628 Euro jährlich.

2. Bühnenangehörige, die § 1 Abs. 1 Theaterarbeitsgesetz, BGBl. I Nr. 100/2010, unterliegen, andere auf Bühnen auftretende Personen, Filmschauspieler

   5% der Bemessungsgrundlage, höchstens 2.628 Euro jährlich.

3. Fernsehschaffende, die regelmäßig (mehrmals im Monat) auf dem Bildschirm erscheinen

   7,5% der Bemessungsgrundlage, höchstens 3.942 Euro jährlich.

4. Journalisten

   7,5% der Bemessungsgrundlage, höchstens 3.942 Euro jährlich.

5. Musiker

   5% der Bemessungsgrundlage, höchstens 2.628 Euro jährlich.

6. Forstarbeiter, Förster im Revierdienst und Berufsjäger im Revierdienst

   Für Forstarbeiter ohne Motorsäge, Förster im Revierdienst und Berufsjäger im Revierdienst:

   5% der Bemessungsgrundlage, höchstens 1.752 Euro jährlich.

   Für Forstarbeiter mit Motorsäge:

   10% der Bemessungsgrundlage, höchstens 2.628 Euro jährlich.

7. Hausbesorger

   15% der Bemessungsgrundlage, höchstens 3.504 Euro jährlich.

8. Heimarbeiter

   10% der Bemessungsgrundlage, höchstens 2.628 Euro jährlich.

9. Vertreter

   5% der Bemessungsgrundlage, höchstens 2.190 Euro jährlich.

   Der Arbeitnehmer muss ausschließlich Vertretertätigkeit ausüben. Zur Vertretertätigkeit gehört sowohl die Tätigkeit im Außendienst als auch die für konkrete Aufträge erforderliche Tätigkeit im Innendienst. Von der Gesamtarbeitszeit muss dabei mehr als die Hälfte im Außendienst verbracht werden.

10. Mitglieder einer Stadt-, Gemeinde- oder Ortsvertretung

    15% der Bemessungsgrundlage, mindestens 438 Euro jährlich, höchstens 2.628 Euro jährlich. Der Mindestbetrag kann nicht zu negativen Einkünften führen.

11. Expatriates

    20% der Bemessungsgrundlage, höchstens 10 000 Euro jährlich.

    Expatriates sind Arbeitnehmer,

    a) die im Auftrag eines ausländischen Arbeitgebers in Österreich im Rahmen eines Dienstverhältnisses zu einem österreichischen Arbeitgeber (Konzerngesellschaft oder inländische Betriebsstätte im Sinne des § 81 EStG 1988) für höchstens fünf Jahre beschäftigt werden,
    b) die während der letzten zehn Jahre keinen Wohnsitz im Inland hatten,
    c) die ihren bisherigen Wohnsitz im Ausland beibehalten und
    d) für deren Einkünfte Österreich das Besteuerungsrecht zukommt.

(BGBl II 2015/240, BGBl II 2015/382)

§ 2. Bemessungsgrundlage für die Ermittlung der Pauschbeträge sind die Bruttobezüge abzüglich der steuerfreien Bezüge und abzüglich der sonstigen Bezüge, soweit diese nicht wie ein laufender Bezug nach dem Lohnsteuertarif zu versteuern sind (Bruttobezüge gemäß Kennzahl 210 abzüglich der Bezüge gemäß Kennzahlen 215 und 220 des amtlichen Lohnzettelvordruckes L 16). Bei nicht ganzjähriger Tätigkeit sind die sich aus § 1 ergebenden Beträge anteilig zu berücksichtigen; hiebei gelten angefangene Monate als volle Monate. Die Berücksichtigung der Pauschbeträge erfolgt im Veranlagungsverfahren. Im Rahmen der Lohnverrechnung können die Pauschbeträge nur im Wege eines Freibetragsbescheides gemäß § 63 EStG 1988 berücksichtigt werden; ausgenommen davon ist jener nach § 1 Z 11 (Expatriates).

(BGBl II 2015/240)

§ 3. Wird eine Tätigkeit teils nichtselbständig, teils selbständig ausgeübt und werden bei der selbständig ausgeübten Tätigkeit Betriebsausgaben geltend gemacht, können Pauschbeträge im Sinne dieser Verordnung nicht in Anspruch genommen werden.

§ 4. (1) Kostenersätze gemäß § 26 EStG 1988, ausgenommen jene nach § 26 Z 9 EStG 1988, kürzen die jeweiligen Pauschbeträge.

(BGBl II 2015/382, BGBl II 2018/48, BGBl II 2018/68, BGBl II 2018/271, BGBl II 2021/500)

(2) Bei Expatriates gemäß § 1 Z 11 kürzen Kostenersätze gemäß § 26 Z 4 EStG 1988 nicht den Pauschbetrag.

(BGBl II 2015/382)

§ 5. Werden die Pauschbeträge in Anspruch genommen, dann können daneben keine anderen Werbungskosten, ausgenommen jene Werbungskosten, die gemäß § 16 Abs. 3 EStG 1988 nicht auf den Pauschbetrag anzurechnen sind, aus dieser Tätigkeit geltend gemacht werden.

(BGBl II 2015/382, BGBl II 2018/48, BGBl II 2018/68, BGBl II 2018/271, BGBl II 2021/500)

§ 6. (1) Diese Verordnung ist anzuwenden,

1. wenn die Einkommensteuer im Wege des Abzugs vom Arbeitslohn erhoben wird, erstmalig für Lohnzahlungszeiträume, die nach dem 31. Dezember 2001 enden,
2. wenn die Einkommensteuer veranlagt wird, erstmalig bei der Veranlagung für das Kalenderjahr 2002.

(BGBl II 2015/240)

(2) Die Verordnung des Bundesministers für Finanzen über die Aufstellung von Durchschnittssätzen für Werbungskosten von Angehörigen bestimmter Berufsgruppen, BGBl. Nr. 32/1993 in der Fassung der Verordnung BGBl. II Nr. 383/2001, tritt außer Kraft.

(BGBl II 2015/240)

(3) § 1 Z 11 und § 4 Abs. 2, jeweils in der Fassung der Verordnung BGBl. II Nr. 382/2015, sind anzuwenden, wenn

1. die Einkommensteuer veranlagt wird, erstmalig bei der Veranlagung 2016,
2. die Einkommensteuer (Lohnsteuer) durch Abzug eingehoben oder durch Veranlagung festgesetzt wird, erstmalig für Lohnzahlungszeiträume, die nach dem 31. Dezember 2015 enden.

(BGBl II 2015/382)

(4) § 4 Abs. 1 in der Fassung der Verordnung BGBl. II Nr. 68/2018 ist erstmalig bei der Veranlagung für das Kalenderjahr 2018 anzuwenden.

(BGBl II 2018/68)

(5) § 1 Z 9 ist auch anwendbar, wenn aufgrund der COVID-19-Krise im Kalenderjahr 2020 nicht mehr als die Hälfte der Gesamtarbeitszeit im Außendienst verbracht wurde.

(BGBl II 2021/39)

(6) § 4 Abs. 1 und § 5, jeweils in der Fassung der Verordnung BGBl. II Nr. 500/2021, sind anzuwenden, wenn

1. die Einkommensteuer veranlagt wird, erstmalig bei der Veranlagung 2021,
2. die Einkommensteuer (Lohnsteuer) durch Abzug eingehoben oder durch Veranlagung festgesetzt wird, erstmalig für Lohnzahlungszeiträume, die nach dem 31. Dezember 2020 enden.

(BGBl II 2021/500)

1/3/22. VO zu § 20 Abs. 1 Z 2 lit. b

PKW-Angemessenheitsverordnung

BGBl II 2004/466

Verordnung des Bundesministers für Finanzen betreffend die Angemessenheit von Aufwendungen im Zusammenhang mit Personen- und Kombinationskraftwagen (PKW-Angemessenheitsverordnung)

Zu § 20 Abs. 1 Z 2 lit. b des Einkommensteuergesetzes 1988, BGBl. Nr. 400, und § 12 Abs. 1 Z 2 des Körperschaftsteuergesetzes 1988, BGBl. Nr. 401, wird verordnet:

§ 1. Aufwendungen oder Ausgaben im Zusammenhang mit der Anschaffung eines Personen- oder Kombinationskraftwagens sind insoweit angemessen, als die Anschaffungskosten inklusive Umsatzsteuer und Normverbrauchsabgabe im Kalenderjahr 2004 34.000 Euro und ab dem Kalenderjahr 2005 40.000 Euro nicht übersteigen. Diese Anschaffungskosten umfassen auch Kosten für Sonderausstattungen. Selbständig bewertbare Sonderausstattungen gehören nicht zu den Anschaffungskosten. Anschaffungskostenabhängige Nutzungsaufwendungen oder -ausgaben sind im entsprechenden Ausmaß zu kürzen.

§ 2. Bei in gebrauchtem Zustand angeschafften Personen- oder Kombinationskraftwagen, die nicht mehr als fünf Jahre (60 Monate) nach ihrer Erstzulassung angeschafft wurden, hat eine Kürzung der Aufwendungen oder Ausgaben auf Grund der Verhältnisse zum Zeitpunkt der Erstzulassung des Fahrzeuges zu erfolgen. Eine Kürzung ist vorzunehmen, wenn der Neupreis des Fahrzeuges abzüglich der ortsüblichen Preisnachlässe den Betrag gemäß § 1 übersteigt. Bei in gebrauchtem Zustand angeschafften Fahrzeugen, die mehr als fünf Jahre (60 Monate) nach ihrer Erstzulassung angeschafft wurden, ist hinsichtlich der Kürzung auf die tatsächlichen Anschaffungskosten des Gebrauchtfahrzeuges abzustellen.

§ 3. Bei Leasingfahrzeugen hat eine Kürzung von Aufwendungen oder Ausgaben beim Leasingnehmer insoweit zu erfolgen, als die der Berechnung der Leasingrate im Zeitpunkt der erstmaligen Vermietung zugrunde liegenden Anschaffungskosten den Betrag gemäß § 1 übersteigen. Dies gilt sinngemäß für Mietfahrzeuge, es sei denn, die Anmietung erfolgt für einen Zeitraum von höchstens 21 Tagen.

§ 4. Die Verordnung ist erstmals bei der Veranlagung für das Kalenderjahr 2004 anzuwenden.

1/3/23. VO zu § 22 Z 2

Sachbezüge Kraftfahrzeuge

BGBl II 2018/70 idF BGBl II 2022/468

„Verordnung des Bundesministers für Finanzen über die Bewertung von Sachbezügen betreffend Kraftfahrzeuge, Krafträder und Fahrräder bei wesentlich beteiligten Gesellschafter-Geschäftsführern“

(BGBl II 2022/468 ab 21.12.2022)

Auf Grund des § 22 Z 2 des Einkommensteuergesetzes 1988 – EStG 1988, BGBl. Nr. 400/1988, zuletzt geändert durch das BGBl. I Nr. 4/2018, wird verordnet:

„Privatnutzung eines überlassenen Kraftfahrzeuges, Kraftrades oder Fahrrades

§ 1. Besteht für einen an einer Kapitalgesellschaft wesentlich Beteiligten im Sinne des § 22 Z 2 zweiter Teilstrich des Einkommensteuergesetzes 1988 die Möglichkeit, ein zur Verfügung gestelltes Kraftfahrzeug gemäß § 2 Abs. 1 Z 1 Kraftfahrgesetz 1967, Kraftrad oder Fahrrad für privat veranlasste Fahrten zu benützen, gilt Folgendes:

1. **Für ein Kraftfahrzeug ist § 4 der Sachbezugswerteverordnung, BGBl. II 2008/468, in der jeweils geltenden Fassung, für die Bemessung des geldwerten Vorteils aus der privaten Nutzung des zur Verfügung gestellten Kraftfahrzeuges sinngemäß anzuwenden.**
2. **Für ein Kraftrad oder Fahrrad ist § 4b der Sachbezugswerteverordnung, BGBl. II 2008/468, in der jeweils geltenden Fassung, für die Bemessung des geldwerten Vorteils aus der privaten Nutzung des zur Verfügung gestellten Fahrzeuges sinngemäß anzuwenden.**
3. **Abweichend von Z 1 und Z 2 kann der geldwerte Vorteil aus der privaten Nutzung des zur Verfügung gestellten Kraftfahrzeuges, Kraftrades oder Fahrrades nach den auf die private Nutzung entfallenden, vom Überlasser des Fahrzeuges getragenen Aufwendungen bemessen werden. Dazu ist erforderlich, dass der Empfänger des Sachbezuges den Anteil der privaten Fahrten (beispielsweise durch Vorlage eines Fahrtenbuches) nachweist.“**

(BGBl II 2022/468 ab Veranlagung 2022)

§ 2. „(1)“ Die Verordnung ist erstmalig bei der Veranlagung für das Kalenderjahr 2018 anzuwenden.

(BGBl II 2022/468)

„(2) § 1 in der Fassung BGBl. II Nr. 468/2022 ist erstmalig bei der Veranlagung für das Kalenderjahr 2022 anzuwenden.“

(BGBl II 2022/468)

1/3/24. VO zu § 27a

Kapitalmaßnahmen-VO

BGBl II 2011/322 idF BGBl II 2017/115

Verordnung der Bundesministerin für Finanzen betreffend KESt-Behandlung von Kapitalmaßnahmen (Kapitalmaßnahmen-VO)

Aufgrund des § 27a Abs. 4 Z 3 EStG und § 93 Abs. 2 Z 2 EStG, BGBI. Nr. 400/1988, wird verordnet:

§ 1. Unter Kapitalmaßnahmen werden verschiedene zivil- und gesellschaftsrechtliche Vorgänge im Zusammenhang mit Wertpapieren verstanden. Für steuerliche Zwecke ist nach dieser Verordnung zwischen steuerrelevanten Kapitalmaßnahmen (§ 2 bis 7) und nicht steuerrelevanten Kapitalmaßnahmen (§ 8) zu unterscheiden.

Steuerrelevante Kapitalmaßnahmen

§ 2. (1) Steuerrelevante Kapitalmaßnahmen sind:

1. Maßnahmen, die sich
   – auf das Eigenkapital einer Körperschaft und/oder
   – auf die Stückelung von Wertpapieren

   beziehen. Darunter fallen insbesondere Änderungen des Kapitals durch Erhöhung, Herabsetzung, Emission von Bezugsrechten auf Aktien, Aktiensplit und Aktienzusammenlegung, Aktienumtausch infolge von Unternehmenszusammenschlüssen oder -aufspaltungen sowie die Einbuchung von Aktien auf Grund von Unternehmensabspaltungen.

   (BGBl II 2017/115)
2. Spaltungen und Verschmelzungen von Investmentfonds gemäß § 65 und §§ 114 bis 127 InvFG 2011.

   (BGBl II 2017/115)
3. Die Lieferung von Wertpapieren zur Tilgung bei Schuldverschreibungen, mit denen untrennbar das Recht verbunden ist, an Stelle der Rückzahlung eine vorher festgelegte Anzahl von Wertpapieren zu fordern (Inhaber) oder anzudienen (Emittent).

(2) Für Kapitalmaßnahmen im Sinne des Abs. 1 gilt:

1. Eine Abwicklung der Realisierung im Sinne des § 93 Abs. 2 Z 2 EStG 1988 liegt nicht vor.

   Davon ausgenommen sind:
   – Zahlungen aufgrund einer Einlagenrückzahlung oder infolge einer Liquidation, wenn der Abzugsverpflichtete davon Kenntnis hat. Zahlungen aufgrund einer Einlagenrückzahlung führen zu einer Verminderung der entsprechenden Anschaffungskosten (§ 4 Abs. 12 und § 15 Abs. 4 EStG 1988); insoweit sie die Anschaffungskosten übersteigen, liegen Einkünfte im Sinne des § 27 Abs. 3

EStG 1988 vor. Dasselbe gilt für Liquidationen.

– Kapitalmaßnahmen, bei denen dem Steuerpflichtigen ein Wahlrecht zum Umtausch eingeräumt wird.

(BGBl II 2017/115)

2. Im Zuge einer steuerrelevanten Kapitalmaßnahme eingebuchte Wertpapiere treten für Zwecke des Kapitalertragsteuerabzuges zur Abgrenzung von Alt- und Neuvermögen nach § 124b Z 185 lit. a EStG 1988 an Stelle der ausgebuchten Wertpapiere. Werden im Zuge einer steuerrelevanten Kapitalmaßnahme Wertpapiere eingebucht, ohne dass es zuvor zur Ausbuchung von anderen Wertpapieren kommt, ist für Zwecke der Einstufung als Alt- oder Neuvermögen auf die bisherigen Wertpapiere abzustellen.

(BGBl II 2017/115)

3. Der Abzugsverpflichtete darf sich grundsätzlich auf entsprechende Informationen von im Wertpapiergeschäft anerkannten Informationssystemen und Datenprovidern verlassen. Dies gilt nicht, wenn dem Abzugsverpflichteten im Vorhinein Informationen vorliegen, die zu begründeten Zweifeln an den Informationen der genannten Datenprovider führen.

§ 3. Kommt es im Zuge von steuerrelevanten Kapitalmaßnahmen gemäß § 2 Abs. 1 Z 1 zum Tausch oder zur Einbuchung von Wertpapieren, gilt nur für Zwecke des Kapitalertragsteuerabzuges Folgendes:

1. Die Anschaffungskosten der im Zuge des Tausches ausgebuchten Wertpapiere sind auf die dafür erhaltenen Wertpapiere zu übertragen; dies gilt auch für Kapitalmaßnahmen gemäß § 2 Abs. 1 Z 2. Werden Wertpapiere mit unterschiedlicher Wertpapierkennnummer eingebucht, sind die Anschaffungskosten der ausgebuchten Wertpapiere im Verhältnis der Verkehrswerte der eingebuchten Wertpapiere auf diese aufzuteilen. Sind keine Verkehrswerte vorhanden, hat diese Aufteilung nach Stücken zu erfolgen.

(BGBl II 2017/115)

2. Vom Steuerpflichtigen im Zuge des Tausches empfangene Barzahlungen senken und geleistete Zuzahlungen erhöhen die Anschaffungskosten der eingebuchten Wertpapiere.

(BGBl II 2017/115)

3. Werden Wertpapiere auf ein Wertpapierdepot eingebucht, ohne dass es zuvor zur Ausbuchung von anderen Wertpapieren kommt, sind für Zwecke des Kapitalertragsteuerabzuges die Anschaffungskosten der bestehenden Wertpapiere auf die bestehenden und die neu eingebuchten Wertpapiere aufzuteilen. Diese Aufteilung hat im Verhältnis der Verkehrswerte der bestehenden zu den eingebuchten Wertpapieren zu erfolgen. Sind keine Verkehrswerte vorhanden, hat diese Aufteilung nach Stücken zu erfolgen.

(BGBl II 2017/115)

(BGBl II 2017/115)

§ 4. (1) Werden Aktien im Zuge einer Kapitalerhöhung aus Gesellschaftsmitteln auf ein Wertpapierdepot eingebucht, sind für Zwecke des Kapitalertragsteuerabzuges die Anschaffungskosten der vor der Kapitalerhöhung bestehenden Aktien auf die bestehenden und neu eingebuchten Aktien aufzuteilen.

(BGBl II 2017/115)

(2) Werden Aktien im Zuge einer Abspaltung auf ein Wertpapierdepot eingebucht, sind für Zwecke des Kapitalertragsteuerabzuges die Anschaffungskosten der vor der Abspaltung bestehenden Aktien auf die bestehenden und die neu eingebuchten Aktien aufzuteilen. Diese Aufteilung hat im Verhältnis der Verkehrswerte der bestehenden zu den eingebuchten Aktien zu erfolgen. Sind keine Verkehrswerte vorhanden, hat diese Aufteilung nach Stücken zu erfolgen. Dies gilt auch für Kapitalmaßnahmen gemäß § 2 Abs. 1 Z 2.

(BGBl II 2017/115)

§ 5. Auf einem Wertpapierdepot eingebuchte Bezugsrechte sind für Zwecke des Kapitalertragsteuerabzuges mit einem Wert von Null anzusetzen. Die Anschaffungskosten der Aktien, die die Bezugsrechte vermitteln, bleiben unberührt.

§ 6. (1) Wird im Zuge eines Aktiensplits der Nennwert einer Aktie heruntergesetzt und daher die Anzahl der ausgegebenen Aktien erhöht, sind die bisherigen Anschaffungskosten auf die im Zuge des Aktiensplits ausgegebenen Aktien aufzuteilen.

(2) Werden im Zuge einer Aktienzusammenlegung (Reverse Split) mehrere Aktien zusammengelegt, sind die bisherigen Anschaffungskosten auf die zusammengelegten Aktien aufzuteilen.

§ 7. Bei steuerrelevanten Kapitalmaßnahmen gemäß § 2 Abs. 1 Z 3 stellt die Lieferung der Wertpapiere keinen Tausch dar. Die Anschaffungskosten der ausgebuchten Schuldverschreibungen sind auf die dafür erhaltenen Wertpapiere aufzuteilen. Bare Zuzahlungen bis zur Höhe von 10% des Gesamtnennbetrags der erhaltenen Wertpapiere, die der Steuerpflichtige zum Zweck der Rundung auf ganze Stücke erhält, senken die Anschaffungskosten der eingebuchten Wertpapiere. Bei Wertpapieren ohne Nennwert (z. B. Stückaktien) sind Zuzahlungen generell steuerpflichtig.

(BGBl II 2017/115)

Nicht steuerrelevante Kapitalmaßnahmen

§ 8. Nicht unter § 2 fallende Kapitalmaßnahmen bilden lediglich abwicklungs- oder buchungstechnische Vorgänge auf dem Depot ab oder bewirken Stammdatenänderungen bloß informativer oder administrativer Art und sind daher in steuerlicher Hinsicht unbeachtlich. Darunter fallen insbesondere die bloße Erneuerung der Wertpapierurkunde, Gesellschaftshinweise, Eigentümer- und Gesellschaftsversammlungen, Nennwährungsänderungen, Publikumsöffnungen, Zertifizierungshinweise, bloße Wertpapierkennnummeränderungen.

1/3/25. VO zu § 28 Abs. 2 und 3

Bauherrenverordnung

BGBl 1990/321

Verordnung des Bundesministers für Finanzen vom 18. Mai 1990 betreffend Herstellungs- und Instandsetzungsaufwendungen bei Gebäuden (Bauherrenverordnung)

Zu § 28 Abs. 2 Z 2 bis 4 EStG 1972, BGBl. Nr. 440/1972, und § 28 Abs. 2 und 3 EStG 1988, BGBl. Nr. 400/1988, wird verordnet:

Artikel I

§ 1. Im Zusammenhang mit der Anschaffung von Grund und Boden (Gebäuden) durch den Steuerpflichtigen gelten für die Herstellung (Instandsetzung) die §§ 2 bis 4.

§ 2. Aufwendungen für die Herstellung (Instandsetzung) eines Gebäudes können nur dann gemäß § 28 Abs. 2 und 3 Einkommensteuergesetz 1988 (§ 28 Abs. 2 Z 2 bis 4 Einkommensteuergesetz 1972) abgesetzt werden, wenn der Steuerpflichtige das mit der Herstellung (Instandsetzung) verbundene wirtschaftliche Risiko trägt. Dieses Risiko trägt derjenige, der auf eigene Rechnung und Gefahr ein Gebäude herstellt (instand setzt) oder herstellen (instand setzen) läßt.

§ 3. Ein wirtschaftliches Risiko gemäß § 2 ist anzunehmen, wenn folgende Voraussetzungen vorliegen:

1. Die Leistungen der die Herstellung (Instandsetzung) tatsächlich ausführenden Unternehmer müssen dem Steuerpflichtigen gegenüber aufgeschlüsselt werden. Wird gegenüber dem Steuerpflichtigen eine Preisgarantie abgegeben, so darf nicht ausgeschlossen sein, daß Preisunterschiede, die durch den Steuerpflichtigen oder durch Gesetze, Verordnungen bzw. behördliche Anordnungen verursacht worden sind, auf Rechnung des Steuerpflichtigen gehen.
2. Mit der tatsächlichen Bauausführung darf erst nach der Anschaffung des Grund und Bodens (Gebäudes) durch den Steuerpflichtigen begonnen werden.

§ 4. Im Falle einer Personenvereinigung (Personengemeinschaft) ohne eigene Rechtspersönlichkeit können Aufwendungen nur von jenen Steuerpflichtigen gemäß § 28 Abs. 2 Z 2 bis 4 EStG 1972 bzw. gemäß § 28 Abs. 2 und 3 EStG 1988 abgesetzt werden, die die Voraussetzungen der §§ 2 und 3 erfüllen.

Artikel II

Artikel I ist auf alle noch nicht endgültig rechtskräftig veranlagten Fälle anzuwenden.

1/3/27. VO zu § 33 Abs. 3a Z 2

Familienbonus Plus-Absetzbeträge-EU-Anpassungsverordnung*)

BGBl II 2018/257 idF BGBl II 2022/309

*) Die Familienbonus Plus-Absetzbeträge-EU-Anpassungsverordnung trat mit 1. Jänner 2023 außer Kraft.

Verordnung des Bundesministers für Finanzen über die Anpassung des Familienbonus Plus, des Alleinverdiener-, Alleinerzieher- und Unterhaltsabsetzbetrages sowie des Kindermehrbetrages in Bezug auf Kinder, die sich ständig in einem anderen Mitgliedstaat der EU oder einer Vertragspartei des Europäischen Wirtschaftsraumes oder der Schweiz aufhalten (Familienbonus Plus-Absetzbeträge-EU-Anpassungsverordnung)

Aufgrund des § 33 Abs. 3a Z 2 des Einkommensteuergesetzes 1988, BGBl. Nr. 400, zuletzt geändert durch das Bundesgesetz BGBl. I Nr. 62/2018, wird verordnet:

§ 1. Diese Verordnung bestimmt die Absetzbeträge gemäß § 33 Abs. 3a und Abs. 4 EStG 1988 sowie den Kindermehrbetrag gemäß § 33 Abs. 7 EStG 1988 in Bezug auf Kinder, die sich ständig in einem anderen Mitgliedstaat der EU oder Hoheitsgebiet einer anderen Vertragspartei des Abkommens über den Europäischen Wirtschaftsraum oder der Schweiz aufhalten.

§ 2. (1) Zur Bestimmung der Beträge nach § 1 wird ein Anpassungsfaktor festgelegt, der auf den vom Statistischen Amt der Europäischen Union am 1. Juni 2020 veröffentlichten Indikatoren im Rahmen der „Vergleichenden Preisniveaus des Endverbrauchs der privaten Haushalte einschließlich indirekter Steuern (EU-27=100)" basiert.

(2) Das Statistische Amt der Europäischen Union hat den Indikator für Österreich mit 112 festgelegt. Um den Anpassungsfaktor zu ermitteln, wird das Verhältnis der Indikatoren der einzelnen Staaten zum Indikator Österreichs in Verhältnis gesetzt. Die Berechnung des Anpassungsfaktors erfolgt auf drei Nachkommastellen, ohne Anwendung einer Rundung. Der Anpassungsfaktor wird demnach wie folgt festgelegt:

Staat, in dem sich die Kinder ständig aufhalten	Indikator des Statistischen Amtes der Europäischen Union	Anpassungsfaktor
Belgien	114,8	1,025
Bulgarien	52,0	0,464
Dänemark	141,6	1,264
Deutschland	106,8	0,953
Estland	83,0	0,741
Finnland	126,0	1,125
Frankreich	113,6	1,014
Griechenland	86,5	0,772
Irland	132,7	1,184
Island	162,3	1,449
Italien	103,5	0,924
Kroatien	70,2	0,626
Lettland	76,5	0,683
Litauen	68,0	0,607
Luxemburg	129,5	1,156
Malta	85,2	0,760
Niederlande	115,5	1,031
Norwegen	151,0	1,348
Polen	59,5	0,531
Portugal	89,1	0,795
Rumänien	54,1	0,483
Schweden	123,6	1,103
Schweiz	156,0	1,392
Slowakei	79,7	0,711
Slowenien	87,2	0,778

Spanien	95,7	0,854
Tschechien	73,4	0,655
Ungarn	64,5	0,575
Vereinigtes Königreich	120,1	1,072
Zypern	89,9	0,802

(3) Da für das Fürstentum Liechtenstein kein Indikator des Statistischen Amtes der Europäischen Union vorliegt, sind in Bezug auf Kinder, die sich ständig im Fürstentum Liechtenstein aufhalten, die gesetzlich festgelegten Absetzbeträge gemäß § 33 Abs. 3a und Abs. 4 EStG 1988 sowie der Kindermehrbetrag gemäß § 33 Abs. 7 EStG 1988 anzuwenden.

(BGBl II 2020/417)

§ 3. (1) Die im Folgenden angepassten Beträge werden jeweils auf die zweite Nachkommastelle kaufmännisch gerundet.

(2) Der Familienbonus Plus gemäß § 33 Abs. 3a Z 1 lit. a und lit. b EStG 1988 wird aufgrund des Anpassungsfaktors nach § 2 Abs. 2 wie folgt bestimmt:

Familienbonus Plus § 33 Abs. 3a Z 1 lit. a und b EStG 1988:	166,68 Euro	54,18 Euro
Staat, in dem sich die Kinder ständig aufhalten	Angepasster Betrag in Euro	Angepasster Betrag in Euro
Belgien	170,85	55,53
Bulgarien	77,34	25,14
Dänemark	210,68	68,48
Deutschland	158,85	51,63
Estland	123,51	40,15
Finnland	187,52	60,95
Frankreich	169,01	54,94
Griechenland	128,68	41,83
Irland	197,35	64,15
Island	241,52	78,51
Italien	154,01	50,06
Kroatien	104,34	33,92
Lettland	113,84	37,00
Liechtenstein	166,68	54,18
Litauen	101,17	32,89
Luxemburg	192,68	62,63
Malta	126,68	41,18
Niederlande	171,85	55,86
Norwegen	224,68	73,03
Polen	88,51	28,77
Portugal	132,51	43,07
Rumänien	80,51	26,17
Schweden	183,85	59,76
Schweiz	232,02	75,42
Slowakei	118,51	38,52
Slowenien	129,68	42,15
Spanien	142,34	46,27
Tschechien	109,18	35,49
Ungarn	95,84	31,15
Vereinigtes Königreich	178,68	58,08
Zypern	133,68	43,45

(BGBl II 2022/193

(3) Der Alleinverdiener- und der Alleinerzieherabsetzbetrag gemäß § 33 Abs. 4 Z 1 und Z 2 EStG 1988 werden aufgrund des Anpassungsfaktors nach § 2 Abs. 2 wie folgt bestimmt:

Alleinverdiener- und Alleinerzieherabsetzbetrag § 33 Abs. 4 Z 1 und Z 2 EStG 1988:	bei einem Kind 494 Euro	für das zweite Kind 175 Euro	für jedes weitere Kind 220 Euro
Staat, in dem sich die Kinder ständig aufhalten	Angepasster Betrag in Euro	Angepasster Betrag in Euro	Angepasster Betrag in Euro
Belgien	506,35	179,38	225,50
Bulgarien	229,22	81,20	102,08
Dänemark	624,42	221,20	278,08
Deutschland	470,78	166,78	209,66
Estland	366,05	129,68	163,02
Finnland	555,75	196,88	247,50
Frankreich	500,92	177,45	223,08
Griechenland	381,37	135,10	169,84
Irland	584,90	207,20	260,48
Island	715,81	253,58	318,78
Italien	456,46	161,70	203,28
Kroatien	309,24	109,55	137,72
Lettland	337,40	119,53	150,26
Liechtenstein	494,00	175,00	220,00
Litauen	299,86	106,23	133,54
Luxemburg	571,06	202,30	254,32
Malta	375,44	133,00	167,20
Niederlande	509,31	180,43	226,82
Norwegen	665,91	235,90	296,56
Polen	262,31	92,93	116,82
Portugal	392,73	139,13	174,90
Rumänien	238,60	84,53	106,26
Schweden	544,88	193,03	242,66
Schweiz	687,65	243,60	306,24
Slowakei	351,23	124,43	156,42
Slowenien	384,33	136,15	171,16
Spanien	421,88	149,45	187,88
Tschechien	323,57	114,63	144,10
Ungarn	284,05	100,63	126,50
Vereinigtes Königreich	529,57	187,60	235,84
Zypern	396,19	140,35	176,44

(4) Der Unterhaltsabsetzbetrag gemäß § 33 Abs. 4 Z 3 EStG 1988 wird aufgrund des Anpassungsfaktors nach § 2 Abs. 2 wie folgt bestimmt:

Unterhaltsabsetzbetrag § 33 Abs. 4 Z 3 EStG 1988:	für das erste Kind 29,20 Euro	für das zweite Kind 43,80 Euro	für jedes weitere Kind 58,40 Euro
Staat, in dem sich die Kinder ständig aufhalten	Angepasster Betrag in Euro	Angepasster Betrag in Euro	Angepasster Betrag in Euro
Belgien	29,93	44,90	59,86
Bulgarien	13,55	20,32	27,10
Dänemark	36,91	55,36	73,82

Deutschland	27,83	41,74	55,66
Estland	21,64	32,46	43,27
Finnland	32,85	49,28	65,70
Frankreich	29,61	44,41	59,22
Griechenland	22,54	33,81	45,08
Irland	34,57	51,86	69,15
Island	42,31	63,47	84,62
Italien	26,98	40,47	53,96
Kroatien	18,28	27,42	36,56
Lettland	19,94	29,92	39,89
Liechtenstein	29,20	43,80	58,40
Litauen	17,72	26,59	35,45
Luxemburg	33,76	50,63	67,51
Malta	22,19	33,29	44,38
Niederlande	30,11	45,16	60,21
Norwegen	39,36	59,04	78,72
Polen	15,51	23,26	31,01
Portugal	23,21	34,82	46,43
Rumänien	14,10	21,16	28,21
Schweden	32,21	48,31	64,42
Schweiz	40,65	60,97	81,29
Slowakei	20,76	31,14	41,52
Slowenien	22,72	34,08	45,44
Spanien	24,94	37,41	49,87
Tschechien	19,13	28,69	38,25
Ungarn	16,79	25,19	33,58
Vereinigtes Königreich	31,30	46,95	62,60
Zypern	23,42	35,13	46,84

(5) Der Kindermehrbetrag gemäß § 33 Abs. 7 EStG 1988 wird aufgrund des Anpassungsfaktors nach § 2 Abs. 2 wie folgt bestimmt:

Kindermehrbetrag § 33 Abs. 7 EStG 1988:	pro Kind 350 Euro
Staat, in dem sich die Kinder ständig aufhalten	Angepasster Betrag in Euro
Belgien	358,75
Bulgarien	162,40
Dänemark	442,40
Deutschland	333,55
Estland	259,35
Finnland	393,75
Frankreich	354,90
Griechenland	270,20
Irland	414,40
Island	507,15
Italien	323,40
Kroatien	219,10
Lettland	239,05

Liechtenstein	350,00
Litauen	212,45
Luxemburg	404,60
Malta	266,00
Niederlande	360,85
Norwegen	471,80
Polen	185,85
Portugal	278,25
Rumänien	169,05
Schweden	386,05
Schweiz	487,20
Slowakei	248,85
Slowenien	272,30
Spanien	298,90
Tschechien	229,25
Ungarn	201,25
Vereinigtes Königreich	375,20
Zypern	280,70

(BGBl II 2022/193)

(BGBl II 2020/417)

§ 4. (1) Diese Verordnung ist erstmalig anzuwenden, wenn

- die Einkommensteuer veranlagt wird, bei der Veranlagung für das Kalenderjahr 2019,
- die Einkommensteuer (Lohnsteuer) durch Abzug eingehoben oder durch Veranlagung festgesetzt wird, erstmalig für Lohnzahlungszeiträume, die nach dem 31. Dezember 2018 enden.

(BGBl II 2019/141)

(2) § 2 Abs. 2 und § 3 Abs. 2 bis Abs. 5, jeweils in der Fassung BGBl. II Nr. 141/2019, sind ab dem Folgemonat nach dem Wirksamwerden des Austritts des Vereinigten Königreichs aus der Europäischen Union anzuwenden, unter der Bedingung, dass der Austritt ohne Austrittsabkommen gemäß Art. 50 Abs. 2 EUV erfolgt.

(BGBl II 2019/141)

(3) § 2 und § 3 in der Fassung des BGBl. II Nr. 417/2020 treten mit 1. Jänner 2021 in Kraft und sind erstmalig anzuwenden, wenn

- die Einkommensteuer veranlagt wird, bei der Veranlagung für das Kalenderjahr 2021,
- die Einkommensteuer (Lohnsteuer) durch Abzug eingehoben oder durch Veranlagung festgesetzt wird, erstmalig für Lohnzahlungszeiträume, die nach dem 31. Dezember 2020 enden.

(BGBl II 2020/417)

(4) § 3 Abs. 2 in der Fassung des BGBl. II Nr. 193/2022 ist für Kalendermonate ab **„Jänner“** 2022 anzuwenden.

(BGBl II 2022/193, BGBl II 2022/309 ab 24.8.2022)

„(5) § 3 Abs. 5 in der Fassung des BGBl. II Nr. 193/2022 tritt nicht in Kraft. § 3 Abs. 5 in der Fassung vor BGBl. II Nr. 193/2022 ist letztmalig für die Veranlagung des Kalenderjahres 2021 anzuwenden.“

(BGBl II 2022/193, BGBl II 2022/309 ab 24.8.2022)

(6) Für die Veranlagung für das Kalenderjahr 2021 wird der Kindermehrbetrag gemäß § 33 Abs. 7 EStG 1988 aufgrund des Anpassungsfaktors nach § 2 Abs. 2 wie folgt bestimmt:

Kindermehrbetrag § 33 Abs. 7 EStG 1988:	pro Kind 350 Euro
Staat, in dem sich die Kinder ständig aufhalten	Angepasster Betrag in Euro
Belgien	256,25
Bulgarien	116,00
Dänemark	316,00
Deutschland	238,25
Estland	185,25
Finnland	281,25
Frankreich	253,50
Griechenland	193,00
Irland	296,00
Island	362,25
Italien	231,00
Kroatien	156,50
Lettland	170,75
Liechtenstein	250,00
Litauen	151,75
Luxemburg	289,00
Malta	190,00
Niederlande	257,75
Norwegen	337,00
Polen	132,75
Portugal	198,75
Rumänien	120,75
Schweden	275,75
Schweiz	348,00
Slowakei	177,75
Slowenien	194,50
Spanien	213,50
Tschechien	163,75
Ungarn	143,75
Zypern	200,50

(BGBl II 2022/193)

„(7) Für die Veranlagung für das Kalenderjahr 2022 werden der Alleinverdiener- und der Alleinerzieherabsetzbetrag gemäß § 33 Abs. 4 Z 1, Z 2 und § 124b Z 410 lit. c EStG 1988 aufgrund des Anpassungsfaktors nach § 2 Abs. 2 wie folgt bestimmt:

Alleinverdiener- und Alleinerzieherabsetzbetrag § 33 Abs. 4 Z 1 und Z 2 EStG 1988:	**bei einem Kind 494 Euro**	**für das zweite Kind 175 Euro**	**für jedes weitere Kind 220 Euro**
Staat, in dem sich die Kinder ständig aufhalten	**Angepasster Betrag in Euro**	**Angepasster Betrag in Euro**	**Angepasster Betrag in Euro**
Belgien	**501,20**	**177,55**	**223,21**
Dänemark	**570,08**	**201,95**	**253,88**
Finnland	**530,02**	**187,76**	**236,04**
Frankreich	**498,03**	**176,43**	**221,80**
Irland	**547,02**	**193,78**	**243,61**

Island	**623,39**	**220,84**	**277,62**
Luxemburg	**538,95**	**190,93**	**240,02**
Niederlande	**502,93**	**178,16**	**223,98**
Norwegen	**594,28**	**210,53**	**264,66**
Schweden	**523,68**	**185,51**	**233,22**
Schweiz	**606,96**	**215,02**	**270,31**
Vereinigtes Königreich	**514,75**	**182,35**	**229,24**

(BGBl II 2022/309 ab 24.8.2022)

(8) Für die Veranlagung für das Kalenderjahr 2022 wird der Kindermehrbetrag gemäß § 33 Abs. 7 und § 124b Z 410 lit. c EStG 1988 aufgrund des Anpassungsfaktors nach § 2 Abs. 2 wie folgt bestimmt:

Kindermehrbetrag § 33 Abs. 7 EStG 1988:	**pro Kind 550 Euro**
Staat, in dem sich die Kinder ständig aufhalten	**Angepasster Betrag in Euro**
Belgien	**558,02**
Dänemark	**634,70**
Finnland	**590,10**
Frankreich	**554,49**
Irland	**609,03**
Island	**694,05**
Luxemburg	**600,05**
Niederlande	**559,95**
Norwegen	**661,65**
Schweden	**583,05**
Schweiz	**675,77**
Vereinigtes Königreich	**573,10**

(BGBl II 2022/309 ab 24.8.2022)

(9)

1. **§ 3 Abs. 2 und Abs. 4 sind letztmalig für den Kalendermonat Juli 2022 anzuwenden (§ 124b Z 410 EStG 1988).**
2. **§ 3 Abs. 3 in der Fassung BGBl. II Nr. 193/2022 ist letztmalig anzuwenden für die Veranlagung des Kalenderjahres 2021 bzw. wenn die Einkommensteuer (Lohnsteuer) durch Abzug eingehoben wird, für Lohnzahlungszeiträume, die vor dem 1. August 2022 enden (§ 124b Z 410 EStG 1988).**
3. **Die Familienbonus Plus-Absetzbeträge-EU-Anpassungsverordnung tritt mit 1. Jänner 2023 außer Kraft.“**

(BGBl II 2022/309 ab 24.8.2022)

1/3/28. VO zu §§ 34 und 35

Außergewöhnliche Belastungen

BGBl 1996/303 idF BGBl II 2023/11

Verordnung des Bundesministers für Finanzen über außergewöhnliche Belastungen

Auf Grund der §§ 34 und 35 des Einkommensteuergesetzes 1988, BGBl. Nr. 400, wird verordnet:

§ 1. (1) Hat der Steuerpflichtige Aufwendungen

– durch eine eigene körperliche oder geistige Behinderung,

– bei Anspruch auf den Alleinverdienerabsetzbetrag durch eine Behinderung des (Ehe-)Partners (§ 106 Abs. 3 EStG 1988),

„– **ohne Anspruch auf den Alleinverdienerabsetzbetrag durch eine Behinderung des (Ehe-)Partners (§ 106 Abs. 3 EStG 1988), wenn dessen Einkünfte den jährlichen Höchstbetrag gemäß § 33 Abs. 4 Z 1 EStG 1988 nicht übersteigen, oder“**

– bei Anspruch des Steuerpflichtigen selbst oder seines (Ehe-)Partners auf den Kinderabsetzbetrag oder den Unterhaltsabsetzbetrag, durch eine Behinderung des Kindes (§ 106 Abs. 1 und 2 EStG 1988), für das keine erhöhte Familienbeihilfe gemäß § 8 Abs. 4 des Familienlastenausgleichsgesetzes 1967 gewährt wird,

so sind die in den §§ 2 bis 4 dieser Verordnung genannten Mehraufwendungen als außergewöhnliche Belastungen zu berücksichtigen.

(BGBl II 2023/11 ab 14.1.2023)

(2) Eine Behinderung liegt vor, wenn das Ausmaß der Minderung der Erwerbsfähigkeit (Grad der Behinderung) mindestens 25% beträgt.

(3) Die Mehraufwendungen gemäß §§ 2 bis 4 dieser Verordnung sind nicht um eine pflegebedingte Geldleistung (Pflegegeld, Pflegezulage oder Blindenzulage) oder um einen Freibetrag nach § 35 Abs. 3 EStG 1988 zu kürzen.

§ 2. (1) Als Mehraufwendungen wegen Krankendiätverpflegung sind ohne Nachweis der tatsächlichen Kosten bei

– Tuberkulose, Zuckerkrankheit, Zöliakie oder Aids .... 70 Euro

– Gallen-, Leber- oder Nierenkrankheit .... 51 Euro

– Magenkrankheit oder einer anderen inneren Krankheit .... 42 Euro

pro Kalendermonat zu berücksichtigen. Bei Zusammentreffen mehrerer Krankheiten ist der höhere Pauschbetrag zu berücksichtigen.

(2) Bei einer Minderung der Erwerbsfähigkeit von weniger als 25% sind die angeführten Beträge ohne Nachweis der tatsächlichen Kosten nach Abzug des Selbstbehaltes gemäß § 34 Abs. 4 EStG 1988 zu berücksichtigen.

§ 3. (1) Für Körperbehinderte, die zur Fortbewegung ein eigenes Kraftfahrzeug benützen, ist zur Abgeltung der Mehraufwendungen für besondere Behindertenvorrichtungen und für den Umstand, daß ein Massenbeförderungsmittel auf Grund der Behinderung nicht benützt werden kann, ein Freibetrag von 190 Euro monatlich zu berücksichtigen. Die Körperbehinderung ist durch eine Bescheinigung gemäß § 29 b der Straßenverkehrsordnung 1960 oder einen Bescheid über die Befreiung von der Kraftfahrzeugsteuer gemäß § 2 Abs. 2 des Kraftfahrzeugsteuergesetzes 1952, gemäß § 2 Abs. 1 Z 12 des Kraftfahrzeugsteuergesetzes 1992 oder gemäß § 4 Abs. 3 Z 9 des Versicherungssteuergesetzes 1953 nachzuweisen.

(2) Bei einem Gehbehinderten mit einer mindestens 50%igen Erwerbsminderung, der über kein eigenes Kraftfahrzeug verfügt, sind die Aufwendungen für Taxifahrten bis zu einem Betrag von monatlich 153 Euro [2.100 S] zu berücksichtigen.

§ 4. Nicht regelmäßig anfallende Aufwendungen für Hilfsmittel (z.B. Rollstuhl, Hörgerät, Blindenhilfsmittel) sowie Kosten der Heilbehandlung sind im nachgewiesenen Ausmaß zu berücksichtigen.

§ 5. (1) Mehraufwendungen des Steuerpflichtigen für unterhaltsberechtigte Personen, für die gemäß § 8 Abs. 4 des Familienlastenausgleichsgesetzes 1967 erhöhte Familienbeihilfe gewährt wird, sind ohne Nachweis der tatsächlichen Kosten mit monatlich 262 Euro [3.600 S] vermindert um die Summe der pflegebedingten Geldleistungen (Pflegegeld, Pflegezulage oder Blindenzulage) zu berücksichtigen.

(2) Bei Unterbringung in einem Vollinternat vermindert sich der nach Abs. 1 zustehende Pauschbetrag pro Tag des Internatsaufenthaltes um je ein Dreißigstel.

(3) Zusätzlich zum (gegebenenfalls verminderten) Pauschbetrag nach Abs. 1 sind auch Aufwendungen gemäß § 4 sowie das Entgelt für die Unterrichtserteilung in einer Sonder- oder Pflegeschule oder für die Tätigkeit in einer Behindertenwerkstätte im nachgewiesenen Ausmaß zu berücksichtigen.

§ 6. Haben mehrere Steuerpflichtige Anspruch auf einen Pauschbetrag nach §§ 2, 3 oder 5, dann ist dieser Pauschbetrag im Verhältnis der Kostentragung aufzuteilen. Weist einer der Steuerpflichtigen seine höheren Mehraufwendungen nach, dann ist beim anderen Steuerpflichtigen der Pauschbetrag um die nachgewiesenen Mehraufwendungen zu kürzen.

§ 7. (1) Diese Verordnung ist anzuwenden:

1. wenn die Einkommensteuer veranlagt wird, erstmalig für die Veranlagung für das Kalenderjahr 1996,
2. wenn die Einkommensteuer im Wege des Abzugs vom Arbeitslohn erhoben wird, für Lohnzahlungszeiträume, die nach dem 31. Dezember 1995 enden.

(2) Der Pauschbetrag gemäß § 5 ist im Jahr 1996 für den Zeitraum 1. Jänner bis 31. Mai nicht um eine pflegebedingte Geldleistung zu vermindern.

(3) § 2 Abs. 1, § 3 Abs. 1 und 2 sowie § 5 Abs. 1, jeweils in der Fassung der Verordnung BGBl. II Nr. 416/2001, sind anzuwenden,

1. wenn die Einkommensteuer veranlagt wird, erstmalig bei der Veranlagung für das Kalenderjahr 2002,
2. wenn die Einkommensteuer im Wege des Abzugs vom Arbeitslohn erhoben wird, für Lohnzahlungszeiträume, die nach dem 31. Dezember 2001 enden.

(4) § 1 Abs. 1 und § 3 Abs. 1 in der Fassung der Verordnung BGBl. II Nr. 430/2010 sind anzuwenden,

1. wenn die Einkommensteuer (Lohnsteuer) veranlagt wird, erstmalig bei der Veranlagung 2011,
2. wenn die Einkommensteuer (Lohnsteuer) im Wege des Abzugs von Arbeitslohn erhoben wird, für Lohnzahlungszeiträume, die nach dem 31. Dezember 2010 enden.

§ 8. Die Verordnung vom 5. Dezember 1988, BGBl. Nr. 675, tritt mit 31. Dezember 1995 außer Kraft.

1/3/29. VO zu § 34 Abs. 8

Berufsausbildung – Kinder

BGBl 1995/624 idF BGBl II 2018/37

Verordnung des Bundesministers für Finanzen betreffend eine Berufsausbildung eines Kindes außerhalb des Wohnortes

Zu § 34 Abs. 8 des Einkommensteuergesetzes 1988, BGBl. Nr. 400, wird verordnet:

§ 1. Ausbildungsstätten, die vom Wohnort mehr als 80 km entfernt sind, liegen nicht innerhalb des Einzugsbereiches des Wohnortes.

§ 2. (1) Ausbildungsstätten innerhalb einer Entfernung von 80 km zum Wohnort gelten dann als nicht innerhalb des Einzugsbereiches des Wohnortes gelegen, wenn die Fahrzeit vom Wohnort zum Ausbildungsort und vom Ausbildungsort zum Wohnort mehr als je eine Stunde unter Benützung des günstigsten öffentlichen Verkehrsmittels beträgt. Dabei sind die Grundsätze des § 26 Abs. 3 des Studienförderungsgesetzes 1992, BGBl. Nr. 305 in der Fassung des Bundesgesetzes BGBl. I Nr. 50/2016, anzuwenden.

(BGBl II 2018/37)

(2) Ausbildungsstätten innerhalb einer Entfernung von 80 km zum Wohnort gelten als innerhalb des Einzugsbereiches des Wohnortes gelegen, wenn von diesen Gemeinden die tägliche Hin- und Rückfahrt zum und vom Studienort nach den Verordnungen gemäß § 26 Abs. 3 des Studienförderungsgesetzes 1992, BGBl. Nr. 305 in der Fassung des Bundesgesetzes BGBl. I Nr. 50/2016, zeitlich noch zumutbar sind. Abweichend davon kann nachgewiesen werden, dass von einer Gemeinde die tägliche Fahrzeit zum und vom Studienort unter Benützung der günstigsten öffentlichen Verkehrsmittel mehr als je eine Stunde beträgt. Dabei sind die Grundsätze des § 26 Abs. 3 des Studienförderungsgesetzes 1992, BGBl. Nr. 305 in der Fassung des Bundesgesetzes BGBl. I Nr. 50/2016, anzuwenden. In diesem Fall gilt die tägliche Fahrt von dieser Gemeinde an den Studienort trotz Nennung in einer Verordnung gemäß § 26 Abs. 3 des Studienförderungsgesetzes 1992, BGBl. Nr. 305 in der Fassung des Bundesgesetzes BGBl. I Nr. 50/2016, in der jeweils geltenden Fassung als nicht mehr zumutbar.

(BGBl II 2018/37)

(3) Ausbildungsstätten innerhalb einer Entfernung von 80 km gelten als nicht im Einzugsbereich des Wohnortes gelegen, wenn Schüler oder Lehrlinge, die innerhalb von 25 km keine adäquate Ausbildungsmöglichkeit haben, für Zwecke der Ausbildung außerhalb des Hauptwohnortes eine Zweitunterkunft am Ausbildungsort bewohnen (zB Unterbringung in einem Internat).

§ 3. Erfolgt die auswärtige Berufsausbildung im Rahmen eines Dienstverhältnisses, steht der pauschale Freibetrag für die auswärtige Berufsausbildung nur dann zu, wenn die Voraussetzungen gemäß §§ 1 und 2 vorliegen und von den Eltern

Unterhaltszahlungen von nicht untergeordneter Bedeutung für eine Zweitunterkunft am Schulort oder für Fahrtkosten zu leisten sind.

§ 4. Die Verordnung ist für Zeiträume ab 1. September 1995 anzuwenden. § 2 in der Fassung der Verordnung BGBl. II Nr. 449/2001 ist für Zeiträume ab 1. Jänner 2002 anzuwenden.

1/3/34. VO zu § 93 EStG und § 48 BAO

Auslands-KESt VO 2012

BGBl II 2012/92 idF BGBl II 2012/195

Verordnung der Bundesministerin für Finanzen zur Durchführung der KESt-Entlastung in Bezug auf Auslandszinsen sowie zur Anrechnung ausländischer Quellensteuer bei Kapitalertragsteuerabzug bei Auslandsdividenden (Auslands-KESt VO 2012)

Zur Durchführung von Abkommen zur Vermeidung der Doppelbesteuerung auf dem Gebiete der Steuer vom Einkommen (Doppelbesteuerungsabkommen) sowie gemäß § 48 der Bundesabgabenordnung, BGBl. Nr. 194/1961, in der jeweils geltenden Fassung wird verordnet:

§ 1. (1) Bei im Inland bezogenen ausländischen Kapitalerträgen aus Wertpapieren, die ein Forderungsrecht verbriefen, ist der Steuerabzug (§ 93 des Einkommensteuergesetzes 1988) ungeachtet der Bestimmung der Doppelbesteuerungsabkommen vorzunehmen, wenn bei unmittelbarer Abkommensanwendung der Gesamtbetrag des in- und ausländischen Steuerabzuges unter den in § 27a Abs. 1 des Einkommensteuergesetzes 1988 vorgesehenen Steuersatz sinkt.

(2) Beim Abzug von Kapitalertragsteuer von ausländischen Kapitalerträgen im Sinne des § 27 Abs. 2 Z 1 lit. a bis c des Einkommensteuergesetzes 1988 kann der zum Abzug Verpflichtete (§ 95 Abs. 2 Z 1 lit. b fünfter Teilstrich des Einkommensteuergesetzes 1988) eine tatsächlich entrichtete ausländische Quellensteuer auf die Kapitalertragsteuer anrechnen. Der Anrechnungsbetrag darf jedoch 15% der Kapitalerträge nicht übersteigen.

§ 2. Bei tatsächlich ausgeschütteten und als ausgeschüttet geltenden Erträgen aus einem Investmentfonds im Sinne des Investmentfondsgesetzes oder einem Immobilienfonds im Sinne des Immobilien-Investmentfondsgesetzes findet § 1 Abs. 2 insoweit Anwendung, als diese aus ausländischen Kapitalerträgen gemäß § 27 Abs. 2 Z 1 lit. a bis c des Einkommensteuergesetzes 1988 oder aus derartigen ausgeschütteten oder als ausgeschüttet geltenden Erträgen eines anderen Investmentfonds oder Immobilienfonds bestehen. Solche, dem Fonds zugegangenen Erträge sind einschließlich der anrechenbaren ausländischen Quellensteuer auf die Anteilsinhaber zum Ende des Fondsgeschäftsjahres zu verteilen.

§ 3. Ein Kapitalertragsteuerabzug von Kapitalerträgen im Sinne des § 27 Abs. 2 Z 1 lit. a bis c des Einkommensteuergesetzes 1988, deren Schuldner weder Wohnsitz noch Geschäftsleitung oder Sitz im Inland hat, unterbleibt in folgenden Fällen:

1. Wenn die Kapitalerträge von Wertpapieren stammen, die in einem Depot sind, wenn der Depotinhaber ein anderes in- oder ausländisches Kreditinstitut ist und die Kapitalerträge an den Depotinhaber ausbezahlt werden.

2. Unter den Voraussetzungen des § 94 Z 5 EStG 1988.

§ 4. Soweit in dieser Verordnung auf Bundesgesetze verwiesen wird, sind diese in ihrer jeweils geltenden Fassung anzuwenden.

§ 5. (1) Diese Verordnung ist auf Kapitalerträge anzuwenden, die nach dem 31. März 2012 zugehen. Die Auslands-KESt VO 2003, BGBl. II Nr. 393/2003, ist letztmalig auf Kapitalerträge anzuwenden, die vor dem 1. April 2012 zugehen, soweit in Abs. 2 keine gegenteilige Regelung getroffen ist.

(2) Auf Kapitalerträge aus vor dem 1. April 2012 erworbenen Forderungswertpapieren im Sinne des § 93 Abs. 3 Z 1 bis 3 in der Fassung vor dem Budgetbegleitgesetz 2011, BGBl. I Nr. 111/2010 (§ 124b Z 185 lit. c EStG 1988) ist § 1 Abs. 1 der Auslands-KESt VO 2003, BGBl. II Nr. 393/2003, weiter anzuwenden.

1/3/38. VO zu § 107 Abs. 8

Leitungsrechte-Datenübermittlungsverordnung

BGBl II 2018/321

Verordnung des Bundesministers für Finanzen zur Datenübermittlung gemäß § 107 Abs. 8 EStG 1988 betreffend den Steuerabzug bei Einkünften aus Anlass der Einräumung von Leitungsrechten (Leitungsrechte-Datenübermittlungsverordnung – Leitungsrechte-DÜV)

Auf Grund des § 107 Abs. 8 des Einkommensteuergesetzes 1988 – EStG 1988, BGBl. Nr. 400/1988, zuletzt geändert durch das Bundesgesetz BGBl. I Nr. 83/2018 wird verordnet.

§ 1. (1) Ein Abzugsverpflichteter hat in einer Anmeldung die Daten und den Steuerbetrag für jene Personen oder Einrichtungen zu übermitteln, gegenüber denen er zahlungsverpflichtet ist.

(2) Kommen mehrere Personen oder Einrichtungen als Empfänger der Einkünfte in Betracht und ist der Abzugsverpflichtete nicht gegenüber jeder einzelnen von ihnen zahlungsverpflichtet, insbesondere weil erhaltene Zahlungen vom Empfänger weitergegeben werden, muss der Abzugsverpflichtete von der Person oder Einrichtung, der gegenüber er zahlungsverpflichtet ist, über diesen Umstand informiert werden. Der Abzugsverpflichtete hat die erhaltene Information in der Anmeldung bei der Person oder Einrichtung anzuführen, deren Daten er übermittelt.

(3) Werden mehrere Zahlungen an denselben Empfänger geleistet, kann der Steuerbetrag für jede einzelne Zahlung getrennt oder für alle Zahlungen des Kalenderjahres zusammengefasst übermittelt werden.

§ 2. (1) Die elektronische Übermittlung der Anmeldung hat nach der FinanzOnlineVerordnung 2006 – FOnV 2006, BGBl. II Nr. 97/2006, in der jeweils geltenden Fassung, im Verfahren FinanzOnline (https://finanzonline.bmf.gv.at) zu erfolgen.

(2) Der Umfang der elektronisch zu übermittelnden Anmeldung bestimmt sich nach § 1 Abs. 2 FOnV 2006.

(3) Die elektronische Übermittlung der Anmeldung ist nur im Weg der Datenstromübermittlung und im Weg eines Webservices zulässig. Sie ist nicht vor dem Vorliegen der technischen und organisatorischen Voraussetzungen zulässig.

§ 3. Diese Verordnung tritt mit 1. Jänner 2019 in Kraft.

1/3/48. VO zu § 124b Z 355 EStG und § 26c Z 76 KStG

COVID-19-Verlustberücksichtigungsverordnung

BGBl II 2020/405

Verordnung des Bundesministers für Finanzen zur Verlustberücksichtigung 2019 und 2018 (COVID-19-Verlustberücksichtigungsverordnung)

Auf Grund des § 124b Z 355 des Einkommensteuergesetzes 1988 (EStG 1988), BGBl. Nr. 400/1988, zuletzt geändert durch das Bundesgesetz BGBl. I Nr. 99/2020, und des § 26c Z 76 des Körperschaftsteuergesetzes 1988 (KStG 1988), BGBl. Nr. 401/1988, zuletzt geändert durch das Bundesgesetz BGBl. I Nr. 96/2020, wird verordnet:

1. Abschnitt
COVID-19-Rücklage

§ 1. (1) Zur Schaffung von positiven Liquiditätseffekten vor Durchführung der Veranlagung 2020 können voraussichtliche betriebliche Verluste 2020 bereits im Rahmen der Veranlagung 2019 bei Ermittlung des Gesamtbetrages der Einkünfte durch einen besonderen Abzugsposten (COVID-19-Rücklage) berücksichtigt werden. Dabei gilt:

1. Die Bildung der COVID-19-Rücklage setzt voraus, dass der Gesamtbetrag der betrieblichen Einkünfte im Jahr 2019 positiv und im Jahr 2020 voraussichtlich negativ ist. Als Gesamtbetrag der betrieblichen Einkünfte gilt der Saldo der nach dem Tarif zu versteuernden Gewinne und Verluste (§ 2 Abs. 3 Z 1 bis 3 EStG 1988) aus Wirtschaftsjahren, die im jeweiligen Kalenderjahr enden.
2. Die COVID-19-Rücklage kürzt den Gesamtbetrag der Einkünfte 2019. Sie lässt die Höhe der betrieblichen Einkünfte unberührt.
3. Für die Ermittlung der Höhe der COVID-19-Rücklage gilt:
   a) Sie beträgt ohne weiteren Nachweis bis zu 30% des positiven Gesamtbetrages der betrieblichen Einkünfte 2019, wenn die Vorauszahlungen Null betragen oder nur in Höhe der Mindeststeuer gemäß § 24a KStG 1988 festgesetzt wurden.
   b) Sie beträgt bis zu 60% des positiven Gesamtbetrages der betrieblichen Einkünfte 2019, insoweit ein voraussichtlicher negativer Gesamtbetrag der betrieblichen Einkünfte 2020 glaubhaft gemacht wird.
   c) Sie darf fünf Millionen Euro nicht übersteigen.

(2) Der Abzug und die Hinzurechnung (§ 2) der COVID-19-Rücklage hat beim selben Steuerpflichtigen zu erfolgen. Bei Gesellschaften, deren Gesellschafter als Mitunternehmer anzusehen sind, wird die COVID-19-Rücklage nicht im Rahmen des Feststellungsverfahrens (§ 188 der Bundesabgabenordnung (BAO), BGBl. Nr. 1961/194), sondern im Rahmen der Veranlagung der Mitunternehmer berücksichtigt.

(3) Bei Unternehmensgruppen darf eine COVID-19-Rücklage nur durch den Gruppenträger gebildet werden; das Höchstausmaß gemäß Abs. 1 Z 3 lit. c richtet sich entsprechend § 26c Z 76 lit. c KStG 1988 nach der Anzahl der unbeschränkt und beschränkt steuerpflichtigen Gruppenmitglieder zuzüglich des Gruppenträgers.

§ 2. Die bei der Veranlagung 2019 berücksichtigte COVID-19-Rücklage ist im Rahmen der Veranlagung 2020 als Hinzurechnungsposten bei Ermittlung des Gesamtbetrages der Einkünfte anzusetzen. Dieser lässt die Höhe der betrieblichen Einkünfte unberührt.

§ 3. Endet im Kalenderjahr 2020 ein abweichendes Wirtschaftsjahr, besteht das Wahlrecht, die COVID-19-Rücklage nach dem voraussichtlichen negativen Gesamtbetrag der betrieblichen Einkünfte 2020 oder vom voraussichtlichen negativen Gesamtbetrag der betrieblichen Einkünfte 2021 zu bemessen. Wird der voraussichtliche negative Gesamtbetrag der betrieblichen Einkünfte 2021 herangezogen, sind sämtliche Bestimmungen der § 1 und § 2, die sich auf die Jahre 2020 und 2019 beziehen, auf die Jahre 2021 und 2020 zu beziehen. Bei Unternehmensgruppen ist auf das abweichende Wirtschaftsjahr des Gruppenträgers abzustellen.

§ 4. Die Bildung einer COVID-19-Rücklage erfolgt auf Antrag. Der Antrag kann ab 21. September 2020 unter Verwendung des dafür vorgesehenen amtlichen Formulars gestellt werden. Wurde das betreffende Jahr bereits rechtskräftig veranlagt, gilt der Antrag als rückwirkendes Ereignis im Sinne des § 295a BAO.

2. Abschnitt
Herabsetzung von Vorauszahlungen für 2019

§ 5. Sind die Voraussetzungen für die Berücksichtigung einer COVID-19-Rücklage im Rahmen der Veranlagung 2019 gegeben, kann bis zur Abgabe der Steuererklärung für 2019 beantragt werden, die Vorauszahlungen an Einkommen- bzw. Körperschaftsteuer für das Jahr 2019 nachträglich herabzusetzen. Die Steuer ist mit dem Betrag festzusetzen, der sich als voraussichtliche Steuer des Jahres 2019 auf Grundlage einer Veranlagung unter Berücksichtigung einer COVID-19-Rücklage ergibt. Eine Ermittlung dieses voraussichtlichen Betrages ist dem Antrag anzuschließen.

3. Abschnitt
Verlustrücktrag

§ 6. Die nach Hinzurechnung der COVID-19-Rücklage verbleibenden Verluste des Jahres 2020 können nach Maßgabe der § 124b Z 355 EStG 1988 sowie § 26c Z 76 KStG 1988 in das Jahr 2019 rückgetragen werden. Die erfolgte Berücksichtigung der COVID-19-Rücklage bleibt dadurch unberührt.

§ 7. Wird durch den bei der Veranlagung 2019 zu berücksichtigenden Verlustrücktrag aus dem Jahr 2020 der Höchstbetrag nicht ausgeschöpft, kann insoweit eine Berücksichtigung des Verlustrücktrages im Rahmen der Veranlagung 2018 beantragt werden. Dabei gilt:

1. Als Verlustrücktrag kann im Jahr 2018 höchstens ein Betrag von zwei Millionen Euro nach Maßgabe der § 124b Z 355 EStG 1988 sowie § 26c Z 76 KStG 1988 abgezogen werden.
2. Soweit Verluste aus der Veranlagung 2020 weder bei der Veranlagung 2019 noch bei der Veranlagung 2018 berücksichtigt werden, können sie nach Maßgabe des § 18 Abs. 6 ab dem Veranlagungszeitraum 2021 abgezogen werden (Verlustabzug).

Wird bei einem abweichenden Wirtschaftsjahr das Wahlrecht ausgeübt, den Verlust aus der Veranlagung 2021 rückzutragen (§ 124b Z 355 lit. b), sind die vorstehenden Bestimmungen, soweit sie das Jahr 2020, 2019 und 2018 betreffen, auf das Jahr 2021, 2020 und 2019 zu beziehen.

§ 8. Für die Übertragung des Verlustrücktrages auf einen anderen Steuerpflichtigen gelten die für den Verlustabzug bestehenden Grundsätze. Eine Übertragung des Verlustrücktrages im Rahmen von Umgründungen auf den Rechtsvorgänger ist nicht zulässig.

2. KÖRPERSCHAFTSTEUER

Inhaltsverzeichnis

2/1. Körperschaftsteuergesetz 1988 .... Seite 241

2/3. Verordnungen

2/3/1. Verordnung zur Durchführung der Hinzurechnungsbesteuerung und des Methodenwechsels bei Passiveinkünften niedrigbesteuerter Körperschaften **(VO-Passiveinkünfte niedrigbesteuerter Körperschaften)**, BGBl II 2019/21 .... Seite 287

2/1. Körperschaftsteuergesetz 1988

Körperschaftsteuergesetz 1988, BGBl 1988/401 idF

1 BGBl 1989/660 (AbgÄG 1989)	**2** BGBl 1990/281	**3** BGBl 1991/697
4 BGBl 1991/699	**5** BGBl 1993/253	**6** BGBl 1993/530
7 BGBl 1993/532	**8** BGBl 1993/694 (PSG)	**9** BGBl 1993/818 (StRefG 1993)
10 BGBl 1994/680 (AbgÄG 1994)	**11** BGBl 1994/681	**12** BGBl 1994/922
13 BGBl 1995/21	**14** BGBl 1996/201 (StruktAnpG 1996)	**15** BGBl 1996/797 (AbgÄG 1996)
16 BGBl I 1997/18 (VfGH)	**17** BGBl I 1997/70	**18** BGBl I 1998/9
19 BGBl I 1998/32 (VfGH)	**20** BGBl I 1998/184	**21** BGBl I 1999/28 AbgÄG 1998)
22 BGBl I 1999/106	**23** BGBl I 2000/142 (BudgetbegleitG 2001)	**24** BGBl I 2001/2 (KMOG)
25 BGBl I 2001/59 (EuroStUG 2001)	**26** BGBl I 2001/114 (VfGH)	**27** BGBl I 2001/144 (AbgÄG 2001)
28 BGBl I 2002/68 (KonjunkturbelebungsG 2002)	**29** BGBl I 2002/84 (AbgÄG 2002)	**30** BGBl I 2002/100
31 BGBl I 2002/155	**32** BGBl I 2003/71 (BudgetbegleitG 2003)	**33** BGBl I 2003/80
34 BGBl I 2003/124 (AbgÄG 2003)	**35** BGBl I 2004/57 (StReformG 2005)	**36** BGBl I 2004/180 (AbgÄG 2004)
37 BGBl I 2005/8	**38** BGBl I 2005/93 (VAG-Nov. 2005)	**39** BGBl I 2005/161 (AbgÄG 2005)
40 BGBl I 2006/100 (StruktAnpG 2006)	**41** BGBl I 2007/24 (BudBG 2007)	**42** BGBl I 2007/99 (AbgSiG 2007)
43 BGBl I 2007/100 (MiFiG-Gesetz 2007)	**44** BGBl I 2007/102	**45** BGBl I 2009/52 (BudBG 2009)
46 BGBl I 2009/135 (EPG)	**47** BGBl I 2009/151 (AbgÄG 2009)	**48** BGBl I 2010/34 (AbgÄG 2010)
49 BGBl I 2010/58 (IRÄ-BG)	**50** BGBl I 2010/105 (BBKG 2010)	**51** BGBl I 2010/111 (BudBG 2011)
52 BGBl I 2011/76 (AbgÄG 2011)	**53** BGBl I 2011/112 (BudBG 2012)	**54** BGBl I 2012/22 (1. StabG 2012)
55 BGBl I 2012/112 (AbgÄG 2012)	**56** BGBl I 2013/109 (GesRÄG 2013)	**57** BGBl I 2013/135 (AIFMG)
58 BGBl I 2014/13 (AbgÄG 2014)	**59** BGBl I 2014/40 (BudBG 2014)	**60** BGBl I 2014/105 (2. AbgÄG 2014)
61 BGBl I 2015/34 (VAG 2016)	**62** BGBl I 2015/68 (RÄ-BG 2015)	**63** BGBl I 2015/101
64 BGBl I 2015/118 (StRefG 2015/16)	**65** BGBl I 2015/160 (GG 2015)	**66** BGBl I 2015/163 (AbgÄG 2015)
67 BGBl I 2016/77 (EU-AbgÄG 2016)	**68** BGBl I 2016/117 (AbgÄG 2016)	**69** BGBl I 2017/28 (ISG)
70 BGBl I 2017/105 (MitarbeiterBetStG 2017)	**71** BGBl I 2017/106 (MiFiGG 2017)	**72** BGBl I 2017/107
73 BGBl I 2017/142	**74** BGBl I 2018/62 (JStG 2018)	**75** BGBl I 2019/103 (StRefG 2020)
76 BGBl I 2019/104 (FORG)	**77** BGBl I 2020/96 (KonStG 2020)	**78** BGBl I 2021/3 (COVID-19-StMG)
79 BGBl I 2021/227	**80** BGBl I 2022/10 (ÖkoStRefG 2022)	**81** BGBl I 2022/108 (AbgÄG 2022)

GLIEDERUNG

1. TEIL: PERSÖNLICHE STEUERPFLICHT

1. ABSCHNITT: Arten der Steuerpflicht

§ 1. Unbeschränkte und beschränkte Steuerpflicht
§ 2. Betriebe gewerblicher Art von Körperschaften des öffentlichen Rechts
§ 3. Abgrenzung der persönlichen Steuerpflicht
§ 4. Beginn und Ende der Steuerpflicht

2. ABSCHNITT: Befreiungen

§ 5. Befreiungen
§ 6. Pensions-, Unterstützungs- und Betriebliche Vorsorgekassen
§ 6a. Gemeinnützige Bauvereinigungen
§ 6b. Mittelstandsfinanzierungsgesellschaften

2. TEIL: EINKOMMEN

3. ABSCHNITT: Allgemeine Vorschriften

§ 7. Einkommen, Einkommensermittlung
§ 8. Einlagen, Entnahmen und Einkommensverwendung
§ 9. Unternehmensgruppen
§ 10. Befreiung für Beteiligungserträge und internationale Schachtelbeteiligungen
§ 10a. Passiveinkünfte niedrigbesteuerter Körperschaften
§ 11. Abzugsfähige Aufwendungen und Ausgaben
§ 12. Nichtabzugsfähige Aufwendungen und Ausgaben
§ 12a. Zinsschranke

4. ABSCHNITT

§ 13. Sondervorschriften für Privatstiftungen

5. ABSCHNITT

§ 14. Sondervorschriften für hybride Gestaltungen

6. ABSCHNITT: Sondervorschriften für Versicherungsunternehmen

§ 15. Versicherungstechnische Rückstellungen
§ 16. Rückstellungen bei Pensionskassen
§ 17. Prämienrückerstattungen (Gewinnbeteiligungen)

7. ABSCHNITT: Einkommensermittlung bei Beginn und Ende der Steuerpflicht

§ 18. Beginn und Ende einer Steuerbefreiung
§ 19. Auflösung und Abwicklung (Liquidation)
§ 20. Umgründungen

3. TEIL: BESTEUERUNG BEI BESCHRÄNKTER STEUERPFLICHT

§ 21. Einkünfte bei beschränkter Steuerpflicht

4. TEIL: TARIF

§ 22. Steuersätze
§ 23. Freibetrag für begünstigte Zwecke
§ 23a. Sanierungsgewinne

5. TEIL: ERHEBUNG DER STEUER

§ 24.
§ 24a. Sondervorschriften für Unternehmensgruppen

6. TEIL: VERWEISE AUF ANDERE BUNDESGESETZE

§ 25.

7. TEIL: ÜBERGANGS- UND SCHLUSSVORSCHRIFTEN

§§ 26–26c. Inkrafttreten und Aufhebung
§ 27. Vollziehung

STICHWORTVERZEICHNIS

A

Abgabenerhöhungen FinanzstrafG, nichtabzugsfähig § 12 (1) Z 4
Abgabenrechtlich begünstigte Körperschaften, Befreiung § 5 Z 6
Abspaltung § 20
abweichendes Wirtschaftsjahr § 7 (5)
Abwicklung § 19 (1 ff)
Abwicklungs-Anfangsvermögen § 19 (2)
Abwicklungs-Anfangsvermögen, Definition § 19 (5)
Abwicklungs-Endvermögen § 19 (2)
Abwicklungs-Endvermögen, Definition § 19 (4)
abzugsfähige Aufwendungen und Ausgaben § 11 (1 f)
Agrargemeinschaften, Befreiung § 5 Z 5
Anrechnung, internationale Schachtelbeteiligung § 10 (3)
Anrechnung, Mindeststeuer § 24 (4)
Anstalt, nichtrechtsfähige
– ausländische § 1 (3)
– Einkünftezurechnung § 3
– inländische § 1 (2)
Antrag auf unbeschränkte Steuerpflicht, Bauvereinigung § 6a (2)
Arbeitnehmerförderungsstiftung § 13 (1) Z 1
Arbeitnehmerförderungsstiftung, Befreiung § 6 (4)
Auflösung § 19 (1 ff)
– Wirtschaftsjahr der Gründung § 19 (5)
Aufsichtsratsvergütungen, nichtabzugsfähig § 12 (1) Z 7
Aufspaltung § 20

Aufwendungen
– abzugsfähig § 11 (1 f)
– für satzungsmäßigen Zweck § 12 (1) Z 1
– im Zusammenhang mit Einkünften aus Grundstücksveräußerungen § 12 (2)
– im Zusammenhang mit Kapitaleinkünften § 12 (2)
– im Zusammenhang mit nicht steuerpflichtigen Einnahmen § 12 (2)
– nichtabzugsfähig § 12
– unangemessen § 12 (1) Z 2
Ausgaben
– abzugsfähig § 11 (1 f)
– nichtabzugsfähig § 12
ausgegliederter Rechtsträger § 2 (4)
ausländische Anstalt § 1 (3)
ausländische Einkünfte, beschränkte Steuerpflicht § 21 (3)
ausländische Körperschaft, Betriebsstätte im Inland § 21 (1)
ausländische Personenvereinigung § 1 (3)
ausländische Stiftung § 1 (3)
ausländische Vermögensmasse § 1 (3)
ausländisches Zweckvermögen § 1 (3)
Ausschüttung § 8 (2 f)
ausschüttungsbedingte Teilwertabschreibung und Verluste § 12 (3)

B

Barzahlungen in der Baubranche, nichtabzugsfähig § 12 (1) Z 11
Bauvereinigung, gemeinnützige § 6a (1 ff)
befreite Körperschaft, teilweise unbeschränkte Steuerpflicht § 11 (2)
Befreiungen § 5
– abgabenrechtlich begünstigte Körperschaften § 5 Z 6
– Agrargemeinschaften § 5 Z 5
– Arbeitnehmerförderungsstiftungen §§ 6 (4), 21 (2)
– Beginn bei Pensions- und Unterstützungskassen § 6 (3)
– Berufsvereinigungen § 5 Z 13
– Beteiligungserträge § 10 (1 ff)
– Betriebe gewerblicher Art § 5 Z 12
– Entschädigungseinrichtungen (Anlegerentschädigung) § 5 Z 4
– Gemeinnützige Bauvereinigungen § 5 Z 10
– gemeinnützige Körperschaften § 5 Z 6
– kirchliche Körperschaften § 5 Z 6
– Krankenkassen-Privatstiftungen § 5 Z 15
– Kreditinstitute (Garantiegesellschaften) § 5 Z 3
– landwirtschaftliche Genossenschaften § 5 Z 9
– mildtätige Körperschaften § 5 Z 6
– Mitarbeitervorsorgekassen § 5 Z 7
– Mitarbeitervorsorgekassen, Kapitaleinkünfte § 21 (2)
– Mittelstandsfinanzierungsgesellschaften § 5 Z 14
– Monopolbetriebe § 5 Z 2
– Parteifeste § 5 Z 12
– Pensionskassen § 5 Z 7
– Privatstiftungen § 5 Z 11
– Sicherungseinrichtungen (Einlagensicherung) § 5 Z 4
– Siedlungsträger § 5 Z 5
– Unterstützungskassen § 5 Z 7
– Versicherungsvereine § 5 Z 8
– Winzergenossenschaften § 5 Z 9
Beginn, Steuerpflicht § 4 (1)
Belegschaftsbeteiligungsstiftung § 13 (1) Z 1
Bemessungsgrundlage § 7 (1 f)
Berufsvereinigungen, Befreiung § 5 Z 13
beschränkte Steuerpflicht §§ 1 (3), 21 (1 ff)
– Arbeitnehmerförderungsstiftungen, Ausnahme § 21 (2)
– ausländische Kapitaleinkünfte § 21 (3)
– ausländische Körperschaft § 21 (1)
– Ausnahmen § 21 (2)
– Beteiligungserträge § 21 (1), (2)
– Betriebsstätte im Inland § 21 (1)
– Einkünfte aus Beteiligungsveräußerungen § 21 (3)
– Einkünfte aus Grundstücksveräußerungen § 21 (3)
– Einkünfte aus Kryptowährungen § 21 (2)
– Einkünfte aus Kryptowährungen, kein Steuerabzug § 21 (3)
– Entschädigungseinrichtungen (Anlegerentschädigung), Ausnahme § 21 (2)
– Förderungsdarlehen § 21 (3)
– inländische Kapitaleinkünfte, kein Kapitalertragsteuerabzug § 21 (3)
– inländische Körperschaft § 21 (2)
– Kapitaleinkünfte § 21 (2)
– Körperschaft des öffentlichen Rechts § 21 (2)
– Krankenkassen-Privatstiftungen, Ausnahme § 21 (2)
– Mitarbeitervorsorgekassen, Ausnahme § 21 (2)
– Mittelstandsfinanzierungsgesellschaften, Ausnahme § 21 (2)
– Pensionskassen, Ausnahme § 21 (2)
– Privatstiftung, Ausnahme § 21 (2)
– Rückerstattung Kapitalertragsteuer § 21 (1)
– Sicherungseinrichtungen (Einlagensicherung), Ausnahme § 21 (2)
– Spenden, Ausnahme § 21 (2)
– umgekehrt hybrides Unternehmen § 21 (1)
– unentbehrlicher Hilfsbetrieb, Ausnahme § 21 (2)
– Unterstützungskassen, Ausnahme § 21 (2)
– Versorgungs- oder Unterstützungseinrichtungen, Ausnahme § 21 (2)
Bestechungsgelder, nichtabzugsfähig § 12 (1) Z 4
Besteuerungszeitraum, Liquidation § 19 (3)
Beteiligungserträge § 10 (1)
– beschränkte Steuerpflicht § 21 (2)
Beteiligungsgemeinschaft § 9 (3)
Betrieb gewerblicher Art §§ 1 (2), 2 (1 ff)
– Befreiung § 5 Z 12
– Gewinnermittlung § 7 (3)
betriebliche Privatstiftungen § 13 (1) Z 1
Betriebliche Vorsorgekassen § 6 (5)
Betriebsausgaben § 11 (1 f)
Betriebsstätte, im Inland, ausländische Körperschaft § 21 (1)

buchführungspflichtige Stpfl § 7 (3)

D

Desinfektionsanstalt § 2 (4)
Diversionszahlungen, nichtabzugsfähig § 12 (1) Z 4
Dividendengarantie § 8 (3)

E

Eigenkapitalquote, Zinsschranke § 12a (5)
Einbringung § 20
Einkommen § 7 (1 f)
Einkommensermittlung §§ 7 (1 f), 8 (1 ff), (3)
– bei Beginn und Ende der Steuerpflicht § 18 ff
– bei Liquidation § 19 (1 ff)
– bei Umgründungen § 20 (2)
– Unternehmensgruppe § 9 (6)
Einkommensverwendung § 8 (3)
Einkommenszurechnung, Unternehmensgruppe § 9 (1)
Einkünfte
– aus Gewerbebetrieb § 7 (3)
– aus Gewerbebetrieb, Privatstiftung § 13 (1) Z 3
– aus Grundstücksveräußerungen, Privatstiftung § 13 (3)
– aus Kapitalvermögen, Privatstiftung § 13 (3)
– aus Kryptowährungen, Privatstiftung § 13 (3)
– aus Land- und Forstwirtschaft §§ 2 (1), 7 (5)
– aus Land- und Forstwirtschaft, Privatstiftung § 13 (1) Z 2
– Bauvereinigung § 6a (4)
– beschränkte Steuerpflicht § 21 (1)
– Einräumung von Leitungsrechten § 24 (7)
– Zurechnung bei Umgründungen § 20 (2)
Einlagen § 8 (1)
– in mittelbar verbundene Körperschaften § 12 (3)
Einnahmenerzielung, Betrieb gewerblicher Art § 2 (1)
Eintragungsgebühr, nichtabzugsfähig § 12 (1) Z 6
Elektrizitätsversorgungsbetrieb § 2 (3)
Emissionskosten § 11 (1)
Empfängerbenennung, Zuschlag zur Körperschaftsteuer § 22 (3)
Ende, Steuerpflicht § 4 (2)
Entnahme § 8 (2)
Entrichtung § 24 (3)
Entschädigungseinrichtungen (Anlegerentschädigung), Befreiung § 5 Z 4
Ermittlung, Liquidationsgewinn bei Umgründungen § 20 (2)
Erträge, internationale Schachtelbeteiligung § 10 (2)
Erwerbs- und Wirtschaftsgenossenschaften, Gewinnermittlung § 7 (3)

F

Feststellungsbescheid
– geplante Geschäfte, Bauvereinigung § 6a (3)
– Gruppenbesteuerung § 9 (8 f)
finanzielle Verbindung § 9 (4) f
Finanzierungsbereich, Mittelstandsfinanzierungsgesellschaft § 6b (2 f)
Finanzierungsinstrumente, sonstige § 8 (3)
Forderungsverzicht § 8 (1)
Forschungsanstalt § 2 (4)
Forschungsprämie § 24 (6)
Freibetrag für begünstigte Zwecke §§ 7 (2), 23
Friedhof § 2 (4)

G

Gasversorgungsbetrieb § 2 (3)
Gehälter, nichtabzugsfähig § 12 (1) Z 8
Geldbußen, nichtabzugsfähig § 12 (1) Z 4
Geldzuwendungen, nichtabzugsfähig § 12 (1) Z 4
Gemeinnützige Bauvereinigungen, Befreiung § 5 Z 10
gemeinnützige Körperschaften
– Befreiung § 5 Z 6
– beschränkte Steuerpflicht § 1 (3) Z 3
– Freibetrag § 23
– Kapitaleinkünfte, unentbehrlicher Hilfsbetrieb § 21 (2)
– unentbehrlicher Hilfsbetrieb, Ausnahme § 21 (2)
gemeinsame Leitung, Betrieb gewerblicher Art § 2 (3)
Genussrechte §§ 8 (3), 10 (1)
Geschäftsleitung § 1 (2)
gesellschaftliche Veranstaltung, Befreiung § 5 Z 12
Gewinnanteil § 10 (1)
Gewinnbeteiligung § 11 (1)
Gewinnbeteiligung, Versicherungen § 17
Gewinnermittlung, Liquidation § 19 (6)
Gewinnermittlungszeitraum § 7 (4 f)
Gewinnerzielungsabsicht, Betrieb gewerblicher Art § 2 (1)
Grunderwerbsteuer, nichtabzugsfähig § 12 (1) Z 6
Gruppenantrag § 9 (8)
Gruppenbesteuerung § 9
– Änderungen der Unternehmensgruppe § 9 (9)
– Außergruppenverluste § 9 (6) Z 4
– Beteiligungsgemeinschaften § 9 (3), (6) Z 3
– Ergebnisermittlung § 9 (6)
– Feststellungsbescheid §§ 9 (8 f), 24a
– finanzielle Verbindung § 9 (4) f
– Firmenwertabschreibung § 9 (7)
– Gruppenmitglied § 9 (2)
– Gruppenträger § 9 (3)
– Mindestdauer der Unternehmensgruppe § 9 (10)
– Nachversteuerung ausländischer Verluste § 9 (6) Z 7
– Steuerumlagen § 9 (6) Z 5
– Teilwertabschreibung § 9 (7)
– Veranlagung § 24a
– Veräußerungsverlust § 9 (7)

– Verlustberücksichtigung § 9 (6) Z 6
– Verlustzurechnung § 9 (6) Z 7
– Vorgruppenverluste § 9 (6) Z 4
Gruppenmitglied § 9 (2)
Gruppenträger § 9 (3)

H

Hafenbetrieb § 2 (3)
Haftrücklage bei Kreditinstituten, abzugsfähig § 11 (1)
Hinzurechnungsbesteuerung § 10a
– ausländische Betriebsstätten § 10a (6)
– Ausmaß Hinzurechnung § 10a (5)
– Ausnahme für Finanzunternehmen § 10a (8)
– beherrschende und beherrschte Körperschaft § 10a (4)
– beschränkte Steuerpflicht § 21 (1)
– inländische Körperschaften § 10a (6)
– Liste nicht kooperierender Länder § 10a (10)
– Methodenwechsel § 10a (7)
– Niedrigbesteuerung, Definition § 10a (3)
– Passiveinkünfte, Definition § 10a (2)
– Vermeidung der Doppelbesteuerung § 10a (9)
– Voraussetzungen Hinzurechnung § 10a (4)
Hoheitsbetrieb § 2 (4)
hybride Gestaltungen § 14
– Abzugsverbot § 14 (6 ff)
– Auswirkungen § 14 (6 ff)
– beschränkte Steuerpflicht § 14 (12)
– Definition § 14 (3)
– hybride Betriebsstätte § 14 (3)
– hybride Übertragung § 14 (3)
– hybrides Finanzinstrument § 14 (3)
– hybrides Unternehmen § 14 (3)
– importierte hybride Gestaltung § 14 (9)
– Neutralisierung, nachträglich § 14 (10)
– Quellensteuer, Anrechnung oder Ermäßigung § 14 (11)
– rückwirkendes Ereignis § 14 (10)
– Steuerdiskrepanz § 14 (1)
– Steuerdiskrepanz, Definition § 14 (2)
– steuerliche Erfassung der Erträge § 14 (6 ff)
– strukturierte Gestaltung § 14 (3)
– strukturierte Gestaltung, Definition § 14 (5)
– umgekehrt hybrides Unternehmen §§ 14 (12), 21 (1)
– verbundene Unternehmen § 14 (3)
– verbundene Unternehmen, Definition § 14 (4)

I

Inkrafttreten § 26 ff
inländische Körperschaft
– beschränkte Steuerpflicht §§ 1 (3), 21 (2)
– unbeschränkte Steuerpflicht § 1 (2)
Insolvenz, Verlustvortragsgrenze § 8 (4)
Internationale Schachtelbeteiligung
– Anrechnung § 10 (3)
– Ausnahme von Befreiung § 10 (4)
– endgültige Verluste § 10 (3)
– Methodenwechsel § 10a (7)
– Option auf Steuerwirksamkeit § 10 (3)
– Voraussetzung § 10 (2)

J

juristische Person § 1 (2)

K

kirchliche Körperschaften, Befreiung § 5 Z 6
Körperschaft
– ohne Sitz im Inland § 1 (3)
– Sitz im Inland § 1 (2)
Körperschaft des öffentlichen Rechts
– beschränkte Steuerpflicht § 1 (3) Z 2
– Betrieb gewerblicher Art §§ 1 (2), 2 (1 ff)
– Versorgungs- oder Unterstützungseinrichtungen, Kapitaleinkünfte § 21 (2)
Körperschaften, ohne Sitz im Inland, beschränkte Steuerpflicht § 21 (1)
Krankenkassen-Privatstiftungen
– Befreiung § 5 Z 15
Krankenversicherung
– Mindestbesteuerung § 17 (3)
– Prämienrückerstattung, Gewinnbeteiligung § 17 (1)
– versicherungstechnische Rückstellung § 15 (1)
Kreditinstitute (Garantiegesellschaften), Befreiung § 5 Z 3

L

Land- und Forstwirtschaft
– Privatstiftung § 13 (1) Z 2
Land- und Forstwirtschaft, Betrieb gewerblicher Art § 2 (1)
landwirtschaftliche Genossenschaften, Befreiung § 5 Z 9
Lebensversicherung
– Mindestbesteuerung § 17 (3)
– Prämienrückerstattung, Gewinnbeteiligung § 17 (1)
– versicherungstechnische Rückstellung § 15 (1)
Leichenverbrennungsanstalt § 2 (4)
Leitungsrechte, Einkünfte aus der Einräumung § 24 (7)
Liquidation § 19 (1 ff)
– Abwicklungs-Anfangsvermögen § 19 (2)
– Abwicklungs-Anfangsvermögen, Definition § 19 (5)
– Abwicklungs-Endvermögen § 19 (2)
– Abwicklungs-Endvermögen, Definition § 19 (4)
– Besteuerungszeitraum § 19 (3)
– Einkommensermittlung bei Umgründungen § 20 (2)
– Gewinnermittlung § 19 (6)
– Liquidationsgewinn § 19 (2)
– nicht buchführungspflichtige Körperschaft § 19 (7)
– Umgründungen § 20 (2)
– Wirtschaftsjahr der Gründung § 19 (5)
Liquidationsgewinn
– Verlustvortragsgrenze § 8 (4)
Lizenzaufwand, nichtabzugsfähig § 12 (1) Z 10
Lizenzgebühren, nichtabzugsfähig § 12 (1) Z 10

Lohnaufwendungen, nichtabzugsfähig § 12 (1) Z 8
Luxustangente § 12 (1) Z 2

M

Managergehälter, nichtabzugsfähig § 12 (1) Z 8
Mantelkauf § 8 (4)
mildtätige Körperschaften, Befreiung § 5 Z 6
Mindestbesteuerung, Versicherung § 17 (3)
Mindeststeuer § 24 (4)
Mitarbeiterbeteiligungsstiftung § 13 (1) Z 1
Mitarbeitervorsorgekassen, Befreiung § 5 Z 7
Mittelstandsfinanzierungsgesellschaften § 6b
– Befreiung § 5 Z 14
– Bescheinigung durch das Finanzamt § 6b (5)
– beschränkte Steuerpflicht § 21 (2)
– Finanzierungsbereich § 6b (2 f)
– jährliche Bestätigung § 6b (5)
– Liste § 6b (5)
– Veranlagung, Veranlagungsbereich § 6b (2 f)
– Verletzung der Voraussetzungen § 6b (6)
Mitunternehmerschaft, Betrieb gewerblicher Art § 2 (2)
Monopolbetriebe, Befreiung § 5 Z 2
Müllabfuhr § 2 (4)
Müllbeseitigung § 2 (4)

N

Nahrungsmitteluntersuchungsanstalt § 2 (4)
nichtrechtsfähige Abgabenerhöhungen FinanzstrafG
– Anstalt § 1 (2), (3), 3
– Personenvereinigung § 1 (2), (3), 3
– Stiftung § 1 (2), (3), 3
– Zweckvermögen § 1 (2), (3), 3
nichtabzugsfähige Aufwendungen § 12 (1 ff), (1) Z 4
– Aufsichtsratsvergütungen § 12 (1) Z 7
– Barzahlungen in der Baubranche § 12 (1) Z 11
– Bestechungsgelder § 12 (1) Z 4
– Diversionszahlungen § 12 (1) Z 4
– Eintragungsgebühr § 12 (1) Z 6
– für satzungsmäßigen Zweck § 12 (1) Z 1
– Gehälter § 12 (1) Z 8
– Geldbußen § 12 (1) Z 4
– Geldzuwendungen § 12 (1) Z 4
– Grunderwerbsteuer § 12 (1) Z 6
– im Zusammenhang mit Einkünften aus Grundstücksveräußerungen § 12 (2)
– im Zusammenhang mit Kapitaleinkünften § 12 (2)
– im Zusammenhang mit nichtsteuerpflichtigen Einnahmen § 12 (2)
– Lizenzgebühren im Konzern § 12 (1) Z 10
– Lohnaufwendungen § 12 (1) Z 8
– Luxustangente § 12 (1) Z 2
– Managergehälter § 12 (1) Z 8
– Personensteuern § 12 (1) Z 6
– Reisekostenersatz § 12 (1) Z 7
– Repräsentationsaufwendungen § 12 (1) Z 3
– Sachzuwendungen § 12 (1) Z 4
– Schmiergelder § 12 (1) Z 4
– sonstige Bezüge § 12 (1) Z 8
– Spenden § 12 (1) Z 5
– Stiftungszuwendungen § 12 (1) Z 1
– Strafen § 12 (1) Z 4
– Umsatzsteuer § 12 (1) Z 6
– unangemessen hohe § 12 (1) Z 2
– Verbandsgeldbußen § 12 (1) Z 4
– Zinsen für Beteiligungserwerb § 12 (1) Z 9
– Zinsen im Konzern § 12 (1) Z 10
nichtbuchführungspflichtige Körperschaft, Liquidation § 19 (7)
nichtrechtsfähige Personenvereinigung
– ausländische § 1 (3)
Niedrigbesteuerung, Passiveinkünfte § 10a

O

öffentlicher Verkehr § 2 (3)
organisatorische Zusammenfassung, Betrieb gewerblicher Art § 2 (3)

P

Parteien, politische § 1 (3) Z 2
Parteifeste, Befreiung § 5 Z 12
Partizipationskapital, Gewinnanteil §§ 8 (3), 10 (1)
Passiveinkünfte niedrigbesteuerter ausländischer Körperschaften § 10a
Pensionskasse § 6 (1)
– Befreiung § 5 Z 7
– Rückstellungen § 16
Personensteuern, nichtabzugsfähig § 12 (1) Z 6
Personenvereinigung, nichtrechtsfähige
– ausländische § 1 (3)
– Einkünftezurechnung § 3
– inländische § 1 (2)
persönliche Steuerpflicht, Abgrenzung § 3
Politische Parteien § 1 (3) Z 2
Prämienrückerstattung § 11 (1)
Prämienrückerstattung, Versicherungen § 17
Privatstiftung
– Befreiung § 5 Z 11
– Befreiung Beteiligungserträge § 13 (2)
– beschränkte Steuerpflicht § 21 (2)
– Besteuerung § 13 (3)
– Besteuerung, Anrechnung § 24 (5)
– Beteiligungsveräußerung § 13 (4)
– betriebliche Privatstiftungen § 13 (1) Z 1
– Einkünfte aus Gewerbebetrieb § 13 (1) Z 3
– Einkünfte aus Grundstücksveräußerungen § 13 (3)
– Einkünfte aus Kapitalvermögen § 13 (3)
– Einkünfte aus Land- und Forstwirtschaft § 13 (1) Z 2
– Entlastung der Zuwendungen von Kapitalertragsteuer § 13 (3)
– Evidenzkonto, Zwischensteuer § 24 (5)
– Immobilienertragsteuer, Ausnahme § 24 (3)
– Kapitaleinkünfte, Ausnahme § 21 (2)
– Meldung an Geldwäschemeldestelle § 13 (6)
– Offenlegung Stiftungsurkunde § 13 (6)
– Sondervorschriften § 13
– Sparkassenstiftung § 13 (5)
– Spenden § 13 (1) Z 4

– steuerfreier Betrag, Beteiligungsveräußerung § 13 (4)
– steuerpflichtige Erträge § 13 (3)
– Steuersatz § 22 (2)
– Übertragung stiller Reserven § 13 (4)
– Zuwendungen § 12 (1) Z 1
– Zwischenbesteuerung § 13 (3)
– Zwischensteuer § 22 (2)
– Zwischensteuer, Anrechnung, Rückerstattung § 24 (5)
privatwirtschaftliche Tätigkeit, Betrieb gewerblicher Art § 2 (1)

R
Realteilung § 20
rechnungslegungspflichtige Stpfl § 7 (3)
Rechtsnachfolger, Umgründungen § 20 (3)
Reisekostenersatz, nichtabzugsfähig § 12 (1) Z 7
Repräsentationsaufwendungen, nichtabzugsfähig § 12 (1) Z 3
Rückstellungen
– für noch nicht abgewickelte Versicherungsfälle § 15 (3)
– Gewinnbeteiligung, Versicherungen § 17 (2)
– Pensionskassen § 16
– Prämienrückerstattung, Versicherungen § 17 (2)
– Schadensreserverückstellung § 15 (3)
– Schwankungsrückstellungen § 15 (2)
– versicherungstechnische § 15
Rückvergütung §§ 8 (3), 10 (1)
Rundfunkbetrieb § 2 (3)

S
Sachzuwendungen, nichtabzugsfähig § 12 (1) Z 4
Sanierungsgewinne § 23a
– Verlustvortragsgrenze § 8 (4)
Sanierungsplan § 23a
Schachtelbeteiligung, internationale § 10 (2 ff)
Schadensreserverückstellung § 15 (3)
Schlachthof § 2 (4)
Schmiergelder, nichtabzugsfähig § 12 (1) Z 4
Schulderlass §§ 8 (4), 23a
Schwankungsrückstellungen § 15 (2)
Sicherungseinrichtungen (Einlagensicherung), Befreiung § 5 Z 4
Siedlungsträger, Befreiung § 5 Z 5
Sitz § 1 (2), (3)
Sonderausgaben §§ 7 (2), 8 (4)
Sonderausgaben, beschränkte Steuerpflicht § 21 (1)
sonstige Bezüge, nichtabzugsfähig § 12 (1) Z 8
Spaltung § 20
Spenden, nichtabzugsfähig § 12 (1) Z 5
Spenden, Privatstiftung § 13 (1) Z 4
Spenden, Sonderausgaben § 8 (4)
Spülwasserabfuhr § 2 (4)
Steuerabzug § 21 (2)
– Abgeltungswirkung § 24 (2)
– Ausnahmen, Immobilienertragsteuer § 24 (3)
– Einkünfte aus der Einräumung von Leitungsrechten § 24 (7)
– Steuererhebung § 24 (2)
Steuerbefreiung, Beginn, Einkommensermittlung § 18 (1 ff)
– Ende, Einkommensermittlung § 18 (2 f)
– Voraussetzung, Mittelstandsfinanzierungsgesellschaft § 6b (1)
Steuerbelastung, Hinzurechnungsbesteuerung § 10a (3)
Steuererhebung § 24
steuerfreie Rücklage, Bauvereinigung § 6a (5)
Steuerpflicht § 1 (1 ff)
– Beginn § 4 (1)
– Beginn und Ende bei Bauvereinigung § 6a (1)
– beschränkte §§ 1 (3), 21 (1 ff)
– Ende § 4 (2)
– unbeschränkte § 1 (2)
– unbeschränkte, Mindeststeuer § 24 (4)
Steuersatz § 22
Steuerspaltung § 20
Stiftung, nichtrechtsfähige
– ausländische § 1 (3)
– Einkünftezurechnung § 3
– inländische § 1 (2)
Stiftungsurkunde, Vorlage § 13 (6)
Strafen, nichtabzugsfähig § 12 (1) Z 4
Straßenreinigung § 2 (4)

T
Tarif § 22
Tauschgrundsatz § 8 (1)
Teilwertabschreibung
– ausschüttungsbedingt § 12 (3)
– bei Einlagen in mittelbar verbundene Körperschaften § 12 (3)
– Siebentelverteilung § 12 (3)
– Unternehmensgruppe § 9 (7)
Trinkwasserversorgung § 2 (4)

U
Umgründungen § 20
Umsatzsteuer, nichtabzugsfähig § 12 (1) Z 6
Umwandlung § 20
unangemessene Aufwendungen § 12 (1) Z 2
Unfallversicherung
– Mindestbesteuerung § 17 (3)
– Prämienrückerstattung, Gewinnbeteiligung § 17 (1)
– versicherungstechnische Rückstellung § 15 (1)
Unternehmensgruppe §§ 9, 24a
Unternehmenszweckförderungsstiftung § 13 (1) Z 1
Unterstützungskasse § 6 (2)
– Befreiung § 5 Z 7

V
Veranlagung § 24 (3)
– Mittelstandsfinanzierungsgesellschaft § 6b (1), (2 f)
Veranlagungsbereich, Mittelstandsfinanzierungsgesellschaft § 6b (2 f)
Veranlagungszeitraum § 24 (1)
Veranstaltung, Befreiung § 5 Z 12
Verbandsgeldbußen, nichtabzugsfähig § 12 (1) Z 4

Verbindung, finanzielle § 9 (4) f
verdeckte Ausschüttungen § 8 (2 f)
Verlust
– ausschüttungsbedingt § 12 (3)
Verlustabzug § 8 (4)
Verlustausgleich § 7 (2)
Vermietung, Betrieb gewerblicher Art § 2 (2)
Vermögensmasse
– ausländische § 1 (3)
Verpachtung Betrieb gewerblicher Art § 2 (2)
Verschmelzung § 20
Versicherung, Mindestbesteuerung § 17 (3)
versicherungstechnische Rückstellung §§ 11 (1), 15
Versicherungsvereine, Befreiung § 5 Z 8
Versorgungsbetrieb § 2 (3)
Verweis auf andere Gesetze § 25
Verwendung
– Rückstellung für Prämienrückerstattung § 17 (2)
Vollziehung § 27
Vorauszahlungen § 24 (3)
Vorsorgekassen, betriebliche § 6 (5)

W

Wärmeversorgungsbetrieb § 2 (3)
Wasserwerk § 2 (4)
Wetterwarte § 2 (4)
Winzergenossenschaften, Befreiung § 5 Z 9
wirtschaftliche Selbständigkeit, Betrieb gewerblicher Art § 2 (1)
Wirtschaftsjahr § 7 (4 f)
Wirtschaftsjahr, abweichendes § 7 (5)

Z

Zinsen für Beteiligungserwerb § 11 (1)
Zinsen, nichtabzugsfähig § 12 (1) Z 9, 10
Zinsschranke § 12a
– Ausnahme für öffentliche Infrastrukturprojekte § 12a (9)
– EBITDA-Vortrag § 12a (6)
– Eigenkapitalquotenvergleich § 12a (5)
– Eigenkapitalquotenvergleich, beschränkte Steuerpflicht § 21 (1)
– Eigenkapitalquotenvergleich, Unternehmensgruppe § 12a (7)
– erfasste Körperschaften § 12a (2)
– Gruppen-Freibetrag § 12a (7)
– steuerliches EBITDA, Definition § 12a (4)
– steuerliches Gruppen-EBITDA § 12a (7)
– Unternehmensgruppe § 12a (7)
– Zinsüberhang § 12a (1)
– Zinsüberhang, Definition § 12a (3)
– Zinsüberhang, Unternehmensgruppe § 12a (7)
– Zinsvortrag § 12a (6)
Zinsüberhang, Zinsschranke § 12a (1)
Zinsvortrag, Zinsschranke § 12a (6)
Zusammenschluss § 20
Zuschlag zur Körperschaftsteuer § 22 (3)
Zuwendung
– an Begünstigte und Letztbegünstigte, Privatstiftung § 12 (1) Z 1
– an Gesellschafter § 8 (3)
Zweckvermögen, nichtrechtsfähiges
– ausländisches § 1 (3)
– Einkünftezurechnung § 3
– inländisches § 1 (2)
Zwischenbesteuerung, Privatstiftung § 13 (3)
Zwischensteuer, Privatstiftung § 22 (2)

Bundesgesetz vom 7. Juli 1988 über die Besteuerung des Einkommens von Körperschaften (Körperschaftsteuergesetz 1988 – KStG 1988)

1. TEIL
PERSÖNLICHE STEUERPFLICHT

1. ABSCHNITT
Arten der Steuerpflicht

Unbeschränkte und beschränkte Steuerpflicht

§ 1. (1) Körperschaftsteuerpflichtig sind nur Körperschaften.

(2) Unbeschränkt steuerpflichtig sind Körperschaften, die im Inland ihre Geschäftsleitung oder ihren Sitz (§ 27 der Bundesabgabenordnung) haben. Als Körperschaften gelten:

1. Juristische Personen des privaten Rechts.
2. Betriebe gewerblicher Art von Körperschaften des öffentlichen Rechts (§ 2).
3. Nichtrechtsfähige Personenvereinigungen, Anstalten, Stiftungen und andere Zweckvermögen (§ 3).

Die unbeschränkte Steuerpflicht erstreckt sich auf alle in- und ausländischen Einkünfte im Sinne des § 2 des Einkommensteuergesetzes 1988.

(3) Beschränkt steuerpflichtig sind:

1. Körperschaften, die im Inland weder ihre Geschäftsleitung noch ihren Sitz (§ 27 der Bundesabgabenordnung) haben, mit ihren Einkünften im Sinne des § 21 Abs. 1. Als Körperschaften gelten:
   a) Körperschaften, Personenvereinigungen und Vermögensmassen, die einer inländischen juristischen Person vergleichbar sind.
   b) Nichtrechtsfähige Personenvereinigungen, Anstalten, Stiftungen und andere Zweckvermögen (§ 3).
2. Inländische Körperschaften des öffentlichen Rechts mit ihren Einkünften im Sinne des § 21 Abs. 2 und 3. Politische Parteien sind wie Körperschaften des öffentlichen Rechts zu behandeln, wenn ihnen gemäß § 1 Abs. 4 des Parteiengesetzes 2012, BGBl. I Nr. 56/2012, Rechtspersönlichkeit zukommt.

   (BGBl I 2016/77)

3. Körperschaften im Sinne des Abs. 2, soweit sie nach § 5 oder nach anderen Bundesgesetzen von der Körperschaftsteuerpflicht befreit sind, mit ihren Einkünften im Sinne des § 21 Abs. 2 und 3. Dies gilt auch für den Fall einer umfassenden Befreiung.

Betriebe gewerblicher Art von Körperschaften des öffentlichen Rechts

§ 2. (1) Betrieb gewerblicher Art einer Körperschaft des öffentlichen Rechts ist jede Einrichtung, die

– wirtschaftlich selbständig ist und
– ausschließlich oder überwiegend einer nachhaltigen privatwirtschaftlichen Tätigkeit von wirtschaftlichem Gewicht und
– zur Erzielung von Einnahmen oder im Falle des Fehlens der Beteiligung am allgemeinen wirtschaftlichen Verkehr von anderen wirtschaftlichen Vorteilen und
– nicht der Land- und Forstwirtschaft (§ 21 des Einkommensteuergesetzes 1988)

dient. Die Absicht, Gewinn zu erzielen, ist nicht erforderlich. Die Tätigkeit der Einrichtung gilt stets als Gewerbebetrieb.

(2) Als Betrieb gewerblicher Art gelten auch:

1. Die Beteiligung an einer Gesellschaft, bei der die Gesellschafter als Mitunternehmer anzusehen sind.
2. Die entgeltliche Überlassung eines Betriebes gewerblicher Art.
3. Die entgeltliche Überlassung von Grundstücken zu anderen als land- und forstwirtschaftlichen Zwecken durch
   – Personengemeinschaften in den Angelegenheiten der Bodenreform und
   – Siedlungsträger,

   die nach den landesgesetzlichen Vorschriften als Körperschaften des öffentlichen Rechtes anerkannt sind.

   (BGBl I 2019/103)

(3) Versorgungsbetriebe einer Körperschaft des öffentlichen Rechts werden als einheitlicher Betrieb gewerblicher Art behandelt, wenn sie organisatorisch zusammengefaßt sind und unter einer gemeinsamen Leitung stehen. Versorgungsbetrieb ist nur ein Betrieb, der die Bevölkerung mit

– Wasser oder
– Gas oder
– Elektrizität oder
– Wärme

versorgt oder der

– dem öffentlichen Verkehr einschließlich des Rundfunks oder
– dem Hafenbetrieb

dient.

(4) Ein Betrieb gewerblicher Art ist auch dann unbeschränkt steuerpflichtig, wenn er selbst eine Körperschaft des öffentlichen Rechts ist. Betriebe, die von juristischen Personen des privaten Rechts geführt werden, sind nach den für diese Rechtsform geltenden Vorschriften zu besteuern. Sind an der juristischen Person des privaten Rechts unmittelbar oder mittelbar ausschließlich Körperschaften des öffentlichen Rechts beteiligt, gelten in einem gesonderten Rechnungskreis geführte Tätigkeiten im Sinne des Abs. 3 als einheitliche Tätigkeit, auch wenn bei den einzelnen Tätigkeiten die Absicht fehlt, Gewinne zu erzielen. Auf das Zusammenfassen derartiger Tätigkeiten in einer juristischen Person des privaten Rechts ist § 8 Abs. 2 nicht anzuwenden.

(5) Eine privatwirtschaftliche Tätigkeit im Sinne des Abs. 1 liegt nicht vor, wenn die Tätigkeit überwiegend der öffentlichen Gewalt dient (Hoheitsbetrieb). Eine Ausübung der öffentlichen Gewalt ist insbesondere anzunehmen, wenn es sich um Leistungen handelt, zu deren Annahme der Leistungsempfänger auf Grund gesetzlicher oder behördlicher Anordnung verpflichtet ist. Als Hoheitsbetriebe gelten insbesondere Wasserwerke, wenn sie überwiegend der Trinkwasserversorgung dienen, Forschungsanstalten, Wetterwarten, Friedhöfe, Anstalten zur Nahrungsmitteluntersuchung, zur Desinfektion, zur Leichenverbrennung, zur Müllbeseitigung, zur Straßenreinigung und zur Abfuhr von Spülwasser und Abfällen.

Abgrenzung der persönlichen Steuerpflicht

§ 3. Nichtrechtsfähige Personenvereinigungen, Anstalten, Stiftungen und andere Zweckvermögen sind körperschaftsteuerpflichtig, wenn ihr Einkommen weder nach diesem Bundesgesetz noch nach dem Einkommensteuergesetz 1988 unmittelbar bei einem anderen Steuerpflichtigen zu versteuern ist.

Beginn und Ende der Steuerpflicht

§ 4. (1) Körperschaften im Sinne des § 1 Abs. 2 Z 1 sind ab jenem Zeitpunkt steuerpflichtig, in dem die Rechtsgrundlage wie Satzung, Gesellschaftsvertrag oder Stiftungsbrief festgestellt ist und sie erstmalig nach außen in Erscheinung treten. Der Beginn der Steuerpflicht der Körperschaften im Sinne des § 1 Abs. 2 Z 2 und 3 richtet sich nach den §§ 2 und 3.

(2) Körperschaften im Sinne des § 1 Abs. 2 sind bis zu jenem Zeitpunkt steuerpflichtig, in dem die Rechtspersönlichkeit untergeht, jedenfalls bis zu jenem Zeitpunkt, in dem das gesamte Vermögen auf andere übergegangen ist.

2. ABSCHNITT

Befreiungen

§ 5. Von der unbeschränkten Körperschaftsteuerpflicht sind befreit:

1. (aufgehoben)
2. Die staatlichen Monopolbetriebe, soweit sie nicht in eine privatrechtliche Form gekleidet sind.

3. Kreditinstitute im Sinne des Kreditwesengesetzes, wenn folgende Voraussetzungen zutreffen:
   a) Der genehmigte Geschäftsgegenstand darf ausschließlich in der Übernahme von Bürgschaften und sonstigen Haftungen für Kredite und Darlehen mit oder ohne Gewährung von nicht rückzahlbaren Zinsenzuschüssen sowie in der Durchführung allfälliger sonstiger Zuschußaktionen des Bundes oder eines Landes bestehen.
   b) Das Kreditinstitut darf nach der Satzung oder der sonstigen Rechtsgrundlage und der tatsächlichen Geschäftsführung keinen Gewinn anstreben; ihre Eigentümer oder Anteilseigner dürfen keine Gewinnanteile oder sonstigen Zuwendungen aus Mitteln des Kreditinstitutes erhalten.
   c) Das Kreditinstitut darf keine Person durch Verwaltungsausgaben, die dem Zweck des Kreditinstitutes fremd sind, und kein Vorstandsmitglied, keinen Geschäftsführer und kein Aufsichtsratsmitglied durch unverhältnismäßig hohe Vergütungen begünstigen.
   d) Bei Auflösung des Kreditinstitutes dürfen die Eigentümer oder Anteilseigner jene Kapitalanteile nicht zurückerhalten, die zur Deckung von Verlusten aus im Zeitpunkt der Auflösung bestehenden Verpflichtungen aus Bürgschaften und sonstigen Haftungen benötigt werden; das restliche Vermögen des Kreditinstitutes darf nur im Rahmen des genehmigten Geschäftsgegenstandes verwendet werden.
4. Sicherungseinrichtungen gemäß § 1 Abs. 1 und § 59 Z 1 des Einlagensicherungs- und Anlegerentschädigungsgesetzes – ESAEG, BGBl. I Nr. 117/2015, hinsichtlich der Einkünfte aus der Dotierung und Veranlagung der Einlagensicherungsfonds gemäß § 21 und § 19 ESAEG und die Entschädigungseinrichtung gemäß § 73 Abs. 2 des Wertpapieraufsichtsgesetzes 2018 – WAG 2018, BGBl. I Nr. 107/2017, hinsichtlich der Einkünfte aus der Dotierung und Veranlagung des Beitragsvermögens gemäß § 74 WAG 2018.

   (BGBl I 2016/117, BGBl I 2017/107)
5. Personengemeinschaften in den Angelegenheiten der Bodenreform, weiters Siedlungsträger, wenn und soweit sie nach den landesgesetzlichen Vorschriften anerkannt sind.

   Sie sind insoweit unbeschränkt steuerpflichtig, als sie
   – einen Gewerbebetrieb unterhalten, der über den Umfang eines Nebenbetriebes hinausgeht, oder
   – einen solchen Gewerbebetrieb verpachten, oder
   – Grundstücke entgeltlich für andere als land- und forstwirtschaftliche Zwecke zur Nutzung überlassen.

   (BGBl I 2019/103)
6. Körperschaften im Sinne des § 1 Abs. 2, die der Förderung gemeinnütziger, mildtätiger oder kirchlicher Zwecke nach Maßgabe der §§ 34 bis 47 der Bundesabgabenordnung dienen.
7. Pensions-, Unterstützungs- und Mitarbeitervorsorgekassen nach Maßgabe des § 6
8. Kleine Versicherungsvereine im Sinne des § 5 Z 4 des Versicherungsaufsichtsgesetzes 2016 (VAG 2016), BGBl. I Nr. 34/2015, die nicht unter Z 7 fallen, wenn ihre Beitragseinnahmen im Durchschnitt der letzten drei Wirtschaftsjahre (einschließlich des im Veranlagungsjahr endenden Wirtschaftsjahres) 4 400 Euro jährlich nicht überstiegen haben.

   (BGBl I 2015/34)
9. a) Erwerbs- und Wirtschaftsgenossenschaften, deren Zweck und tatsächlicher Geschäftsbetrieb sich auf die gemeinschaftliche Benutzung land- und forstwirtschaftlicher Betriebseinrichtungen oder Betriebsgegenstände durch ihre Mitglieder beschränkt (zB Zucht-, Weide-, Maschinengenossenschaften).
   b) Winzergenossenschaften, deren tatsächlicher Geschäftsbetrieb sich auf die Bearbeitung oder Verwertung der von den Mitgliedern selbst gewonnenen landwirtschaftlichen Erzeugnisse beschränkt, wenn die Bearbeitung oder Verwertung im Bereich der Landwirtschaft liegt.

   Die Steuerbefreiung geht nicht verloren, wenn die Genossenschaften im Rahmen ihres Geschäftsbetriebes Hilfsgeschäfte tätigen.
10. Bauvereinigungen, die nach dem Wohnungsgemeinnützigkeitsgesetz als gemeinnützig anerkannt sind, wenn sich ihre Tätigkeit auf die in § 7 Abs. 1 bis 3 des Wohnungsgemeinnützigkeitsgesetzes genannten Geschäfte und die Vermögensverwaltung beschränkt, nach Maßgabe des § 6a.
11. Privatstiftungen, die nicht unter Z 6 oder 7 fallen, nach Maßgabe des § 13.
12. a) Betriebe gewerblicher Art von Körperschaften des öffentlichen Rechtes unter folgenden Voraussetzungen:
      – Der Betrieb besteht ausschließlich in der entgeltlichen Durchführung von geselligen oder gesellschaftlichen Veranstaltungen aller Art (insbesondere Feste, Bälle, Kränzchen, Feiern, Juxveranstaltungen, Heurigenausschank, Wandertage, Vergnügungs-Sportveranstaltungen), und
      – diese Veranstaltungen müssen nach außen hin erkennbar zur materiel-

len Förderung eines bestimmten Zweckes im Sinne der §§ 35, 37 und 38 der Bundesabgabenordnung abgehalten werden, und
– die Erträge aus der jeweiligen Veranstaltung müssen nachweislich für diesen Zweck verwendet werden, und
– diese Veranstaltungen dürfen insgesamt eine Dauer von 72 Stunden im Kalenderjahr nicht überschreiten.

b) Abweichend von lit. a zweiter Teilstrich darf eine gesellige oder gesellschaftliche Veranstaltung einer Körperschaft im Sinne des § 1 Abs. 3 Z 2 zweiter Satz, die an der Wahlwerbung zu einem allgemeinen Vertretungskörper oder dem Europäischen Parlament beteiligt oder in einem solchen Vertretungskörper oder dem Europäischen Parlament vertreten ist, auch zur materiellen Förderung von Zwecken im Sinne des § 1 des Parteiengesetzes 2012 dieser Körperschaft abgehalten werden, wenn folgende zusätzliche Voraussetzungen erfüllt sind:
– Die gesellige oder gesellschaftliche Veranstaltung erfüllt jene Kriterien, die auch für das Vorliegen eines Betriebes gemäß § 45 Abs. 1a BAO maßgebend sind.
– Die Umsätze aus diesen Veranstaltungen betragen insgesamt nicht mehr als 15 000 Euro im Kalenderjahr.

Nicht unter § 34 bis § 47 BAO fallende Körperschaften im Sinne des § 2 Z 3 Parteiengesetzes 2012 sowie Gliederungen mit eigener Rechtspersönlichkeit von Körperschaften im Sinne des § 1 Abs. 3 Z 2 zweiter Satz, die an der Wahlwerbung zu einem allgemeinen Vertretungskörper oder dem Europäischen Parlament beteiligt oder in einem solchen Vertretungskörper oder dem Europäischen Parlament vertreten ist, sind für Zwecke der Z 12 wie Körperschaften des öffentlichen Rechts zu behandeln.

c) Die Gesamtdauer gemäß lit. a der geselligen oder gesellschaftlichen Veranstaltung pro Kalenderjahr sowie die Umsätze gemäß lit. b zweiter Teilstrich sind für jede kleinste territoriale Gliederung ohne eigene Rechtspersönlichkeit
– einer Körperschaft öffentlichen Rechts,
– einer Körperschaft im Sinne des § 1 Abs. 3 Z 2 zweiter Satz, die an der Wahlwerbung zu einem allgemeinen Vertretungskörper oder dem Europäischen Parlament beteiligt oder in einem solchen Vertretungskörper oder dem Europäischen Parlament vertreten ist, oder deren Gliederungen mit eigener Rechtspersönlichkeit oder
– einer Körperschaft im Sinne des § 2 Z 3 Parteiengesetzes 2012

gesondert zu bemessen. Die kleinste territoriale Gliederung umfasst die Katastralgemeinde.

(BGBl I 2016/77)

13. Körperschaften, denen als Berufsvereinigung im Sinne des § 4 Abs. 2 des Arbeitsverfassungsgesetzes, BGBl. Nr. 22/1974, gemäß § 5 Abs. 1 dieses Gesetzes die Kollektivvertragsfähigkeit zuerkannt wurde, für die Dauer der Kollektivvertragsfähigkeit. Sie sind insoweit unbeschränkt steuerpflichtig, als sie einen wirtschaftlichen Geschäftsbetrieb (§ 31 der Bundesabgabenordnung), der nicht unmittelbar der Zweckerfüllung dient, einen land- und forstwirtschaftlichen Betrieb oder einen Gewerbebetrieb unterhalten.
14. Mittelstandsfinanzierungsgesellschaften hinsichtlich des dem Finanzierungsbereich zuzurechnenden Teiles des Einkommens nach Maßgabe des § 6b. Die Befreiung entfällt rückwirkend, wenn der angestrebte begünstigte Zweck innerhalb der ersten sieben Jahre nach der Eintragung der neu gegründeten Mittelstandsfinanzierungsgesellschaft in das Firmenbuch aufgegeben wird.

(BGBl I 2017/106)

15. Privatstiftungen, die gemäß § 718 Abs. 9 ASVG errichtet wurden.

(BGBl I 2019/103)

Pensions-, Unterstützungs- und Betriebliche Vorsorgekassen

§ 6. (1) Pensionskassen im Sinne des Pensionskassengesetzes und ausländische Einrichtungen im Sinne des § 5 Z 4 des Pensionskassengesetzes sind hinsichtlich des einer Veranlagungs- oder Risikogemeinschaft zuzurechnenden Teiles des Einkommens von der Körperschaftsteuer befreit, wenn die Pensionszusagen 80% des letzten laufenden Aktivbezuges nicht übersteigen. Dies gilt sinngemäß für Versicherungen hinsichtlich betrieblicher Kollektivversicherungen im Sinne des § 93 des VAG 2016. Das Überschreiten der genannten Grenze ist unbeachtlich, wenn es auf eine Verminderung des Arbeitslohnes aus wirtschaftlich beachtlichen Gründen in den letzten Aktivitätsjahren zurückzuführen ist. Bei ausländischen Einrichtungen im Sinne des § 5 Z 4 des Pensionskassengesetzes umfasst die Befreiung auch die beschränkte Steuerpflicht.

(BGBl I 2015/34)

(2) Unterstützungskassen und sonstige Hilfskassen, die keinen Rechtsanspruch auf Leistungen gewähren, sind von der Körperschaftsteuer unter folgenden Voraussetzungen befreit:

1. Der Kreis der Leistungsberechtigten der Kasse muß sich auf Zugehörige oder frühere Zugehörige der Betriebe
   - eines Arbeitgebers oder
   - mehrerer finanziell verbundener Unternehmen

   beschränken (Trägerunternehmen). Zu den Zugehörigen zählen auch deren Angehörige. Angehörige sind nur der Ehegatte, der eingetragene Partner und Kinder (§ 106 Abs. 1 und 2 des Einkommensteuergesetzes 1988).
2. Der Kreis der Leistungsberechtigten muß in den Satzungen oder Geschäftsbedingungen der Kasse genau bezeichnet werden. Die Mehrzahl dieser Personen darf sich nicht aus dem Unternehmer oder dessen Angehörigen (Z 1) und bei Gesellschaften nicht aus den Gesellschaftern und deren Angehörigen (Z 1) zusammensetzen.
3. Die ausschließliche und unmittelbare Verwendung des Vermögens und der Einkünfte der Kasse muß satzungsmäßig und tatsächlich dauernd für Zwecke der Kasse gesichert sein.
4. Die Leistungsberechtigten dürfen nicht zu laufenden Beiträgen oder zu sonstigen Zuschüssen verpflichtet sein.
5. Die Leistungen der Kasse dürfen folgende Beträge nicht übersteigen:

Als Pension (Pensionszuschuß)	1 200 Euro jährlich,
als Witwengeld	900 Euro jährlich,
als Waisengeld	350 Euro jährlich für jede Waise,
als Sterbegeld	150 Euro als Gesamtleistung.

6. Den Zugehörigen oder den Betriebsräten des Trägerunternehmens muß satzungsmäßig und tatsächlich das Recht zustehen, an der Verwaltung sämtlicher Beträge, die der Kasse zufließen, beratend mitzuwirken.
7. Bei Auflösung der Kasse darf ihr Vermögen satzungsmäßig nur den Leistungsberechtigten zufallen. Darüber hinaus darf das Vermögen nur für gemeinnützige, mildtätige oder kirchliche Zwecke im Sinne der Bundesabgabenordnung verwendet werden.

(3) Erfüllt eine bestehende Kasse die in den Abs. 1 und 2 genannten Voraussetzungen erst im Laufe eines Kalender(Wirtschafts)jahres, so tritt die Steuerbefreiung erst mit Beginn des folgenden Kalender(Wirtschafts)jahres ein.

(4) Privatstiftungen, die die Voraussetzungen des § 4d Abs. 2 des Einkommensteuergesetzes 1988 erfüllen, sind befreit, wenn die Zuwendungen an die Begünstigten die Leistungsgrenzen des Abs. 2 Z 5 nicht übersteigen. Abs. 3 ist anzuwenden.

(BGBl I 2017/105)

(5) Betriebliche Vorsorgekassen im Sinne des BMSVG, sind hinsichtlich des einer Veranlagungsgemeinschaft zuzurechnenden Teiles des Einkommens befreit.

Gemeinnützige Bauvereinigungen

§ 6a. (1) Bauvereinigungen im Sinne des § 5 Z 10, die Geschäfte außerhalb der in § 7 Abs. 1 bis 3 des Wohnungsgemeinnützigkeitsgesetzes bezeichneten Art tätigen, sind ab dem Wirtschaftsjahr unbeschränkt steuerpflichtig, in dem die Tätigkeit aufgenommen wird. Die Tätigkeit gilt als aufgenommen, wenn konkrete Vorbereitungshandlungen für solche Geschäfte vorgenommen werden. Die unbeschränkte Steuerpflicht endet mit Ablauf des Wirtschaftsjahres, in dem die Tätigkeit im Sinne des ersten Satzes abgeschlossen wird.

(2) Auf Antrag der Bauvereinigung hat das zuständige Finanzamt die unbeschränkte Steuerpflicht bescheidmäßig auf geplante Geschäfte im Sinne des Abs. 1 unter der Auflage zu beschränken, daß für diese Geschäfte insgesamt ein gesonderter Rechnungskreis geführt wird. Der Antrag ist von der Bauvereinigung vor der Aufnahme der Geschäfte im Sinne des Abs. 1 zu stellen. Ein aus diesen Geschäften insgesamt entstehender Verlust ist nicht ausgleichsfähig. Das Antragsrecht des zuständigen Finanzamtes nach § 35 des Wohnungsgemeinnützigkeitsgesetzes bleibt unberührt.

(BGBl I 2019/104)

(3) Auf Antrag der Bauvereinigung hat das zuständige Finanzamt im Zweifelsfall bescheidmäßig festzustellen, ob ein geplantes Geschäft unter § 7 Abs. 1 bis 3 des Wohnungsgemeinnützigkeitsgesetzes fällt oder nicht. Der Antrag ist von der Bauvereinigung vor der Aufnahme des Geschäftes zu stellen. Der Antrag kann mit einem Antrag nach Abs. 2 verbunden werden.

(BGBl I 2019/104)

(4) Einkünfte einer Bauvereinigung im Sinne des § 5 Z 10 aus der Verwaltung von Eigenkapital im Sinne des § 7 Abs. 6 des Wohnungsgemeinnützigkeitsgesetzes sind in einem eigenen Rechnungskreis zu erfassen und sind nach Maßgabe des Abs. 5 steuerpflichtig. Bei der Ermittlung dieser Einkünfte sind nur die mit den Betriebseinnahmen in unmittelbarem wirtschaftlichen Zusammenhang stehenden Aufwendungen zu berücksichtigen.

(5) Einkünfte im Sinne des Abs. 4 können einer steuerfreien Rücklage zugeführt werden. Die Zuführung und Verwendung ist in einem gesonderten Verzeichnis als Beilage zur Körperschaftsteuererklärung getrennt nach den einzelnen Wirtschaftsjahren aufzugliedern. Die Rücklage ist im Bildungsjahr und in den Folgejahren in jenem Verhältnis steuerneutral aufzulösen, in dem sich das in Abs. 4 genannte Eigenkapital am Schluß des Wirtschaftsjahres gegenüber dem Stand am Schluß des vorangegangenen Wirtschaftsjahres vermindert hat. Die Verhältniszahl ist dabei stets auf die Rücklage (Rücklagenteile) des Vorjahres zu beziehen. Rücklagen (Rücklagenteile), die nicht bis zum Ablauf des der Zuführung folgenden dritten Wirtschaftsjahres verwendet werden konnten, sind im dritten Wirtschaftsjahr gewinnerhöhend aufzu-

lösen. In diesen Zeitraum werden Wirtschaftsjahre, für die im Sinne des § 7 Abs. 5 des Wohnungsgemeinnützigkeitsgesetzes von der Landesregierung festgelegt wurde, daß die Bautätigkeit unterbrochen werden darf, nicht eingerechnet. Der gewinnerhöhend aufzulösende Betrag erhöht sich um einen Zuschlag von 20%.

(6) (aufgehoben)

(BGBl I 2019/104)

Mittelstandsfinanzierungsgesellschaften

§ 6b. (1) Bei Mittelstandsfinanzierungsgesellschaften bleiben im Finanzierungsbereich (Z 3 lit. a) Veräußerungsgewinne, Veräußerungsverluste und sonstige Wertänderungen aus Beteiligungen (Abs. 2 Z 4) bei der Ermittlung der Einkünfte außer Ansatz, wenn folgende Voraussetzungen erfüllt sind:

1. Die Mittelstandsfinanzierungsgesellschaft ist eine Aktiengesellschaft, eine Gesellschaft mit beschränkter Haftung oder eine vergleichbare ausländische Körperschaft.
2. Die Satzung der Mittelstandsfinanzierungsgesellschaft kann die Ausgabe von Genussrechten gemäß § 8 Abs. 3 Z 1 zweiter Teilstrich vorsehen, wenn der Gesamtnennbetrag der Genussrechte mit der Höhe des aufgebrachten Grund- oder Stammkapitals beschränkt ist.
3. Der Geschäftsgegenstand der Mittelstandsfinanzierungsgesellschaft umfasst den Finanzierungsbereich und den Veranlagungsbereich sowie damit zusammenhängende Nebenleistungen und ist wie folgt beschränkt:
   a) Der Finanzierungsbereich umfasst die Investition des Eigenkapitals der Mittelstandsfinanzierungsgesellschaft nach Maßgabe des Abs. 2 und beträgt nachhaltig mindestens 75% des Eigenkapitals.
   b) Der Veranlagungsbereich umfasst die Veranlagung des Eigenkapitals der Mittelstandsfinanzierungsgesellschaft und beträgt nachhaltig höchstens 25% des Eigenkapitals. Die Veranlagung erfolgt ausschließlich in Form von Geldeinlagen, sonstigen Forderungen bei Kreditinstituten oder Forderungswertpapieren; mit dem Finanzierungsbereich zusammenhängende Sicherungsgeschäfte sind innerhalb der 25%-Grenze zulässig.

   Der Bundesminister für Finanzen wird ermächtigt, die Voraussetzungen für die nachhaltige Investition und Veranlagung des Eigenkapitals in einer Verordnung näher festzulegen.
4. Die Investitionsstrategie der Mittelstandsfinanzierungsgesellschaft ist wirtschaftlich solide und umfasst eine nach Maßgabe der Rz 67 der Leitlinien für staatliche Beihilfen zur Förderung von Risikofinanzierungen, ABl. C 19 vom 22.1.2014 (Leitlinien 2014) geeignete Risikodiversifizierungsstrategie.
5. Am Grund- oder Stammkapital und an den Stimmrechten der Mittelstandsfinanzierungsgesellschaft sind mindestens fünf Gesellschafter unmittelbar oder mittelbar beteiligt, wobei die Beteiligung eines Gesellschafters nicht mehr als 49% beträgt.
6. Bei Veräußerung einer Beteiligung (Abs. 2 Z 4) wird im folgenden Wirtschaftsjahr mindestens ein Betrag in Höhe der sich aus der Steuerfreiheit ergebenden Steuerersparnis an die Anteilsinhaber der Mittelstandsfinanzierungsgesellschaft ausgeschüttet.

   (BGBl I 2019/103)

Die Befreiung umfasst auch Erträge aus der Annexfinanzierung gemäß Abs. 2 Z 3 lit. f.

(2) Die Investition des Eigenkapitals (Finanzierungsbereich) erfolgt ausschließlich in Form von Beteiligungen an operativen Unternehmen in der Frühphase und Unternehmen in der Wachstumsphase nach Maßgabe der folgenden Bestimmungen:

1. Unternehmen in der Frühphase sind zu Beginn der Finanzierung durch die Mittelstandsfinanzierungsgesellschaft nicht börsennotiert und erfüllen eine der folgenden Voraussetzungen:
   a) sie sind noch auf keinem Markt tätig;
   b) sie sind seit ihrem ersten kommerziellen Verkauf noch keine sieben Jahre gewerblich tätig;
   c) sie benötigen eine erste Risikofinanzierung, die ausgehend von einem mit Blick auf den Eintritt in einen neuen sachlich oder räumlich relevanten Markt erstellten Geschäftsplan mehr als 50% ihres durchschnittlichen Jahresumsatzes in den vorangegangenen fünf Jahren beträgt.

   Die Investition umfasst auch eine Anschlussfinanzierung nach Ablauf des in lit. b genannten Zeitraums, wenn die Möglichkeit dafür bereits im ursprünglichen Geschäftsplan vorgesehen war und nicht bereits eine Risikofinanzierung durch ein mit dem Unternehmen in der Frühphase verbundenes Unternehmen im Sinne des Anhang 1 Art. 3 Abs. 3 der Verordnung (EU) Nr 651/2014 zur Feststellung der Vereinbarkeit bestimmter Gruppen von Beihilfen mit dem Binnenmarkt in Anwendung der Artikel 107 und 108 des Vertrags über die Arbeitsweise der Europäischen Union (im Folgenden: AGVO 2014), ABl. Nr. L 187 vom 26.06.2014 S. 1, in der Fassung der Berichtigung ABl. Nr. L 283 vom 27.9.2014 S. 65, erfolgt.
2. Unternehmen in der Wachstumsphase sind zu Beginn der Finanzierung durch die Mittelstandsfinanzierungsgesellschaft nicht börsennotiert, fallen nicht unter Z 1, sind seit ihrem ersten kommerziellen Verkauf noch keine zehn Jahre gewerblich tätig und sind
   a) nach Maßgabe des Art. 2 Abs. 80 der AGVO 2014 innovativ oder

b) in einem stark risikobehafteten Sektor (zB Biotechnologie) im Sinne der Rz 73 der Leitlinien 2014 tätig.

(BGBl I 2019/103)

3. Als Beteiligungen an Unternehmen gemäß Z 1 oder Z 2 gelten

a) Aktien, Geschäftsanteile einer Gesellschaft mit beschränkter Haftung und Genossenschaftsanteile;

b) Genussrechte gemäß § 8 Abs. 3 Z 1 zweiter Teilstrich;

c) Anteile an einer Kommanditgesellschaft, wenn damit die Stellung als Mitunternehmer gemäß § 23 des Einkommensteuergesetzes 1988 verbunden ist;

d) stille Beteiligungen im Sinne des § 179 des Unternehmensgesetzbuches, wenn damit die Stellung als Mitunternehmer gemäß § 23 des Einkommensteuergesetzes 1988 verbunden ist;

e) Anteile an ausländischen Gesellschaften, die den in lit. a bis d genannten vergleichbar sind, wenn von deren Ansässigkeitsstaat bzw. Belegenheitsstaat das Vorliegen eines Marktversagens auf Grundlage der Leitlinien 2014 erfolgreich nachgewiesen wurde;

f) Geldveranlagungen neben Beteiligungen im Sinne der lit. a bis e in Form von Darlehen, Schuldverschreibungen, nicht unter lit. d fallenden stillen Beteiligungen oder nicht unter lit. b fallenden Genussrechten, sowie in Form von Zuzahlungen in wirtschaftlich begründeten Fällen (Annexfinanzierung).

4. Eine Investition darf nicht in Unternehmen erfolgen, die zu Unrecht staatliche Beihilfen erhalten und diese noch nicht zurückgezahlt haben.

(BGBl I 2019/103)

(3) Im Finanzierungsbereich gilt für die Mittelstandsfinanzierungsgesellschaft Folgendes:

1. Das Gesamtinvestitionsvolumen ist ausschließlich in

a) kleine und mittlere Unternehmen im Sinne des Anhang I Art. 2 der AGVO 2014,

b) kleine Unternehmen mittlerer Kapitalisierung im Sinne der Rz 52 der Leitlinien 2014 und

c) innovative Unternehmen mittlerer Kapitalisierung im Sinne der Rz 52 der Leitlinien 2014 zu investieren. Dabei müssen mindestens 70% in Unternehmen gemäß lit. a investiert werden.

2. Die Mittelstandsfinanzierungsgesellschaft darf in ein einzelnes Unternehmen

a) höchstens 20% ihres Eigenkapitals und

b) höchstens 15 Millionen Euro einschließlich Anschluss- und Annexfinanzierung investieren. Der Betrag von 15 Millionen Euro vermindert sich, soweit das Unternehmen bereits Investitionen, einschließlich Anschluss- und Annexfinanzierung, von anderen Mittelstandsfinanzierungsgesellschaften erhalten hat.

(BGBl I 2019/103)

3. Die Mittelstandsfinanzierungsgesellschaft darf sich an einem einzelnen Unternehmen zu höchstens 49% des Grund- oder Stammkapitals bzw. des fixen Kapitals beteiligen und keine beherrschende Stellung ausüben.

(4) Wird bei Beteiligungen gemäß Abs. 2 Z 3 lit. e eine Option zur Steuerwirksamkeit gemäß § 10 Abs. 3 ausgeübt, sind Veräußerungsgewinne, Veräußerungsverluste und sonstige Wertänderungen steuerwirksam.

(5) Die Mittelstandsfinanzierungsgesellschaft hat das Vorliegen der Voraussetzungen jährlich durch Bestätigung eines Wirtschaftsprüfers oder einer Wirtschaftsprüfungsgesellschaft nachzuweisen und Informationen über die getätigten Investitionen entsprechend den Anforderungen in Rz 166 lit. v der Leitlinien 2014 offenzulegen. Die Bestimmungen des § 275 des Unternehmensgesetzbuches gelten dabei sinngemäß. Das Finanzamt für Großbetriebe hat das Vorliegen der Voraussetzungen zu bescheinigen und sämtliche Mittelstandsfinanzierungsgesellschaften, die diese Voraussetzungen erfüllen, einmal jährlich elektronisch zu veröffentlichen (Liste der Mittelstandsfinanzierungsgesellschaften); dabei ist das Datum der Veröffentlichung auf der Liste anzugeben. Davon abweichend ist im Fall der erstmaligen Bestätigung eines Wirtschaftsprüfers oder einer Wirtschaftsprüfungsgesellschaft das Vorliegen der Voraussetzungen binnen acht Wochen zu bescheinigen und die Mittelstandsfinanzierungsgesellschaft auf die zuletzt veröffentlichte Liste aufzunehmen; dabei ist zusätzlich zum Datum der Veröffentlichung der Zusatz „neu aufgenommen" anzuführen.

(BGBl I 2019/103, BGBl I 2019/104)

(6) Verletzt eine Mittelstandsfinanzierungsgesellschaft nachhaltig die genannten Voraussetzungen, hat sie den Bruttobetrag aller Ausschüttungen für von der Verletzung der Voraussetzungen betroffene Geschäftsjahre, die bei den Anteilsinhabern eine Steuerbefreiung gemäß § 27 Abs. 7 des Einkommensteuergesetzes 1988 vermitteln können, neben ihrem Einkommen mit dem besonderen Steuersatz gemäß § 27a Abs. 1 Z 2 des Einkommensteuergesetzes 1988 zu versteuern; dabei ist zudem eine von der Mittelstandsfinanzierungsgesellschaft für die Anteilsinhaber übernommene Kapitalertragsteuerpflicht zu berücksichtigen.

(BGBl I 2017/106)

2.TEIL
EINKOMMEN

3. ABSCHNITT
Allgemeine Vorschriften

Einkommen, Einkommensermittlung

§ 7. (1) Der Körperschaftsteuer ist das Einkommen zugrunde zu legen, das der unbeschränkt Steuerpflichtige innerhalb eines Kalenderjahres bezogen hat.

(2) Einkommen ist der Gesamtbetrag der Einkünfte aus den im § 2 Abs. 3 des Einkommensteuergesetzes 1988 aufgezählten Einkunftsarten nach Ausgleich mit Verlusten, die sich aus den einzelnen Einkunftsarten ergeben, und nach Abzug der Sonderausgaben (§ 8 Abs. 4) und des Freibetrages für begünstigte Zwecke (§ 23). Wie das Einkommen zu ermitteln ist, bestimmt sich nach dem Einkommensteuergesetz 1988 und diesem Bundesgesetz. Anzuwenden sind § 2 Abs. 2a des Einkommensteuergesetzes 1988 auf Einkünfte aus einer Beteiligung, wenn das Erzielen steuerlicher Vorteile im Vordergrund steht, sowie § 2 Abs. 8 des Einkommensteuergesetzes 1988.

(3) Bei Steuerpflichtigen, die auf Grund der Rechtsform nach unternehmensrechtlichen Vorschriften zur Rechnungslegung verpflichtet sind, bei rechnungslegungspflichtigen Erwerbs- und Wirtschaftsgenossenschaften und bei vergleichbaren unbeschränkt steuerpflichtigen ausländischen Körperschaften sind alle Einkünfte (§ 2 Abs. 3 des Einkommensteuergesetzes 1988) den Einkünften aus Gewerbebetrieb (§ 23 Z 1 des Einkommensteuergesetzes 1988) zuzurechnen. Der Gewinn ist

– bei vergleichbaren unbeschränkt steuerpflichtigen ausländischen Körperschaften und
– bei Betrieben gewerblicher Art (§ 2), die nach unternehmensrechtlichen oder vergleichbaren Vorschriften zur Rechnungslegung verpflichtet sind und deren jeweilige Umsätze iSd § 125 Abs. 1 der Bundesabgabenordnung in zwei aufeinanderfolgenden Wirtschaftsjahren mehr als 700 000 Euro betragen, in sinngemäßer Anwendung von § 125 Abs. 3 und 4 der Bundesabgabenordnung,

nach § 5 Abs. 1 EStG 1988 zu ermitteln. § 6 Z 2 lit. c und d des Einkommensteuergesetzes 1988 ist nicht anzuwenden. Auf den Wechsel zwischen der Einkommensermittlung nach Abs. 2 und diesem Absatz sind die Vorschriften des § 6 Z 4 und 5 des Einkommensteuergesetzes 1988 anzuwenden.

Als rechnungslegungspflichtige Erwerbs- und Wirtschaftsgenossenschaft im Sinne des ersten Satzes gilt auf Antrag auch eine Erwerbs- und Wirtschaftsgenossenschaft, die nicht mehr unter den ersten Satz fällt. Der Antrag ist in der Steuererklärung des Jahres zu stellen, in dem das Wirtschaftsjahr endet, für das erstmalig keine Pflicht zur Gewinnermittlung nach dem ersten Satz besteht. Der Antrag kann bis zur Rechtskraft des Bescheides gestellt werden und bindet die Erwerbs- und Wirtschaftsgenossenschaft so lange, als er nicht in einer Steuererklärung für das jeweils zu veranlagende Wirtschaftsjahr mit Wirkung für dieses und die folgenden Wirtschaftsjahre widerrufen wird.

(BGBl I 2021/3)

(4) Gewinnermittlungszeitraum ist das Wirtschaftsjahr. Das Wirtschaftsjahr deckt sich grundsätzlich mit dem Kalenderjahr.

(5) Steuerpflichtige, die zur Rechnungslegung verpflichtet sind, und buchführende Steuerpflichtige, die eine Land- und Forstwirtschaft betreiben, dürfen ein vom Kalenderjahr abweichendes Wirtschaftsjahr haben; in diesem Fall ist der Gewinn bei Ermittlung des Einkommens für jenes Kalenderjahr zu berücksichtigen, in dem das Wirtschaftsjahr endet. § 2 Abs. 6 und 7 des Einkommensteuergesetzes 1988 ist anzuwenden.

Einlagen, Entnahmen und Einkommensverwendung

§ 8. (1) Bei der Ermittlung des Einkommens bleiben Einlagen und Beiträge jeder Art insoweit außer Ansatz, als sie von Personen in ihrer Eigenschaft als Gesellschafter, Mitglieder oder in ähnlicher Eigenschaft geleistet werden. § 6 Z 14 lit. b des Einkommensteuergesetzes 1988 ist sinngemäß anzuwenden. Bei einem Forderungsverzicht auf Seiten des Gesellschafters ist der nicht mehr werthaltige Teil der Forderung steuerwirksam.

(2) Für die Ermittlung des Einkommens ist es ohne Bedeutung, ob das Einkommen

– im Wege offener oder verdeckter Ausschüttungen verteilt oder
– entnommen oder
– in anderer Weise verwendet wird.

(3) Eine Einkommensverwendung ist auch anzunehmen bei:

1. Ausschüttungen jeder Art
   – auf Partizipationskapital im Sinne des Bankwesengesetzes in der Fassung vor dem Bundesgesetz BGBl. I Nr. 184/2013 und des Versicherungsaufsichtsgesetzes in der Fassung vor dem Bundesgesetz BGBl. I Nr. 34/2015 sowie
   – auf Genussrechte und sonstige Finanzierungsinstrumente, mit denen das Recht auf Beteiligung am Gewinn und am Liquidationsgewinn des Steuerpflichtigen verbunden ist.

   (BGBl I 2015/34)
2. Rückvergütungen, die von Erwerbs- und Wirtschaftsgenossenschaften in Form von Kaufpreisrückvergütungen gewährt werden und aus dem Mitgliedergeschäft erwirtschaftet wurden.
3. Zuwendungen eines Steuerpflichtigen an Anteilsinhaber, die Gesellschafter einer mit dem Steuerpflichtigen verbundenen Gesellschaft sind, als Ausgleich für entgehende Ausschüttungen auf Grund des Bestehens einer Gewinngemeinschaft (Dividendengarantie).

(4) Folgende Ausgaben sind bei der Ermittlung des Einkommens als Sonderausgaben abzuziehen, soweit sie nicht Betriebsausgaben oder Werbungskosten darstellen:

1. Ausgaben im Sinne des § 18 Abs. 1 Z 1 und 6 bis 9 des Einkommensteuergesetzes 1988.

   (BGBl I 2015/160, BGBl I 2017/28)

2. Der Verlustabzug im Sinne des § 18 Abs. 6 des Einkommensteuergesetzes 1988 nach Maßgabe folgender Bestimmungen:

   a) Der Verlustabzug steht nur im Ausmaß von 75% des Gesamtbetrages der Einkünfte zu. Insoweit die Verluste im laufenden Jahr nicht abgezogen werden können, sind sie in den folgenden Jahren unter Beachtung dieser Grenze abzuziehen.

   b) Lit. a ist in folgenden Fällen insoweit nicht anzuwenden, als im Gesamtbetrag der Einkünfte enthalten sind:

      – Gewinne aus einem Schulderlass, insbesondere Sanierungsgewinne gemäß § 23a,
      – Gewinne, die in Veranlagungszeiträumen anfallen, die von einem Insolvenzverfahren betroffen sind,
      – Gewinne aus der Veräußerung sowie der Aufgabe von Betrieben, Teilbetrieben und Mitunternehmeranteilen,
      – Liquidationsgewinne gemäß § 19,
      – Beträge, die gemäß § 9 Abs. 6 Z 7 oder nach § 2 Abs. 8 Z 4 des Einkommensteuergesetzes 1988 nachzuversteuern sind,
      – Beträge gemäß § 6 Z 6 des Einkommensteuergesetzes 1988, ausgenommen jene nach § 6 Z 6 lit. a letzter Satz des Einkommensteuergesetzes 1988.

      (BGBl I 2015/163, BGBl I 2021/227)

   c) Der Verlustabzug steht ab jenem Zeitpunkt nicht mehr zu, ab dem die Identität des Steuerpflichtigen infolge einer wesentlichen Änderung der organisatorischen und wirtschaftlichen Struktur im Zusammenhang mit einer wesentlichen Änderung der Gesellschafterstruktur auf entgeltlicher Grundlage nach dem Gesamtbild der Verhältnisse wirtschaftlich nicht mehr gegeben ist (Mantelkauf). Dies gilt nicht, wenn diese Änderungen zum Zwecke der Sanierung des Steuerpflichtigen mit dem Ziel der Erhaltung eines wesentlichen Teiles betrieblicher Arbeitsplätze erfolgen. Verluste sind jedenfalls insoweit abzugsfähig, als infolge der Änderung der wirtschaftlichen Struktur bis zum Ende des Wirtschaftsjahres der Änderung stille Reserven steuerwirksam aufgedeckt werden.

(BGBl I 2016/117)

Unternehmensgruppen

§ 9. (1) Abweichend von § 7 können finanziell verbundene Körperschaften (Abs. 2 bis 5) nach Maßgabe des Abs. 8 eine Unternehmensgruppe bilden. Dabei wird das steuerlich maßgebende Ergebnis des jeweiligen Gruppenmitglieds (Abs. 6 und Abs. 7) dem steuerlich maßgebenden Ergebnis des beteiligten Gruppenmitglieds bzw. Gruppenträgers jenes Wirtschaftsjahres zugerechnet, in das der Bilanzstichtag des Wirtschaftsjahres des Gruppenmitgliedes fällt.

(2) Gruppenmitglieder (als Beteiligungskörperschaften oder als beteiligte inländische Körperschaften) können sein:

– unbeschränkt steuerpflichtige Kapitalgesellschaften und Erwerbs- und Wirtschaftsgenossenschaften, die unter § 7 Abs. 3 fallen,
– vergleichbare nicht unbeschränkt steuerpflichtige Körperschaften, die
  – in einem Mitgliedstaat der Europäischen Union oder in einem Staat, mit dem eine umfassende Amtshilfe besteht, ansässig sind und
  – ausschließlich mit unbeschränkt steuerpflichtigen Gruppenmitgliedern oder dem Gruppenträger finanziell verbunden sind (Abs. 4).

Gruppenmitglieder können nicht Mitbeteiligte einer Beteiligungsgemeinschaft sein.

(3) Gruppenträger können sein

– unbeschränkt steuerpflichtige Kapitalgesellschaften und Erwerbs- und Wirtschaftsgenossenschaften, die unter § 7 Abs. 3 fallen,
– unbeschränkt steuerpflichtige Versicherungsvereine auf Gegenseitigkeit im Sinne des VAG 2016,
– unbeschränkt steuerpflichtige Kreditinstitute im Sinne des Bankwesengesetzes,
– beschränkt steuerpflichtige
  – in der Anlage 2 zum Einkommensteuergesetz 1988 in der jeweils geltenden Fassung genannten, den von den Teilstrichen 1 bis 4 umfassten inländischen Rechtsformen vergleichbaren Gesellschaften und
  – den Kapitalgesellschaften vergleichbare Gesellschaften, die den Ort der Geschäftsleitung und den Sitz in einem Mitgliedstaat des Europäischen Wirtschaftsraumes haben,

  wenn sie mit einer Zweigniederlassung im Firmenbuch eingetragen sind und die Beteiligung an den Gruppenmitgliedern (Abs. 2) der Zweigniederlassung zuzurechnen ist, und
– Beteiligungsgemeinschaften (als Personengesellschaft, Beteiligungssyndikat oder im Wege gemeinsamer Kontrolle), wenn sie aus-

schließlich aus den in den Vorpunkten genannten Steuerpflichtigen gebildet werden, nach Maßgabe des Abs. 4. Als Beteiligungsgemeinschaft gelten jedenfalls Personen, die die Beteiligungskörperschaft gemeinsam im Sinne des Art. 3 der Fusionskontrollverordnung, (EWG) Nr. 139/2004 in der jeweils geltenden Fassung, kontrollieren oder an der gemeinsamen Kontrolle mitwirken. Ein Mitbeteiligter einer Beteiligungsgemeinschaft kann nicht gleichzeitig Gruppenmitglied einer anderen Unternehmensgruppe sein.

Ist eine Körperschaft in mehreren Staaten unbeschränkt steuerpflichtig, kann sie nur dann Gruppenträger sein, wenn sie im Inland mit einer Zweigniederlassung im Firmenbuch eingetragen ist und die Beteiligung an Gruppenmitgliedern der Zweigniederlassung zuzurechnen ist.

(BGBl I 2015/34)

(4) Als finanziell verbundene Körperschaften gelten solche, bei denen

- die beteiligte Körperschaft unmittelbar mehr als 50% des Grund-, Stamm- oder Genossenschaftskapitals und der Stimmrechte der Beteiligungskörperschaft besitzt,
- die beteiligte Körperschaft mittelbar über eine Personengesellschaft oder zusammen mit einer unmittelbar gehaltenen Beteiligung in einem Ausmaß beteiligt ist, dass sie unter Berücksichtigung der an der Personengesellschaft bestehenden Beteiligungsquote mehr als 50% des Grund-, Stamm- oder Genossenschaftskapitals und der Stimmrechte der Beteiligungskörperschaft besitzt,
- die beteiligte Körperschaft mittelbar über eine oder mehrere unmittelbar gehaltene Beteiligung(en) an Gruppenmitgliedern, die für sich nicht im Sinne des ersten Teilstriches an der Beteiligungskörperschaft beteiligt sind, allein oder zusammen mit einer unmittelbar gehaltenen Beteiligung insgesamt eine Beteiligung von mehr als 50% des Grund-, Stamm- oder Genossenschaftskapitals und der Stimmrechte der Beteiligungskörperschaft besitzt,
- die Beteiligungsgemeinschaft insgesamt unmittelbar oder mittelbar über eine Personengesellschaft mehr als 50% des Grund-, Stamm- oder Genossenschaftskapitals und der Stimmrechte an einer Beteiligungskörperschaft besitzt und zumindest ein Mitbeteiligter der Gemeinschaft eine Beteiligung am Grund-, Stamm- oder Genossenschaftskapital und an den Stimmrechten von mindestens 40% der Beteiligungskörperschaft und jeder weitere Mitbeteiligte eine solche von mindestens 15% besitzt.

(5) Die finanzielle Verbindung im Sinne des Abs. 4 muss während des gesamten Wirtschaftsjahres des jeweiligen Gruppenmitgliedes vorliegen. Erfüllen im Falle einer Beteiligungsgemeinschaft die Mitbeteiligten die Voraussetzungen des Abs. 4 zu Beginn des Wirtschaftsjahres des jeweiligen Gruppenmitglieds, kann die Beteiligungsgemeinschaft bis zum Gruppenantrag gebildet werden. Steuerlich wirksame rückwirkende Anteilserwerbe und Anteilsübertragungen im Sinne der Abgabenvorschriften sind auch für die Frage der finanziellen Verbindung maßgebend.

Vermögensübertragungen innerhalb der Unternehmensgruppe gelten nicht als Änderung der Voraussetzungen für Gruppenverhältnisse, sofern die Unternehmensgruppe weiterhin finanziell verbunden bleibt.

(6) Bei Ermittlung des zuzurechnenden steuerlich maßgebenden Ergebnisses ist Folgendes zu beachten:

1. Als Ergebnis eines unbeschränkt steuerpflichtigen Gruppenmitglieds gilt das Einkommen unter Berücksichtigung der Z 4.
2. Das Einkommen im Sinne der Z 1 ist dem am Gruppenmitglied nach Abs. 4 entsprechend unmittelbar oder mittelbar beteiligten Gruppenmitglied bzw. Gruppenträger zuzurechnen. Als Ergebnis des Gruppenträgers gilt das Einkommen mit der Maßgabe, dass Sonderausgaben vom zusammengefassten Ergebnis abzuziehen sind.
3. Bei Beteiligungsgemeinschaften ist das Einkommen des Gruppenmitglieds im Sinne der Z 1 und 2, an dem die Beteiligung besteht, den Mitbeteiligten im Ausmaß ihrer Beteiligung an der Beteiligungsgemeinschaft zuzurechnen.
4. Vortragsfähige Verluste (§ 8 Abs. 4 Z 2) des unbeschränkt steuerpflichtigen Gruppenmitglieds aus Zeiträumen vor dem Wirksamwerden der Unternehmensgruppe (Vorgruppenverluste) oder aus einer umgründungsbedingten Übernahme durch ein Gruppenmitglied (Außergruppenverluste) können bis zur Höhe des eigenen Gewinnes des jeweiligen Gruppenmitglieds verrechnet werden. Außergruppenverluste liegen nicht vor, wenn vortragsfähige Verluste innerhalb der Gruppe entstanden sind und umgründungsbedingt auf ein anderes Gruppenmitglied übergehen.
5. Steuerumlagen zum Zwecke des Ausgleichs der steuerlichen Wirkungen, die sich aus der Zurechnung der Einkommen der Gruppenmitglieder zum Gruppenträger ergeben, sind steuerneutral.
6. Bei nicht unbeschränkt steuerpflichtigen ausländischen Gruppenmitgliedern sind nur die nach § 5 Abs. 1 und den übrigen Vorschriften des Einkommensteuergesetzes 1988 und dieses Bundesgesetzes ermittelten Verluste aus Einkunftsquellen des jeweiligen Wirtschaftsjahres, höchstens jedoch die nach ausländischem Steuerrecht ermittelten Verluste des betreffenden Wirtschaftsjahres dem unmittelbar beteiligten Gruppenmitglied bzw. Gruppenträger im Ausmaß der Beteiligungen aller beteiligter Gruppenmitglieder einschließlich eines beteiligten Gruppenträgers zuzurechnen. Zuzurechnende Verluste können nur im Ausmaß von 75% der Summe der

eigenen Einkommen sämtlicher unbeschränkt steuerpflichtiger Gruppenmitglieder sowie des Gruppenträgers berücksichtigt werden. Insoweit dabei die Verluste im laufenden Jahr nicht berücksichtigt werden können, sind sie in folgenden Jahren als vortragsfähige Verluste des Gruppenträgers abzuziehen.

7. In Jahren, in denen ein gemäß Z 6 zugerechneter ausländischer Verlust mit einem ausländischen Gewinn verrechnet wird oder verrechnet werden könnte, ist ein Betrag in diesem Ausmaß beim beteiligten inländischen Gruppenmitglied bzw. Gruppenträger, dem der Verlust zugerechnet wurde, als Gewinn zuzurechnen. Scheidet das nicht unbeschränkt steuerpflichtige ausländische Gruppenmitglied aus der Unternehmensgruppe aus, ist im Jahr des Ausscheidens ein Betrag im Ausmaß aller zugerechneten im Ausland nicht verrechneten Verluste beim Gruppenmitglied bzw. beim Gruppenträger als Gewinn zuzurechnen. Dem Ausscheiden ist ein Verlust der Vergleichbarkeit im Sinne § 4 Z 1 lit. c des Umgründungssteuergesetzes gleichzuhalten. Im Falle des Untergangs (Liquidation oder Insolvenz) des ausländischen Gruppenmitglieds ist bei tatsächlichem und endgültigem Vermögensverlust der zuzurechnende Betrag um die während der Gruppenzugehörigkeit nicht steuerwirksamen Teilwertabschreibungen zu kürzen.

(7) Bei der Gewinnermittlung sind Abschreibungen auf den niedrigeren Teilwert (§ 6 Z 2 lit. a des Einkommensteuergesetzes 1988) und Veräußerungsverluste hinsichtlich von Beteiligungen an Gruppenmitgliedern nicht abzugsfähig. Im Falle der Anschaffung einer Beteiligung (Abs. 4) vor dem 1. März 2014 durch ein Gruppenmitglied bzw. den Gruppenträger oder eine für eine Gruppenbildung geeignete Körperschaft an einer betriebsführenden unbeschränkt steuerpflichtigen Beteiligungskörperschaft (Abs. 2), ausgenommen unmittelbar oder mittelbar von einem konzernzugehörigen Unternehmen bzw. unmittelbar oder mittelbar von einem einen beherrschenden Einfluss ausübenden Gesellschafter, ist ab Zugehörigkeit dieser Körperschaft zur Unternehmensgruppe beim unmittelbar beteiligten Gruppenmitglied bzw. Gruppenträger eine Firmenwertabschreibung in folgender Weise vorzunehmen:

– Als Firmenwert gilt der dem Beteiligungsausmaß entsprechende Unterschiedsbetrag zwischen dem handelsrechtlichen Eigenkapital der Beteiligungskörperschaft zuzüglich stiller Reserven im nicht abnutzbaren Anlagevermögen und den steuerlich maßgebenden Anschaffungskosten, höchstens aber 50% dieser Anschaffungskosten. Der abzugsfähige Firmenwert ist gleichmäßig auf 15 Jahre verteilt abzusetzen.
– Insoweit von den Anschaffungskosten einer Beteiligung steuerwirksame Abschreibungen auf den niedrigeren Teilwert (§ 6 Z 2 lit. a des Einkommensteuergesetzes 1988) vorgenommen worden sind, ist der Firmenwert im ersten Jahr der Zugehörigkeit zur Unternehmensgruppe um den vollen Betrag der Teilwertabschreibung, saldiert mit erfolgten Zuschreibungen, zu kürzen. Offene Teilbeträge der Teilwertabschreibung sind unabhängig davon gem. § 12 Abs. 3 Z 2 weiter zu berücksichtigen.
– Findet die Gruppenbildung erst nach dem Anschaffungsjahr statt, können jene Fünfzehntel abgesetzt werden, die ab dem Jahr des Wirksamwerdens der Unternehmensgruppe offen sind. Die Firmenwertabschreibung ist auf die Dauer der Zugehörigkeit der beteiligten Körperschaft und der Zugehörigkeit des Betriebes oder der Teilbetriebe der Beteiligungskörperschaft zur Unternehmensgruppe beschränkt.
– Ergibt sich auf Grund der Anschaffung der Beteiligung ein negativer Firmenwert, ist dieser im Sinne der vorstehenden Sätze gewinnerhöhend anzusetzen.
– Die steuerlich berücksichtigten Fünfzehntelbeträge vermindern oder erhöhen den steuerlich maßgeblichen Buchwert.
– Gehen Beteiligungen, auf die eine Firmenwertabschreibung vorgenommen wurde, umgründungsbedingt unter oder werden sie zur Abfindung der Anteilsinhaber der übertragenden Körperschaft verwendet, sind abgesetzte Fünfzehntelbeträge zum Umgründungsstichtag steuerwirksam nachzuerfassen, soweit der Nacherfassungsbetrag im Unterschiedsbetrag zwischen Buchwert und Verkehrswert der abgeschriebenen Beteiligung Deckung findet. Tritt an die Stelle der firmenwertabgeschriebenen Beteiligung umgründungsbedingt die Beteiligung an einer übernehmenden Körperschaft, hat die Nacherfassung erst dann zu erfolgen, wenn die Beteiligung an der übernehmenden Körperschaft umgründungsbedingt untergeht.

(8) Die Gruppenbesteuerung erstreckt sich auf den Gruppenträger und die Gruppenmitglieder, die in einem schriftlichen Gruppenantrag genannt sind. Dabei gilt Folgendes:

– Der Gruppenantrag ist von den gesetzlichen Vertretern des Gruppenträgers und aller einzubeziehenden inländischen Körperschaften zu unterfertigen.
– Der Gruppenantrag muss nachweislich vor dem Ablauf jenes Wirtschaftsjahres jeder einzubeziehenden inländischen Körperschaft unterfertigt werden, für das die Zurechnung des steuerlich maßgebenden Ergebnisses erstmalig wirksam sein soll.
– Im Gruppenantrag ist zu erklären, dass zwischen den finanziell verbundenen inländischen Körperschaften jeweils eine Regelung über den Steuerausgleich vereinbart worden ist.
– Im Gruppenantrag sind Beteiligungs- und Stimmrechtsverhältnisse sowie die Wirt-

schaftsjahre aller einzubeziehenden Körperschaften anzugeben.

– Der Gruppenantrag ist vom Gruppenträger, bei Vorliegen einer Beteiligungsgemeinschaft vom Hauptbeteiligten oder im Zweifel von einem von der Beteiligungsgemeinschaft bestimmten Mitbeteiligten bei dem für den Antragsteller für die Erhebung der Körperschaftsteuer zuständigen Finanzamt, unter Verwendung des amtlichen Vordruckes, innerhalb eines Kalendermonats nach der Unterfertigung des letzten gesetzlichen Vertreters zu stellen. Alle übrigen einzubeziehenden inländischen Körperschaften haben dem jeweils für jede Körperschaft zuständigen Finanzamt die Tatsache einer Antragstellung anzuzeigen.
– Das für die Erhebung der Körperschaftsteuer des Antragstellers zuständige Finanzamt hat das Vorliegen der Voraussetzungen für das Bestehen der Unternehmensgruppe gegenüber allen den Antrag unterfertigten Körperschaften bescheidmäßig festzustellen.

(9) Für Änderungen einer bestehenden Unternehmensgruppe gilt Folgendes:

– Jede Änderung ist vom betroffenen Gruppenmitglied bzw. vom betroffenen Gruppenträger dem für die Erhebung der Körperschaftsteuer des Antragstellers zuständigen Finanzamt (Abs. 8) innerhalb eines Monats anzuzeigen.
– Jedes Gruppenmitglied kann dem für den Antragsteller zuständigen Finanzamt (Abs. 8) gegenüber sein Ausscheiden aus der Unternehmensgruppe erklären. Erklärt der Gruppenträger sein Ausscheiden aus der Unternehmensgruppe, ist die Unternehmensgruppe beendet.
– Im Falle des nachträglichen Eintritts einer Körperschaft (Abs. 2) gilt Abs. 8 für den Gruppenträger und die eintretende Körperschaft sinngemäß.
– Der Feststellungsbescheid (Abs. 8) ist in allen Fällen der Änderung gegenüber dem Gruppenträger und und dem betroffenen Gruppenmitglied abzuändern.

(10) Die Unternehmensgruppe muss für einen Zeitraum von mindestens drei Jahren bestehen. Dabei gilt Folgendes:

– Die Mindestdauer ist nur erfüllt, wenn das steuerlich maßgebende Ergebnis von drei jeweils zwölf Monate umfassenden Wirtschaftsjahren in Sinne des Abs. 6 zugerechnet wird.
– Die Regelung über die Mindestdauer gilt im Falle des nachträglichen Eintritts einer weiteren Körperschaft (Abs. 2) in eine bestehende Unternehmensgruppe für die eintretende Körperschaft.
– Scheidet eine Körperschaft innerhalb von drei Jahren nach dem Eintritt aus der Unternehmensgruppe aus, gilt dieses Ausscheiden als rückwirkendes Ereignis im Sinn des § 295a der Bundesabgabenordnung. Im Wege der Veranlagung und der Anpassung der abgeleiteten Bescheide gemäß § 295 der Bundesabgabenordnung sind jene steuerlich maßgebenden Verhältnisse herzustellen, die sich ohne Gruppenzugehörigkeit ergeben hätten.

Befreiung für Beteiligungserträge und internationale Schachtelbeteiligungen

§ 10. (1) Von der Körperschaftsteuer sind Beteiligungserträge befreit. Beteiligungserträge sind:

1. Gewinnanteile jeder Art auf Grund einer Beteiligung an inländischen Kapitalgesellschaften und Erwerbs- und Wirtschaftsgenossenschaften in Form von Gesellschafts- und Genossenschaftsanteilen.
2. Rückvergütungen von inländischen Erwerbs- und Wirtschaftsgenossenschaften nach § 8 Abs. 3 Z 2 und Bezüge aus Anteilen an körperschaftlich organisierten Personengemeinschaften (Agrargemeinschaften).

   (BGBl I 2019/103)
3. Gewinnanteile jeder Art auf Grund einer Beteiligung an inländischen Körperschaften in Form von Genussrechten und sonstigen Finanzierungsinstrumenten gemäß § 8 Abs. 3 Z 1 zweiter Teilstrich.
4. Gewinnanteile jeder Art auf Grund von Partizipationskapital gemäß § 8 Abs. 3 Z 1 erster Teilstrich.
5. Gewinnanteile im Sinne der Z 1 bis 4 aus einer Beteiligung an einer ausländischen Körperschaft, die die in der Anlage 2 zum Einkommensteuergesetz 1988 vorgesehenen Voraussetzungen des Art. 2 der Richtlinie 2011/96/EU über das gemeinsame Steuersystem der Mutter- und Tochtergesellschaften verschiedener Mitgliedstaaten, ABl. Nr. L 345 vom 29.12.2011 S. 8 in der jeweils geltenden Fassung erfüllt und die nicht unter Z 7 fällt.
6. Gewinnanteile im Sinne der Z 1 bis 4 aus einer Beteiligung an einer ausländischen Körperschaft, die mit einer inländischen unter § 7 Abs. 3 fallenden Körperschaft vergleichbar ist und mit deren Ansässigkeitsstaat eine umfassende Amtshilfe besteht, wenn sie nicht unter Z 7 fällt.
7. Gewinnanteile jeder Art auf Grund einer internationalen Schachtelbeteiligung im Sinne des Abs. 2.

(2) Eine internationale Schachtelbeteiligung liegt vor, wenn unter § 7 Abs. 3 fallende Steuerpflichtige oder sonstige unbeschränkt steuerpflichtige ausländische Körperschaften, die einem inländischen unter § 7 Abs. 3 fallenden Steuerpflichtigen vergleichbar sind, nachweislich in Form von Kapitalanteilen während eines ununterbrochenen Zeitraumes von mindestens einem Jahr mindestens zu einem Zehntel

1. an ausländischen Körperschaften, die einer inländischen Kapitalgesellschaft vergleichbar sind,

2. an anderen ausländischen Körperschaften, die die in der Anlage 2 zum Einkommensteuergesetz 1988 vorgesehenen Voraussetzungen des Artikels 2 der Richtlinie 2011/96/EU in der jeweils geltenden Fassung erfüllen,

beteiligt sind. Die genannte Frist von einem Jahr gilt nicht für Anteile, die auf Grund einer Kapitalerhöhung erworben wurden, soweit sich das Beteiligungsausmaß dadurch nicht erhöht hat.

(3) Bei der Ermittlung der Einkünfte bleiben Veräußerungsgewinne, Veräußerungsverluste und sonstige Wertänderungen aus internationalen Schachtelbeteiligungen im Sinne des Abs. 2 außer Ansatz. Dies gilt auch für den Untergang (Liquidation oder Insolvenz) der ausländischen Körperschaft, sofern nicht tatsächliche und endgültige Vermögensverluste vorliegen. Diese Verluste sind um steuerfreie Gewinnanteile jeder Art, die innerhalb der letzten fünf Wirtschaftsjahre vor dem Wirtschaftsjahr der Liquidationseröffnung oder des Eintrittes der Insolvenz anfallen, zu kürzen. Die Steuerneutralität der Beteiligung gilt nach Maßgabe der folgenden Bestimmungen nicht:

1. Der Steuerpflichtige erklärt in der Körperschaftsteuererklärung für das Jahr der Anschaffung einer internationalen Schachtelbeteiligung oder des Entstehens einer internationalen Schachtelbeteiligung durch die zusätzliche Anschaffung von Anteilen, dass Gewinne, Verluste und sonstige Wertänderungen für diese steuerwirksam sein sollen (Option zugunsten der Steuerwirksamkeit der Beteiligung).
2. Die Option kann nur innerhalb eines Monats ab Abgabe der Körperschaftsteuererklärung durch deren Berichtigung nachgeholt oder widerrufen werden.
3. Die getroffene Option erstreckt sich auch auf die Erweiterung einer bestehenden internationalen Schachtelbeteiligung durch zusätzliche Anschaffungen.
4. Im Falle der Veräußerung oder der Übertragung einer bestehenden internationalen Schachtelbeteiligung im Rahmen einer Umgründung im Sinne des Umgründungssteuergesetzes an eine unmittelbar oder mittelbar konzernzugehörige Körperschaft ist auch die erwerbende Körperschaft an die Option im Sinne der Z 1 gebunden. Dies gilt auch für den Fall, dass die erwerbende Konzernkörperschaft eine internationale Schachtelbeteiligung an derselben ausländischen Körperschaft besitzt, für die die Option anders ausgeübt worden ist.
5. Entsteht eine internationale Schachtelbeteiligung durch die Sitzverlegung der Körperschaft, an der die Beteiligung besteht, in das Ausland, erstreckt sich die Steuerneutralität nicht auf den Unterschiedsbetrag zwischen dem Buchwert und dem höheren Teilwert im Zeitpunkt der Sitzverlegung. Geht eine internationale Schachtelbeteiligung, soweit für sie keine Option zugunsten der Steuerwirksamkeit erklärt worden ist, durch die Sitzverlegung der Körperschaft, an der die Beteiligung besteht, in das Inland unter, gilt der höhere Teilwert im Zeitpunkt der Sitzverlegung als Buchwert.

(4) Von der Körperschaftsteuer nicht befreit sind Gewinnanteile im Sinne des § 10 Abs. 1 Z 5 bis 7, soweit sie bei der ausländischen Körperschaft abzugsfähig sind.

(BGBl I 2018/62)

Passiveinkünfte niedrigbesteuerter Körperschaften

§ 10a. (1) Erzielt eine niedrigbesteuerte ausländische Körperschaft Passiveinkünfte im Sinne des Abs. 2, sind

1. diese Passiveinkünfte der beherrschenden Körperschaft im Sinne des Abs. 4 Z 2 nach Maßgabe der Abs. 4 und 5 hinzuzurechnen (Hinzurechnungsbesteuerung);
2. Erträge aus internationalen Schachtelbeteiligungen sowie aus qualifizierten Portfoliobeteiligungen im Sinne des Abs. 7 bei der beteiligten Körperschaft nach Maßgabe des Abs. 7 nicht von der Körperschaftsteuer befreit, sondern unterliegen unter Anrechnung der ausländischen Steuer der Steuerpflicht (Methodenwechsel).

(2) Passiveinkünfte sind:

1. Zinsen oder sonstige Einkünfte aus Finanzanlagevermögen;
2. Lizenzgebühren oder sonstige Einkünfte aus geistigem Eigentum;
3. Dividenden und Einkünfte aus der Veräußerung von Anteilen, soweit diese bei der beteiligten Körperschaft steuerpflichtig wären;
4. Einkünfte aus Finanzierungsleasing;
5. Einkünfte aus Tätigkeiten von Versicherungen und Banken und anderen finanziellen Tätigkeiten sowie
6. Einkünfte aus Abrechnungsunternehmen, die Einkünfte aus dem Verkauf von Waren und der Erbringung von Dienstleistungen erzielen, die von verbundenen Unternehmen erworben und an verbundene Unternehmen verkauft werden, und keinen oder nur geringen wirtschaftlichen Mehrwert bringen.

(3) Niedrigbesteuerung einer ausländischen Körperschaft liegt vor, wenn deren tatsächliche Steuerbelastung im Ausland nicht mehr als 12,5% beträgt. Dabei ist das Einkommen der ausländischen Körperschaft nach § 5 Abs. 1 des Einkommensteuergesetzes 1988, den übrigen Vorschriften des Einkommensteuergesetzes 1988 sowie dieses Bundesgesetzes zu ermitteln; § 12a bleibt dabei unberücksichtigt. Dem Einkommen ist die im Ausland tatsächlich entrichtete Steuer gegenüberzustellen.

(BGBl I 2021/3)

(4) Zu einer Hinzurechnung nach Abs. 5 kommt es unter folgenden Voraussetzungen:

1. Die niedrigbesteuerte ausländische Körperschaft erzielt Passiveinkünfte im Sinne des Abs. 2, die mehr als ein Drittel der gesamten Einkünfte der ausländischen Körperschaft betragen. Dabei ist Abs. 3 zweiter Satz sinngemäß anzuwenden, wobei auch steuerbefreite Dividenden und Einkünfte aus der Veräußerung von Anteilen zu den gesamten Einkünften zählen.
2. Eine unter § 1 Abs. 2 oder § 1 Abs. 3 Z 1 fallende Körperschaft (beherrschende Körperschaft) hält selbst oder zusammen mit ihren verbundenen Unternehmen unmittelbar oder mittelbar mehr als 50% der Stimmrechte oder des Kapitals oder hat Anspruch auf mehr als 50% der Gewinne der ausländischen Körperschaft (beherrschte Körperschaft). Für Zwecke dieser Bestimmung liegt ein verbundenes Unternehmen vor, wenn
   a) die Körperschaft an diesem unmittelbar oder mittelbar eine Beteiligung in Form von Stimmrechten oder Kapital von mindestens 25% hält oder bei dem sie Anspruch auf mindestens 25% der Gewinne hat;
   b) eine juristische oder natürliche Person oder eine Personenvereinigung unmittelbar oder mittelbar eine Beteiligung an der Körperschaft in Form von Stimmrechten oder Kapital von mindestens 25% hält oder Anspruch auf mindestens 25% der Gewinne dieser Körperschaft hat.

   Halten verbundene juristische oder natürliche Personen oder Personenvereinigungen Beteiligungen im Sinne der lit. b an weiteren Unternehmen, gelten auch diese als verbundene Unternehmen.
3. Die ausländische beherrschte Körperschaft übt bezogen auf Personal, Ausstattung, Vermögenswerte und Räumlichkeiten keine wesentliche wirtschaftliche Tätigkeit aus. Das Vorliegen einer wesentlichen wirtschaftlichen Tätigkeit ist von der beherrschenden Körperschaft nachzuweisen (Substanznachweis).

(5) Für die Hinzurechnung der Passiveinkünfte gilt Folgendes:

1. Das Ausmaß der Hinzurechnung bestimmt sich nach der Höhe der von der jeweiligen beherrschenden Körperschaft unmittelbar und mittelbar (anteilig) gehaltenen Beteiligung am Nennkapital der ausländischen beherrschten Körperschaft. Weicht die Gewinnverteilung von der Beteiligung am Nennkapital ab, ist der anteilige Anspruch auf Gewinn maßgebend.
2. Die Passiveinkünfte werden der beherrschenden Körperschaft in jenem Wirtschaftsjahr hinzugerechnet, in das der Bilanzstichtag des Wirtschaftsjahres der ausländischen Körperschaft fällt.
3. Abs. 3 zweiter Satz ist sinngemäß anzuwenden. Ein etwaiger Verlust ist nicht hinzuzurechnen.

(6) Die Vorschriften über die Hinzurechnung von Passiveinkünften sowie die Vermeidung der Doppelbesteuerung (Abs. 9) sind sinngemäß anzuwenden

1. auf inländische Körperschaften, die aufgrund eines Doppelbesteuerungsabkommens im Ausland ansässig sind und

   (BGBl I 2019/103)
2. auf ausländische Betriebsstätten, auch wenn das Doppelbesteuerungsabkommen eine Befreiung vorsieht.

(7) Zu einem Methodenwechsel kommt es bei internationalen Schachtelbeteiligungen im Sinne des § 10 Abs. 2 sowie bei Beteiligungen von mindestens 5%, deren Gewinnanteile unter § 10 Abs. 1 Z 5 oder 6 fallen (qualifizierte Portfoliobeteiligungen), wenn der Unternehmensschwerpunkt der niedrigbesteuerten ausländischen Körperschaft in der Erzielung von Passiveinkünften im Sinne des Abs. 2 liegt. Dabei gilt Folgendes:

1. Die Steuerbefreiung für Gewinnanteile gemäß § 10 Abs. 1 Z 5 bis 7 sowie die Steuerneutralität gemäß § 10 Abs. 3 kommen nicht zur Anwendung.
2. Ein Methodenwechsel unterbleibt insoweit, als Passiveinkünfte nachweislich bereits im Rahmen der Hinzurechnungsbesteuerung erfasst wurden.

(8) Die Hinzurechnung von Passiveinkünften gemäß Abs. 5 sowie der Methodenwechsel gemäß Abs. 7 unterbleiben für ausländische Finanzunternehmen im Sinne von Artikel 2 Abs. 5 der Richtlinie (EU) 2016/1164 mit Vorschriften zur Bekämpfung von Steuervermeidungspraktiken mit unmittelbaren Auswirkungen auf das Funktionieren des Binnenmarkts, ABl. Nr. L 193 vom 19.7.2016 S. 1, wenn nicht mehr als ein Drittel der Passiveinkünfte des Unternehmens im Sinne des Abs. 2 aus Transaktionen mit der inländischen beherrschenden oder beteiligten Körperschaft oder deren verbundenen Unternehmen stammen.

(BGBl I 2019/103)

(9) Die Doppelbesteuerung ist wie folgt zu vermeiden:

1. Die Hinzurechnung bei mittelbar beteiligten beherrschenden Körperschaften unterbleibt insoweit, als die Passiveinkünfte bereits bei einer unmittelbar oder mittelbar näher beteiligten beherrschenden Körperschaft im Inland hinzugerechnet werden.

   (BGBl I 2019/103)
2. Veräußert die beherrschende Körperschaft ihre Beteiligung an der ausländischen Körperschaft, ist der Veräußerungserlös insoweit von der Körperschaftsteuer befreit, als in diesem Gewinne enthalten sind, die bereits gemäß Abs. 5 hinzugerechnet wurden.
3. Bei der Hinzurechnung gemäß Abs. 5 wird auf Antrag die auf die hinzugerechneten Passiveinkünfte entfallende tatsächliche Steuerbelastung der beherrschten Körperschaft sowie eine auf diese entfallende vergleichbare

ausländische vorgelagerte Hinzurechnungsbesteuerung angerechnet.

4. Beim Methodenwechsel gemäß Abs. 7 wird auf Antrag die auf die steuerpflichtigen Gewinnanteile entfallende tatsächliche Steuerbelastung, vorrangig die ausländische Körperschaftsteuer, angerechnet. Die anrechenbare ausländische Steuer erhöht die steuerpflichtigen Gewinnanteile.

(BGBl I 2019/103)

Übersteigt in den Fällen der Z 3 und Z 4 die anrechenbare ausländische Körperschaftsteuer die Steuerschuld unter Außerachtlassung einer Mindeststeuer nach § 24 Abs. 4, kann der Übersteigungsbetrag auf die Steuerschuld in folgenden Jahren auf Antrag angerechnet werden. Über die Höhe des Übersteigungsbetrages ist im Abgabenbescheid abzusprechen.

(10) Der Bundesminister für Finanzen wird ermächtigt, in einer Verordnung die nähere Vorgehensweise für die Hinzurechnungsbesteuerung und den Methodenwechsel festzulegen.

(11) Als niedrigbesteuert iSd Abs. 3 in einem Wirtschaftsjahr gilt eine Körperschaft, wenn diese in einem Staat ansässig ist, der zum Abschlussstichtag dieses Wirtschaftsjahres in der Liste jener Drittländer geführt wird, die von den Mitgliedstaaten gemeinsam als nicht kooperierende Länder eingestuft worden sind.

(BGBl I 2021/3)

(BGBl I 2018/62)

Abzugsfähige Aufwendungen und Ausgaben

§ 11. (1) Bei der Gewinnermittlung gelten auch folgende Aufwendungen als Betriebsausgaben im Sinne des Einkommensteuergesetzes 1988:

1. Bei unter § 7 Abs. 3 fallenden Steuerpflichtigen die von ihnen zu tragenden Aufwendungen, soweit sie mit Einlagen und Beiträgen (§ 8 Abs. 1) in unmittelbarem wirtschaftlichen Zusammenhang stehen.
2. (aufgehoben)

   (BGBl I 2022/108)
3. Bei Versicherungsunternehmen die Zuführungen zu versicherungstechnischen Rückstellungen und Rücklagen sowie die Gewährung von Prämienrückerstattungen (Gewinnbeteiligungen) nach den §§ 15 bis 17.
4. Die Zinsen in Zusammenhang mit der Fremdfinanzierung des Erwerbes von Kapitalanteilen im Sinne des § 10, soweit sie zum Betriebsvermögen zählen. Nicht abgezogen werden dürfen Geldbeschaffungs- und Nebenkosten sowie Aufwendungen, die unter § 12 Abs. 1 Z 9 oder 10 fallen.

(2) Ist eine nach § 5 oder nach anderen Bundesgesetzen befreite Körperschaft zum Teil unbeschränkt steuerpflichtig, dürfen bei der Ermittlung der Einkünfte Aufwendungen und Ausgaben nur insoweit abgezogen werden, als sie mit steuerpflichtigen Erträgen und Einnahmen in unmittelbarem wirtschaftlichen Zusammenhang stehen.

Nichtabzugsfähige Aufwendungen und Ausgaben

§ 12. (1) Bei den einzelnen Einkünften dürfen nicht abgezogen werden:

1. Die Aufwendungen für die Erfüllung von Zwecken des Steuerpflichtigen, die durch Stiftung, Satzung oder sonstige Verfassung vorgeschrieben sind. Eine Privatstiftung kann Zuwendungen an Begünstigte und Letztbegünstigte auch nicht als Sonderausgaben (§ 8 Abs. 4 Z 1) abziehen.
2. Aufwendungen nach § 20 Abs. 1 Z 2 lit. b des Einkommensteuergesetzes 1988, die nicht schon unter § 8 Abs. 2 fallen, soweit sie nach allgemeiner Verkehrsauffassung unangemessen hoch sind.
3. Repräsentationsaufwendungen nach § 20 Abs. 1 Z 3 des Einkommensteuergesetzes 1988.
4. a) Geld- und Sachzuwendungen, deren Gewährung oder Annahme mit gerichtlicher Strafe bedroht ist.
   b) Strafen und Geldbußen, die von Gerichten, Verwaltungsbehörden oder den Organen der Europäischen Union verhängt werden.
   c) Verbandsgeldbußen nach dem Verbandsverantwortlichkeitsgesetz.
   d) Abgabenerhöhungen nach dem Finanzstrafgesetz.
   e) Leistungen aus Anlass eines Rücktrittes von der Verfolgung nach der Strafprozessordnung oder dem Verbandsverantwortlichkeitsgesetz (Diversion).
5. Aufwendungen zu gemeinnützigen, mildtätigen oder kirchlichen Zwecken und andere freiwillige Zuwendungen (Spenden), soweit sie nicht nach § 4a des Einkommensteuergesetzes 1988 oder nach § 8 Abs. 4 Z 1 abzugsfähig sind.
6. Die Steuern vom Einkommen und sonstige Personensteuern und die aus Anlass einer unentgeltlichen Grundstücksübertragung anfallende Grunderwerbsteuer, Eintragungsgebühren und andere Nebenkosten; weiters die Umsatzsteuer, die auf nichtabzugsfähige Aufwendungen entfällt.
7. Die Hälfte der Vergütungen jeder Art, die an Mitglieder des Aufsichtsrates, Verwaltungsrates oder andere mit der Überwachung der Geschäftsführung beauftragte Personen für diese Funktion gewährt werden. Ein Viertel der Vergütungen jeder Art, die an nicht ausschließlich mit geschäftsleitenden Funktionen betraute Verwaltungsräte im monistischen System gewährt werden. Die ersten beiden Sätze gelten auch für Reisekostenersätze, soweit sie die in § 26 Z 4 des Einkommen-

steuergesetzes 1988 angeführten Sätze übersteigen.

8. Aufwendungen nach § 20 Abs. 1 Z 7 und Z 8 des Einkommensteuergesetzes 1988. Für die Anwendung des § 20 Abs. 1 Z 7 des Einkommensteuergesetzes 1988 gilt: Der Betrag von 500 000 Euro ist zu aliquotieren, wenn eine Person von mehreren Unternehmen Entgelte erhält, die unmittelbar oder mittelbar konzernzugehörig sind oder unmittelbar oder mittelbar unter dem beherrschenden Einfluss desselben Gesellschafters stehen. Werden Umlagen für diese Entgelte geleistet, sind die Aufwendungen um die empfangenen Umlagen zu kürzen und die Aliquotierung hat nach dieser Kürzung stattzufinden. § 20 Abs. 1 Z 7 lit. a des Einkommensteuergesetzes 1988 ist in diesen Fällen nicht anzuwenden.

9. Aufwendungen für Zinsen in Zusammenhang mit einer Fremdfinanzierung, die dem Erwerb von Kapitalanteilen gedient hat, wenn diese Kapitalanteile unmittelbar oder mittelbar von einem konzernzugehörigen Unternehmen bzw. unmittelbar oder mittelbar von einem einen beherrschenden Einfluss ausübenden Gesellschafter erworben worden sind. Dies gilt auch bei Kapitalerhöhungen oder Zuschüssen, die in Zusammenhang mit einem Erwerb von Kapitalanteilen im Sinne des vorherigen Satzes stehen.

(BGBl I 2018/62)

10. Aufwendungen für Zinsen oder Lizenzgebühren im Sinne des § 99a Abs. 1 zweiter und dritter Satz des Einkommensteuergesetzes 1988 unter folgenden Voraussetzungen:
    a) Empfänger der Zinsen oder Lizenzgebühren ist eine Körperschaft im Sinne des § 1 Abs. 2 Z 1 oder eine vergleichbare ausländische Körperschaft.
    b) Die empfangende Körperschaft ist unmittelbar oder mittelbar konzernzugehörig oder steht unmittelbar oder mittelbar unter dem beherrschenden Einfluss desselben Gesellschafters.
    c) Die Zinsen oder Lizenzgebühren unterliegen bei der empfangenden Körperschaft
       – aufgrund einer persönlichen oder sachlichen Befreiung keiner Besteuerung oder
       – einem Steuersatz von weniger als 10% oder
       – aufgrund einer auch dafür vorgesehenen Steuerermäßigung einer tatsächlichen Steuerbelastung von weniger als 10% oder
       – aufgrund einer Steuerrückerstattung einer Steuerbelastung von weniger als 10%, wobei auch eine Steuerrückerstattung an die Anteilsinhaber zu berücksichtigen ist.

    Kann eine Steuerermäßigung oder -rückerstattung im Sinne des dritten und vierten Teilstriches erst in einem späteren Wirtschaftsjahr in Anspruch genommen werden, ist diese bereits bei der Ermittlung der Steuerbelastung zu berücksichtigen. Erfolgt jedoch innerhalb von neun Wirtschaftsjahren nach dem Anfallen der Aufwendungen für Zinsen oder Lizenzgebühren tatsächlich keine solche Steuerermäßigung oder -rückerstattung, stellt dies ein rückwirkendes Ereignis im Sinne des § 295a der Bundesabgabenordnung dar.

    Ist der Empfänger nicht Nutzungsberechtigter, ist auf den Nutzungsberechtigten abzustellen. Die Aufwendungen dürfen abgezogen werden, wenn
       – die Zinsen oder Lizenzgebühren aufgrund der Hinzurechnungsbesteuerung gemäß § 10a oder einer vergleichbaren ausländischen Regelung nachweislich keiner Niedrigbesteuerung im Sinne der lit. c unterliegen oder
       – die empfangende Körperschaft die unionsrechtlichen Vorschriften für Risikokapitalbeihilfen erfüllt.

    (BGBl I 2018/62, BGBl I 2019/103)

11. Aufwendungen nach § 20 Abs. 1 Z 9 des Einkommensteuergesetzes 1988.

    (BGBl I 2015/118)

(2) Weiters dürfen bei der Ermittlung der Einkünfte die nicht unter § 11 Abs. 1 fallenden Aufwendungen und Ausgaben nicht abgezogen werden, soweit sie mit

– nicht steuerpflichtigen (steuerneutralen) Vermögensmehrungen und Einnahmen,
– Einkünften aus der Überlassung von Kapital, aus realisierten Wertsteigerungen von Kapitalvermögen und Einkünften aus Derivaten, mit Ausnahme der in § 27a Abs. 2 des Einkommensteuergesetzes 1988 genannten Einkünfte oder
– Einkünften aus Grundstücksveräußerungen, außer in den Fällen des § 30a Abs. 3 Z 1 bis 4 oder Abs. 4 des Einkommensteuergesetzes 1988

in unmittelbarem wirtschaftlichem Zusammenhang stehen. Für unter § 7 Abs. 3 fallende Steuerpflichtige sind der zweite und dritte Teilstrich nicht anzuwenden.

(3) Für Kapitalanteile gilt Folgendes:

1. Die Abschreibung auf den niedrigeren Teilwert (§ 6 Z 2 lit. a des Einkommensteuergesetzes 1988) oder ein Verlust anläßlich der Veräußerung oder eines sonstigen Ausscheidens darf nur insoweit abgezogen werden, als nachgewiesen wird, daß die Wertminderung oder der Verlust nicht mit Einkommensverwendungen im Sinne des § 8 Abs. 2 und 3 der Körperschaft, an der die Beteiligung besteht,

in ursächlichem Zusammenhang steht (ausschüttungsbedingte Teilwertabschreibung und ausschüttungsbedingter Verlust). Dies gilt nur, wenn die Beteiligungserträge aus dem Kapitalanteil unter § 10 Abs. 1 fallen.

(BGBl I 2018/62)

2. Abzugsfähige Abschreibungen auf den niedrigeren Teilwert (§ 6 Z 2 lit. a des Einkommensteuergesetzes 1988) oder Verluste anläßlich der Veräußerung oder eines sonstigen Ausscheidens einer zum Anlagevermögen gehörenden Beteiligung sind im betreffenden Wirtschaftsjahr und den nachfolgenden sechs Wirtschaftsjahren zu je einem Siebentel zu berücksichtigen, soweit nicht
   - eine Zuschreibung erfolgt oder
   - stille Reserven anläßlich der Veräußerung oder eines sonstigen Ausscheidens der Beteiligung steuerwirksam aufgedeckt werden oder
   - im Wirtschaftjahr der Abschreibung oder des Verlustes stille Reserven anläßlich der Veräußerung oder eines sonstigen Ausscheidens einer anderen zum Anlagevermögen gehörenden von dieser Vorschrift nicht berührten Beteiligung steuerwirksam

   aufgedeckt und auf Antrag des Steuerpflichtigen gegenverrechnet werden.
3. Im Falle von Einlagen in mittelbar verbundene Körperschaften darf bei den Zwischenkörperschaften insoweit der niedrigere Teilwert nicht angesetzt werden, es sei denn, ein wirtschaftlicher Zusammenhang zwischen Einlagen und Ansatz des niedrigeren Teilwertes ist nachweislich nicht gegeben. Dasselbe gilt auch für unmittelbare Einlagen in Zwischenkörperschaften mit nachfolgender mittelbarer oder unmittelbarer Durchleitung an die Zielkörperschaft. Verluste bei einer Zwischenkörperschaft anlässlich der Veräußerung oder des sonstigen Ausscheidens der Beteiligung sind im Ausmaß der nicht abschreibbaren Einlagen nicht abzugsfähig.

(BGBl I 2018/62)

Zinsschranke

§ 12a. (1) Ein Zinsüberhang im Sinne des Abs. 3 ist in einem Wirtschaftsjahr nur im Ausmaß von 30% des steuerlichen EBITDA im Sinne des Abs. 4 dieses Wirtschaftsjahres abzugsfähig. Ein Zinsüberhang ist jedoch jedenfalls bis zu einem Betrag von 3 Millionen Euro pro Veranlagungszeitraum abzugsfähig (Freibetrag).

(2) Abs. 1 ist anzuwenden auf unbeschränkt steuerpflichtige Körperschaften iSd § 1 Abs. 2 Z 1 und beschränkt steuerpflichtige Körperschaften iSd § 1 Abs. 3 Z 1 lit. a, die im Inland eine Betriebsstätte unterhalten. Davon ausgenommen sind Körperschaften, die
- nicht vollständig in einen Konzernabschluss einbezogen werden,
- über kein verbundenes Unternehmen im Sinne des § 10a Abs. 4 Z 2 verfügen und
- keine ausländische Betriebsstätte unterhalten.

(3) Ein Zinsüberhang liegt vor, soweit abzugsfähige Zinsaufwendungen steuerpflichtige Zinserträge des Wirtschaftsjahres übersteigen. Zinsen im Sinne dieser Bestimmung sind jegliche Vergütungen für Fremdkapital einschließlich sämtlicher Zahlungen für dessen Beschaffung sowie sonstige Vergütungen, die wirtschaftlich gleichwertig sind.

(4) Als steuerliches EBITDA gilt der vor Anwendung des § 12a ermittelte Gesamtbetrag der Einkünfte, neutralisiert um steuerliche Abschreibungen und Zuschreibungen sowie den Zinsüberhang nach Abs. 3. Als verrechenbares EBITDA gelten 30% des steuerlichen EBITDA.

(5) Ungeachtet des Abs. 1 ist ein Zinsüberhang in einem Wirtschaftsjahr zur Gänze abzugsfähig, wenn die Körperschaft in einen Konzernabschluss nach dem Unternehmensgesetzbuch, den International Financial Reporting Standards (IFRS) oder anderen vergleichbaren Rechnungslegungsstandards vollständig einbezogen wird und das Verhältnis zwischen ihrem Eigenkapital und ihrer Bilanzsumme (Eigenkapitalquote) am Abschlussstichtag dieses Wirtschaftsjahres gleich hoch oder höher ist als die Eigenkapitalquote des Konzerns (Eigenkapitalquotenvergleich). Dies gilt auch dann, wenn die Eigenkapitalquote der Körperschaft bis zu 2 Prozentpunkte unter der Eigenkapitalquote des Konzerns liegt. Beim Eigenkapitalquotenvergleich ist Folgendes zu beachten:
1. Die Ermittlung der Eigenkapitalquote des Konzerns hat zum Abschlussstichtag des Konzerns für das Wirtschaftsjahr zu erfolgen, in das der Jahresabschluss der Körperschaft eingegangen ist.
2. Wurde der Jahresabschluss der Körperschaft nicht nach demselben Rechnungslegungsstandard wie im Konzernabschluss erstellt, hat eine Überleitung auf den für den Konzernabschluss geltenden Rechnungslegungsstandard zu erfolgen. Die Richtigkeit der Überleitungsrechnung ist auf Verlangen der Abgabenbehörde durch einen Wirtschaftsprüfer zu bestätigen.
3. Die Bewertung im Jahresabschluss der Körperschaft hat nach derselben Methode wie im Konzernabschluss zu erfolgen.

(6)
1. Ein Zinsüberhang, der nach Maßgabe der Abs. 1 bis 5 im laufenden Wirtschaftsjahr nicht abgezogen werden kann, ist auf Antrag in darauffolgende Wirtschaftsjahre vorzutragen (Zinsvortrag). Dieser Zinsvortrag erhöht die Zinsaufwendungen im Sinne des Abs. 3 in den darauffolgenden Wirtschaftsjahren, nicht aber das steuerliche EBITDA im Sinne des Abs. 4.
2. a) Soweit das verrechenbare EBITDA im Sinne des Abs. 4 den Zinsüberhang in einem Wirtschaftsjahr übersteigt, ist

dieses auf Antrag in die darauffolgenden fünf Wirtschaftsjahre vorzutragen (EBITDA-Vortrag).

b) Soweit ein Zinsüberhang nach Maßgabe dieser Bestimmung nicht abgezogen werden kann, ist dieser bis zur Höhe der EBITDA-Vorträge aus vorangegangenen Wirtschaftsjahren abziehbar. Dabei sind vorrangig die ältesten EBITDA-Vorträge zu verrechnen.

3. Der Bundesminister für Finanzen wird ermächtigt, in einer Verordnung die Voraussetzungen für den Übergang von nicht verrechneten Zinsvorträgen (Z 1) und nicht verrechneten EBITDA- Vorträgen (Z 2) auf Rechtsnachfolger im Rahmen von Umgründungen näher festzulegen.

(7) Liegt eine Unternehmensgruppe im Sinne des § 9 vor, kommt § 12a ausschließlich auf Ebene des Gruppenträgers im Rahmen der Ermittlung des zusammengefassten Ergebnisses zur Anwendung. Dabei gilt Folgendes:

1. Ein Gruppen-Zinsüberhang ist bei der Ermittlung des zusammengefassten Ergebnisses des Veranlagungszeitraumes nur im Ausmaß von 30% des steuerlichen Gruppen-EBITDA abzugsfähig. Ein Gruppen-Zinsüberhang ist jedoch jedenfalls bis zu einem Betrag von 3 Millionen Euro pro Veranlagungszeitraum abzugsfähig (Gruppen-Freibetrag). Dabei gelten als
   a) Gruppen-Zinsüberhang die um die steuerpflichtigen Zinserträge verminderten abzugsfähigen Zinsaufwendungen des Gruppenträgers und der unbeschränkt sowie beschränkt steuerpflichtigen Gruppenmitglieder aus inländischen Betriebsstätten;
   b) Gruppen-EBITDA die Summe
      – der Gesamtbeträge der Einkünfte des Gruppenträgers und der unbeschränkt steuerpflichtigen Gruppenmitglieder sowie
      – der Einkünfte beschränkt steuerpflichtiger Gruppenmitglieder aus inländischen Betriebsstätten

   neutralisiert um die darin enthaltenen steuerlichen Abschreibungen und Zuschreibungen sowie den Gruppen-Zinsüberhang nach lit. a;
   c) verrechenbares Gruppen-EBITDA 30% des Gruppen-EBITDA.
2. Für den Eigenkapitalquotenvergleich gemäß Abs. 5 ist maßgeblich, dass der Gruppenträger vollständig in einen Konzernabschluss einbezogen wird und die Eigenkapitalquote der Unternehmensgruppe gleich hoch oder höher ist als die Eigenkapitalquote des Konzerns. Für Zwecke der Ermittlung der Eigenkapitalquote der Unternehmensgruppe ist ein konsolidierter Gruppenabschluss zu erstellen, in den der Gruppenträger, die unbeschränkt steuerpflichtigen Gruppenmitglieder und Betriebsstätten der beschränkt steuerpflichtigen Gruppenmitglieder vollständig einzubeziehen sind. Dieser Gruppenabschluss ist zum Abschlussstichtag des Gruppenträgers zu erstellen.
3. Ein Gruppen-Zinsüberhang sowie nicht verrechenbares Gruppen-EBITDA können in sinngemäßer Anwendung des Abs. 6 vom Gruppenträger auf Antrag vorgetragen werden.
4. Zinsvorträge gemäß Abs. 6 aus Zeiträumen vor Wirksamwerden der Unternehmensgruppe erhöhen den Gruppen-Zinsüberhang; EBITDA-Vorträge gemäß Abs. 6 aus Zeiträumen vor Wirksamwerden der Unternehmensgruppe erhöhen das Gruppen-EBITDA.
5. Abs. 2 letzter Satz ist nicht anzuwenden.

(8) Der Bundesminister für Finanzen wird ermächtigt, in einer Verordnung die Ermittlung des steuerlichen EBITDA (Abs. 4) sowie des Gruppen-EBITDA (Abs. 7 Z 1 lit. b), und insbesondere die dabei zu neutralisierenden steuerlichen Zu- und Abschreibungen, näher festzulegen.

(9) Bei der Ermittlung des Zinsüberhangs im Sinne des Abs. 3 bleiben Zinsaufwendungen für Darlehen außer Ansatz, die nachweislich und ausschließlich zur Finanzierung von langfristigen öffentlichen Infrastrukturprojekten innerhalb der Europäischen Union von allgemeinem öffentlichen Interesse verwendet werden. Ausgenommen davon sind Atomkraftwerke und klimaschädliche Infrastrukturprojekte, wobei der Bundesminister für Finanzen im Einvernehmen mit der Bundesministern für Klimaschutz, Umwelt, Energie, Mobilität, Innovation und Technologie ermächtigt wird, die Voraussetzungen näher mit Verordnung festzulegen. Bei der Ermittlung des steuerlichen EBITDA im Sinne des Abs. 4 bleiben Einkünfte aus langfristigen öffentlichen Infrastrukturprojekten außer Ansatz.

(BGBl I 2021/3)

4. ABSCHNITT

Sondervorschriften für Privatstiftungen

§ 13. (1) Bei der Einkommensermittlung von Privatstiftungen, die die Offenlegungsverpflichtungen gemäß Abs. 6 erfüllen, gilt Folgendes:

1. a) § 7 Abs. 3 ist nicht anzuwenden. Dies gilt nicht für betriebliche Privatstiftungen gemäß § 4d des Einkommensteuergesetzes 1988.
   b) Bei Unternehmenszweckförderungsstiftungen, Arbeitnehmerförderungsstiftungen und Belegschaftsbeteiligungsstiftungen gemäß § 4d Abs. 1 bis 3 des Einkommensteuergesetzes 1988 können Zuwendungen auf das Zuwendungsjahr und die folgenden neun Wirtschaftsjahre gleichmäßig verteilt als Betriebseinnahmen angesetzt werden, es sei denn, aus

dem Zweck der Zuwendung ergibt sich ein kürzerer Zeitraum.

c) Zuwendungen an Belegschaftsbeteiligungsstiftungen gemäß § 4d Abs. 3 des Einkommensteuergesetzes 1988 sind bei dieser insoweit steuerfrei, als sich diese Zuwendungen auf den Zugang (Erwerb) der Beteiligungen oder den für die Anschaffung der Beteiligungen notwendigen Geldbetrag beschränken und für jeden Begünstigten pro Kalenderjahr den Betrag von 4 500 Euro nicht übersteigen.

d) Zuwendungen an Mitarbeiterbeteiligungsstiftungen gemäß § 4d Abs. 4 des Einkommensteuergesetzes 1988 sind bei dieser steuerfrei.

(BGBl I 2017/105)

2. Bei der Ermittlung der Einkünfte aus Land- und Forstwirtschaft ist § 125 Abs. 5 der Bundesabgabenordnung anzuwenden.

3. § 5 des Einkommensteuergesetzes 1988 ist nur für die Ermittlung der Einkünfte aus Gewerbebetrieb anzuwenden.

4. Nicht im Rahmen der Ermittlung des Einkommens berücksichtigte Zuwendungen gemäß § 4a bis § 4c oder § 18 Abs. 1 Z 7 bis Z 9 des Einkommensteuergesetzes 1988 können von den Einkünften gemäß Abs. 3 und 4 als Sonderausgabe abgesetzt werden. Dabei ist der Abzug nur bis zu einem Betrag von 10 % der Einkünfte gemäß Abs. 3 und 4 sowie unter Berücksichtigung des Höchstbetrages gemäß § 4b des Einkommensteuergesetzes 1988 zulässig. § 4c Abs. 2 des Einkommensteuergesetzes 1988 gilt entsprechend.

   Freigebige Zuwendungen an die Innovationsstiftung für Bildung gemäß § 1 ISBG sind bis zu einem Höchstbetrag von 500 000 Euro jedenfalls als Sonderausgabe abzuziehen, wobei durch den Abzug die Einkünfte gemäß Abs. 3 und 4 höchstens auf null reduziert werden können. Der Höchstbetrag von 500 000 Euro reduziert sich um den Betrag der Zuwendungen, der im Rahmen der Ermittlung des Einkommens im selben Kalenderjahr gemäß § 4c und § 18 Abs. 1 Z 9 des Einkommensteuergesetzes 1988 berücksichtigt wurde.

   (BGBl I 2015/160, BGBl I 2017/28, BGBl I 2022/108)

Auf den Wechsel zwischen der Einkommensermittlung nach Abs. 1 und nach § 7 Abs. 3 sind die Vorschriften des § 6 Z 4 und 5 des Einkommensteuergesetzes 1988 anzuwenden.

(2) Privatstiftungen im Sinne des Abs. 1, die nicht unter § 5 Z 6 fallen, sind mit ausländischen Beteiligungserträgen im Sinne des § 10 Abs. 1 befreit, soweit kein Anwendungsfall des § 10 Abs. 4 in der Fassung BGBl. I Nr. 62/2018 vorliegt. § 10a ist sinngemäß anzuwenden.

(BGBl I 2018/62)

(3) Bei Privatstiftungen, die nicht unter § 5 Z 6 oder 7 oder unter § 7 Abs. 3 fallen, sind weder bei den Einkünften noch beim Einkommen zu berücksichtigen, sondern nach Maßgabe des § 22 Abs. 2 gesondert zu versteuern:

1. Einkünfte aus Kapitalvermögen gemäß § 27 des Einkommensteuergesetzes 1988, soweit es sich um
   a) Einkünfte aus der Überlassung von Kapital im Sinne des § 27 Abs. 2 Z 2 des Einkommensteuergesetzes 1988,
   b) Einkünfte aus realisierten Wertsteigerungen von Kapitalvermögen im Sinne des § 27 Abs. 3 des Einkommensteuergesetzes 1988, soweit nicht Abs. 4 angewandt wird,

      (BGBl I 2022/10)
   c) Einkünfte aus Derivaten im Sinne des § 27 Abs. 4 des Einkommensteuergesetzes 1988, und

      (BGBl I 2022/10)
   d) Einkünfte aus Kryptowährungen im Sinne des § 27 Abs. 4a des Einkommensteuergesetzes 1988,

      (BGBl I 2022/10)

   handelt und diese nicht in § 27a Abs. 2 des Einkommensteuergesetzes 1988 genannt sind.
2. Einkünfte aus privaten Grundstücksveräußerungen gemäß § 30 des Einkommensteuergesetzes 1988.

Die Summe der Einkünfte gemäß Z 1 und 2 ist um die Summe der im Veranlagungszeitraum getätigten Zuwendungen im Sinne des § 27 Abs. 5 Z 7 des Einkommensteuergesetzes 1988 zu verringern, insoweit davon Kapitalertragsteuer einbehalten und abgeführt worden ist. Findet eine Entlastung der Zuwendungen von der Kapitalertragsteuer auf Grund eines Doppelbesteuerungsabkommens statt, ist die Summe der Zuwendungen insoweit zu verringern, als sie nicht endgültig mit Kapitalertragsteuer belastet ist. Dies gilt auch, wenn die Entlastung nach Abfuhr der Kapitalertragsteuer stattfindet; die nachträgliche Entlastung gilt als rückwirkendes Ereignis im Sinne des § 295a der Bundesabgabenordnung.

(BGBl I 2015/163)

(4) Wird ein nicht in einem Betriebsvermögen gehaltener Anteil an einer Körperschaft veräußert, an dem die Privatstiftung oder bei unentgeltlichem Erwerb ihr Rechtsvorgänger innerhalb der letzten fünf Jahre zu mindestens 1% beteiligt war, gilt Folgendes:

1. Soweit nicht Abs. 3 letzter Satz anzuwenden ist, können die dabei aufgedeckten stillen Reserven von den Anschaffungskosten eines im Kalenderjahr der Veräußerung angeschafften Anteils an einer Körperschaft, der mehr als 10% beträgt, abgesetzt werden (Übertragung stiller Reserven). Davon ausgenommen sind Anschaffungen von bestehenden Anteilen von einer Körperschaft, an der die Privatstiftung,

der Stifter oder ein Begünstigter allein oder gemeinsam unmittelbar oder mittelbar zu mindestens 20% beteiligt sind.

2. Stille Reserven sind der Unterschiedsbetrag zwischen den Anschaffungskosten und dem Veräußerungserlös.
3. Als Anschaffungskosten des erworbenen Anteils gelten die um die übertragenen stillen Reserven gekürzten Beträge. Diese Anschaffungskosten sind in Evidenz zu nehmen.
4. Erfolgt im Kalenderjahr der Aufdeckung keine Übertragung stiller Reserven, kann dafür ein steuerfreier Betrag gebildet werden. Der steuerfreie Betrag kann innerhalb von zwölf Monaten ab der Veräußerung der Beteiligung als stille Reserve im Sinne der Z 1 bis 3 übertragen werden. Steuerfreie Beträge, die nicht innerhalb dieser Frist übertragen werden, sind nach § 22 Abs. 2 zu versteuern. Abs. 3 letzter Satz ist sinngemäß anzuwenden.

(5) Für Privatstiftungen im Sinne des § 27a Abs. 4 des Sparkassengesetzes, BGBl. Nr. 64/1979, und des § 66 VAG 2016 gelten die Abs. 1 bis 4 nach Maßgabe folgender Bestimmungen:

1. Die formwechselnde Umwandlung einer anteilsverwaltenden Sparkasse oder eines Versicherungsvereins auf Gegenseitigkeit in eine Privatstiftung gemäß § 27a Abs. 4 des Sparkassengesetzes beziehungsweise § 66 VAG 2016 gilt mit Ablauf des Umwandlungsstichtages als bewirkt. Umwandlungsstichtag ist der Tag, zu dem die Schlussbilanz einer anteilsverwaltenden Sparkasse im Sinne des § 27a Abs. 6 des Sparkassengesetzes oder des Versicherungsvereins auf Gegenseitigkeit im Sinne des § 66 Abs. 5 VAG 2016 aufgestellt ist. Das Wirtschaftsjahr der übertragenden Sparkasse oder des umgewandelten Vereins endet mit dem Umwandlungsstichtag.

   (BGBl I 2015/34)
2. Z 1 gilt für die übernehmende Privatstiftung mit dem Beginn des dem Umwandlungsstichtag folgenden Tages. Eine aus der Anwendung des § 6 Z 4 des Einkommensteuergesetzes 1988 entstehende Steuerpflicht verschiebt sich auf Antrag, wenn der bei sofortiger Besteuerung entstehende Unterschiedsbetrag zwischen den steuerlich maßgebenden Buchwerten und den Teilwerten ermittelt und in Evidenz genommen wird. Die auf die einzelnen Wirtschaftsgüter entfallenden Unterschiedsbeträge werden erst im Jahr der Veräußerung oder eines sonstigen Ausscheidens dieser Wirtschaftsgüter steuerwirksam.

Kapitalerhöhungen führen nicht zu einem sonstigen Ausscheiden, wenn das Beteiligungsausmaß ohne Substanzwertauswirkung vermindert wird. Umgründungen nach dem Umgründungssteuergesetz führen dann nicht zu einem sonstigen Ausscheiden einer Beteiligung, wenn

- der in Evidenz gehaltene Unterschiedsbetrag auf die als Gegenleistung erhaltene Beteiligung übertragen und bei dieser evident gehalten wird, oder
- durch eine Umgründung das Beteiligungsausmaß ohne Substanzwertauswirkung verändert wird.

(BGBl I 2015/34)

(6) Privatstiftungen haben dem zuständigen Finanzamt Abschriften ihrer Stiftungsurkunde und Stiftungszusatzurkunde in der jeweils geltenden Fassung vorzulegen. Tritt der Stifter über eine verdeckte Treuhandschaft auf, ist diese gegenüber dem zuständigen Finanzamt offenzulegen. Kommt die Privatstiftung diesen Verpflichtungen trotz Aufforderung durch das Finanzamt nicht nach, hat das zuständige Finanzamt hievon unverzüglich die Geldwäschemeldestelle (§ 4 Abs. 2 des Bundeskriminalamt-Gesetzes, BGBl. I Nr. 22/2002) zu informieren.

5. ABSCHNITT
Sondervorschriften für hybride Gestaltungen

(BGBl I 2019/103)

§ 14. (1) Eine Steuerdiskrepanz im Sinne des Abs. 2 im Rahmen einer hybriden Gestaltung im Sinne der Abs. 3 bis 5 ist nach Maßgabe der Abs. 6 bis 10 zu neutralisieren.

(2) Eine Steuerdiskrepanz liegt vor, wenn

1. Aufwendungen in einem Staat abzugsfähig sind und die korrespondierenden Erträge steuerlich in keinem anderen Staat erfasst werden (Abzug ohne korrespondierende Einnahme) oder
2. dieselben Aufwendungen in mehr als einem Staat abzugsfähig sind (doppelter Abzug).

(3) Eine hybride Gestaltung liegt unter folgenden Voraussetzungen vor:

1. a) Eine Steuerdiskrepanz im Sinne des Abs. 2 Z 1 entsteht aufgrund von Unterschieden hinsichtlich der
      - Einstufung eines Finanzinstrumentes (hybrides Finanzinstrument),
      - Zurechnung der Einkünfte aus einem übertragenen Finanzinstrument (hybride Übertragung),
      - Beurteilung der Steuersubjektivität des Zahlers oder Zahlungsempfängers (hybrides Unternehmen),
      - Zuordnung von Aufwendungen und Erträgen zu einer Betriebsstätte (hybride Betriebsstätte),
      - Beurteilung über das Bestehen einer Betriebsstätte (unberücksichtigte Betriebsstätte).
   b) Eine Steuerdiskrepanz im Sinne des Abs. 2 Z 2 führt aufgrund von steuerlichen Sondervorschriften zu einem doppelten Abzug von Aufwendungen eines hybriden Unternehmens, einer Betriebsstätte oder einer doppelt ansässigen Körperschaft.

2. Die Steuerdiskrepanz im Sinne der Z 1 ergibt sich
   – zwischen verbundenen Unternehmen im Sinne des Abs. 4,
   – zwischen dem Stammhaus und einer Betriebsstätte eines Unternehmens,
   – zwischen zwei oder mehreren Betriebsstätten desselben Unternehmens oder
   – im Rahmen einer strukturierten Gestaltung im Sinne des Abs. 5.

(4) Für Zwecke dieser Bestimmung gelten als verbundene Unternehmen:
– Unternehmen im Sinne des § 10a Abs. 4 Z 2,
– Unternehmen, die vollständig in denselben Konzernabschluss gemäß §§ 245a oder 247 UGB einbezogen werden,
– Unternehmen, in denen die Körperschaft maßgeblichen Einfluss auf die Unternehmensleitung nimmt und
– Unternehmen mit einem maßgeblichen Einfluss auf die Leitung der Körperschaft.

(5) Eine strukturierte Gestaltung liegt vor, wenn
– die Steuerdiskrepanz in die Bedingungen der Gestaltung eingerechnet ist oder
– diese mit der Absicht der Erzielung einer Steuerdiskrepanz entwickelt wurde.

Dies gilt nicht, wenn die Körperschaft nicht an dem Steuervorteil aus der hybriden Gestaltung beteiligt wurde und vernünftigerweise davon ausgegangen werden kann, dass die Körperschaft oder ein verbundenes Unternehmen von der hybriden Gestaltung nichts wusste.

(6) Soweit eine hybride Gestaltung zu einem Abzug von Aufwendungen ohne korrespondierende steuerliche Erfassung der Erträge im Sinne des Abs. 2 Z 1 führt, gilt Folgendes:
1. Diese Aufwendung dürfen im Inland nicht abgezogen werden.
2. Wird der Abzug im Ausland nicht verweigert, sind die Erträge bei der inländischen Körperschaft steuerlich zu erfassen, wenn eine Zahlung eines ausländischen hybriden Unternehmens an die an ihm beteiligte inländische Körperschaft stattfindet.

(7) Soweit eine hybride Gestaltung zu einem doppelten Abzug von Aufwendungen im Sinne des Abs. 2 Z 2 führt, gilt Folgendes:
1. Diese Aufwendungen dürfen im Inland bei der (beteiligten) Körperschaft nicht abgezogen werden.
2. Wird der Abzug im Ausland nicht verweigert, dürfen diese Aufwendungen bei einem inländischen hybriden Unternehmen oder einer inländischen Betriebsstätte nicht abgezogen werden.
3. Bei einer doppelt ansässigen Körperschaft dürfen diese Aufwendungen im Inland nicht abgezogen werden. Dies gilt nicht, wenn die Körperschaft aufgrund eines Doppelbesteuerungsabkommens mit einem Mitgliedstaat der Europäischen Union abkommensrechtlich als im Inland steuerlich ansässig betrachtet wird.

Die Z 1 bis 3 gelten nicht für Aufwendungen, die mit steuerlich doppelt berücksichtigten Einkünften im jeweiligen oder in einem späteren Wirtschaftsjahr verrechnet werden.

(8) Werden bei einer ausländischen unberücksichtigten Betriebsstätte Erträge weder im Inland noch im Betriebsstättenstaat erfasst, sind diese im Inland steuerlich zu erfassen. Dies gilt nicht, wenn die Einkünfte gemäß einem Doppelbesteuerungsabkommen mit einem Drittstaat von der Steuer zu befreien sind.

(9) Aufwendungen für eine Zahlung einer Körperschaft an ein verbundenes Unternehmen in einem Drittstaat dürfen im Inland nicht abgezogen werden, wenn diese Zahlung in einem Drittstaat mit abzugsfähigen Aufwendungen im Rahmen einer hybriden Gestaltung verrechnet wird (importierte hybride Gestaltung). Dies gilt nicht, wenn bereits einer der beteiligten Drittstaaten die hybride Gestaltung neutralisiert hat.

(10) Soweit in den Fällen des Abs. 6 Z 2, Abs. 7 Z 2, Abs. 8 und Abs. 9 eine hybride Gestaltung nachträglich im anderen Staat neutralisiert wird, stellt dies ein rückwirkendes Ereignis im Sinne des § 295a BAO dar.

(11) Soweit eine hybride Übertragung im Sinne des Abs. 3 Z 1 lit. a zweiter Teilstrich mit der Absicht entwickelt wurde, bei mehr als einer der beteiligten Parteien eine Ermäßigung oder Anrechnung der Quellensteuer auf eine Zahlung aus einem übertragenen Finanzinstrument herbeizuführen, wird der sich aus der Ermäßigung oder Anrechnung ergebende Vorteil im Verhältnis zu den steuerpflichtigen Nettoeinkünften in Zusammenhang mit der Zahlung begrenzt.

(12) Einkünfte einer beherrschenden Körperschaft (Z 2) aus der Beteiligung an einem umgekehrt hybriden Unternehmen (Z 1) unterliegen ungeachtet eines Doppelbesteuerungsabkommens unter folgenden Voraussetzungen der beschränkten Steuerpflicht (§ 21 Abs. 1 Z 1):
1. Eine inländische Personenvereinigung (Personengesellschaft) gilt nach ausländischem Steuerrecht als Körperschaftsteuersubjekt (umgekehrt hybrides Unternehmen) und ist kein Organismus für gemeinsame Anlagen im Sinne des Art. 9a Abs. 2 der Richtlinie (EU) 2016/1164, ABl. Nr. L 193 vom 12.7.2016 S. 1.
2. Eine Körperschaft im Sinne des § 1 Abs. 3 Z 1 hält selbst oder zusammen mit ihren nicht der unbeschränkten Steuerpflicht unterliegenden verbundenen Unternehmen unmittelbar oder mittelbar mehr als 50 % der Stimmrechte oder des Kapitals oder hat Anspruch auf mehr als 50 % der Gewinne der Personenvereinigung (beherrschende Körperschaft).
3. Die Einkünfte aus der Beteiligung an einem umgekehrt hybriden Unternehmen unterliegen weder

– im Ansässigkeitsstaat der beherrschenden Körperschaft (Z 2) noch
– im Inland nach Maßgabe von § 98 Abs. 1 Z 1 bis Z 7 des Einkommensteuergesetzes 1988 noch
– in einem anderen Staat

der Besteuerung.

(BGBl I 2021/227)

(BGBl I 2019/103)

6. ABSCHNITT
Sondervorschriften für Versicherungsunternehmen

Versicherungstechnische Rückstellungen

§ 15. (1) Zuführungen zu versicherungstechnischen Rückstellungen sind insoweit abzugsfähig, als deren Bildung im VAG 2016 oder in den dazu ergangenen Verordnungen vorgeschrieben ist. Dabei dürfen die versicherungstechnischen Rückstellungen den Betrag nicht übersteigen, der zur Sicherstellung der Verpflichtungen aus den am Bilanzstichtag bestehenden Versicherungsverträgen erforderlich ist. Für die Lebensversicherung, die Krankenversicherung und die nach Art der Lebensversicherung betriebene Unfallversicherung sind die versicherungstechnischen Rückstellungen unter Verwendung der der Finanzmarktaufsichtsbehörde gemäß § 92 Abs. 1 bzw. § 102 Abs. 1 des VAG 2016 vorgelegten oder mitgeteilten versicherungsmathematischen Grundlagen zu berechnen.

(BGBl I 2015/34)

(2) Rückstellungen zum Ausgleich des schwankenden Jahresbedarfes sind insbesondere unter folgenden Voraussetzungen steuerlich zu berücksichtigen:

1. Es muss nach den Erfahrungen in dem betreffenden Versicherungszweig mit erheblichen Schwankungen des Jahresbedarfes zu rechnen sein.
2. Die Schwankungen des Jahresbedarfes dürfen nicht durch die Prämien ausgeglichen werden. Sie müssen aus den am Bilanzstichtag bestehenden Versicherungsverträgen herrühren und dürfen nicht durch Rückversicherungen gedeckt sein.
3. Die Änderung der Rückstellung ist zur Hälfte steuerwirksam.

(3) Rückstellungen für noch nicht abgewickelte Versicherungsfälle und sonstige Rückstellungen (§ 144 Abs. 3 C VII VAG 2016) sind mit 80% des Teilwertes anzusetzen. Rückstellungen, deren Laufzeit am Bilanzstichtag weniger als zwölf Monate beträgt, sind ohne Kürzung des maßgeblichen Teilwertes anzusetzen. Bei den Rückstellungen für noch nicht abgewickelte Versicherungsfälle ist davon auszugehen, dass bei 70% der Summe dieser Rückstellungen die Laufzeit am Bilanzstichtag weniger als zwölf Monate beträgt.

(BGBl I 2015/34, BGBl I 2015/68)

Rückstellungen bei Pensionskassen

§ 16. Bei Pensionskassen sind Zuführungen zur geschäftsplanmäßigen Rückstellung für die nach Pensionsbeginn anfallenden Verwaltungskosten insoweit abzugsfähig, als deren Bildung im Pensionskassengesetz oder in dazu ergangenen Verordnungen vorgeschrieben und im Geschäftsplan der Pensionskasse vorgesehen ist.

Prämienrückerstattungen (Gewinnbeteiligungen)

§ 17. (1) Für erfolgsabhängige Prämienrückerstattungen (Gewinnbeteiligungen), die auf Grund des Ergebnisses des direkten Versicherungsgeschäftes im Eigenbehalt gewährt werden, gilt folgendes:

1. Prämienrückerstattungen (Gewinnbeteiligungen) im Lebens-, Kranken- oder Unfallversicherungsgeschäft mit Prämienrückgewähr sind abzugsfähig.
2. Prämienrückerstattungen (Gewinnbeteiligungen) in anderen Versicherungszweigen sind nur insoweit abzugsfähig, als sie in diesen Versicherungszweigen insgesamt die auf das Wirtschaftsjahr entfallenden Prämieneinnahmen
   – zuzüglich einer Verminderung der versicherungstechnischen Rückstellungen und der den versicherungstechnischen Rückstellungen einschließlich der Rückstellungen für Prämienrückerstattungen (Gewinnbeteiligungen) zuzuordnenden Nettoerträge der Kapitalanlagen, und
   – abzüglich der auf das Wirtschaftsjahr entfallenden Versicherungsleistungen, Erhöhungen der versicherungstechnischen Rückstellungen und Aufwendungen für den Versicherungsbetrieb

   nicht übersteigen. Bei Versicherungsunternehmen, die ausschließlich das Rückversicherungsgeschäft betreiben, ist das Rückversicherungsgeschäft dem direkten Versicherungsgeschäft gleichzuhalten.

(2) Für Rückstellungen für Prämienrückerstattungen (Gewinnbeteiligungen) gilt folgendes:

1. Zuführungen sind bei Zutreffen der Voraussetzungen des Abs. 1 abzugsfähig,
   – wenn die ausschließliche bestimmungsgemäße Verwendung dieser Rückstellungen gesichert ist oder als gesichert gilt und
   – soweit die noch nicht verwendeten Rückstellungen das unter Bedachtnahme auf eine kontinuierliche Prämienrückerstattung für Leistungen aus den am Bilanzstichtag laufenden Versicherungsverträgen erforderliche Ausmaß nicht übersteigen.
2. Jene Teile der Rückstellungen gelten als bereits verwendet, die spätestens bei Genehmigung des Abschlusses des Wirtschaftsjahres durch die satzungsmäßig zuständigen Organe

mit der Maßgabe beschlossen werden, daß sie spätestens an dem auf die Beschlußfassung folgenden Bilanzstichtag oder in dem auf die Beschlußfassung folgenden Kalenderjahr

– den einzelnen Versicherungsnehmern gutzuschreiben oder
– bis zum Ende des auf die Beschlußfassung folgenden Kalenderjahres bar auszuzahlen oder
– auf fällig werdende Prämien anzurechnen

sind.

3. Die ausschließliche Verwendung der Rückstellungen für erfolgsabhängige Prämienrückerstattung (Gewinnbeteiligung) gilt im Lebens- und Krankenversicherungsgeschäft und in dem nach Art der Lebensversicherung betriebenen Unfallversicherungsgeschäft auch als gesichert, wenn der Rückstellung Beträge zur Deckung von Verlusten entnommen werden dürfen.

(BGBl I 2015/163)

(3) Versicherungsunternehmen haben mindestens 20% des nach den Vorschriften des Einkommensteuergesetzes 1988 und dieses Bundesgesetzes jeweils ermittelten Gewinnes

– aus dem Lebensversicherungsgeschäft,
– aus dem Krankenversicherungsgeschäft,
– aus dem Unfallversicherungsgeschäft mit Prämienrückgewähr und
– aus den anderen Versicherungszweigen

zu versteuern, von dem der für die Versicherten bestimmte Anteil noch nicht abgezogen ist. Dies gilt nicht für Pensionszusatzversicherungen im Sinne des § 108b sowie für Versicherungen im Rahmen einer Zukunftsvorsorgeeinrichtung im Sinne des § 108h des Einkommensteuergesetzes 1988 sowie für betriebliche Kollektivversicherungen im Sinne des § 93 des VAG 2016.

(BGBl I 2015/34)

7. ABSCHNITT
Einkommensermittlung bei Beginn und Ende der Steuerpflicht

Beginn und Ende einer Steuerbefreiung

§ 18. (1) Wird eine unbeschränkt steuerpflichtige Körperschaft von der unbeschränkten Körperschaftsteuerpflicht befreit, hat sie zum Zeitpunkt des Endes der Steuerpflicht den Buchwert der Wirtschaftsgüter des Betriebsvermögens dem gemeinen Wert dieser Wirtschaftsgüter gegenüberzustellen und den Unterschiedsbetrag der Besteuerung zugrunde zu legen. Von diesem Unterschiedsbetrag ist bei einem nicht unter § 7 Abs. 3 fallenden Steuerpflichtigen der Freibetrag gemäß § 24 Abs. 4 des Einkommensteuergesetzes 1988 abzuziehen.

(2) Wird eine von der unbeschränkten Körperschaftsteuerpflicht befreite Körperschaft unbeschränkt steuerpflichtig, hat sie auf den Beginn der Steuerpflicht den gemeinen Wert der bislang nicht steuerhängigen Wirtschaftsgüter des Betriebsvermögens anzusetzen.

(3) Beginnt oder endet die unbeschränkte Steuerpflicht nicht zur Gänze, gelten die Abs. 1 und 2 für die betroffenen Teile.

Auflösung und Abwicklung (Liquidation)

§ 19. (1) Erfolgt bei einem unter § 7 Abs. 3 fallenden Steuerpflichtigen, der seine Auflösung beschlossen hat, tatsächlich die Abwicklung, ist der Besteuerung der Liquidationsgewinn zugrunde zu legen.

(2) Liquidationsgewinn ist der im Zeitraum der Abwicklung erzielte Gewinn, der sich aus der Gegenüberstellung des Abwicklungs-Endvermögens und des Abwicklungs-Anfangsvermögens ergibt.

(3) Der Besteuerungszeitraum darf drei Jahre, in den Fällen der Abwicklung im Insolvenzverfahren fünf Jahre nicht übersteigen. Das Finanzamt kann diesen Zeitraum in berücksichtigungswürdigen Fällen auf Antrag verlängern.

(4) Abwicklungs-Endvermögen ist das zur Verteilung kommende Vermögen. Sind im Abwicklungs-Endvermögen nicht veräußerte Wirtschaftsgüter enthalten, sind sie mit dem gemeinen Wert anzusetzen.

(5) Abwicklungs-Anfangsvermögen ist das Betriebsvermögen, das am Schluß des der Auflösung vorangegangenen Wirtschaftsjahres nach den Vorschriften über die Gewinnermittlung anzusetzen war. Wird die Auflösung im Wirtschaftsjahr der Gründung (Errichtung) beschlossen, ist Abwicklungs-Anfangsvermögen das eingezahlte Kapital.

(6) Auf die Gewinnermittlung sind im übrigen die sonst geltenden Vorschriften anzuwenden.

(7) Erfolgt bei einem nicht unter Abs. 1 fallenden Steuerpflichtigen die Abwicklung, richtet sich die Steuerpflicht nach den Vorschriften des Einkommensteuergesetzes 1988 und dieses Bundesgesetzes.

Umgründungen

§ 20. (1) Geht das Vermögen einer unbeschränkt steuerpflichtigen Körperschaft auf einen anderen über, sind

1. bei Verschmelzungen, Umwandlungen, Aufspaltungen und vergleichbaren Vermögensübertragungen § 19,
2. bei Einbringungen und Abspaltungen § 6 Z 14 des Einkommensteuergesetzes 1988 und
3. bei Zusammenschlüssen und Realteilungen § 24 Abs. 7 des Einkommensteuergesetzes 1988

anzuwenden, wenn die Voraussetzungen des Umgründungssteuergesetzes nicht gegeben sind oder das Umgründungssteuergesetz dies vorsieht.

(2) Für die Ermittlung des Liquidations- oder Veräußerungsgewinnes gilt folgendes:

1. In den Fällen des Abs. 1 Z 1 tritt an die Stelle des zur Verteilung kommenden Vermögens

der Wert der für die Vermögensübertragung gewährten Gegenleistung

– nach dem Stand im Zeitpunkt der tatsächlichen Übertragung, jedenfalls aber nicht vor der Eintragung im Firmenbuch,
– im Falle der Verschmelzung, Umwandlung oder Aufspaltung nach dem Stand zum Verschmelzungs-, Umwandlungs- oder Spaltungsstichtag im Sinne des Umgründungssteuergesetzes.

2. In den Fällen des Abs. 1 Z 2 und 3 ist der Wert der Gegenleistung nach dem Stand zum Einbringungs-, Spaltungs-, Zusammenschluß- oder Realteilungsstichtag im Sinne des Umgründungssteuergesetzes anzusetzen.

Soweit eine Gegenleistungen in Form von Gesellschafts- oder anderen Mitgliedschaftsrechten nicht gewährt wird, ist der Teilwert der Wirtschaftsgüter einschließlich selbstgeschaffener unkörperlicher Wirtschaftsgüter anzusetzen.

(3) Der Rechtsnachfolger hat das übernommene Vermögen mit den nach Abs. 2 jeweils maßgebenden Werten anzusetzen. Die Einkünfte sind ihm ab dem Beginn des Tages zuzurechnen, der dem gemäß Abs. 2, § 6 Z 14 oder § 24 Abs. 7 des Einkommensteuergesetzes 1988 maßgebenden Stichtag folgt.

3. TEIL
BESTEUERUNG BEI BESCHRÄNKTER STEUERPFLICHT

Einkünfte bei beschränkter Steuerpflicht

§ 21. (1) Bei beschränkt Steuerpflichtigen im Sinne des § 1 Abs. 3 Z 1 gilt folgendes:

1. Die Steuerpflicht erstreckt sich nur auf Einkünfte im Sinne des § 98 des Einkommensteuergesetzes 1988 und im Sinne des § 14 Abs. 12. Wie die Einkünfte zu ermitteln sind, bestimmt sich nach dem Einkommensteuergesetz 1988 und diesem Bundesgesetz. § 5 Z 6 ist sinngemäß anzuwenden, wenn die Körperschaft, Personenvereinigung oder Vermögensmasse
   – ihren Sitz oder ihre Geschäftsleitung im übrigen Gemeinschaftsgebiet der Europäischen Union oder einem Staat des Europäischen Wirtschaftsraumes hat oder
   – der Förderung gemeinnütziger, mildtätiger oder kirchlicher Zwecke im Sinne des § 34 der Bundesabgabenordnung zumindest überwiegend im Bundesgebiet dient.

   § 10 und § 10a sind nicht anzuwenden. Von den Einkünften sind nach Maßgabe des § 8 Abs. 4 Sonderausgaben abzuziehen; § 102 Abs. 2 Z 2 des Einkommensteuergesetzes 1988 ist anzuwenden.

   (BGBl I 2018/62, BGBl I 2021/227)

1a. Beschränkt Steuerpflichtigen, die in einem Mitgliedstaat der Europäischen Union oder einem Staat des Europäischen Wirtschaftsraumes ansässig sind, ist die Kapitalertragsteuer für die von ihnen bezogenen Einkünfte gemäß § 27 Abs. 2 Z 1 lit. a, b und c des Einkommensteuergesetzes 1988 auf Antrag zurückzuzahlen, soweit die Kapitalertragsteuer nicht auf Grund eines Doppelbesteuerungsabkommens im Ansässigkeitsstaat angerechnet werden kann. Dies gilt auch für beschränkt Steuerpflichtige, die in einem anderen Staat ansässig sind, mit dem eine umfassende Amtshilfe besteht, wenn diese weniger als zu einem Zehntel am Kapital des Abzugsverpflichteten (§ 95 Abs. 2 Z 1 lit. a Einkommensteuergesetz 1988) beteiligt sind. Der Steuerpflichtige hat den Nachweis zu erbringen, dass die Kapitalertragsteuer ganz oder teilweise nicht angerechnet werden kann.

   (BGBl I 2018/62, BGBl I 2022/108)

2. Bei beschränkt Steuerpflichtigen gilt hinsichtlich jener Einkünfte, die einer im Inland unterhaltenen Betriebsstätte zuzurechnen sind, folgendes:
   a) Abweichend von der Z 1 sind § 10 und § 10a sinngemäß anzuwenden. Für Zwecke des Eigenkapitalquotenvergleichs gemäß § 12a Abs. 5 ist ausschließlich das Eigenkapital der inländischen Betriebsstätte maßgeblich.

      (BGBl I 2018/62, BGBl I 2021/3)

   b) Besteht bei nicht unter Z 3 fallenden Steuerpflichtigen hinsichtlich einer im Inland unterhaltenen Betriebsstätte nach unternehmensrechtlichen Vorschriften eine Verpflichtung zur Rechnungslegung, sind alle Einkünfte, die dieser Betriebstätte zuzurechnen sind, als gewerbliche Einkünfte zu behandeln. Der Gewinn ist nach § 5 des Einkommensteuergesetzes 1988 zu ermitteln.

3. Bei beschränkt Steuerpflichtigen, die inländischen unter § 7 Abs. 3 fallenden Körperschaften vergleichbar sind, ist § 7 Abs. 3 auf Betriebsstätten und unbewegliches Vermögen anzuwenden.

(2) Bei beschränkt Steuerpflichtigen im Sinne des § 1 Abs. 3 Z 2 und 3 erstreckt sich die Steuerpflicht auf Einkünfte, bei denen die Steuer durch Steuerabzug erhoben wird. Dies gilt nicht

1. für Beteiligungserträge im Sinne des § 10,
2. (aufgehoben)
3. für Einkünfte aus der Überlassung von Kapital gemäß § 27 Abs. 2 Z 2 des Einkommensteuergesetzes 1988, für Einkünfte aus realisierten Wertsteigerungen im Sinne des § 27 Abs. 3 des Einkommensteuergesetzes 1988, für Einkünfte aus Derivaten im Sinne des § 27 Abs. 4 des Einkommensteuergesetzes 1988 und für Einkünfte aus Kryptowährungen im Sinne des § 27 Abs. 4a des Einkommensteuergesetzes 1988, die

– innerhalb einer Veranlagungs- oder Risikogemeinschaft einer Pensions- oder Mitarbeitervorsorgekasse (§ 6 Abs. 1 und 5),
– einer Unterstützungskasse (§ 6 Abs. 2),
– einer Privatstiftung im Sinne des § 6 Abs. 4,
– einer Versorgungs- oder Unterstützungseinrichtung einer Körperschaft des öffentlichen Rechts,
– den Einkünften aus Kapitalvermögen (§ 27 des Einkommensteuergesetzes 1988) einer nicht unter § 5 Z 6 fallenden Privatstiftung,

(BGBl I 2016/117)
– einem von der unbeschränkten Steuerpflicht befreiten Steuerpflichtigen im Rahmen eines ebenfalls steuerbefreiten Betriebes (beispielsweise § 45 Abs. 2 der Bundesabgabenordnung) oder

(BGBl I 2016/117)
– einem Einlagensicherungsfonds gemäß § 18 ESAEG oder dem Beitragsvermögen gemäß § 74 WAG 2018

(BGBl I 2016/117)
– einer nach § 718 Abs. 9 ASVG errichteten Privatstiftung

(BGBl I 2019/103)

nachweislich zuzurechnen sind.

(BGBl I 2017/107, BGBl I 2022/10)

4. für Einkünfte einer Mittelstandsfinanzierungsgesellschaft im Rahmen des § 5 Z 14,
5. (aufgehoben)
6. für Kapitalerträge auf Grund von Zuwendungen im Sinne des § 27 Abs. 5 Z 7 erster oder dritter Teilstrich des Einkommensteuergesetzes 1988, wenn die Einkünfte gemäß § 3 des Einkommensteuergesetzes 1988 befreit sind, der Empfänger unter § 4a des Einkommensteuergesetzes 1988 fällt oder Zuwendungen gemäß § 4b oder § 4c des Einkommensteuergesetzes 1988 vorliegen.

(BGBl I 2015/160, BGBl I 2017/28)

(3) Bei Steuerpflichtigen im Sinne des § 1 Abs. 3 Z 2 und 3 erstreckt sich die Steuerpflicht unter sinngemäßer Anwendung von Abs. 2 auch auf:

1. ausländische Kapitalerträge, die den Kapitalerträgen im Sinne des Abs. 2 vergleichbar sind. Ein vergleichbarer ausländischer Kapitalertrag liegt insoweit vor, als wegen seines Bezugs zum Ausland keine Kapitalertragsteuer erhoben wird.
2. Einkünfte gemäß § 27a Abs. 2 des Einkommensteuergesetzes 1988, ausgenommen Einkünfte aus Förderungsdarlehen (insbesondere zur Förderung des Wohnbaus, der Wirtschaft oder des Gesundheitswesens).
3. Einkünfte aus realisierten Wertsteigerungen von Anteilen an Körperschaften.

3a. Einkünfte aus Kryptowährungen gemäß § 27 Abs. 4a des Einkommensteuergesetzes 1988, bei denen kein inländischer Schuldner oder inländischer Dienstleister (§ 95 Abs. 2 Z 3 des Einkommensteuergesetzes 1988) vorliegt, der die Kryptowährungen oder sonstigen Entgelte gutschreibt bzw. die Realisierung abwickelt.

(BGBl I 2022/10)

4. Einkünfte aus privaten Grundstücksveräußerungen gemäß § 30 des Einkommensteuergesetzes 1988. Die §§ 30b und 30c des Einkommensteuergesetzes 1988 sind sinngemäß anzuwenden.

4. TEIL
TARIF

Steuersätze

§ 22. (1) Die Körperschaftsteuer vom Einkommen (§ 7 Abs. 2) oder vom Gesamtbetrag der Einkünfte beschränkt Steuerpflichtiger im Sinne des § 21 beträgt für das Kalenderjahr 2023 24% und für die Kalenderjahre ab 2024 23%.

(BGBl I 2022/10)

(2) Die Körperschaftsteuer für nach § 13 Abs. 3 und 4 zu versteuernde Einkünfte einer Privatstiftung nach Abzug von Sonderausgaben gemäß § 13 Abs. 1 Z 4 beträgt für das Kalenderjahr 2023 24% und für die Kalenderjahre ab 2024 23%.

(BGBl I 2015/163, BGBl I 2019/103, BGBl I 2022/10)

(3) Zusätzlich zur Körperschaftsteuer gemäß Abs. 1 und 2 ist ein Zuschlag in Höhe von 25% von jenen Beträgen zu entrichten, bei denen der Abgabepflichtige auf Verlangen der Abgabenbehörde die Gläubiger oder Empfänger der Beträge nicht genau bezeichnet.

Freibetrag für begünstigte Zwecke

§ 23. (1) Bei Körperschaften im Sinne des § 5 Z 6 ist bei der Ermittlung des Einkommens nach Abzug der Sonderausgaben ein Betrag in Höhe des Einkommens, höchstens jedoch 10 000 Euro, abzuziehen.

(2) Erzielt eine Körperschaft im Sinne des Abs. 1 in einem Kalenderjahr vor Anwendung des Abs. 1 kein steuerpflichtiges Einkommen, ist der nicht wirksam gewordene Freibetrag vom Einkommen, das in einem der zehn folgenden Jahre (Ansammlungszeitraum) erzielt wird, in folgender Weise abzuziehen:

1. Es ist zunächst der für das jeweilige Jahr zustehende Freibetrag abzuziehen.
2. Verbleibt nach Abzug des Freibetrages nach Z 1 ein Einkommen, sind aus vorangegangenen Jahren zustehende Freibeträge abzuziehen, wobei die Freibeträge der zeitlich am weitesten zurückliegenden Jahre vorrangig zu berücksichtigen sind.
3. Nicht verrechnete Freibeträge nach Z 2 bleiben innerhalb der Frist von zehn Jahren weiter abzugsfähig.

Übersteigt das steuerpflichtige Einkommen vor Anwendung des Abs. 1 in einem Kalenderjahr nicht 10% des Freibetrages und übersteigt das kumulierte steuerpflichtige Einkommen vor Anwendung des Abs. 1 im Ansammlungszeitraum nicht 5% der im Ansammlungszeitraum maximal vortragsfähigen Freibeträge, kann der im jeweiligen Kalenderjahr noch nicht verbrauchte Freibetrag nach Z 1 bis 3 vorgetragen werden.

Sanierungsgewinne

§ 23a. (1) Zu den Einkünften gehören Sanierungsgewinne, das sind Gewinne, die durch Vermehrungen des Betriebsvermögens infolge eines gänzlichen oder teilweisen Erlasses von Schulden zum Zwecke der Sanierung entstanden sind.

(2) Sind im Einkommen Sanierungsgewinne enthalten, die durch Erfüllung der Sanierungsplanquote nach Abschluss eines Sanierungsplans gemäß §§ 140 bis 156 der Insolvenzordnung (IO) oder einer vergleichbaren außergerichtlichen Sanierung entstanden sind, gilt für die Berechnung der Steuer Folgendes:

1. Es ist die rechnerische Steuer sowohl einschließlich als auch ausschließlich der Sanierungsgewinne zu ermitteln.
2. Der Unterschiedsbetrag ist mit jenem Prozentsatz zu vervielfachen, der dem Forderungsnachlass entspricht (100% abzüglich Sanierungsplanquote).
3. Das Ergebnis ist von der nach Z 1 ermittelten Steuer einschließlich der Sanierungsgewinne abzuziehen.

(BGBl I 2021/227)

5. TEIL
ERHEBUNG DER STEUER

§ 24. (1) Die Körperschaftsteuer wird nach Ablauf des Kalenderjahres (Veranlagungszeitraum) nach dem Einkommen oder dem Gesamtbetrag der Einkünfte beschränkt Steuerpflichtiger im Sinne des § 21 Abs. 1 und 3 veranlagt, das der Steuerpflichtige in diesem Veranlagungszeitraum bezogen hat.

(2) Die Körperschaftsteuer für Einkünfte, die dem Steuerabzug unterliegen, gilt bei beschränkt Steuerpflichtigen durch den Steuerabzug als abgegolten, außer es ergibt sich aus den Vorschriften des Einkommensteuergesetzes 1988, daß eine Veranlagung zu erfolgen hat. Dies gilt sinngemäß für die selbstberechnete Immobilienertragsteuer gemäß § 30b Abs. 1 desEinkommensteuergesetzes 1988, es sei denn, dass die der Selbstberechnung zugrunde liegenden Angabendes Steuerpflichtigen nicht den tatsächlichen Gegebenheiten entsprechen.

(3) Für die Veranlagung und Entrichtung der Steuer gilt Folgendes:

1. Es sind die Vorschriften des Einkommensteuergesetzes 1988 über die Veranlagung und Entrichtung sinngemäß anzuwenden. Die Körperschaftsteuererklärung für unbeschränkt Steuerpflichtige ist elektronisch zu übermitteln. Ist dem Steuerpflichtigen die elektronische Übermittlung der Steuererklärung mangels technischer Voraussetzungen unzumutbar, hat die Übermittlung der Steuererklärung unter Verwendung des amtlichen Vordrucks zu erfolgen. Der Bundesminister für Finanzen wird ermächtigt, den Inhalt und das Verfahren der elektronischen Übermittlung der Steuererklärung mit Verordnung festzulegen. In der Verordnung kann vorgesehen werden, dass sich der Steuerpflichtige einer bestimmten geeigneten öffentlich-rechtlichen oder privatrechtlichen Übermittlungsstelle zu bedienen hat.

   (BGBl I 2022/108)
2. Bei der Festsetzung von Vorauszahlungen ist eine sich aus § 22 Abs. 2 ergebende Körperschaftsteuerschuld zu berücksichtigen. Ein Zuschlag zur Körperschaftsteuer gemäß § 22 Abs. 3 ist nicht zu berücksichtigen.
3. Das Finanzamt hat die Vorauszahlungen für Privatstiftungen im Sinne des § 13 bis 30. September 2011 für das Kalenderjahr 2011 und Folgejahre auf Grund der Anhebung der Zwischensteuer gemäß § 22 Abs. 2 und § 24 Abs. 5 Z 3 entsprechend anzupassen.
4. Die §§ 30b und 30c des Einkommensteuergesetzes 1988 sind nicht anzuwenden auf
   – Körperschaften gemäß § 1 Abs. 2 und Abs. 3 Z 1, sofern diese unter § 7 Abs. 3 fallen, und
   – Privatstiftungen.

(4) Für unbeschränkt steuerpflichtige inländische Kapitalgesellschaften und diesen vergleichbaren unbeschränkt steuerpflichtigen ausländischen Körperschaften gilt Folgendes:

1. Es ist für jedes volle Kalendervierteljahr des Bestehens der unbeschränkten Steuerpflicht eine Mindeststeuer in Höhe von 5% eines Viertels der gesetzlichen Mindesthöhe des Grund- oder Stammkapitals (§ 7 des Aktiengesetzes 1965, § 6 des GmbH-Gesetzes und Art. 4 der Verordnung (EG) Nr. 2157/2001 über das Statut der Europäischen Gesellschaft (SE), ABl. Nr. L 294 vom 10.11.2001 S. 1) zu entrichten. Fehlt bei ausländischen Körperschaften eine gesetzliche Mindesthöhe des Kapitals oder ist diese niedriger als die gesetzliche Mindesthöhe nach § 6 des GmbH-Gesetzes, ist § 6 des GmbH-Gesetzes maßgebend. Ändert sich die für die Mindeststeuer maßgebliche Rechtsform während eines Kalendervierteljahres, ist dafür die am Beginn des Kalendervierteljahres bestehende Rechtsform maßgeblich.
2. Abweichend von Z 1 beträgt die Mindeststeuer für unbeschränkt steuerpflichtige Kreditinstitute und Versicherungsunternehmen in der Rechtsform einer Kapitalgesellschaft für jedes volle Kalendervierteljahr 1 363 Euro.
3. Abweichend von Z 1 und 2 beträgt die Mindeststeuer für unbeschränkt steuerpflichtige

Gesellschaften mit beschränkter Haftung in den ersten fünf Jahren ab Eintritt in die unbeschränkte Steuerpflicht für jedes volle Kalendervierteljahr 125 Euro und in den folgenden fünf Jahren für jedes volle Kalendervierteljahr 250 Euro.

4. Die Mindeststeuer ist in dem Umfang, in dem sie die tatsächliche Körperschaftsteuerschuld übersteigt, wie eine Vorauszahlung im Sinne des § 45 des Einkommensteuergesetzes 1988 anzurechnen. Die Anrechnung ist mit jenem Betrag begrenzt, mit dem die im Veranlagungsjahr oder in den folgenden Veranlagungszeiträumen entstehende tatsächliche Körperschaftsteuerschuld den sich aus den Z 1 bis 3 für diesen Veranlagungszeitraum ergebenden Betrag übersteigt.

(5) Körperschaftsteuer, die auf Einkünfte im Sinne des § 13 Abs. 3 und 4 entfällt, ist nach Maßgabe der nachstehenden Bestimmungen in der Veranlagung gutzuschreiben:

1. Die Körperschaftsteuer ist bei Abgabe der Steuererklärung auf Grund einer erfolgten Veranlagung festgesetzt und entrichtet.
2. Die Privatstiftung tätigt Zuwendungen im Sinne des § 27 Abs. 5 Z 7 des Einkommensteuergesetzes 1988, für die Kapitalertragsteuer abgeführt wurde.
3. a) Die Bemessungsgrundlage für die Gutschrift ist der Unterschiedsbetrag zwischen
   – der Summe der gemäß § 13 Abs. 3 gesondert zu versteuernden Einkünfte und
   – der Summe der Zuwendungen im Sinne des § 27 Abs. 5 Z 7 des Einkommensteuergesetzes 1988, wenn diese die Summe der Einkünfte im Sinne des ersten Teilstriches übersteigt.

   b) Findet eine Entlastung der Zuwendungen von der Kapitalertragsteuer auf Grund eines Doppelbesteuerungsabkommens statt, ist die Summe der Zuwendungen bei der Ermittlung der Bemessungsgrundlage gemäß lit. a insoweit zu verringern, als sie nicht endgültig mit Kapitalertragsteuer belastet ist. Dies gilt auch, wenn die Entlastung nach Abfuhr der Kapitalertragsteuer stattfindet; die nachträgliche Entlastung gilt als rückwirkendes Ereignis im Sinne des § 295a der Bundesabgabenordnung.
4. Wird die Körperschaftsteuer der Jahre vor 2011 gutgeschrieben, beträgt die Gutschrift 12,5% der Bemessungsgrundlage gemäß Z 3. Die Gutschrift der Körperschaftsteuer der Jahre ab 2011 bis 2022 beträgt 25%, des Jahres 2023 24% und der Jahre ab 2024 23% der jeweiligen Bemessungsgrundlage gemäß Z 3. Die Körperschaftsteuer der ältesten Jahre ist vorrangig gutzuschreiben.

   (BGBl I 2022/10)
5. Die Privatstiftung führt ein Evidenzkonto, in dem die jährlich entrichtete Körperschaftsteuer, die gutgeschriebenen Beträge und der jeweils für eine Gutschrift in Betracht kommende Restbetrag fortlaufend aufgezeichnet werden.
6. Im Falle der Auflösung der Privatstiftung ist die Höhe der Gutschrift gemäß Z 3 und 4 zu ermitteln. Dabei ist bei der Berechnung der Gutschrift nach Z 3 auch der Restbetrag gemäß Z 5 wie eine Zuwendung im Sinne des § 27 Abs. 5 Z 7 des Einkommensteuergesetzes 1988 zu behandeln. Abweichend von Z 3 lit. b ist trotz Abfuhr der Kapitalertragsteuer im Fall einer möglichen nachträglichen Entlastung der Zuwendungsbetrag entsprechend zu reduzieren. Die Erteilung der Gutschrift erfolgt mit der letzten Veranlagung.

(BGBl I 2015/163)

(6) Die Bestimmungen des § 108c EStG 1988 gelten sinngemäß für Körperschaften im Sinne des § 1, soweit sie nicht von der Körperschaftsteuer befreit sind. § 124b Z 268 sowie § 124b Z 296 des Einkommensteuergesetzes 1988 sind sinngemäß für Körperschaften im Sinne des § 1 anzuwenden.

(BGBl I 2015/101, BGBl I 2015/118)

(7) § 107 des Einkommensteuergesetzes 1988 gilt für Körperschaften im Sinne des § 1 Abs. 2 und Abs. 3 Z 1 nach Maßgabe folgender Bestimmungen sinngemäß:

1. Die Abzugsteuer beträgt 7,5%.

   (BGBl I 2022/10)
2. Abweichend von § 107 Abs. 6 des Einkommensteuergesetzes 1988 haftet der Schuldner der Einkünfte für die Entrichtung der Abzugsteuer nicht, wenn eine Anmeldung und der Abzug auf Grundlage der Angaben des Einkünfteempfängers unterblieben ist und diese Angaben nicht offensichtlich unrichtig sind.
3. Dem Empfänger der Einkünfte ist die Abzugsteuer vorzuschreiben, wenn ein Abzug gemäß Z 2 zu Unrecht unterblieben ist.

(BGBl I 2018/62)

Sondervorschriften für Unternehmensgruppen

§ 24a. (1)

1. Das Ergebnis jedes unbeschränkt steuerpflichtigen Gruppenmitgliedes (§ 9 Abs. 2) ist mit Bescheid (§ 92 Abs. 1 lit. b der Bundesabgabenordnung) festzustellen. In diesem Bescheid ist abzusprechen über:
   – Das eigene Einkommen gemäß § 9 Abs. 6 Z 1,
   – die zuzurechnenden Verluste nicht unbeschränkt steuerpflichtiger ausländischer Gruppenmitglieder, an denen eine

ausreichende finanzielle Verbindung besteht, sowie deren allenfalls nachzuversteuernde Verluste,
- die anzurechnenden inländischen Steuern,
- die anrechenbaren ausländischen Steuern,
- die verrechenbare Mindeststeuer (Abs. 4 Z 2) und
- die Aufteilung des vom Gruppenmitglied zuzurechnenden Ergebnisses auf die Mitbeteiligten einer dem Gruppenmitglied übergeordneten Beteiligungsgemeinschaft.

2. Das Ergebnis des Gruppenträgers (§ 9 Abs. 3) oder des Hauptbeteiligten einer Beteiligungsgemeinschaft als Gruppenträger ist mit Bescheid (§ 92 Abs. 1 lit. b der Bundesabgabenordnung) festzustellen. In diesem Bescheid ist abzusprechen über:
   - Das eigene Einkommen gemäß § 9 Abs. 6 Z 2 zweiter Satz,
   - die zuzurechnenden Verluste nicht unbeschränkt steuerpflichtiger ausländischer Gruppenmitglieder, an denen eine ausreichende finanzielle Verbindung besteht, sowie deren allenfalls nachzuversteuernde Verluste,
   - die anzurechnenden inländischen Steuern,
   - die anrechenbaren ausländischen Steuern und
   - die verrechenbare Mindeststeuer (Abs. 4 Z 2).
3. Das Ergebnis jedes beschränkt steuerpflichtigen ausländischen Gruppenmitglieds (§ 9 Abs. 2 zweiter Teilstrich) ist mit Bescheid (§ 92 Abs. 1 lit. b der Bundesabgabenordnung) festzustellen. In diesem Bescheid ist über den Gesamtbetrag der beschränkt steuerpflichtigen Einkünfte aus inländischen Betriebsstätten und inländischem unbeweglichen Vermögen abzusprechen.

(BGBl I 2019/103, BGBl I 2022/108)

(2) Der Feststellungsbescheid im Sinne des Abs. 1 ergeht an das jeweilige Gruppenmitglied, den Gruppenträger und im Falle einer dem Gruppenmitglied übergeordneten Beteiligungsgemeinschaft den Minderbeteiligten. Der Feststellungsbescheid ist Grundlage für die Festsetzung der Körperschaftsteuer beim Gruppenträger.

(3) Die Körperschaftsteuer wird nach Ablauf des Kalenderjahres (Veranlagungszeitraum) nach dem Gruppeneinkommen veranlagt, das dem Gruppenträger zuzurechnen ist (§ 9 Abs. 6 Z 2). Das Gruppeneinkommen ergibt sich wie folgt:

1. Bei Gruppenträgern im Sinne des § 9 Abs. 3 erster bis vierter Teilstrich durch Zusammenrechnung des eigenen Einkommens mit den im jeweiligen Veranlagungsjahr zuzurechnenden Ergebnissen der Gruppenmitglieder unter Berücksichtigung des § 12a und der Sonderausgaben.

   (BGBl I 2016/77, BGBl I 2021/3)
2. Bei allen Mitbeteiligten einer Beteiligungsgemeinschaft im Sinne des § 9 Abs. 3 fünfter Teilstrich durch Zusammenrechnung des eigenen Einkommens des Mitbeteiligten mit dem anteilig auf jeden entfallenden Anteil an den Ergebnissen der ruppenmitglieder unter Berücksichtigung der Sonderausgaben.

   (BGBl I 2016/77)

Auf die sich daraus ergebende Körperschaftsteuerschuld sind anzurechnende inländische Steuern, anrechenbare ausländische Steuern und verrechenbare Mindeststeuern (Abs. 4) ganz oder im Falle einer Beteiligungsgemeinschaft anteilig anzurechnen. Mit der Erlassung des Körperschaftsteuerbescheides ist zuzuwarten, bis sämtliche Feststellungsbescheide im Sinn des Abs. 1 erlassen sind.

(4) In der Unternehmensgruppe gilt hinsichtlich der Mindeststeuer Folgendes:

1. Eine Mindeststeuer ist für jedes mindeststeuerpflichtige Gruppenmitglied und den Gruppenträger zu berechnen und vom Gruppenträger zu entrichten, wenn das Gesamteinkommen in der Unternehmensgruppe nicht ausreichend positiv ist. Das Gesamteinkommen in der Unternehmensgruppe ist dann nicht ausreichend positiv, wenn es unter dem Betrag liegt, der sich für alle mindeststeuerpflichtigen Gruppenmitglieder und den mindeststeuerpflichtigen Gruppenträger nach § 24 Abs. 4 Z 1 bis 3 zusammengezählt ergibt.
2. Mindeststeuern aus Zeiträumen vor dem Wirksamwerden der Unternehmensgruppe sind dem finanziell ausreichend beteiligten Gruppenmitglied bzw. dem Gruppenträger in jener Höhe zuzurechnen, die auf das vom Gruppenmitglied weitergeleitete eigene Einkommen anrechenbar wäre. Das beteiligte Gruppenmitglied leitet die zugerechnete Mindeststeuer gemeinsam mit dem eigenen Einkommen jenes Zeitraumes weiter, in dem die Zurechnung erfolgt ist.

6. TEIL
VERWEISE AUF ANDERE BUNDESGESETZE

§ 25. Soweit in diesem Bundesgesetz auf andere Bundesgesetze verwiesen wird, sind diese in ihrer jeweils geltenden Fassung anzuwenden.

7. TEIL
ÜBERGANGS- UND SCHLUSSVORSCHRIFTEN

Inkrafttreten und Aufhebung

§ 26. (1) Dieses Bundesgesetz ist anzuwenden,

1. wenn die Körperschaftsteuer veranlagt wird, erstmalig bei der Veranlagung für das Kalenderjahr 1989,

2. wenn die Körperschaftsteuer durch Abzug erhoben wird, für die Zeit ab 1. Jänner 1989.

(2) Das Körperschaftsteuergesetz 1966 ist letztmalig anzuwenden,

1. wenn die Körperschaftsteuer veranlagt wird, bei der Veranlagung für das Kalenderjahr 1988,
2. wenn die Körperschaftsteuer durch Abzug erhoben wird, für die Zeit bis 31. Dezember 1988.

(3) Abweichend von Abs. 1 und 2 gilt folgendes:

1. § 8 Abs. 3 Z 3 und § 18 sind auf alle nicht rechtskräftigen Veranlagungen anzuwenden.
2. a) § 8 Abs. 4 Z 3 ist anzuwenden auf Mantelkäufe, die in Wirtschaftsjahren erfolgen, die nach dem 31. Dezember 1988 enden.
   b) § 117 Abs. 6 des Einkommensteuergesetzes 1988 ist anzuwenden.
3. § 14 Abs. 3 ist erstmalig ab der Veranlagung für das Kalenderjahr 1987 anzuwenden.

(4) Für gemeinnützige Bauvereinigungen im Sinne des Wohnungsgemeinnützigkeitsgesetzes gilt folgendes:

1. § 1 Abs. 3 des Wohnungsgemeinnützigkeitsgesetzes ist für Wirtschaftsjahre anzuwenden, die vor dem 1. Jänner 1989 enden.
2. § 5 Z 10 ist erstmalig für jenes Wirtschaftsjahr anzuwenden, das nach dem 31. Dezember 1988 endet. Bei gemeinnützigen Bauvereinigungen, die am Beginn des im ersten Satz genannten Wirtschaftsjahres Geschäfte außerhalb der in § 7 Abs. 1 bis 3 des Wohnungsgemeinnützigkeitsgesetzes bezeichneten Art tätigen, ist der Bescheid der Finanzlandesdirektion für dieses Wirtschaftsjahr unter der Voraussetzung wirksam, daß der Antrag innerhalb von drei Monaten ab Beginn des Wirtschaftsjahres gestellt wird. Der Antrag muß jedoch in keinem Fall vor dem 1. April 1989 gestellt werden.

(5) Pensionskassen, die nach § 6 des Körperschaftsteuergesetzes 1966 befreit waren und die Voraussetzungen für die Körperschaftsteuerbefreiung nach § 6 am 1. Jänner 1989 nicht erfüllen, bleiben bis zum Erlöschen der Konzession im Sinne des § 49 des Pensionskassengesetzes steuerfrei, wenn sie die Voraussetzungen für die Körperschaftsteuerbefreiung nach § 6 des Körperschaftsteuergesetzes 1966 weiterhin erfüllen.

(6) Hat ein Organträger im Sinne des § 8 Abs. 4 des Körperschaftsteuergesetzes 1966 ein abweichendes Wirtschaftsjahr, ist das Einkommen der Organgesellschaft für das Jahr 1988 dem Einkommen des Organträgers für das Jahr 1988 zuzurechnen.

(7) Beziehen sich bundesgesetzliche Vorschriften auf Bestimmungen des Körperschaftsteuergesetzes 1966, treten an die Stelle dieser Bestimmungen die entsprechenden Bestimmungen dieses Bundesgesetzes.

§ 26a. (1) § 117 Abs. 7 Z 2 des Einkommensteuergesetzes 1988 in der Fassung des Bundesgesetzes BGBl. Nr. 201/1996 ist anzuwenden.

(2) § 14 Abs. 1 in der Fassung des Bundesgesetzes BGBl. Nr. 818/1993 ist auf Wirtschaftsjahre, die vor dem 1. Jänner 1997 und nach dem 31. Dezember 1995 enden, mit der Maßgabe anzuwenden, daß an Stelle der Hälfte der Zuführung zur Haftrücklage ein Viertel der Zuführung zur Haftrücklage tritt. Auf Wirtschaftsjahre, die nach dem 31. Dezember 1996 enden, sind die Abs. 1 bis 3 nicht anzuwenden. Soweit für Wirtschaftsjahre, die vor dem 1. Jänner 1997 enden, steuerwirksame Haftrücklagen gebildet wurden, sind sie in den Jahren ihrer bestimmungsgemäßen Verwendung nachzuversteuern. Bei bestimmungsgemäßer Verwendung ist die steuerwirksame Haftrücklage im Verhältnis des Standes der steuerwirksam und der steuerneutral gebildeten Rücklagenteile vor der bestimmungsgemäßen Verwendung steuerwirksam aufzulösen.

(3) § 16 ist auf Wirtschaftsjahre, die vor dem 1. Jänner 1997 und nach dem 31. Dezember 1995 enden, mit der Maßgabe anzuwenden, daß die Hälfte der Zuführung zur Risikorücklage abzugsfähig ist. Auf Wirtschaftsjahre, die nach dem 31. Dezember 1996 enden, ist § 16 nicht anzuwenden. Soweit für Wirtschaftsjahre, die vor dem 1. Jänner 1997 enden, steuerwirksame Risikorücklagen gebildet wurden, sind sie in den Jahren ihrer bestimmungsgemäßen Verwendung nachzuversteuern.

(4) § 17 Abs. 3 in der Fassung des Bundesgesetzes BGBl. Nr. 201/1996 ist erstmalig bei der Veranlagung für 1997 anzuwenden. Bei der Veranlagung für 1996 tritt an die Stelle der Prozentzahl „10“ die Prozentzahl „15“.

(5) § 24 Abs. 4 in der Fassung des Bundesgesetzes BGBl. Nr. 201/1996 ist erstmals für Zeiträume nach dem 31. Dezember 1995 anzuwenden. Die am 1. Jänner 1996 bestehenden der Mindeststeuer unterliegenden unbeschränkt Steuerpflichtigen haben die für das erste und zweite Quartal maßgebenden Beträge am 15. August 1996 nachzuentrichten. Für in den Jahren 1994 bis 1996 zu entrichtende Mindeststeuerbeträge entfällt die nach § 24 Abs. 4 in der Fassung des Bundesgesetzes BGBl. Nr. 680/1994 vorgesehene siebenjährige Verrechnungsfrist.

(6) § 7 Abs. 2 und § 23 in der Fassung vor dem Bundesgesetz BGBl. Nr. 201/1996 ist letztmals bei der Veranlagung für 1997 anzuwenden. Im übrigen ist § 7 Abs. 2 bei der Veranlagung für 1996 und 1997 mit der Maßgabe anzuwenden, daß Verluste aus der Beteiligung als Mitunternehmer oder stiller Gesellschafter an Betrieben, deren Unternehmensschwerpunkt in der Verwaltung unkörperlicher Wirtschaftsgüter oder in der gewerblichen Vermietung von Wirtschaftsgütern gelegen ist, weder ausgleichsfähig noch gemäß § 8 Abs. 4 vortragsfähig sind, wenn die Beteiligung in Wirtschaftsjahren angeschafft wurde, die in den Jahren 1996 oder 1997 enden. Solche Verluste sind mit Gewinnen (Gewinnanteilen) aus dieser Beteiligung frühestmöglich zu verrechnen.

(7) § 10 Abs. 2 in der Fassung des Bundesgesetzes BGBl. Nr. 797/1996 ist für Beteiligungserträge im Sinne des § 10 Abs. 2 Z 2 lit. a erstmalig bei der Veranlagung für 1996 und für Beteiligungserträge im Sinne des § 10 Abs. 2 Z 2 lit. b, erstmalig bei der Veranlagung für 1997 anzuwenden.

(8) § 117a des Einkommensteuergesetzes 1988 ist anzuwenden.

(9) § 11 Abs. 2, § 17 Abs. 3 und § 22 Abs. 3 und 4 in der Fassung des Bundesgesetzes BGBl. I Nr. 106/1999 sind erstmals bei der Veranlagung für das Jahr 2000 anzuwenden.

(10) § 7 Abs. 2, § 13 Abs. 2 bis 4, § 15 Abs. 2 und 3, § 22 Abs. 2 und 3 und § 24 Abs. 5, jeweils in der Fassung des Bundesgesetzes BGBl. I Nr. 142/2000, sind erstmalig bei der Veranlagung für das Kalenderjahr 2001 anzuwenden.

(11) Rückstellungen zum Ausgleich des schwankenden Jahresbedarfes, die bereits zum Ende des letzten vor dem 1. Jänner 2001 endenden Wirtschaftsjahres gebildet worden sind, sind mit der Hälfte jenes Betrages gewinnerhöhend aufzulösen, mit dem die Rückstellungen im Jahresabschluss für das letzte vor dem 1. Jänner 2001 endende Wirtschaftsjahr angesetzt wurden. Die gewinnerhöhende Auflösung ist im Wirtschaftsjahr, das nach dem 31. Dezember 2000 endet, und in den folgenden zwei Wirtschaftsjahren (Auflösungszeitraum) mit jährlich mindestens einem Drittel vorzunehmen.

(12) § 15 Abs. 3 in der Fassung des Bundesgesetzes BGBl. I Nr. 142/2000 ist auch auf Rückstellungen für noch nicht abgewickelte Versicherungsfälle und auf sonstige Rückstellungen (§ 81c Abs. 3 Pos. D VII des Versicherungsaufsichtsgesetzes) anzuwenden, die bereits zum Ende des letzten vor dem 1. Jänner 2001 endenden Wirtschaftsjahres gebildet worden sind. Auflösungsgewinne, die sich aus der erstmaligen Anwendung des § 15 Abs. 3 in der Fassung des Bundesgesetzes BGBl. I Nr. 142/2000 bei den zuvor genannten Rückstellungen ergeben, können auf das Wirtschaftsjahr, das nach dem 31. Dezember 2000 endet, und auf die folgenden vier Wirtschaftsjahre (Auflösungszeitraum) verteilt werden, wobei jährlich mindestens ein Fünftel anzusetzen ist. Scheidet eine Rückstellung während des Auflösungszeitraumes aus dem Betriebsvermögen aus, ist der darauf entfallende Auflösungsgewinn im Wirtschaftsjahr des Ausscheidens jedenfalls anzusetzen.

(13) § 6 Abs. 4 und § 13 Abs. 1 Z 1, jeweils in der Fassung des Bundesgesetzes BGBl. I Nr. 2/2001, sind erstmalig bei der Veranlagung für das Jahr 2001 anzuwenden. Abweichend davon sind § 6 Abs. 4 und § 13 Abs. 1 Z 1, jeweils in der Fassung des Bundesgesetzes BGBl. I Nr. 2/2001, erstmalig bei der Veranlagung für das Jahr 2000 anzuwenden, wenn die Stiftung nach dem 30. November 2000 errichtet worden ist.

(14) § 5 Z 8, § 6 Abs. 2 Z 5, § 23 und § 24 Abs. 4 Z 2 und 3, jeweils in der Fassung des Bundesgesetzes BGBl. I Nr. 59/2001, sind erstmals bei der Veranlagung für das Jahr 2002 anzuwenden.

(15) § 22 Abs. 4 ist letztmalig bei der Veranlagung für das Jahr 2001 anzuwenden.

(16)

1. § 10 Abs. 2 in der Fassung des Bundesgesetzes BGBl. I Nr. 71/2003 ist ab der Veranlagung für das Kalenderjahr 2004 anzuwenden.
2. § 10 Abs. 3 in der Fassung des Bundesgesetzes BGBl. I Nr. 71/2003 ist anzuwenden:
   a) auf Steuerpflichtige, die vor dem 1. Jänner 2001 in das Firmenbuch eingetragen worden sind, ab der Veranlagung für das Kalenderjahr 2006, und zwar dahin gehend, dass sie die Option für bestehende und vor dem 1. Jänner 2006 erworbene Beteiligungen mit Wirkung für das Jahr 2006 ausüben und spätestens mit der Körperschaftsteuererklärung für das Jahr 2006 eine entsprechende Optionserklärung abgeben; § 10 Abs. 2 Z 2 in der Fassung vor Bundesgesetz BGBl. I Nr. 71/2003 gilt, unbeschadet der Wirksamkeit des § 10 Abs. 2 KStG 1988 in der Fassung des Bundesgesetzes BGBl. I Nr. 71/2003, bis zum Jahr der Ausübung der Option,
   b) auf Steuerpflichtige, die nach dem 31. Dezember 2000 in das Firmenbuch eingetragen worden sind ab der Veranlagung für 2004, und zwar dahin gehend, dass sie die Option für bestehende und vor dem 1. Jänner 2004 erworbene Beteiligungen, mit Wirksamkeit für die Veranlagung 2004 ausüben und eine entsprechende Erklärung spätestens gemeinsam mit der Körperschaftsteuererklärung für das Jahr 2004 abgeben. Dies gilt auch dann, wenn bei einer bestehenden und vor dem ersten Jänner 2004 erworbenen Beteiligung ausschließlich durch das In-Kraft-Treten des § 10 Abs. 2 in der Fassung des Bundesgesetzes BGBl. I Nr. 71/2003 die Voraussetzungen für eine internationale Schachtelbeteiligung eintreten.
3. Wird keine Option im Sinne der Z 2 lit. a bzw. der Z 2 lit. b ausgeübt, gilt Folgendes:

   Ist im Fall der Z 2 lit. a vor dem letzten im Kalenderjahr 2006 endenden Wirtschaftsjahr, im Fall der Z 2 lit. b vor dem letzten im Kalenderjahr 2004 endenden Wirtschaftsjahr für eine Beteiligung oder für Teile hievon der niedrigere Teilwert (§ 6 Z 2 lit. a des Einkommensteuergesetzes 1988) angesetzt worden, ist der Unterschiedsbetrag zwischen dem steuerlich maßgebenden Buchwert und den seinerzeitigen Anschaffungskosten jeweils im unmittelbar folgenden Wirtschaftsjahr mit mindestens einem Siebentel und in den jeweils sechs weiteren Wirtschaftsjahren ebenfalls mit mindestens einem Siebentel gewinnerhöhend anzusetzen.
4. Im Falle der Ausübung einer Option kann anstelle des steuerlichen Buchwertes der

Beteiligung der gemeine Wert abzüglich vorgenommener Teilwertabschreibungen am Ende des Wirtschaftsjahres, in dem die Option ausgeübt wurde, angesetzt werden.

5. § 10 Abs. 4 in der Fassung des Bundesgesetzes BGBl. I Nr. 71/2003 ist anzuwenden:
   a) auf Steuerpflichtige, die vor dem 1. Jänner 2001 in das Firmenbuch eingetragen worden sind, ab der Veranlagung für das Kalenderjahr 2006,
   b) auf Steuerpflichtige, die nach dem 31. Dezember 2000 in das Firmenbuch eingetragen worden sind, ab der Veranlagung für das Kalenderjahr 2004.
   c) Am Ende des ersten im Kalenderjahr 2006 endenden Wirtschaftsjahres (lit. a) bzw. des ersten im Kalenderjahr 2004 endenden Wirtschaftsjahres (lit. b) kann an Stelle des steuerlichen Buchwertes der Beteiligung der gemeine Wert abzüglich vorgenommener Teilwertabschreibungen angesetzt werden. Dies gilt nur dann, wenn bei einer vor dem Beginn des ersten im Kalenderjahr 2004 bzw. 2006 endenden Wirtschaftsjahres erworbenen Beteiligung ausschließlich durch das In-Kraft-Treten des § 10 Abs. 4 in der Fassung des BGBl. I Nr. 71/2003 die Voraussetzungen für die Steuerbefreiung der Erträge aus der internationalen Schachtelbeteiligung entfallen.

(17) § 22 Abs. 2 in der Fassung des Bundesgesetzes BGBl. I Nr. 71/2003 ist erstmals auf Kapitalerträge anzuwenden, die nach dem 31. März 2003 zufließen.

(18) § 24 Abs. 3 Z 1 in der Fassung des Bundesgesetzes BGBl. I Nr. 124/2003 gilt ab der Veranlagung für das Kalenderjahr 2003.

(19) Für bestehende Mittelstandsfinanzierungsgesellschaften, die vor dem 31. Dezember 2007 zur Eintragung in das Firmenbuch angemeldet wurden, sind § 5 Z 14 und § 6b jeweils in der Fassung vor dem Bundesgesetz BGBl. I Nr. 100/2007

1. für zum 31. März 2008 bestehende Beteiligungen bis zum ersten Wirtschaftsjahr, das nach dem 31. Dezember 2012 beginnt, anzuwenden. Diese Frist verlängert sich um zwei Jahre, soweit sich die Mittelstandsfinanzierungsgesellschaft vor dem 31. Dezember 2007 zum Halten der Beteiligungen über den 31. Dezember 2012 hinaus verpflichtet hat und diese Verpflichtung gegenüber Dritten eingegangen ist, soweit diese Verpflichtung Voraussetzung für die Gewährung einer zusätzlichen Komplementärfinanzierung am Markt war.
2. für nach dem 31. März 2008 erworbene Beteiligungen bis zum ersten Wirtschaftsjahr, das nach dem 31. Dezember 2012 beginnt, anzuwenden,
   – wenn deren Erwerb ausschließlich aus bis zum 31. Dezember 2007 eingezahltem Kapital der Mittelstandsfinanzierungsgesellschaft finanziert worden ist, oder
   – wenn deren Erwerb ausschließlich aus bis zum 31. Oktober 2007 kommittiertem Kapital der Mittelstandsfinanzierungsgesellschaft finanziert worden ist und sich die Mittelstandsfinanzierungsgesellschaft im Rahmen eines Beteiligungsplans bereits zum Erwerb zusätzlicher Beteiligungen an dem Zielunternehmen verpflichtet hat. Kommittiertes Kapital der Mittelstandsfinanzierungsgesellschaft ist Kapital, das dieser aufgrund vertraglicher Verpflichtung bereits verbindlich zugesagt worden ist.
3. für alle anderen nach dem 31. März 2008 erworbenen Beteiligungen bis zum ersten Wirtschaftsjahr, das nach dem 31. Dezember 2012 beginnt, nicht mehr anzuwenden. Auf diese neu erworbenen Beteiligungen sind bereits § 5 Z 14, § 6b Abs. 1 Z 6 lit. a und b und § 6b Abs. 2 in der Fassung dieses Bundesgesetzes BGBl. I Nr. 100/2007 bis zum ersten Wirtschaftsjahr, das nach dem 31. Dezember 2012 beginnt, anzuwenden.

Bestehende Mittelstandsfinanzierungsgesellschaften können jedoch ihre Tätigkeit auf die Erfordernisse des § 6b in der Fassung des Bundesgesetzes BGBl. I Nr. 100/2007 bis zum Ende des letzten Wirtschaftsjahres, auf das § 6b in der Fassung vor dem Bundesgesetz BGBl. I Nr. 100/2007 anzuwenden ist, umstellen. Die Begünstigung des dem Veranlagungsbereich zuzurechnenden Ergebnisses gemäß § 5 Z 14 in der Fassung vor dem Bundesgesetz BGBl. I Nr. 100/2007 läuft bei bestehenden Mittelstandsfinanzierungsgesellschaften mit dem Ablauf des fünften auf das Jahr der Eintragung der Gesellschaft in das Firmenbuch folgenden Kalenderjahres, spätestens jedoch mit 31. Dezember 2010, aus.

(20) Für Mittelstandsfinanzierungsgesellschaften, die nach dem 31. Dezember 2007 zur Eintragung in das Firmenbuch angemeldet wurden, sind § 5 Z 14 und § 6b jeweils in der Fassung des Bundesgesetzes BGBl. I Nr. 100/2007 erstmalig für Wirtschaftsjahre anzuwenden, die nach dem 31. Dezember 2007 beginnen.

(21) Für Mittelstandsfinanzierungsgesellschaften, die nach dem 31. Dezember 2007 zur Eintragung in das Firmenbuch angemeldet wurden oder nach Abs. 19 vorletzter Satz ihre Tätigkeit umgestellt haben, sind § 5 Z 14 und § 6b jeweils in der Fassung des Bundesgesetzes BGBl. I Nr. 100/2007

1. für zum 31. Dezember 2012 bestehende Beteiligungen bis zum ersten Wirtschaftsjahr, das nach dem 31. Dezember 2018 beginnt, anzuwenden.
2. für nach dem 31. Dezember 2012 erworbene Beteiligungen nicht mehr anzuwenden.

(22) § 5 Z 14 und § 6b jeweils in der Fassung des Bundesgesetzes BGBl. I Nr. 100/2007 treten erst mit Tag nach der Veröffentlichung der Genehmigung durch die Kommission der Europäischen Gemeinschaften im Bundesgesetzblatt in Kraft. Liegt dieser Tag nach dem 31. Dezember 2007, ändert sich der Zeitpunkt in Abs. 19 und 20 vom 31. Dezember 2007 auf diesen Tag.

§ 26b. (Verfassungsbestimmung) (1) § 13 in der Fassung des Bundesgesetzes BGBl. Nr. 201/1996 ist erstmalig bei der Veranlagung für 1996 anzuwenden. Die Bestimmung ist auch auf Privatstiftungen, die die in Abs. 1 genannten Voraussetzungen im Zeitpunkt des Inkrafttretens dieses Bundesgesetzes nicht erfüllen, anzuwenden, wenn die Offenlegung innerhalb der folgenden zwei Monate gegenüber dem für die Privatstiftung zuständigen Finanzamt erfolgt.

(2) § 6 Abs. 4 ist erstmalig bei der Veranlagung für das Jahr 1996 anzuwenden. Die Bestimmung ist auch auf Privatstiftungen, die die in § 6 Abs. 4 genannten Voraussetzungen im Zeitpunkt des Inkrafttretens dieses Bundesgesetzes nicht erfüllen, anzuwenden, wenn die Anpassung an die Voraussetzungen im Sinne des § 4 Abs. 11 Z 1 des Einkommensteuergesetzes 1988 innerhalb von sechs Monaten nach Inkrafttreten des Bundesgesetzes BGBl. Nr. 201/1996 erfolgt.

(3) § 5 Z 11, § 12 Abs. 3 und § 22 Abs. 2, jeweils in der Fassung des Bundesgesetzes BGBl. Nr. 201/1996, sind erstmalig bei der Veranlagung für das Jahr 1996 anzuwenden.

(4) § 117 Abs. 7 Z 1 des Einkommensteuergesetzes 1988 in der Fassung des Bundesgesetzes BGBl. Nr. 201/1996 ist anzuwenden.

§ 26c.

1. § 8 Abs. 3 Z 3, § 11, § 12 und § 15 Abs. 3 in der Fassung des Bundesgesetzes BGBl. I Nr. 57/2004 ist erstmals bei der Veranlagung für das Jahr 2005 anzuwenden.
2. § 22 in der Fassung des Bundesgesetzes BGBl. I Nr. 57/2004 ist erstmals bei der Veranlagung für das Kalenderjahr 2005 anzuwenden. Wird das Einkommen unter Berücksichtigung eines vom Kalenderjahr abweichenden Wirtschaftsjahres, das vor dem 1. Jänner 2005 beginnt und nach dem 31. Dezember 2004 endet, ermittelt, ist der dem Jahr 2004 zuzurechnende Einkommensteil zwar im Einkommen des Kalenderjahres 2005 zu erfassen, aber mit dem Steuersatz des § 22 Abs. 1 in der Fassung vor diesem Bundesgesetz zu besteuern. Dabei gilt Folgendes:
   a) Das Einkommen ist durch die Anzahl der Kalendermonate dieses Wirtschaftsjahres zu teilen und mit der Anzahl der in das Kalenderjahr 2004 fallenden Kalendermonate zu vervielfachen. Angefangene Kalendermonate gelten als volle Kalendermonate.
   b) Sinngemäß ist das Einkommen des Gruppenträgers bzw. der Gruppenmitglieder zu ermitteln. Für Wirtschaftsjahre von Gruppenmitgliedern, die vor dem 1. Jänner 2005 beginnen und auf die Z 2 zweiter Satz nicht zur Anwendung kommt, ist § 22 Abs. 1 in der Fassung vor dem Bundesgesetz BGBl. I Nr. 57/2004 anzuwenden. Dies gilt für Veranlagungen ab dem Kalenderjahr 2005.
   c) Dem Unternehmer steht es frei, den bis zum 31. Dezember 2004 angefallenen Gewinn durch Zwischenabschluss zu ermitteln und das Einkommen entsprechend der Gewinnrelation aufzuteilen.
   d) Ist im Einkommen des Jahres 2005 oder 2006 der Körperschaft das Ergebnis aus einer Mitunternehmerbeteiligung enthalten, gilt Folgendes:
      – Wird der Gewinn der Mitunternehmerschaft nach einem abweichenden Wirtschaftsjahr ermittelt, das vor dem 1. Jänner 2005 beginnt und nach dem 31. Dezember 2004 endet, ist unabhängig davon, ob die beteiligte Körperschaft selbst den Gewinn nach einem abweichenden Wirtschaftsjahr ermittelt, dieser Gewinnanteil nach lit. a) aufzuteilen und der auf das Kalenderjahr 2004 entfallende Teil zwar im Einkommen des Kalenderjahres 2005 oder 2006 zu erfassen, aber mit dem Steuersatz des § 22 Abs. 1 in der Fassung vor dem Bundesgesetz BGBl. I Nr. 57/2004 zu besteuern.
      – Wird der Gewinn der Mitunternehmerschaft nach dem Kalenderjahr, das der beteiligten Körperschaft aber nach einem abweichenden Wirtschaftjahr, das vor dem 1. Jänner 2005 beginnt und nach dem 31. Dezember 2004 endet, ermittelt, ist der in dieses Wirtschaftsjahr fallende Gewinn der Mitunternehmerschaft zwar im Einkommen des Kalenderjahres 2005 zu erfassen, aber mit dem Steuersatz des § 22 Abs. 1 in der Fassung vor dem Bundesgesetz BGBl. I Nr. 57/2004 zu besteuern.
3. § 9 in der Fassung des Bundesgesetzes BGBl. I Nr. 57/2004 ist erstmals bei der Veranlagung für das Kalenderjahr 2005 anzuwenden. Die Firmenwertabschreibung im Sinne des § 9 Abs. 7 ist auf Beteiligungen anzuwenden, die nach dem 31. Dezember 2004 angeschafft worden sind. Bestehende Organschaften im Sinne des § 9 in der Fassung vor dem Bundesgesetz BGBl. I Nr. 57/2004 gelten unabhängig davon, ob der Ergebnisabführungsvertrag aufgehoben wird oder nicht, und unabhängig vom Ende des Wirtschaftsjahres der Organgesellschaften als Unternehmensgruppe, wenn der Antrag im Sinne des § 9 Abs. 8 bis 31. Dezember 2005 dem zuständigen Finanzamt

übermittelt wird. Die Jahre der Zugehörigkeit zum Organkreis sind beim Übergang in die Gruppe in die Mindestbestandsfrist des § 9 Abs. 10 in der Fassung dieses Bundesgesetzes einzurechnen.

4. § 15 Abs. 3 in der Fassung des Bundesgesetzes BGBl. I Nr. 57/2004 ist auch auf Rückstellungen für noch nicht abgewickelte Versicherungsfälle und auf sonstige Rückstellungen (§ 81c Abs. 3 Pos. D VII des Versicherungsaufsichtsgesetzes) anzuwenden, die bereits zum Ende des letzten vor dem 1. Jänner 2005 endenden Wirtschaftsjahres gebildet worden sind. Unterschiedsbeträge, die sich aus der erstmaligen Anwendung des § 15 Abs. 3 in der Fassung des Bundesgesetzes BGBl. I Nr. 57/2004 ergeben, sind gleichmäßig auf das Wirtschaftsjahr, das nach dem 31. Dezember 2004 endet und auf die folgenden vier Wirtschaftsjahre (Aufbauzeitraum) zu verteilen. § 26a Abs. 12 bleibt von dieser Bestimmung unberührt. Scheidet eine Rückstellung während des Aufbauzeitraumes aus dem Betriebsvermögen aus, ist der darauf entfallende Differenzbetrag im Wirtschaftsjahr des Ausscheidens anzusetzen.

5. Sind die Verhältnisse des Kalenderjahres 2004 oder eines früheren Kalenderjahres für die Festsetzung einer Vorauszahlung für das Kalenderjahr 2005 oder eines späteren Kalenderjahres maßgeblich oder sind Vorauszahlungen für diese Zeiträume vor dem In-Kraft-Treten dieser Bestimmung erstmalig festgesetzt worden, gilt Folgendes:

   Beantragt der Steuerpflichtige eine Herabsetzung der Vorauszahlung, darf diesem Antrag nur statt gegeben werden, wenn die Voraussetzungen dafür anhand einer konkreten und detaillierten Einschätzung seines voraussichtlichen Einkommens vollständig offengelegt und nachgewiesen werden.

6. § 2 Abs. 2 Z 4, § 9, § 24 Abs. 4 und § 26c Z 2 in der Fassung des Bundesgesetzes BGBl. I Nr. 180/2004 sind erstmalig bei der Veranlagung für das Kalenderjahr 2005 anzuwenden. § 2 Abs. 4 Z 4 in der Fassung des Bundesgesetzes BGBl. I Nr. 180/2004 ist nicht auf die entgeltliche Überlassung von Finanzmitteln anzuwenden, denen ein Vertragsabschluss vor dem 1. November 2004 zu Grunde liegt.

7. § 12 Abs. 1 Z 7 in der Fassung des Bundesgesetzes BGBl. I Nr. 180/2004 ist auf Vergütungen aller Art und übersteigende Reisekostenersätze anzuwenden, die für die Zeit nach dem 7. Oktober 2004 gewährt werden.

8. § 21 Abs. 2 Z 6 in der Fassung des Bundesgesetzes BGBl. I Nr. 180/2004 ist auf Kapitalerträge auf Grund von Zuwendungen anzuwenden, die nach dem 31. Dezember 2004 zufließen.

9. § 6 Abs. 1 und § 17 Abs. 3 in der Fassung des Bundesgesetzes BGBl. Nr. 8/2005 ist erstmals bei der Veranlagung für das Kalenderjahr 2005 anzuwenden.

10. a) § 10 Abs. 3 Z 5 und § 24 Abs. 3 Z 1 in der Fassung des Bundesgesetzes BGBl. I 161/2005 sind erstmals bei der Veranlagung für das Kalenderjahr 2006 anzuwenden.

    b) § 21 in der Fassung des Bundesgesetzes BGBl. I Nr. 161/2005 ist erstmalig bei der Veranlagung für das Kalenderjahr 2006 anzuwenden. Für betrieblich genutzte Grundstücke und Gebäude, bei denen bis zum In-Kraft-Treten des Bundesgesetzes BGBl. I Nr. 161/2005 keine Einkünfte nach § 98 Abs. 1 Z 3 des Einkommensteuergesetzes 1988 zu erfassen waren oder die unter § 4 Abs. 1 letzter Satz des Einkommensteuergesetzes 1988 gefallen sind, gilt Folgendes: Erfolgt ihre Veräußerung zu einem Zeitpunkt, der bei Anwendung des § 98 Abs. 1 Z 7 des Einkommensteuergesetzes 1988 außerhalb der Spekulationsfrist (§ 30 Einkommensteuergesetz 1988) gelegen wäre, ist der Unterschiedsbetrag zwischen dem Buchwert zum 1. Jänner 2006 und dem höheren gemeinen Wert zum 1. Jänner 2006 vom Veräußerungsgewinn abzuziehen; es darf sich dadurch aber kein Veräußerungsverlust ergeben.

    c) § 24 Abs. 4 in der Fassung des Bundesgesetzes BGBl. I Nr. 161/2005 ist erstmals für Zeiträume nach dem 31. Jänner 2006 anzuwenden.

    d) § 24a Abs. 1 und 2 ist erstmals auf Ergebnisse anzuwenden, die einem im Kalenderjahr 2005 endenden Wirtschaftsjahr zuzurechnen sind oder ein im Kalenderjahr 2005 endendes Wirtschaftsjahr betreffen.

    e) § 24a Abs. 3 und 4 in der Fassung des Bundesgesetzes BGBl. I Nr. 161/2005 ist erstmals bei der Veranlagung für das Kalenderjahr 2005 anzuwenden.

11. § 7 Abs. 3 und § 21 Abs. 1 Z 2 lit. b jeweils in der Fassung des Bundesgesetzes BGBl. I Nr. 100/2006 sind erstmalig für Wirtschaftsjahre anzuwenden, die nach dem 31. Dezember 2006 beginnen. Die letzten drei Sätze des § 124b Z 134 EStG 1988 sind anzuwenden.

12. § 7 Abs. 3 in der Fassung des Bundesgesetzes BGBl. I Nr. 24/2007 ist erstmals für die Veranlagung des Jahres 2007 anzuwenden.

13. § 9 Abs. 7 in der Fassung des Bundesgesetzes BGBl. I Nr. 99/2007 ist erstmals auf Umgründungen anzuwenden, denen ein Stichtag nach dem 30. Dezember 2007 zugrunde liegt.

14. § 13 Abs. 4 in der Fassung des Bundesgesetzes BGBl. I Nr. 99/2007 ist erstmals auf Anschaffungen nach dem 31. Dezember 2007 anzuwenden.

15. § 23 Abs. 2 in der Fassung des Bundesgesetzes BGBl. I Nr. 99/2007 ist erstmals bei Ermittlung des steuerpflichtigen Einkommens für das Jahr 2004 mit der Maßgabe anzuwenden, dass die ab dem Jahr 1995 nicht wirksam gewordenen Freibeträge berücksichtigt werden können.
16. In der Fassung des Bundesgesetzes BGBl. I Nr. 52/2009
    a) ist § 9 Abs. 6 Z 6 erstmals auf Sachverhalte nach dem 30. Juni 2009 anzuwenden;
    b) sind § 10 und § 21 Abs. 1 Z 1 auf alle offenen Veranlagungen anzuwenden;
    c) ist § 12 Abs. 1 Z 5 erstmalig auf Zuwendungen anzuwenden, die im Kalenderjahr 2009 getätigt werden;
    d) ist § 13 Abs. 5 Z 2 auf alle offenen Verfahren anzuwenden.
    e) ist § 6 Abs. 1 erster und zweiter Satz auf alle Anträge auf Rückzahlung des einbehaltenen Betrages gemäß § 240 Abs. 3 BAO anzuwenden, die nach dem 22. September 2005 gestellt werden oder gestellt worden sind und die noch nicht rechtskräftig erledigt worden sind.
17. § 9 Abs. 2 und Abs. 3 in der Fassung des Bundesgesetzes BGBl. I Nr. 34/2010 treten mit 1. Juli 2010 in Kraft.
18. Auf zum 30. Juni 2010 bestehende Beteiligungsgemeinschaften sind § 9 Abs. 2 und 3 in der Fassung vor dem Bundesgesetz BGBl. I Nr. 34/2010 bis 31. Dezember 2020 unter folgenden Voraussetzungen weiter anzuwenden:
    – Die Beteiligungsgemeinschaft nimmt keine neuen Körperschaften in die Unternehmensgruppe auf.
    – Es werden keine neuen Mitbeteiligten in die Beteiligungsgemeinschaft aufgenommen.
    – Das Beteiligungsausmaß der Beteiligungsgemeinschaft an den Beteiligungskörperschaften bleibt unverändert.

    Die Verletzung einer dieser Voraussetzungen führt im Zeitpunkt der Verletzung zur Auflösung der Beteiligungsgemeinschaft. Zum 1. Jänner 2021 noch bestehende Beteiligungsgemeinschaften, die nicht Gruppenträger sind, gelten als an diesem Tag aufgelöst.
19. Mitbeteiligte einer zum 30. Juni 2010 bestehenden Beteiligungsgemeinschaft, die gleichzeitig Gruppenmitglied einer anderen Unternehmensgruppe sind, scheiden spätestens am 1. Jänner 2021 aus der Beteiligungsgemeinschaft aus.
20. § 13 Abs. 1 und 6 in der Fassung des Bundesgesetzes BGBl. I Nr. 34/2010 treten mit 1. Juli 2010 in Kraft. Bei vor dem 1. Juli 2010 gegründeten Privatstiftungen erfolgt eine Meldung gemäß § 13 Abs. 6 nur, wenn die Privatstiftung ihren Verpflichtungen gemäß § 13 Abs. 6 bis zum 31. Dezember 2010 nicht nachkommt.
21. § 23a Abs. 2 tritt mit 1. Juli 2010 in Kraft. § 23a Abs. 2 in der Fassung des Bundesgesetzes BGBl. I Nr. 58/2010 ist auf Gewinne anzuwenden, die in einem Insolvenzverfahren entstanden sind, das nach dem 30. Juni 2010 eröffnet oder wieder aufgenommen worden ist. Davon unberührt ist § 23a Abs. 2 in der Fassung vor dem Bundesgesetz BGBl. I Nr. 58/2010 auf Gewinne anzuwenden, die in Konkurs- oder Ausgleichsverfahren entstanden sind, die aufgrund der Rechtslage vor Inkrafttreten des Bundesgesetzes BGBl. I Nr. 58/2010, abgewickelt werden.
22. § 22 Abs. 3 in der Fassung des Bundesgesetzes BGBl. I Nr. 105/2010 ist erstmals bei der Veranlagung 2011 anzuwenden.
23. In der Fassung des Budgetbegleitgesetzes 2011, BGBl. I Nr. 111/2010,
    a) treten § 2 Abs. 2 Z 4, § 6b Abs. 4, § 7 Abs. 3, § 12 Abs. 2 und § 21 Abs. 2 Z 3 und 6 sowie § 21 Abs. 3 mit 1. April 2012 in Kraft; § 21 Abs. 2 Z 5 entfällt mit 31. März 2012.
    b) sind § 10 Abs. 7 und § 11 Abs. 1 Z 4 erstmals auf Wirtschaftsjahre anzuwenden, die nach dem 31. Dezember 2010 beginnen;
    c) ist § 13 Abs. 1 Z 4 auf Grundstücke und Rechte im Sinne des § 30 Abs. 1 Z 1 lit. a des Einkommensteuergesetzes 1988 anzuwenden,
        – die der Privatstiftung nach dem 31. Dezember 2010 zugewendet werden und beim Stifter oder Zustifter im Zeitpunkt der Zuwendung steuerhängig sind, oder
        – von der Privatstiftung nach dem 31. Dezember 2010 angeschafft werden, oder
        – deren Veräußerung durch die Privatstiftung zum 31. Dezember 2010 gemäß § 30 EStG 1988 nach der vor Inkrafttreten des Budgetbegleitgesetzes 2011, BGBl. I Nr. 111/2010, geltenden Rechtslage steuerpflichtig wäre;
    d) tritt § 13 Abs. 3 mit 1. April 2012 in Kraft;
    e) ist § 13 Abs. 4 erstmals auf Veräußerungen nach dem 31. März 2012 anzuwenden; nicht übertragene steuerfreie Beträge, die vor dem 1. Jänner 2011 gebildet wurden, sind nach § 22 Abs. 2 in der Fassung vor dem Budgetbegleitgesetz 2011, BGBl. I Nr. 111/2010, zu versteuern;
    f) ist § 22 Abs. 2 erstmals bei der Veranlagung 2011 anzuwenden;
    g) ist § 24 Abs. 5 Z 3 erstmals auf die Gutschrift von Körperschaftsteuer gemäß

§ 22 Abs. 2 des Jahres 2011 anzuwenden. Auf die Gutschrift von Körperschaftsteuer der Jahre vor 2011 ist § 24 Abs. 5 Z 3 in der vor Inkrafttreten dieses Bundesgesetzes geltenden Fassung weiterhin anzuwenden.

24. § 21 Abs. 1 Z 1a in der Fassung des Budgetbegleitgesetzes 2011, BGBl. I Nr. 111/2010, tritt mit 1. Jänner 2011 in Kraft. Für bis zum 1. April 2012 zugeflossene Kapitalerträge gemäß § 93 Abs. 2 Z 1 lit. a, b und c des Einkommensteuergesetzes 1988 ist § 21 Abs. 1 Z 1a sinngemäß anzuwenden.

25. § 21 Abs. 3 in der Fassung des Bundesgesetzes, BGBl. I Nr. 76/2011 tritt mit 1. April 2012 nach Maßgabe der folgenden Regelungen in Kraft:
   a) § 21 Abs. 3 Z 3 tritt mit 1. April 2012 in Kraft und ist erstmals auf nach dem 31. August 2011 entgeltlich erworbene Anteile an Körperschaften anzuwenden.
   b) § 21 Abs. 3 Z 4 tritt mit 1. April 2012 in Kraft. Einkünfte aus realisierten Wertsteigerungen sind nur steuerpflichtig, wenn sie aus nicht öffentlich begebenen
      – nach dem 31. März 2012 entgeltlich erworbenen Wertpapieren oder
      – nach dem 31. Dezember 2010 entgeltlich erworbenen Anteilscheinen an Immobilienfonds

      stammen.

26. § 10 Abs. 1 Z 6 und § 22 Abs. 3 in der Fassung des Bundesgesetzes BGBl. I Nr. 76/2011 sind erstmals bei der Veranlagung für das Kalenderjahr 2011 anzuwenden.

27. § 13 Abs. 4 in der Fassung des Bundesgesetzes BGBl. I Nr. 76/2011 tritt mit 1. April 2012 in Kraft.

28. § 2 Abs. 2 Z 4 entfällt mit Ablauf des 31. März 2012.

29. a) § 24 Abs. 5 Z 2 in der Fassung des Bundesgesetzes BGBl. I Nr. 112/2011 tritt mit 1. April 2012 in Kraft.
   b) § 13 Abs. 3 in der Fassung des Bundesgesetzes BGBl. I Nr. 111/2010 ist auch auf die Veräußerung oder sonstige Abschichtung nach dem 31. März 2012 von nach dem 30. September 2011 und vor dem 1. April 2012 entgeltlich erworbenen Wirtschaftsgütern und Derivaten im Sinne des § 124b Z 184 zweiter Teilstrich EStG 1988 anzuwenden.

30. § 21 Abs. 3 Z 2 in der Fassung des Bundesgesetzes BGBl. I Nr. 112/2011 ist ab 1. April 2012 erstmals anzuwenden auf:
   a) Einkünfte aus Darlehen und sonstigen Forderungen im Sinne des § 27a Abs. 2 Z 1 EStG 1988, Ausgleichszahlungen und Leihgebühren im Sinne des § 27a Abs. 2 Z 5 EStG 1988 sowie Unterschiedsbeträge im Sinne des § 27a Abs. 2 Z 6 EStG 1988, wenn die entsprechenden Verträge nach dem 31. März 2012 abgeschlossen wurden.
   b) Einkünfte aus der entgeltlichen Überlassung von Finanzmitteln gemäß § 2 Abs. 2 Z 4 in der Fassung vor dem Bundesgesetz BGBl. I Nr. 112/2011, denen ein Vertragsabschluss nach dem 31. Oktober 2004 zu Grunde liegt.
   c) Nicht öffentlich begebene
      – nach dem 31. März 2012 entgeltlich erworbene Wertpapiere, die ein Forderungsrecht verbriefen, und
      – nach dem 31. Dezember 2010 entgeltlich erworbene Anteilscheine an Immobilienfonds

      im Sinne des § 27a Abs. 2 Z 2 EStG 1988, soweit es sich um Einkünfte aus realisierten Wertsteigerungen handelt. Einkünfte aus der Überlassung von Kapital aus solchen Wertpapieren und Anteilscheinen sind dagegen stets steuerpflichtig.
   d) Beteiligungen als stiller Gesellschafter sowie nach Art eines stillen Gesellschafters im Sinne des § 27a Abs. 2 Z 3 EStG 1988. Einkünfte aus der Veräußerung einer stillen Beteiligung sind steuerpflichtig, wenn die Beteiligung nach dem 31. März 2012 entgeltlich erworben worden ist.
   e) Diskontbeträge im Sinne des § 27a Abs. 2 Z 4 EStG 1988 aus nach dem 31. März 2012 entgeltlich erworbenen Wechseln und Anweisungen.

31. § 1 Abs. 3 Z 3 zweiter Satz tritt mit 1. April 2012 in Kraft. § 1 Abs. 3 Z 3 zweiter Satz, in der Fassung des 1. Stabilitätsgesetzes 2012, BGBl. I Nr. 22/2012, gilt nicht für die Österreichische Bundesfinanzierungsagentur.

32. § 9 Abs. 6 Z 6 in der Fassung des 1. Stabilitätsgesetzes 2012, BGBl. I Nr. 22/2012, ist erstmals bei der Veranlagung für das Kalenderjahr 2012 anzuwenden.

33. § 12 Abs. 2 in der Fassung des 1. Stabilitätsgesetzes 2012, BGBl. I Nr. 22/2012, tritt mit 1. April 2012 in Kraft und ist erstmals für Grundstücksveräußerungen nach dem 31. März 2012 anzuwenden.

34. § 13 Abs. 1 und 3 in der Fassung des 1. Stabilitätsgesetzes 2012, BGBl. I Nr. 22/2012, tritt mit 1. April 2012 in Kraft.

35. § 21 Abs. 3 Z 4 in der Fassung des 1. Stabilitätsgesetzes 2012, BGBl. I Nr. 22/2012, tritt mit 1. April 2012 in Kraft und ist erstmals für Veräußerungen nach dem 31. März 2012 anzuwenden.

36. § 24 Abs. 2 und Abs. 3 in der Fassung des 1. Stabilitätsgesetzes 2012, BGBl. I Nr. 22/2012, ist erstmals für die Veranlagung 2012 anzuwenden.

37. § 7 Abs. 3 und § 12 Abs. 2 jeweils in der Fassung des Bundesgesetzes BGBl. I Nr. 112/2012 treten mit 1. April 2012 in Kraft.
38. § 24 Abs. 4 Z 3 tritt mit Ablauf des 31.12.2013 außer Kraft. Ab dem 1.7.2013 kommt § 24 Abs. 4 Z 3 in der Fassung vor dem BGBl. I Nr. 109/2013 nur zur Anwendung, wenn die sich aus § 24 Abs. 4 Z 1 oder Z 2 ergebende Mindeststeuer höher ist.
39. Für das Kalenderjahr 2013 sind für bereits vor dem 1.7.2013 unbeschränkt steuerpflichtige Gesellschaften mit beschränkter Haftung bereits festgesetzte Vorauszahlungen nicht neu festzusetzen.
40. § 5 Z 4 und § 21 Abs. 2 Z 2 entfallen mit 22. Juli 2013. § 6b Abs. 2 Z 2 lit. d in der Fassung des Bundesgesetzes BGBl. I Nr. 135/2013 tritt mit 23. Juli 2013 in Kraft.
41. § 6a Abs. 5 in der Fassung des Bundesgesetzes BGBl. I Nr. 135/2013 ist erstmalig bei der Veranlagung für das Kalenderjahr 2014 anzuwenden.
42. § 23 Abs. 1 in der Fassung des Bundesgesetzes BGBl. I Nr. 135/2013 ist erstmalig bei der Veranlagung für das Kalenderjahr 2013 anzuwenden.
43. § 7 Abs. 2 in der Fassung vor dem Bundesgesetz BGBl. I Nr. 13/2014 ist letztmalig bei der Veranlagung für das Kalenderjahr 2013 anzuwenden.
44. § 8 Abs. 4 in der Fassung des Bundesgesetzes BGBl. I Nr. 13/2014 ist erstmals bei der Veranlagung für das Kalenderjahr 2014 anzuwenden. Davon abweichend ist § 8 Abs. 4 Z 2 lit. b letzter Teilstrich erstmals bei der Veranlagung für das Kalenderjahr 2015 anzuwenden.
45. a) § 9 Abs. 2 in der Fassung des Bundesgesetzes BGBl. I Nr. 13/2014 tritt mit 1. März 2014 in Kraft. Ausländische Gruppenmitglieder, die die Voraussetzungen des § 9 Abs. 2 in der Fassung des Bundesgesetzes BGBl. I Nr. 13/2014 nicht mehr erfüllen, scheiden am 1. Jänner 2015 aus der Unternehmensgruppe aus. Dieses Ausscheiden sowie das dadurch bewirkte Ausscheiden weiterer Gruppenmitglieder führt zu keiner Verletzung der Mindestdauer des § 9 Abs. 10.
    b) Kommt es aufgrund des Ausscheidens nach lit. a zur Nachversteuerung gemäß § 9 Abs. 6 Z 7, sind die nachzuversteuernden Beträge gleichmäßig auf drei Jahre zu verteilen.
    c) § 9 Abs. 2 in der Fassung vor dem Bundesgesetz BGBl. I Nr. 13/2014 ist bei der Feststellung des Ergebnisses des unmittelbar beteiligten Gruppenmitglieds oder Gruppenträgers sowie bei der Veranlagung des Gruppeneinkommens weiterhin anzuwenden, wenn das Ergebnis eines vor dem 1. Jänner 2015 endenden Wirtschaftsjahres des nach lit. a ausgeschiedenen Gruppenmitglieds zugerechnet wird.
46. § 9 Abs. 6 Z 6 in der Fassung vor dem Bundesgesetz BGBl. I Nr. 13/2014 tritt mit Ablauf des 31. Dezember 2014 außer Kraft. § 9 Abs. 6 Z 6 und Z 7 in der Fassung des Bundesgesetzes BGBl. I Nr. 13/2014 treten am 1. Jänner 2015 in Kraft und sind erstmals bei der Veranlagung des Gruppeneinkommens für das Kalenderjahr 2015 anzuwenden.
47. § 9 Abs. 7 in der Fassung des Bundesgesetzes BGBl. I Nr. 13/2014 tritt mit 1. März 2014 in Kraft. Offene Fünfzehntel für Beteiligungen, die vor dem 1. März 2014 angeschafft wurden, sind nur dann weiter zu berücksichtigen, wenn sich der steuerliche Vorteil aus der Firmenwertabschreibung beim Erwerb der Beteiligung auf die Bemessung des Kaufpreises auswirken konnte und die Einbeziehung dieser Körperschaft in eine Unternehmensgruppe spätestens für ein Wirtschaftsjahr dieser Körperschaft erfolgt, das im Kalenderjahr 2015 endet.
48. Für einen Gruppenträger gilt für die Festsetzung von Vorauszahlungen gemäß § 24 Abs. 3 Z 1 in Verbindung mit § 45 Abs. 1 des Einkommensteuergesetzes 1988 für das Jahr 2015 und die Folgejahre Folgendes: Ist der Festsetzung von Vorauszahlungen die Körperschaftsteuerschuld eines Kalenderjahres vor 2015 zu Grunde zu legen, ist der sich nach Maßgabe des § 45 Abs. 1 des Einkommensteuergesetzes 1988 ergebende Betrag an Vorauszahlungen um 3,5% zu erhöhen.
49. § 11 Abs. 1 Z 4 sowie § 12 Abs. 1 Z 9 und 10 in der Fassung des Bundesgesetzes BGBl. I Nr. 13/2014 sind auf Aufwendungen anzuwenden, die nach dem 28. Februar 2014 anfallen.
50. § 12 Abs. 1 Z 8 in der Fassung des Bundesgesetzes BGBl. I Nr. 13/2014 ist auf Aufwendungen anzuwenden, die nach dem 28. Februar 2014 anfallen. § 124b Z 253 des Einkommensteuergesetzes 1988 in der Fassung des Bundesgesetzes BGBl. I Nr. 13/2014 ist sinngemäß anzuwenden.
51. § 24 Abs. 4 Z 3 in der Fassung des Bundesgesetzes BGBl. I Nr. 13/2014 tritt mit 1. März 2014 in Kraft und ist auf nach dem 30. Juni 2013 gegründete unbeschränkt steuerpflichtige Gesellschaften mit beschränkter Haftung anzuwenden. Die erstmalige Festsetzung von Vorauszahlungen in Höhe der Mindeststeuer für vor dem 1. Juli 2013 gegründete Gesellschaften mit beschränkter Haftung kann im Jahr 2014 je Kalendervierteljahr noch in Höhe von jeweils 125 Euro erfolgen. Wurde für das Kalenderjahr 2014 bereits eine Vorauszahlung in Höhe der Mindeststeuer festgesetzt, ist die Vorauszahlung unter Berücksichtigung des § 6 Abs. 1 GmbHG in der Fassung des

Bundesgesetzes BGBl. I Nr. 13/2014 neu festzusetzen.

52. § 10 Abs. 3 Z 1 bis Z 3 in der Fassung des Bundesgesetzes BGBl. I Nr. 105/2014 ist erstmalig bei der Veranlagung für das Kalenderjahr 2014 anzuwenden.

53. § 21 Abs. 3 in der Fassung des Bundesgesetzes BGBl. I Nr. 105/2014 ist erstmalig bei der Veranlagung für das Kalenderjahr 2014 anzuwenden.

54. § 5 Z 8, § 6 Abs. 1, § 8 Abs. 3 Z 1, § 9 Abs. 3, § 13 Abs. 5, § 15 Abs. 1 und 3 und § 17 Abs. 3 in der Fassung des Bundesgesetzes BGBl. I Nr. 34/2015 treten mit 1. Jänner 2016 in Kraft.

(BGBl I 2015/34)

55. § 15 Abs. 3 in der Fassung des Bundesgesetzes BGBl. I Nr. 68/2015 tritt mit 1. Jänner 2016 in Kraft.

(BGBl I 2015/68)

56. § 12 Abs. 1 Z 11 in der Fassung BGBl. I Nr. 118/2015 ist für Aufwendungen anzuwenden, die nach dem 31. Dezember 2015 anfallen.

(BGBl I 2015/118)

57. § 8 Abs. 4 und § 17 Abs. 2 Z 3 in der Fassung des BGBl. Nr. 163/2015 treten mit 1. Jänner 2016 in Kraft.

(BGBl I 2015/163)

58. §§ 13 Abs. 3 und § 24 Abs. 5 Z 3 und Z 4, jeweils in der Fassung des Bundesgesetzes BGBl. I Nr. 163/2015, treten mit 1. Jänner 2016 in Kraft und sind auf alle offenen Verfahren anzuwenden. § 24 Abs. 5 Z 6 in der Fassung des Bundesgesetzes BGBl. I Nr. 163/2015 tritt mit 1. Jänner 2016 in Kraft und ist auf Privatstiftungen anwendbar, deren Auflösung gemäß § 35 Abs. 5 zweiter Satz des Privatstiftungsgesetzes nach dem 31. Dezember 2015 in das Firmenbuch eingetragen wurde.

(BGBl I 2015/163)

59. § 8 Abs. 4 Z 1 und § 13 Abs. 1 Z 4 in der Fassung des Gemeinnützigkeitsgesetzes 2015, BGBl. I Nr. 160/2015 treten mit 1. Jänner 2016 in Kraft und sind erstmals bei der Veranlagung für das Kalenderjahr 2016 anzuwenden.

(BGBl I 2015/160)

60. § 21 Abs. 2 Z 6 in der Fassung des Gemeinnützigkeitsgesetzes 2015, BGBl. I Nr. 160/2015, ist erstmalig für Zuwendungen anzuwenden, die nach dem 31. Dezember 2015 erfolgen.

(BGBl I 2015/160)

61. § 5 Z 12 lit. a in der Fassung des Bundesgesetzes BGBl. I Nr. 77/2016, ist auf gesellige und gesellschaftliche Veranstaltungen anzuwenden, die ab 1. Jänner 2016 stattfinden.

(BGBl I 2016/77)

62. § 5 Z 12 lit. b und c in der Fassung des Bundesgesetzes BGBl. I Nr. 77/2016 ist auf gesellige und gesellschaftliche Veranstaltungen anzuwenden, die ab 1. Jänner 2016 stattfinden. Abweichend von § 5 Z 12 lit. c letzter Satz sind bei Körperschaften im Sinne des § 5 Z 12 lit. b, die zum 31. Mai 2016 über Katastralgemeinden hinausgehende weitere territoriale Gliederungsebenen verfügen (beispielsweise Sektionen), diese territorialen Gliederungsebenen maßgeblich. Dies gilt nur für zum 31. Mai 2016 bereits bestehende weitere territoriale Gliederungsebenen.

(BGBl I 2016/77)

63. § 8 Abs. 4 Z 1, § 13 Abs. 1 Z 4 und § 21 Abs. 2 Z 6, jeweils in der Fassung des Innovationsstiftungsgesetzes, BGBl. I Nr. 28/2017, treten mit 1. Jänner 2017 in Kraft.

(BGBl I 2017/28)

64. § 6 Abs. 4 und § 13 Abs. 1 Z 1 in der Fassung des Bundesgesetzes BGBl. I Nr. 105/2017 treten mit 1. Jänner 2018 in Kraft.

(BGBl I 2017/105, BGBl I 2017/142)

65. a) § 5 Z 14 in der Fassung des Bundesgesetzes BGBl. I Nr. 106/2017 und § 6b, mit Ausnahme des Abs. 5 dritter Satz, in der Fassung des Bundesgesetzes BGBl. I Nr. 103/2019 treten am 1. Oktober 2019 in Kraft.

b) § 5 Z 14 in der Fassung des Bundesgesetzes BGBl. I Nr. 106/2017 und § 6b in der Fassung des Bundesgesetzes BGBl. I Nr. 103/2019 sind auf zum 31. Dezember 2023 bestehende Beteiligungen gemäß § 6b Abs. 2 bis zum 31. Dezember 2029 weiter anzuwenden.

(BGBl I 2017/106, BGBl I 2017/142, BGBl I 2019/103)

66. § 5 Z 4 und § 21 Abs. 2 Z 3 in der Fassung des Bundesgesetzes BGBl. I Nr. 107/2017 treten mit 3. Jänner 2018 in Kraft.

(BGBl I 2017/107, BGBl I 2017/142)

67. § 10 Abs. 4 bis 6 in der Fassung des Bundesgesetzes vor BGBl. I Nr. 62/2018 treten mit Ablauf des 31. Dezember 2018 außer Kraft.

(BGBl I 2018/62)

68. § 10a, § 13 Abs. 2 und § 21 Abs. 1 treten mit 1. Jänner 2019 in Kraft. § 10a Abs. 5 ist erstmalig für Wirtschaftsjahre der beherrschenden und beherrschten Körperschaften anzuwenden, die nach dem 31. Dezember 2018 beginnen.

(BGBl I 2018/62)

69. § 24 Abs. 7 in der Fassung des des Bundesgesetzes BGBl. I Nr. 62/2018 tritt mit 1. Jänner 2019 in Kraft und ist anzuwenden auf Zahlungen, die ab dem 1. Jänner 2019 erfolgen sowie hinsichtlich des § 107 Abs. 11 zweiter Satz des Einkommensteuergesetzes 1988 auf alle zum Zeitpunkt der Kundmachung des Bundesgesetzes BGBl. I Nr. 62/2018 nicht rechtskräftig veranlagten Fälle mit Einkünften aus der Einräumung von Leitungsrechten.

(BGBl I 2018/62)

[70. wurde nicht vergeben]

71. § 6a und § 6b Abs. 5 dritter Satz, jeweils in der Fassung des Bundesgesetzes BGBl. I Nr. 104/2019 treten mit 1. Juli 2020 in Kraft. § 6b Abs. 5 dritter Satz in der Fassung des Bundesgesetzes BGBl. I Nr. 104/2019, tritt jedoch nicht vor dem sich aus Z 65 ergebenden Zeitpunkt in Kraft.

(BGBl I 2019/104)

72. § 14 in der Fassung des Bundesgesetzes BGBl. I Nr. 103/2019 tritt mit 1. Jänner 2020 in Kraft.

(BGBl I 2019/103)

73. § 10a und § 12 Abs. 1 Z 10, jeweils in der Fassung des Bundesgesetzes BGBl. I Nr. 103/2019, sind erstmalig bei der Veranlagung 2019 anzuwenden.

(BGBl I 2019/103)

74. § 24a Abs. 1 in der Fassung des Bundesgesetzes BGBl. I Nr. 103/2019 ist auf alle offenen Verfahren anzuwenden.

(BGBl I 2019/103)

75. § 2 Abs. 2 Z 3, § 5 Z 5, § 10 Abs. 1 Z 2, jeweils in der Fassung des Bundesgesetzes BGBl. I Nr. 103/2019, treten mit 1. Jänner 2020 in Kraft.

(BGBl I 2019/103)

76. Der Verlustrücktrag gemäß § 124b Z 355 Einkommensteuergesetz 1988 steht auch Körperschaften zu. Für Unternehmensgruppen (§ 9) gilt Folgendes:
   a) Der Verlustrücktrag kann nur vom Gruppenträger beantragt werden. Körperschaften, deren Einkommen in der Veranlagung 2019 oder 2018 im Rahmen der Gruppenbesteuerung zugerechnet wurden, können selbst keinen Verlustrücktrag beantragen.
   b) Bei Durchführung des Verlustrücktrags durch den Gruppenträger ist anstelle des Gesamtbetrags der Einkünfte jeweils das Gruppeneinkommen (§ 24a Abs. 3) vor Berücksichtigung von Sonderausgaben auf das zusammengefasste Ergebnis (§ 9 Abs. 6 Z 2 zweiter Satz) maßgeblich.
   c) Der für den Verlustrücktrag in der Veranlagung 2019 durch den Gruppenträger insgesamt zulässige Höchstbetrag beträgt 5 000 000 Euro für den Gruppenträger und 5 000 000 Euro für jedes unbeschränkt oder beschränkt steuerpflichtige Gruppenmitglied, dessen Einkommen bei dieser Veranlagung dem Gruppenträger zugerechnet wurde.

   (BGBl I 2021/3)

   Der Bundesminister für Finanzen wird ermächtigt, im Rahmen einer gemäß § 124b Z 355 Einkommensteuergesetz 1988 erlassenen Verordnung die Ausgestaltung des Verlustrücktrags bei Unternehmensgruppen näher festzulegen.

   (BGBl I 2020/96)

77. § 7 Abs. 3 in der Fassung BGBl. I Nr. 3/2021, ist erstmalig bei der Veranlagung 2020 anzuwenden. Für die Anwendung des § 7 Abs. 3 zweiter Satz in der Fassung BGBl. I Nr. 3/2021 ab dem Kalenderjahr 2020 sind auch die in den Jahren 2018 und 2019 ausgeführten Umsätze des Betriebes gewerblicher Art zu berücksichtigen.

(BGBl I 2021/3)

78. § 10a Abs. 3 in der Fassung BGBl. I Nr. 3/2021 tritt mit 1. Jänner 2021 in Kraft.

(BGBl I 2021/3)

79. § 10a Abs. 11 in der Fassung BGBl. I Nr. 3/2021 tritt mit 1. Jänner 2021 in Kraft und ist erstmalig für Wirtschaftsjahre der ausländischen Körperschaft anzuwenden, die nach dem 31.12.2020 beginnen.

(BGBl I 2021/3)

80. § 12a in der Fassung des Bundesgesetzes BGBl. I Nr. 3/2021 tritt mit 1. Jänner 2021 in Kraft und ist erstmalig für Wirtschaftsjahre anzuwenden, die nach dem 31. Dezember 2020 beginnen. Bei der Ermittlung eines Zinsüberhangs gemäß § 12a Abs. 3 in der Fassung des Bundesgesetzes BGBl. I Nr. 3/2021 bleiben Zinsaufwendungen außer Ansatz, die aufgrund von vor dem 17. Juni 2016 geschlossenen Verträgen anfallen. Dies gilt letztmalig bei der Veranlagung 2025.

(BGBl I 2021/3)

81. § 24a Abs. 3 Z 1 in der Fassung des Bundesgesetzes BGBl. I Nr. 3/2021 ist erstmalig bei der Veranlagung für das Kalenderjahr 2021 anzuwenden.

(BGBl I 2021/3)

82. § 8 Abs. 4 Z 2 lit. b erster Teilstrich und § 23a Abs. 2, jeweils in der Fassung des Bundesgesetzes BGBl. I Nr. 227/2021, sind erstmalig bei der Veranlagung für das Kalenderjahr 2021 anzuwenden.

(BGBl I 2021/227)

83. § 14 Abs. 12 und § 21 Abs. 1 Z 1 erster Satz, jeweils in der Fassung BGBl. I Nr. 227/2021, treten mit 1. Jänner 2022 in Kraft.

(BGBl I 2021/227)

84. § 13 Abs. 3, § 21 Abs. 2 Z 3 und Abs. 3 Z 3a, jeweils in der Fassung des Bundesgesetzes BGBl. I Nr. 10/2022, treten mit 1. März 2022 in Kraft und sind erstmals auf Kryptowährungen anzuwenden, die nach dem 28. Februar 2021 angeschafft wurden.

(BGBl I 2022/10)

85. a) § 22 Abs. 1 und Abs. 2, jeweils in der Fassung des Bundesgesetzes BGBl. I Nr. 10/2022, treten mit 1. Jänner 2023 in Kraft und sind für die Veranlagung der Kalenderjahre ab 2023 anzuwenden.
   b) Wird das Einkommen für das Kalenderjahr 2023 (2024) unter Berücksichtigung eines abweichenden Wirtschaftsjahres ermittelt, ist

– der dem Jahr 2022 zuzurechnende Einkommensteil bei der Veranlagung 2023 insoweit mit dem Steuersatz gemäß § 22 Abs. 1 in der Fassung vor dem BGBl. I Nr. 10/2022,
– der dem Jahr 2023 zuzurechnende Einkommensteil bei der Veranlagung 2024 insoweit mit dem für das Kalenderjahr 2023 maßgeblichen Körperschaftsteuersatz gemäß § 22 Abs. 1 in der Fassung des Bundesgesetzes BGBl. I Nr. 10/2022

zu besteuern. Der dem Jahr 2022 (2023) zuzurechnende Einkommensteil wird ermittelt, indem das im Jahr 2023 (2024) zu versteuernde Einkommen durch die Anzahl der Kalendermonate des Wirtschaftsjahres 2022/2023 (2023/2024) zu teilen und mit der Anzahl der in das Kalenderjahr 2022 (2023) fallenden Kalendermonate zu vervielfältigen ist. Angefangene Kalendermonate gelten als volle Kalendermonate. Der Körperschaft steht es frei, den bis zum 31. Dezember 2022 (31. Dezember 2023) angefallenen Gewinn durch Zwischenabschluss zu ermitteln und das im Jahr 2023 (2024) zu versteuernde Einkommen entsprechend der Gewinnrelation aufzuteilen.

c) Wird bei Unternehmensgruppen das Gruppeneinkommen für das Kalenderjahr 2023 (2024) unter Berücksichtigung eines abweichenden Wirtschaftsjahres des Gruppenträgers ermittelt, ist lit. b mit Ausnahme des letzten Satzes sinngemäß anzuwenden, wobei für die Aufteilung des Gruppeneinkommens die Kalendermonate des Gruppenträgers maßgeblich sind.

(BGBl I 2022/10)

86. § 24 Abs. 5 Z 4 in der Fassung des Bundesgesetzes BGBl. I Nr. 10/2022 tritt mit 1. Jänner 2023 in Kraft.

(BGBl I 2022/10)

87. § 24 Abs. 7 Z 1 in der Fassung des Bundesgesetzes BGBl. I Nr. 10/2022 tritt mit 1. Jänner 2023 in Kraft und ist erstmalig auf Zahlungen anzuwenden, die nach dem 31. Dezember 2022 erfolgen.

(BGBl I 2022/10)

Vollziehung

§ 27. Mit der Vollziehung dieses Bundesgesetzes ist der Bundesminister für Finanzen betraut.

2/3. VERORDNUNGEN

2/3/1. VO zu § 10a Abs. 10

Passiveinkünfte niedrigbesteuerter Körperschaften

BGBl II 2019/21

Verordnung des Bundesministers für Finanzen zur Durchführung der Hinzurechnungsbesteuerung und des Methodenwechsels bei Passiveinkünften niedrigbesteuerter Körperschaften (VO-Passiveinkünfte niedrigbesteuerter Körperschaften)

Auf Grund des § 10a Abs. 10 des Körperschaftsteuergesetzes 1988, BGBl. I Nr. 401/1988, zuletzt geändert durch das Bundesgesetz BGBl. I Nr. 62/2018, wird verordnet:

1. Abschnitt
Niedrigbesteuerung

§ 1. (1) Für die Beurteilung der Niedrigbesteuerung gemäß § 10a Abs. 3 KStG 1988 sind dem Einkommen (Abs. 2) die im Ausland tatsächlich entrichteten Steuern (Abs. 3) gegenüberzustellen (Durchschnittsteuerbelastung). Die Niedrigbesteuerung ist für jedes Wirtschaftsjahr gesondert zu beurteilen.

(2) Für die Ermittlung des Einkommens der ausländischen Körperschaft nach § 10a Abs. 3 zweiter Satz KStG 1988 gilt Folgendes:

1. Das Einkommen ist nach § 5 Abs. 1 des Einkommensteuergesetzes 1988, den übrigen Vorschriften des Einkommensteuergesetzes 1988 sowie des KStG 1988 zu ermitteln.
2. Inländische Einkünfte sind nicht zu berücksichtigen, wenn Österreich für diese ein Besteuerungsrecht zusteht.
3. § 10 KStG 1988 ist mit der Maßgabe anzuwenden, dass für Beteiligungen der ausländischen Körperschaft
   – an inländischen Körperschaften § 10 Abs. 1 Z 1 bis 4 KStG 1988 und
   – an ausländischen Körperschaften § 10 Abs. 1 Z 5 bis 7 und § 10 Abs. 2 und 3 KStG 1988

   sinngemäß gilt.
4. Eine Hinzurechnung von Passiveinkünften im Sinne des § 10a Abs. 5 KStG 1988 ist bei der Ermittlung des Einkommens der ausländischen Körperschaft nicht zu berücksichtigen. Ein Methodenwechsel ist nach Maßgabe des § 10a Abs. 7 KStG 1988 anzuwenden.

(3) Für die Ermittlung der tatsächlich entrichteten ausländischen Steuern gilt Folgendes:

1. Die auf das Wirtschaftsjahr entfallenden Steuern sind von der beteiligten Körperschaft glaubhaft zu machen. Ändert sich nachträglich die Höhe der tatsächlich entrichteten Steuern, stellt dies ein rückwirkendes Ereignis im Sinne des § 295a der Bundesabgabenordnung dar.
2. Ausländische Steuern sind anzusetzen, wenn sie hinsichtlich deren Bemessungsgrundlage mit der Körperschaftsteuer vergleichbar sind und das gemäß Abs. 2 ermittelte Einkommen der ausländischen Körperschaft unmittelbar belasten. Ist bei der Ermittlung des Einkommens der ausländischen Körperschaft der Methodenwechsel gemäß Abs. 2 Z 4 anzuwenden, kann darüber hinaus die als Vorbelastung anzusehende ausländische Steuer jener Körperschaften angesetzt werden, deren Erträge dem Methodenwechsel unterliegen.
3. Unterliegt das Einkommen der ausländischen Körperschaft erst anlässlich der Ausschüttung an ihre Anteilsinhaber bei der ausschüttenden Körperschaft einer der Körperschaftsteuer vergleichbaren Steuer, erfolgt die Beurteilung der Niedrigbesteuerung anhand des nominellen Steuersatzes.
4. An die ausländische Körperschaft oder ihre Anteilsinhaber rückerstattete Steuern gelten als nicht tatsächlich entrichtet. Kann eine Steuerrückerstattung erst in einem späteren Wirtschaftsjahr in Anspruch genommen werden, ist diese bereits bei der Ermittlung der Durchschnittsteuerbelastung zu berücksichtigen. Erfolgt jedoch innerhalb von neun Jahren nach dem hinsichtlich der Niedrigbesteuerung zu beurteilenden Wirtschaftsjahr tatsächlich keine solche Steuerrückerstattung und liegt deshalb in diesem Wirtschaftsjahr keine Niedrigbesteuerung vor, stellt dies ein rückwirkendes Ereignis im Sinne des § 295a der Bundesabgabenordnung dar.

(4) Überschreitet die Durchschnittsteuerbelastung der ausländischen Körperschaft nur deshalb nicht den in § 10a Abs. 3 des KStG 1988 vorgesehenen Prozentsatz, weil das ausländische Steuerrecht abweichende Regelungen für

– die Abschreibung von Wirtschaftsgütern und damit zusammenhängende Ausgleichsposten (wie insbesondere § 6 Z 16 des Einkommensteuergesetzes 1988) und Verteilungsregelungen (§ 12 Abs. 3 Z 2 KStG 1988),
– die Bildung von Rückstellungen oder
– die Verrechnung von Verlusten aus anderen Veranlagungszeiträumen vorsieht,

ist keine Niedrigbesteuerung im Sinne des § 10a Abs. 3 KStG 1988 anzunehmen.

(5) Ist der Gesamtbetrag der gemäß § 10a Abs. 3 KStG 1988 ermittelten Einkünfte negativ, hat die Beurteilung der Niedrigbesteuerung anhand des nominellen ausländischen Steuersatzes zu erfolgen.

2. Abschnitt
Hinzurechnungsbesteuerung

Drittelgrenze

§ 2. Für die Beurteilung der für die Anwendung der Hinzurechnungsbesteuerung gemäß § 10a Abs. 4 Z 1 KStG 1988 maßgeblichen Drittelgrenze gilt Folgendes:

1. Die Drittelgrenze ist für jedes Wirtschaftsjahr gesondert zu beurteilen.
2. Überschreiten die Passiveinkünfte in einem Wirtschaftsjahr die Drittelgrenze um nicht mehr als 25% oder sind die aktiven Einkünfte negativ, können in die Beurteilung dieses Wirtschaftsjahres auch die beiden vorangegangenen Wirtschaftsjahre mit einbezogen werden. Eine Hinzurechnung unterbleibt, wenn die gesamten Passiveinkünfte des Beurteilungszeitraumes nicht mehr als ein Drittel der gesamten Einkünfte des Beurteilungszeitraumes betragen.

Beherrschung

§ 3. Eine beherrschte ausländische Körperschaft im Sinne des § 10a Abs. 4 Z 2 KStG 1988 liegt vor, wenn die Summe der vom Steuerpflichtigen und seinen verbundenen Unternehmen unmittelbar gehaltenen Beteiligungen mehr als 50% der Stimmrechte oder des Kapitals oder des Gewinnanspruches an der ausländischen Körperschaft vermittelt.

Substanznachweis

§ 4. Für den Nachweis, ob die ausländische Körperschaft eine wesentliche wirtschaftliche Tätigkeit im Sinne des § 10a Abs. 4 Z 3 KStG 1988 ausübt, gilt Folgendes:

1. Das Vorliegen einer wesentlichen wirtschaftlichen Tätigkeit ist stets nach dem Gesamtbild der Verhältnisse unter Einbeziehung aller aktiven und passiven Einkünfte zu beurteilen. Im Falle des § 10a Abs. 6 Z 2 KStG 1988 ist auf die ausländische Betriebsstätte abzustellen.
2. Eine wesentliche wirtschaftliche Tätigkeit setzt voraus, dass die ausländische Körperschaft über jenes Ausmaß an Personal, Ausstattung, Vermögenswerte und Räumlichkeiten verfügt, das in einem angemessenen wirtschaftlichen Verhältnis zu den behaupteten wirtschaftlichen Tätigkeiten steht.
3. Insbesondere bei folgenden Tätigkeiten besteht die Vermutung, dass eine oder mehrere dieser Tätigkeiten noch keine wesentliche wirtschaftliche Tätigkeit begründen:
   - das bloße Halten von Beteiligungen und ihre Veräußerung;
   - das Durchleiten von Vermögenswerten;
   - das Bündeln von unkörperlichen Wirtschaftsgütern, für deren Herstellung die ausländische Körperschaft nicht im Wesentlichen selbst die Aufwendungen getragen hat.
4. Übt die ausländische Körperschaft mehrere Tätigkeiten aus, besteht die Vermutung, dass die wirtschaftlichen Tätigkeiten wesentlich sind, wenn
   - Personal, Ausstattung, Vermögenswerte und Räumlichkeiten mindestens zu einem Drittel für diese wirtschaftlichen Tätigkeiten eingesetzt werden und
   - mindestens ein Drittel der gesamten Einkünfte aus diesen wirtschaftlichen Tätigkeit erzielt werden.

Durchführung der Hinzurechnung

§ 5. Für die Hinzurechnung der Passiveinkünfte gemäß § 10a Abs. 5 KStG 1988 gilt Folgendes:

1. Für das Ausmaß der Hinzurechnung sind die unmittelbare Beteiligung der beherrschenden Körperschaft sowie die aliquoten Beteiligungen, die die beherrschende Körperschaft mittelbar über ihre verbundenen Unternehmen hält, maßgeblich.
2. Bei der Einkünfteermittlung sind positive und negative Passiveinkünfte auszugleichen. Aktiveinkünfte sind hingegen nicht zu berücksichtigen. Übersteigen die negativen Passiveinkünfte die positiven Passiveinkünfte kann der übersteigende Betrag in Folgejahren mit den positiven Passiveinkünften ausgeglichen werden (Wartetaste).
3. Die hinzuzurechnenden Passiveinkünfte sind bei der beherrschenden Körperschaft als Einkünfte aus Gewerbebetrieb zu erfassen.

3. Abschnitt
Methodenwechsel

§ 6. Für die Beurteilung gemäß § 10a Abs. 7 KStG 1988, ob der Unternehmensschwerpunkt der niedrigbesteuerten ausländischen Körperschaft in der Erzielung von Passiveinkünften liegt, gilt Folgendes:

1. Der Unternehmensschwerpunkt ist unabhängig davon zu beurteilen, ob die Betätigung der niedrigbesteuerten ausländischen Körperschaft als gewerbliche Tätigkeit oder als Vermögensverwaltung einzustufen ist.
2. Ein passiver Unternehmensschwerpunkt liegt vor, wenn die passiven Einkünfte mehr als die Hälfte der gesamten Einkünfte dieses Wirtschaftsjahres betragen. Dabei ist § 10a Abs. 3 zweiter Satz KStG 1988 sinngemäß anzuwenden, wobei auch steuerbefreite Dividenden und Einkünfte aus der Veräußerung von Anteilen zu den gesamten Einkünften zählen.
3. Abweichend von Z 2 gilt:
   a) Überschreiten die Passiveinkünfte die Grenze gemäß Z 2 um nicht mehr als 25%, können in die Beurteilung dieses Wirtschaftsjahres auch die beiden vorangegangenen Wirtschaftsjahre mit einbezogen werden. Kein passiver Unternehmensschwerpunkt liegt vor, wenn die gesamten Passiveinkünfte nicht mehr

als die Hälfte der gesamten Einkünfte des Beurteilungszeitraumes betragen.

b) Überschreiten die Passiveinkünfte die Grenze gemäß Z 2, weil die Aktiveinkünfte aufgrund besonderer Umstände (insbesondere Anlaufverluste, Konjunktureinbruch) weniger als die Hälfte der gesamten Einkünfte betragen, können in die Beurteilung auch der Kapital- und Arbeitskräfteeinsatz einbezogen werden. Dabei liegt kein passiver Unternehmensschwerpunkt vor, wenn die beteiligte Körperschaft nachweist, dass Kapital und Arbeitskräfte der niedrigbesteuerten Körperschaft nachhaltig nahezu ausschließlich zur Erzielung von Aktiveinkünften eingesetzt werden.

4. Die Beurteilung des Unternehmensschwerpunktes und der Niedrigbesteuerung erfolgt nach Maßgabe der Verhältnisse jenes Wirtschaftsjahres, in dem die ausgeschütteten Gewinne erwirtschaftet wurden. Umfasst eine Ausschüttung Gewinne mehrerer Wirtschaftsjahre, erfolgt diese Beurteilung und die etwaige Anwendung des Methodenwechsels für jedes Wirtschaftsjahr gesondert. Kann die beteiligte Körperschaft nicht glaubhaft machen, welchen Wirtschaftsjahren die ausgeschütteten Gewinne zuzuordnen sind, gelten die Gewinne früherer Wirtschaftsjahre als zuerst ausgeschüttet.

5. Wird eine internationale Schachtelbeteiligung veräußert, erfolgt die Beurteilung des Unternehmensschwerpunktes und der Niedrigbesteuerung anhand der letzten sieben abgeschlossenen Wirtschaftsjahre vor der Veräußerung. Ein passiver Unternehmensschwerpunkt liegt vor, wenn die gesamten Passiveinkünfte mehr als die Hälfte der gesamten Einkünfte des Beurteilungszeitraumes betragen. Dies gilt nicht, wenn die beteiligte Körperschaft glaubhaft macht, dass der Veräußerungsgewinn überwiegend aus dem aktiven Unternehmensbereich stammt. Ein etwaiger Methodenwechsel ist stets auf den gesamten Veräußerungsgewinn anzuwenden.

4. Abschnitt
Verhältnis zwischen Hinzurechnungsbesteuerung und Methodenwechsel

§ 7. Für das Verhältnis zwischen der Hinzurechnungsbesteuerung und dem Methodenwechsel gilt Folgendes:

1. Wurden Passiveinkünfte nachweislich bereits im Rahmen der Hinzurechnungsbesteuerung erfasst, unterbleibt gemäß § 10a Abs. 7 Z 2 KStG 1988 der Methodenwechsel, indem diese von der für den Methodenwechsel maßgeblichen Bemessungsgrundlage abgezogen werden.
2. Die Hinzurechnung von Passiveinkünften eines Wirtschaftsjahres erfolgt auch, wenn diese vor oder mit Ablauf dieses Wirtschaftsjahres ausgeschüttet werden. Dies gilt jedoch nicht, wenn diese Passiveinkünfte auf Grund dieser Ausschüttung bereits dem Methodenwechsel unterlagen.

5. Abschnitt
Inkrafttreten und Anwendungszeitraum

§ 8. Die Beurteilung gemäß § 2 Z 2 und § 6 dieser Verordnung umfasst auch Wirtschaftsjahre, die vor dem 1. Jänner 2019 begonnen haben. Bei neu gegründeten ausländischen Körperschaften verkürzt sich der Beurteilungszeitraum gemäß § 2 Z 2 und § 6 Z 3 dieser Verordnung auf bereits abgeschlossene Wirtschaftsjahre.

§ 9. Die Verordnung ist erstmalig bei der Veranlagung für das Jahr 2019 unter Beachtung des § 26c Z 68 KStG 1988 anzuwenden.

§ 10. Die Verordnung des Bundesministers für Finanzen betreffend die steuerliche Entlastung von Erträgen aus der internationalen Schachtelbeteiligung, BGBl. II Nr. 295/2004, tritt mit Ablauf des 31. Dezember 2018 außer Kraft und ist letztmalig anzuwenden auf Erträge aus internationalen Schachtelbeteiligungen, die vor dem 1. Jänner 2019 realisiert wurden.

3. UMGRÜNDUNGSSTEUER

Inhaltsverzeichnis

3/1. Umgründungssteuergesetz .... Seite 293

3/2. Sonstige Gesetze

3/2/1. BG über die **Umwandlung** von Handelsgesellschaften, BGBl 1996/304 (Art XIV) idF
1 BGBl I 2005/120 (HaRÄG) **2** BGBl I 2006/75 (ÜbRÄG 2006)
3 BGBl I 2007/72 (GesRÄG 2007) **4** BGBl I 2009/71 (AktRÄG 2009) . Seite 327

3/2/2. BG über die **Spaltung von Kapitalgesellschaften**, BGBl 1996/304 idF
1 BGBl I 1998/125 **2** BGBl I 2005/75 (VfGH)
3 BGBl I 2006/75 (ÜbRÄG 2006) **4** BGBl I 2008/70 (URÄG 2008)
5 BGBl I 2009/71 (AktRÄG 2009) **6** BGBl I 2010/58 (IRÄ-BG)
7 BGBl I 2011/53 (GesRÄG 2011) **8** BGBl I 2015/112 (SRÄG 2015)
9 BGBl I 2017/107 **10** BGBl I 2022/186 (GesDigG 2022) Seite 330

UmgrStG
UmwG
SpaltG

3/1. Umgründungssteuergesetz

Umgründungssteuergesetz, BGBl 1991/699 idF

1 BGBl 1993/818
2 BGBl 1994/680
3 BGBl 1994/681
4 BGBl 1995/21
5 BGBl 1996/201 (StruktAnpG 1996)
6 BGBl 1996/797 (AbgÄG 1996)
7 BGBl I 1998/9 (AbgÄG 1997)
8 BGBl I 1999/28 (AbgÄG 1998)
9 BGBl I 1999/106 (StReformG 2000)
10 BGBl I 2000/22 (VfGH)
11 BGBl I 2000/142 (BudgetbegleitG 2001)
12 BGBl I 2001/47 (BudgetbegleitG 2002)
13 BGBl I 2001/144 (AbgÄG 2001)
14 BGBl I 2003/71 (BudgetbegleitG 2003)
15 BGBl I 2003/124 (AbgÄG 2003)
16 BGBl I 2004/180 (AbgÄG 2004)
17 BGBl I 2005/161 (AbgÄG 2005)
18 BGBl I 2007/24 (BudBG 2007)
19 BGBl I 2007/99 (AbgSiG 2007)
20 BGBl I 2008/2 (1. BVRBG)
21 BGBl I 2010/9
22 BGBl I 2010/34 (AbgÄG 2010)
23 BGBl I 2010/111 (BudBG 2011)
24 BGBl I 2011/79 (VfGH)
25 BGBl I 2011/112 (BudBG 2012)
26 BGBl I 2012/112 (AbgÄG 2012)
27 BGBl I 2014/13 (AbgÄG 2014)
28 BGBl I 2014/105 (2. AbgÄG 2014)
29 BGBl I 2015/34 (VAG 2016)
30 BGBl I 2015/118 (StRefG 2015/16)
31 BGBl I 2015/163 (AbgÄG 2015)
32 BGBl I 2016/117 (AbgÄG 2016)
33 BGBl I 2018/62 (JStG 2018)
34 BGBl I 2018/69
35 BGBl I 2019/103 (StRefG 2020)
36 BGBl I 2019/104 (FORG)
37 BGBl I 2020/1 (VfGH)
38 BGBl I 2022/10 (ÖkoStRefG 2022)
39 BGBl I 2022/108 (AbgÄG 2022)

GLIEDERUNG

1. TEIL: UMGRÜNDUNGSSTEUERGESETZ

1. HAUPTSTÜCK: Umgründungen

Artikel I: Verschmelzung

§ 1. Anwendungsbereich
§ 2. Übertragende Körperschaft
§ 3. Übernehmende Körperschaft
§ 4. Verlustabzug
§ 5. Behandlung der Anteilsinhaber
§ 6. Sonstige Rechtsfolgen der Verschmelzung

Artikel II: Umwandlung

§ 7. Anwendungsbereich
§ 8. Übertragende Körperschaft
§ 9. Rechtsnachfolger
§ 10. Verlustabzug
§ 11. Sonstige Rechtsfolgen der Umwandlung

Artikel III: Einbringung

§ 12. Anwendungsbereich
§ 13. Einbringungsstichtag
§ 14. Der Einbringende
§ 15. Einbringungsbilanz
§ 16. Bewertung von Betriebsvermögen
§ 17. Bewertung der nicht zu einem inländischen Betriebsvermögen gehörenden Kapitalanteile
§ 18. Die übernehmende Körperschaft
§ 19. Die Gegenleistung
§ 20. Die Anteile an der übernehmenden Körperschaft
§ 21. Verlustabzug
§ 22. Sonstige Rechtsfolgen der Einbringung

Artikel IV: Zusammenschluß

§ 23. Anwendungsbereich
§ 24. Übertragungsvorgang
§ 25. Die übernehmende Personengesellschaft
§ 26. Sonstige Rechtsfolgen des Zusammenschlusses

Artikel V: Realteilung

§ 27. Anwendungsbereich
§ 28. Teilungsvorgang
§ 29. Bewertung des Betriebsvermögens in der Teilungsbilanz
§ 30. Der Nachfolgeunternehmer
§ 31. Sonstige Rechtsfolgen der Realteilung

Artikel VI: Spaltung

§ 32. Anwendungsbereich

§ 33. Spaltende Körperschaft
§ 34. Neue oder übernehmende Körperschaften
§ 35. Verlustabzug
§ 36. Behandlung der Anteilsinhaber bei einer verhältniswahrenden Spaltung
§ 37. Behandlung der Anteilsinhaber bei einer nicht verhältniswahrenden Spaltung
§ 38. Sonstige Rechtsfolgen der Spaltung
§ 38a. Steuerspaltungen
§ 38b. Spaltungsvertrag
§ 38c. Spaltende Körperschaft
§ 38d. Behandlung der Anteilsinhaber bei einer die Beteiligungsverhältnisse wahrenden Spaltung
§ 38e. Behandlung der Anteilsinhaber bei einer die Beteiligungsverhältnisse nicht wahrenden Spaltung
§ 38f. Sonstige Rechtsfolgen der Spaltung

2. HAUPTSTÜCK: Ergänzende Vorschriften

§ 39. Mehrfache Umgründungen auf einen Stichtag
§ 40. Rechtsgrundlage der Umgründungen
§ 41. Lohnsteuerliche Verhältnisse
§ 42. Vertragsübernahme
§ 43. Anzeige- und Evidenzpflicht
§ 44. Mißbräuchliche Umgründungen
§ 45. Verweisung auf andere Bundesgesetze

3. TEIL: ÜBERGANGS- UND SCHLUSSBESTIMMUNGEN

4. TEIL: VOLLZIEHUNG

Anlage

STICHWORTVERZEICHNIS

A

Abfindung, mit bestehenden Anteilen
- Anschaffungskosten § 20 (3)
- Einbringung § 19 (2)

Abfindung, mit eigenen Anteilen, Einbringung § 19 (2)
abfindungsberechtigte Anteilsinhaber, Umwandlung § 11 (2)
Abspaltung § 32 (1)
Aktivposten, für Einlagen, Einbringung § 16 (5)
Änderung der Struktur, Verschmelzung § 4
Anteilsinhaber
- verhältniswahrende Spaltung § 36 (1)
- verhältniswahrende Steuerspaltung § 38d
- Verschmelzung § 5 (1 ff)

Anteilstausch
- Spaltung § 37 (1)
- Verschmelzung § 5 (1)

Anzeigepflicht § 43
Äquivalenzverletzung
- Einbringung § 22 (1)
- Realteilung § 31 (1)
- Spaltung § 38 (4)
- Steuerspaltung § 38f (1)
- Verschmelzung § 6 (2)
- Zusammenschluss § 26 (1)

Arbeitgebereigenschaft § 41
- Spaltung § 38 (1)
- Umwandlung § 11 (1)
- Verschmelzung § 6 (1)

Arbeitnehmer, Zusammenschluss § 26 (2)
Aufgabe, Anteile an einbringender Mitunternehmerschaft § 19 (2)
Aufspaltung § 32 (1)
Aufwertungsoption
- Einbringung, Grund und Boden § 16 (6)
- Zusammenschluss, Grund und Boden § 24 (3)

Aufwertungsoption, Einbringung § 16 (2), (3)
ausländische Körperschaft, Einbringung § 12 (3)
ausländisches Vermögen, Einbringung § 16 (3)
Ausschüttungsfiktion, Umwandlung § 9 (6)

B

Beschäftigung, Einbringung § 18 (3)
Beteiligungsgleichheit
- Anschaffungskosten § 20 (4)
- Einbringung § 19 (2)

Betrieb, Einbringung § 12 (2)
Buchgewinn
- Einbringung §§ 18 (6), 20 (4)
- Spaltung §§ 33 (7), 34 (2)
- Umwandlung § 9 (2)
- Verschmelzung § 3 (2)

Buchverlust
- Einbringung §§ 18 (6), 20 (4)
- Spaltung §§ 33 (7), 34 (2)
- Umwandlung § 9 (2)
- Verschmelzung § 3 (2)

Buchwertfortführung
- Einbringung §§ 14 (1), 18 (1)
- Realteilung § 30 (1)
- Spaltung § 36 (2)
- Steuerspaltung §§ 38d (1 f), 38e (1 f)
- Umwandlung §§ 8 (1), 9 (1)
- Umwandlung, Ausnahmen § 8 (2)
- Verschmelzung, übernehmende Körperschaft § 3 (1)
- Verschmelzung, übertragende Körperschaft § 2 (1)
- Zusammenschluss §§ 24 (2), 25 (1)

C

Confusio, Verschmelzung § 3 (3)

D

Darlehensvertrag, Vertragsübernahme § 42

E

Eigentumsgleichheit § 19 (2)

Einbringung § 12 ff
– Abfindung mit bestehenden Anteilen § 19 (2)
– Abfindung mit bestehenden Anteilen, Anschaffungskosten § 20 (3)
– Aktivposten für Einlagen § 16 (5)
– Anteilstausch § 16 (1a)
– Äquivalenzverletzung § 22 (1)
– Aufwertungsoption § 16 (3)
– Aufwertungsoption, Grund und Boden § 16 (6)
– ausländisches Vermögen § 16 (3)
– Betrieb, Teilbetrieb § 12 (2)
– Bewertung außerbetrieblicher Kapitalanteile § 17 (1)
– Bewertung außerbetrieblicher Kapitalanteile, Aufwertung § 17 (2)
– Bewertung außerbetrieblicher Kapitalanteile, Nichtfestsetzung § 17 (1a)
– Buchgewinn, Buchverlust §§ 18 (6), 20 (4)
– Buchwerteinbringung §§ 14 (1), 16 (1), 18 (1)
– Definition § 12 (1)
– Dienstverhältnis § 22 (2)
– Einbringender § 14 (1 f)
– Einbringungsbilanz § 15
– Einbringungsstichtag § 13 (1 f)
– Einbringungsstichtag, Ersatzstichtag § 13 (2)
– Einbringungsstichtag, rückbezogener § 13 (1)
– Einbringungsstichtag, Zurechnung des Vermögens § 13 (2)
– Einbringungsvertrag § 12 (1)
– Einlagen im Rückwirkungszeitraum § 16 (5)
– Entnahmen im Rückwirkungszeitraum § 16 (5)
– Entstrickung § 16 (2)
– Gebühren § 22 (4)
– Gegenleistung § 19 (1 ff)
– Gewährung neuer Anteile § 19 (1)
– Gewährung neuer Anteile, Ausnahmen § 19 (2)
– Gewinnausschüttungen einbringender Körperschaften § 16 (5)
– Grund und Boden, Aufwertungsoption § 16 (6)
– Grund und Boden, übernehmende Körperschaft § 18 (5)
– Grunderwerbsteuer § 22 (5)
– internationale Schachtelbeteiligung §§ 14 (1), 16 (1a), 18 (4), 20 (7)
– Kapitalanteil § 12 (2)
– Mantelkauf § 21
– Meldung beim Finanzamt § 13 (1)
– Mitunternehmeranteil § 12 (2)
– Mitunternehmerschaften § 16 (4)
– neue Anteile, Anschaffungskosten § 20 (2)
– neue Anteile, Anschaffungszeitpunkt § 20 (1)
– nichtsteuerverstrickte Kapitalanteile § 20 (6)
– Passivposten für Entnahmen § 16 (5)
– positiver Verkehrswert § 12 (1)
– Rechtsbeziehungen, Einbringender zur übernehmenden Körperschaft § 18 (3)
– Rückwirkungsfiktion § 14 (2)
– Sacheinlagevertrag § 12 (1)
– übernehmende Körperschaft §§ 12 (3), 18 (1 ff)
– übernehmende Körperschaft, Ausschüttungsfiktion § 18 (2)
– übernehmende Körperschaft, außerbetriebliche Kapitalanteile § 18 (1)
– übernehmende Körperschaft, Passivposten § 18 (2)
– Umsatzsteuer § 22 (3)
– Verlustabzug § 21
– Vermögen, Definition § 12 (2)
– zurückbehaltene Wirtschaftsgüter § 16 (5)
– Zuzahlungen § 19 (3)

Einkommensermittlung
– übertragende Körperschaft, Handelsspaltung § 33 (1)
– übertragende Körperschaft, Verschmelzung § 2 (3)
– Umwandlung § 8 (3)

Einlagen
– Einbringung, Rückwirkungszeitraum § 16 (5)
– nach Umwandlungsstichtag § 8 (4)
– nach Verschmelzungsstichtag § 2 (4)

Entstrickung, Einbringung § 16 (2)
errichtende Umwandlung § 7 (1)

F

Firmenwert, Verschmelzung § 3 (2)
Forderungen, aus Leistungsbeziehungen, Umwandlung § 9 (5)

G

Gebühren
– Einbringung § 22 (4)
– Realteilung § 31 (2)
– Steuerspaltung § 38f (3)
– Zusammenschluss § 26 (3)

Gegenleistung, Einbringung § 19 (1 ff)

Gewährung neuer Anteile
– Einbringung § 19 (1)
– Einbringung, Unterbleiben § 19 (2)

Gewinnausschüttung
– Einbringung, Rückwirkungszeitraum § 16 (5)
– nach Umwandlungsstichtag § 8 (4)
– nach Verschmelzungsstichtag § 2 (4)

Gewinnermittlung
– spaltende Körperschaft, Handelsspaltung § 33 (1)
– Umwandlung § 8 (1)
– Verschmelzung § 2 (1)

Gewinnverwirklichung im Ausland
– Spaltung § 33 (2)
– Umwandlung § 8 (2)
– Verschmelzung § 2 (2)

Grunderwerbsteuer
– Einbringung § 22 (5)
– Realteilung § 31 (3)
– Spaltung § 38 (5)
– Umwandlung § 11 (4)

- Verschmelzung § 6 (5)
- Zusammenschluss § 26 (4)

Grund und Boden
- Einbringung § 18 (5)
- Realteilung § 30 (4)
- Zusammenschluss §§ 24 (3), 25 (5)

I

internationale Schachtelbeteiligung
- Einbringung §§ 14 (1), 18 (4), 20 (7)
- Realteilung § 30 (3)
- Spaltung §§ 34 (3), 36 (5)
- Steuerspaltung § 38d (4)
- Umwandlung § 9 (4)
- Verschmelzung §§ 3 (4), 5 (7)
- Zusammenschluss § 25 (3)

K

Kapitalanteil, Einbringung § 12 (2)
Kapitalanteile, nicht im Betriebsvermögen, Einbringung § 17 (1)
Kreditgewährung, Einbringung § 18 (3)
Kreditvertrag, Vertragsübernahme § 42

L

lohnsteuerliche Verhältnisse § 41

M

Mantelkauf
- Einbringung § 21
- Spaltung § 35
- Umwandlung § 10
- Verschmelzung § 4

Meldung § 43
Mindeststeuer, Umwandlung § 9 (8)
Mitunternehmeranteil, Einbringung § 12 (2)

N

neue Anteile
- Einbringung, Anschaffungskosten § 20 (2)
- Einbringung, Anschaffungszeitpunkt § 20 (1)
- Spaltung § 37 (2)
- Verschmelzung § 5 (2)

Nutzungsüberlassung, Einbringung § 18 (3)

P

Passivposten, für Entnahmen, Einbringung § 16 (5)
Personengesellschaft
- Realteilung § 27 (4)
- Zusammenschluss § 23 (3)

positiver Verkehrswert
- Einbringung § 12 (1)
- Realteilung § 27 (1)
- Zusammenschluss § 23 (1)

R

Realteilung § 27 ff
- Äquivalenzverletzung § 31 (1)
- Ausgleichsposten § 29 (1)
- Ausgleichsposten, gesonderte § 29 (1)
- Ausgleichszahlung § 29 (2)
- ausländisches Vermögen § 29 (1)
- Betrieb, Teilbetrieb § 27 (2)
- Bewertung Betriebsvermögen § 29 (1 f)
- Buchwertteilung § 29 (1)
- Definition § 27 (1)
- Entstehung Besteuerungsrecht § 30 (1)
- Entstrickung § 29 (1)
- Forstbetrieb, Teilbetriebsfiktion § 27 (3)
- Gebühren § 31 (2)
- Grunderwerbsteuer § 31 (3)
- Grundstücke § 29 (1)
- Grund und Boden, Altvermögen § 30 (4)
- internationale Schachtelbeteiligung § 30 (3)
- Kapitalvermögen § 29 (1)
- Kundenstock, Klientenstock, Teilbetriebsfiktion § 27 (3)
- mandantenorientierte Berufsgruppen, Teilbetriebsfiktion § 27 (3)
- Meldung beim Finanzamt § 28
- Mitunternehmeranteil § 27 (2)
- Nachfolgeunternehmer § 30 (1 ff)
- Nachfolgeunternehmer, Gesamtrechtsnachfolge § 30 (1)
- Personengesellschaft § 27 (4)
- positiver Verkehrswert § 27 (1)
- Rückwirkungsfiktion § 30 (2)
- Teilbetriebsfiktion § 27 (3)
- Teilungsbilanz §§ 27 (1), 28
- Teilungsstichtag § 28
- Teilungsvertrag § 27 (1)
- Teilungsvorgang § 28
- Umsatzsteuer § 31 (1)
- Vermögen, Definition § 27 (2)
- Vorsorge, Verschiebung Steuerbelastung § 29 (1)

Rechtsbeziehungen, Einbringender zur übernehmenden Körperschaft § 18 (3)
Rechtsnachfolger, Umwandlung §§ 7 (3), 9 (1 ff)
Rückwirkungsfiktion
- Einbringung § 14 (2)
- Realteilung § 30 (2)
- Spaltung § 33 (3)
- Umwandlung § 8 (3)
- Verschmelzung § 2 (3)
- Zusammenschluss § 24 (1)

S

Spaltung § 32 ff
- Abspaltung, Rückwirkungszeitraum § 33 (5)
- Anteilstausch § 37 (1)
- Äquivalenzverletzung § 38 (4)
- Arbeitgebereigenschaft § 38 (1)
- Arten § 32 (1)
- ausländisches Vermögen § 33 (2)
- Barabfindungsangebot, Annahme § 38 (2)
- Betrieb, Teilbetrieb § 32 (2)
- Buchgewinn, Buchverlust §§ 33 (7), 34 (2)
- Buchwertfortführung § 34 (1)
- Einlagen, spaltende Körperschaft § 33 (4)
- Einlagenrückzahlungen, spaltende Körperschaft § 33 (4)
- Forstbetrieb, Teilbetriebsfiktion § 32 (3)
- Gewinnausschüttung, spaltende Körperschaft § 33 (4)
- Grunderwerbsteuer § 38 (5)
- internationale Schachtelbeteiligung § 34 (3)

– Kapitalanteil § 32 (2)
– Kundenstock, Klientenstock, Teilbetriebsfiktion § 32 (3)
– mandantenorientierte Berufsgruppen, Teilbetriebsfiktion § 32 (3)
– Mantelkauf § 35
– Mitunternehmeranteil § 32 (2)
– nichtverhältniswahrende § 37 (1)
– nichtverhältniswahrende, Buchwertfortführung § 37 (3)
– nichtverhältniswahrende, neue Anteile § 37 (2)
– nichtverhältniswahrende, Zuzahlungen § 37 (4)
– Restbilanz § 33 (6)
– Rückwirkungsfiktion § 33 (3)
– spaltende Körperschaft § 33 (1)
– Spaltungsstichtag § 33 (6)
– Tätigkeitsvergütungen § 38 (1)
– Teilbetriebsfiktion § 32 (3)
– übernehmende Körperschaft § 34 (1)
– Übertragungsbilanz § 33 (6)
– Umsatzsteuer § 38 (3)
– verhältniswahrende, Anteilsinhaber § 36 (1)
– verhältniswahrende, Anteilstausch § 36 (4)
– verhältniswahrende, Bewertung Anteile § 36 (2)
– verhältniswahrende, Entstrickung § 36 (3)
– verhältniswahrende, internationale Schachtelbeteiligung § 36 (5)
– Verlustabzug § 35
– Vermögen, Definition § 32 (2)

Steuerspaltung § 38a ff
– Abspaltung § 38a (3)
– Äquivalenzverletzung § 38f (1)
– Aufspaltung § 38a (2)
– Definition § 38a (1)
– erfasste Körperschaften § 38a (4)
– Gebühren § 38f (3)
– nichtverhältniswahrende, Anteilsinhaber § 38e
– nicht verhältniswahrende, Ausgleichszahlungen § 38e (3)
– nichtverhältniswahrende, Buchwertfortführung § 38e (1 f)
– nichtverhältniswahrende, Meldung Finanzamt § 38e (4)
– spaltende Körperschaft § 38c
– Spaltungsvertrag § 38b
– Umsatzsteuer § 38f (2)
– verhältniswahrende, Anteilsinhaber § 38d
– verhältniswahrende, Buchwertfortführung § 38d (1 f)
– verhältniswahrende, internationale Schachtelbeteiligung § 38d (4)

T

Tätigkeitsvergütungen
– Spaltung § 38 (1)
– Umwandlung § 11 (1)

tatsächliche Übertragung
– Nachweis, Einbringung § 12 (1)
– Nachweis, Realteilung § 27 (1)
– Nachweis, Zusammenschluss § 23 (1)

Teilbetrieb, Einbringung § 12 (2)

Teilbetriebsfiktion
– Realteilung § 27 (3)
– Spaltung § 32 (3)

U

übernehmende Körperschaft
– Einbringung § 12 (3)
– Einbringung, Verlustabzug § 21
– Spaltung § 34 (1)
– Umwandlung, Verlustabzug § 10
– Verschmelzung § 3 (1 ff)
– Verschmelzung, Verlustabzug § 4

übernehmende Körperschaft, Einbringung § 18 (1 ff)

übernehmende Personengesellschaft, Zusammenschluss § 25 (1 f)

übertragende Körperschaft
– Umwandlung § 8 (1 ff)
– Umwandlung, Verlustabzug § 10
– Verschmelzung § 2 (1 ff)
– Verschmelzung, Verlustabzug § 4

Umgründungen
– mehrere § 39
– missbräuchliche § 44
– Rechtsgrundlage § 40

Umgründungsplan § 39

Umsatzsteuer
– Einbringung § 22 (3)
– Realteilung § 31 (1)
– Spaltung § 38 (3)
– Steuerspaltung § 38f (2)
– Umwandlung § 11 (3)
– Verschmelzung § 6 (4)
– Zusammenschluss § 26 (1)

Umwandlung § 7 ff
– abfindungsberechtigte Anteilsinhaber § 11 (2)
– Arbeitgebereigenschaft § 11 (1)
– Arten § 7 (1)
– Ausschüttungsfiktion § 9 (6)
– Buchgewinn, Buchverlust § 9 (2)
– Buchwertfortführung §§ 8 (1), 9 (1)
– Buchwertfortführung, Ausnahmen § 8 (2)
– Einkommensermittlung § 8 (3)
– Einlagen, übertragende Körperschaft § 8 (4)
– Einlagenrückzahlungen, übertragende Körperschaft § 8 (4)
– Entstrickung § 7 (2)
– errichtende § 7 (1)
– Forderungen, Verbindlichkeiten, Leistungsbeziehungen § 9 (5)
– Gewinnausschüttung, übertragende Körperschaft § 8 (4)
– Grunderwerbsteuer § 11 (4)
– internationale Schachtelbeteiligung § 9 (4)
– KESt-Befreiung, Entfall § 9 (9)
– Leistungsbeziehungen, Forderungen, Verbindlichkeiten § 9 (5)
– Mantelkauf § 10
– Mindeststeuer § 9 (8)
– Rechtsnachfolger §§ 7 (3), 9 (1 ff)
– Rückwirkungsfiktion § 8 (3)
– Tätigkeitsvergütungen § 11 (1)
– übertragende Körperschaft § 8 (1 ff)

– Umsatzsteuer § 11 (3)
– Umwandlungsstichtag § 8 (5)
– Verlustabzug § 10
– verschmelzende § 7 (1)
– Wechsel der Gewinnermittlungsart § 9 (3)
Umwandlung im Ausland, anzusetzender Wert § 8 (2)

V
Verbindlichkeiten, aus Leistungsbeziehungen, Umwandlung § 9 (5)
Vereinigung, Aktive und Passive, Verschmelzung § 3 (3)
Verlustabzug
– Einbringung § 21
– Spaltung § 35
– Umwandlung § 10
– Verschmelzung § 4
Vermögen
– Einbringung § 12 (2)
– Realteilung § 27 (2)
– Zusammenschluss § 23 (2)
Vermögensübertragung § 1 (1)
verschmelzende Umwandlung § 7 (1)
Verschmelzung § 1 ff
– Abfindungsangebot § 6 (3)
– Anteilsinhaber § 5 (1 ff)
– Anteilstausch § 5 (1)
– Äquivalenzverletzung § 6 (2)
– Arbeitgebereigenschaft § 6 (1)
– Arten § 1 (1 f)
– Buchgewinn, Buchverlust § 3 (2)
– Buchwertfortführung, übernehmende Körperschaft § 3 (1)
– Confusio § 3 (3)
– Einlagen, übertragende Körperschaft § 2 (4)
– Einlagenrückzahlungen, übertragende Körperschaft § 2 (4)
– Entstrickung §§ 3 (1 ff), 5 (1)
– Firmenwert § 3 (2)
– Gewinnausschüttung, übertragende Körperschaft § 2 (4)
– Gewinnermittlung § 2 (1)
– Grunderwerbsteuer § 6 (5)
– im Ausland, anzusetzender Wert § 2 (2)
– internationale Schachtelbeteiligung §§ 3 (4), 5 (7)
– Mantelkauf § 4
– neue Anteile § 5 (2)
– Rückwirkungsfiktion § 2 (3)
– übereinstimmende Beteiligungsverhältnisse § 5 (5)
– übernehmende Körperschaft § 3 (1 ff)
– übertragende Körperschaft § 2 (1 ff), (3)
– Umsatzsteuer § 6 (4)
– Verlustabzug § 4
– Verschmelzungsstichtag § 2 (5)
– Verzicht auf Gewährung neuer Anteile § 5 (6)
– Zuzahlung § 5 (1)
Vertragsübernahme § 42
Verweis auf andere Bundesgesetze § 45

W
Wechsel der Gewinnermittlungsart, Umwandlung § 9 (3)

Z
zurückbehaltene Wirtschaftsgüter, Einbringung § 16 (5)
Zusammenschluss § 23 ff
– Äquivalenzverletzung § 26 (1)
– Aufwertung § 24 (2)
– Aufwertungsoption, Grund und Boden § 24 (3)
– ausländisches Vermögen § 24 (1)
– Betrieb, Teilbetrieb § 23 (2)
– Buchwertfortführung §§ 24 (2), 25 (1)
– Definition § 23 (1)
– Entstehung Besteuerungsrecht § 25 (1)
– Entstrickung § 24 (1)
– Gebühren § 26 (3)
– Grunderwerbsteuer § 26 (4)
– Grund und Boden, Altvermögen § 25 (5)
– Grund und Boden, Aufwertungsoption § 24 (3)
– internationale Schachtelbeteiligung § 25 (3)
– KESt-Befreiung, Entfall § 25 (4)
– Meldung beim Finanzamt § 24 (1)
– Mitunternehmeranteil § 23 (2)
– Personengesellschaft § 23 (3)
– positiver Verkehrswert § 23 (1)
– Rückwirkungsfiktion § 24 (1)
– Teilnahme von Arbeitnehmern § 26 (2)
– übernehmende Personengesellschaft § 25 (1 f), (2)
– Übertragungsvorgang § 24 (1 f)
– Umsatzsteuer § 26 (1)
– Vermögen, Definition § 23 (2)
– Vorsorge, Verschiebung Steuerbelastung § 24 (2)
– Zusammenschlussbilanz §§ 23 (1), 24 (1)
– Zusammenschlussvertrag § 23 (1)
Zuzahlung, Einbringung § 19 (2), (3)
Zuzahlung, Verschmelzung § 5 (1)

Bundesgesetz, mit dem abgabenrechtliche Maßnahmen bei der Umgründung von Unternehmen getroffen werden (Umgründungssteuergesetz – UmgrStG)

1. TEIL UMGRÜNDUNGSSTEUERGESETZ

1. HAUPTSTÜCK Umgründungen

Artikel I Verschmelzung

Anwendungsbereich

§ 1. (1) Verschmelzungen im Sinne dieses Bundesgesetzes sind

1. Verschmelzungen auf Grund gesellschaftsrechtlicher Vorschriften,
2. Verschmelzungen im Sinne gesellschaftsrechtlicher Vorschriften auf Grund anderer Gesetze,
3. Vermögensübertragungen im Sinne des § 236 des Aktiengesetzes und
   (BGBl I 2015/34)
4. Verschmelzungen ausländischer Körperschaften im Ausland auf Grund vergleichbarer Vorschriften.

(2) Abs. 1 Z 1 bis 4 findet nur insoweit Anwendung, als das Besteuerungsrecht der Republik Österreich hinsichtlich der stillen Reserven einschließlich eines allfälligen Firmenwertes bei der übernehmenden Körperschaft nicht eingeschränkt wird. Soweit bei der Verschmelzung auf eine übernehmende

– in der Anlage genannte Gesellschaft eines Mitgliedstaates der Europäischen Union oder
– den Kapitalgesellschaften vergleichbare Gesellschaft eines Staates des Europäischen Wirtschaftsraumes,
  (BGBl I 2018/62)

die auch den Ort der Geschäftsleitung in einem Mitgliedstaat der Europäischen Union oder in einem Staat des Europäischen Wirtschaftsraumes hat, eine Steuerpflicht nach § 20 des Körperschaftsteuergesetzes 1988 entsteht, ist die Abgabenschuld auf Grund eines in der Steuererklärung gestellten Antrages in Raten zu entrichten; dabei sind § 6 Z 6 lit. d bis e des Einkommensteuergesetzes 1988 sinngemäß anzuwenden.

(BGBl I 2015/163)

(3) Auf Verschmelzungen sind die §§ 2 bis 6 anzuwenden.

Übertragende Körperschaft

§ 2. (1) Bei der Ermittlung des Gewinnes ist für das mit dem Verschmelzungsstichtag endende Wirtschaftsjahr das Betriebsvermögen mit dem Wert anzusetzen, der sich nach den steuerrechtlichen Vorschriften über die Gewinnermittlung ergibt.

(2) Abweichend von Abs. 1 kann

1. bei Verschmelzungen im Sinne des § 1 Abs. 1 Z 1 bis 3 das ausländische Vermögen und
2. bei Verschmelzungen im Sinne des § 1 Abs. 1 Z 4 das Betriebsvermögen und sonstige Vermögensteile

mit dem sich aus § 20 des Körperschaftsteuergesetzes 1988 ergebenden Wert angesetzt werden, wenn die Verschmelzung im Ausland zur Gewinnverwirklichung führt und mit dem in Betracht kommenden ausländischen Staat ein Doppelbesteuerungsabkommen besteht, das dafür die Anrechnungsmethode vorsieht, oder eine vergleichbare innerstaatliche Maßnahme zur Vermeidung der Doppelbesteuerung getroffen wurde.

(3) Das Einkommen der übertragenden Körperschaft ist so zu ermitteln, als ob der Vermögensübergang mit Ablauf des Verschmelzungsstichtages erfolgt wäre.

(4) Abs. 3 gilt nicht für Gewinnausschüttungen der übertragenden Körperschaft auf Grund von Beschlüssen nach dem Verschmelzungsstichtag sowie für

– die Einlagenrückzahlung im Sinne des § 4 Abs. 12 des Einkommensteuergesetzes 1988 durch die übertragende Körperschaft und
– Einlagen im Sinne des § 8 Abs. 1 des Körperschaftsteuergesetzes 1988 in die übertragende Körperschaft

in der Zeit zwischen dem Verschmelzungsstichtag und dem Tag des Abschlusses des Verschmelzungsvertrages.

(5) Verschmelzungsstichtag ist der Tag, zu dem die Schlußbilanz aufgestellt ist, die der Verschmelzung zugrunde gelegt wird. Zum Verschmelzungsstichtag ist weiters eine Verschmelzungsbilanz aufzustellen, in der die nach Abs. 1 oder 2 steuerlich maßgebenden Buchwerte oder Werte und das sich daraus ergebende Verschmelzungskapital unter Berücksichtigung nachträglicher Veränderungen im Sinne des Abs. 4 darzustellen sind.

Übernehmende Körperschaft

§ 3. (1) Für die übernehmende Körperschaft gilt Folgendes:

1. Sie hat die zum Verschmelzungsstichtag steuerlich maßgebenden Buchwerte im Sinne des § 2 fortzuführen.
2. Soweit das Besteuerungsrecht der Republik Österreich hinsichtlich des übernommenen Vermögens entsteht, gilt Folgendes:
   – Das übernommene Vermögen ist mit dem gemeinen Wert anzusetzen.
   – Wird Vermögen ganz oder teilweise übernommen, für das die Abgabenschuld bei der übernehmenden Körperschaft oder einer konzernzugehörigen Körperschaft der übernehmenden Körperschaft nicht festgesetzt worden ist oder gemäß § 16 Abs. 1a nicht entstanden ist, sind die fortgeschriebenen Buchwerte, höchstens aber die gemeinen Werte anzusetzen. Die spätere Veräu-

ßerung oder das sonstige Ausscheiden gilt nicht als rückwirkendes Ereignis im Sinn des § 295a der Bundesabgabenordnung. Weist die übernehmende Körperschaft nach, dass Wertsteigerungen im übrigen EU/EWR-Raum eingetreten sind, sind diese vom Veräußerungserlös oder vom gemeinen Wert im Zeitpunkt des Ausscheidens abzuziehen.

(BGBl I 2015/163)

3. Ist die übernehmende Körperschaft oder ein konzernzugehöriges Unternehmen der übernehmenden Körperschaft am Verschmelzungsstichtag an der übertragenden ausländischen Körperschaft beteiligt und würden die Gewinnanteile der übertragenden Körperschaft bei der übernehmenden Körperschaft oder dem konzernzugehörigen Unternehmen am Verschmelzungsstichtag § 10 Abs. 4 oder Abs. 5 in der Fassung vor BGBl. I Nr. 62/2018 oder § 10a Abs. 7 des Körperschaftsteuergesetzes 1988 unterliegen, gilt der Unterschiedsbetrag zwischen dem Verschmelzungskapital im Sinne des § 2 Abs. 5 und den vorhandenen Einlagen im Sinne des § 4 Abs. 12 des Einkommensteuergesetzes 1988 zum Verschmelzungsstichtag mit dem Beginn des auf den Verschmelzungsstichtag folgenden Tages als offen ausgeschüttet. Dies gilt nur für Gewinne der übertragenden Körperschaft aus Wirtschaftsjahren, die vor dem 1. Jänner 2019 geendet haben. Der Steuerpflichtige hat nachzuweisen, dass die Einlagen nicht aus Gesellschaftsmitteln stammen.

   (BGBl I 2015/118, BGBl I 2015/163, BGBl I 2018/62)

4. § 2 Abs. 3 gilt mit dem Beginn des auf den Verschmelzungsstichtag folgenden Tages.

(2) Buchgewinne und Buchverluste bleiben bei der Gewinnermittlung außer Ansatz.

(3) Unabhängig vom Vorliegen eines Buchgewinnes oder verlustes sind Veränderungen des Betriebsvermögens, die aus der Vereinigung von Aktiven und Passiven (Confusio) stammen, in dem dem Verschmelzungsstichtag folgenden Wirtschaftsjahr zu berücksichtigen.

(4) Entsteht durch die Verschmelzung bei der übernehmenden Körperschaft eine internationale Schachtelbeteiligung im Sinne des § 10 Abs. 2 des Körperschaftsteuergesetzes 1988 oder wird ihr Ausmaß erweitert, ist hinsichtlich der bisher nicht steuerbegünstigten Beteiligungsquoten auf den Unterschiedsbetrag zwischen den Buchwerten und den höheren Teilwerten § 10 Abs. 3 erster Satz des Körperschaftsteuergesetzes 1988 nicht anzuwenden.

Verlustabzug

§ 4. § 8 Abs. 4 Z 2 des Körperschaftsteuergesetzes 1988 ist nach Maßgabe folgender Bestimmungen anzuwenden:

1. a) Verluste der übertragenden Körperschaft, die bis zum Verschmelzungsstichtag entstanden und noch nicht verrechnet sind, gelten im Rahmen der Buchwertfortführung ab dem dem Verschmelzungsstichtag folgenden Veranlagungszeitraum der übernehmenden Körperschaft insoweit als abzugsfähige Verluste dieser Körperschaft, als sie den übertragenen Betrieben, Teilbetrieben oder nicht einem Betrieb zurechenbaren Vermögensteilen zugerechnet werden können. Voraussetzung ist weiters, daß das übertragene Vermögen am Verschmelzungsstichtag tatsächlich vorhanden ist.

   b) Verluste der übernehmenden Körperschaft, die bis zum Verschmelzungsstichtag entstanden und noch nicht verrechnet sind, bleiben abzugsfähig, soweit die Betriebe, Teilbetriebe oder nicht einem Betrieb zurechenbaren Vermögensteile, die die Verluste verursacht haben, am Verschmelzungsstichtag tatsächlich vorhanden sind.

   c) Ist in den Fällen der lit. a und b der Umfang der Betriebe, Teilbetriebe oder nicht einem Betrieb zurechenbaren Vermögensteile am Verschmelzungsstichtag gegenüber jenem im Zeitpunkt des Entstehens der Verluste derart vermindert, daß nach dem Gesamtbild der wirtschaftlichen Verhältnisse eine Vergleichbarkeit nicht mehr gegeben ist, ist der von diesen Betrieben, Teilbetrieben oder Vermögensteilen verursachte Verlust vom Abzug ausgeschlossen.

   d) Im Falle der Verschmelzung verbundener Körperschaften sind vortragsfähige Verluste der Körperschaft, an der die Beteiligung besteht, um abzugsfähige Teilwertabschreibungen zu kürzen, die die beteiligte Körperschaft auf die Beteiligung in Wirtschaftsjahren, die nach dem 31. Dezember 1990 geendet haben, vorgenommen hat; die Kürzung vermindert sich insoweit, als in der Folge Zuschreibungen erfolgt sind. Eine Kürzung unterbleibt, soweit eine solche nach dem letzten Satz erfolgt ist. Die Kürzung hat im Falle der Verschmelzung auf die Mutterkörperschaft in dem dem Verschmelzungsstichtag folgenden Veranlagungszeitraum und im Falle der Verschmelzung auf die Tochterkörperschaft in dem Veranlagungszeitraum zu erfolgen, in den der Verschmelzungsstichtag fällt. § 12 Abs. 3 Z 2 des Körperschaftsteuergesetzes 1988 gilt im Falle der Verschmelzung auf die Tochterkörperschaft ab dem dem Verschmelzungsstichtag folgenden Wirtschaftsjahr und im Übrigen mit der Maßgabe, dass in dem Jahr, in dem die Kürzung zu erfolgen hat, zusätzlich der Unterschiedsbetrag zwischen den insgesamt berücksichtigten Teilen der Teilwertabschreibung und dem Kürzungsbetrag im Sinne des ersten Satzes zu berücksichtigen ist. Die vorstehenden Bestimmungen gelten sinngemäß auch im Falle der Verschmelzung mittelbar verbundender Körperschaften, soweit abzugsfähige Teilwertabschreibungen auf Verluste zurückzuführen sind, die die mittelbar verbundene Körperschaft erlitten hat.

2. Ein Mantelkauf, der den Abzug von Verlusten ausschließt, liegt auch dann vor, wenn die wesentlichen Änderungen der Struktur zu einem Teil bei der übertragenden und zum anderen Teil bei der übernehmenden Körperschaft erfolgen. Änderungen zum Zwecke der Verbesserung oder Rationalisierung der betrieblichen Struktur im Unternehmenskonzept der übernehmenden Körperschaft stehen Sanierungen im Sinne des § 8 Abs. 4 Z 2 dritter Satz des Körperschaftsteuergesetzes 1988 gleich.

Behandlung der Anteilsinhaber

§ 5. (1) Für die Anteilsinhaber gilt Folgendes:

1. Der Austausch von Anteilen an der übertragenden Körperschaft auf Grund der Verschmelzung gilt nicht als Tausch. Die Anteile an der übernehmenden Körperschaft gelten mit Beginn des dem Verschmelzungsstichtag folgenden Tages als erworben.
2. Zuzahlungen auf Grund gesellschaftsrechtlicher Vorschriften kürzen die Anschaffungskosten oder Buchwerte.
3. Soweit das Besteuerungsrecht der Republik Österreich hinsichtlich des übertragenen Vermögens auf Grund der Verschmelzung eingeschränkt wird, gilt Z 1 auch für Anteilsinhaber, die in einem Staat des EU/EWR-Raumes ansässig sind.

   (BGBl I 2015/163, BGBl I 2018/62)
4. Soweit das Besteuerungsrecht der Republik Österreich hinsichtlich der Anteile der übertragenden Körperschaft an der übernehmenden Körperschaft eingeschränkt wird, sind diese bei der übernehmenden Körperschaft mit den nach § 6 Z 6 lit. a des Einkommensteuergesetzes 1988 maßgebenden Werten anzusetzen, wobei § 6 Z 6 lit. c bis e des Einkommensteuergesetzes 1988 sinngemäß anzuwenden sind.

   (BGBl I 2015/163)
5. Werden ausländischen Anteilsinhabern eigene Anteile der übernehmenden Körperschaft gewährt, sind diese mit den nach § 6 Z 6 lit. a des Einkommensteuergesetzes 1988 maßgebenden Werte anzusetzen, wobei § 6 Z 6 lit. c bis e des Einkommensteuergesetzes 1988 sinngemäß anzuwenden sind.

   (BGBl I 2015/163)

(2) Für neue Anteile sind die Anschaffungszeitpunkte der alten Anteile maßgeblich.

(3) und (4) (aufgehoben)

(5) Unterbleibt die Gewährung von Anteilen, weil die Beteiligungsverhältnisse an der übertragenden und der übernehmenden Körperschaft übereinstimmen (§ 224 Abs. 2 Z 1 des Aktiengesetzes), sind die steuerlich maßgebenden Anschaffungskosten oder Buchwerte der Anteile an der übertragenden Körperschaft den Anteilen an der übernehmenden Körperschaft zuzurechnen.

(6) Unterbleibt die Gewährung von Anteilen, weil Anteilsinhaber der übertragenden Körperschaft auf die Gewährung verzichten (§ 224 Abs. 2 Z 2 des Aktiengesetzes), ist § 3 Abs. 2 anzuwenden.

(7) Für internationale Schachtelbeteiligungen im Sinne des § 10 Abs. 2 des Körperschaftsteuergesetzes 1988 gilt folgendes:

1. Entsteht durch eine Verschmelzung im Sinne des § 1 Abs. 1 bei einer Körperschaft als Anteilsinhaber eine internationale Schachtelbeteiligung oder wird ihr Ausmaß durch neue Anteile oder durch Zurechnung zur bestehenden Beteiligung verändert, ist hinsichtlich der bisher nicht steuerbegünstigten Beteiligungsquoten auf den Unterschiedsbetrag zwischen den Buchwerten und den höheren Teilwerten § 10 Abs. 3 erster Satz des Körperschaftsteuergesetzes 1988 nicht anzuwenden.
2. Geht durch eine Verschmelzung im Sinne des § 1 Abs. 1 die Eigenschaft einer Beteiligung als internationale Schachtelbeteiligung unter, gilt, soweit für sie keine Option zugunsten der Steuerwirksamkeit erklärt worden ist, der höhere Teilwert zum Verschmelzungsstichtag, abzüglich auf Grund einer Umgründung nach diesem Bundesgesetz von § 10 Abs. 3 erster Satz des Körperschaftsteuergesetzes 1988 ausgenommener Beträge, als Buchwert.

Sonstige Rechtsfolgen der Verschmelzung

§ 6. (1) Die übertragende Körperschaft bleibt bis zu ihrem Erlöschen Arbeitgeber im Sinne des § 47 des Einkommensteuergesetzes 1988. Dies gilt auch für die Beurteilung von Tätigkeitsvergütungen als solche im Sinne des § 22 Z 2 des Einkommensteuergesetzes 1988.

(2) Entsprechen die Beteiligungsverhältnisse nach der Verschmelzung nicht den Wertverhältnissen, gilt der Unterschiedsbetrag, wenn der Wertausgleich nicht auf andere Weise erfolgt, als unentgeltlich zugewendet. Die Wertverhältnisse sind im Zweifel durch das Gutachten eines Sachverständigen nachzuweisen.

(3) Die Annahme eines Abfindungsangebotes gilt als Anteilsveräußerung. Beim Erwerber gilt der Beginn des dem Verschmelzungsstichtag folgenden Tages als Anschaffungstag der Anteile.

(4) Verschmelzungen nach § 1 gelten nicht als steuerbare Umsätze im Sinne des Umsatzsteuergesetzes 1994; die übernehmende Körperschaft tritt

für den Bereich der Umsatzsteuer unmittelbar in die Rechtsstellung der übertragenden Körperschaft ein.

(5) Werden auf Grund einer Verschmelzung nach § 1 Erwerbsvorgänge nach § 1 des Grunderwerbsteuergesetzes 1987 verwirklicht, so ist die Grunderwerbsteuer gemäß § 4 in Verbindung mit § 7 des Grunderwerbsteuergesetzes 1987 zu berechnen.

(BGBl I 2015/118, BGBl I 2019/103)

Artikel II
Umwandlung

Anwendungsbereich

§ 7. (1) Umwandlungen im Sinne dieses Bundesgesetzes sind

1. errichtende Umwandlungen nach dem Bundesgesetz über die Umwandlung von Handelsgesellschaften, BGBl. Nr. 304/1996, wenn am Umwandlungsstichtag und am Tag des Umwandlungsbeschlusses ein Betrieb vorhanden ist,
2. verschmelzende Umwandlungen nach dem Bundesgesetz über die Umwandlung von Handelsgesellschaften, BGBl. Nr. 304/1996, wenn
   – am Umwandlungsstichtag und am Tag des Umwandlungsbeschlusses ein Betrieb vorhanden ist oder
   – Hauptgesellschafter eine unter § 7 Abs. 3 des Körperschaftsteuergesetzes 1988 fallende Körperschaft oder eine ausländische Gesellschaft eines Mitgliedstaates der Europäischen Union, die die in der Anlage zu diesem Bundesgesetz vorgesehenen Voraussetzungen des Artikels 3 der Richtlinie 2009/133/EG über das gemeinsame Steuersystem für Fusionen, Spaltungen, Abspaltungen, die Einbringung von Unternehmensteilen und den Austausch von Anteilen, die Gesellschaften verschiedener Mitgliedstaaten betreffen, sowie für die Verlegung des Sitzes einer Europäischen Gesellschaft oder einer Europäischen Genossenschaft von einem Mitgliedstaat in einen anderen Mitgliedstaat, ABl. Nr. L 310 vom 25.11.2009 S. 34, in der jeweils geltenden Fassung erfüllt, ist,
3. vergleichbare Umwandlungen ausländischer Körperschaften im Ausland.

(2) Abs. 1 Z 1 bis 3 findet nur insoweit Anwendung, als das Besteuerungsrecht der Republik Österreich hinsichtlich der stillen Reserven einschließlich eines allfälligen Firmenwertes beim Rechtsnachfolger nicht eingeschränkt wird. Soweit bei der Umwandlung das Besteuerungsrecht der Republik Österreich gegenüber einem EU/EWR-Staat eingeschränkt wird, ist die nach § 20 des Körperschaftsteuergesetzes 1988 entstehende Abgabenschuld auf Grund eines in der Steuererklärung gestellten Antrages in Raten zu entrichten; dabei sind § 6 Z 6 lit. d bis e des Einkommensteuergesetzes 1988 sinngemäß anzuwenden.

(BGBl I 2015/163, BGBl I 2018/62)

(3) Rechtsnachfolger sind der Hauptgesellschafter (§ 2 Abs. 1 UmwG), beziehungsweise dessen Gesellschafter (Mitunternehmer), oder die Gesellschafter (Mitunternehmer) der errichteten Personengesellschaft (§ 5 Abs. 1 UmwG).

(4) Auf Umwandlungen sind die §§ 8 bis 11 anzuwenden.

Übertragende Körperschaft

§ 8. (1) Bei der Ermittlung des Gewinnes ist für das mit dem Umwandlungsstichtag endende Wirtschaftsjahr das Betriebsvermögen mit dem Wert anzusetzen, der sich nach den steuerrechtlichen Vorschriften über die Gewinnermittlung ergibt.

(2) Abweichend von Abs. 1 kann

1. bei Umwandlungen im Sinne des § 7 Abs. 1 Z 1 und 2 das ausländische Vermögen und
2. bei Umwandlungen im Sinne des § 7 Abs. 1 Z 3 das Betriebsvermögen und sonstige Vermögensteile mit dem sich aus § 20 des Körperschaftsteuergesetzes 1988 ergebenden Wert angesetzt werden, wenn die Umwandlung im Ausland zur Gewinnverwirklichung führt und mit dem in Betracht kommenden ausländischen Staat ein Doppelbesteuerungsabkommen besteht, das dafür die Anrechnungsmethode vorsieht, oder eine vergleichbare innerstaatliche Maßnahme zur Vermeidung der Doppelbesteuerung getroffen wurde.

(3) Das Einkommen ist so zu ermitteln, als ob der Vermögensübergang mit Ablauf des Umwandlungsstichtages erfolgt wäre.

(4) Abs. 3 gilt nicht für Gewinnausschüttungen der übertragenden Körperschaft auf Grund von Beschlüssen nach dem Umwandlungsstichtag sowie für

– die Einlagenrückzahlung im Sinne des § 4 Abs. 12 des Einkommensteuergesetzes 1988 durch die übertragende Körperschaft und
– Einlagen im Sinne des § 8 Abs. 1 des Körperschaftsteuergesetzes 1988 in die übertragende Körperschaft

in der Zeit zwischen dem Umwandlungsstichtag und dem Tag des Umwandlungsbeschlusses.

(5) Umwandlungsstichtag ist der Tag, zu dem die Schlußbilanz aufgestellt ist, die der Umwandlung zugrunde gelegt wird. Zum Umwandlungsstichtag ist weiters eine Umwandlungsbilanz aufzustellen, in der die nach Abs. 1 oder 2 steuerlich maßgebenden Buchwerte oder Werte und das sich daraus ergebende Umwandlungskapital unter Berücksichtigung nachträglicher Veränderungen im Sinne des Abs. 4 darzustellen sind.

Rechtsnachfolger

§ 9. (1) Für die Rechtsnachfolger gilt Folgendes:

1. Sie haben die zum Umwandlungsstichtag maßgebenden Buchwerte im Sinne des § 8

fortzuführen. § 8 Abs. 3 gilt für die Rechtsnachfolger mit Beginn des dem Umwandlungsstichtag folgenden Tages.

2. Soweit das Besteuerungsrecht der Republik Österreich hinsichtlich der Anteile an der übertragenden Körperschaft durch die Umwandlung eingeschränkt wird, gilt dies als Tausch im Sinne des § 6 Z 14 lit. a des Einkommensteuergesetzes 1988 an dem dem Umwandlungsstichtag folgenden Tag. § 6 Z 6 lit. c bis e des Einkommensteuergesetzes 1988 sind sinngemäß anzuwenden.
(BGBl I 2015/163)

3. Soweit das Besteuerungsrecht der Republik Österreich entsteht, gilt Folgendes:
   – Das übernommene Vermögen ist mit dem gemeinen Wert anzusetzen.
   – Wird Vermögen ganz oder teilweise übernommen, für das die Abgabenschuld bei einem Rechtsnachfolger oder bei einer konzernzugehörigen Körperschaft eines Rechtsnachfolgers nicht festgesetzt worden ist oder gemäß § 16 Abs. 1a nicht entstanden ist, sind die fortgeschriebenen Buchwerte oder die ursprünglichen Anschaffungskosten, höchstens aber die gemeinen Werte anzusetzen. Die spätere Veräußerung oder das sonstige Ausscheiden gilt nicht als rückwirkendes Ereignis im Sinn des § 295a der Bundesabgabenordnung. Weist die übernehmende Körperschaft nach, dass Wertsteigerungen im übrigen EU/EWR-Raum eingetreten sind, sind diese vom Veräußerungserlös abzuziehen. auf Grund einer Umgründung im Sinne dieses Bundesgesetzes oder auf Grund des § 6 Z 6 oder des § 27 Abs. 6 Z 1 lit. b des Einkommensteuergesetzes 1988 nicht festgesetzt worden ist oder gemäß § 16 Abs. 1 zweiter Teilstrich nicht entstanden ist, sind die fortgeschriebenen Buchwerte oder die Anschaffungskosten vor der Umgründung oder Verlegung anzusetzen. Die spätere Veräußerung oder das sonstige Ausscheiden gilt nicht als rückwirkendes Ereignis im Sinn des § 295a der Bundesabgabenordnung. Weist die übernehmende Körperschaft nach, dass Wertsteigerungen im übrigen EU/EWR-Raum eingetreten sind, sind diese vom Veräußerungserlös abzuziehen.
   (BGBl I 2015/163)
   – Soweit das Besteuerungsrecht der Republik Österreich hinsichtlich der Anteile an der durch eine errichtende Umwandlung entstandenen Personengesellschaft entsteht, ist der Unterschiedsbetrag zwischen dem Buchwert und dem gemeinen Wert der Anteile am Umwandlungsstichtag bei einer späteren Realisierung der Anteile bei natürlichen Personen als Rechtsnachfolger mit einem besonderen Steuersatz von
     – 25% für vor dem 1. Jänner 2023 gelegene Umgründungsstichtage;
     – 24% für zwischen dem 31. Dezember 2022 und dem 1. Jänner 2024 gelegene Umgründungsstichtage;
     – 23% für nach dem 31. Dezember 2023 gelegene Umgründungsstichtage zu besteuern. Dies gilt sinngemäß für verschmelzende Umwandlungen auf natürliche Personen als Rechtsnachfolger.
   (BGBl I 2022/10)

(2) Auf Buchgewinne und Buchverluste ist § 3 Abs. 2 und 3 anzuwenden. Dies gilt sinngemäß auch für Umwandlungsgewinne und Umwandlungsverluste in Bezug auf die Anschaffungskosten von außerbetrieblich gehaltenen Anteilen an der übertragenen Körperschaft.

(3) Auf einen durch die Umwandlung bewirkten Wechsel der Gewinnermittlungsart ist § 4 Abs. 10 des Einkommensteuergesetzes 1988 anzuwenden. Diese Bestimmung gilt auch für den Fall des durch die Umwandlung bewirkten Ausscheidens von Wirtschaftsgütern aus dem Betriebsvermögen und für Gewinnerhöhungen, die sich aus der Änderung der Besteuerungsgrundsätze ergeben. Ein sich daraus insgesamt ergebender Gewinn ist in dem dem Umwandlungsstichtag folgenden Wirtschaftsjahr zu berücksichtigen; auf Antrag der Rechtsnachfolger ist der Gewinn einschließlich eines steuerwirksamen Buchgewinnes im Sinne des Abs. 2 in den dem Umwandlungsstichtag folgenden drei Wirtschaftsjahren gleichmäßig verteilt zu berücksichtigen.

(4) Für internationale Schachtelbeteiligungen im Sinne des § 10 Abs. 2 des Körperschaftsteuergesetzes 1988 gilt folgendes:

1. Entsteht durch die Umwandlung eine internationale Schachtelbeteiligung oder wird ihr Ausmaß erweitert, ist hinsichtlich der bisher nicht steuerbegünstigten Beteiligungsquoten auf den Unterschiedsbetrag zwischen den Buchwerten und den höheren Teilwerten § 10 Abs. 3 erster Satz des Körperschaftsteuergesetzes 1988 nicht anzuwenden.
2. Geht durch die Umwandlung die Eigenschaft einer Beteiligung als internationale Schachtelbeteiligung unter, gilt, soweit für sie keine Option zugunsten der Steuerwirksamkeit erklärt worden ist, der höhere Teilwert zum Umwandlungsstichtag, abzüglich auf Grund einer Umgründung nach diesem Bundesgesetz von § 10 Abs. 3 erster Satz des Körperschaftsteuergesetzes 1988 ausgenommener Beträge, als Buchwert.

(5) Forderungen und Verbindlichkeiten eines Anteilsinhabers der übertragenden Körperschaft aus Leistungsbeziehungen, die nicht unter Abs. 2 fallen, gelten spätestens mit dem Tag der Anmeldung des Umwandlungsbeschlusses zur Eintragung

in das Firmenbuch im Rahmen der betreffenden Einkunftsart nach § 19 des Einkommensteuergesetzes 1988 als vereinnahmt oder verausgabt.

(6) Mit dem Tag der Anmeldung des Umwandlungsbeschlusses zur Eintragung in das Firmenbuch gilt das Gewinnkapital der übertragenden Körperschaft als offen an die Rechtsnachfolger ausgeschüttet. Gewinnkapital ist der Unterschiedsbetrag zwischen dem Umwandlungskapital im Sinne des § 8 Abs. 5 und den vorhandenen Einlagen im Sinne des § 4 Abs. 12 des Einkommensteuergesetzes 1988 zum Umwandlungsstichtag. Wurde im Zuge von Umgründungen innerhalb von zehn Jahren vor dem Umwandlungsstichtag Vermögen mit negativem Buchwert übernommen, erhöht sich das Gewinnkapital um diesen Betrag, soweit er nicht im Rahmen des § 18 Abs. 2 als ausgeschüttet gilt. Der Tag der Anmeldung des Umwandlungsbeschlusses zur Eintragung in das Firmenbuch gilt als Tag des Zufließens im Sinne des § 95 Abs. 3 Z 1 des Einkommensteuergesetzes 1988.

(BGBl I 2015/118, BGBl I 2015/163)

(7) (aufgehoben)

(8) Mindeststeuern der übertragenden Körperschaft im Sinne des § 24 Abs. 4 des Körperschaftsteuergesetzes 1988, die bis zum Umwandlungsstichtag entstanden und noch nicht verrechnet sind, sind den Rechtsnachfolgern ab dem dem Umwandlungsstichtag folgenden Wirtschaftsjahr in jenem Ausmaß zuzurechnen, das sich aus der Höhe der Beteiligung an der umgewandelten Körperschaft im Zeitpunkt der Eintragung des Umwandlungsbeschlusses in das Firmenbuch ergibt. Dabei sind die Anteile abfindungsberechtigter Anteilsinhaber den Rechtsnachfolgern quotenmäßig zuzurechnen. § 24 Abs. 4 Z 4 des Körperschaftsteuergesetzes 1988 gilt für natürliche Personen als Rechtsnachfolger, wenn der Betrieb nach § 7 Abs. 1 am Ende des Jahres, für das die Anrechnung erfolgen soll, noch vorhanden ist; unabhängig von diesem Betriebserfordernis ist auf die Einkommensteuer, die auf Veräußerungsgewinne gemäß § 24 des Einkommensteuergesetzes 1988 dieses Betriebes entfällt, eine Anrechnung vorzunehmen. § 46 Abs. 2 des Einkommensteuergesetzes 1988 ist nicht anzuwenden.

(9) Entfällt durch die Umwandlung die Befreiung von nach dem Umwandlungsstichtag angefallenen Kapitalerträgen gemäß § 94 Z 2 oder § 94 Z 5 des Einkommensteuergesetzes 1988, gilt Folgendes:

1. Kapitalerträge im Sinne des § 94 Z 2 des Einkommensteuergesetzes 1988 gelten mit dem Tag der Anmeldung des Umwandlungsbeschlusses zur Eintragung in das Firmenbuch als zugeflossen.
2. Bei Kapitalerträgen im Sinne des § 94 Z 5 des Einkommensteuergesetzes 1988 ist eine Widerrufserklärung innerhalb einer Woche nach dem Tag der Anmeldung des Umwandlungsbeschlusses zur Eintragung in das Firmenbuch abzugeben. Die Widerrufserklärung ist auf den dem Umwandlungsstichtag folgenden Tag zu beziehen.

Verlustabzug

§ 10. § 8 Abs. 4 Z 2 des Körperschaftsteuergesetzes 1988 ist nach Maßgabe folgender Bestimmungen anzuwenden:

1. a) Für Verluste der übertragenden Körperschaft ist § 4 Z 1 lit. a, c und d anzuwenden.
   b) Übergehende Verluste sind den Rechtsnachfolgern als Verluste gemäß § 18 Abs. 6 des Einkommensteuergesetzes 1988 oder § 8 Abs. 4 Z 2 des Körperschaftsteuergesetzes 1988 in jenem Ausmaß zuzurechnen, das sich aus der Höhe der Beteiligung an der umgewandelten Körperschaft im Zeitpunkt der Eintragung des Umwandlungsbeschlusses in das Firmenbuch ergibt. Dabei sind die Anteile abfindungsberechtigter Anteilsinhaber den Rechtsnachfolgern quotenmäßig zuzurechnen.
   c) Das Ausmaß der nach lit. b maßgebenden Beteiligungen verringert sich um jene Anteile, die im Wege der Einzelrechtsnachfolge, ausgenommen
      – die Kapitalerhöhung innerhalb des gesetzlichen Bezugsrechtes,
      – Erwerbe von Todes wegen,
      – Erwerbe eines unter § 7 Abs. 3 des Körperschaftsteuergesetzes 1988 fallenden Hauptgesellschafters
         – vor der verschmelzenden Umwandlung oder
         – vor der errichtenden Umwandlung, an der neben dem Hauptgesellschafter nur ein Arbeitsgesellschafter teilnimmt, oder
      – Erwerbe einer Mitunternehmerschaft als Hauptgesellschafter, an der neben einem Arbeitsgesellschafter nur eine unter § 7 Abs. 3 des Körperschaftsteuergesetzes 1988 fallende Körperschaft beteiligt ist,

      erworben worden sind, sofern die Verluste nicht erst in Wirtschaftsjahren entstanden sind, die nach dem Anteilserwerb begonnen haben.
2. § 4 Z 1 lit. b und c ist auch für eigene Verluste einer Körperschaft anzuwenden, die am Nennkapital der umgewandelten Körperschaft am Tage der Eintragung der Umwandlung in das Firmenbuch mindestens zu einem Viertel beteiligt ist.
3. § 4 Z 2 ist auf Verluste der übertragenden und der übernehmenden Körperschaft anzuwenden.

Sonstige Rechtsfolgen der Umwandlung

§ 11. (1) Die übertragende Körperschaft bleibt bis zu ihrem Erlöschen Arbeitgeber im Sinne des

§ 47 des Einkommensteuergesetzes 1988. Dies gilt auch für die Beurteilung von Tätigkeitsvergütungen als solche im Sinne des § 22 Z 2 des Einkommensteuergesetzes 1988.

(2) Die Anteile abfindungsberechtigter Anteilsinhaber gelten am Tag der Eintragung des Umwandlungsbeschlusses in das Firmenbuch als veräußert.

(3) Umwandlungen nach § 7 gelten nicht als steuerbare Umsätze im Sinne des Umsatzsteuergesetzes 1994; die Rechtsnachfolger treten für den Bereich der Umsatzsteuer unmittelbar in die Rechtsstellung der übertragenden Körperschaft ein.

(4) Werden auf Grund einer Umwandlung nach § 7 Erwerbsvorgänge nach § 1 des Grunderwerbsteuergesetzes 1987 verwirklicht, so ist die Grunderwerbsteuer gemäß § 4 in Verbindung mit § 7 des Grunderwerbsteuergesetzes 1987 zu berechnen.

(BGBl I 2015/118, BGBl I 2019/103)

Artikel III
Einbringung

Anwendungsbereich

§ 12. (1) Eine Einbringung im Sinne dieses Bundesgesetzes liegt vor, wenn Vermögen (Abs. 2) auf Grundlage eines schriftlichen Einbringungsvertrages (Sacheinlagevertrages) und einer Einbringungsbilanz (§ 15) nach Maßgabe des § 19 einer übernehmenden Körperschaft (Abs. 3) tatsächlich übertragen wird. Voraussetzung ist, dass das Vermögen am Einbringungsstichtag, jedenfalls aber am Tag des Abschlusses des Einbringungsvertrages, für sich allein einen positiven Verkehrswert besitzt. Der Einbringende hat im Zweifel die Höhe des positiven Verkehrswertes durch ein begründetes Gutachten eines Sachverständigen nachzuweisen.

(2) Zum Vermögen zählen nur

1. Betriebe und Teilbetriebe, die der Einkunftserzielung gemäß § 2 Abs. 3 Z 1 bis 3 des Einkommensteuergesetzes 1988 dienen, wenn sie zu einem Stichtag eingebracht werden, zu dem eine Bilanz (§ 4 Abs. 1 des Einkommensteuergesetzes 1988) für den gesamten Betrieb des Einbringenden vorliegt,
2. Mitunternehmeranteile, das sind Anteile an Gesellschaften, bei denen die Gesellschafter als Mitunternehmer anzusehen sind, wenn sie zu einem Stichtag eingebracht werden, zu dem eine Bilanz (§ 4 Abs. 1 des Einkommensteuergesetzes 1988) der Mitunternehmerschaft vorliegt, an der die Beteiligung besteht,
3. Kapitalanteile, das sind Anteile an inländischen und vergleichbaren ausländischen Kapitalgesellschaften sowie Erwerbs- und Wirtschaftsgenossenschaften, weiters an anderen ausländischen Gesellschaften eines Mitgliedstaates der Europäischen Union, die die in der Anlage zu diesem Bundesgesetz vorgesehenen Voraussetzungen des Artikels 3 der Richtlinie 2009/133/EG in der jeweils geltenden Fassung erfüllen,
   - wenn sie mindestens ein Viertel des gesamten Nennkapitals oder des rechnerischen Wertes der Gesamtanteile umfassen oder
   - wenn die eingebrachten Anteile der übernehmenden Gesellschaft für sich oder gemeinsam mit ihr bereits vor der Einbringung gehörenden Anteilen unmittelbar die Mehrheit der Stimmrechte an der Gesellschaft, deren Anteile eingebracht werden, vermitteln oder erweitern.

   Zum Begriff des Kapitalanteiles zählt bei vertraglicher Einbeziehung auch der am Einbringungsstichtag ausstehende Teil des nachweisbar ausschließlich zur Anschaffung des einzubringenden Anteiles aufgenommenen Fremdkapitals. Verbindlichkeiten in unmittelbarem Zusammenhang mit einer Einlage im Sinne des § 8 Abs. 1 des Körperschaftsteuergesetzes 1988 in die Körperschaft, deren Anteile übertragen werden, zählen jedenfalls zum Begriff des Kapitalanteils, wenn die Einlage innerhalb von zwei Jahren vor dem Einbringungsstichtag erfolgt ist.

(3) Übernehmende Körperschaften können sein:

1. Unbeschränkt steuerpflichtige Kapitalgesellschaften oder Erwerbs- und Wirtschaftsgenossenschaften (§ 1 Abs. 2 des Körperschaftsteuergesetzes 1988).
2. Ausländische Körperschaften, die mit einer inländischen Kapitalgesellschaft oder Erwerbs- und Wirtschaftsgenossenschaft vergleichbar sind, wenn mit dem in Betracht kommenden ausländischen Staat ein Doppelbesteuerungsabkommen besteht sowie andere ausländische Gesellschaften eines Mitgliedstaates der Europäischen Union, die die in der Anlage zu diesem Bundesgesetz vorgesehenen Voraussetzungen des Artikels 3 der Richtlinie 2009/133/EG in der jeweils geltenden Fassung erfüllen.

(4) Auf Einbringungen sind die §§ 13 bis 22 anzuwenden.

Einbringungsstichtag

§ 13. (1) Einbringungsstichtag ist der Tag, zu dem das Vermögen mit steuerlicher Wirkung auf die übernehmende Körperschaft übergehen soll. Der Stichtag kann auch auf einen Zeitpunkt vor Unterfertigung des Einbringungsvertrages rückbezogen werden. In jedem Fall ist innerhalb einer Frist von neun Monaten nach Ablauf des Einbringungsstichtages (§ 108 der Bundesabgabenordnung)

- die Anmeldung der Einbringung im Wege der Sachgründung bzw. einer Kapitalerhöhung zur Eintragung in das Firmenbuch und
- in den übrigen Fällen die Meldung der Einbringung bei dem für die Erhebung der Körperschaftsteuer der übernehmenden Körperschaft zuständigen Finanzamt

vorzunehmen. Erfolgt die Anmeldung oder Meldung nach Ablauf der genannten Frist, gilt als Einbringungsstichtag der Tag des Abschlusses des Einbringungsvertrages, wenn dies innerhalb einer Frist von neun Monaten nach Ablauf des Ersatzstichtages (§ 108 BAO) dem für die Erhebung der Körperschaftsteuer der übernehmenden Körperschaft zuständigen Finanzamt gemeldet wird und die in § 12 Abs. 1 genannten Voraussetzungen auf den Ersatzstichtag vorliegen. Erfolgt die Einbringung in eine im Ausland ansässige übernehmende Körperschaft, für die bis zur Einbringung kein inländisches Finanzamt zuständig ist, tritt an die Stelle der vorgenannten Behörden das für die Erhebung der Einkommen- oder Körperschaftsteuer des Einbringenden zuständige Finanzamt.

(BGBl I 2019/104)

(2) Einbringungsstichtag kann nur ein Tag sein, zu dem das einzubringende Vermögen dem Einbringenden zuzurechnen war. Im Falle der Einbringung durch eine Gesellschaft, bei der die Gesellschafter als Mitunternehmer anzusehen sind, gelten für die Frage der Zurechnung auch die Mitunternehmer als Einbringende. Erfolgt eine Einbringung auf einen Stichtag, zu dem das einzubringende Vermögen dem Einbringenden nicht zuzurechnen war, gilt als Einbringungsstichtag der Tag des Abschlusses des Einbringungsvertrages, wenn dies innerhalb einer Frist von neun Monaten nach Ablauf des Ersatzstichtages (§ 108 BAO) dem für die Erhebung der Körperschaftsteuer der übernehmenden Körperschaft zuständigen Finanzamt gemeldet wird und die in § 12 Abs. 1 genannten Voraussetzungen auf den Ersatzstichtag vorliegen. Die vorstehenden Sätze kommen nicht zur Anwendung, wenn das Vermögen im Erbwege erworben wurde und eine Buchwerteinbringung (§§ 16 und 17) erfolgt.

Der Einbringende

§ 14. (1) Bei der Einbringung von Betrieben und Teilbetrieben endet für das eingebrachte Vermögen das Wirtschaftsjahr des Einbringenden mit dem Einbringungsstichtag. Dabei ist das Betriebsvermögen mit dem Wert anzusetzen, der sich nach den steuerrechtlichen Vorschriften über die Gewinnermittlung ergibt. Das gilt auch für einzubringende Kapitalanteile. Bei einzubringenden internationalen Schachtelbeteiligungen kommt die zeitliche Beschränkung des § 10 Abs. 2 des Körperschaftsteuergesetzes 1988 nicht zur Anwendung.

(2) Die Einkünfte des Einbringenden sind hinsichtlich des einzubringenden Vermögens so zu ermitteln, als ob der Vermögensübergang mit Ablauf des Einbringungsstichtages erfolgt wäre.

Einbringungsbilanz

§ 15. Bei der Einbringung von Betrieben, Teilbetrieben, Mitunternehmeranteilen und zu einem Betriebsvermögen gehörenden Kapitalanteilen ist zum Einbringungsstichtag eine Einbringungsbilanz aufzustellen, in der das einzubringende Vermögen nach Maßgabe des § 16 und das sich daraus ergebende Einbringungskapital darzustellen ist. Die Einbringungsbilanz ist dem für die übernehmende Körperschaft zuständigen Finanzamt vorzulegen. Die Einbringungsbilanz kann entfallen, wenn die steuerlich maßgebenden Werte und das Einbringungskapital im Einbringungsvertrag beschrieben werden.

Bewertung von Betriebsvermögen

§ 16. (1) Der Einbringende hat das in § 15 genannte Vermögen in der Einbringungsbilanz (oder im Einbringungsvertrag) und einzubringende Kapitalanteile im Einbringungsvertrag mit den in § 14 Abs. 1 genannten Werten anzusetzen (Buchwerteinbringung). Soweit im Rahmen der Einbringung in eine inländische oder ausländische Körperschaft das Besteuerungsrecht der Republik Österreich ganz oder teilweise eingeschränkt wird, sind die nach § 6 Z 6 lit. a des Einkommensteuergesetzes 1988 maßgebenden Werte anzusetzen, wobei § 6 Z 6 lit. c bis e des Einkommensteuergesetzes 1988 sinngemäß anzuwenden sind. Dabei sind offene Raten auch dann fällig zu stellen, wenn in weiterer Folge die Gegenleistung durch den Einbringenden veräußert wird oder auf sonstige Art ausscheidet. Bei teilweiser Einschränkung des Besteuerungsrechtes der Republik Österreich ist auf den nach dem zweiten Satz ermittelten Gewinn der besondere Steuersatz gemäß § 27a Abs. 1 Z 2 des Einkommensteuergesetzes 1988 anzuwenden. Dabei sind offene Raten nur dann fällig zu stellen, wenn in weiterer Folge die Gegenleistung durch den Einbringenden veräußert wird oder auf sonstige Art ausscheidet.

(BGBl I 2015/163, BGBl I 2019/103)

(1a) Abweichend von Abs. 1 gilt bei Einbringung von Kapitalanteilen im Sinne des § 12 Abs. 2 Z 3 in eine in einem EU/EWR-Staat ansässige Gesellschaft, wenn dem Einbringenden eine Gegenleistung gewährt wird (Anteilstausch), Folgendes:

– Abs. 1 erster Satz ist anzuwenden.
– Entsteht durch die Einbringung eine internationale Schachtelbeteiligung im Sinne des § 10 Abs. 2 des Körperschaftsteuergesetzes 1988 oder wird ihr Ausmaß durch neue Anteile oder durch Zurechnung zur bestehenden Beteiligung verändert, entsteht eine Steuerschuld hinsichtlich des Unterschiedsbetrages zwischen dem Buchwert und dem nach § 6 Z 14 des Einkommensteuergesetzes 1988 maßgebenden Wert zum Einbringungsstichtag, wenn die Kapitalanteile von der übernehmenden Gesellschaft in weiterer Folge veräußert werden oder sonst aus dem Betriebsvermögen ausscheiden. Dies gilt nicht, soweit die Anteile an der übernehmenden Körperschaft vor dem Entstehen der Abgabenschuld entgeltlich übertragen werden.
– Zwischen dem Einbringungsstichtag und der Veräußerung (Ausscheiden) eingetretene Wertminderungen sind höchstens im Ausmaß des Unterschiedsbetrages zu berücksichtigen,

soweit diese nicht in einem anderen Staat berücksichtigt werden.

(BGBl I 2019/103)

– Bei einer natürlichen Person als Einbringendem sind § 17 Abs. 1 und Abs. 1a sinngemäß anzuwenden.

(BGBl I 2019/103)

(BGBl I 2015/163, BGBl I 2016/117, BGBl I 2019/103)

(2) Ist beim Einbringenden das Besteuerungsrecht der Republik Österreich hinsichtlich der Gegenleistung (§ 19) eingeschränkt, gilt Folgendes:

1. Wird das Besteuerungsrecht im Verhältnis zu anderen Mitgliedstaaten der Europäischen Union oder zu anderen Mitgliedstaaten des Europäischen Wirtschaftsraumes eingeschränkt, sind die Abs. 1, 1a und 3 anzuwenden. Dies gilt auch bei der Einbringung von inländischem Vermögen gemäß § 12 Abs. 2 Z 1 und 2 (Betriebe, Teilbetriebe und Mitunternehmeranteile) durch natürliche Personen, wenn lediglich das Besteuerungsrecht an der Gegenleistung und nicht am Vermögen eingeschränkt wird (teilweise Einschränkung).

   (BGBl I 2015/163, BGBl I 2018/62, BGBl I 2019/103)

2. Wird das Besteuerungsrecht im Verhältnis zu anderen als in Z 1 angeführten Staaten eingeschränkt, sind für das inländische und das ausländische Vermögen die nach § 6 Z 14 des Einkommensteuergesetzes 1988 maßgebenden Werte anzusetzen.

(3) Abweichend von Abs. 1 gilt bei der Einbringung von inländischem und ausländischem Vermögen folgendes:

1. Alle unter Abs. 2 Z 1 fallende Personen können vorbehaltlich des Abs. 4 das inländische und das ausländische Vermögen mit dem nach § 6 Z 14 des Einkommensteuergesetzes 1988 maßgebenden Wert ansetzen, wenn die Einbringung im Ausland zur Gewinnverwirklichung führt und mit dem in Betracht kommenden ausländischen Staat ein Doppelbesteuerungsabkommen besteht, das dafür die Anrechnungsmethode vorsieht oder eine vergleichbare innerstaatliche Maßnahme zur Vermeidung der Doppelbesteuerung getroffen wurde.
2. Alle nicht unter Abs. 2 fallenden Personen können vorbehaltlich des Abs. 4 das ausländische Vermögen mit dem nach § 6 Z 14 des Einkommensteuergesetzes 1988 maßgebenden Wert ansetzen, wenn die Einbringung im Ausland zur Gewinnverwirklichung führt und mit dem in Betracht kommenden ausländischen Staat ein Doppelbesteuerungsabkommen besteht, das dafür die Anrechnungsmethode vorsieht oder eine vergleichbare innerstaatliche Maßnahme zur Vermeidung der Doppelbesteuerung getroffen wurde.
3. Zum ausländischen Vermögen zählen ausländische Betriebe, Teilbetriebe, Anteile an ausländischen Mitunternehmerschaften und Kapitalanteile im Sinne des § 12 Abs. 2 Z 3 an ausländischen Körperschaften, die mit einer inländischen Kapitalgesellschaft oder Erwerbs- und Wirtschaftsgenossenschaft vergleichbar sind. Inländisches Vermögen ist das übrige Vermögen im Sinne des § 12 Abs. 2.

(4) Bringt eine Gesellschaft, bei der die Gesellschafter als Mitunternehmer anzusehen sind, Vermögen ein, gilt folgendes:

1. Der jeweils nach Abs. 1 bis 3 in Betracht kommende Wertansatz ist für alle Mitunternehmer maßgebend.
2. Fallen nicht sämtliche Mitunternehmer unter Abs. 1 oder unter Abs. 2 Z 2, ist abweichend von Z 1 für sämtliche Mitunternehmer Abs. 1 maßgebend. Unabhängig vom Wertansatz in der Einbringungsbilanz ist für die unter Abs. 2 Z 2 fallenden Mitunternehmer und für die im Falle der gemeinsamen Ausübung des Wahlrechtes unter Abs. 3 fallenden Mitunternehmer § 6 Z 14 des Einkommensteuergesetzes 1988 anzuwenden. Die übernehmende Körperschaft hat den Betrag, der sich als Unterschied zwischen dem Buchwertanteil und dem nach § 6 Z 14 des Einkommensteuergesetzes 1988 maßgebenden Wert ergibt, wie einen Firmenwert im Sinne des § 8 Abs. 3 des Einkommensteuergesetzes 1988 zu behandeln und ab dem dem Einbringungsstichtag folgenden Wirtschaftsjahr außerbilanzmäßig abzusetzen.

(5) Abweichend von § 14 Abs. 2 kann bei der Einbringung von Betrieben, Teilbetrieben oder Mitunternehmeranteilen das nach § 14 Abs. 1 anzusetzende Vermögen, sofern die Voraussetzungen des § 12 gewahrt bleiben, in folgender Weise verändert werden:

1. Entnahmen und Einlagen, die in der Zeit zwischen dem Einbringungsstichtag und dem Tag des Abschlusses des Einbringungsvertrages getätigt werden, können an Stelle der Erfassung als Verrechnungsforderung oder verbindlichkeit gegenüber der übernehmenden Körperschaft zurückbezogen werden. Diese Vorgänge gelten als mit Ablauf des Einbringungsstichtages getätigt, wenn sie in der Einbringungsbilanz durch den Ansatz einer Passivpost für Entnahmen oder einer Aktivpost für Einlagen berücksichtigt werden.
2. Neben der in Z 1 genannten Passivpost kann eine weitere Passivpost für vorbehaltene Entnahmen in folgender Weise gebildet werden:
   – Auszugehen ist vom positiven Verkehrswert am Einbringungsstichtag (§ 12 Abs. 1).
   – Sämtliche Veränderungen auf Grund der Inanspruchnahme der Z 1, Z 3 und Z 4 und der nicht nach Z 1 rückbezogenen Entnahmen sind zu berücksichtigen, sofern diese Veränderungen insgesamt

zu einer Verminderung des Verkehrswertes führen.

– Der sich danach ergebende Betrag ist höchstens in Höhe von 50% anzusetzen.

Der sich ergebende Betrag gilt mit Ablauf des Einbringungsstichtages als entnommen.

3. Bis zum Tag des Abschlusses des Einbringungsvertrages können vorhandene Wirtschaftsgüter des Anlagevermögens einschließlich mit ihnen unmittelbar zusammenhängendes Fremdkapital und vorhandene Verbindlichkeiten zurückbehalten werden. Ein unmittelbarer Zusammenhang zwischen Wirtschaftsgütern und Fremdkapital ist jedenfalls nicht mehr gegeben, wenn die Wirtschaftsgüter am Einbringungsstichtag bereits länger als sieben Wirtschaftjahre durchgehend dem Anlagevermögen zuzuordnen waren. Das Zurückbehalten gilt durch die Nichtaufnahme in die Einbringungsbilanz als eine mit Ablauf des Einbringungsstichtages getätigte Entnahme beziehungsweise Einlage, sofern der Vorgang nicht unter Z 4 fällt.
4. Wirtschaftsgüter und mit diesen unmittelbar zusammenhängendes Fremdkapital können im verbleibenden Betrieb des Einbringenden zurückbehalten oder aus demselben zugeführt werden. Diese Vorgänge gelten durch die Nichtaufnahme bzw. Einbeziehung in die Einbringungsbilanz als mit Ablauf des Einbringungsstichtages getätigt. Einbringende unter § 7 Abs. 3 des Körperschaftsteuergesetzes 1988 fallende Körperschaften können Wirtschaftsgüter und mit ihnen unmittelbar zusammenhängendes Fremdkapital auch dann zurückbehalten, wenn ein Betrieb nicht verbleibt. Ein unmittelbarer Zusammenhang ist jedenfalls nicht mehr gegeben, wenn die Wirtschaftsgüter am Einbringungsstichtag bereits länger als sieben Wirtschaftjahre durchgehend dem Betrieb zuzuordnen waren.
5. Gewinnausschüttungen einbringender Körperschaften, Einlagen im Sinne des § 8 Abs. 1 des Körperschaftsteuergesetzes 1988 und die Einlagenrückzahlung im Sinne des § 4 Abs. 12 des Einkommensteuergesetzes 1988 in dem in Z 1 genannten Zeitraum können auf das einzubringende Vermögen bezogen werden.

Bei einem bebauten Grundstück kann der Grund und Boden gemäß Z 3 oder 4 zurückbehalten werden, indem nur das Gebäude im Wege eines Baurechtes im Sinne des Baurechtsgesetzes auf die übernehmende Körperschaft übertragen wird. Dabei gilt die Übertragung des Gebäudes als im Zuge der Einbringung verwirklicht, wenn Baurechtsvertrag und Einbringungsvertrag aufeinander Bezug nehmen und das Gesuch auf Einverleibung des Baurechts im Rückwirkungszeitraum gestellt wird; das Baurecht muss in weiterer Folge tatsächlich eingetragen werden.

(BGBl I 2018/62)

(6) Abweichend von § 14 Abs. 1 kann bei der Einbringung von Vermögen im Sinne des § 12 Abs. 2 Z 1 und 2 der zum Betriebsvermögen gehörende Grund und Boden mit den nach § 6 Z 14 des Einkommensteuergesetzes 1988 maßgebenden Werten angesetzt werden, wenn im Falle einer Veräußerung am Einbringungsstichtag § 30 Abs. 4 des Einkommensteuergesetzes 1988 auf den Grund und Boden ganz oder eingeschränkt anwendbar wäre. Dies ist im Einbringungsvertrag festzuhalten.

Bewertung der nicht zu einem inländischen Betriebsvermögen gehörenden Kapitalanteile

§ 17. (1) Der Einbringende hat Kapitalanteile, die nicht zu einem Betriebsvermögen gehören, mit den nach § 27a Abs. 3 Z 2 des Einkommensteuergesetzes 1988 maßgebenden Anschaffungskosten anzusetzen. Die Bewertungsregeln des § 16 Abs. 1 zweiter Satz, Abs. 2 und 3 sind anzuwenden.

(1a) Eine sich im Zuge eines Anteilstausches aus der Anwendung der Bewertungsregelungen des Abs. 1 oder in Verbindung mit § 16 Abs. 1 zweiter Satz ergebende Steuerschuld ist auf Antrag in der Einkommen- oder Körperschaftsteuererklärung des Einbringenden nicht festzusetzen, wobei § 27 Abs. 6 Z 1 lit. a bis c und § 27a Abs. 3 Z 2 lit. b letzter Satz des Einkommensteuergesetzes 1988 sinngemäß anzuwenden sind. Zu einer Festsetzung kommt es im Fall der tatsächlichen Veräußerung, des sonstigen Ausscheidens oder des steuerneutralen Untergangs der Gegenleistung (§ 19). Als tatsächliche Veräußerung der Gegenleistung gilt auch, wenn die eingebrachten Kapitalanteile von der übernehmenden Gesellschaft veräußert werden oder sonst aus deren Betriebsvermögen ausscheiden und in diesem Zusammenhang ein Wegzug oder eine unentgeltliche Übertragung der Gegenleistung durch den Steuerpflichtigen erfolgt; diesfalls ist § 27 Abs. 6 Z 1 lit. a des Einkommensteuergesetzes 1988 nicht anzuwenden.

(BGBl I 2019/103, BGBl I 2022/108)

(2) Abweichend von Abs. 1 gilt Folgendes:

1. Kapitalanteile, bei denen am Einbringungsstichtag ein Besteuerungsrecht der Republik Österreich im Verhältnis zu anderen Staaten nicht besteht, sind mit dem gemeinen Wert anzusetzen, es sei denn, dass im Einbringungsvertrag der Ansatz der niedrigeren Anschaffungskosten bzw. Buchwerte festgelegt wird.
2. Kapitalanteile, bei denen am Einbringungsstichtag ein Besteuerungsrecht der Republik Österreich auf Grund einer Ausnahme von der unbeschränkten Körperschaftsteuerpflicht nicht besteht, sind mit dem höheren gemeinen Wert anzusetzen.

Die übernehmende Körperschaft

§ 18. (1) Für die übernehmende Körperschaft gilt Folgendes:

1. Sie hat das eingebrachte Vermögen mit den für den Einbringenden nach § 16 maßgebenden Werten anzusetzen. Bei einer teilweisen Ein-

schränkung des Besteuerungsrechtes gemäß § 16 Abs. 1 vierter Satz hat die übernehmende Körperschaft das übernommene Vermögen mit den Buchwerten anzusetzen.

(BGBl I 2015/163)

2. Kapitalanteile, die nicht aus einem Betriebsvermögen eingebracht wurden, sind mit den nach § 17 maßgebenden Werten, höchstens jedoch mit den gemeinen Werten anzusetzen.
3. Soweit das Besteuerungsrecht der Republik Österreich hinsichtlich übernommener Vermögensteile entsteht, gilt Folgendes:
   – Die übernommenen Vermögensteile sind mit dem gemeinen Wert anzusetzen, soweit sich aus § 17 Abs. 2 Z 1 nichts anderes ergibt.
   – Wird Vermögen ganz oder teilweise übernommen, für das die Abgabenschuld bei der übernehmenden Körperschaft oder einer konzernzugehörigen Körperschaft der übernehmenden Körperschaft nicht festgesetzt worden ist oder gemäß § 16 Abs. 1a nicht entstanden ist sind die fortgeschriebenen Buchwerte, höchstens aber die gemeinen Werte anzusetzen. Die spätere Veräußerung oder das sonstige Ausscheiden gilt nicht als rückwirkendes Ereignis im Sinn des § 295a der Bundesabgabenordnung. Weist die übernehmende Körperschaft nach, dass Wertsteigerungen im übrigen EU/EWR-Raum eingetreten sind, sind diese vom Veräußerungserlös oder vom gemeinen Wert im Zeitpunkt des Ausscheidens abzuziehen.

   (BGBl I 2015/163)
4. Sie ist im Rahmen einer Buchwerteinbringung für Zwecke der Gewinnermittlung so zu behandeln, als ob sie Gesamtrechtsnachfolger wäre.
5. § 14 Abs. 2 gilt mit Beginn des dem Einbringungsstichtag folgenden Tages, soweit in Abs. 3 und in § 16 Abs. 5 keine Ausnahmen vorgesehen sind.

(2) Für nach § 16 Abs. 5 Z 1 und 2 gebildete Passivposten gilt Folgendes:

1. Soweit sich auf Grund sämtlicher Veränderungen im Sinne des § 16 Abs. 5 ein negativer Buchwert des einzubringenden Vermögens ergibt oder sich ein solcher erhöht, gelten die als rückwirkende Entnahmen zu behandelnden Beträge der Passivposten im Ausmaß des negativen Buchwertes mit dem Tag der nach § 13 Abs. 1 maßgebenden Anmeldung oder Meldung der Einbringung als an den Einbringenden ausgeschüttet. Der als ausgeschüttet geltende Betrag ist in der Anmeldung gemäß § 96 Abs. 3 des Einkommensteuergesetzes 1988 anzugeben. Abweichend von § 96 Abs. 1 des Einkommensteuergesetzes 1988 ist die Kapitalertragsteuer
   – bei Entnahmen gemäß § 16 Abs. 5 Z 1 binnen einer Woche nach dem Tag der nach § 13 Abs. 1 maßgebenden Anmeldung oder Meldung der Einbringung und
   – bei Entnahmen gemäß § 16 Abs. 5 Z 2 binnen einer Woche
     – nach einer Tilgung oder
     – nach dem Beschluss auf Auflösung oder
     – nach dem Beschluss auf Verschmelzung, Umwandlung oder Aufspaltung oder
     – nach Zuwendung der Beteiligung an eine Privatstiftung

   abzuführen. Die Ausschüttungsfiktion nach dem ersten Satz entfällt, soweit Anteile an der übernehmenden Körperschaft vor den im Vorsatz genannten Maßnahmen entgeltlich übertragen worden sind.
2. Ein nicht als rückwirkende Entnahme geltender Betrag der Passivpost ist als versteuerte Rücklage zu behandeln.

(3) Abweichend von Abs. 1 Z 5 sind Rechtsbeziehungen des Einbringenden zur übernehmenden Körperschaft im Zusammenhang mit der Beschäftigung, der Kreditgewährung und der Nutzungsüberlassung, soweit sie sich auf das eingebrachte Vermögen beziehen, ab Vertragsabschluß, frühestens jedoch für Zeiträume steuerwirksam, die nach dem Abschluß des Einbringungsvertrages beginnen. Dies gilt im Falle der Einbringung durch eine Gesellschaft, bei der die Gesellschafter als Mitunternehmer anzusehen sind, auch für die Mitunternehmer. Ausgenommen von den vorangehenden Sätzen sind Entgelte, die sich auf eine Rechtsbeziehung auf Grund einer Maßnahme nach § 16 Abs. 5 Z 2 bis 4 beziehen, wenn die Entgeltvereinbarung am Tage des Abschlusses des Einbringungsvertrages (Sacheinlagevertrages) getroffen wird.

(4) Für internationale Schachtelbeteiligungen im Sinne des § 10 Abs. 2 des Körperschaftsteuergesetzes 1988 gilt folgendes:

1. Entsteht durch die Einbringung bei der übernehmenden Körperschaft eine internationale Schachtelbeteiligung oder wird ihr Ausmaß erweitert, ist hinsichtlich der bisher nicht steuerbegünstigten Beteiligungsquoten auf den Unterschiedsbetrag zwischen den Buchwerten und den höheren Teilwerten § 10 Abs. 3 erster Satz des Körperschaftsteuergesetzes 1988 nicht anzuwenden.
2. Geht durch die Einbringung die Eigenschaft einer Beteiligung als internationale Schachtelbeteiligung unter, gilt, soweit für sie keine Option zugunsten der Steuerwirksamkeit erklärt worden ist, der höhere Teilwert zum Einbringungsstichtag, abzüglich von auf Grund einer Umgründung nach diesem Bundesgesetz von § 10 Abs. 3 erster Satz des Körperschaftsteuergesetzes 1988 ausgenommener Beträge, als Buchwert.

(5) Für zum Buchwert übernommene Grundstücke im Sinne des § 30 Abs. 1 des Einkommensteuergesetzes 1988 gilt Folgendes:

1. Der Teilwert von Grund und Boden ist in Evidenz zu nehmen, wenn beim Rechtsvorgänger im Falle einer Veräußerung am Einbringungsstichtag § 30 Abs. 4 des Einkommensteuergesetzes 1988 auf den gesamten Grund und Boden anwendbar wäre. Bei späterer Veräußerung des Grund und Bodens ist wie folgt vorzugehen:
   – Für Wertveränderungen bis zum Einbringungsstichtag kann § 30 Abs. 4 des Einkommensteuergesetzes 1988 angewendet werden, wobei an Stelle des Veräußerungserlöses der in Evidenz genommene Teilwert tritt.
   – Für Wertveränderungen nach dem Einbringungsstichtag tritt der in Evidenz genommene Teilwert an die Stelle des Buchwerts.

   (BGBl I 2015/118)
2. § 30 Abs. 4 des Einkommensteuergesetzes 1988 kann bei der übernehmenden Körperschaft insoweit angewendet werden, als beim Rechtsvorgänger im Falle einer Veräußerung am Einbringungsstichtag § 30 Abs. 4 des Einkommensteuergesetzes 1988 aufgrund eines Wechsels der Gewinnermittlungsart oder einer Einlage (§ 4 Abs. 3a Z 3 lit. c oder Z 4 des Einkommensteuergesetzes 1988) nur eingeschränkt anwendbar wäre.

(6) Auf Buchgewinne und Buchverluste ist § 3 Abs. 2 und 3 anzuwenden.

Die Gegenleistung

§ 19. (1) Die Einbringung muß ausschließlich gegen Gewährung von neuen Anteilen an der übernehmenden Körperschaft erfolgen.

(2) Die Gewährung von neuen Anteilen kann unterbleiben,

1. soweit die übernehmende Körperschaft den Einbringenden mit eigenen Anteilen abfindet,
2. soweit die Anteilsinhaber der übernehmenden Körperschaft den Einbringenden mit bestehenden Anteilen an dieser abfinden,
3. soweit die übernehmende Körperschaft zum Zweck der Rundung auf volle Beteiligungsprozentsätze bare Zuzahlungen leistet, sofern diese 10% des Gesamtnennbetrages der neuen Anteile nicht übersteigen,
4. soweit die übernehmende Körperschaft Anteile an der einbringenden Mitunternehmerschaft aufgibt,
5. wenn der Einbringende unmittelbar oder mittelbar Alleingesellschafter der übernehmenden Körperschaft ist oder wenn die unmittelbaren oder mittelbaren Beteiligungsverhältnisse an der einbringenden und der übernehmenden Körperschaft übereinstimmen; im Falle der Einbringung eines Kapitalanteiles (§ 12 Abs. 2 Z 3) in eine ausländische übernehmende Körperschaft (§ 12 Abs. 3 Z 2) gilt dies nur, wenn die Einbringung ausschließlich bei inländischen Anteilen an der übernehmenden Körperschaft eine Zu- oder Abschreibung auslöst.

(3) Die in Abs. 1 und 2 genannten Anteile und Zuzahlungen müssen dem Einbringenden gewährt werden.

Die Anteile an der übernehmenden Körperschaft

§ 20. (1) Neue Anteile gelten mit dem Beginn des dem Einbringungsstichtag folgenden Tages als angeschafft. Soweit eine Kapitalerhöhung nach § 19 nicht erfolgt, gilt die Gegenleistung mit Beginn des dem Einbringungsstichtag folgenden Tages als bewirkt.

(2) Für die Bewertung der Anteile und der sonstigen Gegenleistung im Sinne des Abs. 1 gilt Folgendes:

1. Im Falle der Gewährung von Anteilen im Sinne des § 19 Abs. 1 und Abs. 2 Z 1 und 2 gilt der nach den §§ 16 und 17 maßgebende Wert der Sacheinlage als deren Anschaffungskosten.
2. Kommt die Abfindung im Sinne des § 19 Abs. 2 Z 1 ausländischen Einbringenden zu, ist § 6 Z 6 des Einkommensteuergesetzes 1988 sinngemäß anzuwenden.
3. Zuzahlungen im Sinne des § 19 Abs. 2 Z 3 kürzen beim Empfänger die Anschaffungskosten oder Buchwerte.
4. Ausschüttungen im Sinne des § 18 Abs. 2 Z 1 erhöhen ab Eintritt der Fälligkeit die Anschaffungskosten oder Buchwerte.
5. Kommt es in Fällen des § 16 Abs. 1 oder Abs. 2 Z 1 in der Fassung des Bundesgesetzes vor BGBl. I Nr. 163/2015 oder des § 17 Abs. 1a zur Festsetzung der Steuerschuld, erhöhen sich rückwirkend mit Beginn des dem Einbringungsstichtag folgenden Tages die Anschaffungskosten oder Buchwerte entsprechend.

   (BGBl I 2015/163, BGBl I 2019/103)

(3) Im Falle des § 19 Abs. 2 Z 2 sind bei den abtretenden Gesellschaftern die Anschaffungskosten oder der Buchwert der bisherigen Anteile weiterhin maßgebend. Bei von den Beteiligungsverhältnissen abweichenden Wertverhältnissen ist § 6 Abs. 2 anzuwenden.

(4) Bei Vorliegen der Voraussetzung des § 19 Abs. 2 Z 5 gilt folgendes:

1. Der nach den §§ 16 und 17 maßgebende Wert der Sacheinlage ist dem steuerlich maßgebenden Wert der bisherigen Anteile des Einbringenden an der übernehmenden Körperschaft zuzuschreiben oder von ihm abzuschreiben. Gehören die Anteile an der übernehmenden Körperschaft nicht zum Betriebsvermögen des Einbringenden, bleibt ein Buchgewinn oder Buchverlust bei der Gewinnermittlung

außer Ansatz. Abs. 2 Z 4 und Z 5 ist anzuwenden.

(BGBl I 2019/103)

2. Besitzt die übernehmende Körperschaft alle Anteile an der einbringenden Körperschaft, ist § 3 Abs. 2 mit der Maßgabe anzuwenden, daß bei der Ermittlung des Buchgewinnes oder Buchverlustes der steuerlich maßgebende Buchwert der Anteile an der übertragenden Körperschaft in dem Verhältnis zu vermindern ist, in dem sich der Wert der übertragenden Körperschaft durch die Einbringung vermindert hat. § 3 Abs. 3 ist anzuwenden. Der bei der einbringenden Körperschaft entstehende Buchverlust oder Buchgewinn bleibt bei der Gewinnermittlung außer Ansatz.
3. Unterbleibt die Gewährung von Anteilen, weil die Anteile an der einbringenden und der übernehmenden Körperschaft in einer Hand vereinigt sind, sind die steuerlich maßgebenden Anschaffungskosten oder Buchwerte der Anteile an der übertragenden Körperschaft in dem Ausmaß zu vermindern und im gleichen Ausmaß bei den Anteilen an der übernehmenden Körperschaft zuzuschreiben, in dem sich die Werte der Anteile durch die Einbringung verschieben. Der bei der einbringenden Körperschaft entstehende Buchgewinn oder Buchverlust bleibt bei der Gewinnermittlung außer Ansatz.

(5) (aufgehoben)

(6) Wird ein Kapitalanteil eingebracht, bei dem die Möglichkeit der Besteuerung der stillen Reserven nach den Regelungen des Einkommensteuergesetzes 1988 am Tag des Abschlusses des Einbringungsvertrages nicht gegeben ist, sind § 5 Abs. 1 und 2 sinngemäß anzuwenden.

(7) Für internationale Schachtelbeteiligungen im Sinne des § 10 Abs. 2 des Körperschaftsteuergesetzes 1988 gilt folgendes:

1. Entsteht durch eine Einbringung eine internationale Schachtelbeteiligung oder wird ihr Ausmaß durch neue Anteile oder durch Zurechnung zur bestehenden Beteiligung verändert, ist hinsichtlich der bisher nicht steuerbegünstigten Beteiligungsquoten auf den Unterschiedsbetrag zwischen den Buchwerten und den höheren Teilwerten § 10 Abs. 3 erster Satz des Körperschaftsteuergesetzes 1988 nicht anzuwenden. Dies gilt nicht im Falle des Entstehens der Steuerschuld nach § 16 Abs. 1a oder § 16 Abs. 2 auf Grund der Einbringung von Kapitalanteilen im Sinne des § 12 Abs. 2 Z 3.

   (BGBl I 2015/163)
2. Geht durch eine Einbringung die Eigenschaft einer Beteiligung als internationale Schachtelbeteiligung unter, gilt, soweit für sie keine Option zugunsten der Steuerwirksamkeit erklärt worden ist, der höhere Teilwert zum Einbringungsstichtag, abzüglich auf Grund einer Umgründung nach diesem Bundesgesetz von § 10 Abs. 3 erster Satz des Körperschaftsteuergesetzes 1988 ausgenommener Beträge, als Buchwert.

(8) Kommt es auf Grund der Einbringung zum Wechsel der Gewinnermittlungsart, ist das sich nach den vorstehenden Absätzen ergebende Ausmaß der Anschaffungskosten oder des Buchwertes der Anteile um jene Beträge zu erhöhen oder zu vermindern, die sich auf Grund von Änderungen des Betriebsvermögens nach § 4 Abs. 10 des Einkommensteuergesetzes 1988 ergeben.

Verlustabzug

§ 21. § 18 Abs. 6 und 7 des Einkommensteuergesetzes 1988 und § 8 Abs. 4 Z 2 des Körperschaftsteuergesetzes 1988 sind nach Maßgabe der folgenden Bestimmungen anzuwenden:

1. Verluste des Einbringenden, die bis zum Einbringungsstichtag entstanden und bis zum Veranlagungszeitraum, in den der Einbringungsstichtag fällt, nicht verrechnet sind, gelten im Rahmen einer Buchwerteinbringung (§ 16 Abs. 1) ab dem dem Einbringungsstichtag folgenden Veranlagungszeitraum der übernehmenden Körperschaft insoweit als abzugsfähige Verluste dieser Körperschaft, als sie dem übertragenen Vermögen im Sinne des § 12 Abs. 2 zugerechnet werden können. Voraussetzung ist weiters, daß das übertragene Vermögen am Einbringungsstichtag tatsächlich vorhanden ist. § 4 Z 1 lit. c und d ist anzuwenden. Im Falle der Einbringung durch eine Gesellschaft, bei der die Gesellschafter als Mitunternehmer anzusehen sind, gelten auch die Mitunternehmer als Einbringende.
2. Für eigene Verluste der übernehmenden Körperschaft ist § 4 Z 1 lit. b, c und d anzuwenden.
3. Die Bestimmung des § 4 Z 2 über den Mantelkauf ist zu beachten.

Dies gilt auch für Verluste gemäß § 23a des Einkommensteuergesetzes 1988, wobei die übernehmende Körperschaft für diese § 23a des Einkommensteuergesetzes 1988 sinngemäß weiter anzuwenden hat.

(BGBl I 2015/163)

Sonstige Rechtsfolgen der Einbringung

§ 22. (1) Weichen die Beteiligungsverhältnisse nach der Einbringung von den Wertverhältnissen ab, ist § 6 Abs. 2 mit der Maßgabe anzuwenden, dass der Unterschiedsbetrag mit Beginn des dem Einbringungsstichtag folgenden Tages als unentgeltlich zugewendet gilt.

(2) Entsteht auf Grund der Einbringung von Vermögen im Sinne des § 12 Abs. 2 durch einen Arbeitnehmer einer Körperschaft in diese als Gegenleistung eine wesentliche Beteiligung im Sinne des § 22 Z 2 des Einkommensteuergesetzes 1988, bleiben die Bezüge und Vorteile aus dem Dienstverhältnis abweichend von § 14 Abs. 2 bis zur Eintragung der Einbringung in das Firmenbuch, andernfalls bis zum Tag der Meldung im Sinne

des § 13 Einkünfte aus nichtselbständiger Arbeit, soweit sie sich auf diese Zeit beziehen.

(3) Einbringungen nach § 12 gelten nicht als steuerbare Umsätze im Sinne des Umsatzsteuergesetzes 1994; die übernehmende Körperschaft tritt für den Bereich der Umsatzsteuer unmittelbar in die Rechtsstellung des Einbringenden ein.

(4) Einbringungen nach § 12 und dafür gewährte Gegenleistungen nach § 19 sind von den Gebühren nach § 33 TP 21 des Gebührengesetzes 1957 befreit, wenn das zu übertragende Vermögen am Tag des Abschlusses des Einbringungsvertrages länger als zwei Jahre als Vermögen des Einbringenden besteht.

(BGBl I 2019/103)

(5) Werden auf Grund einer Einbringung nach § 12 Erwerbsvorgänge nach § 1 des Grunderwerbsteuergesetzes 1987 verwirklicht, so ist die Grunderwerbsteuer gemäß § 4 in Verbindung mit § 7 des Grunderwerbsteuergesetzes 1987 zu berechnen.

(BGBl I 2015/118)

Artikel IV
Zusammenschluß

Anwendungsbereich

§ 23. (1) Ein Zusammenschluss im Sinne dieses Bundesgesetzes liegt vor, wenn Vermögen (Abs. 2) ausschließlich gegen Gewährung von Gesellschafterrechten auf Grundlage eines schriftlichen Zusammenschlussvertrages (Gesellschaftsvertrages) und einer Zusammenschlussbilanz einer Personengesellschaft tatsächlich übertragen wird. Voraussetzung ist, dass das übertragene Vermögen am Zusammenschlussstichtag, jedenfalls aber am Tag des Abschlusses des Zusammenschlussvertrages, für sich allein einen positiven Verkehrswert besitzt. Der Übertragende hat im Zweifel die Höhe des positiven Verkehrswertes durch ein begründetes Gutachten eines Sachverständigen nachzuweisen.

(2) Zum Vermögen zählen nur Betriebe, Teilbetriebe und Mitunternehmeranteile im Sinne des § 12 Abs. 2.

(3) Personengesellschaften sind Gesellschaften, bei denen die Gesellschafter als Unternehmer (Mitunternehmer) anzusehen sind.

(4) Auf Zusammenschlüsse sind die §§ 24 bis 26 anzuwenden.

Übertragungsvorgang

§ 24. (1) Für den Übertragenden gilt Folgendes:

1. Hinsichtlich des Zusammenschlußstichtages, der Behandlung des Übertragenden und der zum Zwecke der Darstellung des Vermögens erstellten Zusammenschlußbilanz sind die §§ 13 bis 15 sowie § 16 Abs. 1 und 5 anzuwenden.
2. § 13 Abs. 1 ist mit der Maßgabe anzuwenden, daß sich die Firmenbuchzuständigkeit auf die Sachgründung einer einzutragenden Personengesellschaft und auf den Eintritt neuer Gesellschafter in eingetragene Personengesellschaften bezieht und die Meldung bei dem für die Feststellung der Einkünfte der Personengesellschaft zuständigen Finanzamt zu erfolgen hat.
3. Soweit im Rahmen des Zusammenschlusses das Besteuerungsrecht der Republik Österreich hinsichtlich des Vermögens eingeschränkt wird, sind die nach § 6 Z 6 lit. a des Einkommensteuergesetzes 1988 maßgebenden Werte anzusetzen, wobei § 6 Z 6 lit. c bis e des Einkommensteuergesetzes 1988 sinngemäß anzuwenden sind.

   (BGBl I 2015/163)
4. Für den Fall der Übertragung von ausländischen Betrieben, Teilbetrieben und Anteilen an ausländischen Mitunternehmerschaften in Personengesellschaften ist § 16 Abs. 3 mit der Maßgabe anzuwenden, dass an die Stelle des gemeinen Wertes die höheren Teilwerte einschließlich selbstgeschaffener unkörperlicher Wirtschaftsgüter treten.

(2) Die Buchwertfortführung ist in Anwendung des § 16 Abs. 1 nur zulässig, wenn für die weitere Gewinnermittlung Vorsorge getroffen wird, daß es bei den am Zusammenschluß beteiligten Steuerpflichtigen durch den Vorgang der Übertragung zu keiner endgültigen Verschiebung der Steuerbelastung kommt. Ist nach dem vorstehenden Satz keine Buchwertfortführung zulässig, ist der Teilwert der Wirtschaftsgüter einschließlich selbstgeschaffener unkörperlicher Wirtschaftsgüter anzusetzen.

(3) Grund und Boden, auf den im Falle einer Veräußerung am Zusammenschlussstichtag § 30 Abs. 4 des Einkommensteuergesetzes 1988 ganz oder eingeschränkt anwendbar wäre, kann zur Gänze mit den nach § 6 Z 14 des Einkommensteuergesetzes 1988 maßgebenden Werten angesetzt werden. Dies ist im Zusammenschlussvertrag festzuhalten. Dies gilt auch für nicht zum Betriebsvermögen gehörenden Grund und Boden.

Die übernehmende Personengesellschaft

§ 25. (1) Für die übernehmende Personengesellschaft gilt Folgendes:

1. Sie hat das übernommene Vermögen mit jenen Werten anzusetzen, die sich beim Übertragenden unter Anwendung des § 16 bei Beachtung des § 24 Abs. 2 ergeben.
2. Soweit das Besteuerungsrecht der Republik Österreich hinsichtlich übernommener Vermögensteile entsteht, gilt Folgendes:
   – Sie sind mit dem höheren Teilwert anzusetzen.
   – Werden Vermögensteile übernommen, für die die Abgabenschuld nicht festgesetzt worden ist, sind die ursprünglichen Anschaffungskosten oder fortgeschriebenen Buchwerte, höchstens aber die gemeinen Werte anzusetzen. Die spätere Veräußerung oder das sonstige Ausscheiden gilt nicht als rückwirkendes Ereignis im Sinn des § 295a der Bun-

desabgabenordnung. Weist die übernehmende Personengesellschaft nach, dass Wertsteigerungen im übrigen EU/EWR-Raum eingetreten sind, sind diese vom Veräußerungserlös abzuziehen.

(BGBl I 2015/163)

3. Sie ist im Rahmen einer Buchwertübertragung für Zwecke der Gewinnermittlung so zu behandeln, als ob sie Gesamtrechtsnachfolger wäre.

(2) § 14 Abs. 2 gilt für die übernehmende Personengesellschaft mit Beginn des dem Zusammenschlussstichtag folgenden Tages, soweit in § 16 Abs. 5 und § 26 Abs. 2 keine Ausnahmen vorgesehen sind.

(3) Für internationale Schachtelbeteiligungen im Sinne des § 10 Abs. 2 des Körperschaftsteuergesetzes 1988 gilt Folgendes:

1. Entsteht durch den Zusammenschluss eine internationale Schachtelbeteiligung oder wird ihr Ausmaß erweitert, ist hinsichtlich der bisher nicht steuerbegünstigten Beteiligungsquoten auf den Unterschiedsbetrag zwischen den Buchwerten und den höheren Teilwerten § 10 Abs. 3 erster Satz des Körperschaftsteuergesetzes 1988 nicht anzuwenden.
2. Geht durch den Zusammenschluss die Eigenschaft einer Beteiligung als internationale Schachtelbeteiligung unter, gilt, soweit für sie keine Option zugunsten der Steuerwirksamkeit erklärt worden ist, der höhere Teilwert zum Zusammenschlussstichtag, abzüglich auf Grund einer Umgründung nach diesem Bundesgesetz von § 10 Abs. 3 erster Satz des Körperschaftsteuergesetzes 1988 ausgenommener Beträge, als Buchwert.

(4) § 9 Abs. 9 ist sinngemäß anzuwenden.

(5) Für zum Buchwert übernommene Grundstücke im Sinne des § 30 Abs. 1 des Einkommensteuergesetzes 1988 gilt Folgendes:

1. Der Teilwert von Grund und Boden ist in Evidenz zu nehmen, wenn im Falle einer Veräußerung am Zusammenschlussstichtag § 30 Abs. 4 des Einkommensteuergesetzes 1988 beim Übertragenden auf den gesamten Grund und Boden anwendbar wäre. Bei späterer Veräußerung des Grund und Bodens ist wie folgt vorzugehen:
   – Für Wertveränderungen bis zum Zusammenschlussstichtag kann § 30 Abs. 4 des Einkommensteuergesetzes 1988 beim Übertragenden angewendet werden, wobei an Stelle des Veräußerungserlöses der in Evidenz genommene Teilwert tritt.
   – Für Wertveränderungen nach dem Zusammenschlussstichtag kann § 30 Abs. 4 des Einkommensteuergesetzes 1988 beim Übertragenden insoweit angewendet werden, als diesem der Grund und Boden weiterhin zuzurechnen ist. Darüber hinaus ist § 30 Abs. 4 des Einkommensteuergesetzes 1988 nicht anwendbar.

   (BGBl I 2015/118)
2. § 30 Abs. 4 des Einkommensteuergesetzes 1988 kann insoweit beim Übertragenden angewendet werden, als bei diesem im Falle einer Veräußerung am Zusammenschlussstichtag § 30 Abs. 4 des Einkommensteuergesetzes 1988 aufgrund eines Wechsels der Gewinnermittlungsart oder einer Einlage (§ 4 Abs. 3a Z 3 lit. c oder Z 4 des Einkommensteuergesetzes 1988) nur eingeschränkt anwendbar wäre.

Dies gilt sinngemäß für nicht zum Betriebsvermögen gehörende Grundstücke, soweit auf diese § 6 Z 5 des Einkommensteuergesetzes 1988 angewendet wird.

Sonstige Rechtsfolgen des Zusammenschlusses

§ 26. (1) Es sind anzuwenden:

1. § 6 Abs. 2 hinsichtlich einer im Zuge der Übertragung auftretenden Verschiebung der Beteiligungsverhältnisse mit der Maßgabe, dass der Unterschiedsbetrag mit Beginn des dem Zusammenschlussstichtag folgenden Tages als unentgeltlich zugewendet gilt.
2. § 22 Abs. 3 hinsichtlich der Umsatzsteuer.

(2) Nimmt ein Arbeitnehmer des zu übertragenden Betriebes am Zusammenschluß teil, bleiben die Bezüge und Vorteile aus diesem Dienstverhältnis abweichend von § 14 Abs. 2 bis zur Eintragung des Zusammenschlusses in das Firmenbuch, andernfalls bis zum Tag der Meldung im Sinne des § 24 Abs. 1 Einkünfte aus nichtselbständiger Arbeit, soweit sie sich auf diese Zeit beziehen.

(3) Zusammenschlüsse nach § 23 sind hinsichtlich des übertragenen Vermögens (§ 23 Abs. 2) von den Gebühren nach § 33 TP 21 des Gebührengesetzes 1957 befreit, wenn das zu übertragene Vermögen am Tag des Abschlusses des Zusammenschlußvertrages länger als zwei Jahre als Vermögen des Übertragenden besteht.

(BGBl I 2019/103)

(4) Werden auf Grund eines Zusammenschlusses nach § 23 Erwerbsvorgänge nach § 1 des Grunderwerbsteuergesetzes 1987 verwirklicht, so ist die Grunderwerbsteuer gemäß § 4 in Verbindung mit § 7 des Grunderwerbsteuergesetzes 1987 zu berechnen.

(BGBl I 2015/118)

Artikel V
Realteilung

Anwendungsbereich

§ 27. (1) Eine Realteilung im Sinne dieses Bundesgesetzes liegt vor, wenn Vermögen (Abs. 2 oder 3) von Personengesellschaften auf Grundlage eines schriftlichen Teilungsvertrages (Gesellschaftsvertrages) und einer Teilungsbilanz zum Ausgleich untergehender Gesellschafterrechte ohne oder ohne wesentliche Ausgleichszahlung (§ 29 Abs. 2) tatsächlich auf Nachfolgeunternehmer übertragen wird, denen das Vermögen zur Gänze oder teilweise zuzurechnen war. Voraussetzung ist, dass das übertragene Vermögen am Teilungsstichtag, jedenfalls aber am Tag des Abschlusses des Teilungsvertrages, für sich allein einen positiven Verkehrswert besitzt. Die Personengesellschaft hat im Zweifel die Höhe des positiven Verkehrswertes durch ein begründetes Gutachten eines Sachverständigen nachzuweisen. Besteht die Personengesellschaft weiter, muss ihr aus der Realteilung Vermögen (Abs. 2 oder 3) verbleiben.

(2) Zum Vermögen zählen nur Betriebe, Teilbetriebe und Mitunternehmeranteile im Sinne des § 12 Abs. 2.

(3) Abweichend von Abs. 2 gilt folgendes:

1. Liegen bei einem Forstbetrieb keine Teilbetriebe im Sinne des § 12 Abs. 2 Z 1 vor, gilt als Teilbetrieb die Übertragung von Flächen, für die ein gesetzlicher Realteilungsanspruch besteht und die vom Nachfolgeunternehmer für sich als Forstbetrieb geführt werden können.
2. Liegen bei einem Betrieb, dessen wesentliche Grundlage der Klienten- oder Kundenstock ist, keine Teilbetriebe im Sinne des § 12 Abs. 2 Z 1 vor, gilt als Teilbetrieb die Übertragung jenes Teiles des Klienten- oder Kundenstocks, der vom Nachfolgeunternehmer bereits vor der Realteilung dauerhaft betreut worden ist und für sich als Betrieb geführt werden kann.

(4) Personengesellschaften sind solche, bei denen die Gesellschafter als Unternehmer (Mitunternehmer) anzusehen sind.

(5) Auf Realteilungen sind die §§ 28 bis 31 anzuwenden.

Teilungsvorgang

§ 28. Hinsichtlich des Teilungsstichtages, der Behandlung der zu teilenden Personengesellschaft und der zum Zweck der Darstellung des Vermögens erstellten Teilungsbilanz sind die §§ 13 bis 15 anzuwenden. § 13 Abs. 1 ist mit der Maßgabe anzuwenden, daß sich die Firmenbuchzuständigkeit auf die teilungsbedingte Löschung einer eingetragenen Personengesellschaft und das teilungsbedingte Ausscheiden eines Gesellschafters aus einer solchen bezieht und die Meldung bei dem für die Feststellung der Einkünfte der zu teilenden Personengesellschaft zuständigen Finanzamt zu erfolgen hat.

Bewertung des Betriebsvermögens in der Teilungsbilanz

§ 29. (1) Für der Bewertung des Betriebsvermögens in der Teilungsbilanz gilt Folgendes:

1. Es sind § 14 Abs. 1 und § 16 Abs. 5 anzuwenden.
2. Die Teilung zu Buchwerten (Buchwertteilung) ist nur zulässig, wenn für die weitere Gewinnermittlung Vorsorge getroffen wird, daß es bei den an der Teilung beteiligten Steuerpflichtigen durch den Vorgang der Teilung zu keiner endgültigen Verschiebung der Steuerbelastung kommt. Die dafür bei den Nachfolgeunternehmern eingestellten Ausgleichsposten sind ab dem dem Teilungsstichtag folgenden Wirtschaftsjahr gleichmäßig verteilt auf fünfzehn Wirtschaftsjahre abzusetzen oder aufzulösen. § 24 Abs. 2 letzter Satz ist anzuwenden.

2a. Für Wirtschaftsgüter, auf deren Erträge bzw. Wertsteigerungen ein besonderer Steuersatz gemäß § 27a Abs. 1 oder der besondere Steuersatz gemäß § 30a Abs. 1 des Einkommensteuergesetzes 1988 anwendbar ist, sind gesonderte Ausgleichsposten im Sinne der Z 2 zu bilden. Diese sind zum jeweiligen besonderen Steuersatz gemäß § 27a Abs. 1 oder § 30a Abs. 1 des Einkommensteuergesetzes 1988 aufzulösen oder jeweils unter sinngemäßer Anwendung von § 6 Z 2 lit. c oder d des Einkommensteuergesetzes 1988 abzusetzen. Abweichend davon kann, wenn am Teilungsstichtag § 30 Abs. 4 des Einkommensteuergesetzes 1988 ganz oder eingeschränkt anwendbar wäre, Grund und Boden zur Gänze mit den nach § 6 Z 14 des Einkommensteuergesetzes 1988 maßgebenden Werten angesetzt werden. Dies ist im Teilungsvertrag festzuhalten.

(BGBl I 2015/118)

3. Soweit im Rahmen der Realteilung auf einen ausländischen Nachfolgeunternehmer das Besteuerungsrecht der Republik Österreich hinsichtlich des Vermögens eingeschränkt wird, sind die nach § 6 Z 6 lit. a des Einkommensteuergesetzes 1988 maßgebenden Werte anzusetzen, wobei § 6 Z 6 lit. c bis e des Einkommensteuergesetzes 1988 sinngemäß anzuwenden sind.

(BGBl I 2015/163)

4. Für den Fall der Übertragung von ausländischen Betrieben, Teilbetrieben und Anteilen an ausländischen Mitunternehmerschaften in Personengesellschaften ist § 16 Abs. 3 mit der Maßgabe anzuwenden, dass an die Stelle des gemeinen Wertes die höheren Teilwerte einschließlich selbstgeschaffener unkörperlicher Wirtschaftsgüter treten.

(2) Sind im Hinblick auf die Wertverhältnisse des übertragenen Vermögens Ausgleichszahlungen erforderlich, dürfen sie ein Drittel des Wertes des empfangenen Vermögens des Zahlungsempfängers nicht übersteigen.

Der Nachfolgeunternehmer

§ 30. (1) Für den Nachfolgeunternehmer gilt Folgendes:

1. Er hat das übertragene Vermögen mit jenen Werten anzusetzen, die sich bei der geteilten Personengesellschaft bei Anwendung des § 16 unter Beachtung des § 29 ergeben haben.

2. Soweit das Besteuerungsrecht der Republik Österreich hinsichtlich übernommener Vermögensteile entsteht, gilt Folgendes:
   – Sie sind mit dem höheren Teilwert anzusetzen.
   – Werden Vermögensteile übernommen, für die bei dem übernehmenden Nachfolgeunternehmer die Abgabenschuld nicht festgesetzt worden ist oder gemäß § 16 Abs. 1a nicht entstanden ist, sind beim übernehmenden Nachfolgeunternehmer die fortgeschriebenen Buchwerte oder die ursprünglichen Anschaffungskosten, höchstens aber die gemeinen Werte anzusetzen. Die spätere Veräußerung oder das sonstige Ausscheiden gilt nicht als rückwirkendes Ereignis im Sinn des § 295a der Bundesabgabenordnung. Weist der übernehmende Nachfolgeunternehmer nach, dass Wertsteigerungen im übrigen EU/EWR-Raum eingetreten sind, sind diese vom Veräußerungserlös abzuziehen.

   (BGBl I 2015/163)
3. Er ist im Rahmen einer Buchwertteilung für Zwecke der Gewinnermittlung so zu behandeln, als ob er Gesamtrechtsnachfolger wäre.

(2) § 14 Abs. 2 gilt für den Nachfolgeunternehmer mit Beginn des dem Teilungsstichtag folgenden Tages, soweit in § 16 Abs. 5 keine Ausnahmen vorgesehen sind.

(3) Für internationale Schachtelbeteiligungen im Sinne des § 10 Abs. 2 des Körperschaftsteuergesetzes 1988 gilt Folgendes:

1. Entsteht durch die Realteilung eine internationale Schachtelbeteiligung oder wird ihr Ausmaß erweitert, ist hinsichtlich der bisher nicht steuerbegünstigten Beteiligungsquoten auf den Unterschiedsbetrag zwischen den Buchwerten und den höheren Teilwerten § 10 Abs. 3 erster Satz des Körperschaftsteuergesetzes 1988 nicht anzuwenden.
2. Geht durch die Realteilung die Eigenschaft einer Beteiligung als internationale Schachtelbeteiligung unter, gilt, soweit für sie keine Option zugunsten der Steuerwirksamkeit erklärt worden ist, der höhere Teilwert zum Teilungsstichtag, abzüglich auf Grund einer Umgründung nach diesem Bundesgesetz von § 10 Abs. 3 erster Satz des Körperschaftsteuergesetzes 1988 ausgenommener Beträge, als Buchwert.

(4) Soweit im Fall der Veräußerung eines Grundstücks im Sinne des § 30 Abs. 1 des Einkommensteuergesetzes 1988 am Teilungsstichtag § 30 Abs. 4 des Einkommensteuergesetzes 1988 anwendbar wäre, kann dies bei der Bildung der Ausgleichposten (§ 29 Abs. 1 Z 2a) einheitlich berücksichtigt werden. Bei späterer Veräußerung des Grundstücks ist wie folgt vorzugehen:

– Für Wertveränderungen bis zum Teilungsstichtag ist § 30 Abs. 4 des Einkommensteuergesetzes 1988 anzuwenden, soweit dies bei der Bildung der Ausgleichposten berücksichtigt wurde.
– Für Wertveränderungen nach dem Teilungsstichtag kann § 30 Abs. 4 des Einkommensteuergesetzes 1988 bei dem das Grundstück übernehmenden Nachfolgeunternehmer insoweit weiter angewendet werden, als ihm das Grundstück schon vor dem Teilungsstichtag zuzurechnen war; bei der Übertragung einer Mehrzahl von Grundstücken ist dabei eine verkehrswertmäßige Betrachtung anzuwenden. Darüber hinaus ist § 30 Abs. 4 des Einkommensteuergesetzes 1988 nicht anwendbar.

  (BGBl I 2015/118)

Sonstige Rechtsfolgen der Realteilung

§ 31. (1) Es sind anzuwenden:

1. § 6 Abs. 2 hinsichtlich einer im Zuge der Teilung auftretenden Verschiebung im Verhältnis der zuzurechnenden Werte mit der Maßgabe, dass der Unterschiedsbetrag mit Beginn des dem Teilungsstichtag folgenden Tages als unentgeltlich zugewendet gilt.
2. § 22 Abs. 3 hinsichtlich der Umsatzsteuer.

(2) Realteilungen nach § 27 sind von den Gebühren nach § 33 TP 21 des Gebührengesetzes 1957 befreit, wenn das zu teilende Vermögen am Tag des Abschlusses des Teilungsvertrages länger als zwei Jahre als Vermögen der zu teilenden Personengesellschaft besteht.

(BGBl I 2019/103)

(3) Werden auf Grund einer Realteilung nach § 27 Erwerbsvorgänge nach § 1 des Grunderwerbsteuergesetzes 1987 verwirklicht, so ist die Grunderwerbsteuer gemäß § 4 in Verbindung mit § 7 des Grunderwerbsteuergesetzes 1987 zu berechnen, sofern diese Grundstücke nicht innerhalb der letzten drei Jahre Gegenstand eines nach diesem Bundesgesetz begünstigten Erwerbsvorganges waren.

(BGBl I 2015/118)

Artikel VI
Spaltung

Anwendungsbereich

§ 32. (1) Spaltungen im Sinne dieses Bundesgesetzes sind

1. Auf- und Abspaltungen zur Neugründung oder zur Aufnahme auf Grund des Bundesgesetzes über die Spaltung von Kapitalgesellschaften, BGBl. Nr. 304/1996, oder auf Grund des Bundesgesetzes über die Spaltung von Genossenschaften (GenSpaltG), BGBl. I Nr. 69/2018, und

   (BGBl I 2018/69)
2. Spaltungen ausländischer Körperschaften im Ausland auf Grund vergleichbarer Vorschriften,

wenn nur Vermögen im Sinne der Abs. 2 und/oder 3 auf die neuen oder übernehmenden Körperschaften tatsächlich übertragen wird und soweit das Besteuerungsrecht der Republik Österreich hinsichtlich der stillen Reserven einschließlich eines allfälligen Firmenwertes beim Rechtsnachfolger nicht eingeschränkt wird.

(2) Zum Vermögen zählen Betriebe, Teilbetriebe, Mitunternehmeranteile und Kapitalanteile im Sinne des § 12 Abs. 2.

(3) Abweichend von Abs. 2 gilt Folgendes:

1. Liegen bei einem Forstbetrieb keine Teilbetriebe im Sinne des § 12 Abs. 2 Z 1 vor, gilt als Teilbetrieb die Übertragung von Flächen, für die ein gesetzlicher Realteilungsanspruch besteht und die von der neuen oder übernehmenden Körperschaft für sich als Forstbetrieb geführt werden können.
2. Liegen bei einem Betrieb, dessen wesentliche Grundlage der Klienten- oder Kundenstock ist, keine Teilbetriebe im Sinne des § 12 Abs. 2 Z 1 vor, gilt bei einer nicht verhältniswahrenden Auf- oder Abspaltung als Teilbetrieb die Übertragung jenes Teiles des Klienten- oder Kundenstocks, der in der spaltenden Körperschaft bereits vor der Spaltung von einem Anteilsinhaber dauerhaft betreut worden ist und in der neuen oder übernehmenden Körperschaft für sich als Betrieb geführt werden kann.

(4) Auf Spaltungen im Sinne des Abs. 1 sind die §§ 33 bis 38 anzuwenden.

Spaltende Körperschaft

§ 33. (1) Bei der Ermittlung des Gewinnes für das hinsichtlich des zu übertragenden Vermögens mit dem Spaltungsstichtag endende Wirtschaftsjahr ist das Betriebsvermögen mit dem Wert anzusetzen, der sich nach den steuerrechtlichen Vorschriften über die Gewinnermittlung ergibt.

(2) Abweichend von Abs. 1 kann ausländisches Vermögen (§ 16 Abs. 3 Z 3) mit dem sich aus § 20 des Körperschaftsteuergesetzes 1988 ergebenden Wert angesetzt werden, wenn die Spaltung im Ausland zur Gewinnverwirklichung führt und mit dem in Betracht kommenden ausländischen Staat ein Doppelbesteuerungsabkommen besteht, das dafür die Anrechnungsmethode vorsieht, oder eine vergleichbare innerstaatliche Maßnahme zur Vermeidung der Doppelbesteuerung getroffen wurde.

(3) Das Einkommen (der Gewinn) der spaltenden Körperschaft ist so zu ermitteln, als ob der Vermögensübergang mit Ablauf des Spaltungsstichtages erfolgt wäre.

(4) Bei Aufspaltungen gilt Abs. 3 nicht für Gewinnausschüttungen der spaltenden Körperschaft auf Grund von Beschlüssen nach dem Spaltungsstichtag, sowie für

– die Einlagenrückzahlung im Sinne des § 4 Abs. 12 des Einkommensteuergesetzes 1988 durch die spaltende Körperschaft und
– Einlagen im Sinne des § 8 Abs. 1 des Körperschaftsteuergesetzes 1988 in die spaltende Körperschaft

in der Zeit zwischen dem Spaltungsstichtag und dem Tag des Spaltungsbeschlusses. Weiters kann § 16 Abs. 5 Z 4 samt Schlussteil sinngemäß angewendet werden.

(BGBl I 2018/62)

(5) Bei Abspaltungen kann abweichend von Abs. 3 auf das zu übertragende Vermögen § 16 Abs. 5 Z 4 und 5 samt Schlussteil angewendet werden.

(BGBl I 2018/62)

(6) Spaltungsstichtag ist der Tag, zu dem die Schlußbilanz aufgestellt ist, die der Spaltung zugrunde gelegt ist. Die spaltende Körperschaft hat zum Spaltungsstichtag weiters aufzustellen

– eine Übertragungsbilanz, in der das auf die neuen oder übernehmenden Körperschaften jeweils zu übertragende Vermögen mit den nach Abs. 1 und 2 steuerlich maßgebenden Buchwerten bzw. Werten und dem sich jeweils daraus ergebenden Übertragungskapital unter Berücksichtigung nachträglicher Veränderungen im Sinne der Abs. 4 und 5 darzustellen ist und
– im Falle der Abspaltung auch eine Restbilanz zur Darstellung der steuerlich maßgebenden Buchwerte des nach der Spaltung verbleibenden Vermögens.

(7) Bei einer Abspaltung bleiben Buchverluste oder Buchgewinne bei der Gewinnermittlung außer Ansatz. § 20 Abs. 4 Z 1 ist anzuwenden.

Neue oder übernehmende Körperschaften

§ 34. (1) Die neue oder übernehmende Körperschaft hat die zum Spaltungsstichtag steuerlich maßgebenden Buchwerte im Sinne des § 33 fortzuführen. § 33 Abs. 3 gilt für die neue oder übernehmende Körperschaft mit dem Beginn des auf den Spaltungsstichtag folgenden Tages. § 18 Abs. 3 ist anzuwenden.

(2) Für übernehmende Körperschaften gilt folgendes:

1. Buchgewinne und Buchverluste bleiben bei der Gewinnermittlung außer Ansatz.
2. Besitzt die übernehmende Körperschaft Anteile an der abspaltenden Körperschaft, ist Z 1 mit der Maßgabe anzuwenden, daß bei der Ermittlung des Buchgewinnes oder Buchverlustes der steuerlich maßgebende Buchwert der Anteile an der abspaltenden Körperschaft in dem Verhältnis zu vermindern ist, in dem sich der Wert der abspaltenden Körperschaft durch die Abspaltung vermindert hat. Bei Nominalwertspaltungen im Sinne des § 2 Abs. 2 GenSpaltG ist für die Verminderung des Wertes der Anteile an der spaltenden Genossenschaft das gemäß § 2 Abs. 2 GenSpaltG festgelegte Umtauschverhältnis maßgeblich, wenn die übernehmende Körperschaft eine Genossenschaft ist.

   (BGBl I 2018/69)
3. Unabhängig vom Vorliegen eines Buchgewinnes oder verlustes sind Veränderungen des

Betriebsvermögens, die aus der Vereinigung von Aktiven und Passiven (Confusio) stammen, in dem dem Spaltungsstichtag folgenden Wirtschaftsjahr zu berücksichtigen.

(3) Für internationale Schachtelbeteiligungen im Sinne des § 10 Abs. 2 des Körperschaftsteuergesetzes 1988 gilt folgendes:

1. Entsteht durch die Spaltung bei der übernehmenden Körperschaft eine internationale Schachtelbeteiligung oder wird ihr Ausmaß erweitert, ist hinsichtlich der bisher nicht steuerbegünstigten Beteiligungsquoten auf den Unterschiedsbetrag zwischen den Buchwerten und den höheren Teilwerten § 10 Abs. 3 erster Satz des Körperschaftsteuergesetzes 1988 nicht anzuwenden.
2. Geht durch die Spaltung die Eigenschaft einer Beteiligung als internationale Schachtelbeteiligung unter, gilt, soweit für sie keine Option zugunsten der Steuerwirksamkeit erklärt worden ist, der höhere Teilwert zum Spaltungsstichtag, abzüglich vorgenommener oder als nach diesem Bundesgesetz vorgenommen geltender Teilwertabschreibungen im Sinne des § 6 Z 2 lit. a des Einkommensteuergesetzes 1988, als Buchwert.

Verlustabzug

§ 35. § 8 Abs. 4 Z 2 des Körperschaftsteuergesetzes 1988 ist nach Maßgabe des § 21 anzuwenden.

Behandlung der Anteilsinhaber bei einer verhältniswahrenden Spaltung

§ 36. (1) Bei den Anteilsinhabern der spaltenden Körperschaft und im Falle der Spaltung zur Aufnahme auch bei den Anteilsinhabern übernehmender Körperschaften gilt der dem Spaltungsplan oder Spaltungs- und Übernahmevertrag entsprechende Austausch von Anteilen nicht als Tausch. Die Anteile an den neuen oder übernehmenden Körperschaften gelten mit Beginn des dem Spaltungsstichtag folgenden Tages als erworben. Für neue Anteile sind die Anschaffungszeitpunkte der alten Anteile maßgeblich.

(2) Für Spaltungen zur Neugründung gilt folgendes:

1. Bei einer Aufspaltung haben die Anteilsinhaber den Buchwert oder die Anschaffungskosten der Anteile an der spaltenden Körperschaft, abzüglich erhaltener Zuzahlungen der beteiligten Körperschaften (§ 2 Abs. 1 Z 3 SpaltG und § 2 Abs. 2 GenSpaltG) fortzuführen und den gewährten Anteilen entsprechend den Wertverhältnissen zuzuordnen.
   (BGBl I 2018/69)
2. Bei einer Abspaltung ist für die Bewertung der Anteile an der spaltenden und den neuen Körperschaften § 20 Abs. 4 Z 3 anzuwenden.

Bei Nominalwertspaltungen im Sinne des § 2 Abs. 2 GenSpaltG ist für die Verschiebung des Wertes der Anteile das gemäß § 2 Abs. 2 GenSpaltG festgelegte Umtauschverhältnis maßgeblich, wenn die übernehmende Körperschaft eine Genossenschaft ist.

(BGBl I 2018/69)

(3) Abweichend von Abs. 1 gilt Folgendes:

1. Soweit das Besteuerungsrecht der Republik Österreich hinsichtlich der Anteile der übertragenden Körperschaft an der übernehmenden Körperschaft eingeschränkt wird, sind diese bei der übernehmenden Körperschaft mit den nach § 6 Z 6 lit. a des Einkommensteuergesetzes 1988 maßgebenden Werte anzusetzen, wobei § 6 Z 6 lit. c bis e des Einkommensteuergesetzes 1988 sinngemäß anzuwenden sind.
   (BGBl I 2015/163)
2. Werden ausländischen Anteilsinhabern eigene Anteile der übernehmenden Körperschaft gewährt, sind diese mit den nach § 6 Z 6 lit. a des Einkommensteuergesetzes 1988 maßgebenden Werte anzusetzen, wobei § 6 Z 6 lit. c bis e des Einkommensteuergesetzes 1988 sinngemäß anzuwenden sind.
   (BGBl I 2015/163)

(4) Bei Auf- und Abspaltungen zur Aufnahme gilt, soweit auf Anteilsinhaber nicht § 33 Abs. 7 und § 34 Abs. 2 anzuwenden ist, die spaltungs- und übernahmsvertragsmäßige Anteilsaufteilung zunächst als Austausch von Anteilen auf Grund einer Auf- oder Abspaltung zur Neugründung, auf den Abs. 2 anzuwenden ist, und nachfolgend als Austausch von Anteilen auf Grund einer Verschmelzung, auf den § 5 anzuwenden ist.

(5) Für internationale Schachtelbeteiligungen im Sinne des § 10 Abs. 2 des Körperschaftsteuergesetzes 1988 gilt folgendes:

1. Entsteht durch eine Spaltung im Sinne des § 32 Abs. 1 Z 2 bei einer Körperschaft als Anteilsinhaber eine internationale Schachtelbeteiligung oder wird ihr Ausmaß durch neue Anteile oder durch Zurechnung zur bestehenden Beteiligung verändert, ist hinsichtlich der bisher nicht steuerbegünstigten Beteiligungsquoten auf den Unterschiedsbetrag zwischen den Buchwerten und den höheren Teilwerten § 10 Abs. 3 erster Satz des Körperschaftsteuergesetzes 1988 nicht anzuwenden.
2. Geht durch die Spaltung die Eigenschaft einer Beteiligung als internationale Schachtelbeteiligung unter, gilt der höhere Teilwert zum Spaltungsstichtag, abzüglich auf Grund einer Umgründung nach diesem Bundesgesetz von § 10 Abs. 3 erster Satz des Körperschaftsteuergesetzes 1988 ausgenommener Beträge, als Buchwert.

Behandlung der Anteilsinhaber bei einer nicht verhältniswahrenden Spaltung

§ 37. (1) Bei einer nicht unter § 36 fallenden Auf- oder Abspaltung gilt die spaltungsplanmäßige oder spaltungs- und übernahmsvertragsmäßige Anteilsaufteilung zwischen den Anteilsinhabern der spaltenden Körperschaft als Anteilstausch nach Durchführung einer Spaltung im Sinne des § 36.

(2) Tauschvorgänge im Sinne des Abs. 1, die ohne oder ohne wesentliche Zuzahlung (Abs. 4) erfolgen, gelten nicht als Veräußerung und Anschaffung. Die Anteile an den neuen oder übernehmenden Körperschaften gelten mit Beginn des dem Spaltungsstichtag folgenden Tages als erworben. Für neue Anteile sind die Anschaffungszeitpunkte der alten Anteile maßgeblich.

(3) Der Anteilsinhaber hat den Buchwert oder die Anschaffungskosten der im Sinne des Abs. 1 hingegebenen Anteile fortzuführen und den eingetauschten Anteilen entsprechend den Wertverhältnissen zuzuordnen. § 5 ist anzuwenden.

(4) Zuzahlungen von Anteilsinhabern sind nicht wesentlich, wenn sie ein Drittel des gemeinen Wertes der in Anteilen empfangenen Gegenleistung des Zahlungsempfängers nicht übersteigen. Abweichend von Abs. 2 gilt in diesem Fall die Zahlung beim Empfänger als Veräußerungsentgelt und beim Leistenden als Anschaffung.

Sonstige Rechtsfolgen der Spaltung

§ 38. (1) Die spaltende Körperschaft bleibt bis zur Eintragung der Spaltung in das Firmenbuch Arbeitgeber im Sinne des § 47 des Einkommensteuergesetzes 1988. Dies gilt auch für die Beurteilung von Tätigkeitsvergütungen als solche im Sinne des § 22 Z 2 des Einkommensteuergesetzes 1988.

(2) Die Annahme eines Barabfindungsangebotes (§ 9 SpaltG) sowie die Auseinandersetzung anlässlich der Kündigung (§ 9 Abs. 1 Z 1 iVm § 10 Abs. 2 GenSpaltG) gelten als Anteilsveräußerung. Beim Erwerber gilt der Spaltungsstichtag als Anschaffungstag der Anteile.

(BGBl I 2018/69)

(3) Spaltungen gelten nicht als steuerbare Umsätze im Sinne des Umsatzsteuergesetzes 1994; neue oder übernehmende Körperschaften treten für den Bereich der Umsatzsteuer unmittelbar in die Rechtsstellung der übertragenden Körperschaft ein.

(4) Erfolgen die spaltungsplanmäßigen Anteilstauschvorgänge außerhalb des § 37 Abs. 2 nicht wertgleich, ist § 6 Abs. 2 anzuwenden.

(5) Werden auf Grund einer Spaltung im Sinne des § 32 Erwerbsvorgänge nach § 1 des Grunderwerbsteuergesetzes 1987 verwirklicht, so ist die Grunderwerbsteuer gemäß § 4 in Verbindung mit § 7 des Grunderwerbsteuergesetzes 1987 zu berechnen.

(BGBl I 2015/118, BGBl I 2019/103)

Steuerspaltungen

§ 38a. (1) Steuerspaltungen im Sinne dieses Bundesgesetzes sind Auf- und Abspaltungen auf Grund eines Spaltungsvertrages (§ 38b) nach Maßgabe der Abs. 2 und 3.

(2) Eine Aufspaltung im Sinne des Abs. 1 liegt unter folgender Voraussetzung vor:

Die spaltende Körperschaft bringt Vermögen (§ 12 Abs. 2) in zwei oder mehrere übernehmende Körperschaften, die nicht an der spaltenden Körperschaft beteiligt sind, nach Art. III ein. § 32 Abs. 3 kann angewendet werden. Der spaltenden Körperschaft verbleiben zu dem in § 20 Abs. 1 genannten Zeitpunkt neben der Gegenleistung im Sinne des § 19 nur liquide Mittel und allfällige restliche Verbindlichkeiten. Die Auflösung der spaltenden Körperschaft wird innerhalb von neun Monaten nach dem Einbringungsstichtag zur Eintragung in das Firmenbuch angemeldet. Im Rahmen der Liquidation der spaltenden Körperschaft kommen die Kapitalanteile und restlichen liquiden Mittel den Anteilsinhabern im Verhältnis ihrer Beteiligungen im Sinne des § 38d oder nach Maßgabe des § 38e zu; dabei dürfen die restlichen liquiden Mittel 10% des gemeinen Wertes des zu verteilenden Gesamtvermögens nicht übersteigen.

(3) Eine Abspaltung im Sinne des Abs. 1 liegt in folgenden Fällen vor:

1. Die spaltende Körperschaft bringt Vermögen (§ 12 Abs. 2) in eine oder mehrere übernehmende Körperschaften, die nicht an der spaltenden Körperschaft beteiligt sind, nach Art. III ein. § 32 Abs. 3 kann angewendet werden. Die spaltende Körperschaft überträgt die Anteile an der übernehmenden Körperschaft (§ 20) an ihre Anteilsinhaber im Verhältnis ihrer Beteiligungen im Sinne des § 38d oder nach Maßgabe des § 38e.
2. Die spaltende Körperschaft bringt Vermögen (§ 12 Abs. 2) in eine oder mehrere übernehmende Körperschaften nach Art. III ein, wobei die Gewährung von Anteilen nach § 19 Abs. 2 Z 5 unterbleibt, weil die Anteile an der spaltenden und übernehmenden Körperschaft in einer Hand vereinigt sind. § 32 Abs. 3 kann angewendet werden. Die Anteilsinhaber der spaltenden Körperschaft tauschen in der Folge Anteile nach Maßgabe des § 38e.

(4) Spaltende und übernehmende Körperschaften können nur unbeschränkt steuerpflichtige Kapitalgesellschaften, Erwerbs- und Wirtschaftsgenossenschaften und Versicherungsvereine auf Gegenseitigkeit (§ 1 Abs. 2 des Körperschaftsteuergesetzes 1988) und ausländische Gesellschaften eines Mitgliedstaates der Europäischen Union, die die in der Anlage zu diesem Bundesgesetz vorgesehenen Voraussetzungen des Artikels 3 der Richtlinie 2009/133/EG in der jeweils geltenden Fassung erfüllen, sein, wenn an der spaltenden Körperschaft am Spaltungsstichtag mehr als ein Anteilsinhaber beteiligt ist.

(5) Auf Spaltungen im Sinne des Abs. 1 sind die §§ 38b bis 38f anzuwenden.

Spaltungsvertrag

§ 38b. (1) Der Spaltungsvertrag bedarf eines Beschlusses der Anteilsinhaber nach Maßgabe der Mehrheitsverhältnisse für Spaltungsbeschlüsse im Sinne des Bundesgesetzes über die Spaltung von Kapitalgesellschaften. Er hat die Art und Durchführung der geplanten Spaltung genau zu beschreiben. Dabei sind die wesentlichen Umstände anzugeben, die der Bewertung des einzubringenden Vermögens und der auszutauschenden Anteile einschließlich allfälliger Ausgleichszahlungen zugrunde gelegt werden.

(2) Der Spaltungsvertrag hat vorzusehen, daß die zur Durchführung der Spaltung erforderlichen Tauschvorgänge innerhalb eines Monats nach dem Zeitpunkt durchgeführt werden, ab dem sie gesellschaftsrechtlich zulässig sind.

(3) Der Spaltungsvertrag ist dem für die Erhebung der Körperschaftsteuer der spaltenden Körperschaft zuständigen Finanzamt innerhalb eines Monats vorzulegen.

Spaltende Körperschaft

§ 38c. Bei einer Spaltung im Sinne des § 38a unterbleibt die Besteuerung der stillen Reserven im eingebrachten Vermögen (Art. III) und in den als Gegenleistung (§ 19) gewährten Anteilen sowie die Liquidationsbesteuerung nach § 19 des Körperschaftsteuergesetzes 1988 bezüglich der übertragenen Kapitalanteile im Sinne des § 38a Abs. 2. Der Buchverlust oder Buchgewinn auf Grund der Gewährung von Anteilen bleibt bei der Gewinnermittlung außer Ansatz.

Behandlung der Anteilsinhaber bei einer die Beteiligungsverhältnisse wahrenden Spaltung

§ 38d. (1) Bei den Anteilsinhabern der spaltenden Körperschaft unterbleibt die Besteuerung hinsichtlich der übertragenen im Spaltungsvertrag festgelegten Gegenleistung im Sinne des § 38a. Dies gilt auch dann, wenn die spaltende Körperschaft nicht liquidiert wird.

(2) Die Anteilsinhaber haben den Buchwert oder die Anschaffungskosten der Anteile an der liquidierten Körperschaft, abzüglich liquider Mittel im Sinne des § 38a Abs. 2 und 3 fortzuführen und den gewährten Anteilen zuzuordnen. Kommen den Anteilsinhabern Anteile an übernehmenden Körperschaften zu, ohne daß die spaltende Körperschaft beendigt oder liquidiert wird, ist für die Bewertung der Anteile an der spaltenden und den übernehmenden Körperschaften § 20 Abs. 4 Z 3 anzuwenden.

(3) (aufgehoben)

(4) Für internationale Schachtelbeteiligungen im Sinne des § 10 Abs. 2 des Körperschaftsteuergesetzes 1988 gilt folgendes:

1. Entsteht durch die Spaltung bei einer Körperschaft als Anteilsinhaber eine internationale Schachtelbeteiligung oder wird ihr Ausmaß durch neue Anteile oder durch Zurechnung zur bestehenden Beteiligung verändert, ist hinsichtlich der bisher nicht steuerbegünstigten Beteiligungsquoten auf den Unterschiedsbetrag zwischen den Buchwerten und den höheren Teilwerten § 10 Abs. 3 erster Satz des Körperschaftsteuergesetzes 1988 nicht anzuwenden.
2. Geht durch die Spaltung die Eigenschaft einer Beteiligung als internationale Schachtelbeteiligung unter, gilt, soweit für sie keine Option zugunsten der Steuerwirksamkeit erklärt worden ist, der höhere Teilwert zum Spaltungsstichtag, abzüglich auf Grund einer Umgründung nach diesem Bundesgesetz von § 10 Abs. 3 erster Satz des Körperschaftsteuergesetzes 1988 ausgenommener Beträge, als Buchwert.

Behandlung der Anteilsinhaber bei einer die Beteiligungsverhältnisse nicht wahrenden Spaltung

§ 38e. (1) Bei einer nicht unter § 38d fallenden Spaltung gilt der spaltungsvertragsmäßige Tausch eines Anteils an der spaltenden Körperschaft gegen Anteile an übernehmenden Körperschaften ohne oder ohne wesentliche Ausgleichszahlung (Abs. 3) nicht als Veräußerung und Anschaffung. Dies gilt auch, wenn die Anteilsinhaber der spaltenden Körperschaft spaltungsvertragsmäßig nur Anteile an den übernehmenden Körperschaften tauschen. Für neue Anteile sind die Anschaffungszeitpunkte der alten Anteile maßgeblich.

(2) Der Anteilsinhaber hat den Buchwert oder die Anschaffungskosten der bisherigen Anteile unter Beachtung des § 38d Abs. 2 fortzuführen und den nach der Spaltung bestehenden Anteilen zuzuordnen. § 38d Abs. 3 und 4 ist anzuwenden.

(3) Ausgleichszahlungen von Anteilsinhabern sind nicht wesentlich, wenn sie ein Drittel des gemeinen Wertes der in Anteilen empfangenen Gegenleistung des Zahlungsempfängers nicht übersteigen. Abweichend von Abs. 2 gilt in diesem Fall die Zahlung beim Empfänger als Veräußerungsentgelt und beim Leistenden als Anschaffung.

(4) Die Durchführung der im Spaltungsvertrag festgelegten Tauschvorgänge ist dem für die Erhebung der Körperschaftsteuer der spaltenden Körperschaft zuständigen Finanzamt innerhalb eines Monats anzuzeigen.

Sonstige Rechtsfolgen der Spaltung

§ 38f. (1) Erfolgen die spaltungsvertragsmäßigen Anteilstauschvorgänge außerhalb des § 38e Abs. 1 nicht wertgleich, ist § 6 Abs. 2 anzuwenden.

(2) Spaltungen gelten nicht als steuerbare Umsätze im Sinne des Umsatzsteuergesetzes 1994; übernehmende Körperschaften treten für den Bereich der Umsatzsteuer unmittelbar in die Rechtsstellung der übertragenden Körperschaft ein.

(3) Ist der Anteilsinhaber am Tage des Abschlusses des Spaltungsvertrages an der spaltenden Körperschaft länger als zwei Jahre beteiligt, so ist eine Vermögensübertragung im Rahmen der Liquidation der spaltenden Körperschaft oder der Abspaltung oder ein Anteilstausch von den Gebühren nach § 33 TP 21 des Gebührengesetzes befreit.

(BGBl I 2019/103)

2. HAUPTSTÜCK
Ergänzende Vorschriften

Mehrfache Umgründungen auf einen Stichtag

§ 39. Werden mehrere Umgründungen, die dasselbe Vermögen ganz oder teilweise betreffen, auf einen Stichtag bezogen, gilt für ertragsteuerliche Zwecke erst die letzte Vermögensübertragung für den oder die davon betroffenen Rechtsnachfolger als mit dem Beginn des auf den ersten Umgründungsstichtag folgenden Stichtages bewirkt, wenn dies von sämtlichen an den Umgründungen Beteiligten in einem Umgründungsplan festgelegt wird. Voraussetzung ist, daß der Umgründungsplan spätestens am Tag der Beschlußfassung der ersten Umgründung gefaßt und in allen Umgründungsverträgen auf diesen Plan Bezug genommen wird.

Rechtsgrundlage der Umgründungen

§ 40. Gerichtliche Entscheidungen sind den jeweiligen Umgründungsbeschlüssen oder verträgen im Sinne des ersten Hauptstückes gleichzuhalten.

Lohnsteuerliche Verhältnisse

§ 41. Übernehmende Körperschaften, Personengesellschaften und Nachfolgeunternehmer treten hinsichtlich der lohnsteuerlichen Verhältnisse in die Rechtsstellung des bisherigen Arbeitgebers ein, soweit bei den übernommenen Arbeitnehmern auch arbeitsrechtlich die entsprechenden Folgerungen gezogen werden.

Vertragsübernahme

§ 42. Rechtsgeschäfte, mit denen anläßlich eines gebührenbegünstigten Vorganges nach Artikel III bis VI des ersten Hauptstückes eine Vertragsstellung übertragen wird (Vertragsübernahme), sind von den Stempel- und Rechtsgebühren befreit.

(BGBl I 2019/103)

Anzeige- und Evidenzpflicht

§ 43. (1) Wer Vermögen durch eine Umgründung überträgt oder übernimmt und nicht schon nach dem ersten Hauptstück zu einer Meldung verpflichtet ist, hat die Umgründung abweichend von der Frist des § 121 der Bundesabgabenordnung innerhalb der im ersten Hauptstück genannten Frist unter Nachweis der Rechtsgrundlage dem für die Erhebung der Einkommen- oder Körperschaftsteuer zuständigen Finanzamt anzuzeigen.

(BGBl I 2019/104)

(2) Die sich auf Grund einer Umgründung ergebenden oder die zu übernehmenden Buchwerte oder Anschaffungskosten von Anteilen sind von den davon Betroffenen und im Falle eines unentgeltlichen Erwerbes von ihren Rechtsnachfolgern aufzuzeichnen und evident zu halten.

Mißbräuchliche Umgründungen

§ 44. Die Anwendung der Bestimmungen dieses Bundesgesetzes ist zu versagen, wenn die Umgründungsmaßnahmen der Umgehung oder Minderung einer Abgabenpflicht im Sinne des § 22 der Bundesabgabenordnung dienen oder wenn die Umgründungsmaßnahmen als hauptsächlichen Beweggrund oder als einen der hauptsächlichen Beweggründe die Steuerhinterziehung oder –umgehung im Sinne des Artikels 15 der Richtlinie Nr. 2009/133/EG über das gemeinsame Steuersystem für Fusionen, Spaltungen, die Einbringung von Unternehmensteilen und den Austausch von Anteilen, die Gesellschaften verschiedener Mitgliedstaaten betreffen, sowie für die Verlegung des Sitzes einer Europäischen Gesellschaft oder einer Europäischen Genossenschaft von einem Mitgliedstaat in einen anderen Mitgliedstaat, ABl. L 310 vom 25.11.2009 S. 34 ff) in der jeweils geltenden Fassung haben.

Verweisung auf andere Bundesgesetze

§ 45. Soweit in diesem Bundesgesetz auf andere Bundesgesetze verwiesen wird, sind diese in ihrer jeweils geltenden Fassung anzuwenden.

3. TEIL
ÜBERGANGS- UND SCHLUSSBESTIMMUNGEN

1. a) Der 1. Teil dieses Bundesgesetzes ist auf Umgründungen anzuwenden, denen ein Stichtag nach dem 31. Dezember 1991 zugrunde gelegt wird.

   b) § 9 Abs. 6 dieses Bundesgesetzes gilt nur für Gewinne aus Wirtschaftsjahren, die nach dem 31. Dezember 1988 enden.

   c) § 9 Abs. 7 dieses Bundesgesetzes gilt auch, wenn die in § 4 Abs. 1 des Bundesgesetzes über steuerliche Maßnahmen bei der Kapitalerhöhung aus Gesellschaftsmitteln, BGBl. Nr. 157/1966, vorgesehene Frist noch nicht abgelaufen ist.

   d) Ist die einer Verschmelzung oder Einbringung nach Art. I und III des Strukturverbesserungsgesetzes zugrunde zu legende Bilanz der übertragenden Gesellschaft oder des Einbringenden auf einen nach dem 30. Juni 1987 liegenden Zeitpunkt aufgestellt, so ist für alle nicht endgültig rechtskräftig veranlagten Fälle die Grunderwerbsteuer für Erwerbsvorgänge nach § 1 Abs. 1 oder 2 des Grunderwerbsteuergesetzes 1987 vom Zweifachen des Einheitswertes der Grundstücke zu berechnen. Dies gilt auch bei Zusammenschlüssen nach Art. IV des Strukturverbesserungsgesetzes, wenn die Erwerbsvorgänge nach dem 30. Juni 1987 verwirklicht wurden.

2. Der 2. Teil dieses Bundesgesetzes ist, wenn die Steuern veranlagt werden, erstmalig bei der Veranlagung für das Kalenderjahr 1992 anzuwenden.

3. a) Abweichend von Abschnitt IX Art. II des Bundesgesetzes vom 10. Juni 1986, mit dem das Kreditwesengesetz, das Postsparkassengesetz, das Rekonstruktionsgesetz, das Einkommensteuergesetz, das

Körperschaftsteuergesetz, das Bewertungsgesetz, die Bundesabgabenordnung und das Strukturverbesserungsgesetz geändert und kapitalverkehrsteuerliche Bestimmungen geschaffen werden, BGBl. Nr. 325, gilt folgendes:

Die Art. I, III und V bis VII des Strukturverbesserungsgesetzes, BGBl. Nr. 69/1969, in der geltenden Fassung, sowie die Bestimmungen zu Vorgängen im Sinne des Kreditwesengesetzes, BGBl. Nr. 63/1979, in der jeweils geltenden Fassung, sind letztmalig auf Vorgänge anzuwenden, denen ein Stichtag vor dem 1. Jänner 1992 zugrunde gelegt wird.

b) Die Rücklagen nach § 1 Abs. 3 und in § 8 Abs. 1 lit. d des Strukturverbesserungsgesetzes gelten ab dem 1. Jänner 1992 als versteuerte Rücklagen.

c) Abweichend von § 1 Abs. 2 und § 8 Abs. 4 des Strukturverbesserungsgesetzes kann bei Einbringungen jeder Stichtag innerhalb der dort genannten Frist zugrunde gelegt werden. Voraussetzung ist bei der Einbringung von Betrieben oder Teilbetrieben, daß zum gewählten Stichtag eine Bilanz (§ 4 Abs. 1 des Einkommensteuergesetzes) des gesamten Betriebes vorliegt.

4. a) (aufgehoben)

b) § 3 Abs. 3 Z 1 in der Fassung des Bundesgesetzes BGBl. Nr. 699/1991 ist auch auf Umgründungen anzuwenden, denen ein Stichtag nach dem 31. Dezember 1995 zugrunde liegt.

c) § 9 Abs. 8 in der Fassung des Bundesgesetzes BGBl. Nr. 201/1996 ist erstmalig auf Umwandlungen anzuwenden, denen ein Stichtag nach dem 30. Dezember 1995 zugrunde gelegt wird.

d) § 2 Abs. 4, § 3 Abs. 2 und 3, § 8 Abs. 4, § 9 Abs. 3 und 6, § 16 Abs. 5 Z 5, § 18 Abs. 5 und § 34 Abs. 1, jeweils in der Fassung des Bundesgesetzes BGBl. Nr. 201/1996, sind erstmalig auf Umgründungen anzuwenden, denen ein Stichtag nach dem 31. Dezember 1995 zugrunde gelegt wird.

5. § 4 Z 1 in der Fassung des Bundesgesetzes BGBl. Nr. 201/1996 ist erstmalig auf Umgründungen anzuwenden, denen ein Stichtag nach dem 31. Dezember 1995 zugrunde gelegt wird.

6. a) § 2 Abs. 5, § 3 Abs. 4, § 4 Z 1, § 5 Abs. 7 Z 1, § 8 Abs. 5, § 9 Abs. 4 Z 1, § 10 Z 1 lit. a, § 12, § 13 Abs. 1, § 16 Abs. 5 Z 3, § 17 Abs. 2, § 18 Abs. 3, § 18 Abs. 4 Z 1, § 19 Abs. 2 Z 5, § 20 Abs. 7, § 21 Z 1, § 23 Abs. 1, § 24 Abs. 1, § 28 und § 30 Abs. 3, jeweils in der Fassung des Bundesgesetzes BGBl. Nr. 797/1996, sind erstmalig auf Umgründungen anzuwenden, denen ein Stichtag nach dem 31. Dezember 1996 zugrunde gelegt wird.

b) Als Teilwertabschreibung im Sinne des § 4 Z 1 lit. d in der Fassung des Bundesgesetzes BGBl. Nr. 797/1996 gilt auch jener Betrag, um den sich die gewinnerhöhende Auflösung stiller Reserven im Sinne des § 3 Abs. 3 Z 1 zweiter Satz in der Fassung des Bundesgesetzes BGBl. Nr. 699/1991 vermindert.

c) § 7 Abs. 1 und Abs. 2 in der Fassung des Bundesgesetzes BGBl. Nr. 797/1996 ist bereits auf Umwandlungen auf Grund des Bundesgesetzes über die Umwandlung von Handelsgesellschaften, BGBl. Nr. 304/1996, anzuwenden, die vor dem Inkrafttreten des Bundesgesetzes BGBl. Nr. 797/1996 im Firmenbuch eingetragen worden sind.

d) § 9 Abs. 3 und § 27 in der Fassung des Bundesgesetzes BGBl. Nr. 797/1996 ist auf Umwandlungen und Realteilungen anzuwenden, denen ein Stichtag nach dem 31. Dezember 1995 zugrunde gelegt wird.

e) In § 10 Z 1 lit. a in der Fassung vor dem Bundesgesetz BGBl. Nr. 797/1996 tritt an die Stelle des Verweises „§ 4 Z 1 lit. a und c" der Verweis „§ 4 Z 1".

f) In § 21 Z 1 in der Fassung vor dem Bundesgesetz BGBl. Nr. 797/1996 tritt an die Stelle des Verweises „§ 4 Z 1 lit. c" der Verweis „§ 4 Z 1".

g) Die §§ 32 bis 38 in der Fassung des Bundesgesetzes BGBl. Nr. 797/1996 sind bereits auf Spaltungen auf Grund des Bundesgesetzes über die Spaltung von Kapitalgesellschaften, BGBl. Nr. 304/1996, anzuwenden, die vor dem Inkrafttreten des Bundesgesetzes BGBl. Nr. 797/1996 im Firmenbuch eingetragen worden sind. § 33 Abs. 6, § 34 Abs. 3 Z 1 und § 36 Abs. 4 Z 1, jeweils in der Fassung des Bundesgesetzes BGBl. Nr. 797/1996, ist auf Spaltungen anzuwenden, denen ein Stichtag nach dem 31. Dezember 1996 zugrunde gelegt wird.

h) Die §§ 32 bis 38 in der Fassung vor dem Bundesgesetz BGBl. Nr. 797/1996 sind, soweit sie sich auf Spaltungen im Sinne des § 32 Abs. 2 und 3 beziehen, letztmalig auf Spaltungen anzuwenden, denen ein Stichtag vor dem 1. Jänner 1997 zugrunde liegt. Die §§ 38a bis 38f sind auf Steuerspaltungen anzuwenden, denen ein Stichtag nach dem 31. Dezember 1996 und vor dem 1. Jänner 2023 zu Grunde liegt.

(BGBl I 2018/62)

i) Bei Spaltungen im Sinne des § 32 Abs. 2 und Abs. 3 Z 1 in der Fassung vor dem Bundesgesetz, BGBl. Nr. 797/1996, und im Sinne des § 38a Abs. 2 und Abs. 3 Z 1 in der Fassung des Bundesgesetzes BGBl. Nr. 797/1996, bei denen der Spaltungsvertrag nach dem 31. Dezember 1996 abgeschlossen wird, unterbleibt abweichend von § 32 Abs. 2 Z 1 in der Fassung vor dem Bundesgesetz, BGBl. Nr. 797/1996, bzw. § 38c in der Fassung des Bundesgesetzes BGBl. Nr. 797/1996 die Besteuerung nicht hinsichtlich stiller Reserven, die die spaltende Körperschaft nach § 12 des Einkommensteuergesetzes 1988 in der Fassung vor dem Strukturanpassungsgesetz 1996, BGBl. Nr. 201, innerhalb der letzten fünf Jahre vor dem Spaltungsstichtag beziehungsweise vor dem in § 19 Abs. 5 des Körperschaftsteuergesetzes 1988 genannten Zeitpunkt auf Anteile übertragen hat, die auf Anteilsinhaber der spaltenden Körperschaft übergehen. Der nachzuversteuernde Betrag vermindert sich insoweit, als auf Grund der Anwendung des § 12 des Einkommensteuergesetzes 1988 für die Anteile der Ansatz des niedrigeren Teilwertes zu unterbleiben hatte. Die Nachversteuerung hat in dem mit dem Einbringungsstichtag endenden oder dem der Auflösung vorangegangenen Wirtschaftsjahr zu erfolgen.

j) Die Aufzeichnungs- und Evidenzhaltungspflicht gemäß § 43 gilt ab 1. Jänner 1997 und erstreckt sich auch auf alle Buchwerte und Anschaffungskosten von Anteilen, die sich auf Grund einer Umgründung im Sinne dieses Bundesgesetzes ergeben haben oder zu übernehmen waren.

7. § 9 Abs. 6 in der Fassung des Abgabenänderungsgesetzes 2001, BGBl. I Nr. 144/2001, ist auf Umwandlungen anzuwenden, bei denen der Umwandlungsbeschluss nach dem 31. Dezember 2001 zur Eintragung in das Firmenbuch angemeldet wird.

8. § 5 Abs.1, § 20 Abs. 2, § 22 Abs. 2, § 32, § 38a Abs. 2 Z 1 und § 38a Abs. 3 Z 1 und Z 2 in der Fassung des Bundesgesetzes BGBl. I Nr. 71/2003 ist auf Umgründungen anzuwenden, denen ein Stichtag nach dem 30. Dezember 2002 zu Grunde liegt. § 10 Z 1 lit. c in der Fassung des Bundesgesetzes BGBl. I Nr. 71/2003 ist auf Umwandlungen anzuwenden, denen ein Stichtag nach dem 30. Dezember 1995 zugrunde liegt.

9. § 1, § 3 Abs. 1, § 5 Abs. 1, § 7, § 16 Abs. 2 Z 1, § 17 Abs. 2, § 18 Abs. 1, § 29 Abs. 1 und § 30 Abs. 1 in der Fassung des Bundesgesetzes BGBl. I 180/2004, ist auf Umgründungen anzuwenden, denen ein Stichtag nach dem 7. Oktober 2004 zu Grunde liegt. § 38a Abs. 2 in der Fassung des Bundesgesetzes BGBl. I 180/2004, ist auf Spaltungen anzuwenden, denen ein Stichtag nach dem 31. Dezember 2004 zu Grunde liegt.

10. Artikel V und Artikel VI sind auch dann anzuwenden, wenn kein Teilbetrieb im Sinne des § 12 Abs. 2 Z 2 vorliegt und die Übertragung im Zusammenhang mit gesetzlichen Unvereinbarkeitsvorschriften erfolgt. Dies gilt für Umgründungen, die nach dem 31. Dezember 2004 beschlossen oder vertraglich unterfertigt werden.

11. Die §§ 3, 5, 7 bis 9, 12 bis 20, 23, 25, 27, 30, 33, 34, 38d und 44, jeweils in der Fassung des Bundesgesetzes BGBl. I Nr. 161/2005, sind auf Umgründungen anzuwenden, bei denen die Beschlüsse oder Verträge nach dem 31. Jänner 2006 bei dem zuständigen Firmenbuchgericht zur Eintragung angemeldet oder bei dem zuständigen Finanzamt gemeldet werden.

12. Die §§ 5, 18, 20, 36 und 37, jeweils in der Fassung des Bundesgesetzes BGBl. I Nr. 24/2007, sind auf Umgründungen anzuwenden, denen ein Stichtag nach dem 31. Dezember 2006 zu Grunde liegt.

13. § 1 Abs. 2 zweiter Satz in der Fassung des Bundesgesetzes BGBl. I Nr. 99/2007 ist erstmals auf Verschmelzungen anzuwenden, denen ein Stichtag nach dem 14. Dezember 2007 zugrunde liegt.

14. § 5 Abs. 1 Z 5 und § 36 Abs. 3 jeweils in der Fassung des Bundesgesetzes BGBl. I Nr. 99/2007 sind erstmals auf Umgründungen anzuwenden, die nach dem 31. Dezember 2007 beschlossen werden.

15. § 18 Abs. 2 Z 1 in der Fassung des Bundesgesetzes BGBl. I Nr. 99/2007 ist erstmals auf Zuwendungen nach dem 31. Dezember 2007 anzuwenden.

16. § 3 Abs. 1 in der Fassung des Bundesgesetzes BGBl. I Nr. 34/2010 ist erstmals auf Umgründungen anzuwenden, die nach dem 30. Juni 2010 beschlossen werden.

17. § 9 Abs. 6 in der Fassung des Budgetbegleitgesetzes 2011, BGBl. I Nr. 111/2010, ist erstmals auf Umwandlungen anzuwenden, die nach dem 31. Dezember 2010 beschlossen werden.

18. § 9 Abs. 1 Z 3 letzter Teilstrich in der Fassung des Bundesgesetzes BGBl. I Nr. 112/2011 ist erstmals auf Umwandlungen anzuwenden, bei denen der Umwandlungsbeschluss nach dem 31. Oktober 2011 zur Eintragung in das Firmenbuch angemeldet wird.

19. § 9 Abs. 8 in der Fassung des Bundesgesetzes BGBl. I Nr. 112/2011 ist erstmals bei der Veranlagung 2011 anzuwenden.

20. § 3 Abs. 1 Z 3 in der Fassung des Bundesgesetzes BGBl. I Nr. 112/2012 ist erstmals auf Verschmelzungen anzuwenden, die nach dem 31. Dezember 2012 zur Eintragung in das Firmenbuch angemeldet werden.

21. § 5 Abs. 2, § 36 Abs. 1, § 37 Abs. 2 und § 38e Abs. 1, jeweils in der Fassung des Bundesgesetzes BGBl. I Nr. 112/2012, sind erstmals auf Umgründungen anzuwenden, denen ein

Stichtag nach dem 31. März 2012 zu Grunde liegt. Die Anwendbarkeit des § 27 Abs. 3 EStG 1988 auf neue Anteile richtet sich nach § 124b Z 185 lit. a EStG 1988.

22. § 9 Abs. 1 Z 3, § 17 Abs. 1, § 30 Abs. 1 Z 2, jeweils in der Fassung des Bundesgesetzes BGBl. I Nr. 112/2012, sind erstmals auf Umgründungen anzuwenden, denen ein Stichtag nach dem 31. März 2012 zu Grunde liegt. § 9 Abs. 1 Z 3 und § 30 Abs. 1 Z 2 zweiter Teilstrich in der Fassung des Bundesgesetzes BGBl. I Nr. 112/2012 sind sinngemäß anzuwenden, wenn die Steuerschuld auf Grund des § 31 des Einkommensteuergesetzes 1988 in der Fassung vor dem Budgetbegleitgesetz 2011, BGBl. I Nr. 111/2010, nicht festgesetzt wurde.

    § 5 Abs. 3 und 4 und § 38d Abs. 3, jeweils in der Fassung vor dem BGBl. I Nr. 112/2012, sind letztmalig auf Umgründungen anzuwenden, denen ein Stichtag vor dem 1. April 2012 zu Grunde liegt. Die Aufwertung gemäß § 5 Abs. 4 und § 38d Abs. 3 gilt nicht, insoweit Anteile nach dem 31. Dezember 2010 entgeltlich erworben worden sind.

23. § 9 Abs. 6 und § 10 Z 2 und 3, jeweils in der Fassung des Bundesgesetzes BGBl. I Nr. 112/2012, sind erstmals für Umwandlungen anzuwenden, bei denen der Umwandlungsbeschluss nach dem 31. Dezember 2012 zur Eintragung in das Firmenbuch angemeldet wird. Bei der Anwendung von § 9 Abs. 6 dritter Satz sind im Zuge von Vorumgründungen übernommene negative Buchwerte nur zu berücksichtigen, wenn der Vorumgründung ein Stichtag nach dem 31. Dezember 2007 zu Grunde lag. § 9 Abs. 7 ist letztmalig auf Umwandlungen anzuwenden, bei denen der Umwandlungsbeschluss vor dem 1. Jänner 2013 zur Eintragung in das Firmenbuch angemeldet wird.

24. § 12 Abs. 2 Z 3 letzter Satz in der Fassung des Bundesgesetzes BGBl. I Nr. 112/2012, ist erstmals auf Umgründungen anzuwenden, bei denen die Beschlüsse oder Verträge nach dem 31. Dezember 2012 bei dem zuständigen Firmenbuchgericht zur Eintragung angemeldet oder bei dem zuständigen Finanzamt gemeldet werden.

25. § 16 Abs. 6 und § 18 Abs. 5 in der Fassung des Bundesgesetzes BGBl. I Nr. 112/2012 sind erstmals auf Umgründungen anzuwenden, denen ein Stichtag nach dem 31. März 2012 zu Grunde liegt.

26. § 16 Abs. 6 letzter Satz in der Fassung des Bundesgesetzes BGBl. I Nr. 105/2014 ist auf Einbringungsverträge anzuwenden, die nach dem 31. Dezember 2014 abgeschlossen werden.

27. a) § 3 Abs. 1 Z 2 zweiter Teilstrich, § 9 Abs. 1 Z 3 zweiter Teilstrich, § 18 Abs. 1 Z 3 zweiter Teilstrich, § 24 Abs. 3, § 25 Abs. 5, § 29 Abs. 1 Z 2a und § 30 Abs. 4, jeweils in der Fassung des Bundesgesetzes BGBl. I Nr. 105/2014, sind erstmals auf Umgründungen anzuwenden, die nach dem Tag der Kundmachung dieses Bundesgesetzes im BGBl. I Nr. 105/2014 beschlossen oder vertraglich unterfertigt werden.

    b) § 3 Abs. 1 Z 2 zweiter Teilstrich, § 9 Abs. 1 Z 3 zweiter Teilstrich und § 18 Abs. 1 Z 3 zweiter Teilstrich sind sinngemäß anzuwenden, wenn eine Beteiligung übernommen wird, an der das Besteuerungsrecht der Republik Österreich aufgrund einer Umgründung mit einem Stichtag vor dem 8. Oktober 2004 oder der Verlegung eines Betriebes vor dem 1. Jänner 2005 eingeschränkt worden ist. Dies gilt für Umgründungen, die nach dem Tag der Kundmachung dieses Bundesgesetzes im BGBl. I Nr. 105/2014 beschlossen oder vertraglich unterfertigt werden.

28. § 1 Abs. 1 Z 3 in der Fassung des Bundesgesetzes BGBl. I Nr. 34/2015 tritt mit 1. Jänner 2016 in Kraft.

    (BGBl I 2015/34)

29. § 6 Abs. 6, § 11 Abs. 5, § 18 Abs. 5 Z 1, § 22 Abs. 5, § 25 Abs. 5 Z 1, § 26 Abs. 4, § 30 Abs. 4, § 31 Abs. 3 und § 38 Abs. 6, jeweils in der Fassung BGBl. I Nr. 118/2015 sind erstmals auf Umgründungen mit einem Stichtag nach dem 31. Dezember 2015 anzuwenden.

    (BGBl I 2015/118)

30. § 1 Abs. 2, § 3 Abs. 1, § 5 Abs. 1 Z 3 bis 5, § 7 Abs. 2, § 9 Abs. 1 Z 2 und 3, § 16 Abs. 1, 1a und 2, § 18 Abs. 1 Z 3, § 20 Abs. 2 Z 5 und Abs. 7 Z 1, § 21, § 24 Abs. 1 Z 3, § 25 Abs. 1 Z 2, § 29 Abs. 1 Z 3, § 30 Abs. 1 Z 2 und § 36 Abs. 3 Z 1 und 2, jeweils in der Fassung des Bundesgesetzes BGBl. I Nr. 163/2015, sind erstmals auf Umgründungen anzuwenden, die nach dem 31. Dezember 2015 beschlossen oder vertraglich unterfertigt werden.

    (BGBl I 2015/163, BGBl I 2019/103, BGBl I 2022/108)

31. Für Umgründungen mit einem Stichtag nach dem 31. Dezember 2018 ist § 6 Z 6 des Einkommensteuergesetzes 1988 in der Fassung des Bundesgesetzes BGBl. I Nr. 62/2018 erstmals anzuwenden. Dabei gilt § 124b Z 330 des Einkommensteuergesetzes 1988 sinngemäß für Umgründungen, denen ein Stichtag vor dem 1. Jänner 2019 zu Grunde liegt.

    (BGBl I 2018/62, BGBl I 2019/103)

32. § 16 Abs. 5 in der Fassung des Bundesgesetzes BGBl. I Nr. 62/2018 ist auf Umgründungen anzuwenden, die nach dem 31. Juli 2018 beschlossen oder vertraglich unterfertigt werden.

    (BGBl I 2018/62)

33. § 32 Abs. 1 Z 1, § 34 Abs. 2 Z 2, § 36 Abs. 2 sowie § 38 Abs. 2, jeweils in der Fassung des

Bundesgesetzes BGBl. I Nr. 69/2018, sind erstmals auf Umgründungen anzuwenden, die nach dem 1. Jänner 2019 beschlossen oder vertraglich unterfertigt werden.

(BGBl I 2018/69)

34. § 13 Abs. 1 und § 43 Abs. 1, jeweils in der Fassung des Bundesgesetzes BGBl. I Nr. 104/2019, treten mit 1. Juli 2020 in Kraft.

(BGBl I 2019/104)

35. § 16 Abs. 1a und § 17 Abs. 1a in der Fassung des Bundesgesetzes BGBl. I Nr. 103/2019 sind erstmals auf Einbringungen anzuwenden, die nach dem 31. Dezember 2019 beschlossen oder vertraglich unterfertigt werden.

(BGBl I 2019/103)

36. § 9 Abs. 1 Z 3 letzter Teilstrich in der Fassung des Bundesgesetzes BGBl. I Nr. 10/2022 tritt mit 1. Jänner 2023 in Kraft und ist erstmalig anwendbar für Umwandlungsstichtage nach dem 31. Dezember 2022.

(BGBl I 2022/10)

4. TEIL
VOLLZIEHUNG

Mit der Vollziehung dieses Bundesgesetzes ist der Bundesminister für Finanzen betraut.

Anlage
(zu Art. I, II, III und VI)

Gesellschaften im Sinne des Artikels 3 der Richtlinie 2009/133/EG über das gemeinsame Steuersystem für Fusionen, Spaltungen, Abspaltungen, die Einbringung von Unternehmensteilen und den Austausch von Anteilen, die Gesellschaften verschiedener Mitgliedstaaten betreffen, sowie für die Verlegung des Sitzes einer Europäischen Gesellschaft oder einer Europäischen Genossenschaft von einem Mitgliedstaat in einen anderen Mitgliedstaat, ABl. Nr. L 310 vom 25.11.2009 S. 34.

Gesellschaft im Sinne des Artikels 3 der genannten Richtlinie ist jede Gesellschaft, die

1. eine der angeführten Formen aufweist:
   a) Die gemäß der Verordnung (EG) Nr. 2157/2001 des Rates vom 8. Oktober 2001 über das Statut der Europäischen Gesellschaft (SE) und der Richtlinie 2001/86/EG des Rates vom 8. Oktober 2001 zur Ergänzung des Statuts der Europäischen Gesellschaft hinsichtlich der Beteiligung der Arbeitnehmer gegründeten Gesellschaften sowie die gemäß der Verordnung (EG) Nr. 1435/2003 des Rates vom 22. Juli 2003 über das Statut der Europäischen Genossenschaft (SCE) und der Richtlinie 2003/72/EG des Rates vom 22. Juli 2003 zur Ergänzung des Statuts der Europäischen Genossenschaft hinsichtlich der Beteiligung der Arbeitnehmer gegründeten Genossenschaften;
   b) die Gesellschaften belgischen Rechts mit der Bezeichnung „société anonyme"/„naamloze vennootschap", „société en commandite par actions"/„commanditaire vennootschap op aandelen", „société privée à responsabilité limitée"/„besloten vennootschap met beperkte aansprakelijkheid", „société coopérative à responsabilité limitée"/„coöperatieve vennootschap met beperkte aansprakelijkheid", „société coopérative à responsabilité illimitée"/„coöperatieve vennootschap met onbeperkte aansprakelijkheid", „société en nom collectif"/„vennootschap onder firma", „société en commandite simple"/„gewone commanditaire vennootschap", öffentliche Unternehmen, die eine der genannten Rechtsformen angenommen haben und andere nach belgischem Recht gegründete Gesellschaften, die der belgischen Körperschaftsteuer unterliegen;
   c) die Gesellschaften tschechischen Rechts mit der Bezeichnung „akciová společnost", „společnost s ručením omezeným";
   d) die Gesellschaften dänischen Rechts mit der Bezeichnung „aktieselskab" und „anpartsselskab"; weitere nach dem Körperschaftsteuergesetz steuerpflichtige Unternehmen, soweit ihr steuerbarer Gewinn nach den allgemeinen steuerrechtlichen Bestimmungen für „aktieselskaber" ermittelt und besteuert wird;
   e) die Gesellschaften deutschen Rechts mit der Bezeichnung „Aktiengesellschaft", „Kommanditgesellschaft auf Aktien", „Gesellschaft mit beschränkter Haftung", „Versicherungsverein auf Gegenseitigkeit", „Erwerbs- und Wirtschaftsgenossenschaft", „Betriebe gewerblicher Art von juristischen Personen des öffentlichen Rechts" und andere nach deutschem Recht gegründete Gesellschaften, die der deutschen Körperschaftsteuer unterliegen;
   f) die Gesellschaften estnischen Rechts mit der Bezeichnung „täisühing", „usaldusühing", „osaühing", „aktsiaselts", „tulundusühistu";
   g) die Gesellschaften griechischen Rechts mit der Bezeichnung „ανώνυμη εταιρεία", „εταιρεία περιορισμένης ευθύνης (Ε.Π.Ε.)";
   h) die Gesellschaften spanischen Rechts mit der Bezeichnung „sociedad anónima", „sociedad comanditaria por acciones" und „sociedad de responsabilidad limitada" sowie die öffentlich-rechtlichen Körperschaften, deren Tätigkeit unter das Privatrecht fällt;
   i) die Gesellschaften französischen Rechts mit der Bezeichnung „société anonyme", „société en commandite par actions" und „société à responsabilité limitée",

„sociétés par actions simplifiées“, „sociétés d“assurances mutuelles“, „caisses d“épargne et de prévoyance“, „sociétés civiles“, die automatisch der Körperschaftsteuer unterliegen, „coopératives“, „unions de coopératives“, die öffentlichen Industrie- und Handelsbetriebe und unternehmen und andere nach französischem Recht gegründete Gesellschaften, die der französischen Körperschaftsteuer unterliegen;

j) nach irischem Recht gegründete oder eingetragene Gesellschaften, gemäß dem Industrial and Provident Societies Act eingetragene Körperschaften, gemäß den Building Societies Acts gegründete „building societies“ und „trustee savings banks“ im Sinne des Trustee Savings Banks Act von 1989;

k) die Gesellschaften italienischen Rechts mit der Bezeichnung „società per azioni“, „società in accomandita per azioni“, „società a responsabilità limitata“, „società cooperative“, „società di mutua assicurazione“ sowie öffentliche und private Körperschaften, deren Tätigkeit ganz oder überwiegend handelsgewerblicher Art ist;

l) die nach zyprischem Recht gegründeten Gesellschaften „εταιρείες“ gemäß der Begriffsbestimmung in den Einkommensteuergesetzen;

m) die Gesellschaften lettischen Rechts mit der Bezeichnung „akciju sabiedrība“, „sabiedrība ar ierobežotu atbildību“;

n) die nach litauischem Recht gegründeten Gesellschaften;

o) die Gesellschaften luxemburgischen Rechts mit der Bezeichnung „société anonyme“, „société en commandite paractions“, ‚société à responsabilité limitée“, ‚société coopérative“, ‚société coopérative organisée comme une société anonyme“, „association d“assurances mutuelles“, „association d'épargne-pension“, ,“entreprise de nature commerciale“, „industrielle ou minière de l'État“, „des communes“, „des syndicats de communes“, „des établissements publics et des autres personnes morales de droit public“ sowie andere nach luxemburgischem Recht gegründete Gesellschaften, die der luxemburgischen Körperschaftsteuer unterliegen;

p) die Gesellschaften ungarischen Rechts mit der Bezeichnung „közkereseti társaság“, ,“betéti társaság“, „közös vállalat“, „korlátolt felelősségű társaság“, „részvénytársaság“, „egyesülés“, „közhasznú társaság“, „szövetkezet“;

q) die Gesellschaften maltesischen Rechts mit der Bezeichnung „Kumpaniji ta Responsabilita“, „Limitata“, „Soċjetajiet en commandite li l-kapital tagħhom maqsum f“azzjonijiet“;

r) die Gesellschaften niederländischen Rechts mit der Bezeichnung „naamloze vennnootschap“, „besloten vennootschap met beperkte aansprakelijkheid“, „open commanditaire vennootschap“, „coöperatie“, „onderlinge waarborgmaatschappij“, „fonds voor gemene rekening“, „vereniging op coöperatieve grondslag“ und „vereniging welke op onderlinge grondslag als verzekeraar of kredietinstelling optreedt“ sowie andere nach niederländischem Recht gegründete Gesellschaften, die der niederländischen Körperschaftsteuer unterliegen;

s) die Gesellschaften österreichischen Rechts mit der Bezeichnung „Aktiengesellschaft“, „Gesellschaft mit beschränkter Haftung“, „Erwerbs- und Wirtschaftsgenossenschaft“;

t) die Gesellschaften polnischen Rechts mit der Bezeichnung „spółka akcyjna“, „spółka z ograniczoną odpowiedzialnością“;

u) die nach portugiesischem Recht gegründeten „Handelsgesellschaften“ und zivilrechtlichen Handelsgesellschaften sowie andere nach portugiesischem Recht gegründete juristische Personen, die Industrie- oder Handelsunternehmen sind;

v) die Gesellschaften slowenischen Rechts mit der Bezeichnung „delniška družba“, „komanditna družba“, „družba z omejeno odgovornostjo“;

w) die Gesellschaften slowakischen Rechts mit der Bezeichnung „akciová spoločnosť“, „spoločnosť s ručením obmedzeným“, „komanditná spoločnosť“;

x) die Gesellschaften finnischen Rechts mit der Bezeichnung „osakeyhtiö“/„aktiebolag“, „osuuskunta“/„andelslag“, „säästöpankki“/„sparbank“ und „vakuutusyhtiö“/„försäkringsbolag“;

y) die Gesellschaften schwedischen Rechts mit der Bezeichnung „aktiebolag“, „bankaktiebolag“, „försäkringsaktiebolag“, „ekonomiska föreningar“, „sparbanker“ und „ömsesidiga försäkringsbolag“;

z) die nach dem Recht des Vereinigten Königreichs gegründeten Gesellschaften;

aa) Gesellschaften bulgarischen Rechts mit der Bezeichnung „събирателнот дружество“, „командитното дружество“, дружеството с ограничена отговорност“, „акционерното дружество“ „командитното дружество с акции“, кооперации“, „кооперативни съюзи“, „държавни предприятия“, die nach bulgarischem Recht gegründet wurden und gewerbliche Tätigkeiten ausüben;

ab) Gesellschaften rumänischen Rechts mit der Bezeichnung „societăţi pe acţiuni", „societăţi în comandită pe acţiuni", „societăţi cu răspundere limitată";

ac) Gesellschaften kroatischen Rechts mit der Bezeichnung ‚dioničko društvo' oder ‚društvo s ograničenom odgovornošću' und andere nach kroatischem Recht gegründete Gesellschaften, die der kroatischen Gewinnsteuer unterliegen;

2. nach dem Steuerrecht eines Mitgliedstaats der Europäischen Gemeinschaft als in diesem Staat ansässig und nicht auf Grund eines Doppelbesteuerungsabkommens mit einem dritten Staat als außerhalb der Gemeinschaft ansässig anzusehen ist und

3. ohne Wahlmöglichkeit einer der nachstehenden Steuern
   - vennootschapsbelasting/impôt des sociétés in Belgien,
   - selskabsskat in Dänemark,
   - Körperschaftsteuer in Deutschland,
   - φόρος εισοδήματος νομικών προσώπων κερδοσκοπικού χαρακτήρα in Griechenland
   - impuesto sobre sociedades in Spanien,
   - impôt sur les sociétés in Frankreich,
   - corporation tax in Irland,
   - imposta sul reddito delle società in Italien,
   - impôt sur le revenu des collectivités in Luxemburg,
   - vennootschapsbelasting in den Niederlanden,
   - imposto sobre o rendimento das pessoas colectivas in Portugal,
   - corporation tax im Vereinigten Königreich,
   - Körperschaftsteuer in Österreich,
   - yhteisöjen tulovero/inkomstskatten för samfund in Finnland,
   - statlig inkomstskatt in Schweden,
   - daň z příjmů právnických osob in der Tschechischen Republik,
   - Tulumaks in Estland,
   - φόρος Εισοδήματος in Zypern,
   - uzņēmumu ienākuma nodoklis in Lettland,
   - Pelno mokestis in Litauen,
   - Társasági adó in Ungarn,
   - Taxxa fuq l-income in Malta,
   - Podatek dochodowy od osób prawnych in Polen,
   - Davek od dobička pravnih oseb in Slowenien,
   - daň z príjmov právnických osôb in der Slowakei,
   - корлоративен данък in Bulgarien,
   - impozit pe profit in Rumänien,
   - porez na dobit in Kroatien

oder irgendeiner Steuer, die eine dieser Steuern ersetzt, unterliegt, ohne davon befreit zu sein.

Z 1 lit. a ist anzuwenden: soweit es sich um eine SE handelt, auf Umgründungen, wenn die zugrundeliegenden Beschlüsse nach dem 7. Oktober 2004 zustandegekommen sind, soweit es sich um eine SCE handelt, auf Umgründungen, wenn die zugrundeliegenden Beschlüsse nach dem 17. August 2006 zustandegekommen sind.

Z 1 lit. c, f, l, m, n, p, q, t, v, w sind auf Umgründungen anzuwenden, wenn die zugrundeliegenden Beschlüsse nach dem 30. April 2004 zustandegekommen sind.

Z 1 lit. aa und bb sind auf Umgründungen anzuwenden, wenn die zugrundeliegenden Beschlüsse nach dem 31. Dezember 2006 zustandegekommen sind.

Die Anlage (zu Art. I, II, III und IV) in der Fasssung des Bundesgesetzes BGBl. I Nr. 13/2014 ist auf Umgründungen anzuwenden, wenn die zugrundeliegenden Beschlüsse nach dem 30. Juni 2013 zustande gekommen sind.

3/2. SONSTIGE GESETZE

3/2/1. Umwandlungsgesetz

BGBl 1996/304 idF BGBl I 2009/71

GLIEDERUNG

§ 1. Begriff der Umwandlung
§ 2. Umwandlung durch Übertragung des Unternehmens auf den Hauptgesellschafter
§ 3. Anmeldung und Eintragung der Umwandlung
§ 4. Firmenfortführung
§ 5. Umwandlung unter gleichzeitiger Errichtung einer eingetragenen Personengesellschaft
§ 6. In-Kraft-Treten

Bundesgesetz über die Umwandlung von Handelsgesellschaften (UmwG)

Begriff der Umwandlung

§ 1. Kapitalgesellschaften können nach Maßgabe der folgenden Bestimmungen unter Ausschluß der Abwicklung durch Übertragung des Unternehmens im Weg der Gesamtrechtsnachfolge auf einen Gesellschafter oder in eine offene Gesellschaft oder Kommanditgesellschaft (Nachfolgerechtsträger) umgewandelt werden.

Umwandlung durch Übertragung des Unternehmens auf den Hauptgesellschafter

§ 2. (1) Die Hauptversammlung (Generalversammlung) der Kapitalgesellschaft kann die Umwandlung durch Übertragung des Unternehmens auf den Hauptgesellschafter beschließen, wenn ihm Anteilsrechte an mindestens neun Zehnteln des Grundkapitals (Stammkapitals) gehören und er für die Umwandlung stimmt, es sei denn, dass der Hauptgesellschafter eine Aktiengesellschaft, eine Gesellschaft mit beschränkter Haftung oder sonst eine Kapitalgesellschaft im Sinn des § 1 Abs. 2 EU-Verschmelzungsgesetz mit Sitz in einem Mitgliedstaat im Sinn des § 1 Abs. 3 EU-Verschmelzungsgesetz ist. Hiebei werden eigene Aktien der Kapitalgesellschaft den Gesellschaftern nach dem Verhältnis ihrer Anteilsrechte zugerechnet.

(2) Mit der Eintragung der Umwandlung bei der übertragenden Gesellschaft treten folgende Rechtswirkungen ein:

1. Das Vermögen der Kapitalgesellschaft geht einschließlich der Schulden auf den Hauptgesellschafter über. Treffen aus gegenseitigen Verträgen, die zur Zeit der Umwandlung von keiner Seite vollständig erfüllt sind, Abnahme-, Lieferungs- oder ähnliche Verpflichtungen zusammen, die miteinander unvereinbar sind oder die beide zu erfüllen eine schwere Unbilligkeit für den Hauptgesellschafter bedeuten würde, so bestimmt sich der Umfang der Verpflichtungen nach Billigkeit unter Würdigung der vertraglichen Rechte aller Beteiligten.
2. Die Kapitalgesellschaft erlischt, einer besonderen Löschung bedarf es nicht.
3. Der Hauptgesellschafter hat den anderen Gesellschaftern und den Berechtigten aus von der Gesellschaft eingeräumten Rechten zum Bezug von Anteilen (Umtausch-, Bezugs-, Optionsrechte oder ähnliche Rechte) eine angemessene Barabfindung zu gewähren. Der Tag der Beschlussfassung durch die Gesellschafterversammlung gilt als Stichtag für die Feststellung der Angemessenheit. Werden Sonderrechte entzogen, so ist dies bei der Festlegung der Abfindung zu berücksichtigen. Die Barabfindung ist zwei Monate nach dem Tag fällig, an dem die Eintragung der Umwandlung gemäß § 10 UGB als bekannt gemacht gilt; der Anspruch verjährt innerhalb von drei Jahren. Die Barabfindung ist ab dem der Beschlussfassung durch die Gesellschafterversammlung folgenden Tag bis zur Fälligkeit mit jährlich zwei Prozentpunkten über dem jeweils geltenden Basiszinssatz zu verzinsen. Die Kosten der Durchführung des Ausschlusses, insbesondere der Auszahlung der Barabfindung trägt der Hauptgesellschafter.
4. Der Mangel der notariellen Beurkundung des Umwandlungsbeschlusses wird durch die Eintragung in das Firmenbuch geheilt.

(3) Im Übrigen sind auf die übertragende Kapitalgesellschaft, soweit in diesem Bundesgesetz nichts anderes bestimmt wird, die Vorschriften über die Verschmelzung durch Aufnahme (§§ 220 bis 221a, § 225a Abs. 2, §§ 225b bis 225m AktG – ausgenommen § 225c Abs. 3 und 4, § 225e Abs. 3 zweiter Satz und § 225j –, §§ 226 bis 232 AktG, §§ 97, 98 und 100 GmbHG) nach Maßgabe der folgenden Bestimmungen sinngemäß anzuwenden:

1. (aufgehoben)
2. An die Stelle des Verschmelzungsvertrags tritt der Umwandlungsvertrag, der zwischen der Kapitalgesellschaft und dem Hauptgesellschafter abzuschließen ist, an die Stelle des Verschmelzungsberichts der Umwandlungsbericht, den der Vorstand (die Geschäftsführung) der umzuwandelnden Kapitalgesellschaft gemeinsam mit dem Hauptgesellschafter aufzustellen hat, an die Stelle des Umtauschverhältnisses die Höhe der baren Abfindung für die Anteilsrechte.
3. Im Umwandlungsbericht ist insbesondere die Angemessenheit der Barabfindung zu erläutern und zu begründen; auf besondere Schwierigkeiten bei der Bewertung des Unternehmens ist hinzuweisen. Es ist weiters darauf hinzuweisen, dass jedem Minderheitsgesellschafter ein Anspruch auf eine

angemessene Abfindung gemäß Abs. 2 Z 3 zusteht, weiters darauf, dass die Gesellschafter, auch wenn sie dem Beschluss zustimmen, bei dem Gericht, in dessen Sprengel die Kapitalgesellschaft ihren Sitz hat, innerhalb einer Frist von einem Monat nach dem Tag, an dem die Eintragung des Beschlusses gemäß § 10 UGB als bekannt gemacht gilt, einen Antrag auf Überprüfung der Barabfindung stellen können.

4. Der Umwandlungsprüfer (§ 220b AktG) wird auf gemeinsamen Antrag des Aufsichtsrats der Kapitalgesellschaft und des Hauptgesellschafters vom Gericht ausgewählt und bestellt. Er hat insbesondere die Angemessenheit der Barabfindung zu überprüfen. Das Auskunftsrecht des Prüfers besteht auch gegenüber dem Hauptgesellschafter.
5. Neben den Unterlagen gemäß § 221a Abs. 2 AktG sind auch allfällige Gutachten, auf denen die Beurteilung der Angemessenheit beruht, vorzulegen; § 118 Abs. 3 AktG ist sinngemäß anzuwenden.
6. Jedem Gesellschafter ist auf Verlangen in der Gesellschafterversammlung auch über alle für den Ausschluss wesentlichen Angelegenheiten des Hauptgesellschafters Auskunft zu geben. § 118 Abs. 3 AktG ist sinngemäß anzuwenden. Bei der GmbH besteht dieses Recht auch außerhalb der Gesellschafterversammlung; in der Einberufung ist auf dieses Recht ausdrücklich hinzuweisen.
7. Der Hauptgesellschafter hat einen Treuhänder zu bestellen; § 2 Abs. 3 und § 3 Abs. 10 GesAusG gelten sinngemäß.

(4) Der Umwandlungsbeschluß ist notariell zu beurkunden.

Anmeldung und Eintragung der Umwandlung

§ 3. (1) Der Vorstand (die Geschäftsführung) der Kapitalgesellschaft und der Hauptgesellschafter haben die Umwandlung zur Eintragung in das Firmenbuch beim Gericht, in dessen Sprengel die Kapitalgesellschaft ihren Sitz hat, anzumelden. Der Anmeldung sind in Urschrift, Ausfertigung oder beglaubigter Abschrift beizufügen:

1. der Umwandlungsvertrag;
2. die Niederschrift des Umwandlungsbeschlusses;
3. wenn die Umwandlung einer behördlichen Genehmigung bedarf, die Genehmigungsurkunde;
4. der Umwandlungsbericht;
5. der Prüfungsbericht;
6. die Schlussbilanz der umzuwandelnden Kapitalgesellschaft;
7. die Erklärung des Vorstands der umzuwandelnden Kapitalgesellschaft, dass eine Klage auf Anfechtung oder Feststellung der Nichtigkeit des Umwandlungsbeschlusses innerhalb eines Monats nach der Beschlussfassung nicht erhoben oder zurückgenommen wurde oder dass alle Anteilsinhaber durch notariell beurkundete Erklärung auf eine solche Klage verzichtet haben;
8. eine Erklärung des Treuhänders, dass er im Besitz der Gesamtsumme der Barabfindungen oder einer entsprechenden Bankgarantie für den voraussichtlichen Zeitpunkt der Auszahlung ist (§ 2 Abs. 3 Z 7).

Kann die Erklärung gemäß Z 7 nicht vorgelegt werden, so hat das Gericht gemäß § 19 FBG vorzugehen.

(2) Ist der Hauptgesellschafter nicht im Firmenbuch eingetragen, aber als Nachfolgerechtsträger hiezu verpflichtet, so sind der Anmeldung der Umwandlung alle hiefür erforderlichen Unterlagen anzuschließen. Wenn die umzuwandelnde Kapitalgesellschaft und der Nachfolgerechtsträger ihren Sitz nicht im selben Gerichtssprengel haben, hat das Gericht, in dessen Sprengel die umzuwandelnde Kapitalgesellschaft ihren Sitz hat, gleichzeitig mit der Umwandlung und der Eintragung des Nachfolgerechtsträgers die Beendigung seiner Zuständigkeit auszusprechen und dies dem Gericht, in dessen Sprengel der Nachfolgerechtsträger seinen Sitz hat, mitzuteilen. Weiters hat es diesem Gericht die bei ihm aufbewahrten Urkunden und sonstigen Schriftstücke zu übersenden.

Firmenfortführung

§ 4. Führt der Hauptgesellschafter das von der umzuwandelnden Kapitalgesellschaft betriebene Unternehmen weiter, kann er die bisherige Firma unter den Voraussetzungen des § 22 UGB fortführen.

Umwandlung unter gleichzeitiger Errichtung einer eingetragenen Personengesellschaft

§ 5. (1) Die Hauptversammlung (Generalversammlung) einer Kapitalgesellschaft kann die Errichtung einer offenen Gesellschaft oder einer Kommanditgesellschaft und zugleich die Übertragung des Vermögens der Kapitalgesellschaft auf die offene Gesellschaft oder Kommanditgesellschaft beschließen. An dieser Personengesellschaft müssen Personen, deren Anteilsrechte zumindest neun Zehntel des Grundkapitals (Stammkapitals) der Kapitalgesellschaft umfassen, beteiligt sein; die übrigen Gesellschafter haben einen Anspruch auf Abfindung. Neue Gesellschafter dürfen höchstens im Umfang von einem Zehntel der Anteilsrechte am Grundkapital (Stammkapital) hinzutreten.

(2) Der Umwandlungsbeschluss bedarf der Zustimmung von neun Zehnteln des gesamten Grundkapitals (Stammkapitals), wenn ein Gesellschafter diese Anteile hält; § 1 Abs. 3 GesAusG gilt sinngemäß. Ansonsten bedarf der Umwandlungsbeschluss der Zustimmung aller Gesellschafter. Die Zustimmung kann auch außerhalb der Hauptversammlung (Generalversammlung) durch Erklärung innerhalb dreier Monate ab Beschlussfassung erfolgen; solche Erklärungen müssen gerichtlich oder notariell beglaubigt unterfertigt sein.

(3) Im Umwandlungsbeschluß gemäß Abs. 1 sind auch die Namen der Gesellschafter, das Ausmaß ihrer Beteiligung, die Firma, die Rechtsform und der Sitz der Personengesellschaft festzusetzen.

(4) Der Vorstand (die Geschäftsführung) der umzuwandelnden Kapitalgesellschaft und die Gesellschafter der zu errichtenden Personengesellschaft haben die Umwandlung sowie die Errichtung der Personengesellschaft zur Eintragung bei dem Gericht, in dessen Sprengel die umzuwandelnde Kapitalgesellschaft ihren Sitz hat, anzumelden; hiebei sind die Vorschriften über die Anmeldung und Eintragung von Personengesellschaften zu beachten.

(5) Die §§ 2 bis 4 sind sinngemäß anzuwenden. Die Personengesellschaft entsteht mit der Eintragung des Umwandlungsbeschlusses im Firmenbuch.

In-Kraft-Treten

§ 6. (1) § 1, § 2, § 4 und § 5 Abs. 1 in der Fassung des Handelsrechts-Änderungsgesetzes, BGBl. I Nr. 120/2005, treten mit 1. Jänner 2007 in Kraft. § 4 ist in dieser Fassung auf Umwandlungen anzuwenden, die nach dem 31. Dezember 2006 zur Eintragung in das Firmenbuch angemeldet werden.

(2) § 2 Abs. 2 und 3, § 3 Abs. 1 sowie § 5 Abs. 1, 2 und 5 in der Fassung des Übernahmerechts-Änderungsgesetzes 2006, BGBl. I Nr. 75/2006, treten mit 20. Mai 2006 in Kraft und sind auf Umwandlungen anzuwenden, bei denen der Umwandlungsbeschluss nach diesem Zeitpunkt gefasst wurde. Auf Umwandlungen, bei denen der Umwandlungsbeschluss vor diesem Zeitpunkt gefasst wurde, ist das Umwandlungsgesetz in der vor In-Kraft-Treten des Übernahmerechts-Änderungsgesetzes 2006, BGBl. I Nr. 75/2006, geltenden Fassung weiter anzuwenden.

(3) § 2 in der Fassung des Bundesgesetzes BGBl. I Nr. 72/2007 ist auf Umwandlungen anzuwenden, die nach dem 1. Dezember 2007 zum Firmenbuch angemeldet werden.

(4) § 2 Abs. 3 und § 3 Abs. 1 in der Fassung des Aktienrechts-Änderungsgesetzes 2009, BGBl. I Nr. 71/2009, treten mit 1. August 2009 in Kraft. § 2 Abs. 3 ist auf Umwandlungen anzuwenden, bei denen die Gesellschafterversammlung nach dem 31. Juli 2009 einberufen wird. Auf Umwandlungen, bei denen die Gesellschafterversammlung vor diesem Zeitpunkt einberufen wurde, ist § 2 Abs. 3 in der bisher geltenden Fassung weiter anzuwenden. § 3 Abs. 1 ist auf Umwandlungen anzuwenden, bei denen der Umwandlungsbeschluss nach dem 31. Juli 2009 gefasst wird. Auf vor diesem Zeitpunkt beschlossene Umwandlungen ist § 3 Abs. 1 in der bisher geltenden Fassung weiter anzuwenden.

3/2/2. Spaltungsgesetz

BGBl 1996/304 idF BGBl I 2022/186 (GesDigG 2022)

GLIEDERUNG

1. Teil: Begriff der Spaltung
§ 1.

2. Teil: Spaltung zur Neugründung
§ 2. Spaltungsplan
§ 3. Kapitalerhaltung, Anwendung des Gründungsrechts, Haftung der Organe
§ 4. Spaltungsbericht
§ 5. Prüfung der Spaltung
§ 6. Prüfung durch den Aufsichtsrat
§ 7. Vorbereitung der Beschlußfassung
§ 8. Spaltungsbeschluß
§ 9. Barabfindungsangebot bei nicht verhältniswahrender Spaltung: Ausschluß von Anfechtungsklagen
§ 10. Besondere Zustimmungserfordernisse
§ 11. Barabfindungsangebot bei rechtsformübergreifender Spaltung
§ 12. Anmeldung
§ 13. Beilage zur Anmeldung
§ 14. Eintragung und ihre Rechtswirkungen
§ 15. Schutz der Gläubiger
§ 16. Auskunftserteilung
§ 16a. Verhältniswahrende Spaltung

3. Teil: Spaltung zur Aufnahme
§ 17.

5. Teil: In-Kraft-Treten
§ 19.

STICHWORTVERZEICHNIS

A
Abschlußprüfer 2 (1) 9
Abspaltung
– zur Aufnahme 1 (2) 2, 17
– zur Neugründung 1 (2) 2, 2ff, 3 (2), 14 (2)
Abwicklung 1 (2)
Aktie 1 (2), 8 (2), 10 (3)
Aktiengesellschaft 8 (1)
Aktionär 7 (5)
Anfechtungsklagen, Ausschluß 9 (2), 14 (3)
Anmeldung 12
– Beilagen zur 13
Anteile 1 (2)
– Aufteilung 2 (1) 3, 4 (1)
Anteilsinhaber 1 (2), 7 (1), 8 (1), 8 (3), 9 (1), 10 (1), 11
Anwendung
– des AktienG 3 (1), 3 (4), 3 (5), 4 (1), 5 (5), 6 (1), 9 (2), 14 (6), 17
– des GmbHG 9 (1)
– des Gründungsrechts 3
– des HGB 2 (2), 3 (5), 5 (3), 9 (1)
Aufsichtsrat der übertragenden Gesellschaft 3 (5), 5 (2)
– Prüfung der Spaltung 6
Aufspaltung
– zur Aufnahme 1 (2) 1, 17
– zur Neugründung 1 (2) 1, 2ff, 14 (2)
Aufteilung der Anteile 2 (1) 3, 4 (1)
Auskunftserteilung 16

B
Barabfindung 2 (1) 13, 2 (3)
Barabfindungsangebot
– bei nichtverhältniswahrender Spaltung 9 (1)
– bei rechtsformübergreifender Spaltung 11
Beendigung der übertragenden Gesellschaft 1 (2) 1
Beglaubigung 10 (4)
Beilagen zur Anmeldung 13
Bericht des Aufsichtsrates 6, 7 (2) 6
Beschluß 8
Beschlußfassung
– Vorbereitung 7
Betriebsrat 7 (1), 7 (5)
Beurkundung des Spaltungsbeschlusses 8 (4), 14 (2)
Bilanzgewinn 2 (1) 6

E
Eid 16 (2)
Einsichtnahme 7 (2)
Eintragung der Spaltung und der neuen Gesellschaften 14
– Rechtswirkungen 14 (2)
Eröffnungsbilanz 2 (1) 12

F
Firma 2 (1) 1
Firmenbuch 3 (5)
– Eintragung der Spaltung 3 (5), 14
Firmenbuchnummer 14 (1)
Fortbestand der übertragenden Gesellschaft 1 (2) 2

G
Genehmigung 13
Generalversammlung 4 (2), 7 (6), 10 (4)
Genußrechte 2 (1) 8, 15 (5)
Gericht 12 (1)
Gesamtrechtsnachfolge 1 (2), 2 (1) 2, 14 (2)
Gesamtschuldner 9 (1), 15

Geschäftsanteil 1 (2), 10 (3)
Geschäftsführer 2 (1), 10 (1)
Gesellschaft
– neue 12 (1), 13, 14 (1), 14 (2)
– übernehmende 17
– übertragende 1 (2), 2 (1), 2 (2), 3 (1), 3 (2), 3 (3), 3 (5), 4 (1), 7 (1), 8 (3), 10 (3), 14 (2), 14 (6), 15, 17
Gesellschaft mit beschränkter Haftung 7 (4), 8 (1), 9 (1)
– kleine 3 (1)
Gesellschaftsvertrag 2 (1) 1, 10 (1), 10 (2), 10 (3)
Gewinnschuldverschreibung 2 (1) 8
Gläubiger 7 (5), 14 (5)
– Schutz 15
Gründer 3 (3)
Grundkapital 2 (1) 3
Gründung 3 (4)
Gründungsprüfer 2 (1) 9
Gründungsprüfung 3 (4)
Gründungsprüfungsberichte 4 (1)
Gründungsrecht 3
Gründungsvorschriften 3 (3), 13

H
Haftung
– der Organe 3
– des Spaltungsprüfers 5 (3)
Hauptversammlung 4 (2), 7 (6), 8 (2), 10 (4)

I
Inventar 2 (1) 10

J
Jahresabschluß 2 (2), 7 (2)

K
Kapitalerhaltung 3
Kapitalgesellschaft 1
– neue 1 (2), 1 (3)
– übernehmende 1 (2), 1 (3)
Kapitalherabsetzung 3 (2)
Klage
– auf Anfechtung des Spaltungsbeschlusses 9 (2), 12 (2), 14 (3)
– auf Feststellung der Nichtigkeit des Spaltungsbeschlusses 12 (2), 14 (3)

L
Lagebericht 7 (2)

M
Mängel der Spaltung 14 (3)
Mehrstimmrechtsanteile 2 (1) 8

N
Nennbetrag 2 (1) 4
Nennbetragsaktien 2 (1) 4
Nennkapital 2 (1) 4, 3, 8 (3), 10 (2)
– Herabsetzung 3 (2)
Neugründung 1 (2)
nichtverhältniswahrende Spaltung 2 (1) 13, 5 (4), 8 (3), 9 (1)
– Barabfindungsangebot 9 (1)

P
Prüfung der Spaltung 5
– durch den Aufsichtsrat 6
– Unterbleiben 6 (2)
Prüfungsbericht 5 (4), 7 (2) 5, 13
– Verzicht 5 (6)

R
rechtliches Interesse 16
rechtsformübergreifende Spaltung 2 (1) 13
– Barabfindungsangebot 11
Rechtswirkungen der Eintragung der Spaltung ins Firmenbuch 14 (2)
Reue, tätige 18 (2)
Rücklagen 3 (1)
– gebundene 3 (1), 4

S
Sachverständige 16 (2)
Satzung 2 (1) 1, 10 (1), 10 (2), 10 (3)
Schlußbilanz der übertragenden Gesellschaft 2 (1) 12, 2 (2), 7 (2)
schuldbefreiend 14 (4)
Schuldner 14 (4)
Sitz
– der neuen Gesellschaft 14 (1)
– der übertragenden Gesellschaft 12 (1)
– Sonderrechte 10
Spaltung
– Begriff 1
– Firmenbucheintragung 14
– nichtverhältniswahrende 2 (1) 13, 8 (3), 9 (1)
– Prüfung 5
– Bericht 5 (4)
– rechtsformübergreifende 2 (1) 13, 11
– unter Beendigung der übertragenden Gesellschaft 1 (2) 1
– unter Fortbestand der übertragenden Gesellschaft 1 (2) 2
– verhältniswahrende 4 (1)
– zur Aufnahme 17
– zur Neugründung 2ff
Spaltungsbericht 4, 7 (2) 4, 13
– Inhalt 4 (1)
– Unterbleiben 4 (2)
Spaltungsbeschluß 8
– Anfechtungsklage 9 (2), 12 (2), 14 (3)
– besondere Zustimmungserfordernisse 10
– Beurkundung 8 (4)
– Vorbereitung 7
Spaltungsbilanz 2 (1) 12
Spaltungsplan 2, 4 (1), 7 (1), 7 (2), 7 (6), 14 (2)
– beschlossener 8 (4)
– Inhalt 2 (1)
– Prüfung 5
Spaltungsprüfer 2 (1) 9, 5
– Bestellung 5 (2)
Spaltungsprüfung 5
– durch Aufsichtsrat der übertragenden Gesellschaft 6
Spaltungsstichtag 2 (1) 7, 2 (2)
Spaltungs- und Übernahmsvertrag 17
Spaltungsvorgang 18 (1)
Strafbestimmung 18

U
Übertragung von Vermögensteilen 1 (2), 1 (3), 2 (1) 2
Umtausch der Aktien 14 (6)
Umtauschverhältnis 2 (1) 3, 4 (1), 7 (6)

V
Verbindlichkeiten – Gläubigerschutz 15
Verfahren, außerstreitiges 15 (3), 16 (2)
Verweise
– auf das AktienG 3 (1), 3 (4), 3 (5), 4 (1), 5 (5), 6 (1), 9 (2), 14 (6), 17
– auf das Firmenbuchgesetz 12 (2)
– auf das GmbHG 9 (1)
– auf das HGB 2 (2), 3 (5), 5 (3), 9 (1), 14 (1), 15 (2)
– auf die Jurisdiktionsnorm 14 (1)
Vorlage der Handelsbücher 16 (2)
Vorstand
– der neuen Gesellschaften 12 (1)
– der übertragenden Gesellschaft 2 (1), 3 (5), 4 (1), 4 (2), 5 (2), 7 (1), 7 (6), 12 (1), 12 (2)
Vorzugsaktien 2 (1) 8

Z
Zuordnung von Vermögensteilen 2 (1) 11, 16 (1)
Zustimmungserklärungen 8 (4), 13
Zuzahlungen 2 (1) 3, 2 (3)
Zwischenbilanz 7 (2) 3, 7 (3)

Bundesgesetz über die Spaltung von Kapitalgesellschaften (SpaltG)

1. Teil: Begriff der Spaltung

§ 1. (1) Eine Kapitalgesellschaft kann ihr Vermögen nach diesem Bundesgesetz spalten.

(2) Die Spaltung ist möglich

1. unter Beendigung ohne Abwicklung der übertragenden Gesellschaft durch gleichzeitige Übertragung aller ihrer Vermögensteile (Vermögensgegenstände, Schulden und Rechtsverhältnisse) im Weg der Gesamtrechtsnachfolge auf andere dadurch gegründete neue Kapitalgesellschaften (Aufspaltung zur Neugründung) oder auf übernehmende Kapitalgesellschaften (Aufspaltung zur Aufnahme) oder
2. unter Fortbestand der übertragenden Gesellschaft durch Übertragung eines oder mehrerer Vermögensteile dieser Gesellschaft im Weg der Gesamtrechtsnachfolge auf eine oder mehrere dadurch gegründete neue Kapitalgesellschaften (Abspaltung zur Neugründung) oder auf übernehmende Kapitalgesellschaften (Abspaltung zur Aufnahme)

gegen Gewährung von Anteilen (Aktien oder Geschäftsanteilen) der neuen oder übernehmenden Kapitalgesellschaften an die Anteilsinhaber der übertragenden Gesellschaft.

(3) Die gleichzeitige Übertragung auf neue und übernehmende Kapitalgesellschaften ist zulässig.

2. Teil: Spaltung zur Neugründung

Spaltungsplan

§ 2. (1) Der Vorstand (der Vorstand einer Aktiengesellschaft, die Geschäftsführer einer Gesellschaft mit beschränkter Haftung) der übertragenden Gesellschaft hat einen Spaltungsplan aufzustellen. Dieser muß jedenfalls enthalten:

1. die Firma und den Sitz der übertragenden Gesellschaft und die vorgesehenen Satzungen (Gesellschaftsverträge) der an der Spaltung beteiligten Gesellschaften;
2. die Erklärung über die Übertragung der Vermögensteile der übertragenden Gesellschaft jeweils im Wege der Gesamtrechtsnachfolge gegen Gewährung von Anteilen an den neuen Gesellschaften;
3. das Umtauschverhältnis der Anteile und deren Aufteilung auf die Anteilsinhaber sowie gegebenenfalls die Höhe einer baren Zuzahlung der beteiligten Gesellschaften, die zehn von Hundert des auf die gewährten Anteile entfallenden anteiligen Betrages des Grundkapitals nicht übersteigen darf, sowie von Zuzahlungen Dritter, die unbeschränkt zulässig sind;
4. die Einzelheiten der Herabsetzung des Nennbetrages bei Nennbetragsaktien oder der Zusammenlegung von Anteilen an der übertragenden Gesellschaft, wenn diese ihr Nennkapital gemäß § 3 herabsetzt;
5. die Einzelheiten für die Gewährung von Anteilen an den neuen Gesellschaften;
6. den Zeitpunkt, von dem an die Anteile einen Anspruch auf einen Anteil am Bilanzgewinn gewähren, sowie alle Besonderheiten in bezug auf diesen Anspruch;
7. den Stichtag, von dem an die Handlungen der übertragenden Gesellschaft als für Rechnung der neuen Gesellschaften vorgenommen gelten (Spaltungsstichtag);
8. die Rechte, die die neuen Gesellschaften einzelnen Anteilsinhabern sowie den Inhabern besonderer Rechte, wie Anteilen ohne Stimmrecht, Vorzugsaktien, Mehrstimmrechtsanteilen, Gewinnschuldverschreibungen und Genußrechten, gewähren, und gegebenenfalls die für diese Personen vorgesehenen Maßnahmen;
9. jeden besonderen Vorteil, der einem Mitglied des Vorstands oder eines Aufsichtsorgans der an der Spaltung beteiligten Gesellschaften oder einem Abschluß-, Gründungs- oder Spaltungsprüfer gewährt wird;

10. die genaue Beschreibung und Zuordnung der Vermögensteile, die an jede der übernehmenden Gesellschaften übertragen werden; dabei kann auf Urkunden, wie Bilanzen, insbesondere gemäß Z 12, und Inventare, Bezug genommen werden, soweit deren Inhalt eine Zuordnung des einzelnen Vermögensteiles ermöglicht;
11. eine Regelung über die Zuordnung von Vermögensteilen, die sonst auf Grund des Spaltungsplans keiner der an der Spaltung beteiligten Gesellschaften zugeordnet werden können;
12. die Schlußbilanz der übertragenden Gesellschaft, weiters Eröffnungsbilanzen der neuen Gesellschaften und bei der Abspaltung eine Spaltungsbilanz, die das der übertragenden Gesellschaft verbleibende Vermögen ausweist;
13. bei einer nicht verhältniswahrenden Spaltung (§ 8 Abs. 3) und einer rechtsformübergreifenden Spaltung (§ 11) die Bedingungen der von einer beteiligten Gesellschaft oder einem Dritten angebotenen Barabfindung; diese Regelung kann entfallen, wenn alle Gesellschafter der übertragenden Gesellschaft schriftlich in einer gesonderten Erklärung darauf verzichten.

(2) Die übertragende Gesellschaft hat auf den Spaltungsstichtag eine Schlußbilanz aufzustellen. Für sie gelten die Vorschriften des UGB über den Jahresabschluß und dessen Prüfung sinngemäß; sie braucht nicht veröffentlicht zu werden. Die Schlußbilanz muß auf einen höchstens neun Monate vor der Anmeldung der Spaltung liegenden Stichtag aufgestellt werden.

(3) Die Erklärungen eines Dritten, Zuzahlungen gemäß Abs. 1 Z 3 oder eine Barabfindung gemäß Abs. 1 Z 13 anzubieten, müssen gerichtlich oder notariell beglaubigt unterfertigt sein.

Kapitalerhaltung, Anwendung des Gründungsrechts, Haftung der Organe

§ 3. (1) Die Summe der Nennkapitalien der an der Spaltung beteiligten Gesellschaften muß mindestens die Höhe des Nennkapitals der übertragenden Gesellschaft vor der Spaltung erreichen, die Summe der gebundenen Rücklagen der an der Spaltung beteiligten Gesellschaften mindestens die Höhe der gebundenen Rücklagen der übertragenden Gesellschaft vor der Spaltung. Gebundene Rücklagen dürfen auf die neuen Gesellschaften übertragen werden. Für solche Rücklagen gilt auch bei kleinen Gesellschaften mit beschränkter Haftung § 229 Abs. 7 UGB.

(2) Bei der Abspaltung darf das Nennkapital der übertragenden Gesellschaft ohne Einhaltung der Vorschriften über die Kapitalherabsetzung herabgesetzt werden. Werden die Vorschriften über die ordentliche Kapitalherabsetzung eingehalten, so darf insoweit von Abs. 1 erster Satz abgewichen werden.

(3) Auf die neuen Gesellschaften sind die für deren Rechtsform geltenden Gründungsvorschriften anzuwenden, soweit sich aus diesem Bundesgesetz nichts anderes ergibt. Als Gründer ist die übertragende Gesellschaft anzusehen.

(4) Der Hergang der Gründung der neuen Gesellschaften ist einer Prüfung zu unterziehen; ebenso ist zu prüfen, ob der tatsächliche Wert des verbliebenen Nettoaktivvermögens der übertragenden Gesellschaft wenigstens der Höhe ihres Nennkapitals zuzüglich gebundener Rücklagen nach Durchführung der Spaltung entspricht. Die aktienrechtlichen Bestimmungen über die Gründungsprüfung sind sinngemäß anzuwenden. Der Prüfer kann gleichzeitig Spaltungsprüfer sein. Der Gründungsbericht gemäß § 24 AktG entfällt.

(5) Die Mitglieder des Vorstands und des Aufsichtsrats der übertragenden Gesellschaft haften den beteiligten Gesellschaften in sinngemäßer Anwendung des § 41 AktG. Weiters haften sie den Anteilsinhabern für den Ersatz des Schadens, den diese durch die Spaltung erleiden; sie können sich von der Schadenersatzpflicht durch den Gegenbeweis befreien, daß sie ihre Sorgfaltspflicht beobachtet haben. Anspruchsberechtigt sind die Anteilsinhaber, die die Voraussetzungen gemäß § 225c Abs. 3 Z 2 erfüllen. Die Ansprüche verjähren in fünf Jahren seit dem Tage, an dem die Eintragung der Spaltung in das Firmenbuch gemäß § 10 UGB als bekanntgemacht gilt.

Spaltungsbericht

§ 4. (1) Der Vorstand der übertragenden Gesellschaft hat einen schriftlichen Bericht zu erstatten, in dem die Spaltung, der Spaltungsplan im einzelnen und insbesondere das Umtauschverhältnis der Anteile (einschließlich allfälliger barer Zuzahlungen) sowie deren Aufteilung auf die Anteilsinhaber und die Maßnahmen gemäß § 15 Abs. 5 rechtlich und wirtschaftlich ausführlich erläutert und begründet werden. Auf besondere Schwierigkeiten bei der Bewertung der Unternehmen und auf die gemäß § 3 Abs. 4 zu erstellenden Gründungsprüfungsberichte ist hinzuweisen; weiters sind die Gerichte anzuführen, bei welchen die Gründungsprüfungsberichte gemäß § 14 Abs. 1 einzureichen sein werden. § 118 Abs. 3 AktG ist sinngemäß anzuwenden.

(2) Der Bericht des Vorstands ist nicht erforderlich, wenn alle Anteilsinhaber schriftlich oder in der Niederschrift zur Hauptversammlung (Generalversammlung) darauf verzichten.

Prüfung der Spaltung

§ 5. (1) Der Spaltungsplan ist durch einen Spaltungsprüfer zu prüfen.

(2) Der Spaltungsprüfer wird vom Aufsichtsrat, wenn kein Aufsichtsrat bestellt ist, vom Vorstand der übertragenden Gesellschaft bestellt.

(3) Für die Auswahl, das Auskunftsrecht und die Verantwortlichkeit des Spaltungsprüfers gelten die §§ 268 Abs. 4, 271, 271a, 272 und 275 UGB sinngemäß. Die Haftung besteht gegenüber den an

der Spaltung beteiligten Gesellschaften und deren Anteilsinhabern.

(4) Der Spaltungsprüfer hat über das Ergebnis der Prüfung schriftlich zu berichten. Bei einer nicht verhältniswahrenden Spaltung ist der Bericht mit einer Erklärung darüber abzuschließen, ob das vorgeschlagene Umtauschverhältnis der Anteile und gegebenenfalls die Höhe der baren Zuzahlungen und deren Aufteilung auf die Anteilsinhaber sowie das Barabfindungsangebot angemessen sind. Dabei ist insbesondere anzugeben:

1. nach welchen Methoden das vorgeschlagene Umtauschverhältnis der Anteile, deren Aufteilung auf die Anteilsinhaber sowie das Barabfindungsangebot ermittelt worden sind;
2. aus welchen Gründen die Anwendung dieser Methoden angemessen ist;
3. welches Umtauschverhältnis und welche Verteilung auf die Anteilsinhaber sich bei der Anwendung verschiedener Methoden, sofern mehrere angewendet worden sind, jeweils ergeben würde; zugleich ist dazu Stellung zu nehmen, welche Gewichtung diesen Methoden beigemessen wurde und darauf hinzuweisen, ob und welche besonderen Schwierigkeiten bei der Bewertung aufgetreten sind.

Der Spaltungsprüfer hat den Prüfungsbericht dem Vorstand und den Mitgliedern des Aufsichtsrats vorzulegen.

(5) Besteht in sinngemäßer Anwendung von § 133 Abs. 3 zweiter Satz AktG ein Geheimhaltungsinteresse, so hat der Spaltungsprüfer auch eine darauf Bedacht nehmende Fassung vorzulegen, die zur Einsicht der Anteilsinhaber bestimmt ist.

(6) Die Spaltungsprüfung ist nicht erforderlich, wenn alle Anteilsinhaber schriftlich oder in der Niederschrift zur Hauptversammlung (Generalversammlung) darauf verzichten.

Prüfung durch den Aufsichtsrat

§ 6. (1) Der Aufsichtsrat der übertragenden Gesellschaft hat die beabsichtigte Spaltung auf der Grundlage des Spaltungsprüfer zu prüfen und darüber einen schriftlichen Bericht zu erstatten; § 118 Abs. 3 AktG ist sinngemäß anzuwenden.

(2) Die Prüfung durch den Aufsichtsrat der übertragenden Gesellschaft ist nicht erforderlich, wenn alle Anteilsinhaber schriftlich in einer gesonderten Erklärung darauf verzichten. In diesem Fall hat der Vorstand den Aufsichtsrat unverzüglich über die geplante Spaltung zu informieren. Gehören dem Aufsichtsrat gemäß § 110 ArbVG entsandte Mitglieder an, so hat der Vorstand gegebenenfalls auch darüber zu informieren, welche Auswirkungen für die Arbeitnehmer (betreffend Arbeitsplätze, Beschäftigungsbedingungen und Standorte) die Spaltung voraussichtlich haben wird.

Vorbereitung der Beschlußfassung

§ 7. (1) Der Vorstand der übertragenden Gesellschaften hat mindestens einen Monat vor dem Tag der Beschlußfassung durch die Anteilsinhaber den Spaltungsplan nach Prüfung durch den Aufsichtsrat bei dem Gericht, in dessen Sprengel die übertragende Gesellschaft ihren Sitz hat, einzureichen und einen Hinweis auf diese Einreichung gemäß § 18 AktG zu veröffentlichen. In dieser Veröffentlichung sind die Anteilsinhaber, die Gläubiger und der Betriebsrat auf ihre Rechte gemäß Abs. 2, 4 und 5 hinzuweisen.

(1a) Die Einreichung des Spaltungsplans bei Gericht und die Veröffentlichung des Hinweises auf die Einreichung gemäß Abs. 1 sind nicht erforderlich, wenn die Gesellschaft den Spaltungsplan sowie den Hinweis gemäß Abs. 1 zweiter Satz spätestens einen Monat vor dem Tag der Beschlussfassung durch die Anteilsinhaber in elektronischer Form in der Ediktsdatei (§ 89j GOG) veröffentlicht. Die Bundesministerin für Justiz kann die technischen Details der Vorgangsweise bei der Veröffentlichung durch Verordnung regeln.

(2) Mindestens während eines Monats vor dem Tag der Hauptversammlung, die über die Zustimmung zur Spaltung beschließen soll, sind gemäß § 108 Abs. 3 bis 5 AktG bereit zu stellen:

1. der Spaltungsplan;
2. die Jahresabschlüsse und die Lageberichte der übertragenden Gesellschaft für die letzten drei Geschäftsjahre, weiters die Schlußbilanz, wenn der Spaltungsstichtag vom Stichtag des letzten Jahresabschlusses abweicht und die Schlußbilanz – gegebenenfalls in geprüfter Form – bereits vorliegt:
3. falls sich der letzte Jahresabschluß auf ein Geschäftsjahr bezieht, das mehr als sechs Monate vor der Aufstellung des Spaltungsplans abgelaufen ist, eine Bilanz auf einen Stichtag, der nicht vor dem ersten Tag des dritten Monats liegt, welcher dem Monat der Aufstellung vorausgeht (Zwischenbilanz);
4. der Spaltungsbericht;
5. der Prüfungsbericht;
6. der Bericht des Aufsichtsrats.

(3) Die Zwischenbilanz (Abs. 2 Z 3) ist nach den Vorschriften aufzustellen, die auf die letzte Jahresbilanz der Gesellschaft angewendet worden sind. Eine körperliche Bestandsaufnahme ist nicht erforderlich. Die Wertansätze der letzten Jahresbilanz dürfen übernommen werden. Abschreibungen, Wertberichtigungen und Rückstellungen sowie wesentliche, aus den Büchern nicht ersichtliche Veränderungen der wirklichen Werte von Vermögensgegenständen bis zum Stichtag der Zwischenbilanz sind jedoch zu berücksichtigen.

(3a) Die Zwischenbilanz (Abs. 2 Z 3) muss nicht aufgestellt werden, wenn die Gesellschaft seit dem letzten Jahresabschluss einen Halbjahresfinanzbericht nach §§ 125 und 126 Börsegesetz 2018 – BörseG 2018, BGBl. I Nr. 107/2017, oder nach den vom Aufnahmemitgliedstaat gemäß Art. 5 der Transparenz-Richtlinie 2004/109/EG erlassenen Vorschriften veröffentlicht hat. In diesem Fall tritt der Halbjahresfinanzbericht bei der

Vorbereitung der Hauptversammlung an die Stelle der Zwischenbilanz.

(BGBl I 2017/107)

(4) Den Gesellschaftern einer Gesellschaft mit beschränkter Haftung sind die in Abs. 2 bezeichneten Unterlagen zu übersenden. Zwischen dem Tag der Aufgabe der Sendung zur Post und der Beschlußfassung muß mindestens ein Zeitraum von 14 Tagen liegen.

(5) Werden die in Abs. 2 bezeichneten Unterlagen nicht auf der Internetseite der Gesellschaft allgemein zugänglich gemacht, so ist den Gläubigern und dem Betriebsrat auf Verlangen unverzüglich und kostenlos eine Abschrift der in Abs. 2 Z 1 bis 3 bezeichneten Unterlagen zu erteilen.

(6) In der Hauptversammlung (Generalversammlung) sind die in Abs. 2 bezeichneten Unterlagen aufzulegen. Der Vorstand hat den Spaltungsplan zu Beginn der Verhandlung mündlich zu erläutern. Der Vorstand hat die Anteilsinhaber vor der Beschlußfassung über jede wesentliche Veränderung der Vermögens- oder Ertragslage der Gesellschaft, die zwischen der Aufstellung des Spaltungsplans und dem Zeitpunkt der Beschlußfassung eingetreten ist, zu unterrichten; dies gilt insbesondere, wenn die Veränderung ein anderes Umtauschverhältnis oder eine andere Aufteilung der Anteile rechtfertigen würde.

Spaltungsbeschluß

§ 8. (1) Die Spaltung bedarf eines Beschlusses der Anteilsinhaber, der bei einer Aktiengesellschaft mit einer Mehrheit von drei Vierteln des bei der Beschlußfassung vertretenen Grundkapitals, bei einer Gesellschaft mit beschränkter Haftung von drei Vierteln der abgegebenen Stimmen zu fassen ist. die Satzung (der Gesellschaftsvertrag) kann eine größere Mehrheit und weitere Erfordernisse bestimmen.

(2) Sind bei einer Aktiengesellschaft mehrere Gattungen von stimmberechtigten Aktien vorhanden, so bedarf der Beschluss der Hauptversammlung zu seiner Wirksamkeit eines in gesonderter Abstimmung gefassten Beschlusses der Aktionäre jeder Gattung; für diesen gilt Abs. 1.

(3) Werden die Anteile der neuen Gesellschaften den Anteilsinhabern der übertragenden Gesellschaft nicht in dem Verhältnis zugeteilt, das ihrer Beteiligung an der übertragenden Gesellschaft entspricht (nicht verhältniswahrende Spaltung), so bedarf der Beschluss überdies einer Mehrheit von neun Zehnteln des gesamten Nennkapitals. Abweichend davon bedarf der Beschluss der Zustimmung aller Gesellschafter, wenn

1. die Anteile an einer oder mehreren beteiligten Gesellschaften ausschließlich oder überwiegend Gesellschaftern zugewiesen werden, die insgesamt über Anteile von nicht mehr als einem Zehntel des Nennkapitals der übertragenden Gesellschaft verfügen, oder
2. einer oder mehreren beteiligten Gesellschaften, an denen die in Z 1 genannten Gesellschafter beteiligt sind, überwiegend Wertpapiere, flüssige Mittel (§ 224 Abs. 2 B IV UGB) oder andere nicht betrieblich genutzte Vermögensgegenstände zugeordnet werden.

Werden die dazu erforderlichen Stimmen nicht in der Gesellschafterversammlung abgegeben, so wird der Beschluss nur wirksam, wenn der übertragenden Gesellschaft innerhalb von drei Monaten Zustimmungserklärungen von Anteilsinhabern, die gegen den Beschluss gestimmt haben oder an der Abstimmung nicht beteiligt waren, im jeweils erforderlichen Ausmaß zugehen.

(4) Der Spaltungsbeschluß ist notariell zu beurkunden, die Zustimmungserklärungen müssen gerichtlich oder notariell beglaubigt unterfertigt sein. Der beschlossene Spaltungsplan ist in die Niederschrift über den Beschluß und in die Zustimmungserklärungen aufzunehmen oder diesen als Anlage beizufügen.

Barabfindungsangebot bei nicht verhältniswahrender Spaltung: Ausschluß von Anfechtungsklagen

§ 9. (1) Jeder Anteilsinhaber, der einer nicht verhältniswahrenden Spaltung nicht zugestimmt hat, hat Anspruch auf angemessene Barabfindung seiner Anteile (§ 2 Abs. 1 Z 13), wenn er vom Zeitpunkt der Beschlussfassung der Gesellschafterversammlung bis zur Geltendmachung des Rechts Gesellschafter war. Dieser Anspruch steht einem Anteilsinhaber nicht zu, wenn er an allen beteiligten Gesellschaften im gleichen Verhältnis wie an der übertragenden Gesellschaft beteiligt ist. Bei Gesellschaften mit beschränkter Haftung sind an Stelle von § 81 GmbHG die für den Erwerb eigener Aktien für die Entschädigung von Minderheitsaktionären geltenden Vorschriften sinngemäß anzuwenden. Das Angebot kann nur binnen zwei Monaten nach dem Tag angenommen werden, an dem die Eintragung der Spaltung gemäß § 10 UGB als bekanntgemacht gilt. Die Zahlung ist binnen zwei Monaten ab Zugang der Annahmeerklärung fällig und verjährt in drei Jahren. Der Erwerber hat die Kosten der Übertragung zu tragen. Die beteiligten Gesellschaften haften als Gesamtschuldner. Für die Erfüllung der angebotenen Barabfindung einschließlich der Übertragungskosten ist den Abfindungsberechtigten Sicherheit zu leisten.

(2) Eine Klage auf Anfechtung des Spaltungsbeschlusses kann nicht darauf gestützt werden, dass das Umtauschverhältnis der Anteile (einschließlich allfälliger Zuzahlungen), deren Aufteilung auf die Anteilsinhaber oder die angebotene Barabfindung nicht angemessen festgelegt ist, oder dass die im Spaltungsbericht, im Prüfungsbericht des Spaltungsprüfers oder im Bericht des Aufsichtsrats enthaltenen Erläuterungen des Umtauschverhältnisses der Anteile (einschließlich allfälliger Zuzahlungen), deren Aufteilung auf die Anteilsinhaber oder des Barabfindungsangebots den gesetzlichen Bestimmungen nicht entsprechen. Anteilsinhaber, die das Angebot nach Abs. 1 angenommen haben, können bei Gericht den Antrag stellen, dass die angebotene Barabfindung überprüft und eine

höhere Barabfindung festgelegt wird; sie haben glaubhaft zu machen, dass sie vom Zeitpunkt der Beschlussfassung der Gesellschafterversammlung der übertragenden Gesellschaft bis zur Antragstellung Anteilsinhaber waren. Für das Verfahren auf gerichtliche Überprüfung gelten die §§ 225d bis 225m, ausgenommen § 225e Abs. 3 zweiter Satz und § 225j Abs. 2 AktG, sinngemäß. Wird die gerichtliche Überprüfung der angebotenen Barabfindung begehrt, so endet die Frist für die Annahme des Barabfindungsangebots einen Monat nach dem Tag der letzten Bekanntmachung gemäß § 225k Abs. 1 AktG.

Besondere Zustimmungserfordernisse

§ 10. (1) Werden durch die Spaltung Rechte beeinträchtigt, die in der Satzung (dem Gesellschaftsvertrag) einem einzelnen Anteilsinhaber oder einzelnen Anteilinhabern insbesondere bei der Geschäftsführung der Gesellschaft, bei der Bestellung von Geschäftsführern oder des Aufsichtsrats oder bei der Übertragung von Geschäftsanteilen eingeräumt sind, so bedarf auch der Spaltungsbeschluß der Zustimmung dieses Anteilsinhabers (dieser Anteilsinhaber), es sei denn, daß die Satzung (der Gesellschaftsvertrag) der beteiligten Gesellschaften im Spaltungsplan gleichwertige Rechte festlegen.

(2) Sieht die Satzung (der Gesellschaftsvertrag) für einzelne Beschlußgegenstände eine Beschlußmehrheit über die Mehrheit von drei Vierteln des bei der Beschlußfassung vertretenen Nennkapitals oder der abgegebenen Stimmen vor, so bedarf auch der Spaltungsbeschluß dieser Mehrheit, es sei denn, daß in der Satzung (im Gesellschaftsvertrag) der beteiligten Gesellschaften durch entsprechende Gestaltung der Beschlußmehrheiten die Rechte der Minderheit gewahrt werden.

(3) Sind die Aktien (Geschäftsanteile) der übertragenden Gesellschaft frei übertragbar und macht die Satzung (der Gesellschaftsvertrag) einer neuen Gesellschaft die Übertragung von bestimmten Voraussetzungen, insbesondere von der Zustimmung der Gesellschaft abhängig, so bedarf der Spaltungsbeschluß der Zustimmung aller Gesellschafter der übertragenden Gesellschaft.

(4) Ist nach den vorhergehenden Vorschriften die Zustimmung eines Gesellschafters erforderlich, so kann diese auch außerhalb der Hauptversammlung (Generalversammlung) erteilt werden. In diesem Fall muß sie gerichtlich oder notariell beglaubigt unterfertigt sein und der übertragenden Gesellschaft spätestens innerhalb einer Frist von drei Monaten nach der Beschlußfassung zugehen; der Spaltungsplan ist in die Zustimmungserklärung aufzunehmen oder dieser als Anlage beizufügen.

Barabfindungsangebot bei rechtsformübergreifender Spaltung

§ 11. (1) Hat die neue Gesellschaft eine andere Rechtsform als die übertragende Gesellschaft (rechtsformübergreifende Spaltung), so steht jedem Anteilsinhaber, der gegen den Spaltungsbeschuß Widerspruch zur Niederschrift erklärt hat, das Recht auf angemessene Barabfindung seiner Anteile zu (§ 2 Abs. 1 Z 13). § 9 ist sinngemäß anwendbar; das Antragsrecht gemäß § 9 Abs. 2 steht nur denjenigen Anteilsinhabern zu, die gegen den Spaltungsbeschluss Widerspruch zur Niederschrift erklärt haben.

(2) Bei einer Spaltung im Sinn des Abs. 1 ist eine Prüfung durch einen Spaltungsprüfer (§§ 5 und 7 Abs. 2 Z 5) auch dann erforderlich, wenn es sich um eine verhältniswahrende Spaltung (§ 16a) handelt.

Anmeldung

§ 12. (1) Sämtliche Mitglieder des Vorstands der übertragenden Gesellschaft und sämtliche Mitglieder der Vorstände aller neuen Gesellschaften haben die Spaltung und die Errichtung der neuen Gesellschaften zur Eintragung bei dem Gericht am Sitz der übertragenden Gesellschaft anzumelden. Der Anmeldung sind so viele Ausfertigungen (einschließlich der Beilagen) anzuschließen, wie neue Gesellschaften entstehen.

(2) Weiters ist dem Gericht eine Erklärung des Vorstands der übertragenden Gesellschaft vorzulegen, daß eine Klage auf Anfechtung oder Feststellung der Nichtigkeit des Spaltungsbeschlusses innerhalb eines Monats nach der Beschlußfassung nicht erhoben oder zurückgezogen worden ist oder daß alle Anteilsinhaber durch notariell beurkundete Erklärung auf eine solche Klage verzichtet haben. Können diese Erklärungen nicht vorgelegt werden, so hat das Gericht gemäß § 19 FBG vorzugehen.

(3) Ist die übertragende Gesellschaft im Inland börsenotiert und führt die Spaltung zu einer Beendigung der Börsenotierung oder hat sie mit einer Beendigung der Börsenotierung vergleichbare Auswirkungen, so darf die Spaltung erst zur Eintragung angemeldet werden, nachdem unter Hinweis auf die geplante Spaltung innerhalb der letzten sechs Monate vor der Anmeldung oder unter Hinweis auf den gefassten Spaltungsbeschluss eine Angebotsunterlage nach dem 5. Teil des ÜbG veröffentlicht wurde. Ein solches Angebot ist jedoch dann nicht erforderlich, wenn bei einer Spaltung zur Aufnahme für die zu gewährenden Beteiligungspapiere der übernehmenden Gesellschaft die Zulassung und der Handel an zumindest einem geregelten Markt in einem EWR-Vertragsstaat gewährleistet sind, an dem für einen Widerruf der Zulassung zum Handel an diesem Markt mit § 38 Abs. 6 bis 8 BörseG 2018 gleichwertige Voraussetzungen gelten.

(BGBl I 2017/107)

Beilage zur Anmeldung

§ 13. Der Anmeldung sind in Urschrift, Ausfertigung oder beglaubigter Abschrift beizufügen:

1. die Niederschrift des Spaltungsbeschlusses samt Spaltungsplan;
2. die allenfalls erforderlichen Zustimmungserklärungen einzelner Anteilsinhaber;
3. den Spaltungsbericht gemäß § 4 und den Prüfungsbericht gemäß § 5;

4. die nach den Gründungsvorschriften für die Eintragung der neuen Gesellschaften erforderlichen weiteren Urkunden;
5. die Genehmigung, falls die Spaltung einer behördlichen Genehmigung bedarf;
6. der Nachweis der Veröffentlichung der beabsichtigten Spaltung gemäß § 7 Abs. 1 oder 1a;
7. die Erklärungen gemäß § 2 Abs. 3;
8. der Nachweis der Sicherheit gemäß §§ 9 und 11.

Eintragung und ihre Rechtswirkungen

§ 14. (1) Die Spaltung und die neuen Gesellschaften sind im Firmenbuch gleichzeitig einzutragen. Das Gericht, in dessen Sprengel die übertragende Gesellschaft ihren Sitz hat, hat zu prüfen, ob im Hinblick auf den satzungsmäßigen Sitz der neuen Gesellschaften § 30 UGB beachtet ist. Unter Hinweis auf die Firmenbuchnummer der übertragenden Gesellschaft ist einzutragen, daß die neuen Gesellschaften aus einer Spaltung hervorgegangen sind. Die Eintragung der neuen Gesellschaft ist dem Gericht in dessen Sprengel die neue Gesellschaft ihren Sitz hat, mitzuteilen. Der Mitteilung sind auch der Akt und die Urkunden der neuen Gesellschaft beizufügen. Die Beendigung der Zuständigkeit für die Ersteintragung (§ 120 Abs. 6 JN) ist vom Gericht, in dessen Sprengel die neue Gesellschaft ihren Sitz hat, einzutragen.

(2) Mit der Eintragung der Spaltung in das Firmenbuch treten folgende Rechtswirkungen ein:

1. Die Vermögensteile der übertragenden Gesellschaft gehen entsprechend der im Spaltungsplan vorgesehenen Zuordnung jeweils im Wege der Gesamtrechtsnachfolge auf die neue Gesellschaft oder die neuen Gesellschaften über.
2. Bei der Aufspaltung erlischt die übertragende Gesellschaft; bei der Abspaltung werden die im Spaltungsplan vorgesehenen Änderungen der Satzung (des Gesellschaftsvertrags) der übertragenden Gesellschaft wirksam. Darauf ist in der Eintragung hinzuweisen.
3. Die Anteile an den beteiligten Gesellschaften werden entsprechend dem Spaltungsplan erworben. Rechte Dritter an den Anteilen der übertragenden Gesellschaft bestehen an den an ihre Stelle tretenden Anteile und an allfälligen baren Zuzahlungen weiter.
4. Der Mangel der notariellen Beurkundung des Spaltungsbeschlusses wird geheilt.

(3) Mängel der Spaltung lassen die Wirkungen der Eintragung gemäß Abs. 2 unberührt. Nach der Eintragung der Spaltung in das Firmenbuch ist eine Anfechtung des Spaltungsbeschlusses der übertragenden Gesellschaft gegen die neuen Gesellschaften zu richten, bei der Abspaltung gegen alle beteiligten Gesellschaften. Das auf Anfechtung oder Feststellung der Nichtigkeit eines Spaltungsbeschlusses gerichtete Begehren kann ohne Vorliegen der Voraussetzungen des § 235 ZPO auf den Ersatz des Schadens, der dem Kläger aus der auf dem Beschluß beruhenden Eintragung der Spaltung ins Firmenbuch entstanden ist, abgeändert oder auf Ersatz der Prozeßkosten eingeschränkt werden.

(4) Solange einem Schuldner nicht bekannt wird, welcher der an der Spaltung beteiligten Gesellschaften die Forderung zugeordnet ist, kann er mit schuldbefreiender Wirkung an jede von ihnen bezahlen oder sich sonst mit jeder von ihnen abfinden.

(5) Solange einem Gläubiger nicht bekannt wird, welcher der an der Spaltung beteiligten Gesellschaften die Verbindlichkeit zugeordnet ist, kann er Erklärungen, die diese Verbindlichkeit betreffen, gegenüber jeder von ihnen abgeben.

(6) Für den Umtausch der Aktien der übertragenden Gesellschaft gilt § 67 AktG, bei Zusammenlegung von Aktien § 179 AktG über die Kraftloserklärung von Aktien sinngemäß; einer Genehmigung des Gerichts bedarf es nicht.

Schutz der Gläubiger

§ 15. (1) Für die bis zur Eintragung der Spaltung begründeten Verbindlichkeiten der übertragenden Gesellschaft, einschließlich Verbindlichkeiten aus späterer nicht gehöriger Erfüllung und aus späterer Rückabwicklung, haften neben der Gesellschaft, der die Verbindlichkeit nach dem Spaltungsplan zugeordnet wird, die übrigen an der Spaltung beteiligten Gesellschaften bis zur Höhe des ihnen jeweils zugeordneten Nettoaktivvermögens (Wert der der haftenden Gesellschaft zugeordneten aktiven Vermögensteile abzüglich Wert der ihr zugeordneten Verbindlichkeiten) als Gesamtschuldner. Jede haftende Gesellschaft wird insoweit frei, als sie Schulden für andere Gesellschaften berichtigt hat. Keine Haftung besteht für solche Verbindlichkeiten, für die nach den folgenden Absätzen Sicherheit geleistet wurde.

(2) Den Gläubigern der übertragenden Gesellschaften ist von den beteiligten Gesellschaften Sicherheit zu leisten, soweit sie nicht Befriedigung verlangen können, wenn sie sich binnen sechs Monaten nach ~~der Veröffentlichung~~ der Eintragung der Spaltung zu diesem Zweck melden; dieses Recht steht den Gläubigern jedoch nur zu, wenn sie glaubhaft machen, dass durch die Spaltung die Erfüllung ihrer Forderung gefährdet wird. Die Gläubiger sind in der Veröffentlichung der Eintragung auf dieses Recht hinzuweisen.

(GesDigG 2022, BGBl I 2022/186 ab 1.12.2022)

(3) Wird innerhalb der in Abs. 2 genannten Frist eine Sicherheitsleistung gerichtlich verlangt, so haften ab diesem Zeitpunkt alle beteiligten Gesellschaften für die Forderung betraglich unbeschränkt als Gesamtschuldner, bis entweder die Sicherheit geleistet oder die Klage rechtskräftig abgewiesen wird.

(4) Das Recht, Sicherheitsleistung zu verlangen, steht solchen Gläubigern nicht zu, die im Insolvenzverfahren ein Recht auf vorzugsweise Befriedigung aus einer nach gesetzlicher Vorschrift zu ihrem Schutz errichteten und behördlich überwachten Deckungsmasse haben.

(5) Den Inhabern von Schuldverschreibungen und Genußrechten sind gleichwertige Rechte zu gewähren oder die Änderung der Rechte oder als Recht selbst angemessen abzugelten.

Auskunftserteilung

§ 16. (1) Wer durch die Spaltung in seinen rechtlichen Interessen betroffen wird, kann von jeder an der Spaltung beteiligten Gesellschaft die Erteilung von Auskünften über die Zuordnung von Vermögensteilen verlangen.

(2) Über diesen Anspruch entscheidet das Gericht im außerstreitigen Verfahren; die Glaubhaftmachung des rechtlichen Interesses genügt. Das Gericht kann die Vorlage der Handelsbücher sowie die Einsichtnahme durch die Partei oder durch einen zu beruflichen Verschwiegenheit verpflichteten Sachverständigen anordnen. Das Gericht kann auch anordnen, daß der zu Auskunft Verpflichtete einen Eid dahin zu leisten hat, daß die Auskunft richtig und vollständig ist.

Verhältniswahrende Spaltung

§ 16a. (1) Wenn die Anteilsinhaber an der übertragenden Gesellschaft und an den neuen Gesellschaften im selben Verhältnis beteiligt sein sollen (verhältniswahrende Spaltung), sind der Spaltungsbericht des Vorstands (§§ 4 und 7 Abs. 2 Z 4), die Prüfung der Spaltung durch einen Spaltungsprüfer (§§ 5 und 7 Abs. 2 Z 5), die Prüfung sowie Berichterstattung durch den Aufsichtsrat (§§ 6 und 7 Abs. 2 Z 6) und die Erstellung einer Zwischenbilanz (§ 7 Abs. 2 Z 3 und Abs. 3) nicht erforderlich.

(2) Sofern keine Berichterstattung durch den Aufsichtsrat (§ 6) erfolgen soll, ist § 6 Abs. 2 zweiter und dritter Satz sinngemäß anzuwenden.

3. Teil:
Spaltung zur Aufnahme

§ 17. Auf die Spaltung zur Aufnahme sind die Vorschriften der §§ 2 bis 16 sinngemäß anzuwenden, soweit im folgenden nichts anderes bestimmt wird:

1. An die Stelle des Spaltungsplans (§ 2) tritt der Spaltungs- und Übernahmsvertrag, der von den Vorständen der übertragenden und der übernehmenden Gesellschaft bis zur Anmeldung zum Firmenbuch in notariell beurkundeter Form abzuschließen ist;
2. an die Stelle der neuen Gesellschaft tritt die übernehmende Gesellschaft;
3. bei einer Aufspaltung zur Aufnahme und bei einer Abspaltung zur Aufnahme, bei der das Nennkapital der übertragenden Gesellschaft herabgesetzt wird, darf die Spaltung erst eingetragen werden, nachdem die Vorschriften über die ordentliche Kapitalherabsetzung eingehalten worden sind;

3a. wird bei der übernehmenden Gesellschaft zur Durchführung der Spaltung zur Aufnahme das Nennkapital erhöht, so hat eine Prüfung durch einen oder mehrere Prüfer stattzufinden; § 25 Abs. 3 bis 5 sowie die §§ 26, 27, 42 und 44 gelten sinngemäß. Der Prüfer kann gleichzeitig Spaltungsprüfer sein;

4. jene Gläubiger der übertragenden Gesellschaft, deren Forderungen einer übernehmenden Gesellschaft zugewiesen werden, haben zusätzlich zu den Rechten gemäß § 15 Anspruch auf Sicherheitsleistung in sinngemäßer Anwendung von § 226 AktG;
5. im übrigen gelten für die übernehmende Gesellschaft die Vorschriften über die Verschmelzung durch Aufnahme sinngemäß, an die Stelle des Verschmelzungsberichts tritt der Spaltungsbericht, an die Stelle der Verschmelzungsprüfung die Spaltungsprüfung. Bei Beteiligung einer Aktiengesellschaft bedarf der Verzicht auf den Spaltungsbericht (§ 4 Abs. 2) und die Spaltungsprüfung (§ 5 Abs. 6) der Zustimmung sämtlicher Anteilsinhaber aller beteiligten Gesellschaften. § 221a Abs. 5 AktG dritter Satz gilt auch für den Vorstand (Geschäftsführer) der übertragenden Gesellschaft;
6. sämtliche Mitglieder des Vorstands der übertragenden Gesellschaft und der Vorstand der übernehmenden Gesellschaft haben die Spaltung zur Aufnahme zur Eintragung beim Gericht, in dessen Sprengel ihre Gesellschaft den Sitz hat, anzumelden. Die erforderlichen Unterlagen sind der Anmeldung der übertragenden Gesellschaft beizufügen. Wird zur Durchführung der Spaltung zur Aufnahme das Nennkapital erhöht, so sind die hiefür erforderliche Anmeldungen zur Eintragung in das Firmenbuch mit der Anmeldung der Spaltung gemäß § 12 zu verbinden;
7. befinden sich alle Anteile der übertragenden Gesellschaft direkt oder indirekt in der Hand der übernehmenden Gesellschaft(en), so bedarf die Spaltung nicht der Beschlussfassung durch die Anteilsinhaber der übertragenden Gesellschaft. Findet auch in der übernehmenden Gesellschaft keine Beschlussfassung über die Spaltung zur Aufnahme statt, so darf die Eintragung der Spaltung gemäß § 14 erst erfolgen, wenn bei Aktiengesellschaften seit der Veröffentlichung oder Bereitstellung nach § 7 Abs. 1, 1a und 2 ein Monat, bei Gesellschaften mit beschränkter Haftung seit Übersendung der Unterlagen nach § 7 Abs. 4 14 Tage vergangen sind.

§ 18. (aufgehoben)

(BGBl I 2015/112)

5. Teil:
In-Kraft-Treten

§ 19. (1) § 8 Abs. 3, § 9 Abs. 1 und 2 und § 11 in der Fassung des Übernahmerechts-Änderungsgesetzes 2006, BGBl. I Nr. 75/2006, treten mit 20. Mai 2006 in Kraft und sind auf Spaltungen anzuwenden, bei denen der Spaltungsbeschluss (§ 8) nach diesem Zeitpunkt gefasst wurde. Auf Spaltungen, bei denen der Spaltungsbeschluss vor diesem Zeitpunkt gefasst wurde, ist das Spaltungsgesetz in der vor In-Kraft-Treten des Übernahmerechts-Änderungsgesetzes 2006, BGBl. I Nr. 75/2006, geltenden Fassung weiter anzuwenden.

(2) § 5 in der Fassung des Bundesgesetzes BGBl. I Nr. 70/2008 tritt mit 1. Juni 2008 in Kraft und ist auf die Bestellung von Prüfern nach dem 31. Mai 2008 anzuwenden.

(3) Die §§ 3 Abs. 1, 4 Abs. 1, 5 Abs. 5, 6 Abs. 1 und 7 Abs. 1, 2 und 5 und § 8 Abs. 2 in der Fassung des Aktienrechts-Änderungsgesetzes 2009, BGBl. I Nr. 71/2009, treten mit 1. August 2009 in Kraft und sind auf Spaltungen anzuwenden, wenn die Gesellschafterversammlung nach dem 31. Juli 2009 einberufen wird oder wenn bei einer Gesellschaft mit beschränkter Haftung die zur Beschlussfassung notwendigen Unterlagen nach dem 31. Juli 2009 an die Gesellschafter übersendet werden. Auf Spaltungen, bei denen vor diesem Zeitpunkt die Gesellschafterversammlung einberufen wurde oder die Unterlagen an die Gesellschafter übersendet wurden, sind die bisher geltenden Bestimmungen weiter anzuwenden.

(4) § 15 Abs. 4 in der Fassung des Bundesgesetzes BGBl. I Nr. 58/2010 tritt mit 1. August 2010 in Kraft.

(5) § 3 Abs. 4, § 4 Abs. 1, § 6 Abs. 2, § 7 Abs. 1a, 3a und 6, § 11, § 13, § 15 Abs. 2 und 3, § 16a und § 17 in der Fassung des Gesellschaftsrechts-Änderungsgesetzes 2011, BGBl. I Nr. 53/2011, treten mit 1. August 2011 in Kraft. Auf Spaltungen, bei denen vor diesem Zeitpunkt die Bereitstellung oder Übersendung der Unterlagen (§ 7 Abs. 2 und 4) erfolgte, sind die bis dahin geltenden Bestimmungen weiter anzuwenden.

(6) § 18 tritt mit Ablauf des 31. Dezember 2015 außer Kraft.

(BGBl I 2015/112)

(7) § 7 Abs. 3a und § 12 Abs. 3 in der Fassung des Bundesgesetzes BGBl. I Nr. 107/2017 treten mit 3. Jänner 2018 in Kraft.

(BGBl I 2017/107)

„(8) § 15 Abs. 2 in der Fassung des Gesellschaftsrechtlichen Digitalisierungsgesetzes 2022, BGBl. I Nr. 186/2022, tritt mit 1. Dezember 2022 in Kraft."

(GesDigG 2022, BGBl I 2022/186)

4. UMSATZSTEUER

Inhaltsverzeichnis

4/1. Umsatzsteuergesetz 1994 ... Seite 343

4/2. Sonstige Gesetze

4/2/1. **Begleitmaßnahmen zum UStG 1994**, BGBl 1995/21 (Art XIV) ... Seite 425

4/3. Verordnungen

4/3/8. **§ 6 Abs. 1 Z 11 lit. a:** Verordnung über das Vorliegen einer vergleichbaren Zielsetzung bei Bildungsleistungen **(Umsatzsteuer-Bildungsleistungsverordnung, UStBLV)**, BGBl II 2018/214 idF BGBl II 2020/614 ... Seite 426

4/3/16. **§ 19 Abs. 1d:** Verordnung betreffend die Umsätze von **Abfallstoffen**, für die die Steuerschuld auf den Leistungsempfänger übergeht (Schrott-Umsatzsteuerverordnung – **Schrott-UStV**), BGBl II 2007/129 idF BGBl II 2012/320 ... Seite 427

4/3/17. **§ 19 Abs. 1d:** Verordnung betreffend Umsätze, für welche die Steuerschuld zur Bekämpfung des Umsatzsteuerbetrugs auf den Leistungsempfänger übergeht **(Umsatzsteuerbetrugsbekämpfungsverordnung – UStBBKV)**, BGBl II 2013/369 idF BGBl II 2014/120 ... Seite 429

4/3/18. **§ 21 Abs. 1:** Verordnung betreffend die Abstandnahme von der **Verpflichtung zur Abgabe von Voranmeldungen**, BGBl II 1998/206 idF

1 BGBl II 2002/462 — **2** BGBl II 2010/171
3 BGBl II 2013/40 — **4** BGBl II 2019/313 ... Seite 430

4/3/19. **§ 21 Abs. 9:** Verordnung, mit der ein eigenes Verfahren für die **Erstattung der abziehbaren Vorsteuern an ausländische Unternehmer geschaffen wird**, BGBl 1995/279 idF

1 BGBl II 2001/416 — **2** BGBl II 2003/384
3 BGBl II 2009/222 — **4** BGBl II 2010/174
5 BGBl II 2010/389 — **6** BGBl II 2014/158
7 BGBl II 2020/579 — **8** BGBl II 2021/16 ... Seite 430

4/3/20. **§ 21 Abs. 10:** Schätzungsrichtlinien für die Ermittlung der Höhe des **Eigenverbrauchs bei bestimmten Unternehmern**, BGBl 1983/628 idF BGBl 1985/499 ... Seite 433

4/3/22. **Art. 7:** Verordnung über den Nachweis der Beförderung oder Versendung und den **Buchnachweis bei innergemeinschaftlichen Lieferungen**, BGBl 1996/401 idF BGBl II 2010/172 ... Seite 434

4/1. Umsatzsteuergesetz 1994

Umsatzsteuergesetz 1994, BGBl 1994/663 idF

1 BGBl 1994/819
2 BGBl 1995/21
3 BGBl 1995/831
4 BGBl 1996/201 (StrukturAnpG 1996)
5 BGBl 1996/756
6 BGBl I 1997/123
7 BGBl I 1998/9 (AbgÄG 1997)
8 BGBl I 1998/79
9 BGBl I 1998/126
10 BGBl I 1999/28 (AbgÄG 1998)
11 BGBl I 1999/106 (StRefG 2000)
12 BGBl I 2000/29
13 BGBl I 2000/142 (BudgetbegleitG 2001)
14 BGBl I 2001/47 (BudgetbegleitG 2002)
15 BGBl I 2001/59 (EuroStUG 2001)
16 BGBl I 2001/144 (AbgÄG 2001)
17 BGBl I 2002/56
18 BGBl I 2002/100
19 BGBl I 2002/132 (2. AbgÄG 2002)
20 BGBl I 2003/10
21 BGBl I 2003/71 (BudgetbegleitG 2003)
22 BGBl I 2003/134
23 BGBl I 2004/27
24 BGBl I 2004/180 (AbgÄG)
25 BGBl I 2005/103 (WuBG 2005)
26 BGBl I 2005/105 (ABÄG)
27 BGBl I 2006/101 (KMU-FG 2006)
28 BGBl I 2007/24 (BudBG 2007)
29 BGBl I 2007/45 (RK-Nov. 2007)
30 BGBl I 2007/99 (AbgSiG 2007)
31 BGBl I 2008/132
32 BGBl I 2008/140 (2. AbgÄG 2008)
33 BGBl I 2009/52 (BudBG 2009)
34 BGBl I 2009/135 (EPG)
35 BGBl I 2010/34 (AbgÄG 2010)
36 BGBl I 2010/54 (GSpG-Nov 2008)
37 BGBl I 2010/111 (BudBG 2011)
38 BGBl I 2011/76 (AbgÄG 2011)
39 BGBl I 2012/22 (1. StabG 2012)
40 BGBl I 2012/112 (AbgÄG 2012)
41 BGBl I 2013/63
42 BGBl I 2014/13 (AbgÄG 2014)
43 BGBl I 2014/40 (BudBG)
44 BGBl I 2015/118 (StRefG 2015/16)
45 BGBl I 2015/163 (AbgÄG 2015)
46 BGBl I 2016/117 (AbgÄG 2016)
47 BGBl I 2017/106 (MiFiGG 2017)
48 BGBl I 2018/12
49 BGBl I 2018/62 (JStG 2018)
50 BGBl I 2019/91 (AbgÄG 2020)
51 BGBl I 2019/103 (StRefG 2020)
52 BGBl I 2019/104 (FORG)
53 BGBl I 2020/44 (18. COVID-19-Gesetz)
54 BGBl I 2020/48 (19. COVID-19-Gesetz)
55 BGBl I 2020/60
56 BGBl I 2021/3 (COVID-19-StMG)
57 BGBl I 2021/52 (2. COVID-19-StMG)
58 BGBl I 2021/112
59 BGBl I 2021/227
60 BGBl I 2022/10 (ÖkoStRefG 2022)
61 BGBl I 2022/108 (AbgÄG 2022)
62 BGBl I 2022/163 (Teuerungs-EP II)
63 BGBl I 2022/194

GLIEDERUNG

§ 1. Steuerbare Umsätze
§ 2. Unternehmer, Unternehmen
§ 3. Lieferung
§ 3a. Sonstige Leistung
§ 4. Bemessungsgrundlage für die Lieferungen, sonstigen Leistungen und den Eigenverbrauch
§ 5. Bemessungsgrundlage für die Einfuhr
§ 6. Steuerbefreiungen
§ 7. Ausfuhrlieferung
§ 8. Lohnveredlung an Gegenständen der Ausfuhr
§ 9. Umsätze für die Seeschiffahrt und für die Luftfahrt
§ 10. Steuersätze
§ 11. Ausstellung von Rechnungen
§ 12. Vorsteuerabzug
§ 13. Vorsteuerabzug bei Reisekosten
§ 14. Vorsteuerabzug nach Durchschnittssätzen
§ 15. Erleichterungen bei der Aufteilung der Vorsteuerbeträge
§ 16. Änderung der Bemessungsgrundlage
§ 17. Besteuerung nach vereinnahmten Entgelten
§ 18. Aufzeichnungspflichten und buchmäßiger Nachweis
§ 19. Steuerschuldner, Entstehung der Steuerschuld

§ 20. Veranlagungszeitraum und Einzelbesteuerung
§ 21. Voranmeldung und Vorauszahlung, Veranlagung: Antrag auf Erstattung von Vorsteuerbeträgen in einem anderen Mitgliedstaat
§ 22. Besteuerung der Umsätze bei land- und forstwirtschaftlichen Betrieben
§ 23. Besteuerung von Reiseleistungen
§ 24. Differenzbesteuerung
§ 24a. Sonderregelung für Anlagegold
§ 24b. Zoll- und Steuerlager
§ 25. Besondere Besteuerungsformen
§ 25a. Sonderregelung für Drittlandsunternehmer, die elektronische: Dienstleistungen an Nichtunternehmer erbringen
§ 25b. Sonderregelung für Einfuhr-Versandhandel
§ 26. Sondervorschriften für die Einfuhrumsatzsteuer
§ 26a. Sonderregelungen für die Erklärung und Entrichtung der Steuer bei der Einfuhr
§ 27. Besondere Aufsichtsmaßnahmen zur Sicherung des Steueranspruches
§ 28. Allgemeine Übergangsvorschriften
§ 29. Zeitlich begrenzte Fassungen einzelner Gesetzesvorschriften
§ 30. Umstellung langfristiger Verträge
§ 31. Vollziehung

Anlage
Anhang (Binnenmarkt)

Art. 1. Innergemeinschaftlicher Erwerb
Art. 1a. Konsignationslagerregelung
Art. 2. Fahrzeuglieferer
Art. 3. Lieferung
Art. 3a. Sonstige Leistung
Art. 4. Bemessungsgrundlage
Art. 6. Steuerbefreiungen
Art. 7. Innergemeinschaftliche Lieferung
Art. 11. Ausstellung von Rechnungen in besonderen Fällen
Art. 12. Vorsteuerabzug
Art. 18. Aufzeichnungspflichten
Art. 19. Steuerschuldner, Entstehung der Steuerschuld
Art. 20a. Veranlagungszeitraum und Einzelbesteuerung
Art. 21. Voranmeldung und Vorauszahlung, Veranlagung
Art. 24. Innergemeinschaftlicher Warenverkehr mit Gebrauchtgegenständen, Kunstgegenständen, Sammlungsstücken und Antiquitäten
Art. 24a. Sonderregelung für Anlagegold
Art. 24b. Zoll- und Steuerlager
Art. 25. Dreiecksgeschäft
Art. 27. Besondere Aufsichtsmaßnahmen zur Sicherung des Steueranspruchs
Art. 28. Umsatzsteuer-Identifikationsnummer

STICHWORTVERZEICHNIS

A
Abfuhrverpflichtung, ausländischer Unternehmer § 7 (4)
Abholung
– Ausfuhrnachweis § 7 (6)
– durch ausländische Abnehmer § 7 (4)
– durch ausländischen Abnehmer, Lohnveredelung § 8 (3)
– Vertrauensschutz Art 7 (4)
Abnehmer, ig Lieferung Art 7 (1)
– Versandhandel Art 3 (4)
Abrechnungen § 11 (2)
Abwasserbeseitigung, ermäßigter Steuersatz § 10 (2) Z 7
abweichendes Wirtschaftsjahr § 20 (3)
AIF-Sondervermögen Verwaltung, Steuerbefreiungen § 6 (1) Z 8
Altersheime, Steuerbefreiung § 6 (1) Z 18
Änderung der Bemessungsgrundlage § 16
Änderung der Bemessungsgrundlage, Zusammenfassend Meldung Art 21 (8)
angeordneter Umsatz § 1 (1) Z 1
Anlagegold § 6 (1) Z 8
Anlagegold § 24a
Anlagevermögen, Vorsteuerberichtigung § 12 (10 ff)
Antiquitäten
– Bemessungsgrundlage § 4 (4)
– Differenzbesteuerung § 24 (1 f)
– ermäßigter Steuersatz § 10 (3) Z 1
– ig Warenverkehr Art 24
Antrag, Umsatzsteuer-Identifikationsnummer Art 28 (1)
Anzahlungen § 28 (4)
Anzeigepflicht Art 28 (1)
Ärzte
– Sondergebühren § 2 (6)
– Steuerbefreiungen § 6 (1) Z 19
Aufbewahrungsfrist
– Aufzeichnungen § 18 (10)
– Rechnungen § 11 (2)
Aufsichtsräte, Befreiungen § 6 (1) Z 9
Aufzeichnungen
– Aufbewahrungsfrist § 18 (10)
– Durchschnittssatz § 18 (9)
– Eigenverbrauch § 18 (1)
– Einfuhr § 18 (1)
– elektronische Zurverfügungstellung § 18 (12)

– Entgelt und Steuerbetrag in einer Summe § 18 (4)
– Führen der Bücher § 18 (8)
– Plattformen § 18 (11)
– Reiseleistungen § 23 (9)
– Trennung der Entgelte nicht zumutbar § 18 (7)
– Trennung von Entgelten nach Steuersätzen § 18 (3)
Aufzeichnungspflicht § 18, Art 18
– Differenzbesteuerung § 24 (11)
Ausfuhrbescheinigung § 7 (5)
Ausfuhrlieferung
– Ausfuhrbescheinigung § 7 (5)
– Ausfuhrnachweis § 7 (4)
– Beförderungsmittel § 7 (3)
– Buchnachweis § 7 (1)
– Sitz, Wohnsitz, gewöhnlicher Aufenthalt § 7 (1)
– Steuerbefreiungen § 6 (1) Z 1
– Versendungsnachweis § 7 (5)
Ausfuhrnachweis § 7 (4)
– Abholung § 7 (6)
– Beförderung in Drittlandsgebiet § 7 (6)
– Inhalt § 7 (7)
– Inhalt, Lohnveredelung § 8 (3)
Ausgleich, Mehr- oder Minderbelastung § 30 (1)
Ausland § 1 (2)
ausländischer Abnehmer § 7 (2)
ausländischer Auftraggeber, Lohnverdedelung § 8 (2)
ausländischer Unternehmer
– Abfuhrverpflichtung § 27 (4)
– Haftung des inländischen Unternehmers § 27 (4)
Ausrüstung
– Luftfahrzeuge § 9 (2)
– Seeschiffe § 9 (1)
Ausschluss, Vorsteuerabzug § 12 (3)
Außerkrafttreten, UStG 1972 § 28 (3)
Ausstellung von Rechnungen § 11

B

Bausparkassenvertreter, Steuerbefreiungen § 6 (1) Z 13
Be- oder Verarbeitung, Steuerbefreiungen Art 6 (1)
Bearbeitung § 3 (6)
Beförderung in Drittlandsgebiet
– Ausfuhrnachweis § 7 (6)
– Lohnveredelung, Ausfuhrnachweis § 8 (3)
Beförderung, innerhalb des Gemeinschaftsgebiets § 3 (12)
Beförderungsleistung
– Definition Art 3a (4)
– Leistungsort § 3a (7), Art 3a
– Steuerbefreiungen Art 6 (1)
Beförderungslieferung § 3 (8)
– aus dem Drittlandsgebiet § 3 (9)
– Versandhandel Art 3 (3)
Befreiungen, Aufsichtsräte § 6 (1) Z 9
Beherbergung, ermäßigter Steuersatz § 10 (2) Z 3
Bemessungsgrundlage
– Änderung § 16
– Antiquitäten § 4 (4)
– Differenzbesteuerung § 24 (4)
– Eigenverbrauch § 4 (8)
– Einfuhr § 5
– Einfuhrumsatzsteuer § 5 (6)
– fremde Währung § 5 (5)
– Geldspielgeräte mit Gewinnmöglichkeit § 4 (5)
– Geschäftsveräußerung § 4 (7)
– Glückspielautomaten § 4 (5)
– Hinzurechnungen § 5 (4)
– ig Erwerb Art 4
– Kunstgegenstände § 4 (4)
– Lieferungen § 4
– Normalwert § 4 (9)
– Pfandscheine § 4 (5)
– Reiseleistungen § 23 (7)
– Sammlungsstücke § 4 (4)
– sonstige Leistungen § 4
– Tausch § 4 (6)
– tauschähnliche Umsätze § 4 (6)
– Umsatzsteuer § 4 (10)
– Unternehmensveräußerung § 4 (7)
– Veredelungen § 5 (2)
– Zollwert § 5
Berichtigung der Rechnungen § 11 (13)
Berichtigung, Vorsteuerabzug § 12 (10 ff)
– Zusammenfassende Meldung Art 21 (8)
Bescheid, Umsatzsteuer-Identifikationsnummer Art 28 (1)
Bescheide, Weitergeltung § 28 (6)
Besichtigung, Gegenstände in Transportmitteln § 27 (5)
Besorgungsleistung § 3a (4)
Bestätigungsverfahren Art 28 (2)
Besteuerungsart, Wechsel § 17 (4)
Betriebe gewerblicher Art § 2 (3)
Bevollmächtigter §§ 27 (7 f), (9)
bewegliche körperliche Gegenstände, Differenzbesteuerung § 24 (1)
Bindungsfrist, Differenzbesteuerung § 24 (3)
– Durchschnittssätze § 25 (4)
– Option Art 1 (5)
– Vorsteuerabzug nach Durchschnittssätzen § 14 (4)
Blinde, Steuerbefreiungen § 6 (1) Z 10
buchmäßiger Nachweis § 18
Buchnachweis
– Lohnveredelung § 8 (1)
– Seeschiffahrt und Luftfahrt § 9 (3)
Bürgschaften, Steuerbefreiungen § 6 (1) Z 8

C

COVID-19, steuerfreie Lieferungen und sonstige Leistungen § 6 (1) Z 6

D

Datenübermittlung, Zusammenfassende Meldung Art 21 (10)
Dentist, Steuerbefreiungen § 6 (1) Z 19
Differenzbesteuerung
– Antiquitäten § 24 (1 f)
– Aufzeichnungspflicht § 24 (11)
– Bemessungsgrundlage § 24 (4)
– Bindungsfrist § 24 (3)

UStG
VO

– Einfuhrumsatzsteuer § 24 (9 f)
– Einfuhr-Versandhandel § 24 (13)
– Erklärung § 24 (3)
– Gesamtdifferenz § 24 (5)
– ig Warenverkehr Art 24 (1 ff)
– Kunstgegenstände § 24 (1 f)
– Option § 24 (12)
– Rechnung § 24 (7)
– Rechtsnachfolger § 24 (2)
– Sammlungsstücke § 24 (1 f)
– Steuerbefreiungen § 24 (6)
– Steuersatz § 24 (6)
– Urheber § 24 (2)
– Verzicht § 24 (12)
– Vorsteuerabzug § 24 (8 ff)
– Widerruf § 24 (3)
– Wiederverkäufer § 24 (1)
diplomatische Mission Art 1 (10)
Dreiecksgeschäft Art 25 (1 ff)
– Erklärungspflicht Art 25 (6)
– Ort des ig Erwerbs Art 25 (2)
– Pflichten des Empfängers Art 25 (7)
– Rechnungen Art 25 (4)
– Steuerschuldner Art 25 (5)
– Zusammenfassende Meldung Art 25 (6)
Drittlandsgebiet §§ 1 (3), 25a
Drittlandsunternehmer § 25a
Dulden einer Handlung § 3a (1)
durchlaufende Posten § 4 (3)
Durchschnittssätze
– Aufzeichnungen § 18 (9)
– Bindungsfrist § 25 (4)
– Erklärung § 25 (4)
– Ermittlung § 25 (2)
– Vorsteuerabzug § 14
– Widerruf § 25 (4)
Durchschriften, Voranmeldungen § 21 (1)

E

Eigenverbrauch §§ 1 (1) Z 2, 3 (2)
– Aufzeichnungen § 18 (1)
– Bemessungsgrundlage § 4 (8)
– durch sonstige Leistungen § 3a (1a)
– Entstehung der Steuerschuld § 19 (2)
– Höhe, Verordnungsermächtigung § 21 (8)
– Steuerweiterleitung § 12 (15)
Einfuhr
– Aufzeichnungen § 18 (1)
– Bemessungsgrundlage § 5
– Entstehung der Steuerschuld § 19 (5)
– Reisefreimengen § 6 (5 f)
– Steuerbefreiungen § 6 (4), Art 6 (3)
Einfuhr von Gegenständen § 1 (1) Z 3
Einfuhren, Übergangsvorschriften § 28 (9 f)
Einfuhrumsatzsteuer § 1 (1) Z 3
– Änderung der Bemessungsgrundlage § 16 (4)
– Differenzbesteuerung § 24 (9 f)
– Einzelbesteuerung § 20 (7)
– Erhebung § 26 (3)
– Erklärung und Entrichtung § 26a (5)
– Erlass § 26 (1)
– Erstattung § 26 (1)
– Fälligkeitstag § 26 (5)
– Sonderregelungen § 26a (5)
– Sondervorschriften § 26
– Veredelungsverkehr § 26 (1)
– Vorsteuerabzug § 12 (1)
– Zollanmeldung § 26 (2)
Einfuhr-Versandhandel § 25b
– Haftung § 27
– Plattformen § 3 (3a)
Eingliederung § 2 (2)
Einlagen, bei Kreditinstituten, Vorsteueraufteilung § 15 (2)
Einsichtnahme, Geschäftspapiere § 27 (5)
Eintrittsberechtigungen Sportveranstaltungen, ermäßigter Steuersatz § 10 (3) Z 12
Eisenbahninfrastruktur § 2 (4) Z 4
Elektrizität, Lieferort § 3 (13 f)
Elektronische Publikationen, ermäßigter Steuersatz § 10 (2) Z 9
Elektronische Rechnung § 11 (2)
Emissionszertifikate für Treibhauszertifikate § 19 (1e)
Entgelt § 4 (1)
– Uneinbringlichkeit § 16 (3)
– von dritter Seite § 4 (2)
– zusätzliches, freiwilliges § 4 (2)
Entgeltlichkeit, ig Erwerb Art 1 (1 ff)
Entgeltlichkeit, ig Erwerb
– Voraussetzungen Art 1 (2)
Entgeltsminderung, Entstehung der Steuerschuld § 19 (4)
Entstehung
– Steuerschuld § 19 (2 ff), Art 19
Erhebung, Einfuhrumsatzsteuer § 26 (3)
Erklärung, Differenzbesteuerung § 24 (3)
Erklärung, Durchschnittssätze § 25 (4)
– Vorsteuerabzug nach Durchschnittssätzen § 14 (4)
Erklärungspflicht, Dreiecksgeschäft Art 25 (6)
Erlaß, Einfuhrumsatzsteuer § 26 (1)
ermäßigter Steuersatz (10 %) § 10 (2)
ermäßigter Steuersatz (13 %) § 10 (3)
ermäßigter Steuersatz (19 %) § 10 (4)
Ermittlung, Durchschnittssätze § 25 (2)
Erstattung, Einfuhrumsatzsteuer § 26 (1)
Erwerber, ig Erwerb Art 1 (2)
Erwerbsschwelle Art 1 (4)
– Verzicht Art 1 (5)
Euro § 20 (6)

F

Fahrausweise
– Rechnungen § 11 (9), (10)
– Vorsteuerabzug § 12 (9)
Fahrzeuge Art 1 (8)
– neu Art 1 (7 ff)
Fahrzeugeinzelbesteuerung Art 20 (2)
– Steueranmeldung Art 21 (2)
Fahrzeuglieferer Art 2
– Rechnungen Art 11 (1)
Fälligkeitstag §§ 21 (1), 26 (5)
Fiktive Betriebe gewerblicher Art § 2 (3)
Filmvorführung, Steuerbefreiungen § 6 (1) Z 12
Filmvorführungen, ermäßigter Steuersatz § 10 (3) Z 7
Fiskalvertreter § 27 (7 f), (9), Art 27 (4)
Frachtbriefe § 11 (2)

Frauenmilch, Steuerbefreiungen § 6 (1) Z 21
fremde Währung § 20 (6)
– Bemessungsgrundlage § 5 (5)
Funktionäre § 2 (5) Z 1
Fürsorge § 2 (4) Z 1

G

Gas, Lieferort § 3 (13 f)
Gebrauchtgegenstände, ig Warenverkehr Art 24
Gegenrechnungen § 11 (2)
Gehaltslieferung § 3 (5)
Geld- und Kapitalverkehr, Steuerbefreiungen § 6 (1) Z 8
Geldforderungen, Vorsteueraufteilung § 15 (1)
Geldspielgeräte mit Gewinnmöglichkeit, Bemessungsgrundlage § 4 (5)
gemeinnützige Körperschaften
– ermäßigter Steuersatz § 10 (2) Z 4
– Steuerbefreiungen § 6 (1) Z 25
gemeinnützige Sportvereine, Steuerbefreiungen § 6 (1) Z 14
Gemeinschaft der Wohnungseigentümer, Steuerbefreiungen § 6 (1) Z 17
Gemeinschaftsgebiet § 1 (3)
Gesamtdifferenz, Differenzbesteuerung § 24 (5)
Geschäftsveräußerung, Bemessungsgrundlage § 4 (7)
gesonderte Erklärung, ig Lieferung Art 21 (11)
gewerbliche Tätigkeit § 2 (1)
Gewinnerzielungsabsicht § 2 (1)
Glückspielautomaten, Bemessungsgrundlage § 4 (5)
Glücksspiele, Steuerbefreiungen § 6 (1) Z 9
Gold an die Zentralbank, Steuerbefreiungen § 6 (1) Z 4
Gold, Steuerbefreiungen § 6 (1) Z 8
Goldmünzen, Steuerbefreiungen § 6 (1) Z 8
grenzüberschreitende Güterbeförderung, Steuerbefreiungen § 6 (1) Z 3
grenzüberschreitende Personenbeförderung, Steuerbefreiungen § 6 (1) Z 3
Grund- und Baukostenbeiträge § 28 (4)
Grundstücke
– Lieferung, Steuerbefreiungen § 6 (1) Z 9
– Option auf Steuerpflicht § 6 (2)
– Vermietung und Verpachtung, Steuerbefreiungen § 6 (1) Z 16
Grundstücksleistungen § 3a (9)
Gruppe von Unternehmen § 25
Gutschriften § 11 (7)
Gutschriften § 11 (8)

H

Haftung § 27
Haftung für ausländischen Unternehmer § 27 (4)
Hebamme, Steuerbefreiungen § 6 (1) Z 19
Hinzurechnungen, Bemessungsgrundlage § 5 (4)

I

ig Beförderung eines Gegenstandes Art 3a
ig Erwerb Art. 1
– Aufzeichnungspflicht Art 18 (1 ff)
– Ausnahmen Art 1 (4)
– Ausschluss vom Vorsteuerabzug Art 12 (2)
– Bemessungsgrundlage Art 4
– diplomatische Mission Art 1 (10)
– Dreiecksgeschäft Art 25 (1 ff), (2(
– Entgeltlichkeit Art 1 (1 ff)
– Entstehung der Steuerschuld Art 19 (2)
– Erwerber Art 1 (2)
– Fahrzeuglieferer, Vorsteuerabzug Art 12 (3)
– Konsignationslagerregelung Art 1a
– Lieferort Art 3 (8)
– neue Fahrzeuge Art 1 (4), (6), (7 ff), Art 20 (2)
– neue Fahrzeuge, Steuerschuld Art 19 (2)
– nichtunternehmerische Zwecke, Vorsteuerabzug Art 12 (4)
– Schwellenerwerber Art 1 (4)
– Schwellenerwerber, Verzicht Art 1 (5)
– Steuerbefreiungen Art 6 (2), 25 (3)
– Steuerschuld Art 19 (2)
– Steuerschuldner Art 19 (1)
– Streitkräfte Art 1 (10)
– verbrauchsteuerpflichtige Waren Art 1 (6)
– Verbringung Art 1 (3)
– Voraussetzungen Art 1 (2)
– Vorsteuerabzug Art 12 (1)
– vorübergehende Verwendung Art 1 (3)
– zwischenstaatliche Einrichtungen Art 1 (10)
ig Lieferung Art 3, 7 (1 ff)
– Buchnachweis Art 7 (3)
– Definition Art 3 (1), 7 (1)
– gesonderte Erklärung Art 21 (11)
– Konsignationslagerregelung Art 3 (2)
– Steuerbefreiungen Art 6 (1)
– Verbringen Art 7 (2)
– Vertrauensschutz Art 7 (4)
ig Warenbewegung, Zusammenfassende Meldung Art 21 (6)
ig Warenlieferung, Zusammenfassende Meldung Art 21 (4)
Inbetriebnahme, Fahrzeug Art 1 (9)
Inhalt der Belege für Ausfuhrnachweis § 7 (7)
Inhalt, Zusammenfassende Meldung Art 21 (6)
Inkrafttreten § 28 (1)
Inland § 1 (2)
Innenleistungen § 2 (2)
innergemeinschaftlicher Versandhandel (ig Versandhandel) Art 3 (3 ff)
Instandsetzungen
– Luftfahrzeuge § 9 (2)
– Seeschiffe § 9 (1)
Investmentfonds-Sondervermögen Verwaltung, Steuerbefreiungen § 6 (1) Z 8
Istbesteuerung § 17 (1)
Istbesteuerung
– Entstehung der Steuerschuld § 19 (2)
– Geschäftsveräußerung im Ganzen § 17 (7)
– Übergang zur Sollbesteuerung § 17 (4)
Istversteuerung, Vorsteuerabzug § 12 (1) Z 1

J

Jugendheime
– ermäßigter Steuersatz § 10 (3) Z 10
– Steuerbefreiungen § 6 (1) Z 23
juristische Person § 2 (2)

K

Katalogleistungen
- Nichtunternehmer im Drittland § 3a (14)
- Verlagerung des Leistungsortes § 3a (15)

Kläranlagen § 2 (3)
Kleinbetragsrechnungen § 11 (6)
- Vorsteuerabzug § 12 (9)

Kleinunternehmer
- neue Fahrzeuge Art 6 (5)
- Steuerbefreiungen § 6 (1) Z 27
- Steuererklärung § 21 (6)
- Verzicht auf die Steuerbefreiung § 6 (3)

Kommissionsgeschäft § 3 (3)
Konsignationslagerregelung Art 1a
Konzerte, Steuerbefreiungen § 6 (1) Z 24
Körperschaften des öffentlichen Rechts § 2 (3)
- land- und forstwirtschaftlicher Betrieb § 22 (7)

Körperschaften, gemeinnützige, ermäßigter Steuersatz § 10 (2) Z 4
Kraftfahrzeug, Leasing § 12 (2) Z 3
Kranken- und Pflegeanstalten
- ermäßigter Steuersatz § 10 (2) Z 8
- Steuerbefreiungen § 6 (1) Z 18

Krankenbeförderung, Steuerbefreiungen § 6 (1) Z 22
Krankenfürsorgeeinrichtungen § 2 (4) Z 1
Kreditkartenumsätze § 6 (2)
Kreditvermittlung, Steuerbefreiungen § 6 (1) Z 8
Kunstgegenstände
- Bemessungsgrundlage § 4 (4)
- Differenzbesteuerung § 24 (1 f)
- ermäßigter Steuersatz § 10 (3) Z 1
- ig Warenverkehr Art 24

Künstler, ermäßigter Steuersatz § 10 (3) Z 4
Kuranstalten, ermäßigter Steuersatz § 10 (2) Z 8
Kurse, Steuerbefreiungen § 6 (1) Z 12

L

Land- und forstwirtschaftliche Produkte, ermäßigter Steuersatz § 10 (3) Z 1
land- und forstwirtschaftlicher Betrieb
- andere Umsätze § 22 (5)
- Besteuerung der Umsätze § 22
- Betriebsübertragung § 22 (3)
- Definition § 22 (3)
- Körperschaften öffentlichen Rechts § 22 (7)
- Nebenbetrieb § 22 (4)
- Option für Regelbesteuerung § 22 (6)
- Steuersatz § 22 (1)
- Zusatzsteuer § 22 (2)

Landfahrzeuge Art 1 (8)
- Inbetriebnahme Art 1 (9)
- Meldepflicht Art 27 (1 f)

langfristige Verträge, Umstellung § 30
Leasing, Kfz § 12 (2) Z 3
Leistungen von Eisenbahnunternehmen für ausländische Eisenbahnen, Steuerbefreiungen § 6 (1) Z 6
Leistungen, Rückgängigmachung § 16 (3)
Leistungsempfänger als Steuerschuldner § 19 (1 ff)
Leistungsort § 3a (5 ff)
Leistungsort
- Arbeiten an beweglichen körperlichen Gegenständen § 3a (11)
- Beförderungsleistung § 3a (10), (11), Art 3a
- Beförderungsmittel § 3a (12)
- Beförderungsmittel, Vermietung § 3a (12)
- Eintrittsberechtigungen für Veranstaltungen § 3a (11a)
- elektronische Leistungen § 3a (13), Art 3a (5)
- Grundstück § 3a (9)
- Katalogleistungen § 3a (11)
- kulturelle Leistung § 3a (11)
- künstlerische Leistung § 3a (11)
- Leistung an Nichtunternehmer § 3a (7)
- Leistung an Unternehmer § 3a (6)
- Messen und Ausstellungen § 3a (11)
- Personenbeförderung § 3a (10)
- Reiseleistungen § 23
- Restaurant- und Verpflegungsleistungen § 3a (11)
- Rundfunk- und Fernsehdienstleistungen § 3a (13), Art 3a (5)
- sportliche Leistung § 3a (11)
- Telekommunikationsdienstleistungen § 3a (13), Art 3a (5)
- Umschlagsleistung § 3a (10), (11)
- unterhaltende Leistung § 3a (11)
- unterrichtende Leistung § 3a (11)
- Vermietung von Beförderungsmitteln § 3a (12)
- Vermittlungsleistung § 3a (8)
- Verpflegungsleistungen Art 3a (3)
- Versandhandel Art 3 (3)
- wissenschaftliche Leistung § 3a (11)

Liebhaberei § 2 (5) Z 2
Lieferer, Fahrzeug Art 2
Lieferort Gas, Elektrizität, Wärme § 3 (13 f)
Lieferort, ig Erwerb Art 3 (8)
Lieferschwelle
- Versandhandel Art 3 (5)
- Verzicht Art 3 (6)

Lieferung § 3
- an NATO-Streitkräfte
- gegen Entgelt Art 3 (1)
- Gegenstände an Bord von Schiffen, Lieferort § 3 (11)
- Gegenstände in einem Luftfahrzeug, Lieferort § 3 (11)
- Gegenständen in einer Eisenbahn, Lieferort § 3 (11)
- Luftfahrzeuge § 9 (2)
- Ort § 3 (7)
- Seeschiffe § 9 (1)
- Zeitpunkt § 3 (8)

Lieferungen § 1 (1) Z 1
- Bemessungsgrundlage § 4
- Vorsteuerabzug § 12 (2)

Lohnveredelung
- Abholung durch ausländischen Abnehmer § 8 (3)
- Aufzeichnungspflicht Art 18 (3)
- Ausfuhrnachweis § 8 (3)
- Beförderung in Drittlandsgebiet § 8 (3)
- Buchnachweis § 8 (1)
- Gegenstände der Ausfuhr § 8

– Inhalt des Ausfuhrnachweises § 8 (3)
– Versendung in Drittlandsgebiet § 8 (3)
Lohnveredelungen, Steuerbefreiungen § 6 (1) Z 1
Luftfahrt
– Steuerbefreiungen § 6 (1) Z 2
– Umsätze § 9
Luftfahrzeuge § 9 (2), Art 1 (8)
– Inbetriebnahme Art 1 (9)
– Meldepflicht Art 27 (1 f)

M
Margenbesteuerung, Reiseleistungen § 23
maßgebender Zeitraum, Zusammenfassende Meldung Art 21 (7)
Mehrbelastung, Ausgleich § 30 (1)
Meldepflicht, Land-, Luft- und Wasserfahrzeuge Art 27 (1 f)
Meldezeitraum, Zusammenfassende Meldung Art 21 (3)
menschliche Organe, Steuerbefreiungen § 6 (1) Z 21
menschliches Blut, Steuerbefreiungen § 6 (1) Z 21
Minderbelastung, Ausgleich § 30 (1)
Minderung, Entgelt, Entstehung der Steuerschuld § 19 (4)
Müllbeseitigung, ermäßigter Steuersatz § 10 (2) Z 7
Müllbeseitigungsanlagen § 2 (3)
Museen
– ermäßigter Steuersatz § 10 (3) Z 6
– Steuerbefreiungen § 6 (1) Z 24
Musikaufführungen, ermäßigter Steuersatz § 10 (3) Z 6

N
Nachforderung § 21 (5)
nachhaltige Tätigkeit § 2 (1)
Nächtigungsaufwendungen, Vorsteuerabzug § 13
Nachweis, Versendung in Drittlandsgebiet § 7 (5)
NATO-Lieferungen, Steuerbefreiungen § 6 (1) Z 6
Nebenbetrieb, Land- und Forstwirtschaft § 22 (4)
neue Fahrzeuge Art 1 (7 ff), 3 (7)
– Definition Art 1 (8), (9)
– Erwerbsschwelle Art 1 (4)
– ig Erwerb Art 1 (7 ff)
– ig Erwerb, Entstehung der Steuerschuld Art 19 (2)
– Kleinunternehmer Art 6 (5)
– Rechnungen Art 11 (3)
nichtselbständige Tätigkeit § 2 (2)
Nichtunternehmer
– Veranlagung Art 21 (1)
– Voranmeldung Art 21 (1)
– Vorauszahlung Art 21 (1)
Normalsteuersatz § 10 (1)
Normalwert § 4 (9)
Notar, Fiskalvertreter § 27 (8)

O
OGAW-Sondervermögen Verwaltung, Steuerbefreiungen § 6 (1) Z 8
Option
– Differenzbesteuerung § 24 (12)
– Erwerbsbesteuerung Art 1 (5)
Organschaft § 2 (2)
– Umsatzsteuer-Identifikationsnummer Art 28 (1)
Ort des ig Erwerbs, Dreiecksgeschäft Art 25 (2)

P
Pensionskassengeschäfte, Steuerbefreiungen § 6 (1) Z 9
Personenbeförderung Luftverkehr, ermäßigter Steuersatz § 10 (3) Z 9
Personenbeförderung, ermäßigter Steuersatz § 10 (2) Z 6
Personenbeförderung, grenzüberschreitender Gelegenheitsverkehr, Entstehung der Steuerschuld § 19 (2)
Pfandscheine, Bemessungsgrundlage § 4 (5)
Pflegeeltern, Steuerbefreiungen § 6 (1) Z 15
Pflichten des Empfängers, Dreiecksgeschäft Art 25 (7)
PKW, emissionslose, Vorsteuerabzug § 12 (2) Z 2a
Plattformen Art 25a
– Haftung § 27
– Steuerbefreiung Art 6 (4)
Postdienste § 27 (6)
Postdienstleistungen, Steuerbefreiungen § 6 (1) Z 10
private Schulen, Steuerbefreiungen § 6 (1) Z 11
Privatlehrer, Steuerbefreiungen, § 6 (1) Z 11
Psychotherapeut Steuerbefreiungen § 6 (1) Z 19

Q
Quittungen § 11 (2)

R
Rechnungen
– Aufbewahrungsfrist § 11 (2)
– Ausstellung § 11
– Berichtigung § 11 (13)
– Differenzbesteuerung § 24 (7)
– Dreiecksgeschäft Art 25 (4)
– elektronisch ausgestellt § 11 (2)
– Endrechnung § 11 (1)
– Fahrausweise § 11 (9), (10)
– Fakturierautomaten § 11 (5)
– Gutschriften § 11 (7), (8)
– ig Lieferung Art 11 (1 ff)
– Inhalt § 11 (1), (3), (4)
– Kleinbeträge § 11 (6)
– neue Fahrzeuge Art 11 (3)
– Reisegepäckverkehr § 11 (11)
– Reverse Charge § 11 (1a)
– Schlüsselzahlen § 11 (4)
– Symbole § 11 (4)
– Übergang der Steuerschuld § 11 (1a)
– Umsatzsteuer-Identifikationsnummer Art 11 (2)
– unberechtigter Steuerausweis § 11 (14)
– unrichtiger Steuerausweis § 11 (12)
– verschiedene Steuersätze § 11 (5)
Rechtsanwalt, Fiskalvertreter § 27 (8)
Rechtsnachfolger, Differenzbesteuerung § 24 (2)
Regelbesteuerung, Option, land- und forstwirtschaftlicher Betrieb § 22 (6)

UStG
VO

Reihengeschäft § 3 (15), Art 25 (1 ff)
Reihengeschäft, Einfuhr-Versandhandel § 3 (3a)
Reisefreimengen § 6 (5 f)
Reisegepäck, Einfuhr § 6 (5 f)
Reisegepäckverkehr, Rechnungen § 11 (11)
– Vorsteuerabzug § 12 (9)
Reisekosten, Vorsteuerabzug § 13
Reisekostenersätze, Steuerbefreiungen § 6 (1) Z 9
Reiseleistungen § 23
– Aufzeichnungen § 23 (9)
– Bemessungsgrundlage § 23 (7)
– Gesamtermittlung § 23 (7)
– Gruppenermittlung § 23 (7)
– Leistungsort § 23 (3)
– Margenbesteuerung § 23 (1)
– mehrere § 23 (2)
– Reisevorleistungen § 23 (4)
– Steuerbefreiungen § 23 (5 f)
– Vorsteuerabzug § 23 (8)
Reisevorleistungen § 23 (4)
Reparaturdienstleistungen, ermäßigter Steuersatz § 10 (2) Z 10
Reverse Charge § 19 (1 ff)
Rückgängigmachung, von Leistungen § 16 (3)
Rückvergütungen § 16 (5)
Rundfunk, ermäßigter Steuersatz § 10 (2) Z 5

S

Sammlungsstücke
– Bemessungsgrundlage § 4 (4)
– Differenzbesteuerung § 24 (1 f)
– ermäßigter Steuersatz § 10 (3) Z 1
– ig Warenverkehr Art 24
Schlachthöfe § 2 (3)
Schlüsselzahlen, Rechnungen § 11 (4)
Schwellenerwerber Art 1 (4)
– Verzicht Art 1 (5)
Schwimmbäder, ermäßigter Steuersatz § 10 (3) Z 5
Seeschiffahrt
– Steuerbefreiungen § 6 (1) Z 2
– Umsätze § 9
Seeschiffe § 9 (1)
selbständige Tätigkeit § 2 (1)
Selbstbemessung § 21 (1)
Selbstberechnung, unrichtig § 21 (3)
Sollbesteuerung § 17 (2), (3)
Sonderregelung für Anlagegold § 24a, Art 24a
Sonderregelung, Drittlandsgeiet § 25a
Sonderregelung, Einfuhr-Versandhandel § 25b
Sondervorschriften, Einfuhrumsatzsteuer § 26
sonstige Leistung § 3a, Art 3 (1)
– Arbeiten an beweglichen körperlichen Gegenständen § 3a (11)
– Beförderungsleistung § 3a (11)
– elektronische Leistungen § 3a (13), Art 3a (5)
– ig Lieferung Art 7 (2)
– Katalogleistungen § 3a (11)
– kulturelle Leistung § 3a (11)
– künstlerische Leistung § 3a (11)
– Leistungsort § 3a (5 ff)
– Messen und Ausstellungen § 3a (11)
– Restaurant- und Verpflegungsleistungen § 3a (11)
– Rundfunk- und Fernsehdienstleistungen § 3a (13), Art 3a (5)
– sportliche Leistung § 3a (11)
– Telekommunikationsdienstleistungen § 3a (13), Art 3a (5)
– Telekommunikationsdienstleistungen
– Umschlagsleistung § 3a (11)
– unterhaltende Leistung § 3a (11)
– unterrichtende Leistung § 3a (11)
– wissenschaftliche Leistung § 3a (11)
sonstige Leistungen § 1 (1) Z 1, Art 3a
– Bemessungsgrundlage § 4
– Leistungsort Art 3a (1 ff)
– Luftfahrzeuge § 9 (2)
– Seeschiffe § 9 (1)
– Steuerbefreiungen Art 6 (1)
– Vorsteuerabzug § 12 (2)
Sozialhilfe § 2 (4) Z 1
Sozialversicherung § 2 (4) Z 1
Sozialversicherungsträger § 6 (1) Z 7
– Steuerbefreiungen § 6 (1) Z 7
Spediteur, Fiskalvertreter § 27 (8)
Stempelgebühren, Anfragen --- Umsatzsteuer-Identifikationsnummer Art 28 (3)
Steueranmeldung, Fahrzeugeinzelbesteuerung Art 21 (2)
steuerbare Umsätze § 1
Steuerbefreiung
– ig Erwerb Art 25 (3)
Steuerbefreiungen § 6, Art. 6
– Arzt, Dentist, Psychotherapeut und Hebamme § 6 (1) Z 19
– Ausfuhrlieferungen § 6 (1) Z 1
– Bausparkassenvertreter § 6 (1) Z 13
– Be- oder Verarbeitung Art 6 (1)
– Beförderungsleistung Art 6 (1)
– Blinde § 6 (1) Z 10
– Buchnachweis Art 6 (1)
– Bürgschaften § 6 (1) Z 8
– Differenzbesteuerung § 24 (6)
– Einfuhr § 6 (4), Art 6 (3)
– Einfuhr, Reisegepäck § 6 (5 f)
– Filmvorführung § 6 (1) Z 12
– Geld- und Kapitalverkehr § 6 (1) Z 8
– gemeinnützige Körperschaften § 6 (1) Z 25
– gemeinnützige Sportvereine § 6 (1) Z 14
– Gemeinschaft der Wohnungseigentümer § 6 (1) Z 17
– Glücksspiele § 6 (1) Z 9
– Gold § 6 (1) Z 8
– Gold an die Zentralbank § 6 (1) Z 4
– grenzüberschreitende Personen- und Güterbeförderung § 6 (1) Z 3
– Grundstückslieferung § 6 (1) Z 9
– Grundstücksvermietung § 6 (1) Z 16
– Heilbehandlungen § 6 (1) Z 19
– ig Erwerb Art 6 (2)
– ig Lieferung Art 6 (1)
– Investmentfonds, AIF, OGAW § 6 (1) Z 8
– Jugendheime § 6 (1) Z 23
– Kfz-Lieferung an Vergütungsberechtigte § 6 (1) Z 6
– Kleinunternehmer § 6 (1) Z 27

– Kranken- und Pflegeanstalten und Altersheime § 6 (1) Z 18
– Krankenbeförderung § 6 (1) Z 22
– Kreditvermittlung § 6 (1) Z 8
– Kurse § 6 (1) Z 12
– Leistungen von Eisenbahnunternehmen für ausländische Eisenbahnen § 6 (1) Z 6
– Lieferungen und Nutzungseigenverbrauch bei Ausschluss vom Vorsteuerabzug § 6 (1) Z 26
– Lieferungen und sonstige Leistungen iZm COVID-19 § 6 (1) Z 6
– Lohnveredelungen § 6 (1) Z 1
– menschliche Organe, Blut und Frauenmilch § 6 (1) Z 21
– NATO-Lieferungen § 6 (1) Z 6
– Option auf Steuerpflicht § 6 (2)
– Pensionskassengeschäfte § 6 (1) Z 9
– Pflegeeltern § 6 (1) Z 15
– Postdienstleistungen § 6 (1) Z 10
– private Schulen § 6 (1) Z 11
– Privatlehrer § 6 (1) Z 11
– Reisekostenersätze § 6 (1) Z 9
– Reiseleistungen § 23 (5 f)
– Seeschiffahrt und Luftfahrt § 6 (1) Z 2
– sonstige Leistungen Art 6 (1)
– Tagesmütter § 6 (1) Z 15
– Theater, Konzerte, Museen § 6 (1) Z 24
– Vermietung und Verpachtung von Grundstücken § 6 (1) Z 16
– Vermittlungsleistungen § 6 (1) Z 5
– Versicherungsverhältnisse § 6 (1) Z 9
– Versicherungsvertreter § 6 (1) Z 13
– Verwaltung von Sondervermögen § 6 (1) Z 8
– Verzicht § 6 (2), (3)
– Vorträge § 6 (1) Z 12
– vorübergehende Einfuhr § 6 (1) Z 6
– Zahntechniker § 6 (1) Z 20
– Zusammenschlüsse von Banken und Versicherungen § 6 (1) Z 28
Steuerberechnung § 20 (1), Art 20 (1)
Steuerberechnung
– Einfuhrumsatzsteuer § 20 (2)
– Vorsteuer § 20 (2)
Steuererklärung § 21 (4)
Steuererklärung
– Kleinunternehmer § 21 (6)
Steuerlager § 24b, Art 24b
Steuersatz § 10
– Differenzbesteuerung § 24 (6)
– ermäßigt (10 %) § 10 (2)
– ermäßigt (13 %) § 10 (3)
– ermäßigt (19 %) § 10 (4)
– normal § 10 (1)
Steuerschuld
– Entstehung § 19 (2)
– Entstehung Art 19
Steuerschuldner § 19 (1), Art 19
– Bauleistungen § 19 (1a)
– Dreiecksgeschäft Art 25 (5)
– Elektrizität § 19 (1c)
– Erdgas § 19 (1c)
– Sicherungseigentum § 19 (1b)
– UmsatzsteuerbetrugsbekämpfungsVO § 19 (1d)
– Vorbehaltseigentum § 19 (1b)
– Wärme oder Kälte § 19 (1c)
– Zwangsversteigerungsverfahren § 19 (1b)
Steuerschuldner Leistungsempfänger § 19 (1 ff)
Symbole, Rechnungen § 11 (4)

T

Tagesmütter, Steuerbefreiungen § 6 (1) Z 15
Tausch § 3 (10)
Tausch, Bemessungsgrundlage § 4 (6)
tauschähnliche Umsätze, Bemessungsgrundlage § 4 (6)
tauschähnlicher Umsatz § 3a (2)
Theater, Steuerbefreiungen § 6 (1) Z 24
Theateraufführungen, ermäßigter Steuersatz § 10 (3) Z 6
Tierzucht, Tierhaltung, ermäßigter Steuersatz § 10 (3) Z 2
Transportkontrollen § 27 (5)
Treibhausgasemissionszertifikate § 19 (1e)
Übergang der Steuerschuld
– Ausnahme § 27 (4)
– Rechnungen § 11 (1a)
– Vorsteuerabzug § 12 (1) Z 3
Übergangsvorschriften § 28
– Einfuhren § 28 (9 f)
– Vermietung, Verzicht auf Steuerbefreiung § 28 (38)
Umbauten
– Luftfahrzeuge § 9 (2)
– Seeschiffe § 9 (1)
Umsatzsteuer-Identifikationsnummer § 28 (1), Art 28 (1 ff)
– Rechnungen Art 11 (2)
– Stempelgebühren für Anfragen Art 28 (3)
Umstellung, langfristige Verträge § 30
unberechtigter Steuerausweis
– Entstehung der Steuerschuld § 19 (3)
– Rechnungen § 11 (14)

U

Uneinbringlichkeit, Entgelt § 16 (3)
unfreie Versendung Art 3a (2)
unrichtige Selbstberechnung § 21 (3)
unrichtiger Steuerausweis
– Entstehung der Steuerschuld § 19 (3)
– Rechnungen § 11 (12)
Unterlassen einer Handlung § 3a (1)
Unterlassung, Voranmeldung § 21 (3)
Unternehmen § 2
Unternehmensort § 3a (12)
Unternehmensveräußerung, Bemessungsgrundlage § 4 (7)
Unternehmer § 2
– Fiskalvertreter § 27 (8)
Unternehmerbegriff § 2 (1)
unvollständige Voranmeldung § 21 (3)
Urheber, Differenzbesteuerung § 24 (2)

V

Veranlagung § 21, Art 21
– Kleinunternehmer § 21 (6)
– Nachforderung § 21 (5)

– Reverse Charge § 21 (10)
– Steuererklärung § 21 (4)
– Zeitraum § 21 (4)
Veranlagungszeitraum § 20 (1), Art 20
– abweichendes Wirtschaftsjahr § 20 (3)
Verarbeitung § 3 (6)
verbrauchsteuerpflichtige Waren Art 3 (7)
– Erwerbsschwelle Art 1 (4)
– ig Erwerb Art 1 (6)
Verbringung, Aufzeichnungspflicht Art 18 (2)
Verbringung, ig Lieferung Art 7 (2)
Vercharterung
– Luftfahrzeuge § 9 (2)
– Seeschiffe § 9 (1)
Veredelungen, Bemessungsgrundlage § 5 (2)
Veredelungsverkehr, Einfuhrumsatzsteuer § 26 (1)
Verfügungsmacht, Verschaffung § 3 (7)
Vergütungsberechtigte, steuerfreie Kfz-Lieferungen § 6 (1) Z 6
Vermeidung von Doppelbesteuerungen und Wettbewerbsverzerrungen § 3a (16)
Vermietung
– Luftfahrzeuge § 9 (2)
– Seeschiffe § 9 (1)
Vermietung für Campingzwecke, ermäßigter Steuersatz § 10 (2) Z 3
Vermietung für Wohnzwecke, ermäßigter Steuersatz § 10 (2) Z 3
Vermietung und Verpachtung von Grundstücken
– Körperschaften des öffentlichen Rechts § 2 (3)
– Steuerbefreiungen § 6 (1) Z 16
Vermietung von Beförderungsmitteln § 3a (12)
Vermittlungsleistung § 3a (8)
– Steuerbefreiungen § 6 (1) Z 5
Verordnungen, Weitergeltung § 28 (5)
Verordnungsermächtigung § 25 (1)
Verpflegungsmehraufwendungen, Vorsteuerabzug § 13
Versandhandel Art 3 (3 ff)
– Abnehmer Art 3 (4)
– Einfuhr-Versandhandel § 3 (8a)
– ig Versandhandel Art 3 (3 ff)
– Lieferschwelle Art 3 (5)
– Lieferschwelle, Verzicht Art 3 (6)
– neue Fahrzeuge Art 3 (7)
– Rechnung § 11 (1)
– verbrauchsteuerpflichtige Waren Art 3 (7)
Versendung § 3 (8)
– in Drittlandsgebiet § 7 (5)
– in Drittlandsgebiet, Lohnveredelung § 8 (3)
– in Drittlandsgebiet, Nachweis § 7 (5)
– unfrei Art 3a (2)
Versendungslieferung § 3 (8)
– aus dem Drittlandsgebiet § 3 (9)
– Versandhandel Art 3 (3)
Versendungsnachweis § 7 (5)
Versicherungsverhältnisse, Steuerbefreiungen § 6 (1) Z 9
Versicherungsvertreter, Steuerbefreiungen § 6 (1) Z 13
Versorgung
– Luftfahrzeuge § 9 (2)
– Seeschiffe § 9 (1)
Verspätungszuschlag, Zusammenfassende Meldung Art 21 (9)
Vertrauensschutz Art 7 (4)
– Entstehung der Steuerschuld Art 19 (2)
Verweis
– auf andere Bundesgesetze § 28 (7)
– auf UStG § 28 (8)
– auf die Steuerbefreiung § 6 (2)
– auf die Steuerbefreiung § 6 (3)
– auf Differenzbesteuerung § 24 (12)
– Erwerbsschwelle Art 1 (5)
– Lieferschwelle Art 3 (6)
Verzichtsleistungen § 10
vierteljährlicher Voranmeldungszeitraum § 21 (2)
Vollziehung § 31
Voranmeldung § 21, Art 21
– Unterlassung § 21 (3)
– unvollständig § 21 (3)
– Vorsteuerabzug nach Durchschnittssätzen § 14 (4)
– Wegfall § 21 (1)
– Zeitraum § 21 (2)
Voranmeldungszeitraum, vierteljährlicher § 21 (2)
Vorauszahlung § 21, Art 21
Vorsteuer, Erstattung, Verordnungsermächtigung § 21 (9)
Vorsteuerabzug § 12, Art 12
– Aufteilung §§ 12 (4 ff), 15
– Ausschluss § 12 (3)
– Ausschluss bei Finanzvergehen § 12 (14)
– Ausschluss der Aufteilung § 12 (6)
– Ausschluss, ig Erwerb Art 12 (2)
– bei Istversteuerung § 12 (1) Z 1
– Berichtigung § 12 (10 ff)
– Differenzbesteuerung § 24 (8 ff)
– Einfuhrumsatzsteuer § 12 (1)
– Elektro-PKW § 12 (2) Z 2a
– emissionslose PKW § 12 (2) Z 2a
– Entfall des Rechts § 12 (14)
– Fahrausweise § 12 (9)
– Fahrzeuglieferer, ig Erwerb Art 12 (3)
– Frachtführer§ 12 (2) Z 4 § 12 (2) Z 3
– ig Erwerb Art 12 (1)
– Kleinbetragsrechnungen § 12 (9)
– Kraftfahrzeug, Leasing § 12 (2) Z 3
– Lieferungen § 12 (2)
– nach Durchschnittssätzen § 14
– nichtunternehmerische Zwecke § 12 (2) Z 2
– Reisegepäckverkehr § 12 (9)
– Reisekosten § 13
– Reiseleistungen § 23 (8)
– Reverse Charge § 12 (1) Z 3
– sonstige Leistungen § 12 (2)
– Übergang der Steuerschuld § 12 (1) Z 3
– unternehmerische Zwecke § 12 (2) Z 1
– Voraussetzungen § 12 (1)
– Vorsteuererstattung für ausländische Unternehmer § 21 (9)
Vorsteueraufteilung §§ 12 (4 ff), 15
Vorsteuererstattung für ausländische Unternehmer § 21 (9)
Vorsteuererstattung im übrigen Gemeinschaftsgebiet § 21 (11)

Vorsteuerweiterleitung § 12 (15)
Vorträge, Steuerbefreiungen § 6 (1) Z 12
vorübergehende Einfuhr, Steuerbefreiungen § 6 (1) Z 6
vorübergehende Verwendung Art 1 (3)

W

Wärme, Lieferort § 3 (13 f)
Wartung
– Luftfahrzeuge § 9 (2)
– Seeschiffe § 9 (1)
Wasserfahrzeuge Art 1 (8)
– Inbetriebnahme Art 1 (9)
– Meldepflicht Art 27 (1 f)
Wasserwerke § 2 (3)
Wechsel, Besteuerungsart § 17 (4)
Wein ab Hof, ermäßigter Steuersatz § 10 (3) Z 11
Weisungsunterworfenheit § 2 (2)
Weitergeltung
– Bescheide § 28 (6)
– UStG 1972 § 28 (2)
– Verordnungen § 28 (5)
Werkleistung §§ 3a (3), 11 (1)
Werklieferung §§ 3 (4), 11 (1)
Wertpapiere, Steuerbefreiungen § 6 (1) Z 8
Wertzeichen
– Steuerbefreiungen § 6 (1) Z 8
– Vorsteueraufteilung § 15 (2)
Widerruf
– Differenzbesteuerung § 24 (3)
– Durchschnittssätze § 25 (4)
– Vorsteuerabzug nach Durchschnittssätzen § 14 (5)
Wiederverkäufer, Differenzbesteuerung § 24 (1)
Wirtschaftstreuhänder, Fiskalvertreter § 27 (8)
Wohnungseigentümergemeinschaften, ermäßigter Steuersatz § 10 (2) Z 3

Z

Zahlungsmittel, Vorsteueraufteilung § 15 (2)
Zahntechniker, Steuerbefreiungen § 6 (1) Z 20
Zirkusvorführungen, ermäßigter Steuersatz § 10 (3) Z 8
Zoll- und Steuerlager § 24b, Art 24b
Zollanmeldung, Einfuhrumsatzsteuer § 26 (2)
Zollorgane, Einsichtnahme § 27 (5)
Zollwert § 5 (1)
Zulassungsverfahren, Fiskalvertreter § 27 (8)
Zusammenarbeit, Verwaltungsbehörden Art 27 (3)
Zusammenfassende Meldung Art 21 (3)
– Änderung der Bemessungsgrundlage Art 21 (8)
– Berichtigung Art 21 (8)
– Datenübermittlung Art 21 (10)
– Dreiecksgeschäft Art 25 (6)
– elektronische Meldung Art 21 (10)
– ig Warenbewegung Art 21 (6)
– ig Warenlieferung Art 21 (4)
– Inhalt Art 21 (6)
– maßgebender Zeitraum Art 21 (7)
– Verspätungszuschlag Art 21 (9)
Zusätzliches, freiwilliges Entgelt § 4 (2)
Zusatzsteuer, land- und forstwirtschaftlicher Betrieb § 22 (2)
zwischenstaatliche Einrichtungen Art 1 (10)

UStG
VO

Bundesgesetz über die Besteuerung der Umsätze (Umsatzsteuergesetz 1994 – UStG 1994)

Steuerbare Umsätze

§ 1. (1) Der Umsatzsteuer unterliegen die folgenden Umsätze:

1. Die Lieferungen und sonstigen Leistungen, die ein Unternehmer im Inland gegen Entgelt im Rahmen seines Unternehmens ausführt. Die Steuerbarkeit wird nicht dadurch ausgeschlossen, daß der Umsatz auf Grund gesetzlicher oder behördlicher Anordnung bewirkt wird oder kraft gesetzlicher Vorschrift als bewirkt gilt;
2. der Eigenverbrauch im Inland. Eigenverbrauch liegt vor,
   a) soweit ein Unternehmer Ausgaben (Aufwendungen) tätigt, die Leistungen betreffen, die Zwecken des Unternehmens dienen, und nach § 20 Abs. 1 Z 1 bis 5 des Einkommensteuergesetzes 1988 oder nach § 12 Abs. 1 Z 1 bis 5 des Körperschaftsteuergesetzes 1988 nicht abzugsfähig sind. Dies gilt nicht für Ausgaben (Aufwendungen), die Lieferungen und sonstige Leistungen betreffen, welche auf Grund des § 12 Abs. 2 nicht als für das Unternehmen ausgeführt gelten, sowie für Geldzuwendungen. Eine Besteuerung erfolgt nur, wenn der Gegenstand oder seine Bestandteile zu einem vollen oder teilweisen Vorsteuerabzug berechtigt haben;
   b) (aufgehoben)
3. die Einfuhr von Gegenständen (Einfuhrumsatzsteuer). Eine Einfuhr liegt vor, wenn ein Gegenstand aus dem Drittlandsgebiet in das Inland, ausgenommen die Gebiete Jungholz und Mittelberg, gelangt.

(2) Inland ist das Bundesgebiet. Ausland ist das Gebiet, das hienach nicht Inland ist. Wird ein Umsatz im Inland ausgeführt, so kommt es für die Besteuerung nicht darauf an, ob der Unternehmer österreichischer Staatsbürger ist, seinen Wohnsitz oder seinen Sitz im Inland hat, im Inland eine Betriebsstätte unterhält, die Rechnung ausstellt oder die Zahlung empfängt.

(3) Das Gemeinschaftsgebiet im Sinne dieses Gesetzes umfaßt das Inland und die Gebiete der übrigen Mitgliedstaaten der Europäischen Union, die nach dem Gemeinschaftsrecht als Inland dieser Mitgliedstaaten gelten (übriges Gemeinschaftsgebiet). Das Fürstentum Monaco gilt als Gebiet der Französischen Republik. Drittlandsgebiet im Sinne dieses Gesetzes ist das Gebiet, das nicht Gemeinschaftsgebiet ist. Ein Mitgliedstaat im Sinne dieses Gesetzes ist ein solcher der Europäischen Union. In Bezug auf Waren gilt Nordirland als Gemeinschaftsgebiet und Mitgliedstaat.

(BGBl I 2021/3)

Unternehmer, Unternehmen

§ 2. (1) Unternehmer ist, wer eine gewerbliche oder berufliche Tätigkeit selbständig ausübt. Das Unternehmen umfaßt die gesamte gewerbliche oder berufliche Tätigkeit des Unternehmers. Gewerblich oder beruflich ist jede nachhaltige Tätigkeit zur Erzielung von Einnahmen, auch wenn die Absicht, Gewinn zu erzielen, fehlt oder eine Personenvereinigung nur gegenüber ihren Mitgliedern tätig wird.

(2) Die gewerbliche oder berufliche Tätigkeit wird nicht selbständig ausgeübt,

1. soweit natürliche Personen, einzeln oder zusammengeschlossen, einem Unternehmen derart eingegliedert sind, daß sie den Weisungen des Unternehmers zu folgen, verpflichtet sind;
2. wenn eine juristische Person dem Willen eines Unternehmers derart untergeordnet ist, daß sie keinen eigenen Willen hat. Eine juristische, Person ist dem Willen eines Unternehmers dann derart untergeordnet, daß sie keinen eigenen Willen hat (Organschaft), wenn sie nach dem Gesamtbild der tatsächlichen Verhältnisse finanziell, wirtschaftlich und organisatorisch in sein Unternehmen eingegliedert ist.

   Die Wirkungen der Organschaft sind auf Innenleistungen zwischen den im Inland gelegenen Unternehmensteilen beschränkt. Diese Unternehmensteile sind als ein Unternehmen zu behandeln. Hat der Organträger seine Geschäftsleitung im Ausland, gilt der wirtschaftlich bedeutendste Unternehmensteil im Inland als Unternehmer.

(3) Die Körperschaften des öffentlichen Rechts sind nur im Rahmen ihrer Betriebe gewerblicher Art (§ 2 des Körperschaftsteuergesetzes 1988), ausgenommen solche, die gemäß § 5 Z 12 des Körperschaftsteuergesetzes 1988 von der Körperschaftsteuer befreit sind, und ihrer land- und forstwirtschaftlichen Betriebe gewerblich oder beruflich tätig. Als Betriebe gewerblicher Art im Sinne dieses Bundesgesetzes gelten jedoch stets

- Wasserwerke,
- Schlachthöfe,
- Anstalten zur Müllbeseitigung und
- zur Abfuhr von Spülwasser und Abfällen sowie
- die Vermietung und Verpachtung von Grundstücken durch öffentlich-rechtliche Körperschaften.

(4) Als gewerbliche oder berufliche Tätigkeit gilt auch

1. die Tätigkeit der Träger der Sozialversicherung und ihrer Verbände, der Krankenfürsorgeeinrichtungen im Sinne des § 2 Abs. 1 Z 2 des Beamten-Kranken- und Unfallversicherungsgesetzes, BGBl. Nr. 200/1967, sowie der Träger des öffentlichen Fürsorgewesens, soweit diese im Rahmen der Mutterschafts-, Säuglings- und Jugendfürsorge, der allgemeinen Fürsorge (Sozialhilfe), der Kriegsopfer-

versorgung, der Behindertengesetze oder der Blindenhilfegesetze tätig werden;

2. und 3. (aufgehoben)

4. die Tätigkeit des Bundes, soweit sie in der Duldung der Benützung oder der Übertragung der Eisenbahninfrastruktur besteht.

(5) Nicht als gewerbliche oder berufliche Tätigkeit gilt

1. die von Funktionären im Sinne des § 29 Z 4 des Einkommensteuergesetzes 1988 in Wahrnehmung ihrer Funktionen ausgeübte Tätigkeit;
2. eine Tätigkeit, die auf Dauer gesehen Gewinne oder Einnahmenüberschüsse nicht erwarten läßt (Liebhaberei).

(6) Als Unternehmer gilt auch ein in einem Dienstverhältnis zu einer Krankenanstalt stehender Arzt, soweit er in Ausübung seiner ärztlichen Tätigkeit Entgelte vereinnahmt, die gemäß § 22 Z 1 lit. b des Einkommensteuergesetzes 1988 zu den Einkünften aus selbständiger Arbeit zählen.

Lieferung

§ 3. (1) Lieferungen sind Leistungen, durch die ein Unternehmer den Abnehmer oder in dessen Auftrag einen Dritten befähigt, im eigenen Namen über einen Gegenstand zu verfügen. Die Verfügungsmacht über den Gegenstand kann von dem Unternehmer selbst oder in dessen Auftrag durch einen Dritten verschafft werden.

(2) Einer Lieferung gegen Entgelt gleichgestellt wird die Entnahme eines Gegenstandes durch einen Unternehmer aus seinem Unternehmen

- für Zwecke, die außerhalb des Unternehmens liegen,
- für den Bedarf seines Personals, sofern keine Aufmerksamkeiten vorliegen, oder
- für jede andere unentgeltliche Zuwendung, ausgenommen Geschenke von geringem Wert und Warenmuster für Zwecke des Unternehmens.

Eine Besteuerung erfolgt nur dann, wenn der Gegenstand oder seine Bestandteile zu einem vollen oder teilweisen Vorsteuerabzug berechtigt haben.

(3) Beim Kommissionsgeschäft liegt zwischen dem Kommittenten und dem Kommissionär eine Lieferung vor. Bei der Verkaufskommission gilt die Lieferung des Kommittenten erst mit der Lieferung durch den Kommissionär als ausgeführt.

(3a)

1. Unternehmer, die Einfuhr-Versandhandelsumsätze (§ 3 Abs. 8a), bei denen der Einzelwert der Waren je Sendung 150 Euro nicht übersteigt, durch die Nutzung einer elektronischen Schnittstelle, beispielsweise eines Marktplatzes, einer Plattform, eines Portals oder Ähnlichem, unterstützen, werden behandelt, als ob sie diese Gegenstände selbst erhalten und geliefert hätten.
2. Unternehmer, die die Lieferung von Gegenständen innerhalb der Gemeinschaft durch einen Unternehmer, der im Gemeinschaftsgebiet weder sein Unternehmen betreibt noch eine Betriebsstätte hat, an einen Nichtunternehmer durch die Nutzung einer elektronischen Schnittstelle, beispielsweise eines Marktplatzes, einer Plattform, eines Portals oder Ähnlichem, unterstützen, werden behandelt, als ob sie diese Gegenstände selbst erhalten und geliefert hätten.

(BGBl I 2019/91)

(4) Hat der Unternehmer die Bearbeitung oder die Verarbeitung eines vom Auftraggeber beigestellten Gegenstandes übernommen und verwendet er hiebei Stoffe, die er selbst beschafft, so ist die Leistung als Lieferung anzusehen, wenn es sich bei den Stoffen nicht nur um Zutaten oder sonstige Nebensachen handelt (Werklieferung). Das gilt auch dann, wenn die Gegenstände mit dem Grund und Boden fest verbunden werden.

(5) Hat ein Abnehmer dem Lieferer die Nebenerzeugnisse oder Abfälle, die bei der Bearbeitung oder Verarbeitung des ihm übergebenen Gegenstandes entstehen, zurückzugeben, so beschränkt sich die Lieferung auf den Gehalt des Gegenstandes an den Bestandteilen, die dem Abnehmer verbleiben. Das gilt auch dann, wenn der Abnehmer an Stelle der bei der Bearbeitung oder Verarbeitung entstehenden Nebenerzeugnisse oder Abfälle Gegenstände gleicher Art zurückgibt, wie sie in seinem Unternehmen regelmäßig anfallen.

(6) Als Bearbeitung oder Verarbeitung gilt jede Behandlung des Gegenstandes, durch welche nach der Verkehrsauffassung ein neues Verkehrsgut (ein Gegenstand anderer Marktgängigkeit) entsteht.

(7) Eine Lieferung wird dort ausgeführt, wo sich der Gegenstand zur Zeit der Verschaffung der Verfügungsmacht befindet.

(8) Wird der Gegenstand der Lieferung durch den Lieferer oder den Abnehmer befördert oder versendet, so gilt die Lieferung dort als ausgeführt, wo die Beförderung oder Versendung an den Abnehmer oder in dessen Auftrag an einen Dritten beginnt. Versenden liegt vor, wenn der Gegenstand durch einen Frachtführer oder Verfrachter befördert oder eine solche Beförderung durch einen Spediteur besorgt wird. Die Versendung beginnt mit der Übergabe des Gegenstandes an den Spediteur, Frachtführer oder Verfrachter.

(8a) Beim Einfuhr-Versandhandel gilt die Lieferung als dort ausgeführt, wo die Beförderung oder Versendung endet, wenn

a) der Gegenstand in einem anderen Mitgliedstaat eingeführt wird, als jenem, in dem die Beförderung oder Versendung endet, oder
b) der Unternehmer die Sonderregelung gemäß § 25b in Anspruch nimmt.

Ein Einfuhr-Versandhandel liegt vor bei Lieferungen an einen Abnehmer gemäß Art. 3 Abs. 4, bei denen Gegenstände durch den Lieferer oder für dessen Rechnung vom Drittlandsgebiet in einen Mitgliedstaat versandt oder befördert werden, einschließlich jene, an deren Beförderung oder

Versendung der Lieferer indirekt beteiligt ist. Dies gilt nicht für die Lieferung neuer Fahrzeuge. Bei verbrauchsteuerpflichtigen Waren gilt dies nur für Lieferungen an Nichtunternehmer, die keine juristischen Personen sind.

(BGBl I 2019/91)

(9) Gelangt der Gegenstand der Lieferung bei der Beförderung oder Versendung an den Abnehmer oder in dessen Auftrag an einen Dritten aus dem Drittlandsgebiet in das Gebiet eines Mitgliedstaates, so ist diese Lieferung als im Einfuhrland ausgeführt zu behandeln, wenn der Lieferer oder sein Beauftragter Schuldner der bei der Einfuhr zu entrichtenden Umsatzsteuer ist.

(10) Ein Tausch liegt vor, wenn das Entgelt für eine Lieferung in einer Lieferung besteht.

(11) Wird ein Gegenstand an Bord eines Schiffes, in einem Luftfahrzeug oder in einer Eisenbahn während einer Beförderung innerhalb der Gemeinschaft geliefert, so gilt der Abgangsort des jeweiligen Personenbeförderungsmittels im Gemeinschaftsgebiet als Ort der Lieferung.

(12) Als Beförderung innerhalb des Gemeinschaftsgebiets im Sinne des Abs. 11 gilt die Beförderung oder der Teil der Beförderung zwischen dem Abgangsort und dem Ankunftsort des Beförderungsmittels im Gemeinschaftsgebiet ohne Zwischenaufenthalt außerhalb des Gemeinschaftsgebiets. Abgangsort im Sinne des ersten Satzes ist der erste Ort innerhalb des Gemeinschaftsgebiets, an dem Reisende in das Beförderungsmittel einsteigen können. Ankunftsort im Sinne des ersten Satzes ist der letzte Ort innerhalb des Gemeinschaftsgebiets, an dem Reisende das Beförderungsmittel verlassen können. Hin- und Rückfahrt gelten als gesonderte Beförderungen.

(13) Die Lieferung von

- Gas über ein Erdgasnetz im Gebiet der Gemeinschaft oder jedes an ein solches Netz angeschlossene Netz,
- Elektrizität,
- Wärme oder Kälte über Wärme- oder Kältenetze

an einen Unternehmer, dessen Haupttätigkeit in Bezug auf den Erwerb dieser Gegenstände in deren Weiterlieferung besteht und dessen eigener Verbrauch dieser Gegenstände von untergeordneter Bedeutung ist, gilt dort ausgeführt, wo der Abnehmer sein Unternehmen betreibt. Wird die Lieferung jedoch an die Betriebsstätte des Unternehmers ausgeführt, so ist stattdessen der Ort der Betriebsstätte maßgebend.

(14) Fällt die Lieferung von

- Gas über ein Erdgasnetz im Gebiet der Gemeinschaft oder jedes an ein solches Netz angeschlossene Netz,
- Elektrizität,
- Wärme oder Kälte über Wärme- oder Kältenetze

nicht unter Abs. 13, so gilt die Lieferung dort ausgeführt, wo der Abnehmer die Gegenstände tatsächlich nutzt und verbraucht. Soweit die Gegenstände von diesem Abnehmer nicht tatsächlich verbraucht werden, gelten sie an dem Ort genutzt oder verbraucht, wo der Abnehmer den Sitz seiner wirtschaftlichen Tätigkeit oder eine Betriebsstätte hat, an die die Gegenstände geliefert werden. In Ermangelung eines solchen Sitzes oder einer solchen Betriebsstätte gelten sie an seinem Wohnsitz oder seinem gewöhnlichen Aufenthalt genutzt oder verbraucht.

(15)

1. Bei Reihengeschäften wird die Beförderung oder Versendung folgender Lieferung zugeordnet:
   a) der Lieferung durch den ersten Lieferer in der Reihe, wenn er die Gegenstände befördert oder versendet;
   b) der Lieferung durch den Zwischenhändler, wenn er seinem Lieferer die Umsatzsteuer-Identifikationsnummer mitgeteilt hat, die ihm vom Mitgliedstaat, aus dem die Gegenstände befördert oder versandt werden, erteilt wurde;
   c) der Lieferung an den Zwischenhändler, wenn kein Fall der lit. b vorliegt;
   d) der Lieferung an den letzten Abnehmer (Empfänger), wenn er die Gegenstände befördert oder versendet.
2. Bei Anwendung von Abs. 3a wird die Beförderung oder Versendung abweichend von Z 1 der Lieferung durch den Unternehmer gemäß Abs. 3a Z 1 bzw. 2 zugeordnet.
3. Lieferungen in der Reihe vor der Lieferung, der die Beförderung oder Versendung zugeordnet wird, gelten dort als ausgeführt, wo die Beförderung oder Versendung beginnt.
4. Lieferungen in der Reihe nach der Lieferung, der die Beförderung oder Versendung zugeordnet wird, gelten dort als ausgeführt, wo die Beförderung oder Versendung endet.
5. Ein Reihengeschäft liegt vor, wenn dieselben Gegenstände nacheinander geliefert werden und diese Gegenstände unmittelbar vom ersten Lieferer bis zum letzten Abnehmer (Empfänger) in der Reihe befördert oder versandt werden.
6. Zwischenhändler ist ein Lieferer innerhalb der Reihe (mit Ausnahme des ersten Lieferers), der die Gegenstände befördert oder versendet.

(BGBl I 2019/103)

Sonstige Leistung

§ 3a. (1) Sonstige Leistungen sind Leistungen, die nicht in einer Lieferung bestehen. Eine sonstige Leistung kann auch in einem Unterlassen oder im Dulden einer Handlung oder eines Zustandes bestehen.

(1a) Einer sonstigen Leistung gegen Entgelt werden gleichgestellt:

1. Die Verwendung eines dem Unternehmen zugeordneten Gegenstandes, der zum vollen

oder teilweisen Vorsteuerabzug berechtigt hat, durch den Unternehmer
- für Zwecke, die außerhalb des Unternehmens liegen,
- für den Bedarf seines Personals, sofern keine Aufmerksamkeiten vorliegen;

2. die unentgeltliche Erbringung von anderen sonstigen Leistungen durch den Unternehmer
   - für Zwecke, die außerhalb des Unternehmens liegen,
   - für den Bedarf seines Personals, sofern keine Aufmerksamkeiten vorliegen.

Z 1 gilt nicht für die Verwendung eines dem Unternehmen zugeordneten Grundstückes.

(2) Ein tauschähnlicher Umsatz liegt vor, wenn das Entgelt für eine sonstige Leistung in einer Lieferung oder in einer sonstigen Leistung besteht.

(3) Überläßt ein Unternehmer einem Auftraggeber, der ihm einen Stoff zur Herstellung eines Gegenstandes übergeben hat, an Stelle des herzustellenden Gegenstandes einen gleichartigen Gegenstand, wie er ihn in seinem Unternehmen aus solchem Stoff herzustellen pflegt, so gilt die Leistung des Unternehmers als sonstige Leistung (Werkleistung), wenn das Entgelt für die Leistung nach Art eines Werklohnes unabhängig vom Unterschied zwischen dem Marktpreis des empfangenen Stoffes und dem des überlassenen Gegenstandes berechnet wird.

(4) Besorgt ein Unternehmer eine sonstige Leistung, so sind die für die besorgte Leistung geltenden Rechtsvorschriften auf die Besorgungsleistung entsprechend anzuwenden.

Ort der sonstigen Leistung

(5) Für Zwecke der Anwendung der Abs. 6 bis 16 und Art. 3a gilt

1. als Unternehmer ein Unternehmer gemäß § 2, wobei ein Unternehmer, der auch nicht steuerbare Umsätze bewirkt, in Bezug auf alle an ihn erbrachten sonstigen Leistungen als Unternehmer gilt;
2. eine nicht unternehmerisch tätige juristische Person mit Umsatzsteuer-Identifikationsnummer als Unternehmer;
3. eine Person oder Personengemeinschaft, die nicht in den Anwendungsbereich der Z 1 und 2 fällt, als Nichtunternehmer.

(6) Eine sonstige Leistung, die an einen Unternehmer im Sinne des Abs. 5 Z 1 und 2 ausgeführt wird, wird vorbehaltlich der Abs. 8 bis 16 und Art. 3a an dem Ort ausgeführt, von dem aus der Empfänger sein Unternehmen betreibt. Wird die sonstige Leistung an die Betriebsstätte eines Unternehmers ausgeführt, ist stattdessen der Ort der Betriebsstätte maßgebend.

(7) Eine sonstige Leistung, die an einen Nichtunternehmer im Sinne des Abs. 5 Z 3 ausgeführt wird, wird vorbehaltlich der Abs. 8 bis 16 und Art. 3a an dem Ort ausgeführt, von dem aus der Unternehmer sein Unternehmen betreibt. Wird die sonstige Leistung von einer Betriebsstätte ausgeführt, gilt die Betriebsstätte als der Ort der sonstigen Leistung.

(8) Eine Vermittlungsleistung an einen Nichtunternehmer im Sinne des Abs. 5 Z 3 wird an dem Ort erbracht, an dem der vermittelte Umsatz ausgeführt wird.

(9) Eine sonstige Leistung im Zusammenhang mit einem Grundstück wird dort ausgeführt, wo das Grundstück gelegen ist. Sonstige Leistungen im Zusammenhang mit einem Grundstück sind auch:

a) die sonstigen Leistungen der Grundstücksmakler und Grundstückssachverständigen;
b) die Beherbergung in der Hotelbranche oder in Branchen mit ähnlicher Funktion (zB in Ferienlagern oder auf Campingplätzen);
c) die Einräumung von Rechten zur Nutzung von Grundstücken;
d) die sonstigen Leistungen zur Vorbereitung oder zur Koordinierung von Bauleistungen (zB die Leistungen von Architekten und Bauaufsichtsbüros).

(10) Eine Personenbeförderungsleistung wird dort ausgeführt, wo die Beförderung bewirkt wird. Erstreckt sich eine Beförderungsleistung sowohl auf das Inland als auch auf das Ausland, so fällt der inländische Teil der Leistung unter dieses Bundesgesetz. Als inländischer Teil der Leistung gilt auch die Beförderung auf den von inländischen Eisenbahnverwaltungen betriebenen, auf ausländischem Gebiet gelegenen Anschlussstrecken, sowie die Beförderung auf ausländischen Durchgangsstrecken, soweit eine durchgehende Abfertigung nach Inlandstarifen erfolgt. Gleiches gilt für eine Güterbeförderungsleistung, wenn der Leistungsempfänger ein Nichtunternehmer im Sinne des Abs. 5 Z 3 ist.

(11) Die folgenden sonstigen Leistungen werden dort ausgeführt, wo der Unternehmer ausschließlich oder zum wesentlichen Teil tätig wird:

a) kulturelle, künstlerische, wissenschaftliche, unterrichtende, sportliche, unterhaltende oder ähnliche Leistungen, wie Leistungen im Zusammenhang mit Messen und Ausstellungen einschließlich der Leistungen der jeweiligen Veranstalter, soweit diese Leistungen an einen Nichtunternehmer im Sinne des Abs. 5 Z 3 erbracht werden;
b) Umschlag, Lagerung oder ähnliche Leistungen, die mit Beförderungsleistungen üblicherweise verbunden sind, soweit diese Leistungen an einen Nichtunternehmer im Sinne des Abs. 5 Z 3 erbracht werden;
c) Arbeiten an beweglichen körperlichen Gegenständen und die Begutachtung dieser Gegenstände, soweit diese Leistungen an einen Nichtunternehmer im Sinne des Abs. 5 Z 3 erbracht werden;
d) Restaurant- und Verpflegungsdienstleistungen.

(11a) Sonstige Leistungen betreffend die Eintrittsberechtigung sowie die damit zusammenhängenden sonstigen Leistungen für kulturelle, künstlerische, wissenschaftliche, unterrichtende, sportliche, unterhaltende oder ähnliche Veranstaltungen, wie Messen und Ausstellungen, werden dort ausgeführt, wo diese Veranstaltungen tatsächlich stattfinden, soweit diese Leistungen an einen Unternehmer im Sinne des Abs. 5 Z 1 und 2 erbracht werden.

(12)

1. Die kurzfristige Vermietung eines Beförderungsmittels wird an dem Ort ausgeführt, an dem dieses Beförderungsmittel dem Leistungsempfänger tatsächlich zur Verfügung gestellt wird. Als kurzfristig gilt eine Vermietung während eines ununterbrochenen Zeitraumes
   a) von nicht mehr als 90 Tagen bei Wasserfahrzeugen,
   b) von nicht mehr als 30 Tagen bei allen anderen Beförderungsmitteln.
2. Die Vermietung eines Beförderungsmittels, ausgenommen die kurzfristige Vermietung im Sinne der Z 1, wird an dem Ort ausgeführt, an dem der Leistungsempfänger seinen Wohnsitz, Sitz oder gewöhnlichen Aufenthalt hat, soweit diese Leistung an einen Nichtunternehmer im Sinne des Abs. 5 Z 3 erbracht wird.
   Die Vermietung eines Sportbootes wird bei Vorliegen der Voraussetzungen des ersten Satzes jedoch an dem Ort ausgeführt, an dem das Sportboot dem Leistungsempfänger tatsächlich zur Verfügung gestellt wird, wenn dieser Ort mit dem Ort, von dem aus der Unternehmer sein Unternehmen betreibt, oder mit dem Ort der Betriebsstätte, wenn die Leistung von der Betriebsstätte ausgeführt wird, übereinstimmt.

(13) Elektronisch erbrachte sonstige Leistungen sowie Telekommunikations-, Rundfunk- und Fernsehdienstleistungen werden an dem Ort ausgeführt, an dem der Leistungsempfänger seinen Wohnsitz, Sitz oder gewöhnlichen Aufenthalt hat, soweit diese Leistungen an einen Nichtunternehmer im Sinne des Abs. 5 Z 3 erbracht werden.

(14) Ist der Empfänger ein Nichtunternehmer im Sinne des Abs. 5 Z 3 und hat er keinen Wohnsitz, Sitz oder gewöhnlichen Aufenthalt im Gemeinschaftsgebiet, werden die folgenden sonstigen Leistungen an seinem Wohnsitz, Sitz oder gewöhnlichen Aufenthalt im Drittlandsgebiet ausgeführt:

1. Die Einräumung, Übertragung und Wahrnehmung von Rechten, die sich aus urheberrechtlichen Vorschriften ergeben;
2. die Leistungen, die der Werbung oder der Öffentlichkeitsarbeit dienen;
3. die sonstigen Leistungen aus der Tätigkeit als Rechtsanwalt, Patentanwalt, Steuerberater, Wirtschaftsprüfer, Sachverständiger, Ingenieur, Aufsichtsratsmitglied, Dolmetscher und Übersetzer sowie ähnliche Leistungen anderer Unternehmer;
4. die rechtliche, technische und wirtschaftliche Beratung;
5. die Datenverarbeitung;
6. die Überlassung von Informationen einschließlich gewerblicher Verfahren und Erfahrungen;
7. die sonstigen Leistungen der in § 6 Abs. 1 Z 8 lit. a bis i und Z 9 lit. c bezeichneten Art;
8. die Gestellung von Personal;
9. der Verzicht, ein in diesem Absatz bezeichnetes Recht wahrzunehmen;
10. der Verzicht, ganz oder teilweise eine gewerbliche oder berufliche Tätigkeit auszuüben;
11. die Vermietung beweglicher körperlicher Gegenstände, ausgenommen Beförderungsmittel;
12. die Gewährung des Zugangs zu einem Erdgasnetz im Gebiet der Gemeinschaft oder zu einem an ein solches Netz angeschlossenes Netz, zum Elektrizitätsnetz oder zu Wärme- oder Kältenetzen sowie die Fernleitung, Übertragung oder Verteilung über diese Netze und die Erbringung anderer unmittelbar damit verbundener Dienstleistungen.

(15) Bei einer in Abs. 14 bezeichneten sonstigen Leistung an eine juristische Person des öffentlichen Rechts, die Nichtunternehmer im Sinne des Abs. 5 Z 3 ist, verlagert sich der Ort der sonstigen Leistung vom Drittlandsgebiet ins Inland, wenn sie im Inland genutzt oder ausgewertet wird.

(BGBl I 2015/118)

(16) Der Bundesminister für Finanzen kann, um Doppelbesteuerungen, Nichtbesteuerungen oder Wettbewerbsverzerrungen zu vermeiden, durch Verordnung festlegen, dass sich bei sonstigen Leistungen, deren Leistungsort sich nach Abs. 6, 7, 12, 13 oder 14 bestimmt, der Ort der sonstigen Leistung danach richtet, wo die sonstige Leistung genutzt oder ausgewertet wird. Der Ort der sonstigen Leistung kann danach

1. statt im Inland als im Drittlandsgebiet gelegen und
2. statt im Drittlandsgebiet als im Inland gelegen

behandelt werden.

(BGBl I 2015/118)

Bemessungsgrundlage für die Lieferungen, sonstigen Leistungen und den Eigenverbrauch

§ 4. (1) Der Umsatz wird im Falle des § 1 Abs. 1 Z 1 nach dem Entgelt bemessen. Entgelt ist alles, was der Empfänger einer Lieferung oder sonstigen Leistung aufzuwenden hat, um die Lieferung oder sonstige Leistung zu erhalten (Solleinnahme); dazu gehören insbesondere auch Gebühren für Rechtsgeschäfte und andere mit der Errichtung von Verträgen über Lieferungen oder sonstige Leistungen verbundene Kosten, die der Empfänger einer Lieferung oder sonstigen Leistung dem Unternehmer zu ersetzen hat.

(2) Zum Entgelt gehört auch,

1. was der Empfänger einer Lieferung oder sonstigen Leistung freiwillig aufwendet, um die Lieferung oder sonstige Leistung zu erhalten,
2. was ein anderer als der Empfänger dem Unternehmer für die Lieferung oder sonstige Leistung gewährt.

(3) Nicht zum Entgelt gehören die Beträge, die der Unternehmer im Namen und für Rechnung eines anderen vereinnahmt und verausgabt (durchlaufende Posten).

(4) Bei der Ermittlung der Bemessungsgrundlage für Lieferungen von Kunstgegenständen, Sammlungsstücken, Antiquitäten oder bestimmten anderen beweglichen körperlichen Gegenständen ist § 24 (Differenzbesteuerung) zu beachten.

(5) Werden Rechte übertragen, die mit dem Besitz eines Pfandscheines verbunden sind, so gilt als Entgelt der Preis des Pfandscheines zuzüglich der Pfandsumme. Beim Spiel mit Gewinnmöglichkeit und bei der Wette ist Bemessungsgrundlage das Entgelt für den einzelnen Spielabschluß oder für die einzelne Wette, wobei ein ausbezahlter Gewinn das Entgelt nicht mindert.

Bemessungsgrundlage bei Umsätzen aus Glücksspielautomaten (§ 2 Abs. 3 GSpG) und aus Video Lotterie Terminals sind die Jahresbruttospieleinnahmen. Jahresbruttospieleinnahmen sind die Einsätze abzüglich der ausgezahlten Gewinne eines Kalenderjahres.

(6) Beim Tausch, bei tauschähnlichen Umsätzen und bei Hingabe an Zahlungs Statt gilt der Wert jedes Umsatzes als Entgelt für den anderen Umsatz.

(7) Wird ein Unternehmen oder ein in der Gliederung eines Unternehmens gesondert geführter Betrieb im ganzen veräußert (Geschäftsveräußerung), so ist Bemessungsgrundlage das Entgelt für die auf den Erwerber übertragenen Gegenstände und Rechte (Besitzposten). Die Befreiungsvorschriften bleiben unberührt. Die übernommenen Schulden können nicht abgezogen werden.

(8) Der Umsatz bemisst sich

a) im Falle des § 3 Abs. 2 nach dem Einkaufspreis zuzüglich der mit dem Einkauf verbundenen Nebenkosten für den Gegenstand oder für einen gleichartigen Gegenstand oder mangels eines Einkaufspreises nach den Selbstkosten, jeweils im Zeitpunkt des Umsatzes;
b) im Falle des § 3a Abs. 1a Z 1 und 2 nach den auf die Ausführung dieser Leistungen entfallenden Kosten;
c) im Falle des § 1 Abs. 1 Z 2 lit. a nach den nichtabzugsfähigen Ausgaben (Aufwendungen).

(9) Ungeachtet Abs. 1 ist der Normalwert die Bemessungsgrundlage für Lieferungen und sonstige Leistungen durch den Unternehmer für Zwecke, die außerhalb des Unternehmens liegen oder für den Bedarf seines Personals, sofern

a) das Entgelt niedriger als der Normalwert ist und der Empfänger der Lieferung oder sonstigen Leistung nicht oder nicht zum vollen Vorsteuerabzug berechtigt ist;
b) das Entgelt niedriger als der Normalwert ist, der Unternehmer nicht oder nicht zum vollen Vorsteuerabzug berechtigt ist und der Umsatz gemäß § 6 Abs. 1 Z 7 bis 26 oder Z 28 steuerfrei ist;
c) das Entgelt höher als der Normalwert ist und der Unternehmer nicht oder nicht zum vollen Vorsteuerabzug berechtigt ist.

„Normalwert“ ist der gesamte Betrag, den ein Empfänger einer Lieferung oder sonstigen Leistung auf derselben Absatzstufe, auf der die Lieferung oder sonstige Leistung erfolgt, an einen unabhängigen Lieferer oder Leistungserbringer zahlen müsste, um die betreffenden Gegenstände oder sonstigen Leistungen zu diesem Zeitpunkt unter den Bedingungen des freien Wettbewerbs zu erhalten. Kann keine vergleichbare Lieferung oder sonstige Leistung ermittelt werden, ist der Normalwert unter sinngemäßer Anwendung von Abs. 8 lit. a und b zu bestimmen.

(BGBl I 2015/118)

(10) Die Umsatzsteuer gehört nicht zur Bemessungsgrundlage.

Bemessungsgrundlage für die Einfuhr

§ 5. (1) Der Umsatz wird bei der Einfuhr (§ 1 Abs. 1 Z 3) nach dem Zollwert des eingeführten Gegenstandes bemessen.

(2) Ist ein Gegenstand ausgeführt, in einem Drittlandsgebiet für den Ausführer veredelt und von dem Ausführer oder für ihn wieder eingeführt worden, so wird der Umsatz bei der Einfuhr nach dem für die Veredlung zu zahlenden Entgelt, falls aber ein solches Entgelt nicht gezahlt wird, nach der durch die Veredlung eingetretenen Wertsteigerung bemessen. Ist der eingeführte Gegenstand vor der Einfuhr geliefert worden und ist diese Lieferung nicht der Umsatzsteuer unterlegen, so gilt Abs. 1.

(3) (aufgehoben)

(4) Der sich aus den Abs. 1 bis 3 ergebenden Bemessungsgrundlage sind hinzuzurechnen, soweit sie darin nicht enthalten sind:

1. die nicht im Inland, ausgenommen die Gebiete Jungholz und Mittelberg, für den eingeführten Gegenstand geschuldeten Beträge an Einfuhrabgaben, Steuern und sonstigen Abgaben;
2. die im Zeitpunkt der Entstehung der Steuerschuld auf den Gegenstand entfallenden Beträge an Zoll einschließlich der Abschöpfung, Verbrauchsteuern und Monopolabgaben sowie an anderen Abgaben mit gleicher Wirkung wie Zölle, wenn, diese Abgaben anläßlich oder im Zusammenhang mit der Einfuhr von Gegenständen vom Zollamt Österreich zu erheben sind;

   (BGBl I 2019/104)
3. die auf den eingeführten Gegenstand entfallenden Nebenkosten wie Beförderungs-, Versicherungs-, Verpackungskosten, Provisionen und Maklerlöhne bis zum ersten Bestimmungsort im Gebiet eines Mitgliedstaates der Europäischen Union. Das gilt auch, wenn

UStG
VO

sich diese Nebenkosten aus der Beförderung nach einem anderen in der Gemeinschaft gelegenen Bestimmungsort ergeben, der im Zeitpunkt des Entstehens der Einfuhrumsatzsteuer bekannt ist.

4. (aufgehoben)

(5) Für die Umrechnung von Werten in fremder Währung gelten die entsprechenden Vorschriften über den Zollwert der Waren.

(6) Die Umsatzsteuer (Einfuhrumsatzsteuer) gehört nicht zur Bemessungsgrundlage.

Steuerbefreiungen

§ 6. (1) Von den unter § 1 Abs. 1 Z 1 fallenden Umsätzen sind steuerfrei:

1. Die Ausfuhrlieferungen (§ 7) und die Lohnveredlungen an Gegenständen der Ausfuhr (§ 8);
2. die Umsätze für die Seeschiffahrt und für die Luftfahrt (§ 9);
3. a) die Beförderungen von Gegenständen im grenzüberschreitenden Beförderungsverkehr und im internationalen Eisenbahnfrachtverkehr und andere sonstige Leistungen, wenn sich die Leistungen
   - aa) auf Gegenstände der Einfuhr in das Gebiet eines Mitgliedstaates der Europäischen Union beziehen und die Kosten für diese Leistungen in der Bemessungsgrundlage für die Einfuhr (§ 5) enthalten sind oder
   - bb) unmittelbar auf Gegenstände der Ausfuhr beziehen oder auf eingeführte Gegenstände beziehen, die im externen Versandverfahren in das Drittlandsgebiet befördert werden;

   b) die Beförderungen von Gegenständen nach und von den Inseln, die die autonomen Regionen Azoren und Madeira bilden;

   c) sonstige Leistungen, die sich unmittelbar auf eingeführte Gegenstände beziehen, für die zollamtlich eine vorübergehende Verwendung im Inland, ausgenommen die Gebiete Jungholz und Mittelberg, bewilligt worden ist, und der Leistungsempfänger ein ausländischer Auftraggeber (§ 8 Abs. 2) ist. Dies gilt nicht für sonstige Leistungen, die sich auf Beförderungsmittel, Paletten und Container beziehen;

   d) die Beförderungen von Personen mit Eisenbahnen, Schiffen und Luftfahrzeugen im grenzüberschreitenden Beförderungsverkehr, ausgenommen die Personenbeförderung auf dem Bodensee.

   (BGBl I 2022/108)

   Lit. a bis c gelten nicht für die im § 6 Abs. 1 Z 8, 9 lit. c und 13 bezeichneten Umsätze und für die Bearbeitung oder Verarbeitung eines Gegenstandes einschließlich der Werkleistung im Sinne des § 3a Abs. 3. Die Voraussetzungen der Steuerbefreiung der lit. a bis c müssen vom Unternehmer buchmäßig nachgewiesen sein;
4. die Lieferung von Gold an Zentralbanken;
5. die Vermittlung
   a) der unter Z 1 bis 4 und Z 6 fallenden Umsätze,

   b) der Umsätze, die ausschließlich im Drittlandsgebiet bewirkt werden,

   c) der Lieferungen, die nach § 3 Abs. 9 als im Inland ausgeführt zu behandeln sind.

   Die Voraussetzungen der Steuerbefreiung müssen vom Unternehmer buchmäßig nachgewiesen sein;
6. a) die Lieferungen von eingeführten Gegenständen an Abnehmer, die keinen Wohnsitz (Sitz) im Gemeinschaftsgebiet haben, soweit für die Gegenstände zollamtlich eine vorübergehende Verwendung im Inland, ausgenommen die Gebiete Jungholz und Mittelberg, bewilligt worden ist und diese Bewilligung auch nach der Lieferung gilt. Nicht befreit sind die Lieferungen von Beförderungsmitteln, Paletten und Containern;

   b) die Leistungen der Eisenbahnunternehmer für ausländische Eisenbahnen in den Gemeinschaftsbahnhöfen, Betriebswechselbahnhöfen und Grenzbetriebsstrecken;

   c) die Lieferungen, ausgenommen Lieferungen neuer Fahrzeuge im Sinne des Art. 1 Abs. 8 des Anhanges, und die sonstigen Leistungen an
   - die im Gebiet eines anderen Mitgliedstaates errichteten ständigen diplomatischen Missionen, berufskonsularischen Vertretungen und zwischenstaatlichen Einrichtungen sowie deren Mitglieder,
   - die im Gebiet eines anderen Mitgliedstaates stationierten Streitkräfte der Vertragsparteien des Nordatlantikvertrages, soweit sie nicht an die Streitkräfte dieses Mitgliedstaates ausgeführt werden, wenn diese Umsätze für den Gebrauch oder Verbrauch dieser Streitkräfte, ihres zivilen Begleitpersonals oder für die Versorgung ihrer Kasinos oder Kantinen bestimmt sind und wenn diese Streitkräfte der gemeinsamen Verteidigungsanstrengung dienen,
   - die Streitkräfte anderer Mitgliedstaaten, wenn diese Streitkräfte an einer Verteidigungsanstrengung teilnehmen, die zur Durchführung einer Tätigkeit der Union im Rah-

men der Gemeinsamen Sicherheits- und Verteidigungspolitik unternommen wird und, wenn die Umsätze entweder für den Gebrauch oder Verbrauch durch die Streitkräfte anderer Mitgliedstaaten oder ihr ziviles Begleitpersonal oder für die Versorgung ihrer Kasinos oder Kantinen bestimmt sind, und

– die im Gebiet eines anderen Mitgliedstaates stationierten Streitkräfte eines Mitgliedstaates, wenn diese Streitkräfte an einer Verteidigungsanstrengung teilnehmen, die zur Durchführung einer Tätigkeit der Union im Rahmen der Gemeinsamen Sicherheits- und Verteidigungspolitik unternommen wird und, wenn die Umsätze für den Gebrauch oder Verbrauch durch die Streitkräfte eines anderen Mitgliedstaats als die des Bestimmungsmitgliedstaats selbst oder ihr ziviles Begleitpersonal oder für die Versorgung ihrer Kasinos oder Kantinen bestimmt sind.

Für die Steuerbefreiung sind die in dem anderen Mitgliedstaat geltenden Voraussetzungen maßgebend. Die Voraussetzungen der Steuerbefreiung müssen vom Unternehmer dadurch nachgewiesen werden, dass ihm der Abnehmer eine von der zuständigen Behörde des anderen Mitgliedstaates oder, wenn er hiezu ermächtigt ist, eine selbst ausgestellte Bescheinigung auf amtlichem Vordruck aushändigt. Der Bundesminister für Finanzen kann durch Verordnung bestimmen, wie der Unternehmer die übrigen Voraussetzungen nachzuweisen hat;

(BGBl I 2022/108)

d) – die Lieferung von Kraftfahrzeugen an Vergütungsberechtigte im Sinne des § 1 Abs. 1 Z 1 IStVG für ihren amtlichen Gebrauch,

– die Lieferung eines Kraftfahrzeuges innerhalb eines Zeitraumes von zwei Jahren an Vergütungsberechtigte im Sinne des § 1 Abs. 1 Z 2 IStVG für ihren persönlichen Gebrauch,

– die Vermietung von Grundstücken an Vergütungsberechtigte im Sinne des § 1 Abs. 1 Z 1 IStVG für ihren amtlichen Gebrauch und

– die Vermietung von Grundstücken für Wohnzwecke an Vergütungsberechtigte im Sinne des § 1 Abs. 1 Z 2 IStVG, so weit sie ihrem persönlichen Gebrauch dienen.

§ 1 Abs. 3 IStVG (Grundsatz der Gleichbehandlung) ist singemäß anzuwenden. Die Voraussetzungen für die Steuerbefreiung müssen vom Unternehmer durch eine vom Bundesminister für auswärtige Angelegenheiten nach amtlichem Vordruck ausgestellte, ihm vom Abnehmer auszuhändigende Bescheinigung nachgewiesen werden. Der Bundesminister für Finanzen trifft im Einvernehmen mit dem Bundesminister für auswärtige Angelegenheiten durch Verordnung die nähere Regelung hinsichtlich der Bescheinigung.

e) die Lieferungen und sonstigen Leistungen, die an die Kommission oder an Agenturen oder Einrichtungen, die nach Unionsrecht errichtet worden sind, ausgeführt bzw. erbracht werden. Voraussetzung ist, dass diese

– die Leistungen in Wahrnehmung der ihnen durch das Unionsrecht übertragenen Aufgaben zur Bekämpfung der COVID-19 Pandemie empfangen und

– die Leistungen nicht für Zwecke eines entgeltlichen Umsatzes verwenden, der unmittelbar oder zu einem späteren Zeitpunkt erfolgt.

Liegen die Voraussetzungen für die Steuerbefreiung nicht mehr vor, hat die Kommission, eine solche Agentur oder Einrichtung das Bundesministerium für Finanzen hievon zu informieren.

(BGBl I 2021/227)

7. die Umsätze der Träger der Sozialversicherung und ihrer Verbände, der Krankenfürsorgeeinrichtungen im Sinne des § 2 Abs. 1 Z 2 des Beamten-Kranken- und Unfallversicherungsgesetzes, BGBl. Nr. 200/1967, und der Träger des öffentlichen Fürsorgewesens untereinander und an die Versicherten, die mitversicherten Familienangehörigen, die Versorgungsberechtigten oder die Hilfeempfänger oder die zum Ersatz von Fürsorgekosten Verpflichteten;

8. a) die Gewährung und die Vermittlung von Krediten sowie die Verwaltung von Krediten und Kreditsicherheiten durch die Kreditgeber,

b) die Umsätze und die Vermittlung der Umsätze von gesetzlichen Zahlungsmitteln. Das gilt nicht, wenn die Zahlungsmittel wegen ihres Metallgehaltes oder ihres Sammlerwertes umgesetzt werden,

c) die Umsätze im Geschäft mit Geldforderungen und die Vermittlung dieser Umsätze, ausgenommen die Einziehung von Forderungen,

d) die Umsätze von im Inland gültigen amtlichen Wertzeichen zum aufgedruckten Wert,

e) die Umsätze und die Vermittlung der Umsätze im Einlagengeschäft und Kontokorrentverkehr einschließlich Zahlungs- und Überweisungsverkehr; das Inkasso von Handelspapieren,

f) die Umsätze im Geschäft mit Wertpapieren und die Vermittlung dieser Umsätze, ausgenommen die Verwahrung und Verwaltung von Wertpapieren,

g) die Umsätze und die Vermittlung von Anteilen an Gesellschaften und anderen Vereinigungen,

h) die Übernahme von Verbindlichkeiten, von Bürgschaften und anderen Sicherheiten sowie die Vermittlung dieser Umsätze,

i) die Verwaltung von

aa) Sondervermögen nach dem Investmentfondsgesetz 2011, BGBl. I Nr. 77/2011,

bb) Sondervermögen nach dem Immobilien-Investmentfondsgesetz, BGBl. I Nr. 80/2003,

cc) Sondervermögen durch einen konzessionierten oder registrierten AIFM gemäß § 4 Abs. 1 bzw. § 1 Abs. 5 des Alternative Investmentfonds Manager-Gesetz, BGBl. I Nr. 135/2013, durch einen in einem anderen Mitgliedstaat gemäß Art. 6 Abs. 1 der Richtlinie 2011/61/EU zugelassenen AIFM oder durch eine Verwaltungsgesellschaft gemäß Art. 6 der Richtlinie 2009/65/EG, die in einem anderen Mitgliedstaat konzessioniert ist,

dd) Sondervermögen, das keinen OGAW gemäß Art. 1 Abs. 2 der Richtlinie 2009/65/EG und keinen AIF gemäß Art. 4 Abs. 1 Buchst. a der Richtlinie 2011/61/EU darstellt, wenn es von einem anderen Mitgliedstaat als solches definiert ist und einer besonderen staatlichen Aufsicht unterliegt;

(BGBl I 2017/106)

j) die Lieferung von Anlagegold, einschließlich Anlagegold in Form von Zertifikaten über sammel- oder einzelverwahrtes Gold und über Goldkonten gehandeltes Gold, durch die ein Eigentumsrecht an Anlagegold oder ein schuldrechtlicher Anspruch auf Anlagegold begründet wird, sowie die Optionsgeschäfte mit Anlagegold und die Vermittlung der Lieferung von Anlagegold.

Anlagegold im Sinne dieses Bundesgesetzes sind:

aa) Gold in Barren- oder Plättchenform mit einem von den Goldmärkten akzeptierten Gewicht und einem Feingehalt von mindestens 995 Tausendstel, unabhängig davon, ob es durch Wertpapiere verbrieft ist oder nicht;

bb) Goldmünzen,

– die einen Feingehalt von mindestens 900 Tausendstel aufweisen,
– die nach dem Jahr 1800 geprägt wurden,
– die in ihrem Ursprungsland gesetzliches Zahlungsmittel sind oder waren und
– die üblicherweise zu einem Preis verkauft werden, der den Offenmarktwert ihres Goldgehaltes um nicht mehr als 80% übersteigt.

Der Bundesminister für Finanzen kann mit Verordnung ein Verzeichnis jener Münzen aufstellen, die diese Kriterien jedenfalls erfüllen. Die in dem Verzeichnis angeführten Münzen gelten als Münzen, die während des gesamten Zeitraumes, für den das Verzeichnis gilt, die genannten Kriterien erfüllen;

k) (aufgehoben)

9. a) die Lieferungen von Grundstücken;

(BGBl I 2016/117)

b) die Vergütungen jeder Art einschließlich der Reisekostenersätze, die an Mitglieder des Aufsichtsrates, Verwaltungsrates oder andere mit der Überwachung der Geschäftsführung beauftragte Personen für diese Funktion gewährt werden;

c) die Umsätze aus Versicherungsverhältnissen und aus Pensionskassengeschäften im Sinne des Pensionskassengesetzes, soweit für diese Umsätze ein Versicherungsentgelt im Sinne des § 3 des Versicherungssteuergesetzes 1953 gezahlt wird oder das Deckungserfordernis gemäß § 48 des Pensionskassengesetzes oder vergleichbare Deckungsbeträge überwiesen werden, sowie die Leistungen, die darin bestehen, daß anderen Personen Versicherungsschutz verschafft wird, weiters die Umsätze aus dem Mitarbeiter- und Selbständigenvorsorgekassengeschäft im Sinne des Betrieblichen Mitarbeiter- und Selbständigenvorsorgegesetzes – BMSVG, BGBl. I Nr. 100/2002;

d) aa) die mit Wetten gemäß § 33 TP 17 Abs. 1 Z 1 GebG 1957 und mit Ausspielungen gemäß § 2 Abs. 1 GSpG, ausgenommen Ausspielungen mit Glücksspielautomaten (§ 2 Abs. 3 GSpG) und mit Video Lotterie Terminals, unmittelbar verbundenen Umsätze,

bb) Umsätze aus der Mitwirkung im Rahmen von Ausspielungen, soweit hierfür vom Konzessionär

(§ 14 GSpG) Vergütungen gewährt werden, ausgenommen Vergütungen aufgrund von Ausspielungen mittels Video Lotterie Terminals, und

cc) die Zuwendungen im Sinne des § 27 Abs. 3 des Glücksspielgesetzes.

10. a) die Umsätze der Blinden, wenn sie nicht mehr als drei sehende Arbeitnehmer beschäftigen und die Voraussetzungen der Steuerfreiheit durch eine Bescheinigung über den Erhalt der Blindenbeihilfe oder durch eine Bestätigung der zuständigen Bezirksverwaltungsbehörde oder durch den Rentenbescheid oder eine Bestätigung des zuständigen Bundesamtes für Soziales und Behindertenwesen nachweisen. Nicht als Arbeitnehmer gelten der Ehegatte, der eingetragene Partner, die minderjährigen Abkömmlinge, die Eltern des Blinden und die Lehrlinge. Die Steuerfreiheit gilt nicht für die Umsätze von Gegenständen, die einer Verbrauchsteuer unterliegen, wenn der Blinde Schuldner der Verbrauchsteuer ist;

b) Postdienstleistungen, die ein Universaldienstbetreiber im Sinne des § 12 des Postmarktgesetzes, BGBl. I Nr. 123/2009, als solcher erbringt. Dies gilt nicht für Leistungen, deren Bedingungen individuell ausgehandelt worden sind;

c) (aufgehoben)

11. a) die Umsätze von privaten Schulen und anderen allgemeinbildenden oder berufsbildenden Einrichtungen, soweit es sich um die Vermittlung von Kenntnissen allgemeinbildender oder berufsbildender Art oder der Berufsausübung dienenden Fertigkeiten handelt und nachgewiesen werden kann, daß eine den öffentlichen Schulen vergleichbare Zielsetzung verfolgt wird. Der Bundesminister für Finanzen kann unter Berücksichtigung der Vermeidung von Wettbewerbsverzerrungen mit Verordnung festlegen, wann eine vergleichbare Zielsetzung vorliegt;

(BGBl I 2018/62)

b) die Umsätze von Privatlehrern an öffentlichen Schulen und Schulen im Sinne der lit. a;

12. die Umsätze aus den von öffentlich-rechtlichen Körperschaften oder Volksbildungsvereinen veranstalteten Vorträgen, Kursen und Filmvorführungen wissenschaftlicher oder unterrichtender oder belehrender Art, wenn die Einnahmen vorwiegend zur Deckung der Kosten verwendet werden;

13. die Umsätze aus der Tätigkeit als Bausparkassenvertreter und Versicherungsvertreter;

14. die Umsätze von gemeinnützigen Vereinigungen (§§ 34 bis 36 der Bundesabgabenordnung), deren satzungsgemäßer Zweck die Ausübung oder Förderung des Körpersportes ist; dies gilt nicht für Leistungen, die im Rahmen eines land- und forstwirtschaftlichen Betriebes, eines Gewerbebetriebes oder eines wirtschaftlichen Geschäftsbetriebes im Sinne des § 45 Abs. 3 der Bundesabgabenordnung ausgeführt werden;

15. die Umsätze der Pflege- und Tagesmütter oder Pflegeeltern, die regelmäßig mit der Betreuung, Erziehung, Beherbergung und Verköstigung von Pflegekindern verbunden sind, sowie die Umsätze, soweit sie in der Betreuung, Beherbergung und Verköstigung von pflegebedürftigen Personen, die im Rahmen der Sozialhilfe bei Pflegefamilien untergebracht sind, bestehen;

16. die Vermietung und Verpachtung von Grundstücken. Nicht befreit sind:
   - die Vermietung (Nutzungsüberlassung) von Grundstücken für Wohnzwecke;
   - die Vermietung und Verpachtung von Maschinen und sonstigen Vorrichtungen aller Art, die zu einer Betriebsanlage gehören, auch wenn sie wesentliche Bestandteile eines Grundstückes sind;
   - die Beherbergung in eingerichteten Wohn- und Schlafräumen;
   - die Vermietung (Nutzungsüberlassung) von Räumlichkeiten oder Plätzen für das Abstellen von Fahrzeugen aller Art;
   - die Vermietung (Nutzungsüberlassung) von Grundstücken für Campingzwecke;
   - die Vermietung von Grundstücken während eines ununterbrochenen Zeitraumes von nicht mehr als 14 Tagen (kurzfristige Vermietung), wenn der Unternehmer das Grundstück sonst nur zur Ausführung von Umsätzen, die den Vorsteuerabzug nicht ausschließen, für kurzfristige Vermietungen oder zur Befriedigung eines Wohnbedürfnisses verwendet;

   (BGBl I 2016/117)

(BGBl I 2016/117)

17. die Leistungen von Personenvereinigungen zur Erhaltung, Verwaltung oder zum Betrieb der in ihrem gemeinsamen Eigentum stehenden Teile und Anlagen einer Liegenschaft, an der Wohnungseigentum besteht, und die nicht für Wohnzwecke oder das Abstellen von Fahrzeugen aller Art verwendet werden;

(BGBl I 2015/118)

18. die Umsätze der Kranken- und Pflegeanstalten, der Alters-, Blinden- und Siechenheime sowie jener Anstalten, die eine Bewilligung als Kuranstalt oder Kureinrichtung nach den jeweils geltenden Rechtsvorschriften über natürliche Heilvorkommen und Kurorte besitzen, soweit sie von Körperschaften des öffentlichen Rechts bewirkt werden und es

sich um Leistungen handelt, die unmittelbar mit der Kranken- oder Kurbehandlung oder unmittelbar mit der Betreuung der Pfleglinge im Zusammenhang stehen;

19. die Umsätze aus Heilbehandlungen im Bereich der Humanmedizin, die im Rahmen der Tätigkeit als Arzt, Zahnarzt, Dentist, Psychotherapeut, Hebamme sowie als freiberuflich Tätiger im Sinne des § 35 Abs. 1 Z 1 in Verbindung mit § 11 des Gesundheits- und Krankenpflegegesetzes, BGBl. I Nr. 108/1997, des § 7 Abs. 1 in Verbindung mit § 1 Z 1 bis 7 des MTD-Gesetzes, BGBl. Nr. 460/1992 sowie § 45 Z 1 in Verbindung mit § 29 des Medizinischer Masseur- und Heilmasseurgesetzes, BGBl. I Nr. 169/2002, durchgeführt werden; steuerfrei sind auch die sonstigen Leistungen von Gemeinschaften, deren Mitglieder Angehörige der oben bezeichneten Berufe sind, gegenüber ihren Mitgliedern, soweit diese Leistungen unmittelbar zur Ausführung der nach dieser Bestimmung steuerfreien Umsätze verwendet werden und soweit die Gemeinschaften von ihren Mitgliedern lediglich die genaue Erstattung des jeweiligen Anteils an den gemeinsamen Kosten fordern;

20. die sonstigen Leistungen, die Zahntechniker im Rahmen ihrer Berufsausübung erbringen, sowie die Lieferungen von Zahnersatz durch Zahnärzte und Zahntechniker. Das gilt nicht für die Lieferungen von Zahnersatz, bei denen sich der Ort der Lieferung gemäß Art. 3 Abs. 3 aus dem Gebiet eines Mitgliedstaates nach Österreich verlagert, wenn für die an den Unternehmer erbrachten Leistungen im anderen Mitgliedstaat das Recht auf Vorsteuerabzug nicht ausgeschlossen ist.

21. die Lieferungen von menschlichen Organen, menschlichem Blut und Frauenmilch;

22. die Beförderungen von kranken und verletzten Personen mit Fahrzeugen, die hiefür besonders eingerichtet sind;

23. die Leistungen der Jugend-, Erziehungs-, Ausbildungs-, Fortbildungs- und Erholungsheime an Personen, die das 27. Lebensjahr nicht vollendet haben, soweit diese Leistungen in deren Betreuung, Beherbergung, Verköstigung und den hiebei üblichen Nebenleistungen bestehen und diese von Körperschaften öffentlichen Rechts bewirkt werden;

24. folgende Umsätze des Bundes, der Länder und Gemeinden:
    a) die Leistungen, die regelmäßig mit dem Betrieb eines Theaters verbunden sind,
    b) die Musik- und Gesangsaufführungen, insbesondere durch Orchester, Musikensembles und Chöre,
    c) die Leistungen, die regelmäßig mit dem Betrieb eines Museums, eines botanischen oder eines zoologischen Gartens sowie eines Naturparks verbunden sind;

25. die in den Ziffern 18, 23 und 24 genannten Leistungen, sofern sie von Körperschaften, Personenvereinigungen und Vermögensmassen, die gemeinnützigen, mildtätigen oder kirchlichen Zwecken dienen (§§ 34 bis 47 der Bundesabgabenordnung), bewirkt werden. Dies gilt nicht für Leistungen, die im Rahmen eines land- und forstwirtschaftlichen Betriebes, eines Gewerbebetriebes oder eines wirtschaftlichen Geschäftsbetriebes im Sinne des § 45 Abs. 3 der Bundesabgabenordnung ausgeführt werden;

26. die Lieferungen von Gegenständen, wenn der Unternehmer für diese Gegenstände keinen Vorsteuerabzug vornehmen konnte und die gelieferten Gegenstände ausschließlich für eine nach den Z 7 bis 25 steuerfreie Tätigkeit verwendet hat;

27. die Umsätze der Kleinunternehmer. Kleinunternehmer ist ein Unternehmer, der im Inland sein Unternehmen betreibt und dessen Umsätze nach § 1 Abs. 1 Z 1 und 2 im Veranlagungszeitraum 35 000 Euro nicht übersteigen. Bei dieser Umsatzgrenze bleiben Umsätze aus Hilfsgeschäften einschließlich der Geschäftsveräußerungen sowie Umsätze, die nach § 6 Abs. 1 Z 8 lit. d und j, Z 9 lit. b und d, Z 10 bis 15, Z 17 bis 26 und Z 28 steuerfrei sind, außer Ansatz. Das einmalige Überschreiten der Umsatzgrenze um nicht mehr als 15% innerhalb eines Zeitraumes von fünf Kalenderjahren ist unbeachtlich;
    (BGBl I 2016/117, BGBl I 2019/103)

28. die sonstigen Leistungen von Zusammenschlüssen von Unternehmern, die überwiegend Bank-, Versicherungs- oder Pensionskassenumsätze tätigen, an ihre Mitglieder, soweit diese Leistungen unmittelbar zur Ausführung der genannten steuerfreien Umsätze verwendet werden und soweit diese Zusammenschlüsse von ihren Mitgliedern lediglich die genaue Erstattung des jeweiligen Anteils an den gemeinsamen Kosten fordern. Das gilt auch für sonstige Leistungen, die zwischen Unternehmern erbracht werden, die überwiegend Bank-, Versicherungs- oder Pensionskassenumsätze ausführen, soweit diese Leistungen unmittelbar zur Ausführung der genannten steuerfreien Umsätze verwendet werden, und für die Personalgestellung dieser Unternehmer an die im ersten Satz genannten Zusammenschlüsse.

(2) Der Unternehmer kann eine gemäß § 6 Abs. 1 Z 8 lit. a steuerfreie Kreditgewährung, bei der er dem Leistungsempfänger den Preis für eine Lieferung oder sonstige Leistung kreditiert, sowie einen Umsatz, der nach § 6 Abs. 1 Z 9 lit. a, Z 16 oder Z 17 steuerfrei ist, als steuerpflichtig behandeln. Weiters kann der Unternehmer einen Umsatz im Zusammenhang mit Kreditkarten, der nach § 6 Abs. 1 Z 8 lit. h steuerfrei ist, als steuerpflichtig behandeln. Behandelt der Unternehmer die Kreditgewährung als steuerpflichtig, unterliegt sie dem Steuersatz, der für die Leistung anzuwenden ist,

deren Leistungspreis kreditiert wird. Behandelt der Unternehmer einen Umsatz, der nach § 6 Abs. 1 Z 8 lit. h, Z 9 lit. a, Z 16 oder Z 17 steuerfrei ist, als steuerpflichtig, unterliegt er dem Steuersatz nach § 10 Abs. 1 bzw. 4.

Behandelt ein Unternehmer einen nach § 6 Abs. 1 Z 9 lit. a steuerfreien Umsatz als steuerpflichtig, so kann eine bis dahin vom Vorsteuerabzug ausgeschlossene Steuer (§ 12 Abs. 3) oder eine zu berichtigende Vorsteuer (§ 12 Abs. 10 bis 12) frühestens für den Voranmeldungszeitraum abgezogen werden, in dem der Unternehmer den Umsatz als steuerpflichtig behandelt.

Der Verzicht auf die Steuerbefreiung gemäß § 6 Abs. 1 Z 9 lit. a ist bei der Lieferung von Grundstücken im Zwangsversteigerungsverfahren durch den Verpflichteten an den Ersteher (§ 19 Abs. 1b lit. c) nur zulässig, wenn er spätestens bis vierzehn Tage nach Bekanntgabe des Schätzwerts (§ 144 EO) dem Exekutionsgericht mitgeteilt wird.

Der Verzicht auf die Steuerbefreiung gemäß § 6 Abs. 1 Z 16 und Z 17 ist nur zulässig, soweit der Leistungsempfänger das Grundstück oder einen baulich abgeschlossenen, selbständigen Teil des Grundstücks nahezu ausschließlich für Umsätze verwendet, die den Vorsteuerabzug nicht ausschließen. Der Unternehmer hat diese Voraussetzung nachzuweisen.

(BGBl I 2016/117)

(3) Der Unternehmer, dessen Umsätze nach § 6 Abs. 1 Z 27 befreit sind, kann bis zur Rechtskraft des Bescheides gegenüber dem Finanzamt schriftlich erklären, daß er auf die Anwendung des § 6 Abs. 1 Z 27 verzichtet. Die Erklärung bindet den Unternehmer mindestens für fünf Kalenderjahre. Sie kann nur mit Wirkung vom Beginn eines Kalenderjahres an widerrufen werden. Der Widerruf ist spätestens bis zum Ablauf des ersten Kalendermonates nach Beginn dieses Kalenderjahres zu erklären.

(4) Steuerfrei ist die Einfuhr

1. der in Abs. 1 Z 8 lit. f bis j, in Abs. 1 Z 20 und der in Abs. 1 Z 21 angeführten Gegenstände;
2. der in Abs. 1 Z 8 lit. b und d, in § 9 Abs. 1 Z 1, 2 und 3 sowie in § 9 Abs. 2 Z 1, 2 und 3 angeführten Gegenstände unter den in diesen Bestimmungen genannten Voraussetzungen;
3. von Gold durch Zentralbanken;

3a. von Gas über ein Erdgasnetz oder jedes an ein solches Netz angeschlossene Netz oder von Gas, das von einem Gastanker aus in ein Erdgasnetz oder ein vorgelagertes Gasleitungsnetz eingespeist wird, von Elektrizität oder von Wärme oder Kälte über Wärme- oder Kältenetze;

4. der Gegenstände, die nach Titel I, II und IV der Verordnung (EG) Nr. 1186/2009 über das gemeinschaftliche System der Zollbefreiungen, ABl. Nr. L 324 vom 10.12.2009 S. 23, zollfrei eingeführt werden können, nach Maßgabe der folgenden Bestimmungen:

a) Nicht anzuwenden sind die Artikel 23, 24, 41, 44 bis 52, 57 und 58 der Verordnung.

b) Die in Artikel 27 der Verordnung enthaltene Aufzählung von Waren, für die die Befreiung nach Artikel 25 Abs. 1 der Verordnung je Sendung auf bestimmte Höchstmengen beschränkt ist, wird wie folgt ergänzt:
   - 500 Gramm Kaffee oder 200 Gramm Kaffee-Extrakte und -Essenzen;
   - 100 Gramm Tee oder 40 Gramm Tee Extrakte und -Essenzen.

c) Die in den Artikeln 28 bis 34 der Verordnung enthaltene Befreiung für Investitionsgüter und andere Ausrüstungsgegenstände, die anläßlich einer Betriebsverlegung eingeführt werden, ist für Gegenstände ausgeschlossen,
   - für die der Vorsteuerabzug gemäß § 12 Abs. 2 Z 2 oder Abs. 3 ganz oder teilweise ausgeschlossen ist,
   - die für einen nichtunternehmerischen Bereich des Unternehmers eingeführt werden,
   - für die der Vorsteuerabzug nach Durchschnittssätzen gemäß § 14 oder § 22 ermittelt wird oder
   - für die bei ihrem Erwerb in einem Mitgliedstaat eine Befreiung von der Umsatzsteuer deshalb gewährt wurde, weil die Gegenstände an Körperschaften geliefert wurden, die diese im Rahmen ihrer Tätigkeit auf humanitärem, karitativem oder erzieherischem Gebiet nach Orten außerhalb der Gemeinschaft ausgeführt haben.

   Die Befreiung ist weiters davon abhängig, daß die Betriebseröffnung dem zuständigen Finanzamt im Inland angezeigt wurde.

d) Die nach Artikel 35 der Verordnung für bestimmte landwirtschaftliche Erzeugnisse vorgesehene Befreiung gilt auch für reinrassige Pferde, die nicht älter als sechs Monate und im Drittlandsgebiet von einem Tier geboren sind, das im Inland befruchtet und danach für die Niederkunft vorübergehend ausgeführt wurde.

e) und f) (aufgehoben)

g) Die in Artikeln 42 und 43 der Verordnung enthaltene Befreiung für Gegenstände erzieherischen, wissenschaftlichen oder kulturellen Charakters ist auf die Gegenstände der lit. B der Anhänge 1 und 11 der Verordnung beschränkt. Die Steuerfreiheit für Sammlungsstücke und Kunstgegenstände erzieherischen, wissenschaftlichen oder kulturellen Charakters (Artikel 43 der Verordnung) hängt weiters davon ab, daß

– die Gegenstände unentgeltlich eingeführt werden oder
– im Falle der entgeltlichen Einfuhr nicht von einem Unternehmer geliefert werden.

h) Die in Artikel 53 Abs. 1 lit. a und Abs. 2 der Verordnung enthaltene Befreiung für Tiere für Laborzwecke hängt davon ab, daß die Tiere unentgeltlich eingeführt werden.

i) Die in Artikel 61 Abs. 1 lit. a der Verordnung enthaltene Befreiung für lebenswichtige Waren zur unentgeltlichen Verteilung an Bedürftige hängt davon ab, daß die Waren unentgeltlich eingeführt werden.

j) Die in den Artikeln 66 bis 68 und 70 bis 73 der Verordnung enthaltene Befreiung für Gegenstände für Behinderte hängt davon ab, daß die Gegenstände unentgeltlich eingeführt werden. Die Befreiung gilt nicht für Gegenstände, die von Behinderten selbst eingeführt werden.

k) Die Steuerfreiheit für Werbedrucke (Artikel 87 der Verordnung) gilt überdies für Werbedrucke betreffend Dienstleistungen allgemein, wenn die Angebote von einer in einem anderen Mitgliedstaat ansässigen Person ausgehen. Für die Steuerfreiheit für Werbedrucke betreffend zum Verkauf oder zur Vermietung angebotene Waren (Artikel 87 lit. a der Verordnung) ist es ausreichend, wenn die Angebote von einer nicht im Inland ansässigen Person ausgehen.

l) Die Bedingungen des Artikels 88 lit. b und c der Verordnung gelten nicht für Werbedrucke,

– wenn die Angebote von einer in einem anderen Mitgliedstaat ansässigen Person ausgehen und
– sie zur kostenlosen Verteilung eingeführt werden.

m) Die in Artikel 103 lit. a der Verordnung enthaltene Einschränkung, daß das Werbematerial keine private Geschäftsreklame zugunsten von Gemeinschaftsfirmen enthalten darf, gilt nicht.

n) Die in Artikel 105 der Verordnung enthaltene Befreiung für Verpackungsmittel hängt davon ab, daß ihr Wert in die Bemessungsgrundlage für die Einfuhr (§ 5) einbezogen wird. Unter derselben Voraussetzung gilt die Befreiung auch für Behältnisse und Verpackungen im Sinne des Anhanges Teil I Titel II lit. E der Verordnung (EWG) Nr. 2658/87 des Rates vom 23. Juli 1987 über die zolltarifliche und statistische Nomenklatur sowie den gemeinsamen Zolltarif (ABl. Nr. L 256/1).

o) Die Bestimmungen der §§ 94, 96 und 97 Abs. 1 des Zollrechts-Durchführungsgesetzes, BGBl. Nr. 659/1994, sind sinngemäß anzuwenden.

p) (aufgehoben)

5. der Gegenstände, die nach den §§ 89 bis 93 des Bundesgesetzes BGBl. Nr. 659/1994 zollfrei eingeführt werden können;

6. der amtlichen Veröffentlichungen, mit denen das Ausfuhrland und die dort niedergelassenen internationalen Organisationen, öffentlichen Körperschaften und öffentlich-rechtlichen Einrichtungen Maßnahmen öffentlicher Gewalt bekanntmachen, sowie die Einfuhr der Drucksachen, die die in den Mitgliedstaaten als solche offiziell anerkannten ausländischen politischen Organisationen anläßlich der Wahlen zum Europäischen Parlament oder anläßlich nationaler Wahlen, die vom Herkunftsland aus organisiert werden, verteilen;

7. der Gegenstände, die nach den Art. 250 bis 253 der Verordnung (EU) Nr. 952/2013 zur Festlegung des Zollkodex der Union (Zollkodex), ABl. Nr. L 269 vom 10.10.2013 S. 1, in der Fassung der Berichtigung ABl. Nr. L 287 vom 29.10.2013 S. 90, im Verfahren der vorübergehenden Verwendung frei von den Einfuhrabgaben eingeführt werden können, ausgenommen die Fälle der teilweisen Befreiung von den Einfuhrabgaben. Die Steuerfreiheit gilt für Formen, Matrizen, Klischees, Zeichnungen, Modelle, Geräte zum Messen, Überprüfen oder Überwachen und ähnliche Gegenstände mit der Maßgabe, dass die hergestellten Gegenstände zur Gänze aus dem Zollgebiet der Union auszuführen sind;

(BGBl I 2015/163)

8. der Gegenstände, die nach den Art. 203 bis 207 des Zollkodex als Rückwaren frei von Einfuhrabgaben eingeführt werden können. Die Ausnahme von der Befreiung nach Art. 204 des Zollkodex gilt nicht. Die Steuerfreiheit ist ausgeschlossen, wenn der eingeführte Gegenstand

a) vor der Einfuhr geliefert worden ist,
b) auf Grund einer Hilfsgüterlieferung ins Ausland von der Umsatzsteuer entlastet worden ist oder
c) im Rahmen einer steuerfreien Lieferung aus dem Gemeinschaftsgebiet ausgeführt worden ist. Dieser Ausschluß gilt nicht, wenn derjenige, der die Lieferung bewirkt hat, den Gegenstand zurückerhält und hinsichtlich dieses Gegenstandes in vollem Umfang zum Vorsteuerabzug berechtigt ist;

(BGBl I 2015/163)

9. der Gegenstände, für die die Umsatzsteuer im Rahmen der Sonderregelung gemäß § 25b zu erklären ist und für die spätestens bei der

Abgabe der Einfuhrzollanmeldung die, für die Anwendung dieser Sonderregelung zu erteilende, Identifikationsnummer des Lieferers der zuständigen Zollstelle vorgelegt wurde.

(BGBl I 2019/91)

10. von Gegenständen unter den in Abs. 1 Z 6 lit. e genannten Voraussetzungen. Liegen die Voraussetzungen für die Steuerbefreiung nicht mehr vor, hat die Kommission, eine Agentur oder eine Einrichtung, die nach Unionsrecht errichtet worden ist, das Bundesministerium für Finanzen hievon zu informieren;

(BGBl I 2021/227, BGBl I 2022/108)

11. der Gegenstände durch die Streitkräfte anderer Mitgliedstaaten für den eigenen Gebrauch oder Verbrauch oder für den ihres zivilen Begleitpersonals oder für die Versorgung ihrer Kasinos oder Kantinen, wenn diese Streitkräfte an einer Verteidigungsanstrengung teilnehmen, die zur Durchführung einer Tätigkeit der Union im Rahmen der Gemeinsamen Sicherheits- und Verteidigungspolitik unternommen wird.

(BGBl I 2022/108)

(5) Steuerfrei ist die Einfuhr folgender Waren, die im persönlichen Gepäck von Reisenden eingeführt werden, sofern es sich um nichtgewerbliche Einfuhren handelt:

a) Tabakwaren für jeden Reisenden – ausgenommen in den Fällen der lit. b – bis zu folgenden Höchstmengen:
   – 200 Zigaretten oder
   – 100 Zigarillos oder
   – 50 Zigarren oder
   – 250 Gramm Rauchtabak.

   Die Befreiung kann bei einem Reisenden auf jede Kombination der genannten Tabakwaren angewandt werden, sofern die ausgeschöpften prozentuellen Anteile der einzelnen Tabakwaren insgesamt 100% nicht übersteigen;

b) Tabakwaren, die von Reisenden direkt von der schweizerischen Enklave Samnauntal eingeführt werden, für jeden Reisenden nur bis zu folgenden Höchstmengen:
   – 40 Zigaretten oder
   – 20 Zigarillos oder
   – 10 Zigarren oder
   – 50 Gramm Rauchtabak.

   Die Befreiung kann bei einem Reisenden auf jede Kombination der genannten Tabakwaren angewandt werden, sofern die ausgeschöpften prozentuellen Anteile der einzelnen Tabakwaren insgesamt 100% nicht übersteigen;

c) Alkohol und alkoholische Getränke, ausgenommen nicht schäumender Wein und Bier, für jeden Reisenden bis zu folgenden Höchstmengen:
   – 1 Liter Alkohol und alkoholische Getränke mit einem Alkoholgehalt von mehr als 22% vol oder unvergällter Ethylalkohol mit einem Alkoholgehalt von 80% vol oder mehr oder
   – 2 Liter Alkohol und alkoholische Getränke mit einem Alkoholgehalt von höchstens 22% vol.

   Die Befreiung kann bei einem Reisenden auf jede Kombination der genannten Arten von Alkohol und alkoholischen Getränken angewandt werden, sofern die ausgeschöpften prozentuellen Anteile der einzelnen Arten insgesamt 100% nicht übersteigen;

d) 4 Liter nicht schäumender Wein für jeden Reisenden;

e) 16 Liter Bier für jeden Reisenden;

f) der im Hauptbehälter befindliche Kraftstoff und bis zu 10 Liter Kraftstoff in einem tragbaren Behälter für jedes Motorfahrzeug;

g) andere als die in lit. a bis f genannten Waren, deren Gesamtwert 300 Euro je Reisenden nicht übersteigt; für Flugreisende beträgt dieser Schwellenwert 430 Euro. Flugreisende sind Passagiere, die im Luftverkehr mit Ausnahme der privaten nichtgewerblichen Luftfahrt reisen. Für Reisende unter 15 Jahren verringert sich dieser Schwellenwert generell auf 150 Euro. Der Wert einer Ware darf bei Anwendung der Schwellenwerte nicht aufgeteilt werden. Der Wert der in lit. a bis f genannten Waren sowie der Wert des persönlichen Gepäcks eines Reisenden, das vorübergehend eingeführt wird oder nach seiner vorübergehenden Ausfuhr wieder eingeführt wird, und der Wert von Arzneimitteln, die dem persönlichen Bedarf eines Reisenden entsprechen, bleiben bei Anwendung dieser Befreiung außer Ansatz.

Die Befreiungen nach lit. a bis e gelten nicht für Reisende unter 17 Jahren.

Als persönliches Gepäck im Sinne dieser Bestimmung gelten sämtliche Gepäckstücke, die der Reisende der Zollstelle bei seiner Ankunft gestellen kann, sowie die Gepäckstücke, die er derselben Zollstelle später gestellt, wobei er nachweisen muss, dass sie bei seiner Abreise bei der Gesellschaft, die ihn befördert hat, als Reisegepäck aufgegeben wurden. Anderer Kraftstoff als der Kraftstoff im Sinne der lit. f gilt nicht als persönliches Gepäck.

Einfuhren gelten als nichtgewerblich im Sinne dieser Bestimmung, wenn sie

– gelegentlich erfolgen,
– sich ausschließlich aus Waren zusammensetzen, die zum persönlichen Ge- oder Verbrauch des Reisenden oder seiner Familienangehörigen oder als Geschenk bestimmt sind und
– Art und Menge der Waren nicht darauf schließen lassen, dass die Einfuhr aus gewerblichen Gründen erfolgt.

(6) Abweichend von Abs. 5 gelten für

– Personen mit gewöhnlichem Wohnsitz im Grenzgebiet (das ist ein Gebiet, das in einer

Entfernung von bis zu 15 Kilometer Luftlinie vom Ort der Einreise liegt,)

– Grenzarbeitnehmer, die im Rahmen der Ausübung ihrer gewöhnlichen beruflichen Tätigkeit die Grenze überschreiten und
– Besatzungen von Verkehrsmitteln, die für die Reise aus einem Drittland eingesetzt werden

folgende Höchstmengen für jeden Reisenden:

a) Tabakwaren:
   – 25 Zigaretten oder
   – 10 Zigarillos oder
   – 5 Zigarren oder
   – 25 Gramm Rauchtabak;
b) Alkohol und alkoholische Getränke, ausgenommen nicht schäumender Wein und Bier:
   – 0,25 Liter Alkohol und alkoholische Getränke mit einem Alkoholgehalt von mehr als 22% vol oder unvergällter Ethylalkohol mit einem Alkoholgehalt von 80% vol oder mehr oder
   – 0,75 Liter Alkohol und alkoholische Getränke mit einem Alkoholgehalt von höchstens 22% vol;
c) 1 Liter nicht schäumender Wein;
d) 2 Liter Bier;
e) andere als die in lit. a bis d genannten Waren, deren Gesamtwert 40 Euro nicht übersteigt. *(BGBl I 2016/117)*

Die Einschränkungen nach diesem Absatz gelten nicht, wenn ein von dieser Regelung betroffener Reisender nachweist, dass er aus dem Grenzgebiet des Mitgliedstaates ausreist oder dass er nicht aus dem Grenzgebiet des benachbarten Drittlandes (das ist ein Gebiet, das in einer Entfernung von bis zu 15 Kilometer Luftlinie vom Ort der Einreise liegt) zurückkommt. Die Einschränkungen nach diesem Absatz gelten jedoch, wenn Grenzarbeitnehmer oder die Besatzungen von im grenzüberschreitenden Verkehr eingesetzten Verkehrsmitteln bei einer im Rahmen ihrer Berufstätigkeit unternommenen Reise Waren einführen.

Die Befreiungen nach lit. a bis d gelten nicht für Reisende unter 17 Jahren.

Ausfuhrlieferung

§ 7. (1) Eine Ausfuhrlieferung (§ 6 Abs. 1 Z 1) liegt vor, wenn

1. der Unternehmer den Gegenstand der Lieferung in das Drittlandsgebiet befördert oder versendet (§ 3 Abs. 8) hat oder
2. der Unternehmer das Umsatzgeschäft, das seiner Lieferung zugrunde liegt, mit einem ausländischen Abnehmer abgeschlossen hat, und der Abnehmer den Gegenstand der Lieferung in das Drittland befördert oder versendet hat, ausgenommen die unter
   Z 3 genannten Fälle.
3. Wird in den Fällen der Z 2 der Gegenstand der Lieferung nicht für unternehmerische Zwecke erworben und durch den Abnehmer im persönlichen Reisegepäck ausgeführt, liegt eine Ausfuhrlieferung nur vor, wenn
   a) der Abnehmer keinen Wohnsitz (Sitz) oder gewöhnlichen Aufenthalt im Gemeinschaftsgebiet hat,
   b) der Gegenstand der Lieferung vor Ablauf des dritten Kalendermonates, der auf den Monat der Lieferung folgt, ausgeführt wird und
   c) der Gesamtbetrag der Rechnung für die von einem Unternehmer an den Abnehmer gelieferten Gegenstände 75 Euro übersteigt.

Als Wohnsitz oder gewöhnlicher Aufenthalt gilt der Ort, der im Reisepaß oder sonstigen Grenzübertrittsdokument eingetragen ist. Der Gegenstand der Lieferung kann durch Beauftragte vor der Ausfuhr bearbeitet oder verarbeitet worden sein.

Die vorstehenden Voraussetzungen müssen buchmäßig nachgewiesen sein.

(2) Ausländischer Abnehmer ist

a) ein Abnehmer, der keinen Wohnsitz (Sitz) im Inland hat,
b) eine Zweigniederlassung eines im Inland ansässigen Unternehmers, die ihren Sitz nicht im Inland hat, wenn sie das Umsatzgeschäft im eigenen Namen abgeschlossen hat. Eine im Inland befindliche Zweigniederlassung eines Unternehmers ist nicht ausländischer Abnehmer.

(3) Ist in den Fällen des Abs. 1 Z 2 und 3 der Gegenstand der Lieferung zur Ausrüstung oder Versorgung eines Beförderungsmittels bestimmt, so liegt eine Ausfuhrlieferung nur im Fall des Abs. 1 Z 2 vor, wenn

1. der Abnehmer ein ausländischer Unternehmer ist und
2. das Beförderungsmittel den Zwecken des Unternehmens des Abnehmers dient.

Im Falle des Abs. 1 Z 3 ist eine Ausfuhrlieferung ausgeschlossen.

(4) Über die erfolgte Ausfuhr muß ein Ausfuhrnachweis erbracht werden. Der Unternehmer ist berechtigt, die Steuerfreiheit schon vor Erbringung des Ausfuhrnachweises in Anspruch zu nehmen, wenn der Ausfuhrnachweis innerhalb von sechs Monaten nach Bewirkung der Lieferung erbracht wird.

Macht der Unternehmer in den Fällen des Abs. 1 Z 3 von dieser Berechtigung keinen Gebrauch und nimmt er die Steuerfreiheit stets erst nach Vorliegen des Ausfuhrnachweises in Anspruch, so kann die zunächst vorgenommene Versteuerung des Ausfuhrumsatzes in der Voranmeldung für jenen Voranmeldungszeitraum rückgängig gemacht werden, in welchem der Ausfuhrnachweis beim Unternehmer einlangt, vorausgesetzt, daß diese Vorgangsweise in allen Fällen des Abs. 1 Z 3 eingehalten wird. Dies gilt auch dann, wenn der Ausfuhrnachweis erst nach Ablauf jenes Veranlagungszeitraumes einlangt, in dem die Lieferung an den ausländischen Abnehmer ausgeführt worden ist. Der Unternehmer hat die Höhe der Ausfuhrumsätze, für welche die Versteuerung nach Maßgabe des Zeitpunktes des Einlangens des Ausfuhrnachweises rückgängig gemacht wird, nachzuweisen.

(5) Die Versendung des Gegenstandes in das Drittlandsgebiet ist durch Versendungsbelege, wie Frachtbriefe, Postaufgabebescheinigungen, Konnossemente und dergleichen, oder deren Doppelstücke nachzuweisen. Anstelle dieser Versendungsbelege darf der Unternehmer den Ausfuhrnachweis auch in folgender Weise führen:

1. Durch eine von einem im Gemeinschaftsgebiet ansässigen Spediteur auszustellende Ausfuhrbescheinigung oder
2. durch eine Bescheinigung des Ausgangs der Waren im Sinne des Artikel 334 Durchführungsverordnung (EU) Nr. 2015/2447 der Kommission vom 24. November 2015 mit Einzelheiten zur Umsetzung von Bestimmungen der Verordnung (EU) Nr. 952/2013 des Europäischen Parlaments und des Rates zur Festlegung des Zollkodex der Union oder durch die mit der zollamtlichen Ausgangsbestätigung versehene schriftliche Anmeldung in der Ausfuhr.

   (BGBl I 2016/117)

(6) In den nachstehend angeführten Fällen hat der Unternehmer den Ausfuhrnachweis in folgender Weise zu führen:

1. Im Falle des Abholens durch eine vom liefernden Unternehmer ausgestellte und mit der zollamtlichen Ausgangsbestätigung versehene Ausfuhrbescheinigung, wenn der Gegenstand der Lieferung nicht für unternehmerische Zwecke erworben und im persönlichen Reisegepäck ausgeführt wird.
2. im Falle der Beförderung des Gegenstandes in das Drittland durch
   a) eine Bescheinigung des Ausgangs der Waren im Sinne des Artikel 334 Durchführungsverordnung (EU) Nr. 2015/2447 der Kommission vom 24. November 2015 mit Einzelheiten zur Umsetzung von Bestimmungen der Verordnung (EU) Nr. 952/2013 des Europäischen Parlaments und des Rates zur Festlegung des Zollkodex der Union oder die mit der zollamtlichen Ausgangsbestätigung versehene schriftliche Anmeldung in der Ausfuhr,

      (BGBl I 2016/117)
   b) eine vom liefernden Unternehmer ausgestellte und mit der zollamtlichen Ausgangsbestätigung versehene Ausfuhrbescheinigung, wenn eine schriftliche oder elektronische Anmeldung nach den zollrechtlichen Vorschriften nicht erforderlich ist.

(7) Die in den Abs. 5 Z 1 und 2 und Abs. 6 angeführten Belege für den Ausfuhrnachweis sind nach einem vom Bundesminister für Finanzen durch Verordnung zu bestimmenden Muster auszustellen und haben alle für die Beurteilung der Ausfuhrlieferung erforderlichen Angaben, insbesondere auch Angaben zur Person des ausländischen Abnehmers und desjenigen, der den Gegenstand in das Drittland verbringt, zu enthalten. Der Unternehmer hat die Ausfuhrbelege sieben Jahre aufzubewahren.

Lohnveredlung an Gegenständen der Ausfuhr

§ 8. (1) Eine Lohnveredlung (§ 6 Abs. 1 Z 1) liegt vor, wenn der Unternehmer einen Gegenstand, den der Auftraggeber zu diesem Zweck in das Gemeinschaftsgebiet eingeführt oder zu diesem Zweck im Gemeinschaftsgebiet erworben hat, bearbeitet oder verarbeitet (§ 3 Abs. 6) oder eine sonstige Leistung im Sinne des § 3a Abs. 3 bewirkt und

1. der Unternehmer den bearbeiteten oder verarbeiteten Gegenstand vom Inland in das Drittlandsgebiet befördert oder versendet (§ 3 Abs. 8) hat oder
2. der Unternehmer das Umsatzgeschäft, das seiner Lohnveredlung zugrunde liegt, mit einem ausländischen Auftraggeber abgeschlossen hat, und der Auftraggeber den bearbeiteten oder verarbeiteten Gegenstand vom Inland in das Drittlandsgebiet befördert oder versendet hat.

Der bearbeitete oder verarbeitete Gegenstand kann durch weitere Beauftragte vor der Ausfuhr bearbeitet oder verarbeitet worden sein. Die vorstehenden Voraussetzungen müssen buchmäßig nachgewiesen sein.

(2) Ein ausländischer Auftraggeber ist ein solcher, der die für den ausländischen Abnehmer geforderten Voraussetzungen (§ 7 Abs. 2) erfüllt.

(3) Die Bestimmungen des § 7 Abs. 4 bis 7 gelten sinngemäß.

Umsätze für die Seeschiffahrt und für die Luftfahrt

§ 9. (1) Umsätze für die Seeschiffahrt (§ 6 Abs. 1 Z 2) sind:

1. die Lieferungen, Umbauten, Instandsetzungen, Wartungen, Vercharterungen und Vermietungen von Wasserfahrzeugen für die Seeschiffahrt, die dem Erwerb durch die Seeschiffahrt oder der Rettung Schiffbrüchiger zu dienen bestimmt sind;
2. die Lieferungen, Instandsetzungen, Wartungen und Vermietungen von Gegenständen, die zur Ausrüstung der in Z 1 bezeichneten Wasserfahrzeuge bestimmt sind;
3. die Lieferungen von Gegenständen, die zur Versorgung der in Z 1 bezeichneten Wasserfahrzeuge bestimmt sind. Nicht befreit sind die Lieferungen von Bordproviant zur Versorgung von Wasserfahrzeugen der Küstenfischerei;
4. andere als die in den Z 1 und 2 bezeichneten sonstigen Leistungen, die für den unmittelbaren Bedarf der in Z 1 bezeichneten Wasser-

fahrzeuge, einschließlich ihrer Ausrüstungsgegenstände und ihrer Ladungen, bestimmt sind.

(2) Umsätze für die Luftfahrt (§ 6 Abs. 1 Z 2) sind:

1. die Lieferungen, Umbauten, Instandsetzungen, Wartungen, Vercharterungen und Vermietungen von Luftfahrzeugen, die zur Verwendung durch Unternehmer bestimmt sind, die im entgeltlichen Luftverkehr überwiegend grenzüberschreitende Beförderungen oder Beförderungen auf ausschließlich im Ausland gelegenen Strecken durchführen;
2. die Lieferungen, Instandsetzungen, Wartungen und Vermietungen von Gegenständen, die zur Ausrüstung der in Z 1 bezeichneten Luftfahrzeuge bestimmt sind;
3. die Lieferungen von Gegenständen, die zur Versorgung der in Z 1 bezeichneten Luftfahrzeuge bestimmt sind;
4. andere als die in den Z 1 und 2 bezeichneten sonstigen Leistungen, die für den unmittelbaren Bedarf der in Z 1 bezeichneten Luftfahrzeuge, einschließlich ihrer Ausrüstungsgegenstände und ihrer Ladungen, bestimmt sind.

(3) Die in den Absätzen 1 und 2 bezeichneten Voraussetzungen müssen vom Unternehmer buchmäßig nachgewiesen sein.

Steuersätze

§ 10. (1) Die Steuer beträgt für jeden steuerpflichtigen Umsatz 20% der Bemessungsgrundlage (§§ 4 und 5).

(2) Die Steuer ermäßigt sich auf 10% für

1. a) die Lieferungen und die Einfuhr der in der Anlage 1 aufgezählten Gegenstände;
   b) die Abgabe von in der Anlage 1 genannten Speisen und Getränken im Rahmen einer sonstigen Leistung (Restaurationsumsätze);
   c) (aufgehoben)
   (BGBl I 2018/12)
2. die Vermietung von in der Anlage 1 Z 33 aufgezählten Gegenständen;
3. a) die Vermietung (Nutzungsüberlassung) von Grundstücken für Wohnzwecke, ausgenommen eine als Nebenleistung erbrachte Lieferung von Wärme;
   b) die Leistungen von Personenvereinigungen zur Erhaltung, Verwaltung oder zum Betrieb der in ihrem gemeinsamen Eigentum stehenden Teile und Anlagen einer Liegenschaft, an der Wohnungseigentum besteht und die Wohnzwecken dienen, ausgenommen eine als Nebenleistung erbrachte Lieferung von Wärme;
   c) die Beherbergung in eingerichteten Wohn- und Schlafräumen und die regelmäßig damit verbundenen Nebenleistungen (einschließlich Beheizung), wobei als Nebenleistung auch die Verabreichung eines ortsüblichen Frühstücks anzusehen ist, wenn der Preis hiefür im Beherbergungsentgelt enthalten ist;
   (BGBl I 2016/117, BGBl I 2018/12)
   d) die Vermietung (Nutzungsüberlassung) von Grundstücken für Campingzwecke und die regelmäßig damit verbundenen Nebenleistungen, soweit hiefür ein einheitliches Benützungsentgelt entrichtet wird;
   (BGBl I 2018/12)
4. die Leistungen der Körperschaften, Personenvereinigungen und Vermögensmassen, die gemeinnützigen, mildtätigen oder kirchlichen Zwecken dienen (§§ 34 bis 47 der Bundesabgabenordnung), soweit diese Leistungen nicht unter § 6 Abs. 1 fallen, sowie die von Bauvereinigungen, die nach dem Wohnungsgemeinnützigkeitsgesetz als gemeinnützig anerkannt sind, im Rahmen ihrer Tätigkeiten nach § 7 Abs. 1 bis 3 des Wohnungsgemeinnützigkeitsgesetzes erbrachten Leistungen. Dies gilt nicht für Leistungen, die im Rahmen eines land- und forstwirtschaftlichen Betriebes, eines Gewerbebetriebes oder eines wirtschaftlichen Geschäftsbetriebes im Sinne des § 45 Abs. 3 der Bundesabgabenordnung ausgeführt werden, für die steuerpflichtige Lieferung von Gebäuden oder Gebäudeteilen, für die Vermietung (Nutzungsüberlassung) von Räumlichkeiten oder Plätzen für das Abstellen von Fahrzeugen aller Art, für eine als Nebenleistung erbrachte Lieferung von Wärme sowie die steuerpflichtige Lieferung der nachfolgend aufgezählten Gegenstände:
   a) Feste mineralische Brennstoffe, ausgenommen Retortenkohle (Positionen 2701 und 2702 sowie aus Unterpositionen 2703 00 00 und 2704 00 der Kombinierten Nomenklatur);
   b) Leuchtöl (Unterposition 2710 19 25 der Kombinierten Nomenklatur), Heizöle (aus Unterpositionen 2710 19 und 2710 20 der Kombinierten Nomenklatur) und Gasöle (aus Unterposition 2710 19, außer Unterpositionen 2710 19 31 und 2710 19 35 und aus Unterposition 2710 20 der Kombinierten Nomenklatur);
   c) Gase und elektrischer Strom (Unterposition 2705 00 00, Position 2711 und Unterposition 2716 00 00 der Kombinierten Nomenklatur);
   d) Wärme;
5. die Leistungen der Rundfunkunternehmen, soweit hiefür Rundfunk- und Fernsehrundfunkentgelte entrichtet werden, sowie die sonstigen Leistungen von Kabelfernsehunternehmen, soweit sie in der zeitgleichen, vollständigen und unveränderten Verbreitung von in- und ausländischen Rundfunk- und

Fernsehrundfunksendungen, die der Allgemeinheit mit Hilfe von Leitungen gegen ein fortlaufend zu entrichtendes Entgelt wahrnehmbar gemacht werden, bestehen;

6. die Beförderung von Personen mit Verkehrsmitteln aller Art, soweit nicht § 6 Abs. 1 Z 3 oder § 10 Abs. 3 Z 9 anzuwenden ist. Das Gleiche gilt sinngemäß für die Einräumung oder Übertragung des Rechtes auf Inanspruchnahme von Leistungen, die in einer Personenbeförderung bestehen;
7. die mit dem Betrieb von Unternehmen zur Müllbeseitigung und zur Abfuhr von Spülwasser und Abfällen regelmäßig verbundenen sonstigen Leistungen;
8. die Umsätze der Kranken- und Pflegeanstalten, der Alters-, Blinden- und Siechenheime sowie jener Anstalten, die eine Bewilligung als Kuranstalt oder Kureinrichtung nach den jeweils geltenden Rechtsvorschriften über natürliche Heilvorkommen und Kurorte besitzen, soweit es sich um Leistungen handelt, die unmittelbar mit der Kranken- oder Kurbehandlung oder unmittelbar mit der Betreuung der Pfleglinge im Zusammenhang stehen, und sofern die Umsätze nicht unter § 6 Abs. 1 Z 18 oder 25 fallen;

   (BGBl I 2019/103)
9. elektronische Publikationen im Sinne der Anlage 1 Z 33 sowie Teile davon, die nicht vollständig oder im Wesentlichen aus Video- oder Musikinhalten bestehen bzw. Werbezwecken dienen. Z 2 gilt sinngemäß;

   (BGBl I 2019/103, BGBl I 2021/3)
10. Reparaturdienstleistungen (einschließlich Ausbesserung und Änderung) betreffend Fahrräder, Schuhe, Lederwaren, Kleidung oder Haushaltswäsche.

    (BGBl I 2021/3)

(BGBl I 2015/118)

(3) Ist der Steuersatz nach Abs. 2 nicht anzuwenden, ermäßigt sich die Steuer auf 13% für

1. a) die Lieferungen und die Einfuhr der in der Anlage 2 Z 1 bis Z 9 genannten Gegenstände;
   b) die Einfuhr der in der Anlage 2 Z 10 bis 13 aufgezählten Gegenstände;
   c) die Lieferungen der in der Anlage 2 Z 10 aufgezählten Gegenstände, wenn diese Lieferungen
      – vom Urheber oder dessen Rechtsnachfolger bewirkt werden oder
      – von einem Unternehmer bewirkt werden, der kein Wiederverkäufer ist, wenn dieser den Gegenstand entweder selbst eingeführt hat, ihn vom Urheber oder dessen Rechtsnachfolger erworben hat oder er für den Erwerb zum vollen Vorsteuerabzug berechtigt war;
2. a) die Aufzucht, das Mästen und Halten von Tieren, die in der Anlage 2 Z 1 genannt sind, sowie die Anzucht von Pflanzen;
   b) die Leistungen, die unmittelbar der Vatertierhaltung, der Förderung der Tierzucht oder der künstlichen Tierbesamung von Tieren dienen, die in der Anlage 2 Z 1 genannt sind;
3. (aufgehoben)

   (BGBl I 2018/12)
4. die Umsätze aus der Tätigkeit als Künstler;
5. die unmittelbar mit dem Betrieb von Schwimmbädern verbundenen Umsätze und die Thermalbehandlung;
6. folgende Leistungen, sofern sie nicht unter § 6 Abs. 1 Z 24 oder 25 fallen:
   a) die Leistungen, die regelmäßig mit dem Betrieb eines Theaters verbunden sind. Das Gleiche gilt sinngemäß für Veranstaltungen von Theateraufführungen durch andere Unternehmer;
   b) die Musik- und Gesangsaufführungen durch Einzelpersonen oder durch Personenzusammenschlüsse, insbesondere durch Orchester, Musikensembles und Chöre. Das Gleiche gilt sinngemäß für Veranstaltungen derartiger Musik- und Gesangsaufführungen durch andere Unternehmer;
   c) die Leistungen, die regelmäßig mit dem Betrieb eines Museums, eines botanischen oder eines zoologischen Gartens sowie eines Naturparks verbunden sind;
7. die Filmvorführungen;
8. die Zirkusvorführungen sowie die Leistungen aus der Tätigkeit als Schausteller;
9. die Beförderung von Personen mit Luftverkehrsfahrzeugen, soweit nicht § 6 Abs. 1 Z 3 anzuwenden ist. Das Gleiche gilt sinngemäß für die Einräumung oder Übertragung des Rechtes auf Inanspruchnahme von Leistungen, die in einer Personenbeförderung bestehen;
10. folgende Leistungen, sofern sie nicht unter § 6 Abs. 1 Z 23 oder 25 fallen:

    die Leistungen der Jugend-, Erziehungs-, Ausbildungs-, Fortbildungs- und Erholungsheime an Personen, die das 27. Lebensjahr nicht vollendet haben, soweit diese Leistungen in deren Betreuung, Beherbergung, Verköstigung und den hiebei üblichen Nebenleistungen bestehen;
11. die Lieferungen von Wein aus frischen Weintrauben aus den Unterpositionen 2204 21, 2204 22 und 2204 29 der Kombinierten Nomenklatur und von anderen gegorenen Getränken aus der Position 2206 der Kombinierten Nomenklatur, die innerhalb eines landwirtschaftlichen Betriebes im Inland erzeugt wurden, soweit der Erzeuger die Getränke im Rahmen seines landwirtschaft-

lichen Betriebes liefert. Dies gilt nicht für die Lieferungen von Getränken, die aus erworbenen Stoffen (zB Trauben, Maische, Most, Sturm) erzeugt wurden oder innerhalb der Betriebsräume, einschließlich der Gastgärten, ausgeschenkt werden (Buschenschank). Im Falle der Übergabe eines landwirtschaftlichen Betriebes im Ganzen an den Ehegatten oder an den eingetragenen Partner, sowie an Abkömmlinge, Stiefkinder, Wahlkinder oder deren Ehegatten, eingetragenen Partner oder Abkömmlinge gilt auch der Betriebsübernehmer als Erzeuger der im Rahmen der Betriebsübertragung übernommenen Getränke, soweit die Steuerermäßigung auch auf die Lieferung dieser Getränke durch den Betriebsübergeber anwendbar gewesen wäre;

(BGBl I 2016/117)

12. die Eintrittsberechtigungen für sportliche Veranstaltungen.

(BGBl I 2015/118)

(4) Die Steuer ermäßigt sich auf 19% für die in den Gebieten Jungholz und Mittelberg bewirkten Umsätze im Sinne des § 1 Abs. 1 Z 1 und 2 durch Unternehmer, die einen Wohnsitz (Sitz), gewöhnlichen Aufenthalt oder eine Betriebsstätte in diesen Gebieten haben. Dies gilt nicht für die Lieferung und die Vermietung von Kraftfahrzeugen an Leistungsempfänger, die ihren Wohnsitz oder Sitz im Inland, ausgenommen in den Gebieten Jungholz und Mittelberg, haben, und für Umsätze an die Betriebsstätte eines Unternehmers im Inland, ausgenommen in den Gebieten Jungholz und Mittelberg. Die Regelung gilt nicht für Umsätze, auf welche die Bestimmungen des Abs. 2 und 3 anzuwenden sind.

Ausstellung von Rechnungen

§ 11. (1)

1. Führt der Unternehmer Umsätze im Sinne des § 1 Abs. 1 Z 1 aus, ist er berechtigt, Rechnungen auszustellen. Führt er die Umsätze an einen anderen Unternehmer für dessen Unternehmen oder an eine juristische Person, soweit sie nicht Unternehmer ist, aus, ist er verpflichtet, Rechnungen auszustellen. Führt der Unternehmer eine steuerpflichtige Werklieferung oder Werkleistung im Zusammenhang mit einem Grundstück an einen Nichtunternehmer aus, ist er verpflichtet eine Rechnung auszustellen. Der Unternehmer hat seiner Verpflichtung zur Rechnungsausstellung innerhalb von sechs Monaten nach Ausführung des Umsatzes nachzukommen.
2. Die Verpflichtung zur Rechnungsausstellung besteht auch, wenn
   – der leistende Unternehmer sein Unternehmen vom Inland aus betreibt oder sich die Betriebsstätte, von der aus die Leistung erbracht wird, im Inland befindet,
   – der Leistungsempfänger ein Unternehmer ist, der die Lieferung oder sonstige Leistung für sein Unternehmen bezieht oder eine juristische Person ist, die nicht Unternehmer ist,
   – die Steuerschuld für die im anderen Mitgliedstaat ausgeführte Lieferung oder sonstige Leistung auf den Leistungsempfänger übergeht und
   – der leistende Unternehmer in diesem Mitgliedstaat weder sein Unternehmen betreibt noch eine an der Leistungserbringung beteiligte Betriebsstätte hat.

   Dies gilt nicht, wenn mittels Gutschrift abgerechnet wird.

   Der Unternehmer hat seiner Verpflichtung zur Rechnungsausstellung für im übrigen Gemeinschaftsgebiet ausgeführte sonstige Leistungen, für die der Leistungsempfänger entsprechend Art. 196 der Richtlinie 2006/112/EG über das gemeinsame Mehrwertsteuersystem, ABl. Nr. L 347 vom 11.12.2006 S. 1, die Steuer schuldet, spätestens am fünfzehnten Tag des Kalendermonates, der auf den Kalendermonat folgt, in dem die sonstige Leistung ausgeführt worden ist, nachzukommen.

   Die Verpflichtung zur Rechnungsausstellung besteht auch, wenn der leistende Unternehmer sein Unternehmen vom Inland aus betreibt oder sich die Betriebsstätte, von der aus die Leistung erbracht wird, im Inland befindet und die Lieferung oder sonstige Leistung im Drittlandsgebiet an einen anderen Unternehmer für dessen Unternehmen oder an eine juristische Person, soweit sie nicht Unternehmer ist, ausgeführt wird.

2a. Die Verpflichtung zur Rechnungsausstellung besteht auch bei Einfuhr-Versandhandelsumsätzen nach § 3 Abs. 8a, wenn
   a) der Unternehmer die Sonderregelung nach § 25b im Inland in Anspruch nimmt oder
   b) der Unternehmer in keinem Mitgliedstaat eine Sonderregelung gemäß Art. 369l bis 369x der Richtlinie 2006/112/EG in Anspruch nimmt und
      – die Lieferung im Inland als ausgeführt gilt oder
      – die Beförderung oder Versendung im Inland endet und der Unternehmer innerhalb der EU weder seinen Wohnsitz oder gewöhnlichen Aufenthalt, noch seinen Sitz der wirtschaftlichen Tätigkeit oder eine feste Niederlassung, von der aus die Lieferung ausgeführt wird, hat.

   In diesen Fällen kommt Abs. 6 nicht zur Anwendung.

   (BGBl I 2019/91, BGBl I 2021/227)

3. Rechnungen müssen – soweit in den nachfolgenden Absätzen nichts anderes bestimmt ist – die folgenden Angaben enthalten:

a) den Namen und die Anschrift des liefernden oder leistenden Unternehmers;

b) den Namen und die Anschrift des Abnehmers der Lieferung oder des Empfängers der sonstigen Leistung. Bei Rechnungen, deren Gesamtbetrag 10 000 Euro übersteigt, ist weiters die dem Leistungsempfänger vom Finanzamt erteilte Umsatzsteuer-Identifikationsnummer anzugeben, wenn der leistende Unternehmer im Inland einen Wohnsitz (Sitz), seinen gewöhnlichen Aufenthalt oder eine Betriebsstätte hat und der Umsatz an einen anderen Unternehmer für dessen Unternehmen ausgeführt wird;

c) die Menge und die handelsübliche Bezeichnung der gelieferten Gegenstände oder die Art und den Umfang der sonstigen Leistung;

d) den Tag der Lieferung oder der sonstigen Leistung oder den Zeitraum, über den sich die sonstige Leistung erstreckt. Bei Lieferungen oder sonstigen Leistungen, die abschnittsweise abgerechnet werden (beispielsweise Lebensmittellieferungen), genügt die Angabe des Abrechnungszeitraumes, soweit dieser einen Kalendermonat nicht übersteigt;

e) das Entgelt für die Lieferung oder sonstige Leistung (§ 4) und den anzuwendenden Steuersatz, im Falle einer Steuerbefreiung einen Hinweis, dass für diese Lieferung oder sonstige Leistung eine Steuerbefreiung gilt;

f) den auf das Entgelt (lit. e) entfallenden Steuerbetrag. Wird die Rechnung in einer anderen Währung als Euro ausgestellt, ist der Steuerbetrag nach Anwendung einer dem § 20 Abs. 6 entsprechenden Umrechnungsmethode zusätzlich in Euro anzugeben. Steht der Betrag in Euro im Zeitpunkt der Rechnungsausstellung noch nicht fest, hat der Unternehmer nachvollziehbar anzugeben, welche Umrechnungsmethode gemäß § 20 Abs. 6 angewendet wird. Der Vorsteuerabzug (§ 12) bemisst sich nach dem in Euro angegebenen oder jenem Betrag in Euro, der sich nach der ausgewiesenen Umrechnungsmethode ergibt;

g) das Ausstellungsdatum;

h) eine fortlaufende Nummer mit einer oder mehreren Zahlenreihen, die zur Identifizierung der Rechnung einmalig vergeben wird;

i) soweit der Unternehmer im Inland Lieferungen oder sonstige Leistungen erbringt, für die das Recht auf Vorsteuerabzug besteht, die dem Unternehmer vom Finanzamt erteilte Umsatzsteuer-Identifikationsnummer.

4. Vereinnahmt der Unternehmer das Entgelt oder einen Teil des Entgeltes für eine noch nicht ausgeführte Lieferung oder sonstige Leistung, so gelten die Vorschriften dieses Bundesgesetzes über die Rechnungsausstellung sinngemäß.

   Wird eine Endrechnung erteilt, so sind in ihr die vor Ausführung der Lieferung oder sonstigen Leistung vereinnahmten Teilentgelte und die auf sie entfallenden Steuerbeträge abzusetzen, wenn über die Teilentgelte Rechnungen im Sinne dieses Absatzes ausgestellt worden sind.

(1a) Führt der Unternehmer Lieferungen oder sonstige Leistungen aus, für die der Leistungsempfänger nach § 19 Abs. 1 zweiter Satz, Abs. 1a, Abs. 1b, Abs. 1c, Abs. 1d oder Abs. 1e die Steuer schuldet, hat er in den Rechnungen die Umsatzsteuer-Identifikationsnummer des Leistungsempfängers anzugeben und auf die Steuerschuldnerschaft des Leistungsempfängers hinzuweisen. Die Vorschrift über den gesonderten Steuerausweis in einer Rechnung ist nicht anzuwenden.

Dies gilt auch, wenn der Unternehmer Lieferungen oder sonstige Leistungen im übrigen Gemeinschaftsgebiet ausführt, für die eine Verpflichtung zur Rechnungsausstellung nach Abs. 1 besteht.

Führt der Unternehmer Lieferungen oder sonstige Leistungen im Sinne des § 19 Abs. 1 zweiter Satz oder des § 19 Abs. 1c aus, besteht keine Verpflichtung zur Rechnungsausstellung nach Abs. 1, wenn er sein Unternehmen vom übrigen Gemeinschaftsgebiet aus betreibt oder sich die Betriebsstätte, von der aus die Leistung erbracht wird, im übrigen Gemeinschaftsgebiet befindet. Dies gilt nicht, wenn der Leistungsempfänger mittels Gutschrift abrechnet. Eine solche Gutschrift hat auch die Umsatzsteuer-Identifikationsnummer des Leistungsempfängers sowie den Hinweis auf die Steuerschuldnerschaft des Leistungsempfängers zu enthalten. Die Vorschrift über den gesonderten Steuerausweis in einer Rechnung ist nicht anzuwenden. Richtet sich die Rechnungsausstellung für eine nach § 3a Abs. 6 im Inland steuerbare sonstige Leistung, für die der Leistungsempfänger die Steuer nach § 19 Abs. 1 zweiter Satz schuldet, nach den Vorschriften dieses Bundesgesetzes, hat diese spätestens am fünfzehnten Tag des Kalendermonates, der auf den Kalendermonat folgt, in dem die sonstige Leistung ausgeführt worden ist, zu erfolgen.

(2) Als Rechnung im Sinne des Abs. 1 und Abs. 1a gilt jede Urkunde, mit der ein Unternehmer über eine Lieferung oder sonstige Leistung abrechnet, gleichgültig, wie diese Urkunde im Geschäftsverkehr bezeichnet wird. Die nach Abs. 1 und Abs. 1a erforderlichen Angaben können auch in anderen Belegen enthalten sein, auf die in der Rechnung hingewiesen wird.

Als Rechnung gilt auch eine elektronische Rechnung, sofern der Empfänger dieser Art der Rechnungsausstellung zustimmt. Eine elektronische Rechnung ist eine Rechnung, die in einem elektronischen Format ausgestellt und empfangen wird. Sie gilt nur unter der Voraussetzung als Rechnung im Sinne des Abs. 1 und Abs. 1a, dass die Echtheit ihrer Herkunft, die Unversehrtheit ihres Inhalts und ihre Lesbarkeit gewährleistet sind. Echtheit der Herkunft bedeutet die Sicherheit der Identität des leistenden Unternehmers oder des Ausstellers der Rechnung. Unversehrtheit des Inhalts bedeutet, dass der nach diesem Bundesgesetz erforderliche Rechnungsinhalt nicht geändert wurde. Der Bundesminister für Finanzen bestimmt mit Verordnung die Anforderungen, bei deren Vorliegen diese Voraussetzungen jedenfalls erfüllt sind.

Stellt der Unternehmer Rechnungen gemäß Abs. 1 und Abs. 1a aus, so hat er eine Durchschrift oder Abschrift anzufertigen und sieben Jahre aufzubewahren; das gleiche gilt sinngemäß für Belege, auf die in einer Rechnung hingewiesen wird. Auf die Durchschriften oder Abschriften ist § 132 Abs. 2 der Bundesabgabenordnung anwendbar. Die Echtheit der Herkunft, die Unversehrtheit des Inhalts und die Lesbarkeit der elektronischen Rechnungen müssen für die Dauer von sieben Jahren gewährleistet sein.

(3) Für die unter Abs. 1 Z 3 lit. a und b geforderten Angaben ist jede Bezeichnung ausreichend, die eine eindeutige Feststellung des Namens und der Anschrift des Unternehmens sowie des Abnehmers der Lieferung oder des Empfängers der sonstigen Leistung ermöglicht.

(4) Die im Abs. 1 Z 3 lit. a bis c geforderten Angaben können auch durch Schlüsselzahlen oder Symbole ausgedrückt werden, wenn ihre eindeutige Bestimmung aus der Rechnung oder aus anderen Unterlagen gewährleistet ist. Diese Unterlagen müssen sowohl beim Aussteller als auch beim Empfänger der Rechnung vorhanden sein, es sei denn, daß vom Rechnungsaussteller öffentlich kundgemachte Tarife zur Verrechnung kommen.

(5) In einer Rechnung über Lieferungen und sonstige Leistungen, die verschiedenen Steuersätzen unterliegen, sind die Entgelte und Steuerbeträge nach Steuersätzen zu trennen. Wird der Steuerbetrag durch Maschinen (zB Fakturierautomaten) ermittelt und durch diese in der Rechnung angegeben, so ist der Ausweis des Steuerbetrages in einer Summe zulässig, wenn für die einzelnen Posten der Rechnung der Steuersatz angegeben ist.

(6) Bei Rechnungen, deren Gesamtbetrag 400 Euro nicht übersteigt, genügen neben dem Ausstellungsdatum folgende Angaben:

1. Der Name und die Anschrift des liefernden oder leistenden Unternehmers;
2. die Menge und die handelsübliche Bezeichnung der gelieferten Gegenstände oder die Art und der Umfang der sonstigen Leistung;
3. der Tag der Lieferung oder sonstigen Leistung oder der Zeitraum, über den sich die Leistung erstreckt;
4. das Entgelt und der Steuerbetrag für die Lieferung oder sonstige Leistung in einer Summe und
5. der Steuersatz.

Die Abs. 4 und 5 sind sinngemäß anzuwenden.

Besteht nach Abs. 1 eine Verpflichtung zur Rechnungsausstellung für im übrigen Gemeinschaftsgebiet ausgeführte Lieferungen und sonstige Leistungen, ist eine vereinfachte Rechnungsausstellung ausgeschlossen. Das gilt auch in den Fällen des § 19 Abs. 1 zweiter Satz und des § 19 Abs. 1c, wenn sich die Rechnungsausstellung nach den Vorschriften dieses Bundesgesetzes richtet.

(7) Gutschriften, die im Geschäftsverkehr an die Stelle von Rechnungen treten, gelten bei Vorliegen der im Abs. 8 genannten Voraussetzungen als Rechnungen des Unternehmers, der steuerpflichtige Lieferungen oder sonstige Leistungen an den Aussteller der Gutschrift ausführt. Gutschrift im Sinne dieser Bestimmung ist jede Urkunde, mit der ein Unternehmer über eine Lieferung oder sonstige Leistung abrechnet, die an ihn ausgeführt wird.

Die Gutschrift verliert die Wirkung einer Rechnung, soweit der Empfänger der Gutschrift dem in ihr enthaltenen Steuerbetrag widerspricht.

(8) Eine Gutschrift ist als Rechnung anzuerkennen, wenn folgende Voraussetzungen vorliegen:

1. Der Unternehmer, der die Lieferungen oder sonstigen Leistungen ausführt (Empfänger der Gutschrift), muß zum gesonderten Ausweis der Steuer in einer Rechnung nach Abs. 1 berechtigt sein;
2. zwischen dem Aussteller und dem Empfänger der Gutschrift muß Einverständnis darüber bestehen, daß mit einer Gutschrift über die Lieferung oder sonstige Leistung abgerechnet wird;
3. die Gutschrift muss die in Abs. 1 und Abs. 1a geforderten Angaben enthalten und als solche bezeichnet werden. Die Abs. 2 bis 6 sind sinngemäß anzuwenden;
4. die Gutschrift muß dem Unternehmer, der die Lieferung oder sonstige Leistung bewirkt, zugeleitet worden sein.

(9) Fahrausweise, die für die Beförderung im Personenverkehr ausgegeben werden, gelten als Rechnungen im Sinne des Abs. 1, wenn sie neben dem Ausstellungsdatum mindestens folgende Angaben enthalten:

1. Den Namen und die Anschrift des Unternehmers, der die Beförderung ausführt. Abs. 3 ist sinngemäß anzuwenden;
2. das Entgelt und den Steuerbetrag in einer Summe und
3. den Steuersatz.

(10) Fahrausweise für eine grenzüberschreitende Beförderung im Personenverkehr und im internationalen Eisenbahn-Personenverkehr gelten nur dann als Rechnung im Sinne des Abs. 1, wenn eine Bescheinigung des Beförderungsunternehmers oder seines Beauftragten darüber vorliegt, welcher Anteil des Beförderungspreises auf die inländische Strecke entfällt. In diesen Fällen ist der für den in-

ländischen Teil der Beförderungsleistung maßgebende Steuersatz in der Bescheinigung anzugeben.

(11) Die Abs. 9 und 10 gelten für Belege im Reisegepäckverkehr sinngemäß.

(12) Hat der Unternehmer in einer Rechnung für eine Lieferung oder sonstige Leistung einen Steuerbetrag, den er nach diesem Bundesgesetz für den Umsatz nicht schuldet, gesondert ausgewiesen, so schuldet er diesen Betrag auf Grund der Rechnung, wenn er sie nicht gegenüber dem Abnehmer der Lieferung oder dem Empfänger der sonstigen Leistung entsprechend berichtigt. Im Falle der Berichtigung gilt § 16 Abs. 1 sinngemäß.

(13) Bei einer Minderung des Entgeltes ist eine Berichtigung der Rechnung im Sinne des Abs. 12 nur vorzunehmen, wenn sich das Entgelt wegen des Abzuges von Wechselvorzinsen vermindert hat.

(14) Wer in einer Rechnung einen Steuerbetrag gesondert ausweist, obwohl er eine Lieferung oder sonstige Leistung nicht ausführt oder nicht Unternehmer ist, schuldet diesen Betrag.

(15) Der Bundesminister für Finanzen kann aus Vereinfachungsgründen mit Verordnung bestimmen, dass eine Verpflichtung des Unternehmers zur Ausstellung von Rechnungen entfällt.

Vorsteuerabzug

§ 12. (1) Der Unternehmer kann die folgenden Vorsteuerbeträge abziehen:

1. a) Die von anderen Unternehmern in einer Rechnung (§ 11) an ihn gesondert ausgewiesene Steuer für Lieferungen oder sonstige Leistungen, die im Inland für sein Unternehmen ausgeführt worden sind.

   Findet keine Überrechnung gemäß § 215 Abs. 4 BAO in Höhe der gesamten auf die Lieferung oder sonstige Leistung entfallenden Umsatzsteuer auf das Abgabenkonto des Leistungserbringers statt, ist bei einem Unternehmer, der seine Umsätze nach vereinnahmten Entgelten (§ 17) besteuert, zusätzliche Voraussetzung, dass die Zahlung geleistet worden ist. Dies gilt nicht bei Unternehmen im Sinne des § 17 Abs. 1 zweiter Satz oder wenn die Umsätze des Unternehmers nach § 1 Abs. 1 Z 1 und 2 im vorangegangenen Veranlagungszeitraum 2 000 000 Euro übersteigen. Bei der Berechnung dieser Grenze bleiben die Umsätze aus Hilfsgeschäften einschließlich der Geschäftsveräußerungen außer Ansatz.

   (BGBl I 2016/117)

   b) Soweit in den Fällen der lit. a der gesondert ausgewiesene Steuerbetrag auf eine Zahlung vor Ausführung der Umsätze entfällt, ist er bereits abziehbar, wenn die Rechnung vorliegt und die Zahlung geleistet worden ist.

(BGBl I 2015/118)

2. a) die entrichtete Einfuhrumsatzsteuer für Gegenstände, die für sein Unternehmen eingeführt worden sind,

   b) in den Fällen des § 26 Abs. 3 Z 2 die geschuldete und auf dem Abgabenkonto verbuchte Einfuhrumsatzsteuer für Gegenstände, die für sein Unternehmen eingeführt worden sind;

3. die gemäß § 19 Abs. 1 zweiter Satz, Abs. 1a, Abs. 1b, Abs. 1c, Abs. 1d und Abs. 1e geschuldeten Beträge für Lieferungen und sonstige Leistungen, die im Inland für sein Unternehmen ausgeführt worden sind.

Der Bundesminister für Finanzen kann durch Verordnung für Unternehmer,

– die im Gemeinschaftsgebiet weder ihren Sitz noch eine Betriebsstätte haben und

– im Inland keine Umsätze,

– ausgenommen Beförderungsumsätze und damit verbundene Nebentätigkeiten, die gem. § 6 Abs. 1 Z 3 und 5 befreit sind, sowie

– Umsätze, bei denen die Steuer gem. § 27 Abs. 4 vom Leistungsempfänger einzubehalten und abzuführen ist,

ausführen, den Vorsteuerabzug einschränken oder versagen, soweit dies zur Erzielung einer den Grundsätzen der Gegenseitigkeit entsprechenden Behandlung erforderlich ist.

Der Bundesminister für Finanzen kann aus Vereinfachungsgründen durch Verordnung bestimmen, daß in den Fällen, in denen ein anderer als der Unternehmer, für dessen Unternehmen der Gegenstand eingeführt worden ist, die Einfuhrumsatzsteuer entrichtet, der andere den Vorsteuerabzug in Anspruch nehmen kann.

(2)

1. a) Lieferungen und sonstige Leistungen sowie die Einfuhr von Gegenständen gelten als für das Unternehmen ausgeführt, wenn sie für Zwecke des Unternehmens erfolgen und wenn sie zu mindestens 10% unternehmerischen Zwecken dienen.

   b) Der Unternehmer kann Lieferungen oder sonstige Leistungen sowie Einfuhren nur insoweit als für das Unternehmen ausgeführt behandeln, als sie tatsächlich unternehmerischen Zwecken dienen, sofern sie mindestens 10% unternehmerischen Zwecken dienen.

   Diese Zuordnung hat der Unternehmer bis zum Ablauf des Veranlagungszeitraumes dem Finanzamt schriftlich mitzuteilen.

2. Nicht als für das Unternehmen ausgeführt gelten Lieferungen, sonstige Leistungen oder Einfuhren,

   a) deren Entgelte überwiegend keine abzugsfähigen Ausgaben (Aufwendungen) im Sinne des § 20 Abs. 1 Z 1 bis 5 des Einkommensteuergesetzes 1988 oder der §§ 8 Abs. 2 und 12 Abs. 1 Z 1 bis 5 des Körperschaftsteuergesetzes 1988 sind,

b) die im Zusammenhang mit der Anschaffung (Herstellung), Miete oder dem Betrieb von Personenkraftwagen, Kombinationskraftwagen oder Krafträdern stehen, ausgenommen Fahrschulkraftfahrzeuge, Vorführkraftfahrzeuge und Kraftfahrzeuge, die ausschließlich zur gewerblichen Weiterveräußerung bestimmt sind, sowie Kraftfahrzeuge, die zu mindestens 80% dem Zweck der gewerblichen Personenbeförderung oder der gewerblichen Vermietung dienen.

Der Bundesminister für Finanzen kann durch Verordnung die Begriffe Personenkraftwagen und Kombinationskraftwagen näher bestimmen. Die Verordnung kann mit Wirkung ab 15. Februar 1996 erlassen werden.

2a. Lieferungen, sonstige Leistungen oder Einfuhren, die im Zusammenhang mit der Anschaffung (Herstellung), Miete oder dem Betrieb von Personenkraftwagen, Kombinationskraftwagen oder Krafträdern mit einem CO_2-Emissionswert von 0 Gramm pro Kilometer stehen und für die nicht nach § 12 Abs. 2 Z 2 lit. b ein Vorsteuerabzug vorgenommen werden kann, berechtigen nach den allgemeinen Vorschriften des § 12 zum Vorsteuerabzug. Z 2 lit. a bleibt unberührt.

(BGBl I 2015/118, BGBl I 2019/103)

3. Läßt ein Absender einen Gegenstand durch einen Frachtführer oder Verfrachter unfrei zu einem Dritten befördern oder eine solche Beförderung durch einen Spediteur unfrei besorgen, so gilt für den Vorsteuerabzug die Beförderung oder deren Besorgung als für das Unternehmen des Empfängers der Sendung ausgeführt, wenn diesem die Rechnung über die Beförderung oder deren Besorgung erteilt wird.

4. Erteilt bei einem Bestandvertrag (Leasingvertrag) über Kraftfahrzeuge oder Krafträder im Falle der Beschädigung des Bestandobjektes durch Unfall oder höhere Gewalt der Bestandgeber (Leasinggeber) den Auftrag zur Wiederinstandsetzung des Kraftfahrzeuges, so gelten für den Vorsteuerabzug auf Grund dieses Auftrages erbrachte Reparaturleistungen nicht als für das Unternehmen des Bestandgebers (Leasinggebers) sondern als für den Bestandnehmer (Leasingnehmer) ausgeführt. Die in einer Rechnung an den Auftraggeber über derartige Reparaturleistungen ausgewiesene Umsatzsteuer berechtigt bei Zutreffen der sonstigen Voraussetzungen des § 12 den Bestandnehmer (Leasingnehmer) zum Vorsteuerabzug.

(3) Vom Vorsteuerabzug sind ausgeschlossen:

1. Die Steuer für die Lieferungen und die Einfuhr von Gegenständen, soweit der Unternehmer diese Gegenstände zur Ausführung steuerfreier Umsätze verwendet,
2. die Steuer für sonstige Leistungen, soweit der Unternehmer diese sonstigen Leistungen zur Ausführung steuerfreier Umsätze in Anspruch nimmt;
3. die Steuer für Lieferungen und sonstige Leistungen sowie für die Einfuhr von Gegenständen, soweit sie mit Umsätzen im Zusammenhang steht, die der Unternehmer im Ausland ausführt und die – wären sie steuerbar – steuerfrei sein würden;
4. die Steuer für Lieferungen und sonstige Leistungen sowie für die Einfuhr von Gegenständen, soweit sie im Zusammenhang mit der Verwendung eines dem Unternehmen zugeordneten Grundstückes für die in § 3a Abs. 1a Z 1 genannten Zwecke steht.

Der Ausschluß vom Vorsteuerabzug tritt nicht ein, wenn die Umsätze

a) nach § 6 Abs. 1 Z 1 bis 6 oder § 23 Abs. 5 steuerfrei sind oder steuerfrei wären oder
b) nach § 6 Abs. 1 Z 8 lit. a bis c und lit. e bis h und § 6 Abs. 1 Z 9 lit. c steuerfrei sind und sich unmittelbar auf Gegenstände beziehen, die in das Drittlandsgebiet ausgeführt werden oder
c) nach § 6 Abs. 1 Z 8 lit. a bis c und lit. e bis h und § 6 Abs. 1 Z 9 lit. c steuerfrei wären und der Leistungsempfänger keinen Wohnsitz (Sitz) im Gemeinschaftsgebiet hat.

(4) Bewirkt der Unternehmer neben Umsätzen, die zum Ausschluß vom Vorsteuerabzug führen, auch Umsätze, bei denen ein solcher Ausschluß nicht eintritt, so hat der Unternehmer die Vorsteuerbeträge nach Maßgabe der Abs. 1 und 3 in abziehbare und nicht abziehbare Vorsteuerbeträge aufzuteilen.

(5) An Stelle einer Aufteilung nach Abs. 4 kann der Unternehmer

1. die Vorsteuerbeträge nach dem Verhältnis der zum Ausschluß vom Vorsteuerabzug führenden Umsätze zu den übrigen Umsätzen in nicht abziehbare und abziehbare Vorsteuerbeträge aufteilen, oder
2. nur jene Vorsteuerbeträge nach dem Verhältnis der Umsätze aufteilen, die den zum Ausschluß vom Vorsteuerabzug nach Abs. 3 führenden Umsätzen oder den übrigen Umsätzen nicht ausschließlich zuzurechnen sind.

Einfuhren sind nicht Umsätze im Sinne dieser Vorschrift.

(6) Die Aufteilung der Vorsteuerbeträge nach Abs. 5 ist ausgeschlossen, wenn in einem Veranlagungszeitraum die auf Grund der Aufteilung der Vorsteuern nach den Umsätzen sich ergebende abziehbare Vorsteuer um mehr als 5%, mindestens aber um 75 Euro, oder um mehr als 750 Euro höher ist als die Vorsteuer, welche sich auf Grund der Aufteilung nach Abs. 4 ergibt.

(7) Bei Anwendung der Abs. 4 und 5 hat das Finanzamt auf Antrag zu gestatten, daß ein in der Gliederung des Unternehmens gesondert geführter Betrieb wie ein selbständiges Unternehmen behandelt wird.

(8) Die Bewilligung gemäß Abs. 7 kann zwecks Vermeidung eines ungerechtfertigten Steuervorteiles im Sinne des Abs. 6 mit Auflagen verbunden werden.

(9) Bei Rechnungen im Sinne des § 11 Abs. 6, 9, 10 und 11 kann der Unternehmer den Vorsteuerabzug in Anspruch nehmen, wenn er die Rechnungsbeträge in Entgelt und Steuerbetrag aufteilt.

(10) Ändern sich bei einem Gegenstand, den der Unternehmer in seinem Unternehmen als Anlagevermögen verwendet oder nutzt, in den auf das Jahr der erstmaligen Verwendung folgenden vier Kalenderjahren die Verhältnisse, die im Kalenderjahr der erstmaligen Verwendung für den Vorsteuerabzug maßgebend waren (Abs. 3), so ist für jedes Jahr der Änderung ein Ausgleich durch eine Berichtigung des Vorsteuerabzuges durchzuführen.

Dies gilt sinngemäß für Vorsteuerbeträge, die auf nachträgliche Anschaffungs- oder Herstellungskosten, aktivierungspflichtige Aufwendungen oder bei Gebäuden auch auf Kosten von Großreparaturen entfallen, wobei der Berichtigungszeitraum vom Beginn des Kalenderjahres an zu laufen beginnt, das dem Jahr folgt, in dem die diesen Kosten und Aufwendungen zugrunde liegenden Leistungen im Zusammenhang mit dem Anlagevermögen erstmals in Verwendung genommen worden sind.

Bei Grundstücken (einschließlich der aktivierungspflichtigen Aufwendungen und der Kosten von Großreparaturen) tritt an die Stelle des Zeitraumes von vier Kalenderjahren ein solcher von neunzehn Kalenderjahren , außer es erfolgt eine nachträgliche Eigentumsübertragung – ausgenommen von Geschäftsräumen – aufgrund eines Anspruches gemäß § 15c des Wohnungsgemeinnützigkeitsgesetzes – WGG, BGBl. Nr. 139/1979. Diesfalls beträgt der Zeitraum neun Kalenderjahre.

Bei der Berichtigung, die jeweils für das Jahr der Änderung zu erfolgen hat, ist für jedes Jahr der Änderung von einem Fünftel, bei nachträglicher Eigentumsübertragung – ausgenommen von Geschäftsräumen – aufgrund eines Anspruches gemäß § 15c WGG (einschließlich der aktivierungspflichtigen Aufwendungen und der Kosten von Großreparaturen) von einem Zehntel und bei sonstigen Grundstücken (einschließlich der aktivierungspflichtigen Aufwendungen und der Kosten von Großreparaturen) von einem Zwanzigstel der gesamten auf den Gegenstand, die Aufwendungen oder die Kosten entfallenden Vorsteuer auszugehen; im Falle der Lieferung ist die Berichtigung für den restlichen Berichtigungszeitraum spätestens in der letzten Voranmeldung des Veranlagungszeitraumes vorzunehmen, in dem die Lieferung erfolgte.

(BGBl I 2016/117, BGBl I 2022/10)

(10a) (aufgehoben)

(11) Ändern sich bei einem Gegenstand, den der Unternehmer für sein Unternehmen hergestellt oder erworben hat oder bei sonstigen Leistungen, die für sein Unternehmen ausgeführt worden sind, die Voraussetzungen, die für den Vorsteuerabzug maßgebend waren (Abs. 3), so ist, sofern nicht Abs. 10 zur Anwendung gelangt, eine Berichtigung des Vorsteuerabzuges für den Veranlagungszeitraum vorzunehmen, in dem die Änderung eingetreten ist.

(12) Die Bestimmungen der Abs. 10 und 11 gelten sinngemäß auch für Gegenstände, die nicht zu einem Betriebsvermögen gehören. Eine Änderung der Verhältnisse, die für den Vorsteuerabzug maßgebend sind, liegt auch vor, wenn die Änderung darin besteht, dass ein Wechsel in der Anwendung der allgemeinen Vorschriften und der Vorschriften des § 22 für den Vorsteuerabzug vorliegt.

(13) Eine Berichtigung des Vorsteuerabzuges nach Abs. 10 ist nicht durchzuführen, wenn der Betrag, um den der Vorsteuerabzug für einen Gegenstand für das Kalenderjahr zu berichtigen ist, 60 Euro nicht übersteigt.

(BGBl I 2016/117)

(14) Das Recht auf Vorsteuerabzug entfällt, wenn der Unternehmer wusste oder wissen musste, dass der betreffende Umsatz im Zusammenhang mit Umsatzsteuerhinterziehungen oder sonstigen, die Umsatzsteuer betreffenden Finanzvergehen steht. Dies gilt insbesondere auch, wenn ein solches Finanzvergehen einen vor- oder nachgelagerten Umsatz betrifft.

(BGBl I 2015/118)

(15) Erbringt ein Unternehmer an einen anderen Unternehmer für dessen Unternehmen eine Lieferung gemäß § 3 Abs. 2 oder eine sonstige Leistung gemäß § 3a Abs. 1a, so ist er berechtigt, dem Empfänger der Lieferung oder sonstigen Leistung den dafür geschuldeten Steuerbetrag gesondert in Rechnung zu stellen. Dieser in der Rechnung gesondert ausgewiesene Betrag gilt für den Empfänger der Lieferung oder sonstigen Leistung als eine für eine entgeltliche steuerpflichtige Lieferung oder sonstige Leistung gesondert in Rechnung gestellte Steuer. Weist der Unternehmer in der Rechnung einen Betrag aus, den er für diesen Umsatz nicht schuldet, so ist dieser Betrag wie eine nach § 11 Abs. 12 auf Grund der Rechnung geschuldete Steuer zu behandeln. Ist aufgrund der Anwendung des § 4 Abs. 9 das Entgelt niedriger als die Bemessungsgrundlage, gelten die vorherigen Ausführungen sinngemäß.

(16) und (17) (aufgehoben)

Vorsteuerabzug bei Reisekosten

§ 13. (1) Für eine im Inland ausschließlich durch den Betrieb veranlaßte Reise kann der Unternehmer – unbeschadet der sonstigen Voraussetzungen für den Vorsteuerabzug nach § 12 die auf die Mehraufwendungen für Verpflegung entfallende abziehbare Vorsteuer nur aus den nach den einkommensteuerrechtlichen Vorschriften für die Gewinnermittlung festgesetzten Pauschbeträgen errechnen. Bei Aufwendungen für Nächtigung (einschließlich Frühstück) kann die abziehbare Vorsteuer entweder aus den für die Gewinnermittlung festgesetzten

Pauschbeträgen errechnet oder in tatsächlicher Höhe durch eine Rechnung nachgewiesen werden. Aus den Pauschbeträgen ist die abziehbare Vorsteuer unter Anwendung des Steuersatzes nach § 10 Abs. 2 herauszurechnen.

(BGBl I 2015/118, BGBl I 2018/62)

(2) Die Bestimmungen des Abs. 1 gelten sinngemäß, soweit ein Unternehmer einem Arbeitnehmer, dessen Einkünfte dem Steuerabzug vom Arbeitslohn im Inland unterliegen, aus Anlass einer Dienstreise im Inland oder einer Tätigkeit im Sinne des § 3 Abs. 1 Z 16b des Einkommensteuergesetzes 1988 im Inland die Mehraufwendungen für Verpflegung sowie die Aufwendungen für Nächtigung (einschließlich Frühstück) erstattet oder soweit der Unternehmer diese Aufwendungen unmittelbar selbst trägt. Sowohl im Falle der Erstattung der Mehraufwendungen für Verpflegung an den Arbeitnehmer als auch im Falle der unmittelbaren Verrechnung der Aufwendungen für die Verpflegung an den Unternehmer kann die abziehbare Vorsteuer nur aus den Tagesgeldern, die nach den einkommensteuerrechtlichen Vorschriften nicht zu den Einkünften aus nichtselbständiger Arbeit gehören oder gemäß § 3 Abs. 1 Z 16b des Einkommensteuergesetzes 1988 steuerfrei sind, ermittelt werden. Bei den Aufwendungen für Nächtigung (einschließlich Frühstück) kann die abziehbare Vorsteuer entweder aus den Nächtigungsgeldern, die nach den einkommensteuerrechtlichen Vorschriften nicht zu den Einkünften aus nichtselbständiger Arbeit gehören, errechnet oder in tatsächlicher Höhe durch eine Rechnung nachgewiesen werden. Werden für Nächtigung (einschließlich Frühstück) die tatsächlichen Aufwendungen nachgewiesen, so können die Rechnungen auch auf den Namen der Person lauten, von der die Reise ausgeführt worden ist.

(3) Unternehmer, die nicht der inländischen Einkommensbesteuerung unterliegen oder deren Arbeitnehmer im Inland nicht unter den Steuerabzug vom Arbeitslohn fallen, können aus Anlaß einer Geschäfts- oder Dienstreise nur jene Vorsteuerbeträge abziehen, die in einer Rechnung (§ 11) an sie gesondert ausgewiesen werden. Im Falle der Mehraufwendungen für Verpflegung darf ein Vorsteuerabzug jedoch höchstens von den nach Abs. 1 und 2 als Tagesgeld festgesetzten Pauschbeträgen ermittelt werden.

(4) Die nach den vorstehenden Absätzen errechneten Vorsteuerbeträge können nur abgezogen werden, wenn über die Reise ein Beleg ausgestellt wird, welcher über Zeit, Ziel und Zweck der Reise, die Person, von der die Reise ausgeführt worden ist, und über den Betrag Aufschluß gibt, aus dem die Vorsteuer errechnet wird. Die Verpflichtung zur Ausstellung eines eigenen Beleges für Zwecke des Vorsteuerabzuges entfällt, wenn die erwähnten Angaben bereits aus den für die Erhebung der Einkommensteuer (Lohnsteuer) erforderlichen Unterlagen hervorgehen.

Vorsteuerabzug nach Durchschnittssätzen

§ 14. (1) Unternehmer können die abziehbaren Vorsteuerbeträge wahlweise nach folgenden Durchschnittssätzen ermitteln:

1. Unternehmer, bei denen die Voraussetzungen gemäß § 17 Abs. 2 Z 1 und 2 des Einkommensteuergesetzes 1988 für die Ermittlung der Betriebsausgaben mit einem Durchschnittssatz vorliegen, können die abziehbaren Vorsteuer beträge mit einem Durchschnittssatz von 1,8% des Gesamtumsatzes aus Tätigkeiten im Sinne des § 22 und § 23 des Einkommensteuergesetzes 1988 mit Ausnahme der Umsätze aus Hilfsgeschäften, höchstens jedoch mit einer abziehbaren Vorsteuer von 3 960 Euro, berechnen. Eine Ermittlung der abziehbaren Vorsteuer beträge mit dem Durchschnittssatz ist gesondert für jeden Betrieb möglich. Mit diesem Durchschnittssatz werden sämtliche Vorsteuern abgegolten, ausgenommen
   a) Vorsteuerbeträge für Lieferungen von Wirtschaftsgütern des Anlagevermögens, die der Abnutzung unterliegen und deren Anschaffungskosten 1 100 Euro übersteigen, sowie für die Lieferung von Grundstücken des Anlagevermögens. Diese Ausnahme gilt sinngemäß für die entrichtete Einfuhrumsatzsteuer für Einfuhren, die diesen Lieferungen entsprechen;
   b) Vorsteuerbeträge für sonstige Leistungen im Zusammenhang mit der Herstellung von abnutzbaren Wirtschaftsgütern des Anlagevermögens, deren Herstellungskosten 1 100 Euro übersteigen;
   c) Vorsteuerbeträge für Lieferungen von Waren, Rohstoffen, Halberzeugnissen, Hilfsstoffen und Zutaten, die nach ihrer Art und ihrem betrieblichen Zweck in ein Wareneingangsbuch (§ 128 der Bundesabgabenordnung) einzutragen sind oder einzutragen wären, sowie Vorsteuerbeträge für Fremdlöhne, soweit diese unmittelbar in Leistungen eingehen, die den Betriebsgegenstand bilden. Diese Ausnahme gilt sinngemäß für die entrichtete Einfuhrumsatzsteuer für Einfuhren, die diesen Lieferungen entsprechen.

   Diese Vorsteuerbeträge sind bei Vorliegen der Voraussetzungen des § 12 zusätzlich abziehbar.

   (BGBl I 2015/118)
2. Der Bundesminister für Finanzen kann weiters mit Verordnung für die Ermittlung der abziehbaren Vorsteuerbeträge Durchschnittssätze für Gruppen von Unternehmern aufstellen. Die Durchschnittssätze sind auf Grund von Erfahrungen über die wirtschaftlichen Verhältnisse bei der jeweiligen Gruppe von Unternehmern festzusetzen.

(2) In der Verordnung gemäß Abs. 1 Z 2 werden bestimmt:

1. Die Gruppe von Betrieben, für welche Durchschnittssätze anwendbar sind;
2. die für die Ermittlung der Durchschnittssätze jeweils maßgebenden Merkmale. Als solche kommen insbesondere Art und Höhe der an den Betrieb ausgeführten Umsätze in Betracht;
3. der Umfang, in dem Unternehmern, deren Vorsteuer nach diesen Durchschnittssätzen zu ermitteln ist, Erleichterungen in der Führung von Aufzeichnungen gewährt werden.

(3) Die Durchschnittssätze gemäß Abs. 1 Z 2 müssen zu einer Vorsteuer führen, die nicht wesentlich von dem Betrag abweicht, der sich ohne Anwendung der Durchschnittssätze ergeben würde.

(4) Unternehmer, bei denen die Voraussetzungen für eine Ermittlung des Vorsteuerabzuges nach Durchschnittssätzen gegeben sind, können bis zur Rechtskraft des Bescheides gegenüber dem Finanzamt schriftlich erklären, daß sie ihre abziehbaren Vorsteuerbeträge nach Durchschnittssätzen ermitteln. Sowohl die Erklärung, die Vorsteuerbeträge nach Abs. 1 Z 1, als auch die Erklärung, die Vorsteuerbeträge nach Abs. 1 Z 2 zu ermitteln, bindet den Unternehmer mindestens für zwei Kalenderjahre.

(5) Die Erklärung gemäß Abs. 4 kann nur mit Wirkung vom Beginn eines Kalenderjahres an widerrufen werden. Der Widerruf ist bis zur Rechtskraft des dieses Kalenderjahr betreffenden Bescheides gegenüber dem Finanzamt schriftlich zu erklären. Mit dem Widerruf kann der Unternehmer erklären,

a) die Durchschnittssätze anstelle nach Abs. 1 Z 1 nach Abs. 1 Z 2 oder umgekehrt zu ermitteln. Diese Erklärung bindet den Unternehmer wieder für mindestens zwei Kalenderjahre;
b) die Vorsteuerbeträge nach den allgemeinen Vorschriften zu ermitteln. Eine erneute Ermittlung des Vorsteuerabzuges nach Durchschnittssätzen ist frühestens nach Ablauf von fünf Kalenderjahren zulässig.

Erleichterungen bei der Aufteilung der Vorsteuerbeträge

§ 15. (1) Bewirkt der Unternehmer Umsätze von Geldforderungen, die nach § 6 Abs. 1 Z 8 steuerfrei sind und bei denen mit der Vereinnahmung des Entgeltes zugleich das Entgelt für einen anderen, zum Vorsteuerabzug berechtigenden Umsatz des Unternehmers vereinnahmt wird, so müssen diese Umsätze bei der Aufteilung der Vorsteuerbeträge nach § 12 Abs. 5 in den Umsatzschlüssel nicht einbezogen werden. Bei der Aufteilung der Vorsteuerbeträge nach § 12 Abs. 5 Z 2 sind in diesen Fällen nur jene Vorsteuerbeträge nicht abziehbar, die diesen Umsätzen ausschließlich zuzurechnen sind.

(2) Die Erleichterung nach Abs. 1 gilt ferner für die nach § 6 Abs. 1 Z 8 steuerfreien verzinslichen Einlagen bei Kreditinstituten sowie für Lieferungen von gesetzlichen Zahlungsmitteln und inländischen amtlichen Wertzeichen, wenn diese Umsätze nur als Hilfsgeschäfte getätigt werden.

(3) Bei der Aufteilung der Vorsteuerbeträge nach § 12 Abs. 5 Z 2 gilt die Erleichterung nach Abs. 1 auch für steuerfreie Umsätze nach § 6 Abs. 1 Z 9 lit. a, wenn sie vom Unternehmer nur als Hilfsgeschäfte bewirkt werden.

Änderung der Bemessungsgrundlage

§ 16. (1) Hat sich die Bemessungsgrundlage für einen steuerpflichtigen Umsatz im Sinne des § 1 Abs. 1 Z 1 und 2 geändert, so haben

1. der Unternehmer, der diesen Umsatz ausgeführt hat, den dafür geschuldeten Steuerbetrag, und
2. der Unternehmer, an den dieser Umsatz ausgeführt worden ist, den dafür in Anspruch genommenen Vorsteuerabzug entsprechend zu berichtigen. Die Berichtigungen sind für den Veranlagungszeitraum vorzunehmen, in dem die Änderung des Entgeltes eingetreten ist.

(2) Die Berichtigung des Vorsteuerabzuges kann unterbleiben, wenn ein dritter Unternehmer den auf die Minderung des Entgeltes entfallenden Steuerbetrag an das Finanzamt entrichtet; in diesem Fall ist der dritte Unternehmer Schuldner der Steuer. Die Steuer ist für den Veranlagungszeitraum zu entrichten, in dem die Änderung des Entgeltes eingetreten ist.

(3) Abs. 1 gilt sinngemäß, wenn

1. das Entgelt für eine steuerpflichtige Lieferung oder sonstige Leistung uneinbringlich geworden ist. Wird das Entgelt nachträglich vereinnahmt, so sind Steuerbetrag und Vorsteuerabzug erneut zu berichtigen;
2. für eine vereinbarte Lieferung oder sonstige Leistung ein Entgelt entrichtet, die Lieferung oder sonstige Leistung jedoch nicht ausgeführt worden ist;
3. eine steuerpflichtige Lieferung oder sonstige Leistung rückgängig gemacht worden ist.

(4) Ist eine Einfuhrumsatzsteuer, die als Vorsteuer abgezogen worden ist, herabgesetzt, erlassen oder erstattet worden, so hat der Unternehmer den Vorsteuerabzug entsprechend zu berichtigen. Der letzte Satz des Abs. 1 gilt sinngemäß.

(5) Werden die Entgelte für unterschiedlich besteuerte Lieferungen oder sonstige Leistungen eines bestimmten Zeitabschnittes gemeinsam geändert (zB Jahresboni, Jahresrückvergütungen), so hat der Unternehmer dem Abnehmer der Lieferungen oder dem Empfänger der sonstigen Leistungen einen Beleg zu erteilen, aus dem zu ersehen ist, wie sich die Änderung der Entgelte auf die unterschiedlich besteuerten Umsätze verteilt.

Besteuerung nach vereinnahmten Entgelten

§ 17. (1) Unternehmer, die der Art nach eine Tätigkeit im Sinne des § 22 Z 1 des Einkommensteuergesetzes 1988 ausüben, haben die Steuer für die mit diesen Tätigkeiten zusammenhängenden Umsätze nach den vereinnahmten Entgelten zu berechnen (Istbesteuerung). Das gleiche gilt bei

Unternehmen, welche Gas-, Wasser-, Elektrizitäts- oder Heizwerke betreiben, und bei Anstalten zur Müllbeseitigung und zur Abfuhr von Spülwasser und Abfällen, für alle Umsätze, die mit dem Betrieb von solchen Werken oder Anstalten regelmäßig verbunden sind, wobei mit der Rechnungslegung das Entgelt als vereinnahmt und die Lieferungen und sonstigen Leistungen als ausgeführt anzusehen sind; Teilzahlungsanforderungen für Gas-, Wasser-, Elektrizitäts- und Wärmelieferungen gelten auch dann als Rechnungen im Sinne des § 11, wenn sie die im § 11 Abs. 1 Z 3 lit. c und d geforderten Angaben nicht enthalten.

Das Finanzamt hat auf Antrag zu gestatten, daß ein Unternehmer im Sinne des § 17 Abs. 1 erster Satz die Steuer für die mit diesen Tätigkeiten zusammenhängenden Umsätze nach den vereinbarten Entgelten berechnet (Sollbesteuerung).

(BGBl I 2018/62)

(2) Unternehmer,

1. die hinsichtlich ihrer Umsätze aus Tätigkeiten im Sinne der §§ 21 und 23 des Einkommensteuergesetzes 1988 nicht buchführungspflichtig sind, oder
2. deren Gesamtumsatz aus Tätigkeiten, die nicht unter die §§ 21 und 23 des Einkommensteuergesetzes 1988 fallen, in einem der beiden vorangegangenen Kalenderjahre nicht mehr als 110 000 Euro betragen hat,

haben die Steuer nach den vereinnahmten Entgelten zu berechnen (Istbesteuerung). Ist der Unternehmer nur hinsichtlich einzelner Betriebe nicht buchführungspflichtig, so erstreckt sich die Verpflichtung zur Berechnung der Steuer nach vereinnahmten Entgelten gemäß Z 1 nur auf diese Betriebe.

Das Finanzamt hat auf Antrag zu gestatten, daß ein Unternehmer im Sinne der Z 1 und 2 die Steuer für die mit diesen Tätigkeiten zusammenhängenden Umsätze nach den vereinbarten Entgelten berechnet (Sollbesteuerung). Der Antrag kann auf einen von mehreren Betrieben desselben Unternehmers beschränkt werden.

(3) Die Steuer ist nach vereinbarten Entgelten zu berechnen:

– in den Fällen des Abs. 2 Z 1 mit Beginn des Kalenderjahres, für das die Buchführungspflicht eingetreten ist,
– in den Fällen des Abs. 2 Z 2, wenn der Gesamtumsatz in zwei aufeinanderfolgenden Kalenderjahren 110 000 Euro überstiegen hat, mit Ablauf dieses Zeitraumes.

(4) Bei einem Wechsel der Besteuerungsart dürfen Umsätze nicht doppelt erfaßt werden oder unversteuert bleiben. Bei dem Übergang von der Istbesteuerung zu der Sollbesteuerung hat der Unternehmer bereits früher bewirkte Umsätze, für die ein Entgelt noch nicht vereinnahmt wurde, als Umsatz für den ersten Voranmeldungszeitraum nach dem Übergang zu versteuern. Der Wechsel in der Besteuerungsart ist nur zum Beginn eines Veranlagungsjahres zuzulassen.

(5) Hängt die Anwendung einer Besteuerungsvorschrift vom Gesamtumsatz ab, so ist bei der Sollbesteuerung von den steuerbaren Lieferungen und sonstigen Leistungen, bei der Istbesteuerung von den vereinnahmten Entgelten und den Umsätzen gemäß § 3 Abs. 2 und § 3a Abs. 1a auszugehen. Außer Betracht bleiben die steuerfreien Umsätze mit Ausnahme der nach § 6 Abs. 1 Z 1 bis 6 befreiten Umsätze sowie die Geschäftsveräußerungen nach § 4 Abs. 7. Ist die Besteuerung von der Summe der Umsätze eines Kalenderjahres abhängig und ist der Veranlagungszeitraum kürzer als ein Kalenderjahr, so ist der tatsächliche Umsatz in einen Jahresumsatz umzurechnen.

(6) Bei der Istbesteuerung treten an die Stelle der Entgelte für die ausgeführten Lieferungen und sonstigen Leistungen die vereinnahmten Entgelte.

(7) Die Bestimmungen der Abs. 1 und 2 finden auf die Geschäftsveräußerung im ganzen (§ 4 Abs. 7) keine Anwendung.

Aufzeichnungspflichten und buchmäßiger Nachweis

§ 18. (1) Der Unternehmer ist verpflichtet, zur Feststellung der Steuer und der Grundlagen ihrer Berechnung Aufzeichnungen zu führen. Diese Verpflichtung gilt in den Fällen des § 11 Abs. 14 auch für Personen, die nicht Unternehmer sind.

(2) Der Aufzeichnungspflicht ist genügt, wenn

1. die vereinbarten, im Falle der Istbesteuerung die vereinnahmten Entgelte für die vom Unternehmer ausgeführten Lieferungen und sonstigen Leistungen fortlaufend, unter Angabe des Tages derart aufgezeichnet werden, dass zu ersehen ist, wie sich die Entgelte auf steuerpflichtige Umsätze, getrennt nach Steuersätzen, und auf steuerfreie Umsätze verteilen. Die Entgelte für Umsätze, bei denen die Steuer vom Empfänger der Leistung geschuldet wird, sind gesondert aufzuzeichnen;
2. die vereinnahmten Entgelte für noch nicht ausgeführte Lieferungen und sonstige Leistungen fortlaufend, unter Angabe des Tages derart aufgezeichnet werden, dass zu ersehen ist, wie sich die Entgelte auf steuerpflichtige Umsätze, getrennt nach Steuersätzen, und auf steuerfreie Umsätze verteilen. Die Entgelte für Umsätze, bei denen die Steuer vom Empfänger der Leistung geschuldet wird, sind gesondert aufzuzeichnen;
3. die Bemessungsgrundlagen für die Umsätze gemäß § 1 Abs. 1 Z 2, § 3 Abs. 2 und § 3a Abs. 1a aufgezeichnet werden. Z 1 gilt sinngemäß;
4. – die nach § 11 Abs. 12 und 14 sowie nach § 16 Abs. 2 geschuldeten Steuerbeträge und
   – die Bemessungsgrundlagen für die Lieferungen und sonstigen Leistungen, für die die Steuer gemäß § 19 Abs. 1 zweiter Satz, Abs. 1a, Abs. 1b, Abs. 1c, Abs. 1d und Abs. 1e geschuldet wird, getrennt nach Steuersätzen, sowie die hierauf ent-

fallenden Steuerbeträge aufgezeichnet werden;

5. – die Entgelte für steuerpflichtige Lieferungen und sonstige Leistungen, die an den Unternehmer für sein Unternehmen aus geführt worden sind,
   – die vor Ausführung dieser Umsätze gezahlten Entgelte, soweit für sie die Steuerschuld gemäß § 19 Abs. 2 Z 1 lit. a entsteht,
   – und die auf diese Entgelte entfallende Steuer fortlaufend aufgezeichnet werden;
6. die Bemessungsgrundlage (§ 5) von eingeführten Gegenständen und die für ihre Einfuhr entrichtete Einfuhrumsatzsteuer unter Angabe des Tages der Entrichtung fortlaufend aufgezeichnet werden;
7. die aufgezeichneten Entgelte (Z 1 und 2) und Steuerbeträge sowie die Bemessungsgrundlagen für die Umsätze gemäß § 1 Abs. 1 Z 2, § 3 Abs. 2 und § 3a Abs. 1a, mindestens zum Schluss jedes Voranmeldungszeitraumes, aufgerechnet werden.

(3) Der Unternehmer kann die im Abs. 2 Z 1 und 2 festgelegte Aufzeichnungspflicht auch in der Weise erfüllen, daß er Entgelt und Steuerbetrag in einer Summe aufzeichnet. Die Verpflichtung zur Trennung von Entgelten nach Steuersätzen und steuerfreien Umsätzen wird hiedurch nicht berührt.

Spätestens zum Schluß jedes Voranmeldungszeitraumes hat der Unternehmer die Summe der Entgelte zu errechnen und aufzuzeichnen.

(4) Der Unternehmer kann die im Abs. 2 Z 5 festgelegte Aufzeichnungspflicht auch in der Weise erfüllen, daß er Entgelt und Steuerbetrag in einer Summe, getrennt nach den in den Eingangsrechnungen angewandten Steuersätzen, aufzeichnet. Spätestens zum Schluß jedes Voranmeldungszeitraumes hat der Unternehmer die Summe der Entgelte und die Summe der Steuerbeträge zu errechnen und aufzuzeichnen. Die Verpflichtung zur Aufzeichnung nach Abs. 2 Z 5 und 6 entfällt, wenn der Unternehmer nur Umsätze bewirkt, für die der Vorsteuerabzug nach 12 Abs. 1 ausgeschlossen ist; die Verpflichtung entfällt nicht, insoweit der Unternehmer gemäß § 6 Abs. 1 Z 9 lit. a steuerfreie Umsätze tätigt.

(5) In den Fällen des § 12 Abs. 4 und 5 Z 2 müssen aus den Aufzeichnungen des Unternehmers jene Vorsteuerbeträge leicht nachprüfbar zu ersehen sein, welche den zum Vorsteuerabzug berechtigenden Umsätzen ganz oder teilweise zuzurechnen sind. Außerdem hat der Unternehmer in diesen Fällen die Entgelte für die Umsätze, die nach § 12 Abs. 3 den Vorsteuerabzug ausschließen, getrennt von den übrigen Entgelten aufzuzeichnen, wobei die Verpflichtung zur Trennung der Entgelte nach Abs. 2 Z 1 und 2 unberührt bleibt.

(6) Macht der Unternehmer von der Vorschrift des § 12 Abs. 7 Gebrauch, so hat er die Aufzeichnungspflichten der Abs. 1 bis 5 für jeden Betrieb gesondert zu erfüllen. In den Fällen des § 12 Abs. 10 bis 12 hat der Unternehmer die Berechnungsgrundlagen für den Ausgleich aufzuzeichnen, der von ihm in den in Betracht kommenden Kalenderjahren durchzuführen ist.

(7) Unternehmern, denen nach Art und Umfang ihres Unternehmens eine Trennung der Entgelte nach Steuersätzen im Sinne des Abs. 2 Z 1, 2 und Abs. 3 nicht zumutbar ist, kann das Finanzamt auf Antrag gestatten, daß sie die Entgelte nachträglich unter Berücksichtigung des Wareneinganges trennen. Das Finanzamt darf nur ein Verfahren zulassen, dessen steuerliches Ergebnis nicht wesentlich von dem Ergebnis einer Aufzeichnung der Entgelte, getrennt nach Steuersätzen, abweicht.

(8) Hängt die Besteuerung von einem buchmäßigen Nachweis ab, so sind die diesem Nachweis dienenden Bücher oder Aufzeichnungen zu führen und mit den dazugehörigen Unterlagen aufzubewahren; die nachzuweisenden Voraussetzungen müssen daraus leicht nachprüfbar zu ersehen sein.

(BGBl I 2015/118)

(9) Wird die abziehbare Vorsteuer nach einem Durchschnittssatz gemäß § 14 Abs. 1 Z 1 berechnet, so ist der Unternehmer insoweit von der Aufzeichnungspflicht gemäß § 18 Abs. 2 Z 5 und 6 befreit.

(10) Die Aufzeichnungen und Unterlagen, die Grundstücke im Sinne des § 6 Abs. 1 Z 9 lit. a betreffen, sind zweiundzwanzig Jahre aufzubewahren. Aufzeichnungen und Unterlagen, die nur Eigentumsübertragungen – ausgenommen von Geschäftsräumen – aufgrund eines Anspruches gemäß § 15c WGG betreffen, sind hingegen zwölf Jahre aufzubewahren.

(BGBl I 2022/10)

(11) Unterstützt ein Unternehmer, der nicht selbst Steuerschuldner ist, die Lieferung von Gegenständen, deren Beförderung oder Versendung im Inland endet, an einen Abnehmer gemäß Art. 3 Abs. 4 oder sonstige Leistungen im Inland an einen Nichtunternehmer durch die Nutzung einer elektronischen Schnittstelle, beispielsweise eines Marktplatzes, einer Plattform, eines Portals oder Ähnlichem, muss dieser Unternehmer Aufzeichnungen über diese Umsätze führen. Diese Aufzeichnungen müssen so ausführlich sein, dass die Abgabenbehörden feststellen können, ob die Steuer korrekt berücksichtigt worden ist. Der Bundesminister für Finanzen kann mit Verordnung bestimmen, welche Informationen die Aufzeichnungen enthalten müssen.

(BGBl I 2019/91)

(12) Die Aufzeichnungen nach Abs. 11 sind auf Verlangen elektronisch zur Verfügung zu stellen. Übersteigt der Gesamtwert der Umsätze, für die eine Aufzeichnungspflicht besteht, insgesamt 1.000.000 Euro pro Kalenderjahr, hat der Unternehmer diese Aufzeichnungen auch ohne Aufforderung bis zum 31. Jänner des Folgejahres elektronisch zu übermitteln. Die Aufzeichnungen sind vom Ende

des Jahres an, in dem der Umsatz bewirkt wurde, zehn Jahre lang aufzubewahren.

(BGBl I 2019/91)

Steuerschuldner, Entstehung der Steuerschuld

§ 19. (1) Steuerschuldner ist in den Fällen des § 1 Abs. 1 Z 1 und 2 der Unternehmer, in den Fällen des § 11 Abs. 14 der Aussteller der Rechnung.

Bei sonstigen Leistungen (ausgenommen die entgeltliche Duldung der Benützung von Bundesstraßen, die in § 3a Abs. 11a genannten Leistungen sowie die Vermietung von Grundstücken) und bei Werklieferungen wird die Steuer vom Empfänger der Leistung geschuldet, wenn

– der leistende Unternehmer im Inland weder sein Unternehmen betreibt noch eine an der Leistungserbringung beteiligte Betriebsstätte hat und
– der Leistungsempfänger Unternehmer im Sinne des § 3a Abs. 5 Z 1 und 2 ist oder eine juristische Person des öffentlichen Rechts ist, die Nichtunternehmer im Sinne des § 3a Abs. 5 Z 3 ist.

Der leistende Unternehmer haftet für diese Steuer.

(BGBl I 2022/108)

(1a) Bei Bauleistungen wird die Steuer vom Empfänger der Leistung geschuldet, wenn der Empfänger Unternehmer ist, der seinerseits mit der Erbringung der Bauleistungen beauftragt ist. Der Leistungsempfänger hat auf den Umstand, dass er mit der Erbringung der Bauleistungen beauftragt ist, hinzuweisen. Erfolgt dies zu Unrecht, so schuldet auch der Leistungsempfänger die auf den Umsatz entfallende Steuer.

Werden Bauleistungen an einen Unternehmer erbracht, der üblicherweise selbst Bauleistungen erbringt, so wird die Steuer für diese Bauleistungen stets vom Leistungsempfänger geschuldet. Bauleistungen sind alle Leistungen, die der Herstellung, Instandsetzung, Instandhaltung, Reinigung, Änderung oder Beseitigung von Bauwerken dienen. Das gilt auch für die Überlassung von Arbeitskräften, wenn die überlassenen Arbeitskräfte Bauleistungen erbringen.

(1b) Bei der Lieferung

a) sicherungsübereigneter Gegenstände durch den Sicherungsgeber an den Sicherungsnehmer,
b) des Vorbehaltskäufers an den Vorbehaltseigentümer im Falle der vorangegangenen Übertragung des vorbehaltenen Eigentums und
(BGBl I 2016/117)
c) von Grundstücken im Zwangsversteigerungsverfahren durch den Verpflichteten an den Ersteher
(BGBl I 2016/117)

wird die Steuer vom Empfänger der Leistung geschuldet, wenn dieser Unternehmer oder eine juristische Person des öffentlichen Rechts ist. Der leistende Unternehmer haftet für diese Steuer.

(1c) Bei der Lieferung von Gas über ein Erdgasnetz im Gebiet der Gemeinschaft oder jedes an ein solches Netz angeschlossene Netz, von Elektrizität oder von Wärme oder Kälte über Wärme- oder Kältenetze, wenn sich der Ort dieser Lieferung nach § 3 Abs. 13 oder 14 bestimmt und der liefernde Unternehmer im Inland weder sein Unternehmen betreibt noch eine an der Lieferung beteiligte Betriebsstätte hat, wird die Steuer vom Empfänger der Lieferung geschuldet, wenn er im Inland für Zwecke der Umsatzsteuer erfasst ist.

Der liefernde Unternehmer haftet für diese Steuer.

(1d) Der Bundesminister für Finanzen kann zur Vermeidung von Steuerhinterziehungen oder -umgehungen durch Verordnung festlegen, dass für bestimmte Umsätze die Steuer vom Leistungsempfänger geschuldet wird, wenn dieser Unternehmer ist und diese Möglichkeit den Mitgliedstaaten in Titel XI Kapitel 1 Abschnitt 1 der Richtlinie 2006/112/EG eingeräumt wird oder dafür eine Ermächtigung gemäß Art. 395 der Richtlinie 2006/112/EG vorliegt. Weiters kann in der Verordnung bestimmt werden, dass der leistende Unternehmer für diese Steuer haftet.

(1e) Die Steuer wird vom Empfänger der Leistung geschuldet, wenn dieser Unternehmer ist, bei

a) der Übertragung von Treibhausgasemissionszertifikaten im Sinne des Art. 3 der Richtlinie 2003/87/EG über ein System für den Handel mit Treibhausgasemissionszertifikaten in der Gemeinschaft und zur Änderung der Richtlinie 96/61/EG des Rates, ABl. Nr. L 275 vom 25.10.2003 S. 32, und bei der Übertragung von anderen Einheiten, die genutzt werden können, um den Auflagen dieser Richtlinie nachzukommen,
b) der Lieferung von Mobilfunkgeräten (Unterpositionen 8517 12 00 und 8517 18 00 der Kombinierten Nomenklatur) und integrierten Schaltkreisen (Unterpositionen 8542 31 90, 8473 30 20, 8473 30 80 und 8471 50 00 der Kombinierten Nomenklatur), wenn das in der Rechnung ausgewiesene Entgelt mindestens 5 000 Euro beträgt.

Der leistende Unternehmer haftet für diese Steuer.

(2) Die Steuerschuld entsteht

1. für Lieferungen und sonstige Leistungen
   a) mit Ablauf des Kalendermonates, in dem die Lieferungen oder sonstigen Leistungen ausgeführt worden sind (Sollbesteuerung); dieser Zeitpunkt verschiebt sich – ausgenommen in den Fällen des § 19 Abs. 1 zweiter Satz – um einen Kalendermonat, wenn die Rechnungsausstellung erst nach Ablauf des Kalendermonates erfolgt, in dem die Lieferung oder sonstige Leistung erbracht worden ist.

   Wird das Entgelt oder ein Teil des Entgeltes vereinnahmt, bevor die Leistung ausgeführt worden ist, so entsteht insoweit die Steuerschuld mit Ablauf des Voranmeldungszeitraumes, in dem das Entgelt vereinnahmt worden ist;

b) in den Fällen der Besteuerung nach vereinnahmten Entgelten (§ 17) mit Ablauf des Kalendermonates, in dem die Entgelte vereinnahmt worden sind (Istbesteuerung). Wird die Steuer vom Empfänger der Leistung geschuldet (Abs. 1 zweiter Satz, Abs. 1a, Abs. 1b, Abs. 1c, Abs. 1d und Abs. 1e), entsteht abweichend davon die Steuerschuld für vereinbarte, im Zeitpunkt der Leistungserbringung noch nicht vereinnahmte Entgelte, mit Ablauf des Kalendermonates, in dem die Lieferung oder sonstige Leistung ausgeführt worden ist. Dieser Zeitpunkt verschiebt sich – ausgenommen in den Fällen des § 19 Abs. 1 zweiter Satz – um einen Kalendermonat, wenn die Rechnungsausstellung erst nach Ablauf des Kalendermonates erfolgt, in dem die Lieferung oder sonstige Leistung erbracht worden ist;

c) (aufgehoben)

1a. Abweichend von Z 1 entsteht die Steuerschuld in Fällen des § 3 Abs. 3a mit Ablauf des Kalendermonates, in dem die Zahlung angenommen wurde.

(BGBl I 2019/91)

2. für die Umsätze gemäß § 1 Abs. 1 Z 2, § 3 Abs. 2 und § 3a Abs. 1a mit Ablauf des Kalendermonates, in dem die Aufwendungen im Sinne des § 1 Abs. 1 Z 2 getätigt worden sind, in dem die Gegenstände für die im § 3 Abs. 2 bezeichneten Zwecke entnommen oder die Leistungen im Sinne des § 3a Abs. 1a ausgeführt worden sind.

(3) In den Fällen des § 11 Abs. 12 und 14 entsteht die Steuerschuld mit Ablauf des Kalendermonates, in dem die Rechnung ausgefolgt worden ist.

(4) In den Fällen des § 16 Abs. 2 entsteht die Steuerschuld mit Ablauf des Kalendermonates, in dem die Minderung des Entgeltes eingetreten ist.

(5) Für die Einfuhrumsatzsteuer gilt § 26 Abs. 1.

Veranlagungszeitraum und Einzelbesteuerung

§ 20. (1) Bei der Berechnung der Steuer ist in den Fällen des § 1 Abs. 1 Z 1 und 2 von der Summe der Umsätze auszugehen, für welche die Steuerschuld im Laufe eines Veranlagungszeitraumes entstanden ist. Dem ermittelten Betrag sind die nach § 11 Abs. 12 und 14, die nach § 16 Abs. 2 und die gemäß § 19 Abs. 1 zweiter Satz, Abs. 1a, Abs. 1b, Abs. 1c, Abs. 1d und Abs. 1e geschuldeten Beträge hinzuzurechnen. Ein Unternehmer, der für einen Betrieb den Gewinn gemäß § 2 Abs. 5 des Einkommensteuergesetzes 1988 oder gemäß § 7 Abs. 5 des Körperschaftsteuergesetzes 1988 nach einem vom Kalenderjahr abweichenden Wirtschaftsjahr ermittelt, kann dieses Wirtschaftsjahr durch eine gegenüber dem Finanzamt abgegebene schriftliche Erklärung als Veranlagungszeitraum wählen; dies gilt jedoch nicht für Unternehmer,

1. die ihre Umsätze gemäß § 17 Abs. 2 nach vereinnahmten Entgelten berechnen oder
2. bei denen Voranmeldungszeitraum das Kalendervierteljahr ist oder
3. bei denen das Wirtschaftsjahr nicht mit Ablauf eines Kalendermonates endet.

Die Erklärung ist innerhalb der Frist zur Abgabe der Voranmeldung für den ersten Voranmeldungszeitraum des vom Kalenderjahr abweichenden Wirtschaftsjahres abzugeben und bindet den Unternehmer an das für die Gewinnermittlung maßgebende Wirtschaftsjahr. Im Falle der Änderung des für die Gewinnermittlung maßgebenden Wirtschaftsjahres tritt auch eine entsprechende Änderung des Veranlagungszeitraumes für die Umsatzsteuer ein. Weicht der Veranlagungszeitraum vom Kalenderjahr ab, so finden die Bestimmungen des § 6 Abs. 1 Z 27 und § 21 Abs. 2 und Abs. 6 keine Anwendung.

(2)

1. Von dem nach Abs. 1 errechneten Betrag sind die in den Veranlagungszeitraum fallenden, nach § 12 abziehbaren Vorsteuerbeträge abzusetzen.
2. Die abziehbare Einfuhrumsatzsteuer fällt in jenen Kalendermonat, in dem sie entrichtet worden ist. In den Fällen des § 26 Abs. 3 Z 2 fällt die abziehbare Einfuhrumsatzsteuer in jenen Kalendermonat, der zwei Monate vor dem Monat liegt, in dem die Einfuhrumsatzsteuerschuld fällig ist; sie wird am Tag der Fälligkeit der Einfuhrumsatzsteuerschuld wirksam.

(3) Hat der Unternehmer seine gewerbliche oder berufliche Tätigkeit nur in einem Teil des Kalenderjahres ausgeübt, so tritt dieser Teil an die Stelle des Kalenderjahres. Wählt ein Unternehmer ein vom Kalenderjahr abweichendes Wirtschaftsjahr als Veranlagungszeitraum (Abs. 1), so sind alle Umsätze, die er in diesem Zeitraum im Rahmen seines Unternehmens ausführt, diesem Veranlagungszeitraum zuzuordnen; als Veranlagungszeitraum im Jahr des Überganges gilt der Zeitraum vom Beginn des Kalenderjahres bis zum Beginn des Wirtschaftsjahres. Fallen die Voraussetzungen für einen vom Kalenderjahr abweichenden Veranlagungszeitraum nachträglich weg, so ist nach Ablauf des Kalenderjahres, in dem das Wirtschaftsjahr endet, das Kalenderjahr Veranlagungszeitraum; in einem solchen Fall gilt der Zeitraum vom Ende des Wirtschaftsjahres bis zum Beginn des folgenden Kalenderjahres als eigener Veranlagungszeitraum. Ist das vom Kalenderjahr abweichende Wirtschaftsjahr Veranlagungszeitraum, so tritt in den einzelnen Bestimmungen dieses Bundesgesetzes an die Stelle des Kalenderjahres sinngemäß das vom Kalenderjahr abweichende Wirtschaftsjahr.

(4) und (5) (aufgehoben)

(6) Werte in einer anderen Währung als Euro sind auf Euro nach dem Kurs umzurechnen, den der Bundesminister für Finanzen als Durchschnittskurs für den Zeitraum festsetzt, in dem die Leistung ausgeführt, das Entgelt oder ein Teil des Entgeltes vor Ausführung der Leistung (§ 19 Abs. 2 Z 1 lit. a) vereinnahmt wird oder – bei der Besteuerung nach vereinnahmten Entgelten (§ 17) – das Entgelt vereinnahmt wird. Der Unternehmer kann stattdessen auch den letzten, von der Europäischen Zentralbank veröffentlichten, Umrechnungskurs anwenden.

Weiters ist der Unternehmer berechtigt, die Umrechnung nach dem Tageskurs vorzunehmen, wenn die einzelnen Beträge durch Bankmitteilungen oder Kurszettel belegt werden.

(7) Für die Einfuhrumsatzsteuer gelten § 5 Abs. 5, § 26 und § 26a.

(BGBl I 2019/91)

Voranmeldung und Vorauszahlung, Veranlagung

§ 21. (1) Der Unternehmer hat spätestens am 15. Tag (Fälligkeitstag) des auf einen Kalendermonat (Voranmeldungszeitraum) zweitfolgenden Kalendermonates eine Voranmeldung bei dem für die Einhebung der Umsatzsteuer zuständigen Finanzamt einzureichen, in der er die für den Voranmeldungszeitraum zu entrichtende Steuer (Vorauszahlung) oder den auf den Voranmeldungszeitraum entfallenden Überschuß unter entsprechender Anwendung des § 20 Abs. 1 und 2 und des § 16 selbst zu berechnen hat. Die Voranmeldung gilt als Steuererklärung. Als Voranmeldung gilt auch eine berichtigte Voranmeldung, sofern sie bis zu dem im ersten Satz angegebenen Tag eingereicht wird. Der Unternehmer hat eine sich ergebende Vorauszahlung spätestens am Fälligkeitstag zu entrichten. Die Vorauszahlung und der Überschuß sind Abgaben im Sinne der Bundesabgabenordnung. Ein vorangemeldeter Überschuß ist gutzuschreiben, sofern nicht Abs. 3 zur Anwendung gelangt. Die Gutschrift wirkt auf den Tag der Einreichung der Voranmeldung, frühestens jedoch auf den Tag nach Ablauf des Voranmeldungszeitraumes, zurück.

Der Bundesminister für Finanzen kann durch Verordnung vorsehen, daß in bestimmten Fällen die Verpflichtung zur Einreichung einer Voranmeldung entfällt, sofern der Unternehmer seinen abgabenrechtlichen Verpflichtungen nachkommt. Unternehmer, die danach für einen Voranmeldungszeitraum keine Voranmeldung einzureichen haben, sind verpflichtet, für diesen Voranmeldungszeitraum unter Verwendung des amtlichen Vordruckes für Voranmeldungen eine Aufstellung der Besteuerungsgrundlagen anzufertigen, es sei denn, es ergibt sich für diesen Voranmeldungszeitraum weder eine Vorauszahlung noch ein Überschuß.

Von den Voranmeldungen sind Durchschriften (Zweitschriften) anzufertigen. Die Durchschriften der Voranmeldungen sowie die Aufstellungen der Besteuerungsgrundlagen gehören zu den Aufzeichnungen im Sinne des § 18 Abs. 1.

Die Übermittlung der Voranmeldungen hat elektronisch zu erfolgen. Ist dem Unternehmer die elektronische Übermittlung der Voranmeldung mangels technischer Voraussetzungen unzumutbar, hat die Übermittlung der Voranmeldungen auf dem amtlichen Vordruck zu erfolgen. Der Bundesminister für Finanzen wird ermächtigt, den Inhalt und das Verfahren der elektronischen Übermittlung der Voranmeldung mit Verordnung festzulegen. In der Verordnung kann vorgesehen werden, dass sich der Unternehmer einer bestimmten geeigneten öffentlich-rechtlichen oder privatrechtlichen Übermittlungsstelle zu bedienen hat.

(1a) (aufgehoben)

(2) Für Unternehmer, deren Umsätze nach § 1 Abs. 1 Z 1 und 2 im vorangegangenen Kalenderjahr 100 000 Euro nicht überstiegen haben, ist das Kalendervierteljahr der Voranmeldungszeitraum; der Unternehmer kann jedoch durch fristgerechte Abgabe einer Voranmeldung für den ersten Kalendermonat eines Veranlagungszeitraumes mit Wirkung für den ganzen Veranlagungszeitraum den Kalendermonat als Voranmeldungszeitraum wählen.

(3) Wenn der Unternehmer die Einreichung der Voranmeldung pflichtwidrig unterläßt oder wenn sich die Voranmeldung als unvollständig oder die Selbstberechnung als nicht richtig erweist, so hat das Finanzamt die Steuer festzusetzen. Eine Festsetzung kann nur so lange erfolgen, als nicht ein den Voranmeldungszeitraum beinhaltender Veranlagungsbescheid erlassen wurde. Eine festgesetzte Vorauszahlung hat den im Abs. 1 genannten Fälligkeitstag. Die Gutschrift eines festgesetzten Überschusses wirkt bis zur Höhe des vorangemeldeten Überschußbetrages auf den Tag der Einreichung der Voranmeldung, frühestens jedoch auf den Tag nach Ablauf des Voranmeldungszeitraumes, zurück. Führt eine Festsetzung zur Verminderung eines Überschusses, so gilt als Fälligkeitstag der Nachforderung der Zeitpunkt, in dem die Gutschrift des Überschusses wirksam war.

(4) Der Unternehmer wird nach Ablauf des Kalenderjahres zur Steuer veranlagt. Enden mehrere Veranlagungszeiträume in einem Kalenderjahr (§ 20 Abs. 1 und 3), so sind diese zusammenzufassen. Der Unternehmer hat für das abgelaufene Kalenderjahr eine Steuererklärung abzugeben, die alle in diesem Kalenderjahr endenden Veranlagungszeiträume zu umfassen hat.

Die Übermittlung der Steuererklärung hat elektronisch zu erfolgen. Ist dem Unternehmer die elektronische Übermittlung der Steuererklärung mangels technischer Voraussetzungen unzumutbar, hat die Übermittlung der Steuererklärung auf dem amtlichen Vordruck zu erfolgen.

Der Bundesminister für Finanzen wird ermächtigt, den Inhalt und das Verfahren der elektronischen Übermittlung der Steuererklärung mit Verordnung festzulegen. In der Verordnung kann vorgesehen werden, dass sich der Unternehmer einer bestimmten geeigneten öffentlichrechtlichen oder privatrechtlichen Übermittlungsstelle zu bedienen hat.

Unternehmer im Sinne des § 19 Abs. 1 erster Gedankenstrich, die im Inland keine Umsätze ausgeführt haben oder nur Umsätze, für die der Leistungsempfänger die Steuer schuldet, und die ausschließlich eine Steuer gemäß § 19 Abs. 1 zweiter Satz oder Abs. 1a schulden, hinsichtlich der sie zum vollen Vorsteuerabzug berechtigt sind, werden nur dann zur Steuer veranlagt, wenn sie dies ausdrücklich schriftlich beantragen.

(BGBl I 2015/118)

(5) Durch eine Nachforderung auf Grund der Veranlagung wird keine von Abs. 1 und 3 abweichende Fälligkeit begründet.

(6) Ein Kleinunternehmer (§ 6 Abs. 1 Z 27), dessen Umsätze nach § 1 Abs. 1 Z 1 und 2 im Veranlagungszeitraum 35 000 Euro nicht übersteigen und der für den Veranlagungszeitraum keine Steuer zu entrichten hat, ist von der Verpflichtung zur Abgabe einer Steuererklärung befreit. Die Durchführung einer Veranlagung ist nicht erforderlich. Bei der Umsatzgrenze bleiben die Umsätze aus Hilfsgeschäften einschließlich der Geschäftsveräußerungen außer Ansatz.

(BGBl I 2019/103)

(7) (aufgehoben)

(8) Der Bundesminister für Finanzen kann aus Vereinfachungsgründen mit Verordnung für Gruppen von Unternehmern für die Ermittlung der Höhe der Umsätze gemäß § 3 Abs. 2 und § 3a Abs. 1a Schätzungsrichtlinien erlassen und bestimmen, dass die auf diese Umsätze entfallende Steuer zu anderen als den im Abs. 1 und 2 angeführten Fälligkeitszeitpunkten zu entrichten ist. Bei Erstellung der Richtlinien ist auf die durchschnittliche Höhe dieser Umsätze innerhalb der Gruppe von Unternehmern, für welche die Durchschnittssätze gelten sollen, Bedacht zu nehmen. Die Richtlinien sind nur anzuwenden, soweit der Unternehmer die Höhe dieser Umsätze nicht durch ordnungsgemäß geführte Aufzeichnungen nachweist.

(9) Der Bundesminister für Finanzen kann bei nicht im Inland ansässigen Unternehmern, das sind solche, die im Inland weder ihren Sitz noch eine Betriebsstätte haben, durch Verordnung die Erstattung der Vorsteuern abweichend von den Abs. 1 bis 5 sowie den §§ 12 und 20 regeln. Bei nicht im Gemeinschaftsgebiet ansässigen Unternehmern kann weiters bestimmt werden, dass bestimmte Vorsteuerbeträge von der Erstattung ausgeschlossen sind. In der Verordnung kann festgelegt werden:

- ein besonderes Verfahren für die Vorsteuererstattung,
- ein Mindestbetrag, ab dem eine Vorsteuererstattung erfolgt,
- innerhalb welcher Frist der Erstattungsantrag zu stellen ist,
- dass der Bescheid über die Erstattung der Vorsteuerbeträge elektronisch zugestellt wird,
- wie und in welchem Umfang der zu erstattende Betrag zu verzinsen oder zu vergebühren ist.

Vorsteuern im Zusammenhang mit Umsätzen eines im übrigen Gemeinschaftsgebiet ansässigen Unternehmers sind nur erstattungsfähig, wenn die Umsätze in dem Mitgliedstaat, in dem der Unternehmer ansässig ist, ein Recht auf Vorsteuerabzug begründen. Einem Unternehmer, der im Gemeinschaftsgebiet ansässig ist und Umsätze ausführt, die zum Teil den Vorsteuerabzug ausschließen, wird die Vorsteuer höchstens in der Höhe erstattet, in der er in dem Mitgliedstaat, in dem er ansässig ist, zum Vorsteuerabzug berechtigt wäre.

(10) Die Bestimmungen der Abs. 1 bis 5 gelten auch für juristische Personen, die ausschließlich eine Steuer gemäß § 19 Abs. 1 zweiter Satz, Abs. 1a und Abs. 1b schulden.

(10a) Die Bestimmungen der Abs. 1 bis 5 gelten auch für Personen, die keine Unternehmer sind, wenn diese Steuerbeträge nach § 11 Abs. 14 schulden.

(BGBl I 2019/91)

Antrag auf Erstattung von Vorsteuerbeträgen in einem anderen Mitgliedstaat

(11) Ein im Inland ansässiger Unternehmer, der einen Antrag auf Erstattung von Vorsteuerbeträgen – entsprechend der Richtlinie 2008/9/EG zur Regelung der Erstattung der Mehrwertsteuer gemäß der Richtlinie 2006/112/EG an nicht im Mitgliedstaat der Erstattung, sondern in einem anderen Mitgliedstaat ansässige Steuerpflichtige, ABl. Nr. L 44 vom 20.02.2008 S. 23 – in einem anderen Mitgliedstaat stellt, hat diesen Antrag elektronisch zu übermitteln. Der Bundesminister für Finanzen wird ermächtigt, den Inhalt und das Verfahren der elektronischen Übermittlung des Erstattungsantrages mit Verordnung festzulegen. Im Antrag ist die Steuer für den Erstattungszeitraum selbst zu berechnen. Enthält der Antrag nicht die in den Art. 8, 9 und 11 der im ersten Satz genannten Richtlinie festgelegten Angaben, so ist er ungeachtet einer allfälligen tatsächlichen Übermittlung unbeachtlich. Der Antrag wird nicht an den Mitgliedstaat der Erstattung weitergeleitet, wenn die in Art. 18 der im ersten Satz genannten Richtlinie festgelegten Voraussetzungen nicht erfüllt sind. Zustellungen im Zusammenhang mit der Erstattung von Vorsteuerbeträgen in einem anderen Mitgliedstaat haben unabhängig vom Vorliegen einer Zustimmung im Sinne des § 97 Abs. 3 BAO elektronisch zu erfolgen.

Besteuerung der Umsätze bei land- und forstwirtschaftlichen Betrieben

§ 22. (1) Bei nichtbuchführungspflichtigen Unternehmern, deren im Rahmen eines land- und forstwirtschaftlichen Betriebes ausgeführte Umsätze **„600 000“** Euro nicht übersteigen, wird die Steuer für diese Umsätze mit 10% der Bemessungsgrundlage festgesetzt. Soweit diese Umsätze an einen Unternehmer für dessen Unternehmen erbracht werden oder der ermäßigte Steuersatz nach § 10 Abs. 3 anzuwenden ist, wird die Steuer für diese Umsätze mit 13% der Bemessungsgrundlage festgesetzt. Die diesen Umsätzen zuzurechnenden Vorsteuerbeträge werden jeweils in gleicher Höhe festgesetzt.

Die Bestimmungen des § 6 Abs. 1 Z 8 bis 26, des § 11 und des § 12 Abs. 10 bis 12 sind anzuwenden. Weiters sind Berichtigungen nach § 16 vorzunehmen, die Zeiträume betreffen, in denen die allgemeinen Vorschriften dieses Bundesgesetzes Anwendung gefunden haben.

(Teuerungs-EP II, BGBl I 2022/163 ab Veranlagung 2023)

(1a) Für die Ermittlung der Umsatzgrenze von **„600 000“** Euro nach Abs. 1 und den Zeitpunkt des Eintritts der aus Über- oder Unterschreiten der Umsatzgrenze resultierenden umsatzsteuerlichen Folgen ist § 125 BAO sinngemäß anzuwenden.

(BGBl I 2015/118; Teuerungs-EP II, BGBl I 2022/163 ab Veranlagung 2023)

(2) Unternehmer im Sinne des Abs. 1 haben für die Lieferungen von Getränken und alkoholischen Flüssigkeiten, die weder in § 10 Abs. 3 Z 11, § 28 Abs. 51 Z 1, § 28 Abs. 52 Z 1 lit. a noch in den Anlagen angeführt sind, eine zusätzliche Steuer von 10% der Bemessungsgrundlage, soweit diese Umsätze an einen Unternehmer für dessen Unternehmen erbracht werden, eine zusätzliche Steuer von 7% der Bemessungsgrundlage zu entrichten. Für diese zusätzliche Steuer sowie für Steuerbeträge, die nach § 11 Abs. 12 und 14 oder § 12 Abs. 10 bis 12 geschuldet werden oder die sich nach § 16 ergeben, gelten die allgemeinen Vorschriften dieses Bundesgesetzes mit der Einschränkung sinngemäß, dass ein weiterer Vorsteuerabzug entfällt.

(BGBl I 2015/118, BGBl I 2020/48, BGBl I 2020/60)

(3) Als land- und forstwirtschaftlicher Betrieb ist ein Betrieb anzusehen, dessen Hauptzweck auf die Land- und Forstwirtschaft gerichtet ist. Als Landwirtschaft gelten insbesondere der Acker-, Garten-, Gemüse-, Obst- und Weinbau, die Wiesen- und Weidewirtschaft einschließlich der Wanderschäferei, die Fischzucht einschließlich der Teichwirtschaft und die Binnenfischerei, die Imkerei sowie Tierzucht- und Tierhaltungsbetriebe im Sinne des § 30 des Bewertungsgesetzes 1955. Die Übertragung eines land- und forstwirtschaftlichen Betriebes oder Teilbetriebes gilt nicht als steuerbarer Umsatz.

(BGBl I 2019/103)

(4) Zum land- und forstwirtschaftlichen Betrieb gehören auch die Nebenbetriebe, die dem land- und forstwirtschaftlichen Hauptbetrieb zu dienen bestimmt sind.

(5) Führt der Unternehmer neben den im Abs. 1 angeführten Umsätzen auch andere Umsätze aus, so ist der land- und forstwirtschaftliche Betrieb als gesondert geführter Betrieb im Sinne des § 12 Abs. 7 zu behandeln.

(6) Der Unternehmer kann bis zum Ablauf des Veranlagungszeitraumes gegenüber dem Finanzamt schriftlich erklären, dass seine Umsätze vom Beginn dieses Kalenderjahres oder des vorangegangenen Kalenderjahres an nicht nach den Abs. 1 bis 5, sondern nach den allgemeinen Vorschriften dieses Bundesgesetzes besteuert werden sollen. Wird die Erklärung für Umsätze von Beginn des vorangegangenen Kalenderjahres an ausgeübt, hat der Unternehmer in diesem Zeitpunkt eine Steuererklärung für das vorangegangene Kalenderjahr einzureichen. Diese Erklärung bindet den Unternehmer für mindestens fünf Kalenderjahre. Sie kann nur mit Wirkung vom Beginn eines Kalenderjahres an widerrufen werden. Der Widerruf ist spätestens bis zum Ablauf des ersten Kalendermonates nach Beginn dieses Kalenderjahres zu erklären.

(BGBl I 2019/103)

(7) Die Bestimmungen der Abs. 1 bis 6 sind auch auf land- und forstwirtschaftliche Betriebe einer Körperschaft des öffentlichen Rechts anzuwenden, wenn die Umsätze der land- und forstwirtschaftlichen Betriebe gemäß § 1 Abs. 1 Z 1 in einem der dem Veranlagungsjahr vorangegangenen drei Kalenderjahre **„600 000“** Euro nicht überstiegen haben. Wird diese Umsatzgrenze nicht überschritten, so gelten die Abs. 1 bis 6 nur für jene land- und forstwirtschaftlichen Betriebe, hinsichtlich welcher der nach den Grundsätzen des ersten Abschnittes des zweiten Teiles des Bewertungsgesetzes 1955 unter Berücksichtigung von Zupachtungen und Verpachtungen zum 1. Jänner eines Jahres ermittelte Wert der bei Unterhalten eines zum land- und forstwirtschaftlichen Vermögen gehörenden Betriebes selbstbewirtschafteten Fläche 150 000 Euro nicht übersteigt.

(Teuerungs-EP II, BGBl I 2022/163 ab Veranlagung 2023)

(8) (aufgehoben)

(BGBl I 2015/118)

Besteuerung von Reiseleistungen

§ 23. (1) Die nachfolgenden Vorschriften gelten für Reiseleistungen eines Unternehmers,

- soweit der Unternehmer dabei gegenüber dem Leistungsempfänger im eigenen Namen auftritt und
- Reisevorleistungen in Anspruch nimmt.

(BGBl I 2015/163)

(2) Die Leistung des Unternehmers ist als sonstige Leistung anzusehen. Erbringt der Unternehmer an einen Leistungsempfänger im Rahmen einer Reise mehrere Leistungen dieser Art, so gelten sie als eine einheitliche sonstige Leistung.

(3) Die sonstige Leistung wird an dem Ort ausgeführt, von dem aus der Unternehmer sein Unternehmen betreibt. Wird die sonstige Leistung von einer Betriebsstätte ausgeführt, gilt die Betriebsstätte als der Ort der sonstigen Leistung.

(BGBl I 2015/163)

(4) Reisevorleistungen sind Lieferungen und sonstige Leistungen Dritter, die den Kunden unmittelbar zugutekommen.

(BGBl I 2021/112)

(5) Die sonstige Leistung ist steuerfrei, wenn die Reisevorleistungen im Drittlandsgebiet bewirkt werden.

(6) Sind die Reisevorleistungen nur zum Teil Reisevorleistungen im Sinne des Abs. 5, so ist nur der Teil der sonstigen Leistung steuerfrei, dem die im Abs. 5 bezeichneten Reisevorleistungen zuzurechnen sind. Die Voraussetzungen der Steuerbefreiung müssen vom Unternehmer buchmäßig nachgewiesen sein. Der Bundesminister für Finanzen kann aus Vereinfachungsgründen bei Schiffs- und Flugreisen durch Verordnung bestimmen, wie der auf das Drittlandsgebiet entfallende Teil der Reisevorleistung zu ermitteln ist.

(7) Die sonstige Leistung bemißt sich nach dem Unterschied zwischen dem Betrag, den der Leistungsempfänger aufwendet, um die Leistung zu erhalten und dem Betrag, den der Unternehmer für die Reisevorleistungen aufwendet. Die Umsatzsteuer gehört nicht zur Bemessungsgrundlage.

(BGBl I 2018/62)

(8) Der Unternehmer hat in der Rechnung darauf hinzuweisen, dass die Sonderregelung für Reisebüros angewendet wurde, beispielsweise durch die Angabe „Reiseleistungen/Sonderregelung" oder „Margenbesteuerung". Abweichend von § 12 Abs. 1 ist der Unternehmer nicht berechtigt, die ihm für die Reisevorleistungen gesondert in Rechnung gestellten sowie die nach § 19 Abs. 1 zweiter Satz geschuldeten Steuerbeträge als Vorsteuer abzuziehen. Im übrigen bleibt § 12 unberührt.

(BGBl I 2015/163)

(9) Für die sonstigen Leistungen gilt § 18 mit der Maßgabe, daß aus den Aufzeichnungen des Unternehmers zu ersehen sein müssen:

1. der Betrag, den der Leistungsempfänger für die Leistung aufwendet,
2. die Beträge, die der Unternehmer für die Reisevorleistungen aufwendet,
3. die Bemessungsgrundlage nach Abs. 7 und
4. wie sich die in § 1 und 2 bezeichneten Beträge und die Bemessungsgrundlage nach Abs. 7 auf steuerpflichtige und steuerfreie Leistungen verteilen.

Differenzbesteuerung

Differenzbesteuerung

§ 24. (1) Für die Lieferungen im Sinne des § 1 Abs. 1 Z 1 von Kunstgegenständen, Sammlungsstücken oder Antiquitäten (Z 10 bis 13 der Anlage 2) oder anderen beweglichen körperlichen Gegenständen, ausgenommen Edelsteine (aus Positionen 7102 und 7103 der Kombinierten Nomenklatur) oder Edelmetalle (aus Positionen 7106, 7108, 7110 und 7112 der Kombinierten Nomenklatur), gilt eine Besteuerung nach Maßgabe der nachfolgenden Vorschriften (Differenzbesteuerung), wenn folgende Voraussetzungen erfüllt sind:

1. Der Unternehmer ist ein Händler, der gewerbsmäßig mit diesen Gegenständen handelt oder solche Gegenstände im eigenen Namen öffentlich versteigert (Wiederverkäufer).
2. Die Lieferung der Gegenstände an den Unternehmer wurde im Gemeinschaftsgebiet ausgeführt. Für diese Lieferung wurde
   a) Umsatzsteuer nicht geschuldet oder
   b) die Differenzbesteuerung vorgenommen.

(BGBl I 2015/118)

Differenzbesteuerung in besonderen Fällen

(2) Der Wiederverkäufer (Abs. 1 Z 1) kann erklären, daß er die Differenzbesteuerung auch bei der Lieferung folgender Gegenstände anwendet:

a) von ihm selbst eingeführte Kunstgegenstände, Sammlungsstücke oder Antiquitäten;
b) vom Urheber oder von dessen Rechtsnachfolgern gelieferte Kunstgegenstände;
c) Kunstgegenstände, die nicht von einem Wiederverkäufer an ihn geliefert werden, wenn auf diese Lieferung der ermäßigte Steuersatz nach § 10 Abs. 3 Z 1 lit. c anzuwenden ist.

(BGBl I 2015/118)

(3) Die Erklärung gemäß Abs. 2 hat der Unternehmer innerhalb der Frist zur Abgabe der Voranmeldung für den Voranmeldungszeitraum eines Kalenderjahres, in dem erstmals eine Lieferung gemäß Abs. 2 getätigt worden ist, gegenüber dem Finanzamt schriftlich abzugeben. Diese Erklärung bindet den Unternehmer, unbeschadet der Bestimmung des Abs. 12, für mindestens zwei Kalenderjahre. Die Erklärung kann nur mit Wirkung vom Beginn eines Kalenderjahres an widerrufen werden. Der Widerruf ist innerhalb der Frist zur Abgabe der Voranmeldung für den Voranmeldungszeitraum des Kalenderjahres, in dem erstmals eine Lieferung im Sinne des Abs. 2 getätigt worden ist, gegenüber dem Finanzamt schriftlich zu erklären.

Bemessungsgrundlage

(4) Der Umsatz wird bemessen:

1. bei Lieferungen nach dem Betrag, um den der Verkaufspreis den Einkaufspreis für den Gegenstand übersteigt;
2. bei den Umsätzen gemäß § 3 Abs. 2 nach dem Betrag, um den der Wert nach § 4 Abs. 8 lit. a den Einkaufspreis für den Gegenstand übersteigt;
3. bei der Lieferung von Kunstgegenständen, Sammlungsstücken oder Antiquitäten, die der steuerpflichtige Wiederverkäufer selbst eingeführt hat (Abs. 2), entspricht der für die Berechnung der Differenz zugrunde zu legende Einkaufspreis der gemäß § 5 ermittelten Bemessungsgrundlage bei der Einfuhr zuzüglich der dafür geschuldeten oder entrichteten Einfuhrumsatzsteuer.

Die Umsatzsteuer gehört nicht zur Bemessungsgrundlage.

(5) Der Unternehmer kann die gesamten innerhalb eines Veranlagungszeitraumes (Voranmeldungszeitraumes) ausgeführten Umsätze nach dem Gesamtbetrag bemessen, um den die Summe der Verkaufspreise und der Werte nach § 4 Abs. 8 lit. a die Summe der Einkaufspreise dieses Zeitraums übersteigt (Gesamtdifferenz). Die Besteuerung nach der Gesamtdifferenz ist nur bei solchen Gegenständen zulässig, deren Einkaufspreis 220 Euro nicht übersteigt. Im übrigen gilt Abs. 4 entsprechend.

Steuerbefreiung und Steuersatz

(6) Die Lieferungen unterliegen dem Steuersatz nach § 10 Abs. 1 bzw. 4. Die Steuerbefreiung gemäß § 7 ist anzuwenden.

Rechnung

(7) Der Unternehmer hat in der Rechnung darauf hinzuweisen, dass die Differenzbesteuerung angewendet wurde, beispielsweise durch die Angabe

- „Kunstgegenstände/Sonderregelung“,
- „Sammlungsstücke und Antiquitäten/Sonderregelung“, oder
- „Gebrauchtgegenstände/Sonderregelung“ bei anderen beweglichen körperlichen Gegenständen im Sinne des Abs. 1.

Die Vorschrift über den gesonderten Steuerausweis in einer Rechnung (§ 11 Abs. 1) findet keine Anwendung. § 11 Abs. 12 ist sinngemäß anzuwenden.

Vorsteuerabzug

(8) Ein Unternehmer ist nicht berechtigt, die ihm für Gegenstände, die von einem Wiederverkäufer geliefert werden, gesondert in Rechnung gestellte Umsatzsteuer als Vorsteuer abzuziehen, wenn diese Lieferung der Differenzbesteuerung unterliegt.

(9) Sofern die Gegenstände für Lieferungen verwendet werden, die der Differenzbesteuerung gemäß Abs. 2 unterliegen, ist der Wiederverkäufer nicht berechtigt, die entrichtete Einfuhrumsatzsteuer oder die gesondert ausgewiesene Steuer für die an ihn ausgeführte Lieferung als Vorsteuer abzuziehen.

(10) Optiert der Wiederverkäufer gemäß Abs. 12 zur Besteuerung nach den allgemeinen Vorschriften, kann die für den an den Unternehmer gelieferten Gegenstand in Rechnung gestellte oder die für den eingeführten Gegenstand entrichtete Einfuhrumsatzsteuer erst in jenem Voranmeldungszeitraum geltend gemacht werden, in dem dieser Gegenstand, für den der Wiederverkäufer die Anwendung der allgemeinen Vorschriften gewählt hat, geliefert oder entnommen wird.

Aufzeichnungspflichten

(11) § 18 gilt mit der Maßgabe, daß aus den Aufzeichnungen des Unternehmers zu ersehen sein müssen

1. die Verkaufspreise oder die Werte nach § 4 Abs. 8 lit. a,
2. die Einkaufspreise und
3. die Bemessungsgrundlagen nach Abs. 4 oder 5.

Wendet der Unternehmer neben der Differenzbesteuerung die Besteuerung nach den allgemeinen Vorschriften an, hat er getrennte Aufzeichnungen zu führen.

Option

(12) Der Unternehmer kann bei jeder Lieferung auf die Differenzbesteuerung verzichten, soweit er die Vereinfachungsregelung nach Abs. 5 nicht anwendet.

(13) Die Anwendung des § 3 Abs. 8a ist bei der Differenzbesteuerung ausgeschlossen.

(BGBl I 2019/91)

Sonderregelung für Anlagegold

Vorsteuerabzug

§ 24a. (1) Der Unternehmer ist abweichend von § 12 Abs. 3 berechtigt, für gemäß § 6 Abs. 1 Z 8 lit. j steuerfreie Lieferungen folgende Vorsteuerbeträge abzuziehen:

a) Die Steuer für die Lieferung von Anlagegold, das von einem Unternehmer geliefert wird, der gemäß Abs. 5 oder 6 seinen Umsatz steuerpflichtig behandelt;
b) die Steuer für die Lieferung oder die Einfuhr von Gold, das kein Anlagegold ist und anschließend von ihm oder für ihn in Anlagegold umgewandelt wird;
c) die Steuer für sonstige Leistungen, die in der Veränderung der Form, des Gewichtes oder des Feingehaltes von Gold bestehen.

(2) Der Unternehmer, der Anlagegold herstellt oder Gold in Anlagegold umwandelt, ist berechtigt, folgende Vorsteuerbeträge abzuziehen, so als wäre die gemäß § 6 Abs. 1 Z 8 lit. j steuerfreie Lieferung steuerpflichtig:

a) Die Steuer für die Lieferung oder die Einfuhr von Gegenständen, die mit der Herstellung oder Umwandlung von Anlagegold im Zusammenhang stehen;
b) die Steuer für eine mit der Herstellung oder Umwandlung dieses Goldes direkt im Zusammenhang stehende sonstige Leistung.

Aufzeichnungspflichten

(3) Der Unternehmer hat bei Umsätzen von Anlagegold, deren Bemessungsgrundlage 15 000 Euro überschreitet, eine Rechnung gemäß § 11 zu legen und die Identität des Abnehmers festzuhalten. Unterlagen, die einer Identifizierung dienen, sind sieben Jahre aufzubewahren. Im übrigen ist § 132 der Bundesabgabenordnung anzuwenden.

(4) (aufgehoben)

Option

(5) Unternehmer, die Anlagegold herstellen oder Gold in Anlagegold umwandeln, können eine gemäß § 6 Abs. 1 Z 8 lit. j steuerfreie Lieferung von Anlagegold an einen anderen Unternehmer als steuerpflichtig behandeln.

(6) Unternehmer, die im Rahmen ihrer Tätigkeit üblicherweise Gold zu gewerblichen Zwecken liefern, können eine gemäß § 6 Abs. 1 Z 8 lit. j steuerfreie Lieferung von Anlagegold im Sinne des § 6 Abs. 1 Z 8 lit. j sublit. aa an einen anderen Unternehmer als steuerpflichtig behandeln.

(7) Hat der Lieferer gemäß Abs. 5 oder 6 einen Umsatz steuerpflichtig behandelt, so kann auch der Unternehmer, der diesen Umsatz vermittelt hat, seinen Vermittlungsumsatz steuerpflichtig behandeln.

Zoll- und Steuerlager

§ 24b. (1) Der Bundesminister für Finanzen kann durch Verordnung bestimmen, daß unter den Voraussetzungen des Abs. 2 bis 5 folgende oder einige der folgenden Umsätze steuerfrei sind:

1. Die Einfuhr von Gegenständen, die einer anderen Lagerregelung als der Zollagerregelung unterliegen sollen.
2. Die Lieferung von Gegenständen,
   a) die zollamtlich erfaßt und gegebenenfalls vorläufig verwahrt bleiben sollen,
   b) die einer Freilagerregelung unterliegen sollen,
   c) die einer Zollagerregelung oder einer Regelung für den aktiven Veredelungsverkehr unterliegen sollen,
   d) die im Inland einer anderen Lagerregelung als der Zollagerregelung unterliegen sollen.
3. Die Lieferung von Gegenständen, die sich in den unter Z 2 genannten Regelungen befinden.
4. Die Lieferung von Gegenständen, die sich im Zollverfahren der vorübergehenden Verwendung bei vollständiger Befreiung der Eingangsabgaben, im externen Versandverfahren oder im internen gemeinschaftlichen Versandverfahren befinden.
5. Die sonstigen Leistungen, die mit den unter Z 2 bis 4 genannten Lieferungen zusammenhängen.

(2)

1. Bei den Gegenständen der Lieferung oder Einfuhr darf es sich nicht um solche handeln, die für eine endgültige Verwendung oder einen Endverbrauch bestimmt sind. Bei einer anderen Regelung als einer Zollagerregelung dürfen die Gegenstände überdies nicht zur Lieferung auf der Einzelhandelsstufe bestimmt sein.
2. Bei Verlassen der unter Abs. 1 genannten Regelungen muß die zu entrichtende Steuer jenem Betrag entsprechen, der bei der Steuerpflicht der befreiten Umsätze zu entrichten gewesen wäre.

(3) Die nach Abs. 2 Z 2 zu entrichtende Steuer wird von der Person geschuldet, die veranlaßt, daß die Gegenstände die im Abs. 1 angeführten Regelungen verlassen.

(4) Der Bundesminister für Finanzen kann für die Umsätze gemäß Abs. 1 und für die bei Verlassen der unter Abs. 1 genannten Verfahren geschuldete Steuer von den §§ 4, 12, 18 bis 21 abweichende Regelungen treffen. In der Verordnung wird das im Steuerlager einzuhaltende Verfahren geregelt.

(5) Die Eröffnung eines Steuerlagers bedarf einer Bewilligung. In der Verordnung werden festgelegt:

– welche Voraussetzungen für die Bewilligung als Steuerlager erforderlich sind;
– welche Aufzeichnungen der Unternehmer, dem ein Steuerlager bewilligt wurde, zu führen hat und welche Unterlagen er aufzubewahren hat;
– welche Haftungen den Unternehmer, dem ein Steuerlager bewilligt wurde, hinsichtlich der Vorgänge im Steuerlager treffen.

Besondere Besteuerungsformen

§ 25. (1) Der Bundesminister für Finanzen kann zur Vereinfachung des Besteuerungsverfahrens für Gruppen von Unternehmern, bei denen hinsichtlich der Besteuerungsgrundlagen annähernd gleiche Verhältnisse vorliegen und die nicht buchführungspflichtig sind, Durchschnittssätze für die zu entrichtende Steuer oder die Grundlagen ihrer Berechnung festsetzen.

(2) In der Verordnung werden bestimmt:

1. Die Gruppe von Betrieben, für welche Durchschnittssätze anwendbar sind,
2. die für die Ermittlung der Durchschnittssätze jeweils maßgebenden Merkmale. Als solche kommen insbesondere der Wareneingang oder Wareneinsatz, die örtliche Lage oder die Ausstattung des Betriebs und die Zahl der Arbeitskräfte in Betracht;
3. der Umfang, in dem Unternehmen, welche die zu entrichtende Steuer oder die Grundlagen ihrer Berechnung nach Durchschnittssätzen ermitteln, Erleichterungen in der Führung von Aufzeichnungen gewährt werden.

(3) Die Durchschnittssätze müssen zu einer Steuer führen, die nicht wesentlich von dem Betrag abweicht, der sich ohne Anwendung der Durchschnittssätze ergeben würde.

(4) Der Unternehmer, bei dem die Voraussetzungen für eine Besteuerung nach Durchschnittssätzen im Sinne des Abs. 1 gegeben sind, kann innerhalb der Frist zur Abgabe der Voranmeldung für den ersten Voranmeldungszeitraum eines Kalenderjahres gegenüber dem Finanzamt schriftlich erklären, daß er von dieser Besteuerungsform Gebrauch macht. Die Erklärung bindet den Unternehmer mindestens für zwei Kalenderjahres. Sie kann nur mit Wirkung vom Beginn eines Kalenderjahres an widerrufen werden. Der Widerruf ist innerhalb der Frist zur

Abgabe der Voranmeldung für den ersten Voranmeldungszeitraum dieses Kalenderjahres beim Finanzamt schriftlich zu erklären. Eine erneute Besteuerung nach Durchschnittssätzen ist frühestens nach Ablauf von fünf Kalenderjahren zulässig.

Sonderregelung für Drittlandsunternehmer, die sonstige Leistungen an Nichtunternehmer im Gemeinschaftsgebiet erbringen

(BGBl I 2019/91)

§ 25a.

Voraussetzungen für die Inanspruchnahme der Sonderregelung

(1) Ein Unternehmer, der im Gemeinschaftsgebiet weder sein Unternehmen betreibt noch eine Betriebsstätte hat, kann auf Antrag für sonstige Leistungen an Nichtunternehmer gemäß § 3a Abs. 5 Z 3, die im Gemeinschaftsgebiet ausgeführt werden, abweichend von den allgemeinen Vorschriften, die nachstehende Sonderregelung in Anspruch nehmen, wenn dies nicht nach Abs. 10, § 25b Abs. 8 Z 1, Art. 25a Abs. 8 oder einer vergleichbaren Sperrfrist in einem anderen Mitgliedstaat ausgeschlossen ist und er in keinem anderen Mitgliedstaat der Sonderregelung gemäß Art. 358 bis 369 der Richtlinie 2006/112/EG unterliegt. Der Antrag auf Inanspruchnahme der Sonderregelung ist über das für diese Zwecke beim Bundesministerium für Finanzen eingerichtete Portal einzubringen.

Unterliegt ein Unternehmer in einem anderen Mitgliedstaat der Sonderregelung gemäß Art. 358 bis 369 der Richtlinie 2006/112/EG, gelten die folgenden Absätze sinngemäß.

(BGBl I 2018/62, BGBl I 2019/91)

Beginn der Inanspruchnahme

(2) Die Sonderregelung ist ab dem ersten Tag des auf den Antrag nach Abs. 1 folgenden Kalendervierteljahres anzuwenden. Abweichend davon ist sie ab dem Tag der Erbringung der ersten sonstigen Leistung im Sinne des Abs. 1 anzuwenden, wenn der Unternehmer die Aufnahme der Tätigkeit spätestens am zehnten Tag des auf die erste Leistungserbringung folgenden Monates meldet. Letzteres gilt sinngemäß auch bei einem Wechsel von der Sonderregelung gemäß Art. 25a zur Sonderregelung gemäß § 25a.

Steuererklärung, Erklärungszeitraum

(3) Der Unternehmer hat spätestens am letzten Tag des auf einen Erklärungszeitraum folgenden Monates eine Steuererklärung über alle in diesem Erklärungszeitraum ausgeführten steuerpflichtigen Umsätze, die unter die Sonderregelung fallen, über das für diese Zwecke beim Bundesministerium für Finanzen eingerichtete Portal abzugeben. Eine Steuererklärung ist auch dann abzugeben, wenn im Erklärungszeitraum keine Umsätze ausgeführt worden sind. Die für den Erklärungszeitraum zu entrichtende Steuer ist selbst zu berechnen. Der Erklärungszeitraum ist das Kalendervierteljahr.

(BGBl I 2019/91)

(4) In der Steuererklärung sind die unter die Sonderregelung fallenden Umsätze, die darauf anzuwendenden Steuersätze und die zu entrichtende Steuer hinsichtlich jedes Mitgliedstaates sowie die gesamte zu entrichtende Steuer anzugeben. Weiters ist die eigens für diese Sonderregelung vom Finanzamt zu erteilende Identifikationsnummer anzugeben.

Werte in fremder Währung

(5) Die Beträge in der Steuererklärung sind in Euro anzugeben. Der Unternehmer hat zur Berechnung der Steuer Werte in fremder Währung nach den Kursen umzurechnen, die für den letzten Tag des Erklärungszeitraumes von der Europäischen Zentralbank festgestellt worden sind. Sind für diesen Tag keine Umrechnungskurse festgestellt worden, hat der Unternehmer die Steuer nach den für den nächsten Tag nach Ablauf des Erklärungszeitraumes von der Europäischen Zentralbank festgestellten Umrechnungskursen umzurechnen.

Änderung der Bemessungsgrundlage

(6) Änderungen der Bemessungsgrundlage der Umsätze gemäß Abs. 1 durch den Unternehmer sind innerhalb von drei Jahren ab dem Tag, an dem die ursprüngliche Erklärung abzugeben war, durch Aufnahme in eine spätere Erklärung vorzunehmen. Aus der späteren Erklärung muss der Besteuerungszeitraum und der Steuerbetrag, für den die Änderungen erforderlich sind, hervorgehen.

(BGBl I 2019/91)

Entrichtung der Steuer

(7) Die Steuer ist spätestens am letzten Tag (Fälligkeitstag) des auf den Erklärungszeitraum, in dem die sonstige Leistung im Sinne des Abs. 1 ausgeführt worden ist, folgenden Monates zu entrichten. Die Zahlung erfolgt unter Hinweis auf die zugrundeliegende Steuererklärung.

(BGBl I 2019/91)

Beendigung oder Ausschluss von der Sonderregelung

(8) Ein Unternehmer kann die Inanspruchnahme dieser Sonderregelung beenden, unabhängig davon, ob er weiterhin sonstige Leistungen erbringt, die unter diese Sonderregelung fallen können. Die Beendigung der Sonderregelung kann nur mit Wirkung von Beginn eines Kalendervierteljahres an erfolgen. Sie ist spätestens fünfzehn Tage vor Ablauf des diesem vorangehenden Kalendervierteljahres über das für diese Zwecke beim Bundesministerium für Finanzen eingerichtete Portal zu erklären.

(9) In folgenden Fällen ist ein Unternehmer von der Inanspruchnahme der Sonderregelung auszuschließen:

1. der Unternehmer teilt mit, dass er keine unter die Sonderregelung fallenden sonstigen Leistungen mehr erbringt;

   (BGBl I 2019/91)
2. es werden während eines Zeitraums von acht aufeinanderfolgenden Kalendervierteljahren keine sonstigen Leistungen im Sinne des Abs. 1 erbracht;

   (BGBl I 2019/91)
3. der Unternehmer erfüllt die Voraussetzungen für die Inanspruchnahme dieser Sonderregelung nicht mehr;
4. der Unternehmer verstößt wiederholt gegen die Vorschriften dieser Sonderregelung.

Die Ausschlussentscheidung ist elektronisch zu übermitteln und wirkt ab dem ersten Tag des Kalendervierteljahres, das auf die Übermittlung der Ausschlussentscheidung folgt. Ist der Ausschluss jedoch auf eine Verlegung des Ortes, von dem aus der Unternehmer sein Unternehmen betreibt, ins Gemeinschaftsgebiet oder auf eine Begründung einer Betriebsstätte im Gemeinschaftsgebiet zurückzuführen, so ist der Ausschluss ab dem Tag dieser Änderung wirksam.

Sperrfristen

(10) Erfolgt ein Ausschluss gemäß Abs. 9 Z 4, kann der Unternehmer diese Sonderregelung zwei Jahre ab Wirksamkeit des Ausschlusses nicht in Anspruch nehmen. Der Ausschluss gilt auch für die Sonderregelungen gemäß § 25b und Art. 25a.

(BGBl I 2019/91)

Berichtspflichten

(11) Der Unternehmer hat die Beendigung seiner dieser Sonderregelung unterliegenden Tätigkeit, Änderungen, durch die er die Voraussetzungen für die Inanspruchnahme dieser Sonderregelung nicht mehr erfüllt, sowie Änderungen der im Rahmen der Sonderregelung mitgeteilten Angaben bis zum zehnten Tag des folgenden Monates über das für diese Zwecke beim Bundesministerium für Finanzen eingerichtete Portal zu melden.

Aufzeichnungspflichten

(12) Die Aufzeichnungen über die nach dieser Sonderregelung getätigten Umsätze haben getrennt nach den Mitgliedstaaten zu erfolgen, in denen die Umsätze ausgeführt worden sind. Die Aufzeichnungen sind zehn Jahre aufzubewahren und über Aufforderung der zuständigen Behörde elektronisch zur Verfügung zu stellen.

Festsetzung und Entstehung der Steuerschuld inländischer Umsätze

(13) Unterlässt der Unternehmer die Einreichung der Steuererklärung pflichtwidrig oder erweist sich die Steuererklärung als unvollständig oder die Selbstberechnung als unrichtig, so hat das Finanzamt die Steuer festzusetzen, soweit es sich um im Inland ausgeführte Umsätze im Sinne des Abs. 1 handelt. Die festgesetzte Steuer hat den im Abs. 7 genannten Fälligkeitstag.

(14) Die Steuerschuld für im Inland ausgeführte Umsätze gemäß Abs. 1 entsteht in dem Zeitpunkt, in dem die sonstigen Leistungen ausgeführt werden.

(15) Für im Inland ausgeführte Umsätze gemäß Abs. 1 sind § 19 Abs. 1 zweiter Satz, § 21 Abs. 1 bis 6 und § 27 Abs. 7 zweiter Satz nicht anzuwenden.

(BGBl I 2016/117)

Sonderregelung für Einfuhr-Versandhandel

§ 25b.

(BGBl I 2022/108)

Voraussetzungen für die Inanspruchnahme der Sonderregelung

(1) Unternehmer gemäß Z 1 können für Einfuhr-Versandhandel gemäß § 3 Abs. 8a, bei dem der Einzelwert der Waren je Sendung 150 Euro nicht übersteigt, auf Antrag, abweichend von den allgemeinen Vorschriften, die nachstehende Sonderregelung in Anspruch nehmen, wenn dies nicht nach Abs. 8, § 25a Abs. 10, Art. 25a Abs. 10 oder einer vergleichbaren Sperrfrist in einem anderen Mitgliedstaat ausgeschlossen ist. Diese Bestimmung gilt nicht für verbrauchsteuerpflichtige Waren.

Der Antrag ist über das für diese Zwecke beim Bundesministerium für Finanzen eingerichtete Portal einzureichen.

1. Folgende Unternehmer können die Sonderregelung in Anspruch nehmen:
   a) Unternehmer im Sinne des Art. 25a Abs. 1 Z 1 lit. a bis c;
   b) andere Unternehmer, die ihr Unternehmen in einem Drittland betreiben, mit dem die Europäische Union ein Abkommen über gegenseitige Amtshilfe geschlossen hat, dessen Anwendungsbereich der Richtlinie 2010/24/EU und der Verordnung (EU) Nr. 904/2010 ähnelt, wenn die Gegenstände aus diesem Land ins Inland gelangen;
   c) Unternehmer, die von einem Vertreter gemäß Z 2 vertreten werden.
2. Ein Vertreter im Sinne der Z 1 lit. c ist ein Unternehmer im Sinne des Art. 25a Abs. 1 Z 1 lit. a bis c, der von einem anderen Unternehmer für Einfuhr-Versandhandel als Steuerschuldner und zur Erfüllung der Verpflichtungen gemäß dieser Sonderregelung im Namen und für Rechnung des anderen Unternehmers benannt wird, wenn dies nicht nach Abs. 8 Z 2 oder einer vergleichbaren Sperrfrist in einem anderen Mitgliedstaat ausgeschlossen ist. Zudem muss der Vertreter die Voraussetzungen im Sinne des § 27 Abs. 8 erfüllen, wobei hinsichtlich § 27 Abs. 8 zweiter Satz eine Betriebsstätte im Inland ausreichend ist.

   (BGBl I 2021/112)

Beginn der Inanspruchnahme

(2) Liegen die Voraussetzungen nach Abs. 1 vor, ist dem Unternehmer eine Identifikationsnummer für die Ausübung dieser Sonderregelung zu erteilen. Die Sonderregelung ist ab dem Tag der Erteilung dieser Nummer anwendbar.

Steuererklärung, Erklärungszeitraum

(3) Der Unternehmer oder sein Vertreter hat spätestens am letzten Tag des auf einen Erklärungszeitraum folgenden Monates eine Steuererklärung über alle Umsätze, die unter die Sonderregelung fallen und für die im Erklärungszeitraum die Zahlung angenommen wurde, über das für diese Zwecke beim Bundesministerium für Finanzen eingerichtete Portal abzugeben. Eine Steuererklärung ist auch dann abzugeben, wenn im Erklärungszeitraum keine Umsätze ausgeführt worden sind. Der Erklärungszeitraum ist der Kalendermonat.

(4) In der Steuererklärung sind anzugeben:

1. Die nach Abs. 2 erteilte Identifikationsnummer für die Ausübung dieser Sonderregelung;
2. für jeden Mitgliedstaat die Summe der steuerpflichtigen Umsätze, die unter die Sonderregelung fallen und für die im Erklärungszeitraum die Zahlung angenommen wurde, und die darauf entfallende Steuer, aufgegliedert nach Steuersätzen;

Werte in fremder Währung

(5) Die Beträge in der Steuererklärung sind in Euro anzugeben. Der Unternehmer hat zur Berechnung der Steuer Werte in fremder Währung nach den Kursen umzurechnen, die für den letzten Tag des Erklärungszeitraumes von der Europäischen Zentralbank festgestellt worden sind. Sind für diesen Tag keine Umrechnungskurse festgestellt worden, hat der Unternehmer die Steuer nach den für den nächsten Tag nach Ablauf des Erklärungszeitraumes von der Europäischen Zentralbank festgestellten Umrechnungskursen umzurechnen.

Beendigung oder Ausschluss von der Sonderregelung

(6) Ein Unternehmer kann die Inanspruchnahme dieser Sonderregelung beenden, unabhängig davon, ob er weiterhin Umsätze ausführt, die unter diese Sonderregelung fallen können. Die Beendigung der Sonderregelung kann nur mit Wirkung von Beginn eines Kalendermonates an erfolgen. Sie ist spätestens fünfzehn Tage vor Ablauf des diesem vorangehenden Kalendermonates über das für diese Zwecke beim Bundesministerium für Finanzen eingerichtete Portal zu erklären.

Die nach Abs. 2 erteilte Identifikationsnummer für die Ausübung dieser Sonderregelung bleibt bis zu zwei Monate nach Wirksamkeit der Beendigung gültig, wenn dies für die Einfuhr von Gegenständen notwendig ist, die vor Wirksamkeit der Beendigung geliefert wurden.

(7)

1. In folgenden Fällen ist ein Unternehmer von der Inanspruchnahme der Sonderregelung auszuschließen:
   a) der Unternehmer teilt mit, dass er keine unter die Sonderregelung fallenden Umsätze mehr ausführt;
   b) es werden während eines Zeitraums von 24 aufeinanderfolgenden Kalendermonaten keine Umsätze im Sinne des Abs. 1 erbracht;
   c) der Unternehmer erfüllt die Voraussetzungen für die Inanspruchnahme dieser Sonderregelung nicht mehr;
   d) der Unternehmer verstößt wiederholt gegen die Vorschriften dieser Sonderregelung.

   Die Ausschlussentscheidung ist elektronisch zu übermitteln und wirkt ab dem ersten Tag des Kalendermonates, das auf die Übermittlung der Ausschlussentscheidung folgt. Ist der Ausschluss jedoch auf eine Änderung des Ortes, von dem aus der Unternehmer sein Unternehmen betreibt oder auf eine Änderung des Ortes der Betriebsstätte zurückzuführen, ist der Ausschluss ab dem Tag dieser Änderung wirksam. Ein Ausschluss gemäß lit. d wirkt ab dem Tag, der auf den Tag folgt, an dem die Entscheidung über den Ausschluss dem Steuerpflichtigen elektronisch übermittelt wurde.

   Abs. 6 letzter Satz gilt sinngemäß, wenn kein Ausschluss gemäß lit. d vorliegt.
2. In folgenden Fällen ist dem Vertreter gemäß Abs. 1 Z 2 das Recht zu entziehen, andere Unternehmer im Rahmen dieser Sonderregelung zu vertreten:
   a) der Vertreter war während eines Zeitraums von sechs aufeinanderfolgenden Kalendermonaten nicht als Vertreter im Auftrag eines diese Sonderregelung in Anspruch nehmenden Steuerpflichtigen tätig;
   b) der Vertreter erfüllt die Voraussetzungen für ein Tätigwerden als Vertreter nicht mehr;
   c) der Vertreter verstößt wiederholt gegen die Vorschriften dieser Sonderregelung.

   Die Entscheidung über den Entzug des Rechts, andere Unternehmer im Rahmen dieser Sonderregelung zu vertreten, ist dem Vertreter und den Personen, die er vertritt elektronisch zu übermitteln und wirkt ab dem ersten Tag des Kalendermonates, das auf die Übermittlung der Entzugsentscheidung folgt. Ist der Entzug des Vertretungsrechts jedoch auf eine Änderung des Ortes, von dem aus der Unternehmer sein Unternehmen betreibt oder auf eine Änderung des Ortes der Betriebsstätte zurückzuführen, ist der Ausschluss ab dem Tag dieser Änderung wirksam. Ein Entzug des Vertretungsrechts gemäß lit. c wirkt ab dem Tag, der auf den Tag folgt, an dem die Entscheidung elektronisch übermittelt wurde.

Sperrfristen

(8)

1. Erfolgt ein Ausschluss gemäß Abs. 7 Z 1 lit. d, kann der Unternehmer diese Sonderregelung zwei Jahre ab Wirksamkeit des Ausschlusses nicht in Anspruch nehmen. Der Ausschluss gilt auch für die Sonderregelungen gemäß § 25a und Art. 25a.
2. Erfolgt ein Entzug des Vertretungsrechts gemäß Abs. 7 Z 2 lit. c, kann der Unternehmer für zwei Jahre nach dem Monat, in dem der Entzug wirksam wurde, nicht mehr als Vertreter im Sinne von Abs. 1 tätig werden.

Berichtspflichten

(9) Der Unternehmer oder sein Vertreter hat die Beendigung seiner dieser Sonderregelung unterliegenden Tätigkeit, Änderungen, durch die er die Voraussetzungen für die Inanspruchnahme dieser Sonderregelung nicht mehr erfüllt, sowie Änderungen der im Rahmen der Sonderregelung mitgeteilten Angaben bis zum zehnten Tag des folgenden Monates über das für diese Zwecke beim Bundesministerium für Finanzen eingerichtete Portal zu melden.

Aufzeichnungspflichten

(10) Die Aufzeichnungen über die nach dieser Sonderregelung getätigten Umsätze haben getrennt nach den Mitgliedstaaten zu erfolgen, in denen die Umsätze ausgeführt worden sind. Die Aufzeichnungen sind zehn Jahre aufzubewahren und über Aufforderung der zuständigen Behörde vom Unternehmer oder seinem Vertreter elektronisch zur Verfügung zu stellen.

Umsätze im Inland

(11) Die Abs. 2 bis 10 sind für die im Inland ausgeführten, der Sonderregelung unterliegenden steuerpflichtigen Umsätze sinngemäß anzuwenden, wenn der Unternehmer in einem anderen Mitgliedstaat der Sonderregelung gemäß Art. 369l bis 369x der Richtlinie 2006/112/EG unterliegt.

Änderung der Bemessungsgrundlage

(12) Änderungen der Bemessungsgrundlage von Umsätzen gemäß Abs. 11 durch den Unternehmer oder seinen Vertreter sind innerhalb von drei Jahren ab dem Tag, an dem die ursprüngliche Erklärung abzugeben war, in eine spätere Erklärung aufzunehmen. Dabei ist auf den Steuerzeitraum und den Steuerbetrag, für den Änderungen erforderlich sind, zu verweisen.

Entstehung der Steuerschuld, Fälligkeit, Entrichtung

(13) Die Steuerschuld für Umsätze gemäß Abs. 11 entsteht im Zeitpunkt, in dem die Zahlung angenommen wird. Die Steuer ist spätestens am letzten Tag (Fälligkeitstag) des folgenden Monates zu entrichten. Für diese Umsätze ist § 21 Abs. 1 bis 6 nicht anzuwenden.

Festsetzung der Steuer

(14) Unterlässt der Unternehmer oder sein Vertreter die Einreichung der Steuererklärung pflichtwidrig oder erweist sich die Steuererklärung als unvollständig oder die Selbstberechnung als unrichtig, hat das Finanzamt die Steuer für Umsätze im Sinne des Abs. 11 festzusetzen. Die festgesetzte Steuer hat den im Abs. 13 genannten Fälligkeitstag.

Vorsteuerabzug

(15) Ein Unternehmer, der Umsätze erbringt, die einer Sonderregelung gemäß Art. 369l bis 369x der Richtlinie 2006/112/EG im Inland oder in einem anderen Mitgliedstaat unterliegen, und der nicht verpflichtet ist, gemäß § 21 Abs. 4 eine Steuererklärung abzugeben, hat den mit diesen Umsätzen in Zusammenhang stehenden Vorsteuerabzug unter Anwendung des § 21 Abs. 9 vorzunehmen, unabhängig davon, ob es sich um einen im Inland ansässigen Unternehmer handelt.

(BGBl I 2019/91)

Sondervorschriften für die Einfuhrumsatzsteuer

§ 26. (1) Soweit in diesem Bundesgesetz nichts anderes bestimmt ist, gelten für die Einfuhrumsatzsteuer die Rechtsvorschriften für Zölle sinngemäß; ausgenommen sind die Vorschriften über den passiven Veredlungsverkehr. Eine Erstattung oder ein Erlaß der Einfuhrumsatzsteuer findet in den Fällen der Art. 116 bis 123 des Zollkodex statt, ausgenommen der Antragsteller ist in vollem Umfang zum Vorsteuerabzug berechtigt; diese Einschränkung gilt in den Fällen des des Art. 116 Abs. 1 lit. a des Zollkodex nicht, wenn ein ausdrücklicher Antrag auf Erstattung oder Erlaß der Einfuhrumsatzsteuer gestellt wird.

(BGBl I 2015/163)

(2) In der Zollanmeldung von einfuhrumsatzsteuerbaren Waren sind auch alle für die Festsetzung der Einfuhrumsatzsteuer maßgeblichen Angaben zu machen und die erforderlichen Unterlagen beizufügen.

(3)

1. Für die Erhebung der Einfuhrumsatzsteuer ist das Zollamt Österreich zuständig.

   (BGBl I 2019/104)
2. Abweichend davon sind für die Einhebung und zwangsweise Einbringung der Einfuhrumsatzsteuer unter folgenden Voraussetzungen die Finanzämter zuständig:
   - Die Einfuhrumsatzsteuerschuld ist nach Art. 77 des Zollkodex entstanden und es handelt sich um keine nachträgliche Berichtigung,

     (BGBl I 2015/163)
   - der Schuldner der Einfuhrumsatzsteuer ist Unternehmer (§ 2), im Inland zur Umsatzsteuer erfasst und die Gegenstände

UStG VO

werden für sein Unternehmen eingeführt und
- der Schuldner der Einfuhrumsatzsteuer erklärt in der Zollanmeldung, dass er von dieser Regelung Gebrauch macht.

(4) Die Abs. 1 bis 3 gelten entsprechend für Gegenstände, die nicht Waren im Sinne des Zollrechts sind und für die keine Zollvorschriften bestehen.

(5) In den Fällen des Abs. 3 Z 2 gilt weiters Folgendes:

a) Die Einfuhrumsatzsteuer wird am 15. des Kalendermonates, der dem Tage der Verbuchung auf dem Abgabenkonto folgt, frühestens am 15. Tag des auf den Voranmeldungszeitraum, in dem die Einfuhrumsatzsteuerschuld entsteht, zweitfolgenden Kalendermonates fällig.
b) Die Gebarung der Einfuhrumsatzsteuer ist mit jener der Umsatzsteuer in laufender Rechnung zusammengefasst zu verbuchen.
c) Einfuhrumsatzsteuerschulden, die in einem Kalendermonat entstanden sind, gelten für die Einhebung und zwangsweise Einbringung als eine Abgabe.
d) Wurde eine unrichtige Zollanmeldung eingereicht, so gilt ein sich daraus ergebender Fehlbetrag an Einfuhrumsatzsteuer als nicht entrichtete Abgabe im Sinne des Finanzstrafgesetzes.
e) Im Falle der indirekten Vertretung ist der Anmelder nicht Schuldner der Einfuhrumsatzsteuer, wenn dem Anmelder ein schriftlicher Auftrag des Vertretenen zur Anwendung der Regelung des Abs. 3 Z 2 vorliegt. Dies gilt nicht, wenn der Zollanmeldung unrichtige Angaben zugrunde liegen und der Anmelder wusste oder vernünftigerweise hätte wissen müssen, dass die Angaben unrichtig sind.

Sonderregelungen für die Erklärung und Entrichtung der Steuer bei der Einfuhr

§ 26a. (1) Für die Einfuhr von Waren, deren Einzelwert je Sendung 150 Euro nicht übersteigt, kann die Person, die die Gegenstände im Namen der Person, für die die Gegenstände bestimmt sind, im Inland dem Zoll gestellt, die nachstehende Sonderregelung in Anspruch nehmen. Dies gilt nicht bei verbrauchsteuerpflichtigen Waren oder wenn die Sonderregelung gemäß § 25b in Anspruch genommen wird.

(2) Für die Zwecke dieser Sonderregelung ist

a) Steuerschuldner: die Person, für die die Gegenstände bestimmt sind;
b) Abfuhrverpflichteter: die Person, die die Gegenstände dem Zoll gestellt.

(3) Der Abfuhrverpflichtete hat geeignete Maßnahmen zu ergreifen, um sicherzustellen, dass der richtige Steuerbetrag entrichtet wird.

(4) § 10 Abs. 2 bis 4 findet für Einfuhren von Gegenständen im Rahmen dieser Sonderregelung keine Anwendung.

(5) Der Abfuhrverpflichtete hat die Steuer monatlich auf elektronischem Weg zu erklären. Aus der Erklärung muss der Gesamtbetrag der während des betreffenden Monates unter Anwendung dieser Sonderregelung erhobenen Mehrwertsteuer hervorgehen. Die Summe der einzelnen Zollanmeldungen des betreffenden Monates für die unter diese Sonderregelung fallenden Einfuhren gilt als monatliche Erklärung im Sinne dieser Bestimmung. Die Steuer ist spätestens am 15. des Folgemonates zu entrichten.

(6) Der Abfuhrverpflichtete führt Aufzeichnungen über die Geschäftsvorgänge im Rahmen dieser Sonderregelung. Diese Aufzeichnungen müssen so ausführlich sein, dass festgestellt werden kann, ob die erklärte Steuer korrekt ist. Sie sind sieben Jahre lang aufzubewahren und über Aufforderung der zuständigen Behörde elektronisch zur Verfügung zu stellen.

(BGBl I 2019/91)

Besondere Aufsichtsmaßnahmen zur Sicherung des Steueranspruches

§ 27. (1) Folgende Personen haften für die Steuer, wenn sie nicht mit ausreichender Sorgfalt davon ausgehen können, dass der Steuerpflichtige seinen abgabenrechtlichen Pflichten nachkommt:

1. Unternehmer, die eine Aufzeichnungspflicht gemäß § 18 Abs. 11 haben, für die Steuer auf die von dieser Bestimmung erfassten Umsätze;
2. Unternehmer, die an einem innergemeinschaftlichen Versandhandel oder einem Einfuhr-Versandhandel beteiligt sind, für die im Rahmen des Versandhandels anfallende Steuer;
   (BGBl I 2019/91)
3. Unternehmer, die an einer sonstigen Leistung an einen Nichtunternehmer, die durch die Nutzung einer elektronischen Schnittstelle, beispielsweise eines Marktplatzes, einer Plattform, eines Portals oder Ähnlichem unterstützt oder angebahnt wird, beteiligt sind, für die im Rahmen dieser sonstigen Leistung anfallende Steuer.
   (BGBl I 2019/91)

Der Bundesminister für Finanzen legt mit Verordnung fest, wann keine ausreichende Sorgfalt im Sinne dieser Bestimmung vorliegt und welche Unternehmer als an einer Leistung im Sinne der Z 2 und 3 beteiligt gelten.

(BGBl I 2018/62)

(2) und (3) (aufgehoben)

(BGBl I 2018/62)

(4) Erbringt ein Unternehmer, der im Inland weder einen Wohnsitz (Sitz) noch seinen gewöhnlichen Aufenthalt oder eine Betriebsstätte hat, im Inland eine steuerpflichtige Leistung (ausgenommen die entgeltliche Duldung der Benützung von Bundesstraßen, die in § 3a Abs. 11a genannten Leistungen, die Vermietung von Grundstücken) sowie Versandhandelslieferungen an einen Ab-

nehmer gemäß Art. 3 Abs. 4 und Lieferungen von elektronischen Schnittstellen gemäß § 3 Abs. 3a Z 2, wenn eine Sonderregelung gemäß § 25b oder Art. 25a oder eine Sonderregelung gemäß Art. 369l bis 369x der Richtlinie 2006/112/EG oder gemäß Art. 369a bis 369k der Richtlinie 2006/112/EG in einem anderen Mitgliedstaat in Anspruch genommen wird), hat der Leistungsempfänger, wenn er eine juristische Person des öffentlichen Rechts ist oder ein Unternehmer, für dessen Unternehmen die Leistung ausgeführt wird, die auf diese Leistung entfallende Umsatzsteuer einzubehalten und im Namen und für Rechnung des leistenden Unternehmers an das für diesen zuständige Finanzamt abzuführen. Kommt der Leistungsempfänger dieser Verpflichtung nicht nach, so haftet er für den hiedurch entstehenden Steuerausfall.

(BGBl I 2021/227, BGBl I 2022/108)

(5) Auf Verlangen eines Organs des Zollamtes Österreich, soweit es sich um Vorgänge im Zusammenhang mit dem grenzüberschreitenden Warenverkehr handelt, oder des Finanzamtes ist die Besichtigung von in Transportmitteln oder Transportbehältnissen beförderten, abgeholten oder verbrachten Gegenständen sowie die Einsichtnahme in die diese Gegenstände begleitenden Geschäftspapiere wie Frachtbriefe, Lieferscheine, Rechnungen und dergleichen zu gestatten. Die mit der Ausübung der Aufsicht beauftragten Organe haben sich zu Beginn der Amtshandlung unaufgefordert über ihre Person und darüber auszuweisen, dass sie zur Ausübung der Aufsicht berechtigt sind.

(BGBl I 2015/118, BGBl I 2018/62, BGBl I 2019/104)

(6) Unternehmer, die Postdienste im Sinne des Postgesetzes 1997, BGBl. I Nr. 18/1998, oder des Postmarktgesetzes, BGBl. I Nr. 123/2009, erbringen, haben über Verlangen der Abgabenbehörde Auskunft über im grenzüberschreitenden Warenverkehr erfolgte Lieferungen von nicht im Inland ansässigen Unternehmern an Abnehmer im Inland zu erteilen. Die Abgabenbehörde ist berechtigt, Auskunft über alle für die Erhebung von Abgaben erforderlichen Tatsachen zu verlangen, insbesondere die Namen und Adressen der liefernden Unternehmer und der Empfänger der Lieferungen, sowie die Anzahl der Lieferungen.

(BGBl I 2015/118)

(7) Ein Unternehmer, der im Inland weder Wohnsitz noch Sitz oder Betriebsstätte hat und der steuerpflichtige Umsätze im Inland tätigt, kann einen nach Abs. 8 zugelassenen Bevollmächtigten (Fiskalvertreter), der auch Zustellungsbevollmächtigter sein muss, beauftragen und dem Finanzamt bekannt geben. Ein Unternehmer, der im Gemeinschaftsgebiet weder Wohnsitz noch Sitz oder Betriebsstätte hat und der steuerpflichtige Umsätze im Inland tätigt, ausgenommen solche, für die der Leistungsempfänger gemäß § 27 Abs. 4 haftet, hat einen nach Abs. 8 zugelassenen Bevollmächtigten (Fiskalvertreter), der auch Zustellungsbevollmächtigter sein muss, zu beauftragen und dem Finanzamt bekannt zu geben. Das gilt nicht, wenn mit dem Staat, in dem dieser Unternehmer seinen Wohnsitz oder Sitz hat, eine Rechtsvereinbarung über die gegenseitige Amtshilfe, deren Anwendungsbereich mit dem der Richtlinien 2010/24/EU über die Amtshilfe bei der Beitreibung von Forderungen in Bezug auf bestimmte Steuern, Abgaben und sonstige Maßnahmen, ABl. Nr. L 84 vom 31.03.2010 S. 1 und 2011/16/EU über die Zusammenarbeit der Verwaltungsbehörden im Bereich der Besteuerung und zur Aufhebung der Richtlinie 77/799/EWG, ABl. Nr. L 64 vom 11.03.2011 S. 1 sowie der Verordnung (EU) Nr. 904/2010 über die Zusammenarbeit der Verwaltungsbehörden und die Betrugsbekämpfung auf dem Gebiet der Mehrwertsteuer, ABl. Nr. L 268 vom 12.10.2010 S. 1, vergleichbar ist, besteht. Der Bundesminister für Finanzen stellt mit Verordnung fest, wenn eine solche Rechtsvereinbarung besteht.

(8) Zugelassene Fiskalvertreter sind Wirtschaftstreuhänder, Rechtsanwälte und Notare mit Wohnsitz oder Sitz im Inland sowie Spediteure, die Mitglieder des Fachverbandes der Wirtschaftskammer Österreich sind. Weiters ist jeder Unternehmer mit Wohnsitz oder Sitz im Inland über seinen Antrag vom Finanzamt als Fiskalvertreter unter dem Vorbehalt des jederzeitigen Widerrufes zuzulassen, wenn er in der Lage ist, den abgabenrechtlichen Pflichten nachzukommen.

(BGBl I 2019/104)

(9) Nimmt ein Unternehmer die Sonderregelung gemäß Art. 25a in Anspruch, gelten Abs. 7 und 8 unabhängig vom Lieferort für alle Lieferungen gemäß Art. 25a Abs. 1 Z 2. Für Lieferungen im Sinne des Art. 25a Abs. 1 Z 2, die im Inland ausgeführt werden und für die die Sonderregelung gemäß Art. 369a bis 369k der Richtlinie 2006/112/EG in einem anderen Mitgliedstaat in Anspruch genommen wird, ist es abweichend von Abs. 8 ausreichend, wenn der Steuervertreter im Sinne des Art. 204 der Richtlinie 2006/112/EG die entsprechenden Vorschriften dieses Mitgliedstaates erfüllt.

(BGBl I 2022/108)

Allgemeine Übergangsvorschriften

§ 28. (1) Dieses Bundesgesetz tritt mit Wirksamkeit des Beitritts Österreichs zur Europäischen Union in Kraft. Verordnungen auf Grund der Bestimmungen dieses Bundesgesetzes können von dem der Kundmachung dieses Bundesgesetzes folgenden Tag an erlassen werden;

sie treten frühestens mit den betreffenden Bestimmungen in Kraft. Bescheide gemäß Art. 28 Abs. 1 des Anhangs können von dem der Kundmachung dieses Bundesgesetzes folgenden Tag an erlassen werden;

anläßlich des Beitritts Österreichs zur Europäischen Union kann die Vergabe der Umsatzsteuer-Identifikationsnummer von Amts wegen erfolgen.

(2) Auf Umsätze und sonstige Sachverhalte aus der Zeit vor der Wirksamkeit des Beitritts Österreichs zur Europäischen Union ist das im Zeitpunkt des maßgebenden Ereignisses für sie geltende Umsatzsteuerrecht weiterhin anzuwenden.

(3) Mit dem Inkrafttreten dieses Gesetzes tritt das Umsatzsteuergesetz 1972, BGBl. Nr. 223/1972, vorbehaltlich des Abs. 2 und des § 29, außer Kraft. Andere Rechtsvorschriften, die von diesem Bundesgesetz abweichende Regelungen zum Inhalt haben, sind nach den oben bezeichneten Zeitpunkten nicht mehr anzuwenden. Das gilt nicht für folgende Rechtsvorschriften:

1. Auf völkerrechtlichen Verträgen beruhende sowie internationalen Organisationen eingeräumte umsatzsteuerrechtliche Begünstigungen;
2. Umgründungssteuergesetz, BGBl. Nr. 699/1991;
3. Art. VIII § 10 des Steuerreformgesetzes 1993, BGBl. Nr. 818/1993;
4. Bundesgesetz vom 19. Mai 1976 über die Umsatzsteuervergütung an ausländische Vertretungsbehörden und ihre im diplomatischen und berufskonsularischen Rang stehenden Mitglieder, BGBl. Nr. 257/1976;
5. Verordnung des Bundesministers für Finanzen für eine Umsatzsteuerentlastung bei Hilfsgüterlieferungen ins Ausland, BGBl. Nr. 787/1992.

(4) § 19 Abs. 2 Z 1 lit. a letzter Satz ist nicht anzuwenden, wenn die Zahlung des Entgelts auf einem Vertrag beruht, der vor Inkrafttreten dieses Gesetzes abgeschlossen worden ist. Dies gilt nicht, wenn der Unternehmer eine Rechnung mit gesondertem Ausweis der Steuer (§ 11 Abs. 1) erteilt hat.

(5) Folgende Verordnungen gelten als auf Grund dieses Bundesgesetzes ergangen:

1. Verordnung des Bundesministers für Finanzen über die umsatzsteuerliche Behandlung von Leistungen ausländischer Unternehmer, BGBl. Nr. 800/1974.
2. Verordnung des Bundesministers für Finanzen über die Aufstellung von Schätzungsrichtlinien für die Ermittlung der Höhe des Eigenverbrauches bei bestimmten Unternehmern und über die Fälligkeit der auf den Eigenverbrauch entfallenden Umsatzsteuer, BGBl. Nr. 628/1983, in der Fassung BGBl. Nr. 499/1985.
3. Verordnung des Bundesministers für Finanzen über die Aufstellung von Durchschnittssätzen für die Ermittlung der abziehbaren Vorsteuerbeträge bei bestimmten Gruppen von Unternehmern, BGBl. Nr. 627/1983.
4. Verordnung des Bundesministers für Finanzen über das Vorliegen von Einkünften, über die Annahme einer gewerblichen oder beruflichen Tätigkeit und über die Erlassung vorläufiger Bescheide (Liebhabereiverordnung), BGBl. Nr. 33/1993.
5. Verordnung des Bundesministers für Finanzen über die steuerliche Einstufung von Fahrzeugen als Kleinlastkraftwagen, BGBl. Nr. 134/1993. Diese Verordnung tritt mit 14. Februar 1996 außer Kraft.
6. Verordnung des Bundesministers für Finanzen, mit der ein eigenes Verfahren für die Erstattung der abziehbaren Vorsteuern an ausländische Unternehmer geschaffen wird, BGBl. Nr. 882/1993.

(6) Auf Grund des Umsatzsteuergesetzes 1972, BGBl. Nr. 223/1972, ergangene Bescheide, die auch Zeiträume nach dem 31. Dezember 1994 betreffen, gelten weiter.

(7) Soweit in diesem Bundesgesetz auf Bestimmungen anderer Bundesgesetze verwiesen wird, sind diese Bestimmungen in ihrer jeweils geltenden Fassung anzuwenden. Ausgenommen hiervon sind die Verweise auf das EStG 1988 und das KStG 1988 in § 1 Abs. 1 Z 2 und § 12 Abs. 2 Z 2 lit. a. In diesen Bestimmungen beziehen sich die Verweise auf das EStG 1988 in der Fassung BGBl. Nr. 681/1994 und das KStG 1988 in der Fassung BGBl. Nr. 922/1994.

(BGBl I 2016/117)

(8) Beziehen sich bundesgesetzliche Vorschriften auf Bestimmungen des Umsatzsteuergesetzes 1972, BGBl. Nr. 223/1972, so treten an die Stelle dieser Bestimmungen die entsprechenden Bestimmungen dieses Bundesgesetzes.

(9) In den Fällen des § 127 Abs. 4 und des § 132 Abs. 1 des Zollrechts-Durchführungsgesetzes, BGBl. Nr. 659/1994, ist das Verlassen, einschließlich des unrechtmäßigen Verlassens, des vorangegangenen Zollverfahrens oder einer Zollfreizone oder eines Zollagers einer Einfuhr im Sinne des § 1 Abs. 1 Z 3 gleichgestellt, ausgenommen

– der Gegenstand wird in ein Gebiet außerhalb der Gemeinschaft versendet oder befördert oder
– im Falle des Verfahrens der vorübergehenden Verwendung wird der Gegenstand – mit Ausnahme von Fahrzeugen im Sinne des Art. 1 Abs. 8 des Anhangs – in den Mitgliedstaat, aus dem er ausgeführt wurde und an denjenigen, der ihn ausgeführt hat, zurückversendet oder zurückbefördert oder
– im Falle des Verfahrens der vorübergehenden Verwendung betreffend ein Fahrzeug im Sinne des Art. 1 Abs. 8 des Anhangs, wenn das Fahrzeug unter den für den Binnenmarkt eines der neuen Mitgliedstaaten oder eines der Mitgliedstaaten der Europäischen Union geltenden allgemeinen Steuerbedingungen vor dem Beitritt erworben oder eingeführt wurde und/oder für das Fahrzeug bei der Ausfuhr keine Befreiung oder Vergütung der Umsatzsteuer gewährt wurde. Diese Bedingung gilt als erfüllt, wenn das Fahrzeug vor dem 1. Jänner 1987 in Betrieb genommen wurde oder wenn der Betrag der bei der Einfuhr für das Fahrzeug fälligen Steuer 200 S nicht überschreitet.

(10) Einer Einfuhr im Sinne des § 1 Abs. 1 Z 3 gleichgestellt wird weiters die ab der Wirksamkeit des Beitritts Österreichs zur Europäischen Union erfolgende Verwendung von Gegenständen im Inland, sofern folgende Voraussetzungen vorliegen:

– Die Gegenstände wurden vor der Wirksamkeit des Beitritts Österreichs zur Europäischen Union in der Gemeinschaft in der damaligen Zusammensetzung oder in einem anderen neuen Mitgliedstaat geliefert,
– die Lieferung dieser Gegenstände war nach einer dem Artikel 15 Z 1 und 2 der 6. EG-Richtlinie entsprechenden Bestimmung steuerfrei oder befreiungsfähig,
– die Gegenstände wurden ab der Wirksamkeit des Beitritts Österreichs zur Europäischen Union in das Inland verbracht.

Steuerschuldner ist derjenige, der die Gegenstände im Inland verwendet.

(10a) Im Zusammenhang mit der Erweiterung der Europäischen Union mit 1. Mai 2004 gilt folgende Übergangsregelung:

1. Für Gegenstände, die
   – vor dem 1. Mai 2004 in das Gemeinschaftsgebiet oder in einen der am 1. Mai 2004 der Europäischen Union beigetretenen Mitgliedstaaten (neue Mitgliedstaaten) verbracht wurden und
   – beim Verbringen in die Gemeinschaft oder in einen der neuen Mitgliedstaaten unter ein Verfahren der vorübergehenden Verwendung bei vollständiger Befreiung von Eingangsabgaben oder eine der in Artikel 16 Absatz 1 Teil B lit. a bis d der 6. EG-Richtlinie genannten Regelungen oder eine diesen Regelungen entsprechenden Regelung in einem der neuen Mitgliedstaaten gestellt wurden und
   – dieses Verfahren oder diese Regelung nicht vor dem 1. Mai 2004 verlassen haben, finden die Vorschriften, die bei der Unterstellung der Gegenstände unter das Verfahren oder die Regelung galten, nach dem 30. April 2004 bis zum Verlassen dieses Verfahrens oder dieser Regelung weiterhin Anwendung.
2. Für Gegenstände, die
   – vor dem 1. Mai 2004 unter das gemeinsame Versandverfahren oder ein anderes zollrechtliches Versandverfahren gestellt wurden und
   – dieses Verfahren nicht vor dem 1. Mai 2004 verlassen haben,

   finden die Vorschriften, die bei der Unterstellung der Gegenstände unter das Verfahren galten, nach dem 30. April 2004 bis zum Verlassen dieses Verfahrens weiterhin Anwendung.
3. Die folgenden Vorgänge werden der Einfuhr eines Gegenstandes im Sinne des § 1 Abs. 1 Z 3 gleichgestellt, sofern sich der Gegenstand in einem der neuen Mitgliedstaaten oder in der Gemeinschaft im freien Verkehr befand:
   a) das Verlassen, einschließlich des unrechtmäßigen Verlassens, eines Verfahrens der vorübergehenden Verwendung, unter die der betreffende Gegenstand vor dem 1. Mai 2004 gemäß Z 1 gestellt worden ist;
   b) das Verlassen, einschließlich des unrechtmäßigen Verlassens, einer der in Artikel 16 Absatz 1 Teil B lit. a bis d der 6. EG-Richtlinie genannten Regelungen oder einer diesen Regelungen entsprechenden Regelung, unter die der betreffende Gegenstand vor dem 1. Mai 2004 gemäß Z 1 gestellt worden ist;
   c) die Beendigung eines der in Z 2 genannten Verfahren, das vor dem 1. Mai 2004 in einem der neuen Mitgliedstaaten für die Zwecke einer vor dem 1. Mai 2004 in diesem Mitgliedstaat gegen Entgelt bewirkten Lieferung von Gegenständen durch einen Unternehmer begonnen wurde;
   d) jede Unregelmäßigkeit oder jeder Verstoß anlässlich oder im Verlauf eines der in der Z 2 genannten Verfahren, das gemäß lit. c begonnen wurde.

   Voraussetzung für die Gleichstellung mit der Einfuhr im Sinne des § 1 Abs. 1 Z 3 ist, dass das Verlassen, einschließlich des unrechtmäßigen Verlassens, oder die Beendigung des Verfahrens oder der Regelung oder die Unregelmäßigkeit oder der Verstoß im Inland, ausgenommen die Gebiete Jungholz und Mittelberg, erfolgt.
4. Einer Einfuhr im Sinne des § 1 Abs. 1 Z 3 ebenfalls gleichgestellt wird die im Inland, ausgenommen die Gebiete Jungholz und Mittelberg, durch einen Unternehmer oder Nichtunternehmer nach dem 30. April 2004 erfolgende Verwendung von Gegenständen, die ihm vor dem 1. Mai 2004 in einem der neuen Mitgliedstaaten geliefert wurden, sofern folgende Voraussetzungen gegeben sind:
   – Die Lieferung dieser Gegenstände war nach einer dem Artikel 15 Z 1 und 2 der 6. EG-Richtlinie entsprechenden Bestimmung steuerfrei oder befreiungsfähig und
   – die Gegenstände wurden nicht vor dem 1. Mai 2004 in das Inland, ausgenommen die Gebiete Jungholz und Mittelberg, verbracht.

   Steuerschuldner ist derjenige, der die Gegenstände im Inland, ausgenommen die Gebiete Jungholz und Mittelberg, verwendet.
5. Die Einfuhr von Gegenständen im Sinne der Z 3 und 4 wird nicht besteuert, wenn
   a) der eingeführte Gegenstand in ein Gebiet außerhalb des Gemeinschaftsgebietes, wie es nach dem Beitritt der neuen Mitgliedstaaten besteht, versendet oder befördert wird oder
   b) der im Sinne der Z 3 lit. a eingeführte Gegenstand – mit Ausnahme von Fahr-

zeugen – in den Mitgliedstaat, aus dem er ausgeführt wurde, und an denjenigen, der ihn ausgeführt hat, zurückversendet oder zurückbefördert wird oder

c) der im Sinne der Z 3 lit. a eingeführte Gegenstand ein Fahrzeug ist, welches unter den für den Binnenmarkt eines der neuen Mitgliedstaaten oder eines der Mitgliedstaaten der Gemeinschaft geltenden allgemeinen Steuerbedingungen vor dem 1. Mai 2004 erworben oder eingeführt wurde und/oder für welches bei der Ausfuhr keine Befreiung oder Vergütung der Umsatzsteuer gewährt worden ist.

Diese Bedingung gilt als erfüllt, wenn das Fahrzeug vor dem 1. Mai 1996 in Betrieb genommen wurde oder wenn der Betrag der bei der Einfuhr fälligen Umsatzsteuer 20 Euro nicht überschreitet.

(10b) Anlässlich des Beitritts neuer Mitgliedstaaten zur Europäischen Union gilt folgende Übergangsregelung:

1. Für einen Gegenstand, der
   a) vor dem Beitrittsdatum in das Gemeinschaftsgebiet oder in einen der neu beitretenden Mitgliedstaaten (neue Mitgliedstaaten) verbracht wurde und
   b) seit der Verbringung in das Gemeinschaftsgebiet oder in einen der neuen Mitgliedstaaten dem Verfahren der vorübergehenden Verwendung mit vollständiger Befreiung von den Einfuhrabgaben oder einem Verfahren oder einer sonstigen Regelung nach Art. 156 der Richtlinie 2006/112/EG oder ähnlichen Verfahren oder Regelungen des neuen Mitgliedstaates unterstellt war und
   c) dieses Verfahren oder diese Regelung nicht vor dem Beitrittsdatum verlassen hat,

   finden die Vorschriften, die bei der Unterstellung des Gegenstands unter das Verfahren oder die Regelung galten, nach dem Beitrittsdatum bis zum Verlassen dieses Verfahrens oder dieser Regelung weiterhin Anwendung.
2. Für einen Gegenstand, der
   a) vor dem Beitrittsdatum unter ein zollrechtliches Versandverfahren gestellt wurde und
   b) dieses Verfahren nicht vor dem Beitrittsdatum verlassen hat, finden die Vorschriften, die bei der Unterstellung des Gegenstands unter das Verfahren galten, nach dem Beitrittsdatum bis zum Verlassen dieses Verfahrens weiterhin Anwendung.
3. Die folgenden Vorgänge werden der Einfuhr eines Gegenstandes im Sinne des § 1 Abs. 1 Z 3 gleichgestellt, sofern sich der Gegenstand in einem der neuen Mitgliedstaaten oder im Gemeinschaftsgebiet im freien Verkehr befand:
   a) das Verlassen, einschließlich des unrechtmäßigen Verlassens, eines Verfahrens der vorübergehenden Verwendung, unter das der betreffende Gegenstand vor dem Beitrittsdatum gemäß Z 1 gestellt worden ist;
   b) das Verlassen, einschließlich des unrechtmäßigen Verlassens, eines Verfahrens oder einer sonstigen Regelung nach Art. 156 der Richtlinie 2006/112/EG oder ähnlicher Verfahren oder Regelungen, unter die der betreffende Gegenstand vor dem Beitrittsdatum gemäß Z 1 gestellt worden ist;
   c) die Beendigung eines der in Z 2 genannten Verfahren, das vor dem Beitrittsdatum im Gebiet eines der neuen Mitgliedstaaten für die Zwecke einer vor dem Beitrittsdatum im Gebiet dieses Mitgliedstaates gegen Entgelt bewirkten Lieferung von Gegenständen durch einen Unternehmer begonnen wurde;
   d) jede Unregelmäßigkeit oder jeder Verstoß anlässlich oder im Verlauf eines zollrechtlichen Versandverfahrens, das gemäß lit. c begonnen wurde.

   Voraussetzung für die Gleichstellung mit der Einfuhr im Sinne des § 1 Abs. 1 Z 3 ist, dass das Verlassen, einschließlich des unrechtmäßigen Verlassens, oder die Beendigung des Verfahrens oder der Regelung oder die Unregelmäßigkeit oder der Verstoß im Inland, ausgenommen die Gebiete Jungholz und Mittelberg, erfolgt.
4. Einer Einfuhr im Sinne des § 1 Abs. 1 Z 3 ebenfalls gleichgestellt wird die im Inland, ausgenommen die Gebiete Jungholz und Mittelberg, durch einen Unternehmer oder Nichtunternehmer nach dem Beitrittsdatum erfolgende Verwendung von Gegenständen, die ihm vor dem Beitrittsdatum im Gebiet der Gemeinschaft oder eines der neuen Mitgliedstaaten geliefert wurden, sofern folgende Voraussetzungen gegeben sind:
   a) Die Lieferung dieser Gegenstände war nach Art. 146 Abs. 1 Buchst. a und b der Richtlinie 2006/112/EG des Rates oder nach einer entsprechenden Bestimmung in den neuen Mitgliedstaaten steuerfrei oder befreiungsfähig und
   b) die Gegenstände wurden nicht vor dem Beitrittsdatum in einen der neuen Mitgliedstaaten oder in die Gemeinschaft verbracht.

   Steuerschuldner ist derjenige, der die Gegenstände im Inland, ausgenommen die Gebiete Jungholz und Mittelberg, verwendet.
5. Die Einfuhr eines Gegenstandes im Sinne der Z 3 und 4 wird nicht besteuert, wenn

a) der eingeführte Gegenstand in ein Gebiet außerhalb des Gemeinschaftsgebietes, wie es nach dem Beitritt neuer Mitgliedstaaten besteht, versendet oder befördert wird oder

b) der im Sinne der Z 3 lit. a eingeführte Gegenstand – mit Ausnahme von Fahrzeugen – in den Mitgliedstaat, aus dem er ausgeführt wurde, und an denjenigen, der ihn ausgeführt hat, zurückversendet oder zurückbefördert wird oder

c) der im Sinne der Z 3 lit. a eingeführte Gegenstand ein Fahrzeug ist, welches unter den für den Binnenmarkt eines der neuen Mitgliedstaaten oder eines der Mitgliedstaaten der Gemeinschaft geltenden allgemeinen Steuerbedingungen vor dem Beitrittsdatum erworben oder eingeführt wurde oder für welches bei der Ausfuhr keine Befreiung oder Vergütung der Umsatzsteuer gewährt worden ist.

Diese Bedingung gilt als erfüllt, wenn der Zeitraum zwischen der ersten Inbetriebnahme des Fahrzeugs und dem Beitritt zur Europäischen Union mehr als 8 Jahre beträgt oder wenn der Betrag der bei der Einfuhr fälligen Umsatzsteuer 20 Euro nicht überschreitet.

(11) § 21 Abs. 1 zweiter Unterabsatz in der Fassung vor dem BGBl. Nr. 201/1996 ist letztmalig bei der Sondervorauszahlung 1995 anzuwenden. § 21 Abs. 1a ist ab der Sondervorauszahlung 1996 anzuwenden. Der Entfall des § 2 Abs. 4 Z 2 und 3, der Entfall des Abs. 5 Z 3, die Neubezeichnung der Z 10 lit. a sowie die Anfügung der lit. b in § 6 Abs. 1 sowie der Entfall von § 29 Abs. 1 und Abs. 2 Z 1 in der Fassung des Bundesgesetzes BGBl. Nr. 201/1996 treten mit 1. Mai 1996 in Kraft.

(12) Die Änderungen des Bundesgesetzes BGBl. Nr. 756/1996 treten in Kraft:

a) Folgende Änderungen sind auf Umsätze und sonstige Sachverhalte anzuwenden, die nach dem 31. Dezember 1994 ausgeführt wurden bzw. sich ereignet haben:

§ 6 Abs. 1 Z 26 lit. a, § 6 Abs. 2 erster Satz, § 10 Abs. 2 Z 1 lit. d, § 14 Abs. 4 erster Satz, § 14 Abs. 5 zweiter Satz, § 19 Abs. 5, § 21 Abs. 7, § 27 Abs. 7, § 27 Abs. 8, § 28 Abs. 4, Z 30 lit. a der Anlage, Z 45 lit. b der Anlage, Art. 1 Abs. 5, Art. 3 Abs. 6.

b) Folgende Änderungen sind auf Umsätze und sonstige Sachverhalte anzuwenden, die nach dem 31. Dezember 1995 ausgeführt wurden bzw. sich ereignet haben:

§ 1 Abs. 1 Z 2 lit. c, § 6 Abs. 1 Z 27, § 20 Abs. 5.

c) § 6 Abs. 4 Z 4 lit. o tritt zum selben Zeitpunkt wie § 97a des Zollrechts-Durchführungsgesetzes in Kraft.

d) Der Entfall des § 2 Abs. 4 Z 2 und 3 tritt mit 1. Mai 1996 in Kraft.

e) Folgende Änderungen sind auf Umsätze und sonstige Sachverhalte anzuwenden, die nach Ablauf des Tages, an dem das Gesetz im Bundesgesetzblatt kundgemacht wurde, ausgeführt werden bzw. sich ereignen:

§ 3 Abs. 11, § 3a Abs. 9 lit. c, § 5 Abs. 4 Z 2, § 6 Abs. 1 Z 6 lit. d, § 6 Abs. 4 Z 8 lit. c erster Satz, § 7 Abs. 6 Z 1, § 14 Abs. 1 Z 1 lit. c, § 19 Abs. 2 Z 2, § 26 Abs. 1 letzter Teilsatz, Art. 3a Abs. 4, Art. 6 Abs. 3.

f) Folgende Änderungen sind auf Umsätze und sonstige Sachverhalte anzuwenden, die nach dem 31. Dezember 1996 ausgeführt werden bzw. sich ereignen:

§ 3 Abs. 2, § 3 Abs. 9, § 3a Abs. 11 erster Satz, § 3a Abs. 13 letzter Satz, § 5 Abs. 3, § 5 Abs. 4 Z 3, § 5 Abs. 4 Z 4, § 6 Abs. 1 Z 3, § 6 Abs. 1 Z 5 lit. a, § 6 Abs. 1 Z 6 lit. a, § 7 Abs. 1 und Abs. 3, § 7 Abs. 4 zweiter Unterabsatz, § 7 Abs. 5 Z 1 bis 3, § 7 Abs. 6 Z 2, § 7 Abs. 7, § 8 Abs. 1 Z 1, § 8 Abs. 1 Z 2 erster Satz, § 10 Abs. 2 Z 14 und 15, § 10 Abs. 4, § 12 Abs. 1 Z 2, § 17 Abs. 2 und 3, § 19 Abs. 1 zweiter Satz, § 21 Abs. 9, § 24 Abs. 11 Z 2, Z 38a der Anlage, Art. 1 Abs. 3 Z 1 lit. d, Art. 1 Abs. 3 Z 1 lit. e, Art. 1 Abs. 3 Z 2, Art. 3 Abs. 1 Z 1 lit. d, Art. 3 Abs. 1 Z 1 lit. e, Art. 3 Abs. 1 Z 2, Art. 3 Abs. 2, Art. 3a Abs. 2, Art. 3a Abs. 6, Art. 6 Abs. 1, Art. 6 Abs. 4, Art. 7 Abs. 1 erster Satz, Art. 7 Abs. 2 Z 2, Art. 11 Abs. 1 zweiter Satz, Art. 11 Abs. 2 erster Satz, Art. 18 Abs. 1 zweiter Unterabsatz, Art. 18 Abs. 2, Art. 18 Abs. 3, Art. 19 Abs. 1 Z 3 erster Halbsatz, Art. 21 Abs. 1, Art. 21 Abs. 3, Art. 21 Abs. 4 Z 3, Art. 21 Abs. 5, Art. 21 Abs. 6 Z 1, Art. 21 Abs. 6 Z 3, Art. 21 Abs. 7 letzter Satz, Art. 21 Abs. 11 erster Satz.

g) Die Änderungen des § 3a Abs. 10 Z 12 und 13 sind auf Umsätze nach dem 31. März 1997 anzuwenden.

(13) Die Änderungen des Bundesgesetzes BGBl. I Nr. 9/1998 treten in Kraft:

a) Folgende Änderungen sind auf Umsätze und sonstige Sachverhalte anzuwenden, die nach dem 31. Dezember 1994 ausgeführt wurden bzw. sich ereignet haben:

§ 6 Abs. 2 zweiter Satz, § 6 Abs. 2 vierter Satz hinsichtlich § 6 Abs. 1 Z 8 lit. h.

b) Folgende Änderungen sind auf Umsätze und sonstige Sachverhalte anzuwenden, die nach dem 31. Dezember 1997 ausgeführt werden bzw. sich ereignen:

§ 6 Abs. 1 Z 16, § 6 Abs. 1 Z 20, § 6 Abs. 2 erster Satz hinsichtlich des Eigenverbrauches, § 10 Abs. 2 Z 4 lit. e, § 12 Abs. 2 Z 1, Art. 27.

(14)

a) § 21 Abs. 1 in der Fassung BGBl. I Nr. 79/1998 ist erstmals auf Voranmeldungszeiträume anzuwenden, die nach dem 30. Juni 1998 beginnen. Verordnungen auf Grund der Bestimmungen dieses Bundesgesetzes können von dem der Kundmachung des Bundesgesetzes BGBl. I Nr. 79/1998 folgenden Tag an erlassen werden; sie treten frühestens mit den betreffenden Bestimmungen in Kraft.

b) § 6 Abs. 2, § 12 Abs. 14 und § 12 Abs. 15 in der Fassung des Bundesgesetzes BGBl. I Nr. 79/1998 ist erstmals auf Umsätze und Sachverhalte anzuwenden, die nach Ablauf des Tages, an dem das Gesetz im Bundesgesetzblatt kundgemacht wurde, ausgeführt werden bzw. sich ereignen.

(15) § 20 Abs. 6 in der Fassung des Bundesgesetzes BGBl. I Nr. 126/1998 ist auf Umsätze und sonstige Sachverhalte anzuwenden, die nach dem 31. Dezember 1998 ausgeführt werden bzw. sich ereignen.

(16)

a) § 6 Abs. 1 Z 8 lit. j und k ist auf Umsätze anzuwenden, die nach dem 31. Dezember 1998 ausgeführt werden.

b) § 6 Abs. 2 letzter Unterabsatz ist erstmals auf Veranlagungszeiträume anzuwenden, die im Kalenderjahr 1998 enden.

(17) Die Änderungen des Bundesgesetzes BGBl. I Nr. 106/1999 treten in Kraft:

a) Folgende Änderungen sind auf Umsätze und sonstige Sachverhalte anzuwenden, die nach dem 31. Dezember 1999 ausgeführt werden bzw. sich ereignen:

§ 3 Abs. 8, § 6 Abs. 1 Z 8 lit. j und k, § 6 Abs. 4 Z 1, § 7 Abs. 6 Z 1, § 12 Abs. 2 Z 1 und der erste Halbsatz der Z 2, § 22 Abs. 1 erster Unterabsatz, § 22 Abs. 2 erster Satz, § 22 Abs. 8 erster Satz, § 24 Abs. 3, § 24a ausgenommen Abs. 1 lit. b, § 24b, Art. 1 Abs. 4 Z 2 erster Satz, Art. 3 Abs. 5 erster und zweiter Satz, Art. 6 Abs. 2 Z 1, Art. 24a hinsichtlich § 24a Abs. 2 lit. a, Art. 24b, Art. 25 Abs. 1, Art. 25 Abs. 3 lit. d.

b) § 21 Abs. 1a letzter Unterabsatz ist ab der Sondervorauszahlung 1999 anzuwenden.

c) Folgende Änderungen sind auf Umsätze und sonstige Sachverhalte anzuwenden, die nach Ablauf des Tages, an dem das Gesetz im Bundesgesetzblatt kundgemacht wurde, ausgeführt werden bzw. sich ereignen:

§ 3a Abs. 8 lit. c, § 24 Abs. 7.

d) Folgende Änderungen sind auf Umsätze und sonstige Sachverhalte anzuwenden, die nach dem 31. Dezember 1998 ausgeführt wurden bzw. sich ereignet haben:

§ 21 Abs. 9 erster Satz, § 24a Abs. 1 lit. b, Z 42 lit. b der Anlage, Art. 24a hinsichtlich § 24a Abs. 1 lit. b.

e) § 14 Abs. 1 Z 1 lit. a erster Satz ist auf Umsätze und sonstige Sachverhalte anzuwenden, die nach dem 18. Juni 1998 ausgeführt wurden bzw. sich ereigneten.

f) Folgende Änderungen sind auf Umsätze und sonstige Sachverhalte anzuwenden, die nach dem 31. Dezember 1997 ausgeführt wurden bzw. sich ereignet haben:

Z 22 lit. d der Anlage.

g) Folgende Änderungen sind auf Umsätze und sonstige Sachverhalte anzuwenden, die nach dem 31. Dezember 1996 ausgeführt wurden bzw. sich ereignet haben:

Z 20 lit. d der Anlage, Z 20 lit. e der Anlage, Z 40a der Anlage.

h) Verordnungen auf Grund der Bestimmungen dieses Bundesgesetzes können von dem der Kundmachung des Bundesgesetzes BGBl. I Nr. 106/1999 folgenden Tag an erlassen werden; sie treten frühestens mit den betreffenden Bestimmungen in Kraft.

(18) Die Änderungen des Bundesgesetzes BGBl. I Nr. 29/2000 treten in Kraft:

a) Folgende Änderung ist auf Umsätze und sonstige Sachverhalte anzuwenden, die nach Ablauf des Tages, an dem das Gesetz im Bundesgesetzblatt kundgemacht wurde, ausgeführt werden bzw. sich ereignen:

§ 6 Abs. 1 Z 6 lit. c.

b) Folgende Änderungen sind auf Umsätze und sonstige Sachverhalte anzuwenden, die nach dem 31. Mai 2000 ausgeführt werden bzw. sich ereignen:

§ 10 Abs. 2 Z 1 lit. a, § 10 Abs. 2 Z 1 lit. d, § 10 Abs. 2 Z 4 lit. b, § 10 Abs. 3, § 13 Abs. 1 letzter Satz, § 22 Abs. 2, § 22 Abs. 8, Z 14 und Z 28 der Anlage.

c) § 12 Abs. 2 Z 4 ist auf Bestandverträge (Leasingverträge) anzuwenden, die nach dem 30. Juni 2000 abgeschlossen werden.

d) Folgende Änderung ist auf Umsätze und sonstige Sachverhalte anzuwenden, die nach dem 31. Dezember 2000 ausgeführt werden bzw. sich ereignen:

Z 30 der Anlage.

(19) Die Änderungen des Bundesgesetzes BGBl. I Nr. 142/2000 sind auf Umsätze und sonstige Sachverhalte anzuwenden, die nach dem 31. Dezember 2000 ausgeführt werden bzw. sich ereignen.

(20) Die Änderungen des Bundesgesetzes BGBl. I Nr. 144/2001 treten in Kraft:

a) § 6 Abs. 1 Z 10 lit. b, § 6 Abs. 4 Z 1, Art. 6 Abs. 2 Z 1 sind auf Umsätze und sonstige Sachverhalte anzuwenden, die nach Ablauf des Tages, an dem das Gesetz im Bundesgesetzblatt kundgemacht wurde, ausgeführt werden bzw. sich ereignen.

b) § 19 Abs. 1 zweiter Gedankenstrich, § 24a Abs. 4, § 27 Abs. 7 und Art. 19 Abs. 1 Z 3 zweiter Gedankenstrich sind auf Umsätze und sonstige Sachverhalte anzuwenden, die nach dem 31. Dezember 2001 ausgeführt werden bzw. sich ereignen.

(21) Die Änderungen des Bundesgesetzes BGBl. I Nr. 132/2002 sind auf Umsätze und sonstige Sachverhalte anzuwenden, die nach dem

30. September 2002 ausgeführt werden bzw. sich ereignen:

§ 11 Abs. 1a, § 12 Abs. 1 Z 3 erster Satz, § 18 Abs. 2 Z 1 und 2, § 18 Abs. 2 Z 4, § 19 Abs. 1a, § 19 Abs. 2 lit. b.

Die Änderungen des Bundesgesetzes BGBl. I Nr. 132/2002 sind auf Umsätze und sonstige Sachverhalte anzuwenden, die nach dem 31. Dezember 2002 ausgeführt werden bzw. sich ereignen:

§ 11 Abs. 1, § 11 Abs. 2, § 24 Abs. 7, § 27 Abs. 9, Art. 11 Abs. 4, Art. 28 Abs. 1.

(22) Die durch das Budgetbegleitgesetz 2003, BGBl. I Nr. 71, erfolgten Änderungen dieses Bundesgesetzes treten wie folgt in Kraft:

1. Folgende Änderung ist auf Umsätze und sonstige Sachverhalte anzuwenden, die nach dem 30. September 2002 ausgeführt werden bzw. sich ereignen:

   § 20 Abs. 1 zweiter Satz.
2. Folgende Änderungen sind auf Umsätze und sonstige Sachverhalte anzuwenden, die nach dem 31. Dezember 2002 ausgeführt werden bzw. sich ereignen:

   § 11 Abs. 1, Art. 28 Abs. 1.
3. Folgende Änderungen sind auf Umsätze und sonstige Sachverhalte anzuwenden, die nach dem 30. Juni 2003 ausgeführt werden bzw. sich ereignen:

   § 3a Abs. 9 lit. c, § 3a Abs. 10 Z 14 und Z 15, § 3a Abs. 11, § 3a Abs. 13, § 25a.
4. § 12 Abs. 1 Z 2, § 20 Abs. 2, § 26 Abs. 3 und Abs. 5 sind auf Einfuhren anzuwenden, für die die Einfuhrumsatzsteuerschuld nach dem 30. September 2003 entsteht.
5. Folgende Änderungen sind auf Umsätze und sonstige Sachverhalte anzuwenden, die nach dem 31. Dezember 2003 ausgeführt werden bzw. sich ereignen:

   § 6 Abs. 1 Z 6 lit. d, § 19 Abs. 1, § 27 Abs. 4, Art. 19 Abs. 1 Z 3.
6. Folgende Änderungen sind auf Umsätze und sonstige Sachverhalte anzuwenden, die nach Ablauf des Tages, an dem das Gesetz im Bundesgesetzblatt kundgemacht wurde, ausgeführt werden bzw. sich ereignen:

   § 19 Abs. 2 Z 1 lit. b, § 20 Abs. 6 erster Unterabsatz, § 27 Abs. 6.
7. Der Entfall des § 21 Abs. 1a ist ab der Sondervorauszahlung 2003 anzuwenden.
8. § 21 Abs. 4 ist erstmals auf die Steuererklärung für das Kalenderjahr 2003 anzuwenden.
9. Art. 21 Abs. 3 und Abs. 10 ist auf Meldezeiträume anzuwenden, die nach dem 31. Dezember 2003 beginnen.
10. § 14 Abs. 1 Z 1 ist auf Veranlagungszeiträume anzuwenden, die nach dem 31. Dezember 2003 beginnen.
11. Folgende Änderungen sind auf Umsätze und sonstige Sachverhalte anzuwenden, die nach dem 31. Dezember 2006 ausgeführt werden bzw. sich ereignen:

    § 6 Abs. 1 Z 10 lit. c, § 6 Abs. 4 Z 2, Art. 6 Abs. 2 Z 2. Verordnungen auf Grund dieses Bundesgesetzes in der Fassung des Budgetbegleitgesetzes 2003 können von dem der Kundmachung des genannten Bundesgesetzes folgenden Tag an erlassen werden; sie treten frühestens zugleich mit den durchzuführenden Gesetzesbestimmungen in Kraft.

(23) Die Änderungen des Bundesgesetzes BGBl. I Nr. 134/2003 treten in Kraft:

1. Folgende Änderungen sind auf Umsätze und sonstige Sachverhalte anzuwenden, die nach dem 31. Dezember 2003 ausgeführt werden bzw. sich ereignen:

   § 1 Abs. 1 Z 2, § 3 Abs. 2, § 3a Abs. 1a, § 4 Abs. 4, § 4 Abs. 8, § 6 Abs. 1 erster Satz, § 6 Abs. 1 Z 6 lit. d, § 6 Abs. 1 Z 8 lit. i, § 6 Abs. 1 Z 16, § 6 Abs. 1 Z 26, § 6 Abs. 2 erster Unterabsatz, § 10 Abs. 2 Z 1 lit. a und c, § 10 Abs. 2 Z 4 lit. e, § 10 Abs. 3, § 11 Abs. 1 erster Unterabsatz, § 11 Abs. 6 erster Satz, § 11 Abs. 9, § 12 Abs. 10 vierter Unterabsatz, § 12 Abs. 15, § 14 Abs. 1 Z 1 lit. a, § 17 Abs. 5, § 18 Abs. 2 Z 3 und 7, § 19 Abs. 2 Z 2, § 21 Abs. 8, § 22 Abs. 2 und Abs. 7 erster Satz, § 24 Abs. 1 erster Satz, § 24 Abs. 4 Z 2, Art. 11 Abs. 5, Art. 24 Abs. 1 lit. a.
2. Folgende Änderung ist auf Umsätze und sonstige Sachverhalte anzuwenden, die nach Ablauf des Tages, an dem das Gesetz im Bundesgesetzblatt kundgemacht wurde, ausgeführt werden bzw. sich ereignen:

   § 6 Abs. 4 Z 7.
3. § 20 Abs. 2 Z 2 und § 26 Abs. 5 lit. a und e sind auf Einfuhren anzuwenden, für die die Einfuhrumsatzsteuerschuld nach dem 30. September 2003 entstanden ist.
4. § 11 Abs. 1a, § 12 Abs. 1 Z 3 erster Satz, § 18 Abs. 2 Z 4, § 19 Abs. 1b, § 19 Abs. 2 Z 1 lit. b, § 20 Abs. 1 zweiter Satz sind auf Umsätze und sonstige Sachverhalte anzuwenden, die nach Ablauf des der Veröffentlichung der Ermächtigung zu dieser Regelung gemäß Art. 27 der Sechsten Richtlinie 77/388/EWG im Amtsblatt der Europäischen Gemeinschaften folgenden Kalendermonates ausgeführt werden bzw. sich ereignen.

Verordnungen auf Grund dieses Bundesgesetzes in der Fassung des Wachstums- und Standortgesetzes 2003 können von dem der Kundmachung des genannten Bundesgesetzes folgenden Tag an erlassen werden; sie treten frühestens zugleich mit den durchzuführenden Gesetzesbestimmungen in Kraft.

(24) Die Änderungen des Bundesgesetzes BGBl. I Nr. 27/2004 treten in Kraft:

1. Folgende Änderung ist auf Umsätze und sonstige Sachverhalte anzuwenden, die nach Ablauf des Tages, an dem das Gesetz im

Bundesgesetzblatt kundgemacht wurde, ausgeführt werden bzw. sich ereignen:

§ 11 Abs. 15.

2. Folgende Änderungen sind auf Umsätze und sonstige Sachverhalte anzuwenden, die nach Ablauf des Monates, in dem das Gesetz im Bundesgesetzblatt kundgemacht wurde, ausgeführt werden bzw. sich ereignen.

   § 3a Abs. 1a letzter Satz, § 12 Abs. 3 Z 4, § 18 Abs. 10 zweiter Satz.

3. § 12 Abs. 10a ist auf Berichtigungen von Vorsteuerbeträgen anzuwenden, die Gegenstände betreffen, die der Unternehmer nach Ablauf des Monates, in dem das Gesetz im Bundesgesetzblatt kundgemacht wurde, erstmals in seinem Unternehmen als Anlagevermögen verwendet oder nutzt.

(25) Die Änderungen des Bundesgesetzes BGBl. I Nr. 180/2004 treten in Kraft:

1. Folgende Änderungen sind auf Umsätze und sonstige Sachverhalte anzuwenden, die nach Ablauf des Tages, an dem das Gesetz im Bundesgesetzblatt kundgemacht wurde, ausgeführt werden bzw. sich ereignen:

   Z 2 der Anlage, Art. 11 Abs. 4, Art. 12 Abs. 1 Z 3, Art. 18 Abs. 1 erster Satz, Art. 20 Abs. 1 zweiter Satz.

2. § 21 Abs. 4 ist erstmals auf Veranlagungszeiträume anzuwenden, die im Kalenderjahr 2004 enden.

3. Folgende Änderungen sind auf Umsätze und sonstige Sachverhalte anzuwenden, die nach dem 31. Dezember 2004 ausgeführt werden bzw. sich ereignen:

   § 3 Abs. 13 und 14, § 3a Abs. 10 Z 16, § 6 Abs. 2, § 6 Abs. 4 Z 3a, § 19 Abs. 1 zweiter Unterabsatz, § 19 Abs. 1c, § 21 Abs. 10, § 27 Abs. 4, Art. 1 Abs. 3 Z 1 lit. h, Art. 3 Abs. 1 Z 1 lit. h.

4. § 12 Abs. 2 Z 1 ist auf Umsätze und sonstige Sachverhalte anzuwenden, die nach Ablauf des der Veröffentlichung der Ermächtigung zu dieser Regelung gemäß Art. 27 der Sechsten Richtlinie 77/388/EWG im Amtsblatt der Europäischen Gemeinschaften folgenden Kalendermonates ausgeführt werden bzw. sich ereignen.

5. § 19 Abs. 1b lit. c ist auf Umsätze und sonstige Sachverhalte anzuwenden, die nach Ablauf des der Veröffentlichung der Ermächtigung zu dieser Regelung gemäß Art. 27 der Sechsten Richtlinie 77/388/EWG im Amtsblatt der Europäischen Gemeinschaften folgenden Kalendermonates ausgeführt werden bzw. sich ereignen.

(26) § 11 Abs.1 Z 2 in der Fassung des Bundesgesetzes BGBl. I Nr. 103/2005 ist auf Umsätze und sonstige Sachverhalte anzuwenden, die nach dem 30. Juni 2006 ausgeführt werden bzw. sich ereignen. Art. 21 Abs. 3 in der Fassung des Bundesgesetzes BGBl. I Nr. 103/2005 ist auf Umsätze und sonstige Sachverhalte anzuwenden, die nach dem 31. Dezember 2005 ausgeführt werden bzw. sich ereignen.

(27) § 6 Abs. 1 Z 9 lit. d sublit. dd in der Fassung des Bundesgesetzes BGBl. I Nr. 105/2005 ist auf Umsätze und sonstige Sachverhalte anzuwenden, die nach dem 31. Dezember 1998 ausgeführt wurden bzw. sich ereignet haben.

(28) Die Änderung des Bundesgesetzes BGBl. I Nr. 101/2006 tritt in Kraft:

1. § 6 Abs. 1 Z 27 ist auf Umsätze und sonstige Sachverhalte anzuwenden, die nach dem 31. Dezember 2006 ausgeführt werden bzw. sich ereignen.

(29) Die Änderungen des Bundesgesetzes BGBl. I Nr. 24/2007 treten wie folgt in Kraft:

1. § 28 Abs. 10b ist auf Umsätze und sonstige Sachverhalte im Zusammenhang mit nach dem 31. Dezember 2006 erfolgenden Beitritten neuer Mitgliedstaaten zur Europäischen Union anzuwenden.
2. Z 20 und Z 30 der Anlage sind auf Umsätze und sonstige Sachverhalte anzuwenden, die nach dem 31. Dezember 2006 ausgeführt werden bzw. sich ereignen.
3. § 7 Abs. 5 und § 7 Abs. 6 sind auf Umsätze und sonstige Sachverhalte anzuwenden, die nach dem 30. Juni 2007 ausgeführt werden bzw. sich ereignen.
4. § 10 Abs. 4 ist auf Umsätze anzuwenden, die nach dem 30. Juni 2007 ausgeführt werden.
5. § 10 Abs. 2 Z 13 und Art. 1 Abs. 6 sind auf Umsätze und sonstige Sachverhalte anzuwenden, die nach dem 31. Dezember 2007 ausgeführt werden bzw. sich ereignen.
6. § 3a Abs. 10 Z 7, § 6 Abs. 1 Z 8 lit. i, § 11 Abs. 1a, § 12 Abs. 1 Z 3, § 18 Abs. 2 Z 4 und § 19 Abs. 1d treten nach Ablauf des Tages, an dem das Gesetz im Bundesgesetzblatt kundgemacht wurde, in Kraft.

(30) Die Änderungen des Bundesgesetzes BGBl. I Nr. 99/2007 treten in Kraft:

1. § 11 Abs. 1 und § 12 Abs. 1 Z 1 sind auf Umsätze, die nach dem 31. Dezember 2007 ausgeführt werden, anzuwenden.
2. § 12 Abs. 16 und 17 sowie § 27 Abs. 9 sind auf Umsätze, die nach dem 31. Dezember 2007 ausgeführt werden, nicht mehr anzuwenden.
3. Art. 28 Abs. 1 tritt mit 1. Jänner 2008 in Kraft.

(30) Die Änderungen des Bundesgesetzes BGBl. I Nr. 99/2007 treten in Kraft:

1. § 11 Abs. 1 und § 12 Abs. 1 Z 1 sind auf Umsätze, die nach dem 31. Dezember 2007 ausgeführt werden, anzuwenden.
2. § 12 Abs. 16 und 17 sowie § 27 Abs. 9 sind auf Umsätze, die nach dem 31. Dezember 2007 ausgeführt werden, nicht mehr anzuwenden.
3. Art. 28 Abs. 1 tritt mit 1. Jänner 2008 in Kraft.

(31) § 10 Abs. 2 Z 1 lit. a erster Teilstrich in der Fassung des Bundesgesetzes BGBl. I Nr. 140/2008 ist auf Lieferungen und sonstige Leistungen, die nach dem 31. Dezember 2008 ausgeführt werden,

anzuwenden sowie auf Einfuhren, für die die Einfuhrumsatzsteuerschuld nach dem 31. Dezember 2008 entsteht.

(32) Die Änderungen des Bundesgesetzes BGBl. I Nr. 140/2008 treten in Kraft:

1. § 6 Abs. 4 Z 4 lit. a, § 6 Abs. 4 Z 9, § 6 Abs. 5 und § 6 Abs. 6 sind auf Einfuhren anzuwenden, für die die Einfuhrumsatzsteuerschuld nach dem 30. November 2008 entsteht.
2. § 6 Abs. 4 Z 4 lit. e, f und p ist auf Einfuhren nicht mehr anzuwenden, für die die Einfuhrumsatzsteuerschuld nach dem 30. November 2008 entsteht.

(33) Die Änderungen des Bundesgesetzes BGBl. I Nr. 52/2009 treten in Kraft:

1. § 3a Abs. 4 bis 15, § 19 Abs. 1, § 19 Abs. 2 Z 1 lit. a und lit. b letzter Satz, § 23 Abs. 3, § 25a Abs. 1 bis 3, Art. 3a, Art. 11 Abs. 1 und 2, Art. 18 Abs. 3, Art. 21 Abs. 3, Abs. 6 Z 3, Abs. 7, 9 zweiter Satz, Art. 28 Abs. 1 zweiter und dritter Satz sind auf Umsätze und sonstige Sachverhalte anzuwenden, die nach dem 31. Dezember 2009 ausgeführt werden bzw. sich ereignen.
2. § 21 Abs. 2 ist erstmals auf Voranmeldungszeiträume anzuwenden, die nach dem 31. Dezember 2009 beginnen.
3. Die letzten beiden Sätze des § 21 Abs. 9 sind auf Vorsteuererstattungsanträge anzuwenden, die nach dem 31. Dezember 2009 gestellt werden.
4. Die in § 3a Abs. 16, § 21 Abs. 9 und 11 festgelegten Verordnungsermächtigungen treten mit 1. Jänner 2010 in Kraft. Verordnungen auf Grund dieser Bestimmungen dürfen bereits nach Ablauf des Tages, an dem dieses Bundesgesetz im Bundesgesetzblatt kundgemacht wurde, erlassen werden; sie dürfen jedoch nicht vor den durchzuführenden Gesetzesbestimmungen in Kraft treten.

(34)

1. § 11 Abs. 1a, § 12 Abs. 1 Z 3, § 18 Abs. 2 Z 4, § 19 Abs. 1e, § 19 Abs. 2 Z 1 lit. b und § 20 Abs. 1 sind auf Umsätze anzuwenden, die nach dem 30. Juni 2010 ausgeführt werden.
2. § 3 Abs. 13 und 14, § 3a Abs. 11 lit. a, § 3a Abs. 11a, § 3a Abs. 14 Z 15, § 6 Abs. 1 Z 10 lit. b, § 6 Abs. 4 Z 3a, § 19 Abs. 1c, Art. 1 Abs. 3 Z 1 lit. h, Art. 1 Abs. 6, Art. 3 Abs. 1 Z 1 lit. h und Art. 3 Abs. 5 Z 1 sind auf Umsätze und sonstige Sachverhalte anzuwenden, die nach dem 31. Dezember 2010 ausgeführt werden bzw. sich ereignen.
3. Art. 6 Abs. 3 ist auf Einfuhren, die nach dem 31. Dezember 2010 erfolgen, anzuwenden.
4. Art. 28 Abs. 2 tritt mit 1. Juli 2011 in Kraft.
5. § 21 Abs. 2 ist erstmals auf Voranmeldungszeiträume anzuwenden, die nach dem 31. Dezember 2010 beginnen.
6. § 21 Abs. 6 ist erstmals bei der Veranlagung für das Kalenderjahr 2011 anzuwenden.

(35) § 4 Abs. 5 und § 6 Abs. 1 Z 9 lit. d sublit. aa, bb und cc jeweils in der Fassung des Bundesgesetzes BGBl. I Nr. 54/2010, sind erstmals auf Umsätze und sonstige Sachverhalte anzuwenden, die nach dem 1. Jänner 2011 ausgeführt werden bzw. sich ereignen. § 6 Abs. 1 Z 9 lit. d sublit. dd ist auf Umsätze, die nach dem 31. Dezember 2010 ausgeführt werden, nicht mehr anzuwenden.

(36)

1. § 6 Abs. 1 Z 10 lit. c tritt mit Ablauf des 31. Dezember 2010 außer Kraft und ist auf Umsätze, die nach dem 31. Dezember 2010 ausgeführt werden, nicht mehr anzuwenden.
2. § 6 Abs. 4 Z 2 und Art. 6 Abs. 2 Z 2 in der Fassung des Budgetbegleitgesetzes 2011, BGBl. I Nr. 111/2010, treten mit 1. Jänner 2011 in Kraft und sind auf Einfuhren und innergemeinschaftliche Erwerbe anzuwenden, die nach dem 31. Dezember 2010 erfolgen.
3. § 19 Abs. 1a letzter Unterabsatz ist auf Umsätze anzuwenden, die nach dem 31. Dezember 2010 ausgeführt werden.

(37) § 19 Abs. 1 zweiter Satz, § 19 Abs. 1e, § 27 Abs. 4 erster Satz und Z 1 der Anlage, jeweils in der Fassung des Bundesgesetzes BGBl. I Nr. 76/2011, sind auf Umsätze und sonstige Sachverhalte anzuwenden, die nach dem 31. Dezember 2011 ausgeführt werden bzw. sich ereignen.

(38)

1. § 6 Abs. 2 letzter Unterabsatz in der Fassung des 1. Stabilitätsgesetzes 2012, BGBl. I Nr. 22/2012, ist hinsichtlich § 6 Abs. 1 Z 16 auf Miet- und Pachtverhältnisse anzuwenden, die nach dem 31. August 2012 beginnen, sofern mit der Errichtung des Gebäudes durch den Unternehmer nicht bereits vor dem 1. September 2012 begonnen wurde, sowie hinsichtlich § 6 Abs. 1 Z 17 auf Wohnungseigentum, das nach dem 31. August 2012 erworben wird. Als Beginn der Errichtung ist der Zeitpunkt zu verstehen, in dem bei vorliegender Baubewilligung mit der Bauausführung tatsächlich begonnen wird, also tatsächliche handwerkliche Baumaßnahmen erfolgen. § 6 Abs. 2 letzter Unterabsatz in der Fassung des 1. Stabilitätsgesetzes 2012 ist nicht anzuwenden, wenn der Leistungsempfänger das Grundstück für Umsätze verwendet, die ihn zum Bezug einer Beihilfe nach § 1, § 2 oder § 3 Abs. 2 des Gesundheits- und Sozialbereich-Beihilfengesetzes, BGBl. Nr. 746/1996, berechtigen.
2. § 12 Abs. 10 dritter und vierter Unterabsatz in der Fassung des 1. Stabilitätsgesetzes 2012, BGBl. I Nr. 22/2012, und der Entfall des § 12 Abs. 10a sind auf Berichtigungen von Vorsteuerbeträgen anzuwenden, die Grundstücke (einschließlich der aktivierungspflichtigen Aufwendungen und der Kosten von Großreparaturen) betreffen, die der Unternehmer nach dem 31. März 2012 erstmals in seinem Unternehmen als Anlagevermögen (wobei § 12 Abs. 12 zu beachten ist) verwendet oder

nutzt und wenn bei der Vermietung (Nutzungsüberlassung) von Grundstücken für Wohnzwecke der Vertragsabschluss über die Vermietung (Nutzungsüberlassung) nach dem 31. März 2012 erfolgt. § 12 Abs. 10 dritter und vierter Unterabsatz und § 12 Abs. 10a, jeweils in der Fassung vor dem 1. Stabilitätsgesetz 2012, BGBl. I Nr. 22/2012, sind auf Berichtigungen von Vorsteuerbeträgen weiterhin anzuwenden, die Grundstücke (einschließlich der aktivierungspflichtigen Aufwendungen und der Kosten von Großreparaturen) betreffen, die der Unternehmer vor dem 1. April 2012 erstmals in seinem Unternehmen als Anlagevermögen (wobei § 12 Abs. 12 zu beachten ist) verwendet oder nutzt, oder wenn bei der Vermietung (Nutzungsüberlassung) von Grundstücken für Wohnzwecke der Vertragsabschluss über die Vermietung (Nutzungsüberlassung) vor dem 1. April 2012 erfolgt.

3. § 18 Abs. 10 in der Fassung des 1. Stabilitätsgesetzes 2012, BGBl. I Nr. 22/2012, ist auf Grundstücke im Sinne des § 6 Abs. 1 Z 9 lit. a anzuwenden, die der Unternehmer nach dem 31. März 2012 erstmals in seinem Unternehmen als Anlagevermögen (wobei § 12 Abs. 12 zu beachten ist) verwendet oder nutzt und wenn bei der Vermietung (Nutzungsüberlassung) von Grundstücken für Wohnzwecke der Vertragsabschluss über die Vermietung (Nutzungsüberlassung) nach dem 31. März 2012 erfolgt.

(39)

1. § 3a Abs. 12 Z 1 und Z 2, § 4 Abs. 9, § 11 Abs. 1, Abs. 1a, Abs. 2, Abs. 3, Abs. 4, Abs. 6, Abs. 8 Z 3, § 12 Abs. 15, § 17 Abs. 1, § 20 Abs. 6, § 24 Abs. 7, § 27 Abs. 7, Art. 1 Abs. 3 Z 1 lit. e, Art. 3 Abs. 1 Z 1 lit. e, Art. 4 Abs. 3, Art. 11 Abs. 1 erster Satz, Art. 11 Abs. 4, Art. 11 Abs. 5 und Art. 25 Abs. 4, jeweils in der Fassung des Bundesgesetzes BGBl. I Nr. 112/2012, treten mit 1. Jänner 2013 in Kraft und sind erstmals auf Umsätze und sonstige Sachverhalte anzuwenden, die nach dem 31. Dezember 2012 ausgeführt werden bzw. sich ereignen.
2. § 12 Abs. 1 Z 1 in der Fassung des Bundesgesetzes BGBl. I Nr. 112/2012 tritt mit 1. Jänner 2013 in Kraft und ist erstmals auf Umsätze an den Unternehmer anzuwenden, die nach dem 31. Dezember 2012 ausgeführt werden.
3. Z 6, Z 22 lit. g, Z 33, Z 41, Z 42 lit. b und Z 42 lit. c der Anlage treten mit Ablauf des 31. Dezember 2012 außer Kraft; sie sind jedoch auf Lieferungen und innergemeinschaftliche Erwerbe, die vor dem 1. Jänner 2013 ausgeführt werden, sowie auf Einfuhren, für die die Einfuhrumsatzsteuerschuld vor dem 1. Jänner 2013 entsteht, weiterhin anzuwenden.
4. Die Änderungen in § 12 Abs. 12 sowie in § 22 Abs. 1 und Abs. 2 sind ab dem Veranlagungsjahr 2014 anzuwenden. Zusätzliche Voraussetzung ist, dass die erstmalige Verwendung oder Nutzung durch den Unternehmer in seinem Unternehmen als Anlagevermögen nach dem 31. Dezember 2013 erfolgt.

(40) § 11 Abs. 6 in der Fassung des Bundesgesetzes BGBl. I Nr. 13/2014 tritt mit 1. März 2014 in Kraft und ist auf Umsätze und sonstige Sachverhalte anzuwenden, die nach dem 28. Februar 2014 ausgeführt werden bzw. sich ereignen.

(41) § 3a Abs. 13 bis 16, § 22 Abs. 1 und 1a, § 25a samt Überschrift, Art. 25a samt Überschrift und Art. 28, jeweils in der Fassung des Budgetbegleitgesetzes 2014, BGBl. I Nr. 40/2014, treten mit 1. Jänner 2015 in Kraft und sind erstmals auf Umsätze und sonstige Sachverhalte anzuwenden, die nach dem 31. Dezember 2014 ausgeführt werden. Werden Umsätze gemäß § 3a Abs. 13 in der Fassung des genannten Bundesgesetzes nach dem 31. Dezember 2014 ausgeführt, gilt dies nur für den Teil des Entgelts, der nicht vor dem 1. Jänner 2015 vereinnahmt wurde. Der Antrag auf Inanspruchnahme der Sonderregelung nach Art. 25a Abs. 1 ist ab 1. Oktober 2014 möglich.

(42)

1. § 3a Abs. 15, § 4 Abs. 9, § 6 Abs. 1 Z 17, § 10 Abs. 2 und Abs. 3 Z 1, Z 2, Z 4, Z 5 und Z 7 bis Z 12 sowie Anlage 1 und Anlage 2, § 12 Abs. 2 Z 2a, § 13 Abs. 1, § 14 Abs. 1 Z 1, § 22 Abs. 1 und Abs. 2, § 24 Abs. 1 und Abs. 2 sowie Art. 11 Abs. 1 und Abs. 5, jeweils in der Fassung des Bundesgesetzes BGBl. I Nr. 118/2015 treten mit 1. Jänner 2016 in Kraft und sind erstmals auf Umsätze und sonstige Sachverhalte anzuwenden, die nach dem 31. Dezember 2015 ausgeführt werden bzw. sich ereignen. Auf Umsätze und sonstige Sachverhalte, die nach dem 31. Dezember 2015 und vor dem 1. Mai 2016 ausgeführt werden bzw. sich ereignen, ist § 10 Abs. 2 Z 4 lit. b und lit. c sowie Z 8 in der Fassung vor dem Bundesgesetz BGBl. I Nr. 118/2015 weiterhin anzuwenden.
2. § 10 Abs. 3 Z 3 in der Fassung des Bundesgesetzes BGBl. I Nr. 118/2015 tritt mit 1. Mai 2016 in Kraft und ist erstmals auf Umsätze und sonstige Sachverhalte anzuwenden, die nach dem 30. April 2016 ausgeführt werden bzw. sich ereignen. Auf Umsätze und sonstige Sachverhalte, die zwischen dem 1. Mai 2016 und dem 31. Dezember 2017 ausgeführt werden bzw. sich ereignen und für die eine Buchung und An- oder Vorauszahlung vor dem 1. September 2015 vorgenommen wurde, ist § 10 Abs. 2 Z 4 lit. b und lit. c in der Fassung vor dem Bundesgesetz BGBl. I Nr. 118/2015 weiterhin anzuwenden.
3. § 10 Abs. 3 Z 6 in der Fassung des Bundesgesetzes BGBl. I Nr. 118/2015 tritt mit 1. Mai 2016 in Kraft und ist erstmals auf Umsätze und sonstige Sachverhalte anzuwenden, die nach dem 30. April 2016 ausgeführt werden bzw. sich ereignen. Auf Umsätze und sonstige Sachverhalte, die zwischen dem 1. Mai

2016 und dem 31. Dezember 2017 ausgeführt werden bzw. sich ereignen und für die eine An- oder Vorauszahlung vor dem 1. September 2015 vorgenommen wurde, ist § 10 Abs. 2 Z 8 in der Fassung vor dem Bundesgesetz BGBl. I Nr. 118/2015 weiterhin anzuwenden.

4. § 22 Abs. 8 tritt mit Ablauf des 31. Dezember 2015 außer Kraft und ist auf Umsätze und sonstige Sachverhalte, die nach dem 31. Dezember 2015 ausgeführt werden bzw. sich ereignen, nicht mehr anzuwenden.

(BGBl I 2015/118)

(43)

1. § 6 Abs. 4 Z 7 und Z 8 sowie § 26 Abs. 1 und Abs. 3 Z 2, jeweils in der Fassung des Bundesgesetzes BGBl. I Nr. 163/2015, treten mit 1. Mai 2016 in Kraft.
2. § 23 Abs. 1, 3 und 8, jeweils in der Fassung des Bundesgesetzes BGBl. I Nr. 163/2015, treten mit 1. Jänner 2022 in Kraft und sind erstmals auf Umsätze und sonstige Sachverhalte anzuwenden, die nach dem 31. Dezember 2021 ausgeführt werden bzw. sich ereignen. § 23 Abs. 4 in der Fassung des Bundesgesetzes BGBl. I Nr. 163/2015 tritt nicht in Kraft.

   (BGBl I 2016/117, BGBl I 2018/62, BGBl I 2019/91, BGBl I 2021/112)

(BGBl I 2015/163)

(44)

1. § 6 Abs. 1 Z 9 lit. a, Z 16, Z 27, Abs. 2 und Abs. 6 lit. e, § 10 Abs. 3 Z 11, § 12 Abs. 10 und Abs. 13, § 19 Abs. 1b lit. b und c, § 25a Abs. 15, Anlage 1 Z 23 und Z 32 sowie Art. 25a Abs. 13, jeweils in der Fassung des Bundesgesetzes BGBl. I Nr. 117/2016, treten mit 1. Jänner 2017 in Kraft und sind erstmals auf Umsätze und sonstige Sachverhalte anzuwenden, die nach dem 31. Dezember 2016 ausgeführt werden.
2. § 7 Abs. 5 Z 2 und Abs. 6 Z 2 lit. a jeweils in der Fassung des Bundesgesetzes BGBl. I Nr. 117/2016, treten mit 1. Mai 2016 in Kraft und sind erstmals auf Umsätze und sonstige Sachverhalte anzuwenden, die nach dem 30. April 2016 ausgeführt werden.

(BGBl I 2016/117)

(45) § 10 Abs. 2 Z 1 lit. c, Z 3 lit. c und lit. d und Abs. 3 Z 3 in der Fassung des Bundesgesetzes BGBl. I Nr. 12/2018 tritt mit 1. November 2018 in Kraft und ist erstmals auf Umsätze und sonstige Sachverhalte anzuwenden, die nach dem 31. Oktober 2018 ausgeführt werden bzw. sich ereignen.

(BGBl I 2018/12)

(46)

1. § 6 Abs. 1 Z 11 lit. a, § 17 Abs. 1 erster Satz, § 25a Abs. 1, § 27 Abs. 5, Anlage 1 Z 32 und Art. 3a Abs. 5 jeweils in der Fassung des Bundesgesetzes BGBl. I Nr. 62/2018, treten mit 1. Jänner 2019 in Kraft und sind erstmals auf Umsätze und sonstige Sachverhalte anzuwenden, die nach dem 31. Dezember 2018 ausgeführt werden bzw. sich ereignen.
2. § 13 Abs. 1 in der Fassung des Bundesgesetzes BGBl. I Nr. 62/2018, tritt mit 1. November 2018 in Kraft und ist erstmals auf Umsätze und sonstige Sachverhalte anzuwenden, die nach dem 31. Oktober 2018 ausgeführt werden bzw. sich ereignen.
3. § 23 Abs. 7 in der Fassung des Bundesgesetzes BGBl. I Nr. 62/2018, tritt mit 1. Jänner 2022 in Kraft und ist erstmals auf Umsätze und sonstige Sachverhalte anzuwenden, die nach dem 31. Dezember 2021 ausgeführt werden bzw. sich ereignen.

   (BGBl I 2019/91)
4. § 27 Abs. 1 bis Abs. 3 treten mit 1. Jänner 2019 außer Kraft und sind auf Umsätze und sonstige Sachverhalte, die nach dem 31. Dezember 2018 ausgeführt werden bzw. sich ereignen, nicht mehr anzuwenden.

(BGBl I 2018/62)

(47)

1. § 18 Abs. 11 und 12 und § 27 Abs. 1 Z 1, jeweils in der Fassung des Bundesgesetzes BGBl. I Nr. 91/2019, treten mit 1. Jänner 2020 in Kraft und sind erstmals auf Umsätze und sonstige Sachverhalte anzuwenden, die nach dem 31. Dezember 2019 ausgeführt werden bzw. sich ereignen.
2. § 3 Abs. 8a (ausgenommen lit. b), § 24 Abs. 13, § 25a, § 27 Abs. 1 Z 2 (ausgenommen Einfuhr-Versandhandel) und Z 3, Art. 3 Abs. 3, Abs. 5 und Abs. 6, Art. 3a Abs. 5 Z 1 lit. c, Art. 11 Abs. 1 Z 4 und Abs. 5, Art. 25a und Art. 28 Abs. 1, jeweils in der Fassung des Bundesgesetzes BGBl. I Nr. 91/2019, treten mit 1. Juli 2021 in Kraft und sind erstmals auf Umsätze und sonstige Sachverhalte anzuwenden, die nach dem 30. Juni 2021 ausgeführt werden bzw. sich ereignen.

   (BGBl I 2021/3)
3. § 6 Abs. 4 Z 9, § 20 Abs. 7 und § 26a, jeweils in der Fassung des Bundesgesetzes BGBl. I Nr. 91/2019, treten mit 1. Juli 2021 in Kraft und sind erstmals auf die Einfuhr von Gegenständen nach dem 30. Juni 2021 anzuwenden. Liegen die technischen und organisatorischen Voraussetzungen für die Festsetzung, Abfuhr und Einhebung der Einfuhrumsatzsteuer für Gegenstände, deren Gesamtwert 22 Euro nicht übersteigt, vor dem 1. Juli 2021 vor, findet § 6 Abs. 4 Z 9 in der Fassung vor dem Bundesgesetz BGBl. I Nr. 91/2019 ab diesem Zeitpunkt keine Anwendung. Dieser Zeitpunkt ist vom Bundesminister für Finanzen im Bundesgesetzblatt kundzumachen.

   (BGBl I 2021/3)
4. § 3 Abs. 3a, § 3 Abs. 8a lit. b, § 11 Abs. 1 Z 2a, § 19 Abs. 2 Z 1a, § 25b, § 27 Abs. 1 Z 2 (für Einfuhr-Versandhandel), Art. 6 Abs. 4 und Art. 12 Abs. 2, jeweils in der Fassung des Bundesgesetzes BGBl. I Nr. 91/2019, treten

mit 1. Juli 2021 in Kraft und sind erstmals auf Lieferungen anzuwenden, für die die Zahlung nach dem 30. Juni 2021 angenommen wird. Der Antrag auf Inanspruchnahme der Sonderregelung nach § 25b ist ab 1. April 2021 möglich.

(BGBl I 2021/3)

(BGBl I 2019/91)

(48) § 5 Abs. 4 Z 2, § 26 Abs. 3 Z 1 und § 27 Abs. 5 und 8 sowie Art. 6 Abs. 3, jeweils in der Fassung des Bundesgesetzes BGBl. I Nr. 104/2019, treten mit 1. Juli 2020 in Kraft und sind erstmals auf Umsätze und sonstige Sachverhalte anzuwenden, die nach dem 30. Juni 2020 ausgeführt werden bzw. sich ereignen.

(BGBl I 2019/104)

(49)

1. § 3 Abs. 15, § 6 Abs. 1 Z 27, § 10 Abs. 2 Z 8 und Z 9, § 12 Abs. 2 Z 2a, § 21 Abs. 6, Art. 1a, Art. 3 Abs. 1 und 2, Art. 7 Abs. 1 Z 1 und Z 3 bis 5 sowie Abs. 2, Art. 21 Abs. 3, Abs. 4 Z 2, Abs. 6 und 7 und Art. 24 Abs. 1 lit. a, jeweils in der Fassung des Bundesgesetzes BGBl. I Nr. 103/2019, treten mit 1. Jänner 2020 in Kraft und sind erstmals auf Umsätze und sonstige Sachverhalte anzuwenden, die nach dem 31. Dezember 2019 ausgeführt werden bzw. sich ereignen.
2. § 22 Abs. 6 in der Fassung des Bundesgesetzes BGBl. I Nr. 103/2019 tritt mit 1. Jänner 2020 in Kraft und ist erstmals auf Veranlagungszeiträume anzuwenden, die nach dem 31. Dezember 2019 beginnen.

(BGBl I 2019/103)

(50) Abweichend von § 10 ermäßigt sich die Steuer auf 0% für die Lieferungen und die innergemeinschaftlichen Erwerbe von Schutzmasken, die nach dem 13. April 2020 und vor dem 1. August 2020 ausgeführt werden bzw. sich ereignen.

(BGBl I 2020/44)

(51)

1. Die Steuer ermäßigt sich auf 10% für die Lieferungen und Restaurationsumsätze von nicht in der Anlage 1 genannten offenen nichtalkoholischen Getränken, die nach dem 30. Juni 2020 und vor dem 1. Jänner 2021 ausgeführt werden bzw. sich ereignen.
2. § 22 Abs. 2 in der Fassung des Bundesgesetzes BGBl. I Nr. 48/2020 ist auf Umsätze und sonstige Sachverhalte anzuwenden, die nach dem 30. Juni 2020 und vor dem 1. Jänner 2021 ausgeführt werden bzw. sich ereignen.

(BGBl I 2020/48)

(52)

1. Abweichend von § 10 in der Fassung des Bundesgesetzes BGBl. I Nr. 60/2020, ermäßigt sich die Steuer auf 5% für
   a) die Verabreichung von Speisen und den Ausschank von Getränken im Sinne des § 111 Abs. 1 GewO 1994;
   b) die von § 10 Abs. 2 Z 1 lit. a iVm Anlage 1 Z 33, Z 3 lit. c und d, Z 9, Abs. 3 Z 1 lit. b (ausgenommen der in Anlage 2 Z 11 bis 13 aufgezählten Gegenstände) und lit. c, Z 4 und Z 6 bis 8 erfassten Lieferungen, sonstigen Leistungen, Einfuhren oder innergemeinschaftlichen Erwerbe;
   c) die Einfuhr von vom Künstler aufgenommenen Fotografien, die von ihm oder unter seiner Überwachung abgezogen wurden und signiert sowie nummeriert sind, sofern die Gesamtzahl der Abzüge (alle Formate und Trägermaterialien zusammengenommen) 30 nicht überschreitet, sowie Lieferungen solcher Fotografien, wenn sie
      – vom Urheber oder dessen Rechtsnachfolger bewirkt werden oder
      – von einem Unternehmer bewirkt werden, der kein Wiederverkäufer ist, wenn dieser den Gegenstand entweder selbst eingeführt hat, ihn vom Urheber oder dessen Rechtsnachfolger erworben hat oder er für den Erwerb zum vollen Vorsteuerabzug berechtigt war;

   die nach dem 30. Juni 2020 und vor dem 1. Jänner 2022 bzw. bei den von § 10 Abs. 2 Z 1 lit. a iVm Anlage 1 Z 33 lit. b und Z 9 iVm Anlage 1 Z 33 lit. b erfassten Lieferungen, sonstigen Leistungen, Einfuhren oder innergemeinschaftlichen Erwerben vor dem 1. Jänner 2021 ausgeführt werden bzw. sich ereignen. § 7 Preisgesetz findet auf diese Regelung keine Anwendung.

   (BGBl I 2021/3)
2. § 22 Abs. 2 in der Fassung des Bundesgesetzes BGBl. I Nr. 60/2020 ist auf Umsätze und sonstige Sachverhalte anzuwenden, die nach dem 30. Juni 2020 und vor dem 1. Jänner 2022 ausgeführt werden bzw. sich ereignen.

   (BGBl I 2021/3)

(BGBl I 2020/60)

(53)

1. § 1 Abs. 3, § 10 Abs. 2 Z 9 und 10 sowie Anlage 1 Z 35, jeweils in der Fassung des Bundesgesetzes BGBl. I Nr. 3/2021, treten mit 1. Jänner 2021 in Kraft und sind erstmals auf Umsätze und sonstige Sachverhalte anzuwenden, die nach dem 31. Dezember 2020 ausgeführt werden bzw. sich ereignen.
2. Das Vereinigte Königreich gilt als Gemeinschaftsgebiet und Mitgliedstaat hinsichtlich:
   a) der Waren, die aus dem Gebiet des Vereinigten Königreichs in das Gebiet eines Mitgliedstaats oder umgekehrt befördert oder versandt werden, sofern die Beförderung oder Versendung vor dem 1. Jänner 2021 beginnt und nach dem 31. Dezember 2020 endet;

b) der Rechte und Pflichten von steuerpflichtigen Personen in Bezug auf die vor dem 1. Jänner 2021 ausgeführten Umsätze mit einem grenzüberschreitenden Element zwischen dem Gebiet des Vereinigten Königreichs und einem Mitgliedstaat sowie in Bezug auf die unter lit. a fallenden Waren. Dies gilt bis 31. Dezember 2025 und mit folgenden Einschränkungen:
   aa) Erstattungsanträge eines im Gebiet des Vereinigten Königreichs ansässigen Unternehmers sind spätestens am 31. März 2021 zu stellen.
   bb) Berichtigungen von Erklärungen gemäß § 25a Abs. 6 oder Art. 25a Abs. 12 sind vor dem 1. Jänner 2022 abzugeben.

3. Unabhängig von § 6 und Art. 6 sind die Lieferung, der innergemeinschaftliche Erwerb und die Einfuhr von COVID-19-In-vitro-Diagnostika und COVID-19-Impfstoffen, sowie eng mit diesen Diagnostika oder Impfstoffen zusammenhängende sonstige Leistungen steuerfrei. Bei diesen Umsätzen tritt abweichend von § 12 Abs. 3 der Ausschluss vom Vorsteuerabzug nicht ein.
4. Der Unternehmer kann auf die Anwendung der Z 3 verzichten.
5. Z 3 und 4 in der Fassung des Bundesgesetzes BGBl. I Nr. 3/2021 treten mit 1. Jänner 2021 in Kraft und sind auf Umsätze und sonstige Sachverhalte anzuwenden, die nach dem 31. Dezember 2020 und vor dem **„1. Juli 2023"** ausgeführt werden bzw. sich ereignen.

(BGBl I 2021/3, BGBl I 2022/194 ab 7.12.2022)

(54) Abweichend von § 10 ermäßigt sich die Steuer auf 0% für die Lieferungen und die innergemeinschaftlichen Erwerbe von Schutzmasken, die nach dem 22. Jänner 2021 und vor dem 1. Juli 2023 ausgeführt werden bzw. sich ereignen.

(BGBl I 2021/52, BGBl I 2021/112, BGBl I 2021/227, BGBl I 2022/108)

(55)

1. § 23 Abs. 4 in der Fassung des Bundesgesetzes BGBl. I Nr. 112/2021, tritt mit 1. Jänner 2022 in Kraft und ist erstmals auf Umsätze und sonstige Sachverhalte anzuwenden, die nach dem 31. Dezember 2021 ausgeführt werden bzw. sich ereignen.
2. § 25b Abs. 1 in der Fassung des Bundesgesetzes BGBl. I Nr. 112/2021, tritt mit 1. Juli 2021 in Kraft und ist erstmals auf Lieferungen anzuwenden, für die die Zahlung nach dem 30. Juni 2021 angenommen wird.

(BGBl I 2021/112)

(56)

1. § 6 Abs. 1 Z 6 lit. e und Abs. 4 Z 10 jeweils in der Fassung des Bundesgesetzes BGBl. I Nr. 227/2021 treten mit 1. Jänner 2021 in Kraft und sind erstmals auf Umsätze und sonstige Sachverhalte anzuwenden, die nach dem 31. Dezember 2020 ausgeführt werden bzw. sich ereignen.
2. § 27 Abs. 4 und Art. 25a Abs. 6 und 7 jeweils in der Fassung des Bundesgesetzes BGBl. I Nr. 227/2021 treten mit 1. Juli 2021 in Kraft und sind erstmals auf Umsätze und sonstige Sachverhalte anzuwenden, die nach dem 30. Juni 2021 ausgeführt werden bzw. sich ereignen.
3. § 11 Abs. 1 Z 2a, Art. 11 Abs. 1 Z 4 und Art. 28 Abs. 1 jeweils in der Fassung des Bundesgesetzes BGBl. I Nr. 227/2021 treten mit 1. Jänner 2022 in Kraft und sind erstmals auf Umsätze und sonstige Sachverhalte anzuwenden, die nach dem 31. Dezember 2021 ausgeführt werden bzw. sich ereignen.

(BGBl I 2021/227)

(57) § 12 Abs. 10 und § 18 Abs. 10, jeweils in der Fassung des Bundesgesetzes BGBl. I Nr. 10/2022, treten mit 1. April 2022 in Kraft und sind bei nachträglichen Übertragungen in das Wohnungseigentum aufgrund eines Anspruches gemäß § 15c WGG anzuwenden, die nach dem 31. März 2022 ausgeführt werden.

(BGBl I 2022/10)

(58)

1. § 6 Abs. 1 Z 6 lit. c und Abs. 4 Z 10 und 11, Art. 1 Abs. 3 Z 2 und Abs. 10 sowie Art. 4 Abs. 2 jeweils in der Fassung des Bundesgesetzes BGBl. I Nr. 108/2022, treten mit 1. Juli 2022 in Kraft und sind erstmals auf Umsätze und sonstige Sachverhalte anzuwenden, die nach dem 30. Juni 2022 ausgeführt werden bzw. sich ereignen.
2. § 6 Abs. 1 Z 3 lit. d, § 27 Abs. 9 und Art. 25 jeweils in der Fassung des Bundesgesetzes BGBl. I Nr. 108/2022, treten mit 1. Jänner 2023 in Kraft und sind erstmals auf Umsätze und sonstige Sachverhalte anzuwenden, die nach dem 31. Dezember 2022 ausgeführt werden bzw. sich ereignen.

(BGBl I 2022/108)

„(59) § 22 Abs. 1, Abs. 1a und Abs. 7 in der Fassung des Bundesgesetzes BGBl. I Nr. 163/2022 tritt mit 1. Jänner 2023 in Kraft und ist erstmals auf Veranlagungszeiträume anzuwenden, die nach dem 31. Dezember 2022 beginnen."

(Teuerungs-EP II, BGBl I 2022/163)

Zeitlich begrenzte Fassungen einzelner Gesetzesvorschriften

§ 29. (1) (aufgehoben)

(2) Hinsichtlich der Bestimmungen des Umsatzsteuergesetzes 1972, BGBl. Nr. 223/1972, gilt folgendes:

1. (aufgehoben)
2. § 10 Abs. 2 Z 9 des Umsatzsteuergesetzes 1972 ist auf Umsätze anzuwenden, die vor dem 1. Jänner 1997 ausgeführt werden.

3. § 12 Abs. 8 des Umsatzsteuergesetzes 1972 ist bis einschließlich dem Veranlagungsjahr 1996 anzuwenden.

(3) Der Ausschluß vom Vorsteuerabzug gemäß § 12 Abs. 3 tritt nicht ein, wenn Umsätze gem. § 6 Abs. 1 Z 7 vor dem 1. Jänner 1997 ausgeführt werden.

(4) Für Umsätze, die vor dem 1. Jänner 1997 ausgeführt werden, lautet § 6 Abs. 1 Z 26:

„26. a) die Lieferungen von Gegenständen, wenn der Unternehmer für diese Gegenstände keinen Vorsteuerabzug vornehmen konnte und die gelieferten oder entnommenen Gegenstände
- ausschließlich für eine nach den Z 8 bis 25 steuerfreie oder
- nach lit. b steuerfreie Tätigkeit verwendet hat;

b) die vorübergehende Verwendung von Gegenständen für Zwecke, die außerhalb des Unternehmens liegen (§ 1 Abs. 1 Z 2 lit. a), wenn diese Gegenstände im Unternehmen stets ausschließlich für eine nach den Z 8 bis 25 steuerfreie Tätigkeit verwendet wurden;“

(5) § 6 Abs. 1 Z 18 bis 22 ist erst auf Umsätze anzuwenden, die nach dem 31. Dezember 1996 ausgeführt werden. Dasselbe gilt für § 6 Abs. 1 Z 25, soweit es sich um in § 6 Abs. 1 Z 18 genannte Leistungen handelt.

(6) § 10 Abs. 3 Z 2 ist anzuwenden auf steuerbare Umsätze, die vor dem 1. Jänner 1997 ausgeführt werden.

(7) § 4 Abs. 9, § 20 Abs. 4 und § 21 Abs. 7 sind auf Umsätze anzuwenden, die vor dem 1. Jänner 2001, nach dem 8. Mai 2001 und vor dem 1. April 2002 liegen.

(8) Bis auf weiteres gelten als Übergangsregelung für die Besteuerung des Handels zwischen den Mitgliedstaaten die Bestimmungen dieses Bundesgesetzes – soweit sie nicht unmittelbar anwendbar sind (zB für die Besteuerung des Erwerbes) gelten sie sinngemäß – ergänzt um die entsprechenden Artikel im Anhang (Binnenmarkt).

(9) Für die Anwendung der Bestimmungen des § 12 Abs. 10 und 11 gilt die Tätigkeit des Bundes im Rahmen des Fernmeldewesens ab 1. Jänner 1987 als gewerblich oder beruflich und gelten die Umsätze gemäß § 1 Abs. 1 Z 1 und 2 des Umsatzsteuergesetzes 1972 aus der Tätigkeit des Bundes im Rahmen des Fernmeldewesens, die nach dem 31. Dezember 1986 und vor dem 1. Mai 1996 ausgeführt wurden, ausgenommen die Lieferung von Fernsprechnebenstellenanlagen durch die Post, als befreit.

Umstellung langfristiger Verträge

§ 30. (1) Beruht eine Leistung, die nach dem im § 28 Abs. 1 erster Satz genannten Zeitpunkt erbracht wird, auf einem Vertrag, der vor dem im § 28 Abs. 1 erster Satz genannten Zeitpunkt geschlossen worden ist, so kann, falls nach diesem Gesetz ein anderer Steuersatz anzuwenden ist, der Umsatz steuerpflichtig, steuerfrei oder nicht steuerbar wird, der eine Vertragsteil von dem anderen einen angemessenen Ausgleich der umsatzsteuerlichen Mehr- oder Minderbelastung verlangen. Das gilt nicht, wenn die Parteien ausdrücklich oder schlüssig etwas anderes vereinbart haben oder auch bei Kenntnis der Änderungen kein anderes Entgelt vereinbart hätten.

(2) Abs. 1 gilt sinngemäß bei einer Änderung dieses Gesetzes.

Vollziehung

§ 31. (1) Mit der Vollziehung dieses Bundesgesetzes ist der Bundesminister für Finanzen betraut.

(2) Mit der Vollziehung der §§ 11 und 30 sowie Art. 11 des Anhanges ist auch – sofern es sich um zivilrechtliche Bestimmungen handelt – der Bundesminister für Justiz betraut.

Anlage 1
(zu § 10 Abs. 2 UStG)

Verzeichnis der dem Steuersatz von 10% unterliegenden Gegenstände

1. Bienen (Unterposition 0106 41 00 der Kombinierten Nomenklatur) und Assistenzhunde gemäß § 39a Bundesbehindertengesetz, BGBl. Nr. 283/1990, die ausschließlich für den persönlichen Gebrauch von Behinderten bestimmt sind.

   (BGBl I 2019/103)

2. Fleisch und genießbare Schlachtnebenerzeugnisse (Kapitel 2 der Kombinierten Nomenklatur).
3. Fische, ausgenommen Zierfische; Krebstiere, Weichtiere und andere wirbellose Wassertiere (Kapitel 3 der Kombinierten Nomenklatur, ausgenommen Unterpositionen 0301 11 00 und 0301 19 00).
4. Milch und Milcherzeugnisse; Vogeleier; natürlicher Honig; genießbare Waren tierischen Ursprungs, anderweit weder genannt noch inbegriffen (Kapitel 4 der Kombinierten Nomenklatur).
5. Gemüse und trockene, ausgelöste Hülsenfrüchte, auch geschält oder zerkleinert (Positionen 0701 bis 0714 der Kombinierten Nomenklatur).
6. Genießbare Früchte und Nüsse (Positionen 0801 bis 0813 der Kombinierten Nomenklatur).
7. Gewürze (Positionen 0904 bis 0910 der Kombinierten Nomenklatur).
8. Getreide (Kapitel 10 der Kombinierten Nomenklatur).
9. Müllereierzeugnisse (Positionen 1101 bis 1104 der Kombinierten Nomenklatur).
10. Mehl, Grieß, Flocken, Granulat und Pellets von Kartoffeln (Position 1105 der Kombinierten Nomenklatur).

11. Mehl und Grieß von trockenen Hülsenfrüchten der Position 0713; Mehl, Grieß und Pulver von Erzeugnissen des Kapitels 8 (Unterpositionen 1106 10 00 und 1106 30 der Kombinierten Nomenklatur).
12. Stärke von Weizen, Mais und Kartoffeln (Unterpositionen 1108 11 00, 1108 12 00 und 1108 13 00 der Kombinierten Nomenklatur).
13. Waren des Kapitels 12 der Kombinierten Nomenklatur, und zwar
    a) Ölsamen und ölhaltige Früchte sowie Mehl daraus (Positionen 1201 bis 1208 der Kombinierten Nomenklatur),
    b) Hopfen (Blütenzapfen), frisch oder getrocknet, auch gemahlen, sonst zerkleinert oder in Form von Pellets; Lupulin (Position 1210 der Kombinierten Nomenklatur),
    c) Minze, Lindenblüten und –blätter, Salbei, Kamillenblüten, Holunderblüten und anderer Haustee (aus Unterposition 1211 90 86 der Kombinierten Nomenklatur),
    d) Rosmarin, Beifuß, Basilikum und Dost in Aufmachungen für den Einzelverkauf als Gewürz (aus Unterpositionen 1211 90 86 der Kombinierten Nomenklatur),
    e) Johannisbrot, Zuckerrüben, frisch, gekühlt, gefroren oder getrocknet, auch gemahlen; Steine und Kerne von Früchten sowie andere pflanzliche Waren (einschließlich nichtgerösteter Zichorienwurzeln der Varietät Cichorium intybus sativum) der hauptsächlich zur menschlichen Ernährung verwendeten Art, anderweit weder genannt noch inbegriffen (Unterpositionen 1212 91 20, 1212 91 80, 1212 92 00, 1212 94 00, 1212 99 und 1212 99 41 der Kombinierten Nomenklatur),
    f) Stroh und Spreu von Getreide, roh, auch gehäckselt, gemahlen, gepresst oder in Form von Pellets (Position 1213 00 00 der Kombinierten Nomenklatur).
14. Pektinstoffe, Pektinate und Pektate (Unterposition 1302 20 der Kombinierten Nomenklatur).
15. Waren des Kapitels 15 der Kombinierten Nomenklatur, und zwar
    a) Schweineschmalz und Geflügelfett (Unterposition 1501 10 90 und aus Unterposition 1501 90 00 der Kombinierten Nomenklatur),
    b) Premierjus und Speisetalg (aus Unterposition 1502 10 90 der Kombinierten Nomenklatur),
    c) Oleomargarin (aus Unterposition 1503 00 90 der Kombinierten Nomenklatur),
    d) genießbare pflanzliche Öle sowie deren Fraktionen, auch raffiniert, jedoch nicht chemisch modifiziert (Unterpositionen 1507 10 90, 1507 90 90, 1508 10 90, 1508 90 90, Positionen 1509 und 1510 00, Unterpositionen 1511 10 90, 1511 90 11, 1511 90 19, 1511 90 99, 1512 11 91, 1512 11 99, 1512 19 90, 1512 21 90, 1512 29 90, 1513 11 91, 1513 11 99, 1513 19 11, 1513 19 19, 1513 19 91, 1513 19 99, 1513 21 30, 1513 21 90, 1513 29 11, 1513 29 19, 1513 29 50, 1513 29 90, 1514 11 90, 1514 19 90, 1514 91 90, 1514 99 90, 1515 11 00, 1515 19 90, 1515 21 90, 1515 29 90, 1515 30 90, 1515 50 19, 1515 50 99, 1515 90 11, 1515 90 29, 1515 90 39, 1515 90 51, 1515 90 59, 1515 90 91 und 1515 90 99 der Kombinierten Nomenklatur),
    e) genießbare tierische oder pflanzliche Fette und Öle sowie deren Fraktionen, ganz oder teilweise hydriert, umgeestert, wiederverestert oder elaidiniert, auch raffiniert, jedoch nicht weiterverarbeitet (aus Unterpositionen 1516 10 und 1516 20 der Kombinierten Nomenklatur),
    f) Margarine; genießbare Mischungen oder Zubereitungen von tierischen oder pflanzlichen Fetten und Ölen sowie von Fraktionen verschiedener Fette und Öle dieses Kapitels, ausgenommen genießbare Fette und Öle sowie deren Fraktionen der Position 1516 (Unterpositionen 1517 10, 1517 90 10, 1517 90 91 und 1517 90 99 der Kombinierten Nomenklatur),
16. Zubereitungen von Fleisch, Fischen oder von Krebstieren, Weichtieren und anderen wirbellosen Wassertieren (Kapitel 16 der Kombinierten Nomenklatur).
17. Zucker und Zuckerwaren, ausgenommen chemisch reine Fructose und chemisch reine Maltose (Kapitel 17 der Kombinierten Nomenklatur, ausgenommen Unterpositionen 1702 50 00 und 1702 90 10).
18. Kakaopulver ohne Zusatz von Zucker oder anderen Süßmitteln; Schokolade und andere kakaohaltige Lebensmittelzubereitungen (Positionen 1805 00 00 und 1806 der Kombinierten Nomenklatur).
19. Zubereitungen aus Getreide, Mehl, Stärke oder Milch; Backwaren (Kapitel 19 der Kombinierten Nomenklatur).
20. Zubereitungen von Gemüse, Früchten, Nüssen oder anderen Pflanzenteilen, ausgenommen Frucht- und Gemüsesäfte (Positionen 2001 bis 2008 der Kombinierten Nomenklatur).
21. Verschiedene Lebensmittelzubereitungen (Unterposition 2101 30 und Positionen 2102 bis 2106 der Kombinierten Nomenklatur, ausgenommen Sirupe der Unterpositionen 2106 90 in Gebinden, die ausschließlich für

den Ausschank durch eine Schankanlage vorgesehen sind).

22. Wasser (aus Unterposition 2201 90 00 der Kombinierten Nomenklatur).
23. Milch und Milcherzeugnisse der Positionen 0401, 0402, 0403 und 0404, mit Zusätzen, ausgenommen Zusätze von Kaffee, Tee oder Mate und von Auszügen, Essenzen und Konzentraten aus Kaffee, Tee oder Mate und von Zubereitungen auf der Grundlage dieser Waren (aus Unterpositionen 2202 99 91, 2202 99 95 und 2202 99 99 der Kombinierten Nomenklatur).

    (BGBl I 2016/117)
24. Speiseessig (Position 2209 der Kombinierten Nomenklatur).
25. Speisesalz (Unterposition 2501 00 91 der Kombinierten Nomenklatur).
26. Handelsübliches Ammoniumcarbonat und andere Ammoniumcarbonate sowie Dinatriumcarbonat (Unterpositionen 2836 99 17 und 2836 20 00 der Kombinierten Nomenklatur).
27. Essigsäure (Unterposition 2915 21 00 der Kombinierten Nomenklatur).
28. Saccharin und seine Salze (Unterposition 2925 11 00 der Kombinierten Nomenklatur).
29. Mischungen von Riechstoffen und Mischungen (einschließlich alkoholischer Lösungen) auf der Grundlage eines oder mehrerer dieser Stoffe, von der in der Lebensmittelindustrie verwendeten Art in Aufmachungen für den Einzelverkauf (aus Unterposition 3302 10 der Kombinierten Nomenklatur).
30. Gelatine (aus Unterposition 3503 00 10 der Kombinierten Nomenklatur).
31. Zubereitete Enzyme, die Nährstoffe enthalten (aus Unterposition 3507 90 der Kombinierten Nomenklatur).
32. Süßungsmittel (aus Unterpositionen 3824 99 92 und 3824 99 93 der Kombinierten Nomenklatur)

    (BGBl I 2016/117, BGBl I 2018/62)
33. Waren des Kapitels 49 der Kombinierten Nomenklatur, und zwar
    a) Bücher, Broschüren und ähnliche Drucke, auch in losen Bogen oder Blättern (Position 4901 und aus Positionen 9705 00 00 und 9706 00 00 der Kombinierten Nomenklatur),
    b) Zeitungen und andere periodische Druckschriften, auch mit Bildern oder Werbung enthaltend (Position 4902 der Kombinierten Nomenklatur),
    c) Bilderalben, Bilderbücher und Zeichen- oder Malbücher, für Kinder (Position 4903 00 00 der Kombinierten Nomenklatur),
    d) Noten, handgeschrieben oder gedruckt, auch mit Bildern, auch gebunden (Position 4904 00 00 der Kombinierten Nomenklatur),
    e) kartographische Erzeugnisse aller Art, einschließlich Wandkarten, topographische Pläne und Globen, gedruckt (Position 4905 der Kombinierten Nomenklatur).
34. Arzneimittel.
35. Waren der monatlichen Damenhygiene aller Art (aus Unterpositionen 3924 90, 4014 90, 0511 99 39 und 9619 00 der Kombinierten Nomenklatur).

    (BGBl I 2021/3)

(BGBl I 2015/118)

Anlage 2
(zu § 10 Abs. 3 und § 24 UStG)

Verzeichnis der dem Steuersatz von 13% unterliegenden Gegenstände

1. Lebende Tiere der Unterpositionen 0101 30 00, 0101 29 10, 0101 90 00 und der Positionen 0102 bis 0105 der Kombinierten Nomenklatur.
2. Bulben, Zwiebeln, Knollen, Wurzelknollen und Wurzelstöcke, ruhend, im Wachstum oder in Blüte; Zichorienpflanzen und –wurzeln (ausgenommen Zichorienwurzeln der Position 1212) (Position 0601 der Kombinierten Nomenklatur).
3. Andere lebende Pflanzen (einschließlich ihrer Wurzeln), Stecklinge und Pfropfreiser; Pilzmycel (Position 0602 der Kombinierten Nomenklatur).
4. Blumen und Blüten sowie deren Knospen, geschnitten, zu Binde- oder Zierzwecken, frisch (aus Position 0603 der Kombinierten Nomenklatur).
5. Blattwerk, Blätter, Zweige und andere Pflanzenteile, ohne Blüten und Blütenknospen, sowie Gräser, Moose und Flechten, zu Binde- oder Zierzwecken, frisch (Unterposition 0604 20 der Kombinierten Nomenklatur).
6. Waren des Kapitels 12 der Kombinierten Nomenklatur, und zwar
    a) Samen, Früchte und Sporen, zur Aussaat (Position 1209 der Kombinierten Nomenklatur),
    b) Steckrüben, Futterrüben, Wurzeln zu Futterzwecken, Heu, Luzerne, Klee, Esparsette, Futterkohl, Lupinen, Wicken und ähnliches Futter, auch in Form von Pellets (Position 1214 der Kombinierten Nomenklatur).
7. Rückstände und Abfälle der Lebensmittelindustrie; zubereitetes Futter (Kapitel 23 der Kombinierten Nomenklatur).
8. Tierische und pflanzliche Düngemittel (ausgenommen Guano), auch untereinander gemischt, nicht chemisch behandelt (aus Position 3101 00 00 der Kombinierten Nomenklatur).

9. Brennholz, in Form von Rundlingen, Scheiten, Zweigen, Reisigbündeln oder ähnlichen Formen; Holz in Form von Plättchen oder Schnitzeln; Sägespäne, Holzabfälle und Holzausschuss, auch zu Pellets, Briketts, Scheiten oder ähnlichen Formen zusammengepresst (Position 4401 der Kombinierten Nomenklatur).
10. Kunstgegenstände, und zwar
    a) Gemälde (zB Ölgemälde, Aquarelle, Pastelle) und Zeichnungen, vollständig mit der Hand geschaffen, ausgenommen Zeichnungen der Position 4906 00 00 und handbemalte oder handverzierte gewerbliche Erzeugnisse; Collagen und ähnliche dekorative Bildwerke (Position 9701 der Kombinierten Nomenklatur),
    b) Originalstiche, –schnitte und –steindrucke (Position 9702 00 00 der Kombinierten Nomenklatur),
    c) Originalerzeugnisse der Bildhauerkunst, aus Stoffen aller Art (Position 9703 00 00 der Kombinierten Nomenklatur),
    d) Tapisserien, handgewebt, nach Originalentwürfen von Künstlern, jedoch höchstens acht Kopien je Werk (aus Position 5805 00 00 der Kombinierten Nomenklatur),
    e) Textilwaren für Wandbekleidung nach Originalentwürfen von Künstlern, jedoch höchstens acht Kopien je Werk (aus Position 6304 der Kombinierten Nomenklatur).
11. Briefmarken, Stempelmarken, Steuerzeichen, Ersttagsbriefe, Ganzsachen und dergleichen, entwertet oder nicht entwertet, jedoch im Bestimmungsland weder gültig noch zum Umlauf vorgesehen (Position 9704 00 00 der Kombinierten Nomenklatur),
12. Zoologische, botanische, mineralogische oder anatomische Sammlungsstücke und Sammlungen; Sammlungsstücke von geschichtlichem, archäologischem, paläontologischem, völkerkundlichem oder münzkundlichem Wert (Position 9705 00 00 der Kombinierten Nomenklatur).
13. Antiquitäten, mehr als 100 Jahre alt (Position 9706 00 00 der Kombinierten Nomenklatur).

(BGBl I 2015/118)

Anhang
(Zu § 29 Abs. 8)
Binnenmarktregelung

Innergemeinschaftlicher Erwerb

Art. 1. (1) Der Umsatzsteuer unterliegt auch der innergemeinschaftliche Erwerb im Inland gegen Entgelt.

(2) Ein innergemeinschaftlicher Erwerb gegen Entgelt liegt vor, wenn die folgenden Voraussetzungen erfüllt sind:

1. Ein Gegenstand gelangt bei einer Lieferung an den Abnehmer (Erwerber) aus dem Gebiet eines Mitgliedstaates in das Gebiet eines anderen Mitgliedstaates, auch wenn der Lieferer den Gegenstand in das Gemeinschaftsgebiet eingeführt hat;
2. der Erwerber ist
    a) ein Unternehmer, der den Gegenstand für sein Unternehmen erwirbt, oder
    b) eine juristische Person, die nicht Unternehmer ist oder die den Gegenstand nicht für ihr Unternehmen erwirbt, und
3. die Lieferung an den Erwerber
    a) wird durch einen Unternehmer gegen Entgelt im Rahmen seines Unternehmens ausgeführt und
    b) ist nach dem Recht des Mitgliedstaates, der für die Besteuerung des Lieferers zuständig ist, nicht auf Grund der Sonderregelung für Kleinunternehmer steuerfrei.

(3) Als innergemeinschaftlicher Erwerb gegen Entgelt gilt:

1. das Verbringen eines Gegenstandes des Unternehmens aus dem übrigen Gemeinschaftsgebiet in das Inland durch einen Unternehmer zu seiner Verfügung, ausgenommen zu einer nur vorübergehenden Verwendung, auch wenn der Unternehmer den Gegenstand in das Gemeinschaftsgebiet eingeführt hat. Der Unternehmer gilt als Erwerber.

   Eine vorübergehende Verwendung liegt vor, wenn der Unternehmer den Gegenstand verwendet:
    a) zur Ausführung einer Werklieferung oder einer Lieferung, bei der sich der Lieferort nach Art. 3 Abs. 3 oder § 3 Abs. 8a bestimmt;
       (BGBl I 2022/108)
    b) zur Ausführung einer Lieferung, deren Lieferort sich nach § 3 Abs. 11 bestimmt;
    c) zur Ausführung einer gemäß § 7 oder gemäß Art. 7 steuerfreien Lieferung;
    d) (aufgehoben)
    e) für Arbeiten an dem Gegenstand oder die Begutachtung dieses Gegenstandes durch einen anderen Unternehmer, sofern der Gegenstand nach Erbringung der sonstigen Leistung wieder zur Verfügung des Auftraggebers in den Mitgliedstaat gelangt, von dem aus der Gegenstand versendet oder befördert worden ist;
    f) vorübergehend zur Ausführung einer sonstigen Leistung und der Unternehmer im Mitgliedstaat, von dem aus der Gegenstand verbracht wurde, einen Wohnsitz oder Sitz hat;
    g) während höchstens 24 Monaten, wenn für die Einfuhr des gleichen Gegenstands aus einem Drittland im Hinblick

auf eine vorübergehende Verwendung die Regelung über die vollständige Befreiung von Eingangsabgaben bei der vorübergehenden Einfuhr gelten würde;

h) zur Ausführung einer Lieferung von Gas über ein Erdgasnetz im Gebiet der Gemeinschaft oder ein an ein solches Netz angeschlossenes Netz, von Elektrizität oder von Wärme oder Kälte über Wärme- oder Kältenetze, wenn sich der Ort dieser Lieferungen nach § 3 Abs. 13 oder 14 bestimmt.

Bei Wegfall der unter lit. a bis g genannten Bedingungen gilt die Verbringung in diesem Zeitpunkt als erfolgt;

2. das Verbringen eines Gegenstandes in das Inland, der nicht gemäß den allgemeinen Besteuerungsbedingungen des Binnenmarkts eines Mitgliedstaats gekauft wurde, durch die inländischen Streitkräfte, die an einer Verteidigungsanstrengung teilnehmen, die zur Durchführung einer Tätigkeit der Union im Rahmen der Gemeinsamen Sicherheits- und Verteidigungspolitik unternommen wird, zum Gebrauch oder Verbrauch dieser Streitkräfte oder ihres zivilen Begleitpersonals.

(BGBl I 2022/108)

(4) Ein innergemeinschaftlicher Erwerb im Sinne der Abs. 2 und 3 liegt nicht vor, wenn die folgenden Voraussetzungen erfüllt sind:

1. Der Erwerber ist
   a) ein Unternehmer, der nur steuerfreie Umsätze ausführt, die zum Ausschluß vom Vorsteuerabzug führen,
   b) ein Unternehmer, der den Gegenstand zur Ausführung von Umsätzen verwendet, für die die Steuer nach den Durchschnittssätzen des § 22 festgesetzt ist, oder
   c) eine juristische Person, die nicht Unternehmer ist oder die den Gegenstand nicht für ihr Unternehmen erwirbt, und
2. der Gesamtbetrag der Entgelte für Erwerbe im Sinne des Abs. 2 Z 1 und des Abs. 3 hat den Betrag von 11 000 Euro im vorangegangenen Kalenderjahr nicht und im laufenden Kalenderjahr noch nicht überstiegen (Erwerbsschwelle); ab dem Entgelt für den Erwerb, mit dem im laufenden Jahr die Erwerbsschwelle überstiegen wird, unterliegt der Erwerb der Besteuerung. In die Erwerbsschwelle sind die Entgelte für den Erwerb neuer Fahrzeuge und verbrauchsteuerpflichtiger Waren nicht einzubeziehen.

(5) Der Erwerber kann auf die Anwendung des Abs. 4 verzichten. Der Verzicht ist gegenüber dem Finanzamt innerhalb der Frist zur Abgabe der Voranmeldung für den Voranmeldungszeitraum eines Kalenderjahres, in dem erstmals ein Erwerb getätigt worden ist, schriftlich zu erklären. Als Verzicht gilt auch die Verwendung einer aufgrund eines Antrags gemäß Art. 28 Abs. 1 zweiter Satz erteilten Umsatzsteuer-Identifikationsnummer gegenüber dem Lieferer beim Erwerb von Gegenständen aus dem übrigen Unionsgebiet. Ein Verzicht bindet den Erwerber mindestens für zwei Kalenderjahre und kann nur mit Wirkung vom Beginn eines Kalenderjahres an widerrufen werden. Der Widerruf ist innerhalb der Frist zur Abgabe der Voranmeldung für den Voranmeldungszeitraum dieses Kalenderjahres, in dem erstmals ein Erwerb getätigt worden ist, gegenüber dem Finanzamt schriftlich zu erklären.

(6) Abs. 4 gilt nicht für den Erwerb neuer Fahrzeuge und verbrauchsteuerpflichtiger Waren. Verbrauchsteuerpflichtige Waren im Sinne dieses Gesetzes sind Alkohol und alkoholische Getränke, Tabakwaren sowie Energieerzeugnisse, jeweils im Sinne der geltenden Gemeinschaftsvorschriften, nicht jedoch Gas, das über ein Erdgasnetz im Gebiet der Gemeinschaft oder jedes an ein solches Netz angeschlossenes Netz geliefert wird.

(7) Der Erwerb eines neuen Fahrzeugs durch einen Erwerber, der nicht zu den in Abs. 2 Z 2 genannten Personen gehört, ist unter den Voraussetzungen des Abs. 2 Z 1 innergemeinschaftlicher Erwerb.

(8) Fahrzeuge im Sinne des Abs. 7 sind

1. motorbetriebene Landfahrzeuge mit einem Hubraum von mehr als 48 Kubikzentimetern oder einer Leistung von mehr als 7,2 Kilowatt,
2. Wasserfahrzeuge mit einer Länge von mehr als 7,5 Metern,
3. Luftfahrzeuge, deren Starthöchstmasse mehr als 1 550 Kilogramm beträgt,

soweit diese Fahrzeuge zur Personen- oder Güterbeförderung bestimmt sind.

(9) Ein Fahrzeug gilt als neu, wenn die erste Inbetriebnahme im Zeitpunkt des Erwerbs nicht mehr als drei Monate zurückliegt. Für motorbetriebene Landfahrzeuge nach Abs. 8 Z 1 beträgt der Zeitraum sechs Monate. Dasselbe gilt, wenn das

1. Landfahrzeug nicht mehr als 6 000 Kilometer zurückgelegt hat,
2. Wasserfahrzeug nicht mehr als 100 Betriebsstunden auf dem Wasser zurückgelegt hat,
3. Luftfahrzeug nicht länger als 40 Betriebsstunden genutzt worden ist.

Erwerb durch diplomatische Missionen, zwischenstaatliche Einrichtungen und Streitkräfte im Rahmen der Gemeinsamen Sicherheits- und Verteidigungspolitik

(10) Ein innergemeinschaftlicher Erwerb im Sinne des Abs. 1 liegt nicht vor, wenn ein Gegenstand bei einer Lieferung aus dem Gebiet eines anderen Mitgliedstaates in das Inland gelangt und die Erwerber folgende Einrichtungen sind, soweit sie nicht Unternehmer sind oder den Gegenstand nicht für ihr Unternehmen erwerben:

1. im Inland ansässige ständige diplomatische Missionen und berufskonsularische Vertretungen oder

2. im Inland ansässige zwischenstaatliche Einrichtungen oder
3. Streitkräfte anderer Mitgliedstaaten, die im Inland an einer Verteidigungsanstrengung teilnehmen, die zur Durchführung einer Tätigkeit der Union im Rahmen der Gemeinsamen Sicherheits- und Verteidigungspolitik unternommen wird.

Diese Einrichtungen gelten nicht als Erwerber im Sinne des Abs. 2 Z 2. Die Abs. 7 bis 9 bleiben unberührt.

(BGBl I 2022/108)

Konsignationslagerregelung

Art. 1a. (1) Das Verbringen eines Gegenstandes gemäß Art. 1 Abs. 3 gilt nicht als innergemeinschaftlicher Erwerb gegen Entgelt (Konsignationslagerregelung), wenn

a) die Gegenstände vom Unternehmer oder auf seine Rechnung von einem Dritten in das Inland im Hinblick darauf befördert oder versandt werden, um zu einem späteren Zeitpunkt an einen anderen Unternehmer geliefert zu werden, der gemäß einer bestehenden Vereinbarung zwischen den beiden Unternehmern zum Erwerb des Eigentums an diesen Gegenständen berechtigt ist (geplanter Erwerber);
b) der Unternehmer im Inland weder sein Unternehmen betreibt noch eine Betriebstätte hat;
c) dem Unternehmer die Identität und die inländische Umsatzsteuer-Identifikationsnummer des geplanten Erwerbers zum Zeitpunkt des Beginns der Beförderung oder Versendung bekannt sind und der Unternehmer diese Informationen in die Zusammenfassende Meldung gemäß Art. 21 Abs. 3 aufnimmt; und
d) der Unternehmer die Verbringung der Gegenstände in das Register gemäß Abs. 6 einträgt.

(2) Wurde ein Gegenstand gemäß Abs. 1 verbracht und wird der Gegenstand, wie geplant, innerhalb der in Abs. 3 genannten Frist an den Erwerber geliefert, gelten die Voraussetzungen des Art. 1 Abs. 2 Z 1 in diesem Zeitpunkt als erfüllt.

(3) Werden die Gegenstände nicht innerhalb von 12 Monaten nach ihrer Ankunft im Inland an den geplanten Erwerber geliefert und ist keiner der in Abs. 4 Z 1 oder Abs. 5 genannten Umstände eingetreten, liegt ein innergemeinschaftlicher Erwerb gegen Entgelt gemäß Art. 1 Abs. 3 am Tag nach Ablauf dieses Zeitraums vor.

(4) Kein Verbringen eines Gegenstandes gemäß Art. 1 Abs. 3 liegt vor, wenn vor der Lieferung an den geplanten Erwerber und innerhalb des in Abs. 3 genannten Zeitraums:

1. der Gegenstand in den Mitgliedstaat zurückgesandt wird, von dem aus er befördert oder versandt wurde und der Unternehmer den Rückversand in das Register gemäß Abs. 6 einträgt; oder
2. der geplante Erwerber durch einen anderen Erwerber ersetzt wird, die Voraussetzungen gemäß Abs. 1 sinngemäß erfüllt sind und der Unternehmer die Ersetzung in das Register gemäß Abs. 6 einträgt.

(5) Ist eine der Voraussetzungen gemäß Abs. 1 und Abs. 4 Z 2 innerhalb des in Abs. 3 genannten Zeitraums nicht mehr erfüllt, liegt ein innergemeinschaftlicher Erwerb gegen Entgelt gemäß Art. 1 Abs. 3 vor:

1. unmittelbar vor der Lieferung, wenn die Gegenstände an eine andere Person als den geplanten Erwerber geliefert werden;
2. unmittelbar vor dem Beginn dieser Beförderung oder Versendung, wenn die Gegenstände in ein anderes Land als den Mitgliedstaat, aus dem sie ursprünglich verbracht wurden, befördert oder versandt werden;
3. an dem Tag, an dem die Gegenstände tatsächlich abhandenkamen oder zerstört wurden, oder – falls ein solcher Tag nicht bestimmt werden kann – an dem Tag, an dem die Zerstörung oder das Fehlen der Gegenstände festgestellt wurde, bei Zerstörung, Verlust oder Diebstahl der Gegenstände;
4. zum Zeitpunkt, zu dem die betreffende Voraussetzung nicht mehr erfüllt ist, in allen anderen Fällen.

(6) Unternehmer, die Gegenstände im Rahmen dieser Konsignationslagerregelung verbringen, sowie geplante Erwerber gemäß Abs. 1 lit. a müssen ein Register führen, das es den Steuerbehörden ermöglicht, die korrekte Anwendung des genannten Artikels zu überprüfen.

(BGBl I 2019/103)

Fahrzeuglieferer

Art. 2. Wer im Inland ein neues Fahrzeug liefert, das bei der Lieferung in das übrige Gemeinschaftsgebiet gelangt, wird, wenn er nicht Unternehmer im Sinne des § 2 ist, für diese Lieferung wie ein Unternehmer behandelt. Dasselbe gilt, wenn der Lieferer eines neuen Fahrzeugs Unternehmer im Sinne des § 2 ist und die Lieferung nicht im Rahmen des Unternehmens ausführt.

Lieferung

Art. 3. (1) Als Lieferung gegen Entgelt gilt:

Das Verbringen eines Gegenstandes des Unternehmens aus dem Inland in das übrige Gemeinschaftsgebiet durch einen Unternehmer zu seiner Verfügung, ausgenommen einer nur vorübergehenden Verwendung, auch wenn der Unternehmer den Gegenstand in das Inland eingeführt hat. Der Unternehmer gilt als Lieferer. Eine vorübergehende Verwendung liegt vor, wenn der Unternehmer den Gegenstand verwendet:

a) zur Ausführung einer Werklieferung oder einer Lieferung, bei der sich der Lieferort nach Art. 3 Abs. 3 bestimmt;
b) zur Ausführung einer Lieferung, deren Lieferort sich nach § 3 Abs. 11 bestimmt;

c) zur Ausführung einer steuerfreien Lieferung im Sinne des § 7 oder Art. 7;

d) (aufgehoben)

e) für Arbeiten an dem Gegenstand oder die Begutachtung dieses Gegenstandes durch einen anderen Unternehmer, sofern der Gegenstand nach Erbringung der sonstigen Leistung wieder zur Verfügung des Auftraggebers in den Mitgliedstaat gelangt, von dem aus der Gegenstand versendet oder befördert worden ist;

f) vorübergehend zur Ausführung einer sonstigen Leistung und der Unternehmer im Inland einen Wohnsitz oder Sitz hat;

g) während höchstens 24 Monaten in dem Gebiet eines anderen Mitgliedstaats, in dem für die Einfuhr des gleichen Gegenstands aus einem Drittland im Hinblick auf eine vorübergehende Verwendung die Regelung über die vollständige Befreiung von Eingangsabgaben bei der vorübergehenden Einfuhr gelten würde.

h) zur Ausführung einer Lieferung von Gas über ein Erdgasnetz im Gebiet der Gemeinschaft oder ein an ein solches Netz angeschlossenes Netz, von Elektrizität oder von Wärme oder Kälte über Wärme- oder Kältenetze, wenn sich der Ort dieser Lieferungen nach § 3 Abs. 13 oder 14 bestimmt.

Bei Wegfall der unter lit. a bis g genannten Bedingungen gilt die Verbringung in diesem Zeitpunkt als erfolgt;

(BGBl I 2019/103)

Konsignationslagerregelung

(2) Das Verbringen eines Gegenstandes gemäß Abs. 1 im Rahmen einer Konsignationslagerregelung gilt nicht als Lieferung gegen Entgelt. Art. 1a ist sinngemäß anzuwenden.

(BGBl I 2019/103)

Innergemeinschaftlicher Versandhandel[a)]

(3) Beim innergemeinschaftlichen Versandhandel gilt die Lieferung als dort ausgeführt, wo die Beförderung oder Versendung an den Abnehmer endet. Ein inngemeinschaftlicher Versandhandel liegt vor bei Lieferungen von Gegenständen, die durch den Lieferer oder für dessen Rechnung von einem anderen Mitgliedstaat als jenem, in dem die Beförderung oder Versendung (an den Abnehmer) endet, versandt oder befördert werden, einschließlich jene, an deren Beförderung oder Versendung der Lieferer indirekt beteiligt ist.

(BGBl I 2019/91)

(4) Abs. 3 ist anzuwenden, wenn der Abnehmer

1. nicht zu den in Art. 1 Abs. 2 Z 2 genannten Personen gehört oder

2. a) ein Unternehmer ist, der nur steuerfreie Umsätze ausführt, die zum Ausschluß vom Vorsteuerabzug führen, oder

   b) ein Kleinunternehmer ist, der nach dem Recht des für die Besteuerung zuständigen Mitgliedstaates von der Steuer befreit ist oder auf andere Weise von der Besteuerung ausgenommen ist, oder

   c) ein Unternehmer ist, der nach dem Recht des für die Besteuerung zuständigen Mitgliedstaates die Pauschalregelung für landwirtschaftliche Erzeuger anwendet, oder

   d) eine juristische Person ist, die nicht Unternehmer ist oder die den Gegenstand nicht für ihr Unternehmen erwirbt,

und als einer der in den lit. a bis d genannten Abnehmer weder die maßgebende Erwerbsschwelle (Art. 1 Abs. 4 Z 2) überschreitet noch auf ihre Anwendung verzichtet. Im Fall der Beendigung der Beförderung oder Versendung im Gebiet eines anderen Mitgliedstaates ist die von diesem Mitgliedstaat festgesetzte Erwerbsschwelle maßgebend.

(5) Abs. 3 ist nicht anzuwenden, wenn

a) der Unternehmer sein Unternehmen in einem Mitgliedstaat betreibt und außerhalb dieses Mitgliedstaates keine Betriebstätte hat,

b) die Gegenstände in einen anderen Mitgliedstaat geliefert werden, und

c) der Gesamtbetrag der Entgelte für diese Lieferungen und die sonstigen Leistungen gemäß Art. 3a Abs. 5 Z 1 den Betrag von 10 000 Euro im vorangegangen Kalenderjahr nicht und im laufenden Kalenderjahr noch nicht überstiegen hat.

(BGBl I 2019/91)

(6) Der Unternehmer kann auf die Anwendung des Abs. 5 verzichten. Der Verzicht ist gegenüber dem Finanzamt innerhalb der Frist zur Abgabe der Voranmeldung für den Voranmeldungszeitraum eines Kalenderjahres, in dem erstmals eine Lieferung im Sinne des Abs. 3 getätigt worden ist, schriftlich zu erklären. Er bindet den Lieferer mindestens für zwei Kalenderjahre. Die Erklärung kann nur mit Wirkung vom Beginn eines Kalenderjahres an widerrufen werden. Der Widerruf ist innerhalb der Frist zur Abgabe der Voranmeldung für den Voranmeldungszeitraum dieses Kalenderjahres, in dem erstmals eine Lieferung im Sinne des Abs. 3 getätigt worden ist, gegenüber dem Finanzamt schriftlich zu erklären.

(BGBl I 2019/91)

(7) Die Abs. 3 bis 6 gelten nicht für die Lieferung neuer Fahrzeuge. Abs. 4 Z 2 und Abs. 5 gelten nicht für die Lieferung verbrauchsteuerpflichtiger Waren.

Ort des innergemeinschaftlichen Erwerbs

(8) Der innergemeinschaftliche Erwerb wird in dem Gebiet des Mitgliedstaates bewirkt, in dem sich der Gegenstand am Ende der Beförderung oder Versendung befindet. Verwendet der Erwerber gegenüber dem Lieferer eine ihm von einem anderen Mitgliedstaat erteilte Umsatzsteuer-Identifikationsnummer, so gilt der Erwerb solange in dem Gebiet dieses Mitgliedstaates als bewirkt, bis der Erwerber nachweist, daß der Erwerb durch

den im ersten Satz bezeichneten Mitgliedstaat besteuert worden ist. Im Falle des Nachweises gilt § 16 sinngemäß.

Sonstige Leistung

Art. 3a. (1) Die Beförderung eines Gegenstandes, die in dem Gebiet eines Mitgliedstaates beginnt und in dem Gebiete eines anderen Mitgliedstaates endet (innergemeinschaftliche Beförderung eines Gegenstandes), für einen Nichtunternehmer im Sinne des § 3a Abs. 5 Z 3, wird an dem Ort ausgeführt, an dem die Beförderung des Gegenstandes beginnt.

(2) Im Falle einer unfreien Versendung (§ 12 Abs. 2 Z 3) gilt die Beförderung als für das Unternehmen des Empfängers der Sendung ausgeführt, wenn diesem die Rechnung über die Beförderung erteilt wird.

(3) Werden Restaurant- und Verpflegungsdienstleistungen an Bord eines Schiffes, in einem Luftfahrzeug oder in einer Eisenbahn während einer Beförderung innerhalb der Gemeinschaft erbracht, so gilt der Abgangsort des jeweiligen Personenbeförderungsmittels im Gemeinschaftsgebiet als Ort der sonstigen Leistung.

(4) Als Beförderung innerhalb des Gemeinschaftsgebiets im Sinne des Abs. 3 gilt die Beförderung oder der Teil der Beförderung zwischen dem Abgangsort und dem Ankunftsort des Beförderungsmittels im Gemeinschaftsgebiet ohne Zwischenaufenthalt außerhalb des Gemeinschaftsgebiets. Abgangsort im Sinne des ersten Satzes ist der erste Ort innerhalb des Gemeinschaftsgebiets, an dem Reisende in das Beförderungsmittel einsteigen können. Ankunftsort im Sinne des ersten Satzes ist der letzte Ort innerhalb des Gemeinschaftsgebiets, an dem Reisende das Beförderungsmittel verlassen können. Hin- und Rückfahrt gelten als gesonderte Beförderungen.

(5)

1. § 3a Abs. 13 ist nicht anzuwenden, wenn
   a) der Unternehmer sein Unternehmen in einem Mitgliedstaat betreibt und außerhalb dieses Mitgliedstaates keine Betriebstätte hat,
   b) die Leistung an einen Nichtunternehmer im Sinne des § 3a Abs. 5 Z 3 erbracht wird, der in einem anderen Mitgliedstaat seinen Wohnsitz, Sitz oder gewöhnlichen Aufenthalt hat, und
   c) der Gesamtbetrag der Entgelte für diese Leistungen und die Lieferungen gemäß Art. 3 Abs. 5 den Betrag von 10 000 Euro im vorangegangen Kalenderjahr nicht und im laufenden Kalenderjahr noch nicht überstiegen hat.

   (BGBl I 2019/91)
2. Der Unternehmer kann auf die Anwendung von Z 1 verzichten. Der Verzicht bindet ihn für mindestens zwei Kalenderjahre. Art. 3 Abs. 6 ist sinngemäß anzuwenden.

(BGBl I 2018/62)

Bemessungsgrundlage

Art. 4. (1) Bei dem innergemeinschaftlichen Erwerb sind Verbrauchsteuern, die vom Erwerber geschuldet oder entrichtet werden, in die Bemessungsgrundlage (Entgelt) einzubeziehen.

(2) Der Umsatz wird bei Verbringen eines Gegenstandes im Sinne des Art. 1 Abs. 3 und Art. 3 Abs. 1 Z 1 gemäß § 4 Abs. 8 lit. a bemessen.

(BGBl I 2022/108)

(3) § 4 Abs. 9 gilt auch für den innergemeinschaftlichen Erwerb.

Steuerbefreiungen

Art. 6. (1) Steuerfrei sind die innergemeinschaftlichen Lieferungen (Art. 7). Dies gilt nicht, wenn der Unternehmer wusste oder wissen musste, dass die betreffende Lieferung im Zusammenhang mit Umsatzsteuerhinterziehungen oder sonstigen, die Umsatzsteuer betreffenden Finanzvergehen steht.

(BGBl I 2015/118)

(2) Steuerfrei ist der innergemeinschaftliche Erwerb

1. der in § 6 Abs. 1 Z 8 lit. f bis j, in Abs. 1 Z 20 und der in Abs. 1 Z 21 angeführten Gegenstände;
2. der in § 6 Abs. 1 Z 4, Z 8 lit. b und d, in § 9 Abs. 1 Z 1, 2 und 3 sowie in § 9 Abs. 2 Z 1, 2 und 3 angeführten Gegenstände unter den in diesen Bestimmungen genannten Voraussetzungen;
3. der Gegenstände, deren Einfuhr (§ 1 Abs. 1 Z 3) nach den für die Einfuhrumsatzsteuer geltenden Vorschriften steuerfrei wäre,
4. der Gegenstände, die zur Ausführung von steuerfreien Umsätzen verwendet werden, für die der Ausschluß vom Vorsteuerabzug nach § 12 Abs. 3 nicht eintritt.

(3) Steuerfrei ist die Einfuhr der Gegenstände, die vom Anmelder im Anschluß an die Einfuhr unmittelbar zur Ausführung von innergemeinschaftlichen Lieferungen (Art. 7) verwendet werden; der Anmelder hat das Vorliegen der Voraussetzungen des Art. 7 buchmäßig nachzuweisen. Die Befreiung ist nur anzuwenden, wenn derjenige, für dessen Unternehmen der Gegenstand eingeführt worden ist, die anschließende innergemeinschaftliche Lieferung tätigt.

Weiters ist Voraussetzung für die Anwendung der Steuerbefreiung, dass der Schuldner der Einfuhrumsatzsteuer zum Zeitpunkt der Einfuhr dem Zollamt Österreich die unter lit. a und b genannten Angaben zukommen lässt und den unter lit. c genannten Nachweis erbringt:

a) seine im Inland erteilte Umsatzsteuer-Identifikationsnummer oder die Umsatzsteuer-Identifikationsnummer seines Steuervertreters;
b) die in einem anderen Mitgliedstaat erteilte Umsatzsteuer-Identifikationsnummer des Abnehmers im Falle der innergemeinschaftlichen Lieferung nach Art. 7 Abs. 1 oder seine eigene Umsatzsteuer-Identifikationsnummer

im Falle des der Lieferung gleichgestellten Verbringens nach Art. 7 Abs. 2;

c) den Nachweis, aus dem hervorgeht, dass die eingeführten Gegenstände dazu bestimmt sind, vom Inland in einen anderen Mitgliedstaat befördert oder versendet zu werden.

(4) Steuerfrei ist die Lieferung an den Unternehmer, der gemäß § 3 Abs. 3a Z 2 behandelt wird, als ob er die Gegenstände selbst erhalten und geliefert hätte.

(BGBl I 2019/91)

(5) § 6 Abs. 1 Z 27 gilt nicht für die innergemeinschaftliche Lieferung neuer Fahrzeuge.

Innergemeinschaftliche Lieferung

Art. 7. (1) Eine innergemeinschaftliche Lieferung (Art. 6 Abs. 1) liegt vor, wenn bei einer Lieferung die folgenden Voraussetzungen vorliegen:

1. Der Unternehmer oder der Abnehmer hat den Gegenstand der Lieferung in das übrige Gemeinschaftsgebiet befördert oder versendet. Wurde ein Gegenstand gemäß Art. 3 Abs. 2 im Rahmen einer Konsignationslagerregelung verbracht und wird der Gegenstand, innerhalb der in Art. 1a Abs. 3 genannten Frist an den geplanten Erwerber geliefert, gilt die Voraussetzung des ersten Satzes in diesem Zeitpunkt als erfüllt;

   (BGBl I 2019/103)

2. der Abnehmer ist
   a) ein Unternehmer, der den Gegenstand der Lieferung für sein Unternehmen erworben hat,
   b) eine juristische Person, die nicht Unternehmer ist oder die den Gegenstand der Lieferung nicht für ihr Unternehmen erworben hat, oder
   c) bei der Lieferung eines neuen Fahrzeuges auch jeder andere Erwerber und
3. der Erwerb des Gegenstandes der Lieferung ist beim Abnehmer in einem anderen Mitgliedstaat steuerbar;

   (BGBl I 2019/103)

4. der Abnehmer im Sinne der Z 2 lit. a und lit. b hat dem Unternehmer, die in einem anderen Mitgliedstaat erteilte Umsatzsteuer-Identifikationsnummer mitgeteilt;

   (BGBl I 2019/103)

5. der Unternehmer ist der Verpflichtung zur Abgabe einer Zusammenfassenden Meldung nach Art. 21 Abs. 3 nachgekommen oder hat sein Versäumnis zur Zufriedenheit der zuständigen Behörden ordnungsgemäß begründet.

   (BGBl I 2019/103)

Der Gegenstand der Lieferung kann durch Beauftragte vor der Beförderung oder Versendung in das übrige Gemeinschaftsgebiet bearbeitet oder verarbeitet worden sein.

(2) Als innergemeinschaftliche Lieferung gilt auch das einer Lieferung gleichgestellte Verbringen eines Gegenstandes (Art. 3 Abs. 1).

(BGBl I 2019/103)

(3) Die Voraussetzungen der Abs. 1 und 2 müssen vom Unternehmer buchmäßig nachgewiesen sein. Der Bundesminister für Finanzen kann durch Verordnung bestimmen, wie der Unternehmer den Nachweis zu führen hat, daß der Gegenstand in das übrige Gemeinschaftsgebiet befördert oder versendet worden ist.

(4) Hat der Unternehmer eine Lieferung als steuerfrei behandelt, obwohl die Voraussetzungen nach Abs. 1 nicht vorliegen, so ist die Lieferung dennoch als steuerfrei anzusehen, wenn die Inanspruchnahme der Steuerbefreiung auf unrichtigen Angaben des Abnehmers beruht und der Unternehmer die Unrichtigkeit dieser Angaben auch bei Beachtung der Sorgfalt eines ordentlichen Kaufmanns nicht erkennen konnte. In diesem Fall schuldet der Abnehmer die entgangene Steuer. In Abholfällen hat der Unternehmer die Identität des Abholenden festzuhalten.

Ausstellung von Rechnungen in besonderen Fällen

Art. 11. (1) Der Unternehmer ist zur Ausstellung von Rechnungen verpflichtet für:

1. steuerfreie Lieferungen im Sinne des Art. 6 Abs. 1;
2. Lieferungen im Sinne des Art. 2;
3. sonstige Leistungen, die gemäß Art. 3a Abs. 1 im Inland ausgeführt werden;
4. den innergemeinschaftlichen Versandhandel, der gemäß Art. 3 Abs. 3 im Inland ausgeführt wird, wenn der Unternehmer weder die Sonderregelung nach Art. 25a im Inland, noch die Sonderregelung gemäß Art. 369a bis 369k der Richtlinie 2006/112/EG in einem Mitgliedstaat in Anspruch nimmt.

   (BGBl I 2019/91, BGBl I 2021/227)

In Fällen der Z 1 und 2 ist die Rechnung bis spätestens am fünfzehnten Tag des Kalendermonates, der auf den Kalendermonat folgt, in dem die Lieferung ausgeführt worden ist, unter Hinweis auf die Steuerfreiheit auszustellen. Besteht eine Verpflichtung gemäß Z 3 muss die Steuer gesondert auf der Rechnung ausgewiesen werden.

(BGBl I 2015/118)

(2) Wird in Rechnungen über steuerfreie Lieferungen im Sinne des Art. 7 abgerechnet, so sind die Umsatzsteuer-Identifikationsnummer des Unternehmers und die des Leistungsempfängers anzugeben. Das gilt nicht in den Fällen des Art. 1 Abs. 7 und des Art. 2.

(3) Rechnungen über die innergemeinschaftlichen Lieferungen von neuen Fahrzeugen an die nicht in Art. 1 Abs. 2 Z 2 genannten Erwerber müssen die in Art. 1 Abs. 8 und 9 bezeichneten Merkmale enthalten. Das gilt auch in den Fällen des Art. 2.

(4) Vereinnahmt der Unternehmer das Entgelt oder einen Teil des Entgeltes für eine noch nicht ausgeführte steuerfreie innergemeinschaftliche Lieferung, besteht hiefür keine Verpflichtung zur Rechnungsausstellung.

(5) § 11 Abs. 6 gilt nicht für Rechnungen über innergemeinschaftliche Lieferungen, Rechnungen gemäß Abs. 1 Z 4 und für Rechnungen gemäß Art. 25 Abs. 4.

(BGBl I 2015/118, BGBl I 2019/91)

Vorsteuerabzug

Art. 12. (1) Der Unternehmer kann neben den in § 12 Abs. 1 Z 1 und 2 genannten Vorsteuerbeträgen folgende Beträge abziehen:

1. Die Steuer für den innergemeinschaftlichen Erwerb von Gegenständen für sein Unternehmen. Das gilt nicht für die sich auf Grund des Abs. 4 ergebende Steuer für den innergemeinschaftlichen Erwerb;
2. die gemäß Art. 25 Abs. 5 geschuldeten Beträge für Lieferungen, die im Inland für sein Unternehmen ausgeführt worden sind;
3. (aufgehoben)

(2) Der Ausschluss vom Vorsteuerabzug (§ 12 Abs. 3) tritt nicht ein, wenn die Umsätze nach Art. 6 Abs. 1 und 4 steuerfrei sind oder steuerfrei wären.

(BGBl I 2019/91)

(3) Für Fahrzeuglieferer (Art. 2) gelten folgende Einschränkungen des Vorsteuerabzugs:

1. Abziehbar ist nur die auf die Lieferung, die Einfuhr oder den innergemeinschaftlichen Erwerb des neuen Fahrzeugs entfallende Steuer.
2. Die Steuer kann nur bis zu dem Betrag abgezogen werden, der für die Lieferung des neuen Fahrzeugs geschuldet würde, wenn die Lieferung nicht steuerfrei wäre.
3. Die Steuer kann erst in dem Zeitpunkt abgezogen werden, in dem der Fahrzeuglieferer die innergemeinschaftliche Lieferung des neuen Fahrzeugs ausführt.

(4) § 12 Abs. 2 Z 2 gilt nicht für den innergemeinschaftlichen Erwerb.

Aufzeichnungspflichten

Art. 18. (1) Aus den Aufzeichnungen müssen die Bemessungsgrundlagen

– für den innergemeinschaftlichen Erwerb von Gegenständen und
– für die Lieferungen, für die die Steuer gemäß Art. 25 Abs. 5 geschuldet wird,

jeweils getrennt nach Steuersätzen, sowie die hierauf entfallenden Steuerbeträge zu ersehen sein.

Aus den Aufzeichnungen des Erwerbers, der eine inländische Umsatzsteuer-Identifikationsnummer verwendet, müssen die Entgelte für die Lieferungen im Sinne des Art. 25 Abs. 5 sowie die Umsatzsteuer-Identifikationsnummern der Empfänger dieser Lieferungen zu ersehen sein.

(2) Gegenstände, die der Unternehmer zu seiner Verfügung vom Inland in das übrige Gemeinschaftsgebiet verbringt, müssen aufgezeichnet werden, wenn es sich um eine vorübergehende Verwendung im Sinne des Art. 3 Abs. 1 Z 1 lit. e bis g handelt.

(3) Gegenstände, die der Unternehmer von einem im übrigen Gemeinschaftsgebiet ansässigen Unternehmer im Sinne des § 3a Abs. 5 Z 1 und 2 zur Ausführung von Arbeiten an diesen beweglichen körperlichen Gegenständen oder zur Begutachtung erhält, müssen aufgezeichnet werden.

Steuerschuldner, Entstehung der Steuerschuld

Art. 19. (1) Steuerschuldner ist in den Fällen

1. des Art. 1 der Erwerber und
2. des Art. 7 Abs. 4 der Abnehmer;
3. (aufgehoben)

Der leistende Unternehmer haftet für diese Steuer.

(2) Die Steuerschuld entsteht

1. für den innergemeinschaftlichen Erwerb im Sinne des Art. 1 Abs. 1 bis 6 mit Ausstellung der Rechnung, spätestens jedoch am 15. Tag des dem Erwerb folgenden Kalendermonates;
2. für den innergemeinschaftlichen Erwerb von neuen Fahrzeugen im Sinne des Art. 1 Abs. 7 am Tag des Erwerbs;
3. im Fall des Art. 7 Abs. 4 zweiter Satz in dem Zeitpunkt, in dem die Lieferung ausgeführt wird.

Veranlagungszeitraum und Einzelbesteuerung

Art. 20. (1) Bei der Berechnung der Steuer ist die Summe der Umsätze gem. Art. 1 Abs. 1, für welche die Steuerschuld im Laufe eines Veranlagungszeitraumes entstanden ist, zu berücksichtigen. Dem ermittelten Betrag sind die nach Art. 7 Abs. 4 zweiter Satz geschuldeten Beträge hinzuzurechnen.

(2) Beim innergemeinschaftlichen Erwerb neuer Fahrzeuge durch andere Erwerber als die in Art. 1 Abs. 2 Z 2 genannten Personen ist die Steuer für jeden einzelnen steuerpflichtigen Erwerb zu berechnen (Fahrzeugeinzelbesteuerung).

Voranmeldung und Vorauszahlung, Veranlagung

Nichtunternehmer

Art. 21. (1) Die Bestimmung des § 21 gilt sinngemäß auch für juristische Personen, die ausschließlich eine Steuer für Umsätze nach Art. 1 oder Art. 25 Abs. 5 zu entrichten haben, sowie für Personen, die keine Unternehmer sind und Steuerbeträge nach Art. 7 Abs. 4 zweiter Satz schulden.

Fahrzeugeinzelbesteuerung

(2) In den Fällen der Fahrzeugeinzelbesteuerung (Art. 20 Abs. 2) hat der Erwerber spätestens bis zum Ablauf eines Monates, nach dem die Steuerschuld entstanden ist (Fälligkeitstag), eine Steuererklärung auf amtlichem Vordruck abzugeben, in

der er die zu entrichtende Steuer selbst zu berechnen hat (Steueranmeldung). Gibt der Erwerber die Steueranmeldung nicht ab oder erweist sich die Selbstberechnung als nicht richtig, so kann das Finanzamt die Steuer festsetzen. Die Steuer ist spätestens am Fälligkeitstag zu entrichten.

Zusammenfassende Meldung

(3) Der Unternehmer im Sinne des § 2 hat bis zum Ablauf des auf jeden Kalendermonat (Meldezeitraum) folgenden Kalendermonates, in dem er innergemeinschaftliche Warenlieferungen ausgeführt oder Gegenstände im Rahmen einer Konsignationslagerregelung gemäß Art. 3 Abs. 2 verbracht hat, beim Finanzamt eine Meldung abzugeben (Zusammenfassende Meldung), in der er die Angaben nach Abs. 6 zu machen hat. Das gilt auch, wenn er im übrigen Gemeinschaftsgebiet steuerpflichtige sonstige Leistungen ausgeführt hat, für die der Leistungsempfänger entsprechend Art. 196 der Richtlinie 2006/112/EG in der Fassung der Richtlinie 2008/8/EG die Steuer schuldet. Unternehmer, für die das Kalendervierteljahr der Voranmeldungszeitraum ist (§ 21 Abs. 2), haben diese Meldung bis zum Ablauf des auf jedes Kalendervierteljahr (Meldezeitraum) folgenden Kalendermonates abzugeben. Für die Anwendung dieser Vorschrift gelten auch nichtselbständige juristische Personen im Sinne des § 2 Abs. 2 Z 2 als Unternehmer, sofern sie eine eigene Umsatzsteuer-Identifikationsnummer haben. Die Zuständigkeit in Angelegenheiten der Zusammenfassenden Meldung richtet sich nach der Zuständigkeit für die Festsetzung der Umsatzsteuer des Unternehmers.

(BGBl I 2019/103)

(4) Eine innergemeinschaftliche Warenlieferung im Sinne dieser Vorschrift ist

1. eine innergemeinschaftliche Lieferung im Sinne des Art. 7 Abs. 1 mit Ausnahme der Lieferungen neuer Fahrzeuge an Abnehmer ohne Umsatzsteuer-Identifikationsnummer;
2. eine innergemeinschaftliche Lieferung im Sinne des Art. 7 Abs. 2.

(BGBl I 2019/103)

3. (aufgehoben)

(5) (aufgehoben)

(6) Die Zusammenfassende Meldung muss folgende Angaben enthalten:

1. für innergemeinschaftliche Warenlieferungen im Sinne des Abs. 4 Z 1
   a) die Umsatzsteuer-Identifikationsnummer jedes Erwerbers, die ihm in einem anderen Mitgliedstaat erteilt worden ist und unter der die innergemeinschaftlichen Warenlieferungen an ihn ausgeführt worden sind, und
   b) für jeden Erwerber die Summe der Bemessungsgrundlagen der an ihn ausgeführten innergemeinschaftlichen Warenlieferungen;
2. für innergemeinschaftliche Warenlieferungen im Sinne des Abs. 4 Z 2
   a) die Umsatzsteuer-Identifikationsnummern des Unternehmers in den Mitgliedstaaten, in die er Gegenstände verbracht hat und
   b) die darauf entfallende Summe der Bemessungsgrundlagen;

2a. für das Verbringen von Gegenständen im Rahmen einer Konsignationslagerregelung gemäß Art. 3 Abs. 2 die Umsatzsteuer-Identifikationsnummern der geplanten Erwerber im Sinne des Art. 1a Abs. 1 lit. a sowie jede Änderung der gemeldeten Angaben;

(BGBl I 2019/103)

3. für im übrigen Gemeinschaftsgebiet ausgeführte steuerpflichtige sonstige Leistungen, für die der Leistungsempfänger entsprechend Art. 196 der Richtlinie 2006/112/EG in der Fassung der Richtlinie 2008/8/EG die Steuer schuldet
   a) die Umsatzsteuer-Identifikationsnummer jedes Leistungsempfängers, die ihm in einem anderen Mitgliedstaat erteilt worden ist und unter der die steuerpflichtigen sonstigen Leistungen an ihn erbracht worden sind, und
   b) für jeden Leistungsempfänger die Summe der Bemessungsgrundlagen der an ihn erbrachten steuerpflichtigen sonstigen Leistungen.

(BGBl I 2019/103)

(7) Die Angaben nach Abs. 6 Z 1 und 2 sind für den Meldezeitraum zu machen, in dem die Rechnung für die innergemeinschaftliche Warenlieferung ausgestellt wird, spätestens jedoch für den Meldezeitraum, in dem der auf die Ausführung der innergemeinschaftlichen Warenlieferung folgende Monat endet. Die Angaben nach Abs. 6 Z 2a sind für den Meldezeitraum zu machen, in dem der auf die Verbringung der Gegenstände gemäß Art. 3 Abs. 2 bzw. die Änderung folgende Monat endet.

Die Angaben nach Abs. 6 Z 3 sind für den Meldezeitraum zu machen, in dem die steuerpflichtige sonstige Leistung ausgeführt wird.

(BGBl I 2019/103)

(8) Erkennt der Unternehmer nachträglich, daß eine von ihm abgegebene Zusammenfassende Meldung unrichtig oder unvollständig ist, so ist er verpflichtet, die ursprüngliche Zusammenfassende Meldung innerhalb eines Monates zu berichtigen.

(9) Die Zusammenfassende Meldung gilt als Steuererklärung. § 135 der Bundesabgabenordnung ist sinngemäß mit der Maßgabe anzuwenden, dass der Verspätungszuschlag 1% der Summe aller nach Abs. 6 Z 1 lit. b, Z 2 lit. b und Z 3 lit. b zu meldenden Bemessungsgrundlagen für innergemeinschaftliche Warenlieferungen im Sinne des Abs. 4 und im übrigen Gemeinschaftsgebiet ausgeführte steuerpflichtige sonstige Leistungen, für die der Leistungsempfänger entsprechend Art. 196 der Richtlinie 2006/112/EG in der Fassung der Richtlinie 2008/8/EG die Steuer schuldet, nicht übersteigen und höchstens 2 200 Euro betragen darf.

(10) Die Übermittlung der Zusammenfassenden Meldung hat elektronisch zu erfolgen. Ist dem Unternehmer die elektronische Übermittlung der Steuererklärung mangels technischer Voraussetzungen unzumutbar, hat die Übermittlung der Zusammenfassenden Meldung auf dem amtlichen Vordruck zu erfolgen.

Der Bundesminister für Finanzen wird ermächtigt, den Inhalt und das Verfahren der elektronischen Übermittlung der Zusammenfassenden Meldung mit Verordnung festzulegen. In der Verordnung kann vorgesehen werden, dass sich der Unternehmer einer bestimmten geeigneten öffentlich-rechtlichen oder privatrechtlichen Übermittlungsstelle zu bedienen hat; weiters kann ein vom Abs. 3 abweichender Abgabetermin bestimmt werden.

Gesonderte Erklärung innergemeinschaftlicher Lieferungen im Besteuerungsverfahren

(11) Der Unternehmer im Sinne des § 2 hat für jeden Voranmeldungszeitraum in der Voranmeldung (§ 21 Abs. 1 und 2) die Bemessungsgrundlagen seiner innergemeinschaftlichen Lieferungen und seiner Lieferungen im Sinne des Art. 25 Abs. 5 gesondert zu erklären. Die Angaben sind in dem Voranmeldungszeitraum zu machen, in dem die Rechnung für die innergemeinschaftliche Lieferung ausgestellt wird, spätestens jedoch in dem Voranmeldungszeitraum, in dem der auf die Ausführung der innergemeinschaftlichen Lieferung folgende Monat endet. Der zweite Satz gilt für die Steuererklärung (§ 21 Abs. 4) entsprechend.

Innergemeinschaftlicher Warenverkehr mit Gebrauchtgegenständen, Kunstgegenständen, Sammlungsstücken und Antiquitäten

Art. 24. (1) Die Differenzbesteuerung gemäß § 24 findet keine Anwendung,

a) auf die Lieferung eines Gegenstandes, den der Wiederverkäufer innergemeinschaftlich erworben hat, wenn auf die Lieferung des Gegenstandes an den Wiederverkäufer die Steuerbefreiung für innergemeinschaftliche Lieferungen im übrigen Gemeinschaftsgebiet angewendet worden ist. Dies gilt nicht für Kunstgegenstände, die vom Urheber oder dessen Rechtsnachfolgern geliefert wurden;

(BGBl I 2019/103)

b) auf die innergemeinschaftliche Lieferung neuer Fahrzeuge im Sinne des Art. 1 Abs. 8 und 9.

(2) Der innergemeinschaftliche Erwerb unterliegt nicht der Umsatzsteuer, wenn auf die Lieferung der Gegenstände an den Erwerber im Sinne des Art. 1 Abs. 2 im übrigen Gemeinschaftsgebiet die Differenzbesteuerung (§ 24) angewendet worden ist.

(3) Die Anwendung des Art. 3 Abs. 3 und die Steuerbefreiung für innergemeinschaftliche Lieferungen (Art. 7 Abs. 1) sind bei der Differenzbesteuerung (§ 24) ausgeschlossen.

Sonderregelung für Anlagegold

Art. 24a. Die Bestimmungen des § 24a Abs. 1 lit. b und § 24a Abs. 2 lit. a gelten auch für den innergemeinschaftlichen Erwerb.

Zoll- und Steuerlager

Art. 24b. Die Verordnungsermächtigung des § 24b gilt sinngemäß für Erwerbe von Gegenständen, die in eine im § 24b Abs. 1 Z 2 genannte Regelung überführt werden sollen.

Dreiecksgeschäft

Begriff

Art. 25. (1) Ein Dreiecksgeschäft liegt vor, wenn bei einem Reihengeschäft (§ 3 Abs. 15) die in Abs. 3 genannten Voraussetzungen erfüllt werden.

Ort des innergemeinschaftlichen Erwerbs beim Dreiecksgeschäft

(2) Der innergemeinschaftliche Erwerb im Sinne des Art. 3 Abs. 8 zweiter Satz gilt als besteuert, wenn der Unternehmer, der den innergemeinschaftlichen Erwerb bewirkt (Erwerber), nachweist, dass ein Dreiecksgeschäft vorliegt und dass er seiner Erklärungspflicht gemäß Abs. 6 nachgekommen ist. Kommt der Unternehmer seiner Erklärungspflicht nicht nach, fällt die Steuerfreiheit rückwirkend weg.

Steuerbefreiung beim innergemeinschaftlichen Erwerb von Gegenständen

(3) Der innergemeinschaftliche Erwerb ist unter folgenden Voraussetzungen von der Umsatzsteuer befreit:

a) Der Erwerber betreibt im Inland weder sein Unternehmen noch hat er dort eine Betriebstätte;

b) der Erwerber verwendet für den Erwerb eine Umsatzsteuer-Identifikationsnummer, die weder eine inländische noch eine des Mitgliedstaates ist, aus dem die Gegenstände stammen;

c) der Erwerb erfolgt für Zwecke einer anschließenden Lieferung des Erwerbers im Inland an einen Unternehmer oder eine juristische Person, der bzw. die für Zwecke der Umsatzsteuer im Inland erfasst ist (Abnehmer);

d) die Steuer für die anschließende Lieferung wird gemäß Abs. 5 vom Abnehmer geschuldet.

Rechnungsausstellung durch den Erwerber

(4) Die Rechnungsausstellung richtet sich nach den Vorschriften des Mitgliedstaates, von dem aus der Erwerber sein Unternehmen betreibt. Wird die Lieferung von der Betriebsstätte des Erwerbers ausgeführt, ist das Recht des Mitgliedstaates maßgebend, in dem sich die Betriebsstätte befindet. Rechnet der Leistungsempfänger, auf den die Steuerschuld übergeht, mittels Gutschrift ab, richtet sich die Rechnungsausstellung nach den Vorschriften des Mitgliedstaates, in dem die Lie-

ferung ausgeführt wird. Sind für die Rechnungsausstellung die Vorschriften dieses Bundesgesetzes maßgebend, muss die Rechnung zusätzlich folgende Angaben enthalten:

- einen ausdrücklichen Hinweis auf das Vorliegen eines innergemeinschaftlichen Dreiecksgeschäftes und die Steuerschuldnerschaft des Abnehmers,
- die Umsatzsteuer-Identifikationsnummer, unter der der Erwerber den innergemeinschaftlichen Erwerb und die nachfolgende Lieferung der Gegenstände bewirkt hat, und
- die Umsatzsteuer-Identifikationsnummer des Abnehmers.

Steuerschuldner

(5) Bei einem Dreiecksgeschäft wird die Steuer vom Abnehmer der steuerpflichtigen Lieferung geschuldet, wenn die vom Erwerber ausgestellte Rechnung dem Abs. 4 entspricht.

Pflichten des Erwerbers

(6) Zur Erfüllung seiner Erklärungspflicht im Sinne des Abs. 2 hat der Erwerber in der Zusammenfassenden Meldung folgende Angaben zu machen:

- die Umsatzsteuer-Identifikationsnummer im Inland, unter der er den innergemeinschaftlichen Erwerb und die nachfolgende Lieferung der Gegenstände bewirkt hat;
- die Umsatzsteuer-Identifikationsnummer des Abnehmers der vom Erwerber bewirkten nachfolgenden Lieferung, die diesem im Bestimmungsmitgliedstaat der versandten oder beförderten Gegenstände erteilt worden ist;
- für jeden einzelnen dieser Abnehmer die Summe der Entgelte der auf diese Weise vom Erwerber im Bestimmungsmitgliedstaat der versandten oder beförderten Gegenstände bewirkten Lieferungen. Diese Beträge sind für den Meldezeitraum gemäß Art. 21 Abs. 3 anzugeben, in dem die Steuerschuld entstanden ist.

Pflichten des Abnehmers

(7) Bei der Berechnung der Steuer gemäß § 20 ist dem ermittelten Betrag der nach Abs. 5 geschuldete Betrag hinzuzurechnen.

(BGBl I 2022/108)

Sonderregelung für im Gemeinschaftsgebiet ansässige Unternehmer, die sonstige Leistungen an Nichtunternehmer im Gemeinschaftsgebiet erbringen, für innergemeinschaftlichen Versandhandel und für Lieferungen durch elektronische Schnittstellen innerhalb eines Mitgliedstaates

(BGBl I 2019/91)

Art. 25a.

Im Inland ansässige Unternehmer

Voraussetzungen für die Inanspruchnahme der Sonderregelung

(1) Unternehmer können auf Antrag über das für diese Zwecke beim Bundesministerium für Finanzen eingerichtete Portal, abweichend von den allgemeinen Vorschriften, die nachstehende Sonderregelung in Anspruch nehmen, wenn dies nicht nach Abs. 8, § 25a Abs. 10, § 25b Abs. 8 Z 1 oder einer vergleichbaren Sperrfrist in einem anderen Mitgliedstaat ausgeschlossen ist, für folgende Umsätze:

1. sonstige Leistungen an Nichtunternehmer gemäß § 3a Abs. 5 Z 3, die in anderen Mitgliedstaaten ausgeführt werden, in denen sie weder ihr Unternehmen betreiben noch eine Betriebsstätte haben, wenn es sich um einen Unternehmer handelt, der
   a) sein Unternehmen im Inland betreibt,
   b) sein Unternehmen im Drittlandsgebiet betreibt und innerhalb des Gemeinschaftsgebiets nur im Inland eine Betriebsstätte hat, oder
   c) sein Unternehmen im Drittlandsgebiet betreibt, im Inland eine Betriebsstätte hat, im übrigen Gemeinschaftsgebiet zumindest eine weitere Betriebsstätte hat und sich für die Inanspruchnahme der Sonderregelung nach diesem Bundesgesetz entscheidet.

   In den Fällen der lit. c kann sich der Unternehmer nur für die Inanspruchnahme der Sonderreglung nach diesem Bundesgesetz entscheiden, wenn er innerhalb der zwei vorangegangenen Kalenderjahre nicht in einem anderen Mitgliedstaat, in dem er zum Zeitpunkt der Antragstellung eine Betriebstätte hat, eine Sonderregelung gemäß Art. 369a bis 369k der Richtlinie 2006/112/EG unter den der lit. c entsprechenden Voraussetzungen in Anspruch genommen hat.
2. Lieferungen
   a) gemäß Art. 3 Abs. 3 oder
   b) durch elektronische Schnittstellen gemäß § 3 Abs. 3a Z 2 bei denen die Beförderung oder Versendung im selben Mitgliedstaat beginnt und endet.

   Für diese Lieferungen können folgende Unternehmer die Sonderregelung in Anspruch nehmen:
   aa) Unternehmer gemäß Z 1 lit. a bis c, oder
   bb) andere Unternehmer, wenn sie im Gemeinschaftsgebiet weder ihr Unternehmen betreiben noch eine Betriebstätte haben und:
      - die Beförderung oder Versendung aller unter die Sonderre-

gelung fallenden Lieferungen im Inland beginnt; oder

– die Beförderung oder Versendung eines Teils der unter die Sonderregelung fallenden Lieferungen im Inland beginnt, der Unternehmer sich für die Inanspruchnahme der Sonderregelung nach diesem Bundesgesetz entscheidet und er in keinem anderen Mitgliedstaat, in dem die Beförderung oder Versendung eines anderen Teils dieser Lieferungen beginnt, innerhalb der zwei vorangegangenen Kalenderjahre eine Sonderregelung gemäß Art. 369a bis 369k der Richtlinie 2006/112/EG unter vergleichbaren Umständen in Anspruch genommen hat.

(BGBl I 2019/91)

Beginn der Inanspruchnahme

(2) Die Sonderregelung ist ab dem ersten Tag des auf den Antrag nach Abs. 1 folgenden Kalendervierteljahres anzuwenden. Abweichend davon ist sie

1. ab dem Tag der Erbringung der ersten Lieferung oder sonstigen Leistung im Sinne des Abs. 1 anzuwenden, wenn der Unternehmer die Aufnahme der Tätigkeit spätestens am zehnten Tag des auf die erste Leistungserbringung folgenden Monates meldet;
2. ab dem Tag der Änderung anzuwenden, wenn der Unternehmer eine Sonderregelung gemäß Art. 369a bis 369k der Richtlinie 2006/112/EG in einem anderen Mitgliedstaat in Anspruch genommen hat und
   a) den Ort, von dem aus der Unternehmer sein Unternehmen betreibt, ins Inland oder ins Drittlandsgebiet verlegt oder seine Betriebsstätte in dem anderen Mitgliedstaat auflässt; oder
   b) es sich um einen Unternehmer gemäß Abs. 1 Z 2 lit. bb handelt, der keine unter die Sonderregelung fallenden Lieferungen mehr ausführt, deren Beförderung oder Versendung in dem anderen Mitgliedstaat beginnt;

   und der Unternehmer die Änderung spätestens am zehnten Tag des auf die Änderung folgenden Monates beiden Mitgliedstaaten elektronisch meldet.

Wechselt der Unternehmer von einer Sonderregelung im Sinne des § 25a zu dieser Sonderregelung, gilt lit. a sinngemäß.

(BGBl I 2019/91)

Steuererklärung, Erklärungszeitraum, Entrichtung

(3) Der Unternehmer hat spätestens am letzten Tag des auf einen Erklärungszeitraum folgenden Monates eine Steuererklärung über alle in diesem Erklärungszeitraum ausgeführten steuerpflichtigen Umsätze, die unter die Sonderregelung fallen, über das für diese Zwecke beim Bundesministerium für Finanzen eingerichtete Portal abzugeben. Eine Steuererklärung ist auch dann abzugeben, wenn im Erklärungszeitraum keine Umsätze ausgeführt worden sind. Die für den Erklärungszeitraum zu entrichtende Steuer ist selbst zu berechnen und bei Abgabe der Erklärung, jedoch spätestens am zwanzigsten Tag des auf den Erklärungszeitraum folgenden Monates zu entrichten. Die Zahlung erfolgt unter Hinweis auf die zugrundeliegende Steuererklärung. Für Berichtigungen gilt Abs. 12 sinngemäß.

Der Erklärungszeitraum ist das Kalendervierteljahr.

(BGBl I 2019/91)

(4) In der Steuererklärung sind anzugeben:

1. die dem Unternehmer vom Finanzamt gemäß Art. 28 erteilte Umsatzsteuer-Identifikationsnummer;
2. für jeden Mitgliedstaat die Summe der in diesem Erklärungszeitraum ausgeführten, unter die Sonderregelung fallenden steuerpflichtigen Umsätze und die darauf entfallende Steuer aufgegliedert nach Steuersätzen;
3. die Gesamtsteuerschuld.

Erbringt der Unternehmer von Betriebsstätten in anderen Mitgliedstaaten Umsätze, die unter diese Sonderregelung fallen, so sind die in Z 1 bis 3 genannten Angaben auch für jeden dieser Mitgliedstaaten in der Steuererklärung anzuführen. Mangels Umsatzsteuer-Identifikationsnummer ist die Steuerregisternummer der jeweiligen Betriebsstätte anzugeben. Werden Gegenstände aus anderen Mitgliedstaaten versandt oder befördert sind die in Z 1 bis 3 genannten Angaben auch für jeden dieser Mitgliedstaaten anzuführen. Mangels Umsatzsteuer-Identifikationsnummer ist die Steuerregisternummer für jeden dieser Mitgliedstaaten anzugeben. Im Fall des Abs. 1 Z 2 lit. b gilt dies nur, wenn eine dieser Nummern vorhanden ist.

(BGBl I 2019/91)

Werte in fremder Währung

(5) Die Beträge in der Steuererklärung sind in Euro anzugeben.

Der Unternehmer hat zur Berechnung der Steuer Werte in fremder Währung nach den Kursen umzurechnen, die für den letzten Tag des Erklärungszeitraumes von der Europäischen Zentralbank festgestellt worden sind. Sind für diesen Tag keine Umrechnungskurse festgestellt worden, hat der Unternehmer die Steuer nach den für den nächsten Tag nach Ablauf des Erklärungszeitraumes von der Europäischen Zentralbank festgestellten Umrechnungskursen umzurechnen.

Beendigung oder Ausschluss von der Sonderregelung

(6) Ein Unternehmer kann die Inanspruchnahme dieser Sonderregelung beenden, unabhängig davon, ob er weiterhin Lieferungen oder sonstige Leistungen erbringt, die unter diese Sonderregelung fallen können. Die Beendigung der Sonderregelung kann nur mit Wirkung von Beginn eines Kalendervierteljahres an erfolgen. Sie ist spätestens fünfzehn Tage vor Ablauf des diesem vorangehenden Kalendervierteljahres über das für diese Zwecke beim Bundesministerium für Finanzen eingerichtete Portal zu erklären.

(BGBl I 2021/227)

(7) In folgenden Fällen ist ein Unternehmer von der Inanspruchnahme der Sonderregelung auszuschließen:

1. der Unternehmer teilt mit, dass er keine unter die Sonderregelung fallenden Umsätze mehr ausführt;
   (BGBl I 2019/91)
2. es werden über einen Zeitraum von acht aufeinanderfolgenden Kalendervierteljahren keine Lieferungen oder sonstigen Leistungen im Sinne des Abs. 1 erbracht;
   (BGBl I 2021/227)
3. der Unternehmer erfüllt die Voraussetzungen für die Inanspruchnahme dieser Sonderregelung nicht mehr;
4. der Unternehmer verstößt wiederholt gegen die Vorschriften dieser Sonderregelung.

Die Ausschlussentscheidung ist elektronisch zu übermitteln und wirkt ab dem ersten Tag des Kalendervierteljahres, das auf die Übermittlung der Ausschlussentscheidung folgt. Ist der Ausschluss jedoch auf eine Änderung des Ortes, von dem aus der Unternehmer sein Unternehmen betreibt, auf eine Änderung des Ortes der Betriebsstätte oder auf eine Änderung des Ortes zurückzuführen, an dem die Beförderung oder Versendung beginnt, ist der Ausschluss ab dem Tag dieser Änderung wirksam. Ein Ausschluss gemäß Z 4 wirkt ab dem Tag, der auf den Tag folgt, an dem die Entscheidung über den Ausschluss dem Steuerpflichtigen elektronisch übermittelt wurde.

Ist eine elektronische Übermittlung über FinanzOnline nicht möglich, so hat sie an die vom Unternehmer bekannt gegebene E-Mail-Adresse zu erfolgen. Die Übermittlung des E-Mails gilt mit dessen Absendung als bewirkt, ausgenommen der Unternehmer weist nach, dass ihm das E-Mail nicht übermittelt worden ist.

(BGBl I 2019/91)

Sperrfristen

(8) Erfolgt ein Ausschluss gemäß Abs. 7 Z 4, kann der Unternehmer diese Sonderregelung zwei Jahre ab Wirksamkeit des Ausschlusses nicht in Anspruch nehmen. Der Ausschluss gilt auch für die Sonderregelungen gemäß § 25a und § 25b.

(BGBl I 2019/91)

Berichtspflichten

(9) Der Unternehmer hat die Beendigung seiner dieser Sonderregelung unterliegenden Tätigkeit, Änderungen, durch die er die Voraussetzungen für die Inanspruchnahme dieser Sonderregelung nicht mehr erfüllt, sowie Änderungen der im Rahmen der Sonderregelung mitgeteilten Angaben bis zum zehnten Tag des folgenden Monates über das für diese Zwecke beim Bundesministerium für Finanzen eingerichtete Portal zu melden.

Aufzeichnungspflichten

(10) Die Aufzeichnungen über die nach dieser Sonderregelung getätigten Umsätze haben getrennt nach den Mitgliedstaaten zu erfolgen, in denen die Umsätze ausgeführt worden sind. Die Aufzeichnungen sind zehn Jahre aufzubewahren und über Aufforderung der zuständigen Behörde elektronisch zur Verfügung zu stellen.

Umsätze im Inland

(11) Die Abs. 2 bis 10 sind für die im Inland ausgeführten, der Sonderregelungen unterliegenden steuerpflichtigen Umsätze sinngemäß anzuwenden, wenn der Unternehmer in einem anderen Mitgliedstaat der Sonderregelung gemäß Art. 369a bis 369k der Richtlinie 2006/112/EG unterliegt. Für sonstige Leistungen gilt dies nur, wenn er keine Betriebsstätte im Inland hat.

(BGBl I 2019/91)

Änderung der Bemessungsgrundlage

(12) Änderungen der Bemessungsgrundlage von Umsätzen gemäß Abs. 11 durch den Unternehmer sind innerhalb von drei Jahren ab dem Tag, an dem die ursprüngliche Erklärung abzugeben war, in eine spätere Erklärung aufzunehmen. Dabei ist auf den Steuerzeitraum und den Steuerbetrag, für den Änderungen erforderlich sind, zu verweisen.

(BGBl I 2019/91)

Entstehung der Steuerschuld, Fälligkeit, Entrichtung

(13) Die Steuerschuld für Umsätze gemäß Abs. 11 entsteht außer in den Fällen gemäß § 19 Abs. 2 Z 1a im Zeitpunkt, in dem die Umsätze ausgeführt werden. Die Steuer ist spätestens am letzten Tag (Fälligkeitstag) des auf den Erklärungszeitraum, in dem der Umsatz ausgeführt worden ist, folgenden Monates zu entrichten. Für diese Umsätze sind § 19 Abs. 1 zweiter Satz und § 21 Abs. 1 bis 6 nicht anzuwenden.

(BGBl I 2016/117, BGBl I 2019/91)

Festsetzung der Steuer

(14) Unterlässt der Unternehmer die Einreichung der Steuererklärung pflichtwidrig oder erweist sich die Steuererklärung als unvollständig oder die Selbstberechnung als unrichtig, so hat das Finanzamt die Steuer für Umsätze im Sinne des Abs. 11 festzusetzen. Die festgesetzte Steuer hat den im Abs. 13 genannten Fälligkeitstag.

Vorsteuerabzug

(15) Ein Unternehmer, der Lieferungen oder sonstige Leistungen erbringt, die einer Sonderregelung gemäß Art. 369a bis 369k der Richtlinie 2006/112/EG im Inland oder in einem anderen Mitgliedstaat unterliegen, und der nicht verpflichtet ist, gemäß § 21 Abs. 4 eine Steuererklärung abzugeben, hat den mit diesen Umsätzen in Zusammenhang stehenden Vorsteuerabzug unter Anwendung des § 21 Abs. 9 vorzunehmen, unabhängig davon, ob es sich um einen im Inland ansässigen Unternehmer handelt.

(BGBl I 2019/91, BGBl I 2022/108)

Besondere Aufsichtsmaßnahmen zur Sicherung des Steueranspruches

Bescheinigung zum Zwecke der Vorlage bei der Zulassungsbehörde

Art. 27. (1) Zur Sicherung des Steueranspruchs in Fällen des innergemeinschaftlichen Erwerbs neuer motorbetriebener Landfahrzeuge, neuer Luftfahrzeuge und neuer Wasserfahrzeuge (Art. 1 Abs. 8) gilt folgendes:

1. Im Falle der Anschaffung von Fahrzeugen im Sinne des Art. 1 Abs. 8 aus dem übrigen Gemeinschaftsgebiet hat das Finanzamt zu bescheinigen, daß gegen die Zulassung des Fahrzeuges aus steuerlichen Gründen keine Bedenken bestehen. Diese Bescheinigung ist nur zu erteilen, wenn die in Z 2, 3 beziehungsweise 4 vorgeschriebenen Angaben gemacht werden. Bei Erwerben im Sinne des Art. 1 Abs. 7 ist die Bescheinigung überdies nur dann zu erteilen, wenn der Nachweis über die Entrichtung der gemäß Art. 19 Abs. 2 Z 2 geschuldeten Steuer erbracht wird.
2. Für Zwecke der Bescheinigung betreffend motorbetriebene Landfahrzeuge im Sinne des Art. 1 Abs. 8 Z 1 sind folgende Angaben zu machen:
   a) der Name und die Anschrift des Lieferers,
   b) der Tag der Lieferung,
   c) das Entgelt (Kaufpreis),
   d) der Tag der ersten Inbetriebnahme,
   e) der Kilometerstand am Tag der Lieferung,
   f) die Fahrzeugart, der Fahrzeughersteller und der Fahrzeugtyp,
   g) der Verwendungszweck.

   Liegen die Voraussetzungen für die Erteilung einer solchen Bescheinigung vor, ist eine bestehende Zulassungssperre in der Genehmigungsdatenbank (§ 30a Abs. 9a Kraftfahrgesetz 1967, BGBl. Nr. 267/1967) aufzuheben. In diesem Fall entfällt die Ausstellung der Bescheinigung.
3. Für Zwecke der Bescheinigung betreffend Wasserfahrzeuge im Sinne des Art. 1 Abs. 8 Z 2 sind folgende Angaben zu machen:
   a) der Name und die Anschrift des Lieferers,
   b) der Tag der Lieferung,
   c) das Entgelt (Kaufpreis),
   d) der Tag der ersten Inbetriebnahme,
   e) die Fahrzeuglänge,
   f) die Zahl der bisherigen Betriebsstunden am Tag der Lieferung,
   g) der Wasserfahrzeughersteller und der Wasserfahrzeugtyp,
   h) der Verwendungszweck.
4. Für Zwecke der Bescheinigung betreffend Luftfahrzeuge im Sinne des Art. 1 Abs. 8 Z 3 sind folgende Angaben zu machen:
   a) der Name und die Anschrift des Lieferers,
   b) der Tag der Lieferung,
   c) das Entgelt (Kaufpreis),
   d) der Tag der ersten Inbetriebnahme,
   e) die Starthöchstmasse,
   f) die Zahl der bisherigen Betriebsstunden am Tag der Lieferung,
   g) der Flugzeughersteller und der Flugzeugtyp,
   h) der Verwendungszweck.

Die Angaben nach den Ziffern 2 bis 4 sind auch dann zu machen, wenn Zweifel daran bestehen, ob die Eigenschaften als neues Fahrzeug im Sinne des Art. 1 Abs. 8 vorliegen.

Meldepflicht bei der Lieferung neuer Fahrzeuge

(2) Zur Sicherung des Steueraufkommens durch einen regelmäßigen Austausch von Auskünften mit anderen Mitgliedstaaten auf der Grundlage der Gegenseitigkeit kann der Bundesminister für Finanzen durch Verordnung bestimmen, daß Unternehmer (§ 2) und Fahrzeuglieferer (Art. 2) der Abgabenbehörde ihre innergemeinschaftlichen Lieferungen neuer Fahrzeuge an Abnehmer ohne Umsatzsteuer-Identifikationsnummer melden müssen. Dabei können insbesondere geregelt werden:

1. die Art und Weise der Meldung;
2. der Inhalt der Meldung;
3. die Zuständigkeit der Abgabenbehörden;
4. der Abgabezeitpunkt der Meldung;
5. die Ahndung der Zuwiderhandlung gegen die Meldepflicht.

Vorlage von Urkunden

(3) Für Erhebungen zur Erfüllung der Auskunftsverpflichtung nach der Verordnung (EU) Nr. 904/2010 gilt die Bundesabgabenordnung sinngemäß.

Fiskalvertreter

(4) § 27 Abs. 7 gilt auch für Unternehmer, die innergemeinschaftliche Lieferungen und innergemeinschaftliche Erwerbe ausführen.

(5) (aufgehoben)

Umsatzsteuer-Identifikationsnummer

Art. 28. (1) Das Finanzamt hat Unternehmern im Sinne des § 2, die im Inland Lieferungen oder sonstige Leistungen erbringen, für die das Recht auf Vorsteuerabzug besteht, oder innergemeinschaftliche Erwerbe bewirken oder zur Inanspruchnahme der Sonderregelung gemäß § 25b oder Art. 25a eine Umsatzsteuer-Identifikationsnummer zu erteilen. Eine Umsatzsteuer-Identifikationsnummer ist nicht zu erteilen, wenn der Unternehmer nur Lieferungen oder sonstige Leistungen im Inland erbringt, die über eine Sonderregelung gemäß Art. 358 bis 369 der Richtlinie 2006/112/EG, gemäß Art. 369a bis 369k der Richtlinie 2006/112/EG oder gemäß Art. 369l bis 369x der Richtlinie 2006/112/EG in einem anderen Mitgliedstaat erklärt werden. Das Finanzamt hat Unternehmern, die ihre Umsätze ausschließlich gemäß § 22 versteuern oder die nur Umsätze ausführen, die zum Ausschluss vom Vorsteuerabzug führen, auf Antrag eine Umsatzsteuer-Identifikationsnummer zu erteilen, wenn sie diese benötigen für

- innergemeinschaftliche Lieferungen,
- innergemeinschaftliche Erwerbe,
- im Inland ausgeführte steuerpflichtige sonstige Leistungen, für die sie als Leistungsempfänger die Steuer entsprechend Art. 196 der Richtlinie 2006/112/EG in der Fassung der Richtlinie 2008/8/EG schulden, oder für
- im übrigen Gemeinschaftsgebiet ausgeführte steuerpflichtige sonstige Leistungen, für die gemäß Artikel 196 der Richtlinie 2006/112/EG in der Fassung der Richtlinie 2008/8/EG der Leistungsempfänger die Steuer schuldet.

Der zweite Satz gilt – soweit er sich auf innergemeinschaftliche Erwerbe bezieht – für juristische Personen, die nicht Unternehmer sind, entsprechend. Im Falle der Organschaft wird auf Antrag für jede juristische Person eine eigene Umsatzsteuer-Identifikationsnummer erteilt. Der Antrag auf Erteilung einer Umsatzsteuer-Identifikationsnummer ist schriftlich zu stellen. In dem Antrag sind Name, Anschrift und Steuernummer, unter der der Antragsteller umsatzsteuerlich geführt wird, anzugeben. Der Bescheid über die Erteilung der Umsatzsteuer-Identifikationsnummer ist zurückzunehmen, wenn sich die tatsächlichen oder rechtlichen Verhältnisse geändert haben, die für die Erteilung der Umsatzsteuer-Identifikationsnummer maßgebend gewesen sind oder wenn das Vorhandensein dieser Verhältnisse zu Unrecht angenommen worden ist. Der Unternehmer ist verpflichtet, jede Änderung der tatsächlichen oder rechtlichen Verhältnisse, die für die Erteilung der Umsatzsteuer-Identifikationsnummer maßgebend gewesen sind, insbesondere die Aufgabe seiner unternehmerischen Tätigkeit, dem Finanzamt binnen eines Kalendermonats anzuzeigen.

(BGBl I 2019/91, BGBl I 2021/227)

Bestätigungsverfahren

(2) Das Bundesministerium für Finanzen bestätigt dem Unternehmer im Sinne des § 2 auf Anfrage die Gültigkeit einer Umsatzsteuer-Identifikationsnummer sowie den Namen und die Anschrift der Person, der die Umsatzsteuer-Identifikationsnummer von einem anderen Mitgliedstaat erteilt wurde. Die Übermittlung der Anfrage hat, soweit dies nicht mangels technischer Voraussetzungen unzumutbar ist, elektronisch zu erfolgen. Der Bundesminister für Finanzen kann mit Verordnung das Bestätigungsverfahren regeln.

(3) Anfragen und Bestätigungen über die Gültigkeit einer Umsatzsteuer-Identifikationsnummer sind von den Stempelgebühren befreit.

4/2. SONSTIGE GESETZE

4/2/1. UStG 1994 Begleitmaßnahmen

BGBl 1995/21 idF BGBl 1996/756

Bundesgesetz, mit dem das Einkommensteuergesetz 1988, das Umgründungssteuergesetz, das Umsatzsteuergesetz 1994, das Bewertungsgesetz 1955, das Straßenbenützungsabgabegesetz und das Kapitalverkehrsteuergesetz geändert werden, mit dem eine Sonderregelung zum Abkommen zwischen der Republik Österreich und dem Königreich Spanien zur Vermeidung der Doppelbesteuerung auf dem Gebiete der Steuern vom Einkommen und vom Vermögen getroffen wird, weiters das Handelskammergesetz, das Körperschaftsteuergesetz 1988, das Normverbrauchsabgabegesetz, das Bundesgesetz, mit dem eine Sonderabgabe von Erdöl erhoben wird, das Kraftfahrzeugsteuergesetz 1992, das Versicherungssteuergesetz 1953 geändert werden, mit dem Begleitmaßnahmen zum Umsatzsteuergesetz 1994 vorgesehen werden, und mit dem das Finanzausgleichsgesetz 1993 geändert wird

Der Nationalrat hat beschlossen:

Artikel XIV
Begleitmaßnahmen zum Umsatzsteuergesetz 1994

1. Die Umsatzsteuerbefreiung gemäß § 6 Abs. 1 Z 18, soweit sie sich auf Pflegeanstalten, Alters-, Blinden- und Siechenheime bezieht, sowie gemäß Z 23 und 24, weiters die Umsatzsteuerbefreiung des § 6 Abs. 1 Z 25 Umsatzsteuergesetz 1994, soweit die Befreiung sich auf die in Z 18 genannten Umsätze der Pflegeanstalten, Alters-, Blinden- und Siechenheime sowie auf die Z 23 und 24 bezieht, sind nicht anzuwenden, wenn
   a) die Körperschaft, Personenvereinigung oder Vermögensmasse bei dem für die Erhebung der Umsatzsteuer zuständigen Finanzamt eine schriftliche Erklärung abgibt, daß sie ihre Betätigung
      – in erheblichem Umfang privatwirtschaftlich organisiert und ausgerichtet hat und
      – die Steuerbefreiung zu größeren Wettbewerbsverzerrungen führen könnte, oder
   b) das Bundesministerium für Finanzen mit Bescheid feststellt, daß Umstände im Sinne des lit. a vorliegen.

   Die schriftliche Erklärung sowie der Bescheid des Bundesministeriums für Finanzen können nur abgeändert oder aufgehoben werden, wenn nachgewiesen wird, daß sich die hiefür maßgeblichen Verhältnisse gegenüber jenen im Zeitpunkt der Abgabe der Erklärung oder der Erlassung des Bescheides verändert haben. § 28 Abs. 3 des Umsatzsteuergesetzes 1994 ist nicht anzuwenden.
2. Steuerschulden, die aus der Berichtigung des Vorsteuerabzugs gemäß § 12 Abs. 10 und 11 des Umsatzsteuergesetzes 1994 in künftigen Geschäftsjahren (Wirtschaftsjahren) entstehen können, sind nicht ungewisse Verbindlichkeiten im Sinne des § 198 Abs. 8 Z 3 des Handelsgesetzbuches. Es dürfen dafür weder im handelsrechtlichen Jahresabschluß noch bei der steuerlichen Gewinnermittlung Rückstellungen gebildet werden. Dies gilt insbesondere für jene Fälle der Berichtigung des Vorsteuerabzugs, die durch die Einführung unechter Umsatzsteuerbefreiungen durch das Umsatzsteuergesetz 1994 veranlaßt werden.
3. Die Berichtigung des Vorsteuerabzuges gemäß § 12 Abs. 10 und 11 Umsatzsteuergesetz 1994, die wegen der nach dem 31. Dezember 1996 erfolgenden erstmaligen Anwendung der Bestimmungen des § 6 Abs. 1 Z 7, Z 18, ausgenommen soweit sie sich auf Pflegeanstalten, Alters-, Blinden- und Siechenheime bezieht, und Z 19 bis 22 des Umsatzsteuergesetzes 1994 durchzuführen wäre, entfällt. Dasselbe gilt für § 6 Abs. 1 Z 25, soweit es sich um in § 6 Abs. 1 Z 18 des Umsatzsteuergesetzes 1994 genannte Leistungen handelt, jedoch nicht, soweit sich die Z 18 auf Pflegeanstalten, Alters-, Blinden- und Siechenheime bezieht.
4. Die Änderung der Z 1 ist auf Umsätze anzuwenden, die nach dem 31. Dezember 1996 ausgeführt werden.

4/3. VERORDNUNGEN

4/3/8. VO zu § 6 Abs. 1 Z 11 lit. a:

UStBLV

BGBl II 2018/214 idF BGBl II 2020/614

Verordnung des Bundesministers für Finanzen über das Vorliegen einer vergleichbaren Zielsetzung bei Bildungsleistungen (Umsatzsteuer-Bildungsleistungsverordnung, UStBLV)

Aufgrund des § 6 Abs. 1 Z 11 lit. a des Umsatzsteuergesetzes 1994, BGBl. Nr. 663/1994, zuletzt geändert durch das Bundesgesetz BGBl. I Nr. 62/2018, wird verordnet:

§ 1. Eine vergleichbare Zielsetzung liegt vor, bei:

1. Privatschulen im Sinne des Privatschulgesetzes, BGBl. Nr. 244/1962, oder des land- und forstwirtschaftlichen Privatschulgesetzes, BGBl. Nr. 318/1975;
2. Privathochschulen und Privatuniversitäten nach dem Privathochschulgesetz (PrivHG), BGBl. I Nr. 77/2020, sowie Privatuniversitäten, die unter den Voraussetzungen des Privatuniversitätengesetzes (PUG), BGBl. I Nr. 74/2011 oder des § 2 des Universitäts-Akkreditierungsgesetzes (UniAkkG), BGBl. I Nr. 168/1999, akkreditiert wurden;
   (BGBl II 2020/614)
3. Fachhochschulen nach dem Fachhochschulgesetz (FHG), BGBl. Nr. 340/1993;
   (BGBl II 2020/614)
4. privaten Pädagogischen Hochschulen im Sinne des § 4 Hochschulgesetzes 2005, BGBl. I Nr. 30/2006 sowie öffentlichen Pädagogischen Hochschulen im Rahmen der eigenen Rechtspersönlichkeit gemäß § 3 Hochschulgesetz 2005, BGBl. I Nr. 30/2006;
5. anderen berufsbezogenen Ausbildungseinrichtungen privaten Rechts, die aufgrund einer speziellen gesetzlichen Ermächtigung als solche anerkannt sind;
6. post-sekundären Bildungseinrichtungen, die im Rahmen einer Kooperation mit einer Universität oder Fachhochschule berufsbezogene post-graduale Aus- und Weiterbildungen durchführen;
7. einer aufrechten Zertifizierung als Erwachsenenbildungseinrichtung im Sinne der Vereinbarung gemäß Art. 15a B-VG zwischen dem Bund und den Ländern über die Anerkennung des Qualitätsrahmens für die Erwachsenenbildung Ö-Cert, BGBl. II Nr. 269/2012;
8. Einrichtungen im Sinne des Bundesgesetzes über die Förderung der Erwachsenenbildung und des Volksbüchereiwesens, BGBl. Nr. 171/1973 in Verbindung mit der Kundmachung der Bundesministerin für Bildung, Wissenschaft und Kultur gemäß § 7 Abs. 1 des Bundesgesetzes über die Förderung der Erwachsenenbildung und des Volksbüchereiwesens aus Bundesmitteln, BGBl. II Nr. 228/2001;
9. jeder anderen vergleichbaren behördlichen Zertifizierung.

§ 2. Eine vergleichbare Zielsetzung liegt nicht vor, wenn der Unternehmer nachweist, dass die Anwendung des § 1 Z 5 bis 9 zu Wettbewerbsverzerrungen führen würde. Voraussetzung dafür ist jedenfalls, dass die Bildungsleistungen überwiegend an Unternehmer erbracht werden.

§ 3.

1. Diese Verordnung tritt mit 1. Jänner 2019 in Kraft und ist erstmals auf Umsätze und sonstige Sachverhalte anzuwenden, die nach dem 31. Dezember 2018 ausgeführt werden bzw. sich ereignen.
   (BGBl II 2020/614)
2. § 1 Z 2 und 3 idF BGBl. II Nr. 614/2020 treten mit 1. Jänner 2021 in Kraft und sind erstmals auf Umsätze und sonstige Sachverhalte anzuwenden, die nach dem 31. Dezember 2020 ausgeführt werden bzw. sich ereignen.
   (BGBl II 2020/614)

4/3/16. VO zu § 19 Abs. 1d:

Schrott-UStV

BGBl II 2007/129 idF BGBl II 2012/320

Verordnung des Bundesministers für Finanzen betreffend die Umsätze von Abfallstoffen, für die die Steuerschuld auf den Leistungsempfänger übergeht (Schrott-Umsatzsteuerverordnung – Schrott-UStV)

Auf Grund des § 19 Abs. 1d des Umsatzsteuergesetzes 1994, BGBl. Nr. 663/1994, zuletzt geändert durch das Bundesgesetz BGBl. I Nr. 24/2007, wird verordnet:

§ 1. Bei den im § 2 angeführten Umsätzen wird die Steuer vom Leistungsempfänger geschuldet, wenn dieser Unternehmer ist. Der leistende Unternehmer haftet für diese Steuer.

§ 2. Es handelt sich um folgende Umsätze:

1. Die Lieferung der in der Anlage aufgezählten Gegenstände.
2. Die sonstigen Leistungen in Form des Sortierens, Zerschneidens, Zerteilens (einschließlich der Demontage) und des Pressens der in der Z 3 sowie in der Anlage zu Z 1 genannten Gegenstände.
3. Die Lieferung von Bruchgold, das offensichtlich nicht mehr dem ursprünglichen Zweck entsprechend wieder verwendet werden soll, sowie die Lieferung von aus solchem Bruchgold hergestellten Barren oder Granulaten. Dies gilt sinngemäß auch für andere Edelmetalle.

Unter Bruchgold ist jeglicher Goldschmuck sowie sonstige Objekte aus Gold, die zerbrochen, zerstört oder beschädigt sind und somit nicht mehr für ihren ursprünglichen Zweck verwendet werden können, zu verstehen, wie beispielsweise alte Ketten, Ringe und andere nicht mehr getragene Schmuckgegenstände, Besteck, Münzen, goldene Federspitzen, defekte Goldbarren, aber auch Zahngoldabfälle (Dentallegierungen) oder sonstige Edelmetallreste in jeder Form.

§ 3. Unter § 2 Z 1 fällt auch die Lieferung von Zusammensetzungen (Mischungen) aus den in der Anlage zu § 2 Z 1 genannten Gegenständen oder in Verbindung mit anderen Gegenständen (zB Verbundstoffe), wenn das Entgelt überwiegend für die in der Anlage zu § 2 Z 1 genannten Gegenstände geleistet wird. Dasselbe gilt für die Lieferung der genannten Gegenstände, nachdem sie gereinigt, sortiert, geschnitten, fragmentiert oder gepresst wurden.

§ 4. (1) Die Verordnung ist auf Umsätze anzuwenden, die nach dem 30. Juni 2007 ausgeführt werden.

(2) § 2 Z 2 und 3 in der Fassung der Verordnung BGBl. II Nr. 320/2012 ist auf Umsätze anzuwenden, die nach dem 30. September 2012 ausgeführt werden.

Anlage (zu § 2 Z 1)

Nr.	Bezeichnung der Gegenstände	Position der Kombinierten Nomenklatur
1.	Granulierte Schlacke (Schlackensand) aus der Eisen- und Stahlherstellung	2618 00 00
2.	Schlacken (ausgenommen granulierte Schlacke), Zunder und andere Abfälle der Eisen- und Stahlherstellung	2619 00
3.	Schlacken, Aschen und Rückstände (ausgenommen solche der Eisen- und Stahlherstellung), die Metalle, Arsen oder deren Verbindungen enthalten	2620
4.	Abfälle, Schnitzel und Bruch von Kunststoffen	3915
5.	Abfälle, Bruch und Schnitzel von Weichkautschuk, auch zu Pulver oder Granulat zerkleinert	4004 00 00
6.	Papier oder Pappe (Abfälle und Ausschuss) zur Wiedergewinnung	4707
7.	Lumpen, aus Spinnstoffen; Bindfäden, Seile, Taue und Waren daraus, aus Spinnstoffen, in Form von Abfällen oder unbrauchbar gewordenen Waren	6310
8.	Bruchglas und andere Abfälle und Scherben von Glas	7001 00 10
9.	Abfälle und Schrott von Edelmetallen oder Edelmetallplattierungen; andere Abfälle und Schrott, Edelmetalle oder Edelmetallverbindungen enthaltend, von der hauptsächlich zur Wiedergewinnung von Edelmetallen verwendeten Art	7112
10.	Abfälle und Schrott aus Eisen oder Stahl; Abfallblöcke aus Eisen oder Stahl	7204
11.	Abfälle und Schrott aus Kupfer	7404 00
12.	Abfälle und Schrott aus Nickel	7503 00
13.	Abfälle und Schrott aus Aluminium	7602 00
14.	Abfälle und Schrott aus Blei	7802 00 00
15.	Abfälle und Schrott aus Zink	7902 00 00

16.	Abfälle und Schrott aus Zinn	8002 00 00
17.	Abfälle und Schrott aus Wolfram	8101 97 00
18.	Abfälle und Schrott aus Molybdän	8102 97 00
19.	Abfälle und Schrott aus Tantal	8103 30 00
20.	Abfälle und Schrott aus Magnesium	8104 20 00
21.	Abfälle und Schrott aus Cobalt	8105 30 00
22.	Abfälle und Schrott aus Bismut	ex 8106 00 10
23.	Abfälle und Schrott aus Cadmium	8107 30 00
24.	Abfälle und Schrott aus Titan	8108 30 00
25.	Abfälle und Schrott aus Zirconium	8109 30 00
26.	Abfälle und Schrott aus Antimon	8110 20 00
27.	Abfälle und Schrott aus Mangan	8111 00 19
28.	Abfälle und Schrott aus Beryllium	8112 13 00
29.	Abfälle und Schrott aus Chrom	8112 22 00
30.	Abfälle und Schrott aus Thallium	8112 52 00
31.	Abfälle und Schrott aus Niob (Columbium), Rhenium, Gallium, Indium, Vanadium und Germanium	8112 92 21
32.	Abfälle und Schrott aus Cermets	8113 00 40
33.	Abfälle und Schrott von elektrischen Primärelementen, Primärbatterien und Akkumulatoren; ausgebrauchte elektrische Primärelemente, Primärbatterien und Akkumulatoren	8548 10

4/3/17. VO zu § 19 Abs. 1d:

UStBBKV

BGBl II 2013/369 idF BGBl II 2014/120

Verordnung der Bundesministerin für Finanzen betreffend Umsätze, für welche die Steuerschuld zur Bekämpfung des Umsatzsteuerbetrugs auf den Leistungsempfänger übergeht (Umsatzsteuerbetrugsbekämpfungsverordnung – UStBBKV)

Aufgrund des § 19 Abs. 1d des Umsatzsteuergesetzes 1994, BGBl. Nr. 663/1994, zuletzt geändert durch das Bundesgesetz BGBl. I Nr. 63/2013, wird verordnet:

§ 1. Bei den in § 2 angeführten Umsätzen wird die Umsatzsteuer vom Leistungsempfänger geschuldet, wenn dieser Unternehmer ist. Der leistende Unternehmer haftet für diese Steuer.

§ 2. Dies gilt für folgende Umsätze:

1. Lieferungen von Videospielkonsolen (aus Position 9504 der Kombinierten Nomenklatur), Laptops und Tablet-Computern (aus Unterposition 8471 30 00 der Kombinierten Nomenklatur), wenn das in der Rechnung ausgewiesene Entgelt mindestens 5 000 Euro beträgt.
2. Lieferungen von Gas und Elektrizität an einen Unternehmer, dessen Haupttätigkeit in Bezug auf den Erwerb dieser Gegenstände in deren Weiterlieferung besteht und dessen eigener Verbrauch dieser Gegenstände von untergeordneter Bedeutung ist.
3. Übertragungen von Gas- und Elektrizitätszertifikaten.
4. a) Lieferungen von Metallen aus Kapitel 71 und aus Abschnitt XV der Kombinierten Nomenklatur. Ausgenommen hiervon sind:
   - Die Lieferungen von Metallen aus den Positionen 7113 bis 7118, Kapitel 73, Positionen 7411 bis 7419, 7507, 7508, 7608, Unterposition 7609 00 00 bis Position 7616, Unterpositionen 7806 00, 7907 00 00, 8007 00 80, 8101 99 90, 8102 99 00, 8103 90 90, 8104 90 00, 8105 90 00, 8106 00 90, 8107 90 00, 8108 90 60, 8108 90 90, 8109 90 00, 8110 90 00, 8111 00 90, 8112 19 00, 8112 29 00, 8112 59 00, 8112 99, Unterposition 8113 00 90, Kapitel 82 und 83 der Kombinierten Nomenklatur.
   - Die Lieferungen von Metallen, die unter die Schrott-Umsatzsteuerverordnung, BGBl. II Nr. 129/2007 fallen.
   - Die Lieferungen von Metallen, für die die Differenzbesteuerung nach § 24 UStG 1994 angewendet wird.

   b) Beträgt das in der Rechnung ausgewiesene Entgelt weniger als 5 000 Euro, kann der liefernde Unternehmer auf die Anwendung des § 1 in Verbindung mit § 2 Z 4 lit. a verzichten. Steuerschuldner ist in diesen Fällen der liefernde Unternehmer.
5. Steuerpflichtige Lieferungen von Anlagegold im Sinne des § 24a Abs. 5 und Abs. 6 UStG 1994.

§ 3. (1) Die Verordnung ist auf Umsätze anzuwenden, die nach dem 31. Dezember 2013 ausgeführt werden.

(2) § 2 Z 4 in der Fassung der Verordnung BGBl. II Nr. 120/2014 ist auf Umsätze anzuwenden, die nach dem 31. Dezember 2013 ausgeführt werden.

4/3/18. VO zu § 21 Abs. 1:

Voranmeldung

BGBl II 1998/206 idF BGBl II 2019/313

Verordnung des Bundesministers für Finanzen betreffend die Abstandnahme von der Verpflichtung zur Abgabe von Voranmeldungen

Auf Grund des § 21 Abs. 1 zweiter Unterabsatz des Umsatzsteuergesetzes 1994, BGBl. Nr. 663, in der Fassung des Bundesgesetzes BGBl. I Nr. 79/1998 wird verordnet:

§ 1. Wird die nach Maßgabe der gesetzlichen Bestimmungen (§ 21 Abs. 1 UStG 1994) errechnete Vorauszahlung zur Gänze spätestens am Fälligkeitstag entrichtet oder ergibt sich für einen Voranmeldungszeitraum keine Vorauszahlung, so entfällt für Unternehmer, deren Umsätze gemäß § 1 Abs. 1 Z 1 und 2 UStG 1994 im vorangegangenen Kalenderjahr 35 000 Euro nicht überstiegen haben, die Verpflichtung zur Einreichung der Voranmeldung. Bei dieser Umsatzgrenze bleiben Umsätze, die nach § 6 Abs. 1 Z 7 bis 28 UStG 1994 steuerfrei sind, außer Ansatz.

(BGBl II 2019/313)

§ 2. Unternehmer, die Vorauszahlungen nicht vorschriftsmäßig entrichtet, Überschüsse nicht vorschriftsmäßig vorangemeldet oder die Aufzeichnungspflichten nicht erfüllt haben, können abweichend von § 1 vom Finanzamt zur Einreichung von Voranmeldungen aufgefordert werden.

§ 3. Die Verordnung ist erstmals auf Voranmeldungszeiträume anzuwenden, die nach dem 30. Juni 1998 beginnen.

§ 4. (1) § 1 in der Fassung der Verordnung BGBl. II Nr. 462/2002 ist erstmals auf Voranmeldungszeiträume anzuwenden, die nach dem 31. Dezember 2002 beginnen.

(2) § 1 in der Fassung der Verordnung BGBl. II Nr. 171/2010 ist erstmals auf Voranmeldungszeiträume anzuwenden, die nach dem 31. Dezember 2010 beginnen.

(3) § 1 in der Fassung der Verordnung BGBl. II Nr. 313/2019 ist erstmals auf Voranmeldungszeiträume anzuwenden, die nach dem 31. Dezember 2019 beginnen.

(BGBl II 2019/313)

4/3/19. VO zu § 21 Abs. 9:

Vorsteuern

BGBl 1995/279 idF BGBl II 2021/16

Verordnung des Bundesministers für Finanzen, mit der ein eigenes Verfahren für die Erstattung der abziehbaren Vorsteuern an ausländische Unternehmer geschaffen wird

Auf Grund des § 21 Abs. 9 UStG 1994, BGBl. Nr. 663/1994, in der Fassung BGBl. Nr. 21/1995 wird verordnet:

Artikel I
Erstattung der Vorsteuerbeträge in einem besonderen Verfahren

Berechtigte Unternehmer

§ 1. (1) Die Erstattung der abziehbaren Vorsteuerbeträge an nicht im Inland ansässige Unternehmer, das sind solche, die im Inland weder ihren Sitz noch eine Betriebsstätte haben, ist abweichend von den §§ 20 und 21 Abs. 1 bis 5 UStG 1994 nach Maßgabe der §§ 2, 3 und 3a durchzuführen, wenn der Unternehmer im Erstattungszeitraum

1. keine Umsätze im Sinne des § 1 Abs. 1 Z 1 und 2 und Art. 1 UStG 1994 oder
2. nur steuerfreie Umsätze im Sinne des § 6 Abs. 1 Z 3 UStG 1994 oder
3. nur Umsätze, bei denen die Steuerschuld auf den Leistungsempfänger übergeht (§ 19 Abs. 1 zweiter Unterabsatz UStG 1994) oder
4. im Inland nur Umsätze, die unter eine Sonderregelung gemäß § 25a, Art. 25a, § 25b UStG 1994 oder eine Regelung gemäß Art. 358 bis 369k der Richtlinie 2006/112/EG in einem anderen Mitgliedstaat fallen,

   (BGBl II 2020/579)

ausgeführt hat.

(2) Abs. 1 gilt nicht für Vorsteuerbeträge, die anderen als den in Abs. 1 bezeichneten Umsätzen im Inland zuzurechnen sind.

Erstattungszeitraum

§ 2. Erstattungszeitraum ist nach der Wahl des Unternehmers ein Zeitraum von mindestens drei Monaten bis zu höchstens einem Kalenderjahr. Der Erstattungszeitraum kann weniger als drei Monate umfassen, wenn es sich um den restlichen Zeitraum des Kalenderjahres handelt. In dem Antrag für diesen Zeitraum können auch abziehbare Vorsteuerbeträge aufgenommen werden, die in vorangegangene Erstattungszeiträume des betreffenden Kalenderjahres fallen.

Erstattungsverfahren für im übrigen Gemeinschaftsgebiet ansässige Unternehmer

§ 3. (1) Der im übrigen Gemeinschaftsgebiet ansässige Unternehmer hat den Erstattungsantrag auf elektronischem Weg über das in dem Mitgliedstaat, in dem er ansässig ist, eingerichtete elektronische

Portal zu übermitteln. Der Antrag ist vorbehaltlich des § 28 Abs. 53 Z 1 und 2 UStG 1994 binnen neun Monaten nach Ablauf des Kalenderjahres zu stellen, in dem der Erstattungsanspruch entstanden ist. In dem Antrag hat der Unternehmer den zu erstattenden Betrag selbst zu berechnen. Der Erstattungsantrag gilt nur dann als vorgelegt, wenn er alle in den Art. 8, 9 und 11 der Richtlinie 2008/9/EG des Rates vom 12. Februar 2008 zur Regelung der Erstattung der Mehrwertsteuer gemäß der Richtlinie 2006/112/EG[a)] an nicht im Mitgliedstaat der Erstattung, sondern in einem anderen Mitgliedstaat ansässige Steuerpflichtige (ABl. Nr. L 44 S. 23) festgelegten Angaben enthält. Die Abgabenbehörde kann zusätzliche Informationen anfordern, welche auch die Einreichung des Originals oder einer Durchschrift der Rechnung oder des Einfuhrdokumentes umfassen können. Diese Anforderung kann auch mit E-Mail erfolgen. Die Zustellung des E-Mails gilt mit dessen Absendung als bewirkt, ausgenommen der Antragsteller weist nach, dass ihm das E-Mail nicht zugestellt worden ist.

(BGBl II 2021/16)

[a)] Art. 8 bis 11 der RL 2008/9 siehe unmittelbar im Anschluss.

(1a) (aufgehoben)

(BGBl II 2020/579)

(2) Der zu erstattende Betrag muss mindestens 400 Euro betragen. Das gilt nicht, wenn der Erstattungszeitraum das Kalenderjahr oder der letzte Zeitraum eines Kalenderjahres ist. Für diese Erstattungszeiträume muss der zu erstattende Betrag mindestens 50 Euro betragen.

(3) Bescheide im Erstattungsverfahren können elektronisch, über das in dem Mitgliedstaat, in dem der Unternehmer ansässig ist, eingerichtete elektronische Portal, zugestellt werden. Die Zustellung gilt mit dem Einlangen im elektronischen Portal des Mitgliedstaates, in dem der Unternehmer ansässig ist, als bewirkt. Die Zustellung kann auch mit E-Mail erfolgen. Abs. 1 letzter Satz gilt entsprechend.

(BGBl II 2021/16)

(4) Für den zu erstattenden Betrag ist bei Fristversäumnis nach Maßgabe der Abs. 5 bis 11 eine Säumnisabgeltung festzusetzen.

(5) Die Säumnisabgeltung ist festzusetzen, wenn nach Ablauf von vier Monaten und zehn Werktagen nach Eingang des Erstattungsantrages bei der Abgabenbehörde des Erstattungsstaates keine Zahlung des zu erstattenden Betrages erfolgt.

(6) Fordert die Abgabenbehörde zusätzliche Informationen gemäß Abs. 1 an, so besteht der Anspruch auf die Säumnisabgeltung erst mit Ablauf von zehn Werktagen nach Ablauf einer Frist von zwei Monaten ab Entsprechung der Aufforderung. Die Säumnisabgeltung ist diesfalls jedoch frühestens mit Ablauf von zehn Werktagen nach Ablauf einer Frist von sechs Monaten ab Eingang des Erstattungsantrages festzusetzen. Werden weitere zusätzliche Informationen angefordert, so besteht der Anspruch auf Säumnisabgeltung mit Ablauf von zehn Werktagen nach Ablauf einer Frist von acht Monaten ab Eingang des Erstattungsantrages.

(7) Die Zahlung gilt als erfolgt mit Ablauf von zehn Werktagen nach dem Tag der Bekanntgabe des Erstattungsbescheides, es sei denn, der Unternehmer weist nach, dass er den zu erstattenden Betrag später erhalten hat.

(8) Als Zahlung gilt auch die Pfändung des Erstattungsbetrages oder dessen Verwendung zur Tilgung einer fälligen Schuld des Antragstellers gegenüber dem Bund.

(9) Die Höhe der Säumnisabgeltung beträgt für den nicht zeitgerecht erstatteten Abgabenbetrag 2%. Eine zweite Säumnisabgeltung ist festzusetzen, soweit der Abgabenbetrag nicht spätestens drei Monate nach dem Ende der Fristen in Abs. 5 und Abs. 6 erstattet wird. Eine dritte Säumnisabgeltung ist festzusetzen, soweit der Abgabenbetrag nicht spätestens drei Monate nach dem Eintritt der Verpflichtung zur zweiten Säumnisabgeltung erstattet wird. Die zweite und die dritte Säumnisabgeltung betragen jeweils 1% des zum maßgebenden Stichtag nicht erstatteten Abgabenbetrages.

(10) Ein Anspruch auf Säumnisabgeltung besteht nicht, wenn der Unternehmer seiner Mitwirkungspflicht nicht innerhalb einer Frist von einem Monat nach Zugang einer entsprechenden Aufforderung der Abgabenbehörde nachkommt.

(11) Eine Säumnisabgeltung, die den Betrag von 50 Euro nicht erreicht, ist nicht festzusetzen.

Erstattungsverfahren für nicht im Gemeinschaftsgebiet ansässige Unternehmer

§ 3a. (1) Der nicht im Gemeinschaftsgebiet ansässige Unternehmer hat die Erstattung mittels amtlich vorgeschriebenem Vordruck beim Finanzamt Österreich zu beantragen. Der Antrag ist binnen sechs Monaten nach Ablauf des Kalenderjahres zu stellen, in dem der Erstattungsanspruch entstanden ist. In dem Antrag hat der Unternehmer den zu erstattenden Betrag selbst zu berechnen. Dem Erstattungsantrag sind die Rechnungen und die Belege über die entrichtete Einfuhrumsatzsteuer im Original beizufügen.

(BGBl II 2020/579)

(2) Der zu erstattende Betrag muss mindestens 400 Euro betragen. Das gilt nicht, wenn der Erstattungszeitraum das Kalenderjahr oder der letzte Zeitraum eines Kalenderjahres ist. Für diese Erstattungszeiträume muss der zu erstattende Betrag mindestens 50 Euro betragen. Von der Erstattung ausgeschlossen sind die Vorsteuerbeträge, die auf den Bezug von Kraftstoffen entfallen.

(BGBl II 2021/16)

(3) Der Unternehmer muss dem Finanzamt Österreich in den Fällen des § 1 Abs. 1 Z 1 durch behördliche Bescheinigung des Staates, in dem er ansässig ist, nachweisen, dass er als Unternehmer unter einer Steuernummer eingetragen ist.

(BGBl II 2020/579)

Berücksichtigung von Vorsteuerbeträgen, Belegnachweis

§ 4. (1) Ist bei den in § 1 Abs. 1 genannten Unternehmern die Besteuerung nach den §§ 20 und 21 Abs. 1 bis 5 UStG 1994 durchzuführen, so sind hiebei die Vorsteuerbeträge nicht zu berücksichtigen, die nach § 1 Abs. 1 erstattet worden sind.

(2) Die abziehbaren Vorsteuerbeträge sind in den Fällen des Abs. 1 durch Vorlage der Rechnungen und zollamtlichen Belege (Einfuhrumsatzsteuer) im Original nachzuweisen.

Artikel II

(1) Diese Verordnung tritt mit 1. Jänner 1995 in Kraft und ist erstmals auf Vorsteuerbeträge anzuwenden, die in das Kalenderjahr 1995 fallen.

(2) Die Verordnung BGBl. Nr. 882/1993 tritt mit 31. Dezember 1994 außer Kraft.

(3) Art. 1 § 3 Abs. 2 in der Fassung der Verordnung BGBl. II Nr. 416/2001 ist erstmals auf Vorsteuerbeträge anzuwenden, die in das Kalenderjahr 2002 fallen.

(4) Art. I § 1 Abs. 1 Z 5 ist erstmals auf Vorsteuerbeträge anzuwenden, die in Zeiträume nach dem 30. Juni 2003 fallen.

(5) Art. I § 1 Abs. 1, § 3 und § 3a, jeweils in der Fassung der Verordnung BGBl. II Nr. 222/2009, sind erstmals auf Vorsteuererstattungsanträge anzuwenden, die nach dem 31. Dezember 2009 gestellt werden.

(6) Art. I § 1 Abs. 1 in der Fassung der Verordnung BGBl. II Nr. 158/2014 ist erstmals auf Vorsteuerbeträge anzuwenden, die in das Kalenderjahr 2015 fallen.

(7) Art. I § 1 Abs. 1 Z 4 in der Fassung der Verordnung BGBl. II Nr. 579/2020 ist erstmals auf Vorsteuerbeträge anzuwenden, die in das Kalenderjahr 2021 fallen. Art. I § 3a Abs. 1 und 3, jeweils in der Fassung der Verordnung BGBl. II Nr. 579/2020, treten mit 1. Jänner 2021 in Kraft.

(BGBl II 2020/579)

(8) Art. I § 3 Abs. 1 und 3 in der Fassung der Verordnung BGBl. II Nr. 16/2021 ist erstmals auf Vorsteuerbeträge anzuwenden, die in das Kalenderjahr 2021 fallen.

(BGBl II 2021/16)

(9) § 3a Abs. 2 in der Fassung der Verordnung BGBl. II Nr. 16/2021 ist erstmals auf Vorsteuerbeträge anzuwenden, die auf den Bezug von Kraftstoffen nach dem 14. Jänner 2021 entfallen.

(BGBl II 2021/16)

Richtlinie 2008/9/EG zur Regelung der Erstattung der Mehrwertsteuer gemäß der Richtlinie 2006/112/EG (Auszug)

Art. 8 (1) Der Erstattungsantrag muss die folgenden Angaben enthalten:

a) Name und vollständige Anschrift des Antragstellers;

b) eine Adresse für die elektronische Kommunikation;

c) eine Beschreibung der Geschäftstätigkeit des Antragstellers, für die die Gegenstände und Dienstleistungen erworben werden;

d) der Erstattungszeitraum, auf den sich der Antrag bezieht;

e) eine Erklärung des Antragstellers, dass er während des Erstattungszeitraums keine Lieferungen von Gegenständen bewirkt und Dienstleistungen erbracht hat, die als im Mitgliedstaat der Erstattung bewirkt gelten, mit Ausnahme der Umsätze gemäß Artikel 3 Buchstabe b Ziffern i und ii;

f) die Mehrwertsteuer-Identifikationsnummer oder Steuerregisternummer des Antragstellers;

g) seine Bankverbindung (inklusive IBAN und BIC).

(2) Neben den in Absatz 1 genannten Angaben sind in dem Erstattungsantrag für jeden Mitgliedstaat der Erstattung und für jede Rechnung oder jedes Einfuhrdokument folgende Angaben zu machen:

a) Name und vollständige Anschrift des Lieferers oder Dienstleistungserbringers;

b) außer im Falle der Einfuhr die Mehrwertsteuer-Identifikationsnummer des Lieferers oder Dienstleistungserbringers oder die ihm vom Mitgliedstaat der Erstattung zugeteilte Steuerregisternummer im Sinne der Artikel 239 und 240 der Richtlinie 2006/112/EG;

c) außer im Falle der Einfuhr das Präfix des Mitgliedstaats der Erstattung im Sinne des Artikels 215 der Richtlinie 2006/112/EG;

d) Datum und Nummer der Rechnung oder des Einfuhrdokuments;

e) Steuerbemessungsgrundlage und Mehrwertsteuerbetrag in der Währung des Mitgliedstaats der Erstattung;

f) gemäß Artikel 5 und Artikel 6 Absatz 2 berechneter Betrag der abziehbaren Mehrwertsteuer in der Währung des Mitgliedstaats der Erstattung;

g) gegebenenfalls der nach Artikel 6 berechnete und als Prozentsatz ausgedrückte Pro-rata-Satz des Vorsteuerabzugs;

h) Art der erworbenen Gegenstände und Dienstleistungen aufschlüsselt nach den Kennziffern gemäß Artikel 9.

Art. 9 (1) In dem Erstattungsantrag muss die Art der erworbenen Gegenstände und Dienstleistungen nach folgenden Kennziffern aufgeschlüsselt werden:

1 = Kraftstoff;

2 = Vermietung von Beförderungsmitteln;

3 = Ausgaben für Transportmittel (andere als unter Kennziffer 1 oder 2 beschriebene Gegenstände und Dienstleistungen);

4 = Maut und Straßenbenutzungsgebühren;

5 = Fahrtkosten wie Taxikosten, Kosten für die Benutzung öffentlicher Verkehrsmittel;
6 = Beherbergung;
7 = Speisen, Getränke und Restaurantdienstleistungen;
8 = Eintrittsgelder für Messen und Ausstellungen;
9 = Luxusausgaben, Ausgaben für Vergnügungen und Repräsentationsaufwendungen;
10 = Sonstiges.

Wird die Kennziffer 10 verwendet, ist die Art der gelieferten Gegenstände und erbrachten Dienstleistungen anzugeben.

(2) Der Mitgliedstaat der Erstattung kann vom Antragsteller verlangen, dass er zusätzliche elektronisch verschlüsselte Angaben zu jeder Kennziffer gemäß Absatz 1 vorlegt, sofern dies aufgrund von Einschränkungen des Rechts auf Vorsteuerabzug gemäß der Richtlinie 2006/112/EG, wie diese im Mitgliedstaat der Erstattung angewendet wird, oder im Hinblick auf die Anwendung einer vom Mitgliedstaat der Erstattung gemäß den Artikeln 395 oder 396 jener Richtlinie gewährten relevanten Ausnahmeregelung erforderlich ist.

Art. 10 Unbeschadet der Informationsersuchen gemäß Artikel 20 kann der Mitgliedstaat der Erstattung verlangen, dass der Antragsteller zusammen mit dem Erstattungsantrag auf elektronischem Wege eine Kopie der Rechnung oder des Einfuhrdokuments einreicht, falls sich die Steuerbemessungsgrundlage auf einer Rechnung oder einem Einfuhrdokument auf mindestens 1000 EUR oder den Gegenwert in der jeweiligen Landeswährung beläuft. Betrifft die Rechnung Kraftstoff, so ist dieser Schwellenwert 250 EUR oder der Gegenwert in der jeweiligen Landeswährung.

Art. 11 Der Mitgliedstaat der Erstattung kann vom Antragsteller verlangen, eine Beschreibung seiner Geschäftstätigkeit anhand der harmonisierten Codes vorzulegen, die gemäß Artikel 34a Absatz 3 Unterabsatz 2 der Verordnung (EG) Nr. 1798/2003 des Rates bestimmt werden.

4/3/20. VO zu § 21 Abs. 10:

Eigenverbrauch

BGBl 1983/628 idF BGBl 1985/499

Verordnung des Bundesministers für Finanzen vom 14. Dezember 1983 über die Aufstellung von Schätzungsrichtlinien für die Ermittlung der Höhe des Eigenverbrauches bei bestimmten Unternehmern und über die Fälligkeit der auf den Eigenverbrauch entfallenden Umsatzsteuer[a)]

[a)] Gilt gem § 28 Abs 5 Z 2 UStG 1994 als auf Grund des UStG 1994 ergangen.

Auf Grund des § 21 Abs. 10 des Umsatzsteuergesetzes 1972, BGBl. Nr. 223, wird verordnet:

§ 1. Soweit die Höhe des Eigenverbrauches eines Unternehmers nicht durch ordnungsgemäß geführte Aufzeichnungen im Sinne des § 18 des Umsatzsteuergesetzes 1972 nachgewiesen wird und auch nicht außergewöhnliche Umstände vorliegen, die eine diesen Umständen entsprechende Ermittlung der Bemessungsgrundlage erforderlich machen, ist bei der Berechnung der Umsatzsteuer für den Eigenverbrauch die Bemessungsgrundlage wie folgt zu ermitteln:

1. a) Für den Eigenverbrauch von Speisen und Getränken im Gast-, Schank- und Beherbergungsgewerbe ist bei voller Verpflegung von jenen Werten auszugehen, welche nach den einkommensteuerrechtlichen Vorschriften für Zwecke des Steuerabzuges vom Arbeitslohn (§ 15 Abs. 2 des Einkommensteuergesetzes 1972) als Sachbezug für Speisen und Getränke (Kost) anzusetzen sind. Werden auch Familienangehörige des Unternehmers voll verpflegt, so erhöht sich der anzusetzende Wert

   für den Ehegatten um ....80 v.H.

   für jedes Kind bis zum 6. Lebensjahr um ....30 v.H.

   für jedes Kind zwischen dem 6. und 16. Lebensjahr um .... 40 v.H. und

   für jedes Kind ab dem 16. Lebensjahr und für sonstige Personen um...80 v.H.

   Bei nur teilweiser Verpflegung können die entsprechenden Anteile der so ermittelten Sachbezugswerte angesetzt werden;

   b) von den nach lit. a ermittelten Werten, welche die Umsatzsteuer einschließen, entfallen 85 v.H. auf Speisen und Getränke, die dem ermäßigten Steuersatz gemäß § 10 Abs. 2 des Umsatzsteuergesetzes 1972 und 15 v.H. auf Getränke, die dem Normalsteuersatz gemäß § 10 Abs. 1 des Umsatzsteuergesetzes 1972 unterliegen. Eine Aufteilung dieser Art kann unterbleiben, wenn außer einem ortsüblichen Frühstücksgetränk kein dem Normalsteuersatz unterliegendes Getränk entnommen wird;

2. soweit ein Unternehmer im Inland einen seinem Unternehmen dienenden Gegenstand für Zwecke verwendet oder verwenden läßt, die außerhalb des Unternehmens liegen, ist als Bemessungsgrundlage für den Eigenverbrauch jener Wert heranzuziehen, der bei der steuerlichen Gewinnermittlung nach den einkommensteuerrechtlichen Vorschriften als Privatentnahme zu berücksichtigen ist.

§ 2. (1) Ist die Bemessungsgrundlage für den Eigenverbrauch nach den Bestimmungen dieser Verordnung zu ermitteln, so entfällt insoweit die Aufzeichnungsverpflichtung gemäß § 18 Abs. 2 Z 2 des Umsatzsteuergesetzes 1972. Die Steuer für den Eigenverbrauch im Sinne des § 1 Z 2 ist erst in der für den letzten Voranmeldungszeitraum eines Veranlagungszeitraumes abzugebenden Voranmeldung zu berechnen; das gleiche gilt für Eigenverbrauchstatbestände gemäß § 1 Abs. 1 Z 2 lit. b des Umsatzsteuergesetzes 1972.

(2) Die Fälligkeit der auf den Eigenverbrauch im Sinne des § 1 Z 2 dieser Verordnung sowie des § 1 Abs. 1 Z 2 lit. b des Umsatzsteuergesetzes 1972 entfallenden Umsatzsteuer wird abweichend von der gesetzlichen Regelung des § 21 Abs. 1 und 2 des Umsatzsteuergesetzes 1972 mit dem 10. Tag des zweiten Monates nach Ablauf des Veranlagungszeitraumes (§ 20 Abs. 1 und 3 des Umsatzsteuergesetzes 1972) bestimmt.

§ 3. (1) Diese Verordnung ist erstmals auf den Veranlagungszeitraum 1984 anzuwenden. Die Verordnung vom 15. Feber 1973, BGBl. Nr. 86, ist letztmals auf den Veranlagungszeitraum 1983 anzuwenden.

4/3/22. VO zu Art. 7:

Innergemeinschaftliche Lieferung

BGBl 1996/401 idF BGBl II 2010/172

Verordnung des Bundesministers für Finanzen über den Nachweis der Beförderung oder Versendung und den Buchnachweis bei innergemeinschaftlichen Lieferungen

Auf Grund des Artikels 7 des Umsatzsteuergesetzes 1994, BGBl. Nr. 663/1994, zuletzt geändert durch das Bundesgesetz BGBl. Nr. 201/1996, wird verordnet.

Nachweis der Beförderung oder Versendung bei innergemeinschaftlichen Lieferungen

§ 1. Bei innergemeinschaftlichen Lieferungen (Art. 7 UStG 1994) muß der Unternehmer eindeutig und leicht nachprüfbar nachweisen, daß er oder der Abnehmer den Gegenstand der Lieferung in das übrige Gemeinschaftsgebiet befördert oder versendet hat.

§ 2. In den Fällen, in denen der Unternehmer oder der Abnehmer den Gegenstand der Lieferung in das übrige Gemeinschaftsgebiet befördert, hat der Unternehmer den Nachweis wie folgt zu führen:

1. durch die Durchschrift oder Abschrift der Rechnung (§ 11, Art. 11 UStG 1994),
2. durch einen handelsüblichen Beleg, aus dem sich der Bestimmungsort ergibt, insbesondere Lieferschein, und
3. durch eine Empfangsbestätigung des Abnehmers oder seines Beauftragten oder in den Fällen der Beförderung des Gegenstandes durch den Abnehmer durch eine Erklärung des Abnehmers oder seines Beauftragten, daß er den Gegenstand in das übrige Gemeinschaftsgebiet befördern wird.

§ 3. (1) In den Fällen, in denen der Unternehmer oder der Abnehmer den Gegenstand der Lieferung in das übrige Gemeinschaftsgebiet versendet, hat der Unternehmer den Nachweis wie folgt zu führen:

1. durch die Durchschrift oder Abschrift der Rechnung (§ 11 Art. 11 UStG 1994) und
2. durch einen Versendungsbeleg im Sinne des § 7 Abs. 5 UStG 1994, insbesondere durch Frachtbriefe, Postaufgabebescheinigungen, Konnossemente und dergleichen oder deren Doppelstücke.

(2) Ist es dem Unternehmer nicht möglich oder nicht zumutbar, den Versendungsnachweis nach Absatz 1 zu führen, kann er den Nachweis auch nach § 2 führen.

§ 4. (1) Ist der Gegenstand der Lieferung vor der Beförderung oder Versendung in das übrige Gemeinschaftsgebiet durch einen Beauftragten bearbeitet oder verarbeitet worden (Art. 7 Abs. 1 letzter Unterabsatz UStG 1994), so hat der Unternehmer die Versendung oder Beförderung nachzuweisen (§ 2). Zusätzlich dazu hat der Unternehmer auf einem Beleg festzuhalten:

1. den Namen und die Anschrift des Beauftragten,
2. die handelsübliche Bezeichnung und die Menge des an den Beauftragten übergebenen oder versendeten Gegenstandes,
3. den Ort und den Tag der Entgegennahme des Gegenstandes durch den Beauftragten und
4. die Bezeichnung des Auftrages und der vom Beauftragten vorgenommenen Bearbeitung oder Verarbeitung.

(2) Ist der Gegenstand der Lieferung durch mehrere Beauftragte bearbeitet oder verarbeitet worden, so haben sich die in Absatz 1 bezeichneten Angaben auf die Bearbeitungen oder Verarbeitungen eines jeden Beauftragten zu erstrecken.

Buchnachweis bei innergemeinschaftlichen Lieferungen

§ 5. Bei innergemeinschaftlichen Lieferungen muß der Unternehmer die Voraussetzungen der Steuerbefreiung einschließlich Umsatzsteuer-Identifikationsnummer des Abnehmers buchmäßig nachweisen. Die Voraussetzungen müssen leicht nachprüfbar aus der Buchführung zu ersehen sein.

§ 6. Der Unternehmer hat folgendes aufzuzeichnen:

1. den Namen, die Anschrift und die Umsatzsteuer-Identifikationsnummer des Abnehmers,
2. den Namen und die Anschrift des Beauftragten des Abnehmers in Abholfällen,
3. die handelsübliche Bezeichnung und die Menge des Gegenstandes der Lieferung,
4. den Tag der Lieferung,
5. das vereinbarte Entgelt oder bei der Besteuerung nach vereinnahmten Entgelten das vereinnahmte Entgelt und den Tag der Vereinnahmung,
6. die Art und den Umfang einer Bearbeitung oder Verarbeitung vor der Beförderung oder Versendung in das übrige Gemeinschaftsgebiet (Art. 7 Abs. 1 letzter Unterabsatz UStG 1994),
7. die Beförderung oder Versendung in das übrige Gemeinschaftsgebiet und
8. den Bestimmungsort im übrigen Gemeinschaftsgebiet.

§ 7. In den einer Lieferung gleichgestellten Verbringungsfällen (Art. 3 Abs. 1 UStG 1994) hat der Unternehmer folgendes aufzuzeichnen:

1. die handelsübliche Bezeichnung und die Menge des verbrachten Gegenstandes,
2. die Anschrift und die Umsatzsteuer-Identifikationsnummer des im anderen Mitgliedstaates gelegenen Unternehmensteils,
3. den Tag des Verbringens und
4. die Bemessungsgrundlage nach Art. 4 Abs. 2 UStG 1994.

§ 8. In den Fällen, in denen neue Fahrzeuge an Abnehmer ohne Umsatzsteuer-Identifikationsnummer in das übrige Gemeinschaftsgebiet geliefert werden, hat der Unternehmer folgendes aufzuzeichnen:

1. den Namen und die Anschrift des Erwerbers,
2. die handelsübliche Bezeichnung des gelieferten Fahrzeuges,
3. den Tag der Lieferung,
4. das vereinbarte Entgelt oder bei der Besteuerung nach vereinnahmten Entgelten das vereinnahmte Entgelt und den Tag der Vereinnahmung,
5. die in Art. 1 Abs. 8 und 9 UStG 1994 bezeichneten Merkmale,
6. die Beförderung oder Versendung in das übrige Gemeinschaftsgebiet und
7. den Bestimmungsort im übrigen Gemeinschaftsgebiet.

Sperre in der Genehmigungsdatenbank

§ 9. Als weiterer Nachweis, dass der Gegenstand der Lieferung in das übrige Gemeinschaftsgebiet befördert oder versendet wird, ist bei der Lieferung von Fahrzeugen im Sinne des § 2 des Normverbrauchsabgabegesetzes, BGBl. Nr. 695/1991, die Sperre des Fahrzeuges in der Genehmigungsdatenbank nach § 30a KFG 1967 erforderlich.

5/1. Bewertungsgesetz 1955

Auszug (Erster Teil)

Bewertungsgesetz 1955, BGBl 1955/148 idF

1	BGBl 1955/231	**2**	BGBl 1963/145	**3**	BGBl 1965/181
4	BGBl 1971/172	**5**	BGBl 1971/276	**6**	BGBl 1972/447
7	BGBl 1975/17	**8**	BGBl 1976/143	**9**	BGBl 1976/318
10	BGBl 1977/320	**11**	BGBl 1977/645	**12**	BGBl 1978/273
13	BGBl 1978/597	**14**	BGBl 1979/318	**15**	BGBl 1980/289
16	BGBl 1981/620	**17**	BGBl 1982/111	**18**	BGBl 1982/546
19	BGBl 1982/570	**20**	BGBl 1983/587	**21**	BGBl 1984/210
22	BGBl 1986/325	**23**	BGBl 1986/327	**24**	BGBl 1987/312
25	BGBl 1987/649	**26**	BGBl 1988/402	**27**	BGBl 1989/660
28	BGBl 1991/699	**29**	BGBl 1992/450	**30**	BGBl 1993/12
31	BGBl 1993/253	**32**	BGBl 1993/532	**33**	BGBl 1993/818
34	BGBl 1994/371	**35**	BGBl 1994/680	**36**	BGBl 1994/681
37	BGBl 1995/21	**38**	BGBl 1996/201 (StruktAnpG 1996)	**39**	BGBl I 1999/28 (AbgÄG 1998)
40	BGBl I 2000/142 (BudgetBG 2001)	**41**	BGBl I 2001/59 (EuroStUG 2001)	**42**	BGBl I 2002/19
43	BGBl I 2002/165 (VfGH)	**44**	BGBl I 2003/71 (BudgetBG 2003)	**45**	BGBl I 2003/124 (AbgÄG 2003)
46	BGBl I 2004/72	**47**	BGBl I 2004/180 (AbgÄG 2004)	**48**	BGBl I 2006/100 (StruktAnpG 2006)
49	BGBl I 2009/80 (BewG-Nov 2009)	**50**	BGBl I 2009/135 (EPG)	**51**	BGBl I 2010/111 (BudBG 2011)
52	BGBl I 2012/22 (1. StabG 2012)	**53**	BGBl I 2012/112 (AbgÄG 2012)	**54**	BGBl I 2013/63
55	BGBl I 2015/34 (VAG 2016)	**56**	BGBl I 2016/77 (EU-AbgÄG 2016)	**57**	BGBl I 2019/104 (FORG)

BewG

GLIEDERUNG

§ 1. Anwendungsbereich des Gesetzes

Erster Teil: Allgemeine Bewertungsvorschriften

§ 2. Wirtschaftliche Einheit
§ 3. Wertermittlung bei mehreren Beteiligten
§ 4. Aufschiebend bedingter Erwerb
§ 5. Auflösend bedingter Erwerb
§ 6. Aufschiebend bedingte Lasten
§ 7. Auflösend bedingte Lasten
§ 8. Befristung auf einen unbestimmten Zeitpunkt
§ 9. Verfügungsbeschränkungen
§ 10. Bewertungsgrundsatz, gemeiner Wert
§ 11. Mit Grundbesitz verbundene Rechte, Bestandteile und Zubehör
§ 12. Begriff des Teilwertes
§ 13. Wertpapiere und Anteile
§ 14. Kapitalforderungen und Schulden
§ 15. Kapitalwert von wiederkehrenden Nutzungen und Leistungen
§ 16. Kapitalwert von lebenslänglichen Nutzungen und Leistungen
§ 17. Jahreswert von Nutzungen und Leistungen

Bundesgesetz vom 13. Juli 1955 über die Bewertung von Vermögenschaften (Bewertungsgesetz 1955 – BewG. 1955)

Der Nationalrat hat beschlossen:

Anwendungsbereich des Gesetzes

§ 1. (1) Die Bestimmungen des ersten Teiles dieses Bundesgesetzes (§§ 2 bis 17) gelten, soweit sich nicht aus den abgabenrechtlichen Vorschriften oder aus dem zweiten Teil dieses Gesetzes etwas anderes ergibt, für die bundesrechtlich geregelten Abgaben sowie für die bundesrechtlich geregelten Beiträge an sonstige Körperschaften des öffentlichen Rechtes und an Fonds.

(2) Die Bestimmungen des zweiten Teiles dieses Bundesgesetzes (§§ 18 bis 79) gelten für die Vermögensteuer und für die Stempel- und Rechtsgebühren; der erste Abschnitt des zweiten Teiles (§§ 19 bis 68) gilt nach näherer Regelung durch die in Betracht kommenden Gesetze auch für die Grundsteuer, die Gewerbesteuer, die Erbschafts- und Schenkungssteuer, die Grunderwerbsteuer und für die Beiträge nach dem Wohnhaus-Wiederaufbaugesetz.

(3) Soweit sich nicht aus den §§ 19 bis 79 etwas anderes ergibt, finden neben diesen auch die Vorschriften des ersten Teiles dieses Gesetzes (§§ 2 bis 17) Anwendung.

Erster Teil
Allgemeine Bewertungsvorschriften

Wirtschaftliche Einheit

§ 2. (1) Jede wirtschaftliche Einheit ist für sich zu bewerten. Ihr Wert ist im ganzen festzustellen. Was als wirtschaftliche Einheit zu gelten hat, ist nach den Anschauungen des Verkehrs zu entscheiden. Die örtliche Gewohnheit, die tatsächliche Übung, die Zweckbestimmung und die wirtschaftliche Zusammengehörigkeit der einzelnen Wirtschaftsgüter sind zu berücksichtigen.

(2) Mehrere Wirtschaftsgüter kommen als wirtschaftliche Einheit nur insoweit in Betracht, als sie demselben Eigentümer gehören.

(3) Die Vorschriften der Abs. 1 und 2 gelten nicht, soweit eine Bewertung der einzelnen Wirtschaftsgüter vorgeschrieben ist.

Wertermittlung bei mehreren Beteiligten

§ 3. Steht ein Wirtschaftsgut mehreren Personen zu, so ist sein Wert im ganzen zu ermitteln. Der Wert ist auf die Beteiligten nach dem Verhältnis ihrer Anteile zu verteilen, soweit nicht nach dem maßgebenden Steuergesetz die Gemeinschaft selbständig steuerpflichtig ist.

Aufschiebend bedingter Erwerb

§ 4. Wirtschaftsgüter, deren Erwerb vom Eintritt einer aufschiebenden Bedingung abhängt, werden erst berücksichtigt, wenn die Bedingung eingetreten ist.

Auflösend bedingter Erwerb

§ 5. (1) Wirtschaftsgüter, die unter einer auflösenden Bedingung erworben sind, werden wie unbedingt erworbene behandelt. Die Vorschriften über die Berechnung des Kapitalwertes der Nutzungen von unbestimmter Dauer (§ 15 Abs. 2 und 3, § 16, § 17 Abs. 3) bleiben unberührt.

(2) Tritt die Bedingung ein, so ist die Festsetzung der nicht laufend veranlagten Steuern auf Antrag nach dem tatsächlichen Wert des Erwerbes zu berichtigen. Der Antrag ist bis zum Ablauf des Jahres zu stellen, das auf den Eintritt der Bedingung folgt. Die Antragsfrist ist eine Ausschlußfrist.

Aufschiebend bedingte Lasten

§ 6. (1) Lasten, deren Entstehung vom Eintritt einer aufschiebenden Bedingung abhängt, werden nicht berücksichtigt.

(2) Für den Fall des Eintrittes der Bedingung gilt § 5 Abs. 2 entsprechend.

Auflösend bedingte Lasten

§ 7. (1) Lasten, deren Fortdauer auflösend bedingt ist, werden, soweit nicht ihr Kapitalwert nach § 15 Abs. 2 und 3, § 16, § 17 Abs. 3 zu berechnen ist, wie unbedingte abgezogen.

(2) Tritt die Bedingung ein, so ist die Festsetzung der nicht laufend veranlagten Steuern entsprechend zu berichtigen.

Befristung auf einen unbestimmten Zeitpunkt

§ 8. Die §§ 4 bis 7 gelten auch, wenn der Erwerb des Wirtschaftsgutes oder die Entstehung oder der Wegfall der Last von einem Ereignis abhängt, bei dem nur der Zeitpunkt ungewiß ist.

Verfügungsbeschränkungen

§ 9. Bei der Bewertung werden Beschränkungen, denen ein Steuerpflichtiger in seiner Eigenschaft als Vorerbe und nach Aushändigung des Vermächtnisses als Vorvermächtnisnehmer oder in seiner Eigenschaft als Inhaber eines gebundenen Vermögens unterliegt, nicht berücksichtigt.

Bewertungsgrundsatz, gemeiner Wert

§ 10. (1) Bei Bewertungen ist, soweit nichts anderes vorgeschrieben ist, der gemeine Wert zugrundezulegen.

(2) Der gemeine Wert wird durch den Preis bestimmt, der im gewöhnlichen Geschäftsverkehr nach der Beschaffenheit des Wirtschaftsgutes bei einer Veräußerung zu erzielen wäre. Dabei sind alle Umstände, die den Preis beeinflussen, zu berücksichtigen. Ungewöhnliche oder persönliche Verhältnisse sind nicht zu berücksichtigen.

(3) Als persönliche Verhältnisse sind auch Verfügungsbeschränkungen anzusehen, die in der Person des Steuerpflichtigen oder eines Rechtsvorgängers begründet sind. Das gilt insbesondere für Verfügungsbeschränkungen, die auf letztwilligen Anordnungen beruhen.

Mit Grundbesitz verbundene Rechte, Bestandteile und Zubehör

§ 11. (1) Bei Grundbesitz erstreckt sich die Bewertung auf die Rechte und Nutzungen, die mit dem Grundbesitz als solchem verbunden sind. Rechte, die den Vorschriften des bürgerlichen Rechtes über Grundstücke unterliegen (grundstücksgleiche Rechte), werden selbständig wie Grundbesitz behandelt.

(2) Wird bei Bewertung von inländischem Grundbesitz als solchem der gemeine Wert (§ 10) zugrunde gelegt, so sind die Bestandteile einzubeziehen. Das Zubehör ist außer Betracht zu lassen. Maschinen und sonstige Vorrichtungen aller Art, die zu einer Betriebsanlage gehören, sind nicht zu berücksichtigen, auch wenn sie wesentliche Bestandteile des Grundbesitzes sind.

(3) Bei der Bewertung von ausländischem Grundbesitz als solchem ist neben den Bestandteilen auch das Zubehör zu berücksichtigen. Zahlungsmittel, Geldforderungen, Wertpapiere und Geldschulden sind nicht einzubeziehen.

(4) Abweichend von den Vorschriften des Abs. 1 sind Holzungs- und Bezugsrechte von Holz im Sinne des § 1 Abs. 1 Z 1 der Anlage 3 zur Kundmachung der Bundesregierung vom 13. Februar 1951, BGBl. Nr. 103, bei der Bewertung des Grundbesitzes nicht zu berücksichtigen.

Begriff des Teilwertes

§ 12. (1) Wirtschaftsgüter, die einem Betrieb dienen, sind in der Regel mit dem Teilwert anzusetzen. Teilwert ist der Betrag, den ein Erwerber des ganzen Betriebes im Rahmen des Gesamtkaufpreises für das einzelne Wirtschaftsgut ansetzen würde. Dabei ist davon auszugehen, daß der Erwerber den Betrieb fortführt.

Wertpapiere und Anteile

§ 13. (1) Wertpapiere, die im Inland einen Kurswert haben, sind mit dem Kurswert, Forderungen, die in das Schuldbuch einer öffentlich-rechtlichen Körperschaft eingetragen sind, mit dem Kurswert der entsprechenden Schuldverschreibungen der öffentlich-rechtlichen Körperschaft anzusetzen.

(2) Für Aktien, für Anteile an Gesellschaften mit beschränkter Haftung und für Genußscheine ist, soweit sie im Inland keinen Kurswert haben, der gemeine Wert (§ 10) maßgebend. Läßt sich der gemeine Wert aus Verkäufen nicht ableiten, so ist er unter Berücksichtigung des Gesamtvermögens und der Ertragsaussichten der Gesellschaft zu schätzen. Dies gilt sinngemäß für Partizipationsscheine im Sinne des Bankwesengesetzes, BGBl. Nr. 63/1979, in der jeweils geltenden Fassung, oder des Versicherungsaufsichtsgesetzes 2016 (VAG 2016), BGBl. I Nr. 34/2015, in der jeweils geltenden Fassung. Der gemeine Wert von Genußscheinen gemäß § 6 des Beteiligungsfondsgesetzes ist, sofern er sich nicht aus Verkäufen ableiten läßt, mit 80 v.H. des Ausgabepreises anzunehmen.

(BGBl I 2015/34)

(3) Ist der gemeine Wert einer Anzahl von Anteilen an einer Gesellschaft, die einer Person gehören, infolge besonderer Umstände (zum Beispiel weil die Höhe der Beteiligung die Beherrschung der Gesellschaft ermöglicht) höher als der Wert, der sich auf Grund der Kurswerte (Abs. 1) oder der gemeinen Werte (Abs. 2) für die einzelnen Anteile insgesamt ergibt, so ist der gemeine Wert der Beteiligung maßgebend.

Kapitalforderungen und Schulden

§ 14. (1) Kapitalforderungen, die nicht im § 13 bezeichnet sind, und Schulden sind mit dem Nennwert anzusetzen, wenn nicht besondere Umstände einen höheren oder geringeren Wert begründen.

(2) Forderungen, die uneinbringlich sind, bleiben außer Ansatz.

(3) Der Wert unverzinslicher befristeter Forderungen oder Schulden ist der Betrag, der nach Abzug von Jahreszinsen unter Berücksichtigung von Zinseszinsen in Höhe von 5,5 v.H. des Nennwertes bis zur Fälligkeit verbleibt.

(4) Noch nicht fällige Ansprüche aus Lebens-, Kapital- oder Rentenversicherungen werden mit zwei Dritteln der eingezahlten Prämien oder Kapitalbeiträge bewertet. Weist der Steuerpflichtige den Rückkaufswert nach, so ist dieser maßgebend. Rückkaufswert ist der Betrag, zu dem das Versicherungsunternehmen nach seiner Satzung oder nach den Versicherungsbedingungen den Versicherungsschein zurückkaufen würde.

Kapitalwert von wiederkehrenden Nutzungen und Leistungen

§ 15. (1) Der Gesamtwert von Nutzungen oder Leistungen, die auf bestimmte Zeit beschränkt sind, ist die Summe der einzelnen Jahreswerte abzüglich der Zwischenzinsen unter Berücksichtigung von Zinseszinsen. Dabei ist von einem Zinssatz in Höhe von 5,5 v.H. auszugehen. Der Gesamtwert darf das Achtzehnfache des Jahreswertes nicht übersteigen.

(2) Immerwährende Nutzungen oder Leistungen sind mit dem Achtzehnfachen des Jahreswertes, Nutzungen oder Leistungen von unbestimmter Dauer vorbehaltlich des § 16 mit dem Neunfachen des Jahreswertes zu bewerten.

(3) Beruhen die wiederkehrenden Nutzungen oder Leistungen auf der Überlassung von Rechten im Sinne des § 69 Abs. 1 Z 4 oder auf der Überlassung von gewerblichen Erfahrungen und von Berechtigungen oder auf der Gestattung der Verwertung solcher Rechte, so gilt als gemeiner Wert der gesamten Nutzungen und Leistungen das Dreifache des Jahreswertes.

Kapitalwert von lebenslänglichen Nutzungen und Leistungen

§ 16. (1) Der Wert von Renten, wiederkehrenden Nutzungen oder Leistungen sowie dauernden Lasten, die vom Ableben einer oder mehrerer Personen abhängen, ergibt sich aus der Summe der von der Erlebenswahrscheinlichkeit abgeleiteten Werte sämtlicher Rentenzahlungen, der einzelnen wiederkehrenden Nutzungen oder Leistungen, sowie dauernden Lasten abzüglich der Zwischenzinsen unter Berücksichtigung von Zinseszinsen (versicherungsmathematische Berechnung). Dabei ist der Zinssatz gemäß § 15 Abs. 1 anzuwenden.

(2) Der Bundesminister für Finanzen ist ermächtigt, an Hand anerkannter Methoden durch Verordnung festzusetzen, von welchen Erlebenswahrscheinlichkeiten auszugehen ist.

(3) Hat eine Rente, wiederkehrende Nutzung oder Leistung sowie dauernde Last tatsächlich weniger als die Hälfte des nach Abs. 1 und 2 ermittelten Wertes betragen und beruht der Wegfall auf dem Tod des Berechtigten oder Verpflichteten, so ist die Festsetzung von nicht laufend veranlagten Steuern auf Antrag nach der wirklichen Höhe der Rente Nutzung, Leistung oder Last zu berichtigen. § 5 Abs. 2 zweiter und dritter Satz gelten entsprechend. Ist eine Last weggefallen, so bedarf die Berichtigung keines Antrages.

Jahreswert von Nutzungen und Leistungen

§ 17. (1) Der einjährige Betrag der Nutzung einer Geldsumme ist, wenn kein anderer Wert feststeht, mit 5,5 v.H. anzunehmen.

(2) Nutzungen oder Leistungen, die nicht in Geld bestehen (Wohnung, Kost, Waren und sonstige Sachbezüge), sind mit den üblichen Mittelpreisen des Verbrauchsortes anzusetzen.

(3) Bei Nutzungen oder Leistungen, die in ihrem Betrag ungewiß sind oder schwanken, ist als Jahreswert der Betrag zugrundezulegen, der in Zukunft im Durchschnitt der Jahre voraussichtlich erzielt werden wird.

7/1. Gebührengesetz 1957

Gebührengesetz 1957, BGBl 1957/267 idF

1 BGBl 1958/129	**2** BGBl 1958/137	**3** BGBl 1960/111
4 BGBl 1962/106	**5** BGBl 1962/198	**6** BGBl 1963/45
7 BGBl 1963/115	**8** BGBl 1965/87	**9** BGBl 1966/63
10 BGBl 1968/44	**11** BGBl 1968/306	**12** BGBl 1968/314
13 BGBl 1972/224	**14** BGBl 1974/401	**15** BGBl 1976/668
16 BGBl 1980/266	**17** BGBl 1980/563	**18** BGBl 1981/48
19 BGBl 1982/207	**20** BGBl 1982/570	**21** BGBl 1983/170
22 BGBl 1983/587	**23** BGBl 1984/127	**24** BGBl 1984/531
25 BGBl 1985/315	**26** BGBl 1985/491	**27** BGBl 1985/557
28 BGBl 1986/290	**29** BGBl 1986/292	**30** BGBl 1986/325
31 BGBl 1987/80	**32** BGBl 1987/312	**33** BGBl 1987/606
34 BGBl 1987/663	**35** BGBl 1988/407	**36** BGBl 1989/660
37 BGBl 1989/661	**38** BGBl 1990/281	**39** BGBl 1991/10
40 BGBl 1992/469	**41** BGBl 1992/780	**42** BGBl 1993/109
43 BGBl 1993/532	**44** BGBl 1993/818	**45** BGBl 1993/965
46 BGBl 1994/212	**47** BGBl 1994/629	**48** BGBl 1995/172
49 BGBl 1996/797 (AbgÄG 1996)	**50** BGBl I 1997/69	**51** BGBl I 1997/88
52 BGBl I 1997/103	**53** BGBl I 1997/130 (2. BudgetbegleitG 1997)	**54** BGBl I 1999/28 (AbgÄG 1998)
55 BGBl I 1999/92	**56** BGBl I 1999/106 (StRefG 2000)	**57** BGBl I 2000/26 (BudgetbegleitG 2000)
58 BGBl I 2000/29	**59** BGBl I 2000/142 (BudgetbegleitG 2001)	**60** BGBl I 2001/44 (Passgesetz-Nov 2001)
61 BGBl I 2001/144 (AbgÄG 2001)	**62** BGBl I 2002/84 (AbgÄG 2002)	**63** BGBl I 2004/10
64 BGBl I 2004/72	**65** BGBl I 2004/180 (AbgÄG 2004)	**66** BGBl I 2005/100 (Fremdenrechtspaket 2005)
67 BGBl I 2005/105 (ABÄG)	**68** BGBl I 2005/112 (HWG 2005)	**69** BGBl I 2006/37 (StbG-Nov 2005)
70 BGBl I 2006/44	**71** BGBl I 2006/121 (VfGH)	**72** BGBl I 2007/24 (BudBG 2007)
73 BGBl I 2007/105	**74** BGBl II 2007/128	**75** BGBl I 2009/6
76 BGBl I 2009/34 (VfGH)	**77** BGBl I 2009/52 (BudBG 2009)	**78** BGBl I 2009/75 (FamRÄG 2009)
79 BGBl I 2009/79	**80** BGBl I 2009/122 (FrÄG 2009)	**81** BGBl I 2009/135 (EPG)
82 BGBl I 2010/9	**83** BGBl I 2010/34 (AbgÄG 2010)	**84** BGBl I 2010/54 (GSpG-Nov 2008)
85 BGBl I 2010/111 (BudBG 2011)	**86** BGBl II 2011/191	**87** BGBl I 2011/76 (AbgÄG 2011)
88 BGBl I 2012/17	**89** BGBl I 2012/112 (AbgÄG 2012)	**90** BGBl I 2013/28 (VfGH)
91 BGBl I 2013/70 (VwG-AnpG)	**92** BGBl I 2014/13 (AbgÄG 2014)	**93** BGBl I 2014/105 (2. AbgÄG 2014)
94 BGBl I 2015/17	**95** BGBl I 2015/105	**96** BGBl I 2015/163 (AbgÄG 2015)
97 BGBl I 2017/147	**98** BGBl II 2018/140	**99** BGBl I 2018/62 (JStG 2018)
100 BGBl I 2019/103 (StRefG 2020)	**101** BGBl I 2019/104 (FORG)	**102** BGBl I 2020/16 (2. COVID-19-Gesetz)
103 BGBl I 2020/23 (3. COVID-19-Gesetz)	**104** BGBl I 2020/99 (2. FORG)	**105** BGBl I 2021/3 (COVID-19-StMG)
106 BGBl I 2021/52 (2. COVID-19-StMG)	**107** BGBl I 2021/123 (PassG-Nov 2021)	**108** BGBl I 2021/227

109 BGBl I 2022/108 (AbgÄG 2022)

GLIEDERUNG

I. Abschnitt
§§ 1–9. Allgemeine Bestimmungen

II. Abschnitt
§§ 10–13. Feste Stempelgebühren für Schriften und Amtshandlungen
§ 14. Tarife
TP 1 Abschriften
TP 2 Amtliche Ausfertigungen
TP 4 Auszüge
TP 5 Beilagen
TP 6 Eingaben
TP 7 Protokolle (Niederschriften)
TP 8 Einreise- und Aufenthaltstitel
TP 9 Reisedokumente
TP 11 Waffendokumente
TP 12 Ausländerbeschäftigungsverfahren
TP 13 Unterschriftsbeglaubigungen
TP 14 Zeugnisse
TP 15 Zulassungsscheine und Überstellungsfahrtscheine
TP 16 Führerscheine
TP 17 Eheschließung
TP 18 Eingetragene Partnerschaft
TP 19 Grenzüberschreitende Abfallverbringung
TP 20 Zivilluftfahrtwesen
TP 21 Ausweise für Personenbeförderungsgewerbe mit Pkw (Taxi)
TP 22 Fahrerqualifizierungsnachweise

III. Abschnitt
§§ 15–32. Gebühren für Rechtsgeschäfte
§ 33. Tarife
TP 1 Annahmeverträge
TP 4 Anweisungen
TP 5 Bestandverträge
TP 7 Bürgschaftserklärungen
TP 9 Dienstbarkeiten
TP 11 Ehepakte
TP 17 Glücksverträge
TP 18 Hypothekarverschreibungen
TP 20 Vergleiche (außergerichtliche)
TP 21 Zessionen
TP 22 Wechsel

IV. Abschnitt
§§ 34–38. Schlußbestimmungen

STICHWORTVERZEICHNIS

A
Abschriften 14 TP 1
amtlicher Gebrauch 8 (1 f)
Annahmeverträge 33 TP 1
Ansuchen, mehrere 12 (1)
Anweisungen 33 TP 4
Anzeige, nicht ordnungsgemäß 9
Anzeigepflicht 31
Ausfertigungen 14 TP 2
Auszüge 14 TP 4
automationsunterstützte Eingaben 13 (4)

B
Bankomatkarte 3 (2)
Barzahlung, feste Gebühren 3 (2)
Befreiungen
– persönliche 2
– Rechtsgeschäftsgebühr 20
Beilagen 14 TP 5
Beilagen, automationsunterstützt 13 (4)
Bestandverträge 33 TP 5
Bewertung 26
Bewilligungen, mehrere 12 (2)
Bogen 5 (2 f)
– weiterer 6 (1 f)
Bogengebühren 5 f
Bürgschaftserklärungen 33 TP 7

D
Dienstbarkeiten 33 TP 9
Duplikate 25 (2 ff)

E
Ehepakte 33 TP 11
Eheschließung 14 TP 17
Eingabegebühr, Ausnahmen 14 TP 6 (5)
Eingaben 14 TP 6
Eingaben, automationsunterstützt 13 (4)
Eingetragene Partnerschaft 14 TP 18
Entrichtung
– Freistempel 3 (5)
– nicht ordnungsgemäß 9
– Selbstbemessung 3 (4)
Erfüllungsgeschäft, s. Sicherungsgeschäft
Erklärung 18 (4)
Erlagschein 3 (2)
Ersatzbeurkundung 18
Euroumstellung 20 Z 7

F
feste Gebühren 3 (2)
– weiterer Bogen 6

Freistempel 3 (5)
Führerschein 14 TP 16

G
Gebühren
– Arten 3 (1)
– Erhöhung 9
– feste 3 (2)
– für Rechtsgeschäfte, s. Rechtsgeschäftsgebühren
Gebührenfestsetzung, bescheidmäßig 32
Gebührenpflicht 1
Gebührenschuld
– Entstehung 11
– Entstehung, Rechtsgeschäftsgebühren 16 f
Gebührenschuldner
– Rechtsgeschäfte 28
– Stempelgebühren 13
Gebührenvorschriften, Verletzung 34 (1)
Gedenkprotokoll 18 (3)
Gegenstände, mehrere 19 (3)
Geschäftsführung ohne Auftrag 29
Gleichschriften 25 (2 ff)
Glücksverträge 33 TP 17

H
Haftung 14 TP 15, 30
Hundertsatzgebühren 3 (3)
– Rundung 27
– s. a. Rechtsgeschäftsgebühren
– Selbstbemessung 3 (4) ff
– weiterer Bogen 6 (2)
Hypothekarverschreibungen 33 TP 18

K
Kreditkarte 3 (2)
Kreditkarte, Entrichtung fester Gebühren 3 (2)

L
Leistungen
– mehrere 19 (1)
– unbestimmte Angabe 22
– unschätzbar 23

M
Markenangelegenheiten 14 TP 10
mechanische Unterschrift 18 (1)
mehrere Personen 7
Musterangelegenheiten 14 TP 10

N
Nachschau 34 (2)
Nachtrag, zur Urkunde 21
Nebenleistung 19 (1)
Neuerungsvertrag 24
Niederschriften 14 TP 7
Notare 3 (4a), 3 (5)
Notariatsakten 25 (4)
Novation 24

P
Papier 5 (1)
Parteienvertreter
– Bestandverträge 33 TP 5 (5)
– Rechtsgeschäftsgebühr 3 (4a) ff
Partnerschaft, eingetragene 14 TP 18
Patentangelegenheiten 14 TP 10
Protokolle 14 TP 7
Punktation 18 (5)

R
Rechtsanwälte 3 (4a)
Rechtsgemeinschaft 7
Rechtsgeschäfte
– Gebührenpflicht 15 (1)
– mehrere 19 (2)
Rechtsgeschäftsgebühren 15 ff
– Befreiungen 20
– Entstehung der Gebührenschuld 16 f
– Haftung 30
– Steuerschuldner 28
– Tarif 33
Reisedokumente 14 TP 9

S
Schlußbestimmungen 34 ff
Schriften 10
Selbstbemessung
– Gleichschriften 25 (5)
– Hundertsatzgebühren 3 (4)
Sicherungsgeschäft 19 (2)
Stempelgebühren 10 ff, 14
– Gebührenschuldner 13
Steuerschuldner, Rechtsgeschäftsgebühren 28

T
Triplikate 25 (2 ff)

U
Überstellungsfahrtschein 14 TP 15
Unterschriftsbeglaubigungen 14 TP 13
Urkunden 15
Urkundeninhalt, Bedeutung für Gebührenschuld 17
Urkundspersonen 3 (5)

V
Vergleiche 33 TP 20
Verhandlungsniederschrift 18 (2)
Verschlußanerkenntnisse 14 TP 14 (2)
Visum 14 TP 8
Vollmachten 14 TP 13
Vollziehung 38

W
Waffendokumente 14 TP 11
Wechsel 33 TP 22
Wirtschaftstreuhänder 3 (4a)

Z
Zessionen 33 TP 21
Zeugnisse 14 TP 14
Zulassungsscheine 14 TP 15
Zulassungsstelle 14 TP 6, 14 TP 13, 14 TP 14, 14 TP 15
Zusatz zur Urkunde 21

Gebührengesetz 1957 (GebG)

I. Abschnitt
Allgemeine Bestimmungen.

§ 1. Den Gebühren im Sinne dieses Bundesgesetzes unterliegen Schriften und Amtshandlungen nach Maßgabe der Bestimmungen im II. Abschnitte sowie Rechtsgeschäfte nach Maßgabe der Bestimmungen im III. Abschnitte.

§ 2. Von der Entrichtung von Gebühren sind befreit:

1. Der Bund, die von ihm betriebenen Unternehmungen sowie öffentlich-rechtliche Fonds, deren Abgänge er zu decken verpflichtet ist;
2. die übrigen Gebietskörperschaften im Rahmen ihres öffentlich-rechtlichen Wirkungskreises;
3. öffentlich-rechtliche Körperschaften, weiters alle Vereinigungen, die ausschließlich wissenschaftliche, Humanitäts- oder Wohltätigkeitszwecke verfolgen, hinsichtlich ihres Schriftenverkehres mit den öffentlichen Behörden und Ämtern;
4. die als Gesandte fremder Mächte bestellten Angehörigen auswärtiger Staaten rücksichtlich der von ihnen selbst oder ihren Bevollmächtigten oder Vertretern statt ihrer ausgestellten Schriften, sofern diese sich nicht auf Rechtsgeschäfte über unbewegliche, im Inlande gelegene Sachen oder auf den letzteren haftende Forderungen beziehen. (BGBl. Nr. 116/1957, Z 1 lit. a.)

§ 3. (1) Die Gebühren sind entweder feste Gebühren oder Hundertsatzgebühren.

(2)

1. Die festen Gebühren sind durch Barzahlung, durch Einzahlung mit Erlagschein, mittels Bankomat- oder Kreditkarte oder durch andere bargeldlose elektronische Zahlungsformen zu entrichten. Die über die Barzahlung und Einzahlung mit Erlagschein hinausgehenden zulässigen Entrichtungsarten sind bei der Behörde, bei der die gebührenpflichtigen Schriften oder Amtshandlungen anfallen, nach Maßgabe der technisch-organisatorischen Voraussetzungen zu bestimmen und entsprechend bekannt zu machen. Die Behörde hat die Höhe der entrichteten oder zu entrichtenden Gebühr im bezughabenden Verwaltungsakt in nachprüfbarer Weise festzuhalten. Im Übrigen gelten § 203 BAO und § 241 Abs. 2 und 3 BAO sinngemäß.
2. Der Rechtsträger der Behörde hat die in einem Kalendervierteljahr gemäß Z 1 entrichteten Gebühren bis zum 15. Tag des auf ein Kalendervierteljahr folgenden Monats an das Finanzamt Österreich abzüglich der im § 14 Tarifpost 6 Abs. 3 lit. a und lit. c, Tarifpost 8 Abs. 6, Tarifpost 9 Abs. 5, Tarifpost 16 Abs. 5, Tarifpost 20 Abs. 6, Tarifpost 21 Abs. 9 und Tarifpost 22 Abs. 7 angeführten Pauschalbeträge abzuführen. Auf dem Zahlungs- oder Überweisungsbeleg sind der Gesamtbetrag der entrichteten Gebühren, der Gesamtbetrag der Pauschalbeträge sowie der abzuführende Nettobetrag anzuführen.

(BGBl I 2019/103, BGBl I 2019/104, BGBl I 2020/99, BGBl I 2021/3, BGBl I 2022/108)

(3) Die Hundertsatzgebühren sind, sofern in diesem Bundesgesetz nichts anderes bestimmt ist, mit Bescheid festzusetzen.

(4) Sofern in diesem Bundesgesetz nichts anderes bestimmt ist, hat das Finanzamt Österreich einem Gebührenschuldner, der in seinem Betrieb laufend eine Vielzahl gleichartiger Rechtsgeschäfte abschließt und die Gewähr für die ordnungsgemäße Einhaltung der Gebührenvorschriften bietet, auf Antrag zu bewilligen, dass er die auf diese Rechtsgeschäfte entfallenden Hundertsatzgebühren anstelle der sonst in diesem Bundesgesetz angeordneten Entrichtungsformen selbst berechnet und bis zum 15. Tag (Fälligkeitstag) des dem Entstehen der Gebührenschuld zweitfolgenden Monats an das Finanzamt Österreich entrichtet. Personen, die auf Grund der erteilten Bewilligung verpflichtet sind, die Hundertsatzgebühren auf diese Art zu entrichten, haben über diese gebührenpflichtigen Rechtsgeschäfte fortlaufende Aufschreibungen zu führen, welche die für die Gebührenbemessung erforderlichen Angaben enthalten. Innerhalb der Zahlungsfrist ist dem Finanzamt Österreich für den jeweiligen Berechnungs- und Zahlungszeitraum eine Abschrift dieser Aufschreibungen zu übersenden. Die Übersendung der Abschrift gilt als Gebührenanzeige gemäß § 31. Auf den Urkunden ist ein Vermerk anzubringen, der die Bezeichnung des Bewilligungsbescheides und die fortlaufende Nummer der Aufschreibungen enthält. Das Finanzamt Österreich hat jeweils für den Zeitraum eines Kalenderjahres die Hundertsatzgebühren für jedes gebührenpflichtige Rechtsgeschäft, das in den Aufschreibungen abgerechnet wurde, mit Bescheid festzusetzen.

(BGBl I 2019/104, BGBl I 2020/99)

(4a) Sofern in diesem Bundesgesetz nichts anderes bestimmt ist, sind Rechtsanwälte, Notare und Wirtschaftstreuhänder (Parteienvertreter) befugt, innerhalb der Anzeigefrist des § 31 Abs. 1 die Hundertsatzgebühr für Rechtsgeschäfte als Bevollmächtigte eines Gebührenschuldners oder eines für die Gebühr Haftenden selbst zu berechnen und bis zum 15. Tag (Fälligkeitstag) des auf den Kalendermonat, in dem die Selbstberechnung erfolgt, zweitfolgenden Monats an das Finanzamt Österreich zu entrichten. Parteienvertreter, die von der Befugnis zur Selbstberechnung Gebrauch machen wollen, haben beim Finanzamt die Zuteilung einer Steuernummer zu beantragen. Sie haben über die gebührenpflichtigen Rechtsgeschäfte Aufschreibungen zu führen. Diese haben die für die Gebührenberechnung erforderlichen Angaben zu enthalten. Insbesondere sind Angaben zur Art des Rechtsgeschäftes, zu den Gebührenschuldnern oder zu den für die Gebühr Haftenden, zum Zeitpunkt des Entstehens der Gebührenschuld, zur Bemessungsgrundlage und zur Höhe der selbst berechneten Gebühr aufzunehmen. Eine Abschrift dieser Aufschreibungen für die in einem Kalendermonat selbst berechneten Rechtsgeschäfte ist dem Finanzamt Österreich bis zum Fälligkeitstag zu übermitteln; dies gilt als Gebührenanzeige gemäß § 31. Auf den Urkunden ist ein Vermerk über die erfolgte Selbstberechnung anzubringen, der die Steuernummer des Parteienvertreters, die Nummer der Aufschreibungen und die Höhe des berechneten Gebührenbetrages enthält. Der Parteienvertreter hat die Aufschreibungen und je eine Abschrift (Durchschrift, Gleichschrift) der über die Rechtsgeschäfte ausgefertigten Urkunden sieben Jahre aufzubewahren. Im übrigen ist § 132 BAO anzuwenden. Die selbst berechnete Gebühr ist spätestens am Fälligkeitstag zu entrichten. Im Zweifel ist bei den betreffenden Gebührenschuldnern oder Haftenden eine verhältnismäßige Entrichtung anzunehmen. Ein gemäß § 201 BAO festgesetzter Gebührenbetrag hat den im ersten Satz genannten Fälligkeitstag. Die Parteienvertreter haften für die Entrichtung der selbst berechneten Gebühr. Die Abgabenbehörden sind befugt, Prüfungen hinsichtlich sämtlicher in die Aufschreibungen aufzunehmenden Angaben durchzuführen.

(BGBl I 2019/104, BGBl I 2020/99)

(4b) Der Bundesminister für Finanzen wird ermächtigt, ein Verfahren der automationsunterstützten Übermittlung der Daten der Aufschreibungen gemäß Abs. 4 und 4a durch Verordnung festzulegen. In der Verordnung ist der Inhalt der Aufschreibungen sowie der Beginn der Datenübermittlung nach Maßgabe der technisch-organisatorischen Gegebenheiten festzulegen. Weiters kann vorgesehen werden, daß sich die Abgabenbehörde einer bestimmten öffentlich-rechtlichen oder privatrechtlichen Übermittlungsstelle bedienen darf.

(4c) Das Finanzamt Österreich kann die Befugnis zur Selbstberechnung der Gebühren gemäß Abs. 4a und § 33 Tarifpost 5 Abs. 5 Z 4 mit Bescheid aberkennen, wenn der zur Selbstberechnung Befugte vorsätzlich oder wiederholt grob fahrlässig die Bestimmungen des Abs. 4a oder des § 33 Tarifpost 5 Abs. 5 Z 4 verletzt. Die Aberkennung kann für mindestens drei Jahre oder unbefristet erfolgen. Bei unbefristeter Aberkennung kann frühestens fünf Jahre nach Aberkennung auf Antrag des zur Selbstberechnung Befugten der Aberkennungsbescheid aufgehoben werden, wenn glaubhaft ist, daß er in Hinkunft seinen abgabenrechtlichen Pflichten nachkommen wird.

(BGBl I 2019/104, BGBl I 2020/99)

(5) Notare oder andere zur Beurkundung befugte Personen (Urkundspersonen) haben die in einem Kalendermonat entrichteten Gebühren des § 14 Tarifpost 7 Abs. 1 Z 4 bis 6 und Tarifpost 13 bis zum 15. Tag (Fälligkeitstag) des auf den Kalendermonat, in dem die Gebührenschuld entsteht, zweitfolgenden Monats an das Finanzamt Österreich abzuführen. Die Urkundspersonen haben Aufschreibungen zu führen, die Angaben über die Art der Schrift, die Gebührenschuldner und den Zeitpunkt des Entstehens der Gebührenschuld enthalten müssen. Dieser Verpflichtung wird durch die Führung der in den berufsrechtlichen Vorschriften vorgesehenen Register und Aufzeichnungen entsprochen. Das Finanzamt ist befugt, Prüfungen hinsichtlich der in die Aufschreibungen aufzunehmenden Angaben durchzuführen.

(BGBl I 2019/104, BGBl I 2020/99)

§ 4. (aufgehoben)

§ 5. (1) Unter Papier ist jeder zur Ausfertigung stempelpflichtiger Schriften bestimmte oder verwendete Stoff zu verstehen.

(2) Unter Bogen ist Papier zu verstehen, dessen Seitengröße das Ausmaß von zweimal 210 mm X 297 mm nach einer oder nach beiden Richtungen nicht überschreitet. Für dieses Ausmaß überschreitende Papierblätter sind die festen Stempelgebühren im zweifachen Betrag zu entrichten. Bei inhaltlich fortlaufendem Text bleiben unbeschriebene Seiten bei der Berechnung der Anzahl der Bogen außer Ansatz.

(3) Die in den Tarifbestimmungen „für jeden Bogen" festgesetzte Gebühr ist im vollen Betrage zu entrichten, auch wenn zu der bezüglichen Schrift weniger als ein Bogen verwendet wird.

§ 6. Bei Schriften mit einer vom ersten Bogen festen Gebühr (§ 14 Tarifpost 2 und Tarifpost 7 Abs. 1 Z 4 und Z 5) unterliegen der zweite und jeder weitere Bogen einer Gebühr von 13 Euro.

§ 7. Besteht zwischen zwei oder mehreren Personen eine solche Rechtsgemeinschaft, daß sie in bezug auf den Gegenstand der Gebühr als eine Person anzusehen sind oder leiten sie ihren Anspruch oder ihre Verpflichtung aus einem gemeinschaftlichen Rechtsgrund ab, so ist die Gebühr nur im einfachen Betrage zu entrichten.

§ 8. (1) Unter dem Ausdruck „Amtlicher Gebrauch" wird die Verwendung einer Schrift bei einer öffentlichen Behörde, einem Gericht, einem Amt oder einer öffentlichen Kasse zu dem Zwecke, zu dem sie ausgestellt ist, verstanden, gleichgültig, ob sie in Urschrift oder in Abschrift beigebracht wird.

(2) Die Veranlassung einer amtlichen einfachen oder vidimierten Abschrift oder die Vidimierung einer von der Partei selbst verfaßten Abschrift oder die Überreichung einer Schrift zur amtlichen Aufbewahrung ist kein amtlicher Gebrauch im Sinne des Abs. 1.

§ 9. (1) Wird eine feste Gebühr, die nicht vorschriftsmäßig entrichtet wurde, mit Bescheid festgesetzt, so ist eine Gebührenerhöhung im Ausmaß von 50 vH der verkürzten Gebühr zu erheben.

(2) Das Finanzamt Österreich kann zur Sicherung der Einhaltung der Gebührenvorschriften bei nicht ordnungsgemäßer Entrichtung oder nicht ordnungsgemäßer Gebührenanzeige bei den im Abs. 1 genannten Gebühren zusätzlich eine Erhöhung bis zu 50 vH, bei den anderen Gebühren, mit Ausnahme der Wettgebühren nach § 33 TP 17 Abs. 1 Z 1, eine Erhöhung bis zum Ausmaß der verkürzten (gesetzmäßigen) Gebühr erheben. Bei Festsetzung dieser Gebührenerhöhung ist insbesondere zu berücksichtigen, inwieweit dem Gebührenschuldner bei Beachtung dieses Bundesgesetzes

das Erkennen der Gebührenpflicht einer Schrift oder eines Rechtsgeschäftes zugemutet werden konnte, ob eine Gebührenanzeige geringfügig oder beträchtlich verspätet erstattet wurde sowie, ob eine Verletzung der Gebührenbestimmungen erstmalig oder wiederholt erfolgt ist.

(BGBl I 2019/104, BGBl I 2020/99)

II. Abschnitt
Feste Stempelgebühren für Schriften und Amtshandlungen

§ 10. Unter Schriften im Sinne des § 1 sind die in den Tarifbestimmungen (§ 14) angeführten Eingaben und Beilagen, amtlichen Ausfertigungen, Protokolle, Rechnungen und Zeugnisse zu verstehen.

§ 11. (1) Die Gebührenschuld entsteht

1. bei Ansuchen um Erteilung oder Neuausstellung eines Aufenthaltstitels sowie bei den im § 14 Tarifpost 10 Abs. 1 Z 1 bis 9 angeführten Schriften in Patent-, Gebrauchsmuster-, Marken- und Musterangelegenheiten mit Überreichung, bei den übrigen Eingaben sowie bei Beilagen und Protokollen gemäß § 14 Tarifpost 7 Abs. 1 Z 1 und 2 in dem Zeitpunkt, in dem die das Verfahren in einer Instanz schriftlich ergehende abschließende Erledigung über die in der Eingabe enthaltenen Anbringen zugestellt wird;
   (BGBl I 2019/103, BGBl I 2021/3)
2. bei amtlichen Ausfertigungen mit deren Hinausgabe (Aushändigung, Übersendung);
3. bei Amtshandlungen mit deren Beginn;
4. bei Protokollen gemäß § 14 Tarifpost 7 Abs. 1 Z 4 bis 6 im Zeitpunkt der Unterzeichnung;
5. bei Zeugnissen im Zeitpunkt der Unterzeichnung oder der Hinausgabe; bei den im Ausland ausgestellten Zeugnissen, sobald von ihnen im Inland ein amtlicher Gebrauch gemacht wird;
6. bei Unterschriftsbeglaubigungen im Zeitpunkt der Unterzeichnung durch die Urkundsperson; bei Unterschriftsbeglaubigungen durch vergleichbare ausländische Urkundspersonen, sobald von der Beglaubigung im Inland ein amtlicher Gebrauch gemacht wird.

(2) Automationsunterstützt oder in jeder anderen technisch möglichen Weise eingebrachte Eingaben und Beilagen sowie auf die Weise ergehende Erledigungen, amtliche Ausfertigungen, Protokolle und Zeugnisse stehen schriftlichen Eingaben und Beilagen, Erledigungen, amtlichen Ausfertigungen, Protokollen und Zeugnissen gleich.

(3) Für Eingaben und Beilagen, die auf elektronischem Weg unter Inanspruchnahme der Funktion Bürgerkarte (§§ 4 ff E-GovG) eingebracht werden, ermäßigen sich die in den Tarifposten 5 Abs. 1 und 6 Abs. 1 und 2 des § 14 angeführten Beträge

– von 3,90 Euro .... auf 2,30 Euro,
– von 14,30 Euro .... auf 8,60 Euro,
– von 21,80 Euro .... auf 13,10 Euro,
– von 47,30 Euro .... auf 28,40 Euro.

(BGBl I 2015/163)

§ 12. (1) Werden in einer Eingabe mehrere Ansuchen gestellt, so ist für jedes Ansuchen die Eingabengebühr zu entrichten.

(2) Werden in einer amtlichen Ausfertigung mehrere Bewilligungen (Berechtigungen, Bescheinigungen) erteilt, so ist für jede die Stempelgebühr zu entrichten.

§ 13. (1) Zur Entrichtung der Stempelgebühren sind verpflichtet:

1. Bei Eingaben, deren Beilagen und den die Eingaben vertretenden Protokollen sowie sonstigen gebührenpflichtigen Protokollen derjenige, in dessen Interesse die Eingabe eingebracht oder das Protokoll verfaßt wird;
2. bei amtlichen Ausfertigungen und Zeugnissen derjenige, für den oder in dessen Interesse diese ausgestellt werden;
3. bei Amtshandlungen derjenige, in dessen Interesse die Amtshandlung erfolgt;

(2) Trifft die Verpflichtung zur Entrichtung der Stempelgebühr zwei oder mehrere Personen, so sind sie zur ungeteilten Hand verpflichtet.

(3) Mit den im Abs. 1 genannten Personen ist zur Entrichtung der Stempelgebühren zur ungeteilten Hand verpflichtet, wer im Namen eines anderen eine Eingabe oder Beilage überreicht oder eine gebührenpflichtige amtliche Ausfertigung oder ein Protokoll oder eine Amtshandlung veranlaßt.

(4) Der Gebührenschuldner hat die Gebühren des § 14 Tarifpost 7 Abs. 1 Z 4 bis 6 und Tarifpost 13 an die Urkundsperson (§ 3 Abs. 5), bei den übrigen Schriften und Amtshandlungen an die Behörde, bei der die gebührenpflichtige Schrift anfällt oder von der die gebührenpflichtige Amtshandlung vorgenommen wird, zu entrichten. Die Urkundsperson oder die Behörde haben auf der gebührenpflichtigen Schrift einen Vermerk über die Höhe der entrichteten oder zu entrichtenden Gebühr anzubringen. Ist die Anbringung des Vermerkes auf der Schrift selbst nicht möglich, muss die Gebührenentrichtung aus dem Verwaltungsakt nachvollziehbar sein. Verbleibt die gebührenpflichtige Schrift nicht im Verwaltungsakt, hat der Vermerk außerdem die Bezeichnung der Behörde oder der Urkundsperson sowie das Datum, an dem diese den Vermerk angebracht hat, zu enthalten. Für die Urkundsperson sind hinsichtlich der Gebühren des § 14 Tarifpost 7 Abs. 1 Z 4 bis 6 und Tarifpost 13 die Vorschriften des § 34 Abs. 1 sinngemäß anzuwenden.

(BGBl I 2022/108)

§ 14. Tarife der festen Stempelgebühren für Schriften und Amtshandlungen.

Tarifpost

1 Abschriften

(1)

1. Amtliche Abschriften, wenn sie von anderen Behörden als Gerichten ausgestellt und

beglaubigt werden, von jedem Bogen feste Gebühr.......................................14,30 Euro,

2. nichtamtliche Abschriften, von den Parteien selbst verfasste, wenn sie von anderen Behörden als Gerichten beglaubigt werden, von jedem Bogen feste Gebühr ....7,20 Euro.

(2) Werden auf einem Bogen die Abschriften mehrerer Urkunden (Schriften) und deren Beilagen vereint und beglaubigt, so ist die Gebühr für jede Abschrift gesondert zu entrichten.

(3) und (4) (aufgehoben)

2 Amtliche Ausfertigungen

(1)

		vom ersten Bogen feste Gebühr
1.	Erteilung einer Befugnis oder Anerkennung einer Befähigung oder sonstigen gesetzlichen Voraussetzung zur Ausübung einer Erwerbstätigkeit, sofern nicht unten besonders angeführt	83,60 Euro,
2.	Ernennung zum Notare, Handelsmakler, Zulassung als Steuerberater oder Wirtschaftsprüfer, Eintragung als Rechtsanwalt oder Patentanwalt.......................................	285,90 Euro,
3.	Verleihung der österreichischen Staatsbürgerschaft	
	a) in den Fällen des § 10 StbG, soweit es sich nicht um solche des § 10 Abs. 4 StbG handelt,.....	1 115,30 Euro,
	b) in den Fällen der §§ 10 Abs. 4, 11a Abs. 2, 11b oder 12 Abs. 2 StbG	247,90 Euro,
	c) in den Fällen der §§ 12 Abs. 1 Z 3, 17 und 25 StbG	247,90 Euro,
	d) in anderen als in lit. a bis c genannten Fällen........	867,40 Euro,
4.	Bergführerbücher	16,50 Euro,
5.	Trägerlegitimationen............	14,30 Euro,
6.	Ausstellung eines Leichenpasses	83,60 Euro,
7.	Bewilligung zur Enterdigung einer Leiche	83,60 Euro,
8.	Erteilung einer bergrechtlichen Suchbewilligung oder Verlängerung von deren Geltungsdauer, Erteilung einer bergrechtlichen Bewilligung zum Suchen und Erforschen nichtkohlenwasserstoffführender geologischer Strukturen	382,60 Euro,
9.	a) Verleihung einer Bergwerksberechtigung für ein Grubenmaß oder eine Überschar, Genehmigung der Übertragung einer Bergwerksberechtigung durch Rechtsgeschäft unter Lebenden	95,60 Euro,
	b) Anerkennung eines bergrechtlichen Gewinnungsfeldes, Erteilung einer bergrechtlichen Speicherbewilligung oder Genehmigung der Übertragung einer Speicherbewilligung durch Rechtsgeschäft unter Lebenden..........................	797 Euro,
10.	Bewilligung zur Änderung des Familiennamens oder des Vornamens............................	382,60 Euro.

(2) Wird die unter Z 10 genannte Bewilligung mittels eines Bescheides gleichzeitig einer Mehrheit von Personen erteilt, für die sie nicht schon kraft gesetzlicher Bestimmung gilt, so ist die Gebühr so oftmals zu entrichten, als die Anzahl dieser Personen beträgt. Die Gebührenentrichtung obliegt allen Personen zur ungeteilten Hand, denen die Bewilligung erteilt wurde oder für die sie kraft gesetzlicher Bestimmung wirkt.

3 (aufgehoben)

4 Auszüge

(1)

1. Auszüge aus Amtsschriften und amtlich verwahrten Privatschriften im allgemeinen wie amtliche Abschriften;
2. Auszüge, Abschriften aus Personenstandsbüchern, aus dem Partnerschaftsbuch, aus Registern, Matriken sowie Bescheinigungen über Geburten, Aufgebote, Trauungen, Eintragungen einer Partnerschaft und Sterbefälle von jedem Bogen feste Gebühr ....7,20 Euro.

(2) Werden zwei oder mehrere Geburts-, Trauungs- oder Sterbefälle oder Fälle der Eintragung einer Partnerschaft in einer Ausfertigung bestätigt, so ist die Gebühr von 7,20 Euro so oft zu entrichten, als Fälle bestätigt werden.

(3) Auszüge, Abschriften und Bescheinigungen gemäß Abs. 1 Z 2, die von gesetzlich anerkannten Kirchen oder Religionsgesellschaften ausgestellt werden, sind gebührenfrei.

(4) Auszüge, Abschriften und Bescheinigungen gemäß Abs. 1 Z 2, die für Zwecke der Verleihung oder der Erstreckung der Verleihung der österreichischen Staatsbürgerschaft ausgestellt werden, sind gebührenfrei; dies gilt auch für jene ausländischen Schriften, die in diesem Zusammenhang zum amtlichen Gebrauch vorgelegt werden.

(5) Auszüge aus dem Register der wirtschaftlichen Eigentümer, für die ein Nutzungsentgelt gemäß § 17 Wirtschaftliche Eigentümer Registerge-

setz (WiEReG), BGBl. I Nr. 136/2017, in der geltenden Fassung, zu entrichten ist, sind gebührenfrei.

(BGBl I 2018/62)

5 Beilagen

(1) Beilagen, das sind Schriften und Druckwerke aller Art, wenn sie einer gebührenpflichtigen Eingabe (einem Protokoll) beigelegt werden, von jedem Bogen feste Gebühr .... 3,90 Euro,

jedoch nicht mehr als 21,80 Euro je Beilage.

(BGBl I 2022/108)

(1a) Beilagen, die auf elektronischem Wege einer gebührenpflichtigen Eingabe (einem Protokoll) beigelegt werden, je Beilage .... 3,90 Euro

(BGBl I 2022/108)

(2) Die Beilagengebühr entfällt, wenn eine Schrift bei einer früheren Verwendung als Beilage bereits vorschriftsmäßig gestempelt wurde oder für sie eine Gebühr nach einer anderen Bestimmung dieses Bundesgesetzes entrichtet wurde oder festzusetzen ist oder mit einem Vermerk gemäß § 13 Abs. 4 versehen ist.

(3) Von der Beilagengebühr sind befreit

1. Armutszeugnisse;
2. die in- und ausländischen öffentlichen Kreditpapiere, deren Kupons und Talons und die geldvertretenden Papiere;
3. Schriften und Druckwerke, die einem Ansuchen um Verleihung oder Erstreckung der Verleihung der österreichischen Staatsbürgerschaft oder einem Ansuchen um Erteilung oder Neuausstellung eines Aufenthaltstitels beigelegt werden.

(BGBl I 2019/103)

6 Eingaben

(1) Eingaben von Privatpersonen (natürlichen und juristischen Personen) an Organe der Gebietskörperschaften in Angelegenheiten ihres öffentlich-rechtlichen Wirkungskreises, die die Privatinteressen der Einschreiter betreffen, feste Gebühr ....14,30 Euro.

(2) Der erhöhten Eingabengebühr von 47,30 Euro unterliegen

1. Ansuchen um Erteilung einer Befugnis oder die Anerkennung einer Befähigung oder sonstigen gesetzlichen Voraussetzung zur Ausübung einer Erwerbstätigkeit;
2. Ansuchen um Ernennung zum Notar, Handelsmakler, um Zulassung als Steuerberater oder Wirtschaftsprüfer, um Eintragung als Patentanwalt;
3. (aufgehoben)
4. Ansuchen um Bewilligung, ausländische Orden anzunehmen und zu tragen, um Verleihung von Titeln und Auszeichnungen einschließlich jener für gewerbliche Unternehmungen;
5. Anmeldungen einer Sorte nach dem Sortenschutzgesetz, BGBl. Nr. 108/1993, in der jeweils geltenden Fassung.

(3) Der erhöhten Eingabengebühr

a) von 120 Euro, bei Kindern unter 6 Jahren von 75 Euro, unterliegen Ansuchen um Erteilung oder Neuausstellung eines Aufenthaltstitels. Der im Inland tätig werdenden Gebietskörperschaft steht je Ansuchen ein Pauschalbetrag von 15 Euro zu;

   (BGBl I 2018/62, BGBl I 2019/103)

b) von 125,60 Euro unterliegen Ansuchen um Verleihung oder Erstreckung der Verleihung der österreichischen Staatsbürgerschaft; bei Minderjährigen beträgt die Gebühr 68,50 Euro;

   (BGBl I 2021/3)

c) von 61,50 Euro, bei Personen, die bei der Antragstellung das 16. Lebensjahr noch nicht vollendet haben, von 26,30 Euro, unterliegen Ansuchen um Erteilung oder Neuausstellung eines Aufenthaltstitels „Artikel 50 EUV". Erfolgt das Ansuchen um Erteilung oder Neuausstellung bei einer Behörde eines Landes oder einer Gemeinde, steht dieser Gebietskörperschaft je Ansuchen ein Pauschalbetrag in Höhe von 15 Euro zu. Die Erteilung oder Neuausstellung ist von den Verwaltungsabgaben des Bundes befreit.

   (BGBl I 2021/3, BGBl I 2022/108)

(4) Werden Eingaben in mehrfacher Ausfertigung überreicht, so unterliegen die zweite und jede weitere Gleichschrift nur der einfachen Eingabengebühr.

(5) Der Eingabengebühr unterliegen nicht

1. Eingaben an die Gerichte nach Maßgabe der folgenden Bestimmungen:
   a) Eingaben in Justizverwaltungsangelegenheiten sind nur dann von der Eingabengebühr befreit, wenn hiefür eine Justizverwaltungsgebühr vorgesehen ist;
   b) von der Befreiung ausgenommen sind Eingaben an die Verwaltungsgerichte der Länder, das Bundesverwaltungsgericht und das Bundesfinanzgericht im Sinne des Art. 129 B-VG; der Bundesminister für Finanzen wird ermächtigt, für Eingaben einschließlich Beilagen an das Bundesverwaltungsgericht sowie an die Verwaltungsgerichte der Länder durch Verordnung Pauschalgebühren festzulegen, sowie den Zeitpunkt des Entstehens der Gebührenschuld und die Art der Entrichtung der Pauschalgebühren zu regeln;
2. Gesuche um Erteilung von Unterstützungen und sonstige Eingaben im öffentlichen Fürsorgewesen;
3. Gesuche um die Verleihung eines Stipendiums sowie Eingaben in Unterrichtsangelegenheiten (einschließlich Begründung und Beendigung des Schulverhältnisses) und in Prüfungsangelegenheiten öffentlicher oder mit dem Öffentlichkeitsrecht ausgestatteter Schulen, der Schulen im Sinne des Ge-

sundheits- und Krankenpflegegesetzes, des Bundesgesetzes über die Regelung des medizinisch-technischen Fachdienstes und der Sanitätshilfsdienste, sowie der Akademien im Sinne des Bundesgesetzes über die Regelung der gehobenen medizinisch-technischen Dienste und der Hebammenakademien im Sinne des Hebammengesetzes, mit Ausnahme von Eingaben im Verfahren betreffend Eignungserklärung von Unterrichtsmitteln, Externistenprüfungen, Nostrifikation ausländischer Zeugnisse und Ersatzbestätigungen für verlorene Zeugnisse;

4. Eingaben an Verwaltungsbehörden, außer an das Zollamt Österreich in den Fällen der Z 4a, und an die Verwaltungsgerichte der Länder, das Bundesverwaltungsgericht und das Bundesfinanzgericht in Abgabensachen;
(BGBl I 2020/99)

4a. Eingaben an das Zollamt Österreich und an das Bundesfinanzgericht in Angelegenheiten des Zollrechts oder der sonstigen Eingangs- oder Ausgangsabgaben;
(BGBl I 2020/99)

5. Eingaben in konsularischen Angelegenheiten an österreichische Vertretungsbehörden im Ausland;

6. Eingaben (Ansuchen, Anträge) in Bewirtschaftungsangelegenheiten (zum Beispiel Ansuchen um Bezugscheine, Dringlichkeitsbescheinigungen, Kontingentscheine usw.);

7. Eingaben im Verwaltungsstrafverfahren;
(BGBl I 2021/3)

8. (aufgehoben)

9. Eingaben um Befreiung von der Rundfunk-, Fernsehrundfunk- und Fernsprechgebühr sowie Eingaben, mit denen die Übertragung der Rundfunk- oder Fernsehrundfunkbewilligung auf eine andere Person am angegebenen Standort beantragt wird, die Übernahme der Bewilligung nach dem Tod des Bewilligungsinhabers oder die Verlegung des Standortes durch den Bewilligungsinhaber angezeigt oder der Verzicht auf die Bewilligung erklärt wird;

10. Ansuchen um Aufnahme in das öffentlich-rechtliche Dienstverhältnis und Eingaben öffentlich-rechtlich Bediensteter und ihrer Hinterbliebenen in Dienstrechtsangelegenheiten;

11. Eingaben im Studien- und Prüfungswesen der hochschulischen postsekundären Bildungseinrichtungen im Sinne des § 1 Abs. 1 des Hochschul-Qualitätssicherungsgesetzes, BGBl. I Nr. 74/2011, und der kirchlichen theologischen Lehranstalten (Art. V § 1 des Konkordates zwischen dem Heiligen Stuhle und der Republik Österreich, BGBl. II Nr. 2/1934), einschließlich der Eingaben an diese Einrichtungen im Bereich der Studienberechtigung;
(BGBl I 2022/108)

12. Eingaben von Personen, die nicht durch berufsmäßige Parteienvertreter vertreten sind, um Anleitung zur Vornahme von Verfahrenshandlungen während eines Verfahrens;

13. Eingaben von Zeugen und Auskunftspersonen zur Erlangung der gesetzlich vorgesehenen Zeugengebühren;

14. Verlustanzeigen;

15. Anfragen um Bekanntgabe, welches Organ einer Gebietskörperschaft für eine bestimmte Angelegenheit zuständig ist;

16. Anfragen über Ausbildungsmöglichkeiten;

17. Eingaben, mit welchen in einem anhängigen Verfahren zu einer vorangegangenen Eingabe eine ergänzende Begründung erstattet, eine Erledigung urgiert oder eine Eingabe zurückgezogen wird;

18. Eingaben nach den landesgesetzlichen Vorschriften zur Förderung des Wohnbaues und der Wohnhaussanierung;

19. Eingaben in Angelegenheiten des Außenhandelsgesetzes und auf Grund einer auf Artikel 113 des Vertrages zur Gründung der Europäischen Gemeinschaft gestützten Verordnung im Bereich der handelspolitischen Maßnahmen;

20. Einwendungen und Stellungnahmen zur Wahrung der rechtlichen Interessen zu Vorhaben der Errichtung oder Inbetriebnahme von Bauwerken und Anlagen aller Art sowie im Verfahren zur Genehmigung solcher Vorhaben dies gilt nicht für Eingaben des Bewilligungswerbers;

21. Eingaben an die parlamentarischen Organe und Einrichtungen (die Präsidenten des Nationalrates, die Präsidenten des Bundesrates, die parlamentarischen Ausschüsse, die Ausschußobmänner sowie die Parlamentsdirektion);

22. Eingaben an gemäß § 40a KFG 1967, BGBl. Nr. 267, in der jeweils geltenden Fassung, eingerichtete Zulassungsstellen;

23. Anträge auf Bekanntgabe von Umweltdaten nach dem Umweltinformationsgesetz, BGBl. Nr. 495/1993, in der jeweils geltenden Fassung, und nach gleichartigen landesgesetzlichen Vorschriften;

24. Ansuchen um Ausstellung und Vornahme der in § 14 Tarifpost 8 Abs. 1 und Abs. 1a, Abs. 4a und Abs. 4b, Tarifpost 9 und Tarifpost 16 angeführten Schriften und Amtshandlungen;
(BGBl I 2019/103, BGBl I 2021/3)

25. Anfragen über das Bestehen von Rechtsvorschriften oder deren Anwendung;

26. Eingaben um Ausstellung von Bescheinigungen und Genehmigungen in Angelegenheiten der Verordnung (EG) Nr. 939/97 der Kommission vom 26. Mai 1997 mit Durchführungsbestimmungen zur Verordnung (EG) Nr. 338/97 des Rates über den Schutz von Exemplaren wild lebender Tiere und Pflanzenarten durch

Überwachung des Handels in der jeweils geltenden Fassung;

27. Eingaben um Ausstellung von Strafregisterbescheinigungen für ehrenamtliche Sanitäter gemäß § 14 Abs. 1 Z 1 Sanitätergesetz;
28. Eingaben um Ausstellung von Strafregisterbescheinigungen für freiwilliges Engagement im Rahmen von Freiwilligenorganisationen gemäß § 3 Abs. 1 Freiwilligengesetz;

(BGBl I 2021/3)

29. Anträge, die im Zusammenhang mit dem Register der wirtschaftlichen Eigentümer gestellt werden, und diesbezügliche Rechtsmittelverfahren, wenn der Rechtszug an das Bundesfinanzgericht geht;

(BGBl I 2018/62, BGBl I 2021/3)

30. Ansuchen um Austausch einer bis zum Ablauf des Übergangszeitraumes ausgestellten Bescheinigung des Daueraufenthaltes (§ 53a NAG), einer Daueraufenthaltskarte (§ 54a NAG) oder eines Aufenthaltstitels „Daueraufenthalt – EU“ (§ 45 NAG) gegen den Aufenthaltstitel „Artikel 50 EUV“. Der Bundesminister für Finanzen wird davon abweichend ermächtigt, mittels Verordnung Pauschalgebühren für das Ansuchen um Austausch eines gültigen Daueraufenthaltsdokumentes oder inländischen Einwanderungsdokumentes gegen ein neues Aufenthaltsdokument festzusetzen.

(BGBl I 2021/3)

7 Protokolle (Niederschriften)

(1)

1. Protokolle, die an Stelle einer Eingabe errichtet werden, unterliegen der für die Eingabe, die sie vertreten, in der Tarifpost 6 festgesetzten Gebühr. Dies gilt nicht für Protokolle, die Eingaben an die Gerichte vertreten; in Justizverwaltungsangelegenheiten jedoch nur, wenn hiefür eine Justizverwaltungsgebühr vorgesehen ist
2. Befunde und Vernehmungen anläßlich der Erteilung eines amtlichen Zeugnisses oder einer amtlichen Bewilligung auf Einschreiten von Privatpersonen von jedem Bogen feste Gebühr .... 14,30 Euro;
3. (aufgehoben)
4. Protokolle (Niederschriften) über
   a) eine Hauptversammlung einer Aktiengesellschaft vom ersten Bogen feste Gebühr .... 285,90 Euro,
   b) eine Versammlung der Gesellschafter einer Gesellschaft mit beschränkter Haftung vom ersten Bogen feste Gebühr ....142,90 Euro.
5. Protokolle (Niederschriften) über Verlosungen oder Auslosungen von Wertpapieren vom ersten Bogen feste Gebühr ....107,80 Euro;
6. Protokolle über die Aufnahme eines Wechsel(Scheck)protestes, wenn sie vom Notar aufgenommen werden.................14,30 Euro.

(2) Protokolle (Niederschriften) nach Abs. 1 Z 4 lit. a und b, die ausschließlich die Anpassung der Satzungen oder der Gesellschaftsverträge an die Bestimmungen des 1. Euro-Justiz-Begleitgesetzes, BGBl. I Nr. 125/1998, zum Gegenstand haben, sind gebührenfrei.

(3) Protokolle und Niederschriften, die für Zwecke der Verleihung oder Erstreckung der Verleihung der österreichischen Staatsbürgerschaft errichtet werden, sind gebührenfrei.

8 Einreise- und Aufenthaltstitel

(1) Einbringung eines Antrages auf Erteilung eines Einreisetitels als Aufenthaltsvisum (Visum für den längerfristigen Aufenthalt, Visum D) für Personen über 6 Jahren ....150 Euro

(1a) Einbringung eines Antrages auf Erteilung eines Einreisetitels als Aufenthaltsvisum (Visum für den längerfristigen Aufenthalt, Visum D) für Kinder unter 6 Jahren...............................75 Euro

(2)

1. Gebührenfrei ist die Einbringung eines Antrages auf Erteilung eines Visums für:
   a) Forscher aus Drittstaaten, die sich im Sinne der Empfehlung 2005/761/EG, ABl. Nr. L 289 vom 03.11.2005 S. 23, zu Forschungszwecken innerhalb der Gemeinschaft bewegen,
   b) begünstigte Drittstaatsangehörige im Sinne des § 2 Abs. 4 Z 11 des Fremdenpolizeigesetzes 2005 (FPG);
2. die Einbringung eines Antrages auf Erteilung eines Einreisetitels gemäß Abs. 1 und 1a, wenn diese der Wahrung kultureller, außenpolitischer, entwicklungspolitischer, humanitärer oder sonstiger erheblicher öffentlicher Interessen dienen oder dafür eine völkerrechtliche Verpflichtung besteht, sowie Diplomatenvisa und Dienstvisa, sofern Gegenseitigkeit besteht, sind von den Gebühren befreit.

(3) Die Gebührenschuld für den Antrag auf Erteilung eines Einreisetitels gemäß Abs. 1 und 1a entsteht mit der Überreichung des Antrages. Gebührenschuldner ist derjenige, für den oder in dessen Interesse der Antrag gestellt wird.

(4) Erteilung, Ausfolgung und Neuausstellung eines Aufenthaltstitels durch eine Behörde mit dem Sitz im Inland

1. auf Antrag
   a) befristeter Aufenthaltstitel (§ 8 Abs. 1 Z 1 bis 6, 8 bis 12 NAG)......... 20 Euro,
      bei Kindern unter 6 Jahren .... 50 Euro,
   b) unbefristeter Aufenthaltstitel (§ 8 Abs. 1 Z 7 NAG) .... 70 Euro,
      bei Kindern unter 6 Jahren .. 100 Euro,
2. von Amts wegen 140 Euro.

(4a) Ausstellung

1. einer Anmeldebescheinigung (§ 9 Abs. 1 Z 1 NAG) oder einer Bescheinigung des Daueraufenthalts (§ 9 Abs. 2 Z 1 NAG)... 15 Euro,

2. einer Daueraufenthaltskarte (§ 9 Abs. 2 Z 2 NAG) oder einer Aufenthaltskarte für Angehörige eines EWR-Bürgers (§ 9 Abs. 1 Z 2 NAG) .... 56 Euro.

(4b) Abnahme der erforderlichen erkennungsdienstlichen Daten bei Antragstellung oder Erteilung von Amts wegen ausgenommen in Verfahren zur Erteilung oder Neuausstellung eines Aufenthaltstitels „Artikel 50 EUV“.................. 20 Euro.

Erfolgt die Abnahme dieser Daten durch eine Behörde eines Landes oder einer Gemeinde, steht dieser Gebietskörperschaft der Betrag zur Gänze zu.

(BGBl I 2021/3)

(4c) Ausstellung

1. einer Karte für Geduldete (§ 46a FPG) .... 26,30 Euro,
2. einer Identitätskarte für Fremde (§ 94a FPG) .... 56 Euro,
3. eines Lichtbildausweises für EWR-Bürger (§ 9 Abs. 3 NAG)........................... 56 Euro.

(5) Die Erteilung und Neuausstellung von Aufenthaltstiteln gemäß Abs. 4, die Dokumentationen des unionsrechtlichen Aufenthaltsrechts gemäß Abs. 4a und Schriften gemäß Abs. 4c sind von den Verwaltungsabgaben des Bundes befreit.

(6) Hinsichtlich des Entstehens der Gebührenschuld und des Gebührenschuldners bei Aufenthaltstiteln gemäß Abs. 4, bei Dokumentationen des unionsrechtlichen Aufenthaltsrechts gemäß Abs. 4a sowie bei Schriften gemäß Abs. 4c gilt der Abs. 3 sinngemäß. Erfolgt die Ausfolgung eines Aufenthaltstitels gemäß Abs. 4, einer Dokumentation des unionsrechtlichen Aufenthaltsrechts gemäß Abs. 4a oder einer Schrift gemäß Abs. 4c durch eine Behörde eines Landes oder einer Gemeinde, steht dieser Gebietskörperschaft je erteiltem Dokument ein Pauschalbetrag zu. Der Pauschalbetrag beträgt im Falle des Abs. 4 Z 1 lit. a 20 Euro, im Falle des Abs. 4 Z 1 lit. b und Z 2 35 Euro je erteiltem Aufenthaltstitel, im Falle des Abs. 4a Z 1 3 Euro und im Falle des Abs. 4a Z 2 35 Euro je ausgestellter Dokumentation des unionsrechtlichen Aufenthaltsrechts. Im Falle des Abs. 4c Z 1 steht der Gebietskörperschaft der gesamte Betrag, im Falle des Abs. 4c Z 2 und 3 der Betrag von 35 Euro zu. Bei Abnahme der Daten nach Abs. 4b sind für das Entstehen der Gebührenschuld § 11 Abs. 1 Z 3 und für die Person des Gebührenschuldners § 13 Abs. 1 Z 3 anzuwenden. Die Behörde darf auf Antrag erteilte Aufenthaltstitel (Abs. 4 Z 1), Dokumentationen des unionsrechtlichen Aufenthaltsrechts (Abs. 4a) sowie Schriften gemäß Abs. 4c nur nach erfolgter Entrichtung der Gebühr aushändigen.

(BGBl I 2018/62, BGBl I 2022/108)

9 Reisedokumente

(1) Reisepässe

1. gewöhnlicher Reisepass, Fremdenpass, Konventionsreisepass ....75,90 Euro
2. Reisepass gemäß § 17 Abs. 2 erster Satz Passgesetz.. 100 Euro

2a. Reisepass gemäß § 17 Abs. 2 zweiter Satz Passgesetz...................................... 220 Euro

3. Reisepass gemäß § 8 Abs. 5 Passgesetz.. 30 Euro
4. Reisepass gemäß § 8 Abs. 5 in Verbindung mit § 17 Abs. 2 erster Satz Passgesetz.. 45 Euro

4a. Reisepass gemäß § 8 Abs. 5 in Verbindung mit § 17 Abs. 2 zweiter Satz Passgesetz...165 Euro

5. Erweiterung des Geltungsbereiches 66 Euro
6. (aufgehoben)
7. sonstige über Antrag erfolgte Änderungen oder Ergänzungen, ohne Rücksicht auf deren Anzahl .... 28,50 Euro
8. Ausstellung eines Identitätsausweises.....................................61,50 Euro

GebG

(2) Passersätze

1. Personalausweis ....61,50 Euro,

1a. Personalausweis für eine Person, die bei der Antragstellung das 16. Lebensjahr noch nicht vollendet hat .... 26,30 Euro

2. sonstiger Passersatz (zB Grenzkarte, Ausflugsschein)
   a) Bewilligung zum einmaligen Grenzübertritt ....1,10 Euro,
   b) Bewilligung zum mehrmaligen Grenzübertritt
      – bei einer Gültigkeitsdauer bis zu einem halben Jahr....... 2,30 Euro,
      – bei einer Gültigkeitsdauer von mehr als einem halben Jahr .... 3,50 Euro,
   c) Bewilligung zum mehrmaligen Grenzübertritt im Ausflugsverkehr für mehrere Personen (Sammelausflugsschein) je Person.................................. 2 Euro.

(3) Die Ausstellung der in den Abs. 1 und 2 angeführten Schriften und die Vornahme der darin angeführten Amtshandlungen sind von den Verwaltungsabgaben des Bundes befreit.

(4) Die Gebührenschuld entsteht mit der Hinausgabe (Aushändigung) des Reisedokumentes durch die Behörde. Gebührenschuldner ist derjenige, für den oder in dessen Interesse das Reisedokument ausgestellt wird. Der Gebührenschuldner hat bei Überreichung des Antrages auf Ausstellung des Reisedokumentes eine Vorauszahlung in Höhe der voraussichtlichen Gebühr zu entrichten. Die Vorauszahlung ist auf Antrag zu erstatten, wenn keine Gebührenschuld entsteht. § 241 Abs. 2 und 3 BAO gelten sinngemäß. Die Behörde darf das Reisedokument nur nach erfolgter Entrichtung der Gebühr aushändigen.

(5) Erfolgt die Ausstellung des Reisedokumentes durch eine Behörde eines Landes oder einer Gemeinde, steht dieser Gebietskörperschaft je Reisedokument ein Pauschalbetrag zu.

1. Der Pauschalbetrag beträgt, wenn der Antrag vor dem 2. August 2021 gestellt wird, in den Fällen
   - des Abs. 1 Z 1 ....53,03 Euro
   - des Abs. 1 Z 2 .... 79 Euro
   - des Abs. 1 Z 2a .... 199 Euro
   - des Abs. 1 Z 5 .... 34,50 Euro
   - des Abs. 1 Z 8 .... 30,50 Euro
   - des Abs. 2 Z 1 .... 35 Euro
2. Abweichend von Z 1 beträgt der Pauschalbetrag, wenn der Antrag nach dem 1. August 2021 gestellt wird, in den Fällen
   - des Abs. 1 Z 1 ....53,03 Euro,
   - des Abs. 1 Z 2 .... 79 Euro,
   - des Abs. 1 Z 2a .... 199 Euro,
   - des Abs. 1 Z 5 .... 34,50 Euro,
   - des Abs. 1 Z 8 .... 30,50 Euro,
   - des Abs. 2 Z 1 ....40,13 Euro.

   In den Fällen des Abs. 1 Z 1, 2 und 2a erhöht sich der Pauschalbetrag um 0,84 Euro, wenn der Reisepass mit einem zusätzlichen Sekundärlichtbild in der Personaldatenseite ausgestattet ist.
3. Abweichend von Z 1 und Z 2 beträgt der Pauschalbetrag, wenn der Antrag ab dem 1. Juli 2023 gestellt wird, in den Fällen
   - des Abs. 1 Z 1 ....59,10 Euro,
   - des Abs. 1 Z 2 .... 85,07 Euro,
   - des Abs. 1 Z 2a .... 205,07 Euro,
   - des Abs. 1 Z 5 .... 34,50 Euro,
   - des Abs. 1 Z 8 .... 30,50 Euro,
   - des Abs. 2 Z 1 ....40,13 Euro.

   Wird das Datum des 1. Juli 2023 gemäß § 25 Abs. 21 erster Satz Passgesetz 1992, in der Fassung BGBl. I Nr. 123/2021, durch eine Verordnung des Bundesministers für Inneres gemäß § 25 Abs. 21 zweiter Satz Passgesetz 1992, in der Fassung BGBl. I Nr. 123/2021, verschoben, sind die Pauschalbeträge für Anträge, die ab dem durch die Verordnung festgesetzten Zeitpunkt gestellt werden, anzuwenden.
4. In den Fällen des Abs. 1 Z 3, 4 und 4a sowie des Abs. 2 Z 1a und 2 steht der Gebietskörperschaft der gesamte Betrag zu.

(BGBl I 2021/123)

10 Schriften in Patent-, Gebrauchsmuster-, Marken- und Musterangelegenheiten

(1)

1. Anmeldungen von Patenten, Gebrauchsmustern, Schutzzertifikaten oder Halbleiterschutzrechten, Schutzzertifikatsverlängerungen, Anträge auf Recherchen und Gutachten, Einsprüche oder Widersprüche, je Antrag.. 50 Euro
2. Anmeldungen oder Warenerweiterungen von Marken, je Antrag............................ 30 Euro
3. Anmeldungen von Mustern, je Antrag.. 20 Euro
4. (aufgehoben)
5. Anträge zur Einleitung von Verfahren vor der Nichtigkeitsabteilung, je Antrag ... 230 Euro
6. (aufgehoben)
7. Anträge auf Änderung des Namens oder der Firma des Anmelders oder Rechtsinhabers, Anträge auf Änderung des Anmelders oder Rechtsinhabers, auf Eintragung oder Löschung einer Lizenz oder Lizenzübertragung, eines Pfandrechtes oder eines sonstigen, insbesondere dinglichen Rechtes, sowie Anträge auf Wiedereinsetzung in den vorigen Stand, je Antrag.. 40 Euro
8. Anträge auf Eintragung einer Streitanmerkung, je Antrag .... 15 Euro
9. Anträge auf Veröffentlichung oder Berichtigung von Übersetzungen europäischer Patentschriften, je Antrag........................... 30 Euro
10. Registerauszüge, je Auszug............. 23 Euro
11. Prioritätsbelege, je Beleg..................75 Euro.

(2) Wird vom Patentamt zur Geltendmachung von Prioritätsrechten in anderen Ländern gleichzeitig die Herstellung mehrerer Abschriften (Prioritätsbelege) von Patentanmeldungen oder Gebrauchsmusteranmeldungen begehrt, so ist die Gebühr nur für eine Abschrift (Prioritätsbeleg) zu entrichten; auf der zweiten und jeder weiteren Abschrift ist vom Patentamt ein Vermerk über die Gebührenfreiheit nach dieser Bestimmung anzubringen.

(3) Eingaben gemäß Abs. 1 Z 1 bis 9 und Eingaben um Ausstellung der in Abs. 1 Z 10 und 11 angeführten Schriften sind von der Gebührenpflicht des § 14 Tarifpost 6 Abs. 1 befreit. Beilagen, die einer gemäß Abs. 1 gebührenpflichtigen Eingabe oder Niederschrift beigelegt oder zu dieser nachgereicht werden, sind von der Gebührenpflicht des § 14 Tarifpost 5 befreit. Registerauszüge gemäß Abs. 1 Z 10 sind von der Gebührenpflicht des § 14 Tarifpost 4 Abs. 1 Z 2 und Abschriften von der Gebührenpflicht des § 14 Tarifpost 1 befreit.

11 Waffendokumente

(1) Waffenbesitzkarte

1. Ausstellung einer Waffenbesitzkarte .... 74,40 Euro
   a) sofern der Besitz von mehr als zwei Schusswaffen erlaubt wird, zusätzlich .... 43 Euro
   b) sofern dadurch eine Ausnahme vom Verbot des § 17 Abs. 1 oder 2 bewilligt wird, zusätzlich................................ 43 Euro

(2) Waffenpass

1. Ausstellung eines Waffenpasses ....118,40 Euro
   a) sofern der Besitz von mehr als zwei Schusswaffen erlaubt wird, zusätzlich .... 87 Euro

b) sofern dadurch eine Ausnahme vom Verbot des § 17 Abs. 1 oder 2 WaffG bewilligt wird, zusätzlich .... 87 Euro

2. Ausstellung eines Waffenpasses für Schusswaffen der Kategorie C oder D .... 118,40 Euro

(3) Der Antrag auf Ausstellung eines Waffendokumentes ist von der Gebührenpflicht des § 14 Tarifpost 6 befreit. Die Ausstellung der in Abs. 1 und 2 genannten Waffendokumente und die Vornahme der darin angeführten Amtshandlungen sind von den Verwaltungsabgaben des Bundes befreit.

(4) Die Gebührenschuld entsteht mit der Hinausgabe (Aushändigung) des Waffendokuments durch die Behörde. Gebührenschuldner ist derjenige, für den das Waffendokument ausgestellt wird. Der Gebührenschuldner hat bei Stellung des Antrags auf Ausstellung eines Waffendokuments eine Vorauszahlung in Höhe der voraussichtlichen Gebühr zu entrichten. Die Vorauszahlung ist auf Antrag zu erstatten, wenn keine Gebührenschuld entsteht. § 241 Abs. 2 und 3 BAO gelten sinngemäß. Die Behörde darf das Waffendokument nur nach erfolgter Entrichtung der Gebühr aushändigen.

(5) Erfolgt die Ausstellung eines Waffendokuments durch eine Behörde des Landes, steht dieser Gebietskörperschaft je Waffendokument ein Pauschalbetrag zu. Dieser beträgt in den Fällen

– des Abs. 1 Z 1 .... 56,20 Euro
– des Abs. 1 Z 1 lit. a und b .... 99,20 Euro
– des Abs. 2 Z 1 und 2 .... 100,20 Euro
– des Abs. 2 Z 1 lit. a und b .... 187,20 Euro.

(BGBl I 2022/108)

12 Ausländerbeschäftigungsverfahren

(1) Antragsgebühr

1. Ansuchen um Ausstellung der in Abs. 2 Z 1 angeführten Schrift......................... 26 Euro
2. Ansuchen um Ausstellung der in Abs. 2 Z 2 bis Z 9 angeführten Schriften .... 20 Euro
3. Ansuchen um Registrierung als Stammsaisonier gemäß § 5 Abs. 6a des Ausländerbeschäftigungsgesetzes (AuslBG), BGBl. Nr. 218/1975.. 20 Euro

(2) Erledigungsgebühr

1. Ausstellung einer Entsendebestätigung gemäß § 18 Abs. 12 AuslBG .... 8 Euro
2. Ausstellung einer Sicherungsbescheinigung gemäß § 11 AuslBG .... 14 Euro
3. Ausstellung einer Entsendebewilligung gemäß § 18 Abs. 1 AuslBG .... 12 Euro
4. Ausstellung einer Beschäftigungsbewilligung gemäß §§ 4 und 5 AuslBG............... 12 Euro
5. Ausstellung einer Bestätigung gemäß § 3 Abs. 8 AuslBG .... 20 Euro
6. Schriftliche Feststellung gemäß § 2 Abs. 4 AuslBG, dass ein wesentlicher Einfluss auf die Geschäftsführung der Gesellschaft durch den Gesellschafter tatsächlich persönlich ausgeübt wird .... 6 Euro
7. Ausstellung einer Anzeigebestätigung für Au-Pair-Kräfte gemäß § 1 Z 10 der Ausländerbeschäftigungsverordnung, BGBl. Nr. 609/1990, in der Fassung der Verordnung BGBl. II Nr. 263/2019 .... 12 Euro
8. Ausstellung einer Anzeigebestätigung gemäß § 3 Abs. 5 AuslBG für Ausländer, die als Volontäre, Ferial- oder Berufspraktikanten oder Praktikanten beschäftigt werden..... 12 Euro
9. Ausstellung einer Anzeigebestätigung gemäß § 18 Abs. 3 AuslBG für Ausländer, die eine Schulungs- bzw. Aus- und Weiterbildungsmaßnahme absolvieren .... 12 Euro
10. Ausstellung einer Bestätigung über die Registrierung als Stammsaisonier gemäß § 5 Abs. 6a AuslBG .... 15 Euro
11. Von Amts wegen ausgestellte Beschäftigungsbewilligung gemäß § 4c Abs. 1 AuslBG .... 7 Euro
12. Von Amts wegen ausgestellter Befreiungsschein gemäß § 4c Abs. 2 AuslBG .... 90 Euro
13. Von Amts wegen ausgestellte Beschäftigungsbewilligung gemäß § 19 Abs. 7 AuslBG .... 7 Euro

(3) Die Gebührenschuld für Anträge gemäß Abs. 1 entsteht mit Zustellung der das Verfahren in einer Instanz abschließenden schriftlichen Erledigung. Die Gebührenschuld für die Ausstellung der Schriften gemäß Abs. 2 entsteht mit deren Hinausgabe.

(4) Gebührenschuldner ist in den Fällen des Abs. 1 derjenige, in dessen Interesse der Antrag gestellt wird. Gebührenschuldner ist in den Fällen des Abs. 2 derjenige, für den oder in dessen Interesse die Erledigung ausgestellt wird.

(5) Anträge gemäß Abs. 1 sind von der Gebührenpflicht des § 14 Tarifpost 6 befreit. Schriften gemäß Abs. 2 sind von der Gebührenpflicht des § 14 Tarifpost 2 und 14 befreit.

(6) Die Ausstellung der in Abs. 2 angeführten Schriften und die in diesen Verfahren vorgenommenen Amtshandlungen sowie die Vornahme der in Abs. 2 angeführten Amtshandlungen sind von den Verwaltungsabgaben des Bundes befreit.

(BGBl I 2022/108)

13 Unterschriftsbeglaubigungen

Beurkundung der Echtheit von Unterschriften oder von Handzeichen durch Notare oder andere zur Beurkundung befugte Personen (Urkundspersonen) sowie durch vergleichbare ausländische Urkundspersonen, sofern die die Beglaubigung enthaltende Schrift geeignet ist, die Echtheit der Unterschriften oder Handzeichen nicht nur gegenüber einer bestimmten Behörde oder einem bestimmten Gericht zu bekunden, von jedem Bogen feste Gebühr .... 14,30 Euro.

14 Zeugnisse

(1) Amtliche Zeugnisse, das sind Schriften, die von Organen der Gebietskörperschaften oder von ausländischen Behörden oder Gerichten aus-

gestellt werden und durch die persönliche Eigenschaften oder Fähigkeiten oder tatsächliche Umstände bekundet werden, von jedem Bogen feste Gebühr .... 14,30 Euro.

(2) Der Gebühr unterliegen nicht

1. Armutszeugnisse, auch als Beilagen stempelpflichtiger Eingaben und Protokolle;
2. Zeugnisse, die im öffentlichen Fürsorgewesen beizubringen sind;
3. Impfzeugnisse;
4. Zeugnisse in Unterrichtsangelegenheiten von öffentlichen oder mit dem Öffentlichkeitsrecht ausgestatteten Schulen, von Schulen im Sinne des Gesundheits- und Krankenpflegegesetzes, des Bundesgesetzes über die Regelung des medizinisch-technischen Fachdienstes und der Sanitätshilfsdienste, sowie der Akademien im Sinne des Bundesgesetzes über die Regelung der gehobenen medizinisch-technischen Dienste und der Hebammenakademien im Sinne des Hebammengesetzes, mit Ausnahme der Zeugnisse über Externistenprüfungen;
5. Zeugnisse zur Rechtfertigung des Fernbleibens der Schüler vom Unterricht in diesen Schulen;
6. Zeugnisse in Studienangelegenheiten im Bereich der hochschulischen postsekundären Bildungseinrichtungen im Sinne des § 1 Abs. 1 des Hochschul-Qualitätssicherungsgesetzes, BGBl. I Nr. 74/2011, und der kirchlichen theologischen Lehranstalten (Art. V § 1 des Konkordates zwischen dem Heiligen Stuhle und der Republik Österreich, BGBl. II Nr. 2/1934), einschließlich der Zeugnisse dieser Einrichtungen im Rahmen der Studienberechtigung;

   (BGBl I 2022/108)
7. Zeugnisse über die Anmeldung des Übertrittes von einem Glaubensbekenntnisse zu einem anderen;
8. Zeugnisse, die aus Sanitätsrücksichten von einer öffentlichen Behörde oder einem Amte gefordert werden;
9. Zeugnisse zum Nachweise der Voraussetzungen für den Bezug eines Unterhaltsbeitrages von einer Gebietskörperschaft, einer öffentlichen Anstalt, einem Privatpensionsinstitut, einer Versorgungsanstalt;
10. Zeugnisse über die erfüllte Verbindlichkeit zur Lesung von Messen, behufs der Erfolglassung des darüber gewidmeten Betrages oder der dafür gestifteten Rente;
11. Zeugnisse, durch die eine in öffentlichen Angelegenheiten zu legende Rechnung belegt werden muß;
12. Klauseln, die auf Grund besonderer Rechtsvorschriften einzelnen Urkunden der Kontrolle wegen oder zur Beglaubigung amtlich beigefügt werden müssen;
13. Zeugnisse über vertragsmäßige Leistungen an Gebietskörperschaften oder öffentliche Anstalten über die Qualität dieser Leistungen oder die Einhaltung der Vertragsbedingungen, damit die Unternehmer zur Befriedigung ihrer Forderung gelangen können;
14. Waagzettel, solange davon kein amtlicher Gebrauch durch Verwendung als Beilage gemacht wird;
15. Auszüge aus Tauf-, Geburts-, Trauungs- und Sterberegistern und aus dem Partnerschaftsbuch, dann Zeugnisse über Geburts-, Trauungs-, Todesfälle und Fälle der Eintragung einer Partnerschaft um die im diplomatischen Wege von auswärtigen Behörden entweder durch die österreichischen Gesandtschaften im Ausland oder durch die fremden, hierlands anwesenden Gesandten angesucht wird, bei reziprokem Verfahren, solange sie im Ausland verwendet werden;
16. Abstammungspapiere, die im Interesse der Landestierzucht für Zuchttiere zu erbringen sind;
17. Zeugnisse der Reisenden in Bergführerbüchern und in Trägerlegitimationen;
18. Ursprungszeugnisse sowie auf Handelsrechnungen angebrachte Vidierungsvermerke, die von in- oder ausländischen Einfuhrbehörden bei der Eingangsabfertigung von Waren verlangt werden;
19. Bestätigungen zum Nachweis, daß im Zollverfahren eine Gesamtsicherheit oder eine Befreiung von der Sicherheitsleistung bewilligt worden ist;
20. An- und Abmeldevermerke, die von den Meldebehörden anläßlich der An- oder Abmeldung auf den Meldezetteln angebracht werden;
21. Kursbesuchsbestätigungen, die von juristischen Personen im Sinne des § 4 des Bundesgesetzes über die Förderung der Erwachsenenbildung und des Volksbüchereiwesens aus Bundesmitteln, BGBl. Nr. 171/1973, ausgestellt werden;
22. Zeugnisse, die von gemäß § 40a KFG 1967, BGBl. Nr. 267, in der jeweils geltenden Fassung, eingerichteten Zulassungsstellen in Erfüllung der ihnen übertragenen Aufgaben ausgestellt werden;
23. Verschlußanerkenntnisse, die auf Grund zollrechtlicher Vorschriften vom Zollamt Österreich ausgestellt oder anerkannt werden;

    (BGBl I 2019/104, BGBl I 2020/99)
24. Bescheinigungen in Angelegenheiten der Verordnung (EG) Nr. 939/97 der Kommission vom 26. Mai 1997 mit Durchführungsbestimmungen zur Verordnung (EG) Nr. 338/97 des Rates über den Schutz von Exemplaren wild lebender Tiere und Pflanzenarten durch Überwachung des Handels in der jeweils geltenden Fassung;
25. Zeugnisse über Dienstleistungen;

26. von inländischen Gerichten ausgestellte Zeugnisse; in Justizverwaltungsangelegenheiten jedoch nur, wenn hiefür eine Justizverwaltungsgebühr vorgesehen ist;
27. Strafregisterbescheinigungen, die als Nachweis der persönlichen Eignung zur Verwendung als ehrenamtliche Sanitäter gemäß § 14 Abs. 1 Z 1 Sanitätergesetz dienen;
28. Zeugnisse, die für Zwecke der Verleihung oder Erstreckung der Verleihung der österreichischen Staatsbürgerschaft ausgestellt werden;
29. Diebstahls- und Verlustanzeigebestätigungen, die auch als Berechtigung verwendet werden können;

(BGBl I 2021/3)

30. Bestätigungen über die Antragstellung gemäß Artikel 18 Abs. 1 lit. b des Abkommens über den Austritt des Vereinigten Königreichs Großbritannien und Nordirland aus der Europäische Union und der Europäischen Atomgemeinschaft (Austrittsabkommen).

(BGBl I 2021/3)

(3) Die Bestätigung über die Antragstellung gemäß Artikel 18 Abs. 1 lit. b des Abkommens über den Austritt des Vereinigten Königreichs Großbritannien und Nordirland aus der Europäische Union und der Europäischen Atomgemeinschaft (Austrittsabkommen) ist von den Verwaltungsabgaben des Bundes befreit.

(BGBl I 2021/3)

15 Zulassungsscheine und Überstellungsfahrtscheine (§§ 41 und 46 KFG, BGBl. Nr. 267, in der jeweils geltenden Fassung)

(1) Bescheinigungen, die von einer gemäß § 40a KFG 1967, BGBl. Nr. 267, in der jeweils geltenden Fassung, eingerichteten Zulassungsstelle

a) aus Anlaß der Zulassung zum Verkehr über die erfolgte Zulassung ausgestellt werden (Zulassungsschein), feste Gebühr .. 119,80 Euro,
b) über die erteilte Bewilligung von Überstellungsfahrten ausgestellt werden (Überstellungsfahrtschein), feste Gebühr 83,60 Euro.

(2) Die Gebührenschuld entsteht mit der Ausfertigung des Zulassungsscheines (Überstellungsfahrtscheines) durch die Zulassungsstelle. Gebührenschuldner ist derjenige, für den oder in dessen Interesse der Zulassungsschein (Überstellungsfahrtschein) ausgestellt wird. Die Gebühr ist bei der Zulassungsstelle einzuzahlen. § 241 Abs. 2 und Abs. 3 BAO gilt sinngemäß. Die Zulassungsstelle darf den Zulassungsschein (Überstellungsfahrtschein) nur nach erfolgter Zahlung der Gebühr aushändigen.

(3) Der Rechtsträger der Zulassungsstelle haftet für die Gebühr. Er hat gesondert für jede von ihm eingerichtete Zulassungsstelle die Gebühr für die in einem Kalendermonat erteilten Zulassungen und bewilligten Überstellungsfahrten bis zum 15. des nächstfolgenden Monats (Fälligkeitstag) an das Finanzamt Österreich zu entrichten.

(BGBl I 2019/104, BGBl I 2020/99)

(4) Die Gebührenpflicht gemäß TP 14 für Zulassungsscheine (Überstellungsfahrtscheine), die von Behörden des Bundes oder der Länder ausgestellt sind, bleibt unberührt.

16 Führerscheine

(1) Führerscheine, ausgestellt

1. auf Grund der Erteilung der Lenkberechtigung .... 60,50 Euro, ausgenommen solche gemäß § 22 Abs. 1 FSG, BGBl. I Nr. 120/1997, in der jeweils geltenden Fassung,
2. als Duplikat ....49,50 Euro,
3. auf Grund der Umschreibung einer ausländischen Lenkberechtigung............ 60,50 Euro,
4. auf Grund der Verlängerung einer befristeten Lenkberechtigung.......................49,50 Euro, ausgenommen solche gemäß § 17a Abs. 2 FSG, BGBl. I Nr. 120/1997,

   (BGBl I 2022/108)

5. auf Grund der Ausdehnung der Lenkberechtigung auf weitere Klassen oder Unterklassen ....49,50 Euro,
6. auf Grund von sonstigen Änderungen oder Ergänzungen, ohne Rücksicht auf ihre Anzahl ....49,50 Euro.

(2)

1. (aufgehoben)

   (BGBl I 2022/108)

2. Wiederausfolgung des Führerscheines nach Ablauf der Entziehungsdauer.....39,60 Euro.

(3) (aufgehoben)

(4) Die in den Abs. 1 und 2 angeführten Amtshandlungen sind von den Verwaltungsabgaben des Bundes befreit.

(BGBl I 2022/108)

(5) Hinsichtlich des Entstehens der Gebührenschuld, des Gebührenschuldners sowie des Pauschalbetrages gilt § 14 Tarifpost 9 Abs. 4 und 5 sinngemäß mit der Maßgabe, dass der Pauschalbetrag in den Fällen des Abs. 1 Z 1 und 3 je Schrift 21,80 Euro, in allen anderen Fällen 19,60 Euro je Schrift oder Amtshandlung beträgt. Die Behörde darf den Führerschein nur nach erfolgter Entrichtung der Gebühr aushändigen.

(BGBl I 2022/108)

17 Eheschließung

(1) Verfahren zur Ermittlung der Ehefähigkeit... 50 Euro

(2) Eingaben, Protokolle, und Zeugnisse, die sich im Verfahren gemäß Abs. 1 ergeben, sind von der Gebührenpflicht gemäß § 14 Tarifpost 6, 7 und 14 befreit. Heiratsurkunden, die unmittelbar im Zuge der Eheschließung ausgestellt werden, sind von der Gebührenpflicht gemäß § 14 Tarifpost 4 befreit.

GebG

(3) Ausländische Schriften, die im Verfahren zur Ermittlung der Ehefähigkeit vorgelegt werden (einschließlich darauf angebrachter Beglaubigungsvermerke) .... 80 Euro

(4) Die gemäß Abs. 3 vergebührten Schriften sind von der Gebührenpflicht gemäß § 14 Tarifpost 4, 13 und 14 befreit.

(5) Die Gebührenschuld entsteht mit der Einbringung des Antrages auf Ermittlung der Ehefähigkeit. Gebührenschuldner sind die Antragsteller zur ungeteilten Hand.

18 Eingetragene Partnerschaft

(1) Ermittlungen der Fähigkeit eine eingetragene Partnerschaft zu begründen .... 50 Euro.

(2) Eingaben, Protokolle, und Zeugnisse, die sich im Verfahren gemäß Abs. 1 ergeben, sind von der Gebührenpflicht gemäß § 14 Tarifpost 6, 7 und 14 befreit. Partnerschaftsurkunden, die unmittelbar im Zuge der Begründung der eingetragenen Partnerschaft ausgestellt werden, sind von der Gebührenpflicht gemäß § 14 Tarifpost 4 befreit.

(3) Ausländische Schriften, die im Verfahren zur Ermittlung der Fähigkeit, eine eingetragene Partnerschaft begründen zu können, vorgelegt werden (einschließlich darauf angebrachter Beglaubigungsvermerke) .... 80 Euro

(4) Die gemäß Abs. 3 vergebührten Schriften sind von der Gebührenpflicht gemäß § 14 Tarifpost 4, 13 und 14 befreit.

(5) Die Gebührenschuld entsteht mit der Einbringung des Antrages auf Ermittlung der Fähigkeit, eine eingetragene Partnerschaft begründen zu können. Gebührenschuldner sind die Antragsteller zur ungeteilten Hand.

19 Grenzüberschreitende Abfallverbringung

(1) Erledigungsgebühr

1. Genehmigung einer Ein- und/oder Ausfuhr gemäß § 69 Abs. 1 des Abfallwirtschaftsgesetzes 2002 (AWG 2002), BGBl. I Nr. 102/2002, mit Bescheid .... 400 Euro
2. Genehmigung einer Durchfuhr gemäß § 69 Abs. 1 AWG 2002, mit Bescheid .... 100 Euro
3. Vorabzustimmung gemäß § 71a AWG 2002, mit Bescheid .... 850 Euro
4. Änderung einer Genehmigung gemäß § 69 Abs. 1 oder § 71a AWG 2002, mit Bescheid .... 100 Euro

(2) Die Gebührenschuld für Erledigungen gemäß Abs. 1 entsteht mit deren Hinausgabe.

(3) Gebührenschuldner ist derjenige, für den oder in dessen Interesse die Erledigung ausgestellt wird.

(4) Die Ansuchen umw Ausstellung der in Abs. 1 angeführten Schriften sind von der Gebührenpflicht des § 14 Tarifpost 6 befreit.

(5) Die Ausstellung der in Abs. 1 angeführten Schriften und die Vornahme der darin angeführten Amtshandlungen sind von den Verwaltungsabgaben des Bundes befreit.

(BGBl I 2022/108)

20 Zivilluftfahrtwesen

(1) Erledigungsgebühr

1. Bewilligung einer Außenlandung und eines Außenabfluges gemäß § 9 Abs. 2 des Luftfahrtgesetzes (LFG), BGBl. Nr. 253/1957, je Bewilligung für einen Ort und einen Zeitraum .... 23 Euro
   jedoch nicht mehr als 115 Euro
2. Bewilligung des Abwerfens von Sachen gemäß § 133 Abs. 2 LFG, je Bewilligung für einen Ort und einen Zeitraum .... 43,90 Euro
   jedoch nicht mehr als 131,70 Euro

(2) Die Gebührenschuld für Erledigungen gemäß Abs. 1 entsteht mit deren Hinausgabe.

(3) Gebührenschuldner ist derjenige, für den oder in dessen Interesse die Erledigung ausgestellt wird.

(4) Die Ansuchen um Ausstellung der in Abs. 1 angeführten Schriften sind von der Gebührenpflicht des § 14 Tarifpost 6 befreit.

(5) Die Ausstellung der in Abs. 1 angeführten Schriften und die Vornahme der darin angeführten Amtshandlungen sind von den Verwaltungsabgaben des Bundes befreit.

(6) Erfolgt die Bewilligung gemäß Abs. 1 Z 1 und Z 2 durch eine Behörde eines Landes, steht dieser Gebietskörperschaft je Bewilligung ein Pauschalbetrag zu. Dieser beträgt in den Fällen

1. des Abs. 1 Z 1 .... 6,50 Euro
   jedoch nicht mehr als 32,50 Euro
2. des Abs. 1 Z 2 .... 21,80 Euro
   jedoch nicht mehr als 65,40 Euro

(BGBl I 2022/108)

21 Ausweise für Personenbeförderungsgewerbe mit Pkw (Taxi)

(1) Ansuchen um Ausstellung eines Ausweises für Personenbeförderungsgewerbe mit Pkw (Taxi) gemäß §§ 4 und 5 der Betriebsordnung für den nichtlinienmäßigen Personenverkehr (BO 1994), BGBl. Nr. 951/1993, in der Fassung der Verordnung BGBl. II Nr. 408/2020 .... 40 Euro

(2) Ausstellung eines Ausweises für Personenbeförderungsgewerbe mit Pkw (Taxi) gemäß §§ 4 und 5 der Betriebsordnung für den nichtlinienmäßigen Personenverkehr (BO 1994), BGBl. Nr. 951/1993, in der Fassung der Verordnung BGBl. II Nr. 408/2020 .... 30 Euro

(3) Wiederausfolgung des Ausweises für Personenbeförderungsgewerbe mit Pkw (Taxi) .... 40 Euro

(4) Die Gebührenschuld für das Ansuchen um Ausstellung eines Ausweises für Personenbeförderungsgewerbe mit Pkw (Taxi) entsteht mit der Einbringung des Antrages. Die Gebührenschuld für die Ausstellung des Ausweises für Personen-

beförderungsgewerbe mit Pkw (Taxi) entsteht mit dessen Hinausgabe.

(5) Gebührenschuldner ist im Falle des Abs. 1 der Antragsteller und im Falle des Abs. 2 derjenige, für den oder in dessen Interesse der Ausweis ausgestellt wird.

(6) Ist eine positive Erledigung des Ansuchens um Ausstellung eines Ausweises für Personenbeförderungsgewerbe mit Pkw (Taxi) aufgrund der Aktenlage im Zeitpunkt der Antragstellung wahrscheinlich, hat die Behörde vom Gebührenschuldner bei Überreichung des Ansuchens eine Vorauszahlung der Gebühr gemäß Abs. 2 zu verlangen. Die Vorauszahlung ist auf Antrag zu erstatten, wenn keine Gebührenschuld entsteht. § 241 Abs. 2 und 3 BAO gelten sinngemäß. Die Behörde darf den Ausweis für Personenbeförderungsgewerbe mit Pkw (Taxi) nur nach erfolgter Entrichtung der Gebühr aushändigen.

(7) Die Ansuchen um Ausstellung und Wiederausfolgung eines Ausweises für Personenbeförderungsgewerbe mit Pkw (Taxi) sind von der Gebührenpflicht des § 14 Tarifpost 6 befreit. Der Ausweis für Personenbeförderungsgewerbe mit Pkw (Taxi) ist von der Gebührenpflicht des § 14 Tarifpost 14 befreit.

(8) Die Ausstellung eines Ausweises für Personenbeförderungsgewerbe mit Pkw (Taxi) und die in diesem Verfahren vorgenommenen Amtshandlungen sowie die Wiederausfolgung des Ausweises für Personenbeförderungsgewerbe mit Pkw (Taxi) sind von den Verwaltungsabgaben des Bundes befreit.

(9) Erfolgt die Ausstellung eines Ausweises für Personenbeförderungsgewerbe mit Pkw (Taxi) durch eine Behörde eines Landes, steht dieser Gebietskörperschaft je Ausweis ein Pauschalbetrag von 30 Euro zu.

(BGBl I 2022/108)

22 Fahrerqualifizierungsnachweise

(1) Ansuchen um Ausstellung eines Fahrerqualifizierungsnachweises gemäß § 14 Abs. 3 der Grundqualifikations- und Weiterbildungsverordnung – Berufskraftfahrer (GWB), BGBl. II Nr. 139/2008, in der Fassung der Verordnung BGBl. II Nr. 531/2021 .... 50 Euro

(2) Die Gebührenschuld entsteht mit der Einbringung des Antrages.

(3) Gebührenschuldner ist der Antragsteller.

(4) Der Antrag auf Ausstellung eines Fahrerqualifizierungsnachweises ist von der Gebührenpflicht des § 14 Tarifpost 6 befreit. Der Fahrerqualifizierungsnachweis ist von der Gebührenpflicht des § 14 Tarifpost 14 befreit.

(5) Die Ausstellung eines Fahrerqualifizierungsnachweises und die in diesem Verfahren vorgenommenen Amtshandlungen sind von den Verwaltungsabgaben des Bundes befreit.

(6) Die Behörde darf den Fahrerqualifizierungsnachweis nur nach erfolgter Entrichtung der Gebühr aushändigen.

(7) Erfolgt die Ausstellung eines Fahrerqualifizierungsnachweises durch eine Behörde eines Landes, steht dieser Gebietskörperschaft je Nachweis ein Pauschalbetrag von 20 Euro zu.

(BGBl I 2022/108)

§ 14a. Der Bundesminister für Finanzen wird ermächtigt, zur Abgeltung der Inflation die festen Gebührensätze des § 11 Abs. 3 und § 14 einmal jährlich im Verordnungsweg zu erhöhen. Der Vergleichsstichtag für die erste Inflationsanpassung ist der 31. Dezember 2005. Die Verordnung ist bis spätestens 30. Juni eines jeden Kalenderjahres im Bundesgesetzblatt kundzumachen und gilt für die jeweiligen Gebühren ab 1. Juli des Jahres der Kundmachung.

(BGBl I 2015/163)

III. Abschnitt
Gebühren für Rechtsgeschäfte

§ 15. (1) Rechtsgeschäfte sind nur dann gebührenpflichtig, wenn über sie eine Urkunde errichtet wird, es sei denn, daß in diesem Bundesgesetz etwas Abweichendes bestimmt ist.

(2) Als Urkunden gelten auch bei schriftlicher Annahme eines Vertragsanbotes das Annahmeschreiben. Wird die mündliche Annahme eines Vertragsanbotes beurkundet, so gilt diese Schrift als Annahmeschreiben.

(3) Rechtsgeschäfte, die unter das Erbschafts- und Schenkungssteuergesetz, Grunderwerbsteuergesetz, Kapitalverkehrsteuergesetz (I. Teil Gesellschaftsteuer und II. Teil Wertpapiersteuer) oder Versicherungssteuergesetz fallen, sind von der Gebührenpflicht ausgenommen; dies gilt auch für Rechtsgeschäfte, sofern und insoweit diese unter das Stiftungseingangssteuergesetz fallen.

§ 16. (1) Die Gebührenschuld entsteht, wenn die Urkunde über das Rechtsgeschäft im Inland errichtet wird,

1. bei zweiseitig verbindlichen Rechtsgeschäften,
   a) wenn die Urkunde von den Vertragsteilen unterzeichnet wird, im Zeitpunkte der Unterzeichnung;
   b) wenn die Urkunde von einem Vertragsteil unterzeichnet wird, im Zeitpunkte der Aushändigung (Übersendung) der Urkunde an den anderen Vertragsteil oder an dessen Vertreter oder an einen Dritten;
2. bei einseitig verbindlichen Rechtsgeschäften,
   a) wenn die Urkunde nur von dem unterzeichnet wird, der sich verbindet, im Zeitpunkte der Aushändigung (Übersendung) der Urkunde an den Berechtigten oder dessen Vertreter;
   b) wenn die Urkunde auch von dem Berechtigten unterzeichnet wird, im Zeitpunkte der Unterzeichnung.

(2) Wird über ein Rechtsgeschäft eine Urkunde im Ausland errichtet, so entsteht die Gebührenschuld,

1. wenn die Parteien des Rechtsgeschäftes im Inland einen Wohnsitz (gewöhnlichen Aufenthalt), ihre Geschäftsleitung oder ihren Sitz haben oder eine inländische Betriebsstätte unterhalten und
   a) das Rechtsgeschäft eine im Inland befindliche Sache betrifft oder
   b) eine Partei im Inland zu einer Leistung auf Grund des Rechtsgeschäftes berechtigt oder verpflichtet ist, in dem für im Inland errichtete Urkunden maßgeblichen Zeitpunkt; wenn jedoch die in lit. a oder lit. b bezeichneten Erfordernisse erst im Zeitpunkt der Errichtung eines Zusatzes oder Nachtrages erfüllt sind, in diesem Zeitpunkt, im übrigen
2. wenn die Urkunde (beglaubigte Abschrift) in das Inland gebracht wird und entweder
   a) das Rechtsgeschäft ein in Z 1 lit. a oder lit. b bezeichnetes Erfordernis erfüllt, im Zeitpunkt der Einbringung der Urkunde in das Inland, oder
   b) auf Grund des Rechtsgeschäftes im Inland eine rechtserhebliche Handlung vorgenommen oder von der Urkunde (Abschrift) ein amtlicher Gebrauch gemacht wird, mit der Vornahme dieser Handlungen.

(3) Die Gebührenschuld entsteht bei einem Wechsel in dem Zeitpunkt, in welchem der Wechsel im Inland entweder dem Wechselnehmer oder einem Indossatar übergeben oder mit einem Indossament oder mit einem Akzept versehen wird oder zum amtlichen Gebrauch gelangt. Handelt es sich hiebei um einen unvollständigen Wechsel, so entsteht die Gebührenschuld im Zeitpunkt der Vervollständigung.

(4) Gilt ein Annahmeschreiben oder ein Anbotschreiben als Urkunde über den Vertrag, so entsteht die Gebührenschuld mit dem Zustandekommen des Vertrages, im Falle des § 15 Abs. 2 letzter Satz mit Errichtung der Schrift. Befindet sich die Urkunde zu diesem Zeitpunkt im Ausland, so ist Abs. 2 sinngemäß anzuwenden.

(5) Die Gebührenschuld entsteht bei Wetten im Sinne des § 33 TP 17 Abs. 1 Z 1 mit der Bezahlung des Wetteinsatzes.

(6) Bedarf ein Rechtsgeschäft der Genehmigung oder Bestätigung einer Behörde oder eines Dritten, so entsteht die Gebührenschuld für das beurkundete Rechtsgeschäft erst im Zeitpunkte der Genehmigung oder Bestätigung.

§ 17. (1) Für die Festsetzung der Gebühren ist der Inhalt der über das Rechtsgeschäft errichteten Schrift (Urkunde) maßgebend. Zum Urkundeninhalt zählt auch der Inhalt von Schriften, der durch Bezugnahme zum rechtsgeschäftlichen Inhalt gemacht wird.

(2) Wenn aus der Urkunde die Art oder Beschaffenheit eines Rechtsgeschäftes oder andere für die Festsetzung der Gebühren bedeutsame Umstände nicht deutlich zu entnehmen sind, so wird bis zum Gegenbeweise der Tatbestand vermutet, der die Gebührenschuld begründet oder die höhere Gebühr zur Folge hat.

(3) Der Umstand, daß die Urkunde nicht in der zu ihrer Beweiskraft erforderlichen Förmlichkeit errichtet wurde, ist für die Gebührenpflicht ohne Belang.

(4) Auf die Entstehung der Gebührenschuld ist es ohne Einfluß, ob die Wirksamkeit eines Rechtsgeschäftes von einer Bedingung oder von der Genehmigung eines der Beteiligten abhängt.

(5) Die Vernichtung der Urkunde, die Aufhebung des Rechtsgeschäftes oder das Unterbleiben seiner Ausführung heben die entstandene Gebührenschuld nicht auf.

§ 18. (1) Der handschriftlichen Unterzeichnung durch den Aussteller steht die Unterschrift gleich, die von ihm oder in seinem Auftrag, oder mit seinem Einverständnis mechanisch oder in jeder anderen technisch möglichen Weise hergestellt oder mit Namenszeichnung vollzogen wird.

(2) Der Unterzeichnung steht auch eine Verhandlungsniederschrift gleich

1. über einen Vertrag, wenn die Niederschrift nur von einem Vertragsteil unterzeichnet wird,
2. über eine einseitige Erklärung, wenn die Niederschrift nur vom Erklärungsempfänger unterzeichnet wird.

(3) Gedenkprotokolle, das sind Niederschriften, in denen von einer oder mehreren Personen durch Beisetzung ihrer Unterschrift bekundet wird, daß andere Personen in ihrer Gegenwart ein Rechtsgeschäft geschlossen oder ihnen über den erfolgten Abschluß eines Rechtsgeschäftes Mitteilung gemacht haben, unterliegen der Gebühr für das Rechtsgeschäft, auf das sich das Gedenkprotokoll bezieht.

(4) Erklärungen (Eingaben, Protokolle), womit vor Gericht oder anderen Behörden ein Rechtsgeschäft beurkundet wird, sind, sofern über das Rechtsgeschäft noch keine andere Urkunde in einer für das Entstehen der Gebührenschuld maßgeblichen Weise errichtet worden ist, als Rechtsurkunden anzusehen und unterliegen der für das Rechtsgeschäft vorgesehenen Gebühr.

(5) Punktationen im Sinne des § 885 ABGB. sind nach ihrem Inhalte wie Urkunden über Rechtsgeschäfte gebührenpflichtig; dasselbe gilt von Entwürfen oder Aufsätzen von zweiseitig verbindlichen Rechtsgeschäften, wenn sie von beiden vertragschließenden Teilen unterzeichnet sind oder wenn sie bloß von einem Teil unterzeichnet sind und sich in den Händen des anderen Teiles befinden.

§ 19. (1) Hat eine der Gebühr nach der Größe des Geldwertes unterliegende Schrift (Urkunde) mehrere einzelne Leistungen zum Inhalt oder werden in einem und demselben Rechtsgeschäfte verschiedene Leistungen oder eine Hauptleistung und Nebenleistungen bedungen, so ist die Gebühr in dem Betrage zu entrichten, der sich aus der Summe der Gebühren für alle einzelnen Leistungen ergibt. Als Nebenleistungen sind jene zusätzlichen Leistungen anzusehen, zu deren Gewährung ohne ausdrückliche Vereinbarung nach den allgemeinen Rechtsvorschriften keine Verpflichtung besteht.

(2) Werden in einer Urkunde mehrere Rechtsgeschäfte derselben oder verschiedener Art, die nicht zusammenhängende Bestandteile des Hauptgeschäftes sind, abgeschlossen, so ist die Gebühr für jedes einzelne Rechtsgeschäft zu entrichten. Die in der Urkunde über das Hauptgeschäft zwischen denselben Vertragsteilen zur Sicherung oder Erfüllung des Hauptgeschäftes abgeschlossenen Nebengeschäfte sind gebührenbefreit, wenn das Hauptgeschäft nach diesem Gesetz oder einem Verkehrsteuergesetz einer Gebühr oder Verkehrsteuer unterliegt; für Sicherungs- und Erfüllungsgeschäfte zu Darlehens-, Kredit-, Haftungs- und Garantiekreditverträgen sowie zu den im Rahmen des Factoringgeschäftes (§ 1 Abs. 1 Z 16 BWG) getroffenen Vereinbarungen über die Gewährung eines Rahmens für die Inanspruchnahme von Anzahlungen gilt § 20 Z 5.

(3) (aufgehoben)

§ 20. Der Gebührenpflicht unterliegen nicht

1. die am Schluß einer Urkunde über ein durch einen Bevollmächtigten eingegangenes Geschäft beigesetzte Genehmigung (Ratifikation) des Machtgebers;
2. die den Vollmachten beigefügten Erklärungen betreffend Stellvertretung und deren Annahme;
3. die Bestätigung des Handzeichens eines Schreibunfähigen durch den Namensfertiger und durch den (die) Zeugen;
4. die von dem abgetretenen Schuldner an Kreditunternehmen abgegebene Bestätigung, daß ihm die Abtretung der Forderung und der neue Gläubiger mitgeteilt wurden, sowie die Anerkennung der Richtigkeit (Liquidität) von seiten des Schuldners gegenüber einem Kreditinstitut;
5. Sicherungs- und Erfüllungsgeschäfte – ausgenommen Wechsel – zu Darlehens-, Kredit-, Haftungs- und Garantiekreditverträgen sowie zu den im Rahmen des Factoringgeschäftes (§ 1 Abs. 1 Z 16 BWG) getroffenen Vereinbarungen über die Gewährung eines Rahmens für die Inanspruchnahme von Anzahlungen;
6. Rechtsgeschäfte, über die eine Urkunde im Ausland errichtet wurde, solange keine andere Voraussetzung für das Entstehen der Gebührenschuld gegeben ist als die Verwendung der Urkunde (beglaubigten Abschrift) bei einem Gericht (Schiedsgericht), das nur auf Grund einer Vereinbarung eines inländischen Gerichtsstandes zuständig ist;
7. durch die Währungsumstellung auf den Euro veranlaßte neuerliche Beurkundungen eines Rechtsgeschäftes, über das schon eine die Gebührenpflicht begründende Urkunde errichtet worden ist, Zusätze und Nachträge sowie schriftliche Mitteilungen zu einer bereits ausgefertigten Urkunde, sofern die in Geld vereinbarten Leistungen durch auf Euro lautende Beträge nach dem vom Rat der Europäischen Union gemäß Artikel 109 l Abs. 4 erster Satz des EG-Vertrages unwiderruflich festgelegten Umrechnungskurs ersetzt werden oder der umgerechnete Betrag auf den nächsten vollen Eurobetrag gerundet wird. Sonstige Änderungen des Rechtsgeschäftes unterliegen nach Maßgabe des § 21 der Gebühr.

§ 21. Werden durch einen Zusatz oder Nachtrag zu einer bereits ausgefertigten Urkunde die darin beurkundeten Rechte oder Verbindlichkeiten ihrer Art oder ihrem Umfang nach geändert oder wird die vereinbarte Geltungsdauer des Rechtsgeschäftes verlängert, so ist dieser Zusatz oder Nachtrag im Umfang der vereinbarten Änderung oder Verlängerung als selbständiges Rechtsgeschäft gebührenpflichtig.

GebG

§ 22. Ist zwischen zwei oder mehreren Rechten oder Verbindlichkeiten eine Wahl bedungen, so ist die Gebühr nach dem größeren Geldwerte der zur Wahl gestellten Leistungen zu entrichten.

§ 23. Sind in einer Urkunde über ein Rechtsgeschäft schätzbare und unschätzbare Leistungen bedungen, so bleiben für die Gebührenermittlung die unschätzbaren Leistungen außer Anschlag.

§ 24. Im Fall eines Neuerungsvertrages (Novation) kommt die Gebühr für das Rechtsgeschäft in Anwendung, in welches das frühere Rechtsgeschäft umgeändert wurde.

§ 25. (aufgehoben)

§ 26. Für die Bewertung der gebührenpflichtigen Gegenstände gelten, insoweit nicht in den Tarifbestimmungen abweichende Bestimmungen getroffen sind, die Vorschriften des Bewertungsgesetzes 1955, BGBl. Nr. 148, mit der Maßgabe, daß bedingte Leistungen und Lasten als unbedingte, betagte Leistungen und Lasten als sofort fällige zu behandeln sind und daß bei wiederkehrenden Leistungen die Anwendung der Bestimmungen des § 15 Abs. 1 über den Abzug der Zwischenzinsen unter Berücksichtigung von Zinseszinsen und des § 16 Abs. 3 des vorerwähnten Gesetzes ausgeschlossen ist. (BGBl. Nr. 7/1951, Art. I Z 7; BGBl. Nr. 116/1957, Z 2; BGBl. Nr. 148/1955, § 86 Abs. 2 und 3.)

§ 27. (aufgehoben)

§ 28. (1) Zur Entrichtung der Gebühren sind verpflichtet:

1. Bei zweiseitig verbindlichen Rechtsgeschäften,
   a) wenn die Urkunde von beiden Vertragsteilen unterfertigt ist, die Unterzeichner der Urkunde;
   b) wenn die Urkunde nur von einem Vertragsteil unterfertigt ist und dem anderen Vertragsteil oder einem Dritten ausge-

händigt wird, beide Vertragsteile und der Dritte;

2. bei einseitig verbindlichen Rechtsgeschäften derjenige, in dessen Interesse die Urkunde ausgestellt ist;

3. bei Gedenkprotokollen jene Personen, von denen in dem Protokolle bekundet wird, daß sie das Rechtsgeschäft abgeschlossen oder von dem Abschlusse des Rechtsgeschäftes Mitteilung gemacht haben.

(2) Zur Entrichtung der Gebühr bei Wechseln sind der Aussteller, der Akzeptant und jeder Inhaber eines Wechsels zur ungeteilten Hand verpflichtet.

(3) Zur Entrichtung der Gebühr bei Wetten im Sinne des § 33 TP 17 Abs. 1 Z 1 sind die Personen, die gewerbsmäßig Wetten abschließen oder vermitteln, zur ungeteilten Hand verpflichtet. Die Gebühr ist von diesen Personen unmittelbar zu entrichten. Als Vermittlung im Sinne dieser Bestimmung gilt jedenfalls die Annahme und die Weiterleitung von Wetteinsätzen sowie die Mitwirkung am Zustandekommen der Wette auf andere Art und Weise.

(4) Personen, die gewerbsmäßig Wetten abschließen oder vermitteln, haben besondere Aufzeichnungen zu führen, aus denen die für die Berechnung der Gebühr erforderlichen Grundlagen zu entnehmen sind.

(5) Bei Geschäften, die von zwei Teilen geschlossen werden, von denen der eine Teil von der Gebührenentrichtung befreit ist, dem anderen Teil aber diese Befreiung nicht zukommt, sind die Gebühren von dem nicht befreiten Teile zur Gänze zu entrichten.

(6) Trifft die Verpflichtung zur Gebührenentrichtung zwei oder mehrere Personen, so sind sie zur ungeteilten Hand verpflichtet.

§ 29. Hat jemand im Namen eines anderen, ohne von diesem ausdrücklich oder stillschweigend bevollmächtigt zu sein,

1. eine Urkunde über ein Rechtsgeschäft im Inland ausgestellt oder angenommen oder

2. von einer im Ausland ausgestellten Urkunde über ein Rechtsgeschäft einen die Gebührenpflicht begründenden Gebrauch gemacht,

so ist derjenige, für den diese Handlungen vorgenommen worden sind, zur Entrichtung der durch sie begründeten Gebühr verpflichtet, wenn er

a) die ohne seinen Auftrag stattgefundene Geschäftsführung ausdrücklich oder stillschweigend genehmigt oder

b) durch sie einen Vorteil erlangt hat.

Ist hingegen keine dieser Bedingungen (lit. a und b) gegeben, so ist der Geschäftsführer zur Entrichtung der Gebühr verpflichtet.

§ 30. Für die Gebühr haften neben den Gebührenschuldnern die übrigen am Rechtsgeschäft beteiligten Personen sowie bei nicht ordnungsgemäßer Gebührenanzeige alle sonst gemäß § 31 Abs. 2 zur Gebührenanzeige verpflichteten Personen.

§ 31. (1) Rechtsgeschäfte, für die eine Hundertsatzgebühr mit Bescheid festzusetzen ist, sind, soweit in diesem Bundesgesetz nichts anderes bestimmt ist, bis zum 15. Tag des auf den Kalendermonat, in dem die Gebührenschuld entstanden ist, zweitfolgenden Monats mit einer beglaubigten Abschrift oder mit einer Gleichschrift der die Gebührenpflicht begründenden Urkunde, bei nicht in der Amtssprache abgefaßten Urkunden mit einer beglaubigten Übersetzung, beim Finanzamt Österreich anzuzeigen. Ist diese Urkunde ein Annahmeschreiben, so ist ein bezügliches Anbotschreiben anzuschließen. Das Finanzamt Österreich hat auf der die Gebührenpflicht begründenden Urkunde die erfolgte Anzeige zu bestätigen.

(BGBl I 2019/104, BGBl I 2020/99)

(2) Zur Gebührenanzeige sind die am Rechtsgeschäft beteiligten Personen verpflichtet sowie der Urkundenverfasser und jeder, der eine Urkunde als Bevollmächtigter oder ein Gedenkprotokoll als Zeuge unterzeichnet oder eine im Ausland errichtete Urkunde (deren beglaubigte Abschrift) im Zeitpunkt des Entstehens der Gebührenschuld in Händen hat. Sind zur Gebührenanzeige mehrere Personen verpflichtet und hat eine dieser Personen die Verpflichtung zur Selbstberechnung (§ 33 Tarifpost 5 Abs. 5) oder die Bewilligung zur Selbstberechnung (§ 3 Abs. 4) oder wird von der Befugnis zur Selbstberechnung (§ 3 Abs. 4a) Gebrauch gemacht, so entfällt für die übrigen die Anzeigepflicht.

(3) (aufgehoben)

§ 32. Sind die Gebühren bescheidmäßig festzusetzen, so kann das Finanzamt Österreich nach der bei ihm erfolgten Gebührenanzeige auf Grund eines Antrages und nach Rechtsmittelverzicht des Gebührenschuldners den Bescheid mündlich erlassen; die Gebühr wird mit der Bekanntgabe des Bescheides fällig.

(BGBl I 2019/104, BGBl I 2020/99)

§ 33. Tarif der Gebühren für Rechtsgeschäfte.

Tarifpost

1 Annahmeverträge

(1) Annahmeverträge, das sind Verträge über die Annahme an Kindes statt, wenn der Wert des Vermögens des Annehmenden 22 000 Euro übersteigt, vom Wert des Vermögens 1 vH.

(2) Gebührenfrei sind Annahmeverträge über die Annahme von Minderjährigen, von Stiefkindern und von eigenen unehelichen Kindern an Kindes statt.

(3) Die Gebühr ermäßigt sich auf je 1/3 vH des Wertes des Vermögens bei Annahme einer zweiten und jeder weiteren Person an Kindes statt.

2 (aufgehoben)

3 (aufgehoben)

4 Anweisungen

(1) Anweisungen, wodurch von dem Anweisenden einem Dritten eine Leistung an eine andere Person aufgetragen wird, vom Werte der Leistung 2 v.H.

(2) Der Gebühr unterliegen nicht
1. amtliche Anweisungen;
2. Anweisungen von Unternehmern oder auf Unternehmer, unbeschadet der Bestimmungen der TP 22.

5 Bestandverträge

(1) Bestandverträge (§§ 1090 ff. ABGB) und sonstige Verträge, wodurch jemand den Gebrauch einer unverbrauchbaren Sache auf eine gewisse Zeit und gegen einen bestimmten Preis erhält, nach dem Wert
1. im allgemeinen....................................1 v.H.;
2. beim Jagdpachtvertrag..........................2 v.H.

(2) Einmalige oder wiederkehrende Leistungen, die für die Überlassung des Gebrauches vereinbart werden, zählen auch dann zum Wert, wenn sie unter vertraglich bestimmten Voraussetzungen auf andere Leistungen angerechnet werden können.

(3) Bei unbestimmter Vertragsdauer sind die wiederkehrenden Leistungen mit dem Dreifachen des Jahreswertes zu bewerten, bei bestimmter Vertragsdauer mit dem dieser Vertragsdauer entsprechend vervielfachten Jahreswert, höchstens jedoch dem Achtzehnfachen des Jahreswertes. Ist die Vertragsdauer bestimmt, aber der Vorbehalt des Rechtes einer früheren Aufkündigung gemacht, so bleibt dieser Vorbehalt für die Gebührenermittlung außer Betracht.

(BGBl I 2017/147)

(4) Gebührenfrei sind
1. Verträge über die Miete von Wohnräumen;
(BGBl I 2017/147)
2. Urheberrechtliche und leistungsschutzrechtliche Nutzungsverträge sowie Patent-, Marken- und Musterlizenzverträge;
3. Bestandverträge, bei denen der für die Gebührenbemessung maßgebliche Wert 150 Euro nicht übersteigt;
4. Aufforderungsschreiben, mit denen die Entrichtung eines Erhaltungsbeitrages gemäß § 45 MRG begehrt wird.

(5)
1. Die Hundertsatzgebühr ist vom Bestandgeber, der im Inland einen Wohnsitz, den gewöhnlichen Aufenthalt, seine Geschäftsleitung oder seinen Sitz hat oder eine inländische Betriebsstätte unterhält, selbst zu berechnen und bis zum 15. Tag (Fälligkeitstag) des dem Entstehen der Gebührenschuld zweitfolgenden Monats an das Finanzamt Österreich zu entrichten.
(BGBl I 2019/104, BGBl I 2020/99)
2. Der Bundesminister für Finanzen kann mit Verordnung Ausnahmen von der Verpflichtung zur Selbstberechnung der Gebühr nach Z 1 für atypische oder gemischte Rechtsgeschäfte, für Rechtsgeschäfte, bei denen Leistungen von einem erst in Zukunft ermittelbaren Betrag abhängen, sowie für Bestandgeber, denen eine persönliche Befreiung von den Gebühren zukommt, bestimmen. Für Fälle, in denen die vom Bestandnehmer zu erbringenden Nebenleistungen in der über das Rechtsgeschäft errichteten Urkunde der Höhe nach nicht festgehalten sind, können weiters mit Verordnung des Bundesministers für Finanzen für Gruppen von Bestandobjekten Durchschnittssätze aufgestellt werden; diese sind auf Grund von Erfahrungen über die Höhe der bei der jeweiligen Gruppe von Bestandobjekten üblicherweise anfallenden Kosten festzusetzen.
3. Der Bestandgeber hat dem Finanzamt Österreich über die in einem Kalendermonat abgeschlossenen Bestandverträge eine Anmeldung unter Verwendung eines amtlichen Vordruckes bis zum Fälligkeitstag zu übermitteln, welche die für die Gebührenberechnung erforderlichen Angaben zu enthalten hat; dies gilt als Gebührenanzeige gemäß § 31. Auf den Urkunden ist ein Vermerk über die erfolgte Selbstberechnung anzubringen, der den berechneten Gebührenbetrag, das Datum des Tages der Selbstberechnung und die Unterschrift des Bestandgebers enthält. Eine Anmeldung kann unterbleiben, wenn die Gebührenschuld mit Verrechnungsweisung (§ 214 Abs. 4 BAO) im Wege von FinanzOnline bis zum Fälligkeitstag entrichtet wird.
(BGBl I 2019/104, BGBl I 2020/99)
4. Rechtsanwälte, Notare, Wirtschaftstreuhänder sowie Immobilienmakler und Immobilienverwalter im Sinne der Bestimmungen der Gewerbeordnung 1994, BGBl. Nr. 194, in der jeweils geltenden Fassung, (Parteienvertreter) und gemeinnützige Bauvereinigungen im Sinne der Bestimmungen des Wohnungsgemeinnützigkeitsgesetzes 1979, BGBl. Nr. 139, in der jeweils geltenden Fassung, sind befugt, innerhalb der in der Z 1 angeführten Frist die Gebühr für Rechtsgeschäfte gemäß § 33 Tarifpost 5 als Bevollmächtigte des Bestandgebers selbst zu berechnen und bis zum 15. Tag (Fälligkeitstag) des auf den Kalendermonat, in dem die Selbstberechnung erfolgt, zweitfolgenden Monats an das Finanzamt Österreich zu entrichten. Im Übrigen ist § 3 Abs. 4a, 4b und 4c sinngemäß anzuwenden.
(BGBl I 2019/104, BGBl I 2020/99)
5. Für Bestandgeber, zu deren Geschäftstätigkeit laufend der Abschluss von Rechtsgeschäften im Sinne dieser Tarifpost gehört, sind die Bestimmungen des § 3 Abs. 4a über die Führung von Aufschreibungen und die Entrichtung der Hundertsatzgebühr sowie die Bestimmungen des Abs. 4b sinngemäß anzuwenden.
6. Das Finanzamt Österreich hat Bestandnehmern, zu deren Geschäftstätigkeit laufend der Abschluss von Rechtsgeschäften im Sinne dieser Tarifpost gehört und die Gewähr für die ordnungsgemäße Einhaltung der Gebührenvorschriften bieten, auf Antrag zu bewilligen, dass die auf die Bestandverträge entfallenden

Hundertsatzgebühren selbst berechnet und bis zum 15. Tag (Fälligkeitstag) des dem Entstehen der Gebührenschuld zweitfolgenden Monats an das Finanzamt Österreich entrichtet werden. Bestandnehmer, die von der Befugnis zur Selbstberechnung Gebrauch machen wollen, haben beim Finanzamt Österreich die Zuteilung einer Steuernummer zu beantragen. Es sind die Bestimmungen des § 3 Abs. 4a über die Führung von Aufschreibungen sowie die Bestimmungen des § 3 Abs. 4b und 4c sinngemäß anzuwenden. Macht der Bestandnehmer von seiner Befugnis zur Selbstberechnung Gebrauch, erlischt die Verpflichtung zur Selbstberechnung des Bestandgebers gemäß Z 1.

(BGBl I 2022/108)

6 (aufgehoben)

7 Bürgschaftserklärungen

(1) Bürgschaftserklärungen; der Bürgschaftserklärung steht die Erklärung gleich, durch die jemand einer Verbindlichkeit als Mitschuldner beitritt (§ 1347 ABGB), nach dem Werte der verbürgten Verbindlichkeit .... 1 vH.

(2) Der Gebühr unterliegen nicht

1. Bürgschaftserklärungen, die im Strafverfahren und überhaupt zur Sicherung allgemeiner Interessen außer dem öffentlichen Dienst oder einem Vertragsverhältnisse gegeben werden müssen.
2. Bürgschaftserklärungen von Kreditinstituten an Körperschaften des öffentlichen Rechtes sowie an Eisenbahnunternehmungen, die dem öffentlichen Verkehre dienen.
3. Bürgschaftserklärungen zu gemäß § 33 Tarifpost 5 Abs. 4 Z 1 befreiten Mietverträgen.

(BGBl I 2018/62)

8 (aufgehoben)

9 Dienstbarkeiten

Dienstbarkeiten, wenn jemandem der Titel zur Erwerbung einer Dienstbarkeit entgeltlich eingeräumt oder die entgeltliche Erwerbung von dem Verpflichteten bestätigt wird, von dem Werte des bedungenen Entgeltes..................................2 v.H.

10 (aufgehoben)

11 Ehepakte

(1) Ehepakte, das sind Verträge, die in Absicht auf die eheliche Verbindung geschlossen werden und diesen gleichzuhaltende Verträge eingetragener Partner, nach dem Wert..........................1 v.H.

(2) Als Wert ist das der Gütergemeinschaft bei Lebzeiten (§ 1233 ABGB.) unterzogene Vermögen anzunehmen. Wird durch einen solchen Vertrag das Eigentum (Miteigentum) einer unbeweglichen Sache übertragen, so finden die Bestimmungen des Grunderwerbsteuergesetzes Anwendung.

12–16 (aufgehoben)

17 Glücksverträge

(1) Glücksverträge, wodurch die Hoffnung eines noch ungewissen Vorteiles versprochen und angenommen wird:

1. Im Inland abgeschlossene Wetten, die nicht dem GSpG unterliegen, wenn zumindest eine der am Rechtsgeschäft mitwirkenden Personen Unternehmer im Sinne des § 2 Abs. 2 GSpG ist, vom Wetteinsatz und, wenn die Wetteinsätze verschieden sind, vom höheren Wetteinsatz.. 2 vH;
2. Hoffnungskäufe beweglicher Sachen, vom Kaufpreise.. 2 vH;
3. Leibrentenverträge, die nicht von Versicherungsanstalten abgeschlossen werden, wenn gegen die Leibrente bewegliche Sachen überlassen werden, vom Werte der Leibrente, mindestens aber vom Werte der Sachen .... 2 vH;

(2) Eine Wette gilt auch dann als im Inland abgeschlossen, wenn sie vom Inland in das Ausland vermittelt (§ 28 Abs. 3) wird oder wenn die Teilnahme an dem Rechtsgeschäft Wette vom Inland aus erfolgt.

(3) Die Wettgebühr nach Abs. 1 Z 1 ist, auch wenn eine Urkunde nicht errichtet wird, ohne amtliche Bemessung unmittelbar zu entrichten. Die Gebühr ist am 20. des dem Entstehen der Gebührenschuld folgenden Kalendermonats fällig. Bis zu diesem Zeitpunkt hat der gemäß § 28 Abs. 3 zur Gebührenentrichtung Verpflichtete eine Abrechnung unter Verwendung des amtlichen Vordrucks beim Finanzamt Österreich vorzulegen; dies gilt als Gebührenanzeige. Die Abrechnung ist elektronisch zu übermitteln, sofern dies dem Verpflichteten auf Grund der technischen Voraussetzungen zumutbar ist. Der Bundesminister für Finanzen wird ermächtigt, die elektronische Übermittlung der Abrechnung und das Verfahren mit Verordnung näher zu regeln.

(BGBl I 2019/104, BGBl I 2020/99)

(4) Nicht gebührenpflichtig nach Abs. 1 sind

1. Treffer der von inländischen Gebietskörperschaften begebenen Anleihen, die mit einer Verlosung verbunden sind,
2. Differenzgeschäfte.

18 Hypothekarverschreibungen

(1) Hypothekarverschreibungen, wodurch zur Sicherstellung einer Verbindlichkeit eine Hypothek bestellt wird, nach dem Werte der Verbindlichkeit, für welche die Hypothek eingeräumt wird..1 v.H.

(2) Ist die Verbindlichkeit, für welche die Hypothek eingeräumt wird, unbestimmt und kann deren Betrag auch nicht annähernd festgesetzt werden, so hat sich die Gebühr nach dem Werte der Hypothek, soweit dieser nicht durch vorhergehende Hypothekarsicherstellungen erschöpft ist, zu richten.

19 (aufgehoben)

20 Vergleiche (außergerichtliche)

(1) Vergleiche (außergerichtliche),

a) wenn der Vergleich über anhängige Rechtsstreitigkeiten getroffen wird .... 1 vH,
b) sonst .... 2 vH

vom Gesamtwert der von jeder Partei übernommenen Leistungen.

(2) Gebührenfrei sind

1. Vergleiche über Unterhaltsansprüche Minderjähriger;
2. Vergleiche mit Versicherungsunternehmungen über Ansprüche aus Kranken- oder Schadensversicherungsverträgen;
3. Vergleiche, die mit einem Sozialhilfeträger über Ersatzansprüche abgeschlossen werden;
4. Vergleiche mit dem Bundesminister für Finanzen namens des Bundes über Ansprüche aus Haftungen nach dem Ausfuhrförderungsgesetz 1981.
5. Vergleiche über Verbraucherstreitigkeiten, die vor einer AS-Stelle gemäß § 4 des Alternative-Streitbeilegung-Gesetzes, BGBl. Nr. 105/2015 (Anm.: richtig: BGBl. I Nr. 105/2015) geschlossen werden.

(BGBl I 2015/105)

21 Zessionen

(1) Zessionen oder Abtretungen von Schuldforderungen oder anderen Rechten vom Entgelt .... 0,8 v.H.

(2) Der Gebühr unterliegen nicht:

1. Zessionen an Gebietskörperschaften zur Sicherung rückständiger öffentlicher Abgaben;
2. Zessionen von Forderungen zwischen Kreditinstituten, der Oesterreichischen Nationalbank und den Bausparkassen sowie Zessionen von Forderungen gegen Gebietskörperschaften zwischen den genannten Instituten einerseits und Versicherungsunternehmen oder Pensionskassen im Sinne des Pensionskassengesetzes andererseits; den Kreditinstituten stehen ausländische Kreditinstitute und Finanzinstitute gleich, die zur Erbringung von Bankgeschäften im Sinne des § 1 Abs. 1 BWG berechtigt sind.
3. Zessionen von Forderungen zur Erfüllung eines Factoringvertrages;
4. Zessionen der Exporteure von Forderungen aus Ausfuhrgeschäften, soweit dafür der Bundesminister für Finanzen namens des Bundes eine Haftung nach dem Ausfuhrförderungsgesetz 1981 übernommen hat;
5. Zessionen von Forderungen, für die der Bundesminister für Finanzen namens des Bundes eine Haftung nach dem Ausfuhrförderungsgesetz 1981 übernommen hat, an den Bund nach Eintritt eines Haftungsfalles;
6. Abtretungen von Anteilen an einer Gesellschaft mit beschränkter Haftung, Übertragungen von Aktien, Übertragungen von Geschäftsanteilen an einer Erwerbs- und Wirtschaftsgenossenschaft und Übertragungen der mit der Stellung eines Gesellschafters einer Personengesellschaft verbundenen Rechte und Pflichten.
7. Zessionen an Verbriefungsspezialgesellschaften.

22 Wechsel

(1) Im Inland oder Ausland ausgestellte, gezogene und eigene Wechsel, sowohl mit bestimmter Zahlungsfrist als auch auf Sicht oder auf eine bestimmte Zeit nach Sicht unterliegen der Gebühr von 1/8 v. H. der Wechselsumme.

(2) Alle Vervielfältigungen eines Wechsels (Secunda, Tertia usw.) sowie alle girierten Wechselkopien unterliegen derselben Gebühr wie das erste Exemplar. Ebenso unterliegt jede schriftliche Prolongation eines Wechsels der gleichen Gebühr wie der Wechsel.

(3) Die einem Wechsel beigesetzte Hypothekarverschreibung unterliegt der in der Tarifpost 18 festgesetzten Gebühr. Alle sonstigen wechselrechtlichen Zusätze sind gebührenfrei.

(4) Für im Ausland ausgestellte und ausschließlich im Auslande zahlbare Wechsel ermäßigt sich die unter Abs. 1 festgesetzte Gebühr auf die Hälfte. Wird ein solcher Wechsel nachträglich im Inlande zahlbar gemacht oder gelangt er im Inlande zu einem amtlichen Gebrauche, so ist beim Eintritt dieses Umstandes die Gebühr auf das unter Abs. 1 festgesetzte Ausmaß zu ergänzen.

(5) Dem Wechsel stehen Anweisungen auf einen Unternehmer und Verpflichtungsscheine eines Unternehmers gleich, wenn sie an Order lauten und über eine Geldleistung ausgestellt sind.

(6) Die Gebühr ist

a) bei Inlandswechseln vom Aussteller oder Inhaber oder Akzeptanten,
b) bei Auslandswechseln vom ersten inländischen Inhaber oder Akzeptanten

selbst zu berechnen und bis zum 15. Tag (Fälligkeitstag) des dem Entstehen der Gebührenschuld zweitfolgenden Monats an das Finanzamt Österreich zu entrichten. Auf dem Wechsel ist ein Vermerk über die erfolgte Selbstberechnung anzubringen, der den berechneten Gebührenbetrag, das Datum des Tages der Selbstberechnung und die Unterschrift des Gebührenschuldners, der die Selbstberechnung durchgeführt hat, enthält. Der Gebührenschuldner, der die Selbstberechnung durchgeführt hat, hat dem Finanzamt eine Anmeldung über das Rechtsgeschäft unter Verwendung eines amtlichen Vordruckes bis zum Fälligkeitstag zu übermitteln, welche die für die Gebührenberechnung erforderlichen Angaben zu enthalten hat; dies gilt als Gebührenanzeige gemäß § 31.

(BGBl I 2019/104, BGBl I 2020/99)

(7) Gebührenfrei sind

1. Finanzwechsel und deren Prolongationen, die für einen ERP-Kredit beigebracht werden müssen, sofern sie mit einem von der Oesterreichischen Nationalbank oder von einem von der Geschäftsführung des ERP-Fonds ermächtigten Kreditinstitut zu fertigenden

Vermerk über das Vorliegen der Voraussetzungen für die Gebührenfreiheit nach dieser Bestimmung versehen sind;

2. Finanzwechsel und deren Prolongationen, die für einen Kredit, für den eine Refinanzierungszusage der Exportfonds-Gesellschaft mit beschränkter Haftung besteht, beigebracht werden müssen, sofern sie mit einem von der Exportfonds-Gesellschaft mit beschränkter Haftung oder von einem von dieser ermächtigten Kreditinstitut zu fertigenden Vermerk über das Vorliegen der Voraussetzungen für die Gebührenfreiheit nach dieser Bestimmung versehen sind;

3. Finanzwechsel und deren Prolongationen, die für Kredite begeben werden, für die der Bundesminister für Finanzen namens des Bundes eine Haftung nach dem Ausfuhrfinanzierungsförderungsgesetz 1981 übernommen hat, sofern sie von einem Bevollmächtigten des Bundes im Sinne des § 5 Abs. 1 Ausfuhrförderungsgesetz 1981 mit einem Vermerk über das Vorliegen der Voraussetzungen für die Gebührenfreiheit nach dieser Bestimmung versehen sind;

4. Finanzwechsel und deren Prolongationen über Forderungen aus Ausfuhrgeschäften und Kreditverträgen, für die der Bundesminister für Finanzen namens des Bundes eine Haftung nach dem Ausfuhrförderungsgesetz 1981 übernommen hat, sofern sie von einem Bevollmächtigten des Bundes im Sinne des § 5 Abs. 1 Ausfuhrförderungsgesetz 1981 mit einem Vermerk über das Vorliegen der Voraussetzungen für die Gebührenfreiheit nach dieser Bestimmung versehen sind.

IV. Abschnitt
Schlußbestimmungen

§ 34. (1) Die Organe der Gebietskörperschaften haben den Gebührenschuldner über die Rechtsgrundlage und die Höhe der zu entrichtenden Gebühren zu informieren sowie die bei ihnen anfallenden Schriften und Amtshandlungen auf die Einhaltung der Vorschriften dieses Bundesgesetzes zu überprüfen. Stellen sie hiebei eine Verletzung der Gebührenvorschriften fest, so haben sie hierüber einen Befund aufzunehmen und diesen dem Finanzamt Österreich zu übermitteln. Die näheren Bestimmungen über die Informationspflicht, die Befundaufnahme sowie über die Übermittlung des Befundes werden durch Verordnung getroffen.

(BGBl I 2019/104, BGBl I 2020/99, BGBl I 2022/108)

(2) Das Finanzamt Österreich ist berechtigt, bei Behörden, Ämtern und öffentlich-rechtlichen Körperschaften die Einhaltung der Vorschriften dieses Bundesgesetzes von Zeit zu Zeit durch eine Nachschau zu überprüfen.

(BGBl I 2019/104, BGBl I 2020/99)

§ 35. (1) Stempel- und Rechtsgebührenbefreiungen, die in österreichischen Gesetzen vorgesehen waren, die vor dem 13. März 1938 erlassen wurden, finden, sofern diese Gesetze in Kraft stehen oder wieder in Kraft gesetzt werden, sinngemäß Anwendung.

(2) Bis zur Neuregelung der Arbeitsvermittlung sind alle Rechtsgeschäfte, Schriften und Amtshandlungen, die mittelbar oder unmittelbar zur Begründung und Abwicklung der Rechtsverhältnisse zwischen den Behörden der Arbeitsvermittlung einerseits und den Arbeit(Dienst)gebern und Versicherten anderseits erforderlich sind, von den Stempel- und Rechtsgebühren befreit.

(3)

a) Die durch die Europawahlordnung, das Europa-Wählerevidenzgesetz, das Wählerevidenzgesetz 1973, das Volksabstimmungsgesetz 1972, das Volksbefragungsgesetz 1989, die Nationalrats-Wahlordnung 1992, das Bundespräsidentenwahlgesetz 1971 und das Volksbegehrengesetz 1973 unmittelbar veranlassten Schriften sind von den Stempelgebühren befreit; dies gilt auch für jene Schriften, die durch gleichartige landesgesetzliche Vorschriften veranlasst sind.

b) Die im Volksanwaltschaftsgesetz 1982 enthaltene Gebührenbefreiung ist auch auf jene Schriften anzuwenden, die durch gleichartige landesgesetzliche Vorschriften veranlasst sind.

(4) Bescheide, mit denen die Bewilligung zur Selbstberechnung der Hundertsatzgebühren gemäß § 3 Abs. 4 erteilt worden sind und die dem § 33 Tarifpost 5 in der Fassung des Bundesgesetzes BGBl. I Nr. 28/1999 entgegenstehen, verlieren insoweit mit dessen Inkrafttreten ihre Wirkung.

(5)

1. Die durch die Folgen eines durch Katastrophenschäden (insbesondere Hochwasser-, Erdrutsch-, Vermurungs- und Lawinenschäden) ausgelösten Notstandes veranlassten Schriften, die der Ersatzausstellung von gebührenpflichtigen Schriften oder der Schadensfeststellung, Schadensabwicklung oder der Schadensbereinigung dienen, sind von den Gebühren befreit.

2. Die im Zusammenhang mit einer Katastrophe im Sinne der Z 1 zur Finanzierung der Beseitigung des eingetretenen Schadens durch den Geschädigten selbst oder seinen den Schaden wirtschaftlich tragenden Rechtsnachfolger abgeschlossenen Darlehens- und Kreditverträge (einschließlich Prolongationen, Aufstockungen und Vertragsübernahmen) sowie die damit verbundenen Sicherungs- und Erfüllungsgeschäfte sind gebührenbefreit. Dies gilt auch für Bestandverträge, mit denen eine Ersatzbeschaffung vorgenommen wird.

3. Die Gebührenbefreiungen der Z 1 und 2 stehen nur zu, wenn

   a) im Falle der Z 1 der Antrag auf Ausstellung der Schrift innerhalb eines Jahres ab Schadenseintritt bei der die Schrift ausstellenden Stelle einlangt und dieser ein entsprechender Nachweis des Schadens vorgelegt wird,

b) im Falle der Z 2 die Rechtsgeschäfte innerhalb von zwei Jahren ab Schadenseintritt abgeschlossen werden und der Eintritt sowie die Höhe des Schadens bei Selbstberechnung dem gemäß § 3 Abs. 4 und 4a zur Selbstberechnung Befugten, bei Selbstberechnung gemäß § 33 TP 5 Abs. 5 Z 1 und 5 dem zur Selbstberechnung Verpflichteten und im Übrigen dem Finanzamt Österreich nachgewiesen wird.

(BGBl I 2019/104, BGBl I 2020/99)

4. Auf den Schriften und Urkunden über Rechtsgeschäfte, die nach Z 1 bis 3 befreit sind, ist der Vermerk „Gebührenfrei gemäß § 35 Abs. 5 GebG 1957“ anzubringen. Ist die Anbringung des Vermerkes nicht möglich, hat die die Schrift ausstellende Stelle die Gebührenfreiheit im bezughabenden Verwaltungsakt festzuhalten.

(6) Schriften, die unmittelbar durch die Geburt eines Kindes veranlasst sind (insbesondere Geburtsurkunde, Staatsbürgerschaftsnachweis, Reisedokument), sofern sie innerhalb von zwei Jahren ab der Geburt ausgestellt werden, sind von den Stempelgebühren und den Verwaltungsabgaben des Bundes befreit; dies gilt auch für jene ausländischen Schriften, die in diesem Zusammenhang zum amtlichen Gebrauch vorgelegt werden. Die Befreiung ist auf Schriften gemäß § 14 Tarifpost 2 Abs. 1 Z 3 sowie auf Reisedokumente gemäß § 14 Tarifpost 9 Abs. 1 Z 4 und 4a nicht anzuwenden. Den Städten mit eigenem Statut (einschließlich Wien) sowie den Gemeinden Leoben und Schwechat steht für die Ausstellung von gebührenfreien Reisedokumenten und Aufenthaltstiteln ein Pauschalbetrag zu, der für die Städte mit eigenem Statut 0,12 Euro jährlich je Einwohner und für die Gemeinden Leoben und Schwechat 0,20 Euro jährlich je Einwohner (§ 9 Abs. 9 des Finanzausgleichsgesetzes 2008, BGBl. I Nr. 103/2007, in der jeweils geltenden Fassung) beträgt.

(BGBl I 2015/17)

(7) Rechtsgeschäfte, die die Grundlage für die Erzielung von Einkünften in Zusammenhang mit dem einem Infrastrukturbetreiber eingeräumten Recht, Grund und Boden zur Errichtung und zum Betrieb von ober- oder unterirdischen Leitungen im öffentlichen Interesse zu nutzen, darstellen (§ 107 des Einkommensteuergesetzes 1988 bzw. § 24 Abs. 7 des Körperschaftsteuergesetzes 1988), sind von den Gebühren gemäß § 33 TP 5 und 9 befreit.

(BGBl I 2018/62)

(8) (aufgehoben)

(BGBl I 2020/16, BGBl I 2020/23, BGBl I 2021/227)

(9) (aufgehoben)

(BGBl I 2021/3, BGBl I 2021/52, BGBl I 2021/227)

§ 36. (aufgehoben)

§ 37. (1) § 14 TP 6 Abs. 5 Z 1 in der Fassung des Bundesgesetzes BGBl. I Nr. 88/1997 tritt am 1. September 1997 in Kraft.

(2) Die festen Gebührensätze, § 2 Z 3, § 4, § 5 Abs. 2, § 14 Tarifpost 1 Abs. 1 Z 1 und Abs. 3, Tarifpost 6 Abs. 3, Tarifpost 6 Abs. 5 Z 3, Z 4, Z 4a, Z 8, Z 14, Z 17, Z 19, Tarifpost 11 und Tarifpost 14 Abs. 2 Z 4, jeweils in der Fassung des Bundesgesetzes BGBl. I Nr. 130/1997, treten mit 1. Dezember 1997 in Kraft und sind auf alle Sachverhalte anzuwenden, die nach dem 30. November 1997 verwirklicht werden. § 14 Tarifpost 1 Abs. 4 in der Fassung vor dem Bundesgesetz BGBl. I Nr. 130/1997 ist auf Sachverhalte anzuwenden, die vor dem 1. Dezember 1997 verwirklicht wurden. Abweichend vom ersten Satz treten die Gebührensätze des § 14 Tarifpost 15 (Anm.: idF BGBl. I Nr. 103/1997) mit 1. März 1998 in Kraft und sind auf alle Sachverhalte anzuwenden, die nach dem 28. Februar 1998 verwirklicht werden. § 14 Tarifpost 6 Abs. 5 Z 22 tritt mit 1. März 1998 in Kraft und ersetzt Art. IV Z 1 des Bundesgesetzes, mit dem das Kraftfahrgesetz 1967 (19. KFG-Novelle), die 4. Kraftfahrgesetz-Novelle und das Gebührengesetz 1957 geändert werden, BGBl. I Nr. 103/1997.

(3) Die §§ 3 Abs. 3, 4, 4a, 4b und 4c; 6 Abs. 2; 25 Abs. 2, 3 und 6; 31 Abs. 1 und 2; 33 Tarifpost 5 Abs. 3 und 5; 35 Abs. 4, jeweils in der Fassung des Bundesgesetzes BGBl. I Nr. 28/1999, treten mit 1. Juli 1999 in Kraft und sind auf alle Sachverhalte anzuwenden, für welche die Gebührenschuld nach dem 30. Juni 1999 entsteht. § 14 Tarifpost 6 Abs. 3 und Abs. 5 Z 8, jeweils in der Fassung vor dem Bundesgesetz BGBl. I Nr. 28/1999, sind letztmalig auf Sachverhalte anzuwenden, für welche die Gebührenschuld vor dem 1. Jänner 1999 entsteht.

(4) §§ 3 Abs. 2 Z 1, 3 und 4; 9 Abs. 1; 14 Tarifpost 6 Abs. 5 Z 24, Tarifpost 8, 9 und 16, jeweils in der Fassung des Bundesgesetzes BGBl. I Nr. 92/1999, treten mit 1. Juli 1999 in Kraft und sind auf alle Sachverhalte anzuwenden, bei denen die Eingabe um Ausstellung der betreffenden Schrift oder um Vornahme der betreffenden Amtshandlung nach dem 30. Juni 1999 eingebracht wird. § 3 Abs. 2 Z 2 tritt mit 1. Jänner 2000 in Kraft. § 14 Tarifpost 9 Abs. 2 in der Fassung vor dem Bundesgesetz BGBl. I Nr. 92/1999 ist auf alle Sachverhalte anzuwenden, bei denen die Eingabe um Ausstellung der betreffenden Schrift oder um Vornahme der betreffenden Amtshandlung vor dem 1. Juli 1999 eingebracht wird.

(5) § 16 Abs. 2 Z 1 sowie § 33 Tarifpost 21 Abs. 2 Z 4 in der Fassung des Bundesgesetzes BGBl. I Nr. 106/1999 treten mit 1. Jänner 2000 in Kraft und sind auf alle Sachverhalte anzuwenden, die nach dem 31. Dezember 1999 verwirklicht werden.

(6) § 14 Tarifpost 9 Abs. 1, 2 und 5 sowie Tarifpost 16 Abs. 1 bis 3 und 5, jeweils in der Fassung des Bundesgesetzes BGBl. I Nr. 26/2000, treten mit 1. Juni 2000 in Kraft und sind auf alle Sachverhalte anzuwenden, bei denen die Eingabe um Ausstellung der betreffenden Schrift oder um Vornahme der betreffenden Amtshandlung nach dem 31. Mai 2000 eingebracht wird. § 14 Tarifpost 9 Abs. 1, 2

und 5 sowie Tarifpost 16 Abs. 1 bis 3 und 5, jeweils in der Fassung vor dem Bundesgesetz BGBl. I Nr. 26/2000, sind letztmalig auf Sachverhalte anzuwenden, bei denen die Eingabe um Ausstellung der betreffenden Schrift oder um Vornahme der betreffenden Amtshandlung vor dem 1. Juni 2000 eingebracht wird.

(7) § 14 Tarifpost 6 Abs. 5 Z 26 und Tarifpost 14 Abs. 2 Z 24 treten mit 1. Juli 2000 in Kraft und sind auf alle Sachverhalte anzuwenden, in denen die Gebührenschuld nach dem 30. Juni 2000 entsteht.

(8) § 14 Tarifpost 6 Abs. 5 Z 11 und Tarifpost 14 Abs. 2 Z 6 in der Fassung des Bundesgesetzes BGBl. I Nr. 142/2000 ist auf alle Sachverhalte anzuwenden, in denen die Gebührenschuld nach dem 31. Dezember 2000 entsteht. § 14 Tarifpost 6 Abs. 5 Z 11 und Tarifpost 14 Abs. 2 Z 6 in der Fassung vor dem Bundesgesetz BGBl. I Nr. 142/2000 ist auf alle Sachverhalte anzuwenden, in denen die Gebührenschuld vor dem 1. Jänner 2001 entsteht.

(9) § 14 Tarifpost 9 Abs. 5 in der Fassung des Bundesgesetzes BGBl. I Nr. 44/2001 tritt mit 1. Mai 2001 in Kraft.

(10) Die festen Gebührensätze, die Pauschalbeträge des § 14 Tarifpost 8 Abs. 4, Tarifpost 9 Abs. 5 und Tarifpost 16 Abs. 5, §§ 3 Abs. 2, 3, 4 erster Satz, 4a erster Satz und 5; 6; 9 Abs. 1; 11; 13 Abs. 4; 14 Tarifpost 4 Abs. 1 Z 2 und Abs. 2; Tarifpost 5 Abs. 2; Tarifpost 6 Abs. 2 Z 6; Abs. 5 Z 1, 4, 4a und 7; Tarifpost 9 Abs. 4; Tarifpost 13; Tarifpost 14 Abs. 1 und 2 Z 25; 16 Abs. 6; 18 Abs. 1 und 4; 23; 25; 30; 33 Tarifpost 1; Tarifpost 5 Abs. 4 Z 3 und Abs. 5; Tarifpost 7 Abs. 1; Tarifpost 8 Abs. 4 erster Satz; Tarifpost 17 Abs. 1 Z 6; Tarifpost 18 Abs. 2; Tarifpost 20 Abs. 1; Tarifpost 22 Abs. 3 und 6, jeweils in der Fassung des BGBl. I Nr. 144/2001, treten mit 1. Jänner 2002 in Kraft und sind auf alle Sachverhalte anzuwenden, für welche die Gebührenschuld nach dem 31. Dezember 2001 entsteht. §§ 3 Abs. 2, 3, 4 erster Satz, 4a erster Satz und 5; 4; 6; 9 Abs. 1; 11; 13 Abs. 4; 14 Tarifpost 1 Abs. 1 Z 2 lit. c; Tarifpost 3; Tarifpost 4 Abs. 1 Z 2 und 3 und Abs. 2; Tarifpost 5 Abs. 2; Tarifpost 6 Abs. 2 Z 6; Abs. 5 Z 1, 4, 4a und 7; Tarifpost 7 Abs. 1 Z 3; Tarifpost 9 Abs. 4; Tarifpost 10; Tarifpost 11; Tarifpost 13; Tarifpost 14 Abs. 1 und 2 Z 25; Tarifpost 15 Abs. 5; 16 Abs. 6; 18 Abs. 1 und 4; 19 Abs. 3; 23; 25; 27; 30; 33 Tarifpost 1; Tarifpost 5 Abs. 4 Z 3 und Abs. 5; Tarifpost 7 Abs. 1; Tarifpost 8 Abs. 4 erster Satz; Tarifpost 12; Tarifpost 14; Tarifpost 17 Abs. 1 Z 5 und 6; Tarifpost 18 Abs. 2; Tarifpost 20 Abs. 1; Tarifpost 22 Abs. 3 und 6, jeweils in der Fassung vor dem BGBl. I Nr. 144/2001, sind letztmalig auf Sachverhalte anzuwenden, für welche die Gebührenschuld vor dem 1. Jänner 2002 entsteht.

(11) § 10 in der Fassung des Bundesgesetzes BGBl. I Nr. 10/2004 tritt mit 1. März 2004 in Kraft und mit 31. Dezember 2006 außer Kraft.

(12) § 14 Tarifpost 6 Abs. 5 Z 24, Tarifpost 8 Abs. 1, 5, 6 und 7 und Tarifpost 9 Abs. 5, jeweils in der Fassung des Bundesgesetzes BGBl. I Nr. 72/2004 treten mit 1. August 2004 in Kraft und sind auf alle Sachverhalte anzuwenden, bei denen die Eingabe um Ausstellung der betreffenden Schrift oder um Vornahme der betreffenden Amtshandlung nach dem 31. Juli 2004 eingebracht wird. § 14 Tarifpost 6 Abs. 5 Z 24, Tarifpost 8 Abs. 1 und 5 sowie Tarifpost 9 Abs. 5, jeweils in der Fassung vor dem Bundesgesetz BGBl. I Nr. 72/2004, sind letztmalig auf Sachverhalte anzuwenden, bei denen die Eingabe um Ausstellung der betreffenden Schrift oder um Vornahme der betreffenden Amtshandlung vor dem 1. August 2004 eingebracht wird.

(13) § 14 Tarifpost 8 Abs. 5 in der Fassung des Bundesgesetzes BGBl. I Nr. 180/2004 tritt mit 1. März 2005 in Kraft und ist auf alle Sachverhalte anzuwenden, für welche die Gebührenschuld nach dem 28. Februar 2005 entsteht. § 14 Tarifpost 8 Abs. 5 in der Fassung vor dem Bundesgesetz BGBl. I Nr. 180/2004, ist letztmalig auf Sachverhalte anzuwenden, für welche die Gebührenschuld vor dem 1. März 2005 entsteht.

(14) § 14 Tarifpost 8 Abs. 5, 5a, 5b, 6 und 7 in der Fassung des Bundesgesetzes BGBl. I Nr. 100/2005 treten mit 1. Jänner 2006 in Kraft und sind auf alle Sachverhalte anzuwenden, für welche die Gebührenschuld nach dem 31. Dezember 2005 entsteht. § 14 Tarifpost 8 Abs. 5, 6 und 7 in der Fassung vor dem Bundesgesetz BGBl. I Nr. 100/2005 sind letztmalig auf Sachverhalte anzuwenden, für welche die Gebührenschuld vor dem 1. Jänner 2006 entsteht.

(15) § 28 Abs. 3 und § 33 TP 17 Abs. 1 Z 6 in der Fassung des Bundesgesetzes BGBl. I Nr. 105/2005 treten mit 1. Oktober 2005 in Kraft und sind auf alle Sachverhalte anzuwenden, für welche die Gebührenschuld nach dem 30. September 2005 entsteht. § 33 TP 17 Abs. 3 in der Fassung vor dem BGBl. I Nr. 105/2005 ist letztmalig auf Sachverhalte anzuwenden, für welche die Gebührenschuld vor dem 1. Oktober 2005 entsteht.

(16) § 35 Abs. 5 tritt mit 1. Juli 2005 in Kraft und ist auf alle Sachverhalte anzuwenden, die nach dem 30. Juni 2005 verwirklicht werden.

(17) § 14 Tarifpost 2 Abs. 1 Z 3 in der Fassung des Bundesgesetzes BGBl. I Nr. 37/2006 tritt gleichzeitig mit dem Bundesgesetz, mit dem das Staatsbürgerschaftsgesetz geändert wird, BGBl. I. Nr. 37/2006, in Kraft und ist auf Sachverhalte anzuwenden, für die die Gebührenschuld ab diesem Zeitpunkt entsteht. § 14 Tarifpost 2 Abs. 1 Z 3 in der Fassung vor dem Bundesgesetz BGBl. I Nr. 37/2006 ist letztmalig auf Sachverhalte anzuwenden, für die die Gebührenschuld vor dem In-Kraft-Treten des Bundesgesetzes, mit dem das Staatsbürgerschaftsgesetz geändert wird, BGBl. I Nr. 37/2006, entsteht.

(18) § 14 Tarifpost 9 Abs. 1, Abs. 2 Z 2 und Abs. 5, jeweils in der Fassung des Bundesgesetzes BGBl. I Nr. 44/2006, treten gleichzeitig mit dem Bundesgesetz, mit dem das Passgesetz geändert wird, BGBl. I Nr. 44/2006, in Kraft und sind auf Sachverhalte anzuwenden, für welche die Gebührenschuld nach dem In-Kraft-Treten des Bundesgesetzes, mit dem das Passgesetz geändert wird, BGBl. I Nr. 44/2006, entsteht. § 14 Tarifpost 9 Abs. 1, Abs. 2 Z 2 und Abs. 5 in der Fassung vor

dem Bundesgesetz BGBl. I Nr. 44/2006 sind letztmalig auf Sachverhalte anzuwenden, für welche die Gebührenschuld vor dem In-Kraft-Treten des Bundesgesetzes, mit dem das Passgesetz geändert wird, BGBl. I Nr. 44/2006, entsteht.

(19) § 14 Tarifpost 8 Abs. 1 Z 1 bis 3, Abs. 1a und 1b sowie Abs. 2 Z 2 in der Fassung des Budgetbegleitgesetzes 2007, BGBl. I Nr. 24, tritt mit 1. Juni 2007 in Kraft und ist auf alle Sachverhalte anzuwenden, für welche die Gebührenschuld nach dem 31. Mai 2007 entsteht. § 33 Tarifpost 5 Abs. 4 Z 2 in der Fassung des Budgetbegleitgesetzes 2007 ist auf alle Sachverhalte anzuwenden, für die die Gebührenschuld nach dem 31. Dezember 2001 entstanden ist. § 14 Tarifpost 8 Abs. 1 Z 1 bis 3 in der Fassung vor dem Budgetbegleitgesetz 2007 ist letztmalig auf Sachverhalte anzuwenden, für welche die Gebührenschuld vor dem 1. Juni 2007 entsteht.

(20) § 35 Abs. 6 in der Fassung des Bundesgesetzes BGBl. I Nr. 105/2007 tritt mit 1. Jänner 2008 in Kraft und ist auf alle Sachverhalte anzuwenden, die nach dem 31. Dezember 2007 verwirklicht werden.

(21) § 14 Tarifpost 9 Abs. 2 Z 1a und Abs. 5, in der Fassung des Bundesgesetzes BGBl. I Nr. 6/2009, tritt gleichzeitig mit dem Bundesgesetz, mit dem das Passgesetz 1992 geändert wird, BGBl. I Nr. 6/2009, in Kraft.

(22) § 14 Tarifpost 4 Abs. 4, Tarifpost 5 Abs. 3 Z 3 bezüglich Schriften und Druckwerke, die einem Ansuchen um Verleihung der österreichischen Staatsbürgerschaft beigelegt werden, Tarifpost 6 Abs. 3 lit. b, Tarifpost 7 Abs. 3 und Tarifpost 14 Abs. 2 Z 28, jeweils in der Fassung des Bundesgesetzes BGBl. I Nr. 52/2009, treten mit 1. September 2009 in Kraft und sind auf alle Sachverhalte anzuwenden, für die die Gebührenschuld nach dem 31. August 2009 entsteht.

§ 11 Abs. 1 Z 1, § 14 Tarifpost 5 Abs. 3 Z 3 bezüglich Schriften und Druckwerke, die einem Ansuchen um Erteilung eines Aufenthaltstitels beigelegt werden, Tarifpost 6 Abs. 3 lit. a sowie Abs. 5 Z 24, Tarifpost 8 Abs. 5 und 7, jeweils in der Fassung des Bundesgesetzes BGBl. I Nr. 52/2009, treten mit 1. Juli 2009 in Kraft und sind auf alle Sachverhalte anzuwenden, für die das Ansuchen um Erteilung eines Aufenthaltstitels nach dem 30. Juni 2009 gestellt wird.

§ 14 Tarifpost 6 Abs. 5 Z 24 sowie Tarifpost 8 Abs. 5 und 7, jeweils in der Fassung vor dem Bundesgesetz BGBl. I Nr. 52/2009, sind letztmalig auf Sachverhalte anzuwenden, für die das Ansuchen um Erteilung eines Aufenthaltstitels vor dem 1. Juli 2009 gestellt wird.

§ 14 Tarifpost 6 Abs. 2 Z 3 in der Fassung vor dem Bundesgesetz BGBl. I Nr. 52/2009 ist letztmalig auf Sachverhalte anzuwenden, für welche die Gebührenschuld vor dem 1. September 2009 entsteht.

§ 15 Abs. 3 in der Fassung des Bundesgesetzes BGBl. I Nr. 52/2009 tritt mit 1. August 2008 in Kraft und ist auf alle Sachverhalte anzuwenden, die nach dem 31. Juli 2008 verwirklicht werden.

(23) § 14 Tarifpost 9 Abs. 1 Z 2, 2a, 3, 4, 4a, Abs. 2 Z 1a und Abs. 5 sowie § 35 Abs. 6, jeweils in der Fassung des Bundesgesetzes BGBl. I Nr. 79/2009, treten mit 19. August 2009 in Kraft und sind auf alle Sachverhalte anzuwenden, für welche die Gebührenschuld nach dem 18. August 2009 entsteht oder entstanden ist. § 35 Abs. 6 in der Fassung vor dem Bundesgesetz BGBl. I Nr. 79/2009 ist letztmalig auf Sachverhalte anzuwenden, die vor dem 19. August 2009 verwirklicht werden. § 14 Tarifpost 9 Abs. 1 Z 6 tritt mit 15. Juli 2009 außer Kraft.

(24) § 33 Tarifpost 11 Abs. 2 in der Fassung vor dem Bundesgesetz BGBl. I Nr. 75/2009 ist letztmalig auf Sachverhalte anzuwenden, für die die Gebührenschuld vor dem 1. Jänner 2010 entsteht.

(24) § 14 Tarifpost 15 Abs. 3 in der Fassung des Bundesgesetzes BGBl. I Nr. 9/2010 tritt mit 1. Juli 2010 in Kraft.

(25) § 14 Tarifpost 8 Abs. 5, Abs. 5a, Abs. 5b erster Satz, Abs. 5c, Abs. 6 und 7, jeweils in der Fassung des Bundesgesetzes BGBl. I Nr. 122/2009, treten mit 1. Jänner 2010 in Kraft und sind auf alle Sachverhalte anzuwenden, für welche die Gebührenschuld nach dem 31. Dezember 2009 entsteht. § 14 Tarifpost 4 Abs. 4, Tarifpost 5 Abs. 3 Z 3 bezüglich Schriften und Druckwerke, die einem Ansuchen um Erstreckung der Verleihung der österreichischen Staatsbürgerschaft beigelegt werden, Tarifpost 6 Abs. 3 lit. b, Tarifpost 7 Abs. 3 und Tarifpost 14 Abs. 2 Z 28, jeweils in der Fassung des Bundesgesetzes BGBl. I Nr. 122/2009, treten mit 1. Jänner 2010 in Kraft und sind auf alle Sachverhalte anzuwenden, für die die Gebührenschuld nach dem 31. Dezember 2009 entsteht.

(26) § 11 Abs. 1 Z 1, § 14 Tarifpost 6 Abs. 2 Z 5 und Tarifpost 10, jeweils in der Fassung des Bundesgesetzes BGBl. I Nr. 34/2010, treten mit 1. Juli 2010 in Kraft und sind auf alle Sachverhalte anzuwenden, für die die Gebührenschuld nach dem 30. Juni 2010 entsteht. § 11 Abs. 1 Z 1, § 14 Tarifpost 1 Abs. 3 und Tarifpost 6 Abs. 2 Z 5 und 6, jeweils in der Fassung vor dem Bundesgesetz BGBl. I Nr. 34/2010, treten mit 1. Juli 2010 außer Kraft und sind letztmalig auf alle Sachverhalte anzuwenden, für die die Gebührenschuld vor dem 1. Juli 2010 entsteht. Für die in § 14 Tarifpost 10 Abs. 1 angeführten Eingaben und Niederschriften, für die im Zeitpunkt des Inkrafttretens dieses Bundesgesetzes noch keine Gebührenschuld gemäß § 11 Abs. 1 entstanden ist, entsteht die Gebührenschuld nach § 14 Tarifpost 10 mit dem 1. Juli 2010.

(27) §§ 9 Abs. 2 erster Satz, 16 Abs. 5, 28 Abs. 3, 31 Abs. 3 und 33 Tarifpost 17, jeweils in der Fassung des Bundesgesetzes BGBl. I Nr. 54/2010, treten mit 1. Jänner 2011 in Kraft und sind auf alle Sachverhalte anzuwenden, für die die Gebührenschuld nach dem 31. Dezember 2010 entsteht. §§ 9 Abs. 2 erster Satz, 16 Abs. 5, 28 Abs. 3, 31 Abs. 3 und 33 Tarifpost 17, jeweils in der Fassung vor dem Bundesgesetz BGBl. I Nr. 54/2010, treten mit 1. Jänner 2011 außer Kraft und sind letztmalig auf alle Sachverhalte anzuwenden, für die die Gebührenschuld vor dem 1. Jänner 2011 entsteht.

(28) § 3 Abs. 2 Z 2 erster Satz, § 3 Abs. 4 erster und letzter Satz, § 3 Abs. 4a erster Satz, § 3 Abs. 4c erster Satz, § 3 Abs. 5 erster Satz, § 3 Abs. 5 letzter Satz, § 14 Tarifpost 15 Abs. 3 zweiter Satz, § 33 Tarifpost 5 Abs. 5 Z 1, § 33 Tarifpost 5 Abs. 5 Z 4 erster Satz, § 33 Tarifpost 17 Abs. 3, § 33 Tarifpost 22 Abs. 6 erster Satz, § 34 Abs. 1 zweiter Satz, § 34 Abs. 2, § 35 Abs. 5 Z 3 lit. b, jeweils in der Fassung des Budgetbegleitgesetzes 2011, BGBl. I Nr. 111/2010, treten mit 1. Jänner 2011 in Kraft.

§ 3 Abs. 4 vorletzter Satz, § 3 Abs. 4c dritter Satz, § 31 Abs. 1 letzter Satz und Abs. 3 treten mit Ablauf des 31. Dezember 2010 außer Kraft.

§ 16 Abs. 6 in der Fassung vor dem Budgetbegleitgesetz 2011, BGBl. I Nr. 111/2010, ist letztmalig auf Sachverhalte anzuwenden, für die die Gebührenschuld vor dem 1. Jänner 2011 entsteht. § 19 Abs. 2 zweiter Satz, § 20 Z 5 und § 33 Tarifpost 21 Abs. 2 Z 3, jeweils in der Fassung des Budgetbegleitgesetzes 2011, BGBl. I Nr. 111/2010, treten mit 1. Jänner 2011 in Kraft und sind auf Sachverhalte anzuwenden, die nach dem 31. Dezember 2010 verwirklicht werden. § 19 Abs. 2 zweiter Satz, § 20 Z 5 und § 33 Tarifpost 21 Abs. 2 Z 3, jeweils in der Fassung vor dem Budgetbegleitgesetz 2011, BGBl. I Nr. 111/2010, sind letztmalig auf Sachverhalte anzuwenden, die vor dem 1. Jänner 2011 verwirklicht werden. § 33 Tarifposten 8 und 19 treten mit Ablauf des 31. Dezember 2010 außer Kraft und sind letztmalig auf Sachverhalte anzuwenden, für die die Gebührenschuld vor dem 1. Jänner 2011 entsteht.

(29)

1. § 14 Tarifpost 8 Abs. 5b in der Fassung des Bundesgesetzes BGBl. I Nr. 76/2011 tritt mit 1. September 2011 in Kraft und ist erstmalig auf Sachverhalte anzuwenden, für die die Gebührenschuld nach dem 31. August 2011 entsteht. § 14 Tarifpost 8 Abs. 5b in der Fassung vor dem Bundesgesetz BGBl. I Nr. 76/2011 ist letztmalig auf Sachverhalte anzuwenden, für die die Gebührenschuld vor dem 1. September 2011 entsteht. § 35 Abs. 6 letzter Satz in der Fassung des Bundesgesetzes BGBl. I Nr. 76/2011 tritt mit 1. Jänner 2011 in Kraft.
2. § 35 Abs. 3 in der Fassung des Bundesgesetzes BGBl. I Nr. 76/2011 ist auf alle nach dem 31. Dezember 2007 verwirklichte Sachverhalte anzuwenden.

(30) § 14 Tarifpost 6 Abs. 5 Ziffer 28 in der Fassung des Bundesgesetzes BGBl. I Nr. 17/2012 tritt mit 1. Juni 2012 in Kraft und ist auf alle Sachverhalte anzuwenden, bei denen die Gebührenschuld nach dem 31. Mai 2012 entstünde.

(31) § 14 Tarifpost 11 in der Fassung des Bundesgesetzes BGBl. I Nr. 112/2012 tritt mit 1. Jänner 2013 in Kraft und ist auf Waffendokumente anzuwenden, für die der Antrag auf Ausstellung nach dem 31. Dezember 2012 gestellt wird. § 14 Tarifposten 17 und 18 in der Fassung des Bundesgesetzes BGBl. I Nr. 112/2012 treten mit 1. April 2013 in Kraft und sind auf Anträge anzuwenden, die nach dem 31. März 2013 gestellt werden. § 33 Tarifpost 5 Abs. 5 Z 3 in der Fassung des Bundesgesetzes BGBl. I Nr. 112/2012 tritt mit 1. Jänner 2013 in Kraft und ist auf alle Bestandverträge anzuwenden, die nach dem 31. Dezember 2012 abgeschlossen werden.

(32) § 14 Tarifpost 6 Abs. 5 Z 1, 4 und 4a, jeweils in der Fassung des Bundesgesetzes BGBl. I Nr. 70/2013, tritt mit 1. Jänner 2014 in Kraft. § 14 Tarifpost 10 Abs. 1 Z 4 und Z 6 in der Fassung vor dem Bundesgesetz BGBl. I Nr. 70/2013 tritt mit 1. Jänner 2014 außer Kraft und ist letztmalig auf alle Sachverhalte anzuwenden, für die die Gebührenschuld vor dem 1. Jänner 2014 entsteht.

(33) § 14 Tarifpost 2 Abs. 1 Z 3 lit. b und c in der Fassung des Bundesgesetzes BGBl. I Nr. 13/2014 tritt mit 1. August 2013 in Kraft und ist auf alle Sachverhalte anzuwenden, für die die Gebührenschuld nach dem 31. Juli 2013 entstanden ist.

(34) § 14 Tarifpost 8 in der Fassung des Bundesgesetzes BGBl. I Nr. 105/2014 tritt mit 1. Jänner 2015 in Kraft und ist auf alle Anträge anzuwenden, die nach dem 31. Dezember 2014 eingebracht werden. § 14 Tarifpost 8 in der Fassung vor dem Bundesgesetz BGBl. I Nr. 105/2014 ist auf die Erteilung jener Einreisetitel anzuwenden, für die ein Ansuchen auf Erteilung vor dem 1. Jänner 2015 eingebracht wird.

(35) § 35 Abs. 6 letzter Satz in der Fassung des Bundesgesetzes BGBl. I Nr. 17/2015 tritt mit 1. Jänner 2014 in Kraft.

(BGBl I 2015/17)

(36) § 33 Tarifpost 20 Abs. 2 Z 5 in der Fassung des Bundesgesetzes BGBl. I Nr. 105/2015 tritt mit 9. Jänner 2016 in Kraft.

(BGBl I 2015/105)

(37) § 11 Abs. 3 tritt mit 1. Jänner 2016 in Kraft.

(BGBl I 2015/163)

(38) § 14 Tarifpost 4 Abs. 5 und Tarifpost 6 Abs. 5 Z 29 in der Fassung des Bundesgesetzes BGBl. I Nr. 62/2018 treten mit 2. Mai 2018 in Kraft. § 14 Tarifpost 6 Abs. 3 lit. a und § 14 Tarifpost 8, jeweils in der Fassung des Bundesgesetzes BGBl. I Nr. 62/2018 treten mit 1. August 2018 in Kraft und sind auf alle Sachverhalte anzuwenden, bei denen die Eingabe um Ausstellung der betreffenden Schrift oder um Vornahme der betreffenden Amtshandlung nach dem 31. Juli 2018 eingebracht wird. § 33 Tarifpost 7 Abs. 2 Z 3 in der Fassung des Bundesgesetzes BGBl. I Nr. 62/2018 tritt mit 11. November 2017 in Kraft. § 35 Abs. 7 in der Fassung des Bundesgesetzes BGBl. I Nr. 62/2018 tritt mit 1. Jänner 2019 in Kraft und ist auf alle nach dem 31. Dezember 2018 verwirklichten Sachverhalte anzuwenden.

(BGBl I 2018/62)

(39) § 3 Abs. 2 Z 2, Abs. 4, Abs. 4a, Abs. 4c und Abs. 5, § 9 Abs. 2, § 14 Tarifpost 14 Abs. 2 Z 23, Tarifpost 15 Abs. 3, § 31 Abs. 1, § 32, § 33 Tarifpost 5 Abs. 5 Z 1, Z 3 und Z 4, Tarifpost 17 Abs. 3, Tarifpost 22 Abs. 6 lit. b, § 34 Abs. 1 und Abs. 2 und § 35 Abs. 5 Z 3 lit. b, jeweils in der Fassung

des Bundesgesetzes BGBl. I Nr. 104/ 2019, treten mit 1. Jänner 2021 in Kraft.

(BGBl I 2019/104, BGBl I 2020/99)

(40) In der Fassung des Bundesgesetzes BGBl. I Nr. 103/2019 treten in Kraft,

1. § 3 Abs. 2 Z 2 erster Satz, § 11 Abs. 1 Z 1 sowie § 14 Tarifpost 6 Abs. 5 Z 24 mit 1. August 2018,
2. § 14 Tarifpost 5 Abs. 3 Z 3 und Tarifpost 6 Abs. 3 lit. a mit 1. Jänner 2020 und sind auf Ansuchen und Beilagen anzuwenden, die nach dem 31. Dezember 2019 eingebracht werden.

(BGBl I 2019/103)

(41) § 35 Abs. 8 in der Fassung des Bundesgesetzes BGBl. I Nr. 23/2020, tritt mit 1. März 2020 in Kraft und mit 30. Juni 2021 außer Kraft.

(BGBl I 2020/16, BGBl I 2020/23, BGBl I 2021/3, BGBl I 2021/52)

(42) § 14 Tarifpost 6 Abs. 5 Z 4 und Z 4a, jeweils in der Fassung des Bundesgesetzes BGBl. I Nr. 99/2020, treten mit 1. Jänner 2021 in Kraft.

(BGBl I 2020/99)

(43) § 3 Abs. 2 Z 2, § 11 Abs. 1 Z 1, § 14 Tarifpost 6 Abs. 3 lit. b und lit. c, § 14 Tarifpost 6 Abs. 5 Z 7, Z 28, Z 29 und Z 30, § 14 Tarifpost 8 Abs. 4b, § 14 Tarifpost 14 Abs. 2 Z 29 und Z 30, § 14 Tarifpost 14 Abs. 3 sowie § 35 Abs. 9, jeweils in der Fassung des Bundesgesetzes BGBl. I Nr. 3/2021, treten mit 1. Jänner 2021 in Kraft.

(BGBl I 2021/3)

(44) § 14 Tarifpost 9 Abs. 5 in der Fassung des Bundesgesetzes BGBl. I Nr. 123/2021 tritt mit 15. Juli 2021 in Kraft.

(BGBl I 2021/123)

(45) § 35 Abs. 8 und 9, jeweils in der Fassung des Bundesgesetzes BGBl. I Nr. 227/2021, treten mit 1. Juli 2021 in Kraft und mit 31. Dezember 2022 außer Kraft. § 35 Abs. 8 ist letztmalig auf Eingaben anzuwenden, die vor dem 1. Jänner 2023 eingebracht werden sowie auf Erledigungen anzuwenden, deren Ansuchen vor dem 1. Jänner 2023 gestellt wurden.

(BGBl I 2021/227, BGBl I 2022/108)

(46)

1. § 14 Tarifpost 6 Abs. 3 lit. c, in der Fassung des Bundesgesetzes BGBl. I Nr. 108/2022, tritt mit 1. Jänner 2021 in Kraft.
2. § 14 Tarifpost 19, in der Fassung des Bundesgesetzes BGBl. I Nr. 108/2022, tritt mit 1. August 2022 in Kraft und ist auf Ansuchen anzuwenden, die nach dem 31. Juli 2022 gestellt werden sowie auf Erledigungen anzuwenden, deren Ansuchen nach dem 31. Juli 2022 gestellt werden.
3. § 3 Abs. 2 Z 2 und § 34 Abs. 1, jeweils in der Fassung des Bundesgesetzes BGBl. I Nr. 108/2022, treten mit 1. Oktober 2022 in Kraft.
4. § 14 Tarifpost 5 Abs. 1, in der Fassung des Bundesgesetzes BGBl. I Nr. 108/2021, tritt mit 1. Oktober 2022 in Kraft und ist auf Beilagen anzuwenden, die nach dem 30. September 2022 eingebracht werden.
5. § 14 Tarifpost 12, Tarifpost 20, Tarifpost 21 und Tarifpost 22, in der Fassung des Bundesgesetzes BGBl. I Nr. 108/2022, tritt mit 1. Oktober 2022 in Kraft und ist auf Ansuchen anzuwenden, die nach dem 30. September 2022 gestellt werden sowie auf Erledigungen anzuwenden, deren Ansuchen nach dem 30. September 2022 gestellt werden.

(BGBl I 2022/108)

§ 38. (1) Mit der Vollziehung dieses Bundesgesetzes ist der Bundesminister für Finanzen betraut.

(BGBl I 2022/108)

(2) Soweit in diesem Bundesgesetz auf Bestimmungen anderer Bundesgesetze verwiesen wird, sind diese in ihrer jeweils geltenden Fassung anzuwenden.

(BGBl I 2022/108)

9. GRUNDERWERBSTEUER

Inhaltsverzeichnis

9/1. Grunderwerbsteuergesetz 1987 .... Seite 473

9/2. §§ 26, 26a Gerichtsgebührengesetz .... Seite 485

9/3. Verordnungen

9/3/2. Verordnung betreffend Festlegung der Ermittlung des Grundstückswertes **(Grundstückswertverordnung – GrWV)**, BGBl II 2015/442 idF BGBl II 2019/291 .... Seite 487

9/3/3. Verordnung über die zur Ermittlung des Werts des einzutragenden Rechts sowie die für die Inanspruchnahme einer begünstigten Bemessungsgrundlage erforderlichen Angaben und Bescheinigungen **(Grundbuchsgebührenverordnung – GGV)**, BGBl II 2013/511 idF

1 BGBl II 2015/157 **2** BGBl II 2016/251
3 BGBl II 2021/595 .... Seite 513

9/1. Grunderwerbsteuergesetz 1987

Grunderwerbsteuergesetz 1987, BGBl 1994/682 idF

1 BGBl I 1999/28 (AbgÄG 1998)
2 BGBl I 1999/106 (StRefG 2000)
3 BGBl I 2000/142 (BudgetbegleitG 2001)
4 BGBl I 2001/59 (EuroStUG 2001)
5 BGBl I 2001/144 (AbgÄG 2001)
6 BGBl I 2008/85 (SchenkMG 2008)
7 BGBl I 2009/52 (BudBG 2009)
8 BGBl I 2009/135 (EPG)
9 BGBl I 2010/111 (BudBG 2011)
10 BGBl I 2011/112 (BudBG 2012)
11 BGBl I 2012/22 (1. StabG 2012)
12 BGBl I 2012/112 (AbgÄG 2012)
13 BGBl I 2012/116 (VfGH)
14 BGBl I 2013/1 (GGN)
15 BGBl I 2014/36
16 BGBl I 2015/118 (StRefG 2015/16)
17 BGBl I 2015/160 (GG 2015)
18 BGBl I 2015/163 (AbgÄG 2015)
19 BGBl I 2018/62 (JStG 2018)
20 BGBl I 2019/103 (StRefG 2020)
21 BGBl I 2019/104 (FORG)

GLIEDERUNG

§ 1. Erwerbsvorgänge
§ 2. Grundstücke
§ 3. Ausnahmen von der Besteuerung
§ 4. Art der Berechnung
§ 5. Gegenleistung
§ 6. Einheitswert
§ 7. Tarif
§ 8. Steuerschuld
§ 9. Steuerschuldner
§ 10. Abgabenerklärung
§ 11. Befugnis zur Selbstberechnung
§ 12. Selbstberechnungserklärung
§ 13. Erhebung der Steuer bei Selbstberechnung
§ 14. (aufgehoben)
§ 15. Aufbewahrung, Überprüfung
§ 16. Mitteilungspflicht
§ 17. Nichtfestsetzung oder Abänderung der Steuer
§ 18. Übergangsbestimmungen und Aufhebung bisheriger Rechtsvorschriften

STICHWORTVERZEICHNIS

A
Abänderung 17 (3 f)
Aberkennung, Selbstberechnungsbefugnis 11 (2)
Abgabenerklärung 10
– Aufbewahrung 15 (1)
– erklärungspflichtige Personen 10 (2)
– Frist 10 (1)
Abtretung 1 (1)
– des Übereignungsanspruchs, Gegenleistung 5 (1)
Anbot 1 (1)
Änderung der Verhältnisse 6 (3)
Anmeldung, Selbstberechnung 13 (1)
Anmeldungen, Aufbewahrung 15 (1)
Anteilsvereinigung 1 (3)
– Steuerberechnung 4 (2)
– Steuerschuldner 9
Antrag
– Nichtfestsetzung 17 (5)
– Steuerherabsetzung 17 (5)
Apothekengerechtigkeiten 2 (1)
Art der Berechnung 4
Aufbewahrung 15 (1)
Aufbewahrungspflicht des Parteienvertreters 15
aufschiebende Bedingung, Entstehung der Steuerschuld 8 (2)
ausländische Vertretungsbehörden 3 (1)
Ausnahmen von der Besteuerung 3

B
Baurechte 2 (2)
behördliche Maßnahmen 3 (1)
Befreiungen 3
– Betriebsvermögen 3 (1) Z 2
Belastungen 5 (2)
Bemessungsgrundlage 4–6
– Unrichtigkeit 16
Berechnung der Steuer 4

D
Datum, Eintragung ins Erfassungsbuch 14 (3)

E
Eigentumserwerb 1 (1)
Einheitswert 4 (2) Z 2, 6
– Zerlegung 6 (2)
elektronische Übermittlung 10 (2)
Enteignung
– Gegenleistung 5 (1)
– Steuerschuldner 9
Entgeltlichkeit 7 (1) Z 1
Entschädigung, Gegenleistung 5 (1)

Entstehung, Steuerschuld 8 (1 f)
Erklärung, Aufbewahrung 15 (1)
Erklärungspflicht 10
Erwerb
– aller Anteile 1 (3)
– von Todes wegen 3 (1)
– Steuerschuldner 9
Erwerbsvorgänge 1

F
Flurbereinigungsverfahren 3 (1)
Fortschreibung 6 (3)

G
Gebäude, auf fremden Boden 2 (2)
Gegenleistung 5
– Herabsetzung 17 (3 f)
– Hinzurechnungen 5 (3)
– Wert 4 (1)
geringfügiger Wert 3 (1)
Gewinnungsbewilligungen 2 (1)
Grundstück
– Schenkung 3 (1)
– inländisches 1 (3)
– land- und forstwirtschafltiches 4 (2)
– Lasten 5 (2)
– mehrere 2 (3)
– Wert 4 (2), 6 (1 ff)
Grundstücke 2

H
Haftung, Selbstberechnung 13 (4)
Herabsetzung, Gegenleistung 17 (3 f)

I
Inkrafttreten 18

K
Kauf, Gegenleistung 5 (1)
Kaufvertrag 1 (1)

L
land- und forstwirtschaftliches Grundstück 4 (2)
Leistung an Erfüllungs Statt, Gegenleistung 5 (1)
Leistungen
– an Dritte 5 (3)
– von Dritten 5 (3)

M
Maschinen 2 (1)
mehrere Erwerbsvorgänge 1 (4)
mehrere Grundstücke 2 (3)
Meistbot 5 (1)
Miteigentümer 3 (2)
Mitteilungspflicht 16

N
Nachlass 3 (1)
Nichtfestsetzung 17 (1 ff)
– Antrag 17 (5)
Notare, Erklärungspflicht 10 (2)
Notare, Selbstberechnung 11 (1)

P
Parteienvertreter, Selbstberechnung 11 (1)
Personenkreis, begünstigter 4 (2) Z 1, 7 (1) Z 1f
Prüfung 15 (2)

R
Realteilung 3 (2)
Rechtsanwälte, Erklärungspflicht 10 (2)
Rechtsanwälte, Selbstberechnung 11 (1)
Rückgängigmachung, Nichtfestsetzung 17 (1 ff)

S
Selbstberechnung 11 (1 ff)
– Aberkennung der Befugnis 11 (2 f)
– Anmeldung 13 (1)
– Ausnahmen 11 (1)
– Berechnung der Steuer 13 (3)
– durch Parteienvertreter 11 ff
– Erhebung der Steuer 13
– Haftung 13 (4)
– unrichtige Steuerentrichtung 16
Selbstberechnungserklärung 12
Steuerberechnung 4
Steuerfreibetrag 3 (1) Z 2
Steuerherabsetzung 17 (3 f)
– Antrag 17 (5)
Steuersatz 7 (1) Z 2 f
Steuerschuld 8 (1 f)
– Entstehung 8 (1 f)
Steuerschuldner 9
Stiftungseingangssteueräquivalent 7 (2)

T
Tarif 7
Tausch, Gegenleistung 5 (1)
Tauschvertrag, Steuerberechnung 4 (3)

U
Überbot 5 (1)
Übereignungsanspruch, Gegenleistung 5 (1)
Übergangsbestimmungen 18
Übermittlung, elektronisch 10 (2)
Übernahmeanerbieten, Gegenleistung 5 (1)
Unentgeltlichkeit 7 (1) Z 1
Unrichtigkeit, Bemessungsgrundlage 16
Urkundenarchiv 10 (2)

V
Vereinigung aller Anteile 1 (3)
Verwertungsbefugnis 1 (2)

W
Wert
– der Gegenleistung 4 (1)
– des Grundstücks 4 (2)
– Grundstück 6 (1 ff)
wirtschaftliche Einheit 2 (3)

Z
Zerlegung, Einheitswert 6 (2)
Zubehör 2 (1)
Zusammenlegungsverfahren 3 (1)
zusätzliche Leistungen 5 (2)
Zwangsversteigerung, Gegenleistung 5 (1)
– Steuerschuldner 9

Bundesgesetz vom 2. Juli 1987 betreffend die Erhebung einer Grunderwerbsteuer (Grunderwerbsteuergesetz 1987 – GrEStG 1987)

Der Nationalrat hat beschlossen:

Erwerbsvorgänge[a)]

[a)] Siehe auch § 6 Abs 5, § 11 Abs 5, § 22 Abs 4, § 26 Abs 3, § 31 Abs 3 UmgrStG (BGBl 1991/699) sowie dessen Z 1d im 3. Teil (abgedruckt 3/1.)

§ 1. (1) Der Grunderwerbsteuer unterliegen die folgenden Rechtsvorgänge, soweit sie sich auf inländische Grundstücke beziehen:

1. ein Kaufvertrag oder ein anderes Rechtsgeschäft, das den Anspruch auf Übereignung begründet,
2. der Erwerb des Eigentums, wenn kein den Anspruch auf Übereignung begründendes Rechtsgeschäft vorausgegangen ist,
3. ein Rechtsgeschäft, das den Anspruch auf Abtretung eines Übereignungsanspruches begründet,
4. ein Rechtsgeschäft, das den Anspruch auf Abtretung der Rechte aus einem Kaufanbot begründet. Dem Kaufanbot steht ein Anbot zum Abschluß eines anderen Vertrages gleich, kraft dessen die Übereignung verlangt werden kann,
5. der Erwerb eines der in den Z 3 und 4 bezeichneten Rechte, wenn kein Rechtsgeschäft vorausgegangen ist, das den Anspruch auf Erwerb der Rechte begründet.

(2) Der Grunderwerbsteuer unterliegen auch Rechtsvorgänge, die es ohne Begründung eines Anspruches auf Übereignung einem anderen rechtlich oder wirtschaftlich ermöglichen, ein inländisches Grundstück auf eigene Rechnung zu verwerten.

(2a) Gehört zum Vermögen einer Personengesellschaft ein inländisches Grundstück, unterliegt der Steuer eine Änderung des Gesellschafterbestandes dergestalt, dass innerhalb von fünf Jahren mindestens 95% der Anteile am Gesellschaftsvermögen auf neue Gesellschafter übergehen. Treuhändig gehaltene Gesellschaftsanteile sind dem Treugeber zuzurechnen. Ein inländisches Grundstück gehört zum Vermögen einer Personengesellschaft, wenn sie das Grundstück durch einen Rechtsvorgang gemäß Abs. 1 oder Abs. 2 erworben hat.

(BGBl I 2015/118, BGBl I 2018/62)

(3) Gehört zum Vermögen einer Gesellschaft ein inländisches Grundstück, so unterliegen der Steuer, soweit eine Besteuerung nach Abs. 2a nicht in Betracht kommt, außerdem:

1. ein Rechtsgeschäft, das den Anspruch auf Übertragung eines oder mehrerer Anteile am Gesellschaftsvermögen oder der Gesellschaft begründet, wenn durch die Übertragung mindestens 95% aller Anteile am Gesellschaftsvermögen oder der Gesellschaft in der Hand des Erwerbers allein oder in der Hand einer Unternehmensgruppe gemäß § 9 des Körperschaftsteuergesetzes 1988 vereinigt werden würden;
2. die Vereinigung von mindestens 95% aller Anteile am Gesellschaftsvermögen oder der Gesellschaft, wenn kein schuldrechtliches Geschäft im Sinne der Z 1 vorausgegangen ist;
3. ein Rechtsgeschäft, das den Anspruch auf Übertragung von mindestens 95% aller Anteile am Gesellschaftsvermögen oder der Gesellschaft begründet;
4. der Erwerb von mindestens 95% aller Anteile am Gesellschaftsvermögen oder der Gesellschaft, wenn kein schuldrechtliches Geschäft im Sinne der Z 3 vorausgegangen ist.

Treuhändig gehaltene Gesellschaftsanteile sind dem Treugeber zuzurechnen. Ein inländisches Grundstück gehört zum Vermögen einer Gesellschaft, wenn sie das Grundstück durch einen Rechtsvorgang gemäß Abs. 1 oder Abs. 2 erworben hat.

(BGBl I 2015/118, BGBl I 2018/62)

(4) Ein im Abs. 1 bezeichneter Rechtsvorgang unterliegt der Steuer auch dann, wenn ihm einer der in den Abs. 2 und 3 bezeichneten Rechtsvorgänge vorausgegangen ist. Ein im Abs. 2 bezeichneter Rechtsvorgang unterliegt der Steuer auch dann, wenn ihm einer der im Abs. 1 bezeichneten Rechtsvorgänge vorausgegangen ist. Die Steuer wird jedoch nur insoweit erhoben, als die Bemessungsgrundlage für den späteren Rechtsvorgang den Betrag übersteigt, von dem beim vorausgegangenen Rechtsvorgang die Steuer berechnet worden ist.

(BGBl I 2015/118)

(5) Ein im Abs. 2a bezeichneter Rechtsvorgang unterliegt der Steuer auch dann, wenn ein in Abs. 2a oder Abs. 3 bezeichneter Rechtsvorgang vorausgegangen ist. Ein im Abs. 3 bezeichneter Rechtsvorgang unterliegt der Steuer auch dann, wenn ein in Abs. 2a oder Abs. 3 bezeichneter Rechtsvorgang vorausgegangen ist. Sofern die Rechtsvorgänge nach Abs. 2a oder Abs. 3 in der gleichen Unternehmensgruppe verwirklicht werden, wird die Steuer nur insoweit erhoben, als die Bemessungsgrundlage für den späteren Rechtsvorgang den Betrag übersteigt, von dem beim vorausgegangenen Rechtsvorgang die Steuer berechnet worden ist.

(BGBl I 2015/118, BGBl I 2018/62)

Grundstücke

§ 2. (1) Unter Grundstücken im Sinne dieses Gesetzes sind Grundstücke im Sinne des bürgerlichen Rechtes zu verstehen. Was als Zugehör des Grundstückes zu gelten hat, bestimmt sich nach den Vorschriften des bürgerlichen Rechtes. Zum Grundstück werden jedoch nicht gerechnet:

1. Maschinen und sonstige Vorrichtungen aller Art, die zu einer Betriebsanlage gehören,
2. Gewinnungsbewilligungen nach dem Berggesetz 1975, BGBl. Nr. 259, in der jeweils geltenden Fassung sowie Apothekengerechtigkeiten.

(2) Den Grundstücken stehen gleich:

1. Baurechte,
2. Gebäude auf fremdem Boden.

(3) Bezieht sich ein Rechtsvorgang auf mehrere Grundstücke, die zu einer wirtschaftlichen Einheit gehören, so werden diese Grundstücke als ein Grundstück behandelt. Bezieht sich ein Rechtsvorgang auf einen oder mehrere Teile eines Grundstückes, so werden diese Teile als ein Grundstück behandelt.

Ausnahmen von der Besteuerung[a)]

[a)] Siehe auch § 6 Abs 5, § 11 Abs 5, § 22 Abs 4, § 26 Abs 3, § 31 Abs 3 UmgrStG (BGBl 1993/699) sowie dessen Z 1d im 3. Teil (abgedruckt 3/1).

§ 3. (1) Von der Besteuerung sind ausgenommen:

1. a) der Erwerb eines Grundstückes, wenn der für die Berechnung der Steuer maßgebende Wert 1 100 Euro nicht übersteigt oder
   b) der Erwerb eines Grundstückes gemäß § 13 des Liegenschaftsteilungsgesetzes, BGBl. Nr. 3/1930 in der geltenden Fassung, wenn der für die Berechnung der Steuer maßgebende Wert 2 000 Euro nicht übersteigt,
2. Unentgeltliche oder teilentgeltliche Erwerbe (§ 7 Abs. 1 Z 1) eines Grundstückes durch natürliche Personen nach Maßgabe der folgenden Bestimmungen:
   a) Umfasst sind nur Grundstücke,
      – soweit sie zum Betriebsvermögen eines erworbenen Betriebes oder Teilbetriebes gehören, der der Einkunftserzielung gemäß § 2 Abs. 3 Z 2 oder 3 des Einkommensteuergesetzes 1988 dient, oder
      – die der Mitunternehmerschaft von einem Mitunternehmer zur Nutzung überlassen sind (Sonderbetriebsvermögen), wenn diese gemeinsam mit Mitunternehmeranteilen zugewendet werden und der Übergeber im Zeitpunkt des Entstehens der Steuerschuld mindestens zu einem Viertel unmittelbar am Vermögen der Gesellschaft beteiligt ist.
   b) Der Übergeber hat im Falle einer Zuwendung unter Lebenden
      – das 55. Lebensjahr vollendet oder
      – ist wegen körperlicher, psychischer, sinnesbedingter oder kognitiver Funktionseinschränkungen in einem Ausmaß erwerbsunfähig, dass er nicht in der Lage ist, seinen Betrieb fortzuführen oder die mit seiner Stellung als Gesellschafter verbundenen Aufgaben oder Verpflichtungen zu erfüllen. Das Vorliegen der Erwerbsunfähigkeit ist auf Grundlage eines vom Steuerpflichtigen beizubringenden medizinischen Gutachtens eines allgemein beeideten und gerichtlich zertifizierten Sachverständigen zu beurteilen, es sei denn, es liegt eine medizinische Beurteilung durch den für den Steuerpflichtigen zuständigen Sozialversicherungsträger vor.
   c) Die Befreiung steht nur bis zu einem Wert von 900 000 Euro (Freibetrag) zu. Liegt ein teilentgeltlicher Erwerb vor, vermindert sich der Freibetrag aliquot in jenem Ausmaß, der dem entgeltlichen Teil entspricht; der verminderte Freibetrag ist vom Wert des unentgeltlichen Teils abzuziehen.
   d) Der Freibetrag (Freibetragsteil gemäß lit. e) steht bei jedem Erwerb von Vermögen gemäß lit. a zu, wenn Gegenstand der Zuwendung ist
      – ein Anteil von mindestens einem Viertel des Betriebes,
      – ein gesamter Teilbetrieb oder ein Anteil des Teilbetriebes, vorausgesetzt der Wert des Teilbetriebes oder der Anteil desselben beträgt mindestens ein Viertel des gesamten Betriebes,
      – ein Mitunternehmeranteil in dem in lit. a zweiter Teilstrich angeführten Ausmaß.
   e) Der Freibetrag steht beim Erwerb
      – eines Anteiles eines Betriebes nur entsprechend dem Anteil des erworbenen Vermögens zu,
      – eines Teilbetriebes oder eines Anteiles daran nur in dem Verhältnis zu, in dem der Wert des Teilbetriebes (Anteil des Teilbetriebes) zum Wert des gesamten Betriebes steht,
      – eines Mitunternehmeranteiles nur in dem Ausmaß zu, der dem übertragenen Anteil am Vermögen der Gesellschaft entspricht.

      Bei einem Erwerb durch mehrere Erwerber steht jedem Erwerber unter Berücksichtigung der Teilstriche 1 bis 3 der seinem Anteil am erworbenen Vermögen entsprechende Teil des Freibetrages zu.
   f) Die Steuer ist nachzuerheben, wenn der Erwerber innerhalb von fünf Jahren nach dem Erwerb das Vermögen gemäß lit. a oder wesentliche Grundlagen davon entgeltlich oder unentgeltlich überträgt, betriebsfremden Zwecken zuführt oder wenn der Betrieb oder Teilbetrieb aufgegeben wird. Der Erwerber hat Umstände, die zur Nacherhebung der Steuer führen, innerhalb eines Monats nach ihrem Eintritt dem Finanzamt Österreich anzuzeigen.

      (BGBl I 2019/104)

g) Lit. f gilt nicht, wenn die Vermögensübertragung einen nach dieser Bestimmung steuerbegünstigten Erwerb darstellt oder das erworbene Vermögen Gegenstand einer Umgründung nach dem Umgründungssteuergesetz, BGBl. Nr. 699/1991, in der jeweils geltenden Fassung, ist, sofern für das an seine Stelle getretene Vermögen kein in lit. f angeführter Grund für eine Nacherhebung der Steuer eintritt.

(BGBl I 2015/118)

2a. Erwerbe von land- und forstwirtschaftlichen Grundstücken durch den in § 26a Abs. 1 Z 1 des Gerichtsgebührengesetzes, BGBl. Nr. 501/1984 in der geltenden Fassung, genannten Personenkreis, sofern eine Gegenleistung nicht vorhanden, nicht ermittelbar oder geringer als der Einheitswert des Grundstückes ist, nach Maßgabe der folgenden Bestimmungen:

a) Umfasst sind nur Grundstücke,
   – soweit sie zum Betriebsvermögen eines erworbenen Betriebes oder Teilbetriebes gehören, der der Einkunftserzielung gemäß § 2 Abs. 3 Z 1 des Einkommensteuergesetzes 1988 dient, oder
   – die der Mitunternehmerschaft von einem Mitunternehmer zur Nutzung überlassen sind (Sonderbetriebsvermögen), wenn diese gemeinsam mit Mitunternehmeranteilen zugewendet werden und der Übergeber im Zeitpunkt des Entstehens der Steuerschuld mindestens zu einem Viertel unmittelbar am Vermögen der Gesellschaft beteiligt ist.

b) Die Befreiung steht nur bis zu einem Wert von 365 000 Euro (Freibetrag) zu.

c) Z 2 lit. b und d bis g sind anzuwenden.

(BGBl I 2015/118)

3. der unentgeltliche Erwerb eines Grundstückes durch Körperschaften, Personenvereinigungen oder Vermögensmassen, die der Förderung gemeinnütziger, mildtätiger oder kirchlicher Zwecke nach Maßgabe der §§ 34 bis 47 BAO in der jeweils geltenden Fassung dienen.

(BGBl I 2015/160)

4. Der Erwerb eines land- und forstwirtschaftlichen Grundstückes im Rahmen eines Zusammenlegungs- oder Flurbereinigungsverfahrens im Sinne der jeweiligen Landesgesetze, soweit sie den Vorschriften des Flurverfassungs-Grundsatzgesetzes 1951, BGBl. Nr. 103/1951 in der Fassung des Bundesgesetzes BGBl. I Nr. 189/2013 entsprechen.

(BGBl I 2019/103)

5. bei behördlichen Maßnahmen zur besseren Gestaltung von Bauland der Erwerb eines Grundstückes nach den für die bessere Gestaltung von Bauland geltenden Vorschriften,

6. der Erwerb eines Grundstückes durch einen fremden Staat für Zwecke seiner ausländischen Vertretungsbehörden, soweit Gegenseitigkeit gewährleistet ist.

7. Erwerbe eines Grundstückes unter Lebenden durch den Ehegatten oder eingetragenen Partner unmittelbar zum Zwecke der gleichteiligen Anschaffung oder Errichtung einer Wohnstätte zur Befriedigung des dringenden Wohnbedürfnisses der Ehegatten oder eingetragenen Partner, soweit die Wohnnutzfläche 150 m2 nicht übersteigt. Die Steuerbefreiung tritt außer Kraft, wenn diese Wohnstätte nicht unter Aufgabe der Rechte an der bisherigen Ehewohnung oder der gemeinsamen Wohnung der eingetragenen Partner innerhalb von drei Monaten ab Übergabe zur Befriedigung des dringenden Wohnbedürfnisses bezogen und ohne Änderung der Eigentumsverhältnisse weitere fünf Jahre benützt wird; wird die Wohnstätte erst errichtet, muss die Benutzung zur Befriedigung des dringenden Wohnbedürfnisses innerhalb von drei Monaten ab Fertigstellung, längstens jedoch innerhalb von acht Jahren nach vertraglicher Begründung des Miteigentums – bei schon bestehendem, nicht nach dieser Bestimmung steuerfrei erworbenem Miteigentum ab Einreichung des Ansuchens um Erteilung der Baubewilligung – erfolgen; Umstände, die zur Nacherhebung der Steuer führen, sind innerhalb eines Monats nach ihrem Eintritt dem Finanzamt Österreich anzuzeigen,

(BGBl I 2015/118, BGBl I 2019/104)

7a. der Erwerb einer Wohnstätte oder eines Anteiles an dieser
   – durch Erbanfall,
   – durch Vermächtnis,
   – durch Erfüllung eines Pflichtteilsanspruchs, wenn die Leistung an Erfüllung Statt vor Beendigung des Verlassenschaftsverfahrens vereinbart wird,
   – durch Schenkung auf den Todesfall oder
   – gemäß § 14 Abs. 1 Z 1 WEG

   durch den Ehegatten oder eingetragenen Partner, wenn das Grundstück dem Erwerber im Zeitpunkt des Todes als Hauptwohnsitz gedient hat und soweit die Wohnnutzfläche 150 m2 nicht übersteigt.

(BGBl I 2015/118, BGBl I 2018/62)

8. der Erwerb eines Grundstückes infolge eines behördlichen Eingriffs oder aufgrund eines Rechtsgeschäftes zur Vermeidung eines solchen nachweisbar unmittelbar drohenden Eingriffs,

9. Zuwendungen öffentlich-rechtlicher Körperschaften.

(2) Wird ein Grundstück, das mehreren Miteigentümern gehört, von diesen der Fläche nach

GrEStG
VO

geteilt, so wird die Steuer nicht erhoben, soweit der Wert des Teilgrundstückes, das der einzelne Erwerber erhält, dem Bruchteil entspricht, mit dem er am gesamten zu verteilenden Grundstück beteiligt ist.

Art der Berechnung

§ 4. (1) Die Steuer ist zu berechnen vom Wert der Gegenleistung (§ 5), mindestens vom Grundstückswert. Bei Vorgängen gemäß § 1 Abs. 2a und 3, bei Vorgängen nach dem Umgründungssteuergesetz sowie bei Erwerben gemäß § 7 Abs. 1 Z 1 lit. b und c ist die Steuer immer vom Grundstückswert zu berechnen. Der Grundstückswert ist entweder

– als Summe des hochgerechneten (anteiligen) dreifachen Bodenwertes gemäß § 53 Abs. 2 des Bewertungsgesetzes 1955 – BewG. 1955, BGBl. Nr. 148/1955 in der jeweils geltenden Fassung, und des (anteiligen) Wertes des Gebäudes oder
– in Höhe eines von einem geeigneten Immobilienpreisspiegel abgeleiteten Wertes

zu berechnen.

Der Bundesminister für Finanzen hat im Einvernehmen mit dem Bundeskanzler unter Berücksichtigung der Grundsätze einer einfachen und sparsamen Verwaltung durch Verordnung sowohl die näheren Umstände und Modalitäten für die Hochrechnung des Bodenwertes und die Ermittlung des Gebäudewertes als auch den anzuwendenden Immobilienpreisspiegel samt Höhe eines Abschlages festzulegen.

Weist ein Steuerschuldner nach, dass der gemeine Wert des Grundstückes im Zeitpunkt des Entstehens der Steuerschuld geringer ist als der nach der Verordnung ermittelte Grundstückswert, gilt der geringere gemeine Wert als Grundstückswert. Erfolgt dieser Nachweis durch Vorlage eines Schätzungsgutachtens, das von einem allgemein beeideten und gerichtlich zertifizierten Immobiliensachverständigen erstellt wurde, hat der von diesem festgestellte Wert die Vermutung der Richtigkeit für sich.

(BGBl I 2015/163)

(2) Abweichend von Abs. 1 ist bei den nachstehend angeführten Erwerbsvorgängen betreffend landund forstwirtschaftliche Grundstücke die Steuer vom Einheitswert (§ 6) zu berechnen:

1. bei Übertragung eines Grundstückes an den in § 26a Abs. 1 Z 1 des Gerichtsgebührengesetzes, BGBl. Nr. 501/1984 in der geltenden Fassung, angeführten Personenkreis;
2. bei Erwerb eines Grundstückes durch Erbanfall, durch Vermächtnis oder in Erfüllung eines Pflichtteilsanspruches, wenn die Leistung an Erfüllungs Statt vor Beendigung des Verlassenschaftsverfahrens vereinbart wird, durch den in § 26a Abs. 1 Z 1 des Gerichtsgebührengesetzes, BGBl. Nr. 501/1984 in der geltenden Fassung, angeführten Personenkreis;
3. bei Vorgängen gemäß § 1 Abs. 2a und 3;
4. bei Erwerb eines Grundstückes auf Grund einer Umgründung im Sinne des Umgründungssteuergesetzes.

(3) Bei einem Tauschvertrag, der für jeden Vertragsteil den Anspruch auf Übereignung eines Grundstückes begründet, ist die Steuer sowohl vom Wert der Leistung des einen als auch vom Wert der Leistung des anderen Vertragsteils zu berechnen.

(BGBl I 2015/118)

Gegenleistung

§ 5. (1) Gegenleistung ist

1. bei einem Kauf
   der Kaufpreis einschließlich der vom Käufer übernommenen sonstigen Leistungen und der dem Verkäufer vorbehaltenen Nutzungen,
2. bei einem Tausch
   die Tauschleistung des anderen Vertragsteiles einschließlich einer vereinbarten zusätzlichen Leistung,
3. bei einer Leistung an Erfüllungs Statt
   der Wert, zu dem die Leistung an Erfüllungs Statt angenommen wird,
4. beim Zuschlag im Zwangsversteigerungsverfahren
   das Meistbot einschließlich der Rechte, die nach den Zwangsversteigerungsbedingungen bestehen bleiben, und der Beträge, um die der Ersteher bei einem Überbot sein Meistbot erhöht. An die Stelle des Meistbotes tritt das Überbot, wenn der Zuschlag dem Überbieter erteilt wird,
5. bei der Übernahme auf Grund eines Übernahmsanerbietens
   der Übernahmspreis einschließlich der Rechte, die der Übernehmer ohne Anrechnung auf den Preis übernimmt, und der Kosten des Versteigerungsverfahrens,
6. bei der Abtretung des Übereignungsanspruches
   die Übernahme der Verpflichtung aus dem Rechtsgeschäft, das den Übereignungsanspruch begründet hat, einschließlich der besonderen Leistungen, zu denen sich der Übernehmer dem Abtretenden gegenüber verpflichtet (Leistungen, die der Abtretende dem Übernehmer gegenüber übernimmt, sind abzusetzen),
7. bei der Enteignung
   die Entschädigung. Wird ein Grundstück enteignet, das zusammen mit anderen Grundstücken eine wirtschaftliche Einheit bildet, so gehört die besondere Entschädigung für eine Wertminderung der nicht enteigneten Grundstücke nicht zur Gegenleistung; dies gilt auch dann, wenn ein Grundstück zur Vermeidung der Enteignung freiwillig veräußert wird.

(2) Zur Gegenleistung gehören

1. Leistungen, die der Erwerber des Grundstückes dem Veräußerer neben der beim Er-

werbsvorgang vereinbarten Gegenleistung zusätzlich gewährt,

2. Belastungen, die auf dem Grundstück ruhen, soweit sie auf den Erwerber kraft Gesetzes übergehen, ausgenommen dauernde Lasten.

(3) Der Gegenleistung sind hinzuzurechnen

1. Leistungen, die der Erwerber des Grundstückes anderen Personen als dem Veräußerer als Gegenleistung dafür gewährt, daß sie auf den Erwerb des Grundstückes verzichten,
2. Leistungen, die ein anderer als der Erwerber des Grundstückes dem Veräußerer als Gegenleistung dafür gewährt, daß der Veräußerer dem Erwerber das Grundstück überläßt.

(4) Die Grunderwerbsteuer, die für den zu besteuernden Erwerbsvorgang zu entrichten ist, wird der Gegenleistung weder hinzugerechnet noch von ihr abgezogen.

Einheitswert

§ 6. (1) Maßgebend ist der Einheitswert, der auf den dem Erwerbsvorgang unmittelbar vorausgegangenen Feststellungszeitpunkt festgestellt ist.

(2) Bildet das Grundstück, das Gegenstand des Erwerbsvorganges ist, einen Teil einer wirtschaftlichen Einheit (Untereinheit), für die ein Einheitswert festgestellt ist, so ist als Wert der entsprechende Teilbetrag des Einheitswertes anzusetzen. Der Teilbetrag ist unter sinngemäßer Anwendung der Grundsätze, die für die Zerlegung der Einheitswerte gelten, zu ermitteln.

(3) Haben sich die Verhältnisse zwischen dem unmittelbar vorausgegangenen Feststellungszeitpunkt und dem Zeitpunkt des Erwerbsvorganges (Stichtag) dergestalt geändert, dass nach den Vorschriften des Bewertungsgesetzes die Voraussetzungen für eine Wertfortschreibung oder eine Artfortschreibung oder spätestens durch den Erwerbsvorgang die Voraussetzungen für eine Nachfeststellung gegeben sind, so ist auf den Zeitpunkt des Erwerbsvorganges (Stichtag) ein besonderer Einheitswert unter sinngemäßer Anwendung der Grundsätze für Fortschreibungen oder Nachfeststellungen zu ermitteln; in den Fällen des Abs. 2 aber nur dann, wenn sich die Wertabweichung auch auf den Teil der wirtschaftlichen Einheit erstreckt.

Tarif

§ 7. (1)

1. a) Ein Erwerb gilt als
   – unentgeltlich, wenn die Gegenleistung nicht mehr als 30%,
   – teilentgeltlich, wenn die Gegenleistung mehr als 30%, aber nicht mehr als 70%,
   – entgeltlich, wenn die Gegenleistung mehr als 70%

   des Grundstückswertes beträgt.

   b) Ein Erwerb gilt als unentgeltlich, wenn er durch Erbanfall, durch Vermächtnis, durch Erfüllung eines Pflichtteilsanspruchs, wenn die Leistung an Erfüllung Statt vor Beendigung des Verlassenschaftsverfahrens vereinbart wird, oder gemäß § 14 Abs. 1 Z 1 WEG erfolgt.

   c) Ein Erwerb unter Lebenden durch den in § 26a Abs. 1 Z 1 des Gerichtsgebührengesetzes[a)], BGBl. Nr. 501/1984 in der geltenden Fassung, angeführten Personenkreis gilt als unentgeltlich.

[a)] abgedruckt unter 9/2.

   d) Liegt eine Gegenleistung vor und ist ihre Höhe nicht zu ermitteln, gilt der Erwerbsvorgang als teilentgeltlich, wobei die Gegenleistung in Höhe von 50% des Grundstückswertes angenommen wird.

2. a) Die Steuer beträgt beim unentgeltlichen Erwerb von Grundstücken
   – für die ersten 250 000 Euro 0,5%,
   – für die nächsten 150 000 Euro 2%,
   – darüber hinaus 3,5%

   des Grundstückswertes.

   Dies gilt auch bei teilentgeltlichen Erwerben, insoweit keine Gegenleistung zu erbringen ist; insoweit eine Gegenleistung zu erbringen ist, gilt Z 3.

   Für die Ermittlung des anzuwendenden Steuersatzes sind von derselben Person an dieselbe Person anfallende Erwerbe innerhalb der letzten fünf Jahre, soweit die Steuer nach dieser Litera berechnet wurde, zusammenzurechnen; dabei sind frühere Erwerbe mit ihrem früheren Wert anzusetzen. Für die Berechnung der Fünfjahresfrist ist jeweils auf den Zeitpunkt des Entstehens der Steuerschuld abzustellen. Eine Zusammenrechnung hat auch dann zu erfolgen, wenn – durch zwei oder mehrere Erwerbsvorgänge – eine wirtschaftliche Einheit oder Teile einer wirtschaftlichen Einheit innerhalb der Fünfjahresfrist an dieselbe Person anfällt.

   b) Bei Erwerben, die unter § 3 Abs. 1 Z 2 fallen, ist die Steuer nach lit. a zu berechnen, beträgt aber höchstens 0,5% vom Grundstückswert. Dies gilt auch bei teilentgeltlichen Erwerben, insoweit keine Gegenleistung zu erbringen ist; insoweit eine Gegenleistung zu erbringen ist, gilt Z 3. Im Fall einer Nacherhebung gemäß § 3 Abs. 1 Z 2 lit. f ist die Steuer ohne Begrenzung zu berechnen.

   c) Die Steuer beträgt bei Vorgängen gemäß § 1 Abs. 2a und 3 oder bei Vorgängen nach dem Umgründungssteuergesetz, wenn die Steuer nicht vom Einheitswert zu berechnen ist,........................ 0,5%.

   d) Die Steuer beträgt bei Erwerben, bei denen die Steuer gemäß § 4 Abs. 2 Z 1 und 2 vom Einheitswert zu berechnen ist, ... 2%.

3. In allen übrigen Fällen beträgt die Steuer .... 3,5%.

(2) Fällt bei unentgeltlichen oder teilentgeltlichen Erwerben durch eine privatrechtliche Stiftung oder durch eine damit vergleichbare Vermögensmasse eine Steuer gemäß Abs. 1 an, erhöht sich diese Steuer um 2,5% des Unterschiedsbetrages zwischen dem Grundstückswert und einer allfälligen Gegenleistung (Stiftungseingangssteueräquivalent).

(BGBl I 2018/62)

(3) Die Steuer ist über Antrag statt in einem Betrag in höchstens fünf Jahresbeträgen festzusetzen, soweit sie nach Abs. 1 Z 2 lit. a, lit. b erster Satz oder lit. c berechnet und der Erwerbsvorgang mit einer Abgabenerklärung (§ 10) angezeigt wird. Der einzelne Jahresbetrag ist in der Weise zu ermitteln, dass bei einer Verteilung auf zwei, drei, vier oder fünf Jahre der Gesamtbetrag um vier, sechs, acht oder zehn Prozent zu erhöhen und in zwei, drei, vier oder fünf gleiche Teile aufzuteilen ist. Der erste Teil wird mit Ablauf eines Monats nach Zustellung des Steuerbescheides fällig. Die Fälligkeit der Jahresbeträge für die auf die Zustellung des Steuerbescheides folgenden Kalenderjahre tritt jeweils am 31. März jedes folgenden Kalenderjahres ein.

(BGBl I 2015/118)

Steuerschuld

§ 8. (1) Die Steuerschuld entsteht, sobald ein nach diesem Bundesgesetz steuerpflichtiger Erwerbsvorgang verwirklicht ist.

(2) Ist die Wirksamkeit des Erwerbsvorganges vom Eintritt einer Bedingung oder von der Genehmigung einer Behörde abhängig, so entsteht die Steuerschuld mit dem Eintritt der Bedingung oder mit der Genehmigung.

(3) Für Erwerbe aufgrund einer Schenkung auf den Todesfall entsteht die Steuerschuld mit dem Tod des Geschenkgebers.

(4) Bei Erwerben durch Erbanfall entsteht die Steuerschuld mit der Rechtskraft des Beschlusses über die Einantwortung und bei Erwerben durch Vermächtnis mit Bestätigung des Verlassenschaftsgerichts gemäß § 182 Abs. 3 Außerstreitgesetz, BGBl. I Nr. 111/2003, in der jeweils geltenden Fassung.

Steuerschuldner

§ 9. Steuerschuldner sind

1. beim Erwerb kraft Gesetzes der bisherige Eigentümer und Erwerber, bei Erwerben von Todes wegen und bei Schenkungen auf den Todesfall der Erwerber,
2. beim Enteignungsverfahren und beim Zuschlag im Zwangsversteigerungsverfahren der Erwerber,
3. a) bei der Änderung des Gesellschafterbestandes einer Personengesellschaft die Personengesellschaft,
   b) bei der Vereinigung von mindestens 95% der Anteile am Gesellschaftsvermögen oder einer Gesellschaft in der Hand des Erwerbers, derjenige in dessen Hand die Anteile vereinigt werden,
   c) bei der Vereinigung von mindestens 95% der Anteile am Gesellschaftsvermögen oder einer Gesellschaft in der Hand einer Unternehmensgruppe, die am Erwerbsvorgang Beteiligten.

   (BGBl I 2015/118)
4. bei allen übrigen Erwerbsvorgängen die am Erwerbsvorgang beteiligten Personen.

Abgabenerklärung

§ 10. (1) Erwerbsvorgänge, die diesem Bundesgesetz unterliegen, sind bis zum 15. Tag des auf den Kalendermonat, in dem die Steuerschuld entstanden ist, zweitfolgenden Monats beim Finanzamt Österreich mit einer Abgabenerklärung anzuzeigen; die Abgabenerklärung hat die Sozialversicherungsnummer oder Steuernummer der am Erwerbsvorgang Beteiligten zu enthalten. Hierzu sind die in § 9 genannten Personen sowie die Notare, Rechtsanwälte und sonstigen Bevollmächtigten, die beim Erwerb des Grundstückes oder bei Errichtung der Vertragsurkunde über den Erwerb mitgewirkt haben, zur ungeteilten Hand verpflichtet. Sind Erwerbsvorgänge von der Besteuerung ausgenommen, ist die Abgabenerklärung bis zum 15. Tag des auf den Kalendermonat, in dem die Steuerschuld entstanden wäre, zweitfolgenden Monats vorzulegen; in den Fällen des § 3 Abs. 1 Z 1 lit. b ist keine Abgabenerklärung vorzulegen. Ist über den Erwerbsvorgang eine Schrift (Urkunde, Beschluss, usw.) ausgefertigt worden, so ist sie unter Angabe des im automationsunterstützten Verfahren vergebenen Ordnungsbegriffes (Erfassungsnummer) dem Finanzamt Österreich in Abschrift zu übermitteln. Diese Verpflichtungen entfallen insgesamt bei Erwerbsvorgängen, für die gemäß § 11 eine Selbstberechnung der Steuer erfolgt.

(BGBl I 2015/118, BGBl I 2019/104)

(2) Die Abgabenerklärung ist durch einen Parteienvertreter im Sinne des § 11 vorzulegen und elektronisch zu übermitteln. In den Fällen des § 3 Abs. 1 Z 4 und 5 kann die Abgabenerklärung auch durch die in § 9 genannten Personen vorgelegt und elektronisch übermittelt werden. Ist über den in der elektronischen Abgabenerklärung enthaltenen Erwerbsvorgang eine Urkunde errichtet worden, die in ein durch Bundesgesetz vorgesehenes Urkundenarchiv aufgenommen wurde, so ist der Abgabenbehörde der Zugriffscode zu dieser Urkunde bekannt zu geben. Die Abgabenbehörden sind berechtigt, auf diese Urkunden lesend zuzugreifen. Abweichend von Abs. 1 ist die Schrift nur über Verlangen der Abgabenbehörde vorzulegen; auf der Schrift ist der im automationsunterstützten Verfahren vergebene Ordnungsbegriff (Erfassungsnummer) anzugeben. Der Bundesminister für Finanzen wird ermächtigt, die Übermittlung der elektronischen Abgabenerklärung mit Verordnung näher zu regeln.

(3) Eine Abgabenerklärung (Abs. 1) ist bis zum 15. Tag des auf den Kalendermonat, in dem die Leistung gewährt wird, zweitfolgenden Monats jedenfalls dann vorzulegen, wenn

1. die Gegenleistung des Erwerbers durch Gewährung von zusätzlichen Leistungen neben der beim Erwerbsvorgang vereinbarten Gegenleistung erhöht wird,
2. der Erwerber des Grundstückes anderen Personen als dem Veräußerer nachträglich eine Leistung als Gegenleistung dafür gewährt, daß sie auf den Erwerb des Grundstückes verzichten,
3. ein anderer als der Erwerber des Grundstückes dem Veräußerer nachträglich eine Leistung als Gegenleistung dafür gewährt, daß der Veräußerer dem Erwerber das Grundstück überläßt.

Befugnis zur Selbstberechnung

§ 11. (1) Rechtsanwälte und Notare (Parteienvertreter) sind nach Maßgabe der §§ 12, 13 und 15 befugt, die Steuer für Erwerbsvorgänge, die diesem Bundesgesetz unterliegen, als Bevollmächtigte eines Steuerschuldners selbst zu berechnen, wenn die Selbstberechnung innerhalb der Frist für die Vorlage der Abgabenerklärung (§ 10) erfolgt. Die Anwendung des § 17 ist von der Selbstberechnung ausgenommen.

(2) Das Finanzamt Österreich kann die Befugnisse gemäß Abs. 1 mit Bescheid aberkennen, wenn der Parteienvertreter vorsätzlich oder wiederholt grob fahrlässig die Bestimmungen der §§ 13 und 15 verletzt. Die Aberkennung kann für mindestens drei Jahre oder unbefristet erfolgen. Von der Aberkennung sowie von deren Aufhebung sind die vier Präsidenten der Oberlandesgerichte sowie die jeweils zuständige Rechtsanwaltskammer oder Notariatskammer zu verständigen. Bei unbefristeter Aberkennung kann frühestens fünf Jahre nach Aberkennung auf Antrag des Parteienvertreters der Aberkennungsbescheid aufgehoben werden, wenn glaubhaft ist, daß der Parteienvertreter in Hinkunft seinen abgabenrechtlichen Pflichten nachkommen wird.

(BGBl I 2019/103, BGBl I 2019/104)

(3) Der Steuerschuldner hat dem selbstberechnenden Parteienvertreter die Grundlagen für die Selbstberechnung anzugeben und deren Richtigkeit und Vollständigkeit schriftlich zu bestätigen. Entsprechen die der Selbstberechnung zugrundeliegenden Angaben nicht den tatsächlichen Gegebenheiten, haben die in § 9 genannten Personen die Verpflichtungen des § 10 zu erfüllen; § 10 Abs. 1 letzter Satz ist nicht anzuwenden.

(BGBl I 2015/118)

Selbstberechnungserklärung

§ 12. Der Parteienvertreter ist befugt, gegenüber dem Grundbuchsgericht je Erwerbsvorgang elektronisch zu erklären, dass eine Selbstberechnung gemäß § 11 vorgenommen worden ist und die Grunderwerbsteuer sowie die Eintragungsgebühr nach dem Gerichtsgebührengesetz – GGG, BGBl. Nr. 501/1984 in der jeweils geltenden Fassung, soweit das GGG die gemeinsame Entrichtung mit der Grunderwerbsteuer vorsieht, gemäß § 13 abgeführt werden. Die nähere Regelung betreffend die Form, den Inhalt und den elektronischen Übermittlungsweg der Selbstberechnungserklärung wird einer Verordnung des Bundesministers für Finanzen im Einvernehmen mit dem Bundesminister für Justiz vorbehalten.

Erhebung der Steuer bei Selbstberechnung

§ 13. (1) Parteienvertreter haben für Erwerbsvorgänge, für die sie eine Selbstberechnung vornehmen, spätestens am 15. Tag (Fälligkeitstag) des auf den Kalendermonat (Anmeldungszeitraum), in dem die Selbstberechnung erfolgt, zweitfolgenden Kalendermonats eine Anmeldung über die selbst berechneten Erwerbsvorgänge beim Finanzamt Österreich vorzulegen; die Anmeldung hat die Sozialversicherungsnummer oder Steuernummer der am Erwerbsvorgang Beteiligten zu enthalten. Die Selbstberechnung und Anmeldung hat elektronisch zu erfolgen. Ist über einen der in der elektronischen Anmeldung enthaltenen Erwerbsvorgänge eine Urkunde errichtet worden, die in ein durch Bundesgesetz vorgesehenes Urkundenarchiv aufgenommen wurde, so ist der Abgabenbehörde der Zugriffscode zu dieser Urkunde bekannt zu geben. Die Abgabenbehörden sind berechtigt, auf diese Urkunde lesend zuzugreifen. Der Bundesminister für Finanzen wird ermächtigt, die elektronische Selbstberechnung und Anmeldung durch Verordnung näher zu regeln, soweit sich die Regelungen auf die gerichtlichen Eintragungsgebühren und die elektronische Übermittlung der Daten an die Justiz beziehen, im Einvernehmen mit dem Bundesminister für Justiz. Aus der Anmeldung muss sich ergeben, für welchen Steuerschuldner in welchem Ausmaß die Steuer und – nach Maßgabe der Bestimmungen im GGG – die Eintragungsgebühren nach dem GGG selbst berechnet und entrichtet wurden. Im Zweifel ist bei den betreffenden Steuerschuldnern eine verhältnismäßige Entrichtung anzunehmen. Die Anmeldung gilt als Abgabenerklärung.

(BGBl I 2015/118, BGBl I 2019/104)

(2) Ist über den Erwerbsvorgang eine Schrift errichtet worden, so ist darauf der Umstand der Selbstberechnung und der im automationsunterstützten Verfahren vergebene Ordnungsbegriff (Erfassungsnummer) zu vermerken.

(3) Ein gemäß § 201 BAO festgesetzter Steuerbetrag hat den im Abs. 1 genannten Fälligkeitstag. Die selbstzuberechnende Steuer ist spätestens am Fälligkeitstag zu entrichten.

(4) Die Parteienvertreter haften für die Entrichtung der selbstberechneten Steuer.

§ 14. (aufgehoben)

Aufbewahrung, Überprüfung

§ 15. (1) Der Parteienvertreter hat die Bestätigung gemäß § 11 Abs. 3 (Kopien), Abschriften (Kopien) der Erklärungen (§ 12) und die Abschriften

(Kopien, Gleichschriften) der über den Erwerbsvorgang ausgefertigten Schriften sieben Jahre aufzubewahren. Die Verpflichtung zur Aufbewahrung dieser Unterlagen beim Parteienvertreter entfällt, wenn sie in den Urkundensammlungen des Grundbuchs und des Firmenbuchs (§ 91b GOG) oder Urkundenarchiven von Körperschaften des öffentlichen Rechts (§ 91c GOG) abrufbar sind. § 132 BAO ist anzuwenden.

(BGBl I 2015/118)

(2) Das Finanzamt Österreich ist befugt, Prüfungen hinsichtlich sämtlicher in der Anmeldung enthaltenen Angaben durchzuführen.

(BGBl I 2019/104)

Mitteilungspflicht

§ 16. Stellt sich die Unrichtigkeit der Bemessungsgrundlage für die Selbstberechnung bei der Grunderwerbsteuer heraus, hat das Finanzamt Österreich ohne unnötigen Aufschub dem Grundbuchsgericht in elektronischer Form die richtige Bemessungsgrundlage mitzuteilen. Die nähere Regelung betreffend die Form, den Inhalt und den elektronischen Übermittlungsweg der Selbstberechnungserklärung wird einer Verordnung des Bundesministers für Finanzen im Einvernehmen mit dem Bundesminister für Justiz vorbehalten.

(BGBl I 2019/104)

Nichtfestsetzung oder Abänderung der Steuer

§ 17. (1) Die Steuer wird auf Antrag nicht festgesetzt,

1. wenn der Erwerbsvorgang innerhalb von drei Jahren seit der Entstehung der Steuerschuld durch Vereinbarung, durch Ausübung eines vorbehaltenen Rücktrittsrechtes oder eines Wiederkaufsrechtes rückgängig gemacht wird,
2. wenn der Erwerbsvorgang auf Grund eines Rechtsanspruches rückgängig gemacht wird, weil die Vertragsbestimmungen nicht erfüllt werden,
3. wenn das Rechtsgeschäft, das den Anspruch auf Übereignung begründen sollte, ungültig ist und das wirtschaftliche Ergebnis des ungültigen Rechtsgeschäftes beseitigt wird,
4. wenn das geschenkte Grundstück aufgrund eines Rechtsanspruches herausgegeben werden musste oder ein von Todes wegen erworbenes Grundstück herausgegeben werden musste und dieses beim Empfänger einen Erwerb von Todes wegen darstellt.

(2) Ist zur Durchführung einer Rückgängigmachung zwischen dem seinerzeitigen Veräußerer und dem seinerzeitigen Erwerber ein Rechtsvorgang erforderlich, der selbst einen Erwerbsvorgang nach § 1 darstellt, so gelten die Bestimmungen des Abs. 1 Z 1, 2 und 4. sinngemäß.

(3) Wird die Gegenleistung für das Grundstück herabgesetzt, so wird die Steuer auf Antrag der Herabsetzung entsprechend festgesetzt,

1. wenn die Herabsetzung innerhalb von drei Jahren seit der Entstehung der Steuerschuld stattfindet,
2. wenn die Herabsetzung (Minderung) auf Grund der §§ 932 und 933 des Allgemeinen Bürgerlichen Gesetzbuches vollzogen wird.

(4) Ist in den Fällen der Abs. 1 bis 3 die Steuer bereits festgesetzt, so ist auf Antrag die Festsetzung entsprechend abzuändern. Bei Selbstberechnung ist in den Fällen der Abs. 1 bis 3 die Steuer entsprechend festzusetzen oder ein Bescheid zu erlassen, wonach die Steuer nicht festgesetzt wird.

(5) Anträge nach Abs. 1 bis 4 sind bis zum Ablauf des fünften Kalenderjahres zu stellen, das auf das Jahr folgt, in dem das den Anspruch auf Nichtfestsetzung oder Abänderung der Steuer begründende Ereignis eingetreten ist. Die Frist endet keinesfalls jedoch vor Ablauf eines Jahres nach Wirksamwerden der Festsetzung.

Übergangsbestimmungen und Aufhebung bisheriger Rechtsvorschriften

§ 18. (1) Die Bestimmungen dieses Bundesgesetzes sind auf alle Erwerbsvorgänge anzuwenden, die nach dem 30. Juni 1987 verwirklicht werden. Andere Rechtsvorschriften, die eine Grunderwerbsteuerbefreiung vorsehen, sind für Erwerbsvorgänge, die nach dem 30. Juni 1987 verwirklicht werden, nicht mehr anzuwenden. Die auf völkerrechtlichen Verträgen beruhenden sowie internationalen Organisationen eingeräumten grunderwerbsteuerlichen Begünstigungen bleiben unberührt. Die in den §§ 2 und 10 des Strukturverbesserungsgesetzes, BGBl. Nr. 69/1969, in der jeweils geltenden Fassung, enthaltenen Grunderwerbsteuerbefreiungen finden auf Erwerbsvorgänge Anwendung, bei welchen die der Verschmelzung oder Einbringung zugrunde zu legende Bilanz der übertragenden Gesellschaft oder des Einbringenden auf einen Zeitpunkt aufgestellt ist, der vor dem 1. Juli 1987 liegt.

(2) Auf vor dem 1. Juli 1987 verwirklichte Erwerbsvorgänge sind die bis zum Inkrafttreten dieses Gesetzes in Geltung stehenden gesetzlichen Vorschriften anzuwenden. Dies gilt insbesondere, wenn für einen vor dem 1. Juli 1987 verwirklichten, steuerbefreiten Erwerbsvorgang die Steuerschuld oder ein Erhebungsgrund für die Steuer nach dem 30. Juni 1987 entsteht oder wenn der Erwerb von Ersatzgrundstücken für vor dem 1. Juli 1987 bewirkte Enteignungen oder eingetretene Schadensfälle im Sinne des § 3 Z 6 und Z 7 Grunderwerbsteuergesetz 1955, BGBl. Nr. 140, zuletzt geändert durch die Kundmachung BGBl. Nr. 175/1987, nach dem 30. Juni 1987 erfolgt.

(2a) Die §§ 11 Abs. 1, 13 Abs. 1 und 14 Abs. 3, jeweils in der Fassung des Bundesgesetzes BGBl I Nr. 28/1999, sind auf Erwerbsvorgänge anzuwenden, für die die Selbstberechnung nach dem 30. Juni 1999 erfolgt.

(2b) § 11 Abs. 1 in der Fassung des Bundesgesetzes BGBl. I Nr. 106/1999 ist auf Erwerbsvorgänge anzuwenden, die nach dem 31. Dezember 1999 verwirklicht werden.

(2c) § 6 Abs. 1, Abs. 2 erster Satz und Abs. 3 letzter Satz in der Fassung des Bundesgesetzes BGBl. I Nr. 142/2000 ist auf Erwerbsvorgänge anzuwenden, die nach dem 31. Dezember 2000 verwirklicht werden.

(2d) § 3 Abs. 1 Z 1 in der Fassung des Bundesgesetzes BGBl. I Nr. 59/2001 ist auf Erwerbsvorgänge anzuwenden, die nach dem 31. Dezember 2001 verwirklicht werden.

(2e) Die §§ 10 Abs. 2, 11 Abs. 1 und 2, 13 Abs. 1 und 2, 15 Abs. 1 und 2, jeweils in der Fassung des Bundesgesetzes BGBl. I Nr. 144/2001, sind auf Erwerbsvorgänge anzuwenden, für die die Steuerschuld nach dem 31. Dezember 2001 entsteht. Erwerbsvorgänge, für die die Steuerschuld im Jänner 2002 entsteht und für die von der Möglichkeit der Selbstberechnung Gebrauch gemacht wird, sind spätestens in die am 15. April 2002 vorzulegende Anmeldung aufzunehmen; wird von der Möglichkeit der Selbstberechnung nicht Gebrauch gemacht, so ist die Abgabenerklärung für diese Erwerbsvorgänge spätestens am 15. April 2002 elektronisch zu übermitteln. Die §§ 10 Abs. 2, 11 Abs. 1 und 2, 13 Abs. 1 und 2, 14, 15 Abs. 1 und 2, jeweils in der Fassung vor dem Bundesgesetz BGBl. I Nr. 144/ 2001, sind auf Erwerbsvorgänge anzuwenden, für die die Steuerschuld vor dem 1. Jänner 2002 entsteht.

(2f) § 3 Abs. 1 Z 2, Z 7, 8, 9, , § 7, § 8 Abs. 3, jeweils in der Fassung des Bundesgesetzes BGBl. I Nr. 85/2008, sind erstmals auf Erwerbsvorgänge anzuwenden, für die die Steuerschuld nach dem 31. Juli 2008 entsteht oder entstehen würde.

§ 3 Abs. 1 Z 2 in der Fassung des Bundesgesetzes BGBl. I Nr. 144/2001 tritt mit Ablauf des 31. Juli 2008 außer Kraft und ist letztmalig auf Erwerbe von Todes und Schenkungen unter Lebenden anzuwenden, für die die Steuerschuld nach dem Erbschafts- und Schenkungssteuergesetz 1955 in der Fassung vor dem Bundesgesetz BGBl. I Nr. 85/2008 entsteht oder entstehen würde.

§ 4 Abs. 2 Z 4 ist auf Erwerbe anzuwenden, bei denen der Todestag des Erblassers nach dem 31. Juli 2008 liegt.

Bei Schenkungen, bei denen der Anspruch auf Übereignung vor dem 1. August 2008 begründet wird, die Übergabe aber nach dem 31. Juli 2008 erfolgt, entsteht die Steuerschuld im Zeitpunkt der Übergabe. Bei Rechtsgeschäften unter Lebenden, die teils entgeltlich und teils unentgeltlich sind und bei denen der Anspruch auf Übereignung vor dem 1. August 2008 begründet wird, die Übergabe aber nach dem 31. Juli 2008 erfolgt, entsteht die Steuerschuld für den unentgeltlichen Teil im Zeitpunkt der Übergabe.

Bei Schenkungsverträgen auf den Todesfall, die teils entgeltlich und teils unentgeltlich sind und bei denen die Steuerschuld für den entgeltlichen Teil vor dem 1. August 2008 entstanden ist, entsteht die Steuerschuld für den unentgeltlichen Teil im Zeitpunkt des Todes des Geschenkgebers.

(2g) § 3 Abs. 1 Z 3 tritt mit Ablauf des 31. Juli 2008 außer Kraft und ist letztmalig auf Erwerbsvorgänge eines zum Nachlass gehörigen Grundstückes durch Miterben zur Teilung des Nachlasses anzuwenden, wenn der Erblasser vor dem 1. August 2008 verstorben ist.

(2h) § 11 Abs. 2 erster Satz und § 15 Abs. 2, jeweils in der Fassung des Budgetbegleitgesetzes 2011, BGBl. I Nr. 111/2010, treten mit 1. Jänner 2011 in Kraft. § 11 Abs. 2 dritter Satz tritt mit Ablauf des 31. Dezember 2010 außer Kraft.

(2i) § 3 Abs. 1 Z 8 tritt mit Ablauf des 31. Dezember 2011 außer Kraft und ist letztmalig auf Erwerbsvorgänge anzuwenden, für die die Steuerschuld vor dem 1. Jänner 2012 entsteht oder entstehen würde. § 7 Abs. 2 in der Fassung des Bundesgesetzes BGBl. I Nr. 112/2011 ist erstmals auf Erwerbsvorgänge anzuwenden, für die die Steuerschuld nach dem 31. Dezember 2011 entsteht.

(2j) § 10 Abs. 1 und 2 in der Fassung des 1. Stabilitätsgesetzes 2012, BGBl. I Nr. 22/2012, tritt mit 1. Jänner 2013 in Kraft und ist erstmals auf Erwerbsvorgänge anzuwenden, für die die Steuerschuld nach dem 31. Dezember 2012 entsteht oder entstehen würde.

(2k) § 3 Abs. 1 Z 1, § 6 Abs. 3 und § 10 Abs. 1 und 2, jeweils in der Fassung des Bundesgesetzes BGBl. I Nr. 112/2012 treten mit 1. Jänner 2013 in Kraft und sind erstmals auf Erwerbsvorgänge anzuwenden, für die die Steuerschuld nach dem 31. Dezember 2012 entsteht oder entstehen würde.

(2l) §§ 12 und 13 in der Fassung der Grundbuchsgebührennovelle, BGBl. I Nr. 1/2013, treten mit 1. Jänner 2013 in Kraft und sind auf alle Erwerbsvorgänge anzuwenden, für die die Selbstberechnung gemäß § 11 nach dem 31. Dezember 2012 vorgenommen wird. § 16 tritt mit Ablauf des 31. Dezember 2012 außer Kraft, ist aber weiterhin auf Erwerbsvorgänge anzuwenden, für die eine Selbstberechnung gemäß § 11 vor dem 1. Jänner 2013 vorgenommen worden ist.

(2m) § 3 Abs. 1 Z 2, 7, 8 und 9, § 4 Abs. 1 und Abs. 2 Z 1, 3 und 4, §§ 6 und 7 und § 8 Abs. 4 jeweils in der Fassung des Bundesgesetzes BGBl. I Nr. 36/2014 sind auf alle Erwerbsvorgänge anzuwenden, die nach dem 31. Mai 2014 verwirklicht werden oder für die die Steuerschuld oder ein Erhebungsgrund für die Steuer nach dem 31. Mai 2014 entsteht. Wurde der Erwerbsvorgang vor dem 1. Juni 2014 verwirklicht oder ist der Erblasser vor dem 1. Juni 2014 verstorben, kann der Steuerschuldner gegenüber dem die Steuer selbstberechnenden Parteienvertreter oder gegenüber dem Finanzamt Österreich schriftlich erklären, dass die Besteuerung nach § 4 Abs. 2 und §§ 6 und 7, jeweils in der Fassung vor dem Bundesgesetz BGBl. I Nr. 36/2014, erfolgen soll.

(BGBl I 2019/104)

(2n) § 4 Abs. 2 Z 2 in der Fassung des Bundesgesetzes BGBl. I Nr. 36/2014 ist auf alle Erwerbsvorgänge betreffend land- und forstwirtschaftliche Grundstücke anzuwenden, die nach dem 31. Dezember 2014 verwirklicht werden oder für die die Steuerschuld oder ein Erhebungsgrund für die Steuer nach dem 31. Dezember 2014 entsteht.

Wurde der Erwerbsvorgang nach dem 31. Mai 2014 und vor dem 1. Jänner 2015 verwirklicht oder ist der Erblasser nach dem 31. Mai 2014 und vor dem 1. Jänner 2015 verstorben, kann der Steuerschuldner gegenüber dem die Steuer selbstberechnenden Parteienvertreter oder gegenüber dem Finanzamt schriftlich erklären, dass die Besteuerung nach § 4 Abs. 2 Z 1 in der Fassung des Bundesgesetzes BGBl. I Nr. 36/2014 erfolgen soll. Wurde der Erwerbsvorgang vor dem 1. Juni 2014 verwirklicht oder ist der Erblasser vor dem 1. Juni 2014 verstorben, kann der Steuerschuldner gegenüber dem die Steuer selbstberechnenden Parteienvertreter oder gegenüber dem Finanzamt Österreich schriftlich erklären, dass die Besteuerung nach § 4 Abs. 2 und §§ 6 und 7 jeweils in der Fassung vor dem Bundesgesetz BGBl. I Nr. 36/2014 erfolgen soll.

(BGBl I 2019/104)

(2o) Die §§ 12, 13 und 16 in der Fassung des Bundesgesetzes BGBl. I Nr. 36/2014 sind auf alle Erwerbsvorgänge anzuwenden, für die die Selbstberechnung gemäß § 11 nach dem 31. Dezember 2014 vorgenommen wird.

(2p) § 1 Abs. 2a, 3, 4 und 5, § 3 Abs. 1 Z 2, 2a und 7, § 4, § 7, § 9 Z 3, § 10 Abs. 1, § 11 Abs. 3 und § 13 Abs. 1 jeweils in der Fassung des Bundesgesetzes BGBl. I Nr. 118/2015 treten mit 1. Jänner 2016 in Kraft und sind auf Erwerbsvorgänge anzuwenden, die nach dem 31. Dezember 2015 verwirklicht werden oder wenn der Erblasser nach dem 31. Dezember 2015 verstorben ist. § 3 Abs. 1 Z 7a in der Fassung des Bundesgesetzes BGBl. I Nr. 118/2015 tritt mit 1. Jänner 2016 in Kraft und ist auf Erwerbsvorgänge anzuwenden, wenn der Erblasser nach dem 31. Dezember 2015 verstorben ist. Entsteht die Steuerschuld nach dem 31. Dezember 2015, wurde jedoch entweder der Erwerbsvorgang vor dem 1. Jänner 2016 verwirklicht oder ist der Erblasser vor dem 1. Jänner 2016 verstorben, kann der Steuerschuldner gegenüber dem die Steuer selbstberechnenden Parteienvertreter oder gegenüber dem Finanzamt Österreich schriftlich erklären, dass die Besteuerung nach den Bestimmungen dieses Gesetzes in der Fassung des Bundesgesetz BGBl. I Nr. 118/2015 erfolgen soll. Durch das Inkrafttreten des Bundesgesetzes BGBl. I Nr. 118/2015 wird kein Erwerbsvorgang verwirklicht.

Änderungen des Gesellschafterbestandes, die vor dem 1. Jänner 2016 erfolgen, sind für die Verwirklichung des Tatbestandes des § 1 Abs. 2a nicht zu berücksichtigen. Werden Anteile am Gesellschaftsvermögen oder an der Gesellschaft, die am 31. Dezember 2015 treuhändig gehalten wurden, nach diesem Tag an den Treugeber übertragen, sind § 1 Abs. 2a vorletzter Satz und Abs. 3 vorletzter Satz nicht anzuwenden. Werden am 31. Dezember 2015 mindestens 95% der Anteile am Gesellschaftsvermögen oder an der Gesellschaft in der Hand einer Person oder einer Unternehmensgruppe gemäß § 9 des Körperschaftsteuergesetzes 1988 gehalten, ist § 1 Abs. 3 in der Fassung des Bundesgesetzes BGBl. I Nr. 118/2015 auch auf Rechtsvorgänge anzuwenden, sofern dadurch der Prozentsatz verändert wird, aber nicht unter 95% sinkt und bezogen auf diese Anteile nicht bereits ein Tatbestand des § 1 Abs. 3 in der Fassung des Bundesgesetzes BGBl. I Nr. 118/2015 erfüllt wurde.

(BGBl I 2015/163, BGBl I 2019/103, BGBl I 2019/104)

(2q) § 3 Abs. 1 Z 3 in der Fassung des Gemeinnützigkeitsgesetzes 2015, BGBl. I Nr. 160/2015 tritt mit 1. Jänner 2016 in Kraft und ist erstmals auf Erwerbsvorgänge anzuwenden, für die die Steuerschuld nach dem 31. Dezember 2015 entsteht oder entstehen würde.

(BGBl I 2015/160)

(2r) § 1 Abs. 2a, 3 und 5, § 3 Abs. 1 Z 7a und § 7 Abs. 2 treten mit Ablauf des Tages der Freigabe zur Abfrage im Bundesgesetzblatt in Kraft.

(BGBl I 2018/62)

(2s) § 3 Abs. 1 Z 2 lit. f und Z 7, § 10 Abs. 1 erster und vorletzter Satz, § 11 Abs. 2 erster Satz, § 13 Abs. 1 erster Satz, § 15 Abs. 2, § 16 sowie § 18 Abs. 2m, 2n und 2p dritter Satz, jeweils in der Fassung des Bundesgesetzes BGBl. I Nr. 104/2019, treten mit 1. Juli 2020 in Kraft.

(BGBl I 2019/104)

(2t) In der Fassung des Bundesgesetzes BGBl. I Nr. 103/2019 treten in Kraft,

1. § 18 Abs. 2p vorletzter Satz mit 15. August 2018,
2. § 3 Abs. 1 Z 4 mit 1. Jänner 2020.

(BGBl I 2019/103)

(3) Wird in anderen bundesgesetzlichen Vorschriften auf Bestimmungen des Grunderwerbsteuergesetzes 1955, BGBl. Nr. 140, zuletzt geändert durch die Kundmachung BGBl. Nr. 175/1987, verwiesen, bezieht sich diese Verweisung bei Erwerbsvorgängen, die nach dem 30. Juni 1987 verwirklicht werden, auf die entsprechenden Bestimmungen dieses Bundesgesetzes.

(4) Mit der Vollziehung dieses Bundesgesetzes ist der Bundesminister für Finanzen betraut.

9/2.
Gerichtsgebührengesetz (Auszug)

BGBl 1984/501 idF BGBl I 2022/61

Wertberechnung für die Eintragungsgebühr

§ 26. (1) Die Eintragungsgebühr ist bei der Eintragung des Eigentumsrechts und des Baurechts – ausgenommen in den Fällen der Vormerkung – sowie bei der Anmerkung der Rechtfertigung der Vormerkung zum Erwerb des Eigentums und des Baurechts vom Wert des jeweils einzutragenden Rechts zu berechnen. Der Wert wird durch den Preis bestimmt, der im gewöhnlichen Geschäftsverkehr bei einer Veräußerung üblicherweise zu erzielen wäre. Dabei sind alle Umstände, die den Preis beeinflussen, zu berücksichtigen. Ungewöhnliche oder persönliche Verhältnisse sind nicht zu berücksichtigen. Maschinen und sonstige Vorrichtungen aller Art, die zu einer Betriebsanlage gehören, sind nicht in die Bemessungsgrundlage einzubeziehen.

(2) Die Partei hat den Wert des einzutragenden Rechts (Abs. 1) eingangs der Eingabe zu beziffern, die zur Ermittlung des Werts notwendigen Angaben zu machen und diese durch Vorlage geeigneter Unterlagen zur Prüfung der Plausibilität zu bescheinigen. Ist die Entrichtung der Gerichtsgebühren im Fall der Selbstberechnung (§ 11 Grunderwerbsteuergesetz 1987) beim zuständigen Finanzamt (§ 4 Abs. 7) zum Zeitpunkt der Fälligkeit der Grunderwerbsteuer (§ 2 Z 4 zweiter Halbsatz) vorgesehen, kann mit Verordnung nach § 26a Abs. 3 geregelt werden, wie weit von diesen Angaben abgesehen werden kann.

(3) Soweit keine außergewöhnlichen Verhältnisse vorliegen, die offensichtlich Einfluss auf die Gegenleistung gehabt haben, ist bei den nachstehend angeführten Erwerbsvorgängen der Wert der Gegenleistung als Bemessungsgrundlage heranzuziehen,

1. bei einem Kauf der Kaufpreis zuzüglich der vom Käufer übernommenen sonstigen Leistungen und der dem Verkäufer vorbehaltenen Nutzungen,
2. bei einem Erwerb gegen wiederkehrende Geldleistungen, wenn der Gesamtbetrag der Zahlungen nicht von vorhinein feststeht, der Kapitalwert,
3. bei einer Leistung an Zahlungs Statt der Wert, zu dem die Leistung an Zahlungs Statt angenommen wird,
4. bei der Enteignung die Entschädigung.

Der Gegenleistung sind Belastungen hinzuzurechnen, die auf dem Grundstück ruhen, soweit sie auf den Erwerber kraft Gesetzes übergehen, ausgenommen dauernde Lasten.

(4) Wenn die Angaben zur Prüfung der Plausibilität nicht für hinreichend bescheinigt erachtet werden, kann die Partei zur Vorlage weiterer Bescheinigungsmittel aufgefordert werden. Das Gleiche gilt für eine Prüfung aus Anlass einer Gebührenrevision. Kommt die Partei einem solchen Auftrag ohne hinreichenden Grund nicht nach oder entspricht die von ihr nach Vorhalt vorgenommene Bezifferung offenkundig nicht den Abs. 1 bis 3, so ist der Wert des einzutragenden Rechts unter Berücksichtigung der vorliegenden Bescheinigungsmittel nach freier Überzeugung zu schätzen. In diesem Fall ist eine Ordnungsstrafe bis zu 50% der so ermittelten Eintragungsgebühr zu entrichten; die Ordnungsstrafe darf jedoch 470 Euro nicht übersteigen.

(BGBl II 2021/160)

(4a) Ist die Entrichtung der Gerichtsgebühren im Fall der Selbstberechnung (§ 11 Grunderwerbsteuergesetz 1987) beim zuständigen Finanzamt (§ 4 Abs. 7) zum Zeitpunkt der Fälligkeit der Grunderwerbsteuer (§ 2 Z 4 zweiter Halbsatz) vorgesehen und stellt sich die Unrichtigkeit der Angaben in der Selbstberechnungserklärung nach § 12 des Grunderwerbsteuergesetzes 1987 nachträglich – etwa aus Anlass einer Gebührenrevision, auf Grund einer Mitteilung des Finanzamts (§ 16 Grunderwerbsteuergesetz 1987) oder eines die selbstberechnete Steuer betreffenden abgabenbehördlichen Verfahrens – heraus, so ist die Eintragungsgebühr von Amts wegen neu zu bemessen; dies gilt auch dann, wenn sich die Unrichtigkeit der Angaben erst nach Eintritt der Rechtskraft der Gebührenvorschreibung herausstellt. Der Fehlbetrag kann in den Fällen des § 303 Abs. 1 BAO auch nach Ablauf der Verjährungsfrist (§ 8 GEG) nachgefordert werden. Stellt die Vorschreibungsbehörde fest, dass die in der Selbstberechnungserklärung nach § 12 des Grunderwerbsteuergesetzes 1987 angegebene Bemessungsgrundlage offenbar unrichtig ist, so hat sie das zuständige Finanzamt ohne unnötigen Aufschub zu verständigen.

(5) Bei der Eintragung zum Erwerb eines Pfandrechtes und bei der Anmerkung der Rangordnung für eine beabsichtigte Verpfändung bestimmt sich der Wert nach dem Nennbetrag (Höchstbetrag, § 14 Abs. 2 GBG 1955) der Forderung einschließlich der Nebengebührensicherstellung. Bei Afterpfandrechten kann dieser Wert nie größer sein als der der belasteten Forderung.

(6) Wird die Eintragung von mehreren Berechtigten in einer Eingabe verlangt, so ist die Eintragungsgebühr für jeden Berechtigten nach dem Wert seiner Rechte zu berechnen.

(7) Wird eine Eintragung zum Erwerb eines Rechtes gemeinschaftlich von einer oder mehreren gebührenpflichtigen und gebührenbefreiten Personen begehrt, so ist die Gebühr nur nach dem Anteil des Gebührenpflichtigen zu berechnen.

Begünstigte Erwerbsvorgänge

§ 26a. (1) Abweichend von § 26 ist für die Bemessung der Eintragungsgebühr bei den nachstehend angeführten begünstigten Erwerbsvorgängen der dreifache Einheitswert, maximal jedoch 30%

des Werts des einzutragenden Rechts (§ 26 Abs. 1), heranzuziehen:

1. bei Übertragung einer Liegenschaft an den Ehegatten oder eingetragenen Partner während aufrechter Ehe (Partnerschaft) oder im Zusammenhang mit der Auflösung der Ehe (Partnerschaft), an den Lebensgefährten, sofern die Lebensgefährten einen gemeinsamen Hauptwohnsitz haben oder hatten, an einen Verwandten oder Verschwägerten in gerader Linie, an ein Stief-, Wahl- oder Pflegekind oder deren Kinder, Ehegatten oder eingetragenen Partner, oder an Geschwister, Nichten oder Neffen des Überträgers;
2. bei Übertragung einer Liegenschaft aufgrund eines Vorgangs nach dem Umgründungssteuergesetz, BGBl. Nr. 699/1991, aufgrund eines Erwerbsvorgangs zwischen einer Gesellschaft und ihrem Gesellschafter oder aufgrund der Vereinigung aller Anteile einer Personengesellschaft;

dies gilt jeweils auch für die Übertragung ideeller Anteile an diesen Grundstücken beziehungsweise Liegenschaften. Für die Frage, ob eine begünstigte Übertragung vorliegt, ist auf das Verhältnis zwischen dem eingetragenen Vorberechtigten und jener Person abzustellen, zu deren Gunsten das Recht eingetragen werden soll. Eine begünstigte Übertragung liegt im Fall der Z 1 auch dann vor, wenn jeder Erwerb in der Erwerbskette, die zur Eintragung in das Grundbuch führt, zwischen Personen stattfindet, bei denen die Voraussetzungen für eine begünstigte Übertragung vorlägen.

(2) Eine Ermäßigung der Bemessungsgrundlage tritt nur ein, wenn sie eingangs der Eingabe, spätestens aber anlässlich der Vorstellung gegen einen Zahlungsauftrag unter Hinweis auf die gesetzliche Grundlage in Anspruch genommen wird. Die Voraussetzungen für die Ermäßigung der Bemessungsgrundlage sind durch Vorlage geeigneter Urkunden, bei Lebensgefährten insbesondere durch Bestätigungen über den Hauptwohnsitz zu bescheinigen.

(BGBl I 2022/61)

(3) Die Bundesministerin für Justiz hat unter Berücksichtigung der Grundsätze einer einfachen und sparsamen Verwaltung durch Verordnung die näheren Umstände und Modalitäten für die zur Ermittlung des Werts erforderlichen Angaben nach § 26 Abs. 2, für die Inanspruchnahme der Begünstigungen nach § 26a Abs. 1 sowie für die Bescheinigungen nach § 26a Abs. 2 nach Maßgabe der technischen Möglichkeiten zu bestimmen.

9/3. VERORDNUNGEN

9/3/2.
Grundstückswertverordnung

BGBl II 2015/442 idF BGBl II 2019/291

Verordnung des Bundesministers für Finanzen betreffend Festlegung der Ermittlung des Grundstückswertes (Grundstückswertverordnung – GrWV)

Auf Grund des § 4 Abs. 1 des Grunderwerbsteuergesetzes 1987 – GrEStG 1987, BGBl. Nr. 309/1987, zuletzt geändert durch das Bundesgesetz BGBl. I Nr. 118/2015, wird im Einvernehmen mit dem Bundeskanzler verordnet:

Methoden der Grundstückswertermittlung

§ 1. Wird der Grundstückswert als Summe des hochgerechneten (anteiligen) dreifachen Bodenwertes gemäß § 53 Abs. 2 erster und zweiter Satz des Bewertungsgesetzes 1955 – BewG. 1955, BGBl. Nr. 148/1955, in der Fassung des Bundesgesetzes, BGBl. I Nr. 34/2015 (Grundwert) und des (anteiligen) Wertes des Gebäudes (Gebäudewert) ermittelt, ist nach § 2 vorzugehen. Wird der Grundstückswert in Höhe eines von einem geeigneten Immobilienpreisspiegel abgeleiteten Wertes ermittelt, ist nach § 3 vorzugehen. Für jede wirtschaftliche Einheit gemäß § 2 BewG. 1955 kann die Ermittlungsmethode frei gewählt werden.

Pauschalwertmodell

§ 2. (1) Je nach Beschaffenheit der wirtschaftlichen Einheit, für die der Grundstückswert zu ermitteln ist, ist entweder nur der Grundwert (Abs. 2), nur der Gebäudewert (Abs. 3) oder beides zu berechnen.

(2) Berechnung des Grundwertes:

1. Für den (anteiligen) dreifachen Bodenwert ist die Grundfläche mit dem dreifachen Bodenwert pro Quadratmeter zu multiplizieren. Für den Bodenwert pro Quadratmeter ist jener Wert maßgebend, der auf den dem Erwerbsvorgang unmittelbar vorausgegangenen Feststellungszeitpunkt festgestellt wurde; § 6 Abs. 3 GrEStG 1987 ist anzuwenden. Anfragen an das Finanzamt um Bekanntgabe des Bodenwertes müssen elektronisch im Wege von Finanz-Online erfolgen. Dies gilt nicht, wenn die elektronische Anfrage mangels technischer Voraussetzungen unzumutbar ist.
2. Der (anteilige) dreifache Bodenwert ist mit den Faktoren hochzurechnen, die in der Anlage je Gemeinde, in Gemeinden über 100 000 Einwohnern (Stichtag 1. Jänner 2015) für einen oder mehrere Bezirke bzw. Stadtteile festgelegt werden.
3. Erstreckt sich eine wirtschaftliche Einheit über zwei oder mehr Gemeinden, sind für die auf die einzelne Gemeinde entfallenden Grundflächenanteile die jeweiligen Hochrechnungsfaktoren heranzuziehen.

(3) Berechnung des Gebäudewertes:

1. Für den (anteiligen) Wert des Gebäudes ist zunächst die (anteilige) Nutzfläche (lit. a), wenn diese nicht bekannt ist, die um 30% gekürzte (anteilige) Bruttogrundrissfläche (lit. b), mit einem Baukostenfaktor (Z 2), der im Ausmaß der Z 3 anzusetzen ist, zu multiplizieren.
   a) Als Nutzfläche gilt die gesamte Bodenfläche des Gebäudes abzüglich der Wandstärken sowie der im Verlauf der Wände befindlichen Durchbrechungen und Ausnehmungen. Treppen, offene Balkone, Terrassen und unausgebauter Dachraum sind bei der Berechnung der Nutzfläche nicht zu berücksichtigen. Die Fläche des Kellers ist im Ausmaß von 35% anzusetzen, es sei denn, es liegt nachweislich ein geringeres Ausmaß der Eignung für Wohn- und Geschäftszwecke vor. Ein Keller ist eine bauliche Anlage, die ganz oder überwiegend unter dem angrenzenden Geländeniveau liegt. Die Fläche einer Garage oder eines Kraftfahrzeugabstellplatzes ist ebenfalls im Ausmaß von 35% anzusetzen.
   b) Die Bruttogrundrissfläche ist jene Fläche, welche sich aus der Summe aller Grundrissflächen aller Grundrissebenen eines Gebäudes errechnet. Die Grundrissfläche ist die Fläche innerhalb der äußeren Begrenzungslinien der Außenwände eines Geschoßes. Ein unausgebauter Dachboden stellt keine Grundrissebene dar.

      Die Grundrissfläche eines Kellergeschoßes ist bei der Ermittlung der Bruttogrundrissfläche mit der Hälfte anzusetzen. Ein Keller ist eine bauliche Anlage, die ganz oder überwiegend unter dem angrenzenden Geländeniveau liegt. Soweit die Bodenfläche einer Garage Teil einer Grundrissebene ist, ist sie bei der Ermittlung der Bruttogrundrissfläche mit der Hälfte anzusetzen. Soweit die Bodenfläche einer Garage nicht Teil einer Grundrissebene ist, ist sie zur Hälfte der Bruttogrundrissfläche hinzuzurechnen.
   c) Bei Gebäuden, bei denen gemäß § 33 Abs. 2 BewG. 1955 in der Fassung des Bundesgesetzes, BGBl. I Nr. 34/2015, der übersteigende Teil des Wohnungswertes als sonstiges bebautes Grundstück (§ 54 Abs. 1 Z 5 BewG. 1955 in der Fassung des Bundesgesetzes, BGBl. I Nr. 34/2015) dem Grundvermögen

zugerechnet wird, ist der ermittelte Gebäudewert um 2 180,19 Euro zu kürzen.

2. Die Baukostenfaktoren werden wie folgt festgelegt:

Bundesland	Baukostenfaktor je Quadratmeter
Wien	1 470 Euro
Niederösterreich	1 310 Euro
Burgenland	1 270 Euro
Oberösterreich	1 370 Euro
Salzburg	1 550 Euro
Tirol	1 370 Euro
Vorarlberg	1 670 Euro
Steiermark	1 310 Euro
Kärnten	1 300 Euro

3. Der Baukostenfaktor gemäß Z 2 ist in folgendem Ausmaß anzusetzen:
   a) bei Wohnzwecken dienenden Gebäuden, soweit für diese kein Richtwert- oder Kategoriemietzins gemäß § 16 des Mietrechtsgesetzes, BGBl. Nr. 520/1981 in der Fassung des Bundesgesetzes BGBl. I Nr. 100/2014 gilt, 100%
   b) bei Fabriksgebäuden, Werkstättengebäuden und Lagerhäusern, die Teile der wirtschaftlichen Einheit eines Fabriksgrundstückes sind 60%
   c) bei einfachsten Gebäuden (z. B. Glashäuser, Kalthallen, Gerätehäuser oder nicht ganzjährig bewohnbare Schrebergartenhäuser) sowie bei behelfsmäßiger Bauweise 25%
   d) bei allen anderen Gebäuden 71,25%

4. Der nach Z 1 bis 3 errechnete Betrag ist in folgendem Umfang im Grundstückswert zu berücksichtigen:

	100%	80%	65%	30%
Gebäude (Z 3 lit. a, b und d)	Fertigstellung oder umfassende Sanierung (Z 5) innerhalb der letzten zwanzig Jahre vor dem Erwerbszeitpunkt	Teilsanierung (Z 5) innerhalb der letzten zwanzig Jahre vor dem Erwerbszeitpunkt, wenn Fertigstellung vor mehr als zwanzig Jahren vor dem Erwerbszeitpunkt	Fertigstellung innerhalb der letzten vierzig bis zwanzig Jahre vor dem Erwerbszeitpunkt	Fertigstellung vor mehr als vierzig Jahren vor dem Erwerbszeitpunkt
einfachste Gebäude (Z 3 lit. c)	Fertigstellung innerhalb der letzten zehn Jahre vor dem Erwerbszeitpunkt		Fertigstellung innerhalb der letzten zwanzig bis zehn Jahre vor dem Erwerbszeitpunkt	Fertigstellung vor mehr als zwanzig Jahren vor dem Erwerbszeitpunkt

5. Wurden innerhalb der letzten zwanzig Jahre vor dem Erwerbszeitpunkt vier der folgenden Maßnahmen umgesetzt, liegt eine umfassende Sanierung gemäß Z 4, wurden mindestens zwei Maßnahmen umgesetzt, liegt eine Teilsanierung gemäß Z 4 vor:
   a) Erneuerung des Außenverputzes mit Erhöhung des Wärmeschutzes
   b) Erstmaliger Einbau oder Austausch von Heizungsanlagen
   c) Erstmaliger Einbau oder Austausch von Elektro-, Gas-, Wasser- oder Heizungsinstallationen
   d) Erstmaliger Einbau oder Austausch von Badezimmern
   e) Austausch von mindestens 75% der Fenster

   Wird nur ein Teil eines Gebäudes saniert und können die Sanierungsmaßnahmen diesem Gebäudeteil zugeordnet werden (z. B. Anbau, Dachbodenausbau oder Sanierung einer Eigentumswohnung), ist Z 4 nach der Beschaffenheit des jeweiligen Gebäudeteiles anzuwenden. Kann keine Zuordnung vorgenommen werden, liegt eine Teilsanierung vor, wenn mindestens zwei Maßnahmen bei mehr als der Hälfte des Gebäudes umgesetzt wurden.

(4) Ermittlung des Grundstückswertes eines Baurechtes und des mit einem Baurecht belasteten Grundstückes:

1. Grundwert
   a) Beträgt die Dauer des Baurechtes im Zeitpunkt des Entstehens der Steuerschuld noch 50 Jahre oder mehr, ist der Grundwert des Baurechtes in Höhe des Grundwertes des unbebauten Grundstückes (Abs. 2) und der Grundwert des belasteten Grundstückes mit Null anzusetzen.
   b) Beträgt die Dauer des Baurechtes im Zeitpunkt des Entstehens der Steuerschuld weniger als 50 Jahre, ist der Grundwert des Baurechtes mit 2% des Grundwertes des unbebauten Grundstückes (Abs. 2) für jedes volle Jahr der restlichen Dauer des Baurechtes anzusetzen. Der Grundwert des belasteten

Grundstückes ist die Differenz zwischen dem Grundwert des unbelasteten Grundstückes und dem Grundwert für das Baurecht.

2. Gebäudewert

Wird das Baurecht an einem bebauten Grundstück eingeräumt, ist der Gebäudewert nach Abs. 3 zu berechnen.

(BGBl II 2019/291)

Ermittlung anhand eines geeigneten Immobilienpreisspiegels

§ 3. (1) Für Erwerbsvorgänge, für die die Steuerschuld vor dem 1. Jänner 2017 entsteht, ist ausschließlich der im Zeitpunkt des Entstehens der Steuerschuld zuletzt veröffentlichte Immobilienpreisspiegel der Wirtschaftskammer Österreich, Fachverband der Immobilien- und Vermögenstreuhänder, heranzuziehen. Dieser Immobilienpreisspiegel darf nur angewendet werden, wenn das Grundstück die dem Immobilienpreisspiegel für die Bewertung eines gleichartigen Grundstückes zugrunde liegenden Annahmen erfüllt. Der Grundstückswert beträgt 71,25% des ermittelten Wertes.

(2) Für Erwerbsvorgänge, für die die Steuerschuld nach dem 31. Dezember 2016 entsteht, sind ausschließlich die im Zeitpunkt des Entstehens der Steuerschuld zuletzt veröffentlichten Immobiliendurchschnittspreise der Bundesanstalt Statistik Österreich heranzuziehen. Diese Immobiliendurchschnittspreise dürfen nur angewendet werden, wenn das Grundstück mit den für die Bewertung eines gleichartigen Grundstückes zugrunde liegenden Kategorien der Tabellen der Immobiliendurchschnittspreise übereinstimmt. Der Grundstückswert beträgt 71,25% des ermittelten Wertes. Für die Ermittlung des Grundstückswertes eines Baurechtes und des mit einem Baurecht belasteten Grundstückes dürfen die Immobiliendurchschnittspreise nur dann herangezogen werden, wenn das Baurecht an einem unbebauten Grundstück besteht. Dabei ist § 2 Abs. 4 Z 1 lit. a und b sinngemäß anzuwenden. Der Bundesanstalt Statistik Österreich ist für die Erstellung der jährlich zu veröffentlichenden Tabellen der Immobiliendurchschnittspreise vom Bundesminister für Finanzen ein Kostenersatz gemäß § 32 Abs. 4 Z 1 des Bundesstatistikgesetzes 2000 zu leisten.

(BGBl II 2019/291)

(3) Der Bundesminister für Finanzen hat die Sachgerechtigkeit der Ermittlung des Grundstückswertes gemäß Abs. 2 bis 30. September 2019 zu evaluieren.

Inkrafttreten

§ 4. (1) Die Verordnung tritt mit 1. Jänner 2016 in Kraft.

(BGBl II 2019/291)

(2) § 2 Abs. 4 und § 3 Abs. 2, jeweils in der Fassung der Verordnung BGBl. II Nr. 291/2019, treten mit dem auf ihre Veröffentlichung im Bundesgesetzblatt folgenden Tag in Kraft und sind auf Erwerbsvorgänge anzuwenden, für die die Steuerschuld nach diesem Tag entsteht. § 2 Abs. 4 und § 3 Abs. 2, jeweils in der Fassung der Verordnung BGBl. II Nr. 291/2019, können auf Erwerbsvorgänge angewendet werden, für die die Steuerschuld am Tag des Inkrafttretens bereits entstanden ist, wenn

– eine Abgabenerklärung nach diesem Tag vorgelegt wird (§ 10) oder
– eine Selbstberechnung nach diesem Tag erfolgt (§ 11) oder
– der Steuerschuldner dies bis zur Rechtskraft des Bescheides gegenüber dem Finanzamt schriftlich erklärt.

(BGBl II 2019/291)

**Anlage
zu § 2 Abs. 2 Z 2 dieser Verordnung**

1. Gemeinden mit mehr als 100.000 Einwohnern

Kennzahl	Bezirk/statistische Stadtteile	HF
	WIEN	
101	1. Bezirk	3
102	2. Bezirk	4,5
103	3. Bezirk	4,5
104	4. Bezirk	3,5
105	5. Bezirk	2,5
106	6. Bezirk	5
107	7. Bezirk	2
108	8. Bezirk	3
109	9. Bezirk	7,5
110	10. Bezirk	3
111	11. Bezirk	4
112	12. Bezirk	3
113	13. Bezirk	4,5
114	14. Bezirk	5
115	15. Bezirk	1,5
116	16. Bezirk	4
117	17. Bezirk	5,5
118	18. Bezirk	6
119	19. Bezirk	7
120	20. Bezirk	2,5
121	21. Bezirk	7
122	22. Bezirk	6,5
123	23. Bezirk	5,5
	GRAZ	
801	Bezirke 1 – 6	1,5
802	Bezirke 7 – 17	3,5

LINZ		
401	Innere Stadt, Urfahr, Kaplanhof, Franckviertel, Froschberg, Bindermichl-Keferfeld, Industriegebiet-Hafen	1,5
402	Bulgariplatz, Spallerhof, Neue Heimat, Kleinmünchen-Auwiesen	2,5
403	Pöstlingberg, St. Magdalena, Dornach-Auhof, Ebelsberg, Pichling	4,5
SALZBURG		
501	Altstadt, Neustadt, Mülln, Riedenburg, Nonntal, Lehen, Elisabeth-Vorstadt, Langwied, Kasern, Itzling, Itzling Nord, Maxglan, Gnigl, Schallmoos, Schallmoos West und Ost	5
502	Liefering, Gaisberg, Taxham, Aigen, Parsch, Heuberg	9
503	Morzg, Gneis, Salzburg Süd, Gneis Süd, Hellbrunn, Maxglan-West, Leopoldskroner Moos	12,5
INNSBRUCK		
601	Innenstadt, Saggen, Mariahilf-St. Nikolaus, Dreiheiligen-Schlachthof, Wilten, Sieglanger-Mentlberg, Pradl, Reichenau, Mühlau, Gewerbegebiet Mühlau/Arzl, Olympisches Dorf	3
602	Hötting, Hötting West, Höttinger Au, Hungerburg, Amras, Gewerbegebiet Roßau, Arzl, Vill, Igls	5,5

2. Gemeinden mit weniger als 100.000 Einwohner

Kz.	Gemeinde	HF
70701	Abfaltersbach	2,5
70301	Absam	4,5
32101	Absdorf	1,5
50201	Abtenau	3
31701	Achau	5,5
70901	Achenkirch	5
30801	Aderklaa	5
41501	Adlwang	2,5
61253	Admont	2
50202	Adnet	5,5
41301	Afiesl	2
62138	Aflenz	2
20701	Afritz am See	1,5
31301	Aggsbach	1,5
41302	Ahorn	1,5
61254	Aich	2,5
41801	Aichkirchen	3
61203	Aigen im Ennstal	3
41343	Aigen-Schlägl	1,5
70702	Ainet	2
40801	Aistersheim	2
21001	Albeck	2,5
31001	Alberndorf im Pulkautal	1,5
41601	Alberndorf in der Riedmark	4
80201	Alberschwende	4
61701	Albersdorf-Prebuch	3
31302	Albrechtsberg a.d. Großen Krems	1
70302	Aldrans	6,5
40501	Alkoven	2,5
30601	Alland	3
32501	Allentsteig	1
61001	Allerheiligen bei Wildon	3
41101	Allerheiligen im Mühlkreis	4
41001	Allhaming	3
30501	Allhartsberg	3
70501	Alpbach	3
80401	Altach	7,5
61204	Altaussee	5,5
41602	Altenberg bei Linz	6
31101	Altenburg	1
31801	Altendorf	3
41304	Altenfelden	3
30602	Altenmarkt an der Triesting	4,5
61205	Altenmarkt bei St. Gallen	1,5
50401	Altenmarkt im Pongau	7,5
40401	Altheim	1,5
20501	Althofen	0,5
31901	Altlengbach	3,5
31601	Altlichtenwarth	1
32519	Altmelon	2
40701	Altmünster	2,5
41401	Altschwendt	2
30902	Amaliendorf-Aalfang	1
70703	Amlach	3,5
70303	Ampass	5,5
41701	Ampflwang im Hausruckwald	1,5
30502	Amstetten	2
10701	Andau	2,5
80202	Andelsbuch	3
30802	Andlersdorf	4,5
41402	Andorf	2
41201	Andrichsfurt	2
70502	Angath	5

61756	Anger	1,5
70528	Angerberg	5
30803	Angern an der March	2,5
50301	Anif	6
31401	Annaberg	2
50203	Annaberg-Lungötz	9
70704	Anras	2
41002	Ansfelden	3,5
10616	Antau	3,5
50302	Anthering	5,5
41202	Antiesenhofen	1,5
10702	Apetlon	2,5
32502	Arbesbach	1,5
41102	Arbing	2
30503	Ardagger	2,5
61206	Ardning	2,5
61002	Arnfels	2
20702	Arnoldstein	1,5
41305	Arnreit	2,5
20703	Arriach	1,5
31502	Artstetten-Pöbring	2
70201	Arzl im Pitztal	3,5
40502	Aschach an der Donau	2,5
41502	Aschach an der Steyr	3,5
70902	Aschau im Zillertal	3,5
30504	Aschbach-Markt	2
40402	Aspach	2
31803	Aspangberg-St. Peter	3
31802	Aspang-Markt	2
31603	Asparn an der Zaya	2
31902	Asperhofen	3,5
70705	Assling	2,5
41003	Asten	3,5
41702	Attersee am Attersee	2
41703	Attnang-Puchheim	1,5
41704	Atzbach	3
32104	Atzenbrugg	2
41306	Atzesberg	2
80203	Au	4
30701	Au am Leithaberge	4
41307	Auberg	3
40403	Auerbach	5
30804	Auersthal	4
41705	Aurach am Hongar	2,5
70401	Aurach bei Kitzbühel	11,5
41203	Aurolzmünster	3
70706	Außervillgraten	3,5
70304	Axams	5
70801	Bach	2,5
41802	Bachmanning	2,5
61207	Bad Aussee	3
20705	Bad Bleiberg	1,5
62202	Bad Blumau	3
30702	Bad Deutsch-Altenburg	3,5
32306	Bad Erlach	4
32301	Bad Fischau-Brunn	3,5
50403	Bad Gastein	3
62375	Bad Gleichenberg	1,5
40702	Bad Goisern am Hallstättersee	2,5
30910	Bad Großpertholz	3,5
41503	Bad Hall	2
70503	Bad Häring	4
50402	Bad Hofgastein	3,5
40703	Bad Ischl	2,5
20601	Bad Kleinkirchheim	3
41108	Bad Kreuzen	1,5
41603	Bad Leonfelden	2,5
61255	Bad Mitterndorf	1,5
30805	Bad Pirawarth	4,5
62376	Bad Radkersburg	3
10611	Bad Sauerbrunn	2,5
40802	Bad Schallerbach	1
32302	Bad Schönau	1
20901	Bad St. Leonhard im Lavanttal	1,5
10901	Bad Tatzmannsdorf	2
32528	Bad Traunstein	1,5
50213	Bad Vigaun	5,5
30603	Bad Vöslau	5
62264	Bad Waltersdorf	2,5
41803	Bad Wimsbach-Neydharting	3
40627	Bad Zell	3,5
30604	Baden	6
10931	Badersdorf	0,5
20602	Baldramsdorf	2,5
61626	Bärnbach	1,5
32503	Bärnkopf	2,5
80101	Bartholomäberg	3,5
10617	Baumgarten	2,5
41103	Baumgartenberg	2
70305	Baumkirchen	6,5
30506	Behamberg	2,5
30703	Berg	10,5
41706	Berg im Attergau	2,5
20603	Berg im Drautal	2

GrEStG
VO

31303	Bergern im Dunkelsteinerwald	2,5
50303	Bergheim	5
31503	Bergland	2,5
30605	Berndorf	5,5
50304	Berndorf bei Salzburg	5,5
31604	Bernhardsthal	1
10902	Bernstein	2,5
70802	Berwang	2
80204	Bezau	2,5
30507	Biberbach	2,5
70803	Biberwier	4
70804	Bichlbach	3
31702	Biedermannsdorf	5
10426	Bildein	1,5
80205	Bildstein	6
70306	Birgitz	4,5
61757	Birkfeld	1,5
31201	Bisamberg	7,5
50404	Bischofshofen	4,5
31504	Bischofstetten	2
80206	Bizau	2,5
20801	Bleiburg	2
31505	Blindenmarkt	2
80102	Blons	6
80103	Bludenz	4,5
80104	Bludesch	7
30646	Blumau-Neurißhof	4,5
31605	Bockfließ	1,5
10401	Bocksdorf	1
31903	Böheimkirchen	2
50601	Bramberg am Wildkogel	4,5
80105	Brand	1,5
70903	Brandberg	4
70504	Brandenberg	3
31904	Brand-Laaben	3,5
30903	Brand-Nagelberg	2
40404	Braunau am Inn	1,5
80207	Bregenz	4
31804	Breitenau	3
62105	Breitenau am Hochlantsch	2,5
70505	Breitenbach am Inn	6
10301	Breitenbrunn am Neusiedler See	5
31703	Breitenfurt bei Wien	5
31805	Breitenstein	2
70805	Breitenwang	2,5
70402	Brixen im Thale	6
70506	Brixlegg	3
32325	Bromberg	2
70904	Bruck am Ziller	4,5
50602	Bruck an der Großglockner-straße	5
30704	Bruck an der Leitha	4
62139	Bruck an der Mur	2,5
20502	Brückl	1
10703	Bruckneudorf	3,5
40803	Bruck-Waasen	2
31704	Brunn am Gebirge	5,5
31102	Brunn an der Wild	0,5
41403	Brunnenthal	2,5
80208	Buch	4
70905	Buch in Tirol	4
31806	Buchbach	1,5
41804	Buchkirchen	3
62205	Buch-St. Magdalena	2,5
62206	Burgau	1
10402	Burgauberg-Neudauberg	3
40405	Burgkirchen	2
31103	Burgschleinitz-Kühnring	1
31842	Bürg-Vöstenhof	3,5
50305	Bürmoos	6,5
80106	Bürs	4,5
80107	Bürserberg	4
80108	Dalaas	3,5
80209	Damüls	3
62265	Dechantskirchen	1,5
20302	Dellach	1
20604	Dellach im Drautal	2
41707	Desselbrunn	2
62377	Deutsch Goritz	2
10704	Deutsch Jahrndorf	4,5
10501	Deutsch Kaltenbrunn	2,5
10903	Deutsch Schützen-Eisenberg	2,5
60659	Deutschfeistritz	1,5
20503	Deutsch-Griffen	1
10801	Deutschkreutz	1
60344	Deutschlandsberg	2,5
30808	Deutsch-Wagram	3
50603	Dienten am Hochkönig	4
41404	Diersbach	2,5
41504	Dietach	3
32202	Dietmanns	1
20802	Diex	2
41104	Dimbach	1
32203	Dobersberg	1
60660	Dobl-Zwaring	2,5

70707	Dölsach	2,5
10302	Donnerskirchen	5
80210	Doren	2
41405	Dorf an der Pram	1,5
50306	Dorfbeuern	7,5
50405	Dorfgastein	5,5
31506	Dorfstetten	1
80301	Dornbirn	5
31606	Drasenhofen	1
10601	Draßburg	3
10802	Draßmarkt	2
31104	Drosendorf-Zissersdorf	0,5
30810	Drösing	1
31356	Droß	6
31507	Dunkelsteinerwald	2
80402	Düns	9,5
80403	Dünserberg	11,5
30811	Dürnkrut	2
31304	Dürnstein	8,5
70508	Ebbs	4
70907	Eben am Achensee	5
50406	Eben im Pongau	6
50307	Ebenau	7
32304	Ebenfurth	3,5
40704	Ebensee	1,5
30812	Ebenthal	1
20402	Ebenthal in Kärnten	2,5
10403	Eberau	1
32401	Ebergassing	4
20803	Eberndorf	1,5
41204	Eberschwang	1,5
62209	Ebersdorf	2,5
41805	Eberstalzell	3,5
20504	Eberstein	1,5
30607	Ebreichsdorf	3
32504	Echsenbach	1,5
30813	Eckartsau	2
62311	Edelsbach bei Feldbach	1,5
61627	Edelschrott	2
10727	Edelstal	6,5
40901	Edlbach	3
31807	Edlitz	1
41806	Edt bei Lambach	2,5
40503	Eferding	1,5
80211	Egg	4,5
40406	Eggelsberg	3,5
31105	Eggenburg	1
32305	Eggendorf	2
41004	Eggendorf im Traunkreis	5
41406	Eggerding	1,5
30904	Eggern	1,5
60661	Eggersdorf bei Graz	2,5
70806	Ehenbichl	3,5
61049	Ehrenhausen an der Weinstraße	2,5
70807	Ehrwald	1,5
60345	Eibiswald	2
80212	Eichenberg	4,5
31905	Eichgraben	4
62314	Eichkögl	2
41604	Eidenberg	3
61101	Eisenerz	1
20804	Eisenkappel-Vellach	2
10101	Eisenstadt	3,5
30906	Eisgarn	1
41205	Eitzing	2
70808	Elbigenalp	3
50308	Elixhausen	6,5
70307	Ellbögen	8
70509	Ellmau	6
70809	Elmen	2,5
50309	Elsbethen	7
10502	Eltendorf	3,5
31553	Emmersdorf an der Donau	3,5
61007	Empersdorf	3
30814	Engelhartstetten	2
41407	Engelhartszell	2
41605	Engerwitzdorf	4
41005	Enns	2,5
30508	Ennsdorf	3,5
41408	Enzenkirchen	1
31808	Enzenreith	2
30706	Enzersdorf an der Fischa	4,5
31202	Enzersfeld im Weinviertel	4,5
30608	Enzesfeld-Lindabrunn	8
70510	Erl	3,5
31508	Erlauf	2
31203	Ernstbrunn	1,5
30509	Ernsthofen	2,5
30510	Ertl	3
31402	Eschenau	2
40804	Eschenau im Hausruckkreis	1
41409	Esternberg	1,5
50310	Eugendorf	7
30511	Euratsfeld	1,5

GrEStG
VO

70601	Faggen	6,5
50311	Faistenau	5,5
31608	Falkenstein	1,5
31609	Fallbach	1
62378	Fehring	1
31809	Feistritz am Wechsel	2
20707	Feistritz an der Gail	1
20403	Feistritz im Rosental	1,5
20805	Feistritz ob Bleiburg	2
62266	Feistritztal	2
20708	Feld am See	1,5
62379	Feldbach	2
80404	Feldkirch	6
41606	Feldkirchen an der Donau	3,5
60608	Feldkirchen bei Graz	2
40407	Feldkirchen bei Mattighofen	5,5
21002	Feldkirchen in Kärnten	4
32307	Felixdorf	3,5
32106	Fels am Wagram	2
70602	Fendels	6
20405	Ferlach	2
20710	Ferndorf	1,5
60662	Fernitz-Mellach	3
30512	Ferschnitz	2
70403	Fieberbrunn	2,5
50407	Filzmoos	4
70908	Finkenberg	5
20711	Finkenstein am Faaker See	3
32402	Fischamend	5,5
61708	Fischbach	1
41807	Fischlham	4
70603	Fiss	3,5
50408	Flachau	8
61758	Fladnitz an der Teichalm	1
20607	Flattach	1,5
70308	Flaurling	4,5
70604	Fließ	3,5
70605	Flirsch	4,5
61710	Floing	2,5
62007	Fohnsdorf	1,5
80109	Fontanella	3
70810	Forchach	3,5
10602	Forchtenstein	3,5
41708	Fornach	2
50409	Forstau	4
40504	Fraham	2,5
10803	Frankenau-Unterpullendorf	2
41709	Frankenburg am Hausruck	1,5
31906	Frankenfels	2
41710	Frankenmarkt	2
40408	Franking	3,5
20905	Frantschach-St. Gertraud	1,5
80405	Frastanz	4,5
10705	Frauenkirchen	1,5
20534	Frauenstein	1,5
60305	Frauental an der Laßnitz	2,5
80406	Fraxern	8,5
41410	Freinberg	3
40601	Freistadt	2,5
20712	Fresach	1
62211	Friedberg	1,5
20505	Friesach	1,5
70309	Fritzens	4,5
60663	Frohnleiten	2,5
70909	Fügen	5
70910	Fügenberg	5,5
70310	Fulpmes	4
62267	Fürstenfeld	2
30609	Furth an der Triesting	2,5
31309	Furth bei Göttweig	2,5
50604	Fusch an der Großglockner-straße	2,5
50312	Fuschl am See	4
80213	Fußach	5,5
31706	Gaaden	5,5
62008	Gaal	1
61008	Gabersdorf	2,5
32403	Gablitz	5
41505	Gaflenz	2
70708	Gaimberg	5
61256	Gaishorn am See	2
80214	Gaißau	4
20806	Gallizien	2
41607	Gallneukirchen	4
40805	Gallspach	1
70911	Gallzein	6
70606	Galtür	1
32001	Gaming	1,5
61050	Gamlitz	2
41711	Gampern	3
30817	Gänserndorf	2,5
31106	Gars am Kamp	1,5
41506	Garsten	3
80110	Gaschurn	3
61711	Gasen	2

40806	Gaspoltshofen	1
32206	Gastern	1,5
10706	Gattendorf	5
31611	Gaubitsch	0,5
31612	Gaweinstal	2
40807	Geboltskirchen	1,5
31310	Gedersdorf	2,5
41206	Geiersberg	3
41207	Geinberg	2,5
61628	Geistthal-Södingberg	2,5
31107	Geras	1
32404	Gerasdorf bei Wien	5
31907	Gerersdorf	2,5
10404	Gerersdorf-Sulz	3
40409	Geretsberg	2,5
70912	Gerlos	4
70913	Gerlosberg	3,5
61759	Gersdorf an der Feistritz	1,5
31311	Gföhl	2,5
31707	Gießhübl	5,5
40410	Gilgenberg am Weilhart	2
20320	Gitschtal	1
21003	Glanegg	1,5
61051	Gleinstätten	2
61760	Gleisdorf	2,5
30819	Glinzendorf	8,5
20807	Globasnitz	1
20506	Glödnitz	1
31810	Gloggnitz	2
30908	Gmünd	1,5
20608	Gmünd in Kärnten	3
40705	Gmunden	5,5
31613	Gnadendorf	1
70311	Gnadenwald	6
62380	Gnas	1
21004	Gnesau	2,5
80407	Göfis	10
70404	Going am Wilden Kaiser	7,5
50410	Goldegg	6
41608	Goldwörth	5
31008	Göllersdorf	3
31509	Golling an der Erlauf	2
50204	Golling an der Salzach	3,5
10707	Gols	2,5
50313	Göming	10,5
32505	Göpfritz an der Wild	1
50501	Göriach	4,5
40706	Gosau	2,5
60611	Gössendorf	3
32002	Göstling an der Ybbs	1
30708	Göttlesbrunn-Arbesthal	6
30709	Götzendorf an der Leitha	4,5
70312	Götzens	5
80408	Götzis	5
31009	Grabern	1,5
31811	Grafenbach-St. Valentin	2
62268	Grafendorf bei Hartberg	1,5
31308	Grafenegg	2,5
10904	Grafenschachen	3
32506	Grafenschlag	2
20409	Grafenstein	3
32107	Grafenwörth	1,5
61012	Gralla	2,5
70812	Gramais	9
41609	Gramastetten	4
32405	Gramatneusiedl	5
70811	Grän	4,5
60613	Gratkorn	3
60664	Gratwein-Straßengel	2,5
20609	Greifenburg	1,5
41105	Grein	2
62214	Greinbach	1,5
32003	Gresten	2
32004	Gresten-Land	2,5
70313	Gries am Brenner	4,5
70314	Gries im Sellrain	4
40808	Grieskirchen	2
20808	Griffen	2
31812	Grimmenstein	1,5
70607	Grins	5,5
70315	Grinzens	5
61213	Gröbming	1,5
50314	Grödig	3,5
32508	Groß Gerungs	1
60346	Groß Sankt Florian	2
50411	Großarl	11,5
30909	Großdietmanns	2,5
31614	Großebersdorf	2
31615	Großengersdorf	2,5
30821	Groß-Enzersdorf	5
50315	Großgmain	4
32509	Großgöttfritz	2
31616	Großharras	1
30822	Großhofen	4

10303	Großhöflein	5
20605	Großkirchheim	1,5
61013	Großklein	3,5
31617	Großkrut	0,5
62039	Großlobming	1,5
31204	Großmugl	3
10420	Großmürbisch	1
10905	Großpetersdorf	2
41507	Großraming	2
32109	Großriedenthal	1,5
31205	Großrußbach	3,5
30912	Großschönau	5,5
30824	Groß-Schweinbarth	2,5
32207	Groß-Siegharts	1
62216	Großsteinbach	2,5
10804	Großwarasdorf	2,5
32110	Großweikersdorf	3
62269	Großwilfersdorf	2,5
40707	Grünau im Almtal	1,5
40602	Grünbach	3
31813	Grünbach am Schneeberg	1
40902	Grünburg	2,5
61215	Grundlsee	3
70317	Gschnitz	2
40708	Gschwandt	3
31709	Gumpoldskirchen	10
30612	Günselsdorf	6,5
41808	Gunskirchen	3
31014	Guntersdorf	1,5
31710	Guntramsdorf	4,5
20508	Gurk	1
41208	Gurten	1,5
10405	Güssing	2
40603	Gutau	2,5
61761	Gutenberg-Stenzengreith	2,5
32511	Gutenbrunn	2
32308	Gutenstein	1
20509	Guttaring	1,5
10406	Güttenbach	1,5
30514	Haag	2,5
40809	Haag am Hausruck	1,5
10418	Hackerberg	1,5
31315	Hadersdorf-Kammern	3
31015	Hadres	1
31910	Hafnerbach	2
40604	Hagenberg im Mühlkreis	5,5
31206	Hagenbrunn	6
41610	Haibach im Mühlkreis	5
40505	Haibach ob der Donau	1,5
30515	Haidershofen	3
40411	Haigermoos	3,5
70202	Haiming	2,5
30710	Hainburg a.d. Donau	3,5
31403	Hainfeld	2
70914	Hainzenberg	3
62326	Halbenrain	1,5
10708	Halbturn	2,5
70354	Hall in Tirol	4
50205	Hallein	6,5
40709	Hallstatt	2
50316	Hallwang	12,5
40412	Handenberg	2
10906	Hannersdorf	1
80215	Hard	4
31016	Hardegg	1
41006	Hargelsberg	5,5
30825	Haringsee	2,5
31207	Harmannsdorf	6
60617	Hart bei Graz	5,5
70915	Hart im Zillertal	8
62219	Hartberg	2,5
62220	Hartberg Umgebung	1,5
40506	Hartkirchen	3,5
62270	Hartl	3
70813	Häselgehr	2
60618	Haselsdorf-Tobelbad	3,5
41309	Haslach an der Mühl	1
30711	Haslau-Maria Ellend	3,5
70318	Hatting	5
30915	Haugschlag	3
31018	Haugsdorf	1
31911	Haunoldstein	2
61217	Haus	4,5
31620	Hausbrunn	1
30826	Hauskirchen	1
31208	Hausleiten	4
60619	Hausmannstätten	3
30916	Heidenreichstein	1
40810	Heiligenberg	2
20610	Heiligenblut am Großglockner	2,5
10407	Heiligenbrunn	2,5
30613	Heiligenkreuz	6,5
61052	Heiligenkreuz am Waasen	2,5
10503	Heiligenkreuz im Lafnitztal	1,5

61016	Heimschuh	2
70735	Heinfels	3
70814	Heiterwang	3
31019	Heldenberg	1,5
41310	Helfenberg	2
41611	Hellmonsödt	3
40413	Helpfau-Uttendorf	2,5
61017	Hengsberg	4
50317	Henndorf am Wallersee	3
31711	Hennersdorf	3,5
20305	Hermagor-Pressegger See	2
30614	Hernstein	6,5
31621	Herrnbaumgarten	1
31912	Herzogenburg	2
41612	Herzogsdorf	2,5
10424	Heugraben	1
32406	Himberg	5,5
21005	Himmelberg	2
31712	Hinterbrühl	4
70815	Hinterhornbach	5,5
50318	Hintersee	7
40903	Hinterstoder	1,5
40507	Hinzenbach	3,5
70916	Hippach	6
10603	Hirm	2,5
30917	Hirschbach	3
40605	Hirschbach im Mühlkreis	2,5
61629	Hirschegg-Pack	1,5
30615	Hirtenberg	5,5
80216	Hittisau	2
60665	Hitzendorf	2,5
40414	Hochburg-Ach	7
70405	Hochfilzen	3,5
31622	Hochleithen	3
32309	Hochneukirchen-Gschaidt	2
80217	Höchst	6
32310	Hochwolkersdorf	2
30713	Hof am Leithaberge	3,5
50319	Hof bei Salzburg	6,5
31511	Hofamt Priel	2,5
70816	Höfen	3
40811	Hofkirchen an der Trattnach	2
41312	Hofkirchen im Mühlkreis	2
41008	Hofkirchen im Traunkreis	4
30712	Höflein	4
31849	Höflein an der Hohen Wand	2,5
61719	Hofstätten an der Raab	2
31909	Hofstetten-Grünau	2,5
32311	Hohe Wand	3,5
30827	Hohenau an der March	1
31404	Hohenberg	2,5
30920	Hoheneich	1,5
80302	Hohenems	7
30828	Hohenruppersdorf	2
62010	Hohentauern	2
20713	Hohenthurn	1,5
31021	Hohenwarth-Mühlbach a.M.	1,5
80219	Hohenweiler	6
41209	Hohenzell	3
40415	Höhnhart	2,5
31022	Hollabrunn	3
30516	Hollenstein an der Ybbs	2
32312	Hollenthon	1,5
50605	Hollersbach im Pinzgau	5
70817	Holzgau	4,5
41809	Holzhausen	5
70406	Hopfgarten im Brixental	3,5
70709	Hopfgarten in Defereggen	2
41311	Hörbich	2
80218	Hörbranz	5
10805	Horitschon	2
31109	Horn	1,5
10304	Hornstein	4
41007	Hörsching	3
30715	Hundsheim	4,5
31513	Hürm	1,5
50412	Hüttau	3,5
20511	Hüttenberg	1,5
50413	Hüttschlag	12,5
10709	Illmitz	4
62271	Ilz	2
61762	Ilztal	2
70203	Imst	2
70204	Imsterberg	5,5
80111	Innerbraz	4,5
41712	Innerschwand	4,5
70710	Innervillgraten	1,5
10421	Inzenhof	1
40904	Inzersdorf im Kremstal	2,5
31913	Inzersdorf-Getzersdorf	4
70319	Inzing	4,5
61257	Irdning-Donnersbachtal	2
31110	Irnfritz-Messern	1
20611	Irschen	2,5

70608	Ischgl	5,5
70711	Iselsberg-Stronach	2,5
70407	Itter	5
10930	Jabing	2
62330	Jagerberg	1,5
31319	Jaidhof	5,5
31111	Japons	0,5
30829	Jedenspeigen	1,5
40416	Jeging	3,5
70917	Jenbach	3
10504	Jennersdorf	2,5
70205	Jerzens	2,5
70408	Jochberg	9,5
10710	Jois	3
32112	Judenau-Baumgarten	3,5
62040	Judenburg	1
41313	Julbach	1
70818	Jungholz	1,5
61630	Kainach bei Voitsberg	2,5
60623	Kainbach bei Graz	4,5
62272	Kaindorf	1,5
70819	Kaisers	4,5
10806	Kaisersdorf	1,5
40812	Kallham	1
70712	Kals am Großglockner	2,5
60624	Kalsdorf bei Graz	1,5
70918	Kaltenbach	5,5
40606	Kaltenberg	4,5
31713	Kaltenleutgeben	4
61105	Kalwang	1,5
61106	Kammern im Liesingtal	1
31915	Kapelln	3,5
62140	Kapfenberg	2
62332	Kapfenstein	1,5
20512	Kappel am Krappfeld	1,5
70609	Kappl	7,5
50606	Kaprun	4,5
32209	Karlstein an der Thaya	1,5
31916	Karlstetten	2
70206	Karres	4,5
70207	Karrösten	4
70713	Kartitsch	2
31917	Kasten bei Böheimkirchen	3
41106	Katsdorf	3
32313	Katzelsdorf	4,5
31405	Kaumberg	2,5
70610	Kaunerberg	10,5
70611	Kaunertal	3
70612	Kauns	4
32210	Kautzen	1
40607	Kefermarkt	4,5
40813	Kematen am Innbach	2,5
41009	Kematen an der Krems	4
30517	Kematen an der Ybbs	1,5
70320	Kematen in Tirol	4,5
10907	Kemeten	1
80220	Kennelbach	4,5
20412	Keutschach am See	2,5
31514	Kilb	1,5
62141	Kindberg	2
20306	Kirchbach	1,5
62381	Kirchbach in der Steiermark	1,5
32114	Kirchberg am Wagram	2
30921	Kirchberg am Walde	2
31814	Kirchberg am Wechsel	2
31918	Kirchberg an der Pielach	1,5
62382	Kirchberg an der Raab	1,5
40417	Kirchberg bei Mattighofen	4
70409	Kirchberg in Tirol	6
41314	Kirchberg ob der Donau	1,5
41010	Kirchberg-Thening	7
70511	Kirchbichl	3
41210	Kirchdorf am Inn	2
40905	Kirchdorf an der Krems	1,5
70410	Kirchdorf in Tirol	5
40710	Kirchham	2,5
41211	Kirchheim im Innkreis	2
32514	Kirchschlag	2,5
41613	Kirchschlag bei Linz	3,5
32314	Kirchschlag i.d. Buckligen Welt	3
31919	Kirchstetten	3,5
31515	Kirnberg an der Mank	1
10711	Kittsee	8
70411	Kitzbühel	8
61019	Kitzeck im Sausal	5
41315	Klaffer am Hochficht	1,5
20101	Klagenfurt am Wörthersee	2,5
41107	Klam	3,5
80409	Klaus	5,5
40906	Klaus an der Pyhrnbahn	3
30616	Klausen-Leopoldsdorf	5,5
20613	Kleblach-Lind	2,5
20513	Klein St. Paul	1
50414	Kleinarl	6,5

10422	Kleinmürbisch	0,5
32407	Klein-Neusiedl	4,5
31516	Klein-Pöchlarn	2
31406	Kleinzell	2
41316	Kleinzell im Mühlkreis	2
10305	Klingenbach	3,5
62335	Klöch	2
80112	Klösterle	2,5
32408	Klosterneuburg	6,5
62041	Knittelfeld	1
62014	Kobenz	2
10807	Kobersdorf	2
80410	Koblach	6
61631	Köflach	1,5
10908	Kohfidisch	1,5
41317	Kollerschlag	1
70322	Kolsass	5,5
70323	Kolsassberg	7
32115	Königsbrunn am Wagram	3
10511	Königsdorf	2,5
32116	Königstetten	5
40608	Königswiesen	1,5
41411	Kopfing im Innkreis	2
50321	Koppl	7
31213	Korneuburg	5
70412	Kössen	3
50320	Köstendorf	6
20307	Kötschach-Mauthen	1,5
32515	Kottes-Purk	3,5
30618	Kottingbrunn	5,5
20414	Köttmannsdorf	2
61437	Krakau	1,5
70512	Kramsach	3,5
61107	Kraubath an der Mur	1
30101	Krems an der Donau	4
20642	Krems in Kärnten	2,5
40907	Kremsmünster	2,5
41810	Krenglbach	3
10619	Krensdorf	3,5
31627	Kreuttal	3
31628	Kreuzstetten	2,5
62115	Krieglach	2
50607	Krimml	3,5
50206	Krispl	6
41011	Kronstorf	2,5
61611	Krottendorf-Gaisfeld	4
31321	Krumau am Kamp	2
32315	Krumbach	2
80221	Krumbach	5
31517	Krummnußbaum	1,5
20415	Krumpendorf am Wörthersee	5,5
50207	Kuchl	3,5
70513	Kufstein	3,5
10408	Kukmirn	4
60626	Kumberg	3
70514	Kundl	3
31629	Laa an der Thaya	1
31714	Laab im Walde	4,5
40711	Laakirchen	2,5
10808	Lackenbach	1,5
10824	Lackendorf	1
31630	Ladendorf	1,5
70613	Ladis	2,5
62226	Lafnitz	2
41811	Lambach	1,5
41212	Lambrechten	1,5
50322	Lamprechtshausen	6
70614	Landeck	1,5
61258	Landl	1
61020	Lang	4,5
31113	Langau	0,5
80222	Langen bei Bregenz	3,5
80223	Langenegg	3
70208	Längenfeld	3,5
31322	Langenlois	2,5
32119	Langenrohr	3,5
41109	Langenstein	3
62116	Langenwang	2
31214	Langenzersdorf	6,5
70515	Langkampfen	3,5
32516	Langschlag	2
60318	Lannach	3,5
70325	Lans	6
32409	Lanzendorf	6,5
32316	Lanzenkirchen	4,5
40609	Lasberg	5
30830	Lassee	2
61222	Lassing	3
60628	Laßnitzhöhe	3,5
80411	Laterns	4
41508	Laussa	2
80224	Lauterach	4,5
20909	Lavamünd	1
70714	Lavant	2,5

GrEStG
VO

31715	Laxenburg	5,5
61021	Lebring-St. Margarethen	2
80113	Lech	7,5
70820	Lechaschau	3
31519	Leiben	1,5
61053	Leibnitz	3
70715	Leisach	3,5
10306	Leithaprodersdorf	5,5
31215	Leitzersdorf	6,5
41318	Lembach im Mühlkreis	1,5
50608	Lend	3,5
20616	Lendorf	2,5
40418	Lengau	3,5
31323	Lengenfeld	2
41713	Lenzing	2
61108	Leoben	1
31216	Leobendorf	8
30620	Leobersdorf	5,5
50609	Leogang	6,5
41012	Leonding	2,5
40610	Leopoldschlag	1,5
32410	Leopoldsdorf	4,5
30831	Leopoldsdorf im Marchfelde	3,5
70821	Lermoos	1,5
20321	Lesachtal	1,5
50502	Lessach	2,5
70326	Leutasch	3,5
61054	Leutschach an der Weinstraße	1,5
41319	Lichtenau im Mühlkreis	1,5
31324	Lichtenau im Waldviertel	2
41614	Lichtenberg	3,5
32317	Lichtenegg	1
32318	Lichtenwörth	2,5
40611	Liebenau	1,5
20515	Liebenfels	2
60629	Lieboch	2,5
70716	Lienz	2,5
61259	Liezen	2
61612	Ligist	4
31407	Lilienfeld	1,5
80225	Lingenau	2
30925	Litschau	2
10909	Litzelsdorf	2
80226	Lochau	3,5
40419	Lochen	4,5
10809	Lockenhaus	2,5
50610	Lofer	3
41213	Lohnsburg am Kobernaußer-wald	2
31920	Loich	3
10604	Loipersbach im Burgenland	3
62273	Loipersdorf bei Fürstenfeld	3
10910	Loipersdorf-Kitzladen	3
31520	Loosdorf	1,5
10320	Loretto	3,5
80114	Lorüns	5,5
41509	Losenstein	2
61727	Ludersdorf-Wilfersdorf	3
80115	Ludesch	6
20416	Ludmannsdorf	2,5
32212	Ludweis-Aigen	0,5
41110	Luftenberg an der Donau	3,5
32005	Lunz am See	1
20643	Lurnfeld	1,5
80303	Lustenau	5,5
10810	Lutzmannsburg	2,5
80412	Mäder	7
20442	Magdalensberg	2
31025	Mailberg	1
50611	Maishofen	4
31026	Maissau	1,5
20618	Mallnitz	1
20619	Malta	3,5
31521	Mank	1,5
30716	Mannersdorf am Leithagebirge	4
10811	Mannersdorf an der Rabnitz	1,5
41714	Manning	3
30834	Mannsdorf an der Donau	4
31522	Marbach an der Donau	2
30835	Marchegg	2
41812	Marchtrenk	3
50612	Maria Alm am Steinernen Meer	4
31716	Maria Enzersdorf	7
31326	Maria Laach am Jauerling	3
61632	Maria Lankowitz	2,5
41510	Maria Neustift	3
20417	Maria Rain	3
20418	Maria Saal	2,5
40420	Maria Schmolln	2,5
31523	Maria Taferl	1
20419	Maria Wörth	1,5
31921	Maria-Anzbach	4
32411	Maria-Lanzendorf	4
50503	Mariapfarr	3
10911	Mariasdorf	1,5

70516	Mariastein	6,5	70210	Mils bei Imst	4,5
62142	Mariazell	1,5	10505	Minihof-Liebau	1,5
31922	Markersdorf-Haindorf	3	40423	Mining	3,5
30836	Markgrafneusiedl	3,5	10914	Mischendorf	2
10912	Markt Allhau	2	31633	Mistelbach	2
61716	Markt Hartmannsdorf	1,5	80228	Mittelberg	2,5
10913	Markt Neuhodis	1,5	31408	Mitterbach am Erlaufsee	1,5
32319	Markt Piesting	4	61261	Mitterberg-Sankt Martin	2
10812	Markt St. Martin	1,5	61729	Mitterdorf an der Raab	3
32517	Martinsberg	1,5	41112	Mitterkirchen im Machland	3
10605	Marz	2,5	30621	Mitterndorf an der Fischa	3
70327	Matrei am Brenner	4	50613	Mittersill	4
70717	Matrei in Osttirol	2,5	31717	Mödling	3,5
10606	Mattersburg	3,5	10506	Mogersdorf	5
40421	Mattighofen	3	80229	Möggers	6,5
50323	Mattsee	5	20520	Mölbling	1
32320	Matzendorf-Hölles	2	40909	Molln	1,5
30838	Matzen-Raggendorf	6,5	10712	Mönchhof	3,5
32412	Mauerbach	6	41715	Mondsee	1,5
40422	Mauerkirchen	1,5	31815	Mönichkirchen	1
31327	Mautern an der Donau	4	30913	Moorbad Harbach	5
61109	Mautern in Steiermark	1,5	40424	Moosbach	2,5
50504	Mauterndorf	2	32413	Moosbrunn	5,5
41111	Mauthausen	2,5	20421	Moosburg	2,5
41412	Mayrhof	1,5	40425	Moosdorf	5
70920	Mayrhofen	4	61615	Mooskirchen	6,5
40814	Meggenhofen	2,5	10307	Mörbisch am See	3
41214	Mehrnbach	2,5	41216	Mörschwang	2,5
80413	Meiningen	10,5	61730	Mortantsch	2,5
31114	Meiseldorf	1	20622	Mörtschach	2,5
31524	Melk	3,5	10428	Moschendorf	1
80227	Mellau	3,5	70211	Mötz	3
20518	Metnitz	0,5	32143	Muckendorf-Wipfing	5
62343	Mettersdorf am Saßbach	1,5	32322	Muggendorf	2,5
41215	Mettmach	1,5	50415	Mühlbach am Hochkönig	4,5
61260	Michaelerberg-Pruggern	2	70330	Mühlbachl	4
40815	Michaelnbach	1,5	20624	Mühldorf	1,5
31923	Michelbach	1,5	31330	Mühldorf	3,5
20519	Micheldorf	1,5	61410	Mühlen	1,5
40908	Micheldorf in Oberösterreich	2	10512	Mühlgraben	3,5
32120	Michelhausen	5	41217	Mühlheim am Inn	2,5
70328	Mieders	6	50505	Muhr	3,5
70209	Mieming	4,5	10308	Müllendorf	5
32321	Miesenbach	2	31718	Münchendorf	3
61728	Miesenbach bei Birkfeld	1,5	40426	Munderfing	2,5
20620	Millstatt am See	2	31525	Münichreith-Laimbach	2
70329	Mils	5,5	70517	Münster	8,5

GrEStG VO

41113	Münzbach	1,5
41413	Münzkirchen	1,5
61438	Murau	1,5
62383	Mureck	1
62347	Murfeld	1,5
62143	Mürzzuschlag	1
70822	Musau	3,5
70331	Mutters	4
41114	Naarn im Machlande	2
61731	Naas	2
70823	Namlos	6
31028	Nappersdorf-Kammersdorf	1
70212	Nassereith	6,5
31817	Natschbach-Loipersbach	3,5
40816	Natternbach	1
70332	Natters	4
70615	Nauders	1
70333	Navis	5
41320	Nebelberg	1,5
10813	Neckenmarkt	1,5
31925	Neidling	2
80116	Nenzing	6,5
70824	Nesselwängle	3
60666	Nestelbach bei Graz	3,5
62144	Neuberg an der Mürz	1,5
10409	Neuberg im Burgenland	2,5
62274	Neudau	1,5
10725	Neudorf	3
31634	Neudorf bei Staatz	0,5
10607	Neudörfl	3
10309	Neufeld an der Leitha	4,5
41321	Neufelden	1,5
20810	Neuhaus	1,5
10507	Neuhaus am Klausenbach	1,5
41014	Neuhofen an der Krems	4
30520	Neuhofen an der Ybbs	2
41218	Neuhofen im Innkreis	2
50614	Neukirchen am Großvenediger	4
40817	Neukirchen am Walde	1
40427	Neukirchen an der Enknach	2
41716	Neukirchen an der Vöckla	2
41813	Neukirchen bei Lambach	2
31926	Neulengbach	4,5
50324	Neumarkt am Wallersee	3
31527	Neumarkt an der Ybbs	1,5
40818	Neumarkt im Hausruckkreis	1
40612	Neumarkt im Mühlkreis	5
61439	Neumarkt in der Steiermark	1,5
31818	Neunkirchen	3,5
10713	Neusiedl am See	7,5
30841	Neusiedl an der Zaya	1
30521	Neustadtl an der Donau	2
10929	Neustift an der Lafnitz	3
10410	Neustift bei Güssing	1
41329	Neustift im Mühlkreis	2,5
70334	Neustift im Stubaital	6,5
31927	Neustift-Innermanzing	3
10814	Neutal	3
10714	Nickelsdorf	2,5
31234	Niederhollabrunn	4,5
41322	Niederkappel	1,5
31636	Niederleis	2
70518	Niederndorf	6
70519	Niederndorferberg	4
41015	Niederneukirchen	6
50615	Niedernsill	5
41717	Niederthalheim	1,5
41323	Niederwaldkirchen	2,5
61413	Niederwölz	1,5
10815	Nikitsch	3
61110	Niklasdorf	1,5
70718	Nikolsdorf	2
31528	Nöchling	1,5
20719	Nötsch im Gailtal	2
40910	Nußbach	2,5
41718	Nußdorf am Attersee	1,5
50325	Nußdorf am Haunsberg	7,5
31928	Nußdorf ob der Traisen	2,5
70719	Nußdorf-Debant	2
80117	Nüziders	6,5
62042	Obdach	1
50208	Oberalm	6,5
10915	Oberdorf im Burgenland	3
20625	Oberdrauburg	2,5
31929	Ober-Grafendorf	1,5
61024	Oberhaag	2
41719	Oberhofen am Irrsee	2,5
70335	Oberhofen im Inntal	4
41324	Oberkappel	1,5
70720	Oberlienz	2
10828	Oberloisdorf	1
70336	Obernberg am Brenner	4
41219	Obernberg am Inn	1,5
32006	Oberndorf an der Melk	1

50326	Oberndorf bei Salzburg	4,5
41720	Oberndorf bei Schwanenstadt	2,5
70413	Oberndorf in Tirol	6
41615	Oberneukirchen	2,5
70337	Oberperfuss	5,5
10816	Oberpullendorf	2
40911	Oberschlierbach	4
10916	Oberschützen	1
30842	Obersiebenbrunn	3
70721	Obertilliach	2
40712	Obertraun	2,5
50327	Obertrum am See	6
20627	Obervellach	1,5
30623	Oberwaltersdorf	3
41721	Oberwang	2
10917	Oberwart	2,5
61440	Oberwölz	1
61262	Öblarn	2,5
31930	Obritzberg-Rust	3
70213	Obsteig	3,5
30522	Oed-Oehling	2
41325	Oepping	2
70214	Oetz	2
41814	Offenhausen	2,5
41016	Oftering	4
10310	Oggau am Neusiedler See	2,5
40713	Ohlsdorf	3
10411	Olbendorf	1
10412	Ollersdorf im Burgenland	1,5
30524	Opponitz	3
41220	Ort im Innkreis	1,5
30844	Orth an der Donau	3
10311	Oslip	3,5
21006	Ossiach	2
40428	Ostermiething	2,5
62232	Ottendorf an der Rittschein	1,5
32518	Ottenschlag	1,5
41616	Ottenschlag im Mühlkreis	3
41617	Ottensheim	4
31658	Ottenthal	1
31820	Otterthal	2
41722	Ottnang am Hausruck	1,5
41115	Pabneukirchen	1,5
62384	Paldau	2
30845	Palterndorf-Dobermannsdorf	1
40429	Palting	8,5
10715	Pama	8
10716	Pamhagen	2,5
30846	Parbasdorf	8
10717	Parndorf	5
41017	Pasching	2,5
61763	Passail	1,5
20720	Paternion	1,5
70338	Patsch	5,5
41221	Pattigham	2
31333	Paudorf	3,5
31821	Payerbach	1,5
60632	Peggau	2
41326	Peilstein im Mühlviertel	1,5
41815	Pennewang	5
31719	Perchtoldsdorf	4,5
41116	Perg	2
31117	Pernegg	1
62125	Pernegg an der Mur	2
31033	Pernersdorf	1,5
32323	Pernitz	2,5
31530	Persenbeug-Gottsdorf	1,5
40430	Perwang am Grabensee	8,5
41222	Peterskirchen	1,5
30718	Petronell-Carnuntum	3,5
40912	Pettenbach	2
70339	Pettnau	4
70616	Pettneu am Arlberg	4
31531	Petzenkirchen	2
40819	Peuerbach	1
70340	Pfaffenhofen	3
32214	Pfaffenschlag b. Waidhofen/ Thaya	1
41723	Pfaffing	2
70825	Pfafflar	10,5
40431	Pfaffstätt	4
30625	Pfaffstätten	7,5
41511	Pfarrkirchen bei Bad Hall	2,5
41327	Pfarrkirchen im Mühlkreis	1,5
50416	Pfarrwerfen	4,5
70826	Pflach	3,5
70341	Pfons	4
70617	Pfunds	2
70618	Pians	3
41018	Piberbach	5,5
41816	Pichl bei Wels	3,5
40613	Pierbach	3,5
50616	Piesendorf	7
10817	Pilgersdorf	1,5
70921	Pill	6,5

GrEStG VO

31642	Pillichsdorf	4
41724	Pilsbach	1,5
62233	Pinggau	1,5
10918	Pinkafeld	2,5
40714	Pinsdorf	3
70827	Pinswang	3,5
62385	Pirching am Traubenberg	2,5
10818	Piringsdorf	1,5
40432	Pischelsdorf am Engelbach	2,5
61764	Pischelsdorf am Kulm	2
31823	Pitten	2
41725	Pitzenberg	2
50328	Plainfeld	8,5
31533	Pöchlarn	2,5
10718	Podersdorf am See	3
20425	Poggersdorf	2
31534	Pöggstall	1,5
60323	Pölfing-Brunn	2
32520	Pölla	1,5
62275	Pöllau	1,5
62235	Pöllauberg	1
40821	Pollham	3
40433	Polling im Innkreis	1,5
70342	Polling in Tirol	4,5
62043	Pöls-Oberkurzheim	1,5
62044	Pölstal	1
41726	Pöndorf	2
20424	Pörtschach am Wörther See	1,5
10608	Pöttelsdorf	4
30626	Pottendorf	3,5
30627	Pottenstein	3
40820	Pötting	1,5
10609	Pöttsching	2
10726	Potzneusiedl	4,5
31644	Poysdorf	0,5
70723	Prägraten am Großvenediger	2,5
40822	Pram	1
40508	Prambachkirchen	2
41223	Pramet	2
60324	Preding	2,5
40614	Pregarten	4
20911	Preitenegg	1
30719	Prellenkirchen	6,5
32415	Pressbaum	4
31825	Prigglitz	2,5
31932	Prinzersdorf	2,5
61111	Proleb	1,5
30848	Prottes	5
70619	Prutz	3,5
50209	Puch bei Hallein	6,5
61740	Puch bei Weiz	2
31826	Puchberg am Schneeberg	1,5
41618	Puchenau	5
32007	Puchenstuben	1
41727	Puchkirchen am Trattberg	1,5
41019	Pucking	4,5
41728	Pühret	2
31035	Pulkau	1
40509	Pupping	3
10312	Purbach am Neusiedler See	3
32008	Purgstall an der Erlauf	2
32416	Purkersdorf	5,5
62021	Pusterwald	1
41328	Putzleinsdorf	1,5
31934	Pyhra	2
41414	Raab	1
60667	Raaba-Grambach	2,5
32216	Raabs an der Thaya	1
31827	Raach am Hochgebirge	2
30849	Raasdorf	3
31645	Rabensburg	1
31935	Rabenstein an der Pielach	2
20630	Radenthein	2,5
70520	Radfeld	4
61112	Radmer	1
50417	Radstadt	6
80118	Raggal	3,5
61027	Ragnitz	1,5
10819	Raiding	1
41415	Rainbach im Innkreis	2,5
40615	Rainbach im Mühlkreis	3,5
50506	Ramingstein	1,5
31409	Ramsau	3
61236	Ramsau am Dachstein	2
70922	Ramsau im Zillertal	4,5
32009	Randegg	2
20631	Rangersdorf	2
70343	Ranggen	8
80414	Rankweil	5,5
61441	Ranten	1
32521	Rappottenstein	2,5
31336	Rastenfeld	2
61741	Ratten	1,5
70521	Rattenberg	6

32417	Rauchenwarth	3,5
10427	Rauchwart	3
50617	Rauris	5,5
31036	Ravelsbach	1,5
31535	Raxendorf	1,5
41117	Rechberg	2,5
10919	Rechnitz	1
41729	Redleiten	2
41730	Redlham	2,5
41731	Regau	2,5
21007	Reichenau	2,5
31829	Reichenau an der Rax	1,5
41619	Reichenau im Mühlkreis	3,5
20912	Reichenfels	1,5
41620	Reichenthal	2
41224	Reichersberg	2
41512	Reichraming	2
30929	Reingers	2
32010	Reinsberg	1
30629	Reisenberg	1,5
20644	Reißeck	1,5
70414	Reith bei Kitzbühel	7,5
70344	Reith bei Seefeld	4
70522	Reith im Alpbachtal	3,5
20632	Rennweg am Katschberg	3,5
61743	Rettenegg	1,5
70523	Rettenschöss	4
31037	Retz	3
31038	Retzbach	1
80230	Reuthe	2
70828	Reutte	1
41225	Ried im Innkreis	1
70620	Ried im Oberinntal	2,5
40913	Ried im Traunkreis	2,5
70923	Ried im Zillertal	5,5
41118	Ried in der Riedmark	3
41416	Riedau	1,5
10920	Riedlingsdorf	3
80231	Riefensberg	2
62386	Riegersburg	2
70215	Rietz	2,5
30850	Ringelsdorf-Niederabsdorf	1
70345	Rinn	5
10820	Ritzing	2,5
62276	Rohr bei Hartberg	2
10425	Rohr im Burgenland	1
32324	Rohr im Gebirge	1
41513	Rohr im Kremstal	2,5
30721	Rohrau	5
31410	Rohrbach an der Gölsen	1,5
62277	Rohrbach an der Lafnitz	1,5
10610	Rohrbach bei Mattersburg	2,5
41344	Rohrbach-Berg	2
70924	Rohrberg	4
31119	Röhrenbach	0,5
31337	Rohrendorf bei Krems	3
40715	Roitham	3
80415	Röns	8
70216	Roppen	4
31120	Röschitz	1
20721	Rosegg	3
40914	Rosenau am Hengstpaß	2
31121	Rosenburg-Mold	1,5
61618	Rosental an der Kainach	2,5
31338	Rossatz-Arnsdorf	2
40434	Roßbach	3
40915	Roßleithen	2,5
10921	Rotenturm an der Pinka	1,5
80416	Röthis	7,5
40823	Rottenbach	1,5
61263	Rottenmann	1,5
20812	Ruden	1,5
10508	Rudersdorf	3
70346	Rum	4
31537	Ruprechtshofen	1,5
31224	Rußbach	4
50210	Rußbach am Paß Gschütt	5
10201	Rust	3
41732	Rüstorf	1,5
41733	Rutzenham	3,5
50618	Saalbach-Hinterglemm	5,5
50619	Saalfelden am Steinernen Meer	5
20633	Sachsenburg	1,5
32522	Sallingberg	1,5
40616	Sandl	2
62387	Sankt Anna am Aigen	1,5
62145	Sankt Barbara im Mürztal	1,5
61264	Sankt Gallen	1,5
61442	Sankt Georgen am Kreischberg	2
61055	Sankt Georgen an der Stiefing	3
61443	Sankt Lambrecht	1,5
60668	Sankt Marein bei Graz	2
62146	Sankt Marein im Mürztal	2
62045	Sankt Marein-Feistritz	1,5

62046	Sankt Margarethen bei Knittelfeld	1,5
60347	Sankt Martin im Sulmtal	3
62388	Sankt Peter am Ottersbach	1,5
61765	Sankt Ruprecht an der Raab	2,5
62389	Sankt Stefan im Rosental	1,5
60348	Sankt Stefan ob Stainz	3
61056	Sankt Veit in der Südsteiermark	2
41338	Sarleinsbach	2
80417	Satteins	8
41817	Sattledt	2
70218	Sautens	3
41123	Saxen	2,5
10922	Schachendorf	2
62247	Schäffern	2
40441	Schalchen	3,5
10932	Schandorf	1,5
41423	Schardenberg	3
41422	Schärding	1,5
30722	Scharndorf	6
70348	Scharnitz	3
40719	Scharnstein	2,5
40511	Scharten	2,5
10612	Schattendorf	2
70829	Schattwald	4
50212	Scheffau am Tennengebirge	7
70524	Scheffau am Wilden Kaiser	4
32013	Scheibbs	2,5
31832	Scheiblingkirchen-Thernberg	2
61444	Scheifling	1,5
41622	Schenkenfelden	3,5
41515	Schiedlberg	2,5
20432	Schiefling am Wörthersee	2
41229	Schildorn	2
61265	Schladming	4
70727	Schlaiten	2,5
41736	Schlatt	2,5
50331	Schleedorf	6
41818	Schleißheim	4,5
40917	Schlierbach	3
80418	Schlins	6,5
70925	Schlitters	4
40827	Schlüßlberg	1,5
70349	Schmirn	2
80232	Schnepfau	1,5
80419	Schnifis	8
61428	Schöder	1
31543	Schollach	1,5
30631	Schönau an der Triesting	5,5
40619	Schönau im Mühlkreis	4
32523	Schönbach	1,5
31355	Schönberg am Kamp	2
70350	Schönberg im Stubaital	5
31542	Schönbühel-Aggsbach	2
41340	Schönegg	2
30852	Schönkirchen-Reyersdorf	5
70622	Schönwies	5
80233	Schoppernau	4
41737	Schörfling am Attersee	2,5
31833	Schottwien	1,5
31834	Schrattenbach	2
31646	Schrattenberg	1
31041	Schrattenthal	1
30935	Schrems	1,5
80234	Schröcken	2
80122	Schruns	3
10314	Schützen am Gebirge	2,5
32418	Schwadorf	2,5
60349	Schwanberg	3
40442	Schwand im Innkreis	3
41738	Schwanenstadt	1
80235	Schwarzach	8
50421	Schwarzach im Pongau	2,5
31835	Schwarzau am Steinfelde	2
31836	Schwarzau im Gebirge	1
61057	Schwarzautal	2
32524	Schwarzenau	1
32326	Schwarzenbach	1,5
31939	Schwarzenbach an der Pielach	2,5
80236	Schwarzenberg	2
41341	Schwarzenberg am Böhmerwald	1,5
70926	Schwaz	3
32419	Schwechat	4
32525	Schweiggers	3
70927	Schwendau	6,5
70418	Schwendt	3,5
41124	Schwertberg	2,5
70525	Schwoich	5,5
62034	Seckau	2
70623	See	7
31837	Seebenstein	2,5
20634	Seeboden	2,5
70351	Seefeld in Tirol	3,5
31042	Seefeld-Kadolz	0,5
50332	Seeham	4

50339	Seekirchen am Wallersee	5
41739	Seewalchen am Attersee	2,5
30633	Seibersdorf	5,5
60669	Seiersberg-Pirka	3,5
30532	Seitenstetten	2
70352	Sellrain	5
61243	Selzthal	2
31838	Semmering	3
60645	Semriach	1,5
41230	Senftenbach	2,5
31343	Senftenberg	4
70624	Serfaus	2
80237	Sibratsgfäll	3
10315	Siegendorf	2
10613	Sieggraben	2
32131	Sieghartskirchen	4
31226	Sierndorf	6
41516	Sierning	2
41424	Sigharting	1,5
10614	Sigleß	4
31124	Sigmundsherberg	1
80123	Silbertal	7
70728	Sillian	3
70219	Silz	3
61748	Sinabelkirchen	2,5
41819	Sipbachzell	3,5
70353	Sistrans	4
20815	Sittersdorf	2
32132	Sitzenberg-Reidling	2
31043	Sitzendorf an der Schmida	1
62252	Söchau	2
61633	Söding-Sankt Johann	4,5
70220	Sölden	3,5
61266	Sölk	1
70526	Söll	4,5
32327	Sollenau	2
30724	Sommerein	3,5
41623	Sonnberg im Mühlkreis	5
80124	Sonntag	4
30533	Sonntagberg	2
30635	Sooß	9
30854	Spannberg	2
62047	Spielberg	1,5
31227	Spillern	6,5
70625	Spiss	7,5
40918	Spital am Pyhrn	1,5
62131	Spital am Semmering	1
20635	Spittal an der Drau	2
31344	Spitz	2
41417	St. Aegidi	1,5
31411	St. Aegyd am Neuwalde	2
40824	St. Agatha	2
20913	St. Andrä	1,5
10719	St. Andrä am Zicksee	2,5
50507	St. Andrä im Lungau	3
61030	St. Andrä-Höch	2,5
32142	St. Andrä-Wördern	4,5
70621	St. Anton am Arlberg	6
32011	St. Anton an der Jeßnitz	2
80119	St. Anton im Montafon	5
60639	St. Bartholomä	2,5
31123	St. Bernhard-Frauenhofen	2
31830	St. Corona am Wechsel	1,5
31831	St. Egyden am Steinfeld	2,5
41013	St. Florian	7,5
41418	St. Florian am Inn	1,5
80120	St. Gallenkirch	5
40435	St. Georgen am Fillmannsbach	3,5
20523	St. Georgen am Längsee	1,5
30526	St. Georgen am Reith	2,5
41119	St. Georgen am Walde	1
30527	St. Georgen am Ybbsfelde	2,5
41120	St. Georgen an der Gusen	2,5
32012	St. Georgen an der Leys	1
40825	St. Georgen bei Grieskirchen	2,5
41226	St. Georgen bei Obernberg am Inn	2
50329	St. Georgen bei Salzburg	5
41734	St. Georgen im Attergau	2
20914	St. Georgen im Lavanttal	1,5
62026	St. Georgen ob Judenburg	1
80121	St. Gerold	6
50330	St. Gilgen	4
41621	St. Gotthard im Mühlkreis	2,5
20722	St. Jakob im Rosental	1,5
62242	St. Jakob im Walde	1,5
70724	St. Jakob in Defereggen	2
70415	St. Jakob in Haus	3,5
40436	St. Johann am Walde	2,5
41331	St. Johann am Wimberg	2,5
50418	St. Johann im Pongau	6
61032	St. Johann im Saggautal	2
70725	St. Johann im Walde	2
62244	St. Johann in der Haide	2,5
70416	St. Johann in Tirol	5

60326	St. Josef (Weststeiermark)	3
20813	St. Kanzian am Klopeiner See	2
61744	St. Kathrein am Hauenstein	3
61745	St. Kathrein am Offenegg	1
50211	St. Koloman	5
40716	St. Konrad	2,5
31539	St. Leonhard am Forst	1,5
31340	St. Leonhard am Hornerwald	2,5
40617	St. Leonhard bei Freistadt	2
70217	St. Leonhard im Pitztal	3
41735	St. Lorenz	4
62245	St. Lorenzen am Wechsel	2,5
62128	St. Lorenzen im Mürztal	2,5
20428	St. Margareten im Rosental	2
61746	St. Margarethen an der Raab	2,5
31938	St. Margarethen an der Sierning	1,5
10313	St. Margarethen im Burgenland	5
50508	St. Margarethen im Lungau	2,5
41020	St. Marien	6
41227	St. Marienkirchen am Hausruck	3
40510	St. Marienkirchen an der Polsenz	3
41419	St. Marienkirchen bei Schärding	2
30932	St. Martin	2
50419	St. Martin am Tennengebirge	4
61621	St. Martin am Wöllmißberg	3
10509	St. Martin an der Raab	2
50620	St. Martin bei Lofer	2,5
41228	St. Martin im Innkreis	1,5
41332	St. Martin im Mühlkreis	3
31540	St. Martin-Karlsbach	1,5
10413	St. Michael im Burgenland	1
50509	St. Michael im Lungau	2,5
61113	St. Michael in Obersteiermark	1,5
41121	St. Nikola an der Donau	1,5
61033	St. Nikolai im Sausal	1,5
31541	St. Oswald	1,5
40618	St. Oswald bei Freistadt	3,5
41333	St. Oswald bei Haslach	1,5
60641	St. Oswald bei Plankenwarth	2
40916	St. Pankraz	1,5
40437	St. Pantaleon	3,5
30529	St. Pantaleon-Erla	4
20918	St. Paul im Lavanttal	1,5
40438	St. Peter am Hart	3
61425	St. Peter am Kammersberg	1,5
41334	St. Peter am Wimberg	2
60329	St. Peter im Sulmtal	2
30530	St. Peter in der Au	2,5
62032	St. Peter ob Judenburg	1,5
61114	St. Peter-Freienstein	1
30201	St. Pölten	1,5
40439	St. Radegund	3,5
60642	St. Radegund bei Graz	1,5
41420	St. Roman	2
70347	St. Sigmund im Sellrain	7
41335	St. Stefan am Walde	1,5
20316	St. Stefan im Gailtal	2,5
61115	St. Stefan ob Leoben	1
40826	St. Thomas	2,5
41122	St. Thomas am Blasenstein	2
70417	St. Ulrich am Pillersee	4
41514	St. Ulrich bei Steyr	2
41336	St. Ulrich im Mühlkreis	2,5
21008	St. Urban	2
30531	St. Valentin	3,5
20527	St. Veit an der Glan	2
31412	St. Veit an der Gölsen	3,5
40440	St. Veit im Innkreis	3
41337	St. Veit im Mühlkreis	2
50420	St. Veit im Pongau	5,5
70726	St. Veit in Defereggen	2,5
41421	St. Willibald	1
40717	St. Wolfgang im Salzkammergut	2,5
31649	Staatz	1
41820	Stadl-Paura	2,5
61445	Stadl-Predlitz	1
10923	Stadtschlaining	4,5
61267	Stainach-Pürgg	2
60350	Stainz	3
20636	Stall	1,5
80125	Stallehr	7,5
61624	Stallhofen	4
70221	Stams	2,5
70928	Stans	5
70626	Stanz bei Landeck	7
62132	Stanz im Mürztal	2
70830	Stanzach	2,5
60646	Stattegg	5,5
31940	Statzendorf	3,5
70831	Steeg	6
40828	Steegen	1,5
10414	Stegersbach	2
70355	Steinach am Brenner	4
32014	Steinakirchen am Forst	2

41740	Steinbach am Attersee	2
40919	Steinbach am Ziehberg	2
40920	Steinbach an der Steyr	1,5
70929	Steinberg am Rofan	2,5
10821	Steinberg-Dörfl	1,5
10316	Steinbrunn	6,5
21009	Steindorf am Ossiacher See	1,5
41821	Steinerkirchen an der Traun	3
20637	Steinfeld	1,5
41822	Steinhaus	4
31228	Stetteldorf am Wagram	3
31229	Stetten	5
21010	Steuerberg	2
40201	Steyr	1,5
41624	Steyregg	4
10415	Stinatz	2
60647	Stiwoll	2
20723	Stockenboi	2,5
31230	Stockerau	4,5
10822	Stoob	2
31941	Stössing	2,5
10321	Stotzing	4
62390	Straden	3
61750	Strallegg	1
31130	Straning-Grafenberg	1
41741	Straß im Attergau	2,5
31346	Straß im Straßertale	3
70930	Strass im Zillertal	3,5
20530	Straßburg	1
70729	Strassen	2,5
30856	Strasshof an der Nordbahn	2,5
61058	Straß-Spielfeld	2
50335	Straßwalchen	4
31347	Stratzing	4,5
10416	Strem	3
30534	Strengberg	2,5
70627	Strengen	6,5
50336	Strobl	3
40512	Stroheim	3
31650	Stronsdorf	0,5
62256	Stubenberg	2
50621	Stuhlfelden	6
70931	Stumm	3,5
70932	Stummerberg	4
41425	Suben	1,5
80420	Sulz	6,5
30857	Sulz im Weinviertel	1,5

80238	Sulzberg	3,5
10720	Tadten	2
41231	Taiskirchen im Innkreis	1,5
50510	Tamsweg	2,5
70832	Tannheim	3
70222	Tarrenz	4
40443	Tarsdorf	3,5
30636	Tattendorf	8,5
41426	Taufkirchen an der Pram	1,5
40829	Taufkirchen an der Trattnach	1,5
50622	Taxenbach	4,5
20435	Techelsberg am Wörther See	2
30637	Teesdorf	7
70356	Telfes im Stubai	5
70357	Telfs	5
70933	Terfens	5
41517	Ternberg	2
31839	Ternitz	1,5
61446	Teufenbach-Katsch	1,5
31551	Texingtal	1,5
60648	Thal	4
50337	Thalgau	5
41823	Thalheim bei Wels	3
61751	Thannhausen	2,5
70358	Thaur	4,5
32217	Thaya	1,5
32330	Theresienfeld	3,5
70527	Thiersee	3
31840	Thomasberg	1
50511	Thomatal	2,5
62147	Thörl	1,5
80126	Thüringen	9
80127	Thüringerberg	6
70731	Thurn	2,5
41742	Tiefgraben	3,5
62368	Tieschen	2,5
61043	Tillmitsch	2,5
41743	Timelkam	2,5
70628	Tobadill	5,5
10417	Tobaj	4
40830	Tollet	2,5
70629	Tösens	4
61116	Traboch	1
62148	Tragöß-Sankt Katharein	1,5
40620	Tragwein	4
31413	Traisen	2
30639	Traiskirchen	5

31943	Traismauer	3
31841	Trattenbach	2
41021	Traun	2
40718	Traunkirchen	2,5
10317	Trausdorf an der Wulka	3
30726	Trautmannsdorf an der Leitha	5
20638	Trebesing	1,5
20724	Treffen	1,5
40444	Treubach	3
61247	Trieben	2
70359	Trins	6,5
70732	Tristach	3
61120	Trofaiach	1
30641	Trumau	4,5
80128	Tschagguns	3
10423	Tschanigraben	1
32134	Tulbing	4,5
70360	Tulfes	7
32135	Tulln an der Donau	4
32421	Tullnerbach	5,5
41232	Tumeltsham	2,5
62135	Turnau	1,5
31414	Türnitz	1,5
70934	Tux	5,5
50512	Tweng	5
60651	Übelbach	2
40445	Überackern	4
80421	Übersaxen	5,5
70935	Uderns	3,5
41342	Ulrichsberg	1,5
31651	Ulrichskirchen-Schleinbach	3,5
70223	Umhausen	2,5
41744	Ungenach	2
50623	Unken	4
30939	Unserfrau-Altweitra	4
41745	Unterach am Attersee	2
10825	Unterfrauenhaid	1
10924	Unterkohlstätten	1
62372	Unterlamm	1,5
50513	Unternberg	3
70361	Unterperfuss	7,5
60670	Unterpremstätten-Zettling	3
10826	Unterrabnitz-Schwendgraben	2
30858	Untersiebenbrunn	3,5
31652	Unterstinkenbrunn	1
50422	Untertauern	2
70733	Untertilliach	4
10925	Unterwart	3,5
40621	Unterweißenbach	2
40622	Unterweitersdorf	5,5
62036	Unzmarkt-Frauenburg	1
50624	Uttendorf	5
41233	Utzenaich	1,5
70362	Vals	3,5
80129	Vandans	6
60653	Vasoldsberg	3,5
20725	Velden am Wörther See	3
30859	Velm-Götzendorf	1,5
41427	Vichtenstein	1
30536	Viehdorf	1,5
50625	Viehhofen	8
80422	Viktorsberg	7,5
20201	Villach	2
70833	Vils	3
70734	Virgen	2,5
32219	Vitis	1
41746	Vöcklabruck	1,5
41747	Vöcklamarkt	1,5
61625	Voitsberg	3,5
70365	Volders	6
20817	Völkermarkt	2,5
70364	Völs	5
70936	Vomp	5,5
62278	Vorau	1
40720	Vorchdorf	3,5
70834	Vorderhornbach	1,5
61118	Vordernberg	2
40921	Vorderstoder	1,5
41625	Vorderweißenbach	2,5
31723	Vösendorf	5
61045	Wagna	2,5
50423	Wagrain	5
32220	Waidhofen an der Thaya	1,5
32221	Waidhofen an der Thaya-Land	2
30301	Waidhofen an der Ybbs	4,5
32331	Waidmannsfeld	2,5
70419	Waidring	2,5
40831	Waizenkirchen	1,5
70529	Walchsee	3,5
61119	Wald am Schoberpaß	1,5
50626	Wald im Pinzgau	6
62279	Waldbach-Mönichwald	1,5
40623	Waldburg	5
32332	Waldegg	3

30940	Waldenstein	4,5
32529	Waldhausen	2
41125	Waldhausen im Strudengau	2
41626	Walding	3,5
41428	Waldkirchen am Wesen	2
32222	Waldkirchen an der Thaya	1,5
41518	Waldneukirchen	3
41234	Waldzell	1,5
40832	Wallern an der Trattnach	2,5
10721	Wallern im Burgenland	2
30538	Wallsee-Sindelburg	2
32333	Walpersbach	3,5
50338	Wals-Siezenheim	4,5
32015	Wang	2
70835	Wängle	3
40922	Wartberg an der Krems	2
40624	Wartberg ob der Aist	5
31843	Warth	2,5
80239	Warth	1,5
31844	Wartmannstetten	2,5
70366	Wattenberg	7
70367	Wattens	6,5
70937	Weer	5
70938	Weerberg	5,5
40833	Weibern	1,5
10510	Weichselbaum	2,5
10722	Weiden am See	4
30865	Weiden an der March	2
10926	Weiden bei Rechnitz	1,5
30860	Weikendorf	4
32334	Weikersdorf am Steinfelde	4,5
41235	Weilbach	2
80423	Weiler	6,5
31945	Weinburg	1,5
10827	Weingraben	1,5
60654	Weinitzen	5
31350	Weinzierl am Walde	2,5
50627	Weißbach bei Lofer	3
70836	Weißenbach am Lech	3
30645	Weissenbach an der Triesting	3
31946	Weißenkirchen an der Perschling	2,5
41748	Weißenkirchen im Attergau	2,5
31351	Weißenkirchen in der Wachau	6
20639	Weißensee	2
20726	Weißenstein	1,5
41824	Weißkirchen an der Traun	4
62048	Weißkirchen in Steiermark	1,5
50514	Weißpriach	2,5
30539	Weistrach	2,5
31546	Weiten	1,5
20531	Weitensfeld im Gurktal	1
31129	Weitersfeld	1
40625	Weitersfelden	3,5
30942	Weitra	2
61766	Weiz	2
40301	Wels	1,5
40834	Wendling	2
40446	Weng im Innkreis	3
62262	Wenigzell	1
70224	Wenns	2,5
10823	Weppersdorf	1,5
50424	Werfen	4
50425	Werfenweng	7
20727	Wernberg	2,5
60655	Werndorf	3
41429	Wernstein am Inn	2
70420	Westendorf	6
60341	Wettmannstätten	2,5
41522	Weyer	1,5
41749	Weyregg am Attersee	1,5
31725	Wiener Neudorf	5
30401	Wiener Neustadt	3,5
31726	Wienerwald	4
60351	Wies	3,5
32016	Wieselburg	2
32017	Wieselburg-Land	1,5
10615	Wiesen	2,5
10927	Wiesfleck	3
70939	Wiesing	4,5
32335	Wiesmath	1
61251	Wildalpen	3
31653	Wildendürnbach	1
70368	Wildermieming	6
61059	Wildon	2,5
70530	Wildschönau	2,5
31654	Wilfersdorf	1,5
31947	Wilhelmsburg	2
41022	Wilhering	5,5
31845	Willendorf	2,5
10318	Wimpassing an der Leitha	4
31846	Wimpassing im Schwarzatale	1,5
10723	Winden am See	3
40626	Windhaag bei Freistadt	2,5
41126	Windhaag bei Perg	3

32223	Windigsteig	1
40923	Windischgarsten	1,5
30541	Winklarn	3,5
20640	Winklern	1,5
32336	Winzendorf-Muthmannsdorf	4,5
41236	Wippenham	2,5
31948	Wölbling	3
10928	Wolfau	1,5
41521	Wolfern	2,5
32018	Wolfpassing	2
30542	Wolfsbach	2
20923	Wolfsberg	2
41750	Wolfsegg am Hausruck	2,5
32423	Wolfsgraben	4
30728	Wolfsthal	8,5
80240	Wolfurt	3,5
31655	Wolkersdorf im Weinviertel	3
32337	Wöllersdorf-Steinabrückl	3
70531	Wörgl	4,5
61252	Wörschach	2
10419	Wörterberg	2
10319	Wulkaprodersdorf	4,5
31051	Wullersdorf	1,5
60656	Wundschuh	2,5
31847	Würflach	2,5
32139	Würmla	2
31549	Ybbs an der Donau	3
30543	Ybbsitz	1,5
31552	Yspertal	1,5
10323	Zagersdorf	2,5
70630	Zams	2
50515	Zederhaus	2
30544	Zeillern	3,5
32140	Zeiselmauer-Wolfpassing	3,5
31550	Zelking-Matzleinsdorf	1,5
20441	Zell	3
41751	Zell am Moos	3,5
41752	Zell am Pettenfirst	2,5
50628	Zell am See	8
70940	Zell am Ziller	2,5
41430	Zell an der Pram	1,5
70941	Zellberg	3,5
31052	Zellerndorf	0,5
62038	Zeltweg	1,5
10618	Zemendorf-Stöttera	4
31053	Ziersdorf	2
32338	Zillingdorf	4,5
10322	Zillingtal	5
70369	Zirl	4,5
30863	Zistersdorf	1
31848	Zöbern	2,5
70837	Zöblen	3,5
10724	Zurndorf	4
32141	Zwentendorf an der Donau	2,5
41627	Zwettl an der Rodl	3
32530	Zwettl-Niederösterreich	4,5
80424	Zwischenwasser	7,5
32424	Zwölfaxing	6,5

9/3/3.

Grundbuchsgebührenverordnung

BGBl II 2013/511 idF BGBl II 2021/595

Grundbuchsgebührenverordnung

Gemäß § 2 Z 4, § 4 Abs. 7, § 26 Abs. 2 und § 26a Abs. 3 des Gerichtsgebührengesetzes (GGG), BGBl. Nr. 501/1984, zuletzt geändert durch die Gerichtsgebühren-Novelle 2014, BGBl. I Nr. 19/2015, wird verordnet:

Bezifferung

§ 1. Der Wert des einzutragenden Rechts nach § 26 Abs. 1 GGG ist mit Ausnahme der in § 8 Abs. 1 und § 10 angeführten Fälle eingangs der Eingabe, bei Einbringung im ERV in der Eingabe an leicht auffindbarer Stelle, für Zwecke der Gebührenermittlung zu beziffern (nach Grundbuch, Katastralgemeinde, Einlagezahl/en).

Bescheinigung

§ 2. (1) Zur Bescheinigung des Werts des einzutragenden Rechts kann sich die Partei insbesondere auf jene Urkunden berufen, auf Grund derer die Eintragung erfolgen soll (§ 87 GBG), sofern sich daraus der Wert des einzutragenden Rechts (§ 26 Abs. 1 und 3 GGG) ermitteln lässt.

(2) Die Partei kann zur Vorlage weiterer Bescheinigungsmittel (Abs. 3) aufgefordert werden, wenn

1. gegründete Zweifel an der Plausibilität des angegebenen Werts bestehen,
2. dieser unvollständig ist oder
3. dem einzutragenden Recht nicht zugeordnet werden kann,

etwa weil außergewöhnliche Verhältnisse vorliegen oder nicht alle Leistungen und Nutzungen im Wert enthalten sind.

(3) Lässt sich der Wert des einzutragenden Rechts nicht mit Urkunden nach Abs. 1 bescheinigen, so können zum Nachweis der Plausibilität der Bezifferung insbesondere vorgelegt werden:

1. Auszüge aus einem Immobilien- oder Mietpreisspiegel in Ansehung vergleichbarer Objekte,
2. Inserate über Anbote vergleichbarer Liegenschaften, Leistungen oder Nutzungen,
3. Verträge oder Schätzgutachten über vergleichbare Liegenschaften, Leistungen oder Nutzungen oder
4. Fotos der Liegenschaft samt Einheitswertbescheid oder Auskunft über den Einheitswert laut FinanzOnline und sonstige erklärende Urkunden zur Vornahme der Bezifferung (etwa Berufung auf Erfahrungswerte des berufsmäßigen Parteienvertreters oder fachkundige Äußerungen), sofern keine aussagekräftigeren Bescheinigungsmittel vorhanden sind oder im Hinblick auf die Höhe der Gebühr nur mit unverhältnismäßigem Aufwand beschafft werden könnten.

Informationen zur Plausibilitätsprüfung

§ 3. (1) In den Fällen des § 26 Abs. 3 GGG können die zur Ermittlung des Werts notwendigen Angaben (Beschreibung des Vertragsobjekts) auch im Vertrag gemacht werden, soweit eingangs der Eingabe (bei den für die Gebührenermittlung bestimmten Angaben), bei Einbringung im ERV in der Eingabe an leicht auffindbarer Stelle, darauf verwiesen wird.

(2) In den übrigen Fällen, in denen eine Bezifferung nach § 1 erforderlich ist, hat die Partei zur Prüfung der Plausibilität ihrer Angaben neben dem Wert des einzutragenden Rechts (§ 1) die nachfolgenden Informationen objektbezogen bei den für die Gebührenermittlung bestimmten Angaben anzuführen:

1. Fläche je Katastralgemeinde;
2. Wert je Quadratmeter;
3. Nutzungsart (§ 4);
4. Lagequalität bezogen auf die jeweilige Katastralgemeinde (§ 5);
5. Zustand des Bauwerks beziehungsweise des Wohnungseigentumsobjekts (§ 6).

(3) Die Informationen nach Abs. 2 sind für jedes Objekt gesondert anzugeben, auch wenn die Übertragung mehrerer Objekte in einem einheitlichen Vorgang erfolgt ist. Mehrere Grundstücke können als ein Objekt zusammengefasst werden, wenn sie in derselben Katastralgemeinde liegen und die gleiche Nutzungsart (§ 4) aufweisen.

Nutzungsart

§ 4. (1) In den Fällen des § 3 Abs. 2 ist jedem Objekt eine der nachstehend angeführten Nutzungsarten unter Verwendung der angeführten Abkürzungen zuzuordnen:

1. Land- und forstwirtschaftliche Nutzung: „LF“
2. Bauland unbebaut: „BLu“
3. Wohnungseigentumsobjekt: „WE“
4. Wohnhaus mit bis zu vier Wohneinheiten: „WHk“
5. Wohnhaus mit mehr als vier Wohneinheiten: „WHg“
6. Gewerbliche Nutzung: „gN“
7. Sonstige Nutzung: „sN“

(2) Bei gewerblicher (Abs. 1 Z 6) und sonstiger Nutzung (Abs. 1 Z 7) ist neben der angeführten Abkürzung die spezifische Nutzung (Art des Betriebs oder der konkreten Nutzung) anzugeben.

Lagequalität

§ 5. (1) In den Fällen des § 3 Abs. 2 ist die Qualität der Lage bezogen auf die Katastralgemeinde, in der das Objekt liegt, unter Verwendung der angeführten Abkürzung anzugeben. Innerhalb einer Katastralgemeinde wird zwischen überdurchschnittlicher „A“, durchschnittlicher „B“ und unterdurchschnittlicher „C“ Lage unterschieden.

(2) Eine überdurchschnittliche Lage ist anzunehmen, wenn das Objekt bezogen auf die mögliche Nutzungsart in einem bevorzugten Gebiet liegt und über eine sehr gute Anbindung verfügt.

(3) Eine unterdurchschnittliche Lage ist anzunehmen, wenn das Objekt bezogen auf die mögliche Nutzungsart in einem benachteiligten Gebiet liegt und über eine schlechte Anbindung verfügt.

Bauzustand

§ 6. (1) In den Fällen des § 3 Abs. 2 ist bei Bauwerken und Wohnungseigentumsobjekten der Bauzustand mit der Kategorie überdurchschnittlich „1", durchschnittlich „2" oder unterdurchschnittlich „3" unter Verwendung der angeführten Zahl anzugeben.

(2) Überdurchschnittlicher Bauzustand ist bei einem neu gebauten oder generalsanierten Bauwerk oder Wohnungseigentumsobjekt anzunehmen.

(3) Unterdurchschnittlicher Bauzustand ist anzunehmen, wenn eine gewöhnliche Nutzung des Bauwerks oder Wohnungseigentumsobjekts Sanierungsmaßnahmen im Bereich der Bausubstanz erfordert.

Begünstigte Erwerbsvorgänge

§ 7. Die Begünstigung nach § 26a Abs. 1 GGG ist eingangs der Eingabe, bei Einbringung im ERV in der Eingabe an leicht auffindbarer Stelle, unter Hinweis entweder auf § 26a Abs. 1 Z 1 GGG oder auf § 26a Abs. 1 Z 2 GGG und unter Bezifferung der ermäßigten Bemessungsgrundlage in Anspruch zu nehmen. Soweit sich die Partei nicht auf 30% des Werts des einzutragenden Rechts als Bemessungsgrundlage beruft, bezieht sich die angegebene Bemessungsgrundlage auf den dreifachen Einheitswert.

§ 8. (1) Beruft sich die Partei auf den dreifachen Einheitswert als Bemessungsgrundlage, so hat sie den Einheitswertbescheid oder sonst geeignete Bescheinigungsmittel über den Einheitswert der übertragenen Liegenschaft auf Verlangen des Gerichts vorzulegen.

(2) Beruft sich die Partei auf 30% des Werts des einzutragenden Rechts als Bemessungsgrundlage, so sind die §§ 1 bis 6 anzuwenden.

§ 9. (1) Die Voraussetzungen für die Ermäßigung der Bemessungsgrundlage sind durch geeignete Urkunden im Original oder in Kopie nachzuweisen.

(2) Geeignete Urkunden sind in den Fällen des § 26a Abs. 1 Z 1 GGG insbesondere Personenstandsurkunden, gerichtliche oder verwaltungsbehördliche Entscheidungen oder Bestätigungen und notarielle Urkunden. Im Fall der Lebensgemeinschaft ist das Vorliegen der Voraussetzungen durch Bestätigungen über einen Hauptwohnsitz, den die Lebensgefährten gemeinsam haben oder hatten, nachzuweisen.

(3) In den Fällen des § 26a Abs. 1 Z 2 GGG sind die Voraussetzungen durch die entsprechenden Vertragsurkunden sowie durch Verweis auf das Firmenbuch oder Firmenbuchsauszüge nachzuweisen.

Gebührenbefreiung

§ 10. Wird eine gänzliche Befreiung von den Eintragungsgebühren in Anspruch genommen, so sind die Angaben zum Wert des einzutragenden Rechts einschließlich der dafür erforderlichen Informationen und Bescheinigungen (§§ 1 bis 6) nur im Auftrag des Gerichts zu machen, wenn es Zweifel am Vorliegen der Befreiungsvoraussetzungen hat.

Selbstberechnung der Grunderwerbsteuer und der Eintragungsgebühr

§ 10a. (1) Ab dem In-Kraft-Treten dieser Verordnung[1] ist die Eintragungsgebühr nach Tarifpost 9 lit. b Z 1 im Fall der Selbstberechnung der Grunderwerbsteuer (§ 11 Grunderwerbsteuergesetz 1987 im Verein mit der GrESt-SBV) bei dem für die Erhebung der Grunderwerbsteuer zuständigen Finanzamt zum Zeitpunkt der Fälligkeit der Grunderwerbsteuer zu entrichten. Es ist technisch sicherzustellen, dass jede Vorgangsnummer dem entsprechenden Überweisungsvorgang auf ein Justizkonto zugeordnet werden kann.

[1] 1.7.2015 (§ 11 Abs. 2 GGV).

(2) Wird die Eintragungsgebühr nach Abs. 1 entrichtet, sind nur jene Angaben nach § 1, § 2 Abs. 1 und 3 sowie § 3 bis § 9 dieser Verordnung gegenüber der Justiz zu machen, die nicht von der Abgabenbehörde nach der GrESt-SBV an die Justiz elektronisch zu übermitteln sind. Sollte die in der Selbstberechnungserklärung nach § 12 GrEStG 1987 durch den Parteienvertreter gemäß § 6 GrESt-SBV bekanntgegebene Vorgangsnummer keinen Zugriff auf die Daten ermöglichen, so ist die Selbstberechnungserklärung (Berufung auf die Vorgangsnummer) unwirksam. Der Mangel ist nach § 82a Allgemeines Grundbuchsgesetz sowie im Vorschreibungsverfahren einer Verbesserung zugänglich. Soweit die nach §§ 2 bis 4 GrESt-SBV zu übermittelnden Daten nicht übermittelt werden, hat sie die Partei der Vorschreibungsbehörde bekannt zu geben. Über Aufforderung der Vorschreibungsbehörde ist eine Aufschlüsselung der Bemessungsgrundlage nach Katastralgemeinde, Einlagezahl und Grundstücksnummer vorzunehmen. Das Recht der Vorschreibungsbehörde, bei Zweifel an der Plausibilität der angegebenen Daten weitere Angaben oder die Vorlage von Bescheinigungsmittel zu verlangen, bleibt unberührt.

(3) Wird die Eintragungsgebühr im Fall ihrer Selbstberechnung bis zum letzten Tag des auf den Fälligkeitstag (§ 13 Abs. 1 GrEStG 1987) drittfolgenden Monats nicht oder in zu geringer Höhe auf das Abgabenkonto des zuständigen Finanzamts entrichtet, kann der Fehlbetrag nur noch auf ein Justizkonto (im Zweifel an das Bundesministerium für Justiz, IBAN: AT100100000005490000 BIC: BUNDATWW) unter Angabe der entsprechenden Vorgangsnummer entrichtet werden. Wird die Vorschreibungsbehörde von der Abgabenbehörde nach

§ 10c Abs. 1 verständigt, dass die Entrichtung der Gerichtsgebühr zum Fälligkeitstag (§ 13 Abs. 1 GrEStG 1987) nicht oder in zu geringer Höhe erfolgt ist, und lässt sich ein bestimmter Fehlbetrag nicht eindeutig einem Gebührenschuldner zu einer bestimmten Eintragung zuordnen, ist der Parteienvertreter nach Aufforderung der Vorschreibungsbehörde zur Aufschlüsselung verpflichtet.

Vorschreibung nach dem GEG im Fall der Selbstberechnung

§ 10b. (1) In folgenden Fällen ist davon auszugehen, dass eine der Selbstberechnung nach der GrESt-SBV entsprechende Anmeldung und Entrichtung der Eintragungsgebühren nicht erfolgt ist, weshalb die Eintragungsgebühr nach dem GEG vorzuschreiben ist:

1. wenn ein Datenabgleich nach erfolglosem Verbesserungsverfahren ergibt, dass zu der im elektronischen Rechtsverkehr übersendeten Vorgangsnummer des Gebührenschuldners keine entsprechende Anmeldung erfolgt ist;
2. wenn ein Datenabgleich ergibt, dass an Stelle einer Anmeldung des selbst berechneten Erwerbsvorgangs zu der im elektronischen Rechtsverkehr übersendeten Vorgangsnummer des Gebührenschuldners letztlich eine Abgabenerklärung erfolgt ist;
3. wenn ein Datenabgleich ergibt, dass sich die Anmeldung des selbst berechneten Erwerbsvorgangs auf andere Liegenschaften und/oder Grundstücke bezieht, als der im elektronischen Rechtsverkehr übersendeten Vorgangsnummer des Gebührenschuldners zugrunde lagen.

(2) Sobald sich herausstellt, dass die Eintragungsgebühr bei der Selbstberechnung nicht in richtiger Höhe ermittelt wurde (§ 26 Abs. 4a GGG) oder nicht vollständig entrichtet ist, ist der Fehlbetrag von der Vorschreibungsbehörde nach den Bestimmungen des GEG vorzuschreiben und einzubringen.

Verständigung über die Entrichtung, Überweisung der Beträge

§ 10c. (1) Ab dem Vorliegen der technischen und organisatorischen Voraussetzungen hat die Abgabenbehörde die Justiz elektronisch zu verständigen, wenn die Eintragungsgebühr nicht oder in zu geringer Höhe entrichtet wurde. Die Verständigung hat jeweils am ersten Arbeitstag des auf den Fälligkeitstag (§ 13 Abs. 1 GrEStG 1987) viertfolgenden Monats zu erfolgen und zu enthalten:

1. Angaben zum Parteienvertreter (Steuernummer, Name und Adresse);
   (BGBl II 2021/595)
2. die Abgabenart je Bundesland;
3. den Anmeldungszeitraum;
4. den nicht entrichteten Betrag.

Gleichzeitig mit der Verständigung hat die Abgabenbehörde den betroffenen Betrag abzuschreiben.

(2) Die Abgabenbehörde hat die in einem Monat entrichteten Eintragungsgebühren pro Bundesland in einem Gesamtbetrag an das Oberlandesgericht Wien (IBAN: AT110100000005460009, BIC: BUNDATWW) für die Bundesländer Wien, Niederösterreich und Burgenland, an das Oberlandesgericht Linz (IBAN: AT550100000005450002, BIC: BUNDATWW) für die Bundesländer Oberösterreich und Salzburg, an das Oberlandesgericht Graz (IBAN: AT430100000005470006, BIC: BUNDATWW) für die Bundesländer Steiermark und Kärnten, sowie an das Oberlandesgericht Innsbruck (IBAN: AT750100000005480003, BIC: BUNDATWW) für die Bundesländer Tirol und Vorarlberg weiterzuleiten.

Inkrafttreten

§ 11. (1) Diese Verordnung tritt mit 1. Februar 2014 in Kraft. Sie ist auf alle Grundbuchseingaben anzuwenden, in denen sich die Eintragungsgebühr nach §§ 26, 26a GGG in der Fassung der Grundbuchsgebührennovelle, BGBl. I Nr. 1/2013, bestimmt.

(2) Die §§ 10a bis 10c treten am 1. Juli 2015 in Kraft.

14. SONSTIGE GESETZE UND VERORDNUNGEN

Inhaltsverzeichnis

14/2. Investmentfonds

14/2/1. **Investmentfondsgesetz 2011** (Auszug), BGBl I 2011/77 idF BGBl I 2022/10 (ÖkoStRefG 2022) .... Seite 519

14/2/2. **Immobilien-Investmentfondsgesetz** (Auszug), BGBl I 2003/80 idF BGBl I 2019/62 (EU-FinAnpG 2019) .... Seite 525

14/2/3. Verordnung über die Meldung der steuerrelevanten Daten für Investmentfonds, Immobilienfonds und AIF **(Fonds-Melde-Verordnung 2015 – FMV 2015)**, BGBl II 2015/167 idF
1 BGBl II 2015/440 **2** BGBl II 2016/305
3 BGBl II 2018/298 .... Seite 531

14/7. Kommunalsteuergesetz 1993 .... Seite 534

14/8. Neugründungs-Förderungsgesetz – NeuFöG .... Seite 540

14/10. Stiftungseingangssteuergesetz .... Seite 544

14/2. INVESTMENTSFONDS

14/2/1. Investmentfondsgesetz 2011 (Auszug)

BGBl I 2011/77 idF BGBl I 2022/112

Gewinnverwendung und Ausschüttungen

§ 58. (1) Die Fondsbestimmungen haben Regelungen über die Art der Ausschüttungen des OGAW an die Anteilinhaber zu enthalten. Das Fondsvermögen darf jedoch durch Ausschüttungen in keinem Fall 1 150 000 Euro unterschreiten.

(2) Innerhalb von sieben Monaten nach Ende des Geschäftsjahres ist, sofern keine Ausschüttung erfolgt, jedenfalls ein Betrag in der Höhe der auf die ausschüttungsgleichen Erträge gemäß § 186 Abs. 2 Z 1 erster Satz entfallenden Kapitalertragsteuer zuzüglich des gemäß § 124b Z 186 des Einkommensteuergesetzes 1988 freiwillig geleisteten Betrages auszuzahlen. Zu den Einkünften gehören auch Beträge, die neu hinzukommende Anteilinhaber für den zum Ausgabetag ausgewiesenen Ertrag aus Zinsen, Dividenden und Substanz leisten (Ertragsausgleich auf Zins-, Dividenden- und Substanzerträge). Die Auszahlung kann für OGAW oder bestimmte Gattungen von Anteilscheinen eines Sondervermögens unterbleiben, wenn durch die den OGAW verwaltende Verwaltungsgesellschaft in eindeutiger Form nachgewiesen wird, dass die ausgeschütteten und ausschüttungsgleichen Erträge sämtlicher Inhaber der ausgegebenen Anteilscheine entweder nicht der inländischen Einkommen- oder Körperschaftsteuer unterliegen oder die Voraussetzungen für eine Befreiung gemäß § 94 des Einkommensteuergesetzes 1988 vorliegen. Als solcher Nachweis gilt das kumulierte Vorliegen von Erklärungen sowohl der Depotbank als auch der Verwaltungsgesellschaft, dass ihnen kein Verkauf an andere Personen bekannt ist, sowie von Fondsbestimmungen, die den ausschließlichen Vertrieb bestimmter Gattungen im Ausland vorsehen. Eine Auszahlung der Kapitalertragsteuer kann zudem unterbleiben, wenn bei gemäß § 98 Abs. 1 Z 5 lit. b des Einkommensteuergesetzes 1988 beschränkt steuerpflichtigen Anteilinhabern der Kapitalertragsteuerabzug durch Belastung des Verrechnungskontos des Anteilinhabers möglich ist.

(BGBl I 2015/115, BGBl I 2018/67)

Für Verwaltungsgesellschaften gemäß Art. 6 der Richtlinie 2009/65/EG, welche in einem anderen Mitgliedstaat konzessioniert sind und über eine Zweigstelle, im Wege der Dienstleistungsfreiheit oder kollektiven Portfolioverwaltung in Österreich tätig werden, gilt diese Bestimmung samt den in ihr verwiesenen Normen rückwirkend ab 1. Juli 2011 (vgl. § 200 Abs. 3).

Steuern vom Einkommen, vom Ertrag und vom Vermögen

§ 186. (1) Die ausgeschütteten Erträge aus Einkünften im Sinne des § 27 des Einkommensteuergesetzes 1988 abzüglich der damit in Zusammenhang stehenden Aufwendungen eines

1. Kapitalanlagefonds, einschließlich eines Gebildes, das eine Bewilligung gemäß § 50 benötigt, oder

   (BGBl I 2018/67)

2. AIF im Sinne des AIFMG, dessen Herkunftsmitgliedstaat Österreich ist, ausgenommen AIF in Immobilien im Sinne des AIFMG,

   (BGBl I 2018/67)

sind beim Anteilinhaber steuerpflichtige Einnahmen. Ergibt sich aus den Einkünften im Sinne des § 27 des Einkommensteuergesetzes 1988 nach Abzug der damit in Zusammenhang stehenden Aufwendungen ein Verlust, ist dieser mit Einkünften im Sinne des § 27 des Einkommensteuergesetzes 1988 in den Folgejahren zu verrechnen, wobei die Verrechnung vorrangig mit Einkünften des Fonds im Sinne des § 27 Abs. 3 und 4 sowie des § 27b Abs. 3 des Einkommensteuergesetzes 1988 zu erfolgen hat. Werden anteilige Einkünfte aus der Überlassung von Kapital gemäß § 27 Abs. 2 Z 2 sowie laufende Einkünfte aus Kryptowährungen gemäß § 27b Abs. 2 des Einkommensteuergesetzes 1988 in der Rechnungslegung des Fonds abgegrenzt, gelten diese bereits als Einkünfte im Sinne des § 27 Abs. 2 sowie des § 27b Abs. 2 des Einkommensteuergesetzes 1988.

(BGBl I 2022/10)

(2)

1. a) Erfolgt keine tatsächliche Ausschüttung im Sinne des Abs. 1 oder werden nicht sämtliche Erträge im Sinne des Abs. 1 ausgeschüttet, gelten die nicht ausgeschütteten Erträge aus der Überlassung von Kapital im Sinne des § 27 Abs. 2 sowie laufende Einkünfte aus Kryptowährungen gemäß § 27b Abs. 2 des Einkommensteuergesetzes 1988 sowie 60 vH des positiven Saldos aus Einkünften im Sinne des § 27 Abs. 3 und 4 sowie des § 27b Abs. 3 Einkommensteuergesetz 1988 abzüglich der damit in Zusammenhang stehenden Aufwendungen eines Kapitalanlagefonds an die Anteilinhaber in dem aus dem Anteilrecht sich ergebenden Ausmaß nach Maßgabe der lit. b als ausgeschüttet (ausschüttungsgleiche Erträge). Bei in einem Betriebsvermögen gehaltenen Anteilscheinen gilt der gesamte positive Saldo aus Einkünften im Sinne des § 27 Abs. 3 und 4 sowie des § 27b Abs. 3 des Einkommensteuergesetzes 1988 abzüglich der damit im Zusammenhang stehenden Aufwendungen als ausgeschüttet. Werden die als ausgeschüttet geltenden Erträge später tatsächlich ausgeschüttet, sind sie steuerfrei.

   (BGBl I 2022/10)

   b) Die ausschüttungsgleichen Erträge gelten beim Anteilinhaber unabhängig von

InvFG
ImmoInvFG
KommSt
NeuFöG
StiftEG

der Art der Einkünfteermittlung zu folgenden Zeitpunkten als steuerpflichtige Einnahmen:

aa) bei Auszahlung der Kapitalertragsteuer (§ 58 Abs. 2) am Auszahlungstag;

bb) ansonsten zum Zeitpunkt der Veröffentlichung der für die ertragsteuerliche Behandlung relevanten Daten durch die Meldestelle auf Grund einer fristgerechten Meldung;

cc) in allen anderen Fällen zu dem in Z 3 genannten Zeitpunkt.

(BGBl I 2015/115)

2. a) Die aufgegliederte Zusammensetzung der Ausschüttung im Sinne des Abs. 1 und der ausschüttungsgleichen Erträge im Sinne der Z 1 und die zur Ermittlung der Höhe der Kapitalertragsteuer sowie der Anpassungen der Anschaffungskosten gemäß Abs. 3 erforderlichen steuerrelevanten Daten sind an die Meldestelle gemäß § 23 KMG 2019 durch einen steuerlichen Vertreter zu übermitteln. Die Meldestelle hat anhand dieser Daten entsprechend den gesetzlichen Bestimmungen die steuerliche Behandlung zu ermitteln und die so ermittelten steuerlichen Werte in geeigneter Form zu veröffentlichen. § 23 Abs. 1 letzter Satz KMG 2019 ist auf diese Tätigkeit der Meldestelle analog anzuwenden.

(BGBl I 2019/62)

b) Als steuerlicher Vertreter kann nur ein inländischer Wirtschaftstreuhänder oder eine Person bestellt werden, die vergleichbare fachliche Qualifikationen nachweist. Lehnt die Meldestelle einen steuerlichen Vertreter wegen Zweifel an der Vergleichbarkeit der Qualifikation ab, entscheidet der Bundesminister für Finanzen.

c) Der Bundesminister für Finanzen wird ermächtigt,

aa) die Frist für die Übermittlung an die Meldestelle, unter Berücksichtigung der für Jahresberichte maßgeblichen Fristen,

bb) die Voraussetzungen für die Übermittlung an die Meldestelle,

cc) den Inhalt und die Struktur der übermittelten Daten,

dd) die Ermittlung der steuerlichen Werte auf Grundlage der übermittelten Daten durch die Meldestelle entsprechend den gesetzlichen Bestimmungen,

ee) allfällige Korrekturen der übermittelten Daten sowie

ff) die Art und Weise der Veröffentlichung der ermittelten steuerlichen Werte durch die Meldestelle

durch Verordnung näher zu regeln.

d) Für die von der Meldestelle oder von anderen Personen im Auftrag der Meldestelle in Wahrnehmung ihrer Tätigkeiten gemäß § 186 Abs. 2 Z 2 lit. a und b wem immer schuldhaft zugefügten Schäden haftet der Bund nach den Bestimmungen des Amtshaftungsgesetzes, BGBl. Nr. 20/1949. Die Meldestelle sowie deren Organe und Bedienstete haften dem Geschädigten nicht. Hat der Bund dem Geschädigten den Schaden ersetzt, kann er von der Meldestelle Rückersatz begehren, wenn dieser Schaden vorsätzlich oder grob fahrlässig herbeigeführt wurde.

(BGBl I 2015/115)

3. Erfolgt keine Meldung gemäß Z 2 betreffend der Ausschüttung, ist die Ausschüttung zur Gänze steuerpflichtig. Erfolgt keine Meldung gemäß Z 2 betreffend der ausschüttungsgleichen Erträge im Sinne der Z 1, sind diese in Höhe von 90 vH des Unterschiedsbetrages zwischen dem ersten und letzten im Kalenderjahr festgesetzten Rücknahmepreis, mindestens jedoch in Höhe von 10 vH des am Ende des Kalenderjahres festgesetzten Rücknahmepreises zu schätzen. Die auf diese Weise ermittelten ausschüttungsgleichen Erträge gelten jeweils als zum 31. Dezember eines jeden Jahres zugeflossen. Der Anteilinhaber kann die Höhe der ausschüttungsgleichen Erträge oder die Steuerfreiheit der tatsächlichen Ausschüttung unter Beilage der dafür notwendigen Unterlagen nachweisen.

4. Wurde Kapitalertragsteuer abgezogen, ist der Nachweis gemäß Z 3 gegenüber dem Abzugsverpflichteten zu erbringen. Dieser hat, wenn noch keine Realisierung im Sinne des Abs. 3 erfolgt ist, die Kapitalertragsteuer zu erstatten oder nachzubelasten und die Anschaffungskosten gemäß Abs. 3 zu korrigieren. Wurde bereits eine Bescheinigung gemäß § 96 Abs. 4 Z 2 des Einkommensteuergesetzes 1988 ausgestellt, darf eine Erstattung der Kapitalertragsteuer und entsprechende Korrektur der Anschaffungskosten nur erfolgen, wenn der Anteilsinhaber den Abzugsverpflichteten beauftragt, dem zuständigen Finanzamt eine berichtigte Bescheinigung zu übermitteln.

(3) Die realisierte Wertsteigerung bei Veräußerung des Anteilscheines oder des Anteils an einem AIF unterliegt unabhängig von der Art der laufend erzielten Einkünfte der Besteuerung gemäß § 27 Abs. 3 des Einkommensteuergesetzes 1988. Ausschüttungsgleiche Erträge erhöhen, steuerfreie Ausschüttungen (insbesondere jene gemäß Abs. 2 Z 1 lit. a letzter Satz) und Ausschüttungen, die keine Einkünfte im Sinne des Einkommensteuergesetzes 1988 sind, vermindern beim Anteil-

inhaber die Anschaffungskosten (§ 27a Abs. 3 Z 2 des Einkommensteuergesetzes 1988) des Anteilscheines oder des Anteils an einem AIF. Bei einer Abspaltung im Sinne des § 65 sind die steuerlich maßgebenden Anschaffungskosten der Anteile am abspaltenden Kapitalanlagefonds in dem Ausmaß zu vermindern und im gleichen Ausmaß als Anschaffungskosten der Anteile des abgespaltenen Kapitalanlagefonds anzusetzen, in dem sich die Werte, die in einer Anteilswertberechnung im Sinne des § 57 Abs. 1 eingehen, durch die Abspaltung verschieben. Die Gewährung neuer Anteile aufgrund einer Abspaltung gilt nicht als Tausch. Die Auszahlung des Anteilscheines gemäß § 55 Abs. 2 und die Abwicklung gemäß § 63 gelten als Veräußerung.

(BGBl I 2018/67)

(4) Bei Verschmelzungen gemäß §§ 114 bis 127 gilt:

1. Die Anschaffungskosten sämtlicher Vermögenswerte des übertragenden Fonds sind vom übernehmenden Fonds fortzuführen, wenn es zu keiner endgültigen Verschiebung stiller Reserven kommt. Ansonsten gelten sämtliche Vermögenswerte des übertragenden Fonds am Verschmelzungsstichtag als zum gemeinen Wert veräußert (Liquidationsfiktion).
2. Die bis zum Verschmelzungsstichtag auf Grund der Z 1 entstandenen sowie sämtliche anderen ausschüttungsgleichen Erträge (Abs. 2) des übertragenden Fonds gelten am Verschmelzungsstichtag als zugeflossen und Verlustvorträge im Sinne des Abs. 1 des übertragenden Fonds gehen unter. Die Anschaffungskosten sind gemäß Abs. 3 zweiter Satz zu erhöhen und es ist ein Betrag gemäß § 58 Abs. 2 erster Satz auszuzahlen.
3. Der Umtausch von Anteilen auf Grund einer Verschmelzung gilt nicht als Realisierung im Sinne des Abs. 3 und die gemäß Z 2 erhöhten Anschaffungskosten der Anteile des übertragenden Fonds sind als Anschaffungskosten der Anteile des übernehmenden Fonds fortzuführen.
4. Barauszahlungen (§ 126 Abs. 1 Z 2 und § 126 Abs. 2 Z 2) gelten beim Anteilsinhaber als realisierte Wertsteigerungen gemäß Abs. 3 erster Satz.

(5) Für Erträge, die keine Einkünfte gemäß § 27 des Einkommensteuergesetzes 1988 sind, gilt Folgendes:

1. Auf Erträge, die Bewirtschaftungs- und Aufwertungsgewinnen im Sinne des § 14 Abs. 2 Z 1 und 2 des Immobilieninvestmentfondsgesetzes entsprechen, ist § 40 des Immobilieninvestmentfondsgesetzes sinngemäß anzuwenden.
2. a) Die ausgeschütteten Erträge aus anderen Einkünften im Sinne des Einkommensteuergesetzes 1988 sind beim Anteilinhaber unabhängig von der Art der Einkünfteermittlung im Zeitpunkt des Zuflusses steuerpflichtige Einkünfte. Erfolgt keine tatsächliche Ausschüttung oder werden nicht sämtliche Erträge ausgeschüttet, gelten die nicht ausgeschütteten Erträge als in jenem Zeitpunkt ausgeschüttet, der auch für die ausschüttungsgleichen Erträge gemäß Abs. 2 Z 1 lit. b maßgeblich ist.
   b) Die Ermittlung der anderen Einkünfte erfolgt nach den jeweiligen Bestimmungen des Einkommensteuergesetzes 1988, mit der Maßgabe, dass mit den Erträgen im Zusammenhang stehende Aufwendungen in Abzug gebracht werden können. Bei nicht in einem Betriebsvermögen gehaltenen Anteilscheinen gelten Erträge aus der Veräußerung von Wirtschaftsgütern, ausgenommen Wirtschaftsgüter im Sinne der §§ 27 und 30 des Einkommensteuergesetzes 1988, in einem Ausmaß von 30% als Einkünfte aus Spekulationsgeschäften gemäß § 31 des Einkommensteuergesetzes 1988. Dies gilt nicht, wenn die Anteilscheine oder Anteile von nicht mehr als 50 Anteilinhabern gehalten werden; diesfalls ist das Vorliegen von Spekulationsgeschäften gemäß § 31 des Einkommensteuergesetzes 1988 auf Ebene des einzelnen Anteilinhabers zu ermitteln.
   c) Sind die gemäß lit. b ermittelten Erträge positiv und betragen diese in Summe höchstens 10% der Einkünfte, die Einkünfte im Sinne des § 27 des Einkommensteuergesetzes 1988 darstellen, gelten die gemäß lit. b ermittelten Erträge als Einkünfte gemäß § 27 Abs. 2 des Einkommensteuergesetzes 1988.

   (BGBl I 2015/115)
3. Erträge, die keine Einkünfte gemäß § 27 des Einkommensteuergesetzes 1988 darstellen, sind in der Meldung gemäß Abs. 2 Z 2 aufzunehmen.

   (BGBl I 2015/115)

(6) Erfolgt eine Ausschüttung, gelten für steuerliche Zwecke als ausgeschüttet:

1. zunächst die laufenden und die in den Vorjahren erzielten Einkünfte im Sinne des § 27 des Einkommensteuergesetzes 1988,
2. danach die laufenden und die in den Vorjahren erzielten anderen Einkünfte im Sinne des Einkommensteuergesetzes 1988 und
3. zuletzt Beträge, die keine Einkünfte im Sinne des Einkommensteuergesetzes 1988 darstellen.

(7) AIF im Sinne des AIFMG, auf die die Abs. 1 bis 6 Anwendung finden, gelten für Zwecke der Körperschaftsteuer nicht als Körperschaften im Sinne des § 1 des Körperschaftsteuergesetzes 1988.

Pensionsinvestmentfonds

§ 187. Für Anteile an Pensionsinvestmentfonds

im Sinne des 3. Teiles 1. Hauptstück 3. Abschnitt, welche die Voraussetzungen des § 108h Abs. 1 Z 2 bis 5 des Einkommensteuergesetzes 1988 erfüllen, gilt Folgendes:

1. Ausschüttungsgleiche Erträge sind von der Einkommensteuer und Kapitalertragsteuer befreit.
2. Nachweislich einbehaltene inländische Kapitalertragsteuer von Gewinnausschüttungen (Dividenden), die dem Pensionsinvestmentfonds zugehen, können auf Antrag der Verwaltungsgesellschaft erstattet werden. Die Fondsbestimmungen haben zu regeln, bis wann ein entsprechender Antrag zu stellen ist.
3. Der Umtausch von Anteilen in andere Anteile an Pensionsinvestmentfonds im Sinne des 3. Teiles 1. Hauptstück 3. Abschnitt, welche die Voraussetzungen des § 108h Abs. 1 Z 2 bis 5 des Einkommensteuergesetzes 1988 erfüllen, oder zur Erfüllung des Auszahlungsplanes ist in Bezug auf die Realisierung gemäß § 27 Abs. 3 des Einkommensteuergesetzes 1988 wie eine unentgeltliche Übertragung zu behandeln.

Anwendung auf ausländische Kapitalanlagefonds

§ 188. (1) Die Bestimmungen des § 186 sind auch auf ausländische Kapitalanlagefonds anzuwenden. Als solche gelten:

1. OGAW, deren Herkunftsmitgliedstaat nicht Österreich ist, einschließlich Gebilde, die eine Bewilligung gemäß Art. 5 OGAW-RL benötigen;

   (BGBl I 2018/67)
2. AIF im Sinne des AIFMG, deren Herkunftsstaat nicht Österreich ist, ausgenommen AIF in Immobilien im Sinne des AIFMG;
3. jeder einem ausländischen Recht unterstehende Organismus, unabhängig von seiner Rechtsform, dessen Vermögen nach dem Gesetz, der Satzung oder tatsächlichen Übung nach den Grundsätzen der Risikostreuung angelegt ist, wenn er nicht unter Z 1 oder 2 fällt und eine der folgenden Voraussetzungen erfüllt:
   a) Der Organismus unterliegt im Ausland tatsächlich direkt oder indirekt keiner der österreichischen Körperschaftsteuer vergleichbaren Steuer.
   b) Die Gewinne des Organismus unterliegen im Ausland einer der österreichischen Körperschaftsteuer vergleichbaren Steuer, deren anzuwendender Steuersatz um mehr als 10 Prozentpunkte niedriger als die österreichische Körperschaftsteuer gemäß § 22 Abs. 1 KStG 1988 ist.
   c) Der Organismus ist im Ausland Gegenstand einer umfassenden persönlichen oder sachlichen Befreiung.

(2) Abs. 1 gilt nicht für Veranlagungsgemeinschaften in Immobilien im Sinne des § 42 des Immobilien-Investmentfondsgesetzes.

Außer-Kraft-Treten

§ 198. (1) Das Investmentfondsgesetz – InvFG 1993 (BGBl. Nr. 532/1993) in der Fassung des Bundesgesetzes BGBl. I Nr. 111/2010 wird mit Ablauf des 31. August 2011 aufgehoben; die §§ 6 Abs. 1, 20a Abs. 7, 21a Abs. 1, 2 und 3, 23f und 35 sowie Anlage E Schema E jeweils betreffend den vereinfachten Prospekt sind auf OGAW und AIF, die vor dem 1. September 2011 bewilligt wurden und solange für diese der FMA noch kein KID übermittelt wurde, bis zum Ablauf des 30. Juni 2012 anzuwenden. Die §§ 3 Abs. 2 und 14 Abs. 4 sind auf Zusammenlegungen von Kapitalanlagefonds anzuwenden, hinsichtlich derer bis zum Ablauf des 31. August 2011 bei der FMA ein vollständiger Antrag auf Bewilligung eingereicht wurde. § 44 InvFG 1993 ist auf Taten, die vor dem 1. September 2011 gesetzt wurden, uneingeschränkt weiter anzuwenden.

(2) Folgende Bestimmungen des Investmentfondsgesetzes 1993 in der Fassung vor dem Bundesgesetz BGBl. I Nr. 111/2010 bleiben in Geltung:

1. Die § 13 4. Satz, § 40 Abs. 1 und 2 sowie§ 42 Abs. 1 und 3 sind unbeschadet den Bestimmungen des § 200 Abs. 2 erster Satz für Geschäftsjahre des Fonds, die im Kalenderjahr 2012 beginnen, weiter anzuwenden. Nicht verbrauchte Verlustvorträge können in späteren Geschäftsjahren mit Einkünften des Kapitalanlagefonds gemäß § 27 Abs. 3 und 4 des Einkommensteuergesetzes 1988 verrechnet werden, wobei bei nicht im Betriebsvermögen gehaltenen Anteilscheinen 25 vH der Verlustvorträge verrechnet werden können. Für Zwecke der Kapitalertragsteuer ist einheitlich von diesem Prozentsatz auszugehen; die Aufgliederung der Zusammensetzung der ausschüttungsgleichen Erträge gemäß § 186 Abs. 2 Z 2 für Geschäftsjahre, die im Kalenderjahr 2013 beginnen, hat den Gesamtbetrag der nicht verbrauchten Verlustvorträge auszuweisen. § 42 Abs. 2 und 4 sind bis zum 31. März 2012 anzuwenden.
2. Das in § 40 Abs. 1 zweiter Satz genannte Ausmaß von einem Fünftel erhöht sich für
   a) Geschäftsjahre des Fonds, die nach dem 30. Juni 2011 beginnen, auf einen Prozentsatz von 30 vH;
   b) Geschäftsjahre des Fonds, die im Kalenderjahr 2012 beginnen, auf einen Prozentsatz von 40 vH;
3. Die in § 40 Abs. 2 Z 2 vorgesehene Verpflichtung zur Meldung der Kapitalertragsteuer auf täglicher Basis entfällt ab dem 1. April 2012. Ab diesem Zeitpunkt gilt stattdessen, ungeachtet der Z 1, bereits § 186 Abs. 2 Z 2 bis 4 in der Fassung des Investmentfondsgesetzes 2011, BGBl. I Nr. 77/2011.

4. Abweichend von § 40 Abs. 2 Z 2 kann der Nachweis der ausschüttungsgleichen Erträge ab dem 1. Jänner 2012 ausschließlich durch einen steuerlichen Vertreter erbracht werden. Als steuerlicher Vertreter kann nur ein inländischer Wirtschaftstreuhänder oder eine Person bestellt werden, die vergleichbare fachliche Qualifikationen nachweist.

Inkrafttreten

§ 200. (1) Dieses Bundesgesetz tritt mit 1. September 2011 in Kraft.

(2) Die §§ 186 und 188 treten mit 1. April 2012 in Kraft. Davon abweichend gilt:

1. § 186 Abs. 3 gilt erstmals für Veräußerungen nach dem 31. März 2012, von nach dem 31. Dezember 2010 angeschafften Anteilscheinen. Für solche Anteilscheine ist eine Berichtigung der Anschaffungskosten gemäß § 186 Abs. 3, für Ausschüttungen und ausschüttungsgleiche Erträge vorzunehmen, die nach dem 31. Dezember 2010 zufließen bzw. als zugeflossen gelten. § 40 Abs. 3 des Investmentfondsgesetzes 1993 in der Fassung vor dem Bundesgesetz BGBl. I Nr. 111/2010 ist bis 31. März 2012 anzuwenden.
2. Abweichend von § 186 Abs. 2 Z 1 tritt bei nicht in einem Betriebsvermögen gehaltenen Anteilen an Stelle des Prozentsatzes von 60 vH für Geschäftsjahre des Fonds, die im Kalenderjahr 2013 beginnen, ein Prozentsatz von 50 vH.

(3) Die §§ 157 bis 161 gelten rückwirkend ab 1. Juli 2011. Für Verwaltungsgesellschaften gemäß Art. 6 der Richtlinie 2009/65/EG, welche in einem anderen Mitgliedstaat konzessioniert sind und über eine Zweigstelle, im Wege der Dienstleistungsfreiheit oder kollektiven Portfolioverwaltung in Österreich tätig werden, gelten rückwirkend ab 1. Juli 2011 die im Folgenden genannten Bestimmungen samt den in ihnen verwiesenen Normen: §§ 10 bis 36; § 38; §§ 46 bis 142; § 143 Abs. 1 Z 2, 3, 4 und 5; § 145; § 147; § 151; § 152; § 153 Abs. 2; § 162 Abs. 1 und 2; § 195 Abs. 2.

(4) § 190 Abs. 1 bis 6 in der Fassung des 2. Stabilitätsgesetzes 2012, BGBl. I Nr. 35/2012, tritt mit 1. Mai 2012 in Kraft.

(5) § 53 Abs. 4 und § 61 Abs. 2 in der Fassung des Bundesgesetzes BGBl. I Nr. 83/2012 treten mit 1. Juli 2012 in Kraft.

(6) § 193 Abs. 2 in der Fassung des Bundesgesetzes BGBl. I Nr. 70/2013 tritt mit 1. Jänner 2014 in Kraft.

(7) § 1, § 2 Abs. 3, § 3Abs. 2 Z 19, 30 und Z 31, § 5 Abs. 2 Z 2, § 5 Abs. 5, § 6 Abs. 3, § 130, § 134 Abs. 1, § 162a, und § 195 Abs. 6 und 7 in der Fassung des Bundesgesetzes BGBl. I Nr. 135/2013 treten mit 22. Juli 2013 in Kraft. § 27, § 30 Abs. 5, § 46 Abs. 3, § 60 Abs. 1, § 64, § 71 Abs. 1, § 166 Abs. 1 Z 4, § 167 Abs. 1 und 6 bis 9, § 168, § 173 samt Überschrift, § 190 Abs. 1 Z 2 und 6, Abs. 2 Z 11 bis 13, Abs. 3 Z 2, Abs. 4 Z 2 in der Fassung des Bundesgesetzes BGBl. I Nr. 135/2013 treten mit dem der Kundmachung folgenden Tag in Kraft. § 144 samt Überschrift in der Fassung des Bundesgesetzes BGBl. I Nr. 135/2013 tritt mit 1. Jänner 2014 in Kraft. § 175 bis § 185 samt Überschriften und § 189 Abs. 1 Z 1 und 2 treten mit Ablauf des 21. Juli 2013 außer Kraft.

(8) §§ 186 und 188 in der Fassung BGBl. I Nr. 135/2013 gelten erstmals für Geschäftsjahre von Kapitalanlagefonds, die nach dem 21. Juli 2013 beginnen. § 186 Abs. 1 zweiter und dritter Satz in der Fassung BGBl. I Nr. 135/2013 dürfen bereits in Geschäftsjahren angewendet werden, die nach dem 31. Dezember 2012 beginnen.AIF des geschlossenen Typs, die nach dem 22. Juli 2013 keine zusätzlichen Anlagen tätigen (§ 67 Abs. 5 AIFMG) und keine neuen Anteile begeben, stellen für Zwecke der §§ 186 Abs. 1 Z 2 und 188 Abs. 1 Z 2 keine AIF dar. Dies gilt nur, wenn nicht bereits im letzten Geschäftsjahr, das vor dem 22. Juli 2013 beginnt, § 186 oder § 188 in der Fassung vor dem BGBl. I Nr. 135/2013 auf den Organismus anzuwenden war.

§ 124b Z 185 lit. c des Einkommensteuergesetzes 1988 und § 6b des Körperschaftsteuergesetzes 1988 gehen der Anwendung der §§ 186 und 188 vor.

(9) § 3 Abs. 1, § 6 Abs. 2 Z 5, § 8 Abs. 2, § 10 Abs. 6, § 74 Abs. 1, § 145 Abs. 4, § 148 Abs. 5, § 150 Abs. 1, § 151 Z 3a und 11, § 190 Abs. 7, § 191 samt Überschrift und § 196 Abs. 2 Z 2 und 17 in der Fassung des Bundesgesetzes BGBl. I Nr. 184/2013 treten mit 1. Jänner 2014 in Kraft. § 151 Z 11a in der Fassung des Bundesgesetzes BGBl. I Nr. 184/2013 tritt mit 1. Jänner 2015 in Kraft. § 151 Z 11 in der Fassung des Bundesgesetzes BGBl. I Nr. 184/2013 tritt mit Ablauf des 31. Dezember 2014 außer Kraft.

(10) § 85 Abs. 1 und 3 und § 196 Abs. 2 Z 1 in der Fassung des Bundesgesetzes BGBl. I Nr. 70/2014 treten mit 21. Dezember 2014 in Kraft.

(11) § 186 Abs. 2 Z 4 in der Fassung des BGBl. I Nr. 70/2014 tritt mit 1. Jänner 2015 in Kraft.

(12) § 171 Z 2 in der Fassung des Bundesgesetzes BGBl. I Nr. 34/2015 tritt mit 1. Jänner 2016 in Kraft.

(13) § 10 Abs. 6, § 70 Abs. 4 Z 4, § 74 Abs. 7, § 154 Abs. 3 und § 196 Abs. 2 Z 14 in der Fassung des Bundesgesetzes BGBl. I Nr. 68/2015treten mit 20. Juli 2015 in Kraft. Bei Unterlagen der Rechnungslegung für Geschäftsjahre, die vor dem 1. Jänner 2016 begonnen haben, ist § 10 Abs. 6 in der Fassung des Bundesgesetzes BGBl. I Nr. 68/2015 mit der Maßgabe anzuwenden, dass die Bestimmungen des BWG gemäß den Vorgaben des § 107 Abs. 87 BWG anzuwenden sind.

(14) § 186 Abs. 5 Z 2 und 3 in der Fassung des Bundesgesetzes BGBl. I Nr. 115/2015 gilt erstmals für Geschäftsjahre von den §§ 186 oder 188 unterliegenden Gebilden, die nach dem 21. Juli 2013 beginnen.

(15) § 58 Abs. 2 in der Fassung des Bundesgesetzes BGBl. I Nr. 115/2015 tritt mit 1. Jänner 2015 in Kraft.

(BGBl I 2015/115)

(16) § 14 Abs. 3, § 46 Abs. 1, § 60 Abs. 2, § 70 Abs. 4 Z 4, § 93 Abs. 2 Z 1, § 125 Abs. 3, § 136 Abs. 4 Z 2, § 140 Abs. 3, § 141 Abs. 3, § 151 Z 3a, § 195 Abs. 9 und § 196 Abs. 2 Z 10 und 17 bis 19 in der Fassung des Bundesgesetzes BGBl. I Nr. 115/2015 treten mit 1. September 2015 in Kraft. § 167 Abs. 5 tritt mit Ablauf des 31. August 2015 außer Kraft.

(17) § 186 Abs. 2 Z 1 und 2 in der Fassung des Bundesgesetzes BGBl. I Nr. 115/2015 gilt für Geschäftsjahre von den §§ 186 oder 188 unterliegenden Gebilden, die nach dem 30. September 2015 enden.

(BGBl I 2015/115)

(18) Das Inhaltsverzeichnis hinsichtlich der §§ 17a bis 17c, 42, 42a, 44a und 190a bis 190e samt Überschriften, § 3 Abs. 2 Z 33 und 34, § 10 Abs. 6, § 11 Abs. 5, § 17 Abs. 3 Z 6, §§ 17a bis 17c samt Überschriften, § 29 Abs. 3 und 5, § 33 Abs. 2, § 36 Abs. 6 Z 1, § 37 Abs. 5 Z 2, § 40 Abs. 1 und 1a, §§ 42 und 42a samt Überschriften, § 43, § 44 Abs. 2 und 3, § 44a samt Überschrift, § 57 Abs. 1 und 3, § 131 Abs. 4 Z 11 und 12, § 135 Abs. 2 Z 1 und Abs. 3a, § 150, § 164 Abs. 4, § 190, §§ 190a bis 190e samt Überschriften, § 191, § 193 Abs. 3a und 3b, § 196 Abs. 2 Z 1, Anlage I Schema A I. Investmentfonds Z 2, Anlage I Schema A II. Verwaltungsgesellschaft Z 2, Anlage I Schema A III. Investmentgesellschaft Z 2 und Anlage I Schema B Z 9 in der Fassung des Bundesgesetzes BGBl. I Nr. 115/2015 treten mit 18. März 2016 in Kraft. § 5 Abs. 5, § 12 Abs. 3, § 13 Abs. 3, § 20 Abs. 3, § 21 Abs. 6, § 31 Abs. 5, § 41 Abs. 4 und § 189 Abs. 5 treten mit Ablauf des 17. März 2016 außer Kraft.

(19) § 6 Abs. 2 Z 8, § 40 Abs. 1a, § 41 Abs. 3, § 42a Abs. 2 Z 1, § 143 Abs. 1 Z 2, § 190 Abs. 2 Z 3, § 190 Abs. 5 Z 1 und § 196 Abs. 2 Z 19 und 20 in der Fassung des Bundesgesetzes BGBl. I Nr. 73/2016 treten mit 13. Oktober 2016 in Kraft. § 6 Abs. 2 Z 9 tritt mit Ablauf des 12. Oktober 2016 außer Kraft.

(20) § 190 Abs. 2 Z 13 und 14 in der Fassung des Bundesgesetzes BGBl. I Nr. 73/2016 tritt mit 13. Jänner 2017 in Kraft. § 190 Abs. 2 Z 15 in der Fassung des Bundesgesetzes BGBl. I Nr. 73/2016 tritt mit 13. Juli 2017 in Kraft.

(21) § 10 Abs. 6, § 16 Abs. 4 Z 2, § 17c Abs. 1, § 36 Abs. 4, § 41 Abs. 3, § 157 Abs. 2 Z 3 und § 191 in der Fassung des Bundesgesetzes BGBl. I Nr. 118/2016 treten mit 1. Jänner 2017 in Kraft. § 11 Abs. 6 in der Fassung des Bundesgesetzes BGGl. I Nr. 118/2016 tritt mit 31. Dezember 2016 in Kraft. § 149 Abs. 2, § 196 Abs. 2 Z 12 und 15 treten mit Ablauf des 31. Dezember 2016 außer Kraft. § 71 Abs. 1 in der Fassung des Bundesgesetzes BGBl. I Nr. 118/2016 ist auf Erwerbsvorgänge nach dem 31. Dezember 2016 anzuwenden.

(22) § 164 Abs. 7a in der Fassung des Bundesgesetzes BGBl. I Nr. 107/2017 tritt mit 1. Jänner 2018 in Kraft. § 3 Abs. 2 Z 18, § 3 Abs. 2 Z 34, § 5 Abs. 2 Z 3, § 6 Abs. 2 Z 12 lit. a bis c, § 8 Abs. 2, § 10 Abs. 5, § 18 Abs. 1 Z 1, § 18 Abs. 1 Z 1 lit. c, § 18 Abs. 1 Z 2 und 3, § 18 Abs. 1 Z 3 lit. a, § 18 Abs. 2 Z 1 bis 3, § 18 Abs. 3, § 19 Abs. 3, § 42 Abs. 1 Z 2 und Z 3, § 42 Abs. 2 lit. b, § 46 Abs. 1, § 67 Abs. 2 Z 1, § 134 Abs. 4, § 145 Abs. 1 Z 9 und 10, § 145 Abs. 2 Z 3 lit. d, § 145 Abs. 4, § 147 Abs. 2, § 190 Abs. 2 Z 11, Abs. 3 Z 6 und Abs. 4 Z 6 und § 195 Abs. 3 in der Fassung des Bundesgesetzes BGBl. I Nr. 107/2017 treten mit 3. Jänner 2018 in Kraft. § 190a Abs. 5 und § 193 Abs. 2 treten mit Ablauf des 2. Jänner 2018 außer Kraft.

(23) § 10 Abs. 6 in der Fassung des Bundesgesetzes BGBl. I Nr. 150/2017 tritt mit 1. September 2018 in Kraft.

(24) § 193 Abs. 4 in der Fassung des Bundesgesetzes BGBl. I Nr. 17/2018 tritt mit 1. Juni 2018 in Kraft.

(25) § 10 Abs. 6 in der Fassung des Bundesgesetzes BGBl. I Nr. 36/2018 tritt mit 1. September 2018 in Kraft.

(26) Das Inhaltsverzeichnis zu § 84a, § 84a samt Überschrift, § 166 Abs. 2 und § 196 Abs. 2 Z 21 und 22 in der Fassung des Bundesgesetzes BGBl. I Nr. 76/2018 treten mit 1. Jänner 2019 in Kraft.

(27) § 53 Abs. 1 und 4 in der Fassung des Bundesgesetzes BGBl. I Nr. 46/2019 tritt mit 1. Juli 2019 in Kraft.

(28) § 3 Abs. 1, § 63 Abs. 1, § 65 Abs. 1, § 95 Abs. 4, § 115 Abs. 2, § 129 Abs. 2, § 131 Abs. 7, § 137 Abs. 1 und 2, § 142 Abs. 1 Z 3, § 145 Abs. 1 Z 9, Abs. 2 Z 3 lit. d und Abs. 4 und § 186 Abs. 2 Z 2 lit. a in der Fassung des Bundesgesetzes BGBl. I Nr. 62/2019 treten mit 21. Juli 2019 in Kraft.

(BGBl I 2019/62)

…

(31) § 186 Abs. 1 und Abs. 2 Z 1 lit. a in der Fassung des Bundesgesetzes BGBl. I Nr. 10/2022 tritt mit 1. März 2022 in Kraft.

(BGBl I 2022/10)

14/2/2. Immobilien-Investmentfondsgesetz (Auszug)

BGBl I 2003/80 idF BGBl I 2022/112

Immobilienfonds

§ 1. (1) Ein Immobilienfonds ist ein überwiegend aus Vermögenswerten im Sinne des § 21 bestehendes Sondervermögen, das in gleiche, in Wertpapieren verkörperte Anteile zerfällt.

(1a) Die §§ 2 bis 39 gelten für Sondervermögen gemäß Abs. 1, deren Anteile für den Vertrieb an Privatkunden gemäß § 2 Abs. 1 Z 36 Alternative Investmentfonds Manager-Gesetz – AIFMG, BGBl. I Nr. 135/2013, bestimmt sind.

(1b) Die §§ 40 bis 42 gelten für Sondervermögen gemäß Abs. 1, für AIF in Immobilien im Sinne des AIFMG sowie für jede einem ausländischen Recht unterstehende Veranlagungsgemeinschaft in Immobilien, die nach Gesetz, Satzung oder tatsächlicher Übung nach den Grundsätzen der Risikostreuung errichtet ist.

(2) Das Fondsvermögen eines Immobilienfonds steht im Eigentum der Kapitalanlagegesellschaft für Immobilien, die dieses treuhändig für die Anteilinhaber hält und verwaltet.

(3) Ein Immobilienspezialfonds ist ein Sondervermögen gemäß Abs. 1, dessen Anteilscheine auf Grund der Fondsbestimmungen jeweils von nicht mehr als zwanzig Anteilinhabern, die der Kapitalanlagegesellschaft für Immobilien bekannt sein müssen und die keine natürliche Personen sind, gehalten werden. Als ein solcher Anteilinhaber gilt auch eine Gruppe von solchen Anteilinhabern, sofern sämtliche Rechte dieser Anteilinhaber im Verhältnis zur Kapitalanlagegesellschaft für Immobilien einheitlich durch einen gemeinsamen Vertreter ausgeübt werden. Die Fondsbestimmungen haben eine Regelung darüber zu enthalten, dass eine Übertragung der Anteilscheine von den Anteilinhabern nur mit Zustimmung der Kapitalanlagegesellschaft für Immobilien erfolgen darf. Das Erfordernis der zumindest zweimaligen Wertermittlung im Monat (§ 8 Abs. 4) kann in den Fondsbestimmungen des Immobilienspezialfonds abweichend von den Bestimmungen dieses Bundesgesetzes festgelegt werden. Bei Immobilienspezialfonds können die Kapitalanlagegesellschaften für Immobilien den Veröffentlichungspflichten nach diesem Bundesgesetz dadurch genügen, dass sie alle Anteilinhaber jeweils nachweislich schriftlich oder auf eine andere mit den jeweiligen Anteilinhabern vereinbarte Art informieren. Bei Immobilienspezialfonds ist eine Mitteilung der Kapitalanlagegesellschaft für Immobilien, die Rücknahme der Anteilscheine auszusetzen, nur den Anteilinhabern in geeigneter Weise mitzuteilen; diese sind auch über die Wiederaufnahme der Rücknahme zu unterrichten. Eine diesbezügliche Anzeige an die Finanzmarktaufsichtsbehörde kann bei Immobilienspezialfonds unterbleiben. Die Fondsbestimmungen können eine von § 11 Abs. 1 abweichende Regelung zur Rückgabefrist vorsehen, wenn diese mit dem Liquiditätsprofil des Immobilienspezialfonds vereinbar ist.

(BGBl I 2018/67, BGBl I 2021/198)

Rechnungslegung und Veröffentlichung

§ 13. (1) Die Kapitalanlagegesellschaft für Immobilien hat für jedes Rechnungsjahr über jeden Immobilienfonds einen Rechenschaftsbericht sowie für die ersten sechs Monate eines jeden Rechnungsjahres einen Halbjahresbericht zu erstellen.

(2) Der Rechenschaftsbericht hat eine Ertragsrechnung, eine Vermögensaufstellung sowie die Fondsbestimmungen zu enthalten, über die Veränderungen des Vermögensbestandes zu berichten und die Zahl der Anteile zu Beginn des Berichtszeitraumes und an dessen Ende anzugeben. Weiters hat der Rechenschaftsbericht einen Bericht über die Tätigkeiten des abgelaufenen Rechnungsjahres und alle sonstigen in der Anlage B vorgesehenen Angaben sowie alle wesentlichen Informationen, die es den Anlegern ermöglichen, sich in voller Sachkenntnis ein Urteil über die Entwicklung der Tätigkeiten und der Ergebnisse des Immobilienfonds zu bilden, zu enthalten. Der Halbjahresbericht hat mindestens die in den Ziffern 1 bis 3 und 5 bis 7 der Anlage B vorgesehenen Angaben zu enthalten; die Zahlenangaben haben, wenn der Immobilienfonds Zwischenausschüttungen vorgenommen hat oder dies vorgeschlagen wurde, das Ergebnis nach Steuern für das betreffende Halbjahr sowie die erfolgte oder vorgesehene Zwischenausschüttung auszuweisen. Die Halbjahresdaten sind mit Vorschaudaten bis Ende des Rechnungsjahres zu ergänzen. Die Vermögenswerte des Immobilienfonds sind mit den Werten gemäß § 29 anzusetzen. Der Rechenschaftsbericht ist innerhalb von vier Monaten, der Halbjahresbericht ist innerhalb von zwei Monaten nach dem Ende des Berichtszeitraumes zu veröffentlichen.

(2a) Betreibt eine Kapitalanlagegesellschaft für Immobilien für Rechnung eines Immobilienfonds Pensionsgeschäfte (§ 4 Abs. 3a) oder Wertpapierleihegeschäfte (§ 4 Abs. 3b), so sind diese im Halbjahres- und Rechenschaftsbericht jeweils gesondert auszuweisen und zu erläutern.

(3) Der Rechenschaftsbericht ist vom Bankprüfer der Kapitalanlagegesellschaft für Immobilien zu prüfen; für diese Prüfung gelten die §§ 268 bis 276 UGB sinngemäß. Die Prüfung hat sich auch auf die Beachtung dieses Bundesgesetzes und der Fondsbestimmungen zu erstrecken. Der geprüfte Rechenschaftsbericht ist von der Kapitalanlagegesellschaft längstens innerhalb von vier Monaten nach Abschluss des Rechnungsjahres der Finanzmarktaufsichtsbehörde vorzulegen. Der Halbjahresbericht ist der Finanzmarktaufsichtsbehörde innerhalb von zwei Monaten nach Ende des Berichtszeitraumes vorzulegen.

(4) Der geprüfte Rechenschaftsbericht und der Halbjahresbericht sind dem Aufsichtsrat der Kapitalanlagegesellschaft für Immobilien unverzüglich vorzulegen.

(5) Der geprüfte Rechenschaftsbericht und der Halbjahresbericht sind in der Kapitalanlagegesellschaft für Immobilien und in der Depotbank zur Einsicht aufzulegen und den Anteilinhabern auf Verlangen kostenlos zur Verfügung zu stellen.

(6) Mit dem Jahresabschluss der Kapitalanlagegesellschaft für Immobilien sind auch die von der Kapitalanlagegesellschaft für Immobilien für die Anteilinhaber verwalteten Immobilienfonds und die Höhe ihres Fondsvermögens zu veröffentlichen.

(7) Bei Immobilienspezialfonds können im Rechenschaftsbericht die Fondsbestimmungen entfallen. Bei Immobilienspezialfonds kann die Auflage des Rechenschaftsberichts und Halbjahresberichts in der Depotbank entfallen, der Prüfbericht über den Rechenschaftsbericht ist den Inhabern von Immobilienspezialfonds jedenfalls zu übermitteln. Halbjahresberichte von Immobilienspezialfonds und der Prüfbericht über den Rechenschaftsbericht sind der Finanzmarktaufsichtsbehörde nur auf Anforderung einzureichen.

Gewinn und Gewinnverwendung

§ 14. (1) Der Jahresgewinn eines Immobilienfonds ist an die Anteilinhaber in dem Ausmaß auszuschütten, in dem es die Fondsbestimmungen vorsehen. Insoweit keine Ausschüttung erfolgt, ist vom nicht ausgeschütteten Jahresgewinn ein Betrag in Höhe der gemäß § 40 darauf entfallenden Kapitalertragsteuer einschließlich des gemäß § 124b Z 186 des Einkommensteuergesetzes 1988 freiwillig geleisteten Betrages auszuzahlen. Zum Ertrag gehören auch Beträge, die neu hinzukommende Anteilinhaber für den zum Ausgabetag ausgewiesenen Ertrag gemäß Abs. 2 Z 1 und 3 leisten (Ertragsausgleich). Die Auszahlung kann für Immobilienfonds oder bestimmte Gattungen von Anteilscheinen eines Immobilienfonds unterbleiben, wenn durch die den Fonds verwaltende Kapitalanlagegesellschaft für Immobilien in eindeutiger Form nachgewiesen wird, dass die ausgeschütteten und ausschüttungsgleichen Erträge sämtlicher Inhaber der ausgegebenen Anteilscheine entweder nicht der inländischen Einkommen- oder Körperschaftsteuer unterliegen oder die Voraussetzungen für eine Befreiung gemäß § 94 des Einkommensteuergesetzes 1988 vorliegen. Als solcher Nachweis gilt das kumulierte Vorliegen von Erklärungen sowohl der Depotbank als auch der Kapitalanlagegesellschaft für Immobilien, dass ihnen kein Verkauf an solche Personen bekannt ist, sowie von Fondsbestimmungen, die den ausschließlichen Vertrieb bestimmter Gattungen im Ausland vorsehen.

(2) Der Jahresgewinn eines Immobilienfonds setzt sich aus den

1. Bewirtschaftungsgewinnen
2. Aufwertungsgewinnen und
3. Wertpapier- und Liquiditätsgewinnen

zusammen. Als Gewinn gelten auch Ausschüttungen von inländischen Grundstücks-Gesellschaften (§§ 23 ff), soweit diese nicht auf Veräußerungsgewinne von Immobilienveräußerungen zurückzuführen sind. Gewinne von ausländischen Grundstücks-Gesellschaften (§§ 23 ff) sind unmittelbar dem Immobilienfonds zuzurechen. Ein Ausgleich von Verlusten ist zunächst vorrangig innerhalb der einzelnen Gewinnarten durchzuführen. Danach ist ein Ausgleich zwischen den einzelnen Gewinnen gemäß Z 1 bis 3 vorzunehmen. Ein Vortrag von Verlusten ist in jedem Falle unzulässig.

(3) Die Bewirtschaftungsgewinne errechnen sich aus den erhaltenen Erträgen für die entgeltliche Überlassung der jeweiligen Immobilien (Vermögen gemäß § 21) zuzüglich sonstiger Erträge aus der laufenden Bewirtschaftung, soweit diese nicht den Gewinnen gemäß Abs. 2 Z 2 und 3 zuzurechnen sind, abzüglich damit im Zusammenhang stehender Aufwendungen. Die Geltendmachung einer Abschreibung gemäß § 204 UGB für Wertminderung von Gebäuden ist unzulässig. Für Kosten, die durch Hintanhaltung oder Beseitigung von baulichen Schäden aus Abnutzung, Alterung und Witterungseinflüssen entstehen, ist eine Rücklage in Höhe von einem Zehntel bis zu einem Fünftel der Nettomieteinnahmen als Aufwand abzuziehen (Instandhaltungsrücklage). Eine Durchführung derartiger Maßnahmen ist kein gewinnmindernder Aufwand.

(4) Aufwertungsgewinne sind 80% der Bewertungsdifferenzen auf der Grundlage korrekter Bewertungen gemäß § 29 abzüglich damit im Zusammenhang stehender Aufwendungen. Aufwendungen sind um 20% zu kürzen und dürfen nur insoweit abgezogen werden als keine Berücksichtigung bei Bewirtschaftungsgewinnen oder bei Wertpapier- und Liquiditätsgewinnen zu erfolgen hat. Dies gilt auch für Beteiligungen an Grundstücks-Gesellschaften (§§ 23 ff), deren Gewinne gemäß Abs. 2 nicht direkt dem Immobilienfonds zuzurechnen sind, soweit die Wertschwankungen auf Bewertungsdifferenzen im Sinne der vorangehenden Sätze zurückzuführen sind.

(5) Wertpapier- und Liquiditätsgewinne sind Gewinne aus Zinsen von Vermögen gemäß den §§ 32 und 33.

Bewertung der Vermögenswerte

§ 29. (1) Die Kapitalanlagegesellschaft für Immobilien hat in den Fondsbestimmungen die Bewertung der Vermögenswerte gemäß § 21 zu regeln. Für die Bewertung sind von der Kapitalanlagegesellschaft für Immobilien mindestens zwei von ihr und der Depotbank unabhängige, fachlich geeignete Sachverständige für das Fachgebiet der Immobilienschätzung und -bewertung beizuziehen. Die Bestellung der Sachverständigen erfolgt durch die Geschäftsleitung der Kapitalanlagegesellschaft für Immobilien im Einvernehmen mit der Depotbank und mit Zustimmung des Aufsichtsrates der Kapitalanlagegesellschaft für Immobilien. Für die unabhängigen Sachverständigen gelten die Ausschließungsgründe des § 62 BWG, mit Ausnahme von § 62 Z 6a BWG, sinngemäß. Für Fehlverhalten der Sachverständigen haften neben den Sachverständigen auch die Kapitalanlagegesellschaft für Immobilien und die Depotbank zur ungeteilten

Hand und zwar wie für einen Erfüllungsgehilfen gemäß § 1313a ABGB.

(2) Die Bewertung der Vermögenswerte gemäß § 21 hat nach den allgemein anerkannten Bewertungsgrundsätzen und mindestens einmal jährlich zu erfolgen, jedenfalls aber bei Erwerb, Veräußerung oder Belastung derartiger Vermögenswerte, bei Anordnung einer Bewertung durch die Depotbank aus besonderem Anlass sowie in sonstigen, in den Fondsbestimmungen vorgesehenen Fällen. Den jeweiligen Berechnungen für die Wertermittlung des Immobilienfonds und seiner Anteile ist der arithmetische Mittelwert der zum gleichen Stichtag erfolgten Bewertungen der zwei oder mehreren Sachverständigen gemäß Abs. 1 zu Grunde zu legen.

(3) Bei einer Beteiligung nach § 23 hat die Kapitalanlagegesellschaft für Immobilien in den Vermögensaufstellungen (Rechenschaftsberichten/Halbjahresberichten) die Angaben für die einzelnen Grundstücke und sonstigen Vermögensgegenstände der Grundstücks-Gesellschaft aufzuführen, als ob es sich um eine Direktveranlagung des Fonds handeln würde, und besonders zu kennzeichnen. Zusätzlich sind anzugeben:

1. Firma, Rechtsform und Sitz der Grundstücks-Gesellschaft,
2. das Gesellschaftskapital,
3. die Höhe der Beteiligung und der Zeitpunkt ihres Erwerbs durch die Kapitalanlagegesellschaft für Immobilien und
4. Zahl und Beträge der durch die Kapitalanlagegesellschaft für Immobilien oder Dritte nach § 24 gewährten Darlehen.

(4) Der Bankprüfer der Kapitalanlagegesellschaft für Immobilien hat bei der Gründung und in der Folge jeweils bei der Prüfung des Rechenschaftsberichtes Stellung zu nehmen, ob die Sachverständigen seines Erachtens gemäß Abs. 1 ordnungsgemäß bestellt worden sind und die übrigen Voraussetzungen der Abs. 1 bis 3 vorliegen. Wenn nach der Wahrnehmung des Bankprüfers diese Voraussetzungen fehlen oder wegfallen, so hat er hierüber der Depotbank und der Finanzmarktaufsichtsbehörde unverzüglich zu berichten. Die Finanzmarktaufsichtsbehörde trifft keine Haftung für die Auswahl und die Eignung der Sachverständigen.

Steuern

§ 40. (1)

1. Nach Maßgabe der Z 2 gelten
   a) Gewinne gemäß § 14 Abs. 2 Z 1 bis 2 und
   (BGBl I 2018/76)
   b) entsprechend dem § 14 Abs. 2 Z 1 bis 2 ermittelte Gewinne von AIF in Immobilien im Sinne des AIFMG, einschließlich Immobilienspezialfonds im Sinne des § 1 Abs. 3, deren Herkunftsmitgliedstaat Österreich ist, und die nicht unter § 7 Abs. 3 des Körperschaftsteuergesetzes 1988 fallen,
   (BGBl I 2018/76)

   an die Anteilinhaber in dem aus dem Anteilrecht sich ergebenden Ausmaß als ausgeschüttet (ausschüttungsgleiche Erträge). Die ausschüttungsgleichen Erträge sind steuerpflichtige Einnahmen und gelten bei nicht in einem Betriebsvermögen gehaltenen Anteilen als Einkünfte aus Kapitalvermögen. Nicht zu den steuerpflichtigen Einnahmen gehören Gewinne ausländischer Immobilien, wenn auf Grund eines Doppelbesteuerungsabkommens oder einer Maßnahme gemäß § 48 der Bundesabgabenordnung die Einkünfte dieser Immobilien von der Besteuerung ausgenommen sind. Ansonsten hat sowohl beim Ausgleich von Verlusten innerhalb als auch zwischen den einzelnen Gewinnarten gemäß § 14 Abs. 2 Z 1 und 2 zunächst vorrangig der Gewinn mit Verlusten aus Immobilien desselben Staates und danach ein Ausgleich mit Immobilien eines anderen Staates zu erfolgen, sofern es sich nicht um Verluste aus Immobilien handelt, die in einem Staat gelegen sind, von denen die Einkünfte dieser Immobilie auf Grund eines Doppelbesteuerungsabkommens oder einer Maßnahme gemäß § 48 der Bundesabgabenordnung ausgenommen sind. Ein Ausgleich von Verlusten ausländischer Immobilien mit Gewinnen aus inländischen Immobilien ist jedenfalls unzulässig. Tatsächliche Ausschüttungen und die Auszahlung der Kapitalertragsteuer (§ 14 zweiter Satz) führen nicht zu Einkünften. Ein Ausgleich zwischen den Einkünften gemäß lit. a und b und anderen Einkünften ist unzulässig.
   (BGBl I 2018/76)
2. Die ausschüttungsgleichen Erträge gelten beim Anteilinhaber unabhängig von der Art der Einkünfteermittlung zu folgenden Zeitpunkten als steuerpflichtige Einnahmen:
   a) bei Auszahlung der Kapitalertragsteuer (§ 14 zweiter Satz) am Auszahlungstag;
   b) ansonsten zum Zeitpunkt der Veröffentlichung der für die ertragsteuerliche Behandlung relevanten Daten durch die Meldestelle auf Grund einer fristgerechten Meldung;
   c) in allen anderen Fällen zu dem in Abs. 2 Z 2 genannten Zeitpunkt.

(BGBl I 2015/115)

(2)

1. a) Die aufgegliederte Zusammensetzung der ausschüttungsgleichen Erträge im Sinne des Abs. 1 und die zur Ermittlung der Höhe der Kapitalertragsteuer sowie der Anpassungen der Anschaffungskosten gemäß Abs. 3 erforderlichen steuerrelevanten Daten sind an die Meldestelle gemäß § 23 KMG 2019 durch einen steuerlichen Vertreter zu übermitteln.

Die Meldestelle hat anhand dieser Daten entsprechend den gesetzlichen Bestimmungen die steuerliche Behandlung zu ermitteln und die so ermittelten steuerlichen Werte in geeigneter Form zu veröffentlichen. § 23 Abs. 1 letzter Satz KMG 2019 ist auf diese Tätigkeit der Meldestelle analog anzuwenden.

(BGBl I 2019/62)

b) Als steuerlicher Vertreter kann nur ein inländischer Wirtschaftstreuhänder oder eine Person bestellt werden, die vergleichbare fachliche Qualifikationen nachweist. Lehnt die Meldestelle einen steuerlichen Vertreter wegen Zweifel an der Vergleichbarkeit der Qualifikation ab, entscheidet der Bundesminister für Finanzen.

c) Der Bundesminister für Finanzen wird ermächtigt,

aa) die Frist für die Übermittlung an die Meldestelle, unter Berücksichtigung der für Jahresberichte maßgeblichen Fristen,

bb) die Voraussetzungen für die Übermittlung an die Meldestelle,

cc) den Inhalt und die Struktur der übermittelten Daten,

dd) die Ermittlung der steuerlichen Werte auf Grundlage der übermittelten Daten durch die Meldestelle entsprechend den gesetzlichen Bestimmungen,

ee) allfällige Korrekturen der übermittelten Daten sowie

ff) die Art und Weise der Veröffentlichung der ermittelten steuerlichen Werte durch die Meldestelle

durch Verordnung näher zu regeln.

d) Für die von der Meldestelle oder von anderen Personen im Auftrag der Meldestelle in Wahrnehmung ihrer Tätigkeiten gemäß § 40 Abs. 2 Z 1 wem immer schuldhaft zugefügten Schäden haftet der Bund nach den Bestimmungen des Amtshaftungsgesetzes, BGBl. Nr. 20/1949. Die Meldestelle sowie deren Organe und Bedienstete haften dem Geschädigten nicht. Hat der Bund dem Geschädigten den Schaden ersetzt, kann er von der Meldestelle Rückersatz begehren, wenn dieser Schaden vorsätzlich oder grob fahrlässig herbeigeführt wurde.

(BGBl I 2015/115)

2. Erfolgen keine Meldungen gemäß Z 1 ist die Ausschüttung zur Gänze steuerpflichtig. Die ausschüttungsgleichen Erträge im Sinne des Abs. 1 sind in Höhe von 90% des Unterschiedsbetrages zwischen dem ersten und letzten im vorangegangenen Kalenderjahr festgesetzten Rücknahmepreis, mindestens jedoch in Höhe von 10% des am Ende des vorangegangenen Kalenderjahres festgesetzten Rücknahmepreises zu schätzen. Der Anteilinhaber kann die Höhe der ausschüttungsgleichen Erträge oder die Steuerfreiheit der tatsächlichen Ausschüttung unter Beilage der dafür notwendigen Unterlagen nachweisen.

3. Wurde Kapitalertragsteuer abgezogen, ist der Nachweis gemäß Z 2 gegenüber dem Abzugsverpflichteten zu erbringen. Dieser hat, wenn noch keine Realisierung im Sinne des Abs. 3 erfolgt ist, die Kapitalertragsteuer zu erstatten oder nachzubelasten und die Anschaffungskosten gemäß Abs. 3 zu korrigieren. Wurde bereits eine Bescheinigung gemäß § 96 Abs. 4 Z 2 des Einkommensteuergesetzes 1988 ausgestellt, darf eine Erstattung der Kapitalertragsteuer und entsprechende Korrektur der Anschaffungskosten nur erfolgen, wenn der Anteilsinhaber den Abzugsverpflichteten beauftragt, dem zuständigen Finanzamt eine berichtigte Bescheinigung zu übermitteln.

(BGBl I 2018/67)

(3) Die realisierte Wertsteigerung bei Veräußerung des Anteilscheines oder des Anteils an einem AIF in Immobilien unterliegt der Besteuerung gemäß § 27 Abs. 3 des Einkommensteuergesetzes 1988. Ausschüttungsgleiche Erträge erhöhen, steuerfreie Ausschüttungen, Ausschüttungen, die keine Einkünfte im Sinne des Einkommensteuergesetzes 1988 sind, und die Auszahlung der Kapitalertragsteuer (§ 14 zweiter Satz) vermindern beim Anteilinhaber die Anschaffungskosten des Anteilscheines oder des Anteils an einem AIF in Immobilien im Sinne des § 27a Abs. 3 Z 2 des Einkommensteuergesetzes 1988. Als Veräußerung gilt auch die Auszahlung von Anteilscheinen gemäß § 11 Abs. 1. Der Umtausch von Anteilen an einem Immobilienfonds auf Grund der Zusammenlegung von Fondsvermögen gemäß § 3 Abs. 2 oder eines Anteilserwerbs gemäß § 15 Abs. 4 gilt nicht als Realisierung und die bisherigen Anschaffungskosten sind fortzuführen.

(BGBl I 2018/67)

(4) Werden Anteilscheine oder Anteile an einem AIF in Immobilien nicht in tatsächlicher und rechtlicher Hinsicht an einen unbestimmten Personenkreis angeboten, und erfolgt eine Veranlagung sind die Ausschüttungen oder als ausgeschüttet geltende Gewinne gemäß 14 Abs. 4 um ein Viertel zu erhöhen.

(5) Bei der erstmaligen Anwendung der Abs. 1 bis 4 auf bereits bestehende Organismen sind der Ermittlung der dem § 14 Abs. 4 entsprechenden Aufwertungsgewinne die steuerlichen Anschaffungskosten der Immobilien zu Grunde zu legen, wobei § 30 Abs. 3 zweiter und dritter Satz des Einkommensteuergesetzes 1988 sinngemäß anzuwenden sind. Die bis zur erstmaligen Anwendung der Abs. 1 bis 4 entstandenen Aufwertungsgewinne können gleichmäßig auf das Jahr der erstmaligen Anwendung und die vier nächsten Geschäftsjahre verteilt werden.

(6) Für Erträge, die nicht unter Abs. 1 Z 1 lit. a oder b fallen, gilt Folgendes:

1. Für Einkünfte im Sinne des § 27 des Einkommensteuergesetzes 1988 sind § 186 Abs. 1 bis 4 und Abs. 6 und § 58 Abs. 2 zweiter Satz des Investmentfondsgesetzes 2011 sinngemäß anzuwenden.

   (BGBl I 2018/76)

2. Für andere Einkünfte ist § 186 Abs. 5 Z 2 bis 3 und Abs. 6 des Investmentfondsgesetzes 2011 sinngemäß anzuwenden.

   (BGBl I 2018/76)

(BGBl I 2018/67)

§ 41. (1) Für die Bewertung von Anteilscheinen oder Anteilen an einem AIF in Immobilien finden die Bestimmungen der §§ 15 bis 85 des Bewertungsgesetzes 1955 keine Anwendung.

(2) Durch Ausgabe, Rücknahme oder Übertragung von Anteilen an einem Immobilienfonds oder an einem AIF in Immobilien, sofern diese keine Rechtspersönlichkeit haben, verwirklichte Erwerbsvorgänge nach § 1 des Grunderwerbsteuergesetzes 1987 sind von der Grunderwerbsteuer befreit.

(BGBl I 2015/115)

(3) Werden durch Übertragung oder Zusammenlegung nach § 3 Abs. 2 oder § 15 Abs. 4 Erwerbsvorgänge nach § 1 des Grunderwerbsteuergesetzes 1987 verwirklicht, so ist die Grunderwerbsteuer gemäß § 4 Abs. 1 zweiter Satz in Verbindung mit § 7 Abs. 1 Z 2 lit. c des Grunderwerbsteuergesetzes 1987 zu berechnen.

(BGBl I 2015/115)

(4) Werden durch die Einbringung von Vermögensgegenständen im Sinne des § 21 von mit eigenem Rechnungskreis eingerichtetem Sondervermögen von Aktiengesellschaften, für welche Genussrechte im Sinne des § 174 Aktiengesetz begeben sind, sowie von Aktiengesellschaften, deren nahezu ausschließlicher Zweck die Verwaltung von Immobilienvermögen ist, gegen Erwerb von Anteilscheinen in einen Immobilienfonds, Erwerbsvorgänge nach § 1 des Grunderwerbsteuergesetze 1987 verwirklicht, so ist die Grunderwerbsteuer gemäß § 4 Abs. 1 zweiter Satz in Verbindung mit § 7 Abs. 1 Z 2 lit. c des Grunderwerbsteuergesetzes 1987 zu berechnen. Dies gilt nur dann, wenn das Sondervermögen und die Aktiengesellschaft zum 1. September 2003 bestanden hat, und die Anteilscheine an den Immobilienfonds im Zuge einer unmittelbar daran anschließenden Liquidation des Sondervermögens oder der Aktiengesellschaft an die Genussrechts- oder Aktieninhaber durchgereicht werden.

(BGBl I 2015/115)

§ 42. Die Bestimmungen des § 40 sind auch auf ausländische Immobilienfonds anzuwenden. Als solche gelten:

1. AIF in Immobilien im Sinne des AIFMG, deren Herkunftsstaat nicht Österreich ist, ausgenommen Körperschaften, die mit einer inländischen unter § 7 Abs. 3 des Körperschaftsteuergesetzes fallenden Körperschaft vergleichbar sind.
2. Jede einem ausländischen Recht unterstehende Veranlagungsgemeinschaft in Immobilien, unabhängig von ihrer Rechtsform, deren Vermögen nach dem Gesetz, der Satzung oder tatsächlichen Übung nach den Grundsätzen der Risikostreuung angelegt ist, wenn sie nicht unter Z 1 fällt und eine der folgenden Voraussetzungen erfüllt:
   a) Die Veranlagungsgemeinschaft unterliegt im Ausland tatsächlich direkt oder indirekt keiner der österreichischen Körperschaftsteuer vergleichbaren Steuer.
   b) Die Gewinne der Veranlagungsgemeinschaft unterliegen im Ausland einer der österreichischen Körperschaftsteuer vergleichbaren Steuer, deren anzuwendender Steuersatz um mehr als 10 Prozentpunkte niedriger als die österreichische Körperschaftsteuer gemäß § 22 Abs. 1 KStG 1988 ist.
   c) Die Veranlagungsgemeinschaft ist im Ausland Gegenstand einer umfassenden persönlichen oder sachlichen Befreiung.

Bei AIF in Immobilien im Sinne des AIFMG gilt das Vermögen stets als nach den Grundsätzen der Risikostreuung angelegt.

Inkrafttreten

§ 44. (1) Dieses Bundesgesetz tritt mit 1. September 2003 in Kraft.

(2) § 1 Abs. 3, § 13 Abs. 3 und § 29 Abs. 4 in der Fassung des Bundesgesetzes BGBl. I Nr. 37/2005 treten mit 1. Juli 2005 in Kraft.

(3) § 15 Abs. 2 in der Fassung des Bundesgesetzes BGBl. I Nr. 134/2006 tritt mit 1. Juli 2007 in Kraft. Die Anlage C in der Fassung des Bundesgesetzes BGBl. I Nr. 134/2006 tritt mit 1. Jänner 2007 in Kraft.

(4) § 7 Abs. 1, § 13 Abs. 3, § 14 Abs. 3, § 15 Abs. 2, § 19, § 22 Abs. 4, § 23 Abs. 3 (Anm.: richtig: § 23 Abs. 2), § 36 Abs. 1, § 38 Abs. 1 in der Fassung des Bundesgesetzes BGBl. I Nr. 69/2008 treten mit dem der Kundmachung folgenden Tag in Kraft.

(5) § 34 Abs. 5 in der Fassung des Bundesgesetzes BGBl. I Nr. 152/2009 tritt mit 1. Jänner 2010 in Kraft. Die Anzeigen gemäß § 34 Abs. 5 in der Fassung des Bundesgesetzes BGBl. I Nr. 152/2009 können bis zum 30. Juni 2010 auch gemäß Immobilien-Investmentfondsgesetz in der Fassung des Bundesgesetzes BGBl. I Nr. 69/2008 rechtsgültig erfüllt werden.

(6) § 40 und § 42 in der Fassung des Budgetbegleitgesetzes 2011, BGBl. I Nr. 111/2010, treten mit 1. April 2012 in Kraft. Davon abweichend gilt § 40 Abs. 3 in der Fassung des Budgetbegleitgesetzes 2011, BGBl. I Nr. 111/2010, erstmals für nach dem 31. Dezember 2010 angeschaffte Anteilscheine; für bis zum 31. Dezember 2010 angeschaffte Anteilscheine gilt weiterhin § 40 Abs. 3 in der Fas-

sung vor dem Budgetbegleitgesetz 2011, BGBl. I Nr. 111/2010. § 42 Abs. 2 in der Fassung vor dem Budgetbegleitgesetz 2011, BGBl. I Nr. 111/2010, ist letztmalig bei der Veranlagung 2012 insoweit anzuwenden, als Ausschüttungen oder ausschüttungsgleiche Erträge vor dem 1. April 2012 zufließen oder als zugeflossen gelten.Abweichend von § 40 Abs. 2 Z 2 in der Fassung vor dem Budgetbegleitgesetz 2011, BGBl. I Nr. 111/2010, kann der Nachweis der ausschüttungsgleichen Erträge ab dem 1. Jänner 2012 ausschließlich durch einen steuerlichen Vertreter erbracht werden. Als steuerlicher Vertreter kann nur ein inländischer Wirtschaftstreuhänder oder eine Person bestellt werden, die vergleichbare fachliche Qualifikationen nachweist.

(7) § 3 Abs. 2 und 3 Z 1, § 6 Abs. 6, § 11 Abs. 4, § 32 Abs. 1 Z 3 und Abs. 2, § 33 Abs. 3 Z 1, § 34 Abs. 2 Z 8 und Abs. 5 und § 38 Abs. 1 und 3 in der Fassung des Bundesgesetzes BGBl. I Nr. 77/2010 treten mit 1. September 2011 in Kraft.

(8) § 38 Abs. 1 und 2 in der Fassung des 2. Stabilitätsgesetzes 2012, BGBl. I Nr. 35/2012, tritt mit 1. Mai 2012 in Kraft.

(9) § 35 Abs. 1a in der Fassung des Bundesgesetzes BGBl. I Nr. 83/2012 tritt mit 1. Juli 2012 in Kraft.

(10) § 38 Abs. 3 in der Fassung des Bundesgesetzes BGBl. I Nr. 70/2013 tritt mit 1. Jänner 2014 in Kraft.

(11) § 1 Abs. 1, 1a und 1b, § 2 Abs. 1 und 2 und § 43a mit Überschrift in der Fassung des Bundesgesetzes BGBl. I Nr. 135/2013 treten mit 22. Juli 2013 in Kraft. § 2 Abs. 12 und 13 in der Fassung des Bundesgesetzes BGBl. I Nr. 135/2013 tritt mit 1. Jänner 2014 in Kraft.

(12) § 40 bis § 42 jeweils in der Fassung des Bundesgesetzes BGBl. I Nr. 135/2013 gelten erstmals für Geschäftsjahre von Immobilienfonds und AIF in Immobilien im Sinne des AIFMG, die nach dem 21. Juli 2013 beginnen.AIF des geschlossenen Typs, die nach dem 22. Juli 2013 keine zusätzlichen Anlagen tätigen (§ 67 Abs. 5 AIFMG) und keine neuen Anteile begeben, stellen für Zwecke der §§ 40 Abs. 1 Z 2 und 42 Z 1 keine AIF in Immobilien dar. Dies gilt nur, wenn nicht bereits im letzten Geschäftsjahr, das vor dem 22. Juli 2013 beginnt, § 40 oder § 42 in der Fassung vor dem BGBl. I Nr. 135/2013 auf den Organismus anzuwenden war.

§ 124b Z 185 lit. c des Einkommensteuergesetzes 1988 und § 6b des Körperschaftsteuergesetzes 1988 gehen der Anwendung der §§ 40 und 42 vor.

(13) § 33 Abs. 1 und § 35 Abs. 1 in der Fassung des Bundesgesetzes BGBl. I Nr. 184/2013 treten mit 1. Jänner 2014 in Kraft.

(14) § 40 Abs. 1 in der Fassung des Bundesgesetzes BGBl. I Nr. 115/2015 gilt für Geschäftsjahre von den §§ 186 oder 188 InvFG 2011 unterliegenden Gebilden, die nach dem 30. September 2015 enden. Abweichend davon gilt § 40 Abs. 1 zweiter Satz in der Fassung des Bundesgesetzes BGBl. I Nr. 115/2015 erstmals für Geschäftsjahre von Immobilienfonds, die nach dem 21. Juli 2013 beginnen.

(15) § 41 in der Fassung des Bundesgesetzes BGBl. I Nr. 115/2015 ist erstmals auf Erwerbsvorgänge nach dem 31. Dezember 2015 anzuwenden.

(BGBl I 2015/115)

(16) § 7 Abs. 4a in der Fassung des Bundesgesetzes BGBl. I Nr. 107/2017 tritt mit 1. Jänner 2018 in Kraft. § 2 Abs. 12 und § 38 Abs. 1 und 2 in der Fassung des Bundesgesetzes BGBl. I Nr. 107/2017 treten mit 3. Jänner 2018 in Kraft. § 38 Abs. 3 tritt mit Ablauf des 2. Jänner 2018 außer Kraft.

(17) § 40 Abs. 6 in der Fassung des Bundesgesetzes BGBl. I Nr. 67/2018 gilt für Geschäftsjahre von den §§ 40 oder 42 ImmoInvFG unterliegenden Gebilden, die nach dem 31. Dezember 2018 beginnen. Sind in den Einkünften nach § 40 Abs. 6 Wertsteigerungen enthalten, sind diese nur insoweit zu erfassen, als sie in Geschäftsjahren entstanden sind, die nach dem 31. Dezember 2018 beginnen.

(BGBl I 2018/67)

(18) § 40 Abs. 1 und Abs. 6 in der Fassung des Bundesgesetzes BGBl. I Nr. 76/2018 gilt für Geschäftsjahre von den §§ 40 oder 42 ImmoInvFG unterliegenden Gebilden, die nach dem 31. Dezember 2018 beginnen.

(BGBl I 2018/76)

(19) § 34 Abs. 1 und 3 in der Fassung des Bundesgesetzes BGBl. I Nr. 46/2019 tritt mit 1. Juli 2019 in Kraft.

(BGBl I 2019/46)

(20) § 7 Abs. 1 und Abs. 3, § 19 Abs. 1, § 36 Abs. 1 und § 40 Abs. 2 Z 1 lit. a in der Fassung des Bundesgesetzes BGBl. I Nr. 62/2019 treten mit 21. Juli 2019 in Kraft.

(BGBl I 2019/62)

(21) § 16 samt Überschrift, § 17 Abs. 1, 3 und 4, § 36 Abs. 3, § 38 Abs. 1 und 3 und § 43a in der Fassung des Bundesgesetzes BGBl. I Nr. 198/2021 treten mit dem auf die Kundmachung folgenden Tag in Kraft. § 11 Abs. 1 in der Fassung des Bundesgesetzes BGBl. I Nr. 198/2021 tritt mit 1. Jänner 2022 in Kraft. § 1 Abs. 3 und § 6 Abs. 6 in der Fassung des Bundesgesetzes BGBl. I Nr. 198/2021 treten mit 1. Jänner 2023 in Kraft.

(BGBl I 2021/198)

14/2/3. Fonds-Melde-Verordnung 2015

BGBl II 2015/167 idF BGBl II 2018/298

Verordnung des Bundesministers für Finanzen über die Meldung der steuerrelevanten Daten für Investmentfonds, Immobilienfonds und AIF (Fonds-Melde-Verordnung 2015 – FMV 2015)

Auf Grund

1. des § 186 Abs. 2 Z 2 des Investmentfondsgesetzes 2011 – InvFG 2011, BGBl. I Nr. 77/2011, und
2. des § 40 Abs. 2 Z 1 des Immobilien-Investmentfondsgesetzes – ImmoInvFG, BGBl. I Nr. 80/2003,

in der jeweils geltenden Fassung wird verordnet:

Allgemeine Bestimmungen und Begriffsbestimmungen

§ 1. (1) Diese Verordnung regelt

1. die Übermittlung der steuerrelevanten Daten der Ausschüttung und der ausschüttungsgleichen Erträge eines Fonds gemäß § 186 Abs. 2 Z 2 lit. a Investmentfondsgesetzes 2011 – InvFG 2011, BGBl. I Nr. 77/2011, und § 40 Abs. 2 Z 1 lit. a Immobilien-Investmentfondsgesetzes – ImmoInvFG, BGBl. I Nr. 80/2003, und allfällige Korrekturen der bereits gemeldeten Daten an die Meldestelle gemäß § 12 Abs. 1 des Kapitalmarktgesetzes – KMG, BGBl. Nr. 625/1991 in der Fassung des Bundesgesetzes BGBl. I Nr. 184/2013,
2. die Art und Weise der Ermittlung der von den Anteilinhabern erzielten Einkünfte, die Höhe der anfallenden Kapitalertragsteuer (KESt) und die erforderlichen Korrekturen der steuerlichen Anschaffungskosten, sowie
3. die Veröffentlichungen durch die Meldestelle.

(2) Der Bundesminister für Finanzen gibt der Meldestelle bekannt, wie auf Basis der gesetzlichen Bestimmungen und der gemeldeten steuerrelevanten Daten die ertragsteuerliche Behandlung zu erfolgen hat (Ermittlungsvorgaben). Die Meldestelle ist über Änderungen der Ermittlungsvorgaben rechtzeitig zu informieren und es sind ihr alle zur Durchführung der Ermittlung erforderlichen Aufklärungen zu erteilen.

(3) Im Sinne dieser Verordnung sind:

1. Fonds: Gebilde im Sinne der §§ 186 oder 188 InvFG 2011 oder der §§ 40 oder 42 ImmoInvFG.
2. Meldefonds: Fonds, die eine fristgerechte Jahresmeldung gemäß dieser Verordnung oder eine Absichtserklärung gemäß § 5 Abs. 3 abgegeben haben.
3. Nichtmeldefonds: Fonds, die keine Meldefonds im Sinne der Z 2 sind.
4. Verwaltungsgesellschaften: Kapitalanlagegesellschaften, AIFM im Sinne des Alternative Investmentfonds Manager-Gesetzes – AIFMG, BGBl. I Nr. 135/2013, und sonstige Rechtsträger, die Vermögen im Sinne von § 188 InvFG 2011 oder § 42 ImmoInvFG unmittelbar verwalten.
5. Ausschüttungsmeldung: Meldung der steuerrelevanten Daten im Zusammenhang mit einer Ausschüttung.
6. Jahresmeldung: Meldung der steuerrelevanten Daten im Zusammenhang mit ausschüttungsgleichen Erträgen.

Registrierung und Stammdaten

§ 2. (1) Eine aufrechte Registrierung ist Voraussetzung für jede Art von Übermittlung nach dieser Verordnung. Daher haben sich Verwaltungsgesellschaften vor der erstmaligen Übermittlung bei der Meldestelle unter Angabe der in Anlage 1 angeführten Stammdaten und unter Einhaltung einer zweiwöchigen Frist vor der ersten Übermittlung schriftlich zu registrieren. Nach erfolgter Registrierung haben sie die in der Anlage 2 angeführten Stammdaten der von ihnen verwalteten Meldefonds zu melden. Die in den Anlagen 1 und 2 angeführten Stammdaten sind laufend aktuell zu halten und allfällige Änderungen unverzüglich der Meldestelle bekannt zu geben.

(2) Verwaltungsgesellschaften können im Zuge der Registrierung gemäß Abs. 1 gegenüber der Meldestelle erklären, ob Erträge von Fonds der KESt auf Zinsen gemäß § 98 Abs. 1 Z 5 lit. b des Einkommensteuergesetzes 1988 – EStG 1988, BGBl. Nr. 400/1988, unterliegen.

(BGBl II 2016/305)

Reguläre Meldungen

§ 3. (1) Die Übermittlung der steuerrelevanten Daten gemäß § 1 Abs. 1 hat ausschließlich im automationsunterstützten Wege und in strukturierter Form zu erfolgen. Die Art der Übermittlung und die Spezifikationen (Form, Struktur und Inhalt) der übermittelten Daten haben der in der Anlagen 3, 3a und 3b jeweils enthaltenen Beschreibung unter Einhaltung der darin vorgesehenen Plausibilitätskriterien zu entsprechen. Auf anderem Wege, unter Verwendung eines anderen Übertragungssystems, unvollständig vorgenommene Übermittlungen oder Meldungen unter Nichteinhaltung des in Anlage 3 beschriebenen Ablaufs stellen keine Meldungen im Sinne des § 186 Abs. 2 Z 2 lit. a InvFG 2011 oder § 40 Abs. 2 Z 1 lit. a ImmoInvFG dar und sind von der Meldestelle nicht entgegenzunehmen.

(BGBl II 2016/305)

(2) Für reguläre Meldungen gelten folgende Fristen:

1. Die Ausschüttungsmeldung ist spätestens am letzten Tag vor dem Ausschüttungstag vorzunehmen.

   (BGBl II 2018/298)
2. Die Jahresmeldung ist spätestens sieben Monate nach Ende des Geschäftsjahres des Fonds vorzunehmen. Bei Auszahlungen gemäß § 58 Abs. 2 InvFG 2011 ist die Jahresmeldung

spätestens am letzten Tag vor dem Auszahlungstag vorzunehmen.

(BGBl II 2018/298)

Werden die Meldungen nicht innerhalb dieser Fristen vorgenommen, treten die in § 186 Abs. 2 Z 3 InvFG 2011 und § 40 Abs. 2 Z 2 ImmoInvFG angeordneten Rechtsfolgen ein.

Verspätete Meldungen und Korrekturen

§ 4. (1) Ursprünglich rechtzeitig erfolgte reguläre Meldungen (§ 3 Abs. 2) können nur bis zum 15. Dezember des Kalenderjahres, in dem diese Meldungen vorgenommen wurden, korrigiert werden. Die Meldestelle hat diese korrigierten Meldungen entgegenzunehmen und als korrigiert gekennzeichnet unter Angabe des Datums der ursprünglichen Veröffentlichung zu veröffentlichen. Der Abzugsverpflichtete (auszahlende Stelle gemäß § 95 Abs. 2 Z 1 lit. b EStG 1988) hat eine Berichtigung des Kapitalertragsteuerabzuges und der sonstigen darauf basierenden und in Folge davon betroffenen steuerlichen Werte vorzunehmen, sofern noch eine aufrechte Geschäftsbeziehung zum Anteilinhaber besteht.

(2) Die Korrektur der Ausschüttungsmeldung kann in der Jahresmeldung vorgenommen werden. Ergibt die Korrektur bei der Saldierung der Ausschüttung und des ausschüttungsgleichen Ertrages einen negativen Wert, ist eine darauf entfallende Kapitalertragsteuer nicht auszuzahlen.

(3) Die Meldestelle hat bis spätestens zum Ablauf der Frist für die nächstfolgende Jahresmeldung

1. erstmalige Meldungen nach Ablauf der Frist gemäß § 3 Abs. 2 oder
2. Korrekturen von erstmaligen fristgerechten Meldungen nach dem 15. Dezember (Abs. 1)

entgegenzunehmen und gesondert zu veröffentlichen (Liste der Selbstnachweise).

(4) Der Abzugsverpflichtete hat die gemäß Abs. 3 gesondert zu veröffentlichenden Jahresmeldungen auf Verlangen des Anteilinhabers als Selbstnachweis im Sinne des § 186 Abs. 2 Z 4 InvFG 2011 oder § 40 Abs. 2 Z 3 ImmoInv-FG zu behandeln.

Veröffentlichung

§ 5. (1) Die Meldestelle hat die Meldefonds mit den für ihre ertragsteuerliche Behandlung relevanten Daten samt der nach den Ermittlungsvorgaben des Bundesministeriums für Finanzen ermittelten ertragsteuerlichen Behandlung sowie das Meldedatum im Internet zu veröffentlichen (Liste der Meldefonds).

(2) Ein Fonds ist von der Liste der Meldefonds zu entfernen, wenn eine Jahresmeldung nicht fristgerecht vorgenommen wird. Dieser Fonds ist für die Dauer eines Jahres ab dem Verstreichen der in § 3 Abs. 2 Z 2 für die Vornahme der Jahresmeldung vorgesehen Frist in einer gesonderten Liste im Internet zu veröffentlichen (Liste ehemaliger Meldefonds).

(3) Registrierte Verwaltungsgesellschaften (§ 2 Abs. 1) können für Fonds, die erstmalig in Österreich zum Vertrieb zugelassen werden oder deren Vertrieb in Österreich erstmalig beginnt, mit dem in der Anlage 2 angefügten Formular unter vollständiger Bekanntgabe der dort angeführten Stammdaten oder im Rahmen der ISIN-Vergabe durch die Oesterreichische Kontrollbank Aktiengesellschaft gegenüber der Meldestelle erklären, dass die Vornahme einer Jahresmeldung beabsichtigt ist (Absichtserklärung). Dabei ist in der Absichtserklärung jedenfalls das Ende des laufenden Geschäftsjahres anzugeben. Mit der Abgabe der Absichtserklärung gelten diese Fonds bis zum Ende der Frist gemäß § 3 Abs. 2 Z 2 als Meldefonds und sind mit einer entsprechenden Zusatzbezeichnung in die Liste der Meldefonds aufzunehmen. Die Absichtserklärung ist für Fonds, die bis zum 15. November zum Vertrieb zugelassen werden oder deren Vertrieb bis zum 15. November tatsächlich beginnt, bis zum 15. November desselben Jahres, für alle anderen Fonds bis spätestens 23. Dezember um 12 Uhr desselben Jahres abzugeben. Verspätete Absichtserklärungen gelten am 2. Jänner des Folgejahres als eingebracht.

(BGBl II 2018/298)

Zinsen gemäß § 98 EStG

§ 6. (1) Die Meldestelle hat jene Fonds, für die von registrierten Verwaltungsgesellschaften (§ 2 Abs. 1) erklärt wurde, ob deren Erträge der KESt auf (Stück)Zinsen gemäß § 98 Abs. 1 Z 5 lit. b EStG 1988 unterliegen, in einer gesonderten Liste auszuweisen und im Internet zu veröffentlichen (Fonds, die der KESt auf Zinsen gemäß § 98 EStG 1988 unterliegen).

(2) Meldefonds, die der KESt auf Zinsen gemäß § 98 Abs. 1 Z 5 lit. b EStG 1988 unterliegen, sind in einer gesonderten Liste (Meldefonds KESt auf Zinsen gemäß § 98 EStG 1988) auszuweisen und zu veröffentlichen. Werden keine Jahresmeldungen mehr abgegeben, sind diese Fonds in einer gesonderten Liste (Ehemalige Meldefonds KESt auf Zinsen gemäß § 98 EStG 1988) für den Zeitraum eines Jahres auszuweisen und zu veröffentlichen.

(3) Die Bestimmungen des § 4 über verspätete Meldungen und Korrekturen ursprünglich rechtzeitig erfolgter Meldungen sind für (Stück)Zinsen gemäß § 98 Abs. 1 Z 5 lit. b EStG 1988 mit der Maßgabe anzuwenden, dass der Abzugsverpflichtete eine Korrektur der einbehaltenen KESt nicht vornehmen darf.

(BGBl II 2016/305)

Fristen

§ 7. Die Fristberechnung richtet sich nach § 108 der Bundesabgabenordnung – BAO, BGBl. Nr. 194/1961, wobei abweichend von § 108 Abs. 2 BAO die Frist nicht mit Ablauf des Tages, sondern um 16 Uhr endet. Fällt das Ende der Frist auf einen Samstag, Sonntag, gesetzlichen Feiertag, Karfreitag, 24. oder 31. Dezember ist abweichend von § 108 Abs. 3 BAO der letzte davorliegende Tag, der nicht einer der vorgenannten Tage ist, als letzter Tag der Frist anzusehen. Für die Bestimmung der Handelstage ist der jährlich veröffentlichte Kalender der Handelstage für den österreichischen Kassa- und Terminmarkt der Wiener Börse AG maßgeblich.

(BGBl II 2018/298)

Inkrafttreten und Übergangsvorschriften

§ 8. (1) Diese Verordnung tritt mit 6. Juni 2016 in Kraft. Für Meldungen, die vor dem 6. Juni 2016 vorgenommen werden, sind die Bestimmungen der Fonds-Melde-VO, BGBl. II Nr. 96/2012 in der Fassung des BGBl. II Nr. 224/2014, weiter anzuwenden.

(BGBl II 2015/440)

(2) Die Fonds-Melde-VO, BGBl. II Nr. 96/2012 in der Fassung der Verordnung BGBl. II Nr. 224/2014 tritt mit Ablauf des 5. Juni 2016 außer Kraft, wobei die letzte Meldung am 3. Juni 2016 bis 16 Uhr abgegeben werden kann. Die aufgrund der Fonds-Melde-VO erstellten Listen sind weiterzuführen und gemäß den Bestimmungen dieser Verordnung zu adaptieren.

(BGBl II 2015/440)

(3) Verwaltungsgesellschaften haben entsprechend den Vorgaben der Meldestelle zwischen dem 15. April und 13. Mai 2016 die auf Grund des Punktes 3.1 der Anlage 1 der Fonds-MeldeVO enthaltenen Stammdaten um jene Angaben zu vervollständigen, welche auf Grund Anlage 2 zusätzlich erforderlich sind.

(BGBl II 2015/440)

(4) Sofern Meldungen im Jahr 2016 abgegeben werden, sind die Stammdaten gemäß Anlage 2 um die Angabe zu ergänzen, ob die Erträge des Fonds der EU-Quellensteuer unterliegen.

(5) § 2 Abs. 2 und § 6 in der Fassung der Verordnung des Bundesministers für Finanzen BGBl. II Nr. 305/2016 treten mit 1. Jänner 2017 in Kraft. Die Meldung der in Zeile 19 und 20 der in Anlage 3 enthaltenen Tabelle „Beschreibung Datensatz Start“ geforderte Angaben sind erstmals in Meldungen mit Satus „New“ anzugeben, die nach dem 30. März 2017 an die Meldestelle übermittelt werden. Verwaltungsgesellschaften haben

– für bereits registrierte Fonds bis 18. November 2016,
– im Zuge der Registrierung von Fonds ab dem 19. November 2016

gegenüber der Meldestelle zu erklären, ob die Erträge der Fonds der KESt auf (Stück)Zinsen gemäß § 98 Abs. 1 Z 5 lit. b EStG 1988 in der Fassung des Bundesgesetzes BGBl. I Nr. 77/2016 unterliegen. Für bereits registrierte Fonds, die mehr als 20% des Fondsvermögens in Anteile an anderen Fonds veranlagt haben, verlängert sich diese Frist um zwei Wochen.

(BGBl II 2016/305)

(6) §§ 3, 5 und 7 sowie die Anlage 2 in der Fassung der Verordnung des Bundesministers für Finanzen BGBl. II Nr. 298/2018 tritt mit 1. Dezember 2018 in Kraft. Die Anlage 3 und die Anlage 3a in der Fassung der Verordnung des Bundesministers für Finanzen BGBl. II Nr. 298/2018 tritt am 1. Juli 2019 in Kraft und ist erstmals für die Meldung von Erträgen aus Geschäftsjahren anzuwenden, die nach dem 31. Dezember 2018 beginnen. Verwaltungsgesellschaften können

– für bereits registrierte Fonds bis 7. Dezember 2018,
– im Zuge der Registrierung von Fonds ab dem 10. Dezember 2018

gegenüber der Meldestelle erklären, ob die Erträge der Fonds der KESt auf (Stück)Zinsen gemäß § 98 Abs. 1 Z 5 lit. b EStG 1988 in der Fassung des Bundesgesetzes BGBl. I Nr. 62/2018 unterliegen.

(BGBl II 2018/298)

Anlagen nicht abgedruckt

14/7. Kommunalsteuergesetz 1993

Kommunalsteuergesetz 1993, BGBl 1993/819 idF

1 BGBl 1994/680	**2** BGBl I 1997/52	**3** BGBl I 1998/10
4 BGBl I 2000/142 (BudgetbegleitG 2001)	**5** BGBl I 2001/59 (EuroStUG 2001)	**6** BGBl I 2001/144 (AbgÄG 2001)
7 BGBl I 2002/132 (2. AbgÄG 2002)	**8** BGBl I 2002/147 (VfGH)	**9** BGBl I 2002/161 (VfGH)
10 BGBl I 2003/124 (AbgÄG 2003)	**11** BGBl I 2004/180 (AbgÄG 2004)	**12** BGBl I 2007/99 (AbgSiG 2007)
13 BGBl I 2009/20 (AbgVRefG)	**14** BGBl I 2009/52 (BudBG 2009)	**15** BGBl I 2010/111 (BudBG 2011)
16 BGBl I 2011/76 (AbgÄG 2011)	**17** BGBl I 2015/163 (AbgÄG 2015)	**18** BGBl I 2016/117 (AbgÄG 2016)
19 BGBl I 2018/98	**20** BGBl I 2019/104 (FORG)	**21** BGBl I 2020/54
22 BGBl I 2020/99 (2. FORG)	**23** BGBl I 2020/103	**24** BGBl I 2021/3 (COVID-19-StMG)
25 BGBl I 2022/93 (Teuerungs-EP)		

GLIEDERUNG

§ 1. Steuergegenstand
§ 2. Dienstnehmer
§ 3. Unternehmen, Unternehmer
§ 4. Betriebsstätte
§ 5. Bemessungsgrundlage
§ 6. Steuerschuldner
§ 6a. Haftung
§ 7. Erhebungsberechtigte Gemeinde
§ 8. Steuerbefreiungen
§ 9. Steuersatz
§ 10. Zerlegung und Zuteilung der Bemessungsgrundlage
§ 11. Entstehung der Steuerschuld, Selbstberechnung, Fälligkeit und Steuererklärung
§ 12. Eigener Wirkungsbereich der Gemeinde
§ 13. Zuständigkeit des Finanzamtes
§ 14. Kommunalsteuerprüfung
§ 15. Strafbestimmungen
§ 15a. Beschwerde und Revision
§ 16. Inkrafttreten
§ 17. Vollziehung

Bundesgesetz, mit dem eine Kommunalsteuer erhoben wird (Kommunalsteuergesetz 1993 – KommStG 1993)

Der Nationalrat hat beschlossen:

Steuergegenstand

§ 1. Der Kommunalsteuer unterliegen die Arbeitslöhne, die jeweils in einem Kalendermonat an die Dienstnehmer einer im Inland (Bundesgebiet) gelegenen Betriebsstätte des Unternehmens gewährt worden sind.

Dienstnehmer

§ 2. Dienstnehmer sind:

a) Personen, die in einem Dienstverhältnis im Sinne des § 47 Abs. 2 des Einkommensteuergesetzes 1988 stehen, freie Dienstnehmer im Sinne des § 4 Abs. 4 ASVG, sowie an Kapitalgesellschaften beteiligte Personen im Sinne des § 22 Z 2 des Einkommensteuergesetzes 1988.

b) Personen, die nicht von einer inländischen Betriebsstätte (§ 4) eines Unternehmens zur Arbeitsleistung im Inland überlassen werden, insoweit beim Unternehmer, dem sie überlassen werden.

c) Personen, die seitens einer Körperschaft des öffentlichen Rechts zur Dienstleistung zugewiesen werden.

Unternehmen, Unternehmer

§ 3. (1) Das Unternehmen umfaßt die gesamte gewerbliche oder berufliche Tätigkeit des Unternehmers. Gewerblich oder beruflich ist jede nachhaltige Tätigkeit zur Erzielung von Einnahmen, auch wenn die Absicht, Gewinn (Überschuß) zu erzielen, fehlt oder eine Personenvereinigung nur gegenüber ihren Mitgliedern tätig wird. Als Unternehmer und Unternehmen gelten stets und in vollem Umfang Körperschaften im Sinne des § 7 Abs. 3 des Körperschaftsteuergesetzes 1988, Stiftungen sowie Mitunternehmerschaften im Sinne des Einkommensteuergesetzes 1988 und sonstige Personengesellschaften.

(2) Unternehmer ist, wer eine gewerbliche oder berufliche Tätigkeit selbständig ausübt. Die gewerbliche oder berufliche Tätigkeit wird nicht selbständig ausgeübt, soweit natürliche Personen, einzeln oder zusammengeschlossen, einem Unternehmen derart eingegliedert sind, daß sie den Weisungen des Unternehmers zu folgen verpflichtet sind.

(3) Die Körperschaften des öffentlichen Rechts sind nur im Rahmen ihrer Betriebe gewerblicher Art (§ 2 des Körperschaftsteuergesetzes 1988) und ihrer land- oder forstwirtschaftlichen Betriebe gewerblich oder beruflich tätig. Als Betriebe gewerblicher Art im Sinne dieses Bundesgesetzes gelten jedoch stets Wasserwerke, Schlachthöfe, Anstalten zur Müllbeseitigung, zur Tierkörpervernichtung und zur Abfuhr von Spülwasser und Abfällen sowie die Vermietung und Verpachtung von Grundstücken durch öffentlich-rechtliche Körperschaften.

(4) Die ÖBB-Holding AG und ihre im Bundesbahngesetz, BGBl. Nr. 825/1992 in der Fassung des Bundesgesetzes BGBl. I Nr. 142/2004, namentlich angeführten Tochter- und Enkelgesellschaften gelten als ein Unternehmen (ÖBB-Gesellschaften).

Betriebsstätte

§ 4. (1) Als Betriebsstätte gilt jede feste örtliche Anlage oder Einrichtung, die mittelbar oder unmittelbar der Ausübung der unternehmerischen Tätigkeit dient. § 29 Abs. 2 und § 30 der Bundesabgabenordnung sind sinngemäß mit der Maßgabe anzuwenden, daß bei Eisenbahn- und Bergbauunternehmen auch Mietwohnhäuser, Arbeiterwohnstätten, Erholungsheime und dergleichen als Betriebsstätten gelten.

(2) Bei einem Schiffahrtsunternehmen gilt als im Inland gelegene Betriebsstätte auch der inländische Heimathafen oder der inländische Ort, an dem ein Schiff in einem Schiffsregister eingetragen ist. Gleiches gilt für auf solchen Schiffen befindliche Einrichtungen zur Ausübung einer unternehmerischen Tätigkeit.

(3) Bei Arbeitskräfteüberlassungen wird erst nach Ablauf von sechs Kalendermonaten in der Betriebsstätte des Beschäftigers eine Betriebsstätte des Arbeitskräfte überlassenden Unternehmens begründet.

(BGBl I 2016/117)

Bemessungsgrundlage

§ 5. (1) Bemessungsgrundlage ist die Summe der Arbeitslöhne, die an die Dienstnehmer der in der Gemeinde gelegenen Betriebsstätte gewährt worden sind, gleichgültig, ob die Arbeitslöhne beim Empfänger der Einkommensteuer (Lohnsteuer) unterliegen. Arbeitslöhne sind

a) im Falle des § 2 lit. a Bezüge gemäß § 25 Abs. 1 Z 1 lit. a und b des Einkommensteuergesetzes 1988 sowie Gehälter und sonstige Vergütungen jeder Art im Sinne des § 22 Z 2 des Einkommensteuergesetzes 1988 und an freie Dienstnehmer im Sinne des § 4 Abs. 4 ASVG,
b) im Falle des § 2 lit. b 70% des Gestellungsentgeltes,
c) im Falle des § 2 lit. c der Ersatz der Aktivbezüge.

(2) Zur Bemessungsgrundlage gehören nicht:

a) Ruhe- und Versorgungsbezüge;
b) die im § 67 Abs. 3 und 6 des Einkommensteuergesetzes 1988 genannten Bezüge;
c) die in § 3 Abs. 1 Z 11 und Z 13 bis 21 des Einkommensteuergesetzes 1988 genannten Bezüge sowie 60% der in § 3 Abs. 1 Z 10 des Einkommensteuergesetzes 1988 genannten laufenden Bezüge;
d) Gehälter und sonstige Vergütungen jeder Art, die für eine ehemalige Tätigkeit im Sinne des § 22 Z 2 des Einkommensteuergesetzes 1988 gewährt werden;
e) Arbeitslöhne an Dienstnehmer, die als begünstigte Personen gemäß den Vorschriften des Behinderteneinstellungsgesetzes beschäftigt werden.

(3) Die Arbeitslöhne sind nur insoweit steuerpflichtig, als sie mit der unternehmerischen Tätigkeit zusammenhängen. Ist die Feststellung der mit der unternehmerischen Tätigkeit zusammenhängenden Arbeitslöhne mit einem unverhältnismäßigen Aufwand verbunden, können die erhebungsberechtigten Gemeinden mit dem Steuerschuldner eine Vereinbarung über die Höhe der Bemessungsgrundlage treffen.

Steuerschuldner

§ 6. Steuerschuldner ist der Unternehmer, in dessen Unternehmen die Dienstnehmer beschäftigt werden. Werden Personen von einer inländischen Betriebsstätte eines Unternehmens zur Arbeitsleistung überlassen, ist der überlassende Unternehmer Steuerschuldner. Wird das Unternehmen für Rechnung mehrerer Personen betrieben, sind diese Personen und der Unternehmer Gesamtschuldner; dies gilt auch für Mitunternehmer im Sinne des Einkommensteuergesetzes 1988. Als Steuerschuldner des Unternehmens ÖBB-Gesellschaften (§ 3 Abs. 4) gilt die ÖBB-Holding AG.

Haftung

§ 6a. (1) Die in den §§ 80 ff der Bundesabgabenordnung bezeichneten Vertreter haften neben den durch sie vertretenen Abgabepflichtigen für die diese treffende Kommunalsteuer insoweit, als diese Abgabe infolge schuldhafter Verletzung der ihnen auferlegten abgabenrechtlichen oder sonstigen Pflichten nicht ohne Schwierigkeiten eingebracht werden kann, insbesondere im Fall der Eröffnung des Insolvenzverfahrens. § 9 Abs. 2 Bundesabgabenordnung gilt sinngemäß.

(2) Soweit Personen auf die Erfüllung der Pflichten der Abgabepflichtigen und der in §§ 80 ff Bundesabgabenordnung bezeichneten Vertreter tatsächlich Einfluss nehmen, haben sie diesen Einfluss dahingehend auszuüben, dass diese Pflichten erfüllt werden.

(3) Die in Abs. 2 bezeichneten Personen haften für die Kommunalsteuer insoweit, als diese Abgabe infolge ihrer Einflussnahme nicht ohne Schwierigkeiten eingebracht werden kann, insbesondere im Falle der Eröffnung des Insolvenzverfahrens.

Erhebungsberechtigte Gemeinde

§ 7. (1) Das Unternehmen unterliegt der Kommunalsteuer in der Gemeinde, in der eine Betriebsstätte unterhalten wird. Werden Personen von einer inländischen Betriebsstätte eines Unternehmens einem Beschäftiger länger als sechs Kalendermonate zur Arbeitsleistung überlassen, bleibt die Gemeinde, in der sich die Betriebsstätte des Überlassers befindet, für sechs Kalendermonate erhebungsberechtigt. Für Zeiträume nach Ablauf des sechsten Kalendermonates ist die Gemeinde, in der sich die Unternehmensleitung des inländischen Beschäftigers befindet, erhebungsberechtigt. Im Falle einer Arbeitsunterbrechung, die länger als einen Kalendermonat dauert, beginnt die Frist nach Ablauf des Kalendermonates der Beendigung der Arbeitsunterbrechung neu zu laufen. Wird eine neue Sechsmonatsfrist in Gang gesetzt, bleibt die bisherige Gemeinde

– bei Beschäftigerwechsel für den Kalendermonat des Beschäftigerwechsels,
– bei mehr als einmonatiger Arbeitsunterbrechnung für die Kalendermonate, in denen die Arbeit unterbrochen ist,

noch erhebungsberechtigt.

(BGBl I 2016/117)

(2) Erstreckt sich eine Betriebsstätte über mehrere Gemeinden (mehrgemeindliche Betriebsstätte), wird die Kommunalsteuer von jeder Gemeinde nach Maßgabe des § 10 erhoben. Beim Unternehmen ÖBB-Gesellschaften (§ 3 Abs. 4) und bei den Österreichischen Bundesbahnen begründen Verbindungen durch Gleisanlagen für sich allein keine mehrgemeindliche Betriebsstätte.

(3) Wanderunternehmen unterliegen der Kommunalsteuer in den Gemeinden, in denen das Unternehmen ausgeübt wird. Unter Wanderunternehmen wird eine ohne örtlich feste Betriebsstätte im Inland im Umherziehen ausgeübte unternehmerische Tätigkeit verstanden.

(4) Schiffahrtsunternehmen, die im Inland eine feste örtliche Anlage oder Einrichtung zur Ausübung des Unternehmens nicht unterhalten, unterliegen der Kommunalsteuer in der Gemeinde, in der die inländischen Heimathäfen der Schiffe gelegen sind, oder, wenn kein inländischer Heimathafen vorhanden ist, in der Gemeinde, in der die Schiffe in einem inländischen Schiffsregister eingetragen sind; gleiches gilt für auf solchen Schiffen unterhaltene Betriebsstätten. Dies gilt nicht für Schiffe, die im regelmäßigen Liniendienst ausschließlich zwischen ausländischen Häfen verkehren.

Steuerbefreiungen

§ 8. Von der Kommunalsteuer sind befreit:

1. Das Unternehmen ÖBB-Gesellschaften (§ 3 Abs. 4) und die Österreichischen Bundesbahnen mit 66% der Bemessungsgrundlage;
2. Körperschaften, Personenvereinigungen oder Vermögensmassen, soweit sie mildtätigen Zwecken und/oder gemeinnützigen Zwecken auf dem Gebiet der Gesundheitspflege, Kinder-, Jugend-, Familien-, Kranken-, Behinderten-, Blinden- und Altenfürsorge dienen (§§ 34 bis 37, §§ 39 bis 47 der Bundesabgabenordnung). § 5 Abs. 3 letzter Satz ist sinngemäß anzuwenden.

Steuersatz

§ 9. Die Steuer beträgt 3% der Bemessungsgrundlage. Übersteigt bei einem Unternehmen die Bemessungsgrundlage im Kalendermonat nicht 1.460 Euro, wird von ihr 1.095 Euro abgezogen.

Zerlegung und Zuteilung der Bemessungsgrundlage

§ 10. (1) Erstreckt sich eine Betriebsstätte über mehrere Gemeinden (mehrgemeindliche Betriebsstätte), ist die Bemessungsgrundlage vom Unternehmer auf die beteiligten Gemeinden zu zerlegen. Dabei sind die örtlichen Verhältnisse und die durch das Vorhandensein der Betriebsstätte erwachsenden Gemeindelasten zu berücksichtigen.

(2) Bei Wanderunternehmen ist die Bemessungsgrundlage vom Unternehmer im Verhältnis der Betriebsdauer auf die Gemeinden zu zerlegen.

(3) Einigen sich die Gemeinden mit dem Steuerschuldner über die Zerlegung, ist die Kommunalsteuer nach Maßgabe der Einigung zu erheben.

(4) Auf Antrag einer beteiligten Gemeinde hat das Finanzamt die Zerlegung mit Zerlegungsbescheid durchzuführen, wenn ein berechtigtes Interesse an der Zerlegung dargetan wird. § 196 Abs. 2 bis Abs. 4 und § 297 Abs. 2 erster Satz der Bundesabgabenordnung sind sinngemäß anzuwenden. In der Zerlegung der Bemessungsgrundlage liegt auch die Feststellung der sachlichen und persönlichen Abgabepflicht. Der Antrag kann nur bis zum Ablauf von zehn Jahren ab Entstehung der Steuerschuld (§ 11 Abs. 1) gestellt werden.

(5) Auf Antrag des Steuerschuldners oder einer beteiligten Gemeinde hat das Finanzamt die Bemessungsgrundlage zuzuteilen, wenn zwei oder mehrere Gemeinden die auf einen Dienstnehmer entfallende Bemessungsgrundlage ganz oder teilweise für sich in Anspruch nehmen und ein berechtigtes Interesse an der Zuteilung dargetan wird. Der Antrag kann nur bis zum Ablauf von zehn Jahren ab Entstehung der Steuerschuld (§ 11 Abs. 1) gestellt werden. Der Zuteilungsbescheid hat an den Steuerschuldner und die beteiligten Gemeinden

zu ergehen. Auf die Zuteilung finden die für die Festsetzung der Abgaben geltenden Vorschriften sinngemäß Anwendung.

(6) Ist ein Kommunalsteuerbescheid von einem Zerlegungs- oder Zuteilungsbescheid abzuleiten, ist er ohne Rücksicht darauf, ob die Rechtskraft eingetreten ist, im Falle der nachträglichen Abänderung, Aufhebung oder Erlassung des Zerlegungs- oder Zuteilungsbescheides von Amts wegen von der Gemeinde durch einen neuen Kommunalsteuerbescheid zu ersetzen, oder, wenn die Voraussetzungen für die Erlassung eines abgeleiteten Kommunalsteuerbescheides nicht mehr vorliegen, aufzuheben.

Entstehung der Steuerschuld, Selbstberechnung, Fälligkeit und Steuererklärung

§ 11. (1) Die Steuerschuld entsteht mit Ablauf des Kalendermonates, in dem Lohnzahlungen gewährt, Gestellungsentgelte gezahlt (§ 2 lit. b) oder Aktivbezüge ersetzt (§ 2 lit. c) worden sind. Lohnzahlungen, die regelmäßig wiederkehrend bis zum 15. Tag eines Kalendermonats für den vorangegangenen Kalendermonat gewährt werden, sind dem vorangegangenen Kalendermonat zuzurechnen.

(2) Die Kommunalsteuer ist vom Unternehmer für jeden Kalendermonat selbst zu berechnen und bis zum 15. des darauffolgenden Monates (Fälligkeitstag) an die Gemeinde zu entrichten. Werden laufende Bezüge für das Vorjahr nach dem 15. Jänner bis zum 15. Februar ausgezahlt, ist die Kommunalsteuer bis zum 15. Februar abzuführen.

(3) Ein im Rahmen der Selbstberechnung vom Steuerschuldner selbst berechneter und der Abgabenbehörde bekannt gegebener Kommunalsteuerbetrag ist vollstreckbar. Wird kein selbstberechneter Betrag der Abgabenbehörde bekannt gegeben oder erweist sich die Selbstberechnung als nicht richtig, hat die Festsetzung der Abgabe mit Abgabenbescheid zu erfolgen. Von der Erlassung eines solchen Abgabenbescheides kann abgesehen werden, wenn der Steuerschuldner nachträglich die Selbstberechnung binnen drei Monaten ab Einreichung der Abgabenerklärung berichtigt; erweist sich die Berichtigung als nicht richtig, hat die Gemeinde einen Kommunalsteuerbescheid zu erlassen.

(BGBl I 2015/163)

(4) Für jedes abgelaufene Kalenderjahr hat der Unternehmer bis Ende März des folgenden Kalenderjahres der Gemeinde eine Steuererklärung abzugeben. Die Steuererklärung hat die gesamte auf das Unternehmen entfallende Bemessungsgrundlage aufgeteilt auf die beteiligten Gemeinden zu enthalten. Im Falle der Schließung der einzigen Betriebsstätte in der Gemeinde ist zusätzlich binnen einem Monat ab Schließung an diese Gemeinde eine Steuererklärung mit der Bemessungsgrundlage dieser Gemeinde abzugeben. Die Übermittlung der Steuererklärung hat elektronisch im Wege von FinanzOnline zu erfolgen. Der Bundesminister für Finanzen wird ermächtigt, den Inhalt und das Verfahren der elektronischen Übermittlung mit Verordnung festzulegen. Ist dem Unternehmer die elektronische Übermittlung mangels technischer Voraussetzungen unzumutbar, ist der Gemeinde die Steuerklärung unter Verwendung eines amtlichen Vordruckes zu übermitteln. Die Gemeinden haben die Daten der Steuererklärung hinsichtlich der jeweils auf sie entfallenden Bemessungsgrundlagen der Finanzverwaltung des Bundes im Wege des FinanzOnline zu übermitteln.

Die Abgabenbehörden des Bundes sind berechtigt, die Daten der Steuererklärung nach Maßgabe des § 14 Abs. 2 zu verwenden.

(5) Der Unternehmer hat jene Aufzeichnungen zu führen, die zur Erfassung der abgabepflichtigen Tatbestände dienen.

Eigener Wirkungsbereich der Gemeinde

§ 12. Die in den §§ 5, 10, 11 und 14 geregelten Aufgaben der Gemeinde sind solche des eigenen Wirkungsbereiches.

Zuständigkeit des Finanzamtes

§ 13. Die Zerlegung und Zuteilung der Bemessungsgrundlage ist von dem für die Erhebung der Lohnsteuer zuständigen Finanzamt durchzuführen.

(BGBl I 2019/104, BGBl I 2020/99)

Kommunalsteuerprüfung

§ 14. (1) Die Prüfung der für Zwecke der Kommunalsteuer zu führenden Aufzeichnungen (Kommunalsteuerprüfung) ist nach Maßgabe des § 86 EStG 1988 bzw. des § 41a ASVG durchzuführen. Die Gemeinden sind berechtigt, in begründeten Einzelfällen eine Kommunalsteuerprüfung anzufordern. Wird der Anforderung weder von einem Finanzamt noch von der Österreichischen Gesundheitskasse innerhalb von drei Monaten Folge geleistet, hat die Gemeinde das Recht, eine Kommunalsteuerprüfung nach den Vorschriften der Bundesabgabenordnung über Außenprüfungen durchzuführen. In diesem Fall sind das für die Erhebung der Lohnsteuer zuständige Finanzamt und die Österreichische Gesundheitskasse von der Prüfung zu verständigen.

(BGBl I 2019/104, BGBl I 2020/54)

(2) Die Gemeinden haben den Finanzämtern (§ 81 EStG 1988), der Österreichischen Gesundheitskasse und der Versicherungsanstalt öffentlich Bediensteter, Eisenbahnen und Bergbau alle für die Erhebung der Kommunalsteuer bedeutsamen Daten zur Verfügung zu stellen. Diese Daten dürfen nur in der Art und dem Umfang verwendet werden, als dies zur Wahrnehmung der gesetzlich übertragenen Aufgaben eine wesentliche Voraussetzung ist. Die Verwendung nicht notwendiger Daten (Ballastwissen, Überschusswissen) ist unzulässig. Daten, die mit an Sicherheit grenzender Wahrscheinlichkeit nicht mehr benötigt werden, sind möglichst rasch zu löschen.

(BGBl I 2019/104, BGBl I 2020/54, BGBl I 2020/99)

(3) Der Aufwand für die Kommunalsteuerprüfung ist bei Prüfungen durch das Finanzamt vom Bund, bei Prüfungen durch die Österreichische Gesundheitskasse von dieser und bei Prüfungen durch die Gemeinde von dieser zu tragen.

(BGBl I 2019/104, BGBl I 2020/54)

(BGBl I 2002/132)

Strafbestimmungen

§ 15. (1) Wer unter Verletzung einer abgabenrechtlichen Anzeige-, Offenlegungs- oder Wahrheitspflicht die Kommunalsteuer verkürzt, begeht eine Verwaltungsübertretung. Die Tat wird mit Geldstrafe geahndet, deren Höchstmaß bei vorsätzlicher Begehung bis zum Zweifachen des verkürzten Betrages, höchstens aber 50.000 Euro, bei fahrlässiger Begehung bis zum Einfachen des verkürzten Betrages, höchstens aber 25.000 Euro, beträgt. Für den Fall der Uneinbringlichkeit der Geldstrafe ist bei vorsätzlicher Tatbegehung eine Ersatzfreiheitsstrafe bis zu sechs Wochen, bei fahrlässiger Begehung bis zu drei Wochen festzusetzen.

(2) Wer, ohne hiedurch den Tatbestand des Abs. 1 zu verwirklichen, vorsätzlich die Kommunalsteuer nicht spätestens am fünften Tag nach Fälligkeit entrichtet oder abführt, es sei denn, dass der zuständigen Abgabenbehörde bis zu diesem Zeitpunkt die Höhe des geschuldeten Betrages bekanntgegeben wird, begeht eine Verwaltungsübertretung und ist mit einer Geldstrafe bis zu 5.000 Euro zu bestrafen; für den Fall der Uneinbringlichkeit der Geldstrafe ist eine Ersatzfreiheitsstrafe bis zu zwei Wochen festzusetzen.

(3) Wer, ohne hiedurch den Tatbestand des Abs. 1 zu verwirklichen, vorsätzlich die Kommunalsteuererklärung nicht termingemäß einreicht oder eine abgabenrechtliche Pflicht zur Führung oder Aufbewahrung von Büchern oder sonstigen Aufzeichnungen verletzt, begeht eine Verwaltungsübertretung und ist mit einer Geldstrafe bis zu 500 Euro zu bestrafen; für den Fall der Uneinbringlichkeit der Geldstrafe ist eine Ersatzfreiheitsstrafe bis zu einer Woche festzusetzen.

(4) Die Ahndung der Verwaltungsübertretungen richtet sich nach dem Verwaltungsstrafgesetz 1991.

Beschwerde und Revision

§ 15a. (1) Fällt ein Verwaltungsgericht des Landes ein Erkenntnis im Zusammenhang mit einer Bestimmung dieses Bundesgesetzes, hat es dem Bundesminister für Finanzen unverzüglich eine schriftliche Ausfertigung des Erkenntnisses zuzustellen. Das gilt auch für Beschlüsse, ausgenommen für verfahrensleitende Beschlüsse.

(2) Der Bundesminister für Finanzen kann in den Angelegenheiten dieses Bundesgesetzes gegen Erkenntnisse und Beschlüsse der Verwaltungsgerichte der Länder wegen Rechtswidrigkeit Revision an den Verwaltungsgerichtshof erheben.

(BGBl I 2016/117)

Inkrafttreten

§ 16. (1) Die Bestimmungen dieses Bundesgesetzes sind erstmals für den Monat Jänner 1994 anzuwenden.

(2) In anderen Bundesgesetzen vorgesehene Befreiungen von bundesgesetzlich geregelten Abgaben gelten nicht für die Kommunalsteuer mit der Maßgabe, daß die auf völkerrechtlichen Verträgen beruhenden sowie internationalen Organisationen eingeräumten Begünstigungen unberührt bleiben. Soweit in diesem Bundesgesetz auf andere Bundesgesetze verwiesen wird, sind diese in ihrer jeweils geltenden Fassung anzuwenden.

(3) § 7 Abs. 2 und § 8 Z 1, jeweils in der Fassung BGBl. I Nr. 10/1998, sind erstmals für den Monat Jänner 1998 anzuwenden.

(4) § 2, § 5 Abs. 1 letzter Satz, § 6 erster Satz und § 11 Abs. 1 erster Satz, jeweils in der Fassung des Bundesgesetzes BGBl. I Nr. 142/2000, sind erstmals für den Monat Jänner 2001 anzuwenden.

(5) § 9 sowie § 15 Abs. 1 und 2, jeweils in der Fassung des Bundesgesetzes BGBl. I Nr. 59/2001, sind erstmals für den Monat Jänner 2002 anzuwenden.

(6) § 2 lit. b, § 5 Abs. 1, § 6, § 7 Abs. 1, § 9, § 15 Abs. 1 und 2, jeweils in der Fassung des Bundesgesetzes BGBl. I Nr. 144/2001 sind erstmals für den Monat Jänner 2002 anzuwenden.

(7) § 11 Abs. 5 und § 12, jeweils in der Fassung des Bundesgesetzes BGBl. I Nr. 132/2002, sind erstmals für den Monat Jänner 2003 anzuwenden. § 14 in der Fassung des Bundesgesetzes BGBl. I Nr. 132/2002 ist erstmals auf Kommunalsteuerprüfungen anzuwenden, die nach dem 31. Dezember 2002 begonnen werden. § 14 in der Fassung vor dem Bundesgesetz BGBl. I Nr. 132/2002 ist letztmals für Dienstgeberbeiträge anzuwenden, für die der Anspruch vor dem 1. Jänner 2003 entsteht.

(8) § 3 Abs. 4, § 6, § 7 Abs. 2 und § 8 Z 1 in der Fassung des Bundesgesetzes BGBl. I Nr. 180/2004 sind erstmals für den Monat Oktober 2004 anzuwenden. § 11 Abs. 4 in der Fassung des Bundesgesetzes BGBl. I Nr. 180/2004 ist erstmals auf Steuererklärungen für das Kalenderjahr 2005 anzuwenden.

(9) § 10 Abs. 4 und 5 in der Fassung des Bundesgesetzes BGBl. I Nr. 20/2009 tritt mit 1. Jänner 2010 in Kraft.

(10) § 2 lit. a und § 5 Abs. 1 lit. a jeweils in der Fassung des Bundesgesetzes BGBl. I Nr. 52/2009 treten mit 1. Jänner 2010 in Kraft.

(11) § 5 Abs. 2 lit. c in der Fassung des Bundesgesetzes BGBl. I Nr. 76/2011 tritt mit 1. Jänner 2012 in Kraft. § 5 Abs. 2 lit. c in der Fassung vor dem Bundesgesetz BGBl. I Nr. 76/2011 ist weiterhin anzuwenden, wenn die Bestimmung des § 124b Z 195 des Einkommensteuergesetzes 1988 für Bezüge nach § 3 Abs. 1 Z 10 des Einkommensteuergesetzes 1988 zur Anwendung kommt.

(12) § 4 Abs. 3 und § 7 Abs. 1, jeweils in der Fassung des Bundesgesetzes BGBl. I Nr. 117/2016 treten mit 1. Jänner 2017 in Kraft.

(BGBl I 2016/117)

(13) § 14 in der Fassung des Bundesgesetzes BGBl. I Nr. 98/2018, tritt mit 1. Jänner 2020 in Kraft.

(BGBl I 2018/98)

(14) Steuerfreie Zulagen und Bonuszahlungen gemäß § 124b Z 350 lit. a EStG 1988 sind von der Kommunalsteuer befreit.

(BGBl I 2020/103)

(15) Steuerfreie Zulagen und Bonuszahlungen gemäß § 124b Z 408 lit. a EStG 1988 (Teuerungsprämie) sind von der Kommunalsteuer befreit.

(BGBl I 2022/93)

(16) § 13 in der Fassung des Bundesgesetzes BGBl. I Nr. 104/2019, tritt mit 1. Jänner 2021 in Kraft.

(BGBl I 2019/104, BGBl I 2020/99)

(17) § 14 in der Fassung des Bundesgesetzes BGBl. I Nr. 104/2019 tritt nicht in Kraft.

(BGBl I 2020/54)

(18) § 14 in der Fassung des Bundesgesetzes BGBl. I Nr. 54/2020 tritt mit 1. Juli 2020 in Kraft.

(BGBl I 2020/54)

(19) § 14 Abs. 2 in der Fassung des Bundesgesetzes BGBl. I Nr. 99/2020, tritt nicht in Kraft.

(BGBl I 2020/99, BGBl I 2021/3)

Vollziehung

§ 17. Mit der Vollziehung dieses Bundesgesetzes ist der Bundesminister für Finanzen betraut.

14/8. Neugründungs-Förderungsgesetz

Neugründungs-Förderungsgesetz, BGBl I 1999/106 idF

1 BGBl I 2002/68
2 BGBl I 2002/111
3 BGBl I 2002/132 (2. AbgÄG 2002)
4 BGBl I 2004/180 (AbgÄG 2004)
5 BGBl I 2011/76 (AbgÄG 2011)
6 BGBl I 2012/112 (AbgÄG 2012)
7 BGBl I 2017/40 (DeregG 2017)
8 BGBl I 2018/100 (SV-OG)

GLIEDERUNG

§ 1. Förderung der Neugründung
§ 2. Begriff der Neugründung
§ 3. Zeitpunkt der Neugründung
§ 4. Erklärung der Neugründung
§ 5. Meldeverpflichtung
§ 5a. Betriebsübertragung
§ 6. Zeitlicher Anwendungsbereich
§ 7. Amtshilfe
§ 7a. Verwendung personenbezogener Bezeichnungen
§ 8. Vollziehung

Bundesgesetz, mit dem die Neugründung von Betrieben und die Übertragung von Klein- und Mittelbetrieben gefördert wird (Neugründungs-Förderungsgesetz – NeuFöG)

Förderung der Neugründung

§ 1. Zur Förderung der Neugründung von Betrieben werden nach Maßgabe der §§ 2 bis 6 nicht erhoben:

1. Stempelgebühren und Bundesverwaltungsabgaben für die durch eine Neugründung unmittelbar veranlaßten Schriften und Amtshandlungen;
2. Grunderwerbsteuer für die Einbringung von Grundstücken auf gesellschaftsvertraglicher Grundlage unmittelbar im Zusammenhang mit der Neugründung der Gesellschaft, soweit Gesellschaftsrechte oder Anteile am Vermögen der Gesellschaft als Gegenleistung gewährt werden;
3. Gerichtsgebühren für die Eintragungen in das Firmenbuch (Tarifpost 10 Z I des Gerichtsgebührengesetzes) unmittelbar im Zusammenhang mit der Neugründung des Betriebes;
4. Gerichtsgebühren für die Eintragungen in das Grundbuch zum Erwerb des Eigentums (Tarifpost 9 lit. a und lit. b des Gerichtsgebührengesetzes) für die Einbringung von Grundstücken auf gesellschaftsvertraglicher Grundlage unmittelbar im Zusammenhang mit der Neugründung der Gesellschaft, soweit Gesellschaftsrechte oder Anteile am Vermögen der Gesellschaft als Gegenleistung gewährt werden;
5. Gesellschaftsteuer für den Erwerb von Gesellschaftsrechten unmittelbar im Zusammenhang mit der Neugründung der Gesellschaft durch den ersten Erwerber;
6. Börsenumsatzsteuer für die Einbringung von Wertpapieren auf gesellschaftsvertraglicher Grundlage unmittelbar im Zusammenhang mit der Neugründung der Gesellschaft, soweit Gesellschaftsrechte oder Anteile am Vermögen der Gesellschaft als Gegenleistung gewährt werden;
7. die für beschäftigte Arbeitnehmer (Dienstnehmer) anfallenden Dienstgeberbeiträge zum Familienlastenausgleichsfonds (§§ 41 ff des Familienlastenausgleichsgesetzes 1967), Wohnbauförderungsbeiträge des Dienstgebers oder Auftraggebers (§ 3 Abs. 2 des Bundesgesetzes über die Einhebung eines Wohnbauförderungsbeitrages), Beiträge zur gesetzlichen Unfallversicherung (§ 51 Abs. 1 Z 2, § 52 und § 53a des Allgemeinen Sozialversicherungsgesetzes) unbeschadet des Bestandes der Pflichtversicherung in der gesetzlichen Unfallversicherung sowie die in diesem Zeitraum für beschäftigte Arbeitnehmer anfallende Kammerumlage nach § 122 Abs. 7 und 8 des Wirtschaftskammergesetzes 1998 nach Maßgabe folgender Bestimmungen:
   - Die Begünstigung kann im Kalendermonat der Neugründung sowie in den folgenden 35 Kalendermonaten für beschäftigte Arbeitnehmer (Dienstnehmer) in Anspruch genommen werden.
   - Die Begünstigung besteht für den Kalendermonat, in dem erstmals ein Arbeitnehmer (Dienstnehmer) beschäftigt wird und die folgenden elf Kalendermonate. Erfolgt die erstmalige Beschäftigung vor der Neugründung, beginnt der Begünstigungszeitraum mit dem Kalendermonat der Neugründung.
   - Ab dem zwölften Kalendermonat, das dem Kalendermonat der Neugründung

folgt, ist die Begünstigung nur noch für die ersten drei beschäftigten Arbeitnehmer (Dienstnehmer) anzuwenden.

Begriff der Neugründung

§ 2. Die Neugründung eines Betriebes liegt unter folgenden Voraussetzungen vor:

1. Es wird durch Schaffung einer bisher nicht vorhandenen betrieblichen Struktur ein Betrieb neu eröffnet, der der Erzielung von Einkünften im Sinne des § 2 Abs. 3 Z 1 bis 3 des Einkommensteuergesetzes 1988 dient.
2. Die die Betriebsführung innerhalb von zwei Jahren nach der Neugründung beherrschende Person (Betriebsinhaber) hat sich bisher nicht in vergleichbarer Art beherrschend betrieblich betätigt.
3. Es liegt keine bloße Änderung der Rechtsform in Bezug auf einen bereits vorhandenen Betrieb vor.
4. Es liegt kein bloßer Wechsel in der Person des Betriebsinhabers in Bezug auf einen bereits vorhandenen Betrieb durch eine entgeltliche oder unentgeltliche Übertragung des Betriebes vor.
5. Es wird im Kalendermonat der Neugründung und in den folgenden elf Kalendermonaten die geschaffene betriebliche Struktur nicht durch Erweiterung um bereits bestehende andere Betriebe oder Teilbetriebe verändert.

Zeitpunkt der Neugründung

§ 3. Als Kalendermonat der Neugründung gilt jener, in dem der Betriebsinhaber erstmals werbend nach außen in Erscheinung tritt.

Erklärung der Neugründung

§ 4. Die Wirkungen nach § 1 treten unter den Voraussetzungen der Abs. 1 bis 4 ein.

(1) Die Wirkungen nach § 1 Z 1 bis 6 treten nur dann ein, wenn der Betriebsinhaber bei den in Betracht kommenden Behörden einen amtlichen Vordruck vorlegt, in dem die Neugründung erklärt wird. Auf dem amtlichen Vordruck sind zu erklären:

1. das Vorliegen der Voraussetzungen nach § 2,
2. der Kalendermonat nach § 3,

(2) Die Wirkungen nach § 1 Z 7 treten nur dann ein, wenn der Betriebsinhaber ein amtliches Formular im Sinne des Abs. 1 erstellt.

(3) Auf dem amtlichen Vordruck muß in den Fällen des Abs. 1 und 2 bestätigt sein, daß die Erklärung der Neugründung unter Inanspruchnahme der Beratung jener gesetzlichen Berufsvertretung, der der Betriebsinhaber zuzurechnen ist, erstellt worden ist. Betrifft die Neugründung ein freies Gewerbe, so hat die entsprechend dem vorhergehenden Satz zuständige gesetzliche Berufsvertretung auch zu bestätigen, dass der Betriebsinhaber über grundlegende unternehmerische Kenntnisse verfügt. Kann der Betriebsinhaber keiner gesetzlichen Berufsvertretung zugerechnet werden, ist eine Beratung durch die Sozialversicherungsanstalt der Selbständigen oder durch die Wirtschaftskammer in Anspruch zu nehmen. Der Bundesminister für Finanzen ist ermächtigt, das Verfahren der Bestätigung sowie die Voraussetzungen, unter denen in Bagatellfällen ein solches Verfahren unterbleiben kann, mit Verordnung festzulegen.

(BGBl I 2018/100)

(4) Unbeschadet der Abs. 1 bis 3 kann der Betriebsinhaber die Erkärung über die Neugründung über das Unternehmensserviceportal alternativ auch elektronisch vornehmen, soweit die technischen Voraussetzungen gegeben sind. Die Beratung durch die Sozialversicherungsanstalt oder durch die Berufsvertretung gemäß Abs. 3 kann in diesen Fällen auch auf fernmündlichen Kommunikationswegen oder unter Verwendung technischer Einrichtungen zur Wort- und Bildübertragung erfolgen und ist durch den Betriebsinhaber zu bestätigen. Die Erklärung hat jedenfalls folgende Inhalte zu umfassen:

1. das Vorliegen der Voraussetzungen nach § 2,
2. den Kalendermonat nach § 3.

Die Wirkungen nach § 1 treten ein, wenn die in Betracht kommenden Behörden elektronischen Zugriff auf die elektronische Erklärung haben. Ein Ausdruck der Erklärung über das Unternehmensserviceportal ist elektronisch zu signieren und gilt als amtlicher Vordruck im Sinne des Abs. 1 und 2. Der Bundesminister für Finanzen ist ermächtigt, das elektronische Verfahren der Erklärung über das Unternehmensserviceportal sowie einer automatisierten Prüfung der Voraussetzungen mit Verordnung festzulegen.

(BGBl I 2017/40)

(5) Ist zwischen der gesetzlichen Berufsvertretung, der der Betriebsinhaber zuzurechnen ist, und den in Betracht kommenden Behörden ein ständiger Datenverkehr eingerichtet, können die Erklärungen gemäß § 4 Abs. 1 von der gesetzlichen Berufsvertretung an die in Betracht kommenden Behörden elektronisch übermittelt werden. In diesen Fällen entfällt die Verpflichtung zur Vorlage eines amtlichen Vordruckes. Der Bundesminister für Finanzen wird ermächtigt, den Inhalt und das Verfahren der elektronischen Erklärungsübermittlung im Einvernehmen mit dem Bundesminister für Justiz, dem Bundesminister für soziale Sicherheit, Generationen und Konsumentenschutz, dem Bundesminister für Wirtschaft und Arbeit und dem für die gesetzliche Berufsvertretung jeweils zuständigen Bundesminister festzulegen.

Meldeverpflichtung

§ 5. Wird die Betriebsinhabervoraussetzung im Sinne des § 2 Z 2 nicht erfüllt oder wird der neugegründete Betrieb im Sinne des § 2 Z 5 erweitert, so entfällt nachträglich (rückwirkend) der Eintritt der Wirkungen des § 1. Der Betriebsinhaber ist verpflichtet, diesen Umstand allen vom Wegfall der Wirkungen betroffenen Behörden unverzüglich mitzuteilen.

Betriebsübertragung

§ 5a. (1) Eine Betriebsübertragung liegt vor, wenn

1. bloß ein Wechsel in der Person des die Betriebsführung beherrschenden Betriebsinhabers in Bezug auf einen bereits vorhandenen Betrieb (Teilbetrieb) durch eine entgeltliche oder unentgeltliche Übertragung des Betriebes (Teilbetrieb) erfolgt (§ 2 Z 4) und
2. die die Betriebsführung innerhalb von zwei Jahren nach der Übertragung beherrschende Person (Betriebsinhaber) sich bisher nicht in vergleichbarer Art beherrschend betrieblich betätigt hat.

(2) Für Betriebsübertragungen gilt Folgendes:

1. Die Bestimmungen des § 1 Z 1, 3 und 5 sowie der §§ 3, 4 und 7 sind sinngemäß anzuwenden.
2. Die Grunderwerbsteuer von steuerbaren Vorgängen, die mit einer Betriebsübertragung im Sinne des Abs. 1 in unmittelbarem Zusammenhang stehen, wird nicht erhoben, soweit der für die Steuerberechnung maßgebende Wert 75.000 Euro nicht übersteigt.
3. Der Eintritt der Wirkungen der Z 2 sowie des § 1 Z 1, 3 und 5 entfällt nachträglich (rückwirkend), wenn die Betriebsinhabervoraussetzung im Sinne des § 5a Abs. 1 Z 2 nicht erfüllt wird oder der Betriebsinhaber innerhalb von fünf Jahren nach der Übergabe den übernommenen Betrieb oder wesentliche Grundlagen davon entgeltlich oder unentgeltlich überträgt, betriebsfremden Zwecken zuführt oder wenn der Betrieb aufgegeben wird. Der Betriebsinhaber ist verpflichtet, diesen Umstand allen vom Wegfall der Wirkungen betroffenen Behörden unverzüglich mitzuteilen.

Zeitlicher Anwendungsbereich

§ 6. (1) Dieses Bundesgesetz ist anzuwenden auf

1. Neugründungen, die nach dem 1. Mai 1999 erfolgen;
2. Betriebsübertragungen, die nach dem 31. Dezember 2001 erfolgen.

(2) § 5a Abs. 2 in der Fassung des Bundesgesetzes BGBl. I Nr. 132/2002 ist auf Betriebsübertragungen nach dem 31. Dezember 2001 anzuwenden.

(3) § 4 Abs. 5 und § 7 Abs. 1 in der Fassung des Bundesgesetzes BGBl. I Nr. 180/2004 treten mit 1. Jänner 2005 in Kraft.

(4) § 5a Abs. 2 in der Fassung vor seiner Änderung durch das Bundesgesetz BGBl. I Nr. 180/2004 ist hinsichtlich der Gerichtsgebühren für die Eintragungen in das Grundbuch noch auf Betriebsübertragungen anzuwenden, bei denen die Grundbuchseintragung vor dem 1. November 2004 vorgenommen wird.

(5) § 1 Z 7 in der Fassung des Bundesgesetzes BGBl. I Nr. 76/2011 ist für Neugründungen anzuwenden, die nach dem 31. Dezember 2011 erfolgen.

(6) § 4 Abs. 1 in der Fassung des Bundesgesetzes BGBl. I Nr. 112/2012 tritt mit 1. Jänner 2013 in Kraft.

(BGBl I 2017/40)

(7) § 4 Abs. 3 und 4 in der Fassung des Deregulierungsgesetzes 2017, BGBl. I Nr. 40/2017, tritt mit 31. Juli 2017 in Kraft.

(BGBl I 2017/40)

Amtshilfe

§ 7. (1) Die gesetzlichen Berufsvertretungen und die Sozialversicherungsanstalt der Selbständigen sind verpflichtet, Abschriften der amtlichen Vordrucke, auf denen Bestätigungen im Sinne des § 4 angebracht worden sind, herzustellen und sieben Jahre ab Ende des Jahres, in dem die Bestätigung angebracht worden ist, aufzubewahren. Im Falle einer elektronischen Erklärungsübermittlung gemäß § 4 Abs. 5 sind die Daten bis zum Ablauf von sieben Jahren ab Ende des Jahres, in dem die Daten elektronisch übermittelt wurden, aufzubewahren. Die Aufbewahrung kann entweder in Form dauerhafter Wiedergaben der übermittelten Daten oder durch Speicherung der übermittelten Daten auf einem Datenträger erfolgen; eine Aufbewahrung auf Datenträgern ist nur zulässig, wenn die vollständige, geordnete und inhaltsgleiche Wiedergabe bis zum Ablauf der im zweiten Satz genannten Aufbewahrungsfrist jederzeit gewährleistet ist.

(BGBl I 2018/100)

(2) Die gesetzlichen Berufsvertretungen und die Sozialversicherungsanstalt der Selbständigen sind verpflichtet, den für die Erhebung der in § 1 genannten Abgaben, Gebühren und Beiträge zuständigen Institutionen auf Verlangen Auskünfte zu erteilen, die zur Vollziehung dieses Gesetzes erforderlich sind.

(BGBl I 2018/100)

(3) Die für die Erhebung der in § 1 genannten Abgaben, Gebühren und Beiträge zuständigen Institutionen sind berechtigt, den jeweils zuständigen Institutionen Umstände mitzuteilen, die dafür sprechen, daß die Voraussetzungen für eine geltend gemachte Befreiung nicht oder nicht mehr vorliegen.

Verwendung personenbezogener Bezeichnungen

§ 7a. Bei allen in diesem Gesetz verwendeten personenbezogenen Bezeichnungen gilt die gewählte Form für beide Geschlechter.

Vollziehung

§ 8. Mit der Vollziehung dieses Bundesgesetzes sind betraut

a) der Bundesminister für Finanzen, soweit die Gebühren nach dem Gebührengesetz, die Bundesverwaltungsabgaben, die Grunderwerbsteuer, die Gesellschaftsteuer und die Börsenumsatzsteuer betroffen sind,

b) der Bundesminister für Justiz im Einvernehmen mit dem Bundesminister für Finanzen, soweit die Gerichtsgebühren betroffen sind,

c) der Bundesminister für Umwelt, Jugend und Familie, soweit die Dienstgeberbeiträge zum Familienlastenausgleichsfonds betroffen sind,
d) der Bundesminister für Arbeit und Soziales, soweit die Wohnbauförderungsbeiträge des Dienstgebers oder Auftraggebers, die Beiträge zur gesetzlichen Unfallversicherung sowie die Mitwirkung im Sinne des § 4 betroffen sind,
e) der Bundesminister für wirtschaftliche Angelegenheiten, soweit die Kammerumlage sowie die Mitwirkung im Sinne des § 4 betroffen ist,
f) der für die gesetzliche Berufsvertretung jeweils zuständige Bundesminister, soweit die Mitwirkung im Sinne des § 4 betroffen ist, wenn sich keine Zuständigkeit aus lit. d oder e ergibt,
g) der Bundesminister für Finanzen in den übrigen Bereichen.

14/10. Stiftungseingangssteuergesetz

Stiftungseingangssteuergesetz, BGBl I 2008/85 idF

1 BGBl I 2009/52 (BudBG 2009)
2 BGBl I 2011/112 (BudBG 2012)
3 BGBl I 2012/112 (AbgÄG 2012)
4 BGBl I 2013/62
5 BGBl I 2017/105 (MitarbeiterBetStG 2017)
6 BGBl I 2019/100
7 BGBl I 2019/104 (FORG)
8 BGBl I 2022/108 (AbgÄG 2022)

Bundesgesetz über ein Stiftungseingangssteuergesetz (StiftEG)

Der Nationalrat hat beschlossen:

§ 1. (1) Der Stiftungseingangssteuer nach diesem Bundesgesetz unterliegen unentgeltliche Zuwendungen an eine privatrechtliche Stiftung oder an damit vergleichbare Vermögensmassen.

(BGBl I 2017/105)

(2) Die Steuerpflicht ist gegeben, wenn

1. der Zuwendende oder
2. die Stiftung oder die damit vergleichbare Vermögensmasse (der Erwerber)

im Zeitpunkt der Zuwendung einen Wohnsitz, den gewöhnlichen Aufenthalt, den Sitz oder den Ort der Geschäftsleitung im Inland haben.

(3) Steuerschuldner ist der Erwerber. Bei Zuwendungen unter Lebenden ist Steuerschuldner der Zuwendende, wenn der Erwerber weder den Sitz noch den Ort der Geschäftsleitung im Inland hat. Für die Steuer haftet der jeweils andere sowie bei Erwerben von Todes wegen der Nachlass.

(4) Die Steuerschuld entsteht im Zeitpunkt der Zuwendung. Bei Zuwendungen, die bereits vor der Entstehung der privatrechtlichen Stiftung oder der damit vergleichbaren Vermögensmasse geleistet werden, entsteht die Steuerschuld erst mit der Entstehung der Körperschaft.

(BGBl I 2017/105)

(5) Die Steuer ist vom zugewendeten Vermögen nach Abzug von Schulden und Lasten, die in wirtschaftlicher Beziehung zum zugewendeten Vermögen stehen, zu berechnen. Für die Wertermittlung ist der Zeitpunkt des Entstehens der Steuerschuld maßgeblich. Die Bewertung richtet sich nach den Vorschriften des Ersten Teiles des Bewertungsgesetzes (Allgemeine Bewertungsvorschriften).

(BGBl I 2017/105)

(6) Steuerfrei bleiben

1. Zuwendungen an
   – inländische juristische Personen, die gemeinnützige, mildtätige oder kirchliche Zwecke verfolgen,
   – inländische Institutionen gesetzlich anerkannter Kirchen und Religionsgesellschaften, wenn diese eine Stiftung oder vergleichbare Vermögensmasse sind,
   – vergleichbare ausländische juristische Personen aus dem EU/EWR-Raum, die die Verfolgung gemeinnütziger, mildtätiger oder kirchlicher Zwecke durch Vorlage eines jährlichen Tätigkeitsberichts und eines Jahresabschlusses nachweisen;

   (BGBl I 2017/105)

   (BGBl I 2017/105)
2. Zuwendungen öffentlich-rechtlicher Körperschaften;
3. Zuwendungen von Todes wegen von Kapitalvermögen im Sinne des § 27 Abs. 3 und 4 des Einkommensteuergesetzes 1988, ausgenommen Anteile an in- und ausländischen Kapitalgesellschaften, wenn auf die daraus bezogenen Einkünfte ein besonderer Steuersatz gemäß § 27a Abs. 1 des Einkommensteuergesetzes 1988 anwendbar ist.

   (BGBl I 2017/105)
4. Zuwendungen an betriebliche Privatstiftungen im Sinne des § 4d Z 1 Einkommensteuergesetz 1988.

   (BGBl I 2017/105)
5. Zuwendungen von Grundstücken im Sinne des § 2 des Grunderwerbsteuergesetzes 1987.

   (BGBl I 2017/105)

§ 2. (1) Die Steuer beträgt 2,5 vH der Zuwendungen. Davon abweichend beträgt die Steuer 25 vH bei Zuwendungen, wenn

a) die Stiftung oder vergleichbare Vermögensmasse nicht mit einer Privatstiftung nach dem Privatstiftungsgesetz oder mit einer unter § 5 Z 6 des Körperschaftsteuergesetzes 1988 fallenden Stiftung vergleichbar ist oder
b) sämtliche Dokumente in der jeweils geltenden Fassung, die die innere Organisation der Stiftung oder vergleichbaren Vermögensmasse, die Vermögensverwaltung oder die Vermögensverwendung betreffen (wie insbesondere Stiftungsurkunde, Stiftungszusatzurkunden und damit vergleichbare Unterlagen), nicht spätestens im Zeitpunkt der Fälligkeit der Stiftungseingangssteuer dem Finanzamt für Großbetriebe offen gelegt worden sind oder

   (BGBl I 2019/104)
c) die Stiftung oder vergleichbare Vermögensmasse nicht einer dem § 5 des Privatstif-

tungsgesetzes entsprechenden gesetzlichen Verpflichtung unterliegt, die Begünstigten mitzuteilen oder

d) die Stiftung oder vergleichbare Vermögensmasse nicht unter Vorlage der Stiftungsurkunde (Statut) in das Firmenbuch oder ein vergleichbares ausländisches öffentliches Register eingetragen ist oder

e) mit dem Ansässigkeitsstaat der Stiftung oder vergleichbaren Vermögensmasse keine umfassende Amts- und Vollstreckungshilfe besteht.

(2) (aufgehoben)

§ 3. (1) Der Steuerschuldner hat die Steuer selbst zu berechnen und bis zum 15. Tag (Fälligkeitstag) des zweitfolgenden Monats nach Entstehen der Steuerschuld zu entrichten.

(2) Der Steuerschuldner hat bis zum Fälligkeitstag eine Steuererklärung elektronisch einzureichen. Ist die elektronische Übermittlung nicht zumutbar, hat die Übermittlung unter Verwendung eines amtlichen Vordruckes zu erfolgen.

(3) Der Bundesminister für Finanzen kann durch Verordnung das Verfahren und den Inhalt der elektronischen Übermittlung näher regeln.

§ 4. Für die Erhebung der Steuer ist das Finanzamt für Großbetriebe zuständig.

(BGBl I 2019/104)

§ 5. Dieses Bundesgesetz ist anzuwenden:

1. bei Zuwendungen von Todes wegen, wenn der Todestag nach dem 31. Juli 2008 liegt und
2. bei Zuwendungen unter Lebenden, wenn die Steuerschuld nach dem 31. Juli 2008 entsteht.
3. § 1 Abs. 6 Z 1 in der Fassung BGBl. I Nr. 52/2009 ist auf Zuwendungen unter Lebenden anzuwenden, wenn die Steuerschuld nach dem 31. Juli 2008 entstehen würde.

   (BGBl I 2017/105)
4. § 1 Abs. 5 und Abs. 6 Z 5 in der Fassung des BGBl. I Nr. 112/2011 tritt mit 1. Jänner 2012 in Kraft und ist auf Zuwendungen anzuwenden, für die die Steuerschuld nach dem 31. Dezember 2011 entsteht oder entstehen würde. § 2 Abs. 2 und § 3 Abs. 4 und 5 treten mit Ablauf des 31. Dezember 2011 außer Kraft.

   (BGBl I 2017/105)
5. § 2 Abs. 1 tritt mit 1.1.2014 in Kraft und ist ab diesem Zeitpunkt auf Zuwendungen anzuwenden, wenn die Steuerschuld nach dem 31.12.2013 entsteht.
6. § 1 Abs. 6 Z 1 in der Fassung des Gemeinnützigkeitsgesetzes 2015, BGBl. I Nr. 160/2015 tritt mit 1. Jänner 2016 in Kraft und ist auf Zuwendungen anzuwenden, für die die Steuerschuld nach dem 31. Dezember 2015 entsteht oder entstehen würde.

   (BGBl I 2017/105)
7. § 1 Abs. 6 Z 4 in der Fassung des Bundesgesetzes BGBl. I Nr. 105/2017 tritt mit 1. Jänner 2018 in Kraft und ist ab diesem Zeitpunkt auf Zuwendungen anzuwenden, wenn die Steuerschuld nach dem 31. Dezember 2017 entsteht oder entstehen würde.

   (BGBl I 2017/105)
8. Zuwendungen von Vermögen der in § 718 Abs. 8 ASVG genannten Betriebskrankenkassen an eine gemäß § 718 Abs. 9 ASVG errichtete Privatstiftung unterliegen nicht der Stiftungseingangssteuer, wenn die Steuerschuld vor dem 1. Jänner 2021 entstehen würde.

   (BGBl I 2019/100)
9. § 2 Abs. 1 lit. b und § 4 in der Fassung des Bundesgesetzes BGBl. I Nr. 104/2019 tritt mit 1. Juli 2020 in Kraft.

   (BGBl I 2019/104, BGBl I 2022/108)

§ 6. Mit der Vollziehung dieses Bundesgesetzes ist der Bundesminister für Finanzen betraut.

16. Doppelbesteuerungsabkommen

Inhaltsverzeichnis

16/1. DBA Deutschland .... Seite 549
16/2. DBA Italien .... Seite 565
16/3. DBA-Entlastungsverordnung .... Seite 575
16/4. OECD-Musterabkommen 2017 .... Seite 577

16/1. DBA Deutschland

DBA-Deutschland, BGBl III 2002/182 idF BGBl III 2012/32

GLIEDERUNG

Art. 1. Persönlicher Geltungsbereich
Art. 2. Unter das Abkommen fallende Steuern
Art. 3. Allgemeine Begriffsbestimmungen
Art. 4. Ansässige Person
Art. 5. Betriebsstätte
Art. 6. Einkünfte aus unbeweglichem Vermögen
Art. 7. Unternehmensgewinne
Art. 8. Seeschifffahrt, Binnenschifffahrt und Luftfahrt
Art. 9. Verbundene Unternehmen
Art. 10. Dividenden
Art. 11. Zinsen
Art. 12. Lizenzgebühren
Art. 13. Gewinne aus der Veräußerung von Vermögen
Art. 14. Selbständige Arbeit
Art. 15. Unselbständige Arbeit
Art. 16. Aufsichtsrats- und Geschäftsführervergütungen
Art. 17. Künstler und Sportler
Art. 18. Ruhegehälter, Renten und ähnliche Zahlungen
Art. 19. Öffentlicher Dienst
Art. 20. Gastprofessoren und -lehrer, Studenten und Auszubildende
Art. 21. Andere Einkünfte
Art. 22. Vermögen
Art. 23. Vermeidung der Doppelbesteuerung
Art. 24. Gleichbehandlung
Art. 25. Verständigungsverfahren
Art. 26. Informationsaustausch
Art. 27. Erstattung der Abzugsteuern
Art. 28. Anwendung des Abkommens in bestimmten Fällen
Art. 29. Mitglieder diplomatischer Missionen und konsularischer Vertretungen
Art. 30. Nebenurkunden
Art. 31. In-Kraft-Treten
Art. 32. Registrierung
Art. 33. Kündigung
Protokoll

Abkommen zwischen der Republik Österreich und der Bundesrepublik Deutschland zur Vermeidung der Doppelbesteuerung auf dem Gebiet der Steuern vom Einkommen und vom Vermögen

Geschehen zu Berlin, am 24. August 2000, in zwei Urschriften, jede in deutscher Sprache.

Die vom Bundespräsidenten unterzeichnete und vom Bundeskanzler gegengezeichnete Ratifikationsurkunde wurde am 18. Juli 2002 ausgetauscht; das Abkommen tritt gemäß seinem Art. 31 Abs. 2 mit 18. August 2002 in Kraft.

Persönlicher Geltungsbereich

Art. 1 Dieses Abkommen gilt für Personen, die in einem Vertragsstaat oder in beiden Vertragsstaaten ansässig sind.

Unter das Abkommen fallende Steuern

Art. 2 (1) Dieses Abkommen gilt, ohne Rücksicht auf die Art der Erhebung, für Steuern vom Einkommen und vom Vermögen, die für Rechnung eines Vertragsstaats oder seiner Gebietskörperschaften erhoben werden.

(2) Als Steuern vom Einkommen und vom Vermögen gelten alle Steuern, die vom Gesamteinkommen, vom Gesamtvermögen oder von Teilen des Einkommens oder des Vermögens erhoben werden, einschließlich der Steuern vom Gewinn aus der Veräußerung beweglichen oder unbeweglichen Vermögens, der Lohnsummensteuern sowie der Steuern vom Vermögenszuwachs.

(3) Zu den bestehenden Steuern, für die das Abkommen gilt, gehören insbesondere

a) in der Bundesrepublik Deutschland:
   1. die Einkommensteuer,
   2. die Körperschaftsteuer,
   3. die Gewerbesteuer und
   4. die Grundsteuer,

   einschließlich der hierauf erhobenen Zuschläge (im Folgenden als „deutsche Steuer" bezeichnet);

b) in der Republik Österreich:
   1. die Einkommensteuer,
   2. die Körperschaftsteuer,
   3. die Grundsteuer,
   4. die Abgabe von land- und forstwirtschaftlichen Betrieben und
   5. die Abgabe vom Bodenwert bei unbebauten Grundstücken,

einschließlich der hierauf erhobenen Zuschläge (im Folgenden als „österreichische Steuer" bezeichnet).

(4) Das Abkommen gilt auch für alle Steuern gleicher oder im Wesentlichen ähnlicher Art, die nach der Unterzeichnung des Abkommens neben den bestehenden Steuern oder an deren Stelle erhoben werden. Die zuständigen Behörden der Vertragsstaaten teilen einander, soweit für die Abkommensanwendung erforderlich, am Ende eines jeden Jahres die in ihren Steuergesetzen eingetretenen Änderungen mit.

Allgemeine Begriffsbestimmungen

Art. 3 (1) Im Sinne dieses Abkommens, wenn der Zusammenhang nichts anderes erfordert,

a) bedeutet der Ausdruck „ein Vertragsstaat" und „der andere Vertragsstaat", je nach dem Zusammenhang, die Bundesrepublik Deutschland oder die Republik Österreich;

b) bedeutet der Ausdruck „Bundesrepublik Deutschland" das Hoheitsgebiet der Bundesrepublik Deutschland sowie das an das Küstenmeer angrenzende Gebiet des Meeresbodens, seines Untergrunds und der darüber liegenden Wassersäule, in dem die Bundesrepublik Deutschland in Übereinstimmung mit dem Völkerrecht und ihren innerstaatlichen Rechtsvorschriften souveräne Rechte und Hoheitsbefugnisse zum Zwecke der Erforschung, Ausbeutung, Erhaltung und Bewirtschaftung der lebenden und nichtlebenden natürlichen Ressourcen ausübt;

c) bedeutet der Ausdruck „Republik Österreich" das Hoheitsgebiet der Republik Österreich;

d) umfasst der Ausdruck „Person" natürliche Personen, Gesellschaften und alle anderen Personenvereinigungen;

e) bedeutet der Ausdruck „Gesellschaft" juristische Personen oder Rechtsträger, die für die Besteuerung wie juristische Personen behandelt werden;

f) bedeuten die Ausdrücke „Unternehmen eines Vertragsstaats" und „Unternehmen des anderen Vertragsstaats", je nachdem, ein Unternehmen, das von einer in einem Vertragsstaat ansässigen Person betrieben wird, oder ein Unternehmen, das von einer im anderen Vertragsstaat ansässigen Person betrieben wird;

g) bedeutet der Ausdruck „internationaler Verkehr" jede Beförderung mit einem Seeschiff oder Luftfahrzeug, das von einem Unternehmen mit tatsächlicher Geschäftsleitung in einem Vertragsstaat betrieben wird, es sei denn, das Seeschiff oder Luftfahrzeug wird ausschließlich zwischen Orten im anderen Vertragsstaat betrieben;

h) bedeutet der Ausdruck „Staatsangehöriger"
   aa) in Bezug auf die Bundesrepublik Deutschland alle Deutschen im Sinne des Grundgesetzes der Bundesrepublik Deutschland sowie alle juristischen Personen, Personengesellschaften und anderen Personenvereinigungen, die nach dem in der Bundesrepublik Deutschland geltenden Recht errichtet worden sind;
   bb) in Bezug auf die Republik Österreich
      1. jede natürliche Person, die die Staatsangehörigkeit der Republik Österreich besitzt;
      2. jede juristische Person, Personengesellschaft und andere Personenvereinigung, die nach dem in der Republik Österreich geltenden Recht errichtet worden ist;

i) bedeutet der Ausdruck „zuständige Behörde"
   aa) in der Bundesrepublik Deutschland: das Bundesministerium der Finanzen oder die Behörde, auf die es seine Befugnisse delegiert hat,
   bb) in der Republik Österreich: den Bundesminister für Finanzen oder dessen bevollmächtigten Vertreter.

(2) Bei der Anwendung des Abkommens durch einen Vertragsstaat hat, wenn der Zusammenhang nichts anderes erfordert, jeder im Abkommen nicht definierte Ausdruck die Bedeutung, die ihm im Anwendungszeitraum nach dem Recht dieses Staates über die Steuern zukommt, für die das Abkommen gilt, wobei die Bedeutung nach dem in diesem Staat anzuwendenden Steuerrecht den Vorrang vor einer Bedeutung hat, die der Ausdruck nach anderem Recht dieses Staates hat.

Ansässige Person

Art. 4 (1) Im Sinne dieses Abkommens bedeutet der Ausdruck „eine in einem Vertragsstaat ansässige Person" eine Person, die nach dem Recht dieses Staates dort auf Grund ihres Wohnsitzes, ihres ständigen Aufenthalts, des Ortes ihrer Geschäftsleitung oder eines anderen ähnlichen Merkmals steuerpflichtig ist, und umfasst auch diesen Staat, seine Gebietskörperschaften und andere juristische Personen des öffentlichen Rechts. Der Ausdruck umfasst jedoch nicht eine Person, die in diesem Staat nur mit Einkünften aus Quellen in diesem Staat oder mit in diesem Staat gelegenem Vermögen steuerpflichtig ist.

(2) Ist nach Absatz 1 eine natürliche Person in beiden Vertragsstaaten ansässig, so gilt Folgendes:

a) Die Person gilt als nur in dem Staat ansässig, in dem sie über eine ständige Wohnstätte verfügt; verfügt sie in beiden Staaten über eine ständige Wohnstätte, so gilt sie als nur in dem Staat ansässig, zu dem sie die engeren persönlichen und wirtschaftlichen Beziehungen hat (Mittelpunkt der Lebensinteressen);

b) kann nicht bestimmt werden, in welchem Staat die Person den Mittelpunkt ihrer Lebensinteressen hat, oder verfügt sie in keinem der Staaten über eine ständige Wohnstätte, so gilt sie als nur in dem Staat ansässig, in dem sie ihren gewöhnlichen Aufenthalt hat;

c) hat die Person ihren gewöhnlichen Aufenthalt in beiden Staaten oder in keinem der Staaten, so gilt sie als nur in dem Staat ansässig, dessen Staatsangehöriger sie ist;
d) ist die Person Staatsangehöriger beider Staaten oder keines der Staaten, so werden sich die zuständigen Behörden der Vertragsstaaten bemühen, die Frage in gegenseitigem Einvernehmen zu regeln.

(3) Ist nach Absatz 1 eine andere als eine natürliche Person in beiden Vertragsstaaten ansässig, so gilt sie als in dem Staat ansässig, in dem sich der Ort ihrer tatsächlichen Geschäftsleitung befindet.

Betriebsstätte

Art. 5 (1) Im Sinne dieses Abkommens bedeutet der Ausdruck „Betriebsstätte" eine feste Geschäftseinrichtung, durch die die Tätigkeit eines Unternehmens ganz oder teilweise ausgeübt wird.

(2) Der Ausdruck „Betriebsstätte" umfasst insbesondere:
a) einen Ort der Leitung,
b) eine Zweigniederlassung,
c) eine Geschäftsstelle,
d) eine Fabrikationsstätte,
e) eine Werkstätte und
f) ein Bergwerk, ein Öl- oder Gasvorkommen, einen Steinbruch oder eine andere Stätte der Ausbeutung von Bodenschätzen.

(3) Eine Bauausführung oder Montage ist nur dann eine Betriebsstätte, wenn ihre Dauer zwölf Monate überschreitet.

(4) Ungeachtet der vorstehenden Bestimmungen dieses Artikels gelten nicht als Betriebsstätten:
a) Einrichtungen, die ausschließlich zur Lagerung, Ausstellung oder Auslieferung von Gütern oder Waren des Unternehmens benutzt werden;
b) Bestände von Gütern oder Waren des Unternehmens, die ausschließlich zur Lagerung, Ausstellung oder Auslieferung unterhalten werden;
c) Bestände von Gütern oder Waren des Unternehmens, die ausschließlich zu dem Zweck unterhalten werden, durch ein anderes Unternehmen bearbeitet oder verarbeitet zu werden;
d) eine feste Geschäftseinrichtung, die ausschließlich zu dem Zweck unterhalten wird, für das Unternehmen Güter oder Waren einzukaufen oder Informationen zu beschaffen;
e) eine feste Geschäftseinrichtung, die ausschließlich zu dem Zweck unterhalten wird, für das Unternehmen andere Tätigkeiten auszuüben, die vorbereitender Art sind oder eine Hilfstätigkeit darstellen;
f) eine feste Geschäftseinrichtung, die ausschließlich zu dem Zweck unterhalten wird, mehrere der unter den Buchstaben a bis e genannten Tätigkeiten auszuüben, vorausgesetzt, dass die sich daraus ergebende Gesamttätigkeit der festen Geschäftseinrichtung vorbereitender Art ist oder eine Hilfstätigkeit darstellt.

(5) Ist eine Person – mit Ausnahme eines unabhängigen Vertreters im Sinne des Absatzes 6 – für ein Unternehmen tätig und besitzt sie in einem Vertragsstaat die Vollmacht, im Namen des Unternehmens Verträge abzuschließen, und übt sie die Vollmacht dort gewöhnlich aus, so wird das Unternehmen ungeachtet der Absätze 1 und 2 so behandelt, als habe es in diesem Staat für alle von der Person für das Unternehmen ausgeübten Tätigkeiten eine Betriebsstätte, es sei denn, diese Tätigkeiten beschränken sich auf die in Absatz 4 genannten Tätigkeiten, die, würden sie durch eine feste Geschäftseinrichtung ausgeübt, diese Einrichtung nach dem genannten Absatz nicht zu einer Betriebsstätte machten.

(6) Ein Unternehmen wird nicht schon deshalb so behandelt, als habe es eine Betriebsstätte in einem Vertragsstaat, weil es dort seine Tätigkeit durch einen Makler, Kommissionär oder einen anderen unabhängigen Vertreter ausübt, sofern diese Personen im Rahmen ihrer ordentlichen Geschäftstätigkeit handeln.

(7) Allein dadurch, dass eine in einem Vertragsstaat ansässige Gesellschaft eine Gesellschaft beherrscht oder von einer Gesellschaft beherrscht wird, die im anderen Vertragsstaat ansässig ist oder dort (entweder durch eine Betriebsstätte oder auf andere Weise) ihre Tätigkeit ausübt, wird keine der beiden Gesellschaften zur Betriebsstätte der anderen.

Einkünfte aus unbeweglichem Vermögen

Art. 6 (1) Einkünfte, die eine in einem Vertragsstaat ansässige Person aus unbeweglichem Vermögen (einschließlich der Einkünfte aus land- und forstwirtschaftlichen Betrieben) bezieht, das im anderen Vertragsstaat liegt, dürfen im anderen Staat besteuert werden.

(2) Der Ausdruck „unbewegliches Vermögen" hat die Bedeutung, die ihm nach dem Recht des Vertragsstaats zukommt, in dem das Vermögen liegt. Der Ausdruck umfasst in jedem Fall das Zubehör zum unbeweglichen Vermögen, das lebende und tote Inventar land- und forstwirtschaftlicher Betriebe, die Rechte, für die die Vorschriften des Privatrechts über Grundstücke gelten, Nutzungsrechte an unbeweglichem Vermögen sowie Rechte auf veränderliche oder feste Vergütungen für die Ausbeutung oder das Recht auf Ausbeutung von Mineralvorkommen, Quellen und anderen Bodenschätzen; Schiffe und Luftfahrzeuge gelten nicht als unbewegliches Vermögen.

(3) Absatz 1 gilt für Einkünfte aus der unmittelbaren Nutzung, der Vermietung oder Verpachtung sowie jeder anderen Art der Nutzung unbeweglichen Vermögens.

(4) Die Absätze 1 und 3 gelten auch für Einkünfte aus unbeweglichem Vermögen eines Unternehmens und für Einkünfte aus unbeweglichem

Vermögen, das der Ausübung einer selbständigen Arbeit dient.

Unternehmensgewinne

Art. 7 (1) Gewinne eines Unternehmens eines Vertragsstaats dürfen nur in diesem Staat besteuert werden, es sei denn, das Unternehmen übt seine Tätigkeit im anderen Vertragsstaat durch eine dort gelegene Betriebsstätte aus. Übt das Unternehmen seine Tätigkeit auf diese Weise aus, so dürfen die Gewinne des Unternehmens im anderen Staat besteuert werden, jedoch nur insoweit, als sie dieser Betriebsstätte zugerechnet werden können.

(2) Übt ein Unternehmen eines Vertragsstaats seine Tätigkeit im anderen Vertragsstaat durch eine dort gelegene Betriebsstätte aus, so werden vorbehaltlich des Absatzes 3 in jedem Vertragsstaat dieser Betriebsstätte die Gewinne zugerechnet, die sie hätte erzielen können, wenn sie eine gleiche oder ähnliche Tätigkeit unter gleichen oder ähnlichen Bedingungen als selbständiges Unternehmen ausgeübt hätte und im Verkehr mit dem Unternehmen, dessen Betriebsstätte sie ist, völlig unabhängig gewesen wäre.

(3) Bei der Ermittlung der Gewinne einer Betriebsstätte werden die für diese Betriebsstätte entstandenen Aufwendungen, einschließlich der Geschäftsführungs- und allgemeinen Verwaltungskosten, zum Abzug zugelassen, gleichgültig, ob sie in dem Staat, in dem die Betriebsstätte liegt, oder anderswo entstanden sind.

(4) Soweit es in einem Vertragsstaat üblich ist, die einer Betriebsstätte zuzurechnenden Gewinne durch Aufteilung der Gesamtgewinne des Unternehmens auf seine einzelnen Teile zu ermitteln, schließt Absatz 2 nicht aus, dass dieser Vertragsstaat die zu besteuernden Gewinne nach der üblichen Aufteilung ermittelt; die gewählte Gewinnaufteilung muss jedoch derart sein, dass das Ergebnis mit den Grundsätzen dieses Artikels übereinstimmt.

(5) Auf Grund des bloßen Einkaufs von Gütern oder Waren für das Unternehmen wird einer Betriebsstätte kein Gewinn zugerechnet.

(6) Bei der Anwendung der vorstehenden Absätze sind die der Betriebsstätte zuzurechnenden Gewinne jedes Jahr auf dieselbe Art zu ermitteln, es sei denn, dass ausreichende Gründe dafür bestehen, anders zu verfahren.

(7) Dieser Artikel gilt auch für die Einkünfte aus der Beteiligung an einer Personengesellschaft. Er erstreckt sich auch auf Vergütungen, die ein Gesellschafter einer Personengesellschaft von der Gesellschaft für seine Tätigkeit im Dienst der Gesellschaft, für die Gewährung von Darlehen oder für die Überlassung von Wirtschaftsgütern bezieht, wenn diese Vergütungen nach dem Steuerrecht des Vertragsstaats, in dem die Betriebsstätte gelegen ist, den Einkünften des Gesellschafters aus dieser Betriebsstätte zugerechnet werden.

(8) Gehören zu den Gewinnen Einkünfte, die in anderen Artikeln dieses Abkommens behandelt werden, so werden die Bestimmungen jener Artikel durch die Bestimmungen dieses Artikels nicht berührt.

Seeschifffahrt, Binnenschifffahrt und Luftfahrt

Art. 8 (1) Gewinne aus dem Betrieb von Seeschiffen oder Luftfahrzeugen im internationalen Verkehr dürfen nur in dem Vertragsstaat besteuert werden, in dem sich der Ort der tatsächlichen Geschäftsleitung des Unternehmens befindet.

(2) Gewinne aus dem Betrieb von Schiffen, die der Binnenschifffahrt dienen, dürfen nur in dem Vertragsstaat besteuert werden, in dem sich der Ort der tatsächlichen Geschäftsleitung des Unternehmens befindet.

(3) Für Zwecke dieses Artikels beinhalten die Begriffe „Gewinne aus dem Betrieb von Seeschiffen oder Luftfahrzeugen im internationalen Verkehr" und „Gewinne aus dem Betrieb von Schiffen, die der Binnenschifffahrt dienen", auch die Einkünfte aus der

a) gelegentlichen Vercharterung von Seeschiffen oder Luftfahrzeugen und

b) Einkünfte aus der Nutzung oder Vermietung von Containern (einschließlich Trailer und zugehöriger Ausstattung, die dem Transport der Container dient),

wenn diese Einkünfte den im Absatz 1 genannten Gewinnen zugerechnet werden können.

(4) Befindet sich der Ort der tatsächlichen Geschäftsleitung eines Unternehmens der See- oder Binnenschifffahrt an Bord eines Schiffes, so gilt er als in dem Vertragsstaat gelegen, in dem der Heimathafen des Schiffes liegt, oder, wenn kein Heimathafen vorhanden ist, in dem Vertragsstaat, in dem die Person ansässig ist, die das Schiff betreibt.

(5) Absatz 1 gilt auch für Gewinne aus der Beteiligung an einem Pool, einer Betriebsgemeinschaft oder einer internationalen Betriebsstelle.

Verbundene Unternehmen

Art. 9 (1) Wenn

a) ein Unternehmen eines Vertragsstaats unmittelbar oder mittelbar an der Geschäftsleitung, der Kontrolle oder dem Kapital eines Unternehmens des anderen Vertragsstaats beteiligt ist oder

b) dieselben Personen unmittelbar oder mittelbar an der Geschäftsleitung, der Kontrolle oder dem Kapital eines Unternehmens eines Vertragsstaats und eines Unternehmens des anderen Vertragsstaats beteiligt sind

und in diesen Fällen die beiden Unternehmen in ihren kaufmännischen oder finanziellen Beziehungen an vereinbarte oder auferlegte Bedingungen gebunden sind, die von denen abweichen, die unabhängige Unternehmen miteinander vereinbaren würden, so dürfen die Gewinne, die eines der Unternehmen ohne diese Bedingungen erzielt hätte, wegen dieser Bedingungen aber nicht erzielt hat, den Gewinnen dieses Unternehmens zugerechnet und entsprechend besteuert werden.

(2) Werden in einem Vertragsstaat den Gewinnen eines Unternehmens dieses Staates Gewinne zugerechnet – und entsprechend besteuert –, mit denen ein Unternehmen des anderen Vertragsstaats in diesem Staat besteuert worden ist, und handelt es sich bei den zugerechneten Gewinnen um solche, die das Unternehmen des erstgenannten Staates erzielt hätte, wenn die zwischen den beiden Unternehmen vereinbarten Bedingungen die gleichen gewesen wären, die unabhängige Unternehmen miteinander vereinbaren würden, so nimmt der andere Staat eine entsprechende Änderung der dort von diesen Gewinnen erhobenen Steuer vor. Bei dieser Änderung sind die übrigen Bestimmungen dieses Abkommens zu berücksichtigen; erforderlichenfalls werden die zuständigen Behörden der Vertragsstaaten einander konsultieren.

Dividenden

Art. 10 (1) Dividenden, die eine in einem Vertragsstaat ansässige Gesellschaft an eine im anderen Vertragsstaat ansässige Person zahlt, dürfen im anderen Staat besteuert werden.

(2) Diese Dividenden dürfen jedoch auch in dem Vertragsstaat, in dem die die Dividenden zahlende Gesellschaft ansässig ist, nach dem Recht dieses Staates besteuert werden; die Steuer darf aber, wenn der Nutzungsberechtigte der Dividenden eine in dem anderen Vertragsstaat ansässige Person ist, nicht übersteigen:

a) 5 vom Hundert des Bruttobetrags der Dividenden, wenn der Nutzungsberechtigte eine Gesellschaft (jedoch keine Personengesellschaft) ist, die unmittelbar über mindestens 10 vom Hundert des Kapitals der die Dividenden zahlenden Gesellschaft verfügt;

b) 15 vom Hundert des Bruttobetrags der Dividenden in allen anderen Fällen.

Dieser Absatz berührt nicht die Besteuerung der Gesellschaft in Bezug auf die Gewinne, aus denen die Dividenden gezahlt werden.

(3) Der in diesem Artikel verwendete Ausdruck „Dividenden" bedeutet Einkünfte aus Aktien, Genussrechten oder Genussscheinen, Kuxen, Gründeranteilen oder sonstige Einkünfte, die nach dem Recht des Staates, in dem die ausschüttende Gesellschaft ansässig ist, den Einkünften aus Aktien steuerlich gleichgestellt sind. Der Ausdruck „Dividenden" umfasst auch Einkünfte eines stillen Gesellschafters aus seiner Beteiligung als stiller Gesellschafter, Einkünfte aus partiarischen Darlehen, Gewinnobligationen und ähnliche Vergütungen, wenn sie nach dem Recht des Staates, aus dem sie stammen, bei der Ermittlung des Gewinns des Schuldners nicht abzugsfähig sind, sowie Ausschüttungen auf Anteilscheine an einem Investmentvermögen.

(4) Die vorstehenden Absätze 1 und 2 sind nicht anzuwenden, wenn der in einem Vertragsstaat ansässige Nutzungsberechtigte im anderen Vertragsstaat, in dem die die Dividenden zahlende Gesellschaft ansässig ist, eine gewerbliche Tätigkeit durch eine dort gelegene Betriebsstätte oder eine selbständige Arbeit durch eine dort gelegene feste Einrichtung ausübt und die Beteiligung, für die die Dividenden gezahlt werden, tatsächlich zu dieser Betriebsstätte oder festen Einrichtung gehört. In diesem Fall ist Artikel 7 beziehungsweise Artikel 14 anzuwenden.

(5) Bezieht eine in einem Vertragsstaat ansässige Gesellschaft Gewinne oder Einkünfte aus dem anderen Vertragsstaat, so darf dieser andere Staat weder die von der Gesellschaft gezahlten Dividenden besteuern, es sei denn, dass diese Dividenden an eine im anderen Staat ansässige Person gezahlt werden oder dass die Beteiligung, für die die Dividenden gezahlt werden, tatsächlich zu einer im anderen Staat gelegenen Betriebsstätte oder festen Einrichtung gehört, noch Gewinne der Gesellschaft einer Steuer für nichtausgeschüttete Gewinne unterwerfen, selbst wenn die gezahlten Dividenden oder die nichtausgeschütteten Gewinne ganz oder teilweise aus im anderen Staat erzielten Gewinnen oder Einkünften bestehen.

Zinsen

Art. 11 (1) Zinsen, die aus einem Vertragsstaat stammen und an eine im anderen Vertragsstaat ansässige Person gezahlt werden, dürfen, wenn diese Person der Nutzungsberechtigte ist, nur im anderen Staat besteuert werden.

(2) Einkünfte aus Rechten oder Forderungen mit Gewinnbeteiligung einschließlich der Einkünfte eines stillen Gesellschafters aus seiner Beteiligung als stiller Gesellschafter oder aus partiarischen Darlehen und Gewinnobligationen dürfen jedoch auch in dem Vertragsstaat, aus dem sie stammen, nach dem Recht dieses Staates besteuert werden.

(3) Der in diesem Artikel verwendete Ausdruck „Zinsen" bedeutet Einkünfte aus Forderungen jeder Art, auch wenn die Forderungen durch Pfandrechte an Grundstücken gesichert oder mit einer Beteiligung am Gewinn des Schuldners ausgestattet sind, und insbesondere Einkünfte aus öffentlichen Anleihen und aus Obligationen einschließlich der damit verbundenen Aufgelder und der Gewinne aus Losanleihen. Zuschläge für verspätete Zahlung gelten nicht als Zinsen im Sinne dieses Artikels. Der Ausdruck „Zinsen" umfasst nicht die in Artikel 10 behandelten Einkünfte.

(4) Die vorstehenden Absätze 1 und 2 sind nicht anzuwenden, wenn der in einem Vertragsstaat ansässige Nutzungsberechtigte im anderen Vertragsstaat, aus dem die Zinsen stammen, eine gewerbliche Tätigkeit durch eine dort gelegene Betriebsstätte oder eine selbständige Arbeit durch eine dort gelegene feste Einrichtung ausübt und die Forderung, für die die Zinsen gezahlt werden, tatsächlich zu dieser Betriebsstätte oder festen Einrichtung gehört. In diesem Fall ist Artikel 7 beziehungsweise Artikel 14 anzuwenden.

(5) Zinsen gelten dann als aus einem Vertragsstaat stammend, wenn der Schuldner eine in diesem Staat ansässige Person ist. Hat aber der Schuldner der Zinsen, ohne Rücksicht darauf, ob er in einem Vertragsstaat ansässig ist oder nicht, in einem

Vertragsstaat eine Betriebsstätte oder eine feste Einrichtung und ist die Schuld, für die die Zinsen gezahlt werden, für Zwecke der Betriebsstätte oder der festen Einrichtung eingegangen worden und trägt die Betriebsstätte oder die feste Einrichtung die Zinsen, so gelten die Zinsen als aus dem Staat stammend, in dem die Betriebsstätte oder die feste Einrichtung liegt.

(6) Bestehen zwischen dem Schuldner und dem Nutzungsberechtigten oder zwischen jedem von ihnen und einem Dritten besondere Beziehungen und übersteigen deshalb die Zinsen, gemessen an der zugrundeliegenden Forderung, den Betrag, den Schuldner und Nutzungsberechtigter ohne diese Beziehungen vereinbart hätten, so wird dieser Artikel nur auf den letzteren Betrag angewendet. In diesem Fall kann der übersteigende Betrag nach dem Recht eines jeden Vertragsstaats und unter Berücksichtigung der anderen Bestimmungen dieses Abkommens besteuert werden.

Lizenzgebühren

Art. 12 (1) Lizenzgebühren, die aus einem Vertragsstaat stammen und an eine im anderen Vertragsstaat ansässige Person gezahlt werden, dürfen, wenn diese Person der Nutzungsberechtigte ist, nur im anderen Staat besteuert werden.

(2) Der in diesem Artikel verwendete Ausdruck „Lizenzgebühren“ bedeutet Vergütungen jeder Art, die für die Benutzung oder für das Recht auf Benutzung von Urheberrechten an literarischen, künstlerischen oder wissenschaftlichen Werken, einschließlich kinematographischer Filme, von Patenten, Marken, Mustern oder Modellen, Plänen, geheimen Formeln oder Verfahren oder für die Mitteilung gewerblicher, kaufmännischer oder wissenschaftlicher Erfahrungen gezahlt werden.

(3) Absatz 1 ist nicht anzuwenden, wenn der in einem Vertragsstaat ansässige Nutzungsberechtigte im anderen Vertragsstaat, aus dem die Lizenzgebühren stammen, eine gewerbliche Tätigkeit durch eine dort gelegene Betriebsstätte oder eine selbständige Arbeit durch eine dort gelegene feste Einrichtung ausübt und die Rechte oder Vermögenswerte, für die die Lizenzgebühren gezahlt werden, tatsächlich zu dieser Betriebsstätte oder festen Einrichtung gehören. In diesem Fall ist Artikel 7 beziehungsweise Artikel 14 anzuwenden.

(4) Lizenzgebühren gelten dann als aus einem Vertragsstaat stammend, wenn der Schuldner eine in diesem Staat ansässige Person ist. Hat aber der Schuldner der Lizenzgebühren, ohne Rücksicht darauf, ob er in einem Vertragsstaat ansässig ist oder nicht, in einem Vertragsstaat eine Betriebsstätte oder eine feste Einrichtung und ist die Verpflichtung zur Zahlung der Lizenzgebühren für Zwecke der Betriebsstätte oder der festen Einrichtung eingegangen worden und trägt die Betriebsstätte oder die feste Einrichtung die Lizenzgebühren, so gelten die Lizenzgebühren als aus dem Staat stammend, in dem die Betriebsstätte oder die feste Einrichtung liegt.

(5) Bestehen zwischen dem Schuldner und dem Nutzungsberechtigten oder zwischen jedem von ihnen und einem Dritten besondere Beziehungen und übersteigen deshalb die Lizenzgebühren, gemessen an der zugrundeliegenden Leistung, den Betrag, den Schuldner und Nutzungsberechtigter ohne diese Beziehungen vereinbart hätten, so wird dieser Artikel nur auf den letzteren Betrag angewendet. In diesem Fall kann der übersteigende Betrag nach dem Recht eines jeden Vertragsstaats und unter Berücksichtigung der anderen Bestimmungen dieses Abkommens besteuert werden.

Gewinne aus der Veräußerung von Vermögen

Art. 13 (1) Gewinne, die eine in einem Vertragsstaat ansässige Person aus der Veräußerung unbeweglichen Vermögens im Sinne des Artikels 6 bezieht, das im anderen Vertragsstaat liegt, dürfen im anderen Staat besteuert werden.

(2) Gewinne aus der Veräußerung von Aktien und sonstigen Anteilen an einer Gesellschaft, deren Aktivvermögen überwiegend aus unbeweglichem Vermögen in einem Vertragsstaat besteht, dürfen in diesem Staat besteuert werden.

(3) Gewinne aus der Veräußerung beweglichen Vermögens, das Betriebsvermögen einer Betriebsstätte ist, die ein Unternehmen eines Vertragsstaats im anderen Vertragsstaat hat, oder das zu einer festen Einrichtung gehört, die einer in einem Vertragsstaat ansässigen Person für die Ausübung einer selbständigen Arbeit im anderen Vertragsstaat zur Verfügung steht, einschließlich derartiger Gewinne, die bei der Veräußerung einer solchen Betriebsstätte (allein oder mit dem übrigen Unternehmen) oder einer solchen festen Einrichtung erzielt werden, dürfen im anderen Staat besteuert werden.

(4) Gewinne aus der Veräußerung von Seeschiffen oder Luftfahrzeugen, die im internationalen Verkehr betrieben werden, von Schiffen, die der Binnenschifffahrt dienen, und von beweglichem Vermögen, das dem Betrieb dieser Schiffe oder Luftfahrzeuge dient, dürfen nur in dem Vertragsstaat besteuert werden, in dem sich der Ort der tatsächlichen Geschäftsleitung des Unternehmens befindet.

(5) Gewinne aus der Veräußerung des in den vorstehenden Absätzen 1 bis 4 nicht genannten Vermögens dürfen nur in dem Vertragsstaat besteuert werden, in dem der Veräußerer ansässig ist.

(6) Bei einer natürlichen Person, die in einem Vertragsstaat während mindestens fünf Jahren ansässig war und die im anderen Vertragsstaat ansässig geworden ist, berührt Absatz 5 nicht das Recht des erstgenannten Staates, bei Anteilen an Gesellschaften nach seinen innerstaatlichen Rechtsvorschriften bei der Person einen Vermögenszuwachs bis zu ihrem Ansässigkeitswechsel zu besteuern. Besteuert der erstgenannte Vertragsstaat bei Wegzug einer in diesem Staat ansässigen natürlichen Person den Vermögenszuwachs, so wird bei späterer Veräußerung der Anteile, wenn der daraus erzielte Gewinn in dem anderen Staat

gemäß Absatz 5 besteuert wird, dieser Staat bei der Ermittlung des Veräußerungsgewinns als Anschaffungskosten den Betrag zu Grunde legen, den der erstgenannte Staat im Zeitpunkt des Wegzugs als Erlös angenommen hat.

Selbständige Arbeit

Art. 14 (1) Einkünfte, die eine in einem Vertragsstaat ansässige Person aus einem freien Beruf oder aus sonstiger selbständiger Tätigkeit bezieht, dürfen nur in diesem Staat besteuert werden, es sei denn, dass der Person im anderen Vertragsstaat für die Ausübung ihrer Tätigkeit gewöhnlich eine feste Einrichtung zur Verfügung steht. Steht ihr eine solche feste Einrichtung zur Verfügung, so dürfen die Einkünfte im anderen Staat besteuert werden, jedoch nur insoweit, als sie dieser festen Einrichtung zugerechnet werden können.

(2) Der Ausdruck „freier Beruf" umfasst insbesondere die selbständig ausgeübte wissenschaftliche, literarische, künstlerische, erzieherische oder unterrichtende Tätigkeit sowie die selbständige Tätigkeit der Ärzte, Rechtsanwälte, Ingenieure, Architekten, Zahnärzte und Buchsachverständigen.

Unselbständige Arbeit

Art. 15 (1) Vorbehaltlich der Artikel 16 bis 20 dürfen Gehälter, Löhne und ähnliche Vergütungen, die eine in einem Vertragsstaat ansässige Person aus unselbständiger Arbeit bezieht, nur in diesem Staat besteuert werden, es sei denn, die Arbeit wird im anderen Vertragsstaat ausgeübt. Wird die Arbeit dort ausgeübt, so dürfen die dafür bezogenen Vergütungen im anderen Staat besteuert werden.

(2) Ungeachtet des Absatzes 1 dürfen Vergütungen, die eine in einem Vertragsstaat ansässige Person für eine im anderen Vertragsstaat ausgeübte unselbständige Arbeit bezieht, nur im erstgenannten Staat besteuert werden, wenn

a) der Empfänger sich im anderen Staat insgesamt nicht länger als 183 Tage während des betreffenden Kalenderjahrs aufhält und

b) die Vergütungen von einem Arbeitgeber oder für einen Arbeitgeber gezahlt werden, der nicht im anderen Staat ansässig ist, und

c) die Vergütungen nicht von einer Betriebsstätte oder einer festen Einrichtung getragen werden, die der Arbeitgeber im anderen Staat hat.

(3) Die Bestimmungen des vorstehenden Absatzes 2 Buchstabe b finden keine Anwendung auf Vergütungen für Arbeit im Rahmen der Arbeitnehmerüberlassung, wenn sich der Arbeitnehmer im anderen Staat insgesamt nicht länger als 183 Tage während des betreffenden Kalenderjahres aufhält.

(4) Für Zwecke dieses Artikels gilt die Arbeit im anderen Vertragsstaat nur dann als ausgeübt, wenn die Vergütungen in Übereinstimmung mit diesem Abkommen im anderen Vertragsstaat besteuert worden sind.

(5) Ungeachtet der vorstehenden Bestimmungen dieses Artikels dürfen Vergütungen für unselbständige Arbeit, die an Bord eines Seeschiffes oder Luftfahrzeuges, das im internationalen Verkehr betrieben wird, oder an Bord eines Schiffes, das der Binnenschifffahrt dient, ausgeübt wird, in dem Vertragsstaat besteuert werden, in dem sich der Ort der tatsächlichen Geschäftsleitung des Unternehmens befindet.

(6) Absatz 1 gilt nicht, wenn die Person

1. in dem einen Staat in der Nähe der Grenze ihren Wohnsitz und in dem anderen Staat in der Nähe der Grenze ihren Arbeitsort hat und
2. täglich von ihrem Arbeitsort an ihren Wohnsitz zurückkehrt (Grenzgänger).

(7) Beiträge, die für eine in einem Vertragsstaat unselbständig tätige Person an eine in dem anderen Vertragsstaat errichtete und dort steuerlich anerkannte Einrichtung der Krankheits- und Altersvorsorge geleistet werden, sind in dem erstgenannten Staat bei der Ermittlung des von der Person zu versteuernden Einkommens in der gleichen Weise, unter den gleichen Bedingungen und Einschränkungen zu behandeln wie Beiträge an in diesem erstgenannten Staat steuerlich anerkannte Einrichtungen der Krankheits- und Altersvorsorge, sofern

a) die Person unmittelbar vor Aufnahme ihrer Tätigkeit nicht in diesem Staat ansässig war und bereits Beiträge an die Einrichtungen der Krankheits- und Altersvorsorge entrichtete, und

b) die zuständige Behörde dieses Vertragsstaats festgestellt hat, dass die Einrichtung der Krankheits- und Altersvorsorge allgemein denjenigen Einrichtungen entspricht, die in diesem Staat als solche für steuerliche Zwecke anerkannt sind.

Für die Zwecke dieses Absatzes

a) bedeutet „Einrichtung der Krankheitsvorsorge" jede Einrichtung, bei der die unselbständig tätige Person und ihre Angehörigen im Fall einer krankheitsbedingten vorübergehenden Unterbrechung ihrer unselbständigen Arbeit zum Empfang von Leistungen berechtigt sind;

b) bedeutet „Einrichtung der Altersvorsorge" eine Einrichtung, an der die Person teilnimmt, um sich im Hinblick auf die in diesem Absatz erwähnte unselbständige Arbeit Ruhestandseinkünfte zu sichern;

c) ist eine „Einrichtung der Krankheits- und Altersvorsorge" in einem Staat für steuerliche Zwecke anerkannt, wenn hinsichtlich der an diese Einrichtungen geleisteten Beiträge Steuerentlastungen zu gewähren sind.

Aufsichtsrats- und Geschäftsführervergütungen

Art. 16 (1) Aufsichtsrats- oder Verwaltungsratsvergütungen und ähnliche Zahlungen, die eine in einem Vertragsstaat ansässige Person in ihrer Eigenschaft als Mitglied des Aufsichts- oder Verwaltungsrats einer Gesellschaft bezieht, die im anderen Vertragsstaat ansässig ist, dürfen im anderen Staat besteuert werden.

(2) Ungeachtet der Artikel 14 und 15 dürfen Vergütungen, die eine in einem Vertragsstaat ansässige Person in ihrer Eigenschaft als Geschäftsführer oder als Vorstandsmitglied einer Gesellschaft bezieht, die in dem anderen Vertragsstaat ansässig ist, im anderen Staat besteuert werden.

Künstler und Sportler

Art. 17 (1) Ungeachtet der Artikel 7, 14 und 15 dürfen Einkünfte, die eine in einem Vertragsstaat ansässige Person als Künstler, wie Bühnen-, Film-, Rundfunk- und Fernsehkünstler sowie Musiker, oder als Sportler aus ihrer im anderen Vertragsstaat persönlich ausgeübten Tätigkeit bezieht, im anderen Staat besteuert werden. Ungeachtet auch des Artikels 12 dürfen Vergütungen jeder Art, die für die Benutzung oder das Recht auf Benutzung des Namens, des Bildes oder sonstiger Persönlichkeitsrechte dieser Person gezahlt werden, im anderen Staat auch dann besteuert werden, wenn dort keine persönliche Tätigkeit ausgeübt wird. Entsprechendes gilt für Einkünfte aus der Duldung von Aufzeichnungen und Übertragungen von künstlerischen und sportlichen Darbietungen durch Rundfunk und Fernsehen.

(2) Fließen Einkünfte der in Absatz 1 genannten Art nicht dem Künstler oder Sportler selbst, sondern einer anderen Person zu, so dürfen deren Einkünfte ungeachtet der Artikel 7, 12, 14 und 15 in dem Vertragsstaat besteuert werden, aus dem sie stammen.

(3) Die Absätze 1 und 2 gelten nicht für Einkünfte aus der von Künstlern oder Sportlern in einem Vertragsstaat ausgeübten Tätigkeit, wenn der Aufenthalt in diesem Staat ganz oder überwiegend aus öffentlichen Mitteln des anderen Staates oder einem seiner Länder oder einer seiner Gebietskörperschaften oder von einer als gemeinnützig anerkannten Einrichtung unterstützt wird. In diesem Fall dürfen die Einkünfte nur in dem Vertragsstaat besteuert werden, in dem die Person ansässig ist.

Ruhegehälter, Renten und ähnliche Zahlungen

Art. 18 (1) Erhält eine in einem Vertragsstaat ansässige Person Ruhegehälter und ähnliche Vergütungen oder Renten aus dem anderen Vertragsstaat, so dürfen diese Bezüge nur im erstgenannten Staat besteuert werden.

(2) Bezüge, die eine in einem Vertragsstaat ansässige Person aus der gesetzlichen Sozialversicherung des anderen Vertragsstaats erhält, dürfen abweichend von vorstehendem Absatz 1 nur in diesem anderen Staat besteuert werden.

(3) Wiederkehrende und einmalige Vergütungen, die ein Vertragsstaat oder eine seiner Gebietskörperschaften an eine in dem anderen Vertragsstaat ansässige Person für einen Schaden zahlt, für dessen Folgen die staatliche Gemeinschaft in Abgeltung eines besonderen Opfers oder aus anderen Gründen nach versorgungsrechtlichen Grundsätzen einsteht, oder der als Folge von Kriegshandlungen oder politischer Verfolgung oder des Wehr- oder Zivildiensts entstanden ist (einschließlich Wiedergutmachungsleistungen), dürfen abweichend von Absatz 1 nur im erstgenannten Staat besteuert werden.

(4) Der Begriff „Rente“ bedeutet bestimmte Beträge, die regelmäßig zu festgesetzten Zeitpunkten lebenslänglich oder während eines bestimmten oder bestimmbaren Zeitabschnitts auf Grund einer Verpflichtung zahlbar sind, die diese Zahlungen als Gegenleistung für in Geld oder Geldeswert bewirkte angemessene Leistung vorsieht.

(5) Unterhaltszahlungen, einschließlich derjenigen für Kinder, die eine in einem Vertragsstaat ansässige Person an eine im anderen Vertragsstaat ansässige Person zahlt, sind in dem anderen Staat von der Steuer befreit. Das gilt nicht, soweit die Unterhaltszahlungen im erstgenannten Staat bei der Berechnung des steuerpflichtigen Einkommens des Zahlungsverpflichteten abzugsfähig sind; Steuerfreibeträge zur Milderung der sozialen Lasten gelten nicht als Abzug im Sinne dieser Bestimmung.

Öffentlicher Dienst

Art. 19 (1) Vergütungen, ausgenommen Ruhegehälter, die von einem Vertragsstaat oder einer seiner Gebietskörperschaften oder einer anderen juristischen Person des öffentlichen Rechts dieses Staates an eine natürliche Person für diesem Staat, einer seiner Gebietskörperschaften oder einer anderen juristischen Person des öffentlichen Rechts geleistete Dienste gezahlt werden, dürfen nur in diesem Staat besteuert werden. Diese Vergütungen dürfen jedoch nur im anderen Vertragsstaat besteuert werden, wenn die Dienste in diesem Staat geleistet werden und die natürliche Person in diesem Staat ansässig ist und

a) ein Staatsangehöriger dieses Staates ist oder
b) nicht ausschließlich deshalb in diesem Staat ansässig geworden ist, um die Dienste zu leisten.

(2) Ruhegehälter, die von einem Vertragsstaat, einer seiner Gebietskörperschaften oder einer anderen juristischen Person des öffentlichen Rechts dieses Staates an eine natürliche Person für diesem Staat, einer seiner Gebietskörperschaften oder einer anderen juristischen Person des öffentlichen Rechts geleistete Dienste gezahlt werden, dürfen abweichend von Artikel 18 nur in diesem Staat besteuert werden. Diese Ruhegehälter dürfen jedoch nur im anderen Vertragsstaat besteuert werden, wenn die natürliche Person in diesem Staat ansässig ist und ein Staatsangehöriger dieses Staates ist.

(3) Auf Vergütungen für Dienstleistungen und Ruhegehälter, die im Zusammenhang mit einer gewerblichen Tätigkeit eines Vertragsstaats oder einer seiner Gebietskörperschaften oder einer anderen juristischen Person des öffentlichen Rechts dieses Staates erbracht werden, sind die Artikel 15, 16, 17 und 18 anzuwenden.

(4) Dieser Artikel gilt auch für Löhne, Gehälter und ähnliche Vergütungen (sowie für Ruhegehäl-

ter), die an natürliche Personen für Dienste gezahlt werden, die dem Goethe-Institut, dem Deutschen Akademischen Austauschdienst (DAAD) und anderen ähnlichen, von den zuständigen Behörden der Vertragsstaaten im gegenseitigen Einvernehmen zu bestimmenden Einrichtungen geleistet werden, vorausgesetzt, dass diese Zahlungen in dem Vertragsstaat, aus dem sie stammen, der Besteuerung unterliegen.

Gastprofessoren und -lehrer, Studenten und Auszubildende

Art. 20 (1) Eine natürliche Person, die sich auf Einladung eines Vertragsstaats oder einer Universität, Hochschule, Schule, eines Museums oder einer anderen kulturellen Einrichtung dieses Vertragsstaats oder im Rahmen eines amtlichen Kulturaustausches in diesem Vertragsstaat höchstens zwei Jahre lang lediglich zur Ausübung einer Lehrtätigkeit, zum Halten von Vorlesungen oder zur Ausübung einer Forschungstätigkeit bei dieser Einrichtung aufhält und die im anderen Vertragsstaat ansässig ist oder dort unmittelbar vor der Einreise in den erstgenannten Staat ansässig war, ist in dem erstgenannten Staat mit ihren für diese Tätigkeit bezogenen Vergütungen von der Steuer befreit, vorausgesetzt, dass diese Vergütungen von außerhalb dieses Staates bezogen werden.

(2) Zahlungen, die ein Student, Praktikant oder Lehrling, der sich in einem Vertragsstaat ausschließlich zum Studium oder zur Ausbildung aufhält und der im anderen Vertragsstaat ansässig ist oder dort unmittelbar vor der Einreise in den erstgenannten Staat ansässig war, für seinen Unterhalt, sein Studium oder seine Ausbildung erhält, dürfen im erstgenannten Staat nicht besteuert werden, sofern diese Zahlungen aus Quellen außerhalb dieses Staates stammen.

Andere Einkünfte

Art. 21 (1) Einkünfte einer in einem Vertragsstaat ansässigen Person, die in den vorstehenden Artikeln nicht behandelt wurden, dürfen ohne Rücksicht auf ihre Herkunft nur in diesem Staat besteuert werden.

(2) Absatz 1 ist auf andere Einkünfte als solche aus unbeweglichem Vermögen im Sinne des Artikels 6 Absatz 2 nicht anzuwenden, wenn der in einem Vertragsstaat ansässige Empfänger im anderen Vertragsstaat eine gewerbliche Tätigkeit durch eine dort gelegene Betriebsstätte oder eine selbständige Arbeit durch eine dort gelegene feste Einrichtung ausübt und die Rechte oder Vermögenswerte, für die die Einkünfte gezahlt werden, tatsächlich zu dieser Betriebsstätte oder festen Einrichtung gehören. In diesem Fall ist Artikel 7 beziehungsweise Artikel 14 anzuwenden.

Vermögen

Art. 22 (1) Unbewegliches Vermögen im Sinne des Artikels 6, das einer in einem Vertragsstaat ansässigen Person gehört und im anderen Vertragsstaat liegt, darf im anderen Staat besteuert werden.

(2) Bewegliches Vermögen, das Betriebsvermögen einer Betriebsstätte ist, die ein Unternehmen eines Vertragsstaats im anderen Vertragsstaat hat, oder das zu einer festen Einrichtung gehört, die einer in einem Vertragsstaat ansässigen Person für die Ausübung einer selbständigen Arbeit im anderen Vertragsstaat zur Verfügung steht, darf im anderen Staat besteuert werden.

(3) Seeschiffe und Luftfahrzeuge, die im internationalen Verkehr betrieben werden, und Schiffe, die der Binnenschifffahrt dienen, sowie bewegliches Vermögen, das dem Betrieb dieser Schiffe oder Luftfahrzeuge dient, dürfen nur in dem Vertragsstaat besteuert werden, in dem sich der Ort der tatsächlichen Geschäftsleitung des Unternehmens befindet.

(4) Alle anderen Vermögensteile einer in einem Vertragsstaat ansässigen Person dürfen nur in diesem Staat besteuert werden.

Vermeidung der Doppelbesteuerung

Art. 23 (1) Bei einer in der Bundesrepublik Deutschland ansässigen Person wird die Steuer wie folgt festgesetzt:

a) Von der Bemessungsgrundlage der deutschen Steuer werden die Einkünfte aus der Republik Österreich sowie die in der Republik Österreich gelegenen Vermögenswerte ausgenommen, die nach diesem Abkommen in der Republik Österreich besteuert werden dürfen und nicht unter Buchstabe b fallen. Die Bundesrepublik Deutschland behält aber das Recht, die so ausgenommenen Einkünfte und Vermögenswerte bei der Festsetzung des Steuersatzes für andere Einkünfte und Vermögenswerte zu berücksichtigen. Für Einkünfte aus Dividenden gelten die vorstehenden Bestimmungen nur dann, wenn diese Dividenden an eine in der Bundesrepublik Deutschland ansässige Gesellschaft (jedoch nicht an eine Personengesellschaft) von einer in der Republik Österreich ansässigen Gesellschaft gezahlt werden, deren Kapital zu mindestens 10 vom Hundert unmittelbar der deutschen Gesellschaft gehört, und bei der Ermittlung der Gewinne der ausschüttenden Gesellschaft nicht abgezogen worden sind.

   Für die Zwecke der Steuern vom Vermögen werden von der Bemessungsgrundlage der deutschen Steuer ebenfalls Beteiligungen ausgenommen, deren Ausschüttungen, falls solche gezahlt werden würden, nach den vorhergehenden Sätzen von der Steuerbemessungsgrundlage auszunehmen wären.

b) Auf die deutsche Steuer vom Einkommen für die folgenden Einkünfte wird unter Beachtung der Vorschriften des deutschen Steuerrechts über die Anrechnung ausländischer Steuern die österreichische Steuer angerechnet, die nach österreichischem Recht und in Übereinstimmung mit diesem Abkommen für diese Einkünfte gezahlt worden ist:

aa) Dividenden, die nicht unter Buchstabe a fallen,

bb) Zinsen,

cc) Lizenzgebühren,

dd) Einkünfte, die nach Artikel 13 Absatz 2 in der Republik Österreich besteuert werden dürfen,

ee) Einkünfte, die nach Artikel 15 Absatz 5 in der Republik Österreich besteuert werden dürfen,

ff) Vergütungen, die nach Artikel 16 Absatz 1 in der Republik Österreich besteuert werden dürfen,

gg) Einkünfte, die nach Artikel 17 in der Republik Österreich besteuert werden dürfen.

c) Einkünfte oder Vermögen einer in der Bundesrepublik Deutschland ansässigen Person, die nach dem Abkommen von der Besteuerung in der Bundesrepublik Deutschland auszunehmen sind, dürfen gleichwohl in der Bundesrepublik Deutschland bei der Festsetzung der Steuer für das übrige Einkommen oder Vermögen der Person einbezogen werden.

(2) Bei einer in der Republik Österreich ansässigen Person wird die Steuer wie folgt festgesetzt:

a) Bezieht eine in der Republik Österreich ansässige Person Einkünfte oder hat sie Vermögen und dürfen diese Einkünfte oder dieses Vermögen nach diesem Abkommen in der Bundesrepublik Deutschland besteuert werden, so nimmt die Republik Österreich vorbehaltlich der Buchstaben b und c diese Einkünfte oder dieses Vermögen von der Besteuerung aus.

b) Bezieht eine in der Republik Österreich ansässige Person Einkünfte, die nach den Artikeln 10, 11, 13 Absatz 2 und 17 Absatz 1 Satz 2 und 3 in der Bundesrepublik Deutschland besteuert werden dürfen, so rechnet die Republik Österreich auf die vom Einkommen dieser Person zu erhebende Steuer den Betrag an, der der in der Bundesrepublik Deutschland gezahlten Steuer entspricht. Der anzurechnende Betrag darf jedoch den Teil der vor der Anrechnung ermittelten Steuer nicht übersteigen, der auf die aus der Bundesrepublik Deutschland bezogenen Einkünfte entfällt.

c) Dividenden im Sinne des Artikels 10 Absatz 2 Buchstabe a, die von einer in der Bundesrepublik Deutschland ansässigen Gesellschaft an eine in der Republik Österreich ansässige Gesellschaft gezahlt werden und die bei Ermittlung der Gewinne der ausschüttenden Gesellschaft nicht abgezogen worden sind, sind, vorbehaltlich der entsprechenden Bestimmungen des innerstaatlichen Rechts der Republik Österreich, aber ungeachtet etwaiger nach diesem Recht abweichender Mindestbeteiligungserfordernisse, in der Republik Österreich von der Besteuerung ausgenommen.

d) Einkünfte oder Vermögen einer in der Republik Österreich ansässigen Person, die nach dem Abkommen von der Besteuerung in der Republik Österreich auszunehmen sind, dürfen gleichwohl in der Republik Österreich bei der Festsetzung der Steuer für das übrige Einkommen oder Vermögen der Person einbezogen werden.

Gleichbehandlung

Art. 24 (1) Staatsangehörige eines Vertragsstaats dürfen im anderen Vertragsstaat keiner Besteuerung oder damit zusammenhängenden Verpflichtung unterworfen werden, die anders oder belastender ist als die Besteuerung und die damit zusammenhängenden Verpflichtungen, denen Staatsangehörige des anderen Staates unter gleichen Verhältnissen, insbesondere hinsichtlich der Ansässigkeit, unterworfen sind oder unterworfen werden können. Diese Bestimmung gilt ungeachtet des Artikels 1 auch für Personen, die in keinem Vertragsstaat ansässig sind.

(2) Staatenlose, die in einem Vertragsstaat ansässig sind, dürfen in keinem Vertragsstaat einer Besteuerung oder damit zusammenhängenden Verpflichtung unterworfen werden, die anders oder belastender ist als die Besteuerung und die damit zusammenhängenden Verpflichtungen, denen Staatsangehörige des betreffenden Staates unter gleichen Verhältnissen, insbesondere hinsichtlich der Ansässigkeit, unterworfen sind oder unterworfen werden können.

(3) Die Besteuerung einer Betriebsstätte, die ein Unternehmen eines Vertragsstaats im anderen Vertragsstaat hat, darf im anderen Staat nicht ungünstiger sein als die Besteuerung von Unternehmen des anderen Staates, die die gleiche Tätigkeit ausüben. Diese Bestimmung ist nicht so auszulegen, als verpflichte sie einen Vertragsstaat, den im anderen Vertragsstaat ansässigen Personen Steuerfreibeträge, -vergünstigungen und -ermäßigungen auf Grund des Personenstandes oder der Familienlasten zu gewähren, die er seinen ansässigen Personen gewährt.

(4) Sofern nicht Artikel 9 Absatz 1, Artikel 11 Absatz 6 oder Artikel 12 Absatz 5 anzuwenden ist, sind Zinsen, Lizenzgebühren und andere Entgelte, die ein Unternehmen eines Vertragsstaats an eine im anderen Vertragsstaat ansässige Person zahlt, bei der Ermittlung der steuerpflichtigen Gewinne dieses Unternehmens unter den gleichen Bedingungen wie Zahlungen an eine im erstgenannten Staat ansässige Person zum Abzug zuzulassen. Dementsprechend sind Schulden, die ein Unternehmen eines Vertragsstaats gegenüber einer im anderen Vertragsstaat ansässigen Person hat, bei der Ermittlung des steuerpflichtigen Vermögens dieses Unternehmens unter den gleichen Bedingungen wie Schulden gegenüber einer im erstgenannten Staat ansässigen Person zum Abzug zuzulassen.

(5) Unternehmen eines Vertragsstaats, deren Kapital ganz oder teilweise unmittelbar oder mittelbar einer im anderen Vertragsstaat ansässigen Person oder mehreren solchen Personen gehört oder

ihrer Kontrolle unterliegt, dürfen im erstgenannten Staat keiner Besteuerung oder damit zusammenhängenden Verpflichtung unterworfen werden, die anders oder belastender ist als die Besteuerung und die damit zusammenhängenden Verpflichtungen, denen andere ähnliche Unternehmen des erstgenannten Staates unterworfen sind oder unterworfen werden können.

(6) Dieser Artikel gilt ungeachtet des Artikels 2 für Steuern jeder Art und Bezeichnung.

Verständigungsverfahren

Art. 25 (1) Ist eine Person der Auffassung, dass Maßnahmen eines Vertragsstaats oder beider Vertragsstaaten für sie zu einer Besteuerung führen oder führen werden, die diesem Abkommen nicht entspricht, so kann sie unbeschadet der nach dem innerstaatlichen Recht dieser Staaten vorgesehenen Rechtsmittel ihren Fall der zuständigen Behörde des Vertragsstaats, in dem sie ansässig ist, oder, sofern ihr Fall von Artikel 24 Absatz 1 erfasst wird, der zuständigen Behörde des Vertragsstaats unterbreiten, dessen Staatsangehöriger sie ist. Der Fall muss innerhalb von drei Jahren nach der ersten Mitteilung der Maßnahme unterbreitet werden, die zu einer dem Abkommen nicht entsprechenden Besteuerung führt.

(2) Hält die zuständige Behörde die Einwendung für begründet und ist sie selbst nicht in der Lage, eine befriedigende Lösung herbeizuführen, so wird sie sich bemühen, den Fall durch Verständigung mit der zuständigen Behörde des anderen Vertragsstaats so zu regeln, dass eine dem Abkommen nicht entsprechende Besteuerung vermieden wird. Die Verständigungsregelung ist ungeachtet der Fristen des innerstaatlichen Rechts der Vertragsstaaten durchzuführen.

(3) Die zuständigen Behörden der Vertragsstaaten werden sich bemühen, Schwierigkeiten oder Zweifel, die bei der Auslegung oder Anwendung des Abkommens entstehen, in gegenseitigem Einvernehmen zu beseitigen. Sie können auch gemeinsam darüber beraten, wie eine Doppelbesteuerung in Fällen vermieden werden kann, die im Abkommen nicht behandelt sind.

(4) Die zuständigen Behörden der Vertragsstaaten können zur Herbeiführung einer Einigung im Sinne der vorstehenden Absätze unmittelbar miteinander verkehren. Erscheint ein mündlicher Meinungsaustausch für die Herbeiführung der Einigung zweckmäßig, so kann ein solcher Meinungsaustausch in einer Kommission durchgeführt werden, die aus Vertretern der zuständigen Behörden der Vertragsstaaten besteht.

(5) Können Schwierigkeiten oder Zweifel, die bei der Auslegung oder Anwendung dieses Abkommens entstehen, von den zuständigen Behörden nicht im Verständigungsverfahren nach den vorstehenden Absätzen dieses Artikels innerhalb einer Frist von drei Jahren ab der Verfahrenseinleitung beseitigt werden, sind auf Antrag der Person im Sinne des Absatzes 1 die Staaten verpflichtet, den Fall im Rahmen eines Schiedsverfahrens entsprechend Artikel 239 EG-Vertrag vor dem Gerichtshof der Europäischen Gemeinschaften anhängig zu machen.

Informationsaustausch

Art. 26 (1) Die zuständigen Behörden der Vertragsstaaten tauschen die Informationen aus, die zur Durchführung dieses Abkommens oder zur Verwaltung beziehungsweise Vollstreckung des innerstaatlichen Rechts betreffend Steuern jeder Art und Bezeichnung, die für Rechnung der Vertragsstaaten oder ihrer Gebietskörperschaften erhoben werden, voraussichtlich erheblich sind, soweit die diesem Recht entsprechende Besteuerung nicht dem Abkommen widerspricht. Der Informationsaustausch ist durch Artikel 1 und 2 nicht eingeschränkt.

(2) Alle Informationen, die ein Vertragsstaat gemäß Absatz 1 erhalten hat, sind ebenso geheim zu halten wie die aufgrund des innerstaatlichen Rechts dieses Staates beschafften Informationen und dürfen nur den Personen oder Behörden (einschließlich der Gerichte und der Verwaltungsbehörden) zugänglich gemacht werden, die mit der Veranlagung oder Erhebung, der Vollstreckung oder Strafverfolgung oder mit der Entscheidung von Rechtsmitteln hinsichtlich der in Absatz 1 genannten Steuern oder mit der Aufsicht darüber befasst sind. Diese Personen oder Behörden dürfen die Informationen nur für diese Zwecke verwenden. Sie dürfen die Informationen in einem öffentlichen Gerichtsverfahren oder in einer Gerichtsentscheidung offen legen. Ungeachtet der vorstehenden Bestimmungen können die Informationen für andere Zwecke verwendet werden, wenn sie nach dem Recht beider Staaten für diese anderen Zwecke verwendet werden können und die zuständige Behörde des übermittelnden Staates dieser Verwendung zugestimmt hat. Ohne vorherige Zustimmung der zuständigen Behörde des übermittelnden Staates ist eine Verwendung für andere Zwecke nur zulässig, wenn sie zur Abwehr einer im Einzelfall bestehenden dringenden Gefahr für das Leben, die körperliche Unversehrtheit oder die persönliche Freiheit einer Person oder für bedeutende Vermögenswerte erforderlich ist und Gefahr im Verzug besteht. In diesem Fall ist die zuständige Behörde des übermittelnden Staates unverzüglich um nachträgliche Genehmigung der Zweckänderung zu ersuchen. Wird die Genehmigung verweigert, ist die weitere Verwendung der Informationen für den anderen Zweck unzulässig; ein durch die zweckändernde Verwendung der Informationen entstandener Schaden ist zu ersetzen.

(3) Die Absätze 1 und 2 sind nicht so auszulegen, als verpflichteten sie einen Vertragsstaat,

a) für die Erteilung von Informationen Verwaltungsmaßnahmen durchzuführen, die mit den Gesetzen und der Verwaltungspraxis dieses oder des anderen Vertragsstaates unvereinbar sind;

b) Informationen zu erteilen, die nach den Gesetzen oder im üblichen Verwaltungsverfahren dieses oder des anderen Vertragsstaates nicht beschafft werden können;

c) Informationen zu erteilen, die ein Handels-, Industrie-, Gewerbe- oder Berufsgeheimnis oder ein Geschäftsverfahren offenlegen würden oder deren Erteilung der öffentlichen Ordnung widerspräche.

(4) Ersucht ein Vertragsstaat gemäß diesem Artikel um Informationen, so nutzt der andere Vertragsstaat die ihm zur Verfügung stehenden Möglichkeiten zur Beschaffung der erbetenen Informationen, selbst wenn er diese Informationen für seine eigenen steuerlichen Zwecke nicht benötigt. Die im vorstehenden Satz enthaltene Verpflichtung unterliegt den Beschränkungen gemäß Absatz 3, wobei diese jedoch in keinem Fall so auszulegen sind, dass ein Vertragsstaat die Erteilung von Informationen nur deshalb ablehnen kann, weil er kein inländisches Interesse an solchen Informationen hat.

(5) Absatz 3 ist in keinem Fall so auszulegen, dass ein Vertragsstaat die Erteilung von Informationen nur deshalb ablehnen kann, weil die Informationen sich bei einer Bank, einem sonstigen Finanzinstitut, einem Bevollmächtigten, Vertreter oder Treuhänder befinden oder sich auf Eigentumsanteile an einer Person beziehen.

Erstattung der Abzugsteuern

Art. 27 (1) Werden in einem Vertragsstaat die Steuern von Dividenden, Zinsen, Lizenzgebühren oder sonstigen von einer im anderen Vertragsstaat ansässigen Person bezogenen Einkünften im Abzugsweg (an der Quelle) erhoben, so wird das Recht des erstgenannten Staates zur Vornahme des Steuerabzugs zu dem nach seinem innerstaatlichen Recht vorgesehenen Satz durch dieses Abkommen nicht berührt. Die im Abzugsweg (an der Quelle) erhobene Steuer ist auf Antrag des Steuerpflichtigen zu erstatten, wenn und soweit sie durch das Abkommen ermäßigt wird oder entfällt.

(2) Die Anträge auf Erstattung müssen vor dem Ende des vierten auf das Kalenderjahr der Festsetzung der Abzugsteuer auf Dividenden, Zinsen, Lizenzgebühren oder anderen Einkünfte folgenden Jahres eingereicht werden.

(3) Der Vertragsstaat, aus dem die Einkünfte stammen, kann eine Bescheinigung der zuständigen Behörde über die Ansässigkeit in dem anderen Vertragsstaat verlangen.

(4) Die zuständigen Behörden können in gegenseitigem Einvernehmen die Durchführung dieses Artikels regeln und gegebenenfalls andere Verfahren zur Durchführung der im Abkommen vorgesehenen Steuerermäßigungen oder -befreiungen festlegen.

Anwendung des Abkommens in bestimmten Fällen

Art. 28 (1) Der Ansässigkeitsstaat vermeidet die Doppelbesteuerung durch Steueranrechnung nach Artikel 23 und nicht durch Steuerbefreiung nach dem genannten Artikel,

a) wenn in den Vertragsstaaten Einkünfte oder Vermögen unterschiedlichen Abkommensbestimmungen zugeordnet oder verschiedenen Personen zugerechnet werden (außer nach Artikel 9) und dieser Konflikt sich nicht durch ein Verfahren nach Artikel 25 regeln lässt und wenn auf Grund dieser unterschiedlichen Zuordnung oder Zurechnung die betreffenden Einkünfte oder Vermögenswerte unbesteuert blieben oder zu niedrig besteuert würden;

b) wenn die Bundesrepublik Deutschland nach gehöriger Konsultation und vorbehaltlich der Beschränkungen ihres innerstaatlichen Rechts der Republik Österreich auf diplomatischem Weg andere Einkünfte notifiziert hat, auf die sie diesen Absatz anzuwenden beabsichtigt, um die steuerliche Freistellung von Einkünften in beiden Vertragsstaaten oder sonstige Gestaltungen zum Missbrauch des Abkommens zu verhindern.

Im Fall einer Notifikation nach Buchstabe b kann die Republik Österreich vorbehaltlich einer Notifikation auf diplomatischem Weg diese Einkünfte auf Grund dieses Abkommens entsprechend der Qualifikation der Einkünfte durch die Bundesrepublik Deutschland qualifizieren. Eine Notifikation nach diesem Absatz wird erst ab dem ersten Tag des Kalenderjahrs wirksam, das auf das Jahr folgt, in dem die Notifikation übermittelt wurde und alle rechtlichen Voraussetzungen nach dem innerstaatlichen Recht des notifizierenden Staates für das Wirksamwerden der Notifikation erfüllt sind. Die Bundesrepublik Deutschland wird von dem Recht zur Notifikation nicht vor Ablauf von fünf Jahren nach In-Kraft-Treten des Abkommens Gebrauch machen.

(2) Der Ansässigkeitsstaat ist berechtigt, seine innerstaatlichen Rechtsvorschriften zur Abwehr von Steuerumgehungen anzuwenden, um missbräuchlichen Gestaltungen oder unfairem Steuerwettbewerb zu begegnen.

(3) Wenn die vorstehenden Bestimmungen zur Doppelbesteuerung führen, konsultieren die zuständigen Behörden einander nach Artikel 25 Absatz 3, wie die Doppelbesteuerung zu vermeiden ist.

Mitglieder diplomatischer Missionen und konsularischer Vertretungen

Art. 29 (1) Dieses Abkommen berührt nicht die steuerlichen Vorrechte, die den Mitgliedern diplomatischer Missionen und konsularischer Vertretungen sowie internationaler Organisationen nach den allgemeinen Regeln des Völkerrechts oder auf Grund besonderer Übereinkünfte zustehen.

(2) Soweit Einkünfte oder Vermögen im Empfangsstaat wegen der den Diplomaten und Konsularbeamten nach den allgemeinen Regeln des Völkerrechts oder auf Grund besonderer zwischenstaatlicher Übereinkünfte zustehenden steuerlichen Vorrechte nicht besteuert werden, steht das Besteuerungsrecht dem Entsendestaat zu.

(3) Ungeachtet der Vorschriften des Artikels 4 gilt eine natürliche Person, die Mitglied einer

diplomatischen Mission, einer konsularischen Vertretung oder einer Ständigen Vertretung eines Vertragsstaats ist, die im anderen Vertragsstaat oder in einem dritten Staat gelegen ist, für Zwecke des Abkommens als eine im Entsendestaat ansässige Person, wenn sie

a) nach dem Völkerrecht im Empfangsstaat mit Einkünften aus Quellen außerhalb dieses Staates oder mit außerhalb dieses Staates gelegenem Vermögen nicht steuerpflichtig ist und
b) im Entsendestaat den gleichen Verpflichtungen bezüglich der Steuern von ihrem gesamten Einkommen oder vom Vermögen unterworfen ist wie in diesem Staat ansässige Personen.

(4) Das Abkommen gilt nicht für zwischenstaatliche Organisationen, ihre Organe oder Beamte sowie nicht für Mitglieder diplomatischer Missionen oder konsularischer Vertretungen eines dritten Staates und ihnen nahestehende Personen, die sich in einem Vertragsstaat aufhalten, aber in keinem der beiden Vertragsstaaten für Zwecke der Steuern vom Einkommen und vom Vermögen wie dort ansässige Personen behandelt werden.

Nebenurkunden

Art. 30 Das beiliegende Protokoll ist Bestandteil des Abkommens.

In-Kraft-Treten

Art. 31 (1) Das Abkommen bedarf der Ratifikation; die Ratifikationsurkunden werden so bald wie möglich in Wien ausgetauscht.

(2) Dieses Abkommen tritt einen Monat nach Austausch der Ratifikationsurkunden in Kraft und ist in beiden Vertragsstaaten anzuwenden

a) bei den im Abzugsweg erhobenen Steuern von Dividenden, Zinsen und Lizenzgebühren auf die Beträge, die am oder nach dem 1. Jänner des Kalenderjahrs gezahlt werden, das dem Jahr folgt, in dem das Abkommen in Kraft getreten ist;
b) bei den übrigen Steuern auf die Steuern, die für Zeiträume ab dem 1. Jänner des Kalenderjahrs erhoben werden, das auf das Jahr folgt, in dem das Abkommen in Kraft getreten ist.

(3) Das zwischen der Republik Österreich und der Bundesrepublik Deutschland am 4. Oktober 1954 unterzeichnete Abkommen zur Vermeidung der Doppelbesteuerung auf dem Gebiete der Steuern vom Einkommen und vom Vermögen sowie der Gewerbesteuern und der Grundsteuern in der Fassung des Abkommens vom 8. Juli 1992 findet ab dem Zeitpunkt nicht mehr Anwendung, in dem dieses Abkommen gemäß Absatz 2 dieses Artikels Wirksamkeit erlangt.

Registrierung

Art. 32 Die Registrierung dieses Abkommens beim Sekretariat der Vereinten Nationen nach Artikel 102 der Charta der Vereinten Nationen wird unverzüglich nach seinem In-Kraft-Treten von dem Vertragsstaat veranlasst, in dem die Unterzeichnung des Abkommens erfolgte. Der andere Vertragsstaat wird unter Angabe der VN-Registrierungsnummer von der erfolgten Registrierung unterrichtet, sobald dies vom Sekretariat der Vereinten Nationen bestätigt worden ist.

Kündigung

Art. 33 Dieses Abkommen ist auf unbestimmte Zeit geschlossen, jedoch kann jeder der Vertragsstaaten bis zum 30. Juni eines jeden Kalenderjahrs nach Ablauf von fünf Jahren, vom Tag des In-Kraft-Tretens an gerechnet, das Abkommen gegenüber dem anderen Vertragsstaat auf diplomatischem Weg schriftlich kündigen. Maßgebend für die Berechnung der Frist ist der Tag des Einganges der Kündigung bei dem anderen Vertragsstaat. Im Fall der Kündigung ist das Abkommen nicht mehr anzuwenden

a) bei den im Abzugsweg erhobenen Steuern von Dividenden, Zinsen und Lizenzgebühren auf die Beträge, die am oder nach dem 1. Jänner des Kalenderjahrs gezahlt werden, das auf das Kündigungsjahr folgt;
b) bei den übrigen Steuern auf die Steuern, die für Zeiträume ab dem 1. Jänner des Kalenderjahrs erhoben werden, das auf das Kündigungsjahr folgt.

Protokoll

Die Republik Österreich und die Bundesrepublik Deutschland

haben anlässlich der Unterzeichnung des Abkommens zwischen den beiden Staaten zur Vermeidung der Doppelbesteuerung auf dem Gebiet der Steuern vom Einkommen und vom Vermögen am 24. August 2000 in Berlin die nachstehenden Bestimmungen vereinbart, die Bestandteil des Abkommens sind:

(1) Zu den Artikeln 2 bis 19

Der Ausdruck „Gebietskörperschaften" umfasst auf Seiten der Bundesrepublik Deutschland die Länder und Gemeinden und auf Seiten der Republik Österreich die Bundesländer und Gemeinden.

(2) Zu Artikel 5

Es besteht Einverständnis, dass im Fall verbundener Unternehmen keines dieser Unternehmen als Vertreterbetriebsstätte eines anderen verbundenen Unternehmens behandelt wird, wenn die jeweiligen – ohne dieses Einverständnis sonst zur Vertreterbetriebsstätte führenden – Funktionen durch Ansatz angemessener Verrechnungspreise, einschließlich eines diesem verbleibenden Gewinns, abgegolten werden.

(3) Zu den Artikeln 7 und 10

Ein stiller Gesellschafter wird wie ein Unternehmer behandelt, wenn mit seiner Einlage eine Beteiligung am Vermögen des Unternehmens verbunden ist.

(4) Zu Artikel 13 Absatz 2

Die Höhe des Aktivvermögens bestimmt sich nach der letzten, vor der Veräußerung der Aktien und sonstigen Anteile zu erstellenden Handelsbilanz.

(5) Zu den Artikeln 13 und 18

Wiederkehrende Bezüge, die auf der Veräußerung von Vermögen beruhen, aber nur wegen der dabei eingehaltenen Rentenform steuerpflichtig sind, fallen stets unter Artikel 18.

(6) Zu Artikel 15 Absatz 2 und 3

Es besteht Einvernehmen, dass im Fall der in Absatz 3 erwähnten Arbeitnehmerüberlassung die „183-Tage-Klausel" zur Anwendung kommt. Die Wirkung der „183-Tage-Klausel" geht nur dann verloren, wenn das in einem Vertragsstaat ansässige arbeitnehmerüberlassende Unternehmen im anderen Vertragsstaat eine Betriebsstätte unterhält, die die Vergütungen trägt.

(7) Zu Artikel 15 Absatz 4

Es besteht Einverständnis darüber, dass der Begriff „Vergütungen, wenn sie im anderen Vertragsstaat besteuert worden sind" sich auf jegliche Arbeit bezieht, die im anderen Vertragsstaat steuerlich erfasst worden ist. Durch die Bestimmung werden die Besteuerungsrechte des Tätigkeitsstaats nicht eingeschränkt. Erfolgt eine Besteuerung im Tätigkeitsstaat erst im Nachhinein, wird ein hierdurch ausgelöster Besteuerungskonflikt auf der Grundlage von Artikel 25 behandelt.

(8) Zu Artikel 15 Absatz 6

Als Nähe der Grenze gilt die Lage in einer Zone von je 30 Kilometern beiderseits der Grenze.

(9) Zu Artikel 17 Absatz 2

Es besteht Einverständnis, dass nach Absatz 2 der Gesamtbetrag der der „anderen Person" zufließenden Vergütungen einer Bruttoabzugsbesteuerung unterzogen werden darf, wobei dem Einkünfteempfänger (der „anderen Person") das Recht auf Entlastung von der Bruttoabzugsbesteuerung nach den Grundsätzen einer Nettobesteuerung nach Maßgabe des Rechts des Quellenstaats zugestanden wird. Das Quellenbesteuerungsrecht besteht auch für solche Vergütungen, die auf Tätigkeiten der in Drittstaaten ansässigen Künstler und Sportler zurückzuführen sind.

(10) Zu Artikel 17 Absatz 3

Es besteht Einvernehmen, dass Absatz 3 auch für die Trägerkörperschaften von Orchestern, Theatern, Balletten sowie für die Mitglieder solcher Kulturträger gilt, wenn diese Trägerkörperschaften auf Dauer im Wesentlichen ohne Gewinnerzielung tätig sind und dies durch die zuständige Behörde im Ansässigkeitsstaat bestätigt wird.

(11) Zu Artikel 18 Absatz 3

a) Zu den Vergütungen im Sinne des Absatzes 3 gehören auch Vergütungen für einen Schaden, der als Folge von Straftaten, Impfungen oder ähnlichen Gründen entstanden ist.

b) Die in dieser Bestimmung angeführten Bezüge sind bei Ermittlung des Progressionsvorbehalts außer Ansatz zu lassen.

(12) Zu Artikel 24

a) In der Bundesrepublik Deutschland ansässige Unternehmen, denen nach den Bestimmungen des Abkommens vom 4. Oktober 1954 zwischen der Republik Österreich und der Bundesrepublik Deutschland zur Vermeidung der Doppelbesteuerung auf dem Gebiete der Steuern vom Einkommen und vom Vermögen sowie der Gewerbesteuern und der Grundsteuern Entlastung von der österreichischen Kommunalsteuer zu gewähren gewesen wäre, steht diese Entlastung auch weiterhin so lange zu, wie Mitgliedstaaten der Europäischen Union auf Grund ihrer Doppelbesteuerungsabkommen mit der Republik Österreich von dieser Abgabe entlastet werden.

b) Erleiden in der Bundesrepublik Deutschland ansässige Personen ab dem Wirtschaftsjahr 1990 (1989/90) Verluste in österreichischen Betriebsstätten, werden bis einschließlich des Wirtschaftsjahres 1997 (1996/97) entstandene Verluste nach den Vorschriften des § 2a Absatz 3 des deutschen Einkommensteuergesetzes berücksichtigt. Ab der Veranlagung 1994 unterbleiben Hinzurechnungen gemäß § 2a Absatz 3 dritter Satz des deutschen Einkommensteuergesetzes. Soweit eine steuerliche Verwertung nach diesen Vorschriften in der Bundesrepublik Deutschland nicht vorgenommen werden kann, weil bereits Rechtskraft eingetreten und eine Verfahrenswiederaufnahme wegen Ablaufes der Festsetzungsfrist nicht mehr möglich ist, ist eine Berücksichtigung in der Republik Österreich im Wege des Verlustabzugs zulässig. Ab dem Wirtschaftsjahr 1998 (1997/98) entstehende Verluste sind auf der Grundlage der Gegenseitigkeit im Betriebsstättenstaat zu berücksichtigen. Die vorstehenden Regelungen sind nur insoweit wirksam, als dies nicht zu einer Doppelberücksichtigung der Verluste führt.

(13) Zu Artikel 26

Soweit auf Grund dieses Abkommens nach Maßgabe des innerstaatlichen Rechts personenbezogene Daten übermittelt werden, gelten ergänzend die nachfolgenden Bestimmungen unter Beachtung der für jede Vertragspartei geltenden Rechtsvorschriften:

a) Der Empfänger unterrichtet die übermittelnde Stelle auf Ersuchen über die Verwendung der übermittelten Daten und über die dadurch erzielten Ergebnisse.

b) Die übermittelnde Stelle ist verpflichtet, auf die Richtigkeit der zu übermittelnden Daten sowie auf die Erforderlichkeit und Verhältnismäßigkeit in Bezug auf den mit der Übermittlung verfolgten Zweck zu achten. Dabei sind die nach dem jeweils innerstaatlichen Recht geltenden Übermittlungsverbote zu beachten. Erweist sich, dass unrichtige Daten oder Daten, die nicht übermittelt werden durften, übermittelt worden sind, so ist dies dem Empfänger unverzüglich mitzuteilen. Er ist verpflichtet, die Berichtigung oder Vernichtung vorzunehmen.

c) Dem Betroffenen ist auf Antrag über die zu seiner Person übermittelten Informationen sowie über den vorgesehenen Verwendungszweck Auskunft zu erteilen. Eine Verpflichtung zur Auskunftserteilung besteht nicht, soweit eine Abwägung ergibt, dass das öffentliche Interesse, die Auskunft nicht zu erteilen, das Interesse des Betroffenen an der Auskunftserteilung überwiegt. Im Übrigen richtet sich das Recht des Betroffenen, über die zu seiner Person vorhandenen Daten Auskunft zu erhalten, nach dem nationalen Recht des Vertragsstaats, in dessen Hoheitsgebiet die Auskunft beantragt wird.

d) Wird jemand infolge von Übermittlungen im Rahmen des Datenaustauschs nach diesem Abkommen rechtswidrig und schuldhaft geschädigt, haftet ihm hierfür die empfangende Stelle nach Maßgabe ihres innerstaatlichen Rechts. Sie kann sich im Verhältnis zum Geschädigten zu ihrer Entlastung nicht darauf berufen, dass der Schaden durch die übermittelnde Stelle verursacht worden ist. Leistet die empfangende Stelle Schadenersatz wegen eines Schadens, der durch die Verwendung von unrichtig übermittelten Daten verursacht wurde, so ist die übermittelnde Stelle verpflichtet, der empfangenden Stelle den geleisteten Schadensersatz, einschließlich der damit in Zusammenhang stehenden Aufwendungen, zu erstatten.

e) Die übermittelten personenbezogenen Daten sind zu löschen, sobald sie für den Zweck, für den sie übermittelt worden sind, nicht mehr erforderlich sind.

f) Die übermittelnde und die empfangende Seite sind verpflichtet, die Übermittlung und den Empfang von personenbezogenen Daten aktenkundig zu machen.

g) Die übermittelnde und die empfangende Stelle sind verpflichtet, die übermittelten personenbezogenen Daten wirksam gegen unbefugten Zugang, unbefugte Veränderung und unbefugte Bekanntgabe zu schützen.

(13a) Zu Artikel 26

a) Die zuständige Behörde des ersuchenden Staates stellt der zuständigen Behörde des ersuchten Staates im Rahmen der Darlegung der voraussichtlichen Erheblichkeit der Auskünfte die folgenden Informationen zur Verfügung, wenn diese ein Auskunftsersuchen gemäß dem Abkommen stellt:

aa) die Bezeichnung der Person, der die Ermittlung oder Untersuchung gilt;

bb) die Art der erbetenen Auskünfte und die Form, in der die Auskünfte dem ersuchenden Staat vorzugsweise zur Verfügung zu stellen sind;

cc) den steuerlichen Zweck, für den um die Auskünfte ersucht wird;

dd) die Gründe für die Annahme, dass die erbetenen Auskünfte dem ersuchten Staat vorliegen oder sich im Besitz oder in der Verfügungsmacht einer Person im Hoheitsbereich des ersuchten Staates befinden;

ee) den Namen und die Anschrift von Personen, soweit bekannt, in deren Besitz sich die erbetenen Auskünfte vermutlich befinden;

ff) eine Erklärung, dass der ersuchende Staat alle ihm im eigenen Gebiet zur Verfügung stehenden Maßnahmen zur Einholung der Auskünfte ausgeschöpft hat, ausgenommen solche, die unverhältnismäßig große Schwierigkeiten mit sich bringen würden.

b) Es besteht Einvernehmen, dass die in Artikel 26 vorgesehene Amtshilfe nicht Maßnahmen einschließt, die lediglich der Beweisausforschung durch anlasslose Ermittlungen „ins Blaue“ dienen („fishing expeditions“).

c) Es besteht Einvernehmen, dass Artikel 26 Absatz 5 des Abkommens den Vertragsstaaten erlaubt, sie jedoch nicht dazu verpflichtet, Informationen im Sinne dieses Absatzes auf automatischer oder spontaner Basis auszutauschen.

d) Es besteht Einvernehmen, dass nach diesem Abkommen erteilte Auskünfte im Rahmen der in Artikel 26 Absatz 1 genannten Zwecke zur weiteren Beurteilung auch für Zeiträume herangezogen werden können, auf die die erteilten Auskünfte nicht bezogen waren.

e) Es besteht Einvernehmen, dass zur Auslegung des Artikels 26 neben den oben angeführten Grundsätzen auch die aus den für den Informationsaustausch maßgeblichen Kommentaren der OECD in ihrer jeweils geltenden Fassung abzuleitenden Anwendungsgrundsätze zu berücksichtigen sind.

(14) Zu Artikel 27

Diese Abkommensbestimmung hat klarstellenden Inhalt. Sie ist nicht so auszulegen, dass hierdurch gegenüber der Republik Österreich erstattungspflichtige Steuerabzugsverfahren angewendet werden könnten, die auf Grund von Doppelbesteuerungsabkommen gegenüber anderen Staaten der Europäischen Union nicht erhoben werden dürfen.

(15) Zu Artikel 28

Eine „missbräuchliche Gestaltung“ ist eine solche, die im Hinblick auf den angestrebten wirtschaftlichen Erfolg ungewöhnlich und unangemessen ist und ihre Erklärung in der Absicht der Steuervermeidung findet. Sie liegt in Fällen vor, in denen der gewählte Weg nicht mehr sinnvoll erscheint, wenn man den abgabensparenden Effekt wegdenkt, oder wenn er ohne das Resultat der Steuerminderung einfach unverständlich wäre.

„Unfairer Steuerwettbewerb“ liegt vor, wenn eine Steuerpraxis eines Vertragsstaats in einer Art und Weise gestaltet ist, dass sie im Sinne der einschlägigen Arbeiten in der OECD oder in der Europäischen Union als schädlich eingestuft worden ist.

(16) Auslegung des Abkommens

Es gilt als vereinbart, dass den Abkommensbestimmungen, die nach den entsprechenden Bestimmungen des OECD-Musterabkommens auf dem Gebiete der Steuern vom Einkommen und vom Vermögen abgefasst sind, allgemein dieselbe Bedeutung zukommt, die im OECD-Kommentar dazu dargelegt wird. Die Vereinbarung im vorstehenden Satz gilt nicht hinsichtlich der nachstehenden Punkte:

a) alle Bemerkungen der beiden Vertragsstaaten zum OECD-Muster oder dessen Kommentar;
b) alle gegenteiligen Auslegungen in diesem Protokoll;
c) alle gegenteiligen Auslegungen, die einer der beiden Vertragsstaaten in einer veröffentlichten Erklärung vornimmt, die der zuständigen Behörde des anderen Vertragsstaats vor In-Kraft-Treten des Abkommens übermittelt worden ist;
d) alle gegenteiligen Auslegungen, auf die sich die zuständigen Behörden nach In-Kraft-Treten des Abkommens geeinigt haben.

Der OECD-Kommentar – der von Zeit zu Zeit überarbeitet werden kann – stellt eine Auslegungshilfe im Sinne des Wiener Übereinkommens über das Recht der Verträge vom 23. Mai 1969 dar.

16/2. DBA-Italien

DBA-Italien, BGBl 1985/125

GLIEDERUNG

Abschnitt I
Geltungsbereich des Abkommens
Art. 1 Persönlicher Geltungsbereich
Art. 2 Unter das Abkommen fallende Steuern

Abschnitt II
Definitionen
Art. 3 Allgemeine Definitionen
Art. 4 Steuerlicher Wohnsitz
Art. 5 Betriebstätte

Abschnitt III
Besteuerung des Einkommens
Art. 6 Einkünfte aus unbeweglichem Vermögen
Art. 7 Unternehmensgewinne
Art. 8 Seeschiffahrt und Luftfahrt
Art. 9 Verbundene Unternehmen
Art. 10 Dividenden
Art. 11 Zinsen
Art. 12 Lizenzgebühren
Art. 13 Gewinne aus der Veräußerung von Vermögen
Art. 14 Selbständige Arbeit
Art. 15 Unselbständige Arbeit
Art. 16 Aufsichtsrats- und Verwaltungsratsvergütungen
Art. 17 Künstler und Sportler
Art. 18 Ruhegehälter
Art. 19 Öffentliche Funktionen
Art. 20 Hochschulprofessoren, Lehrer und Studenten
Art. 21 Andere Einkünfte

Abschnitt IV
Besteuerung des Vermögens
Art. 22 Vermögen

Abschnitt V
Methoden zur Vermeidung der Doppelbesteuerung
Art. 23

Abschnitt VI
Besondere Bestimmungen
Art. 24 Gleichbehandlung
Art. 25 Verständigungsverfahren
Art. 26 Austausch von Informationen
Art. 27 Diplomatische und konsularische Beamte
Art. 28 Erstattungen

Abschnitt VII
Schlussbestimmungen
Art. 29 Inkrafttreten
Art. 30 Außerkrafttreten

Abkommen zwischen der Republik Österreich und der Republik Italien zur Vermeidung der Doppelbesteuerung und zur Verhinderung der Steuerumgehung auf dem Gebiete der Steuern vom Einkommen und vom Vermögen

GESCHEHEN zu WIEN, am 29. Juni 1981 in zweifacher Ausfertigung in deutscher und italienischer Sprache, wobei beide Texte authentisch sind.

Die vom Bundespräsidenten unterzeichnete und vom Bundeskanzler gegengezeichnete Ratifikationsurkunde wurde am 5. Feber 1985 ausgetauscht; das Abkommen tritt gemäß seinem Artikel 29 Absatz 2 am 6. April 1985 in Kraft.

ABSCHNITT I
GELTUNGSBEREICH DES ABKOMMENS

Persönlicher Geltungsbereich

Art. 1. Dieses Abkommen gilt für Personen, die in einem Vertragstaat oder in beiden Vertragstaaten ansässig sind.

Unter das Abkommen fallende Steuern*)

Art. 2. (1) Dieses Abkommen gilt, ohne Rücksicht auf die Art der Erhebung, für Steuern vom Einkommen und vom Vermögen, die für Rechnung eines der beiden Vertragstaaten oder seiner Gebietskörperschaften erhoben werden.

(2) Zu den zur Zeit bestehenden Steuern, für die das Abkommen gilt, gehören

a) in Italien:
   1. die Einkommensteuer von natürlichen Personen (L'imposta sul reddito delle persone fisiche);
   2. die Körperschaftsteuer (L'imposta sul reddito delle persone giuridiche);
   3. die lokale Einkommensteuer (L'imposta locale sui redditi);

   auch wenn sie durch Abzug an der Quelle erhoben werden (im folgenden als „italienische Steuer" bezeichnet);
b) in Österreich:
   1. die Einkommensteuer;

2. die Körperschaftsteuer;
3. die Aufsichtsratsabgabe;
4. die Vermögensteuer;
5. die Abgabe von Vermögen, die der Erbschaftssteuer entzogen sind;
6. die Gewerbesteuer einschließlich der Lohnsummensteuer;
7. die Grundsteuer;
8. die Abgabe von land- und forstwirtschaftlichen Betrieben;
9. die Beiträge von land- und forstwirtschaftlichen Betrieben zum Ausgleichsfonds für Familienbeihilfen;
10. die Abgabe vom Bodenwert bei unbebauten Grundstücken

(im folgenden als „österreichische Steuer" bezeichnet).

(3) Das Abkommen gilt auch für alle Steuern gleicher oder ähnlicher Art, die nach der Unterzeichnung dieses Abkommens neben den zur Zeit bestehenden Steuern oder an deren Stelle erhoben werden. Die zuständigen Behörden der Vertragsstaaten teilen einander die in ihren Steuergesetzen eingetretenen Änderungen mit.

*) Siehe auch Erlass BMF „IRAP" (Nr. 43).

ABSCHNITT II
DEFINITIONEN

Allgemeine Definitionen

Art. 3. (1) Im Sinne dieses Abkommens, wenn der Zusammenhang nichts anderes erfordert:

a) bedeuten die Ausdrücke „ein Vertragstaat" und „der andere Vertragstaat", je nach dem Zusammenhang, Österreich oder Italien;
b) umfaßt der Ausdruck „Person" natürliche Personen, Gesellschaften und alle anderen Personenvereinigungen;
c) bedeutet der Ausdruck „Gesellschaft" juristische Personen oder Rechtsträger, die für die Besteuerung wie juristische Personen behandelt werden;
d) bedeuten die Ausdrücke „Unternehmen eines Vertragstaates" und „Unternehmen des anderen Vertragstaates", je nachdem, ein Unternehmen, das von einer in einem Vertragstaat ansässigen Person betrieben wird, oder ein Unternehmen, das von einer in dem anderen Vertragstaat ansässigen Person betrieben wird;
e) bedeutet der Ausdruck „Staatsangehörige":
   1. alle natürlichen Personen, die die Staatsangehörigkeit eines Vertragstaates besitzen;
   2. alle juristischen Personen, Personengesellschaften und anderen Personenvereinigungen, die nach dem in einem Vertragstaat geltenden Recht errichtet worden sind;
f) bedeutet der Ausdruck „internationaler Verkehr" jede Beförderung mit einem Seeschiff oder Luftfahrzeug, das von einem Unternehmen mit tatsächlicher Geschäftsleitung in einem Vertragstaat betrieben wird; ausgenommen sind die Fälle, in denen das Seeschiff oder Luftfahrzeug ausschließlich zwischen Orten im anderen Vertragstaat betrieben wird;
g) bedeutet der Ausdruck „zuständige Behörde":
   1. in Italien das Ministerium für Finanzen;
   2. in Österreich den Bundesminister für Finanzen.

(2) Bei Anwendung des Abkommens durch einen Vertragstaat hat, wenn der Zusammenhang nichts anderes erfordert, jeder nicht anders definierte Ausdruck die Bedeutung, die ihm nach dem Recht dieses Staates über die Steuern zukommt, welche Gegenstand des Abkommens sind.

Steuerlicher Wohnsitz*)

Art. 4. (1) Im Sinne dieses Abkommens bedeutet der Ausdruck „eine in einem Vertragstaat ansässige Person" eine Person, die nach dem Recht dieses Staates dort auf Grund ihres Wohnsitzes, ihres ständigen Aufenthaltes, des Ortes ihrer Geschäftsleitung oder eines anderen ähnlichen Merkmals steuerpflichtig ist. Der Ausdruck schließt jedoch nicht eine Person ein, die in diesem Vertragstaat nur mit Einkünften aus Quellen in diesem Staat oder mit in diesem Staat gelegenem Vermögen steuerpflichtig ist.

(2) Ist nach Absatz 1 eine natürliche Person in beiden Vertragstaaten ansässig, so gilt folgendes:

a) Die Person gilt als in dem Vertragstaat ansässig, in dem sie über eine ständige Wohnstätte verfügt. Verfügt sie in beiden Vertragstaaten über eine ständige Wohnstätte, so gilt sie als in dem Vertragstaat ansässig, zu dem sie die engeren persönlichen und wirtschaftlichen Beziehungen hat (Mittelpunkt der Lebensinteressen).
b) Kann nicht bestimmt werden, in welchem Vertragstaat die Person den Mittelpunkt der Lebensinteressen hat; oder verfügt sie in keinem der Vertragstaaten über eine ständige Wohnstätte, so gilt sie als in dem Vertragstaat ansässig, in dem sie ihren gewöhnlichen Aufenthalt hat.
c) Hat die Person ihren gewöhnlichen Aufenthalt in beiden Vertragstaaten oder in keinem der Vertragstaaten, so gilt sie als in dem Vertragstaat ansässig, dessen Staatsangehörigkeit sie besitzt.
d) Besitzt die Person die Staatsangehörigkeit beider Vertragstaaten oder keines Vertragstaates, so werden sich die zuständigen Behörden der Vertragstaaten bemühen, die Frage in gegenseitigem Einvernehmen zu regeln.

(3) Ist nach Absatz 1 eine andere als eine natürliche Person in beiden Vertragstaaten ansässig, so gilt sie als in dem Vertragstaat ansässig, in dem

sich der Ort ihrer tatsächlichen Geschäftsleitung befindet.

[*]) Siehe auch Erlass BMF „Abzugssteuern" (Nr. 3) und Erlass BMF „Quellensteuer" (Nr. 8).

Betriebstätte

Art. 5. (1) Im Sinne dieses Abkommens bedeutet der Ausdruck „Betriebstätte" eine feste Geschäftseinrichtung, in der die Tätigkeit des Unternehmens ganz oder teilweise ausgeübt wird.

(2) Der Ausdruck „Betriebstätte" umfaßt insbesondere:

a) einen Ort der Leitung;
b) eine Zweigniederlassung;
c) eine Geschäftsstelle;
d) eine Fabrikationsstätte;
e) eine Werkstätte;
f) ein Bergwerk, einen Steinbruch oder eine andere Stätte der Ausbeutung von Bodenschätzen;
g) eine Bauausführung oder Montage, deren Dauer zwölf Monate überschreitet.

(3) Als Betriebstätten gelten nicht:

a) Einrichtungen, die ausschließlich zur Lagerung, Ausstellung oder Auslieferung von Gütern oder Waren des Unternehmens benutzt werden;
b) Bestände von Gütern oder Waren des Unternehmens, die ausschließlich zur Lagerung, Ausstellung oder Auslieferung unterhalten werden;
c) Bestände von Gütern oder Waren des Unternehmens, die ausschließlich zu dem Zweck unterhalten werden, durch ein anderes Unternehmen bearbeitet oder verarbeitet zu werden;
d) eine feste Geschäftseinrichtung, die ausschließlich zu dem Zweck unterhalten wird, für das Unternehmen Güter oder Waren einzukaufen oder Informationen zu beschaffen;
e) eine feste Geschäftseinrichtung, die ausschließlich zu dem Zweck unterhalten wird, für das Unternehmen zu werben, Informationen zu erteilen, wissenschaftliche Forschung zu betreiben oder ähnliche Tätigkeiten auszuüben, die vorbereitender Art sind oder eine Hilfstätigkeit darstellen.

(4) Ist eine Person – mit Ausnahme eines unabhängigen Vertreters im Sinne des Absatzes 5 – in einem Vertragstaat für ein Unternehmen des anderen Vertragstaates tätig, so gilt eine in dem erstgenannten Staat gelegene Betriebstätte als gegeben, wenn die Person eine Vollmacht besitzt, im Namen des Unternehmens Verträge abzuschließen, und die Vollmacht in diesem Staat gewöhnlich ausübt, es sei denn, daß sich ihre Tätigkeit auf den Einkauf von Gütern oder Waren für das Unternehmen beschränkt.

(5) Ein Unternehmen eines Vertragstaates wird nicht schon deshalb so behandelt, als habe es eine Betriebstätte in dem anderen Vertragstaat, weil es dort seine Tätigkeit durch einen Makler, Kommissionär oder einen anderen unabhängigen Vertreter ausübt, sofern diese Personen im Rahmen ihrer ordentlichen Geschäftstätigkeit handeln.

(6) Allein dadurch, daß eine in einem Vertragstaat ansässige Gesellschaft eine Gesellschaft beherrscht oder von einer Gesellschaft beherrscht wird, die in dem anderen Vertragstaat ansässig ist oder dort (entweder durch eine Betriebstätte oder in anderer Weise) ihre Tätigkeit ausübt, wird eine der beiden Gesellschaften nicht zur Betriebstätte der anderen.

ABSCHNITT III
BESTEUERUNG DES EINKOMMENS

Einkünfte aus unbeweglichem Vermögen

Art. 6. (1) Einkünfte aus unbeweglichem Vermögen, einschließlich der Einkünfte aus land- und forstwirtschaftlichen Betrieben, dürfen in dem Vertragstaat besteuert werden, in dem dieses Vermögen liegt.

(2) Der Ausdruck „unbewegliches Vermögen" bestimmt sich nach dem Recht des Vertragstaates, in dem das Vermögen liegt. Der Ausdruck umfaßt in jedem Fall das Zubehör zum unbeweglichen Vermögen, das lebende und tote Inventar land- und forstwirtschaftlicher Betriebe, die Rechte, auf die die Vorschriften des Privatrechts über Grundstücke Anwendung finden. Die Nutzungsrechte an unbeweglichem Vermögen sowie die Rechte auf veränderliche oder feste Vergütungen für die Ausbeutung oder das Recht auf Ausbeutung von Mineralvorkommen, Quellen und anderen Bodenschätzen gelten auch als „unbewegliches Vermögen". Schiffe und Luftfahrzeuge gelten nicht als unbewegliches Vermögen.

(3) Absatz 1 gilt für Einkünfte aus der unmittelbaren Nutzung, der Vermietung oder Verpachtung sowie jeder anderen Art der Nutzung unbeweglichen Vermögens.

(4) Die Absätze 1 und 3 gelten auch für Einkünfte aus unbeweglichem Vermögen eines Unternehmens und für Einkünfte aus unbeweglichem Vermögen, das der Ausübung eines freien Berufes dient.

Unternehmensgewinne

Art. 7. (1) Gewinne eines Unternehmens eines Vertragstaates dürfen nur in diesem Staat besteuert werden, es sei denn, daß das Unternehmen seine Tätigkeit im anderen Vertragstaat durch eine dort gelegene Betriebstätte ausübt. Übt das Unternehmen seine Tätigkeit in dieser Weise aus, so dürfen die Gewinne des Unternehmens in dem anderen Staat besteuert werden, jedoch nur insoweit, als sie dieser Betriebstätte zugerechnet werden können.

(2) Übt ein Unternehmen eines Vertragstaates seine Tätigkeit in dem anderen Vertragstaat durch eine dort gelegene Betriebstätte aus, so sind vorbehaltlich des Absatzes 3 in jedem Vertragstaat dieser Betriebstätte die Gewinne zuzurechnen, die sie hätte erzielen können, wenn sie eine gleiche oder ähnliche Tätigkeit unter gleichen oder

ähnlichen Bedingungen als selbständiges Unternehmen ausgeübt hätte und im Verkehr mit dem Unternehmen, dessen Betriebstätte sie ist, völlig unabhängig gewesen wäre.

(3) Bei der Ermittlung der Gewinne einer Betriebstätte werden die mit der Tätigkeit dieser Betriebstätte in direktem Zusammenhang stehenden Aufwendungen, einschließlich der Geschäftsführungs- und allgemeinen Verwaltungskosten, zum Abzug zugelassen, gleichgültig, ob sie in dem Staat, in dem die Betriebstätte liegt, oder anderswo entstanden sind.

(4) Soweit es in einem Vertragstaat üblich ist, die einer Betriebstätte zuzurechnenden Gewinne durch Aufteilung der Gesamtgewinne des Unternehmens auf seine einzelnen Teile zu ermitteln, schließt Absatz 2 nicht aus, daß dieser Vertragstaat die zu besteuernden Gewinne nach der üblichen Aufteilung ermittelt; die Art der angewendeten Gewinnaufteilung muß jedoch so sein, daß das Ergebnis mit den Grundsätzen dieses Artikels übereinstimmt.

(5) Auf Grund des bloßen Einkaufs von Gütern oder Waren für das Unternehmen wird einer Betriebstätte kein Gewinn zugerechnet.

(6) Bei Anwendung der vorstehenden Absätze sind die der Betriebstätte zuzurechnenden Gewinne jedes Jahr auf dieselbe Art zu ermitteln, es sei denn, daß ausreichende Gründe dafür bestehen, anders zu verfahren.

(7) Gehören zu den Gewinnen Einkünfte, die in anderen Artikeln dieses Abkommens behandelt werden, so werden die Bestimmungen jener Artikel durch die Bestimmungen dieses Artikels nicht berührt.

(8) Die Bestimmungen dieses Artikels sind auch auf Einkünfte anzuwenden,

a) die einer Person aus ihrer Beteiligung an einer „Stillen Gesellschaft" des österreichischen Rechts zufließen,

b) die einer Person aus ihrer Beteiligung an einer stillen Gesellschaft des italienischen Rechts zufließen.

Seeschiffahrt und Luftfahrt

Art. 8. (1) Gewinne aus dem Betrieb von Seeschiffen oder Luftfahrzeugen im internationalen Verkehr dürfen nur in dem Vertragstaat besteuert werden, in dem sich der Ort der tatsächlichen Geschäftsleitung des Unternehmens befindet.

(2) Befindet sich der Ort der tatsächlichen Geschäftsleitung eines Unternehmens der Seeschiffahrt an Bord eines Schiffes, so gilt er als in dem Vertragstaat gelegen, in dem der Heimathafen des Schiffes liegt, oder, wenn kein Heimathafen vorhanden ist, in dem Vertragstaat, in dem die Person, die das Schiff betreibt, ansässig ist.

(3) Absatz 1 gilt auch für Gewinne aus der Beteiligung an einem Pool, einer Betriebsgemeinschaft oder einer internationalen Betriebsstelle.

Verbundene Unternehmen

Art. 9. Wenn

a) ein Unternehmen eines Vertragstaates unmittelbar oder mittelbar an der Geschäftsleitung, der Kontrolle oder am Kapital eines Unternehmens, des anderen Vertragstaates beteiligt ist, oder

b) dieselben Personen unmittelbar oder mittelbar an der Geschäftsleitung, der Kontrolle oder am Kapital eines Unternehmens eines Vertragstaates und eines Unternehmens des anderen Vertragstaates beteiligt sind,

und in diesen Fällen zwischen den beiden Unternehmen hinsichtlich ihrer kaufmännischen oder finanziellen Beziehungen Bedingungen vereinbart oder auferlegt werden, die von denen abweichen, die unabhängige Unternehmen miteinander vereinbaren würden, so dürfen die Gewinne, die eines der Unternehmen ohne diese Bedingungen erzielt hätte, wegen dieser Bedingungen aber nicht erzielt hat, den Gewinnen dieses Unternehmens zugerechnet und entsprechend besteuert werden.

Dividenden

Art. 10. (1) Dividenden, die eine in einem Vertragstaat ansässige Gesellschaft an eine in dem anderen Vertragstaat ansässige Person zahlt, dürfen in dem anderen Staat besteuert werden.

(2) Diese Dividenden dürfen jedoch in dem Vertragstaat, in dem die die Dividenden zahlende Gesellschaft ansässig ist, nach dem Recht dieses Staates besteuert werden; die Steuer darf aber, wenn die Dividenden dem im anderen Vertragstaat ansässigen Empfänger wirtschaftlich zuzurechnen sind, 15 vom Hundert des Bruttobetrages der Dividenden nicht übersteigen. Die zuständigen Behörden der Vertragstaaten regeln in gegenseitigem Einvernehmen, wie diese Begrenzungsbestimmung durchzuführen ist. Dieser Absatz berührt nicht die Besteuerung der Gesellschaft in bezug auf die Gewinne, aus denen die Dividenden gezahlt werden.

(3) Der in diesem Artikel verwendete Ausdruck „Dividenden" bedeutet Einkünfte aus Aktien, Genußaktien oder Genußscheinen, Kuxen, Gründeranteilen oder anderen Rechten – ausgenommen Forderungen – mit Gewinnbeteiligung sowie aus sonstigen Gesellschaftsanteilen stammende Einkünfte, die nach dem Steuerrecht des Staates, in dem die ausschüttende Gesellschaft ansässig ist, den Einkünften aus Aktien steuerlich gleichgestellt sind.

(4) Die Absätze 1 und 2 sind nicht anzuwenden, wenn der in einem Vertragstaat ansässige Empfänger der Dividenden in dem anderen Vertragstaat, in dem die die Dividenden zahlende Gesellschaft ansässig ist, eine gewerbliche Geschäftstätigkeit durch eine dort gelegene Betriebstätte oder einen freien Beruf durch eine dort gelegene feste Einrichtung ausübt und die Beteiligung, für die die Dividenden gezahlt werden, tatsächlich zu dieser Betriebstätte oder festen Einrichtung gehört. In diesem Fall werden die Dividenden in dem an-

deren Vertragstaat nach dessen innerstaatlichem Recht besteuert.

(5) Bezieht eine in einem Vertragstaat ansässige Gesellschaft Gewinne oder Einkünfte aus dem anderen Vertragstaat, so darf dieser andere Staat weder die von der Gesellschaft gezahlten Dividenden besteuern, es sei denn, daß diese Dividenden an eine in diesem anderen Staat ansässige Person gezahlt werden oder daß die Beteiligung, für die die Dividenden gezahlt werden, tatsächlich zu einer in diesem anderen Staat gelegenen Betriebstätte oder festen Einrichtung gehört, noch Gewinne der Gesellschaft einer Steuer für nichtausgeschüttete Gewinne unterwerfen, selbst wenn die gezahlten Dividenden oder die nichtausgeschütteten Gewinne ganz oder teilweise aus in dem anderen Staat erzielten Gewinnen oder Einkünften bestehen.

Zinsen

Art. 11. (1) Zinsen, die aus einem Vertragstaat stammen und an eine in dem anderen Vertragstaat ansässige Person gezahlt werden, dürfen in dem anderen Staat besteuert werden.

(2) Diese Zinsen dürfen jedoch in dem Vertragstaat, aus dem sie stammen, nach dem Recht dieses Staates besteuert werden; die Steuer darf aber, wenn die Zinsen dem Empfänger wirtschaftlich zuzurechnen sind, 10 vom Hundert des Betrages der Zinsen nicht übersteigen. Die zuständigen Behörden der Vertragstaaten regeln in gegenseitigem Einvernehmen, wie diese Begrenzungsbestimmung durchzuführen ist.

(3) Ungeachtet des Absatzes 2 sind Zinsen, die aus einem Vertragstaat stammen, von der Steuer in diesem Staat ausgenommen, wenn

a) der Schuldner dieser Zinsen der Vertragstaat oder eine seiner Gebietskörperschaften ist oder

b) die Zinsen an den anderen Vertragstaat oder eine seiner Gebietskörperschaften oder an eine andere juristische Person (einschließlich eines Geldinstituts), die diesem anderen Vertragstaat oder der Gebietskörperschaft zur Gänze gehört, gezahlt werden oder

c) die Zinsen an irgendeine andere juristische Person (einschließlich eines Geldinstituts) im Zusammenhang mit Darlehen gezahlt werden, welche auf Grund eines Übereinkommens zwischen den Vertragstaaten gewährt wurden.

(4) Der in diesem Artikel verwendete Ausdruck „Zinsen“ bedeutet Einkünfte aus öffentlichen Anleihen, aus Obligationen, auch wenn sie durch Pfandrechte an Grundstücken gesichert oder mit einer Gewinnbeteiligung ausgestattet sind, und aus Forderungen jeder Art sowie alle anderen Einkünfte, die nach dem Steuerrecht des Staates, aus dem sie stammen, den Einkünften aus Darlehen gleichgestellt sind.

(5) Die Absätze 1 und 2 sind nicht anzuwenden, wenn der in einem Vertragstaat ansässige Empfänger der Zinsen in dem anderen Vertragstaat, aus dem die Zinsen stammen, eine gewerbliche Geschäftstätigkeit durch eine dort gelegene Betriebstätte oder einen freien Beruf durch eine dort gelegene feste Einrichtung ausübt und die Forderung, für die die Zinsen gezahlt werden, tatsächlich zu dieser Betriebstätte oder festen Einrichtung gehört. In diesem Fall werden die Zinsen in dem anderen Vertragstaat nach dessen innerstaatlichem Recht besteuert.

(6) Zinsen gelten dann als aus einem Vertragstaat stammend, wenn der Schuldner dieser Staat selbst, eine seiner Gebietskörperschaften oder eine in diesem Staat ansässige Person ist. Hat aber der Schuldner der Zinsen, ohne Rücksicht darauf, ob er in einem Vertragstaat ansässig ist oder nicht, in einem Vertragstaat eine Betriebstätte und ist die Schuld, für die die Zinsen gezahlt werden, für Zwecke der Betriebstätte eingegangen worden und trägt die Betriebstätte die Zinsen, so gelten die Zinsen als aus dem Vertragstaat stammend, in dem die Betriebstätte liegt.

(7) Bestehen zwischen Schuldner und Gläubiger oder zwischen jedem von ihnen und einem Dritten besondere Beziehungen und übersteigen deshalb die gezahlten Zinsen, gemessen an der zugrundeliegenden Forderung, den Betrag, den Schuldner und Gläubiger ohne diese Beziehungen vereinbart hätten, so wird dieser Artikel nur auf diesen letzten Betrag angewendet. In diesem Fall kann der übersteigende Betrag nach dem Recht jedes Vertragstaates und unter Berücksichtigung der anderen Bestimmungen dieses Abkommens besteuert werden.

Lizenzgebühren

Art. 12. (1) Lizenzgebühren, die aus einem Vertragstaat stammen und an eine in dem anderen Vertragstaat ansässige Person gezahlt werden, dürfen, wenn sie ihr wirtschaftlich zuzurechnen sind, in dem anderen Staat besteuert werden.

(2) Lizenzgebühren, die von einer in einem der beiden Vertragstaaten ansässigen Gesellschaft an eine in dem anderen Vertragstaat ansässige Person gezahlt werden, die zu mehr als 50 vom Hundert am Kapital der auszahlenden Gesellschaft beteiligt ist, dürfen jedoch im erstgenannten Staat besteuert werden; die Steuer darf aber 10 vom Hundert des Bruttobetrages der Lizenzgebühren nicht übersteigen.

(3) Der in diesem Artikel verwendete Ausdruck „Lizenzgebühren“ bedeutet Vergütungen jeder Art, die für die Benutzung oder für das Recht auf Benutzung von Urheberrechten an literarischen, künstlerischen oder wissenschaftlichen Werken, einschließlich kinematographischer Filme (einschließlich Lizenzgebühren für Fernsehfilme oder -bänder), von Patenten, Marken, Mustern oder Modellen, Plänen, geheimen Formeln oder Verfahren oder für die Benutzung oder das Recht auf Benutzung gewerblicher, kaufmännischer oder wissenschaftlicher Ausrüstungen oder für die Mitteilung gewerblicher, kaufmännischer oder wissenschaftlicher Erfahrungen gezahlt werden.

(4) Absatz 1 ist nicht anzuwenden, wenn der in einem Vertragstaat ansässige Empfänger der

Lizenzgebühren in dem anderen Vertragstaat, aus dem die Lizenzgebühren stammen, eine gewerbliche Geschäftstätigkeit durch eine dort gelegene Betriebstätte oder einen freien Beruf durch eine dort gelegene feste Einrichtung ausübt und die Rechte oder Vermögenswerte, für die die Lizenzgebühren gezahlt werden, tatsächlich zu dieser Betriebstätte oder festen Einrichtung gehören. In diesem Fall werden die Lizenzgebühren in dem anderen Vertragstaat nach dessen innerstaatlichem Recht besteuert.

(5) Bestehen zwischen Schuldner und Gläubiger oder zwischen jedem von ihnen und einem Dritten besondere Beziehungen und übersteigen deshalb die gezahlten Lizenzgebühren, gemessen an der zugrundeliegenden Leistung, den Betrag, den Schuldner und Gläubiger ohne diese Beziehungen vereinbart hätten, so wird dieser Artikel nur auf diesen letzten Betrag angewendet. In diesem Fall darf der übersteigende Betrag nach dem Recht jedes Vertragstaates und unter Berücksichtigung der anderen Bestimmungen dieses Abkommens besteuert werden.

Gewinne aus der Veräußerung von Vermögen

Art. 13. (1) Gewinne aus der Veräußerung unbeweglichen Vermögens im Sinne des Artikels 6 Absatz 2 dürfen in dem Vertragstaat besteuert werden, in dem dieses Vermögen liegt.

(2) Gewinne aus der Veräußerung beweglichen Vermögens, das Betriebsvermögen einer Betriebstätte darstellt, die ein Unternehmen eines Vertragstaates in dem anderen Vertragstaat hat, oder das zu einer festen Einrichtung gehört, über die eine in einem Vertragstaat ansässige Person für die Ausübung eines freien Berufes in dem anderen Vertragstaat verfügt, einschließlich derartiger Gewinne, die bei der Veräußerung einer solchen Betriebstätte (allein oder zusammen mit dem übrigen Unternehmen) oder einer solchen festen Einrichtung erzielt werden, dürfen in dem anderen Staat besteuert werden. Jedoch dürfen Gewinne aus der Veräußerung des in Artikel 22 Absatz 3 genannten beweglichen Vermögens nur in dem Vertragstaat besteuert werden, in dem dieses bewegliche Vermögen nach dem angeführten Artikel besteuert werden darf.

(3) Gewinne aus der Veräußerung des in den Absätzen 1 und 2 nicht genannten Vermögens dürfen nur in dem Vertragstaat besteuert werden, in dem der Veräußerer ansässig ist.

Selbständige Arbeit

Art. 14. (1) Einkünfte, die eine in einem Vertragstaat ansässige Person aus einem freien Beruf oder aus sonstiger selbständiger Tätigkeit ähnlicher Art bezieht, dürfen nur in diesem Staat besteuert werden, es sei denn, daß die Person für die Ausübung ihrer Tätigkeit in dem anderen Vertragstaat regelmäßig über eine feste Einrichtung verfügt. Verfügt sie über eine solche feste Einrichtung, so dürfen die Einkünfte in dem anderen Staat besteuert werden, jedoch nur insoweit, als sie dieser festen Einrichtung zugerechnet werden können.

(2) Der Ausdruck „freier Beruf“ umfaßt insbesondere die selbständig ausgeübte wissenschaftliche, literarische, künstlerische, erzieherische oder unterrichtende Tätigkeit sowie die selbständige Tätigkeit der Ärzte, Rechtsanwälte, Ingenieure, Architekten, Zahnärzte und Wirtschaftstreuhänder.

Unselbständige Arbeit[*)]

Art. 15. (1) Vorbehaltlich der Artikel 16, 18 und 19 dürfen Gehälter, Löhne und ähnliche Vergütungen, die eine in einem Vertragstaat ansässige Person aus unselbständiger Arbeit bezieht, nur in diesem Staat besteuert werden, es sei denn, daß die Arbeit in dem anderen Vertragstaat ausgeübt wird. Wird die Arbeit dort ausgeübt, so dürfen die dafür bezogenen Vergütungen in dem anderen Staat besteuert werden.

(2) Ungeachtet des Absatzes 1 dürfen Vergütungen, die eine in einem Vertragstaat ansässige Person für eine in dem anderen Vertragstaat ausgeübte unselbständige Arbeit bezieht, nur in dem erstgenannten Staat besteuert werden, wenn

a) der Empfänger sich in dem anderen Staat insgesamt nicht länger als 183 Tage während des betreffenden Steuerjahres aufhält,
b) die Vergütungen von einem Arbeitgeber oder für einen Arbeitgeber gezahlt werden, der nicht in dem anderen Staat ansässig ist, und
c) die Vergütungen nicht von einer Betriebstätte oder einer festen Einrichtung getragen werden, die der Arbeitgeber in dem anderen Staat hat.

(3) Ungeachtet der vorstehenden Bestimmungen dieses Artikels dürfen Vergütungen für unselbständige Arbeit, die an Bord eines Seeschiffes oder Luftfahrzeuges im internationalen Verkehr ausgeübt wird, in dem Vertragstaat besteuert werden, in dem sich der Ort der tatsächlichen Geschäftsleitung des Unternehmens befindet.

(4) Eine natürliche Person, die in einem Vertragstaat in der Nähe der Grenze ihren Wohnsitz und in dem anderen Vertragstaat in der Nähe der Grenze ihren Arbeitsort hat und sich üblicherweise zur Arbeit dorthin begibt, darf mit ihren Einkünften aus unselbständiger Arbeit nur in dem Staat besteuert werden, in dem sie ansässig ist.

[*)] Siehe auch Erlass BMF „Steuerdialog 2009“ (Nr. 81).

Aufsichtsrats- und Verwaltungsratsvergütungen

Art. 16. Aufsichtsrats- oder Verwaltungsratsvergütungen und ähnliche Zahlungen, die eine in einem Vertragstaat ansässige Person in ihrer Eigenschaft als Mitglied des Aufsichts- und Verwaltungsrates einer Gesellschaft bezieht, die in dem anderen Vertragstaat ansässig ist, dürfen in dem anderen Staat besteuert werden.

Künstler und Sportler

Art. 17. (1) Ungeachtet der Artikel 14 und 15 dürfen Einkünfte, die berufsmäßige Künstler, wie Bühnen-, Film-, Rundfunk- oder Fernsehkünstler und Musiker sowie Sportler aus ihrer in dieser Eigenschaft persönlich ausgeübten Tätigkeit beziehen, in dem Vertragstaat besteuert werden, in dem sie diese Tätigkeit ausüben.

(2) Fließen Einkünfte aus einer von einem Künstler oder Sportler in dieser Eigenschaft persönlich ausgeübten Tätigkeit nicht diesem Künstler oder Sportler, sondern einer anderen Person zu, so dürfen diese Einkünfte, ungeachtet der Artikel 7, 14 und 15, in dem Vertragstaat besteuert werden, in dem der Künstler oder Sportler seine Tätigkeit ausübt.

Ruhegehälter*)

Art. 18. Vorbehaltlich des Artikels 19 Absatz 3 dürfen Ruhegehälter und ähnliche Vergütungen, die einer in einem Vertragstaat ansässigen Person für frühere unselbständige Arbeit gezahlt werden, nur in diesem Staat besteuert werden.

*) Siehe auch Erlass BMF „Zweifelsfragen 2007“ (Nr. 70).

Öffentliche Funktionen*)

Art. 19. (1)

a) Vergütungen, ausgenommen Ruhegehälter, die von einem Vertragstaat oder einer seiner Gebietskörperschaften an eine natürliche Person für die diesem Staat oder der Gebietskörperschaft erbrachten Dienste gezahlt werden, dürfen nur in diesem Staat besteuert werden.

b) Diese Vergütungen dürfen jedoch nur im anderen Vertragstaat besteuert werden, wenn die Dienste in diesem Staat erbracht werden und der Empfänger eine in diesem Staat ansässige Person ist, die
   i) ein Staatsangehöriger dieses Staates ist oder
   ii) nicht ausschließlich wegen der Dienstleistung in diesem Staat ansässig geworden ist.

(2) Absatz 1 ist auch auf Vergütungen anzuwenden, die an das Personal

a) der Österreichischen Handelsdelegationen in Italien und

b) der Vertretungen oder Einrichtungen der Italienischen Staatsbahnen (FF. SS.), der Post- und Telegraphenverwaltung (PP. TT.), des Staatlichen Italienischen Fremdenverkehrsamtes (ENIT) und der Italienischen Handelsdelegation (ICE) in Österreich gezahlt werden.

(3)

a) Ruhegehälter, die von einem Vertragstaat oder einer seiner Gebietskörperschaften unmittelbar oder aus einem von diesem Staat oder der Gebietskörperschaft errichteten Sondervermögen an eine natürliche Person für die diesem Staat oder der Gebietskörperschaft erbrachten Dienste gezahlt werden, dürfen nur in diesem Staat besteuert werden.

b) Diese Ruhegehälter dürfen jedoch nur im anderen Vertragstaat besteuert werden, wenn der Ruhegenußempfänger ein Staatsangehöriger dieses Staates ist und dort ansässig ist.

(4) Auf Vergütungen oder Ruhegehälter für Dienstleistungen, die im Zusammenhang mit einer kaufmännischen oder gewerblichen Tätigkeit eines der Vertragstaaten oder einer seiner Gebietskörperschaften erbracht werden, finden die Artikel 15, 16 und 18 Anwendung.

*) Siehe auch Erlass BMF „Steuerdialog 2009“ (Nr. 81).

Hochschulprofessoren, Lehrer und Studenten*)

Art. 20. (1) Ein Hochschulprofessor oder anderer Lehrer, der sich in einem Vertragstaat für einen Zeitraum von höchstens zwei Jahren vorübergehend aufhält, um an einer Universität, einem College, einer Schule oder anderen Lehranstalt zu unterrichten oder zu forschen, wird in diesem Vertragstaat hinsichtlich der Vergütungen für diese Lehr- oder Forschungstätigkeit nicht besteuert, wenn er in dem anderen Vertragstaat ansässig ist oder unmittelbar vor diesem Aufenthalt dort ansässig war.

(2) Zahlungen, die ein Student oder Lehrling, der in einem Vertragstaat ansässig ist oder vorher dort ansässig war und der sich in dem anderen Vertragstaat ausschließlich zum Studium oder zur Ausbildung aufhält, für seinen Unterhalt, sein Studium oder seine Ausbildung erhält, werden in dem anderen Staat nicht besteuert, sofern ihm diese Zahlungen aus Quellen außerhalb des anderen Staates zufließen.

*) Siehe auch Erlass BMF „internat. tätige Gastlehrer“ (Nr. 57).

Andere Einkünfte

Art. 21. (1) Einkünfte einer in einem Vertragstaat ansässigen Person, die in den vorstehenden Artikeln nicht behandelt wurden, dürfen, woher sie auch stammen, nur in diesem Staat besteuert werden.

(2) Absatz 1 ist nicht anzuwenden, wenn der in einem Vertragstaat ansässige Empfänger der Einkünfte in dem anderen Vertragstaat eine gewerbliche Tätigkeit durch eine dort gelegene Betriebstätte oder einen freien Beruf durch eine dort gelegene feste Einrichtung ausübt und die Rechte oder Vermögenswerte, für die die Einkünfte gezahlt werden, tatsächlich zu dieser Betriebstätte oder festen Einrichtung gehören. In diesem Fall ist Artikel 7 beziehungsweise Artikel 14 anzuwenden.

ABSCHNITT IV
BESTEUERUNG DES VERMÖGENS

Vermögen

Art. 22. (1) Unbewegliches Vermögen im Sinne des Artikels 6 Absatz 2 darf in dem Vertragstaat besteuert werden, in dem dieses Vermögen liegt.

(2) Bewegliches Vermögen, das Betriebsvermögen einer Betriebstätte eines Unternehmens

darstellt oder das zu einer der Ausübung eines freien Berufes dienenden festen Einrichtung gehört, darf in dem Vertragstaat besteuert werden, in dem sich die Betriebstätte oder die feste Einrichtung befindet.

(3) Seeschiffe und Luftfahrzeuge im internationalen Verkehr und bewegliches Vermögen, das dem Betrieb dieser Schiffe und Luftfahrzeuge dient, dürfen nur in dem Vertragstaat besteuert werden, in dem sich der Ort der tatsächlichen Geschäftsleitung des Unternehmens befindet.

(4) Alle anderen Vermögensteile einer in einem Vertragstaat ansässigen Person dürfen nur in diesem Staat besteuert werden.

ABSCHNITT V
METHODEN ZUR VERMEIDUNG DER DOPPELBESTEUERUNG*)

Art. 23. (1) Es besteht Einverständnis darüber, daß die Doppelbesteuerung nach Maßgabe der folgenden Absätze dieses Artikels beseitigt wird.

(2) Bezieht eine in Italien ansässige Person Einkünfte, die in Österreich besteuert werden dürfen, so darf Italien bei der Festsetzung seiner in Artikel 2 dieses Abkommens genannten Steuern vom Einkommen diese Einkünfte in die Steuerbemessungsgrundlage einbeziehen, soweit dieses Abkommen nicht ausdrücklich etwas anderes vorsieht. In diesem Fall hat Italien von den so errechneten Steuern die österreichische Steuer vom Einkommen anzurechnen; der anzurechnende Betrag darf jedoch den Teil der italienischen Steuer nicht übersteigen, der nach dem Verhältnis der genannten Einkünfte zum Gesamteinkommen auf diese Einkünfte entfällt. Dagegen wird keine Anrechnung gewährt, wenn die Einkünfte in Italien auf Antrag des Einkommensempfängers gemäß der italienischen Gesetzgebung einer endgültigen Besteuerung durch Steuerabzug unterworfen werden.

(3)

a) Bezieht eine in Österreich ansässige Person Einkünfte, die nach diesem Abkommen in Italien besteuert werden dürfen, so rechnet Österreich auf die vom Einkommen dieser Person zu erhebende Steuer den Betrag an, der der in Italien gezahlten Steuer vom Einkommen entspricht. Der anzurechnende Betrag darf jedoch den Teil der vor der Anrechnung ermittelten Steuer vom Einkommen nicht übersteigen, der auf die Einkünfte, die in Italien besteuert werden dürfen, entfällt.

b) Hat eine in Österreich ansässige Person Vermögen, welches nach diesem Abkommen in Italien besteuert werden darf, so nimmt Österreich dieses Vermögen von der Besteuerung aus; Österreich darf aber bei der Festsetzung der Steuer für das übrige Vermögen dieser Person den Steuersatz anwenden, der anzuwenden wäre, wenn das betreffende Vermögen nicht von der Besteuerung ausgenommen wäre.

*) Siehe auch Erlass BMF „Steuerdialog 2013“ (Nr. 99).

ABSCHNITT VI
BESONDERE BESTIMMUNGEN

Gleichbehandlung*)

Art. 24. (1) Die Staatsangehörigen eines Vertragstaates dürfen, auch wenn sie nicht in einem der Vertragstaaten ansässige Personen sind, im anderen Vertragstaat weder einer Besteuerung noch einer damit zusammenhängenden Verpflichtung unterworfen werden, die anders oder belastender sind als die Besteuerung und die damit zusammenhängenden Verpflichtungen, denen die Staatsangehörigen des anderen Staates unter gleichen Verhältnissen unterworfen sind oder unterworfen werden dürfen.

(2) Die Besteuerung einer Betriebstätte, die ein Unternehmen eines Vertragstaates in dem anderen Vertragstaat hat, darf in dem anderen Staat nicht ungünstiger sein als die Besteuerung von Unternehmen des anderen Staates, die die gleiche Tätigkeit ausüben. Diese Bestimmung ist nicht so auszulegen, als verpflichte sie einen Vertragstaat, den in dem anderen Vertragstaat ansässigen Personen Steuerfreibeträge, -vergünstigungen und -ermäßigungen auf Grund des Personenstandes oder der Familienlasten zu gewähren, die er den in seinem Gebiet ansässigen Personen gewährt.

(3) Außer in den Fällen der Artikel 9, 11 Absatz 7 und 12 Absatz 5 sind Zinsen, Lizenzgebühren und andere Entgelte, die ein Unternehmen eines Vertragstaates an eine im anderen Vertragstaat ansässige Person zahlt, bei der Ermittlung der steuerpflichtigen Gewinne dieses Unternehmens unter den gleichen Bedingungen wie Zahlungen an eine im erstgenannten Staat ansässige Person zum Abzug zuzulassen. Dementsprechend sind Schulden eines Unternehmens eines Vertragstaates gegenüber einer im anderen Vertragstaat ansässigen Person bei der Ermittlung des steuerpflichtigen Vermögens dieses Unternehmens wie Schulden an eine im erstgenannten Staat ansässige Person zum Abzug zuzulassen.

(4) Die Unternehmen eines Vertragstaates, deren Kapital ganz oder teilweise, unmittelbar oder mittelbar, einer in dem anderen Vertragstaat ansässigen Person oder mehreren solchen Personen gehört oder ihrer Kontrolle unterliegt, dürfen in dem erstgenannten Vertragstaat weder einer Besteuerung noch einer damit zusammenhängenden Verpflichtung unterworfen werden, die anders oder belastender sind als die Besteuerung und die damit zusammenhängenden Verpflichtungen, denen andere ähnliche Unternehmen des erstgenannten Staates unterworfen sind oder unterworfen werden können.

(5) In diesem Artikel bedeutet der Ausdruck „Besteuerung“ Steuern jeder Art und Bezeichnung.

*) Siehe auch Erlass BMF „Betriebsstättendiskriminierung“ (Nr. 16).

Verständigungsverfahren

Art. 25. (1) Ist eine in einem Vertragstaat ansässige Person der Auffassung, daß die Maßnahmen eines Vertragstaates oder beider Vertragstaaten für sie zu einer Besteuerung geführt haben oder führen werden, die diesem Abkommen nicht entspricht, so kann sie unbeschadet der nach innerstaatlichem Recht dieser Staaten vorgesehenen Rechtsmittel ihren Fall der zuständigen Behörde des Vertragstaates unterbreiten, in dem sie ansässig ist. Der Fall muß innerhalb von drei Jahren ab der ersten Mitteilung der Maßnahme, die zu einer dem Abkommen nicht entsprechenden Besteuerung führt, unterbreitet werden.

(2) Hält diese zuständige Behörde die Einwendung für begründet und ist sie selbst nicht in der Lage, eine befriedigende Lösung herbeizuführen, so wird sie sich bemühen, den Fall nach Verständigung, mit der zuständigen Behörde des anderen Vertragstaates so zu regeln, daß eine dem Abkommen nicht entsprechende Besteuerung vermieden wird.

(3) Die zuständigen Behörden der Vertragstaaten werden sich bemühen, Schwierigkeiten oder Zweifel, die bei der Auslegung oder Anwendung des Abkommens entstehen, in gegenseitigem Einvernehmen zu beseitigen.

(4) Die zuständigen Behörden der Vertragstaaten können zur Herbeiführung einer Einigung im Sinne der vorstehenden Absätze unmittelbar miteinander verkehren. Erscheint ein mündlicher Meinungsaustausch für die Herbeiführung der Einigung zweckmäßig, so kann ein solcher Meinungsaustausch in einer Kommission durchgeführt werden, die aus Vertretern der zuständigen Behörden der Vertragstaaten besteht.

Austausch von Informationen*)

Art. 26. (1) Die zuständigen Behörden der Vertragstaaten werden die Informationen austauschen, die zur Durchführung dieses Abkommens oder des innerstaatlichen Rechts der Vertragstaaten betreffend die unter das Abkommen fallenden Steuern, soweit die diesem Recht entsprechende Besteuerung nicht zu dem Abkommen in Widerspruch steht, oder die zur Verhinderung der Steuerumgehung erforderlich sind. Der Informationsaustausch ist durch Artikel 1 nicht eingeschränkt. Alle Informationen, die ein Vertragstaat erhalten hat, sind in derselben Art geheimzuhalten wie die auf Grund des innerstaatlichen Rechts dieses Staates beschafften Informationen, und sie dürfen nur solchen Personen oder Behörden (einschließlich Gerichten und Verwaltungsbehörden) zugänglich gemacht werden, die mit der Veranlagung oder Einhebung, der Vollstreckung oder Strafverfolgung oder mit der Entscheidung von Rechtsmitteln hinsichtlich der unter das Abkommen fallenden Steuern befaßt sind. Diese Personen oder Behörden dürfen die Informationen nur für diese Zwecke verwenden. Sie dürfen die Informationen in einem öffentlichen Gerichtsverfahren oder in einer Gerichtsentscheidung offenlegen.

(2) Absatz 1 ist auf keinen Fall so auszulegen, als verpflichte er einen der Vertragstaaten:

a) Verwaltungsmaßnahmen durchzuführen, die von den Gesetzen oder der Verwaltungspraxis dieses oder des anderen Vertragstaates abweichen;

b) Angaben zu übermitteln, die nach den Gesetzen oder im üblichen Verwaltungsverfahren dieses oder des anderen Vertragstaates nicht beschafft werden können;

c) Informationen zu erteilen, die ein Handels-, Geschäfts-, Gewerbe- oder Berufsgeheimnis oder ein Geschäftsverfahren preisgeben würden oder deren Erteilung dem Ordre public widerspräche.

*) Siehe auch BMF-Info „Umfassende Amtshilfe im Bereich der Steuern vom Einkommen" (Nr. 106).

Diplomatische und konsularische Beamte

Art. 27. Dieses Abkommen berührt nicht die steuerlichen Vorrechte, die den diplomatischen und konsularischen Beamten nach den allgemeinen Regeln des Völkerrechts oder auf Grund besonderer Vereinbarungen zustehen.

Erstattungen*)

Art. 28. (1) Die in einem Vertragstaat durch Abzug an der Quelle erhobenen Steuern werden auf Antrag des Steuerpflichtigen erstattet, soweit das Recht zur Erhebung dieser Steuern durch dieses Abkommen eingeschränkt wird.

(2) Die Erstattungsanträge sind unter Beachtung der in der Gesetzgebung des zur Erstattung verpflichteten Vertragstaates vorgesehenen Fristen zu stellen und müssen eine amtliche Bescheinigung des Vertragstaates, in dem der Steuerpflichtige ansässig ist, über die Erfüllung der Voraussetzungen zur Inanspruchnahme der Vorteile dieses Abkommens enthalten.

(3) Die zuständigen Behörden der Vertragstaaten regeln in gegenseitigem Einvernehmen gemäß Artikel 25 dieses Abkommens, wie dieser Artikel durchzuführen ist.

(4) Die nach der Gesetzgebung eines Vertragstaates errichteten Personengesellschaften, die ihren Sitz in diesem Staat haben, dürfen die in den Artikeln 10, 11 und 12 dieses Abkommens vorgesehene Steuerentlastung im anderen Staat unter der Voraussetzung in Anspruch nehmen, daß wenigstens drei Viertel des Gewinnes der Gesellschaft Personen zufließen, die im erstgenannten Staat ansässig sind. Im Sinne dieses Absatzes bedeutet der Ausdruck „Personengesellschaften":

a) in Italien:
die „società semplice", die „società in nome collettivo", die „società in accomandita semplice" sowie alle anderen Personenvereinigungen, die nach italienischem Recht steuerlich in gleicher Weise behandelt werden;

b) in Österreich:
die „offene Handelsgesellschaft", die „Kommanditgesellschaft" und die „Gesellschaft nach bürgerlichem Recht" sowie alle anderen Personenvereinigungen, die nach österrei-

chischem Recht steuerlich in gleicher Weise behandelt werden.

*) Siehe auch Erlass BMF „Quellensteuer" (Nr. 8).

ABSCHNITT VII SCHLUSSBESTIMMUNGEN

Inkrafttreten

Art. 29. (1) Dieses Abkommen soll ratifiziert und die Ratifikationsurkunden sollen so bald wie möglich in Rom ausgetauscht werden.

(2) Dieses Abkommen tritt sechzig Tage nach dem Austausch der Ratifikationsurkunden in Kraft, und seine Bestimmungen finden Anwendung:

a) in Italien

auf Einkünfte, die für Steuerzeiträume besteuert werden, die am oder nach dem 1. Jänner 1974 beginnen;

b) in Österreich

auf Steuern, die für Steuerzeiträume erhoben werden, die am oder nach dem 1. Jänner 1974 beginnen.

(3) Die Erstattungsanträge, zu denen dieses Abkommen hinsichtlich Steuern berechtigt, die von den in einem der beiden Vertragstaaten ansässigen Personen für Steuerzeiträume geschuldet werden, die am 1. Jänner 1974 oder später bis zum Inkrafttreten des Abkommens beginnen, sind je nachdem, welcher Zeitpunkt später ist, innerhalb von zwei Jahren nach dem Inkrafttreten dieses Abkommens oder der Festsetzung der Steuern zu stellen.

Außerkrafttreten

Art. 30. Dieses Abkommen bleibt auf unbestimmte Zeit in Kraft, jedoch kann jeder der Vertragstaaten am oder vor dem 30. Juni jedes Kalenderjahres, nach Ablauf von fünf Jahren nach Inkrafttreten, das Abkommen auf diplomatischem Weg schriftlich kündigen. In diesem Fall findet das Abkommen nicht mehr Anwendung:

a) in Italien

auf Einkünfte, die für Steuerzeiträume besteuert werden, die am oder nach dem 1. Jänner des Kalenderjahres beginnen, das dem Kalenderjahr folgt, in dem die Kündigung erfolgt ist;

b) in Österreich

auf Steuern, die für Steuerzeiträume erhoben werden, die am oder nach dem 1. Jänner des Kalenderjahres beginnen, das dem Kalenderjahr folgt, in dem die Kündigung erfolgt ist.

Zusatzprotokoll

Es besteht Einvernehmen darüber:

a) daß in bezug auf Artikel 2 im Falle der künftigen Einführung einer Steuer vom Vermögen in Italien das Abkommen auch für diese Steuer gelten wird;

b) daß im Falle einer künftigen Einführung einer Steuer vom Vermögen in Italien die österreichische Steuer vom Vermögen, die in Übereinstimmung mit dem Abkommen erhoben wird, auf die vorerwähnte italienische Steuer vom Vermögen unter den in Artikel 23 Absatz 2 genannten Bedingungen angerechnet werden wird;

c) daß in bezug auf Artikel 25 Absatz 1 der Ausdruck „unbeschadet der nach innerstaatlichem Recht vorgesehenen Rechtsmittel" in der Weise zu verstehen ist, daß das Verständigungsverfahren das nationale Rechtsmittelverfahren nicht ersetzen kann, das in jedem Fall, soweit dies rechtlich möglich, vorsorglich einzuleiten ist, wenn der Streitfall eine dem Abkommen nicht entsprechende Veranlagung betrifft;

d) daß Artikel 28 Absatz 3 nicht ausschließt, daß die zuständigen Behörden der Vertragstaaten in gegenseitigem Einvernehmen ein anderes Verfahren zur Durchführung der Steuerentlastungen, auf die das Abkommen Anspruch gibt, vereinbaren können;

e) daß, ungeachtet von Artikel 29 Absatz 2, die Bestimmungen des Artikels 8 und des Artikels 22 Absatz 3 auf Einkünfte und auf bewegliches Vermögen anzuwenden sind, die in Steuerzeiträumen, die am oder nach dem 1. Jänner 1964 begonnen haben, Unternehmen der Seeschiffahrt oder der Luftfahrt zugeflossen sind oder gehört haben.

16/3. DBA-Entlastungsverordnung

BGBl III 2005/92 idF BGBl II 2022/318

Verordnung des Bundesministers für Finanzen betreffend die Entlastung von der Abzugsbesteuerung auf Grund von Doppelbesteuerungsabkommen (DBA-Entlastungsverordnung)

Zur Durchführung von Doppelbesteuerungsabkommen wird auf deren Grundlage verordnet:

§ 1. Sind Einkünfte von im Ausland ansässigen Personen auf Grund von Doppelbesteuerungsabkommen ganz oder teilweise von einer inländischen Abzugsbesteuerung zu entlasten, kann diese Entlastung in unmittelbarer Anwendung der Doppelbesteuerungsabkommen vorbehaltlich der nachfolgenden Bestimmungen vom Vergütungsschuldner (vom Abfuhrpflichtigen) herbeigeführt werden (Entlastung an der Quelle). Der Vergütungsschuldner ist in diesem Fall verpflichtet, die Richtigkeit der Unterlassung oder Einschränkung des Steuerabzuges zu beweisen oder nach Maßgabe des § 138 BAO glaubhaft zu machen.

§ 2. (1) Die Abkommensberechtigung des ausländischen Einkünfteempfängers kann dem Grunde nach durch eine von der ausländischen Steuerverwaltung ausgestellte Ansässigkeitsbescheinigung unter Verwendung der Vordrucke ZS-QU1 (für natürliche Personen) oder ZS-QU2 (für juristische Personen) glaubhaft gemacht werden.

(2) Sofern die vom Schuldner der Einkünfte an den einzelnen Einkünfteempfänger geleisteten Vergütungen 10 000 Euro im Kalenderjahr nicht übersteigen und in Österreich kein Wohnsitz des Einkünfteempfängers besteht, kann die Abkommensberechtigung dem Grunde nach als glaubhaft gemacht angesehen werden, wenn anstelle einer Ansässigkeitsbescheinigung eine schriftliche Erklärung des Einkünfteempfängers vorliegt, die folgende Angaben enthält:

1. bei natürlichen Personen den Familien- und Vornamen und bei juristischen Personen die genaue Bezeichnung (z.B. den Firmennamen),
2. bei natürlichen Personen die Erklärung, dass sich in Österreich kein weiterer Wohnsitz (keine Wohnstätte) befindet,
3. bei natürlichen Personen die Anschriften aller in verschiedenen ausländischen Staaten unterhaltenen Wohnungen sowie die Bezeichnung jener Wohnung, an der sich der Mittelpunkt der Lebensinteressen befindet,
4. bei juristischen Personen die Angabe des Gründungsstaates und die Anschrift des Ortes der tatsächlichen Geschäftsleitung,
5. die Erklärung, dass keine Verpflichtung zur Weitergabe der Einkünfte an andere Personen besteht,
6. die Erklärung, dass die Einkünfte nicht einer vom Einkünfteempfänger unterhaltenen inländischen Betriebstätte zufließen,
7. Art und Höhe der bezogenen Vergütung.

§ 3. (1) Ist der Einkünfteempfänger eine juristische Person oder eine als solche im anderen Staat behandelte Personengesellschaft, dann ist neben den in § 2 genannten Dokumentationserfordernissen noch eine Erklärung abzugeben, dass der Einkünfteempfänger

1. eine Betätigung entfaltet, die über den Rahmen der Vermögensverwaltung hinausgeht,
2. eigene Arbeitskräfte beschäftigt und
3. über eigene Betriebsräumlichkeiten verfügt.

(2) Die Erklärung im Sinn von Abs. 1 kann durch einen Nachweis ersetzt werden, aus dem sich ergibt, dass innerhalb der letzten drei Jahre einem Antrag des Einkünfteempfängers auf abkommenskonforme Steuerrückzahlung in Bezug auf Einkünftezahlungen des Vergütungsschuldners von der Abgabenbehörde stattgegeben worden ist.

§ 4. Ist der Empfänger eine im ausländischen Staat als steuerlich transparent behandelte Personengesellschaft, sind der Firmenname und die Anschrift der Gesellschaft anzugeben. Ansässigkeitsbescheinigungen unter Verwendung der Vordrucke ZS-QU1 oder ZS-QU2 sind für jene Gesellschafter erforderlich, deren Anteil an den abkommensrechtlich zu entlastenden Vergütungen 10.000 Euro im Kalenderjahr überschreiten. Für andere Gesellschafter muss der Vergütungsschuldner Namen und Anschriften in Evidenz nehmen, sofern nicht auf andere Weise die Entlastungsberechtigung auf Grund des Abkommens glaubhaft gemacht werden kann.

§ 5. (1) Eine Entlastung an der Quelle ist in folgenden Fällen unzulässig:

1. wenn den Dokumentationsanforderungen der §§ 2 bis 4 nicht ausreichend entsprochen wird,
2. wenn dem Vergütungsschuldner Umstände bekannt sind oder bei Anwendung der Sorgfalt eines ordentlichen Kaufmannes hätten bekannt sein müssen, dass die Einkünfte dem ausländischen Empfänger der Vergütung steuerlich nicht zuzurechnen sind,
3. wenn Vergütungen aus einer Tätigkeit im Sinne des § 99 Abs. 1 Z 1 EStG nicht an den Erbringer der dort genannten Tätigkeiten, sondern an Dritte gezahlt werden und keine Belege über Name und Anschrift des Erbringers der Tätigkeit sowie Angaben über die Höhe der an ihn fließenden Vergütungen vorliegen,
4. ~~wenn Vergütungen für die Gestellung von Arbeitskräften zur inländischen Arbeitsausübung gezahlt werden (ausgenommen konzerninterne Personalüberlassung von Angestellten),~~

(BGBl II 2022/318 ab 1.9.2022)

DBA Deutschland Italien OECD-MA

5. wenn der Einkünfteempfänger eine ausländische Stiftung, ein ausländischer Trust oder ein ausländischer Investmentfonds ist,
6. wenn der Einkünfteempfänger eine juristische Person ist, deren Ort der tatsächlichen Geschäftsleitung sich nicht im Gründungsstaat befindet,
7. wenn Kapitalerträge im Zeitpunkt der Fälligkeit oder anlässlich der Veräußerung von Wertpapieren von Kreditinstituten in ihrer Funktion als Verwahrer oder Verwalter von Wertpapieren ausbezahlt werden.

(2) Werden zur beschränkten Steuerpflicht zu erfassende Vergütungen im Sinn des § 99 Abs. 1 Z 1 EStG nicht an den Erbringer der dort genannten Tätigkeiten, sondern an Dritte gezahlt, kann der Steuerabzug auf den an den Erbringer der Tätigkeit weiter fließenden Teil der Vergütungen eingeschränkt werden; für diesen Teil ist eine Entlastung an der Quelle auf Grund von Doppelbesteuerungsabkommen unzulässig.

~~(3) Das Finanzamt für Großbetriebe kann über Antrag eines abkommensberechtigten Arbeitskräfteüberlassungsunternehmens bei Vergütungen für die Gestellung von Arbeitskräften zur inländischen Arbeitsausübung zeitlich befristet durch Bescheid eine Entlastung an der Quelle zulassen, wenn sichergestellt ist, dass keine Umgehungsgestaltung vorliegt und das ausländische Arbeitskräfteüberlassungsunternehmen oder der inländische Gestellungsnehmer (Beschäftiger) für die überlassenen Arbeitskräfte die Pflichten des Arbeitgebers im Sinne der §§ 76, 78, 79, 80, 82, 84 und 87 EStG 1988 wahrnimmt. Gestellungsnehmer können die Arbeitskräftegestellungsvergütungen von der Besteuerung für jene Zeiträume entlasten, für die ihnen eine Kopie des Bescheides vorliegt.~~

(BGBl II 2020/579, BGBl II 2022/318 ab 1.9.2022)

§ 6. (1) Die Verordnung tritt am 1. Juli 2005 in Kraft und ist auf Einkünfte anzuwenden, die ab diesem Zeitpunkt zufließen.

~~(2) Ab dem Wirksamkeitsbeginn dieser Verordnung sind hinsichtlich der Steuerentlastung in Österreich nicht mehr anzuwenden:~~

- ~~Durchführungsverordnung zum DBA-Belgien, BGBl. Nr. 216/1974~~
- ~~Durchführungsverordnung zum DBA-Brasilien, BGBl. Nr. 633/1976~~
- ~~Durchführungsverordnung zum DBA-CSSR (betreffend Tschechien und Slowakei), BGBl. Nr. 484/1979~~
- ~~Durchführungsverordnung zum DBA-Großbritannien, BGBl. Nr. 505/1979~~
- ~~Durchführungsverordnung zum DBA-Irland, BGBl. Nr. 154/1970~~
- ~~Durchführungsverordnung zum DBA-Kanada, BGBl. Nr. 318/1982~~
- ~~Durchführungsverordnung zum DBA-Niederlande, BGBl. Nr. 83/1972~~
- ~~Durchführungsverordnung zum DBA-Polen, BGBl. Nr. 472/1977~~
- ~~Durchführungsverordnung zum DBA-Portugal, BGBl. Nr. 469/1975~~
- ~~Durchführungsverordnung zum DBA-Spanien, BGBl. Nr. 266/1973~~
- ~~Durchführungsverordnung zum DBA-Ungarn, BGBl. Nr. 101/1978.~~

(BGBl II 2022/318 ab 1.9.2022)

(3) Nachstehende Durchführungsvereinbarungen stehen der Anwendung des Systems der Entlastung an der Quelle nach dieser Verordnung nicht entgegen:

– Durchführungsvereinbarung zum DBA-Dänemark, BGBl. Nr. 172/1972
– Durchführungsvereinbarung zum DBA-Liechtenstein, BGBl. Nr. 437/1971
– Durchführungsvereinbarung zum DBA-Luxemburg, BGBl. Nr. 143/1964
– Durchführungsvereinbarung zum DBA-Schweden, BGBl. Nr. 298/1972
– Durchführungsvereinbarung zum DBA-Schweiz, BGBl. Nr. 65/1975.

(4) § 5 Abs. 3 in der Fassung der Verordnung BGBl. II Nr. 579/2020 tritt mit 1. Jänner 2021 in Kraft.

(BGBl II 2020/579)

„(5) § 5 Abs. 1 Z 4 und Abs. 3 tritt mit Ablauf des 31. August 2022 außer Kraft und ist letztmalig auf Einkünfte anzuwenden, die bis zu diesem Zeitpunkt zufließen. § 6 Abs. 2 tritt mit Ablauf des 31. August 2022 außer Kraft.“

(BGBl II 2022/318)

16/4. OECD-Musterabkommen 2017

(OECD-MA 2017)

Fassung vom 21.11.2017*)

GLIEDERUNG

Abschnitt I: Geltungsbereich des Abkommens
Art. 1. Unter das Abkommen fallende Personen
Art. 2. Unter das Abkommen fallende Steuern

Abschnitt II: Begriffsbestimmungen
Art. 3. Allgemeine Begriffsbestimmungen
Art. 4. Ansässige Person
Art. 5. Betriebsstätte

Abschnitt III: Besteuerung des Einkommens
Art. 6. Einkünfte aus unbeweglichem Vermögen
Art. 7. Unternehmensgewinne
Art. 8. Seeschifffahrt und Luftfahrt
Art. 9. Verbundene Unternehmen
Art. 10. Dividenden
Art. 11. Zinsen
Art. 12. Lizenzgebühren
Art. 13. Gewinne aus der Veräußerung von Vermögen
Art. 14. Selbständige Arbeit (aufgehoben)
Art. 15. Einkünfte aus unselbständiger Arbeit
Art. 16. Aufsichtsrats- und Verwaltungsratsvergütungen
Art. 17. Künstler und Sportler
Art. 18. Ruhegehälter
Art. 19. Öffentlicher Dienst
Art. 20. Studenten
Art. 21. Andere Einkünfte

Abschnitt IV: Besteuerung des Vermögens
Art. 22. Vermögen

Abschnitt V: Methoden zur Vermeidung der Doppelbesteuerung
Art. 23A. Befreiungsmethode
Art. 23B. Anrechnungsmethode

Abschnitt VI: Besondere Bestimmungen
Art. 24. Gleichbehandlung
Art. 25. Verständigungsverfahren
Art. 26. Informationsaustausch
Art. 27. Amtshilfe bei der Erhebung von Steuern
Art. 28. Mitglieder diplomatischer Missionen und konsularischer Vertretungen
Art. 29. Anspruch auf Vergünstigungen
Art. 30. Ausdehnung des räumlichen Geltungsbereichs

Abschnitt VII: Schlussbestimmungen
Art. 31. Inkrafttreten
Art. 32. Kündigung
Schlussklausel

Präambel zum Abkommen

(Staat A) und (Staat B),

die den Wunsch haben, ihre wirtschaftlichen Beziehungen weiterzuentwickeln und ihre Zusammenarbeit in Steuerangelegenheiten zu stärken

und die beabsichtigen, ein Abkommen zur Vermeidung der Doppelbesteuerung auf dem Gebiet der Besteuerung vom Einkommen und vom Vermögen abzuschließen, ohne Gelegenheiten zur Nichtbesteuerung oder Minderbesteuerung durch Steuerflucht und -hinterziehung zu schaffen (einschließlich „Treaty Shopping"-Maßnahmen mit dem Ziel, Vergünstigungen unter diesem Abkommen zum indirekten Nutzen von in Drittstaaten ansässigen Personen zu erlangen),

haben Folgendes vereinbart:

Abschnitt I
Geltungsbereich des Abkommens

Unter das Abkommen fallende Personen

Art. 1 (1) Dieses Abkommen gilt für Personen, die in einem Vertragsstaat oder in beiden Vertragsstaaten ansässig sind.

(2) Im Sinne dieses Abkommens sind Einkünfte, die von einem oder über einen Rechtsträger oder eine Einrichtung bezogen werden, welche unter dem Steuerrecht eines der Vertragsstaaten als steuerlich transparent angesehen werden, als Einkünfte eines Ansässigen eines Vertragsstaats zu betrachten, jedoch nur insoweit als sie zum Zweck

---

*) Bei diesem Text handelt es sich um eine inoffizielle Übersetzung des originalen OECD-Dokuments, das in Englisch unter dem Titel OECD (2017), Model Tax Convention on Income and on Capital: Condensed Version 2017, OECD Publishing, Paris unter http://dx.doi.org/10.1787/mtc_cond-2017-en veröffentlicht worden ist. Geringfügige sprachliche Abweichungen zu der in den österreichischen Doppelbesteuerungsabkommen verwendeten Übersetzung sind daher nicht ausgeschlossen.

der Besteuerung durch diesen Vertragsstaat als Einkünfte eines Ansässigen dieses Vertragsstaats behandelt werden.

(3) Dieses Abkommen berührt nicht die Besteuerung durch einen Vertragsstaat von dort ansässigen Personen. Ausgenommen hiervon sind die Vergünstigungen nach Artikel 7 Absatz 3 und Artikel 9 Absatz 2 sowie Artikel 19, 20, 23 [A] [B], 24, 25 und 28.

Unter das Abkommen fallende Steuern

Art. 2 (1) Dieses Abkommen gilt, ohne Rücksicht auf die Art der Erhebung, für Steuern vom Einkommen und vom Vermögen, die für Rechnung eines Vertragsstaats oder seiner Gebietskörperschaften[1] erhoben werden.

[1] Schweiz: „politische Unterabteilungen oder lokale Körperschaften"

(2) Als Steuern vom Einkommen und vom Vermögen gelten alle Steuern, die vom Gesamteinkommen, vom Gesamtvermögen oder von Teilen des Einkommens oder des Vermögens erhoben werden, einschließlich der Steuern vom Gewinn aus der Veräußerung beweglichen oder unbeweglichen Vermögens, der Lohnsummensteuern sowie der Steuern vom Vermögenszuwachs.

(3) Zu den bestehenden Steuern, für die das Abkommen gilt, gehören insbesondere

a) (in Staat A): …

b) (in Staat B): …

(4) Das Abkommen gilt auch für alle Steuern gleicher oder im Wesentlichen ähnlicher Art, die nach der Unterzeichnung des Abkommens neben den bestehenden Steuern oder an deren Stelle erhoben werden. Die zuständigen Behörden der Vertragsstaaten teilen einander die in ihren Steuergesetzen eingetretenen bedeutsamen Änderungen mit.

Abschnitt II
Begriffsbestimmungen

Allgemeine Begriffsbestimmungen

Art. 3 (1) Im Sinne dieses Abkommens, wenn der Zusammenhang nichts anderes erfordert,

a) umfasst der Ausdruck „Person" natürliche Personen, Gesellschaften und alle anderen Personenvereinigungen;

b) bedeutet der Ausdruck „Gesellschaft" juristische Personen oder Rechtsträger, die für die Besteuerung wie juristische Personen behandelt werden;

c) bezieht sich der Ausdruck „Unternehmen" auf die Ausübung einer Geschäftstätigkeit;

d) bedeuten die Ausdrücke „Unternehmen eines Vertragsstaats" und „Unternehmen des anderen Vertragsstaats", je nachdem, ein Unternehmen, das von einer in einem Vertragsstaat ansässigen Person betrieben wird, oder ein Unternehmen, das von einer im anderen Vertragsstaat ansässigen Person betrieben wird;

e) bedeutet der Ausdruck „internationaler Verkehr" jede Beförderung mit einem Seeschiff oder Luftfahrzeug, es sei denn, das Seeschiff oder Luftfahrzeug wird ausschließlich zwischen Orten in einem Vertragsstaat betrieben und das Unternehmen, welches das Seeschiff oder Luftfahrzeug betreibt, ist kein Unternehmen dieses Staates;

f) bedeutet der Ausdruck „zuständige Behörde"
   i. (in Staat A): …
   ii. (in Staat B): …

g) bedeutet der Ausdruck „Staatsangehöriger" in Bezug auf einen Vertragsstaat
   i. jede natürliche Person, die die Staatsangehörigkeit oder Staatsbürgerschaft dieses Vertragsstaats besitzt; und
   ii. jede juristische Person, Personengesellschaft und andere Personenvereinigung, die nach dem in diesem Vertragsstaat geltenden Recht errichtet worden ist;

h) schließt der Ausdruck „Geschäftstätigkeit" auch die Ausübung einer freiberuflichen oder sonstigen selbständigen Tätigkeit ein;

i) bedeutet der Ausdruck „anerkannte Rentenversicherung" eines Staates einen Rechtsträger oder eine Einrichtung, die in diesem Staat niedergelassen sind, unter den Steuergesetzen dieses Staates als eigenständige Person behandelt werden und
   i. ausschließlich oder nahezu ausschließlich errichtet und betrieben werden, um Altersversorgung und zusätzliche oder dazugehörige Leistungen für natürliche Personen zu verwalten oder bereitzustellen und in dieser Eigenschaft von dem Staat oder einer seiner Gebietskörperschaften[1] reguliert werden, oder

[1] Schweiz: „politische Unterabteilungen oder lokale Körperschaften"

   ii. ausschließlich oder nahezu ausschließlich errichtet und betrieben werden, um Gelder zugunsten von Rechtsträgern oder Einrichtungen zu investieren, auf die sich Ziffer i. bezieht.

(2) Bei der Anwendung des Abkommens durch einen Vertragsstaat hat, wenn der Zusammenhang nichts anderes erfordert und die zuständigen Behörden sich nicht gemäß den Bestimmungen unter Artikel 25 auf eine andere Bedeutung einigen, jeder im Abkommen nicht definierte Ausdruck die Bedeutung, die ihm im Anwendungszeitraum nach dem Recht dieses Staates über die Steuern zukommt, für die das Abkommen gilt, wobei die Bedeutung nach dem in diesem Staat anzuwendenden Steuerrecht den Vorrang vor einer Bedeutung hat, die der Ausdruck nach anderem Recht dieses Staates hat.

Ansässige Person

Art. 4 (1) Im Sinne dieses Abkommens bedeutet der Ausdruck „eine in einem Vertragsstaat ansässige Person" eine Person, die nach dem Recht dieses Staates dort auf Grund ihres Wohnsitzes, ihres ständigen Aufenthalts, des Ortes ihrer Geschäftsleitung oder eines anderen ähnlichen Merkmals steuerpflichtig ist, und umfasst auch diesen Staat und seine Gebietskörperschaften[1] sowie eine anerkannte Rentenversicherung in diesem Staat. Der Ausdruck umfasst jedoch nicht eine Person, die in diesem Staat nur mit Einkünften aus Quellen in diesem Staat oder mit in diesem Staat gelegenem Vermögen steuerpflichtig ist.

[1] Schweiz: „politische Unterabteilungen oder lokale Körperschaften"

(2) Ist nach Absatz 1 eine natürliche Person in beiden Vertragsstaaten ansässig, so gilt Folgendes:

a) Die Person gilt als nur in dem Staat ansässig, in dem sie über eine ständige Wohnstätte verfügt; verfügt sie in beiden Staaten über eine ständige Wohnstätte, so gilt sie als nur in dem Staat ansässig, zu dem sie die engeren persönlichen und wirtschaftlichen Beziehungen hat (Mittelpunkt der Lebensinteressen);
b) kann nicht bestimmt werden, in welchem Staat die Person den Mittelpunkt ihrer Lebensinteressen hat, oder verfügt sie in keinem der Staaten über eine ständige Wohnstätte, so gilt sie als nur in dem Staat ansässig, in dem sie ihren gewöhnlichen Aufenthalt hat;
c) hat die Person ihren gewöhnlichen Aufenthalt in beiden Staaten oder in keinem der Staaten, so gilt sie als nur in dem Staat ansässig, dessen Staatsangehöriger sie ist;
d) ist die Person Staatsangehöriger beider Staaten oder keines der Staaten, so regeln die zuständigen Behörden der Vertragsstaaten die Frage in gegenseitigem Einvernehmen.

(3) Ist nach Absatz 1 eine andere als eine natürliche Person in beiden Vertragsstaaten ansässig, so werden sich die zuständigen Behörden der Vertragsstaaten bemühen, durch Verständigung zu bestimmen, in welchem Staat diese Person im Sinne dieses Abkommens als ansässig gelten soll, unter Berücksichtigung des Orts ihrer tatsächlichen Geschäftsleitung, des Orts an dem sie niedergelassen oder auf andere Weise errichtet ist sowie weiterer maßgeblicher Faktoren. Kommt es zu keiner derartigen Verständigung, so steht der betreffenden Person keine Vergünstigung oder Befreiung von Steuern unter diesem Abkommen zu, außer in dem Maße und in der Art, auf die sich die zuständigen Behörden der Vertragsstaaten einigen.

Betriebsstätte

Art. 5 (1) Im Sinne dieses Abkommens bedeutet der Ausdruck „Betriebsstätte" eine feste Geschäftseinrichtung, durch die die Geschäftstätigkeit eines Unternehmens ganz oder teilweise ausgeübt wird.

(2) Der Ausdruck „Betriebsstätte" umfasst insbesondere:

a) einen Ort der Leitung,
b) eine Zweigniederlassung,
c) eine Geschäftsstelle,
d) eine Fabrikationsstätte,
e) eine Werkstätte und
f) ein Bergwerk, ein Öl- oder Gasvorkommen, einen Steinbruch oder eine andere Stätte der Ausbeutung von Bodenschätzen.

(3) Eine Bauausführung oder Montage ist nur dann eine Betriebsstätte, wenn ihre Dauer zwölf Monate überschreitet.

(4) Ungeachtet der vorstehenden Bestimmungen dieses Artikels gelten nicht als Betriebsstätten:

a) Einrichtungen, die ausschließlich zur Lagerung, Ausstellung oder Auslieferung von Gütern oder Waren des Unternehmens benutzt werden;
b) Bestände von Gütern oder Waren des Unternehmens, die ausschließlich zur Lagerung, Ausstellung oder Auslieferung unterhalten werden;
c) Bestände von Gütern oder Waren des Unternehmens, die ausschließlich zu dem Zweck unterhalten werden, durch ein anderes Unternehmen bearbeitet oder verarbeitet zu werden;
d) eine feste Geschäftseinrichtung, die ausschließlich zu dem Zweck unterhalten wird, für das Unternehmen Güter oder Waren einzukaufen oder Informationen zu beschaffen;
e) eine feste Geschäftseinrichtung, die ausschließlich zu dem Zweck unterhalten wird, für das Unternehmen andere Tätigkeiten auszuüben;
f) eine feste Geschäftseinrichtung, die ausschließlich zu dem Zweck unterhalten wird, mehrere der unter den Buchstaben a bis e genannten Tätigkeiten auszuüben, vorausgesetzt, dass eine derartige Tätigkeit, oder im Falle von Buchstabe f die Gesamttätigkeit der festen Geschäftseinrichtung, vorbereitender Art ist oder eine Hilfstätigkeit darstellt.

Absatz 4 ist nicht auf eine feste Geschäftseinrichtung anzuwenden, die von einem Unternehmen genützt oder unterhalten wird, wenn das gleiche Unternehmen oder ein eng verbundenes Unternehmen am selben Ort oder an einem anderen Ort im selben Vertragsstaat Geschäftstätigkeiten ausübt und

a) dieser Ort oder der andere Ort gemäß den Bestimmungen dieses Artikels eine Betriebsstätte des Unternehmens oder der eng verbundenen Unternehmens begründen; oder
b) die Gesamttätigkeit, die sich aus mehreren Tätigkeiten der beiden Unternehmen am selben Ort oder des gleichen Unternehmens oder des eng verbundenen Unternehmens an den beiden Orten ergibt, weder vorbereitender Art ist noch eine Hilfstätigkeit darstellt,

vorausgesetzt, dass die von den beiden Unternehmen am selben Ort oder von dem gleichen Unternehmen oder dem eng verbundenen Unternehmen an den beiden Orten ausgeübten Geschäftstätigkeiten einander ergänzende Funktionen darstellen, welche Bestandteil eines zusammenhängenden Geschäftsbetriebs sind.

(5) Ist eine Person – vorbehaltlich der Bestimmungen des Absatzes 6 – in einem Vertragsstaat

für ein Unternehmen tätig und schließt sie hierbei gewöhnlich Verträge ab oder spielt sie gewöhnlich die führende Rolle, die zum Abschluss von Verträgen führt, welche regelmäßig und ohne wesentliche Änderungen durch das Unternehmen abgeschlossen werden, und

a) werden diese Verträge im Namen des Unternehmens abgeschlossen oder
b) dienen sie der Übertragung von Vermögen oder der Einräumung des Nutzungsrechts von Vermögen, das dem Unternehmen gehört oder dessen Nutzungsrechte das Unternehmen besitzt oder
c) beinhalten diese Verträge Dienstleistungen, die von diesem Unternehmen zu erbringen sind

so wird das Unternehmen ungeachtet der Absätze 1 und 2 so behandelt, als habe es in diesem Staat für alle von der Person für das Unternehmen ausgeübten Tätigkeiten eine Betriebsstätte, es sei denn, diese Tätigkeiten beschränken sich auf die in Absatz 4 genannten Tätigkeiten, die, würden sie durch eine feste Geschäftseinrichtung (mit Ausnahme einer festen Geschäftseinrichtung, auf die Absatz 4.1 anzuwenden wäre) ausgeübt, diese Einrichtung nach dem genannten Absatz nicht zu einer Betriebsstätte machen würden.

(6) Absatz 5 ist nicht anzuwenden, wenn eine Person, die in einem Vertragsstaat für ein Unternehmen des anderen Vertragsstaats tätig ist, im erstgenannten Staat als unabhängiger Vertreter Geschäftstätigkeiten ausübt und für das Unternehmen im Rahmen ihrer ordentlichen Geschäftstätigkeit handelt. Ist eine Person jedoch ausschließlich oder nahezu ausschließlich für eine oder mehrere eng verbundene Gesellschaften tätig, so wird diese Person im Hinblick auf derartige Gesellschaften nicht als unabhängiger Vertreter im Sinne dieses Absatzes betrachtet.

(7) Allein dadurch, dass eine in einem Vertragsstaat ansässige Gesellschaft eine Gesellschaft beherrscht oder von einer Gesellschaft beherrscht wird, die im anderen Vertragsstaat ansässig ist oder dort (entweder durch eine Betriebsstätte oder auf andere Weise) ihre Geschäftstätigkeit ausübt, wird keine der beiden Gesellschaften zur Betriebsstätte der anderen.

(8) Im Sinne dieses Artikels ist eine Person oder ein Unternehmen mit einem Unternehmen eng verbunden, wenn auf Basis aller maßgeblichen Sachverhalte eine Partei Kontrolle über die andere ausübt oder beide Parteien unter der Kontrolle derselben Personen oder Unternehmen stehen. In jedem Fall gilt eine Person oder ein Unternehmen als eng verbunden mit einem Unternehmen, wenn eine Partei unmittelbar oder mittelbar mehr als 50 v. H. des wirtschaftlichen Eigentums an der anderen besitzt (oder im Fall einer Gesellschaft mehr als 50 v. H. der gesamten Stimmrechte und des Gesamtwerts der Aktien der Gesellschaft oder des wirtschaftlichen Eigentums am Eigenkapital der Gesellschaft) oder wenn eine andere Person oder Gesellschaft unmittelbar oder mittelbar mehr als 50 v. H. des wirtschaftlichen Eigentums an der Person und dem Unternehmen oder den beiden Untenehmen besitzt (oder im Falle einer Gesellschaft mehr als 50 v. H. der gesamten Stimmrechte und des Gesamtwerts der Aktien der Gesellschaft oder des wirtschaftlichen Eigentums am Eigenkapital der Gesellschaft).

Abschnitt III
Besteuerung des Einkommens

Einkünfte aus unbeweglichem Vermögen

Art. 6 (1) Einkünfte, die eine in einem Vertragsstaat ansässige Person aus unbeweglichem Vermögen (einschließlich der Einkünfte aus land- und forstwirtschaftlichen Betrieben) bezieht, das im anderen Vertragsstaat liegt, können[1] im anderen Staat besteuert werden.

[1] Österreich: „dürfen"/„darf"

(2) Der Ausdruck „unbewegliches Vermögen" hat die Bedeutung, die ihm nach dem Recht des Vertragsstaats zukommt, in dem das Vermögen liegt. Der Ausdruck umfasst in jedem Fall das Zubehör[1] zum unbeweglichen Vermögen, das lebende und tote Inventar land- und forstwirtschaftlicher Betriebe, die Rechte, für die die Vorschriften des Privatrechts über Grundstücke gelten, Nutzungsrechte an unbeweglichem Vermögen sowie Rechte auf veränderliche oder feste Vergütungen für die Ausbeutung oder das Recht auf Ausbeutung von Mineralvorkommen, Quellen und anderen Bodenschätzen; Schiffe und Luftfahrzeuge gelten nicht als unbewegliches Vermögen.

[1] Schweiz: „die Zugehör"

(3) Absatz 1 gilt für die Einkünfte aus der unmittelbaren Nutzung, der Vermietung oder Verpachtung sowie jeder anderen Art der Nutzung unbeweglichen Vermögens.

(4) Die Absätze 1 und 3 gelten auch für Einkünfte aus unbeweglichem Vermögen eines Unternehmens.

Unternehmensgewinne

Art. 7 (1) Gewinne eines Unternehmens eines Vertragsstaats können[1] nur in diesem Staat besteuert werden, es sei denn, das Unternehmen übt seine Geschäftstätigkeit im anderen Staat durch eine dort belegene Betriebsstätte aus. Übt das Unternehmen seine Geschäftstätigkeit auf diese Weise aus, so können[1] die Gewinne, die der Betriebsstätte nach Absatz 2 zuzurechnen sind, im anderen Staat besteuert werden.

[1] Österreich: „dürfen"/„darf"

(2) Bei der Anwendung dieses Artikels sowie von Artikel 23 A, 23 B sind die Gewinne, die der in Absatz 1 genannten Betriebsstätte in jedem Vertragsstaat zuzurechnen sind, die Gewinne, die sie hätte erzielen können, insbesondere im Verkehr mit anderen Teilen des Unternehmens, dessen Betriebsstätte sie ist, wenn sie als selbstständiges und unabhängiges Unternehmen eine gleiche oder ähnliche Geschäftstätigkeit unter gleichen oder ähnlichen

Bedingungen ausgeübt hätte; dabei sind die vom Unternehmen durch die Betriebsstätte und durch andere Unternehmensteile ausgeübten Funktionen, eingesetzten Wirtschaftsgüter und übernommenen Risiken zu berücksichtigen.

(3) Ändert ein Vertragsstaat die einer Betriebsstätte eines Unternehmens eines Vertragsstaats zuzurechnenden Gewinne in Übereinstimmung mit Absatz 2 und besteuert er dementsprechend Gewinne des Unternehmens, die bereits im anderen Staat besteuert worden sind, so nimmt der andere Staat eine entsprechende Änderung der von diesen Gewinnen erhobenen Steuer vor, soweit dies zur Beseitigung einer Doppelbesteuerung erforderlich ist. Bei dieser Änderung werden die zuständigen Behörden der Vertragsstaaten einander erforderlichenfalls konsultieren.

(4) Gehören zu den Gewinnen Einkünfte, die in anderen Artikeln dieses Abkommens behandelt werden, so werden die Bestimmungen jener Artikel durch die Bestimmungen dieses Artikels nicht berührt.

Seeschifffahrt und Luftfahrt

Art. 8 (1) Gewinne eines Unternehmens in einem Vertragsstaat aus dem Betrieb von Seeschiffen oder Luftfahrzeugen im internationalen Verkehr können[1] nur in diesem Vertragsstaat besteuert werden.

[1] Österreich: „dürfen"/„darf"

(2) Absatz 1 gilt auch für Gewinne aus der Beteiligung an einem Pool, einer Betriebsgemeinschaft oder einer internationalen Betriebsagentur.

Verbundene Unternehmen

Art. 9 (1) Wenn

a) ein Unternehmen eines Vertragsstaats unmittelbar oder mittelbar an der Geschäftsleitung, der Kontrolle oder dem Kapital eines Unternehmens des anderen Vertragsstaats beteiligt ist, oder

b) dieselben Personen unmittelbar oder mittelbar an der Geschäftsleitung, der Kontrolle oder dem Kapital eines Unternehmens eines Vertragsstaats und eines Unternehmens des anderen Vertragsstaats beteiligt sind

und in diesen Fällen die beiden Unternehmen in ihren kaufmännischen oder finanziellen Beziehungen an vereinbarte oder auferlegte Bedingungen gebunden sind, die von denen abweichen, die unabhängige Unternehmen miteinander vereinbaren würden, so dürfen die Gewinne, die eines der Unternehmen ohne diese Bedingungen erzielt hätte, wegen dieser Bedingungen aber nicht erzielt hat, den Gewinnen dieses Unternehmens zugerechnet und entsprechend besteuert werden.

(2) Werden in einem Vertragsstaat den Gewinnen eines Unternehmens dieses Staates Gewinne zugerechnet – und entsprechend besteuert –, mit denen ein Unternehmen des anderen Vertragsstaats in diesem Staat besteuert worden ist, und handelt es sich bei den zugerechneten Gewinnen um solche, die das Unternehmen des erstgenannten Staates erzielt hätte, wenn die zwischen den beiden Unternehmen vereinbarten Bedingungen die gleichen gewesen wären, die unabhängige Unternehmen miteinander vereinbaren würden, so nimmt der andere Staat eine entsprechende Änderung der dort von diesen Gewinnen erhobenen Steuer vor. Bei dieser Änderung sind die übrigen Bestimmungen dieses Abkommens zu berücksichtigen; erforderlichenfalls werden die zuständigen Behörden der Vertragsstaaten einander konsultieren.

Dividenden

Art. 10 (1) Dividenden, die eine in einem Vertragsstaat ansässige Gesellschaft an eine im anderen Vertragsstaat ansässige Person zahlt, können[1] im anderen Staat besteuert werden.

[1] Österreich: „dürfen"/„darf"

(2) Jedoch können[1] Dividenden, die von einer Gesellschaft gezahlt werden, die in einem Vertragsstaat ansässig ist, auch in diesem Staat nach dem Recht dieses Staates besteuert werden; die Steuer darf aber, wenn der Nutzungsberechtigte der Dividenden eine in dem anderen Vertragsstaat ansässige Person ist, nicht übersteigen:

[1] Österreich: „dürfen"/„darf"

a) 5 v. H. des Bruttobetrages der Dividenden, wenn der Nutzungsberechtigte eine Gesellschaft ist, die über einen Zeitraum von 365 Tagen einschließlich des Tages, an dem die Dividende gezahlt wird, unmittelbar über mindestens 25 v. H. des Kapitals der die Dividenden zahlenden Gesellschaft verfügt (für Zwecke der Berechnung dieses Zeitraums werden keine Änderungen der Eigentumsverhältnisse in Betracht gezogen, die sich unmittelbar aus einer Unternehmensumgestaltung wie einer Fusion oder einer spaltenden Umgestaltung derjenigen Gesellschaft ergeben würden, welche die Anteile besitzt oder die Dividende zahlt);

b) 15 v. H. des Bruttobetrags der Dividenden in allen anderen Fällen.

Die zuständigen Behörden der Vertragsstaaten regeln in gegenseitigem Einvernehmen, wie diese Begrenzungsbestimmungen durchzuführen sind. Dieser Absatz berührt nicht die Besteuerung der Gesellschaft in Bezug auf die Gewinne, aus denen die Dividenden gezahlt werden.

(3) Der in diesem Artikel verwendete Ausdruck „Dividenden" bedeutet Einkünfte aus Aktien, Genussaktien[1] oder Genussscheinen, Kuxen, Gründeranteilen oder anderen Rechten – ausgenommen Forderungen – mit Gewinnbeteiligung sowie aus sonstigen Gesellschaftsanteilen stammende Einkünfte, die nach dem Recht des Staates, in dem die ausschüttende Gesellschaft ansässig ist, den Einkünften aus Aktien steuerlich gleichgestellt sind.

[1] Bundesrepublik Deutschland: „Genussrechten"

(4) Die Absätze 1 und 2 sind nicht anzuwenden, wenn der in einem Vertragsstaat ansässige Nutzungsberechtigte im anderen Vertragsstaat,

in dem die die Dividenden zahlende Gesellschaft ansässig ist, eine Geschäftstätigkeit durch eine dort gelegene Betriebsstätte ausübt und die Beteiligung, für die die Dividenden gezahlt werden, tatsächlich zu dieser Betriebsstätte gehört. In diesem Fall ist Artikel 7 anzuwenden.

(5) Bezieht eine in einem Vertragsstaat ansässige Gesellschaft Gewinne oder Einkünfte aus dem anderen Vertragsstaat, so darf dieser andere Staat weder die von der Gesellschaft gezahlten Dividenden besteuern, es sei denn, dass diese Dividenden an eine im anderen Staat ansässige Person gezahlt werden oder dass die Beteiligung, für die die Dividenden gezahlt werden, tatsächlich zu einer im anderen Staat gelegenen Betriebsstätte gehört, noch Gewinne der Gesellschaft einer Steuer für nichtausgeschüttete Gewinne unterwerfen, selbst wenn die gezahlten Dividenden oder die nichtausgeschütteten Gewinne ganz oder teilweise aus im anderen Staat erzielten Gewinnen oder Einkünften bestehen.

Zinsen

Art. 11 (1) Zinsen, die aus einem Vertragsstaat stammen und an eine im anderen Vertragsstaat ansässige Person gezahlt werden, können[1] im anderen Staat besteuert werden.

[1] Österreich: „dürfen"/„darf"

(2) Zinsen, die in einem Vertragsstaat entstehen, können[1] auch in diesem Staat nach dem Recht dieses Staates besteuert werden; die Steuer darf aber, wenn der Nutzungsberechtigte der Zinsen eine in dem anderen Vertragsstaat ansässige Person ist, 10 v. H. des Bruttobetrags der Zinsen nicht übersteigen. Die zuständigen Behörden der Vertragsstaaten regeln in gegenseitigem Einvernehmen, wie diese Begrenzungsbestimmung durchzuführen ist.

[1] Österreich: „dürfen"/„darf"

(3) Der in diesem Artikel verwendete Ausdruck „Zinsen" bedeutet Einkünfte aus Forderungen jeder Art, auch wenn die Forderungen durch Pfandrechte an Grundstücken gesichert oder mit einer Beteiligung am Gewinn des Schuldners ausgestattet sind, und insbesondere Einkünfte aus öffentlichen Anleihen und aus Obligationen einschließlich der damit verbundenen Aufgelder und der Gewinne aus Losanleihen. Zuschläge für verspätete Zahlung gelten nicht als Zinsen im Sinne dieses Artikels.

(4) Die Absätze 1 und 2 sind nicht anzuwenden, wenn der in einem Vertragsstaat ansässige Nutzungsberechtigte im anderen Vertragsstaat, aus dem die Zinsen stammen, eine Geschäftstätigkeit durch eine dort gelegene Betriebsstätte ausübt und die Forderung, für die die Zinsen gezahlt werden, tatsächlich zu dieser Betriebsstätte gehört. In diesem Fall ist Artikel 7 anzuwenden.

(5) Zinsen gelten dann als aus einem Vertragsstaat stammend, wenn der Schuldner eine in diesem Staat ansässige Person ist. Hat aber der Schuldner der Zinsen, ohne Rücksicht darauf, ob er in einem Vertragsstaat ansässig ist oder nicht, in einem Vertragsstaat eine Betriebsstätte und ist die Schuld, für die die Zinsen gezahlt werden, für Zwecke der Betriebsstätte eingegangen worden und trägt die Betriebsstätte die Zinsen, so gelten die Zinsen als aus dem Staat stammend, in dem die Betriebsstätte liegt.

(6) Bestehen zwischen dem Schuldner und dem Nutzungsberechtigten oder zwischen jedem von ihnen und einem Dritten besondere Beziehungen und übersteigen deshalb die Zinsen, gemessen an der zugrundeliegenden Forderung, den Betrag, den Schuldner und Nutzungsberechtigter ohne diese Beziehungen vereinbart hätten, so wird dieser Artikel nur auf den letzteren Betrag angewendet. In diesem Fall kann der übersteigende Betrag nach dem Recht eines jeden Vertragsstaats und unter Berücksichtigung der anderen Bestimmungen dieses Abkommens besteuert werden.

Lizenzgebühren

Art. 12 (1) Lizenzgebühren, die aus einem Vertragsstaat stammen und deren Nutzungsberechtigter eine im anderen Vertragsstaat ansässige Person ist, können[1] nur im anderen Staat besteuert werden.

[1] Österreich: „dürfen"/„darf"

(2) Der in diesem Artikel verwendete Ausdruck „Lizenzgebühren" bedeutet Vergütungen jeder Art, die für die Benutzung oder für das Recht auf Benutzung von Urheberrechten an literarischen, künstlerischen oder wissenschaftlichen Werken, einschließlich kinematographischer Filme, von Patenten, Marken[1] , Mustern oder Modellen, Plänen, geheimen Formeln oder Verfahren oder für die Mitteilung gewerblicher, kaufmännischer oder wissenschaftlicher Erfahrungen gezahlt werden.

[1] Bundesrepublik Deutschland: „Warenzeichen"

(3) Absatz 1 ist nicht anzuwenden, wenn der in einem Vertragsstaat ansässige Nutzungsberechtigte im anderen Vertragsstaat, aus dem die Lizenzgebühren stammen, eine Geschäftstätigkeit durch eine dort gelegene Betriebsstätte ausübt und die Rechte oder Vermögenswerte, für die die Lizenzgebühren gezahlt werden, tatsächlich zu dieser Betriebsstätte gehören. In diesem Fall ist Artikel 7 anzuwenden.

(4) Bestehen zwischen dem Schuldner und dem Nutzungsberechtigten oder zwischen jedem von ihnen und einem Dritten besondere Beziehungen und übersteigen deshalb die Lizenzgebühren, gemessen an der zugrundeliegenden Leistung, den Betrag, den Schuldner und Nutzungsberechtigter ohne diese Beziehungen vereinbart hätten, so wird dieser Artikel nur auf den letzteren Betrag angewendet. In diesem Fall kann der übersteigende Betrag nach dem Recht eines jeden Vertragsstaats und unter Berücksichtigung der anderen Bestimmungen dieses Abkommens besteuert werden.

Gewinne aus der Veräußerung von Vermögen

Art. 13 (1) Gewinne, die eine in einem Vertragsstaat ansässige Person aus der Veräußerung unbeweglichen Vermögens im Sinne des Artikels 6 bezieht, das im anderen Vertragsstaat liegt, können[1] im anderen Staat besteuert werden.

[1] Österreich: „dürfen"/„darf"

(2) Gewinne aus der Veräußerung beweglichen Vermögens, das Betriebsvermögen einer Betriebsstätte ist, die ein Unternehmen eines Vertragsstaats im anderen Vertragsstaat hat, einschließlich derartiger Gewinne, die bei der Veräußerung einer solchen Betriebsstätte (allein oder mit dem übrigen Unternehmen) erzielt werden, können[1] im anderen Staat besteuert werden.

[1] Österreich: „dürfen"/„darf"

(3) Gewinne, die ein Unternehmen in einem Vertragsstaat, das Seeschiffe oder Luftfahrzeuge im internationalen Verkehr betreibt, aus der Veräußerung dieser Seeschiffe oder Luftfahrzeuge oder von beweglichem Vermögen bezieht, das dem Betrieb dieser Schiffe oder Luftfahrzeuge dient, können[1] nur in diesem Vertragsstaat besteuert werden.

[1] Österreich: „dürfen"/„darf"

(4) Gewinne, die eine in einem Vertragsstaat ansässige Person aus der Veräußerung von Anteilen oder vergleichbaren Rechten, wie Beteiligungen an einer Personengesellschaft oder einem Trust bezieht, können[1] im anderen Vertragsstaat besteuert werden, wenn zu irgendeinem Zeitpunkt in den 365 Tagen vor der Veräußerung der Wert dieser Anteile oder vergleichbaren Rechten zu mehr als 50 v. H. unmittelbar oder mittelbar auf unbeweglichem Vermögen gemäß der Defninition in Artikel 6 beruht, das im anderen Vertragsstaat gelegen ist.

[1] Österreich: „dürfen"/„darf"

(5) Gewinne aus der Veräußerung des in den Absätzen 1, 2, 3 und 4 nicht genannten Vermögens können[1] nur in dem Vertragsstaat besteuert werden, in dem der Veräußerer ansässig ist.

[1] Österreich: „dürfen"/„darf"

Selbständige Arbeit

Art. 14 (aufgehoben)

Einkünfte aus unselbständiger Arbeit

Art. 15 (1) Vorbehaltlich der Artikel 16, 18 und 19 können[1] Gehälter, Löhne und ähnliche Vergütungen, die eine in einem Vertragsstaat ansässige Person aus unselbständiger Arbeit bezieht, nur in diesem Staat besteuert werden, es sei denn, die Arbeit wird im anderen Vertragsstaat ausgeübt. Wird die Arbeit dort ausgeübt, so können[1] die dafür bezogenen Vergütungen im anderen Staat besteuert werden.

[1] Österreich: „dürfen"/„darf"

(2) Ungeachtet des Absatzes 1 können[1] Vergütungen, die eine in einem Vertragsstaat ansässige Person für eine im anderen Vertragsstaat ausgeübte unselbständige Arbeit bezieht, nur im erstgenannten Staat besteuert werden, wenn

[1] Österreich: „dürfen"/„darf"

a) der Empfänger sich im anderen Staat insgesamt nicht länger als 183 Tage innerhalb eines Zeitraums von zwölf Monaten, der während des betreffenden Steuerjahres beginnt oder endet, aufhält und
b) die Vergütungen von einem Arbeitgeber oder für einen Arbeitgeber gezahlt werden, der nicht im anderen Staat ansässig ist, und
c) die Vergütungen nicht von einer Betriebsstätte getragen werden, die der Arbeitgeber im anderen Staat hat.

(3) Ungeachtet der vorstehenden Bestimmungen dieses Artikels werden Vergütungen für unselbständige Arbeit, die eine in einem Vertragsstaat ansässige Person als Mitglied der ständigen Besatzung an Bord eines Seeschiffes oder Luftfahrzeuges ausübt, das im internationalen Verkehr betrieben wird, jedoch nicht an Bord eines Seeschiffes oder Luftfahrzeuges, das ausschließlich im anderen Vertragsstaat betrieben wird, nur im erstgenannten Staat besteuert.

Aufsichtsrats- und Verwaltungsratsvergütungen

Art. 16 Aufsichtsrats- und Verwaltungsratsvergütungen und ähnliche Zahlungen, die eine in einem Vertragsstaat ansässige Person in ihrer Eigenschaft als Mitglied des Aufsichts- oder Verwaltungsrats einer Gesellschaft bezieht, die im anderen Vertragsstaat ansässig ist, können[1] im anderen Staat besteuert werden.

[1] Österreich: „dürfen"/„darf"

Künstler und Sportler

Art. 17 (1) Ungeachtet des Artikels 15 können[1] Einkünfte, die eine in einem Vertragsstaat ansässige Person als Künstler, wie Bühnen-, Film-, Rundfunk- und Fernsehkünstler sowie Musiker, oder als Sportler aus ihrer im anderen Vertragsstaat persönlich ausgeübten Tätigkeit bezieht, im anderen Staat besteuert werden.

[1] Österreich: „dürfen"/„darf"

(2) Fließen Einkünfte aus einer von einem Künstler oder Sportler in dieser Eigenschaft persönlich ausgeübten Tätigkeit nicht dem Künstler oder Sportler selbst, sondern einer anderen Person zu, so können[1] diese Einkünfte ungeachtet des Artikels 15 in dem Vertragsstaat besteuert werden, in dem der Künstler oder Sportler seine Tätigkeit ausübt.

[1] Österreich: „dürfen"/„darf"

Ruhegehälter

Art. 18 Vorbehaltlich des Artikels 19 Absatz 2 können[1] Ruhegehälter und ähnliche Vergütungen, die einer in einem Vertragsstaat ansässigen Person für frühere unselbständige Arbeit gezahlt werden, nur in diesem Staat besteuert werden.

[1] Österreich: „dürfen"/„darf"

Öffentlicher Dienst

Art. 19 (1)

a) Gehälter, Löhne und ähnliche Vergütungen, ausgenommen Ruhegehälter, die von einem Vertragsstaat oder einer seiner Gebietskörperschaften[1] an eine natürliche Person für die diesem Staat oder der Gebietskörperschaft[1] geleisteten Dienste gezahlt werden, können[2] nur in diesem Staat besteuert werden.

[1] Schweiz: „politische Unterabteilung oder lokale Körperschaft"
[2] Österreich: „dürfen"/„darf"

b) Diese Gehälter, Löhne und ähnlichen Vergütungen können[1] jedoch nur im anderen Vertragsstaat besteuert werden, wenn die Dienste in diesem Staat geleistet werden und die natürliche Person in diesem Staat ansässig ist und
   i) ein Staatsangehöriger dieses Staates ist oder
   ii) nicht ausschließlich deshalb in diesem Staat ansässig geworden ist, um die Dienste zu leisten.

[1] Österreich: „dürfen"/„darf"

(2)

a) Ungeachtet des Absatzes 1 können[1] Ruhegehälter oder ähnliche Vergütungen, die von einem Vertragsstaat oder einer seiner Gebietskörperschaften[2] oder aus einem von diesem Staat oder der Gebietskörperschaft errichteten Sondervermögen an eine natürliche Person für die diesem Staat oder der Gebietskörperschaft[2] geleisteten Dienste gezahlt werden, nur in diesem Staat besteuert werden.

[1] Österreich: „dürfen"/„darf"
[2] Schweiz: „politische Unterabteilungen oder lokale Körperschaften"

b) Diese Ruhegehälter oder ähnlichen Vergütungen können[1] jedoch nur im anderen Vertragsstaat besteuert werden, wenn die natürliche Person in diesem Staat ansässig ist und ein Staatsangehöriger dieses Staates ist.

[1] Österreich: „dürfen"/„darf"

(3) Auf Gehälter, Löhne, Ruhegehälter und ähnliche Vergütungen für Dienstleistungen, die im Zusammenhang mit einer Geschäftstätigkeit eines Vertragsstaats oder einer seiner Gebietskörperschaften[1] erbracht werden, sind die Artikel 15, 16, 17 oder 18 anzuwenden.

[1] Schweiz: „politische Unterabteilungen oder lokale Körperschaften"

Studenten

Art. 20 Zahlungen, die ein Student, Praktikant oder Lehrling, der sich in einem Vertragsstaat ausschließlich zum Studium oder zur Ausbildung aufhält und der im anderen Vertragsstaat ansässig ist oder dort unmittelbar vor der Einreise in den erstgenannten Staat ansässig war, für seinen Unterhalt, sein Studium oder seine Ausbildung erhält, dürfen im erstgenannten Staat nicht besteuert werden, sofern diese Zahlungen aus Quellen außerhalb dieses Staates stammen.

Andere Einkünfte

Art. 21 (1) Einkünfte einer in einem Vertragsstaat ansässigen Person, die in den vorstehenden Artikeln nicht behandelt wurden, können[1] ohne Rücksicht auf ihre Herkunft nur in diesem Staat besteuert werden.

[1] Österreich: „dürfen"/„darf"

(2) Absatz 1 ist auf andere Einkünfte als solche aus unbeweglichem Vermögen im Sinne des Artikels 6 Absatz 2 nicht anzuwenden, wenn der in einem Vertragsstaat ansässige Empfänger im anderen Vertragsstaat eine Geschäftstätigkeit durch eine dort gelegene Betriebsstätte ausübt und die Rechte oder Vermögenswerte, für die die Einkünfte gezahlt werden, tatsächlich zu dieser Betriebsstätte gehören. In diesem Fall ist Artikel 7 anzuwenden.

Abschnitt IV
Besteuerung des Vermögens

Vermögen

Art. 22 (1) Unbewegliches Vermögen im Sinne des Artikels 6, das einer in einem Vertragsstaat ansässigen Person gehört und im anderen Vertragsstaat liegt, kann[1] im anderen Staat besteuert werden.

[1] Österreich: „dürfen"/„darf"

(2) Bewegliches Vermögen, das Betriebsvermögen einer Betriebsstätte ist, die ein Unternehmen eines Vertragsstaats im anderen Vertragsstaat hat, kann[1] im anderen Staat besteuert werden.

[1] Österreich: „dürfen"/„darf"

(3) Seeschiffe und Luftfahrzeuge sowie bewegliches Vermögen, das dem Betrieb dieser Schiffe oder Luftfahrzeuge dient, können[1] , wenn sie einem Unternehmen eines Vertragsstaats gehören, das diese Seeschiffe oder Luftfahrzeuge im internationalen Verkehr betreibt, nur in diesem Staat besteuert werden.

[1] Österreich: „dürfen"/„darf"

(4) Alle anderen Vermögensteile einer in einem Vertragsstaat ansässigen Person können[1] nur in diesem Staat besteuert werden.

[1] Österreich: „dürfen"/„darf"

Abschnitt V
Methoden zur Vermeidung der Doppelbesteuerung

Befreiungsmethode

Art. 23 A (1) Bezieht eine in einem Vertragsstaat ansässige Person Einkünfte oder hat sie Vermögen und können[1] diese Einkünfte oder dieses Vermögen nach diesem Abkommen im anderen Vertragsstaat besteuert werden (es sei denn, dieses Abkommen gestattet die Besteuerung durch den anderen Staat allein aufgrund dessen, dass das Einkommen auch von einer in diesem Staat ansässigen Person bezogen wird oder weil sich das Vermögen auch im

Besitz einer in diesem Staat ansässigen Person befindet), so nimmt der erstgenannte Staat vorbehaltlich der Absätze 2 und 3 diese Einkünfte oder dieses Vermögen von der Besteuerung aus.

[1] Österreich: „dürfen"/„darf"

(2) Bezieht eine in einem Vertragsstaat ansässige Person Einkünfte und können[1] diese Einkünfte nach den Artikeln 10 und 11 im anderen Vertragsstaat besteuert werden (es sei denn, diese Artikel gestatten die Besteuerung durch den anderen Staat allein aufgrund dessen, dass das Einkommen auch von einer in diesem Staat ansässigen Person bezogen wird), so rechnet der erstgenannte Staat auf die vom Einkommen dieser Person zu erhebende Steuer den Betrag an, der der im anderen Staat gezahlten Steuer entspricht. Der anzurechnende Betrag darf jedoch den Teil der von der Anrechnung ermittelten Steuer nicht übersteigen, der auf die aus dem anderen Staat bezogenen Einkünfte entfällt.

[1] Österreich: „dürfen"/„darf"

(3) Einkünfte oder Vermögen einer in einem Vertragsstaat ansässigen Person, die nach dem Abkommen von der Besteuerung in diesem Staat auszunehmen sind, können[1] gleichwohl in diesem Staat bei der Festsetzung der Steuer für das übrige Einkommen oder Vermögen der Person einbezogen werden.

[1] Österreich: „dürfen"/„darf"

(4) Absatz 1 gilt nicht für Einkünfte oder Vermögen einer in einem Vertragsstaat ansässigen Person, wenn der andere Vertragsstaat dieses Abkommen so anwendet, dass er diese Einkünfte oder dieses Vermögen von der Besteuerung ausnimmt oder Absatz 2 des Artikels 10 oder des Artikels 11 auf diese Einkünfte anwendet.

Anrechnungsmethode

Art. 23 B (1) Bezieht eine in einem Vertragsstaat ansässige Person Einkünfte oder hat sie Vermögen und können[1] diese Einkünfte oder dieses Vermögen nach diesem Abkommen im anderen Vertragsstaat besteuert werden (es sei denn, dieses Abkommen gestattet die Besteuerung durch den anderen Staat allein aufgrund dessen, dass das Einkommen auch von einer in diesem Staat ansässigen Person bezogen wird oder weil sich das Vermögen auch im Besitz einer in diesem Staat ansässigen Person befindet), so rechnet der erstgenannte Staat

[1] Österreich: „dürfen"/„darf"

a) auf die vom Einkommen dieser Person zu erhebende Steuer den Betrag an, der der im anderen Staat gezahlten Steuer vom Einkommen entspricht;

b) auf die vom Vermögen dieser Person zu erhebende Steuer den Betrag an, der der in dem anderen Vertragsstaat gezahlten Steuer vom Vermögen entspricht.

Der anzurechnende Betrag darf jedoch in beiden Fällen den Teil der vor der Anrechnung ermittelten Steuer vom Einkommen oder vom Vermögen nicht übersteigen, der auf die Einkünfte, die im anderen Staat besteuert werden können[1] oder auf das Vermögen, das dort besteuert werden kann[1], entfällt.

(2) Einkünfte oder Vermögen einer in einem Vertragsstaat ansässigen Person, die nach dem Abkommen von der Besteuerung in diesem Staat auszunehmen sind, können[1] gleichwohl in diesem Staat bei der Festsetzung der Steuer für das übrige Einkommen oder Vermögen der Person einbezogen werden.

[1] Österreich: „dürfen"/„darf"

Abschnitt VI
Besondere Bestimmungen

Gleichbehandlung

Art. 24 (1) Staatsangehörige eines Vertragsstaats dürfen im anderen Vertragsstaat keiner Besteuerung oder damit zusammenhängenden Verpflichtung unterworfen werden, die anders oder belastender ist als die Besteuerung und die damit zusammenhängenden Verpflichtungen, denen Staatsangehörige des anderen Staates unter gleichen Verhältnissen, insbesondere hinsichtlich der Ansässigkeit, unterworfen sind oder unterworfen werden können. Diese Bestimmung gilt ungeachtet des Artikels 1 auch für Personen, die in keinem Vertragsstaat ansässig sind.

(2) Staatenlose, die in einem Vertragsstaat ansässig sind, dürfen in keinem Vertragsstaat einer Besteuerung oder damit zusammenhängenden Verpflichtung unterworfen werden, die anders oder belastender ist als die Besteuerung und die damit zusammenhängenden Verpflichtungen, denen Staatsangehörige des betreffenden Staates unter gleichen Verhältnissen, insbesondere hinsichtlich der Ansässigkeit, unterworfen sind oder unterworfen werden können.

(3) Die Besteuerung einer Betriebsstätte, die ein Unternehmen eines Vertragsstaats im anderen Vertragsstaat hat, darf in dem anderen Staat nicht ungünstiger sein als die Besteuerung von Unternehmen des anderen Staates, die die gleiche Tätigkeit ausüben. Diese Bestimmung ist nicht so auszulegen, als verpflichte sie einen Vertragsstaat, den in dem anderen Vertragsstaat ansässigen Personen Steuerfreibeträge, -vergünstigungen und -ermäßigungen auf Grund des Personenstandes oder der Familienlasten zu gewähren, die er seinen ansässigen Personen gewährt.

(4) Sofern nicht Artikel 9 Absatz 1, Artikel 11 Absatz 6 oder Artikel 12 Absatz 4 anzuwenden ist, sind Zinsen, Lizenzgebühren und andere Entgelte, die ein Unternehmen eines Vertragsstaats an eine im anderen Vertragsstaat ansässige Person zahlt, bei der Ermittlung der steuerpflichtigen Gewinne dieses Unternehmens unter den gleichen Bedingungen wie Zahlungen an eine im erstgenannten Staat ansässige Person zum Abzug zuzulassen. Dementsprechend sind Schulden, die ein Unternehmen eines Vertragsstaats gegenüber einer im anderen Vertragsstaat ansässigen Person hat, bei der Ermittlung des steuerpflichtigen Vermögens dieses Unternehmens unter den gleichen Bedingungen

wie Schulden gegenüber einer im erstgenannten Staat ansässigen Person zum Abzug zuzulassen.

(5) Unternehmen eines Vertragsstaats, deren Kapital ganz oder teilweise unmittelbar oder mittelbar einer im anderen Vertragsstaat ansässigen Person oder mehreren solchen Personen gehört oder ihrer Kontrolle unterliegt, dürfen im erstgenannten Staat keiner Besteuerung oder damit zusammenhängenden Verpflichtung unterworfen werden, die anders oder belastender ist als die Besteuerung und die damit zusammenhängenden Verpflichtungen, denen andere ähnliche Unternehmen des erstgenannten Staates unterworfen sind oder unterworfen werden können.

(6) Dieser Artikel gilt ungeachtet des Artikels 2 für Steuern jeder Art und Bezeichnung.

Verständigungsverfahren*)

*) Siehe auch Erlass BMF „Steuerdialog 2013“ (Nr. 99) und BMF-Info „Verständigungs- und Schiedsverfahren“ (Nr. 109), abgedruckt unter „Erlässe“.

Art. 25 (1) Ist eine Person der Auffassung, dass Maßnahmen eines Vertragsstaats oder beider Vertragsstaaten für sie zu einer Besteuerung führen oder führen werden, die diesem Abkommen nicht entspricht, so kann sie unbeschadet der nach dem innerstaatlichen Recht dieser Staaten vorgesehenen Rechtsmittel ihren Fall der zuständigen Behörde eines der beiden Vertragsstaaten unterbreiten. Der Fall muss innerhalb von drei Jahren nach der ersten Mitteilung der Maßnahme unterbreitet werden, die zu einer dem Abkommen nicht entsprechenden Besteuerung führt.

(2) Hält die zuständige Behörde die Einwendung für begründet und ist sie selbst nicht in der Lage, eine befriedigende Lösung herbeizuführen, so wird sie sich bemühen, den Fall durch Verständigung mit der zuständigen Behörde des anderen Vertragsstaats so zu regeln, dass eine dem Abkommen nicht entsprechende Besteuerung vermieden wird. Die Verständigungsregelung ist ungeachtet der Fristen des innerstaatlichen Rechts der Vertragsstaaten durchzuführen.

(3) Die zuständigen Behörden der Vertragsstaaten werden sich bemühen, Schwierigkeiten oder Zweifel, die bei der Auslegung oder Anwendung des Abkommens entstehen, in gegenseitigem Einvernehmen zu beseitigen. Sie können auch gemeinsam darüber beraten, wie eine Doppelbesteuerung in Fällen vermieden werden kann, die im Abkommen nicht behandelt sind.

(4) Die zuständigen Behörden der Vertragsstaaten können zur Herbeiführung einer Einigung im Sinne der vorstehenden Absätze unmittelbar miteinander verkehren, gegebenenfalls auch durch eine aus ihnen oder ihren Vertretern bestehende gemeinsame Kommission.

(5) Wenn

a) eine Person nach Absatz 1 der zuständigen Behörde eines Vertragsstaats einen Fall mit der Begründung unterbreitet hat, dass Maßnahmen eines Vertragsstaats oder beider Vertragsstaaten für sie zu einer Besteuerung geführt hat, die diesem Abkommen nicht entspricht, und

b) die zuständigen Behörden nicht in der Lage sind, sich gemäß Absatz 2 über die Lösung des Falles innerhalb von zwei Jahren seit dem Tag zu einigen, an dem beiden zuständigen Behörden alle von ihnen zur Behandlung des Falles benötigten Informationen übermittelt wurden,

werden alle ungelösten Fragen des Falles auf schriftlichen Antrag der Person einem Schiedsverfahren unterworfen. Diese ungelösten Fragen werden aber nicht dem Schiedsverfahren unterworfen, wenn zu ihnen bereits eine Gerichtsentscheidung in einem der Staaten ergangen ist. Sofern nicht eine Person, die unmittelbar von dem Fall betroffen ist, die Verständigungsvereinbarung, durch die der Schiedsspruch umgesetzt wird, ablehnt, ist der Schiedsspruch für beide Staaten verbindlich und ungeachtet der Fristen des innerstaatlichen Rechts dieser Staaten durchzuführen. Die zuständigen Behörden dieser Vertragsstaaten regeln in gegenseitigem Einvernehmen die Anwendung dieses Absatzes.

Informationsaustausch*)

*) Siehe auch BMF-Info „Umfassende Amtshilfe im Bereich der Steuern vom Einkommen“ (Nr. 106), BMF-Info „Umfassende Amtshilfe im Bereich der Steuern vom Einkommen (2016)“ (Nr. 112), Erlass BMF „Advance Ruling Austausch“ (Nr. 116), BMF-Info „Umfassende Amtshilfe im Bereich der Steuern vom Einkommen (2017)“ (Nr. 118), BMF-Info „Umfassende Amtshilfe im Bereich der Steuern vom Einkommen (2018)“ (Nr. 120), BMF-Info „Umfassende Amtshilfe im Bereich der Steuern vom Einkommen (2019)“ (Nr. 125) sowie BMF-Info „Umfassende Amtshilfe im Bereich der Steuern vom Einkommen (2020)“ (Nr. 131), abgedruckt unter „Erlässe“.

Art. 26 (1) Die zuständigen Behörden der Vertragsstaaten tauschen die Informationen aus, die zur Durchführung dieses Abkommens oder zur Verwaltung oder Anwendung des innerstaatlichen Rechts betreffend Steuern jeder Art und Bezeichnung, die für Rechnung der Vertragsstaaten oder ihrer Gebietskörperschaften[1] erhoben werden, voraussichtlich erheblich sind, soweit die diesem Recht entsprechende Besteuerung nicht dem Abkommen widerspricht. Der Informationsaustausch ist durch Artikel 1 und 2 nicht eingeschränkt.

[1] Schweiz: „politische Unterabteilungen oder lokale Körperschaften“

(2) Alle Informationen, die ein Vertragsstaat nach Absatz 1 erhalten hat, sind ebenso geheim zu halten wie die auf Grund des innerstaatlichen Rechts dieses Staates beschafften Informationen und dürfen nur den Personen und Behörden (einschließlich der Gerichte und der Verwaltungsbehörden) zugänglich gemacht werden, die mit der Veranlagung oder Erhebung, der Vollstreckung oder Strafverfolgung oder mit der Entscheidung von Rechtsmitteln hinsichtlich der in Absatz 1 genannten Steuern oder mit der Aufsicht über diese Personen oder Behörden befasst sind. Diese Personen oder Behörden dürfen die Informationen

nur für diese Zwecke verwenden. Sie dürfen die Informationen in einem öffentlichen Gerichtsverfahren oder in einer Gerichtsentscheidung offen legen. Ungeachtet des Vorstehenden, können die Informationen, die ein Vertragsstaat erhalten hat, für andere Zwecke verwendet werden, wenn sie nach dem Recht beider Staaten für diesen anderen Zweck verwendet werden können und die zuständige Behörde des übermittelnden Staates diese Verwendung gestattet.

(3) Die Absätze 1 und 2 sind nicht so auszulegen, als verpflichteten sie einen Vertragsstaat,

a) Verwaltungsmaßnahmen durchzuführen, die von den Gesetzen und der Verwaltungspraxis dieses oder des anderen Vertragsstaats abweichen;
b) Informationen zu erteilen, die nach den Gesetzen oder im üblichen Verwaltungsverfahren dieses oder des anderen Vertragsstaats nicht beschafft werden können;
c) Informationen zu erteilen, die ein Handels-, Industrie-, Gewerbe- oder Berufsgeheimnis oder ein Geschäftsverfahren preisgeben würden oder deren Erteilung dem Ordre public[1] widerspräche.

[1] Bundesrepublik Deutschland: „der öffentlichen Ordnung“

(4) Wenn ein Vertragsstaat in Übereinstimmung mit diesem Artikel um Erteilung von Informationen ersucht, wendet der andere Vertragsstaat zur Beschaffung der Informationen seine innerstaatlichen Ermittlungsbefugnisse an, auch wenn er die Informationen nicht für seine eigenen Steuerzwecke benötigt. Die Verpflichtung unterliegt den Beschränkungen des Absatzes 3; diese sind aber nicht so auszulegen, als erlaubten sie einem Vertragsstaat, die Erteilung der Informationen abzulehnen, nur weil er kein eigenes Interesse an ihnen hat.

(5) Absatz 3 ist nicht so auszulegen, als erlaube er einem Vertragsstaat, die Erteilung von Informationen abzulehnen, nur weil sie sich im Besitz einer Bank, einer anderen Finanzinstitution, eines Beauftragten, Bevollmächtigten oder Treuhänders befinden oder weil sie sich auf Beteiligungen an einer Person beziehen.

Amtshilfe bei der Erhebung[1] von Steuern

[1] Österreich: „Vollstreckung“/„vollstreckt“

Art. 27 (1) Die Vertragsstaaten leisten sich gegenseitige Amtshilfe bei der Erhebung[1] von Steueransprüchen[2]. Diese Amtshilfe ist durch Artikel 1 und 2 nicht eingeschränkt. Die zuständigen Behörden der Vertragsstaaten können in gegenseitigem Einvernehmen regeln, wie dieser Artikel durchzuführen ist.

[1] Österreich: „Vollstreckung“/„vollstreckt“
[2] Österreich: „Abgabenanspruch“/„Abgabenansprüchen“

(2) Der in diesem Artikel verwendete Ausdruck „Steueranspruch“[1] bedeutet einen Betrag, der auf Grund von Steuern jeder Art und Bezeichnung, die für Rechnung der Vertragsstaaten oder einer ihrer Gebietskörperschaften[2] erhoben werden, geschuldet wird, soweit die Besteuerung diesem Abkommen oder anderen völkerrechtlichen Übereinkünften, denen die Vertragsstaaten beigetreten sind, nicht widerspricht, sowie mit diesem Betrag zusammenhängende Zinsen, Geldbußen[3] und Kosten der Erhebung[4] oder Sicherung.

[1] Österreich: „Abgabenanspruch“/„Abgabenansprüchen“
[2] Schweiz: „politische Unterabteilungen oder lokale Körperschaften“
[3] Österreich: „verwaltungsbehördliche Geldstrafen“
[4] Österreich: „Vollstreckung“/„vollstreckt“

(3) Ist der Steueranspruch[1] eines Vertragsstaats nach dem Recht dieses Staates vollstreckbar und wird er von einer Person geschuldet, die zu diesem Zeitpunkt nach dem Recht dieses Staates die Erhebung[2] nicht verhindern kann, wird dieser Steueranspruch[1] auf Ersuchen der zuständigen Behörde dieses Staates für die Zwecke der Erhebung[3] von der zuständigen Behörde des anderen Vertragsstaats anerkannt. Der Steueranspruch[1] wird vom anderen Staat nach dessen Rechtsvorschriften über die Vollstreckung und Erhebung[2] seiner eigenen Steuern erhoben[3], als handele es sich bei dem Steueranspruch[1] um einen Steueranspruch[1] des anderen Staates.

[1] Österreich: „Abgabenanspruch“/„Abgabenansprüchen“
[2] Österreich: „Einbringung und Vollstreckung“
[3] Österreich: „Vollstreckung“/„vollstreckt“

(4) Handelt es sich bei dem Steueranspruch[1] eines Vertragsstaats um einen Anspruch, bei dem dieser Staat nach seinem Recht Maßnahmen zur Sicherung der Erhebung[2] einleiten kann, wird dieser Steueranspruch[1] auf Ersuchen der zuständigen Behörde dieses Staates zum Zwecke der Einleitung von Sicherungsmaßnahmen von der zuständigen Behörde des anderen Vertragsstaats anerkannt. Der andere Staat leitet nach seinen Rechtsvorschriften Sicherungsmaßnahmen in Bezug auf diesen Steueranspruch[1] ein, als wäre der Steueranspruch[1] ein Steueranspruch[1] dieses anderen Staates, selbst wenn der Steueranspruch[1] im Zeitpunkt der Einleitung dieser Maßnahmen im erstgenannten Staat nicht vollstreckbar ist oder von einer Person geschuldet wird, die berechtigt ist, die Erhebung[2] zu verhindern.

[1] Österreich: „Abgabenanspruch“/„Abgabenansprüchen“
[2] Österreich: „Vollstreckung“/„vollstreckt“

(5) Ungeachtet der Absätze 3 und 4 unterliegt ein von einem Vertragsstaat für Zwecke der Absätze 3 oder 4 anerkannter Steueranspruch[1] als solcher in diesem Staat nicht den Verjährungsfristen oder den Vorschriften über die vorrangige Behandlung eines Steueranspruchs[1] nach dem Recht dieses Staates. Ferner hat ein Steueranspruch[1], der von einem Vertragsstaat für Zwecke der Absätze 3 oder 4 anerkannt wurde, in diesem Staat nicht den Vorrang, den dieser Steueranspruch[1] nach dem Recht des anderen Vertragsstaats hat.

[1] Österreich: „Abgabenanspruch“/„Abgabenansprüchen“

(6) Verfahren im Zusammenhang mit dem Bestehen, der Gültigkeit oder der Höhe des Steueranspruchs[1] eines Vertragsstaats können nicht bei den

Gerichten oder Verwaltungsbehörden des anderen Vertragsstaats eingeleitet werden.

[1] Österreich: „Abgabenanspruch"/„Abgabenansprüchen"

(7) Verliert der betreffende Steueranspruch[1] , nachdem das Ersuchen eines Vertragsstaats nach den Absätzen 3 oder 4 gestellt wurde und bevor der andere Vertragsstaat den betreffenden Steueranspruch[1] erhoben[2] und an den erstgenannten Staat ausgezahlt hat,

[1] Österreich: „Abgabenanspruch"/„Abgabenansprüchen"
[2] Österreich: „Vollstreckung"/„vollstreckt"

a) im Falle eines Ersuchens nach Absatz 3 seine Eigenschaft als Steueranspruch[1] des erstgenannten Staates, der nach dem Recht dieses Staates vollstreckbar ist und von einer Person geschuldet wird, die zu diesem Zeitpunkt nach dem Recht dieses Staates die Erhebung[2] nicht verhindern kann, oder

b) im Falle eines Ersuchens nach Absatz 4 seine Eigenschaft als Steueranspruch[1] des erstgenannten Staates, für den dieser Staat nach seinem Recht Maßnahmen zur Sicherung der Erhebung[2] einleiten kann,

teilt die zuständige Behörde des erstgenannten Staates dies der zuständigen Behörde des anderen Staates unverzüglich mit, und nach Wahl des anderen Staates setzt der erstgenannte Staat das Ersuchen entweder aus oder nimmt es zurück.

(8) Dieser Artikel ist nicht so auszulegen, als verpflichte er einen Vertragsstaat,

a) Verwaltungsmaßnahmen durchzuführen, die von den Gesetzen und der Verwaltungspraxis dieses oder des anderen Vertragsstaats abweichen;

b) Maßnahmen durchzuführen, die dem Ordre public[1] widersprächen;

[1] Bundesrepublik Deutschland: „der öffentlichen Ordnung"

c) Amtshilfe zu leisten, wenn der andere Vertragsstaat nicht alle angemessenen Maßnahmen zur Erhebung[1] oder Sicherung, die nach seinen Gesetzen oder seiner Verwaltungspraxis möglich sind, ausgeschöpft hat;

[1] Österreich: „Vollstreckung"/„vollstreckt"

d) Amtshilfe in Fällen zu leisten, in denen der Verwaltungsaufwand für diesen Staat in einem eindeutigen Missverhältnis zu dem Nutzen steht, den der andere Vertragsstaat dadurch erlangt.

Mitglieder diplomatischer Missionen und konsularischer Vertretungen

Art. 28 Dieses Abkommen berührt nicht die steuerlichen Vorrechte, die den Mitgliedern diplomatischer Missionen und konsularischer Vertretungen nach den allgemeinen Regeln des Völkerrechts oder auf Grund besonderer Übereinkünfte zustehen.

Anspruch auf Vergünstigungen

Art. 29 (1) [Eine Regelung, die vorbehaltlich der Absätze 3 bis 5 die Vergünstigungen unter diesem Abkommen auf eine in einem Vertragsstaat ansässige Person beschränkt, die im Sinne des Absatz 2 eine „qualifizierte Person" ist].

(2) [Begriffsbestimmung für Situationen, in denen eine ansässige Person eine qualifizierte Person ist, unter Einbeziehung

– einer natürlichen Person;
– eines Vertragsstaats, dessen Gebietskörperschaften[1] und deren Behörden und Institutionen;

[1] Schweiz: „politische Unterabteilungen oder lokale Körperschaften"

– bestimmter börsennotierter Gesellschaften und Unternehmen;
– bestimmter verbundener Unternehmen öffentlich notierter Gesellschaften und Unternehmen;
– bestimmter gemeinnütziger Organisationen und anerkannter Pensionsfonds;
– anderer Rechtsträger, die bestimmte Anforderungen in Bezug auf Beteiligungsverhältnisse und Gewinnkürzung erfüllen sowie
– bestimmte kollektive Investmentvehikel.]

(3) [Eine Regelung, die Vergünstigungen unter diesem Abkommen für Einkünfte vorsieht, die von einer Person bezogen werden, die keine qualifizierte Person ist, wenn die Person aktiv eine Geschäftstätigkeit im Staat ihrer Ansässigkeit ausübt und die Einkünfte von dieser Geschäftstätigkeit herrühren oder im Zusammenhang mit ihr stehen].

(4) [Eine Regelung, die Vergünstigungen unter diesem Abkommen für eine Person vorsieht, die keine qualifizierte Person ist, wenn zumindest mehr als ein vereinbarter Anteil dieses Rechtsträgers bestimmten Personen gehört, die einen Anspruch auf gleichwertige Vergünstigungen besitzen].

(5) [Eine Regelung, die Vergünstigungen unter diesem Abkommen für eine Person vorsieht, die als „Stammsitz des Unternehmens" qualifiziert ist].

(6) [Eine Regelung, die es der zuständigen Behörde eines Vertragsstaats gestattet, einer Person bestimmte Vergünstigungen unter diesem Abkommen zu gewähren, die andernfalls gemäß Absatz 1 zu verweigern wären].

(7) [Begriffsbestimmungen, die auf die Absätze 1 bis 7 anwendbar sind].

(8)

a) Wenn

(i) ein Unternehmen eines Vertragsstaats Einkünfte aus dem anderen Vertragsstaat bezieht und der erstgenannte Staat diese Einkünfte als einer Betriebsstätte eines in einem Drittstaat ansässigen Unternehmens zurechenbar behandelt und

(ii) die dieser Betriebsstätte zurechenbaren Gewinne von der Besteuerung im erstgenannten Staat befreit sind,

so gelten die Vergünstigungen unter diesem Abkommen nicht für Einkünfte, für die die Steuer im Drittstaat geringer ist als als der kleinere Wert von [Steuersatz bilateral zu bestimmen] auf den Betrag dieser Einkünfte oder 60 v. H. der Steuern, die im erstgenannten Staat auf diese Einkünfte erhoben würden, wenn diese Betriebsstätte im erstgenannten Staat gelegen wäre. In diesem Fall bleiben alle Einkünfte, auf die die Bestimmungen dieses Absatzes anwendbar sind, unbeschadet aller anderen Bestimmungen dieses Abkommens steuerpflichtig unter dem nationalen Recht des anderen Staates.

b) Die vorstehenden Bestimmungen dieses Absatzes gelten nicht, wenn die aus dem anderen Vertragsstaat bezogenen Einkünfte von einer aktiven Geschäftstätigkeit herrühren, die über eine Betriebsstätte ausgeübt wird oder im Zusammenhang mit dieser Geschäftstätigkeit stehen (ausgenommen hiervon ist das Geschäft der Tätigung oder Verwaltung oder des einfachen Haltens von Investitionen auf eigene Rechnung des Unternehmens, es sei denn, es handelt sich um Aktivitäten im Banken- oder Versicherungswesen oder mit Bezug auf Wertpapiere, die entsprechend von einer Bank, einem Versicherungsunternehmen oder einem registrierten Wertpapierhändler ausgeübt werden).

c) Werden die Vergünstigungen unter diesem Abkommen aufgrund der vorstehenden Bestimmungen dieses Absatzes hinsichtlich der Einkünfte einer in einem Vertragsstaat ansässigen Person verweigert, kann die zuständige Behörde des anderen Vertragsstaats diese Vergünstigungen hinsichtlich solcher Einkünfte dennoch gewähren, wenn die zuständige Behörde auf Anfrage dieser ansässigen Person befindet, dass die Gewährung dieser Vergünstigungen angesichts der Gründe, aus denen diese ansässige Person die Anforderungen unter diesem Absatz nicht erfüllt hat (wie etwa das Vorliegen von Verlusten), gerechtfertigt ist. Die zuständige Behörde des Vertragsstaats, bei welcher ein Antrag im Sinne des vorstehenden Satzes gestellt worden ist, berät sich mit der zuständigen Behörde des anderen Vertragsstaats, bevor sie dem Antrag zustimmt oder ihn ablehnt.

(9) Unbeschadet der anderen Bestimmungen dieses Abkommens ist eine Vergünstigung unter diesem Abkommen mit Bezug auf Einkünfte oder Vermögen nicht zu gewähren, wenn unter Berücksichtigung aller maßgeblichen Sachverhalte der Schluss zulässig ist, dass die Erlangung dieser Vergünstigung einer der Hauptzwecke einer Abmachung oder einer Transaktion war, die unmittelbar oder mittelbar zu dieser Vergünstigung geführt hat, es sei denn, es wird nachgewiesen, dass die Gewährung dieser Vergünstigung unter den gegebenen Umständen im Einklang mit dem Ziel und Zweck der maßgeblichen Bestimmungen dieses Abkommens stünde.

Ausdehnung[1] des räumlichen Geltungsbereichs

[1] Bundesrepublik Deutschland: „Erstreckung"/„erstreckt"

Art. 30 (1) Dieses Abkommen kann entweder als Ganzes oder mit den erforderlichen Änderungen [auf jeden Teil des Hoheitsgebiets (des Staates A) oder (des Staates B), der ausdrücklich von der Anwendung des Abkommens ausgeschlossen ist, oder][2] auf jeden anderen Staat oder jedes andere Hoheitsgebiet ausgedehnt[1] werden, dessen internationale Beziehungen von (Staat A) oder (Staat B) wahrgenommen werden und in dem Steuern erhoben werden, die im Wesentlichen den Steuern ähnlich sind, für die das Abkommen gilt. Eine solche Ausdehnung[1] wird von dem Zeitpunkt an und mit den Änderungen und Bedingungen, einschließlich der Bedingungen für die Beendigung, wirksam, die zwischen den Vertragsstaaten durch auf diplomatischem Weg auszutauschende Noten oder auf andere, den Verfassungen dieser Staaten entsprechende Weise vereinbart werden.

[2] Die Worte in eckigen Klammern gelten, wenn das Abkommen auf Grund einer besonderen Bestimmung für einen Teil des Hoheitsgebiets eines Vertragsstaats nicht anzuwenden ist.

(2) Haben die beiden Vertragsstaaten nichts anderes vereinbart, so wird mit der Kündigung durch einen Vertragsstaat nach Artikel 30 die Anwendung des Abkommens in der in jenem Artikel vorgesehenen Weise auch [für jeden Teil des Hoheitsgebiets (des Staates A) oder (des Staates B) oder] für Staaten oder Hoheitsgebiete beendet, auf die das Abkommen nach diesem Artikel ausgedehnt[1] worden ist.

[1] Bundesrepublik Deutschland: „Erstreckung"/„erstreckt"

Abschnitt VII
Schlussbestimmungen

Inkrafttreten

Art. 31 (1) Dieses Abkommen bedarf der Ratifikation; die Ratifikationsurkunden werden so bald wie möglich in … ausgetauscht.

(2) Das Abkommen tritt mit dem Austausch der Ratifikationsurkunden in Kraft, und seine Bestimmungen finden Anwendung

a) (in Staat A): …

b) (in Staat B): …

Kündigung

Art. 32 Dieses Abkommen bleibt in Kraft, solange es nicht von einem Vertragsstaat gekündigt wird. Jeder Vertragsstaat kann nach dem Jahr … das Abkommen auf diplomatischem Weg unter Einhaltung einer Frist von mindestens sechs Monaten zum Ende eines Kalenderjahres kündigen.

In diesem Fall findet das Abkommen nicht mehr Anwendung

a) (in Staat A): …

b) (in Staat B): …

Schlussklausel

Anmerkung: Die Schlussklausel über die Unterzeichnung richtet sich nach den verfassungsrechtlichen Verfahren der beiden Vertragsstaaten.

17. Bundesabgabenordnung

Inhaltsverzeichnis

17/1. Bundesabgabenordnung .... Seite 593

17/2. Verordnungen

17/2/7. Verordnung über Erleichterungen bei der Führung von Büchern und Aufzeichnungen, bei der Registrierkassenpflicht und bei der Belegerteilungspflicht **(Barumsatzverordnung 2015 – BarUV 2015)**, BGBl II 2015/247 idF BGBl II 2016/209 .... Seite 686

17/1. Bundesabgabenordnung

Bundesabgabenordnung, BGBl 1961/194 idF

1 BGBl 1965/201
2 BGBl 1966/141 (VfGH)
3 BGBl 1969/134
4 BGBl 1972/224
5 BGBl 1972/262
6 BGBl 1973/577
7 BGBl 1974/472 (VfGH)
8 BGBl 1974/787
9 BGBl 1976/667
10 BGBl 1977/48 (VfGH)
11 BGBl 1977/320
12 BGBl 1980/151
13 BGBl 1981/336
14 BGBl 1981/620
15 BGBl 1982/201
16 BGBl 1983/587
17 BGBl 1984/409 (VfGH)
18 BGBl 1984/531
19 BGBl 1985/557
20 BGBl 1986/325
21 BGBl 1987/73 (VfGH)
22 BGBl 1987/312
23 BGBl 1987/663
24 BGBl 1988/412
25 BGBl 1989/660 (AbgÄG 1989)
26 BGBl 1991/10 (FBG)
27 BGBl 1991/457 (VfGH)
28 BGBl 1992/448
29 BGBl 1992/449
30 BGBl 1992/648 (VfGH)
31 BGBl 1993/12
32 BGBl 1993/257
33 BGBl 1993/532 (BWG)
34 BGBl 1993/583 (VfGH)
35 BGBl 1993/694 (PSG)
36 BGBl 1993/818 (StRefG 1993)
37 BGBl 1994/611 (VfGH)
38 BGBl 1994/680 (AbgÄG 1994)
39 BGBl 1994/681
40 BGBl 1994/682
41 BGBl 1996/201 (StruktAnpG 1996)
42 BGBl 1996/411 (SRÄG 1996)
43 BGBl 1996/797 (AbgÄG 1996)
44 BGBl I 1997/70
45 BGBl I 1998/9 (AbgÄG 1997)
46 BGBl I 1999/28 (AbgÄG 1998)
47 BGBl I 1999/106 (StRefG 2000)
48 BGBl I 1999/164
49 BGBl I 2000/142
50 BGBl I 2001/59 (EuroStUG 2001)
51 BGBl I 2001/144 (AbgÄG 2001)
52 BGBl I 2002/84 (AbgÄG 2002)
53 BGBl I 2002/97 (AbgRmRefG)
54 BGBl I 2002/132 (2. AbgÄG 2002)
55 BGBl I 2002/155
56 BGBl I 2003/71 (BugetbegleitG 2003)
57 BGBl I 2003/124 (AbgÄG 2003)
58 BGBl I 2004/57 (StReformG 2005)
59 BGBl I 2004/180 (AbgÄG 2004)
60 BGBl I 2005/2 (VfGH)
61 BGBl I 2005/161 (AbgÄG 2005)
62 BGBl I 2006/99 (BetrbG 2006)
63 BGBl I 2006/100 (StruktAnpG 2006)
64 BGBl I 2006/143 (UFSG-Nov. 2006)
65 BGBl I 2007/24 (BudBG 2007)
66 BGBl I 2007/99 (AbgSiG 2007)
67 BGBl I 2008/2 (1. BVRBG)
68 BGBl I 2008/65
69 BGBl I 2008/85 (SchenkMG 2008)
70 BGBl I 2009/20 (AbgVRRefG)
71 BGBl I 2009/52 (BudBG 2009)
72 BGBl I 2009/135 (EPG)
73 BGBl I 2010/9
74 BGBl I 2010/34 (AbgÄG 2010)
75 BGBl I 2010/58 (IRÄ-BG)
76 BGBl I 2010/105 (BBKG 2010)
77 BGBl I 2010/111 (BudBG 2011)
78 BGBl I 2011/76 (AbgÄG 2011)
79 BGBl I 2011/112 (BudBG 2012)
80 BGBl I 2012/22 (1. StabG 2012)
81 BGBl I 2012/112 (AbgÄG 2012)
82 BGBl I 2013/14 (FVwGG 2012)
83 BGBl I 2013/70 (VerwG-AnpG)
84 BGBl I 2014/13 (AbgÄG 2014)
85 BGBl I 2014/40 (BudgBG 2014)
86 BGBl I 2014/105 (2. AbgÄG 2014)
87 BGBl I 2015/118 (StRefG 2015/16)
88 BGBl I 2015/160 (GG 2015)
89 BGBl I 2015/163 (AbgÄG 2015)
90 BGBl I 2016/77 (EU-AbgÄG 2016)
91 BGBl I 2016/117 (AbgÄG 2016)
92 BGBl I 2017/40 (DeregG 2017)
93 BGBl I 2017/136
94 BGBl I 2018/3 (VfGH)
95 BGBl I 2018/32 (Mat-DS-AnpG 2018)
96 BGBl I 2018/62 (JStG 2018)

97 BGBl I 2018/104
98 BGBl I 2019/62 (EU-FinAnpG 2019)
99 BGBl I 2019/91 (AbgÄG 2020)
100 BGBl I 2019/103 (StRefG 2020)
101 BGBl I 2019/104 (FORG)
102 BGBl I 2020/2 (VfGH)
103 BGBl I 2020/16 (2. COVID-19-Gesetz)
104 BGBl I 2020/23 (3. COVID-19-Gesetz)
105 BGBl I 2020/44 (18. COVID-19-Gesetz)
106 BGBl I 2020/96 (KonStG 2020)
107 BGBl I 2020/99 (2. FORG)
108 BGBl I 2021/3 (COVID-19-StMG)
109 BGBl I 2021/25
110 BGBl I 2021/29
111 BGBl I 2021/47
112 BGBl I 2021/52 (2. COVID-19-StMG)
113 BGBl I 2021/140
114 BGBl I 2021/228
115 BGBl I 2022/108 (AbgÄG 2022)

GLIEDERUNG

1. Abschnitt: Allgemeine Bestimmungen

§§ 1–3a. Anwendungsbereich des Gesetzes
§§ 4, 5. A. Entstehung des Abgabenanspruches
§§ 6–19. B. Gesamtschuld, Haftung und Rechtsnachfolge

C. Abgabenrechtliche Grundsätze und Begriffsbestimmungen

§ 20. 1. Ermessen
§§ 21, 22. 2. Wirtschaftliche Betrachtungsweise
§ 23. 3. Scheingeschäfte, Formmängel, Anfechtbarkeit
§ 24. 4. Zurechnung
§ 25. 5. Angehörige
§§ 26, 27. 6. Wohnsitz, Aufenthalt, Sitz
§§ 28–33. 7. Gewerbebetrieb, Betriebsstätte, wirtschaftlicher Geschäftsbetrieb, Vermögensverwaltung
§§ 34–47. 8. Gemeinnützige, mildtätige und kirchliche Zwecke
§ 48. D. Verhältnis zum Ausland
§§ 48a–48c. E. Abgabenrechtliche Geheimhaltungspflicht
§§ 48d–48i. F. Datenschutz
§ 48j. G. Verwendung technischer Einrichtungen zur Wort- und Bildübertragung

2. Abschnitt: Abgabenbehörden und Parteien

A. Abgabenbehörden

1. Allgemeine Bestimmungen

§ 49. Bundesfinanzverwaltung
§ 50. Abgabenbehörden der Länder und Gemeinden
§ 51. Zuständigkeit
§ 52. Zuständigkeitsstreit
§ 53. Vorgehen bei Unzuständigkeit
§ 54. Befugnisse der Abgabenbehörden des Bundes
§ 54a. Unterstützungsleistungen innerhalb der Bundesfinanzverwaltung

2. Bundesminister für Finanzen

§ 55. Zuständigkeit

3. Finanzämter

§ 56. Organisation
§ 57. Übertragung der Zuständigkeit
§ 58. Übergang der Zuständigkeit
§ 59. Beschwerdeverfahren
§ 60. Zuständigkeit des Finanzamtes Österreich
§ 61. Zuständigkeit des Finanzamtes für Großbetriebe

4. Zollamt Österreich

§ 62. Organisation
§ 63. Zuständigkeit

5. Zentrale Services

§ 64. Organisation und Aufgaben
§§ 65–75. (aufgehoben)
§ 76. 6. Befangenheit von Organen der Abgabenbehörden

B. Parteien und deren Vertretung

§§ 77–79. 1. Allgemeine Bestimmungen
§§ 80–84. 2. Vertreter

3. Abschnitt: Verkehr zwischen Abgabenbehörden, Parteien und sonstigen Personen

§§ 85–86b. A. Anbringen
§§ 87, 88. B. Niederschriften
§ 89. C. Aktenvermerke
§§ 90–90b. D. Akteneinsicht
§ 91. E. Vorladungen
§§ 92–97a. F. Erledigungen
§§ 98–105. G. Zustellungen
§§ 106, 107. (aufgehoben)
§§ 108–110. H. Fristen
§§ 111–112a. J. Zwangs-, Ordnungs- und Mutwillensstrafen
§ 113. K. Rechtsbelehrung

4. Abschnitt: Allgemeine Bestimmungen über die Erhebung der Abgaben

§§ 114–116. A. Grundsätzliche Anordnungen

§ 117. (aufgehoben)

B. Auskunftsbescheid, Forschungsbestätigung und multilaterale Risikobewertung

§ 118. Auskunftsbescheid

§ 118a. Forschungsbestätigung

§ 118b. Multilaterale Risikobewertung

C. Obliegenheiten der Abgabepflichtigen

§ 119. 1. Offenlegungs- und Wahrheitspflicht

§§ 120–123. 2. Schenkungsmeldung und andere Anzeigepflichten

§§ 124–132b. 3. Führung von Büchern und Aufzeichnungen, Belegerteilungsverpflichtung

§§ 133–140. 4. Abgabenerklärungen

§§ 141, 142. 5. Hilfeleistung bei Amtshandlungen

D. Befugnisse der Abgabenbehörden

§§ 143–146. 1. Allgemeine Aufsichtsmaßnahmen

1a. besondere Befugnisse

§ 146a. Betretungsrecht

§ 146b. Identitätsfeststellungsrecht

2. Außenprüfungen

§§ 147–153.

2a. Begleitende Kontrolle

§ 153a. Merkmale der begleitenden Kontrolle

§ 153b. Antrag auf begleitende Kontrolle

§ 153c. Prüfung des Antrags auf begleitende Kontrolle

§ 153d. Wechsel in die begleitende Kontrolle

§ 153e. Umfang der begleitenden Kontrolle

§ 153f. Rechte und Pflichten während der begleitenden Kontrolle

§ 153g. Beendigung der begleitenden Kontrolle

§§ 154–157. **3. Besondere Überwachungsmaßnahmen**

§§ 158–160. **E. Beistandspflicht**

5. Abschnitt: Ermittlung der Grundlagen für die Abgabenerhebung und Festsetzung der Abgaben

A. Ermittlungsverfahren

§§ 161–165. **1. Prüfung der Abgabenerklärungen**

2. Beweise

§§ 166, 167. a) Allgemeine Bestimmungen

§ 168. b) Urkunden

§§ 169–176. c) Zeugen

§§ 177–181. d) Sachverständige

§ 182. e) Augenschein

§ 183. f) Beweisaufnahme

§ 184. **3. Schätzung der Grundlagen für die Abgabenerhebung**

§§ 185–193. **B. Gesonderte Feststellungen**

C. Steuermeßbeträge

§§ 194, 195. 1. Festsetzung der Steuermeßbeträge

§§ 196, 197. 2. Zerlegung und Zuteilung

§§ 198–204. **D. Festsetzung der Abgaben**

§ 205. Anspruchszinsen

§§ 205a, 205b. Beschwerdezinsen

§ 205c. Umsatzsteuerzinsen

§ 206. Abstandnahme von der Abgabenfestsetzung

§§ 207–209a. **E. Verjährung**

§ 209b. (aufgehoben)

6. Abschnitt: Einhebung der Abgaben

A. Fälligkeit, Entrichtung und Nebengebühren im Einhebungsverfahren

§§ 210–216. 1. Fälligkeit und Entrichtung

§§ 217–218. 2. Säumniszuschläge

§§ 219a–221a. (aufgehoben)

B. Sicherheitsleistung und Geltendmachung von Haftungen

§§ 222, 223. 1. Sicherheitsleistung

§§ 224, 225. 2. Geltendmachung von Haftungen

§§ 226–228. **C. Vollstreckbarkeit**

D. Allgemeine Bestimmungen über die Einbringung und Sicherstellung

§§ 229, 229a. 1. Rückstandsausweis

§ 230. 2. Hemmung der Einbringung

§ 231. 3. Aussetzung der Einbringung

§§ 232, 233. 4. Sicherstellung

§ 234. (aufgehoben)

§§ 235–237. **E. Abschreibung (Löschung und Nachsicht) und Entlassung aus der Gesamtschuld**

§ 238. **F. Verjährung fälliger Abgaben**

§§ 239–241. **G. Rückzahlung**

§ 241a. **Rückforderungen**

§§ 242, 242a. **H. Behandlung von Kleinbeträgen**

7. Abschnitt: Rechtsschutz

A. Ordentliche Rechtsmittel

§§ 243, 244. 1. Beschwerden an Verwaltungsgerichte

§§ 245–249. 2. Einbringung der Beschwerde

§§ 250–254. 3. Inhalt und Wirkung der Beschwerde

§ 255. 4. Verzicht auf Beschwerde
§ 256. 5. Zurücknahme der Beschwerde
§§ 257–259. 6. Beitritt zur Beschwerde
§ 260. 7. Zurückweisung der Beschwerde
§ 261. 8. Gegenstandsloserklärung der Beschwerde
§§ 262, 263. 9. Beschwerdevorentscheidung
§ 264. 10. Vorlageantrag
§§ 265, 266. 11. Vorlage der Beschwerde und der Akten
§ 267. 12. Verbindung mehrerer Beschwerden
§ 268. 13. Ablehnung wegen Befangenheit oder Wettbewerbsgefährdung
§ 269. 14. Ermittlungen
§ 270. 15. Kein Neuerungsverbot
§§ 271, 271a. 16. Aussetzung der Entscheidung
§§ 272–277. 17. Verfahren
§§ 278–281. 18. Erkenntnisse und Beschlüsse
§ 281a. 18a. Verständigung
§ 282. 19. Vollstreckung
§ 283. 20. Maßnahmenbeschwerde
§§ 284–286. 21. Säumnisbeschwerde
§ 287. 22. Nebenansprüche
§ 288. 23. Zweistufiger Instanzenzug bei Gemeinden
§ 289. 24. Klaglosstellung
§ 290. 25. Antrag auf Vorabentscheidung
§ 291. 26. Entscheidungspflicht
§ 292. 27. Verfahrenshilfe

B. Sonstige Maßnahmen

§§ 293–302. 1. Abänderung, Zurücknahme und Aufhebung
§§ 303–307. 2. Wiederaufnahme des Verfahrens
§§ 308–311a. 3. Wiedereinsetzung in den vorigen Stand

8. Abschnitt: Kosten

§§ 312–313a. A. Allgemeine Bestimmungen
§§ 314–316. B. Kosten im Verbrauchsteuer- und Monopolverfahren

9. Abschnitt: Übergangs- und Schlußbestimmungen

§§ 317–323a.
§ 323b. Übergangsbestimmungen im Zusammenhang mit der Finanz-Organisationsreform 2020
§ 323c. Sonderregelungen aufgrund der Maßnahmen zur Bekämpfung von COVID-19
§ 323d. Unterbrechung von Verfahren
§ 323e. COVID-19-Ratenzahlungsmodell
§ 324.

STICHWORTVERZEICHNIS

A

Abänderung von Bescheiden
  – im Rechtsmittelverfahren 263, 279
  – von Amts wegen 212, 212a, 293–303
Abgaben, Abschreibung 235, 236
  – Definition 3
  – Einbringung 229–233
  – Entrichtung 211–216
  – Erhebung 114–116
  – Erhöhungen 3
  – Fälligkeit 210
  – Festsetzung 198–206
  – Haftung 7–18, 224, 225
  – Löschung 235
  – Nachsicht 236
  – Rückzahlung 239–241
  – Selbstberechnung 201, 202, 214 (4)
  – Sicherstellung 232, 233
  – Verjährung 207–209a, 238, 302, 304
Abgabenanspruch, Entstehung 4, 5
Abgabenbehörde
  – Allgemeine Bestimmungen 49–50
  – Befugnisse 143–159
  – Beistandspflicht 158
  – Entscheidungspflicht 85a, 291
Abgabenbehördliche Prüfungen 147–153
Abgabenbescheid 92, 93, 198, 199, 201
  – vorläufiger 200
Abgabenerklärung 133–140, 209a (4), 293b
  – Prüfung der 161–165
Abgabenrechtliche Geheimhaltungspflicht 48a, 48c
Abgabenvorschriften, Begriff 3 (3)
Abgabepflichtiger 77
  – Obliegenheiten 119, 120, 136 ff
Abgeltungen 2, 207, 208
Abrechnungsbescheid 216
Abrundung 204
Abzugsteuern 240
Akteneinsicht 90, 90a, 90b
Aktenvermerke 89, 95, 113
Allgemeine Aufsichtsmaßnahmen 143–146
Amtshandlungen, Hilfeleistung bei 141, 142
Amtshilfe 158, 183 (2)
Amtssprache 131 (1)
Amtsstunden 85 (3)
Amtsverschwiegenheit 158, 170
Anbringen 85, 86, 86a, 103
Anfechtbarkeit 23
Angehörige 25, 76, 83 (4), 121a (2), 171
Angestellte 83, 171
Anspruchszinsen 3 (2), 205, 207 (2)
Anwendungsbereich der BAO 1–3
Anzahlungen 205
Anzeigepflicht 41, 41a, 48b (1), 120–123
Artfortschreibung 193
Aufbewahrung von Büchern 124, 132
Aufenthalt 26, 70
Aufhebung von Bescheiden 263, 264 (7), 278, 279, 295 (4), 299, 300, 302

Aufrechnung 215, 239
Aufrundung 204
Aufzeichnungsvorschriften 124–132
Augenschein 87 (2), 182
Auskunftsbescheid 118, 323 (25)
Auskunftspflicht 143, 158, 162
Ausland 48, 131 (1)
Auslandsbeamte 26 (3)
Außenprüfungen 147 ff
Aussetzung der Entscheidung 271, 272 (4), 286
– der Einbringung 231
– der Einhebung 212a, 212b
Aussetzungszinsen 3 (2), 212a (9), 212b
automationsunterstützt 86a, 86b, 87 (7), 90a, 90b, 96, 97, 97a, 114 (3), 158, 293

B
Bankgarantie 222 (3)
Barzahlung 211 (1)
Basiszinssatz 205 (2), 205a (4), 212 (2), 212a (9)
Bedenkenvorhalt 85, 161 (2)
Befangenheit von Organen 76, 268 (1), 273 (3)
Begründung von Bescheiden 93 (3), 280 (1)
Beihilfen 2, 207, 208
Beistandspflicht 158–160
Beitritt zur Beschwerde 256–259
Belege 128, 131, 132, 132a
Beleidigende Schreibweise 112 (3)
Bemessungsverjährung 207–209a, 302, 304
Beratung im Senat 277
Berechnung von Fristen 108
Berichtigung 293, 293a, 293b, 302
Bescheide 92, 93
– Abänderung der 293–298
Beschlagnahme 156, 225
Beschluss 93a, 260, 261, 278, 280
Beschwerde
– Befugnis 246, 248, 283 (1), 284 (1)
– Beitritt 257–259
– Frist 245
– Verzicht 255
– Zurücknahme 256
Beschwerdevorentscheidung 262, 263, 264 (6) und (7)
Beschwerdezinsen 205a
Betrachtungsweise, wirtschaftliche 21
Betriebsgeheimnis 171, 182
Betriebsstätte 29, 30, 131 (1), 131b (5), 188
Bevollmächtigte 76, 80 ff
Beweisaufnahme 183
Beweise 166, 167
Beweislast 121a (8)
Beweismittel 166, 168 ff
Beweiswürdigung, freie 167
Billigkeit 20
Billigkeitsmaßnahme 212, 236, 237
Blind 90 (1)
Briefgeheimnis 158 (5)
Buchführungsvorschriften 124–132
Buchungsmitteilung 227, 228
Bürgschaft 222 (3)
Buschenschank 131 (4)

D
Datenträger 131, 132, 194
Dingliche Haftung 8, 17, 225
Disziplinarrecht 9 (2), 112 (5)
Dokumentationsregister 114 (2)
Dolmetscher 313a
Doppelbesteuerung 48
Dynamische Verweisung 3 (5)

E
Eid 175, 180
Einbringung der Beschwerde 245-249
Einhebungsverjährung 238
Einheitswertbescheide 186, 192, 252, 295
Einkommensteuer 4 (2), 205
elektronische Übermittlung 121a, 134 (1)
Entlassung aus der Gesamtschuld 237
Entrichtung der Abgaben 211
Entscheidungspflicht 85a, 291, 300 (5)
Entstehung des Abgabenanspruches 4, 5
Erbschaftssteuer 160, 208 (2), 209 (3), 323 (24)
Ergänzungsauftrag 161 (1)
Erhebung der Abgaben 49, 114–116
Erkenntnis 93a, 278–280, 284 (5)
Erledigungen 92–97
Ermessen 20
Ermittlungsverfahren 161 ff
Erörterungstermin 269 (3)
Erstattung 2, 3, 207 (4)
Europäische Union 1, 3 (3), 290
Exekutionstitel 229, 232
Exekution zur Sicherstellung 232

F
Fallfristen (gesetzliche Fristen) 110
Fälligkeit 210
Feiertag, gesetzlicher 108, 210, 211, 217 (5)
fernschriftlich 86a, 97
Feststellungsbescheide 92, 131b (4), 185 ff, 295 (4), 323 (6)
Firmenbuch 158 (4), 160
Forschungsbestätigung 118a
Fristen 108–110, 308

G
Gebühren 203, 207 (2), 241 (2), 242
Gefährdung der Einbringung 212 (1), 212a (2), 230, 232
Gegenstandsloserklärung 256 (3), 261, 272 (4)
Geheimhaltungspflicht, abgabenrechtliche 48a
Gehörlos 313a
Geltendmachung der Haftung 224, 225
Gemeinnützige Zwecke 34–47
Gesamtrechtsnachfolge 19, 97, 118 (7), 139, 188 (5), 191, 194, 246
Gesamtschuld 6, 101 (1), 118 (10), 199, 214 (7), 237
Geschäftsbetrieb, wirtschaftlicher 31, 45, 45a, 46, 131 (4)
Gesellschafter, Haftung 12
Gesonderte Feststellung 185-193, 323 (6)
Gewerbebetrieb 28, 44, 45, 188
Gewerberegister 158 (4)
Gewöhnlicher Aufenthalt 26, 121a (1)
Glaubhaftmachung 138, 171, 278 (3), 308
Grundbuch 158 (4), 160 (1)
Grunderwerbsteuer 160
Grundsteuer 194
Gutachten 131b (4), 177
Guthaben 211 (1), 215, 239, 239a, 242a
Gutschriftszinsen 205, 217 (8)
Gutschrift von Abgabenzahlungen 213, 239a

H
Haftung 6–18, 77 (2), 224, 225, 248, 281 (2)
Handlungsfähigkeit 23, 79, 82
Hemmung der Bemessungsverjährung 209 (2)
– der Einbringung 230
– der Einhebungsverjährung 238 (3)
Hilfeleistungen bei Amtshandlungen 141, 142
Hinterzogene Abgaben, Verjährung 207 (2)
Hütten 131 (4)

I
Inhalt
– Aussetzungsantrag 212a (3)
– Bescheidbeschwerde 250
– Maßnahmenbescheide 283 (3)
– Säumnisbescheide 285 (1)
– Wiederaufnahmeantrag 303 (2)
– Wiedereinsetzungsantrag 309a
Insolvenzverwalter 9, 15, 80

K
Karfreitag 108, 210 (3), 211, 217 (5)
Kirchliche Zwecke 34–47
Klaglosstellung 272 (5), 289
Kleinstbeträge 204, 242, 242a
Kompensation 211, 215, 239
Körperschaftsteuer 4 (2), 205
Kosten 3 (2), 173, 312–315
Kreditinstitut 132b, 222 (1)
Kurator 9, 15, 80, 82

L
Land- und Forstwirtschaft 44 (1), 125, 188
Lastschriftanzeigen 227, 228
Lebensgemeinschaft 25
Legitimation zur Bescheidbeschwerde 246, 248
Liquidatoren 15
Löschung von Abgaben 235, 238 (5)

M
Mahngebühren 3a, 227a
Mahnung 214, 227, 228, 230 (1)
Mängel von Eingaben 85
Mangelhaftigkeit der Buchführung 131, 163, 184
Maßnahmenbeschwerde 283, 292 (7)
Melderegister 158 (4) und (4a)
Melderegisterzahl 133 (2)
Messbescheide 194, 195, 295
Mildtätige Zwecke 34–47
Missbrauch von Formen 22, 116
Monopolverfahren, Kosten im 314–315
Mündliche Anbringen 85 f
– Erledigung 92, 94, 97
– Verkündung 97, 277 (4)
Mutwillensstrafe 3 (2), 112a, 207 (3)

N
Nachforderungszinsen 205, 217 (8)
Nachhaltigkeit 28, 31
Nachsicht von Abgaben 236, 238 (5)
Nebenansprüche 3, 7, 227 (4), 287
Nebengebühren 3, 3a, 217 (1)
Nennung des Empfängers 162
Neue Tatsachen 270, 294
Neu hervorgekommene Tatsachen 303
Niederschriften 87 f, 146, 149, 151, 255, 275 (7), 277 (3)
Notare 9, 90a, 159, 171

O
Offenbare Unrichtigkeiten 293, 293b
Offenlegungspflicht 119, 133
Öffentlichkeit 275 (3)
Ordentliche Rechtsmittel 243
Ordnungsmäßigkeit der Bücher 131, 163
Ordnungsstrafen 3 (2), 112, 207 (3)
Organe der Abgabenbehörden 76, 260
Organschaft 13
Ort der Geschäftsleitung 27

P
Parteiengehör 115, 161, 183
Partei im Abgabenverfahren 78
Partner 25
Personenvereinigung 81, 101, 188, 191
Pflegebefohlener 76, 171 (1)
Postauftrag 211 (1), 227, 227a, 230
Postenlauf bei Fristen 108 (4)
Postgeheimnis 158 (5)
Privatstiftung 160 (3)
Probenentnahme 142
Prüfungen, abgabenbehördliche 147–153
Prüfung der Abgabenerklärungen 161–165
Prüfungsauftrag 148

R
Ratenbewilligung 212
Rechenfehler 293
Rechtsanwälte 9, 90a, 171, 292
Rechtsbelehrung 113
Rechtsfähigkeit 23 (3), 79
Rechtsmittel 243 ff
Rechtsmittelbelehrung 93
Rechtsmittelfrist 93, 245
Rechtsmittelverzicht 255
Rechtsnachfolger 14, 19, 97, 191, 194
Rechtswidrigkeit 299, 300
Registrierkasse 131b
Religionsgesellschaften 34, 38
Respirofrist 211
Rückstandsausweis 217 (4), 229, 230 (5)
Rückstandsbescheinigung 229a
rückwirkendes Ereignis 120 (3), 201 (2), 205 (6), 208 (1), 295a
Rückzahlung 205 (1), 239–241, 242a

S
Sachhaftung 8, 17, 225
Sachlicher Aufwendungsbereich der BAO 1–3
Sachliche Zuständigkeit 50, 52
Sachverständige 87 (2), 131b (4), 177–181
Sachwalter 76, 82, 171 (1)
Säumnisbeschwerde 284, 285, 292 (6 ff)
Säumniszuschläge 3 (2), 207 (2), 217, 217a
Schätzung 184
Scheck 211
Scheingeschäfte 23 (1)
Schenkung 121a
Schlussbesprechung 149
Schreibfehler 293
Schriftführer im Senat 273 (1), 275 (7), 280 (2)
Selbstberechnung von Abgaben 201–204, 217 (7), 226
Sicherheitsleistung 110 (2), 160, 222 f, 232
Sicherstellungsauftrag 232
Sitz 26, 27, 70, 121a (1), 188
Spruch 92, 280

Steuerabzug vom Arbeitslohn 202, 240
Steuergeheimnis 48a, 48c
Steuermessbeträge 194–198
Stiftungseingangssteuer 160
Stundung 212
Stundungszinsen 3 (2), 212 (2), 212b

T
Tatsächliche Geschäftsführung 34, 42, 43
telegraphisch 86a, 97
Terminverlust 212, 230 (5)
Tod 5, 15, 19
Treuhandverhältnis 24

U
Übereignung von Unternehmen 14
Überrechnung 211, 215
Überwachungsgebühr 314 f
Überwachungsmaßnahmen, besondere 154–157
Umbuchung von Zahlungen 211, 215
Umgehung 22
Umsatz 45a, 125 (1)
Umsatzsteuer 41 (3), 323 (3)
Unabwendbares Ereignis 308 (1)
Unbedenklichkeitsbescheinigung 160
Unbekannter Aufenthalt 82
Unbeschränkte Steuerpflicht 26 (3)
Unbilligkeit 20, 206, 212, 236, 237
Uneinbringlichkeit 9, 206, 231, 235
Ungewissheit 120 (3), 200, 208 (1)
Ungültige Rechtsgeschäfte 23
Unmittelbarkeit der Förderung 34, 40
Unrichtigkeiten, offenbare 293b
Unterbrechung der Einhebungsverjährung 238 (2)
Unterschrift 85, 87, 89, 96, 280 (1)
Unzuständigkeit 50, 289 (1)
Urkunden 168

V
Veräußerung eines Betriebes 14
Verbesserung von Anbringen 85
Verbindung von Rechtsmitteln 267
Verbrauchsteuerverfahren, Kosten 314–315
Vereine, gemeinnützige 34 ff
Verfahrenshilfe 292
Verfahrensleitende Verfügung 94, 244
Verfolgungshandlungen 209 (1)
Verfügungen 94
Vergütungen 2, 207 (4), 208 (1)
Verhältnis zum Ausland 48
Verhandlung, mündliche 274, 275
Verjährung 139, 207–209a, 238, 302, 304, 323 (16) und (18)
Verlängerung von Fristen 110, 134, 193, 209 (1), 245
Vermögensverwaltung 9, 32, 80
Verrechnungsweisung 214
Verschleppung 112a, 183 (3)
Verschulden 9, 135, 217 (7), 284 (4), 308
Versicherungsnummer 133 (2)
Verspätungszuschlag 3 (2), 135, 207 (2)
Verständigung (bei Übertretungen) 48b (2)
Verständigung (vom Terminverlust) 230 (5)
Vertreter 9, 15, 76, 80–84, 171, 280 (1)
Verwaltungskostenbeitrag 3 (2), 118 (10) und (11), 118a (2)
Verzicht auf Rechtsmittel 255
Vollmacht 80-85
Vollstreckbarkeit der Abgaben 217 (3), 226–228
Vollstreckbarkeitsklausel 229
Vollstreckungsbescheid 217 (6), 227, 230 (7)
Vorabentscheidung 290
Vordruck 133
Vorfragen 116, 303
Vorhalte 161, 183
Vorladung 91, 103 (1)
Vorlageantrag 264
Vorlageerinnerung 264 (6), 291 (1), 300 (1)
Vorläufiger Abgabenbescheid 200, 251
VwGH 93a

W
Wareneingangsbuch 127 f
Werk(lieferungs)vertrag 188 (4)
Wertfortschreibung 193
Wesentliche Beteiligung 16
Wettbewerbsgefährdung 268 (2)
Widerruf 90a (2), 212, 230, 235, 294
Wiederaufnahme des Verfahrens 303–307
Wiedereinsetzung in den vorigen Stand 308–310
Wirtschaftliche Betrachtungsweise 21, 116 (1)
Wirtschaftlicher Geschäftsbetrieb 31, 45, 45a, 46, 131 (4)
Wirtschaftsjahr 125
Wirtschaftstreuhänder 9, 90a, 171, 292
Wohnsitz 26 (1), 70, 121a (1)
Wohnung 26
Wohnungseigentum 188 (4)
Würdigung der Beweise 167, 183

Z
Zahlungserleichterungen 212, 212b, 214, 230
Zahlung von Abgaben 211, 213 ff
Zeugen 87 (2), 169–176
Zinsen
– bei Aussetzung der Einhebung 212a (9), 212b
– bei Nachforderungen und Gutschriften 205
– bei Zahlungserleichterungen 212 (2), 212b
Zulassungsregister 158 (4)
Zurechnung 24
Zurechnungsfortschreibung 193
Zurücknahme 85 (2), 256
Zurückweisung eines Rechtsmittels 260, 272 (4), 295 (4)
Zustellfiktionen 97, 101
Zustellung 98–104
Zustellungsbevollmächtigter 81, 101, 103
Zuteilung 78, 197, 259, 297
Zwangsstrafen 3, 91, 111, 173, 207 (3)
Zwangsweise Einbringung, zu Unrecht 241
Zweckmäßigkeit 20, 103 (1)
Zweifel, Beseitigung 138, 161
Zwischenstaatliche Vereinbarungen 48

Bundesgesetz über allgemeine Bestimmungen und das Verfahren für die von den Abgabenbehörden des Bundes, der Länder und Gemeinden verwalteten Abgaben (Bundesabgabenordnung – BAO)

1. Abschnitt
Allgemeine Bestimmungen

Anwendungsbereich des Gesetzes

§ 1. (1) Die Bestimmungen dieses Bundesgesetzes gelten in Angelegenheiten der öffentlichen Abgaben (mit Ausnahme der Verwaltungsabgaben des Bundes, der Länder und der Gemeinden) sowie der auf Grund unmittelbar wirksamer Rechtsvorschriften der Europäischen Union zu erhebenden öffentlichen Abgaben, in Angelegenheiten der Eingangs- und Ausgangsabgaben jedoch nur insoweit, als in den zollrechtlichen Vorschriften nicht anderes bestimmt ist, soweit diese Abgaben durch Abgabenbehörden des Bundes, der Länder oder der Gemeinden zu erheben sind.

(2) Die Bestimmungen dieses Bundesgesetzes gelten überdies in Angelegenheiten der Beiträge an öffentliche Fonds oder an Körperschaften des öffentlichen Rechts, die nicht Gebietskörperschaften sind, soweit diese Beiträge durch Abgabenbehörden des Bundes zu erheben sind.

(3) Unter Erhebung im Sinn dieses Bundesgesetzes sind alle der Durchführung der Abgabenvorschriften dienenden abgabenbehördlichen Maßnahmen zu verstehen.

(BGBl I 2019/104)

§ 2. Die Bestimmungen dieses Bundesgesetzes gelten, soweit sie hierauf nicht unmittelbar anwendbar sind und nicht anderes bestimmt ist, sinngemäß in Angelegenheiten

a) der von den Abgabenbehörden des Bundes zuzuerkennenden oder rückzufordernden bundesrechtlich geregelten
   1. Beihilfen aller Art und
   2. Erstattungen, Vergütungen und Abgeltungen von Abgaben und Beiträgen;

b) des Tabakmonopols, soweit Abgabenbehörden des Bundes aufgrund des Tabakmonopolgesetzes 1996, BGBl. Nr. 830/1995, behördliche Aufgaben zu besorgen haben;

   (BGBl I 2019/103)

c) der von den Abgabenbehörden der Länder und Gemeinden zuzuerkennenden oder rückzufordernden landesrechtlich geregelten Erstattungen von Abgaben;

   (BGBl I 2019/91)

d) der Rückforderungen (§ 241a).

   (BGBl I 2019/91)

§ 2a. Die Bestimmungen dieses Bundesgesetzes gelten sinngemäß im Verfahren vor den Verwaltungsgerichten, soweit sie im Verfahren der belangten Abgabenbehörde gelten. In solchen Verfahren ist das Verwaltungsgerichtsverfahrensgesetz (VwGVG) nicht anzuwenden. § 54 VwGVG gilt jedoch sinngemäß für das Verfahren der Verwaltungsgerichte der Länder.

(BGBl I 2013/70)

§ 3. (1) Abgaben im Sinn dieses Bundesgesetzes sind, wenn nicht anderes bestimmt ist, neben den im § 1 bezeichneten öffentlichen Abgaben und Beiträgen auch die im § 2 lit. a, c und d angeführten Ansprüche sowie die in Angelegenheiten, auf die dieses Bundesgesetz anzuwenden ist, anfallenden sonstigen Ansprüche auf Geldleistungen einschließlich der Nebenansprüche aller Art.

(BGBl I 2021/228)

(2) Zu den Nebenansprüchen gehören insbesondere

a) die Abgabenerhöhungen,

b) der Verspätungszuschlag, die Anspruchszinsen, die Beschwerdezinsen und die Umsatzsteuerzinsen,

   (BGBl I 2022/108)

c) die im Abgabenverfahren auflaufenden Kosten und die in diesem Verfahren festgesetzten Zwangs-, Ordnungs- und Mutwillensstrafen, Verwaltungskostenbeiträge sowie die Kosten der Ersatzvornahme,

d) die Nebengebühren der Abgaben, wie die Stundungszinsen, die Aussetzungszinsen, die Säumniszuschläge und die Kosten (Gebühren und Auslagenersätze) des Vollstreckungs- und Sicherungsverfahrens.

(3) Abgabenvorschriften im Sinn dieses Bundesgesetzes sind die Bundesabgabenordnung sowie alle Abgaben im Sinn des Abs. 1 und das Tabakmonopol (§ 2 lit. b) regelnden oder sichernden

a) unmittelbar wirksamen Rechtsvorschriften der Europäischen Union,

b) Bundesgesetze,

c) Landesgesetze und

d) auf Grund des freien Beschlussrechtes ergangene Beschlüsse der Gemeindevertretungen (§ 7 Abs. 5 und § 8 Abs. 5 des Finanz-Verfassungsgesetzes 1948).

(BGBl I 2019/103)

(4) Die von den Abgabenbehörden des Bundes zu Beiträgen zu erhebenden Nebenansprüche sind Einnahmen des Bundes.

(5) Soweit in diesem Bundesgesetz auf Bestimmungen anderer Bundesgesetze verwiesen wird, sind diese Bestimmungen in ihrer jeweils geltenden Fassung anzuwenden.

(6) Soweit sich die in diesem Bundesgesetz verwendeten Bezeichnungen auf natürliche Personen beziehen, gilt die gewählte Form für beide Geschlechter.

§ 3a. Für Landes- und Gemeindeabgaben gilt ergänzend zu § 3 Folgendes:

1. Mahngebühren (§ 227a) sind Nebengebühren (§ 3 Abs. 2 lit. d),
2. Nebenansprüche (§ 3 Abs. 1 und 2) sind Einnahmen der sie erhebenden Körperschaften öffentlichen Rechts.

A. Entstehung des Abgabenanspruches

§ 4. (1) Der Abgabenanspruch entsteht, sobald der Tatbestand verwirklicht ist, an den das Gesetz die Abgabepflicht knüpft.

(2) Der Abgabenanspruch entsteht insbesondere

a) bei der Einkommensteuer und bei der Körperschaftsteuer
   1. für die Vorauszahlungen mit Beginn des Kalendervierteljahres, für das die Vorauszahlungen zu entrichten sind, oder, wenn die Abgabepflicht erst im Lauf des Kalendervierteljahres begründet wird, mit der Begründung der Abgabepflicht;
   2. für die zu veranlagende Abgabe mit Ablauf des Kalenderjahres, für das die Veranlagung vorgenommen wird, soweit nicht der Abgabenanspruch nach Z 1 schon früher entstanden ist, oder wenn die Abgabepflicht im Lauf eines Veranlagungszeitraumes erlischt, mit dem Zeitpunkt des Erlöschens der Abgabepflicht;
   3. für Steuerabzugsbeträge im Zeitpunkt des Zufließens der steuerabzugspflichtigen Einkünfte;

b) (aufgehoben)

c) bei sonstigen jährlich wiederkehrend zu entrichtenden Abgaben und Beiträgen mit dem Beginn des Kalenderjahres, für das die Abgabe (der Beitrag) erhoben wird.

(BGBl I 2019/103)

(3) In Abgabenvorschriften enthaltene Bestimmungen über den Zeitpunkt der Entstehung des Abgabenanspruches (der Steuerschuld) bleiben unberührt.

(4) Der Zeitpunkt der Festsetzung und der Fälligkeit einer Abgabe ist ohne Einfluß auf die Entstehung des Abgabenanspruches.

§ 5. Soweit der Zeitpunkt des Todes einer Person nach den Abgabenvorschriften für die Entstehung, den Umfang oder den Wegfall eines Abgabenanspruches von Bedeutung ist, gilt als Todestag

a) im Fall der Todeserklärung der im gerichtlichen Beschluß als Tag des vermuteten Todes und

b) im Fall der Beweisführung des Todes der im gerichtlichen Beschluß als bewiesener Todestag oder nicht überlebter Tag

angegebene Zeitpunkt.

B. Gesamtschuld, Haftung und Rechtsnachfolge

§ 6. (1) Personen, die nach Abgabenvorschriften dieselbe abgabenrechtliche Leistung schulden, sind Gesamtschuldner (Mitschuldner zur ungeteilten Hand, § 891 ABGB).

(2) Personen, die gemeinsam zu einer Abgabe heranzuziehen sind, sind ebenfalls Gesamtschuldner; dies gilt insbesondere auch für die Gesellschafter (Mitglieder) einer nach bürgerlichem Recht nicht rechtsfähigen Personenvereinigung (Personengemeinschaft) hinsichtlich jener Abgaben, für die diese Personenvereinigung (Personengemeinschaft) als solche abgabepflichtig ist.

§ 7. (1) Personen, die nach Abgabenvorschriften für eine Abgabe haften, werden durch Geltendmachung dieser Haftung (§ 224 Abs. 1) zu Gesamtschuldnern.

(2) Persönliche Haftungen (Abs. 1) erstrecken sich auch auf Nebenansprüche (§ 3 Abs. 1 und 2).

§ 8. Wenn Abgabenvorschriften eine sachliche Haftung für eine Abgabe für sich allein oder neben einer persönlichen Haftung vorsehen, kann die Abgabenbehörde bis zur vollständigen Entrichtung der Abgabe sowohl den Abgabepflichtigen in Anspruch nehmen als auch persönliche sowie sachliche Haftungen geltend machen.

§ 9. (1) Die in den §§ 80 ff. bezeichneten Vertreter haften neben den durch sie vertretenen Abgabepflichtigen für die diese treffenden Abgaben insoweit, als die Abgaben infolge schuldhafter Verletzung der den Vertretern auferlegten Pflichten nicht eingebracht werden können.

(2) Notare, Rechtsanwälte und Wirtschaftstreuhänder haften wegen Handlungen, die sie in Ausübung ihres Berufes bei der Beratung in Abgabensachen vorgenommen haben, gemäß Abs. 1 nur dann, wenn diese Handlungen eine Verletzung ihrer Berufspflichten enthalten. Ob eine solche Verletzung der Berufspflichten vorliegt, ist auf Anzeige der Abgabenbehörde im Disziplinarverfahren zu entscheiden.

§ 9a. (1) Soweit Personen auf die Erfüllung der Pflichten der Abgabepflichtigen und der in den §§ 80 ff bezeichneten Vertreter tatsächlich Einfluss nehmen, haben sie diesen Einfluss dahingehend auszuüben, dass diese Pflichten erfüllt werden.

(2) Die in Abs. 1 bezeichneten Personen haften für Abgaben insoweit, als die Abgaben infolge ihrer Einflussnahme nicht eingebracht werden können. § 9 Abs. 2 gilt sinngemäß.

§ 10. (aufgehoben)

§ 11. Bei vorsätzlichen Finanzvergehen und bei vorsätzlicher Verletzung von Abgabenvorschriften der Länder und Gemeinden haften rechtskräftig verurteilte Täter und andere an der Tat Beteiligte für den Betrag, um den die Abgaben verkürzt wurden.

§ 12. Die Gesellschafter von als solche abgabepflichtigen und nach bürgerlichem Recht voll oder teilweise rechtsfähigen Personenvereinigungen ohne eigene Rechtspersönlichkeit haften persönlich für die Abgabenschulden der Personenvereinigung. Der Umfang ihrer Haftung richtet sich nach den Vorschriften des bürgerlichen Rechtes.

§ 13. Juristische Personen, die dem Willen eines anderen Unternehmens (Unternehmers) derart untergeordnet sind, daß sie keinen eigenen Willen haben (Organgesellschaft), haften für diejenigen Abgaben des beherrschenden Unternehmens (Unternehmers), bei denen die Abgabepflicht sich auf den Betrieb des beherrschten Unternehmens gründet.

§ 14. (1) Wird ein Unternehmen oder ein im Rahmen eines Unternehmens gesondert geführter Betrieb im Ganzen übereignet, so haftet der Erwerber

a) für Abgaben, bei denen die Abgabepflicht sich auf den Betrieb des Unternehmens gründet, soweit die Abgaben auf die Zeit seit dem Beginn des letzten, vor der Übereignung liegenden Kalenderjahres entfallen;

b) für Steuerabzugsbeträge, die seit dem Beginn des letzten, vor der Übereignung liegenden Kalenderjahres abzuführen waren.

Dies gilt nur insoweit, als der Erwerber im Zeitpunkt der Übereignung die in Betracht kommenden Schulden kannte oder kennen mußte und insoweit, als er an solchen Abgabenschuldigkeiten nicht schon so viel entrichtet hat, wie der Wert der übertragenen Gegenstände und Rechte (Besitzposten) ohne Abzug übernommener Schulden beträgt.

(2) Die Bestimmungen des Abs. 1 gelten nicht bei einem Erwerb im Zuge eines Vollstreckungsverfahrens, bei einem Erwerb aus einer Insolvenzmasse im Sinne des § 2 Abs 2 der Insolvenzordnung (IO) oder bei einem Erwerb während der Überwachung durch eine im Sanierungsplan bezeichnete Person als Treuhänder der Gläubiger (§§ 157 bis 157f IO).

§ 15. (1) Personen, die als Erben, Kuratoren, Liquidatoren oder sonst bei Wegfall eines Abgabepflichtigen zur Verwaltung seines Vermögens berufen sind und erkennen, daß Erklärungen, die der Abgabepflichtige zur Festsetzung von Abgaben abzugeben hatte, unrichtig oder unvollständig sind oder daß es der Abgabepflichtige pflichtwidrig unterlassen hat, solche Erklärungen abzugeben, haften für die vorenthaltenen Abgabenbeträge, wenn sie den erkannten Verstoß nicht binnen drei Monaten, vom Zeitpunkt der Kenntnis an gerechnet, der Abgabenbehörde anzeigen.

(2) Abs. 1 gilt sinngemäß für die Erwerber von Unternehmen, auf deren Betrieb sich eine Abgabepflicht gründet, sowie bei einem Wechsel in der Person des gesetzlichen Vertreters.

(3) Trifft die Verpflichtung zur Anzeige gemäß Abs. 1 oder 2 mehrere Personen, so bewirkt die rechtzeitige Erstattung der Anzeige durch eine dieser Personen das Erlöschen der Haftung für alle Anzeigepflichtigen.

§ 16. Stehen Wirtschaftsgüter, die einem gewerblichen oder einem land- und forstwirtschaftlichen Unternehmen dienen, nicht im Eigentum des Unternehmers, sondern im Eigentum einer an der Körperschaft wesentlich beteiligten Person, so haftet der Eigentümer der Wirtschaftsgüter mit diesen Gütern für die Abgaben, bei denen sich die Abgabepflicht auf den Betrieb des Unternehmens gründet. Eine Person gilt als wesentlich beteiligt, wenn sie zu mehr als einem Viertel am Kapital der Körperschaft beteiligt ist.

§ 17. Gegenstände, die einer Verbrauchsteuer unterliegen, haften ohne Rücksicht auf die Rechte Dritter für den Betrag der darauf ruhenden Abgaben. Die Haftung beginnt mit der Entstehung des Abgabenanspruches und endet mit seinem Erlöschen.

§ 18. Sonstige in Abgabenvorschriften enthaltene Bestimmungen, die eine persönliche oder sachliche Haftung festlegen, bleiben unberührt.

§ 19. (1) Bei Gesamtrechtsnachfolge gehen die sich aus Abgabenvorschriften ergebenden Rechte und Pflichten des Rechtsvorgängers auf den Rechtsnachfolger über. Für den Umfang der Inanspruchnahme des Rechtsnachfolgers gelten die Bestimmungen des bürgerlichen Rechtes.

(2) Mit der Beendigung von Personenvereinigungen (Personengemeinschaften) ohne eigene Rechtspersönlichkeit gehen deren sich aus Abgabenvorschriften ergebende Rechte und Pflichten auf die zuletzt beteiligt gewesenen Gesellschafter (Mitglieder) über. Hinsichtlich Art und Umfang der Inanspruchnahme der ehemaligen Gesellschafter (Mitglieder) für Abgabenschulden der Personenvereinigung (Personengemeinschaft) tritt hiedurch keine Änderung ein.

C. Abgabenrechtliche Grundsätze und Begriffsbestimmungen

1. Ermessen

§ 20. Entscheidungen, die die Abgabenbehörden nach ihrem Ermessen zu treffen haben (Ermessensentscheidungen), müssen sich in den Grenzen halten, die das Gesetz dem Ermessen zieht. Innerhalb dieser Grenzen sind Ermessensentscheidungen nach Billigkeit und Zweckmäßigkeit unter Berücksichtigung aller in Betracht kommenden Umstände zu treffen.

2. Wirtschaftliche Betrachtungsweise

§ 21. (1) Für die Beurteilung abgabenrechtlicher Fragen ist in wirtschaftlicher Betrachtungsweise der wahre wirtschaftliche Gehalt und nicht die äußere Erscheinungsform des Sachverhaltes maßgebend.

(2) Vom Abs. 1 abweichende Grundsätze der Abgabenvorschriften bleiben unberührt.

§ 22. (1) Durch Missbrauch von Gestaltungsmöglichkeiten des privaten Rechts kann die Abgabepflicht nicht umgangen oder gemindert werden.

(BGBl I 2018/62)

(2) Missbrauch liegt vor, wenn eine rechtliche Gestaltung, die einen oder mehrere Schritte umfassen kann, oder eine Abfolge rechtlicher Gestaltungen im Hinblick auf die wirtschaftliche Zielsetzung unangemessen ist. Unangemessen sind solche Gestaltungen, die unter Außerachtlassung der damit verbundenen Steuerersparnis nicht mehr sinnvoll erscheinen, weil der wesentliche Zweck oder einer der wesentlichen Zwecke darin besteht, einen steuerlichen Vorteil zu erlangen, der dem Ziel oder Zweck des geltenden Steuerrechts zuwiderläuft. Bei Vorliegen von triftigen wirtschaftlichen Gründen, die die wirtschaftliche Realität widerspiegeln, liegt kein Missbrauch vor.

(BGBl I 2018/62)

(3) Liegt Missbrauch (Abs. 1) vor, so sind die Abgaben so zu erheben, wie sie bei einer den

wirtschaftlichen Vorgängen, Tatsachen und Verhältnissen angemessenen rechtlichen Gestaltung zu erheben wären.

(BGBl I 2018/62)

3. Scheingeschäfte, Formmängel, Anfechtbarkeit

§ 23. (1) Scheingeschäfte und andere Scheinhandlungen sind für die Erhebung von Abgaben ohne Bedeutung. Wird durch ein Scheingeschäft ein anderes Rechtsgeschäft verdeckt, so ist das verdeckte Rechtsgeschäft für die Abgabenerhebung maßgebend.

(2) Die Erhebung einer Abgabe wird nicht dadurch ausgeschlossen, daß ein Verhalten (ein Handeln oder ein Unterlassen), das den abgabepflichtigen Tatbestand erfüllt oder einen Teil des abgabepflichtigen Tatbestandes bildet, gegen ein gesetzliches Gebot oder Verbot oder gegen die guten Sitten verstößt.

(3) Ist ein Rechtsgeschäft wegen eines Formmangels oder wegen des Mangels der Rechts- oder Handlungsfähigkeit nichtig, so ist dies für die Erhebung der Abgaben insoweit und so lange ohne Bedeutung, als die am Rechtsgeschäft beteiligten Personen dessen wirtschaftliches Ergebnis eintreten und bestehen lassen.

(4) Die Anfechtbarkeit eines Rechtsgeschäftes ist für die Erhebung von Abgaben insoweit und so lange ohne Bedeutung, als nicht die Anfechtung mit Erfolg durchgeführt ist.

(5) Von den Anordnungen der Abs. 2 bis 4 abweichende Grundsätze der Abgabenvorschriften bleiben unberührt.

4. Zurechnung

§ 24. (1) Für die Zurechnung der Wirtschaftsgüter gelten bei der Erhebung von Abgaben, soweit in den Abgabenvorschriften nicht anderes bestimmt ist, folgende Vorschriften:

a) Wirtschaftsgüter, die zum Zweck der Sicherung übereignet worden sind, werden demjenigen zugerechnet, der die Sicherung einräumt.

b) Wirtschaftsgüter, die zu treuen Handen übereignet worden sind, werden dem Treugeber zugerechnet.

c) Wirtschaftsgüter, die zu treuen Handen für einen Treugeber erworben worden sind, werden dem Treugeber zugerechnet.

d) Wirtschaftsgüter, über die jemand die Herrschaft gleich einem Eigentümer ausübt, werden diesem zugerechnet.

e) Wirtschaftsgüter, die mehreren Personen ungeteilt gehören, sind diesen so zuzurechnen, als wären sie nach Bruchteilen berechtigt. Die Höhe der Bruchteile ist nach den Anteilen zu bestimmen, zu denen die beteiligten Personen an dem Vermögen ungeteilt berechtigt sind, oder, wenn die Anteile nicht feststellbar sind, nach dem Verhältnis dessen, was den beteiligten Personen bei Auflösung der Gemeinschaft zufallen würde.

(2) Die Bestimmungen des Abs. 1 gelten auch für wirtschaftliche Einheiten im Sinn des Bewertungsgesetzes 1955, BGBl. Nr. 148.

5. Angehörige

§ 25. (1) Angehörige im Sinn der Abgabenvorschriften sind

1. der Ehegatte;
2. die Verwandten in gerader Linie und die Verwandten zweiten, dritten und vierten Grades in der Seitenlinie;
3. die Verschwägerten in gerader Linie und die Verschwägerten zweiten Grades in der Seitenlinie;
4. die Wahl-(Pflege-)Eltern und die Wahl-(Pflege-)Kinder;
5. Personen, die miteinander in Lebensgemeinschaft leben, sowie Kinder und Enkel einer dieser Personen im Verhältnis zur anderen Person;
6. der eingetragene Partner.

(2) Die durch eine Ehe begründete Eigenschaft einer Person als Angehöriger bleibt aufrecht, auch wenn die Ehe nicht mehr besteht.

(3) Abs. 1 Z 3 gilt für eingetragene Partner sinngemäß. Die durch eine eingetragene Partnerschaft begründete Eigenschaft einer Person als Angehöriger bleibt aufrecht, auch wenn die eingetragene Partnerschaft nicht mehr besteht.

6. Wohnsitz, Aufenthalt, Sitz

§ 26. (1) Einen Wohnsitz im Sinn der Abgabenvorschriften hat jemand dort, wo er eine Wohnung innehat unter Umständen, die darauf schließen lassen, daß er die Wohnung beibehalten und benutzen wird.

(2) Den gewöhnlichen Aufenthalt im Sinn der Abgabenvorschriften hat jemand dort, wo er sich unter Umständen aufhält, die erkennen lassen, daß er an diesem Ort oder in diesem Land nicht nur vorübergehend verweilt. Wenn Abgabenvorschriften die unbeschränkte Abgabepflicht an den gewöhnlichen Aufenthalt knüpfen, tritt diese jedoch stets dann ein, wenn der Aufenthalt im Inland länger als sechs Monate dauert. In diesem Fall erstreckt sich die Abgabepflicht auch auf die ersten sechs Monate. Das Bundesministerium für Finanzen ist ermächtigt, von der Anwendung dieser Bestimmung bei Personen abzusehen, deren Aufenthalt im Inland nicht mehr als ein Jahr beträgt, wenn diese im Inland weder ein Gewerbe betreiben noch einen anderen Beruf ausüben.

(3) In einem Dienstverhältnis zu einer Körperschaft des öffentlichen Rechtes stehende österreichische Staatsbürger, die ihren Dienstort im Ausland haben (Auslandsbeamte), werden wie Personen behandelt, die ihren gewöhnlichen Aufenthalt am Ort der die Dienstbezüge anweisenden Stelle haben. Das gleiche gilt für deren Ehegatten, sofern die Eheleute in dauernder Haushaltsgemein-

schaft leben, und für deren minderjährige Kinder, die zu ihrem Haushalt gehören.

§ 27. (1) Körperschaften, Personenvereinigungen sowie Vermögensmassen haben ihren Sitz im Sinn der Abgabenvorschriften an dem Ort, der durch Gesetz, Vertrag, Satzung, Stiftungsbrief und dergleichen bestimmt ist. Fehlt es an einer solchen Bestimmung, so gilt als Sitz der Ort der Geschäftsleitung.

(2) Als Ort der Geschäftsleitung ist der Ort anzunehmen, an dem sich der Mittelpunkt der geschäftlichen Oberleitung befindet.

7. Gewerbebetrieb, Betriebsstätte, wirtschaftlicher Geschäftsbetrieb, Vermögensverwaltung

§ 28. Eine selbständige, nachhaltige Betätigung, die mit Gewinnabsicht unternommen wird und sich als Beteiligung am allgemeinen wirtschaftlichen Verkehr darstellt, ist Gewerbebetrieb im Sinn der Abgabenvorschriften, wenn die Betätigung weder als Ausübung der Land- und Forstwirtschaft noch als Ausübung eines freien Berufes noch als eine andere selbständige Arbeit im Sinn des Einkommensteuerrechtes anzusehen ist. Ein Gewerbebetrieb liegt, wenn seine Voraussetzungen im übrigen gegeben sind, auch dann vor, wenn das Streben nach Gewinn (die Gewinnabsicht) nur ein Nebenzweck ist.

§ 29. (1) Betriebsstätte im Sinn der Abgabenvorschriften ist jede feste örtliche Anlage oder Einrichtung, die der Ausübung eines Betriebes oder wirtschaftlichen Geschäftsbetriebes (§ 31) dient.

(2) Als Betriebsstätten gelten insbesondere

a) die Stätte, an der sich die Geschäftsleitung befindet;

b) Zweigniederlassungen, Fabrikationsstätten, Warenlager, Ein- und Verkaufsstellen, Landungsbrücken (Anlegestellen von Schifffahrtsgesellschaften), Geschäftsstellen und sonstige Geschäftseinrichtungen, die dem Unternehmer oder seinem ständigen Vertreter zur Ausübung des Betriebes dienen;

c) Bauausführungen, deren Dauer sechs Monate überstiegen hat oder voraussichtlich übersteigen wird.

§ 30. (1) Ein Eisenbahnunternehmen hat eine Betriebsstätte nur in den Gemeinden, in denen sich der Sitz der Verwaltung, eine Station oder eine für sich bestehende Werkstätte oder eine sonstige gewerbliche Anlage befindet, ein Bergbauunternehmen nur in den Gemeinden, in denen sich oberirdische Anlagen befinden, in denen eine gewerbliche Tätigkeit entfaltet wird.

(2) Ein Unternehmen, das der Versorgung mit Wasser, Gas, Elektrizität, Wärme, Kälte, Erdöl oder dessen Derivaten dient, hat keine Betriebsstätte in den Gemeinden, durch die nur eine Leitung geführt wird, in denen aber Wasser, Gas, Elektrizität, Wärme, Kälte, Erdöl oder dessen Derivate nicht abgegeben werden.

(BGBl I 2015/163)

§ 31. Eine selbständige, nachhaltige Betätigung, die ohne Gewinnabsicht unternommen wird, ist wirtschaftlicher Geschäftsbetrieb im Sinn der Abgabenvorschriften, wenn durch die Betätigung Einnahmen oder andere wirtschaftliche Vorteile erzielt werden und die Betätigung über den Rahmen einer Vermögensverwaltung (§ 32) hinausgeht.

§ 32. Vermögensverwaltung im Sinn der Abgabenvorschriften liegt insbesondere vor, wenn Vermögen genutzt (Kapitalvermögen verzinslich angelegt oder unbewegliches Vermögen vermietet oder verpachtet) wird. Die Nutzung des Vermögens kann sich aber auch als Gewerbebetrieb oder als land- und forstwirtschaftlicher Betrieb darstellen, wenn die gesetzlichen Merkmale solcher Betriebe gegeben sind.

§ 33. Von den Grundsätzen der §§ 28 bis 32 abweichende Bestimmungen der Abgabenvorschriften, insbesondere die im Bewertungsgesetz 1955, BGBl. Nr. 148, enthaltenen Anordnungen über die Zusammenfassung von Wirtschaftsgütern zu wirtschaftlichen Einheiten, bleiben unberührt.

8. Gemeinnützige, mildtätige und kirchliche Zwecke

§ 34. (1) Die Begünstigungen, die bei Betätigung für gemeinnützige, mildtätige oder kirchliche Zwecke auf abgabenrechtlichem Gebiet in einzelnen Abgabenvorschriften gewährt werden, sind an die Voraussetzungen geknüpft, daß die Körperschaft, Personenvereinigung oder Vermögensmasse, der die Begünstigung zukommen soll, nach Gesetz, Satzung, Stiftungsbrief oder ihrer sonstigen Rechtsgrundlage und nach ihrer tatsächlichen Geschäftsführung ausschließlich und unmittelbar der Förderung der genannten Zwecke dient. Auf Verlangen der Abgabenbehörde haben Körperschaften, Personenvereinigungen und Vermögensmassen, die im Inland weder ihren Sitz noch ihre Geschäftsleitung (§ 27) haben, nachzuweisen, daß sie die Voraussetzungen des ersten Satzes erfüllen.

(2) Die in den §§ 35 bis 47 für Körperschaften getroffenen Anordnungen gelten auch für Personenvereinigungen, Vermögensmassen und für Betriebe gewerblicher Art von Körperschaften des öffentlichen Rechtes.

§ 35. (1) Gemeinnützig sind solche Zwecke, durch deren Erfüllung die Allgemeinheit gefördert wird.

(2) Eine Förderung der Allgemeinheit liegt nur vor, wenn die Tätigkeit dem Gemeinwohl auf geistigem, kulturellem, sittlichem oder materiellem Gebiet nützt. Dies gilt insbesondere für die Förderung der Kunst und Wissenschaft, der Gesundheitspflege, der Kinder-, Jugend- und Familienfürsorge, der Fürsorge für alte, kranke oder mit körperlichen Gebrechen behaftete Personen, des Körpersports, des Volkswohnungswesens, der Schulbildung, der Erziehung, der Volksbildung, der Berufsausbildung, der Denkmalpflege, des Natur-, Tier- und Höhlenschutzes, der Heimatkunde, der Heimatpflege und der Bekämpfung von Elementarschäden.

§ 36. (1) Ein Personenkreis ist nicht als Allgemeinheit aufzufassen, wenn er durch ein engeres Band, wie Zugehörigkeit zu einer Familie, zu einem Familienverband oder zu einem Verein mit geschlossener Mitgliederzahl, durch Anstellung an einer bestimmten Anstalt und dergleichen fest abgeschlossen ist oder wenn infolge seiner Abgrenzung nach örtlichen, beruflichen oder sonstigen Merkmalen die Zahl der in Betracht kommenden Personen dauernd nur klein sein kann.

(2) Der Umstand, daß die Erträge eines Unternehmens einer Gebietskörperschaft zufließen, bedeutet für sich allein noch keine unmittelbare Förderung der Allgemeinheit.

§ 37. Mildtätig (humanitär, wohltätig) sind solche Zwecke, die darauf gerichtet sind, hilfsbedürftige Personen zu unterstützen.

§ 38. (1) Kirchlich sind solche Zwecke, durch deren Erfüllung gesetzlich anerkannte Kirchen und Religionsgesellschaften gefördert werden.

(2) Zu den kirchlichen Zwecken gehören insbesondere die Errichtung, Erhaltung und Ausschmückung von Gottes(Bet)häusern und kirchlichen Gemeinde(Pfarr)häusern, die Abhaltung des Gottesdienstes, von kirchlichen Andachten und sonstigen religiösen oder seelsorglichen Veranstaltungen, die Ausbildung von Geistlichen und Ordenspersonen, die Erteilung von Religionsunterricht, die Beerdigung und Pflege des Andenkens der Toten in religiöser Hinsicht, ferner die Verwaltung des Kirchenvermögens, die Besoldung der Geistlichen und der kirchlichen Dienstnehmer, die Alters- und Invalidenversorgung dieser Personen und die Versorgung ihrer Witwen und Waisen einschließlich der Schaffung und Führung besonderer Einrichtungen (Heime) für diesen Personenkreis.

§ 39. Ausschließliche Förderung liegt vor, wenn folgende fünf Voraussetzungen zutreffen:

1. Die Körperschaft darf, abgesehen von völlig untergeordneten Nebenzwecken, keine anderen als gemeinnützige, mildtätige oder kirchliche Zwecke verfolgen.
2. Die Körperschaft darf keinen Gewinn erstreben. Die Mitglieder dürfen keine Gewinnanteile und in ihrer Eigenschaft als Mitglieder keine sonstigen Zuwendungen aus Mitteln der Körperschaft erhalten.
3. Die Mitglieder dürfen bei ihrem Ausscheiden oder bei Auflösung oder Aufhebung der Körperschaft nicht mehr als ihre eingezahlten Kapitalanteile und den gemeinen Wert ihrer Sacheinlagen zurückerhalten, der nach dem Zeitpunkt der Leistung der Einlagen zu berechnen ist.
4. Die Körperschaft darf keine Person durch Verwaltungsausgaben, die dem Zweck der Körperschaft fremd sind, oder durch unverhältnismäßig hohe Vergütungen (Vorstandsgehälter oder Aufsichtsratsvergütungen) begünstigen.
5. Bei Auflösung oder Aufhebung der Körperschaft oder bei Wegfall ihres bisherigen Zweckes darf das Vermögen der Körperschaft, soweit es die eingezahlten Kapitalanteile der Mitglieder und den gemeinen Wert der von den Mitgliedern geleisteten Sacheinlagen übersteigt, nur für gemeinnützige, mildtätige oder kirchliche Zwecke verwendet werden.

§ 40. (1) Unmittelbare Förderung liegt vor, wenn eine Körperschaft den gemeinnützigen, mildtätigen oder kirchlichen Zweck selbst erfüllt. Dies kann auch durch einen Dritten geschehen, wenn dessen Wirken wie eigenes Wirken der Körperschaft anzusehen ist.

(2) Eine Körperschaft, die sich auf die Zusammenfassung, insbesondere Leitung ihrer Unterverbände beschränkt, dient gemeinnützigen, mildtätigen oder kirchlichen Zwecken, wenn alle Unterverbände gemeinnützigen, mildtätigen oder kirchlichen Zwecken dienen.

§ 40a. Eine Körperschaft verliert ihre wegen Betätigung für gemeinnützige, mildtätige oder kirchliche Zwecke zustehenden Begünstigungen auf abgabenrechtlichem Gebiet nicht dadurch, dass sie für die Verwirklichung zumindest eines der von ihr verfolgten begünstigten Zwecke

1. teilweise oder ausschließlich Mittel (insbesondere Wirtschaftsgüter und wirtschaftliche Vorteile) begünstigten Einrichtungen im Sinne des § 4a Abs. 3 bis 6, des § 4b oder des § 4c EStG 1988 zur unmittelbaren Förderung dieses Zweckes zuwendet,
2. teilweise, aber nicht überwiegend Lieferungen oder sonstige Leistungen entgeltlich, aber ohne Gewinnerzielungsabsicht an andere gemäß §§ 34 bis 47 abgabenrechtlich begünstigte Körperschaften erbringt.

Dabei hat zumindest einer der von der empfangenden Körperschaft verfolgten Zwecke in einem der von der zuwendenden oder leistungserbringenden Körperschaft verfolgten Zwecke Deckung zu finden (Zwecküberschneidung). Eine abweichende territoriale Ausrichtung der beiden Körperschaften ist dabei unbeachtlich.

(BGBl I 2015/160, BGBl I 2018/62)

§ 40b. (1) Eine Körperschaft verliert ihre wegen Betätigung für gemeinnützige Zwecke zustehenden Begünstigungen auf abgabenrechtlichem Gebiet nicht dadurch, dass sie für die Verwirklichung zumindest eines der von ihr verfolgten begünstigten Zwecke, Mittel teilweise oder ausschließlich für die Vergabe von Stipendien oder Preisen zum Zweck der Förderung

1. von der Wissenschaft dienenden Forschungsaufgaben sowie von damit verbundenen wissenschaftlichen Publikationen und Dokumentationen,
2. von der Erwachsenenbildung dienenden Lehraufgaben,
3. von Studierenden an Einrichtungen im Sinne des § 4a Abs. 3 Z 1 oder 3 EStG 1988 oder an einer Fachhochschule,
4. eines der in § 4a Abs. 2 Z 3 oder 5 EStG 1988 genannten Zwecke oder

5. von Grund- und Menschenrechten oder von demokratischen Grundprinzipien,

verwendet.

(2) Die Entscheidung über die Vergabe von Stipendien oder Preisen hat durch ein Organ der Körperschaft zu erfolgen, das zumindest zu einem Drittel aus Personen zusammengesetzt ist, denen eine Lehrbefugnis gemäß § 103 UG 2002 (venia docendi), eine vergleichbare Lehrbefugnis durch eine akkreditierte Privatuniversität (§ 2 Privatuniversitätsgesetz) oder eine vergleichbare ausländische Lehrbefugnis erteilt wurde. Dem gleichzuhalten ist die Mitgliedschaft in der Österreichischen Akademie der Wissenschaften oder einer vergleichbaren ausländischen Einrichtung.

(3) Abweichend von Abs. 2 kann die Entscheidung über die Vergabe von Stipendien oder Preisen gemäß Abs. 1 an Studierende oder Wissenschaftler an Einrichtungen im Sinne des § 4a Abs. 3 Z 1 oder 3 EStG 1988 oder an einer Fachhochschule, an eine solche Einrichtung übertragen werden.

(4) Die Entscheidung über die Vergabe von Stipendien oder Preisen gemäß Abs. 1 Z 5 kann bei Stiftungen oder Fonds, auf die das Bundes-Stiftungs- und Fondsgesetz 2015 (BStFG 2015), BGBl. I Nr. 160/2015 anwendbar ist oder die nach diesem Bundesgesetz entsprechenden, landesgesetzlichen Regelungen errichtet wurden, auch durch ein nicht entsprechend Abs. 2 zusammengesetztes Organ der Körperschaft nach im Vorhinein schriftlich festgelegten, objektiven und transparenten Kriterien erfolgen. Eine solche Entscheidung bedarf einer schriftlichen Begründung, die den Entscheidungsprozess objektiv und transparent nachvollziehbar darstellt. Sowohl der Kriterienkatalog als auch die Entscheidung über die Vergabe samt Begründung sind im Internet zu veröffentlichen.

(BGBl I 2015/160, BGBl I 2018/62)

§ 41. (1) Die Satzung der Körperschaft muß eine ausschließliche und unmittelbare Betätigung für einen gemeinnützigen, mildtätigen oder kirchlichen Zweck ausdrücklich vorsehen und diese Betätigung genau umschreiben; als Satzung im Sinn der §§ 41 bis 43 gilt auch jede andere sonst in Betracht kommende Rechtsgrundlage einer Körperschaft.

(2) Eine ausreichende Bindung der Vermögensverwendung im Sinn des § 39 Z 5 liegt vor, wenn der Zweck, für den das Vermögen bei Auflösung oder Aufhebung der Körperschaft oder bei Wegfall ihres bisherigen Zweckes zu verwenden ist, in der Satzung (Abs. 1) so genau bestimmt wird, daß auf Grund der Satzung geprüft werden kann, ob der Verwendungszweck als gemeinnützig, mildtätig oder kirchlich anzuerkennen ist.

(3) Wird eine Satzungsbestimmung, die eine Voraussetzung der Abgabenbegünstigung betrifft, nachträglich geändert, ergänzt, eingefügt oder aufgehoben, so hat dies die Körperschaft binnen einem Monat jenem Finanzamt bekanntzugeben, das für die Festsetzung der Umsatzsteuer der Körperschaft zuständig ist oder es im Falle der Umsatzsteuerpflicht der Körperschaft wäre.

§ 41a. Für Landes- und Gemeindeabgaben gilt Folgendes:

Die Anzeigepflicht gemäß § 41 Abs. 3 besteht gegenüber den Abgabenbehörden, denen die Erhebung der betroffenen Abgaben obliegt.

§ 42. Die tatsächliche Geschäftsführung einer Körperschaft muß auf ausschließliche und unmittelbare Erfüllung des gemeinnützigen, mildtätigen oder kirchlichen Zweckes eingestellt sein und den Bestimmungen entsprechen, die die Satzung aufstellt.

§ 43. Die Satzung (§ 41) und die tatsächliche Geschäftsführung (§ 42) müssen, um die Voraussetzung für eine abgabenrechtliche Begünstigung zu schaffen, den Erfordernissen dieses Bundesgesetzes bei der Körperschaftsteuer während des ganzen Veranlagungszeitraumes, bei den übrigen Abgaben im Zeitpunkt der Entstehung der Abgabenschuld entsprechen.

§ 44. (1) Einer Körperschaft, die einen Gewerbebetrieb oder einen land- und forstwirtschaftlichen Betrieb unterhält, kommt eine Begünstigung auf abgabenrechtlichem Gebiet wegen Betätigung für gemeinnützige, mildtätige oder kirchliche Zwecke nicht zu.

(2) Das für die Erhebung der Umsatzsteuer zuständige Finanzamt kann auf Antrag des Abgabepflichtigen von der Geltendmachung einer Abgabepflicht in den Fällen des Abs. 1 ganz oder teilweise absehen, wenn andernfalls die Erreichung des von der Körperschaft verfolgten gemeinnützigen, mildtätigen oder kirchlichen Zweckes vereitelt oder wesentlich gefährdet wäre. Eine solche Bewilligung kann von Bedingungen und Auflagen abhängig gemacht werden, die mit der Erfüllung der gemeinnützigen, mildtätigen oder kirchlichen Zwecke zusammenhängen oder die Erreichung dieser Zwecke zu fördern geeignet sind.

§ 44a. Für Landes- und Gemeindeabgaben gilt Folgendes:

Für Bescheide gemäß § 44 Abs. 2 sind die Abgabenbehörden zuständig, denen die Erhebung der betroffenen Abgaben obliegt.

§ 45. (1) Unterhält eine Körperschaft, die die Voraussetzungen einer Begünstigung auf abgabenrechtlichem Gebiet im übrigen erfüllt, einen wirtschaftlichen Geschäftsbetrieb (§ 31), so ist sie nur hinsichtlich dieses Betriebes abgabepflichtig, wenn er sich als Mittel zur Erreichung der gemeinnützigen, mildtätigen oder kirchlichen Zwecke darstellt. Diese Voraussetzung ist gegeben, wenn durch den wirtschaftlichen Geschäftsbetrieb eine Abweichung von den im Gesetz, in der Satzung, im Stiftungsbrief oder in der sonstigen Rechtsgrundlage der Körperschaft festgelegten Zwecken nicht eintritt und die durch den wirtschaftlichen Geschäftsbetrieb erzielten Überschüsse der Körperschaft zur Förderung ihrer gemeinnützigen, mildtätigen oder kirchlichen Zwecke dienen. Dem wirtschaftlichen Geschäftsbetrieb zugehöriges Vermögen gilt je nach der Art des Betriebes als Betriebsvermögen oder als land- und forstwirtschaftliches Vermögen, aus dem wirtschaftlichen

Geschäftsbetrieb erzielte Einkünfte sind wie Einkünfte aus einem gleichartigen in Gewinnabsicht geführten Betrieb zu behandeln.

(1a) Ein Geschäftsbetrieb im Sinn des Abs. 1 liegt auch dann vor, wenn eine gesellige Veranstaltung von einer oder von mehreren Körperschaften getragen wird, die die Voraussetzungen einer Begünstigung auf abgabenrechtlichem Gebiet im Übrigen erfüllen. Dies ist dann der Fall, wenn die Organisation und Durchführung der geselligen Veranstaltung im Wesentlichen durch die Mitglieder der Körperschaft (Körperschaften) oder deren Angehörige erfolgt. Eine Mitarbeit fremder Dritter ist allerdings nur dann unschädlich, wenn diese ebenfalls unentgeltlich erfolgt. Auftritte von Musik- oder anderen Künstlergruppen sind dann unschädlich, wenn diese für Unterhaltungsdarbietungen höchstens 1 000 Euro pro Stunde erhalten. Wird die Verpflegung (Abgabe von Speisen und Getränken) einem Unternehmer zur Gänze oder zum Teil übertragen, stellt dies keinen Bestandteil der geselligen Veranstaltung dar. Solche Veranstaltungen dürfen insgesamt eine Dauer von 72 Stunden im Jahr nicht überschreiten. Die Gesamtdauer der geselligen Veranstaltung pro Kalenderjahr ist für jede territoriale Untergliederung ohne eigene Rechtspersönlichkeit der Körperschaft gesondert zu bemessen. Die kleinste territoriale Untergliederung umfasst die Katastralgemeinde.

(BGBl I 2016/77)

(2) Die Abgabepflicht hinsichtlich des wirtschaftlichen Geschäftsbetriebes entfällt, wenn dieser sich als ein zur Erreichung des begünstigten Zweckes unentbehrlicher Hilfsbetrieb darstellt. Dies trifft zu, wenn die folgenden drei Voraussetzungen erfüllt sind:

a) Der wirtschaftliche Geschäftsbetrieb muß in seiner Gesamtrichtung auf Erfüllung der gemeinnützigen, mildtätigen oder kirchlichen Zwecke eingestellt sein.

b) Die genannten Zwecke dürfen nicht anders als durch den wirtschaftlichen Geschäftsbetrieb erreichbar sein.

c) Der wirtschaftliche Geschäftsbetrieb darf zu abgabepflichtigen Betrieben derselben oder ähnlicher Art nicht in größerem Umfang in Wettbewerb treten, als dies bei Erfüllung der Zwecke unvermeidbar ist.

(3) Unterhält eine Körperschaft einen wirtschaftlichen Geschäftsbetrieb, auf den weder die Voraussetzungen des Abs. 1 noch jene des Abs. 2 zutreffen, so findet § 44 Anwendung.

§ 45a. Übersteigen Umsätze gemäß § 1 Abs. 1 Z 1 und 2 des Umsatzsteuergesetzes 1994, die von einer Körperschaft im Rahmen von land- und forstwirtschaftlichen Betrieben, Gewerbebetrieben und wirtschaftlichen Geschäftsbetrieben gemäß § 45 Abs. 3 ausgeführt werden, im Veranlagungszeitraum insgesamt nicht den Betrag von 40.000 Euro, so gilt unbeschadet der Ermächtigung des § 44 Abs. 2 eine Bewilligung im Sinne der letztgenannten Bestimmung insoweit als erteilt, als die Abgabepflicht hinsichtlich dieser Betriebe zwar bestehen bleibt, die Begünstigungen der Körperschaft auf abgabenrechtlichem Gebiet jedoch nicht berührt werden. Voraussetzung dafür ist, daß erzielte Überschüsse dieser Betriebe zur Förderung gemeinnütziger, mildtätiger oder kirchlicher Zwecke der Körperschaft dienen.

§ 46. Betreibt eine Körperschaft, die die Voraussetzungen für eine Begünstigung auf abgabenrechtlichem Gebiet im übrigen erfüllt, eine Krankenanstalt (Heil- und Pflegeanstalt), so wird diese Anstalt auch dann als wirtschaftlicher Geschäftsbetrieb gemäß § 45 Abs. 1 behandelt, wenn sich die Körperschaft von der Absicht leiten läßt, durch den Betrieb der Anstalt Gewinn zu erzielen. Die Anstalt ist gleich einem unentbehrlichen Hilfsbetrieb gemäß § 45 Abs. 2 abgabefrei, wenn es sich um eine im Sinn des jeweils geltenden Krankenanstaltengesetzes gemeinnützig betriebene Krankenanstalt handelt.

§ 47. Die Betätigung einer Körperschaft für Zwecke der Verwaltung ihres Vermögens (§ 32) steht der Gewährung von Begünstigungen auf abgabenrechtlichem Gebiet (§ 34) nicht entgegen.

D. Verhältnis zum Ausland

§ 48. (1) Das Finanzamt für Großbetriebe hat auf Antrag des Abgabepflichtigen für Zwecke der Festsetzung von Beschwerdezinsen (§ 205a) oder der Aussetzung der Einhebung (§ 212a)

1. nach der Einbringung einer Streitbeilegungsbeschwerde gemäß § 8 des EUBesteuerungsstreitbeilegungsgesetzes – EU-BStbG, BGBl. I Nr. 62/2019 oder

2. nach der Einleitung eines Verständigungsverfahrens aufgrund einer anderen Rechtsgrundlage als dem EU-BStbG, sofern sich dieses im Zeitpunkt der Antragstellung auf einen bereits verwirklichten Sachverhalt bezieht,

mit Bescheid die Art und die Höhe der Abgabe, die Gegenstand der Streitbeilegungsbeschwerde bzw. des Verständigungsverfahrens ist, den Zeitraum, für den die Abgabe erhoben werden soll bzw. entrichtet worden ist sowie den Zeitpunkt der Einbringung der Streitbeilegungsbeschwerde oder der Einleitung des Verständigungsverfahrens festzustellen.

(BGBl I 2021/3)

(2) Das Finanzamt für Großbetriebe hat, sofern ein Verwaltungsgericht noch nicht mit Erkenntnis über die Streitfrage oder über eine Maßnahme, die Gegenstand des relevanten Verständigungsverfahrens war, entschieden hat, von Amts wegen mit Bescheid festzustellen:

1. Die Einigung
   a) in einem Verständigungsverfahren gemäß § 26 EU-BStbG oder
   b) in einem Verständigungsverfahren nach einer anderen Rechtsgrundlage als dem EU-BStbG, sofern sich dieses auf einen im Zeitpunkt der Antragstellung bereits verwirklichten Sachverhalt bezieht;

2. Die abschließende Entscheidung gemäß § 58 EU-BStbG oder
3. das Ergebnis eines Schiedsverfahrens zur Verhinderung einer Doppelbesteuerung nach einer anderen Rechtsgrundlage als dem EU-BStbG.

(BGBl I 2021/3)

(3) Das Finanzamt für Großbetriebe hat von Amts wegen mit Bescheid das Datum festzustellen, an dem

1. ein Verständigungsverfahren
   a) nach dem EU-BStbG oder
   b) nach einer anderen Rechtsgrundlage als dem EU-BStbG, sofern sich auf einen dieses im Zeitpunkt der Antragstellung bereits verwirklichten Sachverhalt bezieht;
2. ein schiedsgerichtliches Verfahren nach dem EU-BStbG oder
3. ein Schiedsverfahren zur Verhinderung einer Doppelbesteuerung nach einer anderen Rechtsgrundlage als dem EU-BStbG

geendet hat, wenn ein Bescheid gemäß Abs. 1 zu diesem Zeitpunkt noch im Rechtsbestand und kein Bescheid gemäß Abs. 2 zu erlassen ist. Im Fall der Z 1 darf der Bescheid frühestens nach Ablauf von 50 Tagen ab dem Tag erlassen werden, der dem Tag folgt, an dem der betroffenen Person bzw. der Person, die ihren Fall unterbreitet hat, mitgeteilt worden ist, dass das Verständigungsverfahren ergebnislos geendet hat. Wurde innerhalb dieser Frist ein Antrag auf Einsetzung eines Schiedsgerichtes gestellt, darf der Bescheid frühestens zu jenem Zeitpunkt erlassen werden, in dem sicher ist, dass kein Schiedsgericht eingesetzt wird.

(BGBl I 2021/3)

(4) Das Finanzamt für Großbetriebe hat den Bescheid gemäß Abs. 2 von Amts wegen aufzuheben, wenn

1. ihm nach einem schiedsgerichtlichen Verfahren aufgrund des EU-BStbG von der zuständigen Behörde des anderen Mitgliedstaates mitgeteilt worden ist, dass ein zuständiges Gericht dieses Mitgliedstaates die mangelnde Unabhängigkeit einer am schiedsgerichtlichen Verfahren beteiligten unabhängigen Person oder der bzw. des Vorsitzenden erkannt hat (§ 61 Abs. 2 EUBStbG) oder
2. es innerhalb von sieben Jahren ab der Bekanntgabe (§ 97) des Bescheides davon Kenntnis erlangt, dass ein Staat,
   a) mit dem ein Verständigungsverfahren geführt worden ist,
   b) der Partei eines schiedsgerichtlichen Verfahrens nach dem EU-BStbG gewesen ist oder
   c) der Partei eines Schiedsverfahrens zur Verhinderung einer Doppelbesteuerung nach einer anderen Rechtsgrundlage als dem EU-BStbG gewesen ist,

   sein Besteuerungsrecht nicht endgültig in jenem Umfang ausgeübt hat, von dem der Bundesminister für Finanzen oder dessen bevollmächtigter Vertreter anlässlich der Erlassung des Bescheides gemäß Abs. 2 ausgegangen ist.

   (BGBl I 2021/3)

(BGBl I 2021/3)

(5) Ist Abs. 1 nicht anwendbar, kann der Bundesminister für Finanzen oder dessen bevollmächtigter Vertreter bei Abgabepflichtigen, die der Abgabenhoheit mehrerer Staaten unterliegen, soweit dies zur Ausgleichung der in- und ausländischen Besteuerung oder zur Erzielung einer den Grundsätzen der Gegenseitigkeit entsprechenden Behandlung erforderlich ist, anordnen, bestimmte Gegenstände der Abgabenerhebung ganz oder teilweise aus der Abgabepflicht auszuscheiden oder ausländische, auf solche Gegenstände entfallende Abgaben ganz oder teilweise auf die inländischen Abgaben anzurechnen. Dies gilt nur für bundesrechtlich geregelte Abgaben, die von Abgabenbehörden des Bundes zu erheben sind.

(BGBl I 2019/62)

E. Abgabenrechtliche Geheimhaltungspflicht

§ 48a. (1) Im Zusammenhang mit der Durchführung von Abgabenverfahren, Monopolverfahren (§ 2 lit. b) oder Finanzstrafverfahren besteht die Verpflichtung zur abgabenrechtlichen Geheimhaltung.

(2) Ein Beamter (§ 74 Abs. 1 Z 4 Strafgesetzbuch) oder ehemaliger Beamter verletzt diese Pflicht, wenn er

a) der Öffentlichkeit unbekannte Verhältnisse oder Umstände eines anderen, die ihm ausschließlich kraft seines Amtes in einem Abgaben- oder Monopolverfahren oder in einem Finanzstrafverfahren anvertraut oder zugänglich geworden sind,
b) den Inhalt von Akten eines Abgaben- oder Monopolverfahrens oder eines Finanzstrafverfahrens oder
c) den Verlauf der Beratung und Abstimmung der Senate im Abgabenverfahren oder Finanzstrafverfahren

unbefugt offenbart oder verwertet.

(3) Jemand anderer als die im Abs. 2 genannten Personen verletzt die abgabenrechtliche Geheimhaltungspflicht, wenn er der Öffentlichkeit unbekannte Verhältnisse oder Umstände eines anderen, die ihm ausschließlich

a) durch seine Tätigkeit als Sachverständiger oder als dessen Hilfskraft in einem Abgaben- oder Monopolverfahren oder in einem Finanzstrafverfahren,
b) aus Akten(inhalten) oder Abschriften (Ablichtungen) eines Abgaben- oder Monopolverfahrens oder eines Finanzstrafverfahrens oder

c) durch seine Mitwirkung bei der Personenstands- und Betriebsaufnahme

anvertraut oder zugänglich geworden sind, unbefugt offenbart oder verwertet.

(4) Die Offenbarung oder Verwertung von Verhältnissen oder Umständen ist befugt,

a) wenn sie der Durchführung eines Abgaben- oder Monopolverfahrens oder eines Finanzstrafverfahrens dient,
b) wenn sie auf Grund einer gesetzlichen Verpflichtung erfolgt oder wenn sie im zwingenden öffentlichen Interesse gelegen ist,

(BGBl I 2017/40)

c) wenn ein schutzwürdiges Interesse offensichtlich nicht vorliegt oder ihr diejenigen zustimmen, deren Interessen an der Geheimhaltung verletzt werden könnten oder

(BGBl I 2017/40)

d) soweit sie nach § 48b Abs. 2, 3 oder 4 befugt ist.

(BGBl I 2017/40, BGBl I 2021/25)

§ 48b. (1) Die Abgabenbehörden sind verpflichtet, von ihnen aufgegriffene Umstände über Personen, die unter § 4 Abs. 4 ASVG fallen könnten, im Wege des Austausches von Nachrichten für Zwecke der Durchführung des Versicherungs-, Melde- und Beitragswesens der Österreichischen Gesundheitskasse mitzuteilen.

(BGBl I 2019/103, BGBl I 2020/99)

(2) Die Abgabenbehörden sind berechtigt, die zuständigen Behörden zu verständigen, wenn sie im Rahmen ihrer Tätigkeit zu einem begründeten Verdacht gelangen, dass eine Übertretung arbeitsrechtlicher, sozialversicherungsrechtlicher, gewerberechtlicher, finanzmarktrechtlicher oder berufsrechtlicher Vorschriften oder eine Übertretung der vorgeschriebenen Auflagen für die Zulassung oder Bewilligung einer Probe- oder Überstellungsfahrt oder eine widerrechtliche Verwendung von Kraftfahrzeugen und Anhängern mit ausländischem Kennzeichen vorliegt.

(BGBl I 2021/25)

(2a) Die Abgabenbehörden, an die aufgrund von § 18 Abs. 11 und 12 UStG 1994 Aufzeichnungen übermittelt worden sind, dürfen diese den Abgabenbehörden der Länder und Gemeinden, die mit der Erhebung von Abgaben auf die Nächtigung und sonstige (vorübergehende) Aufenthalte betraut sind, in jenem Umfang übermitteln, der für den Vollzug der jeweiligen Abgabe erforderlich ist. Voraussetzung ist, dass die jeweilige Abgabenbehörde

1. eine entsprechende Anfrage gestellt hat und

(BGBl I 2021/3)

2. bestätigt hat, dass die zu übermittelnden Daten für Zwecke der Abgabenerhebung erforderlich sind.

(BGBl I 2021/3)

3. (aufgehoben)

(BGBl I 2021/3)

Der Bundesminister für Finanzen hat mit Verordnung den Ablauf sowie den ersten Einsatzzeitpunkt der Anfragestellung und der Datenübermittlung zu bestimmen.

(BGBl I 2019/91, BGBl I 2021/3)

(2b) Die Abgabenbehörden sind berechtigt, den Finanzstrafbehörden für Zwecke der Sicherung, Einhebung und Einbringung der Geldstrafen und Wertersätze sowie im Finanzstrafverfahren angefallener sonstiger Geldansprüche Daten zu übermitteln.

(BGBl I 2020/99)

(3)

1. Der Bundesminister für Finanzen ist zur Übermittlung des bei der Stammzahlenregisterbehörde gemäß § 10 Abs. 2 des E-Government-Gesetzes, BGBl. I Nr. 10/2004, in der Fassung des Bundesgesetzes BGBl. I Nr. 50/2016, angeforderten verschlüsselten bereichsspezifischen Personenkennzeichens Zustellungen (vbPK-ZU) an
   a) einen Verantwortlichen des öffentlichen Bereichs (§ 26 Abs. 1 des Datenschutzgesetzes, BGBl. I Nr. 165/1999 – DSG),

   (BGBl I 2018/32)

   b) einen zugelassenen Zustelldienst (§ 30 des Zustellgesetzes – ZustG),
   c) ein Unternehmen, das einen Universaldienst (§ 3 Z 4 des Postmarktgesetzes, BGBl. I Nr. 123/2009, in der Fassung des Bundesgesetzes BGBl. I Nr. 134/2015) betreibt, und
   d) einen Betreiber eines Anzeigemoduls (§ 37b ZustG)

   berechtigt. Voraussetzung dafür ist, dass der Bundesminister für Finanzen zur Anforderung und Übermittlung des vbPK-ZU unter Verwendung der einem Teilnehmer an FinanzOnline von den Abgabenbehörden gemäß § 1 der FinanzOnline-Verordnung 2006 – FOnV 2006, BGBl. II Nr. 97/2006, in der Fassung der Verordnung BGBl. II Nr. 46/2016, erteilten Teilnehmeridentifikation, Benutzeridentifikation und des persönlichen Passworts in der dafür vorgesehenen Weise elektronisch aufgefordert wurde.
2. (aufgehoben)

   (BGBl I 2018/104)
3. Im Zug einer elektronischen Zustellung kann der Bundesminister für Finanzen dem Betreiber eines Anzeigemoduls die in den Datenbeständen der Finanzverwaltung aktuell erfassten elektronischen Verständigungsadressen des Empfängers übermitteln.
4. Wird ein Dokument über FinanzOnline elektronisch zugestellt, hat der Bundesminister für Finanzen zum Zweck der Anzeige der das Dokument beschreibenden Daten und der Abholung des Dokuments im Anzeigemodul (§ 37b ZustG) nach Maßgabe der technischen Voraussetzungen dem Betreiber des Anzei-

gemoduls die das Dokument beschreibenden Daten sowie die elektronische Information für die technische Möglichkeit der elektronischen identifizierten und authentifizierten Abholung des Dokuments zu übermitteln und die Anzeige des Dokuments direkt an zur Abholung berechtigte Personen zuzulassen. In diesem Fall gilt Folgendes:

a) Zur Abholung berechtigte Personen sind der Empfänger und, soweit dies nicht ausgeschlossen worden ist, eine zur Empfangnahme bevollmächtigte Person.

b) Der Betreiber des Anzeigemoduls ist gesetzlicher Auftragsverarbeiter im Sinn des Art. 4 Z 8 DSGVO für den Bundesminister für Finanzen insbesondere zum Zweck der Identifikation und Authentifikation von zur Abholung berechtigten Personen.

c) Das Anzeigemodul hat sämtliche Daten über die Abholung durch den Empfänger zu protokollieren und an den Bundesminister für Finanzen elektronisch zu übermitteln.

(BGBl I 2018/104)

(BGBl I 2017/40)

(4) Die Abgabenbehörden sind in folgenden Fällen berechtigt, der Finanzmarktaufsichtsbehörde (FMA) durch Erteilung von Auskünften Amtshilfe zu leisten:

1. bei Vorliegen substantiierter Hinweise auf Verletzungen von Bestimmungen der in § 2 Abs. 1 bis 4 des Finanzmarktaufsichtsbehördengesetzes – FMABG, BGBl. I Nr. 97/2001, angeführten Bundesgesetze, einschließlich Hinweise auf unerlaubte Geschäftsbetriebe gemäß den in § 22b Abs. 1 FMABG und § 32b des Finanzmarkt-Geldwäschegesetzes – FM-GwG, BGBl. I Nr. 118/2016, genannten Bestimmungen, sowie Pflichtverletzungen nach dem FM-GwG von Verpflichteten nach § 1 Abs. 1 FM-GwG;
2. bei Vorliegen substantiierter Hinweise, dass Unternehmen, die über eine Berechtigung nach einem der in § 2 Abs. 1 bis 4 FMABG angeführten Bundesgesetze verfügen, in Anlagebetrug oder systematisch in Modelle der Steuerhinterziehung involviert sind;
3. bei Abgabenrückständen, wenn diese im Zusammenhang mit der Prüfung geordneter wirtschaftlicher Verhältnisse oder Eigentümerkontrollverfahren im Einzelfall von der FMA als erforderlich angesehen werden.

Im Rahmen der Amtshilfe nach Z 1 bis 3 sind möglichst genaue und umfassende Angaben über die betroffenen natürlichen oder juristischen Personen und eine Zusammenfassung des Sachverhalts zu übermitteln. Die Erteilung von Auskünften kann in den Fällen der Z 1 und 2 auch ohne vorhergehendes Ersuchen der FMA erfolgen. Die Übermittlung substantiierter Hinweise nach Z 1 hat ausschließlich durch das Finanzamt für Großbetriebe, jene nach Z 2 hat durch die Abgabenbehörde, die jeweils davon Kenntnis erlangt hat, zu erfolgen. Sofern in Fällen der Z 2 eine Sachverhaltsdarstellung oder Anzeige an die Staatsanwaltschaft erfolgt, ist diese der FMA zur Kenntnis zu bringen.

(BGBl I 2021/25)

§ 48c. Für Landes- und Gemeindeabgaben gilt Folgendes:

1. § 48a gilt auch für in einem abgabenrechtlichen Verwaltungsstrafverfahren anvertraute oder zugänglich gewordene Verhältnisse oder Umstände sowie für den Inhalt von Akten eines abgabenrechtlichen Verwaltungsstrafverfahrens. Die Offenbarung oder Verwertung nach § 48a Abs. 4 ist weiters zulässig, wenn sie der Durchführung eines abgabenrechtlichen Verwaltungsstrafverfahrens dient.
2. Für Abgabenbehörden der Länder und Gemeinden gilt § 48b nicht.

F. Datenschutz

§ 48d. (1) Die ganz oder teilweise automatisierte sowie die nichtautomatisierte Verarbeitung personenbezogener Daten durch eine Abgabenbehörde ist zulässig, wenn sie für Zwecke der Abgabenerhebung oder sonst zur Erfüllung ihrer Aufgaben oder in Ausübung öffentlicher Gewalt, die ihr übertragen wurde, erforderlich ist.

(2) Die Verarbeitung besonderer Kategorien personenbezogener Daten im Sinne des Art. 9 Abs. 1 der Verordnung (EU) 2016/679 zum Schutz natürlicher Personen bei der Verarbeitung personenbezogener Daten, zum freien Datenverkehr und zur Aufhebung der Richtlinie 95/46/EG (Datenschutz-Grundverordnung), ABl. Nr. L 119 vom 4.5.2016 S. 1 (im Folgenden: DSGVO), durch eine Abgabenbehörde ist zulässig, wenn die Voraussetzungen des Abs. 1 und ein erhebliches öffentliches Interesse im Sinne des Art. 9 Abs. 2 lit. g DSGVO vorliegen.

§ 48e. (1) Die Pflicht der Abgabenbehörde, die betroffene Person gemäß Art. 14 Abs. 1 und 2 DSGVO über die Erhebung oder gemäß Art. 13 Abs. 3 oder Art. 14 Abs. 4 DSGVO über die beabsichtigte Weiterverarbeitung personenbezogener Daten zu informieren, besteht zusätzlich zu den in Art. 13 Abs. 4 und Art. 14 Abs. 5 DSGVO genannten Ausnahmen nicht, wenn durch die Erteilung der Information

1. die ordnungsgemäße Erfüllung der Aufgaben der Abgabenbehörde oder ein Finanzstrafverfahren oder ein abgabenrechtliches Verwaltungsstrafverfahren gefährdet würde und das Interesse an der Nichterteilung der Information die Interessen der betroffenen Person überwiegt, insbesondere weil die Erteilung der Information
   a) jemanden in die Lage versetzen könnte, die Abgabenbehörde bei der Erfüllung ihrer Aufgaben zu beeinträchtigen, oder

b) Rückschlüsse auf die Ausgestaltung automationsunterstützter Risikomanagementsysteme zulassen könnte oder
c) Rückschlüsse auf geplante Ermittlungs-, Kontroll-, Überwachungs- oder Prüfungsmaßnahmen zulassen könnte

und damit die Ermittlung der tatsächlichen und rechtlichen Verhältnisse, die für die Abgabepflicht und die Erhebung der Abgaben wesentlich sind, maßgeblich erschwert würde oder

2. die öffentliche Sicherheit oder Ordnung gefährdet würde oder
3. der Rechtsträger der Abgabenbehörde in der Geltendmachung, Ausübung oder Verteidigung zivilrechtlicher Ansprüche oder in der Verteidigung gegen ihn geltend gemachter zivilrechtlicher Ansprüche beeinträchtigt würde und die Abgabenbehörde nach dem Zivilrecht nicht zur Information verpflichtet ist oder
4. im Falle einer Offenbarung von personenbezogenen Daten
   a) zum Zweck der Durchführung eines Abgabenverfahrens, eines Finanzstrafverfahrens, eines abgabenrechtlichen Verwaltungsstrafverfahrens oder eines Monopolverfahrens oder
   b) auf Grund einer gesetzlichen Verpflichtung oder
   c) im zwingenden öffentlichen Interesse

   der Offenbarungszweck vereitelt oder wesentlich beeinträchtigt würde oder
5. gesetzliche Verpflichtungen zur Verschwiegenheit verletzt würden oder
6. überwiegende berechtigte Interessen Dritter geschädigt würden.

(2) Fällt der Grund für die Nichterteilung der Information weg, ist die Erteilung der Information ohne unnötigen Aufschub nachzuholen, sofern das nicht unmöglich oder mit einem unverhältnismäßigen Aufwand verbunden ist.

§ 48f. (1) Das Recht der betroffenen Person auf Auskunft gemäß Art. 15 DSGVO besteht gegenüber einer Abgabenbehörde nicht, soweit

1. die betroffene Person nach § 48e Abs. 1 Z 1 bis 6 nicht zu informieren ist oder
2. die betroffene Person am Auskunftsverfahren nicht gemäß Abs. 3 mitwirkt.

(2) Soweit personenbezogene Daten in einem Akt enthalten sind, besteht für die betroffene Person das Recht auf Auskunft gemäß Art. 15 DSGVO ausschließlich nach Maßgabe der §§ 90 und 90a. Für das Verfahren der Einsicht- oder Abschriftnahme (einschließlich deren Verweigerung) gelten die Regelungen dieses Bundesgesetzes.

(BGBl I 2019/103)

(3) Die betroffene Person hat am Auskunftsverfahren gemäß Art. 15 DSGVO in dem ihr zumutbaren Ausmaß mitzuwirken, um ungerechtfertigten oder unverhältnismäßigen Aufwand bei der Abgabenbehörde zu vermeiden. Insbesondere hat sie zu präzisieren, auf welche Informationen oder Verarbeitungsvorgänge sich ihr Auskunftsersuchen bezieht, wenn von der Auskunftserteilung eine große Menge personenbezogener Daten erfasst wäre oder dies aus sonstigen Gründen erforderlich ist.

(4) Im Falle der Nichterteilung der Auskunft gemäß Abs. 1 Z 1 hat die Begründung der Unterrichtung der betroffenen Person gemäß Art. 12 Abs. 4 DSGVO soweit zu unterbleiben, als sie dem mit der Nichterteilung der Auskunft verfolgten Zweck zuwiderliefe.

§ 48g. (1) Das Recht gemäß Art. 16 DSGVO und die Pflicht gemäß Art. 5 Abs. 1 lit. d DSGVO besteht hinsichtlich einer Berichtigung, Aktualisierung oder Vervollständigung von personenbezogenen Daten, die in einem Bescheid, einem Beschluss, einem Erkenntnis oder in einer Selbstberechnung enthalten sind, nur insoweit, als dies in diesem Bundesgesetz oder anderen Abgabenvorschriften vorgesehen ist. Eine allfällige Berichtigung, Aktualisierung oder Vervollständigung hat nach Maßgabe dieses Bundesgesetzes oder anderer Abgabenvorschriften zu erfolgen.

(2) In den nicht von Abs. 1 erfassten Fällen hat eine Berichtigung, Aktualisierung oder Vervollständigung mittels eines ergänzenden Vermerks zu erfolgen, soweit eine nachträgliche Änderung mit dem Dokumentationszweck unvereinbar ist und in diesem Bundesgesetz oder sonstigen Abgabenvorschriften nicht anderes bestimmt ist. Ist die Berichtigung, Aktualisierung oder Vervollständigung nicht möglich, ist dies zu vermerken.

(3) Wird die Richtigkeit personenbezogener Daten bestritten und lässt sich bei der Überprüfung der Richtigkeit durch die Abgabenbehörde weder die Richtigkeit noch die Unrichtigkeit der personenbezogenen Daten feststellen, besteht ab diesem Zeitpunkt für die betroffene Person kein Recht mehr auf Einschränkung der Verarbeitung gemäß Art. 18 Abs. 1 lit. a DSGVO.

§ 48h. Die §§ 48d bis 48g gelten auch für Verantwortliche im Sinn des Art. 4 Z 7 DSGVO, soweit ihnen abgabenrechtliche Aufgaben übertragen wurden, ohne selbst Abgabenbehörde zu sein.

§ 48i. Sofern gesetzlich nicht ausdrücklich anderes angeordnet ist, sind Protokolldaten über tatsächlich durchgeführte Verarbeitungsvorgänge, wie insbesondere Änderungen, Abfragen und Übermittlungen, zumindest drei Jahre lang aufzubewahren.

(BGBl I 2018/32)

G. Verwendung technischer Einrichtungen zur Wort- und Bildübertragung

§ 48j. (1) Mündliche Verhandlungen, Erörterungstermine, Vernehmungen, (Schluss-)Besprechungen, Nachschauen, Außenprüfungen, Augenscheine und sonstige Beweisaufnahmen können unter Verwendung geeigneter technischer Einrichtungen zur Wort- und Bildübertragung durchgeführt werden.

(2) Soweit von der Möglichkeit gemäß Abs. 1 Gebrauch gemacht wird, ist den Personen, die der Amtshandlung beigezogen werden, Gelegenheit zu geben, unter Verwendung der technischen Einrichtungen zur Wort- und Bildübertragung an der betreffenden Amtshandlung teilzunehmen. Sind der Amtshandlung Parteien beizuziehen, sind diese aufzufordern, bekanntzugeben, ob ihnen solche technischen Einrichtungen zur Wort- und Bildübertragung zur Verfügung stehen; ist dies nicht der Fall, kann ein Antrag gestellt werden, von der Inanspruchnahme des Abs. 1 abzusehen, andernfalls kann die Amtshandlung auch in ihrer Abwesenheit durchgeführt werden. Diesfalls ist den Parteien, die aus diesem Grund an der Amtshandlung nicht teilnehmen können, in sonst geeigneter Weise Gelegenheit zu geben, ihre Rechte auszuüben bzw. bei der Feststellung des Sachverhalts mitzuwirken.

(3) Wird eine Amtshandlung unter Verwendung technischer Einrichtungen zur Wort- und Bildübertragung durchgeführt, braucht eine Niederschrift abweichend von § 87 Abs. 4 erster Satz und § 275 Abs. 7 letzter Satz außer vom Leiter der Amtshandlung von keiner weiteren Person unterschrieben zu werden. In diesem Fall ist § 87 Abs. 6 mit der Maßgabe sinngemäß anzuwenden, dass statt der Verwendung von Schallträgern ein Mitschnitt der Wort- und Bildübertragung zulässig ist.

(BGBl I 2022/108)

2. Abschnitt
Abgabenbehörden und Parteien

(BGBl I 2019/104)

A. Abgabenbehörden

1. Allgemeine Bestimmungen

Bundesfinanzverwaltung

§ 49. Die Bundesfinanzverwaltung besteht aus

1. den Abgabenbehörden des Bundes, nämlich:
   a) dem Bundesminister für Finanzen,
   b) den Finanzämtern, und zwar
      – dem Finanzamt Österreich und
      – dem Finanzamt für Großbetriebe und
   c) dem Zollamt Österreich;
2. dem Amt für Betrugsbekämpfung,
3. den Zentralen Services und
4. dem Prüfdienst für Lohnabgaben und Beiträge.

(BGBl I 2019/104, BGBl I 2020/99)

Abgabenbehörden der Länder und Gemeinden

§ 50. Abgabenbehörden der Länder und Gemeinden sind die mit der Erhebung der in § 1 bezeichneten öffentlichen Abgaben und Beiträge betrauten Behörden der Länder und Gemeinden.

(BGBl I 2019/104)

Zuständigkeit

§ 51. Die Zuständigkeit einer Abgabenbehörde des Bundes oder einer Abgabenbehörde der Länder und Gemeinden ergibt sich aus dem jeweils durch Bundes- oder Landesgesetz, Staatsvertrag oder Verordnung für sie festgelegten Aufgabenbereich.

(BGBl I 2019/104)

Zuständigkeitsstreit

§ 52. Über einen Zuständigkeitsstreit zwischen Abgabenbehörden des Bundes entscheidet der Bundesminister für Finanzen.

(BGBl I 2019/104, BGBl I 2022/108)

Vorgehen bei Unzuständigkeit

§ 53. Die Abgabenbehörden haben ihre Zuständigkeit von Amts wegen wahrzunehmen. Langen bei ihnen Anbringen ein, für deren Behandlung sie nicht zuständig sind, haben sie diese ohne unnötigen Aufschub auf Gefahr des Einschreiters an die zuständige Stelle weiterzuleiten oder den Einschreiter an diese zu verweisen.

(BGBl I 2019/104)

Befugnisse der Abgabenbehörden des Bundes

§ 54. (1) Organe jeder Abgabenbehörde des Bundes können zur Gewinnung von für die Erhebung von Abgaben maßgebenden Daten

1. allgemeine Aufsichtsmaßnahmen (§ 143 und § 144),
2. Ersuchen um Beistand (§§ 158 bis 160) sowie
3. die notwendigen Aufsichts-, Kontroll- und Beweissicherungsmaßnahmen gemäß § 146a und § 146b

vornehmen.

(2) Bei Gefahr im Verzug können Organe jeder Abgabenbehörde des Bundes die in die Zuständigkeit einer anderen Abgabenbehörde des Bundes fallenden notwendigen Amtshandlungen vornehmen; insbesondere können sie

1. Sicherstellungsaufträge (§ 232) erlassen sowie
2. Vollstreckungshandlungen (§§ 31, 65 ff und 75 der Abgabenexekutionsordnung – AbgEO, BGBl. Nr. 104/1949) und
3. Sicherungsmaßnahmen (§ 78 AbgEO)

vornehmen. Die zuständige Abgabenbehörde des Bundes ist von den vorgenommenen Amtshandlungen unverzüglich zu informieren.

(BGBl I 2022/108)

(3) Bei der Durchführung von Amtshandlungen im Sinn des Abs. 1 oder 2 werden die Organe als Organe der jeweils zuständigen Einrichtung der Bundesfinanzverwaltung tätig.

(BGBl I 2020/99)

(4) Sonstige Befugnisse, die sich aus anderen rechtlichen Bestimmungen ergeben, bleiben unberührt.

(BGBl I 2019/104)

Unterstützungsleistungen innerhalb der Bundesfinanzverwaltung

§ 54a. (1) Organe des Finanzamtes Österreich haben schriftliche Anbringen (§ 85 Abs. 1) entgegenzunehmen, für deren Behandlung entweder das Finanzamt für Großbetriebe, das Amt für den nationalen Emissionszertifikatehandel im Zollamt Österreich oder das Amt für Betrugsbekämpfung zuständig ist. Dabei gilt Folgendes:

1. Wenn das Anbringen innerhalb offener Frist beim Finanzamt Österreich eingebracht und an die zuständige Einrichtung der Bundesfinanzverwaltung gerichtet ist, gilt es als bei der zuständigen Einrichtung der Bundesfinanzverwaltung als innerhalb offener Frist eingebracht.
2. Das Finanzamt Österreich hat Anbringen ohne unnötigen Aufschub zu digitalisieren und der zuständigen Einrichtung zur Verfügung zu stellen. Das gilt auch, wenn das Anbringen beim Finanzamt für Großbetriebe oder beim Amt für Betrugsbekämpfung eingebracht worden ist.
3. Die ganz oder teilweise automatisierte sowie die nichtautomatisierte Verarbeitung personenbezogener Daten durch das Finanzamt Österreich ist zulässig, soweit sie für Zwecke der Digitalisierung und Zur-Verfügung-Stellung von Anbringen erforderlich ist.

(BGBl I 2022/108)

(2) Die mit der Entgegennahme von Barzahlungen (§ 211 Abs. 1 Z 5) betrauten Organe des Finanzamtes Österreich oder des Amts für Betrugsbekämpfung haben die damit verbundenen Tätigkeiten auch für jede andere Einrichtung der Bundesfinanzverwaltung, außer für das Zollamt Österreich, auszuüben.

(3) Ist das Finanzamt Österreich für die Erhebung der Umsatzsteuer eines Abgabepflichtigen, der eine Beihilfe nach dem Gesundheits- und Sozialbereich-Beihilfengesetz – GSBG, BGBl. Nr. 746/1996, geltend gemacht hat, zuständig, gilt Folgendes:

1. Das Finanzamt Österreich hat das Finanzamt für Großbetriebe rechtzeitig vor der Durchführung einer Außenprüfung oder einer die Umsatzsteuer betreffende Nachschau zu informieren.
2. Organe des Finanzamtes Österreich haben im Auftrag des Finanzamtes für Großbetriebe eine Außenprüfung oder eine Nachschau betreffend die Beihilfe nach dem GSBG durchzuführen.

Nach Beendigung der Außenprüfung ist dem Finanzamt für Großbetriebe eine Abschrift des Prüfungsberichts, nach Beendigung der Nachschau eine Abschrift der Niederschrift zu übermitteln.

(4) An der Erledigung eines Antrags auf einen Auskunftsbescheid (§ 118) dürfen auch Organe einer anderen Abgabenbehörde des Bundes mitwirken. Die Offenbarung von Verhältnissen oder Umständen gegenüber diesen Organen dient der Durchführung eines Abgabenverfahrens im Sinn der § 48a Abs. 4 lit. a und § 48e Abs. 1 Z 4 lit. a.

(5) An einem Verständigungs- oder Schiedsverfahren aufgrund eines Abkommens oder Übereinkommens (§ 3 Abs. 1 Z 1 EU-BStbG) einschließlich Verfahren auf die das EU-BStbG anzuwenden ist, dürfen auch Organe einer anderen Abgabenbehörde des Bundes mitwirken. Die Offenbarung von Verhältnissen oder Umständen gegenüber diesen Organen dient der Durchführung eines Abgabenverfahrens im Sinn der § 48a Abs. 4 lit. a und § 48e Abs. 1 Z 4 lit. a.

(6) Die Offenbarung von Verhältnissen oder Umständen gegenüber Organen einer Einrichtung der Bundesfinanzverwaltung, die zur Erledigung von Aufgaben, die mehrere Abgabenbehörden betreffen, ämterübergreifend zusammenarbeiten, dient der Durchführung eines Abgabenverfahrens im Sinn von § 48a Abs. 4 lit. a und § 48e Abs. 1 Z 4 lit. a.

(BGBl I 2022/108)

(BGBl I 2020/99)

2. Bundesminister für Finanzen

(BGBl I 2019/104)

Zuständigkeit

§ 55. Die Zuständigkeit des Bundesministers für Finanzen als Abgabenbehörde ergibt sich aus dem jeweils durch Bundesgesetz, Staatsvertrag oder Verordnung für ihn festgelegten Aufgabenbereich.

(BGBl I 2019/104)

3. Finanzämter

(BGBl I 2019/104)

Organisation

§ 56. (1) Der Wirkungsbereich der Finanzämter erstreckt sich auf das gesamte Bundesgebiet. Für jedes der beiden Finanzämter hat der Bundesminister für Finanzen mit Verordnung den Sitz festzulegen.

(2) Die Leitung der Finanzämter erfolgt jeweils durch einen Vorstand. Ihm obliegt insbesondere die organisatorische, personelle, wirtschaftliche und finanzielle Leitung. Davon ausgenommen ist die Erteilung fachlicher Weisungen in Angelegenheiten des § 61 Abs. 4 Z 7.

(BGBl I 2021/3)

(3) Dem Vorstand des Finanzamtes können für die organisatorische, personelle, wirtschaftliche und finanzielle Leitung Bereichsleiter und für die fachliche Leitung Fachbereichsleiter zur Seite gestellt werden.

(BGBl I 2022/108)

(4) (aufgehoben)

(BGBl I 2022/108)

(BGBl I 2019/104)

Übertragung der Zuständigkeit

§ 57. (1) Ein Finanzamt kann aus Gründen der Zweckmäßigkeit, insbesondere zur Vereinfachung oder Beschleunigung des Verfahrens, die Erhebung einer Abgabe auf das andere Finanzamt mit Bescheid befristet oder unbefristet übertragen, sofern nicht überwiegende Interessen der Partei entgegenstehen.

(2) Die Übertragung der Zuständigkeit auf das andere Finanzamt kann auch auf Antrag des Abgabepflichtigen erfolgen, wenn wahrscheinlich ist, dass das andere Finanzamt zu einem späteren Zeitpunkt zuständig werden wird.

(3) Bei der Übertragung der Zuständigkeit geht die Zuständigkeit im Zeitpunkt der Bekanntgabe des Bescheides auf das andere Finanzamt über. § 58 ist nicht anzuwenden.

(BGBl I 2019/104)

Übergang der Zuständigkeit

§ 58. Die Zuständigkeit des einen Finanzamtes endet in dem Zeitpunkt, in dem das andere Finanzamt von den seine Zuständigkeit begründenden Voraussetzungen Kenntnis erlangt. Vom Übergang der Zuständigkeit ist der Abgabepflichtige zu verständigen. Solange er nicht verständigt worden ist, kann er Anbringen an jedes Finanzamt richten.

(BGBl I 2019/104)

Beschwerdeverfahren

§ 59. Die Übertragung oder der Übergang der Zuständigkeit von einem Finanzamt auf ein anderes berührt nicht die Zuständigkeit des bisher zuständig gewesenen Finanzamtes im Beschwerdeverfahren betreffend der von diesem erlassenen Bescheide.

(BGBl I 2019/104)

Zuständigkeit des Finanzamtes Österreich

§ 60. (1) Das Finanzamt Österreich ist zuständig für

1. die Wahrnehmung einer Aufgabe, die einer Abgabenbehörde übertragen ist, wenn weder die Voraussetzungen für die Zuständigkeit des Bundesministers für Finanzen, noch für die Zuständigkeit des Finanzamtes für Großbetriebe noch jene für die Zuständigkeit des Zollamtes Österreich vorliegen,
2. die Wahrnehmung einer Aufgabe, die einem Finanzamt übertragen ist, wenn die Voraussetzungen für die Zuständigkeit des Finanzamtes für Großbetriebe nicht vorliegen.

(2) Das Finanzamt Österreich ist jedenfalls zuständig für

1. die
   a) Prüfung der Vollständigkeit und Zulässigkeit,
   b) Weiterleitung und
   c) Zustellung von Erledigungen der Abgabenbehörden der anderen Mitgliedstaaten

   in Bezug auf Anträge auf Vorsteuererstattung für im Inland ansässige Unternehmer in Anwendung von Art. 18 der Richtlinie 2008/9/EG zur Regelung der Erstattung der Mehrwertsteuer gemäß der Richtlinie 2006/112/EG an nicht im Mitgliedstaat der Erstattung, sondern in einem anderen Mitgliedstaat ansässige Steuerpflichtige, ABl. Nr. L 44 vom 20.02.2008 S. 23, zuletzt geändert durch die Richtlinie 2010/66/EU, ABl. Nr. L 275 vom 20.10.2010 S. 1;
2. die Erhebung der Umsatzsteuer von Unternehmern, die ihr Unternehmen vom Ausland aus betreiben und im Inland weder eine Betriebsstätte haben noch Umsätze aus der Nutzung eines im Inland gelegenen Grundbesitzes erzielen;
3. die Rückerstattung der Kühlgeräteentsorgungsbeiträge im Sinn des Bundesgesetzes über die Ermächtigung zur Übernahme der Rückerstattung der Kühlgeräteentsorgungsbeiträge, BGBl. I Nr. 63/2011;
4. die Erhebung der Kraftfahrzeugsteuer bei widerrechtlicher Verwendung eines Kraftfahrzeuges (§ 1 Abs. 1 Z 3 des Kraftfahrzeugsteuergesetzes 1992 – KfzStG 1992, BGBl. Nr. 449);
5. die Entgegennahme und Erledigung von
   a) Anzeigen gemäß § 120 Abs. 1 und
   b) Anträgen auf Erteilung einer Umsatzsteuer-Identifikationsnummer gemäß Art. 28 UStG 1994

   von Abgabepflichtigen, die unter § 61 Abs. 1 Z 5 bis 8 fallen und denen noch keine Steuernummer bekanntgegeben worden ist;
6. die Erhebung der Einkommensteuer durch Abzug vom Arbeitslohn für Bezüge und Vorteile von Arbeitgebern ohne Betriebsstätte im Sinn des § 81 EStG 1988 im Inland sowie für die Entgegennahme und Bearbeitung von Lohnbescheinigungen gemäß § 84a Abs. 1 EStG 1988 (§ 47 Abs. 1 EStG 1988).

   (BGBl I 2021/3)

(BGBl I 2020/99)

(BGBl I 2019/104)

Zuständigkeit des Finanzamtes für Großbetriebe

§ 61. (1) Das Finanzamt für Großbetriebe ist in Bezug auf die in Abs. 2 und 3 genannten Angelegenheiten zuständig für

1. Abgabepflichtige, die einen Gewerbebetrieb, eine Betriebsstätte oder einen wirtschaftlichen Geschäftsbetrieb unterhalten, wenn entweder die beiden zuletzt gemäß Abs. 5 bekannt gegebenen Umsatzerlöse (§ 189a Z 5 des Unternehmensgesetzbuches – UGB, dRGBl. S. 219/1897) oder die in den beiden zuletzt abgegebenen Steuererklärungen gemäß § 21 Abs. 4 UStG 1994 erklärten Umsätze gemäß § 1 Abs. 1 Z 1 UStG 1994 jeweils mehr als 10 Millionen Euro überschritten haben,,. Das Unterschreiten dieser Grenze ist unbeachtlich
   a) wenn ein Insolvenzverfahren mangels kostendeckenden Vermögens rechtskräftig nicht eröffnet wird,

b) wenn es zu einer Liquidation im Rahmen eines Insolvenzverfahrens kommt,
c) wenn ein Konkursverfahren nach § 123a oder § 139 IO aufgehoben wird oder
d) bis zur rechtskräftigen Bestätigung eines Sanierungsplans.

(BGBl I 2022/108)

2. Körperschaften des öffentlichen Rechts, wenn die in den beiden zuletzt abgegebenen Steuererklärungen gemäß § 21 Abs. 4 UStG 1994 erklärten Umsätze gemäß § 1 Abs. 1 Z 1 UStG 1994 jeweils mehr als 10 Millionen Euro überschritten haben – in diesem Fall ist das Finanzamt für Großbetriebe auch für sämtliche Betriebe gewerblicher Art dieser Körperschaft des öffentlichen Rechts zuständig;
3. Abgabepflichtige, die in einem länderbezogenen Bericht gemäß § 2 Z 6 des Verrechnungspreisdokumentationsgesetzes – VPDG, BGBl. I Nr. 77/2016, der für das zweitvorangegangene Wirtschaftsjahr übermittelt worden (§ 8 VPDG) oder eingegangen ist (§ 12 VPDG) angeführt werden;
4. die Oesterreichische Nationalbank;
5. alle Unternehmen, die der Aufsicht aufgrund eines der in § 2 des Finanzmarktaufsichtsbehördengesetzes – FMABG, BGBl. I Nr. 97/2001, genannten Bundesgesetze unterliegen;
6. Privatstiftungen im Sinn des Privatstiftungsgesetzes – PSG, BGBl. Nr. 694/1993 und vergleichbare ausländische Einrichtungen sowie der Stiftungseingangssteuer unterliegende Vermögensmassen;

(BGBl I 2022/108)

7. Stiftungen oder Fonds im Sinn des Bundes-Stiftungs- und Fondsgesetzes 2015, BGBl. I Nr. 160/2015, oder im Sinn einer diesem Bundesgesetz entsprechenden landesgesetzlichen Regelung einschließlich entsprechender Gebilde im Gründungsstadium;
8. Bauvereinigungen, die nach dem Wohnungsgemeinnützigkeitsgesetz – WGG, BGBl. Nr. 139/1979, als gemeinnützig anerkannt sind;
9. Abgabepflichtige, die Teil einer Unternehmensgruppe gemäß § 9 KStG 1988 sind – einschließlich der die finanzielle Verbindung vermittelnden Personengesellschaften, wenn der Gruppenträger oder zumindest ein Gruppenmitglied
   a) gemäß Z 1 bis 3 oder 5 bis 8 oder 10 in die Zuständigkeit des Finanzamtes für Großbetriebe fällt oder
   b) seinen Sitz nicht in Österreich hat;
10. Abgabepflichtige, die Teil einer Organschaft im Sinn des § 2 Abs. 2 Z 2 UStG 1994 sind, wenn der Organträger oder zumindest ein Organ gemäß Z 1 bis 3 oder 5 bis 9 in die Zuständigkeit des Finanzamtes für Großbetriebe fällt;
11. Abgabepflichtige, für die der Wechsel in die begleitende Kontrolle rechtskräftig festgestellt worden ist.

(2) Das Finanzamt für Großbetriebe ist für die in Abs. 1 angeführten Abgabepflichtigen zuständig für die Erhebung sämtlicher bundesgesetzlich geregelter Abgaben. Ausgenommen davon sind

1. die Abgaben, die durch das Zollamt Österreich zu erheben sind (§ 62),

   (BGBl I 2021/3)

2. die Gebühren im Sinn des Gebührengesetzes 1957, BGBl. Nr. 267/1957,
3. die Gebühren im Sinn des Konsulargebührengesetzes, BGBl. Nr. 100/1992,
4. die Gerichts- und Justizverwaltungsgebühren im Sinn des Gerichtsgebührengesetzes, BGBl. Nr. 501/1984,
5. die Grunderwerbsteuer,
6. die Abgabe von land- und forstwirtschaftlichen Betrieben,
7. die Bodenwertabgabe,
8. die Versicherungssteuer,
9. die Feuerschutzsteuer,
10. die Flugabgabe,
11. der Finanzierungsbeitrag gemäß § 1 Abs. 4 des Glücksspielgesetzes – GSpG, BGBl. Nr. 620/1989,
12. die Konzessionsabgabe gemäß § 17 GSpG,
13. die Spielbankenabgabe gemäß § 28 und § 29 GSpG,
14. die Glücksspielabgaben gemäß § 57 bis § 59 GSpG,
15. die Gebühren gemäß § 59a GSpG.

Nicht in die Zuständigkeit des Finanzamtes für Großbetriebe fallen jene Aufgaben, die gemäß § 60 Abs. 2 dem Finanzamt Österreich obliegen.

(3) Das Finanzamt für Großbetriebe ist für die in Abs. 1 angeführten Abgabepflichtigen weiters zuständig für die Wahrnehmung der Angelegenheiten der Abzugsteuern einschließlich der Vorschreibung der Kapitalertragsteuer gemäß § 95 Abs. 4 EStG 1988.

(4) Das Finanzamt für Großbetriebe ist jedenfalls zuständig für

1. die auf Grund völkerrechtlicher Verträge vorgesehene Rückzahlung von Abgaben;
2. die Rückzahlung oder Erstattung der Kapitalertragsteuer oder der Abzugsteuer gemäß § 99 EStG 1988 auf der Grundlage von § 94 Z 2 oder Z 10 EStG 1988, § 99a Abs. 8 EStG 1988, § 21 Abs. 1 Z 1a KStG 1988 oder mangels Erfüllung der Voraussetzungen des § 98 Abs. 1 EStG 1988;
3. die Rückzahlung der Körperschaftsteuer an ausländische Einrichtungen im Sinne des § 5 Z 4 des Pensionskassengesetzes, BGBl. Nr. 281/1990, wegen Vorliegens der Voraussetzungen für die Steuerbefreiung nach § 6 Abs. 1 KStG 1988;

4. Angelegenheiten betreffend Mittelstandsfinanzierungsgesellschaften im Sinn des § 6b KStG 1988;
5. Angelegenheiten betreffend die pauschale Erstattung von Einkommensteuer gemäß § 108 Abs. 5 EStG 1988, § 108a Abs. 4 und Abs. 5 letzter Satz EStG 1988 sowie § 108g Abs. 4 und Abs. 5 letzter Satz EStG 1988;
6. Angelegenheiten betreffend das GSBG;

   (BGBl I 2021/3)
7. die Führung eines von einem Abgabepflichtigen angeregten Verständigungsverfahrens und die Erledigung aller mit einem solchen Verständigungsverfahren oder einem Schiedsverfahren in Zusammenhang stehenden Aufgaben, soweit sich diese
   a) aus dem EU-BStbG oder
   b) aus einer anderen Rechtsgrundlage als dem EU-BStbG ergeben.

   Davon ausgenommen sind die Ernennung von Schiedsrichtern, die Einsetzung eines Schiedsgerichts, der Abschluss der Verträge mit den Schiedsrichtern, die Tragung der Kosten für das Schiedsverfahren sowie die Verständigung über allgemein gültige Geschäftsordnungen für Schiedsgerichte.

   (BGBl I 2021/3)

(BGBl I 2020/99)

(5) Für die Wahrnehmung der Zuständigkeit sind die Umsatzerlöse gemäß Abs. 1 Z 1 oder 2 in der Steuererklärung gemäß §§ 42, 43 EStG 1988 oder § 24 Abs. 3 Z 1 KStG 1988 bekannt zu geben.

(6) Für die Wahrnehmung der Zuständigkeit gemäß Abs. 1 Z 5 hat die Finanzmarktaufsichtsbehörde dem Finanzamt für Großbetriebe Informationen über sämtliche im Sinne des § 2 FMABG vorliegenden Genehmigungen elektronisch zu übermitteln. Der Bundesminister für Finanzen wird ermächtigt, den Inhalt und das Verfahren der elektronischen Übermittlung mit Verordnung festzulegen.

(7) Für die Wahrnehmung der Zuständigkeit gemäß Abs. 1 Z 8 hat ein Revisionsverband im Sinne des § 5 Abs. 1 WGG die Liste der ihm am 1. Oktober 2020 angehörenden Bauvereinigungen bis zum 30. Oktober 2020 sowie alle nach dem 1. Oktober 2020 erfolgenden Änderungen innerhalb einer Woche ab der Änderung elektronisch zu übermitteln. Der Bundesminister für Finanzen wird ermächtigt, den Inhalt und das Verfahren der elektronischen Übermittlung mit Verordnung festzulegen.

(BGBl I 2020/99)

(BGBl I 2019/104)

4. Zollamt Österreich

(BGBl I 2019/104)

Organisation

§ 62. (1) Der Wirkungsbereich des Zollamtes Österreich erstreckt sich auf das gesamte Bundesgebiet. Der Bundesminister für Finanzen hat mit Verordnung den Sitz des Zollamtes Österreich festzulegen.

(BGBl I 2020/99)

(2) Die Leitung des Zollamtes Österreich erfolgt durch den Vorstand. Ihm obliegt insbesondere die organisatorische, personelle, wirtschaftliche und finanzielle Leitung.

(3) Dem Vorstand können für die organisatorische, personelle, wirtschaftliche und finanzielle Leitung Bereichsleiter und für die fachliche Leitung Fachbereichsleiter zur Seite gestellt werden.

(4) Der Vorstand des Zollamtes Österreich kann Zollstellen einrichten. Die Einrichtung oder Schließung einer Zollstelle sowie ihr örtlicher und sachlicher Wirkungsbereich sind kundzumachen.

(BGBl I 2019/104)

Zuständigkeit

§ 63. (1) Das Zollamt Österreich ist – unbeschadet der Zuständigkeit anderer Behörden und der dem Zollamt Österreich durch sonstige Rechtsvorschriften übertragenen Aufgaben – zuständig für:
1. die Vollziehung des Zollrechts (§§ 1 und 2 des Zollrechts-Durchführungsgesetzes – ZollR-DG, BGBl. Nr. 659/1994),
2. die Vollziehung der Gemeinsamen Marktordnungsorganisation, soweit nicht eine andere Behörde zuständig ist,
3. die Erhebung der Verbrauchsteuern,
4. die Erhebung der Einfuhrumsatzsteuer nach Maßgabe des § 26 Abs. 3 UStG 1994,
5. die Vollziehung der Verordnung (EU) Nr. 1672/2018 über die Überwachung von Barmitteln, die in die Union oder aus der Union verbracht werden, ABl. Nr. L 284 vom 12.11.2018 S. 6,
6. die Erhebung der Kraftfahrzeugsteuer im grenzüberschreitenden Verkehr für ein in einem ausländischen Zulassungsverfahren zugelassenes Kraftfahrzeug (§ 1 Abs. 1 Z 2 des Kraftfahrzeugsteuergesetzes 1992 – KfzStG 1992, BGBl. Nr. 449/1992),

   (BGBl I 2020/99)
7. die Vollziehung des § 2a und des § 7 des Tabak- und Nichtraucherinnen- bzw. Nichtraucherschutzgesetz – TNRSG, BGBl. Nr. 431/1995, soweit nicht der Bundesminister für Finanzen zuständig ist,
8. die Vollziehung des Tabakmonopolgesetzes 1996 – TabMG 1996, BGBl. Nr. 830/1995, soweit nicht der Bundesminister für Finanzen zuständig ist,
9. die Erhebung des Altlastenbeitrages im Sinn des Altlastensanierungsgesetzes, BGBl. Nr. 299/1989.

(2) Die Ortsgemeinden Jungholz (Tirol) und Mittelberg (Vorarlberg) fallen nicht in den Zuständigkeitsbereich des Zollamtes Österreich. Das gilt nicht für die Erhebung des Altlastenbeitrages.

(BGBl I 2019/104)

5. Zentrale Services

Organisation und Aufgaben

§ 64. (1) Der Wirkungsbereich der Zentralen Services erstreckt sich auf das gesamte Bundesgebiet. Der Bundesminister für Finanzen hat mit Verordnung den Sitz der Zentralen Services festzulegen.

(2) Den Zentralen Services obliegt für die Bundesfinanzverwaltung insbesondere

1. die Sicherstellung einer einheitlichen Rechtsauslegung und Vollziehung,
2. die Prüfung der Abgabenbehörden des Bundes und des Amtes für Betrugsbekämpfung gemäß § 115 des Bundeshaushaltsgesetzes 2013 – BHG 2013, BGBl. I Nr. 139/2009, in Verbindung mit § 129 Abs. 2 der Bundeshaushaltsverordnung 2013 – BHV 2013, BGBl. II Nr. 266/2010,
3. die Entwicklung, der Aufbau und die Optimierung von EDV-technischen Lösungen für die Budgetgebarung im Umfang der Aufgaben eines haushaltsleitenden Organes (§ 6 Abs. 2 BHG 2013) für das gesamte Finanzressort,
4. die Aus- und Weiterbildung der Bediensteten und
5. die Unterstützung im Bereich der Datenverarbeitung.

(BGBl I 2020/99)

§§ 65. bis 69. (aufgehoben)

§ 70. (aufgehoben)

(BGBl I 2019/104)

§§ 71. bis 75. (aufgehoben)

6. Befangenheit von Organen der Abgabenbehörden

(BGBl I 2019/104, BGBl I 2020/99)

§ 76. (1) Organe der Abgabenbehörden und der Verwaltungsgerichte haben sich der Ausübung ihres Amtes wegen Befangenheit zu enthalten und ihre Vertretung zu veranlassen,

a) wenn es sich um ihre eigenen Abgabenangelegenheiten oder um jene eines ihrer Angehörigen (§ 25), oder um jene einer Person unter ihrer gesetzlichen Vertretung handelt; *(BGBl I 2018/62)*
b) wenn sie als Vertreter einer Partei (§ 78) noch bestellt sind oder bestellt waren;
c) wenn sonstige wichtige Gründe vorliegen, die geeignet sind, ihre volle Unbefangenheit in Zweifel zu ziehen;
d) im Beschwerdeverfahren vor den Verwaltungsgerichten überdies, wenn sie an der Erlassung des angefochtenen Bescheides oder der Beschwerdevorentscheidung (§ 262) mitgewirkt oder eine Weisung im betreffenden Verfahren erteilt haben oder wenn einer der in lit. a genannten Personen dem Beschwerdeverfahren beigetreten ist.

(2) Bei Gefahr im Verzug hat, wenn die Vertretung durch ein anderes Organ nicht sogleich bewirkt werden kann, auch das befangene Organ die unaufschiebbaren Amtshandlungen selbst vorzunehmen. Dies gilt nicht in den in Abs. 1 lit. a bezeichneten Fällen.

B. Parteien und deren Vertretung

1. Allgemeine Bestimmungen

§ 77. (1) Abgabepflichtiger im Sinne dieses Bundesgesetzes ist, wer nach den Abgabenvorschriften als Abgabenschuldner in Betracht kommt.

(2) Die für die Abgabepflichtigen getroffenen Anordnungen gelten, soweit nicht anderes bestimmt ist, sinngemäß auch für die kraft abgabenrechtlicher Vorschriften persönlich für eine Abgabe Haftenden.

§ 78. (1) Partei im Abgabenverfahren ist der Abgabepflichtige (§ 77), im Beschwerdeverfahren auch jeder, der eine Beschwerde einbringt (Beschwerdeführer), einem Beschwerdeverfahren beigetreten ist (§§ 257 bis 259) oder, ohne Beschwerdeführer zu sein, einen Vorlageantrag (§ 264) gestellt hat.

(2) Parteien des Abgabenverfahrens sind ferner,

a) wenn die Erlassung von Feststellungsbescheiden vorgesehen ist, diejenigen, an die diese Bescheide ergehen (§ 191 Abs. 1 und 2);
b) wenn nach den Abgabenvorschriften Steuermeßbeträge oder Einheitswerte zu zerlegen oder zuzuteilen sind, die Körperschaften, denen ein Zerlegungsanteil zugeteilt worden ist oder die auf eine Zuteilung Anspruch erheben.

(3) Andere als die genannten Personen haben die Rechtssststellung einer Partei dann und insoweit, als sie auf Grund abgabenrechtlicher Vorschriften die Tätigkeit einer Abgabenbehörde in Anspruch nehmen oder als sich die Tätigkeit einer Abgabenbehörde auf sie bezieht.

§ 79. Für die Rechts- und Handlungsfähigkeit gelten die Bestimmungen des bürgerlichen Rechtes. § 2 Zivilprozeßordnung ist sinngemäß anzuwenden.

2. Vertreter

§ 80. (1) Die zur Vertretung juristischer Personen berufenen Personen und die gesetzlichen Vertreter natürlicher Personen haben alle Pflichten zu erfüllen, die den von ihnen Vertretenen obliegen, und sind befugt, die diesen zustehenden Rechte wahrzunehmen. Sie haben insbesondere dafür zu sorgen, daß die Abgaben aus den Mitteln, die sie verwalten, entrichtet werden.

(2) Steht eine Vermögensverwaltung anderen Personen als den Eigentümern des Vermögens oder deren gesetzlichen Vertretern zu, so haben die Vermögensverwalter, soweit ihre Verwaltung reicht, die im Abs. 1 bezeichneten Pflichten und Befugnisse.

(3) Vertreter (Abs. 1) der aufgelösten Gesellschaft mit beschränkter Haftung nach Beendigung der Liquidation ist, wer nach § 93 Abs. 3 GmbHG zur Aufbewahrung der Bücher und Schriften der

aufgelösten Gesellschaft verpflichtet ist oder zuletzt verpflichtet war.

§ 81. (1) Abgabenrechtliche Pflichten einer Personenvereinigung (Personengemeinschaft) ohne eigene Rechtspersönlichkeit sind von den zur Führung der Geschäfte bestellten Personen und, wenn solche nicht vorhanden sind, von den Gesellschaftern (Mitgliedern) zu erfüllen.

(2) Kommen zur Erfüllung der in Abs. 1 umschriebenen Pflichten mehrere Personen in Betracht, so haben diese hiefür eine Person aus ihrer Mitte oder einen gemeinsamen Bevollmächtigten der Abgabenhörde gegenüber als vertretungsbefugte Person namhaft zu machen; diese Person gilt solange als zur Empfangnahme von Schriftstücken der Abgabenbehörde ermächtigt, als nicht eine andere Person als Zustellungsbevollmächtigter namhaft gemacht wird. Solange und soweit eine Namhaftmachung im Sinn des ersten Satzes nicht erfolgt, kann die Abgabenbehörde eine der zur Erfüllung der im Abs. 1 umschriebenen Pflichten in Betracht kommenden mehreren Personen als Vertreter mit Wirkung für die Gesamtheit bestellen. Die übrigen Personen, die im Inland Wohnsitz, Geschäftsleitung oder Sitz haben, sind hievon zu verständigen.

(3) Sobald und soweit die Voraussetzungen für die Bestellung eines Vertreters durch die Abgabenbehörde nachträglich weggefallen sind, ist die Bestellung zu widerrufen. Ein Widerruf hat auch dann zu erfolgen, wenn aus wichtigen Gründen eine andere in Betracht kommende Person von der Abgabenbehörde als Vertreter bestellt werden soll.

(4) Für Personen, denen gemäß Abs. 1 oder 2 die Erfüllung abgabenrechtlicher Pflichten von Personenvereinigungen (Personengemeinschaften) ohne eigene Rechtspersönlichkeit obliegt, gilt § 80 Abs. 1 sinngemäß.

(5) Die sich auf Grund der Abs. 1, 2 oder 4 ergebenden Pflichten und Befugnisse werden durch den Eintritt eines neuen Gesellschafters (Mitglieds) in die Personenvereinigung (Personengemeinschaft) nicht berührt.

(6) In den Fällen des § 19 Abs. 2 sind die Abs. 1, 2 und 4 auf die zuletzt beteiligt gewesenen Gesellschafter (Mitglieder) sinngemäß anzuwenden. Die bei Beendigung der Personenvereinigung (Personengemeinschaft) bestehende Vertretungsbefugnis bleibt, sofern dem nicht andere Rechtsvorschriften entgegenstehen, insoweit und solange aufrecht, als nicht von einem der zuletzt beteiligt gewesenen Gesellschafter (Mitglieder) oder der vertretungsbefugten Person dagegen Widerspruch erhoben wird.

(7) Werden an alle Gesellschafter (Mitglieder) einer Personenvereinigung (Personengemeinschaft) ohne eigene Rechtspersönlichkeit in dieser ihrer Eigenschaft schriftliche Ausfertigungen einer Abgabenbehörde gerichtet, so gilt der nach Abs. 1 bis 5 für die Personenvereinigung (Personengemeinschaft) Zustellungsbevollmächtigte auch als gemeinsamer Zustellungsbevollmächtigter der Gesellschafter (Mitglieder). Ergehen solche schriftliche Ausfertigungen nach Beendigung einer Personenvereinigung (Personengemeinschaft) ohne eigene Rechtspersönlichkeit, so gilt die nach Abs. 6 vertretungsbefugte Person auch als Zustellungsbevollmächtigter der ehemaligen Gesellschafter (Mitglieder), sofern ein solcher nicht eigens namhaft gemacht wurde. Die Bestimmung des Abs. 6 über die Erhebung eines Widerspruches gilt sinngemäß.

(8) Vertretungsbefugnisse nach den vorstehenden Absätzen bleiben auch für ausgeschiedene Gesellschafter (Mitglieder) von Personenvereinigungen (Personengemeinschaften) ohne eigene Rechtspersönlichkeit hinsichtlich der vor dem Ausscheiden gelegene Zeiträume und Zeitpunkte betreffenden Maßnahmen bestehen, solange dem nicht von seiten des ausgeschiedenen Gesellschafters (Mitglieds) oder der vertretungsbefugten Person widersprochen wird.

(9) Die Abs. 1 bis 4 gelten sinngemäß für Vermögensmassen, die als solche der Besteuerung unterliegen.

(10) Namhaftmachungen und Bestellungen (Abs. 2) wirken auch im Beschwerdeverfahren.

§ 82. (1) Soll gegen eine nicht voll handlungsfähige Person, die eines gesetzlichen Vertreters entbehrt, oder gegen eine Person, deren Aufenthalt unbekannt ist, eine Amtshandlung vorgenommen werden, so kann die Abgabenbehörde, wenn die Wichtigkeit der Sache es erfordert, auf Kosten des zu Vertretenden die Betrauung eines gesetzlichen Vertreters (§ 1034 ABGB) beim zuständigen Gericht (§ 109 Jurisdiktionsnorm) beantragen.

(BGBl I 2018/62)

(2) Ist zweifelhaft, wer zur Vertretung einer Verlassenschaft befugt ist, oder wer beim Wegfall einer juristischen Person oder eines dieser ähnlichen Gebildes oder eines sonst verbleibenden Vermögens vertretungsbefugt ist, gilt Abs. 1 sinngemäß.

(BGBl I 2018/62)

§ 83. (1) Die Parteien und ihre gesetzlichen Vertreter können sich, sofern nicht ihr persönliches Erscheinen ausdrücklich gefordert wird, durch natürliche voll handlungsfähige Personen, juristische Personen oder eingetragene Personengesellschaften vertreten lassen, die sich durch eine schriftliche Vollmacht auszuweisen haben.

(BGBl I 2018/62)

(2) Inhalt und Umfang der Vertretungsbefugnis des Bevollmächtigten richten sich nach der Vollmacht; hierüber sowie über den Bestand der Vertretungsbefugnis auftauchende Zweifel sind nach den Vorschriften des bürgerlichen Rechtes zu beurteilen. Die Abgabenbehörde hat die Behebung etwaiger Mängel unter sinngemäßer Anwendung der Bestimmungen des § 85 Abs. 2 von Amts wegen zu veranlassen.

(3) Vor der Abgabenbehörde kann eine Vollmacht auch mündlich erteilt werden; hierüber ist eine Niederschrift aufzunehmen.

(4) Die Abgabenbehörde kann von einer ausdrücklichen Vollmacht absehen, wenn es sich um die Vertretung durch amtsbekannte Angehörige (§ 25), Haushaltsangehörige oder Angestellte

handelt und Zweifel über das Bestehen und den Umfang der Vertretungsbefugnis nicht obwalten.

(5) Die Bestellung eines Bevollmächtigten schließt nicht aus, daß sich die Abgabenbehörde unmittelbar an den Vollmachtgeber selbst wendet oder daß der Vollmachtgeber im eigenen Namen Erklärungen abgibt.

§ 84. (1) Die Abgabenbehörde hat solche Personen (Personengesellschaften) als Bevollmächtigte abzulehnen, die die Vertretung anderer geschäftsmäßig, wenn auch unentgeltlich betreiben, ohne hiezu befugt zu sein. Gleichzeitig ist der Vollmachtgeber von der Ablehnung in Kenntnis zu setzen.

(2) Das von einer abgelehnten Person (Personengesellschaft) in Sachen des Vollmachtgebers nach der Ablehnung schriftlich oder mündlich Vorgebrachte ist ohne abgabenrechtliche Wirkung.

3. Abschnitt
Verkehr zwischen Abgabenbehörden, Parteien und sonstigen Personen

A. Anbringen

§ 85. (1) Anbringen zur Geltendmachung von Rechten oder zur Erfüllung von Verpflichtungen (insbesondere Erklärungen, Anträge, Beantwortungen von Bedenkenvorhalten, Rechtsmittel) sind vorbehaltlich der Bestimmungen des Abs. 3 schriftlich einzureichen (Eingaben).

(2) Mängel von Eingaben (Formgebrechen, inhaltliche Mängel, Fehlen einer Unterschrift) berechtigen die Abgabenbehörde nicht zur Zurückweisung; inhaltliche Mängel liegen nur dann vor, wenn in einer Eingabe gesetzlich geforderte inhaltliche Angaben fehlen. Sie hat dem Einschreiter die Behebung dieser Mängel mit dem Hinweis aufzutragen, daß die Eingabe nach fruchtlosem Ablauf einer gleichzeitig zu bestimmenden angemessenen Frist als zurückgenommen gilt; werden die Mängel rechtzeitig behoben, gilt die Eingabe als ursprünglich richtig eingebracht.

(3) Die Abgabenbehörde hat mündliche Anbringen der im Abs. 1 bezeichneten Art entgegenzunehmen,

a) wenn dies die Abgabenvorschriften vorsehen, oder
b) wenn dies für die Abwicklung des Abgabenverfahrens zweckmäßig ist, oder
c) wenn die Schriftform dem Einschreiter nach seinen persönlichen Verhältnissen nicht zugemutet werden kann.

Zur Entgegennahme mündlicher Anbringen ist die Abgabenbehörde nur während der für den Parteienverkehr bestimmten Amtsstunden verpflichtet, die bei der Abgabenbehörde durch Anschlag kundzumachen sind.

(4) Wird ein Anbringen (Abs. 1 oder 3) nicht vom Abgabepflichtigen selbst vorgebracht, ohne daß sich der Einschreiter durch eine schriftliche Vollmacht ausweisen kann und ohne daß § 83 Abs. 4 Anwendung findet, gelten für die nachträgliche Beibringung der Vollmacht die Bestimmungen des Abs. 2 sinngemäß.

(5) Der Einschreiter hat auf Verlangen der Abgabenbehörde eine beglaubigte Übersetzung einem Anbringen (Abs. 1 oder 3) beigelegter Unterlagen beizubringen.

§ 85a. Die Abgabenbehörden sind verpflichtet, über Anbringen (§ 85) der Parteien ohne unnötigen Aufschub zu entscheiden.

§ 86. Anbringen, die nicht unter § 85 Abs. 1 fallen, können mündlich vorgebracht werden, soweit nicht die Wichtigkeit oder der Umfang des Anbringens Schriftlichkeit erfordert, in welchem Fall § 85 Abs. 3 mit Ausnahme von lit. a und b sinngemäß anzuwenden ist.

§ 86a. (1) Anbringen können im Wege automationsunterstützter Datenübertragung oder in jeder anderen technisch möglichen Weise eingereicht werden, soweit es durch Verordnung des Bundesministers für Finanzen zugelassen wird. Durch Verordnung des Bundesministers für Finanzen kann zugelassen werden, daß sich der Einschreiter einer bestimmten geeigneten öffentlich-rechtlichen oder privatrechtlichen Übermittlungsstelle bedienen darf. Die für schriftliche Anbringen geltenden Bestimmungen sind auch in diesen Fällen mit der Maßgabe anzuwenden, daß das Fehlen einer Unterschrift keinen Mangel darstellt. Die Abgabenbehörde und das Verwaltungsgericht können jedoch, wenn es die Wichtigkeit des Anbringens zweckmäßig erscheinen läßt, dem Einschreiter die unterschriebene Bestätigung des Anbringens mit dem Hinweis auftragen, daß dieses nach fruchtlosem Ablauf einer gleichzeitig zu bestimmenden angemessenen Frist als zurückgenommen gilt.

(BGBl I 2022/108)

(2) Der Bundesminister für Finanzen kann durch Verordnung im Sinn des Abs. 1 erster Satz bestimmen,

a) unter welchen Voraussetzungen welche Arten der Datenübertragung an Abgabenbehörden und an Verwaltungsgerichte zugelassen sind,
b) daß für bestimmte Arten von Anbringen bestimmte Arten der Datenübertragung ausgeschlossen sind und
c) welche Unterlagen wie lange vom Einschreiter im Zusammenhang mit bestimmten Arten der Datenübertragung aufzubewahren sind.

§ 86b. Für Landes- und Gemeindeabgaben gilt abweichend von § 86a Folgendes:

Anbringen, für die Abgabenvorschriften Schriftlichkeit vorsehen oder gestatten, können in jeder technisch möglichen Form eingebracht werden, mit E-Mail jedoch nur insoweit, als für den elektronischen Verkehr zwischen der Behörde und den Parteien (§ 78) nicht besondere Übermittlungsformen vorgesehen sind. Etwaige technische Voraussetzungen oder organisatorische Beschränkungen des elektronischen Verkehrs zwischen der Behörde und den Parteien sind im Internet bekannt zu machen.

B. Niederschriften

§ 87. (1) In den Fällen der unmittelbaren oder sinngemäßen Anwendung des § 85 Abs. 3 ist das

Anbringen, soweit nicht in Abgabenvorschriften anderes bestimmt ist, seinem wesentlichen Inhalt nach in einer Niederschrift festzuhalten.

(2) Niederschriften sind ferner über die Einvernahme von Auskunftspersonen, Zeugen und Sachverständigen sowie über die Durchführung eines Augenscheines aufzunehmen.

(3) Niederschriften sind derart abzufassen, daß bei Weglassung alles nicht zur Sache Gehörigen der Verlauf und Inhalt der Amtshandlung richtig und verständlich wiedergegeben wird. Außerdem hat jede von einer Abgabenbehörde aufgenommene Niederschrift zu enthalten:

a) Ort, Zeit und Gegenstand der Amtshandlung und, wenn schon frühere, darauf bezügliche Amtshandlungen vorliegen, erforderlichenfalls eine kurze Darstellung des dermaligen Standes der Sache;

b) die Benennung der Abgabenbehörde und die Namen des Leiters der Amtshandlung und der sonst mitwirkenden amtlichen Organe, der anwesenden Parteien und ihrer Vertreter sowie der etwa vernommenen Auskunftspersonen, Zeugen und Sachverständigen;

c) die eigenhändige Unterschrift des die Amtshandlung leitenden Organs.

(4) Jede Niederschrift ist den vernommenen oder sonst beigezogenen Personen vorzulegen und von ihnen durch Beisetzung ihrer eigenhändigen Unterschrift zu bestätigen. Kann eine Person nicht oder nur mittels Handzeichen unterfertigen, hat sie die Unterfertigung verweigert oder sich vor Abschluß der Niederschrift oder des ihre Aussage enthaltenden Teiles der Niederschrift entfernt, so ist unter Angabe des Grundes, aus dem die Unterfertigung nicht erfolgte, die Richtigkeit der schriftlichen Wiedergabe von dem die Amtshandlung leitenden Organ ausdrücklich zu bestätigen.

(5) In der Niederschrift darf nichts Erhebliches ausgelöscht, hinzugefügt oder verändert werden. Durchstrichene Stellen sollen noch lesbar bleiben. Erhebliche Zusätze oder Einwendungen des Vernommenen wegen behaupteter Unvollständigkeit oder Unrichtigkeit der Niederschrift sind in einen Nachtrag aufzunehmen und abgesondert zu bestätigen.

(6) Die Behörde kann sich für die Abfassung der Niederschrift eines Schallträgers bedienen oder die Niederschrift in Kurzschrift abfassen, wenn weder von der vernommenen noch von einer sonst beigezogenen Person dagegen Einwand erhoben wird. Die Schallträgeraufnahme und die in Kurzschrift abgefaßte Niederschrift sind nachträglich in Vollschrift zu übertragen. Die vernommene oder sonst beigezogene Person kann spätestens bei Beendigung der betreffenden Amtshandlung die Zustellung einer Abschrift der Niederschrift, zu deren Abfassung sich die Behörde eines Schallträgers bedient hat, beantragen und innerhalb von zwei Wochen ab Zustellung Einwendungen wegen behaupteter Unvollständigkeit oder Unrichtigkeit der Übertragung der Schallträgeraufnahme erheben. Wird eine solche Zustellung beantragt, so darf die Schallträgeraufnahme frühestens einen Monat nach Ablauf der Frist zur Erhebung von Einwendungen gelöscht werden; ansonsten darf sie frühestens einen Monat nach erfolgter Übertragung gelöscht werden.

(6a) Eine nachträgliche Übertragung der Schallträgeraufnahme in Vollschrift kann unterbleiben, wenn keine der in Abs. 6 erster Satz genannten Personen spätestens bei Beendigung der betreffenden Amtshandlung dagegen Einwand erhoben hat. Eine solche Schallträgeraufnahme ist auf einem Datenträger aufzubewahren.

(7) Niederschriften, die mittels automationsunterstützter Datenverarbeitung, insbesondere unter Einsatz von Textverarbeitungsprogrammen, erstellt worden sind, bedürfen nicht der Unterschrift des Leiters der Amtshandlung und der beigezogenen Personen, wenn sichergestellt ist, dass auf andere Weise festgestellt werden kann, dass der Leiter der Amtshandlung den Inhalt der Niederschrift bestätigt hat. Die vernommene oder sonst beigezogene Person kann spätestens bei Beendigung der Amtshandlung die Zustellung einer Abschrift einer solchen Niederschrift beantragen und innerhalb von zwei Wochen ab Zustellung Einwendungen wegen behaupteter Unvollständigkeit oder Unrichtigkeit der Niederschrift erheben.

(8) Von der gemäß Abs. 1 aufgenommenen Niederschrift ist der Partei, von der gemäß Abs. 2 aufgenommenen Niederschrift der vernommenen Person über Verlangen eine Abschrift auszufolgen.

§ 88. Soweit nicht Einwendungen erhoben wurden, liefert eine gemäß § 87 aufgenommene Niederschrift über den Gegenstand und den Verlauf der betreffenden Amtshandlung Beweis.

C. Aktenvermerke

§ 89. (1) Amtliche Wahrnehmungen und Mitteilungen, die der Abgabenbehörde telephonisch zugehen, ferner mündliche Belehrungen, Aufforderungen und Anordnungen, über die keine schriftliche Ausfertigung erlassen wird, schließlich Umstände, die nur für den inneren Dienst der Abgabenbehörde in Betracht kommen, sind, wenn nicht anderes bestimmt und kein Anlaß zur Aufnahme einer Niederschrift gegeben ist, erforderlichenfalls in einem Aktenvermerk kurz festzuhalten.

(2) Der Inhalt des Aktenvermerkes ist vom Amtsorgan durch Beisetzung von Datum und Unterschrift zu bestätigen. Vom Erfordernis der Unterschrift kann jedoch abgesehen werden, wenn sichergestellt ist, dass das Amtsorgan auf andere Weise festgestellt werden kann.

D. Akteneinsicht

§ 90. (1) Die Abgabenbehörde hat den Parteien die Einsicht und Abschriftnahme der ihre Sache betreffenden Akten oder Aktenteile zu gestatten. Blinden oder hochgradig sehbehinderten Parteien, die nicht durch Vertreter (§§ 80 ff) vertreten sind, ist auf Verlangen der Inhalt von Akten und Aktenteilen durch Verlesung oder nach Maßgabe der vorhandenen technischen Möglichkeiten in sonst geeigneter Weise zur Kenntnis zu bringen.

(BGBl I 2022/108)

(2) Von der Akteneinsicht ausgenommen sind Beratungsprotokolle, Amtsvorträge, Erledigungsentwürfe und sonstige Schriftstücke (Mitteilungen anderer Behörden, Meldungen, Berichte und dergleichen), deren Einsichtnahme eine Schädigung berechtigter Interessen dritter Personen herbeiführen würde.

(3) Gegen die Verweigerung der Akteneinsicht ist ein abgesondertes Rechtsmittel nicht zulässig.

§ 90a. (1) Soweit durch Verordnung zugelassen, kann die Abgabenbehörde der Partei sowie den in den §§ 80 ff bezeichneten Vertretern ermöglichen, personenbezogene Daten dieser Partei aus Akten oder Aktenteilen im Wege automationsunterstützter Datenübertragung abzufragen. Bei der Ausgestaltung dieser Abfragemöglichkeit sind die in § 48e Abs. 1 Z 1 bis 6, § 90 Abs. 2 und Art. 15 Abs. 4 DSGVO angeführten Beschränkungen unter sinngemäßer Anwendung zu beachten.

(BGBl I 2019/103)

(2) Von der gemäß Abs. 1 einem Vertreter eingeräumten Möglichkeit zur Abfrage von personenbezogenen Daten der Partei ist die Partei ungeachtet einer Zustellungsbevollmächtigung umgehend zu verständigen. Dem Vertreter ist die gemäß Abs. 1 eingeräumte Möglichkeit zur Abfrage von personenbezogenen Daten der Partei dann unverzüglich zu verwehren, wenn die erforderliche Vertretungsbefugnis nicht (mehr) vorhanden ist oder Zweifel über deren Inhalt, Umfang oder Bestand aufkommen.

(BGBl I 2019/103)

(3) Der technische und organisatorische Ablauf des dabei anzuwendenden Verfahrens ist durch Verordnung zu bestimmen. In der Verordnung kann vorgesehen werden, daß sich die Abgabenbehörde einer bestimmten geeigneten öffentlich-rechtlichen oder privatrechtlichen Übermittlungsstelle bedienen kann.

(4) Der Bund leistet keine Gewähr für die Richtigkeit der abgefragten Daten.

§ 90b. Für Landes- und Gemeindeabgaben gilt Folgendes:

Nach Maßgabe der vorhandenen technischen Möglichkeiten kann Akteneinsicht (§ 90) auch im Weg automationsunterstützter Datenverarbeitung gestattet werden.

(BGBl I 2019/103)

E. Vorladungen

§ 91. (1) Die Abgabenbehörde ist berechtigt, Personen, deren Erscheinen nötig ist, vorzuladen. In der Vorladung kann die Abgabenbehörde anstelle des Erscheinens die Verwendung technischer Einrichtungen zur Wort- und Bildübertragung nach Maßgabe des § 48j anbieten.

(BGBl I 2022/108)

(2) In der Vorladung ist außer Ort und Zeit der Amtshandlung auch anzugeben, was den Gegenstand der Amtshandlung bildet, in welcher Eigenschaft der Vorgeladene vor der Abgabenbehörde erscheinen soll (Abgabepflichtiger, Zeuge, Sachverständiger und so weiter) und welche Behelfe und Beweismittel mitzubringen sind. In der Vorladung ist ferner bekanntzugeben, ob der Vorgeladene persönlich zu erscheinen hat oder ob die Entsendung eines Vertreters genügt und welche Folgen an ein Ausbleiben geknüpft sind. In der Vorladung von Zeugen ist weiters auf die gesetzlichen Bestimmungen über Zeugengebühren (§ 176) hinzuweisen; dies gilt sinngemäß für die Vorladung von Auskunftspersonen, die gemäß § 143 Abs. 4 Anspruch auf Zeugengebühren haben.

(3) Wer nicht durch Krankheit, Gebrechlichkeit oder sonstige begründete Hindernisse vom Erscheinen abgehalten ist, hat die Verpflichtung, der Vorladung Folge zu leisten und kann zur Erfüllung dieser Pflicht durch Zwangsstrafen verhalten werden. Die Verhängung dieser Zwangsstrafen ist nur zulässig, wenn sie in der Vorladung angedroht und die Vorladung zu eigenen Handen zugestellt war.

(4) Gegen die Vorladung ist ein abgesondertes Rechtsmittel nicht zulässig.

F. Erledigungen

§ 92. (1) Erledigungen einer Abgabenbehörde sind als Bescheide zu erlassen, wenn sie für einzelne Personen

a) Rechte oder Pflichten begründen, abändern oder aufheben, oder

b) abgabenrechtlich bedeutsame Tatsachen feststellen, oder

c) über das Bestehen oder Nichtbestehen eines Rechtsverhältnisses absprechen.

(2) Bescheide bedürfen der Schriftform, wenn nicht die Abgabenvorschriften die mündliche Form vorschreiben oder gestatten.

§ 93. (1) Für schriftliche Bescheide gelten außer den ihren Inhalt betreffenden besonderen Vorschriften die Bestimmungen der Abs. 2 bis 6, wenn nicht nach gesetzlicher Anordnung die öffentliche Bekanntmachung oder die Auflegung von Listen genügt.

(2) Jeder Bescheid ist ausdrücklich als solcher zu bezeichnen, er hat den Spruch zu enthalten und in diesem die Person (Personenvereinigung, Personengemeinschaft) zu nennen, an die er ergeht.

(3) Der Bescheid hat ferner zu enthalten

a) eine Begründung, wenn ihm ein Anbringen (§ 85 Abs. 1 oder 3) zugrunde liegt, dem nicht vollinhaltlich Rechnung getragen wird, oder wenn er von Amts wegen erlassen wird;

b) eine Belehrung, ob ein Rechtsmittel zulässig ist, innerhalb welcher Frist und bei welcher Behörde das Rechtsmittel einzubringen ist, ferner, daß das Rechtsmittel begründet werden muß und daß ihm eine aufschiebende Wirkung nicht zukommt (§ 254).

(4) Enthält der Bescheid keine Rechtsmittelbelehrung oder keine Angabe über die Rechtsmittelfrist oder erklärt er zu Unrecht ein Rechtsmittel für unzulässig, so wird die Rechtsmittelfrist nicht in Lauf gesetzt.

(5) Ist in dem Bescheid eine kürzere oder längere als die gesetzliche Frist angegeben, so gilt das innerhalb der gesetzlichen oder der angegebenen längeren Frist eingebrachte Rechtsmittel als rechtzeitig erhoben.

(6) Enthält der Bescheid keine oder eine unrichtige Angabe über die Abgabenbehörde, bei welcher das Rechtsmittel einzubringen ist, so ist das Rechtsmittel richtig eingebracht, wenn es bei der Abgabenbehörde, die den Bescheid ausgefertigt hat, oder bei der angegebenen Abgabenbehörde eingebracht wurde.

§ 93a. Die für Bescheide geltenden Bestimmungen (insbesondere die §§ 198 Abs. 2, 200 Abs. 2, 210, 295, 295a, 303) sind, soweit nicht anderes angeordnet ist, sinngemäß auf Erkenntnisse und Beschlüsse der Verwaltungsgerichte sowie auf in der Sache selbst ergangene Entscheidungen des Verwaltungsgerichtshofs anzuwenden. Maßnahmen gemäß den §§ 200 Abs. 2, 294, 295, 295a und 303 obliegen auch dann der Abgabenbehörde, wenn sie solche Erkenntnisse, Beschlüsse oder Entscheidungen betreffen.

§ 94. Verfügungen, die nur das Verfahren betreffen, können schriftlich oder mündlich erlassen werden.

§ 95. Sonstige Erledigungen einer Abgabenbehörde können mündlich ergehen, soweit nicht die Partei eine schriftliche Erledigung verlangt. Der Inhalt mündlicher Erledigungen – mit Ausnahme solcher des Zollamtes Österreich im Reiseverkehr und kleinen Grenzverkehr – ist in Aktenvermerken festzuhalten.

(BGBl I 2019/104)

§ 96. (1) Alle schriftlichen Ausfertigungen der Abgabenbehörden müssen die Bezeichnung der Behörde enthalten sowie mit Datum und mit der Unterschrift dessen versehen sein, der die Erledigung genehmigt hat. An die Stelle der Unterschrift des Genehmigenden kann, soweit nicht in Abgabenvorschriften die eigenhändige Unterfertigung angeordnet ist, die Beglaubigung treten, dass die Ausfertigung mit der genehmigten Erledigung des betreffenden Geschäftsstückes übereinstimmt und das Geschäftsstück die eigenhändig beigesetzte Genehmigung aufweist.

(2) Ausfertigungen, die mittels automationsunterstützter Datenverarbeitung erstellt werden, wozu jedenfalls auch Ausfertigungen in Form von mit einer Amtssignatur gemäß § 19 E-Government-Gesetz versehenen elektronischen Dokumenten zählen, bedürfen weder einer Unterschrift noch einer Beglaubigung und gelten, wenn sie weder eine Unterschrift noch eine Beglaubigung aufweisen, als durch den Leiter der auf der Ausfertigung bezeichneten Abgabenbehörde genehmigt. Ausfertigungen in Form von Ausdrucken von mit einer Amtssignatur versehenen elektronischen Dokumenten oder von Kopien solcher Ausdrucke brauchen keine weiteren Voraussetzungen erfüllen.

(BGBl I 2019/103)

§ 97. (1) Erledigungen werden dadurch wirksam, daß sie demjenigen bekanntgegeben werden, für den sie ihrem Inhalt nach bestimmt sind. Die Bekanntgabe erfolgt

a) bei schriftlichen Erledigungen, wenn nicht in besonderen Vorschriften die öffentliche Bekanntmachung oder die Auflegung von Listen vorgesehen ist, durch Zustellung;

b) bei mündlichen Erledigungen durch deren Verkündung.

(2) Ist in einem Fall, in dem § 191 Abs. 4 oder § 194 Abs. 5 Anwendung findet, die Rechtsnachfolge (Nachfolge im Besitz) nach Zustellung des Bescheides an den Rechtsvorgänger (Vorgänger) eingetreten, gilt mit der Zustellung an den Rechtsvorgänger (Vorgänger) auch die Bekanntgabe des Bescheides an den Rechtsnachfolger (Nachfolger) als vollzogen.

(3) An Stelle der Zustellung der schriftlichen Ausfertigung einer behördlichen Erledigung kann deren Inhalt auch telegraphisch oder fernschriftlich mitgeteilt werden. Darüber hinaus kann durch Verordnung des Bundesministers für Finanzen die Mitteilung des Inhalts von Erledigungen auch im Wege automationsunterstützter Datenübertragung oder in jeder anderen technisch möglichen Weise vorgesehen werden, wobei zugelassen werden kann, daß sich die Behörde einer bestimmten geeigneten öffentlich-rechtlichen oder privatrechtlichen Übermittlungsstelle bedienen darf. In der Verordnung sind technische oder organisatorische Maßnahmen festzulegen, die gewährleisten, daß die Mitteilung in einer dem Stand der Technik entsprechenden sicheren und nachprüfbaren Weise erfolgt und den Erfordernissen des Datenschutzes genügt. Der Empfänger trägt die Verantwortung für die Datensicherheit des mitgeteilten Inhalts der Erledigung. § 96 Abs. 2 gilt sinngemäß.

(BGBl I 2019/103)

§ 97a. Für Landes- und Gemeindeabgaben gilt abweichend von § 97 Abs. 3 Folgendes:

1. Schriftliche Erledigungen können im Weg automationsunterstützter Datenübertragung oder in jeder anderen technisch möglichen Weise dann übermittelt werden, wenn die Partei (§ 78) dieser Übermittlungsart ausdrücklich zugestimmt hat. Mit der Zustimmung übernimmt der Empfänger auch die Verantwortung für die Datensicherheit des mitgeteilten Inhalts der Erledigung. § 96 Abs. 2 gilt sinngemäß.

   (BGBl I 2019/103)

2. Eine Übermittlung im Weg automationsunterstützter Datenübertragung oder in jeder anderen technischen Form ist weiters zulässig, wenn die Partei ein Anbringen in derselben Art eingebracht und dieser Übermittlungsart nicht gegenüber der Behörde ausdrücklich widersprochen hat, sofern die Übermittlung

spätestens zwei Werktage nach Einlangen des Anbringens erfolgt. § 96 Abs. 2 gilt sinngemäß.

(BGBl I 2019/103)

G. Zustellungen

§ 98. (1) Soweit in diesem Bundesgesetz nicht anderes bestimmt ist, sind Zustellungen nach dem Zustellgesetz, BGBl. Nr. 200/1982, vorzunehmen; das gilt nicht für den 3. Abschnitt des ZustG (Elektronische Zustellung).

(BGBl I 2018/104)

(2) Elektronisch zugestellte Dokumente gelten als zugestellt, sobald sie in den elektronischen Verfügungsbereich des Empfängers gelangt sind. Im Zweifel hat die Behörde die Tatsache und den Zeitpunkt des Einlangens von Amts wegen festzustellen. Die Zustellung gilt als nicht bewirkt, wenn sich ergibt, dass der Empfänger wegen Abwesenheit von der Abgabestelle nicht rechtzeitig vom Zustellvorgang Kenntnis erlangen konnte, doch wird die Zustellung mit dem der Rückkehr an die Abgabestelle folgenden Tag wirksam.

§ 98a. Für Landes- und Gemeindeabgaben ist abweichend von § 98 Abs. 1 für Zustellungen auch der 3. Abschnitt des Zustellgesetzes (elektronische Zustellung) anzuwenden.

§ 99. (aufgehoben)

(BGBl I 2018/104)

§ 100. (1) Abweichend von § 98 Abs. 1 ist für Zustellungen vom Bundesminister für Finanzen oder von Finanzämtern auch der 3. Abschnitt des ZustG (Elektronische Zustellung) anzuwenden, wenn

1. die Voraussetzungen für eine elektronische Zustellung über FinanzOnline nicht vorliegen oder
2. eine elektronische Zustellung mit Zustellnachweis (§ 35 ZustG) erfolgen soll.

(2) In den Fällen des Abs. 1 ist eine elektronische Zustellung nur über ein Zustellsystem gemäß § 28 Abs. 3 ZustG zulässig.

(BGBl I 2018/104)

§ 101. (1) Ist eine schriftliche Ausfertigung an mehrere Personen gerichtet, die dieselbe abgabenrechtliche Leistung schulden oder die gemeinsam zu einer Abgabe heranzuziehen sind, und haben diese der Abgabenbehörde keinen gemeinsamen Zustellungsbevollmächtigten bekanntgegeben, so gilt mit der Zustellung einer einzigen Ausfertigung an eine dieser Personen die Zustellung an alle als vollzogen, wenn auf diese Rechtsfolge in der Ausfertigung hingewiesen wird.

(2) (aufgehoben)

(BGBl I 2016/117)

(3) Schriftliche Ausfertigungen, die in einem Feststellungsverfahren an eine Personenvereinigung (Personengemeinschaft) ohne eigene Rechtspersönlichkeit gerichtet sind (§ 191 Abs. 1 lit. a und c), sind einer nach § 81 vertretungsbefugten Person zuzustellen. Mit der Zustellung einer einzigen Ausfertigung an diese Person gilt die Zustellung an alle Mitglieder der Personenvereinigung oder Personengemeinschaft als vollzogen, wenn auf diese Rechtsfolge in der Ausfertigung hingewiesen wird.

(4) Schriftliche Ausfertigungen, die nach Beendigung einer Personenvereinigung (Personengemeinschaft) ohne eigene Rechtspersönlichkeit in einem Feststellungsverfahren (§ 188) an diejenigen ergehen, denen gemeinschaftliche Einkünfte zugeflossen sind (§ 191 Abs. 1 lit. c), sind einer nach § 81 vertretungsbefugten Person zuzustellen. Mit der Zustellung einer einzigen Ausfertigung an diese Person gilt die Zustellung an alle, denen der Bescheid gemeinschaftliche Einkünfte zurechnet, als vollzogen, wenn auf diese Rechtsfolge in der Ausfertigung hingewiesen wird.

§ 102. (1) Bei Vorliegen wichtiger Gründe hat die Abgabenbehörde zu verfügen, dass schriftliche Ausfertigungen mit Zustellnachweis zuzustellen sind. Liegen besonders wichtige Gründe vor, hat sie die Zustellung zu eigenen Handen des Empfängers zu verfügen.

(2) Im Falle einer elektronischen Zustellung kann die Abgabenbehörde bei Vorliegen wichtiger Gründe die Zustellung mit Zustellnachweis (§ 35 ZustG) verfügen.

(BGBl I 2018/104)

§ 102a. Für Landes und Gemeindeabgaben gilt § 102 nicht.

§ 103. (1) Ungeachtet einer Zustellungsbevollmächtigung sind Vorladungen (§ 91) dem Vorgeladenen zuzustellen. Im Einhebungsverfahren ergehende Erledigungen können aus Gründen der Zweckmäßigkeit, insbesondere zur Vereinfachung und Beschleunigung des Verfahrens, trotz Vorliegens einer Zustellungsbevollmächtigung wirksam dem Vollmachtgeber unmittelbar zugestellt werden.

(2) Eine Zustellungsbevollmächtigung ist Abgabenbehörden und Verwaltungsgerichten gegenüber unwirksam, wenn sie

a) ausdrücklich auf nur einige dem Vollmachtgeber zugedachte Erledigungen eingeschränkt ist, die im Zuge eines Verfahrens ergehen, oder
b) ausdrücklich auf nur einige jener Abgaben eingeschränkt ist, deren Gebarung gemäß § 213 zusammengefasst verbucht wird.

(3) Ungeachtet einer Zustellungsbevollmächtigung sind Vorabinformationen betreffend die Entrichtung von Abgaben im Wege der Einziehung (§ 211 Abs. 1 Z 2) dem Vollmachtgeber zuzustellen.

(BGBl I 2018/62)

§ 104. Abgabenbehörden gegenüber besteht die Verpflichtung zur Mitteilung im Sinne des § 8 Abs. 1 des Zustellgesetzes für Abgabepflichtige auch so lange, als von ihnen Abgaben, ausgenommen durch Einbehaltung im Abzugswege zu entrichtende, wiederkehrend zu erheben sind. § 8 Abs. 2 des Zustellgesetzes ist sinngemäß anzuwenden.

§ 105. § 25 Abs. 1 ZustG gilt mit der Maßgabe, dass an die Stelle der Kundmachung an der Amtstafel einer Einrichtung der Bundesfinanzverwaltung die elektronische Veröffentlichung auf der Website des Bundesministeriums für Finanzen tritt.

(BGBl I 2022/108)

§§ 106. und 107. (aufgehoben)

H. Fristen

§ 108. (1) Bei der Berechnung der Fristen, die nach Tagen bestimmt sind, wird der für den Beginn der Frist maßgebende Tag nicht mitgerechnet.

(2) Nach Wochen, Monaten oder Jahren bestimmte Fristen enden mit dem Ablauf desjenigen Tages der letzten Woche oder des letzten Monates, der durch seine Benennung oder Zahl dem für den Beginn der Frist maßgebenden Tag entspricht. Fehlt dieser Tag in dem letzten Monat, so endet die Frist mit Ablauf des letzten Tages dieses Monates.

(3) Beginn und Lauf einer Frist werden durch Samstage, Sonntage oder Feiertage nicht behindert. Fällt das Ende einer Frist auf einen Samstag, Sonntag, gesetzlichen Feiertag, Karfreitag oder 24. Dezember, so ist der nächste Tag, der nicht einer der vorgenannten Tage ist, als letzter Tag der Frist anzusehen.

(4) Die Tage des Postenlaufes werden in die Frist nicht eingerechnet.

§ 109. Wird der Lauf einer Frist durch eine behördliche Erledigung ausgelöst, so ist für den Beginn der Frist der Tag maßgebend, an dem die Erledigung bekanntgegeben worden ist (§ 97 Abs. 1).

§ 110. (1) Gesetzlich festgesetzte Fristen können, wenn nicht ausdrücklich anderes bestimmt ist, nicht geändert werden.

(2) Von der Abgabenbehörde festgesetzte Fristen können verlängert werden. Die Verlängerung kann nach Maßgabe der Abgabenvorschriften von Bedingungen, insbesondere von einer Sicherheitsleistung (§ 222), abhängig gemacht werden.

(3) Gegen die Ablehnung eines Antrages auf Verlängerung einer Frist ist ein abgesondertes Rechtsmittel nicht zulässig.

J. Zwangs-, Ordnungs- und Mutwillensstrafen

§ 111. (1) Die Abgabenbehörden sind berechtigt, die Befolgung ihrer auf Grund gesetzlicher Befugnisse getroffenen Anordnungen zur Erbringung von Leistungen, die sich wegen ihrer besonderen Beschaffenheit durch einen Dritten nicht bewerkstelligen lassen, durch Verhängung einer Zwangsstrafe zu erzwingen. Zu solchen Leistungen gehört auch die elektronische Übermittlung von Anbringen und Unterlagen, wenn eine diesbezügliche Verpflichtung besteht.

(2) Bevor eine Zwangsstrafe festgesetzt wird, muß der Verpflichtete unter Androhung der Zwangsstrafe mit Setzung einer angemessenen Frist zur Erbringung der von ihm verlangten Leistung aufgefordert werden. Die Aufforderung und die Androhung müssen schriftlich erfolgen, außer wenn Gefahr im Verzug ist.

(3) Die einzelne Zwangsstrafe darf den Betrag von 5 000 Euro nicht übersteigen.

(4) Gegen die Androhung einer Zwangsstrafe ist ein abgesondertes Rechtsmittel nicht zulässig.

§ 112. (1) Das Organ einer Abgabenbehörde, das eine Amtshandlung leitet, hat für die Aufrechterhaltung der Ordnung und für die Wahrung des Anstandes zu sorgen.

(2) Personen, die die Amtshandlung stören oder durch ungeziemendes Benehmen den Anstand verletzen, sind zu ermahnen; bleibt die Ermahnung erfolglos, so kann ihnen nach vorausgegangener Androhung das Wort entzogen, ihre Entfernung verfügt und ihnen die Bestellung eines Bevollmächtigten aufgetragen oder gegen sie eine Ordnungsstrafe bis 700 Euro verhängt werden.

(3) Die gleiche Ordnungsstrafe kann die Abgabenbehörde gegen Personen verhängen, die sich in schriftlichen Eingaben einer beleidigenden Schreibweise bedienen.

(4) Die Verhängung einer Ordnungsstrafe schließt die strafgerichtliche Verfolgung wegen derselben Handlung nicht aus.

(5) Gegen öffentliche Organe, die in Ausübung ihres Amtes als Vertreter einschreiten, und gegen Bevollmächtigte, die zur berufsmäßigen Parteienvertretung befugt sind, ist, wenn sie einem Disziplinarrecht unterstehen, keine Ordnungsstrafe zu verhängen, sondern die Anzeige an die Disziplinarbehörde zu erstatten.

§ 112a. Gegen Personen, die offenbar mutwillig die Tätigkeit der Abgabenbehörde in Anspruch nehmen oder in der Absicht der Verschleppung der Angelegenheit unrichtige Angaben machen, kann die Abgabenbehörde eine Mutwillensstrafe bis 700 Euro verhängen.

K. Rechtsbelehrung

§ 113. Die Abgabenbehörden haben den Parteien, die nicht durch berufsmäßige Parteienvertreter vertreten sind, auf Verlangen die zur Vornahme ihrer Verfahrenshandlungen nötigen Anleitungen zu geben und sie über die mit ihren Handlungen oder Unterlassungen unmittelbar verbundenen Rechtsfolgen zu belehren; diese Anleitungen und Belehrungen können auch mündlich erteilt werden, worüber erforderlichenfalls ein Aktenvermerk aufzunehmen ist.

4. Abschnitt
Allgemeine Bestimmungen über die Erhebung der Abgaben

A. Grundsätzliche Anordnungen

§ 114. (1) Die Abgabenbehörden haben darauf zu achten, daß alle Abgabepflichtigen nach den Abgabenvorschriften erfaßt und gleichmäßig behandelt werden, sowie darüber zu wachen, daß Abgabeneinnahmen nicht zu Unrecht verkürzt werden. Sie haben alles, was für die Bemessung der Abgaben wichtig ist, sorgfältig zu erheben und die Nachrichten darüber zu sammeln, fortlaufend zu ergänzen und auszutauschen.

(2) Hiefür darf eine elektronische Dokumentation angelegt werden (Dokumentationsregister).

Diese Dokumentation hat insbesondere Daten betreffend die Identität des Abgabepflichtigen und die Klassifizierung seiner Tätigkeit zu umfassen.

(3) Die Abgabenbehörde kann Anbringen und andere das Verfahren betreffende Unterlagen mit automationsunterstützter Datenverarbeitung erfassen. Diese Erfassung beeinträchtigt nicht die Beweiskraft, wenn sichergestellt ist, dass die so erfassten Unterlagen nachträglich nicht unbemerkbar verändert werden können.

(4) Abgabenbehörden dürfen personenbezogene und nicht personenbezogene Daten für Zwecke des automationsunterstützten Risikomanagements und der Betrugsbekämpfung verarbeiten, soweit dies nach dem Grundsatz der Verhältnismäßigkeit zur Erfüllung ihrer Aufgaben geeignet, erforderlich und angemessen ist.

(BGBl I 2017/40, BGBl I 2018/32)

§ 115. (1) Die Abgabenbehörden haben die abgabepflichtigen Fälle zu erforschen und von Amts wegen die tatsächlichen und rechtlichen Verhältnisse zu ermitteln, die für die Abgabepflicht und die Erhebung der Abgaben wesentlich sind. Diese Verpflichtung wird durch eine erhöhte Mitwirkungspflicht des Abgabepflichtigen, wie beispielsweise bei Auslandssachverhalten, eingeschränkt.

(BGBl I 2017/136)

(2) Den Parteien ist Gelegenheit zur Geltendmachung ihrer Rechte und rechtlichen Interessen zu geben.

(3) Die Abgabenbehörden haben Angaben der Abgabepflichtigen und amtsbekannte Umstände auch zugunsten der Abgabepflichtigen zu prüfen und zu würdigen.

(4) Solange die Abgabenbehörde nicht entschieden hat, hat sie auch die nach Ablauf einer Frist vorgebrachten Angaben über tatsächliche oder rechtliche Verhältnisse zu prüfen und zu würdigen.

§ 116. (1) Sofern die Abgabenvorschriften nicht anderes bestimmen, sind die Abgabenbehörden berechtigt, im Ermittlungsverfahren auftauchende Vorfragen, die als Hauptfragen von anderen Verwaltungsbehörden oder von den Gerichten zu entscheiden wären, nach der über die maßgebenden Verhältnisse gewonnenen eigenen Anschauung zu beurteilen (§§ 21 und 22) und diese Beurteilung ihrem Bescheid zugrunde zu legen.

(2) Entscheidungen der Gerichte, durch die privatrechtliche Vorfragen als Hauptfragen entschieden wurden, sind von der Abgabenbehörde im Sinn des Abs. 1 zu beurteilen. Eine Bindung besteht nur insoweit, als in dem gerichtlichen Verfahren, in dem die Entscheidung ergangen ist, bei der Ermittlung des Sachverhaltes von Amts wegen vorzugehen war.

§ 117. (aufgehoben)

B. Auskunftsbescheid, Forschungsbestätigung und multilaterale Risikobewertung

(BGBl I 2022/108)

Auskunftsbescheid

§ 118. (1) Das Finanzamt (Abs. 5) hat auf schriftlichen Antrag (Abs. 4) mit Auskunftsbescheid über die abgabenrechtliche Beurteilung im Zeitpunkt des Antrages noch nicht verwirklichter Sachverhalte (Abs. 2) abzusprechen, wenn daran in Hinblick auf die erheblichen abgabenrechtlichen Auswirkungen ein besonderes Interesse besteht.

(2) Gegenstand von Auskunftsbescheiden sind Rechtsfragen im Zusammenhang mit

1. Umgründungen,
2. Unternehmensgruppen,
3. dem internationalen Steuerrecht,
4. dem Umsatzsteuerrecht,
   (BGBl I 2018/62)
5. dem Vorliegen von Missbrauch (§ 22).

(BGBl I 2018/62)

(3) Zur Stellung des Antrages (Abs. 1) befugt sind:

a) Abgabepflichtige (§ 77),
b) Personenvereinigungen (Personengemeinschaften) ohne eigene Rechtspersönlichkeit für Feststellungen (§§ 185 ff),
c) wenn der dem Antrag zugrunde liegende Sachverhalt durch eine im Zeitpunkt der Antragstellung noch nicht rechtlich existente juristische Person oder Personenvereinigung (Personengemeinschaft) ohne eigene Rechtspersönlichkeit verwirklicht werden soll, Personen, die ein eigenes berechtigtes Interesse an der Zusage der abgabenrechtlichen Beurteilung haben.

(4) Der Antrag hat zu enthalten:

a) eine umfassende und in sich abgeschlossene Darstellung des zum Zeitpunkt der Antragstellung noch nicht verwirklichten Sachverhaltes;
b) die Darlegung des besonderen Interesses des Antragstellers;
c) die Darlegung des Rechtsproblems;
d) die Formulierung konkreter Rechtsfragen;
e) die Darlegung einer eingehend begründeten Rechtsansicht zu den formulierten Rechtsfragen;
f) die für die Höhe des Verwaltungskostenbeitrages (Abs. 10) maßgebenden Angaben.

(5) Die Erlassung von Auskunftsbescheiden und die Erhebung des Verwaltungskostenbeitrages obliegt dem Finanzamt, das für die Erhebung der betreffenden Abgabe oder für die Erlassung des betreffenden Feststellungsbescheides (§§ 185 ff) zuständig ist oder mangels eines solchen Finanzamtes jenem Finanzamt, das bei Verwirklichung des dem Antrag zugrunde gelegten Sachverhaltes voraussichtlich zuständig wäre. Sind mehrere Finanzämter zuständig, so obliegt die Bescheiderlassung jenem dieser Finanzämter, das als erstes Kenntnis vom Antrag erlangt.

(5a) Der Auskunftsbescheid ist tunlichst innerhalb von zwei Monaten nach der Antragstellung zu erlassen.

(BGBl I 2018/62)

(6) Der Auskunftsbescheid hat zu enthalten:

a) den der abgabenrechtlichen Beurteilung zugrunde gelegten Sachverhalt,

b) die abgabenrechtliche Beurteilung,

c) die der Beurteilung zugrunde gelegten Abgabenvorschriften,

d) die Abgaben oder Feststellungen und die Zeiträume, für die er wirken soll,

e) den Umfang der Berichtspflichten, insbesondere darüber, ob und wann der dem Auskunftsbescheid zugrunde gelegte Sachverhalt verwirklicht wurde bzw. welche Abweichungen von dem dem Auskunftsbescheid zugrunde gelegten Sachverhalt erfolgt sind.

(7) Es besteht ein Rechtsanspruch darauf, dass die im Auskunftsbescheid vorgenommene abgabenrechtliche Beurteilung der Erhebung der Abgaben zugrunde gelegt wird, wenn der verwirklichte Sachverhalt von jenem, der dem Auskunftsbescheid zugrunde gelegt worden ist, nicht oder nur unwesentlich abweicht. Dieser Anspruch besteht für:

a) Antragsteller gemäß Abs. 3 lit. a und b und ihren Gesamtrechtsnachfolgern,

b) Gesellschafter von Personenvereinigungen (Personengemeinschaften) ohne eigene Rechtspersönlichkeit und deren Gesamtrechtsnachfolgern betreffend Auskunftsbescheiden, die an die Personenvereinigungen (Personengemeinschaften) ergangen sind,

c) die juristische Person oder die Personenvereinigung (Personengemeinschaft) ohne eigene Rechtspersönlichkeit, die dies binnen einem Monat ab Beginn ihrer rechtlichen Existenz beantragt, wenn der Antrag von einer Person gemäß Abs. 3 lit. c gestellt wurde.

(8) Der Rechtsanspruch (Abs. 7) erlischt insoweit, als sich in Folge der Aufhebung oder Änderung der dem Auskunftsbescheid zugrunde gelegten Abgabenvorschriften die abgabenrechtliche Beurteilung ändert. Die abgabenrechtliche Beurteilung (Abs. 6 lit. b) ist nicht bindend, soweit sie sich zum Nachteil der Partei als nicht richtig erweist.

(9) Der Auskunftsbescheid kann von Amts wegen oder auf Antrag der Partei aufgehoben oder abgeändert werden, wenn sich der Spruch des Bescheides als nicht richtig erweist. Solche Aufhebungen und Abänderungen dürfen jedoch, außer mit Beschwerdevorentscheidung (§ 262), mit Beschluss (§ 278), mit Erkenntnis (§ 279) oder auf Antrag der Partei, nur dann mit rückwirkender Kraft erfolgen,

a) wenn die Voraussetzungen für eine Berichtigung gemäß § 293 vorliegen,

b) wenn die Unrichtigkeit des Auskunftsbescheides offensichtlich ist,

(BGBl I 2019/62)

c) wenn er von einem nachträglich erlassenen Bescheid gemäß § 48 Abs. 2 abgeleitet ist oder

(BGBl I 2019/62)

d) wenn der Auskunftsbescheid durch eine strafbare Tat herbeigeführt worden ist.

(BGBl I 2019/62)

(10) Antragsteller haben für die Bearbeitung des Antrages (Abs. 1) einen Verwaltungskostenbeitrag zu entrichten. Der Abgabenanspruch (§ 4) entsteht mit Einlangen des Antrages. Der Beitrag beträgt

a) 1 500 Euro, hievon abweichend jedoch

b) 3 000 Euro, wenn die Umsatzerlöse des Antragstellers in den zwölf Monaten vor dem letzten Abschlussstichtag den Betrag von 400 000 Euro überschreiten,

c) 5 000 Euro, wenn die Umsatzerlöse des Antragstellers in den zwölf Monaten vor dem letzten Abschlussstichtag den Betrag von 700 000 Euro überschreiten,

d) 10 000 Euro, wenn die Umsatzerlöse des Antragstellers in den zwölf Monaten vor dem letzten Abschlussstichtag den Betrag nach § 221 Abs. 1 Z 2 UGB überschreiten,

e) 20 000 Euro, wenn die Umsatzerlöse des Antragstellers in den zwölf Monaten vor dem letzten Abschlussstichtag den Betrag nach § 221 Abs. 2 Z 2 UGB überschreiten oder wenn der Antragsteller oder einer von mehreren Antragstellern Teil eines Konzerns ist, für den eine Verpflichtung zur Aufstellung eines Konzernabschlusses gemäß § 244 iVm § 246 UGB oder einer vergleichbaren Bestimmung ausländischen Rechts besteht.

(BGBl I 2022/108)

Für die Höhe des Beitrages ist die Summe ihrer Umsatzerlöse maßgebend, soweit nicht mindestens ein Antragsteller Teil eines Konzerns ist (lit. e zweiter Fall).

(BGBl I 2022/108)

(11) Der Verwaltungskostenbeitrag beträgt lediglich 500 Euro, wenn der Antrag

a) zurückgewiesen,

b) gemäß § 85 Abs. 2 als zurückgenommen erklärt oder

c) vor Beginn der Bearbeitung zurückgenommen wird.

Forschungsbestätigung

§ 118a. (1) § 118 gilt sinngemäß für bescheidmäßige Bestätigungen über das Vorliegen der Voraussetzungen des § 108c Abs. 2 Z 1 EStG 1988 im Rahmen der eigenbetrieblichen Forschung und experimentellen Entwicklung, wenn nach der Antragstellung ein Gutachten bei der Forschungsförderungsgesellschaft mbH angefordert und in der Folge dem Finanzamt übermittelt wird, welches die Beurteilung zum Gegenstand hat, inwieweit unter Zugrundelegung der vom Steuerpflichtigen bekanntgegebenen Informationen die Voraussetzungen des § 108c Abs. 2 Z 1 EStG 1988 erfüllt sind. § 108c Abs. 8 EStG 1988 gilt entsprechend.

(2) Der Verwaltungskostenbeitrag (§ 118 Abs. 10) beträgt 1 000 Euro. Im Fall des § 118 Abs. 11 beträgt der Verwaltungskostenbeitrag 200 Euro.

Multilaterale Risikobewertung

§ 118b. (1) Das Finanzamt für Großbetriebe kann gemeinsam mit ausländischen Steuerverwaltungen als leitende oder mitwirkende Steuerverwaltung an multilateralen Verfahren zur Bewertung grenzüberschreitender ertragsteuerlicher Risiken teilnehmen. Die Teilnahme als leitende Steuerverwaltung erfolgt auf Antrag eines Unternehmers mit Sitz in Österreich. Die Teilnahme als mitwirkende Steuerverwaltung erfolgt auf Einladung der leitenden ausländischen Steuerverwaltung.

(2) Der Antrag kann für einen oder mehrere Abgabepflichtige gestellt werden. Wird der Antrag für mehrere Abgabepflichtige gestellt, ist er vom obersten inländischen Unternehmer der Beteiligungskette zu stellen. Er hat sämtliche in das Verfahren einzubeziehende inländische Unternehmer und einen Vorschlag, welche ausländischen Steuerverwaltungen mitwirken und welche Risiken bewertet werden sollen, zu enthalten. Er ist von den gesetzlichen Vertretern aller im Antrag angeführten inländischen Unternehmer zu bestätigen. Die letzte Bestätigung bestimmt den Zeitpunkt der Antragstellung. Alle einzubeziehenden inländischen Unternehmer haben eine Zustimmung gemäß § 48a Abs. 4 lit. c zu erteilen und die Verarbeitung personenbezogener Daten zum Zweck der multilateralen Risikobewertung zur Kenntnis zu nehmen. Der Bundesminister für Finanzen kann mit Verordnung festlegen, dass die Antragstellung ausschließlich über FinanzOnline zulässig ist.

(3) Sämtliche im Antrag angeführten Unternehmer müssen in einem länderbezogenen Bericht gemäß § 2 Z 6 VPDG, der für das zweitvorangegangene Wirtschaftsjahr übermittelt worden (§ 8 VPDG) oder eingegangen ist (§ 12 VPDG), angeführt sein. Über keinen im Antrag angeführten Unternehmer darf in den fünf Jahren vor der Antragstellung wegen eines in den letzten sieben Jahren vor der Antragstellung vorsätzlich oder grob fahrlässig begangenen Finanzvergehens rechtskräftig eine Strafe oder Verbandsgeldbuße verhängt worden sein.

(4) Bei der Prüfung des Antrags ist die Eignung der einzubeziehenden Unternehmer für die multilaterale Risikobewertung zu beurteilen; dabei sind insbesondere zu berücksichtigen:

1. die zu erwartende Kooperationsbereitschaft,
2. deren wirtschaftliche Bedeutung in Österreich,
3. ob ein Steuerkontrollsystem (§ 153b Abs. 6) eingerichtet ist,
4. die Kriterien des § 153c Abs. 2 Z 2 und 3,
5. die Kapazitäten des Finanzamtes für Großbetriebe sowie
6. die Anzahl teilnahmebereiter ausländischer Steuerverwaltungen.

(5) Nach positivem Abschluss der Antragsprüfung ist der oberste Unternehmer der Beteiligungskette über die teilnahmebereiten ausländischen Steuerverwaltungen und den beabsichtigten Umfang der multilateralen Risikobewertung zu informieren. Er hat der Fortführung der multilateralen Risikobewertung innerhalb der gesetzten Frist zuzustimmen, ansonsten gilt der Antrag als zurückgenommen. Liegen dagegen die Voraussetzungen für die multilaterale Risikobewertung nicht vor, ist der Antrag mit Bescheid abzuweisen.

(6) Die Kriterien der Abs. 3 und 4 sind bei der Entscheidung über die Teilnahme an einer multilateralen Risikobewertung als mitwirkende Steuerverwaltung zu berücksichtigen. Eine Teilnahme ist nur möglich, wenn alle einzubeziehenden inländischen Unternehmer eine Zustimmung gemäß § 48a Abs. 4 lit. c erteilt haben und die Verarbeitung personenbezogener Daten zur Kenntnis genommen haben.

(7) Zum Abschluss der multilateralen Risikobewertung ist ein Risikobewertungsbericht aus der Sicht des Finanzamtes für Großbetriebe zu erstellen. Dieser hat jedenfalls zu enthalten:

1. die am Verfahren beteiligten Unternehmer und Steuerverwaltungen,
2. die verfahrensgegenständlichen Risiken,
3. die verfahrensrelevanten Zeiträume,
4. die Bewertung der verfahrensgegenständlichen Risiken entweder als gering oder als nicht gering bzw. nicht bewertbar, sowie
5. eine Aussage zur Bedeutung einer Einstufung als geringes Risiko.

Dieser Risikobewertungsbericht ist allen von der multilateralen Risikobewertung betroffenen inländischen Unternehmern zu übermitteln. Gleichzeitig ist der Antragsteller vom Abschluss der multilateralen Risikobewertung zu informieren. Das Finanzamt für Großbetriebe kann zusätzlich einen einheitlichen Bericht auf der Grundlage der Risikobewertung der teilnehmenden Steuerverwaltungen erstellen. Der Risikobewertungsbericht und der einheitliche Bericht können in englischer Sprache verfasst werden.

(8) Im Rahmen der multilateralen Risikobewertung erfolgte Offenlegungen verhindern weder eine spätere Wiederaufnahme des Verfahrens (§ 303) noch die strafbefreiende Wirkung einer Selbstanzeige (§ 29 des Finanzstrafgesetzes – FinStrG, BGBl. Nr. 129/1958).

(BGBl I 2022/108)

C. Obliegenheiten der Abgabepflichtigen

1. Offenlegungs- und Wahrheitspflicht

§ 119. (1) Die für den Bestand und Umfang einer Abgabepflicht oder für die Erlangung abgabenrechtlicher Begünstigungen bedeutsamen Umstände sind vom Abgabepflichtigen nach Maßgabe der Abgabenvorschriften offenzulegen. Die Offenlegung muß vollständig und wahrheitsgemäß erfolgen.

(2) Der Offenlegung dienen insbesondere die Abgabenerklärungen, Anmeldungen, Anzeigen, Abrechnungen und sonstige Anbringen des Abgabepflichtigen, welche die Grundlage für abgabenrechtliche Feststellungen, für die Festsetzung der Abgaben, für die Freistellung von diesen oder für Begünstigungen bilden oder die Berechnungsgrundlagen der nach einer Selbstberechnung des Abgabepflichtigen zu entrichtenden Abgaben bekanntgeben.

2. Schenkungsmeldung und andere Anzeigepflichten

§ 120. (1) Die Abgabepflichtigen haben dem Finanzamt alle Umstände anzuzeigen, die hinsichtlich der Einkommensteuer, der Körperschaftsteuer, der Umsatzsteuer oder Abgaben vom Vermögen die persönliche Abgabepflicht begründen, ändern oder beendigen. Sie haben dem Finanzamt auch den Wegfall von Voraussetzungen für die Befreiung von einer solchen Abgabe anzuzeigen.

(2) Wer einen land- und forstwirtschaftlichen Betrieb, einen gewerblichen Betrieb oder eine sonstige selbständige Erwerbstätigkeit begründet oder aufgibt, hat dies dem für die Erhebung der Umsatzsteuer zuständigen Finanzamt anzuzeigen.

(3) Weiters ist die Beseitigung einer im vorläufigen Bescheid genannten Ungewissheit (§ 200 Abs. 1) und ein Eintritt eines im Bescheid angeführten, in Betracht kommenden rückwirkenden Ereignisses (§ 295a) der für die Erhebung der betreffenden Abgabe zuständigen Abgabenbehörde anzuzeigen.

§ 120a. Für Landes- und Gemeindeabgaben gilt Folgendes:

Die Abgabepflichtigen haben der Abgabenbehörde alle Umstände anzuzeigen, die ihre Abgabepflicht begründen, ändern oder beendigen. Sie haben auch den Wegfall von Voraussetzungen für eine Befreiung von einer Abgabe anzuzeigen.

§ 121. Die Anzeigen gemäß den §§ 120 und 120a sind binnen einem Monat, gerechnet vom Eintritt des anmeldungspflichtigen Ereignisses, zu erstatten.

§ 121a. (1) Schenkungen unter Lebenden (§ 3 Erbschafts- und Schenkungssteuergesetz 1955) sowie Zweckzuwendungen unter Lebenden (§ 4 Z 2 Erbschafts- und Schenkungssteuergesetz 1955) sind nach Maßgabe der folgenden Bestimmungen dem Finanzamt Österreich anzuzeigen,

1. wenn
   a) Bargeld, Kapitalforderungen, Anteile an Kapitalgesellschaften und Personenvereinigungen (Personengemeinschaften) ohne eigene Rechtspersönlichkeit, Beteiligungen als stiller Gesellschafter, oder
   b) Betriebe (Teilbetriebe), die der Erzielung von Einkünften gemäß § 2 Abs. 3 Z 1 bis 3 EStG 1988 dienen, oder
   c) bewegliches körperliches Vermögen und immaterielle Vermögensgegenstände erworben wurden und
2. der Erwerber, Geschenkgeber, Zuwendende bei freigebiger Zuwendung, Beschwerte bei Zweckzuwendung im Zeitpunkt des Erwerbes einen Wohnsitz, den gewöhnlichen Aufenthalt, den Sitz oder die Geschäftsleitung im Inland hatte.

(BGBl I 2019/104)

(2) Von der Anzeigepflicht befreit sind:

a) Erwerbe im Sinn des Abs. 1 Z 1 zwischen Angehörigen (§ 25), wenn der gemeine Wert (§ 10 Bewertungsgesetz 1955) 50 000 Euro nicht übersteigt. Innerhalb von einem Jahr von derselben Person anfallende Erwerbe sind nur dann von der Anzeigepflicht ausgenommen, wenn die Summe der gemeinen Werte dieser Erwerbe den Betrag von 50 000 Euro nicht übersteigt.

b) Erwerbe im Sinn des Abs. 1 Z 1 zwischen anderen Personen, wenn der gemeine Wert (§ 10 Bewertungsgesetz 1955) 15 000 Euro nicht übersteigt. Innerhalb von fünf Jahren von derselben Person anfallende Erwerbe sind nur dann von der Anzeigepflicht ausgenommen, wenn die Summe der gemeinen Werte dieser Erwerbe den Betrag von 15 000 Euro nicht übersteigt.

c) Erwerbe im Sinn des § 15 Abs. 1 Z 1 lit. c, Z 2 sinngemäß, 6, 12, 14, 14a, 15, 20 und 21 Erbschafts- und Schenkungssteuergesetz 1955.

d) unter das Stiftungseingangssteuergesetz fallende Zuwendungen.

e) übliche Gelegenheitsgeschenke, soweit der gemeine Wert 1 000 Euro nicht übersteigt, und Hausrat einschließlich Wäsche und Kleidungsstücke.

Wird durch einen anzeigepflichtigen Vorgang die Betragsgrenze der lit. a oder b überschritten, so sind in der Anzeige alle von der Zusammenrechnung erfassten Erwerbe anzuführen.

(3) Zur Anzeige verpflichtet sind zur ungeteilten Hand der Erwerber, Geschenkgeber, Zuwendende bei freigebiger Zuwendung, Beschwerte bei Zweckzuwendung sowie Rechtsanwälte und Notare, die beim Erwerb oder bei der Errichtung der Vertragsurkunde über den Erwerb mitgewirkt haben oder die zur Erstattung der Anzeige beauftragt sind.

(4) Die Anzeige hat binnen dreier Monate ab Erwerb zu erfolgen. Wird die Anzeigepflicht durch Zusammenrechnung mehrerer Erwerbe ausgelöst, ist der Erwerb für die Anzeigefrist maßgeblich, mit dem die Betragsgrenze der lit. a oder b erstmals überschritten wird.

(5) Anzeigen sind auf elektronischem Weg zu übermitteln, es sei denn, dass die elektronische Übermittlung nicht zumutbar ist.

(6) Der Bundesminister für Finanzen kann durch Verordnung Form und Inhalt der Anzeige sowie deren elektronische Übermittlung näher regeln.

(7) (aufgehoben)

(BGBl I 2019/104)

(8) Wird im Zuge von Abgabeverfahren eine Schenkung behauptet, die entgegen Abs. 1 bis 7 nicht angezeigt wurde, so trägt der Abgabepflichtige die Beweislast für das Vorliegen der Schenkung.

(9) Verweise auf das Erbschafts- und Schenkungssteuergesetz 1955 beziehen sich auf die Fassung dieses Bundesgesetzes vor dem Bundesgesetz BGBl. I Nr. 85/2008.

§ 122. (1) Wer Gegenstände herstellen oder gewinnen will, an deren Herstellung, Gewinnung, Wegbringung oder Verbrauch eine Abgabepflicht geknüpft ist, hat dies der Abgabenbehörde vor Eröffnung des Betriebes anzuzeigen.

(2) Wer Erzeugnisse oder Waren, für die eine Abgabenbegünstigung unter einer Bedingung gewährt worden ist, in einer Weise verwenden will, die der Bedingung nicht entspricht, hat dies vorher der Abgabenbehörde anzuzeigen.

§ 123. In Abgabenvorschriften enthaltene besondere Bestimmungen über die Anzeige von für die Abgabenerhebung maßgebenden Tatsachen bleiben unberührt.

3. Führung von Büchern und Aufzeichnungen, Belegerteilungsverpflichtung

(BGBl I 2015/118)

§ 124. Wer nach dem Unternehmensgesetzbuch oder anderen gesetzlichen Vorschriften zur Führung und Aufbewahrung von Büchern oder Aufzeichnungen verpflichtet ist, hat diese Verpflichtungen auch im Interesse der Abgabenerhebung zu erfüllen.

§ 125. (1) Soweit sich eine Verpflichtung zur Buchführung nicht schon aus § 124 ergibt, sind Unternehmer für einen land- und forstwirtschaftlichen Betrieb oder wirtschaftlichen Geschäftsbetrieb (§ 31), dessen Umsatz (Abs. 2) in zwei aufeinander folgenden Kalenderjahren jeweils 700 000 Euro überstiegen hat, verpflichtet, für Zwecke der Erhebung der Abgaben vom Einkommen Bücher zu führen und auf Grund jährlicher Bestandsaufnahmen regelmäßig Abschlüsse zu machen. Als Unternehmer im Sinn dieser Bestimmung gilt eine Gesellschaft, bei der die Gesellschafter als Mitunternehmer im Sinn der einkommensteuerlichen Vorschriften anzusehen sind, auch dann, wenn ihr umsatzsteuerrechtlich keine Unternehmereigenschaft zukommt; diesfalls sind die Umsätze des Gesellschafters maßgeblich, dem die Unternehmereigenschaft zukommt.

(2) Umsätze im Sinne des Abs. 1 sind solche gemäß § 1 Abs. 1 Z 1 und 2 UStG 1994 zuzüglich der Umsätze aus im Ausland ausgeführten Leistungen. Keine Umsätze sind jedoch nicht unmittelbar dem Betriebszweck oder dem Zweck des wirtschaftlichen Geschäftsbetriebes dienende Umsätze

1. die unter § 6 Abs. 1 Z 8 und 9 und § 10 Abs. 2 Z 3 UStG 1994 fallen oder – wären sie im Inland ausgeführt worden – fallen würden,
2. aus Geschäftsveräußerungen im Sinn des § 4 Abs. 7 UStG 1994,
3. die bei der Erzielung von Entschädigungen im Sinn des § 32 Abs. 1 Z 1 EStG 1988 ausgeführt werden und
4. aus besonderen Waldnutzungen im Sinn der einkommensteuerrechtlichen Vorschriften.

(3) Sind die Voraussetzungen des Abs. 1 erfüllt, tritt die Verpflichtung nach Abs. 1 mit Beginn des darauf zweitfolgenden Kalenderjahres ein, sofern sie nicht gemäß Abs. 4 aufgehoben wird. Eine nach Abs. 1 eingetretene Verpflichtung erlischt, wenn die dort genannte Grenze in zwei aufeinanderfolgenden Kalenderjahren nicht überschritten wird, mit Beginn des darauffolgenden Kalenderjahres.

(4) Macht der Unternehmer glaubhaft, dass die Grenze des Abs. 1 nur vorübergehend und auf Grund besonderer Umstände überschritten worden ist, hat das Finanzamt, dem die Erhebung der Einkommensteuer oder Körperschaftsteuer oder die Feststellung der Einkünfte (§ 188) des Unternehmers obliegt, auf Antrag eine nach Abs. 3 eingetretene Verpflichtung aufzuheben.

(5) Bei einem land- und forstwirtschaftlichen Betrieb braucht sich die jährliche Bestandsaufnahme nicht auf das stehende Holz zu erstrecken. Dies gilt sowohl in Fällen einer steuerlichen Buchführungspflicht nach Abs. 1 und § 124 als auch im Fall einer freiwilligen Buchführung. Der Bundesminister für Finanzen kann durch Verordnung bestimmen, welche besonderen Zusammenstellungen, Verzeichnisse und Register von buchführenden Land- und Forstwirten für steuerliche Zwecke zu führen sind.

(BGBl I 2020/96)

§ 126. (1) Die Abgabepflichtigen und die zur Einbehaltung und Abfuhr von Abgaben verpflichteten Personen haben jene Aufzeichnungen zu führen, die nach Maßgabe der einzelnen Abgabenvorschriften zur Erfassung der abgabepflichtigen Tatbestände dienen.

(2) Insbesondere haben Abgabepflichtige, soweit sie weder nach §§ 124 oder 125 zur Führung von Büchern verpflichtet sind, noch ohne gesetzliche Verpflichtung Bücher führen und soweit Abgabenvorschriften nicht anderes bestimmen, für Zwecke der Erhebung der Abgaben vom Einkommen und Ertrag ihre Betriebseinnahmen und Betriebsausgaben aufzuzeichnen und zum Ende eines jeden Jahres zusammenzurechnen.

(3) Abs. 2 gilt sinngemäß für die Ermittlung der nicht endbesteuerten Einkünfte aus Kapitalvermögen, der Einkünfte aus Vermietung und Verpachtung und der sonstigen Einkünfte.

(BGBl I 2022/108)

§ 127. (1) Gewerbliche Unternehmer sind verpflichtet, für steuerliche Zwecke ein Wareneingangsbuch zu führen.

(2) Von der Verpflichtung zur Führung eines Wareneingangsbuches (Abs. 1) sind gewerbliche Unternehmer befreit,

a) die nach §§ 124 oder 125 zur Führung von Büchern verpflichtet sind;

b) die Bücher ohne gesetzliche Verpflichtung führen und auf Grund jährlicher Bestandsaufnahmen regelmäßig Abschlüsse machen;
c) die durch eine gesetzliche Vorschrift zur Führung von dem Wareneingangsbuch im wesentlichen entsprechenden Aufzeichnungen verpflichtet sind.

§ 128. (1) In das Wareneingangsbuch (§ 127) sind alle Waren (einschließlich der Rohstoffe, Halberzeugnisse, Hilfsstoffe und Zutaten) einzutragen, die der Unternehmer zur gewerblichen Weiterveräußerung, sei es in derselben Beschaffenheit, sei es nach vorheriger Bearbeitung oder Verarbeitung, auf eigene oder auf fremde Rechnung erwirbt. Waren, die nach der Art des Betriebes üblicherweise zur gewerblichen Weiterveräußerung erworben werden, sind auch dann einzutragen, wenn sie für betriebsfremde Zwecke verwendet werden.

(2) Das Wareneingangsbuch muß für die im Abs. 1 bezeichneten Waren folgende Angaben enthalten:
a) fortlaufende Nummer der Eintragung;
b) Tag des Wareneinganges oder der Rechnungsausstellung;
c) Name (Firma) und Anschrift des Lieferanten;
d) Bezeichnung, wobei eine branchenübliche Sammelbezeichnung genügt;
e) Preis;
f) Hinweis auf die dazugehörigen Belege.

(3) Die Eintragungen sind in richtiger zeitlicher Reihenfolge vorzunehmen; die Beträge sind monatlich und jährlich zusammenzurechnen. Die Eintragungen sind zeitgerecht im Sinne des § 131 Abs. 1 Z 2 lit. a, bezogen auf den Zeitpunkt des Bekanntwerdens der eintragungspflichtigen Angaben, vorzunehmen. Gleichzeitig mit der Eintragung ist auf dem Beleg, wenn ein solcher erteilt worden ist, die fortlaufende Nummer, unter der die Ware im Wareneingangsbuch eingetragen ist, zu vermerken.

(BGBl I 2016/117)

(4) Das für die Erhebung der Umsatzsteuer zuständige Finanzamt kann unter Abweichung von den Bestimmungen des § 127 und der Abs. 1 bis 3 für einzelne Fälle Erleichterungen bewilligen, wenn die übrigen Bücher und Aufzeichnungen des gewerblichen Unternehmens die Gewähr für eine leichte Überprüfbarkeit des Wareneinganges bieten.

§ 129. (aufgehoben)

§ 130. Sonstige Buchführungs- und Aufzeichnungspflichten werden durch die Bestimmungen der §§ 127 bis 129 nicht berührt.

§ 131. (1) Bücher, die gemäß den §§ 124 oder 125 zu führen sind oder ohne gesetzliche Verpflichtung geführt werden, und Aufzeichnungen der in den §§ 126 bis 128 bezeichneten Art dürfen, wenn nicht anderes gesetzlich angeordnet ist, auch im Ausland geführt werden. Derartige Bücher und Aufzeichnungen sind auf Verlangen der Abgabenbehörde innerhalb angemessen festzusetzender Frist in das Inland zu bringen. Den Büchern und Aufzeichnungen zu Grunde zu legende Grundaufzeichnungen sind, wenn sie im Ausland geführt werden, innerhalb angemessener Frist in das Inland zu bringen und im Inland aufzubewahren; diese Verpflichtung entfällt hinsichtlich jener Vorgänge, die einem im Ausland gelegenen Betrieb, einer im Ausland gelegenen Betriebsstätte oder einem im Ausland gelegenen Grundbesitz zuzuordnen sind. Es muss gewährleistet sein, dass auch bei Führung der Bücher und Aufzeichnungen im Ausland die Erforschung der für die Erhebung der Abgaben wesentlichen tatsächlichen und rechtlichen Verhältnisse ohne Erschwernisse möglich ist.

Die gemäß den §§ 124, 125 und 126 zu führenden Bücher und Aufzeichnungen sowie die ohne gesetzliche Verpflichtung geführten Bücher sind so zu führen, dass sie einem sachverständigen Dritten innerhalb angemessener Zeit einen Überblick über die Geschäftsvorfälle vermitteln können. Die einzelnen Geschäftsvorfälle sollen sich in ihrer Entstehung und Abwicklung verfolgen lassen. Dabei gelten insbesondere die folgenden Vorschriften:

1. Sie sollen in einer lebenden Sprache und mit den Schriftzeichen einer solchen geführt werden. Soweit Bücher und Aufzeichnungen nicht in einer für den Abgabepflichtigen im Abgabenverfahren zugelassenen Amtssprache geführt werden, hat der Abgabepflichtige auf Verlangen der Abgabenbehörde eine beglaubigte Übersetzung der vorgelegten Bücher, Aufzeichnungen, hiezu gehörige Belege sowie der Geschäftspapiere und der sonstigen Unterlagen im Sinn des § 132 Abs. 1 beizubringen. Soweit es für die Durchführung einer abgabenbehördlichen Prüfung (§§ 147 bis 153) erforderlich ist, hat der Abgabepflichtige auf seine Kosten für die Übersetzung der eingesehenen Bücher und Aufzeichnungen in eine für ihn zugelassene Amtssprache Sorge zu tragen; hiebei genügt die Beistellung eines geeigneten Dolmetschers.
2. a) Die Eintragungen sollen der Zeitfolge nach geordnet, vollständig, richtig und zeitgerecht vorgenommen werden. Die Vornahme von Eintragungen für einen Kalendermonat in die für Zwecke der Erhebung der Abgaben vom Umsatz, Einkommen und Ertrag, ausgenommen Abzugssteuern, zu führenden Bücher und Aufzeichnungen ist zeitgerecht, wenn sie spätestens einen Monat und 15 Tage nach Ablauf des Kalendermonats erfolgt. An die Stelle des Kalendermonats tritt das Kalendervierteljahr, wenn dieses auf Grund umsatzsteuerrechtlicher Vorschriften für den Abgabenpflichtigen Voranmeldungszeitraum ist.
   b) Soweit nach den §§ 124 oder 125 eine Verpflichtung zur Führung von Büchern besteht oder soweit ohne gesetzliche Verpflichtung Bücher geführt werden, sollen alle Bareingänge und Barausgänge in den Büchern oder in den Büchern zu Grunde liegenden Grundaufzeich-

nungen täglich einzeln festgehalten werden.

c) Abgabepflichtige, die gemäß § 126 Abs. 2 und Abs. 3 verpflichtet sind, ihre Einnahmen und Ausgaben aufzuzeichnen, sollen alle Bargeschäfte einzeln festhalten.

(BGBl I 2015/118)

3. Die Bezeichnung der Konten und Bücher soll erkennen lassen, welche Geschäftsvorgänge auf diesen Konten (in diesen Büchern) verzeichnet werden. Konten, die den Verkehr mit Geschäftsfreunden verzeichnen, sollen die Namen und Anschriften der Geschäftsfreunde ausweisen.

4. Soweit Bücher oder Aufzeichnungen gebunden geführt werden, sollen sie nach Maßgabe der Eintragungen Blatt für Blatt oder Seite für Seite mit fortlaufenden Zahlen versehen sein. Werden Bücher oder Aufzeichnungen auf losen Blättern geführt, so sollen diese in einem laufend geführten Verzeichnis (Kontenregister) festgehalten werden.

5. Die zu Büchern oder Aufzeichnungen gehörigen Belege sollen derart geordnet aufbewahrt werden, daß die Überprüfung der Eintragungen jederzeit möglich ist.

6. a) Die Eintragungen sollen nicht mit leicht entfernbaren Schreibmitteln erfolgen. An Stellen, die der Regel nach zu beschreiben sind, sollen keine leeren Zwischenräume gelassen werden. Der ursprüngliche Inhalt einer Eintragung soll nicht mittels Durchstreichens oder auf andere Weise unleserlich gemacht werden. Es soll nicht radiert und es sollen auch solche Veränderungen nicht vorgenommen werden, deren Beschaffenheit ungewiss lässt, ob sie bei der ursprünglichen Eintragung oder erst später vorgenommen worden sind.

b) Werden zur Führung von Büchern und Aufzeichnungen oder bei der Erfassung der Geschäftsvorfälle Datenträger verwendet, sollen Eintragungen oder Aufzeichnungen nicht in einer Weise verändert werden können, dass der ursprüngliche Inhalt nicht mehr ersichtlich ist. Eine Überprüfung der vollständigen, richtigen und lückenlosen Erfassung aller Geschäftsvorfälle soll insbesondere bei der Losungsermittlung mit elektronischem Aufzeichnungssystem durch entsprechende Protokollierung der Datenerfassung und nachträglicher Änderungen möglich sein.

(BGBl I 2015/118)

(BGBl I 2015/118)

(2) Werden die Geschäftsvorfälle maschinell festgehalten, gelten die Bestimmungen des Abs. 1 sinngemäß mit der Maßgabe, daß durch gegenseitige Verweisungen oder Buchungszeichen der Zusammenhang zwischen den einzelnen Buchungen sowie der Zusammenhang zwischen den Buchungen und den Belegen klar nachgewiesen werden sollen; durch entsprechende Einrichtungen soll der Nachweis der vollständigen und richtigen Erfassung aller Geschäftsvorfälle leicht und sicher geführt werden können und sollen Summenbildungen nachvollziehbar sein.

(3) Zur Führung von Büchern und Aufzeichnungen können Datenträger verwendet werden, wenn die inhaltsgleiche, vollständige und geordnete Wiedergabe bis zum Ablauf der gesetzlichen Aufbewahrungsfrist jederzeit gewährleistet ist; die vollständige und richtige Erfassung und Wiedergabe aller Geschäftsvorfälle soll durch entsprechende Einrichtungen gesichert werden. Wer Eintragungen in dieser Form vorgenommen hat, muß, soweit er zur Einsichtgewährung verpflichtet ist, auf seine Kosten innerhalb angemessener Frist diejenigen Hilfsmittel zur Verfügung stellen, die notwendig sind, um die Unterlagen lesbar zu machen, und, soweit erforderlich, ohne Hilfsmittel lesbare, dauerhafte Wiedergaben beibringen. Werden dauerhafte Wiedergaben erstellt, so sind diese auf Datenträgern zur Verfügung zu stellen.

(4) Der Bundesminister für Finanzen kann durch Verordnung Erleichterungen bei der Führung von Büchern und Aufzeichnungen, bei der Verwendung eines elektronischen Aufzeichnungssystems nach § 131b und bei der Belegerteilungsverpflichtung nach § 132a, wenn die Erfüllung dieser Verpflichtungen unzumutbar wäre und die ordnungsgemäße Ermittlung der Grundlagen der Abgabenerhebung dadurch nicht gefährdet wird, festlegen. Eine derartige Verordnung kann auch rückwirkend in Kraft gesetzt werden.

Solche Erleichterungen sind nur zulässig:

1. für Umsätze bis jeweils 30 000 Euro pro Kalenderjahr und Abgabepflichtigem (§ 77 Abs. 1), die ausgeführt werden

   a) von Haus zu Haus oder auf öffentlichen Wegen, Straßen, Plätzen oder anderen öffentlichen Orten, jedoch nicht in oder in Verbindung mit fest umschlossenen Räumlichkeiten,

   b) in unmittelbarem Zusammenhang mit Hütten, wie insbesondere in Alm-, Berg-, Schi- und Schutzhütten,

   c) in einem Buschenschank im Sinne des § 2 Abs. 1 Z 5 der Gewerbeordnung 1994, BGBl. Nr. 194/1994, wenn der Betrieb an nicht mehr als 14 Tagen im Kalenderjahr geöffnet ist,

   d) durch eine von einem gemeinnützigen Verein geführte Kantine, die nicht mehr als 52 Tage im Kalenderjahr betrieben wird (kleine Kantine),

treffen im Fall der lit. a oder b diese Voraussetzungen nicht auf alle Umsätze eines Betriebes oder wirtschaftlichen Geschäftsbetriebes zu, dann gilt die Befreiung für denjenigen

Teil des Umsatzes, der die Voraussetzungen erfüllt,

(BGBl I 2016/77)

2. für wirtschaftliche Geschäftsbetriebe von abgabenrechtlich begünstigten Körperschaften im Sinn des § 45 Abs. 1 und 2,
3. für bestimmte Warenausgabe- und Dienstleistungsautomaten oder
4. für Betriebe, bei denen keine Gegenleistung durch Bezahlung mit Bargeld erfolgt, dies unbeschadet einer Belegerteilungsverpflichtung nach § 132a.

(BGBl I 2015/118, BGBl I 2016/77)

§ 131a. Für Landes- und Gemeindeabgaben gilt Folgendes:

1. Die Bestimmungen des § 131 Abs. 1 Z 2 lit. c gelten nicht. Im Übrigen gilt § 131 auch für Bücher und Aufzeichnungen, die nach landesgesetzlichen Bestimmungen zu führen sind oder ohne eine solche gesetzliche Verpflichtung geführt werden.

   (BGBl I 2015/118)
2. Die Abgabenbehörde kann Erleichterungen von der Pflicht zur Führung von Büchern und Aufzeichnungen bewilligen, wenn die Bücher und Aufzeichnungen des Abgabepflichtigen die Gewähr für eine leichte Überprüfbarkeit bieten.

§ 131b. (1)

1. Betriebe haben alle Bareinnahmen zum Zweck der Losungsermittlung mit elektronischer Registrierkasse, Kassensystem oder sonstigem elektronischen Aufzeichnungssystem unter Beachtung der Grundsätze des § 131 Abs. 1 Z 6 einzeln zu erfassen.
2. Die Verpflichtung zur Verwendung eines elektronischen Aufzeichnungssystems (Z 1) besteht ab einem Jahresumsatz von 15 000 Euro je Betrieb, sofern die Barumsätze dieses Betriebes 7 500 Euro im Jahr überschreiten.
3. Barumsätze im Sinn dieser Bestimmung sind Umsätze, bei denen die Gegenleistung (Entgelt) durch Barzahlung erfolgt. Als Barzahlung gilt auch die Zahlung mit Bankomat- oder Kreditkarte oder durch andere vergleichbare elektronische Zahlungsformen, die Hingabe von Barschecks, sowie vom Unternehmer ausgegebener und von ihm an Geldes statt angenommener Gutscheine, Bons, Geschenkmünzen und dergleichen.

(2) Das elektronische Aufzeichnungssystem (Abs. 1 Z 1) ist durch eine technische Sicherheitseinrichtung gegen Manipulation zu schützen. Dabei ist die Unveränderbarkeit der Aufzeichnungen durch kryptographische Signatur bzw. durch kryptographisches Siegel jedes Barumsatzes mittels einer dem Steuerpflichtigen zugeordneten Signatur- bzw. Siegelerstellungseinheit zu gewährleisten und die Nachprüfbarkeit durch Erfassung der Signatur bzw. des Siegels auf den einzelnen Belegen sicherzustellen.

(BGBl I 2016/77)

(3) Die Verpflichtungen nach Abs. 1 sowie Abs. 2 bestehen mit Beginn des viertfolgenden Monats nach Ablauf des Voranmeldungszeitraums, in dem die Grenzen des Abs. 1 Z 2 erstmals überschritten wurden. Werden die Umsatzgrenzen (Abs. 1 Z 2) in einem Folgejahr nicht überschritten und ist aufgrund besonderer Umstände absehbar, dass diese Grenzen auch künftig nicht überschritten werden, fällt die Verpflichtung zur Losungsermittlung mit elektronischem Aufzeichnungssystem gemäß § 131b BAO mit Beginn der nächstfolgenden Kalenderjahres weg.

(BGBl I 2016/77)

(4) Das für die Erhebung der Umsatzsteuer zuständige Finanzamt hat auf Antrag des Unternehmers mit Feststellungsbescheid die Manipulationssicherheit eines geschlossenen Gesamtsystems, das im Unternehmen als elektronisches Aufzeichnungssystem verwendet wird, zu bestätigen, wenn eine solche Sicherheit auch ohne Verwendung einer in Abs. 2 geforderten Signatur- bzw. Siegelerstellungseinheit besteht.

Antragsbefugt sind nur Unternehmer, die ein solches geschlossenes Gesamtsystem verwenden und eine hohe Anzahl von Registrierkassen im Inland in Verwendung haben. Dem Antrag ist ein Gutachten eines gerichtlich beeideten Sachverständigen, in dem das Vorliegen der technischen und organisatorischen Voraussetzungen für die Manipulationssicherheit des geschlossenen Gesamtsystems bescheinigt wird, anzuschließen.

Die Wirksamkeit des Feststellungsbescheides erlischt, wenn sich die für seine Erlassung maßgeblichen tatsächlichen Verhältnisse geändert haben.

Unternehmer haben jede Änderung der tatsächlichen Verhältnisse für die Erlassung des Feststellungbescheides über die Manipulationssicherheit geschlossener Gesamtsysteme dem Finanzamt binnen einem Monat, gerechnet vom Eintritt des meldepflichtigen Ereignisses, zu melden.

(BGBl I 2016/77)

(5) Der Bundesminister für Finanzen kann durch Verordnung festlegen:

1. Einzelheiten zur technischen Sicherheitseinrichtung, zur Signatur- bzw. Siegelerstellungseinheit, zur kryptografischen Signatur bzw. zum kryptographischen Siegel, sowie zu anderen, der Datensicherheit dienenden Maßnahmen,

   (BGBl I 2016/77)
2. Erleichterungen bezüglich der zeitlichen Erfassung der Bareinnahmen hinsichtlich betrieblicher Umsätze, die außerhalb der Betriebstätte getätigt werden,
3. Einzelheiten über die Erlassung von Feststellungsbescheiden (Abs. 4), insbesondere über die technischen und organisatorischen Anforderungen zur Gewährleistung der Manipulationssicherheit geschlossener Gesamtsys-

teme, die im Unternehmen als elektronische Aufzeichnungssysteme verwendet werden, sowie die im Abs. 4 genannte Anzahl von Registrierkassen,

4. Einzelheiten von Form und Inhalt der Meldungen nach Abs. 4 letzter Unterabsatz.

(BGBl I 2015/118)

§ 132. (1) Bücher und Aufzeichnungen sowie die zu den Büchern und Aufzeichnungen gehörigen Belege sind sieben Jahre aufzubewahren; darüber hinaus sind sie noch so lange aufzubewahren, als sie für die Abgabenerhebung betreffende anhängige Verfahren von Bedeutung sind, in denen diejenigen Parteistellung haben, für die auf Grund von Abgabenvorschriften die Bücher und Aufzeichnungen zu führen waren oder für die ohne gesetzliche Verpflichtung Bücher geführt wurden. Soweit Geschäftspapiere und sonstige Unterlagen für die Abgabenerhebung von Bedeutung sind, sollen sie sieben Jahre aufbewahrt werden. Diese Fristen laufen für die Bücher und die Aufzeichnungen vom Schluß des Kalenderjahres, für das die Eintragungen in die Bücher oder Aufzeichnungen vorgenommen worden sind, und für die Belege, Geschäftspapiere und sonstigen Unterlagen vom Schluß des Kalenderjahres, auf das sie sich beziehen; bei einem vom Kalenderjahr abweichenden Wirtschaftsjahr laufen die Fristen vom Schluß des Kalenderjahres, in dem das Wirtschaftsjahr endet.

(2) Hinsichtlich der in Abs. 1 genannten Belege, Geschäftspapiere und sonstigen Unterlagen kann die Aufbewahrung auf Datenträgern geschehen, wenn die vollständige, geordnete, inhaltsgleiche und urschriftgetreue Wiedergabe bis zum Ablauf der gesetzlichen Aufbewahrungsfrist jederzeit gewährleistet ist. Soweit solche Unterlagen nur auf Datenträgern vorliegen, entfällt das Erfordernis der urschriftgetreuen Wiedergabe.

(3) Wer Aufbewahrungen in Form des Abs. 2 vorgenommen hat, muß, soweit er zur Einsichtgewährung verpflichtet ist, auf seine Kosten innerhalb angemessener Frist diejenigen Hilfsmittel zur Verfügung stellen, die notwendig sind, um die Unterlagen lesbar zu machen, und, soweit erforderlich, ohne Hilfsmittel lesbare, dauerhafte Wiedergaben beibringen. Werden dauerhafte Wiedergaben erstellt, so sind diese auf Datenträgern zur Verfügung zu stellen.

§ 132a. (1) Unternehmer (§ 2 Abs. 1 UStG 1994) haben unbeschadet anderer gesetzlicher Vorschriften dem die Barzahlung Leistenden einen Beleg über empfangene Barzahlungen für Lieferungen und sonstige Leistungen (§ 1 Abs. 1 Z 1 UStG 1994) zu erteilen. Als Beleg gilt auch ein entsprechender elektronischer Beleg, welcher unmittelbar nach erfolgter Zahlung für den Zugriff durch den die Barzahlung Leistenden verfügbar ist. Erfolgt die Gegenleistung mit Bankomat- oder Kreditkarte oder durch andere vergleichbare elektronische Zahlungsformen, so gilt dies als Barzahlung. Als Barzahlung gilt weiters die Hingabe von Barschecks sowie vom Unternehmer ausgegebener und von ihm an Geldes statt angenommener Gutscheine, Bons, Geschenkmünzen und dergleichen.

(2) Die Belegerteilungsverpflichtung kann im Falle einer Organschaft (§ 2 Abs. 2 Z 2 UStG 1994) auch von der Organgesellschaft, im Falle der Unternehmereinheit im Sinn des Umsatzsteuerrechtes auch von einer der in der Unternehmereinheit zusammengeschlossenen Personengesellschaften (Personengemeinschaften) erfüllt werden.

(3) Die Belege haben mindestens folgende Angaben zu enthalten:

1. eine eindeutige Bezeichnung des liefernden oder leistenden Unternehmers oder desjenigen, der gemäß Abs. 2 an Stelle des Unternehmers einen Beleg erteilen kann,
2. eine fortlaufende Nummer mit einer oder mehreren Zahlenreihen, die zur Identifizierung des Geschäftsvorfalles einmalig vergeben wird,
3. den Tag der Belegausstellung,
4. die Menge und die handelsübliche Bezeichnung der gelieferten Gegenstände oder die Art und den Umfang der sonstigen Leistungen und
5. den Betrag der Barzahlung, wobei es genügt, dass dieser Betrag auf Grund der Belegangaben rechnerisch ermittelbar ist.

(4) Die im Abs. 3 Z 1 und 4 geforderten Angaben können auch durch Symbole oder Schlüsselzahlen ausgedrückt werden, wenn ihre eindeutige Bestimmung aus dem Beleg oder anderen bei dem die Lieferung oder sonstige Leistung erbringenden Unternehmer vorhandenen Unterlagen gewährleistet ist. Die in Abs. 3 Z 4 geforderten Angaben können auch in anderen beim Unternehmer oder Leistungsempfänger, soweit dieser ebenfalls Unternehmer ist, vorhandenen Unterlagen enthalten sein, wenn auf diese Unterlagen im Beleg hingewiesen ist.

(5) Der Leistungsempfänger oder der an dessen Stelle die Gegenleistung ganz oder teilweise erbringende Dritte hat den Beleg entgegenzunehmen und bis außerhalb der Geschäftsräumlichkeiten mitzunehmen.

(6)

1. Vom Beleg ist eine Durchschrift oder im selben Arbeitsgang mit der Belegerstellung eine sonstige Zweitschrift anzufertigen und aufzubewahren. Als Zweitschrift im Sinn dieser Bestimmung gilt auch die Speicherung auf Datenträgern, wenn die Geschäftsvorfälle spätestens gleichzeitig mit der Belegerstellung erfasst werden. Die Aufbewahrungsverpflichtung gilt neben Zweitschriften auch für die in Abs. 4 genannten Unterlagen, beginnt mit der Belegerstellung und beträgt sieben Jahre ab Schluss des Kalenderjahres, in dem der Beleg ausgestellt wurde.
2. Die Durchschrift (Zweitschrift) zählt zu den zu den Büchern oder Aufzeichnungen gehörigen Belegen.

(7) Die Angaben des Abs. 3 Z 2 und 3 sowie die Anfertigung und Aufbewahrung einer Durchschrift

(Zweitschrift) können bei Berechtigungsausweisen (insbesondere bei Eintrittskarten und Fahrausweisen) unterbleiben, wenn deren vollständige Erfassung gewährleistet ist.

(8) Bei Verwendung von elektronischen Registrierkassen, Kassensystemen oder sonstigen elektronischen Aufzeichnungssystemen nach § 131b hat der Beleg zusätzlich zu den in Abs. 3 angeführten Mindestangaben weitere Angaben, die insbesondere zur Nachvollziehbarkeit des einzelnen Geschäftsvorfalles und der Identifizierung des belegausstellenden Unternehmers dienen, zu enthalten. Der Bundesminister für Finanzen kann diese weiteren Angaben durch Verordnung festlegen.

(BGBl I 2015/118)

§ 132b. Auf Umsätze von Kreditinstituten im Sinne des § 1 Abs. 1 des Bankwesengesetzes – BWG, BGBl. Nr. 532/1993, und von Zweigstellen von CRR-Kreditinstituten aus Mitgliedstaaten gemäß § 9 BWG finden die Bestimmungen der §§ 131b und 132a keine Anwendung.

(BGBl I 2016/77)

4. Abgabenerklärungen

§ 133. (1) Die Abgabenvorschriften bestimmen, wer zur Einreichung einer Abgabenerklärung verpflichtet ist. Zur Einreichung ist ferner verpflichtet, wer hiezu von der Abgabenbehörde aufgefordert wird. Die Aufforderung kann auch durch Zusendung von Vordrucken der Abgabenerklärungen erfolgen.

(2) Sind amtliche Vordrucke für Abgabenerklärungen aufgelegt, so sind die Abgabenerklärungen unter Verwendung dieser Vordrucke abzugeben. Soweit Abgabenerklärungen, für die die Einreichung im Wege automationsunterstützter Datenübertragung oder in jeder anderen technisch möglichen Weise zugelassen ist, in einer solchen Weise eingereicht werden, entfällt die Verpflichtung zur Verwendung der amtlichen Vordrucke. Die Versicherungsnummer (§ 30c Abs. 1 Z 1 ASVG), die Firmenbuchnummer (§ 30 Firmenbuchgesetz) und die Melderegisterzahl (§ 16 Meldegesetz 1991), sofern diese bekannt ist, sind anzugeben, wenn dies für die Abgabenerklärungen vorgesehen ist.

(BGBl I 2022/108)

§ 134. (1) Die Abgabenerklärungen für die Einkommensteuer, die Körperschaftsteuer, die Umsatzsteuer sowie für die Feststellung der Einkünfte (§ 188) sind bis zum Ende des Monates April jeden Folgejahres einzureichen. Diese Abgabenerklärungen sind bis Ende des Monates Juni einzureichen, wenn die Übermittlung elektronisch erfolgt. Diese Fristen können vom Bundesminister für Finanzen allgemein erstreckt werden.

(2) Die Abgabenbehörde kann im Einzelfall auf begründeten Antrag die in Abgabenvorschriften bestimmte Frist zur Einreichung einer Abgabenerklärung verlängern. Wird einem Antrag auf Verlängerung der Frist zur Einreichung der Abgabenerklärung nicht stattgegeben, so ist für die Einreichung der Abgabenerklärung eine Nachfrist von mindestens einer Woche zu setzen.

§ 135. Abgabepflichtigen, die die Frist zur Einreichung einer Abgabenerklärung nicht wahren, kann die Abgabenbehörde einen Zuschlag bis zu 10 Prozent der festgesetzten Abgabe (Verspätungszuschlag) auferlegen, wenn die Verspätung nicht entschuldbar ist; solange die Voraussetzungen für die Selbstberechnung einer Abgabe durch den Abgabepflichtigen ohne abgabenbehördliche Festsetzung gegeben sind, tritt an die Stelle des festgesetzten Betrages der selbst berechnete Betrag. Dies gilt sinngemäß, wenn nach den Abgabenvorschriften die Selbstberechnung einer Abgabe einem abgabenrechtlich Haftungspflichtigen obliegt. Verspätungszuschläge, die den Betrag von 50 Euro nicht erreichen, sind nicht festzusetzen.

§ 135a. Für Landes- und Gemeindeabgaben gilt der letzte Satz des § 135 nicht.

§ 136. Wenn in Abgabenerklärungen Wertangaben zu machen sind und der angegebene Wert vom Regelfall (Nennwert, Kurswert, Anschaffungs- oder Herstellungskosten) abweicht, hat der Abgabepflichtige auf Verlangen der Abgabenbehörde die Tatsachen anzuführen, die für den in der Abgabenerklärung ausgewiesenen Wert maßgebend waren.

§ 137. Abgabepflichtige, die gemäß §§ 124 oder 125 zur Führung von Büchern verpflichtet sind oder Bücher ohne gesetzliche Verpflichtung führen, haben, sofern die Abgabenvorschriften nicht anderes bestimmen, auf Verlangen eine Abschrift der Vermögensübersicht (Jahresabschluß, Bilanz) und der Gewinn- und Verlustrechnung einzureichen. Liegen Jahresberichte (Geschäftsberichte) oder Treuhandberichte (Wirtschaftsprüfungsberichte) vor, so sind auch diese auf Verlangen einzureichen.

§ 138. (1) Auf Verlangen der Abgabenbehörde haben die Abgabepflichtigen und die diesen im § 140 gleichgestellten Personen in Erfüllung ihrer Offenlegungspflicht (§ 119) zur Beseitigung von Zweifeln den Inhalt ihrer Anbringen zu erläutern und zu ergänzen sowie dessen Richtigkeit zu beweisen. Kann ihnen ein Beweis nach den Umständen nicht zugemutet werden, so genügt die Glaubhaftmachung.

(2) Bücher, Aufzeichnungen, Geschäftspapiere, Schriften und Urkunden sind auf Verlangen zur Einsicht und Prüfung vorzulegen, soweit sie für den Inhalt der Anbringen von Bedeutung sind.

§ 139. Wenn ein Abgabepflichtiger nachträglich, aber vor dem Ablauf der Verjährungsfrist (§§ 207 bis 209 a) erkennt, daß er in einer Abgabenerklärung oder in einem sonstigen Anbringen der ihm gemäß § 119 obliegenden Pflicht nicht oder nicht voll entsprochen hat und daß dies zu einer Verkürzung von Abgaben geführt hat oder führen kann, so ist er verpflichtet, hierüber unverzüglich der zuständigen Abgabenbehörde Anzeige zu erstatten.

§ 140. Die Bestimmungen der §§ 119 und 139 gelten auch für Personen, die zur Einbehaltung und Abfuhr von Abgaben oder zur Zahlung gegen Verrechnung mit der Abgabenbehörde verpflichtet sind.

5. Hilfeleistung bei Amtshandlungen

§ 141. (1) Die Abgabepflichtigen haben den Organen der Abgabenbehörde die Vornahme der zur Durchführung der Abgabengesetze notwendigen Amtshandlungen zu ermöglichen. Sie haben zu dulden, daß Organe der Abgabenbehörde zu diesem Zweck ihre Grundstücke, Geschäfts- und Betriebsräume innerhalb der üblichen Geschäfts- oder Arbeitszeit betreten, haben diesen Organen die erforderlichen Auskünfte zu erteilen und einen zur Durchführung der Amtshandlungen geeigneten Raum sowie die notwendigen Hilfsmittel unentgeltlich beizustellen.

(2) Die im Abs. 1 geregelten Verpflichtungen treffen auch Personen, denen nach den Abgabenvorschriften als Haftungspflichtigen die Entrichtung oder Einbehaltung von Abgaben obliegt sowie Personen, die zur Zahlung gegen Verrechnung mit der Abgabenbehörde verpflichtet sind.

§ 142. (1) Inhaber von Betrieben, die nach den Verbrauchsteuervorschriften der amtlichen Aufsicht unterliegen, haben die dem Überwachungszweck dienenden Einrichtungen unentgeltlich beizustellen.

(2) Die im Abs. 1 bezeichneten Personen haben zu gestatten, daß verbrauchsteuerpflichtige Gegenstände oder Stoffe, die zu deren Herstellung bestimmt sind, sowie Waren, die verbrauchsteuerpflichtige Gegenstände enthalten oder enthalten können, als Proben unentgeltlich entnommen werden.

D. Befugnisse der Abgabenbehörden

1. Allgemeine Aufsichtsmaßnahmen

§ 143. (1) Zur Erfüllung der im § 114 bezeichneten Aufgaben ist die Abgabenbehörde berechtigt, Auskunft über alle für die Erhebung von Abgaben maßgebenden Tatsachen zu verlangen. Die Auskunftspflicht trifft jedermann, auch wenn es sich nicht um seine persönliche Abgabepflicht handelt.

(2) Die Auskunft ist wahrheitsgemäß nach bestem Wissen und Gewissen zu erteilen. Die Verpflichtung zur Auskunftserteilung schließt die Verbindlichkeit in sich, Urkunden und andere schriftliche Unterlagen, die für die Feststellung von Abgabenansprüchen von Bedeutung sind, vorzulegen oder die Einsichtnahme in diese zu gestatten.

(3) Die Bestimmungen der §§ 170 bis 174 finden auf Auskunftspersonen (Abs. 1) sinngemäß Anwendung.

(4) Die Bestimmungen über Zeugengebühren (§ 176) gelten auch für Auskunftspersonen, die nicht in einer ihre persönliche Abgabepflicht betreffenden Angelegenheit herangezogen werden.

§ 144. (1) Für Zwecke der Abgabenerhebung kann die Abgabenbehörde bei Personen, die nach abgabenrechtlichen Vorschriften Bücher oder Aufzeichnungen zu führen haben, Nachschau halten. Nachschau kann auch bei einer anderen Person gehalten werden, wenn Grund zur Annahme besteht, daß gegen diese Person ein Abgabenanspruch gegeben ist, der auf andere Weise nicht festgestellt werden kann.

(2) In Ausübung der Nachschau (Abs. 1) dürfen Organe der Abgabenbehörde Gebäude, Grundstücke und Betriebe betreten und besichtigen, die Vorlage der nach den Abgabenvorschriften zu führenden Bücher und Aufzeichnungen sowie sonstiger für die Abgabenerhebung maßgeblicher Unterlagen verlangen und in diese Einsicht nehmen.

§ 145. (1) Für Zwecke der Erhebung der Verbrauchsteuern sowie der Eingangs- und Ausgangsabgaben unterliegen Gebäude, Grundstücke, Betriebe, Transportmittel und Transportbehältnisse auch dann der Nachschau, wenn die Vermutung besteht, daß sich dort verbrauchsteuerpflichtige, eingangs- oder ausgangsabgabepflichtige, aber diesen Abgaben nicht unterzogene Gegenstände oder daraus hergestellte Waren befinden.

(2) Eine Nachschau ist ferner in allen Fällen zulässig, in denen durch die Verbrauchsteuervorschriften Gegenstände unter amtliche Aufsicht gestellt sind.

§ 146. Die mit der Vornahme einer Nachschau beauftragten Organe haben sich zu Beginn der Amtshandlung unaufgefordert über ihre Person und darüber auszuweisen, daß sie zur Vornahme einer Nachschau berechtigt sind. Über das Ergebnis dieser Nachschau ist, soweit erforderlich, eine Niederschrift aufzunehmen. Eine Abschrift hievon ist der Partei auszufolgen.

1a. besondere Befugnisse

(BGBl I 2019/104)

Betretungsrecht

§ 146a. Die Organe der Abgabenbehörden sind für Zwecke der Abgabenerhebung und zur Wahrnehmung anderer durch unmittelbar anwendbares Recht der Europäischen Union oder Bundesgesetz übertragener Aufgaben berechtigt, Grundstücke und Baulichkeiten, Betriebsstätten, Betriebsräume und Arbeitsstätten zu betreten und Wege zu befahren, auch wenn dies sonst der Allgemeinheit untersagt ist, wenn Grund zur Annahme besteht, dass dort Zuwiderhandlungen gegen die von den Abgabenbehörden zu vollziehenden Rechtsvorschriften begangen werden.

(BGBl I 2019/104, BGBl I 2022/108)

Identitätsfeststellungsrecht

§ 146b. (1) Die Organe der Abgabenbehörden des Bundes sind im Rahmen ihrer Aufsichts- und Kontrolltätigkeit befugt, die Identität von Personen festzustellen, bei denen Grund zur Annahme besteht, dass sie Zuwiderhandlungen gegen die von den Abgabenbehörden zu vollziehenden Rechtsvorschriften begehen, sowie Fahrzeuge und sonstige Beförderungsmittel anzuhalten und diese einschließlich der mitgeführten Güter zu überprüfen und berechtigt, von jedermann Auskunft über alle für die Erfüllung der übertragenen Aufgaben maßgebenden Tatsachen zu verlangen.

(2) Die Feststellung der Identität ist das Erfassen der Namen, des Geburtsdatums und der Wohnanschrift eines Menschen in dessen Anwesenheit. Sie hat mit der vom Anlass gebotenen Verlässlichkeit zu erfolgen. Menschen, deren Identität festgestellt werden soll, sind hievon in Kenntnis zu setzen. Jeder Betroffene ist verpflichtet, an der Feststellung seiner Identität mitzuwirken und die unmittelbare Durchsetzung der Identitätsfeststellung zu dulden.

(BGBl I 2019/104)

2. Außenprüfungen

§ 147. (1) Bei jedem, der zur Führung von Büchern oder von Aufzeichnungen oder zur Zahlung gegen Verrechnung mit der Abgabenbehörde verpflichtet ist, kann die Abgabenbehörde jederzeit alle für die Erhebung von Abgaben bedeutsamen tatsächlichen und rechtlichen Verhältnisse prüfen (Außenprüfung).

(2) Auf Prüfungen, die nur den Zweck verfolgen, die Zahlungsfähigkeit eines Abgabepflichtigen und deren voraussichtliche Entwicklung festzustellen, finden die Bestimmungen des § 148 Abs. 3 und die §§ 149 und 150 keine Anwendung.

§ 148. (1) Die von der Abgabenbehörde mit der Vornahme von Außenprüfungen beauftragten Organe haben sich zu Beginn der Amtshandlung unaufgefordert über ihre Person auszuweisen und den Auftrag der Abgabenbehörde auf Vornahme der Prüfung (Prüfungsauftrag) vorzuweisen.

(2) Der Prüfungsauftrag hat den Gegenstand der vorzunehmenden Prüfung zu umschreiben. Soweit es sich nicht um eine unter § 147 Abs. 2 fallende Prüfung handelt, hat der Prüfungsauftrag die den Gegenstand der Prüfung bildenden Abgabenarten und Zeiträume zu bezeichnen.

(3) Für einen Zeitraum, für den eine Außenprüfung bereits vorgenommen worden ist, darf ein neuerlicher Prüfungsauftrag ohne Zustimmung des Abgabepflichtigen nur erteilt werden

a) zur Prüfung von Abgabenarten, die in einem früheren Prüfungsauftrag nicht enthalten waren;

b) zur Prüfung, ob die Voraussetzungen für eine Wiederaufnahme des Verfahrens (§ 303) gegeben sind;

c) im Beschwerdeverfahren auf Veranlassung (§ 269 Abs. 2) des Verwaltungsgerichtes, jedoch nur zur Prüfung der Begründung der Bescheidbeschwerde (§ 250 Abs. 1 lit. d) oder neuer Tatsachen und Beweise (§ 270);

   (BGBl I 2022/108)

d) zur Durchführung der noch erforderlichen Ermittlungen nach einer Aufhebung und Zurückverweisung der Sache gemäß § 278 Abs. 1;

   (BGBl I 2022/108)

e) aufgrund eines Amts- oder Rechtshilfeersuchens oder einer grenzüberschreitenden Zusammenarbeit nach dem Recht der Europäischen Union.

   (BGBl I 2022/108)

(3a) Für ein Veranlagungsjahr bzw. – bei nicht zu veranlagenden Abgaben – für ein Kalenderjahr, für das ein Bescheid gemäß § 153d gilt, darf ein Prüfungsauftrag ohne Zustimmung des Abgabepflichtigen nur erteilt werden

1. zur Prüfung von Abgabenarten, die nicht von einem Auftrag zur begleitenden Kontrolle (§ 153f Abs. 3) umfasst waren,
2. aufgrund eines Amts- oder Rechtshilfeersuchens oder einer grenzüberschreitenden Zusammenarbeit nach dem Recht der Europäischen Union,
3. im Zuge einer Gegenberichtigung anlässlich einer Verrechnungspreiskorrektur,
4. zur Überprüfung von Nachrichten im Sinne des § 114 Abs. 1 zweiter Satz,
5. in den Fällen des § 148 Abs. 3 lit. c und d,

   (BGBl I 2022/108)

6. in den Fällen des § 99 Abs. 2 FinStrG sowie
7. im Falle einer Selbstanzeige gemäß § 29 FinStrG.

(BGBl I 2018/62, BGBl I 2021/3)

(4) Gegen den Prüfungsauftrag ist ein abgesondertes Rechtsmittel nicht zulässig.

(5) Außenprüfungen sind dem Abgabepflichtigen oder seinem Bevollmächtigten tunlichst eine Woche vorher anzukündigen, sofern hiedurch der Prüfungszweck nicht vereitelt wird.

§ 149. (1) Nach Beendigung der Außenprüfung ist über deren Ergebnis eine Besprechung abzuhalten (Schlußbesprechung). Zu dieser sind der Abgabepflichtige und, wenn bei der Abgabenbehörde ein bevollmächtigter Vertreter ausgewiesen ist, auch dieser unter Setzung einer angemessenen Frist vorzuladen. Über die Schlußbesprechung ist eine Niederschrift aufzunehmen.

(2) Die Schlußbesprechung kann entfallen, wenn sich nach dem Prüfungsergebnis entweder keine Änderung der ergangenen Bescheide oder keine Abweichung gegenüber den eingereichten Erklärungen ergibt oder wenn der Abgabepflichtige oder sein Vertreter in einer eigenhändig unterfertigten Erklärung auf die Schlußbesprechung verzichtet oder wenn trotz Vorladung weder der Abgabepflichtige noch dessen Vertreter zur Schlußbesprechung erscheint.

§ 150. Über das Ergebnis der Außenprüfung ist ein schriftlicher Bericht zu erstatten. Die Abgabenbehörde hat dem Abgabepflichtigen eine Abschrift des Prüfungsberichtes zu übermitteln.

§ 151. Die §§ 148 bis 150 gelten nicht für Prüfungen der nach den Verbrauchsteuervorschriften zu führenden Aufzeichnungen.

§ 152. (aufgehoben)

§ 153. In Abgabenvorschriften geregelte Befugnisse zu besonderen Prüfungsmaßnahmen bleiben unberührt.

2a. Begleitende Kontrolle

(BGBl I 2018/62)

Merkmale der begleitenden Kontrolle

§ 153a. Anstelle einer Außenprüfung gemäß § 147 Abs. 1 ist auf Antrag eine begleitende Kontrolle durchzuführen. Die begleitende Kontrolle kann einen einzelnen Unternehmer oder einen Kontrollverbund umfassen. Während der begleitenden Kontrolle besteht eine erhöhte Offenlegungspflicht nach Maßgabe des § 153f Abs. 1 und ein laufender Kontakt zwischen den Unternehmern und den Organen des Finanzamtes für Großbetriebe nach Maßgabe des § 153f Abs. 4. Das Finanzamt für Großbetriebe hat dem einzelnen Unternehmer oder den Unternehmern des Kontrollverbunds Auskünfte über bereits verwirklichte oder noch nicht verwirklichte Sachverhalte zu erteilen.

(BGBl I 2018/62, BGBl I 2019/104)

Antrag auf begleitende Kontrolle

§ 153b. (1) Einen Antrag auf begleitende Kontrolle kann stellen

1. ein Unternehmer gemäß § 1, 2 oder 3 UGB oder
2. eine Privatstiftung, die alleine oder gemeinsam mit anderen Privatstiftungen mit mehr als 50% des Kapitals und der Stimmrechte an Unternehmern gemäß Z 1 unmittelbar beteiligt ist.

Voraussetzung ist, dass die Geschäftsleitung, der Sitz oder der Wohnsitz im Inland liegt oder eine inländische Betriebsstätte besteht.

(2) Der Antrag kann für den Antragsteller und für einige oder alle der mit diesem im Sinne des Abs. 5 verbundenen Unternehmer mit Geschäftsleitung, Sitz oder Betriebsstätte im Inland gestellt werden (Kontrollverbund). Ist einer der Unternehmer des Kontrollverbunds Gruppenträger oder Mitglied einer Unternehmensgruppe im Sinne des § 9 KStG 1988, muss der Antrag alle inländischen Mitglieder und den Gruppenträger der Unternehmensgruppe umfassen.

(3) Der Antrag ist vom obersten Unternehmer der Beteiligungskette oder von der Privatstiftung im Verfahren FinanzOnline zu stellen. Er ist von den gesetzlichen Vertretern aller im Antrag angeführten Unternehmer im Verfahren FinanzOnline beim Finanzamt für Großbetriebe zu bestätigen. Die letzte Bestätigung bestimmt den Zeitpunkt der Antragstellung.

(BGBl I 2019/104, BGBl I 2022/108)

(4) Der Antrag kann unter folgenden Voraussetzungen gestellt werden:

1. Jeder im Antrag angeführte Unternehmer ist nach dem UGB oder anderen gesetzlichen Vorschriften zur Führung von Büchern verpflichtet oder führt freiwillig Bücher und hat im Inland seine Geschäftsleitung, seinen Sitz, seinen Wohnsitz oder eine Betriebsstätte.
2. Über keinen im Antrag angeführten Unternehmer ist in den fünf Jahren vor der Antragstellung wegen eines in den letzten sieben Jahren vor der Antragstellung vorsätzlich oder grob fahrlässig begangenen Finanzvergehens rechtskräftig eine Strafe oder Verbandsgeldbuße verhängt worden.
3. Mindestens einer der im Antrag angeführten Unternehmer
   – hatte in den beiden Wirtschaftsjahren vor der Antragstellung Umsatzerlöse gemäß § 189a Z 5 UGB von mehr als 40 Millionen Euro,
   – ist ein Kreditinstitut im Sinne des § 1 Abs. 1 BWG oder eine Zweigstelle eines CRR-Kreditinstitutes aus einem Mitgliedstaat gemäß § 9 BWG oder
   – ist ein Versicherungsunternehmen im Sinne des § 5 Z 1 oder ein Rückversicherungsunternehmen im Sinne des § 5 Z 2 des Versicherungsaufsichtsgesetzes 2016, BGBl. I Nr. 34/2015.
4. Es liegt ein Gutachten eines Wirtschaftsprüfers oder Steuerberaters vor, dass jeder im Antrag angeführte Unternehmer bzw. die antragstellende Privatstiftung von einem Steuerkontrollsystem gemäß Abs. 6 erfasst ist.

(BGBl I 2019/103)

(5) Ein verbundener Unternehmer im Sinne des Abs. 2 liegt vor, wenn an diesem entweder eine direkte oder eine indirekte Beteiligung von mehr als 50 % des Kapitals und der Stimmrechte besteht oder wenn eine finanzielle Verbindung im Sinne des § 9 Abs. 4 KStG 1988 mit Bescheid festgestellt worden ist.

(6) Das Steuerkontrollsystem umfasst die Summe aller Maßnahmen (Prozesse und Prozessschritte), die gewährleisten, dass die Besteuerungsgrundlagen für die jeweilige Abgabenart in der richtigen Höhe ausgewiesen und die darauf entfallenden Steuern termingerecht und in der richtigen Höhe abgeführt werden. Es leitet sich aus der Analyse aller steuerrelevanten Risiken ab und wird an geänderte Rahmenbedingungen laufend angepasst. Die Risikoanalyse, die daraus folgenden Prozesse und Prozessschritte sowie die erforderlichen Kontrollmaßnahmen sind überprüfbar dokumentiert. Die Dokumentation wird laufend aktualisiert.

(7) Der Bundesminister für Finanzen wird ermächtigt, die Systematik, nach der bei der Erstellung des Gutachtens des Wirtschaftsprüfers oder Steuerberaters über das Steuerkontrollsystem vorzugehen ist und den Aufbau und die erforderlichen Mindestinhalte des Gutachtens des Wirtschaftsprüfers oder Steuerberaters (Abs. 4 Z 4) mit Verordnung festzulegen. Das Gutachten des Wirtschaftsprüfers oder Steuerberaters ist spätestens nach einem Zeitraum von drei Jahren zu erneuern, hat mit einer qualifizierten elektronischen Signatur oder einem qualifizierten elektronischen Siegel des Wirtschaftsprüfers oder Steuerberaters versehen zu sein und ist im Verfahren FinanzOnline

zu übermitteln. Die erstmalige Übermittlung hat gleichzeitig mit der Antragstellung zu erfolgen.

(BGBl I 2018/62)

Prüfung des Antrags auf begleitende Kontrolle

§ 153c. (1) Das Finanzamt für Großbetriebe hat das Vorliegen der Voraussetzungen des § 153b bei dem in Antrag angeführten Unternehmer bzw. bei den im Antrag angeführten Unternehmern zu prüfen. Liegen diese Voraussetzungen vor, ist eine Außenprüfung (§ 147) des Unternehmers bzw. der Unternehmer betreffend die von § 153e Abs. 1 umfassten Abgabenarten durchzuführen, wenn für die letzten fünf Jahre vor der Antragstellung nicht bereits eine Außenprüfung stattgefunden hat. Ist das Finanzamt Österreich für einen im Antrag angeführten Unternehmer zuständig, kann ein Organ des Finanzamtes für Großbetriebe die Außenprüfung im Auftrag des Finanzamtes Österreich durchführen.

(2) Nach Abschluss der Außenprüfung bzw. der Außenprüfungen hat das Finanzamt für Großbetriebe zu beurteilen, ob sich der im Antrag angeführte Unternehmer bzw. die im Antrag angeführten Unternehmer als steuerlich zuverlässig erwiesen haben. Bei der Beurteilung der steuerlichen Zuverlässigkeit sind insbesondere zu berücksichtigen:

1. das Verhalten während der Außenprüfung gemäß Abs. 1 und die Feststellungen dieser Außenprüfung;
2. die Feststellungen der in den letzten fünf Jahren vor der Antragstellung durchgeführten Außenprüfungen;
3. das steuerliche Verhalten in den letzten fünf Jahren vor Antragstellung, insbesondere:
   a) die bisherige Befolgung der Offenlegungs-, Wahrheits- und Anzeigepflichten,
   b) die Anzahl der verspätet abgegebenen Abgabenerklärungen,
   c) die Anzahl der vorgenommenen Schätzung(en) gemäß § 184,
   d) die Häufigkeit des Umstandes, dass Abgaben nicht am Fälligkeitstag entrichtet worden sind, deren Betrag und die Dauer der Säumnis,
   e) die Anzahl der Ansuchen um Stundung oder Ratenzahlung,
   f) anhängige und noch nicht rechtskräftig abgeschlossene Finanzstrafverfahren,
   g) eine Mitteilung eines Verdachts auf Vorliegen eines Scheinunternehmens gemäß § 8 des Sozialbetrugsbekämpfungsgesetzes, BGBl. I Nr. 113/2015,
   h) eine deutliche Verbesserung der Selbstkontrolle aus Anlass einer strafrechtlichen Verfolgung.

(BGBl I 2018/62, BGBl I 2019/104)

Wechsel in die begleitende Kontrolle

§ 153d. (1) Nach Abschluss der Prüfung des Antrags auf begleitende Kontrolle für den Antragsteller und alle im Antrag angeführten Unternehmer hat das Finanzamt für Großbetriebe mit Bescheid den Wechsel in die begleitende Kontrolle für den Antragsteller und jene Unternehmer zu verfügen, die sich als steuerlich zuverlässig erwiesen haben und auch alle übrigen Voraussetzungen erfüllen. Für die übrigen im Antrag angeführten Unternehmer ist der Antrag mit Bescheid abzuweisen. Dieser Bescheid hat den Zeitpunkt zu enthalten, ab dem eine begleitende Kontrolle stattfindet: Das ist bei zu veranlagenden Abgaben der Beginn des der Bescheiderlassung folgenden Veranlagungsjahres, bei allen anderen Abgaben der Beginn des der Bescheiderlassung folgenden Kalenderjahres.

(BGBl I 2019/104)

(2) Der Bescheid ist gegenüber allen Unternehmern des Kontrollverbundes zu erlassen. Mit der Zustellung des Bescheides an den Antragsteller gilt die Zustellung an alle als vollzogen, wenn auf diese Rechtsfolge in der Ausfertigung hingewiesen wird.

(3) Soll nach Rechtskraft des Bescheides gemäß Abs. 1 ein weiterer Unternehmer in die begleitende Kontrolle einbezogen werden, hat der ursprüngliche Antragsteller einen Ergänzungsantrag zu stellen. Dabei gelten die §§ 153b, 153c sowie Abs. 1 und 2 sinngemäß.

(BGBl I 2018/62)

Umfang der begleitenden Kontrolle

§ 153e. (1) Die begleitende Kontrolle umfasst alle in die Zuständigkeit des Finanzamtes für Großbetriebe fallenden abgabenrechtlichen Pflichten der Unternehmer, ausgenommen jene, die von der Lohnsteuerprüfung gemäß § 86 EStG 1988 umfasst sind.

(BGBl I 2019/104)

(2) Im Rahmen der begleitenden Kontrolle kann das Finanzamt für Großbetriebe jederzeit die von der begleitenden Kontrolle umfassten Abgabenarten hinsichtlich der tatsächlichen und rechtlichen Verhältnisse prüfen, die für ihre Erhebung bedeutsam sind.

(BGBl I 2019/104)

(BGBl I 2018/62)

Rechte und Pflichten während der begleitenden Kontrolle

§ 153f. (1) Ab der Rechtskraft des Bescheides gemäß § 153d Abs. 1 haben die Unternehmer des Kontrollverbunds unbeschadet anderer abgabenrechtlicher Offenlegungspflichten jene Umstände unaufgefordert vor Abgabe der Abgabenerklärungen offenzulegen, hinsichtlich derer ein ernsthaftes Risiko einer abweichenden Beurteilung durch das Finanzamt für Großbetriebe besteht, wenn sie nicht unwesentliche Auswirkungen auf das steuerliche Ergebnis haben können.

(BGBl I 2019/104)

(2) Ab der Rechtskraft des Bescheides gemäß § 153d Abs. 1 darf eine Außenprüfung gemäß § 147 Abs. 1 ausschließlich nach Maßgabe des § 148 Abs. 3a erfolgen.

(3) Das Finanzamt für Großbetriebe hat einheitlich für alle Unternehmer des Kontrollverbunds die mit der Vornahme der begleitenden Kontrolle beauftragten Organe und die den Gegenstand der begleitenden Kontrolle bildenden Abgabenarten (Auftrag zur begleitenden Kontrolle) elektronisch im Verfahren FinanzOnline bekannt zu geben. Der Antragsteller hat den Auftrag zur begleitenden Kontrolle im Namen aller Unternehmer des Kontrollverbunds im Verfahren FinanzOnline zu bestätigen. Gegen den Auftrag zur begleitenden Kontrolle ist ein abgesondertes Rechtsmittel nicht zulässig.

(BGBl I 2019/104)

(4) Während der begleitenden Kontrolle haben zumindest vier Mal pro Kalenderjahr Besprechungen zwischen Vertretern der Unternehmer des Kontrollverbunds sowie Organen des Finanzamtes für Großbetriebe stattzufinden. Über diese Besprechungen sind Niederschriften gemäß § 87 zu erstellen.

(BGBl I 2019/104)

(5) Der Antragsteller hat dafür zu sorgen, dass rechtzeitig vor Ablauf der Frist gemäß § 153b Abs. 7 oder im Fall von wesentlichen Veränderungen des Steuerkontrollsystems das Gutachten des Wirtschaftsprüfers oder Steuerberaters über die Einrichtung erneuert wird und die bzw. das mit einer qualifizierten elektronischen Signatur oder einem qualifizierten elektronischen Siegel des Wirtschaftsprüfers oder Steuerberaters versehene Gutachten im Verfahren FinanzOnline zu übermitteln. Das neue Gutachten und alle weiteren müssen Aussagen über die Wirksamkeit des Steuerkontrollsystems enthalten. Das Finanzamt für Großbetriebe hat das Vorliegen und die Plausibilität des Gutachtens regelmäßig zu überprüfen.

(BGBl I 2019/104)

(BGBl I 2018/62)

Beendigung der begleitenden Kontrolle

§ 153g. (1) Stellen sämtliche Unternehmer des Kontrollverbunds den Antrag, die begleitende Kontrolle zu beenden, hat das Finanzamt für Großbetriebe einen Bescheid zu erlassen, der die Geltungsdauer des Bescheides gemäß § 153d Abs. 1

1. bei zu veranlagenden Abgaben mit dem letzten veranlagten Jahr,
2. bei allen anderen Abgaben mit dem zuletzt abgelaufenen Kalenderjahr

beendet.

(BGBl I 2019/104)

(2) Stellt ein einzelner Unternehmer des Kontrollverbunds den Antrag, die begleitende Kontrolle zu beenden, hat das Finanzamt für Großbetriebe den Bescheid gemäß § 153d Abs. 1 insoweit abzuändern, als die begleitende Kontrolle für den antragstellenden Unternehmer

1. bei zu veranlagenden Abgaben mit dem letzten veranlagten Jahr,
2. bei allen anderen Abgaben mit dem zuletzt abgelaufenen Kalenderjahr

geendet hat.

(BGBl I 2019/104)

(3) Wenn eines der Erfordernisse des § 153b oder § 153c nicht mehr erfüllt wird oder wenn ein Unternehmer des Kontrollverbundes gegen die Pflichten des § 153f verstoßen hat oder wenn das Gutachten gemäß § 153b Abs. 4 Z 4 nicht (mehr) plausibel ist, kann das Finanzamt für Großbetriebe den Bescheid gemäß § 153d Abs. 1 insoweit abändern, als die begleitende Kontrolle für den betroffenen Unternehmer

1. bei zu veranlagenden Abgaben mit dem letzten veranlagten Jahr,
2. bei allen anderen Abgaben mit dem zuletzt abgelaufenen Kalenderjahr

geendet hat.

(BGBl I 2019/104)

(4) Für Gruppenträger und sämtliche inländische Mitglieder einer Unternehmensgruppe im Sinne des § 9 KStG 1988 kann ein Antrag gemäß Abs. 2 nur gemeinsam gestellt werden und eine Abänderung des Bescheides gemäß Abs. 3 nur gemeinsam ergehen.

(BGBl I 2018/62)

3. Besondere Überwachungsmaßnahmen

§ 154. In den im § 122 Abs. 1 bezeichneten Betrieben können verbrauchsteuerpflichtige Gegenstände und deren Umschließungen sowie Geräte, die zur Herstellung verbrauchsteuerpflichtiger Gegenstände dienen, vom von der Abgabenbehörde für die Dauer einer in Ausübung der amtlichen Aufsicht vorgenommenen Amtshandlung unter Verschluß gelegt werden. Hiedurch dürfen notwendige Maßnahmen zur Sicherung der Gegenstände vor Verderb nicht behindert werden.

§ 155. (1) Die im § 122 Abs. 1 bezeichneten Betriebe können von der Abgabenbehörde besonderen Überwachungsmaßnahmen unterworfen werden,

a) wenn Tatsachen vorliegen, die die verbrauchsteuerrechtliche Unzuverlässigkeit des Inhabers des Betriebes oder des verantwortlichen Betriebsleiters dartun, oder
b) wenn im Betrieb ein Verstoß gegen die Verbrauchsteuervorschriften begangen wurde, der strafrechtlich als Finanzvergehen (mit Ausnahme einer Finanzordnungswidrigkeit) festgestellt worden ist.

(2) Die besonderen Überwachungsmaßnahmen (Abs. 1) können darin bestehen, daß der Betrieb oder ein Teil des Betriebes unter ständige Überwachung gestellt oder angeordnet wird, daß Wegbringungen verbrauchsteuerpflichtiger Gegenstände erst nach vorheriger Anmeldung bei der zuständigen Abgabenbehörde oder nach abgabenbehördlicher Behandlung oder nach Sicherheitsleistung für die entfallenden Abgaben erfolgen dürfen.

(3) Die Anordnung besonderer Überwachungsmaßnahmen ist aufzuheben, sobald die Umstände weggefallen sind, die für die Anordnung maßgebend waren, in den Fällen des Abs. 1 lit. b, sobald ausreichende Gewähr gegeben ist, daß Zuwiderhandlungen gegen die Verbrauchsteuervorschriften nicht mehr vorkommen.

§ 156. (1) Die Abgabenbehörde kann verbrauchsteuerpflichtige Gegenstände, deren Herkunft oder Erwerb ungeklärt ist, samt ihren Umschließungen in amtliche Verwahrung nehmen. Befinden sich diese Gegenstände in der Gewahrsame einer Person, so ist die Übernahme in amtliche Verwahrung durch einen dieser Person zuzustellenden Bescheid anzuordnen.

(2) Würde die amtliche Verwahrung unverhältnismäßige Kosten verursachen, ist demjenigen, der die im Abs. 1 bezeichneten Gegenstände in seiner Gewahrsame hat, ein Bescheid zuzustellen, durch den das Verbot erlassen wird, über diese Gegenstände zu verfügen.

(3) Die gemäß Abs. 1 und 2 angeordneten Maßnahmen sind aufzuheben, wenn die Entrichtung der Verbrauchsteuern nachgewiesen oder nicht binnen zwei Wochen die Beschlagnahme der Gegenstände angeordnet wird.

(4) Gegen die nach Abs. 1 oder 2 erlassenen Bescheide ist ein abgesondertes Rechtsmittel nicht zulässig.

§ 157. In Abgabenvorschriften enthaltene Bestimmungen über besondere Überwachungsmaßnahmen bleiben unberührt.

E. Beistandspflicht

§ 158. (1) Die Abgabenbehörden sind für Zwecke der Abgabenerhebung berechtigt, mit allen Dienststellen der Körperschaften des öffentlichen Rechtes (soweit sie nicht als gesetzliche Berufsvertretungen tätig sind) und mit der Oesterreichischen Nationalbank (in ihrer Eigenschaft als Überwachungsstelle für die Devisenbewirtschaftung) unmittelbares Einvernehmen durch Ersuchschreiben zu pflegen. Derartigen Ersuchschreiben ist mit möglichster Beschleunigung zu entsprechen oder es sind die entgegenstehenden Hindernisse sogleich bekanntzugeben; erforderlichenfalls ist Akteneinsicht zu gewähren.

(2) Die Beantwortung von Ersuchschreiben gemäß Abs. 1 darf mit dem Hinweis auf gesetzliche Verpflichtungen zur Verschwiegenheit nur dann abgelehnt werden, wenn diese Verpflichtungen Abgabenbehörden gegenüber ausdrücklich auferlegt sind.

(3) Die Dienststellen der Gebietskörperschaften sind ferner verpflichtet, den Abgabenbehörden jede zur Durchführung der Abgabenerhebung dienliche Hilfe zu leisten. Insbesondere haben die Gerichte Abschriften von abgabenrechtlich bedeutsamen Urteilen, Beschlüssen oder sonstigen Aktenstücken nach näherer Anordnung des Bundesministeriums für Justiz, die im Einvernehmen mit dem Bundesministerium für Finanzen zu treffen ist, den zuständigen Abgabenbehörden zu übermitteln.

(4) Für Zwecke der Abgabenerhebung sind die Abgabenbehörden berechtigt, auf automationsunterstütztem Weg Einsicht zu nehmen

1. in das automationsunterstützt geführte Grundbuch; die Berechtigung zur Einsicht in das Grundbuch umfasst auch die Einsichtnahme in das Personenverzeichnis des Grundbuchs;
2. in das automationsunterstützt geführte Firmenbuch; die Berechtigung zur Einsicht in das Firmenbuch umfasst auch die bundesweite Suche nach im Zusammenhang mit den Rechtsträgern gespeicherten Personen;
3. in das zentrale Melderegister. Die Berechtigung zur Einsicht in das Zentrale Melderegister umfasst auch Verknüpfungsanfragen im Sinne des § 16a Abs. 3 des Meldegesetzes 1991;
4. in das automationsunterstützt geführte Gewerbeinformationssystem Austria – GISA;
5. in das automationsunterstützt geführte zentrale Vereinsregister;
6. in das automationsunterstützt geführte zentrale Zulassungsregister für Kraftfahrzeuge gemäß § 47 Abs. 4 und § 47 Abs. 4a des Kraftfahrgesetzes 1967 – KFG 1967;
7. in die automationsunterstützt geführten KFZ-Genehmigungs- und -Informationsregister der Landesregierungen oder der von den Landesregierungen beauftragten Stellen für Fahrzeuge gemäß §§ 28, 28a, 28b, 29, 31 bis 35 KFG 1967. Die Einsichtnahme in die KFZ-Genehmigungs- und -Informationsregister der Landesregierungen oder der von ihnen beauftragten Stellen umfasst auch eine automationsunterstützte Weitergabe der Bescheiddaten (Name, Adresse, KFZ-Marke, Type, Fahrgestellnummer und Fahrzeugidentifikationsnummer);
8. in das automationsunterstützt geführte Unternehmensregister (§ 25 des Bundesstatistikgesetzes 2000);

   (BGBl I 2021/140)
9. in die Transparenzdatenbank im Rahmen einer Transparenzportalabfrage gemäß § 32 Abs. 5 Transparenzdatenbankgesetz 2012, BGBl. I Nr. 99/2012.

   (BGBl I 2021/140)

(BGBl I 2017/40)

(4a) Der Bundesminister für Inneres ist verpflichtet, dem Bundesminister für Finanzen zum Zweck der Erhebung von Abgaben in geeigneter elektronischer Form aus dem Zentralen Melderegister einmal die Identitätsdaten sowie die personenbezogenen Daten zur Unterkunft aller im Bundesgebiet Angemeldeten und danach periodisch die Änderungen dieser personenbezogenen Daten zu übermitteln. Die Stammzahlenregisterbehörde ist verpflichtet, dem Bundesminister für Finanzen zum Zweck der Erhebung von Abgaben in geeigneter elektronischer Form

a) unverzüglich die Löschung einer Person aus dem Ergänzungsregister für natürliche Personen gemäß § 1 der Ergänzungsregisterverordnung 2009 – ERegV 2009, BGBl. II Nr. 331/2009, oder die Übernahme einer Person in das Melderegister gemäß § 14 des Meldegesetzes 1991, BGBl. Nr. 9/1992, sowie
b) vierteljährlich die geänderten personenbezogenen Daten gemäß § 3 der ERegV 2009, betreffend Personen, für die ein bereichsspezifisches Personenkennzeichen für Steuern und Abgaben (bPK SA) gespeichert ist,

zu übermitteln.

Personenbezogene Daten, die nicht mehr die aktuelle Wohnsitzsituation eines Menschen wiedergeben oder für die Vollziehung der Abgabengesetze nicht mehr benötigt werden, sind im Datenbestand des Bundesministers für Finanzen sofort zu löschen.

(BGBl I 2018/62)

(4b) Das Bundesministerium für Inneres ist verpflichtet, in geeigneter elektronischer Form die im Kraftfahrzeugzentralregister nach Kraftfahrgesetz 1967 gespeicherten Daten über die Zulassung von Kraftfahrzeugen im Bundesgebiet dem Bundesministerium für Finanzen vierteljährlich zum Zwecke der Erhebung von Abgaben zu übermitteln.

(4c) Der Verband der Versicherungsunternehmen Österreichs ist verpflichtet, in geeigneter elektronischer Form die in der Genehmigungsdatenbank und der Zulassungsevidenzdatenbank nach Kraftfahrgesetz 1967 geführten Daten über die Zulassung von Kraftfahrzeugen im Bundesgebiet dem Bundesministerium für Finanzen zum Zwecke der Erhebung von Abgaben vierteljährlich zu übermitteln.

(4d) Zum Zweck der Durchführung von Abgaben- oder Monopolverfahren sind die Kriminalpolizei, die Staatsanwaltschaften und die Gerichte ermächtigt, nach der Strafprozeßordnung 1975 – StPO ermittelte personenbezogene Daten, die für solche Verfahren bedeutsam sind, an die Abgabenbehörde zu übermitteln, wenn Grund zur Annahme besteht, dass Abgabenvorschriften oder Monopolvorschriften verletzt worden sind oder sein können.

(4e) Der Bundesminister für Finanzen ist zur Eintragung, Abfrage und Speicherung von personenbezogenen Daten gemäß § 3 ERegV 2009 im Ergänzungsregister für natürliche Personen berechtigt.

(BGBl I 2018/62)

(4f) Wird für die Erbringung einer Leistung als Dolmetscher, Übersetzer oder Sachverständiger gegenüber einer Körperschaft öffentlichen Rechts ein Entgelt bezahlt, ist die Buchhaltungsagentur des Bundes, soweit sie für die Zahlungsabwicklung zuständig ist, verpflichtet, dem Bundesminister für Finanzen für Zwecke der Abgabenerhebung folgende Informationen laufend auf elektronischem Weg zu übermitteln:

1. Vor- und Familienname, Firma oder sonstige Bezeichnung des Zahlungsempfängers,
2. bei einer natürlichen Person das Geburtsdatum des Zahlungsempfängers,
3. Wohnsitz oder Sitz des Zahlungsempfängers,
4. die Umsatzsteuer-Identifikationsnummer des Zahlungsempfängers, sofern sie der Buchhaltungsagentur des Bundes bekannt ist,
5. die Abgabenkontonummer des Zahlungsempfängers, sofern sie der Buchhaltungsagentur des Bundes bekannt ist,
6. der ausbezahlte Betrag,
7. die Umsatzsteuer, sofern sie auf der Rechnung ausgewiesen ist,
8. das Datum der Zahlungsanweisung und
9. das Datum der der Zahlung zugrunde liegenden Verrechnungsunterlage.

Die Buchhaltungsagentur des Bundes hat dem Bundesminister für Finanzen auf dessen Anforderung für Zwecke der Abgabenerhebung auch die den Auszahlungen zu Grunde liegenden Verrechnungsunterlagen auf elektronischem Weg zur Verfügung zu stellen.

(BGBl I 2019/91)

(4g) Die Abgabenbehörden des Bundes sind berechtigt, automationsunterstützt in die Daten der Finanzstrafbehörden Einsicht zu nehmen und diese zu verarbeiten für Zwecke der

1. Vorbereitung und Kontrolle von Buchungen auf Abgabenkonten;
2. Vorbereitung und Durchführung von Nachschauen und Außenprüfungen nach § 99 Abs. 2 FinStrG;
3. Beurteilung von Vorfragen;
4. Einhebung, Sicherung und Einbringung von Abgaben und von nach dem FinStrG festgesetzten Geldstrafen, Wertersätzen, Kosten des Strafverfahrens sowie Zwangs- und Ordnungsstrafen;
5. Vorbereitung der Geltendmachung einer Haftung.

(BGBl I 2022/108)

(5) Die Vorschriften zum Schutz des Brief-, Post- und Fernmeldegeheimnisses bleiben unberührt.

§ 159. § 158 Abs. 1 gilt auch für Ersuchschreiben an Notare, soweit sich das Ersuchen auf die Tätigkeit der Notare im Rahmen ihres gesetzlichen Wirkungskreises als Gerichtskommissäre oder auf Notariatsakte mit Ausnahme der noch nicht kundgemachten letztwilligen Anordnungen bezieht. Die Beantwortung solcher Ersuchschreiben darf nicht mit dem Hinweis auf gesetzliche Verpflichtungen zur Verschwiegenheit abgelehnt werden.

§ 160. (1) Eintragungen in das Grundbuch, denen Rechtsvorgänge über den Erwerb von Grundstücken zugrunde liegen, mit Ausnahme von Vormerkungen sowie von Eintragungen gemäß § 13, 15 und 16 des Liegenschaftsteilungsgesetzes, dürfen erst dann vorgenommen werden, wenn eine Bescheinigung des Finanzamtes vorliegt, dass der

Eintragung hinsichtlich der Grunderwerbsteuer sowie der Stiftungseingangssteuer Bedenken nicht entgegenstehen. Solche Eintragungen dürfen auch vorgenommen werden, wenn eine Erklärung gemäß § 12 des Grunderwerbsteuergesetzes 1987 oder § 3 Abs. 4 des Stiftungseingangssteuergesetzes vorliegt.

(BGBl I 2022/108)

(2) (aufgehoben)

(BGBl I 2016/77)

(3) Löschungen von Aktiengesellschaften, Gesellschaften mit beschränkter Haftung, Erwerbs- und Wirtschaftsgenossenschaften und Privatstiftungen dürfen im Firmenbuch erst vorgenommen werden, wenn eine Bescheinigung des für die Erhebung der Körperschaftsteuer zuständigen Finanzamtes vorliegt, daß der Löschung steuerliche Bedenken nicht entgegenstehen.

(4) Das Finanzamt hat die Bescheinigung gemäß Abs. 1 oder 3 zu erteilen, wenn die maßgebenden Abgaben entrichtet worden sind, wenn Sicherheit geleistet oder wenn Abgabenfreiheit gegeben ist. Es kann die Bescheinigung auch in anderen Fällen erteilen, wenn die Abgabenforderung nicht gefährdet ist.

(BGBl I 2016/77)

5. Abschnitt
Ermittlung der Grundlagen für die Abgabenerhebung und Festsetzung der Abgaben

A. Ermittlungsverfahren

1. Prüfung der Abgabenerklärungen

§ 161. (1) Die Abgabenbehörde hat die Abgabenerklärungen zu prüfen (§ 115). Soweit nötig, hat sie, tunlichst durch schriftliche Aufforderung, zu veranlassen, daß die Abgabepflichtigen unvollständige Angaben ergänzen und Zweifel beseitigen (Ergänzungsauftrag).

(2) Wenn die Abgabenbehörde Bedenken gegen die Richtigkeit der Abgabenerklärung hegt, hat sie die Ermittlungen vorzunehmen, die sie zur Erforschung des Sachverhaltes für nötig hält. Sie kann den Abgabepflichtigen unter Bekanntgabe der Bedenken zur Aufklärung bestimmter Angaben auffordern (Bedenkenvorhalt). Erforderliche Beweise sind aufzunehmen.

(3) Wenn von der Abgabenerklärung abgewichen werden soll, sind dem Abgabepflichtigen die Punkte, in denen eine wesentliche Abweichung zu seinen Ungunsten in Frage kommt, zur vorherigen Äußerung mitzuteilen.

§ 162. (1) Wenn der Abgabepflichtige beantragt, daß Schulden, andere Lasten oder Aufwendungen abgesetzt werden, so kann die Abgabenbehörde verlangen, daß der Abgabepflichtige die Gläubiger oder die Empfänger der abgesetzten Beträge genau bezeichnet.

(2) Soweit der Abgabepflichtige die von der Abgabenbehörde gemäß Abs. 1 verlangten Angaben verweigert, sind die beantragten Absetzungen nicht anzuerkennen.

§ 163. (1) Bücher und Aufzeichnungen, die den Vorschriften der §§ 131 und 131b entsprechen, haben die Vermutung ordnungsmäßiger Führung für sich und sind der Erhebung der Abgaben zugrunde zu legen, wenn nicht ein begründeter Anlass gegeben ist, ihre sachliche Richtigkeit in Zweifel zu ziehen.

(BGBl I 2015/118)

(2) Gründe, die nach dem Gesamtbild der Verhältnisse Anlass geben, die sachliche Richtigkeit in Zweifel zu ziehen, liegen insbesondere dann vor, wenn die Bemessungsgrundlagen nicht ermittelt und berechnet werden können oder eine Überprüfung der Richtigkeit und Vollständigkeit wegen Verletzung der Mitwirkungspflicht nicht möglich ist.

§ 164. (1) Die Abgabenbehörde soll die Vorlage von Büchern, Aufzeichnungen und Geschäftspapieren vom Abgabepflichtigen erst verlangen, wenn dessen Auskunft nicht genügt oder Bedenken gegen ihre Richtigkeit bestehen. Unter den gleichen Voraussetzungen oder bei Gefahr im Verzug hat der Abgabepflichtige auf Verlangen Wertsachen vorzulegen und Einsicht in verschlossene Behältnisse zu gewähren oder zu verschaffen.

(2) Bücher, Aufzeichnungen und Geschäftspapiere sind auf Verlangen des Abgabepflichtigen tunlichst in seinen Geschäftsräumen oder in seiner Wohnung einzusehen.

§ 165. Andere Personen sollen erst dann befragt oder zur Vorlage von Büchern und Aufzeichnungen herangezogen werden, wenn die Verhandlungen mit dem Abgabepflichtigen nicht zum Ziel führen oder keinen Erfolg versprechen. Nur unter diesen Voraussetzungen sollen auch die in den §§ 169 bis 182 bezeichneten Beweismittel herangezogen werden.

2. Beweise

a) Allgemeine Bestimmungen

§ 166. Als Beweismittel im Abgabenverfahren kommt alles in Betracht, was zur Feststellung des maßgebenden Sachverhaltes geeignet und nach Lage des einzelnen Falles zweckdienlich ist.

§ 167. (1) Tatsachen, die bei der Abgabenbehörde offenkundig sind, und solche, für deren Vorhandensein das Gesetz eine Vermutung aufstellt, bedürfen keines Beweises.

(2) Im übrigen hat die Abgabenbehörde unter sorgfältiger Berücksichtigung der Ergebnisse des Abgabenverfahrens nach freier Überzeugung zu beurteilen, ob eine Tatsache als erwiesen anzunehmen ist oder nicht.

b) Urkunden

§ 168. Die Beweiskraft von öffentlichen und Privaturkunden ist von der Abgabenbehörde nach den Vorschriften der §§ 292 bis 294, 296, 310 und 311 der Zivilprozeßordnung zu beurteilen. Bezeugt der Aussteller einer öffentlichen Urkunde die Übereinstimmung einer fotomechanischen Wiedergabe dieser Urkunde mit dem Original, so kommt auch der Wiedergabe die Beweiskraft einer öffentlichen Urkunde zu.

c) Zeugen

§ 169. Soweit sich aus diesem Bundesgesetz nicht anderes ergibt, ist jedermann verpflichtet, vor den Abgabenbehörden als Zeuge über alle ihm bekannten, für ein Abgabenverfahren maßgebenden Tatsachen auszusagen.

§ 170. Als Zeugen dürfen nicht vernommen werden

1. Personen, die zur Mitteilung ihrer Wahrnehmungen unfähig sind oder die zur Zeit, auf die sich ihre Aussage beziehen soll, zur Wahrnehmung der zu beweisenden Tatsache unfähig waren;
2. Geistliche darüber, was ihnen in der Beichte oder sonst unter dem Siegel geistlicher Amtsverschwiegenheit zur Kenntnis gelangt ist;
3. Organe des Bundes und der übrigen Gebietskörperschaften, wenn sie durch ihre Aussage das ihnen obliegende Amtsgeheimnis verletzen würden, insofern sie der Pflicht zur Geheimhaltung nicht entbunden sind.

§ 171. (1) Die Aussage darf von einem Zeugen verweigert werden

a) wenn er ein Angehöriger (§ 25) des Abgabepflichtigen ist;
b) über Fragen, deren Beantwortung dem Zeugen, seinen Angehörigen (§ 25), einer mit seiner Obsorge betrauten Person, seinem gesetzlichen Vertreter oder einer Person unter seiner gesetzlichen Vertretung die Gefahr einer strafgerichtlichen, finanzstrafbehördlichen oder sonstigen abgabenstrafbehördlichen Verfolgung zuziehen würde;
(BGBl I 2018/62)
c) über Fragen, die er nicht beantworten könnte, ohne eine ihm obliegende gesetzlich anerkannte Pflicht zur Verschwiegenheit, von der er nicht gültig entbunden wurde, zu verletzen oder ein Kunst-, Betriebs- oder Geschäftsgeheimnis zu offenbaren.

(2) Die zur berufsmäßigen Parteienvertretung befugten Personen und ihre Angestellten können die Zeugenaussage auch darüber verweigern, was ihnen in ihrer Eigenschaft als Vertreter der Partei über diese zur Kenntnis gelangt ist.

(3) Will ein Zeuge die Aussage verweigern, so hat er die Gründe seiner Weigerung glaubhaft zu machen.

§ 172. (1) Soweit jemand als Zeuge zur Aussage verpflichtet ist, hat er auf Verlangen der Abgabenbehörde auch Schriftstücke, Urkunden und die einschlägigen Stellen seiner Geschäftsbücher zur Einsicht vorzulegen, die sich auf bestimmt zu bezeichnende Tatsachen beziehen.

(2) Wenn es zur Erforschung der Wahrheit unbedingt erforderlich oder wenn Gefahr im Verzug ist, hat der Zeuge auch Wertsachen, die er für den Abgabepflichtigen verwahrt, vorzulegen und Einsicht in verschlossene Behältnisse zu gewähren, die er dem Abgabepflichtigen zur Benützung überlassen hat. Die Abgabenbehörde kann in einem solchen Fall verlangen, daß dem Abgabepflichtigen während einer angemessenen kurzen Frist nur unter Zuziehung eines von der Abgabenbehörde zu bezeichnenden Organes Zutritt zum Behältnis gewährt wird.

§ 173. (1) Wenn die Abgabenbehörde das persönliche Erscheinen des Zeugen nicht für erforderlich erachtet, kann die Aussage des Zeugen auch schriftlich eingeholt und abgegeben werden.

(2) Einem Zeugen, der einer Vorladung (§ 91) ohne genügende Entschuldigung nicht Folge leistet oder seinen Verpflichtungen gemäß § 172 ohne Rechtfertigung nicht nachkommt, kann, abgesehen von Zwangsstrafen, die Verpflichtung zum Ersatz aller durch seine Säumnis oder Weigerung verursachten Kosten bescheidmäßig auferlegt werden. Durch die Verletzung einer Zeugenpflicht geht der Anspruch auf Zeugengebühren (§ 176) verloren; dies gilt nicht, wenn die Pflichtverletzung entschuldbar oder geringfügig ist.

§ 174. Jeder Zeuge ist zu Beginn seiner Vernehmung über die für die Vernehmung maßgeblichen persönlichen Verhältnisse zu befragen, über die gesetzlichen Weigerungsgründe zu belehren und zu ermahnen, daß er die Wahrheit anzugeben habe und nichts verschweigen dürfe; er ist auch auf die strafrechtlichen Folgen einer falschen Aussage aufmerksam zu machen. Entsprechendes gilt, wenn die Vernehmung durch Einholung einer Zeugenaussage auf schriftlichem Weg erfolgt.

§ 175. Hält die Abgabenbehörde die eidliche Einvernahme eines Zeugen über bestimmte Tatsachen von besonderer Tragweite für unbedingt erforderlich, so kann der Zeuge durch den Leiter der Abgabenbehörde oder durch einen ihr zugewiesenen rechtskundigen Bediensteten unter Beiziehung eines Schriftführers eidlich vernommen werden. Die Bestimmungen des Gesetzes vom 3. Mai 1868, RGBl. Nr. 33, zur Regelung des Verfahrens bei den Eidesablegungen vor Gericht, finden sinngemäß Anwendung.

§ 176. (1) Zeugen haben Anspruch auf Zeugengebühren; letztere umfassen den Ersatz der notwendigen Reise- und Aufenthaltskosten und die Entschädigung für Zeitversäumnis unter den gleichen Voraussetzungen und im gleichen Ausmaß, wie sie Zeugen im gerichtlichen Verfahren zustehen, sowie den Ersatz der notwendigen Barauslagen.

(2) Der Anspruch gemäß Abs. 1 ist bei sonstigem Verlust binnen zwei Wochen nach der Vernehmung oder dem Termin, zu welchem der Zeuge vorgeladen war, an welchem er aber ohne sein Verschulden nicht vernommen worden ist, mündlich oder schriftlich bei der Abgabenbehörde geltend zu machen, welche die Vernehmung durchgeführt oder den Zeugen vorgeladen hat. Diese Abgabenbehörde hat auch über den geltend gemachten Anspruch zu entscheiden.

d) Sachverständige

§ 177. (1) Wird die Aufnahme eines Beweises durch Sachverständige notwendig, so sind die für Gutachten der erforderlichen Art öffentlich bestellten Sachverständigen beizuziehen.

(2) Die Abgabenbehörde kann aber ausnahmsweise auch andere geeignete Personen als Sachverständige heranziehen, wenn es mit Rücksicht auf die Besonderheit des Falles geboten erscheint.

(3) Der Bestellung zum Sachverständigen hat Folge zu leisten, wer zur Erstattung von Gutachten der erforderlichen Art öffentlich bestellt ist oder wer die Wissenschaft, die Kunst oder die Tätigkeit, deren Kenntnis die Voraussetzung der Begutachtung ist, öffentlich als Erwerb ausübt oder zu deren Ausübung öffentlich angestellt oder ermächtigt ist.

§ 178. (1) Aus den Gründen, welche einen Zeugen zur Verweigerung der Aussage berechtigen (§ 171), kann die Enthebung von der Bestellung als Sachverständiger begehrt werden.

(2) Öffentlich Bedienstete sind überdies auch dann als Sachverständige zu entheben oder nicht beizuziehen, wenn ihnen die Tätigkeit als Sachverständige von ihren Vorgesetzten aus dienstlichen Gründen untersagt wird oder wenn sie durch besondere Anordnungen der Pflicht, sich als Sachverständige verwenden zu lassen, enthoben sind.

§ 179. (1) Die Vorschriften des § 76 finden auf die Sachverständigen sinngemäß Anwendung.

(2) Sachverständige können von den Parteien abgelehnt werden, wenn diese Umstände glaubhaft machen, die die Unbefangenheit oder Fachkunde des Sachverständigen in Zweifel stellen. Die Ablehnung kann vor der Vernehmung des Sachverständigen, später aber nur dann erfolgen, wenn die Partei glaubhaft macht, daß sie den Ablehnungsgrund vorher nicht erfahren oder wegen eines für sie unüberwindlichen Hindernisses nicht rechtzeitig geltend machen konnte. Gegen den über die Ablehnung ergehenden Bescheid der Abgabenbehörde ist ein abgesondertes Rechtsmittel nicht zulässig.

§ 180. (1) Ist der Sachverständige für die Erstattung von Gutachten der erforderten Art im allgemeinen beeidet, so genügt die Erinnerung an den geleisteten Eid. Ist er noch nicht vereidigt, so hat er, falls es die Abgabenbehörde wegen der besonderen Tragweite des Falles für erforderlich hält, vor Beginn der Beweisaufnahme den Sachverständigeneid zu leisten.

(2) Die Vorschriften des § 175 finden auf die Sachverständigen sinngemäß Anwendung.

§ 181. (1) Sachverständige haben Anspruch auf Sachverständigengebühren; letztere umfassen den Ersatz von Reise- und Aufenthaltskosten, die notwendigen Barauslagen, die Entschädigung für Zeitversäumnis und die Entlohnung ihrer Mühewaltung unter den gleichen Voraussetzungen und im gleichen Ausmaß, wie sie Sachverständigen im gerichtlichen Verfahren zustehen.

(2) Der Anspruch (Abs. 1) ist bei sonstigem Verlust binnen zwei Wochen ab Erstattung des Gutachtens oder, wenn dieses entfällt, nach Entlassung des Sachverständigen mündlich oder schriftlich bei der Behörde geltend zu machen, bei der der Sachverständige vernommen worden ist. Hierüber ist der Sachverständige zu belehren. § 176 Abs. 2 letzter Satz gilt sinngemäß.

e) Augenschein

§ 182. (1) Zur Aufklärung der Sache kann die Abgabenbehörde auch einen Augenschein, nötigenfalls mit Zuziehung von Sachverständigen, vornehmen.

(2) Die Abgabenbehörde hat darüber zu wachen, daß der Augenschein nicht zur Verletzung eines Kunst-, Betriebs- oder Geschäftsgeheimnisses mißbraucht wird.

f) Beweisaufnahme

§ 183. (1) Beweise sind von Amts wegen oder auf Antrag aufzunehmen.

(2) Die Abgabenbehörde kann die Beweisaufnahme auch im Wege der Amtshilfe durch andere Abgabenbehörden vornehmen lassen.

(3) Von den Parteien beantragte Beweise sind aufzunehmen, soweit nicht eine Beweiserhebung gemäß § 167 Abs. 1 zu entfallen hat. Von der Aufnahme beantragter Beweise ist abzusehen, wenn die unter Beweis zu stellenden Tatsachen als richtig anerkannt werden oder unerheblich sind, wenn die Beweisaufnahme mit unverhältnismäßigem Kostenaufwand verbunden wäre, es sei denn, daß die Partei sich zur Tragung der Kosten bereit erklärt und für diese Sicherheit leistet, oder wenn aus den Umständen erhellt, daß die Beweise in der offenbaren Absicht, das Verfahren zu verschleppen, angeboten worden sind , im Verfahren vor dem Verwaltungsgericht überdies dann, wenn das Beweisanbot der Parteien der Verfahrensförderungspflicht (§ 270 Abs. 2) widerspricht. Von der Aufnahme eines im Vorlageantrag gestellten Beweisantrages darf das Verwaltungsgericht nicht mit der Begründung absehen, dass der Beweisantrag der Verfahrensförderungspflicht (§ 270 Abs. 2) widerspricht.Gegen die Ablehnung der von den Parteien angebotenen Beweise ist ein abgesondertes Rechtsmittel nicht zulässig.

(BGBl I 2022/108)

(4) Den Parteien ist vor Erlassung des abschließenden Sachbescheides Gelegenheit zu geben, von den durchgeführten Beweisen und vom Ergebnis der Beweisaufnahme Kenntnis zu nehmen und sich dazu zu äußern.

3. Schätzung der Grundlagen für die Abgabenerhebung

§ 184. (1) Soweit die Abgabenbehörde die Grundlagen für die Abgabenerhebung nicht ermitteln oder berechnen kann, hat sie diese zu schätzen. Dabei sind alle Umstände zu berücksichtigen, die für die Schätzung von Bedeutung sind.

(2) Zu schätzen ist insbesondere dann, wenn der Abgabepflichtige über seine Angaben keine ausreichenden Aufklärungen zu geben vermag

oder weitere Auskunft über Umstände verweigert, die für die Ermittlung der Grundlagen (Abs. 1) wesentlich sind.

(3) Zu schätzen ist ferner, wenn der Abgabepflichtige Bücher oder Aufzeichnungen, die er nach den Abgabenvorschriften zu führen hat, nicht vorlegt oder wenn die Bücher oder Aufzeichnungen sachlich unrichtig sind oder solche formelle Mängel aufweisen, die geeignet sind, die sachliche Richtigkeit der Bücher oder Aufzeichnungen in Zweifel zu ziehen.

B. Gesonderte Feststellungen

§ 185. Als Grundlage für die Festsetzung der Abgaben sind gesonderte Feststellungen vorzunehmen, soweit dies in den §§ 186 und 188 oder in den Abgabenvorschriften angeordnet wird.

§ 186. (1) Unbeschadet anderer gesetzlicher Anordnungen sind die Einheitswerte für wirtschaftliche Einheiten oder Untereinheiten im Sinn des Bewertungsgesetzes 1955, BGBl. Nr. 148, gesondert festzustellen, wenn und soweit diese Feststellung für die Geltendmachung von Abgabenansprüchen von Bedeutung ist.

(2) Die gesonderten Feststellungen gemäß Abs. 1 sind einheitlich zu treffen, wenn an dem Gegenstand der Feststellung mehrere Personen beteiligt sind.

(3) Mit der Feststellung des Einheitswertes sind Feststellungen über die Art des Gegenstandes der Feststellung und darüber zu verbinden, wem dieser zuzurechnen ist (§ 24). Sind an dem Gegenstand mehrere Personen beteiligt, so ist auch eine Feststellung darüber zu treffen, wie der festgestellte Betrag sich auf die einzelnen Beteiligten verteilt.

(4) Die Gemeinden sind für Zwecke der Erhebung der Grundsteuer berechtigt, nach Maßgabe der technischen Möglichkeiten auf automationsunterstütztem Weg Einsicht in die Berechnungsgrundlagen des Einheitswertes zu nehmen.

§ 187. (aufgehoben)

§ 188. (1) Festgestellt werden die Einkünfte (der Gewinn oder der Überschuß der Einnahmen über die Werbungskosten)

a) aus Land- und Forstwirtschaft,
b) aus Gewerbebetrieb,
c) aus selbständiger Arbeit,
d) aus Vermietung und Verpachtung unbeweglichen Vermögens,

wenn an den Einkünften derselben Einkunftsart mehrere Personen beteiligt sind.

(2) (aufgehoben)

(3) Gegenstand der Feststellung gemäß Abs. 1 ist auch die Verteilung des festgestellten Betrages auf die Teilhaber.

(4) Die Vorschriften des Abs. 1 finden keine Anwendung, wenn

a) das unbewegliche Vermögen (Abs. 1 lit. a und d) nicht im Inland gelegen ist,
b) in den Fällen des Abs. 1 lit. b und lit. c die Personenvereinigung (Personengemeinschaft) ohne eigene Rechtspersönlichkeit weder ihre Geschäftsleitung, noch ihren Sitz, noch eine Betriebsstätte im Inland hat.
c) im Falle des Abs. 1 lit. d hinsichtlich aller Grundstücksanteile Wohnungseigentum besteht, sofern die Feststellung nur allgemeine Teile der Liegenschaft (§ 2 Abs. 4 Wohnungseigentumsgesetz 2002) betreffen würde, oder
d) sich der alleinige Zweck bei einer nach bürgerlichem Recht nicht rechtsfähigen Personenvereinigung (Personengemeinschaft) ohne eigene Rechtspersönlichkeit auf die Erfüllung eines einzigen Werkvertrages oder Werklieferungsvertrages beschränkt, es sei denn, der mit dem Auftraggeber bei Auftragsvergabe vereinbarte Auftragswert übersteigt 700 000 Euro (ohne Umsatzsteuer).

(5) Werden in einem Dokument, das Form und Inhalt eines Feststellungsbescheides hat, gemeinschaftliche Einkünfte auch Personen oder Personenvereinigungen (Personengemeinschaften) ohne eigene Rechtspersönlichkeit zugerechnet, die nicht oder nicht mehr rechtlich existent sind (insbesondere infolge Todes, Beendigung der Gesellschaft, Gesamtrechtsnachfolge) oder die nicht oder nicht mehr handlungsfähig sind (zB infolge eines Genehmigungsvorbehalts bei Bestellung eines gerichtlichen Erwachsenenvertreters), so gilt dies als Feststellung (Abs. 1) und steht der Wirksamkeit als Feststellungsbescheid nicht entgegen. Ein solcher Bescheid wirkt lediglich gegenüber den Übrigen, denen im Spruch des Bescheides Einkünfte zugerechnet bzw. nicht zugerechnet werden.

(BGBl I 2018/62)

§ 189. (aufgehoben)

§ 190. (1) Auf Feststellungen gemäß §§ 185 bis 188 finden die für die Festsetzung der Abgaben geltenden Vorschriften sinngemäß Anwendung. Die für die vorgenannten Feststellungen geltenden Vorschriften sind sinngemäß für Bescheide anzuwenden, mit denen ausgesprochen wird, daß solche Feststellungen zu unterbleiben haben.

(2) Gesonderte Feststellungen sind, auch wenn sie mit der Festsetzung eines Steuermeßbetrages oder mit der Abgabenfestsetzung in einem Bescheid vereinigt sind, selbständig anfechtbar.

§ 191. (1) Der Feststellungsbescheid ergeht

a) in den Fällen des § 186: an denjenigen, dem die wirtschaftliche Einheit (Untereinheit) zugerechnet wird, wenn jedoch am Gegenstand der Feststellung mehrere beteiligt sind, an die Personenvereinigung (Personengemeinschaft) ohne eigene Rechtspersönlichkeit, an der die Beteiligung im Feststellungszeitpunkt bestanden hat;
b) (aufgehoben)
c) in den Fällen des § 188: an die Personenvereinigung (Personengemeinschaft) ohne eigene Rechtspersönlichkeit, deren Gesellschaftern

(Mitgliedern) gemeinschaftliche Einkünfte zugeflossen sind;

d) (aufgehoben)

e) in allen übrigen Fällen: an die von der Feststellung Betroffenen.

(2) Ist eine Personenvereinigung (Personengemeinschaft) ohne eigene Rechtspersönlichkeit in dem Zeitpunkt, in dem der Feststellungsbescheid ergehen soll, bereits beendigt, so hat der Bescheid an diejenigen zu ergehen, die in den Fällen des Abs. 1 lit. a am Gegenstand der Feststellung beteiligt waren oder denen in den Fällen des Abs. 1 lit. c gemeinschaftliche Einkünfte zugeflossen sind.

(3) Feststellungsbescheide (§ 186) wirken gegen alle, die am Gegenstand der Feststellung beteiligt sind. Feststellungsbescheide (§ 188) wirken gegen alle, denen im Spruch des Bescheides Einkünfte zugerechnet bzw. nicht zugerechnet werden.

(BGBl I 2022/108)

(4) Ein Feststellungsbescheid, der gemäß § 186 über eine zum Grundbesitz zählende wirtschaftliche Einheit (Untereinheit) oder über eine Gewerbeberechtigung erlassen wird, wirkt auch gegen den Rechtsnachfolger, auf den der Gegenstand der Feststellung nach dem Feststellungszeitpunkt übergegangen ist oder übergeht. Das gleiche gilt bei Nachfolge im Besitz.

(5) Werden in einem Dokument, das Form und Inhalt eines Feststellungsbescheides (§ 188) hat, gemeinschaftliche Einkünfte auch Personen oder Personenvereinigungen (Personengemeinschaften) ohne eigene Rechtspersönlichkeit zugerechnet, die nicht oder nicht mehr rechtlich existent sind (insbesondere infolge Todes, Beendigung der Gesellschaft, Gesamtrechtsnachfolge) oder die nicht oder nicht mehr handlungsfähig sind (zB infolge eines Genehmigungsvorbehalts bei Bestellung eines gerichtlichen Erwachsenenvertreters), so steht dies der Wirksamkeit als Feststellungsbescheid nicht entgegen. Ein solcher Bescheid wirkt lediglich gegenüber den Übrigen, denen im Spruch des Bescheides Einkünfte zugerechnet bzw. nicht zugerechnet werden.

(BGBl I 2022/108)

(6) Abs. 5 gilt sinngemäß für Feststellungsbescheide gemäß § 186 Abs. 2, wenn einzelne der am Gegenstand der Feststellung beteiligte Personen bei Bekanntgabe (§ 97) des Feststellungsbescheides rechtlich nicht mehr existent oder handlungsunfähig sind. Diesfalls muss der Feststellungsbescheid dem Rechtsnachfolger oder dem gesetzlichen Vertreter der nicht handlungsfähigen Person nachträglich bekannt gegeben werden, um ihm gegenüber wirksam zu werden.

(BGBl I 2022/108)

§ 192. In einem Feststellungsbescheid enthaltene Feststellungen, die für andere Feststellungsbescheide, für Meßbescheide oder für Abgabenbescheide von Bedeutung sind, werden diesen Bescheiden zugrunde gelegt, auch wenn der Feststellungsbescheid noch nicht rechtskräftig geworden ist.

§ 193. (1) Wenn die Voraussetzungen für eine Wert-, Art- oder Zurechnungsfortschreibung nach bewertungsrechtlichen Vorschriften vorliegen, so ist in den Fällen einer beantragten Fortschreibung auf den sich aus der Anwendung des Abs. 2 ergebenden Zeitpunkt, in den Fällen einer amtswegigen Fortschreibung auf den 1. Jänner des Jahres, an dem die Voraussetzungen für eine Fortschreibung erstmals vorliegen, ein Fortschreibungsbescheid zu erlassen. Dadurch tritt der dem Fortschreibungsbescheid zugrunde liegende Bescheid über den Einheitswert einer wirtschaftlichen Einheit (Untereinheit) mit Wirkung ab dem Fortschreibungszeitpunkt insoweit außer Kraft, als der Fortschreibungsbescheid von dem zugrunde liegenden Bescheid in seiner zuletzt maßgeblichen Fassung abweicht.

(2) Ein Fortschreibungsbescheid wird auf Antrag, erforderlichenfalls auch von Amts wegen erlassen. Der Antrag kann nur bis zum Ablauf des Kalenderjahres, auf dessen Beginn die neue Feststellung beantragt wird, oder bis zum Ablauf eines Monates, seitdem der bisherige Feststellungsbescheid rechtskräftig geworden ist, gestellt werden. Eine Erklärung zur Feststellung des Einheitswertes (§ 80 Bewertungsgesetz 1955, BGBl. Nr. 148) gilt als Antrag auf Erlassung eines Fortschreibungsbescheides. § 134 Abs. 2 gilt sinngemäß.

C. Steuermeßbeträge

1. Festsetzung der Steuermeßbeträge

§ 194. (1) Wenn die Abgabenvorschriften die Festsetzung einer Abgabe auf Grund von Steuermeßbeträgen anordnen, hat das Finanzamt durch Meßbescheid den Steuermeßbetrag festzusetzen. Die Festsetzung des Steuermeßbetrages ist, auch wenn sie mit der Abgabenfestsetzung in einem Bescheid vereinigt ist, selbständig anfechtbar.

(2) Auf die Festsetzung der Steuermeßbeträge finden die für die Festsetzung der Abgaben geltenden Vorschriften sinngemäß Anwendung.

(3) In der Festsetzung des Steuermeßbetrages liegt auch die Feststellung der sachlichen und persönlichen Abgabepflicht.

(4) Der Inhalt der Meßbescheide ist von Amts wegen denjenigen abgabe- oder beitragsberechtigten Körperschaften mitzuteilen, denen die Festsetzung der Abgaben oder Beiträge obliegt. Die mitzuteilenden Daten können im Einvernehmen mit den genannten Körperschaften in geeigneter elektronischer Form übermittelt werden.

(5) Ein Grundsteuermeßbescheid wirkt, soweit er die sachliche Abgabepflicht und die Höhe des Steuermeßbetrages betrifft, auch gegen den Rechtsnachfolger, auf den der Steuergegenstand nach dem Feststellungszeitpunkt übergegangen ist oder übergeht. Das gleiche gilt bei Nachfolge im Besitz.

§ 195. Die Steuermeßbeträge und die anderen Feststellungen, die in den Meßbescheiden enthalten sind (§ 194 Abs. 3), werden den Abgabenbescheiden zugrunde gelegt, auch wenn die Meßbescheide noch nicht rechtskräftig geworden sind.

2. Zerlegung und Zuteilung

§ 196. (1) Einheitswerte und Steuermeßbeträge sind zu zerlegen, soweit die Abgabenvorschriften dies anordnen.

(2) Über die Zerlegung erläßt das Finanzamt einen Zerlegungsbescheid. Auf die Zerlegung finden die für die Festsetzung der Abgaben geltenden Vorschriften sinngemäß Anwendung.

(3) Der Zerlegungsbescheid muß enthalten

a) die Höhe des zerlegten Einheitswertes oder Steuermeßbetrages;

b) die Bestimmung darüber, welche Anteile am zerlegten Betrag den beteiligten Körperschaften zugeteilt werden;

c) die Angabe der Zerlegungsgrundlagen.

(4) Der Zerlegungsbescheid hat an den Abgabepflichtigen und an die beteiligten Körperschaften (§ 78 Abs. 2 lit. b) zu ergehen.

§ 197. (1) Ist ein Steuermeßbetrag in voller Höhe einer Körperschaft zuzuteilen, besteht aber Streit darüber, welche die berechtigte Körperschaft ist oder auf welche Zeit sich die Berechtigung erstreckt, so hat auf Antrag einer Partei das Finanzamt durch Zuteilungsbescheid zu entscheiden.

(2) Besteht Streit darüber, ob und ab welchem Zeitpunkt ein Anteil am Steuermeßbetrag, der einer Körperschaft zugeteilt war, auf eine andere Körperschaft übergegangen ist, hat auf Antrag der am Zerlegungsverfahren nicht beteiligten Körperschaft das Finanzamt durch Zuteilungsbescheid zu entscheiden.

(3) Die Vorschriften, die für das Zerlegungsverfahren (§ 196) gelten, finden auf das Zuteilungsverfahren sinngemäß Anwendung.

D. Festsetzung der Abgaben

§ 198. (1) Soweit in Abgabenvorschriften nicht anderes vorgeschrieben ist, hat die Abgabenbehörde die Abgaben durch Abgabenbescheide festzusetzen.

(2) Abgabenbescheide haben im Spruch die Art und Höhe der Abgaben, den Zeitpunkt ihrer Fälligkeit und die Grundlagen der Abgabenfestsetzung (Bemessungsgrundlagen) zu enthalten. Führen Abgabenbescheide zu keiner Nachforderung, so ist eine Angabe über die Fälligkeit der festgesetzten Abgabenschuldigkeiten entbehrlich. Ist die Fälligkeit einer Abgabenschuldigkeit bereits vor deren Festsetzung eingetreten, so erübrigt sich, wenn auf diesen Umstand hingewiesen wird, eine nähere Angabe über den Zeitpunkt der Fälligkeit der festgesetzten Abgabenschuldigkeit.

§ 199. Sind zur Entrichtung einer Abgabe mehrere Personen als Gesamtschuldner verpflichtet, so kann gegen sie ein einheitlicher Abgabenbescheid erlassen werden, und zwar auch dann, wenn nach dem zwischen ihnen bestehenden Rechtsverhältnis die Abgabe nicht von allen Gesamtschuldnern zu tragen ist.

§ 200. (1) Die Abgabenbehörde kann die Abgabe vorläufig festsetzen, wenn nach den Ergebnissen des Ermittlungsverfahrens die Abgabepflicht zwar noch ungewiß, aber wahrscheinlich oder wenn der Umfang der Abgabepflicht noch ungewiß ist. Die Abgabe kann auch dann vorläufig festgesetzt werden, wenn die Abgabepflicht oder der Umfang der Abgabepflicht auf Grund einer noch ausstehenden Entscheidung einer Rechtsfrage in einem bereits anhängigen Beschwerdeverfahren, welches die gleiche Partei (§ 78) betrifft, noch ungewiss ist. Die Ersetzung eines vorläufigen durch einen anderen vorläufigen Bescheid ist im Fall der teilweisen Beseitigung der Ungewißheit zulässig.

(BGBl I 2022/108)

(2) Wenn die Ungewissheit beseitigt oder das Rechtsmittel rechtskräftig entschieden ist, ist die vorläufige durch eine endgültige Festsetzung zu ersetzen. Ergibt sich aus der Beseitigung der Ungewissheit oder der rechtskräftigen Entscheidung des Rechtsmittels kein Grund für eine Berichtigung der vorläufigen Festsetzung, so ist ein Bescheid zu erlassen, der den vorläufigen zum endgültigen Abgabenbescheid erklärt.

(BGBl I 2022/108)

(3) (aufgehoben)

(4) Die Abs. 1 und 2 gelten sinngemäß für Bescheide, mit denen festgestellt wird, daß eine Veranlagung unterbleibt, oder die aussprechen, daß eine Abgabe nicht festgesetzt wird.

(5) Die Erlassung gemäß Abs. 2 endgültiger oder endgültig erklärender Bescheide obliegt der Abgabenbehörde, die für die Erlassung des vorläufigen Bescheides zuständig war oder vor Übergang der Zuständigkeit als Folge einer Bescheidbeschwerde oder einer Säumnisbeschwerde (§ 284 Abs. 3) zuständig gewesen wäre. Ist die diesbezügliche Zuständigkeit auf eine andere Abgabenbehörde übergegangen, so obliegt die Erlassung des endgültigen oder endgültig erklärenden Bescheides der zuletzt zuständig gewordenen Abgabenbehörde.

§ 201. (1) Ordnen die Abgabenvorschriften die Selbstberechnung einer Abgabe durch den Abgabepflichtigen an oder gestatten sie dies, so kann nach Maßgabe des Abs. 2 und muss nach Maßgabe des Abs. 3 auf Antrag des Abgabepflichtigen oder von Amts wegen eine erstmalige Festsetzung der Abgabe mit Abgabenbescheid erfolgen, wenn der Abgabepflichtige, obwohl er dazu verpflichtet ist, keinen selbst berechneten Betrag der Abgabenbehörde bekannt gibt oder wenn sich die bekanntgegebene Selbstberechnung als nicht richtig erweist.

(2) Die Festsetzung kann erfolgen,

1. von Amts wegen innerhalb eines Jahres ab Bekanntgabe des selbstberechneten Betrages,
2. wenn der Antrag auf Festsetzung spätestens ein Jahr ab Bekanntgabe des selbstberechneten Betrages eingebracht ist,
3. wenn kein selbstberechneter Betrag bekannt gegeben wird oder wenn bei sinngemäßer Anwendung des § 303 die Voraussetzungen für eine Wiederaufnahme des Verfahrens vorliegen würden,
4. (aufgehoben)

5. wenn bei sinngemäßer Anwendung des § 293b oder des § 295a die Voraussetzungen für eine Abänderung vorliegen würden.

(3) Die Festsetzung hat zu erfolgen,

1. wenn der Antrag auf Festsetzung binnen einer Frist von einem Monat ab Bekanntgabe des selbst berechneten Betrages eingebracht ist,
2. (aufgehoben)
3. wenn bei sinngemäßer Anwendung des § 295 die Voraussetzungen für eine Änderung vorliegen würden.

(4) Innerhalb derselben Abgabenart kann die Festsetzung mehrerer Abgaben desselben Kalenderjahres (Wirtschaftsjahres) in einem Bescheid zusammengefasst erfolgen.

§ 201a. Für Landes- und Gemeindeabgaben gilt Folgendes:

Liegen die Voraussetzungen für eine bescheidmäßige Festsetzung gemäß § 201 vor, so ist von der Festsetzung abzusehen, wenn der Abgabepflichtige nachträglich die Selbstberechnung berichtigt.

§ 202. (1) Die §§ 201 und 201a gelten sinngemäß, wenn nach den Abgabenvorschriften die Selbstberechnung einer Abgabe einem abgabenrechtlich Haftungspflichtigen obliegt. Hiebei sind Nachforderungen mittels Haftungsbescheides (§ 224 Abs. 1) geltend zu machen.

(2) Abs. 1 gilt nicht, soweit ein einbehaltener Betrag gemäß § 240 Abs. 3 oder 4 zurückgezahlt wurde oder im Fall einer Antragstellung nach dieser Bestimmung zurückzuzahlen wäre.

(BGBl I 2022/108)

§ 203. Bei Abgaben, die nach den Abgabenvorschriften in Wertzeichen zu entrichten sind, ist ein Abgabenbescheid nur zu erlassen, wenn die Abgabe in Wertzeichen nicht vorschriftsmäßig entrichtet worden ist.

(BGBl I 2022/108)

§ 204. (1) Der festgesetzte Abgabenbetrag oder die Summe der in einem Bescheid festgesetzten Abgabenbeträge ist auf volle Cent abzurunden oder aufzurunden. Hiebei sind Beträge unter 0,5 Cent abzurunden, Beträge ab 0,5 Cent aufzurunden.

(2) Für die Selbstberechnung von Abgaben (§ 201) gilt Abs. 1 sinngemäß.

(3) Obliegt einem abgabenrechtlich Haftungspflichtigen die Selbstberechnung und Abfuhr einbehaltener Steuerabzugsbeträge (§ 202), gilt Abs. 1 sinngemäß für die Endsumme des abzuführenden Betrages.

(4) Zinsen sind mit einem Tageszinssatz zu berechnen, wobei ein Jahr mit 365 Tagen zugrunde zu legen ist. Der Tageszinssatz ist auf vier Kommastellen zu runden.

(BGBl I 2018/62, BGBl I 2022/108)

Anspruchszinsen

§ 205. (1) Differenzbeträge an Einkommensteuer und Körperschaftsteuer, die sich aus Abgabenbescheiden unter Außerachtlassung von Anzahlungen (Abs. 3), nach Gegenüberstellung mit Vorauszahlungen oder mit der bisher festgesetzt gewesenen Abgabe ergeben, sind für den Zeitraum ab 1. Oktober des dem Jahr des Entstehens des Abgabenanspruchs folgenden Jahres bis zum Zeitpunkt der Bekanntgabe dieser Bescheide zu verzinsen (Anspruchszinsen). Dies gilt sinngemäß für Differenzbeträge aus

a) Aufhebungen von Abgabenbescheiden,
b) Bescheiden, die aussprechen, dass eine Veranlagung unterbleibt,
c) auf Grund völkerrechtlicher Verträge oder gemäß § 240 Abs. 3 oder 4 erlassenen Rückzahlungsbescheiden.

(BGBl I 2022/108)

(2) Die Anspruchszinsen betragen pro Jahr 2% über dem Basiszinssatz. Anspruchszinsen, die den Betrag von 50 Euro nicht erreichen, sind nicht festzusetzen. Anspruchszinsen sind für einen Zeitraum von höchstens 48 Monaten festzusetzen.

(3) Der Abgabepflichtige kann, auch wiederholt, auf Einkommensteuer oder Körperschaftsteuer Anzahlungen dem Finanzamt bekanntgeben. Anzahlungen sowie Mehrbeträge zu bisher bekanntgegebenen Anzahlungen gelten für die Verrechnung nach § 214 am Tag der jeweiligen Bekanntgabe als fällig. Wird eine Anzahlung in gegenüber der bisher bekanntgegebenen Anzahlung verminderter Höhe bekanntgegeben, so wirkt die hieraus entstehende, auf die bisherige Anzahlung zu verrechnende Gutschrift auf den Tag der Bekanntgabe der verminderten Anzahlung zurück. Entrichtete Anzahlungen sind auf die Einkommensteuer- bzw. Körperschaftsteuerschuld höchstens im Ausmaß der Nachforderung zu verrechnen. Soweit keine solche Verrechnung zu erfolgen hat, sind die Anzahlungen gutzuschreiben; die Gutschrift wird mit Bekanntgabe des im Abs. 1 genannten Bescheides wirksam. Mit Ablauf des Zeitraumes des Abs. 2 dritter Satz sind noch nicht verrechnete und nicht bereits gutgeschriebene Anzahlungen gutzuschreiben.

(4) Die Bemessungsgrundlage für Anspruchszinsen zu Lasten des Abgabepflichtigen (Nachforderungszinsen) wird durch Anzahlungen in ihrer jeweils maßgeblichen Höhe vermindert. Anzahlungen (Abs. 3) mindern die Bemessungsgrundlage für die Anspruchszinsen nur insoweit, als sie entrichtet sind.

(5) Differenzbeträge zu Gunsten des Abgabepflichtigen sind nur insoweit zu verzinsen (Gutschriftszinsen), als die nach Abs. 1 gegenüberzustellenden Beträge entrichtet sind. Bei im Abzugsweg zu erhebenden Steuern findet eine Verzinsung von Gutschriften nur insoweit statt, als die betreffenden Abgaben entrichtet wurden.

(BGBl I 2022/108)

(6) Auf Antrag des Abgabepflichtigen sind Nachforderungszinsen insoweit herabzusetzen bzw. nicht festzusetzen,

a) als der Differenzbetrag (Abs. 1) Folge eines rückwirkenden Ereignisses (§ 295a) ist und die Zinsen die Zeit vor Eintritt des Ereignisses betreffen oder

b) als ein Guthaben (§ 215 Abs. 4) auf dem Abgabenkonto bestanden hat.

Beschwerdezinsen

§ 205a. (1) Soweit eine bereits entrichtete Abgabenschuldigkeit, deren Höhe unmittelbar oder mittelbar von der Erledigung einer Bescheidbeschwerde abhängt, herabgesetzt wird, sind auf Antrag des Abgabepflichtigen Zinsen für den Zeitraum ab Entrichtung bis zur Bekanntgabe des die Abgabe herabsetzenden Bescheides bzw. Erkenntnisses festzusetzen (Beschwerdezinsen).

(2) Der Antrag (Abs. 1) hat zu enthalten:

a) die Bezeichnung der Bescheidbeschwerde, von deren Erledigung die Abgabenhöhe unmittelbar oder mittelbar abhängt;
b) die Bezeichnung des Bescheides bzw. Erkenntnisses, mit dem die entrichtete Abgabenschuldigkeit herabgesetzt wurde;
c) die für die Höhe der Bemessungsgrundlage der Zinsen maßgebenden Angaben.

(2a) Soweit eine bereits entrichtete Abgabenschuldigkeit aufgrund von § 295 Abs. 2a herabgesetzt wird, sind auf Antrag des Abgabepflichtigen Zinsen für den Zeitraum ab Entrichtung bis zur Bekanntgabe des die Abgabe herabsetzenden Bescheides, festzusetzen.

(BGBl I 2019/62)

(3) Zinsen sind nur insoweit festzusetzen, als ein Bescheid in Punkten angefochten wird, in denen er von dem ihm zugrunde liegenden Anbringen abweicht oder ein Bescheid angefochten wird, dem kein Anbringen zugrunde liegt. Zinsen sind nicht festzusetzen, insoweit Anspruchszinsen gemäß § 205 oder Umsatzsteuerzinsen gemäß § 205c für den selben Zeitraum anfallen.

(BGBl I 2022/108)

(4) Die Zinsen betragen pro Jahr 2% über dem Basiszinssatz. Zinsen, die den Betrag von 50 Euro nicht erreichen, sind nicht festzusetzen.

§ 205b. Für Landes- und Gemeindeabgaben gilt § 205a nicht.

Umsatzsteuerzinsen

§ 205c. (1) Mit Umsatzsteuerzinsen zu verzinsen ist

1. im Fall von Gutschriften:
   a) ein in einer Voranmeldung erklärter Überschuss ab dem 91. Tag nach Einlangen der Voranmeldung bis zur Verbuchung des Überschusses auf dem Abgabenkonto;
   b) eine Gutschrift aufgrund einer Abgabenfestsetzung, insoweit der Überschuss in der Voranmeldung geltend gemacht wurde, ab dem 91. Tag nach Einlangen der Voranmeldung bis zur Bekanntgabe des Bescheides bzw. Erkenntnisses;
   c) eine Gutschrift aufgrund einer Abgabenfestsetzung infolge der Umsatzsteuerjahreserklärung, insoweit der Überschuss in der Umsatzsteuerjahreserklärung geltend gemacht wurde, ab dem 91. Tag nach Einlangen der Umsatzsteuerjahreserklärung bis zur Bekanntgabe des Bescheides bzw. Erkenntnisses.
2. im Fall von Nachforderungen:
   a) eine Vorauszahlung, die sich aus einer verspätet eingereichten Voranmeldung ergibt, ab dem 91. Tag nach Fälligkeit der Vorauszahlung bis zum Einlangen der Voranmeldung;
   b) eine Nachforderung aufgrund einer Abgabenfestsetzung ab dem 91. Tag nach Fälligkeit der Vorauszahlung bis zur Bekanntgabe des Bescheides bzw. Erkenntnisses;
   c) eine Nachforderung aufgrund einer Abgabenfestsetzung infolge der Umsatzsteuerjahreserklärung ab dem 1. Oktober des Folgejahres bis zur Bekanntgabe des Bescheides bzw. Erkenntnisses.

(2) Weiters sind Unterschiedsbeträge an Umsatzsteuer, die sich aus der Differenz eines Festsetzungsbescheides oder Umsatzsteuerjahresbescheides und einem nachträglichen Bescheid oder Erkenntnis ergeben, zu verzinsen:

1. im Fall von Gutschriften
   a) solange ein den Voranmeldungszeitraum beinhaltender Veranlagungsbescheid (§ 21 Abs. 4 UStG 1994) noch nicht erlassen wurde, ab dem 91. Tag nach Einlangen der Voranmeldung bis zur Bekanntgabe des Bescheides bzw. Erkenntnisses,
   b) danach ab dem 91. Tag nach Einlangen der Umsatzsteuerjahreserklärung bis zur Bekanntgabe des Bescheides bzw. Erkenntnisses;
2. im Fall von Nachforderungen
   a) solange ein den Voranmeldungszeitraum beinhaltender Veranlagungsbescheid (§ 21 Abs. 4 UStG 1994) noch nicht erlassen wurde, ab dem 91. Tag nach Fälligkeit der Vorauszahlung bis zur Bekanntgabe des Bescheides bzw. Erkenntnisses,
   b) danach ab dem 1. Oktober des Folgejahres bis zur Bekanntgabe des Bescheides bzw. des Erkenntnisses.

Gutschriften sind nur insoweit zu verzinsen, als der Überschuss in der Voranmeldung oder der Umsatzsteuerjahreserklärung geltend gemacht wurde.

(3) Abgabepflichtige können in Fällen des Abs. 2 innerhalb eines Jahres ab Bekanntgabe des zuletzt ergangenen Bescheides, mit dem Umsatzsteuerzinsen festgesetzt werden, zusätzlich eine Verzinsung im Sinn des Abs. 1 Z 1 lit. b ab dem 91. Tag nach Einlangen der Voranmeldung bis zum 90. Tag nach Einlangen der Umsatzsteuerjahreserklärung

beantragen. Wurden die Umsatzsteuerzinsen nicht festgesetzt, ist der Antrag innerhalb eines Jahres ab Bekanntgabe des Umsatzsteuerjahresbescheides zu stellen. Der Antrag ist über FinanzOnline einzubringen und hat zu enthalten:
1. den Voranmeldungszeitraum,
2. die erstmalige Erklärung und
3. bereits erfolgte Gutschriften des Überschusses.

(4) Eine Festsetzung von Umsatzsteuerzinsen für Überschüsse bzw. Gutschriften im Sinne des Abs. 1 Z 1 und des Abs. 2 Z 1 kann für Zeiträume versagt werden, in welchen der Abgabepflichtige seiner Mitwirkungsverpflichtung zur Erteilung von Auskünften oder Vorlage von Unterlagen im Rahmen der Prüfung einer Voranmeldung oder Umsatzsteuerjahreserklärung nicht innerhalb der durch die Abgabenbehörde gesetzten Frist nachkommt.

(5) Die Umsatzsteuerzinsen betragen pro Jahr 2 Prozent über dem Basiszinssatz. Umsatzsteuerzinsen, die den Betrag von 50 Euro nicht erreichen, sind nicht festzusetzen.

(BGBl I 2022/108)

Abstandnahme von der Abgabenfestsetzung

§ 206. (1) Die Abgabenbehörde kann von der Festsetzung von Abgaben ganz oder teilweise Abstand nehmen,
a) soweit Abgabepflichtige von den Folgen eines durch höhere Gewalt ausgelösten Notstandes betroffen werden, vor allem soweit abgabepflichtige Vorgänge durch Katastrophenschäden (insbesondere Hochwasser-, Erdrutsch-, Vermurungs- und Lawinenschäden) veranlasst worden sind;
b) soweit im Einzelfall auf Grund der der Abgabenbehörde zur Verfügung stehenden Unterlagen und der durchgeführten Erhebungen mit Bestimmtheit anzunehmen ist, dass der Abgabenanspruch gegenüber dem Abgabenschuldner nicht durchsetzbar sein wird;
c) wenn in einer Mehrheit von gleichgelagerten Fällen der behördliche Verwaltungsaufwand außer Verhältnis zur Höhe der festzusetzenden Abgabe steht.

(2) Durch die Abstandnahme (Abs. 1) erlischt der Abgabenanspruch (§ 4) nicht. Die Abstandnahme berührt nicht die Befugnis, diesbezügliche persönliche Haftungen gegenüber Haftungspflichtigen geltend zu machen.

E. Verjährung

§ 207. (1) Das Recht, eine Abgabe festzusetzen, unterliegt nach Maßgabe der nachstehenden Bestimmungen der Verjährung.

(2) Die Verjährungsfrist beträgt bei den Verbrauchsteuern, bei den festen Stempelgebühren nach dem II. Abschnitt des Gebührengesetzes 1957, weiters bei den Gebühren gemäß § 17 a des Verfassungsgerichtshofgesetzes 1953 und § 24a des Verwaltungsgerichtshofgesetzes 1985 drei Jahre, bei allen übrigen Abgaben fünf Jahre. Soweit eine Abgabe hinterzogen ist, beträgt die Verjährungsfrist zehn Jahre. Das Recht, einen Verspätungszuschlag, Anspruchszinsen, Säumniszuschläge oder Abgabenerhöhungen festzusetzen, verjährt gleichzeitig mit dem Recht auf Festsetzung der Abgabe.

(3) Das Recht zur Verhängung von Zwangs-Ordnungs- und Mutwillensstrafen sowie zur Anforderung von Kostenersätzen im Abgabenverfahren verjährt in einem Jahr.

(4) Das Recht, den Ersatz zu Unrecht geleisteter oder die Rückzahlung zu Unrecht bezogener Beihilfen zu fordern, sowie das Recht auf Rückforderung zu Unrecht zuerkannter Erstattungen, Vergütungen oder Abgeltungen von Abgaben verjährt in fünf Jahren. Abs. 2 zweiter Satz gilt sinngemäß.

(5) Abs. 2 zweiter Satz gilt sinngemäß für Abgaben, deren vorsätzliche Verkürzung nicht in den Anwendungsbereich des Finanzstrafgesetzes fällt.

§ 208. (1) Die Verjährung beginnt
a) in den Fällen des § 207 Abs. 2 mit dem Ablauf des Jahres, in dem der Abgabenanspruch entstanden ist, soweit nicht im Abs. 2 ein anderer Zeitpunkt bestimmt wird;
b) in den Fällen des § 207 Abs. 3 mit dem Ablauf des Jahres, in dem die Voraussetzung für die Verhängung der genannten Strafen oder für die Anforderung der Kostenersätze entstanden ist;
c) in den Fällen des § 207 Abs. 4 mit dem Ablauf des Jahres, in dem die rückzufordernden Beihilfen, Erstattungen, Vergütungen oder Abgeltungen geleistet wurden;
d) in den Fällen des § 200 mit dem Ablauf des Jahres, in dem die Ungewißheit beseitigt wurde;
e) in den Fällen des Eintritts eines rückwirkenden Ereignisses im Sinn des § 295a mit Ablauf des Jahres, in dem das Ereignis eingetreten ist.

(2) Bei der Erbschafts- und Schenkungssteuer unterliegenden Erwerben von Todes wegen oder Zweckzuwendungen von Todes wegen beginnt die Verjährung frühestens mit Ablauf des Jahres, in dem die Abgabenbehörde vom Erwerb oder von der Zweckzuwendung Kenntnis erlangt.

§ 209. (1) Werden innerhalb der Verjährungsfrist (§ 207) nach außen erkennbare Amtshandlungen zur Geltendmachung des Abgabenanspruches oder zur Feststellung des Abgabepflichtigen (§ 77) von der Abgabenbehörde unternommen, so verlängert sich die Verjährungsfrist um ein Jahr. Die Verjährungsfrist verlängert sich jeweils um ein weiteres Jahr, wenn solche Amtshandlungen in einem Jahr unternommen werden, bis zu dessen Ablauf die Verjährungsfrist verlängert ist. Verfolgungshandlungen (§ 14 Abs. 3 FinStrG, § 32 Abs. 2 VStG) gelten als solche Amtshandlungen.

(2) Die Verjährung ist gehemmt, solange die Geltendmachung des Anspruches innerhalb der letzten sechs Monate der Verjährungsfrist wegen höherer Gewalt nicht möglich ist.

(3) Das Recht auf Festsetzung einer Abgabe verjährt spätestens zehn Jahre nach Entstehung des Abgabenanspruches (§ 4). In den Fällen eines Erwerbes von Todes wegen oder einer Zweckzuwendung von Todes wegen verjährt das Recht auf Festsetzung der Erbschafts- und Schenkungssteuer jedoch spätestens zehn Jahre nach dem Zeitpunkt der Anzeige.

(4) Abweichend von Abs. 3 verjährt das Recht, eine gemäß § 200 Abs. 1 vorläufige Abgabenfestsetzung wegen der Beseitigung einer Ungewissheit im Sinn des § 200 Abs. 1 durch eine endgültige Festsetzung zu ersetzen, spätestens fünfzehn Jahre nach Entstehung des Abgabenanspruches.

(5) In den Fällen, in denen aufgrund der Bestimmungen des Einkommensteuergesetzes 1988 oder des Umgründungssteuergesetzes über die entstandene Einkommen- oder Körperschaftsteuerschuld abgesprochen, aber die Steuerschuld nicht festgesetzt worden ist, verjährt das Recht auf Festsetzung der genannten Abgaben insoweit jedoch spätestens zehn Jahre nach Ablauf des Jahres, in dem das rückwirkende Ereignis eingetreten ist.

(BGBl I 2015/163)

§ 209a. (1) Einer Abgabenfestsetzung, die in einer Beschwerdevorentscheidung oder in einem Erkenntnis zu erfolgen hat, steht der Eintritt der Verjährung nicht entgegen.

(2) Hängt eine Abgabenfestsetzung unmittelbar oder mittelbar von der Erledigung einer Beschwerde oder eines in Abgabenvorschriften vorgesehenen Antrages (§ 85) ab, so steht der Abgabenfestsetzung der Eintritt der Verjährung nicht entgegen, wenn die Beschwerde oder der Antrag vor diesem Zeitpunkt eingebracht wird. Die Verjährung steht der Abgabenfestsetzung auch dann nicht entgegen, wenn eine Aufhebung gemäß § 299 Abs. 1 vor Ablauf der Jahresfrist des § 302 Abs. 1 oder wenn eine Wiederaufnahme des Verfahrens gemäß § 303 Abs. 1 vor Ablauf der Frist des § 304 lit. b beantragt oder durchgeführt wird.

(BGBl I 2018/62)

(3) Sofern nicht Abs. 1 oder 2 anzuwenden ist, darf in einem an die Stelle eines früheren Bescheides tretenden Abgabenbescheid, soweit für einen Teil der festzusetzenden Abgabe bereits Verjährung eingetreten ist, vom früheren Bescheid nicht abgewichen werden.

(4) Abgabenerklärungen gelten als Anträge im Sinn des Abs. 2, wenn die nach Eintritt der Verjährung vorzunehmende Abgabenfestsetzung zu einer Gutschrift führen würde.

(5) Soweit die Verjährung der Festsetzung einer Abgabe in einem Erkenntnis (§ 279) nicht entgegenstehen würde, steht sie auch nicht der Abgabenfestsetzung in dem Bescheid der Abgabenbehörde entgegen, der den gemäß § 278 oder § 300 aufgehobenen Bescheid ersetzt, wenn dieser Bescheid binnen einem Jahr ab Bekanntgabe (§ 97) des aufhebenden Beschlusses bzw. innerhalb der Frist des § 300 Abs. 1 lit. b ergeht.

(6) Wird eine Bescheidbeschwerde oder ein Vorlageantrag nach Eintritt der Verjährung gemäß § 209 Abs. 3 erster Satz zurückgenommen, so steht der Eintritt der Verjährung der Festsetzung einer Abgabe, soweit sie hinterzogen ist, nicht entgegen, wenn diese Festsetzung innerhalb eines Jahres ab Zurücknahme der Bescheidbeschwerde oder des Vorlageantrages erfolgt.

(BGBl I 2016/117)

§ 209b. (aufgehoben)

6. Abschnitt
Einhebung der Abgaben

A. Fälligkeit, Entrichtung und Nebengebühren im Einhebungsverfahren

1. Fälligkeit und Entrichtung

§ 210. (1) Abgaben werden unbeschadet der in Abgabenvorschriften getroffenen besonderen Regelungen mit Ablauf eines Monates nach Bekanntgabe (§ 97) des Abgabenbescheides fällig. Wenn bei mündlicher Verkündung eines Bescheides auch eine schriftliche Ausfertigung zuzustellen ist, wird die Monatsfrist erst mit der Zustellung der schriftlichen Ausfertigung in Lauf gesetzt.

(2) Wird ein Bescheid, der eine sonstige Gutschrift (§ 213 Abs. 1) zur Folge hatte, ohne gleichzeitige Neufestsetzung der Abgabe aufgehoben, so ist die sich hiedurch ergebende, dem Gegenstand des aufgehobenen Bescheides zuzuordnende Abgabenschuldigkeit am Tag der Aufhebung fällig. Für die Entrichtung einer solchen Abgabenschuldigkeit steht jedoch eine Nachfrist von einem Monat zu.

(3) Werden Abgaben, ausgenommen ‚Eingangs- und Ausgangsabgaben', an einem Samstag, Sonntag, gesetzlichen Feiertag, Karfreitag oder 24. Dezember fällig, so gilt als Fälligkeitstag der nächste Tag, der nicht einer der vorgenannten Tage ist.

(4) Werden Abgaben, ausgenommen Nebenansprüche, später als einen Monat vor ihrer Fälligkeit festgesetzt, so steht dem Abgabepflichtigen für die Entrichtung der Abgabennachforderung eine Nachfrist von einem Monat ab der Bekanntgabe des maßgeblichen Bescheides zu.

(5) In den im § 228 angeführten Fällen des Wiederauflebens einer Abgabenschuldigkeit steht dem Abgabepflichtigen für deren Entrichtung eine Nachfrist von einem Monat ab Bekanntgabe der Umbuchung, Rückzahlung oder Richtigstellung der Gebarung zu.

(6) Soweit eine Abgabe nur deswegen als nicht entrichtet anzusehen ist, weil vor dem Ablauf einer zur Entrichtung einer anderen Abgabenschuldigkeit zur Verfügung stehenden Zahlungsfrist eine Verrechnung gemäß § 214 auf diese andere Abgabenschuldigkeit erfolgte, steht dem Abgabepflichtigen für die Entrichtung der erstgenannten Abgabe eine Nachfrist bis zum Ablauf der später endenden Zahlungsfrist für eine der genannten Abgaben zu.

§ 211. (1) Unbeschadet besonderer landes- oder gemeinderechtlicher Vorschriften gelten Abgaben in nachstehend angeführten Fällen als entrichtet:

1. bei Überweisung auf das Konto der empfangsberechtigten Kasse am Tag der Gutschrift;
2. bei Einziehung einer Abgabe durch die empfangsberechtigte Kasse am Tag der Einziehung;
3. bei Einzahlungen mit Erlagschein an dem Tag, der sich aus dem Tagesstempel des kontoführenden Kreditinstituts der empfangsberechtigten Kasse ergibt;
4. bei Umbuchung oder Überrechnung von Guthaben (§ 215) eines Abgabepflichtigen auf Abgabenschuldigkeiten desselben Abgabepflichtigen am Tag der Entstehung der Guthaben, auf Abgabenschuldigkeiten eines anderen Abgabepflichtigen am Tag der nachweislichen Antragstellung, frühestens jedoch am Tag der Entstehung der Guthaben;
5. bei Barzahlungen am Tag der Zahlung, bei Abnahme von Bargeld durch den Vollstrecker am Tag der Abnahme.

(2) Erfolgt in den Fällen des Abs. 1 Z 1 die Gutschrift auf dem Konto der empfangsberechtigten Kasse zwar verspätet, aber noch innerhalb von drei Tagen nach Ablauf der zur Entrichtung einer Abgabe zustehenden Frist, so bleibt die Verspätung ohne Rechtsfolgen; in den Lauf der dreitägigen Frist sind Samstage, Sonntage, gesetzliche Feiertage, der Karfreitag und der 24. Dezember nicht einzurechnen.

(3) Erfolgt die Entrichtung im Wege der Überweisung gemäß Abs. 1 Z 1, so hat die Beauftragung mittels Electronic-Banking zu erfolgen, wenn dies dem Abgabepflichtigen zumutbar ist. Die nähere Regelung kann der Bundesminister für Finanzen durch Verordnung treffen. In der Verordnung kann auch festgelegt werden, dass bestimmte Formen einer Electronic-Banking-Überweisung zu verwenden sind.

(4) Der Bundesminister für Finanzen hat die näheren Regelungen für die Nutzung des SEPA-Lastschriftverfahrens für die Abgabenentrichtung durch Verordnung zu bestimmen; er kann die Zulässigkeit der Nutzung des SEPA-Lastschriftverfahrens auf bestimmte Abgaben oder auf Vorauszahlungen auf bestimmte Abgaben beschränken.

(5) Im Falle der Einziehung mittels SEPA-Lastschriftmandat gilt die Abgabe nicht als im Sinne des Abs. 1 Z 2 entrichtet, wenn die Abgabenschuld aus Gründen, die vom Abgabepflichtigen als Mandatsgeber zu vertreten sind, nicht gemäß § 213 verrechnet wird oder die Verrechnung rückwirkend zu korrigieren ist.

(6) Die Entrichtung von Abgaben auf andere als in Abs. 1 angeführte Arten, mit Ausnahme der Verwendung sonstiger Gutschriften und Guthaben sowie der Aufrechnung (§ 1438 ff ABGB), ist unzulässig.

(7) Zahlt oder überweist ein anderer als der Abgabepflichtige oder erfolgt die Entrichtung durch Umbuchung oder Überrechnung von Guthaben eines anderen Abgabepflichtigen, ist die Einlösung der Forderung (§ 1358 ABGB und § 1422 ABGB) ausgeschlossen.

(BGBl I 2018/62)

§ 212. (1) Auf Ansuchen des Abgabepflichtigen kann die Abgabenbehörde für Abgaben, hinsichtlich derer ihm gegenüber auf Grund eines Rückstandsausweises (§ 229) Einbringungsmaßnahmen für den Fall des bereits erfolgten oder späteren Eintrittes aller Voraussetzungen hiezu in Betracht kommen, den Zeitpunkt der Entrichtung der Abgaben hinausschieben (Stundung) oder die Entrichtung in Raten bewilligen, wenn die sofortige oder die sofortige volle Entrichtung der Abgaben für den Abgabepflichtigen mit erheblichen Härten verbunden wäre und die Einbringlichkeit der Abgaben durch den Aufschub nicht gefährdet wird. Eine vom Ansuchen abweichende Bewilligung von Zahlungserleichterungen kann sich auch auf Abgaben, deren Gebarung mit jener der den Gegenstand des Ansuchens bildenden Abgaben zusammengefaßt verbucht wird (§ 213), erstrecken.

(2) Für Abgabenschuldigkeiten, die den Betrag von insgesamt 750 Euro übersteigen, sind,

a) solange auf Grund eines Ansuchens um Zahlungserleichterungen, über das noch nicht entschieden wurde, Einbringungsmaßnahmen weder eingeleitet noch fortgesetzt werden dürfen (§ 230 Abs. 3) oder
b) soweit infolge einer gemäß Abs. 1 erteilten Bewilligung von Zahlungserleichterungen ein Zahlungsaufschub eintritt,

Stundungszinsen in Höhe von viereinhalb Prozent über dem jeweils geltenden Basiszinssatz pro Jahr zu entrichten; Stundungszinsen, die den Betrag von 50 Euro nicht erreichen, sind nicht festzusetzen. Im Fall eines Terminverlustes gilt der Zahlungsaufschub im Sinn dieser Bestimmung erst im Zeitpunkt der Ausstellung des Rückstandsausweises (§ 229) als beendet. Im Fall der nachträglichen Herabsetzung einer Abgabenschuld hat die Berechnung der Stundungszinsen unter rückwirkender Berücksichtigung des Herabsetzungsbetrages zu erfolgen. Stundungszinsen, die den Betrag von 50 Euro nicht erreichen, sind nicht festzusetzen.

(3) Wird die Bewilligung einer Zahlungserleichterung durch Abänderung oder Zurücknahme des Bescheides widerrufen (§ 294), so steht dem Abgabepflichtigen für die Entrichtung des noch aushaftenden Abgabenbetrages eine Nachfrist von einem Monat ab Bekanntgabe des Widerrufsbescheides zu. Soweit einem vor Ablauf der für die Entrichtung einer Abgabe zur Verfügung stehenden Frist oder während der Dauer eines diese Abgabe betreffenden Zahlungsaufschubes im Sinn des § 212 Abs. 2 zweiter Satz eingebrachten Ansuchen um Zahlungserleichterungen nicht stattgegeben wird, steht dem Abgabepflichtigen für die Entrichtung eine Nachfrist von einem Monat ab Bekanntgabe des das Ansuchen erledigenden Bescheides zu. Dies gilt – abgesehen von Fällen des Abs. 4 – nicht für innerhalb der Nachfristen des ersten oder zweiten Satzes eingebrachte Ansuchen um Zahlungserleichterungen.

(4) Die für Ansuchen um Zahlungserleichterungen geltenden Vorschriften sind auf Bescheidbeschwerden gegen die Abweisung derartiger Ansuchen und auf solche Beschwerden betreffende Vorlageanträge (§ 264) sinngemäß anzuwenden.

§ 212a. (1) Die Einhebung einer Abgabe, deren Höhe unmittelbar oder mittelbar von der Erledigung einer Bescheidbeschwerde abhängt, ist auf Antrag des Abgabepflichtigen von der Abgabenbehörde insoweit auszusetzen, als eine Nachforderung unmittelbar oder mittelbar auf einen Bescheid, der von einem Anbringen abweicht, oder auf einen Bescheid, dem kein Anbringen zugrunde liegt, zurückzuführen ist, höchstens jedoch im Ausmaß der sich bei einer dem Begehren des Abgabepflichtigen Rechnung tragenden Beschwerdeerledigung ergebenden Herabsetzung der Abgabenschuld. Dies gilt sinngemäß, wenn mit einer Bescheidbeschwerde die Inanspruchnahme für eine Abgabe angefochten wird.

(2) Die Aussetzung der Einhebung ist nicht zu bewilligen,

a) soweit die Beschwerde nach Lage des Falles wenig erfolgversprechend erscheint, oder

b) soweit mit der Bescheidbeschwerde ein Bescheid in Punkten angefochten wird, in denen er nicht von einem Anbringen des Abgabepflichtigen abweicht, oder

c) wenn das Verhalten des Abgabepflichtigen auf eine Gefährdung der Einbringlichkeit der Abgabe gerichtet ist.

(2a) Ungeachtet einer nicht erfolgten oder nicht zu bewilligenden Aussetzung der Einhebung gemäß Abs. 1 in Verbindung mit Abs. 2 ist auf Antrag des Abgabepflichtigen die Einhebung der Abgabe in der sich aus dem Bescheid gemäß § 48 Abs. 1 ergebenden Höhe auszusetzen. Dem Antrag ist der Bescheid gemäß § 48 Abs. 1 beizulegen.

(BGBl I 2019/62)

(2b) Der Antrag auf Aussetzung der Einhebung ist zurückzuweisen, wenn

1. keine Beschwerde eingebracht wurde,
2. der Bescheid keine Nachforderung im Sinne des Abs. 1 ausweist,
3. er nach Ergehen einer Entscheidung des Verwaltungsgerichts im Beschwerdeverfahren eingebracht wird oder
4. zum Zeitpunkt der Antragstellung ein Insolvenzverfahren anhängig ist.

(BGBl I 2022/108)

(3) Anträge auf Aussetzung der Einhebung können bis zur Entscheidung über die Bescheidbeschwerde (Abs. 1) gestellt werden. Sie haben die Darstellung der Ermittlung des gemäß Abs. 1 für die Aussetzung in Betracht kommenden Abgabenbetrages zu enthalten. Weicht der vom Abgabepflichtigen ermittelte Abgabenbetrag von dem sich aus Abs. 1 ergebenden nicht wesentlich ab, so steht dies der Bewilligung der Aussetzung im beantragten Ausmaß nicht entgegen.

(4) Die für Anträge auf Aussetzung der Einhebung geltenden Vorschriften sind auf Bescheidbeschwerden gegen die Abweisung derartiger Anträge und auf solche Beschwerden betreffende Vorlageanträge (§ 264) sinngemäß anzuwenden.

(5) Die Wirkung einer Aussetzung der Einhebung besteht in einem Zahlungsaufschub. Dieser endet mit Ablauf der Aussetzung oder ihrem Widerruf (§ 294). Der Ablauf der Aussetzung ist anlässlich einer (eines) über die Beschwerde (Abs. 1) ergehenden

a) Beschwerdevorentscheidung (§ 262) oder
b) Erkenntnisses (§ 279) oder
c) anderen das Beschwerdeverfahren abschließenden Erledigung

zu verfügen. Die Verfügung des Ablaufes anlässlich des Ergehens einer Beschwerdevorentscheidung schließt eine neuerliche Antragstellung im Fall der Einbringung eines Vorlageantrages nicht aus. Wurden dem Abgabepflichtigen für einen Abgabenbetrag sowohl Zahlungserleichterungen (§ 212) als auch eine Aussetzung der Einhebung bewilligt, so tritt bis zum Ablauf der Aussetzung oder ihrem Widerruf der Zahlungsaufschub auf Grund der Aussetzung ein.

(5a) Der Ablauf der nach Abs. 2a bewilligten Aussetzung der Einhebung ist anlässlich des Bescheides gemäß § 48 Abs. 2 oder 3 zu verfügen.

(BGBl I 2019/62)

(6) Wurde eine Abgabenschuldigkeit durch die Verwendung von sonstigen Gutschriften (§ 213 Abs. 1) oder Guthaben (§ 215 Abs. 4) gänzlich oder teilweise getilgt, so sind, falls dies beantragt wurde, die getilgten Beträge in die Bewilligung der Aussetzung der Einhebung einzubeziehen, wenn die Tilgung

a) vor Fälligkeit der Abgabenschuldigkeit oder
b) vor Ablauf einer sonst für ihre Entrichtung gemäß § 210 Abs. 2 zustehenden Frist oder
c) bei später als einen Monat vor ihrer Fälligkeit festgesetzten Abgaben vor Ablauf eines Monats ab Bekanntgabe des maßgeblichen Bescheides oder
d) nach Einbringen des Antrages auf Aussetzung oder
e) innerhalb eines Monats vor Ablauf der Frist des Abs. 7

erfolgte.

(7) Für die Entrichtung einer Abgabe, deren Einhebung ausgesetzt wurde, steht dem Abgabepflichtigen eine Frist bis zum Ablauf eines Monats ab Bekanntgabe des Bescheides über den Ablauf der Aussetzung (Abs. 5 oder 5a) oder eines die Aussetzung betreffenden Bescheides gemäß § 294 zu. Soweit einem vor Ablauf der für die Entrichtung einer Abgabe zur Verfügung stehenden Frist oder während der Dauer eines diese Abgabe betreffenden Zahlungsaufschubes im Sinn des § 212 Abs. 2 zweiter Satz eingebrachten Antrag auf Aussetzung der Einhebung nicht stattgegeben wird, steht dem Abgabepflichtigen für die Entrichtung eine Nach-

BAO
VO

frist von einem Monat ab Bekanntgabe des den Antrag erledigenden Bescheides zu.

(BGBl I 2019/62)

(8) Zur Entrichtung oder Tilgung von Abgabenschuldigkeiten, deren Einhebung ausgesetzt ist, dürfen Zahlungen, sonstige Gutschriften (§ 213 Abs. 1) sowie Guthaben (§ 215 Abs. 4) nur auf Verlangen des Abgabepflichtigen verwendet werden. Hiebei ist § 214 Abs. 4 sinngemäß anzuwenden, wenn bei Bekanntgabe des Verwendungszweckes auf den Umstand der Aussetzung der Einhebung der zu entrichtenden oder zu tilgenden Abgabenschuldigkeit ausdrücklich hingewiesen wurde.

(9) Ab dem Zeitpunkt des Einlangens eines Antrages auf Aussetzung der Einhebung sind

1. bis zu dessen Ab- oder Zurückweisung oder
2. bei Bewilligung für die Dauer des Zahlungsaufschubes

Aussetzungszinsen in Höhe von zwei Prozent über dem jeweils geltenden Basiszinssatz pro Jahr zu entrichten. Im Fall der nachträglichen Herabsetzung der Abgabenschuld bis zur Verfügung des Ablaufes (Abs. 5, Abs. 5a) anlässlich der rechtskräftigen Erledigung der Bescheidbeschwerde (Abs. 1) hat die Berechnung der Aussetzungszinsen unter rückwirkender Berücksichtigung des Herabsetzungsbetrages zu erfolgen. Aussetzungszinsen, die den Betrag von 50 Euro nicht erreichen, sind nicht festzusetzen.

(BGBl I 2019/62, BGBl I 2022/108)

§ 212b. Für Landes- und Gemeindeabgaben gilt Folgendes:

1. Abweichend von § 212 Abs. 2 erster Satz sind Stundungszinsen für Abgabenschuldigkeiten, die den Betrag von insgesamt 200 Euro übersteigen, in Höhe von sechs Prozent pro Jahr zu entrichten. Stundungszinsen, die den Betrag von zehn Euro nicht erreichen, sind nicht festzusetzen.
2. (aufgehoben)
3. Abweichend von § 212a Abs. 9 erster Satz sind Aussetzungszinsen in Höhe von drei Prozent pro Jahr zu entrichten.
4. Abweichend von § 212a Abs. 9 zweiter Satz sind Aussetzungszinsen, die den Betrag von zehn Euro nicht erreichen, nicht festzusetzen.

§ 213. (1) Bei den von derselben Abgabenbehörde wiederkehrend zu erhebenden Abgaben und den zu diesen Abgaben zu erhebenden Nebenansprüchen ist, soweit im folgenden nicht anderes bestimmt ist, für jeden Abgabepflichtigen, bei Gesamtschuldverhältnissen für die Gesamtheit der zur Zahlung Verpflichteten, die Gebarung (Lastschriften, Zahlungen und alle sonstigen ohne Rücksicht aus welchem Anlaß entstandenen Gutschriften) in laufender Rechnung zusammengefaßt zu verbuchen.

(2) Bei den anderen als den im Abs. 1 genannten Abgaben ist die Gebarung für jeden Abgabepflichtigen, bei Gesamtschuldverhältnissen für die Gesamtheit der zur Zahlung Verpflichteten, nach den einzelnen Abgaben getrennt oder zusammengefaßt, jedoch abgesondert von den im Abs. 1 genannten Abgaben zu verbuchen.

(3) Die Gebarung der vom Grundsteuermeßbetrag oder vom Einheitswert wirtschaftlicher Einheiten oder Untereinheiten des Grundbesitzes unmittelbar abhängigen Abgaben oder Beiträge ist getrennt nach diesen wirtschaftlichen Einheiten oder Untereinheiten sowie abgesondert von der Gebarung der übrigen Abgaben zu verbuchen. Im Fall des Wechsels von unbeschränkter und beschränkter Steuerpflicht ist die Gebarung der hievon betroffenen Abgaben je nachdem, ob sie sich auf Zeiträume oder Zeitpunkte vor oder nach diesem Wechsel beziehen, getrennt voneinander zu verbuchen. Die Gebarung der im Finanzstrafverfahren verhängten Geldstrafen und Wertersätze und der hiebei angefallenen sonstigen Geldansprüche ist von der Gebarung der Abgaben getrennt zu verbuchen.

(4) Bei Vorliegen eines Gesamtschuldverhältnisses ist eine im Sinn des Abs. 1 oder 2 zusammengefaßte Verbuchung der Gebarung mit der Gebarung der vom Gesamtschuldverhältnis nicht umfaßten Abgaben insoweit zulässig, als zumindest einer der Gesamtschuldner alle diese Abgaben schuldet.

(5) In den Fällen des § 19 Abs. 2 ist die Gebarung der Abgaben der Personenvereinigung (Personengemeinschaft) auch nach erfolgter Beendigung zusammengefaßt zu verbuchen.

§ 213a. Für Landes- und Gemeindeabgaben gilt § 213 nicht.

§ 214. (1) In den Fällen einer zusammengefaßten Verbuchung der Gebarung sind Zahlungen und sonstige Gutschriften, soweit im folgenden nicht anderes bestimmt ist, auf die dem Fälligkeitstag nach ältesten verbuchten Abgabenschuldigkeiten zu verrechnen; an die Stelle des Fälligkeitstages hat der davon abweichende zuletzt maßgebliche gesetzlich zustehende oder durch Bescheid zuerkannte Zahlungstermin zu treten. Haben mehrere Abgabenschuldigkeiten denselben Fälligkeitstag oder denselben davon abweichenden Zahlungstermin und reicht ein zu verrechnender Betrag zur Tilgung aller gleichzeitig zu entrichtenden Abgabenschuldigkeiten nicht aus, so hat die Verrechnung bei demselben Zahlungstermin auf die dem Fälligkeitstag nach ältesten verbuchten Abgabenschuldigkeiten und bei demselben Fälligkeitstag auf die früher verbuchten Abgabenschuldigkeiten zu erfolgen. Abgabenschuldigkeiten, für welche ein Pfandrecht besteht, gelten als dem Fälligkeitstag nach jüngste verbuchte Abgabenschuldigkeiten, es sei denn, das Pfandrecht wurde vertraglich eingeräumt. Die Verbuchung von Abgabenschuldigkeiten ist ohne unnötigen Aufschub und in einer von sachlichen Gesichtspunkten bestimmten Reihenfolge vorzunehmen.

(2) In den Fällen einer gemäß § 201 Abs. 4 zusammengefaßten Festsetzung von Abgaben gilt Abs. 1 mit der Maßgabe, daß als Fälligkeitstag der gesamten Abgabennachforderung der Fälligkeits-

tag der jüngsten zusammengefaßt festgesetzten Abgabenschuldigkeit anzusehen ist.

(3) Die in Bewilligungen von Zahlungserleichterungen vorgesehenen Zahlungstermine sind bei Anwendung des Abs. 1 nur dann maßgeblich, wenn im Zeitpunkt der Zahlung oder sonstigen Gutschrift diese Bewilligung wirksam ist oder ein Zahlungsaufschub im Sinn des § 212 Abs. 2 zweiter Satz für die den Gegenstand der Bewilligung bildenden Abgaben besteht.

Eine Verrechnung auf Abgabenschuldigkeiten, deren Einhebung ausgesetzt ist, darf nur nach Maßgabe des § 212 a Abs. 8 erfolgen.

(4) Dem der Abgabenbehörde auf dem Zahlungsbeleg bekannt gegebenen Verwendungszweck entsprechend zu verrechnen sind Zahlungen, soweit sie

a) Abgabenschuldigkeiten oder
b) im Finanzstrafverfahren oder im Abgabenstrafverfahren verhängte Geldstrafen oder Wertersätze oder sonstige hierbei angefallene Geldansprüche

betreffen.

Dies gilt sinngemäß für die Verwendung sonstiger Gutschriften, soweit sie im Zusammenhang mit einer in den Abgabenvorschriften vorgesehenen Selbstbemessung oder Einbehaltung und Abfuhr von Abgaben entstehen.

(5) Wurde eine Verrechnungsweisung im Sinn des Abs. 4 erteilt und wurde hiebei irrtümlich eine unrichtige Abgabenart oder ein unrichtiger Zeitraum angegeben, so sind über Antrag die Rechtsfolgen der irrtümlich erteilten Verrechnungsweisung aufzuheben oder nicht herbeizuführen; dies gilt nicht für die vor der Antragstellung durchgeführten Einbringungsmaßnahmen und die im Zusammenhang mit diesen angefallenen Nebengebühren. Der Antrag kann nur binnen drei Monaten ab Erteilung der unrichtigen Verrechnungsweisung gestellt werden.

Dies gilt sinngemäß, soweit eine Verrechnungsweisung im Sinn des § 214 Abs. 4 irrtümlich nicht erteilt wurde.

(6) Zahlungen und sonstige Gutschriften, die unter Bezugnahme auf eine Mahnung, im Zuge eines Vollstreckungsverfahrens oder auf Grund eines SEPA-Lastschriftmandats erfolgen, sind in erster Linie mit Abgabenschuldigkeiten zu verrechnen, die Gegenstand der Mahnung, des Vollstreckungsverfahrens oder des SEPA-Lastschriftmandats sind.

(BGBl I 2018/62)

(7) In den Fällen einer zusammengefaßten Verbuchung der Gebarung gemäß § 213 Abs. 4 sind Zahlungen für Rechnung eines Gesamtschuldners, der nicht alle zusammengefaßt verbuchten Abgaben schuldet, ausschließlich auf die ihn betreffenden verbuchten Abgabenschuldigkeiten zu verrechnen, wenn auf dem Zahlungsbeleg ausdrücklich eine diesbezügliche Widmung verfügt wurde. Soweit sich durch nachträgliche Abänderung oder Aufhebung eines maßgeblichen Abgaben- oder Haftungsbescheides erweist, daß die für Rechnung eines Gesamtschuldners zu verrechnen gewesenen Beträge die Abgaben übersteigen, für die er in Anspruch zu nehmen war, ist der übersteigende Betrag durch Umbuchung aus der zusammengefaßten Verbuchung der Gebarung herauszulösen. Wurde eine Widmung irrtümlich nicht verfügt, so gilt Abs. 5 sinngemäß mit der Maßgabe, dass der Antrag binnen drei Monaten ab nachträglicher Abänderung oder Aufhebung des maßgeblichen Abgaben- oder Haftungsbescheides zulässig ist.

(8) Eine sich aus einem Abgabenbescheid ergebende sonstige Gutschrift ist auf die den Gegenstand des Bescheides betreffenden verbuchten Abgabenschuldigkeiten zu verrechnen; ein sodann noch verbleibender Teil der sonstigen Gutschrift ist für den Fall, daß der Abgabenbescheid die Festsetzung von Vorauszahlungen für einen kürzeren Zeitraum als ein Kalenderjahr zum Gegenstand hat, auf gleichartige, dasselbe Kalenderjahr betreffende ältere verbuchte Vorauszahlungsschuldigkeiten zu verrechnen. Wird ein Abgabenbescheid ohne gleichzeitige Neufestsetzung der Abgabe aufgehoben oder wird durch Bescheid ausgesprochen, daß die Voraussetzungen für eine Abgabenfestsetzung nicht vorliegen, so ist eine sich daraus ergebende sonstige Gutschrift in gleicher Weise zu verrechnen.

(9) Unbeschadet der Vorschriften in den Abs. 1 bis 8 kann eine Aufrechnung (§ 1438 ff ABGB) von Forderungen der Abgabenbehörden mit Gegenforderungen des Schuldners mit Bescheid verfügt werden.

(BGBl I 2019/91)

§ 215. (1) Ein sich aus der Gebarung (§ 213) unter Außerachtlassung von Abgaben, deren Einhebung ausgesetzt ist, ergebendes Guthaben eines Abgabepflichtigen ist zur Tilgung fälliger Abgabenschuldigkeiten zu verwenden, die dieser Abgabepflichtige bei derselben Abgabenbehörde hat; dies gilt nicht, soweit die Einhebung der fälligen Schuldigkeiten ausgesetzt ist.

(2) Verbleibt nach der in Abs. 1 vorgesehenen Tilgung von Schuldigkeiten bei einer Abgabenbehörde des Bundes ein Guthaben, ist dieses zunächst zur Tilgung dieser Behörde bekannter und fälliger Abgabenschuldigkeiten des Abgabepflichtigen bei einer anderen Abgabenbehörde des Bundes zu verwenden, soweit deren Einhebung nicht ausgesetzt ist. In weiterer Folge ist ein solches Guthaben zur Tilgung dieser Behörde bekannter fälliger Geldstrafen, Wertersätze sowie im Finanzstrafverfahren angefallener sonstiger Geldansprüche bei einer Finanzstrafbehörde zu verwenden. Die für Zwecke dieser Tilgung erforderliche Verarbeitung von personenbezogenen Daten, wie insbesondere der automationsunterstützte Datenaustausch zwischen den beteiligten Behörden, ist zulässig.

(BGBl I 2020/99)

(3) Ist der Abgabepflichtige nach bürgerlichem Recht nicht rechtsfähig, so ist ein nach Anwendung der Abs. 1 und 2 noch verbleibendes Guthaben unter sinngemäßer Anwendung dieser Bestimmungen zugunsten derjenigen zu verwenden, die

nach den Vorschriften des bürgerlichen Rechtes im eigenen Namen über das Guthaben zu verfügen berechtigt sind.

(4) Soweit Guthaben nicht gemäß Abs. 1 bis 3 zu verwenden sind, sind sie nach Maßgabe der Bestimmungen des § 239 zurückzuzahlen oder unter sinngemäßer Anwendung dieser Bestimmungen über Antrag des zur Verfügung über das Guthaben Berechtigten zugunsten eines anderen Abgabepflichtigen umzubuchen oder zu überrechnen.

§ 216. Mit Bescheid (Abrechnungsbescheid) ist über die Richtigkeit der Verbuchung der Gebarung (§ 213) sowie darüber, ob und inwieweit eine Zahlungsverpflichtung durch Erfüllung eines bestimmten Tilgungstatbestandes erloschen ist, auf Antrag des Abgabepflichtigen (§ 77) abzusprechen. Ein solcher Antrag ist nur innerhalb von fünf Jahren nach Ablauf des Jahres, in dem die betreffende Verbuchung erfolgt ist oder erfolgen hätte müssen, zulässig.

2. Säumniszuschläge

§ 217. (1) Wird eine Abgabe, ausgenommen Nebengebühren (§ 3 Abs. 2 lit. d), nicht spätestens am Fälligkeitstag entrichtet, so sind nach Maßgabe der folgenden Bestimmungen Säumniszuschläge zu entrichten.

(2) Der erste Säumniszuschlag beträgt 2% des nicht zeitgerecht entrichteten Abgabenbetrages.

(3) Ein zweiter Säumniszuschlag ist für eine Abgabe zu entrichten, soweit sie nicht spätestens drei Monate nach dem Eintritt ihrer Vollstreckbarkeit (§ 226) entrichtet ist. Ein dritter Säumniszuschlag ist für eine Abgabe zu entrichten, soweit sie nicht spätestens drei Monate nach dem Eintritt der Verpflichtung zur Entrichtung des zweiten Säumniszuschlages entrichtet ist. Der Säumniszuschlag beträgt jeweils 1% des zum maßgebenden Stichtag nicht entrichteten Abgabenbetrages. Die Dreimonatsfristen werden insoweit unterbrochen, als nach Abs. 4 Anbringen oder Amtshandlungen der Verpflichtung zur Entrichtung von Säumniszuschlägen entgegenstehen. Diese Fristen beginnen mit Ablauf der sich aus Abs. 4 ergebenden Zeiträume neu zu laufen.

(4) Säumniszuschläge sind für Abgabenschuldigkeiten insoweit nicht zu entrichten, als

a) ihre Einhebung gemäß § 212a ausgesetzt ist,
b) ihre Einbringung gemäß § 230 Abs. 2, 3, 5 oder 6 gehemmt ist,
c) ein Zahlungsaufschub im Sinn des § 212 Abs. 2 zweiter Satz nicht durch Ausstellung eines Rückstandsausweises (§ 229) als beendet gilt,
d) ihre Einbringung gemäß § 231 ausgesetzt ist.

(5) Die Verpflichtung zur Entrichtung eines Säumniszuschlages gemäß Abs. 2 entsteht nicht, soweit die Säumnis nicht mehr als fünf Tage beträgt und der Abgabepflichtige innerhalb der letzten sechs Monate vor dem Eintritt der Säumnis alle Abgabenschuldigkeiten, hinsichtlich derer die Gebarung (§ 213) mit jener der nicht zeitgerecht entrichteten Abgabenschuldigkeit zusammengefasst verbucht wird, zeitgerecht entrichtet hat. In den Lauf der fünftägigen Frist sind Samstage, Sonntage, gesetzliche Feiertage, der Karfreitag und der 24. Dezember nicht einzurechnen; sie beginnt in den Fällen des § 211 Abs. 2 erst mit dem Ablauf der dort genannten Frist.

(BGBl I 2018/62)

(6) Wird vor dem Ende einer für die Entrichtung einer Abgabe zustehenden Frist ein Vollstreckungsbescheid (§ 230 Abs. 7) erlassen, so tritt die Verpflichtung zur Entrichtung des Säumniszuschlages gemäß Abs. 2 erst mit dem ungenützten Ablauf dieser Frist, spätestens jedoch einen Monat nach Erlassung des Vollstreckungsbescheides ein und beginnt erst ab diesem Zeitpunkt die Dreimonatsfrist des Abs. 3 erster Satz zu laufen.

(7) Auf Antrag des Abgabepflichtigen sind Säumniszuschläge insoweit herabzusetzen bzw. nicht festzusetzen, als ihn an der Säumnis kein grobes Verschulden trifft, insbesondere insoweit bei nach Abgabenvorschriften selbst zu berechnenden Abgaben kein grobes Verschulden an der Unrichtigkeit der Selbstberechnung vorliegt.

(8) Im Fall der nachträglichen Herabsetzung der Abgabenschuld hat die Berechnung der Säumniszuschläge unter rückwirkender Berücksichtigung des Herabsetzungsbetrages zu erfolgen; dies gilt sinngemäß

a) für bei Veranlagung durch Anrechnung von Vorauszahlungen entstehende Gutschriften und
b) für Nachforderungszinsen (§ 205), soweit nachträglich dieselbe Abgabe betreffende Gutschriftszinsen festgesetzt werden.

(9) Im Fall der nachträglichen rückwirkenden Zuerkennung oder Verlängerung von Zahlungsfristen hat auf Antrag des Abgabepflichtigen die Berechnung der Säumniszuschläge unter rückwirkender Berücksichtigung der zuerkannten oder verlängerten Zahlungsfrist zu erfolgen.

(10) Säumniszuschläge, die den Betrag von 50 Euro nicht erreichen, sind nicht festzusetzen. Dies gilt für Abgaben, deren Selbstberechnung nach Abgabenvorschriften angeordnet oder gestattet ist, mit der Maßgabe, dass die Summe der Säumniszuschläge für Nachforderungen gleichartiger, jeweils mit einem Abgabenbescheid oder Haftungsbescheid geltend gemachter Abgaben maßgebend ist.

§ 217a. Für Landes- und Gemeindeabgaben gilt Folgendes:

1. § 217 Abs. 3 ist nicht anzuwenden,
2. Säumniszuschläge werden im Zeitpunkt der Zustellung des sie festsetzenden Bescheides fällig,
3. abweichend von § 217 Abs. 10 erster Satz sind Säumniszuschläge, die den Betrag von fünf Euro nicht erreichen, nicht festzusetzen.

§ 218. Kosten, die der Abgabenbehörde bei der Entrichtung gemäß § 211 Abs. 1 Z 2 aufgrund mangelnder Deckung des Kontos, bei Widerruf eines Zahlungsvorganges gemäß § 58 Abs. 3 des

Zahlungsdienstegesetzes 2018 – ZaDiG 2018, BGBl. I Nr. 17/2018, oder Erstattung gemäß § 70 ZaDiG 2018 entstehen, sind vom Abgabepflichtigen zu ersetzen.

(BGBl I 2018/62, BGBl I 2022/108)

§§ 219. bis 221a. (aufgehoben)

B. Sicherheitsleistung und Geltendmachung von Haftungen

1. Sicherheitsleistung

§ 222. (1) Die Bestellung einer nach den Abgabenvorschriften zu leistenden oder vom Abgabepflichtigen angebotenen Sicherheit erfolgt durch Erlag von Geld oder von inländischen Wertpapieren, die sich nach den hierüber bestehenden Vorschriften zur Anlegung der Gelder von Minderjährigen eignen, und nur in Ermangelung solcher durch Erlag von anderen inländischen, an einer Börse notierten Wertpapieren, die nach Ermessen der Abgabenbehörde genügende Deckung bieten. Die Wertpapiere dürfen nicht außer Kurs gesetzt und müssen mit den laufenden Zins- oder Gewinnanteilscheinen und Erneuerungsscheinen versehen sein. Sie sind nach dem Kurs des Erlagstages zu bewerten und bei der Abgabenbehörde zu hinterlegen. Diese kann auch Einlagebücher eines inländischen Kreditinstituts als Sicherheitsleistung zulassen.

(2) Mit dem Erlag bei der Abgabenbehörde wird an dem Gegenstand des Erlages ein Pfandrecht für den Anspruch begründet, in Ansehung dessen die Sicherheitsleistung erfolgt.

(3) Die Abgabenbehörde kann, wenn der zur Sicherheitsleistung Verpflichtete eine Sicherheit nach Abs. 1 nicht oder nur schwer beschaffen kann, eine Sicherheitsleistung mittels einer gesetzliche Sicherheit bietenden Hypothek an einem inländischen Grundstück, mittels einer Bankgarantie, durch zahlungsfähige inländische Bürgen (§ 1357 ABGB), durch Verpfändung von Bankdepots oder durch Abtretung von Forderungen gegen zahlungsfähige inländische Schuldner zulassen.

(4) In Abgabenvorschriften enthaltene besondere Bestimmungen über die Art der Sicherheitsleistung bleiben unberührt.

§ 223. (1) Wer Sicherheit geleistet hat, ist berechtigt, die Sicherheit oder einen Teil davon durch eine andere den Vorschriften des § 222 entsprechende Sicherheit zu ersetzen.

(2) Wird eine Sicherheit unzureichend, so ist sie zu ergänzen oder es ist eine anderweitige Sicherheit zu leisten.

2. Geltendmachung von Haftungen

§ 224. (1) Die in Abgabenvorschriften geregelten persönlichen Haftungen werden durch Erlassung von Haftungsbescheiden geltend gemacht. In diesen ist der Haftungspflichtige unter Hinweis auf die gesetzliche Vorschrift, die seine Haftungspflicht begründet, aufzufordern, die Abgabenschuld, für die er haftet, binnen einer Frist von einem Monat zu entrichten.

(2) Die Bestimmungen des Einkommensteuerrechtes über die Geltendmachung der Haftung für Steuerabzugsbeträge bleiben unberührt.

(3) Die erstmalige Geltendmachung eines Abgabenanspruches anläßlich der Erlassung eines Haftungsbescheides gemäß Abs. 1 ist nach Eintritt der Verjährung des Rechtes zur Festsetzung der Abgabe nicht mehr zulässig.

§ 225. (1) Sachliche Haftungen, die nach Abgabenvorschriften an beweglichen Sachen bestehen, werden durch Erlassung eines die Beschlagnahme der haftenden Sachen aussprechenden Bescheides geltend gemacht. Die §§ 248, 249 Abs. 2 und § 281 Abs. 2 gelten sinngemäß.

(2) In Abgabenvorschriften vorgesehene sachliche Haftungen unbeweglicher Sachen sind nach den Bestimmungen der Exekutionsordnung geltend zu machen.

C. Vollstreckbarkeit

§ 226. Abgabenschuldigkeiten, die nicht spätestens am Fälligkeitstag entrichtet werden, sind in dem von der Abgabenbehörde festgesetzten Ausmaß vollstreckbar; solange die Voraussetzungen für die Selbstberechnung einer Abgabe durch den Abgabepflichtigen ohne abgabenbehördliche Festsetzung gegeben sind, tritt an die Stelle des festgesetzten Betrages der selbst berechnete und der Abgabenbehörde bekanntgegebene Betrag. Dies gilt sinngemäß, wenn nach den Abgabenvorschriften die Selbstberechnung einer Abgabe einem abgabenrechtlich Haftungspflichtigen obliegt.

§ 227. (1) Vollstreckbar gewordene Abgabenschuldigkeiten sind einzumahnen.

(2) Die Mahnung wird durch Zustellung eines Mahnschreibens (Mahnerlagscheines) vollzogen, in dem der Abgabepflichtige unter Hinweis auf die eingetretene Vollstreckbarkeit aufgefordert wird, die Abgabenschuld binnen zwei Wochen, von der Zustellung an gerechnet, zu bezahlen (Mahnklausel). Ein Nachweis der Zustellung des Mahnschreibens ist nicht erforderlich; bei Postversand wird die Zustellung des Mahnschreibens am dritten Tag nach der Aufgabe zur Post vermutet.

(3) (aufgehoben)

(BGBl I 2022/108)

(4) Eine Mahnung ist nicht erforderlich,

a) wenn dem Abgabepflichtigen spätestens eine Woche vor dem Eintritt der Fälligkeit oder, wenn eine Mahnung bis dahin nicht erfolgt sein sollte, spätestens eine Woche vor dem Ablauf einer gesetzlich zustehenden oder durch Bescheid zuerkannten Zahlungsfrist eine Verständigung (Buchungsmitteilung, Lastschriftanzeige) zugesendet wurde, die ihn über Art, Höhe und Zeitpunkt der Zahlungsverpflichtung unterrichtet oder der Abgabepflichtige auf elektronischem Wege (§ 98 Abs. 2) davon in Kenntnis gesetzt wurde, dass auf dem Abgabenkonto Buchungen erfolgt sind;

b) wenn eine vom Abgabepflichtigen oder von dem zur Einbehaltung und Abfuhr Verpflichteten selbst zu berechnende Abgabe zum Fälligkeitstag nicht entrichtet wurde;
c) insoweit der Zeitpunkt der Entrichtung einer Abgabe durch Bewilligung einer Zahlungserleichterung oder einer Aussetzung der Einhebung hinausgeschoben wurde;
d) insoweit ein Ansuchen um Zahlungserleichterungen oder ein Antrag auf Aussetzung der Einhebung abgewiesen wurde;
e) wenn die Voraussetzungen für die Erlassung eines Vollstreckungsbescheides gegeben sind (§ 230 Abs. 7);
f) bei Nichteinhaltung einer gemäß §§ 212 Abs. 3, 212 a Abs. 7, 235 Abs. 3 oder 237 Abs. 2 zustehenden Frist;
g) bei Nebenansprüchen.

§ 227a. Für Landes- und Gemeindeabgaben gilt Folgendes:

1. Im Falle einer Mahnung nach § 227 ist eine Mahngebühr von einem halben Prozent des eingemahnten Abgabenbetrages, mindestens jedoch drei Euro und höchstens 30 Euro, zu entrichten. Die Mahngebühr wird bei Zustellung des Mahnschreibens mit der Zustellung fällig.

   (BGBl I 2022/108)

2. Wird eine vollstreckbar gewordene Abgabenschuldigkeit erstmals eingemahnt, ohne dass dies erforderlich gewesen wäre, so kann eine Mahngebühr festgesetzt werden; Z 1 gilt sinngemäß.

§ 228. Auf Abgabenschuldigkeiten, die infolge einer Umbuchung gemäß § 214 Abs. 7, einer Rückzahlung gemäß § 241 Abs. 1 oder deswegen wiederaufleben, weil eine unrichtige oder nachträglich unrichtig gewordene Verbuchung der Gebarung rückgängig gemacht wird, ist § 227 mit Ausnahme des Abs. 4 anzuwenden. Eine Mahnung ist jedoch nicht erforderlich, wenn dem Abgabepflichtigen spätestens eine Woche vor dem Ablauf der Nachfrist gemäß § 210 Abs. 5 eine Verständigung (Buchungsmitteilung, Lastschriftanzeige) zugesendet wurde, die ihn über Art, Höhe und Zeitpunkt der Zahlungsverpflichtung unterrichtet oder der Abgabepflichtige auf elektronischem Wege (§ 98 Abs. 2) davon in Kenntnis gesetzt wurde, dass auf dem Abgabenkonto Buchungen erfolgt sind;

D. Allgemeine Bestimmungen über die Einbringung und Sicherstellung

1. Rückstandsausweis

§ 229. Als Grundlage für die Einbringung ist über die vollstreckbar gewordenen Abgabenschuldigkeiten ein Rückstandsausweis elektronisch oder in Papierform auszustellen. Dieser hat Namen und Anschrift des Abgabepflichtigen, den Betrag der Abgabenschuld, zergliedert nach Abgabenschuldigkeiten, und den Vermerk zu enthalten, daß die Abgabenschuld vollstreckbar geworden ist (Vollstreckbarkeitsklausel). Der Rückstandsausweis ist Exekutionstitel für das finanzbehördliche und gerichtliche Vollstreckungsverfahren.

§ 229a. (1) Das Finanzamt (Abs. 3) hat auf Antrag des Abgabepflichtigen eine Bescheinigung über die Höhe des Rückstandes (Abs. 2) auszustellen (Rückstandsbescheinigung).

(2) Die Bescheinigung hat zu enthalten:

a) den beim Finanzamt vollstreckbar aushaftenden Rückstand,
b) einschließlich jener Beträge, deren Einbringung gemäß § 231 ausgesetzt ist,
c) ausschließlich jener Beträge, deren Einbringung, außer in den Fällen des § 230 Abs. 1, gehemmt ist.

(3) Die Ausstellung der Bescheinigung obliegt dem Finanzamt, das für die Erhebung der Einkommensteuer oder Körperschaftsteuer des Abgabepflichtigen oder, wenn dieser eine Personenvereinigung (Personengemeinschaft) ohne eigene Rechtspersönlichkeit ist, das für die Feststellung der Einkünfte (§ 188) zuständig ist.

2. Hemmung der Einbringung

§ 230. (1) Wenn eine vollstreckbar gewordene Abgabenschuldigkeit gemäß § 227 eingemahnt werden muß, dürfen Einbringungsmaßnahmen erst nach ungenütztem Ablauf der Mahnfrist eingeleitet werden. Ferner dürfen, wenn die Abgabenbehörde eine Abgabenschuldigkeit einmahnt, ohne daß dies erforderlich gewesen wäre, innerhalb der Mahnfrist Einbringungsmaßnahmen weder eingeleitet noch fortgesetzt werden.

(BGBl I 2022/108)

(2) Während einer gesetzlich zustehenden oder durch Bescheid zuerkannten Zahlungsfrist dürfen Einbringungsmaßnahmen nicht eingeleitet oder fortgesetzt werden.

(3) Wurde ein Ansuchen um Zahlungserleichterungen (§ 212 Abs. 1) vor dem Ablauf der für die Entrichtung einer Abgabe zur Verfügung stehenden Frist oder während der Dauer eines diese Abgabe betreffenden Zahlungsaufschubes im Sinn des § 212 Abs. 2 zweiter Satz eingebracht, so dürfen Einbringungsmaßnahmen bis zur Erledigung des Ansuchens nicht eingeleitet werden; dies gilt nicht, wenn es sich bei der Zahlungsfrist um eine Nachfrist gemäß § 212 Abs. 3 erster oder zweiter Satz handelt.

(4) Wurde ein Ansuchen um Zahlungserleichterungen nach dem im Abs. 3 bezeichneten Zeitpunkt eingebracht, so kann die Abgabenbehörde dem Ansuchen aufschiebende Wirkung hinsichtlich der Maßnahmen zur Einbringung zuerkennen; das gleiche gilt für einen Antrag gemäß § 214 Abs. 5.

(5) Wurden Zahlungserleichterungen bewilligt, so dürfen Einbringungsmaßnahmen während der Dauer des Zahlungsaufschubes weder eingeleitet noch fortgesetzt werden. Erlischt eine bewilligte Zahlungserleichterung infolge Nichteinhaltung eines Zahlungstermines oder infolge Nichterfüllung einer in den Bewilligungsbescheid aufgenommenen Bedingung (Terminverlust), so sind Ein-

bringungsmaßnahmen hinsichtlich der gesamten vom Terminverlust betroffenen Abgabenschuld zulässig. Ist ein Terminverlust auf andere Gründe als die Nichteinhaltung eines in der Bewilligung von Zahlungserleichterungen vorgesehenen Zahlungstermines zurückzuführen, so darf ein Rückstandsausweis frühestens zwei Wochen nach Verständigung des Abgabepflichtigen vom Eintritt des Terminverlustes ausgestellt werden.

(6) Wurde ein Antrag auf Aussetzung der Einhebung gestellt, so dürfen Einbringungsmaßnahmen hinsichtlich der davon nach Maßgabe des § 212a Abs. 1, 2 lit. b, 2a und 3 letzter Satz betroffenen Abgaben bis zu seiner Erledigung weder eingeleitet noch fortgesetzt werden.

(BGBl I 2019/62)

(7) Kommen während der Zeit, in der gemäß Abs. 1 bis 6 Einbringungsmaßnahmen nicht eingeleitet oder fortgesetzt werden dürfen, Umstände hervor, die die Einbringung einer Abgabe gefährden oder zu erschweren drohen, so dürfen Einbringungsmaßnahmen durchgeführt werden, wenn spätestens bei Vornahme der Vollstreckungshandlung ein Bescheid zugestellt wird, der die Gründe der Gefährdung oder Erschwerung der Einbringung anzugeben hat (Vollstreckungsbescheid). Mit der Zustellung dieses Bescheides treten bewilligte Zahlungserleichterungen außer Kraft.

3. Aussetzung der Einbringung

§ 231. (1) Die Einbringung fälliger Abgaben kann ausgesetzt werden, wenn Einbringungsmaßnahmen erfolglos versucht worden sind oder wegen Aussichtslosigkeit zunächst unterlassen werden, aber die Möglichkeit besteht, daß sie zu einem späteren Zeitpunkt zum Erfolg führen können. Das gleiche gilt, wenn der für die Einbringung erforderliche Verwaltungsaufwand außer Verhältnis zu dem einzubringenden Betrag stehen würde.

(2) Wenn die Gründe, die zur Aussetzung der Einbringung geführt haben (Abs. 1), innerhalb der Verjährungsfrist (§ 238) wegfallen, ist die ausgesetzte Einbringung wieder aufzunehmen.

4. Sicherstellung

§ 232. (1) Die Abgabenbehörde kann, sobald der Tatbestand verwirklicht ist, an den die Abgabenvorschriften die Abgabepflicht knüpfen, selbst bevor die Abgabenschuld dem Ausmaß nach feststeht, bis zum Eintritt der Vollstreckbarkeit (§ 226) an den Abgabepflichtigen einen Sicherstellungsauftrag erlassen, um einer Gefährdung oder wesentlichen Erschwerung der Einbringung der Abgabe zu begegnen. Der Abgabepflichtige kann durch Erlag eines von der Abgabenbehörde zu bestimmenden Betrages erwirken, daß Maßnahmen zur Vollziehung des Sicherstellungsauftrages unterbleiben und bereits vollzogene Maßnahmen aufgehoben werden.

(2) Der Sicherstellungsauftrag (Abs. 1) hat zu enthalten:

a) die voraussichtliche Höhe der Abgabenschuld;

b) die Gründe, aus denen sich die Gefährdung oder Erschwerung der Einbringung der Abgabe ergibt;

c) den Vermerk, daß die Anordnung der Sicherstellung sofort in Vollzug gesetzt werden kann;

d) die Bestimmung des Betrages, durch dessen Hinterlegung der Abgabepflichtige erwirken kann, daß Maßnahmen zur Vollziehung des Sicherstellungsauftrages unterbleiben und bereits vollzogene Maßnahmen aufgehoben werden.

(3) Abs. 1 und 2 gelten sinngemäß ab der Anhängigkeit eines Strafverfahrens gegen einen der Begehung eines vorsätzlichen Finanzvergehens oder einer vorsätzlichen Verletzung von Abgabenvorschriften der Länder und Gemeinden Verdächtigen hinsichtlich jenes Betrages, um den die Abgaben voraussichtlich verkürzt wurden.

§ 233. (1) Der Sicherstellungsauftrag ist Grundlage für das finanzbehördliche und gerichtliche Sicherungsverfahren.

(2) Auf Grund eines Sicherstellungsauftrages hat das Gericht auf Antrag der Abgabenbehörde ohne Bescheinigung der Gefahr und ohne Sicherheitsleistung die Exekution zur Sicherstellung des Abgabenbetrages bis zu dessen Vollstreckbarkeit zu bewilligen. Der Sicherstellungsauftrag kann zusammen mit der Verständigung von der gerichtlichen Exekutionsbewilligung zugestellt werden.

§ 234. (aufgehoben)

E. Abschreibung (Löschung und Nachsicht) und Entlassung aus der Gesamtschuld

§ 235. (1) Fällige Abgabenschuldigkeiten können von Amts wegen durch Abschreibung gelöscht werden, wenn alle Möglichkeiten der Einbringung erfolglos versucht worden oder Einbringungsmaßnahmen offenkundig aussichtslos sind und auf Grund der Sachlage nicht angenommen werden kann, daß sie zu einem späteren Zeitpunkt zu einem Erfolg führen werden.

(2) Durch die verfügte Abschreibung erlischt der Abgabenanspruch.

(3) Wird die Abschreibung einer Abgabe widerrufen (§ 294), so lebt der Abgabenanspruch wieder auf. Für die Zahlung, die auf Grund des Widerrufes zu leisten ist, ist eine Frist von einem Monat zu setzen.

§ 236. (1) Fällige Abgabenschuldigkeiten können auf Antrag des Abgabepflichtigen ganz oder zum Teil durch Abschreibung nachgesehen werden, wenn ihre Einhebung nach der Lage des Falles unbillig wäre.

(2) Abs. 1 findet auf bereits entrichtete Abgabenschuldigkeiten sinngemäß Anwendung.

(3) Die Bestimmungen des § 235 Abs. 2 und 3 gelten auch für die Nachsicht von Abgabenschuldigkeiten.

§ 237. (1) Auf Antrag eines Gesamtschuldners kann dieser aus der Gesamtschuld ganz oder zum Teil entlassen werden, wenn die Einhebung der

Abgabenschuld bei diesem nach der Lage des Falles unbillig wäre. Durch diese Verfügung wird der Abgabenanspruch gegen die übrigen Gesamtschuldner nicht berührt.

(2) Wird die Entlassung aus der Gesamtschuld widerrufen (§ 294), so lebt der Abgabenanspruch gegen den bisher aus der Gesamtschuld entlassenen Schuldner (Abs. 1) wieder auf. Für die Zahlung, die auf Grund des Widerrufes zu leisten ist, ist eine Frist von einem Monat zu setzen.

F. Verjährung fälliger Abgaben

§ 238. (1) Das Recht, eine fällige Abgabe einzuheben und zwangsweise einzubringen, verjährt binnen fünf Jahren nach Ablauf des Kalenderjahres, in welchem die Abgabe fällig geworden ist, keinesfalls jedoch früher als das Recht zur Festsetzung der Abgabe. § 209a gilt sinngemäß.

(2) Die Verjährung fälliger Abgaben wird durch jede zur Durchsetzung des Anspruches unternommene, nach außen erkennbare Amtshandlung, wie durch Mahnung, durch Vollstreckungsmaßnahmen, durch Bewilligung einer Zahlungserleichterung oder durch Erlassung eines Haftungsbescheides unterbrochen. Mit Ablauf des Jahres, in welchem die Unterbrechung eingetreten ist, beginnt die Verjährungsfrist neu zu laufen.

(3) Die Verjährung ist gehemmt, solange

a) die Einhebung oder zwangsweise Einbringung einer Abgabe innerhalb der letzten sechs Monate der Verjährungsfrist wegen höherer Gewalt nicht möglich ist, oder

b) die Einbringung auf Grund eines Aussetzungsantrages oder einer Beschwerde gegen die Abweisung eines Aussetzungsantrages gemäß § 230 Abs. 2 oder 6 gehemmt ist, oder
(BGBl I 2022/108)

c) einer Revision gemäß § 30 des Verwaltungsgerichtshofgesetzes 1985 – VwGG, BGBl. Nr. 10/1985, oder einer Beschwerde gemäß § 85 des Verfassungsgerichtshofgesetzes – VfGG, BGBl. Nr. 85/1953, aufschiebende Wirkung zuerkannt ist.

(4) Wenn fällige Abgaben durch Handpfand gesichert sind, findet § 1483 ABGB sinngemäß Anwendung. Sind sie durch bücherliche Eintragung gesichert, so kann innerhalb von dreißig Jahren nach erfolgter Eintragung gegen die Geltendmachung der durch das Pfandrecht gesicherten Forderung die seither eingetretene Verjährung der Abgabe nicht eingewendet werden.

(5) Wird ein Bescheid, mit dem eine Abgabenschuldigkeit gelöscht (§ 235) oder nachgesehen (§ 236) wird, innerhalb von drei Jahren ab seiner Bekanntgabe (§ 97) abgeändert oder aufgehoben, so lebt dadurch der Abgabenanspruch wieder auf und beginnt die Verjährungsfrist mit der Bekanntgabe des Abänderungs- oder Aufhebungsbescheides neu zu laufen.

(6) Die Abs. 1 bis 5 gelten auch für die Einhebung und zwangsweise Einbringung der im § 207 Abs. 4 bezeichneten gegen Abgabepflichtige gerichteten Ansprüche.

G. Rückzahlung

§ 239. (1) Die Rückzahlung von Guthaben (§ 215 Abs. 4) kann auf Antrag des Abgabepflichtigen oder von Amts wegen erfolgen. Ist der Abgabepflichtige nach bürgerlichem Recht nicht rechtsfähig, so können Rückzahlungen mit Wirkung für ihn unbeschadet der Vorschrift des § 80 Abs. 2 nur an diejenigen erfolgen, die nach den Vorschriften des bürgerlichen Rechtes über das Guthaben zu verfügen berechtigt sind.

(2) Die Abgabenbehörde kann den Rückzahlungsbetrag auf jenen Teil des Guthabens beschränken, der die Höhe jener Abgabenschuldigkeiten übersteigt, die der Abgabepflichtige nicht später als drei Monate nach der Stellung des Rückzahlungsantrages zu entrichten haben wird.

(BGBl I 2022/108)

§ 239a. Soweit eine Abgabe, die nach dem Zweck der Abgabenvorschrift wirtschaftlich von einem Anderen als dem Abgabepflichtigen getragen werden soll, wirtschaftlich von einem Anderen als dem Abgabepflichtigen getragen wurde, haben zu unterbleiben:

1. die Gutschrift auf dem Abgabenkonto,
2. die Rückzahlung, Umbuchung oder Überrechnung von Guthaben und
3. die Verwendung zur Tilgung von Abgabenschuldigkeiten,

wenn dies zu einer ungerechtfertigten Bereicherung des Abgabepflichtigen führen würde.

§ 240. (1) Bei Abgaben, die für Rechnung eines Abgabepflichtigen ohne dessen Mitwirkung einzubehalten und abzuführen sind, ist der Abfuhrpflichtige berechtigt, während eines Kalenderjahres zu Unrecht einbehaltene Beträge bis zum Ablauf dieses Kalenderjahres auszugleichen oder auf Verlangen des Abgabepflichtigen zurückzuzahlen.

(2) (aufgehoben)

(3) Auf Antrag des Abgabepflichtigen (Abs. 1) hat die Rückzahlung des zu Unrecht einbehaltenen Betrages insoweit zu erfolgen, als nicht

a) eine Rückzahlung oder ein Ausgleich gemäß Abs. 1 erfolgt ist,

b) ein Ausgleich im Wege der Veranlagung erfolgt ist,

c) ein Ausgleich im Wege der Veranlagung zu erfolgen hat oder im Fall eines Antrages auf Veranlagung zu erfolgen hätte.

Der Antrag kann bis zum Ablauf des fünften Kalenderjahres, das auf das Jahr der Einbehaltung folgt, gestellt werden. Soweit nicht § 61 Abs. 4 anzuwenden ist, ist für die Rückzahlung jene Abgabenbehörde zuständig, der die Erhebung der betroffenen Abgabe obliegt.

(BGBl I 2019/104, BGBl I 2022/108)

(4) Auf Antrag des Abgabepflichtigen hat die Rückzahlung des einbehaltenen und entrichteten Betrages aufgrund eines Abkommens zur Vermei-

dung der Doppelbesteuerung insoweit zu erfolgen, als nicht ein Ausgleich im Wege der Veranlagung erfolgt ist oder zu erfolgen hat. Der Antrag kann ungeachtet allfälliger im Abkommen vereinbarter kürzerer Fristen bis zum Ablauf des fünften Kalenderjahres, das auf das Jahr der Einbehaltung folgt, gestellt werden. Abweichend davon und ungeachtet der Verjährung ist der Antrag bis zum Ablauf eines Jahres nach Bekanntgabe des Bescheides zulässig, wenn der Rückzahlungsanspruch auf einem Bescheid gemäß § 48 Abs. 2 oder 4 beruht. Im Haftungsweg nachgeforderte Beträge sind nur insoweit rückzuzahlen, als sie dem Abzugsverpflichteten (§ 78, § 95 Abs. 2 oder § 100 Abs. 2 EStG 1988) vom Abgabepflichtigen ersetzt wurden.

(BGBl I 2022/108)

§ 240a. (1) Beschränkt Steuerpflichtige haben vor der Stellung eines Antrags auf Rückzahlung (Zurückzahlung) oder Erstattung (Zurückerstattung) der von Abfuhrpflichtigen einbehaltenen Lohnsteuer, Kapitalertragsteuer oder Abzugsteuer gemäß § 99 EStG 1988 auf der Grundlage von § 94 Z 2 oder Z 10, § 98, § 99, § 99a Abs. 8 EStG 1988 oder § 21 Abs. 1 Z 1a KStG 1988 oder § 240 Abs. 3 oder Abs. 4 eine Vorausmeldung bei dem für die Rückzahlung oder Erstattung zuständigen Finanzamt abzugeben. Die Vorausmeldung ist erst nach Ablauf des Jahres der Einbehaltung zulässig. Die Abgabe der Vorausmeldung hat elektronisch zu erfolgen. Der Bundesminister für Finanzen wird ermächtigt, den Inhalt und das Verfahren der elektronischen Vorausmeldung mit Verordnung festzulegen.

(BGBl I 2022/108)

(2) Der Antrag auf Rückzahlung (Zurückzahlung) oder Erstattung (Zurückerstattung) kann ausschließlich mittels des mit einer Übermittlungsbestätigung versehenen, unterfertigten und mit der Ansässigkeitsbescheinigung der ausländischen Abgabenverwaltung ergänzten Ausdruckes der Vorausmeldung (Abs. 1) gestellt werden.

(3) Abs. 1 und 2 gelten auch für Anträge auf Rückzahlung an ausländische Einrichtungen im Sinne des § 5 Z 4 des Pensionskassengesetzes – PKG, BGBl. Nr. 281/1990, die sich auf die Steuerbefreiung gemäß § 6 Abs. 1 KStG 1988 stützen.

(BGBl I 2018/62)

§ 241. (1) Wurde eine Abgabe zu Unrecht zwangsweise eingebracht, so ist der zu Unrecht entrichtete Betrag über Antrag zurückzuzahlen.

(2) Wurden Wertzeichen in der Absicht verwendet, eine Abgabe zu entrichten, so ist der entrichtete Betrag, soweit eine Abgabenschuld nicht besteht, von der zur Erhebung der Abgabe zuständigen Abgabenbehörde auf Antrag zurückzuzahlen.

(BGBl I 2022/108)

(3) Anträge nach Abs. 1 und 2 können bis zum Ablauf des dritten Kalenderjahres gestellt werden, das auf das Jahr folgt, in dem der Betrag zu Unrecht entrichtet wurde.

Rückforderungen

§ 241a. Wer Rückzahlungen oder Erstattungen ohne Rechtsgrund erlangt hat, hat die entsprechenden Beträge zurückzuzahlen.

(BGBl I 2019/91, BGBl I 2022/108)

H. Behandlung von Kleinbeträgen

§ 242. (1) Abgabenbeträge unter 20 Euro sind nicht zu vollstrecken. Dies gilt nicht für Abgaben, die in Wertzeichen zu entrichten sind, und für die zu diesen zu erhebenden Nebenansprüche.

(BGBl I 2015/163, BGBl I 2019/103)

(2) Guthaben unter fünf Euro sind nicht von Amts wegen zurückzuzahlen.

(BGBl I 2015/163)

§ 242a. (1) Für Gemeindeabgaben gilt Folgendes: Abweichend von § 242 Abs. 1 erster Satz sind Abgabenbeträge unter fünf Euro nicht zu vollstrecken.

(BGBl I 2015/163)

(2) Für Landes- und Gemeindeabgaben gilt Folgendes: Guthaben (§ 215) unter fünf Euro sind nicht zurückzuzahlen. Dies gilt sinngemäß für Rückzahlungen gemäß § 240 Abs. 3 und § 241.

7. Abschnitt
Rechtsschutz

A. Ordentliche Rechtsmittel

1. Beschwerden an Verwaltungsgerichte

§ 243. Gegen Bescheide, die Abgabenbehörden erlassen, sind Beschwerden (Bescheidbeschwerden) an die Verwaltungsgerichte zulässig, soweit in Abgabenvorschriften nicht anderes bestimmt ist.

§ 244. Gegen nur das Verfahren betreffende Verfügungen ist weder ein abgesondertes Rechtsmittel noch ein Antrag gemäß § 299 zulässig. Diese können erst in der Bescheidbeschwerde gegen den die Angelegenheit abschließenden Bescheid angefochten werden.

(BGBl I 2022/108)

2. Einbringung der Beschwerde

§ 245. (1) Die Beschwerdefrist beträgt einen Monat. Enthält ein Bescheid die Ankündigung, dass noch eine Begründung zum Bescheid ergehen wird, so wird die Beschwerdefrist nicht vor Bekanntgabe der fehlenden Begründung oder der Mitteilung, dass die Ankündigung als gegenstandslos zu betrachten ist, in Lauf gesetzt. Dies gilt sinngemäß, wenn ein Bescheid auf einen Bericht (§ 150) verweist.

(2) Durch einen Antrag auf Mitteilung der einem Bescheid ganz oder teilweise fehlenden Begründung (§ 93 Abs. 3 lit. a) wird der Lauf der Beschwerdefrist gehemmt.

(3) Die Beschwerdefrist ist auf Antrag von der Abgabenbehörde aus berücksichtigungswürdigen Gründen, erforderlichenfalls auch wiederholt, zu verlängern. Durch einen Antrag auf Fristverlängerung wird der Lauf der Beschwerdefrist gehemmt.

(4) Die Hemmung des Fristenlaufes beginnt mit dem Tag der Einbringung des Antrages (Abs. 2 oder 3) und endet mit dem Tag, an dem die Mitteilung (Abs. 2) oder die Entscheidung (Abs. 3) über den Antrag dem Antragsteller zugestellt wird. In den Fällen des Abs. 3 kann jedoch die Hemmung nicht dazu führen, dass die Beschwerdefrist erst nach dem Zeitpunkt, bis zu dem letztmals ihre Verlängerung beantragt wurde, abläuft.

(5) Abs. 3 und 4 gelten sinngemäß für Anträge auf Verlängerung der Frist des § 85 Abs. 2 bei Mängeln von Beschwerden.

§ 246. (1) Zur Einbringung einer Bescheidbeschwerde ist jeder befugt, an den der den Gegenstand der Anfechtung bildende Bescheid ergangen ist.

(2) Zur Einbringung einer Bescheidbeschwerde gegen Feststellungsbescheide und Grundsteuermessbescheide ist ferner jeder befugt, gegen den diese Bescheide gemäß § 191 Abs. 3, 4 und 5 und gemäß § 194 Abs. 5 wirken.

§ 247. (aufgehoben)

§ 248. Der nach Abgabenvorschriften Haftungspflichtige kann unbeschadet der Einbringung einer Bescheidbeschwerde gegen seine Heranziehung zur Haftung (Haftungsbescheid, § 224 Abs. 1) innerhalb der für die Einbringung der Bescheidbeschwerde gegen den Haftungsbescheid offenstehenden Frist auch gegen den Bescheid über den Abgabenanspruch Bescheidbeschwerde einbringen. Beantragt der Haftungspflichtige die Mitteilung des ihm noch nicht zur Kenntnis gebrachten Abgabenanspruches, so gilt § 245 Abs. 2, 4 und 5 sinngemäß.

§ 249. (1) Die Bescheidbeschwerde ist bei der Abgabenbehörde einzubringen, die den angefochtenen Bescheid erlassen hat. Die Bescheidbeschwerde kann im Fall einer Änderung der Zuständigkeit jedoch auch bei der neu zuständigen Abgabenbehörde eingebracht werden. Wird eine Bescheidbeschwerde innerhalb der Frist gemäß § 245 beim Verwaltungsgericht eingebracht, so gilt dies als rechtzeitige Einbringung; das Verwaltungsgericht hat die bei ihr eingebrachte Bescheidbeschwerde unverzüglich an die Abgabenbehörde weiterzuleiten.

(2) In den Fällen des § 248 kann die Bescheidbeschwerde gegen den Bescheid über den Abgabenanspruch auch bei der Abgabenbehörde eingebracht werden, die den Haftungsbescheid erlassen hat.

3. Inhalt und Wirkung der Beschwerde

§ 250. (1) Die Bescheidbeschwerde hat zu enthalten:

a) die Bezeichnung des Bescheides, gegen den sie sich richtet;

b) die Erklärung, in welchen Punkten der Bescheid angefochten wird;

c) die Erklärung, welche Änderungen beantragt werden;

d) eine Begründung.

(2) Wird mit Bescheidbeschwerde die Einreihung einer Ware in den Zolltarif angefochten, so sind der Bescheidbeschwerde Muster, Abbildungen oder Beschreibungen, aus denen die für die Einreihung maßgeblichen Merkmale der Ware hervorgehen, beizugeben. Ferner ist nachzuweisen, dass die den Gegenstand des angefochtenen Bescheides bildende Ware mit diesen Mustern, Abbildungen oder Beschreibungen übereinstimmt.

§ 251. Bescheide, die an die Stelle eines früheren Bescheides treten, sind in vollem Umfang mit Bescheidbeschwerde anfechtbar. Das gleiche gilt für endgültige Bescheide, die an die Stelle eines vorläufigen Bescheides (§ 200) treten und für Bescheide, die einen vorläufigen zum endgültigen Bescheid erklären.

§ 252. (1) Liegen einem Bescheid Entscheidungen zugrunde, die in einem Feststellungsbescheid getroffen worden sind, so kann der Bescheid nicht mit der Begründung angefochten werden, dass die im Feststellungsbescheid getroffenen Entscheidungen unzutreffend sind.

(2) Liegen einem Bescheid Entscheidungen zugrunde, die in einem Abgaben-, Mess-, Zerlegungs- oder Zuteilungsbescheid getroffen worden sind, so gilt Abs. 1 sinngemäß.

(3) Ist ein Bescheid gemäß § 295 Abs. 3 geändert oder aufgehoben worden, so kann der ändernde oder aufhebende Bescheid nicht mit der Begründung angefochten werden, dass die in dem zur Änderung oder Aufhebung Anlass gebenden Bescheid getroffenen Entscheidungen unzutreffend sind.

§ 253. Tritt ein Bescheid an die Stelle eines mit Bescheidbeschwerde angefochtenen Bescheides, so gilt die Bescheidbeschwerde auch als gegen den späteren Bescheid gerichtet. Dies gilt auch dann, wenn der frühere Bescheid einen kürzeren Zeitraum als der ihn ersetzende Bescheid umfasst.

§ 254. Durch Einbringung einer Bescheidbeschwerde wird die Wirksamkeit des angefochtenen Bescheides nicht gehemmt, insbesondere die Einhebung und zwangsweise Einbringung einer Abgabe nicht aufgehalten.

4. Verzicht auf Beschwerde

§ 255. (1) Auf die Einbringung einer Bescheidbeschwerde kann verzichtet werden. Der Verzicht ist schriftlich oder mündlich zu erklären.

(2) Vor Erlassung eines Bescheides kann ein Verzicht rechtswirksam nur abgegeben werden, wenn aus der Verzichtserklärung (Niederschrift) hervorgeht, dass dem Verzichtenden im Zeitpunkt ihrer Abgabe der Inhalt des zu erwartenden Bescheides, bei Abgabenbescheiden die Grundlagen der Abgabenfestsetzung, die Höhe der Abgabe und die Abweichungen von den bisherigen Festsetzungen, bekannt waren. Eine Abschrift der Niederschrift ist dem Abgabepflichtigen auszufolgen.

(3) Eine trotz Verzicht eingebrachte Bescheidbeschwerde ist unzulässig (§ 260). Die Möglichkeit, den Bescheid hinsichtlich der Fälligkeit einer festgesetzten Abgabe anzufechten, bleibt unberührt.

5. Zurücknahme der Beschwerde

§ 256. (1) Beschwerden können bis zur Bekanntgabe (§ 97) der Entscheidung über die Beschwerde zurückgenommen werden. Die Zurücknahme ist schriftlich oder mündlich zu erklären.

(2) Wurden Beitrittserklärungen abgegeben, so ist die Zurücknahme der Bescheidbeschwerde nur wirksam, wenn ihr alle zustimmen, die der Beschwerde beigetreten sind.

(3) Wurde eine Beschwerde zurückgenommen (Abs. 1), so ist sie mit Beschwerdevorentscheidung (§ 262) oder mit Beschluss (§ 278) als gegenstandslos zu erklären.

6. Beitritt zur Beschwerde

§ 257. (1) Einer Bescheidbeschwerde, über die noch nicht rechtskräftig entschieden wurde, kann beitreten, wer nach Abgabenvorschriften für die den Gegenstand des angefochtenen Bescheides bildende Abgabe als Gesamtschuldner oder als Haftungspflichtiger in Betracht kommt.

(2) Wer einer Bescheidbeschwerde beigetreten ist, kann die gleichen Rechte geltend machen, die dem Beschwerdeführer zustehen.

§ 258. (1) Der Beitritt ist bei der Abgabenbehörde, die den angefochtenen Bescheid erlassen hat, schriftlich oder mündlich zu erklären.

(2) Die Abgabenbehörde (Abs. 1) hat eine Beitrittserklärung durch Bescheid zurückzuweisen,

a) wenn im Zeitpunkt des Einlangens der Beitrittserklärung die Entscheidung über die Bescheidbeschwerde bereits rechtskräftig ist,

b) wenn sie von jemandem abgegeben wurde, der zum Beitritt nicht befugt ist. In diesem Fall darf das Erkenntnis (§ 279) erst nach Rechtskraft des Zurückweisungsbescheides ergehen.

§ 259. (1) Einer Bescheidbeschwerde gegen einen Zerlegungs- oder Zuteilungsbescheid (§§ 196 und 197) können die im § 78 Abs. 2 lit. b bezeichneten Körperschaften und der Abgabepflichtige beitreten.

(2) Die Körperschaften (Abs. 1), deren Interessen durch das Beschwerdebegehren berührt werden, und der Abgabepflichtige sind vom Finanzamt von der Einbringung der Bescheidbeschwerde unter Hinweis auf die Möglichkeit des Beitrittes (Abs. 1) in Kenntnis zu setzen.

(3) Das Beschwerdeverfahren ist ohne Teilnahme der Beitrittsberechtigten fortzusetzen, wenn deren Beitrittserklärung nicht innerhalb eines Monates nach Zustellung der Mitteilung (Abs. 2) abgegeben wird.

7. Zurückweisung der Beschwerde

§ 260. (1) Die Bescheidbeschwerde ist mit Beschwerdevorentscheidung (§ 262) oder mit Beschluss (§ 278) zurückzuweisen, wenn sie

a) nicht zulässig ist oder

b) nicht fristgerecht eingebracht wurde.

(2) Eine Bescheidbeschwerde darf nicht deshalb als unzulässig zurückgewiesen werden, weil sie vor Beginn der Beschwerdefrist eingebracht wurde.

8. Gegenstandsloserklärung der Beschwerde

§ 261. (1) Die Bescheidbeschwerde ist mit Beschwerdevorentscheidung (§ 262) oder mit Beschluss (§ 278) als gegenstandslos zu erklären, wenn dem Beschwerdebegehren Rechnung getragen wird

a) in einem an die Stelle des angefochtenen Bescheides tretenden Bescheid oder

b) in einem den angefochtenen Bescheid abändernden oder aufhebenden Bescheid.

(2) Wird einer Bescheidbeschwerde gegen einen gemäß § 299 Abs. 1 oder § 300 Abs. 1 aufhebenden Bescheid oder gegen einen die Wiederaufnahme des Verfahrens bewilligenden oder verfügenden Bescheid (§ 307 Abs. 1) entsprochen, so ist eine gegen den den aufgehobenen Bescheid ersetzenden Bescheid (§ 299 Abs. 2 bzw. § 300 Abs. 3) oder eine gegen die Sachentscheidung (§ 307 Abs. 1) gerichtete Bescheidbeschwerde mit Beschwerdevorentscheidung (§ 262) oder mit Beschluss (§ 278) als gegenstandslos zu erklären.

9. Beschwerdevorentscheidung

§ 262. (1) Über Bescheidbeschwerden ist nach Durchführung der etwa noch erforderlichen Ermittlungen von der Abgabenbehörde, die den angefochtenen Bescheid erlassen hat, mit als Beschwerdevorentscheidung zu bezeichnendem Bescheid abzusprechen.

(2) Die Erlassung einer Beschwerdevorentscheidung hat zu unterbleiben,

a) wenn dies in der Bescheidbeschwerde beantragt wird und

b) wenn die Abgabenbehörde die Bescheidbeschwerde innerhalb von drei Monaten ab ihrem Einlangen dem Verwaltungsgericht vorlegt.

(3) Wird in der Bescheidbeschwerde lediglich die Gesetzwidrigkeit von Verordnungen, die Verfassungswidrigkeit von Gesetzen oder die Rechtswidrigkeit von Staatsverträgen behauptet, so ist keine Beschwerdevorentscheidung zu erlassen, sondern die Bescheidbeschwerde unverzüglich dem Verwaltungsgericht vorzulegen.

(4) Weiters ist keine Beschwerdevorentscheidung zu erlassen, wenn der Bundesminister für Finanzen den angefochtenen Bescheid erlassen hat.

§ 263. (1) Ist in der Beschwerdevorentscheidung die Bescheidbeschwerde

a) weder als unzulässig oder als nicht rechtzeitig eingebracht zurückzuweisen (§ 260) noch

b) als zurückgenommen (§ 85 Abs. 2, § 86a Abs. 1) oder als gegenstandslos (§ 256 Abs. 3, § 261) zu erklären,

so ist der angefochtene Bescheid nach jeder Richtung abzuändern, aufzuheben oder die Bescheidbeschwerde als unbegründet abzuweisen.

(2) In der Beschwerdevorentscheidung ist auf das Recht zur Stellung eines Vorlageantrages (§ 264) hinzuweisen.

(3) Eine Beschwerdevorentscheidung wirkt wie ein Beschluss (§ 278) bzw. ein Erkenntnis (§ 279) über die Beschwerde.

(4) § 281 gilt sinngemäß für Beschwerdevorentscheidungen; § 281 Abs. 2 allerdings nur, soweit sich aus der in § 278 Abs. 3 oder in § 279 Abs. 3 angeordneten Bindung nicht anderes ergibt.

10. Vorlageantrag

§ 264. (1) Gegen eine Beschwerdevorentscheidung kann innerhalb eines Monats ab Bekanntgabe (§ 97) der Antrag auf Entscheidung über die Bescheidbeschwerde durch das Verwaltungsgericht gestellt werden (Vorlageantrag). Der Vorlageantrag hat die Bezeichnung der Beschwerdevorentscheidung zu enthalten.

(2) Zur Einbringung eines Vorlageantrages ist befugt

a) der Beschwerdeführer, ferner

b) jeder, dem gegenüber die Beschwerdevorentscheidung wirkt.

(3) Wird ein Vorlageantrag rechtzeitig eingebracht, so gilt die Bescheidbeschwerde von der Einbringung des Antrages an wiederum als unerledigt. Die Wirksamkeit der Beschwerdevorentscheidung wird durch den Vorlageantrag nicht berührt. Bei Zurücknahme des Antrages gilt die Bescheidbeschwerde wieder als durch die Beschwerdevorentscheidung erledigt; dies gilt, wenn solche Anträge von mehreren hiezu Befugten gestellt wurden, nur für den Fall der Zurücknahme aller dieser Anträge.

(4) Für Vorlageanträge sind sinngemäß anzuwenden:

a) § 93 Abs. 4 und 5 sowie § 245 Abs. 1 zweiter Satz und Abs. 2 bis 5 (Frist),

b) § 93 Abs. 6 und § 249 Abs. 1 (Einbringung),

c) § 255 (Verzicht),

d) § 256 (Zurücknahme),

e) § 260 Abs. 1 (Unzulässigkeit, nicht fristgerechte Einbringung).

f) § 274 Abs. 3 Z 1 und 2 sowie Abs. 5 (Unterbleiben einer mündlichen Verhandlung).

(5) Die Zurückweisung nicht zulässiger oder nicht fristgerecht eingebrachter Vorlageanträge obliegt dem Verwaltungsgericht.

(6) Erfolgt die Vorlage der Bescheidbeschwerde an das Verwaltungsgericht nicht innerhalb von zwei Monaten ab Einbringung des Vorlageantrages bzw. in den Fällen des § 262 Abs. 3 und 4 (Unterbleiben einer Beschwerdevorentscheidung) ab Einbringung der Bescheidbeschwerde, so kann die Partei (§ 78) beim Verwaltungsgericht eine Vorlageerinnerung einbringen. Diese wirkt wie eine Vorlage der Beschwerde. Sie hat die Bezeichnung des angefochtenen Bescheides, der Beschwerdevorentscheidung und des Vorlageantrages zu enthalten.

(BGBl I 2016/117)

(7) Durch die Aufhebung einer Beschwerdevorentscheidung scheidet der Vorlageantrag aus dem Rechtsbestand aus.

(BGBl I 2016/117)

11. Vorlage der Beschwerde und der Akten

§ 265. (1) Die Abgabenbehörde hat die Bescheidbeschwerde, über die keine Beschwerdevorentscheidung zu erlassen ist oder über die infolge eines Vorlageantrages vom Verwaltungsgericht zu entscheiden ist, nach Durchführung der etwa noch erforderlichen Ermittlungen ohne unnötigen Aufschub dem Verwaltungsgericht vorzulegen.

(2) Die Vorlage der Bescheidbeschwerde hat jedenfalls auch die Vorlage von Ablichtungen (Ausdrucken) des angefochtenen Bescheides, der Beschwerdevorentscheidung, des Vorlageantrages und von Beitrittserklärungen zu umfassen.

(3) Der Vorlagebericht hat insbesondere die Darstellung des Sachverhaltes, die Nennung der Beweismittel und eine Stellungnahme der Abgabenbehörde zu enthalten.

(4) Die Abgabenbehörde hat die Parteien (§ 78) vom Zeitpunkt der Vorlage an das Verwaltungsgericht unter Anschluss einer Ausfertigung des Vorlageberichtes zu verständigen.

(5) Partei im Beschwerdeverfahren vor dem Verwaltungsgericht ist auch die Abgabenbehörde, deren Bescheid mit Bescheidbeschwerde angefochten ist.

(6) Die Abgabenbehörde ist ab der Vorlage der Bescheidbeschwerde verpflichtet, das Verwaltungsgericht über Änderungen aller für die Entscheidung über die Beschwerde bedeutsamen tatsächlichen und rechtlichen Verhältnisse unverzüglich zu verständigen. Diese Pflicht besteht ab Verständigung (Abs. 4) auch für den Beschwerdeführer.

§ 266. (1) Die Abgabenbehörde hat, soweit nicht anderes angeordnet ist, gleichzeitig mit der Vorlage der Bescheidbeschwerde die Akten (samt Aktenverzeichnis) vorzulegen. Die Abgabenbehörde hat den Parteien (§ 78) eine Ausfertigung des Aktenverzeichnisses zu übermitteln.

(2) Mit Zustimmung des Verwaltungsgerichtes darf die Übermittlung der Beschwerde (§ 265) und die Aktenvorlage (Abs. 1) in Form von Ablichtungen erfolgen.

(3) Soweit Akten oder Beweismittel nur auf Datenträgern vorliegen, sind auf Verlangen des Verwaltungsgerichtes ohne Hilfsmittel lesbare, dauerhafte Wiedergaben von der Abgabenbehörde bzw. von der Partei (§ 78) beizubringen.

(4) Soweit die Abgabenbehörde die Vorlage von Akten (Abs. 1 bzw. bezüglich Maßnahmenbeschwerden oder Säumnisbeschwerden auf Verlangen des Verwaltungsgerichtes) unterlässt, kann das Verwaltungsgericht nach erfolgloser Aufforderung unter Setzung einer angemessenen Nachfrist auf Grund der Behauptungen des Beschwerdeführers erkennen.

12. Verbindung mehrerer Beschwerden

§ 267. Ist ein Bescheid von mehreren Beschwerdeführern angefochten oder sind gegen einen Bescheid mehrere Bescheidbeschwerden eingebracht, so sind diese Beschwerden zu einem gemeinsamen Verfahren zu verbinden. Ist auch nur über eine solcher Beschwerden nach § 272 Abs. 2 von einem Senat zu entscheiden, so obliegt diesem Senat auch die Entscheidung über die anderen Beschwerden.

13. Ablehnung wegen Befangenheit oder Wettbewerbsgefährdung

§ 268. (1) Den Parteien steht das Recht zu, den Einzelrichter oder ein Mitglied des Senates mit der Begründung abzulehnen, dass einer der im § 76 Abs. 1 aufgezählten Befangenheitsgründe vorliegt.

(2) Den Parteien (§ 78) steht das Recht zu, den Einzelrichter oder ein Mitglied des Senates abzulehnen, wenn anzunehmen ist, dass die Bekanntgabe der zu erörternden Tatsachen an diese Person die Wettbewerbsfähigkeit der Partei (§ 78) gefährden könnte.

(3) Anträge nach Abs. 1 und 2 sind beim Verwaltungsgericht einzubringen. Die Gründe für die Ablehnung sind glaubhaft zu machen.

14. Ermittlungen

§ 269. (1) Im Beschwerdeverfahren haben die Verwaltungsgerichte die Obliegenheiten und Befugnisse, die den Abgabenbehörden auferlegt und eingeräumt sind. Dies gilt nicht für:

a) § 245 Abs. 3 (Verlängerung der Beschwerdefrist),

b) §§ 262 und 263 (Erlassung einer Beschwerdevorentscheidung),

c) §§ 278 Abs. 3 und 279 Abs. 3 (Bindung an die für den aufhebenden Beschluss bzw. für das Erkenntnis maßgebliche Rechtsanschauung).

(2) Die Verwaltungsgerichte können das zur Feststellung des maßgebenden Sachverhaltes erforderliche Ermittlungsverfahren durch eine von ihnen selbst zu bestimmende Abgabenbehörde durchführen oder ergänzen lassen.

(2a) Der Bundesminister für Finanzen wird ermächtigt, mit Verordnung die Voraussetzungen und das Verfahren für die Möglichkeit einer Abgabenberechnung durch die Amtspartei (§ 265 Abs. 5) festzulegen.

(BGBl I 2022/108)

(3) Der Einzelrichter bzw. der Berichterstatter kann die Parteien zur Erörterung der Sach- und Rechtslage sowie zur Beilegung des Rechtsstreits laden. Über das Ergebnis ist eine Niederschrift anzufertigen.

15. Kein Neuerungsverbot

§ 270. (1) Auf neue Tatsachen, Beweise und Anträge, die der Abgabenbehörde im Laufe des Beschwerdeverfahrens zur Kenntnis gelangen, ist von der Abgabenbehörde Bedacht zu nehmen, auch wenn dadurch das Beschwerdebegehren geändert oder ergänzt wird. Dies gilt nach Maßgabe des Abs. 2 sinngemäß für dem Verwaltungsgericht durch eine Partei oder sonst zur Kenntnis gelangte Umstände; im Falle einer durchgeführten mündlichen Verhandlung jedoch nur bis zu deren Schließung (§ 277 Abs. 4).

(BGBl I 2022/108)

(2) Jede Partei hat ihr Vorbringen so rechtzeitig und vollständig zu erstatten, dass das Verfahren möglichst rasch durchgeführt werden kann (Verfahrensförderungspflicht).

(BGBl I 2022/108)

16. Aussetzung der Entscheidung

§ 271. (1) Ist wegen einer gleichen oder ähnlichen Rechtsfrage eine Beschwerde anhängig oder schwebt sonst vor einem Gericht oder einer Verwaltungsbehörde ein Verfahren, dessen Ausgang von wesentlicher Bedeutung für die Entscheidung über die Beschwerde ist, so kann die Entscheidung über diese unter Mitteilung der hiefür maßgebenden Gründe ausgesetzt werden, sofern nicht überwiegende Interessen der Partei (§ 78) entgegenstehen. Dies hat vor Vorlage der Beschwerde durch Bescheid der Abgabenbehörde, nach Vorlage der Beschwerde durch Beschluss des Verwaltungsgerichtes zu erfolgen.

(2) Nach rechtskräftiger Beendigung des Verfahrens, das Anlass zur Aussetzung gemäß Abs. 1 gegeben hat, ist das ausgesetzte Beschwerdeverfahren von Amts wegen fortzusetzen.

(3) Von der Abgabenbehörde erlassene Aussetzungsbescheide gemäß Abs. 1 verlieren ihre Wirksamkeit, sobald die Partei (§ 78) die Fortsetzung des Beschwerdeverfahrens beantragt.

(BGBl I 2019/62)

§ 271a. (1) Wurde wegen einer Rechtsfrage, die einer Streitfrage im Sinne des § 3 Abs. 1 Z 6 EU-BStbG gleicht oder dieser ähnlich ist, eine Streitbeilegungsbeschwerde im Sinne des § 8 EU-BStbG eingebracht, ist auf Antrag des Abgabepflichtigen das Bescheidbeschwerdeverfahren, in dem über diese Rechtsfrage zu entscheiden ist, auszusetzen. Dies hat vor Vorlage der Bescheidbeschwerde durch Bescheid der Abgabenbehörde, nach Vorlage der Bescheidbeschwerde durch Beschluss des Verwaltungsgerichtes zu erfolgen.

(2) Mit Rechtskraft des Bescheides gemäß § 48 Abs. 2 oder 3 ist das ausgesetzte Bescheidbeschwerdeverfahren von Amts wegen fortzusetzen.

(BGBl I 2019/62)

17. Verfahren

§ 272. (1) Sind für die Erledigung von Beschwerden durch Bundesgesetz oder durch Landesgesetz Senate vorgesehen, so richtet sich das Verfahren, soweit gesetzlich nicht anderes angeordnet ist, nach den folgenden Bestimmungen.

(2) Die Entscheidung obliegt dem Senat,

1. wenn dies beantragt wird
   a) in der Beschwerde,
   b) im Vorlageantrag (§ 264),

c) in der Beitrittserklärung (§ 258 Abs. 1) oder
d) wenn ein Bescheid gemäß § 253 an die Stelle eines mit Bescheidbeschwerde angefochtenen Bescheides tritt, innerhalb eines Monats nach Bekanntgabe (§ 97) des späteren Bescheides oder

2. wenn dies der Einzelrichter verlangt.

(3) Ein Verlangen nach Abs. 2 Z 2 ist zulässig, wenn der Entscheidung grundsätzliche Bedeutung zukommt, insbesondere weil der Bescheid von der Rechtsprechung des Verwaltungsgerichts abweicht, eine solche Rechtsprechung fehlt, die zu lösende Rechtsfrage in der bisherigen Rechtsprechung nicht einheitlich beantwortet wird oder wenn ein Antrag des Verwaltungsgerichtes beim Verfassungsgerichtshof wegen Gesetzwidrigkeit von Verordnungen oder wegen Verfassungswidrigkeit von Gesetzen gestellt werden soll oder bei Annahme einer Verdrängung nationalen Rechts durch Unionsrecht. Ein solches Verlangen ist weiters zulässig, wenn die Verbindung von Beschwerden, über die der Senat zu entscheiden hat, mit Beschwerden, über die ansonsten der Einzelrichter zu entscheiden hätte, zu einem gemeinsamen Verfahren insbesondere zur Vereinfachung und Beschleunigung des Verfahrens zweckmäßig ist. Das Verlangen ist zu begründen; es kann bis zur Bekanntgabe (§ 97) der Entscheidung über die Beschwerde gestellt werden.

(4) Obliegt die Entscheidung über Beschwerden dem Senat, so können die dem Verwaltungsgericht gemäß § 269 eingeräumten Rechte zunächst vom Berichterstatter ausgeübt werden. Diesem obliegen auch zunächst die Erlassung von Mängelbehebungsaufträgen (§ 85 Abs. 2) und von Aufträgen gemäß § 86a Abs. 1 sowie Zurückweisungen (§ 260), Zurücknahmeerklärungen (§ 85 Abs. 2, § 86a Abs. 1), Gegenstandsloserklärungen (§ 256 Abs. 3, § 261), Verfügungen der Aussetzung der Entscheidung (§ 271 Abs. 1) und Beschlüsse gemäß § 300 Abs. 1 lit. b.

(BGBl I 2016/117)

(5) Berichtigungen (§ 293, § 293a und § 293b) und Aufhebungen zur Klaglosstellung (§ 289) der vom Einzelrichter erlassenen Erkenntnisse und Beschlüsse obliegen dem Einzelrichter, wenn jedoch der Senat entschieden hat, dem Senat.

§ 273. (1) Zu den Verhandlungen des Senates kann ein Schriftführer beigezogen werden.

(2) An der Verhandlung, Beratung und Abstimmung über die Beschwerde haben alle Mitglieder des Senates teilzunehmen.

(3) Ein Mitglied des Senates, bei dem einer der im § 76 Abs. 1 aufgezählten Befangenheitsgründe zutrifft, hat hievon dem Senatsvorsitzenden Mitteilung zu machen.

§ 274. (1) Über die Beschwerde hat eine mündliche Verhandlung stattzufinden,

1. wenn es beantragt wird
   a) in der Beschwerde,
   b) im Vorlageantrag (§ 264),
   c) in der Beitrittserklärung (§ 258 Abs. 1) oder
   d) wenn ein Bescheid gemäß § 253 an die Stelle eines mit Bescheidbeschwerde angefochtenen Bescheides tritt, innerhalb eines Monates nach Bekanntgabe (§ 97) des späteren Bescheides, oder
2. Wenn es der Einzelrichter bzw. der Berichterstatter für erforderlich hält.

(2) Obliegt die Entscheidung über die Beschwerde dem Senat, so hat eine mündliche Verhandlung weiters stattzufinden,

1. wenn es der Senatsvorsitzende für erforderlich hält oder
2. wenn es der Senat auf Antrag eines Mitglieds beschließt.

(3) Der Senat kann ungeachtet eines Antrages (Abs. 1 Z 1) von einer mündlichen Verhandlung absehen, wenn die Beschwerde

1. als unzulässig oder nicht rechtzeitig eingebracht zurückzuweisen ist (§ 260),
2. als zurückgenommen (§ 85 Abs. 2, § 86a Abs. 1) oder als gegenstandslos (§ 256 Abs. 3, § 261) zu erklären ist oder
3. wenn eine Aufhebung unter Zurückverweisung der Sache an die Abgabenbehörde erfolgt (§ 278).

(4) Der Senatsvorsitzende hat den Ort und den Zeitpunkt der Verhandlung zu bestimmen. Hat eine mündliche Verhandlung stattzufinden, so sind die Parteien mit dem Beifügen vorzuladen, dass ihr Fernbleiben der Durchführung der Verhandlung nicht entgegensteht.

(5) Obliegt die Entscheidung über die Beschwerde dem Einzelrichter und hat nach Abs. 1 eine mündliche Verhandlung stattzufinden, so sind Abs. 3 und 4 sowie § 273 Abs. 1, § 275 und § 277 Abs. 4 sinngemäß anzuwenden; hierbei sind die Obliegenheiten und Befugnisse des Senatsvorsitzenden dem Einzelrichter auferlegt bzw. eingeräumt.

§ 275. (1) Der Senatsvorsitzende hat die mündliche Verhandlung zu eröffnen, zu leiten, erforderlichenfalls zu vertagen und zu schließen. Er hat dafür zu sorgen, dass die Sache vollständig, erforderlichenfalls in Rede und Gegenrede, erörtert wird. Er hat das Wort zu erteilen und kann es bei Missbrauch entziehen.

(2) Der Berichterstatter hat die Sache vorzutragen und über die Ergebnisse etwa bereits durchgeführter Beweisaufnahmen oder vorangegangener mündlicher Verhandlungen zu berichten. Dann hat der Senat erforderlichenfalls weitere Beweisaufnahmen vorzunehmen und die Parteien zu hören. Das letzte Wort kommt den Parteien (§ 78) zu.

(3) Die mündliche Verhandlung ist öffentlich. Die Öffentlichkeit ist auf Anordnung des Senatsvorsitzenden auszuschließen,

1. soweit eine Partei (§ 78) es verlangt,
2. von Amts wegen oder auf Antrag der Abgabenbehörde (§ 265 Abs. 5), eines Zeugen, einer Auskunftsperson oder eines Sachver-

ständigen, soweit unter die abgabenrechtliche Geheimhaltungspflicht (§ 48a) oder unter andere Geheimhaltungspflichten fallende Umstände erörtert werden oder soweit die Öffentlichkeit der Verhandlung die Interessen der Abgabenerhebung beeinträchtigen würde.

(4) Bei Verhandlungen und sonstigen Amtshandlungen dürfen nur unbewaffnete Personen anwesend sein. Dies gilt nicht für Personen, die vermöge ihres öffentlichen Dienstes zum Tragen einer Waffe verpflichtet sind oder mit der Sicherung von Amtshandlungen oder Amtsräumen beauftragt sind.

(5) Fernseh- und Hörfunkaufnahmen und -übertragungen, jede sonstige Form von Bild- und Tonübertragungen sowie Film- und Fotoaufnahmen von Verhandlungen sind unzulässig. Tonaufnahmen sind nur zulässig, soweit sie für die Abfassung der Niederschrift (§ 87 Abs. 6) gestattet sind.

(6) Außer den Mitgliedern des Senates sind auch die Parteien berechtigt, an Personen, die einvernommen werden, Fragen zu stellen. Der Senatsvorsitzende kann Fragen, die nicht der Klärung des Sachverhaltes dienen, zurückweisen.

(7) Über den Verlauf der mündlichen Verhandlung ist eine Niederschrift aufzunehmen. Die Niederschrift hat die Namen der Mitglieder des Senates und des etwa beigezogenen Schriftführers, die Namen der zur Verhandlung erschienenen Parteien und ihrer Vertreter sowie die wesentlichen Vorkommnisse der Verhandlung, insbesondere das Parteienvorbringen und die Anträge der Parteien, die über diese Anträge gefassten Beschlüsse des Senates sowie die durchgeführten Beweisaufnahmen zu enthalten. Die Niederschrift ist vom Senatsvorsitzenden und vom Schriftführer zu unterfertigen.

§ 276. (1) Der Senat hat über die Beschwerde zu beraten und über die Entscheidung sowie über allfällige Vorfragen abzustimmen. Hat eine mündliche Verhandlung stattgefunden, so ist die Beratung und Abstimmung im Anschluss an die Verhandlung durchzuführen. Die Beratung und Abstimmung ist nicht öffentlich.

(2) Der Senat kann nach Entscheidung über die maßgebenden Sach- und Rechtsfragen einstimmig beschließen, dass die Berechnung der Bemessungsgrundlagen und der Höhe der Abgabe erst anlässlich der schriftlichen Ausfertigung des Erkenntnisses ohne neuerliche Beschlussfassung des Senates zu erfolgen hat.

(3) Obliegt die Entscheidung über Beschwerden dem Senat, kann der Senatsvorsitzende die Beratung und Beschlussfassung des Senates unter Verwendung geeigneter technischer Kommunikationsmittel veranlassen. Der Senatsvorsitzende kann außerdem die Beratung und Beschlussfassung durch die Einholung der Zustimmung der anderen Mitglieder des Senates zu einem Entscheidungsentwurf im Umlaufweg ersetzen, wenn keines dieser Mitglieder widerspricht.

(BGBl I 2022/108)

§ 277. (1) Der Senatsvorsitzende hat die Beratung und Abstimmung des Senates zu leiten. Der Berichterstatter hat seine Stimme als erster, der Senatsvorsitzende als letzter abzugeben. Ist der Senatsvorsitzende selbst auch Berichterstatter, so gibt er seine Stimme als letzter ab. Im Übrigen haben die Mitglieder ihre Stimmen in alphabetischer Reihenfolge abzugeben. Kein Mitglied des Senates darf die Abgabe der Stimme über eine zur Beschlussfassung gestellte Frage verweigern. Dies gilt auch dann, wenn ein Mitglied bei der Abstimmung über eine früher gestellte Frage in der Minderheit geblieben ist.

(2) Der Senat fasst seine Beschlüsse mit einfacher Mehrheit. Bei Stimmengleichheit gibt die Stimme des Senatsvorsitzenden den Ausschlag. Bilden sich wegen eines Betrages, über den ein Beschluss zu fassen ist, mehr als zwei Meinungen, so werden die Stimmen für den höchsten Betrag jenen für den nächstniedrigeren Betrag hinzugezählt, bis sich eine Mehrheit ergibt.

(3) Über die Beratung und Abstimmung des Senates ist eine Niederschrift aufzunehmen, die vom Senatsvorsitzenden und vom etwa beigezogenen Schriftführer zu unterfertigen ist. Diese Niederschrift ist von der nach § 275 Abs. 7 aufgenommenen Niederschrift zu trennen.

(4) Wird die mündliche Verhandlung nicht vertagt, so schließt sie mit der Verkündung der Entscheidung über die Beschwerde, die jedoch immer auch zugestellt werden muss, oder mit der Verkündung des Beschlusses, dass die Entscheidung der schriftlichen Ausfertigung vorbehalten bleibt. Die Verkündung obliegt dem Senatsvorsitzenden.

18. Erkenntnisse und Beschlüsse

§ 278. (1) Ist die Bescheidbeschwerde mit Beschluss des Verwaltungsgerichtes

a) weder als unzulässig oder nicht rechtzeitig eingebracht zurückzuweisen (§ 260) noch

b) als zurückgenommen (§ 85 Abs. 2, § 86a Abs. 1) oder als gegenstandslos (§ 256 Abs. 3, § 261) zu erklären,

(BGBl I 2016/117)

so kann das Verwaltungsgericht mit Beschluss die Beschwerde durch Aufhebung des angefochtenen Bescheides und allfälliger Beschwerdevorentscheidungen unter Zurückverweisung der Sache an die Abgabenbehörde erledigen, wenn Ermittlungen (§ 115 Abs. 1) unterlassen wurden, bei deren Durchführung ein anders lautender Bescheid hätte erlassen werden oder eine Bescheiderteilung hätte unterbleiben können. Eine solche Aufhebung ist unzulässig, wenn die Feststellung des maßgeblichen Sachverhaltes durch das Verwaltungsgericht selbst im Interesse der Raschheit gelegen oder mit einer erheblichen Kostenersparnis verbunden ist.

(2) Durch die Aufhebung des angefochtenen Bescheides tritt das Verfahren in die Lage zurück, in der es sich vor Erlassung dieses Bescheides befunden hat.

(3) Im weiteren Verfahren sind die Abgabenbehörden an die für die Aufhebung maßgebliche, im aufhebenden Beschluss dargelegte Rechtsan-

schauung gebunden. Dies gilt auch dann, wenn der Beschluss einen kürzeren Zeitraum als der spätere Bescheid umfasst.

§ 279. (1) Außer in den Fällen des § 278 hat das Verwaltungsgericht immer in der Sache selbst mit Erkenntnis zu entscheiden. Es ist berechtigt, sowohl im Spruch als auch hinsichtlich der Begründung seine Anschauung an die Stelle jener der Abgabenbehörde zu setzen und demgemäß den angefochtenen Bescheid nach jeder Richtung abzuändern, aufzuheben oder die Bescheidbeschwerde als unbegründet abzuweisen.

(2) Durch die Aufhebung des angefochtenen Bescheides tritt das Verfahren in die Lage zurück, in der es sich vor Erlassung dieses Bescheides befunden hat.

(3) Im Verfahren betreffend Bescheide, die Erkenntnisse (Abs. 1) abändern, aufheben oder ersetzen, sind die Abgabenbehörden an die für das Erkenntnis maßgebliche, dort dargelegte Rechtsanschauung gebunden. Dies gilt auch dann, wenn das Erkenntnis einen kürzeren Zeitraum als der spätere Bescheid umfasst.

§ 280. (1) Urschriften und Ausfertigungen von Erkenntnissen und Beschlüssen der Verwaltungsgerichte haben zu enthalten:

a) die Bezeichnung des Verwaltungsgerichtes und den Namen des Richters,

(BGBl I 2018/62)

b) die Namen der Parteien des Beschwerdeverfahrens und ihrer Vertreter,

c) die Bezeichnung des angefochtenen Bescheides,

d) den Spruch, einschließlich der Entscheidung, ob eine Revision beim Verwaltungsgerichtshof nach Art. 133 Abs. 4 B-VG zulässig ist,

e) die Begründung;

(BGBl I 2016/117)

f) im Verfahren eines Senates die Unterschrift des Senatsvorsitzenden bzw. in den Fällen des § 272 Abs. 4 des Berichterstatters, in den übrigen Fällen die Unterschrift des Einzelrichters; bei schriftlichen Ausfertigungen kann an die Stelle der Unterschrift die Beglaubigung der Kanzlei treten, dass die Ausfertigung mit der Urschrift übereinstimmt und diese die eigenhändig beigesetzte Unterschrift aufweist; Ausfertigungen in Form von elektronischen Dokumenten müssen an Stelle der Unterschrift oder Beglaubigung mit einer Amtssignatur (§ 19 E-Government-Gesetz) versehen sein; Ausfertigungen in Form von Ausdrucken von mit einer Amtssignatur versehenen elektronischen Dokumenten oder von Kopien solcher Ausdrucke brauchen keine weiteren Voraussetzungen erfüllen,

(BGBl I 2016/117, BGBl I 2018/62)

g) das Datum der mündlichen Verkündung, sonst das Datum der Unterfertigung.

(BGBl I 2018/62)

(BGBl I 2018/62)

(2) Urschriften und Ausfertigungen von Erkenntnissen und Beschlüssen der Senate haben überdies die Namen der Senatsmitglieder und des etwa beigezogenen Schriftführers zu enthalten.

(BGBl I 2016/117, BGBl I 2018/62)

(3) Erkenntnisse sind im Namen der Republik zu verkünden und auszufertigen

(4) Ausfertigungen von Erkenntnissen und Beschlüssen haben eine Belehrung über die Möglichkeit der Erhebung einer Beschwerde an den Verfassungsgerichtshof und einer ordentlichen oder außerordentlichen Revision an den Verwaltungsgerichtshof zu enthalten. Das Verwaltungsgericht hat ferner hinzuweisen:

a) auf die bei der Einbringung einer solchen Beschwerde bzw. Revision einzuhaltenden Fristen;

b) auf die gesetzlichen Erfordernisse der Einbringung einer solchen Beschwerde bzw. Revision durch einen bevollmächtigten Rechtsanwalt (bei Beschwerden) bzw. durch einen bevollmächtigten Rechtsanwalt oder Wirtschaftstreuhänder (bei Revisionen);

c) auf die für eine solche Beschwerde bzw. Revision zu entrichtenden Eingabengebühren.

§ 281. (1) Im Beschwerdeverfahren können nur einheitliche Entscheidungen (Beschwerdevorentscheidungen, Erkenntnisse und gemäß § 278 aufhebende Beschlüsse) getroffen werden. Sie wirken für und gegen die gleichen Personen wie der angefochtene Bescheid.

(2) Ein Erkenntnis über das Bestehen und die Höhe einer Abgabenschuld, das auf Grund einer vom Haftungspflichtigen eingebrachten Bescheidbeschwerde (§ 248) ergeht, wirkt auch für und gegen den Abgabepflichtigen.

(3) Eine einheitliche Entscheidung unterbleibt abweichend von Abs. 1, wenn in einem Dokument, das Form und Inhalt eines Feststellungsbescheides (§ 188) hat, gemeinschaftliche Einkünfte auch Personen oder Personenvereinigungen (Personengemeinschaften) ohne eigene Rechtspersönlichkeit zugerechnet werden, die nicht oder nicht mehr rechtlich existent sind (insbesondere infolge Todes, Beendigung der Gesellschaft, Gesamtrechtsnachfolge) oder die nicht oder nicht mehr handlungsfähig sind (zB infolge eines Genehmigungsvorbehalts bei Bestellung eines gerichtlichen Erwachsenenvertreters). Dies steht der Wirksamkeit als Erkenntnis nicht entgegen. Ein solches Erkenntnis wirkt lediglich gegenüber den übrigen, denen im Spruch Einkünfte zugerechnet bzw. nicht zugerechnet werden.

(BGBl I 2018/62)

(4) Abs. 3 gilt sinngemäß für Feststellungsbescheide gemäß § 186 Abs. 2, wenn einzelne der am Gegenstand der Feststellung beteiligten Personen bei Bekanntgabe (§ 97) des Feststellungsbescheides nicht oder nicht mehr rechtlich existent oder nicht oder nicht mehr handlungsfähig im Sinne des Abs. 3 sind.

(BGBl I 2022/108)

(5) Eine einheitliche Entscheidung gemäß Abs. 1 unterbleibt auch dann, wenn eine oder mehrere Personen, die einer Beschwerde gemäß § 257 beigetreten sind, nicht oder nicht mehr rechtlich existent oder nicht oder nicht mehr handlungsfähig im Sinne des Abs. 3 sind. Dies steht der Wirksamkeit als Erkenntnis nicht entgegen. Ein solches Erkenntnis wirkt lediglich gegenüber den übrigen Parteien oder beigetretenen Personen.

(BGBl I 2022/108)

18a. Verständigung

§ 281a. Wenn das Verwaltungsgericht nach einer Vorlage (§ 265) zur Auffassung gelangt, dass noch eine Beschwerdevorentscheidung zu erlassen ist oder ein Vorlageantrag nicht eingebracht wurde, hat es die Parteien darüber unverzüglich formlos in Kenntnis zu setzen.

(BGBl I 2018/62)

19. Vollstreckung

§ 282. Die Abgabenbehörden sind verpflichtet, in dem betreffenden Fall mit den ihnen zu Gebote stehenden rechtlichen Mitteln unverzüglich den der Rechtsanschauung des Verwaltungsgerichtes entsprechenden Rechtszustand herzustellen.

20. Maßnahmenbeschwerde

§ 283. (1) Gegen die Ausübung unmittelbarer verwaltungsbehördlicher Befehls- und Zwangsgewalt durch Abgabenbehörden kann wegen Rechtswidrigkeit Beschwerde (Maßnahmenbeschwerde) erheben, wer durch sie in seinen Rechten verletzt zu sein behauptet.

(2) Die Maßnahmenbeschwerde ist innerhalb von sechs Wochen ab dem Zeitpunkt, in dem der Beschwerdeführer von der Ausübung unmittelbarer verwaltungsbehördlicher Befehls- und Zwangsgewalt Kenntnis erlangt hat, sofern er aber durch sie behindert war, von seinem Beschwerderecht Gebrauch zu machen, ab dem Wegfall dieser Behinderung beim Verwaltungsgericht einzubringen. Wird die Maßnahmenbeschwerde rechtzeitig bei einem anderen Verwaltungsgericht oder bei einer Abgabenbehörde eingebracht, so gilt dies als rechtzeitige Einbringung; solche Maßnahmenbeschwerden sind unverzüglich an das Verwaltungsgericht weiterzuleiten.

(3) Die Maßnahmenbeschwerde hat zu enthalten:

a) die Bezeichnung des angefochtenen Verwaltungsaktes;
b) soweit dies zumutbar ist, eine Angabe darüber, welches Organ den angefochtenen Verwaltungsakt gesetzt hat;
c) den Sachverhalt;
d) die Gründe, auf die sich die Behauptung der Rechtswidrigkeit stützt;
e) das Begehren, den angefochtenen Verwaltungsakt für rechtswidrig zu erklären;
f) die Angaben, die zur Beurteilung der fristgerechten Einbringung der Maßnahmenbeschwerde erforderlich sind.

(4) Der angefochtene Verwaltungsakt ist vom Verwaltungsgericht mit Erkenntnis für rechtswidrig zu erklären, wenn die Maßnahmenbeschwerde nicht mit Beschluss bzw. mit Erkenntnis

a) als nicht zulässig oder nicht fristgerecht eingebracht zurückzuweisen ist (§ 260),
b) als zurückgenommen (§ 85 Abs. 2, § 86a Abs. 1) oder als gegenstandslos zu erklären ist (§ 256 Abs. 3) oder
c) als unbegründet abzuweisen ist.

(5) Dauert der für rechtswidrig erklärte Verwaltungsakt noch an, so hat die belangte Behörde unverzüglich den dem Erkenntnis entsprechenden Rechtszustand herzustellen.

(6) Partei im Beschwerdeverfahren ist auch die belangte Behörde.

(7) Sinngemäß sind anzuwenden:

a) § 245 Abs. 3, 4 und 5 (Frist),
(BGBl I 2016/117)
b) § 256 Abs. 1 und 3 (Zurücknahme der Beschwerde),
c) § 260 Abs. 1 (Unzulässigkeit, nicht fristgerechte Einbringung),
d) § 265 Abs. 4 und 6 (Verständigungspflichten),
e) § 266 (Vorlage der Akten),
f) § 268 (Ablehnung wegen Befangenheit oder Wettbewerbsgefährdung),
g) § 269 (Obliegenheiten und Befugnisse, Ermittlungen, Erörterungstermin),
h) § 271 (Aussetzung der Entscheidung),
i) §§ 272 bis 277 (Verfahren),
j) § 280 (Inhalt des Erkenntnisses oder des Beschlusses).

21. Säumnisbeschwerde

§ 284. (1) Wegen Verletzung der Entscheidungspflicht kann die Partei Beschwerde (Säumnisbeschwerde) beim Verwaltungsgericht erheben, wenn ihr Bescheide der Abgabenbehörden nicht innerhalb von sechs Monaten nach Einlangen der Anbringen oder nach dem Eintritt zur Verpflichtung zu ihrer amtswegigen Erlassung bekanntgegeben (§ 97) werden. Hiezu ist jede Partei befugt, der gegenüber der Bescheid zu ergehen hat.

(2) Das Verwaltungsgericht hat der Abgabenbehörde aufzutragen, innerhalb einer Frist von bis zu drei Monaten ab Einlangen der Säumnisbeschwerde zu entscheiden und gegebenenfalls eine Abschrift des Bescheides vorzulegen oder anzugeben, warum eine Verletzung der Entscheidungspflicht nicht oder nicht mehr vorliegt. Die Frist kann einmal verlängert werden, wenn die Abgabenbehörde das Vorliegen von in der Sache gelegenen Gründen nachzuweisen vermag, die eine fristgerechte Entscheidung unmöglich machen. Wird der Bescheid erlassen oder wurde er vor Einleitung des Verfahrens erlassen, so ist das Verfahren einzustellen.

(3) Die Zuständigkeit zur Entscheidung geht erst dann auf das Verwaltungsgericht über, wenn die Frist (Abs. 2) abgelaufen ist oder wenn die Ab-

gabenbehörde vor Ablauf der Frist mitteilt, dass keine Verletzung der Entscheidungspflicht vorliegt.

(4) Säumnisbeschwerden sind mit Erkenntnis abzuweisen, wenn die Verspätung nicht auf ein überwiegendes Verschulden der Abgabenbehörde zurückzuführen ist.

(5) Das Verwaltungsgericht kann sein Erkenntnis vorerst auf die Entscheidung einzelner maßgeblicher Rechtsfragen beschränken und der Abgabenbehörde auftragen, den versäumten Bescheid unter Zugrundelegung der hiermit festgelegten Rechtsanschauung binnen bestimmter, acht Wochen nicht übersteigender Frist zu erlassen. Kommt die Abgabenbehörde dem Auftrag nicht nach, so entscheidet das Verwaltungsgericht über die Beschwerde durch Erkenntnis in der Sache selbst.

(6) Partei im Beschwerdeverfahren ist auch die Abgabenbehörde, deren Säumnis geltend gemacht wird.

(7) Sinngemäß sind anzuwenden:

a) § 256 Abs. 1 und 3 (Zurücknahme der Beschwerde),
b) § 260 Abs. 1 lit. a (Unzulässigkeit),
c) § 265 Abs. 6 (Verständigungspflichten),
d) § 266 (Vorlage der Akten),
e) § 268 (Ablehnung wegen Befangenheit oder Wettbewerbsgefährdung),
f) § 269 (Obliegenheiten und Befugnisse, Ermittlungen, Erörterungstermin),
g) §§ 272 bis 277 (Verfahren),
h) § 280 (Inhalt des Erkenntnisses oder des Beschlusses).

§ 285. (1) Die Säumnisbeschwerde hat zu enthalten:

a) die Bezeichnung der säumigen Abgabenbehörde;
b) die Darstellung des Inhaltes des unerledigten Antrages bzw. der Angelegenheit, in der eine Verpflichtung zur amtswegigen Erlassung eines Bescheides besteht;
c) die Angaben, die zur Beurteilung des Ablaufes der Frist des § 284 Abs. 1 notwendig sind.

(2) Die Frist des § 284 Abs. 2 wird durch einen Mängelbehebungsauftrag (§ 85 Abs. 2) gehemmt. Die Hemmung beginnt mit dem Tag der Zustellung des Mängelbehebungsauftrages und endet mit Ablauf der Mängelbehebungsfrist oder mit dem früheren Tag des Einlangens der Mängelbehebung beim Verwaltungsgericht.

§ 286. Ist wegen einer gleichen oder ähnlichen Rechtsfrage eine Säumnisbeschwerde anhängig oder schwebt sonst vor einem Gericht oder einer Verwaltungsbehörde ein Verfahren, dessen Ausgang von wesentlicher Bedeutung für die Entscheidung in der Angelegenheit, in der die Säumnisbeschwerde eingebracht wurde, ist, so kann das Verwaltungsgericht die Entscheidung über die Säumnisbeschwerde unter Mitteilung der hiefür maßgebenden Gründe mit Beschluss aussetzen, sofern nicht überwiegende Interessen der Partei (§ 78) entgegenstehen. Während der Zeit der Wirksamkeit des Aussetzungsbescheides ist die Frist des § 284 Abs. 2 gehemmt. Nach Beendigung des Verfahrens, das Anlass zur Aussetzung gegeben hat, ist das ausgesetzte Verfahren von Amts wegen fortzusetzen.

22. Nebenansprüche

§ 287. (1) Die Einhebung und zwangsweise Einbringung der von Verwaltungsgerichten mit Beschluss festgesetzten Nebenansprüche obliegt der vom Verwaltungsgericht bestimmten Abgabenbehörde.

(2) Für solche Beschlüsse gelten die §§ 293, 303, 304 und 307 sinngemäß. Solche Maßnahmen obliegen dem Verwaltungsgericht.

23. Zweistufiger Instanzenzug bei Gemeinden

§ 288. (1) Besteht ein zweistufiger Instanzenzug für Angelegenheiten des eigenen Wirkungsbereiches der Gemeinden, so gelten für das Berufungsverfahren die für Bescheidbeschwerden und für den Inhalt der Berufungsentscheidungen die für Beschwerdevorentscheidungen anzuwendenden Bestimmungen sinngemäß. Weiters sind die Beschwerden betreffenden Bestimmungen (insbesondere die §§ 76 Abs. 1 lit. d, 209a, 212 Abs. 4, 212a und 254) sowie § 93 Abs. 3 lit. b und Abs. 4 bis 6 sinngemäß anzuwenden.

(2) Im Berufungsverfahren sind die §§ 278 und 279 Abs. 3 (Aufhebung unter Zurückverweisung, Bindung an Rechtsanschauung) nicht anzuwenden.

(3) Besteht ein zweistufiger Instanzenzug (Abs. 1), so sind die §§ 262 bis 264 (Beschwerdevorentscheidung, Vorlageantrag) weder im Berufungsverfahren noch im Beschwerdeverfahren anzuwenden. § 300 gilt sinngemäß ab Einbringung der gegen die Entscheidung über die Berufung gerichteten Bescheidbeschwerde.

24. Klaglosstellung

§ 289. (1) Das Verwaltungsgericht kann Erkenntnisse und Beschlüsse nur aufheben, wenn sie beim Verwaltungsgerichtshof mit Revision oder beim Verfassungsgerichtshof mit Beschwerde angefochten sind, und zwar

a) wegen Rechtswidrigkeit ihres Inhaltes, oder
b) wenn sie von einem unzuständigen Verwaltungsgericht, von einem hiezu nicht berufenen Organ oder von einem nicht richtig zusammengesetzten Senat erlassen wurden, oder
c) wenn der ihnen zugrunde gelegte Sachverhalt in einem wesentlichen Punkt unrichtig festgestellt oder aktenwidrig angenommen wurde, oder
d) wenn Verfahrensvorschriften außer Acht gelassen wurden, bei deren Einhaltung ein anders lautendes Erkenntnis oder ein anders lautender Beschluss hätte erlassen werden können.

(2) Eine Aufhebung (Abs. 1) darf in jedem Beschwerdeverfahren nur einmal erfolgen. Sie ist

bis zum Ablauf von fünf Jahren ab Bekanntgabe (§ 97) des angefochtenen Erkenntnisses bzw. Beschlusses zulässig.

(3) Durch die Aufhebung tritt das Verfahren in die Lage zurück, in der es sich vor Erlassung des aufgehobenen Erkenntnisses bzw. Beschlusses befunden hat.

25. Antrag auf Vorabentscheidung

§ 290. (1) Ein Beschluss des Verwaltungsgerichtes, dem Gerichtshof der Europäischen Union eine Frage zur Vorabentscheidung nach Art. 267 des Vertrages über die Arbeitsweise der Europäischen Union (AEUV) vorzulegen, ist den Parteien zuzustellen.

(2) Nach Vorlage (Abs. 1) dürfen bis zum Einlangen der Vorabentscheidung nur solche Amtshandlungen vorgenommen werden, die durch die Vorabentscheidung nicht beeinflusst werden können oder die die Frage nicht abschließend regeln und keinen Aufschub gestatten.

(3) Erachtet das Verwaltungsgericht die noch nicht ergangene Vorabentscheidung für ihre Entscheidung in der Sache nicht mehr für erforderlich, so hat sie ihren Antrag unverzüglich zurückzuziehen. Hievon sind die Parteien in Kenntnis zu setzen.

26. Entscheidungspflicht

(BGBl I 2016/117)

§ 291. (1) Soweit die Bundes- oder Landesgesetze nicht anderes vorsehen, ist das Verwaltungsgericht verpflichtet, über Anträge der Parteien und über Beschwerden ohne unnötigen Aufschub, spätestens aber sechs Monate nach deren Einlangen zu entscheiden. Im Verfahren über Bescheidbeschwerden beginnt die Entscheidungsfrist mit der Vorlage der Beschwerde (§ 265) oder nach Einbringung einer Vorlageerinnerung (§ 264 Abs. 6). In den Fällen des § 284 Abs. 5 beginnt die Entscheidungsfrist mit Ablauf der vom Verwaltungsgericht gesetzten Frist.

(BGBl I 2016/117)

(2) Die Zeit eines Verfahrens vor dem Verfassungsgerichtshof gemäß Art. 139, 139a, 140 und 140a B-VG oder eines Vorabentscheidungsverfahrens vor dem Gerichtshof der Europäischen Union ist in die Entscheidungsfrist nach Abs. 1 nicht einzurechnen.

27. Verfahrenshilfe

(BGBl I 2016/117)

§ 292. (1) Auf Antrag einer Partei (§ 78) ist, wenn zu entscheidende Rechtsfragen besondere Schwierigkeiten rechtlicher Art aufweisen, ihr für das Beschwerdeverfahren Verfahrenshilfe vom Verwaltungsgericht insoweit zu bewilligen,

1. als die Partei außerstande ist, die Kosten der Führung des Verfahrens ohne Beeinträchtigung des notwendigen Unterhalts zu bestreiten und
2. als die beabsichtigte Rechtsverfolgung oder Rechtsverteidigung nicht als offenbar mutwillig oder aussichtslos erscheint.

(2) Als notwendiger Unterhalt ist derjenige Unterhalt anzusehen, den die Partei für sich und ihre Familie, für deren Unterhalt sie zu sorgen hat, zu einer einfachen Lebensführung benötigt.

(3) Einer juristischen Person oder einer Personenvereinigung (Personengemeinschaft) ohne eigene Rechtspersönlichkeit ist die Verfahrenshilfe insoweit zu bewilligen,

1. als die zur Führung des Verfahrens erforderlichen Mittel weder von ihr noch von den an der Führung des Verfahrens wirtschaftlich Beteiligten aufgebracht werden können und
2. als die beabsichtigte Rechtsverfolgung oder Rechtsverteidigung nicht als offenbar mutwillig oder aussichtslos erscheint.

(4) Ein wirtschaftlich Beteiligter (Abs. 3 Z 1) ist eine Person, auf deren Vermögenssphäre sich der Ausgang des Beschwerdeverfahrens nicht ganz unerheblich auswirkt und bei der es – auch aus diesem Grund – als zumutbar angesehen werden kann, von dieser Person eine Finanzierung der Verfahrenskosten zu verlangen.

(5) Offenbar aussichtslos ist eine Beschwerde insbesondere bei Unschlüssigkeit des Begehrens oder bei unbehebbarem Beweisnotstand. Bei einer nicht ganz entfernten Möglichkeit des Erfolges liegt keine Aussichtslosigkeit vor. Mutwillig ist eine Beschwerde dann, wenn sich die Partei der Unrichtigkeit ihres Standpunktes bewusst ist oder bewusst sein muss.

(6) Der Antrag auf Bewilligung der Verfahrenshilfe ist bis zur Vorlage der Bescheidbeschwerde bei der Abgabenbehörde, ab Vorlage der Beschwerde beim Verwaltungsgericht einzubringen. Wird der Antrag vor Ablauf der Frist zur Einbringung einer Bescheidbeschwerde beim Verwaltungsgericht eingebracht, so gilt dies als rechtzeitige Einbringung. Für Verfahren über Maßnahmenbeschwerden (§ 283) und über Säumnisbeschwerden (§ 284) ist der Antrag beim Verwaltungsgericht einzubringen. Wird der Antrag vor Ablauf der Frist zur Einbringung einer Maßnahmenbeschwerde bei der Abgabenbehörde eingebracht, so gilt dies als rechtzeitige Einbringung.

(7) Der Antrag kann gestellt werden

1. ab Erlassung des Bescheides, der mit Beschwerde angefochten werden soll bzw.
2. ab dem Zeitpunkt, in dem der Betroffene Kenntnis von der Ausübung unmittelbarer verwaltungsbehördlicher Befehls- und Zwangsgewalt erlangt hat bzw.
3. nach Ablauf der für Säumnisbeschwerden nach § 284 Abs. 1 maßgebenden Frist.

(8) Der Antrag hat zu enthalten

1. die Bezeichnung des Bescheides (Abs. 7 Z 1) bzw. der Amtshandlung (Abs. 7 Z 2) bzw. der unterlassenen Amtshandlung (Abs. 7 Z 3),

2. die Gründe, auf die sich die Behauptung der Rechtswidrigkeit stützt,
3. die Entscheidung der Partei, ob der Kammer der Wirtschaftstreuhänder oder der Rechtsanwaltskammer die Bestellung des Verfahrenshelfers obliegt,
4. eine Darstellung der Einkommens- und Vermögensverhältnisse des Antragstellers und der wirtschaftlich Beteiligten.

(9) Ein bei der Abgabenbehörde vor Vorlage der Bescheidbeschwerde eingebrachter Antrag ist unter Anschluss der Verwaltungsakten unverzüglich dem Verwaltungsgericht vorzulegen.

(10) Das Verwaltungsgericht hat über den Antrag mit Beschluss zu entscheiden. Hat das Gericht die Bewilligung der Verfahrenshilfe beschlossen, so hat es die Kammer der Wirtschaftstreuhänder bzw. die Rechtsanwaltskammer hievon zu benachrichtigen.

(11) Die Kammer der Wirtschaftstreuhänder bzw. die Rechtsanwaltskammer hat mit Beschluss den Wirtschaftstreuhänder bzw. Rechtsanwalt zu bestellen, dessen Kosten die Partei nicht zu tragen hat. Wünschen der Partei über die Auswahl der Person des Wirtschaftstreuhänders oder Rechtsanwaltes ist im Einvernehmen mit dem namhaft gemachten Wirtschaftstreuhänder bzw. Rechtsanwalt nach Möglichkeit zu entsprechen. Von der Bestellung sind die Abgabenbehörde und das Verwaltungsgericht zu verständigen.

(12) Wird der Antrag auf Verfahrenshilfe innerhalb einer für die Einbringung der Beschwerde (§ 243, § 283), des Vorlageantrages (§ 264) oder einer im Beschwerdeverfahren gegenüber dem Verwaltungsgericht einzuhaltenden Frist gestellt, so beginnt diese Frist mit dem Zeitpunkt, in dem

1. der Beschluss über die Bestellung des Wirtschaftstreuhänders bzw. Rechtsanwaltes zum Vertreter und der anzufechtende Bescheid dem Wirtschaftstreuhänder bzw. Rechtsanwalt bzw.
2. der den Antrag nicht stattgebende Beschluss der Partei

zugestellt wurde, von neuem zu laufen.

(13) Die Bewilligung der Verfahrenshilfe ist vom Verwaltungsgericht zu widerrufen, wenn die Voraussetzungen für die Bewilligung nicht mehr gegeben sind oder wenn das Vorhandensein der Voraussetzungen auf Grund unrichtiger oder irreführender Angaben der Partei zu Unrecht angenommen worden ist.

(14) Der Bund hat der Kammer der Wirtschaftstreuhänder und dem Österreichischen Rechtsanwaltskammertag jährlich spätestens zum 30. September für die im abgelaufenen Kalenderjahr erbrachten Leistungen der nach Abs. 11 bestellten Wirtschaftstreuhänder und Rechtsanwälte eine angemessene Pauschalvergütung zu zahlen, deren Höhe durch Verordnung des Bundesministers für Finanzen festzusetzen ist. Die Festsetzung hat anhand der Anzahl der jährlichen Bestellungen und des Umfanges der erbrachten Leistungen zu erfolgen.

(BGBl I 2016/117)

B. Sonstige Maßnahmen

1. Abänderung, Zurücknahme und Aufhebung

§ 293. Die Abgabenbehörde kann auf Antrag einer Partei (§ 78) oder von Amts wegen in einem Bescheid unterlaufene Schreib- und Rechenfehler oder andere offenbar auf einem ähnlichen Versehen beruhende tatsächliche oder ausschließlich auf dem Einsatz einer automationsunterstützten Datenverarbeitungsanlage beruhende Unrichtigkeiten berichtigen.

§ 293a. Verletzt die Angabe der Einkunftsart in der Begründung (§ 93 Abs. 3 lit. a) eines Abgabenbescheides rechtliche Interessen der Partei (§ 78), so kann sie auf Antrag der Partei auch dann berichtigt werden, wenn eine Berichtigung nach § 293 nicht zulässig ist.

§ 293b. Die Abgabenbehörde kann auf Antrag einer Partei (§ 78) oder von Amts wegen einen Bescheid insoweit berichtigen, als seine Rechtswidrigkeit auf der Übernahme offensichtlicher Unrichtigkeiten aus Abgabenerklärungen beruht.

§ 294. (1) Eine Änderung oder Zurücknahme eines Bescheides, der Begünstigungen, Berechtigungen oder die Befreiung von Pflichten betrifft, durch die Abgabenbehörde ist – soweit nicht Widerruf oder Bedingungen vorbehalten sind – nur zulässig,

a) wenn sich die tatsächlichen Verhältnisse geändert haben, die für die Erlassung des Bescheides maßgebend gewesen sind, oder
b) wenn das Vorhandensein dieser Verhältnisse auf Grund unrichtiger oder irreführender Angaben zu Unrecht angenommen worden ist.

(2) Die Änderung oder Zurücknahme kann ohne Zustimmung der betroffenen Parteien mit rückwirkender Kraft nur ausgesprochen werden, wenn der Bescheid durch wissentlich unwahre Angaben oder durch eine strafbare Handlung herbeigeführt worden ist.

(3) Die Bestimmungen der Abgabenvorschriften über die Änderung und den Widerruf von Bescheiden der im Abs. 1 bezeichneten Art bleiben unberührt.

(4) Die Entscheidung über Änderungen und Zurücknahmen nach Abs. 1 und 2 steht der Abgabenbehörde zu, die für die Erlassung des zu ändernden bzw. zurückzunehmenden Bescheides zuständig war oder vor Übergang der Zuständigkeit als Folge einer Bescheidbeschwerde oder einer Säumnisbeschwerde (§ 284 Abs. 3) zuständig gewesen wäre. Ist die diesbezügliche Zuständigkeit auf eine andere Abgabenbehörde übergegangen, so steht die Entscheidung der zuletzt zuständig gewordenen Abgabenbehörde zu.

§ 295. (1) Ist ein Bescheid von einem Feststellungsbescheid abzuleiten, so ist er ohne Rücksicht darauf, ob die Rechtskraft eingetreten ist, im Fall der nachträglichen Abänderung, Aufhebung oder Erlassung des Feststellungsbescheides von Amts wegen durch einen neuen Bescheid zu ersetzen oder, wenn die Voraussetzungen für die Erlassung des abgeleiteten Bescheides nicht mehr vorliegen, aufzuheben. Mit der Änderung oder Aufhebung des abgeleiteten Bescheides kann gewartet werden, bis die Abänderung oder Aufhebung des Feststellungsbescheides oder der nachträglich erlassene Feststellungsbescheid rechtskräftig geworden ist.

(2) Ist ein Bescheid von einem Abgaben-, Meß-, Zerlegungs- oder Zuteilungsbescheid abzuleiten, so gilt Abs. 1 sinngemäß.

(2a) Ist ein Bescheid von einem Bescheid gemäß § 48 Abs. 2 oder 4 abzuleiten, ist er ungeachtet des Eintritts der Rechtskraft oder der Verjährung im Fall der nachträglichen Erlassung oder Aufhebung des Bescheides von Amts wegen aufzuheben oder insoweit abzuändern, als der Bescheid sich auf den Spruch des abgeleiteten Bescheides auswirkt.

(BGBl I 2019/62)

(3) Ein Bescheid ist ohne Rücksicht darauf, ob die Rechtskraft eingetreten ist, auch ansonsten zu ändern oder aufzuheben, wenn der Spruch dieses Bescheides anders hätte lauten müssen oder dieser Bescheid nicht hätte ergehen dürfen, wäre bei seiner Erlassung ein anderer Bescheid bereits abgeändert, aufgehoben oder erlassen gewesen. Mit der Änderung oder Aufhebung des Bescheides kann gewartet werden, bis die Abänderung oder Aufhebung des anderen Bescheides oder der nachträglich erlassene andere Bescheid rechtskräftig geworden ist.

(4) Wird eine Bescheidbeschwerde, die gegen ein Dokument, das Form und Inhalt

– eines Feststellungsbescheides (§ 188) oder
– eines Bescheides, wonach eine solche Feststellung zu unterbleiben hat,

gerichtet ist, als unzulässig zurückgewiesen, weil das Dokument kein Bescheid ist, sind auf das Dokument gestützte Bescheide auf Antrag der Partei aufzuheben oder insoweit abzuändern, als sie sich auf das Dokument stützen. Der Antrag ist innerhalb eines Jahres ab Rechtskraft der Zurückweisung zu stellen. Der an die Stelle des aufgehobenen Bescheides tretenden Abgabenfestsetzung steht, soweit sie im das Dokument ersetzenden Bescheid enthaltene Feststellungen übernimmt, der Eintritt der Verjährung nicht entgegen, wenn die Festsetzung innerhalb eines Jahres ab Aufhebung erfolgt. § 209a Abs. 2 erster Satz gilt sinngemäß, wenn gegen den das Dokument ersetzenden Bescheid fristgerecht Beschwerde erhoben wird. Der Antrag hat folgendes zu enthalten:

1. die Bezeichnung des Bescheides, der abgeändert oder aufgehoben werden soll;
2. die Bezeichnung des Bescheides oder Beschlusses, mit dem die Bescheidbeschwerde im Feststellungsverfahren zurückgewiesen wurde;
3. die Angaben, die zur Beurteilung der Rechtzeitigkeit des Antrages erforderlich sind.

(BGBl I 2020/2, BGBl I 2021/3, BGBl I 2022/108)

(5) Die Entscheidung über Aufhebungen und Änderungen nach den Abs. 1 bis 4 steht der Abgabenbehörde zu, die für die Erlassung des aufzuhebenden bzw. zu ändernden Bescheides zuständig war oder vor Übergang der Zuständigkeit als Folge einer Bescheidbeschwerde oder einer Säumnisbeschwerde (§ 284 Abs. 3) zuständig gewesen wäre. Ist die diesbezügliche Zuständigkeit auf eine andere Abgabenbehörde übergegangen, so steht die Entscheidung der zuletzt zuständig gewordenen Abgabenbehörde zu.

(BGBl I 2021/3)

§ 295a. (1) Ein Bescheid kann auf Antrag der Partei (§ 78) oder von Amts wegen insoweit abgeändert werden, als ein Ereignis eintritt, das abgabenrechtliche Wirkung für die Vergangenheit auf den Bestand oder Umfang eines Abgabenanspruches hat.

(2) Die Entscheidung über die Abänderung steht der Abgabenbehörde zu, die für die Erlassung des abzuändernden Bescheides zuständig war oder vor Übergang der Zuständigkeit als Folge einer Bescheidbeschwerde oder einer Säumnisbeschwerde (§ 284 Abs. 3) zuständig gewesen wäre. Ist die diesbezügliche Zuständigkeit auf eine andere Abgabenbehörde übergegangen, so steht die Entscheidung der zuletzt zuständig gewordenen Abgabenbehörde zu.

§ 296. (aufgehoben)

§ 297. (1) Ist ein Zerlegungsbescheid gemäß § 295 durch einen neuen Zerlegungsbescheid zu ersetzen, so kann die Abgabenbehörde, sofern nicht überwiegende Interessen der Parteien entgegenstehen, mit der Vornahme der neuen Zerlegung warten, bis der abändernde Meßbescheid rechtskräftig geworden ist.

(2) Ist der Anspruch einer Körperschaft auf einen Anteil am Steuermeßbetrag unberücksichtigt geblieben, ohne bescheidmäßig abgelehnt worden zu sein, so ist auf Antrag eine Zerlegung oder eine neue Zerlegung des Steuermeßbetrages, erforderlichenfalls auch des für die Festsetzung des Grundsteuermeßbetrages maßgeblichen Einheitswertes vorzunehmen. Ein Antrag auf erstmalige Zerlegung kann nur innerhalb eines Jahres ab Eintritt der Rechtskraft des Meßbescheides, ein Antrag auf neue Zerlegung nur innerhalb eines Jahres ab Eintritt der Rechtskraft des bisherigen Zerlegungsbescheides gestellt werden.

§ 298. Ein Abgabenbescheid, in dem der Abgabenbetrag auf Grund eines Steuermeßbetrages unter Anwendung eines Hundertsatzes (Hebesatzes) berechnet wurde, ist im Fall einer nachträglichen Änderung des Hebesatzes von Amts wegen durch einen neuen Abgabenbescheid zu ersetzen.

§ 299. (1) Die Abgabenbehörde kann auf Antrag der Partei oder von Amts wegen einen Bescheid der Abgabenbehörde aufheben, wenn der Spruch des Bescheides sich als nicht richtig erweist. Der Antrag hat zu enthalten:

a) die Bezeichnung des aufzuhebenden Bescheides;
b) die Gründe, auf die sich die behauptete Unrichtigkeit stützt.

(2) Mit dem aufhebenden Bescheid ist der den aufgehobenen Bescheid ersetzende Bescheid zu verbinden. Dies gilt nur, wenn dieselbe Abgabenbehörde zur Erlassung beider Bescheide zuständig ist.

(3) Durch die Aufhebung des aufhebenden Bescheides (Abs. 1) tritt das Verfahren in die Lage zurück, in der es sich vor der Aufhebung (Abs. 1) befunden hat.

§ 299a. Für Landes- und Gemeindeabgaben gilt Folgendes:

Abgabenbehörden im Sinn des § 299 im Anwendungsbereich des § 288 sind nur Abgabenbehörden erster Instanz.

(BGBl I 2016/117)

§ 300. (1) Ab Vorlage der Beschwerde (§ 265) bzw. ab Einbringung einer Vorlageerinnerung (§ 264 Abs. 6) bzw. in den Fällen des § 262 Abs. 2 bis 4 (Unterbleiben einer Beschwerdevorentscheidung) ab Einbringung der Bescheidbeschwerde können Abgabenbehörden beim Verwaltungsgericht mit Bescheidbeschwerde angefochtene Bescheide und allfällige Beschwerdevorentscheidungen bei sonstiger Nichtigkeit weder abändern noch aufheben. Die Verpflichtung zur Erlassung einer Beschwerdevorentscheidung (§ 262 Abs. 1) wird dadurch nicht berührt. Sie können solche Bescheide, wenn sich ihr Spruch als nicht richtig erweist, nur dann aufheben,

(BGBl I 2016/117, BGBl I 2018/62)

a) wenn der Beschwerdeführer einer solchen Aufhebung gegenüber dem Verwaltungsgericht nach Vorlage der Beschwerde zugestimmt hat und
b) wenn das Verwaltungsgericht mit Beschluss die Zustimmungserklärung an die Abgabenbehörde unter Setzung einer angemessenen Frist zur Aufhebung weitergeleitet hat und
c) wenn die Frist (lit. b) noch nicht abgelaufen ist.

(2) Vor Ablauf der Frist des Abs. 1 lit. b kann das Verwaltungsgericht über die Beschwerde weder mit Erkenntnis noch mit Beschluss absprechen, es sei denn, die Abgabenbehörde teilt mit, dass sie keine Aufhebung vornehmen wird.

(3) Mit dem aufhebenden Bescheid ist der den aufgehobenen Bescheid ersetzende Bescheid zu verbinden. Dies gilt nur, wenn dieselbe Abgabenbehörde zur Erlassung beider Bescheide zuständig ist.

(BGBl I 2016/117)

(4) (aufgehoben)

(BGBl I 2016/117)

(5) Durch die Bekanntgabe der Aufhebung (Abs. 1) lebt die Entscheidungspflicht des § 291 wieder auf. Die Abgabenbehörde hat das Verwaltungsgericht unverzüglich von der Aufhebung zu verständigen.

§ 301. (aufgehoben)

§ 302. (1) Abänderungen, Zurücknahmen und Aufhebungen von Bescheiden sind, soweit nicht anderes bestimmt ist, bis zum Ablauf der Verjährungsfrist, Aufhebungen gemäß § 299 jedoch bis zum Ablauf eines Jahres nach Bekanntgabe (§ 97) des Bescheides zulässig.

(2) Darüber hinaus sind zulässig:

a) Berichtigungen nach § 293 innerhalb eines Jahres ab Rechtskraft des zu berichtigenden Bescheides oder wenn der Antrag auf Berichtigung innerhalb dieses Jahres eingebracht ist, auch nach Ablauf dieses Jahres;
b) Aufhebungen nach § 299 auch dann, wenn der Antrag auf Aufhebung vor Ablauf der sich aus Abs. 1 ergebenden Jahresfrist eingebracht ist.
c) und d) (aufgehoben)

2. Wiederaufnahme des Verfahrens

§ 303. (1) Ein durch Bescheid abgeschlossenes Verfahren kann auf Antrag einer Partei oder von Amts wegen wiederaufgenommen werden, wenn

a) der Bescheid durch eine gerichtlich strafbare Tat herbeigeführt oder sonstwie erschlichen worden ist, oder
b) Tatsachen oder Beweismittel im abgeschlossenen Verfahren neu hervorgekommen sind, oder
c) der Bescheid von Vorfragen (§ 116) abhängig war und nachträglich über die Vorfrage von der Verwaltungsbehörde bzw. dem Gericht in wesentlichen Punkten anders entschieden worden ist,

und die Kenntnis dieser Umstände allein oder in Verbindung mit dem sonstigen Ergebnis des Verfahrens einen im Spruch anders lautenden Bescheid herbeigeführt hätte.

(2) Der Wiederaufnahmsantrag hat zu enthalten:

a) die Bezeichnung des Verfahrens, dessen Wiederaufnahme beantragt wird;
b) die Bezeichnung der Umstände (Abs. 1), auf die der Antrag gestützt wird.

(3) Der Bundesminister für Finanzen wird ermächtigt, durch Verordnung die für die Ermessensübung bedeutsamem Umstände zu bestimmen.

§ 303a. (aufgehoben)

§ 304. Nach Eintritt der Verjährung ist eine Wiederaufnahme des Verfahrens nur zulässig, wenn sie

a) vor Eintritt der Verjährungsfrist beantragt wird, oder
b) innerhalb von drei Jahren ab Eintritt der Rechtskraft des das Verfahren abschließenden Bescheides beantragt oder durchgeführt wird.

(BGBl I 2018/62)

§ 305. Die Entscheidung über die Wiederaufnahme steht der Abgabenbehörde zu, die für die Erlassung des nach § 307 Abs. 1 aufzuhebenden Bescheides zuständig war oder vor Übergang der

Zuständigkeit als Folge einer Bescheidbeschwerde oder einer Säumnisbeschwerde (§ 284 Abs. 3) zuständig gewesen wäre. Ist die diesbezügliche Zuständigkeit auf eine andere Abgabenbehörde übergegangen, so steht die Entscheidung der zuletzt zuständig gewordenen Abgabenbehörde zu.

§ 306. (aufgehoben)

§ 307. (1) Mit dem die Wiederaufnahme des Verfahrens bewilligenden oder verfügenden Bescheid ist unter gleichzeitiger Aufhebung des früheren Bescheides die das wiederaufgenommene Verfahren abschließende Sachentscheidung zu verbinden. Dies gilt nur, wenn dieselbe Abgabenbehörde zur Erlassung beider Bescheide zuständig ist.

(2) (aufgehoben)

(3) Durch die Aufhebung des die Wiederaufnahme des Verfahrens bewilligenden oder verfügenden Bescheides tritt das Verfahren in die Lage zurück, in der es sich vor seiner Wiederaufnahme befunden hat.

3. Wiedereinsetzung in den vorigen Stand

§ 308. (1) Gegen die Versäumung einer Frist (§§ 108 bis 110) oder einer mündlichen Verhandlung ist auf Antrag der Partei, die durch die Versäumung einen Rechtsnachteil erleidet, die Wiedereinsetzung in den vorigen Stand zu bewilligen, wenn die Partei glaubhaft macht, daß sie durch ein unvorhergesehenes oder unabwendbares Ereignis verhindert war, die Frist einzuhalten oder zur Verhandlung zu erscheinen. Daß der Partei ein Verschulden an der Versäumung zur Last liegt, hindert die Bewilligung der Wiedereinsetzung nicht, wenn es sich nur um einen minderen Grad des Versehens handelt.

(2) (aufgehoben)

(3) Der Antrag auf Wiedereinsetzung muss binnen einer Frist von drei Monaten nach Aufhören des Hindernisses bei der Behörde (Abgabenbehörde oder Verwaltungsgericht), bei der die Frist wahrzunehmen war bzw. bei der die Verhandlung stattfinden sollte, eingebracht werden. Bei Versäumnis einer Beschwerdefrist (§ 245) oder einer Frist zur Stellung eines Vorlageantrages (§ 264) gilt § 249 Abs. 1 dritter Satz sinngemäß. Im Fall der Versäumung einer Frist hat der Antragsteller spätestens gleichzeitig mit dem Wiedereinsetzungsantrag die versäumte Handlung nachzuholen.

(4) Wenn die Zuständigkeit zur Abgabenerhebung auf eine andere Abgabenbehörde übergegangen ist, kann der Antrag unter gleichzeitiger Nachholung der versäumten Handlung auch bei der Abgabenbehörde eingebracht werden, die im Zeitpunkt der Antragstellung zur Abgabenerhebung zuständig ist.

§ 309. Nach Ablauf von fünf Jahren, vom Ende der versäumten Frist oder vom Termin der versäumten mündlichen Verhandlung an gerechnet, ist ein Antrag auf Wiedereinsetzung in den vorigen Stand nicht mehr zulässig.

§ 309a. Der Wiedereinsetzungsantrag hat zu enthalten:

a) die Bezeichnung der versäumten Frist oder der versäumten mündlichen Verhandlung;

b) die Bezeichnung des unvorhergesehenen oder unabwendbaren Ereignisses (§ 308 Abs. 1);

c) die Angaben, die zur Beurteilung des fehlenden groben Verschuldens an der Fristversäumung oder der Versäumung der mündlichen Verhandlung notwendig sind;

d) die Angaben, die zur Beurteilung der Rechtzeitigkeit des Antrags notwendig sind.

§ 310. (1) Die Entscheidung über den Antrag auf Wiedereinsetzung in den vorigen Stand obliegt der Behörde, bei der die versäumte Handlung vorzunehmen war.

(2) Wenn die Zuständigkeit zur Abgabenerhebung auf eine andere Abgabenbehörde übergegangen ist, steht die Entscheidung über den Antrag auf Wiedereinsetzung der zuletzt zuständig gewordenen Abgabenbehörde zu.

(3) Durch die Bewilligung der Wiedereinsetzung tritt das Verfahren in die Lage zurück, in der es sich vor dem Eintritt der Versäumung befunden hat. Soweit die versäumte Handlung erst die Einleitung eines Verfahrens zur Folge gehabt hätte, ist durch die Bewilligung der Wiedereinsetzung die ursprünglich versäumte Handlung als rechtzeitig vorgenommen anzusehen.

§§ 311. und 311a. (entfallen)

8. Abschnitt
Kosten

A. Allgemeine Bestimmungen

§ 312. Sofern sich aus diesem Bundesgesetz oder aus sonstigen gesetzlichen Vorschriften nicht anderes ergibt, sind die Kosten für die Tätigkeit der Abgabenbehörden und der Verwaltungsgerichte von Amts wegen zu tragen.

§ 313. Die Parteien haben die ihnen im Abgabenverfahren und im Beschwerdeverfahren erwachsenden Kosten selbst zu bestreiten.

§ 313a. Ist eine Partei gehörlos oder hörbehindert, so ist erforderlichenfalls ein Dolmetscher beizustellen. § 181 gilt sinngemäß; die Gebühr für die Mühewaltung richtet sich nach § 54 Gebührenanspruchsgesetz 1975.

B. Kosten im Verbrauchsteuer- und Monopolverfahren

§ 314. Im Verbrauchsteuer- und Monopolverfahren besteht Kostenpflicht

1. für alle Amtshandlungen, die auf Antrag zu einer vom Antragsteller gewünschten bestimmten Zeit vorgenommen werden;
2. für besondere Überwachungsmaßnahmen im Sinn des § 155;
3. für die zweite und jede weitere Alkoholfeststellung innerhalb eines Kalendermonats in derselben Verschlussbrennerei, wenn sie im Interesse des Inhabers der Brennerei vorgenommen wird;
4. für die Vergällung von Alkohol;

5. für Sachverständigengutachten und für chemische oder technische Untersuchungen von Waren anläßlich der Prüfung von Anträgen auf Gewährung von Begünstigungen.

§ 315. (1) Soweit nach § 314 Kostenpflicht besteht oder in Verbrauchsteuervorschriften oder Monopolvorschriften die Auferlegung von Kosten vorgesehen ist, hat die Partei (§ 78) die der Abgabenbehörde erwachsenen Barauslagen zu ersetzen und für Amtshandlungen außerhalb des Amtes Kommissionsgebühren zu entrichten. Die Kommissionsgebühren sind in dem Ausmaß zu entrichten, in dem sie auf Grund der §§ 101 oder 102 des Zollrechts-Durchführungsgesetzes für Amtshandlungen außerhalb des Amtsplatzes zu leisten wären.

(2) Für eine chemische oder technische Untersuchung (§ 314 Z 5), die von der Abgabenbehörde vorgenommen wurde, hat die Partei außer den im Abs. 1 angeführten Kosten eine Untersuchungsgebühr zu entrichten. Zur Berechnung der Untersuchungsgebühr sind die nach § 101 Abs. 2 zweiter Satz des Zollrechts-Durchführungsgesetzes bestimmten Personalkostensätze heranzuziehen. Teile einer Arbeitsstunde, die eine halbe Stunde übersteigen, gelten als volle Arbeitsstunde.

§ 316. (entfallen)

9. Abschnitt
Übergangs- und Schlußbestimmungen

§§ 317. bis 320. (nicht abgedruckt)

§ 321. (1) …

(2) Die gemäß § 71 der Wirtschaftstreuhänder-Berufsordnung, BGBl. Nr. 125/1955, unberührt gebliebenen Befugnisse zur Vertretung vor Abgabenbehörden beziehungsweise zur Hilfe- oder Beistandsleistung in Abgabensachen erfahren durch das Inkrafttreten dieses Bundesgesetzes keine Änderung; dies gilt auch für die im § 107 a Abs. 3 Z 3 bis 9 der Abgabenordnung genannten Personen und Stellen.

§ 322. (nicht abgedruckt)

§ 323. (1) Dieses Bundesgesetz tritt am 1. Jänner 1962 in Kraft.

(2) § 44 Abs. 2 und die Bezeichnung des früheren § 323 Abs. 2 als § 324 in der Fassung des Bundesgesetzes BGBl. Nr. 257/1993 treten mit 1. Juli 1993 in Kraft. Auf zu diesem Zeitpunkt anhängige Verfahren sind sie jedoch noch nicht anzuwenden.

(3) § 61 in der Fassung des Bundesgesetzes BGBl. Nr. 201/1996 tritt mit 1. September 1996 in Kraft. Verfügungen gemäß § 71 Abs. 1, die dem § 61 in der Fassung dieses Bundesgesetzes entgegenstehen, verlieren insoweit mit dessen Inkrafttreten ihre Wirkung. Solange die Verständigung des Abgabepflichtigen vom Übergang der örtlichen Zuständigkeit als Folge der Änderung des § 61 durch dieses Bundesgesetz nicht ergangen ist, können Anbringen auch noch bei der vor Inkrafttreten der Änderung des § 61 durch dieses Bundesgesetz zuständig gewesenen Abgabenbehörde eingebracht werden.

(4) § 189 ist auf Zeitpunkte nach dem 31. Dezember 1993 nicht mehr anzuwenden.

(5) § 55 Abs. 3 und 4 in der Fassung des Bundesgesetzes BGBl. I Nr. 9/1998 tritt mit 1. Oktober 1998 in Kraft. Verfügungen gemäß § 71 Abs. 1, die § 55 Abs. 3 und 4 in der Fassung dieses Bundesgesetzes entgegenstehen, verlieren insoweit mit dessen Inkrafttreten ihre Wirkung. Solange die Verständigung des Abgabepflichtigen vom Übergang der örtlichen Zuständigkeit als Folge der Änderung des § 55 durch dieses Bundesgesetz nicht ergangen ist, können Anbringen auch noch bei der vor Inkrafttreten der Änderung des § 55 durch dieses Bundesgesetz zuständig gewesenen Abgabenbehörde eingebracht werden.

(6) § 187 ist auf Einkünfte, die in einem nach dem 31. Dezember 1996 endenden Wirtschaftsjahr (§ 2 Abs. 5 und 6 EStG 1988) erzielt werden, nicht mehr anzuwenden. Bei Prüfung der Voraussetzungen für die Anwendung des § 187 ist die Neufassung des § 55 durch Bundesgesetz BGBl. I Nr. 9/1998 unbeachtlich.

(7) Bewilligungen gemäß § 131 Abs. 1 vierter Satz verlieren mit Inkrafttreten der Neufassung des § 131 Abs. 1 durch BGBl. I Nr. 142/2000 ihre Wirksamkeit. § 205 in der Fassung des Bundesgesetzes BGBl. I Nr. 142/2000 ist erstmals auf Abgaben anzuwenden, für die der Abgabenanspruch nach dem 31. Dezember 1999 entstanden ist; abweichend von § 205 Abs. 1 ist für Abgaben, für die der Abgabenanspruch vor dem 1. Jänner 2001 entsteht, anstelle des 1. Juli der 1. Oktober 2001 für den Beginn der Verzinsung maßgebend. § 214 Abs. 4 lit. e in der Fassung des Bundesgesetzes BGBl. I Nr. 142/2000 ist erstmals auf Abgaben anzuwenden, für die der Abgabenanspruch am 31. Dezember 2000 entstanden ist. § 240 in der Fassung durch BGBl. I Nr. 142/ 2000 ist erstmals auf Abgaben anzuwenden, für die der Abgabenanspruch nach dem 31. Dezember 2000 entsteht.

(8) Die §§ 210 Abs. 6, 212 Abs. 2 lit. a, 212 Abs. 3, 212a Abs. 7, 214 Abs. 5, 217 sowie 230 in der Fassung des Bundesgesetzes BGBl. I Nr. 142/2000 sind erstmals auf Abgaben anzuwenden, für die der Abgabenanspruch nach dem 31. Dezember 2001 entsteht. Auf Abgaben, für die der Abgabenanspruch vor dem 1. Jänner 2002 entsteht, sind die §§ 212 Abs. 3 sowie 218 Abs. 2 und 6 (jeweils in der Fassung vor dem Bundesgesetz BGBl. I Nr. 142/ 2000) weiterhin mit der Maßgabe anzuwenden, dass die dort genannten Zweiwochenfristen jeweils einen Monat betragen.

(9) § 45a und § 125 Abs. 1 lit. a, jeweils in der Fassung des Bundesgesetzes BGBl. I Nr. 59/ 2001, sind erstmals auf im Jahr 2002 ausgeführte Umsätze anzuwenden. § 204, § 212 Abs. 2 und § 242, jeweils in der Fassung des Bundesgesetzes BGBl. I Nr. 59/2001, sowie § 111 Abs. 3, § 112 Abs. 2, § 112a, jeweils in der Fassung des Bundesgesetzes BGBl. I Nr. 144/2001, treten mit 1. Jänner 2002 in Kraft. § 125 Abs. 1 lit. b in der Fassung des Bundesgesetzes BGBl. I Nr. 58/2001 ist erstmals auf Werte zum 1. Jänner 2002 anzuwenden. § 188 in der Fassung vor dem Bundesgesetz BGBl. I Nr.

144/2001 ist letztmalig auf das Jahr 2000 betreffende Feststellungen anzuwenden.

(10) Die §§ 52a, 75, 78, 148, 212 Abs. 4, 212a Abs. 4 und 5, 243, 256, 260, 263 bis 268, 270, 273, 274, 276 bis 279, 281 bis 289 Abs. 2, 293 bis 293b, 299, 300, 302, 305, 308, 310 und 311 in der Fassung des Bundesgesetzes BGBl. I Nr. 97/2002, der Entfall der Überschriften vor § 53, § 273 und § 282 sowie der Entfall der §§ 74, 261, 262, 269 und 301 durch das Bundesgesetz BGBl. I Nr. 97/2002 treten mit 1. Jänner 2003 in Kraft und sind, soweit sie Berufungen und Devolutionsanträge betreffen, auch auf alle an diesem Tag unerledigten Berufungen und Devolutionsanträge anzuwenden.

(11) § 201 und § 214 Abs. 2 in der Fassung des Bundesgesetzes BGBl. I Nr. 97/2002 sind erstmals auf Abgaben anzuwenden, für die der Abgabenanspruch nach dem 31. Dezember 2002 entsteht. Die Bindungswirkung gemäß § 289 Abs. 3 und § 290 Abs. 2 in der Fassung des Bundesgesetzes BGBl. I Nr. 97/2002 kommt erstmals am 1. Jänner 2003 erlassenen Berufungsentscheidungen zu. § 292 in der Fassung vor dem Bundesgesetz BGBl. I Nr. 97/2002, ist für von Berufungssenaten im Sinne des § 260 in der Fassung vor dem Bundesgesetz BGBl. I Nr. 97/2002, erlassene Entscheidungen auch nach In-Kraft-Treten des § 292 in der Fassung des Bundesgesetzes BGBl. I Nr. 97/2002, anzuwenden.

(12) Anträge auf Entscheidung durch den gesamten Berufungssenat können abweichend von § 282 Abs. 1 Z 1 bis 31. Jänner 2003 bei den im § 249 genannten Abgabenbehörden für am 1. Jänner 2003 noch unerledigte Berufungen gestellt werden; solche Anträge können weiters in Fällen, in denen nach der vor 1. Jänner 2003 geltenden Rechtslage durch den Berufungssenat zu entscheiden war und diese Entscheidung durch den Verfassungsgerichtshof oder den Verwaltungsgerichtshof aufgehoben wird, innerhalb eines Monates ab Zustellung der Aufhebung gestellt werden. Anträge auf Durchführung einer mündlichen Berufungsverhandlung können abweichend von § 284 Abs. 1 Z 1 bis 31. Jänner 2003 bei den im § 249 genannten Abgabenbehörden für Berufungen, über die nach der vor 1. Jänner 2003 geltenden Rechtslage nicht durch den Berufungssenat zu entscheiden war, gestellt werden. Nach § 284 Abs. 1 in der Fassung vor dem Bundesgesetz BGBl. I Nr. 97/2002, gestellte Anträge auf mündliche Verhandlung gelten ab 1. Jänner 2003 als auf Grund des § 284 Abs. 1 Z 1 gestellt.

(13) Die Maßnahmen, die für eine unverzügliche Aufnahme der Tätigkeit des unabhängigen Finanzsenates erforderlich sind, dürfen bereits ab dem der Kundmachung des Bundesgesetzes BGBl. I Nr. 97/2002 folgenden Tag getroffen werden. Entsendungen nach den §§ 263 ff in der Fassung vor dem Bundesgesetz BGBl. I Nr. 97/2002, gelten als für den unabhängigen Finanzsenat bis 1. Jänner 2005 erfolgt; dies gilt nicht für von den Berufsvertretungen der Notare, Rechtsanwälte und Wirtschaftstreuhänder entsendete Mitglieder sowie für entsendete Notare, Rechtsanwälte und Wirtschaftstreuhänder.

(14) **(Verfassungsbestimmung)** § 271 in der Fassung des Bundesgesetzes BGBl. I Nr. 97/2002 tritt mit 1. Jänner 2003 in Kraft.

(15) Die §§ 59, 61, 148, 149, 150, 151 und 240 in der Fassung des Bundesgesetzes BGBl. I Nr. 124/2003 treten mit 1. März 2004 in Kraft. Von sich aus der Neufassung der §§ 59 und 61 ergebenden Übergängen der Zuständigkeit ist der Abgabepflichtige in Kenntnis zu setzen. Solange eine solche Verständigung nicht erfolgt ist, können Anbringen auch noch bei der vor dem Inkrafttreten der Neufassungen zuständig gewesenen Abgabenbehörde eingebracht werden. Delegierungsbescheide (§ 71), die den §§ 59 oder 61 in der Fassung der Neufassung entgegenstehen, verlieren insoweit mit 1. März 2004 ihre Wirkung.

(16) Die §§ 207, 209, 209a und 304 in der Fassung des Bundesgesetzes BGBl. I Nr. 57/2004 treten mit 1. Jänner 2005 in Kraft. § 209 Abs. 3 in der Fassung des Bundesgesetzes BGBl. I Nr. 57/2004 tritt für Nachforderungen bzw. Gutschriften als Folge einer Außenprüfung (§ 147 Abs. 1), wenn der Beginn der Amtshandlung vor dem 1. Jänner 2005 gelegen ist, erst mit 1. Jänner 2006 in Kraft.

(17) § 57 in der Fassung des Bundesgesetzes BGBl. I Nr. 180/2004 ist ab 1. Februar 2005 anzuwenden. Von sich aus der Neufassung des § 57 ergebenden Übergängen der Zuständigkeit ist der Abgabepflichtige in Kenntnis zu setzen. Solange eine solche Verständigung nicht erfolgt ist, können Anbringen auch noch bei der vor dem In-Kraft-Treten der Neufassungen zuständig gewesenen Abgabenbehörde eingebracht werden. Delegierungsbescheide (§ 71), die dem § 57 in der Fassung der Neufassung entgegenstehen, verlieren insoweit mit 1. Februar 2005 ihre Wirkung.

§ 80 in der Fassung des Bundesgesetzes, BGBl. I Nr. 180/2004 ist erstmals anzuwenden, wenn die Liquidation nach dem 31. Jänner 2005 beendigt wird.

§ 205 Abs. 2 in der Fassung des Bundesgesetzes BGBl. I Nr. 180/2004 ist erstmals für Einkommensteuer und Körperschaftsteuer, für die der Abgabenanspruch nach dem 31. Dezember 2004 entsteht, anzuwenden.

Die §§ 212 Abs. 2 und 212a Abs. 9 in der Fassung des Bundesgesetzes BGBl. I Nr. 180/2004 sind erstmals für Zeiträume nach dem 31. Jänner 2005 anzuwenden.

(18) § 209 Abs. 1 in der Fassung des Bundesgesetzes BGBl. I Nr. 180/2004 ist ab 1. Jänner 2005 anzuwenden. Für Nachforderungen bzw. Gutschriften als Folge einer Außenprüfung (§ 147 Abs. 1) ist die Neufassung des § 209 Abs. 1 jedoch erst ab 1. Jänner 2006 anzuwenden, wenn der Beginn der Amtshandlung vor dem 1. Jänner 2005 gelegen ist. § 209 Abs. 1 zweiter Satz in der Fassung BGBl. I Nr. 180/2004 gilt sinngemäß für im Jahr 2004 unternommene Amtshandlungen im Sinn des § 209 Abs. 1 in der Fassung vor BGBl. I Nr. 57/2004. § 209a Abs. 1 und 2 gilt für den Fall der Verkürzung von Verjährungsfristen durch die Neufassungen des § 207 Abs. 2 zweiter Satz durch BGBl. I Nr. 57/2004, des § 209 Abs. 1 durch BGBl.

I Nr. 180/2004, des § 209 Abs. 3 durch BGBl. I Nr. 57/2004 sowie des § 304 durch BGBl I Nr. 57/2004 sinngemäß. Wegen der Verkürzung der Verjährungsfristen des § 209 Abs. 3 durch BGBl. I Nr. 57/2004 dürfen Bescheide nicht gemäß § 299 Abs. 1 aufgehoben werden.

(19) §§ 131 Abs. 1, 2, 3 und 163 jeweils in der Fassung des Bundesgesetzes BGBl. I Nr. 99/2006 treten mit 1. Jänner 2007 in Kraft.

(20) Die Verordnung auf Grund § 131 in der Fassung des Bundesgesetzes BGBl. I Nr. 99/2006 kann bereits ab dem auf die Kundmachung des Betrugsbekämpfungsgesetzes 2006, BGBl. I Nr. 99/2006 folgenden Tag erlassen werden; sie darf jedoch frühestens mit 1. Jänner 2007 in Kraft treten.

(21) § 124 und § 125 Abs. 1 und 5 jeweils in der Fassung des Bundesgesetzes BGBl. I Nr. 100/2006 sind erstmalig für Wirtschaftsjahre anzuwenden, die nach dem 31. Dezember 2006 beginnen.

(22) § 121a und § 160 Abs. 1, jeweils in der Fassung des Bundesgesetzes BGBl. I Nr. 85/2008, sind für Erwerbe nach dem 31. Juli 2008 anzuwenden. Bei der Zusammenrechnung nach § 121a Abs. 2 sind Erwerbe vor dem 1. August 2008 nicht zu berücksichtigen.

(23) § 188 Abs. 4 lit. c in der Fassung des Bundesgesetzes BGBl. I Nr. 20/2009 ist erstmals auf Feststellungen anzuwenden, die das Jahr 2008 betreffen. § 214 Abs. 4 in der Fassung des Bundesgesetzes BGBl. I Nr. 20/2009, ist erstmals auf Abgaben anzuwenden, für die der Abgabenanspruch nach dem 31. Dezember 2009 entstanden ist. Die §§ 201 und 302, jeweils in der Fassung des Bundesgesetzes BGBl. I Nr. 20/2009 treten mit 1. November 2009 in Kraft. § 239a in der Fassung des Bundesgesetzes BGBl. I Nr. 20/2009, ist erstmals auf Abgaben (§ 3 in der Fassung vor dem Bundesgesetz, BGBl. I Nr. 20/2009) anzuwenden, für die der Abgabenanspruch nach dem 31. Dezember 2000 entstanden ist.

(24) Die §§ 51, 52a bis 68 sowie die §§ 71 bis 75 treten mit 1. Juli 2010 außer Kraft. § 63 ist weiterhin für die Erhebung der Erbschafts- und Schenkungssteuer anzuwenden.

(25) § 118 in der Fassung des Bundesgesetzes BGBl. I Nr. 34/2010 tritt mit 1. Jänner 2011 in Kraft.

(26) § 14 Abs. 2 tritt mit 1. Juli 2010 in Kraft. § 14 Abs. 2 in der Fassung des Bundesgesetzes BGBl. I Nr. 58/2010 ist anzuwenden, wenn das Insolvenzverfahren nach dem 30. Juni 2010 eröffnet wurde. Davon unberührt ist § 14 Abs. 2 in der Fassung vor dem Bundesgesetz BGBl. I Nr. 58/2010 für Insolvenzverfahren, die vor dem 1. Juli eröffnet werden, anzuwenden.

(27) Die §§ 207 Abs. 2 und 209 Abs. 4 in der Fassung des Bundesgesetzes BGBl. I Nr. 105/2010 sind erstmals auf Abgaben anzuwenden, für die der Abgabenanspruch nach dem 31. Dezember 2002 entstanden ist.

(28) § 240 Abs. 2 ist letztmalig für Anträge auf Erstattung mit Ablauf des 31. Dezembers 2011 anzuwenden.

(29) § 205a in der Fassung des Bundesgesetzes BGBl. I Nr. 76/2011, tritt mit 1. Jänner 2012 in Kraft und ist erstmals für ab diesem Zeitpunkt erfolgte Abgabenherabsetzungen anwendbar, wobei vor Inkrafttreten erfolgte Entrichtungen für die Verzinsung nur für Zeiträume ab Inkrafttreten zu berücksichtigen sind.

(30) Die §§ 3 Abs. 2 lit. b, 201 Abs. 3 und 205b, jeweils in der Fassung des Bundesgesetzes BGBl. I Nr. 76/2011, treten mit 1. Jänner 2012 in Kraft.

(31) Die §§ 208 Abs. 1 lit. f, 209a Abs. 4, 282 Abs. 3, 293c und 295 Abs. 4, jeweils in der Fassung des Bundesgesetzes BGBl. I Nr. 76/2011, treten mit 1. September 2011 in Kraft.

(32) § 118a in der Fassung des 1. Stabilitätsgesetzes 2012, BGBl. I Nr. 22/2012, tritt mit 1. Jänner 2013 in Kraft.

(33) Die §§ 9a und 282 Abs. 3, jeweils in der Fassung des Bundesgesetzes BGBl. I Nr. 112/2012, treten mit 1. Jänner 2013 in Kraft. Die §§ 208 Abs. 1. lit. f und 293c, jeweils in der Fassung des Bundesgesetzes, BGBl. I Nr. 76/2011, treten mit 1. Jänner 2013 außer Kraft; dies gilt nicht für vor diesem Tag erfolgte Berichtigungen gemäß § 293c sowie für vor diesem Tag eingebrachte Anträge auf Berichtigung gemäß § 293c.

(34) § 118a in der Fassung des Bundesgesetzes BGBl. I Nr. 112/2012 tritt mit 1. Jänner 2013 in Kraft.

(35) § 125 Abs. 1 in der Fassung des Bundesgesetzes BGBl. I Nr. 112/2012 ist erstmals anzuwenden für Einheitswerte, die gemäß § 20c Bewertungsgesetz 1955 festgestellt werden.

(36) Die §§ 43, 83 Abs. 4, 120 Abs. 2, 158 Abs. 4a, 160 Abs. 1, 171 Abs. 1 lit. c, 182 Abs. 2, 190 Abs. 1, 191 Abs. 1 und 3, 206, 213 Abs. 3, 227 Abs. 4, 228 und 229, jeweils in der Fassung des Bundesgesetzes. BGBl. I Nr. 14/2012, treten mit 1. Jänner 2013 in Kraft. Die §§ 4 Abs. 2 lit. b, 10, 187, 189 und 306 treten mit 1. Jänner 2013 außer Kraft.

(37) Die §§ 2a, 3 Abs. 2 lit. a, 15 Abs. 1, 52, 76, 78 Abs. 1, 85a, 93a zweiter Satz, 103 Abs. 2, 104, 118 Abs. 9, 120 Abs. 3, 122 Abs. 1, 148 Abs. 3 lit. c, 200 Abs. 5, 201 Abs. 2 und 3 Z 2, 205 Abs. 6, 205a, 209a Abs. 1, 2 und 5, 212 Abs. 2 und 4, 212a Abs. 1 bis 5, 217 Abs. 8, 225 Abs. 1, 238 Abs. 3 lit. c, 243 bis 291, 293a, 294 Abs. 4, 295 Abs. 5, 295a, 299, 300, 303, 304, 305, 308 Abs. 1, 3 und 4, 309, 309a, 310 Abs. 1, 312 sowie 313, jeweils in der Fassung des Bundesgesetzes, BGBl. I Nr. 14/2012, treten mit 1. Jänner 2014 in Kraft und sind, soweit sie Beschwerden betreffen, auch auf alle an diesem Tag unerledigten Berufungen und Devolutionsanträge anzuwenden. Die §§ 209b, 302 Abs. 2 lit. d, 303a, 311 und 311a, treten mit 1. Jänner 2014 außer Kraft.

(38) Die am 31. Dezember 2013 bei dem unabhängigen Finanzsenat als Abgabenbehörde zweiter Instanz anhängigen Berufungen und Devolutionsanträge sind vom Bundesfinanzgericht als Beschwerden im Sinn des Art. 130 Abs. 1 B-VG zu erledigen. Solche Verfahren betreffende Anbringen wirken mit 1. Jänner 2014 auch gegenüber dem Bundesfinanzgericht. Die Ausfertigung von noch

vor dem 1. Jänner 2014 verkündeten Rechtsmittelentscheidungen hat jedoch noch im Namen des unabhängigen Finanzsenates als Abgabenbehörde zweiter Instanz nach den zum 31. Dezember 2013 geltenden Verfahrensbestimmungen zu erfolgen. Nach dem 31. Dezember 2013 wirksam werdende Erledigungen des unabhängigen Finanzsenates als Abgabenbehörde zweiter Instanz gelten als Erledigungen des Bundesfinanzgerichtes.

(39) Soweit zum 31. Dezember 2013 eine Befugnis zur geschäftsmäßigen Vertretung im Abgabenverfahren vor den Abgabenbehörden zweiter Instanz besteht, ist diese auch im Beschwerdeverfahren vor den Verwaltungsgerichten gegeben.

(40) Die §§ 2a, 201 Abs. 2 und 3, 272 Abs. 5 und 295 Abs. 4, jeweils in der Fassung des Bundesgesetzes, BGBl. I Nr. 70/2013, treten mit 1. Jänner 2014 in Kraft.

(41) Die §§ 81 Abs. 10, 86a, 185, 207 Abs. 2, 261 Abs. 2, 264 Abs. 5, 272 Abs. 2 und 4, 274 Abs. 1, 280 und 288 Abs. 3, jeweils in der Fassung des Bundesgesetzes BGBl. I Nr. 13/2014 treten mit 1. März 2014 in Kraft.

(42) Wurde eine Berufung vor dem 1. Jänner 2014, ohne vorher eine Berufungsvorentscheidung zu erlassen, der Abgabenbehörde zweiter Instanz vorgelegt, so ist § 262 (Erlassung einer Beschwerdevorentscheidung) nicht anwendbar.

(43) § 125 Abs. 1 lit. a in der Fassung des Budgetbegleitgesetzes 2014, BGBl. I Nr. 40/2014, ist erstmals auf in den Jahren 2013 und 2014 ausgeführte Umsätze anzuwenden.

(44) § 188 Abs. 4 lit. d in der Fassung des Bundesgesetzes BGBl. I Nr. 105/2014 ist erstmals auf Feststellungen anzuwenden, die Wirtschaftsjahre betreffen, die nach dem 31. Dezember 2014 beginnen, wenn die Vereinbarung des Auftragswertes bei Auftragsvergabe nach dem 31. Dezember 2014 erfolgt. § 240a in der Fassung des Bundesgesetzes BGBl. I Nr. 105/2014 ist erstmals für nach dem 31. Dezember 2014 erfolgte Einbehaltungen anzuwenden.

(45) § 131 Abs. 1 und 4, § 131b Abs. 1 und Abs. 3, soweit sich dieser auf Abs. 1 bezieht, und Abs. 5 Z 2, § 132a Abs. 1 bis 7 und § 163 jeweils in der Fassung des Bundesgesetzes BGBl. I Nr. 118/2015 treten mit 1. Jänner 2016 in Kraft. § 131b Abs. 2, Abs. 3, soweit sich dieser auf Abs. 2 bezieht, und Abs. 4 und Abs. 5 Z 1, 3 und 4 und § 132a Abs. 8 jeweils in der Fassung des Bundesgesetzes BGBl. I Nr. 118/2015 treten mit 1. April 2017 in Kraft. Die §§ 131b und 132a, jeweils in der Fassung des Bundesgesetzes BGBl. I Nr. 118/2015, treten, soweit sie sich auf Umsätze unter Verwendung von Warenausgabe- und Dienstleistungsautomaten beziehen, erst mit 1. Jänner 2017 in Kraft; sie gelten jedoch für vor dem 1. Jänner 2016 in Betrieb genommene Warenausgabe- und Dienstleistungsautomaten, soweit sie nicht den Anforderungen der §§ 131b und 132a entsprechen, erst ab 1. Jänner 2027. Verordnungen auf Grund der §§ 131 Abs. 4, 131b Abs. 5 und 132a Abs. 8 in der Fassung des Bundesgesetzes BGBl. I Nr. 118/2015 können bereits ab dem auf die Kundmachung des Steuerreformgesetzes 2015/2016, BGBl. I Nr. 118/2015, folgenden Tag erlassen werden. Sie dürfen jedoch nicht vor dem Inkrafttreten der neuen gesetzlichen Bestimmungen in Kraft treten, soweit sie nicht lediglich Maßnahmen vorsehen, die für ihre mit dem Inkrafttreten der neuen gesetzlichen Bestimmungen beginnende Vollziehung erforderlich sind. Für den Eintritt der Verpflichtung nach § 131b Abs. 2 ist auf die Umsätze des Kalenderjahres 2016 abzustellen.

(BGBl I 2015/118, BGBl I 2016/77)

(46) § 209 Abs. 5 in der Fassung des Bundesgesetzes BGBl. I Nr. 163/2015 tritt mit 1. Jänner 2016 in Kraft. § 209 Abs. 5 ist erstmalig auf Fälle anzuwenden, in denen aufgrund der Bestimmungen des Einkommensteuergesetzes 1988 oder des Umgründungssteuergesetzes über eine nach dem 31. Dezember 2005 entstandene Einkommen- oder Körperschaftsteuerschuld abgesprochen, aber die Steuerschuld nicht festgesetzt worden ist.

(BGBl I 2015/163)

(47) Die §§ 40a und 40b jeweils in der Fassung des Gemeinnützigkeitsgesetzes 2015, BGBl. I Nr. 160/2015, treten mit 1. Jänner 2016 in Kraft.

(BGBl I 2015/160)

(48) § 45 Abs. 1a in der Fassung BGBl. I Nr. 77/2016 ist auf gesellige und gesellschaftliche Veranstaltungen anzuwenden, die ab 1. Jänner 2016 stattfinden.

(BGBl I 2016/77)

(49) § 131 Abs. 4 Z 1, § 131b Abs. 3 und § 132b, jeweils in der Fassung BGBl. I Nr. 77/2016, treten mit 1. Jänner 2016 in Kraft.

(BGBl I 2016/77)

(50) § 131b Abs. 2, 4 und 5, jeweils in der Fassung BGBl. I Nr. 77/2016, treten mit 1. Juli 2016 in Kraft.

(BGBl I 2016/77)

(51) Die §§ 264 Abs. 6 und 7, 272 Abs. 4, 280 Abs. 1 und 2, 283 Abs. 2, 291, 292 und 300, jeweils in der Fassung des Bundesgesetzes, BGBl. I Nr. 117/2016, treten mit 1. Jänner 2017 in Kraft.

(BGBl I 2016/117)

(52) § 48a Abs. 4, § 48b Abs. 3, § 114 Abs. 4 und § 158 Abs. 4 in der Fassung des Deregulierungsgesetzes 2017, BGBl. I Nr. 40/2017, treten mit dem auf die Kundmachung folgenden Tag in Kraft. Der Bundesminister für Finanzen kann zur Vorbereitung einer umfassenden Umsetzung des § 48b Abs. 3 in einer Verordnung Pilotierungen mit Betreibern von in § 48b Abs. 3 Z 1 lit. a bis d genannten Institutionen vorsehen, wobei § 48b Abs. 3 in der Fassung des Jahressteuergesetzes 2018, BGBl. I Nr. 62/2018, sinngemäß zur Anwendung kommt. Zusätzlich zum vbPK-ZU kann ein indirekt personenbezogenes Identifikationsmerkmal übermittelt werden. Die Pilotierungsphase kann nach Maßgabe der technischen und organisatorischen Voraussetzungen auch zeitlich befristet werden.

(BGBl I 2017/40, BGBl I 2018/104)

(53) § 48b Abs. 3 Z 1 lit. a, die §§ 48d bis 48i samt Unterabschnittsüberschrift, § 97 Abs. 3, § 97a Z 1 und § 114 Abs. 4, jeweils in der Fassung des Materien-Datenschutz-Anpassungsgesetzes 2018, BGBl. I Nr. 32/2018, treten mit 25. Mai 2018 in Kraft.

(BGBl I 2018/32)

(54) Die §§ 76, 82, 83, 171, 188 und 281, jeweils in der Fassung des BGBl. I Nr. 62/2018, treten mit 1. Juli 2018 in Kraft.

(BGBl I 2018/62)

(55)

1. Die §§ 148 Abs. 3a und 153a bis 153g treten mit 1. Jänner 2019 in Kraft.
2. Für Unternehmer, die am 31. Dezember 2018 am Pilotprojekt „Horizontal Monitoring" teilgenommen und bis zum 30. Juni 2019 einen Antrag gemäß § 153b gestellt haben, ist das Pilotprojekt so lange fortzusetzen, bis die lückenlose Überführung in die begleitende Kontrolle gewährleistet ist, falls im Zeitpunkt der Antragstellung alle Voraussetzungen der §§ 153a bis 153g vorliegen; das Erfüllen der Voraussetzung des § 153b Abs. 4 Z 3 ist nicht erforderlich. Das gilt für Privatstiftungen im Sinn des § 153b Abs. 1 Z 2 sinngemäß, wenn mindestens eine antragstellende Privatstiftung die Voraussetzung des § 153b Abs. 2 erster Satz erfüllt und der Antrag gemäß § 153b bis zum 31. Dezember 2019 gestellt worden ist.

   (BGBl I 2019/103)
3. Die begleitende Kontrolle ist laufend zu evaluieren. Spätestens am 31. Dezember 2024 ist ein Evaluationsbericht vorzulegen, der unter anderem genaue Angaben im Hinblick auf eine allfällige Absenkung der Umsatzerlösgrenze zu enthalten hat. Weiters ist die bisherige Auswirkung der begleitenden Kontrolle auf den Aufwand der Unternehmer und der Abgabenbehörden zu analysieren und die anzunehmende Auswirkung einer Absenkung der Umsatzerlösgrenze auf die Abgabenbehörden darzustellen.

(BGBl I 2018/62)

(56) § 118 Abs. 2 Z 1 bis 3 und Z 5, § 209a Abs. 2, § 240a und § 304, jeweils in der Fassung des BGBl. I Nr. 62/2018, treten mit 1. Jänner 2019 in Kraft.

(BGBl I 2018/62)

(57) § 22 in der Fassung des BGBl. I Nr. 62/2018 ist erstmals auf Sachverhalte anzuwenden, die nach dem 1. Jänner 2019 verwirklicht werden.

(BGBl I 2018/62)

(58) § 118 Abs. 5a, § 211 Abs. 1 Z 2, Abs. 4 und Abs. 5, jeweils in der Fassung des BGBl. I Nr. 62/2018, treten mit 1. Juli 2019 in Kraft. § 211 Abs. 6 ist auf Landes- und Gemeindeabgaben ab 1. Juli 2019 anzuwenden.

(BGBl I 2018/62)

(59) § 118 Abs. 2 Z 4 in der Fassung des BGBl. I Nr. 62/2018 tritt mit 1. Jänner 2020 in Kraft.

(BGBl I 2018/62)

(60) § 40b in der Fassung des BGBl. I Nr. 62/2018 ist auf alle offenen Verfahren anzuwenden. Ist zur Erfüllung der Voraussetzungen des § 40b eine Änderung der Rechtsgrundlage erforderlich, ist die geänderte Satzung entgegen § 43 für das offene Verfahren zu berücksichtigen, wenn die Änderung vor dem 30. Juni 2019 erfolgt.

(BGBl I 2018/62)

(61) Mit Beginn des siebenten auf den Tag der Kundmachung der Verfügbarkeit des Teilnehmerverzeichnisses[a)] gemäß § 28a Abs. 3 ZustG durch den Bundesminister für Digitalisierung und Wirtschaftsstandort folgenden Monats treten

[a)] Die Verfügbarkeit des Teilnehmerverzeichnisses wurde am 28.5.2019 kundgemacht (vgl. BGBl II 2019/140).

1. § 98 Abs. 1, § 100 und § 102, jeweils in der Fassung des Bundesgesetzes, BGBl. I Nr. 104/2018, in Kraft;
2. § 48b Abs. 3 Z 2 und § 99 außer Kraft.

(BGBl I 2018/104)

(62) § 48, § 118 Abs. 9, § 205a Abs. 2a, § 212a Abs. 2a, 5a, 7 und 9, § 230 Abs. 6, § 271 Abs. 3, § 271a, § 295 Abs. 2a, jeweils in der Fassung des Bundesgesetzes BGBl. I Nr. 62/2019, treten mit 1. September 2019 in Kraft.

(BGBl I 2019/62)

(63) 1 Abs. 3, §§ 49 bis 63, § 95, § 121a Abs. 1 und 7, §§ 146a und 146b, §§ 153a bis 153g sowie § 240 Abs. 3, jeweils in der Fassung des Bundesgesetzes BGBl. I Nr. 104/2019, treten mit 1. Jänner 2021 in Kraft. § 70 tritt mit Ablauf des 31. Dezember 2020 außer Kraft.

(BGBl I 2019/104, BGBl I 2020/23)

(64) § 49 Z 2 und 3, § 54 Abs. 3, § 60 Abs. 2, § 61 Abs. 4 und Abs. 7, § 62 Abs. 1, § 63 Abs. 1 Z 6 sowie die Unterabschnittsüberschrift vor § 76, jeweils in der Fassung des Bundesgesetzes BGBl. I Nr. 104/2019, treten nicht in Kraft.

(BGBl I 2019/104, BGBl I 2020/23, BGBl I 2020/99, BGBl I 2021/25)

(65) § 48f Abs. 2, § 90a und § 90b, jeweils in der Fassung des BGBl. I Nr. 103/2019, treten mit 1. Jänner 2020 in Kraft. Alle gemäß § 90a Abs. 2 in der Fassung vor dem BGBl. I Nr. 103/2019 erlassenen Bewilligungsbescheide sind mit Ablauf des 31. Dezember 2019 aufgehoben.

(BGBl I 2019/103)

(66) § 158 Abs. 4f ist auf Auszahlungen anzuwenden, die nach dem 31. Dezember 2019 erfolgen. Die in § 158 Abs. 4f Z 1 bis 9 angeführten Daten, die Auszahlungen betreffen, die nach dem 31. Dezember 2018 und vor dem 31. Dezember 2019 erfolgen, sind bis spätestens 30. Juni 2020 zu übermitteln. Angeforderte Verrechnungsunterlagen, die Auszahlungen betreffen, die nach dem 31. Dezember 2018 und vor dem 31. Dezember

2019 erfolgen, sind bis spätestens 30. Juni 2020 zur Verfügung zu stellen.

(BGBl I 2019/91)

(67) § 49 Z 2 bis 4, § 54 Abs. 3, § 54a, § 60 Abs. 2, § 61 Abs. 4, § 62 Abs. 1, § 63 Abs. 1 Z 6, § 64, die Unterabschnittsüberschrift vor § 76, sowie § 215 Abs. 2, jeweils in der Fassung des Bundesgesetzes BGBl. I Nr. 99/2020, treten mit 1. Jänner 2021 in Kraft. § 61 Abs. 7 in der Fassung des Bundesgesetzes BGBl. I Nr. 99/2020 tritt mit 1. Oktober 2020 in Kraft.

(BGBl I 2020/99, BGBl I 2021/25)

(68) § 125 in der Fassung des Bundesgesetzes BGBl. I Nr. 96/2020 tritt mit 1. Jänner 2020 in Kraft. Für die Anwendung des § 125 BAO ab dem Kalenderjahr 2020 ist hinsichtlich der in den Jahren 2018 und 2019 ausgeführten Umsätze bereits auf die erhöhte Umsatzgrenze abzustellen. Die auf Grund des § 125 Abs. 2 in der Fassung des Bundesgesetzes BGBl Nr. 194/1961 erlassene Verordnung gilt als auf Grund des § 125 Abs. 5 in der Fassung des Bundesgesetzes BGBl. I Nr. 96/2020 erlassen.

(BGBl I 2020/96)

(69) (nicht vergeben)

(70) § 48 Abs. 1 bis 4, § 56 Abs. 2, § 60 Abs. 2 Z 6, § 61 Abs. 4 Z 7, § 148 Abs. 3a und § 323e, jeweils in der Fassung des Bundesgesetzes BGBl. I Nr. 3/2021, treten mit 1. Jänner 2021 in Kraft.

(BGBl I 2021/3, BGBl I 2021/29)

(71) § 323c Abs. 18 tritt mit Ablauf des 30. April 2021 außer Kraft.

(BGBl I 2021/47)

(73) § 48j, § 54a Abs. 1, § 91 Abs. 1 sowie § 276 Abs. 3, jeweils in der Fassung des Bundesgesetzes BGBl. I Nr. 108/2022, treten mit 1. Juli 2022 in Kraft. § 183 Abs. 3 und § 270 sind erstmals auf Beschwerdevorlagen bzw. Beschwerdeeingänge nach dem 31. August 2022 anzuwenden. § 105, § 118 Abs. 10, § 148 Abs. 3 lit. e sowie § 212a Abs. 2b und 9, jeweils in der Fassung des Bundesgesetzes BGBl. I Nr. 108/2022, treten mit 1. Jänner 2023 in Kraft. § 126 Abs. 3 in der Fassung des Bundesgesetzes BGBl. I Nr. 108/2022 tritt mit 1. Jänner 2023 in Kraft und ist auf Zuflüsse anzuwenden, die nach dem 1. Jänner 2023 erfolgen.

(BGBl I 2022/108)

(74) § 202 Abs. 2, § 205 Abs. 1 lit. c, § 240 Abs. 4 sowie § 240a Abs. 1, jeweils in der Fassung des Bundesgesetzes BGBl. I Nr. 108/2022, treten mit 1. Jänner 2023 in Kraft und sind erstmals auf Vorausmeldungen bzw. Anträge anzuwenden, die nach dem 31. Dezember 2022 erfolgen bzw. gestellt werden.

(BGBl I 2022/108)

(75) § 205c in der Fassung des Bundesgesetzes BGBl. I Nr. 108/2022 tritt mit dem der Kundmachung folgenden Tag in Kraft und ist im Falle von Gutschriften gemäß § 205c Abs. 1 Z 1 lit. a und lit. b und Abs. 2 Z 1 lit. a auf alle zu diesem Zeitpunkt offenen Verfahren anzuwenden. Im Falle von Nachforderungen gemäß § 205c Abs. 1 Z 2 lit. a und b sowie § 205c Abs. 2 Z 2 lit. a ist § 205c in der Fassung des Bundesgesetzes BGBl. I Nr. 108/2022 erstmalig auf Fälle anzuwenden, in welchen der Fälligkeitstag (§ 21 Abs. 1 UStG 1994) nach dem Inkrafttreten dieser Norm liegt. Auf Nachforderungen auf Grund der Veranlagung gemäß § 205c Abs. 1 Z 2 lit. c sowie § 205c Abs. 2 Z 2 lit. b ist § 205c in der Fassung des Bundesgesetzes BGBl. I Nr. 108/2022 erstmalig auf Jahresumsatzsteuerbescheide betreffend das Jahr 2022 anzuwenden. § 205c Abs. 1 Z 1 lit. c und Abs. 2 Z 1 lit. b in der Fassung des Bundesgesetzes BGBl. I Nr. 108/2022 sind auf alle Jahresumsatzsteuerbescheide anzuwenden, die am Tag nach der Kundmachung dieses Bundesgesetzes noch nicht in Rechtskraft erwachsen sind.

(BGBl I 2022/108)

§ 323a. (1) Für Landes- und Gemeindeabgaben gilt Folgendes:

1. Die Bundesabgabenordnung in der Fassung des Bundesgesetzes BGBl. I Nr. 20/2009 tritt, soweit sich aus den Z 2 bis 7 und Abs. 3 nicht anderes ergibt, mit 1. Jänner 2010 in Kraft. Verordnungen auf Grund des Bundesgesetzes BGBl. I Nr. 20/2009 dürfen bereits von der Kundmachung des Bundesgesetzes BGBl. I Nr. 20/2009 an erlassen werden. Sie dürfen jedoch nicht vor dem 1. Jänner 2010 in Kraft treten.
2. Abgabenrechtliche Begünstigungen, Berechtigungen oder Befreiungen von Pflichten, welche am 1. Jänner 2010 nach bisherigem Recht zuerkannt waren, bleiben aufrecht, sofern sie nicht mangels Vorliegens der nach diesem Bundesgesetz erforderlichen Voraussetzungen durch Bescheid widerrufen werden.
3. Abgesehen von Verjährungsfristen gelten die Fristen dieses Bundesgesetzes auch für jene Fälle, in denen die für Landes- und Gemeindeabgaben maßgeblichen Fristen des bisherigen Rechtes am 1. Jänner 2010 noch nicht abgelaufen waren.
4. Vor dem 1. Jänner 2010 erlassene Zurückweisungsbescheide werden nicht dadurch rechtswidrig, dass sie nach den ab diesem Zeitpunkt geltenden Abgabenvorschriften nicht mehr erlassen werden dürften.
5. Die §§ 207 und 209 sind ab 1. Jänner 2010 anzuwenden. Für Nachforderungen bzw. Gutschriften als Folge einer nach landesrechtlichen Vorschriften vorgenommenen Nachschau gelten die jeweiligen landesrechtlichen Verjährungsvorschriften noch im Jahr 2010, wenn der Beginn der Amtshandlung vor dem 1. Jänner 2010 gelegen ist; diesfalls gilt § 209 erst ab 1. Jänner 2011. § 209 Abs. 1 zweiter Satz gilt sinngemäß für im Jahr 2009 unternommene Amtshandlungen, die nach landesrechtlichen Vorschriften die Verjährungsfrist unterbrochen haben. § 209a Abs. 1 und 2 gilt für den Fall der Verkürzung von Verjährungsfristen durch das Inkrafttreten der §§ 209 Abs. 1 und 3 sowie 304 für

Landes- und Gemeindeabgaben sinngemäß. Wegen des Inkrafttretens des § 209 Abs. 3 dürfen Bescheide nicht gemäß § 299 Abs. 1 aufgehoben werden.

6. Die §§ 111, 112, 112a, 212b Z 1 erster Satz und Z 3, 217a Z 1 sowie 239a, jeweils in der Fassung des Bundesgesetzes BGBl. I Nr. 20/2009, sind erstmals auf Abgaben anzuwenden, für die der Abgabenanspruch nach dem 31. Dezember 2009 entsteht.
7. Für Landes- und Gemeindeabgaben der Länder Burgenland, Tirol und Vorarlberg gilt § 212a erstmals für nach dem 31. Dezember 2009 eingebrachte Anträge auf Aussetzung der Einhebung.

(2) Zum Zweck der eindeutigen Identifikation von Verfahrensbeteiligten im elektronischen Verkehr mit der Behörde darf diese die ZMR-Zahl (§ 16 Abs. 4 des Meldegesetzes 1991) als Ausgangsbasis für eine verwaltungsspezifisch unterschiedliche, abgeleitete, verschlüsselte Personenbezeichnung verwenden.

(3) Folgende landesgesetzliche Bestimmungen sind für vor dem 1. Jänner 2010 entstandene Abgabenansprüche auch nach dem 1. Jänner 2010 anzuwenden:

1. § 187a Burgenländische Landesabgabenordnung,
2. § 188a Kärntner Landesabgabenordnung,
3. § 186a NÖ Abgabenordnung 1977,
4. § 186a Oberösterreichische Landesabgabenordnung 1996,
5. § 182a Salzburger Landesabgabenordnung,
6. § 186 Steiermärkische Landesabgabenordnung,
7. § 187a Tiroler Landesabgabenordnung
8. § 106a Vorarlberger Abgabenverfahrensgesetz,
9. § 185 Abs. 3 Wiener Abgabenordnung.

(4) Abweichend von Abs. 3 Z 1 bis 5, 7 und 8 ist § 239a in der Fassung des Bundesgesetzes BGBl. I Nr. 20/2009 erstmals auf Landes- und Gemeindeabgaben anzuwenden, für die der Abgabenanspruch nach dem 31. Dezember 1994 entstanden ist.

Übergangsbestimmungen im Zusammenhang mit der Finanz-Organisationsreform 2020

§ 323b. (1) Das Finanzamt Österreich und das Finanzamt für Großbetriebe treten für ihren jeweiligen Zuständigkeitsbereich am 1. Jänner 2021 an die Stelle des jeweils am 31. Dezember 2020 zuständig gewesenen Finanzamtes. Das Zollamt Österreich tritt am 1. Jänner 2021 an die Stelle der am 31. Dezember 2020 zuständig gewesenen Zollämter.

(2) Die am 31. Dezember 2020 bei einem Finanzamt oder Zollamt anhängigen Verfahren werden von der jeweils am 1. Jänner 2021 zuständigen Abgabenbehörde in dem zu diesem Zeitpunkt befindlichen Verfahrensstand fortgeführt.

(3) Eine vor dem 1. Jänner 2021 von der zuständigen Abgabenbehörde des Bundes genehmigte Erledigung, die erst nach dem 31. Dezember 2020 wirksam wird, gilt als Erledigung der im Zeitpunkt des Wirksamwerdens für die jeweilige Angelegenheit zuständigen Abgabenbehörde.

(4) Für Angelegenheiten, für die vor dem 1. Jänner 2021 der Bundesminister für Finanzen zuständig gewesen ist und nach dem 31. Dezember 2020 eine andere Einrichtung der Bundesfinanzverwaltung zuständig ist, gilt zusätzlich zu Abs. 3 Folgendes:

1. Die ab dem 1. Jänner 2021 zuständige Einrichtung der Bundesfinanzverwaltung tritt an die Stelle des Bundesministers für Finanzen.
2. Die am 31. Dezember 2020 beim Bundesminister für Finanzen anhängigen Verfahren werden von der jeweils am 1. Jänner 2021 zuständigen Einrichtung der Bundesfinanzverwaltung in dem zu diesem Zeitpunkt befindlichen Verfahrensstand fortgeführt.
3. Abweichend von Z 2 bleibt der Bundesminister für Finanzen zuständig für alle Angelegenheiten im Zusammenhang mit Beschwerdeverfahren, die von ihm erlassene Bescheide gemäß § 103 EStG 1988 betreffen, wenn er die Bescheidbeschwerde bereits vor dem 1. Jänner 2021 dem Verwaltungsgericht vorgelegt hat.

(5) Bis 31. Dezember 2021 können Anbringen, für deren Behandlung entweder das Finanzamt Österreich, das Finanzamt für Großbetriebe oder das Amt für Betrugsbekämpfung zuständig ist, innerhalb offener Frist auch unter Verwendung der falschen dieser drei Bezeichnungen wirksam eingebracht werden.

(6) Bis 31. Dezember 2021 können Anbringen, für deren Behandlung entweder das Finanzamt Österreich, das Finanzamt für Großbetriebe oder das Amt für Betrugsbekämpfung zuständig ist, auch unter Verwendung der Bezeichnung der Finanzämter gemäß § 4 der Verordnung des Bundesministers für Finanzen zur Durchführung des Abgabenverwaltungsorganisationsgesetzes 2010 (AVOG 2010 – DV), BGBl. II Nr. 165/2010, in der Fassung der Verordnung BGBl. II Nr. 375/2016, sowie unter Verwendung der zum 31. Dezember 2020 kundgemachten Anschriften der Finanzämter wirksam eingebracht werden.

(7) Bis 31. Dezember 2021 können Anbringen, für deren Behandlung das Zollamt Österreich zuständig ist, auch unter Verwendung der Bezeichnung der Zollämter gemäß § 11 AVOG 2010 – DV in der Fassung der Verordnung BGBl. II Nr. 375/2016, sowie unter Verwendung der zum 31. Dezember 2020 kundgemachten Anschriften der Zollämter wirksam eingebracht werden.

(8) Alle gemäß § 71 in der Fassung vor dem BGBl. I Nr. 9/2010 oder gemäß § 3 AVOG 2010 erlassenen Delegierungsbescheide sind mit Ablauf des 30. Dezember 2020 aufgehoben.

(9) Verliert eine Abgabenbehörde des Bundes nach dem 1. Jänner 2021 durch Änderungen von Abgabenvorschriften ihre Zuständigkeit in einer

bestimmten Angelegenheit, so können diese Angelegenheit betreffende Anbringen dennoch innerhalb eines Jahres ab Inkrafttreten dieser Änderungen weiter bei dieser Abgabenbehörde eingebracht werden. Die Weiterleitung an die zuständige Abgabenbehörde hat diesfalls nicht auf Gefahr des Einschreiters zu erfolgen, sofern der Einschreiter nicht bereits vor der Einbringung seines Anbringens über die Änderung der Zuständigkeit seitens einer Abgabenbehörde in Kenntnis gesetzt worden ist.

(10) Wird in einer Rechtsvorschrift des Bundes, eines Landes oder einer Gemeinde die Bezeichnung „Finanzamt Österreich", „Finanzamt für Großbetriebe", „Zollamt Österreich" oder „Amt für Betrugsbekämpfung" verwendet, ist darunter bis zum Ablauf des 31. Dezember 2020 jene Einrichtung zu verstehen, die aufgrund

– des Abgabenverwaltungsorganisationsgesetz 2010, BGBl. I Nr. 9/2010 in der Fassung vor dem Bundesgesetz BGBl. I Nr. 104/2019 oder
– der Verordnung des Bundesministers für Finanzen zur Durchführung des Abgabenverwaltungsorganisationsgesetzes 2010, BGBl. II Nr. 165/2010, in der Fassung vor dem Bundesgesetz BGBl. I Nr. 104/2019 oder
– eines anderen durch das Bundesgesetz BGBl. I Nr. 104/2019 geänderten Bundesgesetzes in dessen Fassung vor dem Bundesgesetz BGBl. I Nr. 104/2019

zuständig gewesen ist.

(11) Bis zum 31. Dezember 2020 können Anbringen, für deren Behandlung ein Finanzamt zuständig ist, auch unter Verwendung der Bezeichnung „Finanzamt Österreich" oder „Finanzamt für Großbetriebe" wirksam eingebracht werden.

(12) Bis zum 31. Dezember 2020 können Anbringen, für deren Behandlung ein Zollamt zuständig ist, auch unter Verwendung der Bezeichnung „Zollamt Österreich" wirksam eingebracht werden.

(BGBl I 2020/99)

Sonderregelungen aufgrund der Maßnahmen zur Bekämpfung von COVID-19

§ 323c. (1) In anhängigen behördlichen Verfahren der Abgabenbehörden werden alle im ordentlichen Rechtsmittelverfahren (7. Abschnitt Unterabschnitt A) vorgesehenen Fristen, deren fristauslösendes Ereignis in die Zeit nach dem 16. März 2020 fällt, sowie Fristen, die bis zum 16. März noch nicht abgelaufen sind, bis zum Ablauf des 30. April 2020 unterbrochen. Sie beginnen mit 1. Mai 2020 neu zu laufen.

(2) und (3) (aufgehoben)

(BGBl I 2020/96)

(4) Unter Berücksichtigung der jeweiligen Gefährdungslage kann der Leiter der Amtshandlung gegenüber den an der Amtshandlung teilnehmenden Personen Maßnahmen zum Zweck der Verhinderung der Verbreitung von COVID-19 anordnen. Der Leiter der Amtshandlung hat für die Einhaltung dieser Maßnahmen zu sorgen. Ein Verstoß gegen diese Maßnahmen gilt als Störung der Amtshandlung gemäß § 112 Abs. 2. Wird gegen diese Maßnahmen im Zuge einer mündlichen Verhandlung verstoßen, hat der Ausschluss der betreffenden Person unter sinngemäßer Anwendung des § 274 Abs. 4 zweiter Satz zu erfolgen.

(BGBl I 2020/96, BGBl I 2021/3, BGBl I 2021/52, BGBl I 2021/228, BGBl I 2022/108)

(5) (aufgehoben)

(BGBl I 2020/96)

(6) Bis 30. September 2020 sowie von 22. November 2021 bis 31. Dezember 2021 erfüllt eine sonstige Gutschrift oder ein Teil einer sonstigen Gutschrift keinen Tilgungstatbestand gemäß § 211 BAO, wenn diese Gutschrift auf einem Abgabenkonto zu verbuchen ist, auf dem

1. ein Abgabenrückstand besteht, für den ein Ansuchen nach § 212 BAO im Verfahren FinanzOnline eingebracht oder eine Zahlungserleichterung mit Bescheid zuerkannt und
2. innerhalb eines Monats ab Bekanntgabe des die sonstige Gutschrift auslösenden Bescheides oder Erkenntnisses, bei Selbstberechnung einer Abgabe gleichzeitig mit der Selbstberechnung und Bekanntgabe des negativen Abgabenzahlungsanspruches oder im Zusammenhang mit Prämien, Vergütungen oder Erstattungen gleichzeitig mit deren Beantragung ein Antrag auf Rückzahlung gemäß Abs. 9 im Verfahren FinanzOnline eingebracht wurde.

(BGBl I 2020/44, BGBl I 2021/228)

(7) Abs. 6 kommt nicht zur Anwendung, wenn die sonstige Gutschrift gemäß § 214 Abs. 8 zu verrechnen oder eine Abschreibung von Abgaben (§§ 235, 236) erfolgt. In den Fällen des § 26 Abs. 3 und 5 UStG 1994 kommt Abs. 6 insoweit nicht zur Anwendung, als eine Einfuhrumsatzsteuer auf dem Abgabenkonto verbucht ist.

(BGBl I 2020/44)

(8) Für sonstige Gutschriften im Sinne des Abs. 6 ist § 215 Abs. 1 bis 3 BAO sinngemäß anzuwenden, es sei denn, dass dadurch eine Tilgung von Abgaben erfolgen würde, für die ein Ansuchen nach § 212 BAO im Verfahren FinanzOnline eingebracht oder eine Zahlungserleichterung mit Bescheid zuerkannt wurde.

(BGBl I 2020/44)

(9) Für Anträge auf Rückzahlung sonstiger Gutschriften im Sinne des Abs. 6 ist § 239 BAO sinngemäß anzuwenden. Die Anwendung des § 239a BAO bleibt unberührt.

(BGBl I 2020/44)

(10) Die Abs. 6 bis 9 finden auf sonstige Gutschriften Anwendung, die

1. vor dem 1. Oktober 2020 verbucht wurden und aus Bescheiden oder Erkenntnissen resultieren, welche nach dem 10. Mai 2020 bekanntgegeben werden oder im Zusammenhang mit einer Selbstberechnung nach dem 10. Mai 2020 bekanntgegeben werden;
2. vor dem 31. Dezember 2021 verbucht wurden und aus Bescheiden oder Erkenntnissen resul-

tieren, welche nach dem 21. November 2021 bekanntgegeben werden oder im Zusammenhang mit einer Selbstberechnung nach dem 21. November 2021 bekanntgegeben werden.

(BGBl I 2020/44, BGBl I 2021/228)

(11) Stundungen gemäß § 212 Abs. 1, die nach dem 15. März 2020 bewilligt worden sind und deren Stundungsfrist am 30. September oder am 1. Oktober 2020 endet, bleiben bis 15. Jänner 2021 unter Einbeziehung jener Abgaben aufrecht, welche bis spätestens 25. September 2020, im Falle von Vorauszahlungen gemäß § 45 EStG 1988 bis spätestens 27. November 2020, auf dem Abgabenkonto verbucht wurden.

(BGBl I 2020/96)

(11a) Stundungen gemäß Abs. 11 bleiben bis 30. Juni 2021 aufrecht. Abgaben, die auf dem selben Abgabenkonto gebucht werden und die zwischen dem 26. September 2020 und dem 31. Mai 2021 fällig werden, sind bis zum 30. Juni 2021 zu entrichten. Die Stundung sowie die gesetzliche Zahlungsfrist enden mit der Eröffnung eines Insolvenzverfahrens über das Vermögen des Abgabenschuldners.

(BGBl I 2021/3, BGBl I 2021/52)

(11b) Stundungen, die zwischen dem 1. Oktober 2020 und dem 31. Mai 2021 beantragt werden, sind abweichend von den Voraussetzungen des § 212 Abs. 1 bis 30. Juni 2021 zu bewilligen. Abgaben, die zwischen dem 1. Oktober 2020 und dem 31. Mai 2021 fällig werden, sind bis zum 30. Juni 2021 zu entrichten. Die Stundung sowie die gesetzliche Zahlungsfrist enden mit der Eröffnung eines Insolvenzverfahrens über das Vermögen des Abgabenschuldners.

(BGBl I 2021/3, BGBl I 2021/52)

(11c) Stundungen, die zwischen dem 22. November 2021 und dem 31. Dezember 2021 beantragt werden, sind abweichend von den Voraussetzungen des § 212 Abs. 1 bis 31. Jänner 2022 zu bewilligen.

(BGBl I 2021/228)

(12) Die Abgabenbehörde hat auf Antrag des Abgabepflichtigen die Entrichtung von Abgaben im Sinne des § 212 Abs. 1 in zwölf angemessenen Monatsraten zu bewilligen, wenn vor der Antragstellung kein Terminverlust (§ 230 Abs. 5) hinsichtlich einer bereits zuvor bewilligten Ratenzahlung nach diesem Absatz eingetreten ist und der Antrag bis zum Ende der Stundungsfrist, spätestens jedoch am 30. September 2020, eingebracht wird. Sofern hinsichtlich dieser Ratenbewilligung kein Terminverlust eintritt, hat die Abgabenbehörde, wenn die sofortige oder sofortige volle Entrichtung des verbleibenden Abgabenbetrages für den Abgabepflichtigen mit erheblichen Härten verbunden wäre, auf Antrag die Entrichtung in angemessenen Raten für weitere sechs Monate zu gewähren.

(BGBl I 2020/96)

(13) Unbeschadet aller sonstigen Vorschriften des § 212 Abs. 2 sind ab 15. März 2020 bis 30. Juni 2021 sowie ab 22. November 2021 bis 31. Jänner 2022 keine Stundungszinsen vorzuschreiben. Ab 1. Juli 2021 bis 21. November 2021 sowie ab 1. Februar 2022 bis 30. Juni 2024 betragen die Stundungszinsen zwei Prozent über dem jeweils geltenden Basiszinssatz pro Jahr.

(BGBl I 2020/96, BGBl I 2021/3, BGBl I 2021/52, BGBl I 2021/228)

(14) Hinsichtlich

1. vor dem 15. März 2020 bewilligter Zahlungserleichterungen, für die gemäß § 212 Abs. 2 nach dem 15. März 2020 bis zum 30. Juni 2021 Stundungszinsen festzusetzen wären sowie

   (BGBl I 2021/52)

2. Anspruchszinsen betreffend Nachforderungen (§ 205), die für den Veranlagungszeitraum 2019 oder 2020 festzusetzen wären,

   (BGBl I 2021/3)

ist von der Vorschreibung abzusehen.

(BGBl I 2020/96)

(15) Für Abgaben mit Fälligkeit zwischen dem 15. März 2020 und 30. Juni 2021 sind abweichend von § 217 Abs. 2 und 3 keine Säumniszuschläge zu entrichten.

(BGBl I 2020/96, BGBl I 2021/3, BGBl I 2021/52)

(16) Die Abs. 11 bis 15 gelten nicht für Landes- und Gemeindeabgaben.

(BGBl I 2020/96)

(17) (aufgehoben)

(BGBl I 2021/25, BGBl I 2021/52)

(18) (aufgehoben)

(BGBl I 2021/25, BGBl I 2021/47)

(BGBl I 2020/16)

Unterbrechung von Verfahren

§ 323d. Für Landes- und Gemeindeabgaben gilt Folgendes: Hört infolge des Auftretens und der Verbreitung von COVID-19 die Tätigkeit einer Behörde auf, hat die sachlich in Betracht kommende Oberbehörde auf Antrag eines Beteiligten eine andere sachlich zuständige Behörde desselben Landes zur Entscheidung der Sache zu bestimmen, wenn während der Unterbrechung gemäß § 323c Verfahrenshandlungen vorzunehmen sind, die zur Abwehr eines erheblichen und unwiederbringlichen Schadens eines Beteiligten dringend geboten sind."

(BGBl I 2020/16)

COVID-19-Ratenzahlungsmodell

§ 323e. (1) Abweichend von § 212 Abs. 1 besteht nach Maßgabe der Abs. 2 bis 3 die Möglichkeit zur Entrichtung eines überwiegend COVID-19-bedingten Abgabenrückstandes (Abs. 2 Z 1) in angemessenen Raten in zwei Phasen über die Dauer von längstens sechsunddreißig Monaten. Für die Berechnung der Zinsen ist § 323c Abs. 13 anzuwenden. Die gleichzeitige Gewährung einer Zahlungserleichterung gemäß § 212 ist ausgeschlossen.

(BGBl I 2021/228)

(2) Für die Phase 1 des COVID-19-Ratenzahlungsmodells gilt Folgendes:

1. Gegenstand des Antrags auf Ratenzahlung sind Abgabenschuldigkeiten, die überwiegend zwischen dem 15. März 2020 und dem 30. Juni 2021 fällig geworden sind einschließlich die der Höhe nach bescheidmäßig festgesetzten Vorauszahlungen an Einkommen- oder Körperschaftsteuer, hinsichtlich derer die Zahlungstermine in der Phase 1 gelegen sind.

   (BGBl I 2021/52)
2. Der Antrag auf Ratenzahlung ist ab dem 10. Juni 2021 bis zum 30. Juni 2021 einzubringen.

   (BGBl I 2021/52)
3. Der Ratenzahlungszeitraum endet am 30. September 2022.

   (BGBl I 2021/52)
4. Innerhalb des Ratenzahlungszeitraumes kann der Abgabepflichtige zweimal einen Antrag auf Neuverteilung der Ratenbeträge stellen.

   (BGBl I 2021/228)
5. Die während des Ratenzahlungszeitraumes an eine Abgabenbehörde geleisteten Zahlungen können weder nach der Insolvenzordnung – IO, RGBl. Nr. 337/1914 noch nach der Anfechtungsordnung – AnfO, RGBl. Nr. 337/1914, angefochten werden.

Abgesehen von den Voraussetzungen für die Gewährung der Ratenzahlung ist im übrigen § 212 BAO anzuwenden.

(3) Für die Phase 2 des COVID-19-Ratenzahlungsmodells gilt Folgendes:

1. Gegenstand des Antrags auf Ratenzahlung sind Abgabenschuldigkeiten, für die bereits die Phase 1 des COVID-19-Ratenzahlungsmodells gewährt worden ist, die aber in diesem Ratenzahlungszeitraum nicht vollständig entrichtet werden konnten, einschließlich die der Höhe nach bescheidmäßig festgesetzten Vorauszahlungen an Einkommen- oder Körperschaftsteuer, hinsichtlich derer die Zahlungstermine in der Phase 2 gelegen sind.
2. In Phase 1 des COVID-19-Ratenzahlungsmodells wurden zumindest 40% des überwiegend COVID-19-bedingten Abgabenrückstandes (Abs. 2 Z 1) entrichtet und es ist kein Terminverlust (§ 230 Abs. 5) eingetreten.
3. Der Antrag ist vor dem 31. August 2022 einzubringen.

   (BGBl I 2021/52)
4. Der Ratenzahlungszeitraum beträgt längstens einundzwanzig Monate.
5. Der Antragsteller hat glaubhaft zu machen, dass er den aus der Phase 1 verbliebenen Abgabenrückstand zusätzlich zu den laufend zu entrichtenden Abgaben innerhalb des beantragten Ratenzahlungszeitraumes der Phase 2 entrichten kann.
6. Innerhalb des Ratenzahlungszeitraumes kann der Abgabepflichtige einmal einen Antrag auf Neuverteilung der Ratenbeträge stellen.

Abgesehen von den Voraussetzungen für die Gewährung der Ratenzahlung ist im übrigen § 212 BAO anzuwenden.

(4) Der Bundesminister für Finanzen kann mit Verordnung festlegen, in welcher Form die Glaubhaftmachung gemäß Abs. 3 Z 5 zu erbringen ist.

(BGBl I 2020/23, BGBl I 2021/3)

§ 324. Mit der Vollziehung dieses Bundesgesetzes ist das Bundesministerium für Finanzen, und hinsichtlich der §§ 82, 158 Abs. 3, 160, 229 und 233 im Einvernehmen mit dem Bundesministerium für Justiz betraut.

17/2. VERORDNUNGEN

17/2/7. VO zu §§ 131 Abs. 4 und 131b Abs. 5 Z 2

BarUV 2015

BGBl II 2015/247 idF BGBl II 2016/209

Verordnung des Bundesministers für Finanzen über Erleichterungen bei der Führung von Büchern und Aufzeichnungen, bei der Registrierkassenpflicht und bei der Belegerteilungspflicht (Barumsatzverordnung 2015 – BarUV 2015)

Aufgrund der §§ 131 Abs. 4 und 131b Abs. 5 Z 2 der Bundesabgabenordnung – BAO, BGBl. Nr. 194/1961, zuletzt geändert durch das Bundesgesetz BGBl. I Nr. 118/2015, wird verordnet:

Vereinfachte Losungsermittlung

§ 1. (1) Eine vereinfachte Losungsermittlung bzw. Erleichterungen bei der Registrierkassenpflicht nach § 131b BAO und der Belegerteilungpflicht nach § 132a BAO kann nur in den Fällen der §§ 2 bis 4 in Anspruch genommen werden, soweit über die Bareingänge keine Einzelaufzeichnungen geführt werden, die eine Losungsermittlung ermöglichen.

(2) Bei Vorliegen der Berechtigung zur vereinfachten Losungsermittlung nach den §§ 2 und 3 können die gesamten Bareingänge eines Tages durch Rückrechnung aus dem ausgezählten End- und Anfangsbestand ermittelt werden.

(3) Die Ermittlung des Kassenanfangs- und Kassenendbestandes sowie der Tageslosung durch Rückrechnung muss nachvollziehbar und entsprechend dokumentiert werden. Sie hat spätestens zu Beginn des nächstfolgenden Arbeitstages und für jede Kassa gesondert zu erfolgen.

(4) Wenn die vereinfachte Losungsermittlung nach den §§ 2 bis 4 zulässig ist, besteht weder eine Registrierkassenpflicht gemäß § 131b BAO noch eine Belegerteilungspflicht nach § 132a BAO.

Umsätze im Freien, Hütten-, Buschenschank- und Kantinenumsätze

(BGBl II 2016/209)

§ 2. (1) Für Umsätze, bzw. Umsatzteile gemäß § 131 Abs. 4 Z 1 BAO in der Fassung BGBl. I Nr. 77/2016 kann die vereinfachte Losungsermittlung gemäß § 1 Abs. 2 in Anspruch genommen werden. Ob die jeweilige Jahresumsatzgrenze überschritten wird, ist gemäß § 1 Abs. 3 zu ermitteln.

(BGBl II 2016/209)

(2) Die Verpflichtungen zur Losungsermittlung mit elektronischem Aufzeichnungssystem gemäß § 131b BAO und zur Belegerteilung gemäß § 132a BAO bestehen mit Beginn des viertfolgenden Monats nach Ablauf des Voranmeldungszeitraums, in dem die Umsatzgrenze (Abs. 1) erstmalig überschritten wurde.

(3) Wird die Umsatzgrenze (Abs. 1) in einem Folgejahr nicht überschritten und ist aufgrund besonderer Umstände absehbar, dass diese Grenze auch künftig nicht überschritten wird, so fallen die Verpflichtungen zur Losungsermittlung mit elektronischem Aufzeichnungssystem gemäß § 131b BAO und zur Belegerteilung gemäß § 132a BAO mit Beginn des nächstfolgenden Kalenderjahres weg.

Sonderregelungen für wirtschaftliche Geschäftsbetriebe

§ 3. (1) Die vereinfachte Losungsermittlung kann bei Umsätzen von wirtschaftlichen Geschäftsbetrieben im Sinn des § 45 Abs. 2 BAO von abgabenrechtlich begünstigten Körperschaften in Anspruch genommen werden.

(2) Bei Umsätzen von wirtschaftlichen Geschäftsbetrieben im Sinn des § 45 Abs. 1a BAO von abgabenrechtlich begünstigten Körperschaften kann die vereinfachte Losungsermittlung in Anspruch genommen werden.

(BGBl II 2016/209)

Sonderregelungen für Automaten

§ 4. (1) Bei Warenausgabe- und Dienstleistungsautomaten, die nach dem 31. Dezember 2015 in Betrieb genommen werden, kann eine vereinfachte Losungsermittlung in Anspruch genommen werden, und besteht weder eine Registrierkassenpflicht nach § 131b BAO noch eine Belegerteilungspflicht nach § 132a BAO, wenn die Gegenleistung für die Einzelumsätze 20 Euro nicht übersteigt.

(2) Eine vereinfachte Losungsermittlung kann bei diesen Automaten durch eine zumindest im Abstand von 6 Wochen regelmäßig erfolgende Ermittlung und Aufzeichnung

– der Anzahl der verkauften Waren anlässlich der Nachfüllung durch Bestandsverrechnung (Endbestand minus Anfangsbestand bzw. Nachfüllmenge) oder manuelle oder elektronische Auslesung der Zählwerkstände bei vorhandenen Zählwerken oder
– der erbrachten Dienstleistungen durch manuelle oder elektronische Auslesung der Zählwerkstände bei vorhandenen Zählwerken

durchgeführt werden. Darüber hinaus sind anlässlich jeder Kassenentleerung, die zumindest einmal monatlich zu erfolgen hat, die vereinnahmten Geldbeträge je Automat zu ermitteln und aufzuzeichnen.

§ 5. Bei Fahrausweisautomaten für Beförderungen im Personenverkehr, die nach dem 31. Dezember 2015 in Betrieb genommen werden, besteht keine Registrierkassenpflicht nach § 131b

BAO, wenn die vollständige Erfassung der Fahrausweise gewährleistet ist.

Sonderregelung für Onlineshops

§ 6. Betriebe sind hinsichtlich ihrer Umsätze,

- bei denen keine Gegenleistung durch Bezahlung mit Bargeld unmittelbar an den Leistungserbringer erfolgt und
- denen im Wege einer Online-Plattform abgeschlossene Vereinbarungen zugrunde liegen,

von der Registrierkassenpflicht nach § 131b BAO ausgenommen.

Leistungen außerhalb der Betriebsstätte

§ 7. (1) Unternehmer, die ihre Lieferungen und sonstigen Leistungen außerhalb einer Betriebsstätte erbringen und nach § 131b BAO zur Führung von Registrierkassen verpflichtet sind, müssen diese Umsätze nicht sofort, sondern dürfen diese nach Rückkehr in die Betriebsstätte ohne unnötigen Aufschub in der Registrierkasse erfassen, wenn sie bei Barzahlung dem Leistungsempfänger einen Beleg im Sinn des § 132a Abs. 3 BAO ausfolgen und hiervon eine Durchschrift aufbewahren.

(BGBl II 2016/209)

(2) Dies gilt nicht für Umsätze für Personenbeförderungen, die mit Personenkraftwagen im Sinn des § 2 Abs. 1 Z 5 des Kraftfahrgesetzes 1967 – KFG 1967, BGBl. I Nr. 267/1967, in der Fassung BGBl. I Nr. 40/2016 oder in Kombinationskraftwagen im Sinn des § 2 Abs. 1 Z 6 KFG 1967, ausgeführt werden, die zu jedermanns Gebrauch an öffentlichen Orten bereitgehalten oder durch Zuhilfenahme von Fernmeldeeinrichtungen angefordert werden (mit Kraftfahrzeugen betriebenes Platzfuhrwerks-Gewerbe (Taxi-Gewerbe)) sowie für die Beförderung eines geschlossenen Teilnehmerkreises in Personenkraftwagen im Sinn des § 2 Abs. 1 Z 5 KFG 1967 oder in Kombinationskraftwagen im Sinn des § 2 Abs. 1 Z 6 KFG 1967 unter Beistellung des Lenkers auf Grund besonderer Aufträge (Mietwagen-Gewerbe).

(BGBl II 2016/209)

§ 8. (aufgehoben)

Inkrafttreten

§ 9. (1) Die Verordnung tritt mit 1. Jänner 2016 in Kraft. Gleichzeitig tritt die Verordnung des Bundesministers für Finanzen zur vereinfachten Losungsermittlung bei Bareingängen und Barausgängen – Barbewegungs-VO, BGBl. II Nr. 441/2006, außer Kraft.

(2) Abweichend von Abs. 1 treten die §§ 4 und 5 für vor dem 1. Jänner 2016 in Betrieb genommene Warenausgabe- und Dienstleistungsautomaten mit 1. Jänner 2027 in Kraft.

(3) § 2 Abs. 1, § 3 Abs. 2 und § 7 Abs. 1, jeweils in der Fassung des BGBl. II Nr. 209/2016, treten mit 1. Jänner 2016 in Kraft.

(BGBl II 2016/209)

(4) Abweichend davon tritt § 7 Abs. 2 in der Fassung des BGBl. II Nr. 209/2016 am Tag nach der Kundmachung in Kraft.

(BGBl II 2016/209)

19/1. Finanzstrafgesetz

Finanzstrafgesetz, BGBl 1958/129 idF

1 BGBl 1959/21	**2** BGBl 1959/92	**3** BGBl 1960/111
4 BGBl 1961/194	**5** BGBl 1969/145	**6** BGBl 1972/224
7 BGBl 1974/223	**8** BGBl 1975/335	**9** BGBl 1975/381
10 BGBl 1976/259	**11** BGBl 1979/168	**12** BGBl 1982/201
13 BGBl 1984/113	**14** BGBl 1984/530	**15** BGBl 1984/532
16 BGBl 1985/517	**17** BGBl 1985/571	**18** BGBl 1986/325
19 BGBl 1987/312	**20** BGBl 1987/579	**21** BGBl 1988/109
22 BGBl 1988/233	**23** BGBl 1988/414	**24** BGBl 1988/599
25 BGBl 1988/677	**26** BGBl 1989/375	**27** BGBl 1990/465
28 BGBl 1991/699	**29** BGBl 1992/449	**30** BGBl 1993/91
31 BGBl 1993/526	**32** BGBl 1993/532	**33** BGBl 1993/799
34 BGBl 1994/681	**35** BGBl 1994/1045 (VfGH)	**36** BGBl 1996/201 (StruktAnpG 1996)
37 BGBl 1996/421	**38** BGBl 1996/757	**39** BGBl I 1998/30 (Art 42)
40 BGBl I 1999/28 (AbgÄG 1998)	**41** BGBl I 1999/55	**42** BGBl I 1999/164
43 BGBl I 2000/26 (BudgetbegleitG 2000)	**44** BGBl I 2000/138	**45** BGBl I 2001/59 (EuroStUG 2001)
46 BGBl I 2001/144 (AbgÄG 2001)	**47** BGBl I 2002/97 (AbgRmRefG)	**48** BGBl I 2003/124 (AbgÄG 2003)
49 BGBl I 2004/26 (5. ZollR-DG-Novelle)	**50** BGBl I 2004/57 (StReformG 2005)	**51** BGBl I 2004/180 (AbgÄG 2004)
52 BGBl I 2005/103 (WuBG 2005)	**53** BGBl I 2005/161 (AbgÄG 2005)	**54** BGBl I 2006/99 (BetrbG 2006)
55 BGBl I 2007/44 (FinStrGNov. 2007)	**56** BGBl I 2007/93	**57** BGBl I 2007/99 (AbgSiG 2007)
58 BGBl I 2008/85 (SchenkMG 2008)	**59** BGBl I 2009/20 (AbgVRefG)	**60** BGBl I 2010/9
61 BGBl I 2010/54 (GSpG-Nov 2008)	**62** BGBl I 2010/104 (FinStrG-Nov 2010)	**63** BGBl I 2012/51 (VerwG-Nov 2012)
64 BGBl I 2012/112 (AbgÄG 2012)	**65** BGBl I 2013/14 (FVwGG 2012)	**66** BGBl I 2013/33 (Verwg-AusfG 2013)
67 BGBl I 2013/70 (Verwg-AnpG)	**68** BGBl I 2013/155 (FinStrG-Nov 2013)	**69** BGBl I 2014/13 (AbgÄG 2014)
70 BGBl I 2014/65 (FinStrG-Nov 2014)	**71** BGBl I 2014/105 (2. AbgÄG 2014)	**72** BGBl I 2015/118 (StRefG 2015/16)
73 BGBl I 2015/163 (AbgÄG 2015)	**74** BGBl I 2016/77 (EU-AbgÄG 2016)	**75** BGBl I 2017/136 (WiEReG)
76 BGBl I 2017/163 (VfGH)	**77** BGBl I 2018/32 (Mat-DS-AnpG 2018)	**78** BGBl I 2018/62 (JStG 2018)
79 BGBl I 2019/62 (EU-FinAnpG 2019)	**80** BGBl I 2019/91 (AbgÄG 2020)	**81** BGBl I 2019/104 (FORG)
82 BGBl I 2020/16 (2. Covid-19-Gesetz)	**83** BGBl I 2020/23 (3. Covid-19-Gesetz)	**84** BGBl I 2020/96 (KonStG 2020)
85 BGBl I 2020/99 (2. FORG)	**86** BGBl I 2021/3 (COVID-19-StMG)	**87** BGBl I 2021/52 (2. COVID-19-StMG)
88 BGBl I 2021/94 (StrEU-AG 2021)	**89** BGBl I 2021/227	**90** BGBl I 2022/108 (AbgÄG 2022)

GLIEDERUNG

Erster Abschnitt: Finanzstrafrecht

I. Hauptstück: Allgemeiner Teil

§§ 1–3. Allgemeine Bestimmungen
§§ 4, 5. Allgemeine Voraussetzungen der Strafbarkeit
§ 6. Keine Strafe ohne Schuld
§ 7. Zurechnungsunfähigkeit
§ 8. Vorsatz, Fahrlässigkeit
§§ 9, 10. Schuldausschließungsgründe und Rechtfertigungsgründe
§§ 11, 12. Behandlung aller Beteiligten als Täter
§ 13. Strafbarkeit des Versuches
§ 14. Rücktritt vom Versuch
§ 15. Freiheitsstrafen
§ 16. Geldstrafen
§§ 17, 18. Strafe des Verfalls
§ 19. Strafe des Wertersatzes
§ 20. Ersatzfreiheitsstrafen
§§ 21, 22. Zusammentreffen strafbarer Handlungen
§ 23. Strafbemessung; Anrechnung der Vorhaft
§ 24. Sonderbestimmungen für Jugendstraftaten
§ 25. Absehen von der Strafe; Verwarnung
§ 26. Bedingte Strafnachsicht; bedingte Entlassung; nachträgliche Milderung der Strafe
§ 27. Entzug von Berechtigungen
§ 28. Haftung
§ 28a. Verantwortlichkeit von Verbänden
§§ 29, 30. Selbstanzeige
§ 30a. Strafaufhebung in besonderen Fällen (Verkürzungszuschlag)
§ 31. Verjährung der Strafbarkeit
§ 32. Verjährung der Vollstreckbarkeit

II. Hauptstück: Besonderer Teil

§ 33. Abgabenhinterziehung
§ 34. Grob fahrlässige Abgabenverkürzung
§ 35. Schmuggel und Hinterziehung von Eingangs- oder Ausgangsabgaben
§ 36. Verzollungsumgehung; grob fahrlässige Verkürzung von Eingangs- oder Ausgangsabgaben
§ 37. Abgabenhehlerei
§ 38. (aufgehoben)
§ 38a. Strafe bei Begehung als Mitglied einer Bande oder unter Gewaltanwendung
§ 39. Abgabenbetrug
§ 40. Grenzüberschreitender Umsatzsteuerbetrug
§ 41. Strafschärfung bei Rückfall
§ 42. (aufgehoben)
§ 43. Verbotene Herstellung von Tabakwaren
§ 44. Vorsätzliche Eingriffe in Monopolrechte
§ 45. Grob fahrlässige Eingriffe in Monopolrechte
§ 46. Monopolhehlerei
§ 47. Strafschärfung bei Rückfall
§ 48. Verletzung der Verschlußsicherheit
§ 48a. Herbeiführung unrichtiger Präferenznachweise
§ 48b. Verletzung von Verpflichtungen im Barmittelverkehr
§§ 49–51a. Finanzordnungswidrigkeiten
§ 52. Selbstverschuldete Berauschung

Zweiter Abschnitt: Finanzstrafverfahren

Erster Unterabschnitt: Gemeinsame Bestimmungen

§§ 53, 54. Abgrenzung der gerichtlichen von der finanzstrafbehördlichen Zuständigkeit
§ 55. (aufgehoben)

Zweiter Unterabschnitt: Verwaltungsbehördliches Finanzstrafverfahren

I. Hauptstück

A. Allgemeine Bestimmungen
§ 56a. Ton- und Bildaufnahme
§§ 56b, 57. Vernehmung mittels technischer Einrichtung zur Ton- und Bildübertragung
B. Datenschutz
§ 57a. Grundsätze
§ 57b. Informationspflicht und Auskunftsrecht
§ 57c. Berichtigung personenbezogener Daten
§ 57d. Fristen für die Aufbewahrung und Löschung personenbezogener Daten

II. Hauptstück: Behörden des verwaltungsbehördlichen Finanzstrafverfahrens und organisatorische Bestimmungen zum Beschwerdeverfahren

§§ 58–64. A. Zuständigkeit
B. Spruchsenate und Senate für Finanzstrafrecht beim Bundesfinanzgericht
§§ 65–71. 1. Spruchsenate
§ 71a. 2. Senate für Finanzstrafrecht beim Bundesfinanzgericht
§§ 72–74. C. Befangenheit von Organen
§§ 74a, 74b. D. Rechtsschutzbeauftragter

III. Hauptstück

§§ 75–79. Beschuldigte, Nebenbeteiligte und deren Vertretung; Akteneinsicht

IV. Hauptstück: Aufdeckung und Verfolgung der Finanzvergehen

§§ 80–84. A. Anzeigen und Einleitung des Strafverfahrens
§§ 85–88. B. Festnahme, Vorführung, vorläufige Verwahrung und Untersuchungshaft
§§ 89–92. C. Beschlagnahme

§§ 93–96. D. Hausdurchsuchung und Personendurchsuchung
§ 97. E. Gemeinsame Bestimmungen

V. Hauptstück: Beweise und deren Durchführung

A. Beweismittel
§§ 98–100. 1. Allgemeines
§ 101. 2. Urkunden
§§ 102–108. 3. Zeugen
§§ 109–112. 4. Sachverständige und Dolmetscher
§ 113. 5. Augenschein
§ 114. B. Durchführung der Beweise

VI. Hauptstück: Gang des Verfahrens

§§ 115–124. A. Untersuchungsverfahren
§§ 125–135. B. Mündliche Verhandlung; Beschlußfassung der Spruchsenate
§§ 136–141. C. Inhalt des Erkenntnisses
§ 142. D. Sonderbestimmung für Freiheitsstrafen
§§ 143–146. E. Vereinfachtes Verfahren
§ 147. F. Verfahren gegen Personen unbekannten Aufenthaltes
§ 148. G. Selbständiges Verfahren
§ 149. H. Abgesondertes Verfahren

VII. Hauptstück: Beschwerde; Wiederaufnahme des Verfahrens, Wiedereinsetzung in den vorigen Stand

A. Beschwerde
§§ 150–155. 1. Allgemeines
§§ 156–160. 2. Beschwerdeverfahren
§§ 161–163. 3. Entscheidungen über Beschwerden
§ 164. (aufgehoben)
B. Wiederaufnahme des Verfahrens und Wiedereinsetzung in den vorigen Stand
§§ 165–166. 1. Wiederaufnahme des Verfahrens
§§ 167–168. 2. Wiedereinsetzung in den vorigen Stand
§§ 169–170. C. Besondere Bestimmungen

VIII. Hauptstück

§§ 171–174. Fälligkeit, Einhebung, Sicherung und Einbringung der Geldstrafen und Wertersätze; Vollziehung des Verfalles; Verwertung verfallener Gegenstände

IX. Hauptstück

§§ 175–179. Vollzug der Freiheitsstrafen (Ersatzfreiheitsstrafen)

X. Hauptstück

§§ 180–184. Sonderbestimmungen für das Verfahren gegen Jugendliche

XI. Hauptstück

§ 185. Kosten des Strafverfahrens und des Strafvollzuges

XII. Hauptstück

§ 186. Tilgung

XIII. Hauptstück

§ 187. Gnadenrecht

XIV. Hauptstück

§§ 188–194. Entschädigung

XV. Hauptstück

§§ 194a–194e. Finanzstrafregister

Dritter Unterabschnitt: Sonderbestimmungen für das Verfahren wegen gerichtlich strafbarer Finanzvergehen

§§ 195–196. 1. Allgemeines
§§ 196a–247. 2. Ergänzungen der Strafprozeßordnung

Artikel II: Gerichtlich strafbare Handlungen, die keine Finanzvergehen sind

§ 248. Begünstigung
§ 249. (aufgehoben)
§ 250. Falsche Verdächtigung
§§ 251, 252. Verletzung der abgabenrechtlichen Geheimhaltungspflicht
§ 253. (aufgehoben)

Artikel III: Bestimmungen für den Bereich des landesgesetzlichen und kommunalsteuerlichen Abgabenstrafrechts

§ 254. Bestimmungen für den Bereich des landesgesetzlichen und kommunalsteuerlichen Abgabenstrafrechts
§ 255. (aufgehoben)

Artikel IV: Übergangs- und Schlußbestimmungen

§ 256. Übergangs- und Schlußbestimmungen
§§ 257–265. Umsetzung von Unionsrecht
§§ 265a, 266. Sonderregelungen aufgrund der Maßnahmen zur Bekämpfung von COVID-19

STICHWORTVERZEICHNIS

A
Abgaben 2 (1)
Abgabenbetrug 39
Abgabenerhöhung 29 (6), 30a
 – Monopolgegenstände 30a (9)
 – pauschal 30a
Abgabenhehlerei 37
 – erschwerende Umstände 38
 – Strafen 37 (2 ff)
 – Strafschärfung 41
Abgabenhinterziehung 33
 – Strafen 33 (5 f)
 – Strafschärfung 41
Abgabenverkürzung 33 (3)
 – fahrlässige 34
 – fahrlässige, Strafen 34 (4)
abgesondertes Verfahren 149
Ablehnung, von Organen 73 f
Abschriftnahme 79
Akteneinsicht 79, 120 (1)
Amtsbeauftragter
 – Ablehnung von Organen 73
 – Bestellung 124 (2)
Anklageschrift 209 (1 f)
Anwendung 3
Anzeige
 – an Staatsanwaltschaft 54 (1 ff)
 – durch andere Personen 30 (1 ff)
Aufsichtsrecht 170 (2)
Augenschein 113
Ausführungsgefahr 86
Auskünfte, unverzügliche Erledigung 198 (1 ff)
Auskunftspflicht 48b, 99 (1)
Auslieferungsverbot 5 (3)

B
Bankgeheimnis 89 (4), 99 (6)
Bargeldverkehr 48b
Befangenheit 72 ff
Begehungsgefahr 86
Begünstigung 248
Berauschung, selbstverschuldete 52 (1)
 – Strafen 52 (2)
 – Zuständigkeit 53 (5)
Berechtigungen, Entzug 27
Beschlagnahme 89 ff
 – Freigabe 89 (7), 206 (1 f)
beschlagnahmte Gegenstände
 – amtliche Verwahrung 90 (1)
 – Bestätigung 91 (1 f)
 – Verderben 90 (2 f)
beschlagnahmte Geschäftsbücher, Einsichtnahme 92
Beschuldigter 75
 – Ablehnung von Organen 73
 – flüchtig 232
 – Fragerecht 128 (2)
 – Tod 173
 – Vernehmung 84, 116
 – Vorladung 116 ff
 – Zuziehung eines Wirtschaftstreuhänders 199 (1 f)
Beschwerde 152 (1 f)
Beschwerdeschrift 219 (2)
Bestrafter, zu ersetzende Kosten 185 (1 ff)
Beteiligte 11
 – mehrere 12
Bevollmächtigter 77
Beweisaufnahme 114, 119
 – Ergebnis 114 (4)
 – Rechtsmittelverfahren 158
Beweismittel 98, 165
 – Beschlagnahme 89 (3 ff), 96
Blindheit 79 (1)
Bundesfinanzgericht 14 (3), 31 (4), 62, 67 (2), 71a, 72, 73, 74, 74b (2), 93 (7), 99 (6), 150, 165 (5), 177 (2), 194d

D
Daten, elektronische 99 (1)
Datenverfälschungsprogramm Finanzordnungswidrigkeit 51a
Dienstgeber, Haftung 28 (3 ff)
Durchsuchung, Niederschrift 93 (6)

E
Einbringung, Geldstrafe und Wertersatz 172 (1)
Eingangs- oder Ausgangsabgaben
 – fahrlässige Verkürzung 36 (2)
 – Hinterziehung 35 (2 f)
Einhebung 172 (1)
Einspruchsentscheidung 210 (4 ff)
einstweilige Verfügung, zur Sicherung 207a (1 ff)
Elektronische Daten 99 (1)
Enthaftungsantrag 87 (5)
Entschädigung 245 (1 ff)
 – Abgaben und Gebühren 193 (1 ff)
 – Aufforderung 190 (1 f)
 – für vermögensrechtliche Nachteile 188 ff
 – Wiederaufnahme des Verfahrens 194 (1 f)
Entschädigungsanspruch 188 (2 f), 189
 – Verjährung 191
 – Zuständigkeit 192 (1 f)
Ergänzungsurteil, Verfall 242 (1 ff)
Erhebungen, unverzügliche
 – Erledigung 198 (1 ff)
Erkenntnis
 – Änderung 161 (3)
 – Aufhebung 161 (4)
 – Inhalt 136 ff
 – schriftliche Ausfertigung 141
Ermittlungen 119
Ersatzfreiheitsstrafe 20
 – Jugendliche 184
 – Vollzug 179 (1 f)
erschwerende Umstände, Strafen 38
Erschwerungsgründe 23 (2)
Ersuchschreiben 120 (1 f)

F
Fahrlässigkeit 8 (2)
 – grobe 8 (3)
Fälligkeit 171

Fehlleistung, entschuldbare 9
Festnahme 85
Finanzordnungswidrigkeit 49 ff
– Datenverfälschungsprogramm 51a
– Strafen 49 (2), 50 (2), 51 (2), 51a
– Zuständigkeit 53 (5)
Finanzstrafbehörde
– Befangenheit 72 ff
– Kostenersatz 228
Finanzstrafregister 194a ff
Finanzstrafverfahren 53 ff
– verwaltungsbehördliches 56 ff
– verwaltungsbehördliches, Zuständigkeit 58 ff
Finanzvergehen 1
– Aufdeckung 80 ff
– Hilfe bei Verfolgung 197 (1 ff)
– mehrere 21
– Rücktritt von Anklage 211 (1 f), 212
– Rücktritt von Verfolgung 205
– Zurücklegen der Anzeige 201
– Zuständigkeit 53 ff, 196a
Fluchtgefahr 86
Flüchtiger 231 ff
– einstweilige Verfügung 233
– Zustellung von Gerichtsstücken 235
Freiheitsstrafe 15
– bis Rechtskraft des Erkenntnisses 142 (1 ff)
– Vollzug 175 ff
Freispruch
– Unzuständigkeit 228a
– wegen Unzuständigkeit 214 (1 ff)

G
Gefahr im Verzug
– Beschlagnahme 89 (2)
– Durchsuchung 93 (4)
Geheimhaltungspflicht
– Strafverfahren 208
– Verletzung 251 f
Gehörlos 84 (3), 127 (1), 185
Geldstrafe 16
– Bezahlung nach Antritt der Ersatzfreiheitsstrafe 230
– Fälligkeit 171 (1)
– Uneinbringlichkeit 20 (1 f)
Geltungsbereich
– persönlich 1
– räumlich 5 (1 f)
– zeitlich 4
Gemeinnützig 31 (4)
gemeinsame Bestimmungen gegenüber Organen der Zollämter 97
Gericht, Nichtzuständigkeit 202 (1)
Gesamtrechtsnachfolge, Haftung 28 (8)
Geschäftsverteilung 68, 71 (4)
Geständnis, Entlockung 100
Gnadenrecht 187
grobe Fahrlässigkeit 8 (3)

H
Haftung 28
Haftungsbeteiligter 76
Hauptverhandlung, Ausschluß der Öffentlichkeit 213 (1 f)
Hausdurchsuchung 93 f
Hinterziehung, Eingangs- oder Ausgangsabgaben 35 (2 f)
– erschwerende Umstände 38
– Strafen 35 (4)
– Strafschärfung 41
Hinterziehung, Verbrauchsteuern, erschwerende Umstände 38

I
Irrtum, entschuldbarer 9

J
Jugendstraftaten 24
juristische Person, Haftung 28 (1), 28 (5)

K
Konsulargebühren 2 (2)
Kostenersatz, Finanzstrafbehörde 228

M
Mängelbehebungsauftrag, Rechtsmittel 156 (2)
Milderungsgründe 23 (2)
Mitteilungen, Prüfung 82
Mitteilungspflichten 80, 81
Monopole 2 (3)
Monopolhehlerei 46
Monopolrechte, fahrlässiger Eingriff 45 (1)
– Strafen 45 (2)
Monopolrechte, vorsätzlicher Eingriff 44 (1)
– Strafen 44 (2)
– Strafschärfung 47
mündliche Verhandlung 125 ff
– Abbruch 128 (4)
– Ablauf 130
– Beweisaufnahme, Wiederholung 128 (3)
– Erkenntnisverkündigung 134
– Fernbleiben des Beschuldigten 126
– gegen Jugendliche 182 (2 ff)
– Niederschrift 135
– Öffentlichkeit 127 (2 ff)
– Sachverständiger 127 (5)
– störende Personen 127 (7 f)
– Teilnehmende 129
– Verhandlungsleiter 127 (1)

N
Nachschau 99 (2)
nachträgliches Verfahren 242 (1 ff)
Nebenanspruch 29 (6), 30a (8)
Nebenbeteiligter 76
– Ablehnung von Organen 73
– Entschädigung, Wiederaufnahme des Verfahrens 240 (1 f)
– Fragerecht 128 (2)
– Kostenersatz 241
– Vernehmung 84
– Wohnsitz im Ausland 237
– zu ersetzende Kosten 185 (2 ff)
Notstand 10

O
ordentliches Rechtsmittel 150 ff

P
personenbezogene Daten, Übermittlung 98 (5)
Personendurchsuchung 93, 95
Postsendungen, Beschlagnahme 89 (9)

R
Ratskammer, Zuständigkeitsentscheidung 202 (1 ff)
Rechenfehler, Berichtigung 170 (1)
Rechtsgebühren 2 (2)
Rechtsmittel
– Inhalt 153
– Mängelbehebungsauftrag 156 (2)
– mündliche Verhandlung 160 (1 f)
– nicht zulässiges 154
– ordentliches 150 ff
– Rücknahme 155
– Zurückweisung 156 (1)
Rechtsmittelanmeldung 219
Rechtsmittelbelehrung 140 (1 ff)
Rechtsmittelentscheidung 161 ff
– Inhalt 162 (1)
– schriftlich 163 (1 f)
– Spruch 162 (2)
Rechtsmittelfrist 150 (2)
Rechtsmittelverfahren 156 ff
– Amtsbeauftragter 159
– Beweisaufnahme 158
Rechtsschutzbeauftragter 74a

S
Sachverständiger 109 ff
– Befangenheit 110 (3)
– Enthebung von der Bestellung 110
– Kostenersatz 112
– Vereidigung 111
Schlußbestimmungen 256 ff
Schmuggel 35 (1)
– erschwerende Umstände 38
– Strafen 35 (4)
– Strafschärfung 41
Schreibfehler, Berichtigung 170 (1)
Schuldhaftigkeit 6
selbständiges Verfahren 148
– Wiederaufnahme 244
Selbstanzeige 29, 30, 30a (6), 49a (2)
– Zuschlag 29 (6)
Senat
– Abstimmung 131
– Entscheidung über Hauptsache 132 (2)
– Niederschrift 133
– Zuständigkeit 132 (1)
Senate 65 (1 ff)
– Ablehnung 74 (1 ff)
– Gelöbnis der Laienbeisitzer 71
– Laienbeisitzer 70 (2)
– Mitglieder 66 f
– Mitglieder, Bestimmung 68
– Richter 70 (1)
– Veröffentlichung der Zusammensetzung 69
Sicherheitssumme 88 (2 ff)
Sicherstellungsauftrag 172 (2)
Sicherung 172 (1)
Spruch
– auf Einstellung 138 (1 f)
– Begründung 139
Spruchsenat, mündliche Verhandlung 125 ff
Spruchsenate, s. Senate
Stempelgebühren 2 (2)
strafbare Handlungen, Zusammentreffen 21
Strafbarkeit, Verjährung 31
Strafbemessung 23
Strafen 15 ff
– Absehen 25
– bedingte Entlassung 26 (1)
– bedingte Nachsicht 26 (1)
– erschwerende Umstände 38
Strafprozeßordnung, Ergänzung 196a ff
Strafschärfung, bei Rückfall 41, 47
Strafurteil 215 (1 f)
Strafverfahren
– Einleitung 83
– Einstellung 210 (7)
– gegen Jugendliche 180 ff
– gegen Jugendliche, Kosten 185 (7)
– Geheimhaltungspflicht 208
– Kosten 185 (1 ff), 227 (1 ff)
– Rechtsmittel 150 ff
– Stellung der Finanzstrafbehörde 200 (1 ff)
Strafverfügung 143 ff
– Belehrung 144
– Einspruchsrecht 145
– Zollämter 146
– Zustellung 144
Strafvollzug 175 ff
– Aufschub 177 f
– Kosten 185 (1 ff)
– Kosten, Einbringung 185 (5)
– Kosten, Einhebung 185 (5)
– Kosten, Sicherung 185 (5)
– nicht durchführbar 176 (1 ff)

T
Tatfolgenausgleich 31 (4)
Tatsachen 98, 165
Territorialitätsprinzip 5 (1 f)
Tilgung 186
Tilgungsfrist 186 (3)

U
Übergangsbestimmungen 256 ff
Übermittlung personenbezogener Daten 98 (5)
Umsatzsteuer 29 (7), 33 (2), 49 (1)
unrichtiger Präferenznachweis 48a (1)
– Strafen 48a (2)
Unschuldsvermutung 6 (2)
Untersuchungshaft 23 (4), 86
– Aufhebung 87 (4)
– Ausschluß 88
– Bescheid 87 (1 ff)
– Jugendliche 181 (1 ff)
Untersuchungsverfahren 115, 124
Unzuständigkeit
– Freispruch 214 (1 ff)
– Wiederaufnahme 220 (1 ff)
Unzuständigkeitsentscheidung 210 (1 f), 54 (5 f)
Urkunden 101
Urteil, Zulässigkeit der Rechtsmittel 218
Urteilsausfertigung 217, 219 (1)

V
Verböserungsverbot 166 (6)
Verdächtigter 75
Verdächtigung, falsche 250
Verdunkelungsgefahr 86
vereinfachtes Verfahren 143 ff
Verfahren 115 ff
– abgesondertes 149
– gegen Jugendliche 180 ff
– gegen Personen unbekannten Aufenthalts 147
– gerichtliches, wegen Finanzvergehen 195 f
– nachträgliches 242 (1 ff)
– selbständiges 148
– vereinfachtes 143 ff
– vor Einzelrichter 246
– Wiederaufnahme 165 f
– Zuziehung von Verfallsbeteiligten und Haftungsbeteiligten 122 (1 ff)
Verfall 17 f, 243
– Aufhebung 161 (2)
– Aufhebung, Wiederaufnahme des Verfahrens 166 (5)
– Ergänzungsurteil 242 (1 ff)
– Verderb 207 (1 f)
verfallene Gegenstände
– Fälligkeit 171 (2 ff)
– Verwertung 174 (1 f), 229 (2 ff)
– zwangsweise Abnahme 229 (1)
Verfallsbeteiligter 76
Verfolgungshandlung 14 (3)
Verhandlungsleiter 127 (1), 127 (6 f), 128 (1 ff)
Verjährung
– Strafbarkeit 31
– Vollstreckbarkeit 32
Verkürzung, Eingangs- oder Ausgangsabgaben, fahrlässige 36 (2)
– Strafen 36 (3)
Verkürzungszuschlag 30a
Verleitung 100
Vermögensmassen, Haftung 28 (1), 28 (5)
Vernehmung 84
verschlossene Briefe, Beschlagnahme 89 (8)
Verschlußsicherheit, Verletzung 48 (1)
– Strafen 48 (2)
Versuch 13
– Rücktritt 14
Verteidiger 77, 78
Vertreter, Haftung 28 (2 ff)
Verwaltungsgerichtshof, Anrufung 169 (1)
Verwarnung 25
Verzollungsumgehung 36 (1)
– Strafen 36 (3)
Vollstreckbarkeit, Verjährung 32
Vorfragen 123, 165
Vorführung 85
Vorhaft, Anrechnung 23 (5 f)
Vorladung 102 (2 f), 116 ff
– Nichtnachkommen 121
vorläufige Verwahrung 85
Vorsatz 8 (1)
Voruntersuchung 203
– Zuständigkeitsentscheidung 204

W
Wertersatz, Fälligkeit 171 (1 ff)
– Strafe 19
– Uneinbringlichkeit 20 (1 f)
Wertzeichenvergehen 39 (1), 40
– Strafen 39 (2)
Wiederaufnahmebewilligung 224 (1 ff)
Wiederaufnahme des Verfahrens 165 f, 239
– Antrag 165 (3 ff)
– bei Unzuständigkeit 220 (1 ff)
– Bescheid 166 (2)
– Entscheidung 166 (4)
– Kosten 185 (8)
– neue Tatsachen 222 f
– selbständiges Verfahren 244
– von Amts wegen 165 (1 f)
– zuständige Behörde 166 (1)
Wiedereinsetzung in den vorigen Stand 167 f
– Antrag 167 (1 ff)
– Frist 168 (4)

Z
Zahlungsaufforderung 140 (5)
Zeuge 102 ff
– Antwortzwang 106 (2)
– Ausschluß 103
– Belehrung 106 (1)
– eidliche Einvernahme 107
– Fragen 106 (3)
– Kostenersatz 108
– Vereidigung 114 (2)
– Verweigerung 105
– Verweigerung der Aussage 104
– Zwangsvorführung 105
Zurechnungsunfähigkeit 7
Zusatzstrafe 21 (3 f)
Zuschlag, Selbstanzeige 29 (6)
Zuständigkeitsentscheidung 202 (1 ff), 204
– neue Tatsachen 226
Zwangs- und Ordnungsstrafen, Fälligkeit 171 (5)

Bundesgesetz vom 26. Juni 1958, betreffend das Finanzstrafrecht und das Finanzstrafverfahrensrecht (Finanzstrafgesetz – FinStrG.)

Erster Abschnitt Finanzstrafrecht

I. Hauptstück Allgemeiner Teil

Allgemeine Bestimmungen

§ 1. (1) Finanzvergehen sind die in den §§ 33 bis 52 mit Strafe bedrohten Taten (Handlungen oder Unterlassungen) natürlicher Personen. Finanzvergehen sind auch andere ausdrücklich mit Strafe bedrohte Taten, wenn sie in einem Bundesgesetz als Finanzvergehen oder als Finanzordnungswidrigkeiten bezeichnet sind.

(2) Nach Maßgabe des § 28a sind auch Verbände im Sinne des Verbandsverantwortlichkeitsgesetzes für Finanzvergehen verantwortlich.

(3) Vorsätzliche Finanzvergehen, die mit einer zwingend zu verhängenden Freiheitsstrafe von mehr als drei Jahren bedroht sind, sind Verbrechen im Sinne des § 17 Abs. 1 StGB.

§ 2. (1) Abgaben im Sinne dieses Artikels sind:

a) die bundesrechtlich geregelten und die durch unmittelbar wirksame Rechtsvorschriften der Europäischen Union geregelten öffentlichen Abgaben sowie die bundesrechtlich geregelten Beiträge an öffentliche Fonds und an Körperschaften des öffentlichen Rechts, die nicht Gebietskörperschaften sind, soweit diese Abgaben und Beiträge bei Erhebung im Inland von Abgabenbehörden des Bundes zu erheben sind;

b) die Grundsteuer und die Lohnsummensteuer;

c) die in einem anderen Mitgliedstaat der Europäischen Union zu erhebende Einfuhrumsatzsteuer oder durch Rechtsvorschriften der Europäischen Union harmonisierte Verbrauchsteuern, sofern der Abgabenanspruch in Zusammenhang mit einem in diesem Staat begangenen Finanzvergehen, das im Inland verfolgt wird, entstanden ist;

(BGBl I 2019/62)

d) Umsatzsteuer, die in einem anderen Mitgliedstaat der Europäischen Union in Zusammenhang mit einem grenzüberschreitenden Umsatzsteuerbetrug (§ 40) entstanden ist, wenn die Tat im Inland verfolgt wird.

(BGBl I 2019/62)

(2) Die Stempel- und Rechtsgebühren und die Konsulargebühren sind – mit Ausnahme der Wettgebühren nach § 33 TP 17 Abs. 1 Z 1 GebG 1957 – keine Abgaben im Sinne des Abs. 1.

(3) Monopol im Sinne dieses Artikels ist das Tabakmonopol.

§ 3. (1) Die Bestimmungen dieses Hauptstückes sind, soweit sich aus ihnen nicht anderes ergibt, unabhängig davon anzuwenden, ob das Finanzvergehen vom Gericht oder von der Finanzstrafbehörde zu ahnden ist.

(2) Wo in diesem Bundesgesetz von Gerichten die Rede ist, sind darunter die ordentlichen Gerichte zu verstehen.

Allgemeine Voraussetzungen der Strafbarkeit

§ 4. (1) Eine Strafe wegen eines Finanzvergehens darf nur verhängt werden, wenn die Tat schon zur Zeit ihrer Begehung mit Strafe bedroht war.

(2) Die Strafe richtet sich nach dem zur Zeit der Tat geltenden Recht, es sei denn, dass das zur Zeit der Entscheidung des Gerichtes erster Instanz oder der Finanzstrafbehörde geltende Recht in seiner Gesamtauswirkung für den Täter günstiger wäre.

§ 5. (1) Ein Finanzvergehen ist nur strafbar, wenn es im Inland begangen worden ist.

(2) Ein Finanzvergehen ist im Inland begangen, wenn der Täter im Inland gehandelt hat oder hätte handeln sollen oder wenn der dem Tatbild entsprechende Erfolg im Inland eingetreten ist oder nach der Vorstellung des Täters hätte eintreten sollen. Wird das Finanzvergehen nicht im Inland, aber im Zollgebiet der Europäischen Union begangen und im Inland entdeckt oder wird es von einem österreichischen Staatsangehörigen im Ausland begangen oder wird es gegenüber einem auf Grund eines zwischenstaatlichen Vertrages im Ausland einschreitenden Organ einer Abgabenbehörde begangen, so gilt es als im Inland begangen.

(3) Niemand darf wegen eines Finanzvergehens an einen fremden Staat ausgeliefert werden, und eine von einer ausländischen Behörde wegen eines solchen Vergehens verhängte Strafe darf im Inland nicht vollstreckt werden, es sei denn, dass in zwischenstaatlichen Verträgen oder in Bundesgesetzen anderes vorgesehen ist.

Keine Strafe ohne Schuld

§ 6. Strafbar ist nur, wer schuldhaft handelt.

Zurechnungsunfähigkeit

§ 7. (1) Wer zur Zeit der Tat wegen einer Geisteskrankheit, wegen Schwachsinns, wegen einer tiefgreifenden Bewußtseinsstörung oder wegen einer anderen schweren, einem dieser Zustände gleichwertigen seelischen Störung unfähig ist, das Unrecht seiner Tat einzusehen oder nach dieser Einsicht zu handeln, handelt nicht schuldhaft.

(2) Nicht strafbar ist, wer zur Zeit der Tat das 14. Lebensjahr noch nicht vollendet hat.

(3) Ist der Täter zur Zeit der Tat zwar 14, aber noch nicht 18 Jahre alt, so ist er nicht strafbar, wenn er aus bestimmten Gründen noch nicht reif genug ist, das Unrecht der Tat einzusehen oder nach dieser Einsicht zu handeln.

Vorsatz, Fahrlässigkeit

§ 8. (1) Vorsätzlich handelt, wer einen Sachverhalt verwirklichen will, der einem gesetzlichen Tatbild entspricht; dazu genügt es, daß der Täter diese Verwirklichung ernstlich für möglich hält und sich mit ihr abfindet.

(2) Fahrlässig handelt, wer die Sorgfalt außer acht läßt, zu der er nach den Umständen verpflichtet und nach seinen geistigen und körperlichen Verhältnissen befähigt ist und die ihm zuzumuten ist, und deshalb nicht erkennt, daß er einen Sachverhalt verwirklichen könne, der einem gesetzlichen Tatbild entspricht. Fahrlässig handelt auch, wer es für möglich hält, daß er einen solchen Sachverhalt verwirkliche, ihn aber nicht herbeiführen will.

(3) Grob fahrlässig handelt, wer ungewöhnlich und auffallend sorgfaltswidrig handelt, sodass der Eintritt eines dem gesetzlichen Tatbild entsprechenden Sachverhaltes als geradezu wahrscheinlich vorhersehbar war.

(BGBl I 2015/118)

Schuldausschließungsgründe und Rechtfertigungsgründe

§ 9. Dem Täter wird weder Vorsatz noch Fahrlässigkeit zugerechnet, wenn ihm bei einer Tat ein entschuldbarer Irrtum unterlief, der ihn das Vergehen oder das darin liegende Unrecht nicht erkennen ließ; ist der Irrtum unentschuldbar, so ist dem Täter grobe Fahrlässigkeit zuzurechnen. Dem Täter wird Fahrlässigkeit auch dann nicht zugerechnet, wenn ihm bei der Tat eine entschuldbare Fehlleistung unterlief.

(BGBl I 2015/118)

§ 10. Eine Tat ist nicht strafbar, wenn sie durch Notstand (§ 10 StGB) entschuldigt oder, obgleich sie dem Tatbild eines Finanzvergehens entspricht, vom Gesetz geboten oder erlaubt ist.

Behandlung aller Beteiligten als Täter

§ 11. Nicht nur der unmittelbare Täter begeht das Finanzvergehen, sondern auch jeder, der einen anderen dazu bestimmt, es auszuführen, oder der sonst zu seiner Ausführung beiträgt.

§ 12. Waren an der Tat mehrere beteiligt, so ist jeder von ihnen nach seiner Schuld zu bestrafen.

Strafbarkeit des Versuches

§ 13. (1) Die Strafdrohungen für vorsätzliche Finanzvergehen gelten nicht nur für die vollendete Tat, sondern auch für den Versuch und für jede Beteiligung an einem Versuch.

(2) Die Tat ist versucht, sobald der Täter seinen Entschluß, sie auszuführen oder einen anderen dazu zu bestimmen (§ 11), durch eine der Ausführung unmittelbar vorangehende Handlung betätigt.

(3) Der Versuch und die Beteiligung daran sind nicht strafbar, wenn die Vollendung der Tat nach der Art der Handlung oder des Gegenstands, an dem die Tat begangen wurde, unter keinen Umständen möglich war.

Rücktritt vom Versuch

§ 14. (1) Der Täter wird wegen des Versuches oder der Beteiligung daran nicht bestraft, wenn er die Ausführung aufgibt oder, falls mehrere daran beteiligt sind, verhindert oder wenn er den Erfolg abwendet. Ein Rücktritt vom Versuch ist bei Betretung auf frischer Tat ausgeschlossen.

(2) Straffreiheit tritt nicht ein, wenn zum Zeitpunkt des Rücktritts vom Versuch

a) Verfolgungshandlungen (Abs. 3) gesetzt waren und dies dem Täter, einem anderen an der Tat Beteiligten oder einem Hehler bekannt war oder

b) anläßlich der Durchführung eines Zollverfahrens bereits eine Erklärung über ein- oder auszuführende Waren abgegeben wurde.

(3) Verfolgungshandlung ist jede nach außen erkennbare Amtshandlung eines Gerichtes, einer Staatsanwaltschaft, einer Finanzstrafbehörde, des Bundesfinanzgerichtes oder eines im § 89 Abs. 2 genannten Organs, die sich gegen eine bestimmte Person als den eines Finanzvergehens Verdächtigen, Beschuldigten oder Angeklagten richtet, und zwar auch dann, wenn das Gericht, die Staatsanwaltschaft, die Finanzstrafbehörde, das Bundesfinanzgericht oder das Organ zu dieser Amtshandlung nicht zuständig war, die Amtshandlung ihr Ziel nicht erreicht oder die Person, gegen die sie gerichtet war, davon keine Kenntnis erlangt hat.

Freiheitsstrafen

§ 15. (1) Die Freiheitsstrafe beträgt mindestens einen Tag. Über Jugendliche (§ 7 Abs. 3) darf eine Freiheitsstrafe nicht verhängt werden.

(2) Bei Finanzvergehen, die nicht mit einer zwingend zu verhängenden Freiheitsstrafe bedroht sind, darf auf eine solche nur erkannt werden, wenn es ihrer bedarf, um den Täter von weiteren Finanzvergehen abzuhalten oder der Begehung von Finanzvergehen durch andere entgegenzuwirken.

(3) Bei Finanzvergehen, deren Ahndung nicht dem Gericht vorbehalten ist, darf eine Freiheitsstrafe nur in den Fällen des § 58 Abs. 2 lit. a verhängt werden; sie darf das Höchstmaß von drei Monaten nicht übersteigen.

(4) Bei Finanzvergehen, die mit einer zwingend zu verhängenden Freiheitsstrafe bedroht sind, sind die §§ 37 und 41 StGB sinngemäß mit der Maßgabe anzuwenden, dass die an Stelle der Freiheitsstrafe zu verhängende Geldstrafe mit bis zu 500 000 Euro zu bemessen ist.

Geldstrafen

§ 16. Die Mindestgeldstrafe beträgt 20 Euro. Die Geldstrafen fließen dem Bund zu.

Strafe des Verfalls

§ 17. (1) Auf die Strafe des Verfalls darf nur in den im II. Hauptstück dieses Abschnittes vorgesehenen Fällen erkannt werden.

(2) Dem Verfall unterliegen:

a) die Sachen, hinsichtlich derer das Finanzvergehen begangen wurde, samt Umschließungen;

b) die zur Begehung des Finanzvergehens benützten Beförderungsmittel und Behältnisse, wie Koffer, Taschen u. dgl., wenn diese Gegenstände mit besonderen Vorrichtungen versehen waren, welche die Begehung des Finanzvergehens erleichtert haben;

c) soweit dies im II. Hauptstück dieses Abschnittes besonders vorgesehen ist,

1. die Geräte und Vorrichtungen, die zur Erzeugung der in lit. a erwähnten Sachen bestimmt gewesen oder benützt worden sind,
2. die Rohstoffe, Hilfsstoffe und Halbfabrikate, die zur Erzeugung der in lit. a erwähnten Sachen bestimmt gewesen sind, samt Umschließungen,
3. die zur Begehung des Finanzvergehens benützten Beförderungsmittel, wenn in ihnen Gegenstände des Finanzvergehens an Stellen verborgen waren, die für die Verwahrung üblicherweise nicht bestimmt sind, oder wenn das betreffende Finanzvergehen wegen der Beschaffenheit der beförderten Sachen ohne Benützung von Beförderungsmitteln nicht hätte begangen werden können.

Beförderungsmittel, die dem allgemeinen Verkehr dienen und unabhängig von den Weisungen des Fahrgastes oder Benützers verkehren, unterliegen nicht dem Verfall.

(3) Die im Abs. 2 genannten Gegenstände sind für verfallen zu erklären, wenn sie zur Zeit der Entscheidung im Eigentum oder Miteigentum des Täters oder eines anderen an der Tat Beteiligten stehen. Weisen andere Personen ihr Eigentum an den Gegenständen nach, so ist auf Verfall nur dann zu erkennen, wenn diesen Personen vorzuwerfen ist, daß sie

a) zumindest in auffallender Sorglosigkeit dazu beigetragen haben, daß mit diesen Gegenständen das Finanzvergehen begangen wurde, oder
b) beim Erwerb der Gegenstände die deren Verfall begründenden Umstände kannten oder aus auffallender Sorglosigkeit nicht kannten.

Hiebei genügt es, wenn der Vorwurf zwar nicht den Eigentümer des Gegenstands, aber eine Person trifft, die für den Eigentümer über den Gegenstand verfügen kann.

(4) Monopolgegenstände unterliegen dem Verfall ohne Rücksicht darauf, wem sie gehören. Dies gilt auch für Behältnisse und Beförderungsmittel der im Abs. 2 lit. b bezeichneten Art, es sei denn, daß deren Eigentümer nicht an der Tat beteiligt war, ihn auch sonst kein Vorwurf im Sinne des Abs. 3 trifft und die besonderen Vorrichtungen vor der Entscheidung entfernt werden können; die Kosten haben der Täter und die anderen an der Tat Beteiligten zu ersetzen.

(5) Wird auf Verfall erkannt, so sind nachgewiesene Pfandrechte oder Zurückbehaltungsrechte dritter Personen an den für verfallen erklärten Gegenständen anzuerkennen, wenn diese Personen kein Vorwurf im Sinne des Abs. 3 trifft.

(6) Stünde der Verfall zur Bedeutung der Tat oder zu dem den Täter treffenden Vorwurf außer Verhältnis, so tritt an die Stelle des Verfalls nach Maßgabe des § 19 die Strafe des Wertersatzes. Dies gilt nicht für Beförderungsmittel und Behältnisse der im Abs. 2 lit. b bezeichneten Art, deren besondere Vorrichtungen nicht entfernt werden können, und für Monopolgegenstände, bei welchen auf Grund ihrer Beschaffenheit oder sonst auf Grund bestimmter Tatsachen zu besorgen ist, dass mit ihnen gegen Monopolvorschriften verstoßen wird.

(7) Das Eigentum an den für verfallen erklärten Gegenständen geht mit der Rechtskraft der Entscheidung auf den Bund über; Rechte dritter Personen erlöschen, sofern sie nicht gemäß Abs. 5 anerkannt wurden.

§ 18. Ist der Verfall angedroht, so ist nach Maßgabe der Bestimmungen des § 17 im selbständigen Verfahren (§§ 148, 243) auf Verfall zu erkennen,

a) wenn sowohl der Täter als auch andere an der Tat Beteiligte unbekannt sind,
b) wenn der Täter oder andere an der Tat Beteiligte zwar bekannt, aber unbekannten Aufenthalts sind und im übrigen die Voraussetzungen des § 147 für die Durchführung einer mündlichen Verhandlung oder des § 427 StPO für die Durchführung einer Hauptverhandlung nicht gegeben sind.

Strafe des Wertersatzes

§ 19. (1) Statt auf Verfall ist auf die Strafe des Wertersatzes zu erkennen,

a) wenn im Zeitpunkt der Entscheidung feststeht, daß der Verfall unvollziehbar wäre,
b) wenn auf Verfall nur deshalb nicht erkannt wird, weil das Eigentumsrecht einer anderen Person berücksichtigt wird,
c) in den Fällen des § 17 Abs. 6 erster Satz.

(2) Neben dem Verfall ist auf Wertersatz zu erkennen, wenn im Zeitpunkt der Entscheidung noch nicht feststeht, ob der Verfall vollziehbar sein wird, oder wenn Rechte dritter Personen (§ 17 Abs. 5) anerkannt werden.

(3) Die Höhe des Wertersatzes entspricht dem gemeinen Wert, den die dem Verfall unterliegenden Gegenstände im Zeitpunkt der Begehung des Finanzvergehens hatten; ist dieser Zeitpunkt nicht feststellbar, so ist der Zeitpunkt der Aufdeckung des Finanzvergehens maßgebend. Soweit der Wert nicht ermittelt werden kann, ist auf Zahlung eines dem vermutlichen Wert entsprechenden Wertersatzes zu erkennen. Werden Rechte dritter Personen im Sinne des § 17 Abs. 5 anerkannt, so ist der Wertersatz in der Höhe der anerkannten Forderung auszusprechen; er darf aber nur mit dem Betrag eingefordert werden, der zur Befriedigung der anerkannten Forderung aus dem Verwertungserlös aufgewendet wird.

(4) Der Wertersatz ist allen Personen, die als Täter, andere an der Tat Beteiligte oder Hehler vorsätzlich Finanzvergehen hinsichtlich der dem

Verfall unterliegenden Gegenstände begangen haben, anteilsmäßig aufzuerlegen.

(5) Stünde der Wertersatz (Abs. 3) oder der Wertersatzanteil (Abs. 4) zur Bedeutung der Tat oder zu dem den Täter treffenden Vorwurf außer Verhältnis, so ist von seiner Auferlegung ganz oder teilweise abzusehen.

(6) Ist der Wertersatz aufzuteilen (Abs. 4) oder ist vom Wertersatz ganz oder teilweise abzusehen (Abs. 5), so sind hiefür die Grundsätze der Strafbemessung (§ 23) anzuwenden.

(7) Der Wertersatz fließt dem Bund zu.

Ersatzfreiheitsstrafen

§ 20. (1) Wird auf eine Geldstrafe oder auf Wertersatz erkannt, so ist zugleich die für den Fall der Uneinbringlichkeit an deren Stelle tretende Ersatzfreiheitsstrafe festzusetzen.

(2) Die gemäß Abs. 1 anstelle einer Geldstrafe und eines Wertersatzes festzusetzenden Ersatzfreiheitsstrafen dürfen bei Finanzvergehen, deren Ahndung dem Gericht vorbehalten ist, das Höchstmaß von je einem Jahr, wenn jedoch die Geldstrafdrohung das Zweifache des Betrages, nach dem sich sonst die Strafdrohung richtet, übersteigt, das Höchstmaß von je eineinhalb Jahren und wenn dieser Betrag 500.000 Euro übersteigt, das Höchstmaß von je zwei Jahren nicht übersteigen; bei Finanzvergehen, deren Ahndung in den Fällen des § 58 Abs. 2 lit. a dem Spruchsenat vorbehalten ist, dürfen die Ersatzfreiheitsstrafen das Höchstmaß von je drei Monaten und bei den übrigen Finanzvergehen das Höchstmaß von je sechs Wochen nicht übersteigen.

Zusammentreffen strafbarer Handlungen

§ 21. (1) Hat jemand durch eine Tat oder durch mehrere selbständige Taten mehrere Finanzvergehen derselben oder verschiedener Art begangen und wird über diese Finanzvergehen gleichzeitig erkannt, so ist auf eine einzige Geldstrafe, Freiheitsstrafe oder Geld- und Freiheitsstrafe zu erkennen. Neben diesen Strafen ist auf Verfall oder Wertersatz zu erkennen, wenn eine solche Strafe auch nur für eines der zusammentreffenden Finanzvergehen angedroht ist.

(2) Die einheitliche Geld- oder Freiheitsstrafe ist jeweils nach der Strafdrohung zu bestimmen, welche die höchste Strafe androht. Es darf jedoch keine geringere Strafe als die höchste der in den zusammentreffenden Strafdrohungen vorgesehenen Mindeststrafen verhängt werden. Hängen die zusammentreffenden Strafdrohungen von Wertbeträgen ab, so ist für die einheitliche Geldstrafe die Summe dieser Strafdrohungen maßgebend. Ist in einer der zusammentreffenden Strafdrohungen Geldstrafe, in einer anderen Freiheitsstrafe oder sind auch nur in einer von ihnen Geld- und Freiheitsstrafen nebeneinander angedroht, so ist, wenn beide Strafen zwingend vorgeschrieben sind, auf eine Geldstrafe und auf eine Freiheitsstrafe zu erkennen. Ist eine von ihnen nicht zwingend angedroht, so kann sie verhängt werden.

(3) Wird jemand, der bereits wegen eines Finanzvergehens bestraft worden ist, wegen eines anderen Finanzvergehens bestraft, für das er nach der Zeit der Begehung schon in dem früheren Verfahren hätte bestraft werden können, so ist eine Zusatzstrafe zu verhängen. Diese darf das Höchstmaß der Strafe nicht übersteigen, die für die nun zu bestrafende Tat angedroht ist. Die Summe der Strafen darf jeweils die Strafen nicht übersteigen, die nach den Abs. 1 und 2 zulässig und bei gemeinsamer Bestrafung zu verhängen wären. Wäre bei gemeinsamer Bestrafung keine höhere als die in der früheren Entscheidung ausgesprochene Strafe zu verhängen, so ist von einer Zusatzstrafe abzusehen.

(4) Ist die Zusatzstrafe (Abs. 3) im verwaltungsbehördlichen Finanzstrafverfahren zu verhängen, so ist es ohne Einfluß, ob die vorangegangene Bestrafung durch eine Finanzstrafbehörde anderer sachlicher oder örtlicher Zuständigkeit oder durch das Gericht erfolgt ist. Wird die Zusatzstrafe durch ein Gericht verhängt, so hat dieses auch die vorangegangene Bestrafung durch eine Finanzstrafbehörde zu berücksichtigen.

§ 22. (1) Hat jemand durch eine Tat oder durch mehrere selbständige Taten Finanzvergehen und strafbare Handlungen anderer Art begangen und wird über diese vom Gericht gleichzeitig erkannt, so sind die Strafen für die Finanzvergehen nach Maßgabe des § 21 gesondert von den Strafen für die anderen strafbaren Handlungen zu verhängen.

(2) Ist ein Finanzvergehen auf betrügerische Weise oder durch Täuschung begangen worden, so ist die Tat ausschließlich nach diesem Bundesgesetz zu ahnden.

(3) Sind von einem Täter Finanzvergehen und im Zusammenhang damit strafbare Handlungen nach § 223 StGB oder § 293 StGB begangen worden, so sind ausschließlich die Finanzvergehen zu ahnden.

(4) Hat jemand strafbare Handlungen nach §§ 163a oder 163b StGB ausschließlich im Zusammenhang mit einer Abgabenhinterziehung (§ 33) begangen, indem er eine wesentliche Information wirtschaftlich nachteilig falsch oder unvollständig darstellt, so ist nur das Finanzvergehen zu bestrafen.

(BGBl I 2015/163)

Strafbemessung; Anrechnung der Vorhaft

§ 23. (1) Grundlage für die Bemessung der Strafe ist die Schuld des Täters.

(2) Bei der Bemessung der Strafe sind die Erschwerungs- und die Milderungsgründe, soweit sie nicht schon die Strafdrohung bestimmen, gegeneinander abzuwägen. Dabei ist darauf Bedacht zu nehmen, ob es dem Täter darauf angekommen ist, sich oder einem Verband, als dessen Entscheidungsträger er gehandelt hat, durch die wiederkehrende Begehung der Tat eine nicht nur geringfügige fortlaufende Einnahme zu verschaffen. Eine wiederkehrende Begehung liegt vor, wenn der Täter bereits zwei solche Taten begangen hat oder einmal wegen einer solchen Tat bestraft worden ist. Ebenso ist bei der Bemessung der Strafe darauf

Bedacht zu nehmen, ob die Verkürzung oder der Abgabenausfall endgültig oder nur vorübergehend hätte eintreten sollen. Im Übrigen gelten die §§ 32 bis 35 StGB sinngemäß.

(BGBl I 2019/62)

(3) Bei Bemessung der Geldstrafe sind auch die persönlichen Verhältnisse und die wirtschaftliche Leistungsfähigkeit des Täters zu berücksichtigen.

(4) Bei Finanzvergehen, deren Strafdrohung sich nach einem Wertbetrag richtet, hat die Bemessung der Geldstrafe mit mindestens einem Zehntel des Höchstmaßes der angedrohten Geldstrafe zu erfolgen. Die Bemessung einer diesen Betrag unterschreitenden Geldstrafe aus besonderen Gründen ist zulässig, wenn die Ahndung der Finanzvergehen nicht dem Gericht obliegt.

(5) Die verwaltungsbehördliche und die gerichtliche Verwahrung sowie die verwaltungsbehördliche und die gerichtliche Untersuchungshaft sind auf die Strafe anzurechnen, wenn der Täter die Haft

a) in dem Verfahren wegen des Finanzvergehens, für das er bestraft wird, oder

b) sonst nach der Begehung dieser Tat wegen des Verdachts eines Finanzvergehens oder, bei Anrechnung durch das Gericht, wegen des Verdachts einer anderen mit Strafe bedrohten Handlung

erlitten hat, jedoch in beiden Fällen nur, soweit die Haft nicht bereits auf eine andere Strafe angerechnet oder der Verhaftete dafür entschädigt worden ist. Wird auf mehrere Strafen erkannt, so hat die Anrechnung zunächst auf diejenigen Strafen zu erfolgen, die nicht bedingt nachgesehen werden, im übrigen zunächst auf die Freiheitsstrafe, sodann auf die Geldstrafe und schließlich auf den Wertersatz.

(6) Für die Anrechnung der Vorhaft auf die Geldstrafe und den Wertersatz sind die an deren Stelle tretenden Ersatzfreiheitsstrafen maßgebend.

(7) Hat der Täter für die Tat, derentwegen er im Inland bestraft wird, schon im Ausland eine Strafe verbüßt, so ist sie auf die im Inland verhängte Strafe anzurechnen.

Sonderbestimmungen für Jugendstraftaten

§ 24. (1) Für Jugendstraftaten (§ 1 Abs. 1 Z 3 Jugendgerichtsgesetz 1988 – JGG, BGBl. Nr. 599/1988), die vom Gericht zu ahnden sind, gelten neben den Bestimmungen dieses Hauptstückes die §§ 5 Z 6, 7, 8 Abs. 1 und 2, und §§ 12 bis 16 des Jugendgerichtsgesetzes 1988 mit der Maßgabe, dass § 204 StPO nicht anzuwenden ist.

(BGBl I 2022/108)

(2) Für Jugendstraftaten, die von der Finanzstrafbehörde zu ahnden sind, gelten die §§ 5 Z 6 und 13 bis 15 des Jugendgerichtsgesetzes 1988 sinngemäß.

Absehen von der Strafe; Verwarnung

§ 25. (1) Die Finanzstrafbehörde hat von der Einleitung oder von der weiteren Durchführung eines Finanzstrafverfahrens und von der Verhängung einer Strafe abzusehen, wenn das Verschulden des Täters geringfügig ist und die Tat keine oder nur unbedeutende Folgen nach sich gezogen hat. Sie hat jedoch dem Täter mit Bescheid eine Verwarnung zu erteilen, wenn dies geboten ist, um ihn von weiteren Finanzvergehen abzuhalten.

(2) Unter den im Abs. 1 angeführten Voraussetzungen können die Behörden und Ämter der Bundesfinanzverwaltung von der Erstattung einer Anzeige (§ 80) absehen.

Bedingte Strafnachsicht; bedingte Entlassung; nachträgliche Milderung der Strafe

§ 26. (1) Für die bedingte Nachsicht der durch die Gerichte für Finanzvergehen verhängten Geldstrafen, Wertersätze und Freiheitsstrafen sowie für die bedingte Entlassung aus einer solchen Freiheitsstrafe gelten die §§ 43, 43 a, 44 Abs. 1, 46, 48 bis 53, 55 und 56 StGB sinngemäß. Die Strafe des Verfalls darf nicht bedingt nachgesehen werden. Eine Geldstrafe darf nur bis zur Hälfte bedingt nachgesehen werden. Der nicht bedingt nachgesehene Teil der Geldstrafe muss jedoch mindestens 10% des strafbestimmenden Wertbetrages betragen.

(2) War mit dem Finanzvergehen eine Abgabenverkürzung oder ein sonstiger Einnahmenausfall verbunden, so hat das Gericht dem Verurteilten die Weisung zu erteilen, den Betrag, den er schuldet oder für den er zur Haftung herangezogen werden kann, zu entrichten. Wäre die unverzügliche Entrichtung für den Verurteilten unmöglich oder mit besonderen Härten verbunden, so ist ihm hiefür eine angemessene Frist zu setzen, die ein Jahr nicht übersteigen darf.

(3) Für die nachträgliche Milderung der durch die Gerichte für Finanzvergehen verhängten Strafen gilt § 31a StGB sinngemäß.

(BGBl I 2018/62)

Entzug von Berechtigungen

§ 27. Wird wegen eines Finanzvergehens vom Gericht eine Freiheitsstrafe verhängt, so kann dem Bestraften eine auf Grund eines Bundesgesetzes erlangte Berechtigung zur Ausübung einer wirtschaftlichen Tätigkeit von der auch sonst für die Entziehung einer solchen Berechtigung zuständigen Behörde für eine bestimmte Zeit oder auf Dauer entzogen werden, wenn die Berechtigung zur Begehung der Tat mißbraucht worden ist. Der in anderen Bundesgesetzen auf Grund einer Bestrafung wegen eines Finanzvergehens vorgesehene Entzug von Berechtigungen wird hiedurch nicht berührt.

Haftung

§ 28. (1) (aufgehoben)

(2) Wurde in Vertretungsfällen von einem gesetzlichen oder von einem behördlich oder rechtsgeschäftlich bestellten Vertreter im Rahmen seiner Tätigkeit für den Vertretenen ein Finanzvergehen begangen, so haftet der Vertretene für die über den Vertreter verhängte Geldstrafe und den ihm auferlegten Wertersatz nur dann, wenn ihn ein Verschulden im Sinne des Abs. 4 trifft.

(3) Dienstgeber haften für Geldstrafen und Wertersätze, die einem ihrer Dienstnehmer wegen eines Finanzvergehens auferlegt werden, wenn der Dienstnehmer das Vergehen im Rahmen seiner dienstlichen Obliegenheiten begangen hat und den Dienstgeber hieran ein Verschulden (Abs. 4) trifft.

(4) Ein Verschulden nach Abs. 2 und 3 liegt vor, wenn der Vertretene oder der Dienstgeber

a) sich bei der Auswahl oder Beaufsichtigung des Vertreters oder Dienstnehmers auffallender Sorglosigkeit schuldig machte,

b) vom Finanzvergehen des Vertreters oder Dienstnehmers wußte und es nicht verhinderte, obwohl ihm die Verhinderung zuzumuten war, oder

c) vom Finanzvergehen, dessen Verhinderung ihm zuzumuten gewesen wäre, aus auffallender Sorglosigkeit nicht wußte.

(5) Die Haftung gemäß Abs. 2 und 3 wird bei juristischen Personen und Vermögensmassen, die keine eigene Rechtspersönlichkeit besitzen, aber abgabepflichtig sind, durch das Verschulden (Abs. 4) auch nur einer Person begründet, die einem mit der Geschäftsführung oder mit der Überwachung der Geschäftsführung betrauten Organ angehört; bei Personenvereinigungen genügt das Verschulden eines Mitglieds der Vereinigung, das durch Gesetz oder Vertrag zur Führung der Geschäfte berufen ist. Die Haftung tritt auch dann ein, wenn das Verschulden jemanden trifft, der nicht dem vorgenannten Personenkreis angehört, dem aber für den Gesamtbetrieb oder für das betreffende Sachgebiet die Verantwortung übertragen ist.

(6) Die Personenvereinigung haftet gemäß Abs. 2 und 3 mit ihrem Vermögen. Soweit Wertersätze in diesem Vermögen nicht Deckung finden, haftet darüber hinaus jedes Mitglied der Personenvereinigung mit seinem privaten Vermögen für den Teil des Wertersatzes, der seiner Beteiligung an der Personenvereinigung anteilsmäßig entspricht.

(7) Die Haftung nach den Abs. 2 und 3 darf nur in Anspruch genommen werden, wenn die Geldstrafen oder Wertersätze aus dem beweglichen Vermögen des Bestraften nicht eingebracht werden können. Der Einbringungsversuch kann unterbleiben, wenn Einbringungsmaßnahmen offenkundig aussichtlos sind. Insoweit Einbringungsmaßnahmen beim Haftenden erfolglos blieben, sind die entsprechenden Ersatzfreiheitsstrafen am Bestraften zu vollziehen.

(8) Bei Gesamtrechtsnachfolge geht die Haftung nach Abs. 2 und 3 und die sich daraus ergebenden Rechte und Pflichten auf den Rechtsnachfolger über. Ein solcher Haftungsübergang tritt auch bei den keine Gesamtrechtsnachfolge begründenden Umgründungen nach dem Umgründungssteuergesetz ein.

(9) Die Haftung nach Abs. 2 und 3 darf nur in Anspruch genommen werden, wenn keine Verbandsgeldbuße nach § 28a zu verhängen ist.

Verantwortlichkeit von Verbänden

§ 28a. (1) Für vom Gericht zu ahndende Finanzvergehen von Verbänden (§ 1 Abs. 2) gelten die Bestimmungen des 1. und 2. Abschnittes des Verbandsverantwortlichkeitsgesetzes; die Verbandsgeldbuße ist, sofern in den Tatbeständen nicht anderes bestimmt wird, jedoch nach der für die Finanzvergehen, für die der Verband verantwortlich ist, angedrohten Geldstrafe, unter den Voraussetzungen des § 15 Abs. 2 jedoch nach dem 1,5-fachen dieser angedrohten Geldstrafe, zu bemessen. Im Übrigen gelten die Bestimmungen dieses Abschnittes, soweit sie nicht ausschließlich auf natürliche Personen anwendbar sind.

(2) Für von der Finanzstrafbehörde zu ahndende Finanzvergehen von Verbänden sind die §§ 2, 3, 4 Abs. 1, 5, 10, 11 und 12 Abs. 2 des Verbandsverantwortlichkeitsgesetzes sinngemäß anzuwenden. Die Verbandsgeldbuße ist nach der für das Finanzvergehen, für das der Verband verantwortlich ist, angedrohten Geldstrafe zu bemessen. Im Übrigen gelten die Bestimmungen dieses Abschnittes, soweit sie nicht ausschließlich auf natürliche Personen anwendbar sind.

Selbstanzeige

§ 29. (1) Wer sich eines Finanzvergehens schuldig gemacht hat, wird insoweit straffrei, als er seine Verfehlung darlegt (Selbstanzeige). Die Darlegung hat, wenn die Handhabung der verletzten Abgaben- oder Monopolvorschriften dem Zollamt Österreich obliegt, gegenüber diesem, sonst gegenüber einem Finanzamt oder dem Amt für Betrugsbekämpfung zu erfolgen. Sie ist bei Betretung auf frischer Tat ausgeschlossen.

(BGBl I 2019/104)

(2) War mit einer Verfehlung eine Abgabenverkürzung oder ein sonstiger Einnahmenausfall verbunden, so tritt die Straffreiheit nur insoweit ein, als der Behörde ohne Verzug die für die Feststellung der Verkürzung oder des Ausfalls bedeutsamen Umstände offen gelegt werden, und binnen einer Frist von einem Monat die sich daraus ergebenden Beträge, die vom Anzeiger geschuldet werden, oder für die er zur Haftung herangezogen werden kann, tatsächlich mit schuldbefreiender Wirkung entrichtet werden. Die Monatsfrist beginnt bei selbst zu berechnenden Abgaben (§§ 201 und 202 BAO) mit der Selbstanzeige, in allen übrigen Fällen mit der Bekanntgabe des Abgaben- oder Haftungsbescheides zu laufen und kann durch Gewährung von Zahlungserleichterungen (§ 212 BAO) auf höchstens zwei Jahre verlängert werden. Lebt die Schuld nach Entrichtung ganz oder teilweise wieder auf, so bewirkt dies unbeschadet der Bestimmungen des § 31 insoweit auch das Wiederaufleben der Strafbarkeit.

(3) Straffreiheit tritt nicht ein,

a) wenn zum Zeitpunkt der Selbstanzeige Verfolgungshandlungen (§ 14 Abs. 3) gegen den Anzeiger, gegen andere an der Tat Beteiligte oder gegen Hehler gesetzt waren,

b) wenn zum Zeitpunkt der Selbstanzeige die Tat hinsichtlich ihrer objektiven Tatbestandsmerkmale bereits ganz oder zum Teil entdeckt und dies dem Anzeiger bekannt war oder die Entdeckung der Verletzung einer zollrechtlichen Verpflichtung hinsichtlich ihrer objektiven Tatbestandsmerkmale unmittelbar bevorstand und dies dem Anzeiger bekannt war, oder
c) wenn bei einem vorsätzlich begangenen Finanzvergehen die Selbstanzeige anläßlich einer finanzbehördlichen Nachschau, Beschau, Abfertigung oder Prüfung von Büchern oder Aufzeichnungen nicht schon bei Beginn der Amtshandlung erstattet wird, oder
d) bereits einmal hinsichtlich desselben Abgabenanspruches, ausgenommen Vorauszahlungen, eine Selbstanzeige erstattet worden ist.

(4) Ungeachtet der Straffreiheit ist auf Verfall von Monopolgegenständen zu erkennen. Dies gilt auch für Behältnisse und Beförderungsmittel der im § 17 Abs. 2 lit. b bezeichneten Art, es sei denn, daß die besonderen Vorrichtungen entfernt werden können; die Kosten hat der Anzeiger zu ersetzen. Ein Wertersatz ist nicht aufzuerlegen.

(5) Die Selbstanzeige wirkt nur für den Anzeiger und für die Personen, für die sie erstattet wird.

(6) Werden Selbstanzeigen anlässlich einer finanzbehördlichen Nachschau, Beschau, Abfertigung oder Prüfung von Büchern oder Aufzeichnungen nach deren Anmeldung oder sonstigen Bekanntgabe erstattet, tritt strafbefreiende Wirkung hinsichtlich vorsätzlich oder grob fahrlässig begangener Finanzvergehen nur unter der weiteren Voraussetzung insoweit ein, als auch eine mit einem Bescheid der Abgabenbehörde festzusetzende Abgabenerhöhung unter sinngemäßer Anwendung des Abs. 2 entrichtet wird. Die Abgabenerhöhung beträgt 5 % der Summe der sich aus den Selbstanzeigen ergebenden Mehrbeträgen. Übersteigt die Summe der Mehrbeträge 33 000 Euro, ist die Abgabenerhöhung mit 15 %, übersteigt die Summe der Mehrbeträge 100 000 Euro, mit 20 % und übersteigt die Summe der Mehrbeträge 250 000 Euro, mit 30 % zu bemessen. Insoweit Straffreiheit nicht eintritt, entfällt die Verpflichtung zur Entrichtung der Abgabenerhöhung, dennoch entrichtete Beträge sind gutzuschreiben. Die Abgabenerhöhung gilt als Nebenanspruch im Sinne des § 3 Abs. 2 lit. a BAO.

(7) Wird eine Selbstanzeige betreffend Vorauszahlungen an Umsatzsteuer im Zuge der Umsatzsteuerjahreserklärung erstattet, bedarf es keiner Zuordnung der Verkürzungsbeträge zu den einzelnen davon betroffenen Voranmeldungszeiträumen.

§ 30. (1) Zeigen vom Täter oder von anderen an der Tat Beteiligten verschiedene Personen, denen das Eigentumsrecht oder ein Pfand- oder Zurückbehaltungsrecht an einem verfallsbedrohten Gegenstand zusteht, die Straftat spätestens zu dem Zeitpunkt, bis zu dem auch noch eine Selbstanzeige mit strafbefreiender Wirkung möglich wäre, bei der zuständigen Behörde an (§ 29), so ist ungeachtet des Umstandes, daß diese Personen ein Vorwurf im Sinne des § 17 Abs. 3 trifft, ihr Eigentumsrecht zu berücksichtigen oder ihr Pfand- oder Zurückbehaltungsrecht anzuerkennen. § 29 Abs. 4 gilt sinngemäß.

(2) Eine Haftung nach § 28 tritt dann nicht ein, wenn die Straftat spätestens zu dem Zeitpunkt, bis zu dem auch noch eine Selbstanzeige mit strafbefreiender Wirkung möglich wäre (§ 29), vom Vertretenen oder Dienstgeber bei der zuständigen Behörde (§ 29 Abs. 1) angezeigt wird. Bei Personenvereinigungen genügt es, wenn diese Anzeige von einem Mitglied der Personenvereinigung erstattet wird.

(3) Wird die im § 15 BAO vorgeschriebene Anzeige innerhalb der dort vorgeschriebenen Frist ordnungsgemäß erstattet, so ist sie einer Selbstanzeige derjenigen, welche die im § 15 BAO bezeichnete Erklärung abzugeben unterlassen oder unrichtig oder unvollständig abgegeben haben, gleichzuhalten; die Bestimmungen des § 29 gelten sinngemäß.

Strafaufhebung in besonderen Fällen (Verkürzungszuschlag)

§ 30a. (1) Die Abgabenbehörden sind berechtigt, eine Abgabenerhöhung von 10 % der im Zuge einer abgabenrechtlichen Überprüfungsmaßnahme festgestellten Nachforderungen, soweit hinsichtlich der diese begründenden Unrichtigkeiten der Verdacht eines Finanzvergehens besteht, festzusetzen, sofern dieser Betrag für ein Jahr (einen Veranlagungszeitraum) insgesamt 10 000 Euro, in Summe jedoch 33 000 Euro nicht übersteigt, sich der Abgabe- oder Abfuhrpflichtige spätestens 14 Tage nach Festsetzung der Abgabennachforderung mit dem Verkürzungszuschlag einverstanden erklärt oder diesen beantragt und er auf die Erhebung eines Rechtsmittels gegen die Festsetzung der Abgabenerhöhung wirksam verzichtet. Werden die Abgabenerhöhung und die dieser zugrunde liegenden Abgabennachforderungen innerhalb eines Monats nach deren Festsetzung tatsächlich mit schuldbefreiender Wirkung zur Gänze entrichtet, so tritt Straffreiheit hinsichtlich der im Zusammenhang mit diesen Abgabennachforderungen begangenen Finanzvergehen ein. Ein Zahlungsaufschub darf nicht gewährt werden.

(2) Werden mehrere Überprüfungsmaßnahmen gleichzeitig oder in unmittelbarer Folge durchgeführt, so ist die Summe aller Verkürzungsbeträge für die Zulässigkeit der Festsetzung einer Abgabenerhöhung nach Abs. 1 maßgeblich.

(3) Tritt wegen Nichteinhaltung der Erfordernisse des Abs. 1 Straffreiheit nicht ein, so entfällt ab diesem Zeitpunkt die Verpflichtung zur Entrichtung der Abgabenerhöhung. Allenfalls bis dahin entrichtete Beträge sind gutzuschreiben.

(4) Im Falle einer nachträglichen Herabsetzung der Abgabenschuld hat die Berechnung der Abgabenerhöhung unter rückwirkender Berücksichtigung des Herabsetzungsbetrages zu erfolgen.

(5) Die Festsetzung einer Abgabenerhöhung nach Abs. 1 ist im Zusammenhang mit Eingangs-

und Ausgangsabgaben sowie mit Finanzvergehen, die mit einer Mindestgeldstrafe bedroht sind, unzulässig.

(6) Die Festsetzung einer Abgabenerhöhung ist weiters ausgeschlossen, wenn hinsichtlich der betroffenen Abgaben bereits ein Finanzstrafverfahren anhängig ist, eine Selbstanzeige vorliegt oder es einer Bestrafung bedarf, um den Täter von der Begehung weiterer Finanzvergehen abzuhalten.

(7) Die Festsetzung der Abgabenerhöhung stellt keine Verfolgungshandlung dar. Die strafrechtliche Verfolgung einer weiteren, hinsichtlich derselben Abgabenart und desselben Erhebungszeitraumes bewirkten Abgabenverkürzung oder einer Nichtentrichtung (Nichtabfuhr) von Selbstbemessungsabgaben wird dadurch nicht gehindert.

(8) Die Abgabenerhöhung gilt als Nebenanspruch im Sinne des § 3 BAO.

(9) Ungeachtet der Straffreiheit ist auf Verfall von Monopolgegenständen zu erkennen. Dies gilt auch für Behältnisse und Beförderungsmittel der im § 17 Abs. 2 lit. b bezeichneten Art, es sei denn, dass die besonderen Vorrichtungen entfernt werden können; die Kosten hat der Abgabepflichtige zu ersetzen. Ein Wertersatz ist nicht aufzuerlegen.

Verjährung der Strafbarkeit

§ 31. (1) Die Strafbarkeit eines Finanzvergehens erlischt durch Verjährung. Die Verjährungsfrist beginnt, sobald die mit Strafe bedrohte Tätigkeit abgeschlossen ist oder das mit Strafe bedrohte Verhalten aufhört. Gehört zum Tatbestand ein Erfolg, so beginnt die Verjährungsfrist erst mit dessen Eintritt zu laufen. Sie beginnt aber nie früher zu laufen als die Verjährungsfrist für die Festsetzung der Abgabe, gegen die sich die Straftat richtet.

(2) Die Verjährungsfrist beträgt für Finanzordnungswidrigkeiten nach §§ 49 bis 49d drei Jahre, für andere Finanzordnungswidrigkeiten ein Jahr und für die übrigen Finanzvergehen fünf Jahre.

(BGBl I 2018/62, BGBl I 2019/91)

(3) Begeht der Täter während der Verjährungsfrist ein vorsätzliches Finanzvergehen, auf das § 25 oder § 191 StPO nicht anzuwenden ist, so tritt die Verjährung nicht ein, bevor auch für diese Tat die Verjährungsfrist abgelaufen ist.

(4) In die Verjährungsfrist werden nicht eingerechnet:

a) die Zeit, während der nach einer gesetzlichen Vorschrift die Verfolgung nicht eingeleitet oder fortgesetzt werden kann;

b) die Zeit, während der wegen der Tat gegen den Täter ein Strafverfahren bei der Staatsanwaltschaft, bei Gericht, bei einer Finanzstrafbehörde oder beim Bundesfinanzgericht geführt wird;

c) die Zeit von der Einbringung einer Beschwerde an den Verfassungsgerichtshof oder einer Revision an den Verwaltungsgerichtshof bezüglich des Finanzstrafverfahrens oder der mit diesem im Zusammenhang stehenden Abgaben- oder Monopolverfahren bis zur deren Erledigung;

d) die Probezeit nach § 203 Abs. 1 StPO sowie die Fristen zur Zahlung eines Geldbetrages samt allfälliger Schadensgutmachung und zur Erbringung gemeinnütziger Leistungen samt allfälligem Tatfolgenausgleich (§§ 200 Abs. 2 und 3, 201 Abs. 1 und 3 StPO)

(5) Bei Finanzvergehen, für deren Verfolgung die Finanzstrafbehörde zuständig ist, erlischt die Strafbarkeit jedenfalls, wenn seit dem Beginn der Verjährungsfrist zehn Jahre und gegebenenfalls die in Abs. 4 lit. c genannte Zeit verstrichen sind. Bei Finanzvergehen nach § 49a FinStrG erlischt die Strafbarkeit jedenfalls, wenn dieser Zeitraum ab dem Ende der Anzeigefrist gemäß § 121a Abs. 4 BAO oder der Mitteilungsfrist nach § 109b Abs. 6 EStG 1988 verstrichen ist.

(6) Die Bestimmungen der Abs. 1 bis 5 gelten dem Sinne nach auch für die Nebenbeteiligten (§ 76) und für das selbständige Verfahren (§§ 148 und 243).

Verjährung der Vollstreckbarkeit

§ 32. (1) Die Vollstreckbarkeit von Strafen wegen Finanzvergehen erlischt durch Verjährung. Die Frist für die Verjährung beginnt mit der Rechtskraft der Entscheidung, in der auf die zu vollstreckende Strafe erkannt worden ist. Sie beträgt fünf Jahre.

(2) Wird gegen den Bestraften in der Verjährungsfrist auf eine neue Strafe wegen eines Finanzvergehens erkannt, so tritt die Verjährung der Vollstreckbarkeit nicht ein, bevor nicht auch die Vollstreckbarkeit dieser Strafe erloschen ist.

(3) In die Verjährungsfrist werden nicht eingerechnet:

a) die Probezeit im Fall einer bedingten Nachsicht der Strafe oder im Fall einer bedingten Entlassung;

b) Zeiten, für die dem Bestraften ein Aufschub des Vollzuges einer Freiheitsstrafe, es sei denn wegen Vollzugsuntauglichkeit, oder der Zahlung einer Geldstrafe oder eines Wertersatzes gewährt worden ist;

c) Zeiten, in denen der Bestrafte auf behördliche Anordnung angehalten worden ist;

d) Zeiten, in denen sich der Bestrafte im Ausland aufgehalten hat;

e) Zeiten von der Einbringung einer Beschwerde an den Verfassungsgerichtshof oder einer Revision an den Verwaltungsgerichtshof bezüglich des Strafverfahrens bis zu deren Erledigung.

(4) Der Vollzug der Freiheitsstrafe unterbricht die Verjährung. Hört die Unterbrechung auf, ohne daß der Bestrafte endgültig entlassen wird, so beginnt die Verjährungsfrist unbeschadet der Bestimmungen des Abs. 3 von neuem zu laufen.

(5) Die Bestimmungen der Abs. 1 und 3 gelten dem Sinne nach auch für den Haftungsbeteiligten (§ 76 lit. b).

II. Hauptstück
Besonderer Teil

Abgabenhinterziehung

§ 33. (1) Der Abgabenhinterziehung macht sich schuldig, wer vorsätzlich unter Verletzung einer abgabenrechtlichen Anzeige-, Offenlegungs- oder Wahrheitspflicht eine Abgabenverkürzung bewirkt.

(2) Der Abgabenhinterziehung macht sich weiters schuldig, wer vorsätzlich

a) unter Verletzung der Verpflichtung zur Abgabe von dem § 21 des Umsatzsteuergesetzes 1994 entsprechenden Voranmeldungen eine Verkürzung von Umsatzsteuer (Vorauszahlungen oder Gutschriften) oder

b) unter Verletzung der Verpflichtung zur Führung von dem § 76 des Einkommensteuergesetzes 1988 sowie dazu ergangener Verordnungen entsprechenden Lohnkonten eine Verkürzung von Lohnsteuer, Dienstgeberbeiträgen zum Ausgleichsfonds für Familienbeihilfen oder Zuschlägen zum Dienstgeberbeitrag

bewirkt und dies nicht nur für möglich, sondern für gewiß hält.

(3) Eine Abgabenverkürzung nach Abs. 1 oder 2 ist bewirkt,

a) mit Bekanntgabe des Bescheides oder Erkenntnisses, mit dem bescheidmäßig festzusetzende Abgaben zu niedrig festgesetzt wurden oder wenn diese infolge Unkenntnis der Abgabenbehörde von der Entstehung des Abgabenanspruches mit dem Ablauf der gesetzlichen Erklärungsfrist (Anmeldefrist, Anzeigefrist) nicht festgesetzt werden konnten,

   (BGBl I 2018/62)

b) wenn Abgaben, die selbst zu berechnen sind, ganz oder teilweise nicht entrichtet (abgeführt) wurden,

c) mit Bekanntgabe des Bescheides oder Erkenntnisses, mit dem Abgabengutschriften, die bescheidmäßig festzusetzen sind, zu Unrecht oder zu hoch festgesetzt wurden,

   (BGBl I 2018/62)

d) wenn Abgabengutschriften, die nicht bescheidmäßig festzusetzen sind, zu Unrecht oder zu hoch geltend gemacht wurden,

e) wenn eine Abgabe zu Unrecht erstattet oder vergütet oder eine außergewöhnliche Belastung zu Unrecht abgegolten wurde, oder

f) wenn auf einen Abgabenanspruch zu Unrecht ganz oder teilweise verzichtet oder eine Abgabenschuldigkeit zu Unrecht ganz oder teilweise nachgesehen wurde.

(4) Der Abgabenhinterziehung macht sich ferner schuldig, wer vorsätzlich eine Abgabenverkürzung dadurch bewirkt, daß er Sachen, für die eine Abgabenbegünstigung gewährt wurde, zu einem anderen als jenem Zweck verwendet, der für die Abgabenbegünstigung zur Bedingung gemacht war, und es unterläßt, dies der Abgabenbehörde vor der anderweitigen Verwendung anzuzeigen.

(5) Die Abgabenhinterziehung wird mit einer Geldstrafe bis zum Zweifachen des für den Strafrahmen maßgeblichen Verkürzungsbetrages (der ungerechtfertigten Abgabengutschrift) geahndet. Dieser umfasst nur jene Abgabenbeträge (ungerechtfertigte Gutschriften), deren Verkürzung im Zusammenhang mit den Unrichtigkeiten bewirkt wurde, auf die sich der Vorsatz des Täters bezieht. Neben der Geldstrafe ist nach Maßgabe des § 15 auf Freiheitsstrafe bis zu vier Jahren zu erkennen.

(BGBl I 2019/62)

(6) Betrifft die Abgabenhinterziehung eine Verbrauchsteuer, so ist auf Verfall nach Maßgabe des § 17 zu erkennen. Der Verfall umfaßt auch die Rohstoffe, Hilfsstoffe, Halbfabrikate, Geräte und Vorrichtungen.

Grob fahrlässige Abgabenverkürzung

§ 34. (1) Der grob fahrlässigen Abgabenverkürzung macht sich schuldig, wer die im § 33 Abs. 1 bezeichnete Tat grob fahrlässig begeht; § 33 Abs. 3 gilt entsprechend.

(2) Der grob fahrlässigen Abgabenverkürzung macht sich auch schuldig, wer die im § 33 Abs. 4 bezeichnete Tat grob fahrlässig begeht.

(3) Die grob fahrlässige Abgabenverkürzung wird mit einer Geldstrafe bis zum Einfachen des maßgeblichen Verkürzungsbetrages (der ungerechtfertigten Abgabengutschrift) geahndet. § 33 Abs. 5 zweiter Satz ist sinngemäß anzuwenden.

(BGBl I 2015/118)

Schmuggel und Hinterziehung von Eingangs- oder Ausgangsabgaben

§ 35. (1) Des Schmuggels macht sich schuldig, wer

a) eingangsabgabepflichtige Waren vorsätzlich vorschriftswidrig in das Zollgebiet der Union verbringt oder der zollamtlichen Überwachung entzieht oder

b) ausgangsabgabepflichtige Waren vorsätzlich vorschriftswidrig aus dem Zollgebiet der Union verbringt.

(BGBl I 2015/163)

(2) Der Hinterziehung von Eingangs- oder Ausgangsabgaben macht sich schuldig, wer, ohne den Tatbestand des Abs. 1 zu erfüllen, vorsätzlich unter Verletzung einer zollrechtlichen Anzeige-, Offenlegungs- oder Wahrheitspflicht eine Verkürzung von Eingangs- oder Ausgangsabgaben bewirkt. Die Abgabenverkürzung ist bewirkt, wenn eine entstandene Eingangs- oder Ausgangsabgabenschuld bei ihrer Entstehung nicht oder zu niedrig festgesetzt wird und in den Fällen des § 33 Abs. 3 lit. b bis f.

(3) Der Hinterziehung von Eingangs- oder Ausgangsabgaben macht sich ferner schuldig, wer vorsätzlich eine Verkürzung einer solchen Abgabe dadurch bewirkt, daß er eingangs- oder ausgangsabgabepflichtige Waren vorschriftswidrig im Zollgebiet der Union befördert, veredelt, lagert, vorü-

bergehend verwahrt, verwendet oder verwertet, und es unterläßt, dies dem Zollamt vorher anzuzeigen.

(BGBl I 2015/163)

(4) Der Schmuggel wird mit einer Geldstrafe bis zum Zweifachen des auf die Waren entfallenden Abgabenbetrages, die Hinterziehung von Eingangs- oder Ausgangsabgaben mit einer Geldstrafe bis zum Zweifachen des Verkürzungsbetrages geahndet. Der Geldstrafe ist an Stelle des Regelzollsatzes der Präferenzzollsatz zugrunde zu legen, wenn der Beschuldigte nachweist, daß die Voraussetzungen für dessen Inanspruchnahme gegeben waren. Neben der Geldstrafe ist nach Maßgabe des § 15 auf Freiheitsstrafe bis zu zwei Jahren, übersteigt der strafbestimmende Wertbetrag 100 000 Euro, auf Freiheitsstrafe bis zu vier Jahren zu erkennen. Auf Verfall ist nach Maßgabe des § 17 zu erkennen.

(BGBl I 2019/62)

(5) Umsatz- und Verbrauchsteuern sind mit jenen Beträgen dem strafbestimmenden Wertbetrag zugrunde zu legen, die bei Entstehung der Steuerschuld im Inland anzusetzen wären, es sei denn, der Beschuldigte weist deren Höhe durch einen rechtskräftigen Bescheid des zur Abgabenerhebung zuständigen anderen Mitgliedstaates der Europäischen Union nach.

Verzollungsumgehung; grob fahrlässige Verkürzung von Eingangs- oder Ausgangsabgaben

§ 36. (1) Der Verzollungsumgehung macht sich schuldig, wer die im § 35 Abs. 1 bezeichnete Tat grob fahrlässig begeht.

(BGBl I 2015/118)

(2) Der grob fahrlässigen Verkürzung von Eingangs- oder Ausgangsabgaben macht sich schuldig, wer die im § 35 Abs. 2 und 3 bezeichneten Taten grob fahrlässig begeht.

(BGBl I 2015/118)

(3) Die Verzollungsumgehung wird mit einer Geldstrafe bis zum Einfachen des auf die Ware entfallenden Abgabenbetrages, die grob fahrlässige Verkürzung von Eingangs- oder Ausgangsabgaben mit einer Geldstrafe bis zum Einfachen des Verkürzungsbetrages geahndet. § 35 Abs. 4 zweiter Satz und § 35 Abs. 5 sind anzuwenden.

(BGBl I 2015/118)

Abgabenhehlerei

§ 37. (1) Der Abgabenhehlerei macht sich schuldig, wer vorsätzlich

a) eine Sache oder Erzeugnisse aus einer Sache, hinsichtlich welcher ein Schmuggel, eine Verzollungsumgehung, eine Verkürzung von Verbrauchsteuern oder von Eingangs- oder Ausgangsabgaben begangen wurde, kauft, zum Pfand nimmt oder sonst an sich bringt, verheimlicht oder verhandelt;

b) den Täter eines in lit. a bezeichneten Finanzvergehens nach der Tat dabei unterstützt, um eine Sache oder Erzeugnisse aus einer Sache, hinsichtlich welcher das Finanzvergehen begangen wurde, zu verheimlichen oder zu verhandeln.

(2) Die Abgabenhehlerei wird mit einer Geldstrafe bis zum Zweifachen des Verkürzungsbetrages an Verbrauchsteuern oder an Eingangs- oder Ausgangsabgaben geahndet, die auf die verhehlten Sachen oder die Sachen, die in den verhehlten Erzeugnissen enthalten sind, entfallen. Neben der Geldstrafe ist nach Maßgabe des § 15 auf Freiheitsstrafe bis zu zwei Jahren, übersteigt der strafbestimmende Wertbetrag 100 000 Euro, auf Freiheitsstrafe bis zu vier Jahren zu erkennen. Auf Verfall ist nach Maßgabe des § 17 zu erkennen.

(BGBl I 2019/62)

(3) Wer eine der im Abs. 1 bezeichneten Taten grob fahrlässig begeht, ist nur mit Geldstrafe bis zum Einfachen des Verkürzungsbetrages (Abs. 2) zu bestrafen.

(BGBl I 2019/62)

(4) § 35 Abs. 4 zweiter Satz und § 35 Abs. 5 sind anzuwenden.

(5) Die Abgabenhehlerei ist auch dann strafbar, wenn die Person, die den Schmuggel, die Verzollungsumgehung oder die Verkürzung von Verbrauchsteuern oder von Eingangs- oder Ausgangsabgaben begangen hat, nicht bestraft werden kann.

§ 38. (aufgehoben)

(BGBl I 2015/163, BGBl I 2019/62)

Strafe bei Begehung als Mitglied einer Bande oder unter Gewaltanwendung

§ 38a. (1) Wer, ohne den Tatbestand des § 39 zu erfüllen,

a) die Abgabenhinterziehung, den Schmuggel, die Hinterziehung von Eingangs- oder Ausgangsabgaben oder die Abgabenhehlerei nach § 37 Abs. 1 als Mitglied einer Bande von mindestens drei Personen, die sich zur Tatbegehung verbunden haben, unter Mitwirkung (§ 11) eines anderen Bandenmitglieds begeht;

b) einen Schmuggel begeht, bei dem er oder mit seinem Wissen ein anderer an der Tat Beteiligter eine Waffe oder ein anderes Mittel bei sich führt, wobei es ihm darauf ankommt, damit den Widerstand einer Person zu überwinden oder zu verhindern,

ist nach Abs. 2 zu bestrafen.

(2) Ist die Ahndung der in Abs. 1 genannten Finanzvergehen

a) ausschließlich dem Gericht vorbehalten, ist auf Freiheitsstrafe bis zu fünf Jahren zu erkennen. Neben einer Freiheitsstrafe von bis zu vier Jahren kann eine Geldstrafe bis zu 1,5 Millionen Euro verhängt werden. Verbände sind mit einer Verbandsgeldbuße bis zum Dreifachen des strafbestimmenden Wertbetrages zu bestrafen;

b) nicht dem Gericht vorbehalten, ist auf Geldstrafe bis zum Dreifachen des Betrages, nach dem sich sonst die Strafdrohung richtet, zu erkennen. Daneben ist nach Maßgabe des

§ 15 auf Freiheitsstrafe bis zu drei Monaten zu erkennen.

Außerdem sind die Bestimmungen der §§ 33, 35 und 37 über den Verfall anzuwenden; der Verfall umfasst auch die Beförderungsmittel im Sinne des § 17 Abs. 2 lit. c Z 3.

(3) Die Strafdrohung gilt nur für diejenigen Beteiligten, deren Vorsatz die im Abs. 1 bezeichneten erschwerenden Umstände umfasst.

Abgabenbetrug

§ 39. (1) Des Abgabenbetruges macht sich schuldig, wer ausschließlich durch das Gericht zu ahndende Finanzvergehen der Abgabenhinterziehung, des Schmuggels, der Hinterziehung von Eingangs- oder Ausgangsabgaben oder der Abgabenhehlerei nach § 37 Abs. 1

a) unter Verwendung falscher oder verfälschter Urkunden, falscher oder verfälschter Daten oder anderer solcher Beweismittel mit Ausnahme unrichtiger nach abgaben-, monopol- oder zollrechtlichen Vorschriften zu erstellenden Abgabenerklärungen, Anmeldungen, Anzeigen, Aufzeichnungen und Gewinnermittlungen oder

b) unter Verwendung von Scheingeschäften oder anderen Scheinhandlungen (§ 23 BAO) oder
(BGBl I 2015/118)

c) unter Verwendung automatisationsunterstützt erstellter, aufgrund abgaben- oder monopolrechtlicher Vorschriften zu führender Bücher oder Aufzeichnungen, welche durch Gestaltung oder Einsatz eines Programms, mit dessen Hilfe Daten verändert, gelöscht oder unterdrückt werden können, beeinflusst wurden
(BGBl I 2015/118)

begeht.

(2) Eines Abgabenbetruges macht sich auch schuldig, wer ohne den Tatbestand des Abs. 1 zu erfüllen, durch das Gericht zu ahndende Finanzvergehen der Abgabenhinterziehung dadurch begeht, dass er Vorsteuerbeträge geltend macht, denen keine Lieferungen oder sonstigen Leistungen zugrunde liegen, um dadurch eine Abgabenverkürzung zu bewirken.

(3)

a) Wer einen Abgabenbetrug begeht, ist mit Freiheitsstrafe bis zu fünf Jahren zu bestrafen. Neben einer vier Jahre nicht übersteigenden Freiheitsstrafe kann eine Geldstrafe bis zu 1,5 Millionen Euro verhängt werden. Verbände sind mit einer Verbandsgeldbuße bis zu fünf Millionen Euro zu bestrafen.

b) Wer einen Abgabenbetrug mit einem 500 000 Euro übersteigenden strafbestimmenden Wertbetrag begeht, ist mit Freiheitsstrafe von einem bis zu zehn Jahren zu bestrafen. Neben einer acht Jahre nicht übersteigenden Freiheitsstrafe kann eine Geldstrafe bis zu 2,5 Millionen Euro verhängt werden. Verbände sind mit einer Verbandsgeldbuße bis zu acht Millionen Euro zu bestrafen.

Außerdem sind die Bestimmungen der §§ 33, 35 und 37 über den Verfall anzuwenden; der Verfall umfasst auch die Beförderungsmittel im Sinne des § 17 Abs. 2 lit. c Z 3.

(BGBl I 2019/62)

Grenzüberschreitender Umsatzsteuerbetrug

§ 40. (1) Eines grenzüberschreitenden Umsatzsteuerbetrugs macht sich schuldig, wer vorsätzlich ein grenzüberschreitendes Betrugssystem, in welchem Lieferungen oder sonstige Leistungen ganz oder zum Teil ausgeführt oder vorgetäuscht werden, schafft oder sich daran beteiligt, indem er

a) falsche, unrichtige oder unvollständige Umsatzsteuererklärungen oder Unterlagen verwendet oder vorlegt, oder

b) umsatzsteuerrelevante Informationen unter Verletzung einer gesetzlichen Verpflichtung verschweigt, oder

c) unter Einreichung von richtigen Umsatzsteuererklärungen betrügerisch einen Einnahmenausfall an Umsatzsteuer herbeiführt, wobei geschuldete Umsatzsteuer nicht spätestens am Fälligkeitstag entrichtet wird oder unrechtmäßig Umsatzsteuergutschriften geltend gemacht werden,

und der Einnahmenausfall an Umsatzsteuer im Gemeinschaftsgebiet (§ 1 Abs. 3 Umsatzsteuergesetz 1994) insgesamt mindestens zehn Millionen Euro beträgt.

(2) Der grenzüberschreitende Umsatzsteuerbetrug ist mit Freiheitsstrafe von einem bis zu zehn Jahren zu ahnden. Neben einer acht Jahre nicht übersteigenden Freiheitsstrafe kann eine Geldstrafe bis zu 2,5 Millionen Euro verhängt werden. Verbände sind mit einer Verbandsgeldbuße bis zu acht Millionen Euro zu bestrafen.

(3) Umsatzsteuern sind der Berechnung des Einnahmenausfalls mit jenen Beträgen zugrunde zu legen, die bei Entstehung der Steuerschuld im Inland anzusetzen wären, es sei denn, der Beschuldigte weist deren Höhe durch einen rechtskräftigen Bescheid des zur Abgabenerhebung zuständigen anderen Mitgliedstaates der Europäischen Union nach.

(BGBl I 2019/62)

Strafschärfung bei Rückfall

§ 41. (1) Ist der Täter schon zweimal wegen eines der in den §§ 33, 35 oder 37 Abs. 1 bezeichneten Finanzvergehen bestraft worden und wurden die Strafen wenigstens zum Teil, wenn auch nur durch Anrechnung einer Vorhaft, vollzogen, so kann, wenn er nach Vollendung des neunzehnten Lebensjahres neuerlich ein solches Finanzvergehen begeht, das Höchstmaß der angedrohten Freiheitsstrafe bei Finanzvergehen, für deren Verfolgung die Finanzstrafbehörde zuständig ist, das der angedrohten Geldstrafe um die Hälfte überschritten werden.

(2) Eine frühere Strafe bleibt außer Betracht, wenn seit ihrem Vollzug bis zur folgenden Tat mehr als fünf Jahre vergangen sind. In diese Frist werden Zeiten, in denen der Bestrafte auf behördliche Anordnung angehalten worden ist, nicht eingerechnet. Ist die Strafe nur durch Anrechnung einer Vorhaft vollzogen worden, so beginnt die Frist erst mit Rechtskraft der Entscheidung.

(3) Die Strafschärfung gilt nur für diejenigen Beteiligten, bei denen die Voraussetzungen des Abs. 1 vorliegen.

§ 42. (aufgehoben)

Verbotene Herstellung von Tabakwaren

§ 43. (1) Der verbotenen Herstellung von Tabakwaren (§§ 2 f. Tabaksteuergesetz 1995) macht sich schuldig, wer vorsätzlich ohne die nach dem Tabaksteuergesetz 1995 erforderliche Bewilligung gewerblich im Steuergebiet Tabakwaren herstellt.

(2) Der verbotenen Herstellung von Tabakwaren macht sich auch schuldig, wer mit dem Vorsatz, sich oder einem anderen die Begehung der in Abs. 1 mit Strafe bedrohten Handlung zu ermöglichen, Räumlichkeiten, Anlagen, Geräte und Vorrichtungen, Rohstoffe, Hilfsstoffe, Halbfabrikate oder Verpackungen, die nach ihrer besonderen Beschaffenheit dazu bestimmt sind, Tabakwaren zu erzeugen, zu bearbeiten oder zu verarbeiten, errichtet, anfertigt, von einem anderen übernimmt, sich oder einem anderen verschafft, einem anderen überlässt oder sonst besitzt.

(3) Die verbotene Herstellung von Tabakwaren wird mit einer Geldstrafe bis zu 100 000 Euro geahndet. Auf Verfall ist nach Maßgabe des § 17 zu erkennen; er umfasst auch die Geräte, Vorrichtungen, Rohstoffe, Hilfsstoffe, Halbfabrikate und Verpackungen.

(4) Wer die im Abs. 1 bezeichnete Tat fahrlässig begeht, ist mit Geldstrafe bis zu 50 000 Euro zu bestrafen.

Vorsätzliche Eingriffe in Monopolrechte

§ 44. (1) Des vorsätzlichen Eingriffes in Monopolrechte macht sich schuldig, wer zu seinem oder eines anderen Vorteil vorsätzlich die in den Vorschriften über das Tabakmonopol enthaltenen Gebote oder Verbote hinsichtlich des Handels mit Monopolgegenständen verletzt; hievon ausgenommen ist der Handel mit Tabakerzeugnissen, für die Tabaksteuer entrichtet wurde oder die von der Tabaksteuer befreit sind.

(2) Der vorsätzliche Eingriff in Monopolrechte wird mit einer Geldstrafe bis zum Einfachen der Bemessungsgrundlage geahndet. Die Bemessungsgrundlage ist für Monopolgegenstände, für die ein Kleinverkaufspreis festgesetzt ist, nach diesem, für andere Monopolgegenstände nach dem Kleinverkaufspreis der nach Beschaffenheit und Qualität am nächsten kommenden Monopolgegenstände und, wenn ein solcher Vergleich nicht möglich ist, nach dem gemeinen Wert zu berechnen.

(3) Auf Verfall ist nach Maßgabe des § 17 zu erkennen; er umfasst auch die Rohstoffe, Hilfsstoffe, Halbfabrikate, Geräte und Vorrichtungen.

Grob fahrlässige Eingriffe in Monopolrechte

(BGBl I 2019/62)

§ 45. (1) Des grob fahrlässigen Eingriffes in Monopolrechte macht sich schuldig, wer die im § 44 bezeichneten Handlungen und Unterlassungen grob fahrlässig begeht.

(BGBl I 2019/62)

(2) Der grob fahrlässige Eingriff in Monopolrechte wird mit einer Geldstrafe bis zur Hälfte der Bemessungsgrundlage nach § 44 Abs. 2 geahndet.

(BGBl I 2019/62)

Monopolhehlerei

§ 46. (1) Der Monopolhehlerei macht sich schuldig, wer vorsätzlich

a) Monopolgegenstände oder Erzeugnisse aus Monopolgegenständen, hinsichtlich welcher in Monopolrechte eingegriffen wurde, kauft, zum Pfand nimmt oder sonst an sich bringt, verheimlicht oder verhandelt,

b) den Täter eines in lit. a bezeichneten Finanzvergehens nach der Tat dabei unterstützt, eine Sache oder Erzeugnisse aus einer Sache, hinsichtlich welcher das Finanzvergehen begangen wurde, zu verheimlichen oder zu verhandeln.

(2) Die Monopolhehlerei wird mit einer Geldstrafe bis zum Einfachen der Bemessungsgrundlage (§ 44 Abs. 2) geahndet. Auf Verfall ist nach Maßgabe des § 17 zu erkennen.

(3) Wer eine der im Abs. 1 bezeichneten Taten grob fahrlässig begeht, ist mit einer Geldstrafe bis zur Hälfte der Bemessungsgrundlage (§ 44 Abs. 2) zu bestrafen.

(BGBl I 2019/62)

(4) Die Monopolhehlerei ist ohne Rücksicht darauf strafbar, ob der Eingriff in Monopolrechte geahndet werden kann.

Strafschärfung bei Rückfall

§ 47. (1) Ist der Täter schon zweimal wegen eines der in den §§ 44 oder 46 Abs. 1 bezeichneten Finanzvergehen bestraft worden und wurden die Strafen wenigstens zum Teil, wenn auch nur durch Anrechnung einer Vorhaft, vollzogen, so kann, wenn er nach Vollendung des neunzehnten Lebensjahres neuerlich ein solches Finanzvergehen begeht, das Höchstmaß der angedrohten Geldstrafe um die Hälfte überschritten werden.

(BGBl I 2015/163)

(2) Eine frühere Strafe bleibt außer Betracht, wenn seit ihrem Vollzug bis zur folgenden Tat mehr als fünf Jahre vergangen sind. In diese Frist werden Zeiten, in denen der Bestrafte auf behördliche Anordnung angehalten worden ist, nicht eingerechnet. Ist die Strafe nur durch Anrechnung einer Vorhaft

vollzogen worden, so beginnt die Frist erst mit Rechtskraft der Entscheidung.

(3) Die Strafschärfung gilt nur für diejenigen Beteiligten, bei denen die Voraussetzungen des Abs. 1 vorliegen.

Verletzung der Verschlußsicherheit

§ 48. (1) Der Verletzung der Verschlußsicherheit macht sich schuldig, wer vorsätzlich oder fahrlässig

a) Verschlußmittel oder Nämlichkeitszeichen, die in einem Abgaben- oder Monopolverfahren oder in einem verwaltungsbehördlichen Finanzstrafverfahren angelegt oder anerkannt wurden, beschädigt, ablöst oder unwirksam macht;

b) Räume, Anlagen, Umschließungen oder Vorrichtungen, die durch Verschlußmittel gesichert sind, die in einem Abgaben- oder Monopolverfahren oder in einem verwaltungsbehördlichen Finanzstrafverfahren angelegt oder anerkannt wurden, so verändert, daß die Verschlußsicherheit nicht mehr gegeben ist;

c) Beförderungsmittel, die nach den zollrechtlichen Vorschriften zur Beförderung von Waren unter Zollverschluß zugelassen wurden, so verändert, daß die Voraussetzungen für eine solche Zulassung nicht mehr gegeben sind;

d) Beförderungsmittel, die mit geheimen oder schwer zu entdeckenden, zur Aufnahme von Waren geeigneten Räumen oder mit geheimen oder schwer zu entdeckenden Zugängen versehen sind, entgegen den zollrechtlichen Vorschriften verwendet.

(2) Die Tat wird mit einer Geldstrafe geahndet, deren Höchstmaß bei vorsätzlicher Begehung 20 000 Euro, bei fahrlässiger Begehung 5 000 Euro beträgt. Die Tat unterliegt nicht der gesonderten Verfolgung nach § 272 StGB.

Herbeiführung unrichtiger Präferenznachweise

§ 48a. (1) Der Herbeiführung unrichtiger Präferenznachweise macht sich schuldig, wer

1. in einem Verfahren zur Erteilung eines Präferenznachweises oder
2. bei Ausstellung eines Präferenznachweises oder einer Lieferantenerklärung oder
3. in einem Nachprüfungsverfahren

vorsätzlich oder fahrlässig unrichtige oder unvollständige Angaben macht oder unrichtige oder unvollständige Unterlagen vorlegt.

(2) Die Tat wird mit einer Geldstrafe geahndet, deren Höchstmaß bei vorsätzlicher Begehung 40 000 Euro, bei fahrlässiger Begehung 4 000 Euro beträgt. Die Tat unterliegt nicht der gesonderten Verfolgung nach § 228 StGB.

Verletzung von Verpflichtungen im Barmittelverkehr

(BGBl I 2021/227)

§ 48b. (1) Der Verletzung von Verpflichtungen im Barmittelverkehr macht sich schuldig, wer vorsätzlich oder fahrlässig

1. entgegen Artikel 3 der Verordnung (EU) 2018/1672 des Europäischen Parlaments und des Rates vom 23. Oktober 2018 über die Überwachung von Barmitteln, die in die Union oder aus der Union verbracht werden, und zur Aufhebung der Verordnung (EG) Nr. 1889/2005 (ABl. Nr. L 284 vom 12.11.2018 S 6-21) Barmittel nicht, nicht richtig oder nicht vollständig anmeldet oder nicht für eine Kontrolle zur Verfügung stellt oder
2. entgegen Artikel 4 der Verordnung (EU) 2018/1672 eine Offenlegungserklärung nicht, nicht richtig, nicht vollständig oder nicht rechtzeitig abgibt oder
3. den Pflichten nach § 17b Abs. 1 oder Abs. 2 Zollrechts-Durchführungsgesetz (ZollR-DG), BGBl. Nr. 659/1994, nicht, nicht richtig, nicht vollständig oder nicht fristgerecht nachkommt.

(BGBl I 2021/227)

(2) Die Tat wird mit Geldstrafe geahndet, deren Höchstmaß bei vorsätzlicher Begehung 100 000 Euro, bei fahrlässiger Begehung 10 000 Euro beträgt.

Finanzordnungswidrigkeiten

§ 49. (1) Einer Finanzordnungswidrigkeit macht sich schuldig, wer vorsätzlich

a) Abgaben, die selbst zu berechnen sind, insbesondere Vorauszahlungen an Umsatzsteuer, nicht spätestens am fünften Tag nach Fälligkeit entrichtet oder abführt, es sei denn, daß der zuständigen Abgabenbehörde bis zu diesem Zeitpunkt die Höhe des geschuldeten Betrages bekanntgegeben wird; im übrigen ist die Versäumung eines Zahlungstermines für sich allein nicht strafbar;

b) durch Abgabe unrichtiger Voranmeldungen (§ 21 des Umsatzsteuergesetzes 1994) ungerechtfertigte Abgabengutschriften geltend macht.

(2) Die Finanzordnungswidrigkeit wird mit einer Geldstrafe geahndet, deren Höchstmaß die Hälfte des nicht oder verspätet entrichteten oder abgeführten Abgabenbetrages oder der geltend gemachten Abgabengutschrift beträgt.

§ 49a. (1) Einer Finanzordnungswidrigkeit macht sich schuldig, wer es vorsätzlich unterlässt, die gemäß § 121a BAO anzeigepflichtigen Vorgänge anzuzeigen. Die Finanzordnungswidrigkeit wird mit einer Geldstrafe bis zu 10% des gemeinen Wertes des durch die nicht angezeigten Vorgänge übertragenen Vermögens geahndet.

(2) Straffreiheit einer Selbstanzeige tritt unbeschadet der in § 29 Abs. 3 genannten Gründe auch dann nicht mehr ein, wenn eine solche erst mehr als ein Jahr ab dem Ende der Anzeigefrist des § 121a Abs. 4 BAO erstattet wird.

(3) Ebenso macht sich einer Finanzordnungswidrigkeit schuldig, wer, ohne hiedurch den Tatbestand eines mit strengerer Strafe bedrohten Finanzvergehens zu erfüllen, es vorsätzlich unterlässt, eine dem § 109b EStG 1988 entsprechende Mitteilung zu erstatten. Die Finanzordnungswidrigkeit wird mit einer Geldstrafe bis zu 10 % des mitzuteilenden Betrages, höchstens jedoch bis zu 20 000 Euro, geahndet.

§ 49b. (1) Einer Finanzordnungswidrigkeit macht sich schuldig, wer vorsätzlich die Verpflichtung zur Übermittlung des länderbezogenen Berichts gemäß § 8 Abs. 1 des Bundesgesetzes über die standardisierte Verrechnungspreisdokumentation (VPDG), BGBl. I Nr. 77/2016, dadurch verletzt, dass

1. die Übermittlung nicht fristgerecht erfolgt oder
2. meldepflichtige Punkte der **Anlage 1**, **Anlage 2** oder **Anlage 3** zum VPDG nicht oder unrichtig übermittelt werden,

und ist mit Geldstrafe bis zu 50 000 Euro zu bestrafen.

(2) Wer die Tat nach Abs. 1 grob fahrlässig begeht, ist mit Geldstrafe bis zu 25 000 Euro zu bestrafen. Die fahrlässige Übermittlung unrichtiger Daten ist nach dieser Bestimmung nicht strafbar.

(3) § 29 ist nicht anzuwenden.

(BGBl I 2016/77)

§ 49c. (1) Einer Finanzordnungswidrigkeit macht sich schuldig, wer vorsätzlich eine Pflicht nach den Bestimmungen des 2. Teils des EU-Meldepflichtgesetzes (EU-MPfG), BGBl. Nr. 91/2019, dadurch verletzt, dass

1. eine Meldung nicht oder nicht vollständig erstattet wird, oder
2. die Meldepflicht nicht fristgerecht erfüllt wird, oder
3. unrichtige Informationen (§§ 16 und 17 EU-MPfG) gemeldet werden, oder
4. den Pflichten nach § 11 EU-MPfG nicht oder nicht vollständig nachgekommen wird.

(2) Die Finanzordnungswidrigkeit wird mit einer Geldstrafe bis zu 50 000 Euro geahndet.

(3) Wer die Tat nach Abs. 1 grob fahrlässig begeht, ist mit Geldstrafe bis zu 25 000 Euro zu bestrafen.

(4) § 29 ist nicht anzuwenden.

(BGBl I 2019/91)

§ 49d. (1) Einer Finanzordnungswidrigkeit macht sich schuldig, wer vorsätzlich die Pflicht zur Führung, Aufbewahrung oder Übermittlung von Aufzeichnungen nach § 18 Abs. 11 oder 12 Umsatzsteuergesetz 1994 verletzt.

Die Finanzordnungswidrigkeit wird mit einer Geldstrafe bis zu 50 000 Euro geahndet.

(2) Wer die Tat nach Abs. 1 grob fahrlässig begeht, ist mit Geldstrafe bis zu 25 000 Euro zu bestrafen.

(BGBl I 2019/91)

§ 50. (1) Einer Finanzordnungswidrigkeit macht sich schuldig, wer vorsätzlich unter Verletzung der abgabenrechtlichen Offenlegungs- oder Wahrheitspflicht für die Entrichtung von Abgabenschuldigkeiten ungerechtfertigt Zahlungserleichterungen erwirkt.

(2) Die Finanzordnungswidrigkeit wird mit einer Geldstrafe bis zu 5 000 Euro geahndet.

§ 51. (1) Einer Finanzordnungswidrigkeit macht sich schuldig, wer, ohne hiedurch den Tatbestand eines anderen Finanzvergehens zu erfüllen, vorsätzlich

a) eine abgaben- oder monopolrechtliche Anzeige-, Offenlegungs- oder Wahrheitspflicht verletzt,
b) eine abgaben- oder monopolrechtliche Verwendungspflicht verletzt,
c) eine abgaben- oder monopolrechtliche Pflicht zur Führung oder Aufbewahrung von Büchern oder sonstigen Aufzeichnungen oder zur Einrichtung technischer Sicherheitsvorkehrungen verletzt,
(BGBl I 2015/118)
d) eine abgaben- oder monopolrechtliche Pflicht zur Ausstellung oder Aufbewahrung von Belegen verletzt,
e) Maßnahmen der in den Abgaben- oder Monopolvorschriften vorgesehenen Zollaufsicht oder sonstigen amtlichen oder abgabenbehördlichen Aufsicht und Kontrolle erschwert oder verhindert oder die Pflicht, an solchen Maßnahmen mitzuwirken, verletzt,
f) eine zollrechtliche Gestellungspflicht verletzt oder
(BGBl I 2015/118)
g) wer ein abgabenrechtliches Verbot zur Leistung oder Entgegennahme von Barzahlungen verletzt.
(BGBl I 2015/118)

(2) Die Finanzordnungswidrigkeit wird mit einer Geldstrafe bis zu 5 000 Euro geahndet.

§ 51a. (1) Einer Finanzordnungswidrigkeit macht sich schuldig, wer, ohne hiedurch den Tatbestand eines anderen Finanzvergehens zu erfüllen, vorsätzlich abgaben- oder monopolrechtlich zu führende Bücher, Aufzeichnungen oder Aufzeichnungssysteme, die automatisationsunterstützt geführt werden, durch Gestaltung oder Einsatz eines Programms, mit dessen Hilfe Daten verändert, gelöscht oder unterdrückt werden können, verfälscht.

(2) Die Finanzordnungswidrigkeit wird mit einer Geldstrafe bis zu 25 000 Euro geahndet.

(BGBl I 2015/118)

Selbstverschuldete Berauschung

§ 52. (1) Der selbstverschuldeten Berauschung macht sich schuldig, wer sich vorsätzlich oder fahrlässig durch den Genuß von Alkohol oder den Gebrauch eines anderen berauschenden Mittels in einen die Zurechnungsfähigkeit ausschließenden Rausch versetzt und im Rausch eine Handlung begeht, die ihm außer diesem Zustand als Finanzvergehen zugerechnet würde.

(2) Die selbstverschuldete Berauschung wird mit einer Geldstrafe bis zu 2 000 Euro geahndet; die Geldstrafe darf jedoch nicht höher bemessen werden, als sie das Gesetz für das im Rausch begangene Finanzvergehen androht. Daneben ist nach Maßgabe des § 17 auf Verfall zu erkennen; der Umfang des Verfalls richtet sich nach den Strafbestimmungen des Finanzvergehens, das dem Berauschten nicht zugerechnet werden kann.

Zweiter Abschnitt
Finanzstrafverfahren

Erster Unterabschnitt
Gemeinsame Bestimmungen

Abgrenzung der gerichtlichen von der finanzstrafbehördlichen Zuständigkeit

§ 53. (1) Das Gericht ist zur Ahndung von Finanzvergehen zuständig, wenn das Finanzvergehen vorsätzlich begangen wurde und der maßgebliche Wertbetrag, nach dem sich die Strafdrohung richtet (strafbestimmender Wertbetrag) 100 000 Euro übersteigt oder wenn die Summe der maßgeblichen strafbestimmenden Wertbeträge aus mehreren zusammentreffenden vorsätzlich begangenen Finanzvergehen 100 000 Euro übersteigt und alle diese Vergehen in die sachliche Zuständigkeit derselben Finanzstrafbehörde fielen. Zusammentreffen können nur Finanzvergehen, über die noch nicht rechtskräftig entschieden wurde.

(BGBl I 2019/104)

(1a) Zur Ahndung des grenzüberschreitenden Umsatzsteuerbetrugs (§ 40) ist stets das Gericht zuständig.

(BGBl I 2019/62)

(2) Im Abs. 1 tritt an die Stelle des Wertbetrages von 100 000 Euro der Wertbetrag von 50 000 Euro in den Fällen

a) des Schmuggels und der Hinterziehung von Eingangs- oder Ausgangsabgaben (§ 35),

b) der Abgabenhehlerei nach § 37 Abs. 1 mit Sachen oder mit Erzeugnissen aus Sachen, hinsichtlich derer ein Schmuggel, eine Verzollungsumgehung oder eine Verkürzung von Eingangs- oder Ausgangsabgaben begangen wurde.

(3) Ist das Gericht nach den Abs. 1, 1a oder 2 zur Ahndung von Finanzvergehen zuständig, so ist es auch zur Ahndung von mit diesen zusammentreffenden anderen Finanzvergehen zuständig, wenn alle diese Vergehen in die sachliche Zuständigkeit derselben Finanzstrafbehörde fielen.

(BGBl I 2019/104, BGBl I 2020/99)

(4) Die Zuständigkeit des Gerichts zur Ahndung von Finanzvergehen des Täters begründet auch dessen Zuständigkeit zur Ahndung von Finanzvergehen der anderen vorsätzlich an der Tat Beteiligten. Wird jemand nach dieser Bestimmung ausschließlich wegen eines sonst in die Zuständigkeit der Finanzstrafbehörde fallenden Finanzvergehens rechtskräftig verurteilt, so sind mit dieser Verurteilung nicht die Folgen einer gerichtlichen Verurteilung, sondern nur die einer Ahndung durch die Finanzstrafbehörde verbunden; dies ist im Urteil festzustellen.

(5) Finanzordnungswidrigkeiten und die selbstverschuldete Berauschung (§ 52) hat das Gericht niemals zu ahnden.

(6) Finanzvergehen, deren Ahndung nicht dem Gericht zukommt, sind von den Finanzstrafbehörden zu ahnden.

(7) Hat sich jemand durch dieselbe Tat einer strafbaren Handlung schuldig gemacht, die dem Gericht, und eines Finanzvergehens, das der Finanzstrafbehörde zufällt, so hat das Gericht die gerichtlich strafbare Handlung, die Finanzstrafbehörde das Finanzvergehen gesondert zu ahnden; die Bestimmungen des Abs. 3 und des § 22 Abs. 2 und 3 werden hievon nicht berührt. Die vorangegangene rechtskräftige Bestrafung ist bei der Bemessung der Geldstrafe und der Freiheitsstrafe angemessen zu berücksichtigen.

(8) Kann eine Prüfung, ob das Gericht nach den Abs. 1 bis 4 zur Ahndung des Finanzvergehens zuständig sei, noch nicht vorgenommen werden, so hat die Finanzstrafbehörde alle zur Sicherung der Beweise erforderlichen Maßnahmen zu treffen. Solche Maßnahmen der Finanzstrafbehörde sind wegen Unzuständigkeit nicht anfechtbar, wenn sich später die gerichtliche Zuständigkeit herausstellt.

§ 54. (1) Findet die Finanzstrafbehörde nach Einleitung des Finanzstrafverfahrens, dass für die Ahndung des Finanzvergehens das Gericht zuständig ist, so hat sie das Strafverfahren nach den Bestimmungen des Dritten Unterabschnittes weiter zu führen und hievon den Beschuldigten und die gemäß § 122 dem Verfahren zugezogenen Nebenbeteiligten zu verständigen; Personen, die sich in vorläufiger Verwahrung oder in Untersuchungshaft der Finanzstrafbehörde befinden, sind dem Gericht zu übergeben. Zugleich ist das verwaltungsbehördliche Finanzstrafverfahren vorläufig einzustellen.

(2) Über die Beschlagnahme von Gegenständen und über Sicherstellungsmaßnahmen ist der Staatsanwaltschaft unverzüglich zu berichten (§ 100 Abs. 2 Z 2 StPO). Sie gelten als gemäß § 110 StPO sichergestellt.

(3) (aufgehoben)

(4) Wird ein Strafverfahren wegen eines Finanzvergehens ohne Berichte der Finanzstrafbehörde (§ 100 Abs. 2 StPO) sowohl bei der Staatsanwaltschaft oder bei Gericht als auch bei der Finanzstrafbehörde geführt, so hat die Finanzstrafbehörde, sobald sie davon Kenntnis erlangt, nach den Abs. 1 und 2 vorzugehen.

(BGBl I 2018/62)

(5) Wird durch die Staatsanwaltschaft das Ermittlungsverfahren gemäß § 202 Abs. 1 eingestellt oder wird das gerichtliche Verfahren rechtskräftig durch eine Entscheidung, die auf der Ablehnung der Zuständigkeit beruht (Unzuständigkeitsentscheidung), beendet, so hat die Finanzstrafbehörde

das Finanzstrafverfahren fortzusetzen; einer Bestrafung darf aber kein höherer strafbestimmender Wertbetrag zugrunde gelegt werden, als er der finanzstrafbehördlichen Zuständigkeit entspricht.

(BGBl I 2018/62)

(6) Wird das gerichtliche Verfahren anders als durch Unzuständigkeitsentscheidung rechtskräftig beendet, so hat die Finanzstrafbehörde ihr Verfahren endgültig einzustellen.

(BGBl I 2018/62)

§ 55. (aufgehoben)

Zweiter Unterabschnitt Verwaltungsbehördliches Finanzstrafverfahren

I. Hauptstück

A. Allgemeine Bestimmungen

§ 56. (1) Eine Bestrafung wegen eines Finanzvergehens, ein Verfall im selbständigen Verfahren (§ 18), eine Inanspruchnahme aus der Haftung gemäß § 28 und eine Verhängung einer Verbandsgeldbuße gemäß § 28a dürfen nur auf Grund eines nach den folgenden Vorschriften durchgeführten Verfahrens erfolgen.

(2) Für Anbringen, Niederschriften, Aktenvermerke, Vorladungen, Erledigungen, Fristen sowie Zwangs- und Ordnungsstrafen gelten, soweit dieses Bundesgesetz nicht anderes bestimmt, die Bestimmungen des 3. Abschnittes sowie § 114 Abs. 3 der Bundesabgabenordnung sinngemäß. Eine automationsunterstützte Übermittlung von Anbringen an die Finanzstrafbehörde ist nur insoweit zulässig, als dies in einer Verordnung des Bundesministers für Finanzen unter Bestimmung der Übermittlungsmodalität ausdrücklich zugelassen wird.

(BGBl I 2015/163)

(3) Für Zustellungen gelten das Zustellgesetz, BGBl. Nr. 200/1982, und sinngemäß die Bestimmungen des 3. Abschnittes der Bundesabgabenordnung. Zustellungen in Verfahren nach den §§ 147 und 148 können auch durch öffentliche Bekanntmachung nach § 25 des Zustellgesetzes erfolgen.

(4) Zwangs- und Ordnungsstrafen fließen dem Bund zu.

(5) Für Verfahren wegen Finanzvergehen gegen Verbände gelten die Bestimmungen über das verwaltungsbehördliche Finanzstrafverfahren, soweit sie nicht ausschließlich auf natürliche Personen anwendbar sind, mit folgender Maßgabe:

1. Der Verband hat in dem gegen ihn und auch in dem gegen den beschuldigten Entscheidungsträger oder Mitarbeiter geführten Verfahren die Rechte eines Beschuldigten (belangter Verband); auch die der Tat verdächtigen Entscheidungsträger und Mitarbeiter haben in beiden Verfahren die Rechtsstellung eines Beschuldigten.
2. Soweit sich die im ersten Satz dieses Absatzes genannten Verfahrensvorschriften auf Verdächtige, Beschuldigte oder Strafen beziehen, sind darunter der belangte Verband oder die Verbandsgeldbuße zu verstehen.
3. Verfahren gegen den Beschuldigten und den belangten Verband sind in der Regel gemeinsam zu führen.

(BGBl I 2019/104)

4. Die Finanzstrafbehörde kann von der Verfolgung eines Verbandes absehen, wenn in Abwägung der Schwere der Tat, des Gewichts der Pflichtverletzung oder des Sorgfaltsverstoßes, der Folgen der Tat und der zu erwartenden Höhe der Verbandsgeldbuße eine Verfolgung und Sanktionierung verzichtbar erscheint, es sei denn, dass die Verfolgung geboten ist, um der Begehung von Taten im Rahmen der Tätigkeit anderer Verbände entgegenzuwirken oder wegen eines sonstigen besonderen öffentlichen Interesses.

Ton- und Bildaufnahme

§ 56a. (1) Eine Tonaufnahme oder eine Bild- und Tonaufnahme einer Vernehmung ist zulässig, wenn die vernommene Person ausdrücklich darüber informiert worden ist und die Vernehmung zur Gänze aufgenommen wird. Die Aufnahme ist auf einem geeigneten Medium zu speichern und zum Akt zu nehmen.

(2) Im Falle einer Aufnahme nach Abs. 1 ist eine Niederschrift zu erstellen. Dies kann auch vereinfacht in Form einer schriftlichen Zusammenfassung des Inhalts der Vernehmung erfolgen. Die Zusammenfassung hat zumindest zu enthalten:

1. die Bezeichnung der Behörde und der an der Amtshandlung beteiligten Personen,
2. Ort, Zeit und Gegenstand der Amtshandlung,
3. Zusammenfassung des Inhalts von Aussagen,
4. andere wesentliche Vorgänge während der Amtshandlung,
5. allenfalls gestellte Anträge,
6. die Unterschriften der vernommenen Personen. Wird eine Unterschrift verweigert oder unterbleibt sie aus anderen Gründen, so sind die hiefür maßgebenden Umstände zu vermerken.

Gestellte Fragen sind nur soweit aufzunehmen, als dies für das Verständnis der Antworten erforderlich ist.

(BGBl I 2022/108)

(3) Soweit dies für die Beurteilung der Sache und der Ergebnisse der Amtshandlung erforderlich ist oder eine vernommene Person es verlangt, ist ihre Aussage wörtlich wieder zu geben. Über dieses Recht ist die vernommene Person zu belehren.

Vernehmung mittels technischer Einrichtung zur Ton- und Bildübertragung

§ 56b. (1) Eine Vernehmung kann aus verfahrensökonomischen Gründen unter Verwendung einer technischen Einrichtung zur Tonübertragung oder Ton- und Bildübertragung erfolgen. Die zu vernehmende Person ist in die Amtsräumlichkeit zu laden, in welcher die Tonübertragung oder Ton- und Bildübertragung vorgenommen werden soll.

(BGBl I 2020/99)

(1a) Ist die zu vernehmende Person wegen Krankheit, Gebrechlichkeit oder wegen eines sonstigen begründeten Hindernisses nicht in der Lage, der Ladung nachzukommen, kann die Vernehmung unter Verwendung einer technischen Einrichtung zur Tonübertragung oder Ton- und Bildübertragung jeweils in Anwesenheit eines Organs der Finanzstrafbehörde auch außerhalb einer Amtsräumlichkeit erfolgen.

(BGBl I 2020/99)

(2) Hält sich die einzuvernehmende Person im Ausland auf, ist eine Vernehmung unter Verwendung einer technischen Einrichtung zur Tonübertragung oder Ton- und Bildübertragung nur zulässig, wenn die zuständige ausländische Behörde Amts- oder Rechtshilfe leistet.

(BGBl I 2020/99)

(3) Wird von der Vernehmung auch eine Tonaufnahme oder eine Ton- und Bildaufnahme angefertigt, gilt § 56a sinngemäß. In Fällen des Abs. 1a kann die Unterschrift der vernommenen Person entfallen und ist dieser eine Abschrift der Niederschrift zuzustellen. Diesfalls kann die vernommene Person innerhalb von zwei Wochen ab Zustellung Einwendungen zur Niederschrift erheben.

(BGBl I 2020/99)

§ 57. (1) Finanzvergehen sind von Amts wegen zu verfolgen.

(2) Die Finanzstrafbehörde und ihre Organe haben ihr Amt unparteilich und unvoreingenommen auszuüben und jeden Anschein der Befangenheit zu vermeiden. Sie haben die zur Belastung und die zur Verteidigung des Beschuldigten dienenden Umstände mit der gleichen Sorgfalt zu ermitteln.

(3) Jeder Beschuldigte ist durch die Finanzstrafbehörde sobald wie möglich über das gegen ihn geführte Ermittlungsverfahren und den gegen ihn bestehenden Tatverdacht sowie über seine wesentlichen Rechte im Verfahren (§§ 77, 79, 83, 84, 113, 114, 125, 151 und 152) zu informieren. Dies darf nur so lange unterbleiben, als besondere Umstände befürchten lassen, dass ansonsten der Zweck der Ermittlungen gefährdet wäre, insbesondere weil Ermittlungen oder Beweisaufnahmen durchzuführen sind, deren Erfolg voraussetzt, dass der Beschuldigte keine Kenntnis von den gegen ihn geführten Ermittlungen hat. Das gleiche gilt, wenn sich durch im Zuge des Ermittlungsverfahrens hervortretende Umstände eine Änderung des Tatverdachtes ergibt. Auch alle anderen vom Finanzstrafverfahren betroffenen Personen sind über ihre wesentlichen Rechte zu belehren. Die Informationen und Belehrungen können auch mündlich erteilt werden, worüber erforderlichenfalls ein Aktenvermerk aufzunehmen ist.

(4) Soweit es im Interesse eines fairen Verfahrens und der Wahrung der Verteidigungsrechte eines Beschuldigten, der sich in der Verfahrenssprache nicht hinreichend verständigen kann, erforderlich ist, ist ihm mündliche Übersetzungshilfe durch Beistellung eines Dolmetschers zu leisten; dies gilt insbesondere für die Rechtsbelehrung, für Beweisaufnahmen, an denen der Beschuldigte teilnimmt, und für Verhandlungen. Ist der Beschuldigte gehörlos, hochgradig hörbehindert oder stumm, so ist ein Dolmetscher für die Gebärdensprache beizuziehen, sofern sich der Beschuldigte in dieser verständigen kann. Über die Erforderlichkeit einer Übersetzungshilfe entscheidet der Leiter der Amtshandlung. Gegen die Nichtgewährung von Übersetzungshilfe ist ein abgesondertes Rechtsmittel nicht zulässig. Im Rechtsmittel gegen die Strafentscheidung können auch die Verteidigungsrechte beeinträchtigende Mängel in der Qualität der Übersetzungshilfe geltend gemacht werden, sofern im Verfahren nicht ohnedies Abhilfe geschaffen worden ist.

(4a) Ist Übersetzungshilfe gemäß Abs. 4 zu leisten, gilt in Verfahren, in denen die Durchführung der mündlichen Verhandlung und die Fällung des Erkenntnisses gemäß § 58 Abs. 2 einem Spruchsenat obliegt, sowie im Rechtsmittelverfahren darüber hinaus Folgendes:

a) Mündliche Übersetzungshilfe ist auch für den Kontakt des Beschuldigten mit seinem Verteidiger zu leisten, sofern dies im Interesse einer zweckentsprechenden Verteidigung erforderlich ist. Dazu ist auf Antrag in unmittelbarem Zusammenhang mit einer mündlichen Verhandlung oder sonstigen Amtshandlung, an der der Beschuldigte teilnimmt, ein Dolmetscher am Ort der Amtshandlung zur Verfügung zu stellen. Ein diesbezüglicher Antrag ist spätestens eine Woche vor Beginn der Amtshandlung einzubringen.

b) Für die Verteidigung wesentliche Aktenstücke sind innerhalb einer angemessenen Frist schriftlich zu übersetzen. Als für die Verteidigung wesentlich gelten jedenfalls die Festnahmeanordnung, die Verhängung der Untersuchungshaft, die Stellungnahme des Amtsbeauftragten, die schriftliche Ausfertigung des noch nicht rechtskräftigen Erkenntnisses und ein gegen das Erkenntnis vom Amtsbeauftragen erhobenes Rechtsmittel. Sofern es den in Abs. 4 genannten Interessen nicht widerspricht, darf die schriftliche Übersetzung durch eine bloß auszugsweise Darstellung, durch mündliche Übersetzung oder, wenn der Beschuldigte durch einen Verteidiger vertreten ist, auch durch mündliche Zusammenfassung ersetzt werden. Auf Antrag des Beschuldigten sind ihm weitere konkret zu bezeichnende Aktenstücke schriftlich zu übersetzen, soweit die Erforderlichkeit einer Übersetzung im Sinne des Abs. 4 begründet wird oder offenkundig ist. Ein Verzicht des Beschuldigten auf schriftliche Übersetzung ist nur zulässig, wenn er zuvor über sein Recht und die Folgen des Verzichts belehrt wurde. Belehrung und Verzicht sind schriftlich festzuhalten.

(5) Die Finanzstrafbehörde darf bei der Ausübung von Befugnissen und bei der Aufnahme von Beweisen nur soweit in Rechte von Personen eingreifen, als dies gesetzlich ausdrücklich vorgesehen und zur Aufgabenerfüllung erforderlich ist. Jede dadurch bewirkte Rechtsgutbeeinträchtigung muss in einem angemessenen Verhältnis zum Gewicht des Finanzvergehens, zum Grad des Verdachts und zum angestrebten Erfolg stehen. Unter mehreren zielführenden Ermittlungshandlungen und Zwangsmaßnahmen hat die Finanzstrafbehörde jene zu ergreifen, welche die Rechte der Betroffenen am Geringsten beeinträchtigen. Gesetzlich eingeräumte Befugnisse sind in jeder Lage des Verfahrens in einer Art und Weise auszuüben, die unnötiges Aufsehen vermeidet, die Würde der betroffenen Personen achtet und deren Rechte und schutzwürdigen Interessen wahrt.

(6) Das Finanzstrafverfahren ist stets zügig und ohne unnötige Verzögerung durchzuführen und innerhalb angemessener Frist zu beenden. Verfahren, in denen ein Beschuldigter in Haft gehalten wird, sind mit besonderer Beschleunigung zu führen. Ist eine Finanzstrafbehörde mit der Vornahme einer Verfahrenshandlung säumig, so kann der Beschuldigte bei dieser Finanzstrafbehörde den an das Bundesministerium für Finanzen gerichteten Antrag stellen, es möge der Finanzstrafbehörde für die Vornahme der Verfahrenshandlung eine angemessene Frist setzen. Hat die Finanzstrafbehörde die versäumte Verfahrenshandlung bis zur Entscheidung über den Antrag durchgeführt, so gilt der Antrag als zurückgezogen. Der Antrag ist innerhalb von zwei Jahren ab Eintritt der Verpflichtung der Behörde zur Vornahme der Verfahrenshandlung zu stellen. Wegen der Säumigkeit eines Spruchsenates oder eines Vorsitzenden des Spruchsenates ist ein Fristsetzungsantrag nicht zulässig.

(7) Bis zum gesetzlichen Nachweis seiner Schuld gilt der eines Finanzvergehens Verdächtige als unschuldig.

(8) Nach rechtswirksamer Beendigung eines Finanzstrafverfahrens ist die neuerliche Verfolgung desselben Verdächtigen wegen derselben Tat unzulässig. Die Bestimmungen über die Wiederaufnahme des Verfahrens und die Wiedereinsetzung in den vorigen Stand sowie die Fortführung des Verfahrens nach § 170 bleiben hievon unberührt.

B. Datenschutz

Grundsätze

§ 57a. (1) Für die Verarbeitung personenbezogener Daten zum Zweck der Verhütung, Ermittlung, Aufdeckung oder Verfolgung von Finanzvergehen sowie des Vollzuges von nach diesem Bundesgesetz verhängten Strafen gelten die Bestimmungen dieses Bundesgesetzes. Die Bestimmungen des dritten Hauptstückes des Datenschutzgesetzes (DSG), BGBl. Nr. 165/1999, sind nur dann anzuwenden, wenn in diesem Bundesgesetz ausdrücklich darauf verwiesen wird. Die §§ 36 Abs. 2, 46 bis 49, 50 Abs. 1, 2, 4 und 5 sowie 51 bis 59 DSG sind anzuwenden. Auf die Übermittlung personenbezogener Daten auf Grundlage völkerrechtlicher Übereinkommen, die vor dem 6. Mai 2016 abgeschlossen wurden und zu diesem Zeitpunkt mit dem Recht der Europäischen Union vereinbar waren, sind die §§ 58 und 59 DSG nicht anzuwenden.

(2) Die ganz oder teilweise automatisierte sowie die nichtautomatisierte Verarbeitung personenbezogener Daten durch die Finanzstrafbehörden, die für sie tätigen Organe oder durch den Bundesminister für Finanzen ist zulässig, wenn sie für Zwecke der Finanzstrafrechtspflege oder sonst zur Erfüllung ihrer Aufgaben erforderlich ist.

(3) Die Verarbeitung personenbezogener Daten zu einem anderen Zweck als zu demjenigen, zu dem sie erhoben oder erfasst wurden, ist nur zulässig, wenn dies für die in Abs. 2 genannten Zwecke, insbesondere auch für Zwecke der Abgabenerhebung, der Betrugsbekämpfung oder der Aufsicht oder für statistische Zwecke oder das Risikomanagement, erforderlich ist.

(4) Soweit möglich ist zwischen faktenbasierten und auf persönlichen Einschätzungen beruhenden personenbezogenen Daten zu unterscheiden.

(5) Besondere Kategorien personenbezogener Daten im Sinne des § 39 DSG dürfen insoweit verarbeitet werden, als dies für finanzstrafrechtliche Zwecke unbedingt erforderlich ist.

(6) Die §§ 31 bis 35 DSG gelten sinngemäß. Die von den Spruchsenaten oder deren Vorsitzenden und die vom Bundesfinanzgericht im Rahmen der richterlichen Tätigkeit vorgenommenen Datenverarbeitungen unterliegen nicht der Aufsicht der Datenschutzbehörde.

(7) Für die Verarbeitung personenbezogener Daten, die in den Anwendungsbereich der Verordnung (EU) 2016/679 zum Schutz natürlicher Personen bei der Verarbeitung personenbezogener Daten, zum freien Datenverkehr und zur Aufhebung der Richtlinie 95/46/EG (Datenschutz-Grundverordnung), ABl. Nr. L 119 vom 4.5.2016 S. 1, fällt, sind die §§ 48d bis 48g BAO sinngemäß anzuwenden.

Informationspflicht und Auskunftsrecht

§ 57b. (1) Die zu erteilende Information hat zu enthalten:

1. den Namen und die Kontaktdaten des Verantwortlichen,
2. die Kontaktdaten des Datenschutzbeauftragten,
3. die Zwecke, für die die personenbezogenen Daten verarbeitet werden,
4. das Bestehen eines Beschwerderechts bei der Datenschutzbehörde sowie deren Kontaktdaten,
5. das Bestehen eines Rechts auf Auskunft und Berichtigung oder Löschung personenbezogener Daten sowie
6. die Rechtsgrundlage der Verarbeitung.

Diese Information ist auf der Homepage des Bundesministeriums für Finanzen zu veröffentlichen.

(2) Soweit in diesem Bundesgesetz nicht anderes bestimmt ist, ist das Recht auf Auskunft nur unter den Voraussetzungen des § 79 zu gewähren.

Berichtigung personenbezogener Daten

§ 57c. (1) Das Recht auf Berichtigung, Aktualisierung oder Vervollständigung personenbezogener Daten, die in einer behördlichen Erledigung oder einer Niederschrift enthalten sind, besteht nur insoweit, als dies in diesem Bundesgesetz vorgesehen ist.

(2) Mit Ausnahme des Inhalts von Beweismitteln sind in den nicht von Abs. 1 erfassten Fällen unrichtige, unrichtig gewordene oder unvollständige personenbezogene Daten von Amts wegen oder auf Antrag der betroffenen Person unverzüglich richtig zu stellen oder zu vervollständigen. Ist eine nachträgliche Änderung mit dem Dokumentationszweck unvereinbar, hat eine Berichtigung, Aktualisierung oder Vervollständigung mittels eines ergänzenden Vermerks zu erfolgen, soweit in diesem Bundesgesetz nicht anderes bestimmt ist. Ist die Berichtigung, Aktualisierung oder Vervollständigung nicht möglich, ist dies zu vermerken.

Fristen für die Aufbewahrung und Löschung personenbezogener Daten

§ 57d. (1) Soweit in diesem Bundesgesetz nicht anderes bestimmt ist, ist zehn Jahre nach Absehen von der Einleitung, rechtskräftiger Einstellung des Strafverfahrens oder nach Eintritt der Tilgung zu prüfen, ob die Aufbewahrung personenbezogener Daten weiterhin erforderlich ist. Ergibt diese Prüfung, dass die Aufbewahrung der personenbezogenen Daten weiterhin erforderlich ist, so sind sie nach Wegfall des Aufbewahrungsgrundes, längstens jedoch nach Ablauf von sechzig Jahren ab Erfassung zu löschen. Ist die weitere Aufbewahrung der personenbezogenen Daten nicht erforderlich, sind sie zu löschen. Ist die Löschung nicht möglich oder mit den Dokumentationszwecken unvereinbar, so ist an geeigneter Stelle ein ergänzender Vermerk aufzunehmen.

(2) Sofern gesetzlich nicht ausdrücklich anderes angeordnet ist, sind die Protokolldaten (§ 50 DSG) drei Jahre lang aufzubewahren. Davon darf in jenem Ausmaß abgewichen werden, als der von der Protokollierung betroffene Datenbestand zulässigerweise früher gelöscht oder länger aufbewahrt wird.

Datenschutzbeschwerde

§ 57e. (1) Wer behauptet, durch ein Mitglied des Spruchsenates in Ausübung dessen richterlicher Tätigkeit in seinem Recht auf Datenschutz verletzt zu sein, kann die Feststellung dieser Verletzung durch das Bundesfinanzgericht begehren (Datenschutzbeschwerde).

(2) Auf den erforderlichen Inhalt der Beschwerde und das Verfahren sind § 24a Abs. 2 bis 4 Bundesfinanzgerichtsgesetz (BFGG) sowie die §§ 62 Abs. 2 zweiter und dritter Satz, 150 Abs. 3, 155, 156 Abs. 1 bis 4, 157, 158 erster Satz, 160, 161 Abs. 1 erster Satz, 162 und 163 sinngemäß anzuwenden.

II. Hauptstück
Behörden des verwaltungsbehördlichen Finanzstrafverfahrens und organisatorische Bestimmungen zum Beschwerdeverfahren

A. Zuständigkeit

§ 58. (1) Zur Durchführung des Finanzstrafverfahrens sind zuständig:

a) für Finanzvergehen, die bei oder im Zusammenhang mit der Ein-, Aus- oder Durchfuhr von Waren begangen werden sowie für Abgabenhehlerei und Monopolhehlerei, und für Finanzvergehen, durch welche sonst Abgaben- oder Monopolvorschriften oder andere Rechtsvorschriften, deren Handhabung der Zollverwaltung oder ihren Organen obliegt, verletzt werden, das Zollamt Österreich als Finanzstrafbehörde;

b) für alle übrigen Finanzvergehen das Amt für Betrugsbekämpfung als Finanzstrafbehörde;

c) in den Fällen des § 52 jene Finanzstrafbehörde, die für die Verfolgung des dem Berauschten nicht zurechenbaren Finanzvergehens zuständig wäre.

Dem Vorstand der Finanzstrafbehörde obliegt die Erstellung der jeweiligen Geschäftsverteilung. Diese ist auf der Internet-Seite des Bundesministeriums für Finanzen zu veröffentlichen.

(BGBl I 2019/104)

(2) Die Durchführung der mündlichen Verhandlung und die Fällung des Erkenntnisses obliegt, soweit nicht gerichtliche Zuständigkeit gemäß § 53 gegeben ist, einem Spruchsenat (§ 65) als Organ der Finanzstrafbehörde,

a) wenn der strafbestimmende Wertbetrag bei den im § 53 Abs. 2 bezeichneten Finanzvergehen 10 000 Euro, bei allen übrigen Finanzvergehen 33 000 Euro übersteigt,

(BGBl I 2019/62)

b) wenn der Beschuldigte oder ein Nebenbeteiligter die Fällung des Erkenntnisses durch einen Spruchsenat beantragt. Im Fall eines vorausgegangenen vereinfachten Verfahrens (§ 143) ist ein solcher Antrag im Einspruch gegen die Strafverfügung, in den übrigen Fällen bis zum Beginn der mündlichen Verhandlung oder, wenn eine solche gemäß § 125 Abs. 3 nicht stattfindet, bis zur Abgabe der Verzichtserklärung zu stellen.

(3) Die Finanzstrafbehörden sind im Rahmen ihrer sachlichen Zuständigkeit auch zur Leistung von Amts- und Rechtshilfe zuständig, wenn die Amts- oder Rechtshilfehandlung in ihrem Amtsbereich oder in Ermangelung eines solchen im Bereich der ihnen übergeordneten Finanzlandesdirektionen

(BGBl I 2018/62)

§ 59. Zur Durchführung der mündlichen Verhandlung und zur Fällung des Erkenntnisses ist hinsichtlich des Täters und anderer an der Tat Beteiligten sowie jener Personen, welche sich einer Hehlerei mit Beziehung auf das Finanzvergehen schuldig gemacht haben, mit Ausnahme jener, die keinen Einspruch gegen die Strafverfügung erhoben haben, ein Spruchsenat berufen, wenn die Voraussetzungen des § 58 Abs. 2 auch nur hinsichtlich einer dieser Personen zutreffen.

(BGBl I 2019/104)

§ 60. (aufgehoben)

(BGBl I 2019/104)

§ 61. (1) Liegen einem Täter mehrere Taten zur Last oder haben sich an derselben Tat mehrere Personen beteiligt oder stehen die Taten mehrerer Personen sonst in einem engen Zusammenhang und ist in allen diesen Fällen dieselbe Finanzstrafbehörde zur Durchführung des Strafverfahrens zuständig, so hat die Finanzstrafbehörde die Strafverfahren wegen aller Taten zu verbinden.

(2) Von einer Verbindung nach Abs. 1 kann abgesehen werden, wenn dies zur Vermeidung von Verzögerungen oder Erschwerungen des Verfahrens oder zur Verkürzung der Verwahrung oder der Untersuchungshaft eines Beschuldigten dienlich scheint.

§ 62. (1) Über Beschwerden entscheidet das Bundesfinanzgericht.

(2) Die Durchführung der mündlichen Verhandlung und die Entscheidung über die Beschwerde obliegt einem Senat des Bundesfinanzgerichtes,

a) wenn die Beschwerde sich gegen ein Erkenntnis oder einen sonstigen Bescheid eines Spruchsenates richtet,

b) wenn der Beschuldigte oder ein Nebenbeteiligter dies in der Beschwerde gegen ein Erkenntnis oder in der Beschwerde gegen einen Bescheid gemäß § 149 Abs. 4 begehrt.

Die Durchführung des Beschwerdeverfahrens vor der mündlichen Verhandlung obliegt dem Senatsvorsitzenden. Diesem obliegt auch die Entscheidung über die Beschwerde, wenn eine mündliche Verhandlung aus den Gründen des § 160 Abs. 1 nicht stattfindet und die Parteien des Beschwerdeverfahrens Gelegenheit hatten, dazu Stellung zu nehmen.

(BGBl I 2015/163)

(3) Die Entscheidung über alle anderen Rechtsmittel obliegt einem Richter eines Senates für Finanzstrafrecht beim Bundesfinanzgericht als Einzelrichter.

§ 63. (aufgehoben)

§ 64. (1) Die Finanzstrafbehörden haben ihre Zuständigkeit von Amts wegen wahrzunehmen. Untersuchungshandlungen sind nicht deswegen anfechtbar, weil sie von einer unzuständigen Behörde vorgenommen wurden.

(BGBl I 2019/104)

(2) Der Spruchsenat hat auch dann das Verfahren zu Ende zu führen, wenn sich im Zuge der mündlichen Verhandlung ergibt, daß die im § 58 Abs. 2 umschriebenen Voraussetzungen für seine Entscheidungsbefugnis nicht gegeben sind. Ergibt sich jedoch, daß das Gericht oder ein anderer Senat zuständig wäre, so hat der Senat seine Nichtzuständigkeit auszusprechen.

(3) Wenn zwei Spruchsenate die Zuständigkeit zur Durchführung der mündlichen Verhandlung und zur Entscheidung in demselben Strafverfahren in Anspruch nehmen oder ablehnen, so hat jener Senat das Verfahren weiterzuführen, der zuerst mit der Sache befasst wurde.

B. Spruchsenate und Senate für Finanzstrafrecht beim Bundesfinanzgericht

1. Spruchsenate

§ 65. (1) Spruchsenate haben als Organe des Amtes für Betrugsbekämpfung und des Zollamtes Österreich in Feldkirch, Graz, Innsbruck, Klagenfurt, Linz, Salzburg und Wien zu bestehen.

(BGBl I 2019/104)

(2) Zur organisatorischen Abwicklung der Spruchsenatsverfahren sind jeweils Geschäftsstellen einzurichten.

(BGBl I 2019/104)

§ 66. (1) **(Verfassungsbestimmung)** Die Mitglieder der Spruchsenate und des unabhängigen Finanzsenates sind in Ausübung ihres Amtes an keine Weisungen gebunden.

Die Spruchsenate bestehen aus drei Mitgliedern. Den Vorsitz im Spruchsenat führt ein Richter des Dienststandes, die weiteren Mitglieder sind ein Finanzbeamter der Verwendungsgruppe A oder A1 oder ein Finanzbediensteter der Entlohnungsgruppe a oder v1 als Behördenbeisitzer und ein Laienbeisitzer.

§ 67. (1) Die Personen, die als Mitglieder der Spruchsenate herangezogen werden können, sind vom Bundespräsidenten zu bestellen; hiebei ist jene Finanzstrafbehörde zu bezeichnen, für deren Senate sie in Betracht kommen.

(BGBl I 2019/104)

(2) Die Personen, die gemäß Abs. 1 zur Bestellung als Laienbeisitzer vorgeschlagen werden, sind aus dem Kreis der von den gesetzlichen Berufsvertretungen in die Senate beim Bundesfinanzgericht entsendeten Mitglieder zu entnehmen.

(3) Die Bestellung gemäß Abs. 1 gilt jeweils für die Dauer von sechs Jahren. Eine Wiederbestellung ist zulässig. Die infolge Ablaufes der Amtsdauer ausscheidenden Senatsmitglieder haben bis zur Wiederbesetzung der Stellen im Amt zu bleiben.

§ 68. (1) Vor Ablauf jedes Jahres sind für die Dauer des nächsten Jahres unter Berücksichtigung des voraussichtlichen Bedarfes die Anzahl der Spruchsenate, deren Vorsitzende und die übrigen Mitglieder sowie die Reihenfolge, in der diese im Falle der Verhinderung des zunächst berufenen Senatsmitgliedes einzutreten haben, zu bestimmen. Jedes Mitglied kann auch mehreren Senaten angehören.

(2) Bei der Einrichtung der Spruchsenate ist jeweils vorzusehen

a) mindestens ein Senat, dessen Laienbeisitzer von gesetzlichen Berufsvertretungen selbständiger Berufe entsendet sind, und
b) mindestens ein Senat, dessen Laienbeisitzer von gesetzlichen Berufsvertretungen unselbständiger Berufe entsendet sind.

(3) Die Geschäfte sind für jedes Jahr im Voraus unter die Senate so zu verteilen, dass die Durchführung des Verfahrens und die Fällung der Entscheidung bei selbständig berufstätigen Beschuldigten einem nach Abs. 2 lit. a zusammengesetzten Senat oder dessen Mitglied und bei unselbständig berufstätigen Beschuldigten einem nach Abs. 2 lit. b zusammengesetzten Senat oder dessen Mitglied obliegt. Die Zuordnung zu einer Berufsgruppe bleibt bei Pensionierung oder Arbeitslosigkeit bestehen. Wird gegen einen Beschuldigten, der beiden oder keiner der vorgenannten Berufsgruppen angehört, oder wird im selben Verfahren gegen mehrere Beschuldigte verhandelt, die verschiedenen der vorgenannten Berufsgruppen angehören, so obliegt die Führung des Verfahrens einem nach Abs. 2 lit. a zusammengesetzten Senat; gleiches gilt, wenn gegen ein Mitglied eines zur gesetzlichen Vertretung berufenen Organs einer juristischen Person (§ 36 Abs. 2 Z 1 des Arbeitsverfassungsgesetzes) oder gegen einen leitenden Angestellten (§ 36 Abs. 2 Z 3 des Arbeitsverfassungsgesetzes) wegen eines im Rahmen dieser Funktion begangenen Finanzvergehens verhandelt wird.

(4) Soweit dies für den ordentlichen Geschäftsgang erforderlich ist, kann die Zusammensetzung der Senate und deren Geschäftsverteilung für den Rest des Jahres geändert werden, wenn Veränderungen im Stand der Senatsmitglieder eingetreten sind oder wenn dies wegen Überlastung eines Senates oder einzelner Mitglieder notwendig ist.

(5) Bedarf die Zusammensetzung der Senate und deren Geschäftsverteilung in den folgenden Jahren keiner Änderung, so bleibt die nach Abs. 1 bis 4 bestimmte Zusammensetzung und Geschäftsverteilung bis zu ihrer Änderung in Kraft.

(6) Die Zusammensetzung der Spruchsenate und deren Geschäftsverteilung hat der Vorstand der Finanzstrafbehörde, bei der die Spruchsenate eingerichtet sind, zu bestimmen.

§ 69. Die Zusammensetzung der Senate und deren Geschäftsverteilung sind auf der Internet-Seite des Bundesministeriums für Finanzen (www.bmf.gv.at) zu veröffentlichen. Sie sind auch zur Einsicht in der jeweils gemäß § 65 Abs. 2 eingerichteten Geschäftsstelle aufzulegen oder an einer dortigen Amtstafel anzuschlagen.

(BGBl I 2019/104)

§ 70. (1) Die Tätigkeit der Richter in den Spruchsenaten stellt eine Nebentätigkeit im Sinne der dienstrechtlichen Vorschriften dar; hiefür gebührt den Richtern eine angemessene Vergütung. Die Bemessung der Vergütung obliegt dem Amt für Betrugsbekämpfung und dem Zollamt Österreich für die bei ihnen eingerichteten Senate. Gegen die Bemessung der Vergütung ist nach Maßgabe der dienstrechtlichen Vorschriften die Beschwerde an das Bundesverwaltungsgericht zulässig.

(BGBl I 2019/104)

(2) Die Laienbeisitzer haben Anspruch auf Vergütung der Reise(Fahrt)auslagen und der Aufenthaltskosten, die ihnen durch ihre Tätigkeit in den Spruchsenaten erwachsen. Sie haben ferner Anspruch auf Entschädigung für die durch diese Tätigkeit verursachte Zeitversäumnis. Hinsichtlich der Höhe der Vergütungen und Entschädigungen und hinsichtlich der Voraussetzungen, unter denen sie zu leisten sind, sind die für Schöffen im gerichtlichen Strafverfahren geltenden Bestimmungen anzuwenden. Die Bemessung der Vergütung obliegt dem Amt für Betrugsbekämpfung und dem Zollamt Österreich für die bei ihnen eingerichteten Spruchsenate.

(BGBl I 2019/104)

§ 71. Die Angelobung der Mitglieder der Spruchsenate ist durch den Vorstand der Finanzstrafbehörde, bei der der Senat eingerichtet ist, nach den Angelobungsbestimmungen des Bundesfinanzgerichtsgesetzes (BFGG), BGBl. I Nr. 14/2012, vorzunehmen.

2. Senate für Finanzstrafrecht beim Bundesfinanzgericht

§ 71a. (1) Beim Bundesfinanzgericht haben Senate für Finanzstrafrecht zu bestehen.

(2) Die Senate für Finanzstrafrecht beim Bundesfinanzgericht bestehen aus vier Mitgliedern. Den Vorsitz führt ein dazu aus dem Kreis der Richter des Bundesfinanzgerichtes nach den Bestimmungen des BFGG bestellter Vorsitzender. Die weiteren Mitglieder sind ein Richter des Bundesfinanzgerichtes und zwei fachkundige Laienrichter.

(3) Für die Bestellung der Personen, die als fachkundige Laienrichter herangezogen werden können, ist § 67 sinngemäß anzuwenden. Die Bestellung der übrigen Mitglieder richtet sich nach den Bestimmungen des BFGG.

(4) Für die vom Bundesfinanzgericht zu erlassende Geschäftsverteilung der Senate für Finanzstrafrecht ist § 68 sinngemäß anzuwenden. Die Veröffentlichung richtet sich nach den Bestimmungen des BFGG.

(5) Die fachkundigen Laienrichter der Senate für Finanzstrafrecht beim Bundesfinanzgericht haben Anspruch auf Vergütung gemäß § 70. Die Bemessung obliegt dem Bundesfinanzgericht.

C. Befangenheit von Organen

§ 72. (1) Die Organe der Finanzstrafbehörden und des Bundesfinanzgerichtes haben sich der Ausübung ihres Amtes zu enthalten und ihre Vertretung zu veranlassen:

a) wenn es sich um ihre eigene Finanzstrafsache oder um jene eines ihrer Angehörigen (§ 72 StGB) oder jene einer Person unter ihrer gesetzlichen Vertretung handelt;

(BGBl I 2018/62)

b) wenn sie als Vertreter des Beschuldigten oder eines Nebenbeteiligten bestellt sind oder innerhalb der letzten fünf Jahre bestellt waren, als Zeugen oder Sachverständige vernommen wurden oder vernommen werden sollen oder als Anzeiger aufgetreten sind;

c) als Mitglieder eines Spruchsenates in jenen Strafsachen, in denen sie im Untersuchungsverfahren, insbesondere auch nach den §§ 85 Abs. 2, 86 Abs. 1, 89 Abs. 5 und 93 Abs. 1, oder in dem damit im Zusammenhang stehenden Abgabenverfahren tätig waren;

d) bei der Entscheidung über Rechtsmittel in jenen Strafsachen, in denen sie im Untersuchungsverfahren, insbesondere auch nach den §§ 85 Abs. 7, 87 Abs. 2, 89 Abs. 6 und 93 Abs. 7, oder in dem damit im Zusammenhang stehenden Abgabenverfahren tätig waren oder an der Erlassung des angefochtenen Erkenntnisses (Bescheides) mitgewirkt haben;

e) wenn sonstige wichtige Gründe vorliegen, die geeignet sind, ihre volle Unbefangenheit in Zweifel zu ziehen.

(2) Bei Gefahr im Verzug hat, wenn die Vertretung durch ein anderes Organ nicht sogleich bewirkt werden kann, auch das befangene Organ die unaufschiebbaren Amtshandlungen vorzunehmen; dies gilt nicht in den im Abs. 1 lit. a bezeichneten Fällen.

§ 73. Dem Beschuldigten, den Nebenbeteiligten und dem Amtsbeauftragten steht in jeder Lage des Verfahrens das Recht zu, am Verfahren beteiligte Organe der Finanzstrafbehörde und des Bundesfinanzgerichtes mit der Begründung abzulehnen, daß Umstände der im § 72 bezeichneten Art vorliegen.

§ 74. (1) Die Ablehnung ist, wenn sie sich auf ein Mitglied oder den Schriftführer eines Senates bezieht, beim Vorsitzenden des Senates binnen drei Tagen nach Zustellung der Vorladung zur mündlichen Verhandlung geltend zu machen. Über die Ablehnung entscheidet in Abwesenheit des Abgelehnten der Senat. Bei Stimmengleichheit gibt die Stimme des Vorsitzenden den Ausschlag. Werden der Vorsitzende oder wenigstens zwei Mitglieder eines Spruchsenates abgelehnt, so entscheidet über die Ablehnung der Vorstand der Finanzstrafbehörde, bei der der Spruchsenat eingerichtet ist; werden der Vorsitzende oder wenigstens zwei Mitglieder eines Senates für Finanzstrafrecht beim Bundesfinanzgericht abgelehnt, so entscheidet über die Ablehnung der Präsident des Bundesfinanzgerichtes. Der über die Ablehnung ergehende Bescheid oder Beschluss ist dem Antragsteller spätestens vor Beginn der mündlichen Verhandlung zu eröffnen.

(2) Kommen erst nach Ablauf der Frist von drei Tagen ab Zustellung der Vorladung zum ersten Termin der mündlichen Verhandlung Umstände hervor, die die Befangenheit eines Senatsmitgliedes oder des Schriftführers begründen können, ist die Ablehnung unverzüglich nach Kenntnis eines Ablehnungsgrundes, spätestens jedoch bis zum Ende der Beweisaufnahme in der mündlichen Verhandlung geltend zu machen. In diesem Fall entscheidet über die Ablehnung der Senat selbst.

(3) In allen übrigen Fällen ist die Ablehnung spätestens vor Beginn der Amtshandlung, durch die sich der Beschuldigte oder Nebenbeteiligte wegen Befangenheit des Organes beschwert erachtet, und zwar im Verfahren bei der Finanzstrafbehörde bei deren Vorstand, im Verfahren beim Bundesfinanzgericht bei dessen Präsidenten geltend zu machen. Die Entscheidung obliegt im Verfahren bei der Finanzstrafbehörde deren Vorstand, im Verfahren beim Bundesfinanzgericht dessen Präsidenten. Wird der Vorstand der Finanzstrafbehörde abgelehnt, entscheidet das Bundesministerium für Finanzen. Wird der Präsident des Bundesfinanzgerichtes abgelehnt, so entscheidet die gemäß § 5 Abs. 3 BFGG berufene Vertretung.

(4) Gegen die gemäß Abs. 1 bis 3 über die Ablehnung ergehenden Entscheidungen ist ein abgesondertes Rechtsmittel nicht zulässig. Wird die Ablehnung als begründet anerkannt, so hat sich der Abgelehnte von diesem Zeitpunkt an der Ausübung seines Amtes zu enthalten.

D. Rechtsschutzbeauftragter

§ 74a. (1) Zur Wahrnehmung des besonderen Rechtsschutzes im verwaltungsbehördlichen Finanzstrafverfahren ist beim Bundesminister für Finanzen ein Rechtsschutzbeauftragter mit zwei Stellvertretern eingerichtet. Sie sind bei der Besorgung der ihnen nach dem Finanzstrafgesetz zukommenden Aufgaben unabhängig und weisungsfrei. Sie unterliegen der Amtsverschwiegenheit und der abgabenrechtlichen Geheimhaltungspflicht (§ 48a BAO).

(2) Der Rechtsschutzbeauftragte und seine Stellvertreter müssen besondere Kenntnisse und Erfahrungen auf dem Gebiet der Grund- und Freiheitsrechte aufweisen und mindestens fünf Jahre in einem Beruf tätig gewesen sein, in dem der Abschluss des Studiums der Rechtswissenschaften Berufsvoraussetzung ist. Beamte des Dienststandes und Vertragsbedienstete des Bundesministeriums für Finanzen sowie dessen nachgeordneter Dienststellen, Richter und Staatsanwälte des Dienststandes, Rechtsanwälte, die in die Liste der Rechtsanwälte eingetragen sind, und andere Personen, die vom Amt eines Geschworenen oder Schöffen ausgeschlossen oder zu diesem nicht zu berufen sind (§§ 2 und 3 des Geschworenen- und Schöffengesetzes 1990) dürfen nicht bestellt werden.

(3) Die Bestellung des Rechtsschutzbeauftragten und seiner Stellvertreter erlischt bei Verzicht, im Todesfall oder mit Wirksamkeit der Neu- oder Wiederbestellung. Bei Vorliegen von Befangenheitsgründen im Sinne des § 72 Abs. 1 hat sich der Rechtsschutzbeauftragte von dem Zeitpunkt, zu dem ihm der Grund bekannt geworden ist, des Einschreitens in der Sache zu enthalten.

(4) Der Rechtsschutzbeauftragte und seine Stellvertreter haben gleiche Rechte und Pflichten. Sie werden vom Bundesminister für Finanzen nach Anhörung der Präsidenten des Nationalrates sowie der

Präsidenten des Verfassungsgerichtshofes und des Verwaltungsgerichtshofes auf die Dauer von fünf Jahren bestellt. Wiederbestellungen sind zulässig.

(5) Der Bundesminister für Finanzen stellt dem Rechtsschutzbeauftragten die zur Bewältigung der administrativen Tätigkeit notwendigen Personal- und Sacherfordernisse zur Verfügung. Dem Rechtsschutzbeauftragten und seinen Stellvertretern gebührt für die Erfüllung ihrer Aufgaben eine Entschädigung. Der Bundesminister für Finanzen ist ermächtigt, mit Verordnung Pauschalsätze für die Bemessung dieser Entschädigung festzusetzen.

(BGBl I 2015/118)

§ 74b. (1) Die Finanzstrafbehörden sind verpflichtet, den Rechtsschutzbeauftragten über Auskunftsverlangen (§ 99 Abs. 3a) und die Information Betroffener darüber ehestmöglich zu informieren. Dem Rechtschutzbeauftragten obliegt die Prüfung der nach diesem Absatz erstatteten Meldungen. Dem Rechtsschutzbeauftragten steht gegen die Anordnung nach § 99 Abs. 3a Beschwerde an das Bundesfinanzgericht zu; dieses Recht erlischt mit dem Ablauf der Beschwerdefrist des Beschuldigten.

(2) Wurde gemäß § 99 Abs. 6 die Zustellung an den Beschuldigten und die Verfügungsberechtigten vorläufig aufgeschoben, ist dies dem Rechtsschutzbeauftragten unter Anschluss der Anordnung samt Auskunftsersuchen unverzüglich mitzuteilen. Dem Rechtsschutzbeauftragten steht in diesem Fall gegen die Anordnung nach § 99 Abs. 6 erster Satz Beschwerde an das Bundesfinanzgericht zu. Die Beschwerdefrist (§ 150 Abs. 2) beginnt mit dem Einlangen der Mitteilung zu laufen.

(3) Die Finanzstrafbehörden haben dem Rechtsschutzbeauftragten bei der Wahrnehmung seiner Aufgaben jederzeit Einblick in alle erforderlichen Unterlagen und Aufzeichnungen zu gewähren, ihm auf Verlangen Abschriften (Ablichtungen) einzelner Aktenstücke unentgeltlich auszufolgen und alle erforderlichen Auskünfte zu erteilen; insofern kann ihm gegenüber die Amtsverschwiegenheit und die abgabenrechtliche Geheimhaltungspflicht nicht geltend gemacht werden.

(4) Der Rechtsschutzbeauftragte erstattet dem Bundesminister für Finanzen jährlich bis spätestens 31. März des Folgejahres einen Bericht über seine Tätigkeit und Wahrnehmungen im Rahmen seiner Aufgabenerfüllung nach dem Finanzstrafgesetz.

(BGBl I 2015/118)

III. Hauptstück
Beschuldigte, Nebenbeteiligte und deren Vertretung; Akteneinsicht

§ 75. Beschuldigter ist die im Verdacht eines Finanzvergehens stehende Person (Verdächtiger) vom Zeitpunkt der Verständigung über die Einleitung des Strafverfahrens (§ 83 Abs. 2) oder der ersten Vernehmung gemäß § 83 Abs. 3 bis zum rechtskräftigen Abschluß des Strafverfahrens. Die für den Beschuldigten geltenden Bestimmungen sind auch auf den Verdächtigen anzuwenden, wenn gegen ihn schon vor der Einleitung des Strafverfahrens eine Verfolgungshandlung (§ 14 Abs. 3) gerichtet wurde.

§ 76. Nebenbeteiligte sind

a) vom Beschuldigten verschiedene Personen, denen das Eigentumsrecht oder ein Pfand- oder Zurückbehaltungsrecht an der verfallsbedrohten Sache zusteht (Verfallsbeteiligte). Verfallsbeteiligt ist auch, wer ein solches Recht behauptet;

b) Personen, die nach § 28 zur Haftung herangezogen werden können (Haftungsbeteiligte).

§ 77. (1) Beschuldigte haben das Recht, in jeder Lage des Verfahrens den Beistand eines Verteidigers in Anspruch zu nehmen oder über ausdrückliche Erklärung sich selbst zu verteidigen. Die Erklärung ist in der Niederschrift über die Vernehmung festzuhalten. Sie ist für das weitere Verfahren nicht bindend. Beschuldigte können sich durch Verteidiger auch vertreten lassen, soweit nicht ihr persönliches Erscheinen ausdrücklich gefordert wird. Als Verteidiger sind die in § 48 Abs. 1 Z 5 StPO genannten Personen sowie Steuerberater zugelassen. Bevollmächtigte Gesellschaften dürfen nur durch selbständig berufsbefugte natürliche Personen handeln. Nicht zugelassen sind Personen, gegen die ein Verfahren wegen Beteiligung an demselben Finanzvergehen oder wegen Begünstigung hinsichtlich dieses Finanzvergehens anhängig ist. Nebenbeteiligte können sich durch voll handlungsfähige Personen (Bevollmächtigte) vertreten lassen, soweit nicht ihr persönliches Erscheinen ausdrücklich gefordert wird. Widersprechen Erklärungen des Beschuldigten jenen des Verteidigers, so gelten die Erklärungen des Beschuldigten; Entsprechendes gilt für einander widersprechende Erklärungen des Nebenbeteiligten und des Bevollmächtigten.

(BGBl I 2016/77, BGBl I 2018/62)

(2) Die Vorschriften der Bundesabgabenordnung über die Bevollmächtigung gelten mit Ausnahme von § 83 Abs. 4 sinngemäß.

(3) Ist in Verfahren, in denen die Durchführung der mündlichen Verhandlung und die Fällung des Erkenntnisses gemäß § 58 Abs. 2 einem Spruchsenat obliegt, der Beschuldigte außerstande, ohne Beeinträchtigung des für ihn und seine Familie, für deren Unterhalt er zu sorgen hat, zu einer einfachen Lebensführung notwendigen Unterhalts die Kosten der Verteidigung zu tragen, so hat die Finanzstrafbehörde auf Antrag des Beschuldigten, wenn und soweit dies im Interesse der Rechtspflege, vor allem im Interesse einer zweckentsprechenden Verteidigung, erforderlich ist, dem Beschuldigten für das gesamte Verfahren oder für einzelne Verfahrenshandlungen einen Verteidiger beizugeben, dessen Kosten er nicht zu tragen hat.

(3a) Im Falle der Entscheidung über die Verwahrung nach § 85 oder einer Untersuchungshaft nach § 86 hat die Finanzstrafbehörde dem im Sinne des § 77 Abs. 3 bedürftigen Beschuldigten auf dessen Antrag einen Verteidiger beizugeben, dessen Kosten er nicht zu tragen hat.

(BGBl I 2019/62)

(4) Ist ein Verteidiger beizugeben, so hat die Finanzstrafbehörde dies der Kammer der Steuerberater und Wirtschaftsprüfer mitzuteilen, damit diese einen Steuerberater als Verteidiger bestelle. Von der Bestellung hat die Kammer die Finanzstrafbehörde zu verständigen. Die Kosten der Verteidigung trägt die Kammer.

(BGBl I 2018/62)

(5) Mehreren Beschuldigten eines Verfahrens kann ein gemeinsamer Verteidiger beigegeben werden, doch ist für eine abgesonderte Verteidigung der Beschuldigten zu sorgen, bei denen sich ein Widerstreit der Interessen zeigt.

(6) Beantragt der Beschuldigte die Beigabe eines Verteidigers innerhalb einer für eine Verfahrenshandlung offenstehenden Frist, so beginnt diese Frist mit der Zustellung der Mitteilung, wen die Kammer als Verteidiger bestellt hat, oder des Bescheides, mit dem der Antrag abgewiesen wurde, von neuem zu laufen.

(7) Die Beigabe eines Verteidigers ist zu widerrufen, wenn die Voraussetzungen des Abs. 3 nicht mehr gegeben sind oder wenn sich herausstellt, daß die seinerzeit angenommenen Voraussetzungen nicht gegeben waren.

§ 78. (1) In der mündlichen Verhandlung sind Personen, die als Zeugen für diese Verhandlung geladen sind, als Verteidiger nicht zugelassen. Im Untersuchungsverfahren kann die Finanzstrafbehörde Personen, die als Zeugen vernommen wurden, sowie Personen, die als Zeugen geladen sind oder deren Vernehmung als Zeugen beantragt ist, als Verteidiger ausschließen, wenn dies zur Ermittlung des Sachverhaltes geboten ist. Gegen einen solchen Bescheid ist die Beschwerde (§ 152) zulässig.

(2) Im Untersuchungsverfahren darf die Finanzstrafbehörde den Verteidiger von der Teilnahme an Beweisaufnahmen, die eine spätere Wiederholung nicht zulassen, nicht, von der Teilnahme an anderen Beweisaufnahmen nur dann ausschließen, wenn besondere Umstände befürchten lassen, daß durch die Beteiligung die weitere Untersuchung erschwert werden könnte. Gegen den Ausschluß des Verteidigers ist ein abgesondertes Rechtsmittel zulässig.

(3) Der verhaftete Beschuldigte kann sich mit seinem Verteidiger verständigen, ohne dabei überwacht zu werden.

(BGBl I 2016/77)

§ 79. (1) Die Finanzstrafbehörde hat dem Beschuldigten und den Nebenbeteiligten in jeder Lage des Verfahrens und auch nach dessen Abschluß die Einsicht und Abschriftnahme der Akten oder Aktenteile zu gestatten, deren Kenntnis zur Geltendmachung oder Verteidigung ihrer finanzstrafrechtlichen oder abgabenrechtlichen Interessen oder zur Erfüllung solcher Pflichten erforderlich ist; sie kann ihnen statt dessen auch Abschriften (Ablichtungen) ausfolgen. Sind Beschuldigte oder Nebenbeteiligte blind oder hochgradig sehbehindert und nicht durch Verteidiger oder Bevollmächtigte vertreten, so hat ihnen die Finanzstrafbehörde auf Verlangen den Inhalt der Akten oder Aktenteile durch Verlesung oder nach Maßgabe der vorhandenen technischen Möglichkeiten in sonst geeigneter Weise zur Kenntnis zu bringen.

(2) Von der Akteneinsicht ausgenommen sind Beratungsprotokolle, Amtsvorträge, Erledigungsentwürfe und sonstige Schriftstücke (Mitteilungen anderer Behörden, Meldungen, Berichte und dergleichen), deren Einsichtnahme eine Schädigung berechtigter Interessen dritter Personen herbeiführen würde.

(3) Im Untersuchungsverfahren können Aktenstücke vorläufig von der Einsichtnahme ausgenommen werden, wenn besondere Umstände befürchten lassen, daß durch eine sofortige Kenntnisnahme die Untersuchung erschwert werden könnte; die Einsichtnahme ist jedoch noch vor Abschluß des Untersuchungsverfahrens zu gestatten.

(4) Gegen die Verweigerung der Akteneinsicht ist ein abgesondertes Rechtsmittel nicht zulässig.

IV. Hauptstück
Aufdeckung und Verfolgung der Finanzvergehen

A. Anzeigen und Einleitung des Strafverfahrens

§ 80. (1) Die Behörden und Ämter der Bundesfinanzverwaltung haben, wenn sich innerhalb ihres dienstlichen Wirkungsbereiches ein Verdacht auf das Vorliegen eines Finanzvergehens ergibt, hievon die gemäß § 58 zuständige Finanzstrafbehörde zu verständigen, soweit sie nicht selbst als solche einzuschreiten haben. Überdies sind die Abgabenbehörden ermächtigt, der zuständigen Finanzstrafbehörde die Ergebnisse von Prüfungs-, Kontroll- und Überwachungsmaßnahmen zur finanzstrafrechtlichen Würdigung und Verarbeitung der Daten zu übermitteln.

(BGBl I 2018/32)

(2) Die Finanzstrafbehörden sowie der Bundesminister für Finanzen sind berechtigt, für finanzstrafrechtliche Zwecke oder sonst zur Erfüllung ihrer Aufgaben in alle Daten der Abgabenbehörden und der Finanzstrafbehörden Einsicht zu nehmen und diese zu verarbeiten.

(BGBl I 2018/32)

§ 81. Alle Dienststellen der Gebietskörperschaften mit behördlichem Aufgabenbereich, die Österreichische Gesundheitskasse und das Arbeitsmarktservice sind verpflichtet, die entweder von ihnen selbst wahrgenommenen oder sonst zu ihrer Kenntnis gelangten Finanzvergehen der nächsten Finanzstrafbehörde mitzuteilen.

(BGBl I 2018/100)

§ 82. (1) Die Finanzstrafbehörde hat die ihr gemäß §§ 80 oder 81 zukommenden Verständigungen und Mitteilungen darauf zu prüfen, ob genügende Verdachtsgründe für die Einleitung eines Finanzstrafverfahrens gegeben sind. Das gleiche gilt, wenn sie in anderer Weise, insbesondere aus eigener Wahrnehmung vom Verdacht eines Finanzvergehens Kenntnis erlangt. Die Prüfung ist nach den für die Feststellung des maßgebenden Sachverhalts im Untersuchungsverfahren geltenden Bestimmungen vorzunehmen.

(2) Ergibt diese Prüfung, dass für die Ahndung des Finanzvergehens das Gericht zuständig ist, so hat die Finanzstrafbehörde das Strafverfahren nach den Bestimmungen des Dritten Unterabschnittes zu führen.

(3) Ergibt die Prüfung gemäß Abs. 1, daß die Durchführung des Strafverfahrens nicht in die Zuständigkeit des Gerichtes fällt, so hat die Finanzstrafbehörde das Strafverfahren einzuleiten. Von der Einleitung eines Strafverfahrens hat sie nur dann abzusehen und darüber einen Aktenvermerk mit Begründung aufzunehmen,

a) wenn die Tat mangels ausreichender Anhaltspunkte voraussichtlich nicht erwiesen werden kann,

b) wenn die Tat kein Finanzvergehen bildet,

c) wenn der Verdächtige die ihm zur Last gelegte Tat nicht begangen hat oder Umstände vorliegen, welche die Tat rechtfertigen, die Schuld des Täters ausschließen, die Strafbarkeit ausschließen oder aufheben,

d) wenn Umstände vorliegen, welche die Verfolgung des Täters hindern, oder

e) wenn die Tat im Ausland begangen und der Täter dafür schon im Ausland gestraft worden ist und nicht anzunehmen ist, daß die Finanzstrafbehörde eine strengere Strafe verhängen werde.

§ 83. (1) Die Einleitung des Strafverfahrens ist aktenkundig zu machen.

(2) Von der Einleitung des Strafverfahrens ist der Verdächtige unter Bekanntgabe der zur Last gelegten Tat sowie der in Betracht kommenden Strafbestimmung unverzüglich zu verständigen. In den Fällen der §§ 85 und 93 kann die Verständigung auch anläßlich der ersten Vernehmung durch die Finanzstrafbehörde erfolgen.

(BGBl I 2015/118)

(3) Der Einleitung eines Strafverfahrens ist die erste Vernehmung einer Person als Beschuldigter durch eine andere Dienststelle der Finanzverwaltung als durch die Finanzstrafbehörde gleichzuhalten.

§ 84. (1) Dem Beschuldigten ist vor Beginn der ersten Vernehmung mitzuteilen, welcher Tat er verdächtig ist; er ist im Sinne des Abs. 2 und darüber zu informieren, dass er berechtigt sei, sich zur Sache zu äußern oder nicht auszusagen und sich zuvor mit einem Verteidiger zu beraten. Der Beschuldigte ist auch darauf aufmerksam zu machen, dass seine Aussage seiner Verteidigung dienen, aber auch als Beweis gegen ihn Verwendung finden könne.

(BGBl I 2022/108)

(2) Der Beschuldigte hat das Recht, seiner Vernehmung einen Verteidiger beizuziehen. Der Verteidiger darf sich an der Vernehmung beteiligen, indem er nach deren Abschluss oder nach thematisch zusammenhängenden Abschnitten ergänzende Fragen an den Beschuldigten richtet oder Erklärungen abgibt. Während der Vernehmung darf sich der Beschuldigte nicht mit dem Verteidiger über die Beantwortung einzelner Fragen beraten. Von der Beiziehung eines Verteidigers darf nur abgesehen werden, soweit dies auf Grund besonderer Umstände unbedingt erforderlich erscheint, um eine erhebliche Gefährdung der Ermittlungen oder eine Beeinträchtigung von Beweismitteln abzuwenden. In diesem Fall ist dem Beschuldigten sogleich oder innerhalb von 24 Stunden eine Begründung bekanntzugeben. Gegen die Absehung von der Beiziehung eines Verteidigers ist eine Beschwerde an das Bundesfinanzgericht zulässig.

(BGBl I 2016/77)

(3) Beschuldigte und Nebenbeteiligte sind bei Beginn ihrer ersten Vernehmung über Vor- und Zunamen, Tag und Ort der Geburt, Staatsbürgerschaft, Familienstand, Beschäftigung und Wohnort, die Beschuldigten überdies über Vermögens-, Einkommens- und Familienverhältnisse sowie über allfällige Vorstrafen wegen Finanzvergehen zu befragen. Sind die Angaben hierüber schon in den Akten enthalten, so sind sie zur Anerkennung oder Richtigstellung vorzuhalten.

(4) Beschuldigte und Nebenbeteiligte dürfen zur Beantwortung der an sie gestellten Fragen nicht gezwungen werden. Sie dürfen nicht durch Zwangsmittel, Drohungen, Versprechungen oder Vorspiegelungen zu Äußerungen genötigt oder bewogen werden. Die Stellung von Fragen, in welchen eine nicht zugestandene Tatsache als bereits zugestanden angenommen wird, ist nicht zulässig. Fragen, wodurch Umstände vorgehalten werden, die erst durch die Antwort festgestellt werden sollen, dürfen erst dann gestellt werden, wenn die Befragten nicht in anderer Weise zu einer Erklärung über dieselben geführt werden konnten; die Fragen sind in solchen Fällen wörtlich in die Niederschrift über die Vernehmung aufzunehmen. Beschuldigte und Nebenbeteiligte dürfen nicht durch Zwangsstrafen zur Herausgabe von Tatgegenständen und Beweismitteln verhalten werden.

(5) Der Vernehmung ist ein Dolmetscher gemäß § 57 Abs. 4 beizuziehen, wenn der Beschuldigte oder ein Nebenbeteiligter der Verhandlungssprache nicht hinreichend kundig, gehörlos, hochgradig hörbehindert oder stumm ist.

B. Festnahme, Vorführung, vorläufige Verwahrung und Untersuchungshaft

§ 85. (1) Die Finanzstrafbehörde kann zum Zweck der Vorführung und vorläufigen Verwahrung die Festnahme des eines vorsätzlichen Finanzvergehens, mit Ausnahme einer Finanzordnungswidrigkeit, Verdächtigen anordnen:

a) wenn der Verdächtige auf frischer Tat betreten oder unmittelbar nach Begehung eines Finanzvergehens mit Gegenständen betreten wird, die vom Finanzvergehen herrühren oder sonst auf seine Beteiligung an dem Finanzvergehen hinweisen;

b) wenn er flüchtig ist oder sich verborgen hält oder wenn auf Grund bestimmter Tatsachen die Gefahr besteht, er werde wegen der Größe der ihm mutmaßlich bevorstehenden Strafe oder aus anderen Gründen flüchten oder sich verborgen halten;
c) wenn er andere an der Tat Beteiligte, Hehler, Zeugen oder Sachverständige zu beeinflussen, die Spuren der Tat zu beseitigen oder sonst die Ermittlung der Wahrheit zu erschweren versucht hat oder wenn auf Grund bestimmter Tatsachen die Gefahr besteht, er werde dies versuchen; oder
d) wenn auf Grund bestimmter Tatsachen anzunehmen ist, er werde das ihm angelastete versuchte Finanzvergehen ausführen oder in unmittelbarer Folge ein weiteres gleichartiges Finanzvergehen begehen.

(2) Die Anordnung der Festnahme bedarf eines Bescheides des Vorsitzenden des Spruchsenates, dem gemäß § 58 Abs. 2 unter den dort vorgesehenen Voraussetzungen die Durchführung der mündlichen Verhandlung und die Fällung des Erkenntnisses obliegen würde. Auf Grund dieser Anordnung sind die Organe der Finanzstrafbehörden, des Zollamtes Österreich und des öffentlichen Sicherheitsdienstes zur Festnahme der verdächtigen Personen befugt. Der Bescheid muß sogleich bei der Festnahme oder doch innerhalb der nächsten 24 Stunden dem Festgenommenen zugestellt werden.

(BGBl I 2019/104)

(3) Ausnahmsweise kann die Festnahme durch die im Abs. 2 genannten Organe auch ohne schriftliche Anordnung vorgenommen werden
a) in den Fällen des Abs. 1 lit. a sowie
b) in den Fällen des Abs. 1 lit. b bis d, wenn die Einholung der schriftlichen Anordnung wegen Gefahr im Verzug nicht tunlich ist.

Dem Festgenommenen sind die Gründe für die Festnahme und für die Annahme von Gefahr im Verzug mündlich bekanntzugeben.

(3a) Der Beschuldigte ist sogleich oder unmittelbar nach seiner Festnahme schriftlich in einer für ihn verständlichen Sprache und Art über seine Rechte (§§ 57 Abs. 3 und 85 Abs. 4 und 6) und darüber zu informieren, dass er berechtigt ist, Beschwerde gegen die Anordnung der Festnahme zu erheben und jederzeit seine Freilassung zu beantragen und Zugang zu ärztlicher Betreuung zu erhalten (§§ 66 bis 74 StVG). Ist die schriftliche Belehrung in einer Sprache, die der Beschuldigte versteht, nicht verfügbar, so ist er mündlich unter Beziehung eines Dolmetschers zu belehren und ihm die schriftliche Übersetzung nachzureichen. Über die Erteilung der Belehrung ist ein Aktenvermerk aufzunehmen.

(4) Jeder Festgenommene ist unverzüglich der zuständigen Finanzstrafbehörde vorzuführen und von dieser sofort, spätestens aber binnen 24 Stunden nach der Übergabe, zur Sache und zu den Voraussetzungen der Verwahrung zu vernehmen. Nimmt der Festgenommene sein Recht auf Beiziehung eines Verteidigers in Anspruch, so ist die Vernehmung bis zum Eintreffen des Verteidigers aufzuschieben, es sei denn, dass damit eine unangemessene Verlängerung der Anhaltung verbunden wäre. Ergibt sich, daß kein Grund zu seiner weiteren Verwahrung vorhanden ist, oder ist der Zweck der Verwahrung durch die Anwendung eines oder mehrerer gelinderer Mittel (§ 88 Abs. 1) oder durch eine Sicherheitsleistung (§ 88 Abs. 2) erreicht, so ist er sogleich freizulassen; sonst aber hat die Finanzstrafbehörde spätestens vor Ablauf von 48 Stunden nach der Festnahme zu veranlassen, daß die Untersuchungshaft (§ 86) verhängt wird.

(BGBl I 2016/77)

(5) Bei der Festnahme, Vorführung und vorläufigen Verwahrung ist mit möglichster Schonung der Person und der Ehre des Festgenommenen vorzugehen.

(6) Dem Festgenommenen ist ohne unnötigen Aufschub zu gestatten, eine von ihm namhaft gemachte Person von der Festnahme zu verständigen. Bestehen gegen eine Verständigung durch den Festgenommenen selbst Bedenken, so hat die Finanzstrafbehörde die Verständigung vorzunehmen. Handelt es sich bei dem Festgenommenen um einen Ausländer, hat er das Recht seine konsularische oder diplomatische Vertretung von der Festnahme unterrichten zu lassen und mit dieser Kontakt aufzunehmen. Dem Festgenommenen ist weiters zu gestatten, mit einer Person, die gemäß § 77 Abs. 1 als Verteidiger zugelassen ist, Kontakt aufzunehmen und diese zu bevollmächtigen.

(BGBl I 2016/77, BGBl I 2018/62, BGBl I 2022/108)

(7) (aufgehoben)

§ 86. (1) Die Untersuchungshaft ist vom Vorsitzenden des Spruchsenates zu verhängen, dem gemäß § 58 Abs. 2 unter den dort vorgesehenen Voraussetzungen die Durchführung der mündlichen Verhandlung und die Fällung des Erkenntnisses obliegen würde. Sie darf nur verhängt werden, wenn der Verwahrte auch nach seiner Vernehmung dringend eines vorsätzlichen Finanzvergehens, mit Ausnahme einer Finanzordnungswidrigkeit, verdächtig bleibt und auf Grund bestimmter Tatsachen die Gefahr besteht, er werde auf freiem Fuße
a) wegen der Größe der ihm mutmaßlich bevorstehenden Strafe oder aus anderen Gründen flüchten oder sich verborgen halten (Fluchtgefahr),
b) andere an der Tat Beteiligte, Hehler, Zeugen oder Sachverständige zu beeinflussen, die Spuren der Tat zu beseitigen oder sonst die Ermittlung der Wahrheit zu erschweren versuchen (Verdunkelungsgefahr) oder c) das ihm angelastete versuchte Finanzvergehen ausführen (Ausführungsgefahr) oder in unmittelbarer Folge ein weiteres gleichartiges Finanzvergehen begehen (Begehungsgefahr).

(2) Fluchtgefahr ist jedenfalls nicht anzunehmen, wenn der Beschuldigte sich in geordneten Lebensverhältnissen befindet und einen festen Wohnsitz im Inland hat, es sei denn, daß er bereits Anstalten zur Flucht getroffen hat.

§ 87. (1) Die Verhängung der Untersuchungshaft bedarf eines Bescheides. In der Begründung sind insbesondere auch die Tatsachen anzugeben, auf Grund derer die Finanzstrafbehörde das Vorliegen eines oder mehrerer der im § 86 Abs. 1 angeführten Haftgründe angenommen hat. Dieser Bescheid samt Begründung ist dem Beschuldigten sofort bekanntzugeben und binnen 24 Stunden auch schriftlich zuzustellen. Die mündliche Bekanntgabe ist in einer Niederschrift festzuhalten.

(2) (aufgehoben)

(3) Alle am Finanzstrafverfahren in amtlicher Eigenschaft teilnehmenden Personen sind verpflichtet, auf die möglichste Abkürzung der Haft hinzuwirken.

(4) Die Untersuchungshaft ist aufzuheben, sobald ihre Voraussetzungen nicht mehr vorliegen. Die Untersuchungshaft ist auch aufzuheben, sobald ihre Dauer im Verhältnis zu den zu erwartenden Strafen offenbar unangemessen ist. Sie darf einen Monat, bei Fluchtgefahr zwei Monate nicht übersteigen.

(5) Über Enthaftungsanträge hat der Vorsitzende des Spruchsenates (§ 86 Abs. 1) unverzüglich zu entscheiden. Erachtet die Finanzstrafbehörde, daß dem Enthaftungsantrag zu entsprechen ist, so hat sie auch ohne Befassung des Vorsitzenden des Spruchsenates die Untersuchungshaft aufzuheben.

(6) (aufgehoben)

(7) Die vorläufige Verwahrung und die Untersuchungshaft sind in dem dem Ort der Festnahme nächstgelegenen Haftraum der Sicherheitsbehörden oder in der nächstgelegenen Justizanstalt, jedoch möglichst abgesondert von Häftlingen der polizeilichen und gerichtlichen Strafrechtspflege, zu vollziehen. Für die Behandlung der verwahrten oder verhafteten Personen in Justizanstalten gelten die Bestimmungen über den Vollzug der Untersuchungshaft gemäß §§ 182 bis 189 StPO sinngemäß mit der Maßgabe, dass die der Staatsanwaltschaft oder dem Gericht übertragenen Aufgaben der zuständigen Finanzstrafbehörde zukommen. Entscheidungen nach § 16 Abs. 2 Z 2, 4 und 5 des Strafvollzugsgesetzes (§ 189 Abs. 2 StPO) stehen dem im § 86 Abs. 1 bezeichneten Vorsitzenden des Spruchsenates zu. Für die Behandlung der verwahrten oder verhafteten Personen in den Hafträumen der Sicherheitsbehörden gelten die einschlägigen Bestimmungen des Verwaltungsstrafgesetzes mit der Maßgabe, dass der Vollzug der Verwahrung und Untersuchungshaft so vorzunehmen ist, dass keine Verdunkelungsgefahr (§ 86 Abs. 1 lit. b) besteht.

(BGBl I 2020/99)

§ 88. (1) Die Untersuchungshaft darf nicht verhängt oder aufrechterhalten werden, wenn die Haftzwecke auch durch Anwendung eines oder mehrerer gelinderer Mittel erreicht werden können. Als gelindere Mittel sind anwendbar:

a) das Gelöbnis des Beschuldigten, bis zur rechtskräftigen Beendigung des Finanzstrafverfahrens weder zu flüchten noch sich verborgen zu halten noch sich ohne Genehmigung der Finanzstrafbehörde von seinem Aufenthaltsort zu entfernen;
b) das Gelöbnis, keinen Versuch zu unternehmen, die Untersuchung zu vereiteln;
c) die Weisung, jeden Wechsel des Aufenthaltsortes anzuzeigen oder sich in bestimmten Zeitabständen bei der Finanzstrafbehörde oder bei einer anderen Stelle zu melden;
d) die vorübergehende Abnahme der Reisepapiere;
e) die vorübergehende Abnahme der zur Führung eines Fahrzeuges nötigen Papiere.

Die Anwendung gelinderer Mittel ist aufzuheben, sobald ihre Voraussetzungen nicht mehr vorliegen.

(2) Eine vorläufige Verwahrung oder Untersuchungshaft wegen Fluchtverdachtes (§ 85 Abs. 1 lit. b und § 86 Abs. 1 lit. a) muß gegen Sicherheitsleistung und gegen Ablegung der im Abs. 1 lit. a und b erwähnten Gelöbnisse auf Verlangen unterbleiben oder aufgehoben werden. Die Sicherheitssumme ist mit Rücksicht auf die Folgen des Finanzvergehens, die Verhältnisse des Beschuldigten und das Vermögen des die Sicherheit Leistenden festzusetzen.

(3) Die Sicherheitssumme ist entweder in barem Geld oder in solchen Wertpapieren, die nach den bestehenden Gesetzen zur Anlage der Gelder von Minderjährigen oder sonstigen schutzberechtigten Personen verwendet werden dürfen, nach dem Börsenkurs des Erlagstages berechnet, bei der Finanzstrafbehörde zu hinterlegen oder durch Pfandbestellung auf unbewegliche Güter oder durch taugliche Bürgen (§ 1374 ABGB), die sich zugleich als Zahler verpflichten (§ 1357 ABGB), sicherzustellen. Kann eine solche Sicherheit nicht oder nur schwer beschafft werden, so kann auch eine andere im § 222 BAO im Abgabenverfahren vorgesehene Sicherheitsleistung zugelassen werden.

(BGBl I 2018/62)

(4) Wird die geleistete Sicherheit unzureichend, so ist sie zu ergänzen oder es ist eine anderweitige Sicherheit zu leisten; die Abs. 2 und 3 gelten sinngemäß.

(5) Die Sicherheitssumme ist von der Finanzstrafbehörde mit Bescheid für verfallen zu erklären, wenn der Beschuldigte flüchtet oder sich verbirgt oder wenn er einer den Verfall der Sicherheit androhenden Vorladung unentschuldigt keine Folge leistet. Die verfallene Sicherheitssumme ist nach den für Abgaben geltenden Vorschriften einzubringen; sie fließt dem Bund zu.

(6) Wenn der Beschuldigte Anstalten zur Flucht trifft oder wenn neue Umstände hervorkommen, die seine Festnahme erfordern, so ist ungeachtet der Sicherheitsleistung die gemäß Abs. 2 unterbliebene vorläufige Verwahrung anzuordnen oder die Untersuchungshaft zu verhängen; eine aufgehobene Verwahrung oder Untersuchungshaft ist fortzusetzen.

(7) Die Sicherheitssumme wird, sofern sie nicht bereits nach Abs. 5 für verfallen erklärt wurde, frei,

a) wenn die Voraussetzungen für die vorläufige Verwahrung oder für die Untersuchungshaft nicht mehr vorliegen,

b) wenn der Beschuldigte gemäß Abs. 6 festgenommen wurde,

c) wenn das Finanzstrafverfahren ohne Verhängung einer Freiheitsstrafe rechtskräftig beendet wurde oder

d) wenn der Vollzug einer verhängten Freiheitsstrafe begonnen hat.

C. Beschlagnahme

§ 89. (1) Die Finanzstrafbehörde hat mit Bescheid die Beschlagnahme von verfallsbedrohten Gegenständen und von Gegenständen, die als Beweismittel in Betracht kommen, anzuordnen, wenn dies zur Sicherung des Verfalls oder zur Beweissicherung geboten ist. Der Bescheid ist dem anwesenden Inhaber des in Beschlag zu nehmenden Gegenstandes bei der Beschlagnahme zuzustellen; ist der Inhaber nicht anwesend, so ist der Bescheid nach § 23 des Zustellgesetzes zu hinterlegen.

(2) Bei Gefahr im Verzug sind neben den Organen der Finanzstrafbehörden auch die Organe der Abgabenbehörden und des öffentlichen Sicherheitsdienstes berechtigt, die im Abs. 1 bezeichneten Gegenstände auch dann in Beschlag zu nehmen, wenn eine Anordnung der Finanzstrafbehörde nicht vorliegt. In diesem Fall sind dem anwesenden Inhaber die Gründe für die Beschlagnahme und für die Annahme von Gefahr im Verzug mündlich bekanntzugeben und in einer Niederschrift festzuhalten. Die beschlagnahmten Gegenstände sind, falls nicht nach § 90 Abs. 1 zweiter Satz vorgegangen wird, der zuständigen Finanzstrafbehörde abzuführen.

(3) Beweismittel, auf die sich eine gesetzlich anerkannte Pflicht zur Verschwiegenheit erstreckt, unterliegen bei dem zur Verschwiegenheit Verpflichteten der Beschlagnahme nur,

a) soweit begründeter Verdacht besteht, daß dieser selbst Beteiligter, Hehler oder Begünstigender in bezug auf das Finanzvergehen ist, oder

b) wenn es sich um Bücher oder Aufzeichnungen nach den §§ 124 bis 130 BAO oder um dazugehörende Belege oder um solche Gegenstände, welche zur Begehung des Finanzvergehens bestimmt waren oder diese erleichtert haben oder die aus dem Finanzvergehen herrühren, handelt.

(4) In den Fällen des Abs. 3 lit. b unterliegen Gegenstände, die zum Zwecke der Beratung oder Verteidigung des Beschuldigten durch eine gemäß § 77 Abs. 1 als Verteidiger zugelassene Person zu deren Information von dieser oder vom Beschuldigten hergestellt wurden, in keinem Fall der Beschlagnahme, auch wenn sich diese Gegenstände in der Verfügungsmacht des Beschuldigten oder anderer an der Tat Beteiligten befinden. Bei Kreditinstituten und den im § 38 Abs. 4 des Bankwesengesetzes genannten Unternehmen unterliegen Gegenstände, die Geheimnisse im Sinne des § 38 Abs. 1 des genannten Gesetzes betreffen, der Beschlagnahme nur für Finanzvergehen, für die das Bankgeheimnis gemäß § 38 Abs. 2 Z 1 des genannten Gesetzes oder in Amtshilfefällen gem. § 2 Abs. 2 ADG aufgehoben ist und für vorsätzliche Finanzvergehen, ausgenommen Finanzordnungswidrigkeiten, die mit Finanzvergehen, für die das Bankgeheimnis aufgehoben ist, unmittelbar zusammenhängen.

(BGBl I 2016/77)

(5) Behauptet der zur Verschwiegenheit Verpflichtete oder der Beschuldigte, daß die Voraussetzungen für eine Beschlagnahme nach Abs. 3 und 4 nicht vorliegen, oder ist er bei der Beschlagnahme nicht anwesend, so ist der Gegenstand ohne weitere Untersuchung unter Siegel zu nehmen und ohne Verzug dem Vorsitzenden des Spruchsenates vorzulegen, dem gemäß § 58 Abs. 2 unter den dort vorgesehenen Voraussetzungen die Durchführung der mündlichen Verhandlung und die Fällung des Erkenntnisses obliegen würde. Der Vorsitzende des Spruchsenates hat mit Bescheid festzustellen, ob die Beweismittel der Beschlagnahme unterliegen.

(BGBl I 2018/62)

(6) (aufgehoben)

(7) Von der Beschlagnahme verfallsbedrohter Gegenstände kann abgesehen und eine bereits erfolgte Beschlagnahme solcher Gegenstände kann aufgehoben werden, wenn ein Geldbetrag erlegt wird, der dem Wert dieser Gegenstände entspricht (Freigabe). Der Geldbetrag tritt an die Stelle dieser Gegenstände und unterliegt nach Maßgabe des § 17 dem Verfall. Eine Freigabe hat insbesondere zu unterbleiben,

a) solange die Gegenstände auch für Beweiszwecke benötigt werden,

b) wenn es sich um Monopolgegenstände oder andere Gegenstände handelt, die gesetzlichen Verkehrsbeschränkungen unterliegen,

c) wenn eine gesetzwidrige Verwendung der Gegenstände zu besorgen ist,

d) wenn die Gegenstände auch in einem anderen Verfahren beschlagnahmt sind oder wenn die ihnen in einem anderen Verfahren drohende Beschlagnahme aktenkundig ist.

(8) Verschlossene Briefe oder andere verschlossene Schriftstücke dürfen nur in den Fällen einer Hausdurchsuchung oder Festnahme beschlagnahmt und eröffnet werden.

(9) Postsendungen, die im Gewahrsam der Post sind, dürfen nur beschlagnahmt werden,

a) in den Fällen einer Hausdurchsuchung oder Festnahme, wenn es sich um Sendungen handelt, die der Beschuldigte abschickt oder die an ihn gerichtet werden, oder

b) wenn bezüglich des Inhalts der Sendungen der Verdacht eines Schmuggels oder einer Hinterziehung von Eingangs- oder Ausgangsabgaben besteht.

§ 90. (1) Die beschlagnahmten Gegenstände sind amtlich zu verwahren. Bereitet die amtliche Verwahrung Schwierigkeiten, so sind die Gegenstände einer dritten Person in Verwahrung zu geben; sie können aber auch dem bisherigen Inhaber belassen werden, wenn hiedurch der Zweck der Beschlagnahme nicht gefährdet wird. In solchen Fällen ist ein Verbot zu erlassen, über die Gegenstände zu verfügen, wobei hinsichtlich der Benützung, Pflege und Wertsicherung der Gegenstände die erforderlichen Bedingungen und Auflagen festzulegen sind. Die Gegenstände können auch durch amtliche Verschlüsse gesichert werden.

(2) Unterliegen die beschlagnahmten Gegenstände raschem Verderben oder einer erheblichen Wertminderung oder lassen sie sich nur mit unverhältnismäßigen Kosten aufbewahren, so können sie von der Finanzstrafbehörde wie finanzbehördlich gepfändete Gegenstände verwertet werden; in Grenznähe beschlagnahmte Gegenstände, die raschem Verderben unterliegen, können auch von Organen der Zollstelle im kurzen Weg bestmöglich verwertet werden. Der Beschuldigte und der Eigentümer sind tunlichst vor der Verwertung zu verständigen. Der Erlös tritt an die Stelle der veräußerten Gegenstände und unterliegt nach Maßgabe des § 17 dem Verfall. Die Verwertung wegen unverhältnismäßiger Aufbewahrungskosten unterbleibt, wenn rechtzeitig ein zur Deckung dieser Kosten ausreichender Betrag erlegt wird.

(BGBl I 2019/104)

(3) Die Verwertung nach Abs. 2 hat jedoch solange zu unterbleiben, als die verfallsbedrohten Gegenstände für Beweiszwecke benötigt werden.

§ 91. (1) In allen Fällen, in denen beschlagnahmte Gegenstände abgenommen werden, ist dem bisherigen Inhaber eine Bestätigung auszustellen, in der die Gegenstände nach ihren wesentlichen Merkmalen, wie Stückzahl, Gewicht, Maß und Gattung, genau zu verzeichnen sind.

(2) Beschlagnahmte Gegenstände sind unverzüglich zurückzugeben, wenn die Aufrechterhaltung der Beschlagnahme nicht gerechtfertigt ist.

§ 92. Beschlagnahmte Geschäftsbücher, Aufzeichnungen und Belege sind dem Eigentümer oder einer von diesem hiezu bevollmächtigten Person auf Verlangen zur Einsicht zugänglich zu machen, sofern hiedurch die Tatbestandsermittlung nicht beeinträchtigt und das Verfahren nicht ungebührlich verzögert wird. Die Abschriftnahme ist zu bewilligen, wenn nicht Verdunklungsgefahr oder Verabredungsgefahr besteht. Gegen die Verweigerung der Einsichtnahme oder der Abschriftnahme ist ein abgesondertes Rechtsmittel nicht zulässig.

D. Hausdurchsuchung und Personendurchsuchung

§ 93. (1) Die Durchführung einer Hausdurchsuchung (Abs. 2) oder einer Personendurchsuchung (Abs. 3) bedarf einer mit Gründen versehenen schriftlichen Anordnung des Vorsitzenden des Spruchsenates, dem gemäß § 58 Abs. 2 unter den dort vorgesehenen Voraussetzungen die Durchführung der mündlichen Verhandlung und die Fällung des Erkenntnisses obliegen würde. Die Anordnung richtet sich an die mit der Durchführung betraute Finanzstrafbehörde. Eine Kopie dieser Anordnung ist einem anwesenden Betroffenen bei Beginn der Durchsuchung auszuhändigen. Ist kein Betroffener anwesend, so ist die Kopie nach § 23 des Zustellgesetzes zu hinterlegen. Wurde jedoch die Anordnung vorerst mündlich erteilt, weil die Übermittlung der schriftlichen Ausfertigung an die mit der Durchsuchung beauftragten Organe wegen Gefahr im Verzug nicht abgewartet werden konnte, so ist die Kopie innerhalb der nächsten 24 Stunden zuzustellen.

(2) Hausdurchsuchungen, das sind Durchsuchungen von Wohnungen und sonstigen zum Hauswesen gehörigen Räumlichkeiten sowie von Wirtschafts-, Gewerbe- oder Betriebsräumen, dürfen nur dann vorgenommen werden, wenn begründeter Verdacht besteht, daß sich darin eine eines Finanzvergehens, mit Ausnahme einer Finanzordnungswidrigkeit, verdächtige Person aufhält oder daß sich daselbst Gegenstände befinden, die voraussichtlich dem Verfall unterliegen oder die im Finanzstrafverfahren als Beweismittel in Betracht kommen.

(3) Personen dürfen nur dann durchsucht werden, wenn hohe Wahrscheinlichkeit für die Innehabung von Gegenständen der in Abs. 2 bezeichneten Art spricht oder die zu durchsuchende Person eines Finanzvergehens verdächtig ist.

(4) Ist wegen Gefahr im Verzug die Einholung weder einer schriftlichen noch einer mündlichen Anordnung gemäß Abs. 1 möglich, so stehen die im Abs. 2 und 3 geregelten Befugnisse den im § 89 Abs. 2 genannten Organen ausnahmsweise auch ohne Anordnung zu. In diesem Fall sind dem anwesenden Betroffenen die Gründe für die Durchsuchung und für die Annahme von Gefahr im Verzug mündlich bekanntzugeben und in einer Niederschrift festzuhalten.

(5) Auf Verlangen des Betroffenen sind der Hausdurchsuchung oder Personendurchsuchung bis zu zwei von ihm namhaft gemachte Personen seines Vertrauens, die nicht der gleichen oder einer damit im Zusammenhang stehenden Straftat verdächtig sind, zuzuziehen. Bei einer Durchsuchung in Abwesenheit des Betroffenen ist, wenn dieser nicht selbst Wohnungsinhaber ist, der Wohnungsinhaber, in dessen Abwesenheit ein Wohnungsgenosse, berechtigt, die Zuziehung der Vertrauenspersonen zu verlangen. Mit der Durchsuchung ist bis zum Eintreffen der Vertrauenspersonen zuzuwarten, sofern hiedurch nicht die Amtshandlung unangemessen verzögert oder ihr Erfolg gefährdet wird. Vertrauenspersonen haben sich jeder Einmengung in eine Hausdurchsuchung oder Personendurchsuchung zu enthalten, widrigenfalls sie entfernt werden können.

(6) Über das Ergebnis der Durchsuchung ist eine Niederschrift aufzunehmen. Dem Betroffenen ist auf sein Verlangen sogleich oder doch binnen der nächsten 24 Stunden eine Bescheinigung über die Vornahme der Durchsuchung, deren Gründe und deren Ergebnis auszufolgen.

(7) Jeder, der durch die Durchsuchung in seinem Hausrecht betroffen ist, ist berechtigt, sowohl gegen die Anordnung als auch gegen die Durchführung der Durchsuchung Beschwerde an das Bundesfinanzgericht zu erheben.

§ 94. (1) Hausdurchsuchungen sind mit möglichster Schonung unter Vermeidung unnötigen Aufsehens und jeder nicht unumgänglichen Belästigung oder Störung der Betroffenen vorzunehmen.

(2) Dem Betroffenen ist vor Beginn der Durchsuchung Gelegenheit zu geben, das Gesuchte herauszugeben oder sonst die Gründe für die Durchsuchung zu beseitigen. Hievon kann abgesehen werden, wenn Gefahr im Verzug ist.

(3) Der Inhaber der Räumlichkeiten, die durchsucht werden sollen, ist aufzufordern, der Durchsuchung beizuwohnen. Er ist verpflichtet, dem die Durchsuchung vornehmenden Organ Räume und Behältnisse auf Verlangen zu öffnen und die darin aufbewahrten Gegenstände vorzuweisen.

(4) Ist der Inhaber der zu durchsuchenden Räumlichkeiten verhindert oder abwesend, so ist ein erwachsenes Mitglied seiner Familie und in dessen Ermangelung eine andere erwachsene Person aufzufordern, der Amtshandlung beizuwohnen.

(5) Wird die Öffnung der zu durchsuchenden Räume oder Behältnisse verweigert, so kann sie das mit der Durchsuchung befaßte Organ entweder selbst öffnen oder aber die Öffnung durch andere Personen veranlassen.

§ 95. Zur Personendurchsuchung ist die zu durchsuchende Person auf ihr Verlangen in die nächste Amtsräumlichkeit der Bundesfinanzverwaltung oder der nächsten Sicherheitsdienststelle vorzuführen. Diese Vorführung hat stets einzutreten, wenn die Herausgabe der am Körper oder in der Kleidung verborgenen Gegenstände oder die Vornahme der Durchsuchung am Betretungsort untunlich erscheint. Personen dürfen nur von Personen desselben Geschlechts und nicht im Beisein von Personen des anderen Geschlechts durchsucht werden. § 94 Abs. 2 gilt sinngemäß.

(BGBl I 2019/104)

§ 96. Werden die gesuchten Beweismittel vorgefunden, so sind sie zu beschlagnahmen, ohne daß es hiezu einer besonderen Anordnung bedarf. Andere Beweismittel, die auf die Begehung eines Finanzvergehens schließen lassen, sind nur dann in Beschlag zu nehmen, wenn Gefahr im Verzug ist. Im übrigen sind die für Beschlagnahmen geltenden Bestimmungen anzuwenden.

E. Gemeinsame Bestimmungen

§ 97. Die den Organen des Zollamtes Österreich zur Ausübung ihres Dienstes in den Zollvorschriften eingeräumten Befugnisse bleiben unberührt.

(BGBl I 2019/104)

V. Hauptstück
Beweise und deren Durchführung

A. Beweismittel

1. Allgemeines

§ 98. (1) Als Beweismittel im Finanzstrafverfahren kommt unbeschadet des Abs. 4 alles in Betracht, was zur Feststellung des maßgebenden Sachverhalts geeignet und nach der Lage des einzelnen Falles zweckdienlich ist.

(2) Tatsachen, die bei der Behörde offenkundig sind und solche, für deren Vorhandensein das Gesetz eine Vermutung aufstellt, bedürfen keines Beweises.

(3) Die Finanzstrafbehörde hat unter sorgfältiger Berücksichtigung der Ergebnisse des Verfahrens nach freier Überzeugung zu beurteilen, ob eine Tatsache erwiesen ist oder nicht; bleiben Zweifel bestehen, so darf die Tatsache nicht zum Nachteil des Beschuldigten oder der Nebenbeteiligten als erwiesen angenommen werden.

(4) Beweismittel, die unter Verletzung der Bestimmungen des § 84 Abs. 4 erster und letzter Satz, des § 89 Abs. 3, 4, 8 oder 9, des § 103 lit. a bis c oder des § 106 Abs. 2 gewonnen wurden, dürfen zur Fällung des Erkenntnisses (der Strafverfügung) zum Nachteil des Beschuldigten oder der Nebenbeteiligten nicht herangezogen werden.

(5) Die Kriminalpolizei, Staatsanwaltschaften und Gerichte sind unter den Bedingungen des § 76 Abs. 4 erster und zweiter Satz StPO ermächtigt, nach der StPO erlangte personenbezogene Daten, die für die Durchführung eines Finanzstrafverfahrens erforderlich sind, den Finanzstrafbehörden für Zwecke der Finanzstrafrechtspflege zu übermitteln.

(BGBl I 2015/118)

§ 99. (1) Die Finanzstrafbehörde ist berechtigt, von jedermann Auskunft für Zwecke des Finanzstrafverfahrens zu verlangen. Die Auskunft ist wahrheitsgemäß nach bestem Wissen und Gewissen zu erteilen. Die Verpflichtung zur Auskunftserteilung schließt die Verbindlichkeit in sich, Urkunden, Daten in allgemein lesbarer Form und andere Unterlagen, die für das Finanzstrafverfahren von Bedeutung sind, vorzulegen oder die Einsichtnahme in diese zu gestatten. Im übrigen gelten die §§ 102 bis 106 und § 108 sinngemäß. Soweit dies der zur Auskunft verpflichteten Person zumutbar ist, sind elektronische Daten in einem allgemein gebräuchlichen Dateiformat in strukturierter Form so zu übermitteln, dass diese elektronisch weiterverarbeitet werden können.

(2) Die Finanzstrafbehörde ist auch befugt, zur Klärung des Sachverhaltes Nachschauen und Prüfungen im Sinne der Abgaben- oder Monopolvorschriften anzuordnen oder selbst durchzuführen. Die mit einer solchen Maßnahme betrauten Organe der Abgabenbehörden haben insoweit auch die Befugnisse der Organe der Finanzstrafbehörden. Führen Organe der Finanzstrafbehörden die Nachschau oder Prüfung selbst durch, haben sie insoweit auch die Befugnisse der Organe der Abgabenbehörden. Das Ergebnis einer durch die

Finanzstrafbehörde durchgeführten Nachschau oder Prüfung ist der Abgabenbehörde zur Wahrnehmung der dieser obliegenden Aufgaben zu übermitteln. Die einschränkenden Bestimmungen des § 148 Abs. 3 und 5 BAO gelten für Prüfungen gemäß diesem Absatz nicht.

(BGBl I 2019/104, BGBl I 2020/99)

(3) Die Finanzstrafbehörde ist ferner berechtigt, für Zwecke des Finanzstrafverfahrens von den Betreibern öffentlicher Telekommunikationsdienste Auskunft über Namen, Anschrift und Nutzernummer eines bestimmten Anschlusses zu verlangen. Die ersuchte Stelle ist verpflichtet, diese Auskunft unverzüglich und kostenlos zu erteilen.

(BGBl I 2022/108)

(3a) Bei Verdacht auf ein gemäß § 58 Abs. 2 lit. a in die Zuständigkeit des Spruchsenates fallendes vorsätzliches Finanzvergehen, ausgenommen Finanzordnungswidrigkeiten, ist die Finanzstrafbehörde auf Anordnung des Vorsitzenden des Spruchsenates, dem gemäß § 58 Abs. 2 die Durchführung der mündlichen Verhandlung und die Fällung des Erkenntnisses obliegen würde, berechtigt, von Betreibern öffentlicher Telekommunikationsdienste (§ 160 Abs. 3 Z 1 Telekommunikationsgesetz 2021 – TKG 2021, BGBl. I Nr. 190/2021) und sonstigen Diensteanbietern (§ 3 Z 2 E-Commerce-Gesetz – ECG, BGBl. I Nr. 152/2001) auch folgende Auskünfte zu verlangen:

1. die Internetprotokolladresse (IP-Adresse) zu einer bestimmten Nachricht und den Zeitpunkt ihrer Übermittlung, soweit dies für eine Auskunft nach Z 2 erforderlich ist;
2. Namen und Anschrift eines Benutzers, dem eine IP-Adresse zu einem bestimmten Zeitpunkt zugewiesen war,

wenn die dafür erforderlichen Daten zum Zeitpunkt der Anfrage noch rechtmäßig verarbeitet werden (§ 167 Abs. 1 und 5 TKG 2021).

Die ersuchte Stelle ist verpflichtet, die Auskunft unverzüglich und kostenlos zu erteilen. Die Anordnung des Vorsitzenden des Spruchsenates hat schriftlich und mit einer Begründung versehen zu ergehen. Nach Beendigung der Ermittlungsmaßnahme hat die Finanzstrafbehörde die Anordnung des Vorsitzenden des Spruchsenates dem Beschuldigten und den von der Durchführung der Ermittlungsmaßnahme Betroffenen unverzüglich zuzustellen. Die Zustellung kann jedoch aufgeschoben werden, solange durch sie der Zweck dieses oder eines damit zusammenhängenden anderen Strafverfahrens gefährdet wäre und dies notwendig und verhältnismäßig ist. Der Beschuldigte und jeder durch die Ermittlungsmaßnahme Betroffene ist berechtigt, gegen die Anordnung Beschwerde an das Bundesfinanzgericht zu erheben.

(BGBl I 2015/118, BGBl I 2022/108)

(3b) Die näheren Bestimmungen im Hinblick auf die zugangsberechtigten Behörden, die Datenfelder sowie die Protokollierung über die Durchlaufstelle sind durch den Bundesminister für Verkehr, Innovation und Technologie im Einvernehmen mit den Bundesministern für Finanzen, für Inneres und für Justiz in der Datensicherheitsverordnung – TKG-DSVO, BGBl. II Nr. 402/2011, festzusetzen.

(BGBl I 2015/118, BGBl I 2022/108)

(4) Die Finanzstrafbehörde ist weiters berechtigt, für Zwecke des Finanzstrafverfahrens von den Betreibern von Post- und Paketdiensten Auskünfte über Post- und Paketsendungen zu verlangen. Die ersuchte Stelle ist verpflichtet, diese Auskunft unverzüglich und kostenlos zu erteilen.

(BGBl I 2015/118)

(5) Die Finanzstrafbehörden sind berechtigt, zur Identitätsfeststellung einer Person, die eines Finanzvergehens verdächtig ist oder als Zeuge (Auskunftsperson) in Betracht kommt, deren Namen, Geburtsdatum, Geburtsort, Beruf und Wohnanschrift zu ermitteln. Sie ist auch befugt, deren Größe festzustellen und sie zu fotografieren, soweit dies zur Identitätsfeststellung erforderlich ist. Soweit es für die Aufklärung von gemäß § 58 Abs. 2 lit. a in die Zuständigkeit eines Spruchsenates fallenden Finanzvergehen, deren Verfolgung in die Zuständigkeit des Zollamtes Österreich fällt, zweckdienlich ist, ist die Finanzstrafbehörde auch befugt, von Beschuldigten, von denen auf Grund bestimmter Tatsachen angenommen werden kann, dass sie Spuren hinterlassen haben, Papillarlinienabdrücke abzunehmen. Deren zwangsweise Durchsetzung unterliegt in besonderem Maße dem Grundsatz der Verhältnismäßigkeit und ist mit möglichster Schonung der Person vorzunehmen. Jede Person ist verpflichtet, in angemessener Weise an der Feststellung ihrer Identität mitzuwirken. Auf Aufforderung ist ihr der Anlass der Identitätsfeststellung mitzuteilen. Ein erkennungsdienstlicher Abgleich der abgenommenen Papillarlinienabdrücke mit Datenbanken ist unzulässig. Nach rechtskräftiger Erledigung des Finanzstrafverfahrens, in dem die nach dieser Bestimmung abgenommenen Papillarlinienabdrücke als Beweismittel dienten, sind diese zu vernichten.

(BGBl I 2015/118, BGBl I 2019/104)

(6) Ersuchen um Auskünfte im Sinne des § 38 Abs. 2 Z 1 des Bankwesengesetzes – BWG, BGBl. Nr. 532/1993, ausgenommen die Einsicht in das Kontenregister (§ 4 Abs. 1 Kontenregister- und Konteneinschaugesetz – KontRegG, BGBl I Nr. 116/2015) bedürfen einer Anordnung des Vorsitzenden des Spruchsenates, dem gemäß § 58 Abs. 2 die Durchführung der mündlichen Verhandlung und die Fällung des Erkenntnisses obliegen würde. Die Anordnung samt Auskunftsersuchen ist dem Kredit- oder Finanzinstitut, dem Beschuldigten sowie den aus der Geschäftsverbindung verfügungsberechtigten Personen zuzustellen, sobald diese der Finanzstrafbehörde bekannt geworden sind. Die Ausfertigung an das Kredit- oder Finanzinstitut hat keine Begründung zu enthalten. Die Zustellung an den Beschuldigten und die Verfügungsberechtigten kann aufgeschoben werden, solange durch sie der Zweck der Ermittlungen gefährdet wäre. Hierüber ist das Kredit- oder Finanzinstitut zu informieren, das die Anordnung und alle mit ihr verbundenen

Tatsachen und Vorgänge gegenüber Kunden und Dritten geheim zu halten hat. Kredit- oder Finanzinstitute und deren Mitarbeiter sind verpflichtet, die verlangten Auskünfte zu erteilen sowie Urkunden und Unterlagen einsehen zu lassen und herauszugeben. Dies hat auf einem elektronischen Datenträger in einem allgemein gebräuchlichen Dateiformat in strukturierter Form so zu erfolgen, dass die Daten elektronisch weiterverarbeitet werden können. Gegen die Anordnung des Vorsitzenden des Spruchsenates steht dem Beschuldigten und den aus der Geschäftsverbindung verfügungsberechtigten Personen das Rechtsmittel der Beschwerde zu. Insoweit das Bundesfinanzgericht die Unzulässigkeit der Anordnung feststellt, unterliegen die dadurch erlangten Auskünfte dem Verwertungsverbot im Sinne des § 98 Abs. 4.

(BGBl I 2015/118)

§ 100. Den Organen der in den §§ 80 und 81 bezeichneten Dienststellen ist es untersagt, auf die Gewinnung von Verdachtsgründen gegen eine Person oder auf deren Überführung dadurch hinzuwirken, daß diese zur Begehung, Fortsetzung oder Vollendung eines Finanzvergehens verleitet oder durch insgeheim bestellte Personen zu Geständnissen verlockt wird, die sodann der Finanzstrafbehörde hinterbracht werden.

2. Urkunden

§ 101. Die Beweiskraft von öffentlichen und Privaturkunden ist nach den Vorschriften der §§ 292 bis 294, 296, 310 und 311 ZPO zu beurteilen.

3. Zeugen

§ 102. (1) Soweit sich aus diesem Bundesgesetz nicht anderes ergibt, ist jedermann verpflichtet, als Zeuge über alle ihm bekannten, für ein Finanzstrafverfahren maßgebenden Tatsachen auszusagen.

(2) Wenn die Finanzstrafbehörde das persönliche Erscheinen des Zeugen für erforderlich erachtet, hat sie ihn vorzuladen. In der Vorladung ist anzugeben, was den Gegenstand der Vernehmung bildet und welche Beweismittel und Gegenstände (Abs. 4) mitzubringen sind. Die Bekanntgabe des Gegenstandes der Vernehmung hat insoweit zu unterbleiben, als besondere Umstände die Befürchtung rechtfertigen, daß hiedurch die Untersuchung erschwert werden könnte. Gegebenenfalls kann nach § 56b vorgegangen werden.

(BGBl I 2018/62)

(3) Wenn die Finanzstrafbehörde das persönliche Erscheinen des Zeugen nicht für erforderlich erachtet, kann die Aussage des Zeugen auch schriftlich eingeholt und abgegeben werden.

(4) Soweit jemand als Zeuge zur Aussage verpflichtet ist, hat er auf Verlangen der Finanzstrafbehörde auch Schriftstücke, Urkunden, die einschlägigen Stellen seiner Geschäftsbücher und Daten in allgemein lesbarer Form zur Einsicht vorzulegen, die sich auf bestimmt zu bezeichnende Tatsachen beziehen; er hat Gegenstände, die er für den Beschuldigten verwahrt, vorzulegen und Einsicht in verschlossene Behältnisse zu gewähren, die er dem Beschuldigten überlassen hat.

§ 103. Als Zeugen dürfen nicht vernommen werden:

a) Personen, die zur Mitteilung ihrer Wahrnehmungen unfähig sind oder die zur Zeit, auf die sich ihre Aussage beziehen soll, zur Wahrnehmung der zu beweisenden Tatsache unfähig waren;

b) Geistliche darüber, was ihnen in der Beichte oder sonst unter dem Siegel geistlicher Amtsverschwiegenheit zur Kenntnis gelangt ist;

c) Organe des Bundes und der übrigen Gebietskörperschaften, wenn sie durch ihre Aussage das ihnen obliegende Amtsgeheimnis verletzen würden, insofern sie der Pflicht zur Geheimhaltung nicht entbunden sind;

d) in jedem Finanzstrafverfahren die Nebenbeteiligten des Verfahrens.

§ 104. (1) Die Aussage darf von einem Zeugen verweigert werden:

a) wenn er ein Angehöriger (§ 72 StGB) des Beschuldigten oder eines Nebenbeteiligten des Finanzstrafverfahrens ist;

(BGBl I 2018/62)

b) über Fragen, deren Beantwortung dem Zeugen oder seinen Angehörigen, seinem gesetzlichen Vertreter oder einer Person unter seiner gesetzlichen Vertretung die Gefahr einer strafgerichtlichen oder finanzstrafbehördlichen Verfolgung zuziehen würde;

(BGBl I 2018/62)

c) über Fragen, deren Beantwortung dem Zeugen oder einer der in lit. b genannten Personen unmittelbar einen bedeutenden Vermögensnachteil bringen oder zur Schande gereichen würde, es sei denn, daß der Auskunft voraussichtlich für das Verfahren entscheidende Bedeutung zukommt und die Finanzstrafbehörde unter Hinweis darauf vom Zeugen die Auskunft verlangt;

d) über Fragen, die der Zeuge nicht beantworten könnte, ohne eine ihm obliegende gesetzlich anerkannte Pflicht zur Verschwiegenheit, von der er nicht gültig entbunden wurde, zu verletzen oder ein Kunst- oder technisches Betriebsgeheimnis zu offenbaren.

(2) Die zur berufsmäßigen Parteienvertretung befugten Personen und ihre Hilfskräfte können die Zeugenaussage auch darüber verweigern, was ihnen in ihrer Eigenschaft als Vertreter der Partei über diese zur Kenntnis gelangt ist.

(3) Will ein Zeuge die Aussage verweigern, so hat er die Gründe seiner Weigerung glaubhaft zu machen.

§ 105. Einem Zeugen, der einer Vorladung, ohne durch Krankheit, Gebrechlichkeit oder ein sonstiges begründetes Hindernis entschuldigt zu sein, nicht Folge leistet oder die Auskunft ohne zutreffende Berufung auf einen gesetzlichen Weigerungsgrund verweigert oder seinen Verpflichtungen gemäß § 102 Abs. 4 nicht nachkommt, kann die Finanzstrafbehörde, abgesehen von Zwangsstrafen, den Ersatz aller durch seine Säumnis oder Weigerung verursachten Barauslagen durch Bescheid auferlegen. Das gleiche gilt in den Fällen des § 104 Abs. 1 lit. c, wenn die Finanzstrafbehörde vom Zeugen die Auskunft verlangt, dieser sie aber verweigert. Wenn es die Finanzstrafbehörde zur Feststellung des maßgeblichen Sachverhaltes (§ 115) für geboten hält, kann der Zeuge auf Grund einer schriftlichen Anordnung der Finanzstrafbehörde durch die im § 89 Abs. 2 genannten Organe zwangsweise vorgeführt werden, wenn dies in der Vorladung angedroht war. Die Sicherheitsdienststellen haben den Vorführungsersuchen der Finanzstrafbehörden zu entsprechen.

§ 106. (1) Jeder Zeuge ist zu Beginn seiner Vernehmung über die für die Vernehmung maßgebenden persönlichen Verhältnisse zu befragen, erforderlichenfalls über die gesetzlichen Weigerungsgründe zu belehren und zu ermahnen, daß er die Wahrheit anzugeben habe und nichts verschweigen dürfe; er ist auch auf die strafrechtlichen Folgen einer falschen Aussage aufmerksam zu machen. Entsprechendes gilt bei Einholung einer Zeugenauskunft auf schriftlichem Weg.

(2) Zeugen dürfen, abgesehen von Zwangsstrafen, zur Beantwortung der an sie gestellten Fragen nicht gezwungen werden.

(3) Fragen, durch welche dem Zeugen Tatumstände vorgehalten werden, welche erst durch seine Antwort festgestellt werden sollen, sind möglichst zu vermeiden und, wenn sie gestellt werden müssen, in der Niederschrift über die Vernehmung ersichtlich zu machen.

§ 107. (1) Hält die Finanzstrafbehörde die eidliche Einvernahme eines Zeugen über bestimmte Tatsachen von besonderer Tragweite für unbedingt erforderlich, so kann der Zeuge unter Beiziehung eines Schriftführers, außerhalb der mündlichen Verhandlung durch den Leiter der Finanzstrafbehörde oder durch einen ihr zugewiesenen rechtskundigen Bediensteten, in der mündlichen Verhandlung durch den Verhandlungsleiter eidlich vernommen werden. Die Bestimmungen des Gesetzes vom 3. Mai 1868, RGBl. Nr. 33, zur Regelung des Verfahrens bei den Eidesablegungen vor Gericht finden sinngemäß Anwendung.

(2) Zeugen, die im Untersuchungsverfahren vereidigt worden sind, sind bei ihrer Vernehmung in einer mündlichen Verhandlung an den abgelegten Eid zu erinnern.

(3) Nicht vereidigt werden dürfen Personen,

a) die selbst überwiesen sind oder im Verdacht stehen, daß sie die strafbare Handlung, wegen der sie vernommen werden, begangen oder daran teilgenommen haben oder an ihr mitschuldig sind,

b) die sich wegen eines Verbrechens in Untersuchung befinden oder wegen eines solchen zu einer Freiheitsstrafe verurteilt sind, die sie noch zu verbüßen haben,

c) die schon einmal wegen falschen Zeugnisses oder falschen Eides verurteilt worden sind,

d) die zur Zeit ihrer Vernehmung das 14. Lebensjahr noch nicht vollendet haben,

e) die an einer erheblichen Schwäche des Wahrnehmungs- oder Erinnerungsvermögens leiden,

f) die mit dem Beschuldigten oder den Nebenbeteiligten in einer Feindschaft leben, die mit Rücksicht auf die Persönlichkeit der Beteiligten und die sonstigen Begleitumstände der Feindschaft geeignet ist, die volle Glaubwürdigkeit auszuschließen,

g) die bei ihrer Auskunftserteilung wesentliche Umstände angegeben haben, deren Unwahrheit bewiesen ist und worüber sie nicht einen bloßen Irrtum nachweisen können.

§ 108. (1) Zeugen haben Anspruch auf Ersatz von Reise- und Aufenthaltskosten und auf Entschädigung für Zeitversäumnis unter den gleichen Voraussetzungen und im gleichen Ausmaß wie Zeugen im gerichtlichen Verfahren sowie Anspruch auf Ersatz von notwendigen Barauslagen. Der Ersatzanspruch ist bei sonstigem Verlust binnen zwei Wochen nach der Vernehmung bei der Behörde geltend zu machen, welche die Einvernahme durchgeführt hat. Hierüber ist der Zeuge zu belehren.

(BGBl I 2022/108)

(2) Über den Anspruch entscheidet die vernehmende Behörde, bei Einvernahmen durch einen Senat die Finanzstrafbehörde, bei der der Senat gebildet ist.

4. Sachverständige und Dolmetscher

§ 109. (1) Wird die Aufnahme eines Beweises durch Sachverständige notwendig, so sind die für Gutachten der erforderlichen Art öffentlich bestellten Sachverständigen beizuziehen.

(2) Die Finanzstrafbehörde kann aber ausnahmsweise auch andere geeignete Personen als Sachverständige heranziehen, wenn es mit Rücksicht auf die Besonderheit des Falles geboten erscheint.

(3) Der Bestellung zum Sachverständigen hat Folge zu leisten, wer zur Erstattung von Gutachten der erforderlichen Art öffentlich bestellt ist oder wer die Wissenschaft, die Kunst oder die Tätigkeit, deren Kenntnis die Voraussetzung der Begutachtung ist, öffentlich als Erwerb ausübt oder zu deren Ausübung öffentlich angestellt oder ermächtigt ist.

(4) Auf Antrag des Beschuldigten oder eines Nebenbeteiligten ist aus zutreffenden wichtigen Gründen ein weiterer Sachverständiger beizuziehen.

§ 110. (1) Aus den Gründen, welche einen Zeugen zur Verweigerung der Aussage berechtigen (§ 104), kann die Enthebung von der Bestellung als Sachverständiger begehrt werden.

(2) Öffentlich Bedienstete sind überdies auch dann als Sachverständige zu entheben oder nicht beizuziehen, wenn ihnen die Tätigkeit als Sachverständige von ihren Vorgesetzten aus dienstlichen Gründen untersagt wird oder wenn sie durch be-

sondere Anordnungen der Pflicht, sich als Sachverständige verwenden zu lassen, enthoben sind.

(3) Die Bestimmungen der §§ 72 bis 74 gelten sinngemäß; Beschuldigte und Nebenbeteiligte können Sachverständige auch ablehnen, wenn sie Umstände glaubhaft machen, die die Fachkunde des Sachverständigen in Zweifel stellen.

§ 111. Ist der Sachverständige für die Erstattung von Gutachten der erforderlichen Art im allgemeinen vereidigt, so genügt die Erinnerung an den geleisteten Eid. Ist er noch nicht vereidigt, so hat er, falls es die Finanzstrafbehörde wegen der besonderen Tragweite des Falles für erforderlich hält, vor Beginn der Beweisaufnahme den Sachverständigeneid zu leisten. Bei der Vereidigung sind die Bestimmungen des § 107 Abs. 1 und 2 sinngemäß anzuwenden.

§ 112. (1) Sachverständige haben Anspruch auf Ersatz der Reise- und Aufenthaltskosten sowie der notwendigen Barauslagen, auf Entschädigung für Zeitversäumnis und auf Entlohnung ihrer Mühewaltung unter den gleichen Voraussetzungen und im gleichen Ausmaß wie Sachverständige im gerichtlichen Verfahren.

(2) Der Ersatzanspruch ist bei sonstigem Verlust binnen zwei Wochen ab Erstattung des Gutachtens oder, wenn dieses entfällt, nach Entlassung des Sachverständigen mündlich oder schriftlich bei der Behörde geltend zu machen, bei der der Sachverständige vernommen worden ist. Hierüber ist der Sachverständige zu belehren.

(3) § 108 Abs. 2 gilt sinngemäß.

§ 112a. Für Ersatzansprüche von Dolmetschern gilt § 112 sinngemäß.

5. Augenschein

§ 113. (1) Zur Aufklärung der Sache kann die Finanzstrafbehörde auch einen Augenschein, nötigenfalls mit Beiziehung von Sachverständigen, vornehmen und mittels Ton- oder Bildaufnahme dokumentieren. Der Beschuldigte und die Nebenbeteiligten sind beizuziehen, wenn dies zweckdienlich ist. In allen übrigen Fällen sind sie von der Anberaumung eines Augenscheines rechtzeitig mit dem Hinweis zu verständigen, daß ihnen die Teilnahme freisteht. Ein bereits bestellter Verteidiger ist von der Vornahme des Augenscheines zu verständigen. Die Beteiligung am Augenschein kann ihm nicht versagt werden. Der Beschuldigte, der dem Augenschein nicht zugezogen wird und keinen Verteidiger bestellt hat, kann beantragen, daß dem Augenschein eine Person seines Vertrauens beigezogen wird.

(BGBl I 2018/62)

(2) Die Finanzstrafbehörde hat darüber zu wachen, daß die Vornahme eines Augenscheines nicht zur Verletzung eines Kunst-, Geschäfts- oder Betriebsgeheimnisses mißbraucht werde.

B. Durchführung der Beweise

§ 114. (1) Im Finanzstrafverfahren sind alle Beweise aufzunehmen, die die Finanzstrafbehörde zur Erforschung der Wahrheit für erforderlich hält. Erforderlichenfalls ist der Beweisaufnahme ein Dolmetscher beizuziehen.

(2) Der Beschuldigte und die Nebenbeteiligten können die Durchführung bestimmter Beweise und die Vereidigung vorgeladener Zeugen beantragen. Diesen Anträgen ist stattzugeben, falls dies im Interesse der Wahrheitsfindung notwendig erscheint. Findet die Finanzstrafbehörde, daß dem gestellten Antrag nicht stattzugeben sei, so hat sie die Ablehnung samt Gründen zu verkünden und protokollarisch festzuhalten. Gegen die Ablehnung ist ein abgesondertes Rechtsmittel nicht zulässig.

(3) Der Beschuldigte und die Nebenbeteiligten dürfen von der Anwesenheit und Mitwirkung bei Beweisaufnahmen, die eine spätere Wiederholung nicht zulassen, nicht ausgeschlossen werden. Von anderen Beweisaufnahmen dürfen sie nur dann ausgeschlossen werden, wenn besondere Umstände gegen ihre Beteiligung sprechen. Dem Beschuldigten und den Nebenbeteiligten ist jedoch auch in diesem Fall noch vor Abschluß des Untersuchungsverfahrens Gelegenheit zu geben, von den durchgeführten Beweisen und vom Ergebnis der Beweisaufnahme Kenntnis zu nehmen und sich dazu zu äußern. Von Beweisaufnahmen, von denen der Beschuldigte und die Nebenbeteiligten nicht ausgeschlossen sind, sind sie zu verständigen. Gegen den Ausschluß des Beschuldigten oder der Nebenbeteiligten ist ein abgesondertes Rechtsmittel nicht zulässig.

(4) Das Ergebnis der Beweisaufnahmen (Abs. 1 und 2) ist in einer Niederschrift festzuhalten, in der auch durchgeführte Vereidigungen ersichtlich zu machen sind; für diese Niederschrift gelten § 87 Abs. 3 bis 6 und § 88 BAO sinngemäß. Der vernommenen Person ist auf ihr spätestens unmittelbar nach Beginn der Beweisaufnahme gestelltes Verlangen eine Ausfertigung der Niederschrift auszufolgen, wenn nicht besondere Umstände befürchten lassen, daß durch die Ausfolgung die Untersuchung erschwert werden könnte.

VI. Hauptstück
Gang des Verfahrens

A. Untersuchungsverfahren

§ 115. Die Finanzstrafbehörde hat im Untersuchungsverfahren den für die Erledigung der Strafsache maßgebenden Sachverhalt von Amts wegen festzustellen und dem Beschuldigten sowie den Nebenbeteiligten Gelegenheit zu geben, ihre Rechte und rechtlichen Interessen geltend zu machen.

§ 116. (1) Die Finanzstrafbehörde hat den Beschuldigten zur Vernehmung vorzuladen oder ihn aufzufordern, sich bis zu einem bestimmten Zeitpunkt schriftlich zu rechtfertigen. Dies kann gelegentlich der Verständigung von der Einleitung des Strafverfahrens geschehen.

(2) Ist bereits eine Beschuldigtenvernehmung gemäß § 83 Abs. 3 erfolgt, so kann eine Vorladung oder Aufforderung zur schriftlichen Rechtfertigung unterbleiben.

§ 117. (1) In der Vorladung des Beschuldigten und in der Aufforderung zur schriftlichen Rechtfertigung sind die zur Last gelegte Tat sowie die in Betracht kommende Strafbestimmung zu bezeichnen. Der Beschuldigte ist auch aufzufordern, die seiner Verteidigung dienlichen Beweismittel mitzubringen oder der Behörde so rechtzeitig anzuzeigen, daß sie zur Vernehmung noch herbeigeschafft werden können.

(2) Ein Beschuldigter, der einer Vorladung, mit der sein persönliches Erscheinen ausdrücklich gefordert wurde, nicht entsprochen hat, ohne durch Krankheit, Behinderung oder ein sonstiges begründetes Hindernis vom Erscheinen abgehalten zu sein, kann, wenn dies zur Feststellung des maßgebenden Sachverhaltes (§ 115) geboten ist, auf Grund einer schriftlichen Anordnung der Finanzstrafbehörde durch die im § 89 Abs. 2 genannten Organe zwangsweise vorgeführt werden, wenn dies in der Vorladung angedroht war. Die Sicherheitsdienststellen haben den Vorführungsersuchen der Finanzstrafbehörde zu entsprechen.

§ 118. Ist eine Vorladung zur Beschuldigtenvernehmung oder eine Aufforderung zur schriftlichen Rechtfertigung im Sinne des § 116 Abs. 1 im Interesse der Wahrheitsfindung untunlich, so kann die Finanzstrafbehörde hievon Abstand nehmen; es muß jedoch auch in diesem Fall dem Beschuldigten Gelegenheit zur Rechtfertigung gegeben werden.

§ 119. Zur Untersuchung des Sachverhaltes kann die Finanzstrafbehörde Ermittlungen und Beweisaufnahmen jeder Art selbst durchführen oder andere Dienststellen der Bundesfinanzverwaltung um deren Durchführung ersuchen.

§ 120. (1) Die Finanzstrafbehörde ist berechtigt, zum Zwecke der Finanzstrafrechtspflege die Unterstützung aller Behörden und öffentlichen Dienststellen des Bundes, der Länder und der Gemeinden sowie anderer durch Gesetz eingerichteter Körperschaften und Anstalten des öffentlichen Rechts sowie der Oesterreichischen Nationalbank in Bezug auf ihre Aufgaben nach dem Devisengesetz 2004, BGBl. I Nr. 123/2003, unmittelbar in Anspruch zu nehmen. Solchen Ersuchen ist ehest möglich zu entsprechen oder es sind entgegenstehende Hindernisse unverzüglich bekannt zu geben. Erforderlichenfalls ist Akteneinsicht zu gewähren.

(BGBl I 2015/118)

(2) Ersuchen der Finanzstrafbehörde, die sich auf Straftaten einer bestimmten Person beziehen, dürfen mit dem Hinweis auf bestehende gesetzliche Verpflichtungen zur Verschwiegenheit oder darauf, daß es sich um automationsunterstützt verarbeitete personenbezogene Daten handelt, nur dann abgelehnt werden, wenn diese Verpflichtungen Abgabenbehörden gegenüber ausdrücklich auferlegt sind oder wenn der Beantwortung überwiegende öffentliche Interessen entgegenstehen, die im einzelnen anzuführen und zu begründen sind.

(BGBl I 2015/118)

(3) Die im § 158 Abs. 4 BAO den Abgabenbehörden eingeräumten Befugnisse stehen auch den Finanzstrafbehörden und dem Bundesminister für Finanzen für Zwecke des Finanzstrafverfahrens oder sonst zur Erfüllung ihrer Aufgaben zu. Darüber hinaus sind die Finanzstrafbehörden berechtigt, die gemäß § 57 Abs. 1 Z 1 bis 6, 10 bis 11 und 12 des Sicherheitspolizeigesetzes – SPG, BGBl. Nr. 566/1991, die zur Sachenfahndung gemäß § 57 Abs. 2 SPG, die gemäß § 22b Abs. 2 des Passgesetzes 1992, BGBl. Nr. 839/1992 sowie die gemäß § 55 Abs. 4 des Waffengesetzes 1996 – WaffG, BGBl. I Nr. 12/1997, soweit Waffenverbote betroffen sind, verarbeiteten Daten für Zwecke der Finanzstrafrechtspflege einzusehen, soweit dies für die Durchführung eines Finanzstrafverfahrens wegen des Verdachtes auf ein gemäß § 58 Abs. 2 lit. a in die Zuständigkeit eines Spruchsenates fallendes Finanzvergehen erforderlich ist. Die Einsichtnahme hat zu unterbleiben, wenn im Einzelfall schutzwürdige Geheimhaltungsinteressen (§ 1 Abs. 1 DSG) die mit der Einsichtnahme verfolgten Zwecke überwiegen.

(BGBl I 2015/118, BGBl I 2018/32)

(4) Auf den Verkehr mit ausländischen Behörden sowie Dienststellen und Einrichtungen der Europäischen Union sind völkerrechtliche Verträge, unmittelbar wirksame Rechtsvorschriften der Europäischen Union, das EU-Amtshilfegesetz (EU-AHG), BGBl. I Nr. 112/2012, das Zollrechts-Durchführungsgesetz (ZollR-DG), BGBl. Nr. 659/1994 sowie das Finanzstrafzusammenarbeitsgesetz (FinStrZG), BGBl. I Nr. 105/2014 anzuwenden.

(BGBl I 2018/62)

(5) Soweit dies zur Durchführung von Abgaben- oder Monopolverfahren erforderlich ist, haben die Finanzstrafbehörden Daten an die Abgabenbehörden und die Monopolbehörde zu übermitteln.

(BGBl I 2018/32)

§ 121. Kommt der Beschuldigte im Verlauf des Untersuchungsverfahrens einer Vorladung oder sonstigen amtlichen Aufforderung nicht nach, so hindert dies nicht den weiteren Ablauf des Untersuchungsverfahrens; § 115 wird hiedurch nicht berührt.

§ 122. (1) Die Finanzstrafbehörde hat Verfallsbeteiligte sowie Haftungsbeteiligte, deren Haftung in Anspruch genommen werden soll, dem Verfahren zuzuziehen, wenn ihr Aufenthalt bekannt ist. Ist ihr Aufenthalt unbekannt, so ist, wenn die Wichtigkeit der Sache es erfordert, für sie ein Kurator zu bestellen; für die Bestellung gilt § 147 sinngemäß. Den zugezogenen Nebenbeteiligten ist die Person des Beschuldigten und die diesem zur Last gelegte Tat bekanntzugeben; Verfallsbeteiligten auch der verfallsbedrohte Gegenstand.

(2) Von der Zuziehung nach Abs. 1 kann abgesehen werden, wenn dies zur Vermeidung von Verzögerungen oder Erschwerungen des Verfahrens oder zur Verkürzung der Verwahrung oder der Untersuchungshaft des Beschuldigten dienlich scheint. In solchen Fällen ist die Entscheidung über den Verfall oder Wertersatz sowie über die Rechte des Verfallsbeteiligten oder über die In-

anspruchnahme des Haftungsbeteiligten einem abgesonderten Verfahren (§ 149) vorzubehalten.

(3) § 121 gilt sinngemäß auch für Nebenbeteiligte.

§ 123. (1) Die Finanzstrafbehörde ist berechtigt, Vorfragen, die als Hauptfragen von anderen Verwaltungsbehörden oder von den Gerichten zu entscheiden wären, nach der über die maßgebenden Verhältnisse gewonnenen eigenen Anschauung zu beurteilen und diese Beurteilung ihrer Entscheidung zugrunde zu legen.

(2) An Entscheidungen der Gerichte, mit denen im Finanzstrafverfahren auftauchende privatrechtliche Vorfragen als Hauptfragen entschieden worden sind, sind die Finanzstrafbehörden nicht gebunden, es sei denn, daß in dem Verfahren, in dem die Entscheidung ergangen ist, bei der Ermittlung des Sachverhaltes von Amts wegen vorzugehen war.

§ 124. (1) Wenn im Zuge des Untersuchungsverfahrens festgestellt wird, daß die dem Beschuldigten zur Last gelegte Tat nicht erwiesen werden kann oder daß einer der im § 82 Abs. 3 lit. b bis e genannten Gründe vorliegt, so hat die Finanzstrafbehörde das Strafverfahren mit Bescheid einzustellen. Ausfertigungen des Bescheides sind dem Beschuldigten und den gemäß § 122 dem Verfahren zugezogenen Nebenbeteiligten zuzustellen. Gegen diesen Bescheid ist ein Rechtsmittel unzulässig. Der Beschuldigte hat nach Ablauf von sechs Monaten ab der Einleitung des Finanzstrafverfahrens oder der Rechtskraft der Entscheidung über einen solchen Antrag das Recht, die Einstellung des Untersuchungsverfahrens aus den oben genannten Gründen zu beantragen. Die Abweisung dieses Antrags hat mit Bescheid zu erfolgen. Nach Abschluss des Untersuchungsverfahrens noch unerledigte Anträge auf Einstellung oder Beschwerden gegen Abweisungsbescheide sind gegenstandslos.

(2) Obliegt die Durchführung der mündlichen Verhandlung und die Fällung des Erkenntnisses einem Spruchsenat (§ 58 Abs. 2), so hat der Vorstand der Finanzstrafbehörde einen Amtsbeauftragten zu bestellen. Als Amtsbeauftragter kann auch ein Organ der Finanzstrafbehörde tätig werden, das vom Vorstand der Finanzstrafbehörde ständig mit der Funktion eines Amtsbeauftragten betraut wurde. Der Amtsbeauftragte hat die Akten dem Spruchsenat mit seiner schriftlichen Stellungnahme zu den Ergebnissen des Untersuchungsverfahrens zuzuleiten. Die Stellungnahme hat insbesondere die deutliche Beschreibung der dem Beschuldigten zur Last gelegten Tat unter Angabe der anzuwendenden Strafvorschrift und des strafbestimmenden Wertbetrages zu enthalten und die Beweismittel zu bezeichnen. Ausfertigungen der Stellungnahme sind dem Beschuldigten und den gemäß § 122 dem Verfahren zugezogenen Nebenbeteiligten zuzustellen.

B. Mündliche Verhandlung; Beschlußfassung der Spruchsenate

§ 125. (1) Stellt der Vorsitzende des Spruchsenates, dem gemäß § 124 Abs. 2 die Akten zugeleitet wurden, fest, dass Ergänzungen des Untersuchungsverfahrens erforderlich sind, so kann er diese anordnen. Stellt er hingegen, allenfalls auch erst nach Ergänzung des Untersuchungsverfahrens, fest, dass die Voraussetzungen für das Tätigwerden des Spruchsenates nicht gegeben sind, so hat er dies mit Bescheid auszusprechen; dieser Bescheid ist dem Beschuldigten, dem gemäß § 122 dem Verfahren zugezogenen Nebenbeteiligten und dem Amtsbeauftragten zuzustellen und kann von diesen mit Beschwerde angefochten werden. Andernfalls hat der Vorsitzende des Spruchsenates die mündliche Verhandlung so anzuberaumen, dass in der Regel zwischen der Zustellung der Vorladungen und dem Tag der mündlichen Verhandlung ein Zeitraum von wenigstens zwei Wochen liegt. Zur mündlichen Verhandlung sind unter Bekanntgabe der Namen der Senatsmitglieder, des Schriftführers und des Amtsbeauftragten der Beschuldigte und die gemäß § 122 dem Verfahren zugezogenen Nebenbeteiligten vorzuladen. Ist der Beschuldigte durch einen Verteidiger vertreten, so ist diesem die Anberaumung der mündlichen Verhandlung bekannt zu geben. Dem Amtsbeauftragten ist im Verfahren vor dem Spruchsenat Akteneinsicht und Parteiengehör zu gewähren.

(2) Obliegt die Durchführung der mündlichen Verhandlung und die Fällung des Erkenntnisses nicht einem Spruchsenat, so hat die Finanzstrafbehörde die mündliche Verhandlung nach Maßgabe des Abs. 1 anzuberaumen. Das gleiche gilt, wenn der Spruchsenat festgestellt hat, daß die Voraussetzungen für sein Tätigwerden nicht gegeben sind; in diesem Fall darf der Bestrafung bei den im § 53 Abs. 2 bezeichneten Finanzvergehen kein 10 000 Euro, bei allen übrigen Finanzvergehen kein 33 000 Euro übersteigender strafbestimmender Wertbetrag (§ 58 Abs. 2 lit. a) zugrunde gelegt werden.

(BGBl I 2020/99)

(3) Die mündliche Verhandlung unterbleibt, wenn der Beschuldigte und die gemäß § 122 dem Verfahren zugezogenen Nebenbeteiligten sowie der Amtsbeauftragte auf die Durchführung einer solchen verzichtet haben. Von der Durchführung einer mündlichen Verhandlung kann abgesehen werden, wenn das Verfahren einzustellen ist.

(BGBl I 2019/91)

(4) Unterbleibt nach Abs. 3 eine mündliche Verhandlung vor einem Spruchsenat, kann der Vorsitzende die Beratung und Beschlussfassung des Senates unter Verwendung geeigneter technischer Kommunikationsmittel veranlassen. Der Vorsitzende kann außerdem die Beratung und Beschlussfassung durch die Einholung der Zustimmung der anderen Senatsmitglieder zu einem Entscheidungsentwurf im Umlaufwege ersetzen, wenn keines dieser Mitglieder widerspricht.

(BGBl I 2022/108)

§ 126. Kommt der Beschuldigte oder ein Nebenbeteiligter einer Vorladung zu einer gemäß § 125 anberaumten mündlichen Verhandlung oder einer sonstigen amtlichen Aufforderung nicht nach, ohne durch Krankheit, Behinderung oder ein sonstiges begründetes Hindernis abgehalten zu sein, so hindert dies nicht die Durchführung der mündlichen Verhandlung und die Fällung des Erkenntnisses auf Grund der Verfahrensergebnisse. Darüber ist der Beschuldigte oder der Nebenbeteiligte in der Vorladung zu informieren. Der Beschuldigte kann jedoch unter den Voraussetzungen des § 117 Abs. 2 vorgeführt werden, wobei die Unterstützung durch die Organe des öffentlichen Sicherheitsdienstes in Anspruch genommen werden kann.

(BGBl I 2022/108)

§ 127. (1) Die mündliche Verhandlung wird vom Vorsitzenden des Spruchsenates, in den Fällen des § 125 Abs. 2 von einem Einzelbeamten der Finanzstrafbehörde geleitet (Verhandlungsleiter). Der mündlichen Verhandlung ist ein Schriftführer und wenn der Beschuldigte oder ein Nebenbeteiligter der Verhandlungssprache nicht hinreichend kundig, gehörlos, hochgradig hörbehindert oder stumm ist, ein Dolmetscher gemäß § 57 Abs. 4 beizuziehen. Der Verhandlungsleiter kann, wenn er es für notwendig erachtet, die mündliche Verhandlung vertagen.

(2) Die mündliche Verhandlung vor dem Spruchsenat ist öffentlich. Die Öffentlichkeit ist auszuschließen:

a) wenn der Beschuldigte und die gemäß § 122 dem Verfahren zugezogenen Nebenbeteiligten es übereinstimmend verlangen;

b) von Amts wegen oder auf Antrag des Amtsbeauftragten, des Beschuldigten, eines Nebenbeteiligten oder eines Zeugen, wenn und solange zur Aufklärung des Finanzvergehens Verhältnisse oder Umstände des Beschuldigten, des Nebenbeteiligten oder des Zeugen erörtert werden müssen, die unter die Geheimhaltungspflicht nach § 48 a BAO fallen;

(BGBl I 2022/108)

c) von Amts wegen oder auf Antrag des jugendlichen Beschuldigten (§ 1 Abs. 1 Z 2 JGG) oder dessen gesetzlichen Vertreters bzw. der Vertrauensperson (§ 182 Abs. 1) oder der in § 182 Abs. 5 genannten Person, wenn dies in einem Verfahren gegen einen jugendlichen Beschuldigten in dessen Interesse geboten ist.

(BGBl I 2022/108)

(3) Obliegt die Durchführung der mündlichen Verhandlung einem Einzelbeamten, so ist sie nicht öffentlich.

(4) Ist die mündliche Verhandlung nicht öffentlich oder ist die Öffentlichkeit ausgeschlossen, so haben der Beschuldigte und die Nebenbeteiligten das Recht, zur Verhandlung zwei an der Sache nicht beteiligte Personen ihres Vertrauens beizuziehen. Personen, die im Verfahren als Zeugen oder Sachverständige in Betracht kommen, dürfen als Vertrauenspersonen nicht beigezogen werden.

(5) Sachverständige können, wenn es zur Erforschung der Wahrheit zweckdienlich erscheint, der Verhandlung schon vor Erstattung ihres Gutachtens zugezogen werden.

(6) Der Verhandlungsleiter hat dafür zu sorgen, daß Erörterungen, die das Verfahren ohne Nutzen für die Aufklärung der Sache verzögern würden, unterbleiben. Er erteilt das Wort und kann es bei Mißbrauch entziehen; ihm obliegt die Erhaltung der Ruhe und Ordnung im Verhandlungsraum. Dabei ist er befugt, den Beschuldigten ausnahmsweise während der Vernehmung eines Mitbeschuldigten oder eines Zeugen aus dem Verhandlungssaal zu entfernen. Er muß ihn aber, sobald er ihn nach seiner Wiederzulassung über den in seiner Abwesenheit verhandelten Gegenstand vernommen hat, von allem in Kenntnis setzen, was in seiner Abwesenheit vorgebracht wurde, insbesondere von den Aussagen, die inzwischen gemacht worden sind. Der Verhandlungsleiter kann die vorübergehende oder endgültige Entfernung eines Zeugen gestatten oder anordnen.

(7) Personen, die die mündliche Verhandlung stören oder durch ungeziemendes Benehmen den Anstand verletzen, sind vom Verhandlungsleiter zu ermahnen; bleibt die Ermahnung erfolglos, so kann ihnen nach vorausgegangener Androhung das Wort entzogen, ihre Entfernung aus dem Verhandlungsraum verfügt und über sie eine Ordnungsstrafe bis zu 700 Euro verhängt werden. Wird die Ordnungsstrafe vom Vorsitzenden des Spruchsenates verhängt, ist ein Rechtsmittel nicht zulässig. Bei Entfernung eines Beschuldigten kann die Verhandlung in seiner Abwesenheit fortgesetzt werden. Bei Entfernung eines Verteidigers oder Bevollmächtigten ist dem Beschuldigten oder den Nebenbeteiligten auf Antrag eine angemessene Frist zur Bestellung eines anderen Verteidigers oder Bevollmächtigten einzuräumen.

(8) Macht sich ein Parteienvertreter, der der Disziplinargewalt einer Standesbehörde unterliegt, des im Abs. 7 umschriebenen Verhaltens schuldig, so ist keine Ordnungsstrafe zu verhängen, sondern die Anzeige an die zuständige Standesbehörde zu erstatten. Die sonstigen im Abs. 7 vorgesehenen Maßnahmen können auch in diesen Fällen vom Verhandlungsleiter getroffen werden.

(9) Fernseh- und Hörfunkaufnahmen und -übertragungen sowie Film- und Fotoaufnahmen von Verhandlungen sind unzulässig. Tonaufnahmen sind nur über Anordnung des Verhandlungsleiters für die Abfassung der Niederschrift zulässig. Diese sind jedenfalls bis zur Rechtskraft der Entscheidung aufzubewahren. Darüber hinaus sind Vernehmungen von Zeugen mittels technischer Einrichtungen gemäß § 56b über Anordnung des Verhandlungsleiters zulässig.

(BGBl I 2018/62)

§ 128. (1) Der Verhandlungsleiter hat den Sachverhalt und die Ergebnisse des Untersuchungsverfahrens vorzutragen, falls nicht die mündliche

Verhandlung sofort nach Abschluß des Untersuchungsverfahrens stattfindet. Er hat hiezu den Beschuldigten zu vernehmen und von diesem beantragte ergänzende Beweisaufnahmen unter Bedachtnahme auf die Bestimmungen des § 114 Abs. 2 sowie jene weiteren Beweisaufnahmen durchzuführen, die er für die Klärung des Sachverhaltes für erforderlich erachtet, wobei auch die §§ 119, 120 und 123 anzuwenden sind. Der Verhandlungsleiter kann jedoch zu diesem Zweck auch die Ergänzung des Untersuchungsverfahrens anordnen.

(2) Bei der Durchführung von Beweisaufnahmen steht dem Beschuldigten und den Nebenbeteiligten ein Fragerecht zu, doch kann der Verhandlungsleiter Fragen zurückweisen, die ihm unangemessen erscheinen.

(3) Auf Antrag des Beschuldigten sind bei der mündlichen Verhandlung jene im Untersuchungsverfahren aufgenommenen Beweise, bei deren Aufnahme er nicht zugegen war, in seiner Anwesenheit zu wiederholen. Gegen die Ablehnung des Antrages ist ein abgesondertes Rechtsmittel nicht zulässig.

(4) Wird in einer gemäß § 125 Abs. 2 durchgeführten mündlichen Verhandlung befunden, daß die Durchführung der Verhandlung und die Fällung des Erkenntnisses einem Spruchsenat obliege, so ist die Verhandlung abzubrechen; für das weitere Verfahren gilt § 124 Abs. 2 sinngemäß.

§ 129. Der mündlichen Verhandlung vor dem Spruchsenat haben alle Mitglieder des Senates und der Amtsbeauftragte (§ 124 Abs. 2) beizuwohnen. Der Amtsbeauftragte nimmt an den Beratungen des Senates nicht teil.

§ 130. (1) Für den Ablauf der mündlichen Verhandlung vor dem Spruchsenat gelten die Bestimmungen des § 128 mit der Maßgabe, daß

a) die Darstellung des Sachverhaltes und der Ergebnisse des Untersuchungsverfahrens dem Behördenbeisitzer obliegt, der dem Senat angehört;

b) der Amtsbeauftragte Beweisanträge stellen kann;

c) das Recht der Fragestellung auch den Mitgliedern des Spruchsenates und dem Amtsbeauftragten zusteht.

(2) Nach Beendigung der Beweisaufnahmen erhält zuerst der Amtsbeauftragte das Wort, um die Ergebnisse der Beweisführung zusammenzufassen und hinsichtlich der Schuld des Beschuldigten sowie wegen der gegen ihn anzuwendenden Strafbestimmungen Anträge zu stellen und zu begründen. Einen bestimmten Antrag über Art und Höhe der Strafe hat der Amtsbeauftragte nicht zu stellen.

(3) Dem Beschuldigten und den Nebenbeteiligten steht das Recht zu, auf die Ausführungen des Amtsbeauftragten zu antworten. Findet dieser hierauf etwas zu erwidern, so gebührt dem Beschuldigten jedenfalls das Schlußwort. Sodann hat der Verhandlungsleiter den Schluß der mündlichen Verhandlung bekanntzugeben.

§ 131. (1) Jeder Abstimmung eines Senates hat eine Beratung voranzugehen, an der alle Mitglieder des Senates teilzunehmen haben. Der Schriftführer ist beizuziehen.

(2) Der Laienbeisitzer gibt seine Stimme als erster ab; ihm folgt der Behördenbeisitzer. Der Vorsitzende stimmt zuletzt.

(3) Zu jedem Beschluß eines Senates ist mehr als die Hälfte der Stimmen erforderlich.

(4) Teilen sich die Stimmen in mehr als zwei verschiedene Meinungen, sodaß keine dieser Meinungen die erforderliche Mehrheit für sich hat, hat der Vorsitzende die Erreichung eines Beschlusses dadurch zu versuchen, daß er die Frage teilt und über die Teilfragen abstimmen läßt. Bleibt dieser Versuch erfolglos, so wird die dem Beschuldigten nachteiligste Stimme der zunächst minder nachteiligen zugezählt.

(5) Gehen die Ansichten darüber auseinander, welche von zwei Meinungen für den Beschuldigten minder nachteilig ist, so ist darüber besonders abzustimmen.

§ 132. (1) Über die Zuständigkeit des Senates, über die Notwendigkeit von Ergänzungen des Verfahrens und über Vorfragen muß immer zuerst abgestimmt werden. Entscheidet sich die Mehrheit der Stimmen dahin, daß ungeachtet der über die Vorfrage erhobenen Zweifel zur Hauptentscheidung zu schreiten sei, so ist auch das in der Minderheit gebliebene Mitglied des Senates verpflichtet, über die Hauptsache mitabzustimmen.

(2) Bei der Entscheidung über die Hauptsache ist die Frage, ob der Beschuldigte der ihm zur Last gelegten Tat schuldig sei, immer von der Frage über die Strafe zu sondern und vor dieser Frage zur Abstimmung zu bringen. Liegen dem Beschuldigten mehrere strafbare Taten zur Last, so muß über jede einzelne Tat ein eigener Beschluß über die Schuld oder Nichtschuld des Beschuldigten gefaßt werden. Die Abstimmung über die Strafe hat sich auf jene strafbaren Taten zu beschränken, deren der Beschuldigte für schuldig erklärt worden ist. Hiebei steht es einem Senatsmitglied, das den Beschuldigten wegen einer ihm zur Last gelegten strafbaren Tat nicht schuldig gefunden hat, frei, auf Grund des über die Schuldfrage gefaßten Beschlusses seine Stimme über die Strafe abzugeben oder sich der Abstimmung zu enthalten. Enthält ein Senatsmitglied sich der Abgabe der Stimme über die Frage der Strafe, so ist seine Stimme so zu zählen, als ob es der für den Beschuldigten günstigeren Meinung beigetreten wäre.

§ 133. Über die Beratung und Abstimmung des Senates ist eine gesonderte Niederschrift aufzunehmen, die vom Vorsitzenden und vom Schriftführer zu unterfertigen ist. Beratung und Abstimmung des Senates sind geheim.

§ 134. Im Verfahren vor dem Spruchsenat hat der Vorsitzende nach Schluß der mündlichen Verhandlung auf Grund der Ergebnisse der Beratung und Abstimmung das Erkenntnis öffentlich zu verkünden und hiebei die wesentlichen Entscheidungsgründe bekanntzugeben. War die Öffentlichkeit der mündlichen Verhandlung ausgeschlossen, so ist sie auch bei der Bekanntgabe der Entscheidungsgründe des Erkenntnisses auszuschließen, soweit dabei Verhältnisse oder Umstände zur Sprache kommen, die unter die Geheimhaltungspflicht nach § 48 a BAO fallen. Im Verfahren vor dem Einzelbeamten ist die Verkündung des Erkenntnisses nicht öffentlich; das Erkenntnis kann auch der schriftlichen Ausfertigung vorbehalten werden. Nach mündlicher Verkündung des Erkenntnisses hat der Verhandlungsleiter Belehrung über das Erfordernis der Anmeldung einer Beschwerde zu erteilen.

§ 135. (1) Der Ablauf der mündlichen Verhandlung ist durch den Schriftführer, erforderlichenfalls nach den Angaben des Verhandlungsleiters, festzuhalten. Die Niederschrift hat zu enthalten

a) die Bezeichnung der Finanzstrafbehörde, den Namen des Verhandlungsleiters, im Verfahren vor einem Spruchsenat die Namen der Mitglieder des Spruchsenates und des Amtsbeauftragten; den Namen des Schriftführers;
b) Vor- und Zunamen, Tag und Ort der Geburt, Staatsbürgerschaft, Familienstand, Beschäftigung und Wohnort des Beschuldigten und, soweit solche am Strafverfahren beteiligt sind, auch Vor- und Zunamen, Beschäftigung und Wohnort der Nebenbeteiligten;
c) die Namen der als Verteidiger und Bevollmächtigte auftretenden Personen;
d) die deutliche Bezeichnung der dem Beschuldigten zur Last gelegten Tat;
e) die Rechtfertigung oder das Geständnis des Beschuldigten;
f) die wesentlichen Aussagen der Zeugen und Sachverständigen und die sonstigen Beweisaufnahmen;
g) wenn das Erkenntnis nach Schluß der mündlichen Verhandlung verkündet worden ist, dessen Inhalt und die wesentlichen Gründe, sonst den Vorbehalt der schriftlichen Ausfertigung.

(2) Alle Angaben in der Niederschrift sind mit möglichster Kürze abzufassen. Soweit die in Abs. 1 lit. b bis f bezeichneten Angaben bereits schriftlich im Akt niedergelegt sind, genügt in der Niederschrift ein kurzer Hinweis auf die bezüglichen Aktenstücke. Liegen die Voraussetzungen des § 141 Abs. 3 vor, so kann sich der Inhalt der Niederschrift auf die in Abs. 1 lit. a bis d und g genannten Bestandteile beschränken. Wurde nach § 56b vorgegangen, ist dies in der Niederschrift festzuhalten.

(BGBl I 2018/62)

(3) Die Verhandlungsniederschrift ist vom Verhandlungsleiter und vom Schriftführer zu unterfertigen. Dem Beschuldigten und den Nebenbeteiligten ist auf Verlangen eine Ausfertigung dieser Niederschrift auszufolgen.

C. Inhalt des Erkenntnisses

§ 136. (1) Wenn einer der im § 82 Abs. 3 lit. b bis e genannten Gründe vorliegt oder wenn die dem Beschuldigten zur Last gelegte Tat nicht erwiesen werden kann, ist im Erkenntnis die Einstellung des Strafverfahrens auszusprechen. Sonst ist im Erkenntnis über Schuld und Strafe zu entscheiden.

(2) Im Verfahren vor dem Spruchsenat kann dieser im Spruch des Erkenntnisses aussprechen, dass im Falle einer nach § 15 Abs. 3 verhängten Freiheitsstrafe eine Anhaltung im elektronisch überwachten Hausarrest (§ 156b StVG) zur Gänze oder für einen bestimmten Zeitraum nicht in Betracht kommt, wenn auf Grund bestimmter Tatsachen anzunehmen ist, dass eine solche Anhaltung nicht genügen werde, um den Bestraften von weiteren strafbaren Handlungen abzuhalten, oder es ausnahmsweise der Vollstreckung der Strafe in einer Anstalt bedarf, um der Begehung strafbarer Handlungen durch andere entgegen zu wirken. Dabei sind insbesondere die Art der Tat, die Person des Täters, der Grad seiner Schuld, sein Vorleben und sein Verhalten nach der Tat zu berücksichtigen.

§ 137. Die Urschrift und die Ausfertigung des Erkenntnisses haben zu enthalten:

a) Die Bezeichnung der Finanzstrafbehörde; wenn eine mündliche Verhandlung stattgefunden hat, die Namen des Verhandlungsleiters und des Schriftführers; bei Erkenntnissen eines Spruchsenates auch die Namen der Senatsmitglieder und des Amtsbeauftragten;
b) Vor- und Zunamen, Tag und Ort der Geburt sowie Beschäftigung und Wohnort des Beschuldigten; Vor- und Zunamen sowie Wohnort der Nebenbeteiligten; die Namen des Verteidigers und der Bevollmächtigten;
c) den Spruch;
d) die Begründung;
e) die Rechtsmittelbelehrung und die Zahlungsaufforderung;
f) im Verfahren vor einem Spruchsenat die Unterschrift des Vorsitzenden; in den übrigen Fällen, wenn eine mündliche Verhandlung stattgefunden hat, die Unterschrift des Verhandlungsleiters, sonst die Unterschrift des Vorstandes der Finanzstrafbehörde oder des Amtsorgans, das durch diesen mit der Befugnis, Straferkenntnisse zu erlassen, betraut wurde; an die Stelle der Unterschrift kann die Beglaubigung der Kanzlei treten, dass die Ausfertigung mit der Urschrift übereinstimmt und diese die eigenhändig beigesetzte Unterschrift aufweist; Ausfertigungen in Form von elektronischen Dokumenten müssen an Stelle der Unterschrift oder Beglaubigung mit einer Amtssignatur (§ 19 E Government-Gesetz) versehen sein; Ausfertigungen in Form von Ausdrucken von mit einer Amtssignatur versehenen elektronischen Dokumenten oder von Kopien solcher Ausdrucke brauchen keine weiteren Voraussetzungen erfüllen;
(BGBl I 2018/62)
g) das Datum der mündlichen Verkündung, sonst das Datum der Unterfertigung.

(BGBl I 2018/62)

§ 138. (1) Der Spruch hat, soweit er auf Einstellung lautet, die dem Beschuldigten zur Last gelegte Tat zu bezeichnen und die Einstellung des Strafverfahrens anzuordnen.

(2) Der Spruch hat, soweit er nicht auf Einstellung lautet, zu enthalten:

a) die Bezeichnung der Tat, die als erwiesen angenommen wird;

b) die angewendete Strafvorschrift;

c) den Ausspruch über die Strafe; in den Fällen des § 24 Abs. 2 den Ausspruch über den Aufschub der Strafe;

d) die Anrechnung einer allfälligen vorläufigen Verwahrung oder Untersuchungshaft (§ 23 Abs. 5) oder einer im Ausland verbüßten Strafe (§ 23 Abs. 7);

e) den Ausspruch über den Kostenersatz (§ 185);

f) die allfällige Feststellung, daß bestimmte Personen den Verfall gegen sich gelten zu lassen haben;

g) die allfällige Entscheidung darüber, welche Pfand- oder Zurückbehaltungsrechte Dritter an für verfallen erklärten Gegenständen anerkannt oder nicht anerkannt werden, in welcher Höhe die gesicherten Forderungen anerkannt werden und welcher Rang ihnen zukommt; werden sie anerkannt, so ist auch auszusprechen, daß der festgesetzte Wertersatz (§ 19 Abs. 3) nur mit dem Betrag einzufordern ist, der zur Befriedigung der anerkannten Forderungen aus dem Verwertungserlös aufgewendet wird;

h) die allfällige Feststellung, daß eine Haftungspflicht für die verhängte Geldstrafe und den auferlegten Wertersatz gemäß § 28 gegeben ist, und die Nennung der Haftungsbeteiligten;

i) in den Fällen des § 122 Abs. 2 den Vorbehalt der Entscheidung.

§ 139. Die Begründung hat sich auf alle Teile des Spruches (§ 138) zu erstrecken; sie hat in gedrängter Darstellung, aber mit voller Bestimmtheit anzugeben, welche Tatsachen die Finanzstrafbehörde als erwiesen oder als nicht erwiesen angenommen hat und aus welchen Gründen dies geschehen ist, ferner, von welchen Erwägungen sie bei der Würdigung der vorgebrachten Einwendungen und bei der Entscheidung von Rechtsfragen geleitet wurde.

§ 140. (1) Die Rechtsmittelbelehrung hat anzugeben, ob gegen das Erkenntnis eine Beschwerde zulässig ist oder nicht und bejahendenfalls, innerhalb welcher Frist und bei welcher Behörde sie einzubringen ist. Die Rechtsmittelbelehrung hat, wenn ein Rechtsmittel zulässig ist, darauf hinzuweisen, daß dieses begründet werden muß.

(2) Enthält das Erkenntnis keine Rechtsmittelbelehrung oder keine Angaben über die Rechtsmittelfrist oder erklärt es zu Unrecht ein Rechtsmittel für unzulässig, so wird die Rechtsmittelfrist nicht in Lauf gesetzt.

(3) Ist in dem Erkenntnis eine längere als die gesetzliche Frist angegeben, so ist das innerhalb der angegebenen Frist eingebrachte Rechtsmittel rechtzeitig.

(4) Enthält das Erkenntnis keine oder eine unrichtige Angabe über die Behörde, bei welcher das Rechtsmittel einzubringen ist, so ist das Rechtsmittel richtig eingebracht, wenn es bei der Behörde, die das Erkenntnis ausgefertigt hat, oder bei der angegebenen Behörde eingebracht wurde.

(5) In der Zahlungsaufforderung ist der Beschuldigte aufzufordern, die Geldstrafe, den Wertersatz und die Kosten bei Fälligkeit zu bezahlen; die Aufforderung hat den Hinweis zu enthalten, daß bei Nichtzahlung die Zwangsvollstreckung durchgeführt und bei Uneinbringlichkeit der Geldstrafe und des Wertersatzes die Ersatzfreiheitsstrafe vollzogen werden muß.

§ 141. (1) Das Erkenntnis ist schriftlich auszufertigen. Ausfertigungen des Erkenntnisses sind dem Beschuldigten, den gemäß § 122 dem Verfahren zugezogenen Nebenbeteiligten und dem Amtsbeauftragten zuzustellen.

(2) Ist in einem Gesetz vorgesehen, daß die Bestrafung wegen eines Finanzvergehens den Verlust eines Rechtes nach sich zieht oder nach sich ziehen könnte, so hat die Finanzstrafbehörde die rechtskräftige Bestrafung der in Betracht kommenden Stelle bekanntzugeben. Sofern dieser Stelle nicht schon nach anderen gesetzlichen Bestimmungen eine Ausfertigung des Erkenntnisses zugestellt werden muß, ist ihr auf ihr Ersuchen eine Ausfertigung zu übersenden.

(3) Waren alle zur Erhebung einer Beschwerde berechtigten Personen bei der mündlichen Verkündung des Erkenntnisses anwesend oder vertreten und wurde ein Rechtsmittel nicht fristgerecht angemeldet (§ 150 Abs. 4), kann eine vereinfachte schriftliche Ausfertigung des Erkenntnisses ergehen. Diese hat die in § 137 angeführten Elemente mit Ausnahme der Begründung zu enthalten.

D. Sonderbestimmung für Freiheitsstrafen

§ 142. (1) Wurde im Erkenntnis eine Freiheitsstrafe verhängt und besteht Fluchtgefahr, so kann der Verhandlungsleiter über den Beschuldigten bis zur Rechtskraft des Erkenntnisses, jedoch längstens auf die Dauer der im Erkenntnis angeordneten Freiheitsstrafe, die Haft verhängen.

(2) (aufgehoben)

(3) Die Bestimmungen der §§ 87 und 88 gelten sinngemäß.

E. Vereinfachtes Verfahren

§ 143. (1) Die Finanzstrafbehörde kann ein Strafverfahren ohne mündliche Verhandlung und ohne Fällung eines Erkenntnisses durch Strafverfügung beenden, wenn der Sachverhalt nach Ansicht der Finanzstrafbehörde durch die Angaben des Beschuldigten oder durch das Untersuchungsergebnis, zu dem der Beschuldigte Stellung zu nehmen Gelegenheit hatte, ausreichend geklärt ist; ist der Sachverhalt schon durch das Ermittlungsergebnis des Abgabenverfahrens oder des Vorverfahrens (§ 82 Abs. 1), zu welchem der Täter Stellung zu nehmen Gelegenheit hatte, ausreichend geklärt, so kann das Finanzvergehen auch ohne Durchführung eines Untersuchungsverfahrens durch Strafverfügung geahndet werden (vereinfachtes Verfahren).

(2) Für die Zuziehung von Nebenbeteiligten gilt § 122.

(3) Eine Strafverfügung ist ausgeschlossen,

a) wenn die Durchführung der mündlichen Verhandlung und die Fällung des Erkenntnisses gemäß § 58 Abs. 2 einem Spruchsenat obliegt,

b) wenn die Voraussetzungen für ein Verfahren gegen Personen unbekannten Aufenthaltes (§ 147) oder für ein selbständiges Verfahren (§ 148) gegeben sind.

§ 144. Für die Strafverfügung und deren Zustellung gelten die Bestimmungen sinngemäß, die für die nicht auf Einstellung lautenden Erkenntnisse gelten (§§ 137, 138 Abs. 2, 140 Abs. 2 bis 5 und 141). Statt der Rechtsmittelbelehrung ist die Belehrung über das Einspruchsrecht zu geben.

§ 145. (1) Der Beschuldigte und die Nebenbeteiligten können gegen die Strafverfügung binnen einem Monat nach der Zustellung bei der Finanzstrafbehörde, die die Strafverfügung erlassen hat, Einspruch erheben; sie können zugleich die der Verteidigung und der Wahrung ihrer Rechte dienlichen Beweismittel vorbringen.

(2) Durch die rechtzeitige Einbringung eines Einspruches tritt die Strafverfügung außer Kraft. Das Verfahren ist nach den Bestimmungen der §§ 115 bis 142 durchzuführen. In diesem Verfahren hat die Finanzstrafbehörde auf den Inhalt der außer Kraft getretenen Strafverfügung keine Rücksicht zu nehmen und kann auch eine andere Entscheidung fällen. Erheben nur Nebenbeteiligte rechtzeitig Einspruch, so ist in einem abgesonderten Verfahren (§ 149) über ihre Rechte zu entscheiden.

(3) Auf die Erhebung eines Einspruches kann schriftlich oder zur Niederschrift verzichtet werden. Vor Erlassung der Strafverfügung kann ein Verzicht rechtswirksam nur abgegeben werden, wenn aus der Verzichtserklärung hervorgeht, daß dem Verzichtenden im Zeitpunkt ihrer Abgabe der Inhalt der zu erwartenden Strafverfügung bekannt war. Wurde der Verzicht nicht von einem berufsmäßigen Parteienvertreter oder im Beisein eines solchen abgegeben, so kann er binnen drei Tagen schriftlich oder zur Niederschrift widerrufen werden.

(4) Die Finanzstrafbehörde hat den Einspruch durch Bescheid zurückzuweisen, wenn er unzulässig ist oder nicht fristgerecht eingebracht wurde.

(5) Ist ein Einspruch nicht mehr zulässig, so hat die Strafverfügung die Wirkung eines rechtskräftigen Erkenntnisses.

§ 146. (1) Das Zollamt Österreich kann bei geringfügigen Finanzvergehen durch Strafverfügung Geldstrafen nach Maßgabe der Strafsätze der §§ 33 bis 37, 44 bis 46, 48 bis 48b und 51 sowie des § 91 Alkoholsteuergesetz 2022 – AlkStG 2022, BGBl. I Nr. 227/2021 und des § 11 Mineralölsteuergesetz 2022 – MinStG 2022, BGBl. I Nr. 227/2021, jedoch nur bis zu einem Höchstausmaß von 3 000 Euro, verhängen und, soweit dies in den §§ 33, 35, 37, 44 und 46 sowie in § 91 AlkStG 2022 und in § 11 MinStG 2022 vorgesehen ist, den Verfall aussprechen (vereinfachte Strafverfügung). Eine solche Strafverfügung darf nur erlassen werden, wenn sich der Beschuldigte nach Bekanntgabe der in Aussicht genommenen Strafe mit der Erlassung der vereinfachten Strafverfügung einverstanden erklärt und auf die Erhebung eines Einspruchs schriftlich verzichtet. Ein Einspruchsverzicht kann binnen drei Tagen schriftlich oder zur Niederschrift widerrufen werden. Kosten des Strafverfahrens sind nicht zu ersetzen.(BGBl I 2019/104, BGBl I 2022/108)

(2) Als geringfügige Finanzvergehen gelten:

1. Finanzordnungswidrigkeiten nach § 51;
2. die Finanzvergehen nach den §§ 33, 35 und 37 Abs. 1, sofern der strafbestimmende Wertbetrag oder die Summe der strafbestimmenden Wertbeträge (§ 53 Abs. 1) 1 500 Euro nicht übersteigt; als strafbestimmender Wertbetrag hat der auf die Ware entfallende Abgabenbetrag oder der hinterzogene Abgabenbetrag zu gelten;
3. die Finanzvergehen nach den §§ 34, 36, 37 Abs. 3 und 44 bis 46, sofern der strafbestimmende Wertbetrag oder die Summe der strafbestimmenden Wertbeträge (§ 53 Abs. 1) 3 000 Euro nicht übersteigt; als strafbestimmender Wertbetrag hat der auf die Ware entfallende Abgabenbetrag oder der verkürzte Abgabenbetrag bzw. das Einfache der Bemessungsgrundlage gemäß § 44 Abs. 2 zu gelten;
4. die Finanzvergehen nach den §§ 48 und 48a, sofern durch die Tat weder Abgaben hinterzogen noch verkürzt wurden;
5. das Finanzvergehen nach § 48b, sofern die Barmittel den Betrag von 30 000 Euro nicht übersteigen;
6. die Finanzvergehen nach § 91 AlkStG 2022 und § 11 MinStG 2022, sofern die hinterzogenen Abgaben den Betrag von 1 500 Euro oder die verkürzten Abgaben den Betrag von 3 000 Euro nicht übersteigen.

(BGBl I 2015/163, BGBl I 2022/108)

F. Verfahren gegen Personen unbekannten Aufenthaltes

§ 147. Ist der Aufenthalt einer Person, die eines Finanzvergehens verdächtig ist, unbekannt, so hat die Finanzstrafbehörde dennoch den für die Erledigung der Strafsache maßgeblichen Sachverhalt von Amts wegen festzustellen und den Verdächtigen auszuforschen. Eine mündliche Verhandlung darf aber nur durchgeführt werden, wenn feststeht, daß der Verdächtige von der Einleitung des Strafverfahrens oder einer anderen gegen ihn gerichteten Verfolgungshandlung (§ 14 Abs. 3) persönlich Kenntnis erlangt hat. Wenn die Wichtigkeit der Sache es erfordert, so hat die Finanzstrafbehörde durch ein in ihrem Amtsbereich gelegenes Bezirksgericht einen Kurator bestellen zu lassen. Dieser Kurator hat im

Verfahren die Rechte und rechtlichen Interessen des Beschuldigten wahrzunehmen. Seine Kosten sind vom Beschuldigten zu tragen. In diesem Verfahren sind im übrigen die Bestimmungen dieses Unterabschnittes anzuwenden.

G. Selbständiges Verfahren

§ 148. Soll gemäß § 18 im selbständigen Verfahren auf Verfall erkannt werden, so sind die Verfahrensbestimmungen dieses Unterabschnittes, mit Ausnahme des § 147, sinngemäß anzuwenden. Die mündliche Verhandlung hat jedoch zu unterbleiben, wenn die Fällung des Erkenntnisses nicht dem Spruchsenat obliegt.

H. Abgesondertes Verfahren

§ 149. (1) Ein abgesondertes Verfahren ist durchzuführen

a) von Amts wegen oder auf Antrag eines Nebenbeteiligten, wenn dessen Zuziehung gemäß § 122 Abs. 2 unterblieben ist,

b) auf Antrag eines Verfallsbeteiligten, wenn dieser dem Verfahren, in welchem auf Verfall erkannt wurde, ohne sein Verschulden nicht zugezogen war,

c) von Amts wegen in den Fällen des § 145 Abs. 2 letzter Satz.

(2) In den Fällen des Abs. 1 lit. a ist die gemäß § 122 Abs. 2 vorbehaltene Entscheidung zu fällen.

(3) In den Fällen des Abs. 1 lit. b und c ist über die Rechte des Verfallsbeteiligten und über die Inanspruchnahme des Haftungsbeteiligten zu entscheiden. Wird der Verfall aufgehoben oder ein Pfand- oder Zurückbehaltungsrecht anerkannt, so ist auf den vom Bestraften zu leistenden Wertersatz zu erkennen. Andernfalls ist auszusprechen, daß der verfallsbeteiligte Eigentümer den Verfall gegen sich gelten zu lassen habe oder daß die Pfand- oder Zurückbehaltungsrechte nicht anerkannt werden.

(4) Für das abgesonderte Verfahren gelten die Bestimmungen dieses Unterabschnittes mit der Maßgabe, daß die Entscheidung mit Bescheid zu ergehen hat. Der Bestrafte des vorangegangenen Verfahrens hat die Stellung eines Beschuldigten.

(5) Nach Ablauf von drei Jahren, von der Rechtskraft der Entscheidung im vorangegangenen Verfahren an gerechnet, ist ein Antrag auf Durchführung des abgesonderten Verfahrens nicht mehr zulässig.

VII. Hauptstück
Beschwerde; Wiederaufnahme des Verfahrens, Wiedereinsetzung in den vorigen Stand

A. Beschwerde

1. Allgemeines

§ 150. (1) Rechtsmittel im Finanzstrafverfahren ist die Beschwerde an das Bundesfinanzgericht.

(2) Die Rechtsmittelfrist beträgt einen Monat. Sie beginnt mit der Zustellung des angefochtenen Erkenntnisses oder sonstigen Bescheides, bei Beschwerden gegen die Ausübung unmittelbarer finanzstrafbehördlicher Befehls- und Zwangsgewalt mit deren Kenntnis, sofern der Beschwerdeführer aber durch den Verwaltungsakt behindert war, von seinem Beschwerderecht Gebrauch zu machen, ab dem Wegfall dieser Behinderung.

(3) Die Beschwerde ist bei der Behörde einzubringen, die das angefochtene Erkenntnis (den Bescheid) erlassen hat oder deren Säumigkeit behauptet wird. Sie gilt auch als rechtzeitig eingebracht, wenn sie innerhalb der Beschwerdefrist beim Bundesfinanzgericht eingebracht worden ist. Dies gilt für eine Beschwerde gegen die Ausübung unmittelbarer finanzstrafbehördlicher Befehls- und Zwangsgewalt sinngemäß; eine solche Beschwerde kann auch bei der Finanzstrafbehörde eingebracht werden, in deren Bereich der angefochtene Verwaltungsakt gesetzt worden ist. Die Einbringung bei einer anderen Stelle gilt, sofern nicht § 140 Abs. 4 anzuwenden ist, nur dann als rechtzeitig, wenn die Beschwerde noch vor Ablauf der Beschwerdefrist einer zuständigen Behörde oder dem Bundesfinanzgericht zukommt.

(4) Wurde ein Erkenntnis mündlich verkündet, so ist die Erhebung einer Beschwerde dagegen innerhalb einer Woche bei der Behörde, die das anzufechtende Erkenntnis erlassen hat, schriftlich oder mündlich zu Protokoll anzumelden. Eine angemeldete Beschwerde ist innerhalb der Frist gemäß Abs. 2 einzubringen. Eine nicht oder verspätet angemeldete Beschwerde ist zurückzuweisen, es sei denn, sie wurde von einer gemäß § 151 Abs. 1 berechtigten Person eingebracht, die bei der mündlichen Verhandlung weder anwesend noch vertreten war.

§ 151. (1) Zur Erhebung einer Beschwerde gegen Erkenntnisse sind berechtigt:

a) der Beschuldigte, soweit das Erkenntnis nicht auf Einstellung lautet;

b) wenn das Erkenntnis von einem Spruchsenat gefällt worden ist, auch der Amtsbeauftragte;

c) wenn der Spruch Feststellungen oder Entscheidungen der im § 138 Abs. 2 lit. f bis i bezeichneten Art enthält, auch die hievon betroffenen Nebenbeteiligten.

(2) Die rechtzeitig eingebrachte Beschwerde gegen Erkenntnisse hat aufschiebende Wirkung, ausgenommen in den Fällen der gemäß § 142 Abs. 1 wegen Fluchtgefahr verhängten Haft.

§ 152. (1) Eine Beschwerde gegen alle sonstigen im Finanzstrafverfahren ergehenden Bescheide sowie gegen die Ausübung unmittelbarer finanzstrafbehördlicher Befehls- und Zwangsgewalt ist zulässig, soweit nicht ein Rechtsmittel für unzulässig erklärt ist. Gegen das Verfahren betreffende Anordnungen ist, soweit nicht ein Rechtsmittel für zulässig erklärt ist, eine abgesonderte Beschwerde nicht zulässig; sie können erst mit einer Beschwerde gegen das das Verfahren abschließende Erkenntnis (Bescheid) angefochten werden. Zur Erhebung der Beschwerde ist derjenige berechtigt, an den der angefochtene Bescheid ergangen ist oder der behauptet, durch die Ausübung unmittelbarer finanzstrafbehördlicher Befehls- und Zwangsgewalt in seinen Rechten verletzt worden zu sein sowie bei einem Bescheid eines Spruchsenates oder eines Spruchsenatsvorsitzenden auch der Amtsbeauftragte.

(2) Der Beschwerde nach Abs. 1 kommt eine aufschiebende Wirkung kraft Gesetzes nicht zu. Die Behörde, deren Bescheid angefochten wird, hat jedoch auf Antrag des Beschwerdeführers die aufschiebende Wirkung zuzuerkennen, wenn durch die Vollziehung des Bescheides ein nicht wieder gutzumachender Schaden eintreten würde und nicht öffentliche Rücksichten die sofortige Vollziehung gebieten. Gegen die Verweigerung der aufschiebenden Wirkung ist eine abgesonderte Beschwerde nicht zulässig; bei Bescheiden eines Spruchsenatsvorsitzenden entscheidet dieser über den Antrag.

(3) Eine Beschwerde wegen Verletzung der Entscheidungspflicht (Säumnisbeschwerde) nach Art. 130 Abs. 1 Z 3 B-VG ist nur zulässig, wenn über Anträge, die dieses Bundesgesetz im verwaltungsbehördlichen Finanzstrafverfahren vorsieht, innerhalb von sechs Monaten nicht entschieden worden ist. Die Frist läuft von dem Tag, an dem der Antrag bei der zuständigen Finanzstrafbehörde eingelangt ist. Das Bundesfinanzgericht hat der säumigen Finanzstrafbehörde aufzutragen, innerhalb einer Frist bis zu drei Monaten über den Antrag zu entscheiden und dem Bundesfinanzgericht den Bescheid oder die entsprechenden Aktenteile in Kopie vorzulegen oder anzugeben, warum eine Verletzung der Entscheidungspflicht nicht vorliegt. Die Frist kann einmal verlängert werden, wenn die Finanzstrafbehörde das Vorliegen von in der Sache gelegenen Gründen nachzuweisen vermag, die eine fristgerechte Erlassung des Bescheides oder Vornahme der Verfahrenshandlung unmöglich machen. Ist die Finanzstrafbehörde innerhalb der gesetzten Frist tätig geworden, ist das Verfahren über die Säumnisbeschwerde einzustellen, andernfalls geht die Zuständigkeit zur Entscheidung über den nicht erledigten Antrag auf das Bundesfinanzgericht über.

§ 153. (1) Die Beschwerde gegen Erkenntnisse (Bescheide) hat zu enthalten:

a) die Bezeichnung des Erkenntnisses (Bescheides), gegen das sie sich richtet;
b) die Erklärung, in welchen Punkten das Erkenntnis (der Bescheid) angefochten wird;
c) die Erklärung, welche Änderungen beantragt werden;
d) eine Begründung;
e) wenn neue Tatsachen oder neue Beweismittel vorgebracht werden, deren Bezeichnung.

(2) Beschwerden des Amtsbeauftragten sind in so vielen Ausfertigungen einzubringen, daß auch jedem Beschuldigten und Nebenbeteiligten des Verfahrens eine Ausfertigung zugestellt werden kann.

(3) Die Beschwerde gegen die Ausübung unmittelbarer finanzstrafbehördlicher Befehls- und Zwangsgewalt hat zu enthalten:

a) die Bezeichnung des angefochtenen Verwaltungsaktes;
b) soweit dies zumutbar ist, eine Angabe darüber, welches Organ den angefochtenen Verwaltungsakt gesetzt hat;
c) den Sachverhalt;
d) die Gründe, auf die sich die Behauptung der Rechtswidrigkeit stützt;
e) das Begehren, den angefochtenen Verwaltungsakt für rechtswidrig zu erklären;
f) die Angaben, die zur Beurteilung der fristgerechten Einbringung der Beschwerde erforderlich sind.

(4) Die Säumnisbeschwerde hat zu enthalten:

a) die Bezeichnung der Behörde, deren Entscheidung in der Rechtssache verlangt wurde;
b) den Sachverhalt;
c) die bestimmte Bezeichnung des Rechtes, in dem der Beschwerdeführer verletzt zu sein behauptet;
d) ein bestimmtes Begehren;
e) die Glaubhaftmachung, dass die sechsmonatige Frist (§ 152 Abs. 3) abgelaufen ist.

§ 154. Ein Rechtsmittel ist nicht mehr zulässig, wenn nach Verkündung oder Zustellung des Erkenntnisses (Bescheides) ausdrücklich auf ein Rechtsmittel verzichtet wurde. Der Verzicht ist der Behörde, die das Erkenntnis (den Bescheid) erlassen hat, schriftlich bekanntzugeben oder zu Protokoll zu erklären. Wurde der Verzicht nicht von einem berufsmäßigen Parteienvertreter oder im Beisein eines solchen abgegeben, so kann er binnen drei Tagen schriftlich oder zur Niederschrift widerrufen werden.

§ 155. Rechtsmittel können ganz oder teilweise zurückgenommen werden. Die Zurücknahme ist bis zur Unterzeichnung der Rechtsmittelentscheidung, falls aber mündlich verhandelt wird, bis zum Schluß der mündlichen Verhandlung zulässig. Die Zurücknahme ist schriftlich bekanntzugeben oder zu Protokoll zu erklären. Sie hat für den Rechtsmittelwerber im Umfang der Zurücknahme den Verlust des Rechtsmittels zur Folge.

2. Beschwerdeverfahren

§ 156. (1) Die Finanzstrafbehörde hat eine Beschwerde, die gegen ein von ihr erlassenes Erkenntnis (einen Bescheid) oder gegen die Ausübung unmittelbarer finanzstrafbehördlicher Befehls- und Zwangsgewalt oder wegen Verletzung der Entscheidungspflicht eingebracht worden ist, durch Bescheid zurückzuweisen, wenn die Beschwerde nicht zulässig ist oder nicht fristgerecht eingebracht wurde.

(2) Wenn eine Beschwerde nicht den im § 153 umschriebenen Erfordernissen entspricht oder wenn sie ein Formgebrechen aufweist, so hat die Finanzstrafbehörde dem Beschwerdeführer die Be-

hebung der Mängel mit dem Hinweis aufzutragen, dass die Beschwerde nach fruchtlosem Ablauf einer gleichzeitig zu bestimmenden angemessenen Frist als zurückgenommen gilt.

(3) Liegt ein Anlass zur Zurückweisung nach Abs. 1 oder zur Erteilung eines Auftrages nach Abs. 2 nicht vor oder sind etwaige Formgebrechen oder inhaltliche Mängel behoben, so ist die Beschwerde ungesäumt dem Bundesfinanzgericht unter Anschluss eines Vorlageberichtes vorzulegen. Der Vorlagebericht hat jedenfalls eine Stellungnahme zu den im Beschwerdeverfahren strittigen Tat- und Rechtsfragen sowie allfällige Anträge der Finanzstrafbehörde zu enthalten. Ausfertigungen der Beschwerde des Amtsbeauftragten (§ 153 Abs. 2) sind dem Beschuldigten und den gemäß § 122 dem Verfahren zugezogenen Nebenbeteiligten zuzustellen.

(4) Das Bundesfinanzgericht hat zunächst zu prüfen, ob ein von der Finanzstrafbehörde nicht aufgegriffener Grund zur Zurückweisung oder für einen Auftrag zur Mängelbehebung vorliegt, und hat erforderlichenfalls selbst sinngemäß nach den Abs. 1 und 2 mit Beschluss vorzugehen.

(5) Die Bestimmungen der Abs. 1 bis 4 gelten sinngemäß für Beschwerden gegen Bescheide des Bundesministeriums für Finanzen.

§ 157. Soweit für das Beschwerdeverfahren nicht besondere Regelungen getroffen werden, sind die für das verwaltungsbehördliche Finanzstrafverfahren geltenden Bestimmungen sinngemäß anzuwenden. Das Bundesfinanzgericht hat insoweit dieselben Befugnisse wie die Finanzstrafbehörden. Über Ersatzansprüche von Zeugen, Dolmetschern und Sachverständigen entscheidet der Einzelrichter, in Senatsverfahren der Vorsitzende. Für die vom Bundesfinanzgericht mit Beschluss festzusetzenden Zwangs-, Ordnungs- und Mutwillensstrafen sowie deren Einhebung und zwangsweise Einbringung gilt § 287 BAO sinngemäß. Die Bestimmung des § 131 ist mit der Maßgabe sinngemäß anzuwenden, dass die fachkundigen Laienrichter ihre Stimmen in alphabetischer Reihenfolge abgeben.

(BGBl I 2015/163)

§ 158. Das Bundesfinanzgericht kann eine Finanzstrafbehörde um Amtshilfe ersuchen. Beweisaufnahmen, die schon im verwaltungsbehördlichen Verfahren durchgeführt worden sind, müssen im Beschwerdeverfahren nur wiederholt werden, sofern dies zur Ermittlung des wahren Sachverhaltes notwendig ist.

§ 159. Die Bestellung des Amtsbeauftragten gemäß § 124 Abs. 2 gilt auch für das Beschwerdeverfahren. Ist die Bestellung eines anderen Amtsbeauftragten erforderlich oder zweckmäßig oder ist noch kein Amtsbeauftragter bestellt worden, so hat der Vorstand der Finanzstrafbehörde anlässlich der Vorlage der Beschwerde an das Bundesfinanzgericht einen Amtsbeauftragten für das Beschwerdeverfahren zu bestellen. Ist das Bundesministerium für Finanzen belangte Behörde, so ist dieses Partei im Beschwerdeverfahren, ein Amtsbeauftragter ist diesfalls nicht zu bestellen.

(BGBl I 2018/62)

§ 160. (1) Über Beschwerden ist nach vorangegangener mündlicher Verhandlung zu entscheiden, es sei denn, die Beschwerde ist zurückzuweisen oder der angefochtene Bescheid bereits aufgrund der Aktenlage, das Verfahren einzustellen aufzuheben oder es ist nach § 161 Abs. 4 vorzugehen.

(BGBl I 2015/163)

(2) Das Bundesfinanzgericht kann von der Durchführung einer mündlichen Verhandlung absehen, wenn

a) in der Beschwerde nur eine unrichtige rechtliche Beurteilung behauptet wird oder
b) nur die Höhe der Strafe bekämpft wird oder
c) im angefochtenen Bescheid eine 500 Euro nicht übersteigende Geldstrafe verhängt wurde oder
d) sich die Beschwerde nicht gegen ein Erkenntnis richtet

und keine Partei die Durchführung einer mündlichen Verhandlung in der Beschwerde beantragt hat. Ein solcher Antrag kann nur mit Zustimmung der anderen Parteien zurückgezogen werden.

(3) Das Bundesfinanzgericht kann von der Durchführung oder Fortsetzung einer mündlichen Verhandlung absehen, wenn die Parteien ausdrücklich darauf bis zum Beginn der (fortgesetzten) Verhandlung verzichten.

(4) Die mündliche Verhandlung ist öffentlich. Die Öffentlichkeit ist unter den Voraussetzungen des § 127 Abs. 2 auszuschließen. Die §§ 127 Abs. 4 und 134 sind sinngemäß anzuwenden.

(5) Unterbleibt nach Abs. 2 oder 3 eine mündliche Verhandlung vor einem Senat für Finanzstrafrecht beim Bundesfinanzgericht, kann der Vorsitzende die Beratung und Beschlussfassung des Senates unter Verwendung geeigneter technischer Kommunikationsmittel veranlassen. Der Vorsitzende kann außerdem die Beratung und Beschlussfassung durch die Einholung der Zustimmung der anderen Senatsmitglieder zu einem Entscheidungsentwurf im Umlaufwege ersetzen, wenn keines dieser Mitglieder widerspricht.

(BGBl I 2022/108)

3. Entscheidungen über Beschwerden

§ 161. (1) Das Bundesfinanzgericht hat, sofern die Beschwerde nicht gemäß § 156 mit Beschluss zurückzuweisen ist, grundsätzlich in der Sache selbst mit Erkenntnis zu entscheiden. Es ist berechtigt, sowohl im Spruch als auch hinsichtlich der Begründung des Erkenntnisses seine Anschauung an die Stelle jener der Finanzstrafbehörde zu setzen und das angefochtene Erkenntnis (den Bescheid) abzuändern oder aufzuheben, den angefochtenen Verwaltungsakt für rechtswidrig zu erklären oder die Beschwerde als unbegründet abzuweisen.

(2) Anerkennt das Bundesfinanzgericht das Eigentumsrecht eines Verfallsbeteiligten, so ist

der Verfall aufzuheben und auf den vom Täter, von den anderen an der Tat Beteiligten und vom Hehler zu leistenden Wertersatz zu erkennen, wobei diesen Personen die Stellung eines Beschuldigten zukommt, auch wenn sie selbst keine Beschwerde erhoben haben; werden Pfand- oder Zurückbehaltungsrechte anerkannt, so ist gleichfalls auf Wertersatz zu erkennen.

(3) Eine Änderung des angefochtenen Erkenntnisses zum Nachteil des Beschuldigten oder der Nebenbeteiligten ist nur bei Anfechtung durch den Amtsbeauftragten zulässig. Überzeugt sich das Bundesfinanzgericht aus Anlass der Beschwerde, dass zum Nachteil eines anderen Beschuldigten oder Nebenbeteiligten, welcher keine Beschwerde eingebracht hat, das Gesetz unrichtig angewendet wurde, so hat es so vorzugehen, als wäre auch von diesen Personen eine Beschwerde eingebracht worden.

(4) Das Bundesfinanzgericht kann auch die Aufhebung des angefochtenen Erkenntnisses (Bescheides) unter Zurückverweisung der Sache an die Finanzstrafbehörde mit Beschluss verfügen, wenn es umfangreiche Ergänzungen des Untersuchungsverfahrens für erforderlich hält; die Finanzstrafbehörde ist im weiteren Verfahren an die in dem zurückverweisenden Beschluss niedergelegte Rechtsanschauung gebunden. Für das neue verwaltungsbehördliche Erkenntnis gelten die Abs. 2 und 3 sinngemäß.

(5) Säumnisbeschwerden sind mit Erkenntnis abzuweisen, wenn die Verspätung nicht auf ein überwiegendes Verschulden der Finanzstrafbehörde zurückzuführen ist.

§ 162. (1) Erkenntnisse des Bundesfinanzgerichtes haben im Namen der Republik zu ergehen.

(2) Die Urschrift und die Ausfertigung eines Erkenntnisses oder Beschlusses haben soweit zutreffend zu enthalten:

a) den Namen des Richters; wenn eine mündliche Verhandlung stattgefunden hat, die Namen des Verhandlungsleiters und des Schriftführers; bei Entscheidungen eines Senates auch die Namen des Senatsvorsitzenden, der übrigen Senatsmitglieder und des Amtsbeauftragten;

b) Vor- und Zunamen des Beschwerdeführers; den Namen seines Verteidigers (Bevollmächtigten);

c) die Bezeichnung des angefochtenen Bescheides oder des sonstigen angefochtenen Verwaltungsaktes;

d) den Spruch;

e) die Begründung;

f) die Zahlungsaufforderung;

g) im Verfahren vor einem Senat die Unterschrift des Vorsitzenden, in den übrigen Fällen die Unterschrift des Mitgliedes des Bundesfinanzgerichtes, das die Rechtsmittelentscheidung erlassen hat; an die Stelle der Unterschrift kann die Beglaubigung der Kanzlei treten, dass die Ausfertigung mit der Urschrift übereinstimmt und diese die eigenhändig beigesetzte Unterschrift aufweist; Ausfertigungen in Form von elektronischen Dokumenten müssen an Stelle der Unterschrift oder Beglaubigung mit einer Amtssignatur (§ 19 E-Government-Gesetz) versehen sein; Ausfertigungen in Form von Ausdrucken von mit einer Amtssignatur versehenen elektronischen Dokumenten oder von Kopien solcher Ausdrucke brauchen keine weiteren Voraussetzungen erfüllen;

(BGBl I 2018/62)

h) das Datum der mündlichen Verkündung, sonst das Datum der Unterfertigung.

(BGBl I 2018/62)

(3) Der Spruch hat die Entscheidung in der Sache und die Entscheidung über die Kosten oder die Aufhebung des angefochtenen Erkenntnisses (Bescheides) unter Zurückverweisung der Sache an die Finanzstrafbehörde oder die Aufhebung der Entscheidung wegen Unzuständigkeit der Finanzstrafbehörde sowie den Ausspruch über die Zulässigkeit einer Revision an den Verwaltungsgerichtshof zu enthalten. Im Übrigen gelten für den Spruch, die Begründung und die Zahlungsaufforderung die §§ 138 und 139 sowie § 140 Abs. 5 sinngemäß.

(4) Ausfertigungen von Erkenntnissen haben eine Belehrung über die Möglichkeit der Erhebung einer Beschwerde an den Verfassungsgerichtshof und einer ordentlichen oder außerordentlichen Revision an den Verwaltungsgerichtshof zu enthalten. Das Verwaltungsgericht hat ferner hinzuweisen:

a) auf die bei der Einbringung einer solchen Beschwerde bzw. Revision einzuhaltenden Fristen;

b) auf die gesetzlichen Erfordernisse der Einbringung einer solchen Beschwerde bzw. Revision durch einen bevollmächtigten Rechtsanwalt (bei Beschwerden) bzw. durch einen bevollmächtigten Rechtsanwalt oder Wirtschaftstreuhänder (bei Revisionen);

c) auf die für eine solche Beschwerde bzw. Revision zu entrichtenden Eingabengebühren.

§ 163. (1) Das Erkenntnis des Bundesfinanzgerichtes ist schriftlich auszufertigen. Ausfertigungen sind dem Amtsbeauftragten des Beschwerdeverfahrens, der Finanzstrafbehörde als der belangten Behörde des Beschwerdeverfahrens, dem Beschuldigten und den gemäß § 122 dem Verfahren zugezogenen Nebenbeteiligten zuzustellen. Ist das Bundesministerium für Finanzen belangte Behörde, so sind Ausfertigungen des Erkenntnisses diesem sowie dem Beschwerdeführer zuzustellen.

(BGBl I 2019/91)

(2) § 141 Abs. 2 gilt entsprechend.

§ 164. (aufgehoben)

B. Wiederaufnahme des Verfahrens und Wiedereinsetzung in den vorigen Stand

1. Wiederaufnahme des Verfahrens

§ 165. (1) Die Wiederaufnahme eines durch Erkenntnis (Bescheid, Rechtsmittelentscheidung) abgeschlossenen Finanzstrafverfahrens ist auf Antrag oder von Amts wegen zu verfügen, wenn ein ordentliches Rechtsmittel gegen die Entscheidung nicht oder nicht mehr zulässig ist und

a) die Entscheidung durch Fälschung einer Urkunde, falsches Zeugnis oder eine andere gerichtlich strafbare Tat herbeigeführt oder sonstwie erschlichen worden ist oder

b) Tatsachen oder Beweismittel neu hervorkommen, die im abgeschlossenen Verfahren nicht geltend gemacht werden konnten, oder

c) die Entscheidung von Vorfragen abhängig war und nachträglich über eine solche Vorfrage von der hiefür zuständigen Behörde (Gericht) in wesentlichen Punkten anders entschieden wurde oder

d) der Abgabenbetrag, der der Ermittlung des strafbestimmenden Wertbetrages zugrunde gelegt wurde, nachträglich nach den Bestimmungen des Abgabenverfahrens geändert wurde oder

e) die strafbefreiende Wirkung einer Selbstanzeige gemäß § 29 Abs. 2 außer Kraft getreten ist

und die Kenntnis dieser Umstände allein oder in Verbindung mit dem sonstigen Ergebnis des Verfahrens voraussichtlich eine im Spruch anders lautende Entscheidung herbeigeführt hätte.

(2) In den Fällen des Abs. 1 lit. b bis d darf die Wiederaufnahme des Verfahrens von Amts wegen nur verfügt werden, wenn das abgeschlossene Verfahren durch Einstellung beendet worden ist.

(3) Antragsberechtigt sind die Beschuldigten und die Nebenbeteiligten des abgeschlossenen Finanzstrafverfahrens, die letzteren jedoch nur, wenn der Spruch der Entscheidung Feststellungen der im § 138 Abs. 2 lit. f bis h bezeichneten Art enthält. Wurde das Verfahren durch ein Erkenntnis eines Spruchsenates oder eine Beschwerdeentscheidung des Bundesfinanzgerichtes abgeschlossen, so steht auch dem Amtsbeauftragten das Recht zu, eine Wiederaufnahme unter den Voraussetzungen des Abs. 2 zu beantragen.

(4) Der Antrag auf Wiederaufnahme ist innerhalb von drei Monaten von dem Zeitpunkt an, in dem der Antragsteller nachweislich von dem Wiederaufnahmsgrund Kenntnis erlangt hat, bei der Finanzstrafbehörde einzubringen, die im abgeschlossenen Verfahren die Entscheidung erlassen hat. Falls das Bundesfinanzgericht die das Verfahren abschließende Entscheidung erlassen hat, ist der Antrag auf Wiederaufnahme innerhalb der im ersten Satz genannten Frist bei diesem einzubringen.

(5) Dem Antrag auf Wiederaufnahme kommt eine aufschiebende Wirkung kraft Gesetzes nicht zu. Die Behörde, die über den Antrag zu entscheiden hat, hat diesem jedoch die aufschiebende Wirkung zuzuerkennen, wenn durch die Vollziehung der im abgeschlossenen Verfahren ergangenen Entscheidung ein nicht wiedergutzumachender Schaden eintreten würde und nicht öffentliche Rücksichten die sofortige Vollziehung gebieten. Obliegt dem Bundesfinanzgericht die Entscheidung über den Antrag, so hat dieses über die aufschiebende Wirkung mit Beschluss zu erkennen.

(6) Sind seit der Rechtskraft der Entscheidung im abgeschlossenen Verfahren die im § 31 Abs. 2 genannten Fristen verstrichen, so ist die Einbringung eines Antrages auf Wiederaufnahme oder die Wiederaufnahme des Verfahrens von Amts wegen ausgeschlossen. Im übrigen steht ein Ablauf der Verjährungsfrist nach Rechtskraft der Entscheidung im abgeschlossenen Verfahren einer Bestrafung im wiederaufgenommenen Verfahren nicht entgegen.

§ 166. (1) Die Entscheidung über die Wiederaufnahme steht der Finanzstrafbehörde zu, die die Entscheidung im abgeschlossenen Verfahren gefällt hat. Die Entscheidung über die Wiederaufnahme steht dem Bundesfinanzgericht mit Beschluss zu, wenn dieses die das Verfahren abschließende Entscheidung gefällt hat.

(2) In dem die Wiederaufnahme bewilligenden oder anordnenden Bescheid oder Beschluss ist auszusprechen, inwieweit das Verfahren wiederaufzunehmen ist. Durch diesen Bescheid oder Beschluss wird der weitere Rechtsbestand der Entscheidung des abgeschlossenen Verfahrens nicht berührt. Die die Wiederaufnahme verfügende Finanzstrafbehörde oder das die Wiederaufnahme verfügende Bundesfinanzgericht hat jedoch die Vollziehung der im abgeschlossenen Verfahren ergangenen Entscheidung auszusetzen, wenn durch sie ein nicht wiedergutzumachender Schaden eintreten würde und nicht öffentliche Rücksichten die sofortige Vollziehung gebieten. Gegen die Verfügung der Wiederaufnahme ist eine Beschwerde oder Revision nicht zulässig.

(3) Durch die Wiederaufnahme tritt die Strafsache, wenn über sie bereits durch das Bundesfinanzgericht abgesprochen wurde, in den Stand des Beschwerdeverfahrens, in allen übrigen Fällen in den Stand des Untersuchungsverfahrens zurück. Frühere Erhebungen und Beweisaufnahmen, die durch die Wiederaufnahmsgründe nicht betroffen werden, sind nicht zu wiederholen.

(4) Im wiederaufgenommenen Verfahren ist unter gänzlicher oder teilweiser Aufhebung der früheren Entscheidung insoweit in der Sache selbst zu entscheiden, als die frühere Entscheidung nicht mehr für zutreffend befunden wird. Kommt eine Entscheidung in der Sache selbst nicht in Betracht, so ist das wiederaufgenommene Verfahren durch Bescheid, im Verfahren vor dem Bundesfinanzgericht durch Beschluss einzustellen.

(5) Wird im wiederaufgenommenen Verfahren das Eigentumsrecht eines Verfallsbeteiligten anerkannt, so ist der Verfall aufzuheben und auf den vom Täter, von den anderen an der Tat Beteiligten

und vom Hehler zu leistenden Wertersatz zu erkennen; werden Pfand- oder Zurückbehaltungsrechte anerkannt, so ist gleichfalls auf Wertersatz zu erkennen.

(6) Ist die Wiederaufnahme des Verfahrens über Antrag bewilligt worden, so darf die Entscheidung im wiederaufgenommenen Verfahren nicht ungünstiger lauten als die Entscheidung des früheren Verfahrens. Überzeugt sich die Finanzstrafbehörde oder das Bundesfinanzgericht aus Anlass der Wiederaufnahme, dass auch ein anderer Beschuldigter oder Nebenbeteiligter antragsberechtigt gewesen wäre (§ 165 Abs. 3), so hat es so vorzugehen, als wäre auch von diesen Personen ein Antrag auf Wiederaufnahme des Verfahrens eingebracht worden.

2. Wiedereinsetzung in den vorigen Stand

§ 167. (1) Gegen die Versäumung einer Frist oder einer mündlichen Verhandlung ist auf Antrag des Beschuldigten oder der Nebenbeteiligten eines anhängigen oder abgeschlossenen Finanzstrafverfahrens die Wiedereinsetzung in den vorigen Stand zu bewilligen, wenn der Antragsteller durch die Versäumung einen Rechtsnachteil erleidet und glaubhaft macht, daß er durch ein unvorhergesehenes oder unabwendbares Ereignis verhindert war, die Frist einzuhalten oder zur Verhandlung zu erscheinen. Daß dem Beschuldigten oder dem Nebenbeteiligten ein Verschulden an der Versäumung zur Last liegt, hindert die Bewilligung der Wiedereinsetzung nicht, wenn es sich nur um einen minderen Grad des Versehens handelt.

(2) Der Antrag auf Wiedereinsetzung muss binnen Monatsfrist nach Aufhören des Hindernisses bei der Finanzstrafbehörde oder beim Bundesfinanzgericht gestellt werden, je nachdem, ob die Frist bei der Finanzstrafbehörde oder beim Bundesfinanzgericht wahrzunehmen war oder dort die Verhandlung stattfinden sollte. Diese sind auch jeweils zur Entscheidung über den Antrag berufen. Das Bundesfinanzgericht entscheidet mit Beschluss. War die Frist beim Spruchsenat wahrzunehmen oder sollte die Verhandlung vor dem Spruchsenat stattfinden, entscheidet der Vorsitzende des Spruchsenates über den Wiedereinsetzungsantrag.

(3) Im Fall der Versäumung einer Frist hat der Antragsteller die versäumte Handlung gleichzeitig mit dem Wiedereinsetzungsantrag nachzuholen.

(4) Die Behörde, die über den Wiedereinsetzungsantrag zu entscheiden hat, kann diesem aufschiebende Wirkung beilegen.

(5) Der Wiedereinsetzungsantrag kann nicht auf Umstände gestützt werden, die schon früher für unzureichend befunden worden sind, um die Verlängerung der versäumten Frist oder die Verlegung der versäumten Verhandlung zu bewilligen.

§ 168. (1) Durch die Bewilligung der Wiedereinsetzung tritt das Verfahren in die Lage zurück, in der es sich vor dem Eintreten der Versäumung befunden hat.

(2) Durch den Antrag auf Wiedereinsetzung gegen die Versäumung einer mündlichen Verhandlung wird die Frist zur Anfechtung des infolge der Versäumung erlassenen Erkenntnisses nicht verlängert.

(3) Ist Wiedereinsetzung wegen Versäumung einer mündlichen Verhandlung beantragt und gegen das Erkenntnis Beschwerde eingelegt, so ist auf die Erledigung der Beschwerde erst einzugehen, wenn der Antrag auf Wiedereinsetzung zurückgewiesen oder abgewiesen worden ist.

(4) Nach Ablauf eines Jahres, vom Ende der versäumten Frist oder vom Zeitpunkt der versäumten Verhandlung an gerechnet, ist ein Antrag auf Wiedereinsetzung nicht mehr zulässig.

C. Besondere Bestimmungen

§ 169. Die Finanzstrafbehörde, vertreten durch den Amtsbeauftragten, kann gegen eine Entscheidung des Bundesfinanzgerichtes Revision gemäß Art. 133 B-VG an den Verwaltungsgerichtshof erheben. Dies kann sowohl zugunsten als auch zum Nachteil der durch die Entscheidung Betroffenen geschehen. Die Revisionsfrist beginnt mit der Zustellung der Entscheidung an den Amtsbeauftragten zu laufen.

§ 170. (1) Die Behörde, welche die Entscheidung erlassen hat, kann bis zum Eintritt der Verjährung der Strafbarkeit in der Entscheidung unterlaufene Schreib- und Rechenfehler oder andere offenbar auf einem ähnlichen Versehen beruhende tatsächliche Unrichtigkeiten berichtigen.

(2) Die Oberbehörde kann Entscheidungen der Finanzstrafbehörden in Ausübung des Aufsichtsrechtes aus den Gründen des § 289 Abs. 1 lit. a bis d BAO aufheben. Entscheidungen der Spruchsenate oder deren Vorsitzenden dürfen in Ausübung des Aufsichtsrechtes nicht aufgehoben werden.

(3) Die Senate des Bundesfinanzgerichtes oder ein Richter des Bundesfinanzgerichtes können eine von ihnen erlassene Entscheidung unbeschadet der sich aus Abs. 1 ergebenden Befugnisse aus den Gründen des § 289 BAO ändern oder aufheben, wenn sie mit Revision beim Verwaltungsgerichtshof oder mit Beschwerde beim Verfassungsgerichtshof angefochten ist.

(4) Durch die Aufhebung einer Entscheidung tritt das Verfahren in die Lage zurück, in der es sich vor Erlassung der aufgehobenen Entscheidung befunden hat. Die Behörde, deren Entscheidung aufgehoben wurde, ist an die Rechtsansicht der aufhebenden Behörde gebunden. Eine Strafentscheidung darf jedoch für den Beschuldigten nicht nachteiliger sein als die aufgehobene Entscheidung. Maßnahmen gemäß Abs. 2 und 3 sind nur innerhalb eines Jahres nach Eintritt der Rechtskraft der Entscheidung zulässig. Auf die Ausübung der der Behörde gemäß Abs. 1 bis 3 zustehenden Rechte steht niemandem ein Anspruch zu.

VIII. Hauptstück
Fälligkeit, Einhebung, Sicherung und Einbringung der Geldstrafen und

Wertersätze; Vollziehung des Verfalles; Verwertung verfallener Gegenstände

§ 171. (1) Geldstrafen und Wertersätze werden mit Ablauf eines Monats nach Rechtskraft der Entscheidung fällig. Tritt die Fälligkeit an einem Samstag, Sonntag, gesetzlichen Feiertag, Karfreitag oder 24. Dezember ein, so gilt als Fälligkeitstag der nächste Tag, der nicht einer der vorgenannten Tage ist.

(2) Die Finanzstrafbehörde hat verfallene Gegenstände, die sich nicht in ihrer Verwahrung befinden, dem, der sie in seinem Gewahrsam hat, erforderlichenfalls auch zwangsweise abzunehmen. Die Organe des öffentlichen Sicherheitsdienstes haben hiebei über Ersuchen Unterstützung zu gewähren.

(3) Wurde neben dem Verfall auf Wertersatz erkannt, weil im Zeitpunkt der Entscheidung noch nicht feststand, ob der Verfall vollziehbar sein wird (§ 19 Abs. 2 erster Fall), so wird der Wertersatz fällig, wenn die verfallenen Gegenstände nicht in den Gewahrsam der Finanzstrafbehörde gebracht werden können. Kann nur ein Teil der verfallenen Gegenstände in den Gewahrsam der Finanzstrafbehörde gebracht werden, so hat diese durch Bescheid den Betrag zu bestimmen, der als Wertersatz für die nicht zustandegebrachten Gegenstände vom Bestraften einzuheben ist; für die Fälligkeit dieses Wertersatzes gilt Abs. 1 sinngemäß.

(4) Wurde neben dem Verfall auf Wertersatz erkannt, weil Pfand- oder Zurückbehaltungsrechte dritter Personen anerkannt worden sind (§ 19 Abs. 2 zweiter Fall), so hat die Finanzstrafbehörde die verfallenen Gegenstände zu verwerten und die gesicherten Forderungen aus dem Erlös zu befriedigen. Sind hiebei die Forderungen mehrerer Gläubiger zu befriedigen, so ist bei unzureichendem Verwertungserlös der Rang der Pfand- oder Zurückbehaltungsrechte zu berücksichtigen. Forderungen mit gleichem Rang, die im Erlös keine Deckung finden, sind im Verhältnis ihrer Höhe zu befriedigen. Der Betrag, der zur Befriedigung der gesicherten Forderungen aufgewendet worden ist, ist mit Bescheid vom Bestraften als Wertersatz einzufordern; für die Fälligkeit dieses Wertersatzes gilt Abs. 1 sinngemäß.

(5) Für die Fälligkeit von Zwangs- und Ordnungsstrafen gelten die Bestimmungen der Bundesabgabenordnung.

§ 172. (1) Die Einhebung, Sicherung und Einbringung der Geldstrafen und Wertersätze sowie der Zwangs- und Ordnungsstrafen und die Geltendmachung der Haftung obliegt den Finanzstrafbehörden, die dazu auch Amtshilfe durch Abgabenbehörden in Anspruch nehmen können. Hiebei gelten, soweit dieses Bundesgesetz nicht anderes bestimmt, die Bundesabgabenordnung und die Abgabenexekutionsordnung sinngemäß.

(2) Ein Sicherstellungsauftrag darf erst nach Einleitung des Finanzstrafverfahrens (§ 82 Abs. 3 und § 83 Abs. 3) erlassen werden.

§ 173. Stirbt der Beschuldigte vor Eintritt der Rechtskraft des Erkenntnisses (der Strafverfügung), so ist das Strafverfahren einzustellen. Stirbt der Bestrafte nach Rechtskraft des Erkenntnisses (der Strafverfügung), so geht die Verbindlichkeit zur Entrichtung von Geldstrafen, Wertersätzen und Kosten nicht auf die Erben über.

§ 174. (1) Verfallene Gegenstände sind unter sinngemäßer Anwendung der Bestimmungen der Abgabenexekutionsordnung über die Verwertung gepfändeter beweglicher Sachen zu verwerten. Sie können aber auch, wenn sie nicht nach § 171 Abs. 4 zu verwerten sind, für die Deckung des Sachaufwandes des Bundes verwendet werden. Gegenstände, die weder verwertet noch verwendet werden können, sind zu vernichten.

(2) In Grenznähe für verfallen erklärte Sachen, die raschem Verderben unterliegen, sind von Organen der Zollstellen auf kurzem Weg bestmöglich zu verwerten.

(BGBl I 2019/104)

IX. Hauptstück
Vollzug der Freiheitsstrafen (Ersatzfreiheitsstrafen)

§ 175. (1) Die Freiheitsstrafen sind in den gerichtlichen Gefangenenhäusern und in den Strafvollzugsanstalten zu vollziehen. Der Vollzug in einer Strafvollzugsanstalt ist jedoch nur in unmittelbarem Anschluß an eine gerichtliche Freiheitsstrafe und mit Zustimmung des Bestraften zulässig. Soweit dieses Bundesgesetz nicht besondere Bestimmungen enthält, sind für den Vollzug die Bestimmungen des Strafvollzugsgesetzes über den Vollzug von Freiheitsstrafen, deren Strafzeit achtzehn Monate nicht übersteigt, mit folgender Maßgabe sinngemäß anzuwenden, soweit dies nicht zu Anlaß und Dauer der Freiheitsstrafe außer Verhältnis steht:

a) §§ 31 Abs. 2, 32, 45 Abs. 1, 54 Abs. 3, 115, 127, 128, 132 Abs. 4 und 149 Abs. 1 und 4 des Strafvollzugsgesetzes sind nicht anzuwenden;

b) soweit Häftlinge eine Arbeitsvergütung zu erhalten haben, ist ihnen diese nach Abzug des Vollzugskostenbeitrages (§ 32 Abs. 2 erster Fall und Abs. 3 des Strafvollzugsgesetzes) zur Gänze als Hausgeld gutzuschreiben;

c) wird eine Freiheitsstrafe in einer Strafvollzugsanstalt vollzogen, so bleiben die im Strafvollzug gewährten Vergünstigungen und Lockerungen auch für den Vollzug der Freiheitsstrafe aufrecht.

(2) Ist eine Freiheitsstrafe zu vollziehen, so hat die Finanzstrafbehörde den auf freiem Fuß befindlichen rechtskräftig Bestraften schriftlich aufzufordern, die Strafe binnen einem Monat nach der Zustellung der Aufforderung anzutreten. Die Aufforderung hat die Bezeichnung des zuständigen gerichtlichen Gefangenenhauses (§ 9 des Strafvollzugsgesetzes) und die Androhung zu enthalten, daß der Bestrafte im Falle seines Ausbleibens vorgeführt wird. Kommt der Bestrafte dieser Aufforderung nicht nach, so hat ihn die Finanzstrafbehörde durch Anwendung unmittelbaren Zwanges zum Strafantritt vorführen zu lassen; sie ist berechtigt, hiebei die Unterstützung

der Organe des öffentlichen Sicherheitsdienstes in Anspruch zu nehmen. An Stelle der Aufforderung zum Strafantritt ist die sofortige Vorführung zu veranlassen, wenn Fluchtgefahr (§ 86 Abs. 1 lit. a und Abs. 2) besteht. Kann die Vorführung nicht vollzogen werden, weil der Bestrafte flüchtig oder sein Aufenthalt unbekannt ist, ist die Finanzstrafbehörde befugt, eine Sachenfahndung und Personenfahndung zur Festnahme zu veranlassen. Den Finanzstrafbehörden sind die erforderlichen Daten aus der von den Sicherheitsbehörden geführten zentralen Informationssammlung zu übermitteln.

(3) Die Finanzstrafbehörde hat zugleich den Leiter des zuständigen gerichtlichen Gefangenenhauses oder der Strafvollzugsanstalt um den Vollzug der Freiheitsstrafe zu ersuchen.

(4) Eine gemäß § 142 Abs. 1 verhängte Haft ist beim Strafvollzug zu berücksichtigen.

(5) Personen, die eine Freiheitsstrafe verbüßen, dürfen sich angemessen beschäftigen. Mit ihrer Zustimmung dürfen sie zu einer ihren Fähigkeiten und Kenntnissen entsprechenden Tätigkeit herangezogen werden.

(6) Wird gegen die Verhängung einer Freiheitsstrafe Beschwerde an den Verfassungsgerichtshof oder Revision an den Verwaltungsgerichtshof eingebracht, so ist mit dem Vollzug dieser Strafe bis zur Entscheidung des Gerichtshofes zuzuwarten, es sei denn, daß Fluchtgefahr (§ 86 Abs. 1 lit. a und Abs. 2) besteht.

§ 176. (1) Ist ein dem Wesen der Freiheitsstrafe entsprechender Strafvollzug wegen einer Krankheit oder Verletzung, wegen Invalidität oder eines sonstigen körperlichen oder geistigen Schwächezustandes des Bestraften nicht durchführbar, so hat die Finanzstrafbehörde den Strafvollzug so lange aufzuschieben, bis dieser Zustand aufgehört hat.

(2) Ist die bestrafte Person schwanger oder hat sie entbunden, so hat die Finanzstrafbehörde den Strafvollzug bis zum Ablauf der sechsten Woche nach der Entbindung und darüber hinaus solange aufzuschieben, als sich das Kind in der Pflege der Bestraften befindet, höchstens aber bis zum Ablauf eines Jahres nach der Entbindung. Die Strafe ist jedoch zu vollziehen, sobald es die Bestrafte selbst verlangt, vom Strafvollzug keine Gefährdung ihrer Gesundheit oder des Kindes zu besorgen und ein dem Wesen der Freiheitsstrafe entsprechender Vollzug durchführbar ist.

(3) Stellt sich nachträglich heraus, daß der Strafvollzug wegen eines der in den Abs. 1 und 2 bezeichneten Umstände aufzuschieben gewesen wäre und bestehen die den Aufschub begründenden Umstände fort, so sind die Abs. 1 und 2 dem Sinne nach anzuwenden.

(4) Auf Antrag des Standeskörpers darf aus militärdienstlichen Gründen eine Freiheitsstrafe nicht vollzogen werden

a) an Soldaten, die den Grundwehrdienst oder die ersten sechs Monate des Ausbildungsdienstes leisten,
b) an Soldaten, die dem Bundesheer auf Grund eines Dienstverhältnisses angehören, im Falle eines Einsatzes des Bundesheeres nach § 2 Abs. 1 des Wehrgesetzes oder im Falle der unmittelbaren Vorbereitung dieses Einsatzes.

§ 177. (1) Auf Antrag des Bestraften kann die Finanzstrafbehörde bei Vorliegen triftiger Gründe den Strafvollzug aufschieben. Triftige Gründe liegen insbesondere dann vor, wenn durch den unverzüglichen Strafantritt der Erwerb des Bestraften oder der Unterhalt seiner schuldlosen Familie gefährdet würde oder wenn der Aufschub zur Ordnung von Familienangelegenheiten dringend geboten ist. Der Aufschub darf das unbedingt notwendige Maß nicht überschreiten; er soll in der Regel nicht mehr als sechs Monate betragen. Die Bewilligung kann an die Leistung einer Sicherheit geknüpft werden; § 88 Abs. 3 bis 5 und Abs. 7 lit. d gilt sinngemäß mit der Maßgabe, daß die Sicherheit auch für verfallen zu erklären ist, wenn der Bestrafte die Strafe aus seinem Verschulden nicht rechtzeitig antritt.

(2) Anträgen auf Aufschub des Vollzuges kommt eine aufschiebende Wirkung kraft Gesetzes nicht zu. Die Finanzstrafbehörde hat jedoch auf Antrag des Bestraften die aufschiebende Wirkung zuzuerkennen, wenn durch den sofortigen Vollzug ein nicht wiedergutzumachender Schaden eintreten würde und nicht öffentliche Rücksichten den Vollzug gebieten.

(3) Gegen Bescheide, mit denen ein Antrag auf Aufschub des Strafvollzuges abgewiesen wird, ist die Beschwerde an das Bundesfinanzgericht zulässig.

§ 178. Der Aufschub des Strafvollzuges ist durch die Finanzstrafbehörde zu widerrufen, wenn sich herausstellt, daß die Voraussetzungen für seine Bewilligung nicht zugetroffen haben. Der Bestrafte ist aufzufordern, die Strafe unverzüglich anzutreten; im übrigen gilt § 175 Abs. 2 zweiter und dritter Satz sinngemäß. Der Aufschub ist auch zu widerrufen, wenn der Bestrafte versucht, sich dem Strafvollzug durch Flucht zu entziehen, oder wenn begründete Besorgnis besteht, daß er dies versuchen werde; in diesen Fällen gilt § 175 Abs. 2 vierter Satz sinngemäß.

§ 179. (1) Die Bestimmungen für den Vollzug von Freiheitsstrafen gelten auch für den Vollzug von Ersatzfreiheitsstrafen.

(2) Die Ersatzfreiheitsstrafe darf nur in dem Umfang vollzogen werden, der dem nicht bezahlten oder nicht eingebrachten Teil der Geldstrafe oder des Wertersatzes entspricht. Das gleiche gilt auch dann, wenn die Bezahlung oder Einbringung der Geldstrafe oder des Wertersatzes erst nach Strafantritt erfolgt.

(3) Der Vollzug einer Ersatzfreiheitsstrafe hat zu unterbleiben, wenn der Bestrafte gemeinnützige Leistungen (§ 3a StVG) erbringt. Darüber ist er in der Aufforderung zum Strafantritt zu informieren, wobei ihm auch das Ausmaß der zu erbringenden gemeinnützigen Leistungen mitzuteilen ist. Eine Gleichschrift dieser Mitteilung darf auch einer

in der Sozialarbeit erfahrenen Person (§ 29b des Bewährungshilfegesetzes, BGBl. Nr. 146/1969) übermittelt werden. § 3a Abs. 1 bis 4 StVG und § 29b Bewährungshilfegesetz sind mit der Maßgabe sinngemäß anzuwenden, dass an Stelle des Gerichtes die Finanzstrafbehörde tritt. Die Vermittlung gemeinnütziger Leistungen hat nur über Ersuchen des Bestraften zu erfolgen.

X. Hauptstück
Sonderbestimmungen für das Verfahren gegen Jugendliche

§ 180. (1) Die Finanzstrafbehörden sollen sich in Strafverfahren gegen Jugendliche (§ 1 Abs. 1 Z 2 JGG) nach Möglichkeit der Mithilfe der öffentlichen Unterrichts- und Erziehungsanstalten und der mit der Jugendfürsorge betrauten Behörden (Kinder- und Jugendhilfe) sowie solcher Personen und Körperschaften bedienen, die in der Jugendfürsorge tätig sind und sich den Behörden zur Verfügung stellen (Jugendgerichtshilfe). Die Mithilfe kann insbesondere in der Erhebung der persönlichen Verhältnisse des Jugendlichen, in der Fürsorge für seine Person und in dem Beistand bestehen, dessen er im Verfahren bedarf. Strafverfahren wegen einer Jugendstraftat (§ 24 Abs. 2) sind ohne Verzug sowie unter besonderer Berücksichtigung von Alter und Reifegrad des Beschuldigten durchzuführen.

(BGBl I 2019/62, BGBl I 2022/108)

(2) Soweit es zur Wahrung der Verteidigungsrechte des Jugendlichen unter Berücksichtigung der Schwere des Finanzvergehens erforderlich ist, ist einem jugendlichen Beschuldigten vor der Vernehmung von Amts wegen ein Verteidiger für das gesamte Verfahren beizugeben, dessen Kosten er nicht zu tragen hat. Dies gilt insbesondere, wenn der gesetzliche Vertreter nicht bekannt, nicht erreichbar oder an der strafbaren Tat beteiligt ist oder der gesetzliche Vertreter außerstande ist (§ 77 Abs. 3), die Kosten der Verteidigung zu tragen. Die Beigabe des Verteidigers bleibt aufrecht, auch wenn der jugendliche Beschuldigte im Laufe des Verfahrens das achtzehnte Lebensjahr überschreitet.

(BGBl I 2019/62, BGBl I 2022/108)

(3) Der jugendliche Beschuldigte ist unbeschadet des § 57 Abs. 3 sobald wie möglich zu informieren über:

1. das Recht auf Ausschluss der Öffentlichkeit (§ 127 Abs. 2 lit. c),
2. das Recht auf Unterstützung durch einen Verteidiger gemäß Abs. 2,
3. die Information des gesetzlichen Vertreters bzw. der Vertrauensperson (§ 182 Abs. 1),
4. die Möglichkeit der Begleitung durch den gesetzlichen Vertreter bzw. die Vertrauensperson (§ 182 Abs. 2).

(BGBl I 2022/108)

§ 181. Jugendliche dürfen weder nach § 85 festgenommen noch darf über sie eine Untersuchungshaft nach § 86 verhängt werden.

(BGBl I 2019/62, BGBl I 2022/108)

§ 182. (1) Die Finanzstrafbehörde hat den gesetzlichen Vertreter eines jugendlichen Beschuldigten von den dem Beschuldigten gemäß § 180 Abs. 3 zukommenden Rechten, von den ihm in seiner Eigenschaft als gesetzlicher Vertreter im Finanzstrafverfahren zukommenden Rechten, von der Einleitung des Strafverfahrens und vom Erkenntnis (von der Strafverfügung) zu verständigen. Sofern der gesetzliche Vertreter nicht bekannt oder nicht erreichbar ist, oder dessen Verständigung dem Wohl des Jugendlichen abträglich wäre oder das Strafverfahren erheblich gefährden könnte, kann der jugendliche Beschuldigte anstelle des gesetzlichen Vertreters eine andere geeignete Person benennen (Vertrauensperson). Dieser Person kommen für die Zeit, während der die genannten Voraussetzungen vorliegen, die Rechte des gesetzlichen Vertreters zu. Wird keine Vertrauensperson benannt, hat die Finanzstrafbehörde unter Berücksichtigung des Wohles des jugendlichen Beschuldigten eine solche zu bestellen und den Jugendlichen darüber zu informieren.

(BGBl I 2022/108)

(2) Der gesetzliche Vertreter bzw. die Vertrauensperson ist in jeder Lage des Verfahrens berechtigt, den jugendlichen Beschuldigten zu begleiten. Die förmliche Vernehmung des jugendlichen Beschuldigten ist mittels Ton- und Bildaufnahme (§ 56a) zu dokumentieren, soweit der jugendliche Beschuldigte keinen Verteidiger beizieht oder kein Verteidiger beizugeben ist und auch kein gesetzlicher Vertreter bzw. keine Vertrauensperson anwesend ist. Eine Dokumentation ausschließlich mittels einer Niederschrift ist zulässig, wenn eine Ton- und Bildaufnahme aufgrund eines unüberwindbaren technischen Problems nicht möglich ist, sofern angemessene Anstrengungen zur Behebung des Problems unternommen wurden, und eine Verschiebung der Vernehmung unangemessen wäre.

(BGBl I 2019/62, BGBl I 2022/108)

(3) Ist die mündliche Verhandlung nicht öffentlich oder ist die Öffentlichkeit ausgeschlossen, so können der Verhandlung neben dem gesetzlichen Vertreter bzw. der Vertrauensperson auch die Erziehungsberechtigten, Vertreter der Kinder- und Jugendhilfe und der Jugendgerichtshilfe sowie ein allenfalls bestellter Bewährungshelfer beiwohnen.

(BGBl I 2019/62, BGBl I 2022/108)

(4) Der gesetzliche Vertreter eines jugendlichen Beschuldigten hat das Recht, auch gegen den Willen des Beschuldigten zu dessen Gunsten Beweisanträge zu stellen und innerhalb der dem Beschuldigten offenstehenden Frist Einspruch gegen eine Strafverfügung zu erheben, Rechtsmittel einzulegen und Anträge auf Wiedereinsetzung in den vorigen Stand oder auf Wiederaufnahme des Verfahrens zu stellen. Ein Rechtsmittelverzicht oder ein Einspruchsverzicht des jugendlichen Beschuldigten bedarf der Mitunterfertigung des gesetzlichen Vertreters bzw. der Vertrauensperson oder des gemäß § 180 bestellten Verteidigers.

(BGBl I 2022/108)

(5) Ist der Finanzstrafbehörde bekannt, daß die Pflege und Erziehung des jugendlichen Beschuldigten vom Pflegschaftsgericht einer anderen Person als dem gesetzlichen Vertreter übertragen ist, so sind die in den Abs. 1 bis 4 angeführten Rechte auch dieser Person einzuräumen.

(BGBl I 2019/62)

§ 183. Die Finanzstrafbehörde hat dem Pflegschaftsgericht sowie der Kinder- und Jugendhilfe eine Abschrift des Erkenntnisses (der Strafverfügung) zu übersenden und Umstände mitzuteilen, die eine pflegschaftsbehördliche Maßnahme erfordern.

(BGBl I 2022/108)

§ 184. Für Personen, die zum Zeitpunkt des Antrittes einer Ersatzfreiheitsstrafe das 18. Lebensjahr noch nicht vollendet haben, gelten die Bestimmungen des Jugendgerichtsgesetzes 1988 über den Jugendstrafvollzug sinngemäß.

XI. Hauptstück
Kosten des Strafverfahrens und des Strafvollzuges

§ 185. (1) Die vom Bestraften zu ersetzenden Kosten umfassen:

a) einen Pauschalbetrag als Beitrag zu den Kosten des Finanzstrafverfahrens (Pauschalkostenbeitrag); dieser Beitrag ist mit 10 v.H. der verhängten Geldstrafe zu bemessen; bei Freiheitsstrafen ist der Beitrag für einen Tag Freiheitsstrafe mit 5 Euro zu bemessen; der Pauschalbetrag darf 500 Euro nicht übersteigen;

b) die der Finanzstrafbehörde und dem Bundesfinanzgericht erwachsenen Barauslagen für Beweisaufnahmen und andere Verfahrensmaßnahmen, soweit sie nicht gemäß § 105 einem säumigen Zeugen aufzuerlegen sind; bei einer Mehrheit von Bestraften sind diese Barauslagen nach dem Verhältnis der verhängten Geldstrafen aufzuteilen;

c) die Barauslagen für die Beförderung und Aufbewahrung von beschlagnahmten Gegenständen, für die Beförderung und Bewachung von Personen sowie die Kosten der vorläufigen Verwahrung und der Untersuchungshaft;

d) die Kosten des Strafvollzuges.

Die in lit. b und c bezeichneten Kosten sind nur insoweit zu ersetzen, als sie den Pauschalkostenbeitrag übersteigen. Die Kosten für die Beiziehung eines Dolmetschers sind nicht zu berücksichtigen, wenn die Beiziehung notwendig war, weil der Beschuldigte der Verhandlungssprache nicht hinreichend kundig, gehörlos oder hochgradig hörbehindert war.

(2) Nebenbeteiligte, die von Feststellungen der im § 138 Abs. 2 lit. f bis h bezeichneten Art betroffen werden, haben folgende durch sie veranlaßte Kosten zu ersetzen:

a) die der Finanzstrafbehörde und dem Bundesfinanzgericht erwachsenen Barauslagen für Beweisaufnahmen und andere Verfahrensmaßnahmen, soweit sie nicht gemäß § 105 einem säumigen Zeugen aufzuerlegen sind;

b) Barauslagen für die Beförderung und Aufbewahrung von beschlagnahmten Gegenständen.

Die Kosten für die Beiziehung eines Dolmetschers sind nicht zu berücksichtigen, wenn die Beiziehung notwendig war, weil der Nebenbeteiligte der Verhandlungssprache nicht hinreichend kundig, gehörlos oder hochgradig hörbehindert war.

(3) Die im Abs. 1 lit. a bis c und im Abs. 2 bezeichneten Kosten sind, wenn möglich, in der Strafentscheidung festzusetzen. Stehen Kosten nach Abs. 1 lit. b und c und nach Abs. 2 im Zeitpunkt dieser Entscheidung noch nicht fest, so sind sie in einem gesonderten Bescheid vorzuschreiben; in einer Beschwerde gegen diesen Bescheid kann nur die ziffernmäßige Höhe des auferlegten Kostenersatzes angefochten werden.

(4) Die in den Abs. 1 und 2 bezeichneten Kosten, ausgenommen die Kosten des Vollzuges einer Freiheitsstrafe (Ersatzfreiheitsstrafe), werden mit Ablauf eines Monats nach Rechtskraft der Entscheidung, mit der die Kosten festgesetzt wurden, fällig; § 171 Abs. 1 Satz 2 gilt entsprechend.

(5) Die Einhebung, Sicherung und Einbringung der Kosten, ausgenommen jener für den Vollzug einer Freiheitsstrafe (Ersatzfreiheitsstrafe), obliegt den Finanzstrafbehörden. Hiebei gelten, soweit dieses Bundesgesetz nicht anderes bestimmt, die Bundesabgabenordnung und die Abgabenexekutionsordnung sinngemäß. § 172 gilt entsprechend.

(BGBl I 2022/108)

(6) Außer dem Fall des § 175 Abs. 1 lit. b haben Personen, an denen eine Freiheitsstrafe (Ersatzfreiheitsstrafe) vollzogen wird, für jeden Tag einen Beitrag zu den Kosten des Vollzuges in der im § 32 Abs. 2 zweiter Fall des Strafvollzugsgesetzes bestimmten Höhe zu leisten, für Stunden den entsprechenden Teil. Die Verpflichtung zur Leistung eines solchen Kostenbeitrages entfällt, soweit diese Personen daran, daß sie zu keiner Tätigkeit im Sinne des § 175 Abs. 5 herangezogen werden können oder daß sie im Rahmen ihrer Heranziehung zu einer solchen Tätigkeit eine zufriedenstellende Arbeitsleistung nicht erbracht haben, weder ein vorsätzliches noch ein grob fahrlässiges Verschulden trifft. Den Kostenbeitrag hat das Vollzugsgericht nach Beendigung des Strafvollzuges zu bestimmen und seine Eintreibung nach den für die Einbringung der Kosten des Vollzuges gerichtlicher Strafen geltenden gesetzlichen Vorschriften zu veranlassen; hievon ist abzusehen, wenn die um den Vollzug ersuchende Finanzstrafbehörde mitteilt, daß der Bestrafte offenbar nicht in der Lage ist, einen Kostenbeitrag zu leisten, oder wenn das Gericht auf Grund der ihm bekannten Verhältnisse des Bestraften den Kostenbeitrag in sinngemäßer Anwendung des § 391 StPO für uneinbringlich erklärt.

(7) Für die Kosten des Strafverfahrens und des Strafvollzuges wegen einer Jugendstraftat (§ 1

Abs. 1 Z 3 JGG) gelten die §§ 45 und 60 des Jugendgerichtsgesetzes 1988.

(BGBl I 2022/108)

(8) Wird einem Antrag auf Wiederaufnahme des Finanzstrafverfahrens nicht stattgegeben, so gelten hinsichtlich des Kostenersatzes die Abs. 1 bis 5 und 7 sinngemäß.

XII. Hauptstück
Tilgung

§ 186. (1) Bestrafungen durch Finanzstrafbehörden gelten mit Ablauf der im Abs. 3 genannten Fristen als getilgt. Mit der Tilgung erlöschen, sofern gesetzlich nicht anderes bestimmt ist, die kraft Gesetzes mit der Bestrafung verbundenen Folgen. Dies gilt auch für Bestrafungen durch das Bundesfinanzgericht oder den Verwaltungsgerichtshof.

(2) Getilgte Bestrafungen dürfen bei der Strafbemessung nicht berücksichtigt und in Auskünfte an Gerichte oder andere Behörden nicht aufgenommen werden. Der Bestrafte ist nicht verpflichtet, getilgte Bestrafungen auf Befragen vor Gericht oder einer anderen Behörde anzugeben.

(3) Die Tilgungsfrist beginnt, sobald die Strafen vollzogen oder nachgesehen worden sind oder die Vollstreckbarkeit verjährt ist. Sie beträgt drei Jahre bei Bestrafungen wegen Finanzordnungswidrigkeiten und fünf Jahre bei Bestrafungen wegen aller übrigen Finanzvergehen.

(4) Wird jemand rechtskräftig wegen eines Finanzvergehens bestraft, bevor eine oder mehrere frühere Bestrafungen wegen Finanzvergehen getilgt sind, so tritt die Tilgung aller Bestrafungen nur gemeinsam und zwar erst mit dem Ablauf der Tilgungsfrist ein, die am spätesten endet.

XIII. Hauptstück
Gnadenrecht

§ 187. (1) Bei Vorliegen berücksichtigungswürdiger Umstände kann das Bundesministerium für Finanzen über Ansuchen des Bestraften durch die Finanzstrafbehörden verhängte Strafen ganz oder teilweise nachsehen oder Freiheitsstrafen in Geldstrafen umwandeln. Unter denselben Voraussetzungen können über Ansuchen verfallene Gegenstände und Beförderungsmittel dem früheren Eigentümer ohne Entgelt oder gegen Leistung eines Geldbetrages freigegeben werden.

(2) Die gnadenweise Nachsicht von durch das Bundesfinanzgericht oder den Verwaltungsgerichtshof verhängten Strafen steht nur dem Bundespräsidenten über Vorschlag der Bundesregierung oder des von ihr ermächtigten Bundesministers für Finanzen zu (Art. 65 Abs. 2 lit. c, Art. 67 Abs. 1 B-VG). Ansuchen um gnadenweise Nachsicht sind beim Bundesministerium für Finanzen einzubringen. Bei den Finanzstrafbehörden oder beim Bundesfinanzgericht einlangende Gesuche sind unverzüglich an das Bundesministerium für Finanzen weiterzuleiten. Eine vom Bundespräsidenten ausgesprochene gnadenweise Nachsicht ist dem Bestraften vom Bundesministerium für Finanzen mitzuteilen. Dieses hat den Bestraften auch zu verständigen, wenn das Gnadengesuch erfolglos bleibt.

(3) Ein Recht auf gnadenweise Nachsicht besteht nicht.

XIV. Hauptstück
Entschädigung

§ 188. (1) Der Bund hat für Schäden, die durch ein verwaltungsbehördliches Finanzstrafverfahren entstanden sind, dem Geschädigten auf dessen Verlangen nach Maßgabe der folgenden Bestimmungen Entschädigung in Geld zu leisten. Der Entschädigungsanspruch wegen des Entzugs der persönlichen Freiheit umfasst auch eine angemessene Entschädigung für die durch die Festnahme oder die Anhaltung erlittene Beeinträchtigung. Bei der Beurteilung der Angemessenheit sind die Dauer der Anhaltung sowie die persönlichen Verhältnisse der geschädigten Person und deren Änderung durch die Festnahme oder Anhaltung zu berücksichtigen.

(2) Der Entschädigungsanspruch besteht,

a) wenn der Geschädigte gesetzwidrig in vorläufige Verwahrung oder in Untersuchungshaft genommen oder in einer solchen Haft gehalten worden ist;

b) wenn der Geschädigte in vorläufige Verwahrung oder in Untersuchungshaft genommen worden ist und in der Folge das Strafverfahren eingestellt wurde;

c) wenn an dem Geschädigten eine Freiheitsstrafe oder eine Ersatzfreiheitsstrafe vollzogen worden ist und nach Wiederaufnahme des Strafverfahrens oder sonst nach Aufhebung der Entscheidung das Verfahren eingestellt oder über den Geschädigten eine kürzere Freiheitsstrafe (Ersatzfreiheitsstrafe) als die bereits verbüßte verhängt wurde;

d) wenn in der Entscheidung auf Verfall erkannt worden ist und im abgesonderten Verfahren (§ 149) oder nach Wiederaufnahme des Strafverfahrens oder sonst nach Aufhebung der Entscheidung nicht mehr auf Verfall erkannt wurde und eine Rückgabe des Verfallsgegenstandes nicht mehr möglich ist; in Höhe des dadurch entstandenen vermögensrechtlichen Nachteils.

(3) Der Entschädigungsanspruch ist ausgeschlossen,

a) wenn der Geschädigte den Verdacht, der den Freiheitsentzug oder den Verfall begründete, vorsätzlich herbeigeführt hat;

b) in den Fällen des Abs. 2 lit. a und b, soweit eine Anrechnung der Vorhaft (§ 23 Abs. 4) auf eine Strafe erfolgt ist;

c) in den Fällen des Abs. 2 lit. b und c, wenn die Verfolgung lediglich deshalb ausgeschlossen war, weil der Geschädigte die Tat im Zustand der Zurechnungsunfähigkeit begangen hat;

d) in den Fällen des Abs. 2 lit. c und d, wenn an die Stelle der aufgehobenen Entscheidung lediglich deshalb eine für den Geschädigten günstigere getreten ist, weil inzwischen das Gesetz geändert worden ist.

(4) Abgesehen von den Fällen des Abs. 3 lit. a kann der Entschädigungsanspruch wegen eines Mitverschuldens nach § 1304 des Allgemeinen Bürgerlichen Gesetzbuchs (ABGB), JGS Nr. 936/1811, eingeschränkt oder ausgeschlossen werden, wenn die geschädigte Person an ihrer Festnahme oder Anhaltung ein Verschulden trifft.

(5) In den Fällen des Abs. 2 lit. b und c kann die Haftung des Bundes gemindert oder ausgeschlossen werden, soweit ein Ersatz unter Bedachtnahme auf die Verdachtslage zur Zeit der Festnahme oder Anhaltung, auf die Haftgründe und auf die Gründe, die zur Einstellung des Verfahrens geführt haben, unangemessen wäre. Wird jedoch hinsichtlich einer geschädigten Person in einem Finanzstrafverfahren gemäß § 136 im Erkenntnis die Einstellung des Strafverfahrens ausgesprochen, so kann dabei die Verdachtslage nicht berücksichtigt werden.

(6) Die Haftung des Bundes kann jedoch im Fall des Abs. 2 lit. a weder ausgeschlossen noch gemindert werden, wenn die Festnahme oder Anhaltung unter Verletzung der Bestimmungen des Art. 5 der Europäischen Menschenrechtskonvention, BGBl. Nr. 210/1958, oder des Bundesverfassungsgesetzes über den Schutz der persönlichen Freiheit, BGBl. Nr. 684/1988, erfolgte.

§ 189. Der Entschädigungsanspruch kann durch Exekutions- oder Sicherungsmaßnahmen nicht getroffen werden, außer zugunsten einer Forderung auf Leistung des gesetzlichen Unterhaltes oder auf Ersatz von Unterhaltsaufwendungen, die der Geschädigte nach dem Gesetz zu machen gehabt hätte (§ 1042 ABGB). Soweit Exekutions- und Sicherungsmaßnahmen ausgeschlossen sind, ist auch jede Verpflichtung und Verfügung des Geschädigten durch Abtretung, Anweisung, Verpfändung oder durch ein anderes Rechtsgeschäft unter Lebenden ohne rechtliche Wirkung.

§ 190. (1) Der Geschädigte hat zunächst den Bund zur Anerkennung der von ihm begehrten Entschädigung schriftlich aufzufordern. Die Aufforderung ist an die Finanzprokuratur zu richten. Das im § 192 Abs. 1 genannte Gericht hat dem Geschädigten für das Aufforderungsverfahren nach den Bestimmungen der ZPO über die Verfahrenshilfe einen Rechtsanwalt beizugeben.

(2) Kommt dem Geschädigten die Erklärung der Finanzprokuratur nicht binnen sechs Monaten zu, nachdem diese die Aufforderung erhalten hat, oder wird innerhalb dieser Frist die Entschädigung zur Gänze oder zum Teil verweigert, so kann der Geschädigte den Entschädigungsanspruch durch Klage gegen den Bund geltend machen.

§ 191. Der Entschädigungsanspruch verjährt in drei Jahren. Die Verjährungsfrist beginnt nach Ablauf des Jahres, in dem sämtliche den Entschädigungsanspruch begründenden Voraussetzungen (§ 188 Abs. 2) vorlagen.

§ 192. (1) Zur Entscheidung über Rechtsstreitigkeiten, die einen Entschädigungsanspruch betreffen, ist das mit der Ausübung der Gerichtsbarkeit in bürgerlichen Rechtssachen betraute Landesgericht ausschließlich zuständig, in dessen Sprengel der einen Entschädigungsanspruch bewirkende Freiheitsentzug oder Verfallsausspruch erfolgt ist. Ist eine örtliche Zuständigkeit im Inland nicht begründet, so ist das Landesgericht für Zivilrechtssachen Wien zuständig.

(2) Die Gerichtsbarkeit wird unbeschadet des § 7 a der Jurisdiktionsnorm ohne Rücksicht auf den Wert des Streitgegenstandes durch Senate ausgeübt.

§ 193. (1) Entschädigungen nach diesem Hauptstück unterliegen keiner bundesgesetzlich geregelten Abgabe.

(2) Vergleiche, die zwischen dem Bund und dem Geschädigten über einen Entschädigungsanspruch abgeschlossen werden, unterliegen keiner Stempel- und Rechtsgebühr.

(3) Über den Entschädigungsanspruch nach diesem Hauptstück hinausgehende Ansprüche auf Grund des Amtshaftungsgesetzes, BGBl. Nr. 20/1949, bleiben unberührt.

§ 194. (1) Wird zum Nachteil des Geschädigten das Finanzstrafverfahren wiederaufgenommen, so ist die Erklärung nach § 190 Abs. 2 oder die Zahlung der anerkannten Entschädigung bis zur rechtskräftigen Beendigung des wiederaufgenommenen Strafverfahrens aufzuschieben. Hievon hat die Finanzprokuratur den Geschädigten in Kenntnis zu setzen. Vor Eintritt der Rechtskraft der Entscheidung im wiederaufgenommenen Strafverfahren kann der Entschädigungsanspruch nicht durch Klage geltend gemacht werden. Ist ein solcher Rechtsstreit bereits anhängig, so hat das Gericht (§ 192) das Verfahren zu unterbrechen.

(2) Nach Rechtskraft der Entscheidung im wiederaufgenommenen Strafverfahren sind die nach Abs. 1 aufgeschobenen Rechtshandlungen nachzuholen, das unterbrochene Gerichtsverfahren aufzunehmen oder bereits geleistete Entschädigungsbeträge zurückzufordern, es sei denn, daß der Geschädigte diese Beträge gutgläubig verbraucht hat.

XV. Hauptstück
Finanzstrafregister

§ 194a. Zum Zweck der Evidenthaltung der verwaltungsbehördlichen Finanzstrafverfahren hat das Amt für Betrugsbekämpfung für das gesamte Bundesgebiet ein Finanzstrafregister zu führen.

(BGBl I 2019/104)

§ 194b. (1) In das Finanzstrafregister sind aufzunehmen:

– die persönlichen Daten des Beschuldigten, das sind Namen, frühere Namen und Aliasnamen, Titel, Anschrift, Geburtsdatum und -ort, Staatsangehörigkeit, Geschlecht, Beruf bzw. Tätigkeit, Sozialversicherungsnummer,
– die Daten des belangten Verbandes,
– die Daten des Finanzvergehens,
– die Daten der Verfahrenseinleitung, der Abtretung an eine andere Finanzstrafbehörde und des ersten Berichts an die Staatsanwaltschaft,

– die Daten der das Strafverfahren abschließenden Entscheidung,
– die Daten des Strafvollzuges und der Ausübung des Gnadenrechts,
– das Datum des Tilgungseintritts.

(2) Die Finanzstrafbehörden haben die nach Abs. 1 erforderlichen Daten der von ihnen geführten Verfahren laufend dem Finanzstrafregister zu übermitteln.

(3) Vor Beginn der Führung des Finanzstrafregisters (§ 194 e Abs. 1) angefallene Daten nach Abs. 1 sind nur dann in das Finanzstrafregister aufzunehmen, wenn zu diesem Zeitpunkt die ab der Rechtskraft der Strafentscheidung zu berechnenden Tilgungsfristen nach § 186 Abs. 3 und 4 noch nicht abgelaufen sind.

§ 194c. (1) Unrichtige, unrichtig gewordene oder unvollständige Daten sind nach den Bestimmungen des § 57c zu berichtigen.

(2) Die erfassten Daten sind spätestens zwei Jahre nach rechtskräftiger Einstellung des Strafverfahrens, nach Eintritt der Tilgung oder nach Kenntnis des Todes des Beschuldigten zu löschen. Unzulässig aufgenommene Daten sind auf begründeten Antrag der betroffenen Person oder von Amts wegen unverzüglich zu löschen.

§ 194d. (1) Auskünfte aus dem Finanzstrafregister sind für finanzstrafrechtliche Zwecke allen Finanzstrafbehörden, Strafgerichten und Staatsanwaltschaften, dem Bundesfinanzgericht sowie dem Bundesministerium für Finanzen zu erteilen. Nur den Finanzstrafbehörden, dem Bundesfinanzgericht und dem Bundesministerium für Finanzen sind auch Auskünfte zu erteilen, wenn eine Bestrafung bereits getilgt ist.

(2) Anderen inländischen Stellen sind über rechtskräftige, noch nicht getilgte Bestrafungen Auskünfte zu erteilen, sofern eine gesetzliche Verpflichtung zur Auskunftserteilung besteht oder die Stellen Gesetze zu vollziehen haben, die an eine Bestrafung wegen eines Finanzvergehens Rechtsfolgen knüpfen. Ausländischen Stellen dürfen Auskünfte über die Daten von Bestraften und von Finanzvergehen nur insoweit erteilt werden, als diesen Stellen Amtshilfe gewährt werden kann.

(3) Die betroffene Person hat das Recht, auf begründeten Antrag Auskunft über die im Finanzstrafregister über sie erfassten Daten zu erlangen. Wird dem Antrag ganz oder teilweise nicht entsprochen, so sind dem Antragsteller die Gründe hiefür schriftlich mitzuteilen. Diese Mitteilung hat nicht in Bescheidform zu ergehen, jedoch eine Information über das Recht auf eine Beschwerde an die Datenschutzbehörde zu enthalten.

(BGBl I 2018/32)

§ 194e. (1) Das Finanzstrafregister ist automationsunterstützt zu führen. Der Bundesminister für Finanzen hat den Beginn der Führung nach den technisch-organisatorischen Gegebenheiten mit Verordnung festzulegen.

(2) Mit der Führung des Finanzstrafregisters ist die Bundesrechenzentrum GmbH beauftragt. Die Bundesrechenzentrum GmbH hat den Finanzstrafbehörden, dem Bundesfinanzgericht und dem Bundesministerium für Finanzen im Umfang der gemäß § 194 d eingeräumten Berechtigungen einen direkten Zugang zum Finanzstrafregister einzurichten.

(BGBl I 2018/32)

Dritter Unterabschnitt
Sonderbestimmungen für das Verfahren wegen gerichtlich strafbarer Finanzvergehen

1. Allgemeines

§ 195. (1) Soweit im Folgenden nicht etwas Besonderes vorgeschrieben ist, gelten für das Verfahren wegen gerichtlich strafbarer Finanzvergehen die Bestimmungen der Strafprozessordnung. Bei Zuständigkeit der Europäischen Staatsanwaltschaft gelten die Verordnung (EU) 2017/1939 zur Durchführung einer Verstärkten Zusammenarbeit zur Errichtung der Europäischen Staatsanwaltschaft (EUStA), ABl. Nr. L 283 vom 31.10.2017 S. 1, in ihrer jeweils geltenden Fassung, sowie die Bestimmungen des Bundesgesetzes zur Durchführung der Europäischen Staatsanwaltschaft (EUStA-DG).

(BGBl I 2021/94)

(2) Die besonderen Vorschriften dieses Unterabschnittes gelten auch für das Verfahren wegen einer Tat, die zugleich den Tatbestand eines Finanzvergehens und den einer gerichtlich strafbaren Handlung anderer Art erfüllt.

(3) Für Verfahren wegen Finanzvergehen gegen Verbände gelten, soweit im Folgenden nicht etwas Besonderes vorgeschrieben ist, die Bestimmungen des 3. Abschnittes des Verbandsverantwortlichkeitsgesetzes.

(4) Soweit personenbezogene Daten durch die Finanzstrafbehörden, die für sie tätigen Organe oder durch den Bundesminister für Finanzen verarbeitet werden, sind die Bestimmungen der §§ 57a bis 57d über die Verarbeitung personenbezogener Daten sinngemäß anzuwenden.

(BGBl I 2018/32)

§ 196. (1) Bei der Aufklärung und Verfolgung gerichtlich strafbarer Finanzvergehen werden die Finanzstrafbehörden im Dienste der Strafrechtspflege (Art. 10 Abs. 1 Z 6 B-VG) tätig. Die in der Strafprozessordnung der Kriminalpolizei zukommenden Aufgaben und Befugnisse haben bei gerichtlich strafbaren Finanzvergehen an Stelle der Sicherheitsbehörden die Finanzstrafbehörden und ihre Organe wahrzunehmen.

(BGBl I 2018/62)

(2) Nur wenn die Finanzstrafbehörden oder ihre Organe nicht rechtzeitig einschreiten können oder das aufzuklärende Finanzvergehen auch den Tatbestand einer gerichtlich strafbaren Handlung erfüllt, die kein Finanzvergehen ist, haben auf Anordnung der Staatsanwaltschaft die Sicherheitsbehörden einzuschreiten.

(BGBl I 2018/62)

(3) Wo in den folgenden Bestimmungen die Finanzstrafbehörde genannt wird, ist darunter die Behörde zu verstehen, der das verwaltungsbehördliche Finanzstrafverfahren wegen eines Finanzvergehens zustünde, wenn dieses nicht von den Gerichten zu ahnden wäre.

(BGBl I 2019/104)

(4) Auch im Ermittlungsverfahren wegen gerichtlich strafbarer Finanzvergehen stehen der Finanzstrafbehörde die in den §§ 99 Abs. 1 bis 4 und 120 Abs. 3 eingeräumten Befugnisse zu und, wenn es sich bei der Finanzstrafbehörde um das Zollamt Österreich handelt, die dem Zollamt Österreich und seinen Organen in den Zollvorschriften eingeräumten Befugnisse. § 120 Abs. 4 gilt sinngemäß.

(BGBl I 2018/62, BGBl I 2019/104)

2. Ergänzungen der Strafprozeßordnung

Zu § 31

§ 196a. Das Hauptverfahren wegen gerichtlich strafbarer Finanzvergehen obliegt dem Landesgericht als Schöffengericht.

(BGBl I 2019/104, BGBl I 2020/99)

Zu § 25

§ 197. (1) Für das Ermittlungsverfahren wegen gerichtlich strafbarer Finanzvergehen ist die Staatsanwaltschaft örtlich zuständig (§ 25 StPO), in deren Sprengel der Beschuldigte seinen Wohnsitz gemäß § 1 Abs. 7 Meldegesetz 1991 hat oder zuletzt hatte. Fehlt es an einem solchen Ort oder kann er nicht festgestellt werden, so ist jene Staatsanwaltschaft zuständig, in deren Sprengel der Beschuldigte seinen gewöhnlichen Aufenthalt hat oder zuletzt hatte. Fehlt es auch an einem solchen Ort oder kann er nicht festgestellt werden, so ist jene Staatsanwaltschaft zuständig, in deren Sprengel das Finanzvergehen ausgeführt wurde oder ausgeführt werden sollte. Kann danach keine Zuständigkeit festgestellt werden, so ist jene Staatsanwaltschaft zuständig, in deren Sprengel die Tat entdeckt oder der Beschuldigte betreten wurde.

(2) Die Staatsanwaltschaft, die zuerst von einem gerichtlich strafbaren Finanzvergehen Kenntnis erlangt, hat das Ermittlungsverfahren so lange zu führen, bis die Zuständigkeit einer anderen Staatsanwaltschaft nach Abs. 1 festgestellt werden kann.

(3) Im Übrigen ist § 25 Abs. 4, 5 und 7 StPO sinngemäß anzuwenden.

(BGBl I 2019/104, BGBl I 2020/99)

Zu § 36

§ 198. (1) Für das Hauptverfahren wegen gerichtlich strafbarer Finanzvergehen ist das Gericht örtlich zuständig (§ 36 StPO), in dessen Sprengel der Beschuldigte zum Zeitpunkt des Beginns des Strafverfahrens (§ 1 Abs. 2 StPO) seinen Wohnsitz gemäß § 1 Abs. 7 Meldegesetz 1991 hatte oder davor zuletzt gehabt hatte. Fehlt es an einem solchen Ort oder kann er nicht festgestellt werden, so ist jenes Gericht zuständig, in dessen Sprengel der Beschuldigte zum Zeitpunkt des Beginns des Strafverfahrens (§ 1 Abs. 2 StPO) seinen gewöhnlichen Aufenthalt hatte oder davor zuletzt gehabt hatte. Fehlt es auch an einem solchen Ort oder kann er nicht festgestellt werden, so ist jenes Gericht zuständig, in dessen Sprengel das Finanzvergehen ausgeführt wurde oder ausgeführt werden sollte. Kann danach keine Zuständigkeit festgestellt werden, so ist jenes Gericht zuständig, in dessen Sprengel die Tat entdeckt oder der Beschuldigte betreten wurde.

(2) Kann nach Abs. 1 eine örtliche Zuständigkeit des Gerichts nicht bestimmt werden, so ist jenes Gericht zuständig, an dessen Sitz sich die Staatsanwaltschaft befindet, die Anklage einbringt.

(BGBl I 2020/99)

Zum 3. Hauptstück

§ 199. (1) Der Beschuldigte kann zur Unterstützung seines Verteidigers einen Steuerberater beiziehen.

(BGBl I 2018/62)

(2) Für den Steuerberater gelten § 57, § 58 Abs. 1, 3 und 4 und § 60 StPO sinngemäß. Er kann gleich einem Verteidiger an mündlichen Verhandlungen teilnehmen. Zu Anträgen und Willenserklärungen für den Vertretenen und zur Ausführung von Rechtsmitteln ist er nicht berechtigt.

(BGBl I 2018/62)

(3) Haftungsbeteiligte im Sinne des § 64 StPO sind auch Personen, die für Wertersätze (§ 19) haften.

Zu den §§ 67 bis 70

§ 200. (1) Der Finanzstrafbehörde kommt in dem nicht von ihr geführten Ermittlungsverfahren sowie im Haupt- und im Rechtsmittelverfahren wegen Finanzvergehen kraft Gesetzes die Stellung eines Privatbeteiligten zu.

(2) Außer den Rechten des Opfers, des Privatbeteiligten und des Subsidiaranklägers hat die Finanzstrafbehörde noch folgende Rechte:

a) Sie kann im gleichen Umfang wie die Staatsanwaltschaft gerichtliche Entscheidungen bekämpfen und die Wiederaufnahme des Strafverfahrens verlangen;

b) Ihre Nichtigkeitsbeschwerde bedarf nicht der Unterschrift eines Verteidigers.

c) Die Anberaumung von Haftverhandlungen (§§ 175 und 176 StPO), die Freilassung des Beschuldigten und die Anberaumung von mündlichen Verhandlungen im Rechtsmittelverfahren ist ihr mitzuteilen.

d) Ihre Vertreter können bei den Haftverhandlungen und bei den mündlichen Verhandlungen im Rechtsmittelverfahren das Wort ergreifen und Anträge stellen.

e) Die Akteneinsicht (§ 68 StPO) darf nicht verweigert oder beschränkt werden.

(3) Die Vermutung des Rücktrittes von der Verfolgung (§ 72 Abs. 2 und 3 StPO) ist gegenüber der Finanzstrafbehörde als Ankläger ausgeschlossen.

(4) Die besonderen Rechte der Finanzstrafbehörde erstrecken sich auch auf gerichtlich strafbare Handlungen, die keine Finanzvergehen sind, aber mit solchen in derselben Tat zusammentreffen.

Zu den §§ 81 bis 83

§ 200a. Der Finanzstrafbehörde sind gerichtliche Erledigungen und andere Schriftstücke, die ihr nach den Bestimmungen dieses Bundesgesetzes mitzuteilen sind, grundsätzlich ohne Zustellnachweis zuzustellen. Die Ladung zur Hauptverhandlung, gerichtliche Erledigungen und andere Schriftstücke, gegen die der Finanzstrafbehörde ein Rechtsmittel oder ein Rechtsbehelf zusteht, sind ihr mit Zustellnachweis (§§ 13 bis 20 des Zustellgesetzes) zuzustellen oder durch Telefax oder im elektronischen Rechtsverkehr (§ 89a GOG) zu übermitteln.

Zu § 108

§ 201. Ein Antrag auf Einstellung gemäß § 108 Abs. 1 Z 2 StPO darf frühestens sechs Monate ab dem ersten an die Staatsanwaltschaft erstatteten Bericht (§ 100 Abs. 2 StPO) gestellt werden.

Zum 10. Hauptstück

§ 202. (1) Die Staatsanwaltschaft hat das Ermittlungsverfahren gemäß § 190 StPO insoweit einzustellen, als eine Zuständigkeit der Gerichte im Hauptverfahren nicht gegeben wäre (§ 53). Eine Einstellung wegen Unzuständigkeit der Gerichte zur Ahndung des Finanzvergehens hat ohne Rücksicht darauf zu erfolgen, ob auch aus anderen Gründen von der Verfolgung abzusehen wäre.

(2) Die Finanzstrafbehörde ist hiervon zu verständigen (§ 194 StPO).

(BGBl I 2019/91)

Zum 11. Hauptstück

§ 202a. Vor einer Mitteilung nach den §§ 200 Abs. 4, 201 Abs. 4 oder 203 Abs. 3 StPO hat die Staatsanwaltschaft oder das Gericht die Finanzstrafbehörde zu hören.

§ 203. Ein Vorgehen nach §§ 198 bis 209 StPO und nach § 19 VbVG ist in Finanzstrafsachen vorbehaltlich der Sonderbestimmungen für Jugendstrafsachen (§ 24) nicht zulässig.

(BGBl I 2015/163)

§ 204. (aufgehoben)

Zu den §§ 195 und 196

§ 205. Hat die Staatsanwaltschaft von der Verfolgung eines Finanzvergehens abgesehen und das Ermittlungsverfahren eingestellt, so ist die Finanzstrafbehörde berechtigt, die Fortführung des Ermittlungsverfahrens nach § 195 StPO zu beantragen. Ein Pauschalkostenbeitrag nach § 196 Abs. 2 StPO ist ihr nicht aufzuerlegen.

Zu den §§ 109 bis 115

§ 206. (1) Die Staatsanwaltschaft hat von der Anordnung der Sicherstellung und von einem Antrag auf Beschlagnahme verfallsbedrohter Gegenstände abzusehen und eine bereits erfolgte Beschlagnahme solcher Gegenstände aufzuheben, wenn ein Geldbetrag erlegt wird, der dem Wert dieser Gegenstände entspricht (Freigabe). Der Geldbetrag tritt an die Stelle dieser Gegenstände und unterliegt nach Maßgabe des § 17 dem Verfall.

(2) Eine Freigabe gemäß Abs. 1 hat insbesondere zu unterbleiben,

a) solange die Gegenstände auch für Beweiszwecke benötigt werden,

b) wenn es sich um Monopolgegenstände oder andere Gegenstände handelt, die gesetzlichen Verkehrsbeschränkungen unterliegen,

c) wenn eine gesetzwidrige Verwendung der Gegenstände zu besorgen ist,

d) wenn die Gegenstände auch in einem anderen Verfahren beschlagnahmt sind oder wenn die ihnen in einem anderen Verfahren drohende Beschlagnahme aktenkundig ist.

§ 207. (1) Verfallsbedrohte Gegenstände, die von raschem Verderb oder erheblicher Wertminderung bedroht sind oder sich nur mit unverhältnismäßigen Kosten aufbewahren lassen, kann das Gericht durch die Finanzstrafbehörde verwerten lassen. Die Verwertung wegen unverhältnismäßiger Aufbewahrungskosten unterbleibt, wenn rechtzeitig ein zur Deckung dieser Kosten ausreichender Betrag erlegt wird. Für die Verwertung der Gegenstände durch die Finanzstrafbehörde gilt § 90 Abs. 2 sinngemäß.

(2) Ein Verfallsausspruch erfaßt an Stelle der verwerteten Gegenstände deren Erlös.

(3) Die Verwertung nach dem ersten Absatz hat jedoch so lange zu unterbleiben, als die verfallsbedrohten Gegenstände für Beweiszwecke benötigt werden.

§ 207a. (1) Eine Sicherstellung gemäß § 109 Z 1 und § 110 Abs. 1 Z 3 StPO und eine Beschlagnahme gemäß § 109 Z 2 und § 115 Abs. 1 Z 3 StPO ist auch zur Sicherung der Geldstrafe und des Ausspruches der Haftung gemäß § 28 zulässig.

(2) In dem Beschluss, mit dem eine Beschlagnahme bewilligt wird, ist ein Geldbetrag zu bestimmen, durch dessen Erlag die Vollziehung der Beschlagnahme gehemmt wird. Nach dem Erlag ist die Beschlagnahme auf Antrag des Betroffenen aufzuheben. Der Geldbetrag ist so zu bestimmen, dass darin die voraussichtliche Geldstrafe, der voraussichtliche Wertersatz oder der Wert eines verfallsbedrohten Gegenstandes Deckung findet.

(3) Folgt eine Beschlagnahme auf eine Sicherstellungsmaßnahme der Finanzstrafbehörde, so bleibt deren Rangordnung für die gerichtliche Sicherstellung gewahrt.

(4) Gegen den Beschluss, mit dem eine Beschlagnahme abgelehnt wird, steht auch der Finanzstrafbehörde die Beschwerde nach § 87 StPO zu.

Zu § 155

§ 208. Im Strafverfahren wegen eines Finanzvergehens haben Zeugen und Sachverständige auch über Verhältnisse und Umstände auszusagen, die unter die Geheimhaltungspflicht nach § 48 a BAO fallen.

Zu § 213

§ 209. Jede Anklageschrift wegen eines Finanzvergehens ist auch der Finanzstrafbehörde zuzustellen; die Staatsanwaltschaft hat hierauf Bedacht zu nehmen und dem Gerichte auch eine Ausfertigung der Anklageschrift für die Finanzstrafbehörde zu überreichen.

Zu § 215

§ 210. (1) Erachtet das Oberlandesgericht bei der Entscheidung über den Einspruch gegen eine Anklage wegen Finanzvergehens, daß die Gerichte zur Ahndung nicht zuständig seien, so hat es der Anklage keine Folge zu geben und das Verfahren wegen Unzuständigkeit einzustellen.

(2) Unter den Voraussetzungen des Abs. 1 ist eine Unzuständigkeitsentscheidung ohne Rücksicht darauf zu fällen, ob der Anklage auch aus anderen Gründen nicht Folge gegeben werden könnte.

(3) Erfüllt die Anklagetat auch den Tatbestand einer gerichtlich strafbaren Handlung, die kein Finanzvergehen ist, so hat die Einstellung des Strafverfahrens wegen des Finanzvergehens keinen Einfluß auf die Zulässigkeit der Anklage im übrigen.

(4) Das Oberlandesgericht hat in der Einspruchsentscheidung darzulegen, aus welchen Gründen es die gerichtliche Zuständigkeit zur Ahndung des Finanzvergehens ablehne. Ist diese Zuständigkeit im Anklageeinspruch ausdrücklich angefochten, so hat es auch darzulegen, aus welchen Gründen es sie annehme.

(5) Eine Einspruchsentscheidung, in der die gerichtliche Zuständigkeit zur Ahndung des Finanzvergehens abgelehnt wird, ist der Finanzstrafbehörde auch zuzustellen, wenn sie nicht als Ankläger statt der Staatsanwaltschaft einschreitet.

(6) Eine Einspruchsentscheidung, die die gerichtliche Zuständigkeit zur Ahndung des Finanzvergehens ausspricht, bindet das Gericht im weiteren Verfahren nicht.

(7) Nach der Einstellung des Strafverfahrens wegen eines Finanzvergehens durch das Oberlandesgericht kann das gerichtliche Verfahren wegen dieses Vergehens nur fortgesetzt werden, wenn die Wiederaufnahme nach § 220 bewilligt worden ist.

Zu § 227

§ 211. (1) Tritt die Staatsanwaltschaft außerhalb einer Hauptverhandlung von der Anklage eines Finanzvergehens zurück, so hat sie die Gründe hiefür sogleich der Finanzstrafbehörde mitzuteilen.

(2) Für den Rücktritt von der Anklage in der Hauptverhandlung gilt dies dann, wenn die Finanzstrafbehörde in der Verhandlung nicht vertreten ist.

§ 212. (1) Außerhalb der Hauptverhandlung hat die Staatsanwaltschaft, statt die Anklage wegen Unzuständigkeit des Gerichtes zur Ahndung eines Finanzvergehens zurückzuziehen, die Zuständigkeitsentscheidung des Landesgerichts (§ 32 Abs. 3 StPO) einzuholen.

(2) Das Landesgericht hat sich in seinem Beschluss auf die Entscheidung zu beschränken, ob dem Gericht die Ahndung der Tat als Finanzvergehen zukomme. Es hat im Beschluss darzulegen, aus welchen Gründen es die gerichtliche Zuständigkeit annehme oder ablehne.

(3) Der Beschluss des Landesgerichts kann von der Staatsanwaltschaft, der Finanzstrafbehörde und dem Beschuldigten mit Beschwerde an das Oberlandesgericht angefochten werden; für die Beschwerde steht eine Frist von vierzehn Tagen seit der Zustellung des Beschlusses offen.

(4) Ein Beschluss des Landesgerichts oder des Oberlandesgerichts, der die gerichtliche Zuständigkeit ausspricht, bindet das Gericht im weiteren Verfahren nicht.

(5) Nach rechtskräftiger Ablehnung der Zuständigkeit kann ein Strafverfahren nur geführt werden, wenn die Wiederaufnahme nach § 220 bewilligt worden ist.

(6) Auch wenn die Staatsanwaltschaft in der Hauptverhandlung zur Überzeugung kommt, daß die Gerichte zur Ahndung eines Finanzvergehens nicht zuständig seien, darf sie der gerichtlichen Zuständigkeitsentscheidung nicht durch den Rücktritt von der Anklage vorgreifen.

Zu den §§ 229 und 268

§ 213. (1) Die Öffentlichkeit der Hauptverhandlung über die Anklage wegen eines Finanzvergehens ist auch auszuschließen,

a) wenn der Angeklagte und die Nebenbeteiligten es übereinstimmend verlangen,

b) von Amts wegen oder auf Antrag der Staatsanwaltschaft, der Finanzstrafbehörde, des Angeklagten, eines Nebenbeteiligten oder eines Zeugen, wenn und solange zur Aufklärung des Finanzvergehens Verhältnisse oder Umstände des Angeklagten, eines Nebenbeteiligten oder eines Zeugen, die unter die Geheimhaltungspflicht nach § 48 a BAO fallen, erörtert werden müssen.

(2) War die Öffentlichkeit der Hauptverhandlung nach Abs. 1 ausgeschlossen, so ist sie auch bei der Verkündung der Urteilsentscheidungsgründe auszuschließen, soweit dabei Verhältnisse oder Umstände im Sinne des Abs. 1 zur Sprache kommen.

Zu § 259

§ 214. (1) Der Freispruch wegen Unzuständigkeit der Gerichte zur Ahndung eines Finanzvergehens steht der Verurteilung wegen einer anderen strafbaren Handlung nicht entgegen, deren sich der Angeklagte durch dieselbe Tat schuldig gemacht hat.

(2) Ein Freispruch wegen Unzuständigkeit ist zu fällen, wenngleich ein Schuldspruch auch aus anderen Gründen nicht gefällt werden kann.

(3) (aufgehoben)

(4) Nach rechtskräftigem Freispruch wegen Unzuständigkeit kann das Finanzvergehen nur dann gerichtlich verfolgt und geahndet werden, wenn die Wiederaufnahme nach § 220 bewilligt worden ist.

Zu § 260

§ 215. (1) Im Strafurteil ist auch auszusprechen,

a) welche vom Angeklagten verschiedene Person durch einen Verfall ihr Eigentum verliere;

b) welche Pfand- und Zurückbehaltungsrechte Dritter an verfallenen Gegenständen anerkannt oder abgelehnt würden, in welcher Höhe die gesicherten Forderungen anerkannt würden und welcher Rang ihnen zukomme;

c) welche Personen für die Geldstrafe und den Wertersatz nach § 28 hafteten und

d) daß die Strafe, die wegen desselben Finanzvergehens in einem verwaltungsbehördlichen Finanzstrafverfahren verhängt und vollstreckt worden ist, auf die gerichtliche Strafe für die Vergehen angerechnet werde.

(2) Werden Pfand- oder Zurückbehaltungsrechte Dritter an verfallenen Gegenständen anerkannt, so ist im Urteil auch auszusprechen, daß der festgesetzte Wertersatz (§ 19 Abs. 3) nur mit dem Betrag einzufordern sei, der zur Befriedigung der anerkannten Forderungen aus dem Verwertungserlös aufgewendet wird (§ 229 Abs. 3).

§ 216. (aufgehoben)

Zu § 270

§ 217. In die Urteilsausfertigung sind auch die Namen der Nebenbeteiligten (§ 76) und ihrer Vertreter aufzunehmen.

Zu den §§ 281 und 283

§ 218. Enthält ein Urteil gesonderte Strafen für Finanzvergehen und strafbare Handlungen anderer Art (§ 22), so ist die Zulässigkeit der Rechtsmittel gegen den Strafausspruch auch gesondert zu beurteilen.

Zu den §§ 284, 285 und 294

§ 219. (1) War die Finanzstrafbehörde bei der Urteilsverkündung nicht vertreten, so ist ihr eine Urteilsausfertigung zuzustellen. Die Frist zur Anmeldung von Rechtsmitteln läuft dann von der Urteilszustellung, die Frist zur Ausführung des Rechtsmittels von dessen Anmeldung an. War die Finanzstrafbehörde bei der Urteilsverkündung nicht vertreten und sind die Voraussetzungen des § 270 Abs. 4 StPO den anderen Beteiligten gegenüber erfüllt, kann auch eine gekürzte Urteilsausfertigung zugestellt werden. In diesem Falle ist nach fristgerechter Rechtsmittelanmeldung eine Urteilsausfertigung gemäß § 270 Abs. 2 StPO zuzustellen, womit die Frist zur Ausführung des Rechtsmittels in Gang gesetzt wird.

(2) Die Beschwerdeschrift (§ 285 Abs. 1 StPO), die Anmeldung der Berufung, die die Berufungsgründe enthält, und die rechtzeitig eingebrachte Ausführung (§ 294 Abs. 2 StPO) sind auch der Finanzstrafbehörde mitzuteilen; dieser steht das Recht zu, binnen vier Wochen ihre Gegenausführungen zu überreichen.

Zum 16. Hauptstück

§ 220. (1) Auch wenn die gerichtliche Zuständigkeit zur Ahndung eines Finanzvergehens rechtskräftig abgelehnt oder wegen gerichtlicher Unzuständigkeit der Anklage keine Folge gegeben oder der Angeklagte freigesprochen worden ist, kann das Strafverfahren wegen dieses Vergehens nur nach Wiederaufnahme eingeleitet oder fortgesetzt werden.

(2) Die Wiederaufnahme ist zu bewilligen, wenn sich neue Tatsachen oder Beweise ergeben, die für die gerichtliche Zuständigkeit sprechen. Auf Finanzvergehen, die der Beschuldigte (Angeklagte) nach der Fällung einer Unzuständigkeitsentscheidung in erster Instanz begangen hat, kann die Wiederaufnahme nicht gegründet werden.

(3) Der Wiederaufnahme wegen eines Finanzvergehens steht nicht entgegen, daß die Tat als strafbare Handlung anderer Art verfolgt wurde oder noch verfolgt wird.

(4) Durch die Bewilligung der Wiederaufnahme tritt das Verfahren wegen des Finanzvergehens auch dann in den Stand des Ermittlungsverfahrens, wenn die Tat bereits als eine andere mit gerichtlicher Strafe bedrohte Handlung verfolgt wird und das Verfahren schon weiter gediehen ist.

(5) Berechtigt zum Antrag auf Wiederaufnahme sind die Staatsanwaltschaft und die Finanzstrafbehörde.

§ 221. (1) Wenn nach der rechtskräftigen Verurteilung des Angeklagten wegen eines Finanzvergehens neue Tatsachen oder Beweise beigebracht werden, die für die Zuständigkeit der Finanzstrafbehörde zur Ahndung des Vergehens sprechen, so hat das Landesgericht (§ 32 Abs. 3 StPO) über die gerichtliche Zuständigkeit zu entscheiden.

(2) Lehnt das Landesgericht (§ 32 Abs. 3 StPO) die gerichtliche Zuständigkeit ab, so hat es das Urteil im Schuld- und Strafausspruch wegen des Finanzvergehens aufzuheben.

(3) Im Übrigen sind die Bestimmungen des § 212 Abs. 2 bis 5 anzuwenden.

§ 222. Die Wiederaufnahme ist auch zu bewilligen, wenn nach rechtskräftiger Verurteilung neue Tatsachen oder Beweise beigebracht werden, aus denen sich ergibt, daß das Gericht seinem Urteil einen zu hohen strafbestimmenden Wertbetrag zugrunde gelegt hat.

§ 223. Neuen Tatsachen und Beweisen stehen bei einer Wiederaufnahme zugunsten des Verurteilten rechtskräftige Entscheidungen und Verfügungen der Abgabenbehörden gleich, die von den Strafurteilen, wenn auch nicht in der Tatsachengrundlage, so doch in der rechtlichen Beurteilung abweichen.

§ 224. (1) Läßt die Wiederaufnahmsbewilligung einen Teil des Schuldspruches wegen eines oder mehrerer Finanzvergehen unberührt, so darf das Gericht die Fortsetzung des Verfahrens wegen Unzuständigkeit zur Ahndung dieser Vergehen nie ablehnen. Es hat daher im neuen Urteil die Strafe für das eine oder die mehreren Finanzvergehen zu bestimmen, deren der Verurteilte auch nach der Wiederaufnahme des Verfahrens schuldig erkannt geblieben ist, wenngleich sie sonst von der Finanzstrafbehörde zu ahnden wären.

(2) Hat das Gericht die Strafe für Finanzvergehen, zu deren Ahndung die Finanzstrafbehörde zuständig wäre, nach dem ersten Absatz bestimmt, so sind mit dieser Bestrafung nicht die Folgen einer gerichtlichen Verurteilung, sondern nur die einer Ahndung durch die Finanzstrafbehörde verbunden; dies ist im Urteil festzustellen.

(3) Die Bestimmungen der Abs. 1 und 2 sind dem Sinne nach anzuwenden, wenn die Wiederaufnahmsbewilligung zwar den strafbestimmenden Wertbetrag unberührt läßt, aber Gründe für die Zuständigkeit der Finanzstrafbehörde sprechen.

§ 225. (aufgehoben)

§ 226. Werden neue Tatsachen und Beweismittel, die gegen die gerichtliche Zuständigkeit sprechen, während eines Rechtsmittelverfahrens beigebracht, so entscheidet das Rechtsmittelgericht endgültig, ob die gerichtliche Zuständigkeit zur Ahndung des Finanzvergehens gegeben sei.

Zu § 381

§ 227. (1) Zu den Kosten des Strafverfahrens gehören auch die Auslagen, die der Finanzstrafbehörde als Privatbeteiligtem oder Ankläger an Stelle der Staatsanwaltschaft erwachsen; sie fallen nicht unter die Pauschalkosten.

(2) Die Kosten, die der Bundesfinanzverwaltung im Dienste der Strafjustiz erwachsen, sind bei der Bestimmung des Pauschalkostenbeitrages zu berücksichtigen, soweit sie nicht nach § 381 Abs. 1, Z 3, 4 oder 5 StPO besonders zu ersetzen sind.

(BGBl I 2019/104)

(3) Der Bundesfinanzverwaltung werden nur Barauslagen und außerdem die Kosten erstattet, die der Finanzprokuratur nach § 8 Abs. 1 des Finanzprokuraturgesetzes, BGBl. I Nr. 110/2008, gebühren.

(BGBl I 2020/99)

Zu § 390

§ 228. Die Finanzstrafbehörde kann als Privatbeteiligter oder Ankläger an Stelle der Staatsanwaltschaft nicht zum Ersatz der Strafverfahrenskosten verurteilt werden.

Zu § 393 a

§ 228a. Wird der Angeklagte lediglich wegen Unzuständigkeit der Gerichte zur Ahndung eines Finanzvergehens freigesprochen, so gilt für den Ersatzanspruch § 393 a Abs. 2 StPO dem Sinne nach.

Zu § 408

§ 229. (1) Das Gericht hat verfallene Gegenstände, die sich nicht in amtlicher Verwahrung befinden, dem, der sie in seinem Gewahrsam hat, erforderlichenfalls auch zwangsweise abzunehmen. Wurde neben dem Verfall auf Wertersatz erkannt, weil im Zeitpunkt der Entscheidung noch nicht feststand, ob der Verfall vollziehbar sein wird (§ 19 Abs. 2 erster Fall), und können die verfallenen Gegenstände nicht in amtlichen Gewahrsam gebracht werden, so ist vom Verurteilten Wertersatz einzufordern. Kann nur ein Teil der verfallenen Gegenstände in amtlichen Gewahrsam gebracht werden, so hat das Gericht mit Beschluß den Betrag zu bestimmen, der als Wertersatz für die nicht zustande gebrachten Gegenstände einzuheben ist. Nach Rechtskraft des Beschlusses ist der festgesetzte Betrag als Wertersatz einzufordern.

(2) Die Verwertung verfallener Gegenstände ist der Finanzstrafbehörde zu überlassen.

(3) Wurde neben dem Verfall auf Wertersatz erkannt, weil Pfand- oder Zurückbehaltungsrechte Dritter an den verfallenen Gegenständen anerkannt worden sind (§ 19 Abs. 2 zweiter Fall), so hat das Gericht die verfallenen Gegenstände zu verwerten, die gesicherten Forderungen aus dem Erlös zu befriedigen und den Betrag, der zur Befriedigung der Forderungen aufgewendet worden ist, als Wertersatz einzufordern.

(4) Sind nach dem Abs. 3 die Forderungen mehrerer Gläubiger zu befriedigen, so ist bei unzureichendem Verwertungserlös der Rang der Pfand- und Zurückbehaltungsrechte zu berücksichtigen (§ 215 Abs. 1 lit. b). Forderungen mit gleichem Rang, die im Erlös keine Deckung finden, sind im Verhältnis ihrer Höhe zu befriedigen. Gegen den Verteilungsbeschluß steht dem Betroffenen die Beschwerde an das Oberlandesgericht offen; die Beschwerde ist binnen vierzehn Tagen einzubringen. Personen, die am Verfahren nicht beteiligt waren, steht es frei, ihr besseres Recht im Zivilrechtsweg geltend zu machen.

Zu den §§ 409 und 409 a

§ 230. (1) Die Geldstrafe kann auch nach dem Antritt der Ersatzfreiheitsstrafe bezahlt werden. Sie verringert sich im Verhältnis zu dem verbüßten Teil der Ersatzfreiheitsstrafe. Wird nicht die ganze hiernach aushaftende Geldstrafe bezahlt, so ist die Ersatzfreiheitsstrafe im Verhältnis des geschuldeten Restes weiter zu vollziehen.

(2) Die Bestimmungen der §§ 409 und 409 a StPO, des § 12 des Gerichtlichen Einbringungsgesetzes 1962, in der jeweils geltenden Fassung, und des ersten Absatzes gelten auch für den Wertersatz.

Zu § 197 und zum 20. Hauptstück

§ 231. Flüchtig ist, wer sich der inländischen Gerichtsbarkeit dadurch entzieht, daß er sich im Ausland aufhält oder im Inland verbirgt. Wie ein Flüchtiger wird auch behandelt, wer sonst unauffindbar ist.

§ 232. Flüchtigen Beschuldigten ist im Verfahren von Amts wegen ein Verteidiger zu bestellen.

§ 233. (1) Besteht hinreichend Verdacht, dass sich ein Flüchtiger eines Finanzvergehens schuldig gemacht habe, so hat das Gericht auf Antrag der Staatsanwaltschaft zur Sicherung der Geldstrafe, des Verfalls und des Wertersatzes eine Beschlagnahme gemäß §§ 109 Z 2 und 115 Abs. 1 Z 3 StPO anzuordnen, wenn zu befürchten ist, dass andernfalls die Einbringung gefährdet oder wesentlich erschwert würde.

(2) § 207a Abs. 2 bis 4 gilt dem Sinne nach.

§ 234. (aufgehoben)

§ 235. Die Zustellung von Gerichtsstücken an den Flüchtigen gilt als bewirkt, sobald sie seinem Verteidiger zugestellt sind.

Zu § 444

§ 236. Soweit in diesem Bundesgesetz nicht anderes bestimmt ist, gilt § 444 StPO dem Sinne nach auch für die Nebenbeteiligten (§ 76).

§ 237. Hat eine Person, die als Nebenbeteiligter in Betracht kommt, ihren Wohnsitz im Ausland oder hält sie sich nicht nur vorübergehend im Ausland auf, so hat ihr das Gericht, ohne daß dadurch der Fortgang des Verfahrens gehindert würde, anheim zu stellen, einen im Inland wohnhaften Bevollmächtigten zu nennen. Zugleich hat das Gericht sie zu belehren, daß in diesem Fall von der Nennung des Bevollmächtigten an nur dieser am Verfahren beteiligt werde, daß es dem Nebenbeteiligten jedoch unbenommen sei, selbst bei Gericht zu erscheinen und seine Rechte zu vertreten.

§ 238. Der Staatsanwaltschaft und allen anderen Verfahrensbeteiligten steht die Berufung zu:

a) gegen die ausdrückliche oder stillschweigende Entscheidung darüber, ob ein Nebenbeteiligter das Eigentum an den verfallsbedrohten Gegenständen verliere, ob ein Pfand- oder Zurückbehaltungsrecht eines Nebenbeteiligten an einem verfallsbedrohten Gegenstand anerkannt werde oder ob ein Nebenbeteiligter für die Geldstrafe oder den Wertersatz hafte;

b) gegen den Ausspruch über den Rang und die Höhe der gesicherten Forderung.

§ 239. Soweit der Staatsanwaltschaft, der Finanzstrafbehörde, den betroffenen Nebenbeteiligten und dem Angeklagten die Berufung nach § 238 zusteht, können sie auch die Wiederaufnahme des Verfahrens begehren.

§ 240. (1) Hat die Wiederaufnahme Erfolg zugunsten eines Nebenbeteiligten, so ist er vom Bund für vermögensrechtliche Nachteile zu entschädigen, die ihm durch das vorangegangene Verfahren und Urteil entstanden sind. Sein Anspruch gegen den Bund geht auf den Verurteilten, der ihm den Schaden ersetzt hat, oder dessen Rechtsnachfolger über.

(2) Für die Auseinandersetzung zwischen dem Entschädigungswerber und dem Bund sind die Vorschriften der §§ 9 und 12 des Strafrechtlichen Entschädigungsgesetzes 2005 (StEG 2005), BGBl. I Nr. 125/2004 sinngemäß anzuwenden.

§ 241. Nebenbeteiligte können nur zum Ersatz der Strafverfahrenskosten verurteilt werden, die ohne ihr Einschreiten nicht entstanden wären.

§ 242. (1) Hat das Gericht mit Urteil ausgesprochen, daß eine vom Angeklagten verschiedene Person durch den Verfall ihr Eigentum verliere, ist in dem Urteil die Anerkennung eines Pfand- oder Zurückbehaltungsrechtes unterblieben oder die Haftung für die Geldstrafe oder den Wertersatz ausgesprochen worden, so ist auf Antrag des Betroffenen über den Verfall, das Pfand- oder Zurückbehaltungsrecht oder die Haftung gleichfalls in mündlicher Verhandlung mit Ergänzungsurteil zum Hauptürteil zu entscheiden. Antragsberechtigt ist der Betroffene, wenn er ohne seine oder seines Bevollmächtigten Schuld durch einen unabwendbaren Umstand daran gehindert war, am Verfahren teilzunehmen. Der Antrag kann nur binnen sechs Wochen nach Wegfall des Hindernisses und niemals später als drei Jahre nach Rechtskraft des Urteils gestellt werden.

(2) Wird in dem Ergänzungsurteil der Verfall aufgehoben oder ein Pfand- oder Zurückbehaltungsrecht eines Dritten anerkannt, so hat das Gericht zugleich auf den vom Verurteilten zu leistenden entsprechenden Wertersatz zu erkennen.

(3) Wenn in dem nachträglichen Verfahren zu entscheiden ist, ob ein Nebenbeteiligter sein Eigentum an dem verfallen erklärten Gegenstand verloren habe, sind auch die Personen der Verhandlung zuzuziehen, die im Hauptürteil schuldig gesprochen worden sind; sie haben auch in dem nachträglichen Verfahren die Stellung eines Beschuldigten (Angeklagten).

(4) Weist das Gericht den Antrag zurück, das nachträgliche Verfahren einzuleiten, so kann der betroffene Nebenbeteiligte die Beschwerde an das Oberlandesgericht erheben; hiefür steht eine Frist von vierzehn Tagen seit Zustellung des ablehnenden Beschlusses offen.

(5) Die Zulässigkeit des nachträglichen Verfahrens kann nur mit Berufung gegen das Ergänzungsurteil angefochten werden.

(6) Für das nachträgliche Verfahren gelten die Vorschriften über die Hauptverhandlung, das Urteil, dessen Anfechtung und Vollziehung, die Wiederaufnahme des Verfahrens und die Entschädigung für vermögensrechtliche Nachteile.

Zu den §§ 445 und 446

§ 243. Die §§ 445 und 446 StPO gelten dem Sinne nach auch für den Verfall nach § 18 mit der Maßgabe, dass bei einem Freispruch wegen gerichtlicher Unzuständigkeit zur Ahndung des Finanzvergehens eine Entscheidung des Gerichts über den Verfall nicht zulässig ist.

§ 244. Die Bestimmungen über die Wiederaufnahme des Strafverfahrens gelten dem Sinne nach auch für das selbständige Verfahren.

§ 245. (1) Werden die Täter oder andere an der Tat Beteiligte später entdeckt, aber des Finanzvergehens nicht schuldig erkannt, so sind jene Personen, die durch den Verfall vermögensrechtliche

Nachteile erlitten haben (Abs. 3), vom Bund für vermögensrechtliche Nachteile zu entschädigen.

(2) Klagsberechtigt sind die früheren Eigentümer der verfallenen Gegenstände und Personen, deren Pfand- oder Zurückbehaltungsrechte an den verfallenen Gegenständen nicht anerkannt worden sind.

(3) Für die Auseinandersetzung zwischen dem Entschädigungswerber und dem Bund sind die §§ 9 und 12 des Strafrechtlichen Entschädigungsgesetzes 2005 (StEG 2005), BGBl. I Nr. 125/2004, dem Sinne nach anzuwenden.

§§ 246. und 247. (aufgehoben)

Artikel II
Gerichtlich strafbare Handlungen, die keine Finanzvergehen sind

Begünstigung

§ 248. (1) Wer einen anderen, der ein Finanzvergehen begangen hat, das von der Finanzstrafbehörde zu ahnden ist, der Verfolgung oder der Vollstreckung der Strafe absichtlich ganz oder zum Teil entzieht, ist vom Gericht mit Freiheitsstrafe bis zu einem Jahr oder mit Geldstrafe bis zu 360 Tagessätzen zu bestrafen.

(2) § 299 Abs. 2 bis 4 StGB gilt dem Sinne nach.

§ 249. (aufgehoben)

Falsche Verdächtigung

§ 250. (1) Wer einen anderen dadurch der Gefahr einer behördlichen Verfolgung aussetzt, daß er ihn eines von der Finanzstrafbehörde zu verfolgenden Finanzvergehens mit Ausnahme der Finanzordnungswidrigkeiten falsch verdächtigt, ist, wenn er weiß (§ 5 Abs. 3 StGB), daß die Verdächtigung falsch ist, vom Gericht mit Freiheitsstrafe bis zu einem Jahr oder mit Geldstrafe bis zu 360 Tagessätzen zu bestrafen.

(2) § 297 Abs. 2 StGB gilt dem Sinne nach.

Verletzung der abgabenrechtlichen Geheimhaltungspflicht

§ 251. (1) Wer als Beamter (§ 74 Abs. 1 Z 4 StGB) oder als ehemaliger Beamter die abgabenrechtliche Geheimhaltungspflicht verletzt (§ 48 a Abs. 2 BAO), ist, wenn die Tat nicht nach einer anderen Bestimmung mit strengerer Strafe bedroht ist, vom Gericht nach § 310 StGB zu bestrafen.

(2) Vor der Entscheidung, ob die Offenbarung oder Verwertung im zwingenden öffentlichen Interesse gelegen war (§ 48 a Abs. 4 lit. b BAO), hat das Gericht das Bundesministerium für Finanzen zu hören.

§ 252. (1) Wer, ohne Beamter oder ehemaliger Beamter zu sein, die abgabenrechtliche Geheimhaltungspflicht verletzt (§ 48 a Abs. 3 BAO), ist vom Gericht nach § 121 Abs. 1 StGB zu bestrafen.

(2) Wer die Tat begeht, um sich oder einem anderen einen Vermögensvorteil zuzuwenden oder einem anderen einen Nachteil zuzufügen, ist vom Gericht nach § 121 Abs. 2 StGB zu bestrafen.

(3) § 251 Abs. 2 ist anzuwenden.

(4) Der Täter ist nur auf Verlangen des in seinem Interesse an der Geheimhaltung Verletzten zu verfolgen.

§ 253. (aufgehoben)

Bestimmungen für den Bereich des landesgesetzlichen und kommunalsteuerlichen Abgabenstrafrechts

§ 254. (1) Für den Bereich des landesgesetzlichen und kommunalsteuerlichen Abgabenstrafrechts gelten § 29 sinngemäß und das Verwaltungsstrafgesetz 1991 – VStG, BGBl. Nr. 52/1991.

(2) Abs. 1 gilt nicht für jene Fälle, in denen zur Durchführung des Strafverfahrens eine Finanzstrafbehörde des Bundes zuständig ist. In diesen Fällen gelten für das verwaltungsbehördliche und das verwaltungsgerichtliche Verfahren die verfahrensrechtlichen Bestimmungen des Art. I.

§ 255. (aufgehoben)

Übergangs- und Schlußbestimmungen

§ 256. Soweit in diesem Bundesgesetz auf Bestimmungen anderer Bundesgesetze verwiesen wird, sind diese Bestimmungen in ihrer jeweils geltenden Fassung anzuwenden.

Umsetzung von Unionsrecht

§ 257. (1) Mit den §§ 57 Abs. 4 und 4a, 84 Abs. 5 und 127 Abs. 1 dieses Bundesgesetzes wird die Richtlinie 2010/64/EU über das Recht auf Dolmetschleistungen und Übersetzungen in Strafverfahren, ABl. Nr. L 280 vom 26.10.2010 S. 1, umgesetzt.

(2) Mit den §§ 57 Abs. 3 und 85 Abs. 3a dieses Bundesgesetzes wird die Richtlinie 2012/13/EU über das Recht auf Belehrung und Unterrichtung in Strafverfahren, ABl. Nr. L 142 vom 01.06.2012 S. 1, umgesetzt.

(3) Mit den §§ 77 Abs. 1, 78 Abs. 3, 84 Abs. 2, 85 Abs. 4 und 6 sowie 89 Abs. 4 dieses Bundesgesetzes wird die Richtlinie 2013/48/EU über das Recht auf Zugang zu einem Rechtsbeistand in Strafverfahren und in Verfahren zur Vollstreckung des Europäischen Haftbefehls sowie über das Recht auf Benachrichtigung eines Dritten bei Freiheitsentzug und das Recht auf Kommunikation mit Dritten und mit Konsularbehörden während des Freiheitsentzugs, ABl. Nr. L 294 vom 6.11.2013 S. 1, umgesetzt.

(4) Mit den §§ 57a bis 57e, § 80, § 120 Abs. 3 und 5, § 194c, § 194d Abs. 3, § 194e Abs. 2 und 195 Abs. 4 dieses Bundesgesetzes wird die Richtlinie (EU) 2016/680 zum Schutz natürlicher Personen bei der Verarbeitung personenbezogener Daten durch die zuständigen Behörden zum Zwecke der Verhütung, Ermittlung, Aufdeckung oder Verfolgung von Straftaten oder der Strafvollstreckung sowie zum freien Datenverkehr und zur Aufhebung des Rahmenbeschlusses 2008/977/JI des Rates, ABl. Nr. L 119 vom 4.5.2016 S. 89, für den Bereich des Finanzstrafrechtes umgesetzt.

(BGBl I 2018/32, BGBl I 2019/91)

(5) Mit den §§ 2, 35 Abs. 4, 37 Abs. 2, 40 und 53 Abs. 1a dieses Bundesgesetzes wird die Richtlinie (EU) 2017/1371 über die strafrechtliche Bekämpfung von gegen die finanziellen Interessen der Union gerichtetem Betrug, ABl. Nr. L 198 vom 28.7.2017 S. 29, für den Bereich des Finanzstrafrechtes umgesetzt.

(BGBl I 2019/62)

(6) Mit § 77 Abs. 3a dieses Bundesgesetzes wird die Richtlinie (EU) 2016/1919 über Prozesskostenhilfe für Verdächtige und beschuldigte Personen in Strafverfahren sowie für gesuchte Personen in Verfahren zur Vollstreckung eines Europäischen Haftbefehls, ABl. Nr. L 297 vom 04.11.2016 S. 1, für den Bereich des Finanzstrafrechtes umgesetzt.

(BGBl I 2019/62)

(7) Mit den §§ 180, 181 und 182 dieses Bundesgesetzes wird die Richtlinie (EU) 2016/800 über Verfahrensgarantien in Strafverfahren für Kinder, die Verdächtige oder beschuldigte Personen in Strafverfahren sind, ABl. Nr. L 132 vom 21.05.2016 S. 1, für den Bereich des Finanzstrafrechtes umgesetzt.

(BGBl I 2019/62)

(8) Mit § 49c dieses Bundesgesetzes wird die Richtlinie (EU) 2018/822 des Rates vom 25. Mai 2018 zur Änderung der Richtlinie 2011/16/EU bezüglich des verpflichtenden automatischen Informationsaustauschs im Bereich der Besteuerung über meldepflichtige grenzüberschreitende Gestaltungen, ABl. Nr. L 139 vom 5.6.2018 S. 1-13 für den Bereich des Finanzstrafrechtes umgesetzt.

(BGBl I 2019/91)

(BGBl I 2016/77)

§§ 258. bis 261. (aufgehoben)

§ 262. Durch § 264 dieses Bundesgesetzes nicht ausdrücklich aufgehobene Bestimmungen der Abgaben- und Monopolvorschriften gelten insoweit sinngemäß abgeändert, als sie mit den Bestimmungen des Artikels I dieses Bundesgesetzes im Zusammenhang stehen.

§ 263. Wo in bundesgesetzlichen Bestimmungen auf Vorschriften hingewiesen wird, die durch dieses Bundesgesetz ersetzt werden, treten an deren Stelle sinngemäß die Bestimmungen dieses Bundesgesetzes.

§ 264. Mit dem Wirksamkeitsbeginn dieses Bundesgesetzes werden aufgehoben:

1. § 4 Abs. 2 Z 5 und die §§ 22, 391 bis 419 sowie 477 der Abgabenordnung vom 22. Mai 1931, Deutsches RGBl. I S. 161, in der durch das Gesetz vom 4. Juli 1939, Deutsches RGBl. I S. 1181, geänderten Fassung;
2. die §§ 110 a, 119 bis 128 und § 132 des Gesetzes über das Branntweinmonopol vom 8. April 1922, Deutsches RGBl. I S. 405, in der durch das Gesetz vom 25. März 1939, Deutsches RGBl. I S. 604, geänderten Fassung;
3. das Strafgesetz über Gefällsübertretungen vom 11. Juli 1835, PolGesSlg. Bd. 63 Nr. 112;
4. die §§ 8 und 20 bis 26 des Bundesgesetzes vom 13. Juli 1949, BGBl. Nr. 186, über das Tabakmonopol;
5. a) die §§ 24 bis 36 des Lottopatentes vom 13. März 1813 in der Fassung der Kaiserlichen Entschließungen vom 26. Juni 1841 und 28. April 1853; diese Bestimmungen bleiben jedoch insoweit in Geltung, als sie gesetzliche Grundlage der Wertausspielungsverordnung, BGBl. Nr. 68/1928, in der Fassung der Wertausspielungsnovelle, BGBl. Nr. 541/1933, sind;
   b) § 4 des Gesetzes über die Einführung der Klassenlotterie vom 3. Jänner 1913, RGBl. Nr. 94, in der Fassung des Bundesgesetzes vom 29. Februar 1924, BGBl. Nr. 64;
   c) § 9 Abs. 1 der Wertausspielungsverordnung, BGBl. Nr. 68/1928, in der Fassung der Wertausspielungsnovelle, BGBl. Nr. 541/1933;
   d) § 14 der Spielbankverordnung, BGBl. Nr. 463/1933;
   e) §§ 6 und 7 des Sporttoto-Gesetzes, BGBl. Nr. 55/1949, und § 6 des Pferdetoto-Gesetzes, BGBl. Nr. 129/1952;
   f) die §§ 7 und 8 des Gesetzes vom 7. November 1862, RGBl. Nr. 85, betreffend das Promessengeschäft mit Anlehenslosen;
   g) § 5 des Gesetzes vom 30. Juni 1878, RGBl. Nr. 90, enthaltend einige Bestimmungen über die Veräußerung von Staats- und anderen Losen oder deren Gewinsthoffnung;
   h) die §§ 6 und 7 des Gesetzes vom 28. März 1889, RGBl. Nr. 32, betreffend die Schuldverschreibungen mit Prämien, ferner die Ankündigung und Anempfehlung verbotener Lose und Lotterien;
6. § 34 Abs. 3 des Gebührengesetzes 1957, BGBl. Nr. 267.

§ 265. (1) Dieses Bundesgesetz tritt am 1. Jänner 1959, die Regelung der Abs. 3 und 6 jedoch am 30. Juni 1958 in Kraft.

(1a) § 176 Abs. 4 lit. a in der Fassung des Bundesgesetzes BGBl. I Nr. 30/1998 tritt mit 1. Jänner 1998 in Kraft.

(1b) Die §§ 62, 65, 67, 68, 70, 71, 74, 152, 157, 159, 162, 169, 170 in der Fassung des Bundesgesetzes BGBl. I Nr. 97/2002 treten mit 1. Jänner 2003 in Kraft und sind auf alle an diesem Tag unerledigten Rechtsmittel anzuwenden. Die zu diesem Zeitpunkt bestellten Mitglieder der Spruchsenate bleiben bis zum Ablauf ihrer Bestellungsdauer im Amt. Die als Mitglieder der Berufungssenate bestellten Laienbeisitzer gelten als für den unabhängigen Finanzsenat bestellt und bleiben bis zum Ablauf ihrer Bestellungsdauer im Amt. Die Maßnahmen, die für eine unverzügliche Aufnahme der Tätigkeit des unabhängigen Finanzsenates erforderlich sind, dürfen bereits von dem der Kundmachung des Bundesgesetzes BGBl. I Nr. 97/2002 folgenden Tag an getroffen werden.

(1c) (aufgehoben)

(1d) § 58 Abs. 1 lit. e und § 65 Abs. 1 lit. a in der Fassung des Bundesgesetzes BGBl. I Nr. 124/2003 treten mit 1. Jänner 2004 in Kraft. § 5 Abs. 2, § 58 Abs. 1 lit. a und Abs. 3, § 68 Abs. 5, § 70, § 71, § 85 Abs. 2, § 89 Abs. 2, § 95, § 97, § 181 Abs. 3, § 197 Abs. 1, 3 und 5 und § 227 Abs. 2 in der Fassung des Bundesgesetzes BGBl. I Nr. 124/2003 treten mit 1. Mai 2004 in Kraft. Die von den Präsidenten der Finanzlandesdirektionen gemäß § 85 Abs. 2 vorgenommenen Bestellungen von Organen der Finanzämter bleiben von der Änderung dieser Bestimmung unberührt.

(1e) § 48b und § 146 Abs. 1 in der Fassung des Bundesgesetzes BGBl. I Nr. 26/2004 treten mit 1. Mai 2004 in Kraft.

(1f) § 65 Abs. 1 lit. a und § 194a in der Fassung des Bundesgesetzes BGBl. I Nr. 180/2004 treten mit 1. Jänner 2005 in Kraft.

(1g) § 38 Abs. 1 in der Fassung des Bundesgesetzes BGBl. I Nr. 103/2005 tritt mit 1. Jänner 2006 in Kraft.

(1h) Die §§ 68 und 99 Abs. 4 in der Fassung des Bundesgesetzes BGBl. I Nr. 161/2005 treten mit 1. Jänner 2006 in Kraft. § 28 Abs. 1 in der vor Inkrafttreten des Bundesgesetzes BGBl. I Nr. 161/2005 geltenden Fassung ist auf vor Inkrafttreten des Bundesgesetzes BGBl. I Nr. 161/2005 begangene Finanzvergehen weiter anzuwenden.

(1i) Die §§ 58 Abs. 1 lit. a, b und 65 Abs. 1 lit. b sowie 146 Abs. 1 jeweils in der Fassung des Bundesgesetzes BGBl. I Nr. 99/2006 treten mit 1. März 2007 in Kraft. § 58 Abs. 1 lit. g in der Fassung des Bundesgesetzes BGBl. I Nr. 99/2006 tritt mit Ablauf des 28. Februar 2007 außer Kraft.

(1j) Die §§ 5 Abs. 3, 6, 24 Abs. 1, 31 Abs. 3 und 4, 32 Abs. 3, 53 Abs. 1 und 4, 54, 57, 77 Abs. 1, 78 Abs. 3, 82 Abs. 2, 83 Abs. 2, 84, 85 Abs. 2, 87 Abs. 7, 89 Abs. 4, 114 Abs. 3, 124 Abs. 2, 195 Abs. 1, 196, 196a, 199 Abs. 2, 200, 201, 202, 202a, 205, 206 Abs. 1, 207 Abs. 1, 207a, 209, 212, 220, 221 Abs. 1 und 2, 233 und 251 Abs. 1 sowie die Überschriften vor den §§ 25, 196a, 199, 200, 200a, 201, 202, 202a, 205, 206, 208, 209, 210 und 220 und die Überschrift des Dritten Unterabschnittes jeweils in der Fassung des Bundesgesetzes BGBl. I Nr. 44/2007 treten mit 1. Jänner 2008 in Kraft. Die §§ 6 Abs. 2, 25 Abs. 3, 54 Abs. 3, 197, 198, 203, 204 und 214 Abs. 3 sowie die Überschriften vor den §§ 197 und 203 treten mit Ablauf des 31. Dezember 2007 außer Kraft.

(1k) § 232 sowie die Überschriften vor den §§ 220, 231 und 246 treten mit 1. Jänner 2008 in Kraft.

(1l) § 176 Abs. 4 lit. a in der Fassung BGBl. I Nr. 99/2007 tritt mit 1. Jänner 2008 in Kraft.

(1m) Die §§ 31 Abs. 2, § 49a und § 58 Abs. 1 lit. c jeweils in der Fassung des Bundesgesetzes BGBl. I Nr. 85/2008 treten mit 1. August 2008 in Kraft.

(1n) § 58 Abs. 1 lit. e in der Fassung des Bundesgesetzes BGBl. I. Nr. 9/2010 tritt mit 1. Juli 2010 in Kraft.

(1o) § 2 Abs. 2 in der Fassung des Bundesgesetzes, BGBl. I Nr. 54/2010, tritt mit 1. Jänner 2011 in Kraft.

(1p) Die Änderungen im Finanzstrafgesetz in der Fassung des Bundesgesetzes, BGBl. I Nr. 104/2010, treten mit 1. Jänner 2011 in Kraft. Dabei gilt: Die §§ 38, 39, 40 und 44 in der vor Inkrafttreten des Bundesgesetzes BGBl. I Nr. 104/2010 geltenden Fassung sind auf vor Inkrafttreten des Bundesgesetzes BGBl. I Nr. 104/2010 begangene Finanzvergehen weiterhin anzuwenden. Auf zum 1. Jänner 2011 anhängige Rechtsmittel gegen Bescheide über die Einleitung eines Finanzstrafverfahrens ist § 83 Abs. 2 in der Fassung dieses Bundesgesetzes nicht anzuwenden.

(BGBl I 2017/163)

(1q) **(Verfassungsbestimmung)** § 66 in der Fassung des Bundesgesetzes BGBl. I Nr. 51/2012 tritt mit 1. Jänner 2014 in Kraft.

(1r) § 58 Abs. 1 lit. g, § 65 Abs. 1 lit. a und § 194a jeweils in der Fassung des Bundesgesetzes BGBl. I Nr. 112/2012 treten mit 1. Jänner 2013 in Kraft.

(1s) Die §§ 30a Abs. 5, 33 Abs. 3 lit. a und c, 46 Abs. 1 lit. a, 54 Abs. 2, 199 Abs. 3, 200 Abs. 2 lit. a, 210 Abs. 1, 4, 5 und 7, 211 Abs. 1, 213 Abs. 1 lit. b, 227 Abs. 1, 228, 229 Abs. 4, 238, 239, 240 Abs. 2, 242 Abs. 4 und 245 sowie die Überschrift vor § 213 jeweils in der Fassung des BGBl. I Nr. 14/2012 treten mit dem der Kundmachung des BGBl. I Nr. 14/2012 folgenden Tag in Kraft; zugleich treten § 229 Abs. 1 vierter Satz und § 246 außer Kraft. Die §§ 3, 4 Abs. 2, 14 Abs. 3, 31 Abs. 4 lit. b, 57 Abs. 6, 58 Abs. 1, 2 und 3, 59 Abs. 1, 2 und 3, 60 Abs. 1, 61 Abs. 1, 62, 64 Abs. 3, 65 Abs. 2, 66 Abs. 2, 67, 68 Abs. 1, 2 und 6, 69, 70 Abs. 2, 71, 71a, 72 Abs. 1, 74 Abs. 1 und 3, 80, 81, 82 Abs. 1 und 3, 83 Abs. 2 und 3, 85 Abs. 1 und 4, 87 Abs. 1 und 7, 88 Abs. 1 lit. a und c, Abs. 3 und 5, 90 Abs. 2, 93 Abs. 7, 95, 99 Abs. 6, 102 Abs. 4, 115, 116 Abs. 1, 117 Abs. 2, 118, 119, 120 Abs. 1, 122 Abs. 1, 123 Abs. 1, 124 Abs. 1 und 2, 125 Abs. 2, 127 Abs. 1, 130 Abs. 1 lit. a, 131 Abs. 2, 134, 135 Abs. 1 lit. a, 137 lit. a, 139, 140 Abs. 1, 141 Abs. 2 und 3, 143 Abs. 1, 145 Abs. 1, 2 und 4, 147, 150 Abs. 1, 3 und 4, 151 Abs. 1 und 2, 152, 153 Abs. 1, 2 und 4, 156, 157, 158, 159, 160, 161, 162, 163 Abs. 1, 165 Abs. 3, 4 und 5, 166 Abs. 1, 2, 3, 4 und 6, 167 Abs. 2, 168 Abs. 3, 169, 170 Abs. 2 und 3, 171 Abs. 2, 172 Abs. 1, 175 Abs. 2, 176 Abs. 1, 177 Abs. 1 und 3, 178, 180 Abs. 2, 185 Abs. 5, 187, 194a, 194d Abs. 1, 196 Abs. 3 und 207 Abs. 1 sowie die Überschriften vor den §§ 62, 65, 71a, 156, 161, und die Überschrift des VII. Hauptstückes und dessen Ziffer A jeweils in der Fassung des Bundesgesetzes BGBl. I Nr. 14/2012 treten mit 1. Jänner 2014 in Kraft; zugleich treten die §§ 63, 85 Abs. 7, 87 Abs. 2, Abs. 5 zweiter Satz und Abs. 6, 89 Abs. 6, 142 Abs. 2 und 164 außer Kraft. Dabei gilt:

a) Die zum 31. Dezember 2013 beim unabhängigen Finanzsenat als Finanzstrafbehörde zweiter Instanz anhängigen Rechtsmittel sind vom Bundesfinanzgericht als Beschwerden im Sinne des Art. 130 Abs. 1 B-VG zu erledigen und wirken bereits gestellte Anträge auch gegenüber dem Bundesfinanzgericht. Die Ausfertigung von noch vor dem 1. Jänner 2014 verkündeten Rechtsmittelentscheidungen hat jedoch noch im Namen des unabhängigen Finanzsenates als Finanzstrafbehörde zweiter Instanz nach den zum 31. Dezember 2013 geltenden Verfahrensbestimmungen zu erfolgen. Nach dem 31. Dezember 2013 wirksam werdende Erledigungen des unabhängigen Finanzsenates als Finanzstrafbehörde zweiter Instanz gelten als Erledigungen des Bundesfinanzgerichtes.

b) Die gemäß § 71a Abs. 4 iVm § 68 zu erlassende Geschäftsverteilung für das Jahr 2014 kann bereits vor dem 1. Jänner 2014 durch den Präsidenten des Bundesfinanzgerichtes mit Wirksamkeit bis zum Inkrafttreten einer nach den Bestimmungen des Organisationsgesetzes zustande gekommenen Geschäftsverteilung provisorisch erlassen werden. Sie hat vorzusehen, dass die am 31. Dezember 2013 beim unabhängigen Finanzsenat als Finanzstrafbehörde zweiter Instanz anhängigen Rechtsmittel tunlichst denselben Personen als Richter des Bundesfinanzgerichtshofes, bei Senatszuständigkeit Senaten mit denselben Vorsitzenden zugewiesen werden.

c) Bis zum 31. Dezember 2013 vorgenommene Bestellungen gemäß § 67 in der vor dem Bundesgesetz BGBl. I Nr. 14/2012 geltenden Fassung gelten als für das Bundesfinanzgericht bis 31. Dezember 2017 erfolgt.

(1t) § 254 Abs. 1 in der Fassung des Bundesgesetzes BGBl. I Nr. 33/2013 tritt mit 1. Jänner 2014 in Kraft.

(1u) Die §§ 67 Abs. 2, 70 Abs. 1, 71a Abs. 1 und 73 jeweils in der Fassung des Bundesgesetzes BGBl. I Nr. 70/2013 treten mit 1. Jänner 2014 in Kraft.

(1v) Wurde eine Erklärung über die Bereitschaft zur Erbringung von gemeinnützigen Leistungen vor Inkrafttreten des § 179 Abs. 3 FinStrG in der Fassung BGBl. I Nr. 155/2013 gegenüber der Finanzstrafbehörde abgegeben, so beginnt die Monatsfrist gemäß § 3a Abs. 2 StVG zur Erreichung eines Einvernehmens mit einer geeigneten Einrichtung erst ab der Kontaktaufnahme mit einem Vermittler gemäß § 3a Abs. 1 StVG, spätestens jedoch mit Inkrafttreten dieses Bundesgesetzes zu laufen.

(1w) § 29 Abs. 3 und 6 treten mit 1. Oktober 2014 in Kraft. § 29 in der Fassung des Bundesgesetzes BGBl. I Nr. 65/2014 ist auf Selbstanzeigen, die nach dem 30. September 2014 erstattet werden, anzuwenden.

(1x) Die §§ 8 Abs. 3, 9, 34, 36, 39 Abs. 1 lit. b und c, 51 Abs. 1 lit. c, f und g, 51a, 58, 74a, 74b, 83 Abs. 2, 99 Abs. 3a bis 6 und 120 Abs. 1 bis 3 in der Fassung des Bundesgesetzes BGBl. I Nr. 118/2015 treten mit 1. Jänner 2016 in Kraft. § 98 Abs. 5 in der Fassung des Bundesgesetzes BGBl. I Nr. 118/2015 tritt mit Ablauf des Tages der Kundmachung in Kraft.

(BGBl I 2015/118)

(1y) Die §§ 22 Abs. 4, 38 und 203, jeweils in der Fassung des Bundesgesetzes BGBl. I Nr. 163/2015, treten mit 1. Jänner 2016 in Kraft. Der § 35 in der Fassung des Bundesgesetzes BGBl. I Nr. 163/2015 tritt am 1. Mai 2016 in Kraft. Die §§ 47 Abs. 1, 146 Abs. 2 lit. b, 157 und 160 Abs. 1 treten am Tag nach der Kundmachung in Kraft.

(BGBl I 2015/163)

(1z) Die Überschrift vor § 56, §§ 57a bis 57d samt Überschriften und Unterhauptstücksüberschrift, § 80, § 120 Abs. 3 und 5, § 194c, § 194d Abs. 3, § 194e Abs. 2, § 195 Abs. 4 sowie § 257 Abs. 4, jeweils in der Fassung des Materien-Datenschutz-Anpassungsgesetzes 2018, BGBl. I Nr. 32/2018, treten mit 25. Mai 2018 in Kraft.

(BGBl I 2018/32)

(2) § 60 tritt mit Ablauf des 31. Dezember 2020 außer Kraft. Die §§ 29 Abs. 1, 53 Abs. 1 und 3, 56 Abs. 5 Z 3, 58 Abs. 1, 59, 64 Abs. 1, 65, 67 Abs. 1, 69, 70 Abs. 1 und 2, 85 Abs. 2, 90 Abs. 2, 95, 97, 99 Abs. 2 und 5, 146 Abs. 1, 174 Abs. 2, 194a, 196 Abs. 3 und 4, die Überschrift vor § 196a, 197, und 227 Abs. 2 jeweils in der Fassung des Bundesgesetzes BGBl. I Nr. 104/2019 treten mit 1. Jänner 2021 in Kraft. Dabei gilt:

a) Das Amt für Betrugsbekämpfung als Finanzstrafbehörde tritt mit 1. Jänner 2021 an die Stelle des zum 31. Dezember 2020 jeweils zuständigen Finanzamtes als Finanzstrafbehörde. Das Zollamt Österreich als Finanzstrafbehörde tritt an die Stelle des zum 31. Dezember 2020 jeweils zuständigen Zollamtes als Finanzstrafbehörde. Die zum 31. Dezember 2020 bei den Finanzstrafbehörden anhängigen Verfahren sind von den gemäß § 58 Abs. 1 in der Fassung BGBl. I Nr. 104/2019 zuständigen Finanzstrafbehörden fortzuführen.

   (BGBl I 2020/23)

b) Ausfertigungen der vor dem 1. Jänner 2021 verkündeten, jedoch noch nicht zugestellten Erkenntnisse einer Finanzstrafbehörde haben im Namen der im Zeitpunkt der Verkündigung zuständigen Finanzstrafbehörde zu erfolgen. Nach dem 31. Dezember 2020 wirksam werdende Erledigungen der zum 31. Dezember 2020 zuständigen Finanzstrafbehörden gelten als Erledigungen der Finanzstrafbehörden gemäß § 58 Abs. 1 in der Fassung des Bundesgesetzes BGBl. I Nr. 104/2019.

   (BGBl I 2020/23)

c) Die gemäß § 58 Abs. 1 zu erlassende Geschäftsverteilung ab 1. Jänner 2021 kann bereits vor dem 1. Jänner 2021 durch den Vorstand der gemäß § 58 in der Fassung des

Bundesgesetzes BGBl. I Nr. 104/2019 zuständigen Finanzstrafbehörde erlassen werden.

(BGBl I 2020/23)

d) Die zum 31. Dezember 2020 gemäß § 67 bestellten Mitglieder der Spruchsenate gelten jeweils bis zum Ende ihrer jeweiligen Funktionsperiode als für die Spruchsenate nach § 65 in der Fassung des Bundesgesetzes BGBl. I Nr. 104/2019 bestellt.

(BGBl I 2020/23)

e) Die zum 31. Dezember 2020 bereits einem Spruchsenat zugeleiteten Akten fallen in die Zuständigkeit eines in der Stadt bestehenden Spruchsenates, in der sich die Geschäftsstelle des bisher zuständigen Spruchsenates befunden hat. Die nach § 68 vor Ablauf des Jahres 2019 für das Jahr 2020 erlassene Geschäftsverteilung gilt bis 31. Dezember 2020. Die Geschäftsverteilung für das Jahr 2021 kann bereits vor dem 1. Jänner 2021 durch den Vorstand der gemäß § 58 in der Fassung des Bundesgesetzes BGBl. I Nr. 104/2019 zuständigen Finanzstrafbehörde erlassen werden und hat vorzusehen, dass die zum 31. Dezember 2020 bereits einem Spruchsenat zugeleiteten Akten tunlichst denselben Personen als Vorsitzenden der Spruchsenate, bei Senatszuständigkeit Senaten mit denselben Vorsitzenden zugewiesen werden.

(BGBl I 2020/23)

f) Die zum 31. Dezember 2020 gemäß § 124 oder § 159 durch den Vorstand der Finanzstrafbehörde bestellten Amtsbeauftragten gelten jeweils als vom Vorstand der Finanzstrafbehörde in der Fassung des Bundesgesetzes BGBl. I Nr. 104/2019 bestellt.

(BGBl I 2020/23)

g) und h) (aufgehoben)

(BGBl I 2020/23, BGBl I 2020/99)

i) Wird in einer Rechtsvorschrift des Bundes, eines Landes oder einer Gemeinde die Bezeichnung „Amt für Betrugsbekämpfung als Finanzstrafbehörde" oder „Zollamt Österreich als Finanzstrafbehörde" verwendet, ist darunter bis zum Ablauf des 31. Dezember 2020 jene Einrichtung zu verstehen, die aufgrund des Finanzstrafgesetzes in der Fassung vor dem Bundesgesetz BGBl. I Nr. 104/2019 zuständig gewesen ist.

(BGBl I 2020/23)

(BGBl I 2019/104, BGBl I 2020/23)

(2a) § 53 Abs. 3, § 99 Abs. 2, die Überschrift vor § 196a sowie § 197, jeweils in der Fassung des Bundesgesetzes BGBl. I Nr. 104/2019, treten nicht in Kraft. § 265 Abs. 2 lit. g und h treten außer Kraft.

(BGBl I 2020/99)

(2b) § 53 Abs. 3, § 56b Abs. 1, 1a, 2 und 3, § 87 Abs. 7, § 99 Abs. 2, die Überschrift vor § 196a, sowie die §§ 197 und 198 samt Überschriften, jeweils in der Fassung des Bundesgesetzes BGBl. I Nr. 99/2020, treten mit 1. Jänner 2021 in Kraft.

(BGBl I 2020/99)

(2c) Hinsichtlich der Zuständigkeit des Spruchsenates nach § 58 Abs. 2 lit. a für Finanzvergehen, die vor dem 1. Jänner 2021 begangen wurden, tritt durch das Inkrafttreten des § 58 Abs. 1 in der Fassung des Bundesgesetzes BGBl. I Nr. 104/2019 keine Änderung zu der am 31. Dezember 2020 geltenden Rechtslage ein, wenn einem Spruchsenat ausschließlich aufgrund des Inkrafttretens von Bestimmungen des Finanz-Organisationsreformgesetzes, BGBl. I Nr. 104/2019, oder des 2. Finanz-Organisationsreformgesetzes, BGBl. I Nr. 99/2020, oder auch beider Gesetze, die Durchführung der mündlichen Verhandlung und Fällung des Erkenntnisses obläge.

(BGBl I 2020/99)

(2d) Hinsichtlich der Zuständigkeit zur Ahndung von Finanzvergehen, die vor dem 1. Jänner 2021 begangen wurden, tritt durch das Inkrafttreten der §§ 53 Abs. 1 und 58 Abs. 1 in der Fassung des Bundesgesetzes BGBl. I Nr. 104/2019 keine Änderung zu der am 31. Dezember 2020 geltenden Rechtslage ein, wenn das Gericht ausschließlich aufgrund des Inkrafttretens von Bestimmungen des Finanz-Organisationsreformgesetzes, BGBl. I Nr. 104/2019, oder des 2. Finanz-Organisationsreformgesetzes, BGBl. I Nr. 99/2020, oder auch beider Gesetze, zu deren Ahndung zuständig wäre.

(BGBl I 2020/99)

(2e) Hinsichtlich der Zuständigkeit zur Ahndung von mit gerichtlich zu ahndenden Finanzvergehen zusammentreffenden anderen Finanzvergehen, die vor dem 1. Jänner 2021 begangen wurden, tritt durch das Inkrafttreten des § 53 Abs. 3 in der Fassung des Bundesgesetzes BGBl. I Nr. 99/2020 keine Änderung zu der am 31. Dezember 2020 geltenden Rechtslage ein, wenn das Gericht ausschließlich aufgrund des Inkrafttretens von Bestimmungen des Finanz-Organisationsreformgesetzes, BGBl. I Nr. 104/2019, oder des 2. Finanz-Organisationsreformgesetzes, BGBl. I Nr. 99/2020, oder auch beider Gesetze, zu deren Ahndung zuständig wäre.

(BGBl I 2020/99)

(2f) Hinsichtlich der örtlichen Zuständigkeit der Staatsanwaltschaft oder des Gerichts für zum 31. Dezember 2020 bei diesen anhängigen Finanzstrafverfahren tritt durch das Inkrafttreten der §§ 197 und 198 samt Überschriften in der Fassung des Bundesgesetzes BGBl. I Nr. 99/2020 keine Änderung ein.

(BGBl I 2020/99)

(2g) In zum Ablauf des 31. Dezember 2020 bereits anhängigen Finanzstrafverfahren können Anbringen nach diesem Zeitpunkt auch noch unter Verwendung der Bezeichnung der bis zum 31. Dezember 2020 zuständig gewesenen Finanzstrafbehörde sowie unter Verwendung der bis zu diesem Zeitpunkt kundgemachten Anschrift dieser Finanzstrafbehörde wirksam eingebracht werden.

(BGBl I 2020/99)

(3) § 49c in der Fassung des Bundesgesetzes BGBl. I Nr. 91/2019 tritt mit 1. Juli 2020 in Kraft. § 49d in der Fassung des Bundesgesetzes BGBl. I Nr. 91/2019 tritt mit 1. Jänner 2020 in Kraft.

(BGBl I 2019/91)

Sonderregelungen aufgrund der Maßnahmen zur Bekämpfung von COVID-19

§ 265a. (1) Der Lauf der Einspruchsfrist (§ 145 Abs. 1), der Rechtsmittelfrist (§ 150 Abs. 2), der Frist zur Anmeldung einer Beschwerde (§ 150 Abs. 4), der Frist zur Einbringung eines Antrages auf Wiederaufnahme des Verfahrens (§ 165 Abs. 4), der Frist zur Stellung eines Antrages auf Wiedereinsetzung in den vorigen Stand (§ 167 Abs. 2) sowie der Frist auf Erhebung von Einwendungen zur Niederschrift (§ 56b Abs. 3) wird jeweils unterbrochen, wenn die Frist mit Ablauf des 16. März 2020 noch nicht abgelaufen war oder der Beginn des Fristenlaufs in die Zeit von 16. März 2020 bis zum Ablauf des 30. April 2020 fällt. Die genannten Fristen beginnen mit 1. Mai 2020 neu zu laufen.

(BGBl I 2020/23)

(2) Die Finanzstrafbehörde kann jedoch im jeweiligen Verfahren aussprechen, dass eine Frist nicht für die in Abs. 1 festgelegte Dauer unterbrochen wird. Diesfalls hat sie gleichzeitig eine neue angemessene Frist festzusetzen.

(3) Nach Abs. 2 ist nur vorzugehen, wenn nach sorgfältiger Abwägung aller Umstände die Fortsetzung des Verfahrens zur Abwendung einer Gefahr für Leib und Leben, Sicherheit und Freiheit oder zur Abwehr eines erheblichen und unwiederbringlichen Schadens einer Partei dringend geboten ist und nicht das Interesse der Allgemeinheit an der Verhütung und Bekämpfung der Verbreitung von COVID-19 sowie der Schutz der Aufrechterhaltung eines geordneten Verwaltungsbetriebes die Einzelinteressen überwiegen.

(3a) (aufgehoben)

(BGBl I 2020/23, BGBl I 2022/108)

(4) Solange Maßnahmen zur Verhinderung der Verbreitung von COVID-19 aufrecht sind, längstens jedoch bis 30. Juni 2022, gilt für Vernehmungen, mündliche Verhandlungen, Beweisaufnahmen und sonstige Amtshandlungen:

a) Der Leiter einer Amtshandlung kann unter Berücksichtigung der jeweiligen Gefährdungslage und der örtlichen Gegebenheiten gegenüber den an der Amtshandlung teilnehmenden Personen Maßnahmen anordnen, die zur Verhinderung der Verbreitung von COVID-19 erforderlich und zweckmäßig erscheinen. Der Leiter der Amtshandlung hat für die Einhaltung dieser Maßnahmen zu sorgen. Bei einer mündlichen Verhandlung oder Vernehmung einer Person sollen tunlichst Schutzmaßnahmen angeordnet werden, die die Mimik der an der Amtshandlung beteiligten Personen nicht verbergen.

   (BGBl I 2021/52)

b) Ist die Anwesenheit der im Finanzstrafverfahren Beteiligten zur Aufrechterhaltung einer geordneten Finanzstrafrechtspflege nicht unbedingt erforderlich, kann die Behörde in jenen Fällen, in denen nicht das Gericht zur Ahndung des Finanzvergehens zuständig ist, Vernehmungen und Beweisaufnahmen auch unter Verwendung geeigneter technischer Einrichtungen zur Tonübertragung oder Ton- und Bildübertragung durchführen; § 56b Abs. 3 gilt sinngemäß. Ebenso können mündliche Verhandlungen auch unter Verwendung geeigneter technischer Einrichtungen zur Ton- und Bildübertragung durchgeführt werden. In diesen Fällen ist eine Niederschrift lediglich vom Verhandlungsleiter und gegebenenfalls vom Schriftführer zu unterfertigen.

   (BGBl I 2021/52)

(BGBl I 2020/96, BGBl I 2021/3, BGBl I 2021/52, BGBl I 2021/227)

(5) (aufgehoben)

(BGBl I 2021/227)

(BGBl I 2020/16)

§ 266. (1) Das Bundesministerium für Finanzen kann die zur Vollziehung dieses Bundesgesetzes erforderlichen Verordnungen schon vor den im § 265 Abs. 1 genannten Zeitpunkten erlassen. Solche Verordnungen treten jedoch frühestens mit dem gemäß § 265 Abs. 1 in Betracht kommenden Wirksamkeitsbeginn ihrer gesetzlichen Grundlage in Kraft.

(BGBl I 2022/108)

(2) Im Art. I des Bundesgesetzes vom 17. Dezember 1957, BGBl. Nr. 286, betreffend die Verlängerung der Geltungsdauer des Bundesgesetzes, womit der Dritte Teil der Abgabenordnung abgeändert und das gerichtliche Steuerstrafverfahren geregelt wird, treten an die Stelle der Worte 30. Juni 1958 die Worte 31. Dezember 1958.

(3) Mit der Vollziehung dieses Bundesgesetzes sind betraut:

a) Hinsichtlich des § 67 Abs. 1 die Bundesregierung;

b) hinsichtlich der übrigen Bestimmungen mit Ausnahme des Abs. 3 des vorliegenden Paragraphen nach Maßgabe des Bundesministeriengesetzes 1986, BGBl. Nr. 76, alle Bundesminister.

(4) Für die Vollziehung des Abs. 3 gilt der Art. III § 6 des Bundesgesetzes vom 17. Dezember 1956, BGBl. Nr. 248, womit der Dritte Teil der Abgabenordnung abgeändert und das gerichtliche Steuerstrafverfahren geregelt wird, sinngemäß.

20. Unternehmensgesetzbuch

Auszug (Drittes Buch)

Unternehmensgesetzbuch, dRGBl S 1897/219 idF

1 DRGBl 1902 S 218	**2** DRGBl 1904 S 167	**3** DRGBl 1908 S 307
4 DRGBl 1913 S 90	**5** DRGBl 1924 S I 44	**6** DRGBl 1925 I S 9
7 DRGBl 1927 I S 337	**8** DRGBl 1929 II S 759	**9** DRGBl 1933 I S 520
10 DRGBl 1937 I S 166	**11** DRGBl 1937 I S 891	**12** DRGBl 1937 I S 897
13 DRGBl 1937 I S 1026	**14** DRGBl 1938 I S 1149	**15** DRGBl 1938 I S 1188
16 DRGBl 1938 I S 1428 (3. EVO, GBlÖ 1938/520)	**17** DRGBl 1938 I S 1999 (4. EVO, GBlÖ 1939/86)	**18** DRGBl 1939 I S 23
19 DRGBl 1939 I S 1383	**20** DRGBl 1944 I S 42	**21** StGBl 1945/184 (WV 1985/201)
22 StGBl 1945/187	**23** StGBl 1945/231	**24** BGBl 1946/21
25 BGBl 1954/213	**26** BGBl 1960/153	**27** BGBl 1964/196
28 BGBl 1967/170	**29** BGBl 1973/577	**30** BGBl 1974/422
31 BGBl 1976/91	**32** BGBl 1977/163	**33** BGBl 1979/140
34 BGBl 1981/174	**35** BGBl 1982/370	**36** BGBl 1988/180
37 BGBl 1989/343	**38** BGBl 1990/459	**39** BGBl 1990/475
40 BGBl 1991/10	**41** BGBl 1993/458	**42** BGBl 1994/153
43 BGBl 1996/262	**44** BGBl 1996/304	**45** BGBl I 1997/106
46 BGBl I 1997/114	**47** BGBl I 1998/125	**48** BGBl I 1998/158
49 BGBl I 1999/49	**50** BGBl I 1999/187	**51** BGBl I 2000/61
52 BGBl I 2000/142	**53** BGBl I 2001/41	**54** BGBl I 2001/42
55 BGBl I 2001/97	**56** BGBl I 2001/98	**57** BGBl I 2002/108
58 BGBl I 2002/118	**59** BGBl I 2003/71	**60** BGBl I 2003/118
61 BGBl I 2004/14	**62** BGBl I 2004/161 (ReLÄG 2004)	**63** BGBl I 2005/59 (GesRÄG 2005)
64 BGBl I 2005/120 (HaRÄG)	**65** BGBl I 2006/75 (ÜbRÄG 2006)	**66** BGBl I 2006/103 (PuG)
67 BGBl I 2007/72 (GesRÄG 2007)	**68** BGBl I 2008/70 (URÄG 2008)	**69** BGBl I 2009/71 (AktRÄG 2009)
70 BGBl I 2009/140 (RÄG 2010)	**71** BGBl I 2010/58 (IRÄ-BG)	**72** BGBl I 2010/111 (BudBG 2011)
73 BGBl I 2012/35	**74** BGBl I 2013/50 (ZVG)	**75** BGBl I 2014/83 (GesbR-RG)
76 BGBl I 2015/22 (RÄG 2014)	**77** BGBl I 2015/163 (AbgÄG 2015)	**78** BGBl I 2016/43 (APRÄG 2016)
79 BGBl I 2017/20 (NaDiVeG)	**80** BGBl I 2017/107	**81** BGBl I 2018/17
82 BGBl I 2018/58 (ErwSchAG-Justiz)	**83** BGBl I 2019/46 (Anti-Gold-Plating-G 2019)	**84** BGBl I 2019/63 (AktRÄG 2019)
85 BGBl I 2021/86 (GREx)	**86** BGBl I 2022/186 (GesDigG 2022)	

GLIEDERUNG

Drittes Buch: Rechnungslegung

Erster Abschnitt: Allgemeine Vorschriften

Erster Titel: Buchführung, Inventarerrichtung §§ 189–192

Zweiter Titel: Eröffnungsbilanz, Jahresabschluß §§ 193–200

Dritter Titel: Ansatz und Bewertung §§ 201–211

Vierter Titel: Aufbewahrung und Vorlage von Unterlagen §§ 212–220

Zweiter Abschnitt: Ergänzende Vorschriften für Kapitalgesellschaften

Erster Titel: Größenklassen § 221

Zweiter Titel: Allgemeine Vorschriften über den Jahresabschluss, den Lagebericht sowie den Corporate Governance-Bericht und den Bericht über Zahlungen an staatliche Stellen §§ 222, 223

Dritter Titel: Bilanz §§ 224–230

Vierter Titel: Gewinn- und Verlustrechnung §§ 231–235

Fünfter Titel: Anhang und Lagebericht §§ 236–243d

Dritter Abschnitt: Konzernabschluss, Konzernlagebericht, konsolidierter Corporate Governance-Bericht und konsolidierter Bericht über Zahlungen an staatliche Stellen

Erster Titel: Anwendungsbereich §§ 244–246

Zweiter Titel: Umfang der einzubeziehenden Unternehmen (Konsolidierungskreis) §§ 247–249

Dritter Titel: Inhalt und Form des Konzernabschlusses §§ 250–252

Vierter Titel: Vollständige Zusammenfassung der Jahresabschlüsse verbundener Unternehmen (Vollkonsolidierung) §§ 253–259

Fünfter Titel: Bewertungsvorschriften §§ 260, 261

Sechster Titel: Anteilmäßige Zusammenfassung der Jahresabschlüsse verbundener Unternehmen (anteilmäßige Konsolidierung) § 262

Siebenter Titel: Assoziierte Unternehmen §§ 263, 264

Achter Titel: Konzernanhang §§ 265, 266

Neunter Titel: Konzernlagebericht, konsolidierter Corporate Governance-Bericht §§ 267–267b

Zehnter Titel: Konsolidierter Bericht über Zahlungen an staatliche Stellen § 267c

Vierter Abschnitt: Vorschriften über die Prüfung, Offenlegung, Veröffentlichung und Zwangsstrafen

Erster Titel: Abschlußprüfung §§ 268–276

Zweiter Titel: Offenlegung, Veröffentlichung und Vervielfältigung, Prüfung durch das Firmenbuchgericht §§ 277–281

Dritter Titel: Prüfungspflicht und Zwangsstrafen §§ 282–285

§§ 286–342 *(aufgehoben)*

Bundesgesetz über besondere zivilrechtliche Vorschriften für Unternehmen (Unternehmensgesetzbuch – UGB)

Drittes Buch
Rechnungslegung

Erster Abschnitt
Allgemeine Vorschriften

Erster Titel
Buchführung, Inventarerrichtung

Anwendungsbereich

§ 189. (1) Soweit in der Folge nichts anderes bestimmt wird, ist das Dritte Buch anzuwenden auf:

1. Kapitalgesellschaften;

   (BGBl I 2015/22)

2. eingetragene Personengesellschaften, bei denen

   a. alle unmittelbaren oder mittelbaren Gesellschafter mit ansonsten unbeschränkter Haftung tatsächlich nur beschränkt haftbar sind, weil sie entweder Kapitalgesellschaften im Sinn des Anhangs I der Richtlinie 2013/34/EU über den Jahresabschluss, den konsolidierten Abschluss und damit verbundene Berichte von Unternehmen bestimmter Rechtsformen und zur Änderung der Richtlinie 2006/43/EG des Europäischen Parlaments und des Rates und zur Aufhebung der Richtlinien 78/660/EWG und 83/349/EWG, ABl. Nr. L 182 vom 29. 6. 2013 S. 19, in der Fassung der Richtlinie 2014/102/EU des Rates vom 7. November 2014, ABl. Nr. L 334 vom 21. 11. 2014, S. 86 (im Folgenden: Bilanz-Richtlinie), sind oder Gesellschaften sind, die nicht dem Recht eines Mitgliedstaats der Europäischen Union oder eines Vertragsstaats des Abkommens über den Europäischen Wirtschaftsraum unterliegen, aber über eine Rechtsform verfügen, die einer in Anhang I der Richtlinie 2013/34/EU genannten vergleichbar ist; als Kapitalgesellschaften im Sinn des Anhangs I der Bilanz-Richtlinie gelten auch solche, die mittels delegierter Rechtsakte der Kommission im Sinn des Art. 1 Abs. 2 dieser Richtlinie als solche erklärt werden; oder

      (BGBl I 2016/43)

   b. kein unbeschränkt haftender Gesellschafter eine natürliche Person oder eine Personengesellschaft mit einer natürlichen Person als unbeschränkt haftendem Gesellschafter ist oder bei denen sich die Verbindung von Gesellschaften in dieser Art fortsetzt, und die unternehmerisch tätig sind;

      (BGBl I 2016/43)

   (BGBl I 2016/43)

3. alle anderen mit Ausnahme der in Abs. 4 genannten Unternehmer, die hinsichtlich der einzelnen einheitlichen Betriebe jeweils mehr als 700 000 Euro Umsatzerlöse im Geschäftsjahr erzielen.

   (BGBl I 2015/22)

(2) Die Rechtsfolgen des Schwellenwertes (Abs. 1 Z 3) treten ein:

1. ab dem zweitfolgenden Geschäftsjahr, wenn der Schwellenwert in zwei aufeinanderfolgenden Geschäftsjahren überschritten wird;

   sie entfallen ab dem folgenden Geschäftsjahr, wenn er in zwei aufeinanderfolgenden Geschäftsjahren nicht mehr überschritten wird;

2. jedoch schon ab dem folgenden Geschäftsjahr, wenn der Schwellenwert um mindestens 300 000 Euro überschritten wird oder wenn

bei Gesamt- oder bei Einzelrechtsnachfolge in den Betrieb oder Teilbetrieb eines Unternehmens der Rechtsvorgänger zur Rechnungslegung verpflichtet war, es sei denn, dass der Schwellenwert für den übernommenen Betrieb oder Teilbetrieb in den letzten zwei aufeinanderfolgenden Geschäftsjahren nicht erreicht wurde; sie entfallen ab dem folgenden Geschäftsjahr, wenn er bei Aufgabe eines Teilbetriebs um mindestens die Hälfte unterschritten wird.

(BGBl I 2015/22)

(3) Rechnungslegungsrechtliche Sonderbestimmungen gehen der Anwendung dieses Gesetzes vor.

(4) Das Dritte Buch ist nicht anzuwenden auf Angehörige der freien Berufe, Land- und Forstwirte sowie Unternehmer, deren Einkünfte im Sinne des § 2 Abs. 4 Z 2 EStG 1988 im Überschuss der Einnahmen über die Werbungskosten liegen, auch wenn ihre Tätigkeit im Rahmen einer eingetragenen Personengesellschaft ausgeübt wird, es sei denn, dass es sich um eine Personengesellschaft im Sinn des Abs. 1 Z 2 handelt.

Begriffsbestimmungen

§ 189a. Für das Dritte Buch gelten folgende Begriffsbestimmungen:

1. Unternehmen von öffentlichem Interesse:
   a. Unternehmen, deren übertragbare Wertpapiere zum Handel an einem geregelten Markt eines Mitgliedstaats der Europäischen Union oder eines Vertragsstaats des Abkommens über den Europäischen Wirtschaftsraum im Sinn des Art. 4 Abs. 1 Nr. 21 der Richtlinie 2014/65/EU über Märkte für Finanzinstrumente sowie zur Änderung der Richtlinien 2002/92/EG und 2011/61/EU, ABl. Nr. L 173 vom 12. 6. 2014 S. 349, zugelassen sind;
   b. Kapitalgesellschaften, die Kreditinstitute im Sinn des Art. 4 Abs. 1 Nr. 1 der Verordnung (EU) Nr. 575/2013 über Aufsichtsanforderungen an Kreditinstitute und Wertpapierfirmen und zur Änderung der Verordnung (EU) Nr. 646/2012, ABl. Nr. L 176 vom 27. 6. 2013 S. 1 – mit Ausnahme der in Artikel 2 Abs. 5 der Richtlinie 2013/36/EU über den Zugang zur Tätigkeit von Kreditinstituten und die Beaufsichtigung von Kreditinstituten und Wertpapierfirmen, zur Änderung der Richtlinie 2002/87/EG und zur Aufhebung der Richtlinien 2006/48/EG und 2006/49/EG, ABl. Nr. L 176 vom 27. 6. 2013 S. 338, genannten Kreditinstitute – sind;
   c. Kapitalgesellschaften, die Versicherungsunternehmen im Sinn des Art. 2 Abs. 1 der Richtlinie 91/674/EWG über den Jahresabschluss und den konsolidierten Abschluss von Versicherungsunternehmen, ABl. Nr. L 374 vom 31. 12. 1991 S. 7, sind oder
   d. Unternehmen, die ungeachtet ihrer Rechtsform in einem Bundesgesetz unter Verweis auf diese Bestimmung als solche bezeichnet werden;
2. Beteiligung: Anteile an einem anderen Unternehmen, die dazu bestimmt sind, dem eigenen Geschäftsbetrieb durch Herstellung einer dauernden Verbindung zu diesem Unternehmen zu dienen; dabei ist es gleichgültig, ob die Anteile in Wertpapieren verbrieft sind oder nicht; es wird eine Beteiligung an einem anderen Unternehmen vermutet, wenn der Anteil am Kapital 20% beträgt oder darüber liegt; § 244 Abs. 4 und 5 über die Berechnung der Anteile ist anzuwenden; die Beteiligung als unbeschränkt haftender Gesellschafter an einer Personengesellschaft gilt stets als Beteiligung;
3. beizulegender Wert: der Betrag, den ein Erwerber des gesamten Unternehmens im Rahmen des Gesamtkaufpreises für den betreffenden Vermögensgegenstand oder die betreffende Schuld ansetzen würde; dabei ist davon auszugehen, dass der Erwerber das Unternehmen fortführt;
4. beizulegender Zeitwert: der Börsenkurs oder Marktpreis; im Fall von Finanzinstrumenten, deren Marktpreis sich als Ganzes nicht ohne weiteres ermitteln lässt, der aus den Marktpreisen der einzelnen Bestandteile des Finanzinstruments oder dem Marktpreis für ein gleichartiges Finanzinstrument abgeleitete Wert; falls sich bei Finanzinstrumenten ein verlässlicher Markt nicht ohne weiteres ermitteln lässt, der mit Hilfe allgemein anerkannter Bewertungsmodelle und methoden bestimmte Wert, sofern diese Modelle und Methoden eine angemessene Annäherung an den Marktpreis gewährleisten;

   (BGBl I 2019/46)
5. Umsatzerlöse: die Beträge, die sich aus dem Verkauf von Produkten und der Erbringung von Dienstleistungen nach Abzug von Erlösschmälerungen und der Umsatzsteuer sowie von sonstigen direkt mit dem Umsatz verbundenen Steuern ergeben;
6. Mutterunternehmen: ein Unternehmen, das ein oder mehrere Tochterunternehmen im Sinn des § 244 beherrscht;
7. Tochterunternehmen: ein Unternehmen, das von einem Mutterunternehmen im Sinn des § 244 unmittelbar oder mittelbar beherrscht wird;
8. verbundene Unternehmen: zwei oder mehrere Unternehmen innerhalb einer Gruppe, wobei eine Gruppe das Mutterunternehmen und alle Tochterunternehmen bilden;
9. assoziiertes Unternehmen: ein Unternehmen, an dem ein anderes Unternehmen eine Beteiligung hält und dessen Geschäfts- und

Finanzpolitik durch das andere Unternehmen maßgeblich beeinflusst wird; es wird vermutet, dass ein Unternehmen einen maßgeblichen Einfluss auf ein anderes Unternehmen ausübt, sofern jenes Unternehmen 20% oder mehr der Stimmrechte der Aktionäre oder Gesellschafter dieses Unternehmens besitzt;

10. wesentlich: der Status von Informationen, wenn vernünftigerweise zu erwarten ist, dass ihre Auslassung oder fehlerhafte Angabe Entscheidungen beeinflusst, die Nutzer auf der Grundlage des Jahres- oder Konzernabschlusses treffen. Die Wesentlichkeit ist von der Größe oder der spezifischen Eigenschaft des Postens oder der Fehlerhaftigkeit der Angabe abhängig. Selbst wenn ein einzelner Posten für sich genommen als unwesentlich angesehen werden kann, können mehrere unwesentliche gleichartige Posten zusammen als wesentlich gelten;
11. Investmentunternehmen:
    a. Unternehmen, deren einziger Zweck darin besteht, ihre Mittel in Wertpapieren oder Immobilien verschiedener Art oder in anderen Werten anzulegen mit dem einzigen Ziel, das Risiko der Investitionen zu verteilen und ihre Aktionäre oder Gesellschafter an dem Gewinn aus der Verwaltung ihres Vermögens zu beteiligen;
    b. Unternehmen, die mit Unternehmen nach lit. a mit festem Kapital verbunden sind, sofern der einzige Zweck dieser verbundenen Unternehmen darin besteht, voll eingezahlte Anteile, die von den Unternehmen nach lit. a ausgegeben worden sind, zu erwerben, unbeschadet des Artikels 22 Absatz 1 Buchstabe h der Richtlinie 2012/30/EU zur Koordinierung der Schutzbestimmungen, die in den Mitgliedstaaten den Gesellschaften im Sinne des Artikels 54 Absatz 2 des Vertrages über die Arbeitsweise der Europäischen Union im Interesse der Gesellschafter sowie Dritter für die Gründung der Aktiengesellschaft sowie für die Erhaltung und Änderung ihres Kapitals vorgeschrieben sind, um diese Bestimmungen gleichwertig zu gestalten, ABl. Nr. L 315 vom 14. 11. 2012 S. 74;
12. Beteiligungsgesellschaft: Unternehmen, deren einziger Zweck darin besteht, Beteiligungen an anderen Unternehmen zu erwerben sowie die Verwaltung und Verwertung dieser Beteiligungen wahrzunehmen, ohne dass sie unmittelbar oder mittelbar in die Verwaltung dieser Unternehmen eingreifen, unbeschadet der Rechte, die ihnen in ihrer Eigenschaft als Anteilsinhaber zustehen.

(BGBl I 2015/22)

Führung der Bücher

§ 190. (1) Der Unternehmer hat Bücher zu führen und in diesen seine unternehmensbezogenen Geschäfte und die Lage seines Vermögens nach den Grundsätzen ordnungsmäßiger Buchführung ersichtlich zu machen. Die Buchführung muss so beschaffen sein, dass sie einem sachverständigen Dritten innerhalb angemessener Zeit einen Überblick über die Geschäftsvorfälle und über die Lage des Unternehmens vermitteln kann. Die Geschäftsvorfälle müssen sich in ihrer Entstehung und Abwicklung verfolgen lassen.

(2) Bei der Führung der Bücher und bei den sonst erforderlichen Aufzeichnungen hat sich der Unternehmer einer lebenden Sprache zu bedienen. Werden Abkürzungen, Zahlen, Buchstaben oder Symbole verwendet, so muss im Einzelfall deren Bedeutung eindeutig festliegen.

(3) Die Eintragungen in Büchern und die sonst erforderlichen Aufzeichnungen müssen vollständig, richtig, zeitgerecht und geordnet vorgenommen werden.

(4) Eine Eintragung oder eine Aufzeichnung darf nicht in einer Weise verändert werden, dass der ursprüngliche Inhalt nicht mehr feststellbar ist. Auch darf durch eine Veränderung keine Ungewissheit darüber entstehen, ob eine Eintragung oder Aufzeichnung ursprünglich oder zu einem späteren Zeitpunkt gemacht wurde.

(5) Der Unternehmer kann zur ordnungsmäßigen Buchführung und zur Aufbewahrung seiner Geschäftsbriefe (§ 212 Abs. 1) Datenträger benützen. Hierbei muss die inhaltsgleiche, vollständige und geordnete, hinsichtlich der in § 212 Abs. 1 genannten Schriftstücke auch die urschriftgetreue Wiedergabe bis zum Ablauf der gesetzlichen Aufbewahrungsfristen jederzeit gewährleistet sein. Werden solche Schriftstücke auf elektronischem Weg übertragen, so muss ihre Lesbarkeit in geeigneter Form gesichert sein. Soweit die Schriftstücke nur auf Datenträgern vorliegen, entfällt das Erfordernis der urschriftgetreuen Wiedergabe.

Inventar

§ 191. (1) Der Unternehmer hat zu Beginn seines Unternehmens die diesem gewidmeten Vermögensgegenstände und Schulden genau zu verzeichnen und deren Wert anzugeben (Inventar).

(2) Er hat für den Schluß eines jeden Geschäftsjahrs ein solches Inventar aufzustellen.

Inventurverfahren

§ 192. (1) Die Vermögensgegenstände sind im Regelfall im Weg einer körperlichen Bestandsaufnahme zu erfassen.

(2) Bei der Inventur für den Schluß eines Geschäftsjahrs bedarf es einer körperlichen Bestandsaufnahme der Vermögensgegenstände für diesen Zeitpunkt nicht, soweit durch Anwendung eines den Grundsätzen ordnungsmäßiger Buchführung entsprechenden anderen Verfahrens gesichert ist, daß der Bestand der Vermögensgegenstände nach Art, Menge und Wert auch ohne die körperliche

Bestandsaufnahme für diesen Zeitpunkt festgestellt werden kann.

(3) In dem Inventar für den Schluß eines Geschäftsjahrs müssen Vermögensgegenstände nicht verzeichnet werden, wenn

1. der Unternehmer ihren Bestand auf Grund einer körperlichen Bestandsaufnahme oder auf Grund eines gemäß Abs. 2 zulässigen anderen Verfahrens nach Art, Menge und Wert in einem besonderen Inventar verzeichnet hat, das für einen Tag innerhalb der letzten drei Monate vor oder der ersten beiden Monate nach dem Schluß des Geschäftsjahrs aufgestellt ist, und
2. auf Grund des besonderen Inventars durch Anwendung eines den Grundsätzen ordnungsmäßiger Buchführung entsprechenden Fortschreibungs- oder Rückrechnungsverfahrens gesichert ist, daß der am Schluß des Geschäftsjahrs vorhandene Bestand der Vermögensgegenstände für diesen Zeitpunkt ordnungsgemäß bewertet werden kann.

(4) Bei der Inventur darf der Bestand von Vermögensgegenständen nach Art, Menge und Wert auch mit Hilfe anerkannter mathematischstatistischer Methoden auf Grund von Stichproben ermittelt werden. Das Verfahren muß den Grundsätzen ordnungsmäßiger Buchführung entsprechen. Der Aussagewert des auf diese Weise aufgestellten Inventars muß dem Aussagewert eines auf Grund einer körperlichen Bestandsaufnahme aufgestellten Inventars gleichkommen.

ZWEITER TITEL
Eröffnungsbilanz, Jahresabschluß

Pflicht zur Aufstellung

§ 193. (1) Der Unternehmer hat zu Beginn seines Unternehmens eine Eröffnungsbilanz nach den Grundsätzen ordnungsmäßiger Buchführung aufzustellen.

(2) Er hat sodann für den Schluß eines jeden Geschäftsjahrs in den ersten neun Monaten des Geschäftsjahrs für das vorangegangene Geschäftsjahr einen Jahresabschluß aufzustellen.

(3) Die Dauer des Geschäftsjahrs darf zwölf Monate nicht überschreiten.

(4) Der Jahresabschluß besteht aus der Bilanz und der Gewinn- und Verlustrechnung; er ist in Euro und in deutscher Sprache unbeschadet der volksgruppenrechtlichen Bestimmungen in der jeweils geltenden Fassung aufzustellen.

Unterzeichnung

§ 194. Der Jahresabschluß ist vom Unternehmer unter Beisetzung des Datums zu unterzeichnen. Sind mehrere unbeschränkt haftende Gesellschafter vorhanden, so haben sie alle zu unterzeichnen.

Inhalt des Jahresabschlusses

§ 195. Der Jahresabschluß hat den Grundsätzen ordnungsmäßiger Buchführung zu entsprechen. Er ist klar und übersichtlich aufzustellen. Er hat dem Unternehmer ein möglichst getreues Bild der Vermögens- und Ertragslage des Unternehmens zu vermitteln.

Vollständigkeit, Verrechnungsverbot

§ 196. (1) Der Jahresabschluß hat sämtliche Vermögensgegenstände, Rückstellungen, Verbindlichkeiten, Rechnungsabgrenzungsposten, Aufwendungen und Erträge zu enthalten, soweit gesetzlich nichts anderes bestimmt ist.

(2) Posten der Aktivseite dürfen nicht mit Posten der Passivseite, Aufwendungen dürfen nicht mit Erträgen, Grundstücksrechte nicht mit Grundstückslasten verrechnet werden.

Wirtschaftlicher Gehalt

(BGBl I 2019/46)

§ 196a. Die Posten des Jahresabschlusses sind unter Berücksichtigung des wirtschaftlichen Gehalts der betreffenden Geschäftsvorfälle oder der betreffenden Vereinbarungen zu bilanzieren und darzustellen.

(BGBl I 2015/22, BGBl I 2019/46)

Bilanzierungsverbote

§ 197. (1) Aufwendungen für die Gründung des Unternehmens und für die Beschaffung des Eigenkapitals dürfen nicht als Aktivposten in die Bilanz eingestellt werden.

(2) Für immaterielle Gegenstände des Anlagevermögens, die nicht entgeltlich erworben wurden, darf ein Aktivposten nicht angesetzt werden.

Inhalt der Bilanz

§ 198. (1) In der Bilanz sind das Anlage- und das Umlaufvermögen, das Eigenkapital, die Rückstellungen, die Verbindlichkeiten sowie die Rechnungsabgrenzungsposten gesondert auszuweisen und unter Bedachtnahme auf die Grundsätze des § 195 aufzugliedern.

(BGBl I 2015/22)

(2) Als Anlagevermögen sind die Gegenstände auszuweisen, die bestimmt sind, dauernd dem Geschäftsbetrieb zu dienen.

(3) (aufgehoben)

(4) Als Umlaufvermögen sind die Gegenstände auszuweisen, die nicht bestimmt sind, dauernd dem Geschäftsbetrieb zu dienen.

(5) Als Rechnungsabgrenzungsposten sind auf der Aktivseite Ausgaben vor dem Abschlußstichtag auszuweisen, soweit sie Aufwand für eine bestimmte Zeit nach diesem Tag sind.

(6) Als Rechnungsabgrenzungsposten sind auf der Passivseite Einnahmen vor dem Abschlußstichtag auszuweisen, soweit sie Ertrag für eine bestimmte Zeit nach diesem Tag sind.

(7) Ist der Rückzahlungsbetrag einer Verbindlichkeit zum Zeitpunkt ihrer Begründung höher als der Ausgabebetrag, so ist der Unterschiedsbetrag in den Rechnungsabgrenzungsposten auf der Aktivseite aufzunehmen und gesondert auszuweisen. Der

eingesetzte Betrag ist durch planmäßige jährliche Abschreibung zu tilgen.

(BGBl I 2015/22)

(8) Für Rückstellungen gilt folgendes:

1. Rückstellungen sind für ungewisse Verbindlichkeiten und für drohende Verluste aus schwebenden Geschäften zu bilden, die am Abschlußstichtag wahrscheinlich oder sicher, aber hinsichtlich ihrer Höhe oder des Zeitpunkts ihres Eintritts unbestimmt sind.
2. Rückstellungen dürfen außerdem für ihrer Eigenart nach genau umschriebene, dem Geschäftsjahr oder einem früheren Geschäftsjahr zuzuordnende Aufwendungen gebildet werden, die am Abschlußstichtag wahrscheinlich oder sicher, aber hinsichtlich ihrer Höhe oder des Zeitpunkts ihres Eintritts unbestimmt sind. Derartige Rückstellungen sind zu bilden, soweit dies den Grundsätzen ordnungsmäßiger Buchführung entspricht.
3. Andere Rückstellungen als die gesetzlich vorgesehenen dürfen nicht gebildet werden. Eine Verpflichtung zur Rückstellungsbildung besteht nicht, soweit es sich um nicht wesentliche Beträge handelt.

   (BGBl I 2015/22)
4. Rückstellungen sind insbesondere zu bilden für
   a) Anwartschaften auf Abfertigungen,
   b) laufende Pensionen und Anwartschaften auf Pensionen,
   c) Kulanzen, nicht konsumierten Urlaub, Jubiläumsgelder, Heimfallasten und Produkthaftungsrisken,
   d) auf Gesetz oder Verordnung beruhende Verpflichtungen zur Rücknahme und Verwertung von Erzeugnissen.

(9) Bestehen zwischen den unternehmensrechtlichen und den steuerrechtlichen Wertansätzen von Vermögensgegenständen, Rückstellungen, Verbindlichkeiten und Rechnungsabgrenzungsposten Differenzen, die sich in späteren Geschäftsjahren voraussichtlich abbauen, so ist bei einer sich daraus insgesamt ergebenden Steuerbelastung diese als Rückstellung für passive latente Steuern in der Bilanz anzusetzen. Sollte sich eine Steuerentlastung ergeben, so haben mittelgroße und große Gesellschaften im Sinn des § 189 Abs. 1 Z 1 und 2 lit. a diese als aktive latente Steuern (§ 224 Abs. 2 D) in der Bilanz anzusetzen; kleine Gesellschaften im Sinn des § 189 Abs. 1 Z 1 und 2 dürfen dies nur tun, soweit sie die unverrechneten Be- und Entlastungen im Anhang aufschlüsseln. Für künftige steuerliche Ansprüche aus steuerlichen Verlustvorträgen können aktive latente Steuern in dem Ausmaß angesetzt werden, in dem ausreichende passive latente Steuern vorhanden sind oder soweit überzeugende substantielle Hinweise vorliegen, dass ein ausreichendes zu versteuerndes Ergebnis in Zukunft zur Verfügung stehen wird; diesfalls sind in die Angabe nach § 238 Abs. 1 Z 3 auch die substantiellen Hinweise, die den Ansatz rechtfertigen, aufzunehmen.

(BGBl I 2015/22)

(10) Die Bewertung der Differenzen nach Abs. 9 ergibt sich aus der Höhe der voraussichtlichen Steuerbe- und entlastung nachfolgender Geschäftsjahre; der Betrag ist nicht abzuzinsen. Eine Saldierung aktiver latenter Steuern mit passiven latenten Steuern ist nicht vorzunehmen, soweit eine Aufrechnung der tatsächlichen Steuererstattungsansprüche mit den tatsächlichen Steuerschulden rechtlich nicht möglich ist. Latente Steuern sind nicht zu berücksichtigen, soweit sie entstehen

1. aus dem erstmaligen Ansatz eines Geschäfts(Firmen)werts; oder
2. aus dem erstmaligen Ansatz eines Vermögenswerts oder einer Schuld bei einem Geschäftsvorfall, der
   a) keine Umgründung im Sinn des § 202 Abs. 2 oder Übernahme im Sinn des § 203 Abs. 5 ist, und
   b) zum Zeitpunkt des Geschäftsvorfalls weder das bilanzielle Ergebnis vor Steuern noch das zu versteuernde Ergebnis (den steuerlichen Verlust) beeinflusst;
3. in Verbindung mit Anteilen an Tochterunternehmen, assoziierten Unternehmen oder Gemeinschaftsunternehmen im Sinn des § 262 Abs. 1, wenn das Mutterunternehmen in der Lage ist, den zeitlichen Verlauf der Auflösung der temporären Differenzen zu steuern, und es wahrscheinlich ist, dass sich die temporäre Differenz in absehbarer Zeit nicht auflösen wird.

Die ausgewiesenen Posten sind aufzulösen, soweit die Steuerbe- oder entlastung eintritt oder mit ihr nicht mehr zu rechnen ist. Der Aufwand oder Ertrag aus der Veränderung bilanzierter latenter Steuern ist in der Gewinn- und Verlustrechnung gesondert unter dem Posten „Steuern vom Einkommen und vom Ertrag“ auszuweisen.

(BGBl I 2015/22)

Haftungsverhältnisse

§ 199. Unter der Bilanz sind Verbindlichkeiten aus der Begebung und Übertragung von Wechseln, Bürgschaften, Garantien sowie sonstigen vertraglichen Haftungsverhältnissen, soweit sie nicht auf der Passivseite auszuweisen sind, zu vermerken, auch wenn ihnen gleichwertige Rückgriffsforderungen gegenüberstehen.

Inhalt der Gewinn- und Verlustrechnung

§ 200. In der Gewinn- und Verlustrechnung sind die Erträge und Aufwendungen unter Bedachtnahme auf die Grundsätze des § 195 aufzugliedern. Der Jahresüberschuß (Jahresfehlbetrag) und der Bilanzgewinn (Bilanzverlust) sind gesondert auszuweisen.

DRITTER TITEL
Ansatz und Bewertung

(BGBl I 2015/22)

Allgemeine Grundsätze

(BGBl I 2015/22)

§ 201. (1) Die Bewertung hat den Grundsätzen ordnungsmäßiger Buchführung zu entsprechen.

(2) Insbesondere gilt folgendes:

1. Die auf den vorhergehenden Jahresabschluß angewendeten Bilanzierungs- und Bewertungsmethoden sind beizubehalten.
   (BGBl I 2015/22)
2. Bei der Bewertung ist von der Fortführung des Unternehmens auszugehen, solange dem nicht tatsächliche oder rechtliche Gründe entgegenstehen.
3. Die Vermögensgegenstände und Schulden sind zum Abschlußstichtag einzeln zu bewerten.
4. Der Grundsatz der Vorsicht ist einzuhalten, insbesondere sind
   a) nur die am Abschlußstichtag verwirklichten Gewinne auszuweisen,
   b) erkennbare Risken und drohende Verluste, die in dem Geschäftsjahr oder einem früheren Geschäftsjahr entstanden sind, zu berücksichtigen, selbst wenn die Umstände erst zwischen dem Abschlußstichtag und dem Tag der Aufstellung des Jahresabschlusses bekannt geworden sind,
   c) Wertminderungen unabhängig davon zu berücksichtigen, ob das Geschäftsjahr mit einem Gewinn oder einem Verlust abschließt.
5. Aufwendungen und Erträge des Geschäftsjahrs sind unabhängig vom Zeitpunkt der entsprechenden Zahlungen im Jahresabschluß zu berücksichtigen.
6. Die Eröffnungsbilanz des Geschäftsjahrs muß mit der Schlußbilanz des vorhergehenden Geschäftsjahrs übereinstimmen.
7. Ist die Bestimmung eines Wertes nur auf Basis von Schätzungen möglich, so müssen diese auf einer umsichtigen Beurteilung beruhen. Liegen statistisch ermittelbare Erfahrungswerte aus gleich gelagerten Sachverhalten vor, so sind diese zu berücksichtigen.
   (BGBl I 2015/22)

(BGBl I 2015/22)

(3) Ein Abweichen von diesen Grundsätzen ist nur bei Vorliegen besonderer Umstände und unter Beachtung der in § 195 dritter Satz beschriebenen Zielsetzung, bei Gesellschaften im Sinn des § 189 Abs. 1 Z 1 und 2 nur unter Beachtung der in § 222 Abs. 2 erster Satz umschriebenen Zielsetzung zulässig. Die angeführten Gesellschaften haben die Abweichung im Anhang anzugeben, zu begründen und ihren Einfluss auf die Vermögens-, Finanz- und Ertragslage des Unternehmens darzulegen.

(BGBl I 2015/22)

Bewertung von Einlagen und Zuwendungen sowie Entnahmen

§ 202. (1) Einlagen und Zuwendungen sowie Entnahmen sind mit dem Wert anzusetzen, der ihnen im Zeitpunkt ihrer Leistung beizulegen ist, soweit sich nicht aus der Nutzungsmöglichkeit im Unternehmen ein geringerer Wert ergibt. Werden Betriebe oder Teilbetriebe eingelegt oder zugewendet, so gilt § 203 Abs. 5 sinngemäß.

(2) Bei Umgründungen (Verschmelzungen, Umwandlungen, Einbringungen, Zusammenschlüssen, Realteilungen und Spaltungen) gilt folgendes:

1. Abweichend von Abs. 1 dürfen die Buchwerte aus dem letzten Jahresabschluß oder einer Zwischenbilanz, die nach den auf den letzten Jahresabschluß angewandten Bilanzierungs- und Bewertungsmethoden zu erstellen ist, fortgeführt werden. Der Stichtag der zugrundegelegten Bilanz darf höchstens neun Monate vor der Anmeldung zum Firmenbuch liegen; ist eine Anmeldung zum Firmenbuch nicht vorgesehen, so ist der Tag des Abschlusses der zugrundeliegenden Vereinbarung maßgeblich. War der Rechtsvorgänger (der Übertragende) zur Führung von Büchern nicht verpflichtet, dürfen die steuerrechtlichen Werte angesetzt werden.
2. Übersteigt der Gesamtbetrag der Gegenleistung die fortgeführten Werte nach Z 1, so darf der Unterschiedsbetrag unter die Posten des Anlagevermögens aufgenommen werden; der Gesamtbetrag der Gegenleistung ergibt sich aus dem Gesamtausgabebetrag der neuen Anteile, dem Buchwert eigener oder untergehender Anteile und den baren Zuzahlungen.
3. Jener Teil des Unterschiedsbetrags, der den Aktiven und Passiven des übertragenen Vermögens zugeordnet werden kann, ist als Umgründungsmehrwert gesondert auszuweisen; auf diesen Wert sind die für Vermögensgegenstände und Schulden geltenden Bestimmungen anzuwenden. Ein danach verbleibender Restbetrag darf als Firmenwert angesetzt werden.

Wertansätze für Gegenstände des Anlagevermögens; Anschaffungs- und Herstellungskosten

§ 203. (1) Gegenstände des Anlagevermögens sind mit den Anschaffungs- oder Herstellungskosten, vermindert um Abschreibungen gemäß § 204, anzusetzen.

(2) Anschaffungskosten sind die Aufwendungen, die geleistet werden, um einen Vermögensgegenstand zu erwerben und ihn in einen betriebsbereiten Zustand zu versetzen, soweit sie dem Vermögensgegenstand einzeln zugeordnet werden können. Zu den Anschaffungskosten gehören auch die Nebenkosten sowie die nachträglichen Anschaf-

fungskosten. Anschaffungspreisminderungen sind abzusetzen.

(3) Herstellungskosten sind die Aufwendungen, die für die Herstellung eines Vermögensgegenstandes, seine Erweiterung oder für eine über seinen ursprünglichen Zustand hinausgehende wesentliche Verbesserung entstehen. Bei der Berechnung der Herstellungskosten sind auch angemessene Teile dem einzelnen Erzeugnis nur mittelbar zurechenbarer fixer und variabler Gemeinkosten in dem Ausmaß, wie sie auf den Zeitraum der Herstellung entfallen, einzurechnen. Sind die Gemeinkosten durch offenbare Unterbeschäftigung überhöht, so dürfen nur die einer durchschnittlichen Beschäftigung entsprechenden Teile dieser Kosten eingerechnet werden. Aufwendungen für Sozialeinrichtungen des Betriebes, für freiwillige Sozialleistungen, für betriebliche Altersversorgung und Abfertigungen dürfen eingerechnet werden. Kosten der allgemeinen Verwaltung und des Vertriebes dürfen nicht in die Herstellungskosten einbezogen werden.

(BGBl I 2015/22)

(4) Zinsen für Fremdkapital, das zur Finanzierung der Herstellung von Gegenständen des Anlage- oder des Umlaufvermögens verwendet wird, dürfen im Rahmen der Herstellungskosten angesetzt werden, soweit sie auf den Zeitraum der Herstellung entfallen. Die Anwendung dieses Wahlrechts ist im Anhang anzugeben; mittelgroße und große Gesellschaften (§ 221 Abs. 2 und 3) haben außerdem im Anhang den insgesamt nach dieser Bestimmung im Geschäftsjahr aktivierten Betrag anzugeben.

(BGBl I 2015/22)

(5) Als Geschäfts(Firmen)wert ist der Unterschiedsbetrag anzusetzen, um den die Gegenleistung für die Übernahme eines Betriebes die Werte der einzelnen Vermögensgegenstände abzüglich der Schulden im Zeitpunkt der Übernahme übersteigt. Die Abschreibung des Geschäfts(Firmen)werts ist planmäßig auf die Geschäftsjahre, in denen er voraussichtlich genutzt wird, zu verteilen. In Fällen, in denen die Nutzungsdauer des Geschäfts(Firmen)werts nicht verlässlich geschätzt werden kann, ist der Geschäfts(Firmen)wert über 10 Jahre gleichmäßig verteilt abzuschreiben. Im Anhang ist der Zeitraum zu erläutern, über den der Geschäfts(Firmen)wert abgeschrieben wird.

(BGBl I 2015/22)

Abschreibungen im Anlagevermögen

§ 204. (1) Die Anschaffungs- oder Herstellungskosten sind bei den Gegenständen des Anlagevermögens, deren Nutzung zeitlich begrenzt ist, um planmäßige Abschreibungen zu vermindern. Der Plan muß die Anschaffungs- oder Herstellungskosten auf die Geschäftsjahre verteilen, in denen der Vermögensgegenstand voraussichtlich wirtschaftlich genutzt werden kann.

(1a) Anschaffungs- oder Herstellungskosten geringwertiger Vermögensgegenstände des abnutzbaren Anlagevermögens dürfen im Jahr ihrer Anschaffung oder Herstellung voll abgeschrieben werden.

(BGBl I 2015/22)

(2) Gegenstände des Anlagevermögens sind bei voraussichtlich dauernder Wertminderung ohne Rücksicht darauf, ob ihre Nutzung zeitlich begrenzt ist, außerplanmäßig auf den niedrigeren am Abschlussstichtag beizulegenden Wert abzuschreiben. Bei Finanzanlagen dürfen solche Abschreibungen auch vorgenommen werden, wenn die Wertminderung voraussichtlich nicht von Dauer ist.

(BGBl I 2015/22, BGBl I 2019/46)

§ 205. (aufgehoben)

(BGBl I 2015/22)

Wertansätze für Gegenstände des Umlaufvermögens

§ 206. (1) Gegenstände des Umlaufvermögens sind mit den Anschaffungs- oder Herstellungskosten, vermindert um Abschreibungen gemäß § 207, anzusetzen.

(2) Auf die Feststellung der Anschaffungs- und Herstellungskosten ist § 203 Abs. 2 bis 4 sinngemäß anzuwenden.

(3) Führt in Ausnahmefällen das Verbot der Einbeziehung von Kosten der allgemeinen Verwaltung und des Vertriebs (§ 203 Abs. 3 letzter Satz) dazu, dass ein möglichst getreues Bild der Vermögens-, Finanz- und Ertragslage auch mit zusätzlichen Anhangangaben (§ 222 Abs. 2) nicht vermittelt werden kann, so können bei Aufträgen, deren Ausführung sich über mehr als zwölf Monate erstreckt, angemessene Teile der Verwaltungs- und Vertriebskosten angesetzt werden, falls eine verlässliche Kostenrechnung vorliegt und soweit aus der weiteren Auftragsabwicklung keine Verluste drohen. Die Anwendung dieser Bestimmung ist im Anhang anzugeben und zu begründen und ihr Einfluss auf die Vermögens-, Finanz- und Ertragslage der Gesellschaft darzulegen; gleichzeitig ist der insgesamt über die Herstellungskosten hinaus angesetzte Betrag anzugeben.

(BGBl I 2015/22)

Abschreibungen auf Gegenstände des Umlaufvermögens

§ 207. Bei Gegenständen des Umlaufvermögens sind Abschreibungen vorzunehmen, um sie mit dem Wert anzusetzen, der sich aus dem niedrigeren Börsenkurs oder Marktpreis am Abschlussstichtag ergibt. Ist ein Börsenkurs oder Marktpreis nicht festzustellen und übersteigen die Anschaffungs- oder Herstellungskosten den beizulegenden Wert, so ist der Vermögensgegenstand auf diesen Wert abzuschreiben.

(BGBl I 2015/22, BGBl I 2019/46)

Wertaufholung

§ 208. (1) Wird bei einem Vermögensgegenstand eine Abschreibung gemäß § 204 Abs. 2 oder § 207 vorgenommen und stellt sich in einem späteren Geschäftsjahr heraus, daß die Gründe dafür nicht mehr bestehen, so ist der Betrag dieser Abschreibung im Umfang der Werterhöhung unter Berücksichtigung der Abschreibungen, die inzwischen vorzunehmen gewesen wären, zuzuschreiben.

(2) Abs. 1 gilt nicht bei Abschreibungen des Geschäfts(Firmen)werts.

(BGBl I 2015/22)

(3) (aufgehoben)

(BGBl I 2015/22)

Bewertungsvereinfachungsverfahren

§ 209. (1) Gegenstände des Sachanlagevermögens sowie Roh-, Hilfs- und Betriebsstoffe können, wenn sie regelmäßig ersetzt werden und ihr Gesamtwert nicht wesentlich ist, mit einem gleichbleibenden Wert angesetzt werden, sofern ihr Bestand voraussichtlich in seiner Größe, seinem Wert und seiner Zusammensetzung nur geringen Veränderungen unterliegt. Jedoch ist mindestens alle fünf Jahre eine Bestandsaufnahme durchzuführen. Ergibt sich dabei eine wesentliche Änderung des mengenmäßigen Bestandes, so ist insoweit der Wert anzupassen.

(BGBl I 2015/22)

(2) Gleichartige Gegenstände des Finanzanlage- und des Vorratsvermögens, Wertpapiere (Wertrechte) sowie andere gleichartige oder annähernd gleichwertige bewegliche Vermögensgegenstände können jeweils zu einer Gruppe zusammengefaßt und mit dem gewogenen Durchschnittswert angesetzt werden. Soweit es den Grundsätzen ordnungsmäßiger Buchführung entspricht, kann für den Wertansatz gleichartiger Vermögensgegenstände des Vorratsvermögens unterstellt werden, daß die zuerst oder zuletzt angeschafften oder hergestellten Vermögensgegenstände zuerst oder in einer sonstigen bestimmten Folge verbraucht oder veräußert worden sind.

§ 210. (aufgehoben)

Wertansätze von Passivposten

§ 211. (1) Verbindlichkeiten sind zu ihrem Erfüllungsbetrag, Rentenverpflichtungen zum Barwert der zukünftigen Auszahlungen anzusetzen. Rückstellungen sind mit dem Erfüllungsbetrag anzusetzen, der bestmöglich zu schätzen ist. Rückstellungen für Pensionen oder vergleichbare langfristig fällige Verpflichtungen sind mit dem sich nach versicherungsmathematischen Grundsätzen ergebenden Betrag anzusetzen. Für Rückstellungen für Abfertigungsverpflichtungen, Jubiläumsgeldzusagen oder vergleichbare langfristig fällige Verpflichtungen kann der Betrag auch durch eine finanzmathematische Berechnung ermittelt werden, sofern dagegen im Einzelfall keine erheblichen Bedenken bestehen.

(BGBl I 2019/46)

(2) Rückstellungen mit einer Restlaufzeit von mehr als einem Jahr sind mit einem marktüblichen Zinssatz abzuzinsen. Bei Rückstellungen für Abfertigungsverpflichtungen, Pensionen, Jubiläumsgeldzusagen oder vergleichbare langfristig fällige Verpflichtungen kann ein durchschnittlicher Marktzinssatz angewendet werden, der sich bei einer angenommenen Restlaufzeit von 15 Jahren ergibt, sofern dagegen im Einzelfall keine erheblichen Bedenken bestehen.

(BGBl I 2015/22)

VIERTER TITEL
Aufbewahrung und Vorlage von Unterlagen

Aufbewahrungspflicht, Aufbewahrungsfrist

§ 212. (1) Der Unternehmer hat seine Bücher, Inventare, Eröffnungsbilanzen, Jahresabschlüsse samt den Lageberichten, Konzernabschlüsse samt den Konzernlageberichten, empfangene Geschäftsbriefe, Abschriften der abgesendeten Geschäftsbriefe und Belege für Buchungen in den von ihm gemäß § 190 zu führenden Büchern (Buchungsbelege) sieben Jahre lang geordnet aufzubewahren; darüber hinaus noch solange, als sie für ein anhängiges gerichtliches oder behördliches Verfahren, in dem der Unternehmer Parteistellung hat, von Bedeutung sind.

(BGBl I 2015/22)

(2) Die Frist läuft vom Schluß des Kalenderjahrs an, für das die letzte Bucheintragung vorgenommen, das Inventar aufgestellt, die Eröffnungsbilanz und der Jahresabschluß festgestellt, der Konzernabschluß aufgestellt oder der Geschäftsbrief empfangen oder abgesendet worden ist.

Vorlage im Rechtsstreit

§ 213. (1) Im Laufe eines Rechtsstreits kann das Gericht auf Antrag oder von Amts wegen die Vorlage der Bücher einer Partei anordnen.

(2) Die Vorschriften der Zivilprozeßordnung über die Verpflichtung des Prozeßgegners zur Vorlage von Urkunden bleiben unberührt.

Auszug bei Vorlage im Rechtsstreit

§ 214. Werden in einem Rechtsstreit Bücher vorgelegt, so ist in sie, soweit sie den Streitpunkt betreffen, unter Zuziehung der Parteien Einsicht zu nehmen und geeignetenfalls ein Auszug davon anzufertigen. Der übrige Inhalt der Bücher ist dem Gericht insoweit offenzulegen, als es zur Prüfung ihrer ordnungsmäßigen Führung notwendig ist.

Vorlage bei Vermögensauseinandersetzungen

§ 215. Bei Vermögensauseinandersetzungen, insbesondere in Erbschafts-, Gütergemeinschafts- und Gesellschaftsteilungssachen, darf das Gericht die Vorlage der Bücher zur Kenntnisnahme von ihrem ganzen Inhalt anordnen.

Vorlage von Unterlagen auf Datenträgern

§ 216. Wer Eintragungen oder Aufbewahrungen in der Form des § 190 Abs. 5 vorgenommen hat muß, soweit er zur Einsichtgewährung verpflichtet ist, auf seine Kosten innerhalb angemessener Frist diejenigen Hilfsmittel zur Verfügung stellen, die notwendig sind, um die Unterlagen lesbar zu machen, und, soweit erforderlich, die benötigte Anzahl ohne Hilfsmittel lesbarer, dauerhafter Wiedergaben beibringen.

(BGBl I 2015/22)

§§ 217. bis 220. (nicht vergeben)

ZWEITER ABSCHNITT
Ergänzende Vorschriften für Kapitalgesellschaften

(BGBl I 2015/22)

ERSTER TITEL
Größenklassen

Umschreibung

§ 221. (1) Kleine Kapitalgesellschaften sind solche, die mindestens zwei der drei nachstehenden Merkmale nicht überschreiten:

1. 5 Millionen Euro Bilanzsumme;
2. 10 Millionen Euro Umsatzerlöse in den zwölf Monaten vor dem Abschlussstichtag;
3. im Jahresdurchschnitt 50 Arbeitnehmer.

(BGBl I 2015/22)

(1a) Kleinstkapitalgesellschaften sind kleine Kapitalgesellschaften, die keine Investmentunternehmen oder Beteiligungsgesellschaften sind und mindestens zwei der drei nachstehenden Merkmale nicht überschreiten:

1. 350.000 Euro Bilanzsumme;
2. 700.000 Euro Umsatzerlöse in den zwölf Monaten vor dem Abschlussstichtag;
3. im Jahresdurchschnitt 10 Arbeitnehmer.

(BGBl I 2015/22)

(2) Mittelgroße Kapitalgesellschaften sind solche, die mindestens zwei der drei in Abs. 1 bezeichneten Merkmale überschreiten und mindestens zwei der drei nachstehenden Merkmale nicht überschreiten:

1. 20 Millionen Euro Bilanzsumme;
2. 40 Millionen Euro Umsatzerlöse in den zwölf Monaten vor dem Abschlussstichtag;
3. im Jahresdurchschnitt 250 Arbeitnehmer.

(BGBl I 2015/22)

(3) Große Kapitalgesellschaften sind solche, die mindestens zwei der drei in Abs. 2 bezeichneten Merkmale überschreiten. Ein Unternehmen von öffentlichem Interesse (§ 189a Z 1) gilt stets als große Kapitalgesellschaft.

(BGBl I 2015/22)

(4) Die Rechtsfolgen der Größenmerkmale (Abs. 1 bis Abs. 3 erster Satz) treten ab dem folgenden Geschäftsjahr ein, wenn diese Merkmale an den Abschlussstichtagen von zwei aufeinanderfolgenden Geschäftsjahren überschritten beziehungsweise nicht mehr überschritten werden. Im Falle der Neugründung und Umgründung (Verschmelzung, Umwandlung, Einbringung, Zusammenschluss, Realteilung oder Spaltung) außer bei einer rechtsformwechselnden Umwandlung treten die Rechtsfolgen bereits ein, wenn die Größenmerkmale am ersten Abschlussstichtag nach der Neugründung oder Umgründung vorliegen; dies gilt auch bei der Aufgabe eines Betriebes oder eines Teilbetriebes, wenn die Größenmerkmale um mindestens die Hälfte unterschritten werden.

(BGBl I 2015/22)

(4a) Aktiengesellschaften, die Mutterunternehmen (§ 189a Z 6) sind, haben die Schwellenwerte nach den Abs. 1 bis 2 auf konsolidierter oder aggregierter Basis zu berechnen.

(BGBl I 2015/22)

(5) Eine Personengesellschaft im Sinn des § 189 Abs. 1 Z 2 unterliegt hinsichtlich der in den §§ 222 bis 227, § 229 Abs. 1 bis 3, §§ 231 bis 243c und §§ 268 bis 285 geregelten Tatbestände den der Rechtsform ihres unbeschränkt haftenden Gesellschafters entsprechenden Rechtsvorschriften; ist dieser keine Kapitalgesellschaft, so gelten die Vorschriften für Gesellschaften mit beschränkter Haftung. Dies gilt bei Unternehmen von öffentlichem Interesse im Sinn des § 189a Z 1 lit. a und d auch für die Einrichtung eines Aufsichtsrates sowie eines Prüfungsausschusses. Die Einordnung in die Größenklassen nach Abs. 1 bis 4a, 6 und 7 erfolgt nach den maßgeblichen Kennzahlen der Personengesellschaft selbst.

(BGBl I 2015/22, BGBl I 2016/43)

(6) Der Durchschnitt der Arbeitnehmeranzahl bestimmt sich nach der Arbeitnehmeranzahl an den jeweiligen Monatsletzten innerhalb des Geschäftsjahrs.

(7) Der Bundesminister für Justiz wird ermächtigt, in Umsetzung von Rechtsvorschriften der Europäischen Union durch Verordnung an Stelle der in Abs. 1 bis 2 angeführten Merkmale andere Zahlen festzusetzen.

(BGBl I 2015/22)

ZWEITER TITEL
Allgemeine Vorschriften über den Jahresabschluss, den Lagebericht sowie den Corporate Governance-Bericht und den Bericht über Zahlungen an staatliche Stellen

(BGBl I 2015/22)

Inhalt des Jahresabschlusses

§ 222. (1) Die gesetzlichen Vertreter einer Kapitalgesellschaft haben in den ersten fünf Monaten des Geschäftsjahrs für das vorangegangene Geschäftsjahr den um den Anhang erweiterten Jahresabschluss, einen Lagebericht sowie gegebenenfalls einen Corporate Governance-Bericht und einen Bericht über Zahlungen an staatliche Stellen aufzustellen und den Mitgliedern des Aufsichtsrats vorzulegen. Der Jahresabschluss, der Lagebericht sowie der Corporate Governance-Bericht und der Bericht über Zahlungen an staatliche Stellen sind von sämtlichen gesetzlichen Vertretern zu unterzeichnen.

(BGBl I 2015/22)

(2) Der Jahresabschluß hat ein möglichst getreues Bild der Vermögens-, Finanz- und Ertragslage des Unternehmens zu vermitteln. Wenn dies aus besonderen Umständen nicht gelingt, sind im Anhang die erforderlichen zusätzlichen Angaben zu machen.

(3) Führt in Ausnahmefällen die Anwendung einer in diesem Bundesgesetz festgelegten Rechnungslegungsvorschrift dazu, dass ein möglichst getreues Bild der Vermögens-, Finanz- und Ertragslage des Unternehmens auch mit zusätzlichen Angaben nach Abs. 2 nicht vermittelt werden kann, so kann durch Verordnung angeordnet werden, dass die betreffende Bestimmung insoweit nicht anzuwenden ist, als dies erforderlich ist, um ein möglichst getreues Bild der Vermögens-, Finanz- und Ertragslage des Unternehmens zu vermitteln. Eine solche Verordnung ist vom Bundesminister für Justiz im Einvernehmen mit dem Bundesminister für Finanzen zu erlassen; sie hat die Ausnahmefälle zu definieren und vorzugeben, in welcher Art und welchem Ausmaß von der Bestimmung abgewichen werden muss, sowie die erforderlichen Anhangangaben zu regeln.

(BGBl I 2015/22)

Allgemeine Grundsätze für die Gliederung

§ 223. (1) Die einmal gewählte Form der Darstellung, insbesondere die Gliederung der aufeinanderfolgenden Bilanzen und Gewinn- und Verlustrechnungen, ist beizubehalten. Ein Abweichen von diesem Grundsatz ist nur unter Beachtung der im § 222 Abs. 2 umschriebenen Zielsetzung zulässig. Die Abweichungen sind im Anhang anzugeben und zu begründen.

(2) Im Jahresabschluß ist zu jedem Posten der entsprechende Betrag des vorangegangenen Geschäftsjahrs zumindest in vollen 1 000 Euro anzugeben; dies gilt auch für die gesondert anzumerkenden Posten. Sind die Beträge nicht vergleichbar, so ist dies im Anhang anzugeben und zu erläutern. Wird der Vorjahresbetrag angepaßt, so ist auch dies im Anhang anzugeben und zu erläutern.

(3) Betreibt eine Gesellschaft mehrere Geschäftszweige und bedingt dies die Gliederung des Jahresabschlusses nach verschiedenen Gliederungsvorschriften, so hat die Gesellschaft den Jahresabschluß nach der für den wirtschaftlich bedeutendsten Geschäftszweig vorgeschriebenen Gliederung aufzustellen und nach der für seine anderen Geschäftszweige jeweils vorgeschriebenen Gliederung zu ergänzen. Gesellschaften, die nicht klein sind, haben die Ergänzung im Anhang anzugeben und zu begründen.

(BGBl I 2015/22)

(4) Eine weitere Untergliederung der Posten ist zulässig; dabei ist jedoch die vorgeschriebene Gliederung zu beachten. Zusätzliche Posten und Zwischensummen dürfen hinzugefügt werden, wenn ihr Inhalt nicht von einem vorgeschriebenen Posten gedeckt wird. Die Aufnahme weiterer zusätzlicher Posten ist geboten, soweit es zur Erreichung der im § 222 Abs. 2 umschriebenen Zielsetzung erforderlich ist. Die Postenbezeichnungen sind auf die tatsächlichen Inhalte zu verkürzen.

(BGBl I 2015/22)

(5) Fällt ein Vermögensgegenstand oder eine Verbindlichkeit unter mehrere Posten der Bilanz, so ist die Zugehörigkeit auch zu anderen Posten bei dem Posten, unter dem der Ausweis erfolgt ist, zu vermerken oder im Anhang anzugeben, wenn dies zur Aufstellung eines klaren und übersichtlichen Jahresabschlusses erforderlich ist.

(6) Die mit arabischen Zahlen versehenen Posten der Bilanz und die mit Buchstaben gekennzeichneten Posten der Gewinn- und Verlustrechnung können zusammengefaßt werden, wenn

1. sie einen Betrag enthalten, der für die Vermittlung eines möglichst getreuen Bildes der Vermögens-, Finanz- und Ertragslage der Gesellschaft nicht wesentlich ist, oder
2. dadurch die Klarheit der Darstellung verbessert wird; in diesem Fall müssen die zusammengefaßten Posten jedoch im Anhang ausgewiesen werden.

(7) Ein Posten der Bilanz oder der Gewinn- und Verlustrechnung, der keinen Betrag ausweist, braucht nicht angeführt zu werden, es sei denn, daß im vorangegangenen Geschäftsjahr unter diesem Posten ein Betrag ausgewiesen wurde.

(8) Gliederung und Bezeichnung der mit arabischen Zahlen versehenen Posten der Bilanz und der Gewinn- und Verlustrechnung sind zu ändern, wenn dies wegen Besonderheiten der Kapitalgesellschaft zur Aufstellung eines klaren und übersichtlichen Jahresabschlusses erforderlich ist. Der Bundesminister für Justiz kann im Einvernehmen mit dem in seinem Wirkungsbereich berührten Bundesminister verbindliche Formblätter durch Verordnung festlegen.

DRITTER TITEL
Bilanz

Gliederung

§ 224. (1) In der Bilanz sind, unbeschadet einer weiteren Gliederung, die in den Abs. 2 und 3 angeführten Posten gesondert und in der vorgeschriebenen Reihenfolge auszuweisen.

(2) Aktivseite:

A. Anlagevermögen:

I. Immaterielle Vermögensgegenstände:

1. Konzessionen, gewerbliche Schutzrechte und ähnliche Rechte und Vorteile sowie daraus abgeleitete Lizenzen;
2. Geschäfts(Firmen)wert;
3. geleistete Anzahlungen;

II. Sachanlagen:

1. Grundstücke, grundstücksgleiche Rechte und Bauten, einschließlich der Bauten auf fremdem Grund;
2. technische Anlagen und Maschinen;
3. andere Anlagen, Betriebs- und Geschäftsausstattung;

4. geleistete Anzahlungen und Anlagen in Bau;
III. Finanzanlagen:
1. Anteile an verbundenen Unternehmen;
2. Ausleihungen an verbundene Unternehmen;
3. Beteiligungen;
4. Ausleihungen an Unternehmen, mit denen ein Beteiligungsverhältnis besteht;
5. Wertpapiere (Wertrechte) des Anlagevermögens;
6. sonstige Ausleihungen.
B. Umlaufvermögen:
I. Vorräte:
1. Roh-, Hilfs- und Betriebsstoffe;
2. unfertige Erzeugnisse;
3. fertige Erzeugnisse und Waren;
4. noch nicht abrechenbare Leistungen;
5. geleistete Anzahlungen;
II. Forderungen und sonstige Vermögensgegenstände:
1. Forderungen aus Lieferungen und Leistungen;
2. Forderungen gegenüber verbundenen Unternehmen;
3. Forderungen gegenüber Unternehmen, mit denen ein Beteiligungsverhältnis besteht;
4. sonstige Forderungen und Vermögensgegenstände;
III. Wertpapiere und Anteile:
1. Anteile an verbundenen Unternehmen;
2. sonstige Wertpapiere und Anteile;
IV. Kassenbestand, Schecks, Guthaben bei Kreditinstituten.
C. Rechnungsabgrenzungsposten
D. Aktive latente Steuern

(BGBl I 2015/22)

(3) Passivseite:
A. Eigenkapital
I. eingefordertes Nennkapital (Grund-, Stammkapital);
II. Kapitalrücklagen:
1. gebundene;
2. nicht gebundene;
III. Gewinnrücklagen:
1. gesetzliche Rücklage;
2. satzungsmäßige Rücklagen;
3. andere Rücklagen (freie Rücklagen);
IV. Bilanzgewinn (Bilanzverlust),
B. Rückstellungen
1. Rückstellungen für Abfertigungen;
2. Rückstellungen für Pensionen;
3. Steuerrückstellungen;
4. sonstige Rückstellungen.
C. Verbindlichkeiten
1. Anleihen, davon konvertibel;
2. Verbindlichkeiten gegenüber Kreditinstituten;
3. erhaltene Anzahlungen auf Bestellungen;
4. Verbindlichkeiten aus Lieferungen und Leistungen;
5. Verbindlichkeiten aus der Annahme gezogener Wechsel und der Ausstellung eigener Wechsel;
6. Verbindlichkeiten gegenüber verbundenen Unternehmen;
7. Verbindlichkeiten gegenüber Unternehmen, mit denen ein Beteiligungsverhältnis besteht;
8. sonstige Verbindlichkeiten,
davon aus Steuern,
davon im Rahmen der sozialen Sicherheit.
D. Rechnungsabgrenzungsposten.

(BGBl I 2016/43)

Vorschriften zu einzelnen Posten der Bilanz

§ 225. (1) Ist das Eigenkapital durch Verluste aufgebraucht, so lautet dieser Posten „negatives Eigenkapital". Im Anhang ist zu erläutern, ob eine Überschuldung im Sinne des Insolvenzrechts vorliegt.

(2) Forderungen und Verbindlichkeiten gegenüber verbundenen Unternehmen und gegenüber Unternehmen, mit denen ein Beteiligungsverhältnis besteht, sind in der Regel als solche jeweils gesondert auszuweisen. Werden sie unter anderen Posten ausgewiesen, so ist dies zu vermerken.

(3) Der Betrag der Forderungen mit einer Restlaufzeit von mehr als einem Jahr ist bei jedem gesondert ausgewiesenen Posten in der Bilanz anzumerken. Sind unter dem Posten „sonstige Forderungen und Vermögensgegenstände" Erträge enthalten, die erst nach dem Abschlussstichtag zahlungswirksam werden, so haben Gesellschaften, die nicht klein sind, diese Beträge im Anhang zu erläutern, wenn diese Information wesentlich ist.

(BGBl I 2015/22)

(4) Wechsel dürfen als Wertpapiere nur ausgewiesen werden, wenn dem Unternehmen nicht die der Ausstellung zugrunde liegende Forderung zusteht; anderenfalls haben Gesellschaften, die nicht klein sind, bei Forderungen die wechselmäßige Verbriefung im Anhang anzugeben.

(5) Anteile an Mutterunternehmen sind je nach ihrer Zweckbestimmung im Anlagevermögen oder im Umlaufvermögen in einem gesonderten Posten „Anteile an Mutterunternehmen" auszuweisen. In gleicher Höhe ist auf der Passivseite eine Rücklage gesondert auszuweisen. Diese Rücklage darf durch Umwidmung frei verfügbarer Kapital- und Gewinnrücklagen gebildet werden, soweit diese einen Verlustvortrag übersteigen. Sie ist insoweit aufzulösen, als diese Anteile aus dem Vermögen ausscheiden oder für sie ein niedrigerer Betrag angesetzt wird.

(BGBl I 2015/22)

(6) Der Betrag der Verbindlichkeiten mit einer Restlaufzeit von bis zu einem Jahr und der Betrag der Verbindlichkeiten mit einer Restlaufzeit von mehr als einem Jahr sind bei den Posten C 1 bis 8

jeweils gesondert und für diese Posten insgesamt anzugeben. Erhaltene Anzahlungen auf Bestellungen sind, soweit Anzahlungen auf Vorräte nicht von einzelnen Posten der Vorräte offen abgesetzt werden, unter den Verbindlichkeiten gesondert auszuweisen. Sind unter dem Posten „sonstige Verbindlichkeiten" Aufwendungen enthalten, die erst nach dem Abschlussstichtag zahlungswirksam werden, so haben Gesellschaften, die nicht klein sind, diese Beträge im Anhang zu erläutern, wenn diese Information wesentlich ist.

(BGBl I 2015/22)

(7) Gesellschaften, die nicht klein sind, haben bei Grundstücken den Grundwert in der Bilanz anzumerken oder im Anhang anzugeben.

(BGBl I 2015/22)

Entwicklung des Anlagevermögens, Pauschalwertberichtigung

§ 226. (1) Im Anhang ist die Entwicklung der einzelnen Posten des Anlagevermögens darzustellen. Dabei sind für die verschiedenen Posten des Anlagevermögens jeweils gesondert anzugeben:

1. die Anschaffungs- oder Herstellungskosten zum Beginn und Ende des Geschäftsjahrs;
2. die Zu- und Abgänge sowie Umbuchungen im Laufe des Geschäftsjahrs;
3. die kumulierten Abschreibungen zu Beginn und Ende des Geschäftsjahrs;
4. die Ab- und Zuschreibungen des Geschäftsjahrs;
5. die Bewegungen in Abschreibungen im Zusammenhang mit Zu- und Abgängen sowie Umbuchungen im Laufe des Geschäftsjahrs und
6. der im Laufe des Geschäftsjahrs aktivierte Betrag, wenn Zinsen gemäß § 203 Abs. 4 aktiviert werden.

(BGBl I 2015/22)

(2) (aufgehoben)

(BGBl I 2015/22)

(3) Werden Vermögensgegenstände des Anlagevermögens im Hinblick auf ihre Geringwertigkeit im Jahre ihrer Anschaffung oder Herstellung vollständig abgeschrieben, dann dürfen diese Vermögensgegenstände als Abgang behandelt werden.

(BGBl I 2015/22)

(4) Ein Geschäfts(Firmen)wert ist in die Darstellung der Entwicklung des Anlagevermögens aufzunehmen. Ein voll abgeschriebener Geschäfts(Firmen)wert ist als Abgang zu behandeln.

(5) Gesellschaften, die nicht klein sind, haben den Betrag einer Pauschalwertberichtigung zu Forderungen für den entsprechenden Posten der Bilanz im Anhang anzugeben. Einzelwertberichtigungen zum Umlaufvermögen sind vom entsprechenden Aktivposten abzusetzen.

(BGBl I 2015/22)

Ausleihungen

§ 227. Forderungen mit einer Laufzeit von mindestens fünf Jahren sind jedenfalls als Ausleihungen auszuweisen. Gesellschaften, die nicht klein sind, haben Ausleihungen mit einer Restlaufzeit bis zu einem Jahr im Anhang anzugeben.

(BGBl I 2015/22)

§ 228. (aufgehoben)

(BGBl I 2015/22)

Eigenkapital

§ 229. (1) Beim eingeforderten Nennkapital sind auch der Betrag der übernommenen Einlagen („Nennkapital") und das einbezahlte Nennkapital anzugeben. Gesellschaften, die eine Gründungsprivilegierung in Anspruch nehmen (§ 10b GmbHG), haben zusätzlich jenen Betrag auszuweisen, den die Gesellschafter nach § 10b Abs. 4 GmbHG nicht zu leisten verpflichtet sind. Der eingeforderte, aber noch nicht eingezahlte Betrag ist unter den Forderungen gesondert auszuweisen und entsprechend zu bezeichnen.

(BGBl I 2015/22, BGBl I 2016/43)

(1a) Der Nennbetrag oder, falls ein solcher nicht vorhanden ist, der rechnerische Wert von erworbenen eigenen Anteilen ist offen vom Nennkapital abzuziehen. Der Unterschiedsbetrag zwischen dem Nennbetrag oder dem rechnerischen Wert dieser Anteile und ihren Anschaffungskosten ist mit den nicht gebundenen Kapitalrücklagen und den freien Gewinnrücklagen (§ 224 Abs. 3 A II Z 2 und III Z 3) zu verrechnen. Aufwendungen, die Anschaffungsnebenkosten sind, sind Aufwand des Geschäftsjahrs. In die gebundenen Rücklagen ist ein Betrag einzustellen, der dem Nennbetrag beziehungsweise dem rechnerischen Wert der erworbenen eigenen Anteile entspricht. § 192 Abs. 5 AktG ist anzuwenden.

(BGBl I 2015/22, BGBl I 2016/43)

(1b) Nach der Veräußerung der eigenen Anteile entfällt der Abzug nach Abs. 1a erster Satz. Ein den Nennbetrag oder den rechnerischen Wert übersteigender Differenzbetrag aus dem Veräußerungserlös ist bis zur Höhe des mit den frei verfügbaren Rücklagen nach Abs. 1a zweiter Satz verrechneten Betrags in die jeweiligen Rücklagen einzustellen. Ein darüber hinausgehender Differenzbetrag ist in die Kapitalrücklage gemäß Abs. 2 Z 1 einzustellen. Die Nebenkosten der Veräußerung sind Aufwand des Geschäftsjahrs. Die Rücklage nach Abs. 1a vierter Satz ist aufzulösen.

(BGBl I 2015/22, BGBl I 2016/43)

(2) Als Kapitalrücklage sind auszuweisen:

1. der Betrag, der bei der ersten oder einer späteren Ausgabe von Anteilen für einen höheren Betrag als den Nennbetrag oder den dem anteiligen Betrag des Grundkapitals entsprechenden Betrag über diesen hinaus erzielt wird;
2. der Betrag, der bei der Ausgabe von Schuldverschreibungen für Wandlungsrechte und

Optionsrechte zum Erwerb von Anteilen erzielt wird;
3. der Betrag von Zuzahlungen, die Gesellschafter gegen Gewährung eines Vorzugs für ihre Anteile leisten;
4. die Beträge, die bei der Kapitalherabsetzung gemäß den §§ 185, 192 Abs. 5 AktG und § 59 GmbHG zu binden sind;
5. der Betrag von sonstigen Zuzahlungen, die durch gesellschaftsrechtliche Verbindungen veranlaßt sind.

(3) Als Gewinnrücklagen dürfen nur Beträge ausgewiesen werden, die im Geschäftsjahr oder in einem früheren Geschäftsjahr aus dem Jahresüberschuß gebildet worden sind.

(BGBl I 2015/22)

(4) Aktiengesellschaften und große Gesellschaften mit beschränkter Haftung (§ 221 Abs. 3) haben gemäß den folgenden Abs. 5 bis 7 gebundene Rücklagen auszuweisen, die aus der gebundenen Kapitalrücklage und der gesetzlichen Rücklage bestehen.

(BGBl I 2015/22)

(5) In die gebundene Kapitalrücklage sind die in Abs. 2 Z 1 bis 4 genannten Beträge einzustellen. Der Gesamtbetrag der gebundenen Teile der Kapitalrücklage ist in dieser gesondert auszuweisen.

(6) In die gesetzliche Rücklage ist ein Betrag einzustellen, der mindestens dem zwanzigsten Teil des um einen Verlustvortrag geminderten Jahresüberschusses entspricht, bis der Betrag der gebundenen Rücklagen insgesamt den zehnten oder den in der Satzung bestimmten höheren Teil des Nennkapitals erreicht hat.

(BGBl I 2015/22)

(7) Die gebundenen Rücklagen dürfen nur zum Ausgleich eines ansonsten auszuweisenden Bilanzverlustes aufgelöst werden. Der Verwendung der gesetzlichen Rücklage steht nicht entgegen, dass freie, zum Ausgleich von Wertminderungen und zur Deckung von sonstigen Verlusten bestimmte Rücklagen vorhanden sind.

§ 230. (aufgehoben)

(BGBl I 2015/22)

VIERTER TITEL
Gewinn- und Verlustrechnung

Gliederung

§ 231. (1) Die Gewinn- und Verlustrechnung ist in Staffelform nach dem Gesamtkostenverfahren oder dem Umsatzkostenverfahren aufzustellen. In ihr sind unbeschadet einer weiteren Gliederung die nachstehend bezeichneten Posten in der angegebenen Reihenfolge gesondert auszuweisen, sofern nicht eine abweichende Gliederung vorgeschrieben ist.

(2) Bei Anwendung des Gesamtkostenverfahrens sind auszuweisen:

1. Umsatzerlöse;
2. Veränderung des Bestands an fertigen und unfertigen Erzeugnissen sowie an noch nicht abrechenbaren Leistungen;
3. andere aktivierte Eigenleistungen;
4. sonstige betriebliche Erträge, wobei Gesellschaften, die nicht klein sind, folgende Beträge aufgliedern müssen::
   a) Erträge aus dem Abgang vom und der Zuschreibung zum Anlagevermögen mit Ausnahme der Finanzanlagen;
   b) Erträge aus der Auflösung von Rückstellungen,
   c) übrige;

   (BGBl I 2015/22)
5. Aufwendungen für Material und sonstige bezogene Herstellungsleistungen:
   a) Materialaufwand,
   b) Aufwendungen für bezogene Leistungen;
6. Personalaufwand:
   a) Löhne und Gehälter, wobei Gesellschaften, die nicht klein sind, Löhne und Gehälter getrennt voneinander ausweisen müssen;
   b) soziale Aufwendungen, davon Aufwendungen für Altersversorgung, wobei Gesellschaften, die nicht klein sind, folgende Beträge zusätzlich gesondert ausweisen müssen:
      aa) Aufwendungen für Abfertigungen und Leistungen an betriebliche Mitarbeitervorsorgekassen;
      bb) Aufwendungen für gesetzlich vorgeschriebene Sozialabgaben sowie vom Entgelt abhängige Abgaben und Pflichtbeiträge;

   (BGBl I 2015/22)
7. Abschreibungen:
   a) auf immaterielle Gegenstände des Anlagevermögens und Sachanlagen,
   b) auf Gegenstände des Umlaufvermögens, soweit diese die im Unternehmen üblichen Abschreibungen überschreiten;
8. sonstige betriebliche Aufwendungen, wobei Gesellschaften, die nicht klein sind, Steuern, soweit sie nicht unter Z 18 fallen, gesondert ausweisen müssen;

   (BGBl I 2015/22)
9. Zwischensumme aus Z 1 bis 8;
10. Erträge aus Beteiligungen,
    davon aus verbundenen Unternehmen;
11. Erträge aus anderen Wertpapieren und Ausleihungen des Finanzanlagevermögens,
    davon aus verbundenen Unternehmen;
12. sonstige Zinsen und ähnliche Erträge,
    davon aus verbundenen Unternehmen;

13. Erträge aus dem Abgang von und der Zuschreibung zu Finanzanlagen und Wertpapieren des Umlaufvermögens;
14. Aufwendungen aus Finanzanlagen und aus Wertpapieren des Umlaufvermögens, davon haben Gesellschaften, die nicht klein sind, gesondert auszuweisen:
    a) Abschreibungen
    b) Aufwendungen aus verbundenen Unternehmen;

    (BGBl I 2015/22)
15. Zinsen und ähnliche Aufwendungen, davon betreffend verbundene Unternehmen;
16. Zwischensumme aus Z 10 bis 15;
17. Ergebnis vor Steuern (Zwischensumme aus Z 9 und Z 16);
    (BGBl I 2015/22)
18. Steuern vom Einkommen und vom Ertrag;
    (BGBl I 2015/22)
19. Ergebnis nach Steuern;
    (BGBl I 2015/22)
20. sonstige Steuern, soweit nicht unter den Posten 1 bis 19 enthalten;
    (BGBl I 2015/22)
21. Jahresüberschuss/Jahresfehlbetrag;
    (BGBl I 2015/22)
22. Auflösung von Kapitalrücklagen;
    (BGBl I 2015/22)
23. Auflösung von Gewinnrücklagen;
    (BGBl I 2015/22)
24. Zuweisung zu Gewinnrücklagen;
    (BGBl I 2015/22)
25. Gewinnvortrag/Verlustvortrag aus dem Vorjahr;
26. Bilanzgewinn (Bilanzverlust).
    (BGBl I 2015/22)

27.–29. (aufgehoben)
(BGBl I 2015/22)

(3) Bei Anwendung des Umsatzkostenverfahrens sind auszuweisen:

1. Umsatzerlöse;
2. Herstellungskosten der zur Erzielung der Umsatzerlöse erbrachten Leistungen;
3. Bruttoergebnis vom Umsatz;
4. Vertriebskosten;
   (BGBl I 2015/22)
5. allgemeine Verwaltungskosten;
   (BGBl I 2015/22)
6. sonstige betriebliche Erträge, wobei Gesellschaften, die nicht klein sind, folgende Beträge aufgliedern müssen:
   a) Erträge aus dem Abgang vom und der Zuschreibung zum Anlagevermögen mit Ausnahme der Finanzanlagen,
   b) Erträge aus der Auflösung von Rückstellungen,
   c) übrige;

   (BGBl I 2015/22)
7. sonstige betriebliche Aufwendungen;
8. Zwischensumme aus Z 1 bis 7;
9. Erträge aus Beteiligungen,
   davon aus verbundenen Unternehmen;
10. Erträge aus anderen Wertpapieren und Ausleihungen des Finanzanlagevermögens,
    davon aus verbundenen Unternehmen;
11. sonstige Zinsen und ähnliche Erträge,
    davon aus verbundenen Unternehmen;
12. Erträge aus dem Abgang von und der Zuschreibung zu Finanzanlagen und Wertpapieren des Umlaufvermögens;
13. Aufwendungen aus Finanzanlagen und aus Wertpapieren des Umlaufvermögens, davon haben Gesellschaften, die nicht klein sind, gesondert auszuweisen:
    a) Abschreibungen
    b) Aufwendungen aus verbundenen Unternehmen;

    (BGBl I 2015/22)
14. Zinsen und ähnliche Aufwendungen, davon betreffend verbundene Unternehmen;
15. Zwischensumme aus Z 9 bis 14;
16. Ergebnis vor Steuern (Zwischensumme aus Z 8 und Z 15);
    (BGBl I 2015/22)
17. Steuern vom Einkommen und vom Ertrag;
    (BGBl I 2015/22)
18. Ergebnis nach Steuern;
    (BGBl I 2015/22)
19. sonstige Steuern, soweit nicht unter den Posten 1 bis 18 enthalten;
    (BGBl I 2015/22)
20. Jahresüberschuss/Jahresfehlbetrag;
    (BGBl I 2015/22)
21. Auflösung von Kapitalrücklagen;
    (BGBl I 2015/22)
22. Auflösung von Gewinnrücklagen;
    (BGBl I 2015/22)
23. Zuweisung zu Gewinnrücklagen;
    (BGBl I 2015/22)
24. Gewinnvortrag/Verlustvortrag aus dem Vorjahr;
    (BGBl I 2015/22)
25. Bilanzgewinn (Bilanzverlust).
    (BGBl I 2015/22)

26.–28. (aufgehoben)
(BGBl I 2015/22)

(4) Die Bildung von Zwischensummen (mit Ausnahme jener nach Abs. 2 Z 19 beziehungsweise Abs. 3 Z 18) darf bei kleinen Gesellschaften unterbleiben.
(BGBl I 2015/22)

(5) Alternativ zum Ausweis in der Gewinn- und Verlustrechnung können Veränderungen der Kapital- und Gewinnrücklagen auch im Anhang ausgewiesen werden. In diesem Fall endet die Gewinn- und Verlustrechnung mit dem Posten „Jahresüberschuss/Jahresfehlbetrag".

(BGBl I 2015/22)

Vorschriften zu einzelnen Posten der Gewinn- und Verlustrechnung

§ 232. (1) (aufgehoben)

(BGBl I 2015/22)

(2) Als Bestandsveränderungen sind außer Änderungen der Menge auch solche des Wertes zu berücksichtigen.

(BGBl I 2015/22)

(3) Ist die Gesellschaft vertraglich verpflichtet, ihren Gewinn oder Verlust ganz oder teilweise an andere Personen zu überrechnen, so ist der überrechnete Betrag unter entsprechender Bezeichnung vor dem Posten gemäß § 231 Abs. 2 Z 25 oder § 231 Abs. 3 Z 24 gesondert auszuweisen.

(4) (aufgehoben)

(BGBl I 2015/22)

(5) Außerplanmäßige Abschreibungen gemäß § 204 Abs. 2 sind gesondert auszuweisen.

§ 233. (aufgehoben)

(BGBl I 2015/22)

Steuern

§ 234. Im Posten „Steuern vom Einkommen und vom Ertrag" sind die Beträge auszuweisen, die das Unternehmen als Steuerschuldner vom Einkommen und Ertrag zu entrichten hat. Gesellschaften, die nicht klein sind, haben Erträge aus Steuergutschriften und aus der Auflösung von nicht bestimmungsgemäß verwendeten Steuerrückstellungen gesondert auszuweisen, soweit sie wesentlich (§ 189a Z 10) sind.

(BGBl I 2015/22)

Beschränkung der Ausschüttung

§ 235. (1) Gewinne dürfen nicht ausgeschüttet werden, soweit sie durch Umgründungen unter Ansatz des beizulegenden Wertes entstanden sind und

1. aus der Auflösung von Kapitalrücklagen stammen,
2. nicht als Kapitalrücklage ausgewiesen werden können, oder
3. der beizulegende Wert für eine Gegenleistung angesetzt wurde.

Dies gilt sinngemäß für einen Übergang des Gesellschaftsvermögens gemäß § 142. Die ausschüttungsgesperrten Beträge vermindern sich insoweit, als der Unterschiedsbetrag zwischen Buchwert und dem höheren beizulegenden Wert in der Folge insbesondere durch planmäßige oder außerplanmäßige Abschreibungen gemäß den §§ 204 und 207 oder durch Buchwertabgänge vermindert wird. Dies gilt unabhängig von der Auflösung einer zugrunde liegenden Kapitalrücklage.

(BGBl I 2015/163)

(2) Bei Aktivierung latenter Steuern gemäß § 198 Abs. 9 dürfen außerdem Gewinne nur ausgeschüttet werden, soweit die danach verbleibenden jederzeit auflösbaren Rücklagen zuzüglich eines Gewinnvortrags und abzüglich eines Verlustvortrags dem aktivierten Betrag mindestens entsprechen.

(BGBl I 2015/22)

FÜNFTER TITEL
Anhang und Lagebericht

Erläuterung der Bilanz und der Gewinn- und Verlustrechnung

§ 236. Im Anhang sind die Bilanz und die Gewinn- und Verlustrechnung sowie die darauf angewandten Bilanzierungs- und Bewertungsmethoden so zu erläutern, dass ein möglichst getreues Bild der Vermögens-, Finanz- und Ertragslage des Unternehmens vermittelt wird. Eine kleine Gesellschaft braucht keine über die Anforderungen in diesem Bundesgesetz hinausgehenden Anhangangaben zu machen, soweit auf sie keine Rechnungslegungsvorschriften für Unternehmen bestimmter Rechtsformen anwendbar sind, die auf Rechtsakten der Europäischen Union beruhen. Die Anhangangaben sind in der Reihenfolge der Darstellung der Posten in der Bilanz und in der Gewinn- und Verlustrechnung zu machen.

(BGBl I 2015/22)

Inhalt des für alle Gesellschaften geltenden Anhangs

§ 237. (1) Jede Gesellschaft hat im Anhang zusätzlich zu den aufgrund anderer Bestimmungen in diesem Bundesgesetz vorgesehenen Angaben folgende Angaben zu machen:

1. die Bilanzierungs- und Bewertungsmethoden; diese umfassen insbesondere die Bewertungsgrundlagen für die verschiedenen Posten, eine Angabe zur Übereinstimmung dieser Bilanzierungs- und Bewertungsmethoden mit dem Konzept der Unternehmensfortführung und wesentliche Änderungen der Bilanzierungs- und Bewertungsmethoden; diese Angaben enthalten auch die Grundlagen für die Umrechnung in Euro, soweit den Posten Beträge zugrunde liegen, die auf eine andere Währung lauten oder ursprünglich gelautet haben;
2. an Stelle des Vermerks unter der Bilanz der Gesamtbetrag der Haftungsverhältnisse (§ 199) sowie sonstiger wesentlicher finanzieller Verpflichtungen, die nicht auf der Passivseite auszuweisen sind, auch wenn ihnen gleichwertige Rückgriffsforderungen gegenüberstehen, sowie Art und Form jeder gewährten dinglichen Sicherheit; etwaige Pensionsverpflichtungen und Verpflichtungen gegenüber verbundenen oder assoziierten Unternehmen sind gesondert zu vermerken;

3. die Beträge der den Mitgliedern des Vorstands und des Aufsichtsrats gewährten Vorschüsse und Kredite unter Angabe der Zinsen, der wesentlichen Bedingungen und der gegebenenfalls zurückgezahlten oder erlassenen Beträge sowie die zugunsten dieser Personen eingegangenen Haftungsverhältnisse. Diese Angaben sind zusammengefasst für jede dieser Personengruppen zu machen;
4. der Betrag und die Wesensart der einzelnen Ertrags- oder Aufwandsposten von außerordentlicher Größenordnung oder von außerordentlicher Bedeutung;
5. der Gesamtbetrag der Verbindlichkeiten mit einer Restlaufzeit von mehr als fünf Jahren sowie der Gesamtbetrag der Verbindlichkeiten, für die dingliche Sicherheiten bestellt sind, unter Angabe von Art und Form der Sicherheit;
6. die durchschnittliche Zahl der Arbeitnehmer während des Geschäftsjahrs;
7. Name und Sitz des Mutterunternehmens der Gesellschaft, das den Konzernabschluss für den kleinsten Kreis von Unternehmen aufstellt.

(2) Kleine Aktiengesellschaften haben zusätzlich die Angabe nach § 238 Abs. 1 Z 11 im Anhang zu machen.

(BGBl I 2015/22)

Anhangangaben für mittelgroße und große Gesellschaften

§ 238. (1) Mittelgroße und große Gesellschaften haben im Anhang zusätzlich anzugeben:

1. für jede Kategorie derivativer Finanzinstrumente:
   a) Art und Umfang der Finanzinstrumente,
   b) den beizulegenden Zeitwert der betreffenden Finanzinstrumente, soweit sich dieser gemäß § 189a Z 4 verlässlich ermitteln lässt, unter Angabe der angewandten Bewertungsmethode sowie eines gegebenenfalls vorhandenen Buchwertes und des Bilanzpostens, in welchem der Buchwert erfasst ist;
2. für zum Finanzanlagevermögen gehörende Finanzinstrumente, die über ihrem beizulegenden Zeitwert ausgewiesen werden, wenn eine außerplanmäßige Abschreibung gemäß § 204 Abs. 2 zweiter Satz unterblieben ist:
   a) den Buchwert und den beizulegenden Zeitwert der einzelnen Vermögensgegenstände oder angemessener Gruppierungen sowie
   b) die Gründe für das Unterlassen einer Abschreibung gemäß § 204 Abs. 2 und jene Anhaltspunkte, die darauf hindeuten, dass die Wertminderung voraussichtlich nicht von Dauer ist;
3. auf welchen Differenzen oder steuerlichen Verlustvorträgen die latenten Steuern beruhen und mit welchen Steuersätzen die Bewertung erfolgt ist; weiters sind die im Laufe des Geschäftsjahrs erfolgten Bewegungen der latenten Steuersalden anzugeben;
4. Name und Sitz anderer Unternehmen, an denen die Gesellschaft oder für deren Rechnung eine andere Person eine Beteiligung (§ 189a Z 2) hält; außerdem sind die Höhe des Anteils am Kapital, das Eigenkapital und das Ergebnis des letzten Geschäftsjahrs dieser Unternehmen anzugeben, für das ein Jahresabschluss vorliegt;
5. das Bestehen von Genussscheinen, Genussrechten, Wandelschuldverschreibungen, Optionsscheinen, Optionen, Besserungsscheinen oder vergleichbaren Wertpapieren oder Rechten, unter Angabe der Zahl und der Rechte, die sie verbriefen;
6. Name, Sitz und Rechtsform der Unternehmen, deren unbeschränkt haftender Gesellschafter die Gesellschaft ist;
7. Name und Sitz des Mutterunternehmens der Gesellschaft, das den Konzernabschluss für den größten Kreis von Unternehmen aufstellt;
8. im Fall der Offenlegung der von den Mutterunternehmen nach Z 7 und § 237 Abs. 1 Z 7 aufgestellten Konzernabschlüsse die Orte, wo diese erhältlich sind;
   (BGBl I 2016/43)
9. den Vorschlag zur Verwendung des Ergebnisses oder gegebenenfalls die Verwendung des Ergebnisses;
10. Art, Zweck und finanzielle Auswirkungen der nicht in der Bilanz enthaltenen und auch nicht gemäß § 237 Abs. 1 Z 2 anzugebenden Geschäfte, sofern die Risiken und Vorteile, die aus solchen Geschäften entstehen, wesentlich sind und die Offenlegung derartiger Risiken und Vorteile für die Beurteilung der Finanzlage der Gesellschaft notwendig ist;
11. Art und finanzielle Auswirkungen wesentlicher Ereignisse nach dem Abschlussstichtag, die weder in der Gewinn- und Verlustrechnung noch in der Bilanz berücksichtigt sind;
12. Geschäfte der Gesellschaft mit nahe stehenden Unternehmen und Personen im Sinn der gemäß der Verordnung (EG) Nr. 1606/2002 des Europäischen Parlaments und des Rates vom 19. Juli 2002 betreffend die Anwendung internationaler Rechnungslegungsstandards, ABl. Nr. L 2002/243, S. 1, übernommenen internationalen Rechnungslegungsstandards, einschließlich Angaben zu deren Wertumfang, zu der Art der Beziehung mit den nahe stehenden Unternehmen und Personen sowie weiterer Angaben zu den Geschäften, die für die Beurteilung der Finanzlage der Gesellschaft notwendig sind, sofern diese Geschäfte wesentlich und unter marktunüblichen Bedingungen abgeschlossen worden sind. Angaben über Einzelgeschäfte können nach Geschäftsarten zusammengefasst wer-

den, sofern für die Beurteilung der Auswirkungen dieser Geschäfte auf die Finanzlage der Gesellschaft keine getrennten Angaben benötigt werden. Geschäfte zwischen verbundenen Unternehmen sind ausgenommen, wenn die an den Geschäften beteiligten Tochterunternehmen unmittelbar oder mittelbar in hundertprozentigem Anteilsbesitz ihres Mutterunternehmens stehen;

13. bei Anwendung des Umsatzkostenverfahrens (§ 231 Abs. 3) die Aufwendungen des Geschäftsjahrs für Material und sonstige bezogene Herstellungsleistungen, gegliedert gemäß § 231 Abs. 2 Z 5, und den Personalaufwand des Geschäftsjahrs, gegliedert gemäß § 231 Abs. 2 Z 6;
14. die Aufgliederung der nach § 237 Abs. 1 Z 2 anzugebenden Haftungsverhältnisse und Erläuterungen dazu; überdies sind wesentliche Verpflichtungen aus der Nutzung von in der Bilanz nicht ausgewiesenen Sachanlagen (§ 224 Abs. 2 A II) gesondert anzugeben, wobei der Betrag der Verpflichtungen des folgenden Geschäftsjahrs und der Gesamtbetrag der folgenden fünf Jahre anzugeben ist;
15. Rückstellungen, die in der Bilanz nicht gesondert ausgewiesen werden, wenn sie einen erheblichen Umfang haben; diese Rückstellungen sind zu erläutern;
16. den in der Bilanz nicht gesondert ausgewiesenen Betrag der Einlagen von stillen Gesellschaftern;
17. bei der Anwendung einer Bewertungsmethode gemäß § 209 Abs. 2 die Unterschiedsbeträge für die jeweilige Gruppe, wenn die Bewertung im Vergleich zu einer Bewertung auf der Grundlage des letzten vor dem Abschlussstichtag bekannten Börsenkurses oder Marktpreises einen wesentlichen Unterschied aufweist;
18. die auf das Geschäftsjahr entfallenden Aufwendungen für den Abschlussprüfer, aufgeschlüsselt nach den Aufwendungen für die Prüfung des Jahresabschlusses, für andere Bestätigungsleistungen, für Steuerberatungsleistungen und für sonstige Leistungen. Diese Angabe kann unterbleiben, wenn das Unternehmen in einen Konzernabschluss einbezogen und eine derartige Information darin enthalten ist;
19. in der Bilanz ausgewiesene immaterielle Vermögensgegenstände, die von einem verbundenen Unternehmen oder von einem Gesellschafter mit einer Beteiligung (§ 189a Z 2) erworben wurden;
20. die Beziehungen zu verbundenen Unternehmen; hiebei ist auch über Verträge zu berichten, die die Gesellschaft verpflichten, ihren Gewinn oder Verlust ganz oder teilweise an andere Personen zu überrechnen oder einen solchen von anderen Personen zu übernehmen;
21. die im § 231 Abs. 2 Z 10 und Abs. 3 Z 9 enthaltenen Erträge sowie die im § 231 Abs. 2 Z 14 und Abs. 3 Z 13 enthaltenen Aufwendungen aus Gewinngemeinschaften.

(2) Als derivative Finanzinstrumente im Sinn des Abs. 1 Z 1 gelten auch Verträge über den Erwerb oder die Veräußerung von Waren, bei denen jede der Vertragsparteien zur Abgeltung in bar oder durch ein anderes Finanzinstrument berechtigt ist, es sei denn, der Vertrag wurde geschlossen, um einen für den Erwerb, die Veräußerung oder den eigenen Gebrauch erwarteten Bedarf abzusichern, sofern diese Zweckwidmung von Anfang an bestand und nach wie vor besteht und der Vertrag mit der Lieferung der Ware als erfüllt gilt. Bei der Anwendung allgemein anerkannter Bewertungsmodelle und methoden (§ 189a Z 4) sind die zentralen Annahmen anzugeben, die jeweils der Bestimmung des beizulegenden Zeitwertes zugrunde gelegt wurden.

(3) Mittelgroße Gesellschaften dürfen die Angaben gemäß Abs. 1 Z 12 auf diejenigen Geschäfte beschränken, die mit ihren Gesellschaftern, die eine Beteiligung (§ 189a Z 2) halten, mit Unternehmen, an denen die Gesellschaft selbst beteiligt ist, oder mit den Mitgliedern des Vorstands oder des Aufsichtsrats geschlossen werden.

(BGBl I 2015/22)

Pflichtangaben über Organe und Arbeitnehmer

§ 239. (1) Der Anhang von mittelgroßen und großen Gesellschaften hat über Organe und Arbeitnehmer insbesondere anzuführen:

1. die Aufgliederung der durchschnittlichen Zahl der Arbeitnehmer während des Geschäftsjahrs nach Arbeitern und Angestellten;
   (BGBl I 2015/22)
2. die im Posten § 231 Abs. 2 Z 6 lit. b sublit. aa oder in der entsprechenden Angabe gemäß § 238 Abs. 1 Z 13 enthaltenen Aufwendungen für Abfertigungen oder einen Hinweis, dass der Betrag nur mehr aus Leistungen an betriebliche Mitarbeitervorsorgekassen besteht;
   (BGBl I 2015/22)
3. die Aufwendungen für Abfertigungen und Pensionen, getrennt nach solchen für Vorstandsmitglieder und leitende Angestellte gemäß § 80 Abs. 1 AktG 1965 und für andere Arbeitnehmer;
4. die Bezüge der Mitglieder des Vorstands, des Aufsichtsrats oder ähnlicher Einrichtungen gesondert für jede Personengruppe, und zwar:
   a) die für die Tätigkeit im Geschäftsjahr gewährten Gesamtbezüge (Gehälter, Gewinnbeteiligungen, Aufwandsentschädigungen, Versicherungsentgelte, Provisionen und Nebenleistungen jeder Art). In die Gesamtbezüge sind auch Bezüge einzurechnen, die nicht ausgezahlt, sondern in Ansprüche anderer

Art umgewandelt oder zur Erhöhung anderer Ansprüche verwendet werden. Erhalten Mitglieder des Vorstands von verbundenen Unternehmen für ihre Tätigkeit für das Unternehmen oder für ihre Tätigkeit als gesetzliche Vertreter oder Angestellte des verbundenen Unternehmens Bezüge, so sind diese Bezüge gesondert anzugeben;

b) die Gesamtbezüge (Abfindungen, Ruhegehälter, Hinterbliebenenbezüge und Leistungen verwandter Art) der früheren Mitglieder der bezeichneten Organe und ihrer Hinterbliebenen; lit. a ist entsprechend anzuwenden.

5. a) Anzahl und Aufteilung der insgesamt und der im Geschäftsjahr eingeräumten Optionen auf Arbeitnehmer und leitende Angestellte sowie auf die namentlich anzuführenden Organmitglieder; anzugeben sind die jeweils beziehbare Anzahl an Aktien sowie der Ausübungspreis oder die Grundlagen oder die Formel seiner Berechnung, die Laufzeit sowie zeitliche Ausübungsfenster, die Übertragbarkeit der Optionen, eine allfällige Behaltefrist für bezogene Aktien und die Art der Bedienung der Optionen;

b) Anzahl, Aufteilung und Ausübungspreis der im Geschäftsjahr ausgeübten Optionen auf Arbeitnehmer und leitende Angestellte sowie auf die namentlich anzuführenden Organmitglieder;

c) bei Gesellschaften nach § 189a Z 1 lit. a überdies den jeweiligen Schätzwert (allenfalls Bandbreite des Schätzwerts) der eingeräumten Optionen zum Bilanzstichtag sowie den Wert der im Geschäftsjahr ausgeübten Optionen zum Zeitpunkt der Ausübung.

(BGBl I 2015/22)

(BGBl I 2015/22)

(2) Im Anhang einer großen oder mittelgroßen Gesellschaft sind alle im Geschäftsjahr tätigen Mitglieder des Vorstands und des Aufsichtsrats, auch wenn sie im Geschäftsjahr oder später ausgeschieden sind, mit dem Familiennamen und mindestens einem ausgeschriebenen Vornamen anzugeben. Der Vorsitzende des Aufsichtsrats, seine Stellvertreter und ein etwaiger Vorsitzender des Vorstands sind als solche zu bezeichnen.

(BGBl I 2015/22)

Anhangangaben für große Gesellschaften

§ 240. Große Gesellschaften haben im Anhang zusätzlich die Aufgliederung der Umsatzerlöse nach Tätigkeitsbereichen sowie nach geographisch bestimmten Märkten anzugeben, soweit sich, unter Berücksichtigung der Organisation des Verkaufs von Erzeugnissen und der Erbringung von Dienstleistungen, die Tätigkeitsbereiche und geographisch bestimmten Märkte untereinander erheblich unterscheiden. Die Umsatzerlöse brauchen jedoch nicht aufgegliedert zu werden, soweit die Aufgliederung nach vernünftiger unternehmerischer Beurteilung geeignet ist, dem Unternehmen einen erheblichen Nachteil zuzufügen; die Anwendung dieser Ausnahmeregelung ist im Anhang zu erwähnen.

(BGBl I 2015/22)

Pflichtangaben bei Aktiengesellschaften

§ 241. Im Anhang von großen oder mittelgroßen Aktiengesellschaften sind auch Angaben zu machen über

1. den auf jede Aktiengattung entfallenden Betrag des Grundkapitals, bei Nennbetragsaktien die Nennbeträge und die Zahl der Aktien jedes Nennbetrags, bei Stückaktien deren Zahl sowie, wenn mehrere Gattungen bestehen, die Zahl der Aktien jeder Gattung;
2. den Bestand und den Zugang an Aktien, die ein Aktionär für Rechnung der Gesellschaft oder eines verbundenen Unternehmens oder ein verbundenes Unternehmen als Gründer oder Zeichner oder in Ausübung eines bei einer bedingten Kapitalerhöhung eingeräumten Umtausch- oder Bezugsrechts übernommen hat; sind solche Aktien im Geschäftsjahr verwertet worden, so ist auch über die Verwertung unter Angabe des Erlöses und der Verwendung des Erlöses zu berichten;
3. Aktien, die aus einer bedingten Kapitalerhöhung oder einem genehmigten Kapital im Geschäftsjahr gezeichnet wurden;
4. das genehmigte Kapital;
5. den Betrag des unter den Verbindlichkeiten ausgewiesenen nachrangigen Kapitals;
6. das Bestehen einer wechselseitigen Beteiligung (§ 189a Z 2) unter Angabe des beteiligten Unternehmens.

(BGBl I 2015/22)

Unterlassen von Angaben

§ 242. (1) Kleinstkapitalgesellschaften brauchen keinen Anhang aufzustellen, wenn sie die nach § 237 Abs. 1 Z 2 und 3 geforderten Angaben unter der Bilanz machen. Bei Kleinstkapitalgesellschaften wird davon ausgegangen, dass der nach den Bestimmungen dieses Bundesgesetzes erstellte Jahresabschluss ein möglichst getreues Bild der Vermögens-, Finanz- und Ertragslage gemäß § 222 Abs. 2 vermittelt, weshalb § 222 Abs. 2 zweiter Satz und § 222 Abs. 3 keine Anwendung finden.

(2) Bei allen anderen Kapitalgesellschaften können die Angaben gemäß § 238 Abs. 1 Z 4 unterbleiben, soweit sie

1. nicht wesentlich (§ 189a Z 10) sind oder
2. nach vernünftiger unternehmerischer Beurteilung geeignet sind, dem Unternehmen oder dem anderen Unternehmen einen erheblichen Nachteil zuzufügen, wobei in diesem Fall die Anwendung dieser Ausnahmeregelung im Anhang erwähnt werden muss.

Die Angabe des Eigenkapitals und des Jahresergebnisses kann unterbleiben, wenn das Unternehmen, über das gemäß § 238 Abs. 1 Z 4 zu berichten ist, seinen Jahresabschluss nicht offenzulegen hat und es von der berichtenden Gesellschaft nicht beherrscht wird.

(BGBl I 2016/43)

(3) Bei der Berichterstattung gemäß § 238 Abs. 1 Z 20 brauchen Einzelheiten nicht angegeben zu werden, soweit die Angaben nach vernünftiger unternehmerischer Beurteilung geeignet sind, dem Unternehmen oder einem verbundenen Unternehmen einen erheblichen Nachteil zuzufügen. Die Anwendung der Ausnahmeregelung ist im Anhang anzugeben.

(4) Betreffen die Aufschlüsselungen gemäß § 239 Abs. 1 Z 3 und 4 weniger als drei Personen, so dürfen sie bei Gesellschaften, die nicht zur Aufstellung eines Coporate Governance-Berichts nach § 243c verpflichtet sind, unterbleiben.

(BGBl I 2017/20, BGBl I 2019/63)

(BGBl I 2015/22)

Lagebericht

§ 243. (1) Im Lagebericht sind der Geschäftsverlauf, einschließlich des Geschäftsergebnisses, und die Lage des Unternehmens so darzustellen, dass ein möglichst getreues Bild der Vermögens-, Finanz- und Ertragslage vermittelt wird, und die wesentlichen Risiken und Ungewissheiten, denen das Unternehmen ausgesetzt ist, zu beschreiben.

(2) Der Lagebericht hat eine ausgewogene und umfassende, dem Umfang und der Komplexität der Geschäftstätigkeit angemessene Analyse des Geschäftsverlaufs, einschließlich des Geschäftsergebnisses, und der Lage des Unternehmens zu enthalten. Abhängig von der Größe des Unternehmens und von der Komplexität des Geschäftsbetriebs hat die Analyse auf die für die jeweilige Geschäftstätigkeit wichtigsten finanziellen Leistungsindikatoren einzugehen und sie unter Bezugnahme auf die im Jahresabschluss ausgewiesenen Beträge und Angaben zu erläutern.

(3) Der Lagebericht hat auch einzugehen auf

1. die voraussichtliche Entwicklung des Unternehmens;
2. Tätigkeiten im Bereich Forschung und Entwicklung;
3. den Bestand an eigenen Anteilen der Gesellschaft, die sie, ein verbundenes Unternehmen oder eine andere Person für Rechnung der Gesellschaft oder eines verbundenen Unternehmens erworben oder als Pfand genommen hat; dabei sind die Zahl dieser Anteile, der auf sie entfallende Betrag des Grundkapitals sowie ihr Anteil am Grundkapital, für erworbene Anteile ferner der Zeitpunkt des Erwerbs und die Gründe für den Erwerb anzugeben. Sind solche Anteile im Geschäftsjahr erworben oder veräußert worden, so ist auch über den Erwerb oder die Veräußerung unter Angabe der Zahl dieser Anteile, des auf sie entfallenden Betrags des Grundkapitals, des Anteils am Grundkapital und des Erwerbs- oder Veräußerungspreises sowie über die Verwendung des Erlöses zu berichten;
4. bestehende Zweigniederlassungen der Gesellschaft;
5. die Verwendung von Finanzinstrumenten, sofern dies für die Beurteilung der Vermögens-, Finanz- und Ertragslage wesentlich ist; diesfalls sind anzugeben
   a) die Risikomanagementziele und methoden, einschließlich der Methoden zur Absicherung aller wichtigen Arten geplanter Transaktionen, die im Rahmen der Bilanzierung von Sicherungsgeschäften angewandt werden, und
   b) bestehende Preisänderungs-, Ausfall-, Liquiditäts- und Cashflow-Risiken.

(BGBl I 2015/22)

(4) Kleine Gesellschaften mit beschränkter Haftung (§ 221 Abs. 1) brauchen den Lagebericht nicht aufzustellen.

(5) Für große Kapitalgesellschaften, die nicht der Pflicht nach § 243b unterliegen, umfasst die Analyse nach Abs. 2 letzter Satz auch die wichtigsten nichtfinanziellen Leistungsindikatoren, einschließlich Informationen über Umwelt- und Arbeitnehmerbelange. Abs. 3 bleibt unberührt.

(BGBl I 2017/20)

§ 243a. (1) Eine Aktiengesellschaft, deren Aktien zum Handel auf einem geregelten Markt im Sinn des § 1 Z 2 Börsegesetz 2018 – BörseG 2018, BGBl. I Nr. 107/2017, zugelassen sind oder die ausschließlich andere Wertpapiere als Aktien auf einem solchen Markt emittiert und deren Aktien mit Wissen der Gesellschaft über ein multilaterales Handelssystem im Sinn des § 1 Z 24 Wertpapieraufsichtsgesetz 2018 – WAG 2018, BGBl. I Nr. 107/2017, gehandelt werden, hat im Lagebericht überdies anzugeben:

1. die Zusammensetzung des Kapitals einschließlich der Aktien, die nicht auf einem geregelten Markt im Sinne des § 1 Z 2 Börsegesetz 2018 – BörseG 2018, BGBl. I Nr. 107/2017, gehandelt werden, sowie gegebenenfalls die Angabe der verschiedenen Aktiengattungen und zu jeder Aktiengattung die Angabe der mit dieser Gattung verbundenen Rechte und Pflichten sowie des Anteils dieser Gattung am Gesellschaftskapital;

   (BGBl I 2017/107)
2. alle Beschränkungen, die Stimmrechte oder die Übertragung von Aktien betreffen, auch wenn sie in Vereinbarungen zwischen Gesellschaftern enthalten sind, soweit sie dem Vorstand der Gesellschaft bekannt sind;
3. direkte oder indirekte Beteiligungen am Kapital, die zumindest 10 vom Hundert betragen;
4. die Inhaber von Aktien mit besonderen Kontrollrechten und eine Beschreibung dieser Rechte;

5. die Art der Stimmrechtskontrolle bei einer Kapitalbeteiligung der Arbeitnehmer, wenn sie das Stimmrecht nicht unmittelbar ausüben;
6. die sich nicht unmittelbar aus dem Gesetz ergebenden Bestimmungen über die Ernennung und Abberufung der Mitglieder des Vorstands und des Aufsichtsrats und über die Änderung der Satzung der Gesellschaft;
7. die sich nicht unmittelbar aus dem Gesetz ergebenden Befugnisse der Mitglieder des Vorstands, insbesondere hinsichtlich der Möglichkeit, Aktien auszugeben oder zurückzukaufen;
8. alle bedeutenden Vereinbarungen, an denen die Gesellschaft beteiligt ist und die bei einem Kontrollwechsel in der Gesellschaft infolge eines Übernahmeangebots wirksam werden, sich ändern oder enden, sowie ihre Wirkungen; ausgenommen hiervon sind Vereinbarungen, deren Bekanntmachung der Gesellschaft erheblich schaden würde, es sei denn, die Gesellschaft ist zur Bekanntgabe derartiger Informationen aufgrund anderer Rechtsvorschriften ausdrücklich verpflichtet;
9. Bestand und wesentlicher Inhalt von Entschädigungsvereinbarungen zwischen der Gesellschaft und ihren Vorstands- und Aufsichtsratsmitgliedern oder Arbeitnehmern für den Fall eines öffentlichen Übernahmeangebots.

(BGBl I 2017/107)

(2) Eine Gesellschaft nach § 189a Z 1 lit. a hat im Lagebericht darüber hinaus die wichtigsten Merkmale des internen Kontroll- und des Risikomanagementsystems im Hinblick auf den Rechnungslegungsprozess zu beschreiben.

(BGBl I 2015/22)

Nichtfinanzielle Erklärung, nichtfinanzieller Bericht

§ 243b. (1) Große Kapitalgesellschaften, die Unternehmen von öffentlichem Interesse sind und an den Abschlussstichtagen das Kriterium erfüllen, im Jahresdurchschnitt (§ 221 Abs. 6) mehr als 500 Arbeitnehmer zu beschäftigen, haben in den Lagebericht an Stelle der Angaben nach § 243 Abs. 5 eine nichtfinanzielle Erklärung aufzunehmen.

(2) Die nichtfinanzielle Erklärung hat diejenigen Angaben zu enthalten, die für das Verständnis des Geschäftsverlaufs, des Geschäftsergebnisses, der Lage der Gesellschaft sowie der Auswirkungen ihrer Tätigkeit erforderlich sind und sich mindestens auf Umwelt-, Sozial- und Arbeitnehmerbelange, auf die Achtung der Menschenrechte und auf die Bekämpfung von Korruption und Bestechung beziehen. Die Analyse hat die nichtfinanziellen Leistungsindikatoren unter Bezugnahme auf die im Jahresabschluss ausgewiesenen Beträge und Angaben zu erläutern.

(3) Die Angaben nach Abs. 2 haben zu umfassen:

1. eine kurze Beschreibung des Geschäftsmodells der Gesellschaft;
2. eine Beschreibung der von der Gesellschaft in Bezug auf die in Abs. 2 genannten Belange verfolgten Konzepte;
3. die Ergebnisse dieser Konzepte;
4. die angewandten Due-Diligence-Prozesse;
5. die wesentlichen Risiken, die wahrscheinlich negative Auswirkungen auf diese Belange haben werden, und die Handhabung dieser Risiken durch die Gesellschaft, und zwar
   a. soweit sie aus der eigenen Geschäftstätigkeit der Gesellschaft entstehen und,
   b. wenn dies relevant und verhältnismäßig ist, soweit sie aus ihren Geschäftsbeziehungen, ihren Erzeugnissen oder ihren Dienstleistungen entstehen;
6. die wichtigsten nichtfinanziellen Leistungsindikatoren, die für die konkrete Geschäftstätigkeit von Bedeutung sind.

Verfolgt die Gesellschaft in Bezug auf einen oder mehrere der in Abs. 2 genannten Belange kein Konzept, hat die nichtfinanzielle Erklärung eine klare Begründung hiefür zu enthalten.

(4) In Ausnahmefällen können Informationen über künftige Entwicklungen oder Belange, über die Verhandlungen geführt werden, weggelassen werden, soweit

1. eine solche Angabe nach vernünftiger unternehmerischer Beurteilung geeignet ist, der Geschäftslage der Gesellschaft ernsthaft zu schaden, und
2. eine solche Nichtaufnahme ein den tatsächlichen Verhältnissen entsprechendes Verständnis des Geschäftsverlaufs, des Geschäftsergebnisses, der Lage der Gesellschaft sowie der Auswirkungen ihrer Tätigkeit nicht verhindert.

(5) Die Gesellschaft kann sich bei der Erstellung der nichtfinanziellen Erklärung auf nationale, unionsbasierte oder internationale Rahmenwerke stützen; wenn sie hiervon Gebrauch macht, hat sie anzugeben, auf welche Rahmenwerke sie sich stützt. Bei der Anwendung solcher Rahmenwerke ist sicherzustellen, dass die Anforderungen nach Abs. 2 und Abs. 3 erfüllt sind.

(6) Eine Gesellschaft ist von der Pflicht zur Erstellung einer nichtfinanziellen Erklärung im Lagebericht befreit, wenn sie einen gesonderten nichtfinanziellen Bericht erstellt, der zumindest die Anforderungen nach Abs. 2 bis Abs. 5 erfüllt. Dieser ist von den gesetzlichen Vertretern aufzustellen, von sämtlichen gesetzlichen Vertretern zu unterzeichnen, den Mitgliedern des Aufsichtsrats vorzulegen, von diesem zu prüfen und gemeinsam mit dem Lagebericht nach § 277 offenzulegen.

(7) Eine Gesellschaft ist auch dann von der Pflicht zur Erstellung einer nichtfinanziellen Erklärung befreit, wenn sie und ihre Tochterunternehmen in den Konzernlagebericht oder gesonderten konsolidierten nichtfinanziellen Bericht eines Mutterunternehmens mit Sitz in einem Mitgliedstaat der Europäischen Union oder einem Vertragsstaat des Abkommens über den Europäischen

Wirtschaftsraum einbezogen sind, der nach den Anforderungen der Bilanz-Richtlinie erstellt und offengelegt wurde, und wenn sie im Anhang des Jahresabschlusses angibt, bei welchem Unternehmen sie in den Konzernlagebericht oder gesonderten konsolidierten nichtfinanziellen Bericht einbezogen ist und wo dieser erhältlich ist.

(BGBl I 2017/20)

Corporate Governance-Bericht

§ 243c. (1) Eine Aktiengesellschaft, deren Aktien zum Handel auf einem geregelten Markt im Sinn des § 1 Z 2 BörseG 2018 zugelassen sind oder die ausschließlich andere Wertpapiere als Aktien auf einem solchen Markt emittiert und deren Aktien mit Wissen der Gesellschaft über ein multilaterales Handelssystem im Sinn des § 1 Z 24 WAG 2018 gehandelt werden, hat einen Corporate Governance-Bericht aufzustellen, der zumindest die folgenden Angaben enthält:

1. die Nennung eines in Österreich oder am jeweiligen Börseplatz allgemein anerkannten Corporate Governance Kodex;
2. die Angabe, wo dieser öffentlich zugänglich ist;
3. soweit sie von diesem abweicht, eine Erklärung, in welchen Punkten und aus welchen Gründen diese Abweichung erfolgt;
4. wenn sie beschließt, keinem Kodex im Sinn der Z 1 zu entsprechen, eine Begründung hiefür.

(BGBl I 2017/107, BGBl I 2018/17)

(2) In diesem Bericht sind anzugeben:

1. die Zusammensetzung und die Arbeitsweise des Vorstands und des Aufsichtsrats sowie seiner Ausschüsse;
2. welche Maßnahmen zur Förderung von Frauen im Vorstand, im Aufsichtsrat und in leitenden Stellungen (§ 80 AktG) der Gesellschaft gesetzt wurden;
3. soweit es sich auch ohne Anwendung des § 221 Abs. 3 zweiter Satz um eine große Aktiengesellschaft handelt, eine Beschreibung des Diversitätskonzepts, das im Zusammenhang mit der Besetzung des Vorstands und des Aufsichtsrats der Gesellschaft in Bezug auf Aspekte wie Alter, Geschlecht, Bildungs- und Berufshintergrund verfolgt wird, der Ziele dieses Diversitätskonzepts sowie der Art und Weise der Umsetzung dieses Konzepts und der Ergebnisse im Berichtszeitraum; wird kein derartiges Konzept angewendet, so ist dies zu begründen.

(BGBl I 2019/63)

(BGBl I 2015/22, BGBl I 2017/20)

Bericht über Zahlungen an staatliche Stellen

§ 243d. (1) Große Gesellschaften und Unternehmen von öffentlichem Interesse, die in der mineralgewinnenden Industrie oder auf dem Gebiet des Holzeinschlags in Primärwäldern tätig sind, haben jährlich einen Bericht über Zahlungen an staatliche Stellen zu erstellen. Gesellschaften, bei denen die Zahlungen an staatliche Stellen im konsolidierten Bericht eines Mutterunternehmens mit Sitz in einem Mitgliedstaat der Europäischen Union oder einem Vertragsstaat des Abkommens über den Europäischen Wirtschaftsraum enthalten sind, der nach den Anforderungen des Art. 44 der Bilanz-Richtlinie erstellt und offengelegt wurde, sind davon befreit, wenn sie im Anhang des Jahresabschlusses angeben, bei welchem Unternehmen sie in den konsolidierten Bericht einbezogen sind und wo dieser erhältlich ist.

(2) Als Tätigkeit in der mineralgewinnenden Industrie ist eine Tätigkeit auf dem Gebiet der Exploration, Prospektion, Entdeckung, Weiterentwicklung und Gewinnung von Mineralien, Erdöl- oder Erdgasvorkommen oder anderen Stoffen in den Wirtschaftszweigen zu verstehen, die in Abschnitt B Abteilungen 05 bis 08 von Anhang I der Verordnung (EG) Nr. 1893/2006 des Europäischen Parlaments und des Rates vom 20. Dezember 2006 zur Aufstellung der statistischen Systematik der Wirtschaftszweige NACE Revision 2 und zur Änderung der Verordnung (EWG) Nr. 3037/90 des Rates sowie einiger Verordnungen der EG über bestimmte Bereiche der Statistik, ABl. Nr. L 393 vom 30. 12. 2006 S. 1, aufgeführt sind. Primärwälder sind natürlich regenerierte Wälder mit einheimischen Arten, in denen es keine deutlich sichtbaren Anzeichen für menschliche Eingriffe gibt und die ökologischen Prozesse nicht wesentlich gestört sind.

(3) Im Bericht sind Geld- und Sachleistungen auszuweisen, die für die Tätigkeit in der mineralgewinnenden Industrie oder auf dem Gebiet des Holzeinschlags in Primärwäldern an eine staatliche Stelle je Geschäftsjahr geleistet werden. Staatliche Stellen sind nationale, regionale oder lokale staatliche Behörden oder von solchen kontrollierte Abteilungen, Agenturen oder im Sinn des § 244 beherrschte Unternehmen. Es ist der Gesamtwert der Leistungen im Geschäftsjahr je staatlicher Stelle anzugeben und zusätzlich aufzugliedern, welcher Gesamtbetrag jeweils entfällt auf

1. Produktionszahlungsansprüche,
2. Steuern, die auf die Erträge, die Produktion oder die Gewinne von Unternehmen erhoben werden, ausgenommen Steuern, die auf den Verbrauch erhoben werden (wie etwa Umsatzsteuern), Lohnsteuern oder vom Umsatz abhängige Steuern,
3. Nutzungsentgelte,
4. Dividenden,
5. Unterzeichnungs-, Entdeckungs- und Produktionsboni,
6. Lizenz-, Miet- und Zugangsgebühren sowie sonstige Gegenleistungen für Lizenzen und/oder Konzessionen und
7. Beiträge für die Verbesserung der Infrastruktur.

(4) Wenn die Leistungen für ein bestimmtes Projekt gewidmet sind, ist anzugeben, welcher Teil der gemäß Abs. 3 anzugebenden Beträge auf das Projekt entfällt. Zusätzlich ist der Gesamtwert der Leistungen für das Projekt anzugeben. Als Projekt ist die Gesamtheit der operativen Tätigkeiten anzusehen, die sich nach einer einzigen Vereinbarung oder nach mehreren inhaltlich miteinander verbundenen Vereinbarungen richten, welche die Grundlage für die Leistungen nach Abs. 3 bildet oder bilden.

(5) Leistungen, deren Gegenwert im Geschäftsjahr unter 100.000 Euro liegt, müssen nicht ausgewiesen werden. Im Falle einer bestehenden Vereinbarung über regelmäßige Leistungen ist auf den Gesamtbetrag der verbundenen regelmäßigen Leistungen im Berichtszeitraum abzustellen. Wenn bei einer Aufgliederung nach Art der Leistung und nach Projekten einzelne Leistungen wegen Unterschreitens der Grenze von 100.000 Euro nicht ausgewiesen werden, sodass die Summe der aufgegliederten Einzelleistungen den anzugebenden Gesamtbetrag nicht erreicht, so ist gesondert auf die Inanspruchnahme dieser Erleichterung hinzuweisen. Hat eine zur Erstellung eines Berichts verpflichtete Gesellschaft in einem Berichtszeitraum an keine staatliche Stelle berichtspflichtige Zahlungen geleistet, so hat sie im Bericht nur anzugeben, dass eine Geschäftstätigkeit in der mineralgewinnenden Industrie oder auf dem Gebiet des Holzeinschlags in Primärwäldern ausgeübt wurde, ohne dass berichtspflichtige Zahlungen geleistet wurden.

(6) Bei der Angabe der Leistungen wird auf den Inhalt der betreffenden Zahlung oder Tätigkeit und nicht auf deren Form Bezug genommen. Zahlungen und Tätigkeiten dürfen nicht künstlich mit dem Ziel aufgeteilt oder zusammengefasst werden, die Anwendung dieser Bestimmung zu umgehen. Soweit Sachleistungen erbracht werden, sind ihr Wert und, wenn möglich, ihr Umfang anzugeben. Ergänzende Erläuterungen sind beizufügen, um darzulegen, wie ihr Wert festgelegt worden ist.

(7) Ist eine staatliche Stelle stimmberechtigter Anteilsinhaber der Gesellschaft, so müssen gezahlte Dividenden oder Gewinnanteile nur berücksichtigt werden, wenn sie

1. nicht unter denselben Bedingungen wie an andere Anteilsinhaber mit vergleichbaren Anteilen gleicher Gattung gezahlt wurden oder
2. anstelle von Produktionsrechten oder Nutzungsentgelten gezahlt wurden.

(8) Unternehmen, die einen Bericht nach gleichwertigen Berichtspflichten eines Drittlands erstellen und gemäß § 277 **„in deutscher Sprache oder in einer in internationalen Finanzkreisen gebräuchlichen Sprache“** offenlegen, sind von der Erstellung eines Berichts nach Abs. 1 ausgenommen. Ob die Berichtspflichten eines Drittlands gleichwertig sind, ist nach den aufgrund des Art. 47 der Bilanz-Richtlinie ergangenen Durchführungsrechtsakten zu beurteilen.

(GesDigG 2022, BGBl I 2022/186 ab 1.12.2022)

(BGBl I 2017/20)

DRITTER ABSCHNITT
Konzernabschluss, Konzernlagebericht, konsolidierter Corporate Governance-Bericht und konsolidierter Bericht über Zahlungen an staatliche Stellen

(BGBl I 2015/22)

ERSTER TITEL
Anwendungsbereich

Pflicht zur Aufstellung

§ 244. (1) Stehen Unternehmen unter der einheitlichen Leitung einer Kapitalgesellschaft (Mutterunternehmen) mit Sitz im Inland, so haben die gesetzlichen Vertreter des Mutterunternehmens einen Konzernabschluss, einen Konzernlagebericht sowie gegebenenfalls einen konsolidierten Corporate Governance-Bericht aufzustellen sowie dem Aufsichtsrat und der Hauptversammlung (Generalversammlung) des Mutterunternehmens innerhalb der für die Vorlage des Jahresabschlusses geltenden Fristen vorzulegen. Der Konzernabschluss, der Konzernlagebericht sowie der konsolidierte Corporate Governance-Bericht sind von sämtlichen gesetzlichen Vertretern zu unterzeichnen und der Haupt- oder Generalversammlung zusammen mit dem Jahresabschluss des Mutterunternehmens vorzulegen. Soweit in den folgenden Bestimmungen der Konzernlagebericht erwähnt wird, erfasst dieser Begriff gegebenenfalls auch den konsolidierten Corporate Governance-Bericht.

(BGBl I 2015/22, BGBl I 2017/20)

(2) Eine Kapitalgesellschaft mit Sitz im Inland ist stets zur Aufstellung eines Konzernabschlusses und eines Konzernlageberichtes verpflichtet (Mutterunternehmen), wenn ihr bei einem Unternehmen (Tochterunternehmen)

1. die Mehrheit der Stimmrechte der Gesellschafter zusteht,
2. das Recht zusteht, die Mehrheit der Mitglieder des Verwaltungs-, Leitungs- oder Aufsichtsorgans zu bestellen oder abzuberufen, und sie gleichzeitig Gesellschafter ist oder
3. das Recht zusteht, einen beherrschenden Einfluß auszuüben, oder
4. auf Grund eines Vertrages mit einem oder mehreren Gesellschaftern des Tochterunternehmens das Recht zur Entscheidung zusteht, wie Stimmrechte der Gesellschafter, soweit sie mit ihren eigenen Stimmrechten zur Erreichung der Mehrheit aller Stimmen erforderlich sind, bei Bestellung oder Abberufung der Mehrheit der Mitglieder des Leitungs- oder eines Aufsichtsorgans auszuüben sind.

(3) Eine Personengesellschaft im Sinn des § 189 Abs. 1 Z 2 unterliegt hinsichtlich der in den §§ 244 bis 267b geregelten Tatbestände den der Rechtsform ihres unbeschränkt haftenden Gesellschafters

entsprechenden Rechtsvorschriften; ist dieser keine Kapitalgesellschaft, so gelten die Vorschriften für Gesellschaften mit beschränkter Haftung.

(BGBl I 2015/22)

(4) Als Rechte, die einem Mutterunternehmen zustehen, gelten auch die Rechte eines anderen Tochterunternehmens oder von Personen, die für Rechnung des Mutterunternehmens oder eines anderen Tochterunternehmens handeln. Abzuziehen sind die Rechte, die mit Anteilen verbunden sind, die

1. vom Mutterunternehmen oder einem Tochterunternehmen für Rechnung einer anderen Person gehalten werden oder
2. als Sicherheit gehalten werden, sofern diese Rechte nach Weisung des Sicherungsgebers oder, wenn ein Kreditinstitut die Anteile als Sicherheit für eine Kreditgewährung hält, im Interesse des Sicherungsgebers ausgeübt werden.

(BGBl I 2015/22)

(5) Bei Ermittlung der Mehrheit der Stimmrechte sind von der Zahl aller Stimmrechte die Stimmrechte aus eigenen Anteilen abzuziehen, die dem Tochterunternehmen selbst, einem seiner Tochterunternehmen oder einer anderen Person für Rechnung dieser Unternehmen gehören.

(6) (aufgehoben)

(BGBl I 2015/22)

(7) Bei Meinungsverschiedenheiten über das Vorliegen einer Verpflichtung zur Aufstellung des Konzernabschlusses, des Konzernlageberichts und des konsolidierten Berichts über Zahlungen an staatliche Stellen entscheidet der für den Sitz des Unternehmens zuständige, zur Ausübung der Gerichtsbarkeit in Handelssachen berufene Gerichtshof erster Instanz im Verfahren außer Streitsachen. Vom Mutter- als auch vom Tochterunternehmen sind antragsberechtigt: jedes Vorstands- und Aufsichtsratsmitglied, der Abschlußprüfer und eine Minderheit, deren Anteile den zwanzigsten Teil des Nennkapitals oder den anteiligen Betrag von 700 000 Euro erreichen. Diese Regelung gilt sinngemäß für Personengesellschaften im Sinn des § 189 Abs. 1 Z 2.

(BGBl I 2015/22, BGBl I 2016/43)

Befreiende Konzernabschlüsse und Konzernlageberichte

§ 245. (1) Ein Mutterunternehmen (§ 189a Z 6), das österreichischem Recht unterliegt, braucht bei Erfüllung der Voraussetzungen des Abs. 2 keinen Teilkonzernabschluss samt Konzernlagebericht aufzustellen (befreites Unternehmen), wenn es in den Konzernabschluss eines übergeordneten Mutterunternehmens (befreiender Konzernabschluss) einbezogen ist und

1. das übergeordnete Mutterunternehmen dem Recht eines Mitgliedstaats der Europäischen Union oder eines Vertragsstaats des Abkommens über den Europäischen Wirtschaftsraum unterliegt und entweder
   a. sämtliche Anteile am befreiten Unternehmen besitzt oder
   b. mindestens 90% der Anteile am befreiten Unternehmen besitzt und die anderen Anteilsinhaber der Befreiung zugestimmt haben oder
   c. weder der Aufsichtsrat noch eine qualifizierte Minderheit, deren Anteile 10% des Nennkapitals oder den anteiligen Betrag von 1 400 000 Euro erreichen, spätestens sechs Monate vor dem Ablauf des Konzerngeschäftsjahrs die Aufstellung des Teilkonzernabschlusses verlangen oder
2. das übergeordnete Mutterunternehmen nicht dem Recht eines Mitgliedstaats der Europäischen Union oder eines Vertragsstaats des Abkommens über den Europäischen Wirtschaftsraum unterliegt und weder der Aufsichtsrat noch eine qualifizierte Minderheit, deren Anteile 5% des Nennkapitals oder den anteiligen Betrag von 700 000 Euro erreichen, spätestens sechs Monate vor dem Ablauf des Konzerngeschäftsjahres die Aufstellung des Teilkonzernabschlusses verlangen.

(2) Der Konzernabschluss und der Konzernlagebericht des übergeordneten Mutterunternehmens haben nur befreiende Wirkung nach Abs. 1, wenn alle nachstehenden Voraussetzungen erfüllt sind:

1. das befreite Unternehmen sowie alle seine Tochterunternehmen sind unbeschadet des § 249 in den befreienden Konzernabschluss einbezogen;
2. Konzernabschluss und Konzernlagebericht wurden nach dem für das übergeordnete Mutterunternehmen maßgeblichen Recht im Einklang mit der Bilanz-Richtlinie oder nach den gemäß der Verordnung (EG) Nr. 1606/2002 angenommenen internationalen Rechnungslegungsstandards aufgestellt; im Fall des Abs. 1 Z 2 reicht es aus, wenn Konzernabschluss und Konzernlagebericht den nach der Bilanz-Richlinie erstellten Unterlagen oder internationalen Rechnungslegungsstandards, die gemäß der Verordnung (EG) Nr. 1569/2007 der Kommission über die Einrichtung eines Mechanismus zur Festlegung der Gleichwertigkeit der von Drittstaatemittenten angewandten Rechnungslegungsgrundsätze gemäß den Richtlinien 2003/71/EG und 2004/109/EG ABl. Nr. L 340 vom 22. 12. 2007 S. 66, festgelegt wurden, gleichwertig sind;
3. der befreiende Konzernabschluss eines übergeordneten Mutterunternehmens nach Abs. 1 Z 2 wurde von einem nach dem anzuwendenden Recht zugelassenen Abschlussprüfer geprüft;
4. der Anhang des Jahresabschlusses des befreiten Unternehmens enthält Angaben über den Namen und den Sitz des übergeordneten Mutterunternehmens, das den befreienden Konzernabschluss aufstellt, sowie einen Hinweis auf die Befreiung von der Verpflichtung,

einen Konzernabschluss und einen Konzernlagebericht aufzustellen;

5. der befreiende Konzernabschluss und der Konzernlagebericht des übergeordneten Mutterunternehmens werden unverzüglich in deutscher Sprache oder in einer in internationalen Finanzkreisen gebräuchlichen Sprache beim Firmenbuchgericht offengelegt (§ 280 Abs. 2) und dem Aufsichtsrat sowie der nächsten ordentlichen Hauptversammlung (Generalversammlung) vorgelegt.

(3) Die Befreiung nach Abs. 1 darf nicht in Anspruch genommen werden, wenn das befreite Unternehmen eine Gesellschaft im Sinn des **„§ 189a Z 1 lit. a"** ist.

(GesDigG 2022, BGBl I 2022/186 ab 1.12.2022)

(BGBl I 2015/22)

Konzernabschlüsse nach international anerkannten Rechnungslegungsgrundsätzen

§ 245a. (1) Ein Mutterunternehmen, das nach Art. 4 der Verordnung (EG) Nr. 1606/2002 betreffend die Anwendung internationaler Rechnungslegungsstandards dazu verpflichtet ist, den Konzernabschluss nach den internationalen Rechnungslegungsstandards aufzustellen, die nach Art. 3 der Verordnung übernommen wurden, hat dabei § 193 Abs. 4 zweiter Halbsatz und § 194 sowie von den Vorschriften des zweiten bis neunten Titels § 247 Abs. 3, § 265 Abs. 2 bis 4, § 267, § 267a und § 267b anzuwenden; der Konzernanhang ist außerdem um die Angaben nach § 237 Abs. 1 Z 6 in Verbindung mit § 266 Z 4, § 237 Abs. 1 Z 3 und § 239 Abs. 1 Z 4 in Verbindung mit § 266 Z 2 sowie § 238 Abs. 1 Z 10 und Z 18 zu ergänzen.

(BGBl I 2015/22, BGBl I 2019/46)

(2) Ein Mutterunternehmen, das nicht unter Abs. 1 fällt, kann den Konzernabschluss nach den Rechnungslegungsvorschriften in Abs. 1 aufstellen.

(3) Ein Mutterunternehmen, das einen Konzernabschluss nach den in Abs. 1 bezeichneten Rechnungslegungsstandards aufstellt, hat bei der Offenlegung ausdrücklich darauf hinzuweisen, dass es sich um einen nach den in Abs. 1 bezeichneten Rechnungslegungsstandards aufgestellten Konzernabschluss und Konzernlagebericht handelt.

Größenabhängige Befreiungen

§ 246. (1) Ein Mutterunternehmen ist von der Pflicht, einen Konzernabschluß und einen Konzernlagebericht aufzustellen, befreit, wenn

1. am Abschlußstichtag seines Jahresabschlusses und am vorhergehenden Abschlußstichtag mindestens zwei der drei nachstehenden Merkmale zutreffen:
   a) Die Bilanzsummen in den Bilanzen des Mutterunternehmens und der Tochterunternehmen, die in den Konzernabschluß einzubeziehen wären, übersteigen insgesamt nicht 24 Millionen Euro.
   b) Die Umsatzerlöse des Mutterunternehmens und der Tochterunternehmen, die in den Konzernabschluß einzubeziehen wären, übersteigen in den zwölf Monaten vor dem Abschlußstichtag insgesamt nicht 48 Millionen Euro.
   c) Das Mutterunternehmen und die Tochterunternehmen, die in den Konzernabschluß einzubeziehen wären, haben in den zwölf Monaten vor dem Abschlußstichtag im Jahresdurchschnitt nicht mehr als 250 Arbeitnehmer beschäftigt; oder
2. am Abschlußstichtag eines von ihm aufzustellenden Konzernabschlusses und am vorhergehenden Abschlußstichtag mindestens zwei der drei nachstehenden Merkmale zutreffen:
   a) Die Bilanzsumme übersteigt nicht 20 Millionen Euro.
   b) Die Umsatzerlöse in den zwölf Monaten vor dem Abschlußstichtag übersteigen nicht 40 Millionen Euro.
   c) Das Mutterunternehmen und die in den Konzernabschluß einbezogenen Tochterunternehmen haben in den zwölf Monaten vor dem Abschlußstichtag im Jahresdurchschnitt nicht mehr als 250 Arbeitnehmer beschäftigt.

(BGBl I 2015/22)

(2) Die Rechtsfolgen der Merkmale gemäß Abs. 1 Z 1 und 2 treten, wenn diese Merkmale an den Abschlußstichtagen von zwei aufeinanderfolgenden Geschäftsjahren zutreffen, ab dem folgenden Geschäftsjahr ein.

(3) Abs. 1 ist nicht anzuwenden, wenn eines der verbundenen Unternehmen ein Unternehmen von öffentlichem Interesse (§ 189a Z 1) ist.

(BGBl I 2015/22)

(4) § 221 Abs. 7 gilt sinngemäß für die in Abs. 1 Z 1 und 2 angeführten Merkmale.

ZWEITER TITEL
Umfang der einzubeziehenden Unternehmen (Konsolidierungskreis)

Einzubeziehende Unternehmen, Vorlage- und Auskunftspflichten

§ 247. (1) In den Konzernabschluß sind das Mutterunternehmen und alle Tochterunternehmen ohne Rücksicht auf den Sitz der Tochterunternehmen einzubeziehen, sofern die Einbeziehung nicht gemäß § 249 unterbleibt.

(2) Hat sich die Zusammensetzung der in den Konzernabschluß einbezogenen Unternehmen im Laufe des Geschäftsjahrs wesentlich geändert, so sind in den Konzernabschluß Angaben aufzunehmen, die es ermöglichen, die aufeinanderfolgenden Konzernabschlüsse sinnvoll zu vergleichen. Dieser Verpflichtung kann auch dadurch entsprochen werden, daß die entsprechenden Beträge des vorhergehenden Konzernabschlusses an die Änderung angepaßt werden.

(3) Die Tochterunternehmen haben dem Mutterunternehmen ihre Jahresabschlüsse, Lagebe-

richte, Konzernabschlüsse, Konzernlageberichte und, wenn eine Prüfung des Jahresabschlusses oder des Konzernabschlusses stattgefunden hat, die Prüfungsberichte sowie, wenn ein Zwischenabschluß aufzustellen ist, einen auf den Stichtag des Konzernabschlusses aufgestellten Abschluß unverzüglich einzureichen. Das Mutterunternehmen kann von jedem Tochterunternehmen alle Aufklärungen und Nachweise verlangen, welche die Aufstellung des Konzernabschlusses und des Konzernlageberichts erfordert.

§ 248. (aufgehoben)

Verzicht auf die Einbeziehung

§ 249. (1) Ein Tochterunternehmen braucht in den Konzernabschluss nicht einbezogen zu werden, wenn

1. die für die Aufstellung des Konzernabschlusses erforderlichen Angaben nicht ohne unverhältnismäßige Verzögerungen oder ohne unverhältnismäßig hohe Kosten zu erhalten sind, wobei auf die Größe des Unternehmens Bedacht zu nehmen ist; oder
2. die Anteile an dem Tochterunternehmen ausschließlich zum Zwecke ihrer Weiterveräußerung gehalten werden; oder
3. erhebliche und andauernde Beschränkungen die Ausübung der Rechte des Mutterunternehmens in Bezug auf das Vermögen oder die Geschäftsführung dieses Unternehmens nachhaltig beeinträchtigen.

(2) Wenn die Einbeziehung eines Tochterunternehmens nicht wesentlich ist, braucht es nicht in den Konzernabschluss einbezogen zu werden. Trifft dies auf mehrere Tochterunternehmen zu, so sind sie dann in den Konzernabschluss einzubeziehen, wenn sie zusammen wesentlich sind. Für ein Mutterunternehmen, das ausschließlich Tochterunternehmen hat, deren Einbeziehung entweder für sich und zusammengenommen nicht wesentlich ist oder die aufgrund von Abs. 1 nicht einbezogen zu werden brauchen, entfällt die Pflicht zur Aufstellung eines Konzernabschlusses und eines Konzernlageberichts.

(3) Der Ausschluss der in Abs. 1 bezeichneten Unternehmen ist im Konzernanhang, falls kein Konzernabschluss aufzustellen ist, im Anhang des Jahresabschlusses der Muttergesellschaft anzugeben und zu begründen.

(BGBl I 2015/22)

DRITTER TITEL
Inhalt und Form des Konzernabschlusses

Inhalt

§ 250. (1) Der Konzernabschluss besteht aus der Konzernbilanz, der Konzern-Gewinn- und Verlustrechnung, dem Konzernanhang, der Konzernkapitalflussrechnung und einer Darstellung der Komponenten des Eigenkapitals und ihrer Entwicklung. Er kann um die Segmentberichterstattung erweitert werden.

(2) Der Konzernabschluß hat den Grundsätzen ordnungsmäßiger Buchführung zu entsprechen. Er ist klar und übersichtlich aufzustellen. Er hat ein möglichst getreues Bild der Vermögens-, Finanz- und Ertragslage des Konzerns zu vermitteln. Wenn dies aus besonderen Umständen nicht gelingt, sind im Konzernanhang die erforderlichen zusätzlichen Angaben zu machen.

(3) Im Konzernabschluß ist die Vermögens-, Finanz- und Ertragslage der einbezogenen Unternehmen so darzustellen, als ob diese Unternehmen insgesamt ein einziges Unternehmen wären. Die auf den vorhergehenden Konzernabschluß angewandten Zusammenfassungs(Konsolidierungs)methoden sind beizubehalten. Ein Abweichen von diesem Grundsatz ist nur bei Vorliegen besonderer Umstände und unter Beachtung der in Abs. 2 dritter Satz umschriebenen Zielsetzung zulässig; im Konzernanhang ist die Abweichung anzugeben, zu begründen und ihr Einfluss auf die Vermögens-, Finanz- und Ertragslage des Konzerns darzulegen.

(BGBl I 2015/22)

Anzuwendende Vorschriften; Erleichterungen

§ 251. (1) Auf den Konzernabschluß sind, soweit seine Eigenart keine Abweichung bedingt oder in den folgenden Vorschriften nichts anderes bestimmt ist, § 193 Abs. 3 und 4 zweiter Halbsatz, §§ 194 bis 211, §§ 223 bis 227, § 229 Abs. 1 bis 3, §§ 231 bis 234 und §§ 237 bis 241 über den Jahresabschluß und die für die Rechtsform und den Geschäftszweig der in den Konzernabschluß einbezogenen Unternehmen mit dem Sitz im Geltungsbereich dieses Gesetzes geltenden Vorschriften entsprechend anzuwenden.

(BGBl I 2015/22)

(2) In der Gliederung der Konzernbilanz dürfen die Vorräte in einem Posten zusammengefasst werden, wenn die Aufgliederung nicht wesentlich ist.

(BGBl I 2015/22)

(3) Der Konzernanhang und der Anhang des Jahresabschlusses des Mutterunternehmens dürfen zusammengefaßt werden. In diesem Falle müssen der Konzernabschluß und der Jahresabschluß des Mutterunternehmens gemeinsam offengelegt und dürfen auch die Prüfungsberichte und die Bestätigungsvermerke zusammengefaßt werden.

Stichtag für die Aufstellung

§ 252. (1) Der Konzernabschluß ist auf den Stichtag des Jahresabschlusses des Mutterunternehmens oder auf den hievon abweichenden Stichtag der Jahresabschlüsse der bedeutendsten oder der Mehrzahl der in den Konzernabschluß einbezogenen Unternehmen aufzustellen; die Abweichung vom Abschlußstichtag des Mutterunternehmens ist im Konzernanhang anzugeben und zu begründen.

(2) Die Jahresabschlüsse der in den Konzernabschluß einbezogenen Unternehmen sollen auf den Stichtag des Konzernabschlusses aufgestellt werden. Liegt der Abschlußstichtag eines Unternehmens um mehr als drei Monate vor oder nach dem Stichtag des Konzernabschlusses, so ist dieses

Unternehmen auf Grund eines auf den Stichtag und den Zeitraum des Konzernabschlusses aufgestellten Zwischenabschlusses in den Konzernabschluß einzubeziehen.

(BGBl I 2015/22)

(3) Wird bei abweichenden Abschlußstichtagen ein Unternehmen nicht auf der Grundlage eines auf den Stichtag und den Zeitraum des Konzernabschlusses aufgestellten Zwischenabschlusses einbezogen, so sind Vorgänge von besonderer Bedeutung für die Vermögens-, Finanz- und Ertragslage eines in den Konzernabschluß einbezogenen Unternehmens, die zwischen dem Abschlußstichtag dieses Unternehmens und dem Abschlußstichtag des Konzernabschlusses eingetreten sind, in der Konzernbilanz und der Konzern-Gewinn- und Verlustrechnung zu berücksichtigen oder im Konzernanhang anzugeben.

VIERTER TITEL
Vollständige Zusammenfassung der Jahresabschlüsse verbundener Unternehmen (Vollkonsolidierung)

Grundsätze, Vollständigkeitsgebot

§ 253. (1) In dem Konzernabschluß ist der Jahresabschluß des Mutterunternehmens mit den Jahresabschlüssen der Tochterunternehmen zusammenzufassen. An die Stelle der dem Mutterunternehmen gehörenden Anteile an den einbezogenen Tochterunternehmen treten die Vermögensgegenstände, Rückstellungen, Verbindlichkeiten und Rechnungsabgrenzungsposten der Tochterunternehmen, soweit sie nach dem Recht des Mutterunternehmens bilanzierbar sind und die Eigenart des Konzernabschlusses keine Abweichungen bedingt oder in den folgenden Vorschriften nichts anderes bestimmt ist.

(BGBl I 2015/22)

(2) Die Vermögensgegenstände, aktiven latenten Steuern, Rückstellungen, Verbindlichkeiten und Rechnungsabgrenzungsposten sowie die Erträge und Aufwendungen der in den Konzernabschluß einbezogenen Unternehmen sind unabhängig von ihrer Berücksichtigung in den Jahresabschlüssen dieser Unternehmen vollständig aufzunehmen, soweit nach dem Recht des Mutterunternehmens nicht ein Bilanzierungsverbot oder ein Bilanzierungswahlrecht besteht. Nach dem Recht des Mutterunternehmens zulässige Bilanzierungswahlrechte dürfen im Konzernabschluß unabhängig von ihrer Ausübung in den Jahresabschlüssen der in den Konzernabschluß einbezogenen Unternehmen ausgeübt werden.

(BGBl I 2015/22, BGBl I 2016/43)

(3) (aufgehoben)

(BGBl I 2015/22)

Zusammenfassung von Eigenkapital und Beteiligungen (Kapitalkonsolidierung)

§ 254. (1) Der Wertansatz der dem Mutterunternehmen gehörenden Anteile an einem in den Konzernabschluss einbezogenen Tochterunternehmen wird mit dem auf diese Anteile entfallenden Betrag des Eigenkapitals des Tochterunternehmens verrechnet. Das Eigenkapital ist mit dem Betrag anzusetzen, der dem beizulegenden Zeitwert der in den Konzernabschluss aufzunehmenden Vermögensgegenstände, Rückstellungen, Verbindlichkeiten und Rechnungsabgrenzungsposten zu dem für die Verrechnung gemäß Abs. 2 gewählten Zeitpunkt entspricht. Das anteilige Eigenkapital darf nicht mit einem Betrag angesetzt werden, der die Anschaffungskosten des Mutterunternehmens für die Anteile an dem einbezogenen Tochterunternehmen überschreitet. Wenn die Anschaffungskosten den Buchwert des anteiligen Eigenkapitals unterschreiten, so ist der Buchwert anzusetzen.

(BGBl I 2015/22)

(2) Die Verrechnung gemäß Abs. 1 wird auf der Grundlage der Wertansätze zum Zeitpunkt des Erwerbs der Anteile oder der erstmaligen Einbeziehung des Tochterunternehmens in den Konzernabschluß oder, beim Erwerb der Anteile zu verschiedenen Zeitpunkten, zu dem Zeitpunkt, zu dem das Unternehmen Tochterunternehmen geworden ist, durchgeführt. Der gewählte Zeitpunkt ist im Konzernanhang anzugeben.

(3) Ein bei der Verrechnung entstehender Unterschiedsbetrag ist in der Konzernbilanz, wenn er auf der Aktivseite entsteht, als Geschäfts(Firmen)wert und, wenn er auf der Passivseite entsteht, als Unterschiedsbetrag aus der Zusammenfassung von Eigenkapital und Beteiligungen (Kapitalkonsolidierung) auszuweisen. Dieser Posten und wesentliche Änderungen gegenüber dem Vorjahr sind im Anhang zu erläutern. Werden Unterschiedsbeträge der Aktivseite mit solchen der Passivseite verrechnet, so sind die verrechneten Beträge im Anhang anzugeben.

(BGBl I 2015/22)

(4) Anteile an dem Mutterunternehmen, die diesem oder einem in den Konzernabschluß einbezogenen Tochterunternehmen gehören, sind in der Konzernbilanz als eigene Anteile zu behandeln.

(BGBl I 2016/43)

Zusammenfassung von Forderungen und Schulden verbundener Unternehmen (Schuldenkonsolidierung)

§ 255. (1) Ausleihungen und andere Forderungen, Rückstellungen und Verbindlichkeiten aus Beziehungen zwischen den in den Konzernabschluß einbezogenen Unternehmen sowie entsprechende Rechnungsabgrenzungsposten sind wegzulassen.

(2) Abs. 1 braucht nicht angewendet zu werden, soweit die wegzulassenden Beträge nicht wesentlich (§ 189a Z 10) sind.

(BGBl I 2015/22)

Behandlung der Zwischenergebnisse

§ 256. (1) In den Konzernabschluß zu übernehmende Vermögensgegenstände, die ganz oder teilweise auf Lieferungen oder Leistungen zwischen in den Konzernabschluß einbezogenen Unternehmen beruhen, sind in der Konzernbilanz mit dem Betrag anzusetzen, zu dem sie in der auf den Stichtag des Konzernabschlusses aufgestellten Bilanz dieses Unternehmens anzusetzen wären, wenn die in den Konzernabschluß einbezogenen Unternehmen auch rechtlich ein einziges Unternehmen bildeten.

(2) Abs. 1 braucht nicht angewendet zu werden, soweit die Behandlung der Zwischenergebnisse nicht wesentlich (§ 189a Z 10) ist.

(BGBl I 2015/22)

Zusammenfassung von Aufwendungen und Erträgen verbundener Unternehmen (Aufwands- und Ertragskonsolidierung)

§ 257. (1) In der Konzern-Gewinn- und Verlustrechnung sind

1. bei den Umsatzerlösen die Erlöse aus Lieferungen und Leistungen zwischen den in den Konzernabschluß einbezogenen Unternehmen mit den auf sie entfallenden Aufwendungen zu verrechnen, soweit sie nicht als Erhöhung des Bestands an fertigen und unfertigen Erzeugnissen oder als andere aktivierte Eigenleistungen auszuweisen sind,
2. andere Erträge aus Lieferungen und Leistungen zwischen den in den Konzernabschluß einbezogenen Unternehmen mit den auf sie entfallenden Aufwendungen zu verrechnen, soweit sie nicht als andere aktivierte Eigenleistungen auszuweisen sind.

(2) Aufwendungen und Erträge brauchen nicht gemäß Abs. 1 weggelassen zu werden, soweit die wegzulassenden Beträge nicht wesentlich (§ 189a Z 10) sind.

(BGBl I 2015/22)

Steuerabgrenzung

§ 258. Führen Maßnahmen, die nach den Vorschriften des dritten Abschnitts durchgeführt worden sind, zu Differenzen zwischen den unternehmensrechtlichen und den steuerrechtlichen Wertansätzen der Vermögensgegenstände, Schulden oder Rechnungsabgrenzungsposten und bauen sich diese Differenzen in späteren Geschäftsjahren voraussichtlich wieder ab, so ist eine sich insgesamt ergebende Steuerbelastung als Rückstellung für passive latente Steuern und eine sich insgesamt ergebende Steuerentlastung als aktive latente Steuern in der Konzernbilanz anzusetzen. Differenzen aus dem erstmaligen Ansatz eines nach § 254 Abs. 3 verbleibenden Unterschiedsbetrages bleiben unberücksichtigt. Unberücksichtigt bleiben auch Differenzen, die sich zwischen dem steuerrechtlichen Wertansatz einer Beteiligung an einem Tochterunternehmen, einem assoziierten Unternehmen oder einem Gemeinschaftsunternehmen im Sinn des § 262 Abs. 1 und dem unternehmensrechtlichen Wertansatz des im Konzernabschluss angesetzten Nettovermögens ergeben, wenn das Mutterunternehmen in der Lage ist, den zeitlichen Verlauf der Auflösung der temporären Differenzen zu steuern, und es wahrscheinlich ist, dass sich die temporäre Differenz in absehbarer Zeit nicht auflösen wird. Eine Saldierung ist nicht vorzunehmen, soweit eine Aufrechnung der tatsächlichen Steuererstattungsansprüche mit den tatsächlichen Steuerschulden rechtlich nicht möglich ist. § 198 Abs. 10 ist entsprechend anzuwenden. Die Posten dürfen mit den Posten nach § 198 Abs. 9 zusammengefasst werden. Die Steuerabgrenzung braucht nicht vorgenommen zu werden, soweit sie nicht wesentlich ist.

(BGBl I 2015/22)

Anteile anderer Gesellschafter

§ 259. (1) In der Konzernbilanz ist für die nicht dem Mutterunternehmen oder einem einbezogenen Tochterunternehmen gehörenden Anteile an den in den Konzernabschluss einbezogenen Tochterunternehmen ein Ausgleichsposten für die Anteile der anderen Gesellschafter in Höhe ihres Anteils am nach den Vorschriften des § 254 Abs. 1 ermittelten Eigenkapital unter dem Posten „nicht beherrschende Anteile“ innerhalb des Eigenkapitals gesondert auszuweisen.

(BGBl I 2015/22, BGBl I 2016/43)

(2) In der Konzern-Gewinn- und Verlustrechnung ist der im Jahresergebnis enthaltene, anderen Gesellschaftern zustehende Gewinn und der auf sie entfallende Verlust nach dem Posten „Jahresüberschuß/Jahresfehlbetrag“ unter entsprechender Bezeichnung gesondert auszuweisen.

FÜNFTER TITEL
Bewertungsvorschriften

Einheitliche Bewertung

§ 260. (1) Die in den Konzernabschluß gemäß § 253 Abs. 2 übernommenen Vermögensgegenstände und Schulden der in den Konzernabschluß einbezogenen Unternehmen sind nach den auf den Jahresabschluß des Mutterunternehmens anwendbaren Bewertungsmethoden einheitlich zu bewerten; zulässige Bewertungswahlrechte können im Konzernabschluß unabhängig von ihrer Ausübung in den Jahresabschlüssen der in den Konzernabschluß einbezogenen Unternehmen ausgeübt werden. Abweichungen von den auf den Jahresabschluß des Mutterunternehmens angewandten Bewertungsmethoden sind im Konzernanhang anzugeben und zu begründen.

(2) Sind in den Konzernabschluß aufzunehmende Vermögensgegenstände oder Schulden des Mutterunternehmens oder der Tochterunternehmen in den Jahresabschlüssen dieser Unternehmen nach Methoden bewertet worden, die sich von denen unterscheiden, die auf den Konzernabschluß anzuwenden sind oder die von den gesetzlichen Vertretern des Mutterunternehmens in Ausübung von Bewertungswahlrechten auf den Konzernabschluß angewendet werden, so sind die abweichend bewerteten Vermögensgegenstände oder Schulden nach den auf den Konzernabschluß angewandten Bewertungsmethoden neu zu bewerten und mit den neuen Wertansätzen in den Konzernabschluß zu übernehmen. Wertansätze, die auf Sondervorschriften für Kreditinstitute oder Versicherungsunternehmen beruhen, sind beizu-

behalten; auf die Anwendung dieser Ausnahme ist im Konzernanhang hinzuweisen. Eine einheitliche Bewertung nach dem ersten Satz braucht nicht vorgenommen zu werden, soweit ihre Auswirkungen nicht wesentlich (§ 189a Z 10) sind. Darüber hinaus ist ein Abweichen bei Vorliegen besonderer Umstände und unter Beachtung der in § 250 Abs. 2 dritter Satz umschriebenen Zielsetzung zulässig; im Konzernanhang ist die Abweichung anzugeben, zu begründen und ihr Einfluss auf die Vermögens-, Finanz- und Ertragslage des Konzerns darzulegen.

(BGBl I 2015/22)

(3) (aufgehoben)

Behandlung des Unterschiedsbetrags

§ 261. (1) Die Abschreibung eines nach § 254 Abs. 3 auszuweisenden Geschäfts(Firmen)werts richtet sich nach § 203 Abs. 5.

(BGBl I 2015/22)

(2) Ein gemäß § 254 Abs. 3 auf der Passivseite auszuweisender Unterschiedsbetrag darf ergebniswirksam aufgelöst werden, soweit

1. eine zum Zeitpunkt des Erwerbs der Anteile oder der erstmaligen Zusammenfassung der Jahresabschlüsse verbundener Unternehmen (Konsolidierung) erwartete ungünstige Entwicklung der künftigen Ertragslage des Unternehmens eingetreten ist oder zu diesem Zeitpunkt erwartete Aufwendungen zu berücksichtigen sind oder
2. am Abschlußstichtag feststeht, daß er einem verwirklichten Gewinn entspricht.

(BGBl I 2015/22)

SECHSTER TITEL
Anteilmäßige Zusammenfassung der Jahresabschlüsse verbundener Unternehmen (anteilmäßige Konsolidierung)

Begriff

§ 262. (1) Führt ein in einen Konzernabschluß einbezogenes Mutter- oder Tochterunternehmen ein anderes Unternehmen gemeinsam mit einem oder mehreren nicht in den Konzernabschluß einbezogenen Unternehmen, so darf das andere Unternehmen in den Konzernabschluß entsprechend den Anteilen am Kapital einbezogen werden, die dem Mutter- oder dem Tochterunternehmen gehören.

(2) Auf die anteilmäßige Zusammenfassung der Jahresabschlüsse verbundener Unternehmen (anteilmäßige Konsolidierung) sind die §§ 250 bis 258, 260 und 261 entsprechend anzuwenden.

SIEBENTER TITEL
Assoziiertes Unternehmen

(BGBl I 2015/22)

Befreiung

(BGBl I 2015/22)

§ 263. (1) Die Beteiligung an einem assoziierten Unternehmen ist in der Konzernbilanz unter einem besonderen Posten mit entsprechender Bezeichnung auszuweisen.

(BGBl I 2015/22)

(2) Auf eine Beteiligung an einem assoziierten Unternehmen brauchen Abs. 1 und § 264 nicht angewendet zu werden, wenn die Beteiligung nicht wesentlich (§ 189a Z 10) ist.

(BGBl I 2015/22)

Wertansatz der Beteiligung und Behandlung des Unterschiedsbetrags

§ 264. (1) Eine Beteiligung an einem assoziierten Unternehmen ist in der Konzernbilanz beim erstmaligen Ansatz mit dem Buchwert gemäß den §§ 198 bis 242 anzusetzen. Der Unterschiedsbetrag zwischen dem Buchwert und dem anteiligen Eigenkapital des assoziierten Unternehmens ist bei erstmaliger Anwendung in der Konzernbilanz oder im Konzernanhang gesondert auszuweisen.

(BGBl I 2015/22)

(2) Der Unterschiedsbetrag gemäß Abs. 1 zweiter Satz ist den Wertansätzen von Vermögensgegenständen und Schulden des assoziierten Unternehmens insoweit zuzuordnen, als deren beizulegender Zeitwert höher oder niedriger ist als ihr Buchwert. Der nach dem ersten Satz zugeordnete Unterschiedsbetrag ist entsprechend der Behandlung der Wertansätze dieser Vermögensgegenstände und Schulden im Jahresabschluss des assoziierten Unternehmens im Konzernabschluss fortzuführen, abzuschreiben oder aufzulösen. Auf einen nach Zuordnung nach dem ersten Satz verbleibenden Unterschiedsbetrag ist § 261 entsprechend anzuwenden.

(BGBl I 2015/22)

(3) Der Wertansatz der Beteiligung und die Unterschiedsbeträge werden auf der Grundlage der Wertansätze zum Zeitpunkt des Erwerbs der Anteile oder der erstmaligen Einbeziehung des assoziierten Unternehmens in den Konzernabschluß oder beim Erwerb der Anteile zu verschiedenen Zeitpunkten zu dem Zeitpunkt, zu dem das Unternehmen assoziiertes Unternehmen geworden ist, ermittelt. Der gewählte Zeitpunkt ist im Konzernanhang anzugeben.

(BGBl I 2015/22)

(4) Der gemäß Abs. 1 ermittelte Wertansatz einer Beteiligung ist in den Folgejahren um den Betrag der Eigenkapitalveränderungen, die den dem Mutterunternehmen gehörenden Anteilen am Kapital des assoziierten Unternehmens entsprechen, zu erhöhen oder zu vermindern; auf die Beteiligung entfallende Gewinnausschüttungen sind abzusetzen. In der Konzern-Gewinn- und Verlustrechnung ist das auf Beteiligungen an assoziierten Unternehmen entfallende Ergebnis unter einem gesonderten Posten auszuweisen.

(BGBl I 2015/22)

(5) Wendet das assoziierte Unternehmen in seinem Jahresabschluß vom Konzernabschluß abweichende Bewertungsmethoden an, so können abweichend bewertete Vermögensgegenstände oder Schulden für die Zwecke der Abs. 1 bis 4

nach den auf den Konzernabschluß angewandten Bewertungsmethoden bewertet werden. Wird die Bewertung nicht angepaßt, so ist dies im Konzernanhang anzugeben. § 256 über die Behandlung der Zwischenergebnisse ist entsprechend anzuwenden, soweit die für die Beurteilung maßgeblichen Sachverhalte bekannt oder zugänglich sind. Die Zwischenergebnisse dürfen auch anteilig entsprechend den dem Mutterunternehmen gehörenden Anteilen am Kapital des assoziierten Unternehmens weggelassen werden.

(BGBl I 2015/22)

(6) Es ist jeweils der letzte Jahresabschluß des assoziierten Unternehmens zu Grunde zu legen. Stellt das assoziierte Unternehmen einen Konzernabschluß auf, so ist von diesem und nicht vom Jahresabschluß des assoziierten Unternehmens auszugehen.

(BGBl I 2015/22)

ACHTER TITEL
Konzernanhang

Erläuterung der Konzernbilanz und der Konzern-Gewinn- und Verlustrechnung, Angaben zum Beteiligungsbesitz

§ 265. (1) Im Konzernanhang sind die Konzernbilanz und die Konzern-Gewinn- und Verlustrechnung sowie die darauf angewandten Bilanzierungs- und Bewertungsmethoden so zu erläutern, daß ein möglichst getreues Bild der Vermögens-, Finanz- und Ertragslage des Konzerns vermittelt wird. Insbesondere sind anstelle der Angabe nach § 237 Abs. 1 Z 1 anzugeben:

1. die auf die Posten der Konzernbilanz und der Konzern-Gewinn- und Verlustrechnung angewandten Bilanzierungs- und Bewertungsmethoden;
2. die Grundlagen für die Umrechnung in Euro, sofern der Konzernabschluß Posten enthält, denen Beträge zugrunde liegen, die auf fremde Währung lauten oder ursprünglich auf fremde Währung lauteten;
3. Änderungen der Bilanzierungs-, Bewertungs- und Zusammenfassungs(Konsolidierungs)methoden; diese sind zu begründen und ihr Einfluß auf die Vermögens-, Finanz- und Ertragslage des Konzerns ist gesondert darzustellen.

(BGBl I 2015/22)

(2) Im Konzernanhang sind ferner anstelle der Angabe nach § 238 Abs. 1 Z 4 anzugeben:

1. Name und Sitz der in den Konzernabschluß einbezogenen Unternehmen, der Anteil am Kapital der Tochterunternehmen, der dem Mutterunternehmen und den in den Konzernabschluß einbezogenen Tochterunternehmen gehört oder für Rechnung dieser Unternehmen von einer anderen Person gehalten wird, sowie der zur Einbeziehung in den Konzernabschluß verpflichtende Sachverhalt, sofern die Einbeziehung nicht auf einer der Kapitalbeteiligung entsprechenden Mehrheit der Stimmrechte beruht. Diese Angaben sind auch für Tochterunternehmen zu machen, die gemäß § 249 nicht einbezogen worden sind;
2. Name und Sitz der assoziierten Unternehmen, der Anteil am Kapital der assoziierten Unternehmen, der dem Mutterunternehmen und den in den Konzernabschluß einbezogenen Tochter unternehmen gehört oder für Rechnung dieser Unternehmen von einer anderen Person gehalten wird. Die Anwendung des § 263 Abs. 2 ist jeweils anzugeben und zu begründen;

   (BGBl I 2015/22)
3. Name und Sitz der Unternehmen, die gemäß § 262 nur anteilmäßig in den Konzernabschluß einbezogen worden sind, der Tatbestand, aus dem sich die Anwendung dieser Vorschrift ergibt, sowie der Anteil am Kapital dieser Unternehmen, der dem Mutterunternehmen und den in den Konzernabschluß einbezogenen Tochterunternehmen gehört oder für Rechnung dieser Unternehmen von einer anderen Person gehalten wird;
4. Name und Sitz anderer als der unter den Z 1 bis 3 bezeichneten Unternehmen, bei denen das Mutterunternehmen, ein Tochterunternehmen oder für Rechnung eines dieser Unternehmen eine andere Person eine Beteiligung (§ 189a Z 2) besitzt, unter Angabe des Anteils am Kapital sowie der Höhe des Eigenkapitals und des Ergebnisses des letzten Geschäftsjahrs, für das ein Abschluß aufgestellt worden ist. Diese Angaben brauchen nicht gemacht zu werden, wenn sie nicht wesentlich (§ 189a Z 10) sind. Das Eigenkapital und das Ergebnis brauchen nicht angegeben zu werden, wenn das in Anteilsbesitz stehende Unternehmen seinen Jahresabschluß nicht offenzulegen hat und das Mutterunternehmen, das Tochterunternehmen oder die andere Person weniger als die Hälfte der Anteile an diesem Unternehmen besitzt.

   (BGBl I 2015/22)

(BGBl I 2015/22)

(3) Die in Abs. 2 verlangten Angaben können insoweit unterlassen werden, soweit die Angaben nach vernünftiger unternehmerischer Beurteilung geeignet sind, dem Mutterunternehmen, einem Tochterunternehmen oder einem anderen in Abs. 2 bezeichneten Unternehmen einen erheblichen Nachteil zuzufügen. Die Anwendung der Ausnahmeregelung ist im Konzernanhang anzugeben.

(4) Die Angaben gemäß Abs. 2 dürfen statt im Anhang auch in einer Aufstellung des Anteilsbesitzes gesondert gemacht werden. Die Aufstellung ist Bestandteil des Anhangs. Auf die besondere Aufstellung des Anteilsbesitzes und den Ort ihrer Hinterlegung ist im Anhang hinzuweisen.

Weitere Angaben

§ 266. Bei den Angaben, die gemäß § 251 Abs. 1 in Verbindung mit den §§ 237 bis 240 zu machen sind, gelten folgende Besonderheiten:

1. die Angabe nach § 238 Abs. 1 Z 9 hat sich auf das Ergebnis des Mutterunternehmens zu beziehen;

   (BGBl I 2016/43)

2. bei den Angaben nach § 237 Abs. 1 Z 3 und nach § 239 Abs. 1 Z 4 ist nur die Höhe der Beträge anzugeben, die das Mutterunternehmen und seine Tochterunternehmen den Mitgliedern des Vorstands, des Aufsichtsrats oder ähnlicher Einrichtungen des Mutterunternehmens gewährt haben. § 239 Abs. 1 Z 4 lit. a dritter Satz bleibt unberücksichtigt. § 242 Abs. 4 ist sinngemäß anzuwenden. Außer den Bezügen für das Geschäftsjahr sind die weiteren Bezüge anzugeben, die im Geschäftsjahr gewährt, bisher aber in keinem Konzernabschluss angegeben worden sind;

   (BGBl I 2016/43)

3. bei der Angabe nach § 237 Abs. 1 Z 5 ist auf Verbindlichkeiten Bedacht zu nehmen, für die von den in den Konzernabschluss einbezogenen Unternehmen dingliche Sicherheiten bestellt sind;
4. bei den Angaben nach § 237 Abs. 1 Z 6 und § 239 Abs. 1 Z 1 und 3 ist auf die Beschäftigten der in den Konzernabschluss einbezogenen Unternehmen Bezug zu nehmen; die durchschnittliche Zahl der Arbeitnehmer von gemäß § 262 nur anteilig einbezogenen Unternehmen ist gesondert anzugeben;
5. bei der Angabe von Geschäften von in den Konzernabschluss einbezogenen Unternehmen und mit nahe stehenden Unternehmen und Personen (§ 238 Abs. 1 Z 12) werden Geschäfte, die bei der Konsolidierung weggelassen werden, nicht berücksichtigt; § 238 Abs. 3 ist nicht anzuwenden;
6. die Angaben nach § 238 Abs. 1 Z 15 bis 17 und 19 bis 21, § 239 Abs. 1 Z 2 und Z 5 und § 241 Z 2, 4, 5 und 6 können unterbleiben.

(BGBl I 2015/22)

NEUNTER TITEL
Konzernlagebericht, konsolidierter Corporate Governance-Bericht

(BGBl I 2015/22)

Konzernlagebericht

(BGBl I 2016/43)

§ 267. (1) Im Konzernlagebericht sind der Geschäftsverlauf, einschließlich des Geschäftsergebnisses, und die Lage des Konzerns so darzustellen, dass ein möglichst getreues Bild der Vermögens-, Finanz- und Ertragslage vermittelt wird, und die wesentlichen Risiken und Ungewissheiten, denen der Konzern ausgesetzt ist, zu beschreiben.

(2) Der Konzernlagebericht hat eine ausgewogene und umfassende, dem Umfang und der Komplexität der Geschäftstätigkeit angemessene Analyse des Geschäftsverlaufs, einschließlich des Geschäftsergebnisses, und der Lage des Konzerns zu enthalten. Abhängig von der Größe des Konzerns und von der Komplexität des Geschäftsbetriebs der einbezogenen Unternehmen hat die Analyse auf die für die jeweilige Geschäftstätigkeit wichtigsten finanziellen und nichtfinanziellen Leistungsindikatoren, einschließlich Informationen über Umwelt- und Arbeitnehmerbelange, einzugehen und sie unter Bezugnahme auf die im Konzernabschluss ausgewiesenen Beträge und Angaben zu erläutern.

(3) Der Konzernlagebericht hat auch einzugehen auf

1. die voraussichtliche Entwicklung des Konzerns;
2. Tätigkeiten des Konzerns im Bereich Forschung und Entwicklung;
3. den Bestand an Aktien an dem Mutterunternehmen, die das Mutterunternehmen oder ein Tochterunternehmen oder eine andere Person für Rechnung eines dieser Unternehmen erworben oder als Pfand genommen hat; dabei sind die Zahl dieser Aktien, der auf sie entfallende Betrag des Grundkapitals sowie ihr Anteil am Grundkapital anzugeben. Sind solche Aktien im Geschäftsjahr erworben oder veräußert worden, so ist auch über den Erwerb oder die Veräußerung unter Angabe der Zahl dieser Aktien, des auf sie entfallenden Betrags des Grundkapitals, des Anteils am Grundkapital und des Erwerbs- oder Veräußerungspreises sowie über die Verwendung des Erlöses zu berichten;
4. für das Verständnis der Lage der in den Konzernabschluss einbezogenen Unternehmen wesentliche Zweigniederlassungen des Mutterunternehmens und der Tochterunternehmen;
5. die Verwendung von Finanzinstrumenten, sofern dies für die Beurteilung der Vermögens-, Finanz- und Ertragslage wesentlich (§ 189a Z 10) ist; diesfalls sind anzugeben
   a) die Risikomanagementziele und -methoden, einschließlich der Methoden zur Absicherung aller wichtigen Arten geplanter Transaktionen, die im Rahmen der Bilanzierung von Sicherungsgeschäften angewandt werden, und
   b) bestehende Preisänderungs-, Ausfall-, Liquiditäts- und Cashflow-Risiken.

(BGBl I 2015/22)

(3a) Bei einem Mutterunternehmen, dessen Aktien zum Handel auf einem geregelten Markt im Sinn des § 1 Z 2 BörseG 2018 zugelassen sind oder das ausschließlich andere Wertpapiere als Aktien auf einem solchen Markt emittiert und dessen Aktien mit Wissen der Gesellschaft über ein multilaterales Handelssystem im Sinne des § 1 Z 24 WAG 2018 gehandelt werden, hat der Konzernlagebericht auch die Angaben nach § 243a Abs. 1 zu enthalten.

(BGBl I 2017/107)

(3b) Bei einem Mutterunternehmen nach § 189a Z 1 lit. a hat der Konzernlagebericht auch die

Angaben nach § 243a Abs. 2 zu enthalten. Diese haben sich auf das interne Kontroll- und das Risikomanagementsystem des Konzerns im Zusammenhang mit der Aufstellung des Konzernabschlusses zu beziehen.

(BGBl I 2015/22)

(4) § 251 Abs. 3 über die Zusammenfassung von Konzernanhang und Anhang ist entsprechend anzuwenden.

Konsolidierte nichtfinanzielle Erklärung, konsolidierter nichtfinanzieller Bericht

§ 267a. (1) Unternehmen von öffentlichem Interesse, die Mutterunternehmen sind und an den Abschlussstichtagen das Kriterium erfüllen, im Jahresdurchschnitt (§ 221 Abs. 6) auf konsolidierter Basis mehr als 500 Arbeitnehmer zu beschäftigen, haben, wenn sie nicht von der Aufstellung eines Konzernabschlusses nach § 246 Abs. 1 befreit sind, in den Konzernlagebericht an Stelle der Analyse der nichtfinanziellen Leistungsindikatoren nach § 267 Abs. 2 eine konsolidierte nichtfinanzielle Erklärung aufzunehmen.

(2) Die konsolidierte nichtfinanzielle Erklärung hat diejenigen Angaben zu enthalten, die für das Verständnis des Geschäftsverlaufs, des Geschäftsergebnisses, der Lage des Konzerns sowie der Auswirkungen seiner Tätigkeit erforderlich sind und sich mindestens auf Umwelt-, Sozial- und Arbeitnehmerbelange, auf die Achtung der Menschenrechte und auf die Bekämpfung von Korruption und Bestechung beziehen. Die Analyse hat die nichtfinanziellen Leistungsindikatoren unter Bezugnahme auf die im Konzernabschluss ausgewiesenen Beträge und Angaben zu erläutern.

(3) Die Angaben nach Abs. 2 haben zu umfassen:

1. eine kurze Beschreibung des Geschäftsmodells des Konzerns;
2. eine Beschreibung der vom Konzern in Bezug auf diese Belange verfolgten Konzepte;
3. die Ergebnisse dieser Konzepte;
4. die angewandten Due-Diligence-Prozesse;
5. die wesentlichen Risiken, die wahrscheinlich negative Auswirkungen auf diese Belange haben werden, und die Handhabung dieser Risiken durch den Konzern, und zwar
   a. soweit sie aus der eigenen Geschäftstätigkeit des Konzerns entstehen und,
   b. wenn dies relevant und verhältnismäßig ist, soweit sie aus seinen Geschäftsbeziehungen, seinen Erzeugnissen oder seinen Dienstleistungen entstehen;
6. die wichtigsten nichtfinanziellen Leistungsindikatoren, die für die konkrete Geschäftstätigkeit von Bedeutung sind.

Verfolgt der Konzern in Bezug auf einen oder mehrere dieser Belange kein Konzept, hat die konsolidierte nichtfinanzielle Erklärung eine klare und begründete Erläuterung zu enthalten, warum dies der Fall ist.

(4) In Ausnahmefällen können Informationen über künftige Entwicklungen oder Belange, über die Verhandlungen geführt werden, weggelassen werden, soweit

1. eine solche Angabe nach vernünftiger unternehmerischer Beurteilung geeignet ist, der Geschäftslage des Konzerns ernsthaft zu schaden, und
2. eine solche Nichtaufnahme ein den tatsächlichen Verhältnissen entsprechendes Verständnis des Geschäftsverlaufs, des Geschäftsergebnisses, der Lage des Konzerns sowie der Auswirkungen seiner Tätigkeit nicht verhindert.

(5) Das Mutterunternehmen kann sich bei der Erstellung der konsolidierten nichtfinanziellen Erklärung auf nationale, unionsbasierte oder internationale Rahmenwerke stützen; wenn es hiervon Gebrauch macht, hat es anzugeben, auf welche Rahmenwerke es sich stützt. Bei der Anwendung solcher Rahmenwerke ist sicherzustellen, dass die Anforderungen nach Abs. 2 und Abs. 3 erfüllt sind.

(6) Die konsolidierte nichtfinanzielle Erklärung kann als gesonderter konsolidierter nichtfinanzieller Bericht erstellt werden. Der gesonderte konsolidierte nichtfinanzielle Bericht ist von den gesetzlichen Vertretern aufzustellen, von sämtlichen gesetzlichen Vertretern zu unterzeichnen, dem Aufsichtsrat vorzulegen und von diesem zu prüfen, sowie gemeinsam mit dem konsolidierten Lagebericht nach § 280 offenzulegen.

(7) Ein Mutterunternehmen (§ 189a Z 6), das österreichischem Recht unterliegt, ist von der Verpflichtung zur Aufstellung einer konsolidierten nichtfinanziellen Erklärung befreit, wenn dieses Mutterunternehmen (befreites Unternehmen) und seine Tochterunternehmen in den Konzernlagebericht oder gesonderten konsolidierten nichtfinanziellen Bericht eines anderen Unternehmens einbezogen sind, der im Einklang mit der Bilanz-Richtlinie aufgestellt wurde. Ist das Mutterunternehmen zwar nach § 245 von der Aufstellung eines Teilkonzernabschlusses und Teilkonzernlageberichts befreit, nicht aber von der konsolidierten nichtfinanziellen Erklärung, hat es einen gesonderten konsolidierten nichtfinanziellen Bericht nach Abs. 6 aufzustellen.

(BGBl I 2017/20)

„Konsolidierter Corporate Governance-Bericht"

(GesDigG 2022, BGBl I 2022/186 ab 1.12.2022)

§ 267b. Ein Mutterunternehmen, dessen Aktien zum Handel auf einem geregelten Markt im Sinn des § 1 Z 2 BörseG 2018 zugelassen sind oder das ausschließlich andere Wertpapiere als Aktien auf einem solchen Markt emittiert und dessen Aktien mit Wissen des Unternehmens über ein multilaterales Handelssystem im Sinn des § 1 Z 24 WAG 2018 gehandelt werden, hat einen konsolidierten Corporate Governance-Bericht aufzustellen, der die in § 243c vorgeschriebenen Angaben enthält, wobei die erforderlichen Anpassungen vorzunehmen sind, um die Lage der insgesamt in die Konsolidierung einbezogenen Unternehmen bewerten zu können. § 251 Abs. 3 ist entsprechend anzuwenden.

(BGBl I 2015/22, BGBl I 2017/20, BGBl I 2017/107)

ZEHNTER TITEL

Konsolidierter Bericht über Zahlungen an staatliche Stellen

§ 267c. (1) Die gesetzlichen Vertreter eines großen (§ 221 Abs. 3) Mutterunternehmens (§ 189a Z 6) haben, wenn es selbst oder eines seiner Tochterunternehmen in der mineralgewinnenden Industrie oder auf dem Gebiet des Holzeinschlags in Primärwäldern tätig ist, auch wenn die Aufstellung des Konzernabschlusses im Einzelfall wegen der Anwendung des § 249 unterbleibt, jährlich einen konsolidierten Bericht über Zahlungen an staatliche Stellen nach den Vorgaben des § 243d aufzustellen und dem Aufsichtsrat und der Hauptversammlung (Generalversammlung) des Mutterunternehmens innerhalb der für die Vorlage des Jahresabschlusses geltenden Fristen vorzulegen. Der konsolidierte Bericht ist von sämtlichen gesetzlichen Vertretern zu unterzeichnen und der Hauptversammlung zusammen mit dem Jahresabschluss des Mutterunternehmens vorzulegen. Er hat sich nur auf Leistungen zu erstrecken, die sich aus der Geschäftstätigkeit in der mineralgewinnenden Industrie oder auf dem Gebiet des Holzeinschlags in Primärwäldern ergeben.

(BGBl I 2017/20)

(2) Von der Erstellung eines konsolidierten Berichts über Zahlungen an staatliche Stellen sind Mutterunternehmen befreit, die gemäß § 246 von der Aufstellung eines Konzernabschlusses befreit sind oder Tochterunternehmen eines Unternehmens sind, das dem Recht eines ~~anderen~~ Mitgliedstaats der Europäischen Union oder eines Vertragsstaat des Abkommens über den Europäischen Wirtschaftsraum unterliegt. Von der Einbeziehung eines Tochterunternehmens in den konsolidierten Bericht über Zahlungen an staatliche Stellen kann unter den Voraussetzungen des § 249 Abs. 1 abgesehen werden, wenn das Tochterunternehmen aus diesen Gründen auch nicht in den Konzernabschluss einbezogen wird. Schließlich sind Mutterunternehmen befreit, die einen konsolidierten Bericht nach gleichwertigen Berichtspflichten eines Drittlands erstellen und gemäß § 277 **„in deutscher Sprache oder in einer in internationalen Finanzkreisen gebräuchlichen Sprache“** offenlegen. Ob die Berichtspflichten eines Drittlands gleichwertig sind, ist nach den aufgrund des Art. 47 der Bilanz-Richtlinie ergangenen Durchführungsrechtsakten zu beurteilen.

(GesDigG 2022, BGBl I 2022/186 ab 1.12.2022)

(BGBl I 2017/20)

VIERTER ABSCHNITT
Vorschriften über die Prüfung, Offenlegung, Veröffentlichung und Zwangsstrafen

ERSTER TITEL
Abschlußprüfung

Pflicht zur Abschlußprüfung

§ 268. (1) Der Jahresabschluß und der Lagebericht von Kapitalgesellschaften sind durch einen Abschlußprüfer zu prüfen. Dies gilt nicht für kleine Gesellschaften mit beschränkter Haftung (§ 221 Abs. 1), sofern diese nicht auf Grund gesetzlicher Vorschriften einen Aufsichtsrat haben müssen. Hat die erforderliche Prüfung nicht stattgefunden, so kann der Jahresabschluß nicht festgestellt werden. Umstände, die in einem Verfahren nach § 270 Abs. 3 geltend gemacht werden können, hindern die Gültigkeit der Prüfung nur, wenn ein solches Verfahren zur Bestellung eines anderen Abschlussprüfers geführt hat.

(2) Der Konzernabschluß und der Konzernlagebericht von Gesellschaften sind durch einen Abschlußprüfer zu prüfen, bevor sie dem Aufsichtsrat der Muttergesellschaft vorgelegt werden.

(3) (aufgehoben)

(BGBl I 2015/22)

(4) Abschlussprüfer (Konzernabschlussprüfer) können Wirtschaftsprüfer oder Wirtschaftsprüfungsgesellschaften sein.

Gegenstand und Umfang der Prüfung

§ 269. (1) Die Prüfung des Jahresabschlusses und des Konzernabschlusses hat sich darauf zu erstrecken, ob die gesetzlichen Vorschriften und ergänzende Bestimmungen des Gesellschaftsvertrags oder der Satzung beachtet worden sind. In die Prüfung des Jahresabschlusses ist die Buchführung einzubeziehen.

(1a) Für die Abschlussprüfung von Gesellschaften von öffentlichem Interesse im Sinn des § 189a Z 1 lit. a und lit. d gelten die Bestimmungen des Ersten Titels des Vierten Abschnitts, soweit nicht die Verordnung (EU) Nr. 537/2014 über spezifische Anforderungen an die Abschlussprüfung bei Unternehmen von öffentlichem Interesse und zur Aufhebung des Beschlusses 2005/909/EG, ABl. Nr. L 158 vom 27.05.2014 S. 77, in der Fassung der Berichtigung ABl. Nr. L 170 vom 11.06.2014 S. 66, anzuwenden ist.

(BGBl I 2016/43)

(2) Der Abschlussprüfer des Konzernabschlusses trägt die volle Verantwortung für den Bestätigungsvermerk zum Konzernabschluss sowie gegebenenfalls für den zusätzlichen Bericht an den Prüfungsausschuss gemäß Art. 11 der Verordnung (EU) Nr. 537/2014. Er hat auch die im Konzernabschluss zusammengefassten Jahresabschlüsse daraufhin zu prüfen, ob sie den Grundsätzen ordnungsmäßiger Buchführung entsprechen und ob die für die Übernahme in den Konzernabschluss maßgeblichen Vorschriften beachtet worden sind. Wenn in den Konzernabschluss einbezogene Unternehmen von anderen Abschlussprüfern geprüft werden, hat der Konzernabschlussprüfer deren Tätigkeit in geeigneter Weise zu überwachen, soweit dies für die Prüfung des Konzernabschlusses maßgeblich ist.

(BGBl I 2016/43)

(3) Der Lagebericht und der Konzernlagebericht von Kapitalgesellschaften sind darauf zu prüfen, ob der Lagebericht mit dem Jahresabschluss und der Konzernlagebericht mit dem Konzernabschluss in Einklang stehen und ob der Lagebericht und Konzernlagebericht nach den geltenden rechtlichen Anforderungen aufgestellt wurden. Gegenstand der Abschlussprüfung ist auch, ob eine nach § 243b oder § 267a erforderliche nichtfinanzielle Erklärung oder ein solcher Bericht und ob ein nach § 243c oder § 267b erforderlicher Corporate Governance-Bericht aufgestellt worden sind.

(BGBl I 2017/20)

(4) Werden der Jahresabschluss, der Konzernabschluss, der Lagebericht oder der Konzernlagebericht nach Vorlage des Prüfungsberichts geändert, so ist die Änderung dem Abschlussprüfer bekanntzugeben, der sie mit ihren Auswirkungen zu prüfen hat. Über das Ergebnis der Prüfung ist zu berichten; der Bestätigungsvermerk ist gemäß § 274 entsprechend zu ergänzen und erforderlichenfalls zu ändern.

(5) Die Abschlussprüfung umfasst keine Zusicherung des künftigen Fortbestands der geprüften Gesellschaft oder der Wirtschaftlichkeit oder Wirksamkeit der bisherigen oder zukünftigen Geschäftsführung.

(BGBl I 2016/43)

(BGBl I 2015/22)

Internationale Prüfungsstandards

§ 269a. Wenn und soweit die Europäische Kommission internationale Prüfungsstandards übernommen hat, sind Abschlussprüfungen und Konzernabschlussprüfungen unter Beachtung dieser Grundsätze durchzuführen.

Bestellung und Abberufung des Abschlußprüfers

§ 270. (1) Der Abschlussprüfer des Jahresabschlusses wird von den Gesellschaftern gewählt; den Abschlussprüfer des Konzernabschlusses wählen die Gesellschafter des Mutterunternehmens. Wenn ein Aufsichtsrat besteht, hat dieser einen Vorschlag für die Wahl des Abschlussprüfers zu erstatten. Eine Vereinbarung, die die Wahlmöglichkeiten auf bestimmte Kategorien oder Listen von Abschlussprüfern beschränkt, ist nichtig. Die Aufsichtsratsmitglieder sind zur Teilnahme an der Hauptversammlung (Generalversammlung), die über die Bestellung des Abschlussprüfers zu entscheiden hat, einzuladen. Der Abschlussprüfer soll jeweils vor Ablauf des Geschäftsjahrs gewählt werden, auf das sich seine Prüfungstätigkeit erstreckt. Der Aufsichtsrat hat unverzüglich nach der Wahl mit dem gewählten Prüfer den Vertrag über die Durchführung der Abschlussprüfung abzuschließen und das Entgelt zu vereinbaren. Falls kein Aufsichtsrat besteht, wird die Gesellschaft durch ihre gesetzlichen Vertreter vertreten. Das Entgelt hat in einem angemessenen Verhältnis zu den Aufgaben des Prüfers und dem voraussichtlichen Umfang der Prüfung zu stehen. Der Prüfungsvertrag und die Höhe des vereinbarten Entgelts dürfen an keinerlei Voraussetzungen oder Bedingungen geknüpft werden und nicht davon abhängen, ob der Prüfer neben der Prüfungstätigkeit zusätzliche Leistungen für die geprüfte Gesellschaft erbringt.

(BGBl I 2016/43)

(1a) Ein Wirtschaftsprüfer oder eine Wirtschaftsprüfungsgesellschaft, der oder die in einen Wahlvorschlag aufgenommen werden soll, hat vor Erstattung dieses Wahlvorschlags durch den Aufsichtsrat beziehungsweise vor der Wahl durch die Gesellschafter eine nach Leistungskategorien gegliederte Aufstellung über das für das vorangegangene Geschäftsjahr von der Gesellschaft erhaltene Entgelt vorzulegen und über seine (ihre) Einbeziehung in das durch das Abschlussprüfer-Aufsichtsgesetz (BGBl I Nr. 43/2016) eingerichtete System der externen Qualitätssicherung und die aufrechte Registrierung zu berichten. Darüber hinaus hat er (sie) alle Umstände darzulegen und zu dokumentieren, die seine (ihre) Befangenheit oder Ausgeschlossenheit begründen könnten sowie jene Schutzmaßnahmen, die getroffen worden sind, um eine unabhängige und unbefangene Prüfung sicherzustellen. Sofern aufgrund gesetzlicher Verpflichtung ein Prüfungsausschuss besteht, ist diesem schriftlich zu berichten.

(BGBl I 2016/43)

(2) Als Abschlußprüfer des Konzernabschlusses gilt, wenn kein anderer Prüfer bestellt wird, der Prüfer als bestellt, der für die Prüfung des in den Konzernabschluß einbezogenen Jahresabschlusses des Mutterunternehmens bestellt worden ist, wenn er die Voraussetzungen gemäß § 268 Abs. 4 erfüllt. Erfolgt die Einbeziehung auf Grund eines Zwischenabschlusses, so gilt, wenn kein anderer Prüfer bestellt wird, der Prüfer als bestellt, der für die Prüfung des letzten vor dem Konzernabschlußstichtag aufgestellten Jahresabschlusses des Mutterunternehmens bestellt worden ist.

(3) Auf Antrag der gesetzlichen Vertreter, des Aufsichtsrats, von Gesellschaftern, deren Anteile zusammen fünf Prozent der Stimmrechte oder des Nennkapitals oder den anteiligen Betrag von 350 000 Euro erreichen, oder der Abschlussprüferaufsichtsbehörde, hat der zur Ausübung der Gerichtsbarkeit in Handelssachen berufene Gerichtshof erster Instanz im Verfahren außer Streitsachen nach Anhörung der Beteiligten und des gewählten Prüfers einen anderen Abschlussprüfer zu bestellen, wenn dies aus einem in der Person des gewählten Prüfers liegenden wichtigen Grund geboten erscheint, insbesondere wenn ein Ausschlussgrund vorliegt oder sonst die Besorgnis einer Befangenheit besteht. Der Antrag ist binnen einem Monat nach dem Tag der Wahl des Abschlussprüfers zu stellen; Gesellschafter können den Antrag nur stellen, wenn sie gegen die Wahl des Abschlussprüfers bei der Beschlussfassung Widerspruch erklärt haben. Wird ein Ausschluss- oder Befangenheitsgrund erst nach der Wahl bekannt oder tritt er erst nach der Wahl ein, ist der Antrag binnen einem Monat nach dem Tag zu stellen, an dem der Antragsberechtigte Kenntnis davon erlangt

hat oder ohne grobe Fahrlässigkeit hätte erlangen können. Stellen Aktionäre den Antrag, so haben sie glaubhaft zu machen, dass sie seit mindestens drei Monaten vor dem Tag der Hauptversammlung Inhaber der Aktien sind. Zur Glaubhaftmachung genügt eine eidesstättige Erklärung vor einem Notar. Unterliegt die Gesellschaft einer staatlichen Aufsicht, so kann auch die Aufsichtsbehörde den Antrag stellen. Der Antrag kann nach Erteilung des Bestätigungsvermerks, im Fall einer Nachtragsprüfung nach § 269 Abs. 4 nach Ergänzung des Bestätigungsvermerks, nicht mehr gestellt werden. Wegen eines Verstoßes gegen §§ 271 Abs. 1 bis 5, 271a oder 271b kann weder eine Nichtigkeits- noch eine Anfechtungsklage erhoben werden.

(BGBl I 2015/22, BGBl I 2016/43)

(4) Ist der Abschlußprüfer bis zum Ablauf des Geschäftsjahrs nicht gewählt worden, so hat der für den Sitz des Mutterunternehmens zuständige, zur Ausübung der Gerichtsbarkeit in Handelssachen berufene Gerichtshof erster Instanz im Verfahren außer Streitsachen auf Antrag der gesetzlichen Vertreter, mindestens zweier Mitglieder des Aufsichtsrats oder eines Gesellschafters den Abschlußprüfer zu bestellen. Gleiches gilt, wenn ein gewählter Abschlußprüfer den Abschluss des Prüfungsvertrags abgelehnt hat, weggefallen ist oder am rechtzeitigen Abschluß der Prüfung verhindert ist und ein anderer Abschlußprüfer nicht gewählt worden ist. Die gesetzlichen Vertreter sind verpflichtet, den Antrag zu stellen. Die Bestellung des Abschlußprüfers ist unanfechtbar.

(5) Der vom Gericht bestellte Abschlußprüfer hat Anspruch auf Ersatz der notwendigen baren Auslagen und auf angemessene Entlohnung für seine Tätigkeit.

(6) Der Abschlußprüfer kann den Prüfungsvertrag nur aus wichtigem Grund kündigen. Als wichtiger Grund ist es nicht anzusehen, wenn Meinungsverschiedenheiten zwischen Gesellschaft und Abschlußprüfer bestehen. Die Kündigung bedarf der Schriftform und ist zu begründen. Der Abschlußprüfer hat über das Ergebnis seiner bisherigen Prüfung zu berichten. § 273 ist entsprechend anzuwenden. Die zu prüfende Gesellschaft kann den Prüfungsvertrag nicht kündigen. Liegt auf Seiten des Prüfers ein wichtiger Grund vor, der seine Abberufung rechtfertigt, so ist Abs. 3 entsprechend anzuwenden.

(7) Kündigt der Abschlussprüfer den Prüfungsvertrag gemäß Abs. 6 oder wird dieser aus anderen Gründen beendet, so ist ein Abschlussprüfer von den Gesellschaftern unverzüglich zu wählen. Der bisherige Abschlußprüfer hat seinen Bericht unverzüglich dem Vorstand und den Mitgliedern des Aufsichtsrats vorzulegen.

(BGBl I 2016/43)

Höchstlaufzeit der fortlaufenden Bestellung bei Gesellschaften von öffentlichem Interesse

§ 270a. Sofern bei Gesellschaften im Sinn des § 189a Z 1 lit. a und lit. d die fortlaufende Bestellung des Abschlussprüfers erstmalig für ein Geschäftsjahr erfolgt ist, das zwischen dem 17. Juni 2003 und dem 15. Juni 2014 begonnen hat, so verlängert sich die Höchstlaufzeit seiner fortlaufenden Bestellung gemäß Art. 17 Abs. 1 Unterabs. 2 der Verordnung (EU) Nr. 537/2014,

1. auf 20 Jahre, wenn der Wahl für das erste nach dem 16. Juni 2016 beginnende zu prüfende Geschäftsjahr, mit dem die Höchstlaufzeit des Art. 17 Abs. 1 Unterabs. 2 der Verordnung (EU) Nr. 537/2014 überschritten ist, ein im Einklang mit Art. 16 Abs. 2 bis 5 dieser Verordnung durchgeführtes öffentliches Ausschreibungsverfahren vorausgeht;
2. auf 24 Jahre, wenn ab dem ersten nach dem 16. Juni 2016 beginnenden zu prüfenden Geschäftsjahr, mit welchem die Höchstlaufzeit des Art. 17 Abs. 1 Unterabs. 2 der Verordnung (EU) Nr. 537/2014 überschritten ist, mehrere Abschlussprüfer gemeinsam bestellt werden.

(BGBl I 2016/43)

Befangenheit und Ausgeschlossenheit

§ 271. (1) Ein Wirtschaftsprüfer darf die Abschlussprüfung nicht durchführen, wenn während des zu prüfenden Geschäftsjahres oder bis zur Abgabe des Bestätigungsvermerks Gründe, insbesondere Beziehungen geschäftlicher, finanzieller oder persönlicher Art, vorliegen, nach denen die Besorgnis der Befangenheit besteht.

(BGBl I 2016/43)

(2) Ein Wirtschaftsprüfer ist als Abschlussprüfer ausgeschlossen, wenn er während des zu prüfenden Geschäftsjahres oder bis zur Abgabe des Bestätigungsvermerks

1. Anteile an der zu prüfenden Gesellschaft oder an einem Unternehmen besitzt, das mit dieser Gesellschaft verbunden ist oder an dieser mindestens 20 von Hundert der Anteile besitzt, oder auf Erwerb, Verwaltung und Veräußerung derartiger Anteile maßgeblichen Einfluss hat;
2. gesetzlicher Vertreter oder Mitglied des Aufsichtsrats oder Arbeitnehmer der zu prüfenden Gesellschaft oder eines Unternehmens ist, das mit dieser Gesellschaft verbunden ist oder an dieser mindestens 20 von Hundert der Anteile besitzt, oder diese Tatbestände innerhalb von 24 Monaten vor dem Beginn des zu prüfenden Geschäftsjahrs erfüllt hat;
3. über keine Registrierung gemäß § 52 APAG verfügt;

   (BGBl I 2016/43)
4. bei der zu prüfenden Gesellschaft oder für die zu prüfende Gesellschaft
   a) bei der Führung der Bücher oder der Aufstellung des zu prüfenden Jahresabschlusses über die Prüfungstätigkeit hinaus mitgewirkt hat,
   b) bei der internen Revision mitgewirkt hat,

c) Managementaufgaben übernommen hat oder in das Treffen von Entscheidungen, insbesondere über die Auswahl der gesetzlichen Vertreter oder der im Bereich der Rechnungslegung leitenden Angestellten, einbezogen war,

d) Bewertungsleistungen oder versicherungsmathematische Dienstleistungen erbracht hat, die sich auf den zu prüfenden Jahresabschluss nicht nur unwesentlich auswirken;

(BGBl I 2016/43)

5. gesetzlicher Vertreter, Mitglied des Aufsichtsrats oder Gesellschafter einer juristischen Person oder einer Personengesellschaft, Arbeitnehmer einer natürlichen oder juristischen Person oder einer Personengesellschaft ist, sofern die natürliche oder juristische Person, die Personengesellschaft oder einer ihrer Gesellschafter gemäß Z 4 nicht Abschlussprüfer der zu prüfenden Gesellschaft sein darf;

6. bei der Prüfung eine Person beschäftigt, die gemäß Z 1, 2, 4 oder 5 nicht Abschlussprüfer sein darf;

7. in den letzten fünf Jahren jeweils mindestens 30 von Hundert der Gesamteinnahmen aus seiner beruflichen Tätigkeit aus der Prüfung und Beratung der zu prüfenden Gesellschaft oder von mit dieser verbundenen Unternehmen oder von Unternehmen, an denen die zu prüfende Gesellschaft mindestens 20 von Hundert der Anteile besitzt, bezogen hat, wenn dies auch im laufenden Geschäftsjahr zu erwarten ist.

(BGBl I 2016/43)

(3) Ein Wirtschaftsprüfer ist als Abschlussprüfer ferner ausgeschlossen, wenn er seinen Beruf zusammen mit einer gemäß Abs. 2 Z 1, 2, 4, 5, 6 oder 7 ausgeschlossenen Person ausübt oder gemeinsam mit dieser im Rahmen gemeinsamer Berufsausübung die Voraussetzung des Abs. 2 Z 7 erfüllt.

(4) Eine Wirtschaftsprüfungsgesellschaft gilt bei der Abschlussprüfung als befangen, wenn der den Bestätigungsvermerk unterzeichnende Wirtschaftsprüfer oder eine für ihn tätige Person, die eine maßgeblich leitende Funktion bei der Prüfung ausübt, nach Abs. 1 befangen ist. Eine Wirtschaftsprüfungsgesellschaft ist von der Abschlussprüfung ausgeschlossen, wenn sie selbst, einer ihrer gesetzlichen Vertreter, ein Gesellschafter, ein mit ihr verbundenes Unternehmen oder eine von ihr bei der Prüfung beschäftigte Person nach Abs. 2 Z 1, 2, 4, 5, 6 oder 7 ausgeschlossen ist, oder einer ihrer Gesellschafter an einer ausgeschlossenen Gesellschaft beteiligt ist, oder jemand, der zumindest mittelbar an der Wirtschaftsprüfungsgesellschaft beteiligt ist, auch an einer ausgeschlossenen Gesellschaft mit mehr als fünf von Hundert zumindest mittelbar beteiligt ist. Eine Wirtschaftsprüfungsgesellschaft ist ferner ausgeschlossen, wenn sie über keine Registrierung gemäß § 52 APAG verfügt.

(BGBl I 2016/43)

(5) Die Abs. 1 bis 4 sind auf den Konzernabschlussprüfer sinngemäß anzuwenden.

(6) Weiß der Abschlussprüfer, dass er ausgeschlossen oder befangen ist, so gebührt ihm für dennoch erbrachte Leistungen kein Entgelt. Dies gilt auch, wenn er seine Ausgeschlossenheit erkennen hätte müssen oder wenn er grob fahrlässig seine Befangenheit nicht erkannt hat.

Ausschlussgründe bei fünffach großen Gesellschaften und Gesellschaften von öffentlichem Interesse

(BGBl I 2016/43)

§ 271a. (1) Ein Wirtschaftsprüfer ist als Abschlussprüfer einer großen Gesellschaft, bei der das Fünffache eines der in Euro ausgedrückten Größenmerkmale einer großen Gesellschaft (§ 221 Abs. 3 erster Satz in Verbindung mit Abs. 4 bis 6) überschritten wird, neben den in § 271 Abs. 2 genannten Gründen ausgeschlossen, wenn er

1. in den letzten fünf Jahren jeweils mindestens 15 von Hundert der Gesamteinnahmen aus seiner beruflichen Tätigkeit aus der Prüfung und Beratung der zu prüfenden Gesellschaft oder von mit dieser verbundenen Unternehmen oder von Unternehmen, an denen die zu prüfende Gesellschaft mindestens 20 von Hundert der Anteile besitzt, bezogen hat, wenn dies auch im laufenden Geschäftsjahr zu erwarten ist;

2. in dem zu prüfenden Geschäftsjahr über die Prüfungstätigkeit hinaus für die zu prüfende Gesellschaft Rechts- oder Steuerberatungsleistungen erbracht hat, die über das Aufzeigen von Gestaltungsalternativen hinausgehen und die sich auf den Jahresabschluss nicht nur unwesentlich auswirken;

3. in dem zu prüfenden Geschäftsjahr für die zu prüfende Gesellschaft bei der Entwicklung, Installation und Einführung von Rechnungslegungsinformationssystemen mitgewirkt hat;

4. einen Bestätigungsvermerk gemäß § 274 über die Prüfung des Jahresabschlusses der Gesellschaft bereits in sieben Fällen gezeichnet hat; dies gilt nicht nach einer Unterbrechung der Prüfungstätigkeit für zumindest drei aufeinander folgende Geschäftsjahre.

(BGBl I 2016/43)

(BGBl I 2016/43)

(2) Ein Wirtschaftsprüfer ist als Abschlussprüfer einer in Abs. 1 genannten Gesellschaft neben den in § 271 Abs. 2 und 3 genannten Gründen ferner ausgeschlossen, wenn er seinen Beruf zusammen mit einer gemäß Abs. 1 Z 2 oder 3 ausgeschlossenen Person ausübt oder gemeinsam mit dieser im Rahmen gemeinsamer Berufsausübung die Voraussetzung des Abs. 1 Z 1 erfüllt.

(3) Eine Wirtschaftsprüfungsgesellschaft ist von der Abschlussprüfung einer in Abs. 1 genannten Gesellschaft neben den in § 271 Abs. 4 genannten Gründen ausgeschlossen, wenn sie selbst, einer ihrer gesetzlichen Vertreter, ein Gesellschafter,

ein mit ihr verbundenes Unternehmen oder eine von ihr bei der Prüfung beschäftigte Person nach Abs. 1 ausgeschlossen ist, oder einer ihrer Gesellschafter an einer ausgeschlossenen Gesellschaft beteiligt ist, oder jemand, der zumindest mittelbar an der Wirtschaftsprüfungsgesellschaft beteiligt ist, auch an einer ausgeschlossenen Gesellschaft mit mehr als fünf von Hundert zumindest mittelbar beteiligt ist. Abs. 1 Z 4 findet dabei mit der Maßgabe Anwendung, dass von der Prüfung der den Bestätigungsvermerk unterzeichnende Wirtschaftsprüfer nach Abs. 1 Z 4 ausgeschlossen wäre; dies gilt sinngemäß für eine für ihn tätige Person, die eine maßgeblich leitende Funktion bei der Prüfung ausübt.

(4) Die Abs. 1 bis 3 sind auf den Konzernabschlussprüfer sinngemäß anzuwenden. Ausgeschlossen sind darüber hinaus Personen, die gemäß Abs. 1 Z 4 von der Prüfung eines bedeutenden verbundenen Unternehmens ausgeschlossen sind, sowie Wirtschaftsprüfungsgesellschaften, die gemäß Abs. 3 in Verbindung mit Abs. 1 Z 4 von der Prüfung eines bedeutenden verbundenen Unternehmens ausgeschlossen sind.

(5) Abweichend von Abs. 1 bis 4 ist ein Wirtschaftsprüfer oder eine Wirtschaftsprüfungsgesellschaft als Abschlussprüfer einer Gesellschaft von öffentlichem Interesse nach den in § 271 Abs. 2 genannten Gründen ausgeschlossen, sofern sich nicht aus der Verordnung (EU) Nr. 537/2014 oder den Abs. 6 und Abs. 7 anderes ergibt.

(BGBl I 2016/43)

(6) Abweichend von Art. 5 Abs. 1 Unterabs. 2 der Verordnung (EU) Nr. 537/2014 darf der Abschlussprüfer in Gesellschaften im Sinn des § 189a Z 1 lit. a und lit. d Steuerberatungsleistungen gemäß Art. 5 Abs. 1 Unterabs. 2 lit. a (i) und (iv) bis (vii) Verordnung (EU) Nr. 537/2014 oder Bewertungsleistungen gemäß Art. 5 Abs. 1 Unterabs. 2 lit. f Verordnung (EU) Nr. 537/2014 erbringen, wenn

1. diese Leistungen in dem Geschäftsjahr, für dessen Schluss der zu prüfende Jahresabschluss aufzustellen ist, einzeln oder zusammen keine direkten oder nur unwesentliche Auswirkungen auf die geprüften Abschlüsse haben,
2. der Prüfungsausschuss diese Leistungen unter Bedachtnahme auf die Unabhängigkeit des Abschlussprüfers und die angewendeten Schutzmaßnahmen genehmigt und
3. der Abschlussprüfer die Auswirkungen dieser Leistungen auf den zu prüfenden Jahresabschluss im zusätzlichen Bericht an den Prüfungsausschuss darstellt und erläutert.

(BGBl I 2016/43)

(7) Die Abschlussprüferaufsichtsbehörde kann den Abschlussprüfer einer Gesellschaft im Sinn des § 189a Z 1 lit. a und lit. d auf dessen Antrag ausnahmsweise und unter Bedachtnahme auf seine weiter bestehende Unabhängigkeit von den Anforderungen des Art. 4 Abs. 2 Unterabs. 1 der Verordnung (EU) Nr. 537/2014 für höchstens zwei Geschäftsjahre ausnehmen. Der weitere Zeitraum gemäß Art. 4 Abs. 3 Unterabs. 2 der Verordnung (EU) Nr. 537/2014 darf ein Jahr nicht überschreiten.

(BGBl I 2016/43)

Befangenheit und Ausgeschlossenheit im Netzwerk

§ 271b. (1) Ein Netzwerk liegt vor, wenn Personen bei ihrer Berufsausübung zur Verfolgung gemeinsamer wirtschaftlicher Interessen für eine gewisse Dauer zusammenwirken.

(2) Ein Abschlussprüfer ist befangen, wenn bei einem Mitglied seines Netzwerks die Voraussetzungen des § 271 Abs. 1, Abs. 2 Z 1, 2, 5 oder 6, oder des § 271a Abs. 1 Z 3 vorliegen, sofern nicht durch Schutzmaßnahmen sichergestellt ist, dass das Netzwerkmitglied auf das Ergebnis der Abschlussprüfung keinen Einfluss nehmen kann. Er ist ausgeschlossen, wenn bei einem Mitglied seines Netzwerks die Voraussetzungen des § 271 Abs. 2 Z 4 oder des § 271a Abs. 1 Z 2 vorliegen. Ist das Netzwerkmitglied keine natürliche Person, so sind § 271 Abs. 4 zweiter Satz und § 271a Abs. 3 sinngemäß anzuwenden.

(3) Abs. 2 ist auf den Konzernabschlussprüfer sinngemäß anzuwenden.

Befristetes Tätigkeitsverbot

§ 271c. (1) Der Abschlussprüfer, der Konzernabschlussprüfer, der Abschlussprüfer eines bedeutenden verbundenen Unternehmens und der den jeweiligen Bestätigungsvermerk unterzeichnende Wirtschaftsprüfer dürfen innerhalb eines Jahres, in einer Gesellschaft von öffentlichem Interesse im Sinn des § 189a Z 1 lit. a und lit. d sowie in einer großen Gesellschaft mit den Merkmalen des § 271a Abs. 1 innerhalb von zwei Jahren nach Zeichnung des Bestätigungsvermerks weder eine Organfunktion noch eine leitende Stellung (§ 80 AktG) einnehmen.

(BGBl I 2016/43)

(1a) Mitarbeiter und Mitgesellschafter eines Abschlussprüfers sowie alle anderen natürlichen Personen, deren Leistungen der Abschlussprüfer in Anspruch nehmen oder kontrollieren kann, dürfen dann, wenn sie selbst zugelassene Abschlussprüfer sind, innerhalb eines Jahres nach ihrer unmittelbaren Beteiligung an der Abschlussprüfung einer Gesellschaft weder eine Organfunktion noch eine leitende Stellung (§ 80 AktG) in dieser Gesellschaft einnehmen.

(BGBl I 2016/43)

(2) Wenn eine der in Abs. 1 und Abs. 1a genannten Personen eine Organfunktion einnimmt, gilt sie als nicht bestellt. Ihr gebührt für dennoch erbrachte Leistungen kein Entgelt; das gilt auch für die Einnahme einer leitenden Stellung.

(BGBl I 2016/43)

Vorlagepflicht, Auskunftsrecht

§ 272. (1) Die gesetzlichen Vertreter der Gesellschaft haben dem Abschlußprüfer den Jahresabschluß und den Lagebericht unverzüglich nach der Aufstellung vorzulegen. Sie haben ihm zu gestatten, die Bücher und Schriften der Gesellschaft sowie die Vermögensgegenstände und Schulden zu prüfen.

(2) Der Abschlußprüfer kann von den gesetzlichen Vertretern alle Aufklärungen und Nachweise verlangen, die er für eine sorgfältige Prüfung als notwendig ansieht. Er hat diese Rechte sowie die gemäß Abs. 1 auch schon vor Aufstellung des Jahresabschlusses. Soweit er es für eine sorgfältige Prüfung als notwendig ansieht, hat der Abschlußprüfer diese Rechte auch gegenüber Mutter- und Tochterunternehmen.

(3) Die gesetzlichen Vertreter einer Gesellschaft, die einen Konzernabschluß aufzustellen hat, haben dem Abschlußprüfer des Konzernabschlusses den Konzernabschluß, den Konzernlagebericht, die Jahresabschlüsse, Lageberichte und, wenn eine Prüfung stattgefunden hat, die Prüfungsberichte des Mutterunternehmens und der Tochterunternehmen vorzulegen. Der Abschlußprüfer hat die Rechte gemäß Abs. 1 und Abs. 2 bei dem Mutterunternehmen und den Tochterunternehmen, die Rechte gemäß Abs. 2 auch gegenüber den Abschlußprüfern des Mutterunternehmens und der Tochterunternehmen.

(4) Ist die Kapitalgesellschaft als Tochterunternehmen in den Konzernabschluss eines Mutterunternehmens einbezogen, das seinen Sitz nicht in einem Mitgliedstaat der Europäischen Union oder in einem anderen Vertragsstaat des Abkommens über den Europäischen Wirtschaftsraum hat, so kann der Prüfer nach Abs. 2 zur Verfügung gestellte Unterlagen an den Abschlussprüfer des Konzernabschlusses weitergeben, soweit diese für die Prüfung des Konzernabschlusses des Mutterunternehmens erforderlich sind.

(BGBl I 2016/43)

Prüfungsbericht

§ 273. (1) Der Abschlussprüfer hat über das Ergebnis der Prüfung schriftlich zu berichten. Im Bericht ist insbesondere festzustellen, ob die Buchführung, der Jahresabschluss, der Lagebericht, der Konzernabschluss und der Konzernlagebericht den gesetzlichen Vorschriften entsprechen und die nichtfinanzielle Erklärung oder der gesonderte nichtfinanzielle Bericht (§ 243b), der Corporate Governance-Bericht (§ 243c), die konsolidierte nichtfinanzielle Erklärung oder der gesonderte konsolidierte nichtfinanzielle Bericht (§ 267a) und der konsolidierte Corporate-Governance Bericht (§ 267b) aufgestellt worden sind sowie ob die gesetzlichen Vertreter die verlangten Aufklärungen und Nachweise erbracht haben. Im Prüfungsbericht zum Konzernabschluss ist auch festzustellen, ob die für die Übernahme in den Konzernabschluss maßgeblichen Vorschriften beachtet worden sind. Die Posten des Jahresabschlusses sind aufzugliedern und zu erläutern. Nachteilige Veränderungen der Vermögens-, Finanz- und Ertragslage gegenüber dem Vorjahr und Verluste, die das Jahresergebnis nicht unwesentlich beeinflusst haben, sind anzuführen und zu erläutern. Werden Tatsachen nach Abs. 2 und 3 nicht festgestellt, so ist dies im Bericht ausdrücklich festzuhalten.

(BGBl I 2016/43, BGBl I 2017/20)

(2) Stellt der Abschlussprüfer bei Wahrnehmung seiner Aufgaben Tatsachen fest, die den Bestand des geprüften Unternehmens oder Konzerns gefährden oder seine Entwicklung wesentlich beeinträchtigen können oder die schwerwiegende Verstöße der gesetzlichen Vertreter oder von Arbeitnehmern gegen Gesetz, Gesellschaftsvertrag oder Satzung erkennen lassen, so hat er darüber unverzüglich zu berichten. Darüber hinaus hat er unverzüglich über wesentliche Schwächen bei der internen Kontrolle des Rechnungslegungsprozesses zu berichten.

(3) Der Abschlussprüfer hat auch unverzüglich zu berichten, wenn bei der Prüfung des Jahresabschlusses das Vorliegen der Voraussetzungen für die Vermutung eines Reorganisationsbedarfs (§ 22 Abs. 1 Z 1 URG) festgestellt wird; im Bericht sind in diesem Fall die Eigenmittelquote (§ 23 URG) und die fiktive Schuldentilgungsdauer (§ 24 URG) anzugeben.

(4) Der Abschlussprüfer hat diese Berichte zu unterzeichnen und den gesetzlichen Vertretern sowie den Mitgliedern des Aufsichtsrats vorzulegen. Ist bei einem unbeschränkt haftenden Gesellschafter einer unternehmerisch tätigen eingetragenen Personengesellschaft im Sinn des § 221 Abs. 5 ein Aufsichtsrat eingerichtet, so hat der Abschlussprüfer den Bericht hinsichtlich der Personengesellschaft auch den Mitgliedern dieses Aufsichtsrats vorzulegen.

Bestätigungsvermerk

§ 274. (1) Der Abschlussprüfer hat das Ergebnis seiner Prüfung in einem Bestätigungsvermerk zusammenzufassen. Der Bestätigungsvermerk umfasst

1. eine Einleitung, die zumindest das Unternehmen angibt, dessen Jahresabschluss beziehungsweise Konzernabschluss Gegenstand der Abschlussprüfung ist, weiters den Abschlussstichtag und den Abschlusszeitraum sowie die Rechnungslegungsgrundsätze, nach denen der Abschluss aufgestellt wurde,
2. eine Beschreibung der Art und des Umfanges der Abschlussprüfung, die zumindest Angaben über die Prüfungsgrundsätze enthält, nach denen die Abschlussprüfung durchgeführt wurde, sowie
3. ein Prüfungsurteil, das entweder ein uneingeschränktes, ein eingeschränktes oder ein negatives ist und zweifelsfrei Auskunft darüber gibt, ob nach Auffassung des Abschlussprüfers der Jahresabschluss oder Konzernabschluss den gesetzlichen Vorschriften entspricht und unter Beachtung der maßgeblichen Rechnungslegungsgrundsätzen ein möglichst getreues Bild der Vermögens-, Finanz- und Ertragslage des Unternehmens oder des Konzerns vermittelt.

(2) Ist der Abschlussprüfer nicht in der Lage, ein Prüfungsurteil abzugeben, so hat er dies im Bestätigungsvermerk anzugeben.

(3) Im Bestätigungsvermerk ist auf alle anderen Umstände zu verweisen, auf die der Abschlussprüfer in besonderer Weise aufmerksam gemacht hat, ohne das Prüfungsurteil einzuschränken.

(4) Der Bestätigungsvermerk muss eine Erklärung zu etwaigen wesentlichen Unsicherheiten in Verbindung mit den Ereignissen oder Gegebenheiten enthalten, die erhebliche Zweifel an der Fähigkeit des Unternehmens zur Fortführung der Unternehmenstätigkeit aufwerfen können.

(5) Der Bestätigungsvermerk umfasst ferner

1. ein Urteil darüber, ob der Lagebericht oder Konzernlagebericht
   a. mit dem Jahresabschluss beziehungsweise Konzernabschluss des betreffenden Geschäftsjahres in Einklang steht,
   b. nach den geltenden rechtlichen Anforderungen aufgestellt wurde und
   c. gegebenenfalls zutreffende Angaben nach § 243a enthält sowie
2. eine Erklärung, ob angesichts der bei der Prüfung gewonnenen Erkenntnisse und des gewonnenen Verständnisses über das Unternehmen und sein Umfeld wesentliche fehlerhafte Angaben im Lagebericht beziehungsweise Konzernlagebericht festgestellt wurden, wobei auf die Art dieser fehlerhaften Angaben einzugehen ist.

(6) Wurde die Abschlussprüfung von mehr als einem Abschlussprüfer durchgeführt, so haben sie sich auf die Ergebnisse der Abschlussprüfung zu einigen und einen gemeinsamen Bestätigungsvermerk und ein gemeinsames Prüfungsurteil zu erteilen. Bei Uneinigkeit hat jeder Abschlussprüfer ein eigenes Urteil in einem gesonderten Absatz des Bestätigungsvermerks abzugeben und die Gründe für die Uneinigkeit darzulegen.

(7) Der Bestätigungsvermerk ist vom Abschlussprüfer unter Angabe des Datums und des Ortes der Niederlassung zu unterzeichnen. Wird eine Abschlussprüfung von einer Prüfungsgesellschaft durchgeführt, so ist der Bestätigungsvermerk zumindest vom verantwortlichen Abschlussprüfer zu unterzeichnen. Sind mehr als ein Abschlussprüfer gleichzeitig beauftragt worden, so ist der Bestätigungsvermerk von allen verantwortlichen Abschlussprüfern zu unterzeichnen, welche die Abschlussprüfung durchgeführt haben.

(8) Der Bestätigungsvermerk ist schriftlich zu verfassen und hat die Ergebnisse der Prüfung deutlich und in übersichtlicher Form darzustellen. Der Bestätigungsvermerk ist auch in den Prüfungsbericht (§ 273) aufzunehmen.

(BGBl I 2015/22)

Verantwortlichkeit des Abschlußprüfers

§ 275. (1) Der Abschlussprüfer, seine Gehilfen und die bei der Prüfung mitwirkenden gesetzlichen Vertreter einer Prüfungsgesellschaft sind zur Verschwiegenheit verpflichtet. Sie dürfen nicht unbefugt Geschäfts- und Betriebsgeheimnisse verwerten, die sie bei ihrer Tätigkeit erfahren haben. Wer vorsätzlich oder fahrlässig seine Pflichten verletzt, ist der Gesellschaft und, wenn ein verbundenes Unternehmen geschädigt worden ist, auch diesem zum Ersatz des daraus entstehenden Schadens verpflichtet. Mehrere Personen haften als Gesamtschuldner. Der Abschlussprüfer hat dem nachfolgenden Abschlussprüfer auf schriftliches Verlangen Zugang zu den relevanten Informationen über das geprüfte Unternehmen und über die zuletzt durchgeführte Abschlussprüfung zu gewähren.

(BGBl I 2016/43)

(2) Der Abschlussprüfer ist zur gewissenhaften und unparteiischen Prüfung verpflichtet. Verletzt er vorsätzlich oder fahrlässig diese Pflicht, so ist er der Gesellschaft und, wenn ein verbundenes Unternehmen geschädigt worden ist, auch diesem zum Ersatz des daraus entstehenden Schadens verpflichtet. Mehrere Abschlussprüfer haften als Gesamtschuldner. Die Ersatzpflicht ist bei Fahrlässigkeit bei der Prüfung einer kleinen oder mittelgroßen Gesellschaft (§ 221 Abs. 2) mit zwei Millionen Euro, bei Prüfung einer großen Gesellschaft (§ 221 Abs. 3) mit vier Millionen Euro, bei Prüfung einer großen Gesellschaft, bei der das Fünffache eines der in Euro ausgedrückten Größenmerkmale einer großen Gesellschaft überschritten wird, mit acht Millionen Euro und bei Prüfung einer großen Gesellschaft, bei der das Zehnfache eines der in Euro ausgedrückten Größenmerkmale einer großen Gesellschaft überschritten wird, mit zwölf Millionen Euro beschränkt; § 221 Abs. 4 bis 6 gilt sinngemäß. Diese Beschränkungen für eine Prüfung gelten auch, wenn an ihr mehrere Abschlussprüfer beteiligt gewesen oder mehrere zum Ersatz verpflichtende Handlungen begangen worden sind, und ohne Rücksicht darauf, ob andere Beteiligte vorsätzlich gehandelt haben. Sie gelten jedoch nicht für den Abschlussprüfer, der in Kenntnis oder in grob fahrlässiger Unkenntnis seiner Befangenheit oder Ausgeschlossenheit gehandelt hat.

(3) Die Verpflichtung zur Verschwiegenheit besteht, wenn eine Prüfungsgesellschaft Abschlußprüfer ist, auch gegenüber dem Aufsichtsrat der Prüfungsgesellschaft und dessen Mitgliedern.

(4) Die Ersatzpflicht nach diesen Vorschriften kann durch Vertrag weder ausgeschlossen noch beschränkt werden.

(5) Die Ansprüche aus diesen Vorschriften verjähren in fünf Jahren.

Meinungsverschiedenheiten zwischen Gesellschaft und Abschlußprüfer

§ 276. Bei Meinungsverschiedenheiten zwischen dem Abschlußprüfer und der Gesellschaft über die Auslegung und Anwendung von gesetzlichen Vorschriften sowie von Bestimmungen des Gesellschaftsvertrags oder der Satzung über den Jahresabschluß, Lagebericht, Konzernabschluß oder Konzernlagebericht entscheidet auf Antrag des Abschlußprüfers oder der gesetzlichen Vertreter der Gesellschaft ausschließlich der für den Sitz des Unternehmens zuständige, zur Ausübung der Gerichtsbarkeit in Handelssachen berufene Gerichtshof erster Instanz im Verfahren außer Streitsachen.

ZWEITER TITEL
Offenlegung, Veröffentlichung und Vervielfältigung, Prüfung durch das Firmenbuchgericht

Offenlegung

§ 277. (1) Die gesetzlichen Vertreter von Kapitalgesellschaften haben den Jahresabschluss und den Lagebericht sowie gegebenenfalls den gesonderten nichtfinanziellen Bericht, den Corporate Governance-Bericht und den Bericht über Zahlungen an staatliche Stellen nach seiner Behandlung in der Hauptversammlung (Generalversammlung), jedoch spätestens neun Monate nach dem Bilanzstichtag, mit dem Bestätigungsvermerk beim Firmenbuchgericht des Sitzes der Kapitalgesellschaft einzureichen; innerhalb derselben Frist sind der Bericht des Aufsichtsrats und der Beschluss über die Verwendung des Ergebnisses einzureichen. Werden zur Wahrung dieser Frist der Jahresabschluss und der Lagebericht sowie gegebenenfalls der gesonderte nichtfinanzielle Bericht, der Corporate Governance-Bericht und der Bericht über Zahlungen an staatliche Stellen ohne die anderen Unterlagen eingereicht, so sind der Bericht des Aufsichtsrats nach seinem Vorliegen, die Beschlüsse nach der Beschlussfassung und der Vermerk nach der Erteilung unverzüglich einzureichen. Wird der Jahresabschluss bei nachträglicher Prüfung oder Feststellung geändert, so ist auch diese Änderung einzureichen.

(BGBl I 2015/22, BGBl I 2017/20)

(2) Der Vorstand einer großen Aktiengesellschaft (§ 221 Abs. 3) hat die Veröffentlichung des Jahresabschlusses unmittelbar nach seiner Behandlung in der Hauptversammlung, jedoch spätestens neun Monate nach dem Bilanzstichtag, mit dem Bestätigungsvermerk im „Amtsblatt zur Wiener Zeitung" zu veranlassen. Der Nachweis über die Veranlassung dieser Veröffentlichung ist gleichzeitig mit den in Abs. 1 bezeichneten Unterlagen beim Firmenbuchgericht einzureichen. Bei der Veröffentlichung ist das Firmenbuchgericht und die Firmenbuchnummer anzugeben. Dies gilt auch für allfällige Änderungen (Abs. 1 letzter Satz).

(BGBl I 2015/22)

„(2a) Anstatt die Veröffentlichung nach Abs. 2 selbst zu veranlassen, kann der Vorstand anlässlich der Einreichung der in Abs. 1 bezeichneten Unterlagen vom Firmenbuchgericht verlangen, dass dieses den Jahresabschluss oder allfällige Änderungen (Abs. 1 letzter Satz) zur Veröffentlichung an das „Amtsblatt zur Wiener Zeitung" übermittelt. Zu diesem Zweck hat der Vorstand auch eine ohne weitere Bearbeitung zum Abdruck geeignete elektronische Fassung des Jahresabschlusses oder der Änderung einzureichen, die vom Firmenbuchgericht ohne weitere Prüfung an die Wiener Zeitung weiterzuleiten ist. Die Wiener Zeitung GmbH hat das Entgelt der Aktiengesellschaft unmittelbar in Rechnung zu stellen."

(GesDigG 2022, BGBl I 2022/186 ab 1.12.2022)

(3) In der Offenlegung und der Veröffentlichung können alle Posten in vollen 1 000 Euro angegeben werden, nach Maßgabe der Wesentlichkeit (§ 189a Z 10) auch in größeren Einheiten.

(BGBl I 2015/22)

(4) Die gesetzlichen Vertreter von Kapitalgesellschaften haben spätestens mit den Einreichungen gemäß Abs. 1 ~~und 2~~ oder auf dem Jahresabschluss selbst anzugeben, in welche der Größenklassen des § 221 Abs. 1 bis 3 die Gesellschaft unter Bedachtnahme auf § 221 Abs. 4 im betreffenden Geschäftsjahr einzuordnen ist und gegebenenfalls, dass die Gesellschaft die Kriterien der § 243b Abs. 1 oder § 243c Abs. 1 erfüllt.

(BGBl I 2017/20; GesDigG 2022, BGBl I 2022/186 ab 1.12.2022)

(5) Sonstige Veröffentlichungs- und Informationspflichten bleiben unberührt.

(6) Die Unterlagen nach Abs. 1 sind elektronisch einzureichen, in die Urkundensammlung des Firmenbuchs aufzunehmen und gemäß §§ 33 f. FBG öffentlich zugänglich zu machen. Überschreiten die Umsatzerlöse in den zwölf Monaten vor dem Abschlussstichtag des einzureichenden Jahresabschlusses nicht 70 000 Euro, kann der Jahresabschluss auch in Papierform eingereicht werden. Die Umsatzerlöse sind gleichzeitig mit der Einreichung bekannt zu geben. In Papierform eingereichte Jahresabschlüsse müssen für die Aufnahme in die Datenbank des Firmenbuchs geeignet sein. Der Bundesminister für Justiz kann durch Verordnung nähere Bestimmungen über die äußere Form der Jahresabschlüsse festlegen.

(BGBl I 2015/22)

~~(7) Nach der Aufnahme der Jahresabschlüsse in die Datenbank des Firmenbuchs hat sie das Gericht in elektronischer Form der Wirtschaftskammer Österreich, der Österreichischen Bundesarbeitskammer und der Präsidentenkonferenz der Landwirtschaftskammern Österreichs (Landwirtschaftskammer Österreich – LKÖ) zur Verfügung zu stellen; dies gilt jedoch nicht für die Jahresabschlüsse von kleinen Gesellschaften mit beschränkter Haftung (§ 221 Abs. 1).~~

(GesDigG 2022, BGBl I 2022/186 ab 1.12.2022)

(8) Die Oesterreichische Nationalbank ist berechtigt, von der BundesrechenzentrumGmbH die elektronische Übermittlung elektronisch eingereichter Jahresabschlüsse gegen kostendeckendes Entgelt zu verlangen, soweit sie diese Daten zur Erfüllung der ihr gesetzlich oder gemeinschaftsrechtlich zugewiesenen Aufgaben benötigt. Sie ist weiters berechtigt, die Daten an die Bundesanstalt Statistik Österreich weiterzugeben, soweit diese die Daten zur Erfüllung der ihr gesetzlich oder gemeinschaftsrechtlich zugewiesenen Aufgaben benötigt.

Offenlegung für kleine Gesellschaften mit beschränkter Haftung

§ 278. (1) Auf kleine Gesellschaften mit beschränkter Haftung (§ 221 Abs. 1) ist § 277 mit der Maßgabe anzuwenden, dass die gesetzlichen Vertreter nur die Bilanz und den Anhang, bei Kleinstkapitalgesellschaften nur die Bilanz ohne die Angaben nach § 242 Abs. 1 erster Satz, einzureichen haben. Die offenzulegende Bilanz braucht nur die in § 224 Abs. 2 und 3 mit Buchstaben und römischen Zahlen versehenen Posten zu enthalten, wobei beim Posten nach § 224 Abs. 2 B II alle zusammengefassten Forderungen mit einer Restlaufzeit von mehr als einem Jahr und beim Posten nach § 224 Abs. 3 C alle zusammengefassten Verbindlichkeiten mit einer Restlaufzeit von mehr als einem Jahr gesondert anzugeben sind; die Angaben nach § 229 Abs. 1 erster bis dritter Satz sind zu machen. Ist die Gesellschaft gemäß § 268 Abs. 1 prüfungspflichtig, so ist auch der Bestätigungsvermerk einzureichen.

(BGBl I 2015/22, BGBl I 2019/46)

(2) Der Bundesminister für Justiz hat durch Verordnung ein Formblatt festzulegen, dessen Verwendung zur Erfüllung der Verpflichtung gemäß Abs. 1 ausreichend ist.

Offenlegung für kleine und mittelgroße Aktiengesellschaften und mittelgroße Gesellschaften mit beschränkter Haftung

§ 279. Für die Offenlegung kleiner und mittelgroßer Aktiengesellschaften (§ 221 Abs. 1 und Abs. 2) und mittelgroßer Gesellschaften mit beschränkter Haftung (§ 221 Abs. 2) gilt Folgendes:

1. Die offenzulegende Bilanz braucht nur die in § 224 Abs. 2 und 3 mit Buchstaben und römischen Zahlen bezeichneten, zusätzlich jedoch die folgenden Posten zu enthalten: auf der Aktivseite die Posten A I 2, A II 1, 2, 3 und 4, A III 1, 2, 3 und 4, B II 2 und 3, B III 1, auf der Passivseite die Posten B 1 und 2 und C 1, 2, 6 und 7. Forderungen mit einer Restlaufzeit von mehr als einem Jahr sind bei den Posten nach § 224 Abs. 2 B II 2 und 3 gesondert auszuweisen, ebenso Verbindlichkeiten mit einer Restlaufzeit von mehr als einem Jahr bei den Posten nach § 224 Abs. 3 C 1, 2, 6 und 7. Die Angaben nach § 229 sind zu machen.
2. Die Posten des § 231 Abs. 2 Z 1 bis 3 und 5 und Abs. 3 Z 1 bis 3 dürfen zu einem Posten unter der Bezeichnung „Rohergebnis" zusammengefasst werden.

(BGBl I 2015/22)

Offenlegung des Konzernabschlusses

§ 280. (1) Die gesetzlichen Vertreter einer Gesellschaft, die einen Konzernabschluss aufzustellen hat, haben den Konzernabschluss und den Konzernlagebericht sowie gegebenenfalls den gesonderten konsolidierten nichtfinanziellen Bericht, den konsolidierten Corporate Governance-Bericht und den konsolidierten Bericht über Zahlungen an staatliche Stellen mit dem Bestätigungsvermerk gleichzeitig mit dem Jahresabschluss beim Firmenbuchgericht des Sitzes der Gesellschaft einzureichen. § 277 Abs. 3 und Abs. 6 erster Satz gelten sinngemäß. **„§ 277 Abs. 2 und 2a sind"** für die Veröffentlichung des Konzernabschlusses sinngemäß anzuwenden, wenn ein Tochterunternehmen eine große Aktiengesellschaft mit Sitz im Inland ist.

(BGBl I 2015/22, BGBl I 2017/20; GesDigG 2022, BGBl I 2022/186 ab 1.12.2022)

(2) Ist ein Tochterunternehmen in einen ausländischen Konzernabschluß mit befreiender Wirkung gemäß § 245 Abs. 1 einbezogen, so hat es diesen in deutscher Sprache oder in einer in internationalen Finanzkreisen gebräuchlichen Sprache bei dem zuständigen Firmenbuchgericht zu hinterlegen; das gleiche gilt, falls eine große Kapitalgesellschaft in einen ausländischen Konzernabschluß einbezogen ist.

(BGBl I 2015/22)

Offenlegung der Zweigniederlassungen ausländischer Kapitalgesellschaften

„§ 280a. Sofern bei Zweigniederlassungen ausländischer Kapitalgesellschaften Unterlagen der Rechnungslegung nicht über das System der Registervernetzung nach Art. 22 der Richtlinie (EU) 2017/1132 über bestimmte Aspekte des Gesellschaftsrechts, ABl. Nr. L 169 vom 30.06.2017 S. 46, in der Fassung der Berichtigung ABl. Nr. L 20 vom 24.01.2020 S. 24, in deutscher Sprache oder in einer in internationalen Finanzkreisen gebräuchlichen Sprache abrufbar sind, haben die Vertreter der Zweigniederlassung die Unterlagen der Rechnungslegung, die nach dem für die Hauptniederlassung der Gesellschaft maßgeblichen Recht erstellt, geprüft und offengelegt worden sind, gemäß den §§ 277, 281 und 282 in deutscher Sprache oder in einer in internationalen Finanzkreisen gebräuchlichen Sprache offenzulegen."

(GesDigG 2022, BGBl I 2022/186 ab 1.12.2022)

Form und Inhalt der Unterlagen bei der Offenlegung, Veröffentlichung und Vervielfältigung

§ 281. (1) Bei der vollständigen oder teilweisen Offenlegung des Jahresabschlusses und des Konzernabschlusses und bei der Veröffentlichung oder Vervielfältigung in anderer Form auf Grund des Gesellschaftsvertrags oder der Satzung sind der Jahresabschluß und der Konzernabschluß so wiederzugeben, daß sie den für ihre Aufstellung maßgeblichen Vorschriften entsprechen; sie haben in diesem Rahmen vollständig und richtig zu sein. Wurde der Jahresabschluß oder der Konzernabschluß auf Grund gesetzlicher Vorschriften durch einen Abschlußprüfer geprüft, so ist jeweils der vollständige Wortlaut des Bestätigungsvermerks wiederzugeben; wird der Jahresabschluß wegen der Inanspruchnahme von Erleichterungen nur teilweise offengelegt und bezieht sich der Bestätigungsvermerk auf den vollständigen Jahresabschluß, so ist hierauf hinzuweisen.

(BGBl I 2015/22)

(2) Werden der Jahresabschluß oder der Konzernabschluß in Veröffentlichungen und Vervielfältigungen, die nicht durch Gesetz, Gesellschaftsvertrag oder Satzung vorgeschrieben sind, nicht in der gemäß Abs. 1 vorgeschriebenen Form wiedergegeben, so ist jeweils in einer Überschrift darauf hinzuweisen, daß es sich nicht um eine der gesetzlichen Form entsprechende Veröffentlichung handelt. Ein Bestätigungsvermerk darf nicht beigefügt werden. Im Fall einer verpflichtenden Abschlussprüfung ist jedoch über den Inhalt des Bestätigungsvermerks zu dem in gesetzlicher Form erstellten Jahresabschluss oder Konzernabschluss einschließlich der Angaben nach § 274 Abs. 3 zu berichten. Ferner ist anzugeben, bei welchem Firmenbuch und in welcher Nummer des Bekanntmachungsblattes die Offenlegung erfolgt oder daß die Offenlegung noch nicht erfolgt ist.

(BGBl I 2015/22)

(3) In den Dokumenten, die den Jahresabschluss und den Konzernabschluss enthalten, sind die in § 14 Abs. 1 erster Satz vorgeschriebenen Informationen anzugeben.

(BGBl I 2015/22)

DRITTER TITEL
Prüfungspflicht und Zwangsstrafen

Prüfungspflicht des Firmenbuchgerichts

§ 282. (1) Das Gericht hat zu prüfen, ob die gemäß §§ 277 bis 281 offenzulegenden Unterlagen vollzählig zum Firmenbuch eingereicht und ob, soweit Veröffentlichungen vorgeschrieben sind, diese veranlaßt worden sind.

(2) Gibt die Prüfung gemäß Abs. 1 Anlaß zu der Annahme, daß von der Größe der Gesellschaft abhängige Vorschriften nicht hätten in Anspruch genommen werden dürfen, so kann das Gericht zu seiner Unterrichtung von der Gesellschaft innerhalb einer angemessenen Frist die Mitteilung der Bilanzsumme, der Umsatzerlöse gemäß § 189a Z 5 und der durchschnittlichen Zahl der Arbeitnehmer gemäß § 221 Abs. 6 verlangen. Unterläßt die Gesellschaft die fristgemäße Mitteilung, so gelten die Vorschriften als zu Unrecht in Anspruch genommen.

(2a) Das Gericht kann eine Gesellschaft zu folgenden Erklärungen auffordern:

1. ob sie oder eines ihrer Tochterunternehmen im Sinn des § 243d Abs. 2 in der mineralgewinnenden Industrie oder auf dem Gebiet des Holzeinschlages in Primärwäldern tätig ist;
2. ob ihre übertragbaren Wertpapiere zum Handel an einem geregelten Markt im Sinne des § 189a Z 1 lit. a zugelassen sind.

Die Aufforderung ist zu begründen. Zur Abgabe einer Erklärung ist eine angemessene Frist zu setzen. Gibt die Gesellschaft innerhalb der Frist keine Erklärung ab, so wird vermutet, dass die Gesellschaft bei Unterlassen einer Erklärung nach Z 1 in den Anwendungsbereich des § 243d beziehungsweise des § 267c und bei Unterlassen einer Erklärung nach Z 2 in den Anwendungsbereich des § 243b beziehungsweise des § 267a fällt.

(BGBl I 2015/22, BGBl I 2016/43, BGBl I 2017/20)

(3) Ist eine gebotene Veröffentlichung unterblieben, so hat das Gericht diese Tatsache ohne Durchführung eines Verbesserungsverfahrens auf Kosten der Gesellschaft bekanntzumachen, wenn dies ein Gesellschafter, Gläubiger, Betriebsrat (Zentralbetriebsrat) oder eine gesetzliche Interessenvertretung beantragt. Die Antragsberechtigung ist glaubhaft zu machen. Ein späterer Wegfall der Antragsberechtigung ist unschädlich. Der Antrag kann nicht zurückgenommen werden.

Zwangsstrafen

§ 283. (1) Die gesetzlichen Vertreter der Gesellschaft sind, unbeschadet der allgemeinen unternehmensrechtlichen Vorschriften, zur zeitgerechten Befolgung der §§ 277 und 280 vom Gericht durch Zwangsstrafen von 700 Euro bis 3 600 Euro, bei Kleinstkapitalgesellschaften (§ 221 Abs. 1a) von 350 Euro bis 1 800 Euro anzuhalten. Die Zwangsstrafe ist nach Ablauf der Offenlegungsfrist zu verhängen. Sie ist wiederholt zu verhängen, soweit die genannten Organe ihren Pflichten nach je weiteren zwei Monaten noch nicht nachgekommen sind. Eine Gesellschaft ist als Kleinstkapitalgesellschaft im Sinn dieser Bestimmung anzusehen, wenn sie die gesetzlichen Vertreter zuletzt in plausibler Weise als solche eingestuft haben (§ 277 Abs. 4), es sei denn, es liegen Hinweise vor, dass die Schwellenwerte mittlerweile überschritten wurden. Ansonsten wird eine Kleinstkapitalgesellschaft nur über rechtzeitigen Einwand der Partei als solche behandelt, wobei § 282 Abs. 2 anzuwenden ist.

(BGBl I 2015/22)

(2) Ist die Offenlegung nach Abs. 1 nicht bis zum letzten Tag der Offenlegungsfrist erfolgt, so ist – sofern die Offenlegung nicht bis zum Tag vor Erlassung der Zwangsstrafverfügung bei Gericht eingelangt ist – ohne vorausgehendes Verfahren durch Strafverfügung eine Zwangsstrafe von 700 Euro, bei Kleinstkapitalgesellschaften (§ 221 Abs. 1a) von 350 Euro zu verhängen. Von der Verhängung einer Zwangsstrafverfügung kann abgesehen werden, wenn das in Abs. 1 genannte Organ offenkundig durch ein unvorhergesehenes oder unabwendbares Ereignis an der fristgerechten Offenlegung gehindert war. In diesem Fall kann – soweit bis dahin noch keine Offenlegung erfolgt ist – mit der Verhängung der Zwangsstrafverfügung bis zum Ablauf von vier Wochen nach Wegfall des Hindernisses, welches der Offenlegung entgegenstand, zugewartet werden. Zwangsstrafverfügungen sind wie Klagen zuzustellen. Gegen die Zwangsstrafverfügung kann das jeweilige Organ binnen 14 Tagen Einspruch erheben, andernfalls erwächst die Zwangsstrafverfügung in Rechtskraft. Im Einspruch sind die Gründe für die Nichtbefolgung der in Abs. 1 genannten Pflichten anzuführen. Gegen die Versäumung der Einspruchsfrist kann

Wiedereinsetzung in den vorigen Stand bewilligt werden (§ 21 AußStrG). Ist der Einspruch verspätet oder fehlt ihm jegliche Begründung, so ist er mit Beschluss zurückzuweisen.

(BGBl I 2015/22)

(3) Mit der rechtzeitigen Erhebung des begründeten Einspruchs tritt die Zwangsstrafverfügung außer Kraft. Über die Verhängung der Zwangsstrafe ist im ordentlichen Verfahren mit Beschluss zu entscheiden. Ist nicht mit Einstellung des Zwangsstrafverfahrens vorzugehen, so kann – ohne vorherige Androhung – eine Zwangsstrafe von 700 Euro bis 3 600 Euro, bei Kleinstkapitalgesellschaften (§ 221 Abs. 1a) von 350 Euro bis 1 800 Euro verhängt werden. Gegen die Verhängung einer Zwangsstrafe im ordentlichen Verfahren steht dem jeweiligen Organ ein Rechtsmittel zu (§§ 45 ff. AußStrG).

(BGBl I 2015/22)

(4) Ist die Offenlegung innerhalb von zwei Monaten nach Ablauf des letzten Tages der Offenlegungsfrist noch immer nicht erfolgt, so ist durch Strafverfügung eine weitere Zwangsstrafe von 700 Euro, bei Kleinstkapitalgesellschaften (§ 221 Abs. 1a) von 350 Euro zu verhängen. Das Gleiche gilt bei Unterbleiben der Offenlegung für jeweils weitere zwei Monate; wird gegen eine solche Zwangsstrafverfügung Einspruch erhoben, so ist der Beschluss über die verhängte Zwangsstrafe zu veröffentlichen. Zwischen dem Tag der Erlassung einer Zwangsstrafverfügung nach diesem Absatz und dem Tag der Erlassung einer vorangegangenen Zwangsstrafverfügung, die denselben Adressaten und denselben Bilanzstichtag betrifft, müssen mindestens sechs Wochen liegen.

(BGBl I 2015/22)

(5) Richtet sich die Zwangsstrafverfügung gemäß Abs. 4 gegen ein in Abs. 1 genanntes Organ einer mittelgroßen (§ 221 Abs. 2) Kapitalgesellschaft, so erhöhen sich die damit zu verhängenden Zwangsstrafen sowie die in Abs. 1 und 3 angedrohten Zwangsstrafen im ordentlichen Verfahren jeweils auf das Dreifache. Wird das Zwangsstrafenverfahren gegen ein in Abs. 1 genanntes Organ einer großen (§ 221 Abs. 3) Kapitalgesellschaft geführt, so erhöhen sich diese Beträge jeweils auf das Sechsfache. Als Grundlage für die Größenklasse kann der zuletzt vorgelegte Jahresabschluss herangezogen werden.

(6) Die Zwangsstrafen sind auch dann zu vollstrecken, wenn die Bestraften ihrer Pflicht nachkommen oder deren Erfüllung unmöglich geworden ist.

(7) Die den gesetzlichen Vertretern in den §§ 277 und 280 auferlegten Pflichten treffen auch die Gesellschaft. Kommt die Gesellschaft diesen Pflichten durch ihre Organe nicht nach, so ist gleichzeitig auch mit der Verhängung von Zwangsstrafen unter sinngemäßer Anwendung der Abs. 1 bis 6 auch gegen die Gesellschaft vorzugehen.

(BGBl I 2015/22)

§ 284. Die gesetzlichen Vertreter der Gesellschaft und die Gesellschaft selbst sind, unbeschadet der allgemeinen unternehmensrechtlichen Vorschriften, zur Befolgung der §§ 222 Abs. 1, 244, 245, 247, 270, 272, 281 und 283, die Aufsichtsratsmitglieder zur Befolgung des § 270 und im Fall einer inländischen Zweigniederlassung einer ausländischen Kapitalgesellschaft die für diese im Inland vertretungsbefugten Personen zur Befolgung des § 280a vom Gericht durch Zwangsstrafen bis zu 3 600 Euro anzuhalten. § 24 Abs. 2 bis 5 FBG ist anzuwenden.

(BGBl I 2015/22)

Ausnahmen, Stundung und Nachlass

§ 285. (1) Während der Dauer eines Insolvenzverfahrens mit Ausnahme eines Sanierungsverfahrens mit Eigenverwaltung sind keine Zwangsstrafverfügungen nach § 283 zu erlassen. Rechte von Gesellschaftern und Dritten, die Offenlegung einzufordern, bleiben unberührt.

(2) Auf Antrag des Adressaten einer Zwangsstrafe kann das Firmenbuchgericht den Zeitpunkt der Entrichtung einer Zwangsstrafe auch über mehr als sechs Monate hinausschieben (Stundung) oder die Entrichtung in Raten bewilligen, wenn die sofortige oder die sofortige volle Entrichtung der Strafe für den Antragsteller mit besonderer Härte verbunden wäre und die Einbringlichkeit der Zwangsstrafe durch den Aufschub nicht gefährdet wird. Die Entrichtung in Raten darf nur mit der Maßgabe gestattet werden, dass alle noch aushaftenden Teilbeträge sofort fällig werden, wenn der Zahlungspflichtige mit mindestens zwei Raten in Verzug ist.

(3) Auf Antrag des Adressaten einer Zwangsstrafe kann das Firmenbuchgericht bis zur vollständigen Entrichtung eine Zwangsstrafe ganz oder teilweise nachlassen, wenn alle folgenden Voraussetzungen vorliegen:

1. die Einbringung ist für den Antragsteller mit besonderer Härte verbunden,
2. alle Offenlegungspflichten sind inzwischen erfüllt oder ihre Erfüllung ist für den Antragsteller nicht mehr möglich,
3. dem Antragsteller oder seinen vertretungsbefugten Organen ist nur ein geringes Verschulden an dem Verstoß zur Last zu legen, und
4. es bedarf der Einbringung nicht oder nicht in voller Höhe, um den Adressaten oder andere Unternehmen zur künftigen zeitgerechten Offenlegung anzuhalten.

(BGBl I 2015/22)

§§ 286. bis 342. (aufgehoben)